吴江历史人物碑传集

吴国良 编纂
苏州市吴江区太湖旅游文化研究会 编
吴江博物馆

苏州大学出版社

图书在版编目（CIP）数据

吴江历史人物碑传集：全3册／吴国良编纂；苏州市吴江区太湖旅游文化研究会，吴江博物馆编. —苏州：苏州大学出版社，2019.12
　ISBN 978-7-5672-3078-1

Ⅰ. ①吴… Ⅱ. ①吴… ②苏… ③吴… Ⅲ. ①历史人物–列传–吴江 Ⅳ. ①K820.853.4

中国版本图书馆CIP数据核字（2020）第003154号

吴江历史人物碑传集
Wujiang Lishi Renwu Beizhuanji

吴国良　编纂
苏州市吴江区太湖旅游文化研究会、吴江博物馆　编

责任编辑	倪浩文
出版发行	苏州大学出版社（Soochow University Press）
社　　址	苏州市十梓街1号　邮编：215006
印　　刷	镇江文苑制版印刷有限责任公司
网　　址	www.sudapress.com
邮购热线	0512-67480030
销售热线	0512-67481020
开　　本	787 mm×1 092 mm　1/16
印　　张	79.5（全三册）
字　　数	1 740千
版　　次	2019年12月第1版
印　　次	2019年12月第1次印刷
书　　号	ISBN 978-7-5672-3078-1
定　　价	500.00元（全三册）

凡购本社图书发现印装错误，请与本社联系调换。服务热线：0512-67481020
苏州大学出版社邮箱　sdcbs@suda.edu.cn

序

由吴江区太湖旅游文化研究会和吴江博物馆联合编辑的《吴江历史人物碑传集》（以下简称《碑传集》）问世，我表示祝贺。一千余名吴江历史人物的一千两百余篇碑铭传记资料，从浩如烟海的历史文献、碑刻墓铭中披沙沥金搜寻出来，并被整理标点、汇编成册，实在是一项功德无量的文化工程。

吴江，北接苏州，东连上海，西临太湖，南近杭州。公元909年建县，1992年撤县设市，2012年撤市设区，是享誉全国的"鱼米之乡""丝绸之府"。几千年悠长久远的历史文化累积、勤勉诚信的民风和人杰地灵的文脉，孕育了包括造园大师计成、曲坛盟主沈璟、天文历算学家王锡阐等历史名人和爱国诗人柳亚子、社会学家费孝通、"两弹一星"功勋科学家程开甲等一大批社会英才。"小桥流水、临街枕河、粉墙黛瓦"的江南民居风貌独特，造就了同里、黎里、震泽三个中国历史名镇。继同里退思园之后，大运河吴江段和吴江运河古纤道分别作为河道遗产和重要遗产点，也列入《世界文化遗产目录》。形成了新石器文化、菘鲈文化、蚕桑丝绸文化、南社文化、昆曲文化、江村文化、江南古镇文化、太湖文化、大运河文化等吴江独特而又显著的文化符号。

吴风越韵，精诚致远。这些文化底蕴深厚并渗透在百姓的日常生活之中，自成一体且兼收并蓄。我们说文化自信首先就来源于这些优秀的历史文化传统，它是一种普遍的自信和精神力量。我们说坚定中国特色社会主义的道路自信、理论自信、制度自信，说到底是要坚定文化自信，这是更基本、更深沉、更持久的力量。

我们赞赏《碑传集》的编辑出版，因为这是对吴江历史、乡贤才俊、乡土文化的致敬。我们看到，吴江先贤重教勤学，一家七世进士曾传为美谈；吴江人重义崇德，一口怀德水井清水不竭；吴江的音韵曲谱涵养了精妙绝伦的"百戏之祖"昆曲艺术；吴江的诗书名集收载于流播百世的皇家典籍。我们也看到，吴江先贤孝友行善的道德规范、勤俭持家的家训家风、砥砺刻苦的治学态度、不媚不屈的风骨节操和亲民为民的为官之道；吴江先贤中有许多在中国天文、医药、戏曲、园林等诸多领域做出卓越贡献的科技、艺术人才。我们还看到，吴江先贤躬负畚锸，疏渠筑堤，经画水利，终使这块东太湖的下湿水潦之地，成为稻谷金秋、渔舟唱晚的鱼米之乡，引发张翰的菘鲈思乡之情；湖泊漾荡、溇港圩田的水网地区，吴江先贤垒石架桥、开河修路，终使吴江成风帆相接、车辙交叠的交通要驿，引来苏轼垂虹桥亭会友痛饮，高吟"绝境自忘千里远"。

《碑传集》所录文章大都出自当时名人、熟人手笔，其可信度比较高，有些资料还是长期湮没后这次被重新发掘出来的，具有很高的史料价值，《碑传集》的出版将为研究吴江历史人物，进而更充分发掘吴江优秀文化遗产提供宝贵的参考文献。感谢本书编纂者吴国良先生经六年寻访搜集、爬梳整理，以严谨的治学精神为大家奉献出一道丰美的精神佳肴。

《碑传集》的资料虽然截止于民国，但是我们完全可以自豪地说，中华人民共和国成立以来尤其是改革开放以来，在中国共产党的领导下，吴江更加人才辈出。在当代，吴江就走出了九位院士、十二位将军，还有各领域的众多杰出人才，光"两弹一星"元勋中，就有两位吴江人。优秀历史文化的传承延续和强大生命力，在吴江得到了有力见证。

在吴江列入长三角一体化发展国家战略示范区的今天，城市规划布局将发生新的变化，带来经济社会生活的新变化，从根本上来说，会带来文化的融合和创新。我们要从《碑传集》等吴江优秀历史文化的沉淀和结晶中找到文化自觉，在文化传承和创造中，为长三角一体化健康持续发展贡献出更多更好的吴江文化元素。希望更多关注地方文史的人士能投入吴江文化的研究、传播中来，进一步发掘传统文化的矿脉，记录研究新时代文化的元素，在守正创新中让吴江文化打造出更多的精品，培育更多优秀人才，推进吴江高质量发展走在前列。

李斌
2019 年 5 月
（作者系苏州市吴江区政协主席）

凡 例

1. 本书收录吴江历史人物一千余人，上起西晋，下讫民国。采辑各家谱谍、方志、著述以及碑刻、拓片中的碑铭、墓志、行状、传记文章一千两百余篇。

2. 本书所称的"吴江"，沿用吴江旧志记载的"疆域"，包括今属昆山周庄、上海青浦、苏州石湖的部分地域。所称的"吴江人"，系指无问居地而籍贯吴江者，以及虽为外籍，但婚嫁、入赘吴江或长期寓居吴江的密切相关者。

3. 本书正文的排列，按朝代、人物生卒年为序。生卒年不可考者，则以其人生平及其亲友信息为线索，相应插入。但凡夫妇者，将其编排在一起，此为例外。

4. 本书碑传文章的撰写者，清及此前的均系以朝代，清之后因有时代归属难于界定者，故均略而不署。

5. 本书所辑文章均注明出处，但略去版本。全文不论短长，分段一从其旧。对原文中的错字衍文，酌情改正补入，不出校记，不作说明。对少量史料存疑考证的，文末有小注。

6. 每篇史料，都叠加着一定的历史信息。因此，本书所辑，其一人有文数篇者，亦不避累累之嫌；即或有异于碑传文体者，亦兼采并收，以不失存史本意。

7. 编纂本书的主要目的之一，在于为吴江历史文化的研究提供第一手资料。因此，对所辑文章，仅加断句标点和补缺，其他一仍其旧，以存原貌。对作者的立场观点不作评论。文中某些带有污蔑性的称谓，以及谀墓之词，读者自可理解。

8. 本书除部分非一一对应的繁体字、异体字外，其余均采用简化字。放宽类推简化字的尺度，并酌情参考2013年教育部和国家语言文字工作委员会组织制定的《通用规范汉字表》。

9. 为便于读者查阅，免却翻检之劳，书末附有人名索引。

目 录

上

张翰列传 …………………………………………〔唐〕房玄龄等《晋书》/ 1
张翰传 …………………………………………………明弘治《吴江志》/ 1
顾野王列传 …………………………………………………〔唐〕姚思廉 / 1
梁黄门侍郎兼太学博士顾公野王传 ……………………明弘治《吴江志》/ 2
甫里先生传 …………………………………………………〔唐〕陆龟蒙 / 3
陆龟蒙列传 …………………………〔宋〕欧阳修、宋祁等《新唐书》/ 4
甫里先生碑铭 ………………………………………………〔宋〕胡 宿 / 4
宋故太子宾客分司西京谢公神道碑铭 ……………………〔宋〕范仲淹 / 6
太子宾客分司西京谢公墓志铭 ……………………………〔宋〕欧阳修 / 7
谢涛传 …………………………………………………清乾隆《震泽县志》/ 9
尚书兵部员外郎知制诰谢公墓志铭 ………………………〔宋〕欧阳修 / 10
尚书兵部员外郎知制诰谢公行状 …………………………〔宋〕王安石 / 11
谢绛传 …………………………………………………清乾隆《震泽县志》/ 12
朝散大夫谢公墓志铭 ………………………………………〔宋〕范纯仁 / 13
谢景回墓志铭 ………………………………………………〔宋〕王安石 / 15
故显谟阁直学士魏公墓志铭 ………………………………〔宋〕葛胜仲 / 15
王蘋墓志 ……………………………………………………〔宋〕章 宪 / 17
王蘋传 附从子宜从孙楸 …………………………………〔清〕潘柽章 / 18
陈唯室先生行状 ……………………………………………〔宋〕胡百能 / 19
王份传 …………………………………………………清乾隆《吴江县志》/ 21
铭弟墓 ………………………………………………………〔宋〕陈长方 / 21
赵磻老传 ………………………………………………清乾隆《吴江县志》/ 22
盘野公述略 ……………………〔清〕黄以正、黄锡爵《松陵黄氏家谱》/ 22
宋王先生圹铭 ………………………………………………〔宋〕郭绍彭 / 22
盛章传 …………………………………〔清〕盛钟岐《平江盛氏家乘初稿》/ 23
宋镇东将金判王公墓志 ……………………………………〔宋〕王庚孙 / 24
宋故提幹王公圹记 …………………………………………〔宋〕王 孜 / 25

1

沈义甫传	清道光《震泽镇志》/25
宋朝请大夫广德知军兼内劝农营田事赐绯鱼袋莫公子文传	〔明〕莫震、莫旦《石湖志》/26
元故故宋睦静顾先生行实墓志铭	〔元〕魏天祐/27
孙锐传	清道光《平望志》/28
叶茵传	清嘉庆《同里志》/28
高峰大师行状	〔元〕乔祖/29
高峰大师塔铭	〔元〕家之巽/31
盛明远传	〔清〕潘柽章/32
盛明卿墓志铭	〔元〕龚璛/33
麻源黄氏世祖贞孝先生俞右公传	〔明〕刘基/34
元嘉议大夫嘉兴路达鲁花赤百梅公传	〔元〕杨维桢/35
石室祖瑛传	〔明〕周永年《吴都法乘》/36
祖庭古拙俊禅师传	〔明〕周永年《吴都法乘》/36
元布衣庆十四翁传	〔清〕叶德辉等《吴中叶氏族谱》/37
故僧录司左善世存翁大法师塔铭	〔明〕姚广孝/38
寓翁寿藏铭	〔明〕王行/40
寓翁寿藏记续铭	〔明〕王宾/41
盛嗣初妻邓氏墓志铭	〔明〕王璲/41
吴简传	〔清〕潘柽章/42
大明苏学训导寄翁朱先生应宸传	〔明〕莫震、莫旦《石湖志》/42
陶振传	清乾隆《吴江县志》/43
居密先生行实	〔明〕张益/43
盛徵士寿藏记	〔明〕杨溥/44
居密寿藏记续铭	〔明〕张益/46
徵士盛景华合葬志铭	〔明〕杨溥/46
大明嘉议大夫户部左侍郎东村先生莫公礼传	〔明〕莫震、莫旦《石湖志》/47
大明处士南村张先生琦传	〔明〕莫震、莫旦《石湖志》/47
盛景良墓志铭	〔明〕张肯/48
梁时传	清乾隆《吴江县志》/48
曾祖考清远府君行状	〔明〕史鉴/49
清远史府君墓表	〔明〕吴宽/50
退庵先生传	〔明〕吴镇杨/51
中奉大夫江西右布政使何公墓表	〔明〕魏骥/52
止庵吴府君墓表	〔明〕吴宽/53
盛宜仲墓志铭	〔明〕陈继/54

大明处士贞孝先生莫公辕传	〔明〕莫震、莫旦《石湖志》/55
太医院御医盛先生墓表	〔明〕钱溥/56
盛寅传	〔清〕张廷玉等《明史》/57
御医盛起东妻颜氏孺人墓志铭	〔明〕杨士奇/58
松陵庞处士墓表	〔明〕李时勉/59
平思忠传	〔明〕史鉴/59
处士行乐汝公墓志	〔明〕彭韶/60
赠中大夫太仆寺卿伯昂公传	〔清〕吴文显/61
野史纪陆淑人事略	〔明〕祝允明/62
先祖考惠清府君墓碣	〔明〕叶绅/62
故太医院御医修职郎盛公墓志铭	〔明〕徐俌/63
筠隐史先生墓表	〔明〕黄著/63
逸乐公墓表	〔明〕吴骥/64
吴骥传	清乾隆《吴江县志》/65
盛文硕墓志铭	〔明〕陈继/65
盛母许孺人墓志铭	〔明〕商辂/65
敕赠徵仕郎中书舍人竹隐汝君墓表	〔明〕商辂/66
故医学正科盛君墓志铭	〔明〕刘铉/67
芝岩先生墓志铭	〔明〕钱溥/68
明故盛文序先生妻张孺人墓志铭	〔明〕王傧/69
顺庵墓表	〔明〕杨守陈/69
石桥居士史君墓志铭	〔明〕史鉴/70
兵马司恩隐汝公传	〔明〕沈为忠/71
古道月江净禅师传	〔明〕释大香/71
南庄李公墓志铭	〔明〕史鉴/72
明故处士盛汝政墓碣铭	〔明〕张楷/73
菊轩夏隐君暨罗氏孺人墓志铭	〔明〕梅伦/73
吴孝子传	〔明〕莫旦/74
敕封承德郎南京刑部主事廷用吴公墓志铭	〔明〕陈音/75
敕封安人吴母施氏墓志铭	〔明〕张瑄/76
大明进士奉政大夫福建延平府同知致仕由庵先生莫公震传	〔明〕莫旦/77
樵隐翁墓表	〔明〕吴宽/78
故兄钝庵府君圹志	〔明〕盛侅/79
钝庵盛府君墓表	〔明〕王鏊/79
明广西布政司理问赠尚宝司少卿味莼公传 配朱宜人附	〔明〕徐夔/80
明故广西布政司副理问致仕叶公墓志铭	〔明〕李东阳/81

先考友桂府君行状	〔明〕史　鉴／81
桂轩史隐君墓表	〔明〕徐有贞／83
继母朱孺人行状	〔明〕史　鉴／85
盘窝翁墓表	〔明〕吴　宽／86
记先祖菊泉遗事	〔明〕袁　仁／86
先祖梅溪府君行实	〔明〕赵　宽／88
先祖母莫氏墓志	〔明〕赵　宽／89
稼轩史公墓志铭	〔明〕赵　宽／90
叔母陆孺人墓志铭	〔明〕史　鉴／90
裕庵处士杨公墓表	〔明〕赵　宽／91
明故盛允昭夫妇合葬墓志铭	〔明〕王　鼎／92
太医院医士盛先生墓表	〔明〕吴　宽／92
明故盛闲舟先生墓碣铭	〔明〕吴　瑄／93
盛母潘孺人墓志铭	〔明〕朱希周／94
吴江医学训科弃庵盛先生墓志铭	〔明〕杨　绅／95
明故儒医盛君同妻朱孺人墓志铭	〔明〕张　习／96
明故赠通议大夫都察院右副都御使盛公神道碑铭	〔明〕谢　迁／97
明故中顺大夫叙州知府盛公墓志铭	〔明〕范　纯／98
一庵公家传	清残本《汝氏世谱》／99
封文林郎江西道监察御史王公墓志铭	〔明〕吴　宽／99
封侍御乐善公传	〔清〕王锡等《吴江王氏新谱》／100
怀庆府温县大尹江西按察司经历天章公传	〔明〕鲁　昂／101
尹孟容墓志铭	〔明〕史　鉴／102
曹孚传	清道光《平望志》／102
故奉训大夫工部营缮清吏司员外郎吴君行状	〔明〕史　鉴／103
明故奉训大夫工部营缮清吏司员外郎吴君墓志铭	〔明〕吴　宽／105
赐进士盛君墓志铭	〔明〕徐　俌／106
莫旦传	清乾隆《吴江县志》／107
明故周处士妻韩硕人墓志铭	〔明〕赵　宽／107
故中顺大夫江西南安府知府汝君行状	〔明〕史　鉴／108
明故中顺大夫江西南安府知府汝君墓志铭	〔明〕吴　宽／109
中顺大夫江西南安府知府汝公墓表	〔明〕文徵明／110
浙江处州府同知岩斋公家传	清残本《汝氏世谱》／111
隐士史明古墓表	〔明〕吴　宽／111
史鉴传	清乾隆《吴江县志》／112
亡妻李孺人墓志铭	〔明〕史　鉴／113

亡妾叔萧氏墓志铭	〔明〕史　鉴／113
明故承事郎丁君洎妻周硕人合葬墓志铭	〔明〕赵　宽／114
感梅翁墓志铭	〔明〕朱希周／115
承事郎感梅顾公墓表	〔明〕杜　定／115
姚明传	清乾隆《吴江县志》／116
明故盛汝成妻沈硕人墓志铭	〔明〕顾鼎臣／116
愚闲顾隐士行状	〔明〕徐　珩／117
愚闲翁顾处士墓志铭	〔明〕陆　完／118
处士愚闲顾公墓表	〔明〕吴　洪／119
故承事郎芸轩庞公墓碣铭	〔明〕杨循吉／120
奉直大夫尚宝司少卿叶公墓志铭	〔明〕毛　澄／121
叶绅传	〔清〕张廷玉等《明史》／122
一愚翁墓志铭	〔明〕文徵明／122
沈廷望妻陈硕人墓志铭	〔明〕周　用／123
富一公传	〔清〕徐书城《吴江徐氏宗谱》／124
徐纲、徐缙传	〔清〕徐廷柱等《南麻徐氏世谱》／124
苏州府医学正科盛公墓志铭	〔明〕祝允明／125
明故金华府推官慎庵徐君墓表	〔明〕赵　宽／126
崔母墓志铭	〔明〕吴　宽／127
永州府知府来斋公家传	清残本《汝氏世谱》／127
汝泰传	清乾隆《吴江县志》／128
明故师省盛君墓表	〔明〕邵　宝／128
盛润庵墓志铭	〔明〕文徵明／129
盛朝美妻闾丘孺人墓碣铭	〔明〕毛　澄／130
怡杏府君行状	〔明〕袁　仁／131
明故盛处士墓志铭	〔明〕赵　宽／133
盛旷传	清康熙《吴江县志》／133
长史半湖公及陆恭人传	〔明〕朱希周／134
赠太子少保资德大夫正治上卿南京刑部尚书致仕立斋吴公墓志铭	〔明〕吴一鹏／135
禹畴吴公神道碑铭	〔明〕费　宏／137
诰赠夫人吴母王氏墓志铭	〔明〕毛　珵／139
敕封安人吴母夏氏墓志铭	〔明〕莫　旦／139
诰封夫人吴母丘氏墓志铭	〔明〕文徵明／140
故处士庞君暨妻硕人赵氏合葬墓志铭	〔明〕赵　宽／141
宾州学政秋皋钮公墓志铭	〔明〕陆　金／142

篇名	作者	页码
兵部武库郎中吴君墓志铭	〔明〕王鏊	143
明故兵部武库清吏司郎中吴君墓碣铭	〔明〕吴宽	143
诰封中宪大夫漳州府知府陆公暨赠恭人吕氏合葬墓志铭	〔明〕周用	144
故东溪盛君朝臣墓志铭	〔明〕杨循吉	145
明故赠通议大夫都察院右副都御使东溪盛公墓表	〔明〕费宏	146
盛朝臣妻胡孺人行状	〔明〕文林	147
孺人胡氏墓志铭	〔明〕李杰	148
盛室胡令人墓表	〔明〕杨循吉	148
明故盛母苏孺人墓志铭	〔明〕吴一鹏	149
先考南园府君行状	〔明〕周用	150
明故南园周君墓志铭	〔明〕顾鼎臣	151
明故半闲沈君墓志铭	〔明〕周用	151
明故大智觉雪巢和尚墓志铭	〔明〕毛衢	152
广东提刑按察司按察使半江赵君墓志铭	〔明〕王鏊	153
明故广东按察使半江赵公墓表	〔明〕闻渊	154
半江先生实录	〔明〕张寰	154
嘉议大夫广东按察司按察使半江赵公墓表	〔明〕蔡潮	156
明故嘉议大夫广东按察使半江赵公神道碑铭	〔明〕闻渊	157
亡妻封宜人莫氏墓志铭	〔明〕赵宽	158
中丞好斋公原传	〔清〕王锡等《吴江王氏新谱》	159
王哲传	清乾隆《吴江县志》	160
独村公墓志铭	〔明〕王鏊	161
封儒林郎鸿胪寺右寺丞吴公墓表	〔明〕周用	161
曹镤传	〔清〕潘柽章	162
生斋盛子健墓志铭	〔明〕杨循吉	163
文林郎庆符知县汝君墓志铭	〔明〕陈椿	163
太学生崔渊父墓志铭	〔明〕史鉴	164
崔渊甫妻凌孺人墓志铭	〔明〕沈周	165
明故太学生可山徐君墓志铭	〔明〕陆金	165
沈孺人墓志铭	〔明〕吴洪	166
穆溪叔大父墓志铭	〔明〕史长	167
明故福建按察司知事云居顾公墓志铭	〔明〕吴宽	167
明故邑增广生入太学汾滨叶君墓志铭	〔明〕吴山	168
明故汾滨叶公元配李孺人墓志铭	〔明〕徐夔	169
明故范君合葬墓志铭	〔明〕周用	170
赵成家传	〔清〕赵宗坛、赵宗堡《赵氏族谱》	171

吴尚书传	〔明〕屠应埈 / 171
资政大夫刑部尚书讱庵吴公墓志铭	〔明〕顾 璘 / 173
刑部尚书赠太子少保资政大夫讱庵吴公暨配赠夫人刘氏合葬墓志铭	
	〔明〕董 份 / 175
乡进士吴静之元配毛氏墓志铭	〔明〕王 鏊 / 177
文林郎舅祖汝公传	〔明〕毛寿南 / 178
明故大中大夫浙江布政使司右参政陆公墓志铭	〔明〕周 用 / 178
明故资善大夫都察院右都御史盛公行状	〔明〕陆 粲 / 180
明故资善大夫都察院右都御史致仕盛公墓志铭	〔明〕文徵明 / 185
盛应期传	〔清〕盛钟岐《平江盛氏家乘初稿》/ 188
云南按察司佥事盛君斯徵妻沈宜人墓志铭	〔明〕罗 鉴 / 188
都察院右副都御使盛公继室顾孺人墓志铭	〔明〕都 穆 / 189
贵州布政司照磨沈府君墓志铭	〔明〕徐师曾 / 190
南湖史公墓志铭	〔明〕沈 啓 / 190
太常寺典簿允斋公及沈孺人传	〔明〕徐 夔 / 192
大中大夫四川布政司右参政维石吴公墓志铭	〔明〕沈 汉 / 192
中大夫四川布政司右参政吴君神道碑铭	〔明〕周 用 / 193
明故将仕郎南京鸿胪寺鸣赞吴君合葬墓志铭	〔明〕周 用 / 194
明周恭肃公行状	〔明〕严 讷 / 195
明周恭肃公神道碑铭	〔明〕夏 言 / 198
明周恭肃公墓志铭	〔明〕徐 阶 / 200
明周恭肃公传	〔明〕顾应祥 / 201
先室施孺人圹记	〔明〕周 用 / 203
先母行实	〔明〕周兆南、周式南 / 203
先考训科府君行状	〔明〕徐师曾 / 205
先母王氏墓志	〔明〕徐师曾 / 206
生母凌氏圹志铭	〔明〕徐师曾 / 207
陆金传	清乾隆《震泽县志》/ 207
乡贡进士钱君墓志铭	〔明〕周 用 / 208
同川陈君明墓志铭	〔明〕周 用 / 208
参坡袁公小传	〔明〕王 鏊 / 209
记先考参坡遗事	〔明〕袁 衮 / 210
硕翁公传	〔清〕徐书城《吴江徐氏宗谱》/ 211
子威公传	〔清〕黄以正、黄锡爵《松陵黄氏家谱》/ 212
太常公传	〔清〕沈始树《吴江沈氏家传》/ 212
张连卿先生传	〔明〕吴 秀 / 213

篇名	作者	页码
周母钟孺人墓志铭	〔明〕徐师曾	214
乡贡进士盛君斯瞻墓志铭	〔明〕朱希周	215
故黄先生同妻钮氏合葬墓志铭	〔明〕徐师曾	215
明故浙江杭州府新城县知县蕉园徐君墓志铭	〔明〕史臣	216
故赠奉直大夫定州知州潘公夫妻合葬墓志铭	〔明〕徐师曾	218
中顺大夫传	〔明〕周光镐	218
故处士张克济墓志铭	〔明〕徐师曾	219
大明故湖广按察司副使沈公行状	〔明〕徐师曾	220
湖广按察副使沈公传	〔明〕王世贞	222
经元伯惇公及陶孺人传	〔明〕杨维聪	224
盛应桢传	〔清〕盛钟岐《平江盛氏家乘初稿》	224
明处士思滨叶先生墓志铭	〔明〕孙植	225
严州府知府春塘吴公暨配安人洪氏合葬墓志铭	〔明〕陈鎏	226
毛衢传	清嘉庆《黎里志》	227
萧世高墓志铭	〔明〕徐师曾	227
张铨传	清乾隆《吴江县志》	228
诚斋公传	〔清〕王锡等《吴江王氏新谱》	228
先考一愚府君行实	〔明〕叶可成	229
明故文林郎玉溪顾君墓志铭	〔明〕陈椿	229
云南寻甸军民府知府款江周公墓志铭	〔明〕王榖祥	231
明寻甸府知府款江周公墓碑铭	〔明〕陈鎏	232
明故寻甸知府周公墓表	〔明〕沈啓	233
河南新乡县知县致仕陈君妻顾孺人墓志铭	〔明〕徐师曾	234
吴封君传	〔明〕徐师曾	235
诰封中大夫山东布政司左参政蒙泉吴公墓志铭	〔明〕范惟一	236
敕封安人吴母徐氏墓志铭	〔明〕瞿景淳	237
封承德郎刑部湖广清吏司主事春园马公墓志铭	〔明〕赵重道	239
明故太医院医士韦庵叶君墓志铭	〔明〕范钦	240
故南京光禄寺良酝署署正葵阳吴公墓志铭	〔明〕徐师曾	241
承务郎南京光禄寺良酝署署正中河吴君墓志铭	〔明〕董份	242
南京光禄寺良酝署署正中河吴君元配封孺人王氏墓志铭	〔明〕徐师曾	243
明故封太宜人王母仲氏墓志铭	〔明〕徐师曾	244
祇庵公传	〔清〕沈始树《吴江沈氏家传》	244
史龙湾暨配吴孺人合葬墓志铭	〔明〕吴邦桢	245
瑞安令周公传	〔清〕朱鹤龄	246
敬亭公墓志	〔明〕杨雷	247

篇名	作者	页码
守西公传	〔清〕沈始树《吴江沈氏家传》	247
上林苑监嘉蔬署署丞守西沈公墓表	〔明〕王世贞	248
国学生旅川汝君墓志铭	〔明〕沈启	249
邱孺人墓志铭	〔明〕王世贞	250
处士严子春夫妻合葬墓表	〔明〕徐师曾	251
处士东野冯翁行实	〔明〕赵重道	252
冯母施硕人行实	〔明〕赵重道	253
中大夫陕西行太仆寺卿前湖广按察使司副使兼管流民仰峰吴公传	〔明〕姚宏谟	254
中大夫陕西行太仆寺卿兼按察司佥事仰峰吴公墓志铭	〔明〕董份	256
冠带儒士盛少和先生墓志铭	〔明〕王世贞	258
后江严君暨配吴氏合葬墓志铭	〔明〕赵重道	260
乡进士德泉吴君暨配顾孺人合葬墓志铭	〔明〕孙植	261
故河南都指挥使司经历沈君墓志铭	〔明〕徐师曾	262
枫山公传	〔清〕沈始树《吴江沈氏家传》	263
容亭吴先生传	〔明〕项笃寿	264
太学吴子彝墓志铭	〔明〕孙植	264
吴母朱氏墓志铭	〔明〕沈瓚	266
徐鲁庵先生墓表	〔明〕王世懋	267
工部虞衡司主事文湖叶公行状	〔明〕张敉	268
金华县知县吴江顾侯去思碑	〔明〕冯熊	269
明文林郎浙江道监察御史鲁斋顾君行状	〔明〕吴邦桢	271
明故文林郎浙江道监察御史鲁斋顾君权厝志	〔明〕徐师曾	273
张基传	清乾隆《吴江县志》	275
明故太学生两溪叶公行状	〔明〕赵重道	276
明故太学生两溪叶先生墓志铭	〔明〕顾宪成	278
屠孺人墓志	〔明〕史季立、屠叔方	279
杜静台先生传	〔清〕朱鹤龄	280
赠太仆卿孝廉养室周公墓志	〔明〕熊开元	281
申玉田先生墓志铭	〔明〕王世贞	284
范维传	〔清〕范时乾《同里古吴郡范氏家乘》	285
乡进士衍泉吴君墓志铭	〔明〕范惟一	286
诰赠宜人吴母闵氏墓志铭	〔明〕许孚远	287
诰赠宜人吴母黄氏墓志铭	〔明〕吴文企	288
明乡进士玄津周君墓志铭	〔明〕王世贞	290
明乡进士玄津周君墓表	〔明〕徐显卿	291

周母吴孺人墓志铭	〔明〕申时行	292
周母吴孺人墓表	〔明〕王穉登	293
明故诸生周信臣配旌表贞节沈硕人合葬墓志铭	〔明〕王穉登	294
笠川公传	〔清〕沈始树《吴江沈氏家传》	295
中奉大夫广西布政使司右布政使少泉吴公墓志铭	〔明〕孙植	295
吴太学润甫元配项氏墓志铭	〔明〕姚宏谟	297
少西公传	〔清〕沈始树《吴江沈氏家传》	298
太学生周叔元墓志铭	〔明〕徐师曾	299
亡弟太学生溈春行状	〔明〕周兆南	300
虹台公传	〔清〕沈始树《吴江沈氏家传》	301
潘志伊传	〔清〕潘柽章	302
明徵仕郎南京光禄寺署丞贞溪周公墓志铭	〔明〕顾大典	303
周敬臣先生墓志铭	〔明〕王穉登	305
遵野归吴记	〔明〕朱吾弼	307
瀛山公传	〔清〕沈始树《吴江沈氏家传》	307
明故光禄寺署丞存江周公墓志铭	〔明〕杨成	308
明故徵仕郎光禄寺大官署署丞存江周公墓碑铭	〔明〕屠隆	310
徵仕郎光禄寺大官署署丞存江周公墓表	〔明〕朱来远	311
明故光禄存江周公配顾孺人墓志铭	〔明〕陈继儒	312
孙从龙传	清乾隆《震泽县志》	313
赠尚宝少卿袁公传	〔清〕朱鹤龄	314
袁了凡传	〔清〕彭绍升	316
文林郎知河南汝宁府光州商城县事芷阳沈君墓志铭	〔明〕王世贞	319
明宗人府经历龙津周君墓志铭	〔明〕徐显卿	321
明宗人府经历龙津周君墓表	〔明〕王世懋	322
叶肖愚先生墓志铭	〔明〕王世贞	323
先府君景川公墓志铭	〔明〕卜舜年	325
乡进士霁宇吴公暨配凌孺人墓志铭	〔明〕王锡爵	326
乡进士吴君墓表	〔明〕申时行	327
敕赠安人吴母黄氏墓志铭	〔明〕佚名	328
乡进士怡春吴君墓志铭	〔明〕刘凤	329
吴节妇范太孺人传	〔明〕沈珣	330
敕封孺人吴母范太孺人墓志铭	〔明〕朱国正	332
昆仑山人传	〔明〕王世贞	334
王山人子幻墓表	〔明〕申时行	335
外父乡进士涵泉吴公暨外母屠孺人墓志铭	〔明〕沈珣	337

明故悫惠处士怀皋连公墓志铭	〔明〕顾大典 / 338
明故太学沅湘顾公暨配沈孺人合葬墓志铭	〔清〕徐显卿 / 339
吴秀传	清顺治《续吴江县志》/ 341
例赠资政大夫先祖考吴川公例赠夫人先祖妣徐夫人行略	〔清〕陆文衡 / 342
太学生吴字甫元配董孺人墓志铭	〔明〕沈 瓒 / 342
春洲公传	〔清〕沈始树《吴江沈氏家传》/ 343
毛寿南传	清嘉庆《黎里志》/ 344
涵台公传	〔清〕沈始树《吴江沈氏家传》/ 344
衡宇顾公传	〔明〕王穉登 / 345
衡宇墓志铭	〔明〕王锡爵 / 346
张益之先生墓表	〔清〕钱谦益 / 347
无巴生传	〔明〕释真可 / 348
明故太学生中岳严君墓志铭 代作	〔明〕赵重道 / 349
达观大师传略	〔明〕陆 符 / 350
达观可禅师传	〔明〕释大香 / 353
达观大师塔铭	〔明〕释德清 / 354
陕西按察使经历凤楼公家传	清残本《汝氏世谱》/ 359
明故光禄大官丞周桂寰先生墓志铭	〔明〕倪元璐 / 359
沈季文传	清乾隆《震泽县志》/ 360
侍御梧冈公行略	〔清〕王锡等《吴江王氏新谱》/ 360
侍御梧冈公传	〔清〕邹元标 / 361
俞安期传	清乾隆《吴江县志》/ 362
省韦史公传	〔明〕陈良模 / 362
太仆寺卿因之吴公传	〔明〕文 秉 / 364
太仆卿吴公传	〔清〕朱鹤龄 / 365
客庵公传	〔清〕沈始树《吴江沈氏家传》/ 366
星桥史先生墓表	〔明〕周宗建 / 366
洞闻禅师塔铭	〔清〕钱谦益 / 367
明故光禄寺丞沈公伯英传	〔明〕姜士昌 / 368
祭宁庵沈尚宝文	〔明〕沈懋孝 / 368
宁庵公传	〔清〕沈光熙等《吴江沈氏家谱》/ 369
朱鹭传	〔清〕钱谦益 / 370
朱白民先生事略	〔清〕张世炜 / 371
慎吾公传	〔清〕沈光熙等《吴江沈氏家谱》/ 371
冲台公传	〔清〕沈始树《吴江沈氏家传》/ 372
周府君墓志铭	〔清〕钱谦益 / 373

周奉常季华配杨孺人墓志铭	〔明〕赵士谔 / 374
奉政大夫贵州按察司提学佥事振斋叶公墓志铭	〔明〕袁 黄 / 375
韫所公传	〔清〕沈始树《吴江沈氏家传》/ 377
定庵公传	〔清〕沈光熙等《吴江沈氏家谱》/ 378
周道登传	清乾隆《吴江县志》/ 378
庄元臣传	清乾隆《震泽县志》/ 379
顾含素公行略	〔清〕顾 虬 / 380

中

明太学生存敬周公墓志铭	〔明〕董其昌 / 381
明故太学生存敬周公墓表	〔明〕陈懿典 / 382
明太学生周孺瞻配吴孺人墓志铭	〔明〕陈舜仁 / 383
吴孺人墓表	〔明〕陈继儒 / 384
赵士谔传　从子鏊	〔清〕潘柽章 / 385
赵士谔传	清乾隆《吴江县志》/ 387
懋所公传	〔清〕沈始树《吴江沈氏家传》/ 387
宜庵公传	〔清〕沈光熙等《吴江沈氏家谱》/ 388
宁宇公传	〔明〕陆云祥 / 389
吴昌期传	清乾隆《吴江县志》/ 390
诰封中宪大夫例晋资政大夫先考继川公诰封恭人例晋夫人先妣 宋夫人行略	〔清〕陆文衡 / 390
中顺大夫云南顺宁府知府念切吴公暨继配周宜人合葬墓志铭	〔明〕倪长圩 / 391
容襟公传	〔清〕沈光熙等《吴江沈氏家谱》/ 394
乡饮介宾熙宇公传	清《徐氏家谱初稿》/ 394
虚室公传	〔清〕沈光熙等《吴江沈氏家谱》/ 395
宏所公传	〔清〕沈始树《吴江沈氏家传》/ 395
礼部冠带乡饮宾邑庠生新吾顾公暨元配叶孺人合葬墓志铭	〔明〕叶绍颙 / 396
德行庠生华日汝公墓志铭	〔明〕赵 康 / 397
张孟舒墓志铭	〔清〕钱谦益 / 398
养讷公传	〔清〕周爱访 / 399
孝廉张异度先生传	〔明〕文 秉 / 399
张异度墓志铭	〔清〕钱谦益 / 400
吴观察元谷公传	〔清〕赵士谔 / 401
中宪大夫河南按察司分巡河北道副使元谷吴公墓志铭	〔明〕周道登 / 402
文学兄峻之墓志铭	〔明〕叶绍袁 / 404

化城庵主悟宗墓铭	〔清〕钱谦益	405
刺史新宇公传	〔清〕薛寀	405
光禄寺署丞维新吴公传	〔清〕王时敏	406
明故文林郎四川道监察御史亦临吴公墓志铭	〔清〕徐枋	406
毛以燧、汝文淑传	清嘉庆《黎里志》	408
粲花馆诗集序	〔明〕沈珣	409
若宇公传	〔清〕沈光熙等《吴江沈氏家谱》	410
沈正宗传	清乾隆《震泽县志》	411
孙养正传	清乾隆《儒林六都志》	411
文学台垣顾公行略	〔清〕周爰访	412
太学良季吴公墓志铭	〔明〕周永年	412
史兆斗传	〔清〕汪琬	414
故明处士颖泉顾公墓志铭	〔清〕张参鲁	414
先祖颖泉公行略	〔清〕顾鼎勋	416
赠翰林院待诏孝介朱公传	〔清〕朱鹤龄	417
明特赠翰林院待诏私谥孝介先生朱君墓表	〔清〕钱谦益	417
若思列传	清《袁氏家乘》	418
太仆寺卿周来玉先生传	〔明〕倪元璐	418
明故忠御史赠太仆寺卿来玉周公墓志铭	〔明〕何如宠	420
明御史赠太仆寺卿来玉周公墓表	〔清〕蒋德璟	424
文林郎福建道监察御史赠太中大夫资治少尹太仆寺卿来玉周公神道碑铭	〔明〕董其昌	426
文林郎福建道监察御史赠太中大夫资治少尹太仆寺卿周公神道碑铭	〔清〕钱谦益	427
周宗建列传	〔清〕张廷玉等《明史》	428
周宗建传	陈去病	430
先伯兄安期行略	〔清〕周永言、周永肩	433
周安期墓志铭	〔清〕钱谦益	435
《园冶》自序	〔明〕计成	436
《园冶》题词	〔明〕郑元勋	437
《园冶》识语	阚铎	438
前中顺大夫广西柳州府知府念孚吴公暨元配敕封安人陶氏合葬墓志铭	〔清〕金之俊	441
鞠通生小传	〔明〕沈自友	445
鞠通公传	〔清〕沈光熙等《吴江沈氏家谱》	445
六世祖望湖公传	〔清〕陈阶瑶	446

宝威公传	〔清〕沈光熙等《吴江沈氏家谱》	446
顾文亨传	清乾隆《震泽县志》	447
文渊阁大学士文靖朱公墓志铭	〔清〕黄宗羲	447
明文学子贤府君墓志铭	〔清〕周 灿	451
孙淳传	清乾隆《震泽县志》	452
舅氏会卿汝公传	〔清〕钮 琇	452
自为墓志铭	〔明〕卜舜年	453
卜野水传	〔明〕张志达	454
先考方伯府君行述	〔清〕陆锦等	454
陆方伯传	〔清〕周永言	456
陆坦持先生方伯传	〔清〕郑敷教	457
盛王赞传	〔清〕潘柽章	458
顾祖奎生传	〔明〕叶树人	459
张孝起传	清乾隆《吴江县志》	460
叶绍袁传	清康熙《吴江县志》	460
西华阡表	〔清〕叶 燮	461
亡室沈安人传	〔明〕叶绍袁	462
沈宜修传	〔清〕钱谦益	465
赠指挥同知赵公传	〔清〕朱鹤龄	465
君庸公传	〔清〕沈光熙等《吴江沈氏家谱》	466
表妹张倩倩传	〔明〕沈宜修	467
潘一桂传	清乾隆《吴江县志》	468
观宇公传	〔清〕沈光熙等《吴江沈氏家谱》	469
年谱韵编	〔清〕金之俊	469
金之俊传	〔清〕国史馆《清史列传》	471
诰封正一品夫人严氏行略	〔清〕金之俊	472
沈宠绥传	清乾隆《吴江县志》	473
故明嘉议大夫大理寺卿叶公墓志铭	〔明〕张伯行	474
晚宜楼集序	〔明〕叶绍颙	475
弟又硕墓志铭	〔明〕卜舜年	476
敬桥公传	〔清〕王 章	477
啸阮公传	〔清〕沈光熙等《吴江沈氏家谱》	477
明吴江布衣叶先生传	〔清〕唐仲冕	478
徐鑛传	清嘉庆《黎里志》	478
吴有涯传	清乾隆《震泽县志》	479
明故湖广永州推官燕勒吴公墓志铭	〔清〕韩 菼	479

先府君事略	〔清〕徐 釚	480
敕赠翰林院检讨吴江徐公墓志铭	〔清〕黄与坚	482
皇清敕赠徵仕郎翰林院检讨吴江徐公墓表	〔清〕朱彝尊	483
从兄文学伯英嫂氏吴孺人墓志铭	〔清〕叶 燮	483
范邦俊传	〔清〕范时乾《同里古吴郡范氏家乘》	484
都督洪公祖烈传	〔清〕沈 彤	485
张隽、董二酉传	清乾隆《震泽县志》、陈去病《五石脂》	485
徐伯贞先生传	〔清〕钮 琇	486
闻华公传	〔清〕沈光熙等《吴江沈氏家谱》	487
大父祖槐公行略	〔清〕张世炜	488
王君启雍墓碣	〔清〕王 峻	489
文学文然从伯兄暨嫂氏金合葬墓志铭	〔清〕叶 燮	490
赵庚传	清乾隆《震泽县志》	491
先考浙江道监察御史阆昭府君行状	〔清〕周之奇	491
通问传	〔清〕潘柽章	493
计大章、朱明德传	清同治《盛湖志》	493
周府君墓志铭	〔清〕黄宗羲	494
元方公传	〔清〕沈光熙等《吴江沈氏家谱》	495
君服公传	〔清〕沈光熙等《吴江沈氏家谱》	495
顾伟、章梦易传	清乾隆《吴江县志》	496
任坦斋先生墓志铭	〔清〕沈潜德	496
君牧公传	〔清〕沈光熙等《吴江沈氏家谱》	497
先考赠徵仕郎翰林院检讨仲和府君行述	〔清〕潘 耒	498
赠日讲官起居注翰林院检讨徵仕郎贞靖潘先生墓志铭	〔清〕朱彝尊	499
先妣封太孺人吴氏行述	〔清〕潘 耒	500
冽泉公传	〔清〕沈光熙等《吴江沈氏家谱》	501
朱鹤龄传	〔清〕国史馆《清史列传》	501
雪湖高士杨硕父传	〔清〕钱 云	502
雪湖高士杨艺传	陈去病	503
孙兆奎传	清乾隆《震泽县志》	504
史玄、赵涣传	〔清〕潘柽章	504
吴允夏传	〔清〕潘柽章	505
悦吾公传	〔清〕黄廷桢	505
季淳公传	张嘉荣《盛泽张氏遗稿存录》	506
吴宗潜传	清乾隆《震泽县志》	506
祭吴东里先生文	〔清〕潘 耒	506

祭长女昭齐文	〔明〕叶绍袁 / 507
吴节愍公家传	〔清〕陈寿熊 / 510
长兴伯吴易传	陈去病 / 511
包捷传	清乾隆《震泽县志》/ 515
吴翮传	清乾隆《震泽县志》/ 516
吴振六哀辞	〔清〕计 东 / 516
仲沈洙传	清同治《盛湖志》/ 517
袁四履传	〔清〕沈 湛 / 517
范邦宿、范邦宜传	〔清〕范时乾《同里古吴郡范氏家乘》/ 518
恒斋公传	〔清〕沈光熙等《吴江沈氏家谱》/ 519
君山公传	〔清〕沈光熙等《吴江沈氏家谱》/ 520
费隐君墓表	〔清〕潘 耒 / 520
费孝子传	〔清〕潘 耒 / 521
文来公墓志	〔清〕王 植 / 521
叶小纨传	清乾隆《吴江县志》/ 522
午梦堂诗钞述略（节录）	〔清〕叶 燮 / 522
汤豹处传	清同治《盛湖志》/ 523
吴宗汉传	清乾隆《震泽县志》/ 523
谢斋诸兄弟传并序	〔清〕叶 燮 / 523
先考芥庵府君先妣黄氏孺人行状	〔清〕钮 琇 / 525
钮芥庵墓志铭	〔清〕潘 耒 / 526
戴笠传	清乾隆《吴江县志》/ 527
高士戴耘野先生祠堂记	〔清〕诸福坤 / 527
一指公传	〔清〕沈光熙等《吴江沈氏家谱》/ 528
高蹈先生传	〔清〕戴 笠 / 528
张拱乾传	清乾隆《吴江县志》/ 529
贞毅先生私谥议	〔清〕徐 釚 / 529
季女琼章传	〔明〕沈宜修 / 530
祭甥女琼章文	〔明〕沈自徵 / 531
族嫂烈妇汤氏墓志铭	〔清〕计 东 / 533
吴祖锡传	清乾隆《吴江县志》/ 534
吴祖锡列传	赵尔巽《清史稿》/ 534
吴子元配徐硕人墓志铭	〔清〕徐 枋 / 535
贡生圣旟叶君墓志铭	〔清〕严允肇 / 535
高祖爱溪公传	〔清〕陈阶琛 / 536
子受汝先生传	〔清〕盛 禾 / 537

吴文学徐硕人合葬墓志铭	〔清〕徐 枋 / 537
叶世偁祭文	〔明〕叶绍袁 / 538
柳夫人小传	〔清〕徐 芳 / 541
河东君传	〔清〕顾 苓 / 542
河东君传	〔清〕钮 琇 / 544
河东君记	〔清〕沈 虬 / 546
南庄公传	〔清〕沈光熙等《吴江沈氏家谱》/ 547
清明祭文	〔明〕叶绍袁 / 547
佥宪小修公传	〔清〕计 东 / 551
初授公传	〔清〕沈光熙等《吴江沈氏家谱》/ 552
雪滩头陀传	〔清〕徐 釚 / 552
钮应斗传	清乾隆《吴江县志》/ 553
古处公小传	〔清〕袁嵩龄 / 553
先考子开府君行略	〔清〕陆方涛 / 554
彦登公传	〔清〕黄廷桢 / 555
圣勷公传	〔清〕沈光熙等《吴江沈氏家谱》/ 555
王智可先生小传	〔清〕顾我钧 / 556
王景亮传	清乾隆《吴江县志》/ 556
姑吴孺人传	〔清〕计 东 / 556
王子渊先生暨配许孺人合葬墓表	〔清〕顾我钧 / 557
赵沄传	清乾隆《震泽县志》/ 558
书吴潘二子事	〔清〕顾炎武 / 558
吴节士赤民先生传	陈去病 / 559
太学从兄念祖暨嫂氏韩合葬墓志铭	〔清〕叶 燮 / 560
叔父文辕府君行状	〔清〕计 东 / 561
计孝廉传	〔清〕尤 侗 / 562
祭业师计甫草先生文	〔清〕徐 釚 / 563
计东传	〔清〕国史馆《清史列传》/ 564
丁墨霞墓志铭	〔清〕潘 耒 / 564
尤本钦传	清乾隆《震泽县志》/ 565
从弟谏草家传	〔清〕计 东 / 565
潘力田传	〔清〕戴 笠 / 566
叶先生传	〔清〕沈德潜 / 566
吴靖誉先生墓志铭	〔清〕胡 渭 / 568
僧海溯传	〔清〕张世炜 / 569
文涛仲翁墓志铭	〔清〕汪 琬 / 569

王晓庵先生墓志	〔清〕王　济 / 570
王锡阐传	〔清〕杭世骏 / 571
王先生锡阐传	〔清〕丁子复 / 572
吴玉川先生合葬墓碣	〔清〕朱　范 / 572
吴闻玮先生德配小畹庞夫人传	〔清〕朱　谨 / 573
耕道天选两公合传	〔清〕沈光熙等《吴江沈氏家谱》/ 574
周爱访传	清嘉庆《同里志》/ 574
汉为公传	张嘉荣《盛泽张氏遗稿存录》/ 575
孙文玉眼镜法序	〔清〕张若羲 / 575
读《镜史》书后	〔清〕文康裔 / 576
孙云球传	〔清〕陆肇域、任兆麟《虎阜志》/ 577
尧民公小传	〔清〕袁嵩龄 / 577
孝廉汉槎吴君墓志铭	〔清〕徐　钪 / 577
吴兆骞传	〔清〕国史馆《清史列传》/ 579
钱继升传	〔清〕张士元 / 579
叶舒颖传	陈去病《笠泽词徵》/ 580
廷许公传	〔清〕沈光熙等《吴江沈氏家谱》/ 580
先叔母张氏孺人行述	〔清〕王锡阐 / 581
故儒官翊苍公墓表	〔清〕陈沂震 / 582
就闲公传	〔清〕沈光熙等《吴江沈氏家谱》/ 583
吴江沈孝子传	〔清〕沈树德 / 583
范孙蕙、范汝桢、范鸿业传	〔清〕范时乾《同里古吴郡范氏家乘》/ 584
王凌遽暨子燕公墓志铭	〔清〕包宏基 / 585
渔隐君敷夏传	〔清〕叶德辉等《吴中叶氏族谱》/ 586
清故翰林院检讨徐先生墓志铭	〔清〕秦道然 / 586
徐钪传	清康熙《吴江县志续编》/ 586
虹亭公传	〔清〕徐书城《吴江徐氏宗谱》/ 587
敕封孺人先室吴氏行述	〔清〕徐　钪 / 588
克将公传	〔清〕沈光熙等《吴江沈氏家谱》/ 589
慕轩公传	〔清〕沈光熙等《吴江沈氏家谱》/ 589
陈锐、陈沂配传	清嘉庆《同里志》/ 589
李先生寅传	〔清〕张云章 / 590
青浦教谕雨岑公墓志铭	〔清〕董　煟 / 591
先室蒋孺人行述	〔清〕叶舒玥 / 592
太学侍伯陈公传	〔清〕包　咸 / 593
叶舒崇传	陈去病《笠泽词徵》/ 593

端敏公传	〔清〕黄以正、黄锡爵《松陵黄氏家谱》/ 594
张嘉玲传	清乾隆《震泽县志》/ 595
书张佩璁事	〔清〕张士元 / 595
吴祖修行状	〔清〕顾有典 / 595
柳庵公传	〔清〕沈光熙等《吴江沈氏家谱》/ 596
陈锷、陈沂震传	清嘉庆《同里志》/ 597
草亭先生传	〔清〕蒋　衡 / 597
草亭先生年谱	〔清〕周　勉 / 598
诰赠通议大夫显曾祖考广生府君暨配吴淑人行略	〔清〕陆　燿 / 600
叔父建瓴公传	〔清〕张世炜 / 601
董阊传	清乾隆《震泽县志》/ 601
翼云公行述	〔清〕张富仪 / 602
书钮书城公治县事	〔清〕张士元 / 603
盛志勤传	〔清〕盛钟岐《平江盛氏家乘初稿》/ 603
刑部郎中鹤亭公传	〔清〕吴其琰 / 604
文学授时周君继配沈孺人小传	〔清〕佚　名 / 605
皇清徵仕郎日讲官起居注翰林院检讨稼堂府君行述	〔清〕潘其炳 / 606
皇清敕授徵仕郎日讲官起居注翰林院检讨次耕潘君墓志铭	〔清〕陈廷敬 / 609
皇清敕授徵仕郎日讲官起居注翰林院检讨潘先生行状	〔清〕沈　彤 / 610
亡妻王孺人圹志铭	〔清〕潘　耒 / 612
亡室封孺人申氏行述	〔清〕潘　耒 / 613
先舅氏敬胜吴府君叶孺人行述	〔清〕周振业 / 614
陈处士茂伯传	〔清〕嵇　璜 / 615
高祖文伯公传	〔清〕陈蕙茂 / 616
孝贞女墓志铭	〔清〕汪　琬 / 616
进士啸岩公家传	清残本《汝氏世谱》/ 617
王君凝庵墓志铭	〔清〕丁元正 / 617
先考即山府君行略	〔清〕陆桂馨 / 618
半村公传	〔清〕李重华 / 619
节母沈孺人传	〔清〕吴起元 / 620
唐湖徵士张雪窗先生行状	〔清〕周廷谔 / 620
先考文学耐庵府君传	〔清〕陆象先 / 622
周廷谔传	清乾隆《吴江县志》/ 622
儒林郎候补州司马宸瑞公暨安人陆氏合葬墓志	〔清〕陆桂馨 / 623
贞敏先生丹桂传	〔清〕叶德辉等《吴中叶氏族谱》/ 623
计默传	清同治《盛湖志》/ 624

仲枢、仲楝、仲楷传	清同治《盛湖志》	/ 624
张尚瑗传	清乾隆《震泽县志》	/ 625
先考真崖府君述	〔清〕沈 彤	/ 625
先妣吴孺人述	〔清〕沈 彤	/ 626
陈君淳庵传	〔清〕毛汝恵	/ 627
贡士周右序传	〔清〕沈德潜	/ 627
皇清恩科癸卯副榜周君意庭墓表	〔清〕黄叔琳	/ 628
赠君师维王先生墓志	〔清〕范 灿	/ 629
宜城县令陈君暨配管孺人合葬墓志铭	〔清〕汪应铨	/ 630
先考莼江府君行略	〔清〕徐大椿	/ 631
先妣丁安人行略	〔清〕徐大椿	/ 632
乡贡君舒璐传	〔清〕叶德辉等《吴中叶氏族谱》	/ 634
先考谏传府君行略	〔清〕陆 植、陆景屺	/ 634
陆谏传先生合葬墓志铭	〔清〕王 锡	/ 635
陈苌传	清乾隆《震泽县志》	/ 636
周龙藻传	清乾隆《吴江县志》	/ 636
吴君公亮行略	〔清〕周振业	/ 636
先祖考直斋府君传略	〔清〕吴全基	/ 638
孝廉王君墓志铭	〔清〕潘其炳	/ 639
孝廉伟岳公传	〔清〕顾我锜	/ 640
麟洲公传	〔清〕黄以正、黄锡爵《松陵黄氏家谱》	/ 640
诰赠通议大夫显祖考公衡府君暨配张淑人行略	〔清〕陆 燿	/ 640
故叔父元洲府君墓志	〔清〕沈 彤	/ 641
冯介夫先生家传	〔清〕张日华	/ 641
袁贡士墓志铭	〔清〕沈德潜	/ 642
清故吴江盛君禹嘉墓铭	〔清〕吴 然	/ 643
凤洲公传	〔清〕黄以正、黄锡爵《松陵黄氏家谱》	/ 644
吴景果传	清乾隆《震泽县志》	/ 644
书金士吉狱事	〔清〕张士元	/ 645
费元衡传	清乾隆《震泽县志》	/ 646
皇清例授修职郎太学生候选县丞显考晴轩府君行述	〔清〕金 润	/ 646
皇清诰授奉直大夫拣选云南省知州潜叔周公墓志铭	〔清〕陆奎勋	/ 647
岱云公传	〔清〕王 锡	/ 649
澹斋公行状	〔清〕张又醇	/ 649
澹斋公墓志铭	〔清〕赵 楠	/ 651
王确庵传	〔清〕董 熜	/ 652

国子生善长吴公行实略	〔清〕谭倪书	653
五叔祖金声公墓表	〔清〕陆　燿	654
先考馥园府君行略	〔清〕陆昌言	655
陆馥园先生传	〔清〕刘鸣鹤	656
资政大夫工部侍郎范公神道碑	〔清〕陆　燿	657
超山公小传	〔清〕袁嵩龄	658
东溪公传	〔清〕沈光熙等《吴江沈氏家谱》	658
翰林院编修李公墓志铭	〔清〕刘大櫆	659
炎洲公传	〔清〕黄以正、黄锡爵《松陵黄氏家谱》	659
恩授修职郎府学生任君墓志铭	〔清〕彭绍升	660
慎斋吴公传	〔清〕沈祖惠	661
孝廉映薇公传	〔清〕周俊济	662
先考时圃府君行略	〔清〕陆一士	662
绵江吴先生传	〔清〕沈执中	663
顾湘南墓志铭	〔清〕黄之隽	664
顾湘南传	〔清〕蔡寅斗	665
沈果堂墓版文	〔清〕全祖望	665
沈君彤墓志铭	〔清〕惠　栋	666
沈徵君传	〔清〕陈黄中	667
徵士文孝沈先生墓志铭	〔清〕沈廷芳	668
果堂公传	〔清〕沈光熙等《吴江沈氏家谱》	669
文林郎知新淦县事沈公墓志铭	〔清〕金学诗	669
周今图家传	〔清〕张士元	670
陈徵君暨配陆安人合葬墓志铭	〔清〕沈德潜	671
从祖汉汀公暨费太安人合传	〔清〕陈元文	672
族曾祖三江公传	〔清〕迮　朗	672
迮徵君三江传	〔清〕柳树芳	675
潘其灿传	清道光《平望志》	676
孝廉俊求公传	〔清〕周　慎	676
潘昶传	清道光《平望志》	676
恬斋公传	〔清〕沈光熙等《吴江沈氏家谱》	677
文学陈载赓暨配张孺人合传	〔清〕平　恕	677
王藻传	清道光《平望志》	678
东顾新阡记	〔清〕陆　燿	679
陆廷瓒传	〔清〕何　发	679
诰封太夫人显妣陈太君行述	〔清〕陆　燿	680

王锡传	清嘉庆《同里志》/682
亡室沈顾两孺人墓志	〔清〕王　锡/682
清故太学生候选州同知周府君墓志铭	〔清〕曹　森/683
自序	〔清〕徐大椿/684
皇清敕赠儒林郎徐徵君墓志铭	〔清〕彭启丰/687
徐灵胎先生传	〔清〕袁　枚/688
张栋传	清道光《平望志》/690
仲周需传	清同治《盛湖志》/690
袁太学漫恬墓志铭	〔清〕沈德潜/690
静学迃先生墓表	〔清〕陆　耀/691
王樑传	清道光《平望志》/692
沈虹舟先生行状	〔清〕王元文/692
吴改堂先生传	〔清〕汪　缙/694
陈兰圃公传	〔清〕沈　璟/695
从伯云峰公传	〔清〕陈阶琪/695
耐庵公传	〔清〕沈大本/696
皇清诰赠光禄大夫显考邑庠生枫江府君行述	〔清〕金学诗/696
赠光禄大夫礼部尚书金公墓志铭	〔清〕潘奕隽/698
皇清诰赠一品夫人显妣吴太夫人行述	〔清〕金学诗/698
奉政大夫保德州知州钱公之青墓碣	〔清〕陆　耀/699
皇清诰授荣禄大夫予告太子少傅工部尚书周公墓志铭	〔清〕彭启丰/700
文林郎知灵山县事吴公墓志铭	〔清〕金学诗/702
直斋公传	〔清〕黄以正、黄锡爵《松陵黄氏家谱》/703
陈萍庄墓志铭	〔清〕彭启丰/703
庐江县知县赵公墓志铭	〔清〕陆　耀/704
任先生思谦墓表	〔清〕鲁仕骥/705
顾我钧传	清嘉庆《同里志》/706
范景焘传	〔清〕范时乾《同里古吴郡范氏家乘》/706
大一公传	〔清〕黄以正、黄锡爵《松陵黄氏家谱》/707
浙江按察使李公治运墓表	〔清〕袁　枚/707
先考行略	〔清〕张士元/708
先妣俞孺人行略	〔清〕张士元/709
蔼亭吴公传	〔清〕谭倪书/709
陈君禹望传	〔清〕曹秀先/710
汪峻堂哀词	〔清〕沈　彤/711
广东潮州府粤闽南澳同知庸斋金君墓志铭	〔清〕沈德潜/711

祭奉政大夫南澳司马金君庸斋文	〔清〕顾　耕 / 712
钱雪岩先生传	〔清〕王元文 / 714
族祖父汉冲公权厝志铭	〔清〕郭　麐 / 714
陈仪庭封翁暨配程安人合传	〔清〕张士范 / 715
先考月圃府君行述	〔清〕陆泰增 / 716
悠亭公传	〔清〕周　楚 / 717
健斋公传	〔清〕黄以正、黄锡爵《松陵黄氏家谱》/ 719
顾先生墓表	〔清〕张士元 / 719
惕斋金君小传	〔清〕王曾翼 / 720
陈讷庵先生墓志铭	〔清〕丁日振 / 720
年伯陈讷庵先生传	〔清〕费振勋 / 721
保定县知县沈君墓表	〔清〕张士元 / 722
寄庐公传	〔清〕沈光熙等《吴江沈氏家谱》/ 723
心耕陈先生传	〔清〕屠　倓 / 724
潘雪巢传	〔清〕王元文 / 724
范时勉传	〔清〕范时乾《同里古吴郡范氏家乘》/ 725
陈易门传	〔清〕王元文 / 726
资政大夫兵部侍郎右副都御使湖南巡抚陆公行状	〔清〕金学诗 / 726
湖南巡抚陆君燿墓志铭	〔清〕冯　浩 / 728
大清诰授资政大夫兵部侍郎都察院右副都御史湖南巡抚陆公神道碑	〔清〕袁　枚 / 729
书陆中丞遗事	〔清〕张士元 / 730
诗人袁朴村小传	〔清〕陈毓乾 / 731
袁朴村先生墓志铭	〔清〕朱春生 / 732
张少川哀辞	〔清〕王元文 / 733
徵仕郎通州学正陈君墓表	〔清〕金学诗 / 733
静庵公传	〔清〕徐书城《吴江徐氏宗谱》/ 734
徐星标传	〔清〕朱春生 / 735
儒林郎徐君星标墓志铭	〔清〕袁　枚 / 736
董节妇传	〔清〕朱春生 / 736
观澜公传	〔清〕黄以正、黄锡爵《松陵黄氏家谱》/ 737
太学逸梧陈先生传	〔清〕钱　枚 / 738
亡弟宥基家传	〔清〕陆耀洁 / 738
少泉公传	〔清〕沈慰祖 / 739
清故赠奉政大夫候补内部郎中漳州府海防同知汪公行状	〔清〕沈刚中 / 740
云亭公传	〔清〕黄以正、黄锡爵《松陵黄氏家谱》/ 741

盱眙教谕钱先生行状	〔清〕张士元/741
貤赠奉政大夫太学生陆君传	〔清〕顾广誉/742
王宗导传	清嘉庆《同里志》/743
沈刚中传	清道光《分湖小识》/743
皇清诰授光禄大夫经筵讲官武英殿总裁兵部尚书加一级谥文简显考听涛府君行述	〔清〕金芝原/744
诰授光禄大夫经筵讲官兵部尚书金文简公墓志铭	〔清〕纪昀/748
皇清诰封一品夫人先室赵夫人传略	〔清〕金士松/750
顾蔚云先生墓志铭	〔清〕朱春生/750
清故县学生袁君墓志铭	〔清〕王芑孙/752
翁霞亭传	〔清〕王元文/753
先师王北溪先生暨元配周孺人继配沈孺人合葬墓志铭	〔清〕徐乔林/754
王北溪传	〔清〕张士元/755
先室周孺人行述	〔清〕王元文/756
继室沈孺人行述	〔清〕王元文/757
榆村徐君墓志铭	〔清〕费振勋/758
王曾翼传	清嘉庆《同里志》/759
王楠、王鲲、王致望传	清光绪《吴江县续志》/760
补亭叶明经传	〔清〕李莱/760
叶公葵亭传	〔清〕杨复吉/761
先君子行略	〔清〕郭麐/761
生母祔志	〔清〕郭麐/762
文林郎知营山县事吴君墓志铭	〔清〕金学诗/763
顾东岩先生小传	〔清〕朱春生/764
先祖妣节行略	〔清〕俞岳/765
星灿公传	〔清〕徐燨/766
皇清敕授文林郎例晋承德郎国子监助教充四库全书覆校官国子监志纂修官加一级记名主事诰封奉直大夫内阁侍读加一级显考二雅府君行述	〔清〕金达原/767
皇清敕授文林郎例晋承德郎国子监助教加二级记名主事金君墓志铭	〔清〕吴省兰/769
陈君谷墅传	〔清〕沈璟/771
让堂四兄家传	〔清〕费振勋/771
祭四兄文	〔清〕费振勋/772
外王父董峙亭府君行略	〔清〕董兆熊/773
皇清诰赠奉直大夫安徽蒙城县知县加三级许愚周公墓志铭并序	

……………………………………〔清〕石韫玉 / 774
皇清诰授中宪大夫刑科掌印给事中广西学政加二级显考鹤江府君
　行述 …………………………………………〔清〕费兰墀 / 775
中宪大夫刑科给事中费公事略 …………………〔清〕张士元 / 779
皇清诰封恭人显妣苏恭人行述 …………………〔清〕费兰墀 / 780
教谕陈吟香传 ……………………………………〔清〕叶肇元 / 784
陈简亭传 …………………………………………〔清〕茅元铭 / 785
先府君行略 ………………………………………〔清〕朱春生 / 786
赵基传 …………………………………………清道光《黄溪志》/ 788
皇清诰赠奉直大夫亡弟增广生士模行略 ………〔清〕金学诗 / 789
鹭汀公传 ………………………〔清〕周善鼎等《周氏宗谱》/ 790
顾卧冈先生传 ……………………………………〔清〕吴家骐 / 792
敬舆公传 …………………………………………〔清〕袁嵩龄 / 792
春波公传 …………………………………………〔清〕周　楚 / 793
张太孺人传 ………………………………………〔清〕陆以湉 / 795
程勋传 …………………………………………清道光《平望志》/ 795
汪鸣珂、汪惠芬传 ……………………………清道光《平望志》/ 796
登仕郎晋阶武德骑尉恤授云骑尉世职福建台湾府彰化县典史费
　君松亭墓志铭 …………………………………〔清〕金学诗 / 796
先外舅沈愚溪先生状略 …………………………〔清〕柳树芳 / 797
沈愚溪小传 ………………………………………〔清〕顾日新 / 798
王锟传 …………………………………………清嘉庆《同里志》/ 799
连卍川君家传 ……………………………………〔清〕沈钦霖 / 799
杨复吉传 ………………………………………清光绪《吴江县续志》/ 800
先考澹坪府君行述 ………………………………〔清〕陆　镛 / 800
敕封文林郎王君墓志铭 …………………………〔清〕张　履 / 801
吴下生传 …………………………………………〔清〕史善长 / 801
史善长传 ………………………………………清同治《盛湖志》/ 802
柳厚堂先生传 ……………………………………〔清〕费延釐 / 803
奉政大夫同知顺德府事徐君行状 ………………〔清〕张士元 / 803
广德州学正陆先生传 ……………………………〔清〕程　钰 / 804

下

国子生箾斋公家传 ……………………………清《徐氏家谱初稿》/ 805
太学陆君墓表 ……………………………………〔清〕沈日富 / 805

| 皇清诰封朝议大夫内阁侍读显考瑶冈府君行述 …………〔清〕金宗培等／806
| 亡室叶恭人传略 ……………………………………………〔清〕金芝原／809
| 叶恭人传………………………………………………………〔清〕叶　镠／811
| 皇清诰封恭人显妣蒋太恭人行述 ……………………〔清〕金宗培等／812
| 竹圃公传 ……………………………〔清〕徐书城《吴江徐氏宗谱》／815
| 盛梦熊传 …………………………〔清〕盛钟岐《平江盛氏家乘初稿》／815
| 任兆麟传 ……………………………………………清光绪《吴江县续志》／816
| 国学生柳君逊村小传 …………………………………………〔清〕顾日新／816
| 国学生柳君逊村墓志铭 ………………………………………〔清〕沈　璟／817
| 柳逊村翁墓表 …………………………………………………〔清〕姚　椿／818
| 泽南公传 ……………〔清〕黄以正、黄锡爵《松陵黄氏家谱》／819
| 顾青庵墓志铭 …………………………………………………〔清〕朱春生／819
| 张鲈江先生行状 ………………………………………………〔清〕俞树滋／820
| 张鲈江墓志铭 …………………………………………………〔清〕姚文田／821
| 鲈江张先生传 …………………………………………………〔清〕钱仪吉／822
| 亡友徐江庵墓志铭 ……………………………………………〔清〕郭　麐／822
| 陈府君葬志 ……………………………………………………〔清〕郭　麐／823
| 葵坡公传 …………………………………〔清〕周善鼎等《周氏宗谱》／824
| 王祖武传 ……………………………………………清嘉庆《同里志》／825
| 汪宜秋女士小传 ………………………………………………〔清〕朱春生／826
| 陆俊传 ………………………………………………清道光《平望志》／827
| 叶公省堂传 ……………………………………………………〔清〕李承煦／827
| 袁湘湄徵君墓志铭并序 ………………………………………〔清〕朱春生／828
| 袁母宋安人墓志铭 ……………………………………………〔清〕朱春生／829
| 缝工柏俞龄传 …………………………………………………〔清〕朱春生／830
| 朱铁门墓志铭 …………………………………………………〔清〕郭　麐／831
| 翁广平传 ……………………………………………清光绪《吴江县续志》／832
| 杨毅堂先生传 …………………………………………………〔清〕沈日富／832
| 自叙 ……………………………………………………………〔清〕陈　赫／833
| 国子学生惺斋汝君传 …………………………………………〔清〕曹一桂／833
| 蒯嘉珍、钱与龄传 …………………………………清光绪《黎里续志》／833
| 亡姑蒯君夫人墓志 ……………………………………………〔清〕钱仪吉／834
| 凌春泉上舍传 …………………………………………………〔清〕殷寿彭／835
| 顾剑峰墓志铭 …………………………………………………〔清〕朱春生／836
| 先祖母节孝吴太孺人行略　代兄 ……………………………〔清〕沈日富／837
| 沈节母吴孺人传 ………………………………………………〔清〕郭　麐／838

篇名	作者/出处	页码
范显铤传	〔清〕范时乾《同里古吴郡范氏家乘》	839
顾廷飏小传	〔清〕徐 筠	840
汝容斋君家传	〔清〕陈寿熊	841
周鹤立传	清光绪《吴江县续志》	842
外祖母杨孺人家传略	〔清〕沈日富	842
频伽郭君墓志铭	〔清〕冯登府	843
郭麐、天寥、郭凤、吴鸣钧传	清光绪《吴江县续志》	844
诰授奉政大夫鸿胪寺少卿程公墓表	〔清〕张 履	844
改吟先生树枚、华川君昉升传	〔清〕叶德辉等《吴中叶氏族谱》	845
徐达源传 子晋镕	清光绪《黎里续志》	845
亡妻吴安人行状	〔清〕徐达源	846
吴珊珊夫人小传	〔清〕郭 麐	847
敕封承德郎翰林院待诏加三级徐君妻吴安人墓志铭	〔清〕洪亮吉	848
候选州同张君墓表铭	〔清〕沈日富	849
费兰墀传	清光绪《吴江县续志》	850
皇清例封安人亡室王安人郑安人行略	〔清〕费兰墀	850
台湾府海防南路理番同知沈君墓志铭	〔清〕刘鸿翱	852
王君应庐墓志铭	〔清〕张 履	853
王应庐先生家传	〔清〕俞 岳	854
馨山公传	〔清〕周善鼎等《周氏宗谱》	855
亡兄蔼堂行略	〔清〕金 恭	855
任庵公传	〔清〕周 桢	856
青厓连君生圹志铭	〔清〕潘 眉	857
连鹤寿传	〔清〕国史馆《清史列传》	858
王封翁家传	〔清〕顾广誉	858
王安人家传	〔清〕顾广誉	859
愚堂公传	〔清〕周善鼎等《周氏宗谱》	860
范庸润传	〔清〕范时乾《同里古吴郡范氏家乘》	860
陆赠公艺香先生传	〔清〕李鸿章	861
赠荣禄大夫陆公暨配张夫人墓志铭	〔清〕乔松年	862
陆母张夫人家传	〔清〕管 乐	862
三从族兄耽泉翁家传	〔清〕柳兆薰	864
郑弱士墓志铭	〔清〕郭 麐	864
萍江公传	〔清〕周善鼎等《周氏宗谱》	865
萍江公传	〔清〕周善鼎等《周氏宗谱》	865
吴山子传	〔清〕王宝仁	866

皇清例授儒林郎候选州同霞轩朱府君行略	〔清〕王　棠 / 867
显本生考芝林府君圹记	〔清〕陈寿熊 / 868
吴鸣镛家传	〔清〕吴　育 / 868
吴鸣镛传	《六安州志·名宦传》/ 869
亡室沈孺人传	〔清〕吴鸣镛 / 869
郑先生墓志铭	〔清〕董兆熊 / 871
金阁公传	〔清〕周　桢 / 872
朱兰传	〔清〕邹　璟 / 873
沈兰亭先生暨德配朱孺人合葬墓志铭	〔清〕李应占 / 873
杨秉桂传	清同治《盛湖志》/ 873
吴柯亭先生小传	〔清〕袁嵩龄 / 874
蔡竺溪太常传略	〔清〕俞　岳 / 874
杨濂传	清光绪《吴江县续志》/ 875
张铁父先生行状	〔清〕张　履 / 875
张铁甫哀辞	〔清〕张士元 / 877
殷君东溪墓志铭并序	〔清〕郭　麐 / 877
貤赠翰林院编修叔父竹岩公传	〔清〕殷寿彭 / 878
陆蓑乡传	〔清〕顾广誉 / 879
袁陶甡圹志铭	〔清〕朱春生 / 879
周逸坡传	〔清〕殷寿彭 / 880
仲兄秀山行略	〔清〕柳树芳 / 881
清故文学柳君墓志铭并序	〔清〕郭　麐 / 882
先妣董孺人行略	〔清〕董兆熊 / 883
董节孝君墓志铭	〔清〕沈曰富 / 884
袁仲容墓志铭	〔清〕朱春生 / 885
皇清诰授奉政大夫例晋朝议大夫候选员外郎加二级纪录二次显考蓉 　　裳公行述	〔清〕周宪曾 / 886
候选员外郎周甥焕文墓志铭	〔清〕彭希郑 / 888
本生高祖妣王太恭人家传	〔清〕周世恩 / 889
陈封君传	〔清〕沈曰富 / 889
厦松公传	〔清〕章　高 / 890
仲弟省斋行略	〔清〕吴家骐 / 891
吴省斋小传	〔清〕柳树芳 / 891
先考候选州吏目琛厓府君行实	〔清〕沈曰富 / 892
榭舟公传	〔清〕周善鼎等《周氏宗谱》/ 894
诗人陈翊辰参军传略	〔清〕邱　璿 / 894

柳确斋小传	〔清〕吴元音 / 895
胜溪居士传	〔清〕姚　椿 / 896
先考古槎府君行略	〔清〕柳兆薰 / 896
清故太学贡生柳君墓志铭	〔清〕沈曰富 / 899
太学贡生古槎柳君诔	〔清〕董兆熊 / 900
亡妇沈孺人行略	〔清〕柳树芳 / 901
先继妻顾孺人行略	〔清〕柳树芳 / 902
先考翠岭府君事略	〔清〕沈人杰 / 903
清故候选布政使司经历沈翠岭君墓志铭	〔清〕毕华珍 / 906
清故候选布政使司经历沈翠岭君墓表	〔清〕陈克家 / 907
叶尧蓂传	清光绪《吴江县续志》/ 907
金君甘叔小传	〔清〕顾广誉 / 908
范清芬、范清溶、范河传	〔清〕范时乾《同里古吴郡范氏家乘》/ 908
翁雏、翁大年传	清光绪《吴江县续志》/ 910
陈养吾家传	〔清〕顾广誉 / 910
陈文学诔	〔清〕董兆熊 / 911
范文德传	〔清〕范时乾《同里古吴郡范氏家乘》/ 912
少甫俞先生传	〔清〕柳以蕃 / 912
吴颖叔传	〔清〕郭　麐 / 914
国子监生吴君墓志铭	〔清〕彭兆荪 / 914
亡侄竹安小传	〔清〕王友潮 / 915
从伯母节母俞安人家传	〔清〕柳以蕃 / 916
张学博传	〔清〕汤纪尚 / 916
袁午亭君家传	〔清〕沈曰富 / 917
程际青、张绍传	〔清〕吴有庆 / 918
舅氏铸唐叶先生家传略	〔清〕沈曰富 / 918
古轩公传	〔清〕周善鼎等《周氏宗谱》/ 919
薇人公传	张嘉荣《盛泽张氏遗稿存录》/ 920
殷寿彭、殷寿臻传	清光绪《黎里续志》/ 921
春雨楼诗文集后序	〔清〕袁学澜 / 921
笃林叶公传	〔清〕许国年 / 922
徐君澹人墓志铭	〔清〕董兆熊 / 923
戚爱贻传略	〔清〕柳树芳 / 924
仲湘传	清光绪《吴江县续志》/ 925
皇清例封孺人亡妇朱孺人状	〔清〕徐锡第 / 925
朱孺人传	〔清〕董国华 / 926

沈退甫哀辞	〔清〕孙 燮	/ 927
香吏公传	张嘉荣《盛泽张氏遗稿存录》	/ 928
张澹、陆惠传	清同治《盛湖志》	/ 928
钟新甫先生事略	〔清〕王徐庠	/ 929
陆孝愉公纪略	薛凤昌	/ 930
费女士纪略	薛凤昌	/ 930
别驾王君家传	〔清〕顾广誉	/ 930
铁霞周公传	〔清〕周善鼎等《周氏宗谱》	/ 931
仲廷机传	清光绪《盛湖志补》	/ 932
继室吴夫人述略	〔清〕仲廷机	/ 933
仲母吴夫人传	〔清〕庄人宝	/ 933
黄增禄、黄增康、黄锡麒传	〔清〕黄以正、黄锡爵《松陵黄氏家谱》	/ 934
孝子盛承乾小传	〔清〕俞樾	/ 934
沈君达卿权厝志	〔清〕诸福坤	/ 935
先兄行略	〔清〕沈曰富	/ 936
潘康惠先生传	沈昌眉	/ 937
凌恂斋君家传	〔清〕陈寿熊	/ 938
蔡岭香孝廉传	〔清〕陈寿熊	/ 939
诰授朝议大夫奉旨议恤江西吉安府知府殉难陈君行状	〔清〕沈曰富	/ 939
陈太守传	〔清〕冯桂芬	/ 943
董徵君墓志	〔清〕杨象济	/ 944
诰封太宜人费母梁太宜人墓志铭	〔清〕冯桂芬	/ 944
光禄大夫礼部左侍郎殷公墓志铭	〔清〕薇元	/ 946
殷兆镛传	赵尔巽《清史稿》	/ 946
礼部侍郎吴江殷公传	费树蔚	/ 948
祖、父行实	陈去病	/ 949
陈绮堂暨子玉泉秋泉家传	〔清〕诸福坤	/ 951
先姊节孝君倪太孺人行状	陈去病	/ 952
清故节孝君陈母倪太孺人墓志铭	〔清〕诸福坤	/ 954
陈母倪节孝君墓碑铭并叙	孙文	/ 955
先嗣继姒沈太君行述	陈去病	/ 955
周应芝君家传	〔清〕陈寿熊	/ 957
莲史周公传	〔清〕周善鼎等《周氏宗谱》	/ 958
莲史公墓志铭	〔清〕杨象济	/ 959
沈曰富传	清同治《盛湖志》	/ 959
从父起亭府君家传	〔清〕柳以蕃	/ 960

先妣节孝杨太孺人行述	〔清〕柳应墀、柳应磐 / 960
先考松琴府君行实	〔清〕柳以蕃 / 961
柳松琴先生家传	〔清〕李龄寿 / 963
柳府君墓志铭	〔清〕熊其英 / 964
先妣丁太孺人事略	〔清〕柳以蕃 / 965
汤先生墓碣	〔清〕柳以蕃 / 966
陈子松先生行略	〔清〕陶模 / 967
陈献清传	〔清〕方宗诚 / 969
凌君百川传	〔清〕熊其英 / 970
王礼传	清同治《盛湖志》/ 970
清授荣禄大夫一品封典布政使衔赏戴花翎记名简放道署安徽安庐滁和道河南怀庆府知府陕州直隶州知州显祖考秋丞太府君行述节录	陆鼎奎等 / 971
秋丞方伯事略	吴恩同 / 973
陆洒普传	费树蔚《谨录吴江县新志人物传》/ 974
陆日爱小传	《青浦县志》/ 975
陆日爱传	清光绪《吴江县续志》/ 975
湖北沔阳州沙镇司巡检陈君墓志铭	〔清〕沈日富 / 976
陈骈生墓志铭	〔清〕李龄寿 / 976
诰授奉政大夫覃恩晋授通议大夫赏戴花翎浙江补用同知前署山阴县特授西安县知县随带三级显考梦周府君行述	〔清〕张晋昭、张临吉 / 977
皇清诰授奉政大夫覃恩晋授中议大夫赏戴花翎浙江补用同知西安县知县随带加三级张君梦周墓志铭	〔清〕俞樾 / 980
盛金声传	〔清〕盛钟岐《平江盛氏家乘初稿》/ 982
袁松巢君家传	〔清〕陈寿熊 / 982
瀛士公传	〔清〕周善鼎等《周氏宗谱》/ 983
俞鲁青先生墓志铭	〔清〕沈成章 / 983
广文周君少裳传	〔清〕陈福畴 / 984
仲孙樊传	清同治《盛湖志》/ 985
叶广文又山先生传	〔清〕费延釐 / 986
陈赤甫墓志铭	〔清〕沈日富 / 987
沈桂芬传	赵尔巽《清史稿》/ 987
沈桂芬传	《顺天府志》/ 988
端甫公传	〔清〕俞敦培 / 989
梦兰阁诗钞跋	〔清〕蔡绍熙 / 990
柳先生墓表	章钰 / 991

孝廉袁憩棠先生传	叶与仁 / 992
椒昀公传	〔清〕周善鼎等《周氏宗谱》/ 993
生平小谱	〔清〕周鼎金 / 993
书外祖周笑梅翁遗事	沈昌直 / 995
问松公传	〔清〕周善鼎等《周氏宗谱》/ 996
皇清诰授奉直大夫员外郎衔赏戴蓝翎詹事府主簿沈君墓志铭	〔清〕吴大澂 / 996
陈嘉甫传	〔清〕沈曰富 / 997
先祖考小亭公传略	〔清〕叶振宗 / 998
外舅惕安严先生传	金天翮 / 999
唐兰皋墓志铭	〔清〕李龄寿 / 1000
忠义张公梦莲传	〔清〕张士衡 / 1001
憩斋叶君小传	〔清〕夏宝全 / 1002
兵部武选司主事张君墓志铭	〔清〕柳以蕃 / 1003
许嵩庵先生家传	金天翮 / 1004

皇清诰授奉政大夫晋封朝议大夫五品衔选授常州府无锡县学教谕兼
　理金匮县学训导随带加四级纪录五次庚午科并补行壬戌恩科举人
　国学生显考润之府君行述
　　　　　　　　　　　　　　　　……〔清〕柳文潮、柳文海 / 1005

杨宝珊传	杨学沂《吴江杨氏宗谱》/ 1007
恤赠内阁中书副贡生殉难冯君墓表	〔清〕柳以蕃 / 1009
仲阮公传	〔清〕周善鼎等《周氏宗谱》/ 1010

皇清诰授光禄大夫太子少保兵部尚书山东巡抚霍钦巴图鲁世袭一等
　轻车都尉加一云骑尉赠太子太保予谥勤果张公神道碑铭 ……〔清〕谭廷献 / 1010

凌磐生府君行述	沈廷镛 / 1012
继室黄宜人权厝志	〔清〕凌泗 / 1015
从祖弟砺生行略	〔清〕凌泗 / 1016
候选郎中凌君墓志铭	〔清〕诸福坤 / 1018
清故诰赠资政大夫陆府君暨配韩太夫人墓志铭	〔清〕曹元弼 / 1020
费君吉甫家传	〔清〕柳以蕃 / 1021
李龄寿传	清光绪《盛湖志补》/ 1022
柳君子屏家传	〔清〕费延釐 / 1022
柳君价人墓表	〔清〕诸福坤 / 1023
亡妻黄孺人权厝志铭	〔清〕柳以蕃 / 1023
皇清诰授中宪大夫詹事府右春坊右中允费君墓志铭	〔清〕洪良品 / 1024
诰授中宪大夫詹事府右春坊右中允费君墓表	〔清〕濮文暹 / 1025
沈府君墓志铭	〔清〕谭献 / 1026

周氏心香老人哀启	沈佺、沈介福 / 1027
清封通奉大夫正三品封典庚申重游泮宫试用训导吴江县增贡生显祖	
考仲甫太府君行述	叶与骧等 / 1030
徐汝福墓志铭	〔清〕俞樾 / 1033
殷源传	清光绪《平望续志》/ 1034
皇清诰授资政大夫赠内阁学士衔前安徽凤颍六泗兵备道任公行状	
	〔清〕曹允源 / 1035
皇清诰授资政大夫震泽任公墓志铭	〔清〕孙家鼐 / 1037
皇清诰授资政大夫赠内阁学士前安徽凤颍六泗兵备道任君神道碑铭	
	〔清〕黎庶昌 / 1038
任兰生传	〔清〕国史馆《清史列传》/ 1040
任兰生传	金天翮 / 1041
清授荣禄大夫从一品封典二品顶戴赏戴花翎浙江即补道显考介眉府	
君行述节录	陆鼎奎等 / 1042
清诰授资政大夫晋授荣禄大夫从一品封典赏戴花翎二品顶戴浙江尽	
先补用道陆公墓志	〔清〕俞樾 / 1043
清封一品夫人先妣丁太夫人行述节录	陆鼎奎等 / 1045
屈叟生传	金天翮 / 1046
亡儿应墀事略	〔清〕柳兆薰 / 1047
从弟应墀家传	〔清〕柳以蕃 / 1048
柳君墓志铭	〔清〕熊其英 / 1049
清镇江府学教授徐藻涵府君家传	沈廷镛 / 1049
例授通议大夫三品衔候选郎中国学生显考甝生府君事略	沈廷镛等 / 1050
清故例授通议大夫三品衔候选郎中沈府君暨配彭淑人墓志铭	〔清〕诸福坤 / 1055
甝生沈君墓表	〔清〕俞樾 / 1056
沈甝生先生别传	金天翮 / 1057
例封淑人显妣彭淑人事略	沈廷镛等 / 1058
诰授振威将军记名总兵平阳协副将调署嘉兴协副将费君神道碑	
	〔清〕诸福坤 / 1061
凌兰畦府君行述	丁逢甲 / 1062
亡儿应奎略迹	〔清〕柳兆薰 / 1064
黄先生沅芷家传	金天翮 / 1065
袁湛存生传	〔清〕陶谟 / 1067
衔芝公传	〔清〕周善鼎等《周氏宗谱》/ 1068
清故附贡生周君墓志铭	〔清〕劳乃宣 / 1068
郑母张节孝君家传	柳亚子 / 1069

徐元璋传	〔清〕蔡召棠 / 1070
二先生传	金天翮 / 1071
先府君事略	陆　翔、陆永瑞 / 1072
陆廉夫先生暨德配陈夫人墓志铭	何实睿 / 1073
金母顾孺人墓志铭	高　燮 / 1074
金母顾孺人墓碑	徐　震 / 1075
周郑表行述	周振岳 / 1075
徐梦花先生家传	金天翮 / 1076
先考峙安府君行略	周公才 / 1077
陆幹甫先生传	费树蔚 / 1079
清故商城县知县吴江陆大令墓表	章　钰 / 1080
先妣费太孺人行略	陆明桓 / 1081
施则敬传	施肇曾《笠泽施氏支谱》/ 1082
贞惠先生碑	金天翮 / 1083
袁稼田家传	〔清〕黄谦吉 / 1084
殷母费太君传	柳亚子 / 1084
胜溪处士柳君墓表	金祖泽 / 1085
杨学沂传	杨学沂《吴江杨氏宗谱》/ 1086
先考少松府君行略	朱剑锋、朱剑芒、朱剑良 / 1088
先妣赵太夫人事略	朱剑芒 / 1090
清故岁贡生候选训导孙君墓志铭	陈汉章 / 1091
孙存生府君墓碑	吴闿生 / 1091
杨敦颐哀启	杨天骥 / 1092
沈匡庐先生暨配凌夫人墓志铭	金祖泽 / 1094
沈君咏韶墓表	费树蔚 / 1096
凌恕甫小传	〔清〕姚孟起 / 1096
处女沈君墓碣铭	柳亚子 / 1097
凌敏之密之家传	〔清〕柳以蕃 / 1098
归河间姑母家传	柳亚子 / 1099
先妣柳太君行略　代	柳亚子 / 1100
显考雪庐府君行述	沈维铭、沈维金、沈维银 / 1102
清故湖北候补知县沈君暨元配唐夫人墓志铭	费树蔚 / 1104
纫秋公传	〔清〕周善鼎等《周氏宗谱》/ 1105
王恭人传	〔清〕吴曾涛 / 1106
先考钝斋府君行略	柳亚子 / 1106
柳公钝斋墓志铭	傅　専 / 1108

柳寅伯先生墓表	陈去病	1109
柳钝斋先生诔辞	余天遂	1110
先考根黄府君行略	沈流芳	1111
沈跻庵先生家传	金祖泽	1115
沈跻庵先生墓志铭	丁祖荫	1116
柳仲篪君家传	金祖泽	1117
施肇曾传	施肇曾《笠泽施氏支谱》《笠泽施氏支谱续集·他方卷》	1118
施省之墓志铭	唐文治	1119
庞二如先生家传	金天翮	1121
庞君二如别传	薛凤昌	1121
庞君二如遗事述	金祖泽	1123
先府君行实	金元宪	1124
家䚮广先生传	金天翮	1126
许文石墓志铭	金天翮	1127
范丈赘叔家传	柳亚子	1128
先考荣甫府君先妣潘太夫人事略	邵之锦	1128
先考巳仲府君行略	柳冀高、柳景高	1130
柳无涯先生墓志铭	陈去病	1133
先母行述	王绍鳌	1134
向庐驹隙记	范祖培、范镛	1137
范葵忱先生家传	金天翮	1146
沈昌眉传	沈昌直	1146
先考子苑府君行略	张念祖、张绳祖、张景祖	1148
张子苑先生墓志铭	金天翮	1151
伯兄贞献先生行状	金元宪	1152
贞献先生墓表铭	徐震	1155
金天翮传	李猷	1156
垂虹亭长传	陈去病	1158
先考佩忍府君行略	陈绵祥	1158
陈先生传	冯超	1162
呜呼陈佩忍先生	范烟桥	1164
先考冶民府君行状	蔡孝宽	1166
蔡冶民传	金天翮	1169
显考德孚府君行述	金善鉴	1171
金铁厂先生传	范烟桥	1173
吴江县同里市保卫团团总前市董事会董事朱君遗事述	金祖泽	1174

篇目	作者	页码
杨学斌传	杨学沂《吴江杨氏宗谱》	1175
吴江庄蓉裳先生家传	金天翮	1177
庄蓉裳先生墓志铭	杨天骥	1178
徐商济传	陈锐	1179
苍生遗事	金光弼	1180
先兄事略	费承禄	1181
亡友费伯埙先生事略	唐昌言	1182
杨剑秋传略	柳亚子	1184
吴江志士陶亚魂小传	柳亚子	1184
陶君佐虞家传	柳亚子	1186
袁同孙先生传	金天翮	1187
陆君叔俊家传	唐文治	1187
心安宗兄行述	叶楚伧	1188
先叔蔼人公传略	范烟桥	1190
钱叔度先生传	金天翮	1190
费君仲深家传	张一麐	1191
吴江费君墓志铭	傅增湘	1193
费树蔚传	李猷	1194
郑咏春家传	柳亚子	1195
钱烈士刚纪念碑	夏杏园	1196
钱涤根烈士殉国纪念碑文	柳亚子	1196
汪大千传略	柳亚子	1197
先伯兄剑锋暨先嫂沈夫人合传	朱剑芒	1197
先考剑锋府君行略	朱嘉桐	1198
迦陵生传	金天翮	1199
陆君赓南墓志铭	孙雄	1200
陆君赓南小传	金天翮	1201
陆君赓南诔并传	张寿镛	1202
丁校长志鹏传	薛凤昌	1203
先考简敬府君行述	陆潜曜	1204
亡室柳氏夫人权厝志	陆明桓	1205
秋石女士传	柳亚子	1206
烈士钱康民传	柳亚子	1208
救夫殉学王同惠女士墓碑	金天翮	1208
人名索引		1210
后记	吴国良	1221

张翰列传

张翰，字季鹰，吴郡吴人也。父俨，吴大鸿胪。翰有清才，善属文，而纵任不拘，时人号为"江东步兵"。会稽贺循赴命入洛，经吴阊门，于船中弹琴。翰初不相识，乃就循言谭，便大相钦悦。问循，知其入洛，翰曰："吾亦有事北京。"便同载即去，而不告家人。齐王冏辟为大司马东曹掾。冏时执权，翰谓同郡顾荣曰："天下纷纷，祸难未已。夫有四海之名者，求退良难。吾本山林间人，无望于时。子善以明防前，以智虑后。"荣执其手，怆然曰："吾亦与子采南山蕨，饮三江水耳。"翰因见秋风起，乃思吴中菰菜、莼羹、鲈鱼脍，曰："人生贵得适志，何能羁宦数千里以要名爵乎！"遂命驾而归。著《首丘赋》，文多不载。俄而冏败，人皆谓之见机，然府以其辄去，除吏名。翰任心自适，不求当世，或谓之曰："卿乃可纵适一时，独不为身后名邪？"答曰："使我有身后名，不如即时一杯酒。"时人贵其旷达。性至孝，遭母忧，哀毁过礼，年五十七卒。其文笔数十篇行于世。

唐房玄龄等《晋书》

张翰传

晋大司马东曹掾张公翰，字季鹰。有清才美望，善属文，辞义新丽，造次立成，而纵任不拘，时人号为"江东步兵"。晋惠帝泰安元年，齐王冏辟为大司马东曹掾。冏执权，公知其不终，谓同郡顾荣曰："天下纷纷，祸患未已。夫有四海之名者，求退良难。吾本山林人，无望于时。子善以明防前，以智虑后，可也。"见秋风起，乃思吴中菰菜、莼羹、鲈鱼脍，曰："人生贵适意耳，富贵何为？"遂命驾归。俄而冏败，人皆谓其见几。又曰："使我有身后名，不如即时一杯酒。"其旷达如此。性至孝，母丧，哀毁过礼，年五十七。有诗文传世。宋乾道三年，知县赵伯虚作堂以祀之，与范蠡、陆龟蒙同号"三高"。今登祀典，一岁二祭。按郡志云，张翰吴县人，当晋时吴江属吴县故也。

明弘治《吴江志》

顾野王列传

〔唐〕姚思廉

顾野王，字希冯，吴郡吴人也。祖子乔，梁东中郎武陵王府参军事。父烜，信威临贺王记室兼本郡五官掾，以儒术知名。野王幼好学，七岁读五经，略知大旨。九岁能属文，尝制《日赋》，领军朱异见而奇之。年十二，随父之建安，撰《建安地记》二篇。长而遍观经史，精记嘿识，天文地理、蓍龟占候、虫篆奇字，无所不通。梁大同四年，除太学博士，迁中领军临贺王府记室参军。宣城王为扬州刺史，野王及琅邪王褒并为宾客，王甚爱其才。野王又善丹青，王于东府起斋，乃令野王画古贤，命王褒书赞，时人称为"二绝"。及侯景之乱，野王丁父忧，归本郡，乃召募乡党数百人，随义军援京邑。野王体素清羸，裁长六尺，又居丧过毁，殆不胜衣。及杖戈被甲，陈君臣之义、逆顺之理，抗辞作色，见者莫不壮之。京城陷，野王逃会稽，寻往东阳，与刘归义合军，据城拒贼。侯景平，太尉王僧辩深嘉之，使监海盐县。高祖作宰，为金威将军安东临川王府记室参军，寻转府谘议参军。天嘉元年，敕补撰史学士，寻加招远将军。光大元年，除镇东鄱阳王谘议参军。太建二年，迁国子博士。后主在东宫，野王兼东宫管记，本官如故。六年，除太子率更令，寻领大著作，掌国史，知梁史事，兼东宫通事舍人。时宫僚有济阳江总、吴国陆琼、北地傅䍥、吴兴姚察，并以才学显，著论者推重焉。迁黄门侍郎、光禄卿，知五礼事，余官并如故。十三年卒，时年六十三，诏赠秘书监。至德二年，又赠右卫将军。野王少以笃学至性知名，在物无过辞失色。观其容貌，似不能言，及其励精力行，皆人所莫及。第三弟充国早卒，野王抚养孤幼，恩义甚厚。其所撰著《玉篇》三十卷、《舆地志》三十卷、《符瑞图》十卷、《顾氏谱传》十卷、《分野枢要》一卷、《续洞冥纪》一卷、《玄象表》一卷，并行于世。又撰《通史要略》一百卷、《国史纪传》二百卷，未就而卒。有文集二十卷。

唐姚思廉《陈书》

梁黄门侍郎兼太学博士顾公野王传

《吴郡志》云：顾野王，字希冯，吴县人也。（今吴江北门外，有地曰顾墟，是公旧宅，今立庙致祭。盖梁时未有吴江县，此地属吴县，故曰吴县人。）幼好学，七岁读五经，略知大指。九岁能属文，尝制《日赋》，领军朱异见而奇之。年十二，随父之建安，撰《建安地记》。及长，遍观经史，精记默识，天文地理、蓍龟占候、虫篆奇字，无所不通。为临贺王府记室。（《玉篇》云：梁大同九年二月二十八日，黄门侍郎兼太学博士顾野王撰，本而不及记室，此为可疑。）宣城王为扬州刺史，及琅琊王褒并为宾客，王甚爱其才。又善丹青，于东府起斋，命公画古贤，命褒书赞，时称"二绝"。（按《纲目》：临贺王名正德，宣城王名大器，俱谋反伏诛。若依此言，则公未免助乱所辅不正矣，此又可疑。）侯景之寇，郡将袁君正举兵赴援，文檄皆以委公，口占便就，未尝立草。（按《纲目》曰：吴郡太守袁君正以郡叛附侯景，而不及公，此又大可疑也。）丁父丧，归本郡，召募乡党，随义军援都。公体素清羸，裁长六尺，又居丧过毁，殆不胜衣。及杖戈被甲，陈君臣之义、逆顺之理，抗词作色，见者莫不壮之。（以此言之，必不仕二王，亦不从袁君正。）陈天嘉中，敕补撰史学士。太建中，为太子率更令，寻领大著作，掌撰国史，知梁史事。后为黄门侍郎、光禄卿，知五礼事。卒赠秘书监、右卫将军。（以《郡志》言之，则公在梁为记室，在陈为黄门，而袁君正为忠臣。以《玉篇》及《纲目》言之，则公在梁为黄门，而袁君正为反贼。今当以《玉篇》《纲目》为是。）公少以笃学知名，在物无过词失色。观其容貌，似不能言，而其励精力学，皆人所莫及。撰《玉篇》《舆地志》各三十卷（《玉篇》一书，万世字学之不可缺者，公之功大矣。）《符瑞图》《顾氏谱传》各十卷，《分野枢要》《续洞冥记》《玄象表》各一卷，并行于时。又撰《通史要略》一百卷、《国史记传》二百卷，未就而卒。（公墓在县北二十里石湖之西下周村，有巨石横卧坟上，人称曰"野王坟"。崇安有顾野王宅，是其宦游所居，嘉兴有顾野王读书堆，遂以公为海盐人，是皆讹传耳。）

明弘治《吴江志》

甫里先生传

〔唐〕陆龟蒙

甫里先生者，不知何许人也。人见其耕于甫里，故云。先生性野逸，无羁检，好读古圣人书。探六籍，识大义，就中乐《春秋》，抉摘微旨，见文中子王仲淹所为书云"三传作而《春秋》散"，深以为然。贞元中，韩晋公尝著《春秋通例》，刻之于石，意以是学为己任。而颠倒漫漶，翳塞无一通者。殆将百年，人不敢指斥疵颣，先生恐疑误后学，乃著书摭而辩之。先生平居以文章自怡，虽幽忧疾病中，落然无旬日生计，未尝暂辍。点窜涂抹，纸札相压，投于筐箱中，历年不能净写一本。或好事者取去，后于他人家见，亦不复谓己作矣。少攻歌诗，欲与造物者争柄。遇事辄变化，不一其体裁。始则棱轹波涛，穿穴险固，囚锁怪异，破碎阵敌，卒造平澹而后已。好洁，几格、窗户、砚席，剪然无尘埃。得一书详熟，然后置于方册，值本即校，不以再三为限，朱黄二毫，未尝一日去手。所藏虽少，咸精实正定可传。借人书，有编简断坏者缉之，文字谬误者刊之。乐闻人为学，讲评通借不倦。有无赖者毁坏揉污，或藏去不返，先生戚然自咎。先生贫而不言利，问之，对曰："利者，商也。今既士矣，奈何乱四人之业乎？且仲尼、孟轲氏所不许。"先生之居，有池数亩，有屋三十楹，有田奇十万步，有牛不减四十蹄，有耕夫百余指。而田污下，暑雨一昼夜，则与江通，无别己田他田也。先生由是苦饥困，仓无斗升蓄积。乃躬负畚锸，率耕夫以为具，且每岁波虽狂，不能跳吾防、溺吾稼也。或讥刺之，先生曰："尧舜霉瘠，大禹胼胝，彼非圣人耶？吾一布衣耳，不勤劬何以为妻子之天乎？且与蚕虱名器、雀鼠仓庾者何如哉！"先生嗜荈，置园于顾渚山下，岁入茶租十许，薄为瓯舣之实，自为《品第书》一篇。继《茶经》《茶诀》之后，南阳张又新尝为《水说》，凡七等，其二曰惠山寺石泉，其三曰虎丘寺石井，其六曰吴松江。是三水，距先生远不百里，高僧逸人时致之，以助其好。先生始以喜酒得疾，血败气索者二年，而后能起。有客至，亦洁樽置觯，但不复引满向口尔。性不喜与俗人交，虽诣门不得见也。不置车马，不务庆吊，内外姻党，伏腊丧祭，未尝及时往。或寒暑得中，体性无事时，乘小舟，设篷席，赍一束书、茶灶、笔床、钓具、櫂船郎而已。所诣小不会意，径还不留，虽水禽戛起、山鹿骇走之不若也。人谓之江湖散人，先生乃著《江湖散人传》而歌咏之，由是混毁誉不能入利口者，亦不复致意。先生性悁急，遇事发作，辄不含忍，寻复悔之，屡改不能矣。先生无大过，亦无出入人事，不传姓名，无有得之者，岂涪翁、渔父、江上丈人之流者乎？

唐陆龟蒙《甫里集》

陆龟蒙列传

陆龟蒙，字鲁望，元方七世孙也。父宾虞，以文历侍御史。龟蒙少高放，通六经大义，尤明《春秋》。举进士，一不中，往从湖州刺史张抟游。抟历湖、苏二州，辟以自佐。尝至饶州，三日无所诣。刺史蔡京率官属就见之，龟蒙不乐，拂衣去。居松江甫里，多所论撰，虽幽忧疾痛，资无十日计，不少辍也。文成，窜稿箧中，或历年不省，为好事者盗去。得书熟诵乃录，雠比勤勤，朱黄不去手，所藏虽少，其精皆可传。借人书，篇帙坏舛，必为辑褫刊正。乐闻人学，讲论不倦。有田数百亩，屋三十楹。田苦下，雨潦则与江通，故常苦饥。身畚锸，茠刺无休时，或讥其劳，答曰："尧舜霉瘠，禹胼胝，彼圣人也。吾一褐衣，敢不勤乎？"嗜茶，置园顾渚山下，岁取租茶，自判品第。张又新为《水说》七种，其二慧山泉，三虎丘井，六松江。人助其好者，虽百里为致之。初病酒，再期乃已，其后客至，絜壶置杯不复饮。不喜与流俗交，虽造门不肯见。不乘马，升舟设蓬席，赍束书、茶灶、笔床、钓具往来，时谓江湖散人，或号天随子、甫里先生，自比涪翁、渔父、江上丈人。后以高士召，不至。李蔚、卢携素与善，及当国，召拜左拾遗。诏方下，龟蒙卒。光化中，韦庄表龟蒙及孟郊等十人，皆赠右补阙。陆氏在姑苏，其门有巨石。远祖绩尝事吴，为郁林太守，罢归无装，舟轻不可越海，取石为重，人称其廉，号"郁林石"，世保其居云。

宋欧阳修、宋祁等《新唐书》

甫里先生碑铭

〔宋〕胡宿

君子之无所失道，与世而隆污；圣人之不滞于物，因时而迁徙。达则奋庸而兼济，否则怀默而独善。尧、舜、许由，昔贤标"一揆"之论；禹、稷、颜子，先民有"同道"之说。继世而作，易地则然。自风流之聿颓，固灵光之不属。中古以降，作者实繁；旧史所存，孤风可见。咸能自洁身累，脱去世纷。耕岩石以相高，蹈山林而不返。语其玉立之节，姑得而云；体其道胜之韵，盖亦有几。若乃挥纷乱而高谢，标耿介而长往。渔钓一壑，寄傲无何之乡；鼓吹六经，图芳不朽之事。非夫高雅淑灵，粹温简正，畴可以议夫是矣。先生姓陆氏,讳龟蒙,字鲁望,笠泽之幽居者也。吐崇岳之符,倬生民之俊。温其如玉,而不加雕琢;渊乎似道,而无所澄挠。神茂初学,声冠当世。属土行摽季,天宇绎骚。俎豆委而不收,干戈寻而未已。先生叹深凤鸟,志剧鸿冥。刻蜜函谷之关,鼓枻沧浪之水,弃去骄君之饵,谢绝畏友之方。于是上会稽探禹穴,由临安访仙室,归长洲茂苑之下,乐松江甫里之胜。乃叹曰:"时无明主,安能宗予?施于有政,是亦为政。"退而赋《考槃》之诗,且有终焉之计。剃草开径,为临江之居;剪茅作堂,仿在邹之宅。南直弁峰之色,西带重湖之光。孤云无心,白鸟可狎,道素自处,物累不婴。好事之流,或载酒而相访;雅游之子,时款关而请见。户外之屦常满,席间之丈屡启。稻田一廛,岁供薪水之费;鱼陂数顷,日充庖脍之事。至若金枢之月净夜,赤城之霞启旦,花濑不远,蘋风甚快。先生则必饬钩牛之衣,戒白鹭之舫,招来僧社之旧,申明朋簪之盍,泛览节物,从容谈宴。笔床砚格,静置于左右;琴歌酒赋,相继以昼夜。击铜钵以赋诗,指石鼎以联句。青溪之曲,亦复何穷;白雪之唱,其和益寡。飘然声利之表,自适仁智之乐,真所谓风尘之外物,天地之逸民者也。加以癖好聚书,本皆有副。得以传写,则乌襕不计其费;躬加校正,则鸡距未尝去手。亡一簪而不戚,以百城而有喜。虽张华海内之秘,班游禁中之副,无以过也。由是富拥多文,优入圣域。绅六经之眇论,泛九家之清流。摘发异文,多黄香之不见;沉研精义,皆郭璞之未详。此又稽古之宗师,博物之渊薮也。若夫言不诡圣,志在拂世,英辞辟杨朱之尘,高论攻墨翟之守。润色夫子之际,焕乎有章;潜心大业之中,卓然不类。斯又三代之遗英,万世之先觉也。自顷元和而下,风什陵丧。多哇之响甚喧,大雅之作几坠。先生收五际之长波,驾四始之高蹈。综制万变,入道奥而惟深;刻雕众形,等天机之不宰。微言之绪既续,正始之音复闻。时皮公日休,以高文大笔为世元儒。先生幅巾过从,一面如旧,相与文酒之间,坐忘形骸之外。凡所赓唱,溢于几筴,莫不研几,深以绎志。叩虚寂以成韵,天才艳发,缛体交变。襄蹄之性,百炼而不耗;《大韶》之音,九变而弥雅。居然嗣响蔚于中兴,其命世杰出之雄乎!昔子山觏闵,辞多主于悲哀;韩非遭乱,书颇露于《孤愤》。屈平怨刺,托方物以寄怀;虞卿穷愁,慨诗书而见志。何自待之未厚,将不遇之所兴。切况渊高,曾未仿佛。密而不雨,嗟乎西郊之云;瑞非其时,已哉东鲁之兽。至于青编纪素尚之节,镂版昭炳蔚之辞,虽与日月争光,金石共尽可也。宿仰企风微,积有年籥,经涂所出,旧址存焉。岿然灵光,鞠为茂草,憝交照之不接,悼园秀之无文。亦由历高唐者想绵驹之讴,过夷门者感侯生之事,蹈扬盛德,其庶几乎!铭曰:

仰以观文,少微之位。含德葆光,沦精毓粹。猗欤先生,钟厥灵气。郁哉懿文,倬然上智。五代寻戈,三灵塞雾。鹤在卫轩,豸盈汉路。衰凤成歌,冥鸿曷慕。长洲苑下,松陵水边。内乐名教,中有圣贤。拥书万卷,掞藻千篇。江山岂助,造化无权。名理之言,有补于世。清尚之风,未坠于地。壤树俄空,垒书不至。清晖助邈,幽灵潜翳。鞠草实繁,枑车增欷。讲树已凋,琴堂久坠。茫茫太素,英魂兮何归?杳杳终古,香名兮独飞。

唐陆龟蒙《甫里集》

宋故太子宾客分司西京谢公神道碑铭

〔宋〕范仲淹

皇家起五代之季，破大昏，削群雄，廓视四表，周被万国，乃建礼立法，与天下画一。而亿兆之心，帖然承之，弗暴弗悖，无复斗兵于中原者，登九十载。盖祖宗远算，善树于前，累圣求贤，多得循良廉让之士，布于中外，而致兹善俗欤，如陈留、谢公，可谓循良廉让之君子矣。公讳涛，字济之。幼而奇敏，十四岁讲《左氏春秋》，先生咸器之。及冠，居苏州郡。时翰林王公禹偁、拾遗罗君处约，并宰苏之属邑。二人相谓曰："与济之扬榷天人，盖吾曹敌也。"自兹名重于时。淳化三年春，擢进士第，除梓州榷盐院判官。会盗据成都，发其徒攻郡县。公白二千石曰："梓大而近，彼畏我梗，必先图得我，则小于梓者可传呼而下，愿急为之防。近郊多林木，可先伐之，以置楼橹，且备樵爨，为久守之具。"二千石从之。寇果围我，我备既坚，十旬弗破，贼沮而留，势未大克，以及王师之来，遂用扑灭。事平，就迁梓州观察推官，赐器币，外台遣权知益之华阳县。时寇乱之余，民多散亡，未复厥居。上言者请募人占田，可倍其租，朝廷从之，于是有力者得并其田。公曰："夺民世产，以资富人，复将召其怨辞，岂朝廷之意耶？"乃尽取其田，以归于民。还，拜著作佐郎。太宗面诏通判大藩，得寿春郡，后移高安郡，改知兴国军，就除太常博士。真宗即位，锐意任人，一日中出朝士姓名有治状者凡二十四人，付中书门下，令驿召至阙。公在召中，得对于长春殿，上说，赐五品服，即呼通事舍人送试学士院。明日，边有急奏，上议北征。又京东有强寇惊郡县，而曹南阙守，朝廷虑之，遂命公往。改屯田员外郎，至郡称治，寇不敢犯。有凶人赵谏者，冒乡荐名，与诸弟出入都下，交权势，结豪侠，务乘人之弊用以告讦，或任威诈而大致富强，人畏如豹虎。公即图之，患僚佐不一其力。俄会故御史中丞李公及始来倅曹。李公，时之端人也，与公协心，发其家，尽得凶状。奏之朝廷，命御史府案覆，谏之兄弟皆斩于都市。乃下诏曰："凡民非干己事，无得告言。"遂著于令，自是天下讼息而刑清矣。朝廷以西蜀仅宁，细民犹或摇之，俾公安抚两川，用天子恩意谕其父老，皆从而按堵。复命之日，举两川能吏三十余人，执政疑其多。公请连坐，事遂行，后皆至台省。又别诏委公与益牧张公詠议造大铁钱，乃穷其利害，使盗铸息而物估平，蜀人于今便之。历三司度支判官，出守海陵、新安二郡，就迁度支司封员外郎。公在三司日，尝举榷茶官，至是坐所举不职免，寻以度支员外郎起倅河南府，冯魏公荐公文行。真宗简在既久，即命召试，除兵部员外郎，直史馆，判三司理欠凭由司，出为两浙转运使。公大雅之器，耻尚文法，虽任在按察，而诚意坦然，且曰："吾欲吏乐其职，民安其俗尔，士人黑白岂不明乎？安用伺于毫发，使惴惴如虺蜴然，取诗人之讥耶！"还台，进礼部郎中，判司农寺，拜以本官兼侍御史知杂事，清静端介，百辟望其风采。乾兴初，进户部郎中。先帝大行，有司治灵驾象物，其制高大，请自京至陵，凡郭门民舍，有妨其往者毁之。公上言曰："先帝封泰山、祀汾睢，仪卫至盛，不闻有所毁去。今遗诏丁宁，正如汉文帝专务俭薄，岂以攸司夺先帝意，愿陛下裁损。"搢绅韪之。俄求东归，除吏部郎中，直昭文馆，知会稽郡。还，拜太常少卿，判登闻检院。又得请权西京留守司御史台，就拜秘书监，遂分务洛下。朝廷嘉其恬退，迁太子宾客，嗣子迎侍于京师，以景祐元年十月三十日薨，享年七十有五。以明年八月二十一日，归葬于富阳。宝元元年，赠礼部尚书。谢氏之先，出黄帝后，始为十姓，谢居一焉，三代以还，不显其大，至晋宋乃为盛族。公之七世祖汾，居河南之缑氏。五世祖希图，卒于衢州刺史，时唐季丧乱，乃葬于江东嘉兴郡，子孙三世禄于吴越。曾祖讳廷徽，处州丽水县主簿。祖讳懿文，杭州盐官县令，葬于富阳，遂为富阳人。父讳崇礼，从钱氏归朝，为泰宁军节度掌书记、检校左散骑常侍，累赠尚书户部侍郎。母崔氏，赠博陵县太君。公之弟四人：曰炎，有文于时，与卢稹齐名，时人谓之"卢谢"，国史有传，终于公安令；镐，为某官；果，从方外学，号安隐师，坦，为某官。公娶夫人许氏，先公而终。生男三人：长曰绛，至兵部员外郎，知制诰，后公几年而亡。次曰约，将作监主簿，以敏才称；次曰绮，太庙斋郎。俱早世。女四人：长适前进士周盘，次适殿中丞梅尧臣，次适太常博士傅莹，次适大理寺丞杨士彦。孙四人：景初，大理评事，宰越之余姚县；景温，太常寺太祝，宰越之会稽县；景平，将作监主簿；景回，尚幼。公姿格竦异，不事修饰，天然有雅远之范。未尝阿于贵势，见贱士必温礼接之。知人之善，称道弗舍，闻人之过，惧弗克掩，故终身不闻怨言。公始以文学中进士上第，而长子长孙世践其科。又父子更直馆殿，出处仅二十年，皆衣冠之盛事。厥孙以公善状，请文于碑。某于公有家世之旧，又与舍人为同年交，爱公治有循良之状，退得廉让之体，足以佑风化而厚礼俗，敢拳拳以铭云：

巍巍我宋，宅天而君。恢远以威，革暴以文。济济吾儒，多良大夫。中外共治，休宁八区。猗哉谢公，周旋其中。在梓御寇，至曹除凶。天子念蜀，猖狂始复。命公抚之，鼓歌其俗。偃仰藩屏，雅和其政。徊翔台阁，清修其行。人尚刻明，我质而平。厥民以宁，人必夸竞。我休而静，其道乃胜。于嗟乎！寿以仁至，名由德全。有子与孙，相继而贤。诚乎诚乎，圣人积善之海，不吾欺焉！

宋范仲淹《范文正公集》

太子宾客分司西京谢公墓志铭

〔宋〕欧阳修

惟景祐元年十月之晦，太子宾客分司西京谢公薨。明年三月，嗣子绛自京师举其柩南归，用八月某吉，葬杭州富阳县某乡某原，合以夫人晋陵郡君许氏，而从王父户部侍郎府君之墓次。公世居富春，生十一岁时，已如成人。尝与客谈论，侍郎窃从听之，往往能夺其客议。十四岁，诣州学，学《左氏春秋》，略授其说，即为诸生委曲讲论，如其师。稍长，居苏州。时天子平刘继元，露布至，守臣当上贺，命吴中文士作表章，更数人，皆不可意。公私作于家，客有持去者，吴士见之，大惊，遂有名于南方。淳化三年，以进士及第为梓州榷盐院判官。会两川盗起，攻劫州县。公乘贼未至，尽伐近郊林木内城中，且曰："除贼隐蔽，以修闭守之具，有余，可给薪蒸，为久围之备。"身与士卒守堑壁，凡围百日不能破。贼平，知州事尚书左丞张雍、转运使马襄状言其能，就除观察判官，赐以器币。明年，知益州华阳县。县人苦兵劫，皆逃失业。朝廷下令，许民能倍租入官者，皆得占其田。既而良田尽为大豪所夺，而逃人归者不复得。公至，则手判讼牒，以谓恤乱抚人，不宜利倍租而使贫人失业，尽夺之，格其诏书不用。由华阳召改著作佐郎，通判寿州、筠州，知兴国军，三迁至太常博士。真宗方考责能吏，一日自内出中外贤吏有治状者二十四人付中书，以名召。公由兴国召见于长春殿，赐绯鱼袋，即日试于学士院。明日，边臣有急奏，天子诏且亲征。是时，大贼王长寿又劫曹、濮，真宗面语宰相，委公曹州，遂改屯田员外郎以往。至则缚凶人赵谏、赵谔，斩于京师，曹人以宁。自曹归朝。是岁，大星见西南方，占曰在蜀。奉使巡检益、利两路，蜀卒无事。又议大铁钱，平其法，至今行之。使还，举州县吏三十余人，宰相疑其多。公愿署连坐以取信，朝廷从之。所举后皆为能吏。奉使举人连坐，自公始。既而为三司度支判官，知泰州、歙州，再迁司封员外郎。坐三司举吏夺官，复为度支，通判河南府。侍中始平公自洛来朝，荐之，召试，授兵部员外郎，直史馆。判三司理欠凭由司，出为两浙转运使，赐金紫。迁礼部郎中，判司农寺。朝廷方议以知制诰，将试，忽得疾，逾旬不能兴，遂寝。天禧五年，以户部郎中兼侍御史知杂事，同判吏部流内铨。真宗葬永定陵，诏山陵使："道路所经，拆民庐舍及城门，以过车舆象物。"公上言："先帝封祀行幸，仪物全盛，不闻所过坏民居。今少府治涂车明器，侈大非礼，且违遗诏务俭薄之意，请裁损之。"书奏，不听。以疾求去职，迁吏部郎中，直昭文馆，知越州。还，迁太常少卿，判太府寺登闻检院，复以疾求西京留司御史台。逾年，就台拜秘书监，遂求分司。明道元年，转太子宾客。公少以文行有名于时，自言"吾于天下无一嫌怨"。待士君子，必尽其心，虽人出其下，亦未尝敢懈怠。家居有法度，抚养孤幼，极恩爱，常时温和谦厚，真长者。及在官临事，见义喜为，过于勇夫，故所至必有能称。不幸中废以疾，不得尽其所为。及居西京，不关人事，惟理医药，与方术士语，终日不休。岁时，河南官属诣门请见，惨然肃洁，有威仪，不若老且病者。享年七十有四，以寿终。呜呼！可谓君子者已。公讳涛，字济之。高祖希图，仕至卫州刺史。曾祖廷徽，处州丽水县主簿。祖懿文，杭州盐官令。父崇礼，泰宁军节度掌书记，以公赠户部侍郎。母崔氏，博陵郡太君。弟四人，炎最有文行，知名于时，见国史。子三人：长曰绛；次将作监主簿约；次太庙斋郎绮，亦有文。皆早亡。谢氏自曾、高不显，由公始昌其家，而子绛又以文行继之。初，公之葬其先君也，为兵部员外郎。今公之葬，绛亦世其官度支判官、河南府通判，并践世职判太府寺，实父子相代。书府之任，昭文、史馆、集贤院、秘阁，父子同时为之。见于《衣冠盛事录》，谢氏其不衰又将大也欤！铭曰：

谢之远世，河南缑氏。四代之祖，因仕过江。卒葬嘉兴，始留南方。曾祖在南，佐丽水县。卒又葬焉，世亦未显。祖令盐官，始葬富阳。凡三徙迁，遂家于杭。世久当隆，其昌自公。富阳之原，三世有墓。父大于祖，子大于父。后有贤嗣，又有令孙。公其安居，有祀有承。

宋欧阳修《欧阳文忠公集》

谢涛传

谢涛，字济之，其先富阳人。父崇礼，尝为中吴军节度推官，故又为苏人。涛幼奇敏，年十四，讲《左氏春秋》。既冠，居吴中。会汾晋平郡国，当表贺，吴士为奏者文体弱，更数人皆不能如郡将意。涛私草之，为人持去，郡将大称惬，吴中先辈亦自愧不及。吴令罗处约与长洲王禹偁，书云"济之扬榷天人，吾曹敌也"，与之定交，由此声名益显。尝讲学阳山白莲院，泊登第，为梓州榷盐院判官。李顺反成都，涛画计守御，以功迁观察推官，权知华阳县。乱后田庐荒废，诏有能占田而倍入租者与之，于是腴田悉为豪右所据，流民至无所归。涛收诏书，悉以田归主。改著作佐郎，通判寿州，知兴国军。真宗考吏籍，内出朝士有治迹者二十四人，名付门下省，涛在选中。擢太常博士，召对长春殿，赐五品服，送试学士院。会契丹入寇，议亲征，涛以屯田员外郎知曹州。属县赋税移输睢阳助兵食，是岁霖潦，民苦转送。涛奏江淮漕运日过睢阳者饷军，留曹赋繇广济河以给京师，诏从之。又奏凶人赵谏交权势，结豪侠，务乘人之弊以告讦，斩谏都市，曹人相贺。有诏"凡民非干己事，无得告言"，且著于令。继命安抚益、利两路，议造大铁钱。既还，举所部官三十余人，宰相疑其多。涛历陈诸吏治状，愿连坐，奉使举官连坐自涛始。除三司度支判官，出知泰、徽二州。以冯拯荐，复召试，以兵部员外郎直史馆，判三司理欠凭由司。（"凭由"二字，原本漫漶似"漏田"，今改正。按《宋史·职官志》，三司之属有都理欠司，判司官一人，以朝官充。又有都凭由司，以判都理欠司官兼。是二字之当作"凭由"明矣。）出为两浙转运使。涛耻尚文法，虽职居按察，而诚惠坦然。还台，赐三品服，进礼部郎中判官司农，兼侍御史知杂事，清静端方，百辟望其风采。真宗山陵灵驾所经道路，有司请悉坏城门庐舍，以过车舆象物。涛言："先帝车驾封祀，仪物大备，犹不闻有所毁撤，且遗诏从俭薄。今有司治明器侈大，以劳州县，非先帝意，愿下少府裁损之。"进吏部郎中，直昭文馆。知越州，权西京留司侍御台，就拜秘书监。朝廷嘉其恬退，擢太子宾客。景祐初卒，年七十五，赠礼部尚书。弟炎，字化南，慕韩柳为文，与杭州卢稹齐名，时称"卢谢"。端拱初，举进士，调补昭应主簿，徙伊阙，知华容、公安二县。卒年三十四，有集二十卷。（见苏州卢志）

欧阳修曰：公少以文行有名于时，自言"吾于天下无一嫌怨"。待士君子，必尽其心，虽人出其下，亦未尝敢懈怠。家居有法度，抚养孤幼，极有恩，常时温和谦厚，真长者。及在官临事，见义喜为，过于勇夫，故所至必有能称。不幸中废以疾，不得尽其所为。及居西京，不关人事，惟理医药，与方术士语，终日不休。岁时，河南官属诣门

请见，肃洁有威仪，不若老且病者。呜呼！可谓君子者已。（见文集）

清乾隆《震泽县志》

尚书兵部员外郎知制诰谢公墓志铭

〔宋〕欧阳修

朝散大夫、行尚书兵部员外郎、知制诰、知邓州军州事兼管内劝农使、上轻车都尉、阳夏县开国男，食邑三百户，赐紫金鱼袋谢公讳绛，字希深。其先出于黄帝之后，任姓之别为十族，谢其一也。其国在南阳宛，三代之际，以微不见，至《诗·崧高》，始言周宣王使召公营谢邑以赐申伯。盖谢先以失国，其子孙散亡，以国为姓。历秦、汉、魏，益不显，至晋、宋间，谢氏出陈郡者始为盛族。公之皇考曰太子宾客讳涛，其爵陈留伯，至公开国，又为阳夏男，皆在陈郡。故用其封，复因为陈郡人，然其官邑、卒葬，随世而迁。其谱自八世而下可见，曰八代祖汾，为河南缑氏人。至五代祖希图，始迁而南，或葬嘉兴，或葬丽水。自皇考已上三代，皆葬杭州之富阳。公以宝元二年四月丁卯来治邓，其年十一月己酉，以疾卒于官。以远不克归于南，即以明年八月，得州之西南某山之阳，遂以葬。公享年四十有五。初娶夏侯氏，先卒，今举以祔。后娶高氏，文安县君。三男六女：男某，皆将作监主簿；女一早亡，五尚幼。公之卒，其客欧阳修吊而哭于位，退则叹曰："初，宾客之薨，修获铭其德，纳诸富阳之原。今又哭公之丧，哭者在位，莫如修旧，盖尝铭其世矣。"乃论次其终始，曰：公年十五起家，试秘书省校书郎。复举进士中甲科，以奉礼郎知颍州汝阴县，迁光禄寺丞。上书论四民失业。杨文公荐其材，召试，充秘阁校理。再迁太常丞，通判常州。丁母晋陵郡君许氏忧。服除，迁太常博士，用郑氏《经》、唐故事，议昭武皇帝非受命祖，不宜配享感生帝。天圣中，天下水旱而蝗，河决，坏滑州。又上书，用《洪范五行》《京房传》，推灾异所以为天谴告之意，极陈时所阙失，无所讳。与修真宗国史。迁祠部员外郎，直集贤院，通判河南府。移书丞相，言岁凶，嵩山宫宜罢勿治。又上书，论妖人、方术士不宜出入禁中，请追所赐先生、处士号。岁满，权开封府判官，再迁兵部员外郎，为三司度支判官。上书，论法禁密花透背，诏书云自内始，今内人赐衣，复下有司取之，是为法而自戾，无以信天下。又言后苑作官市龟筒，亦禁物，民间非所有，有之为犯法，因请罢内作诸器。皆以其职言。又言有司多求上旨，从中出而数更。且谓号令数变，则亏国体，利害偏听，则惑聪明。请者务欲各行，而守者患于不一，请凡诏令皆由中书枢密院，然后行。郭皇后废，上书，用《诗·白华》引申后、褒姒以为戒。景祐元年，丁父忧。服除，召试，知制诰，判流内铨。谏者言李照新定乐不可用，下其议，议者久不决。公为两议，曰："宋乐用三世矣，照之法不合古，吾从旧。"乃署其一议，曰："从新乐者异署。"议者皆从公署。公为人肃然自修，平居温温，不妄喜怒，及其临事敢言，何其壮也。虽或听或否，或论高而不能行，或后果如其言，皆传经据古，切中时病。三代已来，文章盛者称西汉，公于制诰，尤得其体，世所谓常、杨、元、白，不足多也。公既以文知名，至于为政，无所不达。自汝阴已有能名，佐常州，至今常人思之。钱思公守河南，悉以事属之。是时，庄献明肃太后、庄懿太后起二陵于永安，至于铁石畚锸，不取一物于民而足。修国子学，教诸生，自远而至者百余人，举而中第者十八九。河南人闻公丧，皆出涕，诸生画像于学而祠之。初，吏部拟官，以圭田有无为均。公取州县田，覆其实者，准其方之物贾，差之多少，揭之省中。它有名而无实者，皆不用，人以为便。天下之吏有定职，而无定员，故选者常患其多而久积，吏缘以奸。至公为之选而集者，有不逾旬而去，天下皆称其平。其遇事尤剧，尤若简而有余。及求知邓州，其治益以宽静为本，州遂无事。先时，有妖僧者以伪言诱民男女数百人，往往昼夜为会，凡六七年不废。公则取其首恶二人置之法，余一不问，民始知公法可畏而安于不苟。南阳堰引湍水溉公田，水之来远而少能及民，而堰撤墩破。公议复召信臣故渠，以罢邓人岁役，而以水与民，大兴学舍，皆未就而卒。始公来邓，食其廪者四十余人，或疑其多。及其丧，为之制服，其治衣衽才二婢，至三从孤弟妹，皆聚而食之。卒之日，廪无余粟，家无余资，入哭其堂，榇无新衣。然平生喜宾客谈宴，怡怡如也。自少而仕，凡三十年间，自守不回，而外亦不为甚异，此其始终大节也。铭曰：

寿吾不知，命系其偶。不俾其隆，安归其咎？惟德之明，惟仁之茂。惟力之为，而公之有。

宋欧阳修《欧阳文忠公集》

尚书兵部员外郎知制诰谢公行状

〔宋〕王安石

公讳绛，字希深，其先陈郡阳夏人。以试秘书省校书郎起家，中进士甲科，守太常寺奉礼郎，七迁至尚书兵部员外郎以卒。尝知汝之颍阴县，校理秘书，直集贤院，通判常州、河南府，为开封府三司度支判官，与修真宗史，知制诰，判吏部流内铨。最后以请知邓州，遂葬于邓。年四十六，其卒以宝元二年。公以文章贵朝廷，藏于家凡八十卷。其制诰，世所谓常、杨、元、白不足多也。而又有政事材，遇事尤剧，尤若简而有余，所至辄大兴学舍。庄懿明、肃太后起二陵于河南，不取一物于民而足，皆公力也。后河南闻公丧，有出涕者，诸生至今祠公像于学。邓州有僧某，诱民男女数百人，以昏夜聚为妖，积六七年不发。公至，立杀其首，弛其余不问。又欲破美阳堰，废职田，复召信臣故渠，以水与民而罢其岁役，以卒故不就。于吏部所施置，为后法。其在朝，大事或谏，小事或以其职言。郭皇后失位，称《诗·白华》以讽，争者贬，公又救之。尝上书论四民失业，献《大宝箴》，议昭武皇帝不宜配上帝，请罢内作诸奇巧，因灾异推天所以谴告之意。言时政，又论方士不宜入宫，请追所赐诏。又以为诏令不宜偏出数易，请繇中书、密院然后下。其所尝言甚众，不可悉数。及知制诰，自以其近臣，上一有所不闻，其责今豫我，愈慷慨欲以论谏为己事。故其葬也，庐陵欧阳公铭其墓，尤叹其不寿，用不极其材云。卒之日，欧阳公入哭其堂，橐无新衣，出视其家，库无余财。盖食者数十人，三从孤弟妹皆在，而治衣梫才二婢。平居宽然，貌不自持，至其敢言自守，矫然壮者也。谢氏本姓任，自受氏至汉、魏无显者，而盛于晋、宋之间。至公再世有名爵于朝，而四人皆以材称于世。先人与公皆祥符八年进士，而公子景初等以历官行事来，曰："愿有述也，将献之太史。"谨撰次如右。谨状。

宋王安石《临川文集》

谢绛传

　　谢绛，字希深，涛子。七岁通数经，十岁能属文。年十五，以父任秘书省校书郎举进士甲科，授奉礼郎，知颍州汝阴县，迁光禄寺丞。善议论，喜谈时事，尝论四民失业，累数千言。初，杨亿得其启事，谓人曰"此文中虎也"，遂力荐之。召试，擢秘阁校理，同判太常礼院，判登闻鼓院，再迁太常寺，通判常州。丁母忧。服除，仁宗即位，迁太常博士，用郑氏《经》、唐故事，议宣祖非受命祖，不宜配享感生帝，请以真宗配之。翰林学士承旨李维以为不可。天圣中，天下水旱蝗起，河决滑州。绛上疏请下诏引咎，损膳避朝，罢不急之役，省无名之敛，勿崇私恩，更进直道。仁宗嘉纳之。会修真宗国史，以绛为编修官。史成，迁祠部员外郎，直集贤院。时涛官西京，年且老，因请便养。通判河南府，移书丞相，言"岁凶，嵩山宫宜勿治"。绛虽在外，犹数论事，又奏"妖人方术士，不宜出入禁中"。权开封府推官，言"蝗亘野入郛，宜用京房息灾异之术。考功课吏，除烦苛，损聚敛，勿起大狱，勿用躁人"。郭皇后废，绛陈《诗·白华》，引申后、褒姒事以讽，辞甚切至。徙三司度支判官，言"用物滋侈，赐予过制。禁中须索云年计缗钱四十五万，今春至四月已二十万，宜递考岁用裁节之"。初，诏罢织密花透背，禁人服用。既而内人赐衣，复取于有司。又后苑作玳瑁器，索龟筒。龟筒禁物，民间不得有，而索之不已。绛皆论罢之。又请罢内降，凡诏令皆从中书枢密而后行。再迁兵部员外郎，进《圣治箴》五篇。以父忧去。服除，擢知制诰，判吏部流内铨。旧拟官圭田不均，绛核其实，以多寡为差。太常礼院吏部拟官，初改判礼院为知礼仪事，自绛建请。宝元中，使契丹。还，请知邓州，为政宽厚，务敦教化，时人以比杜诗，称为循吏。修复召信臣六门堰，以溉民田，未就而卒，年四十五，赠礼部尚书。邓民追思之，立祠于百花洲。绛以文学知名，措辞遒雅，有元白风，欧阳永叔尤所称许。其为人修洁酝籍，平居晏然，临事果敢，节操凛凛。尝请诸郡立学，所至大兴黉舍。好施宗族，喜宾客，卒之日，家无余资。初，官河南时，庄献明肃太后、庄懿太后起二陵于永安，至于铁石畚插，不取一物于民而足。修国子学，教诸生，自远而至者百余人，举而中第者十八九。及闻绛卒，人皆出涕，诸生画像于学而祠之。绛有文集五十卷。（见卢志）

《松陵献集》曰：《吴郡志》但言涛自富阳迁苏，卢王二志因之，不详其居何邑也。考徐师曾科第表，首列淳化三年进士谢涛，官太子宾客，然则涛盖为吴江人欤。今按莫志荐举篇云：谢莘，七都人，仕元为绍兴路学录。其先曰涛者，淳化中进士，累官太子宾客，子绛，知邓州，号"东泽谢氏"。是徐表又本于莫志也。分县后，东泽属震泽，故涛、绛二传列于此。

清乾隆《震泽县志》

朝散大夫谢公墓志铭

〔宋〕范纯仁

公讳景初，字师厚。谢氏，本姜姓，世为阳夏人，其子孙显于江左。公之先出于江左之谢，十世祖宾始居河南缑氏。六世祖希图，因官家吴越，葬钱塘，遂为钱塘人。自君之考阳夏公始葬邓，今为邓人。曾祖讳崇礼，泰宁军节度掌书记，赠尚书礼部郎。祖讳涛，太子宾客陈留公，赠礼部尚书。阳夏公讳绛，尚书兵部员外郎、知制诰，赠司徒。公以陈留公荫为太庙斋郎，再除试将作监主簿，陈留公遗表恩为守主簿。初监苏州茶盐务，不赴，签书武胜军节度判官。公事中进士甲科，迁大理评事，知越州余姚县。九迁至司封郎中，历通判秀州、汾州、唐州、海州、湖北转运判官、成都府路提点刑狱。为怨者所诬，坐免司封都官郎中，又坐举官免屯田郎中。复除职方员外郎，以病求分司西京，权通判许州，不赴。改权通判襄州，复屯田郎中。会改官制，迁朝散大夫以卒，累勋上柱国公。少奇俊，七岁能属文，十三从师受《礼》，通其义，讲解无滞。陈留公语阳夏公曰："此儿必大吾门。"时阳夏公通判河南，欧阳文忠公、梅圣俞见公所为文，相顾而惊，持以示留守钱文僖公。文僖公叹曰："真奇童也。"十六游京师，赫然有声，群公共称之。翰林学士胥公偃，一见公异之，许妻以女。丁阳夏公忧。阳夏公赒急宗族之无依者几百口，及捐馆，家无资，公抚给孤遗如阳夏公之存。有田在苏杭，岁入千斛，悉留以给宗族之在南者。在武胜时，贼张海扰京西，屡败县邑，而州无城与兵，州官或称疾避事，或疲老去郡。公兼众职，不劳而治。是时朝廷忧贼，使者旁午，号令肆出，人益劳扰。公上书，乞择用守令，精选使人，宽胁从以购首恶，皆中时病。朝廷始建北京，公作《魏诰》以献，士大夫争传写。李邯郸公以文名天下，深称重之。公登科时，宋元献公较殿试，尚以不得置公第一为恨。余姚滨海，民喜盗煮盐，利厚而法不能禁。公明立约束，刑不加肃，而民自戢，盐课羡于常岁。又为塘岸，以御湖涨之患，民得安居。是时，荆公王介甫宰明之鄞县，知枢密院韩玉汝宰杭之钱塘，公弟师直宰越之会稽，环吴越之境，皆以此四邑为法，处士孙侔为文以纪之。浙东和籴之法，官以钱与茶易民刍粮，民既输，而有司虐下，不畀其直，民以为病。公在邠州，上疏极言其弊。至海州，毁淫祠三百余所。时州郡敢辄羁置罪人，公上言乞加禁止，于法当坐者，亦限以岁年而释之。又言郡接京东多寇攘，而海路通夷貊，宜增成兵，以戒不虞。治平中，京师大水，朝廷求直言。公上章极言得失，其辞见于文集。公在湖北，吏有以公田租劳人，致于他郡而求善价者。法虽无禁，公移文喻之，以革其心，因请立以为法。每岁五月，下诏恤刑，独不及转运司。公以职兼刑赏，乞预赐诏。熙宁初，河北大水，公上疏言灾异之所致，且缓郊礼，大忤建议者。蜀以远方，凡大狱之疑者，皆钤辖司专决。公数上言，此当奏谳于朝，非臣下可专，朝廷遂立以为天下法。是岁，剑门减配隶，出关罪人之半。钤辖司措置边事，多不关提刑司，公亦论正之。永康军嘉州连接蛮徼，公请举择守臣。成都路公田有无不均，公请均之，以息贪竞，朝廷从之。属县尉佐，有皆以入资流外得官者，不能为政。公因奏请县唯许注流外，若入资，官一员。初行苗役之法，且擢属邑宰为之使，而专其事。公上言："远人乐安静，愿罢使勿遣。"及使至，公谤其为人，因裁抑其过。当使者遂怨公，诬公燕饮事。上之执政，乃公向所忤者，因入其言，将置诏狱。公耻于对吏，乃自引咎。及坐免，公逍遥里中，杜门读书，未尝以谴谪为戚。筑室郊外，时游息其中，每叹曰："讵知昨非而今是乎，昨是而今非乎！"因自号"今是翁"，为堂曰"三疾"，曰"我亦古之遗民也"。参知政事元厚之与近臣十人，雪公罪于朝。冯当世守成都还知枢密院，又讼公冤。及除襄州，公不得已之官，多以病卧家。大水，州城几没，公叹曰："民如此，我何病乎？"力疾以出，筑堤捍水，城卒获完。公既少有才名，天下皆闻风企服，而性刚直，不与俯仰。遇事明锐，勇于敢为，奖善嫉恶，出于天资。于书无所不该，详练本朝典故，宋次道最为博洽，每叹以为弗如。为文简重雄深，出言落笔，皆有章采，若不经思，而人莫可及。尤喜为诗，梅圣俞与公少长相陪，而为酬唱之友。晏元献公、杜正献公、先君文正公，皆器待之，与之议论，不敢以年少之。公与人交，始终不渝，穷悴者顾之益勤。虽显贵，至于是非不少借也。与欧阳文忠公、刘原甫尤相善。参知政事胡武平最重之，屡荐于朝。士人多从学，公教人以明义理为本，而重尚气节。不妄许与，故特立寡合。平居罕笑语，夫妇相待如宾。幼丧母真定郡夏侯太君，事继母丹阳郡高太君至孝。与兄弟深相友爱。上之登极，当遣子进奉而例得补官，公舍子而畀甥李掖。公自襄还邓属疾，即戒左右治后事，而妻子不知。自疾至终，语言情思如平常。实元丰七年四月乙酉，享年六十有五。妻兰阳县君胥氏翰林之女。子四人：忱，知海州怀仁县；憎，郢州长寿主簿；悰，蔡州汝阳主簿；悱，假承务郎。女四人：长早夭，次适湖州乌程主簿胥茂谌，次适宣德郎黄庭坚，皆先公而亡。幼未嫁。孙四人：元，曾，基，一未名。孙女七人。有文集五十卷。诸孤将以某年月日，葬公于邓州穰县五龙山阳夏公之墓次，使以状来请铭。铭曰：

申邑于谢，氏自南国。以及于公，世有显德。英才异禀，敏学博闻。百代典制，心罗口陈。爰自宰邑，以暨出使。落落任职，坦坦由义。众所畏缩，公勇无难。卒困于仇，公则不患。公之所有，百未一试。赍蕴而终，志士挥涕。葬于穰郊，阳夏是从。刻辞幽宆，以谂无穷。

宋范纯仁《范忠宣集》

谢景回墓志铭

〔宋〕王安石

君姓谢氏,讳景回,字师复。以泰宁军节度掌书记讳崇礼者为曾大父,以太子宾客陈留公讳涛者为大父,而兵部员外郎、知制诰阳夏公讳绛者之少子也。幼好学,有大志,聪明卓然,不类童子。年十九,所为文辞已可传载。于是得疾,不可治,以嘉祐四年十二月丙子弃世于汉东,人莫不为谢氏哀之。诸兄以八年十月乙酉葬君邓州穰县五垄原之兆,而临川王某为铭曰:

攻乎其为良,汰乎其为精。吾见其质,吾闻其声。如或毁之,用不既于成。哀以铭诗,亦慰其兄。

明钱毂《吴都文粹续集》

故显谟阁直学士魏公墓志铭

〔宋〕葛胜仲

绍兴十年七月辛亥,显谟阁直学士、左太中大夫、提举江州太平观魏公,年七十有三,薨于家。先是天子览公告老之章,诏赠秩宠其归。至是览奏嗟悼,赠左宣奉大夫,敕凡隐终之典从优。比明年二月丁酉,其孤即平江府吴江县长洲乡清流山公所为寿藏葬公,而以公之世系爵里历官寿年,及立朝终始大节为状来请铭。某于公为同年进士,数联事上庠,复玷外姻之末,实与公习,乃考次公事叙之。曰:公讳宪,字令则,世著籍吴郡。以讳德者为曾王父,以讳僖者为王父,以宣教郎赠开府仪同三司讳应诚者为父,而赠荣国太夫人胡氏者母也。公警敏辩慧,顽然早成,开府自主家事,专为谋学。年十二补郡学生,试文有动人语,校官石景略奇之。已而名儒曾旼分校京口,公复提书就弟子列。曾公知非近器也,励使游太学。十六优中太学生选,自是试辄先群彦。阅数年,积行艺,升上舍,文传四方,学者推为轨式。绍圣四年第进士,时兄志先已中其科。开府喜曰:"而兄弟能自奋,拔吾门户有寄矣。"调开封府鄢陵县主簿,擢教授,授杭州,未赴,改颍昌府。秩满,又教授真州,未赴,召入太学,为学正。逢徽宗皇帝幸学,恩特授宣德郎。大臣言经行修明可用,召见访问,帝善其所言,除太学博士,擢提举两浙路学事。崇宁五年,官省差,通判恩州。未逾月,除辟雍博士。岁中仍置所省官,公领学事淮西。大观二年,廷受八宝仕者,皆迁一官。公自言愿辍所当,得预封其亲,诏从之。入尚书省,拜职方员外郎。三年,迁为辟雍司业,移宗正少卿,迁国子司业。政和二年春,公佐知举试天下贡士,有诏委知举察异论。公初弗知,既讫事,而誊录官许尚志上言,贡士有言近诋讪者,录其文及号以进。适隶公考阅,虽已黜,犹坐不以闻罢为通判单州。明年,除江西路学事,又改淮东。丁开府艰,哀称其服,终三年,却酒肉弗御。倾家资，筑佛舍冢次，日居其中，阅所谓大藏经者，尽其函轴。茔域有芝草甘露之祥，诗人张景修之流作歌诗纪孝感者甚众。服除，再以国子司业召，时政和六年也。惟徽宗初载，罢科选颛，以三舍宾贤能。既郡国南建辟雍，后新天下黉序，教法周密，人士向慕，山陬海隅，弦诵之声相闻，庠序之盛，近古未有抗者。公于是时以学行见推，遍历中外，师儒之选凡六，为经师四，长胄席五，将使指可谓稽古之力而遭时之荣矣。七年，兼太子舍人。时渊圣皇帝养德东宫，公雍容陪辅，使正行正言闻天下。八年，徽宗顾辅臣曰："魏某趣操端亮，方调护吾儿，不宜兼他职。"除直龙图阁，提点万寿观，俾专储府文翰。明年，出刺卫州，未赴。又明年，改刺常州。剧贼起青溪，连陷州县，声摇邻境，守宰选软者类委印绶去。公独大修城堞，誓将士以死守。他盗缘间谋应贼者蜂聚境上，公连执渠魁戮之，众乃解散。男子矫称权贵人，将命衷匕首见公者。公察其色，疑之，遣人露索，见兵刃。录付狱，得其谋，欲杀州将，婴城以叛，立诛之。睦贼平，录功迁官二等，且将玺书嘉劳。宣和二年，召拜太常少卿。未几，给札试书命奏篇称善，除中书舍人，赐三品服。贾谭知平江，嫉朱勔梃政，痛排诋之。勔切齿，因数中以应奏事，公在前屡申其枉。会谭请罢，公于词命，极口称奖，帝览喜曰："不惟契朕心，且以塞谗说。"尝召至宣和殿，从容坐语，且称守毗陵计策，赐御墨及轻绡便面、团凤彩笺、宣和殿石本。迁给事中，锡袭衣金带，兼侍讲。未旬月，除吏部侍郎，铨综一遵法，吏不能侮文黩货。六年，以显谟阁直学士知明州。异时，三韩使者朝京师及吾使报聘，往返经郡，供帐过厚，调取市物，百贾告病，且耗经费不资。公朘削，一从简俭，至使节出境，而市人不知。七年，召还，提举宝箓宫兼侍讲。靖康元年正月，金人逼汴，朝议既与之成，而将臣幸功，遣师夜袭其垒不利。渊圣皇帝召问："敌人傥责渝盟，何以塞之？"公言："古者，将在军，君命有所不受。斫营本非庙谋，诸将擅生事尔已。"而金使来诘，如公言答之，金使为诎，未几解去。时厌事者遂欲恬熙彻警，公独疏言："敌情叵测，今退师未足喜。彼方蓄锐以观衅，须百全乃发我之施置，苟无以大服其心。严霜折胶，定复南牧，盍大为寇至之备？"不报。即请奉祠帝，方倚旧僚助初政，优诏不许。力请至三四，从之。俄起知宣州。是岁冬，金人再至，果如公言。公闻王室在难，治兵赴援，流涕遣行，勉以忠义，士莫不奋。会建康军叛，公以地邻，尤谨武备。有亡命卒数人，挟军势颉颃叫欢市中。公闻遣捕，乃建康手杀官吏者，磔其尸，以徇民，以安堵。今天子袭尊号之二年，召赴行在，再除吏部侍郎。时铨曹案牍散逸殆尽，选者与吏并缘为奸，冒名寄版者相随属也。公建请严保任以核实，开告赏以抂奸，急期会以取阙。由是注官者无淹停之恨，而奸伪无所容。时驻跸广陵，公屡求对建言："古未有背天险而为都者，金之劲骑由京西不五日可至淮泗，宜有以俟之。"以足疾四上章，乞骸骨，得杭州洞霄宫以归。结庐近郊，不事华奂栋宇，斧木而已，以"止止"名其庵。视书余力，课释典，习禅定。去此惟延宾客，教子孙，优游求志，盖十余年。最后除知饶州，公既倦游矣，辞不赴，复为江州太平观。终时无疾，危坐禅榻，取水盥手，泊然而逝。官自宣德郎十有二迁为左太中大夫，爵文安县开国男，食邑六百户。妻范氏，兵部尚书镗之女，封硕人，治家贤有轨则。男长曰持，应天府司录，早卒；次曰峙，婴疾不仕；次曰寿，卿右承事郎。孙男曰兴宗，主福州长乐部；曰兴邦，主宣州宣城簿。皆濡染义训，笃学自立。长女适建康府司理陈希平，次适宣抚司干办官陈朴。孙女适右承务郎葛郯。曾孙男女各一人。公为人修洁宽厚，兢畏谅直，言动无可择之。阙于经，微言奥旨多自得。授业方郡，著录者常满门，两侍经幄，不专事章句。至治道得失祸福安危之机，必反覆论说，以效劝戒。文章开阖驰骋，应用不穷，而归于体要。徽宗尝称曰："魏某草制，近世词臣罕及。"渊圣居储亦曰："魏舍人文不淹晷，真轶才也。"有文集二十卷，奏议、外制各十卷。仕进不肯稍贬以求合，故涂辙方进，辄不得居中。然直道正言，为人主所记，亦以此出未久，辄复召用。临事不苟，在成均尝较月试，有文高而擢第一者，既启封乃一凡子。公疑之，召与语，质问文意，首末漫不知答。验卷首，类有拆移，录案吏致于理，具服通货，共为奸幸，人服其精察。于同产，笃友爱先己子孙，而官兄弟子若甥凡四人。以财市义，交游亲戚空乏者，于我乎足。增广义宅义庄，以衣食疏族。给事中傅公墨卿奉使海东，尝请于朝，表其闾曰"敦义平居"。善自倾下，以宾接士大夫，与人交，久而不变。前后荐士登朝为柄臣法从者踵相蹑，殁之日，官居野处，皆痛伤之。呜呼！公贤于人远矣。铭曰：

魏实姬姓，毕万始封。东西二祖，厥后显融。揭揭显谟，才优德丰。开迹东南，维辰之逢。于穆徽考，肇兴辟雍。烝我髦士，大振文风。阅二十年，公为儒宗。率德讲艺，士莫不从。帝用嘉之，曰惟汝忠。词垣琐闼，讲幄储宫。佥曰汝谐，汝往即工。公拜稽首，敢营其躬。曰可曰否，献替弥缝。出殿方郡，戡乱夷凶。膏枯醒喝，有谋有功。出入三朝，责难以恭。晚谢周卫，归从赤松。府以讣闻，帝恩饰终。清流之源，山萦水重。砻石琢词，贻美无穷。

宋葛胜仲《丹阳集》

王蘋墓志

〔宋〕章宪

道学衰微，千有余载，士习于章句传注，孰有心传自到者？宪自髫龄，已闻河南二程夫子，绍孔孟之绝学，私淑诸人，独恨不得供洒扫应对之役，问所以学也。既冠居吴，则闻州里福清王先生，实程门高第，乃与吾季弟恜，又闻陈长方、少方，执门弟子之礼。熏蒸灌溉于仁义道德之言，若江海之浸，虽莫测其涯涘，然知师道可尊，朋友讲习可乐也。先生讳蘋，字信伯，世居福之福清，自其考徙平江。先生资禀清粹，充养纯固。平居恂恂儒者，及语当世之务、民俗利病，若习于从政者，盖其理达而义精故也。然不邀名当世，世罕知之。今天子急贤图治，搜扬岩穴，俊义汇征。知府事孙公佑，列先生学行于朝，召见，赐进士出身，除秘书省正字。先生于是冀得行其道，以所学为上言曰："道无古今，惟人能弘，故尧以传舜，舜以传禹，禹以传汤，汤以传文武。或见而知，或闻而知，前圣后圣，若合符节。然非传圣人之道，传其心也。己之心无异圣人之心,广大无垠,万善皆备,盛德大业,由此而成。故欲传尧舜禹汤文武之道,扩充是心焉尔。"又曰:"帝王之学,与儒生异尚。儒生从事章句文义,帝王务得其要,措之事业。盖圣人经世大法,备在方策,苟得其要,举而行之,无难也。"未几,兼史馆校勘,属刊修《裕陵实录》。书奏,改左承奉郎,迁著作佐郎,丐外补通判常州,主管台州崇道观。族子坐法,一时观望,文致以罪。久之,还故官,复主管崇道观。引年致仕,官至左朝奉郎。寿七十有二,绍兴二十三年五月戊午,疾终于里第,以其年八月甲申,葬于湖州长兴县和平镇茅栗山之原。嗟乎!先生所试止于是,故见之行事不大彰彻,道学渊微不得暴之天下,然一时名儒推与论荐,亦可概见。杨文靖公,时程门先进,尝曰:"同门后来成就,莫逾吾信伯。"中书舍人朱公震、宝文阁直学士胡公安国、徽猷阁待制尹公焞,皆举以自代。胡公论荐尤力,谓其"学有师承,识通世务,使司献纳,必有补于圣时"。是二三公,盖有心照莫逆之道存焉。先生纯一不杂,故得之深,不事表暴,故所养厚。貌肃而气和,言简而义明,故望之可钦,即之可爱慕。其接物意诚而感通,其治事从容而中理,其从政必尽其职,其莅民必极其惠,岂非所谓时措之宜者耶?曾祖讳珣,祖讳础,皆隐君子。考讳伯起,假承务郎赠右宣教郎。室蔡氏、胡氏,前卒,俱赠安人。胡氏,钦州安远尉峰之女。安远名士,女又贤也,以配先生,士以为美谈。三子:曰大本,右修职郎,淮南东路安抚准备差使;曰大中,曰大临,皆业儒。女二人,婿皆进士。呜呼!夷考世儒之学,自先秦两汉,更魏晋,涉隋唐,穷经探道号称名儒者不乏,然韩愈氏顾以为孟轲氏不得其传。下到今,若河南氏之学,若先生所受学,远有端绪,质之孔孟无愧也。其学要以深造自得,敏于躬行。其序自正心诚意,以至修身、齐家、治国、平天下。要本于格物致知,自尽己之性,以至尽人物之性,极于参天地,赞化育。要本于至诚不息,达于礼乐,则可以穷神知化,择乎中庸,则可以开物成务。然士无师传以肄业考疑,往往不得其门而入,虽然后生可畏,焉知来者无涣然冰释于斯道。先生既葬,修职以状来曰:"先君未尝著书,所以传后者,惟幽堂之铭是赖。子从先君游久,子实甚宜。"宪义不得以浅陋辞也,谨次其状,且具列古今之学,可考不诬,盖有待于来者。铭曰:

圣人迹熄经仅存,章句传注极丝棼。衰微绝塞道之真,剽剥斗俪攻于文。卓哉夫子闯圣门,学得其承道乃尊。不杂不溺醇乎醇,相时行义觉斯民。胡神啬此畀穷屯,我述墓文琢斯珉。谂兹源委垂无垠,闻而知者存乎人。

门人浦城章宪撰。

宋王蘋《王著作集》

王蘋传 附从子宜从孙枞

〔清〕潘柽章

王蘋,字信伯。其先福清人。父仲举,字圣俞,刚介厉学,不徇时好,徙家邑之震泽镇,卒赠奉议郎。蘋出为世父伯起后。伯起,字圣时,受经于王安石,学文于曾巩,有诗曰《唱道野集》，卒赠右宣教郎。二程在雒，伯起遣蘋往从之，遂为程门高第，通《春秋》。杨时尝言："后来师门成就者，惟蘋耳。"三舍法行，遂不就举。蘋平居恂恂儒者，及语当世之务、民俗利病，皆如素习，然不徼名当世，世罕知之。绍兴初，高宗幸平江，知府孙佑荐其学行，以布衣召见，当戎马间陈说数百言，补右迪功郎，赐进士出身，除正字兼史馆校勘。受诏条具贼退利害，蘋奏治本三事：曰正心诚意，曰辨君子小人，曰消朋党。上谓辅臣曰："蘋起草茅，而进止议论，皆如老成儒者，能通世务。"乃为有用耳。预修《神宗实录》，优诏奖谕。胡安国力荐之，谓其"学有师承，识通时务，使司献纳，必有补益。"迁著作佐郎，通判常州，主管台州崇道观，不悦于秦桧。会从子谊以作文刺桧，贬象州，蘋亦连坐。夺官久之，复予祠，引年致仕，官至左朝奉郎，卒年七十二。蘋识虑精微，议论平易，隤然若与世忘。既老，作《论语集解》未成，合文集为四卷。曾逮尝问亲师友之道，曰："师不专在授受，友不专在讲习。于精神气貌间，自有相激发处，是善亲师友者。"人目为名言。嘉熙元年，知府王遂祠之学宫。宝祐初，里人沈义甫立像震泽乡校，以门人陈长方、杨邦弼配，号曰"三贤"。子大本，朝请郎，浙江安抚参议。大中，儒林郎。并以学行世其家。从子谊，从孙槱。

谊，字正仲（徐志作仲玉，误。），一字汉臣。师事杨邦弼，以学鸣于时。秦桧当国，忌天下能者，谊因发愤，拟为罢相对以刺之，为其仆所告。桧怒，贬象州，十年乃归，遂不复仕。著《春秋类书》。

槱，字勉夫。恬憺寡欲，少孤力学。母没，蔬食布衣，绝意进取，题所居曰"定分斋"。好著书，有《野客丛书》三十卷、《巢睫稿》五十卷。晚年婴废疾卒。子德文，字周卿，克世其学，尝刻丛书成，焚之墓，见者无不感涕。官止承节郎。孙敉，字行父。著《云峤类要纪事》，极该博。史玄曰："宋郭绍彭志墓，称槱居笠泽，槱为吴江人无疑。今刻丛书，乃冠以长洲，谬也。"

清潘柽章《松陵文献》

陈唯室先生行状

〔宋〕胡百能

公讳长方，字齐之。其先浮光人。十世祖魏公显，唐僖宗时任太保、福建道节度使，终葬于福州侯官县，子孙因家焉。高祖校书清，高叔祖司户易，则以道德为乡间表率，见《闽中名士传》。曾祖衮，故不仕。祖劝，故承事郎。父佾，故左宣教郎、洪州司录事。母林氏，故太仆卿旦之女。公生而英爽，髫龀记诵过人，十有四岁而孤。豫章公蚤岁入洛，师友贤士，亲得心传自得之学。与游察院定夫、杨祭酒中立、邹正言志完、陈大谏莹中、许右丞少伊诸公游，志将行古道于当世，诋斥蔡氏，白首州县。临终之年一日，为公极谈天下善类、治道邪正、学问源委，顾公太息曰："吾尝有闻于先贤，恨汝年幼未足告语。士之处世，本于治心、修身两言而已，小子识之。"是年六月，豫章公终于官舍。公奉母来客于吴,资产付之仲父,一切不问,与弟同之,杜门安贫,刻意问学。闻著作王先生昔尝闻道于程氏之门,遂以先豫章之训为请。先生知其器可大受,默无所告,遇咨叩辄峻词不假。公夙夜愤悱,求于六经,体之验之,不敢稍释。一日读《论语》,至"参乎!吾道一以贯之。曾子曰:唯始而疑,终而信",喟然而叹曰:"六经之书,渊深浩博,无逾此一言而已。"因榜其便坐曰"唯室"。年十八,叙《伊洛答问》,力赞二夫子之道,谓:"得绝学于千五百年之后,发其关键,直睹堂奥,补助天地,有功圣门。然'理义人心之同然',学者胡不由斯言而体之于身?优柔涵泳,然后知圣学之传,实在于此。"右丞许公一见奇之,谓公"不负家世,真陈后之子也"。兵部江公子我,闻公令名,一日得所为文,曰:"此子他日当与东坡抗衡。"因贻书公曰:"文章议论,前辈未到。足下性识超迈,学之所造,便自高明。公所谓豪杰之士,不待文王而兴者也。"建炎中,祭酒杨公请祠南下,吴中学士大夫争先愿见。公方弱冠,一拜先生于稠人中,见谓"所知得圣人之渊奥"。且曰:"子之学,知至而行未至,故志刚而气劲,在常人则已为美,学者反以为病。子视颜子之为人如何?行其所知,则刚劲不足。为子道矣,子其勉之,他日未易量也。"年三十一,凡三上春官。绍兴戊午,擢进士第,调太平州芜湖尉。县多猾吏,鬻狱舞文,循习无惮。公访其尤者,绳之以法,一县肃然。公为政尚恩信,事无剧易,临之晓然。民有兄弟讼者,公教以孝弟之道,戒而遣之,兄弟雍如,无复为隙。当路以公道文才荐于朝者十二人,公与焉。秩满代还,邑人老幼扶泣,拜送数舍,父老言前所未有。用荐者关升左从政郎,授江阴军学教授。每谓亲朋曰:"教官惠不及民,几于尸素。要当教育人材,使闻孔孟之道,庶足以报吾君置官设学之意也。"未行。以疾终,享年四十有一。母夫人林氏,以六十之年,哭其息子,行路悲之。士大夫识与不识,咸以材德之大,百未一试,为斯文惜也。公天姿英发,绝出等夷,幼之所造,不汩流俗,壮而学成,清明端亮。其学本于正心诚意,终于穷理尽性。虽其幼岁志刚气劲,及其久也,痛杀芒角,履践益壮。至于教人,随问意满,尝与学者辨学之邪正,曰:"黄老以清净无为为宗,吾圣人之教,则时止时行,不主于一,以时为中,而仲尼不可得而见也。所谓清净无为,得吾之止而已,不知圣人之所谓时止。西方见性之说,主于见性而已,吾圣人之教,则致知以知性,格物以穷理。知性则极高明,穷理所以道中庸。极高明而不道中庸,安能君臣义、父子亲、长幼叙、夫妇别,从容乎规矩绳墨之间,超然乎天地万物之表?佛老之说与吾圣人之道似是而非,圣人之道于二宗之说似同而异。要当先得圣贤之权度于胸中,持此斟酌以别是非,及夫霜降水落之际,必有所成就也。"绍兴六年冬,朝廷罢赵公鼎,用张公浚。公作《里医》一篇,以讽侍郎刘公,无虑数百言,君子以公之言为至当。公于经史无所不读,家贫不能置书,假借手抄,几数千卷。有《文集》十四卷、《春秋私记》三十二篇、《尚书讲义》五卷、《两汉论》十卷、《步里谈录》二卷、《辨道论》一卷。呜呼!孟子殁而微言绝。千数百年间,士之白首穷经者,或汩于专门,或没于章句,道之不明也久矣!间有特立独行之士,质疑无师,问学无友,道之不行也久矣!二程夫子以天民之先觉,振圣学于既坠,受业其门非一时贤公巨卿,则皆自拔于流俗之士。然夫子无所不与，学者无所不受，及其成就，或驳或粹，随其所资。公当二夫子弘道于伊洛，虽不及升堂入室，亲炙于当年，由其言而察诸己，以其言而体于心，所谓资之深而粹者也。进将致君尧舜，措俗成康，退将立大本斥异道，以私淑诸人，惜乎早世，皆有所不及也。绍兴二十七年九月二十一日，始克葬于平江府吴县常山乡铜井之原。夫人赵氏，左朝散郎直秘阁子璘之女，贤淑靖恭，事姑以孝，治家有法，后公三月而殁，今以祔焉。二男子：正学，右文林郎；正行，举进士。孙男三人：曰度、曰康、曰庠。百能与公有世契，且尝从公游，故知公为甚详，谨录其行事之大概，尚俟作者为之铭焉。乾道戊子十月，左奉议郎、守诸王宫大小学教授致仕胡百能述。

宋陈长方《唯室集》

王份传

王份，字文儒。少力学，工诗文。隆兴中，以特恩补大冶令，律身清谨，政尚宽恕，重学校，置田以给士。县有疑狱，即露香吁天祈神助，不苟决也。县产铁，旧有铁务，每过取病民。份奏减其额，民甚德之，绘像祀焉。在县七年，一日登西塞山，诵张志和《渔父词》"西塞山前白鹭飞，桃花流水鳜鱼肥"之句，慨然太息，即致仕归。作室于雪滩上，极水木之胜，号曰"朧庵"，士大夫题咏甚多。后三十年，陆游过吴江，见份遗居，感叹其流风焉。先是绍兴间，知县事石公辙改建学校，患地隘，份即割其居址之东偏以献。公辙嘉之，比诸范文正公。乾道三年，知县事赵伯虚改建三高祠，份又割其居址之西偏以献。宝祐三年，知县事曹良朋新其祠，份孙栗复割其居地以广之云。

清乾隆《吴江县志》

铭弟墓

〔宋〕陈长方

吾弟少方，字同之，我先豫章公第二子也。生五岁始能言，姿禀凝重，先公器之。始学即不肯下人，客指"川"字以问，君无答，绐曰"三字倒尔"，一座大笑。年十二，遭外艰，表表自扶持，知以奉身承先为孝。益长，事父友，学古道，世知君者，不过以静愿称之。至其商榷是非，好辨者，未易屈，盖君外简默而中健武也。初，吕大临与叔尝笺《中庸》大义，暮年删刮长词，益以新知，别为一书。学者相传为明道程先生所述，虽名世之士有作后序数百言，亦以为明道书者。余持示君，君笑曰："此吕叔之文也，旨义多类特，详略不同尔。荀卿、扬雄视圣人，固天地方之，《孟子》七篇，又何如哉？"余于是知君器可大受，而君亦自淬砺，以古人自期。建炎庚戌夏四月，举家病疫，余病特甚，君不解衣者半月。未几，君病而不起矣，实五月七日，年二十二。呜呼！余尚忍言之也。夫是年十月癸酉，奉吾母之命，葬君平江府吴县至德乡凤凰原。如君之材而不克寿，使余踽踽独行于世，是皆终身之悲也。铭曰：

保躬以正，禀皇极也。致知以诚，学之力也。寿不克称，天胡啬也！死而不亡，庶乎君之无戚也。

宋陈长方《唯室集》

赵磻老传

赵磻老，字渭师，其先东平人，徙家邑之黎里镇。以妇翁欧阳懋待制泽入仕，孝宗朝为书状官，随范成大使金。成大归荐之，丞相虞允文亦嘉其才而荐之，擢正言。乾道八年，以右通直郎知楚州，俄入为大理寺丞。淳熙三年，由两浙转运副使知临安府。四年，除秘阁修撰，五年，权工部侍郎。《文献通考》云：磻老，门下侍郎野之侄。其知临安，坐殿司招兵事，谪饶州。所著有《拙庵杂著》三十卷、《外集》四卷。

清乾隆《吴江县志》

盘野公述略

公讳由，字子由，长洲人。宋淳熙八年辛丑进士第一，授南安军签判。秩满后，除绍兴通判，往新嵊督行荒政。公改粜为赈，发子民米五万石，不取其直。除正字，迁著作佐郎，使金。还，迁将作监、嘉王府赞读。宁宗即位，累擢礼部尚书，兼吏部，将大用。会与王沆争论籍记伪学伪党姓名，忤韩侂胄，出知成都。嘉定初，知绍兴府浙东安抚使，闻嵊县有虎患，公祷于神，出厚赏，募人殄灭无遗种，民赖以安。三年，除刑部尚书，官至正奉大夫。方自南渡之后，朝廷志在苟安，与金议和，群小竞进。时方赖有朱子晦庵绍述濂洛之学，适为所忌，称其伪学，公偕诸贤上书争之。详载《宋史》。公少居郡城北醋库巷，晚岁致仕后，徙居松陵学宫之左偏，曰"盘野"。邑志载诗十二首，内有"才到松陵即是家"之句。又购别墅于莺脰湖南溪上，今称黄家溪云。其墓在邓尉山，子孙因元季避乱，年远世湮，以致莫可考矣。

清黄以正、黄锡爵《松陵黄氏家谱》

宋王先生圹铭

〔宋〕郭绍彭

学生、通直郎、权发遣安丰军事沿边都巡检使郭绍彭撰。
学生、通直郎、知台州天台县主管劝农事卢宪敬书。

学生、新楚州司法参军张愿题盖。

嘉定六年四月二十九日，笠泽王先生以疾终，其年九月二十四日，葬于吴县横山先茔之侧。其孤德文号泣致书，走介千里，诉曰："先君不求闻达，所以传信于后者必托诸铭。君从先君游，知之实详，敢请。"初，绍彭先大夫侨居笠泽，先生年甫弱冠，籍籍有能文声，先大夫礼致斋馆，喜曰："汝得所矜式矣。"受业六载，开迪弘多。先大夫日夕相与优游宴处，定为文字交。继宰华容，力挽偕行，先生以亲老辞。虽相望荆浙，先生得一善，必以告绍彭先大夫，一觞一咏，未尝不属意先生也。先大夫平时许与，每以远者大者期之，曾不少见于世，则次其颠末，今何敢辞？先生讳楸，字勉夫。家本福之福清，自其曾大父徙平江，后居笠泽。先生资禀颖悟，趋向端方，少失所怙，事母以孝闻。与人交，诚实无虚语，有义事，虽窘匮必竭力为之。清淡寡欲，刻苦嗜书，宽厚长者，耻言人过，乡里皆谓之善人君子。少尝有志功名，蹭蹬不偶。自母夫人没，悉弃所习，不复逐时好，取世资。或以劝之，泣曰："禄不逮亲，尚奚望？"榜所居曰"分定斋"，先大夫及浙西参议陈公造为文以记之。富贵利达，恬不关念，安于义命若此。杜门著书，留意古学，有《野客丛书》三十卷、《巢睫稿笔》五十卷。丛书门分类聚，钩隐抉微，考证经史百家，下至骚人墨客、遗草佚事，细大不捐，士大夫争先誊写。亲族之仕达者欲锓木以传，先生辞之，顾语弟子曰："吾目未瞑，具将有所增益。"尝以文谒石湖先生，一见为之击楫，雅相推誉。客于湖南仓使张公颐之门逾三十年，宾主相欢如一日，人皆贤之。晚得拘挛之疾，坐卧未尝废卷。易箦之夕，神观不乱，作诗一绝，掷笔而逝，享年六十有三。诗中有"趁着风帆便上船"之句，胸次夷坦可知。娶葛氏，能尽妇道。男二人：德文、纯文，业进士。乌乎！才大者用必宏，先生之才独啬于用；德博者寿必遐，先生之寿不报其德。命矣！夫若其谱系之详，与先生履行之美，则有枢密曾公孝宽、司谏江公公望之志铭在兹，不复录。铭曰：

何才之丰，何道之穷。横山之中，是为先生之宫。

临终诗云："平生不学口头禅，脚踏实地性虚天。临归不用求缠裹，趁着风帆便上船。"

明钱穀《吴都文粹续集》

盛 章 传

章，公旦次子，字如晦，一字俊卿，号如斋，行千九。生绍兴壬午中。淳熙十年癸卯蔡以忠榜乡举第四名，十四年丁未登王容榜进士。初守平江，其时谯楼失火，有得烬余之木，欲析为薪，见其上有"大吉"二字，遂闻之于朝。郡学有一石，中夜光起，教官言于公，因作《瑞石放光颂》，亦奏之。大成殿一夕忽为雷击其柱，火光异常，东壁额上遗青布巾，大可容五斗粟。教官命以香案置之中庭，诘朝视之无有矣，事载《中吴纪闻》。后以给事中兼翰林侍读学士，累升权兵部尚书，仍兼前职，又兼权吏部尚书。

尝上章乞归邱园，诏不允。宁宗升遐，以通议大夫行封奠礼仪使，奉虞而返，进官一级。宝庆元年乙酉乱，兼权吏部尚书，不允。特赐吏部尚书、敷文馆学士、吴江开国伯，食邑八百户（即今吴江县盛泽镇）。丁亥，出知建宁府，薨于三衢道中，权殡大中祥符寺。是夕，大风拔木，人以为神，立祠祀之。讣闻，赠银青光禄大夫，命有司扶柩还吴。戊子十二月庚午，葬武康县崇仁乡下渚艮山之原，寿七十有四。公竭忠四朝，功名赫烈，每拜命，必谦言恳辞。历官四十余年，数被玺书褒美。在给事侍读，则曰"识超物表，道探儒先"。在兵部、祠部，则曰"迪德粹明，久严厥掌"；又曰"夏官甚简，卿才甚优"。在吏部，则曰"廉明详审，直亮和平"。选将用兵，则曰"量敌决胜，威强中国"。行宁庙礼使事，则有"诚敬肃给，强力不怠"之勋。乞归邱园，则留之曰："卿以醇儒为时鸿硕，擢置铨部，羽仪班行，视听未见其愆，安得以疾为言？"寿考令终，载名青史，宜矣。配松江周氏，封夫人，赠建宁郡夫人。子一人：文炳。女二：长适端明殿学士金渊，封咸宁郡夫人；次适进士吴谦。

清盛钟岐《平江盛氏家乘初稿》

宋镇东将佥判王公墓志

〔宋〕王庚孙

先君讳斗文，字仰之。先世自闽入吴，遂为笠泽人。少力学，精六典。嘉定己卯预乡荐，庚辰登乙科。其历官，以丁艰而不赴者一，庆元户掾也；以选部注者二，池阳仓曹、金陵酒库也；以为辟差者三，当涂差遣、淮西总幕也。以京秩之先，迭为剡荐，则提举赵公公范、郡守杨公空云、汪公绍、制使陈公善湘，以升削举；制使吴公麟、蔡公范、帅阃陈公恺、杨公恢、督视史公守则，以改秩举；曹使曾公颖茂、郑公起潜、京尹赵公与蕙、郡守高公梦月，以升削举；参政王公伯大、侍郎楼公治，以特荐举也。其积阶，则由迪功郎关升从政郎，由儒林郎改通直郎，洎转奉议郎，为宪台诬以他过，降授宣教郎。越六年，而后复继转承议郎。自淳祐己酉再起合，改朝奉郎。方磨勘问，而先君奉旨往鄞郡审勘死囚，染疾致毙。郡守怜其勤劳王事，有请于朝，令通理纳禄矣。先君性恬澹，虽登仕版，不改寒素。善与人交，手不停编，小善一艺，无不录也。廉以律己，勤以尽职，若身家，一不暇计，故宦游所至有声，书判成帙，饰吏事者争传以为法。不务进取，每以"耐庵"自号。督饷循资，则悉逊同寅，而不芥蒂；狱空底绩，则三见其效，而不自矜。处帅幕，则放军请之孤遗；宰京畿，则以己俸而代赋。所施未及万一，竟以淳祐辛亥仲冬七日捐馆，享年六十有五。曾祖闵，故从事郎。祖宣，隐德不仕。父籍，累赠朝奉郎。母太安人施氏，后先君十有一月卒。妻陶氏，封孺人。子庚孙，将以次年孟冬癸酉，奉柩葬于长洲县彭华乡浒墅之原。葬且薄，未暇乞铭当世君子，姑叙梗概纳诸圹云。宗弟迪功郎、新差充通州州学教授苋填讳，孤子庚孙泣血书。

明钱榖《吴都文粹续集》

宋故提幹王公壙記

〔宋〕王敌

先君讳德文，字周卿。家世福之福清，自高祖仲举徙吴，因家焉。曾祖讳蕴。曾伯祖著作郎蘋，伊洛高弟，绍兴四年六飞南渡，知府事孙公佑以学行荐，白衣赐对称旨，赐秩玉音，有通儒之褒。嘉熙四年，郡侯王遂立祠于学，亦先君之请。先祖讳大成，隐德不耀。父楸，号分定居士，参议陈公造有记，有著书三十卷，曰《野客丛书》，石湖先生嘉美，为之跋。先君携此书谒凤山，李大参性作序。家贫，力以版行，不负前人著述之志。书成，焚之墓下，见者无不涕服。先君资禀颖悟，笔端有口，屡魁京庠，士论推重，当世名胜争愿纳交。显学盛文昌章，自豸冠而师建宁，交游二十年，终始如一日。海陵赵守善湘适值边，兵毁破城壁，委请先君协力经理董治，版筑城壁。复完，以功奏补承信郎。先君蹭蹬不偶，弗克以儒科自奋，俛首鹬冠，调宁国酒税。任满，太守王实斋复挽留一年。庚子岁歉，发运史侍郎宅之以时多盗，命先君摄华亭尉，凡两载余。往来湖泖，搜捕殆尽无遗类，邑人赖以安妥。大漕陈垓亦以先君才能敏邵，俾兼造船场市舶。未几，徽守郑宗山奏辟监榷货务，造会纸门。及额受赏，转承节郎，受南桥酒官磨勘，拟转保义郎，以出仕二十年尚可循转。先君耻于右选，意欲世科，遂置而不问。先君手笺鹤山魏先生《渠阳诗集》，析文辨义，诂注甚详。鹤山嘉之，亦既锓板以广其传，克斋游丞相似为之序。真西山德秀、杜立斋范、王实斋遂皆有跋语，亦各举先君科目。秘监李侍郎心传跋云："此五人者，天下之正人。周卿与之游，亦无忝于所生矣。"近蒙游相召命沓至，且有里除之诺。方且自喜，夫何一疾，医药勿疗，归正寝而殂矣。痛哉！先君享年五十七，生于绍熙改元四月二十九日，终于淳祐六年十月二十二日。先君娶周氏。男一人，敌。方志于学，忍死竭力，择次年五月十二日，卜葬于吴县横山桃花坞先茔之侧。若夫先君平昔云为操履，毕载于前之名胜跋序，姑掇其大概，刻石幽隧，以为不朽之识云。孝男敌泣血谨书。兄奉议郎知处州丽水县主管劝农公事斗文填讳。

明钱穀《吴都文粹续集》

沈义甫传

沈义甫，字伯时，少以文名。嘉定十六年，领乡荐第五，为南康军白鹿洞书院山长，举行朱子学规，时称良师。久之，致仕归。宝祐元年，建义塾，立明教堂，讲学以淑后进。又于堂东为祠，以祀王蘋，配以门人陈长方、杨邦弼，号曰"三贤祠"，隐然自任后传之意，学者称为时斋先生。卒年七十八。著《遗世颂》《乐府指迷》《时斋集》行世。元初升义塾为儒学后，教谕陈祐复绘义甫像于学云。

清道光《震泽镇志》

宋朝请大夫广德知军兼内劝农营田事赐绯鱼袋莫公子文传

公自撰墓志云：曾祖讳瑢，祖讳宁，父讳大猷，累赠朝请大夫。妣周氏，累赠宜人。先君五子，子文居长，生于癸丑（光宗绍熙四年）。幼从父师之教，读九经诸史。一十八岁，始习词赋，游校庠。甲戌（宁宗嘉定七年，年二十二）入辟雍，累中公试，而蹭蹬十三年，丙戌（理宗宝庆二年）始叨甲科。是年公试入等，升内舍生，授迪功郎、瑞州教授。辛卯（理宗绍定四年），该东朝庆寿，恩循从仕郎。乙未（理宗端平二年）秋，堂差建康教授，考举及格。壬寅（理宗淳祐二年），班改宣教郎。时京尹节斋赵公与𥲟、漕使方泉魏公峻列御辟，知武康县事。甫半载，丁父忧，解官。乙巳（淳祐五年）服阕，部授嘉兴府嘉兴县通理。考满候代间，奉使王畴迎合当路意，峻行括田之令，欲以嘉兴县管下上供经界苗田，强抑本县供括，作殿司天荒草荡，围田以为己功。子文谓："此事欺君害民，断不敢从。"文移到县，一切不行。畴即萋斐于田使，以子文抗拒朝命，降授宣义郎，时丁未十一月也（淳祐七年）。责词乃玉堂庸斋赵公汝腾所撰，云："勤抚字，拙催科，贤者之常也。尔为令，切切爱民，乃不能汲汲以赴功，坐是为殿司田使所劾。降尔一秩，非朕得已，然亦因是得以知汝之为人仁矣。"田使见此词，愈怒，收起不付出。越五载，始以元词给告。辛亥（淳祐十一年）六月，准告复元官，紫微竹所陈公显伯行词云："君子之仕，利与钝亦何常之。有彼迎合希进之俦，乃欲常利而无钝。然至于时改论定，卒亦不能有其有也，可叹矣。顷奉行田令者，倚法而逞，尔制邑且受代，乃能力抗其锋，期以不扰留遗所附民。虽主计之臣请黜尔，朕不尔忘也，五年之踦，于今而复。前日利钝之间所不得而常有者，顾非可常之道也。士所当为不止此，其益励所守，以副朕擢试之意。"子文家贫，未能忘禄，欲就吏部注阙。时吏部尚书虚斋赵公以夫宴典铨衡，前此未尝识面，一见慨然曰："本朝选法，非如唐人，高下予夺，一出掌铨者之手。今动循格法，如作邑被劾人到部，只合注签判。"子文云："固知之家贫不暇择禄，何故紊铨法？"虚斋悯然久之，曰："待为一判，不妨入通判差遣。"既而书判，首言："能拒括田之令，甘心受谴，不以病民。"中术："作邑已满，被劾而去，坐废五年，累该恩宥。合照无过，人例入通判，差遣未及。如有欲援例者，必如莫知县。不奉行田令，而得降官，诰词如是者乃可。"遂授通判道州。壬子（淳祐十二年），改差浙西安抚司，机宜磨勘，转奉议郎。癸丑（理宗宝祐元年）五月，改差通判临安军府事。甲寅（宝祐二年）二月，磨勘转承议郎。因鞫陈宝假官狱，朝家追夺者七十九人，以此得罪于富人，为殿中侍御史刘元龙论罢。朝堂知其无辜，是年六月，差干办诸司审计司，未供职。间改差，充尚书省检阅官，兼提领江淮茶盐所主管文字。九月，磨勘转朝奉郎，在任十阅月。乙卯（宝祐三年）五月，准告依前朝奉郎授行大府寺部，充尚书省茶盐所检阅官，分司真州。丙辰（宝祐四年）正月，准尚书省札，所卖准钞取高年分，增收一千余万贯，特与转一官，以示旌别。未几，为侍御史丁大全论罢。丁巳（宝祐五年）五月，得旨与祠，六月方准告朝散郎，十月，磨勘转朝请郎。戊午（宝祐六年）八月，磨勘转朝奉大夫。庚申（理宗开庆元年）五月，创浙西制置司，小山厉端明文翁申辟，充机宜文字。五月随司解任。是年七月，差权广德军。辛酉（理宗景定二年）八月到任，磨勘转朝散大夫。壬戌（景定三年）四月，江东漕赵与訔按罢，在任凡八阅月。癸亥（景定四年）七月，准尚书省札，照期叙复元官。甲子（景定五年）冬，皇恩御极（度宗即位），该转朝请大夫，告未下。今家食五载，年已七十有五，不复作仕进梦想矣。傍家有小园六七亩，植果数十株，种桑四百本，间以菜茹，四时无缺。堂三间，曰"观心"，取诸乐天之诗。小楼曰"得寓"，取诸醉翁之记。日与诸弟子侄讲习其间，亲朋过从，不废觞咏，足了一生，真世之幸民也。男若鼎，以延赏再调嘉兴录参，娶沈氏，恩封安人。女若拙，事禾兴新鄂者沈签判之子、登仕郎光谦孙中孚，口周氏行，以身后之泽奏之。孙女、曾孙女各一人。吁！余平生以疏戆多折尚得以官，其子又将及孙，非幸欤？丁卯春（度宗咸淳三年），忽苦脾泄之症，荏苒数月，医疗无功，度不能久于世，命笔述此。自谓修短定数，劳生息死，固无所憾不满。国恩未报，知已未酬，赍志以殁，命也。余初筮再调，皆郡文学鞭笞，不及百姓。作邑三考，未尝屈于权势，民不当受杖者，虽一棰亦不加之。此可以对越上天，不敢妄语。愿以此遗子孙，造物将必监之。余死，衣以常所着衣，不可易以新制者。以公裳敛，恐见先人于地下也。缁黄之言，追严本自无益，随宜为之，不欲伤人子之心耳，其详已见诸遗诫。余述生平梗概如此，谨勿求铭求挽于乡曲，无德可称，只自增愧。违吾此言，非孝也。棺木墓穴坟庐，非已所备，盖棺三两月后便可入土，与妻宜人姚氏同域。一生事毕，可为吾贺而不必吊也。命若鼎以此刻而置之墓。咸淳三年丁卯五月初十日丙申，朝散大夫、前知广德军兼内劝农营田事、赐绯鱼袋莫子文自撰。

明莫震、莫旦《石湖志》

元故故宋睦静顾先生行实墓志铭

〔元〕魏天祐

睦静顾先生讳亨，字叔泰。其先历世簪缨，英贤迭出，极数代之盛，谱牒甚详。予少以叔事先生，故知家世甚悉。有二十八世《英贤纪略》，公高祖所作也。其曾祖讳球，字拊音，富甲江南，乐善好施。绍兴中，赋役繁重，且复有量田加税之议。拊音有田三百余顷，乃诣节度处求上疏，愿以黄金五百斤、白金一百万两，并田没入，以助兵饷，免一郡之加征。疏上，高宗大悦，召至临安，问治乱恢复之计。公以君道臣道、任相任将当用刚锐而果敢者为对。上嘉赏之，授河北屯田（缺）。不受而归，止存家舍、园圃二顷而已。上使使恤于家，复加谏议大夫，亦不赴，乃蠲其园庐之税。乾道中，以仲子策贵封（缺）尹。淳熙戊申卒，子筹、策庐于墓。策卒于墓。策子镇，开禧三年进士，未任卒。子高、亨。时先生方七岁，颖悟过人，触目成诵。至弱冠时，自圣经贤传及诸子百家，靡不精究。更旁通九流、音律，尤工于诗画。时人投门下者，奚啻数百，稍复旧业之一。宝祐间，见赋役较绍兴中倍重，民不聊生，流窜日闻，殍殣相接。乃于所居之西北，建祠堂广厦，以为岁时扫墓余叙宗党燕毛之地。祠之左盖屋一所，藏婚丧之仪具。聘仪棺椁，各有定则，择有德一人统之，以便亲族。祠之右又屋数间，居一有才能者，掌义仓之出纳。祠之后创仓贮粟，以济一方之空乏。仓之北起楼二岑，养姻族之孀与孤者，其他里中老弱，给之于家而已。又设义学数处，训一乡之无力延师者，邑之缙绅，每出于中。里北三里许筑义冢，方各百步，遍收无主尸葬焉，岁支仓粟祭之。总以义田五十顷供之，不留余产私其子，人称长者。上闻其贤，徵为秘书阁校书，使三返，上疏固辞，理宗亲札付之，称睦静先生。后以燹烽四起，族党星散，随孙时茂徙于长洲之陈思村。至元二十八年卒，年九十七。配叶氏。葬村之左。子一：恭，字敬之。孙四：岁芳、时茂、序萧、令节。曾孙五：芳子义，茂子仁、智，萧子礼，节子信。诸贤孙以祐有世谊，乃嘱余志，义不敢辞，拜而铭之。铭曰：

顾侯遗裔，英贤自出。茕茕幼孤，桓桓子立。才艺超群，人品高逸。迩睦于乡，远称于国。为圣贤徒，为世人式。义举靡周，仁声四溢。子孙绳绳，广颡白皙。著作数千，寿九十七。厥后孝贤，守持保述。

至元三十年腊月，特进紫金光禄大夫、开府仪同三司、资政殿学士魏天祐顿首拜撰。

清顾鼎勋《顾氏族谱》

孙 锐 传

孙锐，字颖叔，号耕闲。祖炳，有隐君子行。父斑，以布衣与讨虏功授秉义郎，世居平望桑磐村。锐幼颖悟，博学能文。年十六领乡贡，以讹误不第勒归，益励志修行，不求闻达。居父母丧，以孝闻。嘉定九年，诏举天下知名俊彦贤良文学之士，锐应荐对策，冠多士。凡五上春官，登咸淳十年黄龙泽榜进士，金判庐州。将行，会元兵南下，枢臣相国皆以怠缓惑上意，锐矍然起曰："时事尚可为耶？"即谢命归里，间与一二亲识托迹洞庭之西林，渔人牧竖皆呼为孙先生。居久之，有诏起集贤院学士承旨，以疾辞。德祐二年五月日，卒于洞庭，葬桑磐祖茔旁，年七十九。子灏，习儒业。锐居桑磐，有林泉之胜，时时赋诗寓意。诗文多散佚，其同里友人赵时远为裒录数十首，名《耕闲集》。门人沈义甫志其墓。

清道光《平望志》

叶 茵 传

叶茵，字景文，宝祐时人。隐居高尚，名其堂曰"顺适"，藏书万卷。有《水竹墅别业十咏》，今里中水竹墅桥，其故迹也。与林可山友善，诗格清矫。慕陆龟蒙之为人，尝以龟蒙诗文繁富，其成编者只《笠泽丛书》《松陵集》，余多散佚。茵汇萃遗诗，合

二书所载,编二十卷,名《甫里集》。所著有《顺适堂诗稿》。(参《甫里集》《顺适堂集》)

清嘉庆《同里志》

高峰大师行状

〔元〕乔祖

师讳原妙,号高峰,吴江人,俗姓徐。母周氏,梦僧乘舟投宿而孕,宋嘉熙戊戌三月二十三日申时生。才离襁褓,喜趺坐,遇僧入门,辄爱恋,欲从之游。十五岁,恳请父母出家,投嘉禾密印寺法住为师。十六剃发,十七受具,十八习天台教。二十更衣入净慈,立三年死限学禅。一日,父兄寻访,巍然不顾。二十二,请益断桥伦,令参"生从何来,死从何去"话。于是胁不至席,口体俱忘,或如厕惟中单而出,或发函忘扃镝而去。时同参僧显慨然曰:"吾已事弗克办,曷若辅之有成?"朝夕护侍惟谨。时雪岩钦寓北涧塔,欣然怀香往叩之。方问讯,即打出,闭却门。一再往,始得亲近,令看"无"字,自此参扣无虚日。钦忽问:"阿谁与你拖个死尸来?"声未绝即打,如是者不知其几,师扣愈虔。值钦赴处之南明,师即上双径,参堂半月。偶梦中忽忆断桥室中所举"万法归一,一归何处"话,疑情顿发,三昼夜目不交睫。一日,少林忌,随众诣三塔,讽经次,抬头忽见五祖演和尚真赞云:"百年三万六千朝,返覆元来是遮汉。"蓦然打破"拖死尸"之疑,其年二十四矣。解夏诣南明,钦一见便问:"阿谁与你拖个死尸到遮里?"师便喝。钦拈棒,师把住云:"今日打某甲不得。"钦曰:"为什么打不得?"师拂袖便出。翌日,钦问:"万法归一,一归何处?"师云:"狗舐热油铛。"钦曰:"你那里学这虚头来?"师曰:"正要和尚疑着。"钦休去,自是机锋不让。次年,江心度夏,迤逦由国清过雪窦,见西江谋、希叟昙。寓旦过,昙问曰:"那里来?"师抛下蒲团。昙曰:"狗子佛性,你作么生会?"师曰:"抛出大家看。"昙自送归堂。暨钦挂牌于道场,开法于天宁,师皆随侍服劳。屡将有所委任,辞色毅然,终不可强。一日,钦问:"日间浩浩时,还作得主么?"师云:"作得主。"又问:"睡梦中作得主么?"师云:"作得主。"又问:"正睡着时,无梦无想,无见无闻,主在甚么处?"师无语。钦嘱曰:"从今日去也,不要汝学佛学法,也不要汝穷古穷今,但只饥来吃饭,困来打眠。才眠觉来,却抖擞精神,我遮一觉,主人公毕竟在甚么处安身立命。"丙寅冬,遂奋志入临安龙须,自誓曰:"拚一生做个痴呆汉,决要遮一着子明白。"越五载,因同宿反推枕堕地作声,廓然大彻,自谓如泗州见大圣,远客还故乡,元来只是旧时人,不改旧时履处。在龙须九年,缚柴为龛,风穿日炙,冬夏一衲,不扇不炉,日捣松和糜,延息而已。尝积雪没龛旬余,路梗绝烟火,咸谓死矣。及霁可入,师正宴坐那伽。甲戌,迁武康双髻峰,盖和庵主攀缘,又上一棱层之意也。及至,学徒云集,然庵小难容,乃拔其尤者居之。丙子春,学徒避兵四去,师独掩关,危坐自若。及按堵,启户视师,则又畴昔雪中之那伽也。于是户履弥夥，应接不暇，乃有"榔标横肩不顾人，直入千峰万峰去"之语。己卯春，腰包宵遁，直造天目。西峰之肩有狮子岩，拔地千仞，崖石林立，师乐之，有终焉之意。弟子法昇等追寻继至，为葺茅盖头。未几，慕羶之蚁复集，师乃造岩西石洞，营小室如舟，从以丈，衡半之，榜以"死关"。上溜下淖，风雨飘摇，绝给侍，屏服用，不澡身，不剃发，截瓮为铛，并日一食，晏如也。洞非梯莫登，撤梯断缘，虽弟子罕得瞻视。乃有三关语以验学者云："大彻底人，本脱生死，因甚命根不断？佛祖公案，即是一个道理，因甚有明与不明？大修行人，当遵佛行，因甚不守毗尼？"倪下语不契，遂闭门弗接，自非具大根负大志，鲜不望崖而退。雪岩方住大仰，凡三唤，师坚卧不起，遂有竹篦尘拂，及"绿水青山同一受记"语来授。师怀中瓣香，始于人天前拈出，道风所届日益远，遂有他方异域，越重海逾万山而来者矣。鹤沙瞿提举飯敬有年，辛卯春得登山一瞻师颜，恍如宿契，惠然施巨庄赡僧众。师曰："多易必多难，吾力弗克胜。"坚拒之。施心弥笃，乃命僧议，以此田岁入，别于西峰建一禅刹，请于官而后营之。师欲不从，不可得也。爰得胜地，名莲华峰，冈脉形势，天造地设，得请以"大觉禅寺"为额，请祖拥权管寺事。田四稔，所营亦既什三，师有厌世之心矣。师患胃疾已数年，然起居饮食，待人接物，皆未尝废。乙未十一月二十六日，祖雍偕明初来省师，师竟以末后事付嘱。遂取两真轴，口占二赞，乃书之。十二月初一日黎明，辞众云："西峰三十年妄谈般若，罪犯弥天，末后有一句子，不敬累及平人，自领去也。大众还有知落处者么？"良久云："毫厘有差，天地悬隔。"众皆哀恸不已。至辰巳间，说偈曰："来不入死关，去不出死关。铁蛇钻入海，撞倒须弥山。"泊然而寂。启龛七日，端然如生，缁素奔哭者填咽。越二十一日庚申，塔全身于死关，遵遗命也。寿五十八，腊四十三。弟子仅百人，受毗尼及请益者数万人。示寂后，远迩之人恨不得承颜领海，于塔前恸哭，然顶炼臂者，犹憧憧不绝。师平日以慈悲为人自任。其在龙须也，有僧若琼，焚祠牒从师，忽染病，师告之曰："病中绝缘，正好做工夫。汝臭皮袋皆委之于我，但和病捱去，决不相赚。"且往供给而启发之。因其思醋，为远乞以归，得酒焉，复易之，往返四十里，以济其一啜。病亟索浴，俯见汤影，即有省，喜笑如脱沉疴。信宿书曰："三十六年颠倒，今日一场好笑。娘生鼻孔豁开，放出无毛铁鹞。"师问："如何是娘生鼻孔？"琼竖起笔。师曰："又唤甚么作无毛铁鹞？"琼掷笔而逝。或有问予所记详一而遗众，何也？乔祖曰："被亡而晦，恐逸故书。"师自双峰而至死关，风励学者，入室不以时，每见一期将终，上堂诲示谆谆，甚至继以悲泣。平居诲人，世出世法，皆恳恳切至，软语呐呐，和易如坐春风中，使人醉心悦服，咸自谓得师意。及至室中，握三尺黑蚖，鞭笞四海龙象，则丝毫无容少借。来者如登万仞山，而跻冰崖雪蹬，进无所依，退无所据，莫不凛然失其所执。设有不顾性命强争锋者，师必据其案款，尽底搜诘，破石验璞，刮骨见髓，勘其深浅真伪，定其是非与夺。卸僧伽黎，痛决乌藤，以明正其赏罚。尝语学者曰："今人负一知半解，所以不能了彻此事者，病在甚处？只为坐在不疑之地，自谓千七百则公案，不消一喝，坐却曲录床子。及乎被参，徒下一喝，则不能辨其邪正，往往一句来，一句去，如小儿相扑，伎俩相角，盖是从前得处莽卤故也。直须参到大彻之地,亲见亲证,明得差别智,方能勘辨得人,方能杀活得人。此是吃折脚铛中饭底工夫,做到未易,以口舌争胜负也。假如两人从门外来,未见其面,同时下一喝,且道那一个有眼,那一个无眼?那一个深,那一个浅?还辨得出么?"师之机用,不可凑泊,下语少所许可,其门户险绝如此。复念今时学者,不能以戒自律,纵有妙语,亦难取信于人,乃有毗尼方便之设焉。师寓南竺日,尝误踏一笋,取而食之,其后卖衣告偿。拚薪擘果见虫,复全而置之滤水囊,终身不废。师之细行,涅南山之竹莫能殚,姑举是数端,以识其梗概,使后之欲见师而不可得者,览斯文亦足以景仰遗风于万一云耳。良渚信士全从进,得师所剪发,盛以香奁,朝夕供礼。一旦光明遍室,视奁中,舍利累累如贯珠。师隐山前后三十年,为己为人,惟其一出于真实,故天下之人,若僧若俗,若智若愚,上而公卿士夫,下及走卒儿童,识与不识,知与不知,皆合手加额曰:"高峰古佛,天下大善知识也。"乔祖自师至西峰即往参观,岁或十余往,往必留旬浃,承教诏警策者至矣。示本分钳锤外,时以孔孟老庄微言要旨,立难问而启迪之,盖见师随机设化之方也。师未尝握管,今语录中有一二偈赞、十数颂古,皆双峰时所作,为弟子窃记者。乃若示徒之语,一句一字,皆前所谓践履真实中流出,假言以显道而已。师貌清古,体修律,常俛首而坐,非问道不答。闻说人过,则首愈低。久病癯甚,坡翁《省夫禅师病》有云:"瑟瑟寒松露骨,耽耽老虎垂头。"殆为师传神也。十数年间,两处成道场,而未尝过目,少于怀焉。乔祖从师游最久,交诸耆旧最多,故知师之出处言行最详。师之徒弟明初以掇集之事见嘱,不敢以才谫辞,敬焚香涤虑,拜手以述,将求铭于大手笔云。谨状。

明周永年《吴都法乘》

高峰大师塔铭

〔元〕家之巽

夫子之道,不愤悱则不启发;瞿昙之道,不勇猛则不精进。道固未易知也。古之释子,山栖林巢,草衣木食,死灰墙壁,其身心而不悔者,为一大事耳。后之真能为大事者,千万人一人,高峰是已。师名原妙,吴江徐氏子。母梦瘿僧而免,幼嗜趺坐。稍长,从嘉禾密印寺老宿法住出家,习天台教,不契。入净慈,立死限学禅,胁不席,食不味。见断桥伦,令参"生从何来,死从何去"。见雪岩钦,令参"狗子无佛性",且问:"谁拖汝死尸来?"应声即棒。尝疑"万法归一,一归何处",见双径五祖真赞,疑始泮。从钦南明,钦中前问,师喝,钦拈杖,师把住云:"今日打某甲不得。"拂袖径出。翌旦,钦又问"万法归一"话,师云:"狗舐热油铛。"自此当机不逊。寻过雪窦,见西江谋、希叟昙,复从钦雪之道场。钦时居立僧,与偕赴天宁,欲浼以事,掩耳不顾。钦尝问:"日间浩浩,作得主么?"师云:"作得主。""梦中如何?"云:"作得主。""正睡着时,无梦想见闻,主在甚处?"师无语。钦嘱云:"从今不责汝学佛学法,只饥饭困眠,才觉抖擞精神,看此际主人翁竟何在。"师益警省。咸淳丙寅冬,入龙须山,卧薪饭松,风靡日搏,誓欲一着子明白。粤五载,中夜推枕堕地有声,廓然大悟。会积雪,路绝数日,人谓师死矣。雪霁,宴坐如初。甲戌,迁武康双髻峰。德祐丙子春,大兵至,师绝食兼旬,危坐不动。事定,户屦纷至。己卯春,避入西天目之师子岩,即石洞营小室丈许,榜曰"死关"。悉屏给侍服用,破瓮为铛,并日一食。洞梯山以升,弟子罕面,共筑师子院以居。有三关语示众云:"大彻底人,本脱生死,因甚命根不断?佛祖公案,只是一个道理,因甚有明与不明?大修行人,当遵佛行,因甚不守毗尼?"弗契,即拒户不纳。会钦寄竹篦、拂子、法语,瓣香拈出,道价日隆,远方异域问道踵接。运副鹤沙瞿君霆发,敬慕师,一见机契,即舍田庄为供。师辞不受。君舍心益坚,俾其徒以田别建二刹,食卜莲华,跪岩可十里,请于官,扁"大觉禅寺",以祖拥摄寺事。乙未子月二十七日,师忽书二真轴,以后事嘱明初、祖拥。腊朔,上堂云:"西峰三十年妄谈般若,罪犯弥天,末后一句,不敢累及平人,自领去也。大众还有知落处者么?"良久云:"毫厘有差,天地悬隔。"别书偈云:"来不入死关,去不出死关。铁蛇钻入海,撞倒须弥山。"泊然而逝。庚申,奉遗命全归死关。师嘉熙戊戌三月二十三日生,寿五十八,腊四十三。弟子百人,受戒请益者万数,远近奔赴,然香顶臂,恸哭填咽。师清明枯淡,笃志求道,顿悟之后,屏居穷山,跬步不出。内心无喘,外息诸缘,欣然自得。为人至慈,勤恳诲人,善语和易,或继以泣。及至室中行祖令,鞭策龙象,尽情勘核,丝粟无贷。尝戒学者:"今人负一知半解,不能了彻。参徒一诘,茫然莫辨邪正,句来句去,如手搏儿,盖得处卤莽故也。直须大彻,亲见亲证,明得差别智,方解勘辨杀活。"机用险峻,不可凑泊如此。尤矜细行,崇戒律,虽创两刹,目未尝睹。师行解真实,名震江湖,识与不识,皆手额赞叹曰:"古佛善知识也。"余弱冠从无准翁游,师,准孙也。创院立庄,两嘱以记,心降久矣。诸徒持事状求铭,乌得辞?铭曰:

高峰屹立,祖孙一律。妙年求道,力久真积。空山夜澄,扑地枕声。玄关划开,宇宙斩新。万法归一,一归何处?热油一句,大地起舞。西峰死局,余三十龄。云包雪笠,朋来于门。一丝不挂,万仞如壁。近不可泊,远不可即。断衲子命,了佛祖心。手抉重云,雾月千林。铁蛇入海,虚空百碎。我作铭诗,无在不在。

前朝请大夫眉山家之巽撰。

明周永年《吴都法乘》

盛明远传

〔清〕潘柽章

盛明远,太保文肃公度十一世孙也。其先汴人,度五世孙岫,高宗朝为宣议郎、文英殿直。建炎初扈跸南渡,通判平江府,卜居吴江之儒林里,后世遂以科第甲于邑中。

有名章者登淳熙十四年进士，仕至吏部尚书。从子文韶、文昭，先后举进士，为大官。自余取科名者，不下十余人。最后，明远以咸淳六年领乡荐，为广州录事判官。宋亡，隐居不仕，元世祖闻其贤，召判惠州。明远自以世受宋恩，义不承背，遂辞不就。诏书责迫，乃变姓名，从老氏以终。

清潘柽章《松陵文献》

盛明卿墓志铭

〔元〕 龚璛

明卿名曦。盛氏在汴，宋时文肃公度最显。其后有讳岫者扈跸南渡，通判平江，始居吴江儒林里，至其孙吏部尚书章又显。尚书之兄讳约，登淳熙丙午乡榜，是为明卿之曾祖。曰文烨，胄监免省进士，是为祖。曰天觉，字宗尹，号东轩，以世选辟，充会要所主管文字，是为父。宋之亡，东轩公携家避兵，明卿甫四三岁，及还定故居，复先畴以守诗礼。长即持门户，躬忧劳，供乃翁于寿考，久而居室疆畎益治。当是时，故家鲜不替，惟通才庶几济予辱交。明卿盖清慎人也，言动与理合乡鄹，相取乎大夫之贤，亦贤其直树之风，声蔼乎闾里间。方壮时，要略尝拔之官使，逊谢不暇退学焉。晚遣其子舆从予游，其居修竹万个，筑亭其处，列图史以待予，予不果往。至治辛酉，予赴宣校，道留阅月，友朋毕至，日置樽联诗，使人不忍别去。复饬舆从余西，暨归省，书报予，明卿鬻诸公以行艺荐江浙省，授建平县教谕。宣、建平隔湖一水尔，明卿会来，然不屑就。予则数星霜乃还。方息肩顷，客或襄茗闯门，则吾明卿也，握手话契阔，讵意其不两月弃予而死。嗟乎！若明卿者岂易得耶？予读陈太邱传，爱其器业悠长，易代愈盛，及于公惭，卿卿惭长，又未尝不废书而叹也。嗟亦何必贵仕哉？守善以俟，命斯可矣，则吾明卿之世，其世又岂易言耶！生以癸酉，殁以泰定丙寅七月十有四日。岁以天历戊辰十有一月甲申，附洞庭西山金石村华坞先茔之兆。娶许氏，一子舆，一孙麟，三孙女，幼。三世皆单传。明卿平生喜怒不形于色，嗜书，亟购储，字画逼古。述家训靡密，切切焉淑其后之人，临终之笔犹曰战竞免夫。铭曰：

有用之士，于其克家可具已，纷好修而不遂施。而岂特尔，固有局以戾侈者，遂以坠而居其易。其惠其智，绵世绪以益，永附兆域而无愧，曷其引之，予铭是视。

天历元年十月吉日，江浙儒学副提举龚璛撰。

清盛钟岐《平江盛氏家乘初稿》

麻源黄氏世祖贞孝先生俞右公传

〔明〕刘基

先生讳绎，字俞右，黄之自出也。后以字行，亦不更其字。先生云："身世寄也，何必改？"似欲同寻常无闻之人，见辱身求富贵为可薄。初，吴江北麻黄硕声、震泽沈时斋、浙西华林钮梅山，文酒唱和，相得有年。梅山诗，硕声文，时斋道学，三人皆宋宿儒，并名于世，称海内石交。硕声无子，有一女，方笄。梅山以次子月礀，浼时斋为媒，赘于硕声家，当成吉思可汗建九游旗进取西京时也。已而月礀公生二子，长即先生，生于元世祖至元二十四年癸未[1]。容仪端伟，性介重节行，好读人间未读书，惟不喜俳优句。与人交，落落少合，非忠厚正直之士，虽博物多缟纻，不愿与之游。基先君跂先生品谊，渡钱江结平生欢，具知先生家世。尝道先生母氏渊源，起自江夏黄香，读书东观，称天下无双者也。香之远孙乘广，宋高宗南渡从军行，因所厚，避迹吴江之麻水，于是乌桥之右闻黄氏。香之远祖台骀，颛顼帝时为玄冥师，能业其官，帝用嘉之，封诸汾水。历唐虞、夏、商、周，世祀不绝。前史载黄之受氏始于台骀，而勋德隆于伯益，子孙食禄显名者不一朝。今先生外祖硕声公，夫亦神明之后欤。奈无子，又无可嗣使，无先生继，则黄氏宗庙之灵不其馁。而所以硕声公殁，先生尊父祖命，捧黄氏之宗祐，设牲醴，誓之曰："外孙某从黄姓，子孙有不祀，后世有敢议复钮姓者，明神殛之。"时先生继绝精诚，贯日月而不磨，岂非能补经律所未备，断天下后世行道之人指称，同姓昭穆将欲为人后者，庶乎黄氏无废祀矣。先君又尝道先生父月礀公，慨宋室沦亡，悲歌击剑，遇饮辄醉，醉时每作招魂天外状。及先生理人事，公指案上经史曰："我家馆于斯，粥于斯，三百余年来受教养恩，汝曹今知立身去就否？"言毕，泣数行下。延祐二年后，先生父母连丧，家渐落。年日长，望日重，四方来游执弟子礼者日弥众，先生辗侧，惟父言不忍忘。有母弟璘依高昌人，贵而宠，争走于璘之庭者如骛。先生若不闻不知，冠民冠，服民服，学莳课子，逍遥于蓬户。终元之世，黄氏子弟未肯谒侯门，取告身一纸者。先生屏、翰二子，苦菽水不给，有劝之仕，领之而已。既璘客死临清，先生嘱方外交，乞铁崖杨太史作传，谕璘子归宗，恐为高昌所艳引。噫！举世扰扰，趋显荣如蝇集秽，见先生眉宇何如哉？基谢政五年，缘被劾入朝居京师，与宋公濂谈逸事。宋公泫然歔欷曰："君昔好游，如左携向平而右挈卢敖，凡名山佳水，无不低徊酣畅。入吴江曾过麻湖，访俞右黄夫子乎？濂年十七造其庐，受经而归。思挥别四十有八载，计黄夫子年九十有一矣。今春三月已谢世。呜呼！惜无以告哀，且濂匏系词苑，未遑疏请，以旌其德。按其生平贞孝，当铭之曰'贞孝先生'。愿假君一言，以勒不朽。"基应声曰："此我先生之执友也，敢谢不敏乎？"遂述过庭之语，纪先生嗣祀所从来，与养晦丘园所自适，为流芳曲传。

赞曰：世多窃名高蹈，犹蹑足金马门，邀声誉以欺天下，岂特汗青无色哉？其他纷纷，远父母、捐妻子，一往不返，诩诩焉以为快心者，有得于圣贤之学否耶？今俞右先生造六经之奥，综百家之言，始以宏才举，继以方正推，徵书再驾而不应。子舆氏所谓乐其道而忘人之势者非耶？又所谓不失其身而能事其亲者耶？《诗》曰："明发不寐，有怀二人。"承黄之祀，为黄之孙，享此仁寿，美哉洋洋乎！昭垂千古之令名。

洪武六年癸丑九月十三日，书于钟山之阳。

钮永建《黄钮同宗谱》

注〔1〕：误，应为"元世祖至元二十年癸未"。

元嘉议大夫嘉兴路达鲁花赤百梅公传

〔元〕杨维桢

公讳兀璘，字伯时，号酸斋，百梅其别号也。本姓钮，系出姑苏吴江麻源。远祖淑，三国吴大帝时为中书令。大祖滔，为刘宋御史中丞。今旧茔尚在，中书令者葬乌程县西十里，中丞者窆县东十里，纤悉备载吴兴郡乘。吴江荻塘东五十余里旧隶吴兴，以故中丞子孙迄今千有余岁，蔓衍派列苔、苏间。若诗礼，若富豪，钮姓为多著。公祖讳挺岩，号梅山。当宋季有声太学，与邑大儒时斋沈义甫为斯文通家。义之祖讳俨，与郡之文正范公为同年进士，抑其源委，有所自来矣。公父讳暲，号月磵，为吴郡庠斋。长值圣朝更化，隐德弗仕，后谥清隐处士。公生，在孩提中与群儿异，颖脱绝伦，通五经大义，弃从浮屠名廷珣，学其德宗。然有能诗声，以《梅花百咏》赘于松雪赵公，公美就以"百梅"为称。酸斋贯公寓武林，居葛岭关，雅斋颜曰"自家意思"。珣以古风品题，词极清丽雄壮，云石称赏不离口，直以敌体相许。有若廉芗林邓，巴西张林、仇白流辈，并以雅什唱酬，至今吴越江闽耆旧，尚有能诵百梅名者。皇庆、延祐中，德化隆厚，观光大都，起誉京师。有高昌显宦布怛实理者，一见公爱之，罗致给养，代己子出家。已而显宦子不禄，即令返服，养为己子，更名钮兀璘，仍字伯时，号酸斋。娶许氏，生二子。初荫北津口羊马司提举，解满参辽东行省省掾，按牍断笔如素习，僚寀嘉服，转拜翰林院编修。久之，为其生父月磵钮公请谥于集贤院。院议，宠以词曰："庆衍桃源，想象形之如在；名香笠泽，冀诗礼之兼隆。尚其有知，鉴斯无致，可赠清隐处士。"公得檄，率其二子驰赴麻源，即其家焚黄告哀，为淞水之光乡井之耀。承渥再拜大都巡警院政官。因公还江南时，吴江垂虹桥新更石梁，题咏者多。公诗压倒众作，与淮南进士钱以道诗，板揭亭楣，余皆撤去。还京，迁御前尚衣局达古儿赤，出入宫禁，游咏掖垣，周旋群彦，华衮实繁。后至至元初，从容求仕江南，覃恩被旨，授嘉兴路达鲁花赤。将效买臣故事，为锦衣行昼之荣，挈家累口五十余人，行抵临清，误食药，反毒发喘，卒于路寝。於乎惜哉！家人扶柩还都，瘗高昌之原。公平生所为诗若干卷，未克行世。江南士大夫与民间好事者，往往抄写成帙。余所见者几百篇，如《题云石自家意思》兼《茧隐》诸诗，律法中如《寄征人》《垂虹桥》诸题，宏壮振厉，雅健清新，才力春容，实脍炙人口，抗唐人方轨并驰，于公罔愧。仆预荐春闱时，乔寓京师，获交鸿硕师友，于是饫闻公名，不知同是浙河间人耳。公之伯氏俞右先生，年八十余，以公出处扬历中外，口授宗僧法膺，以公状来丐文为曲传。桢与择中为方外友，洽于交好，义毋拒违，遂援笔按状为书其详云。

赞曰：余昔榜三翼舟，载酒吹笛，乘长风，破巨浪，过具区，汗漫游于三江五湖之间，磅礴梅渚，溯津麻源，西望苕雪诸峰。又西南疏天目之流，长林大溪，溪水澄沚，土膏物蕃，意其间必有秀整之民、耆庞之士，产生郊畿。今百梅氏生斯长斯，壮而北游京师，既而脱屣空寂，颉颃贵显。合光岳之气，发为文章铁史，读之譬之，清庙之瑟，一唱三叹，而有余音者矣。何其伟哉！何其壮哉！

洪武四年岁次辛亥三月十九日，写于莼江之湄。

钮永建《黄钮同宗谱》

石室祖瑛传

石室祖瑛，吴江陈氏。韶年出家，即策杖游方。初从虚谷陵于仰山，闻径山晦机道化，亟来投之，一见契合，遂留掌记，声闻日彰。出世明之隆教，杭之万寿，明之雪窦、育王。谢天童平石砥问疾，有偈曰："是身无我病根深，惭愧文殊远访临。自有岩花谈不二，青灯相对笑吟吟。"后造一龛曰"木襚"，日坐其中，不涉世事。至正癸未三月，见一衰妇人，叩头请师应身为国王。师曰："吾不愿生天王家。"逾十七日，趺坐而化。

明周永年《吴都法乘》

祖庭古拙俊禅师传

古拙禅师，生缘松陵之柳塘。因母持净戒，出胎不知有腥血。六岁出就外傅，不乐鲁典，背习《法华经》，一文一礼，至十岁，日诵一部。年十三，思脱世累，子夜逾阃投城越州日铸寺者。二载，获祠部披剃登坛，受具足戒，发大乘志。首谒石屋师，授以"父母未生时"，面目提撕多滞，冷淡无聊。又二载，往叩三衢嬾牧禅师，从前审核，乃示履践。昼则经行，夜则趺坐，历历惺惺，明明寂寂，如秋月寒潭光凝一片，又如铁壁银山浑忘进止，工夫虽得入彀，思心不能容南。参古梅老人，长途胼胝，静境俱失。及拜起，即欲供通，痛以竹篦趁出。如是三度被打，遂结三同参。至故里，立限三周不语，过午不食，晨昏不寝，冬夏不澡。因念达磨大师壁观九载，方获及第，更发猛厉，续燃三指。每一指限三年，叠三成九，切磨深入，尘垢自消。寂光坚凝，廓然瞥地，行诣白云翁。当机不让，法战所契，留为千僧首，时年二十八矣。氎风普布，参徒蚁集，遂遁迹下山。留偈《奉别大人》云："半载相依唱祖机，几番谈道奉天威。出山便说归时路，又是重栽眼上眉。"韬光岩壑，三十余稔，如聋若哑，罔测玄旨，有"平生最爱隈岩谷，三十余年懒放迎"之句。洪武间奉旨到繁昌，一日剃度千人，众请东庐山开堂，普说发四愿文。师云："禅之一字，亦是强名。云何曰参？在性而已。拟议即乖，开口即错。既不可道，何以名禅？可道又不是，不可道又不是，伶俐汉若向这里，缁素分明便见。一生参学事毕，若是发心不真，志不猛厉，这边经冬，那边过夏，今日进前，明日退后，久久摸索不着，便道般若无灵验，却向外边记一肚，抄一部，如臭糟瓮相似。是这般野狐精，直饶弥勒下世，与生死甚干涉？直正道流，若要脱生死，须透祖思关。祖关透，生死脱，不是说了便休，要将从上诸祖做个样子。赵州老人，四十余年不杂用心，为甚么事？长庆棱公，坐破蒲团七个，为甚么事？香严老师，四十年方成一片，为甚么事？乃至历代真实践履，克厉苦志，为甚么事？我今日口喃喃地引古验今，为甚么事？诸禅德，既有从上不惜身命、积功累德、妙语亲证底样子，何不发大勇猛，起大精进，对三宝前深发重愿：若生死不明，祖关不透，誓不下山。如是发愿之后，截断千差路头，不与万法为侣，向长连床上七尺单头，高挂钵囊。壁立千仞，宽立限期，急下手脚，尽此一生，做教彻去。若办此心，决不相赚，我今为汝，保任此事，终不虚也。"

明周永年《吴都法乘》

元布衣庆十四翁传

庆十四翁，失其讳，系出八九公房。父承信君，母王氏。承信产翁兄弟九人，而家中落，翁乃为吴江王氏馆甥。翁与妻以操舟为业，而居于富土，今之同里也。翁夫妇敦厚，敬事神明，虽舟居，未尝以秽物弃水中，如是积有年矣。一日舣于京口，有美丈夫三四辈，负囊箧来赁其舟，言将之浙中，须更待数日。时媪有娠，期归家伺产，恐日久不便辞之。其人言："数日倘不至，尔竟载囊箧归，吾自能觅尔。"翁候其人数日，果不至，乃与媪归，入门而产子，因字之曰"骑门"，及长，乃名震宗焉。骑门年十三，浴于河，若有物刺其足者，泅得之，则钥一握，持以启向所载囊箧，合如旧。试满中白镪，悉镌"天赐叶骑门"五字。邻里疑其且盗，执翁于官。官验字叹异，还以付翁，遂富甲江左。太祖有天下，徙东南富民实京师。当是时，骑门已老，不肯徙，且多舆金钱饷诸贵人，求为居间。太祖稍廉得之，震怒，籍没骑门家，并更富土名曰同里。骑门有四子，长与骑门祸，仲还居山中，叔早卒，季方周岁，从狗窦传出，以归汾湖陆氏。陆故骑门死友也，因更姓陆氏。久之禁解，乃复姓，而子且以人材举焉。

史民曰：吾宗之昌者，无如汾湖派。当十四翁时，何其微也，夫妇积德，甫食其报，而即罹酷祸。骑门父子，骈首就戮，抑又何惨也。相传叶宅湖乃骑门别墅，今人时有网得美石嘉器者。嗟乎！骑门一布衣也，别墅之池沼如此，他物可知。其何以当上意而已，又何以堪之？乃其季子后，簪缨弗绝，为海内名族，岂季惩父兄之覆没，更积德于冥冥以延之耶？而为其子孙者，亦莫能言其一二，可叹哉！

庆元谨按：世系庆十四生骑门，骑门生福四。福四为骑门季子，生寿二。寿二生芹及蕙，蕙生恭及芳，芳生绅。绅生于正统庚申，成化庚子举人，丁未进士，官尚宝司少卿。芳生于永乐癸巳，蕙生于洪武十八年，乙丑官上林苑署丞。寿二于洪武二十一年荐举人才。系表秩然，班班可考。然则传称"太祖有天下，徙东南富民实京师，时骑门被祸，季方周岁"云云，推以年分，而知所记之未尽然也，何则蕙为福四次孙。太祖初有天下，福四方晬，及洪武十八年而举次孙，宁有是与？

清叶德辉等《吴中叶氏族谱》

故僧录司左善世存翁大法师塔铭

〔明〕姚广孝

存翁大法师，讳弘道，字竺隐，号存翁。苏州府吴江之澄源里人，姓沈氏。父亨，乐于田园。母徐，能守妇道。忽有梵僧遇其居，环视水木清华之胜，言此宅当出名僧。后生师，甫及晬，见佛像即合掌，能称西方佛号，父母异之。母殁，鞠于嫂氏。十年就外傅，读书日记数千言，见人诵《法华》等经，历耳便能成诵。年十三，其父以青镇密印寺僧云屋慈有行业，遂命出家，礼慈为师。时我庵和尚主杭之芝云，慈辅和尚知山门事，师忻慕之，欲往从焉，而义有所不可。乃为诗言志，致书于慈，慈呈我庵。庵喜曰："此子异日必大吾宗也。"即给牒度为僧，授法衣以表信。十九剃发，进受满分戒。自此为学，孜孜靡懈。往迳山，见原叟端禅师，命典记，弗就，竟归密印。是年，园竹生五竿挺，因名其轩曰"五竹轩"，藏修焉。闻雷峰鲁山文法师讲授有规矩，乃从其游，于是不二法门。《指要钞》《金錍光明观》《经疏抄》等书，一闻其说，罔不通贯，鲁山甚奇之。会我庵由四明延庆迁主上竺，师往拜焉。我庵见师，喜动眉睫，询及芝云时事。师言慈之入寂，我庵为之嗟悼，而语师曰："吾宗纲格诸书，汝曾读耶？"师曰："然。""部味教观、权实之旨，汝曾闻耶？"师曰："然。"我庵曰："即文字而求之耶？离文字而求之耶？"师曰："不即不离。"我庵曰："吾宗解行二途，缺一不可。观子解心，粗有所发，苟非依解进行。空言无施，将何以造玄极也。"师曰："愿和尚陶铸。"我庵曰："且为我掌记，待我休去歇去，却为汝通个消息。"未期月，上方丈请益，值我庵危坐。师请曰："前日承和尚指教，尝于静夜试以平日所闻返照己心，圆具法界，念念即空，即假即中，百界千如，事理具足。若明日以此心对一切尘境，接一切人事，未免掉散昏沉，不能任运泯合，不知过在何处？"我庵厉声叱曰："未在去！"师汗流浃背，顿觉平日所闻所行一切疑碍处，冰消瓦解，生大欢喜，遂礼拜。我庵复记之曰："吾祖灵山，亲承大苏妙悟，以此解行之道，转相授受，至于今日，子善护持。他日教门灰寒火冷之际，以此对扬明廷，重光末运可也，勿作最后断佛种人。"由此，师之所学，始服侪辈。未几，我庵示寂去。从绝宗继法，师于荐福，日与大璞玘公、大彻昱公辈，研穷考核，益精而明，圆觉云外。庆公延师居座端，表率多众。时重修教苑清规，命师秉笔。师乃斟酌古今时宜，芟繁补缺，无不中节，老师硕宿，咸称羡焉。秀之天岩耀公于车溪广福退席，请师自代，遂拈香嗣我庵，不忘法乳之恩也。圣朝洪武初，湖郡守知师有行学，请主慈感。居无何，即退，筑室于澄源溪上，扁曰"无为舍"。造千手眼大悲菩萨像，六时礼诵，期生净土，为终焉之计，会稽杨维桢廉夫为作《大悲像记》。三年，诏天下高行僧道，问鬼神事，师建议惟允。杭之灵山，兵后废甚，众谓非师莫振其席。于是诸山制疏，力请乃起。师与其徒净珠、志常，畚瓦砾，剌荆榛，募缘重建光明忏堂若干楹。自元季世乱期，忏行法殆将绝闻，至是复行之，郡之缁白咸嗟稀有。灵山忏席，至今岁修不绝，师之力也。先是尝于五竹轩梦与大明照师同游灵竺，赋律诗一首。既觉，但记得后二句："出红尘户外，德业至今存。"照公尝住此山，始悟所梦实符谶也。昔慈云祖师尝制疏，劝人修期忏，曰"求三宝之真福，感诸天之护持"，亲书流传灵山，以为故事。兵变失去既久，逮师重建忏日，忽有人持疏跪于师前，言自余烬中拾得此疏，闻师重兴忏法，谨以致献。全室泐公等谓故物复还，此乃忏法流通之兆也。十年，皇上有旨笺注《楞伽》等经。师与全室、具庵二公同注，颁行天下，上御制《竺隐说》赐之。十五年，迁住上天竺，有诏开设僧道衙门，师领杭郡都纲。明年，起师为僧录司左善世。敕命有曰："朕昨敕见任僧官于万百千中求佛同心者，汝为众所推，而至出万百千之上，是为希有，特命为僧之第一。"掌教九年，慈仁廉慎，教门赖焉。二十四年春，师以年老告闲，上优许之，其年七十七也。遂退处长干方丈之西，筑小室，修一行三昧。明年秋八月，梦观仁公请师为后生学者讲妙宗，至三辈往生观文，忽示微疾，顾其徒正谟等曰："昔吾祖法智祖师尝谓'心境叵得，故染可观净，不碍缘生；故想成相起，惟色惟心；故当处显现。'吾所修念佛三昧，以此为准，则今夕世缘当谢焉。能效悠悠之徒，写四句偈辞世耶？"第念："山林老朽之质，钦受圣恩殊厚，不能报效万一，为可愧也。汝走报梦观、南洲，要与一见而去。"是夜五鼓，南洲先至。师语之曰："子与我有法门之义，正谟等未历事，吾身后幸策进之。"及梦观至，师念佛将去，但为一开目，以首点之，泊然而逝，二十五年九月三十日也。师四坐道场，凡所至处无不兴修，惟灵竺忏堂，其功最巨。为都纲，为都街僧录，三宗诸山有所依怙焉。上之待师，每以殊礼，赐诗赐膳，前古所未有。师之所为，愈久愈谨，未尝有毫发忤上意。师心宽平，诲人不倦，人虽有甚可怒者，亦每善谕之，略无愠色。于是，亲王公侯大臣礼遇甚优，师亦不以为荣。至于庸人孺子顶礼者，必煦妪垂诱，以勉其为善。师平生所著诗文若干卷，师之才思雅赡，体制高古，诚杰作也。世之号能文者如杨廉夫、宋潜溪辈，见之莫不敛衽叹服。此乃师观佛之余，游戏翰墨尔。师凡主修佛，以事徵应叵著。孝慈皇后上升岐阳，王季请师崇建佛事于灵谷，更阑施斛食。师开示鬼神感天，灯数千炬，照耀林表。上为征南阵亡将士设广荐法会，大驾亲临，灵光烨烨若虹霓然，五色卿云冠于钟山之顶，上大悦。师后入灭于长干，梦观治丧尽礼，南洲亦预焉。停龛五日，俨如生容。阇维烟焰所至，拂人若莲华，香烬余舍利无算。世寿七十有八，僧腊五十有九。所度弟子，心裕、法印等十人；嗣法者，行立、净珠等四十余人；登门受业者，净莹、志常、广仪等若干人。师无恙时，遣门人如珪建塔于天竺双桧峰之麓，曰灵隐塔。至是正谟奉灵骨归杭，与湖山诸刹师德聚而窆焉。永乐十年秋八月，门人法印以南洲所述师之行状，请铭其塔。余虽耄且病，因念师平昔与余为忘年交，多承诲益，故弗拒，按状序而铭曰：

一念三千解行全，大苏妙悟百世传。部味教观何幽玄，我庵得旨疏且笺。法师联芳教弥权，青镇五竹兆已先。天竺下上宜荣迁，文藻黼黻成胜缘。四众仰德加敬虔，左街政声弥八埏。广荐说法天子前，法才浩汗音青圆。龙颜喜动惊四筵，神灯下照光煜然。福及鬼蜮资人天，胡为一夕倾法船。苦海莫济泪涟涟，灵窀深密窣堵坚，刻铭山河垂万年。

明周永年《吴都法乘》

寓翁寿藏铭

〔明〕王行

吾乡有耆旧焉，曰盛寓翁，宋参政文肃公度之后也，今年八十五矣。无魁梧之容而气度蔼如，无巉绝之行而持守坚恪。今每慨其人之不能多，而亲接之日常少，自离故乡思之，殆不遑置也。冬十月，余友沈起宗书来曰："寓翁近多病，恒以身后之铭未得所托为忧。谓交游之知而贤之者无如子，以文辞鸣者无如子，文而能道人之所宜道者无如子，则铭文之托固无如子矣。与其铭于后，孰若铭于今，使得视之而无憾，子得无意乎？"余曰："周乎哉！其虑也。"乃阅其行实焉。按：翁名似祖，字嗣初，初号止庵，寓翁今号也。宋中衰，女真乱华，中原士大夫皆南徙，盛氏因系吴籍，遂为苏人几世矣。曾大父讳澍，字文泽。大父讳益，字天惠，业授徒，以自养。父讳宗仁，六岁而孤，祖母刘资故产育之，使成立，为娶得王氏，生四子，翁其仲也。翁自幼已异群儿，既长，慎许与，重恩义。父病泄痢，当大暑，亲燃火煮粥药，洗涤中裙厕牏，昼夜不去侧。父殁，哀毁过制，抱羸瘵三年，仅而获愈。母苦脾，气积岁月不瘳，侍之益勤瘁。母竟不起，哭泣至呕血几复殆。吴、黄两姊俱寝疾，所饮药必经其手制，已而不救存抚，诸甥皆忘其失怙。淮东兵剽吴，蘩人责隐财无已。兄在蘩中，将被害，为倾己帑冒白刃赎之。翁生无吝情，然惜冗费，惟周困急不少靳。妻邓氏亦贤配，能传翁志焉。翁德既孚，家人为之化。尝出城避兵，扃舍中图书器玩直百金，属邻家守视，既许诺而孥窃售之。事觉，咸言致于理，子逮告曰："吾家累世掩人之恶，今奈何以物废人乎？"竟释之。逮，其次子也。翁子凡四：棠、逮、章、南。女四：珪，适樊；安，早丧；贞，适周；婧，适魏。孙十二：宣、宜、容、寅、宓、完、宋、宏、实、寓、宁、宽。女十：璃、瑶、琬、凝、清、琰、澄、琚、端、瑀。洎诸妇倩盖数十人。岁时嘉庆，姻口满堂，簪珥襟裾，寿觞序进。翁则赪颜皓首，笑言温温，望之者莫不叹其福履之难及也。揆之常情，方不知其婉娩，而翁已念其身后之藏，过人其远矣哉！翁雅好学，不欲自表著。人于其冠婚丧祭，始少窥其蕴焉，则原始反终，固已达其说矣。余可孤其所望耶？遂为之铭焉。余同郡王行，今年洪武辛巳也。其藏在吴县之胥台乡黄山之阳。邓氏已厝矣，后将合葬。铭曰：

世中芸芸，千古一情。利欲纷挐，曲事厥生。孰知达人，乃虑身后。生顺其常，死安永久。永久之藏，骨肉斯复。必全以归，惧贻亲辱。身前战竞，终蕲免夫。胡为身后，弗虑弗图。翁兹是虞，谓焉蚤计。蹑迹古贤，豫铭繄窀。繄窀既良，后昆其庥。允久允安，翁之乐邱。

郡人王行撰。

清盛钟岐《平江盛氏家乘初稿》

寓翁寿藏记续铭

〔明〕王宾

寓翁生前朝延祐丁巳，今洪武壬午，得寿八十有六岁。七月丙戌卒，是月丙午日葬黄山。曾孙十人。翁之营葬处，已有铭之矣，翁之葬，可毋再铭耶！铭曰：

人有是体亲之遗，生当善保乃庶几。殁慎其藏何讳为，寓翁弗讳能慎之。生兮言动从可推，存亡无愧俱无亏，百世而下徵铭辞。

长乐王宾铭。

清盛钟岐《平江盛氏家乘初稿》

盛嗣初妻邓氏墓志铭

〔明〕王璲

苏人盛嗣初将葬其妻邓氏孺人于吴县胥台乡黄山之阳，先期来乞铭，辞不获，乃按状次其事为铭。孺人讳淑智，世家苏，苏人称良族必数邓氏。大父文贵，尝捐其资数千百缗建舆梁阊门外，行者赖之。文靖虞公、文献黄公，咸为文纪其事。父德明，母徐氏，生孺人，性贞顺，事父母极恭孝。及笄，归为盛氏妇，盛亦苏之良族也。孺人既归盛氏，移其事父母者事舅姑，宗亲称焉。年七十一，以洪武二十四年六月十六日卒，葬在卒后十日。生子四人：长棠；次逮；次良，即章也；次南。女四人：长志宝，适樊；次志安，早丧；次志贞，适周；次志婧，适魏。孙男十二人：宣、宜、容、寅、宓、完、寀、宏、实、寓、宁、宽。孙女十人：璩、瑶、琬、凝、清、琰、澄、琚、端、瑀。每佳时令节，孺人垂白发坐北堂上，诸子若孙奉觞称寿，罗拜堂下，蔼如也。孺人生于良族，归其夫家亦良。为女为妇，又克尽恭孝，其年膺寿考，而子孙众多，天之报施夫人宜尔也。嗣初质行士，嗜读书，虽老手不释卷。铭曰：

妇德无专，惟相夫子。誉称宗亲，斯德之美。惟此孺人，厥德孔懿。其生其配，夫孰与媲？天实笃之，锡兹繁祉。既遐其龄，复昌胤嗣。郁彼佳城，黄山之趾。永固厥藏，于千百祀。

蜀人王璲撰。

清盛钟岐《平江盛氏家乘初稿》

吴简传

〔清〕潘柽章

吴简，字仲廉，桃墩人。元至正中就乡试不利，遂杜门力学。吏尝召之役，简被儒服执经往，同役者皆目笑之。以荐授郡学训导，迁绍兴路学录。洪武四年召至京，吏部试富民论，简请疏渠以通溉，课粟多者第其功赏。上甚善之，授昆山主簿，以疾辞归。优游林泉，号月潭居士。年八十二卒。简为诗文温厚古雅，善《论语》，不尽附程朱，往往独出所见。所著有《论语提要》《诗义》《史学提纲》《守约斋集》。子复、颐，皆有文名。复，字孟修，在元季不仕。尝作感兴诗，闵元之亡，为时传诵。洪武中，以人材授湖广佥事。有《雪区稿》《霞外集》。颐，字希程，幼继外家，冒史姓。以明经授本县学训导。有《桃溪集》。

清潘柽章《松陵文献》

大明苏学训导寄翁朱先生应宸传

字文奎，号寄翁，绮川人。幼习举业，元季兵兴，不偶弃去。博通经史，诗文雅赡，尤精书法。国朝洪武中举明经，为苏州府儒学训导。扁所居曰"蜕窝"，王止仲作记，先生自为《寄翁说》。卒葬丹霞坞。

《寄翁说》曰：吴山之阳有寓翁焉，绮川之湄有寄翁焉。遇诸途，寓谓寄曰："我于莫年以寓自居，子何愚，窃我绪余。子谓寄者，将有说乎？抑无说乎？"寄乃却立拱手曰："噫嘻！凡天地之大，万物之细，莫不皆然，岂特寄哉？日月星辰之运行，寄乎天；草木昆虫之动植，寄乎地。地大也，亦寄乎天，天附乎气。人以眇躬，介立乎两间，可谓寄所寄，寄之中又有寄者焉。寓人也，寄亦人也，视听言动，饥食渴饮，无适而不同也。寓也可，寄也亦可，无适而不可也。然可有不可者，存同亦有不得而同者矣。今有人焉，呼翁曰寓则应，呼曰寄则弗应，惟寄亦然。固有不得而同者，较然矣。同者理，不同者名，同其所可同，不必强其所不可同，则未始不同也。寄少寓七岁，视寓犹父兄，生同时，居同里，耕同田，出同道，意气吻合。今皆老，无用于世同也，居易以俟命亦同也。吾恶知夫寓之窃寄欤？寄之窃寓欤？其视逡巡畏缩苟全而自利者，寄与寓断断弗为也。为之者，则有孔孟之仁义在。"寓喜，起而歌曰："嗟所寄兮寄身，嗟所寓兮寓形。天地尚然兮，九州一尘。介立两间兮，如沧海之浮萍。"寄乃赓歌曰："山之阳兮寓之庐，川之湄兮寄之居。山同樵兮水同渔，曰寄曰寓兮，同周游乎太虚。"歌阕，寓曰："与我记之。"寓翁者，吴人，嗣初盛其姓。寄翁者，朱应宸也。

明莫震、莫旦《石湖志》

陶振传

陶振，字子昌。其先华亭人，赘于庞山谢氏，遂为吴江人。少与谢常同学于杨维桢，兼治《诗》《书》《春秋》三经。洪武二十三年举明经，授县学训导。尝坐佃居官舍，逮至京师。撰《紫金山》《金水河》二赋以进，随奉命撰《飞龙在天》赋。皇太孙以闻，遂赦之，迁安化教谕卒。振天才超逸，诗词豪俊，负重名于时。所著有《钓鳌》《清啸》二集。（参《献集》）

潘柽章曰：振才易辞近卑，俛为时格，本无足称，而为经生者本之，皆名陶氏学云。其所著集中载《哀吴王濞》诗，乃指斥靖难之词，盖振卒于革除间故也。

朱鹤龄曰：《列朝诗集》小传云振安化教谕，归隐九峰间，授徒自给。一夕死于虎，王达善挽诗曰："昔为海上钓鳌客，今作山中饲虎人。"钓鳌客，振自号也。愚按：子昌为吾邑人，未闻死于虎。所云"饲虎人"者，悲其困处深山，只堪饲虎耳，非实事也。不然，钓鳌客亦岂真有鳌可钓乎！

清乾隆《吴江县志》

居密先生行实

〔明〕张益

先生姓盛名逵，字景华，号默庵，今号居密，宋参知政事文肃公度之后也。金人之乱，中原仕族皆南徙，盛氏因家于苏。曾大父益，大父宗仁，皆业儒，授徒以自养。父似祖，号寓翁，读书明理性学，冠婚丧祭，行遵文公家礼，为吴缙绅家楷范。先生，寓翁仲子，母邓氏。自幼颖异，雅志典册。既长，识量宏达，而质直好义。元季张士诚据苏，先生所善有唐自牧者，负官糯二百余石，自度不能偿，恐困笞辱，来与先生诀。先生惊谓曰："用几何可了？"曰："须银百两。"即与之如数，自牧得不死。洪武初，有以先生荐者，太祖皇帝召见之，赐冠带袭衣，命议事于兵部，视能授官。先生处断刚正，尚书陈宁忌之，欲中以危法。人为先生惧，且劝其少降意，先生处之自若，曰："死生命也。"既而叹曰："仕欲行志，志不能行，乌用仕为？"即日称疾归。初，国兵下姑苏，寓翁出先围城，扃舍中图书器玩托邻家守视，而邻之孥窃售之。及是，咸欲闻官究治，适先生归，独曰："今日父子获全幸矣，奈何以物而致人罪乎？"寓翁喜，释之，实洪武己酉也。后二年，陈宁为苏州知府，征丙午所负粮，爇铁烙征人，刑甚惨酷，人称其为"陈烙铁"。亟询先生，众亦劝之往见，先生曰："是人欲破吾家。"因遁去。宁怒，以先生籍在吴县，嘱所司以十三都通区未足之粮，悉委催督。方是时，民经兵燹，食且不给，宿负何能偿？先生倾资代偿至千余石，里人咸曰："我辈岂可重累长者。"转相称贷，不月告足，先生终不一见。未几，宁果败，人皆服其先见。岁甲寅，先生弟章为商济南，转买大同盐引。事觉，追捕甚急，事且叵测。寓翁怜章幼子，欲代之。先生告曰："世有是理耶？弟幼且未有子，某幸有子，事当任之。"即趋出就系，至京得从轻论，发戍宁夏。时其地新定，荆榛骷髅蔽野，斗米千钱，人饥困，多疾疫。先生以医药济之，全活者众。故旧同在戍所而贫窭者，多来相依，先生与同饮食，曾无倦意。尝道经西宁山中，宿逆旅，闻主人哭甚哀。旦询之，以父母同时死，贫无以具棺敛。先生恻然，探囊中得白金五两，尽与之。主人拜泣，问姓名，不告而去。戍久，念二亲衰老，终日南望涕泣。岁壬申始获归省，浃旬母殁。又五年复归省，而寓翁卒。皆得临窆，乡人称为孝义所致。李斡贞臣，前元户部侍郎，洪武初为陕西省郎中兼秦府参军，以事戍宁夏，与先生友，后受命庆府，荐为翰林待诏，年八十余岁。壬午请老，无家以归，知先生亦以老而还苏，来依之，先生延教诸孙。逾数年疾卒，具棺衾以葬，而俾孙之受业者持其丧。乡人周伯恭久客淮，疾羸而贫，径还苏，告公曰："风闻高谊，故归托死。"先生欣纳而馆之，药食扶持，延岁余乃殁，亦具棺衾葬焉。凡乡党有贫穷患难及婚丧不能举者，其赈给皆类此。先生赡才思而好吟咏，有《原道》诸诗，陶镕理趣，一时人重之，刻石于郡庠。先游关中遇异人，授吐纳导引法。今年九十有二，而齿发坚黑，颜童步健，足见所自养矣。娶朱氏，先卒，同郡叔正之女。元天历庚午，吴中大饥疫，叔正出米分给乡人日千余家，病给药，死给棺，凡三阅月，禾登乃已，遂以义士旌门。先生子男四：宜、寅、实、宁。寅，太医院御医，余卒。女端，适刑部主事顾信，亦卒。孙男十一人：俨、伦、侃、伏、佖、伟、僎、倓、佶、侅、侗。侃，苏州府医学正科。孙女六：媛如、庆如、娱如、素如、吉如、安如。曾孙男十，曾孙女六。先生至是预为寿藏于县之胥台乡黄山之阳先兆之侧后，将与朱孺人同处其中，御医乃欲拜求铭词于当代大人。先生以益与之同乡，俾述行实之概，益不获辞，谨录以备采择。宣德十年冬十有一月初吉，姑苏张益谨述。

清盛钟岐《平江盛氏家乘初稿》

盛徵士寿藏记

〔明〕杨溥

有宋中叶，中原仕族避金人之难，多南渡。苏之盛，实宋参政文肃公度之后也。先生名逮，字景华，别号居密，世业儒。益，其曾大父。宗仁，其大父。讳似祖，号寓翁，其父也。母邓氏，名家女。先生自幼颖敏好学，及长，识量益宏，行谊益励。洪武初,以贤良应召,赐冠带袭衣,参大臣议事,据理直言,无所阿比。时用事陈宁者,思中伤之,或劝先生少降辞色,先生终不渝。既而叹曰:"仕以行道,徇人非我志也。"遂以疾辞去。弟章,尝坐盐法,逮捕甚急,寓翁怜章少子,不忍遣。先生请曰:"弟未有子,逮有子。"遂就捕至京,得谪戍宁夏。初,先生归乡里,宁亦出知苏郡,会征赋逋,每爇铁烙人,郡称"陈烙铁"。亟询先生,欲一见,先生语人曰:"彼以酷立威,重欺罔,其能免乎?"避之不见。宁怒,命有司以通区逋赋责其督办。时民方脱兵燹,食且不给,惶惶待罪。先生倾资代偿至千余石。里人曰:"我辈岂可重累长者。"于是相率称贷,不逾月,所督办者告足,宁莫能加害。未几,宁果败,人称先生先见。张士诚据苏时,所善唐自牧负重租,逼追备至。自牧惧答辱,来与先生诀,先生惊询其故,云非白金二百两不可了,即如数与之。天兵下苏,先生扃图书器玩托之邻家,因攘窃之,家人欲絷于官。先生请于寓翁曰:"幸父子获全,物无足计。"愚翁喜其言而释之。故人李贞臣以翰林待诏致仕,无所归,先生延之家塾。贞臣卒,殡葬如礼,复命诸子孙受业者持其丧。乡人周伯恭久客淮,以贫病归苏,诣先生告曰:"闻君高谊,用托死生。"先生忻然纳之,食饮药石,罔不具备,岁余而卒,亦具衣棺葬之。初,戍宁夏,遗骨遍野,斗米千钱,人多饥困疾疫,先生以医药济之,全活者众。故旧在戍饥寒者,先生与之同饮食。尝宿逆旅,闻主人哭甚哀,询之,盖其父母死同日,贫不能棺敛。先生恻然,探行囊得白金一饼与之,主人拜泣问姓名,不告而去。平日赈给困穷患难及婚丧不能举者,多类此。戍中念二亲日就老境,南望辄流涕。越十九载始得归省,未浃旬而母邓卒。又五载复归省,而寓翁卒,人以为孝义所致云。蚤岁游关中,遇异人授吐纳导引法。所著有《原道诗》,学者重之,刻石郡庠。配朱氏,旌表义士叔正女,凤闲礼教,克配君子,先卒。子男四:长宜;次寅,太医院御医;次实;次宁。女一,端,适顾信,刑部主事,卒。孙男十一人:俨、伦、侃、伏、佖、伟、僎、佟、佶、侅、侗。侃,苏州府医学正科。孙女六,曾孙十,女六。先生今年九十有三,齿坚壮,童颜健步,发尚黑,寿未可量也。寿藏在先茔之侧,郡之胥台乡黄山之阳。请记者,寅也。状先生行实者,大理评事同郡张益也。为之记者,南郡杨溥也。时正统纪元春正月庚午也。铭曰:

人有其始,亦必有终。终始之理,万古攸同。奉亲遗体,夙夜惕厉。孰于其终,曾不为记。相彼古人,亦有岁制。岂曰衣衾,匪棺繄窆。不有古椁,坎深及泉。将之无德,亦何有焉?惟兹居密,明烛几先。乃敛厥锐,用保其全。克笃所亲,爱及朋类。惟义之从,不恤其利。为善之泽,日广以滋。人之所善,天亦相之。父母万里,半生暌离。而于所终,适逢其归。顾兹匪天,人莫之为。有乐斯邱,黄山之阳。子孙保之,先德之光。

资善大夫、礼部尚书兼翰林院学士、国史总裁官、南郡杨溥撰。

清盛钟岐《平江盛氏家乘初稿》

居密寿藏记续铭

〔明〕张益

正统元年春正月，太医院御医盛公起东以其父居密先生之年高，甚亟置寿藏，请予状先生行实，遂得记铭于礼部尚书兼翰林学士南郡杨公。是岁冬十有二月十八日先生卒，御医卜以明年九月十九日与妣合葬，后求续铭于予，且填讳焉。谊有不得辞者，乃为铭曰：

人之寿，天所赐。何能斯，由善积。曷可徵，视居密。配之良，孝姑嫜。遭家难，历冰霜。子有成，业弗荒。殁后先，同厥藏。铭之以实兮，百世其永光。

同郡张益撰。

清盛钟岐《平江盛氏家乘初稿》

徵士盛景华合葬志铭

〔明〕杨溥

太医院御医盛寅闻父徵士丧，将归姑苏，迁母孺人合葬，缞绖踵予曰："先考行义，幸先记诸寿藏，而先母懿德实善，仅存于王光庵所撰圹志，尚赖合葬之有铭，谨请于先生。"予哀其情，乃志而铭之。徵士盛姓，讳逮，字景华，别号居密，宋参政文肃公度之后。宋中叶徙姑苏。曾大父益，大父宗仁，父似祖，号寓翁，世儒家。母邓氏，出名族。徵士颖敏好学，崇行义。洪武初，尝以贤良应召，赐冠带袭衣，参大臣议事，以直言与用事者陈宁不协，遂以疾辞。弟章，寓翁幼子，甚见爱，尝坐盐法见捕，徵士请代往，以慰父心，遂谪戍宁夏。初，徵士归乡里，未几宁亦出知苏郡，以徵士旧人，亟欲见。徵士知其人必以贪暴败，不往见。宁假公事逼之，终不见，既而果败。徵士勇为义、乐视与。其在乡里，捐金救所善唐自牧死，延致仕待诏李贞臣养之，终其身，礼葬之。请与寓翁，释为盗者。乡人周伯恭以孤穷见托，治疗敛葬，用全终始。其在谪戍，赈疗疾苦，所活者甚众。同戍故旧饥寒者，致之同寝食。逆旅主人父母同日死，无葬具，与之橐金，不告其姓名。其立心行事多类此，详见寿藏记。在谪所十九年始得归，未浃旬而母卒。又五载复归，而寓翁卒，人咸以为孝义所致。尝遇异人，得吐纳导引法，故老益健。所著有《原道诗》传世。寿至九十有三，以正统元年冬十二月十八日无疾而终。配孺人姓朱氏，讳淑贤，父叔正，尝以岁饥发廪数万石济乡人，旌义士。孺人富家子，幼闲礼教。及归盛氏，奉舅姑，处亲党，贤淑之称，无间内外。徵士代弟就逮时，子宜甫四岁，寅在妊，顾谓孺人曰："我此行，生死不计，老亲幼子皆尔托。"孺人泣曰："君能笃天伦，我独不能耶？天地神明在上，万幸再见，尚徵斯言。"既而徵士谪戍，孺人鬻装奁，躬织纴，以供仰事俯育之资。十七年如一日，竟以勤瘁卒，遗训诸子,言甚切至,实洪武己巳九月七日也,春秋四十有五。以徵士殁之明年九月十九日,合葬于吴县胥台乡黄山之阳先茔之次。侧室哈氏。子男四:长宜,早卒,次寅,出朱氏。其次实,次宁,出哈氏。女一人,寅同母,适顾信,刑部主事,先卒。孙男十一人:俨、伦、侃、伏、佖、僎、伟、俀、佶、侅、侗。侃,苏州府医学正科。孙女六,曾孙男十女六。铭曰:

有是夫,有是妇,礼仪相维穷益固。室同居,窆同墓。幽显无虞安厥所。庆斯余,家斯裕,子孙光荣绳祖武。

资善大夫、礼部尚书兼翰林院学士知制诰、国史总裁、南郡杨溥撰。

清盛钟岐《平江盛氏家乘初稿》

大明嘉议大夫户部左侍郎东村先生莫公礼传

字士敬,绮川人。生于至正丁未[1]。洪武二十年,由户家有材识,徵拜户部员外郎,升右侍郎,转左。谦退自持,惧弗胜任,辞禄于官。历职九年,人推其廉谨。时族有诖误党禁者,公以缘坐,竟至于理。临难神色不变,徐仰天赋诗云:"三考东曹侍禁闱,国恩未报祸先罹。一心忠义坚如石,惟有皇天后土知。"嘱其兄子轮、皂隶刘某若等当记之,毋泣,命也,众哀之。实丙子九月八日也,得年五十,葬吴山之原。翰林侍读、邑人曾日彰祭曰:"乌乎士敬!前十二年,吾尝吊令先兄士禧之丧,又四年,吊令弟士祺之丧,今又奠士敬。何其昆仲之贤,不获寿考之若是耶?将非命耶?乌乎士敬!以君自幼至长,树立之成,家传之学,人子之道,亦既见于志矣。至于居官莅政,尽人臣之事,我则有哀悼之诗可徵。虽然,大丈夫不仕则已,仕而或死非罪,非不幸,罪而生,非幸也。幸不幸,惟君子知之,众人顾知之乎?庄生有云:'吾以天地为棺椁,日月为含璧,万物为赍送。'士敬儒者,不知当时临难处变死生危疑之际,果能以此为达否耶?乌乎!存亡见惯,吾独何悲?淹老泪于中肠,岂庸庸之所知,一殇驰奠以哭吾私。乌乎哀哉!尚飨。"

明莫震、莫旦《石湖志》

注〔1〕:据文中莫礼遇难于洪武"丙子九月八日""得年五十"之载,"至正丁未",疑为"至正丁亥"之误。

大明处士南村张先生琦传

字季连,吴江人,世居石里村。其父子文赘绮川薛氏,遂为绮川人。力稼致富,田畴甚广。兄弟四人:璟,字伯珩;珵,字叔琳;瑾,字叔瑜;次即琦。同居共爨,自相师友。珵于洪武中徵拜荆州知府,瑾工部员外郎。琦尤好事,有文名,亲贤取友,以经史为娱,自号"南村居士",三吴名士多集其门。平生所作诗文俱已散失,今所存者,惟《中秋夜游石湖诗序》及《题薛公远墨竹》二诗，士林传诵，可以见其为人矣。后坐党锢，籍没其家。墓在陆墓山，族孙居越溪者主其祀。

明莫震、莫旦《石湖志》

盛景良墓志铭

〔明〕张肯

公姓盛氏，讳良，初讳章，字景良也。宋参政文肃公度之后，大父讳宗仁，父讳似祖，号寓翁。先世因金原乱华，渡南来苏，遂为苏人，至景良已三百年矣。代有显融，位虽弗崇，而行业礼义嗣世不绝，实文物旧家也。寓翁克承诗礼，博洽群书，御家以四教，治家以四礼，行务诚而弗事表著。故景良以端毅之资，遵过庭之训，恂恂恭谦，寓翁亦尝称其孝，友咸谓能肖其父。至若负才气，尚名节，不肯少屈于人，人亦不以为多也。若其勤其敏，其志学其强记，其嗜文儒于其业，可谓修矣。其质其约，其齐家其交友，其不苟且于其行，可谓谨矣。行谨而业修，匪寓翁义方之教，而公曷能若此也？永乐七年，以材诣荐于朝，从事地官者累岁。十四年，捧檄督台州府赋税。明年以疾卒于黄岩之丹崖驿，则七月既望也，年六十七。妣邓氏。娶陆氏。子男七人：容、宓、完、宋、宏、寓、宽。容先卒。女六：素凝，适顾恭；素清，适刘拳；素澄，适姚敏。素清暨素淳先卒。素瑛、素宝，未行。孙八：僖、倬、传、俊、倧、仔、儒、伸。孙女亦四矣。卜明年戊戌四月壬午，葬吴县胥台乡黄山之先茔，礼也。将事，宋泣告曰："宋之先人，富其才而曾未少施，弗克自见于世。然古之人亦未必皆能自见而卒有闻于后，往往托诸志铭以垂将来。兹乞其铭，亦托于此，而有闻于后也，敢请於乎？"人之生也，患无其才才才富矣，患不际于时时际矣，患不得奋庸既奋庸矣，卒勿得大用以施其才，良可哀也。景良值之，能不重其哀乎！浚仪张肯为铭曰：

繄景良才也，奇有猷有为。际于时弗克大施，而止于斯也噫。

浚仪张肯。

清盛钟岐《平江盛氏家乘初稿》

梁时传

梁时，字用行，同里人。博学工文章，以气格为主，不事纤丽，亦善笔札。少时遭家籍没，聚徒讲学于长洲。洪武二十一年，以善书选授岷府纪善。永乐初迁翰林典籍，修《永乐大典》，充副总裁。终于官。有《噫余集》。

潘柽章曰：按吴骥云："时风流儒雅，持身以礼，虽席父兄之资，不尚绮纨之好。既罹家祸，安贫晏如。属文赋诗，清粹有法，楷书行草，各臻其妙。"夫云"席父兄之资，不尚绮纨之好"，则时固富家子也。而刘凤《先贤赞言》："时之父，初以博得妇，生时。逾岁又博而负，人携之去。"时少则随母，长乃走会稽山中读书。此委巷流传之语，不足信也。又骥所云"罹家祸"，与《徐志》"遭家籍没"语相合。昔吴中党祸起于梁氏，莫旦记之甚详。岂时即梁氏之族，而株连籍没者耶？

清乾隆《吴江县志》

曾祖考清远府君行状

〔明〕史鉴

　　府君姓史氏，讳仲彬，字文质，清远其号也。远祖崇，以功封溧阳侯，遂家溧阳。传世二十有一，而清河令讳惟肖，徙终南。又七传，而翰林集贤院学士讳怀则，始迁吴中，为嘉兴县思贤乡人。族贵而蕃，里中数十百家，不间他姓，人谓之史家村。元季有黄翁者，居吴江范隅乡穆溪里。史与黄虽异府县，然其居皆在两境上，往来甚密。黄无子，止一女，故南斋府君以仲子婿焉，实东轩府君也。入国朝，占籍吴江，遂为吴江人，而嘉兴今亦分为秀水矣。东轩生清远府君。府君幼佚宕不羁，任侠行权，喜趋人之急。洪武中，法制未定，贪纵者多剿民以自润，民怨苦之。府君因民之欲，与诸少年缚其魁，献阙下，敷奏详敏。天子嘉之，为戮其罪人，特赐食与钞，给驿舟传归于家，远近称快。而豪猾始敛手，不敢为非矣。东轩公忧之曰："我家世醇厚，汝所为若是，非史氏之福也。"府君谢曰："儿幼尚气耳，长当悛也。"亡几，忽谢遣故所与游者，改行自励，务为恭谨，每出入遇人，无贵贱必先下之。以俭自持，常时一钱尺帛不妄用，至所当为，虽甚费不靳也。用能以力田起家，甲其乡，推择为税长。时连岁水旱，加以军兴，调发剧甚，民敝或逃去，田多污莱，税不入，往往累及长。府君曰："田不辟，而望税之入得乎？"故所设施，一以农事为本。又以为农出于人力，务爱养之，使其不挠，庶得尽力焉。乃约束管内，自己以下不得取民毫毛利，民多感悦，转相告语，流亡复归。当春，则令田甲检视耕垦，五日一具报，躬自考课。有未辟者，则召其人诘责之。若缺农器及人力种子，则赒助之。更谕亲戚假贷之，计亩至秋责偿，或惰慢不肃，则杖而徇于众。由是人相劝戒，垦田大增。府君又劳来不倦，为相视原隰所宜，指授种树之法、粪治之方。敛获之节，秋果倍收，民皆有余，税入居最。县官誉之荐之，为下其法诸乡。终洪武之世，治水诸使行县，则推使居前应对。遇有干生民利病，必反覆申论之，不以威惕而止。洪熙初，诏天下户绝而田芜者，除其额，许民自垦，而薄税之。然法令重失实者，官与长连坐死。胥吏辈舞文要求百端，哗者又持短长以快其私。他人摇手触禁不敢报，府君独慨然曰："此天子德意也，可惧祸以殃民乎？"遂条上奏，可得减税若干，府君家无私焉，老幼泣谢曰："微公，吾属不沾上赐矣。"有黠民当运粮，负其才力，百计求赂冀一脱，府君执不许。其人愤且耻，乃诬府君不法事，台下御史治。会御史当代任，逮府君下狱，不即治，府君竟死。后御史至，辩所告事，无纤毫实，即坐告者以死，府君冤始白。府君沉厚寡言，人不见其喜愠时。临事不计利害，惟义之趋。居家孝友，待人不欺，人亦乐为之输诚。重然诺，自结发至老死，未尝食言。春秋六十有七，卒之日，宣德二年三月十日也。配孺人沈氏，讳淑宁，澄源乡上沈村沈德载女，少府君一岁生。择对不嫁，年二十始嫁，相府君，大其家。后三载卒，合葬于小旬原。子五人：晟、旻、昊、昌、昂。孙十有一人，先君珩居长嫡。府君尝曰："在礼，嫡庶异礼秩，吾当推行之。"一家故析产，俾诸子不得与长子齿。且曰："后世子孙，守此家法，毋废也。"呜呼！府君之所以劬宗焘后，保我子孙于长久，而墓上之石未有刻辞，盖将有待也。今诸祖诸父俎谢略尽，鉴属当府君小宗之继，而不肖无似，不能以致显扬，使有闻于时。追维先德之在人，犹耿耿未泯。虽不逮事以考德论业，然内侍家庭，外询故老，亦略备矣。用敢状其万一，托立言君子以图其不朽焉。成化十五年三月，曾孙男鉴谨状。

明史鉴《西村集》

清远史府君墓表

〔明〕吴宽

史之先，嘉兴思贤乡大族也。元季有黄翁，居吴江穆溪之上，与史甚迩。翁善处士讳荣者，得其子居仁为赘婿，而穆溪有史氏自此始。居仁生府君，其讳彬，字文质，清远其自号也。幼跌宕不羁，喜趋人之急。国初法制方严，郡县吏仍故习，贪纵自若。府君因民所疾恶，与诸少年缚其魁，献阙下处死，一县称快。而府君得赐食与钞，给驿舟还家。其父顾忧之，曰："吾家世醇厚，汝所为若是，非史氏福也。"府君谢曰："儿幼尚气耳。"居无几，悉谢遣故所与游者，改行自励，务为恭谨，每出入遇人，无贵贱下之。尤以俭约自持，视义所不当费，吝不用一钱，竟以力田拓其产业。时朝廷重粮储，设长税者。其后岁比水旱，加以军兴调发，民不堪，相率窜去，田多荒，税既不给，长往往被罪。府君适代为之，知其弊所始，务先爱养民力，乃约束管内，自里胥以下，不得取民毫毛利，民感悦，流亡复归。当春，辄出循阡陌间，劳来不倦，为相视土地所宜，指授种树之法、粪治之方，而随所不足，为补助之。既乃使田甲检视耕垦，五日辄具报。有惰慢者，召其人诮之，甚则杖而徇于众。由是税入居最，县官以为能，每治水诸使行县，则推使前对。至民生利害，必反覆辨论之，无所畏，事多罢行。洪熙年初，诏天下民有户绝而田废者，除其额，许民自垦，而薄税之。然法重失实者，官与长连坐。吏胥辈要求百端，奸民往往持短长以快其私，人摇手触禁，莫敢籍报。府君慨然曰："此朝廷德意也，惧祸不可。"遂条上，得减税若干石，家无私焉，里人谢曰："微公，吾属不沾上赐矣。"其见于居乡者盖如此。府君为人孝友，而沉厚寡言，人不见其喜愠。重然诺，自少至老未尝食言。遇事可行，不计利害，故人多德之，而小人亦不喜，然府君虽至死，守之不悔也。其没以宣德二年三月十日，享年六十二[1]。配同县沈氏，少府君一岁，勤俭孝敬，助府君成家，后三岁卒，合葬小旬原。子五人：晟、旻、昊、昌、昂。孙十一人，曾孙若干人，玄孙若干人。府君尝曰："礼，嫡庶异礼秩，吾当推行于家。"其析产，令诸子不得与长子齿，且曰："后世子孙，可守此法，无废也。"其见于治家者又如此。府君葬既六十年，未有表其墓者，其曾孙鉴始为状请。予与鉴相知久矣，盖尝观其家世，隐居力本，辅以礼义，文雅表然，为江南之望。意其积之者，必深且长，不然何其盛至此？乃今得府君之为人，而益信焉。惟李翱汲汲于得昌黎韩子铭其祖之墓，合于礼。所谓知而能传之意，是以君子与之，况由其祖而及其上者，鉴其孝也哉。

明吴宽《家藏集》

注〔1〕："享年六十二"，恐误。据明史鉴《曾祖考清远府君行状》所载，为"春秋六十有七"。

退庵先生传

〔明〕吴镇杨

先生姓夏，讳忠，字尚忠，号退庵。其先杭人。自曾伯祖若水，字清之，仕元为武翼大夫、阁门舍人，丞相伯颜深器重之，荐之于上。转擢正议大夫，赐虎符，行平江、湖州、绍兴、宁国、温婺等路总管府事，授广东道宣慰都元帅。曾叔祖若木，字挺之，授建康路总管府判官，转温州、广德、武冈三路总管。曾祖若金，字用之，授奉政大夫，知茶陵州，转正议大夫，知平江路，行县劝农，因受风景之胜、人物之美。闻陈思王氏名福通，春秋诗礼旧家，遂以第六子教谕仲和赘之，即先生之祖考也。考辅德，字廷珪，读书行义，不求闻达。妣陆氏，能相夫，克修妇道。先生少失怙，鞠于母氏。既成，知以礼义自持，益折节读书，待人接物，咸适其宜。恒以父弗逮养，言及辄涕泪弗胜。事母曲尽子职，志养弗违，宗族称孝焉。平居性和易，然于议论臧否，未尝有所假借。尝挟书游锡山，翰林学士王公达善、中书俞公彦衡、王公孟端，甚与交好，亟称其所为诗文，名益著。其文以气为主，毫端亹亹，纵横巨细，无不随其意之所欲出，譬如长风怒帆，一瞬千里。至于碛岸之萦折，舷舵之欹侧，亦未始有所留碍也。永乐庚寅，诏求秀才，郡守李公以先生荐，以母老辞。强之起，遂从事于大司空，奉使吴越、江西、广东。凡数载，始授河南阳武县县佐，施政有方，爱民如子，民仰之若慈母焉。洪熙间，谢事归。正统五年庚申三月二十二日卒，年七十有八，葬于范隅乡巨字圩之原。配张氏，妇道无愧，后先生六载殁，年七十又九。子曰庆，克绍箕裘。所著有《望云集》《观光集》《归田集》《东湖集》，然未及诠次梓行，而人多传诵之。余老于耕稼，素不能文，然与先生相知最深，恐其德久而泯没，用敢撮其出处大略，使传诸后焉。

赞曰：猗欤先生，由仁义行。旁通百氏，淹贯六经。作为文章，落笔纵横。佐理阳武，爱物推诚。有守有猷，宠辱无惊。飘然归来，庵以退名。如龟藏六，不出户庭。咸称之曰：此真人中之英也。

景泰三年四月吉日，钝庵叟吴镇杨稽述。

清夏刚《夏氏家乘》

中奉大夫江西右布政使何公墓表

〔明〕魏骥

中奉大夫、江西右布政使致仕吴江何公，年八十又六，以景泰四年十一月十三日卒于正寝。将以又明年九月十五日，葬于里之长山之原先茔之次。前期其子玶，以兄珰[1]主丧不敢离于殡侧，乃独不远数百里，逾湖涉江，衰麻踵余门，泣拜曰："先君没矣，当属纩时，呼玶辈于前，属之恳恳，愿求执事数语，述其生平，刻于墓道。今葬有日，玶谨奉遗命而来，惟执事不靳，以副先君之临没言是望。"复出公平生行实见示，又泣而再拜。余念公故人也，不相见者几二十年，风晨月夕，未尝不往来于怀，以重其为人。今而已矣，以其千载不朽者为托，且悯玶孝诚切至，余何可以不文辞。惟公实出吴江望族，世以诗礼相传，名源，字幼澄。九岁通四书大义，十二能赋诗作文，十三读毛氏《诗》，十七读蔡氏《书》，膺推择为郡庠弟子员，游于春坊赞善谥文靖王先生之门，而又以《周易》是明。先生见其言行卓卓，乃曰："是子，公辅器也。"十九失怙，独与母居，事母朝夕不离其侧，且不废所学。洪武甲戌，膺贡入太学。又明年，以《易》领京闱乡荐，名在第七，主司刻其文以示后学。明年会试礼部，中乙榜，名在第一，授山西太原之德保州学正。文行昭彰，克称师表，膺荐升山东德州知州。州当南北要冲，供给浩穰，且罹旱蝗，民多乏食。公于其间，昼夜极力营为，致事克济。暇则问民所疾苦，于利即兴，于害即除，致民仰之如神明，赖之如父母。明年蝗生邻境，公率父老斋戒，祷于祀典神祇，曰："蝗将入境，神其止之。守者有过，神其罪之。民无所告，神其恤之。"告毕，蝗果不入境，于是阖州之民号公曰"赛包家"。盖以公之设心制行，通于神明，得于黎庶，似宋包孝肃公焉耳。追丁母忧，民扶老携幼，告于部使者留公勿行。公曰："闻父母之丧，当见星而行，见星而止，岂可留而勿行耶。"部使者以公达大体。及出郊上马，父老脱公履悬于州门，以示去思。服阕，复膺荐升梧州府知府。值山水骤至，人民庐舍漂没无算，民见存者无以聊生，众议欲具奏发仓赈济。公曰："具奏必俟报，俟报而发廪，民则尽为饿殍矣。"首出己之俸为僚属倡，及官立券借其粟于富民，遂得粟若干石，由是民获免饥而弗死者甚众。毁阖郡之淫祠、以耗民财者祠凡若干所，革沿江竞渡之戏、免民沉溺之患者船凡若干艘，至今民不敢变。寻以讹误被谪，赴交趾英国张公少保、户部尚书黄公所听调发。公于二公一见之顷，二公重公辞。公动止不凡，曰"此儒者也"，面委署交州府学事。公严立教条，用夏变夷，致诸生忻然从教。未几，选贡得士十有余人，至今有位至方岳者焉。还朝，除吏部考功员外郎。时仁庙御极，择贤以辅导亲王，膺少师蹇公荐，擢任郑王府右长史。公绘《欹器图》以进王，言其略曰"臣欲殿下以盈满为戒"，王嘉纳其言。上闻之，特赐诰褒美，及侑以白金彩段，仍推恩赠及父母。久之，改除吏部文选郎中，膺近臣荐，升江西右布政使。时江西民所患者，勾补辽东大宁、万全各卫所军役为累。公即具奏："江西之民去北数千里，且不禁其地之严寒，至则死亡者多。乞于见勾数内存留幼弱者三千余名，于南昌卫操练。"上允其奏，民甚便之。其行利于民者多类此。在江西三年，年已七十，即上章乞致仕。朝廷以公舆论所推，老于从政，不许。逾年，诏许入觐。既见，上悯其果老，遂获赐归。既归，鹤发乌纱，优游林下者十又六年，足迹未尝入城府。终日闭门，惟焚香，手不释卷，以适其所适而已。卒之前二日，觉四肢微倦，呼诸子于前曰："术者谓我命止八十六岁，昨得一梦，测之相协。我死后毋作佛事，但得萧山魏尚书公数语，述我平生，刻于墓道足矣，恐路远不可致耳。"言讫，夷然而逝。三日大敛，神色如生，哭吊者盈门，咸曰："福德人也！福德人也！"曾祖庆远，祖正卿，父信之，赠奉议大夫、郑王府右长史。母顾氏，赠宜人。配陈氏，先卒，赠宜人；继室苗氏，封宜人；侧室刘氏。子男四：曰璠、曰璘，陈氏所出；曰玶，苗氏所出；曰瑞，刘氏所出。女两，姚信、张震其婿也。孙男九人：曰昶、曰旭、曰昇、曰晟、曰昊、曰昭、曰暹、曰暐、曰昂。昇，补邑庠生。孙女五，邹致、章贵生、顾宏、李宪，皆孙婿也，一在室。曾孙男三，曰复、泰、晋。平生著述有《澄庵稿》若干卷，藏于家。呜呼！公于书无所不读，于政无所不达，其所操所履，一以廉介正直是务，诚势有所不能怵、利有所不能诎者。历事五朝，始终一节，全而生之，全而归之，享有高寿，得正而毙。况又善教其子孙如璠辈，诜诜诗礼，足以袭珪组、续风声，是则公尤可谓之不没也。其视彼逞智自私，以侥幸一世，迨没身名俱泯，不异与草木同腐者，相去为何如也哉？余乌得不表其墓，以为公乡邦之士劝。噫！岂特为公之乡邦之士劝哉！

明钱穀《吴都文粹续集》

注〔1〕：据下文，"珰"，当为"璠"字之误。

止庵吴府君墓表

〔明〕吴宽

吴氏世居吴江韭溪之上，其先有讳秋渊者，从虞文靖公游，以文学称里中。其后族益大且厚，盖六世始得朝用，以明经登乡举，官中书舍人。其父母年皆八十余，蒙恩褒封，康强逸乐。而嗣续甚盛，壮者克家，少者奋志学业，竞入邑庠为弟子员，又有登乡举如朝用者矣，其为族如此。予忝与朝用同朝相好，间尝谂其先德曰："璠愚无所知，窃闻诸吾父曰：'凡吴氏所以有今日者，汝之大父母止庵府君与翁孺人之德也，汝其识之。'则又以其事语璠曰：壬午之岁，文皇帝旌钺渡江，天下同日响应。乡人争持锄犁，四出剽掠，以杀人为嬉，而吴江尤甚，然特乘之以报私怨而已。里有戚、吴二氏，既焚死盗手殆尽。时吾兄方壮，长田赋，恐不能自保，请备之。府君曰：'吾平生所恃者惟善耳，且吾未尝以怨遗人，人奚以怨报我？'不为备。方出户侦望，而盗已号呼拟之，府君不得已避去，翁孺人遂急呼家人登舟。盗至，无所得，益怒，出两舟追十里许。及之，相拒才寻丈，人人自分必死，翁孺人计无所出，惟默祷于神求救。俄而盗所摇桨蓦然皆绝，因得脱去，潜于洞庭山中，迨事定始还。适有诏抚循郡县，诸被杀伤者得赴有司言状，所获盗辄论死如法，不俟奏报。当是时，吴江群盗悉斩之长桥，血流涔涔，湖口尽赤。或谓府君曰：'公怨可报矣。'府君曰：'天幸全活我家，彼蠢蠢者固于我无他，特一时相从为乱耳。'其置之勿言，翁孺人亦深然之，其人乃得不死。至今里中某氏某氏固在，皆其人之子孙也。凡府君善行，以不幸早弃，诸孤不及多见。即有之，而吾时甚幼，又不克知。独此吾躬尝其患，犹能记忆也。"予既得闻其事，他日朝用来告曰："府君之葬无为铭者，及祔葬翁孺人，而故少詹事刘文恭公铭之，又逸其事。吾父每痛于心，兹愿得文词，显刻墓上，以自慰解。且使我后之人得以考见先德，相率以仁厚为法，而克肖之也。"予辞不获，则为具书之，而系之以论曰：呜呼！为善获福，此常理也。世徒见善与福或参差焉，遂谓善不可恃，而肆然为恶，无所忌惮。观于吴府君，于是知善之真可为矣。盖方群盗追及之际，而府君一家皆获生全，固足以验其平日。而事定之后曾不为憾，反含容以生全之，视彼睚眦必酬者，相去何如？至是则种德益深，而食报益厚，此吴氏所以有今日也欤。后之人果能克肖其先，则族之大且厚者，安能料其所至也哉！府君讳为，字孟才，止庵则别号也。少为翁氏赘婿，以永乐辛卯十一月十三日卒，享年四十三。翁孺人之卒，则以正统己巳九月二日，享年八十七。子男四人，曰敏、致、效、政。政封中书舍人。二女，长适李琳，次适张琳。孙男五人，曰璜、璲、瑾、璠、璩。璠即朝用也。曾孙男若干人，女若干人。

明吴宽《家藏集》

盛宜仲墓志铭

〔明〕陈继

太医院御医盛起东走告余曰："先兄宜仲去年北京视寅于官舍，曰：'吾不以道路为远而至者，以吾老且病死旦夕，恐不汝见，而致汝抱悲伤于永久也。'留三月，欢然而尽友爱之情。既而曰：'吾父虽老康健，不可以久离。'即飘然而归矣，及归八月，而竟捐馆舍。寅念先兄孝友天至，卓然行义，而可使无闻于子孙哉？故状其事而乞铭其葬焉。"言既，泪涔涔下不止也。吁！起东兄弟诚笃孝友哉！按状：宜仲讳宜，号拙庵，宜仲其字也。宋参政文肃公之后，世居苏之吴县。大父嗣初，父景华，皆敦厚为长者。母朱氏。宜仲孝亲友弟，执其道至老益笃。与人交，姁姁有情义。周人之急，赴人之患难，意勤勤也。尝游秦蜀、荆襄、赵魏、齐鲁之间，吊古陈迹，其忠孝之有感者，辄盘桓咨嗟，久之不忍去。遇才俊豪侠，交欢若生平，视碌碌弗当意也。其父尝召宜仲谓曰："汝弟以医行其志，遭时显用，其贻吾之荣者久矣。汝日侍吾膝下，克致怡怡，念吾得于天者亦厚矣，但恐先朝露而不见吾托体于先茔也。然达者弗较死生，汝毋为意哉！"噫！宜仲果先其亡也。宜仲生于洪武己酉五月三日，卒于宣德辛亥五月十七日，春秋六十有三。配朱氏，继蒋氏。子男三人：伦、伏、伟。伦善医，伏、伟皆先殁。女二人：庆如，适刘潜；吉如，在室。孙男二人：昱、昶。女一人。是年十二月壬寅，葬长洲彭华乡芝环山。铭曰：

才之良而世不见其庸也，行之臧而寿不见其丰也。惟孝友之不忘，斯无愧于其终也。铭发其光，曷有穷也。

翰林院国史检讨、从仕郎、庐山陈继撰。

清盛钟岐《平江盛氏家乘初稿》

大明处士贞孝先生莫公辕传

《传》[1]曰：处士讳辕，字巽仲，号顺庵。其先为湖州莫氏，后徙吴江之绮川。宋有讳子文者，登宝庆二年王会龙榜进士，知广德军。生若鼎，嘉兴录事参军。又五世讳谌，号芝翁，尝以耆德召见高皇帝，参大臣议事。生三子：长禧；次礼，累官至户部侍郎；次祺。处士，禧之仲子也，生当国初，适朝廷方用重典御世。俄逮其父子并系诏狱，处士时年十一尔，日夜悲痛，愿以身代父死。理官试加胁诱，语无反覆，遂释其父而独系之。父更称冤阙下，竟致瘐死，事始已。时莫氏以资产甲邑中，所与通婚姻皆极一时富家。处士窃独忧之，每指同姓隶洱海卫者一人曰"是吾族也"，人莫测其意。后党祸起，芝翁与其子侍郎公相继死于法，余谪戍幽闭，一家无能免者，而处士卒以尝附册籍免，人始谓其智。其兄完伯与其妻亦前以家祸病死矣，有遗孤二，皆在襁褓间，所以保护者甚至。乃复变姓名潜入都下，窃其祖与叔之遗骸，归葬于乡，盖冒法禁几死者数矣。迨己卯改元，家人并蒙恩宥归，而故居荡然无遗者。处士身任劳苦，再造其家，字孤恤寡，恩意备至。痛念先世辄潸然泪下，仍却酒肉不御者数年。处士沉重，寡言笑，有谋略，而宽厚能容，不见涯涘。里有葛琬，勇而酗酒，尝疻处士臂，诸子执之，将送于官。处士语人曰："此其人何足与较者。"释其缚遣去。琬恶益甚，乡人患之，争陈其杀人状于郡。郡守况公下里中使证其有无，处士语人曰："所言琬杀一家三人，盖偶溺水死耳，奚足罪？"琬闻之于狱中，仰天号哭曰："吾负莫长者矣。"后琬竟论死，则闻诸子有力焉者为恻，然不乐者累日。富人沈文度，莫之姻家也，有女许嫁陕西刘氏。已而文度坐事死，家谪戍边，处士为收养其女于家。或以刘道远不复娶，更来聘之，不许，卒备资装适之刘，视若己女然。马华者，与莫为邻，举家疫死。遗一子，才数岁，人畏其疾弗之顾。处士亦收养之，至壮大。每遇节序，更给酒肉，与之使祭其先。其厚德多类此，不能尽录也。处士少时尝谓芝翁曰："昔范文正公置义田以给族人，岁入租仅八百斛耳。吾家数倍于范，独不能为之乎？"翁深然之，而遭家多故，愿弗之遂，平生以为恨。其治家严而有法，事必于古礼而行。凡世俗淫祀，一切屏绝。其尤所恶者，释道、巫祝、尼媪之类。少从乡先生张子宜、易久成游，故闻见甚博，而尤好读史，能历论古今事。虽老，见格言大训，犹手自抄录。平生动息起居，悉有笔记，岁久积成大册。平生虽不专攻文辞，然下笔语多可诵。其生七十七年而卒。前卒精爽不乱，口占三诗，平生履历亦略可见。于是亲友追思其贤，援古易名例私谥"贞孝"，而配以先生称之。处士娶沈氏，袁州太守昌三之女，有贤行。子男曰震，登进士第，由嘉鱼、海盐二县令升建宁通判、延平同知。廉介端方，不能与时俯仰，凡秩满始一迁官，亦归老矣。女二人：长适云南参议赵忠，次适士人沈滋。孙男二：旦，由乡贡进士授新昌训导，有文学名；次昊，曾孙潜，俱邑庠生。曾孙女适乡贡进士赵宽。史官吴宽（**字原博，号匏庵，长洲人，壬辰状元，今吏部侍郎**）曰：吴自唐以来，号称繁雄。延及五代，钱氏跨有浙东西之地，国俗奢靡。用度不足，则益赋于民，民不胜其困。宋兴，钱氏纳土赖其臣，沉其籍于水，更定赋法，休养生息。至于有元极矣，民既习见故俗，而元政更弛，赋更薄，得以其利，自私服食，器用僭拟逾制，卒之徒足以资寇兵而已。皇明受命，政令一新，豪民巨族，划削殆尽，盖所以鉴往弊而矫之也。然闻之长老言，莫氏在当时尚谨礼法。而概及之，幸而得处士者用智全身以保，有子孙继取科第登仕宦。孰非处士一人启之，追数当时同被党祸者，其终何如？然则若处士者，子孙虽百世祀之可也。

明莫震、莫旦《石湖志》

注〔1〕：应是明吴宽所撰《莫处士传》，见《家藏集》卷五十八，但本文对原作稍有修正。

太医院御医盛先生墓表

〔明〕钱溥

盛，故苏之世儒。自宋参政文肃公度之后，南渡徙苏之吴江，至起东先生兼乎医。故苏之称儒医曰盛氏者，盖先生始也。先生仕于朝，为御医，以正统辛酉九月二日卒于家，享年六十有八，其年闰月十九日，葬吴县胥台乡黄山之原先茔。天顺辛巳，其子僎始克请曰："先君殁时，尝自题'明故修职郎太医院御医盛起东之墓'，属僎兄弟曰：'以此内圹中足矣，勿烦铭墓也。'今年二十年矣，大惧先德之终泯，而不孝奚逭焉。愿子一言以表墓，则言若待子而发乎。"予闻苏有王仲光先生，洪武间以古学医道自重，人不得见其面，惟太史陈嗣初先生、御医盛起东先生得其传。故二先生名，以其学显于时而重于天下。及正统丙辰来京，嗣初先生不及见矣。得见先生体貌修整，美须髯，言动介然，不谐于俗，予喜得侍同朝幸也。讵虞以是岁丁父忧还苏，比服阕，一疾以殁。呜呼！先生殁矣，见其子侃任苏学正科，侃亦殁。又见俊举进士，见僎以表墓来属，则虽不及再见先生，而见诸子犹先生也。交好继隆于昔，而于表墓也奚辞。按：先生实文肃十四世孙，讳寅，起东其字，别号退庵。曾大父讳宗仁，大父寓翁讳似祖，父居密讳逮，母朱氏。父初戍宁夏，先生独与母居，八岁力学，有能诗声。十四丧其母，葬祭无违礼，寓翁异之，曰："他日大吾门者，是儿也。"益加诲励，间遣学医，得其妙。父既代归，而家尚窘，先生僦居阊门售药以养亲。永乐乙酉，郡大夫荐授医学正科，名声日振，为医师良。庚子被逮至京，求疗者户不能容。太宗召对称旨，曰："此医流中状元也。"即日授御医，置禁密，眷赉殊渥。甲辰，扈从北征。先生念父年迈，言及辄流涕，太宗悯之，假以公务，特令乘传归省。还，仁宗已嗣位，命掌南京太医院事。宣德丙午，赐敕褒嘉，进修职郎。戊申，宣宗遣锦衣官赍旨以召，仍伴以中使入见，宠遇有加。尝夜直斋宫，应制赋《药局》《围棋》《瑞雪》等诗，御制《醉太平》词一阕以赐。往卫辉视亲王疾，有奇效，赐白金、鞍马、文绮。庚戌秋满，升正七品俸。念父年余八十，累乞归养，不允。请移俸，许之，俾月给家以慰其志，又数年卒。先生性至孝，厚伦理，言论切直务，导人以善。博极经史，长于诗。医本《难》《素》，而加以敏识，故遇疾无不医，医无不效，且达于治理。其为正科也，尝署郡邑事，剖讼督赋，不假鞭棰而事集。部使者至，访以政体，辄陈谠议，咸叹服去。其为御医也，谏太宗春秋高，不宜远征。侍列圣顾，问必以气禀虚实喻国体切事势以对，不肯媕娿脂韦以希宠干誉。其居丧也，虽老，哀毁逾节，丧葬一循家礼，不作佛事，学者效之。其济人也，不独以医药以为德，至遇人危急，虽厚费不靳。若苏布政使有廉名，以事罚役，助以白金五十两讫其工。妹婿顾主事信卒于东广，丧久不能归，特托所知按察官访而归之。乡亲莫任叔罣误，举家贫病，赡以药食，经及二载。其死于缧绁殁于旅舍者，悉具棺殓归其丧。故人子袁生逋赋被系，求嘱所司宽其征，曰："与其屈己以求人，孰若推己以全人之为愈哉？"即代输得释，其轻利类此。故方殁也，远近无贵贱老弱，赍香币以来哭吊者，属路不绝。及其葬也，启元配颜氏殡合窆，而一时会葬者几千人。其子男十一人：俨，太医院医士，先卒；侃，即正科，后十五年卒；佖、僎；维寿，夭；倓、佶；侅，即进士；侗、佐、俌也。女三人，莫霆、徐恺、王珵，其婿也。其孙男十一人：时、暄、昕、昉、晊、暄、旷、晚、昪、昪、煦。孙女六人，而曾孙男若干人，多先生殁后生也。呜呼！先生至是而益验矣乎！子孙之学显，先生之报彰也。孰谓先生之德之学不大显于当时，而食报于其子孙者，非必然也耶？故为之表。

赐进士第、翰林院侍读学士、奉直大夫、侍文华殿、云间钱溥撰。

清盛钟岐《平江盛氏家乘初稿》

盛寅传

盛寅，字启东，吴江人。受业于郡人王宾。初，宾与金华戴原礼游，冀得其医术。原礼笑曰："吾固无所吝，君独不能少屈乎？"宾谢曰："吾老矣，不能复居弟子列。"他日伺原礼出，窃发其书以去，遂得其传。将死，无子，以授寅。寅既得原礼之学，复讨究《内经》以下诸方书，医大有名。永乐初，为医学正科。坐累，输作天寿山。列侯监工者，见而奇之，令主书算。先是，有中使督花鸟于江南，主寅舍，病胀，寅愈之。适遇诸途，惊曰："盛先生固无恙耶！予所事太监，正苦胀，盍与我视之？"既视，投以药，立愈。会成祖较射西苑，太监往侍。成祖遥望见，愕然曰："谓汝死矣！安得生？"太监具以告，因盛称寅，即召入便殿，令诊脉，寅奏"上脉有风湿病"。帝大然之，进药果效，遂授御医。一日，雪霁，召见。帝语白沟河战胜状，气色甚厉。寅曰："是殆有天命耳。"帝不怿，起而视雪。寅复吟唐人诗"长安有贫者，宜瑞不宜多"句，闻者咋舌。他日，与同官对奕御药房。帝猝至，两人敛枰伏地，谢死罪。帝命终之，且坐以观，寅三胜。帝喜，命赋诗，立就。帝益喜，赐象牙棋枰并词一阕。帝晚年犹欲出塞，寅以帝春秋高，劝毋行。不纳，果有榆木川之变。仁宗在东宫时，妃张氏经期不至者十月，众医以妊身贺，寅独谓不然，出言病状。妃遥闻之，曰："医言甚当，有此人，何不令早视我？"及疏方，乃破血剂。东宫怒，不用。数日病益甚，命寅再视，疏方如前。妃令进药，而东宫虑堕胎，械寅以待。已而血大下，病旋愈。当寅之被系也，阖门惶怖，曰："是殆磔死。"既三日，红仗前导还邸舍，赏赐甚厚。寅与袁忠彻素为东宫所恶，既愈妃疾，而怒犹未解，惧甚。忠彻晓相术，知仁宗寿不永，密告寅，寅犹畏祸。及仁宗嗣位，求出为南京太医院。宣宗立，召还。正统六年卒。两京太医院皆祀寅。寅弟宏亦精药论，子孙传其业。初，寅晨直御医房，忽昏眩欲死，募人疗寅，莫能应。一草泽医人应之，一服而愈。帝问状，其人曰："寅空心入药房，猝中药毒。能和解诸药者，甘草也。"帝问寅，果空腹入，乃厚赐草泽医人。

清张廷玉等《明史》

御医盛起东妻颜氏孺人墓志铭

〔明〕杨士奇

太医院御医盛起东之配颜氏既卒，将葬，其子俨以其父所述事行，介翰林编修周功叙来求铭。按：颜，故苏之巨族。元季有讳天泽，为义兵万户，能庇其乡里，以免于兵祸，孺人之大父也，其子讳济。母韩氏。孺人讳妙定，字懿贞。生有令资，读书涉大义，自少以孝得爱于父母，长为相攸。是时郡名家宋盛文肃公裔孙号寓翁，明理学，有家范。其子景华，尤以好义乐善闻于乡，遂以孺人归景华之子，即起东也。既归，不逮事姑佐其夫，孝养祖与父，尽敬爱，而和娣姒，睦宗姻，待少贱，皆得宜。以是交称其贤，而恒躬俭勤以裕家。起东繇郡医学官擢御医，留京师，即遣子俨往省视，且寓告曰："士出仕即鞠躬，一志奉君上，不宜以家事累心，养亲教子孙，我皆任之。"俨至京一月，孺人之讣至矣。盖其卒以永乐辛丑三月五日，其寿四十有七。其子男五：俨、侃、似、僎、维寿。女三：长嫁莫霙，二未行。其孙男三：寿安、长安、德安。女一。其葬在吴县胥台乡黄山之原，葬以卒之明年九月二十八日。铭曰：

温恭静贞，其躬之华。惇孝与睦，式昭于家。忠信相成，君子之嘉。于时几何，遽殁与嗟。郁乎邱坟，黄山之阿。勒铭诸幽，永光不磨。

奉议大夫、左春坊大学士、庐陵杨士奇撰。

清盛钟岐《平江盛氏家乘初稿》

松陵庞处士墓表

〔明〕李时勉

世恒言为善者有报，夫善者，天之理也。天之理未赋于人，行于无朕之表，而不可名，强名之曰善，《易》曰继之者善是也。天之理既赋于人，浑然而无杂，有善而无恶，孟子曰性善是也。人禀是理而为性，则有善有不善焉，杨子曰善恶混是也。其善者不失乎天之理，故为天之所福；不善者背乎天之理，故为天之所祸，亦其理宜也。松陵有庞处士者，自其先大父来，三世皆隐居积善。至处士尤乐善不倦，家日以殷盛，田园甲于乡里。人皆曰："此庞氏积善之报也。"处士虽富，然不以骄于人，尝乐以济于人。每遇水旱，岁荒民困，必发仓廪以振之。乡里假贷者，其息钱皆有分数。处士遇有来偿者，随其多寡不与较，或不能偿者，即以与之。乡人德之，咸称长者。正统壬戌七月十四日没，享年六十有八。配姑苏朱氏，有懿行。子男二人：长曰友直，次曰友谅。女一人，同里周晟其婿也。孙男五人：曰茂，邑庠生；曰盛；曰鉴；其二未名。女二人。处士方没，有司以间右分徙北京，友直当行。友谅谓其兄曰："吾父方死，而有此役，其何以堪。兄理家政，弟当自行。"于是即携妻子，买舟辄行。至则有司以徙实京师者数已充，俾还其乡。人又以为处士积善之报也。友谅得归葬其父，喜而来请予为其墓表文。观其父子兄弟之间所为如此，则处士固宜表见于世也。处士讳子安，守仁其字也。墓在邑甘泉之原。铭曰：

流之长，有其源。善之积，裕后昆。处士之德，基于前闻。承休委祉，益衍益蕃。松陵之墟，峨峨高坟。刻铭于石，以告无垠。

赐进士朝列大夫、国子祭酒、金陵李时勉撰。

吴江博物馆藏拓片

平思忠传

〔明〕史鉴

平思忠者，吴江人也。少为县吏，役满历京考，选授礼部主客主事。于时明兴四十年矣，中国强盛，蛮夷向慕。文皇帝方事招怀诸国，朝贡者蹄踵交于道路，乌蛮驿至不能容。劳赠宴，犒馆饩，无虚日，率主客主之。思忠有精力，勤敏过人，遇事皆应机立办，尚书吕震雅器之，升为郎中。尝以事下狱，适北虏入贡，新任主客者，区画多不称旨，上怒。震因言思忠等以微累禁系，罪不至去官，且习外国事，乞宥之，以收其后效。旨可，即日赦之复任。初，有杨弘者，陕西西安府朝邑县人，为刑科都给事中，敢直言，上特擢为陕西左布政使。吏部以弘陕西人，例不该除。上曰："非尔所知也，后不为例。"弘亦以本贯辞，不许。盖是时有杨太监者数人在陕西，故上以弘往制之也。他日，上谕执政曰："杨弘初去时，颇肯言事，近日又默然矣。可选清强有胆气者一人，往参政，以察之。"吏部以思忠应诏，上素识其名，命之往。而思忠有养子曰平安者，私以绫罗度潼关，为抱关者所发，解陕西布政司。思忠时出行部，弘命收而勿籍，候思忠归，私以物还之。思忠感愧不已，竟不敢有言。尝有某府一推官录事至司，思忠知其素贪，乃发怒杖之。后其人解京，因招尝分事内某赃赂思忠，刑部并逮思忠就质。适有例，凡贪赃官吏委妄诉不已者，笞杀于市，思忠乃诬服，谪戍边。会太监刘马儿奉诏市马西域，以思忠在主客久，多识贾胡，请以自从。诏释其戍，给冠带办事，随马儿西抵吐蕃、乌思、藏朵、甘陇答等处，赤斤、蒙古、罕东、安定、阿端、曲先、哈密等卫，及火州、亦力把刀、撒马儿罕、哈烈、于阗诸国。而还复免官，家居以渔佃自给，又数十年卒。初，苏州知府况钟，亦以吏员起家，继思忠为主事，及思忠参政，又以嗣其郎中。寮寀交承，情分甚密。钟来知苏州，思忠往见之，钟迎候甚恭，呼其妻、子出拜，谓曰："此吾旧长官也"，饮思忠酒。时正暑热，命二子扇之，思忠辞。钟曰："某忝知贵郡，非无仆隶可给使令，但欲使小儿辈知公为吾故人耳。"其敬之如此。然思忠居贫自守，未始以事干钟，人以此多之。初，思忠未贵时，知县蒋奎延一相者问休咎，遍观在座者，其言皆不大了了。思忠时给事堂下，相者数目之，奎因呼上使相。相者曰："此人他日当贵至三品，然不终。"奎大笑。相者去，奎谓座客曰："术士之妄如此，一小吏安能顿至三品乎？"后奎坐事自杀，同僚无一显者，思忠竟如其言。

陈去病《松陵文集》

处士行乐汝公墓志

〔明〕彭韶

苏州吴江处士汝公暨配吕孺人皆卒，且葬矣。墓在邑之西胄围，其子晟、昂谋为揭石墓上，以表其行于不泯。乃致书，并以刑部郎中梅君彦常所述状，俾其侄乡进士讷谒余。余适倦于笔砚，而讷之求甚恳，又介余姻旧袁州同知莫君伯颙来言，至五六返，遂不辞。处士讳文玑，字衡仲，号行乐。曾大父义之，大父子实，父彦珣，母金氏。处士为人旷达，无城府。家故富厚，然不用以自侈，而修行敦谨，为乡之善人，尝为区长督租税。时同事者多横取于民，因以触刑辟，以至破产。处士独畏慎，保其家，民亦怀之。既而有司以聚敛为能，处士度不能迎合其意，乃屏居于家，得胜地治轩馆，为行乐之所。环植花竹，引泉而池，日与宾客饮酒赋诗其间。于世之荣辱得失，绝不念虑，独孤悙艰棘，辄恻然未尝忘也。宣德四年十月卒，得年五十有三。吕氏性贞惠，处士有义举，辄怂恿成之。及处士卒，施与常不吝，曰："此吾夫之志也。"少时读《少微鉴》及《列女孝妇传》，至老不忘，取其事之尤切于日用者，立为家范数十条，子孙遵之，家用肃穆，可以式他门。后处士三十年卒，在天顺癸未十二月，得年八十有五。子男四：长昊，先卒；次旻，尝以粟赈荒，诏赐有官者之冠带，旌其义，哭母哀甚以卒；次晟；次昂。女一，嫁士人费瑄。孙男九：谟、训、谧、讷、谋、谘、诰、诫、谆。曾孙三：翼、为、舟。曾孙女六。呜呼！余未识处士，读其状，嘉其行之异于人，又以知吕孺人之贞操可传，故为叙其生平始末云。

谐按：谱东皋公讳谧，长子岩斋公讳楫，先九榆公讳舟，生讳翼、讳为，皆未详生年，均为行乐公曾孙。墓志当书"曾孙四"，兹曰"曾孙三"，疑脱误。

清残本《汝氏世谱》

赠中大夫太仆寺卿伯昂公传

〔清〕吴文显

公讳昂，字伯昂。先世著籍中州，为汴人。其南迁吴江谱牒可考者，断自千一公，于公为五世祖。考讳绍宗，妣汤氏、陈氏。生公兄弟五人，公行居二。家世自元主中夏不以仕显，而敦尚气节，见义必为，至公益扬厉其风。明太祖洪武末年，公年未弱冠，志概卓荦，自负经世才。会建文嗣位，靖难师起，朝廷有厝火之忧。公知事不可为，屏迹廛市间，海内奇士避地吴越者，日相往来，为东道主。永乐初，党禁严密，嘉善袁杞山以王叔英、黄子澄党惧祸出亡，行至吴江北门，自度不免，作《绝命词》云："北风萧萧兮秋水绿，木落松陵兮野老哭。周武岂不仁兮耻食其粟，生无闻于人兮死又奚赎？吾将遵彭咸之遗则兮，葬于江鱼之腹。"行吟数四，自投于河。公闻，急援出之。询其故，愿破家兼容，以告从祖讳贵五某公。公曰："何论破家，虽杀身可也。"遂留之家三月，卒脱于难。后杞山子灏为公子作《寻亲记》，首述此事，犹感慕不已。其他勇于为善拯危济困，类如此。公生于洪武十五年壬戌，卒于永乐十六年戊戌，年三十有七岁。弘治十七年，以孙立斋公讳洪官太仆寺卿，赠公中大夫、太仆寺卿。制词有"慷慨自许，伉直不阿"之褒，盖公一生实录也。配陆淑人，孀居守节二十余载，卒年六十有三岁，赠太淑人，事详全孝翁传。

十世孙文显曰：历观前史所载，世家之兴莫不有阴德焉。吾家自两尚书公忠谠政绩，父子济美，其后三百年科第蝉联，入仕者多名臣。如给谏维石公、太仆仰峰公、观察元谷公、侍御亦临公、司马惕斋公、金宪慊庵公、比部鹤亭公，或以忠直，或以节义，或以才略，彪炳史册，名垂不朽。说者咸归本于全孝翁之孝德贻谋，宜有贤子孙以光大其绪，盖定论也。今观伯昂赠公之于袁杞山一事，当成祖靖难初年，簿录方黄诸君子藏匿者入连坐之条，法网严急，摇手触禁，视汉之党锢殆又甚焉。而公以草莽之臣，慨然援手于徂亡出执之际，不惜破家兼容，此其忠义之气发于天性，实与逊国遗贤志行相孚，而非徒以豪侠自命已也，然则孝翁之孝得赠公而益见。夫发祥所自有开，必先芝草醴泉，根源甚远，所谓阴德者非耶！旧谱中因赠公行事不概见，列传阙焉，今采袁灏所作《寻亲记》及《吴江县志》别录，参定成篇，并咐论云。

清吴安国《吴江吴氏族谱》

野史纪陆淑人事略

〔明〕祝允明

洪武壬子，遣中人往苏杭选民间妇女通晓书数者入宫给事，须其愿乃发，得四十四人。比至，试之可任者才十四人，乃留之，赐金以赡其家，余悉遣归。至永乐癸卯，又令选天下嫠妇无子而守节者，有司籍送内廷，教宫中刺绣缝纫，因以廪之。及有藩王之国，分隶随行，以教王宫女，其所处曰"养赡所"。初独以无子者，后有子而幼且窭者亦遣行。时吾郡吴江吴家妇陆氏亦以例入内，有子遗于家。至宣德丙午，陆随淮靖王封广东，又转封江西。子已长，往来二藩间，屡请求见母，辄不允。迨正统丁卯，复恳启于王，王怜而许之，命入见于养赡所。陆已病笃不能言，子割股食之，陆苏。王闻益悯，召见，赐金币劳遣之。子遂引出，至旅而卒，归椟先茔。士大夫多作传记诗歌。孝子名璋，字廷用。生子，起进士，历显仕，即今南京刑部尚书也。长洲祝允明书。

清吴安国《吴江吴氏族谱》

先祖考惠清府君墓碣

〔明〕叶绅

吾祖讳蕙，字惠清，曾大父仲宾仲子也。世居分湖北，为苏之吴江人。洪武间，仲宾以人才荐，仕九江批验所大使，卒于官。时先祖随任，负遗骨归葬于所居北园西南塍。先祖天性鲠直，不少假借。务农桑，敦孝敬，惟勤惟俭，以克有家，遂遣先考游邑庠，躬自供给，隆师训诲，卒有成。年七十二，考终正寝。祖妣郑，先即世，先考力薄，弗克礼葬，因别筑一茔于祖茔之东小葬之。呜呼！岂得已哉在？先考又病其隘，寻相得吉壤于殿字圩之原，惜未就而卒。绅等用成其志，奉葬于新茔，凡子若孙皆将以此祔葬焉。吾虑后世子孙知有殿字圩之祖茔，而不知祖茔之攸在，或忽而忘之，爰立石茔前而表识之，使吾子孙知以时祭扫云。弘治十五年二月吉日，孙男绅拜识。

清叶德辉等《吴中叶氏族谱》

故太医院御医修职郎盛公墓志铭

〔明〕徐俌

天顺三年己卯十月三十日,御医盛公疾终正寝,越岁壬午二月十九日襄事,先期子俏造予请铭。予与公幼同门,壮同志,复同官于朝,交情契好,骨肉不是过焉。方嗟念不已,自谓雕丧老成,矜式铭墓,何敢辞?盛实宋参政讳度文肃之后,先世徙南来居苏久矣。传至大父讳似祖,号寓翁,通达明敏,博学洽闻。父讳良,字景良,以材见徵,不及禄仕。母陆氏,苏名族。昆仲七,公行居五,名宏,字叔大。从狷庵、光庵二王先生游,力学儒医,日见造诣。《难经》《素问》及诸医家方书,讲究无余,蕴活人能声,籍然起遐迩。为人耿介刚果,临事议论,侃侃弗顾避,不肯婥婀姑息,人多严惮之,荐入太医院,嘉誉日益隆。尝有势要者与权豪辈怀货赂,托医药为名,欲求援己,公毅然拒却,曰:"吾不能贪货物致愧心也。"云间徐文蔚,故院使叔琪冢嗣,善继家学,因荐入院,他人皆难之,公独曰:"举贤为国,吾岂雠之也?"其刚介类此。初居乡及京师时,踵门求医无虚日,愈人疾不责报。正统己巳授御医,守官几历寒暑。承恩敕封修职郎,勤慎谨密,不以贤智贵骄人。先以长兄叔仪被诬军伍,久未雪白。景泰七年,陈诉情悃,即蒙分理,感戴不胜。孝于事亲,友于兄弟,处子侄义而能训教,孤幼者悉与婚嫁,各使成立,高义世罕俦。是年秋,恳辞归还,抱疾迨三载遂殂,享年七十有四,生于洪武丙寅正月二十八日。娶朱氏,有贤德。子男三人:俏,任吴江县医学训科,娶徐氏,继张氏;次俭,早卒;次俸。女四:善加、懿如、孀如,何慎、徐葵、范从规,皆婿也。玉如尚幼在室。孙男一,曰唐。孙女二。安厝吴县太平乡荐福山丹霞坞先茔之次。嗟夫!德足以裕己淑人,学足以成己利物。存心忠厚,励志廉隅,致乎荣沾禄位而寿福兼备者矣,葬宜有铭。铭曰:

遵道义兮践矩仪,究《素》《难》兮沛厥施。登医垣兮显于时,考终命兮奚云悲,铭坚石兮永藏于斯。

大中大夫、湖广等处承宣布政使司右参政、郡人徐俌撰。

清盛钟岐《平江盛氏家乘初稿》

筠隐史先生墓表

〔明〕黄著

先生姓史氏,讳旻,字原直,筠隐其号,故清远公之次子也。秉性沈厚,寡言笑,慎交游,生平不一入公府,人以是高之。以耕读为业,晚岁用荐,充邑庠生。兄侄倡和,有稿若干卷,藏于笥。邑人夏尚忠序之曰:"诗似宋人语,盖国初文气未开,牵于习故也,而词胜之。"盖亦实录云。生于洪武年月日,卒于成化年月日。越明年,葬于黄溪杭字圩之新阡，为表之曰：明故庠生筠隐史公之墓。

陈去病《松陵文集》

逸乐公墓表

〔明〕吴骥

士有适用之才，而安于所遇，其名实相须。功利及物，俯仰无愧，始终归全，此古之所谓杰然者也。今观逸乐处士平生之大节，殆谓斯人之徒与！处士章姓，讳宽，字仲宏。先世闽之浦城人，唐康州刺史。及之孙太傅忠宪公仔钧第四子仁嵩其后，徙居于苏郡吴江之柳胥，传绪数叶。大父德刚，儒术起家，元季授昆山州儒学学正。父中，豪爽机辨。既孤，依外舅冯景源以居，因家同里。母冯氏，勤慎相夫，资产日厚，是子处士为宗子。丰姿玉立，弱龄岐嶷如成人。比长，旁通经史，究古今治道之要，心将得禄养亲。时维役事旁午，莫急于粮储，推选富而廉干者主之，由是应酬于郡县三十年。春，兴利补弊，以惠田氓，排难解纷，以赞邑政。冬，官少司空周公忱巡抚京畿列郡，亦以处士为能，常加器使其才之适于用也。延师训子，以"善庆"名堂，诗礼之风，乡里仰慕。女弟同居，友爱尤笃，内外宗亲，睦姻无间。或值饥岁，则贫者赒粟，殍者给槥。与夫徒杠之利涉川，仙释之新庙貌，苟义之当为，而力之可为，虽倾资，有所弗吝。下逮仆隶，抚之以恩，令各得其分愿。嚚顽健讼，晓之以义，靡不心服听从。其功之及于物也，先业有光。诸子克任干蛊，慨然叹曰："百年如驹过隙，安能碌碌久劳吾形？"遂谢事，即所居堂后，树石笋如峰峦列，莳花卉以供清玩。良辰佳节，亲朋过从，琴弈壶觞，酣歌竟日，别号"逸乐翁"。近古之贤达，其心之安于所遇若此也。感疾逾年，子孙躬侍汤药，戒以"立身寡过，保族宜家，吾虽殁，无遗憾矣。"国朝洪武甲戌仲春下旬之五，生之年，天顺己卯暮春下旬之一，卒之日，享年六十又六。配郭氏，系出长洲望族，妇道母仪，为宗亲楷范。侧室任氏。皆先处士卒。子男五：长曰震，娶孙；次曰霖，娶范；曰霁，娶李。咸抱利器，足亢其宗。女淑贞，适张口。郭所出也。曰福，娶徐；曰寿，娶陆；女廉贞，适沈偰。任所出也。孙男九：桂生，娶于何，江西布政讳源之孙女；桂芳，娶于丁；传，娶于胡；其次名山、名桂元、名浦祥、名天惠、名兰、名海，尚幼。孙女五：妙安，馆周璘；玉真、桂端、天香、桂香，俱在室。曾孙二：复祖、复本。曾甥[1]二：桂宁、桂福。震等卜天顺壬午九月二十九日庚申，葬于里之长山先垄之原。前期持邑庠生何昇所为状，乞言以表其墓。呜呼！循理好修，敦本是务，德之懿也。履道亲贤，周穷恤匮，行之善也。知幾勇退，寿考全归，识之远也。是则处士之所树立于天地，流芳百世，岂假余之虚言哉！闻德厚者流光，本大者末茂，庆泽所萃，必有徵于将来。爰记其实，俾勒之坚珉，庶用慰孝子无穷之思焉。大名府浚县儒学教谕、里人吴骥撰。

清章伟业《问心堂章氏本支录》

注〔1〕：曾甥，清章伟业《问心堂章氏本支录》所载阙名《逸乐公墓志铭》墨笔改为"曾孙女"。

吴骥传

吴骥，字材良，同里人。家贫力学，博闻强记，恬于势利。洪熙元年举明经，授浚县学训导。正统元年改寿昌，终清丰教谕。教人严而有法，时称名师。山西、河南、陕西诸省乡试，凡五聘为考官。(《献集》云：正统十二年为山西考官，所命《诗经》题《维周之桢》犯楚昭王讳，礼部请罪之。上不问，第罚俸一月。事见《实录》。) 所取皆名士。卒年八十三。著有《蒙庵集》《归田稿》及《同里先哲志》。骥同时有吴镇，字扬稽，能诗，见《湖海耆英集》。

清乾隆《吴江县志》

盛文硕墓志铭

〔明〕陈继

呜呼！俨之殁也，吾期其寿，不寿而夭也。俨之为子，人无薄其孝。俨之为兄，人无薄其友。俨之交众，人无薄其义。以人之不薄者而求之，则其于行者可知矣！俨尝从予游，予见其少而淳，长而和，壮而勤，意其所业者必有所成也，岂知予意者之不果也。俨卒之日，与之亲者哭之，疏者悲之，不相识而相闻者嗟悼之，讵意其所禀于天者而止于是也！呜呼悲哉！俨字文硕，一字汝望，姓盛氏，宋参政文肃公之后。曾大父嗣初，号寓翁。大父景华，号居密。父起东，太医院御医，母颜氏。其配许氏。子男一人，恭安。宣德四年，侍父于北京，年三十有四，疾卒于寓舍，实六月二十五也。卒后三年九月壬午，归葬吴县黄山之先茔。铭曰：

文肃魁杰，垂声赫烈。寓翁明哲，言端行洁。居密继之，惟善是施。振誉于时，卓乎御医。世德之丰，宜泽尔躬。克承克崇，宜寿而终。理不可常，倏焉云亡。我铭其藏，虽殁有光。

翰林院五经博士、修职郎兼修国史、庐山陈继撰。

清盛钟岐《平江盛氏家乘初稿》

盛母许孺人墓志铭

〔明〕商辂

姑苏盛暟用美，以世医被荐来京，一时名闻远迩，都城内外以疾求治疗者，屡常满户外。每念母孺人年高，欲乞归养，章未及上，而讣音至矣。号恸既绝之余，具事状介尚宝卿凌敏志学以墓铭来请，将援例归奉襄事，琢石刻之。按：孺人姓许氏，讳志清，苏之松陵望族，家故多资，世掌万石，考囗，妣莫氏。孺人自幼端重，不妄言笑。比长，涉猎《女诫》《小学》诸书，晓其大意。女红之事，不习而能，父母钟爱之。母殁，哀毁逾礼。既笄归盛，为文硕公之配。公之父，御医起东先生，仕于朝。公亦以名医隶籍医垣，往来两京及武当山者数年。孺人独与姑颜氏家居，奉养无缺。时公之祖景华府君尚无恙，孺人朝夕拜谒，必诚必敬。府君悦，数以书抵起东曰："吾门有幸得孙妇如此，可无忧矣！"后公省祖及母还苏，始生暄，寻复来京，卒于寓舍，实宣德戊申岁也。孺人闻讣，日夕悲号，几至殒减。自是荆钗布衣，茹素守志，事府君及姑，诚敬弗渝。每岁时节序，升堂拜尊长毕，独处一室，纺绩织纴，寒暑无间。暄方童幼，即遣从乡先生学，归则亲课勒惰。稍长，督其学业益力，尝语暄曰："盛氏，宋参政文肃公之后，实姑苏名家，尔宜读书，迓续休闻，无忝先世。"府君及姑卒，孺人执丧尽礼。待诸叔及妯娌，恩义兼尽，货蓄无私，至分折，多逊而弗受。暄既受室，悉以家事委之，日惟焚香诵佛经而已。平生乐善好施予，人有以衣食弗给婚丧弗举来告者，恻然即捐资赈之。其事上以礼，御下以慈，待人以诚，族姻间里咸敬慕之，诸为妇为母，至欲取以法。呜呼！孺人其贤矣乎！生洪武甲戌三月二十六日，卒成化乙未五月廿四日，寿八十二，一子，即暄，娶沈氏，继潘氏、高氏。孙男三，女一。其葬以卒之年十二月十五日，葬在吴县至德乡十三都黄山之阳，合文硕公之兆云。铭曰：

妇德惟贞，母德惟仁。抚孤守志，几五十春。伟矣令子，克振家声。学广问多，慈训足徵。寿福两全，天鉴斯存。稽行述铭，永贲泉扃。

资德大夫、正治上卿、户部尚书兼文渊阁大学士知制诰、淳安商辂撰。

清盛钟岐《平江盛氏家乘初稿》

敕赠徵仕郎中书舍人竹隐汝君墓表

〔明〕商辂

汝君思远，卒已三十二年，□□□讦贵，蒙朝廷推恩，赠徵仕郎、中书舍人，□□碑展焚黄礼。以墓道未有□，□太常少卿同里凌君信状，造予求文表诸墓。按状：君姓汝氏，讳昊，字思远，别号竹隐，世居苏州吴江县黎里。五世祖义之，当元季乱，能以计退红巾贼，免乡人□□□□□。曾祖子实，祖彦珣，父衡仲，□□□□□致富盛。母吕氏。生四子，君其长也。君年十四，□□□□□□□，人不敢欺，而事易□□□□□□大理卿胡概，尝出按江南诸郡，邑中豪右多被□□□□□机诬构君者。胡曰："我□□□□□□□善家，宁有是事？"杖而遣之。君性颖敏好学，□□□□□□至孝，父没，服丧过哀，□□□□□□敬养弗违。与诸弟相友爱，服食必均，虽一钱□□□□□母，未尝入私室，诸弟亦敬畏之。□□□□所居之东，朔望必谒，四时必祭。遇族姻邻里□□□□之，婚丧弗举者助之，四方□□□□□厚款而赠遗之，其好礼尚义类此。平生自奉简□□□□靡。与人交，忠信乐易。闻人之善，□□□□有不善，不以言。由是□至于今以长者称之。□□生洪武丁丑正月一日，卒正统庚申六月十日，□□四十有四。配黄氏，赠孺人，继计氏，封太孺人。子□□□训，入粟补官；次即讷，以书经领癸酉乡荐，□□英庙实录，授中书舍人。女二，□□□吴璲，黄出也。孙男二，曰舟、曰砺。君□□□□又明年壬戌，墓在西围先茔之次。於呼！君孝□□于家，礼义施于乡，而见信于缙绅大夫，□□□□之士哉。是宜有子如讷者，出际明时，拜官近侍，而君亦荣□宠光于既没之后，非天之□□而何人有？恒言不在其身，在其子孙。予于□□□，故为表诸其墓。成化七年岁次辛卯秋□月吉，孤子训、讷立石。

赐进士及第（下阙）翰林院学士（下阙）淳安商辂撰。

赐进士第奉（下阙）翰林院侍讲右春坊（下阙）奉政大夫（下阙）文华殿□□云间朱（下阙）

谐按：竹隐公墓表，旧谱失载。今照断碑录出，其剥落漶漫处，仍空格阙之。

清残本《汝氏世谱》

故医学正科盛君墓志铭

〔明〕刘铉

苏以盛为医之最。盛以君为嗣之杰，故其族虽繁衍，而子姓中皆以君为不可及焉。君讳侃，字文刚，号西野，实宋参政文肃公裔也。先为浙人，由汴而徙家于吴。曾大父嗣初，大父景华，并以礼范于家，德表于乡，皆年大耋而终。父起东，为郡医学正科，以荐受知太宗文皇帝，擢御医，历仕四朝，优被眷渥。母颜氏。君幼端重，状貌异群儿，保妪剑座旁，乡先生王光庵见而奇之，谓景华曰："此凤雏也，善鞠之。"从学于翰林待诏李贞臣，日授《论》《孟》《素》《难》，过目辄通其义。既长，悉得家学之秘，恒曰天地之德，曰生圣贤之心，曰仁体生而用仁者，惟吾术苟充其术，所以上法天地、下师圣贤，行吾志而惠于世也。由是处方起疾以震其声者，益闻于前人，遂以荐授苏之医学正科。每遇分巡及部使者至，询吏之贤否、政之得失于君，不为嗫嚅，一以直对，故奸者敛迹，横者革心，民赖以安。或诿以他事，治办各有方略。所以莅官三十余年，始终一致，无锱铢过，四方逢掖过吴者，多定交焉。虽当职务倥偬，而晨昏告面奏芳鲜问寒燠于景华者不少替。景华曰："吾孙可以代吾儿矣！"执父母丧，众称有礼。抚孤幼，待宗姻，拯穷赤，各极恩惠。卒于景泰乙亥正月九日，享年五十有八，吊客甚众，哭皆尽哀。配汤氏。生子男四：时、明、昇、昪。女六：莫、钦、龚珍、朱珵、李珪、陈钊，其婿也。余尚幼。孙男三：玹、珵、琳。女一。卜以天顺元年十月丁酉，葬于吴县胥台乡黄山之阳先茔之次。先是君尝谓时曰："司成公雅交吾父而审乎先世者也，铭弗可舍而他求。"故时以状踵予，泣请为铭。铭曰：

弗遇盘错，未形厥利。弗历崎岖，曷骋骐骥？惟小于试，用厥方技。噫！生既无愧，殁有余裕。

中顺大夫、詹事府少詹事、前国子祭酒、经筵讲官、翰林院侍讲学士同修国史、彭城刘铉撰。

清盛钟岐《平江盛氏家乘初稿》

芝岩先生墓志铭

〔明〕钱溥

先生姓盛，讳伦，字文叙，芝岩其别号也。苏儒医之族曰盛氏，盖出宋参政文肃公度六世孙岫，通判平江府，留家于吴，故今子孙为吴人。有曰嗣初号寓翁、景华号居密、宜仲号拙庵，先生之曾大父、大父、父也，业儒志隐，前辈文章家多见称述。至先生季父起东，少攻医，得朱丹溪之传道大行，太宗闻之，召置禁密为御医，弟叔大继为御医，遂以医名家。先生承两御医指授，而造诣益力。间遇异人，目先生质敏神朗，乃密以青囊术授之。每与堪舆家议论，往往屈一座人，繇是人求疗与相地者，户外屦恒满。先生乐于疗疾，而相地则不轻焉，曰："人疾可否易决，而地之吉凶难明，不曰葬者乘生气也。使葬非生气，则亲之体魄安乎？亲苟不安，而欲其子孙安也得乎？"故欲图葬其亲者，必经先生视以为安。殆今数十年，名阀之墓，松楸郁郁，有佳气者多先生所定也。先生有二子，授昱以医，昶则督之以儒，曰："此必有以显吾门，而相地则靳其传焉，恐妄以误人也。"惜乎先生殁，而其传遂泯。性甚笃于孝义。永乐己亥，拙庵以事适陕。明年母朱病革，先生吁天求代，俄苏而言曰："适恍惚至一官府，见坐堂上者曰：'汝有孝子求代，姑延汝以俟夫还。'"其年夫果还。先生复夜梦诊其母脉绝，哭觉候于寝，而母疾作矣，越三日卒，其孝格于神明如此。后事继母蒋如事所生。悯二弟蚤世，以礼敛葬，哀戚弥至。二妹寡居，并收聚之，抚教其子女，俾有所归。先世遗产，以季父子众，悉让之。与人交，极其诚，故人无贵贱贤愚，莫不歆重其为人。昶既举进士，为御史，奕然显矣，而先生不一迹至郡县。及在蜀，欲得郁金真者疗人，已而诲曰："毋以我故而害公也。"复止之，其端慎类此。享年七十有三而卒，成化庚寅正月十日也。娶张氏，有贤德，希文先生女也。子男四：昱，苏郡医学正科；昶，举进士，历官至叙郡守；昪、旦。女二：长适韩京，次适大名府同知张汝昌。孙男四：莹、壅、壑、㙦，女四。以明年闰九月辛酉，葬长洲县彭华乡芝环山之原。先是莹以父命奉司训陈永之状来请铭，而且致其季父之言曰："叨仕中外，貤封未及而奄至大故，非执事赐之铭而揭遗行于不朽，大逆奚道焉。"昱、昶在朝持风裁有声，虽久遭挤抑而清白愈砺，可谓不失家教而无忝其为儒医之族者，矧先生德周惠洽，必大有光显于后，以昭其报，而何迟疾之较耶？乃按状而为之铭曰：

学以润己，医以及民。相地以理，以安人亲。惠孚于族，行周其身。备是数德，亦曰成人。敛而勿施，遗此后昆。

赐进士、翰林院侍读学士、奉直大夫、国志总裁、鹳城钱溥撰。

清盛钟岐《平江盛氏家乘初稿》

明故盛文序先生妻张孺人墓志铭

〔明〕王㒜

余友盛叙州顼自吴来请铭其母孺人之葬，且曰："昶自官御史至守郡，皆祇服庭训，毋敢怠逸，期于光显，而虺恩之命卒莫能致。盖年无以为荣而殁，尚可以图不朽，敢以铭累执事。"又曰："吾母临终，顾诸子曰：'尝闻之汝父，人死宜得直而不华者铭，斯可以传世行后，故吾上世诸姑皆当代名人直笔。我即死，尔其图诸毋诬世，以重吾不德也。'铭固于执事宜之。"余于昶同年交，相厚义，不可辞，敬诺焉。按状：孺人讳淑靖，姓张氏，苏之长洲人。元保冲大夫官医提举性之，其曾祖也。祖文叙，父希文，皆业医有名。母陈氏，生孺人，资性明朗，端庄柔淑，事父母有婉容愉色。处兄姊弟妹中，虽躁者遇之，不失其欢心。其父母喜相谓曰："是固能移之以事舅姑处娣姒者也。"年二十一，来归同郡盛文序先生。盛亦苏世儒医家，宋文肃公度之后。孺人入门，而事上无违礼，接姻族御婢侍有恩意。归二年而姑朱氏病，蚤暮侍汤药不辍。姑殁，遗幼子女四人，皆属孺人抚教之。二叔夭，敛葬从厚。二姑既长，为择所宜配其家，故无资而赢。祭祀宾客之费常丰，周贫拯患之，所取给常不竭，而礼仪之风、孝友之声遂蔼然于吴下，斯固先生之贤，而亦孺人内相之力也。久之二姑皆寡，居孀贫穷，孺人每迎致于家周给之，事后姑蒋氏尤孝谨。先生卒之六年，孺人亦卒，诏诸子语后事，至于守身守家之道尤谆谆焉。时姑蒋洎二姑皆在侧，遂举手为别，凝然而逝，成化乙未九月二十四日也，寿七十有九。子男四：昱，苏郡医学正科；昶，景泰辛未中进士第，历官四川叙州府知府。昂、旦。女二：长适韩京，次适大名府同知张汝昌。孙男四：莹、璧、璗、釜。曾孙男一，德祯。其葬以卒之又明年丁酉九月十八日，其墓在邑彭华乡芝环山之原，与先生合兆。其状则其姻阳武司训陈顾永之述，盖信而足徵者也。铭曰：

为妇之道，纯懿静专。慈惠而教，母道则然。于惟孺人，内行既全。乐有贤子，以克永年。铭以昭之，来者式焉。

赐进士及第、朝议大夫、南京国子祭酒、前翰林学士同修国史、晋陵王㒜撰。

清盛钟岐《平江盛氏家乘初稿》

顺庵墓表

〔明〕杨守陈

处士姓汝，讳旻，字思元，别号顺庵。世居吴之吴江黎里，生子谧。年六十有四，天顺癸未卒。明年葬西胃围先茔之原，行有状志有铭矣，其从子太学生讷，复求余表其墓。余辞不获，乃据状与铭，书其行之立于家，敷于乡，效于国者，以示其后之人。处士之父讳衡仲，母吕氏，穷水陆之，珍以为养，疾则昼夜候其汤药，食饮卧起惟谨，至吁天以求代。方壮丧父，哀毁几灭性。逮老丧母，哭泣七晨暮，遂灭性。与兄思远、弟思善、思颛，怡怡相友爱。思远先卒，抚其孤子如所生。此其立于家者。与人泛爱而包荒，别一室置觞弈书画，以延髦生韵士相与娱。适家素以资雄，有司委征乡赋，赋完而民不扰。其乏绝者、疾厄者、婚丧不克举者，多周助之。尝建太平、迎祥、钟秀、登瀛五石梁以济涉，葺罗汉寺西庑以栖僧。此其敷于乡者。景泰癸酉之岁，闻朝廷将北征，募民助军饷，乃输米八百斛于京庾，诏锡冠带以荣之，此又其效于国者。昔王荆公尝谓："浮屠寺庙之盛，由其学者之材多有以动世，而叹吾徒之行可一乡才足一官者常少。"以余观之，由古逮今，凡淑一乡，绥一邦，以至陶煦万国而泰赞二仪者，皆吾徒也。彼区区朝丐暮乞以弘其栖者，曾何足道，然亦由吾徒之力能庇之耳。使吾徒不振于斯世，则民胥以溺矣，彼能以独昌耶？若处士者，其行既可一乡，而其余力尚足为浮屠之庇，视其才，使胜一官有不足耶？吴江一邑耳，处士一民耳，况四方之广，百辟卿士之众，材岂少耶？顾宋之材，独不逮今耶？天下之治安，谁之力也？今因表处士，而言及此世其誉，余好辨也夫。

清黄宗羲《明文海》

石桥居士史君墓志铭

〔明〕史鉴

史氏之孤端，将以弘治三年十二月庚申，合葬其显祖考石桥居士、显祖妣伯嬴孺人于大洛原，某书石以志之。辞曰：居士讳昂，字公望，吴江范隅乡石桥里人。父曰廷用，由学宫弟子员贡礼部，入太学，历事秋官，选知桂阳县。县故多豪，有朱楚达者，其魁也。群党更数十家，羽翼之奸禁乱法，倔强深山中，吏莫敢闯其门。县务废不治，前长吏往往坐罪去，而豪益骄扬自如。桂阳君廉知楚达当过近郊，伏吏卒拥之至，楚达犹抗倨庭中，桂阳君手捽之踣，鞭扑乱下，并擒其助乱者五六人，悉死于杖下，由是桂阳始可理。然其党怀怒，伺间竟缚桂阳君至京师。时方厉缚官之禁，群凶十余人悉论戍辽左，犹免桂阳君为庶人。桂阳君生七子，居士其仲也。当家破产析之后，躬节俭，务耕织，兼废举家用，再起为上农。时斥羡余，葺垣屋，具器用，有衣冠家故习，人谓桂阳君为有子。成化十八年三月癸巳，寿八十四而卒。伯嬴氏，黎川里人，秦弘毅之女。弘毅，秦王府审理。正弘昭旧，同桂阳君游学，故伯嬴归史氏，甚宜其家，先一年卒，寿七十八。生四男一女。男曰俊、杰、英、雄，女有归，皆前死，惟一庶女在。孙男女十三人。端，俊子也。某与居士同姓而异出。桂阳君之姑嫁黄氏，生子中，某之显祖妣，中女也。故先君子舅居士，而端视余以兄，铭其可辞耶？系曰：丰不终斯，渥凶节有。卒乃贞吉，微兮妙兮。贤者效兮，不肖者消兮。

明史鉴《西村集》

兵马司恩隐汝公传

〔明〕沈为忠

公讳思聪，字彦明，号恩隐，吴江人也。气性豪爽，知识过人。以吏起家，初任南城县泸溪巡宰。时有巨盗胡志生、富达等，盘踞鞋山，出没鄱阳湖，大肆劫掠，觊觎州郡，官兵莫能制。时议请兵，而建昌守某以他事不悦于公，以督抚命，命公往剿，实欲中之也。公乃约曰："擒贼易耳，当不以期限方可。"许之。于是与士卒日市鹅卵食之，积其壳，饮酒跃马，投石超距，若不以盗为意。忽一日，引二腹心入盗寨。时值中秋，盗宰牛大飨，见三人来，大惊问故。绐曰："我亦同辈中人，向在湖北为汝声援。因逐客舟，反为所窘，来投麾下耳。"盗问："能运槊乎？"曰："能。"与之器，旋舞如飞。盗大喜，遂盟，就席欢饮。如是数日，得尽知其险易虚实。谓盗曰："尚有同辈数十人，我当招之。"因逸归，指授方略，率众乘夜进剿，大呼："三司官兵在此，解甲投戈者免死。"盗见火光烛天，炮声震林谷，惧而皆降。获其兵械、伪印若干，金宝牛羊无算。是役也，擒贼数千，官兵仅百人耳。所谓炮者，向所积鹅卵壳实以火药，为炮着身，无不焦烂者。四围山树插火灯，照耀如白日，人人胆栗，不战而气索。所以除数十年积寇，如摧枯拉朽之易。解京陛见，以功超擢北京中城兵马副指挥。昼夜巡城，有犯，辄按法不避权贵，尝挞御前武士殷隆等。召至大内，英宗叱曰："是汝杖我武士耶？"武士从旁申愬。公厉声曰："我为天子巡城，笞汝幸臣，亦有何罪？"上大怒，杖之，然不降黜，职任如故。后以他事见上，上忆前事，注矢欲射。公又大声曰："皇帝故杀直臣，如史书何？"上笑，掷弓于地，改南京南城兵马指挥使。先是王振擅权，有同列数人要赂之，以求美迁。徐孺人执以为不可，曰："苦不自足耳？一巡检官以至腰金系紫，封父母及妾身，恩宠极矣。今又思得一赤帽戴耶？"遂乞归。数人用贿而美迁者，及振败，非籍没即谪戍，而公独免于难。徐孺人之才智，岂出公下哉！

清残本《汝氏世谱》

古道月江净禅师传

〔明〕释大香

西天目山高峰下七世孙古道净禅师者，乃古杭东明寺昂公得法弟子也。师名觉净，号月江，姑苏双阳人，姓沈，母钮氏。十五岁出家张墩古拙师座下，受念佛公案。永乐壬寅，参菰城岘山大宗具寿，寿曰："水浅不能容泊，杭有明眼人在。"师入钱塘古道山，谒东明昂禅师，一语契合，留入弟子列。宣德己酉，披缁受具足戒。既而长干祖堂，期坐二年，复还古道。师问明曰："如何是祖师西来意？"明曰："那里学得来？"师曰："这里来。"明大喝，师亦喝。明击以禅杖曰："打的在这里，不打的在甚么处？"

师曰："打的也在这里，不打的也在这里。"明曰："这汉造佛殿竟，但未是结果在。"师辞，进天目山，居活埋庵三年，太子庵六年。醶酢不沾，枕簟不御，日惟一粥，岁惟一衲，空空洒洒，远屏世缘，或游或息，亦无定在也。天顺，至苔城小鸿里，清夐幽静，适与周居士道坚禅会相孚，兰言并臭，遂驻锡水心院焉，有间居士委顺。师历二十余稔，道行精峻，高风攸著，非显非晦，任去任留。弗夸异以擅名，弗耀彩以神技，无循无证，人莫窥其徼际所至，惟请法者云聚焉。成化己亥正月十九日，示门人道林曰："吾往矣，有事在尔。一衣一钵，此正法眼藏也，慎之。"且唱云："我有一顶衣，古道山中子。七十九年来，从此了生死。泯迹入山中，莫见锋芒事。"偈已坐逝，世寿七十九，僧腊五十一。四众皇皇，如赤子之失慈母，因谋立塔，以瘗灵骨焉。

明周永年《吴都法乘》

南庄李公墓志铭

〔明〕史鉴

君姓李氏，讳兰，字廷芳。吴江人，世家澄源乡麻溪里长田庄，人谓之李庄。君以南庄为号，志所自也。其先族大以蕃，咸殖货以相夸。尚有讳秉彝者，独绩学业，文比诸生，元季由荐起为国子学录，君之曾祖也。讳九成者其祖，讳瑀者其父，皆以隐终。君生三岁丧母王氏，又十岁丧父，祖母潘氏抚教之，家空业单，以孤童自立。无族亲朋友之助，而能薙秽剃芜，补漏苴罅，用济其艰难，使门户不坠。事继母鲜于氏尤尽孝，母亦慈爱备至，赘其所自出，以专意于君。当时称慈母孝子者，必曰李氏云。君朴直无伪，或以伪加之，信而不疑。人有一飧之惠，虽已报，犹念之不置。性嗜酒，且喜客。客至，则必击鼓吹箫，饮穷日夜，乐之不厌。客或不至，亦引觞独酌，陶然就醉，若与世相忘也。晚年连丧一子二女，季子又赘严氏。诸孙皆幼，长者未能负薪，家事日摧落，悲伤无聊，遂成疾死，时成化十四年五月丁亥也，年七十有六。将死，念与某一诀，使家人辈速呼，意若嘱以后事者。数问史婿至否，曰："吾死不瞑也。"时某在远，卒未至，竟不及与敛事，呜呼哀哉！君凡再娶皆计氏。初娶东计女，早死。继娶北计女，生子男二：熊吉、熊祥。女三。东计名球，北计名镛。东贫而北富，镛又雅敬君，诸凡资给者甚至。然君不忘故妻，事球与事镛不异，子女亦嬉嬉然，不见其为孰亲孰疏，人以君又能化行于家也。其冢妇钱氏与熊祥，谋所以葬君者，于某某曰："以家有无葬礼也，明年二月壬寅葬君于天字原先人之墓。"某少君三十一岁，以执雁见君，顾我独厚，不以尊自居，接见若宾友。然天祸衰门，遽夺我伉俪，临终之诀，真若有负于君者，其将何以为怀耶？然墓上之石则不得辞。铭曰：

天与之年（弥因切），而嗇其施。早厄中伸，晚岁又乖（公回切）。尚其后人，永嗣弗堕。

陈去病《松陵文集》

明故处士盛汝政墓碣铭

〔明〕张楷

有宋盛文肃公十五世孙曰佖,字汝政,一字文威,号修省处士。文肃仕宋,其子孙有自汴还吴者,因家于苏,世有科第。曾大父寓翁,大父居密,皆读书仗义。父退庵,字起东,尤精岐黄术,擢典郡学,既而受知太宗皇帝,晋擢御医,数召燕见,言关治理,以是益见亲厚。母颜氏。时处士侍养于京师,御医公念父年逾九十,以身在官,弗克承颜左右,南望辄欷歔涕泣,乃遣处士还,命之曰:"尔归即吾归也,幸为我致殷勤焉。"处士果能移所以奉父者奉祖,平居无少懈怠,致有以顺孙孝子目之者。自是益刻意于医,得其疗治者无不愈。正统改元,御医公丁外艰归,越四年而遘疾,处士侍奉汤药,衣不解带者三月,卒不能起。处士经纪丧事,曲尽礼仪,哀戚之容,见者弗能堪。景泰丙子秋,处士忽患殆证,嘱其子曰:"吾病不可药矣,宜治棺衾备后事。"视死如归,略无纤毫难色,竟以是岁十月二十九日卒。处士生于永乐甲申十一月十四日,娶徐氏。子男三:昕、昉、晖,昉先卒。女一,嫁洞庭徐奎。孙男一,曰瑾。将以天顺三年三月三日乙酉,葬于郡之荐福山感慈坞之岗。呜呼!予第进士时,尝交御医公于京师,颇蒙爱厚,时处士未见也。景泰庚午,予奔丧过姑苏,处士之妻兄有常与予为莫逆友,因识处士。其襟度克肖御医公,又常闻有常言其事亲敬兄教子之详,历历可纪,予心不能忘也。近过有常所,昕率其弟乞予铭处士墓,有常与季汝节为其甥请,遂不辞,铭曰:

孝道之大在养志,仁道之大在济世。既仁而孝二者备,呜呼处士其无愧。荐福之山风水利,感慈之坞玄堂闭。世祀绵绵其弗替,我作铭诗勒幽窆。

赐进士出身、中宪大夫、都察院右佥都御史、四明张楷撰。

清盛钟岐《平江盛氏家乘初稿》

菊轩夏隐君暨罗氏孺人墓志铭

〔明〕梅伦

夏隐君讳庆,字原善。慕陶靖节之高,植菊于庭,遂以菊轩自号。其先杭人,登宋进士官府尉天培公后裔。高祖若金,元正议大夫。曾大父仲和,元教谕,始居吴江陈思里。大父辅德,字廷贵,有隐德。考尚忠,号退庵,博极群书,善属文,尤长于诗赋。永乐中徵秀才,以郡守李公荐,授河南阳武县丞,有清誉。隐君自幼博学多才,能自立身,奉母极甘旨,朝耕暮读。卜筑于瓢溪,后退庵归隐,尤能养志。及二亲没,哀毁逾礼,肖像如存,名公多所题咏。既而吴下名门争延于家塾,多所造就。邑大夫闻其贤,请与乡饮,位冠三宾,人皆仰之。识量深远,喜怒不形,为诗文本乎实理,不事雕绘。

阴阳、医卜、释老之书，靡不究览。予先君与隐君气谊相孚，每有良会，谈论古今，觞咏终日，莫不尽欢。隐君生于永乐乙酉正月二十五日，享年八十有三，遇圣朝恩典，荣锡冠带。方将优游田里，咏歌太平，胡天不慭遗，于成化丁未九月十四日，以疾而终。呜呼痛哉！配罗氏，字淑真。父仲彬，母马氏，早卒。依舅氏简村马君能礼、能智，育养教训。后归于隐君，克修妇道，诲子孙不以慈害义。待宾奉祀，丰给适宜，人咸称之。生于永乐戊子九月二十九日，殁于成化甲辰八月二十一日，享年七十有七。子二：长吉，娶殷氏；次聪，娶张氏。女二：长适周琼，次适监生孔皡，先卒。孙男六：泰，娶潘氏；震，娶□氏；济，娶费氏；耽，娶周氏，继金氏；鏌，娶富氏；全，娶秦氏。孙女一，适韩延。曾孙男十一：嵩、惠、祖寿、山、崟、鉴、铦，嚾、贵、朝用、炘。卜以是年十一月二十五日，合葬于范隅乡巨字圩先茔之侧，吉衰绖踵门，请铭勒石。余忆髫年受业，至今不忘，谨述其素行如右。嗟乎！隐君有盛德，获享遐龄，而膺恩命。子孙又克绍其业，不坠儒风，是宜铭。铭曰：

吴山高兮其德弥崇，吴水长兮其泽无穷。善厥始，令厥终，乃儒之功。化行闺阃，内则是从。齐芳媲美，福寿并隆。勒铭贞石光如虹，百代千祀兮永耀幽宫。

成化二十三年龙集丁未十一月既望，赐进士出身、朝议大夫、刑部郎中、奉敕提督泰岳太和山、湖广承宣布政使司右参议、门人梅伦撰。

清夏刚《夏氏家乘》

吴孝子传

〔明〕莫旦

孝子名璋，字廷用，姓吴氏。苏之吴江人，今京闱乡贡进士洪之父也。年十岁而孤，母陆氏以节自守。永乐癸卯，命选天下孀妇之贞者给事内廷，而陆以例行。宣德丙午，随淮靖王分封广东，改封江西饶州。孝子弃家往来二藩间，屡启本求见，不允。与人言辄流涕，乃以"思亲"二字颜其所居之室，士大夫皆为诗若文以慰之。时母子不相知者二十年矣，孝子哀痛不已，誓欲求见。乃于正统丁卯，冒死启本，情甚恳切。王怜而许之，遂得入养赡所见焉。陆已病笃不能言，孝子彷徨，计无所出，乃退而焚香吁天，刲股作糜以进，陆啖之遂苏。于是母子相劳苦，抱持以泣。王闻而召之，赐白金五两，彩缎一端，奖谕而遣之。方欲彩衣东还，效朱寿昌故事以尽天伦之乐，而陆以旧疾卒于旅舍。孝子衔哀茹悲，千里舁榇，归葬先茔之兆，哀慕终身云。君子曰：昔朱寿昌之求母也，不过求之民间，而其母亦寿康，且有伉俪之愿、子女之养，寿昌纵不往求，无害也。非若吴孝子之母，既寡而又羁之于官，正所谓穷人无所归者。其二十年之久，数千里之隔，忧愁无聊之思，何如哉？使无子以求焉，不刲股以疗焉，几何不死，为他乡乌鸢蝼蚁之食乎？今幸而得见其子于垂死之余，而又得以归葬先茔之兆，吾知含笑入地而无憾矣。孝子之孝，不尤为可称矣乎！使生于朱子之时，得不与寿昌并传乎！是以笃生贤子，发身科第，以昌大其门闾，天之报施，岂偶然哉？则夫为之立传以传，非过也，宜也。成化七年辛卯闰九月既望，京闱乡贡进士同邑人莫旦撰。

清吴安国《吴江吴氏族谱》

敕封承德郎南京刑部主事廷用吴公墓志铭

〔明〕陈音

　　成化丁未，南京刑部郎中吴洪禹畴，擢贵州按察司副使，便道拜其父封南京刑部主事公暨母施安人于膝下，称觞庆祝，乐不可逾。明年弘治戊申，洪捧万寿节表文入贺。竣事复道于家，则安人以秋七月弃荣养，哀号守制。己酉秋八月四日，封主事公亦捐馆。公年八十有一，安人年七十有九，虽并享遐寿，而洪抱痛终天，几至殒绝。逾年庚戌，卜以闰九月六日，奉柩合葬于邑梅里原祖茔之次。先是托其姻兄夏司封崇文，奉行状请铭于余。状乃其同邑姚贡士明所撰，言必有据者，遂按而志之。公讳璋，字廷用，姓吴氏，世居吴江县治之北。曾大父继、先大父绍宗、父昂，俱有隐德，乡称积善家。公年甫十岁丧父，母陆孺人守志保孤。永乐癸卯，朝廷选节妇之贤者给事内廷，而孺人以例行。公零丁孤苦，甫成童，得配施安人协劳治家，惟恐或坠。宣德丙午，孺人随亲王分封广东，改封江西饶州。公奔往二藩，屡启吁求见，未得允，辄涕泣，祈益哀。正统丁卯，王悯其恳诚，俾得入瞻母仪。时母已病剧，公彷徨刲股以进，既苏，竟卒。悲号扶榇，归葬故邱，人称为吴孝子。公天性质悫，不妄语。与人交久情益亲，心或鄙其人，不假以辞色。闻人有懿行，辄称不置口。于文士尤加敬礼，凡取与揆义可否，虽微必慎至义，所当需厚费弗靳。公年二十，时有富室赵宗辉挟厚资诣公，偶遗锾金，公旋踵奉归，赵德之，遂与定交。邻友范良玉卒，其子与婿争产，讼于郡倅王公贵。王召公讯实，公述其是，非无少讳。王深嘉其直，谓讼者曰："有邻如此，奚讼于官为？"景泰间，公尝为族人某诬，讼费资产殆尽，既而殊不与校，或讶之，公徐言曰："自有天定时。"后其家遭疫荡尽，而公家益炽，人以其言为不诬。平居节欲保真，服食俭质。虽善饮，非对客不尝饮，虽多而仪不忒，暮龄尤撙节畏慎。性素通悟，习星命卜筮，尤精于算学。虽亿万纷冗，一展手即不爽锱铢，且不自秘，恒举以昭示乎人。尝因己疾阅医书，于病原、药性、方诀，皆了然有见，克自颐养。姻族间或小疾，投剂即愈。恒曰："使我早究心医术，于人必有济，恨学之晚耳。"天顺己卯，季子洪补邑庠弟子员，岁隆师以礼，时加激励，而洪学益深造。成化辛卯，洪领京闱乡荐。乙未，登谢迁榜进士，拜南京刑部主事。三载课最，蒙恩封公如其官，施封安人。公虽被画锦，未尝少有骄色。岁为乡饮宾，礼度雍容，乡邦视为仪表。洪自主事擢员外郎，至于今日，公每寓书，必以忠荩图报为勉，病革之夕，犹不忘训戒焉。子男三：长海，次源，次即洪。女一，适申广。孙男八，孙女六。呜呼！公自始逮终，慎操厥行，以求无愧于天。竟至祚允繁昌，荣寿考终，天亦未尝有负于公。天人感应，惠迪必吉，世宜观此而敏于善也。

是用铭公墓,以为世劝。铭曰:

始于茕,终于盛。由秉德不回,以至荣膺乎宠命。世监于兹,真有以忱乎天定,盍亦并慎乎厥行!

赐进士出身、中宪大夫、南京太常寺少卿兼掌南京翰林院事、前侍讲经筵官同修国史、莆田陈音撰。

清吴安国《吴江吴氏族谱》

敕封安人吴母施氏墓志铭

〔明〕张瑄

施氏,吴江望族也。安人讳淑安。曾大父讳瑄者,元义兵千户。大父讳伯成,余姚县丞。父处士讳旭,抱艺不试。母吕氏,生安人,端重寡言笑。同邑吴公伯昂为子璋廷用择配,闻安人幼慧,而纳聘焉。居无何,父母相继卒。逾年伯昂甫亦卒,遗妻陆嫠居,寻又以例选入内廷。安人年才十四,即归吴氏入门,妇道甚修。自以遭家不造,廷用干蛊于外,安人综理于内,夙夜劬心,勤不告劳,家得以不替。痛恨幼失怙恃,尊嫜不逮养,岁时洁斋酒食,奉祀惟谨。尝谓廷用曰:"舅虽永逝,无再见之期。姑尚存,奈求见而不得。何天悯孝诚,或有可见之日。"廷用感其言,相对哽塞。后踪迹得陆随亲王之国饶州,廷用遂弃家而往。陆适有疾病,乃启王求见,情词恳切,俾入养赡所见焉。不久卒,廷用扶柩归葬,乡人比之朱寿昌,称为吴孝子云,皆安人克相之力也。夫妇居丧尽礼。安人性柔顺,于亲党夫妇间,皆处得其宜。待婢仆以宽,谓人曰:"忿怒岂事夫之道,楚挞岂御下之法,独不观《女诫》乎?"以故一以恭下容忍为本,内外族称贤无间言。至于教诸子则甚严,读书理家之外,毫不许纵逸。少子洪颖异,遣入邑庠,为学官弟子员,资勤助费,以励其成。洪亦刻苦好学,大有造诣。成化辛卯,领京闱乡荐。乙未登谢迁榜进士,拜南京刑部主事,历员外郎、郎中。先以主事历满三载考称,蒙恩推封父母妻如制。安人享有禄养,安心乐志,含饴弄孙。每岁诞辰,夫妇华颠命服,坐一堂之上,妇子罗拜,以次奉觯,升堂上寿,人皆荣之,莫不兴教子之心。洪以才行卓异,推举为贵州按察副使,前此南京久无此擢,盖异数也。便道之官,登堂拜庆,遂人子至愿。但安人以逾七近八之年,子有万里之行,恐不得再见。洪亦依栖不忍遽别,安人复勉以尽职,勿以家为念。洪别之明年,得捧万寿节表文入贺。竣事归,治装将行,安人忽遘疾,医不奏功,遂卒于正寝,时弘治戊申七月八日也。上距其生永乐庚寅,得年七十有九岁。将易箦,瞠视洪曰:"吾年八十,子孙皆在目前。汝仕万里,得归送吾终,足矣,足矣,吾瞑目矣。"言毕气绝。子男三人:长海,娶张氏;次源,娶顾氏,继张氏;次即洪,娶王氏,继夏氏。女一,士人申广其婿也。孙男八人,女六人。逾年将营葬,廷用公亦捐馆。卜以庚戌闰九月六日,奉柩合葬于梅里原祖茔之次。洪自状安人行实,具书请铭于余。余为司寇洪故属僚也,又与余少子统同婿夏太常,知之为深，不可以词塞，遂叙而铭之。铭曰：

　　两祖从仕，军民保障。归于名门，一邑之望。端操有踪，淑慎不爽。舅氏早逝，而不逮养。姑侍掖庭，徒切感怆。洁斋奉祀，相夫主邕。夫成孝名，有子贞亮。伉俪受封，克承君贶。安享耄年，近八之上。夫梦曰炊，晨兴遘恙。子仕万里，归见属纩。事若素期，谓非神相。铭以昭之，有光元壤。

　　赐进士出身、资政大夫、南京刑部尚书、都察院右副都御史、江浦张瑄撰。

清吴安国《吴江吴氏族谱》

大明进士奉政大夫福建延平府同知致仕由庵先生莫公震传

〔明〕莫旦

　　先君字霆威，绮川人。生永乐己丑。补邑庠生，正统戊午举于乡，明年登进士第。庚申除湖广嘉鱼知县，改知海盐，升建宁通判，蒙恩□异，升延平同知。年六十二致仕，年八十一卒。先君在嘉鱼时，公廨后有淫祠，前政事之甚谨。先君怪其非祀典，欲去之。而旦适病，典史朱克骧请祀之。先君曰："何物无知，敢攘于此！"即命毁之，沉其像于水。文庙久圮，重为鼎建。又建"仰高亭"于山椒，登临题咏者，以为不减"醉翁"之胜。五重湖淤塞，而河泊所设官如故，渔课犹民出，民重困，特奏革之。时修张巡庙成，教谕孙允恭觅一石为碑，先君见石上有文，涤而读之，乃宋嘉熙间郭德彰墓志也。询其墓所，往视之，见遗骸暴露，为之恻然，乃为重葬，且为文祭之。学政废弛，自辛酉科以前俱乏人。先君严立教条，以身为师，与诸生辨析义理，课其勤惰而作新之。自甲子至庚午三科，连捷数人，若李都宪田、孔知府儒龙、知州渊，皆亲受业者也。先君临民平易慈祥，民有不平，躬造膝前陈告，推情酌理而剖析之，无不悦服。尤慎于狱，不使淹滞。在任八年，凡两入觐，考绩为列邑最。景泰辛未春，敕朝觐官运粮于边，时先君囊橐已虚，遂举重负以毕事。已而闻父讣，或劝之复任，以偿所负者。先君泣曰："安有父殁而莅任者，人谓我为何如？"遂归守制。在海盐，有防海塘长一百七十余里，屡为风涛冲决，漂没田宅。先君献计于上司，修筑之，遂为东南保障。在建宁，与刘知府钺建朱文公祠。在延平，值知府缺，建道南祠，又葺延平书院。其居官处家，未尝一枉己干谒，亦未尝苟取，胸次坦夷。于凡荣辱得丧，一切听命而不为趋避，故自号曰"由庵"，犹谚所谓由他是也。早年与堂兄云霖同居共爨，友爱如同产。霖卒，葬其寡嫂成氏，嫁其孤女于龚琏。沈氏妹老而无依，养之二十年，卒为葬祭。自休致归，囊无余资，葺先世之旧庐以居，左图右书，植以竹石花卉以自娱。尝效古人耆英故事，与乡人为石湖叙情会，优游二十年，甚适也。弘治戊申，寿登八十，而从弟霆寿亦如之，奉诏着仕服。从侄宏以训导致仕，年六十二，而旦亦年六十。诞日间宴，孙曾满前，亲友毕集，人皆歆艳焉。越明年己酉，清明强健，饮啖如常时，仲冬十四日，犹手书日记云云。是夜，令幼子昊侍饮，嘱之曰："吾平日所以诲汝者多矣，汝其勉之。术者谓我九九之年有阻,使其言然,吾其不久矣乎。然一生事亦毕矣,生顺死宁,夫复何憾!"且酌且言,若与诀别然者。明日晨起,入祠堂,焚香作揖,如常时还坐于书室,遂倏然而逝。葬陈湾村之先茔。平生制作,有《由庵录》十九卷,诗文集二十二卷,《嘉鱼志》三卷,《石湖志》四卷,日记六卷,《家礼节要》一卷,惟《嘉鱼志》板行于时。

明莫震、莫旦《石湖志》

樵隐翁墓表

〔明〕吴宽

　　嘉议大夫、吏部右侍郎、前詹事府少詹事兼翰林院侍讲学士、郡人吴宽撰并书篆。
　　吴江之东十里有庞山湖,湖之东庞氏居之。或曰山以庞氏而名尔,或曰不然。庞氏之先,有曰千二公者,自河南从宋南渡至苏州,遂为吴江人。翁讳友谅,字彦孚。曾大父福一,大父寿之,俱以高年终。父子安,善士也。母朱氏。翁生既壮,敦孝友之行。父殁,竭力事其母,务适志意。佐其兄友直治家,家益振。及掌乡税,税无不给者。后其家以富民起实京师,翁代其兄以往。已而念其母不置,具疏陈情,遂得归。士大夫作《天锡归养诗》以赠之,而翰林张公士谦实序其首。归十年母殁,时翁年亦高矣,居丧致哀,人以为难。性刚直而慈厚,乡人有忿争者,多能分办。其穷乏者,亦多周给之不吝。治家严肃,子孙遵行其训,无敢违者。县大夫岁行乡饮礼,翁必预。景泰间,吴中大饥,朝廷初行劝分之令,翁出粟若干石,获受仕者冠服,以荣其身。既老,曰:"吾志不在是也。"乃自号樵隐,以见志。其年八十有四,无疾而终。预相地于甘泉里,治生圹,构屋于旁守之,仍置田百亩,以供祀事。其明远又如此。翁生于永乐己丑正月二十日,卒于弘治壬子三月十一日,葬以乙卯十二月二十四日。娶钮氏,先卒。子男二人,曰鉴、曰镛,皆义官。女二,适丁参、成让。孙男五人,曰瀚、曰浤、曰济、曰漱、曰汉。女八,适吴森、沈浚、凌溥、顾绅、范承宪、钱爻、吴洵、练元良。曾孙男四人,曰传宗、曰继祖、曰绍宗、曰绍裔。女三人。鉴、镛既治葬事,来谒拜曰:"惟先大父之葬,辱故国子祭酒李忠文公表其墓。今不幸有先人之丧,敢介友人朱君性甫以请,期必得一言,以刻墓上。"予重其意,乃据事状叙之,系以词曰:
　　湖之水兮涟涟,纳众流兮灌良田。繄斯人兮衍世泽,与湖水兮不涸以息。慨鹿门之既远兮,出有后人;不遗以危兮,子孙益振。享高年兮乐吾真,葬必于乡兮在湖之濆。河有山兮,郁数里之在望;表幽墟兮,庶斯人之不忘。

吴江博物馆藏拓片(残),参民国《珊瑚》4卷1号陈去病《浩歌堂近谭》

故兄钝庵府君圹志

〔明〕盛俊

吾兄讳僎，字汝德，号钝庵，姓盛氏，宋参政文肃公度之十五世孙。曾大父讳似祖，字嗣初，号寓翁。大父讳逮，字景华，号居密。父讳寅，字起东，号退庵，太医院御医，妣颜氏。吾兄幼而沉静不好弄，举止语默若老成人。年十二而先妣颜氏卒，执丧哀毁，宗戚增恸。长侍先考官，游两京。先考刚介负直气，有识量，当时名公卿尝过访治道，讲求竟日。吾兄侍立左右，无惰容。先考丁外艰，服除而遘疾，吾兄昼夜侍侧，衣不解带，食饮药饵非亲尝不进。及卒丧葬，毕力尽礼。居丧次，三年未尝入寝室。抚育弟侄甚厚，遣从明师，长为婚娶，爱逾己子。弟侄亦夙夜刻苦自奋，为医业儒，咸底于成。吾之忝科名，登仕版，吾兄之力居多。吾兄勤于问学，博涉经史。于《素》《难》诸书尤加究心，尽得家学之妙。切脉如神，抱疾求治者甚众，不视报之多寡，重经而厚薄。其施于颠连困苦，既与善药，复赡其所不给。有祝愿之者曰："吾不能报公，天必报公也。"吾兄为人，色庄而气和，内仁而外方，谨于言行。平居执礼度，不少肆，而志尚恬淡，服恒布素。然于春秋祭祀，务欲丰洁。礼贤养老，周贫恤匮，恒恐不及。无贵贱长少，皆知吾兄为重厚君子，咸敬服之。天顺辛巳七月初五日，以疾卒于家，享年五十有二，生于永乐庚寅十二月初七日。配袁氏，太医院院使讳宝之女。子男三人：长暄，娶袁氏；次旷，聘韩氏；次晚。女二：长适刘漞，次尚幼。以八月十一日葬吴县至德乡十二都五峰山博士坞之原，卜新兆也。呜呼！吾兄孝友仁慈，盛世之望，其竟止于是耶？抑天意与人心之欲恶异耶？不然何夺吾兄速也。呜呼痛哉！兹谨志平生大概、生卒岁月纳诸圹中，尚求当代文人发挥潜德，用表于墓，以垂不朽云。愚弟赐进士俊衔哀谨志。

清盛钟岐《平江盛氏家乘初稿》

钝庵盛府君墓表

〔明〕王鏊

有吴名医盛暄将终，命其子环前来言曰："暄尝有托于夫子也，先府君之葬五十余年，而隧首之碑未刻，暄死矣，其尚有遗憾焉。惟夫子矜而畀之，死如有知，将不悼于土中矣。"予重其言，不得辞。盖吴郡盛氏，裔出宋丞相文肃公，世有显人。在太宗朝讳起东者，官太医院而有器识，议论侃侃，宸衷简在，不独医也。生子十一人，君于伦次为六，讳僎，字汝德。自少举止若老成人，特爱之，曰："吾医之道，非才之难，而德之贵。显则往来禁闼，微亦出入闺阃，非德何以居之？是子也，固宜受吾业。"及长，苦学力行，自《素》《难》及仲景、东垣、丹溪诸书，通究晓析，切脉预言人病可治不可治，十不失一。君长髯丰颐，仪观甚伟，而言动有矩矱。居丧寝枕苫块，三年未尝入内，大暑衣冠俨然。事兄如事父，抚幼弟如子。兄尝有所督过，跽而受之，曰："得无伤吾兄之力乎。"诸弟虽幼，不敢毫发有欺焉，教之各因才以成其器。其后，弟侅登进士，曰："吾兄之力也。"俌为医官，曰："吾兄之力也。"言之犹若泫然。君尝自切其脉，曰："去此三岁，吾其逝矣。"至期，遍祭先墓，召亲友与诀，论坐而殁。君于取予尤不苟，尝输赋于县廪，人误遗其筹，仆人喜得赢以归，君怒曰："彼以误遗，吾岂以误得。"终不以入室，置之屋旁，以嗣鸟雀焉，其介如此。子男三：暄、旷、晚。孙男六：环、珮、璨、理、瑚、琏。曾孙男六。君以天顺辛巳七月三日卒，墓在县之五峰山。环既以治命来请，俌又述其行甚悉。君子谓暄于是乎孝矣，死而不忘其亲；府君于是乎贤矣，久而不忘于后。予表诸墓，非独永君之德，亦以慰暄之志也。表之日，为正德七年十月甲子。

光禄大夫、柱国少傅兼太子太傅、户部尚书、武英殿大学士知制诰、国史总裁同知经筵、震泽王鏊撰。

清盛钟岐《平江盛氏家乘初稿》

明广西布政司理问赠尚宝司少卿味莼公传　配朱宜人附

〔明〕徐夔

广西布政司理问讳芳，字子春，世为吴江分湖人。九江大使仲宾之孙，上林署丞惠清之子。资性朴茂，起家《尚书》，应岁贡，任广西理问。治家严毅，虽妻子不敢以亵见，大暑必敛衽焉。诲四子，且耕且读。长子绅，幼子绲，业儒，昼夜罔闲，学稍不进，挞之必至流血，以故得至大成。绅登丁未进士，绲先登甲午举人，各臻显职。弘治间三遇恩例，赠至尚宝司少卿。居官以清谨闻，讯狱必得其实，民自以为不冤。后子绅以黄门衔命至广西勘事，升政事堂，讯其故老，犹能道其清鲠。年六十余，致仕归乡里，号味莼，浩然有张季鹰之兴。岁时蜡社，与邻里往来酬饮，有陶元亮之趣。二子虽贵，犹勤耕织，有庞德公之风。弘治元年正月初八日，以寿令终，偕配太宜人朱氏，合葬殿字圩之新阡。大学士西涯李东阳志墓，诰敕三道，有亭翼翼于上。

朱氏，味莼公元配。家居里闬密迩，归叶氏循循守妇道。女德女功，悉遵姆教，相其夫学业成就。从宦广西，经历山川，予尝闻其言石壁如绣。挈次子绞、唐氏孤女往任所，凡外馈闭门却之，佐其夫断狱得廉名。教其子义方，绅、绲皆显宦，远界南北，晨夕悲悴，切倚门之望。二妇独居，有行役之怨，辄戒之曰："吾子从宦，非从戎也，姑待之，当有封貤之荣。"后果如其言。抚诸子及孙，有先后盛衰，贫富不一，皆委曲中节，待之如鸤鸠之均，真得母道云。封太孺人，后诰封太宜人。寿至八十六，合葬殿字圩新茔。

清叶德辉等《吴中叶氏族谱》

明故广西布政司副理问致仕叶公墓志铭

〔明〕李东阳

吴地多水，坎不能尺葬者，必筑圹，甃石冢于上，其功累数千百计。凶事既不豫，事多至仓猝不克，固以为常患。味莼叶公既老，自营寿藏，曰："吾得从司空图游，足矣。"乃相吉壤于殿字圩之原，方事封筑，未竟而卒。其子绅益筑之，逾年而后举，成先志也。公讳芳，字子春，世居吴江之汾湖。湖多莼，尤性所嗜，故以为号。大父仲宾，九江府仓大使。父蕙，母郑氏。公性笃而敏，善记诵，尤工属对。习《诗经》举子业，为县学生。御史彭公勖、孙公鼎继督学政，每试必置优等。试乡闱屡科不利，以年当贡。同学徐文玉者，母年老，遂让之。又二年乃贡礼部，入国子监。以例归宁，时怙恃既失，与其配朱刻厉为业。又十有五年，授广西布政司副理问，志存公恕。贺县卒四人，樵于谷，皆坐淫罪，久不决。公疑之，廉得实，止罪其二，二人获免，时称为明。富川民林姓者，以荒岁转徙，其田为富民所业，比归，不克复。他官言："田久无主，非富民存之，亦为他人有矣。"公独谓："田本林产，今其主故在，恶得言无？"乃取其大半归之。富民以白金赂公，欲尽得田，公叱不听。在官几九载，无公私过籍。以老乞归。巡抚都御史朱公英素善器使，不辄听，恳乃得释。居家教礼义，虽底富盛，二子皆登科籍，恒欿然不以骄人。邻有为不孝者，呼而切戒之，卒自感化，乡人称之。公年七十有六，生永乐癸巳十一月二十七日，卒弘治戊申闰正月八日。于己酉十二月一日，卜葬吉壤于殿字圩之原。子四：绅其长，举丁未进士，为户科给事中，有名；次绫、次缤，蚤世；次绲。举孙七。公夙勤教子，念尝诎科目，欲偿取于后。及见其子之成，曰："吾不憾矣。"今天子即祚，绅奉使南服，期得归觐，弗及敛。例复命于朝，乃返襄事，因奉贡士姚明状请予铭，且自述其葬地始末如此。给事中例有封敕，必满三载始得拜，姑铭此，以俟诸他日。铭曰：

汾湖叶公古达者，年未髦期遁于野。后十年余葬兹土，身所自营非手假。生怡死安此其所，生有令名殁不腐，樵牧之辈安敢侮。

赐进士出身、翰林院侍讲学士、奉直大夫、经筵官兼修国史、长沙李东阳撰。

庆元谨按：右李东阳司理公墓志铭一篇，旧谱故有，兹以《怀麓堂集》所载较详，故易之。

清叶德辉等《吴中叶氏族谱》

先考友桂府君行状

〔明〕史鉴

先考讳珩，字廷贵，姓史氏，号友桂，人或称桂轩。居吴郡松陵邑范隅乡穆溪里。

濒溪多黄姓,故又为黄溪里。其先世居浙之嘉兴,自东轩府君馆甥于黄,遂为黄溪人。至清远府君,力田起家,为税长,义不倍取,治税如治家事,名籍甚。生五子,溪隐府君冢嫡也。性至孝,不渝先志,家事又甚理。先君幼端重,静默不事事,咸目以不慧。清远独奇爱之,尝抱置膝上,夸谓客曰:"他日佳器也,第吾不及见耳。"濒终,析产诸子,命不得与长子齿,意欲以次传及之,且曰:"后世守此法,毋变也。"十岁,母黄氏殁,祖母躬抚之。稍长,崭然露头角,出语惊人。甫冠,即代父在官。时郡县多逋负,朝廷遣使督之员众,馆传不能容,散处祠寺中,悉满,供亿日靡不资。邑又当要冲,道过者无宁日,求索不问有无,咸取办于长。长复箕敛民以应,不宁厥居,往往遁去,税入愈不充。督者继至,吏卒手文檄,日叫嚣道路间,逮捕盈狱,凡为长多家破。先君善应之,无滞事,亦无病民,家得免于毁。邑长贰曰:"彬有孙矣。"推继为长,不贷豪猾,苟犯约,必痛治,绳削乃已。至细贫,则时有纵舍,未始肯猎民毫毛利。民故畏其严,怀其恕,而服其廉,争如期集税,为一邑最。居久之,竟谢免,强起之,讫不肯就。尚书比部谢郎中巡抚东南,尝召问利病,先君条对甚悉,因访以学,以不学辞。曰:"汝富家子,年少,今不学,何待?"先君闻语,痛自励,日取诸书课读,虽甚冗不废,间从明师友相质问。凡有关伦理,则默识思践行之,饰章绘句之习,一不加之意也。又善记《资治通鉴》,论上下数千年间治乱贤不肖,如指诸掌。初溪隐尝作祠堂,甫成而卒。先君考《礼》,作祭器务合乎古,不详备不止。将有事,得日则宿其族人昆弟。临事,爨濯必亲,视鼎器必亲,馈羞菹葅醢必亲,荐忝而信,如见其所祭者。卒事,会馂献酬毕,各就位,爵行无算,尽欢乃罢。或一事不尽,则不怪累日。择枪字围常稔田八十余亩,以供祀事。既徽文示子孙,又定约若干条,并刻石祠下,大抵以严嫡庶、尽诚敬、务丰洁为教,尤恳恳于怠忘之戒。辟家塾,延周伯器、夏原善主之,命鉴从之游,里中来学者,不计也。二女兄蚤寡,家业复凋谢,姻亲无一闻其门。先君抚成诸甥,于凌氏甥尤加意焉,为之冠,为之娶,为之田,为之室庐,盖张氏甥稍自树也。重然诺,苟一语出口,虽百费不为惜,或讥笑之,曰:"财可得,信不可失也。"尝与人期将行,适贵客至,行则傲客,弗行则失期。曰:"吾岂可负成约乎?"讫谢客以行。尚气敢言,遇可言处,虽王公大人不为屈。人有过,面数之,至颈赤毛竖不少怨,然不讦以私,故人亦不甚怨。闾里间交恶者,咸来诣先君,先君出片言,决之即定。其用心平,持论公,好恶无所偏,一以义为准,不期服人,而人自服之。故不义者,每相谓曰:"史桂轩得毋知之乎?知之,将不直我乎?"士有挟一艺者造门,识不识皆宾礼,使人人得尽其情。其学行名海内者,尤慕之如饥渴,随所至,折节下之,不敢以年望故骄士,士以此益亲附之,故先君名得士。酷不信佛老,巫觋斥绝之,使裹足不入门。尤嫉堪舆家言,以为兴废、贵贱、夭寿,天也,岂术所能移?初祔葬母于姑侧,及葬溪隐,将迁柩合葬。议者谓不利后人,譬止之。先君一不听,曰:"吾得朝合葬父母,即夕死无憾矣。利不利勿论也。"尝作亭道旁,买田,具浆茗饮道暍者,为棺椁以葬贫者。不喜饮,而喜客,客至无不留。或三日客不至,则怅然如有所失。有吴某者,尝坐事亡,抵先君,众为之惧。先君曰:"其兄吾友也,苟事觉,吾当连坐。"卒脱之于死,竟不一诣谢，众为怒。先君曰："吾岂责报哉？"遇之如初。邻郡无赖者数辈，日凌轹吾土，辄飞文以诬，得贿则已。与较，则连结奸吏为夤缘，多不得直。遂大为奸利，奴视吾人，指取所欲，得如己有。先君屡使人谕之，自若也。度不惩艾不已，遂白诸官，咸伏法。父老泣谢曰："微君，吾属尽矣。"邑大夫闻先君名，屡招赴乡饮，辞曰："齿与德俱未，奚可哉？"卒不赴，邑大夫屡虚其席。岁大祲，出粟七千石，以实边及赈饥。天子嘉之，锡之命服，仍诏有司旌其门曰"尚义"，先君拜命退避，若不敢当。一日，忽为书召尝所往来者与饮，告以付家事于鉴。鉴泣涕辞不许，众为鉴固辞。先君曰："当容我以娱老。"遂不敢辞。自是日婆娑于宜晚楼中，不复问人间事，琴诗自娱。甫一年，忽得疾。疾三日，家人祷，不使知。先君微闻，曰："我未死，汝曹遂欲坏家法耶？死生命也，鬼神何心哉！"又六日瞑，成化丁亥六月七日，上距其生之年永乐甲午四月十日，寿五十四。先是与数客避暑瞻绿亭，各赋诗，刻竹上。客有张子静者，末二句云："白发侵侵人易老，南风亭馆几回来？"先君叹赏，以为有理，讽咏至再三。客去，疾作，竟不复一登，不虞其为谶也。未五十时，已预治后事，棺椁衣衾之属无不具，至是盛暑中得以敛，吊者皆叹其识之过人。先君修髯长身，风度凝远，每出入道路，咸指目之。其胸次豁如也，内外一致，不谄笑，不作媚人语，不匿情饰貌。待人不欺，人亦不能欺。不干人以私，人亦不可干以私也。家众数千指，一以至公驭之。赏当其功，罚当其过，信任当其才，无甚爱亦无甚憎者。垣屋什器不苟作，作必工致朴古。下至草木几格食饮器，亦斩斩中绳墨。虽有疾，衣冠见人，坐立整如也。初娶张氏，即先妣，同邑烂溪里人，本凌姓，今太常卿信从姐也。因大父霄婿张氏，父昱冒焉。永乐甲午十一月十日生，生十七年归先君，归如其生之年，以正统丙寅十一月二十九日卒。继娶朱氏，嘉兴人。遗孤二：长即不肖鉴，娶麻溪李氏；次曰铎，妾张氏出也，未娶。孙三人：男曰永锡、永龄，女曰素润。卜以明年九月四日，葬所居南小旬围之原祖茔西二十武，迁祔先妣。呜呼！我先君志希乎古人，行出乎今人，泽及乎后人，而不获膺大任，享荣名，跻上寿。天乎！天乎！而有是耶？而有是耶？孤不肖，不敢即死，泣血以状其万一。哀不能文，质不敢诬，惟立言君子矜而赐之铭，庶几永传不朽。呜呼哀哉！呜呼痛哉！谨状。成化三年七月晦日。

明史鉴《西村集》

桂轩史隐君墓表

〔明〕徐有贞

吴江之穆溪，有隐君子，曰桂轩史君，以行义闻浙东西盖久矣。至是以疾卒，其子鉴缞绖拜予门以请曰："呜呼！鉴之先人志希乎古人，行出乎今人，而隐约以终其身，不获上寿以没，名不在太史氏。不肖孤无能显扬乎先人，乃惟是惧，谨已状其行实，敢以告于下执事。执事其愍而表之，庶几得托以不朽者，是先人虽没犹存也。"余愧乎其言而可之。按状：史之先本槜李人，自君之曾大父东轩府君居仁馆于溪之黄氏，乃始来徙。东轩生清远府君彬，清远生溪隐府君晟，溪隐娶于黄而生君。君讳珩，字廷贵，好树桂，以桂环居，故自号桂轩，而人亦以称之。世以力本业致垟封，长乡赋，而雅行修谨，不为武断豪敖，邑中称积善家必及史氏。君早失恃，鞠于大母，而大父尤爱之。其凝重初若不慧者，溪隐深以为忧，清远独曰："此吾保家之孙也。"甫弱冠，即代父祖事。时北都始建，海内敝供亿，而吴会为剧甚。使者旁午，操切烦憯，公征私索，至纷不可辨，民不堪命，长不堪事。君独优为之，宁朘己，弗剥民，守令赖之集事使。恒长乡赋，非其好也，卒辞之。比部谢郎中之来使也，闻君名，召之问民间利病，君条对井井，谢器之，因劝之学。君繇是益自激厉进修，潜服孔孟书，虽不为章句习举子业，而于指趣无弗通者。又好司马公资治鉴、朱子纲目，扬榷古今上下数千载事，缊缊绎绎，若引绳贯珠，举镜照物。于先哲格言法语，味之不翅冯永，至如世之浮文艳词，未尝出于其口入诸其耳也。雅好礼，持身理物，动中矩度。作祠堂，置祭田，具祭器，为教戒，刻石示子孙。每祀其先，必宿斋戒，躬执鼎俎。荐献毕，则举家长少会馂，旅酬如仪。其于族属尤厚，或阙乏不待，乞假而周之。有两姊皆孀居守志，君共养之终其身。两孤甥抚教之，皆成人。辟家塾，以淑其子姓及里之来学者。宾客至，礼之恐后，而于儒硕尤所歆重，虽在远必修敬焉。惟不信异端奇衺之说，师尼巫觋绝迹于其门。初其母氏之卒也，葬比祖姑兆域。及父卒，将迁以合葬，所亲以堪舆家言不利后人，苦止君。君曰："吾闻夫礼，未闻夫术，使吾母而不得祔乎吾父，吾何以为人子哉？"卒祔之。其年裁逾五十，即以家政付其子，常静居宜晚楼，不轻下梯与俗人接见，语不及人间事。居久之遘疾，医不即奏功，家人潜使巫祷焉。君闻之，怒曰："命也，安事祷？而曹不知我不为非礼祀耶？奈何乱我家法。"止之而卒，成化三年六月庚子也。其明年九月庚申，葬溪南小旬围之原，以凌孺人祔。凌，其原配也，贤而蚤卒。继朱氏。其子二：长鉴，凌出也，才行克肖；次铎，庶出，朱以无子子之。孙永锡、永龄。君为人颀而髯，风仪楚楚，玉出尘表，见者异焉。平生履方衷实，不为世俗夸毗态，不为咕嗫语齷齪行。盖其好义若好利，自少至老，为之不衰，而人之称之亦不衰。此其详，予闻之予姻家沈启南，启南闻之史氏塾儒张子静。乌乎！若君者，其可谓志行不凡者矣，于是乎表而系之以词。辞曰：

混混穆溪，松陵之阳。派彼震泽，汇于三江。爰有君子，居溪之涘。我口其人，珩也史氏。卓卓其行，断断其言。既不诡正，亦不怀谖。不侨以扬，而惇以守。而无訾窳，而无口诟。匪身是谋，惟后是诒。乡有善士，而其以之。乃徵乃书，表于阡石。来者尚德，车过斯式。

陈去病《松陵文集》

继母朱孺人行状

〔明〕史鉴

继母姓朱氏，讳淑清，嘉兴秀水县思贤乡人也。大父达，父忠，母张氏。正统十二年，继母年三十二矣，归先君，为继室。先君家故营蚕事，然不能岁尽善，间一二岁辄有败者。继母业善蚕。其初收也，以衣衾覆之昼夜，程其寒暖之节，不使有过，过则伤。是为护种。其初生也，则以桃叶火炙之，散其上，候其蠕蠕而动，溅溅而食，然后以鹅羽拂之。是为摊乌。其既食也，乃炽炭于筐之下，并其四周，剉桑叶如缕者而谨食之。又上下抽番，昼夜巡视，火不可烈，叶不可缺。火烈而叶缺，则蚕饥而伤，火致病之源也。然又不可太缓，缓则有漫漶不齐之病矣。《编经》曰：蚕荐用以围火，恐其气之散也。《束秸》曰：叶墩用以承刀，恶其声之著也。是为看火。食三四日而眠，眠则摘。眠一二日而起，起则喂。是为初眠。自初而之二，自二而之三，其法尽同，而用力益劳，为务益广。是为出火。盖自此蚕离于火，而叶不资于刀矣。又四五日为大起。大起则剃，剃则分箔。剃早则足伤，而丝不光莹；剃迟则气蒸，而蚕多湿疾。又六七日为熟巧，为登簇。巧以叶盖，曰贴巧，验其犹食者也。簇以藳覆，曰冒山，济其不及者也。风雨而寒，则贮火其下，曰炙山，晴暖则否。三日而辟户，曰亮山；五日而去藉，曰除托；七日而采茧，为落山矣。凡蚕之性，喜温和而恶寒热。太寒则闷，而加火太热，则疏而受风。蚕房宜卑，卑则温；蚕簇宜高，高则爽。又其收种时，须在清明后谷雨前，大起须在立夏前，过此不宜也。至于蚕叶，尤宜干而忌湿，少则布挹之，多则箔晞之。凡此成法，而继母独得其妙，他人效者莫能及。又能节其寒暖，时其饥饱，调其气息，常使先不逾时，后不失期，而举得其宜。一时任事诸女仆，又相兴起率励，咸精其能，故所收率倍常数。传者始而惊，中而疑，终而信也。其后益加讲求，为法愈密，所产益良。前后几二十年，岁无败者，时咸谓吾家有养蚕术焉。岁时得以充赋税，供衣服，佐婚嫁者，盖不少也。而禄命家之言，又以先君始生之日为癸丑，岁在午，月建巳。巳午火，为癸之财。蚕命属午，死于巳。继母年月日皆为丙申，其干与纳音尽属火，故宜蚕云。然徒委诸命，不资人功，非所以为训也。初，继母无子，爱某如己出。后侧室生子曰铎，均其爱于铎，又聘其妹之女张氏为铎妇。先君卒，铎幼，继母所以为铎虑者，无所不至也。成化十九年三月二十八日卒，寿六十八。卜以是年十二月二十五日，奉柩葬于小旬原，从先君兆。先君姓史氏，讳某，字廷贵，号桂轩。世家苏州吴江县范隅乡穆溪里，先十有六年卒。子男二：不肖鉴、铎。孙男二：永锡、永龄。孙女三。曾孙男二：曾同、曾大。呜呼！我继母之殁，不肖孤某不敢称述先德，惟是墓中之石宜有刻也，谨掇其大者著于状。

明史鉴《西村集》

盘窝翁墓表

〔明〕吴宽

嘉议大夫、吏部右侍郎、前詹事府少詹事兼翰林院侍讲学士、长洲吴宽撰。

中宪大夫、南京都察院左佥都御史、前大理寺少卿、同郡陈璚书丹并篆额。

吴有著姓，顾其一也，族属散处郡中，翁之先则世为吴江之同里人。曾祖均祥，祖汝民，父伯振，皆有隐德。伯振娶莫氏，以永乐癸丑[1]二月廿四日生翁，幼即知孝。祖尝长乡赋，县吏以征敛后期，欲笞之。时翁年十余岁耳，泣诸身代，人已奇之。既长，为里中李氏婿，且夕服劳，如共子职。后乃徙居东溪之上，首建祠堂以祀先，次辟家塾命教子，其治家以礼也。力田殖产，不务末作，量入较出，不肯妄费，其谋生以勤也。家既益裕，凡声色玩好，世所共喜者，一切屏去，又其持身以俭也。兄有女而孤，为备资装嫁之，使不失所。族有丧不举，为治葬具助之，使得安厝。以争讼为耻，故刑罚不及其身；以奔趋为戒，故城府亦少其迹。其为人如此。是以子孙尊其教，居有共爨之义；县令敬其行，延预乡饮之礼。迨其晚年，性亦闲适，作室独居，扁曰"盘窝"，因以自号云。弘治辛亥正月二十日，俄以疾终，春秋七十有九，以是年十二月十八日，葬于其里西初字圩。配李氏，先六年卒，卒之日为成化丙午八月二日也。李氏孝慈恭顺，克为翁配，盖凡翁之贤，而李氏实助成之。子男二人：曰宽，曰宏。孙男七人：曰纲，曰纪，曰经，曰纶，曰绅，曰缨，曰纯。经、纶，皆太学生。女二人。曾孙男九人，女四人。翁之葬，今汝进士泰为之铭矣。其二子复欲表于墓上，乃奉塾师曹君孚之状来请。视其状，既知翁之贤，而复有取于其临绝之见也。盖吴江之俗好佛，生子多俾为其徒。家有丧，累昼夜作佛事不已，否则人窃笑之。翁独不好，尝曰："生则有死，此理之常。人但无疾而死，则幸矣，彼佛轮回利益之说，亦足信耶？"一日，与人午饮尽欢。明日，体中觉不佳，曰："吾殆死矣！"二子问以佛事终当作否，摇手不应，翛然而逝。噫！其亦可谓明于死生，而不惑于流俗者矣。乃特书之，以示其邑之人。

弘治十一年岁次戊午腊月廿一日立石。

吴江博物馆藏拓片

注〔1〕：清顾鼎勋《顾氏族谱》卷六载有此文，作"甲午"。以"春秋七十有九"记载，"癸丑"恐是"癸巳"之误。

记先祖菊泉遗事

〔明〕袁仁

大父菊泉先生，名颢，字孟常，世居陶庄之净池。宣德五年，析嘉兴东北境为嘉善县。王大父杞山翁，博学善谈论。胡大理初拟设县治西塘镇，谋之诸父老，父老咸委计于杞山。杞山老且病，不能出，使菊泉应命。时方弱冠，先乘小舫，遍阅地利，谓西塘水势倾斜，不若武塘平正，遂献策曰："创邑开治，最上论国计，次论人情，又次论地势。西塘僻处一隅，非厄塞要。会武塘东通海上，为府境之藩屏，地方有警，可以扼亢，且商旅往来，亦易成聚。"胡大然之，遂挟与偕行，每事询焉。既定治武塘，叙乡列都，宜永七为首。余家在净池，属下保东区。胡谓曰："邑新建，供役任事，宜属能者。"因首下保东，而金吾祖为一册一甲里长。明年出赘芦墟徐氏，杞山以田房授伯祖，故所蓄书万余卷，悉授先生。先生发箧伏读，至忘寝食。初读《易》，作《周易奥义》八卷。次读《书》，读《诗》，读《礼》，咸能洞其阃奥。最后读《春秋》，叹曰："仲尼实见诸行事，惟此书耳。杏坛一会，俨然未散也。"作《春秋传》三十卷。先生之学，自象纬舆地，以及三式九流之属，靡所不窥。谓医贱业，可以藏身，可以晦名，可以济人，可以养亲，遂寓意于医，作《脉经》《针经》各一卷。叩门求诊者，辄托以太素脉，悬断祸福，劝其积德祈天，所言多验，人皆惧而自戢。然先生实精皇极，数得邵子正传，不欲显名，而只言于脉也。有王氏子素不孝，先生诊之曰："心脉为己身，肝脉为父母，今心脉弦急，凌其肝脉，子殆未能顺亲乎？急更之。不更，后三日且有火厄。"至期果因炉覆炭炙其手，急诣斋头，扣首请曰："君言验矣。后当无恙乎？"先生为极论亲恩罔极，子职难供，亹亹数百言，皆谆切语。王氏子心动，泪潸潸下，改节力行，卒为孝子。苏州胡倅，能吏也，而居官不廉。闻先生神于诊，微服求诊。先生谓曰："心脉圆而清，公殆贵人乎？"曰："然。"曰："肺金为财，而脾土生之。脾脉滚滚，且浮且沈，公得毋有羡心乎？"胡面赤不语。先生复谓曰："察君之脉，官当至三品，有二子登科，能茹冰啮柏则验，不然寿且不永。"胡起再拜曰："予某官某人也，敬奉教。有犯，天且戮我。"胡后竟以廉名，官与子皆如其言。此类甚多，不具论。先生婚十五年，祖母徐氏卒，感其淑顺，不复娶。堂后构一室，曰"杞菊山房"，左图右书，焚香晏坐。初十年，客至，惟谈名理，不轻为人诊。远方来恳者，遣吾伯父代之。又十年，不复接客，惟闭户著书。又十年，屏书籍不阅，交游尺牍皆不启封。然犹时出庭中，盘桓松菊下。最后不出户者，凡十有三年。生三子，仲即吾父也，出赘武塘殳恒轩所先生，以其博洽醇粹，能读父书。甲寅岁九月朔日，遣人呼至榻前，悉以先世遗书授吾父，如杞山先生故事。越九日，沐浴更衣，出坐正寝，亲友毕聚，相与诀别，无几微凄怆态，欢然而逝。盖自我祖母没后，块然独处者垂四十三年。余恐先人遗行久而泯没，因纪而藏之。余垂龆时，常侍左右，见其语默动静，端闲安适，应之若无心，而运之若有法。终日危坐，若槁木死灰，而问难酬机，又若圆珠活矢。追而思之，思而纪之，所可述者，皆土苴粗迹耳。其睿思之渊微，涵养之深厚，固不得而测其万一也。为吾子孙者，奚必远慕，能绍家庭学术，可无忝尔生矣。朱与均也，岂皆庸流哉？惟不能肖尧舜耳。嗟嗟！为常人之子孙易，为贤人之子孙难。存没同途，祖德如见，纤毫不类，是谓不肖，倘不自绳，且睢睢愧死矣。

《袁氏家乘》1920年抄本

先祖梅溪府君行实

〔明〕赵宽

先祖讳瑛，字荆璧。其先盖宋宗室，自元以来世居苏之吴江。曾祖讳原一，字仲逵，生有元之季。乐善畏法，以懋迁为业，家颇充裕。及入国朝，见时政严，恐以财自累，尽捐其田庐，帑藏以周贫者，隐居自守，足迹未尝入城府。既而邑之巨室皆遇祸，而公独无患，以寿考终，时人服其先见云，宽之六世祖也。祖荣祖，字显之，亦有隐德。父铭，黄岩典史，倜傥有节概。重然诺，急人之难，厚施而薄望，平生交游满海内。初拜黄岩，未之任，意有所不乐，即拂衣而归。开轩凿池，日与故旧宾客觞咏为欢娱。有轩曰"临清"，堂曰"永安"，翰林学士马铎为之记，诸公题咏甚众，今卷帙尚存也。母丁氏。先祖慈仁和厚，少事黄岩府君，孝敬备至。甘旨之奉，宾客之费，家虽贫，未尝不毕给也。性颖敏，书无所不观，尤精于阴阳医卜之术。以才谞为乡里所举，为邑掾，文而无害。尝巡狱，有窃盗系者，其仇家欲致之死，遗先祖百金曰："愿为我除之。"先祖曰："彼罪未至死，吾不忍也。"却不受。秩满升于朝，授梅溪税课局大使。革市廛渔猎之奸，通商贾懋迁之利，会计允当，秋毫无私，以老致仕。自为掾至致仕，履历三十余年，未尝有过名，达官上司多重之。先祖既致仕，宽游邑庠，所以训诲宽者日夜，勤勤恳恳。为延明师，读书肄业亲督促之，每见微有进益，辄喜溢于面。尝曰："吾先世积德百有余年，我身亦不为恶，我后必有兴者矣。"平生待人接物，未尝有急遽之色，虽御僮仆，未尝有詈言。为人退怯，与物无竞，非理相干，但以礼遣。平居细故，唯唯若无所可否。至于临大事，则卓有定见，毅然不可夺也。归老二十余年，守静安分，贫而能乐。乡里有称贷不能偿者，往往舍置之。遇伶仃孤苦之人，未尝不掇食解衣以温饱之。其慈心爱人，盖天性也。甚恶巫觋之徒及浮屠氏之说，家人有疾病，疗以医药，不为祈禳，有丧不作佛事。今年夏，忽以微疾终于正寝，四月十九日也。距生永乐乙未，享年七十有七。先祖为人少病，年虽老，若少壮然，方期以百年，不谓其遽止是也，呜呼痛哉！配祖母莫氏。子男二：长为家君旸，封承德郎、刑部主事，娶先母，封安人沈氏；次用，娶姚氏。女二，适方鼎、金濂。孙男六：长完；次即宽，历官刑部浙江司郎中；次宏、宠、宇、宬，为儒学生。女一，适庞颢。曾孙男五，女四。卜以十二月十八日，安厝于吴山灵石峰之原。宽重惟先祖行谊纯至如此，不可无述。故敢抆泪敬书，以俟庶当代名公巨儒秉记载之笔者，有所采云。弘治四年八月二十日谨述。

明赵宽《半江集》

先祖母莫氏墓志

〔明〕赵宽

祖母姓莫氏，吴江旧族。父智，母陈氏。祖母生数岁，怙恃俱亡，鞠于舅氏英。英亦邑著姓，为人俊爽尚义。先曾大父永安府君与之游，遂以祖母归吾祖局使府君。时吾祖年十六，祖母年十五耳。曾祖母丁，严毅有家法。所生惟吾祖，无他子女也，故于祖母慈爱甚笃，抚育训教，无所不至。然少有过差，督责未尝少贷。祖母亦孝敬兼尽，恪恭夙夜，罔敢怠遑。曾祖母之没也，寿八十有九。宽生已十余岁，犹及见祖母之事其姑也。吾祖由邑掾举于吏部，任湖州之梅溪税课局大使，任满致仕。宦游三十余年，未尝有过，盖祖母内助之力为多。祖母性沈静，独处一室，终日不闻其音声。居家，足未尝出中门。从吾祖宦游，虽在舟舆中，人罕有见其面者。闺阁中，虽数岁之童不得入焉。吾父之生也，祖母年十七。吾母先宜人之归吾父也，祖母才三十余耳，而曾祖母在堂，方康强无恙。凡百宗事，上则有曾祖母主之，下则有先宜人承之，祖母周旋其间，裕如也，以故不见其有所为。平生慈悲过人，好施与。遇凡孤贫无告者，倾所有畀之，不责其报，以故囊无积资。年四十余，自以门祚薄，止一子，欲广继嗣，特为吾祖纳侧室韦，生一子二女，祖母抚之若已出。然年既高，康宁精力，人皆谓上寿之徵也。乃弘治十年十月初四日，遘疾以卒，呜呼痛哉！距其生永乐十四年丙申，享寿八十有二。配即吾祖，名瑛，字荆璧，寿七十有七，先祖母六年卒云。子男即吾父，名旸，字景东，封奉训大夫、刑部员外郎。娶吾母沈氏，封宜人。女某，适某，早卒。侧室子男用，娶姚氏。女妙福，适方鼎；妙寿，适金濂。孙男六人：长完；次即宽，赐进士出身，历官奉政大夫、刑部郎中；次宏；次宠；次宬，领弘治乙卯乡举，充太学生；次宇，尚幼。女二人。曾孙男七人，女六人。呜呼！吾家自六世祖仲逵府君、高祖显之府君，皆隐居行义，不求闻达。积德累仁至我曾祖，始以材谞为乡里所荐，出而仕宦。当是时国法严，偶以事得挂冠归，喜曰："吾于是可以永安矣。"因以名其堂，且以自号，卒寿终于正寝。其居乡尤力于济物，至今父老论当时诸前辈，必以曾祖为称首。然自仲逵以来，皆一子相继，永安虽有一弟字思聪者，亦早卒无嗣，门祚诚甚薄也。祖母乃能以是为忧，可不为贤哉！祖母生吾父，以有吾兄弟五六人，子姓将来之盛，盖未可量，祖母昌吾宗之功大矣。宽不肖，承前人之余烈，思欲有所树立而未能。故于祖母之德不敢泯没，以重不孝之罪，是用抆泪书之，既纳诸幽，且以示后之人。

明赵宽《半江集》

稼轩史公墓志铭

〔明〕赵宽

公讳璜，字廷习，姓史氏。其先世居嘉兴之思贤乡，代有衣冠，为乡间著姓。曾大父居仁，赘吴江穆溪里黄氏，遂为吴江人。大父仲彬，以特行闻，高皇帝召对阙下称旨，欲官之，力辞。居乡力穑，家用日起。父晟，有隐德，生二子，公其庶也。公生而岐嶷，自为儿时，已屹然如老成人。及长，师夏原善辈读书，知大义，涉猎经史，不为词章学。敚晦丘园，不交权利，以耕稼树艺为业。暇日则决渠灌园，荷锸栽松，俯钓仰弋，优游偃仰，于以自适。人以为有庞德公之风，因以稼轩处士号之。性勤且俭，中岁回禄，窃发所积，荡然无存。与陆孺人戮力耕织，不数年而产倍于前。岁时伏腊，烹羊炰羊，以集亲旧。其或良朋苾止，瀹茗论文，流连尽日然后去。重然诺，尚信义。与人言，恂恂如不及，和悦而异容。不徼讦以干时，不诡异以违俗。闾里有急，必为周旋排难，人故服其义而怀其德焉。其子弟就学，必择师而教之，于籝金无所吝，故其后皆循循雅饬，绰有诗礼之习。诗咏燕翼，于公有焉。生于永乐丙申，没于成化癸卯，享年六十有八，葬小旬茔。配陆氏，以贤淑闻，别有志。子男二，镛、镗。女三，孙男四。予交公之子若孙，知公之深，不能辞铭。铭曰：

公业农，世以昌。寿何其，六十强。兄弟二人如凤凰，况也有子延其芳。黄毋忘，溪之原，阜且岗，砻石镌铭永以藏。虽曰千祀幽且光，子孙识之其。

陈去病《松陵文集》

叔母陆孺人墓志铭

〔明〕史鉴

成化九年六月十日，某叔母陆孺人卒。葬有日，叔父稼轩君命某曰："吾妻之服勤处顺，在众罔不知，然详而悉者莫若尔，尔其有以铭。"某受命不能辞，乃志而铭之。志曰：陆氏在吴为著姓，自吴郁林太守绩以下，代有闻人。其后子孙众多，蔓延一郡，中或仕或隐。元至正中有名秀甫者，居松陵邑范隅乡穆溪里，生三子，其季曰天祐。天祐生权，权娶杨氏，生孺人。我祖考溪隐府君居同里闬，闻其贤，故为稼轩君聘焉。宣德九年，孺人生十九年矣，来嫔，吾宗内外上下罔不称庆。我显妣凌孺人相为娣姒，怡怡愉愉，久而弥笃，间言无闻。其孝义，不独于舅姑然也。性勤且俭，每鸡鸣而起，治饮食外，躬事纺绩，讫夜分乃罢，虽侍媵不见其有逸豫时。尝以为锦绣纂组害女红之尤者，故未尝措诸手而被其身。中岁，室毁于火，累世之积皆扫地无遗。稼轩君掇拾煨烬，戮力以事耕织，筑垣屋，治器用，百废具举。又婚嫁群子女，克称财礼。不数年，能复其所失，视旧有加，实孺人克相之。其母老而贫，惟数馈食与衣。至于财货，稼轩君不命，不少假借也，君子以为知礼。孺人讳素琼，寿五十八。生二男三女，男曰镛、曰镗，女尽嫁为士人妻。孙男三：凤祥、永安、麟祥。孙女三。稼轩君名璜，字廷习，稼轩其自号也。墓地曰小㭴，葬以成化十一年十二月九日。铭曰：

男主乎外，成之既艰。女主乎内，守之惟难。婉婉有仪，家顺以治。铭而藏之，以永厥世。

陈去病《松陵文集》

裕庵处士杨公墓表

〔明〕赵宽

杨之先为扬州巨族，宋季徙家苏之吴县，国朝洪武初再徙吴江。今扬州诸宗犹有相闻者，而吴县之青阳里有墓在焉，岁时祭扫不绝也。高祖信卿，曾祖景平，祖伯英，世有令德。父俊，字士杰，号乐静翁，以义行为乡里所推，主税事，料量以平，人皆便之。妣朱氏。处士讳旺，字宗盛，别号裕庵，生于永乐戊戌。幼好读书，得其大意而已，不为章句，然记辄不忘。事亲孝谨，朝夕侍养，务得其欢心，不但甘旨之供而已。乐静翁治生勤俭，处士能承其志。力田服贾，驱车牛，秉耒耜，终岁役役，不自逸暇，以故家益饶。甫成童，即以身任门户官府之役，未尝一以烦其亲。其主税也，一遵父法，下无烦征，公无殿课。当官处事，必诚必信。虽遇尊官贵人，苟有可言，言之必尽，不自诡随以逢迎人。乐静翁尝语所知曰："此子可以逭吾忧矣。"景泰中，有出粟赐爵之例，处士输粟而不受爵。是时吴中大水，饿殍载路，处士多具棺瘗之，凡瘗者若干人。尝寓郡城李孟诚家，得其遗金数十两，即以还之，人多其谊。与二弟晔、时友爱天至，时出赘陈氏，无子，年老而家益贫。处士收养之，与共寝食，顷刻不相离。及其死也，哭之数月不辄，厚为营葬而祀之。其处家事，祭祀之礼，宾客之费，资产之业，皆有常法，可为子孙守者。交邻里，待宗族，皆有恩意。为人宽和，虽僮仆未尝疾言遽色临。遣子颛及颀受业邑庠，延明师教之，恳恳勉以忠孝。今颛以贡士为太学生，向用有日，颀学亦成矣。年既老，尽以家事付诸子，日与宾客燕饮为欢。曰："吾幸为太平之民。今老矣，身且强健，时和岁丰，不乐何为？"年七十又七，卒于弘治戊申十一月九日。配徐氏，亦邑望族。婉顺勤俭，精于女事。孝舅姑，善姒娣。为妇为母，无违礼者。年三十八，卒于景泰乙亥。卒之日，邻里姻族皆伤惜之。继娶张氏。子男四：颛、颢，徐出也；硕、颀，张出也。孙男二，女三。以卒后三岁辛亥九月九日，合徐孺人葬于松陵花园村之原。将葬，其子颛及颢等，以乡进士孙文聚之状，来请表于其墓，以示于后之人。余与处士里居密迩，世为通家，以是素知处士盖天资朴实人也。吾闻汉有卜式，时称长者，尝出粟助边而不受官，武帝以为贤，竟官之。姜肱兄弟友爱，同被而寝，不应徵辟。既死，而弟子刘操追慕其德，刻石表之。若处士者，岂尝闻斯人之风而慕之者乎？抑天资之暗合也。惜乎处士之名，不闻于朝，不式若然，则刘操之所以表肱者，吾何敢让焉？

明赵宽《半江集》

明故盛允昭夫妇合葬墓志铭

〔明〕王鼎

　　成化二十一年十有二月庚寅，苏之医学正科盛允昭夫妇合葬于长洲芝环山，从先兆也。海虞王鼎按州判夏先生所著行实而为之铭，曰：允昭姓盛氏，名昱，号芝田，允昭其字也。裔出宋文肃公度之后，有讳岫者，靖康间扈跸南渡，通判平府江，遂占籍于吴江焉。传至景华、宜仲，为允昭曾大父、大父也。父曰文叙，受业于季父起东御医公，尽得其斯蕴，卒以医鸣于吴。母张氏，有淑德。允昭克绍家学，而于方书脉诀，莫不精研，经传子史，莫不穷究。活人虽多，罔或责报，所谓儒而医者，以是郡守汪公浒荐授是职。当道者以其才足以有为，于凡政事缺员悉委之。允昭奉公惟谨，屡试称事，器重于士大夫间，奚止于医而已哉！年甫五十，遂休官于家，讲明地理星命之术，断以吉凶，历有取验。赋性淳笃，济之以学问，孝敬尽于亲，慈爱及于众，友爱加于昆季。其仲氏允高，自台宪以至于作郡，未尝不以忠勤廉慎而规勉之。允高卒为名御史，贤太守，未必不有赖于允昭之助也。厥配陈氏硕人，亦吴名医良绍之女，故翰林侍讲王公汝嘉之甥也。硕人幼侍父疾，服勤忘倦，及居亲丧，哀戚尽礼。甫笄归允昭，事上遇下，罔不以道自处。相夫则义以顺，教子则爱以劳，称允昭得贤内助也，人无间言。允昭生于永乐己亥十二月二十三日，享年六十有五，卒于成化癸卯十一月三十日。硕人少允昭二年，后允昭三月而卒。生男一，莹，绰有成立，继述之善，无忝尔先，娶蒋氏。女三，长适娄襄，次适徐儒，次尚幼。孙男二，孙女一。呜呼！伉俪偕老，德义相孚，而始终不渝者，予于允昭夫妇取焉，故于志后而复系之铭曰：

　　才堪济世，仅以小受。德宜永年，止于下寿。吁嗟君子，匹此贤妇。琴瑟之好，脍炙人口。一刚一柔，终始以守。合兆芝环，山深地厚。墓门有石，万古不朽。

　　赐进士出身、奉政大夫、南京刑部河南清吏司郎中、海虞王鼎撰。

清盛钟岐《平江盛氏家乘初稿》

太医院医士盛先生墓表

〔明〕吴宽

　　先生姓盛氏，苏之吴江人，世居吴中，为名族。按其谱，出宋文肃公度后，数传至寓翁，生景华，有隐操，人称居密翁。景华生启东，始业医，而精其术，仕为太医院御医，受知先朝，累被宠渥。生十一子，而俨最长。先生，俨之子也，讳暟，字用美，号闲舟。初,其父从御医公居京师,始壮而卒。君时生甫七年耳,与母许氏留吴中,赖其曾祖居密翁抚教之。既长,奋志于学,授徒养母,曰:"吾其取科第以仕乎。"则习举子业。顾屡试于乡不偶,复叹曰:"仕必有命也乎?医,吾家学也,吾当继之。"先生既业儒而理明,于医趣通。又其家多奇方奥旨,发而究之,附以己意,治疾辄验,人曰"此得盛御医秘传者",争往求之。先生复不计利,遇贫贱者率与之药,求之者益众,一时医名大振,传至京师,遂徵为医士。久之当得官,然非先生所望也,方称疾不出,适闻其母丧而归。服除,竟不上,益以医行于时。既老,得末疾有疾者,多就治之。弘治九年十二月二十八日卒,享年七十五。先生初娶沈氏,继潘氏、高氏。子男三人:曰乾,娶张氏;曰坤,府学生,娶柳氏;曰艮,娶夏氏。女一人,适国子生顾纶之。孙男四人:应龙,聘阙氏;应阳,聘陆氏;应时;应社。孙女四:长字府学生沈济,次字袁表,二未行。先生为人襟度爽闿,而言论明畅,对客饮酒,笑噱倾倒,曾无隐情。人有过,往往面加指斥,至人以非礼加者,亦能容受不与较也。笃于交谊,或以急难告,辄周给之不吝。凡嫁娶丧葬有不能具者,多赖其助,亦可谓好义矣。去岁,予尝过先生家,先生闻予至,使人扶掖而出,犹喃喃道说旧事,窃叹其病且痼,非复少壮时态。然年既高,子孙森然,孝养备至,可无憾也。至是竟不起,乾等乃卜明年十二月初六日,葬先生于茅坞之原,其父之执德州同知韩君彦哲率之来求予表墓之文。先生尝谓死生常事,当病未剧,自述志铭,其明达如此,予故书此表之。凡其平生见于自述者,不复书也。

嘉议大夫、吏部右侍郎、前詹事府少詹事兼翰林院侍讲学士、长洲吴宽撰。

清盛钟岐《平江盛氏家乘初稿》

明故盛闲舟先生墓碣铭

〔明〕吴瑄

广陵盛乾将按厝其父闲舟先生于西山之茅坞之原,先事砻一碣于墓左,过予再拜,以文为请。予诘之曰:"吾闻而父初得疾,即已效传奕杜牧辈,先自为志。其既死也,汝又曾请今少冢宰吴公原博为墓表矣。计二文所录于汝父,宜无遗者,奚以予言为哉?"乾又拜曰:"惟执事与先君交逾五十年,今不辱一言以光幽宅,生则不得为孝矣,恐执事于友谊,亦不少有慊然也。"予笑而诺之。按其所自志,凡平素所当书以传者,皆逊而不言,晦而弗彰,盖谦德也,故从而掇拾其遗叙而为铭。闲舟名暄,字用美,闲舟者,其号也。生七岁而孤,其先居浙,今为吴江人。少颖悟,尚气节。其大父御医公于诸子爱而知教,不少姑恤,故弱冠时,于儒医二家言,已能涉其大旨,既又学《易》于汝南周教授。先生尝挟所有应南畿试,至再至三皆不售,乃叹曰:"吾之不利于场屋,固学问使然,然亦知其如命何?"于是复从事于医,凡自先秦以来医家诸书,靡不博究其旨要。每有求疗者,辄与善药,预计其死生吉凶,多奇验,以故声誉日起,而求疗者众矣。成化中，以明医徵诣京师，寻以母丧归吴。服阕，竟不起，而无意于仕进矣。遂悬壶市中，病者或迎致于家，或舆疾以告，殆无虚日。先生应之，惟视其病之剧易而异其施，若其人有贵贱贫富，报有浅深厚薄，不较也，以是人益重之。曩者岁登七秩，吴中士夫暨缁衣负贩之流，接踵捧觞者，浃旬不止。君子谓其非富非贵而致客之多如此，谓其非艺术之精，存心之良，曷克是哉！先生生于永乐癸卯，卒于弘治丙辰，春秋七十五，葬以戊午蜡月初六日。其高曾以下已具志表。子男三人：曰乾，曰坤，曰艮。乾、艮皆继医业，坤为博士弟子。女一，适国子生顾纶之。孙男女共九人。铭曰：

厥艺孔精，厥誉斯闻。厥心孔纯，厥德斯均。惠周乡里，庆衍儿孙。茅坞之原，琢有贞珉。后人考德，载有吾文。

承德郎、湖广黄州府通判、延陵吴瑄撰。

清盛钟岐《平江盛氏家乘初稿》

盛母潘孺人墓志铭

〔明〕朱希周

孺人潘氏，为故太医院医士闲舟盛先生讳暄之配，寿八十有九而终。越数月，其孙应阳以进士授南京吏部验封主事而归，乃自为行状，奉其父命请铭于予，且曰："应阳昔计偕比上，祖母嘱曰：'吾老矣！尔脱取科第，其必早归，庶几及我之见也。'应阳谨识之，尝两疏乞归，竟不得请。及今授官南还，而祖母不及见矣。追念遗言，痛恨何极！惟祖母淑行实多，苟不得铭词以垂不朽，则不孝之罪愈大矣。"盖其请甚恳，予不能辞也。按状：孺人出吴中旧族，父曰承祖，母尹氏。闲舟初娶沈氏早卒，择可为继室者，闻孺人之贤娶焉。入门事姑，许得妇道甚。沈氏生一子曰田，抚之若己出。田早亡，孺人以无子，乃请于闲舟纳侧室高氏，生三男一女，皆哺而育之。凡饮食卧起，调护备至，疾痛则彷徨失措，寝不安枕，或一夜数起不厌。诸子若女依之，忘其为异出也。与高氏处相得甚欢，终始如一日，人尤难之。闲舟为人慷慨尚义，亲友以急难告，辄周恤不吝，孺人实成其志，至脱簪珥以酬之。岁时奉祀，必手涤祭器，供事惟勤，迄终无惰容。御臧获有恩，未尝辄加笞挞，而家政秩然，罔敢怠若事。闲舟先窭而后富，虽其以医自振，而拮据之力亦惟有内助焉。孺人既老，犹亲纺绩织纴之事，家人或以劳苦为言，则曰："吾自甘此，不为劳也。"平生尝涉猎书史，恒举古事为诸孙训，曰某事当法，某事当戒，其善教又如此，盖不特慈爱而已也。孺人生正统丁巳十月六日，卒于嘉靖乙酉二月十日。以卒之明年二月十九日葬茅坞之原，合闲舟兆。子男三人：长曰乾，娶张氏；次曰坤，娶柳氏；次曰艮，娶夏氏。乾、艮及夏皆先卒。女一人，适浙江按察司使事顾纶之。孙男五人：长应龙，次即应阳，次应祯、应时、应宾。应龙、应祯皆太医院冠带医士。女一人，适宣化县丞沈注。曾孙男三人，女四人。铭曰：

母兮鞠我，曰惟所生。贤哉盛母，人则鲜能。嗣续是图，奚必己出？我拊我蓄，劳瘁遑恤。乃衍厥后，孙曾满前。亦有仕宦，以显其先。巍巍高堂，九十其寿。诸福具全，报施惟厚。茅坞之阡，良人是依。述行有铭，不朽在兹。

赐进士及第、南京吏部尚书、前翰林侍读学士、经筵讲官兼修国史、睢阳朱希周撰。

清盛钟岐《平江盛氏家乘初稿》

吴江医学训科弃庵盛先生墓志铭

〔明〕杨绅

弃庵盛先生以疾卒于家，孤唐等爰谋葬事，乃述先生行谊踵予，拜且泣曰："先君与执事素善，而执事知先君最悉。窀穸届期，愿图惟所以不朽者。"予哀其情恳，遂序之。先生姓盛，名俻，字文理，别号弃庵。宋参政文肃公度之后，宋中叶徙南，遂家于苏。曾大父似祖，大父景良，俱崇隐德。父叔大，以儒医徵入京，授太医院御医，历正统、景泰，调护两朝圣躬，宠渥优厚。其术艺精妙，当时以公为首称。母朱氏，生母甘氏。先生自幼警敏，刻意钻研，志绍家学。十四侍父居京，父性严毅，先生左右承顺，务得其欢心。时章逢，乃求门卫生者，咸曰"御医公有后矣"，成童即为名流雅重。既长，大肆力于医家诸言，益之以家传之秘，故切脉投剂巧致奇验，人争异之。岁景泰，用有司荐授吴江医学训科。先生恒以公委，不得久居治第，故往来京师吴，不在在多活人之功。先生通敏博洽，时辈质疑求益者，辄举事引类，议论凿凿据理，听者羡服。御家严肃有度，外内罔敢违越。自奉俭约，惟祀享必丰腆诚洁。居常冠裳整雅，暇则熏炉坞桐自适。遣长子唐就予治《易》，余命治医，悉无敢惰志荒业。弘治己酉，始乞归老。生永乐癸卯九月二十三日，卒弘治戊午闰十一月初三日，享年七十有六。卒之又明年庚申九月廿五日，葬吴县荐福山丹霞坞。配徐氏，卒。继张氏，知保定府起韶张公之女，亦卒。侧室马氏、张氏。子男三：长即唐，娶徐氏，马出；次虞，娶石氏，卒，继聘杨氏；次周，聘顾氏。张出。女二：长，继室张氏出，适刘慈；次，马元祯。孙男鹤龄，唐出。马氏亦卒，合祔继室张孺人兆。呜呼！先生历官四十余年，砥砺节行如一日。其范于家，泽于乡，而孚于人，人卓乎不可泯者，宜寿金石以励后人。铭曰：

检于躬，谁云不淑？宦于乡，谁云不穀？箕裘有绍，寿考令终。人亦寡与之，同勒铭玄室，千古弗泐。

乡贡进士、长洲杨绅撰。

清盛钟岐《平江盛氏家乘初稿》

明故儒医盛君同妻朱孺人墓志铭

〔明〕张习

盛自文肃公以相业鸣，有宋再传开国伯章食邑吴江，其后遂为吴中人，十三世衣冠相望。入国朝有字景华者，绩学凝道，郡黉勒其《原道》诸诗于石，实君曾大父也。大父起东，儒而精医，永乐初繇郡医正科召至京医，果捷效，天颜豫悦，即拜御医，历洪熙、宣德、正统四朝，被宠恩殊渥。考汝政，侍养于京，遍识当代名公卿，而言行端确，重乡邦。妣徐，亦吴中名阀。君讳昕，字用初，性淳厚而敏向学，攻研儒医书，不舍昼漏。事亲孝，无违色。弟病，躬调汤药，祈祷无不至，数年无倦意。逮殁，哭尽哀，殓葬以礼。平生不作崖岸，与人煦煦，无少忤，虽有犯，亦不之较。值家中衰，然见义敢为，未尝委靡帖帖以姑逊也。配孺人，为长洲陆塘朱守仪女，母吾氏。聪慧靖庄，而寡言笑。笄年而归彭，取爱于亲者，事舅姑以敬，处妯娌以和。自少抵老，务俭约而勤女红，尤勤于诲子若妇，则妇道母仪，两无负矣。君生于洪熙改元阳月辛未，春秋五十有六，卒于成化庚子腊月辛亥，涓明年辛丑三月丙申，安厝吴邑荐福山感慈坞之原。孺人后君二十四年年七十有七而终，乃弘治癸亥九月癸丑，溯其生辰，则宣德丁未九月己卯也。子男二：长瓘，娶胡氏，继苏氏；次璋，娶张氏。女一，适张绘。孙男三：应期，登进士第，娶沈氏；应望，府庠俊秀员，娶刘氏；应宠，尚幼。孙女四：长适汤伊，次适吴江儒学生沈岳。曾孙男二：之材，聘王氏；次之荣。曾孙女一。卜明年甲子新正四日，葬荐福山之兆。瓘念襄君大事，时日薄事严，弗遑求志，迨今爽然于怀。兹罹孺人大故，宁敢泯亲之善，谨泣血具述严慈二行，以予有一日之长，踵门乞铭藏诸墓。言悲惋可怜，是其孝之克肖也，予乌可靳？尝思与君交，知君培植有素，故发之孙者，当青年莅显职，裒然扬声光，播忠节。虽律权贵之不法左迁，寻升令大邑，再升倅名郡，随任成功业益著。向来远大，固未有艾，然则为善获报，可不于君夫妇徵之也耶！故乐序次而铭之，岂为盛氏一巨族贺，盖将与凡为善者劝耳。铭曰：

贤相胤，儒医精。孝与友，力于行。心存恒，伉俪并。上遵轨，下衍庆。摽科甲，被显荣。策茂勋，崇令名。柱岩廊，大器成。焕龙光，贲邱茔。善获报，斯其徵。示世劝，当服膺。

赐进士出身、奏议大夫、广东等处提刑按察司佥事、敕命提督学校致仕、前尚书仪部员外郎、里人张习撰。

清盛钟岐《平江盛氏家乘初稿》

明故赠通议大夫都察院右副都御使盛公神道碑铭

〔明〕谢迁

　　嘉靖庚寅冬，右都御史盛公斯徵以状抵予，曰："应期先大父殁且五十年矣，曩者圣天子御极推恩臣下，获赠通议大夫、都察院右副都御使。制当树碑墓道，而尚缺焉，俾潜德未昭于世，应期责也，敢以铭请。"予虽不及见公，而辱斯徵知爱特厚，安可辞哉？按状：公讳昕，字用初，其先汴人。宋参知政事文肃公度之五世孙讳岫者，通判平江，始徙吴，遂世为吴人。我朝洪武初，公曾祖景华应贤良辟，有《原道》诸诗勒石郡庠。祖起东，以儒医受知文庙，特授御医。考汝政，以纯德名重于乡，妣徐氏。公温厚诚笃，古貌美髯须，望之不问知为长者。性好读书，研究旨趣，昼夜忘倦。间究心于医，亦复精到，持以疗人，无弗效。事亲孝敬备至，处弟极友爱。弟病卧岁久，祷药必亲。与人谦和无忤，见义敢为，不以贫富累心。宗姻里闬间咸信慕之，尝相谓曰："人有善，惟恐人不知；用初有善，惟恐人知之。"此公平生最乐处也。公生洪熙乙巳十月六日，卒成化庚子十二月六日，享年五十有六。配朱氏，长洲朱公守仪之女，有贤行，赠淑人，生宣德丁未九月六日，卒弘治癸亥九月初十日，享年七十有七，与公合葬于县西荐福山感慈坞之原。子男二：长瑾，号东溪，少治经，同辈推让而屡试弗利，亦以斯徵贵赠都察院右副都御使。娶胡氏，继娶苏氏，俱赠淑人。次璋，遇例冠带，娶张氏。女一，适张绘。孙男五：长即应期，登弘治癸丑进士，累今官，中遭挫抑而浩然之气不衰。圣天子励精图治，方求旧人，向用未可量。次应望，中正德庚午应天乡试。次应宠，府医学候缺正科。次应科，次应鼎。女六，适某某、某某、某某。曾孙男八：之材，府学生；之荣、之机、之模、之相、之椿、之楳、之楠。女二：长适工科给事中陆粲，次尚幼。元孙男五，多公后生也。予尝闻昔人以良相良医并称，为其仁能及物耳。公为良相之裔，蕴而弗售，仅托于医，以试其及物之仁。天乃报以后胤如斯徵者，行业表表，视文肃为无忝，岂非所谓仁者必有后邪！铭曰：

　　猗欤文肃，为宋名臣。派衍于吴。孙子诜诜。维通议公，中充外烨。妙究轩岐，克振先业。业贵有恒，匪润厥躬。苟可济物，相道实通。东溪继之，将浚而塞。天实厚积，以沛厥泽。爰有闻孙，服膺贻谋。进不徇时，退不后忧。荐涉崇阶，爰推祖德。纶绰褒荣，其报斯食。荐福秘灵，后命未涯。徵于世世，奚假铭诗？

　　赐进士及第、光禄大夫、柱国少傅兼太子太傅、户部尚书、谨身殿大学士致仕、余姚谢迁撰。

清盛钟岐《平江盛氏家乘初稿》

明故中顺大夫叙州知府盛公墓志铭

〔明〕范纯

公讳昶，字允高，别号晋斋，晚号休休翁。宋执政文肃公度之后，南渡徙于苏，家焉，故今世为吴江人。曾祖景华，祖宜仲，俱有隐德。父文序，攻医业儒，时名彰著。母张氏，希文先生之女。生四子，公行居二。自幼颖脱，智识过人，弱冠从故南康教授周川、辉宁府长史郑德新两先生授易经，治举子业，早著文名。景泰庚午选乡贡，明年辛未登进士高等，授山西道监察御史。壬申奉敕偕内臣理马政于山东，以时灾伤乞蠲负息，诏可其请，民甚德之。癸酉出按东广，时黄萧养乱后，所在荆棘。公不惮险艰，遍历穷山深谷，当时郡县弊政，痛为更张，抑强扶弱，激浊扬清，允惬公议。泷水贼势猖獗，公奋不顾身，策单骑抵巢穴，论以朝廷恩威，贼遂降，边境帖然。时巡抚亚卿事多不法，公上章纠之，巡抚坐贬以去。还任，一时台评虽重许公，而忌之者亦不少，未几以言事切直，左迁广西古田典史。其疏草已毁，人弗能详。入幕后，惟以讲学为事，其门徒若刘本、刘策，皆举进士，本至显官，公之教可徵也。天顺改元，升知四川罗江县，兴学作士，安民弭盗，声绩甚彰。时藩司滞狱无虑二三百起，马方伯檄公摄署理问，不逾月发遣殆尽，且轻重允当，人以是益重公之才。大盗赵铎聚徒几万，流劫郡县，屡降屡叛，终就摘剿，公之力居多。癸未岁，升叙州府知府，阶中顺大夫。其治民一以政教为务，薄书琐琐，若不经意。然遇事立断，人亦罕及。适戎珙筠、高土猪肆出劫掠，涂毒我军民，凶焰日张。朝廷命内外大臣统兵讨之，竟收成功，公在行间，斩获首级百颗。功上，幕府未及酬奖，竟以重听乞归，致仕如例，赋诗有"归涂一舸轻"之句，公平生守官清白可见。朝廷特念前劳，遣使赍金弊宝钞，即其家赐之，恩至渥也。公闲居中益力孝友，父子兄弟怡愉于一堂之上，和气霭然。暇则放情诗酒，笑谈宾客间，脱略世故，足迹未尝入城府。父母丧葬毕事，薄游淮扬，托贾以自适，而心则远矣。忽遘疾，抵家以卒，时甲辰春二月二十五日，距其生洪熙乙巳，享年六十。所著诗若文有稿若干卷，藏于家。娶王氏，福州教授长洲应良之女。继娶卫氏，中书舍人昆山以嘉之女。俱先卒。又娶尹氏，四川荣县知县滇南士恭之女。子男三：壅、塗、圯。女一。纳韩氏，聘未行。壅卜以成化乙巳十二月十三日，奉公柩葬于芝环山先茔之次。先期壅走百里，持从仕郎节判夏君德辉所述事状谒余，泣拜请铭。余与公年相上下，固斯文友，又联婿于王，契谊且厚。公出蜀后，余入蜀罗江、叙南之政，结于人心，父老犹能道之。余忝部使者后，每见不可人意者，未尝不叹公以疾废而归也。於乎惜哉！今余老而归，公不可作也，则于斯铭，其可以辞？铭曰：

有守有为，有才有识。忠在朝廷，有声言职。惠在斯民，有光郡邑。声光谓何，循良正直。胡遽其归，匪曰老格。聩疾是膺，难强筋力。林泉乐优，江湖趣适。下寿告终，归此玄宅。勒石刻铭，幽光赫奕。

赐进士出身、中宪大夫、奉敕整饬兵备、四川按察使副使致仕、练川范纯撰。

清盛钟岐《平江盛氏家乘初稿》

一庵公家传

讃,字仲器,号一庵,司城公次子。少游京师,与兄广文公评肄业胄监,得交贤士大夫,咸目为伟器。及司城公解组归田,广文公又秉铎永康,公独侍养庭闱,经理家政焉。资性刚明,秉心耿直,严毅之气凛然难犯。平居耽玩经史,敦崇实学,不近名利,不妄交接,惟孝友之谊,和蔼可风。又慷慨好施,多急人之难。里人有感其德无以报,欲纳妹为妾,公正色拒之。后子若孙甲第联镳,荣膺华绂,皆公之深仁厚德所致也。

按:公洪熙元年乙巳正月十六日生,弘治三年庚戌正月十八日卒,年六十有六。因系传失书,故附缀于此。

清残本《汝氏世谱》

封文林郎江西道监察御史王公墓志铭

〔明〕吴宽

吴江王氏,故邑之梅里大家也。其当元末,自度兵乱当蹂践其地,悉避之邑中,竟全其家,是为公之高祖也。曾祖良辅,祖彦澂。父守仁,有隐德,娶吴氏生公,讳宗吉,字天祐。甫三岁,父母相继下世,赖庶祖母浦氏抚育以长。又里之善者,与守仁故厚,更力教公。而公亦奋志,以学业自课。家有遗书,日取而读之,务求通其义,至忘寝食。里父老见其谨厚而勤,可以为师也,争延致家塾。公年虽少,偃然据函席,教法严厉,一时以老宿目之。既而叹曰:"学固为士也,然吾家故业农,舍之不可。"则置田使僮奴耕以养生,久之困有余粟。贫者称贷,不肯过取其息,于是贷者益多。或负其粟不偿,他日贷之如故,人谓其长者。成化乙酉岁饥,悉取逋券焚云。辛丑饥甚,更出粟六百斛,助县官赈施,以例授承事郎,非其志也。他所为义事,如寒者予衣,病者予药,死者予棺,平生不可胜计。至于造梁以济涉者七,凿井以救渴者四,亦其事也。公貌修伟,而词气温恭。虽私居无戏言,久坐无惰容,接之俨然德人也。处众诚而恕,虑事远而周,厚人而约己,孝先而慈下。喜诵"汉人为善最乐"语,题所居轩曰"乐善",因以为号,人称"乐善先生"。其教诸子有法,命伯季理家政,仲叔习举业,各当其材。其仲竟登进士第,授监察御史,有声宪台。比岁,公从受封如其官,阶文林郎。吴江自昔有臞庵王份隐迹遗邑中,公即所居东开圃,种橘千株,竹万竿,筑亭馆其间。又创月湖莲陂于淞江太湖之上,与宾友往游,赋诗饮酒,乐而忘归,人以为思致不减雪滩也。其年七十有三,以弘治十年十二月四日卒。娶于氏，先卒。继娶沈氏，有贤行，封孺人。子男四：伯曰贤，承事郎，娶庞氏；仲曰哲，即御史君，娶申氏；叔曰明，娶贺氏；季曰敏，娶申氏。女三：长适郁缙，次适徐资，俱县学生；次适朱佩。孙男五：曰恩，曰懋，曰子京，曰子东，曰意。女七。曾孙男二：曰说，曰访。女一。公尝择葬地得于吴县王山，为山水胜处，心甚乐之，遂依古制，预治棺殓之具。至是卒，诸子卜卒之又明年四月八日安厝。哲巡按巡广东还，例造阙下复命，已乃谒予，泣拜奉马太常述行事之状以铭请。予与公同乡，尝再接之，信乎所谓德人者，乃接状书以序之。而又得公平生训戒子孙之语，曰："处世勿急急于谋利，薄田数顷足以具饘粥。与其过取以贾怨致祸，孰若省费以安己济人。"又曰："凡百成败，皆由天命。吾老矣，平生经历虽小事，未有不由天成者。慎勿患得失而丧名节也。"谓哲与明曰："汝辈他时致用，慎勿以刑立威，以偏断事，以利丧守，以死易节。盖理讼以虚心仁恕求之，尚不得民之情，况任情偏执，以肆残刻乎？且盗贼以贫穷伤人劫财，自罹刑杀。士君子食人之食，反藉其势杀人以利己，天其祐乎？吾虽不仕，然见郡邑仕宦以辎重归者，不数年遭不肖子孙荡废无遗。以清白归者，其子孙必贤，盖天理也。"其言皆有补于世教，因备书之，以为王氏家训云。铭曰：

作邑于吴，太湖汤汤。汇而支分，于彼淞江。昔自梅里，徙家在兹。爰历四世，维公受之。考公之初，而亦不易。克自勤劬，以长家世。匪徒长之，古亦有言。为善最乐，公其有焉。既有于躬，亦垂于训。闺门秩秩，见此后胤。绣衣直指，荣过里间。帝命褒封，公承玺书。有美园池，游咏以乐。我思古人，臞庵载作。乐不可久，孰从我游？我有真宅，山阳一邱。德人虽亡，风旨固在。传隐逸者，庶乎可采。

嘉议大夫、吏部左侍郎、前翰林院侍讲学士、郡人吴宽撰书。

清王锡等《吴江王氏新谱》

封侍御乐善公传

公讳宗吉，字天祐，号乐善。高祖梅里公讳寿，承宋室世禄，后元时避地梅里，善治生，富甲于乡。曾祖讳良辅。明初，吴中富室例不保，虽兢兢业业，仅得遣戍。祖讳湜，字彦澂，父讳恭，字守仁，家道贫落，俱早卒。公幼孤，曾祖良辅卒于戍，公应补伍。嫡叔信公代行，公因得以一线留江。稍长，奋志力学，遂为人师，有名于时。中年稍有余积，课奴力耕，克复梅里公旧业。晚岁出粟赈饥，旌授承事郎，公亦不自知其所以然。故家训曰："平生万事，未有不由天成者。"又曰："俭德成家，其所得力也。"生四子：伯讳贤，太学生，授承事郎；仲讳哲，明弘治庚戌进士，官至江西巡抚；叔讳明，升太学，授明经，为名士；季讳敏，官苏州卫指挥。公及见仲子为巡按御史，封如其官。公平生周贫赈乏，广行善事，不可枚举，故颜其轩曰"乐善"。公知子孙必有仕者，勉为廉吏，垂家训中。自中丞后，累出名臣，非公贻谋之善欤！其梗概散见匏庵吴公、半江赵公、白川周公诸记志中,兹不具载。惟念公至今三百年来,子孙犹守先畴,服旧德,诵诗读书,不失衣冠之族者,不可忘公乐善之遗泽也。

清王锡等《吴江王氏新谱》

怀庆府温县大尹江西按察司经历天章公传

〔明〕鲁昂

　　钮文,字天章,吴江人也。其先世,见知元君殁谥清隐处士,又有官达鲁花赤者。至文六世,世力穑好礼。叡皇帝时,文为诸生,通毛氏《诗》。部使者郡将考辄上等,有司县科即不录,益困。久之始获乡荐,连试春官不第。文在太学久,得尽友天下士,益肆力问学。一义未精,辄凝神注思,瞠目不言,人与语亦不应。久之,意若有所得乃已。或问之,则曰:"读古人书,不能探古人之意,拘拘于缀词比对,抑末也。"故其文不费辞,而义理自见,侪辈皆推右之。文为人质直,口唯唯不能言。然于天下事,皆经念虑于中,固了然慨然,有用世之志,人不尽知也。成化八年,授温县知县,文始怏怏觖望,既而曰:"与我位台省,不过多得俸赐耳。令虽卑,惠泽可及民。吾其小试矣。"温为河内弹丸地,南濒大河,北负太行,土险多豪滑,号为难治。文至时,适值岁凶,民贫征输,又不异平日民贫,多叛去。文曰:"居上不为民尽心,非仁也;居下不为上尽言,非义也。"乃具民饥闻于上,乞缓征,又出帑藏赈之,民稍苏。又(北麻刻本"又"作"文")遗书戒家人且勿来温,退食左右,止一家奴执事。服御器皿,皆从家致之,民无毫发为令费者。县故多屯军,连营列寨,参错与民居。僄勇轻悍,肆掠境内外,杀伤淫放,莫敢谁何。文廉其实,密谋诸王金事、知府倪颙曰:"稂莠除,则嘉谷茂。今屯军鱼肉吾民极矣,不早除之,则军益横,民益削,异日为害,有难言者。"某辈初然之,然恐生变,戒勿亟。文曰:"兵贵拙速,不贵巧迟。明日语泄,事去矣。"金事遂徼指挥沈鉴辅文。文乃率励民兵王玺等,与士卒乘夜密围之,使人逾垣入,启关,兵齐入。贼尚酣睡,尽得其所收夺民财。明日,余党皆以次就缚。县以无警,民咸未觉也,悉擒之,喜曰:"而今而后,卧始帖席矣"。文性庄廉,又诚心爱民,听微决疑,殆振落耳。温俗虽狠愎,然朴直易感。文在官,民用辑和无争讼。两河称循吏,必曰"钮知县,钮知县"云。甫四年,丁父艰,闻讣越宿遂行。民老幼追及文三十里外,咸携布帛为赠,文辞。民罗拜曰:"今日使吾属得生养者,皆公赐也。微公,吾属且尽,安有此,公无庸辞。"文卒辞,民强之。文曰:"若辈意固厚我,但愧屯军耳。"众泣曰:"不敢污我公也。"皆拜起,戴香盆,号泣以随,哭声闻数里许。行旅见者,为之感泣。文归,治丧以礼。服阕,再谒选天官,谓文明习法令,改江西按察司经历。文曰:"令在养民,宪臣当执法。使我得劾诸道赃吏,则惠泽及民,过作县什伯矣,安能供案牍,善事官长哉?"识者壮之行。抵宝应县,渡邵伯湖,风倏起,湖水震荡。值暮夜,咫尺不辨,舟出没波涛中,一时尽覆,文被溺,年五十四。子钊闻变,昼夜奔走湖上,寻尸不得。濒湖民有得其衣橐者,部檄具在,因购得以归。君子曰:文才足以用世,廉足以励人。卒居下位,不护究厥施,天固难忱也,然竟不得老死牖下已焉哉。天实为之,谓之何哉?

钮永建《黄钮同宗谱》

尹孟容墓志铭

〔明〕史鉴

君讳宽,字孟容,其先吴县人也。至君赘于吴江汝氏,今为吴江人。君自幼颖敏,喜为诗。汝氏故大家,纷华美丽,焜熠耳目。君虽日周旋其间,固未尝留意,独取唐人诸名家诗,日夜涵咏,审其音声,究其兴趣,融液浸灌,以成其言。尤得于许用晦集中之诗为多,故其所发,浑而不俗,清而不寒,华而不靡,一时诸老先生咸许为合作。君亦自信不疑,每酒酣耳热,歌其诗,击缶为节,嘐然以天下为无人。汝氏之长尝畀君以重资,俾乾没荆楚间。君遇佳山水处,辄徘徊啸咏,终日不以出入经心,故大亡其资,然诗则益奇矣。成化十九年八月十九日,病以卒,春秋五十八。君祖懋,父杲,母陈氏,皆葬会隆山。至是其子以君归葬先人墓中,迁汝氏之柩祔焉,时九月十七日也。汝即其配,先卒,权厝于青字围,历十七年,始克合葬,君所命也。子男女四人,出汝氏者二女。男曰勇、曰毅。君善鼓琴作字,能六书。与人交,有信义,久处约,临财不肯苟取。晚年愈困,至无屋以居。邑大夫合川冯侯欲为买宅,而侯坐在上者累被逮,不果买。流俗多侮笑君,以不能得尺寸自润,由好诗故。呜呼!彼多藏厚亡之家,亦尽以诗然耶?借使其不亡,身死名灭,不啻如声之过耳、色之阅目,曾不能须臾有焉。岂若君生有闻于人,其言之可传后世者无穷也。初,君病革时,以书告其友史某曰:"吾已不食数日矣,子能速来,尚可一见,缓则不及也。"某往与之诀,君曰:"墓远儿弱,以后事累子。"某泣应曰:"诺。"既为作铭,又经纪其丧。有吴鋆者闻之曰:"吾父友也,不可其费独丈人出。"遂相之,竟赖以葬。铭曰:

干将补履不如锥,骐骥捕鼠不如狸,乃知利钝遇所移。嗟哉尹君数之奇,生世不谐鸣以诗。会隆之山先世埋,君藏首丘铭著之。

陈去病《松陵文集》

曹孚传

曹孚,字颙若,训导谨六世孙。为人朴厚端谨。工诗文,兼精楷书,善摹写景物。隐居不仕,有劝以改图者,弗听。自号枫江布衣,颜其楼曰"声佳"。与同邑史鉴、尹宽、练塘凌震为诗酒交,时有"四大布衣"之名。尤娴礼仪,人有婚丧,质之而后行,

无不允当。著有《枫江集》《平望镇志》。(本莫志，参《献集》)

按：枫江著作既不传，他书亦罕见其姓氏。惟朱存理《铁网珊瑚》载：弘治四年人日，吴江曹孚同吴郡李应桢、朱存理、同邑史鉴、汝泰、崔澄，观《钟繇荐焦季直表》于沈启南家。观其所游，可以知其慨矣。

清道光《平望志》

故奉训大夫工部营缮清吏司员外郎吴君行状

〔明〕史鉴

苏州府吴江县范隅乡韭溪里吴君璠，字朝用。五世祖某，读书能文。时邑人张渊，以文辞字画为元赵文敏公所知许，某与之交莫逆，故其子肃婿于渊，君之高祖也。曾祖衡，祖为，皆隐德弗耀。至君之世父敏，始大其家，为税长。而君之父，以季弟为之服劳应役，勤干过人，尤善于应对长吏，说之事多得请。生三子，君其最少也。甫九岁，即补邑庠弟子员。以勤自课，诵习不怠，考辄列前茅。景泰七年，以书经领应天乡荐。天顺元年，试礼部，中乙榜。辞，卒业太学。八年，选书《英宗叡皇帝实录》。成化三年，《实录》成，进御，诏赐宴礼部，授中书舍人。而君之父母，咸得食其禄，同官以为荣。六年初，考满，吏部以最闻。皇帝敕曰："国家命令所以播告四方，训饬有位，布德惠而行信义者也。而中书舍人实掌之职，亲地密不轻畀人。尔中书舍人吴璠，发身科目，擢任今官，历年既深，益勤不懈，宜锡恩宠，以旌其劳。兹特晋尔阶徵仕郎，锡之敕命，以为尔荣。夫居近侍，典文翰士之位乎，此者可谓荣矣，然朝廷悬爵禄以待士，盖进进未已。尔尚专心致志，以成其名，式副训词，毋斁后效。钦哉！"又封君父政为中书舍人，封君母杨氏为孺人，封妻范氏为孺人。十三年，君历任三考矣，待选吏部，久未得调，例予告归，而先后丁外内艰。十九年，服阕，起复之京。明年，拜工部营缮司员外郎，董理神木六厂。神木厂掌大营造，有宦者主之，诸工匠咸属焉。役大人众，老奸巨蠹，多窟其中，皆根柢盘结，枝轮纠缭，不可动。部官往莅者，先以利啖之，则牵掣操纵，任其所为，往往钳口噤声，莫敢谁何。否则，使其徒蔑染文致，宦者又从中构之，辄罪败。由是相率为容，默诡随，不可否事。君独能先机迎候，探隐钩深，破其关钮，奸党计穷气沮，讫不得施。而陈少监者，知稍自戢，凡所隐占，还之于官矣。二十一年，陕西大饥，人相食。廷议以太仓之积，足支几数年。而河南偃师县东所谓孙家湾者，即隋唐之洛口仓也，故窖犹在，宜减漕米之未过淮者八十万斛，令参将都胜往输之，移秦陇之民，就食于彼。而漕舟从淮入汴，徙汴入河，东南舟人不习河事，先往者多遭覆溺。宜选清强廷臣先往相视水道，疏浅浚淤，及调习沿河水手分布漕舟，使避河险。于是工部尚书刘昭奏君名迹，中选。君受诏，即日上道，驰至河南，往来相度，靡有宁居。而河水苦浅，漕舟阻阁，处处停留，迁延数月，犹未能达秦，民又不时至。君乃询访父老，佥云：大河之水，其生有时。正月曰"信水"，二、三月曰

"桃花水",四月曰"菜花水",五月曰"麦黄水",六月曰"矾山水",七月曰"瓜蒂水",八月曰"荻苗水",九月曰"登高水",十月曰"复漕水",十一、十二月曰"蹙凌水"。君建议以为,瓜蒂水生犹胶浅若此,常年荻苗水微,所仰者登高一水耳。水若不时,秋高气寒,风水皆逆,舟益濡滞,延及严冬,益不可行,此一病也。秦人壮者,已散之四方矣,弱者饥困成疾,又顾恋老幼,多不肯来。假令能来,关隘连属,路非坦平,登顿颠踣,多致殒毙,此二病也。米停在舟,久不输泻动移,气序蒸热,隐盗耗失必多,此三病也。夫救荒之策,利在急速,今天时地利咸有所阻,当为权宜以济之。近来米商多从河南贩往陕西,故河南米益翔贵,贫者苦之。今宜减价粜米,易银赍往陕西,令彼自籴,免其往复之劳,为利之一。贩者贱籴贵粜,坐获厚利,其来必多,不烦劝督,载挽至彼,不得不籴,则陕西米价亦渐就平,为利之二。此既减价粜米,河南贫民亦沾其赐,为利之三。漕舟既泻,运卒获归,为利之四。若坚守前策,不知变通,恐泽不施,公利俱困,进退失据矣。群官多是之,即署奏如君议,诏曰"可",远近称便。

先是,户部侍郎李衍以提督陕西粮储,奏以汉唐建都关中,自河入渭,并通舟楫,漕运转输,以给京师,遗迹俱在。但三门集津,河水沩急,漕舟苦之,请差官相度疏凿,以通转运。天子并以命璠。璠乃躬自按行,浮汴入河,历渑池,履峡石,抵陕州,循砥柱,观三门,考隋唐转运遗迹,尽得其说。上疏曰:"臣愚不佞,承乏任使,周爰汴洛,已历十旬,茫无寸效,日夜忧惶。方将归罪司寇,而诏命叠至,令臣相度河渭,将通漕舟。闻令惊悸,不知所为。但陛下愍念秦民,轸其饥饿,若切于躬。而臣过为退托,非效忠尽力之义也,敢不奔问官守,罄竭狂愚?臣自汴至河,自河至洛,自洛至陕,中间登涉水陆,相视山川,稽诸故实,参以民俗,乃知三门集津之险,天造地设,有非人事所能尽也。肇自神禹始凿龙门,河流东注,悬水如障,流沫成雨,砥柱横截中流,冲波蹙涛,震荡天地。南曰'鬼门',中曰'神门',北曰'人门'。鬼门、神门,尤为险恶,自古及今,未有行者。惟人门稍通,木筏乘流直下,人伏筏上,与涡俱入,与波偕出,一遇崖石,立为齑粉矣。故隋唐以来,皆不能通,但于水次置仓,转相灌注而已。至唐裴耀卿创始于前,刘晏讲行于后,为法转密,人习河险。乃于河阴置河阴仓,三门东置集津仓,西置盐仓、陕州太原仓。使江船不入汴,汴船不入河,河船不入渭。江船之运输扬州,汴船之运输河阴,河船之运输渭口,渭船之运入太仓。又于三门两仓之间,凿山刊道,凡十八里,河船既输于东仓,而陆运转输于西仓,以避三门之水险,复以舟漕西至太原仓,渭船始从受之也。耀卿三岁漕米七百万石,晏岁漕米百十万石,无升斗溺者。然水陆之值,增以函脚,营窖之名,亦糜耗不资矣。故当时有'斗钱运斗米'之说,岂故为是劳费哉?良以天险不可以人力胜也。其间非无一二欲通三门者,有烧石沃醯,凿山通道。弃石入河,水益湍怒,有舟经砥柱,覆者几半。河中有山号曰'米堆',舟入三门,百日始上,执标指挥,名曰'门匠'。谚云'古无门匠墓',谓皆溺死也。夫隋唐之君,皆都长安,务广储蓄以备水旱。当时物力丰羡,才智之臣后先柄用,莫不规为久远之计,讲求区画,经数十年而卒不能通。今乃欲一旦创行古人之所不能及者,其亦难矣。又况漕废已久,河不行舟,岸崩木参,所在断绝。山石锐利,芒如剑锋，若欲通漕，并须修治，为费甚巨，不可以日月计也。今关陕之民，死亡略尽，萧条千里，鬼哭兽游，寂无烟火。河南之民，亦困于供馈，疮痍未瘳，就加保育，犹惧不支，乃复驱其伤残，使赴劳役，此何异于迫而投诸水火也。伏望明诏诸司，以大饥之后，当务安养，毋兴徭役，以重其困，则关洛之民，生其死而肉其骨也。若以为关中要地，屯戍相望，当广储以足其食，但择才智之臣而任之，使得推行耀卿晏法，自足集事。何必劳人益费，以求不可必得之效乎？"疏上，诏从其请。初，河南之民闻兴此役，皆恐惧愁叹，及令下，莫不大悦。明年，工部奏以君与监察御史，监抽芜湖竹木。二十三年，代还京师，以邸舍未定，寓崇文门外，暴卒，时四月十七日也。君素强无疾，是日朝退，赴友人饮。座客以年推君处首席，君饮酒为笑乐，甚欢。莫归而寝，不见其有异也。夜漏未上，欻然而起，仆于地，则已不能言。而子金在太学，郝孺人亟令人走报，城门下钥不得入而还，气已绝矣。哀哉！君为人严毅，居官有干局。家事甚治，井井然，声嗟气叹，僮仆畏之，有甚于鞭挞者然。知人善任，人亦为之尽力。在中书时，尝颁慈懿皇太后遗诏至山东，山东连率方伯宪使，皆厚君以货，君却不受。寻副驸马都尉周景往平凉，册加彰化王为韩王。王享于承运殿，嘉其无违礼，有使乎之褒。君又能力辞其赠贿，人以此多之。范孺人，君之元配也，同邑人，卒先于君十年。父大中，蚤卒。母凌氏，以节自守，诏旌其门。节妇父显，工部主事。弟信，太常少卿，于孺人为大父舅也。继室郝氏，东安人。子男四人：出范氏者，曰金，曰銮，俱太学生；曰镇，曰某，郝所生也。女五人，皆有归。金以弘治元年月日，葬君于里之亢字原。君之赴芜湖也，道归吴江，某从问陕洛事甚详，今又得君之遗事于其家，请书其大者为状，以授君之友为志其墓。谨状。

明史鉴《西村集》

明故奉训大夫工部营缮清吏司员外郎吴君墓志铭

〔明〕吴宽

　　成化二十三年，工部员外郎吴君以公事自芜湖还朝，舍于崇文门外。四月十七日，与乡人数辈会饮予家，尽欢而散。入夜，疾暴作。旦有告君死者，予弗信，已而果然。乡人相与惊曰："昨者之会，劝酬谈笑，宛然君之声容也，而何为至于此？"则相与为文祭之。于是其子金将扶柩返葬，泣拜请铭。既许诺，而去其葬有日矣，始遣人奉吾友史明古之状来。君讳璠，字朝用，苏之吴江人也。幼入县学，以勤敏称。景泰七年，中应天府乡试，凡再试礼部，辄中副榜。会修《英宗皇帝实录》，选工书者，君在选中，出入馆阁者三年。复当会试，君与今汝汀州行敏，期必以进士举，白于李文达公，公不许。竟以《实录》成，授中书舍人。当是时，君之父政与母杨氏皆在堂，且老矣。君叹曰："中书近臣，顾不可以荣吾亲耶？"三年考最，父竟封如其官，而母号孺人。间尝奉恩诏使山东，将还，守臣厚贶君，悉却不受。又尝副驸马都尉周公往平凉册封韩王，所以贻君者益厚，却之如前日，其廉洁如此。秩满，连丁父母忧。起复始擢工部，专董神木厂。君素刚有才干，共事者与诸工皆惴惴不敢违法。已而陕西大饥，人相食。廷议以京储足支数年，可省岁漕之未过淮者八十万斛，令陕人赴河南受之便。顾河流浅淤，且漕卒非熟路不习水性，恐败事，宜先得人往治其役，使无险阻之害，是固水利。工部举其属，以为无如君者，乃以君名上，遂被玺书以行。君至其地，往来相度，经营调度，延见父老，皆以为河不运漕久矣，势难猝通，为悉陈其利病。君得其说行之，公私俱济，远近称便。先是户部侍郎李衍奏：汉唐建都关中，自河入渭，并通舟楫，今宜举行之。有旨仍命君往视。君行至三门析津，见水势险恶，叹曰："岂有水如此而可以运漕者乎？"为奏所以不可行之状甚备，诏从其说。河南之民得免兹役而不重困者，君之力也。盖还而有芜湖抽分竹木之命，其卒年六十，以弘治元年某月某日葬于邑之穴字。原配同邑范氏，封孺人；继东安郝氏。子男四人：曰金，曰銮，俱太学生；曰镇，曰锐。女五人，适某某。君貌毅然，议论侃侃，不阿徇人意。及与人交际，欢如也。居家待子弟严厉，下至僮仆辈，闻其声畏之。然量力授事，用能不废先业，而推之以治官事，故无不举也。其自芜湖而还，以年劳将再擢官，而君坚欲休致，曰："吾老矣。有田在吴江之上，种秫作酒，足以自乐。虽使黄金横带，尚能仆仆然从人奔走乎？"或留之，笑而不应，盖不及陈请而卒，然其志则可尚已。明古状君之事详而有法，予特取其概，序而为铭曰：

才足以居位，劳足以济事。不究厥施，惟系其志。有禄不饫，其志则高。命如之何，安此丘阿。

明吴宽《家藏集》

赐进士盛君墓志铭

〔明〕徐傅

君讳佼，字汝愚，姓盛氏，实宋参政文肃公度之裔也。高宗南渡时，扈从来苏，遂占籍焉。曾祖嗣初，号寓翁，妣邓氏。祖景华，号居密，妣朱氏。考起东，号退庵，官至太医院御医，妣颜氏，生母蒋氏。汝愚自幼不凡，眉目隽朗，资禀颖悟，见者期其后必有成。甫十二，御医公卒，即有志经史，从巨儒硕德习举子业，读《易》，质疑问难，亹亹不倦。年十八，绣衣孙公选为吴江县学生员，益勤于学，无间寒暑，声誉隆隆然起，凡在行辈，无不推服。汝愚愈谦挹，不自满假，丙子中应天府乡试。越四载庚辰中会试，登状元王一夔榜进士第，试政刑曹，持法平允，大司寇而下咸加礼遇。成化乙酉二月二日，疾卒于北京寓舍，朝绅惜其具乎材器不克用，咸为诗文哀挽之。今年丙戌正月十又八日辛酉，葬吴县五都太平乡方居坞之原。君之孝友慈爱出于天性，与人交必诚必信，无钩距市井心。接人威仪俨然，而中甚和。非义之事，非礼之言，不出诸口。待下尤宽恕，遇人急难，拯之惟恐不及。骎骎乎行跻显仕，建勋业光启后人，何遽止于是耶！抑天道之昧昧耶！得年三十有七，宣德己酉十月十日生。有集若干卷，藏于家。文尚简古，诗则清雅典重，亦类其性也。娶朱氏，先卒，彦士景伦女。继刘氏，侍郎琏之孙女。生一子，曰煦，尚幼。予与汝愚家夙有姻囗之好，知之为详，铭奚辞？铭曰：

志则既遂，名兮亦扬。孰不永年，其命使然。璧沉巨海，珠陨重渊。黄山新阡，是卜以宁。君躬尚，俾后人，承此福泽。绳绳继继，久藩益息。

大中大夫、湖广等处承宣布政使司参政致仕、郡人徐俌撰。

清盛钟岐《平江盛氏家乘初稿》

莫旦传

莫旦，字景周。父震，见《名臣传》。旦博学工诗文。成化改元，领乡荐，卒业太学。作《一统》《贤关》二赋，名动京师，后授新昌训导。九年，迁南京国子监学正，乞归，年八十余卒。旦尝论"吴澂以宋臣仕元，不当列从祀""赵孟頫以宗室事仇，不得为名臣"，皆笃论也。平生著作甚多，所存有《鲈乡集》、新昌、嘉鱼、吴江三志。

潘柽章曰：邑乘自宋以来，历朱长文、窦德远、吴本，前后综述，虽方策备存，而义例疏阔。旦始为诸生，即考论掌故，搜采旧闻，积三十年，始成《吴江志》，典雅可观。

清乾隆《吴江县志》

明故周处士妻韩硕人墓志铭

〔明〕赵宽

硕人讳真，姓韩氏，父郁，嘉兴之平湖人。年二十而适吴江周处士宗瑞，时其姑陈氏老矣，方入门即委以家事。硕人孝敬温敏，事舅姑务得其欢心，待从御严而能恤其私。宾祭饔飧之馈，丝枲纺绩之务，姻里族党之交接，备以从厚而不逾其节，简以合礼而不乖其情，勤以力本而不失其时，闺门肃和，内外斩斩。舅姑自以得良妇，每道之于人不容口。家人上下，罔不宜之，莫有间言。初，周氏居与其外氏张姓居相并，族蕃而壤隘，宗瑞父景芳议而南，遭岁之荐饥，未果也。宗瑞成其志，硕人辛苦拮据，用底于完。善记忆，凡综理家事，虽旁午应酬不暇，事已稽之，无纤悉遗谬。性尤俭素，粗粝不厌，由是资业日裕，逾于畴昔。宗瑞百务营为，或过与不及，辄从容劝佐之，多所裨益，然人少有知者。妇女党或有闻焉，以为问，但曰："此户外事，非吾所知也。"其在亲里，疏戚远近，虽一丝一粟，无私假，无私与。其子若孙，平居温育甚至，少不如，训色斯厉矣。宗瑞先殁，哭之几丧明，自是亦不复能睹物，故以弘治九年八月二十三日卒，得寿六十有七。子男二：昂、昇。女四，皆适邑姓。孙男五：用、同、鏊、鏊、恩。曾孙男国南，尚幼。用登壬戌进士第，今为行人司行人。昂之卜葬，阅历岁月久而弗果。将葬，而用奉使便道适至，获襄事焉。葬在弘治十八年二月二十六日，墓在邑之澄源乡西亢之原，合宗瑞府君兆云。昂遣用以状来乞铭，铭曰：

孝以敬，贞而静。勤生事，与时竞。善伉俪，辅以正。遵坦途，不崩陊。贻孙谋，显厥姓。嗟硕人，德之令。我铭岂谀，尚有恩命。

赐进士出身、嘉议大夫、广东按察使、邑人赵宽撰文。

赐同进士出身、观礼部政、郡人刘布书篆。

清周芳《周氏族谱》

故中顺大夫江西南安府知府汝君行状

〔明〕史鉴

君讳讷，字行敏，苏州吴江黎里人也。姓汝氏，肇自商之汝鸠、汝方，得姓受氏。其后，晋大夫叔齐，以知礼称，宽以善谏，见于《春秋》。鲁相郁，以德化人，著名后汉。降及魏晋南北朝，由隋历唐，至于五代，下逮宋元，未闻有显者。国朝，汝氏居吴江者，最多惟黎里为然，十室其五，他处所无也。君之先，故巨室，以资长乡税。至玑，丁岁荒，民穷负税不能输，乃毁家以纾责，底于贫乏。思远自幼能树立，与其弟旻同心戮力，经营外内，弘济艰难，家用再起，于前有加。君生未龀，思远卒。祖母吕硕人，念其子之不克享也，与旻抚教君兄弟尤笃。稍长，补学官弟子员。景泰四年，领应天府乡荐，四试礼部皆不中。然其间卒业胄监，入礼部书奏牍，历满将选矣，会选书《英宗叡皇帝实录》，君试在优等。成化三年，《实录》成，进御，授中书舍人。初考满，锡之敕命，阶徵仕郎。又赠君父思远如君官阶，君嫡母黄氏为孺人，封君少母计氏为太孺人，君妻陆氏为孺人。舍人之职，以书诰敕为政绩，寮寀轮次当直，蔑有多寡。于是朝之公卿大夫士重君书迹，多蕲君书以为荣，故其书倍于他人者十数。然能不辞劳，不伐善，且却其润笔不受，时人莫不多之。十四年，升南京兵部武选员外郎。十八年，诰进君阶奉直大夫，加赠思远为员外郎，黄氏为宜人，加封计氏为太宜人，陆氏为宜人。寻迁郎中，铨叙公平，甄别精审，人无间言。尚书三原王公标望绝人，凡所与夺，人以为衮钺，独器许君。每退，公则召君，从容雅论，无所不至，君亦感其知遇，报之以不欺。二十三年，升汀州府，便道归省，丁少母忧，解任持服。服除，赴铨。弘治三年，改知南安府。南安居岭徼下，郡小土瘠，而广货所由，细民仰荷负为食。大姓则居积致货不资，且多与要官贵人交利，出入郡县为声势。君斥去，以绝有犯顾法何如耳，迄无所下上。至于细贫，尤加意拊恤，爱之如子。欲置鞭挞于无用，必不得已而后施之。厉而不苛，容而不弛，君子以为得体。六年，朝京师，时以外官年满六十者罢，君即日引归。未几得疾，患腰痛不能起，面赤唇燥，咸疑有内瘠。而医者执为痰火，以补剂主之，完聚滋毒，竟以死，七月七日也，年六十有一。君襟度夷旷，行履完洁，好贤乐善，凡知名之士无不与之交。惟于贵势，若将浼之者，避之如不及。平易坦率，表里一致，善谑以和，略无贵宦习气。尤好成就后进。有顾景祥者，贫而好学，夜或不能具灯烛，则露诵星月下为常。质鲁且钝，教者多谢遣。君独怜之，馆于家，躬亲指授，久而不倦。景祥感奋成业，卒登进士第。由是学者日至，称为周庵先生。君生长富贵，诸凡美丽皆其所固有，而天性节俭。服御饮食，取给而已，其于财利漠如也。居官处家，未尝枉己干人，苟一介之取。有鬻田，既受值，临当过册，辄背约，人为之不平，劝君讼。君曰："与小人较，自失多矣。"卒让与之。故仕宦三十年，田园地舍，无所增益，卒之日，家无遗财。君为文最长于诗，格韵清和，兴趣悠远，论者许为合作。有《学鸣集》《北游稿》千余篇，藏于家。陆宜人先君十年卒，葬于某原。至是君之子以明年某月某日，奉君柩合窆焉。三丈夫子：曰舟，曰砺，皆业进士；曰霖，尚幼。五女子：长嫁兵部主事吴鋆，次嫁金泽，余在室。孙男一人。鉴与君世通家，少君一岁，交于君者四十有三年，始以友而终以姻，巨细隐见，无不悉也。故状君行之实者，托立言君子用图其不朽焉。

清残本《汝氏世谱》

明故中顺大夫江西南安府知府汝君墓志铭

〔明〕吴宽

弘治六年，南安府知府汝君述职于朝，以老例得致仕，命下，君即日驰归。未几病作，以其年七月七日卒，享年六十一。其孤舟等卜明年十二月某日，葬于吴江县某都某地，托兵部主事吴鋆奉其先友史明古之状来乞铭。鋆为君之子婿，初讣于予，予方为之悼惜，曰："君劳于仕宦久矣，始就闲适，何遽至此。今之葬，予岂能忘情乎？且明古与君知契尤深，是以叙君生平甚悉，则予又何能已于言乎？"君讳讷，字行敏，汝氏，苏州吴江人。其先盖出商之汝鸠、汝方。至春秋时，晋有大夫叔齐及宽，汉有鲁相郁，自魏晋以降未有显者。今独盛于吴江黎里者，十室而五，多不相通，盖同所出也。君之曾祖曰琪，祖曰玑，父曰思远，世掌田赋于乡。思远早丧，君赖祖母吕氏抚育以长。少从故进士奚昌授《尚书》。景泰四年，以县学弟子乡试中式，屡试礼部不中。君素善书，会修《英宗皇帝实录》，选入史馆。岁余将再从礼部试，期必取甲科。时李文达公为总裁官，沮之。《实录》成，竟授中书舍人。一时朝臣当受诰敕者，率欲得君书迹，来请于门者不绝，君不以劳辞。或以金币酬谢，辄却去，曰："此职业也。"秩满，擢南京兵部武选司员外郎，再迁郎中，精勤明敏，益举其职。今冢宰致仕三原王公为司马，最器许君，公退辄召与语。凡掌武选十年，擢知汀州。俄丁生母忧，服除，改知南安。南安距庾岭，为海南货物所之道，其细民仰负荷为生，大姓则居积致富。商贾杂处，往往争利构讼，官吏受赇，多不得平。君于犯者，一断以法，迄无所上下。至于细民，尤加意抚恤之，必不得已始施鞭挞，人以为得牧守体。自君入官，行履完洁，交游所与，能远贵势,且为人坦易,表里一致。平居善谈笑,脱去富贵气习。其于财利漠然,未尝枉己苟一介之取。尤不与人较,有粥田者,既受直,后辄倍约。或劝君讼,君曰:"与小人较,自失多矣。"卒让之。故仕宦三十年,田庐无所增益。卒之日,家无余财,其廉介可知也。君喜为诗,格韵平畅,所著有《学鸣集》若干卷。书法精劲,得晋人笔意。父思远,以君贵赠南京兵部武选清吏司员外郎,母黄氏为宜人,生母计氏封太宜人,妻陆氏封宜人,先卒。三男子:曰舟、曰砺,皆业进士;曰霖,尚幼。五女子,长即适主事吴銮,次适金泽,余皆在室。男孙一,曰世恩。铭曰:

嗟嗟汝君,美而有文。我识其人,白而长身。孰不出仕,仕而不反。游乐于乡,君则不晚。南安之政,视民恐夷。岘山之泪,横浦之碑。曷不百年,以慰民思。乃敛以殡,子孙环视。亦有知友,事行以次。后知其藏,我铭在是。

清残本《汝氏世谱》

中顺大夫江西南安府知府汝公墓表

〔明〕文徵明

中顺大夫、江西南安府知府、吴江汝公讳讷,字行敏。汝之先,本商之汝鸠、汝方。春秋时,有晋大夫汝宽、汝齐。而长水校尉随孝子郁,显于两汉之世,公盖其裔也。公曾大父琪,大父玑,并隐不仕。父思远,以公贵赠南京兵部武选司员外郎,娶黄氏,赠宜人。而公实出于计,计亦以公贵封太宜人。公少失父,育于祖母吕氏。稍长,从进士奚昌先生学。甫冠举于乡,四试礼部不中,益自奋励,期取甲科。被选书英庙实录,乃格不得试,推赏授中书舍人,非其志也。中书满九载,升南京兵部武选司员外郎。武选分曹稍剧,公钧擿绪正所部职办,擢郎中,再擢汀州府知府,未任,丁宜人忧。服阕,改南安府。南安北境五岭,为转毂之冲,豪族雄强,往往囮夺齐民之利以争。公轨道拊循,务振穷罢,而一之民以宁牧,时称良牧焉。弘治六年,公年六十有一,致仕,卒于家,实秋七月七日也。公长身玉立,举止疏荡,对客语笑,奕奕融畅。故见者莫不口下,而公并坦怀赴之,不为岸谷。然公洁廉自将,不肯一狥势利。中书职书外制,一时请授,例有津遗,公悉遣去。曰:"此公事,奚以私谢为?"尝置产,为人所欺,或令直之官,不可。曰:"直一小人,奚直哉?"盖其心不欲自溷如此。故仕三十年,先世田庐不加益也。公卒之又明年九月廿又六日,葬县之范隅乡西胃围之原,宜人陆氏祔。宜人同邑陆时溥女。时溥读书能文,方公幼孤,不为里豪所选,而时溥独奇爱公,归之女焉。宜人归,执妇道惟谨,中外交重之。初封孺人,进宜人。成化十九年八月十三日卒,年五十有二。子男三人:长舟,今为云南赵州同知;次砺,国子生;次霖。女三人:长适兵部郎中吴銮;次适金泽。孙男四人:世恩、世美、世臣、世德。鸣呼!世之仕者,谓富贵其所宜徇也,而独不知于其中有道义焉。其始亦不至昧道义为之,而或浸淫焉,不至于澌灭不止也。公宪宗之世,列职清严,与贵近口比一,引手其间，可以攀附致贵，而不之屑。至于操切之严，乃不肯苟利津遗，又肯亏道义而自污为哉？正德九年岁次甲戌□月既望，吴门文徵明表。

谐按：此表旧谱多脱简错讹，今悉照墓碑校正，残缺空之。

清残本《汝氏世谱》

浙江处州府同知岩斋公家传

楫，字济川，号岩斋。与季父南安公交相砥砺，景泰癸酉同赴应天乡试，而公不售。归而下帷，益刻意攻苦。阅三载，丙子报捷，时年甫冠也。三上公车，辄困南宫。成化丙戌谒选，授礼部司务，转刑部主事。以便养，乞改南京工部都水司，出督淮扬，廉能称最。升营缮司员外郎，进郎中。时太监汪直喜事开边，委治甲仗，公以直言见忤，谪浙江处州同知。郡在万山中，且沿海，山贼海寇往往出没为患。城郭倾圮，无一可恃。公申约束，定保甲，修器械，贼闻风遁，民获安堵。公丰神潇洒，天性廉俭。出仕二十余年，旧庐不蔽风雨，服御饮食，取给而已。卒年五十有五。

清残本《汝氏世谱》

隐士史明古墓表

〔明〕吴宽

吴江穆溪之上，有隐士曰史明古。其为人，足迹不出百里之外，然江浙间人知其名。至于郡县大夫，亦皆礼下之，而予取以为友，盖四十年于此矣。其志正而直，其言确而厉，其所为无弗依于礼者。当其壮时，患闾里之人以巫觋惑众，上书县中，欲尽除之。曰："此皆不容于先王之世者，不除则风俗不正，礼教何由而行耶？"与人论事，辩说超踔，坐客莫能屈。至有所感奋，词气益峻，虽达官贵人，冲突不顾。见依违徇情者，心辄鄙之。其治家，辨内外，定上下，严若官府。然凡吉凶之事，悉违世俗而行，必仿于古知礼者取之。其学于书无所不读，而尤熟于史。论千载事，历历如见，而剖断必公，盖有宋刘道原之精。至于时事人言，得于闻见，往往笔之成编，则有洪容斋之博焉。若其才，如钱谷水利之类，皆知其故，使得郡县而治之，恢恢乎无难者。为文章，纪事有法，醇雅如汉人语。诗则不屑为近体，兴至吟声咿咿，冥搜苦索，欲追魏晋而及之。家居甚胜，水竹幽茂，亭馆相通，如入顾辟疆之园。客至，陈三代秦汉器物，及唐宋以来书画名品，相与鉴赏。好着古衣冠，曳履挥麈，望之者，以为列仙之儒也。间与亲友吴铁峰数人扁舟往来，月为雅集，以觞咏相娱乐。又尝与刘佥宪、沈石田诸公游武林，经月忘返，所至为文记之。曰："此未惬吾志也。会当绝大江，北游中原，览岱华，涉河济，循王屋、庐阜而归。"其思致之高如此。晚岁益务清旷，室无姬侍。筑小雅之堂，方床曲几，宴坐其中。或累月不至城郭，至则止宿僧舍而已。前二年，予家居，一日忽冒暑见过，饮冰数碗而去。又二旬而疾作，家人进药，俾持去。曰："吾治棺待尽久矣，且吾年六十三，又夭耶？"竟卒，弘治丙辰六月庚子也。明古状貌奇伟，须髯奋张。平生喜交游，惟其持信义，四方之士过其门者不绝。于所厚者有过，尤好面折，故人尤以直谅称之。少谒武功徐公，公与谈史，即许其有识，遂数从议论，而识益进。今致仕三原王公巡抚江南时，闻其名，延见之，询以政务，尤许其才。然未尝言及私事，公益重之，且恨其老而不用于世也。其讳鉴，初字未定，后始字明古，自号西村，人称西村先生。曾祖彬，祖晟，父珩，母凌氏，继母朱氏。娶李氏。子男二人：曰永锡，太学生；曰永龄，县学生。女一人，适乡贡进士吴銮。孙男四人：曰曾同、曾继、曾遇、曾适。曾同，县学生。孙女二人。曾孙男一人，曰梦祯。当明古卒之明年，予与文温州宗儒往哭之。其二子哭拜，即以墓文请。予念失此良友，方窃悲伤，而何文之能为耶？顾有终不得而已者，乃卒之。四年己未三月庚申，葬于吴县西山之博士坞。为表之曰：呜呼！世有信古执礼如斯人者乎？世有博洽好学如斯人者乎？有才之达论之正如斯人者乎？亦有刚直好义高旷绝俗如斯人者乎？有如斯人，当观其终。达生顺命，能保其躬。呜呼！明古庶无愧乎其中。

明史鉴《西村集》

史 鉴 传

史鉴，字明古。曾祖仲彬，见《节义传》。鉴聪慧好古，年十二三，为四六、近体，语即惊人，徐有贞尝许其才。既长，不乐仕进，肆力诗文，雄深古雅，卓然成家。足迹不出百里，而远近皆知其名。又熟史学，千载政治，言之如昨日事。时务如风俗钱谷水利，亦所深究，周知其本末。状奇伟，须髯奋张。与人论事，辨说超卓，虽尊显，无所屈。家故饶，所居擅园亭池馆竹木之胜，而鼎彝图书，陈列满室，莫不精丽。一时名人云集，如同郡吴宽、文林、李应祯、沈周、同邑尹宽、曹孚诸人，其至近而最著者也。集则流连觞咏，浃旬弥月，礼终不倦。三原王恕素闻其人，巡抚江南，延见谘以政事。鉴接席抗论，恕深器之。鉴患邑人信巫觋，谓假于鬼神，时日卜筮以疑众，不容于圣王之世者。此风不除，则俗不正，礼教何以行？因上书邑宰，请绝之。晚岁举修《宪宗实录》，不行。弘治九年卒，年六十三。所著有《西村集》《西村杂言》《小雅堂日抄》《礼疑》《礼纂》诸书。

朱鹤龄曰：成弘间，吴中高士首推石田，次则明古，此通国之公评也。刘子威《先贤传》独谓其善市名，或以吴文定与之交，为文定累，岂其然乎？

清乾隆《吴江县志》

亡妻李孺人墓志铭

〔明〕史鉴

亡妻姓李氏,讳桂清,吴江人也。五世祖秉彝,仕元国子学录。曾大父九成,大父仲圭,父廷芳,母计氏。李,故邑中名族,吾妻生又与某同岁,我显考桂轩府君、显妣凌孺人,为某聘之。既纳币,而孺人殁,两家持成约不变。某免丧,受醮于庙,往迎诸李氏以归,端静柔懿,谦约畏谨,罔有故失。居先君丧,义不顾私,讫三载始归宁父母。尝以不逮养先姑为恨,故礼姑之家特加厚焉。凡岁时问遗,俾李氏悉后之,不得与为比。某所交多当世知名士,每相过从,笑语穷日夜不止,供给不问有无,吾妻尝极力营办。僮仆颇厌苦之,辄戒曰:"凡人鲜不有所好,第主君能好此,视他好不既多乎。"家小大事,必以咨某,未尝自决一钱尺帛,不妄有所与。所亲或讥病之,谢曰:"专擅非妇人事也。"成化十二年二月十日,暴得疾,不能言,惟引首触子妇身。是日,某偶他出。归,张目注视,泪涔涔弗收,群医袖手莫能疗。又三日瞑,年仅四十三,某哭之恸。初,吾妻弗娠,先君为嗣续忧,命某卜妾,得萧氏。吾妻能惠无妒心。生二男一女。男曰永锡、永龄,女归吴銮。呜呼!吾妻与某同忧患服劳苦者二十有七年,今衣食粗给,男婚女嫁,亦抱孙矣,而竟以夭死,可痛也夫!天未悔祸,我继祖母苏孺人又卒,衔哀茹毒,杖而将事。故吾妻之葬也,缓明年九月二十日,始克葬于小旬原,虚其左以俟祔。铭曰:

坤道顺,妇道从。使有闻,家乃凶。繄尔德,靖且恭。在中馈,维女红。胡夭札,寿止斯。子失母,夫失妻。坎以藏,掩蘘槾。尚永世,无害茁。

明史鉴《西村集》

亡妾叔萧氏墓志铭

〔明〕史鉴

某之亡妾叔萧氏,名兰徵,同邑黎川人。父曰宗,母陆氏。初,某妻伯李氏无子,某以先君之命内叔萧焉。生子二,永锡、永龄;女子一,嫁吴銮。伯李卒,摄内事者十有八年。弘治六年八月乙亥日,病以死,年六十三。明年十二月壬申,葬翳字圲之原。叔萧性柔婉,精女红。事舅姑及女君无违礼,舅姑视之如嫡焉,女君亲之如娣焉,爱敬交尽,讫无间言。女君卒后,其礼女君之党逾己亲,丧焉哭之,婚焉相之,乏焉赒之。虽政自某出,然由其先意而启,临事而赞,不靳费,不后时。某获免忘故妻之诮,叔萧之助也。故卒之日,女君之党哭之如己亲,而其子复悲思嫡母之亡虚,识者有以知二妇矣,其他可推也。其待二子,若子之妻子,礼秩如一,爱憎无偏,宗姻每举以为况。前数年,予家毁于火,亡片瓦尺椽之庇,叔萧相予弘济于艰难,拮据卒瘏,未尝自宁。今幸粗就绪，而死不克享，悲夫！自始死至于葬，使其子主之礼也。不讣于亲友，非伉俪也。不反哭于祖，弗与祭也。不祔于祖，姑祀别室也。子之丧十五月而禫。既禫而除，屈于尊也，犹持心丧，伸其私也。铭曰：

女妇之德，无闻斯贤。矧为人妾，处之犹艰。宠则为嬖，疏则致怨。若叔萧者，卑以下人，慈以畜己，得夫以为家，有子以为侣。斯焉永藏，其尚何僾。

明史鉴《西村集》

明故承事郎丁君洎妻周硕人合葬墓志铭

〔明〕赵宽

弘治辛酉秋七月，梅窗丁君卒，明年壬戌八月，其继室硕人周氏亦卒。其子饶平县簿奇，卜以甲子岁十二月二十九日，扶二柩合葬于雪滩先茔之次。余适便道还吴，奇以国子生李时显所为状来请铭。梅窗姓丁氏，讳元，字景初，梅窗其别号也。世居吴江雪滩之南。高祖均善，国初中山武宁王视师浙右，委公保障乡间，以义直闻。曾祖宗仁，有隐操。祖仲谦，尤以行谊为乡邦重，敕赠与其子同官。考世英，以儒业起家，授京卫经历，诰封承事郎，继升广东程乡令。君性孝友，少从程乡公游南雍，习闻诗礼之训。甫长，随侍程乡，值岭南流贼猖獗，君赞父出奇应变，多所擒获。程乡公卒，丧葬有礼，乡人称之。事母虒封金孺人，色养备至，孺人今寿九十有七矣，尚康宁无恙。仲弟宁以材能典乡税，君恒戒以薄敛树德。季弟绵游邑庠，君资给劝励，克有成业，今为南京锦衣卫经历。君治家勤约，训子侄有方，好施与周急，赈匮无少靳。岁饥，输粟五百斛，有司援例授以章服、青袍、乌帽。优游觞咏，寄傲山水之间，甚适也。距其生宣德甲寅十一月二十七日，享年六十有七。硕人周氏，邑巨族讳元祥之女。性淡泊，不喜华竞，姻党有侈其服饰金碧辉烨者，硕人视之漠如也。娴《内则》，精女工。岁时伏腊之祀、宾客饮食之奉，丰约有度，中馈井井。麻枲织纴，晨夕弗倦，有劝以自逸者，硕人曰："勤俭吾职也，公父文伯之母之诫，吾服膺终身。"君常语人曰："吾仰事俯育，老母乐享寿考，诸子侄积学有成，皆吾硕人之助也。"享年六十有三，正统庚申十一月二十一日，实其生辰也。子男一，即奇，娶李氏；女二：长适庠生吴淞兵部郎中鎏之子也，次适李燧。孙女二：惠贞、惠洁，尚幼。余方有远行，百事倥偬，而奇以为请，不能辞，故书之不暇，有所次第云。铭曰：

雪滩之阳，有屋渠渠。偕老于此，日居月诸。雪滩之阴，有原膴膴。同穴于此，千秋万古。有子成名，登于周行。尚期宠褒，永光若堂。

明赵宽《半江集》

感梅翁墓志铭

〔明〕朱希周

感梅顾翁，尝自为寿藏于先茔之次，又尝自述其行以示子孙，其子纯受而藏之惟谨。于是告于其师吴君世祥，及其父友李君卿远曰："父有善，知而弗彰，非孝也。惟寿藏宜有铭，将藉是以揄扬盛德、垂之不朽，其庶几乎？"二君以为然，遂与偕来乞铭。而李君予表兄也，为之请甚恳，辞弗获，竟诺之，然未暇也。甫逾年而翁卒，纯复踵门，泣请曰："先人不幸弃背，葬有日矣。愿速赐之铭，以慰于地下。"予哀其言，遂据翁所自述者，序而铭之。翁讳宽，字惟仁，姓顾氏，世为苏之吴江人。曾祖汝民，祖伯振，父东明，皆有隐德。东明赘李氏，产二子，长即翁也。翁事亲尽力，服劳弗懈。乡人有黠者，密举其父为富户，当行役京师。翁诣阙代诉，备历艰苦，往返阅四岁，竟得免。父尝掌乡赋，乃代役于官，事以克举，不为父累。居母丧三年，不入私室。母尝植梅于庭，母殁，因名其轩曰"感梅"，且以自号云。处其弟惟德甚睦，白首无间言。其父母遗命，析产以十之六与兄，而四与弟。后以其弟多子，遂中分之。翁壮岁尚未有子，以弟之子纲为后，厥后复生二子，仍以先人所遗授纲，而为其二子更置焉。外祖墓枕吴淞江，尝罹水患，为之伐石筑堤，备极完固，赖以无坏。世父有婿曰钱璘，死而贫，弗克葬，特买地以葬之。既而掘地得故冢，即掩之而他择焉。平生以恭敬自持，未尝与人争竞。乡党亲友有贫乏者，辄周给不吝。正德五年，吴中大歉，饿殍盈道，为之瘗埋者甚众。又输麦千斛，为有司赈济之助。其好义类此。岁乡饮酒礼，邑令必延致之，此可以见其为人矣。翁生宣德十年九月廿六日，卒正德九年三月初十日，享年八十。初娶徐氏，侧蔡氏。子男三，长即纲，先二年卒；次即纯，邑庠生；次即绸。女二，婿曰陈云、郁观。孙男四：长文献、文韬，俱邑庠生；次文山、文藻。孙女三：长适吴县学生陈雷，次适庞荣，次尚幼。纯等卜以卒之年十一月二十六日，启寿藏而葬焉，其地曰西初字圩。铭曰：

孰不欲寿，寿者几何？翁惟厚德，其寿孔多。孰不讳死，讵能免之？翁惟达者，后事乃治。八十而终，夫复奚憾！归于斯丘，式酬素愿。

赐进士及第、奉训大夫、翰林院侍讲兼经筵官、睢阳朱希周撰。

清顾鼎勋《顾氏族谱》

承事郎感梅顾公墓表

〔明〕杜定

翁讳宽，字惟仁，顾姓，感梅其号也。母李卒，翁年已五十，居丧不内宿。既除，悲感不胜。庭有梅李，手植也，志其居曰"感梅"，人遂号之，年既高，人又称翁云。

翁父东明，号盘窝。盘窝性少容。乡有黠者，盘窝不为正视，黠乃窜盘窝名富户籍。翁幼能代父行，且诉于朝。凡往复数四，释翁归，见黠如不知。盘窝尝掌乡赋万石，有司督不时敛，翁代杖无辨。有司感之，稍缓期。盘窝念家成由翁，凡产翁得十之六，与其弟以四，翁后兄弟终身不分。翁初子弟之子纲，尽以祖产畀之，别为其子纯、绸置产。翁遵古法，为家谱，立祠堂，命子孙世祀。盘窝不忘母父景昭，葬滨吴淞江，岁久水洗几及圹，翁为筑石塘若干大捍之。伯父婿钱璩莫葬，翁买地为葬。掘地值旧椁，翁急掩之，为更择地。弘治间，翁输银若干，及赏，格，获七品承事郎阶。正德初，翁出麦千斛赈饥。翁卒以正德九年三月七日，享年八十。葬以是年十一月二十六日，墓在同里西初字圩。翁预为寿藏自叙，求记殿讲朱君未果。今葬，子纯如翁志，得朱君铭，掩诸幽。纯等与其师吴世祥谋，必欲显刻之。乃录翁所叙并朱君铭，来予固请，必得后已。夫人之行皆本乎学者也，若翁之于父母，岂非孝子乎？至其友于弟，爱均子侄，皆孝之类也。周乎支亲，捐金谷不吝，孰非孝之推哉？翁行固多端，予特表其大者云。

奉议大夫、福建等处提刑按察司佥事致仕、前进士、江西采访实录事监察御史、南京都察院纂修会典委官、郡人杜定撰。

清顾鼎勋《顾氏族谱》

姚明传

姚明，字景昭，一字视卿。为人厚重寡言，胸中蕴蓄甚富。工古今诗文，有所作，人争传以为式。生徒满门，谦冲不伐，人皆重其德量。家长桥之南，号月桥居士。成化十三年领乡荐，后两试南宫，皆以疾不终试。弘治十二年，授广信贵溪知县。贵溪民稠而土瘠，明治以平易，百姓安焉。府有所需，倚办于县，明罢之。府以才谞不足，为请调福之南靖。在任四年，一如贵溪时。以母丧归，会有子坐事论死，走京师讼之，以疾卒于逆旅，年六十四。门人王哲经纪其丧，还葬，哀集文章得若干首，号《月桥遗稿》。（参《献集》）

清乾隆《吴江县志》

明故盛汝成妻沈硕人墓志铭

〔明〕顾鼎臣

盛氏、沈氏，皆吴中旧族，谱乘相甲乙，累世以儒医名家。盛出宋参知政事文肃公度，至国朝永乐间，有讳寅字起东者，以医学正科被太宗皇帝知遇，召对称旨，称为"医中状元"，即日授御医。汝成，其第九子也。汝成妻沈硕人，其先汴人。远祖某，亦以医术仕宋，扈从南渡，始家长洲，思陵手书"良惠"二字赐之。六世祖瑛，在元医学提领。祖以潜,有文行,事我仁宗,初为太医院医士,用荐擢御医,宠眷特深。寿终,少师杨文贞公志其墓。父孟昭,母王氏,生硕人。幼淑顺以慧,精女事,诵《孝经》、曹大家、小学诸书,稍通大义。在女行中特喜御澹素,纤秾靡丽之饰,辄推以让其姊若妹,而服劳佐礼,居他人之先。归汝氏,属舅没姑老,家势中衰,身亲治生,勤勩不厌。适寒暄时食,先意以娱悦其姑,姑安之。尤谨于祭祀,丰腆必尽其力。汝成齿长,医益工,名士求治者踵相接,蠲美之供,咸出其手。夫党亲疏内外上下,支属甚众,处之为难,硕人恭谨和顺,惠厉异施,宜于人人。夫卒,哭之过伤,而丧之葬之无后悔。每勖其子曰:"汝父自立于孤苦中,平生抱技能,无以自见,死有遗恨矣,汝曹能成其志乎?"长子早奉教,益修其世业。诸父汝弼功施于公卿间,声称籍籍。为郡正科三十余年,择可代者,至是引退以授早。早领牒于铨曹,膺冠服,归拜母,硕人喜且悲者久之。逾年以疾卒,实正德二年之七月二十九日也。生正统丁巳三月十五日,春秋七十有一。子男二:早,娶莫氏,建宁府同知震女;杲,娶邹氏,百户镪女。女二,陈珣、刘序婿也。孙男一人:珂,聘沈氏。女三:长适王珏,次许诸骥,次尚幼。葬在卒之明年十二月二十一日,墓在吴县奇禾岭。早持儒士王汝朝状,请铭于郡人顾鼎臣,述其系而铭之。铭曰:

清门岌业郁相望,女贞获偶谐俪伉。撑颓苴漏勤尔相,敬姑怡色孝以养。奉先馈宾洁尊盎,合斯寿兮没非怆。奇禾之阳土燥亢,祔夫同穴成礼葬。

赐进士及第、翰林院修撰、儒林郎、国史纂修、昆山顾鼎臣撰。

清盛钟岐《平江盛氏家乘初稿》

愚闲顾隐士行状

〔明〕徐珩

隐士姓顾名宏,字维德,号愚闲。祖父伯振,父东明,号盘窝。其先居吴江之陈思村,盘窝赘同里李氏,因家焉。隐士天性孝友,与其兄维仁同居,白首无间言。弱冠游邑庠,因乡有黠者窜盘窝之名于富户籍,维仁代诉于朝,隐士遂归。干父蛊,以耕稼为业,城府经岁未尝轻入。敬其兄若父,凡事必咨之而行,尤不事私蓄,故其兄益爱之。维仁年几四十尚无子,立隐士子纲为后。已而隐士弗忍兄之绝也,力劝纳侧室,维仁然之,果得二嗣。诸子甫长,即延名儒以教之,尝曰:"子弟从学,如金在镕。乌可靳费不资明师,以玉之于幼乎?如得其贤,贤于金帛也。"又为诗箴以勉之,教人之法,皆可规准。其与人交也,不随俗华侈,曰:"由此则道可久耳。"隐士性好施与,凡族党疏近之俟以举火者数十家。时年饥,有售子以为食者,隐士厚畀之,且戒诸子曰:"此亦人子也,汝其善蓄之。"乡人有称贷于隐士者,得数金以归,而不知其道亡也,因无聊欲自引决。隐士闻之,复与如数,其人得不死。己巳岁湖冰大合,舟胶,里中者相望,隐士访其艰食者,日以薪米。给之久而冻解,乃得达。庚午岁疾疫大作,乡人死而贫不能敛者，隐士多作棺以函之。凡桥梁有倾圮者，隐士必助资以建之。前后邑大夫多礼致乡饮，隐士仅一预，遂曰："吾岂可以久忝而不让贤者？"卒不赴。故乡人与邑大夫多贤隐士，每呼必曰"愚闲翁"云。隐士配何氏，同邑布政何公源之孙女，先隐士卒。子男六：纲、纪、经、纶、绅、缨。纲，即继兄后者，娶商氏；纪，娶徐氏；经，太学生，娶夏氏；纶，福建按察司知事，娶盛氏；绅，娶庞氏。皆早世。独存者缨也，今为太学生。隐士诸子皆授厚产且饶资焉，隐士晚安缨养。缨读书好礼，今柱国大冢宰水村陆公馆之为甥。水村爵位日高，缨遵隐士家教愈自谦约，相接者不知其为水村婿也。配陆氏，虽相门女，克尽妇道，备极孝敬，不责取于诸兄之家，故隐士心志得以顺适，平居怡怡。虽何硕人早卒，独居寝处者逾一纪，娱情花木，逍遥徜徉，以终天年，皆缨伉俪贤孝之所致也。孙男十有五人：文衡、文林、文渊、文海、文鸣、文枢、文机、文翔、文潜、文翰、文羲、文墨、文笔、文策、文鉴。孙女四，曾孙男九人，曾孙女九。生于正统戊午四月四日，卒于正德戊寅九月十一日，享年八十有一。缨卜以明年九月十五日，奉柩与母氏合葬于先茔之次，将乞铭于馆阁名公，以垂不朽。珩托交于隐士也，久知隐士也，素且与缨预有师生之雅。缨率承重文衡请状，弗敢辞。隐士善行非一，谨述其概如此，惟立言君子采焉。国子生同邑徐珩谨状。

清顾鼎勋《顾氏族谱》

愚闲翁顾处士墓志铭

〔明〕陆完

余婿顾缨奉其师国子生徐珩状，衰绖走京师，泣谓予曰："吾父且死，既瞑复视曰'必得丈人铭'，敢以请。"予以事殷思塞辞，缨曰："吾父生不遇于世，死又无以发其潜，缨为弗子矣。"予闻而悲之，乃为铭。按状：顾出越后，处士名宏，字维德。自祖考伯振而上，世居吴江之陈思村。考东明，为同里李氏婿，因家焉。处士天性友爱，与其兄维仁同居，白首怡怡无间言。早年有志用世，游于邑庠。既不利进取，乃以耕稼自乐，而以愚闲自号。初，维仁逾四十尚无子，以处士子纲为嗣，盖将终身焉。处士弗忍兄之绝也，力劝纳侧室，维仁从之，后卒有子。处士教子侄，必求良师，尝曰："子侄方学，如金在镕，师范其可以弗端耶？"既得师矣，虑久而玩，又为诗以示箴规焉。其与人交，久而能敬。平生好施与，宗戚赖以存济者数家。年饥，有卖子以为食者，处士厚酬之。因谓诸子曰："吾不忍与之薄，且亦人子也，其善畜之。"乡人尝贷银若干归，探其囊则已失，去而莫知所在。其人殊无聊赖欲自经。处士召而如数与焉，得不死。己巳冬，冰大合，舟胶，里中相望。处士访其无备者，日以薪米遗之。至于乡人死而贫不能敛者即助，桥梁圮而危不可度者即治，则所常行而不厌者也。惟其行义，久而不变，乡人信服，皆呼曰"愚闲翁"，而缓急必投焉。邑大夫闻而礼重，亦呼曰"愚闲翁"，而延访每焉。处士生于正统戊午四月四日，卒于正德戊寅九月十一日，享年八十有一。娶何氏，江西右布政使、同邑何公源之孙女，先卒。子男六：纲、纪、经、纶、绅、缨。纲娶商氏；纪娶徐氏；经，国子生，娶夏氏；纶，仕为福建按察司知事，娶盛氏；绅娶庞氏。皆早世。惟缨独存，为国子生，予之仲女婿也。孙男十五人，孙女四人，曾孙男女十八人。以卒之明年九月十五日，葬西初先茔，与何合兆。於乎！身处布衣，而行义为人所信重若愚闲翁者，殆古所谓长者，而今之所鲜欤！是宜铭。铭曰：

顾出于越甲于乡，其著自吴及晋唐。处士不遇韬其光，视力所及志亦行。仁厚长者天所相，子孙既多其必昌，吁嗟愚闲死不亡。

赐进士出身、光禄大夫、柱国少保兼太子太保、吏部尚书、长洲陆完撰。

赐进士出身、通议大夫、都察院右副都御史、巡抚云南等处致仕、郡人顾源书。

赐进士出身、通议大夫、都察院右副都御史、巡抚山东等处致仕、长洲沈林篆。

清顾鼎勋《顾氏族谱》

处士愚闲顾公墓表

〔明〕吴洪

古称乡先生者，不皆必其道之行也。惟修身谨行，德足以师世范俗，则其名可称矣。吾邑同里古巨镇也，里中顾氏古右族也。顾有愚闲翁，古称乡先生者，庶几其人也。翁殁矣，子缨为今大冢宰水村公之婿，既诣京馆丐公志铭以葬，复要予言以表诸墓门之石。按太学徐君珩状云：翁名宏，字惟德，别号愚闲。裔出越世家，上自祖考伯振，皆居邑之陈思村。考东明赘同里李氏，因家焉。伯兄惟仁，少秉家政。翁业儒，为邑庠弟子员，有志用世。既而惟仁任公府，宾燕吊贺事于外，翁遂谢归养亲。用耕稼，课僮奴，岁计赢羡，相度营治产业，以遗子孙。各不私斗尺之蓄，兄弟友爱，同居共食，至白首，无间言。初，惟仁当壮无子，立翁子纲为嗣。翁始难曰："是兄忍绝宗也，盍置侧贰以祈繁昌！"惟仁竟如翁志，生二男子。翁以兄暮年儿也，抚爱笃至，不以犹子视，乡党义之。家有塾，聚子侄以受训。常曰："少子方学，如金在镕，师范可弗慎耶？"故在席者，必当世硕彦。仍揭箴诗于壁，以示规警，语多可法。惟仁好施，凶年有售子女以为养者，翁必厚畀之，且戒子孙曰："毋凌，若亦人子也。"乡人某尝称贷于翁，得数金归，而不知其道亡也，失措欲自引决。翁闻而召之，与如数，得不死。己巳岁，湖冰大合，舟胶，里中久艰得食，翁以薪米量日给之。冻解，遂皆得达。庚午继疫多，作棺以函贫不能敛者若干人。桥梁危阽，必助资建葺。遇有厄于险者，必力拯之，而族党疏近俟以举火者至数十家云。吴俗尚华侈，翁举事一遵古家礼，曰："同俗吾岂不辨，由此则道可久耳。"前后邑令君多贤其名，礼致乡饮，仅一预。后每延以宾介，则曰："如其人，吾岂可久忝而不以让贤者否？又岂宜与之共渎盛制？"卒不赴。夫君子之道不行于时，所贵乎有可传于后也。翁之历履如此，仪其仁泽顾不可广乎？式其俭业顾不可久乎？谂其教子孙顾不多贤矣乎？呜呼！韪矣。翁生于正统戊午，卒于正德戊寅，得年八十有一。配何氏，乡先哲方伯源之女孙，先十六年卒。子男六：纲，即后惟仁者，娶商氏；纪，娶徐氏；经，太学生，娶夏氏；纶，闽臬知事，娶盛氏；绅，娶庞氏。皆早世。所存惟缨，即冢宰婿也，今为太学生。翁自何孺人没，即均资与诸子孙，而独安缨养以老。孙男文衡，太学生；文林、文渊、文海、文鸣、文枢、文机、文翔、文潜、文翰、文蓊、文墨、文笔、文策、文鉴，凡十五人。女四人，曾孙男九人，女如之。缨以岁己卯九月十五日，葬翁先茔之穆兆，与何孺人合。予不文，特雅知翁，因参缉状语遗缨，刻而树之隧间。后之人尚其毋忘先德，而思所以尊式之哉。

  赐进士出身、资德大夫、正治上卿、南京刑部尚书致仕、同邑吴洪撰。

  赐进士出身、奉政大夫、浙江温州府知府、前监察御史、邑人陆鳌书。

  赐进士出身、承德郎、工部都水清吏司主事督理徐州洪、邑人陆金篆。

清顾鼎勋《顾氏族谱》

故承事郎芸轩庞公墓碣铭

〔明〕杨循吉

  正德四年岁己巳十二月庚申，苏州卫指挥同知松陵庞君澂，既奉厥考承事郎芸轩公柩，葬于其邑甘泉原之先茔。则谋所以书其墓石者，介长洲朱性甫来请，曰："先子□□□铭，惟□□闷弗昭，敢具碣图之？"惟苏合州邑八，巨家殆不多数。厥有称最于境之南者，则庞为旧焉。若地□□山□□□湖，皆以姓冠可知已。公讳镛，字汝声。其先由宋时缑氏来居吴江。高曾祖考□福一、寿之、子安，□□世，□厚德，其有名公表著者，载在谱牒。惟公少涉猎书史，克修孝悌之行，于□于兄。家故业农，田租万计。□□□伯氏□□长一乡，恭上仁下，号称勤能。退而督僮，□□□，因材授事，大小咸理。至筑先世滨湖□□凡百顷，皆成膏壤，鱼凫茭苇之利，充牣不资。产既滋富，则廉取厚施，以售其德。尊贤馆儒，以修其礼，化及匪人，弗敢为暴。部使者问政，条画以献，民病获申，繄惟其功。粤成化壬寅岁饥，诏出谷者授官有差，公独输千斛，拜承事郎。壬子之饥仍再输，立绰楔旌义。既而年及耆艾，有司聘为乡钦宾，弗□，人方高之。会邑有墨令□□不□，以事中□子澂，公不为挠，具疏陈阙下，得雪。事已，乃曰："吾其退处乎！"未几卒，二年丁卯七月四日也。公于官府有兴作，若桥梁廨宇，承檄构建，务竭乃心，不坚久不已，用是多著劳绩。里有举贷，取息视公，式减三二，其婚丧匮乏，必于告赒。家尝被火，烬粟千数，悉□之贫民。居乡持平决讼，人辄服。至排难脱人于死，具有左验，江湖士赴之若归。性不信巫觋，俗尚一切绝去，□□生务俭，始终一致不怠云。距其生正统己未，享年六十有九。娶钱氏，继娶冯氏、陈氏。子男四人，浤、澂、汉、淮。其□澂以助□授今官。女六人，适顾绅、钱爻、吴洵、练元良、徐□友、许周堂。孙男五，木、森、樘、术、棣。孙女三人，一适浦怀，一许吴□，其仲在室。凡公之四子，浤虽居长，而以兄子不□，故澂实主襄事，而来请铭。

铭曰：

粤古松陵，其南有湖。名以氏配，维庞乃居。弈叶多贤，笃于经□。爰启厥后，世德其储。芸轩翼翼，承是先范。夜寐夙兴，勤劳靡间。仁诚俭约，粹若书瓒。振家克昌，伊宗之干。维彼湖滨，昔为污菜。一变膏腴，由公手栽。智既垂法，□亦箴颓。措之江南，夫曷虞灾！嗟芸公甫，志在匡国。廪粟屡输，章服等越。遗惠孔多，著思里域。镵词墓门，永告来哲。

赐进士出身、礼部仪制清吏司主事、同郡杨循吉撰。

吴江博物馆藏拓片、参民国《珊瑚》4卷1号陈去病《浩歌堂近谭》

奉直大夫尚宝司少卿叶公墓志铭

〔明〕毛澄

公讳绅，字廷缙，姓叶氏，别号毅斋，苏之吴江人。曾大父仲宾，国初举人才，授九江批验所大使。大父讳蕙。父讳芳，广西布政使司理问，以公贵封徵仕郎、吏科给事中，赠奉直大夫、尚宝司少卿。母朱氏，封太孺人，加封太宜人。公少颖敏，年十二攻文，辄可观，长者奇之。其后理问公应县贡，升太学，公与其弟审理正缜皆从。兄弟力学有成，归补邑学生。公为人蕴藉，怀负美才，不为人知，一旦提学御史试第一，名始著。既而数不利场屋，成化庚子领乡荐，丁未举进士，则年已几五十矣。孝宗皇帝即祚，方慎六科，选授公户科给事中。弘治改元，奉诏祀滁阳王礼成，丁理问公忧。服阕，改吏科。辛亥，诏谳狱广西，广人称平。甲寅，值大水，公上疏，言宜浚治太湖委流，使无壅遏，庶拯其患。又言其地岁饥民毙，宜加赈恤。上特遣工部侍郎徐贯主其事。乙卯，升礼科右给事中。丙辰，同考礼部会试，寻转左，遂掌科事。丁巳，今上在春宫，将出阁就学。公上言宜择人充辅导官，豫养圣德。又言荫叙祭葬恩太滥，宜详考祖宗以来事例著为令。疏奏，诏所司议，其言皆见用。戊午，升尚宝少卿，归省朱太宜人。岁余北上，俄丁太宜人忧。服阕，仍拜尚宝。越三岁，疾作，治痊久之，竟以乙丑三月二十八日卒于官邸。其生为正统庚申六月四日，享年六十有六。配褚氏，封孺人，赠宜人。继范氏。子三：长夔，诸生，褚出，娶李氏；次旦，聘陆氏，奭，幼未聘，皆侧室沈出。范无子，以旦为己子。女三：长适章天惠，次适许冕，季在室。孙男四：可久，配陆氏；可大，聘陶氏；可观，聘吴氏；可嘉，尚幼。孙女三：长许嫁黄镶；次许嫁郭受益；次许嫁张冲。公卒，审理君以谒选吏部，获视殡敛及受除书，躬护其丧还吴，以翰林沈良德状视澄，曰："惟昔吾兄处言路，遇事不敢缄默，其遗草悉吾兄子藏于家，愿少待焉，而后执笔。"于是夔自吴奔公丧，遇于清源，则使来曰："先公奏草遭回禄失之，可痛也。"澄谓公既有建白在朝，其书于信史必详，遗草不终失，乃述所闻一二为之铭。葬以正德丁卯十一月三日壬寅，墓在长洲县圌山之原，审卜久之而定兆，则皆夔奉公命为之也。铭曰：

怀玉维久，待时维后。实又不同，其又谁咎？我闻在朝，言亦不苟。大学身心，端人左右。匪誉之求，厥孚盈缶。维帝曰俞，利泽孔厚。谓可大受，盍不眉寿？我用作铭，尚贻不朽。

赐进士及第、左春坊左庶子兼翰林院侍读、太仓毛澄撰。

清叶德辉等《吴中叶氏族谱》

叶绅传

叶绅，字廷缙，吴江人。成化末进士，除户科给事中，改吏科，历礼科左给事中。弘治十年，太子年十七，犹未出阁，绅请择讲官教谕。寻以修省，陈八事，斥中官李广，又劾尚书徐琼、童轩、侯瓒，侍郎郑纪、王宗彝，巡抚都御史刘璃、张浩、张岫等二十人，乞赐罢斥。而末言"去大奸"，则专劾李广八大罪："诳陛下以烧炼，而进不经之药，罪一。为太子立寄坛，而兴暖疏之说，罪二。拨置皇亲，希求恩宠，罪三。盗引玉泉，经绕私第，罪四。首开幸门，大肆奸贪，罪五。太常崔志端、真人王应祎辈称广为教主真人，广即代求善官，乞赐玉带，罪六。假果户为名，侵夺畿民土地，几至激变，罪七。四方输纳上供，威取势逼，致民破产，罪八。内而皇亲驸马事之如父，外而总兵镇守称之为公，陛下奈何养此大奸于肘腋，而不思驱斥哉！"御史张缙等亦以为言。帝曰："姑置之。"逾数月，广竟得罪，饮鸩死。绅又极陈大臣恩荫葬祭之滥，下所司议，颇有减损。擢尚宝少卿，卒。

清张廷玉等《明史》

一愚翁墓志铭

〔明〕文徵明

雁门文徵明著并书。

吴江烂溪之上，有沈翁廷望者，以孤童起家，能僇力佃作，数年之间资累数千，遂长雄其乡。已而尽散以属诸子去，治其羡田，复累千金。盖以一身更数十年，凡致数千金，而翁亦既老矣。翁融朗喜客，数置酒高会，弹丝考鼓，歌呼淋漓，或驯弄鸟雀，游冶自豪，竟老无所倦。时有史鉴先生者，辨博□伟，文章雄一时。翁虽未尝问学，而能从之游，盖先生以学、翁以达乡之□，或□相焉。翁讳高，字廷望，别号一愚。曾大父充富，大父宗茂。父璿，出赘秦氏，生翁。三年而秦亡，已而父亡，翁乃依外氏以居。稍长，闻世父死，无子，吴姓或乘之。翁曰："是将乱吾宗也。且吾在，不可使吾大宗不祀。"竟疏诸朝，而复之念，不获见母，刻木事之惟谨。久之，或致影响，人以为孝感。性尤乐施，缓急有求，无弗应者。平生所筑舆梁九，修复佛老之宫数十，费皆数百金，他如药疾椟死、衣食寒饥尤多。尝岁饥，入粟为郎，然终身布素，不以仕服自荣。既病，悉遣侍姬令嫁之，僮奴老者遣归其宗，曰："彼皆事吾久，不可令终身服役也。"虽其特达无所系吝如此，而意旨深远，有非庸众人所及者！翁生正统庚申六月十二日，卒正德辛巳正月二十二日。配陈氏，先卒。子男二：夔，承事郎，娶史氏；臣，太学生，娶计氏。孙男二：承业，太学生，娶吴氏；承恩，娶陶氏，继王氏。曾孙男一，女四。葬以卒之年十二月壬寅，墓在邑之洪里原。余雅不识翁，而余友王蒙简尝馆其家，知其事为详，至是以夔、臣来乞铭。铭曰：

有伟愚翁，维乡之硕。既士亦雄，爰受而克。维祀涓涓，尚兹永延。厥既连年，亦粪于田。茕茕孤童，业其稚齿。既勤有家，亦复其始。八十斯龄，寿考维德。洪里之原，归全有室。行义在人，乡间称孝。我铭其藏，尚后有考。

章简甫刻。

吴江博物馆藏碑刻

沈廷望妻陈硕人墓志铭

〔明〕周用

赐同进士出身、从仕郎、南京兵科给事中、邑人周用撰文。

京闱乡贡进士、郡人祝允明书丹。

茶香居士、长洲吴奕篆盖。

吴江沈君廷望，葬其室陈硕人也。先期其仲子臣走京师，致其父之言于余曰："高也不惠，于家受室，不克终与，只将祀事。今兹远日，既卜作石，以贻诸幽，不可无铭，敬遣子至左右以请。"又曰："自昔也，偕室人周旋于家，家之小大事，靡不承至，而未尝见其有不善。复能以循默佐我，居益久，若未始见有所谓善者。今逝矣，宅兆之未安，虞祭之不时，心实慊焉。吾宗其继祢乎？爰择地为之墓。唯邑西降之原，水壤渊厔，相者曰'方隅祥'，亲者曰'展省易'。而墓木未拱，无以绥化者，唯是子若孙以制礼日月为言盖数矣，吾固不之听也，是襄事事缓，而至于斯，敢不悉闻！"臣且言曰："吾母氏之有子臣也实少，是故鞠臣之劳母则已甚。逮于有知，忽焉无恃，则所以事养吾母者，独无及乎时。悠悠昊天，此德罔极，可哀也！幸愍其私，以为之铭。"言已而涕洟。余谓陈氏顺妇也，慈母也。睦姻于家，不章其仪，蚕织溉亨，事之微也，可谓顺也已。爱其子，不遗其教，教以成义，而施及于其孙，可谓慈也已。既顺且慈，妇行修矣，是宜有以铭也。硕人子男二人：长曰夔，有官以义名者；少即臣，与其长孙承业，皆入太学。女一人，适郁氏，卒。孙男凡二人，曾孙女一人。生以正统二年十一月十五日，卒以弘治十一年十二月十日，葬以正德四年三月初十日，年六十九。铭曰：

吁嗟硕人，俪于德门。淑慎有恒，善于卑尊。卑尊燕喜，宜飧宜嗣。丰于而家，茂介多祉。既衍其裔,不偕其寿。兹丘有铭,永也无咎。

吴江博物馆藏碑刻

富一公传

公讳富一,自明正统间,于浙江嘉善县偕叔潜迁于吴江县之南麻村,后又分迁西濛港,遂占籍焉。公以名进士例授文林郎,例铨知县,不赴选,惟以读书课耕为事,乡里熏其德而善良者不少。公交必择人,无大故不入城市。时遨游于吴越山水间,或讲道谈禅,或歌诗作赋,以适其性情。其登临胜概,尤杂见于断碣残碑也。自公迁于西濛,家道日益,率其子弟或课儒,或务农,桑麻修竹之中并怡然自得,故老传间有五柳先生之雅范焉。迄今子孙繁衍,散处乡城。其世守西濛者尤敦古朴,亦以见公之流泽孔长也,是为传。

清徐书城《吴江徐氏宗谱》

徐纲、徐缙传

原德府君讳纲,原德字也,孟昇府君长子。明正统六年辛酉六月初八日生,家通利桥。天性和易,人未尝见其有疾言遽色。克绍先业而干济加懋,资日充拓。好施予,岁饥,尝输粟以助官赈,有司嘉其义,引例授迪功郎,辞不获,然终不乐,常御札带角巾布衣,萧如也。晚恋母党,创别业于严墓村,名徐家庄,往来其间。正德元年十月二十六日卒,年六十六。配王氏,正统六年二月二十五日生,弘治十三年庚申六月二十日卒,年六十。善治家,以孝敬闻。正德九年乙亥[1]十二月十三日祔葬北城墓,详载墓志。子三:长讳奎;次朝,出为一斋公缙后;次翼。女三,适顾元、倪宗美、李艮。

一斋公名缙,字原礼,一斋号也,孟昇府君第二子。明正统十四年己巳十月初九日生,家通利桥。为县学增广生,后以例署郡吏报补。将北上,会吴下大祲,朝廷广赈荒事,例令出粟者即授冠带而蠲从事。时成化十七年辛丑,公输粟六百斛。弘治五年壬子,选后化崇教坊草场大使,七年升福建延平府沙县主簿,九年委部京运,十年摄县篆,十二年春以例罢归。筑别业于胥川,居三年,壬戌十二月二十日以痔疾卒,年五十四。配王氏,□□□正统九年一月二十一日生,□□二年□月二十日卒,年五十四。始葬柳胥墓,在本县范隅乡二都北一图鳞字圩三十六丘,详载志状。无子,以原德府君之仲子朝为后。女二,长赘何纶,次适丁奎。妾周氏,顺天人,生子一,州。女一,适顾兰。

清徐廷柱等《南麻徐氏世谱》

注〔1〕:正德九年干支记年应为甲戌,乙亥年为正德十年。

苏州府医学正科盛公墓志铭

〔明〕祝允明

　　盛在苏著且久，自宋相文肃公度、吏部尚书章，时则以文学政事显，其后居苏，代有华彦而恒业医。至逮，在国初辟贤良，有高节。生起东，有劲气杰才，且能文。初为郡医学正科，以其术被太宗之知，一旦召见，敷对称旨，留近侍，授御医。承宠顾，褒然自见，医效亦奇绝，太宗呼"医中状元"，时则以才谓奋。御医有九子，及老复得公，行十一。生四月而御医殁，遗命第六子汝德抚教诸弟，公籍以长立。讳俌，字汝弱，智识超颖，干力雄敏。少弱，稍用以立事亢宗，家政有不足治广，而乡党裁疑发谋，出必迈人意表，事效沛如。成化中，邱公来守郡，郡缺医正科，有荐公于邱公，邱公固信重公。又公兄汝愚，邱公同年进士也，不以嫌，即疏以授公。公既仕，所以摅达猷为，锋铦而鉴莹，囊畜而稞转，时则以干用鸣，故乡论谓公称其世。然至施其术以起声，立其节以正物者，犹有述焉。西江蹉贾倚邱公乡土，中郡中驵以法，驵众敛百金寿公乞解。公曰："吾利也，而公蠹邱公法，私负邱公知，而虽直吾不可为。"驵去更属，一时宦官祝邱公，更峻其语，邱公益怒，将重其手。会邱公家人疾召公，邱公道其事，公曰："驵固当辟，自有常刑。如以连重之，法不平抑，将非公乡井利。"邱公意解，就末减。驵知还，馈公金，竟却之。徐氏二子父死，讼论财，其少内五十金请公助。公言："若理曲，能倍金，吾为若处之。"少倍以进。公召其长，数曰："而父骨未寒，而若是不戚怫父衷，冒乡邦腼邪？然而窘而弟少饶。吾谕而少，少裨周若，得否？"长感泣，即以金畀之，二子遂寝讼，睦如初。摄郡税课，大商与郡贰姻，匿税。公帅部人发之，论如法。周氏子负博，进怀宝玩质钱，约厚息，公以交其父，谢去。语父"亟收治，行破君家矣。"父感从之而免。袁养正先富后落，妻病心，殆，袁持金求治。公曰："君妇用贫病，复损金以益病邪？"辞而予之药，良愈。汝愚登第而卒，养嫂抚孤，为植业二十年无怠。王氏妇病，众为阴虚治，转甚。公视之，曰："腹痈耳。"令其夫按患处，痛殆绝，灌以溃痈药，数日已。王端毅公恕抚江南，得疾卧南京，众治以痰结。郡守刘君进公往，公视，谓痁也，从而瘥畅。侍御当暑病寒，被数重裘衾裹，闷瑾室中，不胜冷，或治为伤寒。后邀公，公望而切之，所谓热极似阴，是为中暑。启室褫衣被，涂以捣葱，进香薷汤，一啜而苏，再索食，三病已矣。尚书似公患风瘚，公饮之药酒，尽三石起。似与冢宰马公，吴文定、王文恪二公，群荐入太医，辞以止。公顾体疏臞，谈议辩亮，一时名卿结纳遍四方，略如郑当时。莅官守行其志者四十年，得子亦晚。既逾六十，举其犹子早以自代，遂致仕。别号春雨，以见志业丰享西景。又数年，子曾长，早致仕还，举曾以代焉。凡所述公事如右，皆其甥朱臣所为状云。然而状所举，犹多状不言言于乡人者，亦更有之。公既殁，其子奉状请予铭墓。予少公殆二十年，而公忘年交之，忆公尝语予："吾盛在宋，姑未论元，及国初，皆业医而根儒。时术师视世墓，谓后来宦显，虽不绝若家，儒医之巾，其殆充栋乎。今至吾，幸且符若语。吾所望者，不愿子孙以时宦易世儒也。"予恒念其语,为可传。今亡矣夫!公生正统辛酉四月十七日,卒嘉靖癸未九月初五日,享年八十三。嫡母顾氏,生母沈氏。配吴氏,淇县儒学教谕熺之女。继陈氏,四川参政述之女。子男三:长即今正科曾,娶刘氏;次鲁,娶李氏;又次昔,娶陆氏。女七:长适常熟章沐,大理卿格之子;次适朱臣;次适曹钑、徐櫱、都钺;次许钱坦。钑、栾,俱弟子员。钑,云南按察佥事禺之子也,其一以废疾不行,先卒。孙男七,女四。公葬以岁乙酉元日,墓在吴县至德乡之奇禾岭。铭曰:

　　成秹者才,运才以智。好谋则获,聪作斯贵。赳赳公才,析纠合戾。华先腴后,康身行世。渊渊其智,依仁比义。握机中綮,钩深抉秘。通躅郑庄,辩谐木赐。发虽我任,曾不谀气。从政之誉,展也孔氏。既达而果,或益之艺。庶几三贤,殆其近似。世献之徵,永言铭记。

　　应天府通判、承直郎、长洲祝允明撰。

清盛钟岐《平江盛氏家乘初稿》

明故金华府推官慎庵徐君墓表

〔明〕赵宽

　　仕而致位通显,不若官卑而能泽乎物也。寿而至于期颐,不若死而名可称也。治生而资货充溢,不若子孙之多贤也。吾友节推徐君,官不过郡佐,而所至流慈祥恺悌之誉。年不过下寿,而乡邦闻温雅直谅之风。家不过中人之产,而兰玉满庭,皆青云之姿庙堂之器。然则奚用重爵为哉?奚用高资为哉?又奚用黄耇台背为哉?君讳章,字宪之,慎庵其别号也,世居吴江之梅堰。祖讳真,洪武中以人材授浙江丽水县丞。秩满,民请于朝,留之在任,余二十年致仕而卒。父讳琛,徙居县之北塘,以上舍生知福建泰宁县,有惠政。君传父祖之业,游邑庠,入胄监,精究经术,为文辞典雅有法,而和厚端靖。口不谈人过,与之处,如在芝兰之室,侪辈莫不爱而敬之。释褐,除湖广永州府推官,遭内艰去。服除,改浙江金华府,地广民众,俗好讼讦。君慈不至纵,严不及苛,每谳狱至配、大辟,未尝不惨然形于颜色,百姓无不知君之仁,监临诸公多贤之。弘治辛酉浙江乡试,充受卷官,与诸考官阅试卷,多得佳士,人益重君之邃于学也。素患胸膈痛,数十年矣,至是劳于案牍,疾益作,谓其妻曰:"吾病真痼疾也,吾挂冠归耳。"即具疏请于监临诸司,不允。秩满三载,给由京师,因得便道归焉,行箧视初之任时,不益一物。既抵家,见其子资治生颇裕,倍于畴昔。田园庐舍,丰约适宜,可以怡老也。而孙应龙妙年英敏,绩学有成,遂无北上意。时值秋暮,每对菊酬饮,自谓企潜后人。有别业在简村,欲往居之,曰:"吾将简略世务,而寻村野之乐也。"又号简村居士。日饮酒数次,曰:"吾非嗜此也。吾疾发,用此敌之,痛稍定耳。"君兄曰平,弟曰皋,皆有淳质,读书好礼,与君自壮至老,同居共爨无间言。乡人称孝友,必曰徐氏云。家居仅半载,竟以前疾卒于癸亥岁正月十八日,距生正统壬戌,享年六十有二。娶皇甫氏，有贤行。子男一，即资，邑庠生，娶故封监察御史王宗吉女。女一，适今太仆卿吴洪仲子邑庠生岩。孙男一，即应龙。龙亦邑庠生，娶乡贡进士李经女。葬在卒之年九月二十一日，墓在西郭外东郊祖茔之右。将葬，资以状来言曰："墓中之石，吏部汝先生既志之矣。顾先君之行不表而书之，何以示远？惟先生图之。"余少游邑庠，视君若长兄然，砚席亲就，骄吝俱消，启迪之益夥矣。昨乘传过金华，闻诵君之美者载路，兹又喜资之克其家，而善教其子。又知所以图不朽，其亲之道也，遂为书之墓上。

明赵宽《半江集》

崔母墓志铭

〔明〕吴宽

吴江崔澂，以太学生居母丧于家，哀而尽礼。将葬，以愿得铭文，请于其父。其父文友，贤士也，曰："妇人，法不得特铭，然如尔孝，私情何会？"其邑汝太守行敏上京师，授以状，来即予求。予尝闻崔氏有年少好学喜从士大夫游者，盖澂也。已而其所从游士大夫，多以书至称澂之母贤，而澂甚孝，宜有铭以慰之。乃按乡贡进士汝其通状，为著崔母墓志铭，而序之曰：崔母姓黄氏，其先为闽人。宋祥符间有讳应龙者，仕于吴，而家焉。后徙湖之乌程，曰栖梧黄氏者，因其里名也。其后曰衍，以好文雅著名郡中。又后三世曰俨，兄弟五人。伯俊，国初仕为广东参政。季份，尝入史馆，出为峄县教谕。而俨亦两被召，却，竟以隐终。俨生璘，璘生兰，俱不仕。黄既为衣冠家，而崔之先曰刑部主事龄，与俊官同朝。及份，更占籍吴江，适与崔比近，故兰以女归文友，而生澂。其讳某，少有淑德，夸于族人。及为妇，事舅姑孝敬备至。每得珍味，必先献于堂上而后食。家业素厚，数劝文友散所积，以周贫乏。文友从其言，多成义事。其教澂，必守礼法，谨交游，而尤以俭朴为言，见服饰稍华，辄令去之。澂用其训，亦成贤名。故自入崔之门，夸之者如其族人。及其卒也，内外皆曰："何贤者之不寿也？"其卒以弘治五年九月四日，得年四十有九。以卒之明年某月某日，葬于其邑某乡。子二人：长即澂；次清，先卒。孙二人：曰俊卿、伟卿。铭曰：

黄在吴江，旧称名门。少择所归，于崔来嫔。淑德何多，止于中身。胤祚既延，生子长孙。子也悲伤，忍死其亲。何足慰之，托此铭文。

明吴宽《家藏集》

永州府知府来斋公家传

泰，字其通，号来斋。官吏部时，职掌登籍。吏之练事者，习为觚觖，公法其尤黠者，于是顶冒之弊遂绝。出守永州。永故名郡，俗尚嚣讼。公召集劝谕，访健讼者，悉治以法。并禁属县案牍累民，民皆感泣悔过。旋卒于官，贫弗能丧，僚属绅士醵赙以归，并祀公名宦祠。公天性孝友，德器恢宏。居官以清节自励，论事侃侃，莫敢当其锋，不仅文章重雅望焉。余详县志。

谐按：《松陵献集》潘力田先生曰："自洪永以来，搢绅先生类多兼能。如周公用、顾公大典，并擅丹青，而曹公镆、薛公穆为之亚。王公问、汝公泰，并工书法，而朱公应辰、凌公信为之倡，以至吴公涵善篆，沈公璟善四声，珣善隶。此数君子者，文章政事表表耳目，皆不以一艺名，故无得而赞焉。"旧谱未称来斋公工书法，或因周庵公传误欤。

清残本《汝氏世谱》

汝泰传 [1]

汝泰，字元吉，一字其通。少有大志，岿然老成之望。未第时，与同郡李应祯、吴宽、同邑姚明、史鉴，并以文学著名，所撰文章传播远近。年五十，始登科。又八年，举进士，拜南京考功主事。时倪岳为南吏部尚书，素知泰名，一见喜甚。居无何，岳以召去，而泰亦迁验封郎中。三山林瀚代岳任，以泰有时望，奏改考功。泰甄别人物，辞情并至。久之擢永州知府，卒于官。所著有《来斋集》。

清乾隆《吴江县志》

注〔1〕：清残本《汝氏世谱》卷五载《吴江县志文学传·汝泰》，并按：公生于正统十一年丙寅，至弘治二年己酉举于乡，盖四十七岁也。县志作五十，误。

明故师省盛君墓表

〔明〕邵宝

吴医盛君用阳既卒且葬，其子环衰绖杖诣予，请表其墓。吾姻成户部汝从实以环来，予闻君名允矣，徵诸乡进士祝君希哲状不诬，乃为之表。盛之先，出宋参知政事、知枢密院、太子少傅、文肃公之元孙文英殿司谏瑄，瑄始居吴，后多业医。至七世孙曰似祖者，性高古，有志行，于公为高祖。其子景华，洪武初辟贤良，赐冠带袭衣，参大臣议事，以直言不谐辞疾归。子寅，字起东，官太医院御医，学术精妙。事太宗皇帝，应对撰述，每称旨。子汝德，制行端肃，配袁氏、高氏，生三子，长即君。君讳瑄，用阳其字，师省其别号也。为人性恬而识达，量宽而事勤，盖自幼如此。始汝德从御医在京师，为君聘袁氏。既而自诊脉，知生不永，趣携君逆袁氏归。途中梦为诗云云，又知死兆，乃谓先茔地隘，以改卜责君，君戚然受命归。旬月，汝德果卒，时君年才十六，徒步适野，得地于五峰山博士坞营葬焉。既葬，事母益笃。有弟二人，比析居，恣所取弗校，男女婚嫁事称其力。恒以世医不可弗继，既读儒书而攻医益力，有深诣独得之趣，所施辄效。或谓君："盍走都下，取一官为身荣。"君告其母，母命止之。自是专应诸乡郡求者，功利日广。尝手录其奇效，效古人为医案，多不胜述。先是言医者久归盛氏，至是益盛。君既有资产，尚礼敦义，念先邱未辟，尽瘁从事，历四十年始就所图。凡居第田畴，每得必溢其直，信者皆悦而去，君子谓君"善以己体物"。仲弟旷居吴江，其疾也，迎归治之。疾甚请去，君曰："先人正寝在是，去将何之？"既死，为毕其后事。季晚业衰，君谋生不足与立，比死，及其妇死，周之益至。族故有谱，始纂于其先钱塘尉存诚，至汝德修而未竟。于是族人甚繁，君手自汇列，复质诸朱性父、都元敬二君，裁括就编，乃刻布诸房藏焉。平生尚贤爱众，结纳交际，清浊不失，而虚中受益。赴人之急如恐不及，然以持重伺人，故虽顽鄙，亦为君敛饬。或暴客欲侵侮，君不色动，其人卒自愧戢。缙绅章逢，远近从集，日不虚座，始若难亲，久辄不忍释。非公事弗践公室，尝一赴乡饮，后竟谢之。惟以医事请，则无贵贱必往，往则无不起敬。上大夫过吴者，多访君求方药去。素善饮酒，中岁虑病湿，遂绝不饮。吟咏书字，工而不露，故知者鲜。自号师省，盖取于曾氏之训云。君室袁者，太医院院使士珍之孙、锦衣卫千户理之子也，雅相助益。辛未岁，先君病卒。公荐被痰疾，至今年壬申二月二十日乙未遂不起，距其生正统丙寅九月二十一日丙戌，寿六十有七。子男一人，即环。环颇多病，君病亟时，命迁蓐正寝，环不忍从。越二日黎明，复语之严，环从之。君喜谓曰："吾素惟汝疾之忧，今乃全归汝手，幸且乐矣！"项之乃瞑。女二人，嫁黄鹤、刘祖同。孙男二人，曰应陵，曰应占。女三人，长嫁喻敩，次许嫁沈格、黄僎。乌乎！医以世贵久矣，然惟其人焉，而后能重其世，仲尼所谓"有恒者，其夫人之为道"邪！若用阳敦笃伦理、幼自至老好修不怠、乡党州郡无间言者，非有恒，何以能此？吴文定公尝序其谱，称其"业儒而精于医，居市中而隐德甚著，为盛氏贤子孙，世以人重焉"，可诬哉？虽然君持是心由经术以用，将有自见于世者，而惜其终于医也！是为表。

通议大夫、户部左侍郎、前都察院右副都御使、奉敕总督漕运、锡山邵宝撰。

清盛钟岐《平江盛氏家乘初稿》

盛润庵墓志铭

〔明〕文徵明

吾吴盛氏，出宋名臣文肃公度之后，代有显人。国朝太医院御医起东，以儒医际遇太宗文皇帝，益显有闻。至于今百余年，族属衍大，子孙多贤士，而显者以才谞自见，或不仕则以医鸣，皆亢爽隽发。语言行事，皆激卬踽踽，奕奕自喜。而润庵翁独缩敛自爱，居常惴惴自守，未尝与人竞相往来，亦未始以言智先人，人犯之，漠然弗较。始，家甚贫，能以勤俭自克，铢积黍累，迄用振植。阅二十年，家益衍拓，资货充溢，数倍昔时，而履俭操勤，不殊于昔。及是年，日益老，所守益固，卑牧缩敛，视少时弗弛而有加。年八十，遇诏恩冠带。又四年，为嘉靖八年己丑十二月戊寅卒。先卒自治，棺敛冢圹，纤悉咸备，语其子应璧曰："死即葬我，无久暴露为也。"于是应璧以卒之后二十日，葬翁吴县魏珠山，实明年庚寅正月丁酉也。先事应璧以太学生黄君纹所为状，来乞铭。按状：翁讳珵，字朝美。曾祖寅，即起东先生。祖侃，苏州府医学正科。父时，母王氏。配闾邱氏，同邑士人闾邱宾用之女。宾用无子，翁馆其家，奉其祀终身云。翁生子男二：应奎，前卒；次即应璧，娶李氏，继周氏。女三，适俞乾、顾登、陆周。孙男四：之业、之果、之集、之采。孙女三：适宋珂、顾亿、施来鹏。曾孙男一，女一。铭曰：

守之居居，行之于于。始之不足，积久考成。而恒有余，魏珠苍苍。有封若堂，是为润庵之藏，后永有光。

翰林院待诏、将仕佐郎兼修国史、长洲文徵明著。

清盛钟岐《平江盛氏家乘初稿》

盛朝美妻闾丘孺人墓碣铭

〔明〕毛澄

吴县盛朝美将葬其妻闾丘孺人，其子应璧承命走京师，以县人张舜举状乞予铭。予贤孺人而许之，且执笔矣，俄值国哀故辍。越月，其姻尚宝刘先生言应璧归有日，愿得铭，乃为叙而铭之。按：盛与闾丘，二氏同县。盛，宋文肃后；闾丘，宋黄州守孝终后也。黄州挂冠归，后人因名其所居里曰闾丘坊。有字叔庄者，于孺人为高大父。孺人父讳观，字宾用，早世。母徐氏，守节无玷。宾用无男子，卒时孺人已笄，其大父廷瑞为择婿，得朝美。家故殷厚，然孺人未尝挟此以傲其夫而慢其舅姑。谓"其女妇相家之道必由勤俭，否则家必坏"，蚕缫纺绩，剪制缝纫，寒暑不懈。身无靡丽，日无肥甘，人情所难而独安焉，至于久而弗少变易。居常训戒其家人，言甚切而皆其所身践，家人听从，故为孺人之子女暨其妇，并和顺孝敬，无骄惰风。孺人生正统戊辰二月十五日，弘治甲子六月十四日以疾卒，享年五十有七。子男二：长应奎，先十年而夭；次即应璧，娶李氏。女二：长适俞乾；次出侧室某氏，未行。孙女二。其葬以明年乙丑十一月初三日，墓在县五都魏珠山下。予闻朝美读书向义，乡称长者，孺人其有助乎？铭曰：

维女有训，曰恭以畏。中馈是承，而不言外。懿懿孺人，闺门之良。身履安福，志无怠荒。节俭勤劳，终身一日。慎尔威仪，宜其家室。嗟彼富骄，逸游懈惰。莫助其夫，只益其过。淳风既变，有识斯忧。庶几夙夜，取法闾丘。

赐进士及第、奉训大夫、右春坊右谕德兼翰林院修撰同修国史、郡人毛澄撰。

清盛钟岐《平江盛氏家乘初稿》

怡杏府君行状

〔明〕袁仁

余上世自陈州徙江南，散居吴越间。八代祖富一公，由语儿溪徙居嘉善之净池，历三百余年至我祖菊泉先生，始入赘吴江之芦墟里，承徐氏故业居焉。生三子，长讳祯，次即吾父，讳祥，字文瑞，怡杏其别号也。生四年，祖母徐孺人没，与菊泉先生同卧起，晨夕提携，遇物寄诲，即能领略大旨。偶出武塘，见邑侯馈殳恒轩以鹿，随至其家纵观之。恒轩见其岐嶷，问谁家子，旁人指曰："袁菊泉仲儿。"因指鹿令对，应声曰："龙。"殳称赏曰："故家儿，固应尔耶！"先君曰："公家之鹿，惟龙可以对之。若论其类，虽羊足矣。"恒轩故无子，大奇之，遂谒吾祖，乞为养婿。六岁鞠于殳氏，延师授之书，过目辄成诵，日记万余言，然性亦易忘。上自五经，下至左国、史汉、老庄、列杨、韩非、吕览之属，皆通册诵记者。恒轩总举而试之，惟近所读书，自首至尾无一字遗误，而远者不复记忆矣。时年十五，恒轩大怒，以为不肖，杖之。先君去，潜匿萧寺，闭关一载，取旧所读书，且温且绎。恒轩踪迹而访之，问曰："匿此何为？"对曰："温旧业耳。"问："旧所读书，曾温遍否？"对曰："熟矣。"试之，则背诵如响。固邀之归，谢曰："吾徒记其词，未能悉其理也。"又留数月。一日晨起刷发，梳堕地作声，恍然有省，叹曰："真珠万斛，吾自完具，何乃沿门觅宝，作乞儿态乎？"遂束书而归。是冬婚毕，月一归省吾祖。丁亥，年二十一，吾祖以为能读父书，呼回尽授以家传学术。居芦墟者三载，寒不拊火，暑不挥扇，闭户潜思，夜则张灯默坐，常有达旦不寐者。时出武塘，省恒轩及视吾母，岁不过十余日而已。由是天文地理、历律书数、兵法水利之属，靡不熟谙，各有论撰。撰毕，辄呈吾祖正焉。今所存惟《天官纪事》六卷，《彗星占验》一卷，《乐律通考》八卷而已。徐武功有贞系外家族子，与吾父为兄弟行，凤曾受象纬之学于吾祖。归田时，乘扁舟扣门质所疑。菊泉谓曰："世间闲伎俩，都忘尽矣。君有所疑，试扣吾儿。"武功扣吾父，吾父随疑辨析，词甚略而旨甚明，武功惊服，因缔忘年交。因叹曰："父子之间举千古绝学，自相授受，遂使旋乾转坤之略、辅世长民之蕴，尽在蓬门斗室中，亦奇事也。"殳恒轩独不悦，告菊泉曰："男子负奇禀灵，上之不能腰金策肥，显当世，建鸿猷，次之犹当执一艺以成名。二郎泛滥若万顷波，一无所就。吾医君亦医也，盍教之业医，为治生计？"菊泉曰："恒轩言是也。"促之就学殳氏，闭门阅医经，不数月尽通其旨。又不肯执业，豪气勃勃，数从诸名士游，诸名士亦数数寻访，户外之辙常满。殳孺人贤，每以私资具酒食待宾客，不使恒轩知也。未几，孺人卒。冠盖络绎，劳费颇繁，恒轩滋不悦。府君知其意，既不可久留，又不忍远去，遂就殳氏下涯僦室以居。时芦墟之产悉让吾伯叔，而先孺人生一女仅数岁，恒轩择钱荨为婿，殳产悉推与荨，毫无所取。茕茕一身，瓶无斗粟，更折节为恭俭。布袍蔬食，有客过门，糜粥菜羹，欣然共饱。始卖药于市，日得百钱，即闭门谢，病者虽强扣之，不出也。然服者辄效，扣门者日益众。四方豪贵相邀或赠逾常额，先君惟裁取百钱之数，余者掷而还之。有直指使者病，呼用药，投方七立愈。使者喜曰："吾患此二十余年，服药无算，卒莫效。子用药不多，而辄奏功，何也？"应之曰："公有积水在脾，去之则病源拔矣，何难之有？"使者檄本府酬之以五十金，先君计往来止七日，受七钱而返其余者，故时人或目先君为痴。先君留心世事，数阅国家典故，见革除之际忠臣骈首就戮，惨焉伤之。又念建文在宥五年，不修实录，谓高皇帝礼义德泽入人甚深，故诸臣感奋视死如归。竟拘于时讳，而使我明完节之臣泯泯无传，非所以扬国美而励人心也。遂往留都，博询遗事，诸部院残文旧案，靡不翻阅。下至军司之册，教坊之籍，亦旁求而笔记之。逾二年而归，勒成三书，一曰《建文遗事》，二曰《革除编年》，三曰《忠臣录》。归而吾祖阅之，见中多微词，扣之。对曰："季氏实逐昭公，《春秋》书曰'公孙于齐'；晋文实召周天子，《春秋》书曰'天王狩于河阳'。非特为尊者讳，不如此，则心不安也。且文见于此，起义在彼，评阅之尽明备矣。"吾祖颔之。因谓曰："汝无子，不可不娶。平湖朱学博，心术行谊迥出常流。闻有女，吾已遣人请婚矣。"遂聘吾母婚焉。朱故巨室，资送甚厚，吾母又勤劬，善料理，家大起。遂卜地于东亭桥之浒，既筑正寝、庖庾、馆舍，靡不备矣。又于正堂之东，植杏数十株，构轩其上，题曰"怡杏轩"。后有园，四围栽竹，种药草三十余种于中，曰"种药圃"。垒石为山，对山为楼，曰"云山阁"，阁后为"雪月窝"。园中凿池，种莲养鱼，曰"半亩池"。池上架小桥，曰"五步桥"。沿池植芙蓉而虚其北，曰"芙蓉湾"。园之南悉值蔷薇，以木架之，曰"蔷薇架"。晨夕与良朋胜友缔会，赋诗其中。菊泉翁没，吊者数郡毕至，室不能容，舣巨舫于湖以待客。遵遗命三月而葬，兄弟同庐于墓所。墓去祖宅不数武，故伯叔或时归家，而吾父则三年不及私室。自先祖亡后，吾父抱遗书独坐一室，不复入内，仰而读，俯而思，有得即笔之简册。时有王钟廉者，自负博洽，闻先君名，不远数千里，杖策相访。坐定问曰："见夜来星变乎？"先君曰："视之，足下以为其应云何？"曰："彗出井度，色不红而白，意者秦地有兵乎？"先君曰："不然。彗虽在井，其冲在斗，凡彗之出，重尾所指，变不在秦而在吴也。白虽主兵，然白而黯，黯则近黑矣。又出之日在壬申也，江南今年其大水乎？"王不谓然，去游新安。未几果大水，复踵门谢曰："君所言不出占书，其应如响，何也？"曰："善弈者不执谱，善医者不执方，君何见之晚也。"王又出其所著兵法阵图请正，先君阅之，以为无当于用。因取案间围棋子，布八阵之势，纵横六十四变，攻击备御，各有玄机。王不觉拜伏，卒称弟子。先君以菊泉所著《春秋传》有独得其奥，而人不易明者，因著《春秋疑问》四卷，以发其微旨。邑人周天雨哀其诗文，序而将梓之，大略谓："公诗，绝句法乐府，古风法汉魏，五言律法盛唐，七言律浑雄典雅，更出唐人之上。至其本之性情，绳之礼义，则沨沨乎三百篇之遗旨也。其学醇酣六籍，隽饫百家，故其为文精邃闳深，蔚瞻酝蓄，苍然有西京风骨。又非法不言，言则有关世教，陈义甚富，寓意甚远，非徒作也。"先君得之，封而藏诸箧中，语不肖曰："渺哉末耳，吾衰弗事此也久，欲敛英沃根，犹虑其侈，况的而招射乎？小子识之，勿轻出也。"甲子岁八月十五日，晨起觉体不快，遂沐浴更衣，坐正寝以没。生男一，即不肖。生女二：长前母出，归钱萼；次今母出，归沈扬。拟以今岁十月殡于新茔，聊状其行事，请铭于大方，惟不弃而赐之铭，不肖孤死且不朽。

《袁氏家乘》1920年抄本

明故盛处士墓志铭

〔明〕赵宽

处士讳旷，字用敬，姓盛氏，别号夷然子。苏之吴江人，宋文肃公之后。祖启东，太医院御医，知名太宗朝。考钝庵，克世其业。处士幼承御医公之遗训，敏悟绝人达世故，工文艺，力学励行，夙夜不倦，思有以自立也。既而屡踬场屋，叹曰："医之与仕，虽穷达异，所施岂有异哉？"退而取其家藏岐黄之书读之，尽得其妙。持寸匕授人，废者起，死者生，江湖之间，翕然向风，其门如市。处士随所求应之，未尝责其报酬答之。暇辄聚宾客为文酒之会，谈笑酝藉。杂以诙谐，风调洒然，不近流俗。至于料事经理，精密详慎，剖决是非，无所依阿。古所谓清通简要，处士盖兼有之。性至孝，十四丧父，毁顿骨立。母疾，焚香吁天者累日。中年每展父母遗像，未尝不哽咽痛绝也。时祀诚洁尽礼，虽拂拭涤濯之事，必以身亲之，未尝委诸僮奴。事伯兄师省先生，如对严父，而友爱之情，浃洽恳至，相处五十余年如一日。处士屡遘危疾，师省日夜抚视，虽有他急不顾也，疾止乃去。兄弟之间可谓两尽矣。处士为人尚义。尝有遭丧不能举者，既竭所有畀之，又以告诸士友之贤者，聚敛以助焉。四方技艺之士至者，无不延纳，待以礼意。毗陵画士马公者，以贫来谒，处士馆之数年。一夕谓处士曰："吾佩德久矣，无以报。吾有弱息，年及笄矣，愿充侧室，备箕帚。"处士恻然变色拒之。其教子之法，医卜儒业各因其才，尤严于课督。诸子将有成立，而处士即世矣。生正统戊辰七月九日，卒于弘治壬戌六月十六日，得年五十有五。娶韩氏，太医院判公达之孙女也。子男五：珮，娶唐氏；璨，娶浦氏；理，邑庠生，瑚、琏，俱未娶。女三：长归庠生杨乾，次许归陆鹏程，次许归赵宇璨。卜以卒之再明年甲子十二月十七日，葬于吴县五峰山博士坞之祖茔。余素辱处士厚，而宇又余弟也，故为之铭。铭曰：

其中休休，其外由由。任情自得，野马虚舟。其止舒舒，其行徐徐。乐道养心，心与道俱。人惟有营，忧患损寿。公无系累，胡不黄耇。虽则黄耇，不过百龄。与造物游，后天长生。呜呼公乎，吾复何言。忆昨笑谈，神情惘然。白云归山，流水赴壑。一鹤西飞，俯仰寥廓。

明赵宽《半江集》

盛旷传

盛旷，字用敬，僎之子。颖悟绝人，尽传家学，来求必应，未尝索贿。其治痼疾，甚有奇验。西门金棠妻小产，病数月，日厥去者数四，见鬼自顶而出，自口而入。旷曰："脉濇而弦，血少有痰。鬼自顶门出，此元神也，出而不进者死，出而复入可活也。"药之，去痰碗许，寻愈。有陈杰者，妻有胎，而患痢数月，昏厥六日矣，所下若屋漏水，棺敛已具。旷诊之，曰："无虑。"药之，痢止而胎动，越数日生子。有妇病卒厥，昏昏若醉梦，手足筋挛，旷诊之，六脉具脱。忽有麻衣者在侧，问其人，则病者之婿也；问其服，妻之服也；问其妻之死，仅半月，死以产后症。旷忽悟，曰："此病必忧郁所致。"以木香流气饮投之，一服而瘥。文学姚汝明内伤新愈，又病食伤，他医皆用下药，病益甚，小便闭中，满腹坚如石。旷诊之，曰："此不可用分理药也，宜以参蓍运其气，升麻提其气，气升则水自下矣。"加以益肾之剂，数服霍然。道士顾本初病失音，他医皆以厥阴伤寒治之。旷至，曰："内伤外感，无可为者，某日当汗，某日死。"既而果然，人问其故，曰："肺属金主声，肺败则失音，且面黧黑，肾气竭矣。某日属火，火乘金位，真阳既夺，不死何待？"又尝过一僧，无病也。时方春初，诊其脉，曰："至秋八月不起矣。"僧愕然，及期，果病膈气而死。其他治效甚多，不可殚述。旷孝友，仗义好施，尝有遭丧不能举者，竭所有周其急。毗陵画士马某以贫来谒，馆之数年，马愿以女充侧室，旷恻然变色拒之。年五十五卒。

清康熙《吴江县志》

长史半湖公及陆恭人传

〔明〕朱希周

绂，字廷佩，号半湖。理问芳第四子，少与兄绅同肄举业，兄弟自相师友。颖悟绝人，绩学罔倦，有声庠序间。一夕，梦牛游田中。占之，谓甲字田头，午字牛尾，殆将售于甲午乎。是秋果符其兆。迨后，兄绅已掇巍科峻第，而犹偃蹇公车，乃谋入仕。耻为五斗折腰，荐授中书科舍人。考满，除四川寿府审理，丁内艰。服阙，升湖广楚府长史。故事王官，惟备员典签优闲养望而已。公独悉心辅弼，整躬率属，极为王所严惮。尝署抽分厂，固脂膏地也。止饮廉泉一杯水，分毫无所沾染，世称清白吏者必归焉。及致政林居，当事虽慕其品望，愿奉教言，从不轻通片牍也。年六十有八，吉祥而逝。配陆恭人，系出甫里，孝事姑嫜，善处娣姒。甘俭约，秉家政，肃而有恩，岂特相夫训子卓卓可称道已耶？子龙，太常寺典簿。女一适申，一适吴，皆名族。墓在上沈村，御史杜启为之铭。同郡后学朱希周撰。

清叶德辉等《吴中叶氏族谱》

赠太子少保资德大夫正治上卿
南京刑部尚书致仕立斋吴公墓志铭

〔明〕吴一鹏

　　赐进士出身、资善大夫掌詹事府事、礼部尚书兼翰林院学士、专管诰敕侍经筵、国史副总裁、前南京国子祭酒、延陵吴一鹏撰。

　　前翰林院待诏、将仕佐郎兼修国史、长洲文徵明书。

　　南京刑部尚书立斋吴公,以嘉靖四年乙酉二月十有九日卒于家。其孤浙江布政使司左参政山,遣人持其乡友沈给事宗海状,抵京乞余铭,余未有以应也。已而余以展墓还,山复衰绖踵门,拜泣以请。则有不忍辞者,况余于公父子素厚者乎。按状:公姓吴,讳洪,字禹畴,立斋其别号也。世为吴江人。始祖千一,居邑城六子桥,至公十世不迁。公少颖异,不类凡儿,年十二充县学生。稍长试艺,辄在高等,尝与同舍生奉诏使属司。先是富人为司邻者,辄延归宴赠以为常,至是公恶其人语不逊,竟谢不往,乡老亟为称赏。校官江某待诸生过严,诸生持牒讼御史台,请逐之。公曰:"弟子叛师,犹子叛父也,而可乎?"卒不署名,事遂得已。年二十四,举成化辛卯应天乡试。二十八举乙未进士,授南京刑部主事。究心法律,诸司凡有疑狱,多移委者。公裁决如流,了无德色。性复仁恕,间遇病囚,恒煮粥疗之。中有为有司者,他日道经其地,多盛设酒馔迎候,公笑谢而已。丁未,升贵州按察司副使。冢宰李公在南台时,稔知公,故特超擢。公单车赴任,至则奉表入贺,便道归省间。俄值施淑人、太仆公两丧,汤药棺衾,咸得尽其心,人虽哀公,而实为公贺焉。弘治癸丑,服阕,改广东,职专巡海。往时海滨人视为利穴,苞苴公行。公至,以廉律已御下,不少假贷,宿弊顿革。已而兼摄盐政,则分择属吏典之,令严且速,吏不敢肆,商人称便。广中武廨多弊坏,御史檄有司葺之,众问计于公。公曰:"其在盐法乎。"时盐法旧符纳官钱若干,获利数倍,顾为权豪所据。公请均之于商,使得纳直,则举是易矣。后果得银若干,凡葺兵卫者六,其余公馆神祠,亦皆一新,遂为海南伟观。广州四水驿,各以一舟役于内臣,久乃输金代之,后复征舟如故,民甚不堪。汪御史宗器移文于公议处。公请自今始当绝其金与舟,而无追既往,则善矣。御史内臣两从之。岭商有叔侄同行异宿者,厥明侄呼叔行,同宿者讹应之去。侄行尽日不得,返就馆人觅之,俄有尸浮池面,视之乃叔也。于是讼馆人及沿池数家,械系殆死,公疑焉。会有郡属考满诣公者,公曰:"若为我访是狱,当署尔最。"郡属乃潜访于狱。时坐他事者三人,闻一少年与二长者争曰:"汝等独不有杀人罪乎?"即复于公。公出少年给而讯之,于是吐实。盖叔利前邸直差少故,舍侄以往,而途次遇二渔者杀,投之池。公乃以二长抵罪,悉释诸所尝系者,一方称为神明。初,猺人数为边患,有与之互杀者,其末渐炽,往征官军多滥杀邀赏。朝廷乃遣廷臣往按,专委于公。公悉心推访,尽得其状,遂诛其为恶者,而慰抚其人,州境遂安。尤好奖拔士类,所至进诸生试之,鉴别甚精,凡登高科者,皆其奖拔者也。已未,升福建按察使。濒行，有阃帅赠以文犀美珠，峻却不受，然亦秘之不言。后阃帅所亲言于京师，人始知之。宁平二郡大水，民不聊生，至相劫掠。公先发仓廪赈贷，后乃奏闻，其任事类如此。汀漳间官军缺食，俄盗起。公于官饷外，赈以商货之羡，而盗始息。已而土猺援例来索，守臣咨于三司。公曰："不与则致叛，与之则为例。不若以贷为名而姑与之，可也。"众皆叹服。闽有富人为典财者匿资不得，将辱之，典财者怒欲杀之。未发一日，瞰富者逾岭稍远，潜杀于道。主家不知也，以从行佣奴讼于官，莫知所坐。公曰："此岂佣奴罪哉？"使人遍访之，乃知典财者所杀，竟置于法，闽人至比之包孝肃云。辛酉，太仆寺阙长，有僚佐求为之者。冢宰倪公曰："此官可以求而得耶？"遂擢授公。时值多事，公乃修理马政，诸郡悉遣马至，边塞有赖。乙丑，进工部右侍郎，督理易州山厂。公以厂多积弊，所宜痛革。即谕各郡委官，毋取薪炭岁羡及以廨外公囿余息，悉归于公自处，泊如也。丙寅，迁左侍郎，入视部事，综理周悉，凡百不劳而集。方是时，逆瑾用事，大司马刘公大夏诬罪重谴，诏下廷臣议。公赞大中丞屠公，力为之辨，于是获免。己巳，工部阙尚书，当道劝公宜善图之，意在贿瑾。公笑曰："吾岂事此哉！"未几，乃有南京司寇之命，实外之也。公惧祸，即上疏乞归，不允，有"清谨素著"之褒。既莅任，适值武顺邓公愈之后，有讼田宅者，倚瑾为援。事下法司，公执法不挠，遂忤瑾意，乃勒公致仕。公曰："吾素志也。"飘然竟归，惟杜门课子孙耕读而已。辛未，以山官于刑部恩例，进封资政大夫，制词且有"忠勤备著""舆论翕归"等语，盖无愧云。今上登极，复进公资德大夫、正治上卿。公益感奋，每作书示诸子竭忠图报，言甚恳恳。家居十五年，庙堂之忧，日往来于怀。凡遇圣节，必鸡鸣具衣冠，望阙而拜。复修族谱，使族人益相敦睦，乡人传以为法。嘉靖甲申，得仲子参政岩之讣，郁郁不乐，久之乃至不起，距生正统戊辰正月八日，享年七十有八。葬以卒之明年丙戌十二月二十五日，墓在邑西梅里村虚字圩之原。大父昂，父璋，俱赠中大夫、太仆寺卿。祖妣陆氏，妣施氏，俱赠淑人。先配王氏，累赠夫人；继夏氏，忠靖公原吉之孙，赠淑人；再继桃溪丘氏，封夫人。子男四人：长即山，娶毛氏，副都御史珵之女，累赠宜人；继刘氏，汤溪知县桐之女，累封宜人。次即岩，娶徐氏，金华府推官章之女；继沈氏。俱封孺人。次峤，南京光禄寺典簿，娶王氏，金都御史哲之侄女；继叶氏，长史绂之女。次昆，县学生，娶陈氏，副都御史天祥之女。女二人：长适副都御史徐源之子粲；次适毛锡畴，即珵之子也。孙男十一人：邦栋、邦寀、邦模、邦桢、邦本、邦杰、邦棐、邦荣、邦栻、邦材、邦枢。女八人。山自陕西赴任浙江过家，得视公疾，至于卒殓，乃复上疏告哀于朝。于是赠公太子少保，并命有司祭葬如例。呜呼！公位跻八座，年望八旬，而复子孙贵盛，恤典加荣，其福之备如此，要有功德为之本也。若公者求之一时，夫岂易得也哉？是宜为铭，以昭久远。铭曰：

松陵故家曰吴氏，六子桥旁旧居第。笃生伟人珊瑚器，弱冠高科超士类。授官刑曹老法吏，剖狱严明罔凝滞。简擢宪台越常例，公出宰衡协群议。旋因王事悭私计，获视亲终殆天意。甫终读礼出揽辔，慨然澄清范公志。宦辙所至称即治，惠在生民我何利！中多发伏政尤异，名腾荐剡良不愧。入司马政政弗坠，入理山厂厂弗弊。扬历中外著劳勋，擢佐冬卿刋部事。向老何曾惮劳瘁，司寇留都去何易。山水清嘉旧游地，执法无心恋名位。归卧松陵遂高致，遐龄崇爵诸子贵。恤典再膺君上赐，始终遭际福云备。佳城峨峨宠光被，勒铭贞石垂百世。

吴江博物馆藏拓片，参清吴安国《吴江吴氏族谱》

禹畴吴公神道碑铭

〔明〕费宏

公讳洪，字禹畴，姓吴氏，居吴江之六子桥已八世矣。曾祖绍宗，妣汤氏、陈氏。祖昂，父璋，俱以公贵赠中大夫、太仆寺卿。祖妣陆氏，妣施氏，俱赠淑人。公少颖拔，年十二补县学弟子员，动必循礼。尝与同舍生奉诏下属司开读，旁近富人，欲招致宴饮，而其词涉倨，同舍生以贫故弗校。公曰："此非所谓呼尔之食耶！"谢弗往。学官有过严者，诸生至愬于御史，欲逐之。公曰："师与父同，可叛乎？"卒不署名。于是识者已卜公为远器矣。年二十四，举成化辛卯应天乡试。又四年，登乙未进士。初授南京刑部主事，历员外郎、郎中。诸所听断，都人无不屈伏。有疑狱，大司寇必属之公。公恒存钦恤，囚病，辄捐俸为糜啖之。丁未，升贵州按察司副使，南都郎属有此迁，实自公始。盖冢宰李公裕在南台知公故也。未几，以内外艰，居丧五年。癸丑服阕，改广东，巡视海道。海滨素称利穴，或摄醒政，则亦有私其羡利，而商以迟留反受飓风之患者。至公秋毫无犯，弊革具尽，越人歌之。御史王公晢欲葺诸公署，而费无从出，筹之公。公曰："盐司有旧引若干，旧为权豪所专，不及于商。今请以给商，可得钱数十万，而其事济矣。"如其言，而费遂给。中官守两广者，令四驿各以一舟听役，舟敝又令输金，已而两征之民益不堪。御史汪公宗器将革之，且欲追所得之金。公曰："往者不可追，追之已甚，况未必能追乎。第自今厘正，勿病吾民足矣。"如其言，而中官帖然。有叔侄同行异宿，其叔宿树下，为渔人所杀，投池中。侄意其宿于别馆也，讼馆人及池旁居者数家，械系且死，众莫能辩。公以计廉得其情，乃以渔人偿死，尽破械脱诸冤者，人以为神。官军滥杀邀赏，诸死者之家以冤闻，遣廷臣按验。公与焉，悉心推访，尽正滥杀者之罪。尤尚儒术，所至进诸生试之，凡经公赏识，多中高第。己未，升福建按察司按察使。濒行，有阃帅以犀珠走间道为馈，公谢之。帅曰："公去矣，某无所干，且人无知者，何损公名？"公曰："若意善矣，然非知我者也。"卒不受。闽俗嚚讼，公听之必以其情，民率悦服。明年，建宁延平大水，民贫且互劫。公辄以便宜，发粟赈之。汀漳军饷缺，盗贼蜂起。公取征商之羡赈之，而民始安。土猺成者，又多所索，守臣集三司议焉。公曰："不与则致叛，与之则为例。不若以贷为名，而姑与之。"群僚叹服。富家之主，尝乘竹兜他出，以一奴随。中道忽弃兜与奴步归，则为典财者所害，主家讼奴与二佣之舁者于官。奴曰："佣见吾归，而杀我主。"佣曰："奴引主去而杀之耳。"吏莫知所坐。公曰："三人者同发主家，顾不畏其家属，而中道杀主乎？"访其里姁，知典财者有手血溅衣之迹，捕其人，置于法。布政司之吏有微罪，镇守中官衔其使，欲公重吏，以为使累。公厉声曰："杀人以媚人，吾不为也。"其遇事大类如此。辛酉，入为太仆寺卿。时方多事，公正群仆，修马政，边陲倚之。乙丑，进工部右侍郎，督理易州山厂，于薪炭羡余及公廨邸舍之息，一无所取。正德丙寅，迁左侍郎，入视部事。会有党逆瑾怨司马刘公大夏而诬以重罪者，武宗下大臣议，公力辩之。人多公勇于附善，不避权幸。己巳冬，部长缺，资望及公。而瑾方纳赂，为有力者所得，公弗意动，未几遂有留都司寇之命。宁河王邓愈之后，有兄弟争所赐田宅者，诏南京三法司核之。其兄以瑾为援，而求胜焉。公不从，遂忤瑾，令公致仕，公曰："是吾志也。"飘然归吴江。社门谢事，惟日课子孙读书奴婢耕织，暇则啸歌自乐。里之后生考德问业，及郡邑大夫从而谘政者，公酬应无倦。缙绅道于其境，必求公之庐而礼焉。辛未，公之子山以刑部主事遇恩，例封公资政大夫。公益自感激，每贻书，戒子以竭忠图报为务。今上入正大统，又进公资德大夫、正治上卿。家居十五年，庙堂之忧，无日不往来于怀。遇贺万寿，必夙兴恐后。吴中族寖盛，公惧其久而渐疏如涂人也，作谱以明其宗。嘉靖甲申得末疾，继闻仲子岩之讣，遂不复省事。乙酉二月十有九日溘焉而逝，距其生正统戊辰正月八日，享年七十有八。公为人和而不移，庄而不倨，始仕即以立斋自号。故其所立，卓然有可观者。然行之以恕，辄因人而体其心，不徒取快于一己也，评者谓公庶几能与人为善。公之去，易属吏，有以金遗公之奴者，奴却之。君子又知公之道行于家，而其教孚于下也。公初配邑城王氏，赠夫人；继以夏忠靖公之孙女，赠淑人；又继以邑之丘氏，封夫人。子男四：长即山，今为浙江布政司左参政；次岩，与山同登戊辰进士，官亦如之，先公卒；峤，以荫补国子生，授南京光禄寺典簿，谪萧山县丞；次昆，县学生。女二：长嫁副都御史徐源之子窣，次嫁副都御史毛珵之子锡畴。孙男十一人：邦栋、邦寀、邦模、邦桢、邦本、邦杰、邦棐、邦荣、邦栻、邦材、邦枢。女八人。公讣上闻，诏礼部赐二祭，工部为营葬事，复赠其官为太子少保，锡诰命以宠嘉之。山卜以明年十二月二十五日，葬公于邑西梅里村虚字圩祖茔之次，而属同邑给事中沈君汉状公之行，来问予铭，将刻之墓道焉。余伯父少参公讳瑄，与公同年进士，盖有世讲之谊。而余昔贰礼部，又同朝，素辱公爱，于铭安可辞？铭曰：

古有不朽，在于所立。曰德功言，各居其一。惟大司寇，以立自期。由童而白，其志弗移。贫吾难侮，师不可叛。卓然斯言，盖方羁贯。郎曹筮仕，迄于为卿。惟清惟慎，耻利之征。德则多有，其功可数。历广历闽，威行惠布。狱以情断，人服其明。事以权济，人服其能。叙迁及我，宁远毋近。法守在我，宁忤毋徇。奉身以退，其乐也全。继志以子，祐我者天。高朗令终，恤恩既渥。虚字之圩，有碑崿崿。叙述终始，吾铭是镌。公所自立，百世其传。

赐进士及第、光禄大夫、柱国少师兼太子太师、吏部尚书、谨身殿大学士、知制诰经筵官、国史总裁、铅山费宏撰。

清吴安国《吴江吴氏族谱》

诰赠夫人吴母王氏墓志铭

〔明〕毛珵

夫人王氏，故南京刑部尚书吴公讳洪之妻，今浙江参政山、泊故四川参政岩之母。曾大父彦常，大父景庄，父世鸣，母许氏。族与吴鼎峙吴江。夫人二十嫔于吴，公方儒者。舅封主事讳璋，姑封安人施氏，比皆属暮。夫人亲浣涤，服烹饪，备试诸艰，二大人悦之，妯娌服之，而公安焉。初，公厄于进，雅不乐，夫人曰："毋自沮也，某某晚方达耳。"成化辛卯，公登科，人贺之，夫人曰："毋自满也，尚往以光二大人。"乙未，公果第进士。丁酉，官南刑曹郎。夫人虽乐之居，不忘绩，不敢轻靡。时公执苦节，负盛望，翘然诸僚中，夫人殆有庸焉。己亥春，夫人忽中寒疾，将殁，嘱曰："嗣人俯仰攸系，其慎之哉。"辞卒而终，实二月八日也，享年三十有二。柩归吴江，权厝于县之西郭虚字圩祖茔域中。同曹员外郎王公鼎尝为状，乞铭未果。至弘治庚戌，继夫人者为夏淑人，又复殁。公始治地祖茔右序葬之，时太仆丧严未铭也。今年嘉靖丙戌，朝廷赐公葬，即夫人兆。山以墓门无铭，葬制不备，乃访故实志之，告于予。予与公生同乡，仕同朝，互相婚姻如干年矣，固知夫人之懿者与。盖夫人之死，山方十岁，岩四岁。女嫁徐氏槊者，仅长山二岁。公初仕耳，夫人固有遗情也。越二年辛丑，视公阶赠安人。又二十五年，为弘治甲子，以公太仆荫加赠淑人。正德戊辰，山、岩同举进士。辛未，山为主事，遇朝廷上两宫尊号，推恩逮下，再加今号。重恩累泽，益远益华，使夫人有知，宁不大快矣乎。山泣曰："华则华矣，如无一日养何？"予慰之曰："妇人因夫子沐恩常也，加至夫人则难矣。夫赠之子加之，不尤难乎？是夫人虽不得于生前，得于死后多矣。视寂寞于泉壤者，何如孝子之心，亦少慰哉！"山揽涕付予言，于石为铭。铭曰：

履道孔艰，巽德则全。虽则全矣，而屯其年。虽屯其年，有陨自天。干母之蛊，萃然争先。二人同行，则损一人。虽则损一，以益其生。积善之家，余庆孔殷。如日之升，如月之恒。公知其始，谁作其成，吁嗟乎夫人！

赐进士出身、通议大夫、都察院右副都御史、奉敕巡抚郧阳等处地方、郡人毛珵撰。

清吴安国《吴江吴氏族谱》

敕封安人吴母夏氏墓志铭

〔明〕莫旦

予友吴君禹畴，相继丧其二亲，未及葬，而又丧其继室安人夏氏，余往吊焉。禹畴泣曰："家门积衅，遘此大故，痛苦摧裂，奈何奈何？今卜弘治庚戌闰九月壬午，奉葬考妣于梅里村虚字圩之原，已求张司寇、陈太常铭墓矣。惟吾继室，以茔域之隘而难于祔也，另作新茔于祖茔之右，亦同是日安厝。君素知我者，乞赐一言，以贲其幽，则存没之幸也。"予诺之，乃遣其子邑庠生山，斩焉衰绖杖而踵门，泣拜以请。不容辞，乃按状叙而铭之。安人讳进慧，姓夏氏。先世饶州人。高祖希政，元末为湖广行省都事。曾祖时敏，为湘阴教谕，遂为湘阴人。祖原吉，累官少保，兼太子少傅、户部尚书，赠特进光禄大夫太师，谥忠靖，追封三代，皆如其官。父瑄，南京太常寺少卿，掌尚宝司事。母李氏，都指挥使荣之女，封恭人。安人生于天顺辛巳二月三十日。赋性仁淑，精女红，且聪敏过人。今南京吏部郎中崇文，其兄也，少时读书，安人每听之，即能成诵，而又孝友出于天性，父母甚钟爱之。禹畴名洪，吴江人。以进士发身，任南京刑部主事。丧其偶王氏，其尊甫全孝翁，闻安人之贤，遂为禹畴娶为继室，年方十九。时禹畴已有二男一女，长即请铭者，次岩。安人皆抚教如己出，致其子女亦尊事之如所生。且能综理家事，安于澹泊。每诵厥祖之功业为禹畴劝，人皆贤之。成化辛丑，禹畴三载考最，钦给敕命，其二亲及王与安人，俱得受封如制，乡人荣之。未几，侍禹畴归省，孝事舅姑，舅姑为之喜慰。已而，禹畴升贵州按察司副使。寻丁内外艰，而安人亦以疾不起，即葬之年三月丁卯也，年甫三十，人皆惜之。生男一女一，俱幼。铭曰：

淑于为女，良于为妇，慈于为母。虽不永年，内外称贤，恩命自天。琢词墓石，以昭潜德，以慰其存没。

将仕郎、南京国子监学正、同邑莫旦撰。

清吴安国《吴江吴氏族谱》

诰封夫人吴母丘氏墓志铭

〔明〕文徵明

故南京刑部尚书、赠太子少保吴江吴公继室封夫人丘氏，同邑姚墩世家故处士丘公讳某之女，前刑部尚书山、四川右参政岩、光禄典簿峤之继母，今严州知府昆之母也。夫人生而芳淑，端慎有仪。少丧父，即知哀恋，为族里所称。始少保公再失贤俪，诸子未立家，事方殷，谋所以为继，而难其人。知夫人则贤也，遂委禽焉。夫人甫笄而归，即能操作料理，随事振植。公以宪节周历闽广，入为太仆卿，继登三事，服勤在公，谊不得顾家事，纤悉咸夫人持之。夫人闲靖寡默，虽敏于事，而不烦扰。居常若无能为，而颐指之下，事无不集时，出一言莫不惬允。数年之间，婚嫁以时，处业有叙，综核经理，一不以烦公。而谨官防警，晨夕兢惕慎，尤于公有助。及公解官里居，夫人承事益谨。服食起居，惟顺而适，用能佽公于老，以天年令终。丧之戚，而能易，椑袭含殓，举无愆违。雅性俭素，恒敛约自将。虽蝉联贵盛，未尝倚以自泰，被服食饮，取适口体而已。若燕宾修祀，必极精腆饰，豆笾洽昭穆，中外问遗无失，下上斟度维宜。其待诸娣，正而不苛，闺门之中，雍睦无间。而恩意之周，虽僮奴下走，莫不各尽。少保公先配王生山及岩，继夏生峤，夫人所生惟昆及女二人。而先夫人诸子，咸于夫人字，复夫人视之。惟均见刑部兄弟日益显融，喜动颜色，每称之，以艳严州曰："为子不当如是耶？"故严州饬学励志，卒践世科，比于诸兄云。少保公讳洪，字禹畴，卒于嘉靖乙酉二月十九日。后二十一年，夫人卒，是为嘉靖乙巳十二月二十四日也。距生成化壬辰正月八日，享年七十有四，以刑部君初仕推恩封夫人，视夫阶而升也。刑部君娶毛氏，继刘，赠封俱淑人。参政娶徐，继沈，赠封俱孺人。光禄娶王，继叶。严州娶陈，赠安人；继王，又继洪，封安人。女二人，徐粲、毛锡畴，婿也。孙男十二人：邦栋、邦寀、邦模、邦桢、邦本、邦杰、邦棐、邦荣、邦枢、邦棨、邦相、邦校。栋、寀、桢、杰、棐、荣，俱国子生；模，鸿胪寺鸣赞；本，医学训科。孙女十二人，曾孙男十二人，曾孙女十人。前少保已赐葬于邑西梅里虚字圩。今严州以例请于朝，特命谕祭，敕有司开圹，与少保公合兆，实异典云。葬期在戊申春二月二十七日，严州自述夫人行，来乞铭。铭曰：

温温夫人，惟丘之硕。既娟既秀，亦柔有则。奕奕吴宗，蝉联珪组。承筐来嫔，为尚书妇。爰德以将，靖共维式。拮据孔勤，言相而克。秩秩鼎受，煌煌命封。匪相则克，母道攸隆。母道之隆，妇德斯盛。爰俪弗忘，乃言有庆。梅里之墟，有封若堂。敕葬在兹，往偕夫藏。遹有显褒，贲此元室。惟千斯年，有永无沕。

前翰林院待诏、将仕佐郎兼修国史、长洲文徵明撰。

清吴安国《吴江吴氏族谱》

故处士庞君暨妻硕人赵氏合葬墓志铭

〔明〕赵宽

呜呼伤哉！吾既哭吾姊氏，不意又哭吾处士也。天壤之间，痴而乐不肖而寿者无算，何履善好修而困厄其生，又不永其年也。呜呼伤哉！吾姊卒于弘治八年乙卯之六月十有七日，葬于明年三月二十有七日。余时居京师，未及铭。今年壬戌七月二十一日而处士卒，其冢子震命其弟霆，匍匐来杭告余葬期，泣血稽颡请为铭。余悯然不自知，心之摧，气之塞，而涕泗之交颐也。呜呼伤哉！又安忍为之言哉？虽然，不言则淳行淑德将遂泯焉，汩陈无复有闻于时，则又安敢无言。处士姓庞氏，名灏，字元白。其先凤阳人，六世祖胜一，元季避兵吴江之雪滩，遂家焉。曾祖贵一，祖以敬，父复，世以读书耕稼为业。母叶氏。处士颖敏嗜学，凡星命卜筮、天文地理、算数音乐诸杂艺，无不涉猎。家庭之间，孝友曲尽，资用出入有无公共，一钱尺帛不入私藏。与人交，不苟然诺，不为夸毗，不以言语媚人。人有急难或有所求，必悉力往赴之，不避水火。家虽薄，处之泰然，不汲汲于治生，而好施与。囊无余资，而交际馈享之礼必丰，未尝作寒乞态。性素清逸，鲜食寡欲。对宾客，投壶雅歌，或横琴于膝，超然物表，不染一尘。尝雪月之夕，扁舟太湖，往来长桥，出没兼葭蒲柳之间，心甚乐之，因自号曰"雪蓬"。少喜读岐黄仲景之书，晚而始工。人有抱病诣之者，切脉必审，处方必允，制剂必精，以故动辄奏功。且不问贫富，无不为尽力而不责其报，人皆德之。长子震为邑户曹掾，每戒之曰："有司法重例严，宜清白自守。吾食吾丸散，幸给馕粥，毋贻吾累也。"今年春病，呕血数升，愈而复作，腹胀体羸，缠绵半载而卒。吾姊讳某，少奉先宜人闺门之训，贞静婉娩之德，习之有素矣。年十有八而归处士。既归数年，而处士资日益微，吾姊处之泰然，未尝有纤毫不堪之情见于言面。事舅姑以孝，处妯娌以和。姑尝病，扶掖视候，且不柝饰夕不就枕者累旬日。薄于自奉，蔬粝布素，自给即止，不慕丰靡。平居足不离闺阁，手不释针线，慎检束，寡言笑，甘勤苦，恶暴殄，虽滞麻遗苎，亦必治以成绪，无浪弃也。内外姻族交口称贤，无间言。先处士十八年卒，生景泰辛未，年四十有五。处士生于正统己巳，年五十有四。子男二：长震，娶沈氏，先处士一月卒；次霆，未娶。女三：长适施元；次适成章，早寡；次适邑庠生钱乾。孙男三，曰淮、洪、涮。女一，尚幼。卜以是年九月十三日壬午，葬墓在邑南尚湖之原。铭曰：

梁孟匹德，斯俪之善。匮原天颜，斯数之变。善则可为，变不可知。处士硕人，吁其何悲。尚湖洋洋，原田苍苍。双璧之藏，终古永臧。

明赵宽《半江集》

宾州学政秋皋钮公墓志铭

〔明〕陆金

嘉靖甲申秋七月，予师讷斋先生患痰疾，予往候起居。先生曰："吾疾已弗治矣，知我者莫如子，敢以墓铭渎焉。"予闻不忍，迟回者久之。阅三月，复遣其子问孝持手书来告曰："我死有日，墓铭宜速成，及吾目中一见，庶免诔词，不致含愧入地耳。"予时尚不忍铭也，然不敢违命，方属草未就，忽以讣告。呜呼！言犹在耳，予忍负先生耶！予忍欺先生耶！先生姓钮，讳谔，字直卿，号讷斋。世居吴江震泽镇，因父赘丘氏，遂居邑之北城。父琼，宝庆府学教授。兄谏，为宁州学正。先生幼颖异，勤问学，入邑庠时即有文名。每试，有司必列优等，一时子弟咸师事之。先生随才而笃，小大皆底于成。若今吴参政瞻之举进士，史邦直、钱廷佐辈尤为高第。如金薄劣，亦得窃禄于朝，实先生之赐也。及其分教临江也，不为位屈，不为利诱，身先教导，无间寒暑，故士之出其门者，尤多成材。如周道、萧质举乡闱，龚亨举进士，黄端为给事中。自余蜚声胄监、待举场屋者，林立川涌，不可枚举。先生满绩，升广西宾州学正，以道远子幼不果赴任，遂隐于黄墩，为终老计。再号秋皋子、六泉居士、五湖逸史，时杖履逍遥，诗酒自适。筑园日以成趣，著集足以培功。虽退乡闱，而实倍于昔也。年七十有四，以嘉靖甲申十一月二十三日卒于家，葬邑东江南钓雪滩先兆之侧。先生娶赵氏，生二子，问孝、问政；一女，适庠生吴揆亮。（铭缺）

赐进士第、福建漳州府知府、门人陆金顿首百拜撰。

钮永建《黄钮同宗谱》

兵部武库郎中吴君墓志铭

〔明〕王鏊

弘治己未，兵部武库司郎中吴君汝砺，以病告归吴江，行至德州卒。其弟鎣，扶柩归，以庚申某月日，葬大兴圩之先茔，来乞铭。君讳鏊，汝砺字。为人好学，攻文，而尤有诗才。其为诗，苦思冥搜，句妥字帖，喜学唐人，而时出新意。与人交，不立崖岸，当官勤慎而无瘝事，以是人爱重焉，意其必将远到也。汝砺占南畿解试，三试礼部不中。冢宰三原王公巡抚江南，间召与语，因极陈民间诸弊，传以经史，指掌画地，衮衮不休。王公惊焉，赠之诗，期其大用。君复以诗讽公，公益奇之。及登进士，授兵部武选主事，进员外郎，又进武库郎中。武选、武库，皆剧司。君自儒者，好从容啸咏，而终日抑首据案，钩考簿牍，意不能无少望。又质弱多病，医者不审，妄投之药，遂至不起。呜呼！岂亦其命然耶？尝以进士治大臣葬，道闻母讣，遂委事径归。当道者难之，君曰："安有舍亲之丧，而勤人之丧者乎？"祖讳某，考某，封奉直大夫、兵部武选司员外郎。母李氏，赠宜人。娶汝氏，知南安府行敏之女，封宜人。子一人，曰重阳，聘监察御史陆全卿女。重阳方二岁，茕茕可念。全卿曰："吾与乃父有言矣。"遂许委禽焉。铭曰：

孔翠之文，雕鹗之鸷。才也孰贤，亦维其地。嗟嗟汝砺，寿复不遐。有文不耀，有衔不抒。埋郁阴幽，噫嘻奈何。

明王鏊《震泽集》

明故兵部武库清吏司郎中吴君墓碣铭

〔明〕吴宽

兵部武库清吏司郎中吴君以疾乞归，归至德州南四十里，卒于舟中。适其弟乡贡进士鎣护行，为治敛具。其配汝宜人方来视疾，顾遇其丧，痛恨不及见，挈其遗孤同还，白于其舅，卜日以葬，谓当刻石墓上。于是其仲弟训术鎣托公事上京，持乡贡君之状来请。盖自君之讣至，朋旧有不忍闻者，而予尤悼惜不已。其父且老，一旦失此佳子，又何以为怀耶？吾知君目不瞑，不以遗亲之忧之故耶？而况藐焉一子，所以系其心者又何如耶？俯仰上下，有不可死者，君何以至此耶？君之为人不宜至此而卒，至此者又何耶？君性坦易，与人言，即吐肝肺无隐藏，凡矫饰欺世之事不能为也。自为诸生，已有才名。游太学，故祭酒晋陵王公素待下严，独爱君。他日，尚书三原王公巡抚江南，问士于晋陵公，即举君以对。试与论议民事，喜曰："吾友，奇才也。"及在兵部，尤为今少傅钧阳马公所知，以君敏而能守常，有推荐意，而君不幸病矣。君讳鏊，字汝砺，出吴江名族。幼则好学，父母忧其质弱不能止。稍长，遍从良师受经，与其弟鎣并以文名于时，同辈推让以为不可及。竟以县学生举于乡，成化丁未登进士第，观政工部，遣为大臣营葬。俄闻母丧，服除，初授兵部主事，分掌武选。升员外郎，再升郎中，始专掌武库。治事如家，竟以劳得疾，盖居官仅八九年，年止四十八。卒之日为弘治己未某月某日也，以明年某月某日葬于祖茔之侧。曾祖曰为，祖曰效，皆不仕。父曰璲，有文行，累封武库司郎中。母李氏，累赠宜人。君娶汝氏，南安知府讷之女，累封宜人。子男一，妾顾氏出，三岁竟夭。汝宜人奉其舅命，以鏊之子某为后。女一人，赘陶炜君，为予所取士。念其止此，宜为铭以慰之。铭曰：

身不自爱，而爱其官。嗟有守之必尽，求此心之所安。惟心之安，惟名之完。君子之终，尚寻其端。凡生者之临穴，其拭泪于斯言。

明吴宽《家藏集》

诰封中宪大夫漳州府知府陆公暨赠恭人吕氏合葬墓志铭

〔明〕周用

公讳政，字时举。其先河南人，宋南渡时始来居吴中，遂著籍吴江，称石里陆氏。国朝洪武间，讳千七者，为县之长桥义兵千长。曾祖恺，祖云。父珪，授某驿丞。公少丧母陈氏。既长，则时时问诸母行，以母之仪范，丰若暂何似。遂肖像私室，事之节序，躬濯器，上饮食，周旋悲慕。乡人相语曰："古有丁兰，今见陆某。"尔父就官，未几亟往候之，曰："年至而官卑，大人何自苦。"即日劝与俱归，乃从兄时勉商于湖湘间，以为养。公居常，落落不拘小节。其于商，亦不龊龊事干没，又不问折阅所至，但一取信于驵会。久之，所得奇羡，每溢于他商，入门解装，才受息之什一以退。自是凡往返亦如之，曰有父兄在，遂以敦睦致饶裕。尝曰："吾闻陆氏之先于河南盖有世泽，吾已矣，顾诸子不可不徙其业。"乃令治《诗经》，学为程文。公平日往来西南藩省，所闻经生学士善讲说能文章有声名者，则携诸子往从之游，必卒业，然后去。子金，登正德丁丑进士，由工部郎中迁知福建漳州府。公每贻书，辄以清慎勤为言。若有人从南方来，闻语金一一如所教，则矍然以喜。配恭人同县吕氏，父通业儒。故凤承女训，相夫克家，俭而中礼。公或以行役滞于外，涉岁时未能归，恭人能敬以事其舅，严以勖其子。下至种艺蚕织之事，莫不及时，敛积完好，公每自外来，视成而已。公始以金仕封工部员外郎，加封中宪大夫、漳州府知府。嘉靖乙未二月二十日卒，年八十四。吕氏先公若干年卒，是为弘治辛酉十二月二十六日，年四十六，初赠安人，今称恭人，实为加赠。公子男四人：长即金，江西按察司副使；次鎏，次鏊，次铁。铁为侧室陈氏出。女一，适许邦彦。孙男五人：文瀚、文泮、文治，二尚幼。孙女九人。吕恭人之卒也正德戊辰，且从祖兆葬矣。乃金卜以某年月日葬公于县之果字圩新茔，迁吕恭人之柩而合祔焉，先期以前刑科给事中沈君宗海所为状来请墓铭。余尝敬诵公制命之词，曰"躬全厚德，名孚乡邦"。又曰"义训夙敦，克成厥嗣"。余惟公自有知迨于成立，孝亲爱兄，蔼有善誉，年既耆艾，命服在躬，宾饮于乡，仪观伟如。是不谓厚德也乎！笃念先绪，教诲其子，艺成而升，其羽为仪，起家郎署，遂分郡符，执法大藩，厥有声绩。是不谓义训也乎！夫德以存朴，义以成志，名与实称，公于是乎无愧辞焉。法宜有铭，铭曰：

曰攸好德，食福孔厚。其占有孚，义亦无咎。明明帝制，德义是茂。既祈尔寿，复裕尔后。懿哉恭人，克配其良。以顺以齐，曷云先亡。畴锡玄祉，载燿其光。胡能后先，而不同藏。伐石徽辞，以世其庆。

明周用《周恭肃公集》

故东溪盛君朝臣墓志铭

〔明〕杨循吉

盛氏，苏望族也。君讳瑾，字朝臣，号东溪，宋参知政事谥文肃十七世孙。高祖逮，国初徵士。曾祖起东，太医院御医。祖伾，父昕。御医受知文皇朝，特被褒宠，子十一人，皆国彦。伾居行三，与其群从家金闾，一再传，无啻千指，素以家世相高。朝臣独谦让折节，读场屋书，书皆澜翻成诵。又善讲解论撰，尽得矩度，举一题，辄引数说，无弗通。稍长，进游郡胶，意科第可立取，未几，值怨者诬之，提学摈而归。时其子今武昌府同知斯徵方数岁，顾谓之曰："是不足代我耶！"遂力教之。弘治癸丑，斯徵果登进士上第，以冬官分司济宁，直声矫矫出人右。久之，坐公事，谪丞滇南，复由邑令陟郡佐，在远十载，朝臣处其间，不骄不戚。始则布衣徒步如平时，既而与亲宾集必极欢，夷险一致，人莫测其量，盖有德君子云。正德元年，斯徵将用绩请恩封朝臣，朝臣俄以是岁九月八日病卒于家，年五十二。其明年，斯徵卜十二月四日奉柩葬荐福山之原，遂来徵铭。按：盛之先本汴人，文肃生集贤校理申甫，申甫生知宿州仲南，仲南再生司谏瑄，瑄生平江通判岫，则居吴之始也。朝臣遇父母疾能忧，持丧能礼。人有急难有过失，能赴能诤，皆人所难。且轻财重义，祖有遗产，悉让与弟，不之较。人有给五十金去，不偿分毫，怜其贫，竟折券免之，其事抑有足书者。配胡氏，安定之后，先卒。继配苏氏。子男四人：长应期，即斯徵，娶沈；次应望，府学生，娶刘；应宠；应鼎。女四人：长适汤伊；次适沈岳，吴江县学生；次许顾纶；其一尚幼。孙男三人：之材、之荣、之机。女一人，许陆粲。粲，长洲县学生。予幼与朝臣同里塾，故知其材，至是又得之皇甫仪部世庸状为详，合而叙之，系以铭。铭曰：

洵美朝臣，负志弗施。以淑厥后，俾勖明时。山则有林，士则有德。岩岩荐福，惟子往宅。百世长存，其考兹刻。

前进士、郡人杨循吉撰。

清盛钟岐《平江盛氏家乘初稿》

明故赠通议大夫都察院右副都御使东溪盛公墓表

〔明〕费宏

东溪公讳瓘，字朝臣，姓盛氏，苏州吴县人也。生而颖异，稍长游郡庠，探讨经史，穷昼夜弗懈。为文执笔章就，而光采烨然，师友奇之，誉日起。视高第如地芥，无难取者，然竟以抗直为侪辈所诳，听者不察，摈而归，弗得卒业。公曰："吾性固然，吾何尤？然天道不爽，异日不有成吾之志者乎！"其子今兵部侍郎兼都察院右佥都御史斯徵，生数岁，警敏好学，能成公志。弘治癸丑方弱冠，遂登进士，人以为天不负公。侍郎初为工部主事分司济宁，以裁抑贵幸忤旨，谪滇南驿。越数年稍迁，判顺庆，将奏最，且多荐剡，且夕封可及公，而公已卒矣，显扬之志久，莫克遂其后。侍郎由方岳历升都察院右副都御使，巡抚四川。会圣天子改元嘉靖，尊上四宫徽号，推恩廷臣，乃赠公官如子，其阶为通议大夫。侍郎痛公之弗逮也，捧制命，悲不能已。重念公所蓄负不得一施，而其潜德之光不可使其泯泯焉弗彰于后，爰述事行并太守皇甫世庸所为状，遣人走京师，徵予言表公之墓。予虽及未见公，然素知侍郎有以徵公之贤无疑也，况侍郎尝抚绥江右，有德于吾民，心实感之，于其请，安可辞？盛之先，为汴人，系出宋参知政事文肃公度。文肃生集贤校理申甫，申甫生知宿州仲南，仲南生司谏瑄，瑄生平江通判岫，则居吴之始也。数传至公之高祖讳逮，国初应贤良之辟。曾祖讳起东，仕御医，受知文皇。祖讳佖，父讳昕，赠官如公。母朱氏，赠淑人。公性至孝，父病，汤药亲尝，衣不解带者累月。及卒，毁甚，几不能生，治丧以礼，不用浮屠。岁时祭祀，辄悲痛如始死。与弟朝卿处，友爱甚笃，祖产悉以让之。平居以济人利物为心，有急而求，辄捐资应之，或负五十金而不能偿，辄归其券。性刚毅，遇人之脂韦洴涊者，每面折之不少容，坐是与时不合。侍郎既贵，公自处谦抑，未尝有骄矜之色。及遭迁谪，公亦不以为戚，与亲宾宴集欢笑，一如平时，非雅度过人不能然也。其教侍郎甚严，侍郎之在滇南，尝贻书戒毋自沮，曰："大丈夫非挫抑不足以奋志树功，况天子明圣，岂终汝屈邪？"暨量移，又贻书欲缓催科，曰："阳城以政拙自诡，汝宜法之。家虽歉，尤当以清操自励。"侍郎卒以廉直著闻，屡挫益奋，多公义方之训也。公初配赠淑人胡氏，安定先生之裔。继配苏氏，赠如之，皆以贤闻。子男四人：长应期，即侍郎君也；次应望，庚午贡士，未上而卒；应宠，医学候缺正科；应鼎。女四人。孙男七人：长之材，府学生；次之荣、之机、之模、之椿、之楠、之楠。女一人，适翰林庶吉士陆粲。曾孙男五人：茂勋、茂熙、茂廉、茂焘、茂然，皆公没后生也。公之卒，为正德丙寅九月八日，距其生景泰乙亥三月十七日，得年五十有二。葬以卒之明年十二月四日，墓在荐福山之原。呜呼！人贵于有志，志苟不立，则其存心制行必不能有异于人。虽逢时遇合，幸而有成，固不足以为重也。侍郎君谓公志意不凡，每读书见古人奇节懿行，心慕之如有所会。其下惟讲授潜心大业，有慕乎？董生之醇，箪瓢屡空，萧然自得，有慕乎？庾黔、娄之介，善养浩然，不阿于物，有慕乎？汲黯之直，其向往之高尚如此，岂庸众人所可望哉？使其得践亨涂，能自树立，固可以追逐古人而有闻于后世矣！惜其命与时违，赍志以殁，此侍郎君所以抱终天之恨而不能已也。然公之所蓄而未施者，概于其子发之，崇阶显命，下贲泉壤，亦足以少偿未食之报。公所谓天道不爽，信其然也。世之为善者，乌可急于责报而怠于自修也邪！

赐进士及第、光禄大夫、柱国少师兼太子太师、吏部尚书、华盖殿大学士知制诰、经筵官国史总裁、铅山费宏撰。

清盛钟岐《平江盛氏家乘初稿》

盛朝臣妻胡孺人行状

〔明〕文林

盛氏自文肃公之后，由汴而苏，国初于今，科第医业联绵。朝臣曾祖起东，为太医院御医，亦以儒而医，受知太宗宠锡，他医莫比，实吴中文献大族。朝臣惟族之良，其配则胡孺人，系出宋胡文昭公，由嘉禾徙今，世为长洲人。大父志恭，长乡税。父宗德，以厚德望于乡。母时氏，实生孺人。性敏慧谨厚，闲于礼而于儒，言经旨关系世教者尤勤意焉，为父母所衷爱，益以自爱。年十六归朝臣，即能以所知所闻，事其翁与姑婉娩以孝，事其夫恪而中礼。朝臣在郡庠，朝暮勤苦，孺人慰藉甚悉。至于浣濯缝纫饎爨之劳，未尝惮烦，而又恒以大义，激其必成。成化庚子，朝臣不偶于有司，而久不知事生产，而翁适以病卒，家屡空，食指百余，傍徨失所据。孺人倾奁箧，为朝臣左右区画，丧获以葬，家人赖以养者数年，对朝臣益恂恂，未尝有德色。朝臣意每不释，因勉之曰："君才虽不利于时，而有子应期可教，盍开门授徒而并以教应期？"应期年方十四，遣补郡庠生。郡庠去家十余里，徒步往返，惟独孺人尝以为忧，必归乃已。归，复与朝臣程督其学业甚严，虽隆冬盛暑不少疏旷。尤勤织纺，以资其笔札束修。至于躬祀事，必丰必洁，曰："舍是何以报为？"平居寡言笑，俨居皆阃阈湫隘，謦咳之声未尝出户庭。然而睦姻族、尊长上，不吝于待宾客，固不勉而然，揆事辄得旨紫方诸达人伟士。祖有旧田产，则劝朝臣以让其弟朝唧供学费，宗族乡党咸称之为贤妇云。弘治癸丑，应期登进士，循例归缔姻，母子幸一见。而孺人先得疾已五年，时或少间，至是复作，才三日即下世，是年十二月初四日也。终之日，外内亲旧无不嗟叹流涕。年三十有六，其生天顺戊寅六月初九日。生子二人：长即应期，娶沈氏；次应望，亦继兄业。女三人：长适汤伊，次许沈岳，次尚幼。卜明年九月十二日丁酉，葬吴县荐福山感慈坞祖茔之新阡。应期奉乃父铨次事实为请状，且曰："妇人教令不出闺门，瑾在固难以其铭请，念其甘受瑾之贫且困而能处人所不堪，理家教子，以勤致疾。应期自成童，教以忠孝，不获养一日，应期之悲将何输？屡请暴白其母之行。人以夫之必泥其妻也，必有徵诸乡之信人，然后敢求当世文章大家以华其行，乃敢以状烦，又所以达应期之情也。"斯情则可矜也，而应期之所以显其亲者，将亦自不忘乎教之所自始，因笔其可书者为状,唯所采择焉。

南京太仆寺寺丞、郡人文林谨状。

清盛钟岐《平江盛氏家乘初稿》

孺人胡氏墓志铭

〔明〕李杰

孺人胡姓,吴城处士盛朝臣之配,而进士应期之母也。盛为宋参政文萧公之后,世以儒医鸣于吴。朝臣曾祖起东,永乐间为御医,特被恩宠,自是科第儒业奕世不绝。孺人系出安定胡文昭公,父宗德,母时氏。二家族姓,邑中所谓甲乙者。孺人既归朝臣,事翁与姑婉娩以孝,事大恉而中礼。朝臣在郡庠,孺人躬缝纫饎爨之勤,俾无内顾忧,以相其成。及朝臣不偶于有司,而翁适以病卒,家无余资,老幼无所于给,孺人倾奁资,左右朝臣,以襄其丧,以赡其家众,且劝朝臣教子以毕其志。应期年才十四,即遣补郡庠生。郡庠去家十余里,徒步往返,孺人恒独忧之,必归乃释。归,复与朝臣程督其学,虽祁寒盛暑无少间。故应期得以妙年登进士第,人称朝臣之善教者,必及孺人焉。生平寡言笑,所居阛阓湫隘,謦咳之声未尝闻于外。至若严于奉祀事,善于处姻族,不吝于侍宾客,皆非勉强而然。於戏!可谓贤已。孺人生于天顺戊寅六月初九日,卒于弘治癸丑十二月初四日,得年三十有六。卒之前二月,应期适得请于朝,归缔姻,母子幸一见而诀,有非偶然者。所生子二:长应期,娶沈氏;次应望。女三,长适汤伊,次沈岳,次尚幼。朝臣将以甲寅九月丁酉,葬孺人于吴县荐福山感慈坞祖茔之次,俾应期奉南京太仆丞文君之状来乞铭文,述朝臣之言曰:"古者内言不出,吾妻之贤固不愿闻于人,独念其相安于贫困,理家教子,以勤致疾,而不获享一日之禄养,有足悲者。不有述将何以昭示吾后人,以塞吾悲与应期无涯之悲乎?"予固信文君者,且重违应期父子之志,乃为铭。铭曰:

内德维恒,展闺阃之英。寿虽不赢,而已玉其子。于成尚有驰封,贲兹新茔。

赐进士出身、朝列大夫、南京国子祭酒、前翰林侍读学士、经筵讲官兼修国史、海虞李杰撰。

清盛钟岐《平江盛氏家乘初稿》

盛室胡令人墓表

〔明〕杨循吉

盛君朝臣以文肃公度之裔,御医公起东之曾孙,蚤岁治经术,有文行,为庠序所推,期以远大。既而弗偶,遂归家居,绝意利禄,一以教子为事,时则其配胡令人实同心焉。令人亦吴名族，安定先生其始祖也。弘治癸丑，子应期方弱冠，果登进士第，请于朝，获归成婚。凡在乡间，莫不啧啧叹美，以为夫妇之善教而共贤之。先是令人病且五年，应期归觐，仅二月余而令人卒。朝臣伤甚，哭于吊者曰："方吾困时，惟室人与共为家。今子且得禄，而遽有此，吾痛何极！"于是祭酒李公、太仆文公咸悲之，为之撰状若志，卜以明年甲寅九月丁酉葬荐福山之原，一时送者数百人。仪文修备，乡人道观者又莫不咨嗟，以为令人虽死亦且荣，足以瞑目，而称其明智以有此也。于时应期哀毁骨立，顾无以自解，谋于父请具石表德，以昭示不朽，朝臣以为然，曰："君谦，吾同窗友。"其属之，余固不敢让也。按状：令人父宗德，母时氏。归朝臣，孝且恭，处约不怨。以圣贤之道业其子，孜孜无怠，卒以有成，与古称三迁者亦何以异？宜其他时显服宠命以眉寿终，而年止三十有六，有其功未食其报，何天之不假乎？然其能知大谊，卒以振起，宗族可法于为妇若母者，信不可泯泯也。乃为书以彰之，以释其夫子之悲，而励夫世之欺人于不达爱之而弗劳者焉。其他众行，则有志在，可略也。盖令人生二子：长即应期；次应望，亦敏秀，嗜学可继兄武者。女三人，一适汤伊，一许沈岳，其一尚幼云。

　　前进士杨循吉撰。

清盛钟岐《平江盛氏家乘初稿》

明故盛母苏孺人墓志铭

〔明〕吴一鹏

　　巡抚四川都察院右副都御史盛公斯徵闻丧继母苏孺人，即解任奔归，寻奉朝命复往项之得交代者，始归守制。既乃斯徵君以予同年，尝职太史氏，书来南都乞墓铭，状则其所自述也。按：盛出宋参知政事文肃公，之后数世，自平江通判岫始居于吴。国初永乐、宣德间，有起东先生为御医兼通儒者，历事三朝，宠遇隆洽。御医后三世为朝臣，号东溪，斯徵尊人也。先是东溪府君为郡学生，数奇困顿，且疏于治生财产，在群从中最薄，然一以教子为事，时与元配胡孺人实同心焉。弘治癸丑，斯徵登进士第。未几，胡孺人奄逝。越二载，得孺人为继室。孺人本绵州守性初先生之裔。祖伦，妣陆，以节妇称，曾荷旌门之典。父琪，妣吴，亦苏名族。孺人既入门，能甘淡泊，佐东溪府君治家，既勤且俭。姑朱孺人垂白在堂，怡色柔声，只事惟谨，每得一嘉味，必躬进而后敢尝。比斯徵以工部主事分司济宁，直声籍籍，为中贵诬奏被逮。东溪府君忧甚，孺人数举天道有知为信以慰解之，辄为释然。已而谪官滇南，改四川，皆毕官险远，难以家行，留其子之材、之荣于家，方幼，孺人抚育有加，且寓书训斯徵者尤至。正德丙寅，东溪府君卒，孺人居丧，种种如礼。后数年，次子应望领南畿乡荐，斯徵累以治行卓异超迁，及进前职，贺者踵至。孺人闻之，辄惨然曰："吾夫独不得一见之邪！"为之流涕者终日。所生子应宠，年甫成童，恐至失学，遣从斯徵于任所，且戒宠曰："尔早失父，所恃兄耳，其尚服膺兄教，以图右成。"濒别无几微眷恋之色，闻者贤之。己卯冬十一月，得痰嗽诸疾，药之罔效，至庚辰正月二十一日竟卒。其生成化辛卯十月四日，得年四十有九。子男四人：长应期，即斯徵；余应望、应宠、应鼎。应望先卒。女四人。孙男三人：之材、之荣、之机。之机亦先卒。曾孙男一人，曰茂勋。斯徵卜孺人卒之明年十二月二十八日，葬于吴县荐福山感慈坞祖茔之次。子惟斯徵历官中外，垂三十年，位至都台，名在天下，可谓显扬。其亲者而恒以不得貤封之恩为憾，讵非孝子之至情欤？不日赠典沓降，尚何憾焉！顾以孺人之贤，弗享遐算，此则可悲也！然得斯徵为之子而贤名益著，可以托诸不朽矣，是固宜铭。铭曰：

毓秀名门，于儒作配。淑德著声，罔间外内。有子中丞，尝受遗诲。禄养方丰，胡遽见背。自蜀奔吴，匍匐者再。邈矣慈颜，掩袂兴慨。而年弗遐，而荣未艾。汪濊之恩，追赠固在。史官著铭，片石具载。感慈一邱，垂耀百代。

赐进士出身、嘉议大夫、南京太常寺卿、前翰林侍讲学士、国子祭酒、经筵讲官、同修国史兼玉牒纂修官、延陵吴一鹏撰。

清盛钟岐《平江盛氏家乘初稿》

先考南园府君行状

〔明〕周用

府君讳昂，字大詹，世为吴江县人。高祖俊德，娶于县之张氏。张之先于元，相传为张仕院判。至国初业益衰，遂相邻居于县南五十里车溪之上。正统间，府君祖景芳、父宗瑞，相与尽让田业于其外家，彻屋于所居少南百步而定居焉。母韩氏，生府君。幼即警敏，景芳抱置之膝，以杖画地作字，授之一再，辄能举，问学知大义。比壮，使督门户事，备尝辛剧，悉以修治。景芳公父子终年不烦，远出甚逸也。景芳公年几八十，苦羸惫，手足缓而不可使。是时，宗瑞公已先卒，府君日夜侍左右。少有举动，皆府君代为之力，行起则负之，日为澣易其近衣，积二年不废。性善记忆，徵辞比类，能举隐秘；故实讥评，文字得失，切中其要会。敬爱宾客，过逢必为设蔬果，行酒款语，累日不为厌。乡之人即有不相能者，则引为晓譬，使各释去。久之，人亦不以为德也。成化辛丑岁饥，府君祖姑有遗女，病偻不嫁，而家特贫。间往视之，曰："姑固不足于养耶？"即日迎与俱来。时府君家无素储，躬为办给，逾七年以疾归卒。尝自邑中还，风卒起，止十里外望见湖中有舟且覆，奋往救之，出于舟之下者十数人。其中有为所识者，明日来谢，府君曰："偶及吾见尔，初亦不知为尔也。"平居自奉甚约，疏布粝食，取足而已。与人以信，终身无所欺，所亲或不足，有无周恤。自号南园叟。配计氏。子男二人：长用，壬戌进士，南京给事中；次同。女四人，孙男一人，女二人。府君生于景泰乙亥七月十二日，卒于正德己巳十二月二十八日，寿五十五。将以今年秋九月日，葬于邑西芫之原祖茔。不肖用痛惟先君备历家难，力求师资，孝友修于家，信睦闻于乡，礼义施于后人。养不逾节，行不违善，而无能一日食其报。呜呼！天乎！实不肖罪大恶积，不自殒灭，至于此极也。顾行绪具存，是宜备物，以锡于后，伏惟大人先生轸念孤苦，赐铭刻石，列之幽墟。则先君之遗行，庶几得托于立言君子，以垂诸不朽，而不肖之罪恶，亦得少逭其万一。曷胜哀感之至，谨述行实大略如左，惟钧慈俯鉴焉。

孤子周用泣血稽颡谨奉状，郡人刘布书讳。

清周芳《周氏族谱》

明故南园周君墓志铭

〔明〕顾鼎臣

君讳昂，字大瞻，别号南园叟。世家吴江之车溪。祖景芳，父宗瑞。母韩氏，浙之嘉兴人，生君。幼颖异常儿，祖抱置膝上，画地为字，授之一再，辄能举不忘。稍长就学，骎骎益强记，通大义。比壮，遂代父持门户，备尝劳勋，而事无不起，祖若父则甚逸也。父殁，祖年几八十，遘疾，手足俱废，恃君以饮食卧起。君日夜不去左右，间则浣易其里衣，虽垢恶弗嫌，如是者三年。服其丧，尤尽哀。成化间岁饥，祖姑遗女病偻，不字而贫，舁归，力给其养数年。亲戚告匮，探囊资多寡应之。宾友至，无亲疏，必具豆觞，款曲终日。然性冲约，居常服茹粗粝，用树业作法，甚安之。与人诚谅不欺，久而信之。人有竞，委曲晓以利害得失，闻者心下气沮，即释去。尝尼风于涂，望见湖中一舟且覆，奋不顾己往救之，出十余人于死。其识者旦日来谢，君曰："吾恻溺者拯之，初不虞为尔也，奚谢！"君生于景泰乙亥七月十二日，卒于正德己巳十二月二十八日，享年五十有五。葬以辛未年十一月二十六日，墓在邑澄源乡西亢之原。娶京兆计氏。子男二人：长用，今为南京兵科给事中，阶徵仕郎；季同。女四，适赵乾、卜涧、张鏊，幼者在室。孙男一，国南。太史氏顾鼎臣为之铭曰：

世之长人者，尚乘人危倾而利之。无所利而活涂人，其谁不自谓得恩以徼福，而实感于玄施。繄适所触则然，矧其衷之所厚。事生则瘁兮，哀死则疚。困者吾济兮，恶毋俾其究。动推仁以为舆兮，君子曰既徵其有后。我辞非谀兮勒珉石，千秋永藏兮无斁，嗟叹兮惟兹善人之宅。

赐进士及第、翰林院侍讲、承直郎同修国史、昆山顾鼎臣撰文。

清周芳《周氏族谱》

明故半闲沈君墓志铭[1]

〔明〕周用

君姓沈氏，讳奎，字天祥。曾祖文浩，祖敬，父篪，母俞氏，世为吴江人。君少而知学，为文辞不失矩度。性孝友，母尝苦目眚，医工谓不治矣，君丞舐之，如是乃数月良愈。及其父寝疾，君侍之，衣不解带。于时疫疠方炽，所亲教君宜少就外舍洗枻，君不可，因戒其家"勿以一切事关我"，而君卒无恙，人以为孝。昆弟四人同居，有无相通。亲戚有所不足，往往取办于君。一弟与妹夫且死，抚其子，尤有恩。君既好施与，复不能事产业，家用中衰，或以为规，君辄谢曰："使后吾者贤于吾，虽无所遗可也。如其不贤，遗之何益？"于是教其子汉成业以见志。今都御史东平王公，初为御史行县及吴江，趣闻善良主名。有司下里中问，里中人无能舍沈君者。其后君益自晦，不欲知于人。退而与其子治别业于县北三里之柳胥，自号"半闲"，筑室"樊圃"，当太湖诸山之胜，每率诸孙往游其间。宾客过逢，则撷蔬行酒，相与歌呼为乐，累日来归。以正德辛未四月二十二日卒，其生景泰乙亥三月十二日，享年五十有七。配严氏。子男一人，即汉，县学生。孙男三人：嘉猷、嘉谟、嘉谋，尚幼。汉卜以正德癸酉正月二十六日，葬于柳胥无字围之新茔，先期以陆君德如状来乞铭。予与汉尝同受《尚书》于学官，实有雅好者。铭曰：

恒于惠，不利其赢。暗于躬，不籍其声。斯丘之乐，维其生终焉。以藏曷不宁考于铭，以观嗣人之成。

明周用《周恭肃公集》

注〔1〕：清沈始树纂修《吴江沈氏家传》首载此文，并按：半闲府君孝友笃行，尝被官旌，而旧志无传，操笔者之疏于搜考也。雍正八年，有司遵旨议崇祀忠义孝弟诸先贤。儒学廖先生摭周恭肃公用所撰府君墓铭，牒县详宪。乃于九年八月初吉循例崇祀，而志家当得所据以发其幽光矣。今新志未修，姑载墓铭于传略之首。七世孙始树谨记。

明故大智觉雪巢和尚墓志铭

〔明〕毛衢

师讳戒玉，世家吴江之桃溪，姓陆氏。陆以先姓后，代有伟隽。母吴，尝梦紫衣神告之曰："锡尔昌胤，服我道，惟谨。"已而举师，渊懿恭默，弱龄不作孩童态，好读内典，若宿有佛授记者。母以前梦故，年十二，遣从苏州承天寺都纲泽师。又数年，泽既老，改礼应天禧吉庵为师，续其香灯。尝曰："佛去中国二万余里，其道传二千余祀，言微而人疑，道玄而俗病，以戒为墉。而人弗亲以定为户，而人莫入周公孔子之道，昭如日星，暗于炎汉，佛以善恶之说诱之也。乾旋坤转，以成万物，机也。欲行吾道，其以儒乎？"乃日与秀生伟士为诗酒交，去其诪张之习，讲求性命之理，化行于乡，人乐亲之。井饮田食，弗期而裕。福倚于祸，天道之或有者。正德庚午，有司推典乡赋，潦而无年，民不能输。师曰："我道本以爱施，而反凭民，民何生为？"乃殚其所有，以供国饷，而力弗逮。部使以催科为绩，竟置师深文，谪戍浙之金乡卫。师曰："苟安于命，合于道，穷涯荒服，皆乐土也。"遂翩然作《南征计赋》诗，曰："拊掌豁然成一笑，惠休今已作汤休。其所得为何?"如今皇帝改元,赦归。每旦鸡鸣起,诵《金刚》,杂《华严》等经。尤肆力于诗,时成篇章有可诵者。得寿八十,僧夏六十有八,嘉靖乙未七月初三日终于寺。先一年,剃须发如故态,属其徒及孙定鲁、方静、广惠曰:"从佛教者,自我出者也;心儒道者,自我为者也。生寄不可久,捐者或外形,死则期于久,不可以不窀穴也。汝曹其图之。"卜嘉靖丙申八月壬寅,将瘗师于雅字围之原寿藏。其孙超凡不远千里,跣石重茧来乞铭。为之铭曰:

东来象教日就芜,曹溪真传混泥涂。有美异人出中吴,不佛其佛饰以儒。江流万派咸东趋,弄笔瑶篇作细娱。珊瑚木难明月珠,暮年一蹶浙海隅。识者尽悼师无辜,金鸡放赦道不孤。鲁望渔舟范蠡湖,长明之灯付群徒,只履西归不可呼。青山有地藏瑶玙,年千世百僧范模。

陈去病《松陵文集》

广东提刑按察司按察使半江赵君墓志铭

〔明〕王鏊

成化辛丑春,礼部会试天下士,吴江赵君栗夫名在第一,其程文传播中外,名声大起,时年甫二十余。寻登进士上第,授刑部主事,历员外郎、郎中,浙江按察司提学副使。弘治乙丑,进广东按察使。莅任甫越月,卒,年四十有九。君讳宽,栗夫字。生而白皙,纤弱若不胜衣,而警敏绝人,自少读书,五行俱下。其于举业,殊不经意,下笔即超卓,老辈皆推服之。及有官,益肆力学问,自经史以及诸子百家,无不淹贯。为文雄浑秀整,行草亦清润。时刑曹同官华亭陈一夔、昆山秦廷贽、天台王存敬,皆好诗,四人相得欢甚,更相倡和,时号"刑曹诗派"。时吴文定公在翰林,好士,良辰佳节,四人辄相过从,予时亦往来公所,多相倡和。四人诗皆清丽,而君才尤赡,援笔数百言,众皆惊其捷,而服其工。吏事初非所长,在刑曹既久,律例通究晓析,讼至立解,狱无冤滞。及在浙江,能推所学以变其习,士无谀闻狭见之陋。择其有才性者指授为文,皆有程度,不以权势动摇,有所轩轾高下。遇人坦率,不事表襮溪谷,人以是爱而即之。曾祖讳铭,黄岩典史。祖讳瑛,湖州梅溪局大使。父讳旸,累封刑部郎中。母沈氏,封宜人。梅溪善星数,君之幼也,以为必贵,特爱之。南京国子学正莫君奇之,归以其子,封至宜人。子男一:禧,邑庠生。庶子二:禴、福。女六:长适沈知柔,次陆填,皆庠生,余幼。其孤禧卜以正德元年月日,葬君于吴山灵石峰之麓,莫宜人祔。予知君颇久,其擢宪长过家再接之,貌加丰,识加进,予方意其远至也,而岂谓至是乎!铭曰:

孔翠祥鹓,其文既骞。骐骥服辕,中道乃蹎。始谁启之,卒谁尼之?已乎栗夫,爱莫起之。

嘉议大夫、吏部右侍郎、前詹事府少詹事兼翰林院侍读学士、震泽王鏊撰。

明赵宽《半江集》

明故广东按察使半江赵公墓表

〔明〕闻渊

呜呼！此吾师半江赵公之墓也。公葬时，王文恪公尝为志铭，以掩诸幽。而墓前之石，尚未有表之者，至是垂四十年矣。其长子眉州判官禧偕弟襘，以公尝视学浙江，余为诸生受知于公，请表之。余因忆公历履，复按其状而书之曰：公名宽，字栗夫，世为苏州吴江人。曾祖铭，黄岩典史。祖瑛，湖州梅溪局大使。仕皆未显。父旸，始以公贵累封刑部郎中。母沈氏，封宜人。公自少警敏绝人，风仪秀整，为邑庠弟子员即有文名，吴中宿学多所推让。成化丁酉甫弱冠，举应天乡试，明年卒业太学。王文肃公时为祭酒，深加赏识，名誉日起。辛丑会试南宫，吴文定公司考，校得公卷，大惊，遂置公第一，刻其文以传。寻登进士上第，授刑部主事。公初以文学名，及是兼治刑书，靡不通析。历员外郎、郎中，谳狱明允，若素习者。及迁浙江按察副使，提督学政，躬行率人，罔事口耳，随才成就，学者兴起。凡所品藻，悉协众望，而一经指授，率为名士。在浙七年，始终一节，人无非议。后迁广东按察使，甫莅任，即决滞狱，禁和买，约束镇守中官。岭南士民方望其道之大行，未逾月，竟以疾卒，年才四十九。某年年月日，禧等护丧归葬于横山灵石峰之麓，其配莫宜人祔。公居吴江，学者称为"半江先生"，今有《半江集》行于世云。子男三：长即禧；次即襘，以贡入太学；次福，县学生。孙男六：重道、重文、恭畏、重威、伯俞、仲华。重道为吴县学生，类能好学克家，以世其业。呜呼！公之为人，光明简易，操持自信，不妄从人，亦不恤人，喜怒唯是。誉望科第，历官且逾二纪，仅为按察使以终，兹可以观公节概矣。虽然，余尝观宋自景祐、明道以来，崇阶膴仕者亦不为少，而欧阳文忠公表安定胡先生之墓，独称其为当时学者之师，而因及于泰山孙明复徂徕石守道，其于爵秩之崇卑勿论也。乃今公之文章在士林，政事在法曹，而模范之著于师道者，则吾浙士人至今称之不衰，公亦可谓无憾尔矣。余故表于其墓，非直成子孙之孝，亦以慰学者之思也。

嘉靖二十一年秋八月既望，赐进士出身、资德大夫、正治上卿、南京吏部尚书、四明闻渊撰。

明赵宽《半江集》

半江先生实录

〔明〕张寰

先生姓赵氏，讳宽，字栗夫，世居吴江之雪滩里，因号半江，遂为学者所称云。先生性敏，过人远甚，幼读书数行俱下。厥大父梅溪翁善星学，喜曰："昌大吾门，在此孙乎！"方总角，国子学正莫先生旦授对云："鸡子涵天地。"应声曰："龙光射斗牛。"

奇其不凡，妻以女。年十一，游邑庠。十六，督学御史严公诠试之，滚滚千言不休，录为廪生。二十一，膺成化丁酉乡荐。戊戌下第，卒业南雍。时王文肃公傲为司成，以天下士目之，名誉日起。辛丑，吴文定公宽主试礼闱，得先生《圣贤道在万世论》，惊曰："此学韩而得其法度者也。"定为第一人，刻其文，不加润色。廷试居二甲高等，授刑部河南司主事。或易其年少也，居未半载，而律例谙畅，谳狱明允，虽老于刑名者，犹钦服之。一时僚友如华亭陈一夔、昆山秦廷赘、天台王存敬，皆负才名，公余倡为文社，博综群籍，穷年讨论，誉望益隆，有外翰林之称。文定公时方有重望，于朝园开玉延亭，于邸第为雅集。尝即席授简，先生为《玉延亭赋》，顷刻千言，文不加点，群公退避。其诸长篇短述，对客挥毫，曾不构思。本司主事某误鞫一狱，既谢病归，先生适承其后。后被逮，承服不辩，终隐其过，不以语人。管闸主事盛应期、范璋，坐中贵诬奏，沮遏进贡，下狱。上怒叵测，莫敢承讯者，先生毅然任之，得末减。丁未，先生为礼闱同考官，多得人，如文宪费公宏、阁老蒋公冕，俱名臣。弘治庚戌，居母忧，执丧一循家礼。服阕，升本部四川司郎中，推大理寺丞。久之，擢升浙江副使，提督学校。先生在浙七年，以身教士，品鉴精敏。一经甄拔者，具登高科，十罔遗一。士知通经学古为高，而不屑意于凡近之习，其风丕变。前辈学政驰声两浙者，推昆山张先生和华亭张先生，悦先生兼擅其长，人皆仰之如山斗云。上虞徐子熙试辄不利，年且老。先生亟称其奇才，而严课以经义，遂膺魁荐，连登上第。甲子秋闱届期，佥以解元为问，先生曰："其惟山阴萧鸣凤乎。"同僚林宪副舜举乡有名士，挟其文请决焉。先生曰："仅堪充贡止耳。"余姚王公华将择婿于诸生中，先生曰："得如徐爱者，其可也。"爱以进士历官郎署，有道望。松江钱状元福尝寄上梁文于先生，启视之，曰："兹文不类其平生，气亦衰靡，将不久于世乎？"逾年而卒。盖先生天分超绝，学力精诣，如衡鉴御物，妍丑低昂，百试靡爽，人之服之。谓："裴行俭不足多也。"其升广东按察使也，疏决滞狱，禁止和买。镇守中贵，时方怙势，纵下害人，悉置之法，境内肃然称治，远迩向慕。甫莅政阅月，忽构疾不起，年才四十有九云。归榇萧然，赖门生故吏经纪其丧，始克襄事。先生为人正大端庄，图书之外澹然无欲。所至焚香拂几，展书静对，如与圣贤为伍。或至夜分，犹整襟危坐，无惰容。与人交，辄倾尽肺腑，自视恂恂，略无矜眩之色。遇事必行其是，罔以利害毁誉为前却，有确乎不可拔之操。家素清约，不问家人生产，而养亲之志，恒曲尽其诚。尤笃友于兄弟，既乃以祖业逊其伯兄，完复买田以赒给诸弟。构数椽于松陵驿之傍，邑令念其隘也，欲迁驿割地拓其居，谢弗受，终其身无增葺焉。平生述作，矢口而成，漫不留稿，仅存《半江集》若干卷。文宪公序之曰："先生之文，闳侈奔逸，开阖步骤。若得之易，而从容法度，意味隽永，未易及也。"先师阳明王公守仁序之曰："先生涵养甚深，而用心甚密。世之徒以文词知先生者，殆未足以窥其阃奥也已。"庶几尽之，予尝谓："我朝东吴人物，时则有若吴文定公宽、王文恪公鏊，以及先生暨钱翰林福，俱以会元登庸，负天下之望。而先生之藻思横溢类钱，学识赡博类吴，槊蘙森秀类王。使假之年，则名位勋德，当集三公之大成，匪直似之而已。"天胡丰其才而啬其寿也，悲哉！两浙之士，凡登贵显者，往来松陵，必诣其庐，恤其后，或展谒于墓。虽士风兹厚，而先生敷教造士之功，信非小补云。子男三：长禧，眉州判官；禴，韶州府通判；福，邑庠生。孙男六：重道、重文、恭畏、重威、伯俞、仲华。重道，府学生，少小能文，人以象贤期之。寰念先考刑部府君，孝庙初释，褐京师观政柏台，卜邻缔交，嗣连姻好，吾姊为先生冢妇。寰自髫年与眉州同习句读，二姓通家谊，均骨肉，垂四纪。于兹先生，謦欬仪刑，羹墙如睹。眉州昆仲以先生学行政事登载墓刻者未详，征寰为实录，将请名笔于巨公碣诸墓道。辄忆所尝闻见者，次第其词以归之，愿相与订正焉。

　　嘉靖壬寅秋八月，赐进士出身、奉议大夫、通政使司右参议致仕、昆山张寰谨录。

明赵宽《半江集》

嘉议大夫广东按察司按察使半江赵公墓表

〔明〕蔡潮

　　半江赵公讳宽，字栗夫。成化辛丑会试第一人，仕终广东按察使。年仅四十有九，归窆吴山灵峰之麓。嘉靖乙巳秋，公冢嗣禧遣子重文，驰其姻兄张银台石川先生所撰行实，跋履台山，请表其墓。呜呼！公，潮知己也。位不克其才，寿不副其德，门士世儒，震悼涕慕。表奚忍作而义不容辞，且寻丈碣石乌足以尽载平生，姑撮举大概，揭示来者云尔。盖公世居吴江雪滩里。曾祖铭，黄岩典史。祖瑛，湖州梅溪局大使。父旸，累封刑部郎中。母沈氏，配莫氏，俱封宜人。公幼敏绝伦，书过目辄成诵，梅溪翁善星数，夙期通显。年数岁能属巧对，至今传播人口，乡哲莫国博奇而婿之。髫岁游邑庠，寻录廪饩。成化丁酉，以壁经领乡荐，卒业桥门，大司成王文肃公目为天下士。及试南宫，吴文定公阅公《圣贤道在万世论》，嘉叹首选，遂梓之以式天下。廷试登上第，授刑部河南司主事，明律原情，狱无冤滞。一时英僚若华亭陈一夔、昆山秦廷贽、黄岩王存敬辈，倡为诗社，益肆力文翰，淹贯群籍，时称为外翰林云。会文定公开玉延亭雅集，索赋，公援笔数千言，群贤叹服。去任僚友有误断刑狱者，公适承其后，直引咎自诬，竟不辩白。水部盛君应期、范君璋，坐貂珰诬奏，沮遏贡献，矫吓系狱。众避忌，莫敢承鞫，公则犯难讯解，终得末减。丁未，同考礼闱，膺荐如鹅湖、敬所，大称得人。历本部员外、郎中，擢浙江督学副使。其造士也，重文行而示之的，兼子史以发其才，士习为之一变。其校阅也，至公如天地而请托无门，至明如日月而锱铢不爽。但知有道揆法守，不复知有权势毁誉。凡文辞经阅，即先定人品显晦，修短如预决。萧子雝之发解，钱与谦之沉置，悉符所拟，盖聪明涵养之极功也。迨总宪广东，采风求瘼，戢奸禁暴，贵阉敛迹。人方望治，仅逾月而遘疾不起。呜呼！天胡生才之难，而摧折之易耶？无乃升之为星辰，流峙之为海岳耶？归橐萧然，非遇门生故吏，几至不能襄事。平生廉静温粹，恬于势利。居常净几焚香，展卷如对圣贤，以周孔为必可学，非皋伊则不屑为。外视恂恂，中则壁立，家理素薄，自奉极清约。至于生事、葬祭、孝友、睦姻，曲尽其道。奔母丧，号恸至呕血。以祖业让伯兄，以俸余置田给诸弟。居第隘甚，有司议迁邻驿以拓其址，谢而弗受。乡友王君明欲筑室，界逼公庄，愿廓之而难为言。公察其意，即割地付券焉，乡邦多所激劝。在郎署十七年，仕浙逾七年，甘守常调，耻言速化。所不取也，可使贪者矜焉；所不为也，可使懦者立焉。门士显庸经松陵者，鲜不造其庐，哭其墓，而恤其后，盖恩义敷洽之至也。其所著述漫不经意，今存《半江集》，特十之一二耳。鹅湖、阳明二公序其端，咸谓不可徒以文辞知公也，谅哉！石川尝谓："国朝会元，吴四人焉。若匏庵公之学识博赡，守溪公之絮濩森秀，钱殿撰之藻思横逸，公能兼之。使假之年，能无齐其勋业耶！"信名言也。子男三：长禧，眉州判官，莫氏出。次禴，岑溪知县；次福，邑庠生；徐氏出。孙男六：重道、重文、恭畏、重威、伯俞、仲华。重道，脱颖吴庠，象贤之器也。噫！识于生之前，而哀于殁之后，故旧之私哀也。无论识不识，而悼惜无已焉，天下之公哀也。以德崇为至贵，以令名不朽为上寿，流光济美，虽亡若存，公之所有事也，岂藉芜辞为重轻哉？顾事皆实录，语无饰词，有以寓天下之公哀，备国史之采摭，然则斯表也，似亦不可终无者。

赐进士出身、翰林院庶吉士、正奉大夫、正治卿、河南右布政使、门人临海蔡潮撰并书。

明赵宽《半江集》

明故嘉议大夫广东按察使半江赵公神道碑铭

〔明〕闻渊

《传》曰：立德立言，谓之不朽。又曰：德厚者流光。故阐幽悼往者，咸用是稽之，崇阶耆寿弗论也。吾师半江赵先生，位不过中大夫，弗崇也；年不跻五十，弗寿也。而没世之后，其光之流与言德之不朽，吾于公有徵焉。公甫薨时，遗藐诸孤未成立，弗克走达官之门以请志，而王文恪为志之文。恪与公同朝，知公实深，故不待请而志之，弗辞也。既志，遗稿流佚，诸孤弗克次，而费文宪为叙之，王阳明又叙之。文宪为公门生，阳明为公同年子，雅重公之文，故不待稿之辑而叙其概，弗置也。既叙，诸门生、吏道公之门者，皆隐恸吊诔，述公之懿行尤悉。故张银台摭拾其遗，为之录实，而蔡霞山因之以表其墓。张为姻亲，蔡为浙之高弟，而其言不特一时一人之私，实为天下后世以识不忘也。既志，既叙，既表矣，迨于今逾五十年矣。其仲子禴自宦归，始罗搜旁抉，得公之稿落人间者凡若干，其坠墨蛊简者又若干，不惮手摩以授诸梓，而尤悲夫墓前之石未树也。私念渊尝游公之门，受知特至，来请外碑与斯文共传。余不文不能传，而公之文亦不待余碑而后传也。然谊不可辞，特第其世系官劳，以刻诸神道云。按：公讳宽，字栗夫，世为苏州吴江人。曾祖铭，黄岩典史。祖瑛，梅溪局大使。父旸，以公贵累封刑部郎中。母沈，封宜人。公少颖敏绝人，弱冠游县庠，名出诸生上。成化丁酉，举应天乡试，明年卒业太学。王文肃时为祭酒，深加赏识。辛丑会试礼闱，吴文定司考，校得公卷，大惊，遂置公第一，刻其文以传。寻登进士上第，授刑部主事，历员外郎、郎中，谳狱明允。承同官鞫断之讹，与辩水部之冤，抑左珰之横，咸有伟绩。公余与司翰相倡和，诗章益显名天下。及擢浙江提学副使，敦本实，检繁芜，士习为之丕变，尤品藻精详，历久靡爽。在浙七年，甄陶居多，迄今吾浙之文彬上甲天下者，先生之功不敢忘。及迁广东按察使，甫莅任，期与岭民更化百度，肇举十郡向风。甘雨烈日之颂，方并揭于台端，而先生疾作，不逾月而告终矣。诸掌宪承其后者，一以公为楷模，见于巴山王公弘之所叙，可考也。居家尤财轻箧笥，义重埙篪。割宅以让伯兄，买田以给诸季，其他表著于乡闾邦域者，枚不能举。卒于官，年才四十九，归葬于横山灵石峰之麓。有《半江集》行于世。子男三：长禧，眉州州判；次禴，韶州府通判；次福，县庠生。禴在韶有异政，民为立祠纪石，佥谓无忝先德焉。孙男七：重道、重文、凤仪、重威、伯俞、仲华、叔鸣。重道，府学生。呜呼！今人之类作碑铭者，多以谀词攫金，诸凡镌勒与颓石腐壤等耳。惟公玉立仪曹，企燕山而高峙；扬休艺苑，溯浙水而长流。执宪凛百粤之秋霜，怀真澄三江之夜月。其为文也，著述侔班马典雅，与绮毂相宜；歌咏尚陶韦风骚，并云霞俱远。古之所谓立德立言、流光于百世者，舍先生吾谁与归？若文恪、文宪、阳明、霞山诸公，智足以知先生，故其言不僭，然尚未著诸景钟铭诸石室者，亦有厄于位寿故也。余追惟蔡邕之辞，不愧有道侯巴之谊致恸子云，则先生在所当铭。敬为之铭曰：

铧铧皇赵，造父是肇。玉胄金仍，式昌式眇。笃生我公，外峻内融。早岁计偕，首策南宫。南宫伊郁，北林伊植。儒因吏扬，律繇文饬。既洽台评，爰司教衡。于浙莅止，七载告成。不随不倚，育此多士。擷藻惟精，英风劭起。为国抡贤，功居德先。振袨广臬，于旬于宣。上帝靡鉴，山风交蛊。曾不遐龄，丧此良辅。良辅其颓，栋木其摧。名不称寿，位不酬才。邦有余威，士有余恤，心迹人遐，百年如一。垄树既封，长望濛濛。不有丰碑，谁慰玄穹？

嘉靖辛酉季冬之吉，赐进士出身、荣禄大夫、太子太保、吏部尚书、门生闻渊顿首撰。

明赵宽《半江集》

亡妻封宜人莫氏墓志铭

〔明〕赵宽

呜呼！宜人之没已再期矣。每欲书其生卒年月以备遗亡，临笔辄哽咽不能为言。今也窀穸有日，念宜人平生居常履顺，无甚异可纪之事。然其家世之美，妇德之淳，有不可无言者，是用忍痛抑情述其梗概云。宜人姓莫氏，吴江绮川世族，宋元代有显人。高叔祖礼，仕洪武中，为户部侍郎。曾祖辕，有隐操，门人私谥曰贞孝先生。祖震，由进士历官福建延平府同知。父旦，字景周，号鲈乡居士，领成化乙酉乡举，历官南京国子监学正致仕。母张氏。鲈乡游邑庠时，宜人生于邑之太平桥寓馆。既生三月，归见延平公，置酒家宴，中庭寿安，牡丹盛开。公喜，命宜人名曰寿安。宜人幼静重，不喜笑谑，不好玩戏，父母甚钟爱之。吾年十二三，始入乡校，无所知也。鲈乡一再见，即曰："吾有一女，可妻之。"言于吾先大父局使府君，府君欣然委币焉。吾年二十一，领成化丁酉乡荐，而宜人归于我。当是时，吾方贫薄，宜人亲操井臼，供菽水，自奉俭恶，虽糟糠不厌也。如是者数年，而吾登辛丑进士第，官刑部，宜人从我居京师，日俸仅给，囊无余资。宜人性甚俭，平居练衣布裳，饭数日一肉，未尝华衣丰食。终日闭户缝纫，手不释针线。暇则绩纺，未尝袖手坐无事，未尝出闺门。其爱惜物，一钱不妄费，刀尺之下，寸布尺丝，不妄弃也。儿女辈衣被，率故敝衣浣濯补缀为之，未尝辄用新帛。闻先宜人丧，自以不获在左右侍奉汤药，痛自毁顿，不食饮者数日。处亲党姒娌间和而正，未尝有轻浮之言便僻之色。岁己酉，以我夙夜起居，思欲代巾栉之劳，百计访求得徐氏，具礼纳之，今崇府典膳海之女也。年十五矣，未省事，宜人保育教诲。遇之既没，徐哭之，日夜不绝声，虽禁之不可，曰："吾事宜人垂十年，未尝恶言及我也。"呜呼！今之士大夫家，处妾庶若冰炭，然未见有兼容者。憸者阴行毒螫，悍者显肆残虐，盖比比而是。宜人之为，其亦异于人远矣。宜人归我时年二十一，越七年敕封安人，又十年诰封宜人。方图一日酬夙昔之劳也夫，何平生多产厄，每临蓐，辄竟日乃免。岁丙辰正月七日，居京师寓舍，产自寅及申，既免矣，虚惫极，不能复支以绝。距其生戊寅，寿三十有九耳。呜呼痛哉！以宜人之慈良而有是报，天果虐于待善人哉？子男二：禧、祉。女三：采蘋、采蘩、采藻。祉，徐出也。禧扶柩南还。既数月，吾亦以奉使事毕便道于家，卜以弘治十一年戊午四月二十日，葬于横山灵石峰之麓，从先兆也。铭曰：

呜呼！寿者人所喜，夭者人所悲。此一抔土，寿夭同归。

明赵宽《半江集》

中丞好斋公原传

公讳哲，字思德，乐善公次子。生于天顺元年丁丑五月廿五日。中弘治己酉举人，庚戌进士，外授监察御史，巡按广东，再按江西。十六年，升山东按察司副使，整饬临清兵备。正德三年，升广东按察使。正德四年，升南京都察院右佥都御史，管理操江。五年庚午，改都察院右佥都御史，巡视江西，寻改巡抚。又明年，以疾乞归。正德八年癸酉九月卒，时年五十七。正德九年甲戌十二月初八日，遣苏州府知府刘悦谕祭，荫一子。寻崇祀乡贤。平生事实，备载史志。

清王锡等《吴江王氏新谱》

王哲传

王哲,字思德,弘治三年进士,授监察御史,巡按福建,清军伍,理盐法。时有以同姓被诬为戍卒者百余家,淹系累年,一讯即出之。十年,巡按广东。南海十三村负固数为乱,镇巡议屠之,哲曰:"村户不下万余,玉石俱焚,吾不忍也。"乃率广州知府轻骑至其巢,谕以祸福,许自新,皆感泣解散。又每村立土里长,以约束之,卒以无事。十二年,上言:"凡有罪迁口外为民者,跋涉万里,风土不宜,往往疾病道死。请自后两广、云南、贵州、四川、福建应迁口外者,悉发近卫,为军下所司。"议行之。遭父丧,去官。十五年,再按江西。镇守太监董让怙势骄纵,至匿盗贼,哲首劾其不法,上切责让,遂合哲治盗。哲严督有司,擒其渠魁,敕赐奖谕。时天大旱,种不入土。哲亲录系囚,释所当原者数百人,翌日雨,是岁有秋。善断疑狱。民有女奴自逃,其仇指为所杀,讼于官,狱成。哲覆讯,见有冤色,使人密侦女奴所在,得之,得不坐。又有大姓被盗,因诬其怨家,赂镇守,欲置诸法,哲察其诬,立出之。镇守怒,众亦以为疑,后真盗获,始皆愧服。宁王宸濠横甚,亦敛迹,不敢忤。民为之谣曰:"江西有一哲,六月飞霜雪。天下有十哲,太平无休歇。"十六年,迁山东按察司副使,备兵临清。贡夷入觐,私市盐罔利,事觉,哲请没盐于官而给其直,人谓得柔远体。时刘瑾初得志,中官有忤瑾斥南京者,道死临清,哲具棺埋之,人为之惧,弗恤也。正德三年,升广东按察使,数建大议。明年,擢南京右佥都御史,管理操江,上言:"操军平弱,异日有警不能支。"其后流贼弄兵江上,果如所虑。五年,改北院,巡视南赣汀漳等处。会江西盗起,朝命哲往抚,或问哲弭盗术,哲曰:"在安民。"既至,黜贪吏,去苛政,盗闻皆解散。寻以病乞归,逾年卒,年五十七,赐祭如例。哲器局宏迈,志行刚果,所在有声。居家孝友,遇贫贱不改其平生。哲尝言:"说好语,行好事,为好人。"题所居曰"好斋",故所著名《好斋集》,共十卷。初,丰城诸生雷礼有墓地,为势家所夺,诉之有司,不敢问。哲鞫得其状时,势家已葬,哲竟令徙之,而还其地。礼后贵显,为具疏,请荫其孙度,官两浙盐运司运判。(参《献集》《文徵》)

潘柽章曰:《实录》称哲为御史,颇有风裁,后抚江西。时逆藩宸濠常以计去守臣不附己者,哲自濠所宴饮归而病,或谓濠中以毒云。而徐志称宸濠畏惮,投以鸩毒,幸不死,遂以疾乞归,逾年卒。墓志则谓其病实以忧劳所致。考哲去官在正德六年,而卒于八年九月,则忧劳成疾之说果信耶?余近从其家得其从孙鼎所记遗事,云:宸濠欲结婚于公,公潜窥其有不轨志,遂力拒之。是岁夏杪,宸濠宴诸督抚,密置孔雀毒血于瓜上,进公食之。少顷,烦懑口不能言,至欲自投于井,幸群僚立救,厪免殒耳。上闵其忠,令驰檄还乡,而竟以毒发终。悲哉!然则中毒之事,通国皆知之,而墓志作于宸濠未败时,故曲讳之耳。志又言公在江西,有都司以赃革者,福建林公俊来巡视,复用之,公不可。俊怒,移文语侵公。公不以介意,谕三司曰:"林公先朝名臣,处断必不苟,盖偶未详耳。"令再具事本末以请。俊大悔悟,即罢弗用,因重爱公。比归,赋诗赠别，送之数程。噫！公之为人，岂特强直自遂而已哉！

清乾隆《吴江县志》

独村公墓志铭

〔明〕王鏊

承事郎吴江顾君卒，其子婿陈子复言于余曰："承事葬有日，而幽堂之铭未有所属，惟夫子以文铭。贤公卿一言之出，信于天下，后世其独无意乎？敢以其子文献恳请，惟夫子矜而畀之，庶承事不泯于后，亦以事为其后人倡，而雷亦且有赖焉。"余不得辞，则为之铭曰：

猗顾之先，世望吴江。同里之绪，蝉联野王。曰愚闲翁，是生承事。其讳曰纲，廷立惟字。出后感梅，用绵厥祀。少治选士，业既有闻。不愿荣进，乐此耕耘。自表厥志，署曰"独村"。两翁同居，七十余祀。左右承颜，融融泄泄。兄弟八人，长贤独劳。出司乡赋，民用不骚。公用克集，有司是褒。或胶于冰，爰拯其溺。出粟于官，锡之章服。居惟与居，法书名画。悬论是非，事后成败。一乡所凭，粤惟耆蔡。岁在正德，七年壬申，三月乙卯，居以疾终，寿五十五。葬以其冬，蜡月辛酉，西初字圩，先茔之薮。室人氏商。子曰文献、文韬、文山，文藻惟殿。四子竞爽，孙曾实英。谁其铭之，少傅之词。

赐进士及第、光禄大夫、柱国太子少傅、户部尚书、武英殿大学士知制诰、国史总裁同知经筵事、震泽王鏊撰。

赐进士出身、左春坊太子赞善、翰林院编修、经筵讲官充国史纂修、郡人陈霁书丹。

赐进士出身、河南道监察御史、郡人卢雍篆盖。

清顾鼎勋《顾氏族谱》

封儒林郎鸿胪寺右寺丞吴公墓表

〔明〕周用

封儒林郎、鸿胪寺右寺丞吴公，年八十三，嘉靖辛丑五月八日卒，葬以又明年月日。其子涵、涝以公行状，先期来请表其墓。公讳鏊，字汝文，号云谷。曾祖为，祖效。父璟，号铁峰，能诗，娶李氏。以长子鏊仕累封兵部武库司郎中，李氏赠宜人。公自少时，铁峰命业举子，以病羸中辍。弘治壬子，入粟补县阴阳学训术，或谓非素业。公曰："吾本期以文章成名，君等姑勿以此遇我。"会部院使者至，有所指委事，事无不当其意，诸使者亟称其材能。公始为邑中钱氏赘婿，既而治田于梅堰，辨其高下、燥湿、肥瘠与秔稌之名物,仿元人王祯者,授时图刻纸为旋轮,纪农协功,各以其时,戒其家众:自今凡若草木徒华而不实者,不得以一物入地内,以妨吾美殖百谷浩穰。家日以殷,奉祭祀、赡宗族、燕宾客,莫不沛然有余。尝再赈民饥,折官所给券,不责之偿。公雅有综理才,然限于不得施,惟资以营构。鸠工饬材,经年不能休,垣墉桷栌,衡平而绳直者相望也。每以意气识他日官达人,于众中良然,盖其故家渐染于父兄者自如此。领训术二十年,谢病去,未几受封敕,每岁乡饮酒,则为大宾。元配钱氏,卒。生子淞,为武库,后蚤卒。继钱氏,封宜人,卒。子男二:长即涵,癸酉乡贡,大理寺司务;次即涝,正德初纂修《孝庙实录》,以诸生与选,累官鸿胪寺右寺丞。女三:长适涿州判官庞木,次适徐叔麋,次适沈维垣。孙男六:邦、案、玄陈,为淞后;之集、之栗、之臬。孙女七,适某,俱乡贡士。墓在县之某乡卯字围。吴氏,其先汴人也。始祖秋渊,当宋南渡时,徙居吴江澄源乡之韭溪。至铁峰五世而族以蕃,邑人无近远,咸号称其居里曰"铁峰铁峰"云。至公仲兄鉴,与伯兄并以科第起家,弟鏊以例入太学,属官南京鸿胪。同产昆季,蝉联媲美,不愧门阀。公复以訾秩,为其子择师取友,相继为京朝官,特称有子,蔚为巨宗。而公又独寿考,自六十谢事拜封,徜徉林壑者二十几年,群族人一时莫与之齿。此固公勤劳节俭之效然,亦岂一人之身所能为哉?其先世所由来者盖远矣。《传》曰:"积厚者流泽广,积薄者流泽狭。"夫积于昔者,斯泽流于今。则夫泽于后者,其无望于今之积乎?夫有其积也,犹惧其薄,而况其舍之也。公若此,则庶几其能积,积之而益厚者乎!故余撼公之行实,叙次其言表诸墓,俾吴氏之子孙知今日之所由来,且以谂吾邦人之世其家者。

明周用《周恭肃公集》

曹镆传

〔清〕潘柽章

曹镆,字良金。其先本吴姓,有为曹氏后者,遂从其姓。弘治六年成进士,选庶吉士,授刑部主事。恤刑四川,多所平反,进员外郎。性鲠介,尤恶中贵人,遇必折辱之。坐是左迁东昌府通判。时镇守太监在临清者尤暴横,镆即抗章,劾其罪状,因言:"伏读诏书,凡镇守内臣非旧制者,奏闻裁革。临清一州,止有一卫,官不满十数,军不满三千,有一兵备副使以坐镇其地矣。守备之设尚为冗滥,何必又增镇守以遗民患乎?且臣府赋役繁重,民财日空,卖儿贴妇接踵于途。加以水旱相仍,盗贼并起,公行劫夺,莫敢谁何。陛下即位之初,正宜加惠贫民,以收人望,岂宜留此冗员,上无补于朝,下有损于民,中不便于有司。伏乞敕兵部遵诏裁革,召还内臣,幸甚。"武宗从之。刘瑾怒,使人刺镆,阴事无所得。适有为之营救者,事遂得解,迁兴化府同知。都司刘全,瑾族也,恃势不法。镆举案其罪,降千户。已镆擢湖广佥事,甫去,而全即藉瑾力复旧职。镆闻叹曰:"时事至此,何仕为?"遂乞休,日与顾应祥、文徵明诸人游。为古诗文，质直不尚雕琢。又工绘事。于所居后积土为山，植桐其上，自号桐丘。镁尝为一里人所侮，置不问。居数日，其人当受役县官，而镁适为乡饮宾。县官问其人家资，镁具以实对，遂得免，其人愧服。嘉靖中卒，年九十三。

清潘柽章《松陵文献》

生斋盛子健墓志铭

〔明〕杨循吉

盛氏以医闻吴下且百年，近时之良，生斋居一焉。生斋讳乾，字子健，太医院御医退庵起东之曾孙，医士思庵俨之孙，闲舟暄之子也。少而颖悟，读岐黄诸书，上口即解，闲舟公以为能嗣，因尽授以法。又尝从在京师，故见闻益广，闲舟殁，遂称工焉。生斋性豪负气，然能折节学为医，医辄验。其投药，善用奇，或沉疴濒绝，一再剂，遂起行，至不可治，则与刻死日无爽。由是誉流他邑，咸以羔雁致之门，未尝寂也。正德辛未，年五十，诸宾客争谋往贺，生斋徐之曰："吾未暇为，姑俟明年。"明年壬申，方将治具为会，既而病，至数月不出。忽自诊其臂曰："吾殆死乎，不起矣！金乘于木，是其期也。"覆药不饮，八月二十八日果卒。将卒，谓其子曰："吾死，铭必属之杨氏。其人吾旧也，必不辞，得则吾瞑目矣！"于是，果以遗言来请。噫！方生斋病时，延予室中，言笑如平生，讵意遂死？李白云"处世若大梦"，其诚然耶！生斋为人素好客，客至必饮，肴核罗列无所计。见人倾竭肝胆，不为留辞，人皆乐其坦率，故亲之者众。客有忤意，亦必面折不逊。或有事，虽欢集，辄弃去，以其无他肠，多不之校。然其持身，大凡自父殁，事其二母于家，曲尽孝敬，怡怡甚适。比其卒，哭声彻于堂，闻者殒涕。至视人疾，恒自贱贫者始，寒暑一致，不骑不舆，可谓难能也已！其生天顺壬午六月二十日。配张氏，德辉之女。子男一人，应龙，都府待补教读。女一人，适沈注，太学生。孙女三人，一字施氏，余幼。应龙今卜以卒之又明年甲戌正月二十一日，奉柩葬于胥台乡黄山之原，祔于先兆。其仲父坤实同襄事，来促铭也。铭曰：

呜呼子健，负其绝艺而寄情于酒。尚不见于二豪，彼碌碌者奚有？青山作穴尔之守，殉以丹经左右肘，将与巫咸游兮鸿蒙之囿。

前进士宏农杨循吉撰。

清盛钟岐《平江盛氏家乘初稿》

文林郎庆符知县汝君墓志铭

〔明〕陈椿

君姓汝，讳砺，字启商，号石斋，世为黎里望族。曾祖衡仲，曾祖妣吕氏。祖思远，以子贵赠兵部武选司员外郎。祖妣黄氏，赠宜人。生祖妣计氏，封太宜人。考讳讷，由乡进士授中书舍人，仕至南安府太守。妣陆氏，封宜人。生母张氏。君幼而朗秀，嗜学工文。与伯兄赵州牧济商、从弟鄢陵尹养和，浸灌磨砻，奕奕竞爽。甫弱冠，部使者最其文，以儒士试应天不售，进隶学宫，旋食饩廪。人谓必得科目，顾屡困棘围，竟以年资卒业南雍。方图终奋有为，而齿日以长，乃拜庆符之命。君临事开敏，皭然不淄，当路器之。尝检校逋租，廉得侵渔者，数辈夜持千金馈君，君斥之，且声其事，一裁之以法。有兄弟相争者，君召族属集之庭，分陈义理，言词恳切，二人感动泣下，欢然如初。庆符接界苗夷，常遭燔劫为民害。君独设方便，督甲士为声援，贼因解散，桴鼓不惊而民居安堵。君行淳政，修涤秽，剔垢膏，枯沃荑，遗爱多矣。六载秩满，上其绩于铨司，考称上上。秉钧者方拟擢君，乃飘然卷怀，乞身而归。家居日，惟检书课农，徜徉诗酒间。县大夫延礼宾致恐后，而君迹不涉公庭，时以是益重之。君性恭俭，不问家业，白首清风，萧然儒素。虽不能发扬功名，有赫赫之誉，顾其时多掊克回邅，君独以廉约称，可谓矫矫矣。为文以意胜，诗萧散有致，有《西归集》藏于家。卒于嘉靖十九年十一月初八日，年七十有七。配钱孺人。生一子，曰世德，先公逾年卒。卜以嘉靖某年某月某日葬于发字圩之原，其侄进士齐贤，扶其幼孙柏来乞铭。（下阙）

清残本《汝氏世谱》

太学生崔渊父墓志铭

〔明〕史鉴

太学生崔澂，弘治六年，年廿九，九月廿八日卒，将葬。遗孤二，尚幼。其父以澂友汝维贤所为事状徵铭于某，某一再辞，不获命，乃考姓氏载行业以铭其墓。其姓氏曰崔，本郑姓，其先维扬人。宋靖康间，有六七朝奉者，辟地吴兴，改姓为崔。其子百九秀迁于松陵，惧失其实，因两存之，其后去郑而存崔。国朝有曰龄者，以人才选主刑部事。龄生逵，逵生云，云生文，文生澂也。龄之字大年，逵之字孟达，云之字望宗，文之字友文，澂之字渊父。其行业曰：事祖望宗也，敬而爱，惟恐弗顺焉；事父友文也，愉而婉，未始有违焉；执母黄氏之丧也，哀而恧，不敢有忘焉。他如建祠堂、修谱牒，皆先意启之，厥祖若父嘉其能秉礼以陪己，惟其言而莫之拒也。自其居家塾，入邑庠，升国学，即已厌场屋之习，以为有戾于古人，故绝意取。日夜以五经、四书、十九史，与夫百家之言，纵观而博取焉。又遍谒当世诸文章家，质疑订惑，必撢其底蕴而后已。其言貌退然，若不足以有为，然立志之坚确，用意之恳到，向往之蹈厉，犹山峙川流，屹然沛然，有不可撼摇而遏塞也。天下之人，其知渊父者，皆期之以远大。其不知渊父者，莫不以为迂，且腐笑之。然渊父弗恤也，为之益力，竟死乃已。其墓地曰角字原，葬其配钱氏者。自望宗始前三四年，渊父之妻凌氏卒，将祔葬。忽自念多疾，恐他日不得致力于父母，乃窆土为穴者四。诚信坚密，有出于前人之所未到者。至是望宗以其柩窆焉，七年三月十七日也。呜呼！自王安石经义之说行，累朝循是道不变。世徒知以明经为尚，殊不知其割绝章句、觖裂文义，以苟合有司之程度，可丑也。其间非无豪杰之士思欲振起之。然国以之取士，父以之教子，兄以之诏弟，卒不能易天下之滔滔，此有志之士所尝叹息也。渊父以渺然一书生，独甚觉其非力追古不已，而天遽夺之，使不底于有成，将斯文之运未复耶？然则岂独崔氏一门之不幸哉！可惜也已，可惜也已。是为铭。

陈去病《松陵文集》

崔渊甫妻凌孺人墓志铭

〔明〕沈周

　　太学生崔君渊甫，状其室人凌氏之懿，乞铭其葬。按：凌之先湖州安吉人，有仕至翰林直学士。学士之后，有嘉兴路总管，以其子寿四居于归安之珽市，其一宗为归安人，甚盛，至均德为孺人之高祖。曾祖彦能，国初授应天府治中。祖晏如，正统间拜金都御史，著能声。父用广，馆于乌之晟溪闵氏，遂家晟溪。渊甫大父环翠翁爱渊甫秀粹，云择良配相之，乃以凌为礼义之族，因聘得孺人焉。孺人既归，翼翼穆穆，其习于父母者，施之舅姑，舅姑悦其谨顺，施之丈夫，丈夫感其婉敬。勤于红，约于用，喜怒夷容，语默凝重，于是亲疏之族，咸称其宜妇也。性又慧，夜执《女传》《女诫》，请渊甫讲说，有会若将蹈之者。会有疾，及革，嘱渊甫曰："妾欲勉修箕帚之道于舅姑，于君子，今不幸天违我志也。二儿非教莫成，成则勿谓死者无责及夫。荆布之于妇女，生死事也，勿从厚以殓，戾妾之初心。"乃卒，渊甫卒如其言。呜呼！孺人贤而且礼乎，惟妇人之德在中梱，非舅姑与夫弗能言也。果德矣，在舅姑与夫乐言之；果不德，在舅姑与夫亦不乐言也。渊甫状中，尚多怛切悯悼之辞，无怪其缱绻以暨夫相齐相与之谊，况贤而夭哉！予辱渊甫推厚，故特为铭之，以内于所葬角字围之墓中，将塞渊甫之悲也。铭曰：

　　惟弘治三年九月二十一日，气斯绝也。惟四年十一月十二日，乃即穴也。惟享年二十又六，命何折也。贤者多不寿，天不屑也。死有令名，天亦不能遏也。

张修龄、韩星婴点校《沈周集》

明故太学生可山徐君墓志铭

〔明〕陆金

赐进士出身、中宪大夫、江西按察司副使、邑人陆金撰文。
赐进士出身、前徵仕郎、户科左给事中、邑人沈汉书丹。

赐进士出身、奉政大夫、广西按察司佥事、邑人申惠篆盖。

嘉靖十六年丁酉十月十三日己未,新城知县徐君应龙葬其父可山于邑西南卯字圩祖茔傍之新阡,乃撰事状来乞铭。按状:君讳资,字逢原,别号可山。世居吴江秋泽村。曾祖真,国初以人材授浙江丽水丞。祖琛,始业儒,徙居邑城,福建泰宁知县。父章,浙江金华府推官。母皇甫氏,生君而颖敏,治《毛诗》,为县学生。性刚介,好面折人过,每致忿恚,然心无龃龉,卒无深衔之者。里人构隙,多就君解纷,官有疑事,亦咨决焉。君虽为诸生,而所与交游者,皆当时缙绅。及援例为国子生,尤友天下之士。故君谙练世故,长于经纬者,取善之助居多。初金华公贡于京师,卒业南雍,筮仕永州,再改金华,君皆随侍以行,奉养备至。至于治家养生,则子钱起赘,居积余羡。营居必壮丽,受田必膏沃,器用服食必精好,皆金华公所未及为,而君先意承志以为之,可谓孝矣。中年务摄生,学吐纳之术,自是无疾疢,年虽艾,若少壮时。或劝之仕,曰:"吾志有所适,吾不能为斗米折腰于人。"乃与乡之耆老寻盟结社,探幽览胜,以优游天年,卒老于家云。嘉靖丙申六月二十一日卒,距其生成化乙酉三月四日,享年七十有二。娶同邑王氏,封御史宗吉之女。子男三人:长即应龙,王出,娶同邑李氏,於潜令经之女。次应旦,县学生,娶长洲沈氏,田州推官注之女;次应数,聘吴县顾氏,汀州通判言之女。俱侧室张出。孙男三人:曰鼎,曰盉,曰卣。女一人。铭曰:

惟玉必售,胡尔韬晦。施政于家,奚必有位?享兹用年,爰格乎天。彼吐纳者,我何有焉。乃菑乃构,而康而寿。而考终命,尔福孔厚。西原膴膴,有坟斯土。曰窆曰时,从厥昭祖。庆泽源源,施子若孙。畴欲速朽,不朽者存。

吴江博物馆藏拓片

沈孺人墓志铭

〔明〕吴洪

史母沈孺人,讳素瑛,太学松丘公配,诸生仪卿母也。沈在长洲为著姓,世以诗文名。而史在吴江为著姓,亦世以诗文名。石田先生与西村先生望重一时,尤为交好,遂缔姻焉。孺人生而朗慧,自幼习《孝经》《小学》《女诫》诸书,能通其意指。虽苏若兰《璇玑》诸图,孺人一见,即以眯分画其界,纵横曲直,读之自然成文,盖若尝所习焉。至阅《忠孝传》,与夫古人嘉言懿行,能历历道说其故实。字画楷法不草,剪制缝结、描画纂组、联诗鼓琴,颇皆能之。比其归也,西村先生文章德义翼然史氏仪表,其家矩之严,匪直难为,子姓虽姻内女妇,亦概乎其难为也。孺人本之以贞淑,加之以恭敬,随所寓尽道。事姑舅以孝,处妯娌如处姊妹,视二侄如子而加爱焉。太学公力学不问外事,凡田庐之经纪,户役之节制,与夫宾客馈赠之往来,孺人百方应之。太学公择名流为儿辈师模,孺人手自酾醪击鲜焉。孺人之为妇道、为妻道、为母道如此。年非德永,竟以正德之丁丑五月廿五日,暴疾而卒,上溯其生成化丙戌,仅五十有二。伤哉!

子男二：曾懋，先殇；鸿逮，县学生，娶贺氏。女二，适吴观，适薛案。以明年戊寅十二月，葬思贤村之新阡，太学率其子徵铭于予。予惟孺人之归，予偕匏庵吴公、成斋陈公为柯氏，而今又铭之耶？然具知孺人贤，敢不述德作铭。铭曰：

睦睦令人，受质于天。壸内不惊，室外亦兼。寿不因德，福不偏贤。芝玉焚摧，伤复何言。引绋同嗟，生顺死全。昭兹令名，亿万斯年。

陈去病《松陵文集》

穆溪叔大父墓志铭

〔明〕史长

穆溪先生，自少喜客，家饶金帛，性好施予，客以是归之。四方辐凑，门无虚日者三十余年，人称"小孟尝君"。若吾邑之士大夫，出其门者尤多，甚至约为婚姻，要以肝胆，闻风接踵。虽其子有限，愿为葭莩之好者无尽也。虽其座不容，求为鸡狗之报者亦无尽也。至先生没之日，昔及门之客，不复一至矣，乃知为先生客者，非客也。先生姓史氏，讳永济，字若川。为铨之子，为珪之孙，为昌之曾孙，世以耕读为业。先生以孝义行于家，闻于人，播于天下，天下人至今称之不置。客虽去，于先生也何损焉？夫存足以招客，没足于逐客，先生亦人杰哉！窃尝论之，人以百岁为期，先生寿不过五十；以尊贵为荣，先生名止于一命。人为之惜。然而不亡之寿，不爵之贵，孰有过于先生哉？先生子三人，女一人。壬戌之岁十二月某日，葬先生于横山之麓，从孙长为之志其墓云。铭曰：

抔土封丘，先生已矣。碑在人口，铭无加矣。吾于先生，无遗憾矣。

陈去病《松陵文集》

明故福建按察司知事云居顾公墓志铭

〔明〕吴宽

於乎！人唯无志与材以见于世，而槁死林下，死者固无憾，生者亦不之惜也。或有志郁而获信，材闷而及试，于是而死，则死者生者亦何足憾且惜乎？乃若我姻戚廷言之死，志方信而倏郁，材将试而卒闷，此不惟廷言之目不瞑，凡其姻戚僚友，莫不为之扼腕太息而流涕也。公讳纶，字廷言，别号云居。因游学京师，取瞻云望亲之意，以寄孝思也。姓顾氏，其自先勾吴以来，为东吴著姓，居松陵之同里。曾祖麒，祖昶，父宏，皆不乐仕，以耕凿拓其家，以道义闲其身，以诗礼教其子孙。至于公，则有志仕进。弱冠游邑庠，屡应乡试不第，爰入太学。扫室读书，博通经史子传，善苏书，赓唐律，结纳贤士，取重缙绅，尝自以为不及科甲为终身之恨。能啮祖父之蛊，为愚闲翁第四子，最见钟爱。内外巨细，必召之经理，则无不如意。愚闲尝指示人曰："此子刑家若此，他日必善经济天下。"而人亦信之然之。先朝弘治十六冬，谒选授浙江按察司知事，未期而遭母胡氏孺人之忧，潜闻异政，未竟厥功。服阕，补职臬省。未几卒于官，时正德二年七月二十四日，年仅四十有一。明年蜡月念又七日，厥父愚闲翁率其子文鸣等，治葬地于本邑里果字圩之新阡，爰徇甥儿远徵予铭。宽惜怜其志其材，矧属戚谊，不克辞，谨按来状而参纂之。公生成化三年丁亥十一月二十四日。配盛氏，太医院士闻舟公之仲女。子男五人：长文鸣，即甥儿仲女婿也；次文翔、文潜、文焘、文骧，俱未字。女一，适华亭张堂。呀！自公登进仕籍，才得小试，而遽成长梦。于凡识与不识者，咸有噫嘻声，以其位不盈材、年不满德、志不行于世故也。苟假年以进，则清朝赤子未必无所赖焉。君之志，固不在是乎，予之所以惜公，亦果不若是乎。铭曰：

木产于地，封之艰，溉之不易，寻斧纵焉。垂成器，飘风拔之，匪材自弃。嗟嗟廷言毋乃类，人不胜天奚足异？

赐进士出身、嘉议大夫、吏部右侍郎、前詹事府少詹事兼翰林学士、长洲吴宽撰。

清顾鼎勋《顾氏族谱》

明故邑增广生入太学汾滨叶君墓志铭

〔明〕吴山

嘉靖九年庚寅腊月二十八日甲申，孤哀子叶可久等葬其先人叶汾滨于吴县凤凰山之原。先怦以浙江乡贡进士傅君佩状，走藩臬来乞铭，余与君实缔姻娅，义不容辞。按状：君讳夔，字尧章，吴江汾湖人也，别号汾滨。故广西理问芳之孙，尚宝司少卿绅之冢子。母褚氏，赠宜人。君幼岐嶷颖异，同川李文中见而奇之，妻以女。长补邑庠弟子员，治古《尚书》，悉传少卿家学，允笃渊懿，敬敏惠直。犹患未友天下士也，北游京师，南业胄监，遍交海内名流，以故业广德崇。凡六举不偶，人慰曰："命也。"君曰："业顾未充耳，敢言命乎？"南北士大夫过其家者，无不接纳，或即延以训子。训必先孝弟，遇物引喻甚切。少卿居谏垣时，一以直道佐孝庙，国尔忘家，公尔忘私，无内顾忧，以有能子也。开拓于前人，有光宅心，知训德义，日益富。居考妣丧，哀毁骨立。事继母尽礼，无异于褚宜人。弟旦幼，值岁役，君请代之，当道称其友。振衰族，完其居，使不失所。广西贡士蒋某、陈某，福建贡士李某，均被盗于中途。君偶见，悯其窘，给以路资，得抵京就试。凡凶岁，有司贷粟赈济，君慨然弗吝，而不冀其偿。遇饿莩，给椁掩骼，多至不可纪。其生平，贞不绝俗，和不雷同，仁不偏爱，知不笼物。或谈及非义事，辄赧然面赤，若不忍出诸口，以故人亦不敢以非义干之，乡邦推重，号为笃实君子。凡其可法而可传者，即求之古人中尚不可多得，况今之世哉！君生于成化三年丁亥五月□日，卒于嘉靖六年丁亥八月一日，享年六十有一。噫！士固有或跃在渊而蒙亢龙之悔者，矧赍志以没耶？子四：长可久，府庠生，娶陆氏；次可大，娶陶氏；次可观，即予婿也；次可嘉，娶王氏。女三：长适庠生黄□，次适国子生郭受益，次适贡生张冲。孙男一：有本。孙女三：一许字浙西曹以三之孙，余未字。呜呼哀哉！老成典型，维世之则。一旦云亡，使我心恻。千里申辞，用扬休德。铭曰：

猗与汾滨，令闻有彰。祗服先训，肯构肯堂。孝思维则，文艺丕光。敢率忠俭，众悦其良。援弱以仁，不云我强。动则思义，燕翼义方。见善如贪，嫉恶如伤。行维模则，休烈孔扬。如何昊天，歼我良士。如可赎也，人可百也。哀哉永怀，万年是纪。

赐进士出身、通奉大夫、江西布政使司左布政使、邑人吴山撰文。

赐进士出身、徵仕郎、刑科给事中、四明陈侃篆盖。

赐进士出身、奉训大夫、兴国州知州、古杭杨祐书丹。

清叶德辉等《吴中叶氏族谱》

明故汾滨叶公元配李孺人墓志铭

〔明〕徐夔

维嘉靖八年己丑十二月二日，太学生叶尧章元配李孺人卒。越明年十二月二十八日甲申，将合葬于吴县凤凰山之原，孤哀子可久等衔哀忧痛，自述母氏之德，踵门乞铭，以托不朽。孺人吴江同川人也，考李文中，妣吴氏，世为名族，未锡祚胤。孺人生应灵和，德精性粹，体貌盈溢，温厚慈良，慎而寡言。幼从姆教，蚤达窈窕象德之仪，求配明哲，供治妇业，孝敬舅姑，毕力中馈。少卿官于朝，夫君卒业国学，孺人综理内务，克营家道，聪明达乎中外，隐括及乎无方。童稚无骄逸之失，妾妇无舍力之怨。故能穷生人之光，宠极福履之绥，将堂构考成乎正寝，苗裔广及乎连阡。虽夫君四应之能，亦孺人翼赞之力也。贵富不骄，安而能虑。恩逮禽兽，无故不杀。凡遇孤嫠，恻然救之，惟恐弗及。悯行道之渴，汲浆救之。哀囹圄之疫，市药活之。懿德殊泽，溢出望外，人称女中丈夫。其以是与卒之日，距成化五年己丑□月□日诞辰，享年六十有一。寝疾弥留，诸子问后事，但曰"为善为善"，可谓言约而义博矣。子男四：长可久，府庠生，娶陆冢宰侄女；次可大，娶陶宪副女；次可观，娶吴方伯女；次可嘉，娶王国子生女。女三：长适庠生黄□，次适国子生郭受益，次适贡生张冲。孙男一：有本。孙女三，俱幼在室。呜呼！多福多寿，子孙蕃衍，孺子可无憾矣！予实委禽于叶氏，予妻岁时问遗往来，且善诸子之知所重也。乃申辞曰：

於穆母氏，厥德孔修。思齐先始，百行聿修。宣慈惠和，恩泽旁流。徽音邈焉，允女之英。乃及叶君，维德之行。敦此婉顺，疾彼攸遂。淑慎尔止，晨兴夜寐。在母斯勤，在子斯敏。以俭为荣，以奢为辱。宜享遐龄，以终景福。天胡不仁，潜沦幽谷。埋玉凤山，光照岩麓。

乡贡进士、邑人徐夔撰文。

乡贡进士、仁和朱衣篆盖。

邑庠生沈泮书丹。

清叶德辉等《吴中叶氏族谱》

明故范君合葬墓志铭

〔明〕周用

  君讳镔，字鸣远，其先扬州人。自万六公渊，元季渡江避乱吴中，遂占籍吴江之同里。曾祖士敬，再迁于县治西。祖琼，父瓛，母李氏。君少警敏，补县学生，始受《诗》。以伯祖广东参议祯彦公以《易》起家，乃更受《易》。既而为诖误见斥，不复辩，即日去，读书宜兴山中。积岁余，提学御史察其诬，听其自直。会君病疟，冉冉成瘵，处床蓐，逾三年而后能起。遂舍旧业，而率诸弟专意于治生养，亲人未尝见其有不堪之色。正德丁卯，县令以例辟君署社仓，君再辞，不许。曰："吾非不屑于此也，政恐不任耳。"乃日蚤起，趣家人具食已，则束带旋旋来场中视出纳，以为常。未几，门者曰："管籥视昔加谨矣。"输者曰："概量视昔加平矣。"仓之力役有斗级者，每常计其岁中所入米谷之数，必尽出乃罢。役以故历数十年不得去，后来者复递递相仍，役者益以困，又一切蠹耗，责偿无时。君曰："法如是，是民岁以役也。"言诸县，自今以岁终，稽实即代去。庚午，江南大水，君曰："公家设储备，凡以为民也，况我实与司其事。"复言诸县，发社仓以赈饥人。人曰："假令人日得食米半升，可以不死。乃今以范君言，出粟若干石，则宜活若干人。"或谓："范君为小官，但作鄙细事。"我其信哉。君遭父丧，既免，则亦不复任事。居常值风日霁爽，则之城西太湖之上，舣集终日。归则悠然，若有得者，因自号"晴湖"。乡饮戒宾，则谢以齿德不逮。娶顾氏，讳清，贞谷处士女也。事姑李，性颇严，能以俭勤得其爱，曰："吾异日不为妇之姑乎？胡谓姑严也。"子之妇，少孤也，待之慈且惠，曰："吾向日不为姑之妇乎？胡能不怜其孤也。"其他事在中馈，举其大者可知已。君生成化戊子十一月十日，卒嘉靖壬辰十一月十六日，年六十五。顾氏生成化己丑四月十五日，卒嘉靖甲午十一月二十一日，年六十六。子男一人：应春，县学生。女一人，适陈经。孙男三，曰重庆、余庆、世庆，女一。应春卜以乙未十二月十六日，合葬于县北柳胥鳞字围之祖茔。先期述状来乞铭，且曰："应春考妣当疾革时无他属，第曰：'汝善视我陈氏女，汝善视我陈氏女。'"予问之故，盖君之女嫁陈氏而孀也。予于是又谓应春："庶几能不违其亲者也，能善于兄弟者也。吾闻与人为善，君子以为大，况吾尝与其父交也乎！"乃取其状而志之，而遂铭之曰：

  汉世其官，以仓庾氏。自是以还，人乐膴仕。嗟乎范君，不鹜其卑。念彼人斯，铺之殣之。坎既盈止，木则升止。以汝俪归，是曰宁止。

明周用《周恭肃公集》

赵宬家传

象江公讳宬，字受夫。中慧外朴，髫年出赘沈氏，内兄为太学生，意颇自得，家事悉以委公。至十六七岁，乃发愤游学，潜寓石湖滨石佛寺，家人无知者。饔飧弗赡，而吟诵达旦，寺僧秋林甚敬礼焉。三年归试就，先请试于仲兄半江公，公奇之，曰："汝从何学得来？"会督学御史张公试士甚严，人号"杀张"，文不堪录者，令负耜逐出。外家见公俄出就试，窃笑曰："婿久佚游，亦欲就试，其负农器归矣。"既而公录第一。二十六领乙卯乡荐。丁丑授广东雷州府推官，治狱市明允，署篆海康。时中贵某辖珠池，激其民陈中辅等作乱。公奋不顾身，折其首恶。既归，署府篆，核所获胁从五百人，悉纵遣之。又署廉州府篆，土民何广清等千余人与狼兵构怨，远近骚动。公亲诣，谕以曲直，一方以安。委理潮州盐政，商舶知公廉，一时云集，岁入倍增，而公秋毫无私。理雷九载，考上上，有"久掌刑名而公道素著，暂理盐鹾而宿弊顿除"，"勤慎有为如一日，清白无瑕惟一人"等语。行取至部，例应补侍御。文选司吏索公赂，公距之，以计淹公选。逾年，乃上疏，自叙忤当道，微时所知适秉权，竟不往谒。久之，稍迁湖广武昌府通判，甫一载，即谢事归。当事者留之，坚不获，乃移文高之。寻遇恩典，晋阶奉训大夫。归田，谢绝俗纷，惟以教子孙为事而已。僧秋林以旧交，故往还不绝，尝有金寄其舍。会寺房回禄，公遣人相讯，已不复问向所寄。及遇之涂，僧乃出袖中曰："庐已被灾，藏金犹在。"（原谱、续谱，参墓志。）

清赵宗坛、赵宗堡《赵氏族谱》

吴尚书传

〔明〕屠应埈

吴氏者，吴江世家也。自始祖千一公，数世有隐德，而发于少保公洪。少保公历官南京刑部尚书，正德间以忤逆奄瑾，勒致仕。少保公生四子，长讳山，字静之，号讱庵。公生而英异，十岁丧其母夫人王氏，即戚戚知哀，不逐儿童群戏。十二岁，能属文，时少保公筮官南都，公从居南都。郎中万某者善相人，见公甚奇之，曰："即南都诸公卿儿，无若此者。是父子并官上卿，兄弟嗣显。"公闻之，笑曰："如郎中言，万石君将复见哉。"年十六，补邑弟子员。弘治乙卯，举应天乡荐。正德戊辰，与弟岩同登进士第，除刑部主事。历升员外、郎中，廉隅抗直，不挠强御。有富人坐法当死，夜持金潜遗公，公斥还与之。旦白其事，竟置之法。于是豪猾悚慑，靡敢犯者。然亦不能逐事，俯仰奉权贵人，故九载秩不迁。正德丙子，奉命录囚江右。先有兄弟共杀人者，咸论死。公意惨焉怜之，欲出其一，夜祷于神，乃忽悟曰："杀人者罪死，协谋者同坐。"遂俱决之。其他疑狱平反者几百余人，民称无冤。武庙南巡，谏者多忤旨抵罪，公亦谏，诏廷跪五日。庚辰，擢山东副使，理驿传，清军务，厘革宿弊，区画中理。大户有侵盗官粮者，罪及余民，公竟直之。时暑月，诸司多所逮系，公轻重量出之，狱无滞囚。乃有塞井复渫，民感其惠，为之谣。谣曰："彼泥者，泉弗浚；而复锡，我则福。"居无何，擢陕西右参政。嘉靖甲申改浙江，假道归省，才逾月，而少保公病卒，得视含敛无遗悔。丁亥服阕，授福建按察使，听断公明，吏民怀畏，谓少保公尝居是官也。民之语曰："凤之栖兮，其雏来仪，民具是依。"己丑，擢江西左布政使，旬宣有方，综理周密，禁豪登蓁，清节不渝。辛卯，有巡抚河南之命。时水旱洊剧，公条陈赒恤，民赖更生。初，河南运额兑在小滩，久之民弗便。武庙时移之临清，民又弗便，乃移兑回隆，民稍稍便矣。而运官受临清重赂，呈御史奏勘，公指挥便宜，御史终听置之。公以河南惟河患为甚，一堤弛防，千里垫溺。遂根极利害，著《治河通考》十卷行于世。成化间，亲王居河南者才五府锡封。既益天允日繁，自郡王将军而下几数千人，岁入不足以需常禄。公疏请以岁运之余暂补不给，一时赖焉。伊王素柔懦，怵宦官保金、指挥钱龙等，虐及无辜。公疏请正保金等罪，而责王俾之自新。临漳王府将军祐椋者，招纳亡命，奸法不轨，时侵掠民间，民咸苦之。闻祐椋至，无不愯愯恐，罢市肆，闭户窜逸。前后诸臣至者，莫敢问也。公闻其状，疏免为庶人。乃又遁匿京师，巧诋恩贷，奏诬公等抚按诸臣。主上方事敦睦，而元宰永嘉公与公素有隙，遂左迁浙江参议。时同黜者，都御史毛公伯温、御史王公仪也。于是直声顾益起，公亦厚自砥砺，不以谪故窘其才。乙未，擢江西参政务，戢豪右，便穷困，其为政如其为左使时也。寻擢南京府丞。丁酉，以佥都御史巡抚四川，遂论罢诸武臣不职者，戢其豪猾。举都督何卿、参将李爵等，使守松潘、叙泸，今并称名将，人以公为知人。又疏改广元县以为州治，问疾苦，举废坠，省徭役，务农桑，惠流全蜀，声播万里。明年，晋右副都御史，提督南赣军务。夫虔州者，四衝之冲，山之面背，贼之丛薮也，哨聚剽掠，俘虏为甚。公乃申号令，修器械，严警逻，节候望。不半岁，歼其渠魁，威德遍溢，人以为善继阳明王公之后云。先是公自蜀抵赣，中道擢刑部右侍郎。既得命，人以为宜亟趋朝便。公谓曰："前巡抚王公浚，守余代者将期矣，予弗往，复守代余者。是余处其逸，而王公恒劳也。"乃竟抵赣，人称公为长者。既又晋左侍郎，居侍郎越二年辛丑，遂拜尚书。明罚恤刑，庶狱详允，威棱截然，无所顾避。时翊国公郭勋矫虔怙势，窃擅威福，志在莫测，谏官举其罪上之。始天子震怒，下廷臣议。后稍解，议者故多瞢言，轻重靡决。公自奋曰："夫人臣有直节，无遂姤。以勋之权，及今诛之，殊尚善也。而但萎腰咋舌，叉手雷同，岂称法吏意哉！"乃陈其不轨，论弃市。坐党附者，咸有等具狱。上闻，久不报。会秋当报囚，勋竟死狱中。上怒公输谳后期，诏免官去朝，士咸窃窃焉惜之。公叹曰："臣起家布衣，非有尺寸之效，而父子累世被恩，生死之年，永惧不报。乃今顾以失职，赐骸骨还故里，非老耄之幸哉，又何异焉？"又顾其子宲曰："尔知先朝尚书刘大夏乎？被罪戍边，乃即日荷戈就道，顾不健欤？"于是市车陆走，不役公骑，角巾私服，犹恐人之觇知之也。行未至彭城七十里，公体惫，欲假息。民间无可居者，乃休舍利国监驿。忽语子宲曰："予病矣，夫其殆也。丈夫盖棺事乃定，吾乃今死无恨矣。"遂逝，时壬寅仲冬七日也，公寿盖七十有三年矣。先是公之就宦也，必以棺自随，曰仓卒中宁有备者。乃今终于僻野,而子寀竟治所携棺奉襄事,人固谓之谶云。公俶傥魁梧,声洪若钟,为人峭直,不与物比,有接其谈笑者,充充然若重获也。然乡人以穷乏故求者,必剧为周旋,至有以私事谒者,则严拒弗纳。性又孝友,大参岩先卒,公抚其孤,无异己子。少保之荫,宜及长孙,义让之弟峤。督诲少弟昆,登嘉靖戊戌进士。少保初官京师,命公析诸弟,则自取敝庐朽物,斯非其敦爱由衷靡假者哉!家居更廉饬,其宅西有隙地,人或劝取之以营室,公曰:"此官亭址也,不可。"仍甃井其上,以便汲者。邑令张君明道,今之木强吏也,闻其事善之,即构亭其上,名"怀德井",仍作记表焉。吴中岁尝饥,蠲逋负者万石,折其券,至今言者犹呜呜感公德也。公有丈夫子五人:长邦栋,元配毛淑人出,娶徐氏;邦寀,侧室张氏出,娶王氏,继沈氏。邦桢,娶史氏;邦杰,娶顾氏;邦棐,娶予仲女。俱继室刘淑人出。女四人,孙男九人。邦栋等以甲辰春二月十五日,葬公于邑城外梅里村虚字圩。

屠应埈曰:国家准周建治,庶政掌于六官。尚书总喉舌之司,酌台衡之运,非宏德硕望推贤朝宁及上意所殊眷者,莫之得任也,况父子世登斯位也哉!明兴百八十年来,父子官尚书者凡十有四家,海内侈谈以为章逢之殊遇。然就今而观,其奋庸熙载、垂休扬烈、铭勒金石者,非无其人。至于拱默于睢、无所可否、外席隆宠而中惭尸素者,盖亦有焉。望崇者易隳,任重者多仆,岂不难哉?公父子世典邦刑,循三尺法,平衡天下。少保丞弼三朝,以直节去位,著称当世。公早岁登庸,扬历中外,蹶而复起,遂膺简锡之命。蹇蹇侃侃,条振彝章,使巨奸伏气慑息,瘐死不敢他望。虽被罪褫职,身毙名立,终始靡疚。辟诸璠瑜之性,宁毁不渝,麟凤在廷,驯而不狎。庶几哉匪躬之节,鼎画之臣矣,可不谓世济其美者哉!予故详其行告诸来兹,俾言世家者有考云耳。

嘉靖二十三年岁次甲辰仲秋吉旦,赐进士阶奉政大夫、春坊右谕德兼翰林院侍读、经筵讲官、校累朝训录、同修宋史、平湖屠应埈撰。

清吴安国《吴江吴氏族谱》

资政大夫刑部尚书讱庵吴公墓志铭

〔明〕顾璘

公讳山,字静之,别号讱庵,吴江人。曾祖讳昂,赠中大夫、太仆寺卿;妣陆氏,赠淑人。祖讳璋,封承德郎、南京刑部主事,赠中大夫、太仆寺卿;妣施氏,封安人,加赠淑人。公以上世积醇厚,发于少保南京刑部尚书公洪,是为公考,母王夫人。公十岁丧母,知哀慕。十二岁,能属文,善相者许其大贵。十六岁,补县弟子员。弘治乙卯,中应天乡举。正德戊辰,与弟岩同登进士第,除刑部主事,历升员外、郎中,抗直不求合。有富人坐法当死,密投金求免,公白发其事,抵于罪。以不能俯仰权贵,至九载不迁官。正德丙子,录囚江右,宥过白疑,平反甚众。谏止武庙南巡,廷跪五日,杖三十,几毙。庚辰,擢山东按察副使,驿传军政,凡经区画者,宿弊一清。善理滞狱，释连逮恤，瘐系多被其惠。时有湮井自溁，民歌之曰："彼泥者，泉弗浚；而复锡，我则福。"擢陕西右参政。嘉靖甲申，改浙江，假道归省。会少保公卒，获尽丧礼。丁亥服阕，升福建按察使，振其宪度，克绍少保旧烈，民间有"凤雏来仪，民具是依"之谣。己丑，擢江右左布政使，廉干著声。辛卯，推拜都察院右副都御史，巡抚河南。时水旱交害，公加意赒恤，民不知灾。河南事莫重于河患与粮运，究极河之利害，著《治河通考》十卷，为政式。主回隆兑运之议，免民运赴临清，于今赖之。地多亲王府，禄饩每每不给。公请以岁运余米暂补，稍纾其乏。伊府有内竖及武官虐众，临漳府有宗室招纳无藉掠民财，公咸置之法，且疏免宗室为庶人。庶人乃潜入京师，诬公等。时永嘉公秉政，遂左迁为浙江参议，直声顾益起。无何，历转江右参政、应天府丞。丙申，复拜佥都御史，巡抚四川。至则论罢武臣不职者，举都督何卿、参将李爵守边，今并称名将。改广元州治，及诸施措务，广惠及民。戊戌，晋右副都御史，提督南赣军务。治尚清简，惟设备练兵，捕杀山谷贼魁而已，不务多事。历刑部左右侍郎，越二年辛丑，拜尚书，为国执法，略无顾避。时有权臣郭勋，怙势将变。谏官上之天子，下廷臣议，众瞻望，持两端。公奋然曰："人臣有直节，无私党。以勋之肆，及今不诛，将为国家忧。若复唯唯自全，岂称法吏意哉！"乃数其不道，论弃市，诸党附者，坐罪有差。狱成具上，久不报。属秋报囚，勋遂死狱中，上怒公输谳后期，诏免官去。公叹曰："臣家起布衣，父子累官至八座，惧无以报。今以失职，赐骸骨归故乡，岂非幸哉！"顾子寀曰："先朝刘司马被罪戍边，即日荷戈就道，何其健也。"于是僦车陆走，角巾野服，不令人识之。驰驱致恚，未至彭城七十里，卒于利国监驿，实壬寅十一月七日也，寿七十有三。公偘傥魁梧，声若巨钟，不屑屑瓦合，接其谈笑者，罔不获愿。笃孝友弟，大参岩先卒，抚其孤，与子同。少保之荫，宜及长孙，让于弟峤。勤教少弟昆，竟登甲科。初，少保命与诸弟析居，自取敝庐朽物而已，此其友爱性至然尔。宅西有官亭地，或劝取以广宅，公拒之。仍甃井以济众汲，邑令张君明道作怀德亭，为文表其义。岁饥，尝折通券万石以为赈，乡人德焉。公初配毛氏，都御史理女，累赠淑人。继室刘氏，汤溪知县桐之女，累封淑人。子男五：长邦栋，娶徐氏，毛淑人出；邦寀，娶王氏，继娶沈氏，副室张氏出。俱太学生。邦桢，娶史氏，邑庠生。邦杰，娶顾氏，宪副棠之女；邦棐，娶屠氏，春坊谕德应埈之女。俱太学生，刘淑人出。女四人：长适太学生陈述，祭酒霁之侄；次适益府引礼舍人郁觐；次适正术叶观，尚宝卿绅之孙；次许配王有霖，大理寺副延喆子，少傅文恪公之孙。孙男九人：长承熙，以公荫补太学生；次承煮，邑庠生；次吉甫、承照、承谦、承默、承廉、承抚、承辉。邦栋等以甲辰春二月十五日甲申，葬公于邑西梅里村虚字圩祖茔之旁。谓璘与公同乡举，相知深，持宫谕屠公应埈所述行状，谒璘乞铭其墓，夫安能辞？铭曰：

明兴六曹官至重，父子成家十四姓。后先同轨德乃光，吴江吴氏称最盛。两司寇公名不殊，疾恶戮奸缘所性。罢归退斥甘如饴，国论因之协于正。墓门永闭德愈明，望而拜者咸肃敬。子孙绳绳思象贤，万岁千秋鸿厥庆。

赐同进士出身、资善大夫、南京刑部尚书、同郡顾璘撰。

清吴安国《吴江吴氏族谱》

刑部尚书赠太子少保资政大夫讱庵吴公暨配赠夫人刘氏合葬墓志铭

〔明〕董份

大司寇吴公山者，吴江人。父少保公，以功名显，弘治、正德间忤逆瑾罢。而公相继起，始举进士，由刑部郎历按察布政使司，三为巡抚都御史，转刑部左右侍郎，晋大司寇，数著直节。其为郎，谏武皇帝南巡，震怒，命廷跪五日，复廷杖三十，几绝，而公不悔。其抚河南也，伊藩竖挟王为奸利，矫虔恣虐，民被其害者不可胜数。而临漳强宗附肺腑，掎角招亡命，掠民财，人尤患苦之。前后当事者莫敢问，公独疏竖罪状，因请薄责王使改，而论强宗免为庶人。于是伊藩不胜愤激，庶人等走京师奏诋公。执政者亦衔公素亢，入巧诋落，都御史左迁，而公不悔。及为大司寇，竟坐郭勋事。勋以国公随辇侍上左右，藉贵怙宠，擅威福，窃政权，咸汹汹惧有异志。用言者众，下廷臣议，而议者劫积威，窥密指，多持两端，不能决。公独奋曰："夫人臣有抗命，无求容。以勋权雄及今，剪之所以折逆萌，弭衅渐，为国大计。而菱膝咋舌如噬脐，何岂人臣砥节，不顾身之义哉？"乃穷究，论勋弃市。谳上，久不报，勋竟死狱中。肃皇帝怒公，夺公官归，而公不悔，因曰："臣家起布衣，世承厚恩，愧无尺寸称塞。今得诛贼臣，除祸首，获奉骸骨归，恩愈渥矣。即旦夕蒙雾露，填沟壑，何恨？"命其子曰："昔刘公大夏以罪戍边，即日荷戈去，何健也！"乃傲民车，陆走不辍，抵利国监驿，病作，遂卒。公既卒，而伊藩竟以蓄不轨削灭。向使早从公言，稍去其党，艾其蘖，牺牛犠豕，豫销害本，岂忧其后哉？向使勋不穷论，或因缘得出，藉薪寝虎祸起肘腋间，又宁伊藩比哉？公生平谨厚，言若不出口，号称长者。及其临大议謇谔，人讷我奋，执法不挠，为社稷虑深远，君子以为不可及也。公字静之，号讱庵。始配毛氏，赠淑人。继配刘氏，封淑人。公卒且二十年，而子桢奏郎署绩，例宜有贴典，扼时禁弗得请。值今皇帝临御，闵正直臣谴斥者，生有殊擢，没有加恤。抚按臣皆以吴公闻，乃还公司寇官，赠太子少保。会孙燾以参政恩，加赠公资政大夫，毛氏、刘氏皆加赠夫人。先是毛夫人已别葬，葬久不可改。而刘夫人新卒，诸子奉其柩与公合焉。公葬亦久矣，有志传甚悉。而诸子以适当启封，幸再蒙赠阶，遣使赐祭营葬，至难遘也。宜易题重纪，并告父母，以昭旷恩示来世，乃相与涕泣请余铭。而公始终履历、诸善政美行，具载志传中，余不著，著其大者。而刘夫人未有述，余特详云。刘夫人者，长洲世家。有贤德，识大体，性庄寡言笑。至事舅姑则愉婉，夙夜洁潴髓，供馈伺，起居承颜色，务先意得舅姑欢。前姑王早世，尤哀恻。每王族属至，必厚礼以寓思王，行之至诚，见者莫不感动。其笃孝类如此。吴俗侈，刘夫人两家皆贵，顾朴素，服粗布，数浣濯。诸嫁时锦绮，至老藏箧笥若新。身务力勤,内程女红而外综家事。操奇赢,审废著,考计籍,豪发不爽。至其散财周急救疾苦,即不啻又弗计也。知时趋舍,临事刬裁明决,闳规远图,有丈夫之志焉。当是时,吴公出入践更,驰驱齐鲁、江浙、河洛、闽蜀之郊,积功劳以至大位,不遑其私,而家以日拓,刘夫人之力也。刘夫人足不越闺阃,纲纪肃然,家人奉令莫敢违,业成而乡里不扰,吴公由是益喜。初刘夫人归,而子栋方少,三女未嫁,鞠育顾复如己出。诸子长,各与治地一区,棋布鼎列,望之较若画一。自分财授田至器具皆均,嫁诸女亦然,诸子女不知其殊母也,即《鸤鸠》之咏何加焉!然其家范严,训有法,奖善惩惰,又未尝少假借也。以是吴人至今言贤母者,必首称刘夫人。余女嫁桢之子抚,既熟闻夫人贤,而桢备状其事益信。盖吴公专心许国,而无内顾忧,以成其名,其亦有自哉。嗟乎!明兴以来,父子为六曹尚书者,天下仅十七家,而吴公其一也。然吴公父子为司寇同,卒而赠少保同,尤难。父少保以瑾去,子少保以勋去,父子以正直见忤同,尤难。子少保与弟参政岩同举进士,而弟知府昆亦嗣举进士;少保子副使桢与孙参政焘同举进士,而诸孙熙、廉等数人,亦相次举乡进士,方彬彬起,尤难。诸子孙仕宦者以洁修显,后来者以文学进,皆谨饬有汉石氏风,其兴且未艾,尤益难也。故天下称吴公独盛,而余并著之云。铭曰:

吴公立朝秉志直,夫人鞠子其心壹。始则相成终合璧,吴江之水汇震泽。洞庭诸山当前出,天帝阀之地灵谧。积精钟粹延世德,后来方兴永无斁。

吴公生成化庚寅九月二十五日,卒嘉靖壬寅冬十一月七日,寿七十有三。曾祖讳昂,赠中大夫、太仆寺卿;妣陆氏,赠淑人。祖讳璋,封承德郎、南京刑部主事,赠中大夫、太仆寺卿;妣施氏,赠淑人。父讳洪,资德大夫、正治上卿、南京刑部尚书,赠太子少保;妣王氏,累赠夫人;继夏氏,忠靖公原吉之孙女,赠淑人;再继丘氏,封夫人。刘夫人生成化丁未二月十六日,卒嘉靖丙寅九月念有七日,寿八十。曾祖讳铉,詹事府少詹事,赠礼部右侍郎;祖讳浉,承事郎。父讳桐,汤溪知县,以孙畿贵赠通议大夫、南京兵部右侍郎兼都察院右佥都御史。子男五:长邦栋,毛夫人出,以子承焘贵累封山东布政使司左参政,娶徐氏,加赠淑人。次邦宋,侧室张出,鸿胪寺署丞,娶王氏,继沈氏。次邦桢,湖广按察司副使,转甘肃行太仆寺卿,娶史氏,封宜人;次邦杰,举人,先刘夫人卒,娶顾氏,按察使棠之女,继陈氏;次邦棐,国子生,娶屠氏,春坊谕德应埈之女。俱刘夫人出。女四:长适国子生陈述,次适王府引礼舍人郁觐,次适阴阳正术叶观,俱毛夫人出。次适王有霖,侧室彭出。孙男十有五:承熙,举人;承焘,吏部文选司郎中,转太常寺少卿,今山东布政使司左参政;吉甫,国子生;承照,郡庠生;承谦,国子生;承廉,举人;承默、承抚,国子生;承烈,邑庠生;承鲁、承显、承恩、承炅、承芳、承裕。孙女十:适周京、卜曰克、赵焕、周基、黄元吉、魏大雅、屠颐。京、焕,皆举人;曰克、基、大雅,皆庠生;元吉,国子生;余皆幼。曾孙男十有三:士端、士彦、士龙、士玹、士毅、廷坊、廷升、汝阶、汝城、汝恒、汝址、汝台、汝基。士龙,官生,承熙之子。熙举于乡,补公荫也。余尚幼。曾孙女十有七,俱幼。刘夫人之葬以隆庆戊辰十一月念有七日,地在吴江西郭梅里村虚字圩之祖茔。

赐进士出身、前资善大夫、礼部尚书兼学士、工部尚书、管吏部左侍郎事兼掌詹事府翰林院事、纂修承天大志、国史副总裁、奉诏内直、吴兴董份撰。

清吴安国《吴江吴氏族谱》

乡进士吴静之元配毛氏墓志铭

〔明〕王鏊

乡进士吴君山之配毛氏，讳德巽。毛之父曰珵，山东布政使司参议。母韩氏，封孺人。大父曰僎，赠南京工科给事中。山之父曰洪，太仆寺卿。大父曰璋，封南京刑部主事。参议自为给事中，謇謇有直言。太仆为福建按察使，善政播于风谣。及为今官，皆号能举其职。毛氏自少受教于父母，能通《孝经》《小学》，作字楷法可观。及事舅姑，既孝既敬，尤善持家，节衣缩食，遂能以约为丰。始时尝贷于人，久之尽偿所贷，益置田宅若干，人服其能。大小之务，悉以身任，不以劳夫子，恐分其学业。及山中应天乙卯乡试，曰："无自满也，尚思远者大者焉。"后屡试礼部弗利，则曰："是有命焉，无为自沮。"岁辛酉，随其夫依太仆于京邸。癸亥秋七月，以疾卒，年三十有一，山以其榇还吴江。甲子春二月十七日，祔葬梅里村先茔之次。毛氏质慧仪端，晓畅世务。自其在室时，参议建白，每预之商略。归吴，尤见贤于太仆，家务必以询焉。予长子吉，亦娶于毛，兄弟也，稔知之，其可谓贤也。然封典有日，不逮而亡，一子三女皆幼，呱呱满前，其又可哀也。铭曰：

峨峨德门，出自姬矣。归植其良，亦维时矣。赫赫封章，维其几矣。欻焉宾隧，吁其悲矣。

赐进士及第、嘉议大夫、吏部右侍郎充经筵日讲官、前詹事府少詹事兼翰林院侍读学士、同郡王鏊撰。

熙自髫年侍先大父讱庵膝前，大父恒曰："予当困厄诸生，家未裕，赖汝祖母勤俭持家，备尝艰苦，不幸蚤世。今我仕宦至此，历膺封诰，叨赠淑人，竟弗克享一日之荣。惜乎！小子识之。"嗟嗟！大母捐弃时，我先考封参政公尚在乳哺，音容实未识也。继祖母刘夫人，生叔父三，庶父一，孙男十七，长即不肖熙。曾元孙几十有几。嗣后，复以嫡孙承焘贵加赠夫人。志铭中未克一录，熙欲更乞名公详述，以垂不朽。第念兹志乞自先大父之命，出于王文恪公之手，则熙岂敢。但先后纶音之褒赠，子孙之繁衍，乃昊天怜我大母，未获享于生前，而眷酬没后者，乌可不载之于尾，以昭来裔。痛忆悲哽，不知所云。长孙男承熙百拜谨跋。

清吴安国《吴江吴氏族谱》

文林郎舅祖汝公传

〔明〕毛寿南

公讳颐，字养和，号黎川。与世父周庵先生、诸兄赵州牧九榆、庆符令石斋先生，并以文章、吏治著称。公自幼补诸生，屡试不售。嘉靖六年丁亥，由太学谒选。时大相杨公邃庵与周庵先生为同官，号"中书诗派"。人有告公谒之，当得擢于格外，而公居京师二年，终不一往。八年，授河东经历，廉勤精敏，诸积顿疏。掣盐后，商人捧金为寿，公惊问，则向例也，正色却之。三年之内，两膺旌奖，时运使麻城詹公器重之，不敢以属吏视也。十三年，御史杨公荐于朝，奏称"心小而守坚，外温而内介，堪膺民社之寄，非仅赞理之才。"奉旨擢河南开封府鄢陵县。十四年春之鄢陵任时，先一年饥，公至，适丁衷歉。是年夏，复大旱，人心益皇皇。公斋沐露祷，已而大雨，由是城野始定。鄢之郭门、学宫倾圮已久，前令因岁荒置不问，公创议重修。又建薛文清公祠五楹，以祀历朝之有功理学者，上官咸以为当，民亦称善焉。居二年，百度大理，四境改观，事无巨细，不假胥吏。暇则进士子讲学较艺，至竟日不休。迨政成而公亦惫矣，以疾乞归。公素不习于侈，布袍粝饭，泊如也。入官后，尤撙节守约，历二十余载，一再恭命，归之日，橐无余物。一时赞诵之辞盈帙，题曰《宦成徵献录》，作序以冠其首者，长洲徵明文先生也。

清残本《汝氏世谱》

明故大中大夫浙江布政使司右参政陆公墓志铭

〔明〕周用

公讳鳌，字镇卿，一字腾霄，姓陆氏，苏之吴江人。高祖双孙，曾祖进，以农业其家。考祥，介而好义，累赠中宪大夫、浙江温州府知府。母庞氏，累封太恭人。公少从中宪役于京师，遭家坎壈，世业日湮。弘治初，中宪卒，公侍太恭人以居。稍长就学，从故少保濮阳李公受《诗》。中弘治乙卯顺天府乡试，壬戌第进士，授湖广荆州府推官，廉勤明法，人以不冤。知府雅不善视同僚，顾独信爱公，事必相可否然后行。会给事中御史使楚，檄公阅钱谷施州。施州民杂夷獠，不可责以法久矣。公曰："兹非有官者之事乎"，即日以往。划绝宿弊，犹日治其滞讼，比去，军民咸以为此公于我有恩。摄府事一年，几无留牍。岁当虑囚即市曹，白巡按御史为之停刑者六人，具得申雪，累以上官命决疑狱诸郡。三年，升工部都水司主事，管徐州百步洪，省夫役钱筑石堤，以便引船，凡几千丈。正德间，逆瑾方专横，政特苛黩。同年给事中按事淮安府，事讫而返，道及于徐，自经于舟中。知府诬公知其由以自解，公徐曰："事固不可以伪为尔也。"不为辩。事闻验之，卒无实。会御史缺，改福建道监察御史，督京师东路盗贼。明年，巡山海关，遂劾巡抚都御史之不举职者，因疏筹边三事，悉见采纳，继陈六事，不报。巡按河南，镇守太监王某闻公至，戒其下曰："陆御史来矣。"既至，夺宣武等卫屯田为势家所据者六千余顷，给诸贫军，岁增粮四万石。正德六年以来，北方流贼所在，相扇蜂起，有司得所胁从，辄坐以死，而犯者益众。公尽释之，仍令官府勿听以他事相攻讦者，于是人情大安。奏释各府滞狱百数人，辩死刑之诬者六十人。监河南乡试，河南称近科得人以是年为盛。明年，擢知温州府。始至，民多讼。公曰："所以致讼者，由求简讼之速尔。夫长民者一切不问，民则何以输其情。"乃蚤夜听断不为懈，期月视始至殆，损讼牒之什六七，嚣辨者稍稍就，田亩吏俯首受成，无所缘以为奸。乃广学舍，集诸生讲解程日，试艺鹿城书院，第以高下，彬彬成材。台、处、宁、绍岁饥，流亡集府之境内，为给粥，仰以活者无虑千数。裁省乡饮祭祀公事之外诸所无名冗费，民困大纾。温州濒海阻山，绝商贩荒，政废不讲，公令愿赎罪以谷者听三年，谷且盈八万。豪民徐姓，专持有司短长，民以为害，前官莫敢何问，公召置之法。民间生女辄不举，公严设禁谕，婚姻第各称其家，俗以一变。甓府城三千丈，覆以石。岁省所费不赀，又辟通衢临雁池，以息火患。其余事事规画，莫不长久可行。御史每行郡至温，一宿辄起，曰："温州殆无所事。"在温州六年，升浙江布政司右参政，督粮储。是时浙之东西素狎，公之政不烦而集。初，布政司以金、衢、严、处四府岁凶，议减磐石卫粮价，输之温州。府库者，比其出纳也，或谓府官操其赢，军中以为信，至是风闻，言官论其事。公方行县，即日归吴江，巡按御史数使人趣还，公叹曰："鸿飞冥冥，弋人何慕焉！"竟不可强。公早孤，羁旅于京师，奋志学问，一时所与交游，皆以文章知名当时，往往先后登显仕，故公起家郎署至方面，人称善资于师友。性坦易，不立厓岸。与人交，倾洽无吝情，复慷慨重义节。扬历中外二十年，足迹不一及权贵之门。其为推官时，有李都御史谪戍边，路出荆州。时禁方严，公与曾无一面识，就逆旅慰藉备至，遗以俸所得二十金以行。其在河南，奏祠正德间婴城拒贼死事，上蔡知县霍恩等五人。温州江心寺孤屿，故有宋文文山祠，岁久而圮，葺而扩之，民士大慰。居常每以中宪不及禄养为恨，事太恭人曲尽孝敬，居丧一以礼。与其配毕恭人相待如宾，白首无间言。诸子业经学，恳恳教以忠孝勤俭。自浙中归，始治先世遗业，不事侈靡，亦不为矫饰。自号钓雪散人，约诸士大夫为生日会。作堂曰"半闲"，扁榻所曰"勖斋"，以见素志。家居越十五年，是为嘉靖丙申七月十一日，公燕客。客去，沐浴，已逮寝，遽呼诸子，环视之，无所语，翘然而逝。公生于成化癸巳五月二十八日，寿六十有四。子三：长希旦，次希奭，俱太学生；次希望。女二：长适吴县贺承道参议泰子，次适王子水都御史哲子。孙男应奎，县学生；应登，余幼。孙女一。希旦卜以某年月日，葬公于县之珠字围先茔，乃述公行实政迹为之状，手书戒人走五百里，抵予于南京，曰："先公进士同年，吴郡才七人，而先公又辱与公为同邑，知先公者宜莫如公，敢乞铭藏之墓。"余受而读之，其辞慎，其志哀，其事核，旋旋乎不忘其先人之训，益可以知公之平生也已。乃按状志之，而系以铭曰：

中宪之先，遐哉德门。孰嗣其庆，公惟后昆。射策于廷，矫翰以骞。赞刑于荆，民以不冤。执简中台，数称平反。稍迁大藩，政视于温。既树之法，载煦之恩。行成毁随，人之为言。言则有瑕，我则无怨。吴江之渍，水湍木蕃。在公孝思，是惟本原。不究其施，诒之子孙。何以徵之，斯铭之存。

周用《周恭肃公集》

明故资善大夫都察院右都御史盛公行状

〔明〕陆粲

曾祖佖，妣徐氏。祖昕，皇赠通议大夫、都察院右副都御史；妣朱氏，赠淑人。父璀，皇赠通议大夫、都察院右副都御史；妣胡氏，继妣苏氏，俱赠淑人。贯苏州府吴江县范隅乡儒林里，享年六十二。公讳应期，字斯徵，别号值庵。其先与周同姓，春秋时有成伯或称盛伯，子孙盖以国为氏。或曰召公奭之后为奭氏，在汉避元帝讳，更姓盛云。唐末有讳璯者，仕余杭令，始自虞城徙家于浙，三传为宋参政文肃公度。文肃之后自浙徙汴，又自汴徙苏之吴江，今居郡城。入国朝，若徵士景华、御医启东，皆为时闻人。累世事行之详，具载公所辑家乘。公自少资性颖异，稍长治《易》。成化丁未年十四，补郡学生。遭家中落，能感奋力学，读书至达旦不寐。弘治壬子，年十九，中应天府乡试。明年癸丑，登进士第，奏乞归娶，俄丁母忧。丙辰服除，授工部都水司主事，奉使莅济宁闸。闸当孔道，公约束严整，启闭以时，舟舰无敢乱行者，军民便之。吴文定公以少宰被召北上，时公方封闸蓄水，以济漕船。文定，乡先达，又尊官也，舟至，犹停旬日乃得过。然文定不以为忤，亟称诸人曰："为人臣守法，当如此矣。"闻者两贤之。中贵人奉使往来，皆闻风敛戢。有挟重货以行者，辄没入之。时太监李广、李兴鼎贵用事，声势赫奕，诸中贵既不得逞，相与愬于广、兴，广、兴固衔之。会其家人载私醝数十艘南来，闻济宁主事严，悉投诸南旺湖中。广、兴益怒，合辞谮于孝庙，曰："是浮薄不逊者，何可轻纵也？"上不应，有间，曰："河道官不易为，若曹知之乎？"二阉意未慊，阴嗾太监秦文诬奏以阻滞荐新船，为大不敬。奏入，孝庙犹持之。诸大阉环跪榻前，愬不已。乃诏逮公及词所连及者主事范璋，皆下锦衣狱。讯治严酷，公无挠辞。赖上仁明，得从薄谴，降云南安宁驿丞。云南去京师万里，驿地荒陋，居之三年，敝衣粗食，晏如也。其人或遣子弟从游，经指授者，后往往取科第。前后台谏名荐者章数十上，辄报罢。辛酉，始迁云南禄丰知县。禄丰，古之禄琫甸，白地，民素顽梗。公不鄙夷之，为设条约，教以礼让。群盗阻山险，累岁莫能平。公至，则首弛逐捕之禁，益示以恩信，使得自新，盗感悦欢呼，集数百人伏县门外，自言："顷县官仇视我曹，不能一日安，故窃出为非。今官善遇我，我曹得更生，自今誓革旧习，为良民矣。"于是一邑清谧。他日邻境有盗，其民亦缚以献，公谢曰："而自有主者。"其人曰："彼不能为政，诣之何为？"不得已，为杖而释之。癸亥，迁四川顺庆府通判，专理粮事。奸民干没岁久，蠹弊不可剔洗，一旦案得其状，悉论如法，积逋为清。民苦运饷松潘，破产不能支，复为经画，事集而民不困。丁卯，闻父通议公讣，奔丧还，道升湖广武昌府同知。正德己巳，起复入京。时逆瑾盗柄，方煽虐，素嫉公名，人皆危之，公自如也，瑾卒无以加害。复除长沙府同知，督理赤籍，不事钩摭，而宿弊顿绝。尝摄郡篆，听断详明，防捡吏卒，毫发无敢欺者。前此王府官校及卫所官军俸粮多不时给，吏胥旁缘侵牟，出纳具文而已。士卒坐贫困，将吏出怨言，将牛他变。公召善算者，授以意，稽核其出纳之数，参合分剂，具悉其利弊所在，推而行之，郡以无事。他所兴革尤多。去郡日，民送者涕泣遮道，追思甚至，设位于六君子堂，生祀之。辛未，升云南按察司佥事，分巡金沧、洱海二道，所至，武弁夷酋帖帖畏伏。景东府土官陶姓者世知府，父子信谗构怨，将至仇杀。公偕澜沧兵备副使晁必登驰入其境，缚诸谗人，置之重辟，晓以大义，俾父子如初，一方底宁。谋虑皆出晁意表，晁为惊服。武定军民府土官知府凤英死，其妻摄政，子朝鸣素凶悖，至谋杀县令，侵夺民田，掠子女财帛。民累奏诉冤，部符下所司积数十通，皆惮不敢理。癸酉，公当奉万寿圣节表入贺，总戎沐黔公与抚按议留之，以其事属焉。公单车造其所治，凤氏母子震慴，伏谒输情。簿责其党，抵罪各有差，归所侵夺于民。民踊跃呼道上，曰："盛公吾父，天遣来耶！"公知凤氏终必为患，请降其秩为同知，设流官以制之。因会奏于朝，当道重其事，格不行，后凤氏卒叛如公言。诸矿产银有岁课，其后镇守者苛取之，往往以启衅。公复建议奏请封闭，以绝祸源。户部尚书安陆孙公手其疏，叹赏不已，覆奏，力言封闭便上，许之。镇守太监梁裕肆为贪虐，责将校及土酋馈献，征索方物，动以千计，尝一酿酒至供米八百石。公具陈其害于巡按御史张璞，请加禁制。张亦刚毅人也，慨然从之。是春，升本司副使。命未至，而梁已诬奏公及张、晁二公罪，遂俱逮系锦衣狱，张被杖死。诸大臣台谏连章请宥，会乾清宫灾，赦复原秩。甲戌还任，专理清军及屯田，风采益振。乙亥升河南按察使，锄治强暴，扶植善良，宪度肃然。镇守太监孙清滥受讼牒，豪猾缘此为奸利。公请见面，数之曰："公国家肘腋臣，乃下侵有司职耶？"孙阴喝不能对，即日罢之。公察其官属生事病民者，辄加捞系或荷校通衢，孙益不堪，将有奏讦。今御史大夫毛公伯温时巡按其地，闻而谕之曰："盛使君贤者，公为此不愧清议乎？"乃止。丙子秋，升山东右布政使。胥史每稽滞公牍以要贿，吏民守事者连年不得去。时适缺左辖，公至则视篆，剖决如流，案牒出入，皆有程期。召吏民立庭中，面授之，无弗称便者。旧有赋入羡余及赎金，别贮以备公用，悉屏去之，曰："名公实私，吾无用是。"诸泛征横费，一切停格，吏属耸惕。而同官后至者颇以侵权见疑，屡有啧言，公不恤也。戊寅，转陕西左布政使。镇守太监廖鸾纵其弟鹏、侄铠，百计渔猎民财。黠吏席守成与交关，假进奉侵盗官银，帑藏为空。诸方岳初至者，例先谒铠，公独不为礼。廉得守成奸状，捕置之法，党类股栗。廖滋不悦，思中伤之。会造上供职賮，其费巨万，廖檄公取直，辞甚峻，实以尝公也。公受檄，则闭户发籍，稽按得所侵费已数万金。明日诣廖，廖方盛气以待，公从容出其数视之，因问："更费若此，计所造者当有若干匹，今皆安在？愿以上闻。"廖出不意，汗下被面，长跪谢，乃止。中贵赵林传旨，采取方物数百千种，直可数十万，公力拒之，卒不得施而去。武庙巡幸，将至榆林，人情汹汹，藩臬会议加赋，以备供亿，公持不可。乃议于正赋内每户以丁粮为差，出银米若干，听准来年赋入之数。比迎驾至边，士马溱集，巨细百需，咸有调度，而处之裕如，若无事者，民间晏然，不知劳费。诸嬖幸扈从者，势焰薰灼，自镇巡以下重足屏气，莫敢与抗。公既雅负重望，风声所被，远近振肃，而临事整暇，屹然不挠，群小望而畏之，比终事，无敢以非理干请者。故尚书嘉鱼李公时为右辖，亦在行，叹曰："李承勋尝自谓一世俊杰，今日服矣。"惟上亦知之，亟称曰："盛某好官也。"还省，所过村邑，老稚焚香迎拜，夹道欢呼曰："微公，我辈为沟中瘠矣。"至今追思不辍云。己卯，升都察院右副都御史，巡抚四川。初，吏部奏议以都御史伍符居首，公次之，有诏用公，盖出圣意。属江西有宸濠之变，上亲帅六师南讨。一时权幸纵横，所在官吏多务括克，以资遗赂。公至蜀，首严其禁，非奉台檄，不得擅科一钱，役一夫。凡假进奉以市方物及称军门问安有所征索者，悉痛以法绳之。蜀土险远，诸夷多梗化，天全六番招讨高文林及其孙继恩，尤犷悍，数攻围城邑，杀掠吏民。流民谢文义、文礼，亦纠合獠蛮为乱。先后督师剿平之，自是诸夷詟服，始遵约束矣。亡何，丁继母忧归。辛巳，今上登极，以疾乞休，不许。壬午，起巡抚江西，值兵燹之后，加以饥馑，民物凋残。公以癸未二月至，所在寇盗充斥，鄱阳湖尤称渊薮。公知渔船为贼乡导，乃令置籍于官，验其出入。而命守备都指挥一人专守其地，率官兵昼夜巡逻。又设团保之法，以统乡兵，寇至则互相应援，失事则邻伍连坐，能获贼者各以多寡受赏。盗无所容匿，一时迸散。兑运事严，为抗疏，请减米之半，以银代之，用省转漕之费及蠲免诸杂调缮钱，各以万计。时省中当输银京师及湖广者凡数万，复奏留之以备赈济用，且广为规画，择方岳之勤能任事者，俾分诣诸州县，设法赈恤。政令齐肃，赏罚明信，属吏无敢怠事者，所全活甚众。是岁始获丰稔，而南畿大饥，公督完逋赋银至二十余万两，例当易米输之南京，乃奏言："银散之则易，收之则难。辗转之间，徒资奸弊，以为民病。请即以银充米直，与所征粮四十七万石，俱运赴所司输纳。"诏报可。是时留都缺食，诸省转饷多未至，惟江西运舟络绎而下，六军百姓赖以全济。户部尚书秦公疏，论公"有神国计，宜被嘉奖"，上良说，特赐羊酒币帛，仍播告诸方巡抚，示激劝云。廷议储谷备荒，诏格严切，独江西所积数盈百万，秦公复以闻，赏亦如之。甲申冬，进兵部右侍郎，兼都察院右佥都御史，总督两广军务。时兵政久弛，土酋玩易，而群蛮肆出劫掠，幕府号令殆至不行。公慨然思一振起之，大阅诸军，一时逋荡者以次复伍。因益务广储蓄，作舟舰，缮城堡，部分将校，俾各守要害，纪律严明，群酋始知惧而奉法，民获安堵。归善县剧贼李文积据桃子园为乱，公督率守巡诸臣进兵，生擒文积及其党李万金等，斩贼首一千一百三十余级，俘获男妇四百余。思恩府土官刘召聚兵据险，诱执兵官，势甚猖獗。复奉敕调遣汉土官兵，分命守巡及诸将校，授以方略，进攻岜梅诸寨，破之。召被创赴火死，斩贼首一千九十七级。俘获男妇五百余，招抚被胁良民四千余口，咸令复业。田州府土官岑猛淫虐惨毒，屡出兵攻烧州县，劫府库，屠良民。前后镇巡诸臣累奏乞讨之，诏下公体量。公与巡按御史谢汝仪及诸藩臬筹度数四，咸谓猛稔恶逋诛，若容养不问，势将益炽，而一方之民，涂炭已极，不容不拯。乃积粮选兵，以备进取，而上疏具陈方略，大率欲诛首恶而赦其余。疏下兵部覆议，而公已被命改官矣。初，太监总兵二府，多私役士卒，相沿以为常。公至，稽按尺籍，尽勒归行阵，而痛抑其官属之暴横者。檄下两省及湖广诸路，凡所调遣征发，皆关白乃行。于是二府禁不得逞，阴使其私人腾谤于中要。语闻吏部，欲调停其事，乃改公为工部侍郎，提督易州山厂。公遂引疾乞休，得旨致仕，时乙酉冬也。丁亥河决，徐沛漕渠淤塞，役民夫浚之，费以万计，终不治。朝廷忧之，敕吏部会官举能治水者，佥以公名上。遂进都察院右都御史，总提督南北直隶、山东、河南等处河务，且戒不得辞。玺书至家，公曰："事不避难，臣之职也。吾敢崇虚让以误国事？"遂行。是时尚书李公承勋、胡公世宁皆建议，欲于昭阳湖之东，自留城以接沙河，别开运道。而江金事良材议亦略同，及黄少卿绾、霍詹事韬，亦各陈便宜，俱下提督大臣看详。公至，与新命郎中柯维熊、员外郎王大化、山东参议刘淑相等共议，昭阳湖东自汪家口南至留城，地延袤一百四十里，宜改运道。仍亲诣其地，再三相度，延访故老，皆谓地形平衍，可以就功。而刘公且以为天相我国家，留此地以俟改作，赞之甚力。公又谋诸山东巡抚都御史王公尧封暨三司之长议，既克协，乃上疏。大略言："黄河所至，古今未尝无患。而中原之地平旷夷衍，无洞庭、彭蠡以为之汇，故迁徙不常，为患特甚。而其性避高就下，自非多为之委，以杀其流，未可力胜也。弘治以前，河东下潼关，即分三大支，其二大支俱出汴城以南东行，由泗水经淮入海，维时河南郡县受害为甚。其一大支则经汴城以北东行，至于兖州，又分二小支，一出沛县之飞云桥，一出徐州之小浮桥，俱入运河，径下邳州，会淮入海。正德以来，汴城以南二支湮塞，并入以北一支，于是全河东下至于徐沛，俱入运河。自是汴河无患，而徐与丰沛适当其冲，泛溢弥漫，百姓乃罹其毒。近年河渐北徙，小浮桥旁支亦已湮塞，自曹、单、城武等县，杨家口、梁靖口诸处，奔溃四出，径趋沛县漕河，横流昭阳湖东，而水半泥沙，势缓则停，遇坎则滞，致淤运道三十余里。为今之计，大略有四：曰疏、曰浚、曰筑、曰改。疏者，疏上流而杀之也；浚者，浚故道而顺之也；筑者，筑长堤而障之也；改者，则改别地而不与之争耳。夫上流不杀，则决口不可塞，长堤不可筑，而河防不可成矣。河防不成，则淤不可浚，故道不可复矣。此改河之举，所以不容已也。"奏下工部，集廷臣会议，咸以为便。诏乘春和兴役。时公已命柯维熊等督工修治旧河，俾漕船通行，而坚筑堤岸以障黄河之冲决，又浚赵皮寨、孙家渡诸处，以杀上流之势。既被命，乃量地授工，分委属吏之贤能者，以董其役。时其食作，公其劝惩，联络相维，统摄有序。初议成功以六月为限，公综理微密，抚恤周至，役夫竞劝，甫四月工完者什八九。而逸言横兴，大功顿废，识者恨之。初，用事者以私请不遂致憾，而朝士有不悦公者，从而构扇其间，谓改河非计。柯维熊者，闽人，素阴险，自其乡里皆畏之。且狂躁自用，临事动欲纷更，公稍加裁抑，辄怨怼。至是闻用事者之意，虞祸及己，乃具密启投之，辞多诋谰，将卖公以自解。而东昌郡守某，前此尝敛郡人银数千两，请以为治河用，公曰："吾经画百需备矣，恶用是为？且病民招怨，咎将谁执？"笞其吏，移文切责之。某惧，亦潜投谤书，略如柯所云。用事者益惑焉，遂因灾异献言，力请罢役。诏从之，且召公还。时内阁二三臣力争不能回，户部尚书邹公文盛覆奏，有曰："大臣用事于外，群言沮挠于中，市虎成于三人，投杼起于屡至，宜念漕河关系之重，体大臣干理之难。虽发言盈廷，莫执其咎，必信任无贰，方克有功。"不听。公上疏，略曰："弘治间，如都御史刘大夏理河之疏有云：'好逸恶劳者，怨谤易兴。听声蹑影者，议论难据。'以大夏之清忠名德，当时已不免于腾口，况臣才识闻望，远不及前人万一者哉！速谤招尤，知其难免矣！"因引疾求罢，优诏不允。公又疏论柯维熊奸险反覆、挟私误国之罪，且移咨吏部。疏未上，而咨先至，用事者怒，遂论奏公与柯俱夺职。一时议者虽知其枉，而莫为伸辨，独胡公世宁抗章言："改河之议，实发于臣。今闻盛某因此罢去，臣犹疑其人之见谤，惜其事之中止，欲奏遣廷臣忠实不欺者一人，诣其地核实以为行止赏罚。且自昔国家凡遇大事之误，必追咎首议之人，以盛某之廉勤果毅，受任数月，沛县旧河既通，黄河上流亦治，宜录功加劳，而乃因臣妄言请开新河之误，得罪以去，使后之任事者以斯人为戒，而莫肯尽力。臣之一言误国甚矣，罪当罢黜。"上虽不问，然天下闻而壮之。公家居七年，更赦复职，致仕。大臣言官相继论荐，海内士大夫方冀其复用，而公以痰疾不起。生成化甲午八月二十一日，卒嘉靖乙未九月十三日。元配沈氏，继顾氏，俱赠淑人。子男二人：长之材，府学生，娶王氏；次之荣，娶王氏，继沈氏。女一人，适前进士陆粲。俱沈淑人出。孙男五人：长茂勋，府学生，娶陆氏；次茂熙、绍祖、茂涛、茂然。孙女一人，许适吴治。公没后，之材告哀于朝，上闻而悼惜，赐谕祭者再，命有司治葬事，皆如制。以卒之又明年丁酉十二月十六日，葬横山感慈坞之原。公为人修眉丰下，容貌威严，见者起敬。天性刚毅，自为小官忤贵近，直声震一时，是后屡踬屡奋，而气不少衰。有所欲为，必达其志，不以毁誉得丧为欣戚，忧国奉公之念寤寐不忘。自律甚严，非其义一介弗苟取。好善嫉恶，皦若黑白，所以致怨谤亦多。繇此抚江右镇两广，属吏惮其风采，虽深山下邑丞簿卑官，无不改操自历者。然虚怀好问，勇于从善，每行一事，悉心延访，反覆论议，以求尽事理，未尝独徇己见，亦不以所长加人。故虽风格峻整，而贤者多乐亲焉。家居孝友，尝念早岁居约，二亲甘旨或不丰备，及贵显，有禄赐而弗逮养，以为至恨。岁时享祀，极尽诚洁。晨兴必冠带谒家庙，一物未荐不先入口。二弟早孤，携以自随，教育备至。比长，皆为娶妇，授以田庐。待诸妹甥侄，咸有恩意。族党贫者助之资，鳏寡者助之嫁娶，死者助之殓葬。又出赐金买田祖墓之旁，以供时祀族人。戍边者例有岁饷，亦于是取给焉。自奉俭薄，仕四十年家无长物，饮食止陶器，无金银追琢之饰。凡声色奇玩、卉木禽鱼、图画琴弈，世所耽悦者，一无所好。居常进止，皆有恒度，不失尺寸，虽燕闲必正衣冠，自家人未尝见其有惰容。与人交际，一以诚信，终身不能妄语。至于市井里巷浮媟戏笑之言，不一出口。临终命家人启户焚香，正襟就枕而瞑，无片言及乱云。所著奏议若干卷，藏于家。惟公以书生奋自树立，平生宦辙所及，几遍天下，触雾披荆，备尝艰阻。晚致位九列，不为不遇矣，顾其所欲为而未竟者，世或未尽知也。矧横遭多口，赍志而终天下，后世有遗恨焉。呜呼惜哉！粲无似，自少辱公知爱，妻之以子。当公无恙时，尝俾撰次其平生履历为传而弗果。至是之材属粲为状，将以请铭于当世之立言君子，辄以平日所知者缀缉如右，备采择焉。谨状。

明陆粲《陆子余集》

明故资善大夫都察院右都御史致仕盛公墓志铭

〔明〕文徵明

嘉靖十四年乙未九月十有三日，前都察院右都御史吴郡盛公以疾卒于家。讣闻，诏下有司俾营葬事，赐谕祭者再。公仕弘治、正德间，以刚毅廉循著中外。盖自弱冠筮仕郎曹，即能抗捍权要，得罪贬斥，一再下制狱，皆濒于死。赖朝廷仁明，得不终弃，再踬再奋，卒至大官。凡所临莅，辄著茂绩，振风纪，而轨法绪正，益厉不贬，以故崎岖辗转，多所抵冒。而丰功盛烈，往往败于垂成，卒坐废以死，一时舆论于公有遗望焉。呜呼惜哉！公讳应期，字斯徵，别号值庵。裔出宋文肃公度，由余杭徙汴，再徙苏之吴江，今居郡城。历元至国朝，衣冠不乏。高祖启东，以儒医际遇文皇，为太医院御医，特被宠眷。曾祖佖，不仕。祖昕，父瓘，俱以公贵赠通议大夫、都察院右副都御史。祖妣朱，妣胡，继妣苏，俱赠淑人。公以弘治癸丑进士释褐，拜都水司主事。奉使莅济宁诸闸，节适限列，启闭有时，公私舟皆以叙进。官舟或挟私货，辄没入之。道路恐恐，相戒莫敢犯，而中官大不便之。时大珰李广方贵幸用事，相与流议中伤。既不得间，则以阻格荐新为大不敬，逮公抵罪，镌八阶，谪授安宁驿丞。安宁隶云南，荒远非人所居。久之稍起，为禄丰知县。禄丰，古之禄琫，乌棘蛮所居，剽悍梗化，前政往往寇贼待之。公不鄙其民，诞章敷化，纳之仁轨，民用归集，而盗亦敉宁，风声所被，洽于邻壤。寻升四川顺庆府通判，受任督赋、输将、榷会，咸有法程，而钩稽宿蠹，民莫能谩。民岁转输松潘，往往破产，不足更费。公审情道利，番休而节适之，事节而民不病。丁父忧解官，道升武昌府同知。正德己巳，服除，改长沙。专理精籍，秉公轨法，不事钩摭，而弊为之清。郡中王府官校及卫所饷给，多为奸吏侵牟，官军坐困，或出怨言。会公摄郡，程督吏胥，稽其出纳，参合分剂，得其利弊所在，遂推行之，上下给足，而郡以无扰。俄升云南按察司佥事，历按金沧、洱海诸道，摘伏省微，所部职办。其属景东诸郡，皆土官世袭，枭獍桀敖，王法有所不治。公皆以正临之，莫不偃帖向化。知府陶某，父子仇怨，而奸人实构其间。公探得其情，缚奸人置之法，晓陶以义，俾父子如初。武定知府凤英死，其妻摄郡，所为多不法，而其子朝鸣尤阴狡滦恶，椎剽围夺，民甚苦之。朝廷下所司究按，咸惮不敢行。公方入贺万寿，当道议留公。公得留，疾驰就按之，出凤不意，母子震慴，伏谒输情。公因簿责其党，穷竟抵罪，悉还所夺于民。时凤氏方盛，公虑其后必为患，请降凤秩，设流官制之。奏上，朝廷重于改更，事格不行。凤后卒叛如公言。时镇守太监梁裕骄蹇侈汰，渔取无厌。公随事裁抑，不令得肆。省内诸银矿，岁有常课，裕擅为己有，胺剥苛急，民不堪命，或缘是贼杀启衅。公建议封禁，以绝祸源，实抑裕而夺之利也，故裕衔之。时御史张璞、副使晁必登，与公协心制裕。裕因并奏三人，诬以他事，悉逮下制狱，鞫讯惨毒，张竟考死狱中。公益不挠，诸大臣言官交章论救。会乾清宫灾，遂得贳赦。前是公已进本司副使，复任未几，遂升河南按察使，策惰警顽，风采益振。太监孙清欲揽事权，擅理民讼，民或乘藉为奸利。公面数之，正言直气，无所回婉。孙不能堪，欲遂讦公以事，公不为仇，而孙卒亦莫之能为也。丙子，升山东右布政使。故事右辖多循默远权，公展采错事，无所避逊。时僚长持重，务存大体，事或濡滞。而公披决敏利，案无留牍，所兴革绪正，皆利病切急身名所系不可已者，故虽嫌于侵权，有所不顾。戊寅，升陕西左布政使。时镇守太监廖銮阴贼强御，恃有内援，纵横省中。诸弟侄席宠翼奸，赃贿狼籍，动以上供为言，有司胁息莫敢问。公至，首执其左右尤无良者，用法剪除之，一切横敛皆格不行，又不随众加礼。廖滋不悦，思有以中伤之。先是，有旨督造织䑓，其费巨万。廖以檄公取直，檄文严峻，实以尝公，欲因是激之，用为公罪。公得檄，即闭户发籍，按得所支数已逾数万。明日诣廖，廖方盛气以待，公徐出数示之，因问："更费如此，计所造有赢，今皆安在？愿以上闻。"廖出不意，内愧不能对，惶恐跽谢乃已。及上西巡，驾次榆林，士马渢集，蹂躏纷沓，人情汹汹。而公处之裕如，供顿首需，取具呼吸间，民不加赋，境不知扰，而事罔不集。一时扈从诸珰，若诸嬖幸，气焰薰灼。自镇巡而下，重足屏气，莫敢与抗。公先声所被，既有以詟之，而临事整暇，足以坐镇物情。恔人小夫，望而知敬，一切非分之礼，无艺之求，消沮殆尽。终竟弥缝，无少疏脱，同事诸公，莫不佩叹以为难，虽上亦知之。明年己卯，四川缺巡抚，遂用为都察院右副都御史，巡抚其地。蜀去朝廷万里，夷獠杂居，负险易动。公练兵饬甲，随时疏捕，不少怠纵。六番招讨杨文林，数出兵攻围城邑，虔刘吏民，而流民谢文义亦纠僰夷为乱，皆以次戡定。捷闻，玺书褒嘉，锡以银币。时朝多秕政，权幸纵横，诛求切蹙，而蜀尤甚。公纠检绪正，首事限列而绳之以法，法外科敛，一切放罢，西南数千里为之肃然。庚辰，丁继母忧。辛巳，会今上登极，以疾乞休，不允。壬午，服阕，被命起抚江西。适遭逆濠倡乱之后，疮痍未复，加以饥虚，所在寇盗充斥。而彭蠡为吴楚交会之浸，盗出没其中，阻险剽劫，而渔舟为之向导。公调遣官兵，团军捶扼，并籍群渔为伍，使互相觉察，盗不自容，一时进散。于是平籴省敛，疏免杂调缗钱总数十万，而请留以济民者亦不下数万。檄省臣分地赈恤，躬自督率，极意抚循，民用苏息，而岁亦比登。属南京诸郡阻饥，首输米七十四万石，银二十万两以济，而奉诏积谷备荒亦百余万石，有诏嘉奖者再。寻被玺书，升兵部侍郎兼都察院右佥都御史，总督两广军务。时岭南更数政不治，兵疲财匮，号令堕地，土酋玩狎，不知禀畏，而夷獠悖谩，时时窃发。公至，陈兵大阅，料简钩摭，一时逋荡，以次复伍。乃饬庤积，谨烽燧，缮治干橹，部署诸将，俾各守要害，纪律严明，精采焕发。于是诸夷稍稍知惧，而边徼有恃矣。归善剧贼李文积，据桃子园为乱。公檄守巡发兵捕斩，生擒文积及其党李万全等，斩首一千一百三十级，俘获男妇四百余人。土官刘召诱执兵官，据思恩府以叛。即调遣民兵，分隶将官，授以方略，而躬率守巡诸臣继之，进攻岜梅诸寨，摧锋冲击，大破群酋，斩首一千九十七级，俘获男妇五百余人，召被枪火死，余党悉平。田州土官岑猛，怀谖忮狠，恃其险远，将为不靖。畜聚累年，及是数出烧劫州县。事闻，下公经画。公会巡按及三司守臣，参审筹画，咸谓此积岁逋诛，不问益炽，而一方之民不容不拯。于是上疏具陈方略，大率诛首恶而贷胁从，兵部覆议从之。事下，而公已得旨改官矣。先是，公稽校尺籍,得总兵、太监二府脱卒甚伙,既勒归伍,而深抑其官属,不令暴横。又檄下两省及湖广诸路,凡所调遣,悉自幕府关决。于是二府禁不得肆,大兴谗构,欲以罪去公。当道者为之调停,遂除工部侍郎,提督易州山厂,实夺之权,而置之散地。会言官复有论列,公遂引咎乞归,得旨致仕,嘉靖四年乙酉也。丁亥,河决徐沛,漕渠淤塞,浚治久弗即功。有诏集廷臣议,举可以治水者,佥以公名上。遂锡玺书,起公于家,即拜都察院右都御史,提督南北直隶、山东、河南等处河道。时尚书李承勋、胡世宁皆建议,欲于昭阳湖东别开漕渠,而少卿黄绾、詹事霍韬各陈便宜,并下公省详。公与郎中柯维熊、员外郎王大化、参议刘淑相,亲往相度,延访父老,既知利害所在,乃上疏言:"黄河之患,古今则然。而中原平衍,无洞庭、彭蠡以为之汇,故迁徙不常,为患特甚。而其性避高就下,非多为之委,以杀其流,未可力胜也。弘治以前,河下潼关,即分三大支:二支俱出汴城之东南行,由泗经淮入海。其一支出汴之北东行,至兖二分小支,一出沛之飞云桥,一出徐之小浮桥,俱入运河,经下邳州,会淮入海。正德以来,汴南二支湮塞,并入汴北一支,于是全河东下,至于徐沛,俱入运河,自此汴河无患,而徐与丰沛适当其冲。近年河渐北徙,小浮桥亦已湮塞,曹、单、城武诸县,及杨家、梁靖诸口,奔溃四出,径趋沛县,漕河横流,出于昭阳湖之东,泥沙壅遏,势缓则停,遇坎则滞,致淤运道,今非改凿新河不可。盖上流不杀,则决口不可塞,长堤不可筑,而河防不可成。河防不成,则淤不可浚,而故道不可复。此今之漕河所以不容不改也。"廷议是之,诏以春和兴役。公先命郎中等官分治旧河,使通漕舟,而坚筑堤岸,以障黄河之冲,别浚赵皮寨、孙家渡诸处,以杀上流之势。于是简属吏之贤有才者,以任新河之役。躬履其地,量地授工,分程布役,时其食作,工其劝惩,联络相维,统摄有叙。甫四阅月,工完十九,且夕告成,而谗言遽兴,有旨罢役,而公去国矣。时诸老大臣争言其枉,而户部尚书邹文盛、刑部尚书胡世宁,言之尤力。盖斯役之罢,起于一二同事之人,以细故更相责望,坐失事几,故当时公论如此。公家居七年,更赦复职致仕。既而大臣言官相继论荐,海内士大夫方冀其复用,而遽疾不起。呜呼惜哉!公为人修正强执,遇事直前,不为利害回折,奉公忧国之念,寤寐不忘。体貌严重,进止有恒,居家整肃,如临官府,而与宾客谈笑,雍然有情。待诸弟妹甥侄有恩,族人孤嫠有给,婚丧患难有助,于伦谊甚笃也。生成化甲午八月廿有一日,享年六十有二。娶沈氏,继顾氏,俱赠淑人。子男二人:长之材,郡学生,娶王氏;次之荣,娶王氏,继沈氏。女一人,适前工科给事中陆粲。孙男六人:茂勋,郡学生;茂熙;茂廉;茂恭;茂然。孙女一人,许适吴治。以卒之又明年丁酉十二月十六日,葬吴县横山感慈坞。徵明晚辱公游,知公为详。及是葬,公子以治命属铭,不可辞。铭曰:

桓桓盛宗,立氏以国。孰其徵之,曰有成伯。有显者吉,在汉则良。曰苞孝章,奕世其扬。别籍于杭,爰有文肃。烨其家声,不忝维榖。有展中丞,德言则继。于千斯年,有衍弗替。衍之维何,道则有光。行则有方,政业其章。履贞用严,侃言维直。历险以夷,维正而克。我循维良,我武维扬。岂不有庸,谗言孔伤。彼谗则伤,我行维烈。道有险夷，不易其辙。亶其有驰，乃端厥绥。或失之毗，而名匪亏。有展中丞，维吴之淑。岂不云亡，公其莫赎。

明钱穀《吴都文粹续集》

盛应期传

应期，瑾长子，字斯徵，号值庵，成化甲午八月二十一日生。治《易》，领弘治壬子南畿乡荐，登癸丑状元毛澄榜进士，授工部都水司主事。弘治十年十一月，分辖济宁诸闸。李广家人市私盐至济宁，畏公，投盐水中去。会南京进贡，内官诬公阻船，广从中构之，公及主事范璋下锦衣卫狱。狱具，并降边方驿丞。公谪云南安宁驿驿丞，后转禄丰知县，升四川顺庆府通判、湖广武昌同知，升云南按察司佥事、副使、河南按察司、山东右布政司、陕西左布政司。正德己卯，升都察院右副都御使，巡抚四川。天全高文林叛，公讨平之。嘉靖壬午，巡抚江西。甲申升兵部右侍郎兼都察院右佥都御史，总督两广军务兼理巡抚。乙酉转工部右侍郎，寻以患病陈乞致仕。丁亥秋，升都察院右都御使，总督山东、河南、北直隶等处河道事务。是时河与漕争道，欲议利漕，不得不先议避河。公议于昭阳湖东北进江家口，南出留城口，开浚百四十余里，较疏旧河力省而利永。夫六万五千，银二十万两，克期六月。戊子秋大旱，有言开河非计者，诏令罢役。公请展一月竟其工，不听。初，公令郎中柯维熊分浚支河，维熊力赞新河之议，至是亦言不便，公上章自理。帝怒，诏与维熊俱夺职。刑部尚书胡世宁言："新河之议，倡自臣宁。应期克期六月，今四月功已八九，缘程工太急，怨讟烦兴。维熊反覆变诈，倾大臣，误国事。自古国家偾大事，必责首议臣，请与应期同罢。"不许。后河患屡告，漕腹弗达，万安朱少保衡命浚公未竣工。万历中，湘源舒少保应龙、沁水刘司空东星、长垣李襄毅化龙相继治河，皆以公法治之，河于是不复为患。公卒于嘉靖乙未九月十三日。越二年丁酉十二月十六日，葬于荐福山感慈坞祖茔之次，翰林院待诏文徵明撰墓志铭。配沈氏，继顾氏，俱赠淑人。子二人：之材、之荣。女一，适工科给事中陆粲。

清盛钟岐《平江盛氏家乘初稿》

云南按察司佥事盛君斯徵妻沈宜人墓志铭

〔明〕罗鉴

佥宪盛君始由司空即分辖河道，锐意持法剔蠹，竟忤中贵，逮系诏狱。既黜复起，直声遂大振，寻佐长沙，廉洁精敏，果大慰吾民。余时家居，相从甚得，比君方有内子之戚，谓余曰："吾妻之殁也，念之不能忘。吾妻颛静若淑，颇知《孝经》《女范》，动止有仪度，吾亲尝曰：'吾子少从仕，得新妇，当不贻内忧，吾所安也。'始，予逮系濒危，吾妻慷慨调护，能见大义。及知禄丰，判顺庆，咸挈以居。时官事鞅掌，未尝敢问其家，而家之朝夕，寒暑之需、宾客之奉，处之咸有条序。又能安吾之约，茹澹握辛，不以为歉，俾予得一意官守，吾妻有助焉。"未几，予奉命抚巡江南，而君超金滇臬，以书状抵予，乞铭宜人墓。予雅重君，又贤宜人，乃不得辞。按状：宜人姓沈氏，讳秀英。父成之，母钦氏。由成之而上世，以医仕太医院，吴中称良惠。沈氏盖由宋思陵锡名，固旧族也。沈、盛门第相望，遂归君。君少登进士第，上疏归娶，娶即膺禄养于宜人，荣矣！宜人逮事舅姑，育二子一女，于盛为有劳。享年三十有五，生成化乙未九月九日，正德己巳四月八日卒。呜呼！佥宪君名位方起，而宜人顾不逮，宜君之不能已于情也。卜卒之明年十二月二十一日，葬吴县荐福山感慈坞。长子之材，聘王氏；次子之荣，聘王氏，皆贵族。女适长洲邑庠生陆粲。铭曰：

有淑有娟，吉士述之。烈烈荩臣，维淑宜之。天相有家，郁为世资。胡美之不终，歘斯速斯。嗟嗟斯淑，既铧既毂。天报之福，云胡不禄。帝锡宠命，永贲幽谷。吉协其藏，尚贻嗣服。

赐进士出身、嘉议大夫、都察院右副都御使、长沙罗鉴撰。

清盛钟岐《平江盛氏家乘初稿》

都察院右副都御使盛公继室顾孺人墓志铭

〔明〕都穆

孺人讳贞，顾姓，世家吾苏之常熟。父铠，娶工部尚书程公原伊侄女而生孺人。少贞淑，事其父母尽孝。稍长，精于女红，兼晓书数，父母爱之。年二十三，归今都察院右副都御使盛公斯徵为继室。时姑氏在堂，孺人事之，不旬月即能得其欢。公历宦两居大藩，孺人随公循礼执勤，未尝以贵自骄，故公得专心政事，无内顾忧，人以为孺人之助。初，公前室二子之材、之荣，皆抚于孺人，孺人爱之逾于己出，人尤以为难。正德戊寅十月三日，孺人以疾终于官舍，盖其归公仅五年耳。柩还以己卯十二月壬申，葬吴县荐福山之感慈坞。公方巡抚于蜀，不及视葬，乃具书状命之材持来请铭。予与公交久，相知为深，而孺人之从兄中书君守元亦与予善，铭固不得而辞也。铭曰：

妇人从夫，古今之义。其或弗识，匪妒则忌。婉婉孺人，妇道克全。虽不遐寿，而贤可传。山坞邃深，风气藏蓄。老松干云，千载埋玉。刻我铭辞，庶永其闻。尚有显褒，以光墓门。

中顺大夫、太仆寺少卿致仕、郡人都穆撰。

清盛钟岐《平江盛氏家乘初稿》

贵州布政司照磨沈府君墓志铭

〔明〕徐师曾

府君讳荣,字惟仁,姓沈氏。其先汴人,有从宋南渡者家于吴,遂为苏之吴江人。曾祖承李,祖珉,父澄,母盛氏。府君生三岁而失怙恃,鞠于其姑。长习政事,通律令,为府吏。知府曹公凤严毅威明,群吏事之咸抑首促促,独府君遇事敢言。或他吏有事,抱案牍逡巡不敢白,目府君,府君即与代白无所逊。曹初怪之,府君不变。盖久而察其诚直,遂信任焉。所白是,即署案尾曰"行";否,则诘责他吏,知府君为所绐不以罪也。已乃入京从事内阁,隶知制诰潘公。潘识其人,不敢烦以奔走,置诸邸塾,而使子弟受业焉。居久之,归祭于家,需次凡若干年。非岁时庆贺,不入公府,为有司所重。嘉靖四年始谒选,拟除光禄监事,辞,乃授贵州布政司照磨。府君既拜命之任,而前官犹未满,去不得。上欲还更选,抚按共留之,委以杂务。府君悉力干理事以办治,咸奖其能。至七年,乃上府君,职在磨勘。而仓庾守吏蚀耗颇多,辄以干没抵罪,累年弗得脱归。府君察其冤,必为之委曲庇护,俾得归。或不能归,则资而遣之。蒙钺、阿向、乌蒙等弄兵,朝廷征之,府君督饷以从,奋不避难。贼平,三被钦赉,实异数也。嘉靖十六年,九载考绩北上,未至,以觐例免归。府君曰:"吾志也。"于是回舟南下,携杖逍遥,往来里中,日与二三长老谈笑,以终余年。县大夫举乡饮以速府君,府君谢不往,不得已为一出,以塞其意云。嘉靖三十三年十一月十六日,以疾卒于家,年八十一。明年某月日,葬县北三里墟字圩之原。府君凡再娶,生四男。初娶姚氏,子曰衡、曰衢。继周氏,子曰衔、曰衎。衡先若干年卒。葬得日,衢等以季弟衎有文,令撰事状,哭拜授使者走京师,乞予铭。予先人与府君交垂五十年,以诚直相契合。先人尝为予言:"孝庙时,治化隆洽,风俗淳厚。然于吏中求府君,已自百一居,今时直万一耳!"呜呼!若府君者,可复得哉?可复得哉?铭曰:

儒其行,吏其名,以永厥声。

明徐师曾《湖上集》

南湖史公墓志铭

〔明〕沈启

吴江右族凡四,黄溪史其一焉。先世家秀水,自东轩公迁黄溪,故黄溪后衍繁郡邑者,俱东轩为始云。四传友桂名珩,公之曾也,尚友读书。西村名鉴,公之祖也,好古文奇字,博洽订核,长于史学,有集若干卷,声动江左,皆称西村先生。赠工部主事南园,名永锡,公之考也。公初名曾同,与曾祖同生也。后易臣,字邦直。年二十,补邑庠生,有时名。四试举丁卯乡荐,六试举癸未进士,观吏部政,时选司在理举摄焉,异遭也。授工部营缮司主事，专理赎刑注选也。升刑部河南司员外郎，出佥山东事。升云南参议，未任解官，时年六十有一，又二十余年卒。惟公之初生也，渊颖沉毅。有抱秦僧禄命术者来谒西村，命演之，曰："贵当三品。"七岁就家塾，书唯默诵，年十二三，未有所见。家儠郁攸，他无所恤，惟抱书而逃，舅氏视之，且以为痴。有以为颖者，曰："必亢史宗。"西村心自信之，命受《易》于莱芜吴□□、南濠都玄敬二先生。时匏庵吴公、天全徐公、少卿李公，皆海内伟望，日偕西村倡酬，低昂古今。见公时艺，皆谓西村有孙。初赴郡试，曹侯凤即以进士目之。公尝谓人曰："举世皆就功名之士，非勤不足成名，非廉不足持位。"是以屡鼓而气不衰，卒取科第，莅官亢洁，可质鬼神。其始主缮司也，赎可上下，刺每盈轩，公悉为绝。时论称公，故转刑部，平反甚多。至佥山东，每语寮属曰："听狱贵虚，抱成案者多冤。"尝录囚，济南府长白山寺僧，以奸杀妇罪死者入。公以妇尸暴寺门为疑，求寺邻得死者姊，讽之。姊曰："死之日，妇来告曰'夫为人杀。'"姊疑其言不衷，屏诸门外。公密求，而知先与郡吏通奸，吏吐实谋杀其夫，将携以逃，惧其见姊言漏，乃复杀之。吏伏辜，东土称快。公分历青莱，巡按周御史宠横，索土金，死者甚众，几为变。公曰："国典得相纠举。"面为叱之，具疏奏闻。适遇滇南之命，吏科饶给事中从而论曰："面被史佥事咄叱。"周因以黜。周孽公，遂不复出，后祸施及公之长子长。惟公坦率，不为觥骸态，虽达官贵人，面折不顾，是以冒机触权，莫之避也。晚年家居，究心堪舆禄命之学，日谈不倦。筑菟裘于鸳湖之南，因号"南湖"云。年七十三，居母敕封吴宜人之丧，丧明。至商时确事，较水论山，罔不斩斩。丙辰秋患疟，长进药。公曰："以治病不足延年，吾年至此，足矣。"时公年八十有三，卒于七月廿一日，其生则成化甲午十月廿八日也。配敕封宜人陶氏，嘉禾赠监察御史菊亭女。子男三：长长，娶大参吴维石女；次论，侧室陆出，娶翰林孔目马铁屏女；次断，侧室周出，娶郡守吴春塘女。女四：适太学生陶远、乡进士沈爌、庠生徐昇、张问官。孙男三：学诗、世本、索隐。学诗，太学生，娶于金；世本，娶于申。俱长出。曾孙男一，尚幼。卒之明年月日，长从治命卜葬异字圩新阡，以啓为知，手状徵录，不能以不文辞。惟公以介自高，介非时尚，以直而为，举世所不敢为之典。嗇于身，及于家，不以咎人，不以咎己，非自信之笃，而不夺于世者耶！系之以铭。铭曰：

惟周太史，式肇其始。直哉子鱼，屹植臣纪。公兹诞生，扬芬济美。以岁守官，以时则诡。台分内外，官有遐迩。举效既专，风斯唯唯。会典炳昭，公独首举。身投其艰，忠则无滓。宁子之愚，孔子所是。寥寥千载，愚能不死。膴膴鲜原，之子所遗。斯窆斯铭，贞石何已！

陈去病《松陵文集》

太常寺典簿允斋公及沈孺人传

〔明〕徐夔

龙字舜言,号允斋,长史绂之子。生而颖异,甫成童,洋洒数千言立就,长更亭经籍史,声誉日隆隆起。尤善尺牍,得山谷老人笔意。性和蔼,未尝有疾言遽色。与人交,不为翕翕热,而亦无崖岸崭绝之行。四方车马来驻江干者,觞咏留连,殆无虚日焉。兴寄高远,自谓取青紫拾芥耳。乃足踏省门,五中副车,卒不获登贤书。援例入国雍,谒选得太常寺典簿,浮沉散秩,非其志也。长子叙,才同终贾,早荐北闱第二人。方幸不得于身者,旋食报于子,未几而中鸩遇害。痛兼常哀,已亦病痢,寻卒,年仅四十有九。配沈孺人,福安令愚之女,淑慎婉娩,深有鸡鸣戒旦之风。其主中馈也,有无黾勉,杂佩纷投,宗党咸啧啧称贤。讫以痛夫之殒,相继云徂。呜呼!可哀也已。子二:长天叙,顺天乙卯经元,娶陶女;次天秩,庠生,聘周,卒,娶黄女。女一,适尚书周惠畴子。合葬在上沈村飘字新茔,姻家陶副史俨铭其墓。年家眷弟徐夔撰。

清叶德辉等《吴中叶氏族谱》

大中大夫四川布政司右参政维石吴公墓志铭

〔明〕沈汉

正德二年,吴公瞻之领应天乡荐。三年,与兄静之同举进士,拜行人。六年,升工科给事中。十二年,升户科右给事中,凡两月,复升刑科左阶。十五年,升掌工科。十六年,升四川布政司右参政。嘉靖三年,奉表入贺,便道归家,卒于姑苏舟中,实五月九日也,享年四十有九。公名岩,瞻之其字,别号维石。先世居淮扬间,九世祖千一始迁吴江。曾祖伯昂,祖廷用,俱赠大中大夫、太仆寺卿。廷用以孝闻。父禹畴,累官至南京刑部尚书。母王氏,累赠至夫人;继夏氏,赠淑人;邱氏,封夫人。妻徐氏,同邑金华府推官章之女,先卒;继德清沈氏。俱封孺人。子男三:邦模,娶王氏;邦楷、邦材,俱幼。女二:一嫁县学生史璧,一许聘庞杰。司寇公命邦模以卒之明年乙酉三月十一日,葬公于邑西文奎字圩之原。先是以状属陈君明,而以铭属予。余二人重伤公之不幸,辄书辄止。及葬,余始参状而次第之曰:公性通悟,为文明决可诵,初试宪台,即获首选。历数科不售,司寇公将使从荫,又念公继母弟峤失恃,意向之,未决。会提学御史陈公玉畴来京师,称公有进士才,不可使从荫,遂以峤袭之。未几,公果第,人以是益服陈公之知人。其居家孝弟,事兄如父,事姊如母,抚弟如子。遇继母忌辰,如母仪。司寇公总宪闽时,公间往省,朝夕奉命惟谨,邱夫人爱之加于所生母。族不给者,极力生植之,能自立者,亦曲护焉,使保其业。其仕为行人,使于楚府,为礼不苟委而中,则诸凡馈遗,悉却不受,一时号为良使。其在工科,指陈时弊,以直谏称。壬申,辽夷入境，守臣误杀之。既而夷人称冤阙下，守臣亦奏之，事久不解，诏公往核其事。公劳悴白发，面为冻腐，不敢少懈，卒得其情，刑恤各当，夷夏两服焉。乾清宫灾，下诏求言。群臣劝上，早朝晏罢，日御经筵，建储嗣而斥义子，接儒臣而出番僧，遣边兵而罢中市，言者不一。公上言："此皆臣所欲言，而群臣先言之。伏愿陛下列群臣言于座右，次第施行之，庶不负求言之意。"君子谓公不恃一己之见，博采众人之言，分疏而条解之，可谓善谏者矣。其在刑科，乞恩归省，时朝廷方遣使征逋，祸及无辜。公目睹之，入朝上言："东南民力已竭，不胜残敝，乞还使者以罢征求。"上特允之。又言："东南财赋之区，地苦下湿，太湖之水由吴淞、白茆以达于海。今吴淞淤浅，白茆成陆，一遇水漫，则入海之道塞，而民受害矣。乞命大臣开浚之。"上可其奏。小民无知，疑公此举，识者谓为久长之利系焉。其他极论权嬖之奸回，请毁阉人之祠院，前后章奏不下数十，悉为人称赏。其在四川，奉命理赋，不专征求，而无逋负于公，又能经纪羡余以行赈贷。蜀人方仰之，而公不起矣。公平生疏爽宽裕，不为琐屑，及居辅导，明习旧章，老成莫及。交游好自克，无责怨于人，先公举者不嫉，后之者不慢视焉。呜呼！始公自工科拜命于蜀，予适以是日领摧刑垣，予作诗纪异以送公行，孰谓是行遽成永别耶？可哀也已！铭曰：

于惟吴氏，我知其先。有美大中，一孝格天。笃生秋卿，完名而去。公之兄弟，颉颃以继。皇皇使者，谔谔谏臣。公于所事，亦云委身。天不慭遗，公实可哀。蜀道不难，而难苏台。城西之原，具区之左。有碑峨峨，岘山横浦。

赐进士出身、徵仕郎、刑科给事中、邑人沈汉撰。

清吴安国《吴江吴氏族谱》

中大夫四川布政司右参政吴君神道碑铭

〔明〕周用

嘉靖三年，今南京刑部尚书致仕吴公之子岩，以四川布政司参政奉表入贺万寿节，及安庆遇疾，乃命趋京口进舟而南，未至家四十里以卒，实是年五月九日，年四十九。明年三月十一日，其子邦模以尚书公命，葬于县之范隅上乡文奎字圩，复伐石树之墓左，其友人周用则序而为之铭。君字瞻之，其先有讳千一者，自维扬迁居于吴，遂世为吴江人。千一而下五世为赠大中大夫、太仆寺卿讳昂。大中生封承德郎、南京刑部主事讳璋，有孝行，赠官如其父。承德生尚书，君即尚书之仲子也。母王氏赠夫人，继母夏氏赠淑人，丘氏今封夫人。君起家县学生，正德二年，中应天府乡试，明年第进士，拜行人。楚王薨，礼部举君治其丧，祇肃将事，楚人以为能，重其国。六年，以选为工科给事中。七年，辽东夷人走阙下，愬所在杀其使来告边事者，诏君核其事。君驰至辽东，廉得其实，曰："是边吏利单弱，冀以窃杀为首功者。今兹法不信，其将不免启边隙。"遂上狱抵以罪，诸夷人顿首，以朝廷不外远人，愿岁修朝贡于我不绝。九年正月，乾清宫灾，诏求直言。君上疏，乞视朝、讲学、建储、斥养子、出番僧、遣边兵、罢中市，凡数十事，言甚剀切。十三年，部使者持牒四出督民逋，或因以为功遂，并与所尝，蠲除一切取盈，烦苛无艺，民不堪命，君奏乞征还。又乞遣大臣治东南水利，宜垦白茆故道，引太湖之水而注之海。天子每从其言。十六年，今天子即位。八月，君由工科都给事中拜四川之命，专领粮储。既至，则问岁所出入，躬蚤夜，治文书，尽得其调度，与诸守令约不得以赢耗病民。时时出行部，偏州下邑，无不有君之迹。居一年，奸利衰止，公私以饶。君娶徐氏先卒，继娶沈氏，俱封孺人。子男三：长即邦模，治举业；次邦楷、邦材，尚幼。女二：长适县学生史壁，次许庞杰。始，君生三岁而失恃于王夫人，稍长知哀痛感激，服尚书之教唯谨。尚书久仕于南方，君从其兄山，能以恭顺见亲爱，家庭唯诺，义兼师友。久之志益坚，业益修，考行观艺，恒哀然居人先。由是入朝为诤臣，低昂公议，出佐方伯，牧其西人，莫不卓有所树立，盖其得于父兄者为多。抑君能用其厚于人伦，其所获宜如是，君之不幸也。复以共天子之事，来归于数千里之外，尚书率君之弟若子，视君阖棺。会君之兄自陕西赴浙江参政，哭君于殡，俟君掩圹而后去。呜呼！是岂皆遭其适哉？于是益知君之平生于君臣父子兄弟之相与，盖有所不可诬者已。呜呼！人亦孰不欲为善，而君之食其报其近如此，是重可哀也。铭曰：

淮海之邦，伊浚其源。暨来于吴，其支实蕃。五世以还，允有孝德。载厚其施，寒泉弗食。至于大夫，克受丕祉。乃父乃兄，爰世其美。顾瞻四国，明命是将。厥绩告成，置诸帝旁。我谋我猷，是用风议。济于多难，务大捐细。野有虎兕，拆其齿角。三江既东，孰为之壑。帝眷西顾，于昔之蜀。俾予近臣，值尔伯榖。维梁之山，有岷有峨。德不在兹，农饱而歌。君朝京师，君胡东归。君归不来，蜀人孔悲。功不以时，志不以年。孰使则然，人耶其天。维吴之良，维民之望。墓门有碑，以永不忘。

邑人周用撰。

清吴安国《吴江吴氏族谱》

明故将仕郎南京鸿胪寺鸣赞吴君合葬墓志铭

〔明〕周用

君讳鏊，字汝济，其先河南人。始祖百一，将仕，从宋南渡，遂著籍吴江。高祖某，曾祖某，祖某。父某，号铁峰，能诗，善笔画。母李氏。铁峰四子：长某，兵部武选司郎中；次某，举应天府乡试；次某，封鸿胪寺丞。君其季也。铁峰官封如其长子，李氏赠宜人。君年三十始入县学，遂应例入太学，既卒业。嘉靖癸巳，谒选吏部，授南京鸿胪寺鸣赞。南京官署多省员，见在亦颇无所事。君至则僦屋买马，晨日入寺，揖问无事乃去。从乡士大夫仕于此者，送迎往来，游眺宴集无虚日。居数月，俄病失声，药之愈甚，即具疏乞致仕。一日蚤起，令家人舆出城西门，使来告余曰："我且归矣。"余追至金川门舟中，执手与之诀。既去，抵家几日卒，实嘉靖乙未某月日，年六十。君慷慨有义概，族里姻戚凡吉凶事有不足，辄视有无为之助。乡人以不平相持，君则为之具酒食集伦辈，陈说曲直利害，往往引服解去。间以遘责，则为损倍差之息拆其券，以故恃君不终讼者，盖什之四五。皆曰："吴君良爱我，可又烦官府以负君哉？"则人人为君延誉。于是前后来令县者，顾特礼貌君。代去，则每致讯问曰："吴君与人善，是殆有终始者。"君配许硕人，同县许贡士女。初，贡士与铁峰有宿好，求纳君为婿。既入门，即授以家事。君能营治使就绪，一不以烦其妇翁。贡士未及仕而没，乃其子某于时在襁褓，君与硕人视之甚谨，伈伈二十年。见成立矣，然后归以旧业，自治居邻于其西，又自号东园，识不忍忘许也。君尝自县中归，数太息，硕人问故，君曰："吾仲兄家二人者，以盗将毙于狱，而终无实耳。"曰："所盗何？"曰："受人所质囊箧琐细物耳。"曰："伯家故多资，彼亦何有，于是得无杂置他所乎？君既已疑之矣，异日如死者何？"君即日来兄所，而语之，而阅之，果得所谓盗者物于故困中，封括宛然。君叹曰："吾不谋于内，几不免二人于死。"硕人先君几年卒，是为嘉靖某年月日，年若干。君三子：长某，次某，季某。女二。长女，许硕人出；长子、季子，侧室杨氏出；次子、次女，俞氏出。长婿顾瑞，上林苑监录事。某等卜以嘉靖十五年三月十五日，启君与硕人之殡，合葬于县之某乡新茔，先期以乡进士张秉道所为状来请铭。会瑞以使事自云南还，道出龙江，告余曰："惟瑞少依于外舅氏，是有子之道焉。然瑞昔也，既不得视其疾，舅且没，又不得躬以殡。将役万里，往来改岁，惟大事之未襄，恒戚戚以为忧。乃今得一日视吾舅之丧以窆也，非其幸耶？愿终惠以铭。"铭曰：

学或不以时，尚观其生。售或不以訾，庸考其成。若父若兄，尔舅尔甥，惟君奈何，不诎其赢，以载驰其声。矧伊人兮惠而贞，有丘皋如偕则宁，来者如不信，其徵此铭。

明周用《周恭肃公集》

明周恭肃公行状

〔明〕严讷

曾祖景芳。

祖瑄，赠资政大夫、南京都察院右都御史。

父昂，赠资政大夫、南京都察院右都御史。

公姓周氏，讳用，字行之，别号白川，苏之吴江人也。始祖俊德，在元赘张判院氏。俊德生希贤，希贤生景芳，景芳生瑄。景芳、瑄尽让其外家业，而更居焉。瑄生昂，昂以孝义为一乡所钦服。娶计氏，以成化丙申九月二十二日生公。公生有颖质，数岁善属对。宴客屡以试公，公对屡警不凡，人大奇之。其塾师遂辞，不能教而去。年十四，去家力学，寒暑不解衣。弘治辛酉，举于乡第三。明年壬戌，登进士第，拜行人。奉使谕祭楚藩，凡王所赠遗悉辞不受。迁南京兵科给事中，丁父忧。服除，改礼科给事中,公愿乞南,于是复得南京兵科。正德间,西僧言西蕃有复生大宝,法王解知未来,遣中官往迎。公上章力诋其诬,愿毋轻信崇以生民奸。辞甚切直,人多危之,竟得旨不加罪。时中贵人用事,黜陟多从中制。于是尚书刘恺以下凡任数人,言官刘经辈任外,皆不繇选部。又镇守江西中贵人黎安,非法致人以死,中外皆无敢言者。公独前后抗疏,请罢恺等,还经等以公用,舍罪黎安,以正法令。天下快其论,而贤公敢言。迁广东左参议。番禺盗群起,抚臣调土兵兼官军分六哨合攻,以公领龙门哨征蓝粪诸寨。公与武臣分哨并进,直抵蓝粪,擒斩九百余人,平其寨十有八。事闻,朝议以级不满千,没公功不赏,实以前敢言故。当是时,同事者欲多其级,其所诛戮或不辩渠丑。公独矜之,核其可疑者悉纵之。抚臣谓一佥事所获级少也,欲劾治其罪,公以若干级遗之得免。嗟乎!勋叙者恒情之所兢贪也,戎阵之间,苟有效刀锥之用,建分寸之绩。掠一馘,缚一讯,有可以徼于钟粟缣币之膏者,鲜不奋袂跃距,诩诩暴勇智,以自侈耀。甚则乘岭抵峨,矫饰增羡,一羌二豪,漫不怍恶者且有之矣。何况于戒逸德,急在宥,先彼迫胁,后我首功者哉?且自伐木风微,朋友之道衰息,一遇利害相持之际,其不骋技相凭,诽詈相形,甘袭市井,反覆之所为者几希矣。又何况于自韬其所成,而顾以苆人之急,宁己绩之不彰,而无宁贻愧其寮者哉?公是举也,盖其功虽不蒙赏于朝,而仁义之誉因是籍籍,夫有所慨于人心也。嗟乎公信,贤矣!贤矣!嘉靖改元,皇帝诏擢用天下贤臣,而公升浙江按察副使。既升时,都宪张公方镇两广,独疏荐公,因留以自代。谓兵燹之后,痍伤未瘳,周某宽猛兼资,民怀素孚,宜令柎民,即民可苏息,功不在先臣韩雍之下。公为人所推重,率类于是。会丁母忧。服除,起为山东副使,备兵于临清。为建设赏格令,同盗者相首,即不复罪其罪。盗自相疑畏,不复相聚,境内以宁。迁福建按察使。闽素多讼,公推鞫平恕,狱无系囚,亦无冤民。中贵人镇守市舶,临于福州,其日所给食,责之驿馆。馆人苦于剧费,胥蠥额不能应。公例削其数,公私称便。升河南右布政使。岁大旱,民饥死者相藉,至有相食者。公职当清戎,无分守之责,然不忍坐视民之饥而死也,毅然白于抚巡,请自往活之。故事赈饥多里户递报,报多伪饥者,多不被赈。公不以属人,躬循野间,户贴赈济字令,民自赍以来。遂以内帑所发银及所措画米物,户给之,绝无稽留,民溥获实惠,所活甚众。已而车从所驻,雨辄随注,麦为秀发,民大赖之,论者谓公仁德所感。有参政守汝南,以养疴故,讼谍纷积,狱系日繁,民病之。公代为分守,即先命有司尽释其所系以俟,至则昧爽视事,日谳数十辈,心力过勤耳,为之不闻,而南阳滞政俱次第顿举矣。升都察院副都御史,督南赣军务。公移檄所属,曰:"当知不得已而用兵,尤当知不得已而为盗。惟藩臬诸司之纲之纪,抑郡邑长吏有守有为,源洁则流自清,民安而盗自弭矣。"公言恻怛由衷,莫不竦服。有巨盗数辈,阻山横行,捕久不能获。公廉其党有悔悟者,召至谕以利害,结以信义,因以赏诱之,遂奉成算,俘斩来献。盖不血寸兵,不蚩束刍,而贼乱躏除,民得安耕,人以为莫大之功。初,桥厂榷商税太重,商皆避之他趋,军饷不给。公为调停其轻重,著之例,商复趋之,至今贻其利焉。赣豪室多隐其田额,以其虚税审之贫者。公命履亩,计丈核之,尽革其私,赋役以均,流亡尽复。召还,理院事。未几,升吏部右侍郎，俄而转左，凡署掌部事者四。尚书举用失当，嫁其罪于公，调南京刑部右侍郎。公处之裕如，不自辩，亦不以介意。寻升南京都察院右都御史，律己甚严，门无私谒。上疏乞起废，其所推毂，咸炳炳杰出海内有声者。兼操江兵，亦以方略平太仓海寇，而一方阴蒙寝兵之福。升南京工部尚书。慈圣太后梓宫南祔显陵，自京师直抵承天，上下江淮，圣念殊切。公殚思劳力，督治巨舰以奉安之，梓宫赖安履无虞，成圣天子至孝，而竟不一自伐。工部物直，往往以黠商赂先，物未入而给，吏缘为奸。公为立定式以厘之，宿弊尽去。常修都城，按籍以程工，而人不敢懈事，城益坚。改南京刑部尚书。九庙灾，坐自劾免，晦养者三年。御史交刻论荐，起为工部尚书，督河政。疏请修沟洫，以防河决，其事凡五，皆不易之规。给授资德大夫、正治上卿。数月改督漕运，寻入为都察院左都御史。每御史按畿省，公辄诫天下刑狱顷滥，极宜悉心推详。长吏贪墨，首先劾去，民斯得所矣。例考察京朝官，公合诸御史详稽各曹贤不肖状，手自籍记，汇骘其等，以丹墨第别之。所黜惟太甚，不务苛碎，然公至亲乃亦在黜中，天下以此翕然称公。九载秩满，加太子少保，拜宝锴、上尊之赐。吏部尚书唐公罢，部修其缺，上命推大贤以闻。众推公，上俞之，特以为吏部尚书。吏部铨品，自顷悉由尚书，尚书或委之郎，郎或寄之吏，两侍郎诸寮署惟谨，非有大事不相参决，遂沿以为常。公以谓集众思，广忠益，繄臣子当尔，况于吏部，一切奋然惩之。时宛洛韩公、少湖徐公、西陂刘公，皆当代伟人，实前后为侍郎。公虚心咨取，求尽天下之情，不自怙其谙识。诸司效之，亦各展所见，以相佑助，而吏遂不得用事，绩用日著。公莅政勤甚，疾作。会冬，天下吏群然述职于朝，公祇承天子重命，大计其治，日取部使者所上籍详稽之，不遗纤微。事甫竣，而公卒，是为嘉靖丁未正月十九日，时公年七十二。呜呼！公所谓以死勤事，非耶？讣闻，天子嗟悼不已，赠太子太保，谥恭肃，命给传舟归其丧，命谕祭者四，命有司营其葬事。所以褒恤之者甚备，公之大父若父，皆以公为南京右都御史，皆得赠如其官。妣皆夫人。配施封孺人，先卒，赠夫人。生子男四人。由施出者一，曰国南，今以公荫为右军都督府都事。由侧室姜出者三：曰兆南，为太学生；曰式南、乾南，为县学生。孙男八人：曰京、甸，为县学生；曰采、旬、赟、士；余尚幼。孙女二人：长适县学生顾名义，次适张尚志。曾孙男一，女二。公性极孝友，童子时父母有疾，即忧苦不知所为，蒸香吁天，刲股肉杂粥以进，人罕有知之者。父母殁，哀毁骨立，蔬茹苦寝者各三年，不一日变。常曰："吾以仕宦不及敛亲丧，诚不胜抱痛终天。藉吾弟克慎大事，少逭不孝之罪。"以故待弟逾厚。有妹适陆氏，年十九无子而寡，守节逾三十年，公念之，敬爱尤笃。公简静寡欲，历官且四十年，以家人相随者才数年，余皆孑然以处。自奉殊淡薄，终身所御食，未尝过二味。人有馈遗，虽果蔬之微，见之亦不悦。治家严毅有法，每训诸子读书明理，学为善人君子。初，不令问生产，好览经史，虽以蔡氏书发科，顾尤喜《易》，著《读易日记》，因发明序其指意。而礼经亦其所长，广中两试士，两刻公礼经文以程天下。公与人言，恳恳见悃诚，故虽躁妄者遇之，自消其习。凡章奏，必亲属草，详检以进。凡理狱讼，必面察两造，拟丽其罪，小大必以情，不一以属吏胥。疾革，少湖公日往视，因窃问公饮食状于公嗣。公目且瞑，遽呼曰："儿无及外事。"间一二有所称说，虽不可悉解，要皆系天下国家者，其忠慎之心，濒死不渝如此。古语有之：帝王之德，莫大于知人。知人，则百寮任职，天工不旷。窃惟圣天子锐意兴治，谓举贤建官主之铨曹，纠慝绳违典之宪台，二署得人，则天下之治可不劳而自致。故每太宰及御史大夫缺，辄广咨老成人以充，非其人，宁不备，不轻授，是何圣天子之明也。方公被召入院，继视篆吏部，天下莫不喜悦，交口颂圣天子知人者不绝。何者？公之行洁义修，娴于谋谟，固足以服天下之心，而克荷大任也，圣天子既知而用之矣。乃公益矢心砥节，早夜翼翼，为圣天子进贤绌不肖，不倦用弼，成天下至治。天下亦方颙然赖公，冀终睹治化之隆，而胡公之忽长逝哉。不亦痛乎！公之卒，其家不能具棺直，公嗣国南称贷仅具。公之清操，殁后滋见。国南卜以戊申年三月二十二日，葬公澄源乡西阢之原，乞得名笔著公平生，以勒示后之人，属讷整齐公行事之次，用备采择。昔仲尼称：叔向古之遗直，子产古之遗爱。讷不佞，窃以谓公实惟兼之，谨状如右，伏候青云之论。

赐进士及第、翰林院国史编修、文林郎、敕纂修会典、后学海虞严讷撰。

清周芳《周氏族谱》，参明周用《周恭肃公集》

明周恭肃公神道碑铭

〔明〕夏言

圣天子励精图治，思得笃棐大臣以位冢宰，以总百揆，而左都御史白川周公，为众所推，实充其任。公益矢心毕力，精别淑慝，以仰称德意，士论翕然归之。未半载而疾作，薨于位。讣闻，上为嗟悼不已，诏所司给传舟，备祭葬。赠太子太保，谥恭肃。制得树碑神道，而公之子都事国南，于是以文请。予与公同朝，雅重公，其奚可辞？按：公姓周氏，字行之，别号白川，世为苏之吴江人。始祖俊德，在元赘张院判氏。凡三传至瑄，让外家业，复归于周，实公之祖也。生子昂，以孝义重于乡，娶于计，是生公。公生颖敏不凡，尤刻苦力学。弘治辛酉，以书经魁乡榜。明年壬戌登进士，筮仕行人。奉使楚藩，诸所馈遗，率却不受，众占公有远器。三载，改除南京兵科给事中。时武庙以西僧言，遣使往迎其所谓法王者。及中贵用事，擅黜陟权，九卿科道，多不由铨部。又有中贵镇守江西，非法置人于死，莫敢谁何。公独前后抗疏，力诋其辜，天下快之，然衔者众矣。升广东左参议，值番禺盗起，公设策征剿，擒斩九百余人，平十有八寨。同事者或欲张大己功，恣意诛戮，公核其可疑者悉纵之。或以所斩获少，惧且得罪，公捐己级与之，藉得免。捷闻于朝，竟以衔者当路，没公功不赏，公亦不言也。迨嘉靖改元，诏擢用天下贤臣，公于是升山东按察副使，备兵于临清，恩威并著，盗用敛迹。升福建按察使，推鞫详慎，小大必以情，狱无停囚，咸称神明。升河南右布政使。岁大旱，道殍相籍。公职当清戎，乃毅然白于抚巡，以赈饥为己任。躬循乡落间，廉其状，复经画银米，户为之给，所全活甚众。公车所止，甘雨辄注，岁于是大稔。寮佐以病废职，讼狱繁积，公代为分守，即时剖决，尽释其所系，民用太和。升都察院副都御史，督南赣军务。有巨盗负险为患，久不能下。公密召其党，谕以利害，结以信义，而授之成算，竟斩首以献，不烦寸兵。赣豪室多隐其田税，顾贻之贫者，致相窜亡。公命履亩核之，革其弊，而流亡以复。初，设桥厂，榷商税，以给军饷。既而税过重，商苦之，不复徭。公为剂量，著之令，商复乐趋，而公用以裕。召还，理院事。寻升吏部侍郎，凡四掌院事。以尚书嫁祸故，左迁南京刑部侍郎。升南京都察院右都御史，疏乞起废，其所推荐，皆海内人望也。兼操江兵卒，平太仓海寇，公与有功焉。升南京工部尚书，立准式，平物直，贪商污吏莫能为奸。慈圣太后梓宫祔葬显陵，道江淮，公治巨舰以奉安之，若履平地，大慰圣天子孝思。改南京刑部尚书。九庙灾，坐自劾，免家食者凡十年。抚按交章论荐，起为工部尚书，督理河政。疏乞修沟洫，以防河决，凡五事，皆见施行。改督漕运，复入为都察院左都御史。岁当考察京朝官，公合诸御史所论，而详稽其贤否，虽至亲不为少庇，天下咸服其公。九载考绩，加太子少保。会吏部尚书缺，上特以命公。公谓集众思，广忠益，在臣职当尔，况黜陟大务，顾自怙其识乎？凡部中事，悉虚心访诸寮佐，以务尽天下之情。惟勤惟慎，殚夙夜不懈，卒以过劳成疾。疾且革，犹以天下述职朝廷重典，日取群吏功过，手自籍记，以付诸卿贰，靡不允当。事甫竣，而公薨矣，实嘉靖丁未正月十九日也。伤哉！公性至孝友，童子时尝割股以疗亲疾，人无知者。遭亲丧，哀毁骨立，茹蔬寝苫，终三年不变。恒以仕宦不及敛亲丧，藉弟克慎大事，待之甚厚。有妹适陆氏，年十九而寡，苦节余三十年，公敬爱终其身。平居简静寡欲，食无重味。扬历中外且四十年，罕以家累自随。人无敢馈遗，亦不敢干以私，其死也，至不能备棺直。治家严毅有则，每训诸子读书明理，务为善人君子。与人言，恳恳由衷，闻者感化。与卿贰永诀，犹亹亹以天下要务为言，且呼国南嘱曰："儿慎，弗及他事。"其忠慎至死不渝如此。大父、父皆以公贵赠南京都察院右都御史，大母、母及配施氏，俱赠夫人。子男四：长即国南都事，公荫也；次兆南、式南、乾南。孙男女十。寿七十有二。卜以戊申年三月二十二日，葬于澄源乡西亢之原。呜呼！公以清修之操，刚敏之才，弘远之识，为圣天子眷知，特隆简任，以共成正大光明之业。而天下贤才，亦且欣欣然倚公为重。天不憖遗，遽夺之算，伤哉！曩公为广东参议，时都宪张公总督两广，疏荐公自代，且谓公文武兼资，当不在先臣韩雍下。盖公之望重于天下久矣。考之谥法，执事坚固曰恭，尊贤让善曰恭，执心决断曰肃，正己摄下曰肃，公谥其称矣乎！为之铭曰：

吴山之阳，震泽之溃。元气攸会，生公不群。钟灵擢秀，扬英吐芬。谏垣抗疏，直气干云。既司藩臬，削平巨寇。首功不伐，以让寮友。才优听断，仁弘赈救。随车甘雨，感通非偶。握铨总宪，扬历两京。持廉秉公，赫赫厥声。天子曰都，咨是老成。巍巍冢宰，倚畀匪轻。公帅百僚，鞠躬尽瘁。划剔奸蠹，明扬士类。岁当述职，大计其治。夙兴夜寐，以死勤事。自公之薨，邦失典刑。圣王震悼，日月为暝。诏隆恤典，稽实易名。君仁臣敬，千载峥嵘。西亢之原，佳城郁然。韬尔白璧，还归其全。穹碑树德，一方巨瞻。佑尔后人，于千万年。

特进光禄大夫、上柱国少师兼太子太师、吏部尚书、华盖殿大学士、知制诰经筵、国史总裁、贵溪夏言撰。

清周芳《周氏族谱》

明周恭肃公墓志铭

〔明〕徐阶

白川周公讳用，字行之，吴江人也。少以文有名。弘治壬戌举进士，拜行人司行人。正德初，迁南京兵科给事中。后九年，改礼科给事中。当是时，士重内徙，得辄动色以贺。公独曰："南于我便。"乃复以为南京兵科给事中。武皇帝好佛，遣中贵人迎大宝法王于西番，公上书谏甚力。已又论幸进诸大臣，及镇守江西中贵人不法。其身引而南，其所论奏，顾侃侃出北台谏上。久之，迁广东参议，督兵讨贼之遘诛者，凡戮九百余人，平其寨十有八。犹以前敢言，功不得录。今皇帝即位，天下士有声实者，率起为大官，公于是得浙江副使。未几，遭母忧。服除，改山东副使，整饬临清兵备，为捕盗格若干条，尽临清之境，盗不敢入。遂迁福建按察使。故事镇守市舶中贵人，日给食三山驿，费钱至若干。公敕驿减十二，且曰："吾将以渐尽去之。"逾年，迁河南右布政使。岁祲，诏发内帑以赈。会汝宁分守缺，公辄自请摄事，尽罢俗吏所为具文苛法，全活甚众。事闻，超拜都察院右副都御史，提督南赣军务，捕斩剧盗若干人。已而曰："民之为盗，非得已也。夫事固有源，不窒其源，流终不可得塞。徒多杀人，父子兄弟何为？"移书属邑，薄赋税，平徭役，缓军饷之征。行之期年，盗果不复作。召还，理院事，晋吏部右侍郎，转左侍郎。尚书有所引荐，失宰相意，而尚书固与宰相比，因诿过于公，调南京刑部右侍郎，公终不自辨。后两人相继罢去，即拜公南京都察院右都御史，迁南京工部尚书。工部市物于民，吏受赇，率先给直，而故缓其入，黜贾者，因据以为利。公令民有物得自输，输已授之直，罔后弊顿革。尝修都城，召匠，与之分地，籍而藏诸官。匠内自畏，城以不速圮。改刑部尚书。九庙灾，上疏致其仕。嘉靖二十二年癸卯，公自吏侍去国，至是十年矣。上久而益明其贤，用御史荐，徵拜工部尚书，总督河道。数月，改督理漕运，未至，以为都察院左都御史。士之干誉喜进者，传闻望见，不待戒以绝。明年，当考察京朝官。公廉得其人贤不肖状，辄手书于籍，又第其高下，丹铅识别之，其改定或至三四。苟贤矣，虽仇不问；苟不肖，虽亲有势力必黜。天下服其公。又明年，满九载，加太子少保，赐宝钞、牵羊、上尊。其秋，太宰唐公罢。上若曰："孝宗时旧臣而贤者谁乎？"于时公廷推在第三，特诏以为吏部尚书。自近岁来，郎中于为政专，尚书至不暇有所可否，而侍郎递相踵，以噤不语为知体。郎中者，其智与力困，则尽以任吏，于是铨部之政，几由吏出。公将有所举措，必谋诸侍郎。两侍郎莫不乐为公尽，而郎中亦遂以簿书任其僚吏，不得为奸私。故公之典铨，不严而肃。公素强，及为吏部劳，然以新被命，勇不自顾惜，疾遽作。会冬，当大计群吏之治，奋曰："此重典也，吾不可以病自懈。"昼夜取部使者所上籍阅之，又采舆议，品骘其贤不肖去留之。疾增剧。丁未春正月，仅讫事，以其月十九日卒，距生成化丙申九月二十二日，享年七十二。公性孝友，而薄于嗜欲。历官四十余年，恒不以家自随。人馈之物即果蔬，见之辄不怪。故其卒也，至无以市棺。教诸子严。予尝候公，其子国南窃语予寝食状。公目且瞑，遽呼曰："儿毋及外事。"其不乱如此。曾大父讳景芳，大父讳瑄，父讳昂。连两世以公贵赠资政大夫、南京都察院右都御史。母计，封太孺人，赠夫人。配施，封孺人，先卒，赠夫人。子男四：长即国南，以公荫为右军都督府都事，施出；次兆南，太学生，式南、乾南，县学生，俱侧室姜出。孙男八：京、甸、采、旬、赍、士、京、甸，县学生；其二尚幼。孙女二：长适县学生顾名义；次适张尚志。曾孙男一，曾孙女二。公卒既逾月，国南以讣闻。上震悼，赠太子太保，谥恭肃。赐祭四坛，命有司治葬事，给驿舟归其丧。大臣之恤典，于是乎备，然而众莫不曰宜。卒之明年三月二十二日，国南葬公澄源乡西亢之原，先事请予铭墓。予固与苑洛韩公、西陂刘公，以侍郎乐为公尽者也，故既为诗三章哭公，又叙其事而为之铭。曰：

维古大臣，社稷是谋。厥后为身，与时湛浮。公昔始官，择众所弃。直声凛然，闻者震悸。再仆而兴，以历畏途。众所逡巡，独奋以趋。国有公议，吾秉吾植。国有奸良，吾黜吾陟。始冬迄春，早夜孜孜。吾志必酬，吾死徇之。身之弗图，矧其细者。归视于家，萧然贫也。茕茕参军，贷钱市棺。公身则俭，公心孔安。荣哀始终，天子有诏。我铭著之，来者是告。

赐进士及第、通议大夫、吏部左侍郎、前国子祭酒、经筵讲官、华亭徐阶撰。

清周芳《周氏族谱》

明周恭肃公传

〔明〕顾应祥

公讳用，字行之。在南科时，寓居白川之上，因以自号，而士夫亦习称之曰白川先生云。世居苏之吴江。始祖俊德，胜国时赘于张氏。三传至瑄，乃尽还张氏业，是为公之祖。瑄生昂，公之考也。俱以公贵赠资政大夫、南京都察院右都御史。妣计氏，赠夫人。公生而颖悟不凡，善属对。及长，攻举子业。弘治辛酉，领南畿乡荐第二人，明年壬戌举进士。初授行人，使楚藩，峻却馈遗，人称其介。迁南京兵科给事中，丁外艰。服除，改礼科，公愿在南，乃复为南京兵科给事中。时朝廷以西僧言，遣贵珰往乌思藏迎佛，廷臣莫敢谏。公抗疏劾其不经。江西镇守内臣不法，公劾罢之，人皆称快。升广东布政司左参议。后山盗起，抚臣檄诸道兵夹剿。公监哨龙川，擒斩九百余级。岭南剿贼例，首功千以上者升俸一级。公不安杀，又以余功让同事者，故不满千，受赏而已。嘉靖更化，升浙江按察司副使，以内艰去。服除，补山东按察司副使，兵备临清。临清地当冲要，而不逞之徒时复窃发，公镇之以静，地方以宁。寻升福建按察使，削镇守市舶内臣妄费，决狱称平。转河南布政司右布政使。中州久旱，民相食。公至，雨辄随至，又力任赈济之责，民乃大苏。上知公贤，召为都察院右副都御史，提督南赣汀漳军务。公令于众曰："民之为盗，上失其政故也。"乃汰赃吏，缓征科，抚流移。逾年，盗亦屏息。召公入理院事，转吏部右侍郎。未几，转左侍郎，以诖误左迁南京刑部右侍郎。寻升南京都察院右都御史，转南京工部尚书。慈圣太后梓宫祔葬显陵，道经江淮。公为治舰，综理周密，太慰上心，改南京刑部尚书。九庙灾，两京大臣皆自陈，公得致仕。家居者甫二载，以言官荐，复起为工部尚书，督理河道，寻改督漕运。召入为左都御史，总宪内台。值考察京官，公廉察精当，所汰去者允惬舆论。公以二品历俸九载考满，进太子少保，赐宝镪、羊酒。吏部尚书唐公罢，有诏遴选廷臣才望堪任者，佥拟公第三。上注意公，遂以公为吏部尚书。前此吏部进退人才，皆文选郎执簿与尚书密议，左右侍郎通不与闻。公独破格虚心咨问，而左右侍郎亦竭诚相告，故所用皆得人。是冬，公忽遘疾，适天下诸司入觐。公感上知遇，乃力疾甄别贤否，疾乃转剧。甫竣事，遂不起，时嘉靖丁未正月十九日也。讣闻，上震悼，赠太子太保，谕祭者四，给传归其丧，命有司治葬如制。公性孝友纯笃，为诗文典则而有葩藻，书法俊逸，尤善绘事。与人交，无疾言遽色，尤不喜表暴。督兵龙门时，各哨争先报捷，公独后。或问之，则曰："吾宁无功，不可妄杀也。"部使者不甚知公，公亦不求知。惟总督上虞张公荐公自代，人始惊讶。既而公扬历中外，树有伟迹，人始信张公知人。公长髯早白，初至山东，有馈染药者。公笑曰："吾昨已见抚按诸公，今忽变白为黑，得无异乎？"其从容乐易类若此，然其中则有毅然不可挠者。在东广时常习射，一都阃善射，与公甚洽。及同事军中，都阃恣行科罚，公劝之弗悛，竟参劾置之法。在南赣，一兵宪刚愎不受节制，遂劾罢之，弗少假借。至于处家，待母弟明农君甚厚。冢嗣南京中府经历国南，为施夫人出，施早世，遂弗娶。余子太学生兆南，县学生式南、乾南，俱侧出。恂恂无间言，刑于之化，尤吴中所难者。所著诗文、奏议若干卷。

论曰：在昔公参藩广东时，余适为按察佥事，每见公之言动气象，温然如玉。即其议论，规模宏阔，而条绪分明，尝私窃叹曰："此有道之士也。"然犹以为生质之美。既而以公务同至海上，偶过公舟。公方危坐观书，几上惟置薛文清公《读书录》一册，字字皆圈点。谓余曰："此皆吾对病之药也。"于是始知公之所学，盖有所本而非苟焉者。嗟夫，今之以学为政者鲜矣！而所谓学，不过务博览逞词华而已，间有从事于身心者，率皆徒为口说，而未尝实用其力如公者。不立门户，而践履功夫，无间隐显，岂非豪杰之士也哉！余素受公知，故知公益详，乃以志碑所未载者，表而出之。

赐进士出身、资德大夫、正治上卿、南京刑部尚书、吴兴顾应祥撰。

清周芳《周氏族谱》

先室施孺人圹记

〔明〕周用

孺人施氏，周用行之之妻也。正德十二年二月，用自南京兵科给事中，补广东布政司参议，九月以孺人行。明年七月二十三日，孺人殁于官舍，年四十一。十五年，用使其子国南护丧归，以太孺人命，殡于先墓之旁舍。越二年，为嘉靖二年，用迁浙江按察司副使，未至，闻太孺人之丧。明年奉襄事。又明年，则为孺人墓于先墓之右，是年闰十二月二十八日，启殡以葬，墓在吴江县澄源乡西亢字围。孺人父琼，母李氏，世为是县人。子男：长国南，县学生；次兆南、式南，皆幼。女：德，生五年死；贵，生十三年后孺人四年死，且葬矣。长子与二女，孺人出也。孙女一。孺人来嫁为周氏冢妇二十二年，勤苦俭薄，终始如一日。自用为行人，及丁徵仕府君忧，服除赴官，孺人皆留以侍养，柔默端慎。舅姑于燕居称其顺，亲戚于出门称其敬，是故自始死以及葬之日，尊卑内外哭之莫不尽哀。其为命妇才四年，寿不能及五十，岂命淑之罚也。自国南生，凡再生子，辄不举。二女性且惠，又尔短折，何生成之难也。呜呼！其命也夫？其丧之在岭南，逾二年而后归，又五年始克以葬。若是其缓也，用于孺人则何辞焉。顾懿行在门内，岁月逾迈，有不可忘者。于是取其大略，书之石，置之圹之前地五尺，惟以识吾哀而已。岁乙酉，行之谨记。

清周芳《周氏族谱》

先母行实

〔明〕周兆南　周式南

先母姓姜氏，考处士讳济，妣王氏，世为浙之归安人。姜于归安为著姓，而处士复循雅好礼，敦尚素实，以善行高于乡，乡人德之，称之曰长者。以故吾母生而凝静聪颖，不类凡育。自少读《小学》《孝经》《女诫》诸书，能谙晓大义。及长，来归恭肃府君。事祖母计夫人，左右周旋，善揣意向，所为温凊盥栉，无一不当姑意，于是得其欢心。有宾祭宴馈之事，必以命吾母。母唯唯受命，然不敢专，必以请于嫡母施夫人。夫人乐吾母之能代事吾姑也，以故款款然，益和务，相雍洽，阃政肃谧，庭无哗言。府君自举进士，以至于位冢宰，历官四十余年之间，其间以家自随者无几。吾母从府君于官与不从于官而家居也，凡府君服食之所需者，必躬为之。组纴剪制，调节酝酿，微而至于衣被履舄、豉合酱罂之类，亦必种种而具焉。以其事祖母者而事府君也，于是祖母益油油然，喜曰："幸哉，有妇如此，吾殆昌乎。"府君历官耿介廉洁，而撙约淡泊，终始如一日。人有馈遗，虽果蔬之微，见之辄不怿。故其所至，行李萧然，而家无余蓄，衣食之费，时或匮焉。吾母艰难辛苦，既已备尝，而性又喜于治生，不自暇逸。昼则持筹籥视出纳，勾较米盐，夜则御灯火，躬纺络绩纴。风雪之夕，虽肌肤为之皲缩，犹亟亟不自休。又善工蚕缲，辟地树桑，率协共事，岁以为常。盖吾母以辛苦起家之人，而毕力于家人生事之际。凡一钱粟之盈缩，锸钥之启闭，与夫臧获之奸良，虽其锱铢纤悉，而聪明智算举无遗者，如是积二十余年，而家稍稍饶给。先世居于县南五十里车溪之上，溪四冲五达，而回绕于杭湖之间，故多盗。府君欲徙居于城间，尝度地于城之北，而不暇为。乃以土木之费、营筑之劳，属之吾母，吾母为之规画措置，饬材鸠工。顾其时财力称诎，于是次第其规模，而舒徐以从事，左缀右绁，黾勉经营。卒之堂宇言言，遂如故家，若已尝试而习为之者，即其综理，有丈夫之志焉。吾姑适于陆氏者，早寡，零丁孤苦，几不能自存，吾母数为之奉养慰藉。岁时遣人迎候以来，每来必款留数月。既去，则问讯之使不绝于道，未尝有一厌心。舅氏不善治生，家日益落，吾母为之赍予赒恤，服食百需，无不丰给。其女少失所恃，即携之归，抚育备至。既长，择婿而嫁之，不自知其不自己出也。岁饥，设粥以食饿者，与施无棺者，无虑数百余人。他如缮桥甃衢、施佛饭僧之类，不可胜纪。其平生严洁自持，起居进止咸有绳度。而性尤喜俭薄，食无兼味，其所御簪珥，脱去华靡之饰，服浣濯之衣，见子姓有市靡丽之物者，则呵谴之曰："安事此无益之费为哉。"必屏绝之，不使经目。诸凡祀飨婚嫁、吊庆往来，必先事斟度其费，使丰约适宜。下至僮仆衣履，亦豫为饬治，而以时给之，必均其不遗，细务类如此。至于抚字诸孤，爱之甚笃，而待之甚严，自为择师傅教之读书，而日课其程。每漏下五鼓，亲叩寝户，使就灯火。少间，辄督之曰："若赖祖父余业，幸无饥寒，而不刻骨以自植立，是羞余也。"嘉靖壬子，兆南举顺天乡试，戊午，式南举应天乡试，则又以书诫之曰："若曹侥幸于科举，吾不为喜，而以为忧也。若遂不刻志励行，以追配先人，将何以自立于世哉！"孤等识其言，而不敢背也。先岁丁未，府君弃诸孤，吾母亦既老矣。终日焚香宴坐，每食蔬素。或中夜起坐，取佛家之书而诵之，若有意乎斋心修观之为者。居常，命兆南卜地于吴山，树樾培垄，既周以固。堪舆家有以龙脉向背祸福为言者，吾母闻之，谓兆南曰："贵贱分也，寿夭数也，岂有上天之命，反制于一杯之土哉？兹土吾所安也，儿无惑于言。我死，其必以此地葬我。"今不幸吾母奄忽背弃，倏逾岁时，孤等谨卜日以葬，勉襄大事焉。不惟只承吾母之遗训而不忽忘，亦以见堪舆家之言，儒生所不敢道也。母生于弘治乙卯五月十八日，卒于嘉靖癸亥三月十一日，春秋六十有九。葬以乙丑年月日，墓在吴县灵岩乡东律字围，故吾母所定也。子男三人：长兆南，娶陶氏；次式南，娶郁氏；次乾南，娶薛氏。乾南由乡校升太学，先吾母七年卒。孙男十人：士、基、祯、典、祜、献、礼、祉、祺、翰。士，太学生；基、祯、祜，县学生。女二人，一许聘太常卿徐公之子，一许聘鸿胪丞吴公之孙。曾孙男二人，女一人。痛惟吾母早尝艰辛，中厘家务，而晚年尤苦于多疾，曾不得安享数岁之逸。孤等既不获窃一命于朝，微天子之封命，为吾亲荣。又庸劣惰窳，行业不立，无以显扬吾亲，徒衔哀抱戚以终身而已。呜呼痛哉！顾行绪著于闺门、被于宗族姻党者，不可泯灭，谨掇拾大略如右，敢乞于立言之君子赐铭勒石，列之幽墟。则岂惟先德之淳懿藉之以彰，而孤等不孝之罪恶，亦少逭其万一。伏维钧慈，少垂怜焉，无任哀祈，恳迫之至。孤哀子兆南、式南泣血稽颡谨述。

清周芳《周氏族谱》

先考训科府君行状

〔明〕徐师曾

先君讳朝，字政卿，姓徐氏，苏之吴江人也。徐之先，帝颛顼之苗裔，与秦同宗，实嬴姓，其后分封，别为徐氏。汉以来代有闻人。胜国时有讳某者，仕知龙庆州。（即今隆庆州，穆宗朝以避年号改为延庆州。）实家邑之南麻村，其所从徙，则漫不可考矣。数传为文亮府君讳某，始徙邑城之中河里，文亮生孟昇府君讳达，皆不仕。孟昇生原德府君讳纲，始以赀为迪功郎。原德配王孺人，生三子，先君其仲也。自饮乳时，即奉祖命出后叔父原礼府君讳缙，于是祢其叔而伯其父，盖从礼制云。先君自幼颖异淳笃，不逐凡儿嬉戏。长治朱氏《诗》，慨然有风云之志。顾以疾废，改而从医。原礼府君为福建沙县主簿，先君随侍官邸，从其邑之名医罗某游，尽其术以归。已又取《素》《难》《脉经》及诸家方论，读而思之，业既通，举为额内生。久之训科缺，郡县复举先君领牒北上。既拜，闻母丧，奔还守制。故事土官不持服，先君曰："孰非人子乎？故事何足法也。"竟移文终制。服阕，起莅事，诊治病囚及委他务，咸克办理。正德五年，饥大疫，县令南平萧公诏捐俸市药，以施贫民，属其事于先君，远近就医。先君躬自诊视，又简名医治之，赖以起者甚众。尝署驿篆，上官使客道邑中者，先君承奉唯谨，而举止雍容无欢，且进退之态，见者咸加礼焉。有郡倅行部，好陵其属吏，见先君，顾独霁威，问曰："若非驿丞邪？"先君以实对曰："果然，吾固知非驿丞也。"因徒来配者，多瘐死禁中，积数人乃以一文关白，视人命不啻犬羊然，莫之恤也。先君怜其罪不当死，出之禁中，戒驿卒守之，使乞于市，所活凡若干人。一时绾九绶，前此所未有也。中岁得痔疾，乞致仕。值巡按御史尚严刻，意先君欲偷安也，檄府诘之。时永康徐公讚为守，不肯平署，曰："官怕愿做耳，不愿可复事束缚邪？"无何，守以迁去，署篆者上之，先君竟坐免官。闻者无问识不识，佥以为冤。主上龙飞，覃布恩诏，于是先君复故秩，而致其仕。闻者无问识不识，又相与拊掌曰："有天，有天。"先君于医最精，而不大行于时，有求治者，应之，又不责报，以故生事仅支伏腊。所居数楹，日坐一室，横经课子。暇则与邻里父老谈笑往来，优游卒岁，不知人世之有毁誉荣辱也。有司举乡饮，屡速先君，师儒撰其德行曰："秉心渊塞，养性恬和，利泽普于及人，义方徵于成子。"人以为知言。先君闻之，辞避不敢当，故所举仅一再出，余弗应也。嘉靖二十五年，师曾举于乡，明年连举于礼部，以疾请归，方图禄养，甫岁余而先君遘疾告终矣。寸草未尽，五内崩裂，呜呼痛哉！呜呼痛哉！先君为人诚直忠悫，不立城府，口无过辞，身无过动，绳趋尺步，矩折规周。见人善，谆谆称之，不善不道也。原礼府君后有子，当析产，先君每以让之，而自取不及什二三。父母卒，服丧过哀，葬祭尽礼。忌日必流涕，朝夕为曾等谈先世事，或哽咽废食，老而弗替，其至性孝友如此云。先君生成化十二年三月二十日，卒嘉靖二十七年十一月二十八日，享年七十有三。元配王孺人，举子弗育。侧室孙氏、凌氏。凌氏早卒，生男二，长即师曾，次师程。女一，适顾昇。孙男一，询。墓在邑西北柳胥村鳞字圩，卜以卒之又明年十二月十三日奉柩窆焉。痛惟先君以医进身，而中遭诖误，以儒教子，而竟不享成。虽睹其进，而志则可悲矣。潜德幽行，在人耳目，曾虽不肖，安忍忽而不记也？用是含哀茹痛，攒撽如右，伏惟执事垂怜而锡之铭，以示后人，以信万世，先君幸甚，曾等幸甚。

明徐师曾《湖上集》

先母王氏墓志

〔明〕徐师曾

嘉靖三十二年，岁在癸丑，不肖师曾当应制取进士，欲奉吾母如京师，而吾母以老不肯行。居二年，海夷作乱，逼县城，城中震恐。曾得报，复谋迎养，而吾母以乱故，惠然肯来。以三十四年五月入都城，凡十四阅月，而卒于官邸。卒之四月，始克护其丧归，葬于柳胥村鳞字围祖墓之域中，合先人兆。呜呼！吾母已矣，已矣，仰天长号不可及矣！敢沥血镵词而纳诸幽，其词曰：

吾母王氏，得姓于姬，得望于太原，而居河之南。及宋徙都，始占苏之吴江。曾大父讳珪，大父讳仁，父讳政，母莫氏。吾母年十九，归我先人训科府君徐氏讳朝，字政卿。先人幼奉祖命，为叔父后。吾母妇于伯叔之间，乃能孝养其舅姑，而朝夕岁时馈献于伯氏，无少间，皆得其欢心。初举一子一女，并以殇死。既而不乳，深以宗祀为忧，劝先人置二侧室孙氏、凌氏。后凌氏生曾弟妹三人，而先人之宗赖以不坠。至于抚字之勤，督训之力，则又有近世适母鲜能者焉，故其妹嫁沈氏者化之，亦卒有子。曾年十七，而生母见背，当是时，吾妹才三岁耳。吾母怀而鞠之，不以为累，钟爱特至。既嫁犹念之，至老且死而弗替。盖其慈如此，其他细行不暇悉也。初，曾之赴阙也，母齿已逾时制，曾为之制，而讳其事。比就迎，问而知之，命携以随。既卒，即付匠人，故能诘朝，而殡吊者见之，咸以为达也。嗟乎！闺阃之中，死生之际，盖烈士所难，而吾母处之如此，岂不诚女丈夫哉？吾母享年七十有八，其卒嘉靖三十五年六月十六日，其葬是年十二月二十七日。子男二：长即师曾，兵科给事中；次师程。女一，婿顾昇。孙男三：询、谆、论。惟曾不肖，初储翰馆，既以疏庸失其史职，继叨琐垣，复以寡昧无所建明。然犹腼颜就列不知引退者，冀得一命之恩，以为吾母荣，而竟不能待也。呜呼痛哉！窃惟吾母之行可传万世，然非得有道而文者以为之铭，则无以诏来嗣；非假宠于天子，则无以重斯铭而慰人子之心。今兹未能，不敢以请，姑志其实于此，而俟诸异时焉。昔宋欧阳公表泷冈，在葬后六十年，以谓非敢缓也，盖有待也。曾名位万不逮公，奚敢不亟图之,而顾缓若此,其亦所谓有待者与!

明徐师曾《湖上集》

生母凌氏圹志铭

〔明〕徐师曾

嘉靖十有三年,岁在甲午夏四月二十日,生母凌氏卒。不肖曾即贫无以为葬,乃于卒之又明年冬十月二十四日,奉柩攒于祖茔。越十年,是为岁丁未,不肖曾校艺南宫,谬厕名于榜末,请告养疴家山。乃卜是年冬十二月十三日,敬启攒宫,窆兹幽宅。不肖曾无任陨越,哀号之至,痛惟吾母壹德闺范久或湮没,罔以昭示后人,乃衔哀秉笔,伐石而志之。志曰:

凌氏,吴江之黎里人。曾大父贤,大父复,父彦昇,母沈氏。生而禀幽闲之姿,体纯和之德,秉贞洁之操,服恭孙之节。盖年十七,而归家君训科某为侧室。时适母王无子,朝夕轸念。吾母既归,而生不肖兄弟,用纾顾后之忧,其有功于徐氏甚大。事家君唯唯惟命,绩纴烹调之外,又能治药石,权圭匕,佐医师事以需济人,其有劳于家君甚至。适母旧多病,吾母侍汤药,竟夕不寐,疾止乃已,适母亦爱重之,其有裨于风教甚深。不肖曾结发时读书学文,吾母执女红课其勤,至夜分乃罢。及试有司不售,则命之曰:"女年少,患不学,毋患不售也,第勉之。"义方之训,病且死犹刺刺不休。今幸通籍儒绅,入仕有途,异时窃斗升之禄,效菽水之养,而恨不可得矣。呜呼痛哉!呜呼痛哉!吾母生于弘治七年七月十八日,享年四十有一。子男二:长即师曾,娶陈氏;次师程,娶寿氏。女一,许嫁顾昇。孙男一,询。圹在县北之柳胥村鳞字圩。铭曰:

娟娟淑媛,世有令德。钟厥纯懿,以相阃阈。维跂能履,相承之吉。后昆云仍,施于无极。其后则丰,乃疢于躬。景命不俟,遘此愍凶。呜呼!昊天靡嘉,胡不殄我。祸烈且延,蚤夺我母。三复蓼莪,瞻慕何已!勒名哀告,万年是纪。

陈去病《松陵文集》

陆金传

陆金,字德如,石里人。正德十二年进士,授工部主事,历员外郎中,出知漳州府。郡故有海泊通番,守给商引,则往来无阻,或倚以为盗,例得赂万金。金始至,廉得其弊,痛革之。后海中剧盗黄日金,率众将攻城,势猖甚。金设方略,剿捕平之。议者谓:先时若给引,则盗党公行不可制,以此多其守云。漳人多为盗,掠沿海诸郡。温人有当路者,属金尽殄其众。金恐株累无辜,不可,遂罢官。寻升江西按察司副使,卒。(《献集》云:《徐志》谓仕至福建副使,误。)金颀身美髯,历官二十年,矢志清白,守漳惠政尤著,士民立碑颂之。林居谨约,终日杜门。敝庐数椽,不加营葺,至今人称其清。所著有《石里诗集》。

清乾隆《震泽县志》

乡贡进士钱君墓志铭

〔明〕周用

君讳卿,字廷佐,世称吴江麻溪钱氏。今居县之江南,君再徙平望。祖钰,义民。父瀛,浙江湖州府知事。君生不胜冠,即操笔缀文,间有奇语。补县学生,益缉治,见尺幅,据几辄亹亹数千言不穷。然意气旁溢,不一一就绳约,同业以程文规之,不为改。既而得宋眉山苏氏父子所为文,读之跃然喜曰:"作者不当如是耶!"遂执以为业。捭阖横从,倡和援应,自谓不敢久出其下。每举所著论义,则连篇澜翻,听者省诺不暇,特为色沮。学校监察黎御史以岁考得君文,惊曰:"是当为江之南北第一。"复数以语人,君之名则益以振。正德十四年,应天府乡试中式,自是凡四试礼部不第。嘉靖十年七月十九日以疾卒,年五十四。君学既成艺,时年且少,以为可指取高第见事业,顾为诸生二十年余始与乡荐,人咸惜其遇之晚。君殊不以为意,曰:"今而后岂尚无知我者?"又十年不得举进士,或劝君宜卒业国学,以待选次。则曰:"人各有志尔,尔安能强我?"居常远自期待,不肯龊龊事生理,轻取好施,家无赢资。士大夫往来南北道出平望者,君辄投刺,复为具酒食宴乐,剧论世务,继以篇什相属和,或至累日不厌。所为诗歌类多大言,若不屑于优柔者。又因所居,自号"后溪居士",积稿曰《后溪集》,盖自伤后时所以识也。娶陆氏。子男二:长世忠,次某。女三。嘉靖十二年某月日,葬于县南虞字围之新阡。先期世忠以沈君子由状来告余曰:"孤之考有治命,愿得一言以掩诸幽。"子由于君为同年,其述之也详。余于君居相去也近,相交也久,又悼君之有文而不幸,不得一信其志如其平生所自许,而愤愤以殁也,为铭其墓曰:

君世其学,以毛郑诗。起家诸生,大骋厥辞。爰有华问,沛然四驰。载屯其膏,其施未光。始者之谋,孰云不臧?有志莫雠,伤哉兹丘。列铭于幽,以垂尔休。

明周用《周恭肃公集》

同川陈君明墓志铭

〔明〕周用

君讳理,字君明,吴江同里人。年十一,读书已知择师。十五入县学,下笔类不作常语,复取近时举子所为经义若干首,芟治疵类,纳之程度,具有业次。其余若子史古今、郡国杂志,及氏族支系、字书声变,皆所综博。提学浮梁张御史行部试,事讫,问诸生："能为古文者谁乎？"众以君对。命拟《请立先贤子游后奏记》，君援笔立就。御史曰："即令我自为之，不能过此。"遂廪君于学。三应应天府乡试不第，尽交东南名士，声闻益茂。年五十婴疾，日以沉痼，治之几年不得效，乃来舍邑中就医诊，竟不起，年六十一。高祖某，有孝行。曾祖某，父某，母徐氏。君娶曹氏，生男四：长陟；次陵，国子生；次陆，早卒；次随，既娶而卒。女一，嫁周颂，吴县学生，前进士某之子。孙男四，女三。君自少学问，既长，砥淬擢锋颖，逮屡蹶场屋。又平日所与交游，往往成名相继以去，而己乃独后时，益自奋不为挫。乡邦诸先达率等辈，视君期以远到。其时，刑部尚书立斋吴公致政居里第，尤雅爱重君，每属以文事。吴中士大夫家，凡记传、序铭、杂著，一时多出其手。君器岸轩特，人乐推予。持论据肯綮，辄往复不舍。或值其意之所不可，则众中抗膺剧谈，造次排诋，莫能夺其说。其为君所然诺，则亦充然若有得者。执亲之丧，终始尽礼。建陈氏祠堂，置祭器一仿古制，买祭田为亩者四十。其他区画家事，皆称是子弟不得以赢诎为解。兄某，尝因重役，君作书走五百里，上巡抚都御史邓公，公加礼貌，特为免役。弟某殁，遗孤茕茕，君提携底于成立。至遇宗党，咸有恩礼。君之卒，期功以下，哭之必尽哀。因所居里号同川，所著有《同川集》《吴江志稿》《宋元遗事》，修《陈氏族谱》，定《四礼规》，皆可世守。君以嘉靖十七年某月日卒，是年某月日葬于邑之某乡某字圩祖兆，陟请铭其墓。余辱与君同游，且久相好，谊不可以辞。君之寝疾也，余尝数过问之，退而语人曰："君明不幸而有疾，且至于病矣，乃闻其议论落落，视旧日不少贬。"嗟乎！使君明前时如期得科第立事业，万一龃龉居人后，将犹不免有觖望，况又使之郁郁以穷终其身若此耶！可以悲其志矣。昔人有言，天道远，夫远之，而迩者人也。天曾不以陈君一日获展其志，固将有以遗其后之人也。为之铭曰：

伟如之资，蔚如之辞。縶何阙兮，俾不施。莫挽与推，谁曰乏才。我俟我时。其云其雷。张弓不括，操刀不割。大车以载，其輹则说。有磷斯石，不磨者志。述诗系哀，以贻永世。

明周用《周恭肃公集》

参坡袁公小传

〔明〕王畿

参坡袁公名仁，字良贵，浙西嘉善人也。祖颢，父祥，皆隐居乐道，著述甚富，吴下推为文献世家。公生而颖异，于书过目辄成诵。年十三，父怡杏先生构厉疾危甚，公执事汤药，衣不解带，即大小溲，亦曰侦视，以为忧喜。每夜焚香吁天，求以身代，梦祖菊泉先生告之曰："司命者感汝勤恳，增汝父寿一纪矣。"明旦，父病果愈。弘治甲子，父终于正寝，公为孺子慕，水浆不入口者三日。母朱孺人以哭夫而病，公左右就养。出遇客，则毁容挥涕，哀动路人。入侍母疾，则变哀为愉，曲候颜色。未几，母亦没,去父没之期才一十七日耳。公居丧悉遵古礼,寝苫枕凷,馈粥啖蔬。既葬庐于墓所,朝夕拜谒,洒泪成血,感白雀来巢,青芝生于墓,乡里咸以纯孝称之。三年之葬毕,每至忌辰,辄疏食迁坐,不笑不语者终日。俗节上奠,追思不及养,泪未尝不沾沾下也。公与关中孙一元、海宁董沄、同邑沈概、谭稷辈为诗社,心斋王艮见之于萝石所,与语,奇之曰:"王佐之才也。"引见阳明先师。初问良知之旨,先师以诗答之曰:"良知只是独知时,自家痛痒自家知。若将痛痒从人问,痛痒何须更问为。"瞿然有省。然终不称弟子,有谤则告,有过则规,先师以益友待之。嘉靖戊子,闻先师之变,公不远千里,迎丧于途,哭甚哀,与予辈同反会稽。自是而后,予至嘉禾,未尝不访公。公闻予来,亦未尝不扁舟相过,故予知公最深。大率公之学,洞识性命之精,而未尝废人事之粗雅;彻玄禅之奥,而不敢悖仲尼之轨。天文、地理、历律、书数、兵刑、水利之属,靡不涉其津涯,而姑寓情于医,谓可以全生,可以济人。著《内经疑义》《本草正讹》《痘疹家传》等书百余卷。仁和邵锐患眩瞀,久不瘳,诸医莫效,邀公治之。公既诊,不付药,惟坐谈清虚广大之旨,邵听之忘疲。谈三日,病良已。其子问故,公曰:"而父之疾在心,非药石所能及。病由心生,心空则愈。且而父素拘于方之内,而吾以物外之言涤之,宜其霍然而解也。"邵遂相与订为心交,曰:"吾阅人多矣。如公者,海内第一流人物也。"昆山魏校召公治疾,使者三反,公以书拒之,曰:"倘呼我治心疾,当咬咀仁义以从。"后相见,闻公论议,稽首谢曰:"公抱伊周之志,精孔孟之学,而吾徒以术召,公宜不欲赴也。"丙午六月,公有微疾,闭关谢客,焚香静坐,语家人曰:"世事如梦,生死如影,吾欲高谢尘纷矣。"至七月四日,呼儿书偈一首,投笔而逝。公为文不作艰涩语,惟务阐明道术,主张风教。其诗以三百篇为宗,出乎性情,止乎理义。自哀其诗文为《一螺集》八十卷,今梓行者仅八卷。读《易》,著《周易心法》;读《诗》,著《毛诗或问》;读《书》,著《砭蔡编》;读《春秋》,著《针胡编》;读《礼》,著《三礼穴法》。他所著述尚多。公没后二十年,武塘袁生衷从予游,最称颖悟,予爱之,而不知其为公子也。后询其家世,始知为故人之子,因作小传授之,以志通家之雅。

清《袁氏家乘》1920年抄本

记先考参坡遗事

〔明〕袁衷

参坡公讳仁,字良贵,生于成化十五年六月二十六日未时。公方额长耳,垂颔美髯,尊瞻视,不妄言动,仪容伟然,望之知其为盛德长者。养邃而神怡,和粹之气溢于面目,虽三尺童子,皆恂恂接纳,得其欢心。尝谓:"儒者之道,不独当发己自尽,又当徇物无违。血气之属,皆我与也,皆当徇之而不违。我能爱重一切物类,即是爱重一切人类。吾能爱重一切人类,即是爱重圣贤之类,亦即爱重天地之类。盖天地圣贤之心,本欲我民我物各得其所。今我不伤民物之心,即是不伤天地圣贤之心,慎勿以其贱而忽之,愚而侮之。"故生平一草一木未尝轻折。公以为拯民命者莫如医,而药之中和补益者莫如参,因寓"参坡"之号。武塘王先生讳孟璿,端严有懿行。其次女甚贤淑,欲得佳婿,见公奇之,遂妻焉。公甚少许可,不妄交游,其多闻则友郁九章天民,吟咏则友谭舜臣稷,讲学修行则友沈一之概。祈寒甚暑,手不释卷。处家动遵古礼,性至孝,每祭必哭。虽白首,率子孙入庙,奠享未行,辄潸然出涕,以生不及尽养也。著书甚富,惟《一螺集》沈一之校而梓之,余皆藏于家。又以上医医心病,下医医身病,慨自传注行,而经旨隐世之。学者咸尊传而卑经,凡所演绎,多驱经以从传,忍于背孔孟而不敢背宋儒,病在膏肓,莫可救药。于是,读《易》作《本义沉疴》,读《诗》作《素王》《素问》,读《礼》作《三礼穴法》,读《书》作《砭蔡编》,读《春秋》作《针胡编》,读《论语》作《疑症举讹》,读《孟子》作《孟脉辨》,皆足以提醒人心,而苏举世之痼疾。会与谭舜臣戏作《竹林乡试录》,以讽当世缙绅先生惑志于糠秕之学,而使真诠不显,真才不庸。其拟题命名皆有微意,使柄国者闻之,可以振文运而正士风,盖非徒作也。适戴县令以蜚语获咎,疑谭所为,将举是录罪之,并及公诸编,以为毁先儒而宗异学。公惧,尽焚诸草。幸朝夕趋庭,熟闻讲究,当时著述之意,俨然在耳。交游中亦有间存一二者,频年掇采,仅克成编,聊以志其拯世之迹耳,非公完书也。王氏先卒,生二子:曰衷,曰襄;女一,适钱主簿南土。继李氏,生三子:曰裳,曰黄,曰衮;女二:长适嘉兴张高标,早卒;次适同邑钱晓。嘉靖二十五年丙午夏,公感微疾,语家人云:"吾将行矣。吾欲养静数月,以还太虚。"即命洒扫"半村居"居之,正寝设一榻,闭门危坐,倦即偃卧。至七月初四日,呼笔书诗云:"附赘乾坤七十年,飘然今喜谢尘缘。须知灵运终成佛,焉识王乔不是仙。身外更无轩冕累,世间漫有姓名传。云山千古成长往,那管儿孙俗与贤。"投笔而逝。

清《袁氏家乘》1920 年抄本

硕翁公传

硕翁公讳硕,富一公之三子也,随富一公迁于吴江。由乡贡进士候补县令,读书稽古,终身不仕。时邑宰刘公讳泽,字济民,敬公贤,造庐而请,曰:"登公之堂,长者怡然,幼者肃然。与公相接,其仪穆然,其言蔼然,公其纯孝乎。盖移孝所以作忠,盍出而共图国政?"公曰:"明府之奖我过矣,明府之知我则未也。我之无忤于亲者,亲之慈也。无违于兄者,兄之友也。子侄幸无大过,然亦无所为燕翼之谋也,安足云孝乎?"遂固辞不起,惟养志娱亲,恤邻睦族。凡子弟无力延师者,悉教诲之,列邑庠者五,举孝廉者二,如崔南阳、盛世臣,其犹杰出者也。生平寡恬语默,廉介不苟,孝友闻于郊外,惠爱遍于里中。其诗文著作颇多,惜未付梓,故未盛称于世云。

清徐书城《吴江徐氏宗谱》

子威公传

　　子威公讳振，显一公子也。为人端庄而嗜学，由浙籍庠生屡试冠军，选拔入成均肄业，终国子博士。文才称于时，著有《芦乡集》一卷。其传家则耕读，保族则忠厚，迄今遗训尚存。生于前明成化年间，卒于嘉靖二十八年六月。其时族姓最盛，与莳门一支常相往来，故送公葬者，人几千，舟几百。有金泽俞氏欲聘公孙女为媳，将因送葬访其容止。然女子数十皆以布帏，终不得一见。俞氏曰："家势如此，礼法可知。"遂求婚焉。公有堂弟名思本者，岂恭二公之子乎？抑恂三公之子乎？未可考矣。

清黄以正、黄锡爵《松陵黄氏家谱》

太常公传

　　太常公讳汉，字宗海，号水西，半闲公之子也。少贫力学，倜傥有志略。身长七尺，美须髯，善谈论，人见之无不敬者。为诸生有名，然逡巡庠序二十年，至正德丙子始举于乡。又三年庚辰，中会试，值武宗南巡，明年辛巳始廷对，起家刑科给事中，则公年四十有二矣。后进户科左给事中，时肃皇即位，言路方开，公以谏诤为己任。中官马俊、王堂久废，忽自南京召至，将复进用，公竟论罢之。又言改元诏蠲四方；逋税半饱奸橐，请以民间已纳未解者作来年正课。又请以籍没奸党资数千万，悉发以补岁入之不足。并见采纳。会留都有风雷变，京师地震，乃援引《洪范》，反覆数千言。其他论锦衣不当典刑狱、林俊不当使去位，皆切时弊。旋以疾告归。丙戌补原官，然公性亢直，不肯事权贵。先是，辅臣张孚敬与公同年，意公必附己，公终不往，孚敬衔之。李福达狱起，词连武定侯郭勋。勋营庇甚力，理官持法者皆下狱。公疏言："祖宗之法不可坏，权幸之渐不可长，国之大臣不可辱，贼之妖妄不可数。"于是，勋嗾孚敬并治公，廷杖诏狱，削籍为民。后十余年赦，复原官。辛丑，勋坐事逮狱，尚书毛伯温欲荐诸朝。公上伯温书曰："仆东吴之鄙人也，误蒙朝廷厚恩，备员谏职。夙夜冰兢，勉图报称，力小任重，卒与祸会。近闻明公拔茅起废，复欲荐仆于朝，意甚厚也。然窃恨明公不量其有不可者，故敢以书闻焉。始仆少时，自负颇重。初在谏垣与闻政事，即欲乘时有所建白，以佐天子维新之治。然不审机宜，不识忌讳，首劾张、桂，继弹席、霍，末言张寅，触犯武定之数臣者，皆天子之股肱，所亲任而信之者也。仆以疏远小臣，一旦深言若此，得无犯疏间亲之戒哉？则虽投之荒裔，置之重典，自人言之，孰不为固当然者。然赖主上明圣，止于落职，生还故乡，实出意外。而此数人怨入骨髓，则未尝一日忘情于不肖也。以故得罪以来，食不甘味，眠不安席，忧惶交集，惟恐再罹法网，以无自解于天下，此明公之所熟闻者也。向使不肖冥顽不悛，则当道之人承望风旨而下石者有之矣，安能笑傲园池竹石之间，有此今日也哉？古之仕者有二：大者行道，小者为贫。仆自受恩，首违孔子信而后谏之义，继此东归，戮力耕艺，家有余财，可以自给。上之不能行道于时而取高位，次之无所贫乏以待禄资，仆于二仕，无一可者，优哉游哉，为圣世之逸民足矣。往年张、桂、席、霍，相继死亡，武定近亦逮狱，仆始得高枕而卧，蔬食而乐。较之向时，刀锯若其在前，芒刺若其在后，已不胜大愿，况愿其他以求仕进哉？然公之意，则已藏之胸中矣。古人云：人各有志。仆今志在山水，不能从公于台鼎黼扆之侧也。"伯温高其志，卒如公请。居家二十年而殁。殁后二十年穆宗立，赠太常寺少卿，庄烈帝追录谏臣，予专祠，编入例祭。所著有《谏疏》十三篇行世。

清沈始树《吴江沈氏家传》

张连卿先生传

〔明〕吴秀

明张源，字连卿，镇木香张氏□提举□□公五世孙，于镇西马赋家焉。生而颖异，嗜学，无间昼夜，于书靡不淹贯。为文雄伟不群，苏郡知名士咸退舍，诸右族争延之师焉。事继母，以孝闻。抚孤侄，赡贫族，葬旧师，能竭其力，人受之，却勿受。嘉靖壬午举于乡，壬辰授明州别驾，不阿上官，不畏豪黠。复杜、白二湖，为民永利，赈荒举废，曲尽权宜。奉檄剿倭，提兵直前，倭以遁去，边海引为长城。而上官衔之，奏调德安府，平狱奸盗，声称愈赫。改怀庆府，值吉囊深入，先生历览山川，得石磬窑高岭深，堑可立城控扼。监司遂命董役，两月城成，兀然险固。其他善政清节，三郡如一。秩满给文赴部，先生曰："吾何恋一官，为彭泽公笑。"遂拂衣归。所居不蔽风雨，妻子苦饥寒，而兴味自若。且吟咏著述，有《浮泛集》《水利》二卷。玩古名画，时一运笔，妙入上品。隆庆改元，闻肃皇帝上宾，哀恸而卒，时年八十有八。呜呼！先生平日恂恂，退让如怯，而遇事百折不回，有万夫莫当之勇。寸茎粒米，不忍屑越，而却羡例之金，挥掘地之钱，以穷乏其身。虽得市井，嫌宁不为，有道重乎！其摄生也，饮食有节，步履有方。而负母出烈焰中，奋不畏死；哭君徒跣，罔顾僵冻之身。其忠孝大节，凛凛若此，惜乎世鲜知人，卒沦下位。士皆逐功利，无实学，敦行者为其徒以同昌明吾道。秀为先生从甥，孩提时依母侍左右，□静语言，以为真夫子。奈何稍长，糊其口于乡塾，迨中式期就业焉，而先生□□，欲仿佛其万一，无乃气数适然。房杜之孙不立门户，汾阳之宅为寺，马燧之地为园，自古惜之与？呜呼！天定固能胜人，人定亦能胜天，善小勿为，恶小为之，亦足以致咎。矧以盛年遭际，嗜欲方深，势焰易行，岂无伤害！纵有回心，衰莫而套，习已成业，不可解。是故君子终身之忧，日夜兢兢，求不为衅孽，以贻子孙，其永昌炽，非所能必也。沧濂郑君秉厚，处州人也，来学于一泉水氏。而年实长，黑面多髯，执弟子礼甚恭，众皆哂之。赴试第二，余以同学。辛未进士，列官大参，经行时报谢，甚厚于寺，宜不朽也。智柔释氏，以能敬礼士君子，儒者之徒也。故以斯言告之，若使佛法有无量福田布施，岂直区区已哉？姓名亩数，开列碑阴，以俟续此者。时在万历三十年岁次壬寅秋月。

陈去病《松陵文集》

周母钟孺人墓志铭

〔明〕徐师曾

孺人钟氏，世为吴江人，处士讳某之女，而训科周君讳同之妻也。钟故富家，孺人生长丰腴。及归，而见周君儒素家也，服食俭约，心顾安焉。且为早夜拮据，操管籥，权赢缩，以理内政，用能振拓先业，列于富饶。然性好施予，有余辄斥以周贫乏，故囊无长物焉。性又至孝，事舅赠资政公及其姑计太夫人，能以志养。公好客，孺人与其姒施夫人，共执汲爨以供具，唯恐不当其意。周君之兄宫保尚书谥恭肃公用，初为南京给事中，而资政公寿终于家，不及视含敛以为恨。孺人相夫治丧，极其诚信，人曰使给事君自为之，亡以过也。恭肃闻之，因以少慰云。太夫人暮年尝病淋，孺人奉侍汤药，晨昏不离侧，且为日污其私积，岁余不怠。恭肃长子寻甸知府国南，早失母，孺人抚之如己子，又佐其婚娶，同爨十余年，庭无间言。孺人数乳皆得女，自度不能子，选饰妾御，荐进不忌。厥后图南生，保护备至，逾于己出，图南虽长，不知其非孺人生也。其待僮婢亦若子女然，有数年在旁，未尝一被其笞詈者。呜呼！其贤如此。周氏家烂溪之上，嘉靖三十五年，海酋入寇，图南奉孺人避居邑城，感痾二十余日而卒，是岁七月二日也，享年七十有七。子男一，即图南，太学生，瞿出。女四：长适福建按察司副使卜大同；次适陈国光；次适太学生沈嘉绩；并孺人出。又次适县学生史天成，沈出。孙男一女三，皆幼。图南以乱故，亟于营葬，而卜未食，乃以其月二十八日举柩攒于大牛之丘，明年二月十八日始克就窆合周君兆。先期持国南所撰事状，诣予徵铭。予方归葬适母于乡，泣志懿德，而孺人之贤，实出一揆，予于是重有感焉。盖予观风人咏妇人之德，不一其事，而其本则在《关雎》，取其不滛于色，而无伤善之心也。江沱小星则异于是矣，而后悔之恩在公之惠，犹歌之以为美，而删诗者列于"二南"，非以德之难哉。世衰俗敝，教不逮于妇人有如吾母与孺人。绝妒媚之私，臻诜绳之效，殆不必位分仪等之同，而德则庶几矣。使其遇能诗之媵，必将播诸声歌，以垂于无穷。今不遇矣，于其来请，宁忍使之无传？铭曰：

有美孟钟，来嫔周宗。婉娩其容，妇顺母仪。协于孝慈，其德则熙。遹蕃选饰，以绵胤息。实维其德，大牛之丘。铭以告幽，万祀千秋。考德于兹，式媲盛时，风人之诗。

邑人徐师曾鲁庵氏撰。

清周芳《周氏族谱》

乡贡进士盛君斯瞻墓志铭

〔明〕朱希周

吴有著姓曰盛氏，出宋文肃公度之后。历十四世有讳寅者，仕国朝为太医院御医，以儒医著称。御医生汝政，汝政生用初，用初生朝臣，号东溪。东溪业儒不仕，而教其二子皆以成名。其长为今云南按察副使斯徵，其仲为乡贡进士斯瞻。宪副君扬历中外，勋业卓然。而斯瞻复以才行自振，人皆以远大期之，谓必趾美其兄，而不幸早世。呜呼惜哉！斯瞻讳应望，自幼端重谨饬，无子弟之过。性复颖悟好学，甫成童即游郡庠，克自奋励，无间寒暑，三年而学底于成。为文章援笔立就，而理致精到，不类少作。迨长，尤博学多通，至于历数方药之书，靡不研究。尝得河洛数学一编，一览即臻其妙，虽专门者或弗逮也。居家事亲甚谨。宪副君初为工部主事，遭诬远谪，斯瞻虑贻父忧，旦夕承顺左右，务悦其心。东溪翁安之，未尝有不豫之色。少丧母胡安人，哀毁骨立，执丧如礼。其后丧父亦然，时节上冢，辄号慕如初丧，人称其孝。处兄弟姊妹，友爱甚笃。遇族党咸有恩意，与人交乐易可亲，然未尝有亵狎态。平居简静，寡默言，若不能出口。至评论人物，揣度事变，历历如指诸掌，识者又知其为有用之材也。正德庚午秋，中应天府乡试。明年春试礼部不偶，遂入南雍。素羸弱多病，至是奔驰南北，困惫特甚。时南都之士从游甚众，复为极力刮劘，矻矻不休，遂以劳苦致疾。疾既剧，乃舁归于家，竟不起，实正德七年闰五月七日也。其生为成化十八年十一月四日，得年仅三十有一。配刘氏，有子一人，曰之机。宪副君自滇南闻讣，哀恸不自胜项，以公事如京师归，过吴中，乃卜以卒之又明年四月二十日，葬于吴县荐福山先茔之次，自为状请铭于予。惟昔斯瞻领乡荐，予实承乏校艺，方以得士为庆。其殁也，为之痛惜不已，铭又何辞？铭曰：

呜呼斯瞻，学成行修，而夺其年。胡为夺之，命也则然。其可尽者在我，不可致者在天，惟科名之不朽，虽殁世而永传。

赐进士及第、翰林院侍读学士、奉训大夫、经筵讲官兼修国史、睢阳朱希周撰。

清盛钟岐《平江盛氏家乘初稿》

故黄先生同妻钮氏合葬墓志铭

〔明〕徐师曾

按状：先生姓黄氏，讳纪，字以陈，世为吴江人。曾祖埙，祖璋，父畿，母徐氏。初居北麻漾，后徙双杨村。是时钮氏有讳某者，亦自桃溪徙邑城之中河里，生钮孺人，聘先生而就馆焉。故黄氏之再徙邑城，自先生始也。先生少时，状貌不类凡儿。长治举子业，补邑学生，校艺有司，有司最其文，由是声称隐隐起，吴中弟子执经受业者甚众。经旨承其口授，辄取高第去，已独五试京闱不售，盖晚而饩于官，然非其好也。初先生之为学也，稽日按程，每漏下四鼓，即枕上默诵经书一二卷。黎明乃起，讨究坟典，商确古今，日著经义，皆傅传注。间作古赋，诸篇辞旨温丽。穷昼之力，复继以夜，矻矻不少休。故虽业擅《尚书》，而旁经群史百氏等编，靡不该洽。尤邃数学、洪范、皇极，能诣其奥，此则经生所未有也。当其时，孺人凤夜拮据，躬服俭朴，以佐其勤。及屡下第，先生或怏怏不乐，孺人复温言慰之，终身无怨言。先生少失父，事母孺人甚谨，孺人岁时献遗，罔不当意。常祀视具必极精胜，不苟从事也。先生为人笃于孝义，睦姻戚，信朋友，略权势，而矜贱贫。其待人也，三尺之童必为加礼，一事之善乐于表扬。至其与内兄比椽而居，共爨而食，垂三十年无间言，此尤古人所难能，末俗所希觏也。呜呼！先生之敦睦外族，孺人之克恭厥兄，具见之矣。世有昆弟分门顾若寇仇然者，视此不有愧哉？先生垂易篑时，尝著《家教》一卷。既没，而孺人益珍袭之，时出以示诸孤，指其云云，辄为感恸。其躬勤力作，不异先生在时也。先生卒于嘉靖二十一年闰五月二十五日，享年六十。而孺人则以三十年九月十六日卒，享年五十有九。子四人：炎、实，并卒；宸、宁。宸等卜地于邑之范隅乡庞箕字圩，崇土为坟、窀埋为穴，将以三十二年某月日奉二柩窆焉。乃持其门人乡进士叶懋学所为事状，谒铭于予。予闻之先生尝有言曰："贤愚在人，穷达由命。"善乎！斯言也。夫以先生之敦善行谊、博学闳辞，使为世用，其设施可概而见也。乃竟郁郁赍志以殁，不获一试于时，岂其人非贤邪？将命之不遘也，感而为铭。铭曰：

圣远教湮道绝塞，浇惰成风厌匡救。伟哉先生崇厚德，廉顽敦薄刑家国。士女无荒恒翼翼，翱翔凫雁思厥职。既畜乃通数之极，蕴而不施我心恻。双璧同瘗作世式，贞珉刻辞永毋泐。

明徐师曾《湖上集》

明故浙江杭州府新城县知县蕉园徐君墓志铭

〔明〕史臣

君姓徐氏，讳应龙，字辰夫，蕉园其号也，世为苏之吴江人。入国朝有讳真者，始以人材授丽水丞。丽水公生琛，由儒业为泰宁令，良有嘉绩，至今泰宁称名宦，吴江称乡贤，两邑率以春秋祠之。泰宁公生章，为永州、金华两府推官，笃厚严饬，所居则化，一如泰宁公也。金华公生太学生资，号可山。可山虽弗通显，乃克绍其世懿，而闳其名声，所与游者多天下贤豪焉。娶王氏，为中丞好斋公妹。妇顺母则，咸正无缺，生君，乃可山嫡冢嗣也。君少而颖异，壮而倜傥感概，伟度雄谈，卓焉不挠。初游邑庠，善举子业，为莆田黄公所重，食以廪。而尤善诗歌古文辞，棠陵方公宰昆山，闻君名而造之，则分韵赋诗，万言立就。方公惊讶，嗟叹曰："安有如此材，而长不遇者乎！"于是声称籍甚。一时若水西沈公、石里陆公、后河申公，则皆相观而摩之友也。然屡摈于有司，卒与计偕，荐绅先生多恤焉。方天子登极之始，兴道致理，而大学士张罗山条奏三途并用，弗限年格，专选才行。繇是君得为新城令，诚简命也。新城民多桀黠喜讼，号难治。尝有奸如山，历数尹不敢犯。君性既刚毅，而又以一时知遇，慨然欲革其俗。务在摧抑强御，矜哀愚弱，而奸豪窃窥，已自疑畏。值县旧有杀人者，尸亡无验，而反系无辜者家，疑莫能辨，殆十年矣。君一日行视民税仓庾，间有蛙鸣走而前。君谓："方今冬时，而蛰虫乃出，意者有冤欲伸乎？"则询左右，得旧杀人者家甚迩。即命捕其奴至，一讯而得其情，盖埋尸于土，而树竹其上，已成林矣。其事远久，则得昭雪，繇是遍邑中颂其神明。而昔之奸豪疑畏益甚，以为徐君发摘奸伏如此，吾辈将安所容身乎？乃相与拾君之几微，诬诉上官。上官不能白，遂左迁为山东东昌卫经历。凡卫指挥使判裁予上，而经历司其文移往来，顾为属吏。又武臣籍其世资，率多骄恣。君乃叹曰："嗟乎！吾结发读书，所蓄何若？而乃使我仰事武弁耶？陶彭泽不为五斗折腰，有以也夫。"即拂衣起，竟归，不复仕矣。居无何，遭可山之丧，自始敛暨葬，诸凡仪节，罔违于礼。既而无所事事，常游遨于所谓"蕉园"者，而著述益富焉。昔之三友，又致政家居，乃日与还往，尽山水林池之乐，常称曰："吾适吾志耳，安能为流俗俯仰哉？"刚方独立，始终以之，而庸众人颇讪诮矣。忽一日婴疾，度不可为也，悉召亲党故旧宾客赘聚为别。则出所蓄文山寄弟妹真迹，题其后，以属异母弟应旦曰："康吾老母，字吾幼孤，毋易吾家范，吾死不恨。所为示文山之札者，以兄弟之情不殊也。"言讫而别。观者无不叹其亲亲厚托孤明焉。又数日疾革，已不能言，徒举手书空，连作正字。其异母弟应数曰："欲迁正寝乎？"则为首肯，遂迁就席而瞑。呜呼！人莫大于死生之际，世之号丈夫者，鲜不为儿女子涕泣悲哀。而君乃尔，非素读书明于道理，乌能如是耶？君有诗文遗稿若干卷，未暇梓行。配李氏，於潜令南园女，淑媛宜家，更仆难数，先君十年卒。子男一人，曰鼎，侧室鲁出，聘史氏，即余之幼女也。女五人：三李出，婿顾文翰、吴冲、陆汉。余侧室李出，一受赵氏聘，一尚幼。鼎始孤单，弱不克葬。今生十五年矣，足以自树，乃卜卒之六年十二月二日，葬于邑西南卯字围祖茔之侧，启李氏之殡合焉。君生为成化二十年七月二十五日，卒为嘉靖二十三年十月初四日，寿为六十有一。余与君雅相好而晚联姻，知君颇悉，故因鼎之请，遂次其事而为之铭。铭曰：

南洲之胤，为吴名族。五世其昌，维君方毂。作为文章，珪璋满椟。厥治蜚声，纪异有录。眷彼文山，昭哉尔嘱。以正而终，伊谁不淑！严霜未干，有蕉徒绿。郁彼祥丘，坎尔玄玉。百千万年，尚歆丰祝。

赐进士出身、云南布政使司参议、眷生史臣撰。

邑庠生、门婿顾文翰书丹并篆盖。

吴江博物馆藏拓片

故赠奉直大夫定州知州潘公夫妻合葬墓志铭

〔明〕徐师曾

南京刑部郎中潘君志伊,将奉其母太宜人柩合葬封君之兆。乃具事状,介其同年友工部主事钱君宠伯来乞铭,且曰:"先大夫葬二十余年,而未克志。呜呼!吾罪人也,敢并以累子。"余辞不获,乃按状志而铭之。志曰:

封君讳云,字用望,姓潘氏。世家吴江平望镇之水东乡,人称为水东居士。曾大父景庸,大父珪,父完,代称谨愿。完生三子,封君其季也。母刘氏。封君性卓荦,学举子业,寻以家务废弃。而博通子史百氏之书,喜为诗,尤工近体。中岁遘疾,因治医,以其术济人,屡著奇效,盖其多能如此。配太宜人费氏,父璋,母马氏,择婿得封君,即授馆焉。凡厥佐理,皆当其意。其葬妇翁也,悉心经纪,不以劳其幼子。其丧考妣也,躬亲办治,不以烦二兄。其还所受田庐于外家,而孑然以归也,不与伯仲言析产事。其未有子也,教其从子登游邑庠,而不幸蚤世。宜人又以从侄孙女为己女,抚而嫁之。其后得郎中君也,训诲课督,至屏樗蒲旧好,以示义方,尤人所难。凡此皆封君之德善行谊,而宜人赞助之力居多云。郎中君成进士,初知定州,再腾荐剡。隆庆二年,以建储恩赠封父母如制,人以为荣,然念封君不逮养,则又欷歔泣下者久之。及迁南曹,以道近请迎养,宜人不肯行乃止。赴官二年,而宜人卒。呜呼哀哉!封君生成化二十一年十月四日,卒嘉靖二十九年闰六月十日,葬三十三年十二月二十二日,享年六十有六。宜人生弘治二年正月九日,卒隆庆五年二月四日,葬万历元年正月四日,享年八十有三。墓在里中羔字围。子男二:长即志伊,娶陆氏,侧室凌氏出;次志皋,娶吕氏,继於氏,侧室徐氏出。女四:长适尤守德,即宜人所育从侄孙女也;次适吕孝;又次适俞宪,又次适沈国祯。其适吕、沈者,凌出;适俞者,徐出。孙男二、女四。余尝闻平望多隐君子,其在本朝最著者,莫如曹孚颛若氏。封君岂闻其风而兴起者与?至若宜人之贤,则未知颛若有亡何如也?是宜铭。铭曰:

贪夫徇利,孰为教谊。妒妇修容,孰为亢宗。羔羊小星,世不常逢。翩翩凤凰,言集于松。松陵之南,水流淙淙。是曰平望,厥原郁秾。后先廿载,异椁同封。代有显人,灵秀所钟。匪灵之钟,维德之莫。我铭玄堂,永昭士覭。

明徐师曾《湖上集》

中顺大夫传

〔明〕周光镐

顾之族之著于东潊也,自有商封爵始,代有闻人载在典籍者,可得而睹纪也。越我明希阔无多,显述于正德间,则中顺大夫出焉。讳昺,字仲光,别号平野。先世有隐德，父赠比部公顷，以公生有奇质，知必贵，故厚督之。而公果敏悟，善博记，十七补弟子员，益弘肆于制科之业，业是用显。既领应天荐，成进士，称子大夫，筮令将乐。将乐严邑也，半杂戎伍，居稍不振，则噬我黎民，重绳之，又群诟以起，故号称难治。公至，申以约束。会有千户某，素骜悍，竟置之法，盖伐其尤者，众遂帖服。他有所建除，无不采民间意指。尤重学宫，奖掖士类，会闽秋试，公独多得贤，是时盖绰有民誉矣。乃徵拜刑部主事，是为嘉靖初年也，以有庆赍恩，赠父如其官，封母妻为安人。惟时朝议大礼，公持论不合，疏上夺奉。乃以母年老矣，迎不欲就养，即疏改南。疏曰："臣不幸少孤，犹幸窃升斗禄，以逮养臣母也。顾臣母韩年老，以北地苦寒不能就子舍，惟朝夕甘毳之情尽缺。臣忧母甚，母亦思臣甚，愿以臣调南曹，非敢忘宿卫也。以就母养便，臣愿效犬马心。"遂改南比部，寻擢兵部武库郎。无何母逝，而公痛可知也。服除，起补比部，署广东司事。盖诸曹务最简，惟是司则典畿以内，刑狱太剧，故主爵者以是属之，遴其才也。公素明习仆区家言，尤善为讯。后先居刑曹，所论比无不当，居一年，则擢汝宁守矣。汝宁多藩封巨室，公特以廉靖镇之，有所究追，即不为钩距，而人无敢以铢两奸欺诳者。于是治行为二千石第一，然公稍餍干事矣，遂疏疾归。归则筑菟裘以自老也，日用声诗自娱乐。而二子太学君名节、奉政君名义，能迎志为养，以故时推毂公，公竟不起，非以子贤而所养者适哉！公性恬愉，嗜问学，即中外为吏时，不以对簿牍故少辍。尤喜施予，诸贫交，疏昆弟，无不厌其意者。人咸谓公厚德可以引年，乃竟以六十卒矣。初为令有惠政，邑人尸祝之，乃以是时举仲子是为奉政大夫。奉政大夫讳名义，字仲畏，举于将乐，人尽谓中顺公惠德之报云。万历辛巳，南京吏部考功司郎中、潮阳周光镐拜书。

明顾绍业、顾绍龄《顾氏族谱》

故处士张克济墓志铭

〔明〕徐师曾

黄帝青阳之裔出自弓正，曰张氏，实为海内著姓，而居吴中者最多，然皆各分族，属谱不相通，则其势然也。其在吴江，国初有讳瑛者，以岁贡起家，仕至左佥都御史。瑛生士能，士能生芳，芳生昂，昂生珮，珮生君。自士能至珮，并以诗礼缵厥绪，而不显于时。君少治《诗》，即有绍恢先业之志。年二十余，选为弟子员，一时俊乂多见许予，如按察副使陆公金、佥事申公惠，相与讲艺，尤善且久。其后二公皆次第举进士，君独落落不合于有司，终至摈弃，然君安焉，曰："是吾命也。"君有二弟，仲曰淮，季曰庆恩。淮夫妇相继早世，君治葬事从厚，收其女抚而嫁之。后庆恩又殁，其妻庞氏守志，君复委曲赒之，以成其节。平生以气概自负，虽处困极，未尝妄求于人。人有馈遗，多谢却不受。尝馆于陆氏，有商持珠来售，偶遗一囊去。去二日复来求珠，君取囊还之，商大喜过望，愿留其半为谢。君怫然曰："使我为常人，不利女全囊，顾利半囊邪?"其好义类如此。君讳汉,字克济。以弘治二年五月一日生,卒于嘉靖三十五年五月十三日,享年六十有八。初娶方氏,生一男四女。男曰星,县学生。婿曰李孚,省祭官;曰沈应魁;曰沈敷言,太学生;曰李有基,县学生。继娶姚氏,生一男二女。男曰呈,出继庆恩嗣。婿曰陈王道,县学生;曰沈兆元。孙男三:道光、道充、道元。女二。星卜某年月日,葬君于邑城西原无字圩祖茔之侧。先期买石,自撰事状,来徵余铭。余惟先人与君父为莫逆友,君视余先人则父之执也。先人晚岁生余,故星又与余同游学官。溯厥契谊,三世于兹,则斯石也,非余其谁铭?铭曰:

总宪之先,世系莫详。彼不通谱,并氏青阳。士能而下,以至于珮。诗礼相仍,厥绪罔坠。桓桓张君,志节有闻。命也限之,咎曷在文。抚嫠育孤,维孝若友。虽值困穷,取予不苟。桓桓张君,志节有闻。靡究厥施,留畀后人。先墓之傍,君往即宅。懿德在铭,子孙是则。

明徐师曾《湖上集》

大明故湖广按察司副使沈公行状

〔明〕徐师曾

公讳启,字子由,姓沈氏。其先河南人,随宋南跸,居苏之长洲。有讳思孟者,来赘吴江王氏,遂为吴江人。曾祖端,祖本。父经,医学训科,以公贵赠承德郎、南京工部主事。母吴氏,赠安人。公在娠七月,吴安人梦牛触怀,短角而有鳞,觉而生公。四岁时,好弄梓片零砖,架屋为嬉戏,辄前后贯通。工部公见而奇之,曰:"此异日肯构儿也。"十四五从吴邑二卢先生游,并见器重。十九入邑庠。二十而孤,屡任剧役,备尝艰苦。又先业为势家所夺,公与构讼,系狱两月,犹日课经义二篇,故业不废而学愈充,每督学御史临试,辄置优列。正德十四年,举应天乡试。嘉靖十七年,始成进士。明年乞就南选,拜南京工部营缮司主事。时肃皇帝幸承天,当造龙舟以俟,然未知水陆所出,弗豫则失事,徒费则扰民。尚书周公某难之,谓属吏曰:"此役非沈主事不能办也。"趣公至。公请具百需于龙江关,而遣人觇实始兴工。后驾竟从陆,得不妄费。周公大喜曰:"吾固知非沈主事不能办也。"中都内臣请修皇陵,事下南工部,尚书宋公某委公偕锦衣指挥朱公某勘议。曩时文武官会议,武官欲序秩,而文官多执先文后武之说,往往争道不相能。公曰:"先私而后公,非人臣自靖之义也。"于是序秩,朱公说。公因从容言曰:"此役也,公闻旧制乎?太祖遗旨:皇陵毋得动寸土,违者以奸论腰斩。今日往议,当如何?"朱公拱手曰:"唯命。"既至,诸内臣计度甚巨,费且百万计。公具以遗旨对,且曰:"即如太监议,是动土也。"朱公应声曰:"太祖有旨,谁敢故违?"内臣曰:"沈大人何以覆奏?"对曰:"唯可修墙垣耳。"由是费不及千两,宋公称善,自是有疑事必询公,常称为先生而不官。考绩北上,宋公亲送之郊,曰:"属官无此故事,吾为国礼贤尔。"公有志经济,在南都三年,凡官军俸粮,以及解额积兑之数,靡不周知。一日，吏部侍郎张公某问户部郎以粮数，户部郎谢不知。问兵部郎军数，兵部郎谢不知。又问户科官积兑之数，户科官又谢不知。工科高给事中某从旁言曰："此唯工部沈主事能知之耳。"张公见访，尽得其数，叹息而去。嘉靖二十一年考最，调刑部四川司主事，寻升本部河南司员外郎，转浙江司郎中。公谨持三尺而不尚苛刻，尚书闻公渊雅重之。有六人共盗，其一人实为谋主，而不分赃，意在奸也，且又自首。先是，问官免首者，而五人皆论死，不服，则以付公。公廉得其奸状，竟坐首者，余五人得减死。公在部承诏狱三十余事，上意叵测，人为公危。公一断以法，并蒙俞允。其违迕权贵亦多，赖闻公调护云。嘉靖二十四年，擢绍兴知府。绍兴辖县八，而会稽、新昌、萧山三县田赋不均，粮役偏累。公平其额，而令长里者收之，计岁番休。其始，巨室讻讻，后乃称便焉。郡境濒海，其人或通番，或盗劫。时有许栋者啸聚双屿港，兼冒二法，众至五六万。乡绅绅欲挟其势，开市舶以规利，因草疏授公曰："庙谟已定，烦公转奏耳。"公疑不可。会公以他事入会城，遇其同年给事中刘公洵，问讯北来事，因出前疏草示之。刘公惊沮，与公意合，事遂寝。绅绅大恚，许栋之党王直者，尤号狡狯，纳交士大夫，一时藩臬诸公间有被其污蔑者，独公与巡视都御史朱公纨不得间，直叹曰："苏州人何难与若是邪？"上官咨海寇事，公初建四议，再建八议以复，其后历历皆中云。郡多山田，民每苦旱，又室庐用筏畏火，公祈雨雨湑，祷火火灭。又有鲨鱼化虎入山，为民害，猎者莫敢撄。公作文祭山神，即日复化为鱼，出海去。嘉靖二十九年，迁湖广按察司副使。时征辰溪诸洞苗，督抚侍郎张公某属公纪功。公欲诣山寨，侍郎怒曰："女何不驻府城，而轻出远县，万一不虞，罪将及我。"意在急于报功也。公起对曰："旧例，纪功官与监军官同，皆须临陈。某既承委，何敢避难？"即与监军副使张公某同行。挟首级至者诈称黑苗某。公验之，曰："此级未冠，稚子耳。黑苗某素骁勇，殆非真乎？"斥其功弗纪，总戎、监军皆不说。已而黑苗某复出抄掠，监军曰："罗微公言，几误乃事。"深以为德焉。初，督府下令斩一苗，赏白金五两。是时良民被虏者甚众，官军多冒杀以为功。公议生获被虏人口者，男子与斩苗同赏，妇女减其二。由是生还者千余人。嘉靖三十二年，觐事毕，科道例拾遗。绍人有掌户科者，衔公沮市舶，遂中伤公。而时相尝为祭酒，与公有师门之雅，亦怪公不通书问，乃解公官。公归，筑室仙人山，与泉石伍，而以诗书稼穑教其子孙。郡县大夫，非公事弗谒也。公天性孝义。正德十五年，下第归，道遇小卢先生。先生及家人皆病疫，欲来附舟，从者不可。公弗听，邀至舟中，朝夕侍奉。及抵舍，而卢先生愈，疫亦不染。卢先生曰："途中弟子随在而有，然求恩义兼尽如沈子者，恐不多见也。"公扬历中外凡十六年，始终不以家累自随，廉介守官，常如一日。每归，唯图书数箧而已。居家处事不肯自私，如赞郡守王公仪摊耗，即不自顾轻税田；劝邑令杨公芷筑城，即不自惜财；议户出丁守陴，即不自惜力。他如止揭簿增荒山之赋，请监司散已征之粮，不唯同邑受惠，而邻邑亦被其赐云。公邃易学，旁通诸经子史、阴阳律历、水利洪范、紫微堪舆等书。善属文，喜吟诗，著述颇富。有《家居稿》《南北稿》《西台净稿》《越吟稿》《楚吟稿》《鸡窠岭稿》《南厂志》《南船志》《牧越议略》《吴江水利考》《杜律七言注》《晴窗便览》，总若干卷。公生于弘治三年八月二十一日，卒于隆庆二年二月二十日，享年七十有八。配郭氏，封安人，先公二十一年卒。子男四：曰察，乡进士，先卒，娶王氏；曰理，太学生，娶黄氏；曰问，娶张氏。并郭出。曰处，侧室赵氏出，娶范氏。女四：长适太学生顾名节，次适顾勋，次适长洲金堪，并郭出。次适太学生章效良，侧室冯氏出。孙男十三：令像，邑学生；令仪，太学生；令闻，乡进士，名在第三；令善，太学生；令成，邑学生；令名，应天府学生；令猷，邑学生，先公九日卒；令德、令行，邑学生；令范、令谋、令绪、令言。女六，婿朱可大、顾曾志、赵舜臣、陈尔学、周顺卿、申五常。可大，太学生；曾志、尔学、顺卿、五常，皆邑学生。曾孙男十：琼芝、瑶芝、玉芝、同寅、同伦，余未名。女九，许字太仓王士骐、同邑吴汝阶、陈士华，余幼。承重孙令像卜以隆庆四年十月二十五日，奉公柩葬于吴县西山鸡窠岭之新阡，合郭安人兆。将求当代明公铭其墓，委状于师曾。惟公居官居乡，皆可为后进法。曾晚学，辱公忘年交，相知最深，遂不辞芜陋，撰次如右。病间无文，伏俟采择。

明徐师曾《湖上集》

湖广按察副使沈公传

〔明〕王世贞

世宗朝，瓯闽海之贾于舶者，挟岛虏以通我奸民，诏故中丞朱公纨治之。朱公严，于属守吏鲜当意，顾独贤绍兴守，而绍兴守亦慨然与朱公合策，思尽剔其奸弊。守固以三尺奉朱公，然内调剂之，不使尽听法，而又不欲以己见德。当事者为中朱公以快，诸奸民因并中绍兴守，迁为湖广按察副使矣，竟以守事罢。守固绍兴所称循吏沈公啓者也。沈公虽失官，然不失循吏声，以老寿终，而诸子孙数十人亦多显者。呜呼！沈氏之天定哉。沈公字子由，苏之吴江人。自其诞时，而母吴梦若麟为麃者，寤生公。弱而父见背。为诸生，朗俊有声。尝构失产势家，且讼且读书，讼胜而书亦就。举应天乡试，更七举始成进士，授南京工部营缮司主事。亡何，而世宗皇帝当幸楚，所从水道，则南京具诸楼船以从。具，而上或改道，耗县官金钱；不具，而上猝至，且获罪。尚书周公用意疑之，以问公，公曰："召商需材于龙江关，急驿侦上所从道，以日计，舟可立办。夫舟而归，直于商；不舟而归，材于商，不难也。"已上果从陆，得不匮水衡，周公乃大贤公矣。中贵人请修皇陵，锦衣朱指挥者往视之，而尚书宋公请公与偕往。朱指挥谓公："窃有请也。锦衣故当逊部曹，而指挥秩高于曹郎，请以秩坐。"公唯唯，朱指挥大悦。有间，公曰："窃亦有请于公。高皇帝制，皇陵不得动寸土，违者死。今修不能无动土，而死可畏也。"朱指挥色愕，曰："请如教。"已见中贵人，而公具以前语对，朱指挥复从傍臾之，乃见为饬垣屋以报，所省复巨万万。宋公益贤公，不以官称，而恒称为先生。当三载考北上，宋公饯于郊，曰："主事固不当钱，自为国士耳。"既考最，晋主事刑部，转员外郎、郎中。时尚书为闻公渊，积已贤公。而公后先所承诏狱三十余事,谳亭情法间,至损上威以信所守,而闻公亦时时从中调护,得不罪。无何,用能举为绍兴守。绍兴辖县八,独会稽、新昌、萧山田与赋左,累其长,至赔产以偿。公平其额而杀之,里俾轻而易完,盖久之,人人称便矣。郡田于山多苦旱,室庐栉比苦火,又滨海苦鲛为虎者。公祷于神,辄应,至虎复为鲛,渡海去。其他政绩,往往类是。而贾舶之议起,盖舶客许栋、王直辈,挟万众、双屿诸港,郡要缙绅利互市,阴通之,而持中旨恫喝公,且授疏稿曰:"公第上,必郡受其利,而公得善迁去。"公持不可,要荐绅怨之刺骨。公所以调剂朱公不见德,而与朱公俱中者也。公副使湖广时,督抚侍郎张公岳属纪功,公即请从军中往。张公不怿,曰:"捷至不遗若也。战危事,而一旦叵测,奈吾何?"公起谢曰:"故事也,即不在行,而以级请赏,谁为辨者?"遂与监军张副使偕之军所。卒狼跳挟一首至,云:"此黑苗酋某也。"公绌之曰:"黑苗酋某久著勇,而此仅逾冠,必诈也。"监军不自得,引去。俄而,黑苗酋某复出抄掠,监军乃前谢曰:"公实德我。"时官兵利级赏,多所纵杀,公令生获口与级同,自是全活者众矣。张公亦遂贤公,且有荐,而公已用绍兴守罢。公前后四为南北曹属守郡监司,五受其大吏知。而五公者,皆海内称名臣硕佐,其贤公不啻口出。然不能胜其郡之要缙绅与一二用事者,至使与苛墨选愞吏俱罢,可叹也。公既归,筑室仙人山,结诗社以自娱快,出入倪素,若不为官者。其教子弟治经术、孝弟力田,斩斩有法。不轻出入公府,而使者干旄以时,至询即为露见利病。佐其守摊税已,佐其令筑城,度行而有私损,弗恤也。性好义,急人之难甚于已。尝与计偕还,道遇其师卢生,疠传其从者,舟人业舍之矣。公要之所载舟,且夕谨视汤药,未抵舍而愈,疠竟不染也。公博学无所不窥,诸经子史、阴阳律历、水利洪范、紫微堪舆家言,而尤邃于《易》。所著有《家居稿》《南北稿》《西台净稿》《越吟稿》《楚吟稿》《鸡窠岭稿》《南厂志》《南船志》《牧越议略》《吴江水利考》《杜律七言注》《晴窗便览》若干卷。公年七十有八,至老死视履不衰。四丈夫子,一为乡贡士,二为太学生。十三孙,一举经元,二太学生,五为郡邑诸生。十曾孙,俱举。诸女三辈十九人,皆配字名族。所谓天定者,此也。

赞曰:盖沈公尝为十二议,议海云具集中。自舶难起,当事者以重属朱公,朝报可而恨夕不得致之。迨朱公稍欲为所欲为,诸恶朱公者,朝报闻而恨夕不得去之。夫以朱公才,大吏人所望,而佐之以沈公,而俱不免,何也?筑室道傍,三年不成,厥亦有居其罪者哉!盖又十余年,而舶祸大作,乃稍稍称朱公,晚矣。即沈公十二议,始固落落,卒之龟策蓍筮何异焉?然朱公矜峻重名节,厚责士大夫而深诛小人,卒之义不受狱吏辱以死。沈公恢恢,虽晚达而蚤困,其所以施于后者宏矣。

明王世贞《弇州山人稿》

经元伯惇公及陶孺人传

〔明〕杨维聪

天叙,字伯惇,号少斋,典簿龙长子。少即游庠,为昆山张参政石川入室弟子,随父宦游于北,援例入雍,应乙卯(庆元按:公系正德己卯顺天乡试南元,乙卯当是己卯之讹,太常公传亦讹作乙卯。)乡试,忽梦人馈羊半头。占之者曰:"羊角,解字也半者,其亚元乎?"居数日,报至,果以第二人得隽。文与论词,赡气昌大,为主师刘学士龙所激赏,刊之以作程式。于谒见礼接,惓勤且劳勉之,曰:"子善自爱,天下宝,当为天下惜之。"盖预忧其不寿也。下第归,颇跌宕诗酒。与淑俪陶孺人静好相庄,有高柔爱玩之癖。子之乳媪,素不慊于女君,置鸩茗碗中谋害。少斋适赴饮周冢宰白川第,抵家渴甚,误饮之,达曙遂不起矣。举家骇愕,罔知所由。后事露,始置诸法。呜呼!天丰其才,而啬其年,俾之不获大就,何耶?至是刘公之言始验。孺人夙有贤行,痛其夫之不天,惘惘然若病狂易者,累月而徇亡。德门不幸,而罹此惨变,天道无知,其信然矣。遗孤孝思、孝慕,方在童孩,伶俜无依,抚于外家,得致成立。迨后崭然露头角,恢复前业,屯而复亨,亦陶之力居多焉。孝思,礼部儒士,娶于庞。孝慕,国学生,娶于倪。允斋夫妇合葬上沈祖茔之侧,御史陶楷铭其墓。年弟杨维聪撰。

清叶德辉等《吴中叶氏族谱》

盛应桢传

应桢,坤次子,字斯兆,号西泉。生于弘治癸丑三月八日。早岁习举子业,与兄西闾公同佩庭训,丙夜呫唔不辍。既而叹曰:"我父母年老,家又式微,我兄弟俱舌织笔耕,罔有生业,脱不济,谁与供甘旨乎?兄任读,而我任医,庶几各有济也。"于是,遂以医术行。医固世业,公资性明敏,尽得其妙。繇是不数月名噪甚,求视疾者户外屦常满,日得余资以奉,二人靡不备。西闾公喜曰:"有弟若此,吾可无内顾忧矣。"遂得一意进修,嘉靖乙未进士。时公先以医名被召,在京供职,见兄得隽,喜曰:"固吾志也。虽然兄仕,将为东西南北之人,二亲在堂,定省又谁人乎?"乃辞职南还,承德公喜可知也,尝称之曰:"当汝兄未仕在家,汝以禄仕在京。今汝兄篚仕在京,汝又弃官还家。成兄志以遂我志者,汝也。"公归,而内总家务,外支应酬,日无暇晷,而公病矣,一病遂不能起。西闾公在南都,闻讣哭之恸,为撰行实,乞表状志铭于海虞谢公。惜遭乙酉兵燹,当承德公受封时,贺客填门,诸务丛集。公若不经意,从容结彩通衢,恭迎封敕,张乐设饮,以娱宾亲。凡承德公所需,无不咄嗟立办,人尽称其能子。性刚直,好为人排解。里中有不决之事,直以片言剖之,闻者无弗心服。公殁于嘉靖庚寅二月十五日。配俞氏,少保士悦孙女,先公二年卒,合葬茅坞祖茔。子二人:之化、之自。之自出嗣伯父应阳，后更名之继。女一，适韩谟。

清盛钟岐《平江盛氏家乘初稿》

明处士思滨叶先生墓志铭

〔明〕孙植

　　思滨叶先生于余外舅为仲兄，年四十七，嘉靖十八年闰七月十七日卒。厥配陶，为按察副使名煦女，无嗣。余外舅与弟韦庵为卜嘉靖二十二年八月庚寅十八日，葬于同里东天圩之新阡，谓余得逮其家世及详其行履，乃以状来属之铭。先生讳可大，字懋业，先世从宋南渡，家吴江之分湖。曾祖芳，号味苑，广西布政司理问。祖绅，号毅斋，举进士，累官尚宝司少卿。其为给事时，以文学直言名于谏垣。父夔，号汾滨，国子生，笃学有文，弗第。母季氏。以弘治六年二月九日生，幼警敏，与诸昆弟功举子业，独善生理。汾滨公游南雍，悉家事委之，即事事当汾滨之意。长游郡学，厄于进取，弗乐。与人曰："余病不克学，盍从吾好？"遂弃去，力田蓄资，亦饶裕。族有弟可成者，质颖特，教之成学，授之产，为婚而归之，今卓为时髦。有姊，多男子弗给，为育其幼子，煦煦若己出也。族谱久逸弗辑，请于乡之贤者修之，传于家。嗟乎！今世或嗜利忘义，至宗姻休戚不相闻，有不谱其世系，至再易世而上莫究所自出，其子姓未祖勉，辄遇之邈若途人。如先生者，谓之笃义尊祖合宗者，非耶？先生与人交，好面折人过，即贫窭，周之弗靳惜。雅性善饮，乐与邑中贤豪游，即邑中贤豪亦乐与之游，至则觞咏竟日。岁时置酒徵会，张声乐，挥弦鸣管。佳辰美景，则携友朋登眺山水，或时取酌花下，浮白对月，于世故洒如也。外舅尝谓余曰："先生遇事，慎虑不爽，仪度雅饬，恂恂儒者。其陶孺人婉娩柔嘉，有葛覃樛木之风。"先生宜广厥嗣，永寿考，乃弗之寿，弗之子，其天乎？先生疾革，悉汾滨所授田散诸昆弟，泣曰："余大不孝无后，恐先业无传，乃以畀之。"嗟乎！先生雅志继述，即死且不忘，亦可以占其素矣。铭曰：

　　分湖之滨，奕奕令宗。世有显懿，扬其德芬。吁嗟处士，抱幽履贞。孝思厥考，睦族惇姻。胡为乎天，乃啬尔龄。殁而不嗣，有家弗承。光潜炳昧，有弟璘璘。同里之原，蔚乎佳城。安斯永斯，诏兹元铭。

　　赐进士出身、承直郎、刑部四川清吏司主事、诏归终养侄婿孙植谨撰。

　　思滨公为余九世祖，以文湖公次子后湖公为嗣，实池亭之始祖也。乃墓志不叙其嗣君，初不知何故？后阅尚宝公继配范孺人墓志，葬嘉靖二十六年丁未，文湖公仅两子，是时后湖公止数龄，则思滨公殁己亥，尚在襁褓，故嗣未定耳。春浩识。

清叶德辉等《吴中叶氏族谱》

严州府知府春塘吴公暨配安人洪氏合葬墓志铭

〔明〕陈鎏

公讳昆，字美之，别号春塘。其先扬州人，宋季有讳千一者，徙居苏之吴江。八传至南京刑部尚书、赠太子少保洪，公之父也。大父璋，曾大父昂，俱隐德不仕，以子孙贵累赠大中大夫、太仆寺卿。少保公四子：长刑部尚书，次四川参政，次光禄寺典簿，其季即公。公之兄子若孙，有光禄，有太仆，有方伯，而公之子亦既有登庸者矣。衣冠蝉联，门阀辉映，吴中世家，当在甲乙。然其子弟皆材茂纯谨，无纨绔习，至公尤谨畏翼翼。自幼学以至致政家食，始终如一日，此公之所以自立也。公性敏慧不凡，十岁能属文，十三选入邑庠为弟子员。好学善问，淬励朝夕，立志以父兄之业自期待，于是学益进，试辄高等。少保公每遇海内名士，必召公面试。公不属稿，不加点，而烂然有文，见者无不啧啧。年十七，廪于庠。三十始领乡荐，又十年举进士，授刑部主事，曰："此吾家世官，然某实未之学也。"乃忆家训，审法比，凡所平反，皆直而明，公而恕，民不称冤。会伯兄自都台转少司寇，例当引嫌，改仪部。时驾幸西山，公扈跸称旨蒙赏。又奉玺书封滋阳王，中礼而弗私，一时称良使云。甲辰，拜严州之命，母邱夫人在堂，便道归省。忽动皋鱼之感，谋乞终养，夫人不可。固以请，则怒，不得已而之严。严地瘠民贫，政多疵蠹。公厘弊布恩，民怀吏畏，颂声籍籍。铨司方拟大用，而衔之者肆为巧诋，竟罢以归，人皆为之不平，公恬如也。辟园数亩，垒石为山，引泉为池，莳花竹，蓄禽鱼，树亭榭，日奉丘夫人游衍其中。夫人没，执丧三年，遂终隐于此，颐养性情。谢绝宾客，非公事不履公庭。读书教子，不苟一介取与。至于经国济人，则毅然为之。邑人筑城，公助以千金。又造火器为兵备，所费不赀，海夷入寇，民藉以无恐。邻妇有阿宁者，无辜误论死。公为白，出之而不使宁知，凡此皆人所难。元配陈氏，赠安人。继王，继洪。陈与王皆华族，而洪则浙之钱塘人，大司马钟之孙也，富贵而不骄，年少而谙事。事姑相夫，俨然故家遗风，实与公一德云。公卒，过哀成疾，后公一年亦卒，封安人。公生弘治甲寅五月十一日，卒于隆庆丁卯八月十五日，享年七十有四。安人生于正德戊寅四月四日，卒于隆庆戊辰十一月七日，享年五十有一。子男六：邦荣，太学生，娶沈；邦荣，娶陶；邦相，举人，娶胡；邦校，太学生，娶沈；邦梁，娶毛；邦华，娶姜。荣，陈出，先卒；荣、梁，洪出；相，侧沈出；校，侧顾出；华，侧汝出。女四，适屠钛、陆希望、史断、孙承源。孙男五：翼、承鳌、烃、承鲸，余幼。翼，太学生，娶黄。孙女八，俱幼。邦荣等卜吉于隆庆□年十二月二十日，合葬于西卯字圩之原，奉太仆兄状乞铭于余。余与公同以戊戌举进士，有兄弟之雅，而太仆之言又足徵，遂为序次如右，复系之铭。铭曰：

奕叶延陵，司寇两京。季子克承，亦大明刑。移以治民，严陵以宁。以匡邑人，维垣维城。亦有内助，不骄不矜。相勖以毂，媲德同馨。以永家声，矧子若孙。玉树琼英，必世其容。后千百年，视兹贞珉。

赐进士、中奉大夫、四川等处承宣布政使司右布政使、郡人陈鎏撰。

清吴安国《吴江吴氏族谱》

毛衢传

毛衢，字大亨，由六都迁居于镇。少好学，求师不远千里。为诸生时，与华亭徐阶并为督学御史萧鸣凤所识。嘉靖癸未成进士，授浙江太平知县，明敏有治才。恶淫祠，迂浦街有金星菩萨阁，横湖堂亦有神祠，祠主岁敛民钱为穿臂会，远近士女赴者如归市。衢毁其阁若祠，曳神像火之，罪主者数人，其风遂息。逾年调永康，俗猾民悍，前令某为民所讦，坐系狱。衢至日，即缚讦民至阶下杖杀之，乃视事，民震恐，邑遂大治。迁刑部主事，值议献庙大礼，上怒言者切直，下法司论治。衢抗疏争之。（按：长洲陈景云云"议礼诸臣得罪，无一宽释者"，《世宗实录》可覆按也。《献集》云"竟得释"，误。）后恤刑山西，多平反。擢四川佥事，进提学副使，所奖拔者多知名士。卒于官。衢性伉直，冰蘖自矢，扬历二十年，常俸外无羡入。著有《六泉诗文集》。子图南，隆庆戊辰进士；寿南，万历丙戌进士。寿南自有传。

清嘉庆《黎里志》

萧世高墓志铭

〔明〕徐师曾

君讳隆，字世高，姓萧氏，苏之吴江人。大父仲荣，父显，母马氏。显有三子：孟曰昌，仲曰盛，其季则君也。成童时，即失厥怙，持丧御侮，众务纷纭，坐是废学。乃率家僮事田渔，先业颇拓。时税长役重，里人有藐其孤弱而假是陵轹之者，二兄咸有难色。君曰："嗟乎！役一也，然有倾家者，有克家者，顾其人何如耳？夫收不公，则丛怨，且沮乐输之心；费不经，则用匮，必有侵匿之弊。世人破家，大率繇此，吾知所以处之矣。"乃直前任之，凡有出纳，一以前言为准。故自垂髫以至古稀，任是役者六十年，卒无微谴，而业愈盛。隆庆己巳岁侵，出粟振饥，多所救济，郡守蔡公国熙扁其门曰"尚义"。先是官廪毁于兵燹，县令吴公一本欲新之，谓非萧某不可。君遂承命改为，予实刻碑纪其事。胜墩木梁久而腐坏，又檄君治之，君易以石，涉者颂焉。厥后学宫就圮，又委营葺。君戴星往来，忘其年之迈也，竟以劳勩致疾不起，隆庆六年八月九日也，享年七十有七。呜呼伤哉！君天性孝友，操履端方，二兄蚤世，独事母敬养，人亡间言。尝辟义塾，延里儒周某以教乡人子弟，且曰："孝弟本也，文艺末也。世俗但取青紫，岂圣贤立教之本意邪？"故其子孙恼朴俭约，不事修饰，君之教也。及疾革，戒其子湘等毋惰农业，毋责旧负，毋侈丧礼，湘等并尊奉云。元配沈氏，继浦氏。子男三：长即湘，娶史氏；次泮，娶马氏；次澣，娶周氏。女二，婿费濂、陆人龙。孙男五：凤来，娶史氏；凤仪，娶倪氏，早卒；凤翔，娶龚氏；凤引、凤朝。湘无子，立泮之长子凤来为后，俗所谓以适长继长者也。女三，婿张世治、邹云虬，其一未字。湘卜万历四年十二月二十六日，葬君于里中东南尾字圩之原，先期奉友人严懋功状来乞铭。予壮时获交于君，知君良深，虽微懋功状犹当铭之，况其所述并实录可据乎，乃不辞，而为之铭。铭曰：

南湖之阴，简村在焉。萑苇蓊郁，洲渚回漩。萧君上世，自南来迁。俗唯牺朴，业以渔田。乃勤乃俭，奕叶相传。君尤善继，弗侈弗愒。既克往役，亦复好义。行不病涉，饥不庖毙。官旌其贤，人怀其惠。孰云布衣，而罔攸济。始有名言，终有戒誓。子孙保之，久而勿替。我铭匪私，永奠幽窀。

明徐师曾《湖上集》

张铨传

张铨，字秉道。越来溪人。嘉靖元年举于乡，选为胶州知州。其地滨海硗狭，俗劲悍。属岁饥，流庸转徙，群不逞，剽劫为乱。铨擒首恶数人，置之法，余悉解散。因言于朝，蠲常赋之半，民用安集。尤笃意教化，修学宫，选诸生俊茂者，亲为讲说经义，贫者衣食之，有古循吏风。迁南安府同知，尝摄府事，又摄南康、信丰二县。上官知其能，数使治烦剧，若经理屯田，更定榷课，诸所建白，皆著为令。盗起邻境，杀掠吏民，铨承檄讨之，获其渠率，余皆望风降，不戮一人。后入觐，道卒，年五十二。铨风格高整，机鉴精明。未仕时已通达世务，尝与郡守王仪议赋役法，条刺十事，言皆切至，守虽不能尽用，然内敬重焉。及当官，临事智略辐辏，每手削公牍，顷刻数百千言，虽老吏读之，无不惊服。性孝友，遭父丧，哀毁逾礼，抚庶弟有恩。为诗文雄壮激烈，慨然有经世之志，未究其用，论者惜之。著有《莼江存稿》二卷，行于世。（见《献集》）

清乾隆《吴江县志》

诚斋公传

公讳意，字汝嘉，号诚斋，侍御乐善公之孙，佥事好古公之子也。八岁而孤，幼颖异，能文章，伯父中丞公绝爱之。荫补太学官生，肄业北雍，需次将授官，不就也。一日，于京邸遇相者，相公曰："君富贵所自有，且归家，娱亲生子为亟耳。"因告归。祭酒徐文敏公赠以诗曰："见中丞后见王郎，玉树芝兰奕叶光。书剑频年游泮水，舟航千里下江乡。云横笠泽秋空远，草绿吴宫爱日长。已拟桂枝攀月窟，且将莱彩戏高堂。"抵家二载，生培槐公。方一岁，遽捐馆舍，时年二十一。今合族子姓，诚斋公后居多，侍御暨中丞享祀，世守弗替焉。

清王锡等《吴江王氏新谱》

先考一愚府君行实

〔明〕叶可成

先考讳旦，字文卿，别号一愚。始祖福四公，由吴江之同里迁分湖之滨。福四公而下四世，或农或仕。曾大父芳，以贡士任广西布政司理问。大父绅，成化丁未进士，历官礼科左给事中、尚宝司卿。生三子，先考其仲也。大父卒于京，先考从大母范氏扶榇南还。是时先考生六年矣，悲哀哭泣，咸中其则，吊者谓给谏公有子。无何，会姻党以罪株连，逮先考。先考方髫岁，即挺身当之，在缧绁曰："心苟不忒，祸将自释。"已果得释。遂杜门读书，规进取。然家日益落，投足坎壈，程督不肖等力学。及不肖举于乡，又举进士，二弟入黉校，乃自慰曰："吾今而后，可下见先人矣。"于时，日与亲故把酒笑傲以为娱。有司屡请以蜡宾，尝两与，非其好也。往不肖宰山阴，洎擢虞部，先考必移书相戒曰："克励厥事，毋替乃职。"不肖用能，祗承父训，以毋替朝命。至不肖归田，时或以岁事为意，则又戒之曰："我惟以仁厚为田，彼充积者何在，又安用此为也？"闻者感叹。又令不肖出义田以助区役，无令异日粮差之及。不肖受命如先考指，部使者义之，檄县除役。专意本宗谱牒，商榷修辑，此其志也。先考体气高亮，意度豁如，慈仁岂弟。事伯氏唯谨，与仲氏同居，二十年无间言。姑少寡而贫，尝给之廪米。族有不赡者赡之，无德色。与人交，则出肺腑相示。人有过，则面质之，及其更也，欢好如初。先考信义素孚，乡人咸爱敬，称善人。竟以过饮伤脾，成疾不起。呜呼痛哉！先考生弘治十二年七月廿五日，卒隆庆元年十一月初六日，享年六十有九。先妣汝氏，考功郎泰之孙女，荆门别驾惟贤之女。子男四，孙男八，孙女二，曾孙男四，曾孙女一。先君懿行不能尽述，抆泪撦拾无诠次，伏惟立言大君子采而赐之铭，以光泉壤，死不朽矣。不肖孤子叶可成泣血稽颡述。

清叶德辉等《吴中叶氏族谱》

明故文林郎玉溪顾君墓志铭

〔明〕陈椿

玉溪君，金华令曾唯之父也。姓顾，名文藻，字子润，号玉溪，为吴江县著姓。曾祖盘窝翁，始卜筑江之同里，里之东有古宅并溪，乔木郁然而深秀者，顾之世业也。感梅翁踵而承之，益开乃家。传至独村翁，以宗人之长居焉。盘窝、感梅二翁，代以孝友仁厚闻于吴，故号称同里顾氏，厥惟旧矣。独村翁行谊，具少傅王文恪公所为墓志。翁正室商硕人生三子，君实自侧室董硕人出，最季。君生而容貌恭淳，进止详雅，望而知为名宗子也。于群从中尤能守礼法，感梅翁甚钟爱之。天资颖慧，始就外傅，诵习循谨，业举子不利于有司，即弃去。天性孝友，甫十三而丧父，哀毁逾礼。二母共居一堂，旦夕承事，融融泄泄，均得其欢心，虽商硕人亦忘其孤孽也。商卒，含敛窆竁之治，与诸昆竭力营治，不惩于仪。待诸昆巽顺有加，诸昆终亦莫敢凌之。待析产，先世遗业悉让于诸昆弗较。奉董硕人僻处西偏，母子二人茕茕相倚，戮力瀍瀡，不以婪废，稚恋依依，非有故不辄离左右。及生曾唯，既长，乃戒之曰："我已无意进取，汝勉思自树，以振扬先烈。资产何为？"故求田问舍，一切无所营心，乃独取先世遗书，课曾唯读之，夙夜程督，爱而知劳。所居仅有亭数椽，书屋四楹，君日坐其中，博综典籍，于子史百家，多所涉猎，尤熟于故实。与人谈所闻见，缕缕而出，悉有根据。攻书笔法道美，作诗出人意表。性善酒，客至壶倾共醉，陶然雅歌，虽终日不及于乱。闻佳山水，乘船出游，兴尽而返，然终其身未尝一谒达官贵人。素履清修，一介不苟取予，攻苦食淡，晏如也。至贷古书名帖，则无所靳。久之，诸昆相继沦没，君于诸昆之孤孽，抚恤尤至，然业渐窘，岌岌乎几于债矣。君乃诏曾唯曰："夫是业也，祖之所创也，父之所遗也，而汝坐视其颠，非夫也。"曾唯益感激奋迅，励志于学，学日进，名日起。嘉靖己酉，遂以《易》魁南畿，君始忻然笑曰"成吾志者儿"，曰："吾聊以是自慰耳，汝更思勉之，毋以此自画。"甫逾年，君患风瘫疾，遂不起。越三载为癸丑，曾唯擢进士第，授金华令。闶闳辉赫，顿易旧观，东溪世业弗偾而益隆，君之志酬矣，竟不及一见。呜呼悲哉！君生于弘治十三年庚申五月二十七日，卒于嘉靖二十九年庚戌九月二十七日，享年五十有一。娶周氏。子男三：长曾唯，娶朱氏；次曾学，娶乐氏；次曾约，娶吴氏。女二：长适府学生施时雨，次适朱榜。孙男四：而语、而训、而诫、而诫。孙女一。甲寅春，曾唯取道归省，且图所以葬亲者，乃手书其同年友翰林徐鲁庵所为状，踵予门，泣而拜曰："曾唯不幸，先君早世，今虽叨从子大夫后，恨进也晚，未效一日之养。将以年口月口日葬于室境字圩新阡，惟是一二懿行不忍泯泯，敢乞公一言铭之，盖覆先君有知，将瞑目于土中矣。"予曰："孤亦有父之丧，皇皇未葬，且草野语惧，无以光照先公之令德，敢辞。"曾唯又泣而语曰："公与先君有中表之谊，幼同砚席，雅善善也，知先君者无如公。公之言，且信也，信则传。"固以请。予乃受状而读之，因重有感焉。顾氏积德百有四十余年，始发于令君之教也。上光祖先，下成令子，亢宗拓产，恢其家声，若君者可不谓贤乎？辞弗获，则为之铭。铭曰：

东溪沘沘，厥泽孔长。方折有玉，厥德孔良。贾用不售，韫匮而藏。毓秀孕灵，为圭为瓒。贡之明堂，厘而鬯祼。世德馨香，光也璀璨。有福若堂，吴淞之麓。完璞以归，瘗于灵谷。宠锡自天，永受莽禄。

赐进士出身、中顺大夫、湖广荆州郡守、予告侍养前南京刑部郎中、长洲陈椿撰。

赐进士出身、刑部江西主事、年家晚生同邑吴邦桢书丹。

赐进士出身、浙江山阴县知县、年家晚生叶可成篆盖。

清顾鼎勋《顾氏族谱》

云南寻甸军民府知府款江周公墓志铭

〔明〕王毂祥

　　嘉靖壬戌二月五日，款江周公卒于烂溪里第，卜明年癸亥正月三日，葬溪西钳字圩新阡。前事，其子乡进士京等，奉给事中鲁庵徐公所为状，谒予为掩幽之志，余谢不敏。念昔备员选曹，为其先公属吏，是与公有通家之谊，又不敢辞，谨按状书之。公讳国南，字伯麟，款江其别号，苏之吴江人。曾祖讳瑄，祖讳昂，赠资政大夫、南京都察院右都御史。父讳用，太子少保、吏部尚书，赠太子太保，谥恭肃。母施氏，封孺人，赠夫人。公生有异禀，自幼颖敏凝重，嶷如成人。比就傅，辄孜孜劬学，刺经缀文，辉光立见，识者知其伟器。既选为县学生，主司试，辄优等，饩之廪。数年每举，辄应科试，才名学行，夐出伦辈，咸以魁解期之。嘉靖初，更学校岁贡法。故事，廪生贡必以年次，正副各一人，试贡必先其正。新例，每正贡外，不限年次，取优等五名同试，拔其尤者充贡，而不必于正，谓之选贡，故正贡往往病之。公适当选，正贡生谓公曰："君高才决科，于贡何有，能少让邪？"公慨然让焉，人谓公长者。屡应举不售，以恭肃公荫入太学，虽国恩不易，然非其志也。在太学，登上舍，名声愈藉，每应举，辄又不售。则叹曰："命矣夫。吾叨蒙恩典，储养国学，循资及次，当得一官，科第难必，尚复何待？"及乙巳岁，谒选吏部，除右军都督府都事。时恭肃公方掌宪内台，进位冢宰，正色立朝，门无私谒。公出修官职，入共侍养，闭门静居，不通宾客，加以谦冲抑损，若不知为冢宰子也。此非德修行饬、学充养粹者不能，岂以声势为盈歉者，可同日道邪？岁丁未，天下诸司当入觐，恭肃公方以考核吏治，尽瘁得疾，终于位。公奉丧南还，哀毁逾礼。宅忧终制，复除南京后军都督府都事，寻升南京中府经历。凡武臣入贺万寿圣节及元旦长至，其表文，必由中府检阅，方类进，缓则为累。公至，即检阅，咸称便焉。都督万某，久以病免，移文支免后俸。公执不与，正言拒之。甲寅，升南京宗人府经历。未几，升云南寻甸军民府知府。公以仕宦两都，回翔十载，倦游万里，思返一丘，遂谢病归。屏居邑南之烂溪，非庆吊不入城府，以经学课诸子，使取科第。于是，子京即以戊午举于乡，大魁有期。诸子亦竞秀，联标可必也。公齿德既隆，每岁乡饮，必延为大宾。但一往，以重国典，它日皆谢不赴。优游桑梓，啸傲泉石，晚景之乐，无以尚之，至是令终，可谓备福已。生于弘治庚申正月二十日，享年六十有三。配顾氏，茶陵州判官瑞之女，封孺人，先公八年卒。子男五：长即京也；次甸，次采，俱县学生；次旬，次赉，俱国子生。吴氏、沈氏、卜氏、顾氏、闵氏，五子妇也。女三，县学生顾名义、国子生张尚志，婿也；其三未字，侧室朱氏出也。甸、名义，俱先卒。孙男九，长宝，余未名。女十二。公为人坦易诚悫，孝友天至。从宦岭南，恭肃公行部出外，而施夫人卒。公亲汤药，躬含敛，致哀尽礼，扶榇归窆，恭肃公无内顾焉。事恭肃甚谨，甘旨定省外，不衣冠不见。或退食而晏，虽丙夜必屏而待，其孝敬如此。与诸弟处，既翕且湛，怡怡如也。诸父同，生子晚，托公鞠育，公顾之若同胞。今其弟图南，亦视公犹父，其友爱如此。与人交，开诚布心，情意恳到。周贫恤患，喜于行义。在南都，其僚王某卒，贫无以敛。公买棺，哭敛以为倡，慕义者乐助焉。其诸善行，不可枚举。噫！公醇笃道义，古君子也。文足以华国，学足以润身，德行足以范流俗，才识足以显都仕。科第易耳，而顾不偶，公负时邪？时负公耶？虽然不偶奚病，有后必昌也。铭曰：

穆穆恭肃，为时名臣。正色立朝，端笏垂绅。盛德必世，粤有后人。伟矣款江，实维哲嗣。温恭孝友，尚德君子。箕裘象贤，簪缨趾美。位不满德，人定胜天。晋公之庭，槐阴郁然。继志绳武，奕叶其传。烂溪之西，厥壤维吉。崇封深坎，平皋大泽。铭兹幽堂，永诏无极。

赐进士出身、前吏部文选清吏司员外郎、翰林院庶吉士、长洲王穀祥撰。

清周芳《周氏族谱》

明寻甸府知府款江周公墓碑铭

〔明〕陈鎏

周恭肃公白川先生，以正气立朝，为近代殊绝人物。嘉靖甲辰晋冢宰，命下之日，朝野称贺，咸举首加额曰：圣天子知人如此。盖先是吏部以私意进退百官，其次依违以徇干请，子弟复缘以为奸，黜明陟幽，灾及黎庶，天下患之。公至，人不敢干以私，有权贵意有所请，三见而不敢言。吏以例进，公曰："贤者进，不肖者退，何例之有？"于是朝野肃清，远近鼓舞，有兴治之望矣。时公之子寻甸公在右军，亦杜门养静，不通私谒，虽公署亦未尝数入，其心惟恐少污名节，以累恭肃，人亦初不知恭肃之有子在也。以是恭肃得行其志，以不负天子简命。人曰恭肃之徽猷，寻甸成之。猗欤美哉！恭肃薨后十余年，寻甸公卒。其孤乡进士京、县学生采、太学生甸、赍等，以癸亥春正月三日，葬公于溪西钳字圩。葬有志矣，复砻石树之不蔽之野，持徐给谏状，请文于予。予曰："予何能，为公重哉？"惟是善善相成，世德弗替，不可无纪也。按状：公姓周，讳国南，字伯麟，别号款江，苏之吴江人。曾大父瑄，大父昂，俱以恭肃贵赠资政大夫、南京右都御史。恭肃讳用，太子少保，吏部尚书，赠太子太保，恭肃其谥也。公生而警敏，长而好学，从诸生游数年，试辄最。嘉靖初，以新例贡，公应入选。正贡某，年弗克前，公怜之，卒以贡让，曰："吾叨国恩，当得一官，岂可与寒士竞进耶？"盖至是不复事举子业，竟以恩就右军都督府都事。未几，丁恭肃忧。三年服除，补南京后军都事，历升中府、宗人府经历，出知云南寻甸府。时公年未六十，即自谓曰："我少壮不能自立，以自附于竹帛。今老矣，复何为哉？"遂谢病归。公平易诚悫，笃于孝友。初从恭肃岭南，母施夫人以疾暴卒，恭肃方行部于外。公含敛详慎，必诚必信，无有遗悔。扶榇归，虽间关数千里，哭踊不离左右，丧葬如礼。其丧恭肃，如丧施夫人。与人交，诚意恳到，不务虚文。在南都时，同僚王某卒，贫无以敛。公捐资具棺衾，哭而殡之，又倡同志助其丧。都督万某，曾签书府事，以病免数年矣，忽移文支俸，公执不与。曰："原卫自有常俸，既不与府事，岂可冒滥？"其刚毅执法又如此。致政归，屏居烂溪之上，溪距县五十里，非庆吊不入城府。岁举乡饮，邑大夫以宾礼速公，一二往，辄辞谢。平生无他好，惟搜习群书，以资博识。常与恭肃上下其议，时有启发，恭肃喜曰："吾有子矣。"夷考其事行，真足以成恭肃媺德，不特问学已也。昔董仲舒谓"世族子弟，不通古今，无益民事"，必有所指。若苏中郎、刘辇郎、汲洗马，皆出父荫，而文章节义显名当世，人至今称之。初何歉于世族，寻甸公殆其流欤！铭曰：

肃肃恭肃，惟国之桢。帝命秉衡，百度用贞。亦有后人，克相厥成。岂惟世官，亦世其德。乡人之依，邦人之式。其德维何，孝义平直。无竞维人，进退咸适。欲以与人，舍己如释。未老投簪，烂溪之滨。以余经纶，以淑后人。子孙振振，亦世其荣。有碑刻铭，千载弗堙。

赐进士出身、中宪大夫、河南等处提刑按察司副使、前奉敕提督四川学政、郡人陈鎏撰。

赐进士第、中顺大夫、提督翰林院四夷馆、太常寺少卿、前吏部文选司郎中、姻眷生吴承恩书篆。

清周芳《周氏族谱》

明故寻甸知府周公墓表

〔明〕沈启

寻甸周公，嘉靖三十四年谢病归吴，于江乡诸老修洛之社。未几疾作，至壬戌之二月五日讣至，偕往吊焉。冬初，公之子乡进士京，偕诸弟捧大司谏鲁庵徐公之状来，曰："先大夫卜于明年癸亥正月三日壬午，合先妣顾孺人之兆，葬于溪西钳字圩之新阡，立石墓左，乞一言以表先德。"余谓公秩四品，制所当碣，不敢以不文辞。按状：公讳国南，字伯麟，别号款江，冢宰恭肃公之冢嗣也。公少敏而重，和而愍，督学绩文，为庠生，试辄高等，饩于官。恭肃参岭南藩时，行部于外。母施夫人以疾暴卒，公在任视含敛，无遗悔。千里扶榇东归，泣无时，奄吝尽礼。至嘉靖初，更贡法，超其优，公当应从。正贡某诣公曰："君才取青紫如拾芥，吾惟此途耳，幸念之。"公即许诺，试取完卷，逊以成之。公应省试者三，以恭肃荫升太学，仍应试不第。叹曰："贵贱命也，穷达时也，得失数也，顺受可矣。我叨国恩，当得一官，可与寒士竞进耶？"遂弃举子业，游猎子史，以资博洽，时与恭肃低昂古今，恭肃辄喜其启发，曰："吾有子矣。"二十四年，公谒选，拜右军都督府都事。时恭肃典内台，位冢宰，机权是在天下奔趋。公在邸第，严禁钥，绝干谒，虔承恭肃之志焉。常谓所亲曰："名节易损，敢不慎欤？"二十六年，恭肃当天下入觐，考核尽瘁，卒于位。公请谥与葬，扶柩南还，哀礼无异施夫人。服除，补南京后府都事，升南中府经历，凡卫府岁上贺表，例由中府检阅类进。公知诸武以不速为惧,至即阅而遣之,诸咸称便。有签书都督万某,病免已久,忽檄支府俸。公却之,曰:"原卫有常俸,敢以堂属而容冒乎?"不为发。同寮王某卒而贫,公为敛为木为倡,以助之归。三十三年,升南京宗人府经历,寻升云南寻甸府太守。公叹曰:"吾少不能效锥刀之末,以自附于竹帛。今老矣,安能复立功名于万里外耶?"遂谢病归烂溪之故第,日课诸子,学皆大成。理家斩斩,益振前烈。诸父同,晚而子曰图南,从日者言,托公乳之。公以属配顾孺人保傅,不异己子,图南至今视公犹父然。公养静简出,非庆吊不入城府。岁速乡饮宾位,间赴辄辞,人咸重之,称曰醇笃君子云。公生于弘治十二年庚申正月二十日,至卒之日,享年六十有三。溯其先曾大父瑄,大父昂,并赠资政大夫、南京右都御史。父用,太子少保,吏部尚书,赠太子太保,谥恭肃。母即施夫人。配即顾孺人,茶陵判瑞之长女。子男五:长即京;次曰甸,曰采,皆县学生;曰旬,曰赉,皆太学生。生女三,婿县学生顾名义、太学生张尚志,皆顾出;一未字,侧室朱出。甸与名义先卒。孙男九,长宝,余未名。状具云:任子之法肇自两汉,贤俊辈出独盛于宋正,以慨今时之法,有不尽然者,而不尽无其人。若夫恭肃之作则于前,而非公济美于后,几何不为世之挟美招纳,内外驿骚,而为天下所共目者哉!惟公之禀独粹,而见莫贞,纷华莫眩,虽非夫荫也,必不斩于贡也。扬镳继武,将先于诸季,树勋振业,将恢乎家政,断可识矣。寻甸之隘,岂展素酬负之地哉?宜其喟然勇退也,及退而启迪诸后竟率攸行。唐韦宋吕盛焉,独擅伟乎;辅前开后之功,顾无可传欤!铭则勒于王吏部之志,函之玄室矣。敬述其实而表之,以授诸碣石。

赐进士出身、中宪大夫、奉敕督理湖广等处屯田水利、提刑按察司副使沈啓撰。

赐同进士出身、中顺大夫、云南寻甸府知府、前南京礼部精膳司郎中、眷弟卜大有书篆。

清《周氏宗谱》道光抄本

河南新乡县知县致仕陈君妻顾孺人墓志铭

〔明〕徐师曾

孺人姓顾氏,世为吴江人。曾大父玉、大父昇,皆不仕。父元,以资为承事郎,母徐氏,余姑也。承事公无子,生孺人,三岁背弃,余姑抚之,艰苦万状。比长,馆今新乡知县致仕陈君鸿于家,从今俗也。陈氏先世尝业儒,未有显者,孺人念之,蚤夜勉陈君以学。于是陈君以县学生,领嘉靖戊子应天乡荐。已复教其子,而其子忠言又以庚子登荐书。盖至是而陈氏之宗始大,孺人之力也。孺人性孝谨,居常以不克事舅姑为念,因请于母,迎而养之,潞瀙敛葬,各尽其礼。陈君仲兄凤有二女,力不能嫁,孺人引置膝下,为之择婿,且厚其资而嫁之。性好佛法,乐施舍,故饭囚、槽死、修涂、葺梁,凡种福田事,日不暇给,盖其崇尚如此。陈君试礼部,连不得志,乃拜新乡之命。新乡冲繁凋敝,劬勤弗堪。孺人作书劝之曰:"人生贵适志,安用劳苦为也?"陈君感其言,幡然乞归。檄至吾郡，郡守林公懋举为题"遂高"，以扁其堂云。孺人生于弘治十四年二月八日，以嘉靖三十七年五月十九日卒，享年五十有八。子男二：长即忠言，娶邹氏；次嘉言，太学生，先卒，娶水丘氏。女一，适沈化，县学生。孙男一：绍芳，聘沈氏。女五：长适沈倬，次字吴宗周，又次字顾大谟，又次未字，又次字沈今范。初，孺人以母子相依，郁郁寝疾者二十年，汤药无虚日，乃亦逾下寿而殁。虽不称厥德，然在孺人则已过望矣。忠言禀父命，相地于某字圩，卜以某年月日奉柩以葬，先期自撰事状，乞余铭。余惟顾氏中绝，复无旁支。余姑殁，则孺人视余家为母家，情意恳至。往岁丙午，余举于乡，孺人方病在床箦，报至，瞿然起坐曰："吾弟中邪？"侍者曰："吾家业有两举人矣，何喜之甚也？"孺人曰："吾亦欲吾母家好耳！"追惟昔言，恩若手足，余忍铭又恶忍辞也，乃抆泪而为之铭。铭曰：

吁嗟孺人，顾氏之子。以女承祧，共彼桑梓。吁嗟孺人，陈氏之妇。以室为家，迎奉恐后。鬈夫若子，荐历显融。匪有相者，就亢其宗。陈宗既亢，顾祀亦延。庶几奕世，以慰九泉。彼不生男，犹幸生女。孰云缓急，而不足恃。相彼高原，母子相望。我绎其思，作铭以藏。

明徐师曾《湖上集》

吴封君传

〔明〕徐师曾

封君讳邦栋，字子隆，姓吴氏，延陵季子之苗裔也。其先繇梅里徙汴，又繇汴徙吴江，是为千一公。传七世为赠太仆寺卿璋，以孝称乡贤，祀于学宫。璋生南京刑部尚书洪，洪生刑部尚书山，并赠太子少保，加赠资政大夫。山娶同郡毛氏，累赠夫人，生封君，容貌颀长，器宇魁岸。垂髫时好学有文，弱冠充邑博士弟子，升太学。屡鏖艺场辄北，乃弃去进士业，博综史传百家，颛务教子。已而仲子承焘举嘉靖癸丑进士，冢子承熙举乙卯应天乡进士。其后仲子仕终广西右布政使，先卒。封君以布政君初考绩，封吏部，署员外郎，事主事，阶承德郎。复以穆庙登极恩，进封山东左参政，阶中大夫，故乡人称之曰封君云。封君为人驯行恭谨，孝友廉节。蚤失恃，善事继母刘夫人。三姊四弟，遇之咸尽其道，且能以恭俭率之。尚书公喜曰："吾宦游在外，久幸无私家累，由吾长子倡先耳。"尚书公免官归，卒于途，封君大恨，不及含敛，号恸几绝者数四。葬竟析产，唯奉刘夫人命，庭无间言。刘夫人没时，封君已瞽目眚，不能拜宾，然衰麻哭泣，不以衰病为解。封君初为贵公子，及受封，乘轩出入尊显矣，顾始终折节下士，亡媪姆，虽三尺竖子，亦以诚心温言接之。布政君筮仕令寿宁，以才调崇安，封君念其禄薄，每以余粟易白金遗之，以佐官中及入觐道里费。比迁考功，当计吏。有崇安令道吾邑，自以交承分，挟宝玩求谒门者。见之，封君谓曰："无以为也。君在官，下仆不能知，万一弗称，吾儿安敢斛法相庇哉？"其人惭而去。既调文选，有士赍金币乞美官，复峻却之。布政君在铨曹凡五载，封君未尝一日招权势，顾金钱。属有僚友门生来仕部中者，封君一见而退，不再谒，戒僮仆勿与他事，门庑寂寞亡杂宾。从弟光禄署正邦模无子，布政君当出后，封君力辞以让从子，捐弃重产弗靳也。昔仲尼射于瞿相之圃，使子路出延射，有曰"与为人后者不入"，封君其达斯旨乎？万历四年十月十二日封君卒，年七十六，盖病目谢人事者十四年。

　　赞曰：世称纨绔子弟善骄侈，易坠旧业，余以封君观之，岂其然乎？封君前承阀阅，后都权势，然恂恂抑畏，弗遑康宁。居常言："门第不可恃，先训不可忘。"既以自勖，亦以敕子孙。即此两语，可为后代世家法矣。於戏！盛哉！

明徐师曾《湖上集》

诰封中大夫山东布政司左参政蒙泉吴公墓志铭

〔明〕范惟一

　　封中大夫、山东布政使司左参政吴公讳邦栋，字子隆，别号蒙泉。太子少保、南京刑部尚书立斋翁洪之孙，刑部尚书、赠太子少保讱庵翁山之子也。母毛氏，累赠夫人。公性醇朴，寡言笑，自幼举止循尺度，异凡儿。毛夫人早世，继为刘夫人。公事刘如事毛，备尽孝道，得刘夫人欢。刘夫人绝爱之，不知其非己出者。有姊三，同毛出，公事之恭甚。每私曰："见吾姊如见我毛夫人也。"讱庵翁扬历中外，公以长子留家，日惟闭户读书，砥砺名检，而家政悉听刘夫人综理，公一无所问。讱庵翁尝曰："吾宦游久，而诸子居家咸能自职。以有长儿倡率之，吾无内顾忧矣。"久之，讱庵翁自刑部归，道卒。公日夜驰迎之，号恸几绝者数四，丧葬悉如礼。已奉刘夫人命，与诸弟析产，曰："先大人以清白守官，今兹所遗皆刘母所营综于家者也。"宗人咸服公，无间言。公自邑庠生，为文已有声。寻入太学，屡试弗获隽，叹曰："天乎！乃竟吝吾一第，胡以绍先业耶？"顾其子承熙、承烋曰："汝辈当竟吾志。"乃延贤者师课教之，课朝夕咸有程，不中程不已。由是二子业大成，先后举应天，而承烋以癸丑登进士，初令寿宁，迎公往。公乃从其家持金二百镒畀之，曰："以资汝宦食，无徒贪宦也。"烋转令崇安，当入觐。公先期贻之书曰："吾已为汝治橐中装，无烦宦为汝累也。"烋奉教惟谨，以廉平称，后由礼部高等调吏部，持热柄。公家居，益敛晦，足迹不入郡邑。烋门生故吏有以按部至者，候见公，公无一言及私，第迎送成礼而已。烋任考功，当大察，有自闽驰重贿投公者；及在选司，又有挟兼金以馈者。公皆峻却之。有族弟某，巨资雄一邑，将卒无子，其治命据昭穆当后烋。公曰："吾既不获一命以酬先志，奈何弃宦子以后人哉？"竟让他侄后之，盖徒视数万不顾云。癸亥，公患目眚，值元配徐淑人故，公哀之久，而疾未愈。逾年，令诸子各居其田产，皆两尚书及刘夫人所遗，当公之世，不加赢也。丙寅，持刘夫人丧，日夕哭之恸，目遂丧明。先是，公以烋奏绩，封吏部验封司员外郎。戊辰，烋参政山东，遇穆宗皇帝御极覃恩，加公以今官。配徐，先封安人，加赠淑人。

讱庵翁进阶资政大夫,毛、刘俱加赠夫人。公感泣不已。丙子,承熙当赴春官,念公年高不欲行。公微知之,乃召而命曰:"汝弟虽显,中道而殁。汝既掇科,何不遄往一振策,以慰吾暮齿乎?"时公无恙也,而言又若是,于是承熙行。行两月,而公卒于家。承熙匍匐奔还,悔其行,辄摧毁几殆,盖孺孝纯笃自其家所传云。公遗命治幽宫于邑之二十五都作新阡,承熙卜以十二月二十一日奉公藏焉。先期自次行实,来松徵志铭于余,谨按而志之。公先世有千一者,七传而为赠太仆寺卿璋,以孝廉闻,公之曾祖也,盖为吴之右族久矣。公生弘治辛酉四月二十九日,卒于万历丙子十月十二日,享年七十有六。配徐,封安人,加赠淑人。子四:长即承熙,娶嘉兴卜氏,继娶乌程闵氏;次承焘,仕终广西布政司右布政使,先公卒,娶金氏,封淑人;次承照,国子生,娶昆山陈氏。俱徐淑人出。次承烈,邑庠生,娶陶氏,侧周出。女二:长适乡进士周京,次适庠生卜日克。孙男八:士端,邑庠生,娶周氏,继娶郭氏;士彦,府庠生,娶孙氏。焘出。士龙,官生,聘周氏,熙出。士竑、士毅、士奇,照出。士颜、士莘,烈出。俱未聘。孙女九,其一即允观妇,熙出。余既叙志毕,乃抚卷喟然叹曰:"廪廪德让哉!吴公乎。近世公卿之子若孙,鲜衣怒马侈声伎之奉,或求田问舍封植其家者,往往而是。吴公当两尚书之后,又有二子科第相继而起,乃斤斤乎检柙终其身而不少变,难能哉!诚宜铭。"铭曰:

公生逢辰,早绥福履。少保之孙,尚书之子。哲嗣连城,双璧继起。并掇巍科,一仍膴仕。既袖虵封,再膺金紫。人皆艳公,公不自侈。业不加赢,衣不重绮。居泰不骄,慎终如始。璞玉未雕,元珪不毁。嶷然名德,为世作轨。郁郁新阡,如岳斯峙。我勒铭章,垂百千祀。来穀方隆,其永视此。

赐进士出身、大中大夫、南京太仆寺卿、前江西布政使司左布政使致仕、眷生范惟一撰。

清吴安国《吴江吴氏族谱》

敕封安人吴母徐氏墓志铭

〔明〕瞿景淳

安人徐氏者,封验封司署员外郎主事吴君邦栋之妻,故刑部尚书讱庵公之冢妇也。徐氏家苏之天平山,故多倜傥好义之士。安人父守耕翁,尤轻财好施,岁饥尝代输乡赋,人尤义之。其母华氏,南齐华孝子之裔也。讱庵公念宗祧之重,承继之不易,为验封君择配,曰:"必于孝义之家。"遂委禽焉。既入门,上承舅姑,下接妯娌,罔不顺适。时先姑毛淑人卒已十七年,自念不及躬事问淑人生平起居,慨然思慕,岁时享祀必哀感泣下,不啻亲承。讱庵公扬历中外,验封君复专精经术,不事生殖。安人尽瘁营缉,亲属宾客宴好之费务各赡足,自奉则极俭薄,不为苟废,故验封君得肆力于学,而志不分。验封君累困场屋,志益励,安人赞助益勤。讱庵公晋刑侍,过家见安人貌瘠,心讶之，以问刘淑人。安人惟深感戚，然终不敢自逸也。扨庵公既晋尚书，卒于官，安人哭之恸，曰："吾不及事吾先姑，幸获事吾舅，今复已矣！"哀毁几绝，复泣谓诸子曰："何以慰汝祖父也？"安人性素慈，抚育子女备诸勤劳，然教必以义，给诸子衣食率从粗粝。曰："自吾归汝父，见汝家以清白相承，汝辈毋得习侈靡，以荡若心也。"稍有知，辄令就外傅，夜则燃灯对坐，令诵日所授书。出入必令老媪伺之，不令偷惰纵肆。迨己酉仲子举于乡，明年庚戌举礼闱，安人移书促归曰："汝年少且益进学，非筮仕时也。"迨癸丑廷试，登进士第，授崇安令。越乙卯，伯子复举于乡。安人喜谓验封君曰："吾舅氏且其瞑乎？惜不及见也。"后仲子以邑令课最，晋铨司。迨己未考绩，获封父为验封司署员外郎主事，母为安人。既承恩命，惟戒仲子以国恩不可负，祖宗清白之德不可忘。仲子既晋提督四夷馆少卿，出补江右按察宪副，便道归，安人握手喜曰："儿归矣。"仲子亦以久离安人，悲喜交集。既而安人启视行箧，咸家携旧物，乃益喜曰："儿不负官，内外曷计也。"时验封君目疾久未愈，安人忧劳特甚。仲子归甫数日，安人忽一疾不起，实嘉靖癸亥十二月十六日也，溯其生为弘治癸亥六月一日，享年六十有一。安人孝敬勤俭，得自天性，归验封君已十年，闻母华氏疾剧，谒验封君归省，私焚香吁天，刲股以进，母疾获愈。安人之孝思深笃，不以既嫁而少衰如此。其念先姑有终身之慕，事继姑无一日之懈，固其性也。仲子尝抚股痕异而问之，安人曰："男儿孝在显扬，吾为此者，特以致吾一时之情耳。"味斯言，安人固不以刲股自多也。所以成诸子之贤，使各务忠孝大节，绍先尚书之烈，以笃棐皇家者，岂其微哉？安人晚年母族凋落，父有二侧室，迎归养之，曰："如见吾父母也。"毛淑人有三女，不时周之，曰："如见吾姑也。"前疾革一夕，犹以验封君目疾未愈、不得终事刘淑人为恨。故安人之卒，闻者莫不涕泣云。子男四人：长承熙，即乙卯举人，初娶嘉兴卜氏，宪副大同女，继娶乌程闵氏；次即今宪副承恩，娶金氏，封安人；次承照，府庠生，娶昆山陈氏，主事儒女。俱安人出。次承烈，邑庠生，娶嘉兴陶氏，侧周出。女二人：长适举人周京，寻甸守国南子，冢宰恭肃公孙；次适庠生卜日克，即大同子也。孙男五人：长士端，聘周氏，即寻甸公子庠生采之女。次士彦，聘孙氏，今南京都察院右都御史屡川公女也。士龙，聘周氏，亦寻甸公之子太学生甸之女。士毅、士玹，俱未聘。孙女七人。安人卒之又明年乙丑，子承熙等以验封君命，将以四月四日窆原字圲之新阡，仲子乃自为状来请铭。余旧知宪副君，且安人多懿行，法宜书，以励世风，铭恶乎辞。铭曰：

维家之兴，率由女贞。无非无仪，已垂令名。嗟嗟安人，独禀纯孝。乃及夫君，惟礼之蹈。疗母疾病，甘于刲股。岂不爱身，念母良苦。悼姑之亡，有泪如泉。岂不欲养，念姑已先。惟士能孝，亦已难之。孝如安人，古今罕俪。惟吴之先，有全孝翁。奕世载德，遂登上公。安人有子，克以身教。移孝为忠，先烈是绍。卿族遂延，光远有耀。新封峨峨，湖水洋洋。于千万年，世泽同长。

赐进士及第、嘉议大夫、太常寺卿管南京国子监祭酒事、前翰林院侍读学士、大典总校官、昆湖瞿景淳撰。

清吴安国《吴江吴氏族谱》

封承德郎刑部湖广清吏司主事春园马公墓志铭

〔明〕赵重道

往岁，不佞从里中觐封比部马公，章服洒然若素，宠褒脱然若遗。其与接，为构暖，然似长春而通四时，不佞目眙而心钦焉。曰："夫夫也，其古之真人也欤哉！真人可百逾岁，而莫知其极也。"期有间，比部君累累亘营手状，而临柴毁嗌不言，既泣涕请曰："不肖逢天之戚，先封公即世无禄。敢乞一言，以光先封公于九京，毋重辞重贻不肖戚。"不佞眴若愕视，曰："夫夫也，向意其真人不化，而乃今返其真，为君又奚悲若是？"然不佞受比部君知，知封公有素，不敏不敢辞。按状：封公讳乾，子健其字，别号春园。厥先河南人，宋南渡，徙吴江之简村。五世祖文贵，明农而居。文贵生德昌，德昌生孟敬，赘于邑城之南，因家焉。孟敬生爱山翁骢，复赘石氏，生二子，封公为伯。幼岐嶷，读书了大义。长去儒，习治生家言，就一艺以振其业。然至性谨驯，谆谆人伦。外大父石琪公无嗣，封公备孝养终身。石望期而殁，悉废箸而供丧葬，岁时享祀，必致思焉。爱山翁醇恪守素，不事生产，石孺人以拮据佐之。而公朝夕修甘毳以娱二尊人，二尊人亦怡然而忘其贫。及殁，而封公执丧甚悼，哀毁骨立，盖孺慕终其身云。尤善友于仲，相聚必忻然共案，食已而共寝被也。仲蚤世，封公抚其孤，异常儿。儿不率载落，而载给之，历久无吝容。配汝安人，先封公三十七年卒。卒之日，比部君与伯兄尚髫髦，封公见辄流涕，曰："吾孱力不能儒，惭于儒，必儒其后。然医者博济，去儒一间耳。伯也医，仲也儒，其相芘以有成乎？"未几，伯医成，仲儒又大成，癸酉举于乡，甲戌连进士第，释褐理于九江。三载奏绩，封公如其官。辛巳，由理晋转刑曹。会上皇子生，覃恩复晋封刑部湖广清吏司主事，寝融爚矣。里中人窃艳而目之曰："夫夫也，累仁素矣。一旦而贵，人其食报，讵有涯也夫？"既而与封公接，则悃幅不改其素。涂不舆，日不盖，非傧介不冠，非宾饮不至邑府。食一盂，饮一壶，手一编，扫除一室，几榻外无长物，宴如泊如。里中人又窃视而讶之曰："夫夫也，而非贵人，不然何异诸它贵人也？"公闻而笑曰："贵不贵，何与于若，亦何与于我。且也，若焉知我之贵不贵也，我又焉知若之贵不贵我也，我知行吾素而已。"尝不言而饮人以和，不蓄而赈人以财，不侠而解纷缨冠，不游而枕漱泉石。贵不加伉，不贵不加踧，曰"我知行吾素而已"。以故识不识，咸称春园长者。知有春园，不知有封公云。比部君宦游十载余，瞻依之思，不啻一日。顷承命岁决于淮，假道捧纶音拜堂下，欢可知已。不越月，大需停刑，至丹阳道中，而封公疾作，冀请告归侍，而竟不起。呜呼！向所谓食天之报者，又谓之何？封公生弘治癸亥二月九日，卒万历乙酉四月十九日，享年八十有三。配汝氏，先卒，赠安人。继配王氏，亦卒。丈夫子二：长贤，娶何氏；次贯，刑部四川清吏司员外郎，娶钮氏，封安人。孙男五，孙女二，曾孙男二，曾孙女二。先是马氏祖茔在梅里村，封公疾革，执贤、贯手诀曰："吾死，得傍先人丘垄，从地下游，无憾矣。"贤、贯呜咽惟命，卜以十二月十二日，举封公柩启汝安人窆而合葬焉。不佞深惟挽近世封公，率以子贵，不由问学，窃朝廷宠章，夸毗闾里，此与断榴被文绣何异？又甚者，倚势抗法，离跂攘臂于声利之间，而曾莫之检，此又豕虱之濡需也，宁不有忝于封公。不佞谓春园公可为世规，是宜铭。铭曰：

梅之里，菀彼高冈。公之先，乃封乃藏。公从之，孝孙有庆。显而融，潜德孔彰。遵尔晦，不耀而光。返玄宅，长发其祥。

明赵重道《三余馆集》

明故太医院医士韦庵叶君墓志铭

〔明〕范钦

嘉靖己卯六月十一日，韦庵叶君卒。明年春仲，从弟文湖君可成持贡士戎君状俾予铭，时余衔先人之恤，莫能言。又明年八月，赴关道，出吴门，临君几筵，唏嘘久之。文湖亦以工部主事过家，申前请。念生平与君交媲者莫如余，谊弗得辞。君名可嘉，字茂绩，后更名允。苏州府吴江人，居分湖滨，世业儒。曾大父芳，任广西理问。大父绅，登成化丁未进士，授礼科给事中。父夔，国子生。母李氏。国子君生四子，君最少，生即岐嶷，异群儿。国子君每抚君头颅，曰："是将亢吾宗者。"于是延吾鄞陈君侃、钱塘傅君珮，先后训迪。二君相继为给事中，后以属余。余见其性灵闿爽，词藻葱蒨，下笔千万言，娓娓不休，谓当通显顾售。试有司，辄弗售，愤曰："丈夫子不能勉徇尺寸，亦宜旷达自雄，安能齪齪为时俯仰耶？"乃遍交四方名士，日与研探冥赜、臧否人物，兴情奔会，至忘寝食。当是时，陆方伯铨、王驾部畿、陈侍御珏、全太史元立，咸以文行著声海内，与君缔忘年交，赓倡往复，动盈篇帙，名由是烨烨起。会上敕所司，遴有儒行善医者晋太医院供事，左右仪曹王肃庵宗明以君应。君幡然曰："曼倩栖于金门，子云沈于执戟，古称吏隐，吾且安之。"乃遨游京华三年，游且倦，一日遂拂衣归，折节更退逊若懦。因念性稍急，号曰"韦庵"，盖以西门豹自砺云。然侵遘风疾，素不治家人事，交游满座，求无不应，以故生殖日落，家徒四壁，君处之泊如也。君事亲孝，与诸兄姊睦，视诸甥如己子。寡嫂久异居，时时遣人恤问，亲故欢好，岁久弥笃。见人之才，若己有之，称人之善，不啻口出。适季兄客京邸，以疾闻，痛哭乃苏，苏更哭，病遂笃。卒之日，远迩咸嗟悼之，斯亦足观君所存矣。君生于弘治乙丑九月二十九日，逮其卒，春秋五十有一。配王氏，建昌丞雪楼王君女，善克家，以贤淑闻。顾无所出，遗命以文湖少子重华为后。丙辰年二月十三日，葬君于吴江县唐家坊之原，佐其事者，实从子有本。铭曰：

于维韦庵，淑问昭宣。胡绝尔嗣，而啬尔年。吁嗟乎苍天！

赐进士出身、中奉大夫、陕西布政使司左布政使、古鄞范钦。

清叶德辉等《吴中叶氏族谱》

故南京光禄寺良酝署署正葵阳吴公墓志铭

〔明〕徐师曾

万历元年，岁在癸酉八月二日，葵阳吴公卒于家。其子吉甫方应举留都，闻讣东奔，恨不及含敛，号恸几绝者数四，哭无时。久之，择地于某乡，以万历某年月日奉柩以葬，先期自状行实来征铭。往余从诸生，辱宾家塾于吉甫，有一日之长，知公最深，不敢终辞，遂诺而铭之。按状：公讳邦寀，字子寅，别号葵阳，姓吴氏。当周武王时，姬姓之国有吴伯者，公其胄也，世为苏之吴江人。曾祖孝子璋，封承德郎、刑部主事，赠中大夫、太仆寺卿。祖洪，资德大夫、正治上卿，南京刑部尚书，赠太子少保。考山，资善大夫，刑部尚书，赠太子少保，进阶资政大夫。适妣毛氏，赠淑人，加赠夫人。继适妣刘氏，封淑人，赠夫人。生妣张氏。资政公有五丈夫子，公其仲也。幼即颖敏，长益向学，资政公爱之。学成，初试校台，御史湖广刘公虞得其文惊叹，拔置优列，令应乡举。嗣是来督学者，试必奖赏。寻补廪员，一时才名复出流辈。公顾折节，读书下士，人愈多之，已而三试不第。嘉靖十九年，资政公丞应天典试事，子弟当避嫌，乃命引例入北雍。祭酒扬州崔公桐，海内儒宗，门下士鲜当意者，独器重公。又六试不第，公凡就试南北者九。已举复落者，再则年资当选，而公亦五十余矣。乃叹曰："吾志岂不如古人，吾才岂不如今人，而坎壈至此，命也。且有老母，得一官以慰其心可耳。"遂谒选。嘉靖三十八年，拜鸿胪寺司仪署署丞。公修髯美姿，谙练仪度，罔或愆忒。退而究五礼，习披宣，骎骎乎随堂丞卿之望。方得考满进登仕郎，而遭生母忧，归矣。隆庆四年，服阕，补本寺司宾署署丞，寻擢南京光禄寺良酝署署正。会当酿，乃监酒工辨五酒四饮五齐六物，贮而进之，皆中法式。暇则与僚友交游，挈榼登临，兴至辄引满浮白，颓然自放，旷如也。居五月，而当隆庆五年，倦游思归，上疏乞致仕，制曰可。归甫两期，而以疾卒，享年六十有九。初娶王氏，继沈氏。子男二：长即吉甫，太学生，娶嘉善沈氏，都事荣女，沈出；次承炅，娶嘉兴陶氏，乡进士锐女，侧室庞氏出。孙男四：廷坊，娶周，国子生乾南女；廷升，聘刘氏，国子生□堪女；时俊，聘孙氏，国子生成伦女；廷望，未聘。孙女四：长适同邑周祖，次适乌程举人沈元壮，次字庠生顾祖范，一未字。公本贵介公子，殊无纨绮习，善谈论，工书法。随侍资政公宦游最久，章疏启牍，屡属立草。母张多病，奉养备至。待伯兄诸弟，自髫年以讫白首，怡怡如也。表弟张某贫甚，公馆之，且抚其女，选士人殷某而嫁之。邑有富室见诬于仆，公知其冤，从容言于资政公转白御史台，事竟得理。其后富室闻之，怀百金报谢，公却不受。其懿行多类此。初，资政公之在刑部也，以谳权贵狱，忤世庙旨夺官，南归卒于途，棺敛之具，悉出公手，间关千里，扶就正寝。既葬，日夜与其昆弟思讼父冤，而未有路。会穆宗御极，昭雪群枉，乃具疏陈情，因得复职，由是进阶赠官，谕祭赐葬，异数洊臻。呜呼！为子如此，可谓始终孝道，于祖有光矣，公非予谁铭？铭曰：

虞仲居吴以国氏，中叶哲人推季子。松陵有族延州徙，皇朝全孝追芳轨。嗟嗟光禄，壮志未酬。思慰母心，小官弗羞。公事厥考，没有余休。卓哉大节，祖德是俾。古称孝道，施无朝夕。爰卜幽堂，永瘗芳魄。一世之藏，百世之泽。我刻斯铭，垂诸无敨。

赐进士出身、从仕郎、礼科左给事中致仕、前翰林院庶吉士、邑人徐师曾撰。

清吴安国《吴江吴氏族谱》

承务郎南京光禄寺良酝署署正中河吴君墓志铭

〔明〕董份

中河君吴氏，吴江人也。明兴，父子致位尚书者，海内凡十五家，而吴江之吴其一也。祖南京刑部尚书、赠太子少保立斋公洪。而立斋公长子切庵公山，亦为刑部尚书，是为中河君伯父。而次子维石公岩，为四川布政司右参政，实生中河君。中河君少颖慧，慷慨有大志。方祖父鼎贵时，慨然思绳前业，刻厉自许。弱冠，父维石卒，而立斋公以哭子疾笃，亦相继卒。一时承祖、父之变，人谓君年少且不支。而君崭巍自立，反起其家，皆以为难。然君亦用是弃去举子业，以资入国子，积岁授南京鸿胪寺鸣赞，非其好也。居常不自得，数欲弃去，所亲辄宽喻之。已而转南京光禄署丞，又转署正，复辄欲弃去。会贼犯吴，路梗，适疾作，遂止。无何，殁于官。君廓达好振施，有侠气，多所交纳。自祖父行朝之尊贵人，及天下有名豪贤之士，皆折节与游。其在南京官最薄，然门独多车马，至闐溢里巷，忌者目之，几败官。然自喜益甚，日夜治具设供张，沉阴积户，列炬在庭，兴愈益剧，相歌呼达曙，而门者又报谒矣。数造请诸公候问不绝，或尝贵而失势者慰籍尤至。贤有才者，即疏远深慕之，即未贵尊礼焉。所与交皆有终始，人以是重君，无问识不识，皆知中河名。居官喜以才自见。为鸿胪时，寺久屋圮且坠，前后莫有言者。君以末僚独白工部缮治，因捐资成之，今寺聿新，君力也。故事月食，诸司赴护。先期报署名中，府属独不署名，鸿胪卿难焉，未有以发。君独争，遂署名如例，卿因甚奇之。在光禄，摘剔蠹弊，下无缘作奸，缙绅皆翕然称君，而君曰："是琐琐不足录也。"盖其志如此。至性笃孝，甫十岁丧母，哀毁逾成人。及父维石公卒，号恸自掷几绝。事继母尤谨，具滫髓，备鲜饫珍，有可以悦母者靡不至。即病，召医药，每一挥百金，极尽劳瘁。稍已，辄踊跃喜。方署丞，次当迁，数移书贵近，乞缓迁待考，为母封也。其诚孝多类此。初，立斋公祖有阴德，遇异人相地曰："葬此当世世贵。"果出两世尚书，进士接踵。予尝行观其地，乃前当太湖，峙马迹诸山，而背负城，其气蔚葱云。而君葬父，言幸列藩岳，不别树阡而祔，非也，乃为维石公卜地。已而君无子，或有议当徙者。而君言己无子，而徙父葬以图吉，非也，不肯徙。然君卒无子，予悲焉。维石公与其兄山举进士，历都给事中，慷慨敢谏诤，号直节，有《维石公奏稿》诸集行于世。自给事十一年转参政，以君考绩赠中大夫。君母封孺人，徐氏加赠淑人，继母封孺人，沈氏加封太淑人，皆以君绩，而实从维石公秩也。维石公三子，君最长，弟邦栻、邦材，皆夭无出。君病亟，诸昆季走南都问状，欷歔曰："即旦死，顾未有所立嗣，其以承廉为吾子，主先人祀，吾瞑目矣。"乃与昆季定议，遂殁。承廉，盖君弟子望之次子，切庵公诸孙也。而君初先以子望次女一人为女云。于是，承廉遣人至京师，奉君弟比部君子宁状来乞铭，曰父殁时遗命也。予既与君游久，闻其殁而怜之，与比部君缔婚，有葭莩谊。而承廉数千里遣人日候予门者凡三月余，予固不忍辞也，乃叙其事而铭诸碣焉。君讳邦模，字子范，别号中河。配王氏，封孺人，巡抚江西佥都御史思德王公哲之孙女，有贤行。君所以笃孝于内，而周旋士大夫于外者，孺人中匮之助也。承廉配凌氏，应天府丞云鹄君汝志之女。君生正德丙寅三月二十八日，殁嘉靖丙辰二月十六日。铭曰：

维石有火，维膏有明。胡然美矣，弗永其生，悲哉佳城。

赐进士出身、奉议大夫、翰林院学士、前右春坊太子中允管国子监司业事、国史会典纂修官兼理诰敕、吴兴董份撰。

清吴安国《吴江吴氏族谱》

南京光禄寺良酝署署正中河吴君元配封孺人王氏墓志铭

〔明〕徐师曾

封孺人王氏，吴江世家女也，嫁为故南京光禄寺良酝署署正、同邑吴君讳邦模之妻，繇夫贵受封。以弘治十八年十月八日生，嘉靖四十一年九月十六日殁。其嗣子乡进士承廉，卜卒之又明年甲子十月二十七日，葬孺人于邑东范隅上乡昨西字圩之原，合光禄君兆。乃自为状来乞铭。余孺人之里人也，知其世最详，不获辞，于是掇其语为铭，俾刻诸隧间之石。其词曰：

于王氏，胄太原。徙吾吴，族愈蕃。维曾祖，宗吉公。以仲贵，受宪封。祖讳明，跻辟雍。考讳惠，在頖宫。稽世德，与吴同。妇人归，匹光禄。祖司寇，舅参蜀。藩伯逝，尚书薨。协厥家，图中兴。业罔坠，且拓增。姑徐亡，继则沈。恫不逮，事弥谨。靡纤巨，命必禀。洁洮醩，羞甘腴。拏粢粱，厉膴蠰。姑暮年，心怪愉。母氏钱，老而贫。恒轸念，馈遗频。诒谋在，今相因。舅族殷，子姓繁。遇以恩，无燠寒。疏若近，具洽欢。御僮婢，宽以栗。食指千，惠钧一。行赏罚，视惰勤。争效力，家用振。躬节俭，以帅人。修岁祀，秉匡敕。曰酒浆，维妇职。操祼奠，遵礼式。三十年，如一日。君好客，广交游。家及邸，必骖𬳿。治觞豆，旨且柔。共夙夜，佐绸缪。宾燕乐，为淹留。君艰嗣，常郁郁。精选御，无媚色。竟不孕，命之啬。择贤子，立所爱。非我私，明令在。君既殁，家即传。斥羡余，均族姻。惟屏居，读佛编。嗟暴疾，遂不延。生乙丑，死壬戌。五十八，寿告毕。范隅乡，有元室。甲子冬，维卜吉。子与女，各有一。并再从，君所立。子娶凌，女字魏。后有托，心冈怼。杖而哀，泣徵铭。自为状，赡且徵。愧谫劣，辞莫承。掇绪余，质幽冥。

赐进士出身、刑科左给事中、前翰林院庶吉士、邑人徐师曾撰。

清吴安国《吴江吴氏族谱》

明故封太宜人王母仲氏墓志铭

〔明〕徐师曾

　　封太宜人仲氏，是为封承德郎、福建清吏司主事、赠奉政大夫、河南按察司佥事王公讳鸾之妻，而江西布政使司右参议锡命之母也。宜人考讳云，妣朱氏，世家吴江闻溪里中，后徙浙江秀水，故今为秀水人。封君之居与同里闬，厥父欲为择配，闻仲有女，温惠端静，循内则，习女红，遂使委禽焉。比归，舅膺末疾，寻至不起。时封君方食贫，复罹家难，往来吴越间，以贸迁为业，每一出，辄阅月而返，甚者伏腊犹稽旅次。宜人上奉寡姑，下鞠幼嗣，茹辛衔恤，讫无怨咨。参议君既长，就傅暮归，篝灯纬纑，课其诵读，往往夜分而后即安。虽登第后，纫缀饎爨，犹不废也。尝谓参议君曰："昔吾与女父拮据挦荼，仅足衣食。今幸通籍金闺，禄养不乏，女毋厌贫，毋尸禄，毋诡随，毋激亢，吾志乃慊尔。"参议君受命唯谨。故今清慎如未第时，所谓非此母不能有此子，诚哉语也。宜人平居无谇语颒色，旁接姻族，下御子姓僮婢，未尝不以和恕先之。故属纩之日，虽邻妪亦雪涕云。隆庆四年，参议为福建佥事，丁外艰，服除不欲出，宜人弗可。万历二年，起补河南，间道迎养。居二年，迁今官，未上。以宜人老且多病，途中再疏乞终养。明年三月承俞旨，遂奉宜人南还。甫岁余，寝疾以殁，万历六年九月九日也，距生之年为正德改元四月二十六日，享年七十有三。子男一，即锡命，娶钱氏，累封宜人。女一，适郁兰。孙男二：尧焕，庠生，聘江西布政使张君大忠女，夭；娶海宁指挥使马君继武女。舜华，聘吏部主事屠君谦女。女三，长适盛绍先，次适周必进，次未字。参议君卜食万历七年三月十六日，奉柩葬里中成字围之原，合封君兆。先期自状行实来征铭，辞弗获，乃按状为志而铭之。铭曰：

　　妇道在随顺，而莫相随之，误也；母仪在慈爱，而弗劳慈之，蠹也。唯宜人之攸为二。德靡亏我求于今，女之度也。壮茹荼而老含饴，时之遇也。禄养委蛇，世所慕也。荣寿以为绥，天所助也。下从夫君而瘗之，千百岁之固也。我刻斯铭以殉之，曰哲人佳配之墓也。

陈去病《松陵文集》

祗庵公传

　　祗庵公讳嘉谟，太常公第二子也。温良慈让，外如其中，而尤笃于孝友。于太常公所向，多先意委曲承之。太常公数出游山水间，公每具供，张约宾客，与诸昆弟连翩左右，酒酣迭起前寿，或故为博弈之戏相胜负，以娱太常公。公以故得太常公欢心，诸昆弟皆自知不若也。诸昆弟间有几微不平之意，公心知之，即先于未发，曲为好语讽解。是以终公之身，昆弟欢然无所间，盖其施于家者如此。公尝得杜姓儿为竖，视其举止，不类凡儿。公心奇之，语夏孺人曰："是儿伟器也，谁谓培塿无松柏乎？"因名之曰伟，见诸庙而子之，齿于太史文林间，无异视。未几举于乡，卒为海内大儒，即穷陬绝域，无不知东吴沈虹野先生者。后复姓为杜静台，没而从祀学宫乡贤祠。公为人，身若不胜衣，口未尝言人过失。遇宾祭必极洗腆，而自奉则菲。谒先生长者冠服襜如，燕居则未尝不衣疏布。计岁所施与及人负而不能偿者，居岁用之半，而公非厚积然也。计急人之务朝且暮焉，居家事之半，而公非负有强力然也。平居不视他书，独好河洛关闽之说。尝念沈氏有族而无宗也，慨然欲立法以收之，又欲为祠堂、祭田、义塾，以尽其志。呜呼！公之志，何志也？而天不使之一试哉！公处贵盛时，世所谓纨绮公子之习毫不一染，独恂恂然躬孝友长厚之行。此其所得，虽史称万石君能以孝谨闻于齐鲁之间者，何以加焉？故公殁世且久，凡语及公，未尝不为之悲感而兴嗟也。噫！此可以观公矣。

清沈始树《吴江沈氏家传》

史龙湾暨配吴孺人合葬墓志铭

〔明〕吴邦桢

龙湾史君，予内之从兄也。其配吴孺人，予季父维石公之女也。君曾祖西村公，抱道隐居，名动江左，与予祖立斋公交甚缔。而君之祖赠刑部主事南园公，与立斋公又有师生一日之雅。既而君之考南湖公，又联维石公第于乡，交又甚缔，故交缔婚焉。予少时见君，头角崭然，意气飘飘凌云，已知为跅弛士。及与上下议论，则又能证据古今，而诸子百家之言，无所不通。间示予诗若文词，飒飒然有先秦气，而翰墨清劲，彷佛右军。因深敬服之，以为行且离璧水而攀台阶矣。居无何，南湖公以刚直发监司奸事，相构有仇。君固气侠而性孝，乃直前往报之。监司亦报君，君遂被谴，不得以其文章显。予因深悼惜之，顾绵力莫相拯耳。继又时时过君，睹君头角意气，犹夫昔也。而议论问学，词翰日益高，德行日益纯。植孤弟于髫年；敛友人周凤池于逆旅；捐通粟若干，以赠族人穆溪之孤；让祀田若干亩与弟，弟不受，则散诸宗人。诸所行，莫匪仁义之则焉。予于是敬君益深，而悼惜君益甚。嗟乎！使君而得膺一命，效一职，移孝为忠，以报父仇者，而敌国忾必不泄泄，保荣禄而已也。古之人，若伍子胥、吕不韦所行皆已甚，然皆得享高爵重禄。如君者，岂当锢之岩壑为哉？然而君卒锢之岩壑以老，徒有其具而不得其用，悲夫！予姊配君，亦有令德，婉顺孝敬以事上，慈惠宽和以逮下。代君含殓其姑而尽礼，相君抚育其叔氏而有成，赞君守其先业而不堕，君客京师十许年始归而无怨。早失怙恃，终身慕之，而弗忘诸所为，莫匪圣善之则焉。姊虽天性纯淑，姆训有素，而君之型于者，岂其微哉！君享年六十四，以年月日卒。姊亦享年六十四，以年月日卒。予旅食于外，闻讣皆为位而哭之恸。予之恸也，岂特亲亲之情哉，悲君不遇过半矣。君讳长，字伯兼。其先浙之秀水人，元季有号东轩名居仁者，始卜徙于吴江之黄溪。自东轩五传而至西村先生鉴，鉴生封工部主事永锡。永锡生云南参议臣，是为南湖公，娶陶氏，实生君。姊之世不暇详述，父维石公讳岩，仕为四川参政，好直谏，有大声时。君子男四人，姊出其长，曰学诗，娶金氏。侧室口氏，出其次曰世本，娶申氏；又其次曰索隐，聘顾氏；其季曰藏室，聘周氏。孙男若干人，长曰载道，聘王氏，余幼。孙女若干人，皆许士人之子。将以年月日合葬于翳字圩之新阡。学诗抱所自为状来请铭，予义不得辞，遂铭之。铭曰：

才则丰，文则郁。仇之复，身斯伏。刑于尔家，德则淑。

陈去病《松陵文集》

瑞安令周公传

〔清〕朱鹤龄

公讳大章，字章之，沈雄慷慨，饶文武大略。嘉靖壬子，举应天乡试。癸丑，下第归，值倭夷蹂躏，转略近地，士民争窜伏墟莽。公独奋曰："此志士保乡井建功名之会也，去将安之？"乃纠合义勇数百人教练之，袜首袴褶，部署指挥，俨然嗄唶老将也。以邑城庳薄难守，倡义增筑，与宪副沈公啓董其役，不旬日毕工。又以平望、夹浦为南北要害地，乃进议于邑令杨公芷，设兵驻守。日治戈船，募骁锐，贼至，则据险邀击之。时总制胡公宗宪建阃浙东，公参赞幕府谋画，委督水师。亲冒矢石，出没波涛浩淼中，屡胜之于青阳港、钱田、石湖、唐家湖、莺脰湖、太湖诸处，首尾三年，斩馘过当。贼平，督抚杨公、总制胡公，上其功次于朝，授备兵使者职衔。公以亲老力辞，乃官其子崇仁为苏州卫正千户，子孙世袭。公屡上春官不第，署余姚教谕。隆庆初，授瑞安知县。县濒大海，先中倭患最烈，至是复大旱，公航海祷于龙堂，俄有甘霖之应。又力请两台，免征加派织造银，民甚德焉。瑞安地临险阻，公建议海安、瑞安、沙园三所合操，躬临训练，全郡倚为屏障，竟卒于官，年六十有三。公工古文辞，才笔雄健，在瑞安有《上赵抚军便宜》札子，正大剀切，不减陆敬舆。门下士成名者甚众，顾公大典、吴公邦桢，皆举甲科。识姚江邵公陛于司训时，期为伟器，后果以词林改御史按吴，人服其鉴云。所著有《文艺集》《御倭武略》，行于世。

论曰：方倭患孔棘，东南半壁动摇，征调几半天下。吾邑为浙直要冲，非公勠力行间，控扼南北，兵祸未易弭也。况身无封疆之责，独出死力，以捍卫维桑，其功顾不伟欤？邑令杨侯赠言，称其"才与诚合"，信夫！

清朱鹤龄《愚庵小集》

敬亭公墓志

〔明〕杨雷

松陵有汝宁太守平野顾公，硕德重望，古君子也。冢嗣汝重，孝义素著，克继家声，而竟蚤世，不知天之处世乎平野公者何如也？呜呼伤哉！厥子大纲卜嘉靖三十三年十二月十八日甲申，安葬君柩于二十五都大壩字圩之阡。大纲等遂泣持其沈君状来乞铭，谊不能辞。君讳名节，字汝重，别号敬亭，姓顾氏，松陵人也。其先，夏殷汉唐，代有显达。曾祖程，祖项，封刑部主事。考昺，以名进士起家，官拜汝宁太守。母张氏，赠安人，继母王氏，封安人。君甫十二岁丧母，即能尽孝，移之以事王安人者不衰，爱其所生如同胞然，盖夙承庭训，自培其良也。初，补邑庠弟子员，随事父宦三载，积学游成均，屡试棘闱，文名益起，人皆知平野公之有子也。公一旦谢政，天下高之，君即美堂序，丰饮馔，朝夕奉娱，宾从纷然。太中大夫之子，何以过是乐？彩衣终身，不肯趋所知，取美官，以离父膝，尤为不易。至于迁母柩，合父兆，而椁之尺寸，谆谆形于梦告，诚孝之所感也。弟瞿病将没，念兄在，以分受酒器百金遗之。君愕然曰："弟丧而可利其财乎？抚孤奉母，吾事也。"时王安人亦不忍违公常恩，畜一男。渠二子时臣、时民者，乘公之丧，擅易姓灭产。人不能堪，君包容之，亦推父之所爱也。君秉性宽厚正直，周人之乏，助人之婚。有负其百金不能偿者，亦面毁其券而遣之，昭昭在人耳目不诬。君之大行如此，真无忝于平野公者，而竟不禄，此天之所未知也。然君之长子大纲，文学已成，孝友不替，而诸息翩翩，庶振其后欤。君生于正德己巳八月初八日，卒于嘉靖壬子九月二十八日，享年四十三岁。娶沈氏，湖广副使江村女。男五：长大纲，邑庠生，娶沈氏，鸿胪感斋孙女；次大纪，聘王氏，松阳尹春沂女；次大经，聘钱氏；次大纶，聘毛氏，宪副六泉孙女；次大统，尚幼。女四：长适邑庠生沈位，水西给事中孙；次适陆文龙，石里宪副子；次适吴邑庠生杨第；次字庞来元，文川子。孙女一，第余之孙也。世缔之好，自得于平野、江村二公者，故为之铭曰：

孝统百行兮，幼能持丧。善养父志兮，左右无方。崇义敦族兮，抚孤赈施之皇皇。文行卓荦兮，是宜永寿而翱翔。胡不禄而蚤世兮，兰熏膏铄而悲伤。尚有俟乎后之人兮，取必于天而克昌。

南京工科给事中、奉政大夫、佥湖广按察司事、吴县杨雷著。

明顾绍业、顾绍龄《顾氏族谱》

守西公传

守西公讳嘉谋，太常公第三子也。公生而敦庞沉毅，不妄言笑。长而修髯深目耸颧，瞳子浅碧色。文学虽逊伯仲两兄，而质行过之。未冠时，侍太常公于京邸。大狱事起，太常公被逮下诏狱，考讯楚毒备至。主橐饘而御箯舆，皆公一人肩之，不令僮仆代也。太常公既削籍，公则与诸兄弟日馈甘旨，奉杖屦，招宾从，为膝下欢。岁丙午五月，泛太湖，雷雨暴作，舟为龙攫而覆，幸不死。归取所负子钱家之券尽焚之，盖二千余缗云。为国子生，年近五十。谒选京师，每以许负相法，言人休咎，多奇中，名大噪。长安诸贵人肩摩毂击而至，客舍中至不能容，屡席来者亦无暇报之。无何，授上林嘉蔬署丞，三年余告归。次年，继母俞孺人方七十，公为烹鲜捧卮，率子侄诸妇、中外男女孙为寿，甚乐也。其冬，俞孺人卒，公年望六矣，丧之不异生母。及葬，窀穸宾客之费皆独任之，不以累弟侄。晚年，邑大夫请为乡饮祭酒，辞不赴，斯亦难矣。公性简倨，人有过，每面折之，退则绝口不言短长。好习静，见黄冠辈，辄倒屣下榻客之，累月不倦，亦稍能守其术。以故年齿独迈诸昆弟，无疾病诸苦，七日一如厕。夏月，鞾袜不暂解，不浴者几三十年。临终，神识了了不乱，此其异也。公勤治生，惜妄费，而非义之物去之若污。当谒选时，蒲坂杨襄毅公为大司马，以公为入幕宾。有武弁以事求公居间，持千金为寿，公却之。既而治糕饵四种来饷，卒为启口得请。人皆笑公拙，公曰："吾义不为阿堵欺长者。"岁庚午，直指使猗氏张公行县，专以锄大姓击豪强为务，人皆重足屏息。独与公有旧，且敬公无妄语，式闾求益。公告以邑无恶人，请免访察之政，从之。邑中有孝廉为仇家所讦，将就法，以重资浼公为求宽，公诺之而反其货。后其人以小憾，肆恶声于门，公如不闻也者，真可谓宽身之仁哉！他如为丞时，葬署中无主露榇十余具，乃其行之细者。公之行善，无论不以语人，即子孙辈日侍左右，亦未尝一言及之，此足以占公隐德矣。

清沈始树《吴江沈氏家传》

上林苑监嘉蔬署署丞守西沈公墓表

〔明〕王世贞

当嘉靖初，而故左给事中沈水西翁数上封事，以伉直通国体闻，最后言益直，至触上怒，下诏狱，榜讯濒死者数矣。于是翁之子署丞公嘉谟，诡楚服入侍翁于血肉狼籍间，旦夕浣濯，傅膏药，共汤饵，凡二十有七日而出狱，得不死。乃顾谓署丞公曰："而吾身也。"公盖甫逾冠耳。于是水西翁既罢归，不自怿，稍稍放意山水。而又好客，客至辄留，亡问供具所自，署丞公殚资力而从事。水陆之珍与耳目之玩，集不必时，产不必地，盖竟水西翁身，无一日弗适也。而是时公为太学上舍，属文有声，再试不利，辄弃去。曰："吾翁不获奉吾君而归，我何忍倍翁出？即出，谁与适翁者？"因署其斋曰"守西"，以见志焉。乡人人称守西公真能守，则又曰："水西翁有子矣。"水西翁以老寿终，公哀毁备极。既葬，侍其继母俞太孺人，依依不忍违者十余年，而始谒吏部为选人。三事诸公，有知公从水西翁狱事者，慕而愿交公。公又善冰鉴，诸达官贵人来叩得失，踵相啮公，人人为称，别悬契无爽。故太宰杨襄毅公父子与后太宰阳城王公，尤善公，至目公曰："令唐叟而吾子，必不失刚成君。"而公退而自守，泊如也。杨公时领大司马，有将家子微知之，橐千金求公为道地边任。公恚却之，曰："奈何以市人品我？"公之谒选，得上林嘉蔬署丞，笑曰："是将使我不茹蔬。"益自约为毋染。而驭其下则简易，尝行署于它室中，得露槥十余具，亡主名，为设薄酺而葬之。已满考，念俞太孺人七十，因引疾予告归，奉觞为寿尽欢。亡何，俞病卒。公少于俞仅十岁所，而持服易戚如礼。诸丧葬费，一切不以累弟侄，独身任之。服除，意且倦，而会先帝初御极，下书褒扬言事者。而水西公超七秩而进太常少卿，又赐祭。公叩首谢上恩，已复哭于墓而曰："吾今乃知臣子之愿毕也。"遂不复出。而公有子封君侃，能读书治生，约略如公之奉水西公。二孙：吏部郎璟，乡进士；瓒，少美而文。公奇之，以为必贵，每试则躬挟之，曰："毋使轻堕少年窥也。"盖及璟之登上第，濯濯郎曹矣。公性严静，晨起，必告天以日所欲为。朔望，具衣冠，拜家庙，私忌不预宴会，听声乐以为恒。其于财，能礼积而义散之，尤厚昆弟孤侄，为损橐树家室矣。公尝舟行至湖，而遇龙起，摄公舟空中，耳若有闻者曰："夫夫常阴行善，帝享之矣，必护之。"俄而徐堕水，无它。公归，因悉取细民积券直二千金焚弃之，谓："一介琐尾，何以当上帝知，割贪而为惠，庶几报哉。"郡邑巨寮闻而益重公，业乡饮，则争延公大宾。公谢愈不任，既而曰："小善也，何足齿。且行而使人知之，非阴行也。"公既谢，计然策不为，至生平所好弈亦厌弃，晏居深坐焚香，展《黄庭经》而已。既病弥月，且革，精爽不乱，呼藏具阅之而瞑，得年七十有二。娶于金，少公四岁，先五年卒。子孙婚嫁皆名族，语具志中。呜呼！古有变服为狱卒，以脱被考者。独行之士于其府主能之，焚券而不责偿。徒手以报者，谊侠之俦，于其因主能之。而况公之于其父，于其身至亲切哉，则亦岂甚高难能哉？乃至上感冥冥而下啧啧人口者。何也？盖末世所希觏尔。籍令让耕畔，却遗金于西伯岐丰之间者，奚取择也？神之相之，不辱鳞虫。逾施逾赢，既谷且丰。孙枝虬腾，蔚为时宗。天于公，何如哉？余始与公遇巡台幕，公谓余可八座差不酬，而又以余有道气足教，至于今心营营然。窃因吏部请，特表其墓以劝，夫勉为善者。

明王世贞《弇州续稿》

国学生旅川汝君墓志铭

〔明〕沈啓

　　君讳世德，字恒之，号旅川，庆符尹石斋公砺之子也。大父讳讷，仕终南安守。曾大父讳昊，再赠兵部武选司郎。自七世祖义之公，当元之末，计退红巾贼，乡里德之。故汝氏自南渡来，著姓吴江，世居邑之黎里镇。旅川生而聪慧，锐志力学，作文日数篇。督学章公优拔之，补邑学生。母钱孺人病废，日夜忧思，迎医祈祝，靡所不至。迨殁，哀毁几绝，殡殓丧葬皆尽礼。服除，奉例充国子生。南科给谏曹公命题试之，首拔其卷，送应天府。丁酉乡试不售，遂卒业南雍还。石翁致政归，得风疾，君左右维持。与配邱氏祝曰："吾翁延一日之养，庶尽人子一日之心也。"后二年，遽得怯疾，不旬月先石翁而卒，年三十。君性温雅，好整洁，未尝疾言遽色。虽嗜酒，终不及乱。审于接物，里党爱其睦，宗族称其孝，朋友信其诚。外视朴茂，中实条理精密。事无大小，日之所闻所行，夜必书之，久而而帙。君生于正德庚午三月二十一日，卒于嘉靖己亥十月初四日。配邱氏。子一，曰柏，邑庠生，娶沈氏，给事中汉女。女三人：长许嫁余仲孙令仪；次许嫁按察佥事讳镤曹公子应龙；三许太学刘君之子默。卜以嘉靖某年月日，葬于发字围之新阡，乞铭于余。余与君婚，不敢以不铭。铭曰：

泉之醴，不原而委。煜煜之紫，不根而卉。彭欤殇欤，华颠颜子。何齐其生，不齐其死。达士观之，一而已矣。

赐进士出身、中议大夫、四川按察使佥事、前工部都水司郎中、陕西督学副使、邑人沈启撰文。

清残本《汝氏世谱》

邱孺人墓志铭

〔明〕王世贞

孺人邱姓，南安守周庵公之孙子妇，庆符尹石斋公之子妇，太学生旅川讳世德之原配也。初，庆符公元配钱孺人不宜子，媵唐氏实生太学。孺人事嫡姑以孝敬著，事庶姑承顺小心，上洁潆濡于堂，下操管钥于室，无遗夫子忧。以故太学能读父书，始为博士弟子员，继登胄监，方骎骎修业，而劳瘁病怯以卒。孺人时年三十有一，子男柏仅十二龄。孺人茕茕无告，痛不欲生。然念高堂垂白，孤子幼□，□世一身，不可以殉，故强起力作。阅岁余，庆符公□□□身缟素，惟以立孤为兢兢，延师授经，不靳厚费。已而子柏补邑庠生，娶沈氏，不育。寻即纳侧室黄氏，生绳烈，呱呱四龄，柏亦病怯不禄。孺人拊其孙，自携之床间，坐卧与俱。稍长，督就外傅，亦如其所以教子者。今绳烈授业大司成，为贤博士，皆席孺人之教也。孺人性度端方，才猷练达。凡宗党姻戚庆吊往来，厚薄有则，而奔走臧获，恩威并施，无不得人心。孀居四十余年，内持家政，外厘县役，会计盈缩，靡有失策。故业日殷殷起，视庆符公所授有加拓焉。其间丧葬者六，娶子孙妇者三，治嫁女装者三，卒昌阜如故，吴中啧啧称能云。岁己卯，孺人遘疾，绳烈走巫医不效，遂卒，时九月二十日。生于正德己巳四月十八日，寿七十有一。子一，即庠生柏，娶沈氏，给谏水西公女，俱早世。女三。孙一，即太学生绳烈，娶邱氏，孺人之侄孙也，亦早世。曾孙七，长可法，邑庠生，邱氏出，娶乡进士华阳顾君女。孙绳烈以万历某年某月某日，将奉孺人柩合葬旅川公之穴于发字圩之阡，扶服乞铭。铭曰：

古称节妇，共姜伯姬。今有贤母，芬芳与齐。茹荼啮蘗，甘之如饴。世业滋大，惟母之贻。佳城郁郁，屋之北偶。厥嗣永昌，万年于斯。

清残本《汝氏世谱》

处士严子春夫妻合葬墓表

〔明〕徐师曾

处士严君之卒也，嘉靖末年。其子国衡卜葬有日，求铭于南京兵部侍郎光州喻公。公尝令吾邑，君屡承重役，弗懈益虔，由是见重，而许之铭文。既脱稿，顾以故阻不克葬，而喻公寻卒于位。至是改卜万历七年二月三日，启君暨元配王孺人柩，葬于所居西南一里北退字围之原，乃奉喻公所撰志铭，请表其墓。盖公卒后，乃葬日月不伦，又以铭藏于幽，欲得表，树于道也。余雅受公知，文可传信，其又奚辞？按志：君讳仁，字子春，别号古湾，姓严氏，苏之吴江人。其初莫知所从徙，胜国时有通一府君者，家于邑东二十里，其地因名严扇，君九世祖也。祖讳鼎，考讳簋，妣梅氏。君家旧业素饶，私政日繁，公役遂重。父倦而托诸君，君身任之，克当其意。入奉父母，出事令长，内外咸宜，先绪愈拓。父殁，丧葬准礼。比疾革，犹以不获终养母氏为憾。待二弟有恩，不以官累及之，亦不以私务自爱其力。故没君之身怡怡焉。里中岁歉，君出奇赢贷之，或不能庚，辄毁券不言。家世业农，至君始学礼好文。故葬父，而仪部杨公君谦、给事中陆公子馀为撰志表。二公皆海内文士，而陆尤狷介少许可，非君笃好弗能致也。他如待诏文公徵仲、太学陈君复父、文学顾君中父、高士黄君志淳、姜君玄仲，皆负才名，乐与交往。陈湖之涯，葺茅穿水，营轩池以迟客，共适其间，飘飘如仙窟云。子侄蕃衍，为延师友，俾习儒业，盖自是而严氏彬彬多文士矣。凡此诸务，皆元配王孺人佐之。王，同邑人，祖某，父埙，母徐氏。性惠慧恭俭，侍君大父母、父母侧，愉色婉容，人称莱妇。尤善贰室，讫三十年亡反目。乃不永年，先君而殁，惜哉！君享年五十有五，以嘉靖四十三年十一月十九日卒。孺人年才四十有四，以嘉靖三十一年正月二十日卒。继孺人者，马氏也。子男二：长即国衡，太学生，王出，娶太学生沈君元德女；国昌，布政使司候缺经历，马出，娶邑学生申君孝女。女五，吴应球、顾曾撰、赵重威、计可传、吴惠，其婿也。孙男三：大礼，聘布政使司都事徐君汝钦女；大中；大成。女三：长字杨某，次字沈某，又次尚幼。余读《汉书》，笃行之士往往称力田，而不及承役，岂汉代近古征役未繁之故？与后世不然，民率规避，避者偷安，承者辄败，以是效尤者多。呜呼！为郡邑者良艰矣，有如君者，能不致喻公之重哉？公志君至比之黄安，夫安役而仙去，事涉缪悠。而公叹赏遗迹，且云视君弥信，则君夫妇之弗享上寿，殆亦所谓仙去者邪？

明徐师曾《湖上集》

处士东野冯翁行实

〔明〕赵重道

太史公叙陶、朱、程、郑治生家言,纶纶斤斤,读之可资理治,然则治生家可废也乎?治生家纵不可废,然当时微太史公传之,则程郑辈名埋灭而不称,恶睹所谓声施后世哉。吴之江邑得处士一人焉,曰东野翁,善治生,即三致之术不能过。殁三期,其嗣器太学君嘉谟俨衰绖而来谘焉。曰:"先君葬卜有月日,念未铭。铭非达者弗彰,达而远者弗核,实弗传。今联闻侍御陈君在告,于先君之素,亦耳而目之矣,谟将介以请。请得俞念微状,则其彰,而传者又谁为之?徵君,姻家也,知先君深,故状莫如君宜。"余曰:"唯。"退而列其可铭者数四事,并氏系世次以复。按:东野翁姓冯,讳高,字汝山,世吴江人。翁之先曰宣者,始拓其家,居城北外场所,即翁曾大父也。宣生端,端有伯仲子。伯京,字朝振;仲邦,字朝抚。朝振娶许媪而生翁。甫九岁,朝振蚤世,依媪以居。居无何,移而耕于乡。翁在儿时,即淬励躬畦畛,迨长益事事田,故污莱塍而腴之。俯而拾,仰而取,靡昕夕倦握算筹,总总不暇休,以故业中替,复振振起。然性至孝,慎于子道,恨不得逮父事,语及父故,涕薪薪下。户外内事,无巨琐,悉启媪以行。中岁服媪丧,视服父者愈哀,曰:"吾哀吾母之不终抚其孤也,吾哀吾母之茕茕者半易世也,吾哀吾父不与吾母皓首而同归也。"同母弟亨夭,弟妇蔡寡无子,翁拊循周浃,俾无变志。已生子,辄频陨。翁念门户衰薄,无以答先人,即抱朝抚孙字之,太学君也。日者曰:"翁不数岁自有子,何嗣若为?"翁谢曰:"吾知为先人后,后出自叔,叔昔维持吾者甚力,持此报叔,足矣。试若言验,则维持吾儿者,又此子力也。此子巍巍,必亢吾宗,何间哉?"不数岁,而太学君儒服从诸学士游,诸学士相率拜翁堂下,翁津津喜曰:"吾所望而者,今日也。"又不数岁,而翁之子生,翁抱以语太学君曰:"吾所望而以维持者,又今日也。"又不二岁,而翁逝矣。翁内机警,善筹划;外则逡逡谦温,未尝一与人忤。人或侵翁,翁含笑谢却,人反推之曰:"类长者。"惟以席纤起家,不事苛礼,居常拥敝衣冠胙脱粟,比厮养之最下者。至应公家之役,虽繁剧立办。总邑之钱谷者,役尤艰,诸大家无不染于法,翁两董,两无讹误。虞邑有警,则买马以佐军。邑有眚,则出谷以赈匮。令以此多翁,叹曰:"邑得此数氓,可不烦而理矣。"又且用其饶于外内属族,而推谊焉。外内属族有丧无归者,死无盖者,贫而不能自谷,弱而不能完其室者,翁为之收之,敛之,食之,聚之,所谓好施乐善者,斯翁哉!呜呼!东野方其孤也,前无推,后无倚,泯泯耳。乃克自树以光大其家,而择其宗之贤者,以世其业,以延其后昆。古之素封曾过焉,然则治生家果可废也呼?翁卒于隆庆壬申十二月二十日,距生正德庚午十一月二十一日,得年六十有三。配施氏,无出。子二:长即承嗣嘉谟,太学生,娶施氏;次嘉谕,侧室谭出,聘韦氏。女二:长适严国藩,侧室张出;次字余仲子士翙,亦谭出。孙男二,孙女一。卜兆于长洲深履字圩,卜葬于万历乙亥十二月甲申,例当列诸状,唯柱下史执霜简而铭诸。

明赵重道《三余馆集》

冯母施硕人行实

〔明〕赵重道

　　万历乙亥，余尝为冯处士东野翁状，授诸侍御陈君而志铭之，迄于今，穿中墨淋漓新也。维时已生孤嘉谕，属襁褓，藉嫡母施拊而鞠之需，其壮有室，乃殁。越己丑，谕孤谋合诸兆，杖经又来徵状，呜咽而言："昔吾先君得先生，以识不朽，孤也弱，不敢忘。今吾母实顾我，复我欲报之德。非先生，何为不朽图者？敢载请。"余辞，谓："不朽，则何以能，第知君家外内事，有吾仲儿。"归，尝蹑寻而及之。余击节谓："施其丈夫哉！冯微施，几不振没哉！"当东野翁在时，施佐之，有家者不难。翁死而育孤，育之而不间于毛里，不牵于慲忮，不敁于饕洡者，实难。《语》曰："弓强于彃，衣韧于里。"若施之于冯，实为之决拾而弥缝者也。即阃妇而效程婴之风，谓施不丈夫也，其然哉！状曰：硕人姓施，吴江令族也。父某，母某氏，生硕人。方笄即娴女红，谙刘向传列女大义。其翁媪择所归，闻冯处士贤，乃归之，时年十有九。处士蚤丧父，依母许以居，茕茕若不知有家室者。得硕人，而渐以家起，克意谋资，以事振植。即甘荼习蓼备尝，诸所不堪，无一难色。虽龠黍寸帛，咸躬炊而手劙之。既而相携耕于乡，共务力勤作。往饁于田，必敬属有天，幸岁敛恒厚，以佐不给，遂殷殷称有积贮。然多心计，诸稍入，皆晨算夕考，缊策衡量不遗，且孟晋以迫群佣，颐使数十指，无惰事焉。居常恨不逮舅事，事许姑尤孝谨。凡飨自甘晡糜，进诸姑必腆以洁，一筲器，一豆浆，靡不立奉，俟属餍而退。积十余年丧姑，相处士极哀以终制。处士有弟夭，妇蔡寡无子。硕人恻恻曰："此非泛泛他姒比也。"视之如同产，无朝夕析处，俾毋变志。硕人以劳瘁故不尝字，辄择诸良女曹宜子者以进，进又孕重或勿举，或举而始孩又殒。硕人谓处士："独不为宗祊计乎？苟延宗祊，何较己出也？"即抱同祖弟所生儿，过舍而怀提之，为之就外傅，为之择配承家，为之入资肄太学卒业，前后费不訾，硕人曾无吝容。迨处士逾五十迫六，而昉举子，举自副室谭。谭盖前举女，今又举子，即所称孤谕也。或以太学君间诸处士，须蚤为之所，无使滋曼。硕人又曰："儿尚呱呱，微壤子何以支门户？"劝处士中衡而析之，以半畀太学君，又无吝容。无何，孤才逾期，而处士捐馆矣。硕人朝夕哭，哭不敢伤，自扪其胸曰："耄齿衰，不难从夫子地下，难于抚孤，且强为其难者。"即以户外事任太学君，诸凡赋役、丧祭、交际、问遗，悉尽主之，毋挠吾内。太学君用其资，遍交郡邑内贤豪长者。自令丞而上，多与之游，为任侠，名骎骎冠胄英间。母独操奇赢，谨出纳，呴噢若孤，推燥居湿，勤瘁弥笃，历年所而若孤渐以立。硕人方将释檐而疾比，亟命若孤冠以婚，虽头岑岑眩，犹睁目视曰："耄而今可藉手以报夫子无憾哉。"遂含而瞑。殁之明年，太学君寻卒。谕孤则精进向往，渐跻有造之列，方且游成均而窥石渠矣。硕人生平罕嬉笑，知义略，临事刊裁，外内无贵贱，戚疏皆严惮之，不出帷墙之间，而家政肃如也。然至其散财周急救疾苦，又乐施不少靳，以故严惮者尽爱慕焉。其克相夫子择嗣拊息，以完业授诸两家，俾两家百世必尸，而视之者有自哉！

明赵重道《三余馆集》

中大夫陕西行太仆寺卿
前湖广按察使司副使兼管流民仰峰吴公传

〔明〕姚宏谟

曩余仕楚，繇藩参为督学使者，首尾五年，往来荆襄鄂岳之郊，因得询父老，阅掌故，听闻数十年吏治民瘼，历历若目前事。其大者则黄中之变，纠合亡命，雄据边卫，远近狼顾。全楚驿骚，群议讻讻，剿抚未有所决。时荆南副使吴君受檄往讨，兵既压境，乃遣人缓颊，谕以祸福。中果面缚，诣军门降，兵不血刃，省县官出师之费无算。事平，吴君口不言功。当事者故与吴君有隙，亦抑不以闻，吴君仅蒙金币之赏，且以左迁去。至今楚人无不为吴君怏怏称不平者。呜呼！功成不受赏，长揖归田园，古人所希觏也，孰意今日乃有斯人。吴君既坎壈赍志以没，而其子承抚、承显乞余一言，以图不朽。及观行状中载施州事颇详核，则知余所闻之楚人者不虚哉。矧其生平大节荦荦可书，诚不宜使之泯泯也，乃为之传，俾撰述三吴人物者，将于是乎有徵焉。传曰：太仆公讳邦桢，字子宁，号仰峰，姓吴氏，苏之吴江人也。曾祖讳璋，赠中大夫、太仆寺卿。祖洪，南京刑部尚书，赠太子少保。父忉庵公山，刑部尚书，以执法忤肃皇帝旨免官。庄皇帝因其子太仆君讼，复其官，赠太子少保。生五丈夫子，太仆君其季也。幼岐嶷，风度不凡。长喜读书，痛括磨豪习，委已于学，遂以太学登癸丑进士第。廉静自持，足不履权门，选授刑部江西司主事。初视事，有诉其子不孝者。君曰："据词，子当死，死不复活，若忍之乎？"其人色动。君召其子，谕以天性，惕以王法。子悔恨求改，乃遣归。不一年所，其父来谢曰："吾子果悔过。微君，几轻杀吾子。"其录囚江北也，一重囚当决，讯之故医者。有商被盗，死其奴，幼儿遗于道，医收养之。商之子识奴，以为医杀其父也，讼之官。医不胜考掠，自诬服。君疑之，呼儿密问，得商舟中死盗手。乃潜访舟人，召至庭，令儿审视，识其中二人。二人者，果错愕自首，立出医，众称神明。升郎中，恤刑福建，多所平反。升湖广按察司副使，驻节荆州。荆州分封为辽藩，颇逾制，缓则骄恣，急则恐伤国恩。君不事苛细，惟责大体，宗藩稍戢，不甚为民害。郡城外沙市百货所聚，他使者遣人适市取物，往往十不酬一，民病之。君命驵侩居间，视所值相当乃售，即不当不强使售也。民倚君若父母，而君往往以其故失僚友欢。荆襄大水堤坏，君拘刷渔船二百余拯溺，所活万计。岁饥，亟檄有司出所贮谷赈之，县乡无赘聚，民获全而不扰。沿江筑堤，自监利抵夷陵，绵亘七百余里，工费不赀。君设处，竭心力，民乐趋事，堤成，不动公帑一钱。黄中之据施州卫也，当楚蜀之交，众方懔懔。公曰："此难与角力，谕以恩信，可不烦兵下也。"会檄到，即率师往，枞金伐鼓，军声大振。一巡官请间语，与君意合，即遣之告贼曰："大军已至，汝知殄灭在旦夕乎？我所以来，为汝开生路耳。汝即降，即更生，不则速死，徒膏斧钺无为也。"贼大惧，遣其子诣壁谢，实觇我军。君召见，谕以朝廷威德，辞严貌温。贼归，谓其父曰："吴公仁人也，天赐公活吾侪。"中亦曰："吾素闻吴公长者，吾乃今知所托命矣。"遂降。至今荆州人道贼降状，余所闻于父老者为甚详。施州土酋覃宁，恃险远公，肆暴虐，至掠人子女，君廉知之。百姓怨诉，君乃请诸抚台，躬帅师徒，一鼓破擒之，追所视篆，出被掠子女还其家，荆人忭舞。时蜀中用兵久，所费以巨万计，竟未有一捷闻者。乃荆州兵不数月获其巨魁，公私财无巨费。而土酋又数十年根株莫拔之，祸一旦芟夷之，功尽归于君，媚忌遂生。而当事者适其旧僚，挟故怨乃没其功，反以出师后期尤君。铨曹未之察也，乃擢君甘肃，行太仆寺卿，实左迁云。君怡然就道，以得归为幸。至则母刘夫人已构疾，公侍汤药，弗效卒。视含殓，无遗憾，谓非孝感不可也。方君之居丧也，会有追论施州事者，下所司覆勘。勘者重违前旨，功竟不白，仅蒙白金彩币之赐，君迄无一言，人以为难。服阕，除陕西，行太仆寺卿，责专马政。往时种马死，责养户偿，至鬻子女。而子马则多为奸人所欺隐，莫之觉。君搜剔宿蠹，得所匿驹马万余匹。因操其奇羸，令马物故验，非瘦死者勿偿，民大以为便。已而奉敕兼按察司佥事，权益重，乃益以兴利除害自任，冀行己志。而当道者谓为侵权，顾摘其不责偿马于民，以为旷职废事。君曰："可归矣。"遂乞致仕归。君素清谨，所至有司供廪饩，苟足则已，余悉屏去。其在荆州也，有某州守以垦田常例银若干献。君曰："此物奚为至哉！"峻却之，且收其银置官库，守大惭去。及是有余银若干，终不以去位故有所染指。比归，不市一物，不增一箧。人称君居官，自始至终皭然如秋水，秦中人至比赵清献云。既归之几年，为岁癸酉，秋哭其兄葵阳，冬又哭其弟容亭，并哀痛。有慰之者，君曰："我岂不知修短有数，徒悲无益。顾手足零落，欲无悲得乎？"遂病脾，竟弗起。君坦夷爽朗，言行若一，性孝友，勇于为义。至利欲，处之淡然，退怯如懦夫。闻人之善，景行弗及。有弗轨于道者，则颦蹙不愿闻，若将浼焉。虽世家子，不骄不侈，无一切膏梁态。遇人恂恂，不设城府，至当官莅事，则毅然不回，人亦不敢干以私，固知其中非浑浑无町畦者也。君以万历甲戌二月八日卒，享年六十有四。元配史宜人，贰室袁孺人，先君若干年卒。袁孺人有贤行，宜附太仆君，以永其传。袁孺人父袁翁，居苏之长洲。其诞孺人也，梦新月坠庭中，奇之，以为贵徵也。日者曰："月坠庭，贵无疑。第新月，非当夕之象。"袁翁艴然。比长，议婚者皆不谐，将及笄矣。吴君年二十有六，史宜人未举子。母刘夫人曰："盍择良家子以佐吾妇。"史宜人闻袁翁女奇，命媒媪为介求之，不许。里母曰："翁不忆日者之言乎？"袁翁悟，乃许。比归，事刘夫人、史宜人婉顺。授以家政，巨细悉达，役使嬬媛，各当其才。己亥举一子，史宜人子之，一日抱管籥嘱之曰："吾病，不耐烦剧。知汝能，汝代吾劳，吾字汝子。"孺人始知家政，时称井井。吴君以其故，一志经史，旋取科第，孺人之助居多。比入京师，吴君方在刑曹，则窃诫吴君曰："士君子处家宜宽，居官宜慎。况法曹为国家持三尺，齐万民，非兢惕何以称明允？"副任使君异之。盖君素仁厚，故有此规，此其识不加人一等哉！久之举二子，犹谓允嗣未广，劝君及壮，兼采宜子者，以自副。吴君尤异之。亡何，构疾。既病，与吴君诀，惟以不得终事刘夫人、史宜人为恨。时子女于邑绕榻，孺人泣慰之，语皆侃侃归正，无乱命。比卒，吴君哀恸，谓失一良佐。史宜人亦大恸，曰："继自今，谁可代吾劳者？吾欲如曩时，习静可复得耶？"即孺人克相吴君，善事史宜人，可知已。既殡，吴君籍其所遗妆奁，惟君所置衣饰，更无他物。嗟夫！古今儿女子稍得志，多树私藏，黩货无厌。或骄妒不奉法，抑绝与妾，使无所容足。孺人久执家政，财货由己出，乃寸丝尺帛，不以自私。至其克修妇道，推毂后进，可不谓乐只贤妇人者哉？於戏！是可传也已。

　　太史氏曰：近世海内贤豪世家，父子祖孙相继登朝者，不数数见。而赫赫在人耳目者，在闽则林氏，中州则灵宝许氏，江南则吴江吴氏。二世为尚书，赠宫保。子若孙又举进士，为刑部郎，出副外台。并以执法活人，有名于时。彼林氏世为翰林，陆沉金马，徒以议论献替结人主知。许氏为御史或史官，有至冢宰大学士者。顾不若世为法官隐德之，入人深也。以余所闻招黄中事，则太仆君活楚人不胜道矣。如于公高门之理不诬，则吴氏之后未艾哉。又彼二氏者，独生豪杰丈夫子，未闻内子有贤声，炳烺于时也。矧小星乎，由袁孺人观之，吴氏之内助何如也？然则袁翁新月之梦，其吴氏之祥也欤，夫岂可谓非天哉！

　　赐进士出身、朝列大夫、国子监祭酒、前翰林院国史编修、奉敕提督学校、湖广按察司副使、年生檇李姚宏谟撰。

清吴安国《吴江吴氏族谱》

中大夫陕西行太仆寺卿兼按察司佥事仰峰吴公墓志铭

〔明〕董份

　　仰峰吴公以万历甲戌二月八日卒，卜以戊子十二月六日葬，其孤承抚等以公之婿赵君延炯状请铭。余既雅重公，而公之子承抚余婿也，遂不辞。公讳邦桢，字子宁，别号仰峰，姓吴氏。宋端平中有千一公者迁于吴，世为苏之吴江人。曾祖全孝翁讳璋，封南京刑部主事，赠中大夫、太仆寺卿。曾祖母施氏，封安人，赠淑人。祖立斋公讳洪，官资德大夫、正治上卿、南京刑部尚书，赠太子少保。祖母王氏，赠夫人。父讱庵公讳山，资政大夫、刑部尚书，赠太子少保。前母毛氏，赠夫人。母刘氏，封淑人，赠夫人。讱庵公生五丈夫子，公其季也。少岐嶷，美风度。长折节读书，孳孳讲习，未尝以游戏废业，父母钟爱之。以诸生援例入太学，太学之士无不乐与之游。讱庵公卒于途，公不获视含敛，哀痛终其身，每言及辄泪下不止。嘉靖己酉，举应天乡试，客皆贺，公愀然悲讱庵公不及见，谢弗受。癸丑，成进士，授刑部江西司主事。初视事，有诉其子不孝者，公召谕之甚恳，子悔而改。行后一年，其父谢曰："吾有恶子，赖公而孝。吾欲杀子，赖公而生。"遂击额于门而去。丁巳，奉敕虑江北囚。囚有医工者，见遗儿道上，收养之，不虞其主人商，而见杀于舟人也。异时，主人子获儿，讼医杀其父，狱既成，当抵死。公召儿问状，密语有司，悉置舟人庭中，俾儿认。儿前指二人呼曰："是杀吾主人中流者也。"盗惊伏，乃释医，众咸服为神。又有临刑而父子争死者，公义之，为缓其死。是冬，进贵州司员外郎。己未，进浙江司郎中。辛酉，奉敕恤刑闽中。有郭某坐法当绞，行万金求免，公叱去之。曰："夫三尺之谓，何而可以曲贷汝耶？"福安中倭，令李尚德以城陷罪死。公谓："令，书生，不习战阵。婴空城，被重创，妻子尽死，犹能保印绶，不委贼手，斯可矣。"为特请，得从末减。壬戌，升湖广按察司副使，驻节荆州。荆有沙市之饶，百货殷凑，官府市物者十不偿一，公令驵侩平准其直，无所假借。荆襄大水溃堤，民几鱼。公亟拘千艘济之，出仓粟赈饥，民赖全而不扰。堤溃者，自监利至夷陵逾七百里，悉取赎锾筑之，畚锸云集，而不费公私一钱。龙潭蛮黄中，大猾也，以事跳之施州，据支罗山为乱。支罗山当楚蜀之交，两省受害二十年，剿抚未有所决。公受檄往讨，谓贼未可卒平，不若降之。便乃遣人告贼曰："大军已至，汝知殄灭在旦夕乎？汝即降可更生，不则速死，毋徒膏斧钺也。"贼惧，遣其子诣公输款。公召见，复谕以朝廷威德，布仪诚信。贼归，谓其父曰："吴公仁人也，天赐公活吾侪。"中亦曰："吾素闻吴公长者，吾乃今知所托命矣。"遂降。施又有土酋覃宁者，自恃绝远，王师不能至，掠子女货财，残虐不可胜计。百姓列上其恶，公一鼓破擒之，褫其职，不使复为民害，民皆忭舞，立祠祀公。中与宁当蜀楚巨慝，一旦荡平，功归一人，诸僚侧目。适僚有转官当道者，挟故怨，没其功。丙寅，升甘肃，行太仆寺卿，实左迁也。公无几微不平意，趣归，省刘夫人。夫人已病，公日侍汤药，衣不解带，而夫人竟不起。时有追论施州事者，公功终不大白，仅蒙白金文绮之赐。居恒痛切庵公以忠获罪，思伏阙上书，未有间。而会庄皇帝登极，公具疏陈情，政府为请于上，复原官，赐祭葬，赠太子少保。己巳，服除，改陕西，行太仆寺卿，敕兼按察司金事。秦人种马死，则鬻子女偿官，马生驹，顾匿不报。公搜其驹万匹，补死马，但羸死者责偿耳。秦人甚便之，茶使者独弗善也，劾其旷官。公不辨，乞致政归。公清谨廉直，居官不取一锾。为楚臬时，沣州守饷垦田，银不赀，公叹曰："吾滥竽风纪，不能取信下僚，不愧隐之孟博乎？"籍而贮之公帑。去秦之日，不受羡余，行李图书，宛然故箧。素性谦冲不伐，最能缓急人。笃行孝弟，忠信诚悃。解官之后，生产旁落，同气五人，先后物故者大半，公哀痛摧剥，病瘅不起。公生正德六年辛未七月六日，得年六十四。位未酬贤，寿未满德。呜呼哀哉！公配史氏，封宜人。子男六：承抚，娶余女；承显，娶嘉定沈氏，御史扬女。俱国子生。承芳，娶叶氏，南工部主事可成女；承裕，娶嘉兴王氏，太守俸女；承庆；承绪。女五，适上海赵廷炯、无锡安元吉、嘉兴屠颐、同郡陈大猷、常熟严泽。抚、显，暨归赵、安、屠者，贰室袁氏出。芳、裕、绪，暨归陈者，贰室叶氏出。庆，暨归严者，贰室顾氏出。孙男八，孙女九，曾孙男一，曾孙女一。墓在长洲县上张字圩。铭曰：

厚而谦，直而廉。司寇平，民不冤。楚戎功，遏弗宣。进太仆，遂归田。忠臣孝子，克绍其先。吁嗟乎！丰其德，而啬其年。斯其为，不可问者天。

赐进士出身、前资政大夫、礼部尚书兼学士、工部尚书管吏部左侍郎事兼掌詹事府翰林院事、纂修承天大志、国史副总裁、奉诏内直、吴兴董份撰。

清吴安国《吴江吴氏族谱》

冠带儒士盛少和先生墓志铭

〔明〕王世贞

君氏盛，讳应宗，字斯因，别号曰少和。吴越之人，疾起于君者，咸知有盛少和先生，而不能举其名与字。余故为之志，而称盛少和先生。盛之先世有闻人，至宋参知政事度，而大显贵。自后十七世，皆得官爵。虽起于儒，而间习医。至十八世而有御医启东者，遂以医擅名。历侍太宗、仁、宣三朝，直御药房署，领南太医院，终始不能逾八品，而赐诗、赐金帛有九，列所不敢望者。启东讳寅，读书能诗，负节概。其卒也，诸碑铭、表传、哀挽之类倾馆阁。举丈夫子十一人，中有成进士者第四子某，传子某，某传子某，传子某，即公之父也。盖代以医名，而不废儒。至君而诸从中，有御史大夫应期、郡太守应阳，遂益称甲族，冠吴中矣。君之父举丈夫子五，而君居其仲。伯曰应陵，多通医家言，不下君，而不能自振其声，然前于君十四年生，而后君一年卒，得寿九十一。父之殁也，伯治丧葬大事徙外箸，而君奉其母姜，与其叔仲辈仍故居。家益贫，群庶不能亡间言，君乃损故居授之而脱身，与其母妻依御史大夫之别馆。胠箧得轩岐鹊意之书，尽读之，术犹未大行。凡三徙，而始依其妻之父杜山先生。杜先生，国医也，君与之下上往复，尽得其秘，而又能时以其意，错奇正而用之，遂所至立效，名遂出杜先生上。时文待诏徵仲感奇疾，几不可起。君从杜先生治，为处方，出其意表，待诏乃起，谢君曰："吾赖君再生，御医翁者，其有后乎！"王参议庭、陆少卿斯道，先后感湿痹，甚剧。群医争治其标，君持不可，曰："此虚寒也。"以温补剂投之而愈。吴参议子孝之妇猝得疾，剧将问木。君诊之曰："此痰滞中焦，气不得升降耳，毋忧也。"治以倡导之剂，一服而苏，以至愈。查方伯应兆与子尚书郎懋光，前后患痰火而危，君咸为治之无恙，感君而友之，君游其父子间如骨肉。盘门之贫士沈者，其孙尚幼得疾，群医争药之不效。君偶过见之，谓沈曰："公孙几误死。"为处方，服之愈，沈乃属君："且为我诊脉。"君退而密语其子曰："而父六脉俱无根，明岁入夏不治矣。"至期死。徽富商无子，置一妾，爱之甚，冀其生子，而感呕血、脾泄二症。礼君至其家，为从容调摄，将半岁而愈。君谓商曰："吾非独令若宠起也，又能令若宠有子，明年其期也。"至明年果得子。余谢郧镇归，间一过吴阊。君以五鼓访余舟，而诊脉，语余曰："公六脉甚平而调，此寿徵也，或不能御内耳？"余曰："时时有之。"曰："然则我为公壮之乎。"余谢曰："不愿也。"明年，从昙阳子于直塘，而痁甚危，久之良。已即病秘结，强之而通，右腹忽剧痛，冲上至胸。亟延君，而君有他故迟迟来。君来，则以他医药痛半已矣，而每夜眠，耳若闻舂杵者如隔墙。君以药悉已余痛，而出五红丸如粒，使将寝以一杯酒吞之，其夕则声稍远而微。次夕吞之，则又远而微，丸与声俱尽，余乃始奇君。关中李中丞自浙请告归，过郡延君，谓曰："病中满恶食，水火俱不利，吾其殆乎？"群医不知所措。君既诊公脉，归而谓其子之楫曰："脉洪大，于冬令不宜。若其感自夏，则一暑症耳，治之何难！"询其病，果得暑，而大吐且泻。君以六一散加少辰砂丸，二服而水火利。继以六和汤配香薷饮，不数服，病尽除。吴江令徐君得奇症且革，君药之而已，以诗币、鹤鹿酬君。李公今为大司寇，而徐君为御史。李宪使饬兵于吾州，而妇病，君药之而已。再作，再药，良已。时君已久见旌于两台，予冠带，而每入谒，则民其巾服。李公后知之，每谓余："盛老非独其术良也，其人亦长者。"余少女归袁曼容，逾年而病壮热，昼夜不解，面赤嗽痰，又苦脾弱。有邵某者，亦名医也，谓大虚，宜用参芪、苕子、河车补。君诊之，曰："是不受补，补辄死。"以意剂药，数十服，而疾大损。君又诊之，曰："虽病，当得子。"女妊身，举一男。其又明年复病，而君不在矣，乃死。吾弟之爱女归杨继英，继英疟后病大发，毒热不解，饮食俱废。有周医者，亦名医也，曰："此伤寒，法难治。"君诊之，曰："非伤寒也，余疟发甚重，然以药误耳。"躬为之节度，呕咀再服而病已。徐母者，王相国之姑也，垂八十，病不能粥与起坐。君药之，一服而进粥，再服而蹩行室中矣。尝舟过昆山，而一河津之妇暴死，稚子犹唼其乳，其夫搏颡而哭求。君诊之，曰："不死也。"为汤液抉齿而灌之，至一更苏。复来请药，君应之，而密置金三环于中。后君自吾州远复过之，其妇与夫来叩头，曰："匪唯起吾死，而又资吾生。公殆神人耶？吾何幸遇之。"友人曹昌先曰："吾见盛君如是者众矣。"君于贫士单族有疾，召之不待，再而往，虽委巷瘠屋，亦为之伛偻而进，治剂必精谨。又更窭者，出橐装分遗。而至贵富有力人，盛车马迎之，多杜门引疾，或时匿身荒野中，不复可踪迹，如是者至竟岁。性好音律，喜妇人。人取适意，不求国乐，而又轻施予。以故随所得金帛，辄徒手散尽，不复问生计。君白晳美须，髯疏眉目，葛巾单帢行山水间，望之如神仙中人。性温茂恭谨，亡与比，然当其作癖时，不可控揣。既不恒过人，有所过人，奉之若大官府，已而忽去，不能留也。盖大江之南北，其知君者，敬而爱君者得十之八，而其不满于君者，亦不能无一二，乃至所尸祝而愿为君之子孙者，亦时时有之。君性不食酒而善饭，强自力，年七十余而幸内不衰。其最后过余，幸内犹故也。而余察其有衰态，私谓家子弟曰："是夫起人疾易，其自起殆难矣。"居无何，以沍寒行荆溪山中，归而病，亟问诸子："之楫胡不归？"之楫归，治汤药而进之。君叹曰："使我可药，何待汝归。我所以待汝归者，欲有告也。汝伯氏，长者，然不任丧。汝任丧，第使我棺周于身，椁周于棺，足矣。"仲氏之柩与孤嗣，在念之属。岁除，族戚交游来，馈问相踵。君使悉为酒，属善讴者讴歌，枕而听之甚畅。元旦，命移之之楫居，曰："吾安若。"已而示起色，汤饮，徐荐熟。寝至五鼓忽醒，戒子妇以水荐，毋以汤，且属勿离左右。既复奄然若寝者，顷之卒矣。得寿七十有六。君孝友天笃，以独身奉母姜，极志物之养。姜病亟，窃割股杂糁羹而饮之，遂愈，以寿考令终，君犹毁瘠逾礼。严其伯氏如父也，四方之珍腊有至者，不独甘矣。配即杜先生女，以才明贤淑闻，君委家而听之于内外，综核不废。君虽好内，然多寄情狭邪。闺阃之间，肃如也，先君十五年卒，君自是绝不娶。有五子：长之恒，邑诸生，娶吴，继娶李；次之桢，郡诸生，出赘于朱；次之楫，娶戴，续娶汤；次之植，以郡诸生夭；又次之校，亦夭。君殁之半岁，而之恒猝病死，其余皆前夭。独之楫在，能绍明君之业，益以有声。诸孙男五人，女三人，婚嫁皆名族。之楫谋葬君于（阙）之兆，而具状来请铭。嗟乎！君挟轩岐之术以起人，于阽危者五十余年，其奇验何可指数，而故自抱损，不欲为人谈，亦不欲烦笔札。之楫自以其术见延，诣无虚日，不获从君，君又不喜从弟子，故无有能纪之者。即余之所见闻，合之之楫之所纪，百故不能一也。昔太仓令淳于，意以天子垂问，具悉而对，故太史公得传之。如近者汪司马之传吴桥，皆桥所自著称者也。君固无论吴桥，即生有所著述，以待天子异日问令，余得之，岂为下太仓令哉？虽然，君亦可以不朽矣。铭曰：

盛之先德自启东，厥裔绳绳，至君父子而益显融。吾闻之，活千人者，其后当封。噫嘻！吴郡之有封，其盛宗耶！

明王世贞《弇州续稿》

后江严君暨配吴氏合葬墓志铭

〔明〕赵重道

万历甲戌，后江严处士以九月五日卒。其配吴，先处士以正月八日卒。处士与吴生同癸酉，殁同甲戌。越五载己卯，其三孤国祯等，卜以二月某日同窆焉。余姻家也，国祯等抆泣手状，经而谒跽，而请曰："不肖孤罾于瘝，阕于陨折，荐臻于愍凶，以上累吾父母。吾父母不逾期而相继弃诸孤去，诸孤哀吁无从。卜葬有日矣，而无以志诸幽，惧先德之弗光，诸孤何罪之逃，敢请。"言未竟，泪蔌蔌下。余重怛焉，谨按状而志之。君讳伦，字子明，别号后江。与伯氏仁、季氏侃，颉颃于世，而仲尤谨驯，世称严仲子云。父东郊公，讳簋。大父养闲公，讳鼎，世署为万石长。鼎之先七世有通一者，始占籍吴江，于邑东二十里濒湖而耕，相隔而处，以世农昌其家，金名其址曰严扇，比之严滩。盖其系自子陵，不坠厥声也。先杨仪部君谦权古准今，重许可而东郊之铭曰："清风一裘君兮，乃承斯其徵哉。"君生而沉毅，有心计，善治产积居，修先业而息之，用本业致本富。与伯若季鼎而居，掎而营，耦俱而无猜。伯氏命必承诸季，季谋而臧必致诸伯间，尝与伯季言曰："人生际綦，隆遭清谧。愚以为贤者宜扬历外内，以充公家之任。使有财者宜服勤租税，给力役，以备国用。缓急毋效，此破民偷甘食好衣为也。"以故邑有大徵发，大赋征，与夫钱谷之总，买马备籴之令，筑城邮传之繇，无不藉手三严，靡之偾之。虽繁剧立办，邑令长倚之若三擘。然性尤孝友，善承东郊公意。有丐贷于东郊公者，东郊公难以应，而君莘然任之，不以烦伯季，亦毋令伯季知。及服东郊公丧，执哀为伯季先，以推诸葬祭，无憾仪。逮事祖妣朱、妣梅，敬奉益虔。或二母就伯氏养，必候而兴，候而息，候而服食，无晷刻。间家日拓，子姓日殷，君日兢兢，以门户是惧。博延诸师，为子若侄训，子若侄彬彬进于儒，而君几享其成已。时出所赢，以赈外内之匮，而外内之待哺者，日夕圜君门而望德焉。君固不有其德，而亦几食其报已。夫君几享其成，几食其报，而曾不少需焉，而啬于命也。天亦将大有所启，而丰其后欤。君配尤淑而贤，曰吴氏，吴亦江之令族也。父早世，以弱龄归君。君素婴疾，吴左右视，亦左右拮据。诸凡米盐纤啬之政，一一不关君虑，君故得无沉疴忧，其御臧获也。严而事姑嫜，娣姒必卑以和。其私服食也，简而饬，享祀馈宾师，必腆以洁。其限阃阈也，整而肃，而窕言不彻于堂突，嬉声不动于房栊。是故君之几享其成，食其报，而大丰其后者，维吴有相之功多焉。正德癸酉正月四日处士生，至十八日而吴生。及其卒也，俱享年六十有二。子三：长国祯，太学生；次国祥、国祚，俱邑庠生。女二，孙男七，孙女二，娶嫁聘字各名族。先是旧茔去舍北一里，所苦洳硗，君同伯季商而迁之。今国祯等奉以合祔于左，从先志也。余尝惟司马氏有言："人富而仁义附焉，言名高者归于富厚也。"又曰："本富为上，言末业者不足资也。"夫吴固江东一都会，有三江五湖之利，鱼盐菽粟之饶。带郭千亩，亩钟之田，其富易殷起。然不一再传，辄败由，不由作力。呰窳偷生，寡积聚，而斗巧智也。惟三严斷斷俭谨，急公缓私，重为邪。即仲氏有言，非其倡欤！而冀野之风，又有徵诸吴者，宜其富与千户侯等，而子姓振振也，是宜铭。铭曰：

维严之先，以钓以卜。风清水长，千古一躅。谁其嗣之，君昌而谷。谁其相之，妇顺而穆。生殁同辰，无淹无速。曷闷其藏，潜珠韫玉。曷显其光，翔鸾峙鹄。为铭玄宫，以拱宰木。

明赵重道《三余馆集》

乡进士德泉吴君暨配顾孺人合葬墓志铭

〔明〕孙植

德泉吴君，卒于嘉靖壬戌七月二十九日，年四十有九。君之元配顾孺人，先君十二年卒，为嘉靖癸丑闰三月十日，年三十有八。至是君之子承谦等，卜以乙丑年九月十三日丙午，合葬于邑十九都龙翔坞稽字圩之新阡，奉君兄仰峰宪副状，问铭于植。按状：君始祖千一公始居吴江，至曾祖璋，有孝行，称全孝翁，赠太仆寺卿。祖洪，号立斋，南京刑部尚书，赠太子少保。父山，号讱庵，刑部尚书。讱庵公父子相继司寇，而公之弟维石公岩四川参政，春塘公昆严州知府。公之子邦桢，湖广宪副，是为仰峰。孙承煮，太常寺少卿。累世贵显，簪绂蝉联。于是吴中称世家，莫能先吴氏，而吴氏族闻海内矣。其诸所名德懿行可诵说者，又复彰灼耳目。讱庵公先娶毛夫人，继刘夫人，以正德甲戌九月十二日生君。公五子，君其行四。生而精敏，奋志力学。昆弟间考德问业，寝食必偕，寒暑不少辍。日延远近诸名士执经问难，始终不见嬉嫚。讱庵公以中丞督兵于赣，不以家随。君事刘蚤暮就养，严扃钥屏处，胥吏卒莫有见者。及归，为学官弟子,试弗第,乃入太学。累试又弗第,益淬砺精进。辛酉,岁当乡试,遂与仲子承廉同举南畿,谈者谓君绩学敦行之报。顷之,将计偕北上,值幼子夭,哭之恸,致病痰呕,力疾行,抵京师。以侄太常君承煮被命校文不得辞,乃避不入试。归阅月,痰呕辄数升,谦等奔走,医药不疗,卒不起。嗟乎!昔在戊午,予诣君留都寓所,君出所为举子文示予,予拟君必第。君迟之三年乃第,及道济上,予举前言为贺,君笑颔之。予酌以奉,君则不克加饮矣。予窃为念,未几即闻君讣。痛哉!君天性孝践,司寇公丧,哀毁逾礼,及终丧久之,言及辄泣淋淋下。事母夫人,承欢备至。诸兄弟析产,各以义让,君让尤笃。至有急出,死力赴援,不自顾惜。女兄弟嫁出,皆与共忧喜,以时周存若未嫁者。与人交,温厚乐易,洞见肺腑,谋必忠于所事。人有片善,必扬誉不置。及其有过,则面斥之,俟改后已,然讫无背毁。平生振赢周乏,挚挚常若,不及于所亲识,不俟告语,解衣推食。又多施楮以敛乡人之贫者,乡人多德之。君曰:"吾不望报也。"然亦以是家无厚资。卒之日,宗戚交游与其乡之人,相率抚膺奔哭,其致感若此。吴氏子姓多循谨秉礼,无世家纨绮习,君尤自约如寒素人。严训诸子,诸子皆无违义方,文行不失其世守。君讳邦杰,字子望。司寇公尝买地浚井,与邑人并汲,邑令表之"怀德井",君因号德泉,识孝思也。顷岁,倭夷犯境,君捐地立堡唐湖,据险扼冲,为邑之保障,盖继美司寇公云。孺人顾,生于正德丙子三月二十二日,为按察使南野公女。公与司寇同年同官,交厚为讲姻好。孺人以嘉靖壬辰归君,与君伉俪凡二十二年。庄重寡言笑,事姑刘夫人孝敬,夫人钟爱之。在妯娌不闻谇语。内政俭勤,躬执彩枲,御诸婢仆严而惠,综理一不烦君。以故君得毕志问学,称内助焉。君四子:承谦、承廉、承默、承鲁,俱顾氏出。谦、默,国子生。廉为从兄光禄后,即与君同举者。顾卒,君又娶陈氏,生子即夭。谦娶于陈,廉娶于凌,默娶于屠,鲁娶于陆,皆世族。女二:长适邑学生周基,次适昆山学生魏大雅。孙男三,孙女四,尚幼。呜呼!予与君世讲姻口,知君世德颇详,及又辱君爱,于今所状君行履,固予夙所稔闻者。愧予不文,曷克为君志之,重以谦等之请三四,辞不获已,乃为志而铭曰:

延陵著姓,代有闻人。于赫庆绪,逮于我明。尚书父子,祚延曾孙。嗟嗟惟君,懿德令名。兰馨桂馥,倏焉萎零。亦有淑媛,而不永龄。媲美蚤世,二璧同坟。安斯永斯,以昌后人。

赐进士出身、资善大夫、南京都察院掌院事右都御史、平湖孙植撰。

清吴安国《吴江吴氏族谱》

故河南都指挥使司经历沈君墓志铭

〔明〕徐师曾

君姓沈氏,讳嘉绩,字惟熙,苏之吴江人也。曾大父箎,大父奎,赠刑科给事中。父汉,户科左给事中。母徐氏,赠孺人。君幼时,与诸兄同就外傅,既长同游邑庠。顾性豪宕，不能龈龈守绳墨为时文，乃援例入国学，而弃去举子业，给事公任之不问也。初，君出赘周氏，周氏雄于资，而最爱君。君雅好客，客至，必设酒毅相欢乐，日以为常。以故方二百里内技能之士，多来归君，给事公闻之不禁也。给事公解官，居故里垂二十年，好游佳山水。每出游，君必致客数人，弹棋吹竹，讴歌笑谑以娱公，公心则喜。虽诸兄谨饬者，亦自以为弗及也。厥后给事公殁，伯兄、仲兄相继谢世，则君资当仕矣，乃谒选。久之，拜河南都指挥使司经历，非其好也。既上，巡抚都御史德清蔡公汝楠独识君，于诸小吏中，谓疏豁可任事。已又询知为给事公子，益重之，欲令署篆，君辞焉，乃止。君既不乐居其官，日夜思东归。蔡公亦察其意，乃假君公务以归。归则辞家五年，曩时交游既多物故，而存者又往往散之四方，君殊落莫不自得。及客闻君归，稍稍复集，而君病不起矣，嘉靖四十二年二月二十七日也。距生之年为正德十年十一月八日，年仅四十有九。配周氏。生子男二人：僎、象道。女三人，郭应诏、卜曰驿、周仕，其婿也。孙男五人：璜、琯、璨，余未名。孙女五人。君躯干丰伟，器度阔略，能周人之急，宗党姻友赖以存济者颇众。当客京师时，士有徒手南来者，求助于乡人。乡人助各有差，君独以白金一锭予之。他如券贷不能偿者，君始终与之交，弗绝也。君馆于周，居烂溪之上，会海寇至，焚其庐，乃更卜筑城中。及归自河南，城中庐又焚，君皆不以为意。夫以君之雅量若此，宜享上寿，而竟止于斯也。呜呼哀哉！僎等卜以嘉靖四十五年四月十二日，葬君于邑东北里字围之新阡，持其从兄乡进士道立所撰行状谒余铭。余素知君，不获辞，乃按状而铭之。铭曰：

维沈之先，为吴旧姓。给事徵庸，宦业始盛。厥后生君，跌宕不群。好义轻财，视若浮云。初从诸生，寻升太学。晚得一官，出参戎幕。伛偻奔趋，君意曷怡！旋返故乡，未究其施。其施弗究，乃复不禄。是孰为之，命也弗淑。郁郁新封，流庆亡穷。砻石镵词，殉彼幽宫。

明徐师曾《湖上集》

枫山公传

枫山公讳嘉绩，太常公第四子也。公丰颐伟干，襟度豁如，不以细故撄怀。少赘周氏，为吏部尚书白川公犹子婿。公喜宾客，客之挟片长冀微润者，千里内争集其门。张设招邀无虚日，歌酒棋博，盈于其堂，客去则不乐。虽以此为太常公欢乎，然性之所安，效之者莫能及也。中岁，以邑庠生入国子监，补鸿胪寺序班。迁河南都指挥使司经历，巡抚德清蔡公伟其人，且知其为名家子，欲令署篆，公辞焉。以公务东归，归未几，而病不起矣。能周人之急，而不责其偿。宗党姻友，借以存济者颇众。即诡称窘迫、赊贷母钱、抵捍无赖者，始终出入公门弗绝也。是宜有后哉。

清沈始树《吴江沈氏家传》

容亭吴先生传

〔明〕项笃寿

昔万石君家世,以孝谨闻于郡国。虽齐鲁诸儒自以为不如,侈谈汉史道散文极真朴愈远,况世禄之家由礼更鲜。逾数千载,乃于平江见我吴氏父子兄弟,盖庶几廪廪德让,君子之遗风焉。吴故忭人,有宋千一公者,始居吴江。七传至赠太仆卿全孝公璋,以孝廉起家,生少保立斋公洪,立斋生少保切庵公山。父子相继为两京刑部尚书,勋德并茂,载在国史。切庵娶毛夫人,继刘夫人,而容亭君则刘夫人出也,名邦棐,字子彝。君生而孝友。祖、父以名卿济美,诸兄列官禁近,一时衣冠之盛,华耀莫比。君独折节读书,未尝以宠利自将。工举子业,奕奕有闻。弱冠补邑庠弟子,寻入太学,所游辄有闻誉,累试累复不售。乃嘉靖戊午卷已入彀,寻复落去,委以任运,一意教子。先是君娶于屠,宫谕渐山公女。壮岁艰于得子,已卜一妾,予之聘矣,其女难之,竟已,亦不反其聘。逾年而举子承恩,人谓厚德之报云。方刘夫人春秋高,君奉事克谨。既卒,哀痛成瘠,遂病于脾,学导引术得不死。既而谒选京师,待次一载,适有内翰之选,人劝君自为计者。君曰:"吾家世以清慎称于朝野,吾祖以忤逆瑾赐归,父以嫉幸勋报罢。今可由曲径璺家声,为祖、父羞?"卒谢不顾。未几,以寒疾卒于京师,时万历癸酉十一月四日也。君修皙玉立,美髭隆准,孝敬慈惠。虽家世阀阅,而退然下人,尤节于服用。至缓急赴人,率先无靳色。有大祲,辄出粟米赈之,乡人得不瘴死。每岁施药饵绥贫人。其事诸兄尤谨,育遗孤,厚姻娅,存故旧,辑宗谱,以联族党。所与交必温良长者,尤不喜剧客。不狃美好,诸凡细小,咸可称说京邸遗书。诫其子承恩曰:"士君子恭以基德,俭以约身,高门之家,古人所畏也。小子识之。"乃承恩行谊修饬,有祖父风焉。君世系、子女、坟墓,详在状志中,故不叙。余以君醇笃好礼,与庆建不异,乃采其大者,著之于篇。

项笃寿曰:《传》有之"德厚者,流泽广;德薄者,流泽卑",此非虚语。予观吴氏,蝉联不绝,庆流深长,此其先世当有厚积者耶!立斋历事三朝,直节不挠;切庵继典邦刑,执法无阻,何侃侃也。而其子若孙,又恂恂退厚若粹玉。然所谓璠瑜纯质,温而能栗,世济其美,不亦伟乎!

赐进士、南京吏部考功清吏司郎中、姻生项笃寿谨撰。

清吴安国《吴江吴氏族谱》

太学吴子彝墓志铭

〔明〕孙植

吴君讳邦棐,字子彝,号容亭。曾祖全孝翁璋,赠太仆寺卿。祖立斋公洪,南京刑部尚书。父㓚庵公山，刑部尚书。俱赠太子少保。前母毛氏，赠夫人。母刘氏，封淑人，赠夫人。㓚庵公有五丈夫子，而君最后。君生而岐嶷，性宇开爽，朗朗有英气，无纤毫稚子态。南少保抚之，喜曰："是儿童草即如老成，其吾家之白眉哉。"弱冠补邑弟子员，越六年入太学，所游辄有文誉。壬寅，少保公卒于途。君疚心棘形，摧毁逾制，宗党莫不貌恤其屡，而心重其孝。读礼之暇，下帷苦学，刻志绳武，自视取青紫若囊中物。已而七试京兆，辄不遇。戊午已选入彀，而复见遗，叹曰："命也！吾能与造物争耶？吾母春秋高，有痰疾。吾仅一子，尚幼。为吾兄者四，然没而捐馆，疾而丧明，宦而从政，母夫人萧然膝下。而吾复恋恋咕哔，越在千里外，则服养之谓何？"遂兼程归，置所读书，而精意轩岐。检方术，制药饵，奉甘旨，凡所以左右调摄，而怡悦亲心者，靡不备至。及夫人疾革，则吁祷请代。夫人终，则号痛自掷几殒，诚所谓终身之慕者耶！初，少保公扬历中外，及母兄从子居要秉铨，在土之官，未有不欲得君风旨者。而君家世清白，财不称丰，人劝君乘时以自为计。君叱曰："乌可以苞苴污我先冰玉也？"于是早夜筹策，苦心戮力，纤啬营殖，不数年，而业遂饶裕。然不自壅膏润，而好行其德。岁大祲，辄出粟以济。疫作，普施药饵，全活者众，乡人德之。君初艰于子，资聘一女。女父以资偿官，而女有难色，君不强，并其资弃焉。不逾年而生子，说者谓食报不爽云。君有甥女，幼失怙，为之抚育配嫁。族有非分犯君者，人多为君不平，君竟置弗校。君性刚直，辄以古人自期，重阴德，爱惜福。喜规人过，喜谈康节孔明数学，喜评古今贤才高下。有不当处，即张目磔须，极论不已。平生一介，不苟取与，尤不好狎玩，故纤趋之辈削迹。惟端人正士，则钦慕爱敬，凡所与交，皆有终始，然诺不移。动履不逾绳尺，而料事屡中，人多服其智识焉。自奉甚菲约，而祀先宴客，务从丰腆。事诸兄、待宗族及诸姊姻戚，无不胅胅厚也。得子虽晚，训诲甚严，铭之斋头，箴之几席，罔非格言，君其以身教者乎！君族寖昌且庶，君惧散而无纪，乃矢心为谱。考支派，明世系，使世德永光，以续大父南少保之志，君之力也。庚午入都，会有内翰之选，而君善楷书，有语之盍图供奉内殿者。君曰："吾祖、父俱以抗节权贵引退，吾安能趋中监门，如踽踽辕下驹乎？"卒弗就。顷之，闻有丧孙之戚，意怳然不乐。一日感寒疾，遂不起，时同邑周参军为视殓。子承恩闻讣，饮血迎丧至临清，而从子某某以计偕入都，奉柩至矣。君生正德丙子六月二十五日，卒万历癸酉十一月四日，享年五十有八。娶嘉兴屠氏，春坊谕德应埈女。副室朱氏，生子一，即承恩，邑庠生，娶嘉兴项氏，南吏部考功郎中笃寿女。女一，适同邑顾侍御曾唯子庠生而诚。孙女一，尚幼。承恩卜以乙亥年十二月六日，厝君柩于二十四都形字圩新阡，持其状泣请予铭。予与君世讲夙好，而予内君之甥也，恶敢辞，乃为之铭曰：

溯尔全孝，培吴之昌。惟尔宫保，发吴之祥。胡尔孝廉，竟秘其香。履盛满而惟谦之克，捐进取而惟母之将。贻谋则善，树德则长。玉兮忽坠，令人涕伤。呜呼噫嘻！有子握瑜，其音锵锵。清庙明堂，宁舍其良。尔德不渝，尔名终扬。相兹邱土，来彼龙章。

赐进士出身、资德大夫、南京刑部尚书、都察院掌院事右都御史、平湖孙植撰。

清吴安国《吴江吴氏族谱》

吴母朱氏墓志铭

〔明〕沈瓒

按状：吴母姓朱氏，世居吴江范隅乡，土著旧族也。母年十五而归吴，为容亭翁副室。二十五而举子，是为太学君，则所为状母行实、徵志铭于余者也。母自少至长，端慧不群。及归吴，吴翁性严毅勤俭，家政井井。母善承事，无忤色。事翁母刘夫人及翁配屠孺人，皆婉顺得其欢心。侍翁病，废栉辍餐，卧起与居，翁赖以无他。及居刘夫人丧，哀毁合礼。岁庚午，翁谒选入都，家秉暨弱子幼女，悉付之屠孺人。及母保佐屠孺人，训督子女，拮据朝夕如一日，乃至娶妇嫁女，皆蒿目管庀，不以遗翁忧。癸酉，翁即世，母摧割如不欲生，及见太学君哭，则强颜宽解之。曰："而翁辛勤五十余年，如线之绪，惟汝在耳，勿过伤为也。"癸未，太学君遇外侮，乘衅构祸者盈门而嚣，家产几罄，母脱簪倾囊以佐之。事甫定，而母以忧危劳瘁成疾矣。先是，母有女嫁而夭，太学君婚后所生子女多殇，妇复夭。母哀苦积岁，至是疾日深，大都在药饵、床笫间送岁月耳。乙未，岁将除，感异梦。晨谓太学君曰："吾岁止此矣。"是日痰咳遂剧，委顿不能起。卧病至诞日，太学君为称觞，且为延医请祷强之。至再弗许，曰："何为杀生以祈生。"至上元日，呼太学君谓曰："吾以澹生，以澹死，襚须纯布，毋用华绮。汝嫡母在，吾棺停正寝傍，毋过费，愿儿善保身教子。"又呼诸妇曰："吾死，浴必以覆，仆御不必多人，毋暴吾体。"语不及私，遂卒。母性俭素，食不贰味，衣履无赢副，非布不御，非败不更。纺绩洒扫，或身亲馌媵之事，曰："有尽者年，难消者福。"中岁持斋礼佛，晓起诵心经，念弥陀百八声，四十年以为常。训子孙，一禀于慈俭。性不能容人过，而不以背面易辞。没身无私蓄，闻端人在堂则色喜，燕朋至愀然不乐也。一夕，闺人失火且炽，婢子辈方争门而出，母自无动，取缊衣濡之，覆于郁攸间，火遂灭。盖不惜焦烂，以身扞之，而同室不日安于处堂，其勇于犯难安众如此。夫母以敦庞静壹之性，延祚于高门，而又以勤恤清素之德，储福于后嗣。居常则约己裕人，视华腴若浼。迨大期将至，若预知者，然遗命了了不乱，即古之贤达丈夫，何以加焉！母生于嘉靖庚寅正月五日，卒于万历丙申正月二十日，享年六十有七。子一，即太学君承恩，娶秀水项氏，广东参议少溪女。女一，适同邑举人顾而诚。妇与女皆先母卒。孙男二，长墳，次垣。孙女五，长字秀水李华昆，余未字。太学君卜以丙申年十二月二日，奉柩厝于二十四都形字圩吴翁之新阡，为仿来状，志其大者如右。若吴氏世系勋阀，邑中无两，人人能悉之，不俟予言也。铭曰：

孰克吴闾，子孙巍如。孰衍吴泽，慈俭无致。生而知死，死而惜生。于状有之，母德用徵。呜呼！是为乐邱之贤名。

赐进士出身、奉政大夫、奉敕整饬南昌兵备、江西按察司佥事、邑人沈瓒顿首拜撰。

清吴安国《吴江吴氏族谱》

徐鲁庵先生墓表

〔明〕王世懋

　　於戏！此鲁庵徐先生之墓。先生尝读书中秘，为谏议大夫，不称，称鲁庵先生，尚德也。按状：先生姓徐氏，名师曾，字伯鲁，即以鲁颜其庵，为别号云。徐氏其先嬴姓，偃王之后，散处太末。至胜国时，有讳潜者，知龙庆州，始来家吴江。数传至文亮，以赘婿始城居。文亮生达，达生纲，纲生养恬公朝，出后其从父缙，实为先生之父。元配王孺人，子弗育。其贰凌孺人，实生先生。先生生有异质，弱不好弄。七岁就外傅，即匡坐读书，终日嶷然。授以《易》义，辄通大略。十二能诗歌，属古文词。十四试有司，不得志，自是数绌，而名益起。吴中子弟执束脯纷来受学，而先生亦抗颜为人师。嘉靖庚午，先生年二十四矣。郡守马公以儒士首选上御史试，复被放，人皆惜之。先生不以数奇自沮，顾益下帷诵习。尝程书自课，屹屹至丙夜不休。其学自《易》外，旁逮诸经，下至《洪范》皇极数法，阴阳、历律、医卜、籀篆诸家之言，皆能通其说。亡论经生，即世称巨儒弗过矣。岁辛丑，始遇令喻公、督学使者杨公，两公皆名能得士。于是先生试辄被赏，遂冠邑诸生，而诸生亦亡敢雁行者。所遇监司、直指，无弗人人称知己矣。丙午领乡荐，丁未上春官，连捷。念两尊人年高，而生母在浅土，遂称疾不对制，归。归而襄凌孺人之葬。已养恬公召先生而谕之曰："儿幸第春官，一命行及。如废前代之典章弗考，懵于国家之令甲亡稽，胡以酬上恩？夫精义者致用，利用者安身，儿其勉之。"先生奉父命，乃益专志于学。亡何，养恬公卒，先生自伤不以禄养，哀毁几不胜，终丧事，亡逾礼。癸丑成进士，选为庶吉士。阅二载，试恒居优。解馆时，顾不得授史职出，已为兵科给事中，先生无几微恨色，夙夜奉职。明年，嫡母殁京邸，护丧归。服阕，赴部补吏科。先生在两垣，先后长官邱、梁二公，雅知先生谙悉时务，凡大议多从商榷，即公疏多出先生手。而先生亦自有建白，如酌处川兵，请立任备祠之类，多见施行。庚申，奉命册封周藩，便道休沐。阅岁，历转左给事中。当是时，肃皇帝春秋高，益摧折谏官，而相嵩用事，阴龁龂言者以自便。台省多循默失职。先生叹曰："吾奉先人遗体，不忍即狼籍阙下。奈何效侪辈，积月奉嘿嘿，坐致金紫乎？"而会奉使时脾疾作，至是益甚，先生曰："吾有以自解矣。"因请告不往。辟书舍于南湖之上，聚书万卷，吟诵若诸生时。已遂屡疏乞休，铨部惜不为请。隆庆辛未再疏，始奉俞旨致仕，然天下益想闻其风。今上初用，两台使者荐，竟起为礼科左给事中。檄迫之出，先生喟然曰："臣在先朝，以不能建明，故窃附周任之义以止。今群贤满朝，臣老且病，何能复裨圣明万一？"复抗疏辞，上谅其情，许之。于是海内愈益高先生之行，御史郭中论荐甚力，行且复召。先生托所知言之，铨部乃已。先生既无意用世，常思托遗经以自见，故晚年论著弥富。学尊望崇，乡邦方倚为蓍蔡，而先生遽捐馆舍，享年仅六十有四云。远近哀赗，远同太丘乡先生殁而社祭，先生当之矣。平生所著有《周易演义》《礼记集注》《正蒙章句》《世统纪年》《湖上集》，所纂辑修注有《文体明辨》《咏物诗编》《临川文粹》《大明文钞》《官学见闻》《六科士籍》《吴江县志》《小学史断》《经略全书》[1]，共数百卷，行于世。又以字学不明，欲缉全编以赞同文之治。尤邃医术，论著业已数十篇。此皆有志未成者也。先生于学虽无所不窥，然根极归之于敬。尝揭其斋曰："主一无适"，且夕谂之。即燕居，颦笑咸有榘矱。性虽醇谨，伛偻自将，至取予大节，毛发不可苟。堵宫萧然，有以自乐，终不为人居间也。吴俗好言冥福，先生之葬元配，并自营圹，诫其二子曰："吾生平不敢遂过，尝有凛凛庶几之心，即冥报当不吾谴。小子志之，毋徇俗好为也。"属纩之辰，犹勉二子以持敬，指床头书令收箧中而已，终不及私。人谓先生之学，真得于敬云。有丈夫子二人，询、论，皆能世其家。其他详具志铭中，不载。余惟国家以科甲罗士，士由此进者，争愿出所长自快。然中原之人或不知止，大江以南官多六百石自免者。谈者谓江南人多田园、子女之奉，以故轻去其官云。若先生，当盛年美宦，一旦弃去，编摩穷年，此亦讵有所染好耶？当其请告时，天下未能尽窥其指，见以为明哲保身而已。载更两朝，途险者已就夷，居静者且思动，而先生卒坚卧不起，然后有以见隐君子之真也。昔蔡中郎为人作墓碑，独云于郭有道无愧色。余非中郎其人，无足为先生重者，然先生亦讵减郭有道哉？

清黄宗羲《明文海》

注〔1〕：误。据清乾隆《吴江县志》卷三十"儒林·徐师曾"条、卷四十六"书目"所载，应为《经络全书》。

工部虞衡司主事文湖叶公行状

〔明〕张粲

惟舅氏文湖叶公，先世有福四公，自东山迁于吴江之分湖，生仲宾。仲宾生蕙。蕙生芳，广西布政司理问。芳生绅，登进士第，由礼科左给事中历官尚宝司少卿，吾母大父也。生子三，长夔，吾母父也。次旦，次奭，皆吾母叔父也。旦生子三，长则公，讳可成，字懋学，号文湖，官工部主事，吾母同祖弟也。自仲宾公以来，甲科起家，则自公祖孙始。公性俶傥，美姿容，为儿时遂卓荦奋发，蕲以经术自致，治《尚书》，有声庠序。嘉靖己酉领乡荐，癸丑成进士，出宰山阴。清慎明察，奸吏豪猾悒悒不敢肆，治行一时卓卓。不肯曲事上官，上官所遣椽来渔猎州县者，公庭杖之。时岛氛犯顺，胡中丞开府两浙，强愎自用，独重公才质明敏，延致幕中，有事必曰："叶山阴谓何？"然公不乐居幕下，屡请还县。中丞曰："汉时太守得自辟其属，予独不能留君于幕耶！"凡整肃戎伍，相度机宜，筑敌楼、戮徐海，皆公左右之力也。中丞有一强干办吏，一日中丞酒醉，命斩以徇。僚属心知其冤不敢请，公毅然曰："中丞者，天子所恃以屏固东南也。今醉杀不辜，军士其解体乎？"力止以待命。越明日，中丞果悔，而壮公之可大任也。有裨将四人失律将斩，公廉得其实，以百口保之，卒皆并建功劳。我公之知人任事胆识如此。佥谓公宜居台省，竟量移留都，起部郎，复以逸词倅蒲阪，公怡然应命。有孺妇通于僧，诬子以逆。公得其情，给以必死其子，令妇具棺。及伺具棺者僧也，遂以僧贮之棺而生理之。治蒲善政称远，迩又以逸免。有义兴令郁贤，山阴人也，向予述公在县时，识拔知遇，至于泣下。金陵驾部洪忻，蒲人也，道公治行，且感知怀德不去口。两乡之民祷祀可知矣。公谢官归，奉事二亲，极天性之乐。二亲殁，哀毁尽礼，丧葬以一身任之，不以属二弟。趋其弟之事，必在己先，视其弟之子，不在己子后。犹子重第，以丙子举于乡，丙戌成进士，皆公玉成之力也。初亦授山阴令，擢工部郎，邑人有"大小冯君"之谣。子四，长重光，隆庆丁卯举人，余皆太学生。予少侍吾母，从外家省舅，公爱甥者甚至，罔不勖以正道。公困诸生时，尚宝公第宅在县治东，属他姓，公足不履其闬，誓不复此居，不过其门。曰："桑梓之谓何？况思其□处也。"后亦克复旧观，故扁其堂曰"绎复"。予奉板舆展舅氏，则依然叶氏世家门境矣。尚宝公之墓在郡之长洲县圌山，中叶式微，公访其墓道而经理之，规模无不毕举，计工为千者五。复建祠于邑，岁时蒸尝必敬，命甥曰："我大父以直道清节显当世，子其为文以纪之。"甥不敢辞，敬书其立朝大节与居乡梗概，勒之贞珉。其待尚宝公诸孙，则曰吾先祖之所爱也；其待长史公之后，则曰吾高祖之所亲也；其待双桂公之裔，则曰吾从祖之所念也。散者收之，赘者召之，绝者继之。其居公之所筑，其衣食公之所解推，其骸骨公之所殡，其遗孤公之所抚，其子之俊秀而来学于乡塾者，公之所立。有婚姻之道，缺夫妇之恩，薄而不致中道弃捐者，皆公之赐也。戚属有汝生为世父所陷，唐生为仇家所诬，皆坐大辟。公悯其冤，手援而昭雪之。万历戊己间，邑大水，总督以征科胠至，公请于徐邑侯，以缓至秋成为期。徐侯有难色，公请益力，始缓其征，民得苏息。予过吴江，徐侯邀饮，座间犹道其事。当时不惟乡先生敢言，而贤有司亦能听言，于今此风罕矣！公之慷慨仗义，更仆未易数方。公之贫贱起家也，衣食不至过恶，人见为丰。既贵显，用罔逾制，人见为俭。不知公之所守，始终不殊，人自显晦异见尔。呜呼！以公之才，进日少而退日多，位不充其才，齿不满其德。且当倭寇鸱张之日，足履戎马之间，备历艰险，而无辜废弃，良可叹也。予雅悉公之生平，且渭阳谊笃，公冢孙绍武以状见委，谨缀所闻知，藏诸幽壤而碣诸原云。甥张敉百拜谨撰。

清叶德辉等《吴中叶氏族谱》

金华县知县吴江顾侯去思碑

〔明〕冯熊

赐进士出身、奉议大夫、前兵部车驾清吏司郎中、邑人冯熊撰。
赐进士出身、奉政大夫、修正庶尹、南京礼部郎中、兰溪姜纲丹书。
赐进士出身、文林郎、知应天府高淳县事致仕、邑人程江篆额。
侯名曾唯，字一贯，号鲁斋，苏州吴江人。嘉靖癸丑科进士，初任为吾金华县知县，莅治慨然以父母斯民为己任。县故民好讼构，至累年不决。侯听断无枉，得其情，即正以法，无少贷，俗渐以移。邻狱有疑，当道辄以畀侯，多所平反。邻邑之民致有遵侯求直者，侯间为处分，仍慰谕之，亦不以自多也。先是，里役服支应者，程日为期，不程其日之费，役颇不均。侯量为盈缩焉，而且节其无经，民甚便之。故当多事之秋，羽檄交驰，使车轧至，民不为扰也。人户以籍为定，而胥吏每缘为奸，飞洒诡寄之弊滋，赋役无由均矣。侯深以为慨，徭役之编，出自己裁，稽诸众论，得其殷耗之实，以为役之重轻，而仍以朱数褒益其多寡，民咸服其平。比岁不稔，民艰食，罔利者复输之地，境民益告匮。侯为遏通津，抑富民之自封，而米谷不致腾踊，民多赖之。顷倭夷寇海上，调遣征发无私日，侯策应有方，民无所扰。有穷寇自马骏岭逸入东阳、永康二邑间，为之绎骚，告警甚急。侯防御有道，寇遂不敢窥我境。前郡守双山陈公创有乡约成规，侯申饬之，首举约。长之善良者旌异之，有不厌人望者摈斥之，民俗益勤而骎骎乎，古道若可复矣。学地旧湫隘，制弗称。侯视之，抚膺叹息曰："是岂所以崇先圣育英才也哉？"遂捐俸鬻民间隙地，以广其门墙而修饬之，增制尊爵、笾豆之未备者。悉种种就绪，制度焕然聿新，而民不知费何出也，豪杰之士其有待而兴乎？夫听断明而乡约举，则讼源塞矣；赋役均而奸弊革，则户籍定矣；防御以却寇，则武备饬而军政修矣；建学以育才，则文教兴而治道古矣；遏兴贩以济饥荒，则民食足而应变有机宜矣。侯其施之金华者，将施之天下裕如也，侯宁百里才耶！丁巳夏，以激劝之典，赴内廷之召去。民其如失所天，遮留之不得，乃相与谋石亭之，以昭侯绩于不朽。父老程清等来，属予曰："曷为我记之？"余惟侯以英敏之才、弘敷之德，将被之海隅，为生民立命，以翊赞雍熙之盛治。丰功茂绩，必有鼎彝为之铭勒者，亦奚有于斯石耶？父老起拜曰："顾侯信天下父母也，金华其嫡嗣焉。我辈实思之不能置，勉为我记之石。我将诵而思之，以比甘棠也。"今乃摭拾其概，以俟太史公采焉。嘉靖四十六年冬十二月吉旦。

金华县知县杨世第，县丞许云，主簿林文景，典史陈德恭，治下生评事姜准，主事吴九经、王汝述，参政姜良翰，知府赵銮，知州王汝砺，署丞潘绍，知县王继承、李菀、吴深、叶棻，纪善叶思聪，教谕吴隆、王钦、陈訑、戚宠，指挥佥事戴嘉文、潘承禋，千户戴宠、周宪，百户王暹，引礼戚俊、戴宽、戴冠、戚宝、王玘，县丞黄源、周汝平、张希德、项埙，主簿朱天叙，阴阳正术王子美、章一夔，都纲叶永琦，举人盛珂、章汝贤、王九臯、冯忠、王三锡，监生戚宪、章景贤、章学易、潘桂、倪宗文、朱天秋、陈继诏、潘绥、方鸿、程检、石大全、戚宗瑞、叶逢时，省祭陈霆、邵良璧，武举陈心法、申继韶、王汝亮、贾廷美、张绅、张松、傅福缘、曹国蕃、楼存礼、施大楣、姜承芳、陈胜桂、郑广、郑宗、张忠、徐镠、曹昇、谢荣多、杨隆、贾桂、郑金，造作科吏宋嘉言、金勋、李大经、蒋德、应钦刊立。守祠孙佑钰。康熙四十一年腊月，曾孙世仍世培同梓。

清顾鼎勋《顾氏族谱》

明文林郎浙江道监察御史鲁斋顾君行状

〔明〕吴邦桢

我吴江同里顾氏为邑名族，其先有讳仁者，始卜居里中。凡若干传至侍御鲁斋君，以科第起家，为时名臣。君既卒之后六年隆庆辛未，厥嗣而语偕其诸弟，请命于祖母周太孺人，将谋以葬君。先事而语手自纂组君生平诣余，泣曰："而语不佞，无能铺扬先人之遗，兹乞言宗工为不朽，图冀先生以状中言铨次之，俾有绪可绎寻，秉笔者易采掇云。"余与侍御君幼同席研，长复同举进士，重以婚姻之好也，其何能辞。君讳曾唯，字一贯，别号鲁斋。曾大父宽，大父纲。父文藻，以君贵赠文林郎、浙江金华府金华县知县。母周氏，封太孺人。君资植颖异，甫垂髫能日诵数千言，一过目即不忘。学为文，无事属草立就，就即有警语，宗族姻戚长者固大奇之。比长，补邑庠弟子员，每试辄高等。刺经缀词，渐向精诣。其所业，人争抄传为程式，名由是籍籍起，同辈咸愿缔交。而从游其门者日益众，磨砻淬濯，多所成就。未几，以试高等，廪于官。嘉靖己酉，领应天乡试第三名，癸丑登进士，观兵部政，授浙江金华府金华县尹。君之尹金华也，适兵燹驿骚，羽檄交下，君酌剂盈缩，应之以方，卒事集而民用不扰。稍暇则首重文教，视学宫湫隘，捐所得俸，鬻民间地广之。而裁节冗费以恤里役，搜遏飞诡以均赋徭，申饬乡约以昭惩劝，盖其所究心也。岁一不登，富家多盖藏而罔厚利，则潜移之他郡，民食益告艰。君严其禁阑出入，无敢逸越者。间阎玉粒，罔使腾踊，卒赖以生活。民故多诈，喜诪张为讼。君听断既详明，而当于法者，无少贷，俗亦骎骎渐改弦矣。有商以芝麻从何津募市佣，担之入主家，途次络绎逸去三之一，商诉之县。君收其调，麾商去。越数日，召吏鸠群佣，将他委佣悉入，令立西庭下，以次自呼名趋而东。因置器横甬道，趋过者辄取所负筐囊倒扑之，见芝麻糁糁下，即擒至堂上，一讯具服，邑中称君为神明。治三载有状，遂应召归京师，民莫能挽留，则相与勒石纪成绩，树而覆之亭，用以志去后之思。丁巳，擢浙江道监察御史。戊午，领查理两广、福建之命，弊丛蠹穴，铲抉殆尽。竣事还报，先皇帝谓御史信才，可复巡按西粤。粤在岭徼外，夷獠杂处，兵革调发无宁时。君至，搏击强宗，俾屏息不得逞。所属吏多以赂彰，廉得之，无幸免者。展采错事，足示久远。诸所兴革，若清兵食、汰冗员、去冗派类，皆惠利疲，民鲜所忌惜。至于会哨之立，营堡之设，壶关之增筑，军政则视昔一新矣。乃复塞柳州之径路以蠲繁供，驱舞文之流徒以肃法纪，更积役之交通以去衅端，止门库之兜收以实储饷，公私盖两利之。先是安南进贡使，以稽核领袭补易仪物之故，久客粤中，积十五年未遣，前后多物故，而存者无几。君具奏，俾得毕事还。楚藩例有岁供入于粤，逶缓因仍，动以风波，盗贼为解。君知衡、永、长沙诸郡，近在邻壤，俾径达，则实省征解转发之劳，且可无涉洞庭、太湖诸险也。且奏为定例，两藩交称颂之。巡历既满一岁，候来代者。忽念董夫人春秋高，寝馈语言乖常时，即以病请告归，侍董夫人。一年果违养，君既亲汤药，躬含敛，无余憾矣。君三奉使命，道路疲瘁，神气固已潜耗。既承重服,忧戚继之,未及禫,竟疾作,不可起。惜哉!君为政持大体,而平易无苛繁,遵承者率称便。犹不喜矫矫猎名誉,识者自以其贤为莫及也。其意度恺直旷朗,无沟壑城府之设,而凛凛洁清终其身,一不溺于欲。所至恒存恤衣冠家,若夫刻轹齐民以媚悦巨室,固其所弗忍也。事至能立辨,微暧刿理,裁决一准于法,吏不得并缘为奸,以私谒者卒嗫嚅不能出一语去。方请告时,督抚张公某为具题,有"文章典蔚,操履严明,贞度肃纪,遐陬改观"之语,盖实录云。始,金华公以孽息蚤孤,所得产微几,单疗不能生,乃为富室塾中师,资馆谷以养董夫人。至君名起胶庠间,游从者既众,则跪而请曰:"儿可以代大人养大母矣。盍优游自怡,毋徒穷年兀兀句读人,童稚为也。"金华公是其言,卒谢主人归。日以文酒自娱乐,展旧所藏书博综之。客至,辄具盘餐款尽醉,一取诸君所得于从游门生,金华公不知也。君既领乡荐,金华公益自宽。未逾年,公以痹疾死。君痛其父之生坎坷摧折备尝之也,而未逮禄养,惨痛哀号,毁瘠不自支,见者盖心伤焉。金华公濒属纩,其意若有所未竟,欲吐一语嘱君。君逆得之,抱持言曰:"大人得无以八十之祖母、未婚嫁之弟妹为念乎?即不讳,此儿事也。"言未毕,而公目瞑矣。时傍立闻者谓君:"他日践言实难。"既乃卒,能分禄之余,以养董夫人。迨考终,棺殓窀穸,诚信无悔,而轩镳显奕,吊奠坌集,乡人及今犹艳羡之。至婚嫁弟妹,尤谨前诺。其弟曾学、曾约,皆君教之成,共爨十余年,无几微一言之隙,末悉以金华公所遗让。友于师模,兼济并任,以故始若待之严,继喜其克自树也,于于融融,相得极欢。仲氏曾学先君卒,君哭之哀,殚力营办丧葬,一不烦其孤嫠。仲所遘负于人,复身任之。人于是谓君善体先公之遗意,呜呜床下数言,不一爽也。大都君敦重彝伦而眇薄世味,尝自言:"古人禄足,以仁三族。今吾既弗逮矣,顾力之所可能,则胡以自诿。"故自入官至终其身,宗族姻党即无问疏亲远近,咸受君骈庇。或成其身,或保其业,或罹于祸谪、困于诎抑、颠危于凌夺,则援振维植,引为己责。间遘贫落不能婚葬者,必推所有济之,使及时无废举。然于孤寡茕弱,则轸恤有加。观其所命名于族之子姓,曰宗、曰家、曰成、曰就者,其属意良在斯矣。居常以俭约自将,既显,庸布衣粝食,无改寒素。其于纷华绮靡之习,宫室服御之侈,恢弘张诩,虽所在,莫不然,而君固视之,泊如也。其与人率真而愿,不作俯仰簠簋容,顾独伉于意气,言必倾底里。与之谋,必竭忠。每怪世交鲜存谊概,故峻绝非义之干,而恒多不平之感。解纷直枉,挺躬大言,靡所嫌避。其嫉恶严,而崇奖善类,则不啻若其口出。里中某素恣肆不自检,数为陈利害救正之,弗悛。后竟以事坐成,当行,则乞怜于君。君曰:"我尝数警汝,不一省。固知有今日,尚复何言!"谢绝之。其人瘐死而狱未解,上官将株连,竟致其子。君闻之,愀然曰:"此何辜?"明日棹扁舟,抵公庭白,免之,并所坐逋贿,悉除弗赎。盖其子实未尝求君,君固无俟其求,且不责其报也。其在宦途,尤明出处,取予大致。尝谓:"仕在不失己,得丧显晦固默定,匪人所能为。即濡足权贵以幸进而免于祸,吾不忍厚自辱也。至夫垢吾躬以博籯金为子孙计,吾又何能为?"故其家耕织之外,寂无他营。稍稍以俸入买田园,务公平交易得之。侵牟渔猎之图,了不入意想。人或逃征徭,或罹宪纲,干君释者因有所献纳,必严拒之,曰:"毋污我!毋污我!"惟还复祖宗旧业，其族人持契券来售，则弗靳厚值得之，盖以承先志云。君在京师，当道某以县治弃地若干，令其家人佃之。君归，竟谢去不受。里中缙绅家，以墓中华表石求市君，君不忍得之，曰："吾得之，而吾后人复如之，其如天道好还。何石逮于今，得不废。"承重服时，近藩邻郡一二巨豪家获重谴，谓非君无可为当道言者，乘暮夜各持千金装，奉为寿。君方鄙夷其人，视千金装若敝屣，掷之无少徇也。此隐懿潜德，皆叔世所难能，其子状中所未载者。方君翱翔要津，屡取道还省，末复以病在告。恒抑畏敛缩，舆从减冷，约饬诸子侄，下逮僮仆，毋矜扬，故里中不知御史归。或以是让君矫，君应之曰："吾性固然，且势何能久长。君试数先后赫奕辈安在哉？"岁有田亩之税，必先期输之官，催科吏未尝一及门。余尝谓："君抱倬越之才，而负气棱轹，不屑猥琐碌碌，遇事当迅发，则勃勃不可夺。至所异避若过蕝者，其皎嚼不缁之操，又似于狷。而厚伦乐施，恩泽旁洽，其得仁之分量尤多。盖仁义刚柔，随感互发，持身理家，服官秉政，此其大凡，胥可师尚。"初，以金华秩满，得赠封之典，贻书诫其子曰："我廿年苦辛，至有今日。既窃荣禄，复褒辉先世，下及尔母，朝廷之恩渥矣。昕夕兢兢，守官箴以自儆，尚未能报称万一也。尔勉自爱惜，毋增吾愆戾，幸矣。"在告日，又屡迪诸子："眼前光景，倏忽驹隙，易变幻也。读书履善，务本力穑，庶几可绵世泽。不尔以今日所遭，酿习骄惰，狎昵轻佻，行即自底弗类矣。慎之哉！"而语当易箦泣请曰："大人无一言及家事，奈何？"君张目视曰："以吾得勉愧怍，死即死耳。有尔在，无隳斩一脉，善事尔祖母，嫁尔妹，教尔弟，而婚娶之，如吾曩昔时，复何遗言之有！"嗟嗟！观君之所训诫其子者若是，是可以识君之生平矣。齿不足以符德，位不足以究用，仅仅未及艾而死，天何厌弃善人之酷邪？抑吾党之不幸、乡邦之不幸邪？余于国家，良亦有余慨矣！君生于正德十三年十二月十七日，卒于嘉靖四十五年七月二十四日，享年四十有九。配朱氏，封孺人。子男五：而语，邑庠生，娶陆氏，太学生胥屏延枝女；而训，娶毛氏，进士达庵图南女；而诚，聘吴氏，即余弟太学生邦棐女；而诏，聘杨氏，少山道通女；而谋，聘刘氏，培橘承宗女。女一，适太学生徐岩石履中之子永锡。孙男三：祖范，聘吴氏，即余侄太学生承光女；祖武，未聘。而语出。祖模，未聘，而训出。君为文俊洁详雅，所著有《西粤疏草》，诗文多散轶未辑。自君之亡也，狐号鳅舞，忒状层叠，未遑卜吉壤以襄大事，因循至今。三月二十四日，权厝君柩于室境字圩之茔侧。余取状中言，揭其大者，叙列如右，俟太史公裁择之。

赐进士出身、亚中大夫、行太仆寺卿、前湖广按察司副使、年眷生吴邦桢谨状。

清顾鼎勋《顾氏族谱》

明故文林郎浙江道监察御史鲁斋顾君权厝志

〔明〕徐师曾

嘉靖四十五年七月二十四日，御史顾君在告持承重服，未及禫，以疾卒于家。其子而语辈卜葬未食,乃禀命于大母周太孺人,以隆庆五年三月二十四日,奉柩权厝于里中室境字围祖茔之侧。先期持太仆卿吴君子宁状来徵铭,余辞不获,乃述梗概,俾勒贞石以俟。志曰:君讳曾唯,字一贯,姓顾氏。其先武陵望族,有讳均祥者,始居吴江之同里,簪笏巾衿,代不乏人。曾祖宽,祖纲,皆处士。考文藻,以君贵赠文林郎、浙江金华县知县。母周氏,封太孺人。君资性颖拔,为文沉着,不事属草,不加点缀,不落时格。在诸生中试辄列高等,廪于官。弟子从游者日众,即未及门,亦争传其经义为程式。嘉靖己酉,举应天乡试第三。癸丑成进士,授金华县知县。时值倭乱,兵饷交征,君剂量盈缩,酬应有方,事集而民不扰。又以余力拓学宫,裁冗费,剔飞诡,申乡约,平谷价,详狱讼。其最著者,商人募市佣担芝麻入贾家,佣多星散逸去,莫知主名。商诉于君,君秘之。越数日,假他事鸠群佣立县廷,使吏唱名,自西趋东,趋者扑其筐,见有芝麻糁糁下,即命卒擒挫,一讯俱服,邑中称为神明。丁巳,徵拜浙江道监察御史,戊午,查理福建、两广军饷,悉铲侵蠹。辛酉,差巡按广西,搏击豪右,汰去冗员,罢遣墨吏,节省浮费,皆有惠于罢民。至若更立会哨,添设营堡,增筑壶关,又有裨于兵政。已复塞柳州之枉路,驱舞文之奸胥,革积役之交通,禁门库之兜收,公私盖两利焉。安南贡使客粤中,坐稽核领袭补易仪物之故,积十五年不遣,来者多物故。君言于朝,始得竣事还国。湖广岁供粤额,逋缓不时,入辄以风波,寇盗为解。君知衡永、长沙诸郡,近并邻界,可避洞庭、太湖诸险,奏使直达,且著为令,两省称便。及瓜候代,忽念太母董孺人春秋高,引疾乞归。盖归一年,而董孺人果殁,人以为孝。始,金华公以孽息蚕孤,受产凉薄,去为富室塾师,资馆谷以养母。及君名起胶庠,亦事讲授,谷丰于金华公,乃白公弃前业以怡其老。公喜,竟谢主人归。比公将属纩,意有所嘱,而口不能言。君逆得之,曰:"大人得无以八十之祖母、未婚嫁之弟妹为念乎?即不讳,此儿事也。"语毕,而公暝。当是时,君已领乡荐矣。厥后,事董孺人丧葬如礼;教其弟曾学、曾约,及期而婚;装送女弟之归朱氏者;曾学早卒,抚其嫠孤。一一若前日语。初,君在京师,当道以税局废地效君,令作入城私馆。君归,还之。缙绅子孙以墓上华表石求售,君不忍市,迄今石不得废。至于恢复先业,即厚植不吝。里中某素恣肆,君屡戒之,弗悛。后坐谪戍,求解于君。君曰:"吾固知女之有今日也。"谢绝之。其人瘐死而狱不解,将逮其子。君闻之,愀然曰:"此子何辜?"明日棹扁舟,诣公庭白,免之,并除逋赃。盖其子未尝求君,君亦不俟其求也。君为人意度恺爽,不立城府,而嫉恶甚严。持身廉洁,操家俭约,独喜轸恤孱弱,宗族姻党蒙其帡庇者良多。其为政善持大体,不务繁苛。就徵后,金华士民立石以纪去思。请告时,督抚都御史张公业为君具疏,有"文章典蔚,操履严明,贞度肃纪,遐陬改观"之语,见者谓实录云。易箦时,而语辈求遗言。君第瞪目曰:"读书!读书!"三问不易辞,无一语及家事。君邃《易》学,尝扁其所居曰"鲁斋",门人称为鲁斋先生。所著有《西粤疏草》,诗文多散逸,未辑。君生于正德十三年十二月十七日,享年四十有九。配朱氏,封孺人。子男五:而语,邑学生,娶陆氏,太学生延枝女;而训,娶毛氏,进士图南女;而诚,聘吴氏,太学生邦棐女;而诏,聘杨氏。并朱孺人出。而谋,聘刘氏,侧室张氏出。女一，适太学生徐履中之子永锡，朱孺人出。孙男三：祖范，聘吴氏，太学生承光女；祖武，未聘。而语出。祖芳，未聘，而训出。余昔与君同游学宫，同事席研，同举进士，虽微状犹能铭君，矧状文之详且赡乎！顾吴君能铭而以让余，则非余之所敢当也。铭曰：

儒生治经循括帖，善宦并称途径捷。皇风邈邈不可追，崇班高第徒登躐。唯君经义出埃尘，发魁登第声光烨。权门无迹身洁清，实政及民民帖帖。再巡三省著风裁，贪墨闻之解绶回。谒告本由将大母，承欢未久生悲哀。禫期欲逼不复待，空令识者嗟山颓。室境尝为祖考域，君今遽往袝其侧。镌词贞石永不磨，尚俟他年龟墨食。

赐进士出身、从仕郎、刑科左给事中、前翰林院庶吉士、同邑年眷生徐师曾撰。

赐进士出身、奉议大夫、南京光禄寺少卿、同邑年眷生庞远书丹。

赐进士出身、承德郎、南京工部虞衡清吏司主事、同邑年眷生叶可成篆盖。

此给谏鲁庵徐先生所撰侍御顾公志也。侍御公万历乙酉葬于室境新茔，而志成在隆庆辛未，以权厝故未勒石。及戊戌，公配朱孺人殁，己亥冬归葬公穴，乞邑侯孙公志铭，并镌以纳诸圹。其子孙履历前后志有详略，因孺人后侍御公三十余年殁，故愈蕃衍而不符于给谏公志云。赐进士出身、承直郎、兵部职方清吏司主事、年家眷晚生吴默顿首谨跋。

清顾鼎勋《顾氏族谱》

张 基 传

张基，字德载，名犯宣宗讳，以字行。父铨，见《名臣传》。基少能属文。嘉靖十九年举于乡，例得坊金百，一日散亲族略尽。会试，有显者欲为之地，基谢弗应。父铨卒南安，基千里奔丧，哭踊几绝。服除当试，念大母且耋，不肯就道。亡何，大母死，其妇刘亦死，乃叹曰："母老矣，谁与朝夕者？"自是步武不忍离。会有岛寇警，奉母入郡，得苏舜钦沧浪亭故址栖焉。屏冠服，为野人装。于书无所不窥，尤邃于经术，晚而验之身心多自得。罗文恭洪先倡道东南，同邑杜伟游其门，因以书往复，益明性命之旨。常手条百戒悬之座右，其要曰：勿展无益身心之书，勿缀无益身心之文，勿吐无益身心之语，勿与无益身心之事，勿近无益身心之人，勿用无益身心之物，勿涉无益身心之境。文恭以为四勿翼云。岁大祲，有储米数百石，悉以赈饥者。属军兴，宗人皆役，基曰："吾何忍独以例免，而烦族之老弱乎？"请于官，毁家纾之，自是资产寖薄。知府王道来访，饭脱粟而去。兵备蔡国熙尝单骑造请，退而叹曰："不图今世有如此人。"知县李迁梧尝叹曰："邑中得张先生等数人，可使俗为葛天畏垒矣。"其为长吏敬服如此。隆庆初，诏求山林遗逸，抚按援陈公甫例举应诏。基曰："吾以母老不赴公车，非为名隐也。必见挠者，且负吾母入深山矣。"乃止。基素攻内学，体气克壮。忽一日预刻亡期，书遗戒数行，皆身后奉母事，无他。及至期，端坐而卒，年五十九。基资性端厚，学主持敬。常言寄道者,身奈何讳养生,故兼修吐纳之术。没后五日而殓,色泽敷腴,手足屈伸如常。所著《独鉴》《广颐》各一卷,《读书疑》二卷,诗文二卷。辑《近思录补正》若干卷,《孝经大义》一卷,《定性书注》《感兴诗注》《养生汇》《道要》各一卷。学者私谥为靖孝先生。崇祯十年,御史祁彪佳表其行于朝,特赠翰林院待诏。(参《献集》)

清乾隆《吴江县志》

明故太学生两溪叶公行状

〔明〕赵重道

尝闻善治生者,岂惟自封将是!前后左右,是培是崇,以光大其宗祊,而家声之罔坠是赖,故族将昌必有人焉。治产积居,俾子孙修业而息之,复修业而文之,百世可隆隆起也。邑之汾湖叶氏,以冠族甲吴中。学士家称其著者,先则黄门公,继则虞部,若今玉田令,不一二数也。两溪公介其间,非通属籍联姻娅,罕知公。公尤退避,不好为名高。惟急病让夷,图所以亢其宗者,拮据无不至。以故仰承黄门,肩佐虞部,下开玉田令及诸俊髦之传,惟两溪公力哉。余生晚,获与公令子伯仲游,雅企公。乃公以万历甲戌即世,伯仲子衔哀数谋葬,择爽垲地未就,延十六年乃今得之。营兆将有绪,伯仲子手次履略,谒不佞而前,求所以徵铭者。不佞以谫菲辞,辞弗获,谨列其世系、行谊,俟大椽笔志而铭之。状曰:两溪公讳可与,字懋卿,世家汾湖。自福四始,福四生仲宾,国初举人才官。仲宾生蕙,蕙生芳,芳生毅斋公讳绅,由左给事迁尚宝少卿,赠父芳如其官。以直节显当时,故世称黄门公。公仲子讳旦,为一愚公,娶于汝,举丈夫子三:长曰文湖公讳可成,由山阴令迁虞部郎;仲即两溪公;季曰肖愚公讳可畏,其次子重第复成进士,今为玉田令。叶之科第累累矣。当黄门公殁,一愚公幼孤,迫外内公私之扰,家中落,几没不振。一愚公复不事家人生产,日游于酒人博徒间,惟课虞部及公,以思绍先业。公甫弱冠,一试有司不售,家益不可支,乃泣谓伯兄曰:"显亲养亲,两相倚也。不有养者,谁与供馆粥?不有显者,谁与光门户?是学故要矣,治生急焉。一餐之不具,而占佁何为?兄其勉之,某愿为兄役也。"即时迁业谋所以仰事者。然有心计,仰而取,俛而拾,与用事僮仆同苦乐,产渐渐致用,无遗两亲忧。而伯兄因食其力,得领己酉荐书,公亦随例入太学。癸丑,伯兄登进士第,一愚公拊仲背曰:"而伯兄之有今日,而相之有成劳也。"迨伯兄令山阴,屡招以书谓:"山阴道中,昔人所称竞秀争流者。若来止劳,应接不暇耳,可无从二大人游乎?"报之曰:"古人之官,有单骑只履者。山阴虽迹,民瘝应给繁,不可以家众溷之。且也,二大人在堂,甘旨之需可旦夕。具跋涉,非便也,愿毋往。"二老人亦安于仲养,怡如也,弗果往。吴江令杨与山阴同年善,因善公,每延公问所欲,公谢无所欲。问民利病,公避人条之甚析,退无外言。属邑有警,公揪于城,与编氓伍。属邑有大徭,公挺身担之,以为闾里率。民有冤，无问识不识，为洗雪。民有托，虽百镒不顾。以故邑令愈重之，间与弈饮甚欢。迨太学以肄业徵公，令劝之驾。公谢曰："兄宦弟幼两亲老，不能脱身往也。"绝无仕进心。伯兄籙令入虞部郎，籙郎出守蒲盘。旋十年间，公内为综家政，外为资邸装，无匮时。伯兄乃叹曰："久宦减仲之产。"遂自免归。兄弟因友于庭莱，戏于阶下，家益拓，子姓森森茂也。独季弟钟两亲，爱望之殷。季亦绩于学，辄战辄毙，末竟不能，没羽矣，两亲怜益甚。公乃延季习业而授之飧，俾训子若侄。子若侄得肆力于精研，骏骏乎将待公车，而最幼者乃今令玉田也。先丁卯冬，一愚公病将革，三子伏床下，一愚公张目视曰："伯也宦，仲也农，季也儒，吾可报先人地下矣，夫何忧？虽然微仲则宦不达而儒日篓矣，所以贻二老人安以至今日者，力尤多。"公闻言，据床恸号，喀喀不能兴。居丧毁，弗一进匕箸，相伯兄以礼。越七载甲戌，公染疾痼不克起。母汝临视之，公大呼曰："儿休矣！儿休矣！母垂白不能奉而养，以待百年，乃先自颠越，何忍瞑为？唯衔恨图报载生耳。"言讫而绝，闻者为酸鼻。以公之仁心为质，而弗获上寿，以食天和，岂其担荷薄哉！缘公一身，前而承，后而垂，左而推，右而挽，巨自门户栋梁。公赋私橐，而细及米盐酒豆，以至胃脯屑削之纤啬，靡不关诸虑亲诸躬，朝营夕经，日臻赢羡，以垺素封。用推其赢，以训二弱息，宾硕师，授明经，而室庐成行，畎亩成陌，无弗克也。又推其赢，以字一婿。婿父以健讦故，荡析其产，独藐孤耳，公携之归而抚。有而室，为之筑垣，为之置业，无弗给也。又推其赢，以扬先黄门之烈。过礼邑诸生，申理谏垣遗疏，有利于民社者祈祀乡贤。虽未即就，而今日颙祠于洲上者，胚胎诸此也。又推其赢，以赈里中之艰厄。为输腴田若干置诸公社，而繁徭剧赋取给焉。当道义其为，以给帖蠲征，而阖境无追胥者，仰成于此也。又以其赢推之，以仁族党，而待以哺玉而炊桂者若干门矣；以仁闾阎，而藉以锡椟而掩骼者若干人矣。又推其赢，以伸追远之诚。见曾大父茔圹榛芜，罨如者隤，冔如者圮。独捐百镒，为之辟之、芟之、粪除之，而筑舍其傍，俾子姓云仍之展祭者，归依于此也。以仁四境，而邑屋之下望以居，间而解纷者若干余家矣。盖两溪之义侠声，施无穷哉！由公效研桑之略，操三致之术，奇赢在握，而施舍各当也。《传》曰："何知仁义，惟好行其德者为有利。"又曰："人富而仁义附焉。"公乃以仁义为质干，而富因附之者欤。治生家闻而咸曰："善乎！其自封也；善乎！以本富为上也；惜乎！其不讲于进取之道也。以彼其才，即鸥夷启越，卜式光汉，不难而栖。栖岩穴，设为名高者安归乎？"公闻而叹曰："皇皇谋利者，曾非君子，吾岂有乾没念哉？特光裕后先，匪是莫致耳。"嗟哉！公之用心盖如此。公生正德己卯，迨其卒，享年五十有六。配钮氏。生男二：长君重熙，太学生，娶王；次君重照，邑庠生，娶汝。生女一，婿黄国宣，庠生，黄希臬子，即前所谓携之归者也。孙男六：曰绍闻，娶俞氏；曰绍美，聘温氏，司城世聘女。俱长君出。曰绍德，娶钱氏，太学生用贤女；曰绍业，娶戚氏，侍御于国女。德、业俱诸生。曰绍言，曰绍龄，未聘。俱次君出。孙女三：一适顾侍御曾唯孙诸生祖武，一字常山令周麟孙大备，一未字，俱次君出。今兹伯仲所择爽垲地，即汾湖傍某字围之新阡，窀穸有期，例当得铭。铭非昭代闻人巨公不足徵，将来命余草次其词。词无文也，特核而信，信则非溢美矣，庶可备采撷云。

明赵重道《三余馆集》

明故太学生两溪叶先生墓志铭

〔明〕顾宪成

曩岁丙子，不佞与道及同举于乡。明年，道及谒春官不售而归，其伯虞部文湖公葺宇馆不佞，群子若侄受业焉。暇则□仲弟两溪贤，而惜其未寿，不佞已稔闻之。今两溪子重熙、重照，谓不佞曾有一日之雅，持邑博赵先生状徵铭不佞。即不佞未交君，而实故符闻，可按也。君讳可与，字懋志，别号两溪。先世家于同里，自福四始迁分湖代居焉。福四生仲宾，国初以人才为江州大使。仲宾生蕙。蕙生芳，应贡授广西理问，生给谏公绅，孝宗朝直节显闻，晋乡尚宝。邑父老诸生思其曾谏开长桥河，于水利为有功，请祠洲上，将事学宫。其仲子一愚公旦，娶汝氏。丈夫子三：伯为虞部公，仲即君，季为道及父。当给谏公捐馆舍，一愚公幼未任事，剥啄旁午，家渐中落，几莫能支。惟课长公及君，冀克成立，以振箕裘。君方弱冠，遂慨然曰："显亲养亲，事势两重，脱吾侪株守呫哔，谓菽水欢何？"即独任生谋，擘画仰事，朝夕拮据，与僮仆共甘苦，因是物力渐给，而前业复兴。能遗二大人安，俾长君一意力学，获领己酉乡荐，至癸丑登进士第。一愚公喜曰："伯能绳其祖，实仲能恭厥兄。"君闻之，直恂恂不自任也。当是时，君亦引例入太学矣。长公令山阴，欲迎亲就养。君移书报之，谓不可以家众溷官，亦不可以劳衰年远涉，且二大人亦安于仲养，遂弗果往，人以为善承亲志云。先是，邑令杨公讳芷，与长公同年，盖知君习事而贤，延见促膝，语甚稠密。君自民间利病，外不及只字，令以此益钦之。君愈韬让，异乎世之矜势夸能者。属邑有警，且有大徭，君鞅掌效力，挺身为闾里先，可谓忠勤好义者矣。生平倜傥，正直不阿，不喜谈人隐慝。有冤者为洗之，有争者为居间解之。其待君而火与待君而骨不暴者，凡若干家。又其大者，为输腴田二顷，置之公社以给役。事闻当道，予帖蠲徭至今，阖族无追胥焉。曾大父理问公茔圹不除，君一见悄然，乃厚捐私橐，整顿为新，且筑室其旁，曰："令后世展祭有依也。"盖君之富好行德，慷慨慕议，其行事类如此。至于顺亲心以仁季弟，抚孤婿而赡其资，巨则肩荷栋梁，细则综理纤嗇。自君孝友之推、才能之绪，出于天性，有固然者。是无忝为给谏之孙、虞部之弟、道及之仲父也。呜呼！君真丈夫子哉！惜乎其年不登于下寿，天道固难知也。抑天以不足者啬其年，而将以有余者隆其胤乎？君生于正德己卯六月二十八日，卒于万历甲戌三月初五日，享年五十有六。配钮氏，麻溪世家温邑令文之后。子男二：长重熙，国子生，娶王氏，南城簿相之孙女；次重照，邑庠生，娶汝氏，进贤丞桐女。女一，适黄国宣，庠生希皋子。孙男六：曰绍闻，娶俞氏；绍美，聘温氏，司成应聘女。俱长出。曰绍德，娶钱氏，太学生用贤女；曰绍业，娶戚氏，侍御于国女。德、业，俱庠生。曰绍基、绍裘，未聘。孙女三：一适庠生顾祖武；

一适周大备，靖安令麟之孙；一未字。俱次出。熙等卜以今年辛卯月日时，葬君于分湖殿字圩新阡。铭曰：

植醇行兮，式谷似也。力本富兮，素封隆也。子孙令兮，懿德昭也。松柏茂兮，幽宫永也。

赐进士及第、文林郎、浙江处州府推官、前吏部籍勋司员外郎、锡山年家眷生顾宪成撰。

公以万历十九年辛卯年辛卯月辛卯日辛卯时安葬，天地同春之格。

清叶德辉等《吴中叶氏族谱》

屠孺人墓志

〔明〕史季立　屠叔方

呜呼！立忍志吾姊母耶？姊母之贤，无间于内外姻党矣，立忍不志吾姊母耶？姊母姓屠氏，有元讳曾一者，始家浙之平湖。传亨一及湘及机，以及刑部尚书赠太保谥康僖讳勋，则姊母之祖也，始迁六里街之东。姊母父官生止斋应圻，于康僖公为第三子。母张氏，云南人，父山西宪副，以军功封嘉兴，因家焉。姊母三岁母卒，宪副夫人迫胁止斋公。公避居南京，遂以姊母继叔宫谕渐山公、项宜人字之，如己出。宫谕公慎择配，得吾叔芜川公讳鹏生。吾史氏，世家吴江之黄溪，饶于资而富于经术。高王父西村公，以文行著海内，宫谕凤心折，遂许之。屠之本生父无子，而张之太夫人强而毅，检括其内帑，益以己之财。盖张亦无子，其袭荫则继者也。而宫谕公复厚赠，故姊母奁资逾万，称一时之盛。姊母生长富贵，于归才十有五耳。孝于姑舅，和于妯娌，平易以驭下。我王父万湖公悉意举业，付生产于不问，公私耗蠹有年，外人弥缝匿隐。值家难作，一时首发，而负征帑二千有奇，忙迫束手，而姊母出奁具，如其数偿之。时兄石屋公以御史巡视下江，姊母通使邀为援，家人得以无罪，而为难者惕息。此固公家事，姊母独任之，无吝色，亦无骄容。家人不啻感，而姊母若无是事。自后日用日费。时倭夷肆掠，公役百出，且多举子女，私冗繁杂，所有且倾，遂至食贫终其身，无怨言，亦绝不以公家事累。至此蘋蘩之荐，甘旨之供，诚与信并成，叔父以善事亲名。师友是择，课督是勤，爱与劳并成，叔父以善启后名。言貌端重，外若不慧，临时变，关典礼，片语指画，出人意表。所亲吴及储之类，急则周，难则解，为之室庐，为之婚娶。以至闾里间有求辄应，独师尼斋供、山水邀游，断绝不为。虽两姓家法，亦天性然也。姊母生嘉靖壬午六月十六，卒以万历壬辰十二月十四，享年七十有一。先是十一月葬我王父，于溪南日侍姊母，喜其神气充腴。是秋，立与经弟会艺于莘之阳，幸其竿头更进，孙更颖达，每奏艺辄赏其超胜。方谓姊母当享遐福。不谓别仅浃旬，忽接讣音。呜呼！姊母竟至是耶！姊母举子女各九，存者子一：中经，邑庠生，娶海盐许氏。女六：一适嘉兴贺道南；一适邑孟官，少寡守节；一适秀水庠生陶九卿；一适贡生王所任；一适嘉兴项国裕；一适邑太学生沈天彝。孙五：册、翰、简、表、序。册聘秀水沈氏。娶嫁皆士族。立四龄与姊母析居，而懿行所不泯于人之心者，敢抆泪志述。时读书屠园之仍台，适御史大夫瞻山先生见过。先生为姊母弟，质之志，而恳之以铭。铭曰：

　　嗟嗟吾姊，秉婉嫕之性，勤古行之览，其慧也。拟诸大家，厘坤承之制，远晏私之容，其敬也。拟诸德耀，愉嗃厉之风，谨扶将之节，周床笫之役，其孝也。拟诸庞姬，至其急公家之难，敦远姻之谊，纾窭子之囚，又其振乏之仁，散积之道也。备于德者，宜备于福。啬于身者，宜丰于子孙。嗟嗟吾姊，庶乎生顺而没宁。

陈去病《松陵文集》

杜静台先生传

〔清〕 朱鹤龄

　　先生讳伟，字道升，少育于沈给谏仲子嘉谟家，从其姓，后乃归宗。先生幼而至性过人，王母目瞳，以舌舐之，竟复其明。七岁丧母，每哀啼，父为之感泣，先生乃更破涕为欢。父疑之，阴察枕席，皆斑斑泪痕也。读书沈氏塾中，有神童称。嘉谟奇其颖悟，庙见而子之。弱岁名籍甚，试辄冠军。嘉靖壬子举于乡，所制经义为世宗尚，自王文恪四家而下，即屈指及焉。屡困公车，笃志圣贤之学，与唐公荆川顺之、唐公一庵枢、许公敬庵孚远、耿公楚侗定向，讲明濂洛渊源。其学以主静为宗，验之行履，动止皆有绳度，海内从学者数百人。江右罗文恭公洪先钦其名，延之教子弟。先生因与文恭静坐石莲洞天数月，学益进。尝过鄱阳湖，巨盗胁之以刃，端坐不慑，盗异之，发其箧得刺，曰："此江南小圣人耶？"罗拜而去。其名行为人所重如此。先生衔沈氏恩，思报称。时嘉谟子位成进士，官翰林，未几死漕卒之难，家政旁落。先生白备兵使者蔡公国熙，置佼奴于法，为经纪其家，家复振。位从子琦、琬、珣，少皆有颖质，先生痛其失怙，躬督课之，卒皆成进士，沈氏子姓至今归义焉。万历庚辰，复上春官，不第，乃谒选得南阳府推官。听断平允，释冤囚十余人。唐藩左右不法者，悉捕而丽之辟。暇则引诸生，与之谈说经义。行部开封汝宁，有进例金者，立却之。署篆内乡、新野二邑，课农桑，行乡约，不事捶楚，专务以德化民，奸究革心，狱讼衰止。考绩为中州最，应擢，台省当事欲为庋数年。先生曰："某岂欺君父以市美官者耶？"不可。稍迁工部营缮司主事，榷税荆关。荆故脂膏地，先生为文矢江神：不以一钱润私橐，尽弛商人法外征。濒江沙市十里，泥泞没骭，先生捐俸筑石堰，植以榆，行旅便之。及期，税课不及额，遂引疾归，商民多卧辕下，道轵不前。所携惟图书数十卷而已。舟中见两木桶，叱其家人曰："此非荆州物耶？"立投之江。会言者劾先生不赴部考核为非制，下工部。覆具言："荆厂竹木，自四川建昌诸路浮江而下，而彼地连岁用兵，兼之采办大木，商贾少至，以故税额减于前，实无赃私可摘，请特免考核。"诏许之。先生既归，键户养疴，终日默坐，竟至贫困不给，以癸巳十月卒，年七十有一。先生清操粹德，一代儒宗，生平惇笃践履，暗室不欺。游文恭诸公间，绝不标榜道学，以为名高。传称躬行君子，庶几无愧焉。所著《学聚录》《正学编》《静坐诀》《尚书笔记》《四书笔记》等，行于世，学者称为静台先生。

论曰：先朝自嘉靖季年，讲学之家，多有阳宗伊洛、阴袭竺乾者。先生之主静，固理学正传也。历宦所至，皆有慈惠及人，榷关清烈尤著，孰谓儒者无益于用哉！

李临川先生乐曰：尝见静台先生住京师崇国寺中，朝暮静坐。每月朔望，必书"至圣先师孔子之位"，侍坐移时，方课学业。弟子问故，先生曰："可为求放心一助。"先生尝颜其书斋云："无求胜在三公上，知足常如万斛余。"

清朱鹤龄《愚庵小集》

赠太仆卿孝廉养室周公墓志

〔明〕 熊开元

吴人之不免于习俗者二，予皆不耐见，移而用之则并佳，予又乐闻不倦也。其二维何？有一寸长，必高自位置，或大索人标榜。移而用之所生，则显亲之事，孝子不废也。所生之存也，析炊异产以为常，及其殁也，必哀恳名公卿闻人发其幽隐。《语》云："惟送死可以当大事。"桑榆之收，亦仁人所不弃也。若夫忘身以为亲，事生与送死一致，如周子廷祚之于其王大父赠冏卿孝廉公，岂可与前二者相提并论哉？孝廉公讳式南，字仲翰，别号养室，苏郡吴江人。太宰恭肃公叔子，母姜孺人。生而徇颖，异常儿，年甫龀，解经史大义。上海郁侍御公侃，与恭肃公同魁甲乙榜，以直忤阉瑾，谪为丞。交甚欢，尝来俞宜人父金吾家，必访恭肃。恭肃出诸子见之，侍御诧公奇童，遂以宜人所生女字焉。公稍长，往谒侍御。侍御率公与其孙同诣陆文裕公，深求识别，谓文裕人伦冰鉴也。文裕使其子与二子并试，独爱公，拟之秋鹘，少敛翮，即丹凤和鸣矣。我子脆，尔孙弱，非其配也，手《苏文忠集》授焉。公才大类苏，贾祸甚于苏，而陆子短折，郁孙亦淹没无闻，洵异券也。公十四入频宫，十六以后，累试督学异等，盖肆力百家，诗文伸纸立就，耆儒咸望而畏焉。后郁侍御捐馆，子梦麒为人所讦，直指黄公风采严峻，捕之急。时恭肃公以治河成，入总宪务。梦麒致书，哭请于俞宜人，以千金为公寿，求解免。公曰："义固当勇为，如以利不货取我乎？"宜人曰："若无以为之，而徒反其金，必仓皇自杀矣。"公不获已，置梦麒事状文稿中，进呈直指，直指置不报。按部毕，公复谒直指，直指曰："吾辞堂翁，时诏以子弟干请者，悉裁以法。梦麒果直斋子，必不捍网，汝何得为之游说？"公力白其冤，梦麒果得免。诣公谢，公反其所遗，缄识如故。梦麒叹曰："不图今日再见鲁连。"嗣俞宜人用直斋公治命，还居吴江之王泾，去梦麒渐远。宜人老奴子王松，渔宜人膳钱过半，莫可质算，乃手其籍投梦麒。梦麒念活命恩，疑不决。而梦麒子利其资，遂连艘载男妇，百噪至王泾，席卷去。明年倭寇海上，梦麒家尽毁，善人之不可负如斯夫。俞宜人以恚终，公哭之恸，为义服尽礼。

既筑双圹，以直斋公衣冠配焉，复求尚书喻公为之志铭。尚书故吴江令，悉知公救梦麒，为梦麒所负，备载志中，故读之者皆如见其事云。六入比，戊午才举于乡，与王文肃公锡爵，同出瞿文懿公景淳门，名高江左，称文懿得人焉。恭肃统钧时，惟以伯子太守公自随。卒之日，太官俸钞，惟太守公得预闻。公孝悌性成，昆季咸在家塾，受田而外不一问，无他居积也。公车再比，颇困于资斧。公元配郁，初以奁资与俞宜人合授王松，权子母。松将揭箧从梦麒而东，会倭警狎至，不及从，失怙，乃使私人王藩搚杀其母，反噬公。赖邑侯杨公按实，计不行。而松所典守三千金，悉以助军兴之用，公内顾益萧然。然而工著述，广交游，勤赈施，日不衰。宗党待以举火，与通人之有，责而不收者，数未易更仆。一日，友人上舍生申生将谒选，人请以所操引，质五十金治装。公哂，申面热，欲别去。公留之，款毕而五十金已具矣，复哂曰："即留引公，安往焉。"常郡庠华生承祐，梁溪人，为督学耿公所首拔。偶至邑治，值侯宴本庠录科者。祐不受阍人恶声，重叱之。侯怒，起击祐，而以冒宴不得入殴令申各台。耿谓祐饕卮酒，为士类羞，黜之。抚军复大怒，曰："松童方殴郡守，常衿复殴邑令耶？"杖之垂毙，乃下狱，敕司理傅公从重论。公识其冤，为白于傅。傅仁人也，缓其狱，乃解，公又为求馆舍赡其家。世俗迎合人类多下石，肯从井救若此哉？祸之始，繇宜春易可久令吴江时。督学周公方较士，公叔子献，为缭卒所误，纠不服。周瞋其辩也，扑之。献忿，书四六卷末，中周忌。周檄县逮治献，献匿。易属昆尹絷公长子、后封御史赠冏卿辑符为质，则献可得也。符廉得非昆尹意，易大惶，且知符外父谏臣顾公为解纷，乃谋之公。购得一貌类献者，薄受惩，事遂寝，公德易不谖。先是公计偕，家僮杨奎窃婢王氏挈资遁，为巡檄者所获，馆童金珊驰以闻，公还。会献事方剧，仅锢奎，未及发，甫逾月，奎死。奎父杨德以殴杀速金珊于讼，公为白其本情。易曰："律家人有过，处至死勿论，况过之大若此乎。"召德急领埋其子，事息矣。公益德易，逢人辄口碑藉甚。易一日就公语，见门南有屋角相向，谓不利，立起民夫，为树塞之，期公南宫魁天下也。辑符谓易用意若此，当有以厌其愿。公曰："丈夫意气相期，可以市心测之乎？"易既觖望，一日过公。值公出，而绛帐生与友人弈，声彻户，易谓公在，大恚而去。居无何，取金珊故牒，于原批"准息"二字上，增"人命重情难以"六字，召德更具词，下珊于狱。既数月，使私人王遵谓珊曰："尔爱一二千金不使，祸不测矣。"公闻曰："令公于此事甚悉，岂有此？"不听。遵得状，趋报易，谓公怨望甚，且将以是暴之通国也。易益恚，公倩易同年陈公往解。易曰："台使按核一十三家，某其一，胡可解。"公恐，疾走松，白少卿徐存斋公。徐为少宰时，与恭肃同事，谊最笃。直指张公方驻松，徐命其子侦之。张即召公入，欢若平生。公还，为陈言状，且曰"不意此公身短手长，貌陋心险"尔尔。陈语易，易怨自此不解矣。庚午春，直指张将按部吴江，而常司理胡公先至，公进谒，握手剧谈。易曰："是谋我矣。"急召王遵微公，絷之邮亭，将大陷公，使不得反唇。私计杨奎一案，恐不能制公命，乃授意椎埋恶少年，令相率为变，阑入公室庐，掠且尽，纵火焉。谓公府厚怨，致众怨也。又私计公不赤贫，则灰之然未可量也。复阴集恭肃以来佃人，谓所佃田三百亩，皆以威力得，非其本心，责管庄者，就书退契。且积算二十有七年，收过子粒八千四百石，折银四千二百两输官。夫人之贾怨，至居处为墟，非有极恶百倍于殴死家奴。不及此，究索一人实其狱，无有也。农人任土作贡，苟与田主人不相得，莫能一朝居。诚如所论，主人攘夺，毒痛深入肌髓，垂三十年，无有一叛离转徙，而且于其所均输，粒不逋，岁不逋也，世岂有如斯慈孙孝子哉？此两大难，既无以制公命，使灰不然也，乃不得不仍归之杨奎一案。于是谓窃婢非窃也，盗资非盗也。甚至逃亦非逃，奴亦非奴也，惟瘦死则真殴死也。而又不能于原词之外，坐公以下手加功之律，则公之命终不可制，公之灰终不能不然，将若何？于时，乡大老如王文肃公、徐存斋公、吴太仆仰峰公、钱侍御秀峰公，并恤其非辜，不获邀一听。当事如长、吴两邑侯，苏、常两司理，一时直指、监司，皆察其无妄，薄拟杖赎，重拟褫赎，而卒不能出之犴狴。乃至公奏辨疏，从总宪两泉葛公下直指姚江邵公，不即结。而恤部小泉范公以事未成狱，可以祝纲，行郡守朱公释放。而司理顾以辨复事未经报闻，淹不行。意谓公之命终不可制，公之灰终不能不然，惟以囹圄为福堂，销磨岁月，将百其趾如兀，百其口如喑。虽生死矣，宁必挺与刃，乃能杀人哉！公坐阱中久，经如许救援，竟不克展南图一寸。悒悒穷年，至辛巳三月初长往矣。伤哉！一身禄位几何，而杀无罪知名之士，令与囊头桎足者同夜陨于泉台，行路为疾首，而况其子若孙乎！今可久腐同草木，而公之子赠公辑符，能述公行实千万言，以贻后人，求为表章。公之孙忠毅公宗建，能叫阍讼公冤，得昭雪于易世之后。公之曾孙任子廷祚，复能匍匐天门，备发忠毅公首攻妇寺之诚，邀特典，得以忠毅公冏卿之赠，貤赠父若祖，而公遂与其子封公辑符咸官如忠毅。故事，三品身受封，始得以其余恩，上及先世。忠毅三品本赠官，得援张忠烈公铨死辽事例，荣施再世。则公之冤已甚，兼以封公之孝不匮，食报宜丰。而任子之精诚，更数世如一日。有以致之，恶可为而不可为，善可为而可为。可久而有知也，能不爽然自失乎？公忧患中，著有《夷贞集》行世，诗文若干卷，在笥待刻。其生死年月、合葬都图，与子姓之炽昌，姻娅之贵盛，皆详行状，可识其阴，不备书。予甲申春仲，以言获罪，编管武林。任子谓予之受祸，仿佛其先世，应怜同病，洒秦廷七日之泣，复齐桓九世之仇，丐予为志其事，寿之石。予感其诚，不敢以不文固让，敬泚笔而为之铭。铭曰：

维天予清，维地予宁。乃钟圣哲，为百物桢。宁分胜者，酿成河岳。清分胜者，蔚作星辰。河岳下奠，有时歘坠。星辰高寄，谁得蒙冥？有恶云起，势若垂轮。千幅一毂，仰突青旻。羲和失驭，七政为昏。挥戈莫返，炼石徒勤。伤哉长夜，奔踊群灵。昼号象阙，夜撼重闱。天为之辟，彼云不屯。光争日月，照彻沧溟。今虽邈矣，余辉炯存。刊诸墅兮，以永千春。

赐同进士出身、文林郎建言编管武林、前行人司右司副、吏科给事中、知吴江崇明两县事、通家侍生熊开元顿首拜撰。

清周芳《周氏族谱》

申玉田先生墓志铭

〔明〕王世贞

　　吴江有申先生者名德，君子也。为诸生籍籍名场，而竟以韦布终。终之明岁戊子，而其中表甥、提学宪使顾君大典，私谥之学宫曰"贞靖"，而手次其行谊。至七月，而其子诸生五常奉以谒余，曰："敢藉手子之一言，以为地下光。"余谢不敏，因读顾君之状，称先生孝而徵者五，弟慈而徵者四，它乐施而不名、急人而不责偿徵者亦可数。然于谥法，清白守节，宽乐令终，无当也。且夫私谥非古也，列国而汉始有之，若黔娄之康、太丘之文，范是也。然而张子厚卒，门人以私谥请于程正叔，弗许也。其言核而信，敢以辞诸五常？而题其志，铭之石曰"申先生之墓"。申之先自四岳也，唐开元中有进士泰芝者。凡数十传而为吴江州判官顺，遂家吴江，为其邑人。又数传而为明锦衣经历广，生按察佥事惠。惠生贡士诚，娶顾别驾望女，生先生而夭，继娶袁比部肃女。母先生顾之夭也，先生仅三周月。乳媪指襁中户而示之，即啼哭，以为惊也。暮携之殡所复啼，他日携之殡所又复啼，视其泪盈盈溢于眶矣。贡士公乃大异之，名之曰孝，及长而字之曰子纯。先生少负才颖，以经生业著，又工尺一。按察公凡有疏记酬往，必以属先生，逾于自构，叹曰："儿，凤毛也。"十六补邑诸生，试辄高等。明年，佥事公卒，先生从贡士公墨而啜粥者三年。又代治梅里村墓，毒暑分版筑，赤日中无倦色。贡士公之于丧葬，得成于其易戚者，皆先生相之也。贡士公性严重，嗃嗃于家。而先生独婉容屏气，先其意而逆之，最得公欢。公尝病疽背馸，医祷殚矣，计惟有吮其毒尽或可生。先生饮泣而吮之，其毒出于背而入于腹，遂昏死。家人哭相悔，死者未必生，生者死矣。先生梦若帝语之曰："以而故，赐而父生。"饮之青冰矍然苏，呕秽血败肉数升，遂与贡士公俱起矣。贡士公抚之曰："而不负而名，吾不负名而也。"公起之又二十二年者而病呕血，先生不释衣侍者周岁。其医祷精专有加，每承血于盆，即茹之不忍弃也。然卒不起，而王大母吴宜人九十矣，尚无恙。先生旦夕恸于殡，几绝。而以间强盥栉修容，而入慰吴宜人，周视其匕箸乃出，出则毁如故，盖三年一日也。吴宜人叹而呼曰："孝来果不负而名。"于是吴宜人亦卒矣，先生不以寿考杀哀，欲举两丧葬，以贫故弗克。乃痛自抑损，粗布单衣蔬食为恒，曰："余敢忘，余诛。"毕葬，而后稍稍复也，移所以养大母者养后母袁。袁每见先生，辄忻然忘其非己出也，先生所以娱悦之者百方。既晚岁，畏喧而避薄，轻身徙梨花堰，而留其子五常等共奉袁。然旬日必一朝，饮食甘果迭进，犹依依孺子慕也。盖邑之人皆称先生不负其名，先生名所谓孝者也。里有诬先生之仲父杀人者，仲父脱身跳，官系其妇，吴宜人忧之甚，食为损。先生挺身出白之，仇环睨莫能难也。既白，而仲父出就讯，竟以其妇俱免，吴宜人始加餐。先生又为之资其装橐，之京谒选，得倅名州。仲氏茂才小于先生十五年，先生抚而教之若子。然恐失母袁意，不敢自处以父也，怡怡白首无间矣。先生故受母遗奁具，后有女不以授之，而以授袁女之当嫁者，曰："吾女何敢先先君女？"再从兄学殁，遗其寡嫂孤女。先生力赒其寡，择婿得沈汝贞于贫，而以女嫁之。沈君后成进士，女亦从贵，所谓弟而慈者也。先生之妇父曹，守合州而猝中寇，当坐军正法，狱甚急。时蜀藩臬皆郡人，而不能得其要领，走之故知陈侍御所乞书，为居间立解。曹君尚不知出自先生，先生亦不自明也。顾曾瑜者，先生绾带交也，坐诬杀人，逮损家为辨，乃得已。吴城迫水而门，每涨辄病涉。先生与李令迁梧策必舆梁，舆梁必藉石而后永。李令曰："策之善，第费可千金，何所得之？"先生念溧阳史少卿际富而好行德，当过邑，袖书缓颊而说之。史公为心动，发帑如先生指。舆梁成，邑人人谓先生勇于义，能先人而后己，又多缓急之略。有贫者、病者、丧而不能治者、急难者，咸走趣先生所，先生必悉资力而应之，未尝示难色。所谓乐施而不名，急人而不责偿者也。弇州生曰：顾君之论述云尔，盖迟之五月所，而徵诸邑人，信顾君。又谓先生风神洁峻，辨说挥霍，满坐风生，客至必酒，酒行必醉。晚居梨花堰，东与莺脰湖接，轻刀短屐，唯意是师。于古文必《左》《国》，于诗必杜，于书必晋，流誉江左，其声蔚然。五常具衰而梓之，当亦不诬於乎俗末而漓矣。有孝谊笃行如先生者，即癯然一田叟，余忍遗之？而况顾君所称彬彬质文者哉！先生卒以丁亥，距其生甲申，春秋六十有四。始娶即曹，继徐，皆先先生卒。丈夫子三：长即五常，娶沈；次五经，娶陈，继徐；次维岳，娶黄。皆能世其业，而五常、维岳后先廪于庠。女一，适吴之莱。孙男四：曰璟锡，五常出，聘叶；曰瑗锡，维岳出；曰琦锡、曰珍锡，五经出。孙女六，俱幼。墓在某所，铭曰：

吴江之域，有水秀而土丰者，是为申先生之幽宫，不爵而崇，其裔必隆。

明王世贞《弇州续稿》

范维传

始祖名维，字思春。唐丽水县丞柱国公隋之后也，世居苏郡吴趋坊。少年孤露，昆弟四人，公居其季。当明嘉靖中，赋役繁重，旧业荒废，舌耕自给。初，适馆同里，既娶金孺人，遂家焉。公悃愊无华，恬淡成性。始至镇，甚拮据。后从游者众，累积修资，兼得内助，颇充裕。然处之宴如，不以丰境之丰俭易度，惟以亲不逮养并不知葬所为憾。兄名经、纶、纲，皆留郡中未娶，而故公奉柩合葬于轸字圩。训门人及子学行兼励，以宅心忠厚、慎择交游为要。故虽萍踪初定，即为里党所引重，三子皆论婚士族，女亦归缙绅之子。配金孺人，温恭勤俭，有举案挽车之风。公卒时，三子尚幼弱，孺人训诲靡间。择建茔兆，葬公于里河字圩。并辟居宅三所，既抱孙，命同堂，合序齿行，遂启十房之绪。

赞曰：笏岭故泽，吴趋淳风。源始丽水，派别吴淞。蓼莪蚕赋，馆粲养蒙。业勤耕研，迹类赁舂。折节教学，行修经通。斯馨兰臭，言定萍踪。鹿挽渤海，风毓河东。乡隅表范，式启吾宗。

清范时乾《同里古吴郡范氏家乘》

乡进士衍泉吴君墓志铭

〔明〕范惟一

吴江衍泉吴君之卒也,予既自为文,驰馈具飨之。盖咨嗟凄怆者,累日兰摧玉折,繁华中零,岂所谓物忌芳而人讳洁者耶?其子士龙卜万历某年月日,葬君于吴县宝华山采字圩新阡,先期辑君行实,戒舟远来乞予铭。予先为君尊人封参政蒙泉公邦栋志墓词,墨尚新,乃今何忍复铭君已。又念知君莫予若,且雅才之谓当振奇于世者。言既弗雠,铭曷辞焉?君讳承熙,字文甫,别号衍泉。参政公娶于徐,封安人,加赠淑人,生子四,君其长也。祖刑部尚书讱庵翁山,自宦归,绝爱君,而参政公亦尝曰:"是子必亢吾宗。"比就外傅,即奋志问学。既长,益博综经史百家,以该通称。寻蒙我国朝覃恩,肄业成均,嘉靖乙卯举应天。君为尚书冢孙,而曾大父洪又太子少保。仲君承焘,主事礼部,调天官曹郎。而君又举于乡,鸿逵可待。少不自持,未有不趋而汰者,乃君日扃户,发家所藏书读之,砥砺名行。不事家人生产,独御诸舍中儿严甚,咸斩焉就规,邑人诚不知为尚书吏部家也。会令初莅事颇苛,细民殊所弗堪,诸缙绅噤弗语。君一出以间婉词讽之,令欣然采纳,卒为良吏,人至今称之。君孝友笃至。癸亥,徐淑人寝疾,君躬调药饵,昼夜不解衣,每焚香吁天,祈以身代。淑人卒,君哀毁骨立,终三年未尝离苫块。参政公哭母刘夫人至丧明,君遍求名医,多方治弗疗,日夕忧形于色,竟其身不解颜。祠墓烝尝,必诚必敬。岁遇两尊人忌,衣麻哭于庭。君每计偕,道经利国监驿,辄念先少保之卒于斯也,哭而奠焉,徘徊若不忍去。仲君先君五年卒,遗二子幼。君即身其家政,督二子绩学持家,不啻如己子。卜氏甥蚤失怙,君收养教诲,亦不啻如诸侄也。有姑适郁,其夫懦弱,为豪恶某侵税,竟嫁祸之,官捕甚亟,罪当永戍。君既力白其冤,复为之筹处,事遂获免。君母族凋落,二表侄贫窘,时时周之,曰:"继吾母志也。"君伉直自喜,虽时或面规人过,然交游中坦易任直,洞见底里。人有善,辄乐道之不置,以故人咸德君。乃自奉则从节缩,家不加丰,而用亦不诎。丙子,当赴北试,念参政公春秋高,欲留不行。参政公闻而督促之,且曰:"吾虽目眚,尚善饭。汝奈何老我不往,掇一第以绳祖武乎?"君不得已行,既抵京,而得参政公讣,匍匐奔归,恸几绝者数四。人或慰之,君恸曰:"吾父生我教我,生不能以禄养,殁不及视含殓,何以人子为继?"又曰:"大事未襄,熙何敢死?"乃遵参政公遗命,治陇阡,昼夜拮据惟谨。积劳成疾,卧数月,竟以己卯六月十一日奄然逝,距生嘉靖丙戌六月二十三日,年才五十有四。嗟乎!君其死孝矣乎!昔人谓屈原之忠过于忠,予于君之孝亦云。君先娶嘉兴卜宪副大同女,卒,继娶乌程闵氏。子三:长即士龙,补尚书公荫,娶周,继亦周,俱太宰恭肃公曾孙女,副黄出;次士立,聘毛,君卒后夭;次士巽,聘顾春元女,闵出。女六:长适松江郡守查绍庭子谦亨,乡进士;次归吾仲儿允观;三适许州刺史周两峰孙秉文;四适宗人府经历周龙津子应郊;五适同郡通政使徐文江子浤。俱太学生。六适平湖官生陆在廷。其先系具参政公志中,兹不叙。往予从薄游归,君每过我，语间差次古今才贤之士，或因及当世之务。君品骘详核，营综宏达，予谓君："执此以往，于世必有济也。"今已矣，此予所以重悲君也。虽然不遇命耳，乃君禔身淳固敦伦笃族，无愧于古之德让君子，宜铭。铭曰：

斯人也，而何止于斯也。言足以兴，而踬于屡试；才有以立，而诎于无位。壮图委年，修途顿辔。天乎？为之人也，莫致畴能违天。所贵居易，淳德清声，永流弗坠。我缀铭词，庶几无愧。

赐进士出身、大中大夫、南京太仆寺卿、前江西布政使司左布政使致仕、眷生范惟一撰。

清吴安国《吴江吴氏族谱》

诰赠宜人吴母闵氏墓志铭

〔明〕许孚远

按状：宜人姓闵氏，为乌程少保、刑部尚书庄懿公珪曾孙女，父瑶泉公宝庆，母沈氏。年二十，归吴江孝廉吴文甫承熙，文甫后赠奉直大夫、南京左军都督府经历。文甫曾大父少保、南刑部尚书公洪，大父刑部尚书公山，父封参政公邦栋。先是，闵、吴两司寇，勋名相等埒，居第相望，百里而遥，欲缔婚姻之约未偶。会赠公初娶携李卜宜人早世，参政公命赠公委禽焉。宜人少聪慧，自女红织纴外，能读《孝经》《曲礼》《小学》《女诫》《列女传》诸书，以孝事父母，悉娴于礼。及于归，卜宜人所遗女子三并在襁褓，宜人抚之如己出。参政公与其内徐淑人治家严，宜人每屏气以侍，昧爽辄张灯理笄鬒以为常。两尊人意有不惬，如负芒刺，即寝食亦废，必破怃为欢乃已。调甘旨奉两尊人，必精以洁。岁制衣履为寿，纂组必工。赠公常怜宜人劬瘁于孝养，而勉令女奴代，宜人谢曰："古彤管志女德，以孝行为先。舅姑之奉，奈何摄以他人也？"未几，徐淑人病阽危，宜人同赠公不解带者阅三月，救疗百状，淑人卒不起。已而参政公失明，赠公侍疾久。参政公趣就公车。宜人谓赠公曰："舅需君一第，君盍承舅意往，妇当代君周旋匕箸汤药之事。"赠公不得已行。而参政公捐馆舍，宜人独含辛茹荼，经纪丧政，不异赠公在家丧徐淑人时。岁戊寅，襄参政公大事。严寒冰冻，舟胶不前，宜人正怀娠，或慰之且止。宜人念大事不在，况忝主蘩，竟扶榇登陆，蹒跚匍匐以进，宗党靡不称孝妇焉。赠公平生专意举子业，未尝亲家务，有一二纪纲之仆恣侵负，将严治之。宜人从容启曰："君无急，急则祸在肘腋矣。"赠公然其言，授管钥，使当户。宜人益攻苦，蚤夜无宁居。身主阃以内，兼摄阃以外，凡钱谷、赋役、出纳综理，不爽尺寸。群仆自是奢服敛气，而家益隆起。宜人虽饶文绣绮縠，然恒御布素食，不厌粗粝，操作勤劬，不以琐屑有倦色。赠公忼忾有意气，常欲周友朋姻戚之急，宜人实黾勉佐之。每当计偕上春官，宜人必预为治装，以待届期，具籍以授苍头，赠公毫不烦于虑也。宜人故艰子，时时请赠公置媵，不允。阴出奁资选殊丽进御，又弗子。乃精禋以祷，卜宜子者，得黄氏女。岁甲子，举太守君士龙。宜人身顾复之，不啻属毛离里也者。无何，宜人连举两女子及一男士㒟，曾不以己所出故，减伯氏爱也。赠公先以曾大父少保公任子入南雍，而中肃皇帝乙卯乡荐，其任子欲迟宜人所出者授之。宜人曰："子无嫡庶，士龙长也。"力劝赠公授伯氏。士㒟生甫两月，而赠公见背，号痛欲绝，以诸子女故，强进蔬食，含殓丧葬悉如礼。一日，进士龙指士㒟而语之曰："若上世称名门，若父登贤书未竟厥志。此子弱不可知，箕裘在汝，汝勉诸，毋愦家声也。"晨昏严督之学，盖母而父矣。及士㒟出就外傅，教亦如之。女，卜出与己出及侧吕出而六。少则同其护育，稍长则习以女红，训以内传。及笄，则治其装奁，爱均慈敌，毫无增损。其处诸姒娌以和，遇亲族以厚。有子钱力不任偿，辄焚券弗责。御臧获严而有恩，曰："彼亦人子耳，安忍牛羊之草菅之耶？"居恒礼大士，仇酒肉，凌晨诵般若经。以是梁津甃路，济生槥死，施德闻闾者，不一而足。嫠居十年，一朝病革，呼伯氏与士㒟，命之善继述，以亢厥宗，遂瞑。宜人生嘉靖己亥十一月二十有五日，卒万历庚寅十月六日，享年五十有二。后以长子士龙贵赠孺人，加赠宜人。子二：长即士龙，云南顺宁府知府，黄宜人出。元配周署丞甸女，赠宜人。继配周太学生正女，封宜人。次士㒟，宜人出，太学生，宜人卒后夭，配顾孝廉允升女。女六：卜宜人出者三，适海宁查孝廉允成与同邑周秉文、周太学生应郊。侧吕出者一，适华亭范太学生允观。宜人出者二，适长洲徐官生泫、平湖陆都察院都事在廷。孙男二：长晋锡，聘同邑官生沈同和女；次师锡，聘歙邑官生方以巽女。士㒟无后，立师锡为嗣。宜人将葬，士龙拾其母行状来乞铭。余观状所载宜人种种懿行、妇德母道，可为纯全矣，即传记所称何以加焉。铭曰：

匪其继室，顺德曷著。匪其嫠居，令仪曷树？天有所啬，天有所予。司马为铭，昭兹来许。

赐进士出身、嘉议大夫、兵部左侍郎、在告前奉敕提督军务巡抚福建地方、都察院右佥都御史、陕西按察司提学副使、吏兵两部郎中、德清许孚远撰。

清吴安国《吴江吴氏族谱》

诰赠宜人吴母黄氏墓志铭

〔明〕吴文企

吴于吴最著，世有名德。其自两司寇而后，再传而为衍泉赠公。赠公年迫强未有子，奉母徐淑人旨，卜可以箑闳宜人者，而宜人归矣。宜人田家闺秀，綦缟巍巍，静默毋妄言笑，其天性然。尤敏慧，甫十四归吴，则已娴一切女红，能临池作楷隶，《内则》《女训》《列女传》诸篇，辄能忆写，然不为伐美也。壸以内惟女君是瞻，俯仰视中衡，趋中度，声中律，施予中量。同诸女奴操作重任，分轻任，并御众下多恩亲，外内宜之。越四年而太守君生，时嘉靖甲子也。初，赠公议索乳儿者，宜人对："不可，儿乃托彼妇，胎教谓何？吾自乳之耳。"吴俗竞奢丽，诸游闲少年，鲜衣华佩，出必饬，临卬车骑，宜人尤诚之："美疢疾也，药石生尔，曷从其生者，孺子实重图之。"太守受教唯谨。大布之衣，脱粟之膳，率以身为的。它至勤师结侣，急宦困而事当务棼，惟恐不隆隆也。岁戊寅，赠公治参政丧，毁瘠病甚，宜人奉药饵，未尝解衣卧。度以身代不可得，奋割股肉以进，而赠公不可为矣。方宜人昏仆欲绝，仿佛神人诃相慰："若奈何轻若生，救若夫可耳，殉即不可。帝鉴若，且昌若后。"顷之徐苏，而呕血数升。太守抱宜人泣，宜人絮泪拊之："未亡人一爱其生，何以谢逝者？一不爱其生，弃尔藐孤，卒无以报逝者。"不得已强加一匕，而宜人骨立矣。比为太守授室，太守遑遑然，虑无以佚宜人。宜人笑曰："自我为汝家妇，针纴无虚日。今日之事，无大于纳妇者。宁佩组自爱，雍容受成事而已乎。"一切衣被裁制，悉从宜人指端出，观且闻者，叹未曾有。妇为周恭肃公用女孙，宜人怜新妇，若将加诸膝，不减异时乳太守状。妇慕悦宜人，壹如适乳儿，非乳不得适其适也。顾儜弱善病，数为宜人忧，妇忧宜人忧，而病进。壬午，宜人病革弥留，执妇手与诀，而不耐恸，恐伤而生。妇亦泣，且诀姑亡与亡耳。宜人方瞑，而周一恸以绝，盖相从一刹那间也。太守公每雪涕为余言："天乎！予之不造也。畴昔吾母死焉，吾妇又死焉。吾母事先大人，则子遇不肖，则父遇不肖。妇则母妇，得从母地下。而龙不能龙，奉先人之禄，及于升斗可以养，而母不逮属者。天子重主器，恩被泉世。母氏劬劳，简书伤悼，而母不闻，伤哉母也！愿子一言志之矣。"余惟吴会茂苑之间，家弦诵比屋，文绣妙解闺中之技，而语文事慧者，数能非其至也。爱子教之以义方，弗纳于邪忒，妇慕义，亦何处不勉。乃若死生之际，议不反顾，操刀断割，誓必死报所天。即古燕赵忼慨悲歌之士或以为难，而宜人易之。非独宜人能，乃其妇亦女士也。夫宜人非煦煦然，为爱而已也者。宜人不忍煦煦然，豢饴所生，岂其毂翼妇？呜呼！此又可以知宜人妇矣。宜人，吴江人，父名岩，母凌氏。其生为嘉靖丁未正月四日，其卒为万历壬午十月十日，其享年三十有六。其子二：长即太守，元配即志中周氏，赠宜人，继配今周氏，封宜人。次士立，聘毛氏，先宜人卒。其孙男二：长即晋锡，聘邑沈方伯太素公女孙。次师锡，在襁褓。其墓吴县凤凰山之原，其葬以万历辛卯十一月甲申，其祔葬即妇周氏，宜人志也，亦妇志也。先是，宜人母梦日怀间，以为举丈夫子也。而宜人也，吉祥善事，不于宜人于太守矣。太守名士龙，操履端方，才谞敏练，不愧其家声。赠公讳承熙，别号衍泉先生，领世庙乙卯岁乡书，赠奉直大夫、南京左府经历，别有志。铭曰：

　　生相怜，死相捐，以为固然，乌乎不然。感神君兮彻帝阍，动哀音兮下如纶。有美从之乐且嬉，凌太空兮笑勃溪，千秋万年兮宫于斯。

　　赐进士出身、奉政大夫、南京户部云南清吏司郎中、通家侍生吴文企顿首拜撰。

清吴安国《吴江吴氏族谱》

明乡进士玄津周君墓志铭

〔明〕王世贞

吴江之周，其先自元人俊德，始徙烂溪。六传而至恭肃公用，起孤生，数更省台，长至大冢宰，海内推贤之，以为名臣，而周遂重于吴江。恭肃公有丈夫子四，而其最贤而长者，曰寻甸守国南。寻甸君有丈夫子五，而其最贤而长者，曰玄津君。君讳京，字世臣，玄津其别号也。生敦重，寡言笑，动止自矩，恭肃公业已心器之。而君其亲长孙，当得官，更推以予弟。而读书工属文，由诸生迁上舍。君于制科义，无所不泛澜，而独好瞿文懿公景淳，以其尔雅可讽。当是时，瞿公甫登第，及以侍读主南畿试，得君文而异之，曰："有心哉，斯文乎，抑何其尔雅可讽也。"遂登君式。君所登义行而见者，莫不推称君，以君之文之似瞿公也。然君自是竟蹭蹬公车间，凡六试而六不利，以至老死。《语》云："通塞因天，美丑因心。"岂不信然哉！始，君之事寻甸君与母顾也，夔夔焉，蒸蒸焉。其抚诸弟，怡怡焉，以孝友称于乡。母顾疾，一不食，则君亦不食，医祷必诚信。而其殁，泣血不见齿者三年。既登式而贺者踵相接，君独涕涔淫下，曰："奈何使母得一见之。"又其四年，当赴公车，以寻甸公病，念之不欲行。寻甸公为强进食加箦，曰："视乃公健不？且若不思博一第以快我志，而刺促吾膝前，何欲？欲乳耶！"君自是不得辞。甫试毕，而寻甸君之讣至，乃大号泣，曰："天乎梏我作罪人也，生不及荣，殁不及躬。已矣，亡所事余生矣！"乃所以致哀毁加于丧母顾时，而竟禫除郁郁不解，遘末疾，坐以是终其身。君虽疾，不至困，能强力行，读书构制科义，食酒不废。即至公车期，不辍往间，自叹曰："恭肃公之世隤矣，奈疾何？"君貌肥白如瓠，美须眉。治家程丰俭必以礼，一室萧然，图书外无长物。尤好程朱老儒先生言，间诵白氏长庆诗，击节叹赏。诸父行皆显，顾事每逊君，以为虽少也，而行履策画则周氏老。而它昆弟子姓，即少年豪，必饰而见君，不敢以豪进也。君又严事邦君大夫，亡所请托，而其治岁课，率先其里中。又倡其诸父捐腴田，合三百亩，以资长赋者。故君家虽世饶垺封素，而里门无皂衣剥啄，它不能尽然矣。君既已不得志公车，且病，乃尽取其业毁之，默坐澄心，见若以为深于禅观玄解者，而亡何竟卒矣。君之卒以万历辛巳，距其生嘉靖丙戌，得年五十有六。配吴氏。举子二，曰之轼，太学生，娶吴；次之辙，侧出，后君卒之半岁殇。女七，长适嘉禾太学生卜文学，次适湖州诸生闵世宠，次适嘉禾诸生屠泰，次适屠大壮，次适邑太学生庞秉性，次适湖州张汝询，次字邑吴焕。葬邑范隅乡甑字圩之新阡。之轼手事状而介余友王百穀来请志铭，曰："先子意也。"余犹忆侍家大人京师时，恭肃公领台事，而大人为其御史，休沐辄谓余曰："末世而犹睹古道若周翁，真所谓巨公长者哉。"与闻司寇而两不复三矣。司寇者，庄简公渊也。亡何，恭肃公卒，而余得从寻甸君朝行，因以窃追恭肃公之典刑。而又一识君公车，又从君之弟宗正君游，盖皆彬彬质有其文焉。故国世家，浅之乎，高木哉。嗟嗟！乃今俱已矣。昌黎氏之识北平王者三世，而复铭其孙殿中少监，畅葬而致慨于俯仰也。然考之史，少监故小贵，以侈败其家。君虽犹在选人，饬文行，家方隆隆起。以是葬也，可无愧恭肃公地下矣，是宜铭。铭曰：

太宰之孙，二千石子。策名于乡，步武帝里。夫岂不能，侯服驽马。被服雍容，造次儒者。或吟而白，或诵而朱。名教为乐，先民是模。厥材既成，干霄可期。孰为培之，又孰摧之。匪穷匪显，匪夭匪寿。夷然委顺，不与遘斗。烂溪之阴，蜿蜒伏龙。奉不辱身，以从先公。烂溪之阳，乔木森然。留不尽余，以贻后贤。

赐进士出身、嘉议大夫、前都察院右副都御史、提督军务抚治郧襄三省两京、大理太仆寺卿、琅琊王世贞撰。

赐进士出身、朝列大夫、江西等处承宣布政使司右参议、前两京兵刑二部员外郎、太原王锡命篆盖。

汝南周天球书丹。

清周芳《周氏族谱》

明乡进士玄津周君墓表

〔明〕徐显卿

当督参周君客死燕中也，余有成言，以犹子之息字其孤，且为志而铭之矣。乃其兄玄津君亦死辛巳十一月二十三日云，其子之轼状行来谒余表其墓。呜呼！周君兄弟皆未及中寿，而后先物故。余既恻然哀怜之，而之轼固以请，不获谢。君讳京，字世臣，别号玄津，为恭肃公用孙，寻甸守国南之子。方恭肃公位冢宰，寻甸公以任子起家，贵盛矣。时诸贵游多拥高赀为任侠，而君独折节为应举业。慕瞿太史制义，手其编，日夜诵法，不啻管弦二八之好。亡何，繇县诸生入太学。会瞿太史典试事，而君遂中荐，人以为其用心效也。于是太夫人顾殁三年矣，君不受贺，曰："第而不逮吾母，吾戚焉，毋贺也。"辛酉冬，当北试，寻甸公病，君不欲行，迫公命乃行。比试竣，而讣至，君大恨，曰："生不获封拜，死不及含敛，安用子为？"属遘末疾，力学愈奋，以为寻甸公望之深也。久之疾剧，遂弃去，曰："己巳不复能为县官尽力。"乃日览百家言，以自娱终其身。君性孝友，友爱诸弟。诸弟尤敬爱君。每饮坐，无伯氏不欢，然家人未尝见其有惰容戏言。尤慎交游，即贵有势不诎，而韦布者德则严事之。郡守令来，送迎唯谨，非公事未尝上谒，人以是多其介云。里中贫不任徭，君出田三顷佐之。比卒，犹戒子孙以公家赋税为急。呜呼贤哉！生嘉靖丙戌五月二十日，卒年五十六。世系姻属具志铭中。

史徐子曰：余观玄津君，诵法瞿太史文，而卒举玄津君者，太史也。此其业至专精矣，岂其六上公车而不及一第。命耶？非耶？若夫孝友狷洁，在贵胄而不骄，谢纨绔而弗御，以方古好修君子，奚愧焉！或曰天道恢恢顾不大哉，之轼且振振起已。

赐进士出身、翰林院侍读、承德郎、纂修两朝实录、参校大明会典、分直起居馆管理、诰敕经筵讲官、茂苑徐显卿撰。

吴门周天球书篆。

清周芳《周氏族谱》

周母吴孺人墓志铭

〔明〕申时行

　　吴孺人者，故乡进士玄津周君之配，而太学生之轼之母也。吴氏两世八座，而周自恭肃公起家太宰，名位勋伐相等埒。其子孙以经术取科第者，蝉联鹊起。盖两家并以族望推高于松陵，而孺人为淑女为贤妇云。孺人之父曰蒙泉公邦栋，以父任通朝籍，能教其子举进士，至通显名。有家法，孺人濡染典训，娴于图史，以令淑婉嬺闻。既归进士君，则恭肃公之伯子寻甸太守国南及顾恭人，具无恙，孺人宛委承顺，并得两尊欢。已持家秉，综理检饬，不严而办。处姒娣宗党间，礼意周浃，两尊人滋益欢，相诧叹曰："贤哉妇也。"进士君隶博士有声，攻苦绩学。既举戊午乡试，数踬公车，益下帷发愤，不问家事，事无巨细，咸仰孺人。孺人矜严俭朴，而待下煦煦有恩意。其治家常以节缩黾勉，为家人率先。僮指千计，悉与为程约，不中程不休。耕耨畜牧，敛散取舍，皆有恒度，无敢有惰窳失职者，用能保有世业，不失尺寸，而资用顾益饶。里中谓孺人不独称贤，即擘画运量，杰丈夫不能过也。进士君困一第，邑邑不自得，遂以疾卒。孺人哀毁逾节，服疏茹澹，屏绝华饰者终其身。之轼且长，孺人孳孳训戒："孺子努力操修，毋坠先世之遗绪。"之轼奉教惟谨，迄有成立，娱侍孺人者三十余年。孺人亦安其色养，皈心释典，不关户外事。方期优游大耋，而孺人没矣。悲夫！余观世禄之家闺阁女士，处华腴贵盛中能无习为骄侈，难矣。而至于秉礼率义、承尊章、睦姻族、旁及家政，所以挈提纲要、累积纤微、咸可为式，而义方之训尤谆谆于嗣人，古称挽车提瓮画荻和丸者，吾未知其所上下也。可不谓内德纯备，彪炳女史者乎！孺人生嘉靖庚寅十月十七日，卒万历丁未七月三日，享年七十有八。子男二：长即之轼，娶吴氏；次之辙，侧出，先卒。女七：长适太学生卜文学，次适庠生闵世宠、屠泰，举人屠大壮，太学生庞秉性、张国芳，举人吴焕。之轼卜以万历辛亥十月二十八日甲午，葬孺人于吴江县十七都寻字圩之新阡，合进士君窆，而手事状徵余铭。铭曰：

　　周姬肃雍，韩姞燕誉。席宠不瑕，风雅斯著。孺人似之，恭俭惠温。生也名阀，归也德门。佐内立家，载迪尔后。令妻贤母，孺人则有。俾臧俾嘉，以获考终。言念君子，宛其相从。琢词于幽，以耀厥美。郁乎岿然，其藏不毁。

　　赐进士及第、特进光禄大夫、左柱国少师兼太子太师、吏部尚书、中极殿大学士、知制诰经筵、总裁国史会典、予告存问、郡人申时行撰。

　　赐进士出身、通奉大夫、河南布政使司右布政使、眷侍生黄承玄书丹。

　　赐进士出身、奉政大夫、江西按察司佥事、侄婿沈瓒篆盖。

清周芳《周氏族谱》

周母吴孺人墓表

〔明〕王穉登

　　吴孺人之殁也，少师申公既铭之矣。其孤之轼复请余表其墓。余交于周氏久，且善稔闻孺人之贤，遂按之轼状为表，曰：吴江盖有两尚书，皆称名臣，周则大冢宰恭肃公，吴则大司寇讱庵公也。两公不徒官爵相若，而勋德亦并隆。恭肃公子寻甸公，有子曰孝廉京，英敏夙成，为择贤配。而司寇公孙蒙泉公亦怜爱其女，不以耦凡儿，见孝廉早慧，乃许字焉。及笄来归，若素习为妇然者，谢去一切纨绮珠翠，躬视烹饪浣濯，以为诸媵妾先，然不内顾妨孝廉占侔，寻甸公暨顾恭人啧啧称贤妇哉。孝廉公业由此益进，则皆细君之助也。孺人性节俭慈惠，当两尊人心，旁迨诸姑叔侄，欢然无间言。姻戚宗党，岁时伏腊，交际馈遗无废礼。夫妇相庄，俨若宾友。御下宽，而能肃，仁而不弛。虽声不出闺阃，影不窥外户，而仓庾场圃、米盐刍牧、筹度会计，综核精详。侧室侍儿、耕奴织婢，无敢玩愒怠荒，井井如也。孝廉公六试南宫不利，意不能释然，孺人婉曲开解，谓："古之称不朽者，岂在一第哉？"公既不禄，孺人哀毁，几不欲生。长斋事佛，以资冥福，日夜课其孤，使箕裘不坠。孤奉母命，惟谨折节，为恭慎修长者之操，笃学好古，所交多高贤名士，母心安焉。数不得志于秋闱，孺人好慰之，曰："儿患不学，何患不遇哉？"之轼方期自奋，博一进贤，以为亲荣。而孺人一疾忽致大故，不胜皋生风木之患。然孺人黄发皓领，不可谓无年；芝兰玉树，不可谓无子。属纩之顷，时方炎曦赫奕，而颜色如生，怡然无苦，此非得西方净土之力乎？之轼之状曰：母沉毅端静，不妄喜怒，性超卓矣。晓畅事情，圆机应变，智宏远矣。母仪妇德，无愧彤史，壸教彰矣。严恭自持，宽柔互用，廉有则矣。周恤孤惸，惠不伤义，垂范远矣。祭祀蒸尝，必诚必信，仁孝备矣。霜露不浸，齿发如故，神气完矣。肖蠕翘动，不忍伤残，善果成矣。黄阁之铭，贲于幽宫，目可瞑矣。虽未及含饴，稍为缺陷，安知椒聊瓜瓞不在后日耶！孺人春秋七十有八，子一人，即之轼。墓在邑之十七都寻字圩。细行不书，书其大者于石，而表为周母吴孺人之墓。铭曰：

　　富而俭，贵而勤，事二尊人，以相其夫君。夫君英英，奋迹贤科，虽未究其用，而内助实多。年几大耋，翛然蝉蜕。适彼净域，厌此浊世。亦既有子，犹未有孙。松陵之濆，郁郁高原。宜尔后人，将赤其芾，朱其轮，以益大恭肃公之里门。

　　太原王穉登撰并书。

清周芳《周氏族谱》

明故诸生周信臣配旌表贞节沈硕人合葬墓志铭

〔明〕王穉登

呜呼！论女德而至贞节，岂不难哉。红颜槁，青鬓霜，少而老，老而殁。险阻艰辛，惨毒万状。虽荩臣烈士，抉目绝脰，糜躯陷胸，誓死如饴者。死则死矣，比之贞妇节母，其难与易，不可并论，况贰行失身者乎。恤纬之嫠，生而黄发，殁而黄壤，然后有司列状上请，下尺一玺书，表厥宅里。不幸而泯殁蓬蒿环堵之下者，指安可胜屈也。若周母沈硕人者，生有斑衣之养，殁有紫泥之褒，寿考令终，归骨名山之下，斯抑可谓生荣死哀矣。奚必俟余言，然后瞑乎？而孤应宝泣血请曰："先生之不弃孤也。椒兰胶漆者，逾三十年，而吾母不蒙一字之铭，孤焉用七尺为？且不腆先君，既拜赐矣。今兹与母合兆，幽宫之石，乃独缺焉，是孤厚父而薄母也。"余怆然于其言，安得辞。硕人姓沈氏，吴江世家女也。祖汉，官太常，为肃皇朝名臣。父太学公名嘉谟，母盛太君。硕人七龄而失太君，哀毁如礼。又二年而继母夏来归。太常公绝爱硕人，育于祖母俞太夫人所三年，然后嫔于周信臣。信臣名甸，父寻甸太守公国南，祖冢宰恭肃公用。硕人为周妇，时恭肃公在政府，最贵盛，而寻甸公斤斤有万石风，诸子皆凛然数马尾，无敢慢。未几信臣公病，硕人侍汤药，不去床笫者一年。畏两尊人严，莫敢巫觋请祷，第泪痕在枕上而已。年十九而信臣公殁，硕人哀恸绝食不欲生。姑顾孺人指应宝为解曰："皮之不存，毛将焉傅。将俾而夫之鬼若敖乎。"始强而食糜。寻甸公葬信臣于祖茔之旁，硕人阴欲身殉，父太学公令人谨护之，得不殉。后二年，太学公殁，硕人痛几绝。是时倭难起，寻甸公之官秣陵，硕人携女避寇吴兴，命应宝从寻甸比所居。中倭而后，从顾孺人于官舍。顾孺人卒于京邸，凡医药含敛之事，一切倚办，硕人靡有遗憾。先是寻甸公析箸时，授产于硕人，仅当诸子之半，硕人无几微怨色。凤夜拮据，毕伏腊，居室苟完矣。寻甸公晚婴末疾，伯子孝廉执家秉，始均其产。或讽孝廉母也嫠，而孺子机上肉耳，得产将焉守乎？是时应宝以善病尪，然罢公车业者久矣。孝廉不听，曰："吾仲不幸早世，子即吾子。今日吾为政，忍负信臣地下哉？"硕人泣数行下，语应宝："孺子勉旃，无忘世父之德。"而后毕婚嫁，斥膏腴，力作二十年，而产倍于始析时。应宝好行德，隐居避俗，极甘腯而奉母。践更租庸之外，图史自娱，不屑佝偻贵人。里中儿犯者不与校，务以柔道行之，而强者以为肉，龁龁不休，家遂旁落。又中年未举子，硕人以为忧，乃长斋事佛，冀得孙为含饴计。平居惟戒应宝慎交游，躬俭让，无坠恭肃、寻甸世德。舅姑父母称孝，宗族姻党称和，子女称慈，群下称惠。自为未亡人以来，不解衣，不夜哭，不言归宁。对闺中人言，必举前代节孝事与先君之思耳。临终颂佛不去口，手一数珠。三日而殁，手与珠色，皆如玉不变。呜呼！此非即幻示幻，安能若此？信臣生嘉靖丁亥八月二十六日，卒嘉靖己酉五月三日，得年二十三。硕人生嘉靖辛卯八月七日，卒万历辛丑六月十六日，得年七十一。生子一人，即应宝，太学生，娶沈氏。女一人，嫁太学生陶彦冲。孙女二人，长适嘉兴举人项利宾，卒；次适邑诸生吴铭。葬以万历壬寅十二月二十二日己酉，墓在吴县天池山之新阡，启信臣柩而合焉。未葬前四月，大宗伯琦奉德音下记："有司曰：故生员周甸妻沈氏，十五从夫，十九而寡，剪发欲殉，两髽抚孤，终无贰志。室家漂摇，而节如霜。兵燹流离，而心匪石。其树楔左间，表曰故生员周甸妻沈氏贞节之门。如令甲。"铭曰：

十九而嫠，七十一而委化。五十二年，月残花谢。不负泉下，玺书题门表贞节。日争光，玉争洁，偕夫君兮葬同穴。天池出泉，以生青莲，冢中白骨为神仙。美哉乎斯阡，宜子孙之绵绵。

太原王穉登撰。雁门文从简书并篆。长洲沈本立刻。

清周芳《周氏族谱》

笠川公传

笠川公讳化，柏庵公之次子也。性端重，不妄言笑，髭须虬然，风度凝远。博极群书，文名籍甚，虽数奇不偶，卒不以此隳其志。尝汇集古今诸名家文，手披口诵不辍。性至孝，柏庵公享年未永，终身抱风木之悲。于柳胥别墅颜其轩曰"望云"，庭植柏树数章，结亭偃仰其下，以志不忘。事母陆太孺人，晨昏定省，三十年如一日。陆为宪副石里公女，太常公冢妇。殁时所遗钗谷良厚，公悉以归之长兄，纤毫不问，岁割已资赡族，或遇狷介宗人有担米至其家反被呵逐者，公从容继进，必使其受而后已。一夕，别墅中尽失其彝鼎图书，知者俱为惋惜。公喟然曰："人失之，人得之，复奚恨焉？"因手录沈石田《失牡丹》诗示诸子。生平不识算子衡量为何物，米盐细务不屑谛视，家政悉委之纪纲，责其成数而已。兄胥川公先公一月卒，公年已七十有四，悲恋啼泣，不异儿时。至易箦时，犹举手摸头上白帻，谓："人生有几兄，而敢以老病略此期之丧乎？"先是，太常公立祭田百亩备岁时孝享，又柏庵公营文昌阁于墓傍，建三贤祠于震泽镇，奉俎豆其中。公悉听兄综理，后稍稍更易，公亦一切不问，恐伤兄意，其友爱如此。当公寿进七旬，内外孙绕膝献觞，森森兰玉，不下六十余人。兄弟行即多富贵尊显于此际，有不可兼矣。公有《古文汇抄》《儒宗正脉》藏于家，《蒙训编》刻行于世。

清沈始树《吴江沈氏家传》

中奉大夫广西布政使司右布政使少泉吴公墓志铭

〔明〕孙植

万历甲戌七月二十八日，广西右布政使少泉吴公卒于家，年仅四十七尔。讣闻，予以姻友往哭之。哀后二年某月日，葬于邑西郊裳字圩新阡。其子士端、士彦泣拜请铭于予。嗟乎！予忍为公铭哉？按公兄贡士君所为状，公讳承煮，字仁甫，少泉其别号也。

生而警慧，童年探句，能应声出奇语，祖少保公大异之。十四补邑弟子员，试辄高等。弱冠举应天乡试，庚戌会试中式，以父封君参政公命归，卒业。癸丑应廷试，第进士，除寿宁知县。邑岩险，民犷悍好争。前令政多玩弛，公绳之法，百度具举。旁邑有冤抑者，率求直公。期年以治闻，按部者疏，改崇安。崇安孔道，徭赋困民。公力崇节约，清驿传，裁冗费，抑豪强，禁渔夺。邑有宦，非科第，挟巨资为京朝官者多结纳，滥乞当路，檄为树坊。公曰："不可！以是病民。"卒寝其役。彼衔之，莫克为言，于是邑民乐有生业。部使者委查盐课，稽挈精核，无隐弊，曲当上意。在崇二年，俸入外不以纤毫自污。丙辰觐归，出视箧笥，无长物。参政公喜曰："儿清白若此，无忝先人家声矣。"是岁，以旌举，被徵台谏，格于年例，升礼部仪制司主事。丁巳，改吏部验封司主事，历员外郎、郎中。郎中考功时，柄臣父子擅权贿部，事多龃龉。公赞太宰力持其间，一时臧否去留，多协公议。壬午，分考会试，衡文多称得人。执选时，抑竞拔淹，多所精鉴。自历铨司六年，门严扃钥，寡交接，不徇请谒，人亦鲜以请谒至者，封诰有"介洁奉公"之褒。升太常寺少卿，提督四夷馆。癸亥京察，仇公者为公构谗，南台疏劾，公调江西按察副使。归，箧萧然如闻时，参政公又喜曰："儿清白无渝，益光先人矣。"丁母淑人忧。丙寅，复除山东按察副使。丁卯，监乡试，录文二三，出其手笔。是年，升左参政。先是，逋税者淹系数百人于狱，老稚累累。公至，即释其囚系，征督有方。公输完，贬南台，复有私憾于公者，乘考察辄又诬劾公。公闻，即日解绶行，部使者会疏留之，追及公于道。公候邸，报还任，奉职益虔。时青齐比岁凶荒，公躬行属郡，力请当道发廪赈贷，益之赎锾易粟，处画周详，全活甚众。庚午，升湖广按察使，转广西右布政使。时辅臣高拱兼绾铨篆，于公夙有嫌，辛未，考察辄罢，公归。公昔在铨司，强干不为阿徇，憎口日哆，乃乘挤之固然。嗟乎！公方强年，砥节自奋，树立功名之会，而遘逢厄塞，莫究其施，舆论实多惜之。归三载，日惟屏迹，奉亲教子，弈棋赋诗，一不请托于公府。竟以脾疾不起，嗟嗟悲乎！公性孝友。参政公晚年目瞽，左右就养，朝夕承志惟谨。居母淑人丧，哀毁执礼，苫次无违。兄弟怡怡，无间言。周恤寡妹，携育其孤甥，教之若子。平生伉直信义，与人重然诺，不为匿怨，亦无足恭，家居一无杂宾。仕籍二十年，尝官华要，至卒之日，家无余资，于参政公先所受分外，产不加殖，足徵其守矣。余观公，穹首隆背，目光炯然，而恢廓爽朗，毅然自负。当期大畀，显施崇勋，寿祉乃奄焉，赍志长毕。夫人者难必，而天者足恃，嗟嗟少泉，胡天亦忌之耶？悲乎！公先世汴人，十一世祖千一公，从宋南渡，居吴江。高祖璋，称全孝翁，封主事，赠太仆寺卿。曾祖洪，南京刑部尚书，赠太子少保。祖山，刑部尚书，赠太子少保。父邦栋，以公贵封山东布政司左参政。母徐氏，赠淑人。配金氏，封淑人。生二子：士端，邑庠生，娶周氏，继聘郭氏；士彦，郡庠生，娶余女。俱博文世其家学。女二：长适大理寺卿五台陆公光祖子基忠，国子生；次尚幼。孙男三，俱幼。乃为志而铭之。铭曰：

隆隆者阞，岳岳者刊。伊彼镇锵，腾虹倏藏。胡然而官，次极藩垣。不跻揆端，胡然而年。甫阅强仕，不遐寿康。厥有孝廉，承家允臧。祖孙绳绳，休有烈光。川原膴膴，考君子藏。我铭斯石，后其永昌。

赐进士出身、资德大夫、正治上卿、南京刑部尚书、都察院掌院事右都御史、平湖孙植撰。

清吴安国《吴江吴氏族谱》

吴太学润甫元配项氏墓志铭

〔明〕姚宏谟

万历某年孟冬朔，吴江吴润甫手其配项孺人状泣曰："孺人生时能布懿德，不幸早世。今卜期将厝，不忍其芳之与棺俱埋也，将图所以不朽，惟先生铭焉。"余与润甫世父仰峰公同年，而润甫外舅少溪公又属通家，孺人之素稔之久矣，余何敢辞。按状：孺人出项氏。项与吴故世家，国朝并以列座显，子孙冠盖，皆蝉联。参议少溪公于嘉靖乙卯二月七日，实生孺人。孺人性警敏慈祥，善读书，幼著贤名。润甫父容亭，为宫保讱庵公季子。生润甫，晚爱特甚，不轻其述。比闻孺人，喜曰："非是无以室予子。"遂委禽焉。隆庆庚午，容亭谒选吏曹，至辛未弗克归，驰命润甫成伉俪。孺人既嫔，无从拜舅，愀然抱恨。癸酉，容亭公卒于京。孺人闻讣，带妊而哭，哭绝数四。家人劝当保妊，得少苏。宫保遗副室，尚健。容亭正配，即屠宫谕女而生润甫者，与朱姑庶而无出者，复有两寝室列宅中，参差远近也。孺人旦暮整肃，次第至寝所，候起居，问寒暖，时饮食，爱敬交至，乐不为疲。润甫频遭疾且剧，孺人不栉沐而手汤药，调护备至。时孺人春秋方富，三举子，一举女，随举而随卒，叹曰："命也！"即广置宜子之妾，润甫故以较财辞，孺人即捐私橐为佐。妾有妊，多方保护，比娩怀之，若娩自己腹者，悉出金宝为饰。间有不育，伤悼若丧己所生。有妾久不孕，润甫曰："此非纳汝初心，当不以汝颜留也。"孺人不能阻，乃罄囊中百金以赠，而意犹缱绻唏嘘。润甫女弟有未及笄而嫁者，嫁不逾年卒，孺人念且哭之，无异哭舅。吴族与润甫同祖为兄弟者，不下数十家。姒娣尽吴越间缙绅女，孺人既钦且和，曲得其欢。苍头婢妪聚食几百指，以孺人弗苛弗纵，欣欣就规，家庭萧然。里闬咸幸孺人为，为妇者式，且谓："孺人奉佛好施，不得于蠡斯，必得于平格。"不意享年二十有七而径卒也。先是，孺人哭舅之次年，即遭母马宜人变，孺人悲号几绝，寻病心痛。已又哭子哭女，又遭参议公忤江陵归，润甫且摈于公车。两家颠踬，戚戚不乐，病转剧。辛巳五月，参议公六旬，孺人力疾称一觞，而呕血大急，润甫迎归，药弗为奏功，遍祷于神。孺人曰："昔丙子岁，梦大士语我寿止二十五，力请许益二祀，今适逢其期也。梦夜随向君言，而今顾忘之耶？杀牲媚神何益焉？"会参议公遣使至，孺人曰："大人病，我亦病，今且死，苦不及见，愿为我致谢大人。我为大人女，幼而累养，长而累嫁。嫁后，大人宦游，不惮贻书数十训我，书尚在衾带间，是嫁而又累大人念也。我今已矣，诚负大人哉。"呜呜哽咽。顷之，复曰："我所不欲死者，惟夫君门户事繁巨，愿大人无以我存亡二心已。"又数日，强起净身整衣，拜诸所供养佛，复卧目欲瞑，睁眼视润甫曰："交游无滥，滥则取侮，如某者当亟摈者也。"言讫，奄奄一昼夜而逝。举家靡不悲号，闻者亦为洒泪，乃万历辛巳七月三十日也。无何，家难纷起，咸谓孺人有先见云。孺人祖讳铨，鸿胪寺序班，赠南京吏部考功司郎中。父讳笃寿，广东左参议。前母郑氏，赠宜人。母马氏，封宜人。润甫奉母命，卜□□年十二月二日，权厝于二十四都形字圩之新阡。余谓孺人事上孝，事夫恩，于子惟慈、于庶惟仁，应变则敏，烛几则明，而死于忧哀之萃心。贤哉孺人，恶容无铭。铭曰：

彼馨者兰，彼兰者人。为项之女，归吴之门。既孝且慈，既温且仁。兰兮萎兮，室犹馨兮。郁彼邱松，将与永兮。

赐进士出身、通议大夫、吏部左侍郎兼翰林院侍读学士、经筵讲官、予告前两京国子监祭酒、国史纂修、槜李姚宏谟撰。

清吴安国《吴江吴氏族谱》

少西公传

少西公讳嘉禾，太常公最少子也，侧室徐出。事母至孝，母病臂痿不能栉发，公为解髢施膏沐，自少及壮以为常。太常公见背时，公年才二十。征逋赋，呼践更，修隙讦讼者踵至，公应之无遗，策而有余闲。于是诸兄喜，始知公胜家政矣。公之治家也，以心计力作为务，每鹜发趋，时以取赢，以故家日益饶。而亦能出其余，以佐公家之急，如筑城、劝分等事，皆率先应命。尤习太常公家法，宗人有吉凶礼，辄推公为祭酒，所主办悉中程，无赢诎。宗人有所需求，无论丰约，务在不虚其请。寻率族党各创役田，佐里中长税岁计，一弗以烦畴人。此其敏干刬裁之大略也。以诸生入太学，谒选授光禄寺监事。命下日，公已捐馆京邸矣。时公年五十五，二子，长八岁，次三岁。族党中婪忮者争觊觎之，赖瀛山公父子为调护，斥其产十之二三以塞众望，两孤稍得保遗业。公之晚年，有族弟兆元，官逋就逮，死狱中。已乃及其同祖弟太和、守石两公，罄产没入而逋犹未已，稍蔓及公家。公奋曰："患不独坐我，且将遍及宗支。"因为捐数十金，通其用事掾胥，俾以延蔓始末，具白于官。官为白抚台，开具奏请，事乃得释，而守石公得保残生于濒死之余。兹役也，公固自为计乎，然先见之明，任事之勇，良不可及。公貌广颡丰颐，美髯顾盼有威。若使一日临民，必有竖立，惜不尽展也。

公少子僖，字道凝，年十八卒。先已娶于吴，吴无子，议立后。于时，僖兄鸿胪公修，止一子珏，虽不可为弟后，然鸿胪公年才二十二，虚其嗣之位，以俟次子之生，无不可者。奈姻戚贪婪者谋为染指，倡为嫡爱并立之说。时应继者为胥川公次子玑，侄行也。愿继者为宁庵公次子自铨，侄孙行也。侄孙不可以直继从祖，乃称为嗣孙，服齐衰从事。而鸿胪公之子珏，僖病笃时曾呼而子之，况产固鸿胪公中分之产，义不得舍本支而尽畀族人。讼于有司，有司行族众议。议以同父周亲，则修之子宜立，而修别无次男，于法有碍。同祖兄弟则玑，实为次子，而年齿再倍于嗣母，于情未安。吴氏痛哭流涕，必欲自铨为嗣孙，亦情之所必至，而礼之可以义起者也。然玑为房次所当立，珏为生前所过继。若偏有予夺，反起争端，不若分为三分，庶几妥当。于是，玑得所分产去，虽奉养时勤，吴竟落落视之，独亲爱自铨。为其年才十二，聪慧和顺，周旋膝下，不异真子也。未几，自铨聘妻，吴出饰珥以助之。自铨娶妻，吴盛张设以居之。自铨入泮登科，吴招宾客以乐之。自铨妻生贵介，不肯事两姑，自铨不能主，因与吴渐疏，而吴之疑日积。于是议供膳，议每岁往来奉事之期。稍愆期，则令婢子辈传语诮让，刺刺不休，宁庵公益愁愤。又，自铨乡试得俊刻齿录时，欲令宁庵公刻孙为子，改祖为父，宁庵公不得已，强诺之。时有为飞语者云，齿录有二本，宁庵所刻，诈也。吴虑自铨终不为己有，岁己酉，刻揭千余言，遍告郡邑中。于是集吴、沈两族人会议，以为归宗。便凡前所分授田产、助聘饰珥，尽完归之吴。累年田中所入有数百余金，则抵当道凝公筑坟之费。乃改嗣留侯公自南，亦侄孙行。今惟玉山公玑后人奉五房祭祀。

清沈始树《吴江沈氏家传》

太学生周叔元墓志铭

〔明〕徐师曾

　　嘉靖三十六年十一月十七日，吾友周君叔元卒，其仲兄乡进士仲阳撰状踵余门，泣告曰："吾季弟不幸死矣，知吾弟者子也，其为我铭。"余感而诺之。盖君卒之前半月，与余遇于震泽舟中，联床抵膝，啜茗剧谈，垂夜分乃别。当是时，君言语状貌、精神意气，无异平时，乃今遽死乎？呜呼！此岂人情所能测也。按状：君姓周氏，讳乾南，叔元其字也。世为吴江人。曾祖瑄。祖昂，赠资政大夫、右都御史。父用，以进士起家，累官太子少保、吏部尚书，赠太子太保，谥恭肃。适母施氏，封孺人，累赠夫人。母姜氏。嘉靖八年，恭肃为右都御史，提督南赣等处军务，以其年八月十七日，生君于赣州官舍。恭肃有丈夫子四人，君其季也。生而仪状魁梧，资性警敏。稍长知读书，授以经传，辄能背诵通晓。年十七补邑学生，寻应例升太学，操管属文，类不作常语。今年春，卒业南雍，祭酒新昌潘公晟试其文，深加奖赏，且曰："吾子勉焉。"盖望之也。君归，愈自砥砺，取近时举子所为经义，删其疵颣，纳诸程度，夜以继日，不自知其惫也。他如书札、音律、图画、壶弈诸技，亦皆究心焉。天性孝友。母有痰疾，每发，君必侍床第，视汤药唯谨，衣不解带，率以为常。事诸兄恭悫特至，遇有外侮，则为之极力分解，奋不自顾。早岁失怙，母将筑室居之。君念母春秋高，不欲烦其心，乃自鸠工缮构。甫岁余，堂室门奥，咸就条理，人由是觇其才。君又好客，凡有过从，必设果核羞醴，款洽竟日。与人论事，侃侃亹亹，反覆不竭。或不当意，则抗膺雄辩，卒不能屈其说。见人急难，辄赴救之，或资而助之，不亟取偿。又能仁于宗族，尝欲立义田，辟义塾，以赡其不给者，而教其子弟。使天假之年，其规摹可次第而举也。有志未就，惜哉！君自震泽归，一夕坐榻上，忽闻户外戛然屦声，视之无人，心已讶其不祥。未几，复梦有朱衣白马数人，掖之上升。前有青衣擎灯引导，其行如飞。既觉，语家人曰："吾梦云云，余殆将死矣，夫命也。"明日果疾作，召医诊之，则不可为矣，直视诸子环膝下，竟无一语，年仅二十有九。君配薛氏。生子男五人，曰祯、曰祜、曰礼、曰祉，其一未名。女一人。墓在某原，葬之日为某年月日。铭曰：

已呼叔元！艺能发身，而时未逮；仁足寿命，而数不延。已呼叔元！仁兮艺兮，孰为之先？未逮而夭，孰使之然。已呼叔元！奈何乎天。

邑人徐师曾撰。

清周芳《周氏族谱》

亡弟太学生湮春行状

〔明〕周兆南

弟讳乾南，字叔元，号湮春，世为吴江县人。始祖俊德，在元赘张判院氏。国朝正统间，高祖宗瑞尽让其外家业，而更居焉。曾祖瑄，祖昂，并以孝义为一乡所钦服，以先府君贵赠资政大夫、南京都察院右都御史。父用，举弘治壬戌进士，累官太子少保、吏部尚书。卒于位，赠太子太保、谥恭肃，上命有司治葬事，谕祭者四焉。嘉靖己丑，府君提兵驻南赣。是年八月十七日，生弟于赣之官舍。弟生而状貌魁伟，稍长即警敏不凡，间尝授以经义，辄颖悟通晓。年十七入县学，遂应例入太学，其操笔缀文，类不作常语。天性孝友，吾母姜氏数苦痰疾，弟隐伏床蓐间，躬理汤药，衣不解带，率以为常。其事兄长，诚信悃至，有侮则为之极力解纷，奋不自顾。府君卒于官第，少失所怙也，吾母将为室以居之，弟湫然曰："母氏春秋高矣，岂以居室之故，而烦母氏之心？"遂召匠计直，鸠工饬材，不逾年，而垣墉桷栌，衡平而绳直者翼如矣。其区处经画，雅有矩度，虽老于营构者莫或过之，人咸谓其有综理才也。居常敬爱，宾客过逢，必为设蔬果，行酒款语，累日不厌。其论辩亹亹，往复不舍，或值其意之所不可，则抗膺剧谈，正色据理，莫能夺其说。盖平生光明俊伟，殊不类时俗龊龊者之所为。见人有临利害，辄狂奔尽气救之不辞。或遇有显赫者，视之泊然，绝无奔走乘机抵巇之念。尝有言曰："吾仰不愧天，俯不愧人，内不愧心。即吾事毕矣，乌用是嗫呷唯阿，瞿瞿然伺人面目为喜戚者哉！"且意气轩豁，轻财好施，每以"吾今幸藉先人之业，衣食稍有余饶。吾族里姻戚有吉凶事不能举者，吾将买田若干，以其所入，周其所急焉。有子弟不能教者，吾将立义塾，择良师，日有食，岁有衣，而使之游息化导焉"。其规摹次第，可悉数而举行也。他如书札、音律、投壶、角弈、图画，九流百家，天人之书，靡不详究，又多才与艺人也。丁巳春，卒业南雍，水帘潘公试其文而谓之曰："子之文，如良金之蕴于矿也。若养根而俟，实加膏而希光，当与一时文士相驰骋上下，子其勉哉！"既归，益自淬砺，取近时举子所为经义，芟刘疵类，孜孜纳之程度，每至夜分，盖不自知其愈也。未卒之旬日，一夕偶坐榻上，闻户外若有鬼物，登然有声，心甚讶其不祥。越数日，梦有朱衣白马数人掖之以登，秉烛前导，其行如飞。既觉，乃语人曰："如梦，吾其死，夫命也。"明日病且亟，余往视之。诸子环视之，一无所语，翘然而逝。时丁巳十一月十七日也，年二十有九。痛惟吾弟，孝友修于家，仁爱闻于乡党。言不过辞，动不过则，而倏然短折，竟不能一日食其报。岂所谓天者诚难测，而神者诚难明哉？所谓理者不可推，而寿者不可知哉！曩岁丁未，府君卒于官，攀号摧裂，哭于京师。明年遭叔父之丧，哭焉。越二年吾侄死，哭焉。又五年吾嫂死，哭焉。今吾弟死，死而短折也，则又哭焉。呜呼！一人之身，仅数年间，数承凶慭罪恶，罔极祸于尊卑，几何其能自生存也。以今而视，昔之俱存，无故其时，当何如乐，而今当何如哀也，岂不痛哉！弟配薛氏。子男五人：长祯，聘钱氏；次祜，聘卜氏；次礼，次祉，其一尚未名。女一人。将以辛酉正月十二日，葬于吴县灵岩乡称字围之新茔。顾行绪具存，不可磨灭，谨掇拾其事如右，敢乞铭于立言之君子，以垂诸不朽。御哀茹苦，莫知所云，惟钧慈采择焉。周兆南顿首谨状。

清周芳《周氏族谱》

虹台公传

虹台公讳位，祗庵公之长子也。以邑庠增广生，中嘉靖甲子南畿第一人。隆庆戊辰试南宫，居第七，选庶吉士。庚午授翰林院检讨，与修《世庙实录》。辛未奉使肃藩。明年报，命至邳州，舟人与漕卒哄，卒横甚，舟人尽匿。公闻，便服出舟，次谕止之。悍仆从公腋傍复出指骂，漕卒益愤，立水中持白梢挝仆，仆仍逸入舟，梢着公胫。又从舻头击我篙师，公以身护篙师，卒掷梢挝篙师，篙师逸，而梢复着公肩。后蚁附登舟，欲拥公去，舟中妇女多人挽之甚力，与漕卒两相持，而不虞彼之释手也。于是，公以群挽之势，从船舷跌踣舱中，高下相去五六尺，而公以此得重伤矣。地无良医，误以己意服补中益气汤一剂，越宿而殂。此大变出于意所不料，人皆悲公盛德美官富文学，值强仕而横罹凶竖之难，纵齑粉其人何及哉？初公为童子时，不甚了慧。及长潜心嗜学，文必集众美，如五金入大冶中，矿砂脱胎，精金射目。经史二学及古文辞，靡不研究体裁，哀集菁英，日置几案，怀袖间，伊吾不休。夜既就榻，复手一编，令童子执烛榻傍，以缉余力至目瞑册堕而止，以为常。暇则与昆弟宾从轰饮极谑，当其酣畅，狂呼"时事不必古今，有言不必士子"。道者往往杂出间发，乃至溺冠嫚骂，人或骇且尤之，公自若也。盖公乐易傥荡，无威仪，不设城府，其素性固然云。论及文艺，则正色持议，不妄以一字许人。与异母弟涵台公亲爱独至，以文学自相师友。事后母夏太孺人，无间言。贵后，故人贫贱者以急抵，无不力拯之。独其御内外无纪法，傍人皆为扼腕，而公固安之，不少出风采以振家政，至今有遗恨焉。所著有《族谱》《都邑便览》《柔生斋集》，藏于家。初，公语人曰："吾梦官至副使，寿为四十四者，再必八十八也。"

及肃藩之役，公充副使以行，卒之年仅四十四耳。盖公口吃，鬼神故重之，以示隐语云。

清沈始树《吴江沈氏家传》

潘志伊传

〔清〕潘柽章

　　潘志伊，字伯衡。嘉靖四十四年进士，授定州知州。州号冲疲，丁粮外，旧有门银千两。志伊曰："有田则有租，有身则有庸，安用门银为？"遂罢之。达军数千，自成祖时内徙，设都司领之，桀骜难制。志伊曰："华夷均赤子，军蹢吾民，治勿贷。民有诟斗者，亦绳以法。"境内大安。转南京刑部郎中，以忧去。万历二年，起为刑部郎中。先是有指挥周世臣者，故庆云侯寿之裔孙也，居东城小巷，家止一婢曰荷花。世臣夜为盗所杀，（按：《实录》及《冯少室集》俱书周世臣，先曾祖《不遇纪事》独作周伟，不知何故。今从《实录》诸书。）巡捕张国维坐事住奉，乃执其奴王奎，诬以与荷花奸，谋杀世臣，下法司讯。志伊曰："疑狱也，姑缓之。"会左侍郎翁大立署部事，国维以狱未成，奉不得复，阴结大立，左右为言。司官受贿留狱，大立信之，促其狱。志伊持不可，强之，乃请移他司会勘。而他司郎中徐一忠等，承指拟奎等俱辟，是秋当决，志伊力争得止。四年冬，恤刑山东，遂不得预部议，而奎等竟决矣。寻出知九江府，而京师获大盗朱国臣等，自言："杀世臣者我也，奎等固无与。"于是给事中周良寅等劾大立失人之罪，坐削职，而志伊亦降补陈州知州。岁大浸，发廪赈救，出所节省丁粮千金，全活甚众。十一年，稍迁知南康府。宋白鹿洞书院先为当事所毁，学田三十余顷悉废，志伊力复之。又五年，迁按察副使、袁州兵备。会岁旱米贵，民采蕨食。志伊预计仓库之羡，酌被灾轻重，差次给之，民始获苏。十九年，迁陕西，行太仆寺卿。甘肃马政久弛，志伊亲阅马高下，定值盈缩，综核有法，人不敢欺。二年，改广西参政。初，志伊在陈州，州人好盗，有诸生掠其族孤寡。志伊以白督学孙丕扬，丕扬怒，释诸生不问而内嗛之。至是为吏部尚书，竟以考察论罢，犹坐王奎旧事云。所著有《山东问刑条议》《不遇纪事》诸书。子锡祚，字永甫，以贡士为抚宁卫经历。考满当貤封，上章力辨王奎事，为有司所格，遂不受封。迁湖广布政司理问，卒于官。好古博识，在抚宁著《南阳问答策》，辽事如指掌焉。

　　吴允夏曰：公以陈州时，曾持正忤学使者，已而学使者晋冢宰，掌计事，捃拾王奎旧案，中以考功，距为郎时已三纪，去被谪时亦十有八年矣。谪之后，京察者三，外计者四，忽为索瘢，世有此黜幽之典耶？按乙未主计者，为富平孙丕扬及考功郎薛时馨，所去取颇违公论。今以公一人徵之，益信。

　　曾孙柽章曰：少时读先大参所著《不遇纪事》，至王奎一狱，不胜扼腕曰："甚矣，执法之难也。"谨按神宗《实录》云："王奎罪案未决，刑部署印左侍郎催该司郎中潘志伊速结此狱，志伊以狱情重大，请委官会问，乃委郎中王三锡、徐一忠研审。而王奎与荷花、庐锦俱坐凌迟，万历四年十月处决矣。"后礼科给事中萧彦劾云："王奎之死，起于巡捕把总张国维之妄拏，而成于刑部侍郎翁大立之轻信。潘志伊请多官，以为己地，似有规避之情。王三锡、徐一忠既会问，而漫不参详，不无扶同之弊。"俱下部覆。上以翁大立率意议刑，有伤好生，念已去任，革其原职。张国维遣戍，潘志伊降一级，徐一忠、王三锡调外任。此当日得罪始末，公不过为法受过已耳。冯时可《纪事》云："左侍郎翁大立自南来，有亲族数十人寓京师，张国维遍赂之。国维亦自至涿州迎侍郎，侍郎问：'京师有何事？'国维曰：'事在邸报，小人不必言。独部中有逆犯王奎等，司官将反其狱，人心颇不服，非指挥所敢言也。'于是翁之诸党尽言'王奎巨富，持数万金行赂，非即决之，无以厌众志'，翁遽信之。署部次日，即语郎中潘志伊，令速成狱。志伊力言三人之冤，翁大怒，曰：'汝受奎贿耶？'再三强潘问，潘必不可，请移他署会勘。翁乃命他署郎中徐一忠、王三锡等会勘。一忠等复犹豫，不敢书狱。翁大詈，一日四五趣办稿。诸郎揣堂官意坚，争之无益，寻奏当成荷花、王奎俱凌迟，庐锦斩。命下即决。又四年而始得真盗，乃故宰夫朱国臣也。"时可所纪，得之见闻颇真，但"命下即决"一语，尚非事实。考甲戌、乙亥两岁审决，皆以公力争之故得展期。迄于丙子，公有恤刑之行，是固奎等命卒之日也。然则，公于此狱所谓求其生而不得，则死者与我皆无恨耳。而乙未大计犹摭微文以快私怨，孙公之量于是乎不弘矣。近阅天启邸报，得先大父所上讼冤书，详明恻恻，为之涕下。而科臣抄参，直以年远，难明已之。噫！后生新进，耳目不广，近且弗察，远于何有？使非国史大书特书，则先公明允之绩，终湮灭而不彰矣。可胜叹哉！

清潘柽章《松陵文献》

明徵仕郎南京光禄寺署丞贞溪周公墓志铭

〔明〕顾大典

顾大典曰，吾邑周贞溪公者，即吾外大父寻甸公之从弟也。《礼》云："卑不述尊，恶敢铭哉？"顾藐孤受学于外氏，因习公家庭之行。迨公登仕籍，典适为郎两京，又知公为吏状甚悉也，敢不敬诺。按状：公讳图南，字应鹏，别号贞溪，世居吴江之烂溪。祖昂，救溺者十余人，以阴德昌。后生二子，长曰恭肃公，讳用，位冢宰，为海内名臣。仲曰明农公，讳同，有隐操不仕。二公相友爱。明农公五十始举公，日者以为不利于所生，乃假于寻甸公，即恭肃公之冢子也。以故公终其身，事吾寻甸公若父，而外大母顾恭人若母云。公生而警敏，强记诵。十六为邑诸生，以例升太学，肄业南雍，时司成陈公目异之。未几，明农公遘疾卒，公茹蔬毁瘁。及葬，而远近送丧者车千乘，咸以为公达礼。初，公甫一岁，生母瞿孺人先公亡，适母钟夫人躬亲抚养。及长，事钟夫人孝谨特至。病而侍汤药，走巫医，累月不解带，卒而哀毁有加，人不知非钟出也。每岁时家飨,则俯伏祠下,涕泗交颐,以不及养为恨,盖孺慕终身矣。方明农公殁,公始弱冠,人以少易之,而公综理家政,嗃嗃如也,井井如也。凡所役任臧获,大小咸中其能,而策算出入不失秋毫。明农公素有奇饶之畜,而公尤振拓之,居积埒素封矣。时恭肃公方隆贵,而公又雄于资,每读古孟尝、平原游侠诸传,未尝不抚心窃叹,慨然想见其为人。又数数称慕孔北海,曰:"尊前酒,胡可一日使空。"于是日从诸游闲公子,置酒高会,秦声燕丝,杂技并进,举所觥舡,累与客共嚼之。客醉而公弗困,抗膺高论,睥睨一座,矻矻不能下人,意气无敢当者。盖其生平善为诙谐戏谑,顾独不为虐,且与人交无他肠,言出而终始不渝盟,以故人人敬爱公,无不愿得公一诺者。性好施,急人之心甚于己。其宗党姻戚以及疏属间右,有不给者,次第咸得所济,而公无德色。岁大侵,民若饥,公出粟赈之,多所全活。又割腴田凡三顷,以资长赋者,而不困于践更,里中人咸戴公矣,非谓富而好行其德者耶!甲戌,以资谒选天官,拜光禄珍羞署监事佐。其署长办八珍百品之物,以供内飨,执事有恪,以最擢上林苑良牧署丞。上林为天子守苑囿牧地,远在都门百里外,其佃人例有耗羡,以供廩饩,中贵人又从而瓜剖之。公独却弗受,而中贵人亦不得牟尺寸矣。始甚衔之,后习公始终雅操,乃敬事公曰:"吾侪所未尝见也。"戊寅春,大婚礼成,驰封明农公如公官,遂擢南京光禄大官署丞。公至则饬其庖人膳夫,以修奉先供御之具,咸中法式,不异供奉内飨时矣。暇则携宾僚挈壶觞,吊六代之遗踪,访旧宫之闳丽,引觞浮白,旷如也。逾年而游倦,具疏乞休。时太宰王公与公有故,情欲留之。公曰:"吾岂以五斗米易莼鲈哉?"遂拂衣归。归则治泉石,莳花竹,饬声乐,召其旧游宾从,饮醇为欢,颓然自放矣。公癯若不胜衣,而目光烁烁射人,气盛神王,年及艾而甘酒御嬖,犹然少年。默契管夷吾养生之旨,咸以为宜跻上寿,亡何,竟以疾卒。卒之日,犹始见二毛也。吁嗟乎悲哉!夫朴樕小儒,栩栩保乡曲之誉,无所短长,自以为谨厚者何算也。公踸踔自喜,不拘李绳削,以阔略于世。然直亮爽朗,出入不诡于人伦,有笃行君子之风。而慷慨然诺,以惠利急人厄,即古称义侠者何让焉。且三为吏而三举其职,运其材智,何所不可。假令得一郡一邑,以抚循其人民,树立讵止此耶?较彼曲谨之士,公岂不快然倜傥丈夫哉!公生于嘉靖之辛卯,卒于万历之辛巳,享年五十有一。元配史氏,继配薛氏。子二:长迈,太学生,娶太学生史君天成女;次道,聘封吏部主事屠君孟玄女。女五:长适湖州宪副茅君子叔贡;次适太学生王君子礼;次适太学生吴君子履成;次适太学生顾君子自检;次适太学生吴君子继志。俱名族。孙男一。迈等奉薛孺人命,卜于万历十三年乙酉二月十九日庚申,厝于太牛之原阡,以其手状,匍匐来丐铭。铭曰:

貌虽癯兮意则扬,气类侠兮行则良,闲于家兮德于乡。吏而举职兮,归而徜徉。佳城郁郁兮,烂溪之傍。贞以肇元兮,源深流长。逝者如斯兮,亿祖永昌。

赐进士第、中宪大夫、山东按察使司副按察使、前两京吏兵刑三部尚书郎、诏进修正庶尹、顾大典撰并书。

赐进士第、承德郎、刑部湖广清吏司署员外郎事主事、马贯篆盖。

清道光抄本《周氏宗谱》

周敬臣先生墓志铭

〔明〕王穉登

呜呼！寻甸公之子五人，而亡者四。其长孝廉公余传之，次太学公余铭之，其次参军公余又传之，余之交于周氏不浅矣。迨敬臣先生殁，其诸孤应愿等复来乞铭。余盖叹周之丧其白眉，笔次且而不得下也。虽然，先生友余善，诸孤乞之哀，一存一亡，谊皆不获辞，乃即应愿状志而铭之。周氏世居吴江烂溪。肃皇帝时，有名冢宰曰白川公，才猷风节为朝野推重，则先生大父也。父寻甸太守，母顾孺人，生五男子，而先生第三。当先生生时，周氏方赫奕，金玉纨绮满堂，顾不屑而独注意经史，与诸兄弟自相师友，辨析讨论，无间寒暑旦暮，于是其文大起，饩于学宫。见诸生业公车者，执一经，废他经，舍正史，猎外史，则喟然曰："夫六经在世，犹二曜经天，五岳纬地，史则众星列岫矣。白面青衿之子，规规一偶，顾此失彼，何异井于蛙，轭于驹，薄蹄于蠹鱼。即有鞶带，不能组绣，是安得达天人之际，明王伯之略乎？"日取《周易》《毛诗》《尚书》、二戴《礼》、《左氏》《公》《穀》《春秋》及史汉诸篇，沉精发愤，闭户下帷。与名师硕儒、伯仲群季，终岁吾呀，书声达于户外。故御史中丞朱公纨，闻而击节叹赏，谓"恭肃公勤劳王室，而未食其报，天将欲昌其后乎？古语有之：一年树谷，十年树木，百年树德，周之德，其深矣"。朱公故称名臣，清忠与恭肃公相亚，素慎许可。海内闻其言，无不望先生兄弟之奋翼也。乃其伯氏京，仅以孝廉举。先生凡试于督学御史九，巡按御史十三，郡邑长二十二，试必高等。乡试应天者七，犹不雠。是岁淮南王典方中式也。典有声诸生时，先生尚未孩，于是典年六十余矣。先生愈自壮曰："公孙弘主父偃何人哉，士终当死功名耳。"以己卯应岁荐，年四十九。应愿等并汗血有时名，父子同入棘，不中程。方喜先生得缘此息肩，劝谒选为文学掌故。芹宫藻水之间，横经以淑后进，即无三鳣之祥，何嗟阑干菖蒲哉！以门户属儿曹，敢不勉旃，无坠恭肃公之遗绪。先生不听，相顾涕泣。谏又不听，贡上春官，后游南太学，归且病，病间读不休。应愿等复谏，复不听。又明年试应天，竟不得志，愈读不休，病亦愈甚。应愿等始随母夫人谏不听，既随诸父兄弟谏不听，既又随故人亲戚诸君力谏，于是乃听，读少休矣。及稍有起色，辄手一编不废也。盖其笃志好学，本于天性如此。先生少年，以贾谊终军自期，喜谈世务。凡丘甲河渠、盐铁马政、足食救荒诸事，每试必反覆尽言，无所避讳，冀欲见诸施行，而厄于一第，抑郁无聊以卒。卒之前，应愿举于顺天。先生在床笫闻之，为加匕箸。家人喜，谓当起，未几竟不起。所以不起者，其病为结痝痰伏于心，流于经络，风乃袭之，四肢不仁，语吃吃不出口。呜呼！东方生有言：沉忧者得酒而解。先生岂乏千斛杜康哉？卒之年仅五十有九。宗人哭于寝，亲旧哭于堂；臧获扈养哭于门内，里闾乡党哭于门外；耕者哭于田，织者哭于室，莫不嗟吁号呼，叹彼苍降凶，何夺吾彦方仲弓之速耶？年七岁能息争者，对父母请厚给乳母，不忍忘哺育恩，寻甸公笑诺之。十七从恭肃公游京师，恭肃官御史大夫，每司寇录囚，以爱书至，必从傍蹙额曰:"蛰虫枯木,不见弃于阳和,大人幸解网三面,以助天子好生之仁。"恭肃公为之动容,罪者多所平反矣。寻甸公末年,付以家秉,先生不喜毛举细故,委之家监,不问出入,娄负之不较。人有贷者,烧其券,曰:"吾宁勿若冯欢先生,而屑屑青蚨子母乎!"家以是旁落。庄事伯兄,友爱诸弟。当中外燕享,履舄缤纷,坐有柔曼,则柔曼;有新声,则新声;有傀儡优伶,则傀儡优伶;有藏钩博卢投壶局戏,则藏钩博卢投壶局戏。先生曾不为忤,既醉之后,亦不婴情。居丧哭泣尽哀,一切当户,悉听于伯兄。伯兄命治冢,形家挟术以悦先生,指此丘佳哉,利在君而不及其他。君怒斥之改卜,须兄弟并利而后可。尝买田宅,主者索金百,即与之百,索金千,即与之千。或讽之少损,曰:"是将歌斯哭斯,是粥是饘,岂可争直高下耶?"乡人穷而归之者,赖以全活甚众。家既衰,犹称贷以缓急人,长者之名,冠邑中矣。异时,操一舠行溪间,会天大雨雪,止宿田家。田家知其为先生,竟以鸡黍壶浆进,先生为尽欢。及还,饷之粟。谢不受,曰:"此一饭,讵能酬公二十年赈我德,乃望报为?"亡何,又过他田家,他田家不识也。试问此乡谁为厚德者?对无逾周氏,亦惟三老最盛耳。三老者,盖指先生云。先生于是益滋于德。平生无它好,惟好读书与蓄古图画,已而亦自善画。尤好古钟彝鼎卣诸器,摩娑谛玩不释手。恒谓古人铸器象物,云雷龙凤及夔罔两,纤豪靡遁形矣,乃其制至巧而实朴也,因名其斋曰"复朴"。曰朴,其见三代之遗乎。宅傍有园一区,林木丛郁。晚益穿池艺石,名花间植,美箭纷列,水光岚翠,与长廊曲室相映带。筑台曰"超然",以寄遐思。虽不获绾尺绶,沾寸禄,庶几黄发庞眉,优游以跻上寿。奈何未满六十,一旦溘先朝露,岂特诸孤摧剥,海内贤士大夫,号称知己者,曷胜殄瘁之伤乎!生嘉靖十年十二月十一日,卒万历十七年十月二十九日。娶卜氏,克尽妇道,伉俪雍雍。生子三:长应愿,举人,娶屠;次应宪,太学生,娶吴;次应懿,亦太学生,娶黄。皆名家女。女四:长适太学生吴士端,次适邑诸生金志道,次适湖州乡贡士沈淙,次适嘉兴诸生陆鸣阳。皆名家子。孙男一,邦鼎,应懿出,聘沈。孙女三,应宪出,一字杨,一字茅,一字吴。墓在小钰圩,葬以万历二十一年闰十一月廿二日。呜呼!平津主父辈,以立谈取卿相,朝而牛衣,夕而黼绣。彼有天幸,垂老一遇,收之桑榆耳。国家以公车文取士,非此不进,其途狭塞,不得方轨矣。先生白首穷经,肮脏不偶。既不获食于身,乃更不食其于子,宁非数奇使然与。三雏葳蕤有凤毛,可立致青云。先生未食之报,无乃在此。朱中丞之言,胡可云不验乎?先生名采,字敬臣。晚授参军以没,乃不名官而名字,抑亦第五之于骠骑云尔。铭曰:

胡学之专,胡志之坚。胡德之厚,胡命之邅。吁嗟乎斯人,而不永其年。虽不永年,三凤翩跹。其一冲天,烂溪沦涟。而丘崇然,而木蔚然。是惟敬臣先生之阡,过者式旃。

太原王穉登撰并书丹篆盖。

长洲吴应祈刻。

清周芳《周氏族谱》

遵野归吴记

〔明〕朱吾弼

士君子出处宜何？所守法也，惟行与藏之道，相准焉而已。夫君子涵养有素，寓世犹野马行空，随风所逐，东西南北，皆为天衢，安往而不可肥遁哉。《易》曰"肥遁无不利"，吴江顾君以之矣。顾君讳大纲，字道维，别号遵野。弱冠游青衿，寻而改入太学，饱笔酣战场屋者经二十余年，受赏识而下第者亦数次，一时文望相属，识金谓必旦暮遇之矣。后县官擢铨宰，以其弟恒岳司吏部，因介嫌疑弗就试，复九年。于兹，顾君遂拊髀曰："嗟乎！命之蹇也，吾老矣。"乃就职于袁。时袁吏罔知抚恤，民无乐生之心。顾君甫下车，察其疾苦，节其徭役，自是袁之民困而复苏，咸戴之若父母，直指使者最其绩上之，天府遂命贰令于筠邑。夫筠俗浇淳，民散朴素，称难治。顾君挺然欲为狂流砥柱，化诲怀服靡弗至焉。奈一人塞其源，众人扬其波，动辄龃龉，而亨屯之道穷，于是浩然有归志。其始也，蓄大而就小，得非用行之道欤。继也，袁久而筠速，得非舍藏之道欤。夫行藏一听于时，胸中曾何罣碍哉，出处得不绰绰然有余裕耶？彼以宦为膻以宦自秽者，宁不汗颜赤颊，又奚容顾君一日从事也？余于顾君，卜今日之君子矣，故因其别而为之记云。

赐进士文林郎、南京浙江道监察御史、治生朱吾弼拜撰。

明顾绍业、顾绍龄《顾氏族谱》

瀛山公传

瀛山公讳侃，上林公之长子也，母金孺人梦霹雳绕身而生。公疏眉朗目微髭，性机警，好义任事。上林公家政宽，人不用命，公稍佐以明作。凡婚丧宾享等事，一切倚办于公，公颐指咄嗟而集。弱冠始知力学，当其下帷刺股时，日夕伊吾，至忘寝食，欧血羸瘠不为辍。功以府庠生宾兴者，再以太学生应南北都试者五。长子璟成进士数年，犹以青衿赴北雍，率次子瓒，蓬首青衣，鳌壁棘闱中，以冀一遇，而竟不售，其志亦足悲矣。居常叹曰："古人有出万死一生起微贱立功名者，今吾属徒以一编，历三冬占毕帖括，雍容以取科第，其劳逸难易为何如？"以故训督诸子严急，不遗余力。长子璟考绩封章下日，次子瓒京兆得隽之报狎至，公已病脾不起矣。公慷慨重然诺，急人之难，轻财好施，产遂中落。晚年更为纤俭，米盐细故，恒躬讥察，而疏数弛张，亦未尽中窾。会盖生平竭财聚精于读书教子，此外皆非所习，即勉强为之，性终不近也。从兄太史公罹漕卒之变，罪人未伏法，而家难内讧。或为蜚语以乱之，曰"贼由群仆及内子"，语且污蔑公。公奋曰："若尔是为凶竖脱罪，而乘机修隙于妇姑子母间也。吾一身之毁誉不足惜，如死者何？"遂触暑策蹇走长安，欲伏阙上疏，会漕卒狱具而止。是时，有媒糵公于当道者，当道至露檄踪迹公，公故在长安未归也。事虽寝，而识者为公寒心焉。

公以义自信，不为少詟。族叔兆元以官逋死于狱，公为具棺收葬之。嘉师、嘉德者，其从弟也，株连及之，产罄而事不解。公又为覆庇周恤，仍分疏其冤，凡数载乃已。少西公卒，家饶子幼，宗人多欲报怨垂涎者。公倡正论立明誓以折之，产稍析而家不害，公之力也。诵读慕古之外，每好游名山水，东登岱，西礼太和，所至与其贤豪长者相结。若沔汤陈翁，以数十年心期，数千里相访，生订死酬，不异古之范张，有足多者。诗词间咏而不甚多，遗稿藏于家。

清沈始树《吴江沈氏家传》

明故光禄寺署丞存江周公墓志铭

〔明〕杨 成

万历乙未，大官丞存江周公卒，其子将以明年丙申葬公北城字圩之新阡。公之诸子手状公行，以余忝姻连也，涕洟而请曰："诸孤不肖，荒迷中不能揄扬先人懿德万一，窃闵然惧先人令闻不彰，孤之罪也。惟先生哀而赐之铭，先人死且不朽矣。"公寝疾两载，诸子昕夕躬羞馈饵，有日矣。惟余雅知公贤，又怜诸孤情恳而辞哀也，安敢以不文辞，乃览状叹曰："公之行宜志宜铭已。"按状：公讳旬，字翰臣，世为吴江人。曾大父讳昂，赠资政大夫、南京都察院右都御史。大父讳用，太子少保，吏部尚书，赠太子太保，谥恭肃。父讳国南，中顺大夫，知云南寻甸府。世有隐德，至恭肃公，世庙时为名卿。寻甸公承之，有万石家风，而周遂甲于吴。母顾恭人。生丈夫子五，公行四。有从大父举子晚，鞠父所，因列儿行次五焉。别号弁山，后寻甸公号款江，更号存江以志思。公秀颖不群，弱不好弄，举动如老成人，当大父母意。稍长，日诵数千言，几忘寝食，至丙夜不倦。大父益奇之，曰："是儿可继吾志。"年十七，善属文，文尔雅不群，补邑庠，即有声。居无何，偕伯兄入太学，又有声太学间，人称为"二周"云。逮伯兄领乡荐，公益下帷发愤，志绍遗烈，十上弗售，无几微辞色。间以资为郎，非其好也。公丰颐广颡，白皙美髭髯，性凝重醇谨。丁母顾恭人丧，扶榇，自留邸，间关千里，几不欲生。及寻甸公致政归，色养尤笃。逮殁，而孺子慕如丧顾恭人时也，丧葬必竭情尽慎。敬事兄嫂，友爱弟昆，终其身如一日。宗党姻戚，周恤备至，无不人人当意者。自寻甸公宦游时，公内总家政，外肩徭赋。人见公方锐志公车，或虑其不任。公独善承理，操其赢，不为刻核，业益饶裕。公家徭赋，尝身视之。里有不胜践更，而轻去其乡者，至割膏腴，资长赋者以为常。雅好施予，谊所当予，即心诺，不俟再请。贫予粟，疾予药，殁予敛，丧予槥，至洗橐扫庾弗顾，若不有其家也者。岁大饥，斗粟百钱，或劝公少需，公愀然改容曰："吾安忍坐视此沟中瘠也。"立命平直出之。已又倡诸好义者，各输数百石助赈。已又设糜四郊予饿者，氓赖以苏。每岁输税必先，县官义之。田业所入，仅资百口，出不偿入，然公意亦不欲积也。里有以方略取公财者，本无偿意，公亦不复索。时时折券弃责，周人之急，而不责其报。禀性驯和，接人虽少贱必以礼。

与人言，惟恐伤之。耻谈人之过，即有闻若弗闻也。居尝有犯不较，至有以德报怨者，会有仇，被访而逸。或请执而甘心焉，曰"是不尝龋厄公者耶？"公笑曰："乘人之危，非夫也。"且力救以免，仍恤其乏，豪至感泣。其宏度有容类此，即古称王彦方乡行曷以加焉。每训诸子曰："士力学遇时，取青紫易耳，有如既遇而弁髦之，仕进之谓何？且吾闻之，学匪勤弗进，仕匪廉弗公，俗匪孝弗敦，家匪恕弗和，身匪严弗端，志匪谦弗益。此吾目所睹记，儿谨识之。"此盖以身为教，匪卮言也。又尝自慨其志，曰："大鹏弥于天隅，鹪鹩巢于蚊睫，赋予固有定哉。第人贵自树，要以励行勉强为善，无愧先德云尔已。"用是月旦籍甚，有司敦请为乡祭酒，公不欲以进贤冠。据父老上，强之一赴，遂辞不再。其退让又如此。公于稗官野史无所不窥，暇则谈古今成败淑慝可为法戒者，洒洒忘倦。独不喜谈佛老，不观非圣人书。至如岐黄书，五色鸿宝所录，谓于摄生有裨，独究心焉，有患者每赖以起，济物尤弘。吁！亦奇矣。夫公继寻甸公后，人以纨绮视公，而独不喜鲜腆。人多负门地自矜，公独谦冲退让，无异蓬荜。稍知文者或荡肆不检，公独兢兢砥节无惰行。有一善者恒急人知，公独好行其德，终其身暗然不言，斯不尤难已哉！所居烂溪，尝谓："溪山之胜足以供眺，桑麻足以自给，湖光夜月松窗竹屋足以娱晚，奚必崇秩厚禄乃称愉快哉？"遂治圃缮亭，客至虽不求丰，必尽欢，于于然乐也。游心物表，世虑不婴，宜永年已，而仅仅中寿。素精医药，每以一匕救人，竟用痰逝，殊出理外。惜哉！疾作于己丑之春，至甲午冬始剧。时仲子应偶当赴公车，因公疾，不欲往。公促之，曰："儿惫我耶？我自善摄，无为念我矣。"为加一餐。病革之日，犹时时呼诸子嘱曰："吾家世受国恩，愧我无能为报。图报者在尔小子，其无忘吾言。"语不及私。卒之日，自亲党交游，里中父老，靡不惊叹悲咽者。公生于嘉靖癸巳七月十二日，卒于万历乙未正月十三日，享年六十有三。娶顾。子三：长应仪，太学生，娶闵；次应偶，乡进士，娶沈；次应僖，太学生，娶吴，继顾。女二：长适沈，赠安人；次适吴。孙男九。应仪出者七：文升，太学生，即余孙婿；文荐，郡诸生，娶邹；文举，聘张；文卿，聘陶；文相，聘朱；文俊，聘闵；文杰，聘凌。应偶出者一：文灿，聘顾。应僖出者一：文亨，邑诸生，娶郁。皆望族。孙女六，为应仪出者二，应偶出者一，应僖出者三。曾孙男女各一，文荐出。铭曰：

于休翰臣，蚕邃遗编。匪以徽荣，惟以象贤。惇伦于家，博施于里。树德务滋，乐善忘己。敦薄廉顽，戬谷是贻。厚施食报，天道匪私。烂溪之原，有丘窣然。瘗玉于兹，发祥千年。我铭其幽，垂示无极。德音不磨，以永无泐。

赐进士出身、资政大夫、奉敕参赞机务、太子少保、南京兵部尚书、近奉旨起掌南京都察院事、前南京吏礼工三部尚书、工部左右侍郎、提督军务、巡抚江西、都察院右副都御史、姻眷生杨成撰。

赠进士出身、朝列大夫、江西等处承宣布政使司右参议、前两京兵刑两部员外郎、眷生王锡命篆盖。

赠进士出身、中顺大夫、湖广荆州府知府、年家眷晚生陆梦履书丹。

清周芳《周氏族谱》

明故徵仕郎光禄寺大官署署丞存江周公墓碑铭

〔明〕屠隆

　　周公讳旬，字翰臣，别号弁山，以先中宪款江公殁而志遐思，乃更号存江。吴江之烂溪人也。先世多隐君子，鸿豹其迹，罕有托杀青以传者。至赠御史大夫讳昂者，始以才名行谊表于里。昂生太宰恭肃公用，智谓川涌，风裁岳立，为国黄发。恭肃生寻甸太守国南，席家学，程先民，而讨于故实，彬彬质有其文，绝无贵介浮汰习。周于是称巨伐江左矣。寻甸公娶顾恭人，生公为第四子。幼而颖异不凡，天性孝友。读书博闻强记，为制科业，奇古尔雅，自具炉锤，未始拾人牙后慧。壮益泛澜绅帙，手一编丙夜不休。十七补邑诸生，试辄高等。岁戊午，从其伯兄玄津公卒业成均，才名倾六馆士。是岁伯兄遂举泽宫，而公报罢，轏然曰："踵先恭肃青云武，年有吾兄在。箓荡瑶琨，售有先后，无弗卒售，吾复何忧？"归而弥肆力此技，凡九上南闱，往往为背城借一计，而竟濩落不偶。会诸子相继操弩弧繁弱，各摽所长，而亦未有先登者。公笑乃翁业方治弗售，儿辈不更而箕裘，吾道果非耶。良农罪弗勤，弗敢罪岁矣，久之乃幡然若有省者。曰："是物鸡肋哉。世有负甑灌园，夫何必是物。吾颠毛种种，安能若蚁慕膻，老不知止？"遂放情山泽禽鱼，以琴弈图书写性灵，送永日。间检方书采真，行乐裔裔容与如也。痰疾寻作，竟以不起。公丰颐白皙，飘须美丈夫子。性醇厚，修士行甚备。顾恭人卒，留邸，扶丧蕉萃，哀感路人。寻甸公致政归，公伤恭人弗逮，而毕爱日情于寻甸公。及其殁也，毁瘠有加焉。庄事兄姊，友爱弟昆，终其身。一日，以穷投公者，劳苦相响，务令得所望去。虽广并容游，处必智者。所接即贱竖，无简贵容，逡巡抵掌，务陈说礼法，无孟浪媟语。尤不乐摘人瑕疵隐慝，闻之若闻尊行名矣。臧获之指千，拊之咸有恩，曰："夫独非人子乎？幸灵不畜吾畜之，而恩与灵等。"里豪有鬻业于公者，愿得公而甘心，数讼之官，辄弗直，而公顾数周之。会豪以贯盈挂直指宵遁，或请为公投牒而声其恶。公谢曰："夫夫以窘故作亡赖，累发而累不得志于我，我复何憾！乘人于难而挤之，义弗为也。"豪闻之感泣悔过。后竟赒其母及豪丧，人称公长者，虽古人难哉！佃人匿田租若干者九稔，主筹者觉而悉追其逋，公执不可。曰："畴令若并忘之，而一旦并责之，彼力能何逮？"收新者而止。岁大饥，斗米百钱，或劝之闭囷，直且倍。公愀然曰："民且道殣，而吾闭囷以求赢，人将食吾余乎？"悉发以平粜，复输粟数百石，为邑人倡。民苦践更，往往轻去其乡里，公割腴田若干，为民代偿逋，邑置为令。诸病有药，死有敛，吉凶缓急有助，外广行施。而内务自俭约，身无华衣，口无美食。又有心计，善操奇赢，若计倪、鸱夷子，以故义声益高，而家亦日益起不落。物有张之而反弛，损之而顾益，亦或天道然哉。所居第有台榭池沼花石之胜，不乏宾客履舃，丝竹间发，诸子亦假以娱公暮年。而病寻作，又念公抱高才弗售，宜不无小介介于中，乃谋为公入资拜大官丞，非其好也。公三子鼎立玉峙，人以拟少室三珠树。偶登贤书，仪、偣并籍太学，浸浸龙骧鸾翥。且三子而外，群从奕奕，尚多知名士，是所繇伸公眉头者此尔。公晚以德义高月旦，虽古之署郑公乡表通德里者，殆无怍色。邑大夫岁虚乡大宾席迎公，公强一出，后力辞不再赴。曰："先王祝哽噎，拜更老以优有德，余何德而堪之？惧点大典以为邦君羞，余知分矣。"其退然冲挹不伐如此。生嘉靖癸巳七月十二日，卒万历乙未正月十三日，享年六十有三。配顾，江陵训导吴川公女，相敬如宾者，青髫至白首。三子：长应仪，娶闵；次应俌，娶沈；次应僖，娶吴，继顾。女二：长适沈，次适吴。孙男九人，女六人。曾孙男一，女一。娶嫁皆名族。应仪等将以万历二十四年十月十之日葬公新阡，而托余戚周孝廉汝伊乞一言题其墓，曰："先子行义，足垂天壤，著在乡月旦。不敢为阿私，愿属不朽之托于先生。"余学道者，不能必其身不朽，而其言安能不朽人？然不能身不朽，而能不朽人者，古亦有之，余何辞？铭曰：

谓纨袴不必才，公学淹典坟，文烂琼玫。谓浮华不必实，公菁英外标，纯白内守。谓富必籧啬，公乐善好施，碑在众口。谓义必妨利，公陈义益高，资亦益厚。晚治亭榭，逃于诗酒。风月维宾，花石是受。夜半有力，负公以走。吁嗟乎！孰畀之而才贤，孰厄之而弗偶。荣名则传，令德有后。道贵止足，物忌多取。今我铭公，庶其不朽。

万历丙申岁夏日，赐进士第、前礼部仪制清吏司主事、东海屠隆纬真甫纂并书。

清周芳《周氏族谱》

徵仕郎光禄寺大官署署丞存江周公墓表

〔明〕朱来远

故徵仕郎光禄丞周公，以寿终于寝，诸郎君修茔事，归翁北城字圩之新阡。则既有志铭以纳诸隧矣，犹虑异日者先德露零，罔为后来镜也。乃翁仲子应俌，手自为状，涉江千里，走敝庐，勾予言以文墓道之石，曰："非此无以慰地下。"盖余与翁共业白下，为文字道义交，暱甚。且尝令鸳江之浒，翁时扁舟见访，谭心曲，悉翁行谊，器业最深。复按状：翁世居吴之烂溪，代有隐德。大父恭肃公位冢宰，秉国钧，风猷奕奕，卓为当代巨卿。始用儒显，父款江公缵先奋起，宦止寻甸邦伯，勋业烂焉。中外文献郁延，簪缨累叶，洵三吴望族云。款江公娶顾恭人，得丈夫子五，翁行四。幼负奇质，日可诵记数千百言，不好弄，酷嗜诗书，其天性固然。翁大父重奇之，谓亢宗必是子。十七补邑弟子员，即与诸弟子员试，已无当翁者。嗣抱业成均，成均雄俊士，逊避谢不敏，文誉鹊起。翁丰颐鸢背，白皙美髭髯，望之若神仙中人，王谢玉树不啻也。吴中佳士折行交附之，人人期以公辅之器。居无何，数奇不偶，南中棘闱，遂为翁九折坂，信哉造物奇才也。翁辄然曰："男儿经世自有术，宁能为一科名诎哉？"寻释制举业，以资为郎，拜大官丞，期效于国家，非其好也。终不能忘情青松白石之间，竟投闲益肆力于学。经史外，即曲数小技、稗官杂说，靡所不窥。而特精于轩岐之旨，阛阓中多所赖之。岁戊子，翁仲子以明经荐于乡，益坚翁之高遁。翁长于文章，尤善以文章训其子。即诸郎君翩翩崛奋乎，程督不少懈，故巍然三凤世美象贤也。迨己丑二竖为祟，翁疾作，历甲午未痊。时孝廉君应上春官试，忍弗能去，翁强之行，曰："吾待子一第而起，幸勉旃。"奈何仅逾岁，而翁不少待，奄然逝矣。翁内行醇备，笃于孝友，性于于然舒量，复恢恢然大也。顾恭人蚤卒，以不逮养为恨，扶榇间关，哭踊久而靡辍。奉款江公依依膝下，晨昏惟谨。殁之日，乌乌作孺子慕，以毁瘠闻。庄事兄姊，友弟昆，宗人咸得其欢心，推为周氏祭酒云。居里务折节为恭谨，绝口不谭人过。外不作町畦状，而无疏亲耄稚，一意饮之以和，人人如所愿而已。里中豪数龁翁，翁领之。会豪暴露他所，有恋怼翁乘此泄睚眦。翁慰谢之，吾不忍幸人危厄，以自媮快。且不难解豪之纷，而赙其母之丧，豪为感泣。有佃人匿九岁之入自为利，计主者并责取盈焉。翁曰："缓二之谓乎？婺人子能一时办此乎？"第令无负新，无踵故，智止耳。群佃人咸举手加额，服翁之义。翁生平不操奇赢，雅矜织啬，斤斤如也。即蒙世业务豪举乎，然动以礼闲。居恒服御，无厌修洁，亦无艳都丽，丰约采素，期中程而止。岁大饥，客有劝闭之粜者，翁愀然不悦，谓如此沟中瘠何？平直而出，复倾虞邑大夫所赈贷之，倘所谓富而好行其德者耶！时宾于乡，仅一往，即谢去，不欲以公车遗据乡父老上。非公事，邑大夫博士庭，无翁履迹也。其表正乡闾，有先民长者风，类如此。呜呼！翁以有余之才，当不足之遇；留不尽之用，待启后之贤；以温密和靖之德，善处宗亲乡党之间，斯所谓虞虞德让君子哉！宁独孝子蓼莪之思，海内贤士大夫凡在知己，岂胜典刑之恸乎！然积厚者流必长，樊宏父树漆易世，而后获其用，矧树德哉！翁诚未可以死，吾有以知其死而不死也。翁讳旬，字翰臣，别号存江，以志永慕。娶于顾，生子三人：应仪、应俪、应僖。诸孙彬彬世其家，俱详志状中，不缕举。举其德之大者，表而出之，以诏后之过其阡而式之者。而又为之语曰：达人委运，世繄其盲。简兮简兮，实庚其常。惟膴之原，有郁苍苍。筮云其吉，窀宫闷藏。山川蜿蜒，毓灵有章。引之万年，祚胤斯皇。是惟明贤，存江周公之墓。

赐进士第、中顺大夫、翰林院提督四夷馆、太常寺少卿、前吏部文选清吏司郎中、奉钦命典阅中试事、通家乡侍生朱来远撰。

赐进士出身、奉直大夫、工部营膳清吏司员外郎、眷侍生凌迪知篆额。

赐进士出身、奉政大夫、奉敕整饬南昌兵备、江西按察司佥事、子婿沈瓒书丹。

清周芳《周氏族谱》

明故光禄存江周公配顾孺人墓志铭

〔明〕陈继儒

华亭陈继儒撰。
华亭孙克弘篆盖。
长洲张凤翼书丹。
万历己酉，光禄丞周应仪兄弟，合葬父母于北城字圩之新阡，而以顾孺人志来请。

余惟世俗之送其亲者，不过极车骑帷幌辒翼之盛，以为里闬观。其稍有识者，束锦羞璧于通人之门，借衔镌碑，涂饰耳目，然不终日，而其封存。其器亡，不再易世，而其衔与其骨并朽。今光禄兄弟，独问铭于华亭陈子，将无所重者，顾在此不在彼欤。义不得辞，许之铭。吴江惟周氏称旧伐。自太子太保恭肃公，以勋德名位著江东，而寻甸守继之，其后先宗姻，尽吴越衣冠胄地之最者。寻甸公有子存江君，生而才，非名家女不耦。而训导吴川顾公之伯姬，以贤媛闻，遂内璧焉。孺人甫十六，归存江君，家人目逆之。阼阶端静婉婉，退而省其梱政，逡逡女君子也。比时姒娌接席，左纨照绮，右绮照纨，孺人独为时世妆。稍久，或亲自浣绩，以德素先之。顾太恭人性卞急，易为恚。孺人以精心善气，迎事惟谨，太恭人数为之解颐。寻甸公解官归，太恭人已捐馆舍，内顾不乐。孺人则又婉转调解，以得其欢心。旁拓丙舍，亭台花竹称之，寻甸公日啸歌此中。而自后存江君客亦大进，孺人走爨下治办，咄嗟食案酒罍，丰杀中程，即有以非时至者，不敢以倦谢也。存江君笃疾几殆，孺人局曲转侧，屏声气侍汤药五年，率以起君。君尝九上公车，每罢免，闵默不自得，孺人劝就选人。曰："君无以一光禄自惭，请为君课儿。"于是约束三子不少贷，意尝以严而剂存江君之宽。偶辛丑成进士，令宜春，入觐卒。仪与傭皆文行廪廪，称善人君子矣。孺人性至孝，岁时问遗外家不绝。顾翁与陈母皆老，孺人子以宽乐，终丧葬成礼，而遇三兄弟如初。庄事存江君四十年，颦笑自爱，家事无大小，咨而后行，曰有光禄君在。君亡，即缟素退老。以户外事请者，则又曰未亡人有三子在。居恒抱哺诸孙，而抚爱仪之子文升特甚。文升当孺人之没也，哀思不置，命工追写遗像。甫嘱笔而俨若更生，见者惊喜，以为孝感所致云。孺人生嘉靖乙未，卒万历甲辰，享年七十。子姓婚娶，详载存江君志中。孺人好力作，白首课青衣群髽，轧轧机杼间，而身不御重采。客至设醴皆丰甘，而口不厌重簋。综理吉凶远近之故，精敏晓畅，而綦屦之迹不出阃。家僮千指，嬉嚆屏息，肃若有司朝典，而罕闻呵詈声。钟釜圭撮无妄与人，而戚里有缓急者，不忍以乏为解。里媪过从，相与商略，沤麻幽菽之事，或乞觅如意而去。而未尝膜拜浮屠，以巫觋老尼为政。呜呼！即古之女宗母师，亦何以加哉！余尝叹江东之俗，家汰人侈，而三吴尤甚，高髻纤绨，明妆炫服。此不起于寒畯，而起于世家，世家转相竞效。又不起于有检之缙绅，而起于一二无识之女子，司世道者心窃忧之。有如孺人之慈俭庄敬，老而不衰，凛然自周氏家法，其亦足以铭矣。铭曰：

郁乎葱葱，北城之新封。君子攸宫，而德俪从。水焕土丰，后禄穹崇。如日再中，岂惟光昭？太保之令，绪于无穷。惟俭与恭，厥回世风。

清周芳《周氏族谱》

孙从龙传

孙从龙，字汝化，六都人。少凝重，时有倭警，书舍儿多踉跄走，从龙独诵读自若。隆庆二年成进士，授行人，考选当得给事中，或劝一谒相居正，谢不可。乃迁刑部郎中，录囚广西，多所平反，尤加意永成者，曰："古者罪不及孥，况世世乎。一人负冤，灾及子孙，是重于大辟也。"然法比精密，主者不能驳。出知广信府，广信当孔道，民苦供亿，从龙减省常费大半。始，郡岁造贡纸万余金，例有扣，从龙悉革之。学宫旧无田，从龙为置田，以给贫士之失业者，士皆德焉。永丰旧有矿盗，嘉靖间封禁诸山，设巡司守之。从龙议移铅山把总于柘阳，省巡司弓兵以益饷。又坑兵以饷薄多虚籍，从龙以为增饷不若汰兵而实给之。皆报可，自是诸山无盗警。迁江西副使，申饬邮政，省金钱二千余。未几，引疾归。其之官不以家累自随，比还，行橐萧然。卒年六十三。所著有《易经参疑内外编》等书。（参《献集》《文徵》）

清乾隆《震泽县志》

赠尚宝少卿袁公传

〔清〕朱鹤龄

公讳黄，字坤仪。曾祖颢，祖祥，父仁，代有著述，不仕。仁更能诗，书法赵松雪。公少失怙，苦学，善属文。祖赘嘉善殳氏，因补其邑诸生，名藉藉起。岁大祲，嘉善许令问消弭之策，公引《洪范》五行及管辂、邵雍语以对。令异之，遂辟书院，令高才生受经。隆庆丁卯，选贡入南雍，举庚午乡试。负笈者云集，指授文规，往往得隽去。万历丙戌，始成进士，时年五十三矣。公学通古今，谈时务亹亹。甫释褐，奉总宪札，与常熟宫坊赵公用贤，共议清核苏松钱粮。公上《赋役议》：一曰分赋役，以免混派；二曰清加派，以绝影射；三曰修实政，以省兵饷；四曰查派剩，以杜加赋；五曰免协济，以恤穷民。又清减额外加征米银十余条。豪猾以不便已，率为浮言眩当事，沮格不行，识者叹焉。戊子，谒选得宝坻知县。邑赋亩二分有奇，诸役编派反倍之。车运皇木，役最疲。公建议请乘漕艘未集，由会通河运入，而移皇木厂于三贤祠北，使滨水受木，且去京密迩，取给便。当事为奏之，报可。因尽革重夫、重马、采石及箭手诸役，省派里甲银两，正赋而外，毫无扰焉。内臣开厂，督贡银鱼，为民厉。公上书阁臣，谓："鱼自海抵邑，又自邑抵京，道纡，鲜易败。请由海滨驰至京，应上供。"阁臣允之，自是中贵罕至者。潞藩之国邻邑，率赋多金为公费，水浅舟胶，留顿则费逾广。公令囊沙壅下流，水满舟易达，及舟将至，则启沙囊更壅其下，不移日越境。邑地洼下，比岁大潦。公浚治三垄河，筑堤捍之。海水时溢入为患，令海岸多植柳，高数尺，潮退，沙遇柳辄淤，渐成堤。因于堤内治沟塍，课耕种，旷土大辟。是时，蓟镇主客兵不满十二万，而年例银及屯田、民运诸项，计且至一百五十万。抚军以公晓畅边事，檄令酌议。乃列十事以献：曰革养军之虚费，曰汰台兵之冗员，曰谨抚赏之机宜，曰定市马之良法，曰复旧耕之额田，曰广山林之种植，曰兴险阻之水利，曰增将领之供给，曰置轻车之便利，曰核器械之冒滥。又兵备王令议防海事宜及军民利病，公各列八款上之，语皆石画。壬辰，以大中丞塞达荐，特召为兵部职方司主事。适倭躏朝鲜，朝廷大举东征，甫到部，经略蓟辽宋应昌疏请赞画军前，兼督朝鲜兵政。冬月，浮海渡鸭绿江，调护诸将，拊循三军。提督李如松大捷平壤，部下多割死级报功，公驰谕禁之。如松不悦，自引辽兵而东，委守平壤，不畀一卒。清正兵来袭，公遣麾下及朝鲜兵三千邀击之，于南山观音洞杀数十人，擒其将叶实。如松骄而贪，轻骑独进，经碧蹄馆，为倭所乘，军大衂，退守开城。（据钱牧斋《东征二士录》）大司马石星意遂主款，应昌入沈惟敬之言，支吾封贡。公亦以将骄兵罢、浪战非策，上书本兵。言之未几，竟中拾遗疏劾为令时纵民通赋，革职。归田十余年卒，年七十有四。天启改元，大冢宰赵公南星，追叙东征功，得赠尚宝司少卿。生平著书甚富，多散佚，今惟《两行斋集》《历法新书》《群书备考》梓行。子俨，天启乙丑进士，官高要令卒。公博学尚奇，凡河图洛书、象纬律吕、水利河渠、韬钤赋役、屯田马政，以及太乙、奇门、六壬、岐黄、勾股、堪舆、星命之学，莫不洞悉原委，雅以经济自负。未第时，尝受兵法于终南山中刘隐士，又尝服黄冠，独行塞外者经年。九边形胜，山川营堡，历历能道之。其赞理东征也，访求奇士，得冯仲缨、金相，置幕下。倭酋清正者，故萨磨君之弟。关白虽篡，心畏之，使嬖人行长将前军，而清正为后继。清正倍道取咸镜，趣鸭绿江。时如松败保开城，而经略驻定州，前后皆阻，倭计无所出。仲缨与相言于公，曰："清正轻行长，而贰于关白，可撼而间也。"公乃遣入清正营，说使释所虏王子、陪臣，退兵决封贡。清正果如命，即日自王京解兵东归。（据《东征二士录》）先是，公言岁星历尾，尾为辽分野，朝鲜属焉。今色不青而白，此兵征。然朝鲜得岁而倭伐之，倭将有内变，朝鲜必复国。迨后倭撤兵归，关白死，卒如其言云。

论曰：公自言生平得力静坐，然其学流入禅玄，好为三教合一之说。其以"两行"名集，亦取老氏"有无""双行"之旨，故与管公东溟深契。而说书义解，多与儒先抵牾，然其砭讹发覆，则俗学所未有也。《语》云："通天地人之谓儒。"公虽未为醇儒也，独不得谓之通儒乎？

李廓庵先生世达曰：公初为张文忠公居正客。文忠议正乐，依古法造密室三重。又依蔡氏，多截管以候气，不应。使公视之，曰："候气之室，宜择闲旷地，今瓦砾丛积，则地气不至，一不合也。外室之墙宜入地三尺，二重木室入地一尺六寸，三重木室入地七寸六分。今皆不然，仅可固地上之气，不可固地中之气，二不合也。室三重，各启门。为门之位，外之以子，中之以午，内复以子，所以反覆而固气也，今皆以午，三不合也。声气之元，寄之象数，必有自然之理。今所截众管，大小不伦，四不合也。天之午，常偏于丙二分有半，今日圭所测是也；地之午，常偏于午二分有半。冬至候黄钟之管，宜埋壬子之中，位一而已，岂可多截管乎？五不合也。"文忠如公言，择地天坛之南隅，飞灰果应。文忠欲属公以正乐之事，公请先正历法，语不合，遂谢去。公尝受历于长洲陈壤，其法本回回历，以监法会通之，更定律元，纠正五纬，最为详密，号《历法新书》。

清朱鹤龄《愚庵小集》

袁了凡传

〔清〕彭绍升

袁了凡，名黄，江南吴江人，故字学海。幼孤，业医。有术者孔生，善皇极数，推了凡命，劝令习儒书，曰："明年当补诸生，后以贡生为知县，终五十二岁，然无子。"了凡之先，赘嘉善殳氏，遂补嘉善县学生，既而贡太学。其考校名次、廪米斗石之数，悉符孔生悬记语。顷之，访云谷禅师于栖霞，与云谷坐对一室，三昼夜不瞑。云谷异之曰："子昼夜中不起妄想，入道不难也。"了凡曰："吾生平有孔生者悬记之，既验矣，荣辱生死，其有定数审矣。知妄想之无益也，息之久矣。"云谷曰："吾以豪杰之士待子，不知子之为凡夫也。人之生，固前有定数焉，然大善大恶之人，则皆非前数之所得定也。子二十年坐孔生算中，不得一毫转动，凡夫哉！"曰："然则定数可变乎？"云谷曰："命自我造，福自己求，一切福田，不离自性。反躬内省，感无不通，何为其不可变也！孔生悬记汝者何？试说之。"了凡以告。云谷曰："汝自揣应得科第否？应生子否？"了凡自忖良久，曰："不应也。好逸恶劳、恃才矜名、多言善怒、喜洁嗜饮之数者，俱非载福之基也。"云谷曰："人苦不知非。子知非，子即痛刷之。从前种种譬如昨日死，从后种种譬如今日生，此义理再生之身也，何前数之不可变也。"了凡韪其言，肃容再拜曰："谨受教。"因为疏，发已过于佛前，誓立功行三千以自赎。云谷于是授以功过格，教以准提咒，谓曰："事天立命，须于何思何虑时，实信天人合一之理。于此起善行，是真善行。于此言感通，是真感通。孟子论立命曰：'夭寿不二，修身以俟之。'曰'夭寿'，则一切顺逆该之矣。曰'修'，则一切过恶不容姑忍矣。曰'俟'，则一切觊觎一切将迎皆当剗绝矣。到此地位，纤毫不动。求即无求，不离有欲之中，直造先天之境。汝今未能，但持准提咒，无令间断，持至纯熟，持而不持，不持而持，日用应缘，念头不动，则灵验矣。"是日，更字"了凡"。自后终日兢兢，暗室独处，战惕倍至，遇人憎毁，恬然容受不校也。其明年，为隆庆四年，举于乡。自言行履未纯，检身多悔，积十余年而前所誓三千行始满，复誓再行三千行。无何，生子俨。又三年，后所誓满，复誓行一万行。后四年，为万历十四年，成进士，授宝坻知县。了凡自为诸生，好学问，通古今之务，象纬、律算、兵政、河渠之说，靡不晓练。其在官，孜孜求利民，治绩甚著，而终以善行迟久未完自疚责。一夕，梦神告曰："减粮一事，万行完矣。"初，宝坻田赋每亩二分三厘七毫，了凡为区画利病，请于上官，得减至一分四厘六毫，神人所言指此也。县数被潦，乃浚三圣河，筑堤以御之。又令民沿海岸植柳，海水挟沙上，遇柳而淤，久之成堤。治沟塍，课耕种，旷土日辟，省诸徭役以便民。后七年，擢兵部职方司主事。会朝鲜被倭难，来乞师。经略宋应昌奏了凡军前赞画，兼督朝鲜兵。提督李如松以封贡绐倭，倭信之，不设备，如松遂袭，破倭于平壤。了凡面折如松不应行诡道，亏损国体。而如松麾下又杀平民为首功，了凡争之强。如松怒，独引兵而东。倭袭了凡，了凡击却之。而如松军果败，思脱罪，更以十罪劾了凡。而了凡旋以拾遗被议,削籍归。居常诵持经咒,习禅观,日有课程,公私遽冗,未尝暂辍。初,与僧幻予、密藏议刻小本藏经。阅数年,事颇集,遂于佛前发愿云:"黄自无始以来,迷失真性,枉受轮回。今幸生人道,诚心忏悔破戒障道重罪,勤修种种善道。睹诸众生现溺苦海,不愿生天独受乐趣。睹诸众生昏迷颠倒,不愿证声闻缘觉,自超三界。但愿诸佛怜我,贤圣助我,即赐神丹,或逢仙草,证五通仙果,住五浊恶世,救度众生,力持大法,永不息灭。又愿得六神通,智慧顿开,辩才无量,一切法门靡不精进,世间众艺高擅古今。使外道阐提,垂首折伏,作如来之金汤,护正法于无尽。"发愿已,书之册,为唱导焉。家不富而好施,岁捐米数百石,饭僧居其大半,余施穷乏者。曰:"传佛法者僧也,吾故急焉。"妻贤,助之施,亦自记功行,不能书,以鹅翎茎渍砾,逐日标历本。或见了凡积功少,即颦蹙。尝为子制絮衣,了凡曰:"何不用棉?"曰:"欲得余钱,以衣冻者耳。"了凡喜曰:"若能是,不患此子无禄矣。"家居十余年卒,年七十四。熹宗朝,追叙征倭功,赠尚宝司少卿。著《诫子文》行于世。其《积善篇》曰:"《易》曰:'积善之家,必有余庆。'然其真假、端曲、是非、半满、大小、难易,当深辨也。何谓真假?人之行善,利人者公,公则为真;利己者私,私则为假。根心者真,袭迹者假。无为而为者真,有为而为者假。何谓端曲?今人见谨原之士,类以为善,其次则取边幅自守者,至言大而行不掩者弃之矣。然圣人思狂者与狷者,而以原人为德贼,是流俗之取舍,与圣人反也。天地鬼神之福善祸淫,与圣人同是非,不与世俗同取舍。有志积善者,慎无徇流俗之耳目也,但于己心隐微,默默自洗涤,默默自检点。如其纯为济世之心则为端,有一毫媚世之心即为曲。纯为爱人之心则为端,有一毫愤世之心即为曲。何谓是非?鲁国之法,有赎人于诸侯者,受金于府。子贡赎人而不受金,孔子闻之曰:'自今以往,无赎人于诸侯者矣。'子路拯人于溺,其人谢以牛,子路受之。孔子喜曰:'自今鲁国多拯人于溺者矣。'故知人之为善,不论见行,而论流极。现行善,其流足害人,非善也。现行似未尽善,而其流足以济人,非不善也。何谓半满?《易》言:'善不积不足以成名。'是如贮物于器焉,勤而贮之,日积而满;懈而不贮,则不满也。此一说也。昔有女子入寺,施钱二文,主僧亲为忏悔。及后入宫,回施千金,主僧令其徒回向而已。女子问其故,僧曰:'前者施心甚虔,非老僧亲忏,不足报德,今则有间矣。'此千金为半,二文为满也。钟离授丹于吕仙,点铁成金,可以济世。吕问曰:'终变否?'曰:'五百年后当复本质。'吕曰:'如此则误五百年后人,吾不为也。'曰:'修仙要积三千功行,汝此一言,三千功行满矣。'又一说也。又为善而心不着善,则随所成就,皆得圆满。心着于善,终身勤厉,止于半善。譬如以财施人,内不见己,外不见人,中不见所施之物,是谓三轮体空,是谓一心清净,则斗粟可以种无涯之福,一文可以消千劫之灾。苟此心未忘,虽施万镒,福不满也。又一说也。何谓大小?昔卫仲达为馆职,被摄至冥司,吏呈善恶二录。恶录盈庭,善录如箸而已。以称平之,则善录重而衡仰,恶录轻而衡低。仲达问:'何书?重如是。'吏曰:'朝廷尝大兴工役,造三山桥,君上疏谏止之,此疏稿也。'仲达曰:'某虽言之,未见从。于事何补?'吏曰:'虽未见从,君一念之仁,已被万民,善力大矣。'故知善在天下国家,虽少而大,若在一身，虽多亦小。何谓难易？先儒谓'克己须从难克处克'，夫子告樊迟为仁曰'先难'。若难舍处能舍，难忍处能忍，斯可贵矣。善量无穷，义类亦众，有志力行，推而广之。"其《改过篇》曰："夫造福远灾，未论行善，先宜改过。然改过有机，其机在心。第一要发耻心。孟子曰：'耻之于人大矣。'以能用耻则圣贤，不能用耻则禽兽，几希之间，其危甚矣。第二要发畏心。日月在上，鬼神难欺，虽在隐微，实昭鉴之。一念悔悟真诚，足涤百年宿秽。譬如幽谷，一灯才照，积暗俱除。故过不论久近，贵于能改。但人命无常，一息不属，欲改无由，可为哀痛。第三要发勇心。人不改过，多是因循退缩，若有刻不能安之，心如毒蛇蜇指。疾速斩除，不肯姑待，此风雷之益也。然人之过，有从事上改者，有从理上改者，有从心上改者。工夫不同，效验亦异。如前日杀生，今戒不杀。前日怒詈，今戒不怒。就事而改，强制于外，其难百倍，且病根终在，东灭西生，非究竟廓然之道也。善改过者，未禁其事，先明其理。如过在杀生，即思曰：'上帝好生，物皆恋命，杀彼养己，于心不安。且其在彼，既受屠割，复入鼎镬，种种痛苦，彻骨入髓。而其在己，珍馐罗列，食过即空，疏食菜羹，尽可充腹，何为戕物亏仁，造虚妄业？'如前日好怒，必思曰：'人有不及，情所宜矜。悖理相干，于我何与？无可怒者。'又思天下无自是之豪杰，无尤人之圣贤，行有不得，悉以自反，谤毁之来，欢然受赐。且闻谤不怒，虽谗焰灼天，如火焚空，终将自息。闻谤而怒，虽巧言力辩，如蚕作茧，自取缠绵，不惟无益，兼有大损。其余种种过恶，皆当据理思之。此理日明，过将自止。何谓从心而改？过有千端，惟心所造，吾心不动，过安从生。学者于好色、好名、好货、好怒，种种过端，不必逐类寻求。但当一心为善，时时正念现前，邪念即起，污染不上。如太阳当空，魍魉自遁；如红炉炙炭，雪点自消。此精一之正传，乃执中之大道。如斩毒树，直断其根。枝枝而求，叶叶而摘，祗益自劳，终成迷复。大抵最上治心，当下清净，才动即觉，觉之即无。苟未能然，则明理以遣之，又未能然，随事以禁之。发愿痛改，明须良朋提撕，幽须鬼神证明。一心忏悔，昼夜不懈，经一七二七，以至一月二月三月，必有效验。或觉心神恬旷，或觉智慧顿开，或处冗沓而触念皆通，或遇冤仇而回嗔作喜，或梦吐黑物，或梦往圣先贤提携接引，或梦飞步太虚，或梦幡幢宝盖，种种胜事，皆过消罪灭之象也。然不得执此自高，画而不进。义理无穷，功行无穷。昔蘧伯玉行年五十而知四十九年之非，吾辈身为凡流，过恶猬集，而回思往事，常若不见有过者，心粗而眼翳也。是宜日日知非，日日改过。一日不知非，即一日安于自是；一日无过可改，即一日无步可进。天下聪明才俊不少，所以德不加修，业不加广，总由冒昧因循，空过一生，不可不深思而自勉也。"俨后亦成进士，终高要知县。(《吴江志》《冯开之集》《丹桂籍》《密藏禅师遗稿附录》)

知归子曰：了凡既殁百有余年，而功过格盛传于世。世之欲善者，虑无不知效法了凡，然求如了凡之真诚恳至，由浅既深，未数数也。或疑了凡喜以祸福因果导人，为不知德本，予窃非之。《莲华经》曰："先以欲钩牵，后令入佛智。"孟子于齐梁诸君，往往即好色、好货、好乐、好台池鸟兽、田猎游观，纳之归大道，谓非袁氏之旨耶？贤智立言，因时而制权。各有至苦之心，又各有其生平得力之故，未必尽同。考了凡行事其始，盖亦因欣羡而生趋向者，乃其后遂若饥食渴饮之不可缺焉，何其诚也。后又得读其诫子文，敬其志删其要而论之，乐善君子当有取焉。

汪大绅云：带业修行中一个有力量人，为袁氏之学者。须识得佛氏十善五戒六度万行，与道家太上感应，皆是圣人作易开物成务之旨，方不至堕落。不然饶你做到转轮王，一朝堕落，终为牛领中虱虫耳。

清彭绍升《居士传》

文林郎知河南汝宁府光州商城县事芷阳沈君墓志铭

〔明〕王世贞

万历十年壬午秋七月，而沈君之父封工部公卒，明年癸未小祥之又三月而始成葬。葬之一日，而君忽暴中风，仆于茔。盖戚毁之极而重以劳，遂灭性也。于是君有四弟五丈夫子，其处者号之嘘之，其任行者狂走而问医药不及，则又狂走于梓人，得美材焉，以治君后事。而君之最少季工部君仰天哭曰："天乎！遂夺我伯氏哉！"则又曰："吾曹不肖，忝为先公子。而伯氏遂得趣侍公地下，蟒蟥蚁也夫，我乃不能。且夫伯氏之死，死孝也。"明年，与其孤某葬君于某所，而又仰天哭曰："伯氏二十一年而荐于乡，四十三而始成进士，仅一为令。四十八而以先公讣归，四十九而弃我於乎，是何成之晚而夺之速也。"于是手草君事状以属余，而俾余为之志其墓。君初讳令闻，后改孚闻，字贞孺，尝自号翼亭，后亦更号芷阳。其先为吴江之名族，至王父启，仕为湖广按察副使，以材守著声。仲子讳理，出后于仲大父岱，取黄安人而生君，后以工部君贵封如其官。有文学风概，善谈论，而不废为长者。君甫三岁，而封公授之书，俾默志之，则已得五百余字。稍长，强记工属文，下笔辄就。尝受《易》于张某先生，能抉其秘，以故遂用《易》魁诸生，为第三人。而其于礼部试，辄报罢，然君之修治经术与制举业益勤。当按察公之卒，而里中无赖子构君于有司，数起狱相窘。君能不废业，而因以习城旦家言，且暂于公府情事。既成进士，刻登科录，当以生齿闻，而君具实数。或谓："减不过三岁，而可以预馆选。即毋选而更五岁，以当给事御史选，毋害也。且今诸进士，谁为不讳齿者？"君曰："甫仕而遽欺吾君，可乎？"于是君之齿在百人后而列第四人，不顾也，其为令得光州之商城。商城虽山邑，而独当淮、蔡、江、黄之会，奸民相聚，而薮以椎剽相雄高。君痛以法裁之，下令曰："盗集而十里之内不合围者，皆抵罪。里中恶少年为非而不觉察者，罪如之。"有犯亡所纵舍，咸惴惴相戒。而邑大豪多入资司农少府，假衣冠文。其贱令之官，辄相率投谒，通姓名，而重其币。岁时，刲羊豕，射虎豹、麋鹿、雉兔之类以献。稍熟，则为具张乐蕲令过而觞焉。其又熟，则狎令而借其威福以役使弱小。令中悔之，则已尽得令长短，有所挟持，度不听不已。君至预约束，典谒一刺之外，有以他物入者，榜。至，百客入见，伏谒咸施，唯唯而退。（缺）外，不敢再致辞。君又能察，伺豪过失，即燕处。恐（阙）若置一令，小民鼓腹，而游豪门亡所逊。邑既远，（阙）鲜约束。隶卒之藉名于官者一，而私籍者十有（阙）摄，则麇聚而往蚕食，遍于邻里，君一日而汰者六百人。下令曰："被汰而入令庭者必成，其入丞尉庭者如之。"且谓群吏："彼隶一而十之，民十其害。使若为所欲为，即十令也，必成不贷汝。"于是吏洗手而奉三尺，令庭鸟雀下矣。赋额故九等，而其最上上者，往往数姓为一户，人自户者虽富，而亦下中之。君悉令人自户，而后第其家为赋等，以故无弗均。征输者，例先易而后难。君于难者急之，易者缓之，必如限而后已，民悦服。亡所规上下，其赋遂起为河南诸郡邑冠，司计大吏取而式之。当事者希权相意，行丈田令于天下州邑。檄至，君独持不可，曰："令为民不胜赋，使我多取饶而寡取瘠。瘠者多赋，额必减，减乃德意也。今不能寡瘠者，而但多饶者以取盈，而奉好利之孔。且夫令不能废百务，而寸寸度之。贵势之为强，而奸猾之为巧，胥吏于中市焉。弊且饶寡而瘠多，何丈田为？"不得已，俱勒从旧贯，稍平其太龃者，以故商城之田与赋独不溢。令别以他治状旌，独不得旌丈田，而君行意，自若无所悔。始君之在公车，而习城旦言，傍及吏弊。其为令，若承蜩掇之而已。生而善治生则，凡所稽考库庾出纳，便益教民。蓄水灌田，种果芋，其洼者植菱芡莲藕之属，一如其为农事。暇则考课博士诸生经术文谊不倦，一如其诲子弟事。而其民亦戴之如父母，诸生奉之若明师。至两大试，娄中选，如岩邑，君亦两奉檄分校，所得皆知名士。前后治商城可四岁余，荐刻娄腾上，尚书尺一旦下，而已忧归矣。君性孝友。赠公虽甚爱君，而御之严，有过犹赐谴责，恂恂受之。其待诸弟，抚其存者，而恤其死者。最少季则为工部君，君之举于乡，工部君犹未生，而后同赐第，盖所师友于君不浅云。慷慨好行义，食酒至斗余。酒后耳热，意气豪举无前，而晚节温然自克，使人欲倾家酿。予与君托姻娅，久即所闻。始而乡人之善之者十五，然不能尽得志于月旦，既而善之者十九，又既而亡弗善之矣。迨君卒，而咨嗟涕洟，以为君不死，其为万石、太丘无难也。嗟乎！以君之才而屈于年，其可纪者仅一令而已。虽然，王涣不亦一洛阳令耶？而乐府至于今歌之不衰。安知商城之不祠君，而其能言者不被之乐府也？又安知百世之后，其不以予志铭，而称君若洛阳令也？君始娶闵，继娶黄，皆先卒，又继娶顾。子五：长同寅，侧室李出，娶钱；次同生，侧室翁出，聘周；次同巳，侧室吴出，聘顾；次同壬，侧室王出，聘周；次同阳，亦翁出，聘陶。女三：长，闵出，归举人王士骐，予子也；次，侧室李出，适诸生顾谦服；次，侧室平出，未字。诸嫁娶及字者，皆名族。其所著《周易日抄》十一卷，行于世。其铭曰：

士有百屈，而仅一伸。其伸之几何，乃能使诵者宛然其若新？岂所谓死而不亡者，寿没而不能忘者，君子之仁也耶。

明王世贞《弇州续稿》

明宗人府经历龙津周君墓志铭

〔明〕徐显卿

周君名赍，字锡臣，吴江人也。曾祖讳昂，以行义闻。遇覆船，溺者十余人，救出之，然不伐其功也，人曰后当益昌云。生子恭肃公，为吏部尚书，赠太子太保，族多贵显人。恭肃公讳用，生寻甸太守国南，娶恭人顾氏，生子五人，君其季也。君状貌伟硕，伉慨慕古义烈风。恭肃公两拜任子恩，寻甸而后未有受者。时寻甸诸弟及长子，皆中秋试格。而君之诸兄，方习博士业，亦欲中格，不顾也。君曰："若尔谁当为者，何抱空恩而虚先泽为？"遂请诸朝，庄皇帝制曰可，令甲凡任子先入太学。而君业已佐边，得入太学矣。至是期将竣，逾年而拜中督府都事。顷之，妻闵氏卒于家，谒告南迁，诣阙补前府都事。今天子即位，大锡恩典，赠寻甸中宪大夫，顾孺人进恭人。寻迁左督府经历。异日者，六卫武臣俸羡悉归经历，君独却勿受，诸边将吏馈遗，亦却之。或稍不恭，则让之曰："说礼乐，敦诗书，女不闻有却谷乎，而空倚三尺匕首耶。"有夺俸者，诏复之，而欲请所夺，令君疏奏，君不可。曰："法也，挠法以徼恩，罪莫大焉。"已而夺俸者自请，竟得罪。有太学生欲得中书，而法当乡人保任。此生本小吏也，行游权贵人有所关说，富累千金，君持不肯。曰："中书贵近臣也，此曹作奸犯法，宁讵胜此乎？"生乃赂金三十，君怒而殴之。生亦怒罢去，从他所得任为中书。数月而坐法，谪戍边，竟死。君经历左督，又经历中督。会赐武荐士燕，故事馂馀为吏卒瓜分之，君部分不乱，遂亡揃剽者。大司马及侯两大臣主燕者，亦叹以为能。庚辰春，迁宗人府经历，从天子上陵还而病，九月十日卒。嘉靖丙申四月十五日生，年仅四十有五。盖君前诊脉，曰："夫脉者，一息而四五至，亡恙也。两息一至，法当死。吾今者脉如之，此殆将死徵也。且吾当得郡，诚以此时得藉天子宠灵，布宣上德惠，即填沟壑亡憾，可奈何？"当其在左府，府故有蔬园。君曰："公仪休谓侵民利也，而拔园葵。吾欲效公仪，乃葵向日。日，人君表也，臣愿比葵向日。"作《毓葵亭记》。其遇僚若友披示情素，有过面折之，退无后言。太学吴生客死，君为治丧，遗橐千金，封识还其家。郎中钱君廉吏也，亦卒宦邸，捐金佐其丧具。其能急人之困类若此，即缓急不以他故辞。性简重，择人而交，不合者辄谢去。娶闵氏，广济县令道充女。继娶陶氏，御史公孙诚女。赠闵封陶皆孺人。子男三：应郊，太学生，娶少保吴公孙乡进士承熙女；应祁，聘项襄毅公曾孙太学生道亨女。应祁早死，项女自经以殉，有诏旌之。应骥，聘徐氏，余从女也。郊、祁，闵生；骥，副室朱生。女四：一适行太仆卿吴公孙汝城，闵生也；一字给事中徐君孙熊兆，陶生也；一字商城令沈君子同申，一幼未字，朱生也。孙男三：曰彦达，聘按察副使沈君孙太学生天叙女；彦迪，聘按察副使陆君子庠生鸣阳女；彦遴，未聘。孙女四：一字工部主事沈君子同节，余尚幼，皆应郊出也。应郊将以万历十一年癸未十月二十有四日壬申，奉君柩葬北霄字圩新阡，合闵孺人兆，以伯父贡士采状来乞文。嗟乎！余与君交数年，君盖伉直人也。夫一张一弛，与道委蛇，圣人优为之。若夫强果行一意不为阿媚态,圣人亦不弃焉。观周君却请俸,拒乡人营近臣,凛然有大臣风节。而不受羡禄边馈,即古廉吏曷异焉。且恤丧全橐,义声烈烈,处兄弟间能尽友恭道,斯于人伦亡愧已。藉令当猝变,其壮节不殉国耶?亦可谓贤豪者哉!铭曰:

墨阳蚩芒,洎易折兮。齿牙用刚,洎易裂兮。俶傥周君,崇义烈兮。凤殒厥龄,志未竭兮。瞻彼北阡,幽宫结兮。一闭千春,名不灭矣。

赐进士出身、翰林院侍读、承德郎、纂修两朝实录、大明会典、分直起居馆兼理诰敕经筵讲官、茂苑徐显卿撰并书。

赐进士第、承事郎、知商城县事、姻眷生沈孚闻篆盖。

清周芳《周氏族谱》

明宗人府经历龙津周君墓表

〔明〕王世懋

当嘉靖中,海内有名臣曰周恭肃公,事世宗皇帝,官冢宰,拜一子为郎。至寻甸太守,恭肃公殁而有遗恩,未拜也,则寻甸公之季子实承之,是曰宗人府经历龙津公。按状:公讳赉,字锡臣。其先世为苏之吴江人。七世祖俊德娶于张院判,居车溪里。三传至高祖瑄,乃悉让张氏产,去故里数百武而居,曰烂溪。烂溪之有周氏,自瑄始也。曾祖昂,有行谊,尝活溺者十余人。种德弗食,是生恭肃公,以大其门。恭肃之长子曰国南,所谓寻甸公也。公生而广颡巨颐,容干绝伟。性警敏,读史传独行节慨之士,辄叹息色动。寻甸公洎母夫人绝怜爱之,令入资为太学生。久之寻甸公卒,而恭肃公任子恩当补。时诸叔洎伯兄先已举于乡,仲兄治博士家言,亡肯出应者。公独奋曰:"世薄任子不为,我家条侯不父任耶?奈何虚上恩。"乃身之京师,请于庄皇帝得之。居逾年,以前太学资论,铨授中军都督府都事。任职未几,元配闵卒于家,请告归,已复补前军。会今上即位,覃恩晋赠寻甸公阶中宪大夫,妣繇孺人为恭人,而闵及继室陶皆孺人。寻迁为左军经历、经历府上佐,公益孜孜,图所以报上恩者。时镇远顾侯、临淮李侯,相继为府主,皆得其欢心。顾侯治军严,公恐失士心,数强谏侯为霁威严,笑纳之。六卫武臣俸,旧有羡,例归经历帑,至公一不受。而边塞将吏有以事来谒者,故事庭实赘辄优假之,公独却其赘。间取其弗率者,庭诘之:"为将悦礼乐,当如是耶?"皆仰面怖视惟谨。左军幕沮洳不可居,公疏请治之。而廨故有亭,亭有隙地可蔬,公亦艺植其中。已而叹曰:"昔公仪休拔园葵,以有禄食也。郎俸薄不能效之拔,顾葵有以倾心太阳为义者,臣窃自比向阳葵。"因名其亭曰"毓葵",而为文记焉,其欲以世臣殉国意恳如也。筮仕十二年,尝载私橐以供,以其故产更减于家食云。其为人清忠自力,盖天性然也,而尤以斤斤执守见称于人。勋臣有寄禄左军者,先尝夺俸,规并得之,以私请,公持不可。曰:"禄可请者,何以夺为,有明旨在。"其人固请,公固不可。卒自请,竟以劾罢。今上四年,选能书者供奉中秘书。太学生某,始以小吏出入权贵门,为奸利入资补太学，历事左军府，须公移文。公又持不可，曰："奈何使金人在帝左右。"其人以三十金赂公，益怒挥之去。已竟别营得之，居数月，坐法戍死。公笑曰："固也。曩者我持之，彼乃终为朝士羞也。"中军幕缺上佐，诏以公兼绾其章。会当策武士燕鹰，扬燕之余，故悉染吏卒指。至公独严为令，令武士人得沾上恩也，主燕大臣亦心器之。公所居称办，独此三事最著，为可纪云。始，余识公于长安邸中，足隐数人也，意其人贵公子肤立耳。已稍接，谈论杯酒，知其于中甚治也。诸军府佐，皆大臣子，多好鲜衣，怒马饮醇，日夜为欢。公居其间，不自崖异。诸好名博雅，公亦时以古器自娱。诸召客豪饮，公亦时时为具。而独不为裘马豪举，不习洸洋自恣之言。与人言，謦底里，为厚道自将。乡人有卒于京，若钱比部、吴太学，皆亲经纪其丧以归，以是朝野争器重之，而侪辈亦不谓非也。公与余同年，生万历八年。余上计京师，病萧寺中，公时已迁宗人府经历，携榼出视。余强起迎，问："仆病且休矣，同年生故无恙乎？"公蹙蹙谓余："仆病乃甚于君。"然余雅器公，谓终当远至，不虞其言之真也。乃归不数月，而得请告疏讣音与俱来矣。旧制大臣子弟多为远方守，以二千石名荣之，乃鲜有逾守上者。今上始著令，仕不资格限，而慎选为二千石者。公为经历，再考当得守，雅自负其才，可当一面，愿试之。吏民以报上，而冢宰王公故迟之，公意不能无少望。而宗人府胥，倚玉牒为奸利，公故绳之不少借。至力疾坐堂皇，剔吏弊不自休，竟以是卒。然公三载前自诊其脉，谓所亲曰："吾脉何闭也？夫脉阳下，遂阴上争。一息四至加一至无大苦，两息一至辄死。而我已似在匿匿沉细间，不出三年，吾其殆夫。"则固有命之者矣。公之诸父兄，皆力举子业，而无能至郎位者。独公以太学生一载得之，而鸣玉于朝者十有二年。论者不以为公幸，而但以公不至二千石，阕不设施为公憾，以公才足任而器未极也。公之子应郊，以余尝辱公知，持公仲兄状来请表于阡。凡生殁岁月、子姓婚配，别见志铭中，而特为表其阡曰行事，曰宗人府经历周公之墓。於乎！是足为恭肃公孙矣。

赐同进士出身、中宪大夫、奉敕提督陕西学校、按察司副使致仕、郡人王世懋撰并书。

赐进士出身、承德郎、工部虞衡清吏司主事、姻眷生沈季文篆额。

清周芳《周氏族谱》

叶肖愚先生墓志铭

〔明〕王世贞

　　叶之先，家吴江之分湖，为令族。然自福四公生子仲宾，仲宾子蕙，蕙子赠公芳，俱不获以科第显。赠公之子少卿公绅，始用进士入谏垣，尚符玺，遂能贵赠公，而叶之族乃慕称科第。公有子三人，其仲为一愚公旦，奋欲绍公业而数奇，竟不能得志于一战，犹时时艳之。一愚公举丈夫子三：长曰虞部君某，次曰某，君其季也。一愚公甚爱少子，而心异之属。虞部君复成进士，与其仲俱以心计致产埒素封。一愚公自顾其橐累,然不能为君产,忽忽计无所出。君性明颖,能记诵,乃教之属文,则工属文。一愚公喜曰:"儿不后伯氏也。"稍长,补博士弟子。每试辄冠其侪偶,诸侪偶每读君文,自愧其不如。而至大角,试辄北。君又善事一愚公,孝谨无与为比。于是公老矣,益怜爱君。而虞部君之子重光复举于乡,里人赍羊酒贺一愚公。公愀然曰:"伯子幸贵,何故益之,不以与吾孙乎?即客贺请,俟异日。"里人掩口而去。一愚公更邑邑不自得,以至死。君大恸,绝而复苏者至再三,曰:"天乎!无以慰吾父矣。"既公除,益研精经术,恒至丙夜不休。时语人:"吾合眼不睹若圣贤者,辄睹吾亲。"然其于业益精,而于试大小北如故。会君有二子,俱少敏,君躬自课督之,小不率扶而鞭之,已相抱而哭曰:"扶我,不若扶汝易也。"二子感淬,励于文,其长者试诸生第一,而幼者亦在高等,君始稍自宽。无何,幼者举于乡,君喜曰:"即见吾亲地下有辞矣!吾贵故无日,且不欲与儿子辈争衡。"于是数过从闾党,畅饮赋诗益适。而又久之,幼者成进士。前是君以哭虞部君,又哭其殇孙,得疾不受食。进士闻之,大惧,欲上疏请急。君怒止之,曰:"谁为言乃公疾者?乃公日进肉糜如恒时,且汝甫仕而即先亲而后君,不可。"于是进士强就吏部,选人得山阴令。驰归,君病不可为矣,拜君床下,涕泗如绠縻。君止之,曰:"汝伯父箢仕令山阴,今汝能济美矣。"病既革,曰:"向者不云乎,吾庶几有辞以见吾父地下,复奚憾?"君卒之年以万历丙戌,距其生嘉靖丙申,春秋五十有一。君性直,不能藏人过,里中恶少年畏君,自避匿不敢见。然君仁心为质,引义慷慨。戚党有贫于君者,以假贷告,君内顾橐空矣,脱新衣与之,而身衣故衣。复有继告者,君笑曰:"衣尽矣。"检室中得银器数具,尽予之。母汝夫人之族有夭而贫者,收其遗孤食之,君故计口而食者也。君讳可畏,字懋时,自署号曰肖愚,志一愚公遗也。二子:长曰重科,次曰重第,亦一愚公意也。配吴孺人。重科娶毛,今山阴令寿南女;重第始聘刑部员外郎马贯女而夭,娶冯,故太仆卿敏功女。孙三:绍鼎,聘沈;绍肃,未聘。女一。俱重科出。绍某,重第出。二子将葬君于吴县凤凰山之原,以书数千言介刑部郎沈子瓒,而奉虞部郎沈君季文之状,来请志铭,其叙君父子极意于科第而不尽遂者独详。嗟乎!君父子所习羡科第耳,然自少卿公以及重第四世矣,再不得意而三得之。乃其称君子长者,固奕世无替也,是可人人得也?铭曰:

凤凰山之原,秀而沃丰。君姑即而藏,有气如虹。其繇曰元吉,是必有天子之龙光,以赍尔玄宫,其罔时恫。

赐进士出身、嘉议大夫、南京兵部右侍郎、同郡王世贞撰。

庆元谨按:右王世贞《肖愚先生墓志铭》,旧谱故有辞意脱略,仅及《弇州四部续稿》所载之半,因删旧刻而采以纂入。

清叶德辉等《吴中叶氏族谱》

先府君景川公墓志铭

〔明〕卜舜年

先府君字仲登,别号景川。嘉靖丙申三月十一日生,万历辛丑六月十一日殁,年六十又六。府君脱抱即超敏,读书数行下。十岁许,于书靡不窥,善辞赋,倚马千言。携笈玉尘山敬庵许公孚远、思泉、胡公友信,为制举社。携笈石城叔祖虹泉公钟,族叔立斋公履吉,为制举社。已,诸公后先脱颖,惟府君屡踬蒙士间,遂翻然浩叹曰:"规规为裤中虱哉。"爰投笔击剑,习骑射,揣摩黄石阴符。鹳鹅列变,鹰虎互出,就武举试,三试三魁。荐家散金帛,罗四方敢死士。常与客出腰刀,跨骏射原上苍狡,毛血狼藉。仰视怒鹗飞搴,目若魑虎。夜与客谈兵,洎南北要害,若置棋,若发机,悉示诸掌。忽推案舞剑,发指眦裂,有剑无人,有影无形。舞竟,归鞘剑,吼不休。至夫雅歌尊俎,缓带郊陌,则风流映照翩如矣。甲戌会之闱,许相公董试读府君卷,曰:"天下奇才也,不可作第二人。惜乎策语过激,未敢进呈,姑老其才,异日鼎擢焉。"府君曰:"不羁之躬政,可以达观天下焉。"于是,雄服打马走塞外。东距鸭绿江,又北至于碣石雁门,又西至于宣大蓟门、上受降城,又西至于榆林套地,又西至于凉州宁夏,几穷河源沙海。每视形胜,审将士弱强,举马策指点古来兴亡,太息搔短发寸断。诸幕府大校耳府君名,具橐鞬迎府君上座,健儿羯鼓长笛,□妇绣鞑鞯,前舞上寿。府君引满醉酣,诸大校进楮墨乞书,淋漓挥洒。一时檄书露布、勒石标柱,及军中铙歌横吹、朱鹭出塞入塞诸什,皆出府君笔。都督朱公先、参将袁公日章等,各出名马宝刀赠别,易单绞衣策马而南。则历渭城至鸟鼠,同穴乱河,入洛东还邹鲁,又东陟泰山,宿日观。距崛夷,又转而南,繇采石逆江流,历匡庐至于武当。过三峡滟滪堆,历衡湘至褒斜栈道剑阁,东还上中岳,出严滩,阅会稽禹穴、兰亭,又东至于五泄雁荡、天台,再南抵八闽,阅九曲武夷。于是反吴江,作倦游客,杜门著书,有《晚香亭集》十卷行世,更有《盛湖志》《武经髓诸子说》《防倭防□志》《天书便览》《古今阵变兵变》等卷。自署其门曰"石林西墅",叠石引泉,名花满径,缙绅不一接,而白袷缁衣红袖日满座。时驾小艇,垂钓盛湖,常夜宿兰若不归。故人贻买山钱,或四方丐文润笔,都却不受。画理入妙,岩壑飞动,执贽来求亦不受。春秋五十二,生不肖舜年。渐成童,呼置膝前,命咬菜根,曰使习蔬食。又命抱薪,命牧羊,命煨榾柮,命涤溺器。且腕诲辞曰:"女父不获用于朝廷,赤心历历,夜可对天,女可以不忠乎!女父谒女祖女祖母木主垂涕洟,望朔拈香岁时祀享如生存,女可以不孝乎!女父藐公侯如竖子,见富贵犹淖污,是以不为所挟,身名得完,女可不自持乎!女父非义不取,即家产析来不受以自清也,女可以贪婪乎!女父思为将枯万骨,然实讨有罪无罪者,昆虫亦闵,女可以不仁乎!女父行善必隐,济人以晦,女可以一艺一德哆张乎!女父浪游万里,见河海之浩荡,峦瀑之险怪,仓库甲兵之雄富,禽兽草木之瑰异,霜雪星云之变幻,一拾为书为画为诗为文,只恐犹人,女可以易为篇章乎!女父志欲革俗无权,如有疾信师巫邪术,烹宰祷赛,一可恨也；有丧信沙门道士，钹鼓经忏，荒谬异常，再可恨也。女可以不自拔乎！"辛丑夏寝疾，不肖舜年十五岁，次男皋年七岁，侍于床下，命曰勿祷："吾死，家人勿哭，勿厚葬，勿纑布覆面，勿用沙门、道士。吾来如日之升，吾去如日之没，奚惭于天壤哉！"含笑乃逝。附葬东泾晴川处士墓侧。铭曰：

有男不肖，胡克副先君之德意者。天道周远，自行遐陟匪流俗之识。

明卜舜年《绿晓斋集》

乡进士霁宇吴公暨配凌孺人墓志铭

〔明〕王锡爵

余有婿太学生吴嘉徵率其弟瑞徵，以父母之墓铭来请曰："吾父殁于癸未，母殁于癸巳，垂二十年，暴寝霜露，藐孤未知死所顷者，择壤诹日，合葬于吴县龙池山之新阡。每痛先人有言：'吾死愿得太原王公铭其幽。'而吾母凌孺人之垂瞑也，亦曰'小子尔无忘而父之遗命。'用是敢稽首百拜，以祈终慰之地下。"余唯唯不忍辞。吴江之吴氏有两大司寇，其一为立斋公讳洪，官南京刑部尚书，赠太子少保。其一为切庵公讳山，官刑部尚书，赠太子少保。立斋公生切庵公，切庵公生德泉公，德泉公生霁宇公。德泉公有从兄中河公，南京光禄署正，老无子，子公为后。德泉公，公之所生父也。中河公，公之所后父也。公娶于凌道山府丞公之长女，是为公配。当中河公之殁也，孺人王与太孺人沈皆在堂。两孺人性颇严，而沈尤卞急，易为恚，左右不敢平面视。公与凌孺人每晨往省，夔夔斋栗。沈孺人百端激之，气愈和，上食愈庄。夫妇屏足鹄立者终日，命之退乃退，退而伺察无后言，沈孺人为之破颜而止。辛酉，公登应天乡荐，沈孺人大喜，始命凌孺人侧席而坐。久之，两孺人相继亡去。公与凌孺人丧葬如礼，哀毁骨立。至是始亲家政，乃割腴田以散族人，凡以千计。又剂量斗斛，所岁省租石又以百计。其他内外强近之亲以次衣食，待公而举吉凶者不胜数。伯父仰峰公殁，臧获食官赋，法当按罪主名，公捐金力脱之。行游市上，有蓬跣系累椎胸而号者，公讯之，以逋赋就逮者也。因问："负几何？"曰："数金。"又问："家所存几何？"曰："独老母，我死而谁为收母氏骨者？"公立完其逋，罪得释。其人愿纳产，身为佣以偿，公皆谢而遣之，乃洒泪搏颡而去。公既好行其德，而性又豁达辨爽，喜从四方贤豪游，觞筹轰饮，彻昼夜不绝。夫人日走爨下，新樽析俎唯恐后，甚则撤所馔诸箦，以佐非时，而身自享粝食。公以是愈得长者声，公私之事，首推为祭酒，公不难任剧骈怨，锐身先之。又善排解纷难，酷知人痛痒，凡有求者，皆乐趋于公。岁大祲，大捐谷粟，以兴作寓赈。其所修堤岸、桥梁、废寺甚众，乡人至今德之。凌孺人有子而殇，公不怪。孺人择名家之媛进公，为丰腴其衣食，且温言以教其不逮者，诸姬媵皆感动愧服。久之，戴氏举一子曰嘉徵，王氏[1]举一子曰瑞徵，凌孺人抚若己出。而公亦悉汰其声华旧习，手一编课儿，甚乐也。未几，以癸未上春官不第，郁郁病归以殁。孺人引刀欲殉者再二，子牵衣号泣得不死。孺人辛勤教二子成立，既娶妇，则移公之柩合堂而居，闭门焚诵，以癸巳病卒。二子发箧，凡笄总衾禭及饭含之物，皆具考其岁月，即移柩别寝时所封识也。呜呼！孺人何尝一日忘公于地下哉。公治经术，能文章，不颛问家人产，赖凌孺人精心营办。检涸籍，塞耗窦，食指千数，无一人饱而嬉者。公又能畏事忍诟，摧刚为柔，所遇无少长贵贱，以善气迎之。反顾怨恩，洒然如云雾之释。故公殁之后，二子以孤儿读父书，支守门户，时获闻教于公之故人贤者，不至屑弱僵仆，贻两司寇羞，则公与孺人遗谋远矣。公讳承廉，字介甫，别号霁宇，生于嘉靖丁酉。孺人生于嘉靖戊戌。子二：长嘉徵，娶予女；次瑞徵，娶兵部尚书、太子少保震涯杨公女。女四：长适刑部主事朗峰钱君季子大节，次适太学生宇台陶君长子庠生元桂，次适廉宪慎吾张君季子士直，次适督学衡宇顾君季子庆平。孙男四：长羽，嘉徵出，聘举人袁谷孙君女；次恪，瑞徵出，聘参政与参黄君女；次朋，嘉徵出，聘布政太素沈君女；次愷，瑞徵出，未聘。孙女七：长嘉徵出，字光禄寺丞宁庵沈君次子自铨；次瑞徵出，适嘉兴庠生权奇冯君长子延年；次嘉徵出，字鄱阳令含素顾君次子家垆；次瑞徵出，字太素沈君子同华；次嘉徵出，字太学含寰徐君长子锡鼐；次瑞徵出，次嘉徵出。俱未字。初，公有感于凌孺人之逮下也，既得二子，抱而喜曰："是孺人赐我也。"孺人则曰："是天赐君也，君不忆武林还妾事乎？"公尝游武林，以重币买妾，业已迎入舟矣。察女焦然有恨色，知其已字，而父母以贫故更嫁之。公既遣女奴谨护别室，质明急返之女家，而不责其财。呜呼！此去古人何远？子孙绳绳有以夫。铭曰：

是维吴公，合葬之墟。有邱累累，有松猗猗。穀室同穴，抱璧连珠。冢人曰宜，詹人曰祺。饮樽不尽，以遗其余。子孙绳绳，光两尚书。

赐进士及第、光禄大夫、太子太保、吏部尚书兼建极殿大学士、知制诰经筵、国史玉牒总裁予告、姻生王锡爵撰。

清吴安国《吴江吴氏族谱》

注〔1〕：明佚名《敕赠安人吴母黄氏墓志铭》作"黄氏"。

乡进士吴君墓表

〔明〕申时行

余以嘉靖辛酉举于乡，同举者松陵五人，而吴氏居其三。盖其一霁宇君，其二则君父德泉君邦杰，从父筠冈君邦相也。吴自立斋公洪、切庵公山父子相继为尚书，以族望甲海内，子孙绳绳，科第鹊起，而君于诸孙为白眉。切庵公之弟参政公岩，岩子光禄君邦模无嗣，独心属君，曰："必是儿后我。"故君父光禄而祖参政云。君既出为后，而光禄君之继母沈淑人、配王安人具在。二母性严急，治家嚆嚆。数有谯，让君委宛调剂，并得其欢。既举应天，二母皆弃养，墨容柴骨，执丧甚谨。比德泉君殁，亦如之，所后所生，耦俱无憾焉。里中谓君也，孝笃于情而比于礼。已亲家政，则割腴产以赡族人，平料量以恤其乡之人。远近疏戚，各以轻重受赈或待以举火，无弗厌者。伯父宪副公邦桢卒，家人侵官课，当按如律，君代之偿而脱其罪，曰："无使伯父有遗赋名。"间行市中，见有蓬跣系累椎胸而号者，惊问状。曰："吾独不得数金完官，乃以逋逮，逮必死，死而谁收母氏者？"君恻然怜，而予之金。其人请以产偿，不许，请身为佣，不许，麾之去。尝买妾武林，既至，察其色，黯惨若甚戚者。盖已字某子甲，贫，而父母更嫁之者也。君即遣之归，而不责其财，其高义若此。君性和厚善忍，而遇事慷慨，义形于色。当岁侵，虎冠大吏督赋益急，君直入抗陈利害，乃得稍缓。而君自以工役寓赈恤，大斥其羡，所全活甚众。其少时，好交贤豪长者，徵逐无虚日。而其后更自抱损，兀兀事觚椠，或劝之少休，曰："令吾白首孝廉者，不入两尚书庙矣。"愈自奋激。已数上春官不第，邑邑不自得，遂病卒，为万历癸未三月十九日，年四十有七耳。嗟乎！以君之务德好施，振业贫下，周浃乎乡族，千里诵义，数当至耇老。以君之才，令遭时在，职入展采，而出庇民，宜卓然有以自见。乃既啬之遇，又夺之年，天之于善人何如哉？然君不身试而有令名，不永其年而燕翼其后嗣。老氏不云乎有德司契，吾又以知天之定矣。故为表君之墓上，后有览者可以兴焉。君讳承廉，字介甫，霁宇其号，世为吴江人。配凌氏。子嘉徵、瑞徵，俱国子生，侧出。其支系姻属详志中，不具载。葬以万历辛丑某月日，墓在某乡之原。

明申时行《赐闲堂集》

敕赠安人吴母黄氏墓志铭

〔明〕佚名

安人之葬竺山十六年矣，圹中志石阙焉，未遑固将有待也。葬之十年为庚戌，子起部成进士。又一年主虞衡事。又三年以最闻，天子锡之玺书，父若母若生母恩数如制，安人乃始赠今号云。起部拥皇华捧玺书归，举焚黄礼已，乃手次安人状属予志铭。余交起部久，业同席，仕同朝，鸿懿淳烁，耳而习之矣，安得辞。志曰：安人黄氏，仁轩公誉处女也，母李氏，世居黄家溪。年十四，归孝廉赠承德公，嫡母凌安人。凌安人素贤，赠公才逾壮，无子，即博求良家子宜男者以进，曰："诸姬子，吾子也。"无何，诸姬戴举太学生嘉徵，逾年而安人举起部。起部生而骨清，羸若不胜衣，两安人保护唯谨，朝提挈而夕襁褓，不知谁出也。五龄出疹，两安人不解带、不交睫者再。挟日长而课之读，凌安人呴濡奖诱，怜爱甚，而安人稍济以严，断断如也。凌安人家政精密，米盐零杂，靡不躬阅。于是太学生母戴蚤世矣，而诸姬顾始尝举子，凌安人乃以果蓏饩柜之属任顾，而以中馈任安人。赠公好客，座客尝满，东园西第，流连卜夜。安人选百羞珍错以俟，馈虽盛设，咄嗟立办，匪丰匪洁，勿以荐也。赠公或他适，顾而命治装，则粱糗酒醴、盐梅椒桂毕具。盖凌安人独总大纲，视安人左右手矣。癸未，赠公试南宫，以悼弟得血疾归，弥留百计，医祷弗效，凌安人几以身先之矣。起部疾走语安人："顷见吾母开箧袖一物，又时时咽丸楮，气哽塞不能语，奈何？"安人仓皇治汤以灌。适凌安人兄吉庵公在舟中，冲雨舆而至，且哭且劝，相与探袖中，则一书刀、茧纸数副也，曰："吾求先死代夫子。"太学生兄弟伏而号恸，稽首无算。凌安人徐慰曰："无啼，吾且视尔父若何？"未几，而赠公殁矣。凌安人时擗踊投地欲绝，安人百方解譬，昼夜侍，弗离侧。凌安人乃曰："吾姑视二子成立，以报乃父。"当是时，微安人、凌安人几遂决。乃安人既痛悼赠公，而又虞凌安人，忧煎惶感，忽咯咯呕血也。凌安人提藐孤，撑持家政，诸务纷挐，公私杂沓，则每与安人熟计，且召纪纲仆授之。上下粥粥束于令，门户无替，家法倍肃，安人有力焉。又逾年，凌安人令二子析箸，而安人乃独持家橐，时起部年十五耳。念不欲以琐务分课读心，农租、织纩各付典者，而躬综理焉，内外斩如也。间侍凌安人，孟光共姜古列女事，辄举相勖，讽议穆如也。夙夜而课起部绩学，种誉一日，而翔海内英藻蔚如也。安人勉起部之成，以益振其家声旦暮耳。忽凤疾以勤劬大发，竟不起，凌安人哭之恸也，曰："天乎！何夺吾良佐之速乎，谁复辅我教导吾子者？"盖侍者歔欷，弗能仰视相与诵。凌安人之贤能，恤下而啧啧，安人之得主母深也。夫安人柔顺得夫妇心，赠公治命业称之矣。呜呼！教之衰也。樛木小星之诗，不歌于房中，而巧妒殄宗、挟子匹嫡者不少矣。有如两安人，岂不两难哉？吾邑诵凌安人之贤不衰，谓螽斯埒美，而抑知成凌安人之贤者乃安人哉？安人生嘉靖壬子六月五日卯时，卒万历戊子六月一日卯时，享年三十有七。子瑞徵，工部屯田清吏司郎中，娶杨氏，南京吏礼兵三部尚书恭简公女。女一，适吴县张士值，江西廉宪慎吾公子。起部之言曰："曩安人之葬也，而吾父母未铭也，弗敢以安人先吾父母之葬也。而吾父母已他葬也，弗敢以安人合。今惠徼恩纶，列名封章矣，淑德懿行，犹然泯泯。不孝罪滋大，愿子一言以光泉壤。"余伏读制词有曰："巽顺有齐，坤贞无遂。"煌煌天言，表章备矣，余即勉为论次，亦何以阐扬休命哉！爰系之铭，以舒起部之悲。铭曰：

鼎趾坤裳，后顺得常。有子肯堂，祖武用光。胡燕方颃，而羽忽伤。胡玉方玱，而璞已藏。帝命煌煌，徽音载扬。尔蕃而长，尔后而昌。百世无疆，竺山之冈。

清吴安国《吴江吴氏族谱》

乡进士怡春吴君墓志铭

〔明〕刘凤

吴世为吴江著姓。其初，吴之诸公子也，以国为氏，播迁于汴。复还吴，有千一公者。七传而为赠太仆卿讳璋，以孝子名，是生司寇公讳洪。司寇公四子，长山，相继为尚书。其季讳昆，为严州守，子六人，其中子讳邦相，则选造君也。严州公凡三娶，君为沈孺人出。生而有异姿，嶷然魁岸出群儿。严州抚之，喜曰："儿他日绍尔祖，无陨前绪。"甫就外傅学，诵所记忆独多。为博士家言，即矗矗有思致，遂以选隶弟子籍。屡试未上，尤自激昂，谓一第何足云者。严州公哀其志，曰："孺子良苦少休矣，尔何所不逮,岂惟是焉?"藉因谒大司成与胄子游,果以岁辛酉,选造与计偕。严州公喜曰:"吾固谓此子也才,今不信哉?往吾尝谓诸子:'吾世衣冠裔,而曹宁降在庶人奉吾嗣耶?'吾无以旌尔,特所为圃,自得谢归,即优游其间。而能奋兴,当授之圃,徵所以后我者。昔人卜嗣为符,藏之中山。是圃,即吾之中山与选造。"君固让,卒命之曰:"而与吾居,吾始者言,莫不闻矣,而曹宁悖吾遗令哉?"故君得日供养于前,所以顺适娱悦之度无不为。又恨不得追孝于前母氏,所以奉洪淑人欢,尤竭其力。洪淑人亦安其养,不知非己出也。丁卯,严州公病,不脱冠带而养,色忧为瘁。及大故,哀毁如不胜丧。亡何,洪淑人亦相继殁,丧之甚戚动,无违礼。既而慨然以思父,所以立行以清慎著,不闻以贿名吾何事者。惟日取所遗书读之,训迪诲励其子,以无忘先业。性简淡,夷易不为城府。苟与交,必雍容揖让,不以气凌人。特深自闷,不轻有所诣近浮薄与时逐,即显贵者外相慕欲见之,亦引避不肯前。郡邑大夫至,不相面,其笃慎如此。恒有犯不较,急人之急,亲姻无问远近,推分乐施,时时存问,故人以长者称。邻以盗金误狱捕之,曰:"奋难矜患,是不在人哉?"为雪其枉,且代之偿。人有以女来归,闻其初尝字矣,贫故不能赖盟,即立遣之。曰:"吾助尔适向所遗,尔不足耶?且继之。"其隐德行义又若此。喜与客饮,欢呼流连。客有能大釂者、善行酒者,皆浮之使釂,以此竟日。驭僮奴能得其力,不为苛使,自饶而咸尽其用。癸未,上南宫不利,居常忽忽不乐。明年疾遂革,卒四月十七日,生嘉靖丁酉,年四十有八。配胡孺人。子三人:烃,邑诸生,娶于徐,予甥也;焕,聘周;炫,聘沈。焕与炫皆庶范氏、沈氏出。女二,亦庶出。孙男二,孙女二,俱烃出,尚幼。烃卜以万历乙酉十二月四日,葬于长洲魏家字圩之新茔,状其事乞铭。予虽未尝获接,然知君矫厉远于俗,敦行不怠,无侈纵之念,以窘于年未有见于时,而志节足称矣。为之铭曰:

生于膏华,而处约以敦己。选于造士,而履素以贲趾。谓将复其始,而中路以自弛。物忌者美,匪满之视。克励徒尔,急张且弛。以彼其意,遑途辙之。拟而焉,往之足底。嗟乎靡迤,遘时之否。隆垤累累,黄壤之趾。惟彼令闻,卜世之累,其后益起。君子有子,于万斯祀,盍胡徵此?

赐进士第、河南按察司佥事、前监察御史、沛国刘凤撰。

清吴安国《吴江吴氏族谱》

吴节妇范太孺人传

〔明〕沈珣

吴节妇范太孺人者,孝廉怡春吴公亚配,而吾友仁和令阃生母也。太孺人生吴江之黎里村,年十六归怡春公,以婉嫕特闻,举阃生及一女。未几而怡春公捐馆舍,当是时太孺人生二十年耳。元稹氏有言:女子由人者也。虽妻人之家者,常不得自舒适,况不得为人妻者。又况红颜称嫠,孑影茕茕,其为情可胜道哉?太孺人之哭怡春公,息奄奄几以身殉数矣。已而顾阆生叹曰："吾捐吾生以下从逝者，则谁与卫存者？吾捐存者，又何以慰逝者？"乃稍稍强起。自是屏去膏沐，剔铅粉，茹蔬衣练，皎皎自束，以至白首。而怡春公之甫殁也，嫡夫人为政，主析箸。太孺人一弱女子，抱呱呱黄口，当户奇穷，至不能具晨餐。则朝夕力机杼，时得一定布，向市易斗米，哺两雏耳。寻析居，授湖浒别墅，室荒落，四壁徒立。阆生言：尝记始至之夜，徘徊泽葵荒葛中，四顾凄然，阴房燐青。母子席地坐拥，篝火相对，乌乌絮泣也。太孺人因含涕向阆生："儿子志之，苟见天日，无忘此夜居。"无何，室圮于水，望望白波，萑苻之儆时发。太孺人挟子女踉跄避城中，负担裹粮，僦居蘧庐。期月之中，展转三徙，奔走跋涉，投林无依，困可知矣。而族属不逞者，复构起大讼，谓寡母弱子产可瓜分也，齮龁百至。太孺人迫则匿两孤，挟刃危坐，誓必死。会修武公者，怡春公从子，时方以孝廉家居。闻之，咋舌曰："夫非吾祖一块肉，而坐视齿虎狼乎！"因起独力为捍，并慰太孺人："吾在，无忧鼠牙。"盖阆生居常语及此，犹哽咽涕被，而感修武公恩不置也。太孺人虽身处百瘁，其治家内外斩然。尤能忍诟任劬，独身管管，攻苦力作，辨色而兴。手葳蕤钥，指挥臧获，长短巨细，咸尽其才。以是产再挫再殖，不至旁落。而阆生资幼挺太孺人，所以操之者尤力。鸡三号，躬起治饘酏，坐待昧爽，趣儿起，就外塾。至漏鼓二下，犹手女红，独坐待儿入，以为常。塾师间他出，则帷儿置膝旁，躬课之。丙夜篝灯，杼声轧轧，与诵声相应。或读书少不中程，辄厉色诃让："吾惜一死，不从而父地下者，为何人哉？"为之欷歔，泣数行下，于是阆生逾感奋力学。既补博士弟子员，尤时时饬其慎交与，弗令偕里中轻俊少年游。至世俗奇邪，新巧之习，偶一染指，太孺人咄咄嚯唔："若亦作纨袴儿举止耶？"以故阆生文行踔厉，声名斐然，太君教也。己酉，阆生举于乡。太君手贤书，急以豚酒酹怡春公墓："未亡人婴百罗，出万死，不敢以身委蝼蚁，为此也。今而后，庶可以报地下。"又七年，阆生遂举进士，起家浙之海宁令，再调仁和，俱奉太孺人养官舍。阆生早暮定省，太孺人必问讼狱平反几何？流离安集几何？豪蠹搜剔几何？已而拭泪娓娓："儿忍忘曩者母子席地拥篝火相对时耶？其无以一官博温饱。"以是阆生刻苦，勉茹冰蘖，循良之声，首冠两浙。人言内训之力居多，是母是子不虚耳。先是阆生初释褐时，即具疏陈母苦节状，业蒙旨下部议，而会两邑治最考。满例得貤恩父母，玺书且下，时太孺人已病，预闻而后喜可知也。曰："先孝廉下帷，毕世望一第如登天。今得藉手孺子，易章服地下矣。"因执阆生手泫然："吾忍死四十五年，今日殁，堪瞑目，儿勉旃无忘天子恩。"无何，太孺人竟不起。阆生每涕泪泛澜言："吾母自少称未亡人，形影相吊历数十年。中间屡遭大难，矢志不折。生生死死，出刀俎汤火之中，心胆几裂，而心力亦已销亡。比迎养官舍，又以苦念女弟，神情忽忽，间如醉梦。乃不孝邑务鞅掌，定省外不得一娱颜色，母亦邑邑无与语，而神气日槁。比荣命甫膺，而遂成永诀。瓶罄罍耻之悲，如何以解？"听其言，可伤已。乃阆生又言："吾母临属纩时，神爽不乱。既殁，而薰蒿胅蠁，时有异徵。盖太孺人居平，皈依慈氏之教历四十年，暮呗朝经，专致精一，岂其超然解脱，乘化西归者非乎！"余内子出吴氏，为太孺人群从孙女，而阆生幼从余受《尚书》业。故太孺人内行，余知为独详，遂不敢以不文辞，为之述其大都。称太孺人并称节妇，从所志也。

柱史氏曰：余归里中，所睹闻右世家沧桑陵谷，何啻弈棋。怡春公之后浸微矣，得阄生而复大振，微太孺人力不至此。太孺人于吴氏，勋称再造焉！讵独以节重哉？《语》曰：死事易，成事难。太孺人不为怡春公死者，怡春公以太孺人得不死矣。

赐进士第、文林郎、山东道监察御史、门婿沈珣撰。

清吴安国《吴江吴氏族谱》

敕封孺人吴母范太孺人墓志铭

〔明〕朱国正

余素木强能忍泪。岁乙未，如娄江王文肃公以母吴夫人行状示我读之，潸潸欲坠。文肃至入内大恸，久之乃出。比壬寅遭先安人之变，叙次生平，辄断肠掷笔。于是中闱酸楚之文，触之每心伤。而今老矣，凡世间有情无情胶结之冲，颇漠然自放，而兹又挥泪于吴母范太孺人之状也。太孺人者，嘉靖辛酉孝廉吴怡春先生之侧室，万历丙辰进士、仁和令亦临公之母也。吴为江城鼎族，自孝子、两尚书而下，代有闻人，先生克袭世业。太孺人产自黎里村，年十六来归。性明慧，有志操，事主母沈淑人尽孝，先生礼重之。无何，举仁和公，旋举一女。当是时，吴方席丰履顺，琴瑟内调，熊罴迭应，众莫不举手为太孺人贺。顾独宴居，深念子在孩抱中，育且教之不少怨，亦不少佚。甲申，先生捐馆，太孺人号恸，绝饮食，邻死者数四。两孤在侧，不复日行，且并命尽矣，众曲解之不能得。忽若有提之醒者曰："捐生何益，当为日后虑大计。"乃从。沉顿时，抚而泣，忍死自持。又无奈人情险薄，健者、婪者、谲者，各思逞欲。骨肉不以为亲，僮仆不以为主，推渊纳坑，计不尽不止。而太孺人以一孱孀，介立其中，谢绝膏沐，自誓疏食布衣，终身归之枯寂。不两月绝饷，葬未逾月分居，仅仅奉先生小像，奔湖滨之废业，四顾荒凉，一无可恃。第日悬像，拜诉左男右女，收泪而课，迄课而号，孤灯达旦以为常，此人世未有之酷。而且滔天为虐，龙蛇盗贼，非人所居，投止僦居，半载三迁。见者为之蹙额，曰："斯茕茕者，必不能支。"而志愈奋励，曰："吾向者不死于大故，不死于蹂躏，而乃死于暂至之冯夷乎？古有称女中丈夫者，谓何？且儿子已读书，慧发可望有成，天其或祚吴，并祚未亡人未可知。姑忍之。虽有饥馑，必有丰年，所以志也。"于是复还故址，稍稍修葺，机杼田园，率先躬课，不辞劳瘁。而益延名流，与仁和公切劘。凡五六年间，寒谷渐回，衣食稍给，仁和公学亦日进，当有中起之兆。而族属无赖者旁睨眈眈，复构起大讼，挟其健党，甚至白昼入室，几欲攫分。太孺人密藏两孤，独操刃危坐，叱曰："身在此，此吴家一穷寡妇也。犯即自裁，有法有天，必不尔贷。"众皆愕，未敢动。会有从侄令修武者，素刚直，闻难来赴，乃始进去，讼亦寻解。癸巳，仁和公游学宫，益有名，稍稍吐气。癸卯，又以试事有所忤，且叵测，幸借援得脱。盖自甲申以后，太孺人拮据于上，公事母力学经营于下，更三大难。

而其余扤陧难堪处，至不能缕数。夫洪水犹可，仇且杀我，力与之对，产已削半。至当道一设阱，盱衡蹛盹所曲解者，百方而削，亦垂尽矣。瘠果屡剥，存者余几，人谓吴氏一线不绝已幸。而讵知公有己酉若丙辰之捷也，又讵知为令而贤而卓越，且报满貤封从赠公之宠也，而其后又尚未艾也。陂而平栗有余危，苦而甘溢有剩悲，是母是子，盖俱有不胜情者矣，而天岂终难信者哉！方公初令海宁，即迎养，出而治事，入而问安。每奉教戒，一意恤民慎动与不忘旧所荼苦为念。既声望郁起，转莅仁和。地益剧，事益烦，所盘桓膝下，不能当海邑之半，心以为恨。而太孺人少历艰虞，出入生死，植根之病既深，垂老之神顿槁。慈母游魂，官衙标绋，此公所以终天抱恨，扶柩寝丧，阅三年如一日也。小人有母，其年其德，幸与太孺人相配，然平生犹幸得免涂炭。文肃母夫人年登八秩，五奉褒封，哀荣之典，冠于今古，犹殷殷孺慕乃尔。况公母子形影相怜，烈火沸汤，几番鏖炼，一旦发舒，养不五年，溘然长逝，孝子之心，宜何如追悼哉？吴氏世以孝衍庆，公通籍后，拜表陈情，已下所司，将沐旌典，恰为考满。恩纶所先，养事养志，方极东南之奉，而时之不待，万倍悲思，手状千言，语语血泪。又称太孺人斋心事佛，没后魂寐时来，若觉皇慈氏有摄，受而导者。固然皈依证果之验要，亦公之精神有念念在兹，若存若生，毋敢一息忘者。鹜子之闵瘏而伤，报母之日短而长。有光烈祖，启佑后人，然则吴氏之福，盖未可量也。生嘉靖壬子十二月二十二日，卒万历庚申五月二十一日仁和县官署，享年六十有九。怡春先生讳邦相，别有志，赠文林郎、浙江杭州府仁和县知县。母封太孺人，子即仁和公。女嫁邑庠生钱名第。仁和公娶周氏，元津孝廉公女孙。男三人：长昌寿，娶南大司马冲吾顾公女；次昌迪，聘刑部郎中大时沈公女。周出。次昌文，未聘，侧姜出。孙女四人：长适宪副靖庵公赵公子邑庠生膺，次适太学生仲仕叶公子世俊。周出。次字刑部主事元海项公子端，次字二守祖洲沈公子槃。姜出。曾孙女二人，幼，未字。天启元年十一月二十四日辛酉，祔葬怡春公穴侧。余老且废文字，久已阁笔。仁和公俨然徵以丽牲之石，谊不得辞，乃胪列大凡而系之铭曰：

生于范，归于吴，黎里村中现明珠。江城之宅产洼驹，拉然摧折天难呼。百尔患难谁与扶，孑然形影对孤雏。日夜饮泣且含哺，教之成立称名儒。贤科独上飞双凫，官衙母子两相俱。往事岂敢忘剥肤，一点慈心久自孚。病中骨瘦神不枯，西归微笑还真吾。金仙恍惚见灵符，不分孝子肠欲刳。隐然魂魄秘灵区，千秋日月照楸梧，惇史之言信不诬。

赐同进士出身、国子监祭酒、在告前左右春坊庶子谕德、南京国子监司业、翰林院检讨、朱国正顿首拜撰。

清吴安国《吴江吴氏族谱》

昆仑山人传

〔明〕王世贞

　　昆仑山人者，王姓，初名光胤，字叔承，以字行，遂更字承甫。尝慕昆仑山在西大荒，称天柱，因自号昆仑山人。既而曰"我何以智巧"，为更名曰憨憨人。且以"我憨幻也"，更字曰子幻，而号梦虚道人。然所谓憨憨，不恒施刺谒叩之人且不知，亦无以梦虚目者。山人之父某，倜傥负才气，涉猎艺文。尝客吴越中，推长为豪，数以谊耗其橐装不顾，仅余书万卷而已。乃自昆山徙吴江之严陵村，西并五湖，东滨烂溪，意甚乐之。已有子光裔矣，曰："仅仅读父书，何以快我而最后。"父尝梦朝日堕前，荣以语妇夏，亡何免身，举山人。有道士严一清者，善筮。筮而得"乾之坤，用九，见群龙无首"，其占曰："吉，将无暗而光乎。"以是山人生，而父绝怜爱之。年十二，父且死，抚其顶曰："我废家为书，憾不能纳而腹。而即不以筮茫昧，将余梦是践。"山人泣应曰："诺。"既除服，从伯氏受博士家言，为时业斐然矣，而心厌薄之，窃踽处治古文辞。伯氏见而骂曰："县官开古文辞科者，乌头白矣！"山人短不能六尺，方颊秀眉，目肥白如瓠。性资绝颖异，过目辄成诵，而终不能帖帖于博士家言，其试有司亦诎。而好酒，复好游遨，挟弹鸣瑟，过从侠邪少年。母夏怒而笞之至百，始稍稍折节为孝谨。而属贫甚不能婚，赘钱翁女。又以不能骩骳事钱翁若媪，携其妇出。钱翁怒之，不予一钱，山人仰天笑曰："彼岂以我秦赘耶！"乃益治古文辞。山人之于古文辞，亦不帖帖模仿。先则含茹渟滀，溢而后决之。大或千言，小者数语，奇隽叠出，前茅所指，亡不魄夺草靡。山人名渐籍籍，而贫益甚。又以家中倭他徙客，有商生少年，善游。与山人谋曰："吾闻赵王贤而好客，诸王子仪之。三台之傍朱邸鳞栉，皆幸舍也，我曹可以弹铗乎。"乃治装，偕与之邺。而邺时有客谢榛、郑若庸，皆以文重于王。郑叟于山人有乡曲好，为稍稍揄扬之，诸王子间以牢醴先山人。而山人司知二君虽重客，然见必蒲伏称主臣。叹曰："屈吾膝而奉吾口腹，何策？"会商生病死，葬之铜雀下。因东之齐鲁，登泰山观出日，北入燕中。时天子方坐竹宫祠，厘诸贵臣应制，撰笺表歌联之属。山人为兴化相君所物色，授以格，君谢弗能，第为《草游仙》数章，天子览而异之。相君大重山人，延之直所。得纵观上林太液、宫阙池岛、花木禁蘌之胜，为《汉宫》数十曲，稍稍闻中贵人，相惊谓："何物客，能丽语若此。"争遗之尚方法酒。而山人间行，谒王太史元驭。太史性耿介，不食酒，顾独与山人善。往往倾家酝盛馔以羞山人，不醉饱不已。相君迫应制，使使四出，纵迹山人不得。至则以醉踉跄前，喻吒不辨。相君乃使其所善风之曰："生幸减纵游，使我不虞缓急，即一官千金，胡难？"山人摇首曰："相君呆，欲以富贵縻国士？"相君乃谢山人曰："负上恩不能遽归，从山人游，请俟异日。"于是山人益为落魄游。而范太史伯桢、胡侍御原荆、顾宪副益卿，皆宦燕中。陈光州贞甫时尚游太学，与诸君善。慕山人而致之邸，相与痛饮，歌呼击缶，谈榷千古。元驭徐规之，曰："咄！咄！正平大雅不受少年窥耶？"山人乃嘿嘿不自得。而会读庄子《逍遥游》至《秋水》，意豁然悟，曰："归乎！枋榆蹄涔，吾固有之。"一日，买款段还，谢母夏，以阙供养。夏抚之，遂依依膝下。而夏嫠居久，精心奉佛。山人则亦奉佛，与藜藿甘，而独不能忍酒。诡说母夏曰："非酒也，佛所谓米汁也，亦嗜之。"母说，为进一觞醨。而胡侍御以强谏罢里居，则挟山人泛轻舠，御软舆，以游扬子之南、钱塘之北，诸名胜亡弗探也，作《吴越游编》。顾益卿宦闽，则游闽，穷七台九鲤九曲之胜，饱荔子而归，作《荔子编》。陈贞甫宦楚，则游楚，潇湘洞庭、九疑衡岳，为几案物矣，作《楚游编》。家居，自原荆而外，范太史三之，王太史一之。所造即主不在，而儿子辈出侍，呼阿父家人迎拜我公，浆酒肉炙若流。山人所游诸君，官中则不问官中事，于家不问家事。间一二涉伦常，勇施息竞，则取裁山人，指不吝矣。客遗之酒则乐，遗之金钱束帛则不乐。自谓：于文，喜孟子、庄周、屈平、左丘明、两司马；于诗，喜曹植、左思、郭璞、阮籍、陶潜、谢灵运、谢朓、鲍照、李白、杜甫、王维；于酒，喜刘伶、嵇康；于游，喜梁鸿、梅福、壶丘、宗炳；于侠，喜季札、鲁仲连；于隐，喜东方朔、王君公、郭太、徐穉、黄宪、管宁、严遵、孙登；于禅，喜庞居士蕴；于仙，喜吕真人岩。其所自操行撰结，亦不必尽似也。原荆、贞甫皆前死，山人皆匍匐哭其丧。而以原荆贫而喜为侠，所以经纪之者尤切。至须发为变白，母夏以老寿终。其奉佛也，有徽于（阙），山人微用佛自宽。然偕其伯氏，躬负土筑坟，亲故赙赠，皆却之矣。盖山人晚而感吾师昙阳子事，谓益卿有云："佛玄虚无上天也，道卑敛蓄以久地也，儒矩立徇伦人也。西方气金至清至刚，佛其圣之圣乎！"又云："泯泯昏昏，大道之根。返我混沌，绝名去身。且瓢且衲，何物匪神。时而混世，时而出世，奚之而非性真也耶！"山人今年五十余，小善病，不能如壮时。

弇州生曰：盖山人所恒称昆仑，人亦称昆仑山人云。太史公曰：恶睹所谓昆仑哉，夫士大言无当，广引而鲜，据滥之而鲜宿，此其常也。彼乎以昆仑云者，谓天中之柱然。然至于冥志西竺，矫矫出三界外，何讵天柱哉！始，余以貌接山人，谓山人酒人也。既而得其文，以为文人也。今乃识其志矣。或谓山人不山，而时时尘间，何以称山人？又不然迹尘间而不累以贵交，为海鸥鸟者奚愧山也，终南沈沈不捷径耶！请以是例之，一切可也。

明王世贞《弇州续稿》

王山人子幻墓表

〔明〕申时行

余尝按，史家所传逸人奇士，皆槁死蓬蔂。而声施至今心慕好之，今松陵盖有王山人云。山人初名光胤，字叔承。既以字行，更字承父，已复字子幻，更名灵岳，号昆仑山人。山人豪于诗，善酒而好游，然独以志节重。少孤，从伯兄受博士业，弗好，好古文词。以贫赘妇家，有所不快意，则携妇别箸奉其母。而身与所善商生陆生西游，逾江淮溯河,遵太行、王屋止邺。邺中王称好客,客或言山人。山人睨视王,眇颐沉沉,客见必擎跽蒲伏,弗屑也。去之齐鲁,并海抵燕,纵观阙下。客淮南,少师所使草应制祝厘词,谢弗习。而日探西苑中奇秘,为《汉宫》杂曲数十首,据梧而吟。中涓或饮之酒,辄淋漓大醉,或讽使,少戢不可,遂解去。而遘吴兴范伯桢、海陵顾益卿、梁溪陈贞父、胡原荆,于公车为石交。数问荆卿渐离故所击筑和歌处,历览京西诸山,益任放为侠。众相指目为狂生,山人自谓非狂。已憬然悟,归其家,省母奉终事。而原荆适罢侍御归,相与击楫大江,登金焦,转入荆溪,泛太湖,徘徊武林湖山间,其诗有《吴越游》。已赴益卿于闽,陟延津七台,祷九鲤湖,访武夷君,穷其胜,有《荔子编》。还而过贞父,临洞庭,窥衡湘九疑,扪太和山绝顶,有《潇湘编》。伯桢官司成,邀之金陵;益卿徙括苍,邀之天台、雁宕。而山人病甚,几不起。寻以母氏戒,节饮简出,为家山之游。常乘扁舟,字曰"青莲舸",吟啸其中,出不为向,返不为日。闻奇花珍果、佳泉石,所在必赴,赴必累旬月,往来不离吴越间,其诗有《后吴越游》。又数年,益卿开督府渔阳,固要山人。乃取道太山,观日出,造孔林,饮太白酒楼,暂憩都门。寻并塞蹑五台,礼文殊道场,乃归。有《岳色编》。是时山人年及耆,足迹半天下,所至必交其贤豪长者,往往拥篲襒席,延为上客。而山人性简亢,不能婉娩下人,意所不可,即贵势面折无所避。所善故人资之游,才给而止,即贫困未尝干以私。于旄使者欲见山人,不能致,或迫见之,亦不答。徐善长令松陵,武昌吴明卿过之,谓曰:"邑中有高士,宁识之乎?"善长遂折节交山人,恨相见晚。而山人亦不以屑意,其高洁如此。性好饮,饮可一石,而醉谑浪欢笑,常倾其坐。客或戏谓山人:"君貌类胡僧多笑,昔有布袋和尚,君似之矣。"山人欣然曰:"是善名我。"作长歌以解嘲。邻翁田叟,一菜一鲑,相过从不厌,见谓易亲。逆旅倾盖剧谈,畅饮而罢,不通姓字,见谓旷达。而至于生平洽比,曲宴新声,杂拥柔曼,竟酒无所狎昵。其于内行甚备,事母孝,事伯兄谨,常周其乏。其他赴义慷慨,惟恐不逮。同游商生死邺所,与客淮南者李生死都下,其营葬皆出山人。而原荆死时,家不具饘粥,山人大恸,为经纪其丧,规致赙赠,仍振业其二子,人以比之原巨先云。其为诗,触景匠心,抒所自得,不喜为剽剥酬应语。而歌行长篇,尤为词家所脍炙,语在王元美兄弟诗叙中。晚岁称吕岩真人及庞蕴居士,颇向意仙佛。屏去一切嗜好,作《蜕乘》以示诸子,自号梦虚道人。谓尊元神者不必朋传,蕴丘壑者不必山水,融性情者不必酒醴,含精华充理道者不必声誉。噫嘻!山人盖深于道者,讵独诗豪已哉?山人家故贫,所居松陵之烂溪严陵村,题其斋曰"蟭螟寄"。最后以益卿分俸,营别墅于梅堰,指为菟裘。而是时故交略尽,独余与娄东王元驭暨益卿,期以岁寒相周旋。而山人卒矣,时年仅六十有五。悲夫!山人父某,处士。母夏。娵娶于钱,生四子。其生卒月日、婚娶族氏,详志中。盖山人才高而气雄,行修而节立。赴义若嗜,远势若浼,蝉蜕尘壒,而特自放于诗酒泉石之间。沉冥为嵇阮,汗漫为禽向。狂不为戆,侠不为恣,仙不近诡诞,禅不入枯寂。其末也,并以诗为障而欲逃之,所谓逸人奇士,非耶?山人葬某邑某乡之新阡,余表之曰:是为昆仑山人王子幻之墓。千秋而下,过者式诸。

明申时行《赐闲堂集》

外父乡进士涵泉吴公暨外母屠孺人墓志铭

〔明〕沈珣

呜呼！此吾外父吴公暨外母屠孺人之墓也。公昔与先君文酒论交，过从无间。珣始在孩乳，闻客至，则出索梨枣，公见剧怜之，每抱至膝上，曰："是儿也，堪作吾家快婿。"遂以长女字焉。无何而先君没，吾家道中落。亲朋往来者率蹙额谓公："沈氏贫矣，他日奈君爱女何？"公夷然曰："吾婿在，无长贫也。"已而公亦弃世，孤儿孤女憔悴可知。而珣又以数奇屡试坎壈，每与妇牛衣相对，穷愁侘傺，自恨负公知己，泪辄涔涔下也。乃今幸沾一命，备员侍从，妇亦与徼恩宠叨象服，而公已不可起矣。呜呼伤哉！盖公之墓草已三十五宿，而珣偶以休沐归里，恐盛德之竟湮也，遂以不文之笔抆泪而志之曰：公讳志道，字时甫，别号涵泉。曾祖立斋公洪，祖切庵公山，两公相继为南北大司寇，勋得并茂，载在国史。切庵公生子邦杰，是为孝廉德泉公，而公则德泉公季子也。生而魁岸丰硕，神气岳岳。始就外傅，日诵千言，德泉公喜摩其顶曰："闻家儿不当尔耶！"弱冠补邑弟子员，寻入成均。成均故贵介薮，公以名卿世胄。一时诸父昆弟，联翩列华要，衣冠之盛，三吴无两。而公独不喜为游闲习，每言："男儿负七尺功名，事业在所自竖。奈何席先世熏辎，轩轩袭马骕里中儿。此绨锦土偶，亦足羞哉！"以是益读书，刻励攻苦，夜申至戌，咿唔声与街皷邻鸡相应。即对客豪酬，衎衎酩酊，席散篝灯，手一编，不毕课不止。所为制科文，纯正尔雅，不立非常格，不作謷牙声，居然先辈风轨。癸酉之试，遂举于乡。当是时，人谓公一第且若掇，乃三上公车，竟阻一遇，岂非命哉？公幼有至性，甫髫髦，母顾孺人见背，哀毁如成人。且自伤早失恃，不得一日申杯棬之养，故孝事德泉公倍笃，何有何无，委曲承意。而后母陈孺人者，性卞急，左右重足凛凛。公百方顺之，竟以得其欢心。处诸兄弟间，终身怡怡无间言。伯兄早世，遗四子俱幼。公持其家棟，督四子学，不啻如己子。故人沈生老而贫，且多逋负，值馑岁，几无以自存。公割资为偿，且衣而食之者终身。故公殁而沈号泣躃踊，几欲以身为殉也。其好施予为德于乡类如此。公素负强直，意有所不可，发竖齿龄，目光四射，面叱无少隐。然表里洞然，不设城府，以是里中竟称吴季公长者，始惮而终亲之。生平无他嗜好，独好客。每长夜击鲜，觥筹交错，酒阑烛跋，终不令罍耻，然家亦用是稍削。公自以久不得志于名场，而产且日落，颠毛种种矣。儿女婚嫁之累，坌集意滋益。无聊时，仰天咄咄，不胜牢骚之思，竟以是疾作，遂至不起。悲夫！公以嘉靖戊戌生，以万历壬午卒，得年仅四十有五。配屠孺人，宫谕公应埈孙女，封比部公孟元女。孺人产名家，素闲内训，能为公赞中馈，乡里称俪德焉。至其仁而逮下，几几乎古樛木小星之风，尤为人所难云。孺人小于公三岁，后公十三岁而卒，得年五十有五。子男四，而辰与宗圻尤能读父书，补博士弟子员，称吴氏白眉云，则皆孺人出也。余详家传中，不具载。沈珣曰：曩癸酉南都之试，盖最称得人。而吾邑尤盛，若李都谏龙门、家考功宁庵、储给舍樊桐、马郡伯文泉，皆后先成进士，列华膴，而公独淹蹇一第也。

《语》曰："不于其身，则于其子孙。"天之所以祚公者，其有待乎？盖闻公季年讨诸子而训之甚力，每指两司寇遗像，诫辰等曰："先世赫赫如此，为子孙者纵即日鹊起，科名犹未得，遂称肖子，儿辈何以自振哉？"盖所笃望于诸子如此。为之铭曰：

生世阀不可谓塞，登贤书不可谓厄。所惜者，抱奇渊渊，而不一通承明之籍。井渫不食，后人用汲。叶泽之阳，土垩而泉芳。谁同穴者？彼美孟光。子孙其昌，以永两司寇之绪未央。

赐进士第、山东监察御史、子婿沈珣抆泪顿首撰。

清吴安国《吴江吴氏族谱》

明故悫惠处士怀皋迮公墓志铭

〔明〕顾大典

吾邑有怀皋迮处士，余执友邑博养吾李先生啧啧称道不休，余故稔悉其行谊，而乐为之著述焉。迮之先为吴中望族，有讳原霖者，洪武初徵修《元史》，授翰林院修撰，尝为方正学先生师。及靖难之变，以方党族诛，幼孤逃免，后蒙赦令，因讳曰宥，所以志也。生文华，文华三传而生东皋翁，即处士父也。翁元配生三女，皆赘婿。继室生二子三女，长曰霓，次即处士云。处士天性孝友，九岁丧母，哀毁逾于成人。其事东皋翁也，曲意承顺，得其欢心。翁殁而哭之恸，几不欲生。于是时时思慕之不置，乃自号怀皋子以见志。而事伯兄甚谨，事无巨细，必禀命而行，怡怡之恩，恒胜于义。尝于堂署间大书曰"天下无不是底父母，人生最难得者兄弟"，盖深有味其言之也。处士有心计，又能折节为俭，修先业而息之，产日益廓。凡置田庐必厚其值，给如券而又益之，故乡人售产者多乐归焉。每岁晚，出其余资，以分给族人及姻党之贫乏者。女兄与赘婿尝有怨于处士，而岁时馈遗不绝。女弟嫁某氏，家日落，则予之田，给其耕，而不责其获。嘉隆间，岁大祲，当事者下劝贷之令，人多难之，处士独奋然曰："此义举也。"遂输粟若干斛，以为闾左先计，先后所输凡二千有余石。会邑有版筑之役，董其役者费不资，而同事某者贫不能给，遂身代之。故部使者与郡邑长吏，咸式其庐而旌其门，复移檄以劝之，有"好义忘劳"之语。处士之笃人伦而急公义，概可见也。邑中有南渡船庵者，佛像庄严，处士大父耕乐翁所崇奉者也。僧寮以役废将鬻之，乃捐米数百斛代偿其值。至今古刹岿然如灵光独存者，固处士自植人天之果，亦可以观不忘先志之孝矣。且厚施薄报，其急人也甚于己。故闾里之间，生者待而衣食，死者待而殡殓，缓急者待而解纷，若寄之外藏而取诸内帑也。至若捐金钱以修学署，建巨梁以济行人，制小舸以资游句，孜孜好行其德，无人不称颂之。处士为赋长，时输赋北上，梦一老人出袖中银铛系之。明日渡黄河，舟忽覆，沿流而下者数里，正浮湛间，若有物维之而出。晚泊遇群盗，河畔有邵某者奋身前击之，盗始逸去。人皆以为阴德之报。处士虽居田野，而好博览，亲风雅。生平负倜傥，无他肠。与人交，则敦友义，重然诺，始终如一日。好面折人过，人或指其过，亦欣然受之，无难色。至于居家，则动遵古训，不违于礼，家庭内外，肃肃雍雍。其御童仆，严而有恩，井井如也，欣欣如也。盖庶几有叔怡御正之风者与。诸子俱少敏，处士谨择师友，日加程督，常以夏楚自随，不中程辄扶之，顾谓诸子曰："学犹农也，灾禳相仍者天乎，然穑事不可不力也。不务穑而罪，岁凶何为哉？"其教犹子一如己子。故伯子应中君不幸早逝，而仲子应召君与犹子应龙君，业日遒上，文誉籍甚，翩翩益振，起家声矣。嗟乎！阜财厚生，诗书不废。而治生之道，贤人勉焉，智者采焉。故无岩处，奇士之行而长贫贱，好语仁义亦足羞矣。即起而为吏，身无余财，至贫困无以取给，使子孙不免有负薪被褐之叹，人生富厚安可少哉？处士以布衣起家，始而饶，中而落，既而复振，居积致富，至垺素封，岂不伟与！富者每以豪侈相尚，而处士隐约终身，行谊表著，其勤俭忠厚可为世法。汉尝诏求孝弟力田所称三老者，非其人邪？况又孳孳树德，其积贮与文史等盖将启，诗书之泽以遗后人，易农为儒以复其始，业有徵应。积善之庆，不于其身，于其子孙，其食报于天者，岂有既哉？处士生殁具状中，年五十有三，配陈公日新女。子四：长应中，先处士十三年卒，娶李氏，有贞操；次应召，邑庠生，娶陆氏；次应聘，娶沈氏；次应选，聘吴氏。女一，适徐士麟。应召卜以万历十八年十二月十六日，葬于里中冠溪之新茔，因系之铭。铭曰：

饶于而资者业邪？厚于而积者德邪？延于而后人者泽邪？冠溪之原，郁郁新阡。有典有则，冠冕蝉联。勒名元宅，千百斯年。

赐进士出身、中宪大夫、前任山东观察使综理盐漕兼管粮饷军务、右副都御史、历任福建通省学政、通家眷侍教生顾大典顿首拜撰。

清连鹤寿《连氏家乘前集》

明故太学沅湘顾公暨配沈孺人合葬墓志铭

〔清〕徐显卿

往余与沅湘顾君同游朱先生之门，见君亢直以清节自操，且款悃无町畦，而习业则奋力良苦。余谓古称三益，君兼有焉，宜拾青紫，可晷刻俟者。乃余叨一第，而君竟抱玉者终其身，莫之识也。悲哉！又二十余年，而君之伯子封丘令自植登进士，三载而君遽捐馆。封丘令谒余于荆溪之上，曰："先君造家，艰辛万状。敦行力学，不获一隽以没。善训诸子，夙夜不怠。植也痛摧不天，所为忍死以待者，则冀幽邃之文垂诸远焉。而与先君交者，莫先生若也，敢跽以请。"余感旧悼往，惨咽而不能辞，及按其状，不虚也。君讳曾志，字养卿，号沅湘。顾姓，松陵右族也。有讳均祥者，赘吴江之同里，因遂家焉。高大父盘窝翁讳昶，曾大父感梅翁讳宽，相继拓业而家益振。大父古村翁讳纲，始通籍光禄。父吴川翁讳文言，以邑廪生恩选，授江陵训导，君其仲子也。十岁善属文，十八岁为邑庠生。沈封君铁山爱其聪颖，以女字之。吴川翁家故丰，既而寝薄。沈公爱其女，厚资佐君。而沈孺人亦善操，利权以上下之产，用是益起。初，未有室庐，侨寓沈氏之别业，既乃以千金创之，拮据为劳。有里人鬻宅于君，而数构之讼。人谓亡赖子易与耳，君独为其贫而数给之，人谓长者。晚年家渐索，公私逋负交迫，或谓某富厚可籍者。君抗言曰："所称丈夫者，即填沟壑亡恨耳。况有薄田一顷在，何至从人觅颜色耶！"生平不妄费一钱，然倡义赒乏则亡吝。岁戊子，与封丘俱秋试，里中豪陷之役。归谒令侯，特俾半减。俄报封丘魁畿荐第三人，令欲尽蠲之，君不可，曰："业已奉役，徼荐而免，非义也。"令为叹服。年已入艾，布衣单味，蚤作而夕不休。有劝其稍自逸者，则曰："我非故好劳也。婚嫁纷沓，家无赢资。向平之事既毕，吾亦自为计耳。"所称造家艰辛万状者，不虚哉。年八岁时，季弟坠于水，群儿皆惊走，君赴水而援之出，大父母皆所属爱。大父严毅，子孙有过，数加诮责。君委婉讽解，或长跪涕泣，大父感而释然。与兄弟恭让，即侵之亦无怨。而沈孺人亦至孝，姑陈孺人嗜松实，沈为月致五斗，待妯娌和适殷勤焉。有构伯氏于有司者，君身为代理。时沈孺人病，夜则视汤药。伯氏获免于难，而沈之病已笃矣。亲故多显贵人，君高亢无脂韦态。严自检饬，以不愧屋漏自许，且以训诸子云。或有以事就质者，吐诚尽画。若戒以勿泄，则虽妻孥弗之告。以是诸谋，人亦露其衷曲，有规必改。不昵狎邪，不好饮酒，然对客则终日谈笑不倦。封丘举进士，诏遣劳军，便道归省，戒之曰："人有朝登仕版暮辄骄佚者，汝其勿效也。"及欲迎乎封丘，则每以家累却之，且遗之书曰："令当惠政及民，毋徒猎虚誉以媒进也。羔羊素丝，士人常节，勿以骄人且形人也。"没之日，犹作书以清慎勤为训，未竟而长逝矣。母年八十有四，哭曰："天胡夺我孝子之速，而不得死于其手也？"封丘跪扶以身任请，乃稍以为释，而竟以哀死。则君之孝可徵矣，所称敦行者不虚哉。读书每至夜分，试辄高等。然至都试，则以邑庠入者五，以太学入者六，皆不第，而课诸子益勤。或事有不白，或人有不言，发愤正言，一无所隐。由是纤人辈衔之，讼役交至，殆无宁日。君谓诸子曰："而忘某之辱而父乎？若能效燕雀之处乎？"或遂泣下，已而叹曰："祸灾蜂集，安知非尔辈感愤地耶！"则又怡然。凡有欣戚，无非为淬励诸子计者。岁戊子，封丘预荐，贺客踵至，君喜而谢之，既而大恸，客怪之。君曰："吾攻苦垂三十年，卒不售。今徼福于祖宗，而子以成名，岂非厚幸？吾已无意当世矣，然吾未申之志，终不能释也已。"复大恸，客为之改容。纤素啬，延师则丰厚不惜。诸子文之佳否，则喜恚随之，盖无间寒暑。万历乙未二月三日，晨起视外傅膳，烹茶以供会文者，猝焉疾作，一蹶而殒。茶鼎尚沸，而神已飞越矣，所称力学训子者，不虚哉。其生以嘉靖戊戌六月二十四日，卒于万历乙未二月初三日，享年五十有八。于丁酉岁三月十六日，葬于吴江县政字圩，即君卜葬沈孺人处也。子男六：长即封丘知县自植，壬辰进士，娶赵氏；次自树，邑庠生，娶吴氏；次自检，邑庠生，娶周氏；次自桢，娶张氏；次自彬，娶周氏；次自标，尚幼。女二：长适本邑太学生周应禧，次适湖州府府庠生沈涓。孙男八：家灿、家炉，自植出。家灿娶黄氏。家琰、家焌，自树出。家燨，自检出。家焊、家耀，自桢出。家煊，自彬出。孙女六，曾孙一：世封，家灿出。夫古君子遭时遇主，则身显而成名，不则老死岩穴间，世无知者可一二数哉。顾君虽不遇，然卒发于其子，且诸子彬彬将继起，则君亦因子而显，可无憾矣。至其迫于家难，劳于营产，力学训子，瘁精竭神，以促其天年，仡仡一世，而不得享一日之安。膏以明自销，薰以香自烧，君子不能无叹惜于斯焉，是宜铭。铭曰：

心为身根，静为动枢。至人含光，哲士驰驱。嗟彼顾君，善不胜书。惜哉焦神，业著形枯。胡不少憩，驻景须臾。乃有封丘，善承厥谟。显明天朝，政在握符。将有锡命，泉台贲敷。身晦后昌，以安以愉。固尔幽光，永言弗渝。题此贞石，与天壤俱。

赐进士出身、通议大夫、吏部右侍郎兼翰林院侍读学士、记注起居、会典副总裁、经筵日讲官、前吏部侍郎、詹事府詹事掌院事、国子祭酒徐显卿撰。

赐进士出身、亚中大夫、福建布政司右参政、前奉敕提督陕西学校、眷生沈季文篆盖。

赐同进士出身、行人司行人、年家眷晚生沈时来书丹。

清顾鼎勋《顾氏族谱》

吴秀传

吴平山先生秀，字越贤，震泽人。震泽为三贤讲道之地，居其土者有沈南康之风焉。而公自隆庆辛未以麟经首荐，越三年，官刑部主事。释褐之日，即读礼也。丁丑，分较士。是秋，虑囚江北，复请告归。寻以原官历员外郎中，出守九江，公于是为亲民官矣。性坦率，顾其意所是，即毅然行之。有哭于道者，问之，曰："贫生妇也而新寡。"公大伤之，亲往吊赙焉。巡方者至，司理某勾稽赎锾至三千金。公平之，顿免其二千五百锾。凿龙开河，得良田三千顷，曰未也。复凿老鹳河，便商贾夜宿。时为之谣曰："民不死，吴公是子；客如归，风伯无威。"内艰，讣至遄归，视含殓。服阕，补守扬州。其地有平山堂，欧阳永叔所题额也。公笑曰："一生事业，其在扬州乎？"委弃土筑州县寓舍于某上，号曰"梅花岭"。复五塘，葺卫治，建义仓，以备朝鲜之徼。时淮黄议兴，公讲求五宜三要列上，河使者会晋闽臬，不果行。而箧书亦上。既去位，后之人登梅花岭者有岘山之悲焉。太仓相公，公之知己也。公卒，操文而吊之曰："予初知公，实以文字。公之知名，则以吏治。爰稽民利，五塘肇开。决尔陂隰，乃田污莱。通商集事，鸠工庀材。有金如粟，不以入怀。有谷如山，累兹崇台。经营次兴，论建渐广。议峙军赏，不顾旁局。或难其上，百缓一急，独将安之。有隙之毒，日增月滋。白头门生，相对凄楚。愤不可吞，亦或时吐。予笑谓公，世事如许。幸兹明农，从公学圃。"时年六十九。崇祀乌程乡贤。

清顺治《续吴江县志》

例赠资政大夫先祖考吴川公
例赠夫人先祖妣徐夫人行略

〔清〕陆文衡

先祖考吴川公,讳勋,吴江人也。陆氏占籍吴江最早,其派亦最繁,惟吾宗累代潜德。自公之高祖讳雄,饶于财,明初中落,隐居不仕,实为吾宗之始祖。生二子:曰澄,无后;曰洪,为公曾祖。是生震,为公祖。是生言,为公考。公亦无兄弟,盖数世特传矣。公生先大夫继川公,叔父耀川公,始有二支。文逮事垂二十年,貌癯而性方,亲课文读书,朝夕不倦。好面折人过,既退则矢口不复言,人以此惮而爱之。配徐夫人,与公同志乐贫,朴讷寡言笑。御下慈爱,生平无怒容,足不逾阈,内外姻罕见其面。蔬食阅五十载,而未尝佞佛求福。以万历三十四、三十五年,相继弃养,皆享年六十有九。吴川公精青乌术,尝谓先大夫及叔父曰:"汝兄弟贫,吾死必不能,别营一丘于祖茔东隅。"手指一隙地曰:"此可埋我。"后质之形家,佥称善,遂葬焉。其西偏一区,乃文买施氏隙地扩之者,二百余年松楸无恙。老屋三楹,乙酉毁于盗火。甲午补筑,颜以"思成堂",愿后人世守之,无忘木本水源也。

清陆迺普等《平原派松陵陆氏宗谱》

太学生吴字甫元配董孺人墓志铭

〔明〕沈瓒

字甫之娶于董也,逾三十夭焉。或谓字甫盍更聘诸,字甫抆泪而嘻曰:"宁讵有若吾妇贤者,吾不复室矣。"沈子闻而叹之:"贤哉!字甫也。何贤尔贤厥媲,而知难厥继也。"岁庚寅,始从厥子伯叔季游于是焉,将以皓月某日葬孺人先茔之左。三子乃奉字甫命,以孺人子婿丁君长孺所为状,过沈子拜而泣不止也:"母氏之弃不肖兄弟,阅十有七年矣,而庶几乎异日也。葬是以缓,乃今犹未能有兹日也。惟子贲之一言,慰母氏地下。"沈子受而读之,既然后乃称曰:"贤哉董孺人,斯字甫所为难厥继,不复室者也。"孺人父宗伯公,母顾夫人。少失恃,而吴夫人实来称母,孺人事之如顾夫人。退而与同产语及母顾,暗相泣也。十九归字甫。吴,故贵姓也。字甫父太仆公方在西曹,而宗伯乃贵幸甚。吴之族不无难,孺人者何难乎?孺人难其为贵家女也。孺人既归,事太仆如所事宗伯公者,事姑史恭人如所事母吴者。舅姑安其孝,相庆曰:"安所得此贵妇而贤也。"处娣姒宗戚,恂恂委蛇。下至御厥臧获,亦不以几微贵介见颜色,内外安其德,相庆曰:"安所得此硕人而贤也。"字甫喜读书,不问家人产亡,纤巨倚办孺人。孺人从梱内应之,或阴息其赢以佐。字甫乃帷以外,不闻孺人咳也。太仆公疾且病,孺人割股进之,又吁天请身代也。太仆公殁不逾时,孺人亦以腹痛卒。史恭人哭曰:"吾百岁后，妇谁复以身殉者？"孺人体不御鲜好，手不释女红。族党有急，辄解装赠之，无所吝。盖孺人既殁而后，字甫知家政之艰，而邑人知孺人之孝，而族党知缓急无所恃矣。呜呼！可不谓贤哉！又闻孺人疾革时，眂伯叔二子曰："吾代而父父者十余年，而今已矣，而所不自力者，吾且不瞑也。"则又以手属季子及少女于宗伯曰："儿不孝，不能竟事大人，不宜以是呱呱者为大人累。唯大人幸许，儿今瞑矣。"遂卒，盖精爽不乱如此。呜呼！可不谓尤贤哉！孺人之卒也，以万历甲戌八月二十有八日，距其生嘉靖己亥某月某日，得年三十有六。子三：伯曰汝城，太学生，娶周参军赍女；叔曰维孝，娶周太学生正女；季曰汝培，邑诸生，娶槜李项孝廉元深女。女二：长适周太学生之轼，次适故郢丁进士元荐，即所谓长儒，甫以文学操行振其父参藩公之业者也。孙男二，维孝出。孙女一，汝城出。俱幼。字甫名承抚，太学生。宗伯公家于乌程，世所称浔阳先生者，雅善太仆仰峰公，故以女缔厥好焉。太仆之祖、父，世为大司寇，以是于吾邑称贵姓也。铭曰：

尔弗吊于天，而年弗延以暎，而夭于百年。尔即安厥宅，而祥是发以安，而姑于黄发。噫嘻！孺人而不朽以吾文耶！抑以而子将有闻耶！

赐进士出身、奉政大夫、奉敕整饬南昌兵备、江西按察司佥事、邑人沈瓒顿首拜撰。

清吴安国《吴江吴氏族谱》

春洲公传

春洲公讳象道，都幕公之次子也。公生而鬈，寡言笑。及长，渊渟山立，一切嗜好不入于心，诵习之外独善弈，吴中推为国手。与人交，始终淡夷，未尝见喜愠之色。遇事机杂至，虽极遽，每以闲暇处之，而酬应亦无失策。外若无町畦，而其中泾渭井井。即群言互发，公静听微哂，俟其凌谇既杀，而徐以片语断之，人皆厌心焉。性好客，亦类都幕公。终日应接无倦色，然享宴有节，久暂无怼。取不废礼，而止不为豪举相矜诩，故人心乐归，而物力不诎交游。宗党中丐贷乞觅，靡不视力所及者应之，其人不偿不较也。以应天府庠生入国学，凡应数举不售。体肥硕，年未登五十，而患背疽卒，亦肌丰气壅致然矣。公居次子，而承欢服劳、慎终追远，皆一人任之，缘伯兄小山公病痫蛊世也。当析产时，小山公内人谓叔多子，请于周孺人，以十之七归叔，十之三归己子，公不可而止。宗人有长赋者，负粮若干石，为漕卒所窘。公捐己粮代输之，不责其偿。又乡人沈姓者逋官银，公出见之，怜其垂毙，捐资救之。其人身请为奴，公慰遣之。卒之日，姻族子弟私谥曰"敦易先生"，众谓无愧其谥云。

清沈始树《吴江沈氏家传》

毛寿南传

毛寿南，字宇徵。万历丙戌进士，授山阴知县。值邑连年大水旱，道殣相望。寿南请蠲税不得，弛期宽其力，又捐俸劝助，设糜施药赈救之。群不逞，乘灾聚而剽，寿南捕治首，乱党遂散。尝以公事出，囚逸，时簿摄狱，寿南曰："吾实为政，且簿何能堪？"遂投牒自劾。台使者多其义，不之罪，卒全簿。越俗多以杀人相诬，一讯之，家即破。寿南命先舁尸验检，有状乃集，两造妄即坐讼者，怨不得逞，诬乃息。邑麻溪有坝，坝外为天井（《浙江志》作乐）乡，乡田凡三万七千有奇，江潮时溢为害。乃筑堤于猫山、郑家山之间以捍之，民赖其利。召入，拜陕西道监察御史，寻以疾请归。卒，葬柳胥村龙字圩。寿南家风清素，为官不好名，以悃愊致治，民不忍欺。其去山阴时，百姓皆号泣攀辕，车既发，沿途争先挽纤。为立生祠、去思碑。事详载朱尚书赓记中。没后，崇祀山阴名宦祠及江邑乡贤祠。著有《仁山诗文集》。子以燇，万历庚子举人；以焞，万历甲辰进士。俱有传。

清嘉庆《黎里志》

涵台公传

涵台公讳倬，祗庵公次子也。少而颖异，属对记诵，皆不劳师力，诸父兄咸叹赏之。及长，淹通经史，旁及古文辞诗赋诸体，矢口信笔，如堕云霄，不从人间来。弱冠，游黉于督学公吴、耿两御史，皆受国士之知。耿公留置宾幕，携以行部，凡所评骘取藉焉。时同被礼遇者，娄东管佥宪志道、金陵焦太史竑与公，仅三人耳。公既忾于庠，每试辄居首，文名震烁一时。而犹不自足，遇文章宗匠，必北面师事之，若归安茅宪副坤、金坛张太守祥鸢是也。是时，检讨公新义出流辈，而公道文缛藻，与相焕烂，海内翕然，称"二沈"，不减陆氏机、云也。公自辛酉迄丁卯累不售，而志益励，文誉益张，视一第不啻若探囊。及庚午赴都试，疾大作，不入棘而归，归两月逝矣。公彩眉犀齿，鸢肩鹤步，风流神彩，所至倾坐。微吟短咏，闻者心折。谑语之中，时杂韵语，期期而出，捷若飙风，画如印泥，令人懔然不得反其意，礼法之士虽或有所不满，而好事少年辈述为美谈焉。性至孝，母夏太孺人严重难事，公曲为娱悦。游学归，必韦韛而侍左右，夜携一幞息床下，不跬步离侧。遇有奇错名果，虽地远必竭力致之。或小恙，扶抱抑搔，亲承溃液，不烦婢媵。小失意必长跪受罚，久之乃起。他如捐资嫁妻妹，葬巡检夫妇之客死者，设水陆斋度楞伽寺旁之冤鬼，疾革时重价购乳母以疗之，斥不用而不追其值，皆盛德事也。盖公之所得于天者，奢而才不获试，所期于世者，锐而志不获酬，固宜长发其祥于三子哉！

清沈始树《吴江沈氏家传》

衡宇顾公传

〔明〕王穉登

  顾大夫者，督闽学政观察顾公也。公名大典，字道行，号衡宇先生，吴之松陵人。官中宪大夫，称顾大夫云。吴中四姓，顾得其一。其先自元叹、彦先、君叔、长康、士思、希冯诸公历仕南朝，风流文采为江左士族之冠。明有讳顼者，当孝庙时封刑部尚书郎。顼生昺，正德丁丑进士，官汝宁守，则公大父。昺生赠吏部尚书郎名义，则公父，而封周太宜人者，公之母也。公早失吏部公，依外家读书。甫十二作《歌儿行》，词旨悁邑，太宜人父寻甸公奇之，谓太宜人曰："是儿也，必亢顾宗者，未亡人无恐矣。"十八补邑弟子员，丁卯举乡试，明年戊辰成进士。公少年释褐，清扬婉娈，眉目如画，都人士女观者，无不啧啧艳慕，称为璧人，车中果恒满。及其援毫授简，思若凌云，书法诗品并清真萧远，秀色可餐，一时作者皆辟易避舍矣。是时，天子方开东观，简秘书郎，修兰台石室故事，士竞进者争求试。政府意属公，公弗欲，疏乞为文学掌故，得会稽郡。未几，迁括苍司理，召入为刑部广东司主事。以太宜人春秋渐高，且念仲子，不欲北，请改南，得兵部武选司。寻升吏部稽勋司郎中，擢山东按察司副使，改福建提学，仍副使。南铨同舍郎与公郄，中以考功法，坐遣。公怡然曰："吾性麋鹿，而婴樊槛者余二十载，今获遂初志，此郄者以烟霞泉石还我也。"归而葺故所为谐赏园者，奉太宜人板舆燕乐其中。名流胜侣相过从，必觞咏流连，卜夜申旦，家有梨园子弟，奏郑卫新声。公性解音律，填词度曲，被之管弦，红牙金缕，与松风相间，翛然不知在百雉中也。公神情散朗，抗志物外，虽一行作吏，不为轩裳桎梏，玩世若东方生所至，相羊山水，啸傲云萝。又若漆园司马，逍遥南铨，虽不炙手，然亦树篱插棘，视他曹岳岳乎！公剖去一切城府，每吏散乌啼，酒人词客常满座。至于高僧道者来造门，莫不倒屣投辖，捉尘谈理，日崦嵫无倦色。暇则出游牛首、燕矶、凤台、石城诸胜，当其会心流憩，吊古悲歌，往往脱帻披襟，弹筝邀笛，有六代诸君遗意。人或规公，吏部风流若此，不畏令甲束湿耶？公傲然不屑，而欲吾系车轮窥井乎，我视头上进贤直弁髦耳。然公坦荡无他肠，又嚼然不滓，人未有以中也。居官既久，凡礼乐刑名文武之司，无不遍历，虽寄情寥廓，而未尝废综核。司理括苍及郎比部，皆白云爽鸠之吏，日视城，旦书平反全活者。若而人因有陷大辟者，前后诸郎心知其冤而不白，公白之，以人命徇吾一官，讵忍哉？武选故多居间，莫不债帅者，公悉谢不纳，而选择才勇谋略之士，咸尽其用，于是旌旗壁垒，灿然一新。山东南北孔道，王人使者，中涓戚畹，乘星轺，建旄节，旁午于涂，驿传最繁苦矣。公损益其费，而平之以三尺，迄今人犹便之。且禁驿宰，无索金钱掠笞，诸钳徒遂无横死者。闽士善夤缘，前使者科条朴樕。公约使就简明，谨扞撒，杜请托，无使径窦足矣。闽文繇此益盛，所拔置高等与典试豫章浙藩所取士，起家冠盖者，项领相望，咸谓公人伦品藻如郭林宗也。归田后，绝不入公府，冠裳几废。门生故吏先后至大官，过松陵无不停銮辍轭，司公意所向。公一无所请，凝然坐对,去则报谢舫中而已。开府惠文监司,郡邑诸公,干旄钟鼓溢里门,令平头持巨石,支吾白板扉。勿问剥琢,谁何露章,荐者再三,公不顾。而公岂以三事九列,易鲈鱼莼菜哉!所著有《清音阁集》《海岱吟》《闽游草》《园居稿》行于世。是时作者左袒七子,不悲愤,则怒号,以为唐人言,嚼蜡耳。公意不然,施之廊庙而骇者非此乎?吾将为泠然悠然与畅然哉,用彼羌笛胡琴为。至于今,鹄顾大夫诗者十九,鹄七子者寥寥也。画法上窥唐人,下亦不减胜国诸名手。有六男三女,婚嫁皆世家。诸子咸彬彬有父风,长庆延,次庆恩,并工诗。次公丹青,咄咄逼乃公,佳者青于蓝矣。呜呼!公以世卿贵胄生长纨绮,去游闲公子之习。以公业起家,流连文酒,耽玩声伎,其风度不在元叹、彦先诸人下,非夫所云"公侯之后,必复其始"者哉!巧宦者见若谓拙,而公官至监司,非拙;耄昏者见若谓夭,而公年几甲子,非夭。视彼文墨之吏,妄庸琐尾,如辕驹裈虱,黄扉黄发,贵耳?寿不博,顾大夫,一嚎耳!

太原王穉登撰。

明顾绍业、顾绍龄《顾氏族谱》

衡宇墓志铭

〔明〕王锡爵

福建按察使司提学副使顾公,当为郎南京时,曹务简,颇自放于诗酒,为考功所追论当调,自免归。当事者谓公所坐轻,又重公平日恬于进取,用台臣荐,再以大州起公。公竟卧不起,葺祖父时故园于居第之后,栖息其中,益多为诗歌以乐志。如是者七八年,一日病厥以卒,万历之丙申二月十日也。其子既免丧,始克祔公于赠吏部公之昭,而以状来请铭予,不获辞。按:公讳大典,字道行。其归而不复出也,慨然慕陶渊明之为人,取《归去来辞》之语,自号曰衡宇。盖公于世味澹泊,能自决于进退之际者如此。顾氏世为吴望族,今居吴江。曾大父讳项,封刑部湖广使主事。大父讳鼎,以正德丁丑进士历官汝宁守。考讳名义,以公贵累赠吏部稽勋司郎中。母周太宜人,太宰恭肃公女孙,而寻甸太守公国南之女也。公生十二岁而孤,依外家读书,一过目即成诵,又能以治经之暇,私自学为古文辞。年十八补邑学弟子员,又十年举于乡,遂联登进士第。其天资警敏,为诸生时,或裹足一室,或登临啸歌,寄情山水之间,而日力常宽然有余。以故公学成连取科第以去时,年未及壮,丰神美秀,班行中望之如神仙中人。而又善书,工为词赋,中秘之选,众谓公宜,顾独辞不就试。所居官,繇郡文学擢为司理,晋兵部武选、吏部稽勋郎,终于按察副使。宦辙所至,始会稽,移括苍,久次留都。出观察山东,而终于闽,又尝以典试一至江右。其教授会稽也,再视山阴、余姚篆,二邑之人咸思得公为真。公虽于荣进泊然,然括苍之政,能究心于案牍,所平返必得其情。狱有冤者,经数谳皆有所忌禁,不敢出声。公奋笔出之,曰:"宁能重吾一官,而轻人命耶?"已擢刑部郎,以母老请南。公之在南也,乐金陵名胜之地,其山川之秀杰，足以开发志意。而古寺僧寮，皆有幽寂之致，暇即呼同曹郎载酒往游。而公又善绘事，能以诗及画模写之，或连日夜忘返。人以此訾公，然公才敏，于曹事实无废也。山东为南北孔道，中涓戚里过者不绝，而公所辖为驿传，至则为酌衷其费，至今便之。驿卒暴横，索诸囚徒金钱不得，或夺其食饮以死。公敕驿长若不能禁者，吾决不汝贷也，凡所全活数百人。闽人士较他省为最多，俗又多请托。公之考文章，能人人服其心，而一无所徇。公前后所至，洁廉不苟，橐装常空，比罢归，几不能给酒资。而客常满座，盘飧相对，同于素士，宾主欢甚，客安其真率，而公亦不自谓菲也。或时谢客，则奉太夫人板舆以游后园，依依膝前，垂白犹婴儿也。自以蚤失怙，故于母氏弥切爱日，兄弟二人友爱无间言。公为人乐易，言语呴呴，与之接者，皆若饮醇。见人有片长，即自愧不如，终身不以其所长骄人。取冠带庋置之，非公事不一见邑宰，曰："吾岂怼不见贵人哉，性本疏懒，不偶世。惜吾归之不早也，安能复自拘束，如木偶人拜起为哉！"盖公于罢官，非独不愠而已，更自以为乐如此。当公之再起为州也，使有一毫眷恋不能舍。以公才名，又为当路惜，必且复进，用不落莫，然中必有不自得者。其视归田所得，何如也？予尝谓：士大夫遭时显融矣，苟不获大行其志，即当退而自全其名。世之汲汲于富贵，进不知止，而为众所指目窃笑，闻公之风，亦可以少愧矣。公之生嘉靖庚子八月二十一日也，得年五十有七，其葬以己亥十二月甲申。予既重公于进退之际，故撮其行事之大概次第之，而系以铭。辞曰：

士仕于时将何为，志业不遂退乃宜。屈曲俯仰为众嗤，所得几何名以亏。有美顾公鸿渐逵，一蹩脱屣其如遗。归来以酒自娱嬉，退不为慝贫不唏，俾后有考视铭诗。

赐进士及第、光禄大夫、太子太保、吏部尚书、建极殿大学士予告、年家眷生王锡爵拜撰。

明顾绍业、顾绍龄《顾氏族谱》

张益之先生墓表

〔清〕钱谦益

吾先君之执友曰吴郡张先生尚友，字益之，以万历二十七年卒于家，年五十八。天启三年十月，其子世俊、世伟葬先生于吴县西郊之花园村。又十三年，属谦益表其墓。呜呼！余小子忍表吾先友哉！余小子少受《春秋》于先君，先君诏之曰："吾少师事陆汴先生。益之之辱与吾游也，先生为介。自吾与益之分门教授，而两家之弟子日进。益之之徒为董仪部嗣成，吾之徒为翁给谏宪祥。给谏又以经授益之之二子。于是吴中治《春秋》者，皆名为两家弟子。而吾两人皆穷老不遇，甚矣吾两人之有待于后人也。"余小子志之不敢忘。先君事母至孝，间尝称先生之孝曰："益之之父静孝先生，壮年谢公车，杜门养母。晚而弥坚者，以益之为之子，又能代之为子也。静孝病革，刲左臂和糜以进。人有欲上其事者，益之怒曰：'是欲我以死父取名乎？状苟上，我必死之。'小子识之，他日郡志中立孝友传，无遗益之也。"先君慷慨负大志，酒后耳热，辄谭与先生同砚席时事曰："江陵夺情之后，长星亘天。吾两人沥酒杯，泼墨渖，竟夕望北斗，且詈且诅。当是时，赵汝师抗疏拜杖，顾叔时不与祷，咸爱之重之，恨不奋臂出其间也。呜呼！吾两人之不得为汝师、叔时者，命也夫！"先君又曰："吾生平坦怀疏节，不能与深中多数者游处，惟于益之无间言。益之性畏暑，夏月坐卧一小楼，每扣其门，必曰须吾着衣而出。及启门，仅单裙系腰间耳。辄相视大笑。其真诚脱略，忘形相与，皆此类也。"先君为《聱隅子自传》，叙其友六人曰顾吏部叔时、张太学益之。而先生有遗文六卷，首载《送赵汝师钦召序》，汝师者，文毅公用贤，叔时者，端文公宪成，以字称，从其旧也。余小子之表先生也，徵其事状，考其遗文，而皆本先君之言以为端。先生既没，而其言立。二子名成而行修，士之称家风者归焉。谦益衰迟放废，老而无闻，无以光大前人之训。先君之所谓有待于后人者，如斯而已乎？愚不自量，窃取柳氏石表先友之义，以表先生。然不敢附赘一辞，其亦以志吾愧而已矣。

清钱谦益《初学集》

无巴生传

〔明〕释真可

无巴生自言，生于青草滩，滩即姑苏之松陵，今之吴江也。予从无巴生游甚久，每于无巴，行藏所忽之间，音声笑貌之际，与夫习气动静，徐而察之，似非青草滩人。盖无巴受性超放，不耐世故，于习俗绳墨，了不相拘。予尝规之，无巴笑曰："子奚不检名而审实耶？名检则实审，实审则名不虚。名不虚，宾即主也，主即宾也。物与我，皆不得已，而受形于天地之间。倘不达此，则何往而非有待乎？夫有待则有累，有累则孔隙不待凿，而不可胜数矣。吾尝历观有待之大概，不出乎地、水、火、风、空、见、识七大而已。如以自心观七大，则七大有名而无实矣。方此之时且问子：大火聚中，为吾拈得一茎眉毛出乎？"予曰："不能。"无巴舍然大笑曰："子虽从吾游甚久，然不我知，若是谓之相知可乎？子不闻龙树有颂乎：'诸法不自生，亦不从他生。不共不无因，是故说无生。'即此观之，有生则有我，有我始有物。脱求以名实之相，外名则无实，外实则无名。吾故曰'宾即主也，主即宾也。'宾即主，则主未尝主；主即宾，则宾未尝宾。主未尝主，宾未尝宾，则我与物，物与我，不待观空而始荡然也。故曰：会万物归于己者，其惟圣人乎？如我有己，则物岂可会乎？如物有物，则物亦不受会也。所以有待显，而无待隐矣。无待既隐，则地以坚为孔隙，水以湿为孔隙，火以暖为孔隙，风以动为孔隙，空以无形为孔隙，见以照为孔隙，识以分别为孔隙，皆不得无巴鼻者也。如以自心观此七者，则地未尝坚，水未尝湿，火未尝暖，风未尝动，空未尝无形，见未尝照，识未尝分别。若然者，谓七为一，可也；谓一为七，可也。七若可一，则七未尝七，有待隐，而无待显矣。一若可七，则一未尝一，无待隐，而有待显矣。吾以是知有待与无待,初皆无性也。如曹溪'佛性无常,诸法有常'之说,亦此谓乎?故吾以自心,观九窍与六根,我实未尝有也。然九窍六根,不妨用而不废,我实未尝无也。有无路穷,凡圣情断,子谓我有巴鼻可乎?如木生也直,人生也静。直则无私,无私则无我;静则无扰,无扰则本虚。虚则灵,灵则妙。既妙矣,有巴鼻可也,无巴鼻可也。虽然,庄周谓'七窍凿而混沌死',吾则曰'孔隙凿而巴鼻形',所以钩索得而秘之矣。今吾一受形之后,六根九窍,巴鼻太多。于是乎,声色钩索于外,好恶钩索于内。吾本无巴鼻者,始不得自由矣,故以'无巴'字我者,阴借其名,而鞭我后也,子亦何疑,而私察我耶?"予闻"无巴"之义,乃稽首谢不知之罪。无巴曰:"罪本无性,何谢之有哉!"予不知答而退。

明释真可《紫柏老人集》

明故太学生中岳严君墓志铭　代作

〔明〕赵重道

不佞未释屩时游乡校,严伯子亦游乡校。不佞望见而友之曰:"夫夫也,顾而皙。其志嶷嶷,其发硎于兹者欤。"伯子果耻章句为龌龊儒,以资入太学。不佞已释屩,官留都铨曹郎。伯子复临况之,不佞迎谓曰:"夫嶷嶷者,其果斯斯而慕壮游者欤。"间与榷古今失得,知其闳览博洽而断断者,又踔绝而不群,乃期其志将大,自树立在也。不数载,伯子赍志殁,其孤某苴蒯蒙绖,手赵广文所次状而来征铭。不佞受而读之,亹亹数千言,大较以年不充德,行不酬志,反覆悲之。不佞因是而谓广文知伯子深也,夫奚容置喙,姑撮其可书者为志而铭诸。伯子姓严,世居吴江之东偏,环湖而聚族焉。其先自通一始,七传而至鼎。鼎生篪,篪生仁,称古湾,即伯子父也。世业耕,世署为万石长。迨古湾翁昉饬以文,遍结邑中贤豪及诸文学名冠。博士上者延之塾,以训子若侄,而伯子率以先。伯子生颖慧,尤勤诵习,古湾特钟爱之,需以大成。屏诸玩弄,为聚丘索坟素、锦文缇帙,俾肄业其间。以故弱冠能通奥义,试所司,补邑弟子员。伯子蚤丧母郭,逮事继母马,死而慕生而敬,无不当古湾心者。无何,古湾亦捐馆,伯子视异母弟茕茕立,乃从两叔父议析田畂,筑屋室,而沟分之。己独取其硗者砦窊者湫隘者,而以肥膏轮奂者让诸弟。弟于今赖之,声称殷殷起,从诸缙绅后,惟伯子力多。且以家政故,拮据勤渠,恐妨迁业,遂卒事太学,从四方名贤游,交益广,闻益博,学益孟晋,而伯子不可留矣。方伯子矢志,初惟是显庸当世、光裕后先者自任,而竟不能邀荣于一命,虵封于一章也。命也,无复言也。而其它厚施而薄报者,尤出天道外。先是母族有未葬者,为之甓圹而收瘗之;妻之外父窆木不卒办,为之丰其敛具而哀临之;庶母以身托,则殡之如所出,而为之祔兆焉。至若析券于贫,举火于匮,代给于公输,而趋人之急,甚己之私,《传》所谓"富好行其德者",非耶?行其德者,必食其德,伯子曾不一食德焉,天何爽也?殁之日,无论识不识,皆为惋惜云。伯子讳国衡,字伊卿。生嘉靖癸卯，卒万历丁亥，享年四十有五。配沈氏。子一：用和，先娶徐氏，继娶刘氏。女二：长适杨，沈出；次适沈，侧室出。今其孤卜奉柩葬诸吴淞之阡，从先志也。不佞因忆其丰神绪论与志行之未泯者，勒诸幽珉，以诏其后之人。铭曰：

吴淞之东，维君之宫，以田以处，曾不贲于尔躬。吴淞之阳，维君之藏，以封以树，永不闷于尔光。尔躬不贲，何行之踬；尔光不闷，何德之炽。惟德之炽，金昭玉粹，用敷锡于尔类。

明赵重道《三余馆集》

达观大师传略

〔明〕陆符

师讳真可，达观其字也，晚自号紫柏。万历中，慈圣皇太后钦师道风，上亦雅廉知师，谓"若此真可名一僧"，师遂取以更其名云。世家于吴江之滩缺，沈姓，父连，字季子，其先句曲人也。师生有异徵，雄猛不可羁绁。稍长，志益大，饮酒恃气，慕古游侠之行，他日自言"吾本杀猪屠狗之夫"，盖道其实也。年十七，辞亲只行，愿立功名塞上。行即郡城枫桥，天大雨，不得前。虎丘僧明觉者，过视，壮其貌，问知远行，因以盖接之归，具晚餐。夜卧，闻僧诵八十八佛名号，心忽开悦。侵晨起，告觉愿出家，遂解腰缠治斋，觉即白众为祝发，因礼觉为师，是夜即兀坐达旦。时觉欲募铁万斤铸大钟，师乃独身往平湖，跌坐一巨室门外。主人进食，不食，问何为？曰："愿得铁万斤，铸大钟，镇虎丘山寺。"主人立畀铁如募，师为举食，径载之归。即闭户读书，岁余不越阈。年二十，从讲师受具戒，掩关武塘景德寺。三年，辞觉抱腰去参访。闻僧有诵《张拙秀才偈》者，至"断除妄想重增病，趋向真如亦是邪"，曰："何不云'方无病'，'不是邪'？"僧哂之。师大疑，到处书二语于壁，迷闷至头面俱肿。一日斋次，忽悟，头面立消。曰："使我在临济德山座下，一掌便醒。"自是气宇凌铄诸方矣。初，祖西来，以楞伽印心，从上祖家，皆精其义，立为纲宗，勘验来学。宋弘觉范忧末法失传，遂为《智证传》《僧宝传》诸书，以撰述佛祖旨诀。其书世多未之闻见，师搜得古本，大喜，因游匡山，深究相宗精义。已而游五台，至峭壁空岩，有老宿孤坐。师作礼问："一念未生时如何？"宿竖一指。又问："既生后如何？"宿展两手。师于言下领旨，寻迹之，失其处。至京师，参遍融大老。融问："何来？"曰："从江南来。""来此何事？"曰："习讲。"又问："习讲何事？"曰："贯通经旨，代佛扬化。"融曰："能清净说法乎？"曰："至今不染一尘。"融命师解直裰，施旁僧，揽其里，曰："脱却一层还一层也。"师笑领之，遂留。时与知识啸岩法主、暹理诸公，参证所得。乃归省觉，盖去辞觉时已九年。师见道法陵迟，五家纲宗坠地，以负荷大法为己事，倡刻《大藏》，广其流布。日以《智证传》一书嘱付传习，或时教人专持毗舍浮佛偈，谓此偈是去来诸佛心印，禅之真源。尝言："吾待此二十余年，已熟句半。熟两句，死生无虑矣。"先是，有南昌诸生出家补陀曰密藏道开者，闻师风，来归。师深器重，留为侍者，凡法门大事，如复楞严寺、刻大藏、复化城，皆以属之。师终身不受人祈请出世，终师世亦无敢开堂受请者，独与憨山清公为友，尝对谈四十昼夜不交睫。因有志修《国朝传灯录》，与清公约，共往曹溪，开导法脉。遂从帝京，踰三晋，历关中，跨栈道，至蜀礼普贤。顺流下瞿塘，过荆襄，登太和，至匡庐，寻清公约。时清公以兴复劳山海印寺，为黄冠奥援讦奏被逮。师闻报，祷佛冀佑不死，独往曹溪。将回救都下知己，得遣雷阳戍，因往白下江关待之。相见执手，叹曰："公以死荷大法。我何人哉？公不生还，吾无生日。他日即先公死，后事属公。"清公至雷阳，得间过曹溪，曰："此达老志也，吾以行间，至殆不偶。"后公得释，即住锡，宗风振焉。时上以三殿工，开矿税，中使辈出。有李道者劾奏南康守吴宝秀抗旨，逮治，其夫人哀愤投缳死。师闻之，曰："良二千石为民请命，死其妻，身且不免，时事至此乎？"遂入都门营救，授以毗舍半偈令，诵十万，当出狱。吴持至八万，上意解，得末减。师因喟然曰："憨山不归，我出世一大负；矿税不止，我救世一大负；《传灯》未续，我慧命一大负。释此三负，当不复游王舍城矣。"其时门弟子皆知都下侧目师已甚，相继奉书劝出，开侍者刺血具书隐去。当师居方山时，尝卜出处于李长者，誓以身命弘法。故报书辄谓："吾当断发已如断头，今更有何头可断？"其意以出家儿大事既明，身心尚有僇辱拣避，虽比古之立名义不侵然诺者尚不可得，况欲称祖家儿孙，操提正令，以杀活天下。故虽谤师形，章疏不一，师处之屹然。居无何，妖书事发，上震怒，方大索。先是，江夏郭公正域为少宗伯，以楚藩事与政府牴牾。而吴江沈令誉者，师弟子也，以医游公卿间，尤往来江夏，称最善。罗织者遂欲乘妖书中郭，即掩捕沈，拷掠备至。沈终无所乘，惟箧中搜得师与令誉书，乃营救清公，谓："劳山海印之复，为圣母保护圣躬香火。今毁寺戍清，是伤圣母之慈，妨皇上之孝也。"御史康丕扬得之，遂据以闻。先时，慈圣闻师至，命近侍陈儒致斋供，赐紫伽黎。师受供，谢紫衣。适从石经山得隋时琬禅师所藏佛舍利，因请入供。太后出帑金，送归石窟。言者率以縻内帑金钱为师咎。一日，有中使奉上命赍数千金，请师印藏经颁赐，师不奉诏，曰："印经自有人。"中使固以受上旨，坚请不肯去。其人尝从师执礼者，师呵之，欲起杖，不得已复命。上笑曰："固知此僧非利财者。"上尝手书《金刚经》，汗渍册纸，疑当易，亟遣中贵驰问，师以偈进曰："御汗一滴，万世津梁。无穷法藏，从此放光。"上览旨，大悦。以故劾上，留中。迟之，乃下命大金吾研审而已。时师居西山潭柘嘉福寺，诸校夜至，不敢白，但匍匐求开示，师为语竟夕。至晓，诸校伏地哭出帖。师命治斋，礼佛书偈，别众就讯，以"三负"对，无他辞。传送刑部，对如初。有郎官嫉师者同鞫，故令杖。师凡对簿直入，趺坐阶下，左右杂投刑具，唱声恐吓，不为动。受杖已，复起坐。狱词无可按，特以救清公书，谓语连朝廷，欲引子骂父律，不果。竟拟左道。狱具将上，师闻之曰："世法如此，久住何为？"手字付侍者性田，令致江南法侣。田哭，师叱之曰："侍我二十年，犹作此去就！"却食饮，寻说转生歌，子夜犹口授十余偈。黎明，索姜汤漱齿，就地坐诵"毗卢遮那佛"数声，闭目不语。有御史曹学程，先以言事系狱，闻状趋至，望见辄大呼："师好去！"师复张目微睇，启手扶两足，跏趺以逝，时万历癸卯十二月十七日也。师生于嘉靖癸卯六月十二日，世寿六十有一，法腊四十有奇。师报逝，待命六日，坐风露中，颜色不少改。遗命毋龛敛，周以甓，埋葬慈惠寺土坎中。次年春夏，霖雨及秋，众忧淹渍久，令田侍者鸣诸当事，得请归龛。启视，端然如生，见者悲恸。如佛复出，传听来观，奔动畿下。龛归江南，途中尚多求启视瞻礼者。江南弟子议卓塔地，持未决。适《圜中录》刻成寄至，中有"怪来双径为双树"，遂定议归径山。师相好，魁奇雄硕，威掩万众。童真绝染，肤体如铁石，日饭数升，过中不食。自出家，即胁不到席，四十余年如一日。所至设高座，悬灯跌对。密藏开公尝侍立，闻鸡鸣，过语师，曰："学道人坐地，安问鸡鸣？"始行脚二十里，足痛，以石砥足，至日行二百里乃止。嘉兴楞严寺初复，禅堂成，师题一联，谓当以血书之，引锥刺臂，血盈碗，用絮渍大书榜上。尝至胶西，秋水时至，欲渡，众不可。师解衣，先涉乱流，及肩，疾呼众前，顾谓曰："阅生死，要当如此。"师身律严，至于忠孝大节，尤为性笃。幼奉母训，不坐阃，终身立，不敢近。尝礼佛，始进食。在潭柘，值客至，误先举，乃对知事曰："今日有犯戒者，命尔痛杖三十，轻则倍。"起受杖，就佛前伏地，受责如数。在阳羡山中，读《长沙志》，至"忠臣李芾，城守垂陷，授剑部将，斩其全家。部将恸哭受命，已而自杀"，执卷泪迸如雨。旁侍者不哭，叱之，谓"当推堕崖下"！所至梵刹，见祝圣牌必敬礼。历书初授，必加额，始开览。白衣弟子入室，激发以忠义，惩戒贪暴，形于论说。至谓教人制举业进身，使为大盗劫财，较昔人画马入马腹，其罪报当愈甚。师心慈，外貌威重，及门弟子多贤豪搢绅，御之平等，尊严不少假。尝言："法道非资人为牛鼎，以世情求法，不入吾室，我不恨也。"惟遇利根男子，锥札不少假借，当机不契，恨之直欲顿断其命。至诱接下中，随器尽量，人自习安，驽缓畏其攀跻，多望崖而退焉。明觉者故尝好医，一日还家畜妻妾，以医名吴会，然移居大泽中，深自匿。师密使人踪迹，诡名字称病，卧舟中邀觉。觉至，见师大骇。师流涕叹息，觉皇恐惟命，遂剃除，乃反执弟子礼。师行脚见名蓝废址，必发愿恢复，从楞严至归宗，凡兴建一十五所。归宗遗迹仅古松一株，寺僧薪斫几折，将尽伐售米五斗，有丐者乞米赎免。师过而累土石掎筑，咒其下，愿松再荣，寺当复。后松果日茂，寺竟因师复云。师闻难，无敢为之讼冤者。当是时，惟侍者性田周旋圜中，故有"松木冷重云，独见田侍者"之句。田，常熟人，幼尝事慧日寺比丘古林，貌癯颧起，纯体筋骨，性突兀，不易驯扰。已，林遣执侍，供事惟谨。领颐指使，气息相应，中夜承诺，警绝无寐。少不知书，索卷籍，笔札随所，命必应手。师有所往，顶笠即行，一肩追随，若预装者。尝呼为小道人，或命为田道。时遭痛杖，初无怨色，一日逐之使去，田哀号无所出。故尝向大士礼清净三业文，是日声鸣甚悲，音齿忽异。师问，知为田，乃复令入，自此不复加杖。师示寂，报讣江南，复北上奉龛归径山，始剃除。不逾年，微疾死，塔骨寂照庵放生池山左，曰"田侍者塔"云。师龛始供庵中，越十一年，定葬山后黄沙滩。人言其地有潴水，改卜五峰大慧塔之阴，曰文殊台，已择日火浴矣。清公从南岳数千里来，操文预定祭日，适与期会，遂把火焉。师有文集及圜中语录，金沙门人合刻，共一十六卷。后三十二年，有私淑弟子四明陆符，删次补纂为《紫柏心要》数卷，序而藏于家。

  论曰：尝闻震泽间有寺名普济者，寺中有古柏一树奇绝。吴兴阁学某尝舣舟其前，梦师登舟，谡谡作风声。明日起入寺，婆娑树下，若有所见。后追录其梦，正圜中灭度日也。因疑师以树中神道成而归，且曰师固尝号紫柏云。至考师心行本末，若其夙命前知，显迹坎土，直以肉身炽然说法，自非古佛大士，酬愿一出，岂易得此也哉。憨山老人曰："正法中可无临济德山，末法中不可无此老。"诚哉知言！彼树中神，何修而得此于出世乎！

清黄宗羲《明文海》

达观可禅师传

〔明〕释大香

  师名真可，字达观，自号皮毬子，门人谥曰"紫柏尊者"。俗姓沈氏，居枫江之太湖。母梦异人授以鲜桃，觉而香溢寝内，遂怀妊。生五周不语，时见巨人迹见于庭下。一日有僧踵其门，摩顶谓曰："之子释俗，宜其天人师。"语毕隐去。师即能言，庭下之迹自此不现矣。髫年不好弄，不波流俗，不喜近妇人。十七杖策遐讨，至金昌，大雨，适值虎丘僧明觉以盖蔽之，因异其魁梧不群也，归院，甚相得。闻夜课八十八佛名号，顿兴愉悦。晨起，弛橐设供，礼觉刈发，六时跌坐，遂为常律。年二十，受具之武塘景德寺，掩关三载，行参知识，究明大事。偶闻僧诵《张拙秀才见道偈》至"断除妄想重增病，趋向真如亦是邪"，师曰："错也，当云'方无病''不是邪'。"僧曰："你错，他错。"师大疑之。每至所止，书二语于座隅，条理淹滞，颜面肿口，忽斋次有悟，叹曰："使我在临济德山座下，一掌便会，安用如何如何？"住匡山白云厓，穷相宗奥义。北游台山，有尊宿坐空岩中，师作礼问："一念未生时何如？"宿竖一指。问："既生后如何？"宿展两手。师于言下领旨。入京，谒遍融禅师。融问："从何来？"曰："江南。"融曰："来此作么？"曰："习讲。"曰："习讲作么？"曰："贯通经旨，代佛扬化。"融曰："你须清净说法。"曰："只今不染一尘。"融命侍者褫师道服，施傍僧，顾谓师曰："脱了一层还一层。"师遂挂搭者十年。时某甲秉拂少室，上堂演习评唱，以言句为心印，以帕子为真传。师见耻之，曰："西来意固如是耶？"即南还。至嘉禾，有楞严寺，为长水璿法师疏经处，废为院落矣。师有诗吊之曰："万花丛里画楼新，玉女凭阑天上春。一片清光帘外月，夜深曾照坐禅人。"乃属陆太宰外护，得复何练若。师引臂采血大书一联于禅堂曰："若不究心，坐禅徒增业苦；如能护念，骂佛犹益真修。"师念《大藏》卷帙浩繁，殊方不能力致，欲梓方册，便于流观，即有议者，罪当自任。同时有僧道开、陆光祖、冯梦桢、曾同亨、瞿汝稷、吴用光等纲维之，贮板于径山之寂照庵。仍过吴门，省下发师明觉。觉已蓄发卖药市中，师假疾于舟次，命觉诊视。及至，师为流涕曰："尔何至于此耶！今且奈何？"觉曰："惟命是从。"师为剃发，载之长往，觉反就弟子列。至金沙，书《法华经》以报二亲。西游峨嵋，由三晋，历关中，践栈道，礼普贤大士。顺流下瞿唐，过荆襄，一登太和，驻锡匡阜，重建归宗故址。自皖公山北上，探问石经遗迹。经乃晋琬公虑三灾坏及正法，石刻藏经，锢之岩洞，山以经显。时琬公塔院高明所有，师复之，启石室佛座，获一宝函，中有古佛舍利若干，出视，光烛林壑。适慈圣太后命近侍致斋供及紫伽黎，师以偈辞曰："自惭贫骨难披紫，施与高人福更增。"因请舍利进宫，三日修敬，出帑金重固于石窟。师住持潭柘寺，居常礼佛。方就食，仓卒客至，谈未竟，不觉举箸。白知事曰："今有犯戒者，令尔痛责三十棒，轻则倍之。"言毕，自伏佛前，受责如数，两股若聚墨。乃云："众生无始习气，如油入面，牢不可拔，苟折情不痛，未易调伏也。"向寓天目山之中灵庵，缘梦中不能作主，命侍者痛棒二十。屡是克励，未易枚悉。庚子，曹溪还，欲修《五灯会元》。值矿税梗道，慨然入京，有所为也。少选妖书震发，从众罹难。及金吾讯鞫，但对云："矿税不止，则我救世一大负。《传灯》未续，则我慧命一大负。"遂逮狱，执政欲致非法，师曰："世道若是，久住奚为？"索浴趺坐而逝，世寿六十一，法腊四十有四。葬灵骨于径山之文殊台。师秉金刚心，以大法为己任，四十余年，胁不契席，恒持毗舍浮佛半偈，曰："假借四大以为身，心本无生因境有。"每每示人曰："吾持二十余年，已熟句半。若熟二句，生死了然矣。"师气宇雄毅，面色严冷。皈依甚夥，不假常情，即欲求于棒下。然性耽山水，云行鸟飞，服无余衣，居无常所，近代禅流之鲜觏者。神宗敬信大乘，手书《金刚般若经》，偶汗下渍纸，疑当易，遣近臣质之于师。师以偈进曰："御汗一滴，万世津梁。无穷法藏，从此放光。"上览之，大悦。

明周永年《吴都法乘》

达观大师塔铭

〔明〕释德清

　　夫大地死生，颠瞑长夜。以情关固闭，识锁难开。有能蹶起一击而碎之、掉臂而独往者，自非雄猛丈夫、具超世之量者，未易及也。历观传灯诸老，咸其人哉！久不复作，顷于达观禅师见之矣。师讳真可，字达观，晚号紫柏，门人称尊者，重法故也。其先句曲人，父沈连季子，世居吴江太湖之滩缺。母梦异人，授以附叶大鲜桃，寤而香满室，遂有娠。师生五岁，不语。时有异僧过其门，摩顶而谓其父曰："此儿出家，当为人天师。"言讫，忽不见，师遂能语。先时见巨人迹，下于庭，自是不复见。师髫年，性雄猛，慷慨激烈，貌伟不群，弱不好弄。生不喜见妇人，浴不许先。一日姊误前就浴，师大怒。自后至亲戚妇女，无敢近者。长，志日益大，父母不能拘，尝有诗曰："屠狗雄心未易消。"年十七，方仗剑，远游塞上。行至苏州阊门，天大雨，不前。偶值虎丘僧明觉，相顾盼，觉壮其貌，知少年不群，心异之，因以伞蔽之，遂同归寺，具晚飧，欢甚相得。闻僧夜诵八十八佛名，师心大快悦。侵晨，入觉室曰："吾两人有大宝，何以污在此中耶？"即解腰缠十余金授觉，令设斋，请剃发，遂礼觉为师，是夜即兀坐达旦。每私语，三叹曰："视之无肉，吃之有味。"时觉欲化铁万斤，造大钟。师曰："吾助之。"遂往平湖巨室门外趺坐，主人见，进食，师不食。主问何所须，师曰："化铁万斤造大钟，有即受食。"主人立出铁万斤于门外。师笑，食毕，径载回虎丘。归即闭户读书，年半不越阃。尝见僧有饮酒茹荤者，师曰："出家儿如此，可杀也。"时僧甚惮之。年二十，从讲师受具戒。尝至常熟，遇养斋翁，识为奇器，留月余。之嘉兴东塔寺，见僧书《华严经》，乃跪看。良久叹曰："吾辈能此足矣！"遂之武塘景德寺，掩关三年，复回吴门。一日辞觉曰："吾当去行脚诸方，历参知识，究明大事也。"遂策杖去。一日闻僧诵《张拙见道偈》，至"断除妄想重增病，趋向真如亦是邪"，师曰："错也！当云'方无病''不是邪'。"僧云："你错他不错。"师大疑之，每至处书二语于壁间，疑至头面俱肿。一日斋次忽悟，头面立消。自是凌跞诸方，尝曰："使我在临济德山座下，一掌便醒，安用如何如何。"过匡山，穷相宗奥义。一日行二十里，足痛，师以石砥脚底，至日行二百里乃止。师游五台，至峭壁空岩，有老宿孤坐。师作礼，因问："一念未生时如何？"宿竖一指。又问："既生后如何？"宿展两手。师于言下领旨，寻迹之，失其处。师至京师，参遍融大老。融问："从何来？"曰："江南来。"又问："来此作么？"曰："习讲。"又问："习讲作么？"曰："贯通经旨，代佛扬化。"融曰："你须清净说法。"师曰："只今不染一尘。"融命褫师直裰，施傍僧，顾谓师曰："脱了一层还一层。"师笑领之，遂留挂搭。时知识啸岩法主、暹理诸大老，师皆及门。去九年，复归虎丘省觉，乃之淞江掩关百日。之吴县，适聊城傅君光宅为县令，其子利根，命礼师，子不怿。子一日搦二花问师云："是一是二？"师曰："是一。"子开手曰："此花是二，师何言一？"师曰："我言其本，汝言其末。"子遂作礼。之天池，遇管公东溟，闻其语，深器之。师因拈蔷薇一蒂二花，问公。公曰："此花同本生也。"师分为二，复问公。公无语，因罚斋一供，遂相与莫逆。时上御极三年，大千润公开堂少林，师结友巢林、戒如辈，往参叩。及至，见上堂讲公案，以口耳为心印，以帕子为真传。师耻之，叹曰："西来意固如是邪？"遂不入众，寻即南还。至嘉禾，见太宰陆五台翁，心大相契。先是有密藏道开者，南昌人，弃青衿出家，披剃于南海，闻师风，往归之。师知为法器，留为侍者，凡百悉委之。郡城有棱严寺，为长水疏经处，久废，有力者侵为园亭，师有诗吊之曰："明月一轮帘外冷，夜深曾照坐禅人。"志欲恢复，乃属太宰为护法，开公力主其间。太宰公弟云台公，施建禅堂五楹，既成，请师命一联。师曰："若不究心，坐禅徒增业苦；如能护念，骂佛犹益真修。"谓当以血书之，遂引锥刺臂，流血盈碗书之。自是接纳往来，豪者力拒，未完局。后二十余年，适太守槐亭蔡公，竟修复，盖师愿力所持也。师见象季、法道陵迟，惟以弘法利生为家务。念《大藏》卷帙重多，致遐方僻陬，有终不闻法名字者，欲刻方册，易为流通，普使见闻，作金刚种子，即有谤者，罪当自代。遂倡缘，时与太宰光祖陆公、司成梦祯冯公、廷尉同亨曾公、冏卿汝稷瞿公等议，各欢然，愿赞佐。命弟子密藏开公董其事，以万历己丑创刻于五台，属弟子如奇纲维之。居四年，以冰雪苦寒，复移于径山寂照庵。工既行，开公以病隐去。其事仍属奇,协弟子幻予本公。本寻化,复请澹居铠公终其役。始,司成具区冯公,意复化城为贮板所,未克。初,桐城用先吴公为仪曹郎,参师入室,从容及刻藏事,师遽曰:"君与此法有大因缘。"师化后,吴公出参浙藩,进至方伯,竟复化城,且蠲俸散刻藏数百卷,固吴公信力,亦师预谶云。师先于嘉禾刻藏有成议,乃返吴门,省前得度师觉公。时觉已还俗,以医名。师闻之,意行度脱。时夜觉饭,盂忽堕地裂,其精诚所感如此。乃诈病于小舟中,命请觉诊视。觉至,见师,大惊惧。师涕泣曰:"尔何迷至此耶?今且奈何?"觉曰:"唯命是听。"师即命剃发,竟载去。觉惭服,愿执弟子礼,亲近之。师初过吴江,沈周二氏,聚族而归之。时至曲阿,贺孙二氏,率族而礼至敬之。至金沙,于王二氏,合族归礼,愈益重。师于于园,书《法华经》以报二亲,颜书经处曰"墨光亭",今在焉。师以刻藏因缘议既成,闻妙峰师建铁塔于芦芽,乃送经安置于塔中,且与计藏事,未偕。复之都门,乃访予于东海,时万历丙戌秋七月也。是时,予以五台因缘,有闻于内,因避名于东海那罗延窟。适遇慈圣皇太后,为保圣躬、延国祚,印施大藏十五部,皇上颁降海内名山,敕僧讽诵,首及东海,予以谢恩入长安。师正携开公走海上,至胶西,值秋水泛涨,众度必不能渡。师解衣先涉,疾呼众,水已及肩,师跃然而前。既渡,顾谓弟子曰:"死生关头,须直过为得耳。"众心服师。时予在长安,适师弟子于君玉立来访,言师已东行,计其程,旦夕乃入山期也。予闻之,亟促装归,日夜兼程,亦犯横流,赶至即墨。时师已出山,在脚院,诘朝将长发。是夜一见,大欢笑。明发,请还山,留旬日,心相印契。师即以予为知言,许生平矣。师返都门,复潭柘古刹,乃决策西游峨嵋。由三晋,历关中,跨栈道,至蜀礼普贤大士。顺流下瞿塘,过荆襄,登太和,至匡庐,寻归宗故址。唯古松一株,为寺僧售米五斗,匠石将伐之,适丐者怜而乞米赎之,以存寺迹。师闻而兴感。其树根底,为樵者剥斫过半,势将折。师砌石填土,咒愿复生,以卜寺重兴兆。后树日长,寺竟复,其愿力固如此。时江州孝廉邢懋学,礼师延居长松馆,执侍最勤,师为说法语,集名《长松茹退》。先是邹给谏尔瞻、丁大参勺原,素雅重师,意留驻锡匡山,未果,遂行。过安庆,时有江阴居士赵我闻竭见,不可。适阮君自华,归心于师,因为居士先求得度,未许。阮君请游皖公山马祖庵,师喜其境超绝,属阮宜建梵刹。居士恳乞出家,遂剃发于山中,铭名曰法铠,是为澹居。其庵今蒙佛光寺。师复北游,至石经山,晋琬公,虑三灾坏劫,正法渐灭,乃石刻藏经安于岩穴,师见而感之。时琬公塔院,被力者侵,师志复之。启石室佛座下,得函贮佛舍利若干,出时,光烛岩壑。适圣母闻师至,命近侍陈儒致斋供,特赐紫伽黎。师让之,谢曰:"自惭贫骨难披紫,施与高人福倍增。"因请佛舍利入内,供三日,出帑金重藏于石窟。师重二事,思得予作记。适予闻师西游回,即驰至京,候于上方兜率院。师拉予游,观石经,遂记之。予回寓慈寿,师感遇亦出山见访,同居于西郊园中,对谈四十昼夜,目不交睫,信为生平至快事。时遍融老已入灭,因吊之,有"嗣德不嗣法"之语。师在潭柘,居常礼佛后方食。一日客至,喜甚,误先举一食。乃对知事曰:"今日有犯戒者,命尔痛责三十棒,轻则倍之。"知事惊,不知为谁。顷师授杖知事,自伏地于佛前,受责如数,而股如墨。乃云:"众生无始习气,如油入面,牢不可破,苟折情不痛,未易调伏也。"师与予计,修我朝《传灯录》。予约师,往浚曹溪,以开法脉。师先至匡山以待,时癸巳秋七月也。越三年乙未,予初以供奉圣母赐大藏经,建海印寺成。适以别缘触圣怒,诏逮清下狱,鞫无他辞,送法司拟罪。蒙恩免死,遣戍雷阳,毁其寺。时师匡山闻报,为予许诵《法华经》百部,冀祐不死,即往探曹溪回,将赴都下救予。闻予将南放,遂待于江浒。是年十一月,方会师于下关旅泊庵。师执予手叹曰:"公以死荷负大法。古人为法,有程婴、公孙杵臼之心,我何人哉?公不生还,吾不有生日。"予慰之再三。濒行,师嘱曰:"吾他日即先公死,后事属公。"遂长别。予度岭之五年,庚子,上以三殿工,下矿税令,中使者驻湖口,南康守吴宝秀不奉令,劾奏被逮,其夫人哀愤缢死。师时在匡山,闻之曰:"时事至此,倘阉人杀良二千石,及其妻,其如世道何?"遂策杖越都门。吴入狱,师至多方调护,授吴公毗舍浮佛半偈,嘱诵满十万,当出狱。吴持至八万,蒙上意解,得末减。吴归,每念师辄涕下。师以予未归初服,每叹曰:"法门无人矣。若坐视法幢之摧,则绍隆三宝者,当于何处用心耶?老憨不归,则我出世一大负;矿税不止,则我救世一大负;《传灯》未续,则我慧命一大负。若释此三负,当不复走王舍城矣。"癸卯秋,予在曹溪,飞书属门人之计偕者,招师入山中。报书直云:"舍此一具贫骨。"居无何,忽"妖书"发,震动中外。时忌者乘白间劾师,师竟以是罹难。先是,圣上以轮王乘愿力,敬重大法,手书《金刚经》,偶汗下渍纸,疑更当易,亟遣近侍曹公质于师。师以偈进曰:"御汗一滴,万世津梁。无穷法藏,从此放光。"上览大悦,由是注意。适见章奏甚怜之,在法不能免,因逮及。旨下,云着审而已。及金吾讯鞫,以"三负"事对,绝无他辞,送司寇。先是侍御曹公学程,以建言逮,久在狱,与师问道,有《圜中语录》。时执政欲死师,师闻之曰:"世法如此,久住何为?"乃索浴罢,嘱侍者小道人性田曰:"吾去矣,幸谢江南诸护法。"道人哭,师叱之曰:"尔侍予二十年,仍作这般去就耶!"乃说偈,语在录中。言讫,端坐安然而逝。曹公闻之急趋至,抚之曰:"师去得好。"师复开目微笑而别,时癸卯十二月十七日也。师生于癸卯六月十二日,世寿六十有一,法腊四十有奇。噫!师生平行履,疑信相半,即此末后快便一着,上下闻之,无不叹服。於戏!师于死生视四大如脱敝屣,何法所致哉?师常以毗舍浮佛偈示人,予问曰:"师亦持否?"师曰:"吾持二十余年已熟句半,若熟两句,吾于死生无虑矣。"岂其验耶!师化后,待命六日,颜色不改。及出,徒身浮葬慈慧寺外。次年春夏霖雨及秋,陆长公西源,欲致师肉身南还,启之安然不动。适予弟子大义,即奉师龛至,经潞河,马侍御经纶,以感师与李卓吾事,心最恸,因启龛拂面,痛哭之。至京口,金沙、曲阿诸弟子,乃奉归径山,供寂照庵,以刻藏因缘。且推沈中丞重建大殿,乃师遗命。以师临终有偈云:"怪来双径为双树,贝叶如云日自屯。"以是故耳。时甲辰秋九月也。越十一年乙卯,弟子先葬师全身于双径山后,适朱司成文宁公,礼师塔,知有水,亟嘱弟子法铠启之,果如言,复移龛至开山。乃与俗弟子缪希雍,谋得五峰内,大慧塔后开山第二代之左,曰"文殊台",卜于丙辰十一月十九日茶毗,廿三日归灵骨塔于此。予始在行间,闻师讣,即欲亲往吊,因循一纪,未遂本怀。顷从南岳数千里来,无意与期会,而预定祭日，盖精神感孚，亦奇矣。师后事，予幸目击，得以少尽心焉。於戏！师生平行履，岂易及哉！始自出家，即胁不至席，四十余年。性刚猛精进，律身至严，近者不寒而栗。常露坐，不避风霜。幼奉母训，不坐阈，则尽命，立不近阃。秉金刚心，独以荷负大法为怀。每见古刹荒废，必志恢复。始从棱严，终至归宗、云居等，重兴梵刹一十五所。除刻大藏，凡古名尊宿语录，若寂音尊者所著诸经论文集，皆世所不闻者，尽搜出刻行于世。晚得苏长公《易解》，大喜之。室中每示弟子，必令自参，以发其悟，直至疑根尽拔而后已。然义重君亲忠孝之大节，入佛殿见万岁牌必致敬。阅历书，必加额始览。师于阳羡，偶读《长沙志》，见忠臣李贲，以城垂陷，不欲死于贼，授部将一剑，令斩其全家。部将恸哭奉命，既推刃，因复自杀。师至此泪直迸洒，弟子有傍侍者不哭，师呵曰："当推堕汝于崖下。"其忠义感激类如此。师气雄体丰，而面目严冷。其心最慈，接人不以常情为法，求人如苍鹰攫兔，一见即欲生擒，故凡入室不契者，心愈慈而恨愈深。一棒之下，只欲顿断命根，故亲近者希，凄然暖然，师实有焉。师性耽山水，生平云行鸟飞，一衲无余，无住足地。居常悲禅宗凋敝，欲求国初来诸尊宿机缘，续为《传灯》，未遂本愿，赍志而往。於戏！师岂常人哉！即其见地直捷稳密，当上追古人。其悲愿利生，弘护三宝，是名应身大士。予尝有书答故人，问师何如人？予曰："正法可无临济德山，末法不可无此老也。"师每慨五家纲宗不振，常提此示人。予尝叹曰："纲宗之不振，其如慧命何？"原其曹洞则专主少林，沩仰圆相久隐，云门自韩大伯后，则难见其人。法眼大盛于永明，后则流入高丽，独临济一派，流布寰区。至宋大慧中兴其道，及自国初楚石、无念诸老，后传至弘正末，有济关主，其门人先师云谷和尚，而典则尚存。顷五十年来，狮弦绝响，近则蒲团未稳，正眼未明，遂妄自尊称"临济几十几代"。於戏！邪魔乱法，可不悲乎！予以师之见地，足可远追临济，上接大慧之风。以前无师派，未敢妄推。若据尧舜之道，传至孔子、孟轲，轲死不得其传，至宋二程直续其脉。以此证之，则师之不忝为转轮真子矣。姑录大略，以俟后之明眼宗匠，续《传灯》者采焉。以师未出世，故无上堂、普说、示众诸语，但就参请机缘开示，门人辑之，有集若干卷，梓行于世。入室缁白弟子甚多，而宰官居士尤众。师生平行履，不能具载，别有传，乃为之铭。铭曰：

佛未出世，祖未西来。击涂毒鼓，谁其人哉？鹫岭拈花，少室面壁。只道快便，翻成狼籍。黄梅夜半，老卢窃逃。谁料岭南，有此獦獠。南岳青原，擦脓涕汉。多少痴人，被他诓赚。五家手快，如抚舜琴。南熏倏至，辨者知音。儿孙恶辣，触者先亡。但放一线，其家永昌。门户孤单，命存一丝。有救之者，定是嫡儿。如汉张良，为韩报仇。纵然国破，宗祧可求。是生吾师，如石迸笋。出则凌霄，孰知其本？为法力战，通身污血。大似李陵，空夸不怯。身虽陷虏，其心不亡。千秋之下，毕竟归王。师金刚心，尽化为骨。逼塞虚空，岂在山麓？师不知我，谁当知师？一死一生，春在花枝。

时万历四十四年嘉月朔旦，前海印住山沙门辱教德清稽首撰。

明释真可《紫柏老人集》

陕西按察使经历凤楼公家传

绳烈,字承再,号凤楼。四岁,父子贞公早世,祖母邱孺人抚之。稍长,始就外傅。亲族有晏会,孺人曰:"不赴则不知世情之难,赴则恐事变叵测。"必令家人晓事者左右护持,带银箸先尝后食,其操心虑患若此。公善承祖母意,每一举动必先禀命,非有正事不出中门。或应试郡县,试毕即返,曰:"我不忍祖母之倚闾而望也。"性慷慨忠厚,亲族里党有贫不能举火者,视公如家焉。以例入国学,选授陕西按察使经历,以祖母年老随告归。寿六十三。

清残本《汝氏世谱》

明故光禄大官丞周桂寰先生墓志铭

〔明〕倪元璐

周氏之著于松陵者,其先则大冢宰恭肃公,以铨综著鉴;寻甸守中宪公,以绥靖著才;宜春宰起白公,以弦歌著道;侍御史来玉先生,以刚鲠婴患著忠。而其后,则今会稽长阆昭使君,以无欲不烦著廉爱,斯为盛矣。天下人以为其家,则犹瑶圃也。小玑苍璧,入将失容,曷复有其子孙兄弟父祖,颉顽下上,而为名其间者乎?而今光禄桂寰公,顾有以名公。以恭肃、寻甸为之祖,宜春、侍御为之昆季,会稽使君为之孙。而松陵之人,轩然而名公者,不曰孝子,则曰悌弟;不曰慈父,则曰义士、曰仁人。盖吾闻其所名孝者,以其自致也,自致以其勇为。公父光禄存江公殁,公孺子泣,充瞿骨立,未奇也。当此之时,仲氏既贵。衾之襚之,公曰"吾事",封之树之,公曰"吾事",曰"吾长督耳",其趋孝如趋市。惧或先之者,苟自引贱贫,致哀焉而已,故曰孝子。其所名悌者,以其(下轶)连,故曰悌弟。其所名慈者,以其鞠哀也,鞠哀以其寡欲。当公鼓盆腹悲,时年四十强,昆季又方贵盛。有华族欲女之女者,公辞之甚厉。曰:"吾岂能芦花衣吾子乎?"卒不娶终身。夫笃俪远芬,克己明志,此其于道甚备也。公特曰"以爱吾子",故曰慈父。其所名义者,以其贱货也,贱货以其保交。有公之友某,假公资。客死,公为焚券,又抚遗其家甚厚。又友某,挟货伪取公数百金去,卒不酬,公卒不问。此二友者,赖公之义,以不凶终。公曰:"管鲍何人,羊邸在我。"故曰义士。其所名仁者,以其济众也,济众以其忠上。邑患水,宰大治塘,将助不应。公奋然输千金,繇是输者麇至,而塘成。已而岁饥,宰下令平粜,公倒囷应之,则亦遂有应者,而饥不害。卜式曰:"有财者输财。"汉武候之以为是,其以一慨生百慷者也,故曰仁人。夫此五者,公之梗凡。然元璐以为观止,不欲多闻公道,大都公有志量。多读书,上观下诒,知所取予。夫取则必取之其祖父与其昆季,予则必予之其子孙。往者不可见,余向见侍御,今见会稽使君,孤松芳兰,其徵也夫。公名某,字某,桂寰其别号。九举不第,入资为大官丞。生嘉靖丁巳,卒崇祯戊辰,享年七十有二。配闵孺人,先公二十余年卒。子七：文升、文荐、文举、文凤、文彪、元俊、元杰。女二。孙二十一：瑞、珂、瓒、琦，出文升；廷鼐，出文荐；尔兴，琮，出文举；灿、炳耀、斗耀、灼、烨、照，出文凤。灿即会稽使君，举辛未进士，今以治行第一徵。振洙，出文彪；理，出元俊；玲、珍、介、生、璩、琯，出元杰。孙女九。公葬既十年，会稽使君之治会稽，于是二年，锋车垂发，乃始使元璐为之铭。铭曰：

琼之视瑶，瑶何以傲。孰曰显功则鞔，而幽修弗耀乎。备道五矣，而安有余道。

赐进士出身、朝议大夫、国子监祭酒、经筵日讲官知起居制诰、纂修实录、文武乡会主考、前右春坊右庶子兼翰林院侍读掌坊事、通家侍生始宁倪元璐顿首拜撰。

清周芳《周氏族谱》

沈季文传

沈季文，字少卿，启孙。万历五年进士，起家工部主事，累迁福建参政，摄布政使事，一以仁恕为本，而祛弊不遗余力。二十六年，调四川按察使。时播州用兵，调发旁午，季文积粮制械，具有劳绩。播州平，献俘所条上征讨，时日地里多淆乱，不堪宣读。适季文入觐，兵部暮夜往叩之。季文援笔立书，三鼓而尽，核之原奏不爽，人服其敏。二十九年，迁山西右布政使，改山东左布政使。时以备倭，故增饷至五十余万。季文曰："倭去矣，安用重困民？"汰去二十四万。山东兑运，惟临清、德州小滩为艰，乃议官敛解，酌远近输钱粟，量丰歉为制，不以病民。三十三年，擢副都御史，巡抚河南。会河决，大浚朱旺口，役夫十八万，经费不给。季文以河南岁输临清二仓，米颇充溢，二仓米石直八钱，而河上米价赢三之一。请以沿河州县应输二仓者，留万石，以八千金输之，则河工可济，国储无亏，上许之。两河旱蝗，请蠲赈，垦荒积谷。又条税法三事，曰："税富民，不税贫民；有官税，不宜有私税；征有税之税，不征无税之税。"疏入，悉报可。两河兑运在临清、德州者，悉如山东法行之，著为令。后二年，诏建福邸于河南府，计费且四十万。季文曰："加派则两河疲困，协济则邻境兵荒。"乃议留料价诸课，及括库金佐之，役竣而民不病。三十六年，以疾乞休，逾年卒。季文尝以岁祲发粟三千石赈乡人，又尝贷河南官钱易粟至吴下平粜，邑人甚德之。（见《献集》）

清乾隆《震泽县志》

侍御梧冈公行略

王君讳有功，字可大，号梧冈。癸未进士。吴江县军籍，吴县人。初选浙江处州府遂昌县知县，君为县兴学校，剖冤狱，平役法，除宿弊，诸政不可枚举。万历十六七年，浙直大荒，米价涌贵，民困异常，君救荒无遗策，浙中郡邑唯遂昌号乐土，旁郡邑咸取法焉，民间有"神君""慈母"之称。行取授广西道御史，先后上训储、亲朝、恤刑诸疏，皆当时急务。陕西茶马马政废驰，君励精振刷，大裨边计。时西陲方未靖，经略尚书郑诡奏边寇已归。君即上疏发其奸欺状，极陈利害，洞中要领。郑震恐，即日促寇去，西陲以安。又宁夏变起，魏、叶二公用兵，悉从君决策。陕西如温、李诸公，咸敬君具文武才，而太宰孙公推服更甚，谓："二百年来真御史，一人而已。"在陕西，闻省中钟、张诸公皆以请建储事落职，而孟公廷杖，君上疏力争。还朝，差巡按广东。粤地素饶，宦兹土者多所染。君到任，一切禁绝，清裁凛然，惩贪墨数辈，凡豪强神奸，锄治殆尽，士庶酌酒相庆慰。礼部尚书王公兄横暴里中，擒置之理，尚书跪门三日不为动。而尤留心刑狱，多所平反，活几千人。天性节俭，即与督抚公会，食不过五六簋，杂以菜腐而已。及期候代，百姓不远千里赴送，遮拥号泣者几日余，临行哭声震地，新按舆不得前，白梃乱下，不可得禁。还朝，值上以武察事迁怒，谪台省，一时相顾不敢救，君独上疏争之，旨未下。而司礼田玙同君在陕西日，雅重君，欲得一匾以为光荣，请之不可得，又有所求复不应。挟憾乘间中君，与台省诸公俱削籍。君宦游二十年，而冰檗之操，一介不取，归携止清风两袖，家无一椽半亩之益。布衣蔬食，居不容膝，澹如也。孝友恭让，虽清约无异寒素，而亲友之不能自赡者，俱待以举火焉。遇是非名节，辄义形于色。而与人交，忘形披胆，角巾徒步若平日，未尝有官者。尤重友谊，凡穷交故人，恩礼笃重，排难解纷，不遗余力。荐剡无虚岁，铨曹屡以原官推起，而君逝矣，惜未究其用云。

清王锡等《吴江王氏新谱》

侍御梧冈公传

〔清〕邹元标

王有功，字可大，号梧冈。其先自吴江徙吴。少淬励于学，补县学生，领万历癸酉乡荐，癸未登进士，除遂昌知县，有循卓声。召拜御史，奉命巡视陕西茶马。值撦火二酋扰边，往时茶使不敢渡河，有功遍巡五茶司。自洮岷河湟，穷塞极漠，无不躬历，拮据制虏，招番中马十倍。时经略尚书郑洛拥七镇十万师，挟虏为重，顿兵縻费无算。有功参洛欺蔽，条上方略。虽虏警汹汹，挺身不过单骑，临边诘问迁延状，经略震慑，虏且遁去。迨哱承恩叛，有功亟谋之总督尚书魏学曾："宁镇孤，逼虏巢合，则祸大。宜疾驰灵州，以断贼援。"糗粮仓卒无措，便宜发冏金犒给，士奋马腾，逆贼困灭。已学曾被诬逮系，有功力救申雪。左都御史李世达、吏部尚书孙丕扬，交奏有功济世宏才，绝尘清品。既按广东，纲纪素弛，有功肃法厘奸，墨吏望风解绶。罢开采以安民，表忠义以劝俗。海南妖乱，总督刘继文抚剿奏捷，掩杀不辜，岭海骚动。有功冒险渡海察实，劾其贪功妄杀，琼民快之。有盗魁挟资聚党，负嵎莫制，祸将叵测。有功密计擒扑，全粤乂宁。他如救饥荒、理冤狱，善政不可枚举。出境止乘单车，不携粤产一物。立朝与都给事中张栋、御史万国钦等，并侃侃持正，上亲朝、请宽刑诸疏，皆关大计。

当震位迟疑,亟请册立。内珰冯忌有功强直,以留中疏矶激上怒,严谴削籍。林居十余年,敝庐不蔽风雨,薄田弗继饔飧。殁,贫无以为敛。天启初,巡抚都御史王象恒特疏请恤,诏赠光禄寺少卿。

清王锡等《吴江王氏新谱》

俞安期传

俞安期,字羡长。少厌薄举子业,嗜古学,寓目辄上口,遂专攻词赋。徙居宜兴,又徙金陵,以布衣游历海内公卿间。巨目高鼻,魁颜长身,抵掌议论,豪气勃发,见者以为非常人也。又尝周览五岳,所至觞酌流行,丝肉并奏,酒酣坐欢,俯仰长啸,听者叹有鸾龙之音。与龙宗武、丁应泰为意气交。宗武遣戍永安,不远千里送之。应泰没,厚遇其子,有古烈士风。诗名与王叔承相埒,叔承歌行豪宕,安期律切精深。所撰《明朝铙歌》,以今题代古曲,为文士所称。时京山李维桢、侯官曹学佺,为文坛雄伯,皆折节下之。安期博学宏览,撰述甚富,所著有《翏翏集》数十卷,所辑有《唐类函》《诗启隽类函》数百卷,盛行于代。其《释藏》《道藏》二函,未成。子二:长弃家为高僧;次南史,字无殊,亦工诗,和雅冲澹,类其为人。

清乾隆《吴江县志》

省韦史公传

〔明〕陈良模

公讳谟,字尔陈,别号省韦。其先自周太史佚,以官为姓,起家京兆,称著姓焉。粤稽世系,有以外戚侯于西汉者,有以翼佐中兴封溧阳侯者,有以高尚不仕隐于终南者,有以同官翰院迁于绣州者。若恭,若崇,若惟肖,以及惟则、怀则诸公,作述相仍,后先继美,皆可远而宗也。再考晋唐迄于宋代,又英贤辈出,济济多人。其掇巍科官禁近者,并以文章德业显扬,于世遐迩,称为史家村。洪武初,由绣州隶籍于松陵,则自南斋公与子居仁公始,以居仁公入赘于黄溪黄氏故也。再传为清远公仲彬,当高皇帝时应诏奏事,称旨命官户部不就,赐赍宠谕甚渥,命驰传归。建文初,举明经,授翰林院侍书兼徐王府宾辅。适丁革除之际,周旋艰险,委身弗辞,万里从亡,至死不悔,忠节凛然,散见吴文定公墓表。仲彬生溪隐公晟。晟生友桂公珩,读书尚友,以赈饥进阶宣义郎。珩生西村公鉴,以文两膺徵聘,不乐仕进,终以布衣,多所著述,学者仰如山斗。鉴生南园公永锡,国子生,以长子臣登嘉靖癸未进士历官参岳,赠工部主事。次子为溪阳公相,国子生。而洋村公天佑娶盛氏,实相之第三子也。洋村公以俭约承家,耕读为业,一乡称为善士。生丈夫子四人,公居长,丰颐秀质,聪慧殊常,年十三通

《尚书》，能属文，从籍补嘉兴府博士弟子员。配尤氏夫人。不数载而析居，田产肥腴不较，丰啬弗问，惟以重天伦敦克让为主，一门雍穆无间言，则公之孝友有足多焉。公学务经术，志切用世，坎苦茹荼，寒暑不辍。然家计萧疏，至薪水不给，尤夫人勤纺织以佐之。公扃户伊吾，足不逾限，始获毕力于制举，而壬午科奏捷矣。但艰辛积劳，数患怔忡之疾。三上公车，未博一第，壬辰岁补江右玉山学署。虽骥足暂淹，壮志千里，岁时与诸生立社课艺，志益锐，文日益有名。乙未科再赴春官，仅中乙榜，始信数奇弗偶，终难与造物争衡，于是岁诠选，授广东南雄府司李。先是玉山久乏科第，公谓文运之厄特，未有作兴之者，因择地为建文星楼，作浮玉堤，而甲午应举者有联魁焉。则公之留心学校，能兴起斯文如此。为司李时，自念执法称平，惟明克允，而一讼一狱，民命攸关，详审出入，倍极焦劳，即疯疾陡发几殆，不遑自恤。适减刑使者至，承委强起，尤慎重狱，务在为囚求生道冤，抑者既多平反，其可矜疑者亦多从末减。政声错起，诸司藩臬首推重公。于时税事烦兴，貂珰四出，群小参随，与地方无藉辈煽构，狐假张威，横行郡县，莫敢谁何。公惟谈笑而挥，措置咸当。所辖太平厂、两广诸岛，商贾骈集，诸货爰酌定额，微哕以利，而阴激万姓喧腾。能使褫其魄而弭其奸，随至随遣，毋令久驻，居民不扰，商贾获安。岭南人尚气，睚眦必报，多以所产毒草名蔓至死，累年案积，强半出此。公至，为民除害，严令□□里，尽数樵采输官，仍立限较比，以多寡行赏罚，有讼毒死连坐。民都美怀，既去毒草，并刈其根。居雄四载，不复闻有毒死讼者。岁值大旱，米价腾踊，民间担粟计二千余钱，官价仅五分之一，公悉照时平买，无所低昂。仍委曲设处以助赈，多方运籴以济饥，雄民赖以全活者无算。太平厂税除岁额外，有羡余，有常例。当事者□□私囊，公却之而一钱不染。羡余编入岁课，常例还之商人，惠利溥于一方，成规垂之后世。此公治雄之大□也。他如物产定价以省民财，郡志修明以□赋役，民有歌而口有碑，类难殚述。独其□□□宣义不背，死而□张，抑恶奋不顾身，其行□□□□裁足惮，因复纪其二事。闽中谢别驾□□□□子无依，当盛暑□□□□□，公极痛悼，悉于我殡。悯其子，扶榇□□赙□□全而归之。语云："一生一死，乃见交情。"若公者，惠期当厄，恩施不知，公犹古义侠之风乎？又富豪梁智，事多不法，□□□邑吏胥，贪缘为奸。公廉得其实，白之郡守蒋公。会梁欺继母事觉，坐诬诸受冤者，群起伸其恶于郡守，而守下之司李列其罪状，罄竹莫书。公立刻师听，而梁输服，明启刑书，拟以大辟，阖郡称快。梁百计求释不得，而投暮夜之金。益触公怒，立刻详申诸司而莫挽也。比公左迁乌蒙府通判，报至，明知梁以神钱用事，公义命自安，毫无愠色。梁狱既成，诸司允详加责，或有劝公毙之杖下者，公竟不从。若公者，法在必行，情惟钦恤，非所称折狱惟良者乎？公自初任以迄宦成，大都政兼宽猛，治著恩威，德泽入人最深，名誉感孚四远。公论不明，当道称屈，以故议补议调，议及帅府参谋，俱有大用公之意。公归志已决，终不可留。直指顾公，动色泣下，公亦不顾而长往矣。雄之士民攀卧，哭声振动天地，公泣而慰之，犹弗解散，甚则有度庚岭遥望舟行系恋而不能舍者。又按：公昔以艰嗣为忧，凡所举动，一从仁慈，累行既久，利济实多。一夕，梦神人将一庖肉肥而巨者纳公口，曰："此大烹之养也。"时同寓金台曾向余言，余谓佳兆也，得肉其得子乎？已而公归，聘迎陈氏二夫人，果连举二子，伯名兆麟，仲名兆凤。人以为大烹之应，公得神人之助。不知二夫人有淑行，长夫人有容德，和至生祥，皆公积德所感也。公每叹曰："有子万事足，吾复何求？"独对盟心，清介自矢，宦辙所至有政声。如归田之日，囊橐萧瑟，居处服食犹夫诸生时。以菽水奉亲，熊丸课子，承欢之暇，读颂之声绕膝，煦煦然乐也。性嗜诗，会心处有触而发，期于直抒性灵而止。更编次五世祖西村公所遗集，以昭先德。足不履公门，目不接轩冕，悠悠林泉，殆两期焉。一日阅邸报，知郡守蒋公亦为梁因所陷，抚髀长叹，抑郁久之。每以推恩旷典、中格迕人、未及荣封父母为憾，忧愤成疾而逝，实万历辛丑四月十二日也，享年五十有一。逝之日，言不及私，视父母不忍割，潸然泪下。嘱二孤事亲敬长，毋坠家声而已。继自今，伯氏游胶庠，仲氏入成均，恪奉尤氏夫人训诲，克自振奋。而诸孙庭立，联翩玉树，知史氏之兴盖未艾也。

论曰：东洋史氏，家世多出硕儒名宦，其文章德业炳然当世者，代不乏人。至国朝有死义如清远公，尤以节烈垂耀竹帛，则德门之培积深而流庆远，岂偶然哉？公故史氏人杰也，文章德业靡不相似，而洁身志决，轻弃其官，未究厥施，则又何也？直道不容，遭谗自废，斯亦远人之旷襟也。乃其官守清白，介然不挠，而急人之难，拯人之困，耿耿有节烈之遗风焉。真可谓匹休前哲而垂裕后昆者矣，死且不朽，公又何憾？余与公为同年，属有葭莩之戚，交之久，知之深，无如余者。公今溘焉先逝十九年，于兹公之葬，二孤乞冏卿因之吴公文，勒诸石，铭诸幽，至所为阐扬公之德操，播颂公之惠政。每追念之而慨然于心，岂当遂致泯没，故述为小传，以授二孤使传焉。万历己未孟冬日。

陈去病《松陵文集》

太仆寺卿因之吴公传

〔明〕文秉

公名默，字无障，因之其号也。中万历壬辰会元，廷试抑置二甲。考馆选，时大主考欲力引之，公坚辞不就，授兵部主事。公先以壬午中应天乡试，举动颇不惬人意，遂大不理于口，至是刻意自修，拒绝干请。由兵部调礼部，任祠祭司郎中。故尚书郑雒以祭葬请，公力格之，堂官屡以为言，公面陈其不可，语绝壮。历升尚宝通政及今官。公在通政，即乞假归，归而杜门自守，不妄交游。先文肃为诸生时，曾受业于公。故公里居时，惟与先文肃往来，此外问谁叩吴大夫门者，无从通一刺矣。公虽杜门寡交，然于地方利弊，必明目张胆启奏当事，必达其意而后止。中丞临川周公，与公最称莫逆，然自地方利弊外，绝无一语及私。惟是嫉恶太严，简饬亲族辈过刻。虽冰霜之操，皭然不淄，而包荒之量，人或病其稍隘焉。天启改元，廷议欲起公为大理卿，会同邑有忌公者，阴尼之，不果。公卒于崇祯庚辰，年八十有七。

论曰：在《易》之"同人九四"有云："乘其墉，弗克攻，吉。"夫乘墉之势，非独以邪攻正也。一念怙终，方寸中有伏莽焉。诚能去邪，弗遂鼓风雷以自厉，则由困反则矣。若吴公，殆庶几乎？公少虽不理于口，而服官以后刻意修饬，宁为矫激，毋为平易。吴中靡靡之风，赖公而振，时谓"微公及伍公，吴门几无人矣"。虽包荒之量或病其隘，然于公何损焉。

明文秉《姑苏名贤读记》

太仆卿吴公传

〔清〕朱鹤龄

公讳默，字言箴。资性沈敏，少从塾师受章句，时有问难，塾师不能答。长与兄之勇读书，讲析经疑，恒至达曙。强学矫志，文行崭然。尝受学于王公龙溪，称高第弟子。壬午举应天乡试，壬辰会试第一人，闱义皆匠心独造，至今经生家禀为程式。授兵部主事，以艰归。己亥补礼部，历其曹。癸卯迁尚宝司丞，进少卿。公立朝建议，挺挺不挠，时目为"吴铁汉"。嘉靖中，大学士吕囗阿分宜意，疏请考察京朝官，罢黜大臣之贤者葛守礼等十五人、科道李幼滋等三十八人，而留用吴鹏、许论、赵文华、董囗、鄢懋卿、杨顺辈，附势作威，没谥文安公。为祠祭郎，议夺其谥，事虽不行，君子韪之。漕抚李三才，家在畿南，不乏奥援，本具纵横权谲之才，又好以苞苴筐篚结纳士大夫。公过淮，三才有加礼。公一见，知非正类，入朝即上书，首斥其贪横，由是直声震天下。未几，谢病归。改通政司参议，历左通政，乙卯进太仆寺卿。公立朝最浅，迁除皆不赴职，然时论高之，每会推，必首及云。崇祯丁丑卒，年八十有七。公为人清刚守正，不可干以私。在礼曹日，梁溪某公子馈以珍宝，直千金，求疏叙其父某官荫。公谢曰："彼当得荫，具疏吾职也，何赂为？"其人又固以请，卒却之。邑令刘公时俊，吏治为三吴最，以漕卒鼓噪，为漕抚所劾，杜门求罢。公方官尚宝，素知刘令贤，为白于河南道御史。御史出弹事示之，公曰："为百姓受过，此令所以贤也。"复为讼言于朝，大冢宰孙玮竟用公议，仅夺俸二月而已。公家居同里，刘令雅重其行义，恒挐小舟，从一奚童诣候，问政事得失与邑中利弊，公条悉以告，由是刘令治日益有声。而公所款留，惟脱粟饭烂蒸一瓠，刘令以是益重之。邑有富室某，坐杀人抵罪，系狱久矣。刘令覆案，已得冤状，语之曰："若得吴公书来，即释汝。"某令其子具橐中金三千为寿，公据实白刘令，平反之，而不名一钱也。崇祯改元，逆珰初败，其党犹尸权。霍维华旧令吴江，素严事公者也，言于众曰："吾将起吴公佐铨。"公闻之，艴然曰："霍若浼，我必当逃之深山。"其疾恶如此。晚年徙家郡城，中丞、直指、监司、守令之属，无日不造请其门。凡民间疾苦，吏事颇僻，赋役之失当，豪家之暴横，胥吏之作奸，莫不具为当事者言之，当事率奉行恐后。吴中巨姓摇手相戒，莫敢为非。当是时，缙绅若文公震孟、姚公希孟、徐公汧，孝廉若张公世伟、杨公廷枢辈，皆以文章气节主持清议，公恒执其魁柄云。自公殁后,文、姚、张三公相继云亡,徐公、杨公又皆殉节死,而吴风靡靡,鲜有激浊扬清振厉一时者矣。

论曰:吴公严气正性,盖李元礼、范孟博一流人也。元礼、孟博,横罹钩党之祸,而吴公优游林泉,以耄耋终,亦云幸已。公虽不附东林,东林恒倚为崇墉。淮抚之败,公抗章首攻之,然东林诸公不能非也。公既殁,裔孙衰落不振,邑人欲列祀贤祠,直指周不果行。呜呼!世之所谓贤祠,曾何足重吴公,即公亦岂待以贤祠重也哉!

清朱鹤龄《愚庵小集》

客庵公传

客庵公讳瑾,笠川公之长子也。性警敏,善记悟。十岁能文,十二能赋,为制举义及古文辞,倏忽千言,汪洋凌厉,不属草而立就。小试,累不得志。年逾三十,始于苕城占籍为弟子员。每出其奇,为雄文,豪吟石画以自表。见于当路,当路者亦屡称赏焉,然终不遇也。居常诵习之暇,以杯酎自娱,满引高吟,白眼一世。闻时政得失、乡党臧否,下至蔬果、花石、禽鸟,靡不因事寄慨,以情纬物,一发之于诗文。长者连幅,短者寥寥数语,咸可诵可思,要以吐其中之不平,其体裁之乖合不暇计也。与同母弟瑛、珑自相师友,又率之受业于杜静台、娄江周用斋两先生之门,两先生亟称之。间以其余力教诸子,诸子彬彬兴起焉。初,笠川好博,产日落,居第且质之异姓。公与两弟竭力营捍,笠川公得老于此第,至今子孙族居世守之,可谓无愧先人而有功后裔矣。太常公葬柳胥,有附墓田数十亩,遗命授冢子孙备祭扫。岁久尽转属他人,公倡义纠族人各捐资赎之,祖宗血食绝而复续,皆公之力也。乃长房子姓,犹欲擅其田而有之,能无汗颜欤?又柏庵公存日,创三贤祠,割产授主僧崇祀,为久远计。后田亦渐废,公为经理,稍复之。公貌恂恂,而内持甚峻,不与流俗为伍,不与声势相依。不斤斤细务,而识量过人,议论风起,淹蹇蓬门,陶然自得也。故自号曰"客庵",盖以所居为过客之庵云。临终遗命数条,俾儿辈遵守之,神识了了不乱。世徒目公为酒人词客,以意气自豪,非知公者矣。所著诗文有《元览斋》《借一斋》《天香馆》《坎蛙吟》诸稿,藏于家。

清沈始树《吴江沈氏家传》

星桥史先生墓表

〔明〕周宗建

史氏,邑之望族也。其始祖讳恭,京兆杜陵人,以保护汉宣帝功封关内侯。五世讳崇,佐光武中兴,荜路蓝缕,以汗马勋劳食溧阳,遂世为溧阳人。又二十二世讳惟肖,徙居终南。又八世集贤院学士讳怀则，迁居吴中。又十一世赠翰林侍书讳居仁，赘吴江之黄溪，乃世为吴江人。多文人，更多名宦。侍书公八世孙芜川公讳鹏生，嘉靖庚子武科，以倭功授吴淞游击。意不乐仕，未几归，娶屠夫人，首举公。公讳中经，字道甫，号星桥。少颖异，有奇抱。弱冠为邑博士弟子员，试辄居上等有声。而以家难，财用匮乏，竭力承二尊人欢。遇省试每北，乃叹曰："天乎，吾所欲逞志者，乃吾竟不能得之乎？"无何，芜川公与屠夫入相继卒，公哀毁骨立，葬祭尽诚，易戚兼备，乡党咸称之。公生平于于徐徐，游心自游。家居雍穆，毫无厉色，与田夫野叟，亦劬劬推诚焉。有族人尝以事获戾公，已而婆甚，公时恤之，其人愧服。至戚党之乏者，必曲周之，无几微吝。有负公者，辄自咎，弗与争，以故人咸服公之笃于行。而于子孙，必戒以慎交游，亲正士，虽盛暑不衣冠不出门。故其后人咸彬彬文雅，不失家范云。公生嘉靖壬子五月十三日，卒万历庚戌七月二日，享年五十有九。娶海盐许氏，与公同岁，醇谨柔懿，勤俭孝敬。子男五人：册，县学生，娶沈氏；翰，娶顾氏；简，娶沈氏；表，娶王氏；序，娶赵氏。女适庠生钱履庆。孙男五人，皆幼。予少侍先君，称邑中忠孝世传者，必及史氏，称仁义孝友不愧古先民者，必曰史星桥先生。其元胤义维君，与余同学相长大，好古力学。今予谢事归，拜迎道左，首以公之行实请表，敬为揭其少者书之于石，以昭不朽焉。时天启二年九月□日。

清道光抄本《周氏宗谱》

洞闻禅师塔铭

〔清〕钱谦益

古之得道者，以死生为如幻三昧，故有谓坐脱立亡，尚未梦见先师意者。世衰圣伏，盲师謷说，各自称尊，则非末后一着，不足以勘辨之，盖亦末法使然也。天启三年七月，洞闻禅师示寂于破山之禅院。是时天方溽暑，流金铄石。越三日，余趋视之，垂首趺坐，若入正定。蚊蚋却避，肤理莹洁，四众观者，莫不叹异，师行解未知其何如？以余所见，亦可谓甚难稀有者矣。师，吴江李氏子，少出家，入华山，为默庵和尚侍者。舍而归紫柏大师，大师改名法乘，号曰洞闻。冯祭酒开之《送似尘洞闻游方序》云：二上人，一脱逢掖，一逃外法，俱奇男子。体质文弱，不耐劳苦。一旦以紫柏师鼓策，遂迸裂牵缠，给侍瓶锡，方出门时，已无万里，此师行脚因缘也。初居虞山之三峰，徙天目之中云庵，卒老于破山。师慈和乐易，具大人相。所至住山，诛茅束薪，偕其徒雪庵，拮据庀治。师优游兀傲，饮石泉而荫松柏，不汲汲□于荣名利养，其视世相轻也，斯其临终所得力者欤？师世寿七十二，僧腊五十，墓在破山寺之南凡若干步。铭曰：

师之参访，踵决履穿。小扣大击，如石出烟。归而住山，参粥饭禅。一坐廿夏，不震不骞。开堂说法，千偈澜翻。究亦何有？空谷窅然。破山嵯峨，龙涧蜿蜒。残灯初日，师或在焉！

清钱谦益《初学集》

明故光禄寺丞沈公伯英传

〔明〕姜士昌

沈公讳璟者，吴江人也。字伯英。年二十一举于乡，明年成进士第三人，授兵部职方司主事，以祖母丧乞差移疾归。癸卯，补礼部仪制司主事，升员外郎。辛巳，改吏部考功司员外郎，以封公忧归。服除，补验封司员外郎。丙戌春，上方以风霾求直言。户科给事中姜应麟，言恭妃诞育元子，独不得并皇贵妃封，非制也，且言储事。奉旨降边方杂职，得山西广昌县典史。公与刑部主事孙如法各疏争之力，于是奉旨降行人司正，孙降广东潮阳县典史。吏部雄司也，公所忧者国本至计，又谓言官不当以言被谴，不惜一官争之，盖一日名重天下矣。予于是时与兵部主事刘复初、刑部主事李懋桧先后各上疏争，疏留中。亡何，公同考顺天乡试。于是柄文者偶举执政子婿，致群哗，公殊不自意以同考被疑，然公不置一语辩也。公升光禄寺丞，谒告归，所谓执政子婿者，竟举于南宫，谒选得令，以抗税使罢，于是人往往有谅公者矣。公里居，绝无当世志，第以其感慨牢骚之气，发抒于诗歌及古文辞。然郁郁不自得，竟卒。

姜生曰：沈公高志节，恬进取人也。既被推择居铨衡地，遭遇天子明圣，偕诸君子发抒其忠义慷慨，谪散秩小官，有洛阳少年风，九牧之士多慕称之。沈公恒用肮脏自快，长者为行，殊不使人疑，乃不幸为柄文者累，人亦竟疑沈公，沈公能无怏怏赍志长逝哉！"夸者死权"，沈公自信平生，夷然不屑；"烈士徇命"，沈公竟不免。悲夫！娄江王冏伯，与公先后同署，直道君子也。居恒以予言为然。予顷晤公仲子孝廉君自铨于公里第。公可谓有贤子。语及公生平，因为公传。

明姜士昌《雪柏堂稿》，转引自徐朔方辑校《沈璟集》附录二

祭宁庵沈尚宝文

〔明〕沈懋孝

嗟乎！人生暮晚，正如寒林坠叶，满目萧疏。回盼四十年前海内知交，百无一二在者矣。乃里闬之近，道义密亲，年力方盛，宜莫如君。君亦舍余而遽举乎？畴昔之夕，梦君骑马出金阊，余追送之城闉下。君拜稽告我曰："别师，即日行矣。"觉而疑其兆，此似非祥也。及讣至，君竟以此日逝乎！魂交神合，倘亦念予难割，恋恋有故人之情者乎？伤哉！忆昔甲戌南宫校士，首得雄文而才之。君魁天下于妙年，英姿杰格，举朝望之以为玉树琪花也，谁不赏余之藻拔者。无何，入司马署，文经武纬，威望峨然。无

何，改春官署，综经洽典，朝章肃如也。无何，晋天官署，清修凝重，雅负公辅之器焉。又无何，建竑议，正纲常，犯上之严色，落一阶，改尚玺丞。于是鸿名鹊起，公卿间又谁不交口诵余得人也者。入仕不十年，贤声满天下，岂不与贾长沙伯仲者哉。盛德宜人，才高得忌，两者互为伸屈，亦吾道消长之常耳。爱之者不能扶于前，而忌之者遂得操其末，夫孰非天之为也！余素謇朴，无用于时；君且恬愉，早自韬晦。余依念庭闱，不以浮云换蔬水；而君钟情慈极，终以彩服代封章。盖我尔两人者，归田三十年，用之日少，藏之日长。山薮之味方秾，车马之情何淡。吴江越水，扁舟过从；月渚风雩，一腔匔抱。师友之乐，亦足以忘其老矣。余所惜君有淹通练达之才，用不满其才；有忠正清华之望，官不副其望。天之琢磨君亦良薄矣。谓宜与之上寿，偿所不足，而寿复仅仅若斯者，此何解也！然使君当日周旋乎三吴东越诸相知间，稍一濡足，于今亦化作从风之叶，人人且吐之矣。今君超然评论，矫矫风节，早退善藏，为当世重，乃天所为厚与之德，饶与之名，所得者不既多乎！昆璧天球，孝友合德。义方诒范，两凤鸣阳。诗礼世传，田园芜落。高标厚谊，久乃见真。乡人信焉，国史纪焉，足称不朽于士君子之林矣。呜呼！修短数也。若以论于千古，直云霄一毛耳。长言送君，再作来生之案。爱君怀君，音响仆终。思之不得，哽咽气竭。余老矣，不能复言矣。一生交谊，如此已矣。

明沈懋孝《长水先生文钞》

宁庵公传

宁庵公讳璟，奉直公之长子也。生而韶秀玉立，颖悟绝人。数岁属对，应声如响，授之章句，日诵千余言，有神童之称。及长，顾晢靓俊，眉目如画，虽卫洗马、潘黄门，不是过也。十六补邑弟子员，十八饩于庠。二十一举于乡，明年为南宫第三人，赐进士二甲五名，授职方主事。奉使归，移疾。出补仪制主事，升本司员外郎。庚辰会试，为授卷官。辛巳调吏部稽勋司，历验封、考功。壬午冬，丁奉直公忧。乙酉起复，仍补验封。丙戌春，上疏为王恭妃请封号，左迁行人司正。戊子为顺天同考官，其年八月，升光禄丞。明年，仍以疾乞归。疾愈，而林泉之兴甚浓，虽无癸巳之察，固亦不出矣。公之垂髫也，奉直公率之游归安唐一庵、陆北川两先生之门，两先生甚器赏之。其为诸生也，太守广平蔡公、司理泰和龙公、御史南昌刘公，皆以国士待之。文誉蔚兴，人共指为异日庙堂瑚琏之器。即其科第官资所至，世犹以为遇未酬望也。为兵、礼两曹时，边徼厄塞及各将领姓名，皆有手记入夹袋中。各宗藩名封等册，亲自校勘，不入吏人手。老吏抱牍尝之，每咋舌退。为吏部，询访人材，不令人知。若管富阳之选侍御史，其一也。公阅文具只眼。家居时邑中校士，从学师借数十卷至，独赏一人，为学师亟称之。其人为邑中所遗，学师述公言，邑为附名上郡。郡院两试皆高等，其秋遂得隽，辛丑成进士，竟以文学政事知名，即吕金宪纯如也。其时家甚贫，年甚少，且未知名,故以为难云。戊子顺天之役,公所得士有长洲李鸿者,为申少师婿。谈者以为私,公不自白。及少师归,而鸿以乙未成进士,上饶之政,为世名臣,谈者始息。其他祁宪长光宗、郭吏部存谦,皆公戊子门人,尤其表表者。公能任事。从祖少西公卒,逆奴私侵其财,宗人竞攘其产。公承父奉直公之志,力为捍护,置奴于法,虽以此得罪诸父昆弟不恤也。晚乃更习为和光忍辱,即恶声相加,亦笑遣之,不与校。改字聘和,非无谓矣。公孝友天植,事王父母、父母皆得其欢心。晚事母卜太宜人,尤尽色养。事诸父、从祖及诸宗长,谦抑卑逊,不异为童子时。久而宗人化之,凌犯之风衰焉。至其为长,宁屈己居下,若示之标准以作其弟者。其丧葬王父母及奉直公,皆独任之,不以累诸弟。与闵宜人白首相庄,终身无颃颜谇语,斯皆人情所难也。公性喜读书,闭门手一编,悠然自得。一日不亲缥缃,若无所寄命者。公不善饮,又少交游。晚年产益落,户外之屦几绝,乃以其兼长余勇,尽寄于词。所著《论词六则》《正吴编》及诸传奇、杂咏,增订《九宫词谱》行于世。自元明诸名家以来,未有集大成如公者也。夫公之文企班、马,诗宗少陵,书则行、楷,久珍于世,乃一不以自炫,而徒以词隐名。此其意岂浅夫所能窥哉!壮年犹不废山水花月之游,晚则屏居深念,与世缘渐疏,意默默不自得矣。丙午,次子自铨举于乡,人皆为公喜。公乃不久遘疾,三年余,遂不起。诗文若干卷,未刻。天启初,追录国本建言诸臣,赠光禄寺少卿。

清沈光熙等《吴江沈氏家谱》

朱鹭传

〔清〕钱谦益

朱鹭,字白民,吴县人[1]也。少有俊才,事冯祭酒梦祯,为高足弟子。家贫,教授生徒,以养父母。承颜顺志,以老莱子为法,床头恒贮数十钱,曰"买笑钱"。父死久之,乃谢博士弟子,芒鞋竹杖,独游名山。所至画竹以自给,不受人一钱。尝游华山,登天井,黄绦道服,长髯等身,见者皆以为仙人也。少好玄学,解《道德》《参同》之旨。晚弃而归禅,参云栖、憨山二老,结茅华山寺之左。莲花峰矗立其前,若相向拱揖。栏槛之下,万木如茨,可俯而掇也。昼夜六时,偕山僧炷香念佛。崇祯五年,年八十,作辞世偈,沐浴更衣而逝。其孙旦葬之山中,在巢松法师塔左。为说者曰:中吴在胜国时,多愤世肥遁之君子,若龚圣予、郑所南,其最著者。圣予善画马,室无几席,命其子伏榻按背,伸纸作唐马图,人辄以数十金易去,藉是故不饥。所南画兰,不肯布地。自赞画像曰:"悬其头于洪洪荒荒之表,为不忠不孝之榜样。"其托寄卓诡如此。鹭为诸生,当万历全盛之世,每谭建文朝事,辄泣下泛澜,悲不自胜,不知其何谓也?网罗遗佚,作为建文书法,欲进之朝,不果。崇祯初,撰《甘露颂》,策蹇入长安,侑以画竹,欲献新天子,又不果。虏薄城下,或劝之亟归,慨然叹曰:"莫非王臣也,其敢逃乎?"端坐龙华寺,注《般若经》。寇退而后反。斯所谓隐不忘君者欤?原其初心,亦有意于斯世,托而逃焉者欤?鹭之画竹,与圣予之马,所南之兰,并传于世。后之君子,当有见而知之者。余故为之传,无亦使其无传焉。

清钱谦益《初学集》

注〔1〕:明周永年《吴都法乘》卷二十五亦载此文,记为"吴江人"。

朱白民先生事略

〔清〕张世炜

朱髯翁先生以画竹名当世,不减初明夏仲昭、王孟端,而品行卓绝。其见于虞山钱氏《初学集》中,则有未尽者。先生名鹭,字白民,初名家栋。吾邑诸生。少有俊才,而忠孝性成,每谈革除事,辄流涕。万历中议修正史,先生著论,以为革除四年之事,孙蒙祖号,死乱生年,失莫大于此。宜断以史臣之权,为建文帝立本纪,复其年,随录其当时行事,以成一代之典,乃仿纲目作《建文书法拟》,版行于世。厥后,建言者以先生意上请,诏可其议。家贫,授经以养父母,恒置百钱于床头给用,名"买笑钱"。父母死,乃谢青衿,芒鞋竹杖,独游名山。所至,以画竹自给,不妄受人一钱。家居时,一富家翁重其画,具舟延之,既至而鄙其人,即坚辞去,亦不留一画。其舟子贫且老,怜之,赠以画竹一卷,嘱之如东坡与贾耘老故事。富家翁闻之,以数金购得之。其矜贵如此。尝游华岳,登天井,黄绿道服,长髯等身,见者惊疑,以为仙焉。初好玄学,解《道德》《参同》之旨,晚而归禅,号"西空老人"。结茆华山寺左莲花峰下,绳床石灶,供具淡泊,或童子下山,躬自执爨。其画最善竹,篆书亦超诣。年八十余而终。先生与王在公、赵宧光齐名,时称吴下三高士,文文肃公震孟志其墓。予尝有《题朱髯翁画竹歌》云:"髯翁风骨本高古,笔下离离走风雨。写此寒梢个个奇,龙拟奔腾凤拟舞。天机活泼手腕间,真意能将造化补。挂我茆堂之素壁,朝朝暮暮烟云吐。有时徐觉清风来,扫尽纤尘净衡宇。髯翁髯翁,清风峻节。惟竹堪比汝,何必当时说巢许。瓣香他日过天池,空山无人我谁与?"呜呼,先生其人其画,其庶几乎!

清张世炜《秀野山房集》

慎吾公传

慎吾公讳瑜,小山公之子也。公少孤,析居烂溪枫山公之别业,颓垣摧栋,四顾萧然。俞孺人时抱公絮泣,公奋袂慨然曰:"儿在,使母不得申眉者,有如溪水。"时公发甫覆额耳。出则捍御外侮,内则慰怿北堂,上支应官府践更,而下调停子钱家征索,井井如也。里中翕然大服,不复敢以童稚视公,业用是骎骎日起。复手一编,俛首残灯,无辍寒暑。自六籍子史,以逮星卜、医药、占候之书,丹铅几遍,而于举子业用力尤苦。入成均,有声六馆间,乃六试京兆弗售,遂归而戮力耕桑,以财自娱。公为人审幾宜,识时务,凡乡闬者耄有所趋避,莫不取则于公。而又重然诺,敦气谊,人或托以事,必为之中夜图维。尝自谓:"三省中差,无愧忠信二者。"曾贷周翁金镒,其家未尝知。翁殁,橐还其子,曰:"吾心可欺乎?"其皭然不淄类如此。居家雍穆无间,入其庭者,但觉和风湛露,覆绕于檐际阶除。至病革时,犹呼诸子至枕前,诵敬姜劳逸数语,喃喃不休,家训概可知矣。噫!公真具大经济人也。方其少时,于人岳岳无所让,晚乃折节恭谨,即睚眦相加,怡然弗较。曰:"吾曩者羸然孤童耳,岂宜示人弱。今幸激天之惠,差足自立群从。又鹊起联翩,银艾相耀,正恐盛满难持,吾不让人,谁让人者?"每间族中遇纠纷难定之事,或二三长老及考功金宪、礼部诸公所逡巡不敢决者,必曰慎吾云何何。令人宗信至此,盖其素所取重然也。

清沈光熙等《吴江沈氏家谱》

冲台公传

冲台公讳储,麓野公之长子也。生平无貌言饰行,与人坦易和乐,终其身无一相忤者。闻族党中非礼非义之事,惟忿然兀坐扼腕长叹而已。麓野公生长富饶,性慷慨好客,后金尽客疏,不无牢骚抑郁之感。公委曲承顺,务得其欢心。偶值岁凶,官逋数百金,计无所措,公尽出佘孺人妆资以偿之,未尝有难色。麓野公暮年双眸俱废,庞太孺人已即世,诸弟远居于乡,惟公旦夕奉侍,坐卧不少离。菽水之需,亦不以派诸弟。诸弟或过从,辄喜不胜,即有至急之务,亦阁置不理,必典衣沽酒,挑灯长话,惟恐其去之速也。间闻诸弟有在陈之厄,或馆谷尚虚,则寝食不宁,凡可为之,措置无不竭蹶以赴。公于所识穷乏,倾肝胆不惜,遇富厚显宦,则如冰炭之不相入。初与同邑王云泉、乌程韦儆台两君善,不异骨肉。后两君业益高,益名盛,往来多冠盖,公遂落落视之,未尝狎游其室。此其介性固然,非故以贫贱骄人也。公为人谋,必详审。族党有事相干,不恤任劳怨,未尝矜诩己功,有图获自润之想。其仲弟栲完公亦如之,盖其天性相肖云。族侄金宪公捐立义庄赡族,托公司其事。公遵守条约,出入廉明。居常叹曰:"金宪有此义举,我承付托之重,不秉公执法,异时何以相见于九泉?"又念宗支散漫无纪不再传,必有一本而涂人视者。乃殚精几阅岁,继太史而辑成谱牒。后丙辰仲春,探梅于从弟存虚园中,一蹶昏瞀,肩舆而归,渐苏,左足不仁。于是不出户庭者数年,夷犹一室中,日与昆从辈煮茗谈笑,阃外事一切不问。迨丁卯易箦,计春秋七十有三。忆公得疾之初,宗族亲知与公年相若者数人,皆强有精力,一一先公而逝,惟公之殁也独后。盖因疾而获寿考,亦公持己接物坦易和乐之所致欤。

清沈始树《吴江沈氏家传》

周府君墓志铭

〔清〕钱谦益

吴江周永年，葬其先人于高景山之阡。排缵其行事，而来告曰："吾父躬令德，享高寿，谥曰康孝，吾子以为允。若其精修密行，世出世间法具备，则固非节惠所可尽也。有墓中之石在，敢固以请。"余谨按永年之状，其书族出寿年者曰：君讳祝，字季华。太子太保吏部尚书谥恭肃讳用之孙，国学生讳乾南之季子。少而工文，为名士；长而称诗，为诗老；晚而负经济修长者之行，为乡先生。其殁也，崇祯十三年七月廿九日，享年八十有六。娶杨氏，生三男子，长即永年，永言、永肩其次也。二女子，嫁杨士修、金之镕。葬以十四年之三月。其书其世法者曰：君三岁而孤，宛转母膝前，能相其悲哀而慰解之。母尝谓曰："汝孩幼能慰我，汝父服玩，当多畀以偿汝。"稍长，果如其言。君泣涕交颐，弗忍受也。谈文，师冯开之；谈诗，友王百穀、汤若士；谈经济，交徐孺东、万和甫、于中甫。中年蹭蹬省试，扣囊底之智，为其乡人勾会赋调，栉爬垢病。旱涝凶饥，闾井恃以无恐。少孤，两世父抚之如子。世父老且多难，周旋扶侍，不啻其子也。于群从笃爱宗建，宗建忤奄考死，君叹曰："得死所矣，胜老人槁项牖下也。"其风义激昂如此。书其出世法者曰：君少游袁了凡、王龙溪之门，知有性命之学。长师事达观可公，观神姿严重，钳锤棒喝，如雷风之狎至。口授偈颂，倾写千言，侍者目瞪听荧，转盼错误。君暗记默诵，借书于手，伸纸执笔，运肘如飞，观之门无两子也。观自宝林游摄山，命车中记《八识规矩颂》，三鼓入室，授以指要，诸弟子遥瞩之，灯光煜然，隐见庭户，以为传灯有人也。扣击日久，悟门历然。研精相宗，终其身不拈禅宗只字。母薛夫人，蚤修净业。君闻毗舍半偈之义于本师，归为母覆说，证合于《圆觉》普眼一章，母繇是发悟。丁亥秋，持佛名号三十昼夜，泊然坐脱，君提唱之力为多。云栖宏公叹曰："诸上善人，同会一处，其周氏母子之谓乎？"于有为功德，不以有漏之因小之。复古刹，刻《大藏》，立忏饭僧，皆竭蹶以从事。小筑太湖之滨，架木为阁，徜徉其间。客至，不裹头，不布席。晚尤矍铄，憎杖而却扶。临终示微疾，从容燕语，吉祥而逝。谦益曰：府君之令德，不可以悉数。白乐天有言：外以儒行修其身，内以释教治其心，旁以山水风月歌诗琴酒乐其志。此三言者，庶几尽之矣。余与永年兄弟游，皆工诗文小词，孝友顺祥人也。君不置妾媵，三子者日视膳。夜侍寝，十日一践更，盖十余年而君卒。君之安乐令终，亦其子之力也。铭曰：

亿万佛土，从母往生，如子赴家。是母是子，如清净地，生宝莲花。世出世法，如宝罗网，重重开遮。我作斯铭，现文句身，于彼尘沙。

虞山钱谦益撰。

清周芳《周氏族谱》

周奉常季华配杨孺人墓志铭

〔明〕赵士谔

予与奉常周公祝,友相善也。天启乙丑,其配杨孺人殁,将葬,手次孺人行实,属余铭。杨故青浦望族,予姑及姊俱归杨,而孺人之女,又余姊妇也。通家姻好,孺人闺德,耳之熟矣,铭何辞?孺人为光禄公于庭女,母周孺人。甫生而伯孝廉公于世,抱而女之。孝廉公游南雍,与奉常父太学公某同舍欢甚,时子女俱在襁褓,遂缔婚焉。年十七归奉常公,姑薛孺人在堂,诸妇济济,顾独心喜孺人,不令其去左右,每事必与之谋。而孺人亦婉为将顺,事无纤巨,擘画必称姑指。姑有周亲,曰包姨薛媪,不与朝夕不欢,则迎而养之家,奉两母如奉姑。姑殁,而奉两母如姑在也。薛孺人虔修净业,侍女慧净受命祝发为尼,孺人衣食之者三十余年,殁为置槥。曰:"此孰非姑遗簪敝履,吾不忍秦越视也。"奉常公少慕旷达,不问家人生产,家稍稍落。复好客,户屦常满。孺人预庀浆酒肴核,以待不时之需,即客至可颐指办,不为囊羞而有龃耻。奉常公三子二女,家塾无岁无师,嫁娶之事且接踵至。孺人外饬供具,内课女红,黾勉支吾,至脱簪珥佐其乏,终不以儿女故,重奉常公内顾忧。尝谓公曰:"家务鞅掌,吾不能以一人之力独肩,盍置贰焉?"至则管钥悉以委之,倚恃不啻左右手。亡何病殁,而孺人之痛,视奉常公悼亡更剧也。待诸子不肃而严,每侍侧,必举古今善败之迹,谆谆劝戒,大要归之仁让。三子恂恂,并以醇谨称。而二女于归,亦并称贤淑。孺人之教也。处群姒温而恭,尤善仲姒卜氏。奉常公仲兄殁无后,卜姒欲后孺人仲子。奉常公谓宁以侄承祀,不欲以子受产,弗果后。已而仲姒遗产废斥几尽,至不能具饔飧,孺人损廪膳之,终老不倦。居常饮人以和,无论姻党,即村姑里妪,见必劳苦寒暄,人人各厌其志以去。下至臧获,亦无严谴怒呵。奉常公尝言:"吾性刚直,有激辄不能含忍,孺人每剂以柔和。吾晚年乃益善忍寡忤,得之孺人熏染居多。此非独善妇,实吾益友。"其相庄若此。性喜俭素,衣多浣濯,食罕鲜肥。至于急人之厄,则倒囊勿靳,以故殁无余资。老更奥佛所,尝持诵般若诸经、往生等咒,至属纩尤喃喃不休。诸所钟情,绝无系恋,翛然化去,庶几能解脱云。孺人生嘉靖丙辰,殁天启乙丑,享年七十。子男三:长永年,娶沈徵君同方女;次永言,娶崔文学惠畴女。俱孺人出。次永肩,娶王祠部孝女,所置贰沈氏出,而孺人子之如己出者也。女二:长适余甥青浦诸生杨士修;次适邑诸生金之镕。亦俱孺人出。奉常公卜于某年某月某日,葬孺人于长洲县高景山新茔。先是奉常公为薛孺人择地,殊属意此山,竟为他姓所得。追今三十余年,此山卒归周,而以葬孺人,若有待而然。呜呼!亦奇矣。铭曰:

贤哉孺人,桑巽静专。以豫而姑,以相所天。高原膴膴,孺人藏焉,后福绵绵。吾不卜诸吉壤,而卜诸孺人之贤,噫嘻其然。

邑人赵士谔撰。

清周芳《周氏族谱》

奉政大夫贵州按察司提学佥事振斋叶公墓志铭

〔明〕袁黄

余庚辰年得陆龟蒙遗址于分湖之滨，卜筑居之，则叶氏世居此久矣，伟人代出，为吴中著姓。自龟蒙而后历五百有余岁，叶氏得道及，而人文再振焉。道及去余家不数武，朝夕过从往来，烟波荻渚间，泛舟褰裳，樽酒论文，至乐也。余老于公车，而道及以童年登贤书。又十年，获同举仕籍，又同出杨贞复先生门下，已又同官于燕，知己无我，两人若也。道及故多子，俱殇。晚得子，复恐不育，因过育于余。子明敏有父风，十年乃归其家。归一年而道及殁，孤子茕然，其何能述父之遗事以传后？顾知道及无如余者，余因泣而志之。道及讳重第，振斋其别号也。曾祖绅，起家进士。宪宗时居谏垣，老成持大体，疏奏必经济硕画，于治水功尤多，乡党无不称毅斋公。道及高才伟器，资性警颖。五岁就外傅，赠公义方甚严，雪夜必拥炉篝火，虽夜分不休，以故舞勺即博奥通经术。长而皙白朗润，方额丹唇，瞳子清映。十五就邑试，才名籍甚，与其长君道登试辄冠邑，邑中称为两璧人。丙子举应天乡试，时年十九，文章奇宕耸秀，气干霄汉。婚于当湖冯氏，时冯公以大参治漕，奁甚厚。道及固贫士也，绝不介意，慷慨好与，凡宗党交游困乏者，悉推予之。夫人甚贤，钗珥之属，尽以充道及之用，无倦色。三上公车，三报罢，则益闭门下帷，与余结庐湖上，讲诵不辍。时道及之名驰吴越间，顾恂恂如也。丙戌举礼闱，为《尚书》本房，第一在南粤杨贞复先生房，先生湛于经学，击节称赏。王文肃公几欲抡元，为周文恪公抑置十五。廷试三甲，除浙江山阴知县，未任，丁外艰。自初丧至卜窀，所有诸费俱独任，不以一烦长君。己丑服除，补蓟州玉田县。斗大一城，土瘠民贫，又枕边，斥堠时警。频岁淹潦，流移满目，宾贡蜂午，轮蹄猬集，戚畹中贵、戎旅豪猾，更盘据窟穴，最称难治。道及下车，慨然以康济为任。如水田永蠹也，时直指锐气开决，道及力条上其不可状，卒得报罢。邑牧马场，原有分土边戍率万骑，蹂躏遍阡陌，众怨甚，莫敢问。道及按故籍核实，置一二于法，监阉大为怫然。道及曰："我知除民害而已，他弗顾也。"邑钱谷有三大蠹已征者，吏胥侵渔，转辗不可诘，急则以逋负委之小民。于是立条编法，听民自封投柜，民始得息其徭。银数浮于额，则查清捐免，开豁数千人，蓟民闻风相率。越监司来玉田，公编审惩奸厘弊，一郡畏服。其解京名色繁夥，故事用巨姓践更，即饶者渐以困，每年流派且三百余家。道及条议，止以差官一员领其役，上有所责成，而下不扰矣。又景府租税，珰珰之徒自为征索，为民害，不可言。道及令先期纳之，民悉如约，珰至不能作声色，民间不知有内征之苦。邑时患水，水溢不渐泄。道及躬董畚，筑长堤捍之，故水不病。岁岁饥，议赈，辄忾然曰："此有司之虚声，胥佐之弊薮也。安所画奇，在实究耳。"为撤食寝，蹑陇亩、循村落，计口而授之，多寡悉有机宜，鸡犬不惊，存活万计。邑素有仓，贮粟备边需，时欲借籴济饥，议者以轻动难之。道及曰："倘利于民，制且可矫，何借籴不可邪？"时每斗百余文，则令半其价。至秋，即以原价补籴，无损于官，而民赖以生者甚众。北地有流寓差,徭患最剧,玉邑更甚。道及清核旧籍,悉捐额数,于是流移争归,宿草尽垦。余奉命赞丽师,道由玉田,烟火相望,皆道及安集之政也。邑故入款孔道,恣横骚扰,民不堪命。道及盛陈卒卫,躬往发赉,语译者曰:"尔能不畏三尺乎?侵我民,我不宥尔也。"于是入款者慴息而去。公遣驰皇华者,需求额外,此积弊也。则置轮牌于堂,亲为验拨,故玉田驿递,至今有"安闲半役"之谣。此两者,为民岁省几万金。倭氛东蹶,调发旁午,刍粮悉仰给县官。道及先请储备,不骚取民间粒米束薪。有征卒越纪者,即申当道,以军法绳之。故虽日经万灶,而邑内安堵自若。余时从经略大将军出塞,盖得之目击云。道及性春容,不屑武健任威。操下澹然,以德化民,听讼不假敲扑,辄好言以动之,至有泣涕自请罢者。初莅治,词以千百数,期年以什数,后且不一二数,非至情切,民不敢以干令君也。至发奸摘伏,尤称神明。加意疑狱,虽成案,必力争之。先时服大辟,自道及昭雪者,前后十有五人。暇时与邑诸生质经讲艺,化椎朴而为文物。余邮传经玉邑时,邑子弟以令故来谒余,俱彬彬有三吴之风焉。余治宝坻,去玉田可百里。东征之役经其地,邑缙绅三老又娓娓为余言之,故余知之详。然道及不好名,无书传其事,其家人又不甚记忆,而余且耄善忘,此仅仅追思其一二耳。甲午秩满,内已拟补铨曹,而道及思念太夫人甚,急欲归省,且以铨曹要地,坚辞之。仅得除工部虞衡司主事,奉使南辕,寻迁员外郎。是时,余已归农,故道及在京师事不得而知。大抵不阿不激、不诡不随,以和平与物,以正直律身,其素操也。戊戌,升贵州提学佥事。哲人弗庸,弃之烟荒万里,人为道及扼腕。而道及以太夫人春秋高,逡巡未行,欲疏乞休告。未几疾作,自己亥之春迄秋,而奄然逝矣。痛悼何可言!道及居官清慎,数年薄宦,家无余资。身殁之日,所遗惟书一床,奚囊萧然也。尝谓余曰:"我逾宦逾贫,人固笑我拙,然我以清白遗子孙,不亦可乎!"道及坦夷廓落,宣爽无城府,与余交二十年,终始如一日。生平轻财好侠,意气雄快。性至孝友,事父母生尽承欢,丧葬备礼。长君道登,积学蹇遇,治生稍迫,则分田让产,共其有无。虽盛怒,长君至,必和颜顺色。易箦时,尚怜长君贫,推田百亩予之。至今长君谭及,犹呜咽流涕,歔欷不止,则道及之友于可知也。视长君子如子,凡延师议婚及衣履之费,必身任焉。道及善饮酒,豪宕不治家人产。通籍后,未尝有所请托,足不入城市,目不识县官。湖上筑堤,植桃李蓉桂,放舟啸傲,将终老焉,何哲人云亡之速也!道及生嘉靖戊午二月二十六日,卒万历己亥八月十二日,享年四十有二。配冯氏,封孺人。子一,绍袁,天启乙丑进士,娶沈氏。呜呼!知道及者,诚无若余。然余齿长且老矣,而志道及者,乃余也耶!铭曰:

有烨令名,未艾而遽徂矣。遗惠在邑,遗绩在公,仕不崇而余荣矣。凤毛五采,口诵烺烺,不必其家之盈矣。内谐伯氏,外缔心盟,得一人胜嘤鸣矣。秋月微明,江波澄泓。来天表之玉瑛,偕冰壶以齐清,吾恍见乎先生。

奉敕赞画辽东军务加四品服、兵部职方司主事、年弟袁黄撰。

清叶德辉等《吴中叶氏族谱》

韫所公传

　　韫所公讳琦，文林公之长子也。方文林公见背时，公年才十三耳，即能挺然自立，有成人之度。日则哭泣备礼，夜则篝灯课业，王母夏太孺人怜之，曰："孺子夜毋久坐。"公唯唯，乃以衣物蒙窗棂间，使外望若暗，而读书其中不休。初，文林公存日，构新轩三楹，令公赋之，应声下笔百余言。未蓄发，文多奇句，杜静台先生率之，从父友诸公校艺，诸公叹曰："沈道章不亡矣。"释服，补邑庠生。越二年，直指邵公按部较士，公居首焉，时未冠也。文名籍籍庠中，诸耆宿咸退舍敛衽，公亦自命旦夕青云可致。论事可否，骘文利病，月旦轩轾。虽遇名德文豪，互相扬榷，无所让也。受业之师，所得于杜静台、毛仁山两先生者为多。既以自淑，又推其余训率两弟，两弟亦严事之。年三十，饩于庠。越四年，与仲弟同举于乡，又四年同成进士。后十年，季弟复接踵而起，乡党荣之。公初受淄川令，起服补高陵，调繁三原，以礼部主事取入京待选，而公疽发背卒矣。公之为淄川也，旧令有帑金逋未偿，公为补偿之，而不言功。岁大旱，徒步露祷，甘霖立应。矿税恶珰，虿哮东土，所至州县，狼吞虎攫。诸守令垂首丧气，小触捍之，立逮系，下诏狱。将至公县，公先与台使者诀曰："渠来必不令得志，愿以此身与并命。"又遍告同僚及诸乡绅。或诘之，公曰："母老病笃，身又不服水土，方借此以图归，何官之足惜。"珰闻之，果踌躇不至。公又捐数金，行间于其左右。左右諕珰曰："彼不恋一官，吾安能难？彼或因而损威，是以一邑之故，败一省事也。"珰以为然。淄川独不罹珰焰，人人皆尸祝公。而公爱民如子，凡以讼至庭者，数语辨曲直，或一笑叱出之，不烦文案，不取赎锾。两年之内，唯一囚坐赎。其治高陵、三原，一如淄川，所至迎刃而解。述职还邑，托病高卧，阴令健卒四出，尽缚税珰、用事、参随诸獠，置之法，境内大骇，珰辈慴伏不敢动。噫！世之仕宦者，其龊龊不自爱，及委靡不振者，无论已。即以任事自命而措置失宜，或所见少偏意气用事，不能息射于杨叶百中之后，因而损名失官者不少矣。公之洁白自持也，可称廉吏。其犯难救民也，可称能吏。而其相机而发，临事恬然，事过寂然，初若无意为之，并与己无与者，则近乎有道之作用矣。公长于简札，尤工案牍，咄嗟而出，长至千言，短或数语，辞翰家尊为宗匠，刑名家视为指南。及与索副本，综私稿，俱无有也，岂非天才乎？公又善别文艺。当淄川宾兴时，学使者案既下矣，公跪请益五名。使者益其三，犹不起，曰"某正为第五名请耳。"使者不得已强从之。及发榜，五名内两得隽，其第五名遂捷南宫，当时有淄川神目之称。其以礼曹徵也，执简持斧之选，虚左待之。长安诸同志延颈举踵，曰："何日得沈公来，为吾党立赤帜御外侮乎？"孰知其一疾竟终长安也。奉内召归里时，里中有吴汝嵒者，以疑似为旧令入重辟，公为白其冤于当道，得附轻议，实不取吴氏一钱也。为德如此，宜天赐之暇算，而寿止四十九，岂修短丰啬，固有主之者耶？所著家训及诗文、简案等稿，俱未刻。

清沈始树《吴江沈氏家传》

定庵公传

定庵公讳瓒,奉直公之次子也,与兄宁庵公,少有"机云""轼辙"之目。生而丰硕白皙,灼然玉举。早岁不露机颖,父兄皆以为不慧。十岁始就外傅,十三学为文,思理秀茂,师奇之。十六为诗,以呈兄宁庵公,兄惊喜击节。奉直公见之,诧为吾家休文,由是知名。十九补邑弟子员,二十二入太学,二十五举北畿经魁,其冬丁奉直公之艰。二十九释褐南宫,赐进士二甲八名,授南京刑部主事,进郎中。凡五年,出为江西按察佥事,在任二年,乞身归里,年仅三十七耳。归五年而病,病中又丁母卜太宜人忧,哀毁几殆。未几,有异人授以导引术。公庄居习静,吐纳调息,间读内典,销涤烦虑,屏绝家事,不使诸姬侍疾,疾良已。公素性耿介,自通籍迄悬车,未尝以竿牍入公府。有年家子顾浚,为家奴所陷,几坐重辟。公知其枉,为白之县。时县令刘时俊,清严绝请托,敬公素望,立出浚罪,且露封驰答曰:"使百姓闻吾过。"其见重如此。家居十八年,抚按交章论荐,复起补广东佥事,入境病作,卒于广州之海珠寺,春秋五十有五。公孝友周慎,宅心平恕。其为比部也,有杨凤春桃之狱,几入死矣,公执法坐徒。又有朱邦奇,以父杀子,或疑其庶弟为之,公亦执以为不可。其平反冤狱多此类也。公治家有法,纤悉必自检点。自奉甚俭,即宴客,取不废礼而止,未尝过丰。然于赈人之急,即大费无吝色。庶叔佐坐冤狱,殚力营救,心血几枯。而佐幸以天年卒于牖下,遗孤子女,又为之成立婚嫁,并分己产之半以殖其家。又念族属多贫,捐田三百亩,立义庄以赡之。乌程蔡、费二师卒,皆为之经纪其丧,复迎费师媪养之终其身。生平事宁庵公如父,病则分痛调药,殁则衰绖为位,哭之极哀。其敦论好义,盖性之所安,非矫饰以沽名也。公素工于诗。当其赴任广东,于武林别亲故,有"杨柳落残初漏日,芙蓉开尽遂无花"之句,孰知其竟成诗谶哉!岁在丁酉,公以宁庵公从事音律,二子未免失学,因躬为塾师以课之。一门之内,一徵歌度曲,一索句寻章,论者比之顾东桥兄弟云。所著有《静晖堂集》《节演世范敷言》行世,《近事蕞残》二卷藏于家。殁后十年,邑中士民举公祀乡贤,入祠之日,路人追晞公德,有感慨泣下者,公可谓不朽矣。

清沈光熙等《吴江沈氏家谱》

周道登传

周道登,字文岸。少有器识,仪观甚伟。万历二十六年成进士,李文清廷机盛称其才,选庶吉士,授编修。四十年升司业,署国子监事,累迁至少詹事,兼侍读学士。泰昌初,以礼部左侍郎署部事。天启改元,充经筵讲官。时连遭大丧,又值熹宗大婚,典礼殷烦。道登拮据赞襄,皆有条理。(《明史》本传云:**天启时为礼部左侍郎,颇有所争执**。)二年,补日讲官。五年秋,廷推礼部尚书,力请告归。时逆阉忠贤执国柄,道登弗阿,遂削籍为民。七年冬,庄烈帝立,首重阁臣之选。上自祝天取会,推诸臣姓名置金瓶中卜之，得钱龙锡六人，道登与焉。召为东阁大学士，陛见陈三事：一曰守祖制，二曰秉虚公，三曰责实效。上皆嘉纳。一日发本，内有"明日请旨，改票签。"道登持之以请曰："履霜坚冰，渐不可长。今若此，是去一忠贤，复来一忠贤也。"司礼监王某因得罪，群阉侧目。寻以奢酋平，推恩辅臣，加道登太子太保，进文渊阁。会选庶吉士，道登所取朱统铈，为南昌宗室，台省议其违制。道登曰："国家惟才是与，今宗人例得入仕，既可外职，奈何独限其词林乎？"言者无以难，然龃龉益力。崇祯二年春，御史任赞化等交章论列，上遂勒令致仕。归就道，复疏言蓟门重地，兵额不宜汰。家居一年卒。值温体仁当国，赐祭葬，咸杀礼。道登居家孝友，事兄如事父。居官清慎。当党议方张，道登特持平，一无所徇，裁冒滥，杜请谒。自掌礼曹至入相，朝廷屡有恩荫，皆坚辞不受。（参《献集》《明史》）

潘柽章曰：公为相仅逾年，即致仕去。其入告动以法祖为言，而统铈之选庶常，反以违制见讥。夫祖宗朝未尝有宗人入仕之禁，而有司奉行过为拘制。及四民之途既开，宗室有才艺者已蒸蒸向用，而独不使入中秘备顾问，何示人以不广也。若谓同姓不可当国，则唐李适之，宋赵汝愚，伊何人哉？然则公之得罪，正以其守法，非违制也。公于先大父为外兄弟，故得备闻其遗事。要之救时之略，或非所长，而清严戆直以视古大臣，亦无愧矣。

朱鹤龄曰：周公文岸以选贡入北雍，受知李文清公廷机，得入词馆。天启辛酉春，公为礼部侍郎，署部事。值大婚，公受命选三宫。有戚畹郑氏女入籍中，公见一笔抹之，人服其持正。时党人之战方酣，公介立，一无所徇。李可灼进红丸，大宗伯孙公议，当加首辅，以弑君之诛。公独不附其说，且曰："果律以《春秋》之议，某与诸公同在朝，亦当引罪。"及居政府，依傍东林者遂极口排诋，不久去位。然公言实为平论，后世必有能辨之者。钱虞山有言："近代进药之狱有二，以唐事断之可也，援《春秋》则迂矣。世宗之升遐也，与唐宪宗相似。柳泌、僧大通付京兆府杖决、处死王金等之议辟，宜也。李可灼之事与柳泌少异，以和御药不如法之例当之，可也。当国之臣，则有穆宗贬皇甫镈之法在，不此之求，而远求《春秋》书许止之义，效西汉之断狱，此不精于经义之过也。"吁！虞山公东林党魁也，而其言若是然，则公之不附孙宗伯，可不谓宰相之识哉？

清乾隆《吴江县志》

庄元臣传

庄元臣，字忠甫，震泽镇人。万历三十二年进士，授中书舍人，奉使封平原、安邱二王。以母丧归。三十六年，吴中大水，元臣条议荒政，当事者采行之。寻北上，至济宁，卒于舟中。元臣学无所不窥，喜谈经济。每阅一书，必劈肌解族，扼要钩元。尝言："读旧书如遇新知，读新书如逢旧识。"其为古文词，经营极苦，至会意，则千言立就。自言少时为文，茫洋而思，信笔而书。既以为古人之文，投机迎刃，必有准绳尺度以运之，未必出于偶然者。乃尽发先秦、两汉、史氏、百子之书，以及唐宋元明之文，读而思之。于是各有所得，悉知文章之情状，因为文论十篇，以明古今作者之得失。所著有《叔苴子》《觉参符》《三才考略》《金石撰》《凤阁草》《时务策》，凡数百卷。兄宪臣，字昆明，亦博雅士。

清乾隆《震泽县志》

顾含素公行略

〔清〕顾虮

顾自植，字含素，松陵同里人。戊子南省乡荐第三，成壬辰进士，谓诸弟曰："余幸成名矣，祖产愿悉归诸弟。"筮仕封丘。未及期，调祥符，仅三日，以丁父艰去任。服阕，补鄱阳。鄱阳县地吴家坊，巨浸也，葑菰葭芰，万顷茫然。编户以来，额等沃壤，赋税维艰。公牍宪咨部，汰去冗粮，民命以苏。且山中多虎患，向司土者，计无由出。公命众以胶黏柿，得数屋，遣散虎穴出入处。虎经柿着身，跳踊咆哮，氉氉而死，境乃安，人谓公为神明云。有杀人者，法当死，赂宪求释，公执不允，人皆畏服。时万历朝，奄人榷税湖口，侵渔暴掠，重臣莫之能制。公正色与争，不为势屈，收其权，归台枭，珰不敢肆。遐迩欢颂，直声丕振，达当宁，召入为刑部郎，转礼部。调外任，备兵江西，未下车，墨吏多望风改辙。有诸生王一谔，以沉冤羁狱底，历十三载。一旦白其事，出之图圄。后王登第，显仕至柏台。神宗五秩万寿节，例应捧表入贺。婴是役者，率多劳瘁，以故诸藩臬惶惶推委。公慨然曰："王事驰驱，子臣之分，奈何惴惴若此。"风尘就道，中途痰疾大作，喟然自谓："君恩未报，死难瞑目。"忠荩之情，溢于言表。至家计，则勿道也。生平著作甚夥，因鼎革兵燹，不得尽传世为憾。先时，有一鄱阳训导王所学，系山西太原府人，卒于官，不能归骸骨，所遗孤寡，茕独无所告。公为令时，赠以资，始得返故籍。训导之子王绍，成辛未进士，历任史馆。公没后，来吴动唁，以未及报为负恩眷焉。逮怀宗时，纂修史局者，例采博学弘儒以备用，而公之仲子文学讳家炉者，实学行兼优士也。王绍首荐于朝，例授中书，嗣因甲申事寝。家炉，字仲明。鼎革时自经家庙，家人救免。后头陀结发，萧然物外，隐于穷乡，庶几圣世之逸民欤。顾虮百拜书。

清顾鼎勋《顾氏族谱》

吴江历史人物碑传集

吴国良 编纂
苏州市吴江区太湖旅游文化研究会 编
吴江博物馆

中

苏州大学出版社

明太学生存敬周公墓志铭

〔明〕董其昌

　　松陵之周，至太宰恭肃公始大。恭肃冢子曰寻甸太守国南，生乡进士京，配吴孺人实生公。公名之轼，字孺瞻，存敬其别号也。公生而头角崭异，有成人度。既操觚为文，淹宗名理，跨越侪辈。弱冠入太学，鼓箧逊业，所交俱海内奇士，尤为邓定宇、徐检庵两先生所赏识。公意不屑屑为俗学，董帷郑带，揣摩经岁，能识鼎斛，辨骀牙，凡流沙舍卫之言，咸会其指归，汰其剩淬。至于兰台石室之藏，黄衣赤车之业，无不鱼讨贯穿，矢口成诵，三吴间称博雅君子，必归公焉。所居数亩之宫，花竹映互，雷樽环剑，照映巾箱。好事家以鉴赏至者，得公摩娑片顷，顿为长价，而公不矻矻争著述名，曰："此伶盘腰鼓，小儿号嗄耳，何足辱长者哉！"居恒善持家风，好礼义。不媟訾刀锥，而雅有心计，能廉取益入，屏不式之费，去无业之好。妇吴孺人，来自贵家，亦脱文绮，躬刺绩，督治桑麻，经画土化。于是恭肃以来，盖藏日溢，公欣然起曰："如是可以广义矣。"戊申雨霪，谷价骤涌。公首发廪助赈，又捐金给籴，所全活无算。条上救荒议，幕府亟行之，及以高义旌公，公不受也。修塘之役，公出千金倡缘，阖邑响应。其后丈田事起，公为陈说利害，规定准则，田赋永清，贻桑梓百年之利。前后贤令，倚公如左右手。公无所陈托，即引车式庐，辞匿不见，处士之节，泊如也。门临七十二溪，系商估周途，岁俭之后，严设铃柝，驾舲艎四卫，出其途者，皆枕席而过。环溪百里内，孤嫠颠苦，寒无纩者，爨无烟者，殁无槥者，冤抑不得上伸者，无不依公为命。他若毗耶之室，金碧之宇，藉公庄严，津梁末法，不可枚述。而公内行尤备，当父孝廉公寝疾，吁天请代，衣不解带者累月。既承讳，击心擗踊，色颜枯黧若枭。其居母丧亦然。友爱幼弟，摩拊于襁褓，时授产不訾，已哭其殇，终身有鹡鸰之痛。群从昆季，过从讲业，花萼琳琅，相辉相映，望而知为王谢子弟焉。笃于伉俪，比德相庄。中道有奉倩之伤，遂虚主馈，同穴之誓，皎若河山，而嘤鸣之求，迄白首靡间。三党之戚，师友之间，畏垒尸祝，诚不能一日无公。公固生有净根，晚耽禅悦，尝从云栖大师授记，积累功行，脱然有悟于生死之际。虽姬滕满前，酬酢旁午，此念炯炯，如在化城乐国。庚申春，以避客至西湖，道出长安，喜道傍萧寺，遂假憩息，开扃细视，尘榻宛然。谛问当时老衲寂期，与公降诞时日不爽晷刻，因掩关示疾。卒之日，盥沐更衣，焚香趺坐，命群僧环绕，朗诵佛号，翛然化去，亦异矣。公艰于子，晚年推择嫡宗文亨，以次应承大宗后。至是奉公遗命，入主蒸尝，又以次嫡曰宽为辅，门祊克新，箕裘不堕，公虽死犹生矣。文亨贤而有文，手为状数千言，述公懿行。谓公生平节义似王休徵，湜躬端方似陈太丘，襟度汪洋似黄叔度，醇谨退让似万石君，专精禅理似王摩诘，不侵然诺似朱文季，琴书物外、挫廉逃名，又似陶靖节、袁夏甫诸公，其言娓娓有致。而予谓公五纬淹雅，似其先庐山；续之薰戒精严，不应辟命，又高于其先草堂颙。独拱手先业，留贻似续，较之庞公辇金、裴休遣子，又扫却一重公案。公真达生无我，善守诗书礼乐之阀者哉！予既应文亨请为之铭，而系生卒代族于后。铭曰：杨枯或荑，蚌老有珠。何若膝下，天然龙驹。旦昼壹视，孰为苦揄？但有焚纶，岂必舞裾？芝双者翘，瑟和者竽。神归净土，魄护幽区。绳绳百世，善庆其余。

公生于嘉靖辛酉八月二十日，卒于万历庚申六月初九日，享年六十。元配吴孺人，先公卒。子男二人：长即文亨，太学生，娶郁氏，檇李工部主事旸川公子太学生如川公女；次曰宽，娶陆氏，檇李宪副雨楼公子庭葵公女。孙男六人：长丕显，郡庠生，娶广西宪副日观张公子乡进士严吾公女。次丕承，邑庠生，先聘山东宪使石钟岳公女，待年而殇；继娶给谏龙门李公子太学生会侯公女，寻卒；又娶邑庠生定侯公女，因本生父不忍远离，强留次孙以娱暮景。次丕基，娶河南巡抚太素沈公子知乐公女。次丕训，娶礼部员外蕴所沈公子太学生君克公女。文亨出。次照，娶云南宪副九华杨公孙文学长倩公女，寻卒。次烈，娶浙江衢州府龙游县令云阳沈公子文学中美公女。曰宽出。孙女五人：长适陶廷炉，太学生公亮公子。次字黄凤藻，官生翰伯公子，工部侍郎与参公孙也。次字沈永贤，太学务之公子。文亨出。一适吴会昌，河南怀庆府修武令见素公子。一适黄胤章，兵部司务抱真公子。曰宽出。曾孙男三人：长及申，次二酉，丕显出。一照出。

赐进士出身、亚中大夫、太常寺卿管国子监司业事、前河南布政使司参政、翰林院编修、管理起居诰敕、纂修正史、经筵日讲官、年家眷侍生董其昌顿首拜撰。

赐进士及第、南京行人司左司副、前翰林院修撰、眷晚生韩敬顿首书丹。

天水友弟赵宧光顿首篆盖。

清周芳《周氏族谱》

明故太学生存敬周公墓表

〔明〕陈懿典

嘉靖中，吴江有大冢宰周恭肃公者，当代名臣也。周之先世有隐德，家邑之烂溪，至恭肃而始显。起家弘治壬戌进士，扬历中外，正位统，均勋名，赫然于肃皇之朝。丈夫子四，长云南寻甸府知府款江公国南。寻甸公生乡进士玄津公京，娶吴孺人，而生太学公讳之轼，字孺瞻，别号存敬。乡进士为恭肃冢孙，实称周氏世家之大宗，公则恭肃之曾嫡孙也。公生于嘉靖辛酉八月二十日，卒于万历庚申六月初九日，享年六十。宗人聚族公议为公后者，循国家令甲，大宗无子，立次房嫡长为嗣，遂定议以公弟应僖之长子文亨为公家督。文亨卜以天启三年正月初六日，葬公于十七都五图寻字圩祖茔傍之旧阡，与配吴孺人合葬，求余表其墓，乃按文亨所手勒状而表之。公生而颖敏端重，少不好弄，性喜读书，文笔翩翩。弱冠入太学，声籍甚六馆。大司成邓文洁、徐检庵不轻许可，每器公。七比京兆，两中乙榜，数奇弗得隽。益务沉酣古今，尽发家所藏书，遍为博览。经史条贯、朝家故实，旁及象纬兵法、稗官小说，无不搜奇撮要，如指诸掌。令际云龙之会，必有所树立，以光先绪，而郁郁不得志。酒后耳热，高吟李太白"但用东山谢安石，为君谈笑靖胡沙"之句，意念远矣。公因累困场屋，胸中有奇约结无所施，乃贾其余勇于好古博物间。秦汉以前以至宋元，钟鼎尊彝，法书名画，金石之迹，陵墓之遗，无不考究，辨其真赝，推为三吴赏鉴家第一。身拥先世素封之业，而衣不重采，食无兼味，务出所有，以为德于乡。宗族故人、周亲师友，待以举火丧葬婚娶者若而人，又施药施棺、修葺桥梁道路无算。凡邑中有大役大荒大议，无不藉公为首倡。邑令梦胥刘公之创筑石塘百里也，公捐千金助其工。邑令钟西霍公之履亩平赋也，公日与周旋阡陌，折衷讲求，务期至当。戊申之岁，大浸稽天，田禾尽湮。中丞怀鲁周公劝募捐救，活饥民，缉乱民，公大出粟米，慎固防御，以左右其德意。中丞旌其门，将为题请，坚辞而止。是皆施实德于民，奚必绾绂布令，乃称为政哉！若其内行醇备，天性孝友，更有过人者也。色养父母，备物怡情，必腆必虔。父母遘疾，躬亲汤药，衣不解带。或未即瘳，吁天祈代。壮岁失父孝廉公，毁几灭性。及母吴孺人之弃杯棬，年已近艾，孺慕如初，终丧不御绮服，不入内室。抚少弟之辙，尤极友爱，群从无不敦洽。晚岁游心二乘，与王羽士为方外之交，筑庵谈玄，逍遥其间。受记云栖，供养莲宿，似有所得者。其殁也，出游武林，寓觉皇寺僧舍，若有会心处，低回不能去。月余遘疾，遂大渐。弥留之际，绝无怛化色，众诵佛号，端然而逝。寺僧追溯往因，谓六十年前辛酉年月日，有比丘精修毕世，化于此居。与公悬弧之辰，适相符合，今又复来，示灭于此。去来因缘，与世所传王文成将终，入某寺，见一僧舍，扃钥坚甚。启之，龛上题云"开门即是锁门"，人事颇相类。岂《经》所云"斯陁含名一往来"者乎？公褆躬慕谊，其品在万石君、陈仲弓、朱文季之间，而兼通禅观，去来轻安，又未可窥测，是皆可表。配吴孺人，太仆卿仰峰公之孙女，有妇德，与公白首相庄，先公卒，祔葬于祖茔之傍，今开圹与公合葬。其他生卒岁月，及世系子姓姻属，详志状中，不具载云。

赐进士第、奉直大夫、翰林院侍读学士掌南京翰林事、前右春坊右谕德、直起居注、纂辑章奏管理文官诰敕、正史纂修官、眷侍生陈懿典撰。

赐进士及第、南京行人司左司副、前翰林院修撰、眷晚生韩敬书丹。

天水友弟赵宧光篆额。

清周芳《周氏族谱》

明太学生周孺瞻配吴孺人墓志铭

〔明〕陈舜仁

松陵周为太保恭肃公，吴为陕西行太仆卿仰峰公，两姓咸称甲族，盖世相婚媾云。恭肃公孙乡进士玄津公者，亦娶于吴，有妇德，今孺人即其侄也。孺人父为仰峰公长子肖峰公，母则大宗伯浔阳董公女。世泽闺配，其来远矣。孺人生而聪慧婉顺，浔阳公爱之，与诸女孙等，每暇辄举古贤媛事以为训，孺人欣然，若有当于中者。肖峰公慎所许，时太学君方弱龄，亦琤琤然有声琳琅珠玉间，盖天作之合者。于是遂嫔于周，而姑乃姑，妇乃侄，怡怡顺比矣。孺人性孝谨，乃益修内则。晨盥栉，即诣太孺人所，视眠食，候颜色，顺颐指，昕夕以为常。太孺人世家礼法，食无兼肉，衣无缘缋，孺人恭承懿则，饬躬履俭。虽父母钟爱，尊嫜垂慈，而妆饰稍涉时世者，即屏不复御。春秋烝尝，斋慄从事，每佐太孺人手治杯柂以献。玄津公之丧，哀号擗踊，终丧不理脂泽。事君子绸缪好合，而敬慎如严宾。燕私之间，笑不毁容，亦不敢以祖服见家人。食指近千，慈惠如一，未尝加以疾言厉色。太学君艰于嗣，为广置姬媵，薰然慈仁，闺帏咸化其德。岁之癸卯，太学君久宦南雍，乃遣一少姬侍匕箸。庶几螽斯哉，而竟不食其报，此又何也？夫亦有待乎！孺人禀素弱善病，暑中犹挟纩。太孺人之殁，哀不胜丧。太孺人丧以七月，而孺人逾月丧，盖卒于毁也。嗟夫孝哉！嗟夫伤哉！太学君与予仲子孟琳为文字交，孟琳馆于太学君者几二十年，始终如一日，则亦孺人有相之道也。琳每为余言孺人之贤，知典策非虚语。而太学君以秋试来留都，亦数数过从，曰："不肖慈侍在堂，而薄游于外者，亦藉中阃之力。"盖详哉言之也。太学君将以今年十月二十八日甲午，举灵輀从太孺人而襄事焉，乃以书币来求志其墓。余知孺人稔矣，义恶容辞？孺人生嘉靖癸亥正月二十日己亥，卒万历丁未八月初十日庚午，享年四十有五。墓在十七都五图寻字圩先茔之侧，遂稍次其事而系之以铭。铭曰：

兰之馨，维其瀡兮。木之直，维其操兮。矧兹令范，而靡所诱兮。汉之杨，唐之柳兮。相后先，若琼玖兮。我勒此词，垂不朽兮。

赐进士出身、文林郎、大理寺左评事、通家眷侍生陈舜仁撰。

赐进士出身、通奉大夫、河南布政使司右布政使、眷侍生黄承玄书丹。

赐进士出身、奉政大夫、江西按察司佥事、眷侍生沈瓒篆盖。

清周芳《周氏族谱》

吴孺人墓表

〔明〕陈继儒

予友周太学之轼，自吴江叩予山中，以其内吴孺人墓表请。予曰父为谁？则陕西行太仆卿仰峰公吴之伯子也。母为谁？则礼部尚书浔阳董公之女也。孺人所事翁为谁？则太子太保恭肃公之孙、中宪大夫寻甸太守公之子、乡进士玄津公也。姑为谁？则吴孺人也。生卒何岁？则嘉靖之癸亥、万历之丁未也。葬何所？则祔于本邑十七都之先茔也。妇德何若？君手状以进，盖泪溢于睫焉。余叹曰："义哉，周君。"自梅圣俞为南郡县君，请铭于欧文忠，而后且寥寥矣。世不古，而夫妇之礼轻，非故轻之也。试观江敩让婚之表，冯衍武达之书，妇德少乖，家索立致，甚欲刊肤削发，投山窜海，杜仕宦，绝交游，求死不得，而何暇为其妇图身后之不死哉？周君悼内，声泪俱下，不远三百里，束帛造庐而请，曰："吾闻礼铭以藏诸地下，而表以揭诸地上，是惟吾妇之贤，非表不彰，子其为我缕记之。"余曰："国制三品以上，为神道碑，其次为表。妇无表，表自君妇始，请表其大者。"当孺人奉醮归于周氏，其曾姑施夫人，王姑顾夫人，代有家令，栉束内外，政如朝典。孺人世家女，顾能遵其范，不少衰。性淡薄简俭，最不喜浓丽。而畜姒娣甚有恩，无少长皆矩矱待之，左右望而却立，不敢跋倚，见亦罕有笑詈声达于阃外。奉姑孝，昧爽而朝，三时上食，抑搔扶掖，曲中其欢心。晚得羸疾，日坐卧，常相半。冬重裘，夏墐户，几不知寒暑人事。独念君艰嗣，辄凄然不乐，数数劝君曰："恭肃公至君，皆有世德，而君又喜善事，好缓急人，凡近远疏戚，待君而济者无算。君必有佳儿，当择宜子者辅我。"傍人闻之，背地怪笑曰："嘱婿买妾，吴孺人岂真病耶？"或曰："妾车音至，必且悔恨，搥床挃壁，病惙惙如膏沃火耳。"已谒见，慰劳不自胜，抚如己出。或又云："是好言，谬为煦煦，度人情，岂遂能释然？"及君客金陵，有姁拥娇女排户而入，则吴孺人自家敕以侍君者也。至是始皆叹服孺人为真不可及。孺人少受《女诫》，能解大义，病中旁通内典，忏诵无虚日，而要皆以多男为祝。姑殁，丧幕哀痛，病亦随炽，犹目君而叹曰："愿君早得佳儿，以慰我泉壤。"他一无所言。呜呼！若吴孺人者，不独今人难，即求古人中，未易一二觏也。余尝笑房玄龄名相也，而有妒妇。太宗赐之鸩酒，则曰"宁妒而死，不愿不妒而生。"隋文帝，王中之英雄人也，而有妒后，受制独孤。不惟不许高颎妾生男，而公卿凡有妾孕者斥之，有庶子者锢之。其尤可笑如晋时妒妇之津，好妇坏衣枉妆，而后敢渡，不然风浪立至，人化为鬼，而犹能巧妒若是。岂妇人之妒无贵贱，生死一乎？故《易》垂戒于暌，取象于贯鱼，而尤致意于坤之厚德载物。若使吴孺人而在古昔，其必录于圣人之门无疑矣！古以士入朝女入宫并言，余窃以为过。而近闻贤士大夫间，有挺而相难者，因慨然追叹周召"二南"之化，能使樛木小星，化行于妇人女子。而当时少有言者，反出于周公召公，况今又不逮古人者哉。余故于吴孺人之不妒，揭而书之，以著朝野风教之所由系，而非徒重君之敦义而近古也。是为表。

华亭陈继儒撰并书。

天水赵宧光篆额。

清周芳《周氏族谱》

赵士谔传　从子廮

〔清〕潘柽章

赵士谔，字蹇卿，宽之从孙。万历二十九年举进士，授会稽知县。政务清约，有以卷轴为寿者，命藏库中。明年复进，则出而悬之，从此遂绝。首捐奉浚淤浦数十里，溉田万余亩，邑人名曰"赵公浦"。奸民妄言富盛、永昌有矿金，税监将采之。士谔以宋室诸陵所在，力持不可，乃已。后民思其德，立祠祀之。县多豪猾，士谔悉绳以法，曰："令或不如意，则改一教职去耳，将奈令何！"繇是人皆敛手不敢犯。士谔初至会稽，四年之中，辰出酉入，强力不怠。四年之后，出即旋入，或竟日不出，邑中号为无事。凡八年，始入为职方司主事。久之，以荐调吏部考功司，改文选，累进郎中。万历四十五年，主京察，上疏言："论人不贵刻而贵真，用法不难严而难当，服官以操守职业为衡，两者有议必黜。若舍是，而南北东西横置于胸中，虚公既失，荡平何期？"尚书郑继之深以为然。是时党议纷起，台省横甚，士谔曲意调停，所保全者甚众。尝叹曰："昔为外吏，行止得自裁。迨居铨司，百不能如意，但屹然中立耳。"迁太仆寺少卿。会辽东用兵，户部议折俵马、借库金以佐饷。士谔争之，以为"折则马空，借则帑空"，乃止。明年，擢佥都御史，巡抚宣府。宣府额兵八万，素多虚冒，而是时急征兵援辽，宣府独倍于他镇。士谔三上章，力持之，未报。会总兵刘孔胤，老耄惮行，嗾营兵哗于军门。士谔乃宣所上章，谕以朝廷威德，斩其渠以徇。寻引疾归，临行犹上言："张家口为宣镇咽喉，非重兵戍之不可。"其后喜峰失事，寇入张家口，宣府连岁告急，人始服其先见。士谔内行修洁，既罢官归，日课子孙读书，萧然如诸生时。不轻谒有司，惟邑中大利弊，如赈荒均役诸议，皆其所建白。作诗文澹远真率，如其为人。从子麐。

麐，字任卿。有才武而暴悍，以武举为金山水营把总，寻掌宝山营事，被劾革职。崇祯九年，流贼犯安庆，巡抚张国维拔为守备，屯太湖。十年二月，贼东下，麐提兵御之，至鸡飞滩，遇贼三百余骑，击却之，斩二十余级。追奔抵通湖，贼以百骑来山前挑战，麐据山为营，而遣千总杨国镇等以锐卒二百赴之，射杀贼渠数人。而贼潜从山后以千骑袭麐营，麐力拒之，手刃十余贼，以众寡不敌被执，胁降不屈，遂遇害。部下李池等皆格斗死。事闻，赠指挥同知，子孙世袭。总旗仍令太湖建祠祀之。麐少孤贫，家世业儒，麐独戏取村中羊学骑，刳竹为弩矢，射篱边燕雀以为笑乐，人咸目为狂。及年四十，仗节死义，闻者莫不壮之。

潘子曰：故老皆言赵公不为赫赫之名，而有皜皜之节，其人盖宽然长者也。公冢孙瀚，有文行，隐居教授，与余善。尝从问丁巳京察事云："时主计者为尚书郑继之，老矣。吏科徐绍吉、河南道韩浚，皆轻险锐意，以锄击东林为风采。公自田间来，一主虚公，多所救正。如孙公慎行等，皆赖其力得全。而于王之寀事，尤多苦心，世莫知也。"王之寀者，以持挺击狱忤神宗意，欲罪之，而患无名，欲以计典锢之。绍吉等觇知上指，以语公。公谢曰："以铨司黜陟之典，为奉行中旨之具，是乱首也，不可。"而之寀素无行，自揣必不免，私诣公，跪请之。公正色叱曰："君自号正人，奈何惶怖失度若此，独不愧于心乎？"之寀自是深嗛之矣，然考察疏卒不及之寀。疏上，上令中官读之，无之寀名，遂留中署。都察院李志闻之，乃于拾遗疏列之寀贪酷。故事拾遗止四品以上，而之寀以主事预，亦仅见也。拾遗疏既得旨下部，明日考察疏亦下，公当具覆，乃引浮躁例坐降调。上特批革之寀职，仍夺诰命，皆非公意也。公所谓"居铨司百不能如意"者，盖不特一事，而此尤关职守之大者，故详著之。

清潘柽章《松陵文献》

赵士谔传

赵士谔，字蹇卿，烒曾孙。贫而力学，万历二十九年成进士，授会稽知县。严干请，讼牒至，即讞决不留日，征输则缓期待之，尽除其羡。奸民妄言富顺、永昌有矿金，税监将行开采。士谔以宋室诸陵所在，力拒不可，乃得寝。捐俸浚淤浦数十里，溉田万余亩，民以"赵公浦"名之。召入为兵部职方司主事，久之调吏部考功司，改文选，累进郎中。四十年，出典陕西试。后四年，改考功郎中。又一年，主内计吏科。都给事中徐绍吉掌河南道，御史韩浚佐之。绍吉、浚欲斥行人山阴刘宗周，士谔独不可，曰："昔令会稽时，尝至宗周家，亲见其清操绝人，今不当挂吏议。"绍吉、浚意怏怏而止。是岁，内计善类尽斥，一时有"大东小东，一网打尽"之谣。宗周素以刚介自持，为清流眉目，宵人尤深嫉之，而独获免黜，由士谔力持之也。迁太仆寺少卿，会辽东用兵。户部议折俵马、借库金，以佐饷。士谔争之，以为"折则马空，借则帑空"，乃止。明年迁右佥都御史，巡抚宣府。镇兵调援辽，皆败没。及再调，士谔三上章，力持之，言重地撤兵，倘有窥伺，祸且不测。会总兵刘孔颖，老耄惮行，嗾营兵哗于军门。士谔乃宣所上章，谕以朝廷威德，复劾孔颖，斩首乱以徇，事遂定。寻引疾归，濒行犹上章，言："张家口为宣镇咽喉，非重兵戍之不可。"其后喜峰失事，寇入张家口，连岁告急，人始服其先见。吏尝以羡金进，诘之，则各镇募兵买马，例除十之二，为巡抚公费。士谔却之，令补调援缺额。归家后，筑室铜井山，且营兆焉。日课子孙读书，不轻谒有司。惟邑中大利弊，如赈荒均役诸议，皆有建白。所作诗文，淡远真率，如其为人。与人交，多气谊。周宗建被逮，不避缇骑，远送之，且捐资以助焉。年七十卒，绍兴府祀之名宦祠。（参黄宗羲《南雷文案》）

清乾隆《吴江县志》

懋所公传

懋所公讳琇，字季玉，涵台公次子也。生八岁而孤，从其兄韫所公学，奉若严师。少试童子尝踬，时外家孙氏贵显，属督学令拔公。公闻之，托疾不入试，人皆叹异之，以为不可及。后与兄同举于乡，又同成进士。公曰："吾始与兄读书萧寺，食冷粥，拥布被，每恨不能朝夕侍母侧。今幸联翩鹊起矣，出宣化理，入辅承明，自有兄在。吾株拙无能，愿服劳，顺旨于母氏膝下耳。"于是，即上疏，乞归养。后六年，母卒。服阕，补凤阳府教授，转南京国子监学正。寻升南京刑部陕西清吏司主事，转本司员外郎。又升浙江司郎中，理滞狱，雪冤滥，克尽其职。又升山东东昌府知府，将入境，即檄僚佐属县，有以币帛见者刻不贷。居官操守清严，布袍疏食，如苦行僧。出谒上官，尽屏仪从，惟敝舆一乘，虽盛暑亦不张盖。邮中续食，多自买于市中。每自叹曰："吾家自给谏登朝，食禄三世，兹承乏东鲁，受民而治。虽糜顶踵，尚不能报，敢以身口上负圣明哉?"僮仆慕华者咸告去。治民以孝弟礼义为先,有狱至庭,为开陈曲譬,令归自省,不事刑罚。后一年,父老诫其子弟曰:"毋生事,以劳渎太守。"渐至讼庭生草焉。福藩受封之国,道经临清,中人横暴。公令诸贾闭肆以待,且严约束,及至不得肆扰,遂速发。三年,迁充东道副使。时东省大旱蝗,饥民相食,恟恟思变,各司道咸给假挈孥去。公并治各司道,肘后悬印累累,为之开廪、捐俸以赈。巨盗刘好问、孙可训,聚众作乱,悉擒斩之。招集流亡,安抚庐落。明年麦大熟,公掀髯曰:"贤者急病而让夷,今东国幸已稔,我将让后人矣。"逾年,遂乞致仕。士民攀车悲泣,公改衣易舆,始得去。公好禅理,少时欲为僧,兄韫所公禁之乃止。至是归,屏居吴山之善人桥,潜心释氏书,不入城市。神宗升遐,始自山中至县厅哭临,余则枯坐一室,即家人子弟亦罕见其面。时知县某,以公与巡抚同年,将有所求。及至山中,终不得见,从牖隙窥之,深自渐沮,不敢陈请而归。惟中表陈大典,时招而赠之。盖公母陈太夫人为别驾忠言女,公因念母故也。所生十一子,贫不能自存,多寄养于他氏。遇凶岁,恒拾蔓菁为食。公有一老仆,随公历任三十余年,归至市肆,见犀器亦不能识。于此观之,公之廉介可知矣。公去官数年,崇祀东昌名宦,殁后崇祀本邑乡贤。

清沈始树《吴江沈氏家传》

宜庵公传

宜庵公讳璨,字季英,瀛山公第三子也。喜轻侠,不屑事章句。万历十六年,举浙江武试第一,初选台头营标下中军把总,历升至广东潮州府参将。潮有断肠草,每士卒愤争不胜者,辄吞之立死。公令输草赎罪,以绝其种,多所全活。府城元霄张灯,盗乘间窃发,公以计擒斩其魁。海寇起,公用其降卒为导,追击尽歼焉。三年升总兵,未抵任,以疾告归。天启初,诏募四方兵勤王。有贾祥者,故浙江某营参将,籍白徒数千应募,所过苛索。道经平望镇驻焉,遣数卒先驱至城。适理刑杠船泊邮亭,数卒欲夺其船,争殴不胜,皆赴水走,天寒多死。越二日祥至,驻船南关,知之大怒,遂纵兵四掠。公愤然曰:"贾祥与我有旧,今在吾乡,敢尔耶?"会祥将诣公,公曰:"彼技素下,今且夺其气。"既到,即引游后园,命三子持枪请枪法。祥殊忽之,语三子曰:"吾以一当三,第观我法可得也。"枪数交,祥中肩仰仆地,渐恨而出。公自此益嘱县官设备,又使人宣言以恐之曰:"沈家资财无算,亦日练兵谋勤王,其精锐不可当者千二百人。"祥信之。明日公往候,乃简家丁及各衙皂快,得五百人随往,祥望见有惧色。祥船高大,施跳板长可三丈,植大刀船头可重八十斤。坐定论事,公慷慨陈利害,多中祥隐。顷之,祥指刀问曰:"尚能舞此乎?"公曰:"能。"即拔刀起舞,步跳板上,往来如风,只见清光回翔,而不见身也。两岸观者万余人,尽惊骇。舞毕,亦授祥刀令舞,而船头设大椅,公仪容魁岸,俨然坐观。祥刀法不让公,已而稍近,乘间斫下,几中公腰。公即提大椅,掠刀堕水,曰:"无戏也。"是时,祥仓皇不知所为,而公意气如常。复请角骑射，乃植一竿于数十步外，命中其稍。各执弓，发九矢，祥着二而公中七。祥有马奔踶，公执鞭跃上，驰骤自如，祥叹服愧谢。先是，公闻祥数卒死，即夜告练兵某，遣卒僱渔船载其尸，埋诸下乡。及祥至，遣数百人各挟短刀，拥入县门大哗。时署县事同知全廷训坐堂上，理文书，颜色不动，叱吏胥避去，徐曰："尔辈欲何为？"对曰："地方擅杀勤王军士爷，尚不知耶？"同知曰："军士尸何在？第取来，吾即为尔穷治之。"数百人始逡巡出，求尸不得，祥莫能谁何。然兵犹数出摽夺，居民缚其渠魁六人以献同知，系之狱。祥益怒，将大劫掠。同知闻于巡抚王某，巡抚曰："祥虽无状，藉名勤王。不若取公帑千金，托助饷名畀祥，并释还所系六人，善遣之。"是时，祥既胆落，又知城中有备，且得同知金，于是遂去县，人卒免于难，盖公之力为多云。

清沈光熙等《吴江沈氏家谱》

宁宇公传

〔明〕陆云祥

顾氏为松陵著族。当明盛之际，或义盖乡间，或勋垂钟鼎，而宁宇公以暗修独行，继武于间。公长嗣元方兄稍长于余，余获交元方，登堂识公，则沉静朴讷，先辈典型也。今公已作故人，元方亦卒然捐馆。公仲子元节，手兄所著公行略示余，请为传。余逡巡久之，以为公之行谊，异日当有表扬。元方编次遗稿，即寝处话言，皆孝子亲历而出痛肠者。略之既失本意，尽载恐属拘牵，无裨不朽。逾时，仲子之请益勤，其敢终让？公讳而周，字成卿，别号宁宇，世居吴江之同川。公之曾祖同材，名缨。公之祖为守同，名文策，翱翔黉序，以孝谨闻。父省吾公，讳曾信，雁行五。皆知名士。省吾娶陆氏，举丈夫子六，宁宇其三也。公成童时，省吾公家稍落，公遂赘于苏之王氏，荆州刺史野舟公鎏之孙女也。外父傲舟公艰嗣，爱长女，结褵时奁甚丽。公以韶龄，坦腹华胄，入则重裀累席，出则结驷连骑，容止甚都。然公赋性澹漠，一切厌弃，惟掩关习静为乐，题于壁曰："读书可以胜人。"居无何，补邑诸生。其在郡所，师礼者孝廉五少翁。其家学所宗，则从兄莘岩公，世所称任卿先生也。而执经问难，中心悦服止吴冏卿一人。以此见公之严于取，斯非猎虚名立门户者比。故公之文词，虽不少概见，而下帷数载，相摩为古学。同辈不得跻而升之，屡入棘围不售，数也。公性至孝，少与王孺人琴瑟静好，每以定省为念。孺人同心，于问讯奉事之礼无缺。迨傲舟公殁，始与孺人谋归，承欢膝下。于是，东溪旧居复闻宁宇公咿唔声，后学追随严惮，更乐其坦夷。尔时省吾公有母，强饭而鼓盆已久。王孺人敬事翁，不得事其姑，而犹得事其姑之姑。省吾公曰："诸媳中，王少而贤，无宦裔习气。"太母亦曰："吾媳陆氏，贤而早卒。新来王氏，有姑之德。"诏其子宜重之。公与孺人勤恳笃挚，终始无怠。嗣后，太母及省吾公后先辞世，公与孺人哀毁逾常，里人莫不感其孝焉。乃余阅仲子来状，而复详内行。昔省吾公偶有急务，需四十金。未尝显言，王孺人先事迎志，举以奉，无难色。又宁宇公弟永卿早世，止遗一女，孺人怀抱如己出。及长，嫁成礼。他如诸子结社论文，良朋宴聚，孺人喜甚，典簪珥佐之。此岂笄袆中所以得乎？而亦孰非刑于之化也。岁甲戌，孺人卒。宁宇公故善病，至是益甚感戚，皇皇谋葬省吾公为事，卜地墨食，始慰历年霜露之怀，而寻亦不起矣。疾革，惓惓以读书成名训后嗣，诸嗣泣而拜命不敢忘，以故公多贤子孙。公外母张孺人，而为之窀穸墓拱矣。公于暮年，复命子科扫加土，痛有恩之难酬，瞻垄树而雪涕者，勿忘本也。其生殁年月及子女嫁娶，详行状，兹不载。嗟乎！士寡合于世，惟立德立言可以不朽。《乾·九三》曰："乾乾，夕惕。"大臣象也。公德处潜，而潜之义曰确乎不拔。公之终身，勿勿近乎三，而潜确之操，遁世无闷，其得于初深矣。求之立言，则有户牖箴铭在。公为醇儒，益昌炽于云礽也，有以也夫。乡贡进士门婿陆云祥拜撰。

清顾鼎勋《顾氏族谱》

吴昌期传

吴昌期，字际之。洪元孙。父翼，修武知县。昌期徙居嘉兴，中万历十三年举人，署东阳教谕，升国子监正，历工部员外郎。时逆珰魏忠贤势方炽，昌期疏劾内臣侵冒，语激切，忤珰。会中书吴怀贤以骂珰系狱，复遗书美昌期。珰闻，益怒，遂削籍归。一日，与工部岳元声奕荷亭，外传有缇骑，谓必逮己及元声。因曰："一池清水，吾与公死所，毋为阉辱。"既知逮嘉善魏大中，昌期拏艇往送之，相与执手痛哭。缇骑怒，弗顾也。崇祯改元，起本部郎中，累迁贵州按察司副使。年七十八卒，祀嘉兴府县学乡贤祠。

清乾隆《吴江县志》

诰封中宪大夫例晋资政大夫先考继川公
诰封恭人例晋夫人先妣宋夫人行略

〔清〕陆文衡

先考讳尚德，字继川，先大父吴川公长子也。世系具吴川公行略，生于嘉靖四十二年十月八日。颖异好学，见诸艺能，效之即工。性倜傥，喜宾客，不事家人生产，故家益贫，而营具父母甘旨必丰腆。文衡兄弟入塾读书，亦不问其课程，曰："富贵命也，汝曹好为之，不汝督也。"既而文以万历戊午、己未联捷成进士，后由工部郎出守福州。先考凡再膺封诰，又四举乡饮大宾，而处之泊如，未尝色喜。素晓音律，每春秋佳日，辄会亲故，按歌花下，以为笑乐。平生无求田问舍之事，惟以周贫乏、创善举为己责，虽屡空弗恤也。崇祯壬午，长孙镕登贤书，先大夫年八十矣，矍铄如壮，贺客屡满，酬对无倦容。越三年，遇甲申之变，北望恸哭，老怀日摧。乙酉，江南未定，复厄于盗，流离困顿，以七月二十一日终于墓庐，享年八十有三。呜呼痛哉！以吾父年届大耋，而犹不获正寝以终，岂非文之罪乎？配先妣宋夫人，亲操井臼，不言有无，实能成我先考之志，逮事王姑钱太夫人。钱有恶疾，先妣躬侍汤药，涤厕牏，抑搔扶掖，顷刻不离。钱太夫人感泣曰："孝哉孙妇！愿汝子孙一如汝之孝也。"性朴而不陋，宽而不纵。衣服虽布素，必整洁。供养舅姑，酒食是议。文幼善病，日饵药物，而责课极严。簪珥布缕，半罄于迎医膳师。虽爱甚，或逐群儿嬉戏及妄言欹步，必呵挞之。晚年既贵，犹不御酒肉，督婢媪辈治女红，以身先志，不自逸也。生于嘉靖四十五年六月六日，终于崇祯十三年十月十七日，享年七十有五。时文系官中山，以不得亲视含殓为痛，自誓不复为小草，当朝夕先大夫膝下，以终天年。岂意五年之间遘此变故，复不得亲启手足，殁身饮恨，万死奚赎哉！乙酉之冬，合葬两大人于四都陈家湾井字圩，封植如法。先是既得吉卜，壬午春定兆穴西向，构堂室南向，逾年而成，又逾年而襄大事焉。据形家者言：茔前明堂，迎天目太湖之水；水中芦墩，于法为天然案。其东南筑坝，东北建桥，皆于风水为宜。文虽不敢信其术，然所以护宰木安体魄者，苟有说焉，皆当从也。附书之，以待后人。

清陆迺普等《平原派松陵陆氏宗谱》

中顺大夫云南顺宁府知府念讱吴公暨继配周宜人合葬墓志铭

〔明〕倪长圩

崇祯辛巳，顺宁守念讱吴公，以正月之十六日，葬吴县凤凰山之麓，去其谢世辛未，盖十有一年矣。公当生时，尝谓嗣君兹受曰："使吾殁而吾葬，曷得尔主司者一人志铭吾，吾其殁亦存也。"而嗣君佩于心，自公殁，朝夕饮泣，冀副此言之何日。兹既卯、辰，而隽李永州春明之官，地远五千，遂竭蹶营其两先人大事，祇公未殁之言属予志，予其敢辞哉？惟予素不及事公，似无以知公生平。然而知之也，公婿卜君纳庚，禾人，与予交甚洽，言次即诵乃翁行甚高，缕缕详切。则若似彼苍蚤护公德，而眷兹受孝，从予诸生中。即谋以此事相赐，予敢不亟然愿从事耶！请述昔闻之大略。公号念讱者，念其先大司寇讱庵公，事其君不顾其身，谏南巡而廷杖，忠莫隆也。勖诸其号之心，学为忠臣乎？孝思不匮，亦举系之，以是公之生平，大抵皆忠孝之心之行也。公方五岁，肄诗书即有感发，读父母之年之章，而思其尊人，暮而得，公泪不止。夫是即以见天性然也，曰是有本。公之生母黄宜人，夙有孝淑之称。公十五，尊人笃疾，公眩霍欲绝，宜人刲股上尊人疗之。斯志也，孝子之行，忠臣之谊也。公生于黄，性植之矣。公之继母是为闵，闵有子元声。及黄宜人与尊人皆即世，闵欲倍析，以自厚其子，公承其意。于是先世资产，悉让美就恶，辞多居少，无稍芥蒂也，此群情所甚难者。至于隐深之间，话言气志之微，一有孝子之诚敬与巧变，故冈卒安之。虽然，今不知昔之日之多所难也，尝举兹受之言以效之。举兹受者，公之后配周宜人。公服阕而归，相夫子事姑殊谨也。受娠方足，冈盖他有怫于公，公立雪中求解，宜人亦随立。夜中雪上，冈始怜而命升。噫！然则难可知也。今襄葬，予拜公及宜人于墓，雪大积，怵然兴思，天其重以此，表孝子孝妇之遗烈欤？公读书之余，每举先世事，勖宗族昆弟。谓始祖全孝翁，寻母于宫禁之中王侯之宅，流离欲死，卒以母骨归。乃有天格生两尚书，甲第十余世，至今犹盛。讱庵公谏而受杖，挺挺视义方，不知有身。况其子孙卒乃幸存，而子孙多贵而贤。故夫死生利害所关，不当屑计。使两世而动心于生死利害，即何以自贤，而辟开数十世之昌全乎？非特然也。躬令闻裔荣誉，今日见为美已，使当日而希心焉。此直挟以邀造物，造物不应矣，然后知吴两世忠孝事真实勿伪，其世之大天也。式念厥祖懋勉，以承夫世家，公之生所托也，而所历不啻若单寒，以此益自砺。尝喁喁古庙，饔飧弗继，而轩然勿以介其心，诵吟不辍，将大任以自期，心亦壮矣。然而守元弗用，哲人所叹，于是奋心功名之途，儒术既进，啸理余裕。人曰："公其以伟抱小试之耶？"公曰："因事尽忠，盖有人臣之分云尔。"国之大事在祭，万历戊戌，公典南太常。报本追远，托天子之诚敬，备物致用，求百官之忠爱。其于陪京，尤重祖宗根本之地，公用加虔古之行祭者，行礼义亦行惠也，以为必如是而后无怨无恫。春秋故事，有司半值以取，诸民以怨恫告矣。公力白卿尹，使平值。恤下敬上，扩人君之孝，大先王之泽，康天神之灵，报数世之馨，非乎？兵者，邦之神气。国家都燕蓟，而仍除白下之戎，谓其为东南王气腹心，吭背于省直都会之间也。神庙时承平久，枢密之上视武事若骈赘，而封疆之臣侈棋墅，勤燕贺，举圣祖，拥护神京之意忽焉。公在太常，俎豆而折冲，辄忾叹时事，系心不休。于是当事者誓之，循转南左右参军，公乃核冗冒，汰老弱，补虚废，明纪律，肃然振起，军实军容，一皆明备。夫贤者所在为功类如此。公恤人以仁，御下以礼。凡枢部遣发军徒，来府察号，人以故事忽，公必详诹，厥籴事之。当者，恳至戒勉之；或有可矜，慰劳而扉屦周之。吁！人所谓故事者，而公挚若此。参军之介，叱嗟使而左右役，大抵千夫长、百夫长，勋旧之裔也，公皆廉奖优厚之，非特念人祖先。公性恭，无加物之气直又如此。好客，喜赋诗，所交皆巨儒名公，其尤足传者，方孟旋、张宾王两先生。穷愁未遇时，公特简而与之游，激扬文史，剖析微义，两先生之名至今重，公与偕重。夫观其所与居，而其人可知，亦以云贤矣。鸡鸣之阳，开创诸勋，在是俎豆不替也。而榱桷就圮，故老感焉，公尝登览，徘徊不能去。端拜而议，用请于大司空丁公鼎新之，泰颠冈天，顿还旧观矣。神庙庚戌之间将大用，公擢为顺宁守。滇南作牧，万里策勋，其在斯乎？而公则别有所感，曰："吾宁抚松弄石，惟嘉梦是践。"时兹受方十龄，英英露颖，公又携语曰："吾归，其玉汝于成。"固匪特仁智之乐。与山水效崇深，抑忠孝之谈，于子臣之勉，勉林泉二十余年。凡兹受自今树立，获上治民，垂于无穷之业，皆此时为之。是则公身退而道进，泽数世于度中者也。然公厚爱其弟元声，亟假而归，故老之言曰："亦终为不忍舍其弟，而终远之也。"元声无子，疾笃。公泣曰："昔吾不忍舍子，而今忍弗嗣子乎？"以次君嗣焉。维令兄弟相恤相求尚矣，矧公之处此乎！先是公秩满，尊人孝廉赠如公官，卜、闵两宜人终以公荣。而黄宜人膺命，则又有"矢心报国、刲股疗疴"之文，至性媺行，复以公显。呜呼！诚忠诚孝之士，明察有徵矣，公后以覃恩阶中顺大夫。配两周，皆恭肃公三世孙女，皆受宜人封。宜人贤尤著，立雪事姑已详前志。若夫拮据以相延尚书故居，瞻乌所止，不于吾屋，贤劳茂闻。公艰于嗣，宜人廉厥淑静，三侧其室，夜必祷，祷必曰："愿天早为吴氏后，后何必时我，且当如己出。"于是脱珥珮，成子来之梁。又偕公虔卜于碧霞元君，君惟梦矣："祥实维熊，始兆于汝。爰有卯金，以昭汝虔。"觉而未有悟也。及己亥，宜人先举兹受。越癸卯，次君师锡亦生。樛木逮下，闺士所难，宜彼苍者于宜人，授乃福矣。岂弟君子，求福不回，不回于隐，上见于天，公及宜人之谓乎？考吴氏，自全孝翁始大，一传而南大司寇立斋公，再传而大司寇切庵公，氏胄振兴，焕乎简册已！公祖讳邦栋，封参政。考讳承熙，举嘉靖乙卯科孝廉，赠左府参军。公嫡母卜宜人，继闵宜人，生母黄宜人。公讳士龙，字元震，号念忉，孝廉公冢嗣，世为吴江人。生嘉靖甲子年闰二月十二日，卒崇祯辛未年闰十一月十九日，享寿六十有八。配二：前周，赠宜人；继周，封宜人，兹受所自出，先公十有四年戊午秋卒，享寿五十有一。子二：长晋锡，即兹受，崇祯庚辰科进士，余己卯南闱所拔士，今官永州李；次师锡，附例生，刘出，嗣叔元声。晋锡娶沈氏，会元讳同和女。继杜氏，文学讳其盈女。师锡娶方氏，官生讳以冀女。女八：长适周曰惠，二适潘芝英，三适闵吉士，四适周纲，五适卜震生，六适宁国嘉，七适赵玉式，八适周廷瑾，俱庠生。孙六：兆宽、兆宫，俱邑庠生。兆宽娶庠生钱圣称讳士骥女，兆宫娶同年孝廉陆文修讳明礼女。兆骞，聘孝廉葛端调讳鼐女。兆宜，聘同年孝廉陈西美讳绍文女。兆宸，聘同年大理寺观政刘忍仙讳鸿嘉女。晋锡出。兆赍，聘文学闵日休讳容孟女，师锡出。孙女三：一字绛州同知袁范所讳坊季子廷机，余未字，师锡出。兹日也，兹受既竣大事。越十五日，即得请于当事，以仲春朔，奉公主祀于礿宗，盛礼也。不匝月而大事已就，盛礼以乎，兹受于其先无遗恝耶！而吾复有思者，奉其先人昭兹盛礼，凡人子之志皆然。或得之，或不得之，此非孝之异也。笃于明德，祀于其乡，实惟其人，致之自天。嘻！然则公之格天，与天之眷公，不已昭然大白乎？兹受顾瞻墓木，徘徊幽房，泣曰："何以久留先人，先人望之已久。"铭曰：

维此元宅，泉甘土香。展也君子，于是焉藏。忠孝允世，何适不臧。礼乐是优，兵戎孔良。名郡出守，朱芾斯皇。万石比烈，圣善式扬。大厥嘉允，器升庙廊。圭璋问望，彝铭弥光。公神其彷徨，惟世乃其昌。

赐同进士出身、直隶苏州府推官、己卯分试南闱、通家侍教弟倪长圩顿首拜撰。

清吴安国《吴江吴氏族谱》

容襟公传

容襟公讳瑄，春洲公第三子也。公生从昆鼎贵时，舆马莩道，公欿然如出入蓬荜间，非故折节邀誉者名，盖冲夷澹静性安之矣。与人终身无喜愠之色，即事会卒然未尝少动，人莫不服其雅量。性友爱，当析产时，惟诸昆季所欲，尝从容言曰："争则不足，让则有余。"昆季凡七人，亦各推让无怍容，怡怡之化，无间闺阃。居常以礼法教子孙。子孙有不当意，不为谯让，但对案不语，久之令子孙各自悔责，如万石家风焉。又毕生不忍言人过，若有伤心者然，公之笃行概如此。弱冠补邑弟子员，从事帖括，日夜咕哔。再举宾兴，而终以数奇不偶。顾公通儒术，达大体，器局渊茂无涯涘，非世之寻章摘句者比也，时金宪公尤深知公。金宪公殁于粤，两孤茕然，遗命公与周君居实襄家政。时族党虽多婪忮，无能争龃龉之者，公与周君之力也。铨部公子孝廉归宗，悉返吴孺人钗珥，价值千金，托公居间，不为缄识。公以至诚调护两家，使各释嫌怨。以故亲党益爱敬公，事无微巨，必推公祭酒。公亦时为排患释纷，不辞剧劳，不冀微润。事至即应，事已即忘，终其身无伐无施云。有司举乡饮，特请公，公辞不许。士相诧曰："世而既晚矣。向之从宴飨而抗礼长吏，前非皆所谓车上僬者若而人哉，否亦素封家翁耳。不图从公，而复睹唐虞养老之盛也。"于是有司至必请，公固辞者再，曰："是何可数掩人于乡。"公素不事生产，以诸子家骎骎起，稍具甘旨，公亦泊然无所问，惟兀坐一小楼，肆力古学，凡纂录古今正史及百家稗官野乘，不下数十卷，题曰《阅古笔记》。年七十九而易箦，其年为太常公建祠之年。先是，从叔母吴孺人奉旨旌节建坊有日矣，孺人喟然曰："我一妇人重朝廷命以不朽，而太常公卒不得公家春秋一血食，神其有恫乎？"于是，族为请有司建祠，而坊于其前，度地鸠材，惟公力居多。孺人故素倚重公，遂相与以乐其成也。祠成而孺人卒，公相继亦卒，岂冥冥者留公以助成孺人之美德乎？

清沈光熙等《吴江沈氏家谱》

乡饮介宾熙宇公传

履仁，字熙宇，邑庠生。具经济才，于农田水利之书尤熟悉。万历中，东光霍维华宰吴江，以湖田坍涨递变等则繁多，编定《履亩清册》，公实左右其事，钩稽核算，无爽毫发。凡田之隐匿与赋之浮冒者，彻底根究，国与民两便焉。举乡饮介宾，齿德为时推重。会岁饥，出家谷赈乡里，大吏以闻于朝，赐七品冠带。晚岁构"稻香楼"于屋之西偏，登临歌咏，有《稻香楼集》若干卷。庀家精整有法度，拓产四千余亩。质朴俭约，依然寒素，衣布饭粝，泊如也。配潘孺人，克勤妇职，称贤内助云。

清《徐氏家谱初稿》

虚室公传

虚室公讳珂，春洲公第四子也。幼有颖资，于诸昆弟中，尤为春洲公所钟爱，以千里驹目之。弱冠蜚声黉序，每试辄高等，自谓云霄可一蹴至，不意其啬于命也。中岁析居东郊，下帷发愤，益攻苦不辍。精舍数楹，绕池梅竹楚楚。公则独居斗室，手不释编，口不绝吟，唯与晓窗帆影、夜半孤檠相对而已。二十年庭草不除，致泊如也。昆弟七人，皆相友爱，终其身无间言。与人坦易无边幅，而性本峭直。有不当意者，辄瞪目视之，咄咄不置口。人或以简略诮公，公自若也。晚年益以孤介自持，训子侄以端悫。或群从宴笑，机锋相对，则愀然蹙额，意不欲闻，徐以庄语相诫。谓："乌衣巷中子弟，动止自有家数，即稍存质朴何害，乃务以眉睫间斗智巧哉？"公专务勤学，无他干理，且出自华膴，竟不知钱谷出入之数，产遂中落，蔬布萧然，殊自得也。其外家卜氏雄于资，两内弟素爱重公。当析箸，将授公产，公固却之。非其真性廉静，孰能若此？既老，厌弃帖括，寄情声韵。兴之所至，时拈一二小词，欣然自喜，谓可以此乐其余年也。乃庚午冬，从内弟为金陵游，风露失调亟归，而病不能起矣。公尝自言曰："富贵者，人所力争共趋之物。热心探取，尤患不得，我则以冷肠俟之。柔态比昵，尚恐不亲，我则以傲骨临之。宜乎白首穷经，而富贵不我志也。"吁！观于此言，公之为人概可知矣。

清沈光熙等《吴江沈氏家谱》

宏所公传

宏所公讳珣，字幼玉，涵台公第三子也。少孤，亦从长兄韫所公学，昆季三人，友爱特至。当韫所公蜚声黉序，公与仲兄懋所公犹踽踽小试，逾弱冠始获游庠。辛卯、乙未，两兄联翩同捷，公益自策励，于书靡所不究。制举业外，间为古文诗歌，人得之，如吉光片羽。丁酉举北闱，甲辰成进士，与两兄并称"三凤"焉。初授中书，分较秋闱，所得皆知名士。戊午选监察御史，巡按贵州。时水蔺分争，几酿地方之祸。公恩威兼用，曲为销弭。天启初，疏陈《太平十二要》，朝野推重，谓为贾太傅、陆宣公之流。他若请停西兵一疏，娓娓数千言，尤为一时硕画。癸亥，巡方报代，例应内升，有挤之者，转福建漳甫道右参政，人咸称屈。公曰："御史七品阶耳，今得三品，何言屈？倘藉此得貤恩三世，吾愿毕矣。"后转湖广按察司。值魏珰肆横，缇骑四出，罹诏狱者楚尤甚，追赃之旨，诸司惴惴，惟不克共命是惧。公曲为覆护被逮之家，群叩其庇云。复历山东左布政，时逆珰魏忠贤生祠遍起，济宁亦效尤，大小吏咸趋拜若惊，公独不为折腰。莲妖余党窃发，公周防详密，使不为大害。民间杼轴空虚，公为设输纳之法，蠲积逋之租，百姓咸赖以安。崇祯三年，擢右副都御史，巡抚山东。值刘兴祚之弟刘兴治屯兵海岛，为当事所激，进逼内地，窥窃登莱，几乎旦夕衅生。公疏白兴治无反侧心，遣使持檄往抚。兴治悔悟感泣，后颇立战功。又其时四方游弁招集亡命，诡称勤王，阑入官府，强索行粮，东省骚扰尤甚。公疏言招募宜任，有司擅聚徒众者，率皆奸滑，乞严旨罢遣，于是各司道乃得少安。又议增兵设防，具有方略。未几被劾，引疾归，高卧东山，阅三年而卒。临终之日，语不及私，惟以国恩未报为憾。殁后，有司上公治绩军功，两台为请恤典。已奉俞旨，以国变不果行。公诗文有藻思，工隶书。善清谈，而内行甚修。晚岁爱逃禅，所至廨舍辄事扫除，或以为传舍何必尔？公曰："宛其死矣，他人入室，未见故庐，非传舍也。"其达观如是。尝自题斋壁曰："眼前名利如春梦，醉后风流敌少年。"其襟怀可想见矣。著有《按黔》《抚齐》二疏稿、《净华庵诗稿》行世。古文杂著多不存稿，雅不欲以此擅誉也。

清沈始树《吴江沈氏家传》

礼部冠带乡饮宾邑庠生新吾顾公暨元配叶孺人合葬墓志铭

〔明〕叶绍颙

岁壬辰嘉平之月，有衰绖踵余门者持状而前，且泣曰："先人弃不肖孤期有浃旬矣，月之望将与先孺人合葬于灵岩之阳，非先生志而铭之，不足以垂后世而光泉壤。"余瞿然而起曰："噫嘻！此吾里新吾顾公之子也。何庸状公为余兄岐山公之婿，且又通邑之所详闻而敬仰之者也。"何庸状公讳应鼎，字君实，新吾其号也。公生五龄，而公考悟庵公即世，公躃踊号泣，如成人礼。及弱冠，补邑弟子员，头角崭然，为顾宗汗血。尝与外兄弟荛庵赵公及韫所、懋所两沈公，角艺相与，并驱中原，为文坛赤帜。及三公后先登第，位至通显，而公数困场屋。三公每叙会，辄相与叹曰："嗟乎！吾辈驽骀，尚获侥幸一官。如君实者，骐骥之材，犹困盐车，其殆命也夫。"然公虽数奇，不以此而志少衰，其生平得力于学问者，悉力行不倦。以故见之于孝，则事母曹孺人，食必亲尝，病不解带，喜必趋庭以悦之，怒必承颜以解之，终孺人天年无少懈也。见之于友，则尝以公所复汶阳之田，给其半与兄傲吾公，而曹孺人之殁，不以丧葬之勤劳其筋骨也。见之于乡党，则身先为邑倡输粟，以救贫乏，而里中赖以全活者甚众也。见之于言，则有《粤游草》《言志编》若干卷，藏诸其塾也。见之于行，则两举优行，再礼宪老，而晋贤章服，以崇耆硕也。公体貌丰硕伟岸，为人刚直，不寡言笑，不事诡曲，乡党以是益都公。公配为余家道韫，德容言工，为宗党所素推。余虽不敢自侈其家教，然孺人相公三十年，妇道允称克尽，人咸谓公获内助，功堪与公并传不朽。公素坦怀矍铄，虽登期颐，而春秋祭祀必拜跪起伏。以至读书谈道、饮食起居，无不如少壮时。自思庙升遐，公始抑郁见于词色，因绝口不言世务，惟潜心释典，悠游岁月。及易箦之日，殊无疾痛诸苦，非公生平得力于学问，乌能至是哉！公生于嘉靖丙寅四月十九日，殁于顺治辛卯八月二十二日，享年八十有六。考悟庵公，讳大经，郡庠生。王父敬亭公,讳名节,太学生。曾王父平野公,讳昺,汝宁知府。母曹孺人,毗陵人,王父淮与平野公同登正德丁丑进士。配为余兄诸生岐山公讳来凤女,与公同庚,先公卒,享年五十有五。举丈夫子三:长伯顺,累官京卫参军,娶史氏,学文女;次伯寿,娶吴氏,举人志道孙女;次伯起,娶陈氏,邑庠生尧仁女。女二,一适邑廪生李声振,贡士逢珍子;一适戚曾名,陕西御史于国孙、庠生振龙子。孙男五:梦龙,邑庠生,云龙、从龙,顺出。尔钦,秀水庠生,寿出。万鸣,起出。孙女八,曾孙男五,曾孙女二。余既为公配孺人之从父,而又与公之从父督学宪副衡宇公为年家,且重辱公子之涕泣而请也,义不获辞,而为之铭曰:

黝然者公,归藏之室。晔然者公,生平之德。公德自足,以垂无穷,不籍乎区区之石。

赐进士出身、大中大夫、大理寺卿、前南京光禄寺卿、太仆寺少卿、浙江道监察御史奉敕巡按山西广东、行人司行人、制年通家眷侍生叶绍颙稽颡拜撰。

明顾绍业、顾绍龄《顾氏族谱》

德行庠生华日汝公墓志铭

〔明〕赵康

公讳可法,字华日,号默庵,南安刺史行敏公五世孙也。德器天成,慧根夙具。性孝恭,友于兄弟。与人交,坦衷汪度。蚤岁游庠,数奇未遇,然意疏旷,涉而不胶。每怀忧世感时之志,尘视轩冕,翛然物外。惟慷慨好义,真实行善,唯日不足。好游名胜,天台、南海尤登眺自娱。后皈依云栖大师,留心内典。居恒明窗净几,香一炉,茗一盏,友朋相过,清谈雅谑,久而不倦。脱尽烦仪,略无虚矫涂泽之态。善事亲,克缵先绪,田庐器物,莫不先诸弟而后己。两弟亡,有孀居者,尤亟家有未举之柩,费与劳咸以身任。且以及两亡弟有出嗣外姓者,亲在素不予无所析,念亦亲之子而收之,且畀之产。至于拯人危,济人急,怜人艰苦,遇人饥则食之,人寒则衣之,人病则疗之,死不能殓则棺之,梁之倾圮则修之,衢之崎岖则平之。人有忿争,不惮理谕,使患者平,斗者解,讼者息,潜消衅端,俾人获保其身家。遇人有付托妻、子,则抚存报死,几十年如一日。有密以金相托者,事秘人莫知。人殁,金无归,竟以"四知"自誓,而归其所亲。遇岁凶,尝为粥饮枵腹,多方劝义以议赈。遇粟贵,则贱卖以利贫。已之廪罄,复高直广购,而减价以徇之。且也,设饮于关津,以润行李之渴;建浮屠,以聚葬埋,使枯骨免暴露。而膏剂之施,所及甚广,且辄验感应。《佩鉴》《大观》《筏喻》诸刻,流传远近,化人尤多。是公德泽之流,自身而家,而乡邑,浸假以被四方者也。公又遵了凡袁先生教,矢心行善三千。后徵之梦,见黄衣检籍,告以君寿本歉五十,今因行善而增纪,于是发愿益广。然而行善虽殷,而名心甚淡。郡县徵辟以及按院学道荐举,每坚辞。曰:"我以了我愿,岂以近名第?"树隐德而不乐显报,尤人情所难,殆于古人中求之，不可多得者也。康于公为两姨之甥，知公最悉，聊述大端，犹恨不免挂漏云。公生于隆庆丁卯十二月五日，卒于崇祯辛未七月十三日，享年六十有五。元配顾氏，乡进士癸酉亚魁讳璘华阳公之女。继配沈氏，给谏水西公之孙女；平氏、陈氏。生四子：曰钦邻，顾氏所生；曰钦授，曰钦传，平氏所生；曰钦让，陈氏所生。女二：长适本镇施道全，次适吴江沈风侯。卜以崇祯某年月日，合葬于发字圩之新茔。今迁葬西胃祖茔之右阡，表弟辈乞铭于余，余何敢辞。铭曰：

蕞尔乡邦，挺生异人。汝氏华曰，早年采芹。晚持内典，净业聿新。怡亲孝友，抚族艰辛。施药疗疾，捐粟济贫。格言利布，感动四民。云栖弟子，南海游宾。宪司旌扬，乡邑推仁。仪型典则，永贻后人。

清残本《汝氏世谱》

张孟舒墓志铭

〔清〕钱谦益

吴有君子曰文文起、姚孟长、周景文，名行为一世所宗。而张异度、朱德升以孝秀奋袖其间，与相下上。孟舒，异度之兄也。诸君之交孟舒也以异度，而其重孟舒也则自以孟舒。孟舒之父益之先生，于先君为执友。余之交孟舒而重之也，犹诸君也。癸酉之秋，余访孟舒于越来溪，登素心堂，夹窗助明，凝尘栖几。经史列左，旁行庋右。知其人修然自好，读书尚志者也。堂之失也，六十年而复。又以其间葺祖墓，梓家集，庀三族之葬昏，皆度身量腹，以有事焉。知其修古六行，尊祖敬宗而收族者也。越三年丙子，孟舒年七十，异度属余为记以称寿，孟舒读之而喜。是年七月病卒，异度哭之恸，退而作为行状，率孤子樗，请铭于余。状言孟舒孝于亲，信于友，恭谨狷洁，内行淳备。而尤称其慷慨慕义，周旋景文于逮系之日，人以为难。景文者，忤阉考死，所谓忠介公者也。孟舒尝语余：景文削籍屏居，每指窗下小池曰："有此水在，吾何忧？"被徵促别，顾而语曰："畴昔之夜，梦池中荷花盛开，与兄执手谈笑，其犹有生还之望乎？"柩车北归，权厝池上，顾视荷花烂然，不觉歔然而哭。孟舒儒者，晚而好佛，其亦感景文之正梦，悟死生夜旦之故与？孟舒之葬在己卯之某月，异度悲诸君之奄逝，知人世之不可把玩，欲及其身以章厥兄也，渴而谒铭。余为之忾然叹息，故叙孟舒之生平，而以梦终焉。孟舒讳世俊，世为吴江人。曾祖讳某，历官南安太守。祖讳基，乡举不仕。今上用按臣言，追赠翰林院待诏。父讳尚友，为诸生祭酒。母袁氏，副使尊尼之女。妻陈氏，布政使鎏之孙女，皆明德之后。生一男二女。葬吴县西花园村之祖茔。铭曰：

越溪之宅，老桂数章。有莞有秸，幽幽空堂。衡门剥啄，军持漉囊。霜空月驾，禅诵将将。经营塔庙，护持金汤。如贾欲赢，如旅俶装。楞伽之巅，雀离回翔。后千斯年，配此铭章。

清钱谦益《初学集》

养讷公传

〔清〕周爱访

王有庆,字君隆,号养讷,中丞哲之从孙也。父葆光,字为山,邑庠生。隐居乡间,老屋数椽,以诗酒自娱,不求闻达,有栗里之风。公幼负宿慧,读书数行俱下。及长,有胆略,才识过人。当明中叶,尝慨然有志于兼善。既不果用,乃怡然曰:"大丈夫非出即处,果无负于性天,则入孝出弟,皆隐居中事业也。"侍养为山公寿至九十余,公亦近古稀矣,晨昏定省,尚有婴儿之色。里中皆化其风,诸父老咸相庆曰:"吾乡多令子,皆王公之教也。"其善色养如此。胞弟有历,字检吾,公教之力学攻文,补府庠生有声。每质疑问难,公辄为剖晰理解,贯串经史,娓娓数百言不休。听者解颐,不减匡鼎说诗也。居近水滨,竹篱茅舍,莳花数种,潇然绝俗。兄弟读书其中,友爱甚笃,过其庐者,时闻金石之音。公性朴诚,弦诵之暇,复勤稼穑,作苦累积,家计颇裕。尝自念曰:"纯艺黍稷,以养父母,古之彝训也。予何人,敢不勤四体而分五谷乎?"晚年始自乡迁镇,今师俭堂,公创之也。为山公卒,丧葬皆如礼。从兄有功,号梧冈,成进士。官侍御。尝劝之出,不应,谢曰:"穷达命也,各行其志可矣。"寿七十有七,终于家。子名梦刘,字启雍,公督课严而有方,早岁即有声黉序。今王氏子孙能世其业者,皆公之遗教云。

清王锡等《吴江王氏新谱》

孝廉张异度先生传

〔明〕文秉

先生名世伟,异度其字也。少即有声诸生间,与太仓王逸季狎主齐盟者二十余年。壬子中顺天乡试,出山东王公象春之门。长安知与不知,无不交手贺得士,王公亦沾沾自喜能得士也。时适逢门户之祸,复有同乡修怨先生者,并以中王公。于是王公降级调用,先生入监肄业三科后覆试定夺。时四明为司成,严檄促先生入监,遂以岁底冲寒走三千里,入成均。越三年,以病给假归。天启辛酉,礼部覆试,题准会试。复走数科不第,而先生倦矣。先生以老名宿,又当久困厄,海内望之如景星庆云。与周忠介、先文肃,既以道义称莫逆交,姚文毅又出先生之门,詹事徐公勿斋为先生内弟,先生益侃侃发舒,直达其意。遇所不可,义形于色,即贵介弗避也。周忠介之祸,奉有渠魁之旨,先文肃辈咸惴惴,谋其不免。先生挟匕首以待,俟信至即自杀。姚文毅谓:"我辈书生手弱,岂能办此,无已其从高先生之后乎?"后邀天幸得免。先文肃与姚文毅先后弃世,先生以硕果推鲁灵光者,又数年而殁。先生殁,而前辈典型尽矣。所著有《沁园集》,行于世。崇祯末年,巡按周一敬以先生与归季思、朱德升两先生疏于朝,请赐表扬,奉旨俱赠翰林待诏。

　　论曰：予以通家子，得侍先生训诲备至。所谓"教其不及，宥其罪戾"，即古人奚多让焉，至义所不可，则又孟贲不能夺也。周忠介之逮，同乡某操戈颇力。后忠介举名贤入祠之日，某亦尾众来送，先生呵之大众之中，立斥使去。旁观皆为咋舌，而先生弗顾也。及某生以违礼献谄，亦为先生所面叱。时勿斋徐公、士敬郑公在座，相对叹服，咸自谓弗能也。呜呼！江河日下，兰变而萧，百炼之刚，化为绕指，欲求如异度先生者为中流。（此下佚一页）

明文秉《姑苏名贤读纪》

张异度墓志铭

〔清〕钱谦益

　　崇祯十四年正月六日，吴郡张异度卒于泌园之书舍，年七十有四。友人钱谦益题其铭旌曰：乡贡士孝节张先生之柩。某年某月，葬于花园村之新阡。仲子弈、冢孙邕泣而来告曰："先人有坠言曰：'铭必以钱氏。钱知我者，可无庸以状也。'"余曰："喏。"为序而铭焉。序曰：君讳世伟，字异度，南安府太守讳铨之曾孙，乡贡士赠翰林院待诏讳基之孙，太学生讳尚友之子也。君总角明惠，善属文。太学君携之游娄江，弇州、太原两王公叹息以为国器。久之，其声籍甚。江、广、交、粤之士，有知张异度者不以名，有知异度者不以姓。此君之始年也。万历中，门户科场之议锋起，君扼腕抵颊，多所题核裁量。壬子举顺天，出新城王季木之门。党人大哗，御史遂呈身排击，卒不能有所连染，坐罚三科。累试不第，谢公车以老。此君之生平也。世居吴江之越来溪，君卜居吴门，得陈惟寅之渌水园，诛茅灌畦，却扫诵读，清淡竟日，樵苏不爨。为古文辞，取裁韩、柳，每一削稿，伸纸点笔，不知老之将至。此君之晚节也。君七岁丧母，朝夕上食号恸，塾中书生皆为流涕。其祖殁六十年，表襮遗行，用陈公甫例，得赠官立祠。事其父如祖，事其兄如其父。此君之内行也。吴中以名行相镆砺者，文文起其执友也，姚孟长则其高弟，周忠介、朱德升其后辈也。忠介遭奄祸，周旋经纪。奋臂出入，视缇骑恶子，市驵伍伯如也。乡邦有大利病，搢绅相顾嗫嚅，必自君发之。其殁也，家无余资，司理倪君往赙，乃得发丧。此君之大节也。君娶徐氏，男子二人，长弇、次弈，弇早世，邕其长子也。女子二人，嫁昆山顾咸建、长洲姚宗典。君尝读范史《党锢传》，至于蕴义生风，鼓动流俗，未尝不废书而叹也。君以一老孝廉屏迹丘园，十余年来，吴之吏有所规，士有所仿，民有所赖，相与附躬抑气曰："彼有人焉。文、姚既殁，风流益长，奚其为政？"斯可以兴矣。君七十时，余坐告讦下请室，君戒子弟遍谢贺客，罢酒不乐。《语》曰：桃李不言，下自成蹊。所谓忠实心诚，信于士大夫者，非偶然而已也。为之铭曰：

　　惟孝与节，古有良谥。仲车二反，君则有四。高冠崔嵬，细行不坠。介居沉冥，市义若嗜。轻财涕唾，取无施易。安居美食，家无委积。少不践石，老而画字。耳非两门，孰云我瞆？揭德振华，加彼康惠。我作铭诗，流咏清泌。

清钱谦益《初学集》

吴观察元谷公传

〔清〕赵士谔

吴观察者名瑞徵，字仲庚，号元谷，苏之吴江人。其先自全孝翁起家，代有显者。四传而为赠中宪公承廉，赠公二子，公其次也。赠公初艰于子，嫡凌恭人多择良家女宜子者以进，而黄恭人实生公。赠公以孝廉承累世遗业，家素饶。公生长纷奢佚乐中，然绝无游闲公子习气，自儿时则已勤诵无他好。年十四，赠公殁。丧毕，与长公析箸分居。家既饶，钱谷之数万，臧获之指千。公不欲弛下帷之力，屑屑核其登耗，程其勤惰，第以委之纪纲，而自专精举子业。长公任侠好客，每会食常数十人。鸣琴吹竽，歌呼陆博之声彻耳，公未尝过而问焉。日闭户，就师友榷经谈艺，无问寒暍，不丙夜不休。业日益精进，尝负笈南雍。祭酒冯公梦桢雅负文望，意不可一世，独深器重公。然赴应天试数不利，改而之北，益自奋厉刻苦。曰："吾先人屡困公车，跂一进贤如天上，卒赍志以殁。幸藉先人余业，衣食给足，得以肆力于文章，而不能发愤取青紫，徼一命，以成先志，非夫也。"迨己酉，举顺天乡试。明年庚戌成进士，授虞衡主事，管验试厅。往时验试，中使需索无厌，弗满志，即中程弗收。公力为裁抑，商稍稍苏。又管节，慎出纳，称平。公先后处脂膏地，而自矢洁廉，常俸外毫无染指。满三年，考奏最，赠父母如制。又二年，出守饶州。值大祲，小民艰食，公设法赈之，野无哀鸿。淮庶子常洪暴横，阴结二三悍宗，藏匿亡命，为逋逃主。又通于王所嬖幸王爱儿，谋夺嫡，几酿大乱。公具状白台使者，闻于朝，尽置之法，维城以宁。尝以公余辑郡志，详赡有体，饶人称之。三年，复奏最，赠公晋中宪大夫，母俱恭人。亡何，擢河南按察副使，备兵磁州。又以今上御极恩，赠公改宪衔，恭人如故。盖公通籍十年，三徙官所，生亦三被恩命，而后公喜可知也。公体弱不任劳，自饶归，则须发强半白，精少衰矣。磁又地冲而事烦，居一月，头忽作痛不能冠，然犹强出视事。又逾月转剧，遂决意挂冠归。连上牍两台乞骸骨，不许，竟舆疾行。时东师失利，守土者多不能保，首领人人裹足。庙堂苦之，特为厉禁惩规避者，而公行适当其时。中丞某遂以此中公，有旨逮治。公复舆疾，诣诏狱。谳者察公实病，非规避，欲宽之。顾难与中丞左，竟镌公秩，罢归。公素不问经费盈缩，既宦游费益广，月俸不足，一切仰给于家。宦十年而家渐落，故业十不得五。于是瓜分授诸子，有差令各食，而仅存十一自老。家故有精舍，所尝读书处也，朝夕偃息其中，以典籍自娱。书法仿钟太傅，时出所藏善本临摹，竟日不倦。客至，则杯酒留连，陶然一醉，聊以自遣。久之病，亦小间，已而复发，呕血不止，竟不能起。公温然长者，其事两恭人及长公甚谨，以孝友闻。与人交，过自卑折，惟恐或忤人意，以故人多德之。五丈夫子：恪、愃、恂、协、愫，皆彬彬能读父书。恪，书法青于蓝，而公之逮也，匍匐以从，上疏白冤状，乞身代，庶几全孝之遗云。

赞曰：士君子发愤取功名，往往迫于困厄。而以多财损智，弗克自振者比比矣。公耻素封不居，而必欲立身显名，以偿先志，抑何沉勇笃挚也。既显矣，家顾日益削，所称贵而能贫，非耶？岂卑卑利禄中人哉。其挂冠归也，盖亦庶几陈力，就列不能者，止之义。而当事者，必文致苛责之虚。侨者庸拙诚者诎，自古已然，于今为甚，吾于公不能不三叹也，悲夫！

赐同进士出身、中宪大夫、奉敕巡抚宣府等处地方赞理军务、都察院右佥都御史予告、前太仆寺少卿、吏兵两部郎中赵士谔撰。

清吴安国《吴江吴氏族谱》

中宪大夫河南按察司分巡河北道副使元谷吴公墓志铭

〔明〕周道登

公生平知交庄忠甫与余最深，讨论砥砺若金兰也。忠甫蚤世，而余犹同官辇毂，同息林皋，知公更深。公殁而遗命属予志，长君手次行略，偕诸弟以请。呜呼！予何忍志公哉！公讳瑞徵，字仲庚，姓吴氏，别号元谷。五世祖太仆公，志所载全孝翁也。高祖立斋公，南京刑部尚书；曾祖诇庵公，刑部尚书。俱赠太子少保。祖德泉公。父霁宇公，嘉靖辛酉同科举人。霁宇公以公贵累赠河南按察司副使。诇庵公仲弟维石公，四川布政司参政，生中河工，南京光禄寺良酝署署正，无子，感德泉公济难恩，以赠公嗣。故公祖光禄公，而祀大参公为曾祖。赠公娶于凌，累赠恭人。庶生子二，公为仲子，母黄恭人出也。公生而颖异，入则定省，出则诵读，嶷无他嗜，赠公与两恭人钟护特至。年甫十四，赠公捐宾客，公雀踊孺慕，几不欲生。邑令雍邱徐公与赠公有生死交，欲朝夕训迪，强公援例，以便亟见，非其好也。无何析居，公以外事付臧，内事付获，而一禀成于黄恭人。每晨颁楟二三家，督启大纲而已，不以贰吾读也，惟日就明师良友，扬榷古文。鸡鸣而起，夜分而寝，寝必衣小衣，所以安两恭人，其勤悫如此。戊子丧黄恭人，癸巳丧凌恭人，十年间闵厄荐会，鲜民之生，縻绠欲尽。痛念显扬之大，则攻苦益力。四部七略、秘册稗官，靡不博览，旁搜钩元掇胜，盖丹铅不去手也。掣目课艺，或三或七，人苦抟沙，而公捷若承蜩，庭前数步。摩墨数声，濡毫染楮，一艺立就，精义奇藻，灿然溢目。间有推敲，少选出示，则另一稿矣，又未尝不服公之虚怀也。南闱不利，薄游北雍，所与切劘，皆吴越名隽。丙午秋，长安缙绅有得公弃牍者，扼腕甚。公闻而笑："我则未工于人，何尤神气？"益厉益，务为深湛之思。己酉举顺天京兆，庚戌成进士。壬子授工部虞衡司主事，典验试厅，断断如也。尝曰："国家以军需属内府，良有深意。第内多掣肘，外多冒破，假令典者复觑觎其间，一旦有急而不适于用，罪安所归?"事事精核,不中程不纳也。癸丑典节慎库,剂量盈缩,无滥出,无羡入。与台省约辰而视事,申而受钥,无以膏。继诚诸胥窄其袖,仅容腕焉。百窦一清,人人手额,诵公廉平。公曰:"吾不过洁己奉公而已。在验试,吾不任受怨。在节慎,吾不任受德也。"甲寅,孝定皇太后升祔,公董役昭陵,赐帑金文绮。乙卯考三载绩,晋员外郎。丙辰进郎中,擢守饶州。公实心以子民清标、以率属文行以鼓士。屏城狐,严保甲,不为赫赫名,而循誉日著。会元冥降割,议恤议救,心力为瘁。而淮藩之事猝起,公独力敉宁,祸变立定。当是时,王爱儿以妖妓蛊王,常洪以庶孽夺玺,微公几不测。三年报政,晋宪副,分巡河北。河北襟带齐晋,跨蹑燕赵,为天下要地,而所割三郡皆雕敝。公简士除器,兴屯治水,修举厘剔,冀为京洛长城。素苦头痛,至春辄发。遭时艰虞,每扶疾拮据,遂困劳增剧,不得已移疾乞归。乃忽挂重劾,徵下若庐,非主上圣明,晰公无罪,几供邯郸刀俎矣。公归,而感荷圣恩,获此余生,日纵心翰墨、娱情坟典间,为声歌乐府以自适。出所藏古今名笔、宋拓善本,时自摹玩。所辑有《左储》二册、《子夜遗音》四卷。亲知过从,杯酒流连,蜡屐烟艇,湖山啸傲,意甚得也。偶病虐,陡至呕血,竟以不起。呜呼!公何遽至此耶?公至孝友,三丧未举,日夕忧暴露。顾有兄太学为政,则先卜葬黄恭人于竺山,已奉赠公、凌恭人合葬于龙池。尝手书《法华经》七卷送庐山,为凌恭人资福。事世父诸姑,礼意周挚。与太学友爱甚笃,每上书称兄大人,客问:"何不称大兄?"公曰:"吾一兄而又称大,不反泛乎?"太学交游广,公非臭味,不数数然也。性素谨饬,言似不出口,退然尝有以自下,人谓公畏四邻冬涉川,不虚也。家故素封,而数困于重徭。戊申之潦,有司令转粜赈贷,其费不资。宦游以来,一切酒肴粢茗,悉取之家。既皭然凛素丝之操,而用复渐广,家计转落,令后人称清白吏子孙,则公所贻多矣。公生隆庆庚午四月二十九日卯时,卒天启甲子六月一日申时,享年五十有五。配杨氏,同郡大司马恭简公女,累封恭人。子男五:长恪,邑庠生,侧室陆出,娶黄氏,秀水中丞公承元女。次愃,侧室龚出,娶金氏,别驾公志道女。次恂,邑庠生,杨恭人出,娶温氏,乌程少宗伯公体仁女。次协,侧室李出,聘徐氏,同郡中翰公溶女。次愫,侧室张出,未聘。女四:长,杨恭人出,适钱塘庠生冯延年,祭酒公梦正孙。次,侧室陆出,适同邑太学生沈同华,中丞公季文子。次,侧室陈出,字同郡申绳武,京兆公用嘉子。次,侧室沈出,字太仓王皓,尚宝公时敏子。孙男四:之纲,聘张氏,同郡太学生应泰女,即公同母女弟之孙女也。之纪,聘沈氏,同邑大参公子太学生自友女。恪出。琅、之翰,未聘,恂出。孙女四:长字邑庠生周曰惠子长祚,次字官生顾绵诒子廷琰。恪出。愃、恂各一女,未字。诸孤将以丙寅正月五日己酉,葬公于吴县之贞山,盖公所卜兆也。呜呼!人以宦肥而公以减产,人以退高而公以贾罪,才既不究于用复促之年。余尝为文哭公曰:"公之宏览综博似子政,湛思著述如子云,精鉴博识似茂先,口无臧否似嗣宗,大小用智似乖崖,履屐使才似幼度,清畏人知似南乡,通达国体似雒阳。"呜呼!华国亢宗,公之不朽,自有在矣。

铭曰:

吴为甲族,世有伟人。绳绳济美,以及公身。家学官方,云照玉洁。保世滋大,用光祖烈。在吾者理,非我者天。矻石铭德,千秋万年。

大学士周道登撰。

清吴安国《吴江吴氏族谱》

文学兄峻之墓志铭

〔明〕叶绍袁

自先大夫之亡也,余宗不兢甚矣。余十有一岁,嬛嬛凶居,群从兄弟集帷外,余未能遍识也。见有颀然晢委然容止者,余虽小,心窃异之,问太宜人。太宜人曰:"此汝五兄峻之,汝宗衰,其亢汝宗者也。"余遂与日益亲,称莫逆。族中无赖幸余丧,日寻诸干戈,兄辄昌言弗慑也。来谍余室,兄阴出囊济之,阳为余坚拒,乃止。里有恶少某,指余应门苍头为萑苻,余弗能雪。兄愤形于色,力白之,而跳梁乃息,皆兄力也。乙巳秋,与余期明年闭关修举业。秋杪兄病,即奄然不起。兄束发补弟子员,与仲兄立之下帷苦学。立之卒,兄痛过深,呕血几绝。立之亡,兄代为经纪。立之生遗腹子世璧,兄为抚鞠。既遭亲丧,兄代秉家。然自念门祚殄毁,益苦学。癸卯之役,几得复失,人咸惜之。家有诸丧未举,曰:"欲葬吾亲,当先葬亲之亲。"乙巳营葬濮山,立之祔焉,竟以劳瘁卒。幼弟二,妹一,对菴公侧室出,兄为延师择婚缔名族,归之分田授室,无吝容倦色。长姊适顾,蚤寡,顾之妾有一女,兄聘为子妇,曰姊暮年托也。从兄某,负官租势迫,兄慨然出数百金代偿,从兄免于难。先世旧垄荒蓁,为牛羊牧,兄悉整新之。邑侯欲除皇华之苛学,博议储馈以资讲射。役兴,未有应者,兄首捐百金,为庀筑村入租泽宫,至今行碑犹在口也。兄风容开朗,性度沉闳,微言解颐,而语无过刻。酒量可百觥,温克如故。暑月一苎袗,恒不离体,人问之,曰:"习惯如自然,我神定故耳。"余咨嗟服之。兄才高神俊,宜其光荣显发,卒以夭亡,何欤?兄讳绍德,字汝峻,号峻之,从伯父对菴长子。对菴为先玺卿次支曾孙也。享年仅三十有五。初娶钱,生一女。继娶吴,生一子,世圭。孙男六,孙女二。今崇祯十年,世圭营吉兆于二十八都新荣字圩,十二月二十二日,奉兄归于新阡。兄亡时,世圭仅十岁,今能光举大事。诸孙多而能文,昌大非远,兄可以安矣。世圭请志铭于余,余追维昔日,情不能辞,聊缀芜管。铭曰:

黄河浩泩,肇维昆仑。源斯流祖,善乃福门。胡厥丛嫩,靡鉴帝心。不发于身,必发于子孙。先民垂训,以徵后昆。松楸郁郁,千秋永存。

清叶德辉等《吴中叶氏族谱》

化城庵主悟宗墓铭

〔清〕钱谦益

庵主名性静,字悟宗,吴江金氏子。数岁,事化城庵芝亭为沙弥,十六落发披衣。庵僧习瑜伽法,以吹螺打鼓为能事,酿酒,工丹青。悟宗猛利抖擞,自拔为禅和子。庵临莘门官河,尽投其酒具画筥,随流而去。授戒于古心、茂林二律师,听《弥陀疏钞》《楞伽》于慧文、二楞二法师。谋改造观音殿,请高松法师讲《维摩》《圆觉》,期毕而逝。持诵专勤,日课《华藏》大经,晚年满数百部。卒崇祯壬申二月,世寿六十二。越三十余年辛丑,剃度孙法师照渠,始卜葬于受字圩芝亭墓旁,请余为铭。铭曰:

拾螺贝,易教禅。离浊秽,如脱蝉。奉木叉,历淡筵。持诵力,勤且坚。化肉舌,为青莲。埋斯铭,后百年。诵经声,出墓砖。

清钱谦益《有学集》

刺史新宇公传

〔清〕薛寀

吴公讳铭,字长卿,号新宇。宫保讱庵公元孙,方伯少泉公孙也。年十五补邑博士弟子员,后援增例入监。万历己酉,同叔祖焕、叔瑞徵举应天乡荐。崇祯庚午,授浙江余姚县教谕。时学宫颓圮,公捐资重修大成殿、尊经阁,黉序一新。日有课,月有程,简拔之士,一时皆敦品行,掇巍科,绅士立碑以垂永久,金华府推官吴载鳌为记。寻升北京国子监助教,校订经史,考正乐器祭器。升南京刑部司务,历广西清吏司主事、郎中,平反得中。某下狱,以千金馈公,坚却不受。尚书甄淑闻之,叹曰:"吴郎中两大司寇清廉执法,夙有家学,人不可及。"未几,升山西潞安府知府。时潞安亢旱数载,民不聊生,公至,大雨二三尺,父老庆曰:"此吴公雨。"潞安从来门税苛敛特甚,悉入郡守私橐,小民不胜其苦,公罢之。又潞绸解户为阖郡重役,郡守主之,稍为侵渔,则立破千家。公奋然叹曰:"此岂可利己,而害我民哉!"于是曲为宽恤,保全实多。历任月余,以年老乞致仕,上许之。卒年七十。子五:长溥德,天启丁卯举人;次与浃、与浚、溥爱、与湛,俱庠生。公居官廉洁,近则载米自给,远则携金赴任,以资朝夕,从不于任所私取一文。此诚千古廉吏之所未有也。

赐进士第、中宪大夫、河南开封府知府、前奉政大夫、南京刑部清吏司郎中、武进年家眷寅弟薛寀拜撰。

清吴安国《吴江吴氏族谱》

光禄寺署丞维新吴公传

〔清〕王时敏

公讳昌明,字维新。国学生。崇祯季年,乡举齿德,授光禄寺署丞。医卜象数之书,无不通览。在太学时,试辄高等,下笔洒洒数千言。时父继峰公以明经为福王府典簿,甚宠任。公随侍之官,见王于丛桂园,为奏《颂小山招隐赋》。王大悦,赐玉瑱金鼎以宠嘉之。性至孝,不蓄私财。与弟析产,已中分矣,沈孺人心欲厚少子,而难于发口。公知其意,尽推与弟,曰:"无为重利,失母若弟之心也。"公身长玉立,美须髯,望之若神,世称为"髯公"。时岁旱民饥,公作糜设椁,全活无数。有饥民千余人,操白棓沿门索米,过门即去之,曰:"毋扰我髯公也。"他如修桥梁,甃道路,散施亲党故旧,婚于我成,丧于我殡,惸独于我养,咸卓卓在人耳目。公卒于顺治甲午十一月二十一日,距生隆庆壬申四月初十日,享年八十有四。娄东王时敏撰。

清吴安国《吴江吴氏族谱》

明故文林郎四川道监察御史亦临吴公墓志铭

〔清〕徐枋

呜呼!我读《吴江吴氏家乘》全孝翁传及御史公行状,而知孝德之格天而植人纪于无穷也。吴氏自全孝翁起家,子若孙踵美为大司寇。孙曾以降,官卿贰藩臬不易数,而皆从乡会进士出,此皆全孝基之也。而御史服其节母之教,终身如一日,不独以功名气节称,尤以孝行著。而节母之守节教子,有古列女风。嗟夫!为人妇而不失其身,与为人臣而不失其身等。子舆氏曰:"不失其身,而能事其亲。"又闻之《诗》:"无父母遗罹,则女子之守节亦孝也。"吾故叹吴氏之克以孝世其家,且渐涵中外,为可铭矣。御史讳焕,字阍生,又字亦临。全孝翁其高祖也,大司寇立斋公讳洪为曾祖,礼部出守严州春塘公讳昆为祖。而孝廉怡春公,则公之考也,以公贵赠文林郎、四川道监察御史,而母则旌表贞节之范太孺人也。公生十二岁,而怡春公弃世,节母年三十三,公同产一女更幼。节母故怡春公侧室,公嫡兄某析令异居。吴氏虽世贵而清白之,贻产甚薄,且庶孽,析居于湖浦废墅。初出之夕,破屋壁立,孤灯挂壁间,母子三人相抱而哭。节母秉坚贞刚毅之性,悬怡春公像于室,朝夕督厉其子。公亦痛母苦节,读书至夜半则泣。节母与相对,亦泣不能已也。遘水灾,田皆没,而室复倾,移干去湿,岁无宁居。时为秀才,与同邑周忠毅公宗建、赵宪副士谔辈游,文行相镞砺,时论拟之"八俊"。而为族人所诬,两构讼狱。年饥,家破不能粒食,脱粟之饭仅以供母而已。万历己酉登乡荐,捷报至,夜将半,节母与子既闻捷,俱泣下。节母曰:"儿与母初至此,亦夜半相抱而哭,犹幸有今日也。"丙辰成进士,筮仕杭州之海宁令。邑故滨海,多豪猾,通权贵，常胁持当事。公一以清廉慈惠治之，久之大治，输将及时，狱讼几息。二年以考最调剧邑，移会城之仁和。公奉母之官，一如治海宁。既而节母病不起，公将奉丧归，两邑士民奔走会哭，路祭奔送者四百里相接，哭声盈于路。初，公为期会征收本年折色，适节母之丧，遂停征。百姓喧叩抚军之门，必求吴令毕征收事。抚檄至，公辞。百姓哗曰："岂忍妨公丧礼止，求设柜，吾民自投之。"公由是听之。三日之内，一岁之输尽毕，盖数十万金云。服阕，补大名之内黄。内黄小邑，北方民悍，年饥多亡命为盗，公忧之。于是悉召饥民谕之曰："北方大旱，此瘠土无宿储，又无巨室富家可以劝助，吾民其死乎？吾今为延汝命。"众皆泣。公曰："吾不惜考成，以公家所贮本色，权宜借汝，听汝麦熟以折色偿还。库之期，听汝自至，设有不济，则吾愿以一官偿汝万命。"于是万口欢呼，已而哭泣，所全活不啻万计。及期，百姓偿纳，同日而至，一日尽毕。考绩入都，循良为天下第一，朝论有不次之擢，而珰祸旋起。初，公与周忠毅公宗建、周忠介公顺昌善，逆珰又察知公廉正，必不为用。因授指其私人工部主事曹钦程，疏劾忠毅及公，俱削夺。既缇骑四出，闻有至吴江者，忠毅与公相谓曰："必为我两人也。"及开读止逮忠毅，公忼慨周旋，倾资以助其橐饘，亦自分必不能免。会圣人出而逆珰诛，即起公四川道监察御史，即拜疏，谓："忠贤伏甲宫墙，张牙阃外，震主之威，几危社稷。然殷忧启圣正，天之所以助圣明而开至治，故特生此大逆。触之者君子，助之者小人。若悬秦镜以照破天下之胆，自此而流品可清，国党可破，国是可定也。臣窃见建祠导逆诸奸，其作俑者欺君卖国，罪不容死。即附和者，涂面呈身，无所不至。此皆神人共愤，天地不容，重者当立肆市，朝末减即远投荒裔。而更有漏网大憝之崔文昇，为逆珰第一心腹。若忠贤逆谋果成，文昇必居首功佐命，此其罪在刘若愚、季永贞、李朝钦诸奸逆之上，而奈何以未经发觉，尚在帝左右乎？文昇死党布满宫闱，臣不敢爱死，首发其奸，所应立速正法者也。至效死击奸诸臣如杨涟、左光斗、周宗建、周顺昌等，皆粉骨裂肤、拔舌槁齿。为臣死忠，捐糜无悔，若不亟为表章，则人心必渐灭。伏祈皇上旌忠锄逆，并不逾时，则纲常幸甚，宗社幸甚。"疏上，留中。公伏青蒲待命三日，事且不测。寻内传挐文昇及同党宦竖二人，各杖一百，发孝陵净军。公感上知，复疏言封疆，益激切。谓："事缓则以封疆为宦海；事急则以封疆为陷阱。人知王化贞、熊廷弼以封疆分战守，而不知在廷先以门户分封疆，因以经抚分战守，而国家之成败安危一置不问，此可为痛哭者也。"以灾异应诏陈直言，谓："必求三大要以回天心：一在殛奸之宜断，一在进贤之宜先，一在择相之宜慎。"上俞其奏，次第行之。寻命巡按陕西。时秦中寇祸甚棘，而秦抚胡廷宴故阉党也，冗不治事，疆事益坏。公受命，即露章劾去之。而总督武之望适病死，军事无所统，乱者蜂起，公慨然以平贼自任。即拜疏请假臣便宜，期于灭贼。又举镇将及参游杜应魁、高从龙等为可大用，上皆允之。公与新抚刘广生、延抚洪承畴、商雒道刘应遇，相为掎角，追剿堵截，各尽其宜。险塞要害，各有屯据，贼踪一动，声响四传，百里立应。公受事一岁之内而六奏捷，人谓公筹策之功为多。而所举将领多有功，更有效死者，人皆以公为知人也。公既竣事将回京，适都城戒严，抚督皆勤王。秦寇复乘虚四起，遂围韩城。公复留，躬率所留兵将，及抚督闻警发回边兵,奋击贼,大歼之,韩城以全。会京师解严,奏凯复命。上深加奖谕,再命公稽察两畿十三省军饷,驻节京师。户部尚书毕自严以会计选察,悉咨于公。而公忧江南财赋浩繁,欲除民运之害,疏请以白粮分载漕艘,下部覆行。今之更为官运,犹其遗意也。饷差竣,例举劾天下藩司、郡守、州县长。例有谢荐,总计不下十余万金,公一无所受。初,公按秦,例有赎锾四万余金,公亦竟委之不顾云。公以劳剧故病,即坚请以归。又数年,以疾卒,临死语不及私。公自幼至壮,以至仕宦,其奉母如一日。而节母之所以教公者,虽在宦邸,犹如儿时。当节母病革,公尽瘁以事汤药。既不起,恸辄绝。三年之内,衰绖不除,未尝见齿。人尤以公之终身一节,称公为大孝云。公生于万历癸酉岁,卒于崇祯庚辰岁,年六十八。元配周孺人,大冢宰周恭肃公孙女。侧室姜氏、薛氏。子五人:长陛恩,贡生,娶顾氏,少保大司马冲吾公女;次昌迪,贡生,娶沈氏,汀州知府大时公女;次昌文,邑廪生,娶徐氏,先宫詹学士文靖公次女,乡进士枋之姊;次暹,浙江嘉兴县廪生,娶屠氏,翰林院检讨幼成公女。俱姜氏出。次昌全,娶陈氏,少保左都御史中湛公孙女,薛氏出。女五,俱适望族。孙男十五人。卜地于某原某阡以葬。铭曰:

维公之先,聿兴全孝。诞启后人,如天斯焘。福禄攸跻,人文弘造。累公累卿,是则是效。笃生御史,孝亦克全。莅官战阵,纤介无怼。不失其身,臣节凛焉。维兹臣节,母训昭焉。孰曰公贤,实惟母懿。茹荼教子,冰霜血泪。允无非仪,又何遗罹。诗礼是闻,母子无愧。

乡进士姻眷晚生徐枋撰。

清吴安国《吴江吴氏族谱》

毛以燧、汝文淑传

以燧,字允遂。诸生,入太学,受业于沈仪部琦。与周忠毅公宗建、吴侍御焕、孙方伯枝芳等八人,号"松陵八骏"。九赴棘闱不售,乃放情诗酒,与配汝氏偕隐,两游洞庭,一登泰山,谒阙里。有《粲花馆诗集》。(同里叶绍袁、周永年、张世伟、沈珣、兄以烽序)妻汝氏,自有传。

汝氏文淑,字蕙香。大同宣府龙门卫廪生灼女,适太学生毛以燧。文淑少聪颖,善绘事,摹宋元诸家山水、人物、花草,无不逼肖。每作一画,以燧为之题句,文淑笑曰:"君诗中有画,妾画中有诗。"艺林至今艳称之。

清嘉庆《黎里志》

粲花馆诗集序

〔明〕沈珣

余家松陵,与允遂氏世称孔李云。允遂之尊人侍御公,余祠部伯兄实受业焉。因是以两家昆季互相师友,出则负笈同游,入则问道讲德,往来靡间,不异同根。余与允遂雁行,齿皆居季,世谬目为"三珠树",然自顾不若毛氏。毛氏诸良,则允遂之才,且火攻伯仁,允称难弟。未几,而允奎、允享暨不佞余皆联翩脱颖去,独允遂以经生老,造物生才之意,固不可解。余闻老氏之言曰:"不足以取余也,不大以成大也。"理或然欤?允遂之为人,玉立萧散,谡谡如松下风。以礼法自闲,若下令,见者知畏,然时出俊语雅谑,则四座绝倒。豪于酒,终日浮白,不见其乱,想当日嵇阮风致,不过如是。允遂之学,靡所不窥,故发为诗歌,皆雍容博大,不事小家饤饾,如临金马石渠,佩玉玱玱,望者识为贵品。间肆其纤丽,复如时花美女,粲然一笑,姿态欲绝,洵极才人之致。至于一种真率之味,盎于楮墨,浅言淡语,隽永多旨,温然如玉,政所谓文如其人。是时,两家昆季扬历仕路,浮沉南北。独允遂放浪烟水,结社莺湖,集一时诗衲及少俊名流,分题酬唱,品略风物,居然坛坫,以寄其不可一世之怀。今读平川诸咏,真竹枝欸乃,泠然云山《韶濩》之音,令人欲仙仙遗世。庚午之冬,允遂策蹇济上,过存署中,徂徕松色,浮动眉宇,余挽留卒岁。时历下雪霁,余呼胡床坐啸,允遂时时吮毫伸纸,峥嵘彩笔,与岁暮风烟相颉颃。辛未岁朝,余命屠苏小饮,与允遂抵掌道故,感怀忆旧,不觉呜咽失声。是春,余解组归田,偕允遂联舫南下,相约时相过从,无使江南春色笑人寂寞。而允遂竟扬舻楚泽,远探苍梧石室之奇,经时始归。允遂卜居郡中葑溪,城闉一曲,萧然自远。余顷过访,命酒劳苦,允遂出其《粲花馆集》,索余言为序。余卒业而叹曰:"允遂之诗,富矣正矣。"夫诗歌以文明一代,故盛世之诗,典雅浑厚,即如"郊寒岛瘦",已居中晚之会。近日时流以谲诡为深奇,以陋薄为超脱,之乎助语,撏拾成韵,诧为创获,味同嚼蜡,可胜世道江湖之慨?见允遂诗,如见汉官威仪,令人惊喜。其骨格风裁,靡法不臻,远可齐辔高岑,近亦不失问鼎宗谢,裒然名家,洵堪不朽。余耄矣,近更善病,日惟浇花听鸟,以送残日。时手一编引睡,不复从事笔砚。每忆少时与允遂佩觽总草,学弄柔翰,今皆成老秃翁,时复莞然独笑。夫山林钟鼎,何异槐阴一梦,余潦倒一生,复何可传?允遂富有日新,雄视千古,所谓取余成大,夫固已久信之矣。

清嘉庆《黎里志》

若宇公传

若宇公讳士哲，客庵公第三子也。少豪迈不羁，壮乃折节自励。性警悟，九岁失恃，客庵公独钟爱公，谓为吾家千里驹。弱冠补秀水弟子员，试辄高等，公亦捉鼻，谓巍科鼎甲可唾手得。同伯兄神宇公执经袁了凡先生之门，究心理学。凡朱陆以下诸异同，及近代姚江、白沙、庄渠诸家，无不折衷参伍，根究宗旨。帖括之暇，旁及人官物曲、星纬图记，以逮五花八门之属。公盖欲为大儒，不仅以科名取世资也。甲辰丁客庵公艰，丙午起复入南雍，乙卯登贤书。自丙辰迄戊辰，凡五上公车不售。己巳谒选，授永嘉教谕。时两台监司暨学使，并属年雅世谊。邑令郡伯每式庐过问，侪辈荣之，公处之泊如也。日与诸同事登临觞咏，穷讨太乙容成、飞霞孤屿、罗浮华盖诸胜。府教授关右董，集堂俊往来唱和，尤称心交云。庚午，丁继母钱孺人忧。癸酉服阕，补昌化教谕。昌于武林为末属，居万山中，风俗朴陋，学宫倾圮。公诗有"斗绝山城一径通，于菟白日啸生风"之句，亦足见广文之无聊赖矣。于是立社课诸生，缮修文庙，殿庑焕然一新。丙子冬，迁南康令。康为江西边徼，辖五岭之北，接壤龙永。菁峒杂处，时出攻掠为患。公单骑驰谕，咸解散。又清前任中蠹胥积逋二万有奇。康俗喜讼，公以一二语折之，无不立服。对簿毕，即濡笔定爱书，长则连篇，短或数语，靡不抉情中髓，洞见隐微。《祥刑小记》若干卷，法律家所奉为蓍鉴也。公长子诸生永弼，善读书，晓经济、薄书、案牍，多佐公所未逮。以赴试南还，卒于旅次。戊寅四月，讣音至署中，公于是宦情顿淡，遂乞骸归林下。初，笠川公以博弈破产，子孙俱相聚呼卢，竟不知笔墨为何物。公独以文艺砥砺，自是诸子弟恂恂闲雅，联翩黉序。则公以一人振衰起敝，所系非小矣。公少时出赘秀水张氏，客庵公分析诸子，惟公一无所授。而客庵公及继母钱孺人丧殓之费，公皆独任不辞。家居时，惟课子弄孙，与二三兄鸠筇鹤发，昕夕周旋，公之孝友盖天性然也。乙卯之役，出竟陵魏华山讳士前之门，初为本房第四，卷揭晓时忽失所在，遍索不得。填榜将尽，忽见公卷在地，遂入榜。后形家谓柳胥祖茔风水不利长房科第。昔柏庵公某科乡试，已中式第四。拆号时有同考素识柏庵公，因相顾一笑，主司疑有关节，竟以他卷易之。公之失而复得也，危哉。己巳岁，族弟孝廉稺衡公卒，家难纷起。孝廉家仆馈公三百金，公峻拒之，卒为抚孤保业。至壬午岁，孝廉有膳产未明，公为上书当事，孤竟不知，公亦不欲其知也。性检饬，盛暑衣不露体。又好学不倦，晚年日坐一榻，研朱涂碧，凡左国诸史及百家稗官、内典方书，无不博览标识。乙酉避乱湖干，泥垣篱壁，位置楚楚。即舟楫迁徙，手一编，吟咏不置。胸中坦夷，不言人过，大节所在，凛不可夺。寿七十一而卒。所著《公车草》《泼翠轩》《唐昌集》《家乘考》《百忍堂集》《南野公余祥刑小记》，刻行于世。

清沈光熙等《吴江沈氏家谱》

沈正宗传

沈正宗，字因仲，启曾孙。少尚气节。万历三十五年进士，授工部主事，转员外郎。时东南士大夫倡东林讲学，顾宪成实为之首，执政者嫉之如仇，将有绍圣、元祐之祸。宪成等已去官在籍，党人徐兆魁复具疏力攻不已。正宗疏救之，略曰："臣每观往史，叹恨邪曲害公，自古而然。然皆入朝见妒，在野则亦已矣。今顾宪成、于玉立诸臣，纵不相推于朝，宁似宜相忘于江湖。乃旬日之间，众镝交加，如御史徐兆魁之所诬顾宪成，非惟无涉，甚且相反，此已经寺丞吴炯据实疏明，臣不敢复渎宸听。臣所咨嗟叹息愤闷不平者，惟是国酿空虚之祸，人进禁锢之谋。天下方痛众君子之难进，兆魁惟恐有一君子之或进，而预断其来。天下方恨众君子之易退，兆魁惟恐一君子之不永退，而且穷其路。此汉唐末季之所以祸贤臣者，奈何复蹈其辙？《语》曰：'善人，国之纪也。'人之云亡，邦国殄瘁，伏愿我皇上究治乱之几，审贤奸之别，立召宪成等趋阙立朝，收忠荩之益，速谕兆魁等去疑释猜，养和平之福。"疏上，排击善类者自是少息，而群小与执柄者益切齿。三十九年京察，以浮躁降级回籍。丁内外艰。起补浙江布政司理问，未任，转兵部主事。熹宗朝，以忤逆珰削籍。庄烈帝立，凡罹珰祸者皆获昭雪，起补南京礼部主事，历郎中，升四川佥事，转陕西参议。外察调山东佥事，转河南大梁道参议。时流贼混十万、曹操、整齐王三股分寇河南，正宗驱其部下六千人与战，大败之。具疏言贼之情形，抚之适足滋患，剿之可以尽歼，条方略甚悉。旋致仕归。

吴江叶志曰：明季流寇之祸，误在不肖将帅，与贼相通而专阃大臣。惟务苟且，朝抚夕叛，陨身丧师，倾覆宗社。正宗之专言剿，其知言哉。

清乾隆《震泽县志》

孙养正传

孙养正，万历三十二年杨守勤榜中式。养正，吴溇人，字圣蒙，号青城。天资颖悟，日成诵。年十九，即以科试第一人应举，癸卯、甲辰联捷，授福建兴化府司理。设善恶循环簿，令乡老书其实迹，朔望上报。每有争讼，取簿视之，片言取决，明察如神。兼摄莆田篆，邑有逋粮已奉蠲，前令匿旨不下，民莫知之。吏具牒请征，公叱之曰："汝欲壅天子德意，渔食小民耶？"急出示遍谕，民沾实惠。郡滨海，潮水冲灌为民患，公首捐俸，筑塘以捍之，又遍撤郡中淫祠，以供材料。塘成，民德之，号"孙公塘"。在任十月，以积劳卒，时年三十二。殁之日，贫无以殓，士民争先捐助，柩乃得归。祀兴化府名宦。

清乾隆《儒林六都志》

文学台垣顾公[1]行略

〔清〕周爱访

寒宗与顾氏，世缔婚姻，自五服以上祖姑归玉溪公始。其嗣徽者为台垣公，德配则家姑也，且居址连甍，晨夕与俱，故沐公之教范最悉。公克绍家声，敦行孝悌，名振胶庠，廓然有大志，于田舍之求泊如也。其气度丰伟持重，初若以严见惮，究且和易近人。汪洋千顷，辨若悬河，故一时搢绅先生辈皆仰重之。学则研精易理，旁通星筮；识能鉴别人群，门无杂宾；才足排难解纷，群相倚重。故族党间有不平事，辄公言扶服。人有所负，怜其贫，不责偿焉。即予先伯疑之公早世，所有田产户役代为优豁，至今德之。先严孤弱，被人揶揄，公必力为护持。迨先祖父母营葬近里，里中有沮之者，欺父兄孤弱，公竭力理论，义行于色，尤余所目击者。其笃于宗党，大抵如此。迹其性，嗜酒而温克可挹，言似夸而谋事必忠，和而能介，殆终其身如一日焉。举丈夫子四人，悉能学成行立。长君四知，长孙孝维，次遐福，俱早游庠序，遒骏有声，积学厚报，殊未可量。公虽中年弦断，念先姑未获偕老，其辛勤作苦，举案如宾，因卒无继者。寒宗与令子若孙，或师友相摩，或姻盟再缔，思义维勤。因溯公之殁已四十余年，泽及五世，仰止名德，真如古人，聊为志其行略，以附不朽。

赐进士出身、诰授奉政大夫、提督江西通省学政、按察司佥事、前礼部祠祭司郎中、充甲戌科会试同考试官、丙子科山东大主考、内侄周爱访裕哉氏拜稿。

清顾鼎勋《顾氏族谱》

注〔1〕：台垣顾公，即顾士量。

太学良季吴公墓志铭

〔明〕周永年

方吾友吴良季之病亟也，余时往候问。一日，其诸子泣告余曰："大人语已不甚了了，然嘱云欲见吾叔。"余随入视，则从枕上昂首谓余曰："吾病且即死，死则以墓铭累子。若乞文显者，博赐进士第数行官衔，何与吾事？子文足传世，而又知我，故特以是为托。"盖是时火方炎上，喉舌作楚，故出语艰苦，至忍痛语余，则声仍朗朗。适其门人徐中翰延樵、阳子李君来视之，授以口诀，火随降，亦既有起色矣，终以不能休心忌口而加剧。神清气爽，属纩前一日，犹手余所袖薰炉玩之，相与谈笑，移时其殁而敛也。余哭之以诗，有"形骸成薨腊，神理在须眉"之句。迨窀穸有期，诸子循治命，以墓中之石为请。余不敢任，而终不忍辞也，乃序而铭之。按状：公姓吴氏，讳璧，良季其字也。吴自赠太仆公讳璋，以全孝得天。南大司寇公讳洪、大司寇公讳山，世掌邦禁。司寇公第四子讳邦杰，举嘉靖辛酉科孝廉。孝廉公长子讳承谦，繇邑庠入太学,是为良季之先考。妣曰陈孺人。前已有三兄,良季季也,而于子为嫡。考殁三月而良季始生,盖甫在襁而即有承祧之责矣。虽生不识父,然奉母仪以受傅训。髫龀时即露头角,以贫不克自存,遂就业外家。其外舅赵翁有子曰伯雕后以文魁两榜者,有甥曰孟谐吕公后致位中枢者,于时皆以少隽知名。其年并弱于良季一岁,三人相与修揣摩之业,同塾犹同气也。良季顾独屡困于小试,至二十八而始青其衿,又九年而廪于庠,则芝冈熊公督学时所赏拔也,然仍不得举于乡。会徐清之延为经师,奉之以北,遂著籍于辟雍。五应京兆试不利,乃庋置经生业不理,而专意古学。然所诵读者皆志存经济,不徒事章句也。良季饶智略,虽极细事,入其擘画,皆有调度。清之先业素厚,中更多故,维持调护,良季之力居多。而清之所以事师,亦异乎世之抠衣执贽者。平时之奉令承教,病间之量水称药,殁后之敦匠负土,虽亲子弟蔑以逾也。良季既负其才谋,不获一效于当世。晚岁于《通鉴纪事本末》及武备诸书,旦夕丹铅手钞,口诵窥其意,尚将有所以用之。而多记损心,多思伤脾,卒犯养生家之大戒,以殒其命。良季性最好洁,衣履虽敝犹鲜。即须髯得附其颐颔,亦黝黑有光。入其室者,无论净,不容唾,即食果亦无从吐核。既善鉴古,遇有前代遗器,虽贫亦必以善价购之。一经其两手摩挲,辄精彩异常,错置几榻间,以娱心目。病当服参,亦多辄售之,以供药碗。良季性好登陟。金陵金台,既以试事,至得尽览宫阙山川之胜。又尝从清之出使,繇洛入秦,吊古于铜雀之台,探奇于青柯之坪。见古碑碣,辄拓之以归,暇即披览,以当卧游。晚构数椽于所卜永宅之侧,凡户牖之向背,松石之因依,无不目营而手画。方将引涧入厨,莳花供佛,期与杨去奢、张孟舒、鲍存叔辈,订为山泽同老之计,而一病缠绵,竟至不起。盘桓山居者不数旬,即偃仰城居者,亦仅四载。三徙厥居躬其劳,而不获享其逸。既稔知孤露之苦,凡研田所积博二顷,以贻三子。析箸后,三子轮侍寝膳,庶几体志兼养,可尽其欢,乃亦不及常享其奉。平居不甚事佛,赖清之笃信三宝,终有以发起其道心。病亟,遂肯日持佛号,且阖眼时睹瑞象。至遗令井井,余诲谆谆,淑后人以修身齐家诸事,则其神识之不乱挠为之也。良季既孤子母腹,既长亟思有以妥其父骨。母又晚得蛊疾,不获以身代,而几以身殉。生事死葬,心力备殚。至营生圹,亦取其与先茔密迩,可以投老寓庐墓之思,而今乃果得相依地下矣。良季生于万历丙子年十二月十七日,卒于崇祯壬申年十二月二十日,得年五十有七。配赵氏,太学生允馔女,真有古者辟纩举案之风。子男三:长远,娶严氏,起元女;继娶汝氏,可旌女。次遵,湖州府庠生,娶顾氏,邑庠生廷楠女。次述,娶沈氏,邑庠生珂女。女一,适嘉兴府庠生陶舒。孙男六:祖成、祖望、祖发,俱远出。祖念、祖周,俱遵出。祖贻,述出。成、望则孪生子,良季所恒坐着膝前者也。孙女五:远出者二,一字邑庠生顾允中子有孝,一未字。遵出者一,述出者二,俱未字。良季墓在吴县之凤凰岭,甲山庚向,即未病时所自作也。葬以崇祯甲戌年十一月二十日,余得与于执绋之役,爰砻石而刻铭其上。曰:

家于松陵,与江共澄。氏于延陵,与札代兴。子孙绳绳,新兆聿徵。云峰层层,华表克增。铭诔式凭,樵牧者尚其勿登。

通家盟弟周永年撰文。

清吴安国《吴江吴氏族谱》

史兆斗传

〔清〕汪琬

史兆斗，字辰伯。其先吴江人，有处士鉴者，与吴文定公宽为布衣交，以博洽知名，学者称西村先生。其后徙居长洲。兆斗为诸生，不得意，即弃去。力学于古，尤博通前明典故，下至故家遗老、流风佚事，无不备熟于中，暇则为人抵掌称说，移日夜不倦。当其少时，士大夫已争客之矣。性尤喜蓄书，所购率皆秘本，或手自缮录，积至数千百卷。斋居萧然，惟事校雠，或偶有所得，辄作小行楷疏注其旁，每卷皆有之。先是予未第时，已能识兆斗。兆斗谦下，视予如平交，未尝以丈人行自抗也。乙未秋，予举进士归，兆斗数来访予，年已八十余矣。落魄不事修饰，苍颜长髯，衣服朴野，对之俨如图画。素不喜饮酒，予惟为设肉食而已。然其议论缅缅，犹不减于平时。为人刚直，见少年浮薄者数叱斥之，虽其人内愧面发赤，弗顾也。以此为士大夫所重，亦以此取嫉于人。然独好予，尝曰："子之文章，必传于后。顾吾闻前时李梦阳、何景明、李攀龙，俱用学使者著称，子今能为是官邪？"予方巽谢不敏，兆斗掀髯笑而去。已因报谒至其家，家在委巷中，予屏车从，徒步而入，拜兆斗于堂下，兆斗手自扶起之。濒行，告予曰："《长洲县志》绝不称，志中所难者人物耳，吾删定已久。今老矣，无所用之，当以授子。"其后亦竟不果。后三年，予将入京师，兆斗来别，袖出果饵遗予，予深感其意。自此不复相闻。逾年，金秀才榖似以书来告曰："兆斗老疾死矣。"嗟乎！虽无老成人，尚有典刑，盖兆斗殁，而吴中之文献于是亡矣。当兆斗生明神宗之初，逮事刘侍御凤、王校书穉登，受其学，以故方矩阔步，危言正论，犹有前贤之遗焉。自天启、崇祯以来，后生小子好为剽袭不根之说，束书不观，每群聚笑语，望见兆斗来，数惊怪避去。或更以迂谬相讥嘲者，亦间有其人，此予不能无叹也。兆斗贫无子，以从子某为后，晚依其家。既死，所藏书俱散佚不存云。金秀才名式祖，于予为外弟，亦素习知兆斗者也。

清汪琬《钝翁前后类稿》

故明处士颖泉顾公墓志铭

〔清〕张参鲁

君顾姓，讳曾授，字颖泉。自陈黄门侍郎野王居吴江，子孙繁昌，世为邑著姓。君生于明万历丁丑七月二十八日，卒于崇祯辛巳九月二十二日，享年六十有五。配潘孺人，生卒不能详，其合葬于同里下东天圩之新阡也。以皇清康熙甲辰十二月十七日，冢子柄南、仲子枢南、仲妇陶氏皆祔。越二十有八年，君之孙鼎勋率弟鼎实，奉君之冢妇旌表贞节张氏孺人合祔于柄南之穴。越十二年，乃以君之墓志为请。余曰："君与先君投分最深，道谊胶漆，生死顾托，有非寻常姻娅所能及。独余生也晚，君之即世。余才六龄，长者之音容笑貌，幼而遗忘。虽间有闻于先君，及姊氏之归老于吾家也，时时诵说君之懿德，终以弗获亲炙，仅仿佛其一二，余何足以志君？"鼎勋又垂涕言曰："勋不天其生也，距大父之殁已阅五年。伯父向明公之曾以勋嗣者，则勋在母怀而死于孝，故指腹以属勋者也。勋父仲斗公，又方勋髫龀见弃。茕茕不肖，自襁褓胜衣以及方壮，皆家难讧侮世患流离之日。今稍冀成立，华发种种，惧家风祖德之汩没，思有以示子孙。而六十余年来，大父行无一存者，求之父行中期功戚属能悉寒门颠末者，亦竟无有。独舅氏世有德于勋家，先伯母之茹荼饮冰，巾帼而须眉，微舅氏之欣助，亦勿能揩拄刻励，以底于成，以勖兄弟于今日。先大父之不朽，非舅氏其奚赖？"舅氏者，当勋继嗣姊氏时，三十年间以此相呼。比归宗而旧谊勿忘，勿改称者也。余重违其请，乃隳括君存殁先后数十年间事，有关于君者而略述之。按：君五世祖盘窝先生有耆德，尊甫季泉先生多文行，侍御鲁斋先生为君从兄，副使含素先生为君从侄，一门冠盖，荣戟相望。君幼失怙，资业中落，于是燃糠拥书，佐以持筹。暨潘孺人黾勉朝暮，事母孙孺人色养备至。中年家益起，治宅于同里之东溪。同里者，君族聚居，世称同里顾氏，而东溪房最以盛德长厚著称。以君之辛勤敏干，转衰为兴，而又能宽和谦谨，好行其德，乡邦宗族翕然称之。独力葬亲，不以诿诸弟，又分田赡侄柱南、楷南。楷南贫无业，兼庀其居，笃于所亲如此。君之殁，疾由楷南。楷南既数破其产，君屡赈之，无以厌其求。乃于君之子柄南受室之夕而往噪焉，拳及君身，遂疾，悒悒以终。柄南、枢南，温雅好文，少相友爱。柄南以恸君而夭，无子。枢南之事余姊氏之为寡嫂也恭，鼎勋生，遂以嗣之。无何，而枢南亦卒，族议谓勋独子宜归宗。楷南乘间欲以其子嗣柄南，姊氏以死却之。曰："楷南，吾翁之仇也。鼎勋，吾翁之嫡骨也。"鼎勋归宗，旋失恃，转徙厄困。姊氏仍收而抚之，依依然犹母子之相为命也。为勋再娶，复率之营宅兆，而君与潘孺人、柄南、枢南、陶孺人之葬乃成。事具康熙甲子族党邻里师儒、郡县监司抚军请旌文牒事实，及潘检讨稼堂所撰《节妇传》中。鼎勋既壮，而能自立，以医名，克复君之旧业。东溪之故宅复完，乃求近宗之应嗣，曰鼎实以嗣余姊氏，而以母事恩抚，伯母之礼，始终不替。至于今姊氏之墓草宿，而以舅氏呼余，犹昔也。维君以孝友长厚之德积于躬，以被其子孙。而子孙皆能法君之孝友绵绵焉，相继相系。虽中更夭折，播迁零替，而终能复振，不可谓非君之德所贻也。乃为之铭曰：

荀陈地望怀葛民，金矿玉璞留天真。维孝维友咸恂恂，枭虽毁室鸠则均。天乎降割兰为薪，飘飘风木标霜筠。必复其后周环辰，昔哀单只今绳振。峨峨故阆湖之濆，加以绰楔双嶙峋，蹶而复起由德淳。后嗣念，诸镌厥。

敕封翰林院庶吉士、徵仕郎、年家姻眷侄张参鲁顿首拜撰并书。

赐进士出身、吏部候选文林郎、年家眷晚生陈沂震顿首拜篆额。

清顾鼎勋《顾氏族谱》

先祖颖泉公行略

〔清〕顾鼎勋

先大父讳曾授，字伯与，号颖泉。盘窝公五世孙，季泉公之长子也。十五而孤，与曾王母暨两弟一姊，茕苦相依。迨娶先大母潘孺人，克勤俭拓家，色养备至，惟以不得在祖居奉侍为念。公将五旬，始生伯父向明公，其次即勋父仲斗公也。先大父拮据创业，曾置房屋一所，尚未迁居。有嫡侄楷南遭回禄，向公借庇，久假不归，公绝无介意。其后，楷之忮吾家益甚，百计倾毁，公犹怜。念其贫，复与外果字圩田六亩五分。嫡侄柱南有志上进，公亦与之田如与楷南之数，以助膏火，卒得以游郡庠。及分于己子者，仅三十亩耳。公兄弟三人，葬亲乃独任，不以己之贫而诿之弟也。又为姊择夫婿，适六都浙庠生施完初。其孝友睦姻，至性过人，实非近今人所能仿佛。里中有陈、吴二姓，向公缓急百金为科举之费，终不索偿，后皆登贵显，无不深感。其义行大率类此。崇祯十四年秋，公卒。伯父向明公哀毁咯血，未期年亦卒。伯姆张孺人时年十九，截发矢志，抚勋为子，以奉养大母。顺治七年，大母潘孺人卒，勋服承重，以完伯父、伯姆之志。及勋八岁，先父仲斗公病革，以一子故召归宗，书三事嘱勋：一、两世待葬；二、伯嗣未定；三、伯姆与孀母待养。逾四年，勋又丧先母陶孺人。时宗亲之忮吾家者较前尤甚，更连遭湖寇，家业日零。勋贫病相兼，力难支理，常寄食于舅氏。实赖伯姆之提携教诲，至于成立，且得以营葬两世。癸亥岁，伯姆值周甲，亲族上寿。勋以节孝未能闻扬为恳，因具呈当道，得上实于朝，遂邀赐帑建坊。丙寅春，勋卒恐负伯姆恩，集三党议，择从叔栋南之子鼎实为伯父嗣。伯姆又念抚育之爱，授勋东天圩田十亩。勋不敢自私，即捐为先大父颖泉公祭田。夫而后，勋得遵父遗命，而先大父亦庶几克慰于九泉乎！但勋念大父有美未彰，实为痛心。思亲党中知之甚悉者，惟舅氏后村张公。况勋当年营葬诸事，亦赖舅氏左右维持，故敢请为墓志，以铭不朽。先大父生于前万历五年丁丑七月念捌日，卒于崇祯十四年辛巳九月二十二日。今康熙三年甲辰十二月十七日丑时，葬于同里镇之东南下东天字圩，乾山巽向。生男二：长讳柄南，即伯父向明公，娶伯姆张孺人；次讳枢南，即先府君仲斗公，娶吾母陶孺人。生女二：长适范邦俊，次适马延龄。孙男二：鼎实，娶王氏；鼎勋，娶严氏，继娶屈氏。孙女一，适沈士俊。曾孙男六：景张，聘王氏；景程、景朱，俱幼。鼎实出。兆坡，娶徐氏；兆产，娶周氏；兆坤，幼。鼎勋出。曾孙女三：鼎实出者二，未字；鼎勋出者一，适邑庠生陆凯。

孙鼎勋百拜谨述。同邑年眷晚生袁之华填讳。

清顾鼎勋《顾氏族谱》

赠翰林院待诏孝介朱公传

〔清〕朱鹤龄

公讳陛宣，字德升。父焘自同里徙郡城，遂为吴县诸生。万历壬子举于乡，时父年已高，公阖门奉养，绝迹州府。尝言："士君子当以不贪为宝，能安贫则能不贪。甘食美服，高阁邃宇，娈童艳姬，皆败检隳名之具，所谓诱人之阱也。"故登贤书二十年，未尝以竿牍通守令。家益贫，布衣粝食，泊如也。惟奉亲，则滫瀡裘葛，无不赡具，侍养庭闱，终身不见疾言遽色。母季氏先亡，父益老病几殆，公昼夜侍寝，办护汤剂，唾壶虎子之属，必手承而进之。戊辰，当上春官，以父疾不赴。居二亲丧，不入内、不茹荤者六年，竟以哀毁成疾而卒，年五十有六。公先与忠介周公顺昌同业，后又同举，气谊甚笃，皆以伦纪为己任。天启时，魏珰煽虐，缇骑逮忠介，亲朋皆走匿，独公经纪其家事，又周旋槛车追送之，人服其义焉。大中丞张公国维叹为真孝廉，以银币榜额，命长、吴二邑令往旌之，公竟不上谒也。没后，宫詹姚公希孟采邦人之议，私谥之曰"孝介先生"。崇祯丁丑，按君祁公彪佳，以公与同邑张公基、昆山归公子慕三人行义，同表于朝，诏俱赠翰林院待诏，盖异数云。公门下士多通显，以文章命世，其最著者文靖徐公汧，卒殉国难，称名臣。子锴，少有隽才，乱后卒。

论曰：孝介与异度张公同里闬，同乡举，名行亦复相次，吴人所称"二孝廉"也。张公清流嚆矢，文藻斐然，而淳心质行，则孝介为不可及矣。

清朱鹤龄《愚庵小集》

明特赠翰林院待诏私谥孝介先生朱君墓表

〔清〕钱谦益

呜呼！天下国家之所以治而不乱、危而不倾者，在士气之盛衰而已矣。夫士气之盛也，士大夫镞砺名行，蕴义生风。虽其身或不用，道有未光，其声气之所击动，若栴檀之香，逆风而闻，海内与被熏染而不自知。及其衰也，士大夫嫉名行如砥柱，必欲镌而去之，容头借面，蝇营狗苟。于是海内风气，澌然索然，如腐骨之载朽肉，如凄风之萎残叶，物耻夷，国论熸，而沦胥版荡，驯至于不可为。余往在史局，身罹部党，未尝不叹息于二正之季。今者不死而表孝介先生之墓，为之废卷阁笔，俛仰悲恸而不能自已也。孝介先生姓朱氏，名陛宣，德升其字也。万历、天启间，吴中名行著闻者，则有若文文肃文起、姚文毅孟长、周忠介景文，而张孝廉异度暨德升，先后抗行。张、朱取科名、跻禁近，不若文、姚；厉节死忠，丹青一世，亦不若周。身死之后，吴中士论，观九京、嗟百身者，咸归五君，无行藏显隐异焉。德升举万历壬子乡试，卒于崇祯癸酉之十一月。逾年，巡按御史祁公彪佳疏举真孝廉，请赠谥风厉海内。先帝特命所司赠翰林院待诏。其孤镒等，卜葬何山之麓。孟长私谥曰孝介，而异度志其墓。德升殁后，五君独异度在。余间过泌园，谈德升遗事，语异度曰："德升食贫屏贵，不入公府。其事亲养志，涤厕牏、视溲溺，为生孝；衔哀毁瘠，羸如枯木，不胜丧，为死孝。孝介大节，人所知也。乙丑春，奄祸方作，吾党有削籍出国门者，其门人避匿不出祖。德升众中面数之，谯诃坎坷，退而愀然不乐，人问之不置答。余谓德升镌善责过，侃直引义，犹可能也。愀然闵默，退若自失，不可能也。由是观之，忠介急征时，素车周旋，誓与同日，其中心愀然闵默者，已深远矣，岂徒以为能事轩举自命邪？"异度曰："然。此吾志所未及也，子其识之。"太岁癸巳十二月十一日，镒用青乌家言，改葬邓尉山凤鸣冈下，属余为其志。嗟夫！德升之亡也，在国家全盛之日，惜才谋德者，胥以有士不遇为恨。岂知夫叶落知秋，壶冰知寒，一士之存亡，关于士气之盛衰？后之人咏邦国殄瘁之诗，有遐思而凭吊者乎？迨于今二十余年，陵谷更矣，顶踵易矣，遗民故老，皆茫然尘劫矣，德升环堵依然，流风未沫。平陵八尺，犹有停车而忾叹者，信矣！夫士气之终不销亡，而葭灰黍律，不与焱风炎火偕变熄也。异度之志备矣，文无累书，乃伐石而表之曰：

有吴孝介，改葬于兹。肃揖再拜，庶其企而。有夫疾驱，颜厚忸怩。含戴齿发，如何弗思。呜呼斯石，过者式之。

清钱谦益《有学集》

若思列传

袁俨，号素水，天启乙丑进士。了凡先生子。少承家学，博极群书，坟典邱索以及青囊姑布之术，无不研得其精，尤留心经济。为诸生，工举子业，有名坛坫间。性坦直，不修城府，与人交，谦和自下。初令高要，悉心筹划，兴革甚多。履任未几，而介杜之名已走四方。丁卯夏，西潦骤涨，城中水深三尺，公流涕走暑雨中，竭力救援。治苦盖，作粥糜，倩工捞溺，敛瘗浮骸。入秋，淫淋不止，米价腾踊，则又细看贫户，而亲给之。车不遑停，目不暇睫，劳瘁呕血，犹亲民事，遂至不起。归途囊箧萧然，士民市喑巷哭，如丧所生。

清《袁氏家乘》1920年抄本

太仆寺卿周来玉先生传

〔明〕倪元璐

公讳宗建，字季侯，别号来玉，苏州吴江人。生有志慨。七八岁时尝侍其父泰六公，泰六公偶与客言杨忠愍事，语未卒，公遽起，问求详。泰六公因为觌缕言忠愍忤鸾、嵩及得罪以死状，公拍掌大声曰："何物杨公大好死，彼鸾、嵩安在哉？"泰六公悚然惊异之。既为文章，名噪一郡。弱冠举于乡，越八年而成进士，授武康令，有异政。更贤仁和，晶敏慈惠，民大戴之。尝摄德清。三邑之人皆立祠生祀公。寻以卓异徵拜监察御史。时为愍皇帝元年，逆阉魏忠贤尚名进忠，已得用事，与上保姆客氏朋倚为奸。然人犹以为易与，曰："此壁鼠耳，无能为也。"公曰："不然，虺已蛇矣，乘雾则不可制。"会天雨雹，公上疏略云："今四月为盛夏阳长之时，大雹忽作，推之人事，岂谓无因？近见朝廷处分一二章奏，外廷咸疑有物凭焉，臣即不敢尽信。而千人所指如魏进忠者，目不识丁，心存叵测，借皇上之震叠以肆机锋，假窃蔽炀，邪正颠倒。朝端之上，壅蔽将成，声影之通，毒流何已？甚而巧立虚名，上无顾忌，离间起于蝇营，逸构生于长舌。其为隐祸，大可寒心。"疏上，忠贤恚甚。会上御经筵，讲读竟，忠贤怒目语阁臣即御史："疏'千人所指''目不识丁'，此何语也？"时首辅为叶公向高，从容言："是言官也，岂当深咎。"忠贤意稍解。寻又传旨予重谪，叶公又具揭力救，获免。居久之，上似心悟，忽遣客氏出宫。朝臣方相贺，其明日复召入，宠顾如初。公又极谏，请割小恩，以慎大防，凡千余言，语皆危至。有诏夺俸三月。然忠贤愈怒不惬，阴与其党给事中郭巩等谋逐公。时正人尚多在位，巩等并谋悉去之，乃援进党徒弹击四出。公患之曰："羽翼既成，祸不远矣，吾不惜死。"因复上言："臣观先朝汪直、刘瑾，其人虽皆枭獍，然幸言路清明，臣僚隔绝，故不久终败。今乃有郭巩者，结连胶合，取旨如寄。权珰之报复，反借言官以伸，言官之声势，反假中涓而重。数月以来，一斥熊德阳、江秉谦，一斥侯震旸，一斥王纪、满朝荐，一去邹元标、冯从吾，一逐文震孟、郑鄤。近且欲厄孙慎行、盛以宏而弃之，摘瓜抱蔓，正人重足。此等机关，举朝无不知且痛恨，第各爱惜一死，无敢明言犯其锋者。而忠贤且横行愈甚，奸谋愈深。臣若尚顾微躯，不为攻击，将内有忠贤为之指挥，旁有客氏为之操纵，中有刘朝等为之市威，而外复有巩等从而蚁附蝇集。内外交通，驱除善类，天下事尚忍言哉？"因请谏忠贤、巩等甚力，忠贤既愤且惧，乃率群珰环泣上前，至请自髡，以激上怒。遂得旨，责公回话，公复申论不屈。传旨杖八十，又以叶公力持，返诏改夺俸一年。于是公履虎不咥者再矣，或谓公："君义大彰，虽更数月无语，未为寒蝉也。"公厉声应曰："即日者遂死杖下，安得闻君是言乎！上实生我，不敢不以死报。"时闻忠贤欲使其徒刘朝等典兵行边，议既定，需期发诏。公曰："俟诏既发争之，晚矣。"即力陈内臣，典兵有三不可九害。疏入，不报，然其事竟寝。已而奉按楚命，归，遭父丧。当是时，忠贤益矫虔无忌，其党徒日益进。于是金都杨公涟、左公光斗等，交章讼言，朝贤多和之者，即所称纪，皆以公蠹疏为权舆，忠贤以是益追恨公。未几，杨公等并遣归，于是忠贤大树威挞，杀工部郎万公璟。公时家居，叹曰："是奴戮士手滑，吾属宁足复留种乎？"其明年春，奸人工部主事曹钦程希忠贤旨，诬奏公并及张公慎言等四御史，并得旨褫职追赃。亡何，诏逮杨公等六人，寻即逮公。当公未逮时，语人云："珰求首祸必及我，我安逃死？即不然，我必伏阙，为杨、左诸君死争。"既闻缇骑将至，乃谬为他之，入别母太夫人。身自诣郡听宣诏已，夷然就槛车。时道路观者数万人，皆号恸愤激，即云："此珰矫称，不当奉诏。"匈匈欲共掊杀使者，公仓皇谕止之，乃稍稍散去。吴人既宿愤，其后数日遂有周吏部之事云。公至京，下镇抚司讯，承刑甚毒，至肉节糜坏，抗辨益厉。奸人司谳者无如之何，竟以意锻赃五千余金。狱上，忠贤意未慊，矫旨令再讯。承刑如前，又益赃七千金，掠比无虚日。一日，忠贤下片纸，付狱吏，趣入黑室中，夜半垂沙石其胸，立毙，时为六年六月十七日。其夜朝天宫灾。先是公逮至日，都门地震。初鞫之日，王恭厂灾。再鞫，天大冰雹。天之应公，如鼓桴然，可异也。公卒之明年，悲皇帝崩，今皇帝御极，戮忠贤、客氏，并其党，诛窜有差。遂以廷臣言，赠公太仆卿、太中大夫，予祭葬谥祠，又归先追赃金五百。其又二年，东师内侵，旁掠诸邑，至迁安。郭巩阴附之，三授之书，语皆阿悖。事闻，上大怒，逮至论死。

史氏元璐曰：当祸至，客魏极矣，或尤异时诸贤龙亢，有激成之者。此大谬说。苟循怔夫之，论龙逄比干，皆可谓之多事也。天启六、七年间，颂祠满世，亦至顺已，而其势日上，威亦弥极，谁激之乎？当万公掠死、杨左骈逐时，士气骤飒。无更有不畏死如公者，解衣而前遂使，奸人志得无忌。夫妇寺之，性苟威立，而莫我撄，则其循此日甚无惑也。且夫公之死忠得于学问，岂徒气至而然哉？公在狱时，余友翰简陈君盟，及公同年张君捷、陆君文献，冒难周旋，持虎豾无畏。今上即位，公子廷祚刺血作奏，讼父冤，必求得其仇而报之，斯皆至义。嗟乎！为公之友与其子，则固难也。

右春坊右中允兼翰林院编修、纂修实录、记注起居掌撰诰敕经筵讲官、承德郎、始宁倪元璐谨撰。

清周芳《周氏族谱》

明故忠御史赠太仆寺卿来玉周公墓志铭

〔明〕何如宠

呜呼！此明天启忠臣第一人周公季侯墓也。公之时，大憝起于珰署，而公以名御史撄其锋。壬戌之夏，有雹警，公谓其占在珰。疏略曰："雹者阴类，见于盛夏，其象为臣侵君，下陵上，小人乘君子，夷狄窥中国。顷朝廷一二处分，佥谓谕旨之下，有物凭焉，臣即不敢尽信。乃千人所指如魏进忠者，借上之震叠以肆机锋，挟上之宠灵以成祖护，至且巧立虚名，漫无忌惮。离间起于蝇营，谗构生于长舌，其为隐祸，岂不堪忧？"疏入，珰啣之甚，因是改名忠贤。珰之得幸上有根底：其喉舌之机，寄诸女戎；犄角之势，寄诸丑类；甚则间谍之用，且寄诸我。然公不为小慑。有争客氏之疏，争再召也；有争刘朝之疏，争典兵也；复有与给事巩争之疏。公之与巩争，则以考察。先是京察时，有匿名之书见于市，所排斥尽一时士，而公在焉，此所谓谍之寄于我者也。赖御史大夫赵公南星持之坚，察典卒以无挠，而巩疏出矣。盖公之疏荐诸公，尝及故督师廷弼。巩以为辞，且有缔结王安之诟。公谓群吠之不我释，非以廷弼之荐，而以有忠贤之却耳。忠贤之计，既不获阴寄于察典，则必显借夫疆事者，势也。且诸人而尚解言王安，则亦第问安所以死，与死之状之惨，而罪人斯得。夫考察朝典也，而何以寄忠贤之鼻息。言官朝士也，而何以效忠贤之股肱。疏上具言所以，其批剔表里，条叙本末，视诸疏无复留余，故珰之怒以益深，公之敌以益众。甲乙之际珰势成，丙寅有诏逮公，而公从膺滂之后矣。呜呼！用师以珰者，不啻数十疏，而珰恨公以螫弧之登。此公之为忠臣第一人也，天下知之，国史传之。至公治行第一，则予先仲方伯公之治浙，颇与闻焉。故予得以公子廷祚之请，合之为公志。志曰：公讳宗建，季侯者字也，别号曰来玉。其先自浙迁苏之吴江。太子太保、吏部尚书恭肃公用，公曾大父也。恭肃四子，其叔为孝廉公式南。孝廉之仲子辑符，是为公父。自父追大父，皆以公恤赠太仆卿。母顾，大母郁，皆赠淑人。公之生，值周中业，至不能具修脯，自习章句以及制业，皆赠太仆为之师，年十三以文奇有声。其补学宫弟子，实受知郡伯朱公燮元。其后复受知邑侯刘公时俊，是为予同年友，西川名大夫也。丙午举于乡，再下第，益攻苦于学，与吴公默、袁公黄，有竖义送难之契。复深叩性相之宗于果清湛禅师，亦可以知公之于死生矣。癸丑成进士，其试春官，出张公鼐之门，时年才三十，而耳其名者，如得耆宿焉。庶常之选，俛得而失之，从选人得令浙之武康。武康之为邑也，褊且僻，公殊不见，少意与令有余邑，无宁邑有余令。居顷之，有德清之摄。丙辰大计吏，以异等再调仁和。凡三历邑，皆在浙。浙为天下财赋地，其民最苦者赋役，苦吏苦兵。其民之屡者，苦民之黠者，是不独一邑也，大约其绪繁，则其府蠹益甚。公一务为简易，凡以赋事役于官，无当者皆汰。武康之汰者，五十人有奇，其存者才三之一。德清之汰者，百八十人有奇，其存者才二十之一。以是事无长人，顾人亦无长事。至征收之为登、为遁、为旧、为新，其操如丝，公会其数于一单，据案即得。于是民之输于邑，邑之输于国者，皆济德清南粮，愆期者至八年，公至一日而竣。仁和之赋，遁者率岁数千金。公在事之一年，不及五百金，明年才百余金。其尤善者，莫如兑运之法。其法先期视漕艘之数，艘设一廒，其廒所受之数亦如之。艘既集，则掣签以示之，艘受一廒，无升斗之赢诎焉。盖米之入，则官与民相授受，其出则官与兵相授受，而民与兵无所授受。民与兵无授受，则奸吏之左袒，奸民之外市者，其智皆无所施。故是法也，其事径，其数无争，行之武康而便，因行之德清、仁和，遂著为令。盖公立法既善，亦其力足以行之。德清以赋法之乱，其兵之受米者五年而三哗，其前令以见侵唇，移其官矣。公至持额如故，群卒阴为盟，且以某夕举火，因劫令改其议。公雅悉群卒所为，因授指衙官，故夜出以饵之。亡何，群卒果至，甫入舟而伏发，见获者两人，公令潜送系武康狱，群卒亦竟不知设伏者为官舫也。至所约举事之期，公晨起如兑所，好约其长至庭中，语甚温，旋出牒数卷，曰：“此为兑事本末，当白上台者，尔等不受约，且得罪矣。”众犹耳语，因出其夜获者二人示之，众始大沮，叩头伏。兑事得以无挠，其报完，更视他邑独先。至听断之际，于人命特严，时或屏驺从，猝至死者之所，则两家之覆皆发，故讼嚣为之顿息。当其时，虽他邑狱疑者，往往皆决于公。长兴有曹济之狱久不决，部使者移武康令。公凤梦披血而呼者曰"非聪不明"，公疑"聪"音近"充"，因逮牒所连者赵充。既至，则别以乡音，鞫其子于异室，始具悉事本末，得所谓孙敬者论死，一时称神君。

盖公雅不能以三尺事豪贵，至田叟村妪，则皆得叩膝戟手，以家人语毕其怀来。故凡所莅，不数月辄庭寂然，几案之前，即岩壑也。尝言："有司无他谬巧，独事之大者小之，难者易之，转折者直捷之。省一纸即省一纸之费，少一人即少一人之编。惟有司有渔人之心，故民之为蟻蚌者益多耳。"自视事以来，所论坐法当赎，俾各以米入监，分给累囚之不即死者，无一钱入署中。虽上官所取用，或岁逾三四千金，公尚力持之。独民蠹所在，则不敢狃乎小慈，凡城社之胥，风波之民，次第皆伏。峻惩盗，既得状，则立与众弃之四达之衢。杭故苦盗，尤不喜自明被盗，盗以故益恣，至是皆戢。其尤快万心者，复有二事。其一则略贩一事，其毒凡弥数郡。其为窟者三，上窟于广陵，中窟于金阊，下窟于杭，杭窟最为叵测。自杭而东，则严州又为一窟。其钩奇之法非一，甚则以幻药掩之。凡所得女子，恣其所为，螺旋以入积年之窟。主是窟者，不出户而遍渔四方之色。其餍则以狎邪为壑，不从者听于刀碪。计杭一城，以亡失子女告者无虚日。而诸奸者，其力能以衙门为金汤，恶少为鹰犬，人至莫可谁何。公心憾之甚，密捕得首恶者倪承德，因尽发其窟，得女子数十人，皆致自药术，其以稚年见掠者，不复记父母矣。承德者貌视之，几同愚愿，计三十年间，所掠不啻千余，皆自伏也。其甥赵科者尤甚，尝得一妇，驱之娼，不即从，立杀之，投诸火。因大集诸妇，各授之烬余之骨寸许以为令，其不道至此。承德、科皆论死，其翼方四、汪云等二十余人，皆拟戍，强半瘐死。其家重楼以居，尽没入官，为城隍庙费。捕得之日，士民聚观者数万，其声流闻诸郡，亦各为胁息者逾年焉。其一则邑之有养济院，凡为茕独者设，其后更成奸窟，杭城为甚。瞽沈松者，不知何人，以诡食于院，遂擅其籍。籍有缺则以其名，名亡是公而身食之。更以少馔粥，遍致翳桑之众，既入其笠，则不复得散。别募所谓丐魁者十余人，俾分部其众，鸱形鸮啸，以乞钱于毂击之地。于是吴山、天竺诸处，遂为松外府。其法，旬日一较所获，获不如额者有刑，其刑至有折脊熏眼之条。久之而胥为刑余，则更用示惨于人，俾足乞限。而一方之真孤真贫者，率转死沟壑，终不能阑入松垫，而沾公家之一粒。公廉得之，一日猝至院中，核其籍，具得虚实状，立毙松于狱。则其家子女玉帛，俨然素封，尽没之，以衣食诸贫者，其屋直以归放生池。而后养济一院，始为官有，人有编绘其事以传者。嗟乎！此二事者，可以知公之于玤矣。夫二竖至微，顾天下之患，莫大乎微。鳏寡之仇而别言国讨三川周室，固秦兵之朝市耶。惟公之于二竖也，不以名舍蜀，则知公之于玤也，非以名取韩籍。当时公竟胜玤者，亦正如胜二竖耳，岂以诧获丑哉！杭之忧桂玉者，以渠不受舟，公浚之，畚锸皆给于官。在武康时，尝以金六十，出萁隅之地于采石者，以护地脉。其学宫建于草昧之初，不中程且圮矣，邹鲁之模，繇公而现。盖公治邑，不啻家丈人之于家，丝发皆心眼所至，顾意恒绰然。又时以茂宰为首蓿师，三邑之士蔚起。与诸生说经，书辄成帙，兴至或手自抪义，与相唱和。暇则角巾选胜，课植西湖桃柳，及补孤山处士梅，文以记之。戊午，去仁和。纪公者，称有范莱芜之清而敏胜，有孔洛阳之执而达胜，有陶靖节之风流而政事胜，无一字溢。时公名冠诸候，以有所格，暂授工部主事。予假归，改福建道监察御史。为明年庚申，时朝士盛有门户之形，公屹然中立。特标"虚淡"两字为当世规，曰"德业以虚而弥广，功名以淡而弥长"见之疏奏，时论韪之而不能用。旋具疏论珰甚厉，座师叶相国见其草曰："君子在外，小人在内，宜宽以待其变。击之过迅，恐负嵎之势遂成。"是言也，则公能用之。然珰日益以甚，则公虽欲用之而又不可得，此诸疏所以备钟鼓也。闻珰尝以公疏故，率其类絮泣上前，祈得削发为僧，以激上怒。有旨廷杖，公赖叶公救以免。爱公者或以知几为劝，公曰："业为臣子，复暇为身谋乎？"虽光禄一差台中以与中涓相涉，诸公恒病之，公义不避，视其事凡岁减五十余万金，复用触大珰王体乾。疆事之起，任职者率以走为上策，独张公振德之殉节最著，举家投燕者二十余人。公合众疏于朝，得谥烈愍，其他指切军国大计不少休。其敢言敢任者类如此。癸亥，以直指按楚归，值赠太仆之艰。时事形日异，万工部璟事闻，公顿足曰："奴手滑矣。"既杨中丞诸公连就逮，公知不免，第虑为八十母忧。闻逮之夕，秘不敢令知，诘朝入城，起居赠淑人，笑语如恒时。旋辞于庙，以善养赠淑人付申淑人及诸子，托他事远适。舟俟逮者于胥关，宣诏讫，即就道，至都下。镇抚狱缇帅许显纯，珰豭犬也，所以治公者，其酷非所忍言。数讯之后，肋折脉绝矣，公抗詈不少屈。亡何，移狱就内，公知为前诸公毕命处，强自力起，索衣冠，望阙而拜者五，望闾而拜者四。是夕遂不免，是为六月之十有七日。越七日，而后残骸出于窦。先是公未逮时，业用故邑令、工部主事曹钦程之谮，夺其官，且追赃千数百金，公家尽矣。至是复增追至万三千金，流传复有门诛之讹。于是赠淑人及幼女一人，惊痛立殒，闻者无不流涕。丁卯，今上登极，珰伏诛。元年正月，公子廷祚、廷祉始出，自草上诣阙，讼公冤。于是公家之听于有司者，其事皆罢。有诏赠公太中大夫、太仆寺卿，给祭葬，录一子入监。往恭肃公以省垣事康陵，亦尝疏击大珰及谏迎法王，著抗直声。后百年而绳武者复有公，可以观世臣之烈矣。顾恭肃以生至冢卿，而公以死得太仆，岂不悲哉！公自为童子时，所闻语涉忠孝者，辄手录之。及入台中，首列孝廉公冤。盖孝廉尝见构邑令之修却者，孝廉以鸣于神庙，事未竟而身殒，赠太仆为腐心焉，至是其案始白。刘公时俊以监军功坐谮，公复疏理之。盖平生于继志感知之际，类有至性。及槛车之发，众愤雷沸，诸大夫怜公之贫者，各捐橐以为道路费。周公顺昌，后公而逮死者也，其人清苦绝伦，亦附二金于公袖。陈太史盟于公，交至浅。及公至诏狱，太史露身与诸急公者共其义，斯亦公平生肝胆气谊之效矣。性不能为谀，亦不能受人谀。每见乡人之祠其有司者如故事，公未尝一借之名。及武康之祠公者于学，仁和之祠公者于湖，德清则有三贤之祠，为熊公德阳、宋公兴祖，而公以摄君与焉，尤为稀有。公时皆移书峻止之，不可得。然迫公及祸，而三祠之灵光如故，三邑之颂公者，不以珰故少易。其为桐乡也，公遗书付诸子者，有曰："古忠孝人，视一死如寻常，故慷慨生焉。若作奇事视之，世岂复有能死者哉！"皆学问深至语。性嗜读书，虽簿书鞅掌之余，不废丹铅，尝言："有书可读，便是生人一福。"所论著，伸纸辄就。有《奏议》四卷、《老子解》《八识规矩略注》《论语商》《评定通鉴纪事本末》《荆川右编》《昭明文选》《人伦佳事》，及《诗文集》，甚富。故一周公也，为文士，为良有司，为忠臣，而扬榷者独以忠。从公之所以死也，公死诸公之后，其所鬻死者，在诸公之前，故吾于公之忠，复有第一人之目。呜呼！人臣之谊不愿为忠，即载笔者亦讵愿得忠臣而文之哉？夫宫府之构其祸，于古为烈，盖关运数。顾膺滂之死，以汉殉之；训注之死，则不必以唐殉之。造物于二代之死者，又何轩轾耶！故世所憾者，以训注而蒙膺滂之事；所惜者，以膺滂而不值训注之时。以膺滂而值训注之时，其后尚有武宣诸帝。其威能行于骜骜之藩镇，而不能为忠我者一取其残与。故虽人如训注，而死于珰者非天下意；虽人如珰，而死于外兵者，又非膺滂意。今珰之死，尤伏汉法，是即伏公疏也。公虽生不杀珰，而死杀之矣，然则吾君之略，雄于宣武。国家之祚，炽于汉唐，计公之为忠者，亦必快于膺滂。试取忠臣之不可愿者而故愿之，故文之，将愿为蔚宗之传膺滂者乎！抑愿为予之志周公者乎！公生万历十年六月之十五日，至卒之年，为四十有五。元配申氏，初封孺人，以公三品恤，进封淑人。子六：长廷祚，邑庠生，今入国子监读书，娶袁氏；次廷祉，邑庠生，娶吴氏；次廷禧，聘董氏。俱申淑人出。次廷祺、廷祺，侧宋出。次廷祳，侧俞出。女五：一适庠生蒋玉辉，一适庠生陈修，一适赵渭，一字陶学仪，俱申出。一字吕启元，侧宋出。廷祚子四：曙、昉、曦、时，曦聘庞氏。祉子一，未名而殇。所赐兆，在邑二十七都九图之叟字圩。予读廷祚兄弟所列公者三疏，忾乎如闻公之声也，然祉也旋以死孝从公矣。廷祚经术气节，皆克其家，所状公万数千言，予裁而志之，复铭之。铭曰：

忠臣而可愿兮，而死于珰。忠臣而不可愿兮，而足以死珰。死于珰者系一臣兮，如颜之烈，系真于昶。死珰者系一臣兮，如睢之伐，系许于张。吾以是而铭公之藏，以敷天子之耿光。显忠录幽，天语煌煌。惟易名之有俟兮，是在太常。

赐进士出身、光禄大夫、柱国少保兼太子太保、户部尚书、武英殿大学士、同知经筵日讲、纂修实录总裁、通家乡侍生桐城何如宠顿首撰。

赐进士第、资政大夫、兵部尚书、前都察院右都御史管兵部左侍郎事、整饬蓟州等处边备兼巡抚顺天等府地方、都察院右副都御史、南京太常寺卿、太仆寺少卿、三奉敕提督京边东西二路马政、兵部职方司郎中、通家眷弟申用懋顿首篆盖。

赐同进士出身、通议大夫、巡抚江西都察院右副都御史、前太仆寺卿管太常寺少卿事、户兵刑科都给事中、入侍经筵、年眷弟陆文献顿首书丹。

清道光抄本《吴江周氏宗谱》

明御史赠太仆寺卿来玉周公墓表

〔清〕蒋德璟

御史周公，以天启二年四月，首纠逆珰魏进忠。六年六月，逆珰矫旨逮死诏狱，其事甚惨，天下悲之。盖易年而逆珰诛。又明年而为崇祯元年戊辰，特诏超赠公太中大夫、太仆寺卿，予祭葬，仍赐三代诰命，官其子廷祚，且议谥，于是天下又皆为公慰也。廷祚等既葬公于其县之叟字圩，一时名公卿所为志铭碑传甚详，予读而叹曰："嗟乎！伤哉公也！"《易·大壮·夬》言之矣：壮初曰"壮于趾"，夬初曰"壮于前趾"，而其三则以赢角壮顽，为君子忧。当群阳决阴时，而趾不前。不名君子一前，而顽与角皆困，即君子不能胜也，然必无以不胜而不前之君子。公之纠逆珰也，扬廷号厉，螫弧先登，前趾壮矣。又以珰内倚妖客，外通言路，郭巩辈党类蟠据，欲破柱尽根株，故于客氏再召入及郭巩交通进忠状，昌言击之，不胜不止。它如刘朝典兵行边，则胪为九害。王体乾阻挠查刷，则峻斥其狐鼠侯元辈二珰皆魏逆心腹也。公既发逆最先，且树仇益众，以是魏逆不死，公亦不休。而又恨公疏内"千人所指""一丁不识"二语，矫传廷杖且不测，属福清叶公力救得免。当是时，福清以元老钳大憝，护清流，婉语沉幾，用心良苦。故诸君子之气伸，而魏逆亦未敢大逞，因是亦自讳恶，改名忠贤云。比福清行后，诸君子相继谴逐。公以按楚归守父丧，而部郎曹钦程者，承逆指，追诬公赃，得削夺。未几，复从别疏附批，逮入，下北镇抚许显纯，拷掠万状，至悬坐赃万三千五百金。旋移异密室，为杨、左诸公毕命处。公自知不免，北向阙拜者五，南向母拜者四，以是报君亲恩。夜半，显纯遂压公沙石死。死七日，始出就木，肢体残落，半供蝇蚋。嗟乎惨矣！惨矣！显纯曰"此乃东厂簿上第一仇人"，故桐城何公直以公为"击珰第一忠臣"。於戏！此亦前趾不胜之效已。然逆珰败，诸党附磔决，不啻腐鼠。而公与诸君子，名悬日月，千万世不可磨。乃国恩复贲及后先，荣哀具足，则君子固未尝不胜也，倘所谓危乃光者非耶？公讳宗建，字季侯，别号来玉，万历癸丑进士。其先有俊德者，自浙东迁吴江。五传而为吏部尚书恭肃公用，为嘉靖中名臣，公曾祖也。生孝廉式南，孝廉生封御史辑符，是为公祖父、父，皆以公恤恩赠太仆寺卿。祖母郁，母顾，皆淑人。公少为文，尔雅有声。及释褐令武康，间摄德清，复调仁和，以廉能称，各有祠。其在台，为顾公宪成等四人请谥，为东南请免加赋议，救辽兵饷议，战守议，折内监本色。查刷光禄钱粮诸疏，皆确核有真经济。假令得竟其用，必卓然可观，而第以忠节著，可惜也。廷祚匍匐从公，患难中称笃孝，又能偕弟廷祉为公讼冤。而当会鞫显纯时，相与刺啇其肉，复诣北司招公魂以归，闻者为之饮泣。嗟乎！公有子矣。公生万历壬午六月十五，得年仅四十有五。配申氏，封淑人。子六人，延祚其长也，延祉后公卒，次廷禧、廷祺、廷襟、廷禔。女五人，其详具志中。

表曰：余次周公事，忾然久之。盖于是见天示焉，见国几焉，又因以见家教焉。恭肃在康陵，曾疏纠巨珰。而顾淑人父为太仆存仁，在嘉靖初，亦以直言拜杖。公于内外大父渊源深矣，宜其幼而慕椒山也。公临死前一月而王公厂灾，死之次日朝天宫灾，二灾皆大震，其以示杀忠之警乎，天也。或谓公首击珰挑衅，然则古龙比，当相顾作雌蝉耶？且其时苟用公言制伏珰，使不至横放，或珰能自引避以退，并诸小人皆可无恙，其全甚大。童牛豮豕，吉莫加焉，是消长治乱一大幾也，公何咎乎？予故表公之阡，而以《大壮》《夬》合于《大畜》，为后世去小人龟镜。於戏！慎之哉。

赐进士出身、资政大夫、太子少保、户部尚书兼文渊阁大学士、知起居制诰经筵日讲、纂修实录会典总裁、提调东宫讲读予告、蒙召再予告、晋江蒋德璟顿首拜撰。

清周芳《周氏族谱》

文林郎福建道监察御史赠太中大夫
资治少尹太仆寺卿来玉周公神道碑铭

〔明〕董其昌

  今天子首扬忠烈御史周公，晋七秩，貤恩再世。祖制文臣三品以上，得树神道碑墓道东南。公子长君廷祚，将以十二月初九日葬公赐茔，而走一介以碑文见属。余再入承明，受交于公，每抵掌谈天下事，肝胆洞尽，且猷子羽宸之女，实字公三子廷禧，谊不得辞。按状：公讳宗建，字季侯，号来玉。系浙东，居吴江。自始祖俊德始，五祖瑄生昂，昂生恭肃公用，是为公之曾祖。恭肃生孝廉式南，式南生封御史公辑符，则公考也。公生长名阀，不异单门。少随封公学，语及杨忠愍事，慨然有俎豆之思，自童龀而已异矣。性敏悟，下笔千言，声满大江南北。癸丑第南宫，年才三十余，四方见者惊曰："向疑是耆宿也。"令武康，视篆德清，调繁仁和，所至如神，庭无留事。稽钱谷如课家政，御胥吏如约臧获，抚百姓如督子弟，训诸生如处朋友。公尝自言："有司无他长，惟大者小之，难者易之，转折者直捷之。"若自道云。他郡疑狱积不决，台察移就公，一鞫即了。最著者赵充一事，他如核户清赋，禁绝略贩，善政不胜书也。公既洗手视事，归装萧然，惟三邑课士文数卷而已。两举卓异，入拜御史。会逆珰魏忠贤、客氏交通煽处，无敢言者。公独列其奸状，疏上者四。时逆珰犹名进忠，而公首发之，拟廷杖论死，幸救得免。而是时更有大珰刘朝者，有典兵行边之举，公极论其害。壬戌巡视光禄，一意清厘，可省巨万。而大珰王体乾又侧目矣。癸亥奉命按楚，丁封公艰，掩关不问户外，惟地方利弊，知无不言。甲子水灾，藉公请折，全活饥民无数。时杨公涟、左公光斗，群起攻忠贤，辄引公疏语为证。适万公璟杖死，公顿足曰："此逆珰以部郎为尝试也，吾辈今无死所矣。"乙丑，果嗾曹钦程，以为令时受赇诬公，而削夺勘追之命下矣。先是钦程令吴江，动指富民居奇。公争曰："富民贫民，毋奈何重困之。"又有公宗人殁，无嗣，钦程思利其有，特以公在，不得逞也。用是积恨诋公，与张公慎言同谴。晋抚柯昶拟张公戍，奏上，逆珰矫旨，竟从昶疏批逮。逮之日，公托他游别顾淑人，怡然就道。士民巷哭，顷刻数万人。乡先生王公世仁、吴公默、申公用懋、赵公士谔，争捐金助行。周公顺昌，特以二金纳公袖中。所至村农野媪，争出钱馈缇骑，祝善视公，公颜色不变也。既下诏狱，拷掠备至，公但连呼："天地祖宗，共扶击贼。"逆党许显纯、崔应元迎珰意，必欲死公，悬坐赃万三千五百。知公贫，不死法，必死追比也。有陈太史盟者，慨然谋之张公捷、陆公文献，出金三千有奇，欲以活公，而公竟不可活矣。先是逆珰杀王安，熹庙久勿闻也。公于辨郭巩疏发之，熹庙始诘问逆珰，珰以刘朝对，即赐朝死，逆珰怖丧胆矣。用是恨公仇公，欲杀甚于杨公涟云。今上御极，公子廷祚上书讼冤，诏予全恤，易名赐祠，煌煌异数。呜呼！可谓荣哀也已。公之与邹公元标、冯公从吾论学，曰："人心昏溺，虽有百种，大略俱从无忌惮来。忌惮二字，绝与天理相近。"相在尔室一语，千圣学问丹头也。鉴往《持平疏》略云："国家毕竟以辽事为第一紧着，臣子毕竟以君德为第一根本。一语偶歧，正可为参伍之藉；一人互异，不妨酌众论之中。"皆前人所未发也。恭肃公事康陵，尝疏击大阉，谏迎法王，著抗直声。公虽性生忠孝乎，渊源之所来者渐矣。嗟乎！逆焰之张，轴摇鼎沸，而宗庙讫得晏然，则以诸君子为之撑拄也。诸君子之功，则以公为之首事也。公识独早，公祸独烈，公树亦独伟。呜呼！公何憾乎！姻娅生卒详志中。铭曰：

欲岂得刚，节不辞苦。名李范齐，羞绛灌伍。此一士谔，彼九斗虎。美新蓬然，茅靡三鼓。苌弘一呼，奋其豹武。海水群飞，碧血在土。嚼齿衔须，谊不可侮。九鼎一线，万死千古。圣人龙兴，整我皇斧。元祐踣碑，日月再睹。阐忠扬贞，兰台盟府。无陂不平，无丰不盅。资以教忠，浩气可贾。

赐进士出身、资善大夫、礼部尚书兼翰林院学士掌詹事府事、实录副总裁、年家眷侍生董其昌顿首撰并书。

清周芳《周氏族谱》

文林郎福建道监察御史赠太中大夫资治少尹太仆寺卿周公神道碑铭

〔清〕钱谦益

天启元、二之间，逆阉忠贤已居中用事，周公为御史，因盛夏冰雹，论内臣为害，讼言攻之。当是时，阉犹未改名，公疏所谓魏进忠者也。公既首发阉奸，而后先言乳母不当入宫，近侍不当典兵，皆以剪阉之翼，而遏其机牙。迨癸亥内计，极论阉与其私人巩交关乱政状，巩大惭且惧。诸与巩潜附阉者，耸听喘汗，人自以为丽公白简，遂聚族而谋公矣。乙丑，阉徵杨、魏诸公考死，群小胁阉曰："必杀周某。"遂嗾吴江旧贪令曹钦程飞章告公，公丧父里居，坐削籍追赃，狱未上而槛车徵矣。公之下诏狱也，以丙寅四月十三日。其毕命也，以六月十七日，年仅四十有五。越七日，始得出暴尸都市，肢体断烂，其惨毒视杨、魏一也。公被急徵后，织阉实又诬奏公，传言将孥僇。公之母以惊死，所坐赃多不能偿，其子廷祚、廷祉亦旦夕祈死。会今天子御极，遂竭蹶诣阙讼冤。天子嘉公首发奸逆，赠公太仆寺卿，襃恤有加，又诏所司定巩等罪状。于是天下虽刍夫牧竖，无不称公之忠，为之嗟咨叹泣，而咀嚼巩等，恨不得脔其肉也。呜呼！公又何憾哉！公为儿时，闻其父谈杨忠愍事，辄抵掌曰："好！好！"念其祖之死于冤也，灯窗诵读，流涕覆面，甫入台，即疏请昭雪焉。其言事，传旨廷杖者三。比其得免，言笑举止，无以异也。下狱考掠逾两月，无屈词。且死，以老母为念，无怨言。其死于忠孝，盖天性也。公少俊杰廉劲，遇事风发。举进士，益自刮磨，饬理以蒇声业。释褐为武康知县，视篆德清，调繁仁和，剔宿蠹，断疑狱，三邑皆以为神明。其在西台，谙熟典故，晓畅法令，慷慨发舒，知无不言。东事之殷也，议恢复，计兵饷，责成中枢执政，皆凿凿可施行。巡视光禄，岁核冒破几万余金，阉体乾以郊庙享用为言，公据会典驳正，阉亦为屈服。巩被弹，犹狺狺不相下。公曰："今刘朝典兵行边，巩能出片纸遏朝，吾请为洗交结之名。"巩嗫不敢应。其以正论服人，皆此类也。公每昌言于朝，谓士大夫当持平心，涣党议，无使国家为熙宁、绍圣之续。其言论风旨，于世所指目贤人君子，亦不尽相附丽。而魏公在谏垣，尤为牴牾。及内外钩连，中旨数出，慨然知国事日非，而是非邪正不可假易也。于是大臣言官相继放逐，遂不惜倾身愿与之同去，与之同罪，而卒与之同祸。呜呼！公可谓忠谠特达、致身授命之君子矣。公讳宗建，字季侯，苏州之吴江人也。曾祖讳用，吏部尚书，赠太子太保，谥曰恭肃。祖讳式南，举人。父讳辑符。母顾氏，太仆寺卿讳存仁之女。祖、父皆以公赠太仆寺卿，而妣皆淑人。妻申氏，封淑人。子男六人：廷祚，邑庠生，今入国子监读书；廷祉，邑庠生，后公卒；次廷禧、廷祺、廷禄、廷禔。女五人，皆归士族。廷祚以崇祯五年十二月初九日，葬公于叟字圩之赐茔。惟公与魏公争论故金院王公德完，遂相击排。魏诋其末路，而公护其初节，所谓相争如虎者也。及纠巩疏出，魏公亦闻而叹焉。魏、周之争，举朝几分左右袒，既而隶党籍，死阉祸，白首同归。阖棺论定，阉之煽虐，殆天所以成公等与！余于墓隧之碑，重复书之，不独使两家子弟通知二父志，亦以信于后世云尔。铭曰：

国有椓人，金虎在旁。群小蝇附，厥翼始张。雄唱雌和，设阴施阳。公首奋笔，抉摘附党。譬如迅霆，破彼蛰藏。飞谋钓谤，倅刃以偿。身填牢户，魂复桁杨。腐肉安逃？枯骨何葬？明明昊天，云何弗恻。神熹之际，党论拒撑。分部立埠，沸羹扬汤。填河浊流，焚玉昆冈。劳臣志士，同归一坑。逆焰焚如，显此忠良。孰云长夜，天晶日光。嗟我于公，同籍同方。我为党魁，懂而后亡。悼往抚今，有泪盈眶。刻文碑石，过者尽伤。

赐进士及第、嘉议大夫、礼部右侍郎兼翰林院侍读学士、协理詹事府事、年眷弟钱谦益顿首撰。

赐进士第、中宪大夫、巡抚郧阳都察院右佥都御史、前太仆寺少卿、陕西道监察御史掌河南道事、奉敕巡按陕西、年眷弟蒋允仪顿首篆额。

赐进士第、文林郎、四川道监察御史、奉敕提督省直辽饷、前巡按陕西、年通家眷社弟吴焕顿首书丹。

清周芳《周氏族谱》

周宗建列传

周宗建，字季侯，吴江人，尚书用曾孙也。万历四十一年进士，除武康知县，调繁仁和，有异政，入为御史。天启元年，为顾存仁、王世贞、陶望龄、顾宪成请谥，追论万历朝小人，历数钱梦皋、康丕扬、亓诗教、赵兴邦乱政罪，并诋李三才、王图。时辽事方棘，上疏责备辅臣。无何沈阳破，宗建责当事大臣益急，因请破格用人，召还熊廷弼。已,论兵部尚书崔景荣不当信奸人刘保,辅臣刘一燝不当抑言路,因刺右通政林材、光禄卿李本固。材、本固移疾去。魏大中劾王德完庇杨镐、李如桢,宗建为德完力攻大中,其持论数与东林左。会是岁冬,奉圣夫人客氏既出宫复入,宗建首抗疏极谏,中言:"天子成言,有同儿戏。法宫禁地,仅类民家。圣朝举动有乖,内外防闲尽废。此辈一叨隆恩,便思逾分,狎溺无纪,渐成骄恣,衅孽日萌,后患难杜。王圣、宋娥、陆令萱之覆辙,可为殷鉴。"忤旨诘责,清议由此重之。明年,广宁失。廷臣多庇王化贞,欲甚熊廷弼罪。宗建不平,为剖两人罪案,颇右廷弼。诸庇化贞者,乃深疾宗建。京师久旱,五月雨雹,宗建谓阴盛阳衰之徵,历陈四事:一专讥大学士沈㴶;一请宽建言、废黜诸臣;一言廷弼已有定案,不当因此罗织朝士,阴刺兵部尚书张鹤鸣、给事中郭巩;一则专攻魏进忠。略言:"近日政事,外廷啧啧,咸谓奥窔之中,莫可测识,谕旨之下,有物凭焉。如魏进忠者,目不识一丁,而陛下假之颦笑,日与相亲。一切用人行政,堕于其说,东西易向而不知,邪正颠倒而不觉。况内廷之借端,与外廷之投合,互相扶同。离间之渐将起于蝇营,谗构之衅必生于长舌,其为隐祸,可胜言哉!"进忠者,魏忠贤故名也。时方结客氏为对食,廷臣多阴附之,其势渐炽,见宗建疏,衔次骨,未发也。邹元标建首善书院,宗建实司其事。元标罢,宗建乞与俱罢,不从。巡视光禄,与给事中罗尚忠力剔奸弊,节省为多。寻请核上供器物,中官怒,取旨诘责。宗建等再疏力持,中人滋不悦。给事中郭巩者,先以劾廷弼被谪。廷弼败,复官,遂深结进忠。知进忠最恶宗建,乃疏诋廷弼,因诋朝廷之荐廷弼者,而宗建与焉。其锋锐甚,南京御史涂世业和之,诋宗建误廷弼,且误封疆。宗建愤,疏驳世业,语侵巩,抉其结纳忠贤事。巩亦愤,上疏数千言,诋宗建益力,并及刘一燝、邹元标、周嘉谟、杨涟、周朝瑞、毛士龙、方震孺、江秉谦、熊德阳辈数十人,悉指为廷弼逆党。宗建亦愤,抗疏力驳其谬,且曰:"李维翰、杨镐、袁应泰、王化贞,皆坏封疆之人也。亓诗教力主催战,赵兴邦贿卖边臣,皆误封疆之人也。其他荐维翰、荐镐、荐应泰、化贞者,亦误封疆之人也。巩胡不一击之,而独苛求廷弼,且诋荐廷弼者为逆党哉?"当是时,忠贤势益盛,宗建虑内外合谋,其祸将大,三年二月,遂抗疏直攻忠贤。略言:"臣于去岁指名劾奏,进忠无一日忘臣,于是乘私人郭巩入都,嗾以倾臣,并倾诸异己者。巩乃创为'新幽大幽'之说,把持察典,编廷臣数十人姓名为一册,思一网中之。又为匿名书,罗织五十余人,投之道左。给事中则刘弘化为首,次及周朝瑞、熊德阳辈若而人。御史则方震孺为首,次及江秉谦辈若而人,而臣亦其中一人也。既欲罗诸臣,以快报复之私,更欲独中臣,以释进忠之恨。是察典不出于朝廷,乃巩及进忠之察典也。幸直道在人,巩说不行,始别借廷弼,欲一阱陷之。巩又因臣论及王安,笑臣有何瓜葛。陛下亦知安之所以死乎?身首异处,肉饱乌鸢,骨投黄犬,古今未有之惨也。巩即心暱进忠,何至背公灭理,且牵连刘一燝、周嘉谟、杨涟、毛士龙辈,谓尽安党。请陛下穷究安死果出何人倾害,则此事即进忠一大罪案。巩之媚进忠,即此可为证据矣。先朝汪直、刘瑾,虽皆枭獍,幸言路清明,臣僚隔绝,故非久即败。今权珰报复,反借言官以伸,言官声势反借权珰以重。数月以来,熊德阳、江秉谦、侯震旸、王纪,满朝荐斥矣；邹元标、冯从吾，罢矣；文震孟、郑鄤，逐矣。近且扼孙慎行、盛以弘，而绝其揆路。摘瓜抱蔓，正人重足。举朝各爱一死，无敢明犯其锋者。臣若尚顾微躯，不为入告，将内有进忠为之指挥，旁有客氏为之羽翼，外有刘朝辈为之典兵示威，而又有巩辈蚁附蝇集。内外交通，驱除善类，天下事尚忍言哉？"疏入，进忠益怒，率刘朝等环泣帝前，乞自髡，以激帝怒。乃令宗建陈交通实状，将加重谴。宗建回奏益侃直。进忠议廷杖之，阁臣力争，乃止夺俸。会给事中刘弘化、御史方大任等交章助宗建，攻进忠、巩，巩复力诋诸人。诏下诸疏平议，廷臣为两解之。乃严旨切责，夺巩、宗建俸三月。是时，刘朝典内操，遂谋行边，廷臣微闻之，莫敢言。宗建曰："巩自谓未尝通内，今诚能出片纸遏朝，吾请为洗交结之名。"巩噤不敢发。宗建乃抗疏极谏，历陈三不可、九害。会朝与进忠有隙，事亦中寝。其冬出按湖广，以忧归。五年三月，大学士冯铨衔御史张慎言尝论己，属其门生曹钦程诬劾，而以宗建为首，并及李应昇、黄尊素。忠贤遂矫诏削籍，下抚按追赃。明年以所司具狱缓，遣缇骑逮治，俄入之李实疏中，下诏狱毒讯。许显纯厉声骂曰："复能詈魏上公一丁不识乎？"竟坐纳廷弼贿万三千，毙之狱。宗建既死，徵赃益急，其所亲副使蒋英代之输，亦坐削籍。忠贤败，诏赠宗建太仆寺卿，官其一子。福王时，追谥忠毅。

清张廷玉等《明史》

周宗建传

陈去病

公讳宗建，字来玉，号季侯，南直之吴江人也。曾祖用，字行之，号白川，弘正朝进士。位冢宰，以文章经济为世推重，卒谥恭肃。祖式南，亦名孝廉，为墨吏易可久龁龁死。父辑符，诸生。公幼而岐嶷，读书自吃苦，不为章句所累。登万历四十一年（癸丑）进士，谒选得武康令。明年冬（甲寅）之任，三年（丙辰）移据仁和。所至有政声，能发奸摘伏，邑民惊以为神。戊午上计报最，授福建道监察御史。入台日，即首白祖冤，得旨昭雪，一时咸称其孝。公亦感激，益图报称。举凡国事有可裨补万一者，无不竭忠尽愚，以疏上陈（如请修实录疏等），而尤以辽阳事为切挚，帝每优诏褒纳之。当是时，东事亟，杜松、刘綎皆战死。熊廷弼起，复罢。代者袁应泰，又才绌难应变，沈阳遽陷。公闻之大悲愤，再疏论边事，殷殷以用人为急。谓："百凡防御，总藉人为。而臣所欲用之人，非犹夫人之所谓用人也。平时之人，横金结绶，赴阙生欢；今所欲用之人，必被发缨冠，誓身殉国者也。平时之人，安车缓辔，徐徐吾行；今所欲用之人，必击楫枕戈，矍铄自荐者也。平时之人，小廉小谨，标格自持；今所欲用之人，必不衫不履，不傍时趋者也。平时之人，求封求荫，画锦在怀；今所欲用之人，必仗剑出门，不与妻儿作别者也。以如此事，任如此人，而旁揣者犹为之铢铢而较曰：'某向以某事而退，某向以某人而归，某曾经驳于弹文，某曾身挂于察典，某为习气之未除，某为功过之不掩。'不徘徊于铨司，即旁挠于私口。嗟乎，嗟乎！抑何其忍忘君父之封疆哉！"又谓："董应举先幾远识，能料辽事于二十年前。徐光启于一切兵甲器仗、火车火工、城守攻御之具，咸有成制。自宜优之京秩，以备顾问。"且曰："人臣当效古人同舟之助，不宜效后世幸灾之心，并胆一力，如救溺然。辅臣枢臣当思履齿欲折之深心，勿学围棋赌墅之虚貌；诸臣当思有事时求人甚难，毋于事定后责人太易；当思今日只有此事之惊危，毋于他日再多小事之争执。此尤今时救辽第一根本义也。"（此疏系天启元年三月十七日具题）疏上，而辽阳败报适再至。应泰、张铨死之，三河五十寨，河东大小七十馀城，望风皆降。公益愤切，谓辽事之失，在内外臣子畏缩引避，无同仇敌忾之概，致溃败决裂而不可救。欲回此习，计惟坚其恢复之志，毋专退守以误国大戮。遂上疏力陈机要，曰："臣闻天下强弱之势，譬之相搏，我进彼退，决无中立。矧一当久胜，日鼓则日前；一当屡挫，日怯则日缩。狃其缩而安焉，计当一无所之；忿其缩而奋焉，一呼可以立振。犹之奔且仆者，蹶然自立，挺然向前，站立一定，而逐者亦止。此今日东事得失之大势也。朝廷昔年锐意剿灭，轻率丧师。今见口势披猖，陷我辽左，逼我门庭。渐迫而进，反欲渐退而守，惴惴焉不思为卷土恢复之计。则是口口李永芳之逆谋，所以愚我中国者，乃欲以此自愚也。且今日之势，不可不恢复者，其说有三；可以恢复者，其说亦有三；而计必出于恢复者，其说又有二。国家连年断送几千万生命于辽阳，断送几千万金钱于口口，断送几百员贞臣烈将于沙场。匹夫有恨，尚思报复。何况大国，便自包羞？此不可不议复者一也。前此失一城一堡，尚不胜愤恨，而有三路之举，有十八万之集。今一朝而丧祖宗数百里之封疆，顾乃束手叹气，视若固然。一弃之后，何所不弃，臣子何以仰对君父？皇上何以上慰列祖？此不可不议复者二也。国家运气，全在人为。安史之变，天下去而复来；奉天之厄，宗社危而复定。转危拨乱，从古已然，岂一狡口，遂甘退让？此不可不议复者三也。当时辽民苦西兵，苦降虏，苦车运，辄有诅望之心。今遭口戮，更惨更毒，怨气所结，岂遂消沉？洛邑顽民，田横义士，山间海上，岂曰无人？此可议恢复者一也。当时口巢深密，险恶难前。今口以辽左为巢，地广力分，众心未集。彼方求守之之策，而我乃为扰之之谋。道里邈阔，势难照应，虎狼虽猛，离穴易擒。此可议恢复者二也。川兵一鼓，歼及万人，儒生一椎，杀及头领。口口之兵，岂真如神如鬼，有异于人？但使我肯向前，彼自决然退避，事由人做，有志竟成。此可议恢复者三也。且今日计欲结连西虏，牵制东口，必使坚图恢复。我无畏口之心，而后劲气不衰，始可得西虏之用。倘令畏口如虎，甘心弃地，岂惟口欲难厌，亦且西虏生心。东西交困，何以自存？此势之不得不恢复者一也。且隔河一线，我不过东，则口必渡西，彼无大挫，必求大逞。广宁不已，渐而山海，山海不已，渐而神京。即欲自守，何以为国？此势之不得不恢复者二也。夫以不可不恢复之恨，有此可以恢复之机，而又处不得不恢复之势，顾不着着上紧，事事奋扬，必待虏计已成，联络牢固，乃欲借一河一海，恃为鸿沟，臣恐谋国大臣，虽有百身肉，不堪食也。诚为今计，请急督兵三万，发三岔河镇守。以兵三万，发登莱镇守。以兵一万，发天津镇守。若云一时调募未足，则请以五十万金付王化贞自募，以五十万金付登莱道臣自募，以二十万金付毕自严自募。朝廷视此百万，何啻锱铢！事在剥肤，岂容悭惜？再俟川兵并集，浙兵齐来，联络十万之师，以四万从登莱渡，以攻□之后，以六万从三岔河渡，以捣□之前。使其腹背受敌，支吾不及。即未必系□之颈，而逐□远去，仍可得辽为镇，因而进取，杀□可期。正未可以今日一败，遽而索气也。乃臣所痛惜者，密勿辅臣，不能为中流柂师，主张国事。本兵重地，如憨如醉，一筹不展。更可笑者，以大司马帷幄之寄，亦自派于坐守一门。而其自谓拮据者，则惟搜览朝报，日昃不遑。如同官张捷所言，中朝有如此等人，亦足羞杀当世士大夫之气矣。乃犹欲仗之折冲御侮，动以旧经臣之更换为戒，是有一袁应泰之误国，将使土寓木偶终长据而不易。是当局大臣，明明以国事为戏，恐金瓯天下，不坏于□□，而坏于二三大臣之迷暗矣。"（此疏四月十九日具题）会鞫降卒，公廉得李永芳谋主李伯龙，以水浒策，饰医药诸徒侣，流布扇惑为内应状。因再陈防察内奸，及天津、登莱添兵防御诸疏，语极恺切，皆得旨允行。而抚臣王化真独以西虏可恃，又妄倚李永芳可内应，欲尽撤诸路（即天津、登莱）兵。枢臣张鹤鸣不加察，遽信之，由是三方布置复弛。公无如何，愤愤而已。当是时，帝乳母奉圣夫人客氏，骄侈甚，内阉魏进忠渐与比，矫杀王安等。帝婚，客出矣，而复宣入宫，内外时事无一可问者。宗建立朝日浅，位卑，不得枋政权。而居谏垣又不甘碌碌，则谊当言，遂即上疏劾客氏。谓幸萌曲窦，岂四郊多难之日所当亲；近习细娱，岂弓剑初藏之后所当近；妇言女谒，岂听受经史之时所宜分；玩愒优游，岂独总万几之朝所宜及。且言汉齐诸君，惟不悟王圣、宋娥、陆令萱之蛊惑，故卒乱国，引喻极真挚。客闻之睨魏而叹，珰之私人则击手舞，谓生富贵乃在此，力怂恿矫诏，杖八十。（疏上于元年九月二十日）宗建不为动，言事益勇。会边事急，经抚臣议，益左枢垣，且无一右廷弼者。公独不为然，议常袒廷弼。（《明史》谓袒廷弼者，惟公及何乔远耳。）并闻河西危，乃纠同官请权广宁城。又谓边事之坏，由于牧令之不得其人。因独上更置边方有司疏。顾时事已不救，广宁既陷，而河西之地亦尽归□有。沈□方起用，又婥婀与进忠暱。孟夏雨雹，朝士金粉饰进贺。宗建独谓雹者阴象也，阴为臣下，为小人，为夷狄。阴之胜阳，为臣侵君，下凌上，小人乘君子，夷狄窥中国。因条四端，讥切时事，（一曰大臣名节宜重，以刺□；一曰小臣忠告宜宽，以救言路；一曰内臣窥伺宜防，以排魏阉；一曰外臣伤谗宜化，以讽张鹤鸣等，不当因廷弼罗织朝士。）而弹击魏阉尤激切，不遗馀力。进忠得疏大惧，环御床而泣，帝优容之。进忠乃喜，登文华殿大诟，喧声达御听。欲竟拟杖，赖叶向高婉解之，三拟杖而三免焉。旋巡中城董建首善书院，与同官邹元标、冯从吾讲学其中，为朱童蒙等所中伤。邹、冯皆引去，公即求同罢，不许。遂因典兵事疏攻刘朝，谓内臣行边，有三不可、九害。又以察典挠乱，再疏劾郭巩，皆指斥魏阉。由是群阉益恨齿骨。巡按湖广，湖广人喜公来，冤狱多所平反。其墨吏凛公威棱，莫不望风解印绶去。而冯铨父冯盛明居官多不法，公廉得实，力劾之。铨私人曹钦程以先为吴江令，遂撼无影事诬公，削籍。六年春，复逮问，坐赃至万三千。五日一酷掠。明制，缙绅下狱多优待，至是许显纯恨公甚，坐镇抚堂，张拳嗔目，以犬豕骂之曰："而尚能訾魏公不识一丁否？"因箠楚下，较众益毒，至不能出声。狱具，御史王寀诣朝房，以公议责铨,欲令开释。铨厉声曰:"宗建不家言郭巩通内。"宷不能忍,含泪出。珰命以铁钉丁之,不死。复着锦衣,沃以沸汤,顷刻皮尽肤烂,肉熛赤若火,婉转两日死之。或曰以沙囊压之云。时六月十七日夜也。(《明史》作十八日,系据平旦而言。)犹追赃不已,府县官怜其贫,咸为册募,始偿少半。思庙立,子廷祚首伏阙讼父冤,诏复原官,赠太仆。蠲其所坐金,仍恤银五百两,予祭葬。弘光朝,复追谥公曰忠毅。乌乎!可谓屈于一时而伸于千古者矣。公于学无所不窥,尤斤斤律己,而恶虚侨。恒谓天下之坏,莫不由于卖名市誉巧捷好异之人多,而谦谨朴素静退损抑者之无所尚,故世益不治。因本老氏旨,成《道德经解》一卷,(去病按:此书成于癸亥冬。)以标揭己意,而隐讽党类,其托志盖尤远云。子三,廷祚其长也,字长生,以难荫中书舍人。当公昭雪时,恤赠只逮本身,廷祚援张忠烈铨死事例上请,得赠两代如公官。同难者咸邀异数,则廷祚力也。国变隐居终其身,乡人私谥孝节先生,议者谓不愧名父子云。

南史氏曰:予闻忠毅之死诏狱也,子在途不及知,仆在都不敢视,独乡人沈义殓其尸。当义请尸时,叩镇抚司前,许显纯痛斥之曰:"尔主为东厂仇人簿上第一名,且骸腐狱底。"义泣不已,七日乃许之。予退徵诸志,义盖一吴江卖饼儿也。徒慕公直节,攘臂走京师。其所尽于公者,橐饘事耳,非他有所希望也。而独始终黾勉,还搏于乡,此其人之义侠为何如哉!故并记之。嗟乎!当启祯之际,天下固有媚阉降虏以求富贵者矣,而自今论之,直鄙不足道,然则义也者,岂非容城定兴之徒欤!

张夷《陈去病全集》

先伯兄安期行略

〔清〕周永言 周永肩

兄讳永年,字安期。系出汝南宋元公,孙太常博士天锡公,同余知阁,随思陵南渡,家于浙之云栖回耀峰前,详《扈东录》。《云栖纪事》亦载有舍宅碑,断石犹存七言绝三首,公所作也。四传而至俊德公,赘山阴赘烂溪张院判氏,遂世居而为吴江周氏云。高祖讳昂,字大瞻,皇赠资政大夫、南京都察院右都御史。曾祖讳用,字行之,皇仕资德大夫、正治上卿、太子少保、吏部尚书,赠太子太保,谥恭肃,以子考绩进阶光禄大夫、勋柱国。祖讳乾南,字叔元,恭肃幼子。廪例太学,文艺藻词、书法绘事,步武先公。年未三旬,举五丈夫子,即谢世。恭肃以最后荫遗之,未及承袭。给谏徐鲁庵先生有志铭。父讳祝,字季华,皇授太常寺典簿。宗伯钱牧斋、司成陈雪滩两先生各有志传。母为松江光禄杨于庭后湖女,中丞赵骞卿、松江陈眉公两先生亦各有志传。伯兄为父冢子,壬午四月二十四日生。时父当祖背弃之年,故生子已嫌其晚,抚爱殊笃。祖母薛孺人以是孙为岐嶷,独邀钟爱,因修净业,四五龄时授以《永嘉证道歌》,辄能成诵质问,人争异之。七龄就外傅,颖敏之资,一时杰出。十二岁即能赋诗,修礼忏法,垂髫操觚,滚滚万言。日奏重技,笔有余勇,先□□□同社咸目为英彦。补郡博士员,同从兄忠毅□□□蜀刘梦胥先生,自是试必高等。后临川周怀鲁先生督抚我吴,遇以国士。兄固自负其才,人亦咸以远大相期,无奈阻于数奇。忠毅兄按楚归省,劝就北雍,终不获遇。繇是牢骚之感,半寄于篇章。游屐文坛名宿,风雅主盟,以逮法门龙象,无不为折节交。尝赋存殁口号,胪列已逾半千,而兄犹云:"位已显而宦方热者不与焉。"则兄之交谱已可概见。身虽挂诸生之籍,而朝野要务俱经谙练,兵农水利洞如指掌。令长之式庐而前,乡衮之隆礼而就,谁肯以老逢掖目之。居恒诵读有课,手执一编,目无分营,耳无分听,自朝以及夜,屹屹不休。遇事发议抒心,冲口援古证今,凿凿中款。称为博洽君子,又何愧乎!兄固温温长者,然强直刚毅是其本来。不为煦言逊色以逢人,不为依违浮泛以自处。重然诺,敦信义,济人缓急,释人纷纠,随力优为,曾无推避。而又深嫉夫波靡委徇之风,□□□悖理,矫诬强辨,则击案唾骂,愤懑疾呼,瞋目□□□,不能顷刻忍者。称为有道君子,又何愧乎!自童年至暮岁,于紫柏、云栖、天童、邓尉诸弘法人,屡得授记钳锤,纂《吴都法乘》,定径山祖位,堪为末法功臣。为郡邑典故,则有补遗之搜求。为名物辨核,则有艺文之编次。吾宗群从世不乏词翰文墨,孰得与兄齐驱。从父本音先生名倾海内,品出群贤齿颊之间,未肯轻许可一人,而于兄为竹林之游,不啻铜盘具食,宁与诸阮等视。钱牧斋先生之叙永肩所辑家谱,有"余少壮取友于吴江,得周子安期及从弟季侯,皆珪璋特达君子雄骏人也。季侯易名赐祠,蔚为名臣。安期晼晚,不能取一第,余与交益亲。殁后,过垂虹,追忆步屧登舟,足迹犹可指数。招摇笑语,咳吐宛然,辄潸然泣下,作数日恶"。系大君子身后之思如此。又先生于丙戌之夏,从燕山之桂馆寄启于兄:"恐明朝一代之诗有所湮没,欲仿元遗山《中州集》之例,选定为一集,使□代诗人精魂留传纸上,可先为料理搜辑。若空同、大复、弇州、子威辈,篇帙浩繁,先加丹铅点定。令弟及元叹、子羽,可与共事。一篇半纸,不可涂抹,而国初人为尤要,想安期胸中先有定局也。"其起大君子倚托之重又如此。惜未及期而殁,故列朝诗集,兄未得一效搜访之力。而先生为小传曰:"制义诗文,倚待立就,才器通敏,风流弘长。禅宫讲席,西园北里,参乘错互,诗酒淋漓。献酬曲中,所作累万首,纵笔匠心,不以推敲刻钵为能事。"此真可为兄实录。兄至性孝友,日以两亲慕舍饴之乐,望于其身尤切,奈终母之世,绝无生育。迨母卒,而先君为卜善地,冀延子嗣。奈女则长,而男必殇,是与不得取青紫以慰亲,同有幽恨。嫂氏殁,而权下替内帑,外业不为经纪,见人情之惨薄,忧愤屡形。时言止一子,肩亦杳然,致欲废弃先庐。甲申、乙酉,世际更移,人罹流散。兄之慎心细胆,又倍过人。风鹤易摇,独先携笈,惴惴怀危,未免神明内铄矣。□□城居,栖止庄舍。长夏赤日,局膝一椽,抱书弄墨,□□于常。其地于母族相去一水,肩先往赁寓。舅氏为王元美先生婿,诸表兄弟有古今书籍可以消遣。兄弃所成之房,亦来共处,日享怡怡之乐,若不知有播迁者。已而寇盗纵横,肩以营葬室人入山。三月之后,兄亦挈眷属而来,肩即于支硎之麓,觅一寓以安之。林木垂阴,流泉触耳,杖履所及,古德名隽如苍雪、含光、彦可、元叹辈,拈韵赓歌,殆无虚晷。兄婆娑盘礴,若将终焉之计。言与肩念故室空存,祠烟久冷,于冬底先后入城。自春徂夏,时复往来。六月下旬,简理残编，起居于肩书斋者数日，订仲秋回祭先祠，同往山中观月。后因如嫂产疾，不果所约。忽焉微恙，自病逮亡，煎淹旬日，杳不相通。比将易箦，欲具纸笔书遗语，三索而三不应，数问两弟何亦绝迹，绐云"早已往迎斯时也"，兄即欲强存视听，以待同气面诀。不可得矣，伤哉！痛哉！直中峰老人骇言、肩之不至，令人走闻。肩即买舟将行山，仆始来云"已危极"。言即疾驰，气已早绝，周视左右，室中如扫，五内崩裂。是为丁亥八月二十二日。肩于次蚤制美材，及各执事以往，而附身不具也。欲殓以生时之服，则报云无，欲问其随身之装，则报云无。伤哉！痛哉！牧斋先生子羽社兄在郡闻之，急备棺来殡，不肖兄弟哭谢辞之。云霄厚谊，没世不忘也。伯兄生平藏蓄多祖、父传，及其嗜古好文，恒市精玩，即云无长物羡积，岂真一什不留、一丝不挂者哉？真大可恨也。只遗稿未尽散佚，肩亟收置舟中。惟《词规》一部，兄费尽心力，考订而成，未识落谁人之手？先君文字禅十卷，兄欲选较图刊，亦归乌有，深堪痛惜。余诗文稿外，所著《邓尉山寺志》，剖石老人已为刊行。《虎丘山寺志》《中吴志余》《松陵别乘》及读经史数十种，当郡邑诸友拟市家所藏书籍梓之。乃其佳者，先亦为两婿所分，又成空想。不肖兄弟无力阐扬，惟有痛□而已。至若后嗣，时传有遗腹，深幸可免伯道之惨，谁知亦属欺朦。适肩于次月八日生今长男，设早一月，先兄亦得瞑目也。亲族均议，即应为立。肩以初生小孩，未知长成与否，只任兄不作若敖之鬼，未敢改题神主。次冬，长儿痘可之后，宗人复理前说，谓以长继长，无所推托。肩以独子且置赖祖宗之灵，于次年己丑孟秋六日，复举一男，即于大祥命名人牧，会族告庙，立为长兄后。配沈氏，宪副江村公孙女，无出，先兄十三年卒，已营葬于吴县仰天窝藤青山。兄之生穴，久为虚左，不肖兄弟于孟冬之朔，即举柩与沈氏合葬焉。长女配孝廉沈若一子孝公；次配虞部叶仲韶子世偁，侧室顾氏出；三配太学沈君张子永禋；四配太学吴慧生子方杲，侧室张氏出。呜呼！不肖兄弟胸既无学，腕又无文，不能为兄谱叙懿行，乃窀穸已余十载，而墓门片石无以表章。因循之戾真莫可逭，惟恃海内名公暨兄道友，无不知兄之素，则兄业□□为状矣。□□□□□□大人先生幸赐华衮，以光幽壤，以荣家乘，则不肖兄弟感且不朽。弟永言、永肩顿首拜述。

清周芳《周氏族谱》

周安期墓志铭

〔清〕钱谦益

故太宰吴江周恭肃公有曾孙二人，曰永年，字安期，宗建，字季侯。与余俱壬午生，以书生定交。余与季侯同举万历丙午，相继中甲科。季侯入西台，忤奄拷死，赐谥忠毅。而安期为老生自如。季侯殁，安期视余兄弟之好益亲，故予知安期为详。余初交安期，才名惊爆，不自矜重，攒头摩腹，输写情愫，久与共居，而不能舍以去。其待后生门下士亦然。诸公贵人，声迹烜夏，争罗致安期。安期披襟升座，轩豁谈笑，不为町厓，卒亦无所附丽。邦君大夫，虚左延伫，笺表撰述，必以请。材官小胥，错迹道路，间值诸旗亭酒楼，捉败管，舍寸幅，落笔声簌簌然，缘手付去，终不因是有所陈请。以是知其人乐易通脱，超然俊人胜流也。为诗文多不起草，宾朋唱酬，离筵赠处，丝肉喧阗，骊驹促数，笔酣墨饱，倚待数千百言。旁人愕眙惊倒，安期亦都卢一笑。以是叹其敏捷，而惜其不能深思，徒与时人相骋逐也。父季华府君笃老，安期扶侍如婴儿，与二弟践更侍寝，以终其身。哭季侯也，过时而悲。二弟善小词，工画，出以示余，喜见颜面，不啻身为之也。家世奉佛，王母薛夫人禅定坐脱。安期禀承父叔，刻藏饭僧，誓终紫柏付嘱，穷老尽气，若营其私。盖能以儒修梵行，称其家风者也。晚年撰《吴都法乘》余百卷，蠹简蟫翰，搜罗旁魄，其大意归宗紫柏一灯，标此土之眼目。又以其间排缵掌故，访求时务，庶几所谓用我以往者。弘光南渡，诒余书数万言，条列东南战守、中兴建置事宜，凿凿可施用，余将疏荐而未遑也。乱后移家西山，与余执手嘘唏，酒半脱帽，垂顶童然，顾影长叹，以谓老可践而死可贳也。丁亥八月，发病不汗卒。无子，以季弟之子人牧为后。生四女，皆适士人。与其妻沈氏合葬吴县之藤箐山。既葬，弟永言、永肩泣而言曰："吾兄已矣，其生不获以功名显，有志于文章禅悦，皆有绪言而未竟也。夫子其何以表之，使其无憾于土中乎？"余曰："安期，学道人也，功名之与文章，其能立与否，皆有命焉，我知其无余憾也。安期植善根深矣，佛言'食少金刚，终当穿骨'，安期之食金刚，不为少矣。虽未临终正定，所有善根，不唐捐，不沦坠，佛有要言，可无疑也，而吾与子何足以知之。"姑略次其生平，以志于墓。又长言以为之词，庶几并写予之所以哀安期者。其辞曰：

岁在敦牂兮，三人以降。先弱一个兮，碧血如虹。惟我与尔兮，晼晚过从。俯仰昔游兮，飒如雨风。吴趋清嘉兮，宛雒雍容。春明柳市兮，夕阳花宫。染翰未憖兮，酒杯不空。浮图矗矢兮，长桥漂红。梵志归来兮，皤然两翁。又俾我独兮，如鬴失螽。斫词告哀兮，归命法幢。长夜一灯兮，庶吾子之不梦。

年家弟虞山蒙叟钱谦益撰。

清周芳《周氏族谱》

《园冶》自序

〔明〕计成

不佞少以绘名，性好搜奇，最喜关仝、荆浩笔意，每宗之。游燕及楚，中岁归吴，择居润州。环润皆佳山水，润之好事者，取石巧者置竹木间为假山，予偶观之，为发一笑。或问曰："何笑？"予曰："世所闻有真斯有假，胡不假真山形，而假迎勾芒者之拳磊乎？"或曰："君能之乎？"遂偶为成"壁"，睹观者俱称"俨然佳山也"，遂播闻于远近。适晋陵方伯吴又予公，闻而招之。公得基于城东，乃元朝温相故园，仅十五亩。公示予曰："斯十亩为宅，余五亩，可效司马温公'独乐'制。"予观其基形最高，而穷其源最深，乔木参天，虬枝拂地。予曰："此制不第宜掇石而高，且宜搜土而下，合乔木参差山腰，蟠根嵌石，宛若画意；依水而上，构亭台错落池面，篆壑飞廊，想出意外。"落成，公喜曰："从进而出，计步仅四里，自得谓江南之胜，惟吾独收矣。"别有小筑，片山斗室，予胸中所蕴奇，亦觉发抒略尽，益复自喜。时汪士衡中翰，延予銮江西筑，似为合志，与又予公所构，并骋南北江焉。暇草式所制，名《园牧》尔。姑孰曹元甫先生游于兹，主人偕予盘桓信宿。先生称赞不已，以为荆关之绘也，何能成于笔底？予遂出其式视先生。先生曰："斯千古未闻见者，何以云'牧'？斯乃君之开辟，改之曰'冶'可矣。"崇祯辛未之秋杪，否道人暇于扈冶堂中题。

陈植《园冶注释》

《园冶》题词

〔明〕 郑元勋

古人百艺，皆传之于书，独无传造园者何？曰："园有异宜，无成法，不可得而传也。"异宜奈何？简文之贵也，则华林；季伦之富也，则金谷；仲子之贫也，则止于陵片畦。此人之有异宜，贵贱贫富，勿容倒置者也。若本无崇山茂林之幽，而徒假其曲水；绝少"鹿柴""文杏"之胜，而冒托于"辋川"，不如嫫母傅粉涂朱，只益之陋乎？此又地有异宜，所当审者。是惟主人胸有丘壑，则工丽可，简率亦可。否则强为造作，仅一委之工师、陶氏，水不得潆带之情，山不领回接之势，草与木不适掩映之容，安能日涉成趣哉？所苦者，主人有丘壑矣，而意不能喻之工，工人能守，不能创，拘牵绳墨，以屈主人，不得不尽贬其丘壑以徇，岂不大可惜乎？此计无否之变化，从心不从法，为不可及，而更能指挥运斤，使顽者巧，滞者通，尤足快也。予与无否交最久，常以剩水残山，不足穷其底蕴，妄欲罗十岳为一区，驱五丁为众役，悉致琪华、瑶草、古木、仙禽，供其点缀，使大地焕然改观，是亦快事，恨无此大主人耳！然则无否能大而不能小乎？是又不然。所谓地与人俱有异宜，善于用因，莫无否若也。即予卜筑城南，芦汀柳岸之间，仅广十笏，经无否略为区画，别具灵幽。予自负少解结构，质之无否，愧如拙鸠。宇内不少名流韵士，小筑卧游，何可不问途无否？但恐未能分身四应，庶几以《园冶》一编代之。然予终恨无否之智巧不可传，而所传者只其成法，犹之乎未传也。但变而通，通已有其本，则无传，终不如有传之足述，今日之"国能"，即他日之"规矩"，安知不与《考工记》并为脍炙乎？崇祯乙亥午月朔，友弟郑元勋书于影园。

陈植《园冶注释》

《园冶》识语

阚铎

《园冶》三卷，计成著。成，吴江人，字无否，生于明万历壬午。崇祯间为江西布政武进吴又予元筑园于晋陵，又为汪中翰士衡，筑园于銮江。因著一书，成于崇祯甲戌，（植按：计氏自序称定稿在辛未，即崇祯四年，公元 1631 年；后记称梓行在甲戌，即崇祯七年，公元 1634 年，故成书年代应为辛未。）时年五十三。初名《园牧》，姑孰曹元甫见之，改名《园冶》，有崇祯甲戌阮大铖序，辛未自序，乙亥郑元勋题词。有清三百年来，除李笠翁《闲情偶寄》有一语道及，此外未见著录。日本大村西崖《东洋美术史》谓"刘昭刻'夺天工'"三字，遂呼为《夺天工》，《园冶》之名遂隐。北平图书馆得一明刻本，而缺其第三卷，陶君湘乃据以影印，其第三卷则依残阙之钞本以附益之。嗣闻日本内阁文库藏有刻本，乃以陶本寄往校合，今得葳事。睹末页之印记，一圆形楷书"安庆阮衙藏板，如有翻刻千里必冶"十四字，一方形篆书"扈冶堂图书记"六字，知为安庆阮氏所刻。阮序之末，有"皖城刘照刻"五字，意刘为圆海里人，依阮为活，全书或刘手刻，或止刻圆海自书序文，固未可知，然中土从此得复此书旧观。

无否自序："少以绘名，……最喜关仝、荆浩笔意。"圆海序亦有"所为诗画甚如其人"之语。《咏怀堂诗》乙集，有《阅无否诗》之标题，可知无否并非俗工，其掇山由绘事而来。盖画家以笔墨为丘壑，掇山以土石为皴擦，虚实虽殊，理致则一。彼云林、南垣、笠翁、雪涛诸氏，一拳一勺，化平面为立体，殆所谓知行合一者。无否由绘而园，水石之外，旁及土木，更能发挥理趣，著为草式。至于今日，画本园林皆不可见，而硕果仅存之《园冶》，犹得供吾人之三复，岂非幸事！

吴中夙盛文史，其长于书画艺术、名满天下、传食诸侯者，代有其人。如朱酊父子、张涟子孙，且世守其业，而顾阿瑛、沈万三之流，余韵流风，至今扇被。无否生长其间，生平行谊虽不能详，就其自为序跋，与阮序、郑题观之，盖亦传食朱门，自食其力，绘事之外，致力营建，片山斗室，斤斤自喜，欲为通艺之儒林，识字之匠氏，故能诗能画，犹可不传，独于造园，具有心得，不甘湮没，著成此书，后之来者，亦可想见其为人。

无否造园之见于自序、阮序者，晋陵吴氏之外，有銮江汪氏。考之阮氏《咏怀堂诗》乙集，有《宴汪中翰士衡园亭》五律四首及《计无否理石兼阅其诗》五古一首，于园中风物，略得梗概。阮序有"銮江地近，偶问一艇于寤园柳淀问，寓信宿"云云。集中有《銮江舟中》及《从采石泛舟真州遂集寤园》二诗。《明史》称："大铖名挂逆案，终庄烈帝世，废斥十七年，流寇偪皖，避居南京"云云。其为《园冶》作序，在崇祯七年甲戌，正是家居怀宁之日。銮江在怀宁近傍，证以无否自序，谓"銮江西筑"与"所构并骈南北江"之语亦合。曹元甫为阮同年，而交甚密，集中有诗七八首。曹为姑孰人，即太平府，与怀宁接壤，阮因元甫而识无否，故知无否踪迹，亦多在安庆、太平之间。又无否选石，注意于盘驳人工装载之费，以就近取材为务，其列举产石之区多在苏、皖境内，亦足为无否行迹所在之证。

三代苑囿，专为帝王游猎之地，风物多取天然，而人工之设施盖鲜。降及秦、汉，阿房、未央，宫馆复道，兴作日繁，词赋所述，可见一斑，人力所施，穷极侈丽，雕饰既盛，野致遂稀，然构石为山之技术，亦随时代而嬗进。如梁孝王作曜华之宫，筑兔园，有百灵山，山有肤寸石、落猿岩、栖龙岫、雁池，皆构石而成。此外则宫观相连，奇果异树，瑰禽怪兽毕备，王日与宫人宾客弋钓其中。至魏文帝筑芳林园，捕禽兽以充其中，北周改名华林，仍有马射，犹不失游猎之本旨，故园中设备，与士大夫所构不同。庾信一赋，与长杨羽猎，异曲同工，当时园制，固不难于推定。孔子一篑为山，虽是罕譬，然人工筑山，为士大夫应有之知识，亦足证明。汉袁广汉北邙山下之园，有激流水注于中，构石为山，高十余丈之造作。魏张伦造景阳山，其中重岩复岭，深溪洞壑，高林巨树，悬葛垂萝，崎岖石路，涧道盘纡。又茹皓采掘北邙及南山佳石，徙竹汝、颍，罗莳其间，经构楼馆，列于上下，树草栽木，颇有野致。其以人巧代天工，而注重石构，及引泉莳花，实足开后世造园之先路。晋人如石崇之河阳别业，即金谷涧别庐，柏木几于万株，江水周于舍下，有观阁池沼，多养鱼鸟，遗迹至唐，犹形歌咏。六朝人如庾信之小园，山为篑覆，地有堂坳，欹侧八九丈，纵横数十步，榆柳两三行，梨桃百余树，虽属文人笔端，而当日肥遁穷居之背景，及其作风，跃跃纸上。唐人如宋之问蓝田别墅，王维辋川别业，皆有竹洲、花坞之胜。而白居易《草堂记》记其在匡庐所作草堂，略云："三间两柱，二室四牖，广袤丰杀，一称心力……木斫而已，不加丹，墙圬而已，不加白，砌阶用石，幂窗用纸，竹帘纻帏，率称是焉……前有平地，轮广十丈，中有平台，半平地，台南有方池，倍平台，环池多山竹、野卉，池中生白莲、白鱼。又南抵石涧，夹涧有古松、老杉……松下多灌丛……下铺白石为出入道……堂北步据层崖，积石嵌空……又有飞泉植茗，就以烹燀……堂东有瀑布，水悬三尺……堂西倚北崖右趾，以剖竹架空，引崖上泉，脉分线悬，自檐注砌……予自幼迨若白屋、若朱门，凡所止，虽一日、二日，辄覆篑土为台，聚泉石为山，环斗水为池，其喜山水病癖如此。"又有《代林园赠答》及《家园、西园、南园自题》《小园池上篇》诸诗，凡所以利用天然，施以人巧，历历如绘。唐代士大夫之习尚，及造园之风趣，可以相像而得。李德裕筑平泉庄，卉木台榭，若造仙府，虚榭前引，泉以萦洄，亦是山水树石，合组而成，尤以借景因材，为唯一要义。世人但知宣和艮岳，成于朱勔之花石纲，儒者引为诟病，不知唐懿宗于苑中取石造山，并取终南草木植之。山禽野兽，纵其往来，复造屋室如庶民，议者谓与艮岳事绝相类，其实帝王厌倦宫禁，取则齐民，亦廊庙山林交战之结果。魏文、隋炀之显著，姑置勿论，而唐懿宗之事，亦已开风气于数百年前。故艮岳虽为集矢丛谤之的，而流风余韵，犹随赵宋而南渡，如俞子清之用吴兴山匠，杭城之陆叠山，即朱勔子孙，犹世修其职，不坠家风，皆未受艮岳何等影响，可知造园之需要，并不以人而废业。

计氏此书，既以《园冶》命名，盖已自别于住宅营建以外，故于间架制度，亦不拘定，务取随宜，不泥常套。但屋宇、装折等篇，于南方中人之家，营屋常识，亦无不赅备，盖第宅或未能免俗，园林则务求精雅。至于结构布置，式样虽殊，原理则一。而铺地、掇山，则属专门技术，非普通匠家所可措手。故风雅好事者，有志造园，若使熟读《鲁班经》《匠家镜》而胸无点墨之徒，卤莽从事，又几何而不刀山剑树、炉烛花瓶耶？

明季山人，如李卓吾、陈眉公、高深甫、屠纬真辈，装点山林，附庸风雅，其于疏泉立石，必有佳构。然文笔肤阔，语焉不详，况剿袭成风，转相标榜，故于文献，殆无足观。计氏目击此弊，一扫而空之，出其心得，以事实上之理论，作有系统之图释，虽喜以骈俪行文，未免为时代性所拘束，然以图样作全书之骨，且有条不紊，极不易得。故诧为"国能"，诩为"开辟"，诚非虚誉。

掇山一篇，为此书结晶。内中如园山、厅山、楼山、阁山、书房山、内室山诸条，确为南中小品。不但为北地所稀，即扬州亦不多见。固为主者器局所限，亦当时地方背景，及社会财力之象征，故此书尤于民间营造为近。简则易从，初不必有大规模之计划，方能实施其工作也。吴音读"掇"如"叠"，与南宋之陆叠山，仍属同类。

选石一篇，胪列产地，专为掇山取材，自谓曾见杜绾《石谱》，今取杜谱校之，如太湖石、昆山石、灵璧石、岘山石、湖口石、英石各条，皆就原文，删节移录。但杜谱所收百十六种，计氏但收苏、皖、赣三省所产。盖专就用过而言，即此可以推知无否踪迹所届。至其体例谨严，不滥征引，尤可贵尚。又万历癸丑，有林有麟《素园石谱》，所收百余种，虽多几案陈列文房清玩之品，不尽适掇山之用，成书在《园冶》二十一年前，计氏未加征引，更见谨严，脱尽明季山人著述展转剿袭之窠臼。林谱绘画，曲尽层峦叠峰之势，足为掇山之粉本。内列宣和六十五石，尤与史迹有关，足为《园冶》之羽翼。据《四库提要》谓"《宣和石谱》附刻于杜绾石谱，皆记艮岳诸石，有名无说，不知谁作。今惟录绾书，附谱削而不载"云云。然则林谱所绘，正足以补此刻之不足。掇山之于艮岳，有矩步规随之要，吾人于读《园冶》之暇，尤应肄习及之也。

《园冶》为式二百三十有二，而无一式及于掇山。李明仲《营造法式》，但于泥土作料例，著录垒石山、及泥假山壁、隐假山、盆山之法，亦无图式。其流杯渠图样，则系石作，固与掇山有间。盖营造之事，法式并重，掇山有法无式，初非盖阙，掇山理石，因地制宜，固不可执定镜以求西子也。计氏不必泥于李书之义例，而识解则无二致。

掇山篇中，有极应注意者，即"等分平衡法"。《世说新语》称："凌云台"楼观精巧，先称平众木轻重，然后造构，乃无锱铢相负，向来匠氏，以为美谈，此重学自然之理，掇山何独不然。计氏悟彻，诚为独到。故于理悬岩、理洞等节，再三致意，而开卷即斤斤于桩木，此种识解，已与世界学者沆瀣一气。

峭壁山，谓"以粉壁为纸，以石为绘，收之圆窗，宛然镜游"云云。此即杨惠之"塑壁"之法。笠翁《一家言》，于此法之发挥，更有进步。

门窗、墙垣、铺地诸篇，力矫流俗，于匠人所谓"巧制"，所谓"常套"，去之惟恐不速，可以想见尔时不学无术、俗恶施工、令人齿冷之状况。尤于废瓦破砖，务归利用，固是省费，亦能砭俗。其运用意匠，戛戛独造，具见良工心苦。

"装折"亦系吴语,苏州人至今用之,即指可以装配折叠而互相移动之门窗等类而言。"折"亦书作"摺",即《工部工程做法》所谓:"内檐装修",其固定附丽于屋材者,不在此例。《园冶》所列,以屏门、仰尘、床榻、风窗及栏杆为科目,而以门窗之全部,别列一篇,专指不能移动,而为前篇之反证,此为"装折"二字之定义,及其界说。篇中所列各式,于变化根源,繁简次第,信手拈来,悉合几何原理。其中柳条之若干式,即棂子式,为宋、元以来,民家之定法,日本全国,至今不能出其范围。栏杆百样,层出不穷,学者举一反三,必有左右逢源之乐。盖种种变化,不逾规矩。于回文卍字,一概屏去。并不取篆字制栏杆,乃矫国人好以文字作花样之通病。计氏自信理画之匀,联络之美,可谓深得几何学三昧。尔时利玛窦、汤若望之徒,以西来艺学,力谋东渐。上海徐光启,身立崇祯之朝,以译几何原本著称。计氏同时同地心通其意,发摅于文样,影响于营建,或亦有所受之也。

《园冶》专重式样,作者隐然以法式自居,但吾人在三百年后之今日,欲以装折、铺地诸科,求索实物之印证,殊非易易。惟明人传奇绣像,如《西厢记》《荆钗记》等,不下百种,而《金瓶梅》尤为巨制,其中所绘园林背景,窗栏、装折及陈设,制作精雅,具有典型。明本之外,清代又有着色之图,如同治间恭邸门客钟丹岩所绘者,虽系晚出,或不免变本加厉,而粉本流传,必有所自出。试取《园冶》图样,一为印证,来历分明,若合符节(内中有卍字式,即计氏所不取者)。盖此类绣像,大都出自苏州界画专家之手,虽不必全取径于《园冶》,而千变万化,总不能脱其范围。至清代《红楼梦》大观园图,则由《金瓶梅》推演而出,与全书来源如出一辙,特以当时误指《红楼梦》背景系在北京,故图中颇有北派色彩。又乾隆南巡,取来图样,如狮子林、安澜园等,在北方仿造者,有时亦失南方作意,然大致规模,厘然可考,执《园冶》判断之,固是一绝好参考作品也。

合肥阚铎。

陈植《园冶注释》

前中顺大夫广西柳州府知府念孚吴公暨元配敕封安人陶氏合葬墓志铭

〔清〕金之俊

公讳士颜,字元复,号念孚。其先世自泰伯、仲雍以来,因国为氏。宋端平中,有千一公卜居松陵之六子桥北,此吴氏之始迁祖也。越六世,有伯昂公讳昂,生孝子廷用公讳璋,以子贵,俱赠中大夫、太仆寺卿。先是廷用公妣陆氏,孀居守节。明永乐年间,选入内廷给事。宣德元年,淮王出封韶州,又改封饶州,陆随焉。廷用公思念久之,因弃家走京师,复走二藩,经历艰苦,至正统十二年见母,时已病笃,引至旅次,三日而卒，扶榇归葬。世称全孝翁，公五世祖也。四世祖少保公讳洪，第成化乙未进士，历任南京刑部尚书，忤逆瑾，勒令致仕，卒赠太子少保，予祭葬。曾祖少保公讳山，正德戊辰，同弟岩登进士。初仕刑曹，谏武宗南巡，诏廷杖。历抚河南、四川、南赣，有政声。晋刑部尚书，执法不避贵幸，毙武定郭勋于狱，忤旨夺官。至穆宗朝，复原官，进阶宫保。祖蒙泉公讳邦栋，佐父居官，以廉节著。笃友诸弟，尽以少保公官橐归之，身惟课诵，孜孜不辍。以次子方伯公承煮贵，封吏部郎，加封山东左参政。父孚泉公讳承烈，早游黉序，继入太学，有文名。晚益嗜古，乐善好施予，间党咸推重之。性慕竺乾，邑中梵宇，属公兴葺居多。迄今历历名刹，犹指孚泉公也。以公贵，赠承德郎、南京刑部江西司主事。嫡母陶氏，系禾中名族。公及弟孝廉公士莘，皆生母周氏出，推恩俱赠安人。初，孚泉公艰于嗣，虔祷有奇验，连举二子，长即公也。生而岐嶷，志气卓荦，非凡儿比。嫡母绝爱异之，如同己出。六龄就外傅，行止如老成人。习句读，学益加进。公故陶氏甥，公母与陆庄简夫人同产，庄简见而异之曰："长甥如雪峰千仞，崒然特峙；次甥如蓝田美璞，光辉外著，当共宝之。陶翁欲择婿，谁逾此？"陶因以女字公，以兄卫幕公女字仲。嫡母既爱二子，自是念深瓜葛，尤加提掖。年十三，学业已就。每成一艺，塾师辄加欣赏。值嫡太安人丧，哀毁如礼。服阕就试，昆季偕补博士弟子员。时督学陈公，课士谨，独以国士目公。于是公益自奋，青灯苦吟，丙夜不辍。岁癸卯科录士，郡伯不能理，士林怏怏，未敢轻发。公毅然首抗，同舍生从之，竟罹法网。时邑宰西蜀刘公，贤明有治略，怜公才，重为宽解，得从薄镌。由是公键户攻苦，昆季更相拮究，为文务以理胜，曰："读书不能穷理，乃掇拾饾饤，取科第乎？"益优游静业，穷通得丧，置之度外。岁丙午，闱试不售，而研苦不辍。未几，孚泉公一病不起，公哀毁骨立。迨壬子，复遭母周之丧，哭泣无常时，常悲涕欲绝。公既失怙恃，资馆谷于外，不问家计，惟肆力于学。乙卯科试，昆季俱以戴经领乡荐，并出楚江何君荐可房。兄弟同门，诚一时盛事也。丙辰礼闱，与仲君同赴公车。试罢，仲君竟殁，公亦下第，自是每困公车。因念先人庭训切苦，不得邀禄养，几终老风尘间，更不得宠纶身后乎？为之泣下。丙寅入南雍，为司成所赏识，每冠多士。辛未得除目，令闽漳之南靖。靖故枕山带海，地瘠民浇，素称难治，且郑帅称兵，无有宁日。公虚怀质采，得前令及漳绅之在京邸者，周谘利弊，洞若指掌。公欣然曰："吾已知所以治之矣。"壬申之任，渡青溪，逾仙霞，靖役供应具，相迎马首。公谕之曰："抵靖尚千里而遥，计费不赀，岂不取偿吾靖民哉，烦应奚为？"以囊资给遣。至漳谒各台，即痛切言之，树碑厘革送迎虚费，已廉声□□闻海陬矣。公故知靖习最敝者，如服毒、诬诈等情。于凡讼者，躬亲验视，再三谕意，俾毋轻生结衅。讼者感动，而敝俗为之一更。又催科若陵工糖税等，尤为民害。于是给办陵工，蠲除糖税。他如典饷等项，将扳铺马赡充解者，一切峻革。又清出揽解银匠蔡梧等，侵得寺租银二千余两。由是神明恺悌之望赫然。尤加意词讼。念风俗多诈，而狼役刁黠之民佐之，民至倾家破产。公于听谳，洞得其情，数言剖决，风行雷厉，兼以仁恕，于是奸诈不得行，而公庭若虚矣。及夫公门勾干，加意严饬。乡间之中，无有叫哗，以妨民事。由是政治人和，年丰岁稔。旋鼎新县治,则乐输子来,无烦征召,民视公事如家事矣。莅靖之日,值平和、拷塘、峒山等处,群盗啸聚,远近震惊。公奉檄进剿,风与兵使者意气相许,共以恤民为事。公深入寇阻,不折一矢,俄而渠魁剪除。分别胁从,全活以万亿计。若芦溪、铜皮之间,保全尤大,和民欢呼,致当道愿割其道里以属靖辖。他日公偶经其地,民咸呼聚,曰:"公真我父,活我,我无以报公。"环相泣拜,舆不得前。此诘乱安民之尤著者也。靖故人文之地,公科季二试,加意搜罗。大抵数科所第之士,多由公简拔,台使趋之。癸酉十月,疏留公觐,兼摄龙溪篆,公一以治靖之法治之。凡在郡十之六,在邑十之四,分身以应,沛然有余。龙民祝公,如靖民焉。惟公雅意,虚公请益,不惜为民博访,而尤绝私请。是以漳居闽海之远,惠声善政,因事而呈,皆足不朽者。以此调任漳浦,会疏寝不覆。时朝议城使之擢,系辇毂重地,必于知推中,择贤能者居之。于是主铨以公名上,因有南司城之命。时公莅靖三载矣,三邑尸祝公,而朝推之属公,又会海寇刘香平,岭南录叙,皆膺上考。公曾系其母于狱,屡获奸细,得纪录焉,是以属公司城解任南旋。漳民不远千里,累累然望洋瞻盼,公亦泣下久之。赴留都任,值献贼窥江北,南都戒严。公司北城事,石城三山一带,属公统辖。公外护陵园,内辑奸细,自秋及冬,昼夜登陴,冲冒霜雪,台省因是服公远略。且省中有欲与公修隙者,伺察公,反得公干济才,特疏以荐。是以冢宰有"才干贤能,器堪大用"之覆,咨取赴部,授南刑部江西司主政。命下之日,大司寇喜得公至。以公居漳时,谳狱有声,由是诸所奏当,悉属参阅,多所平反,廉慎宽和之名,赫起一时。会有科臣贪恣不法,公讯鞫无顾避,诘赃巨万,蠹役戍边。庭审时,有台使欲加党护,躐位而进。公从容语曰:"岂不闻南北异体耶?吾一人不敢废三百年旧规也。"某逊谢如位。谳毕,则速携爰书求减死。而公早以成案报,竟弃市。其丰裁矫矫,不避怨怼有如此。大司马范公景文,雅契重公,拜疏推公武选。会范公以事罢职,疏格不上,仍刑曹郎如故。有内府勋贵,争侵芦洲。公不畏权势,清厘民佃,归课于朝。时方饬钱法,有计曹郎鼓铸违制,牵引少司农,公坚持不少贷焉。公立意公平,济以仁恕,虽时奉法者,往往务深刻以副功令。乃独引情据法,不轻进退,怙恶者虽细必惩,灾眚者为之洗沐。大司马李公邦华,署司寇事,尝击节叹曰:"治狱如吴郎中,天下无冤民矣。"庚辰,拜柳州守。柳故居山谷之间,民困尤甚,积逋为多。先时长吏以法惩之,民无所措。又诸猺杂处,不以法绳之不得,尽以法绳之亦不得。公为加惠,辑其流徙,润其凋枯,威德并行。虽山陬海澨,鸟言椎髻之伦,欢忻颂仁守焉。于是力请于台,议蠲逋赋,议除开矿,情辞恳恳,不惮再三。因悉得报罢,而柳民之困稍苏。浃月兼摄分守。时楚氛方炽,所在震邻,当事纷纷为备守计,措饷调兵,公私骚动。公惟审度要害,远侦探,厉兵甲,宁晏不动。豪右弄兵为民害者,以法戢之。自是诸夷不惊,右江奠安,公之力也。二州十邑之吏,趋庭受事,公朝夕严戒,务以安静宁谧为志,而廉恕达于长吏矣。时有巨豪某,控据要津,辄起大狱,官司畏其气焰,莫敢追捕。公召置于法,境内惕息。辛巳,例计京朝官,公前任司城,司城体较京秩稍屈。铨曹司马,礼皆行属,且故事职方主司城贤否,概有候馈。公宠辱听之,略不经意。于是曹郎不悦,署公浮躁。台省素重公,佥曰:"岂有老成练事如吴公,而言是哉?"力争不得。公即解绶归,萧然自适,绝无芥蒂。公素志高旷。在白下,刑名繁错,而才识有余,胸次尝磊落。暇时则与二三同志,寻山问水,搜览长干桃叶之胜。建僧庵于上元门外,登临寄眺,啸咏终日。及归,筑斗室于居第之旁,疏泉垒石,杂莳花竹。当风日清美,与故人流连饮宴,桑麻村径,徙倚盘桓。人世富贵之荣,名利之事,毫不挂于胸次。至邑有政治,系民间利弊者,必调度协宜,所言皆洞豁事理,当事深相敬奉。或先事造庐以请,邑民赖之。甲申、乙酉间,会际皇清兴运,滨湖寇盗啸聚,公为当事历陈消弭戡乱之方,井邑宁晏,惟公之条议居多。辛卯,大浸稽天,岁供难继。公首诣各台,恳吁恩蠲,陈词款款,竟邀减折。时公已病,犹上书确论灾荒,俾通邑均沾,民咸顶祝。始全孝翁祠,未列祀典,公竭力恳台,获与俎豆。公有姊少寡,每重其苦节,为给薪水,为求美材。既殁,抚视含殓,号泣浃旬。视诸侄如己子,幼而孤者,婚娶教育,挈以成立,并列胶黉。至于贫交疏属,饥者待以炊,婚者助以采,死者赒之椟,周恤无虚日。其笃厚宗族,周惠乡闾,慷慨而前,不惜资力。不枉道于人,不因利于己,惟倜傥光明,施助勤恳,皆如此类。生平博综群籍,尤熟朝家典故。郡邑钱赋,手订律书一帙,司谳者争奉以为式,是以事当烦剧,神益闲暇。少从父侍紫柏老人,深得性宗,终身奉之弗渝。是以能解脱尘缚,应事光明,一切祸患死生之故,无所系累。易箦之际,神清气定,和色欢容,安详而逝,自非信根道力未易及此。元配安人陶氏,闲静有仪,事舅姑以孝闻。公未仕时,尝事馆谷,负笈于外,又性乐爽垲,不耐家务,一切米盐日用,皆由内给。安人经画有方,俭中礼节,日集家众,篝灯纺绩,成女红以佐不逮。故公得肆力于学,以成其四方远大之志。及公筮仕,安人综理家事,不烦内顾,致分分服官虑,俾益树廉介之操。遇事侃侃,无所退阻。安人妇德之修,皆足备彤管列壼政也。按:公曾叔祖二千石春塘公,与余高祖月川公,同嘉靖戊子贤书。及公大父封参政公,为中丞毛砺庵公之外孙,而余曾大母,为砺庵公之孙女,中表娣弟。故公伯氏方伯少泉公,为余曾大父快婿,自是婚姻年谊,枝连叶附。忆余己未公车,偕公北上。公奇识伟论,试艺高卓,推吾邑中第一,而竟诎于一第。然公历仕,英能伟绩,虽时名士,往往逊谢弗遑。余服公素行久矣,后以弱息字仲君焉。夫余与公,又岂特婚媾之相知已哉?因为公志其墓,而并系之铭。铭曰:

卓哉吴公,松士所瞻。慷慨卓磊,玉立修髯。与物以和,制行惟严。莅彼漳邑,朝推明廉。翼翼金陵,属公城守。石头三山,式遏乱寇。兵略旋昭,秋曹简授。慈以行律,奸慝罔漏。迫守西粤,柳民惠来。克宽克仁,以除其灾。蠢尔蛮犷,忠信实推。闻公去柳,欢嚣如雷。吴山苍苍,湖水泱泱。公归卜筑,啸歌徜徉。利济松土,扶灾救荒。勒此贞珉,千载不忘。

清金之俊《金文通公集》

鞠通生小传

〔明〕沈自友

癸巳春前一日，伯兄谓予曰："七十老而传，传者传其行事也。兹幸逾期，其有以传我。"予惊，谢曰："兄执词坛牛耳，岂无硕俊鸿裁，而假手于沦落无闻之子？"兄曰："否！否！子知我。昔人有言，外人那得知，且班马二史，实武春秋，咸以其家传殿国史。即曰古今人不相及，宁不慕而企之。"予益谢不敏，辞之再三，不获，作鞠通生传。生名自晋，字伯明，又字长康，鞠通则别号也。少而颖朗，饬躬清谨，纯孝性成，色养无怠。赴鹡鸰之难，感泣路人；敦葛藟之恩，谊深急难。懿行难悉书，书其概耳。为人恂恂，弱不胜衣，无王谢轻浮风气。骤即之，落落穆穆也，徐而察之，温如也已。微其谭说古谊，扬榷风雅，绵绵忘倦，令人眉舞肉飞。弱冠补博士弟子员，声噪黉序，不屑俯首帖括，沉深好古，旁及稗官野乘，无不穷蒐，乃若夙世心通。毕生偏嗜，天授非人力者，则词曲一途，固鞠通所以自命者也。海内词家，旗鼓相当，树帜而角者，莫若吾家词隐先生与临川汤若士，水火既分，相争几于怒詈。生蝉缓其间，锦囊彩笔，随词隐为东山之游。虽宗尚家风，著词斤斤尺蠖，而不废绳简。兼妙神情，甘苦匠心，朱碧应度，词珠宛如露合，文冶妙于丹融，两先生亦无间言矣。一时名手，如范，如卜，如袁，如冯，互相推服。卜与袁为作传奇序，冯所选《太霞新奏》推为压卷，范有"新推袁沈擅词场"及"幸有钟期沈袁在"之句，诸君子之心折何如？其牙室利灵，笔颠便倩，安腔稳帖，押韵尖新，名优爱唱其辞，如黄河远上诸什，壁不胜划矣。鞠通者，岂独聪于琴哉，实能聪人之耳。今者俗调滥觞，病谵梦呓，听之闷悫欲呕。及闻一曲清商，乃知广陵犹在人间，霓裳恍疑天上，足为词场振聋之铎。则起衰之功，宁出昌黎下，而市上胡琴尽堪碎矣。生有子而才，能世其家学。沧桑悲感，早裂青衫，于是不为扣牛之歌，而为鸣鹤之和。芝华疗饥，黍离赓咏，酒间击缶，灯下缺壶，相乐也。已而相泣，父子墙东之隐，欲与首阳争峻。彼王霸高眠，及为其妻所诮，良足愧矣。作史者如范詹事，《独行》《文苑》分二传，应兼取哉。所著文辞甚富，《翠屏山》《望湖亭》二剧久行世，散曲如《赌墅余音》《越溪新咏》《不殊堂近稿》，及《续词隐九宫谱》《耆英会》诸剧，亦将次刻行。老笔常新，撰述正无纪极也。

元宵前二日，从弟自友述。

明沈自晋等重定《广辑词隐先生增定南九宫词谱·后叙》

鞠通公传

鞠通公讳自晋，字伯明，晚字长康，为容襟公长子。初生时，其大父春洲公梦金山一僧来投寄，故又自号西来。公少而颖朗，饬躬清谨。弱冠补博士弟子员，恂恂弱不胜衣，无王谢轻浮习气。骤即之落落穆穆，然徐察之温温然已。而论说古今，扬榷风雅，缅缅忘倦，能令听者眉飞肉舞。生平敦尚气谊，见义必为。凡族党公举、鹡鸰急难，靡不竭蹶以赴。如定庵公捐立义庄、鲁沙公重修族谱，公皆左右赞成之。于书无所不览，而尤精通音律，锦囊彩笔。尝随其从伯词隐先生为山东之游，一时海内词家，如范香令、卜大荒、袁幔亭、冯犹龙诸君子，群相推服。卜与袁为作传奇序，冯所选《太霞新奏》推为压卷，范有"新推袁沈擅词场"及"幸有钟期沈袁在"之句，其心折为何如？所著《翠屏山》《望河亭》二剧，久以脍炙人口。又广辑词隐《南九宫十三调词谱》二十六卷，较原本益精详，至今词曲家奉为金科玉律。其他杂著，则有《赌墅余音》《越溪新咏》《不殊堂近稿》及《续耆英会》剧本，撰述甚夥，老笔常新，真可谓词场佳话也。晚年隐吴山，别自号鞠通。鞠通者，古琴中食桐蛀，有之能令弦自和曲者也。公所度曲，意新神远，安腔稳贴，押韵尖新。名优爱唱其词，如黄河远上诸什，壁不胜画矣。岂止如琴中之蛀，仅能和曲于既弹之后哉！

清沈光熙等《吴江沈氏家谱》

六世祖望湖公传

〔清〕陈阶瑶

公讳鲸，号望湖。父敬田公，祖见川公。居于吴江县二十六都围果字圩，是为江村公。德性醇粹，恬淡寡营，才弱冠，即负觥觥岳岳之望。公虽席丰履厚，而勤俭性成，既耕亦己种，时还读我书。翛然高旷，与物无争，识者咸以远到卜之。元配萧孺人，结褵未久，不永年。继配黄孺人，黾勉有无，相敬如宾，冀缺田间，高风斯在。方是时，龙蛇运厄，埏垓靡宁，申酉之顷，流离播越，所在多有。公以年逾六旬之人，偕其二子自食其力，以安于牖下。或放棹鸭栏，或行歌鹤渚，萧然白发，杖履春风，时人拟诸张长公、黄叔度诸君子。其诸不慕时荣，而怡然自乐，其性真欤。抑黄太孺人之相夫子以成俭德，而钗荆裙布安之若素者，又弗可及也。公卒于康熙戊申，寿八十有六。黄太孺人寿七十有一。孙曾绕膝，四代一堂，可不谓难欤。公尝于囿前构三楹，颜曰"小盘桓"。囿中栽松种竹，莳以杂花。寓公介白徐先生，尝为公绘行乐图一帧，名曰《抚松》，窃比于无为葛天氏之民云，晚年故又自署曰抚松老人。今是图犹藏于家。乾隆庚寅十月下浣，六世孙阶瑶拜手谨撰。

清陈阶琛等《颍川陈氏近谱》

宝威公传

宝威公讳自继，字君善，懋所公第二子也。平湖县庠生，别自号碍影居士。工诗文，尤善集唐。性耿介，不喜俗。时佯诞似晋人，手悬一小牌，上镌"不语戒"三字。

曾有贵人访之，曲致殷勤。公瞠目直视，出牌示之，不交一语。贵人去，适周安期、顾茂伦及其弟留侯来，相与倾倒，雄辨四出。或讥其太过，公指其口曰："天生我口，不解与伧父语。若见快人不与语，又安用我口耶？"初，公尝从懋所公谒高僧紫柏、莲池，悦之，欲弃家佛学。年三十，即为《祝发图》以见志。后竟作浮屠，以紫柏、莲池皆姓沈，镌私印曰"江东沈姓第三僧"，遂隐居平丘以卒。所著有《平丘集》四种。

清沈光熙等《吴江沈氏家谱》

顾文亨传

顾文亨，字石甫。弱冠补嘉兴府学诸生，屡试不第，意泊如也。为人贞亮和粹，好学不倦，当其会意，悲喜交集。尤深于易象春秋之旨，旁及律历星官，无不综究。已读邵子《皇极》书，耽思至忘寝食，不得其门，径以叩其师嘉兴岳元声。元声曰："学《皇极》当自声音入。"于是取等韵字母习之，稍稍有所开悟。一夕梦邵子亲为指授，曰："全书在杭。"未几至杭，果得祝泌钤。而《皇极》以声起卦、以卦合数之法，已发挥无余蕴，乃得其传焉。所著有《经世参》《经世声音臆解》《经世总图》《春秋类记》《甲乙帐》《易鉴》《洪范畴解》《星江杂著》《诸史石言》《订补纪事本末》诸书，凡数百卷，皆根极理数，兼括古今。晚年避乱，隐于秀水之鄐陵村，卒年七十有四。子宗玮，字连叔。少颖异，覃思著述。凡图纬声音之学，文亨所未悟者，宗玮辄耆然先奏刃焉。所著有《左氏事类年表》《春秋通例稽疑》《参同提要发明》诸书。先文亨卒。孙廷曦，有志节，能世其家学。（参献集）

清乾隆《震泽县志》

文渊阁大学士文靖朱公墓志铭

〔清〕黄宗羲

公讳天麟，字游初，别号震青。以沈天英举乡试，后始复姓。世居吴江之太湖滨，为农家，至公而徙昆山。幼好学，家贫，无力从师。年十岁，随父素庵之黎里。其地有道士陆逸庵，公之亲也。精舍幽雅，公欲留而读书，素庵不可，携之还家。越二日，里人有鬻薪于黎里者，公不告于家，附舟而往。家人迹之使归，公曰："吾不欲以农夫没世。"逸庵亦劝学甚力，聘名师教之，历八寒暑而学成。万历戊午举乡试，出先忠端公之门。登崇祯戊辰进士第，授饶州府推官。政事之暇，惟务谈学。所谓豫章四子者，陈际泰、艾南英、罗万藻、章世纯，皆从之。何心隐传泰州之学，为江陵所害，弇州据其爱书作传，人遂以游侠外之。公观其遗录，有所发明，刻之众毁之中。兼官摄印，皆有惠政，建祠者三地。戊寅，上御中左门，召考选诸臣，问兵食之计，拔公为翰林院编修。庚辰，充《武经大全》纂修官。甲申正月，差祭淮王，至山东而京师陷，一恸几不起。大兵南渡，公欲为即墨之守，而人心已去。航梅而南，至定海登陆，复自浙之闽，遇闽立国。公以少詹事兼侍读学士，署国子监祭酒，诸生亦千余人。闽中廷试贡生，选十二名为萃士，其冠服比庶常，三年后赐同进士出身，以公为教习。未几，公见郑芝龙跋扈，乞假至粤。闽事败，又自东粤至西粤，入土司安平州。桂王立于肇庆，移梧，移桂，移全、永。顺治丁亥，依刘承胤于武冈，遣官以礼部侍郎召公。公上疏，请上自将为前锋，毋徒蹈辙承平，今日拜一相，明日设一官，坐失事机。戊子四月，王在南宁，升礼部尚书，寻兼东阁大学士，召入直，公力辞："今何时也，营官晋秩，臣实耻之。愿押选土兵，勤略江闽。"不听，公不得已至行帐。会李成栋请幸肇庆，公扈从过浔州。浔帅陈邦传请世守粤西，如黔国故事，公签"拟不允"。邦传意在必得，以印剑掷公胁之，公仍不允。时西粤新复，豫章通款，何腾蛟、堵胤锡经略三楚，肇庆晏然以小朝廷自处。公上言："为今之计，亲贤选将，询尔仇方，凤缵旧服。尔乃惟听孔壬，谄谄日以口舌快恣，即旰日横经，权商繁渎，亦奚以为？顾议者谓何必亲征，我以地方官官彼，人以地方饷饷各兵，即我官我兵也。汉高所云'马上得天下者'，欲以笔端收之。臣望主上效宣周自将，以世臣元老姜曰广、黄景昉、瞿式耜、何腾蛟、堵胤锡等，为今苷止荆、淮之穆公、方、召，即以迎师诸勋镇兵，合为王旅。仿旧制京营、神枢等十二，以隶众帅。内以神机一营，领兵一万二千五百人属中枢，戎政辖之，使表里策应，悉听命于行阙。亟颁亲征之令，舍此更无他道。"王优容答之，而不能行也。未几，而五虎之门户起。五虎者，左都御史袁彭年、副都御史刘湘客、吏科都给事中丁时魁、兵科都给事中金堡、户科都给事中蒙正发也，皆以李成栋之子元胤为主。堡在桂林，拟上十事，参马吉翔、陈邦传、庞天寿、李成栋，及大学士王化澄、严起恒，至肇庆行帐，以示时魁等。时魁削其牵连成栋者二事，而以八事上之。成栋见其所论之人，皆己之所不悦者，故使其子亲之。化澄、起恒俱欲辞位。公言二辅历尽颠沛，所谓同患难之臣也，不宜听其去。守辅瞿式耜当令旋轸，内定纷嚣，外资发纵。十二月二日召对，王论："肇基伊始，百尔功臣，方赖中外拮据。科臣弗悉艰难，说现成话，或寒其心，岂不误事。日来改票，我与辅臣再三商确，岂不容我改一事，何云内意？"公奏："科臣金堡，前朝卓竖风裁。纪纲初立，方赖纠绳，用舍人材，谟画军国。倘有故违金论，出自斜封墨敕者，方为中旨。今虽无此，言官防微杜渐言之，未始不可。"袁彭年条陈宪规，察御史履历。适陆枢回道，刺书下街，彭年劾请逮问，王批未允。彭年随劾起恒，而丁时魁、金堡单疏公疏。劾起恒及马吉翔、庞天寿者无已时。太妃召公票签，面谕："当武冈危难之时，今日诸臣安在？非马吉翔等二三人左右王躬，焉有今日。先生严加拟议，不可隐徇。"公奏："武冈扈从大功，固不可泯，然宪垣所争，亦是职所当言，还望太妃主上宽宥，以开言路。"太妃复谕："先生只管严拟来看。"随命内臣给笔札赐坐。公票拟两解，太妃不允，改票至再，内有"那得如许，更端聚讼"语。彭年大怒，疾呼于堂上，曰："当时不惜铁骑三千，犹得作此景象耶？"起恒遂抹前批，以逢其意，彭年怒犹未平。二十三日立春，王令诸大臣盟于祖庙，而后入贺，顾水火愈甚。己丑正月，陈邦传愤金堡参之也，上书言："堡谓臣'无将无兵，滥冒封爵'，请即遣堡为臣监纪，以观臣十万铁骑。堡昔为临清知州，降贼受官逃回。今日湖南来，未必非敌人间谍。"公与起恒在直，得邦传疏，抵几大笑曰："金道隐善骂人，今亦被人骂倒耶。"道隐者，堡之字也。遂拟票："金堡辛苦何来，我所未悉。所请监纪，着即会议。"其谓"辛苦何来"，用杜子美"喜达行在所，辛苦敌中来"成语，非有他意，而堡以为讥其从敌。时魁等率科道官青衣哭于朝，掷印免冠，入阁大噪。公曰："公等岂以小朝廷，遂无君臣之礼耶？"彭年曰："不关我事。"公曰："总宪者，总朝廷之法也。公为总宪，法纪荡然，焉所谢责。"王召诸臣勉之，收印视事，时魁等不从，令李元胤给之。初，时魁等以票拟出自起恒，欲进阁殴之。是晨，侍郎刘远生至公舟，阻其入朝，询其故，远生以告。公曰："不知可以不入，既知矣，事不辞难。"遂至阁自认，时魁等为之稍阻，公随乞去。王遣鸿胪卿何骧敦趣视事，不可，面辞涕泣。王亦垂泪曰："卿去，我益孤矣。"二月初六日也。此与唐昭宗欲相韩偓，朱温欲害之而出，昭宗握偓手流涕曰"左右无人矣"，又何殊也？公栖迟庆远。九月，王复敕入觐，跂予悬望，更勿久延。公言："两粤兵民，情涣势促，路人能言之，好建言者绝置不论。须知近地可危，方克谋及御远，知迩形可惧，奚遑漫采浮言。而乃琐屑一人一事，掉头以争，矫令还封，曰我古遗直也。今而后毋以四方无利害之章奏，悻悻见面，认为极痛极痒而阕焉，使我一人终日知危知惧，仅知此焉而已。"王念之不置，俾返棹端溪。公自庆远至象州，而王已退驻梧州。上书言："端州终岁偷视，兹因一番震荡，毅然有为。自今日为始，东省勤旧各有塞兵泛艇，曾举义于昔者，自可号召于今。高雷廉琼额解，两广盐利，土弁客兵，禅其根括，有兵而不知发，有饷而弃诸人，毋若向之谋国者曰'团兵可散归农也，土狼塞岛兵不可用也'，终日以毛锥从事，一惊再惊，至有今日。"又言："宋高宗渡江航海，偏安一隅，有退地也。今日之事，退地何居？下无行台，上无行帐，中露中泥，无地非战场也，无日非战期也。可云此为三公九卿属内欤？彼为使相调将属外欤？二三年间，摇惑内权，麾之难去，轻畀外爵，招之莫来。主上当奋然自将，勿判内外，文武诸臣，悉擐甲将兵以从。臣请持经略江南岭南使节，拣寨兵，择土豪，抽峒丁，募水手，自近逮远，招集四方流徙之人，训阅以充御兵，佐主上云集龙斗之力。否则徒责票签，调停文武水火，以为主持政本。呜呼！今日政本何在乎？"庚寅七月，以文渊阁大学士、吏兵二部尚书入直梧州，赐图书曰"理学名臣"。先是，云南督师杨畏知说滇寇孙可望反正，同乡官龚彝赴肇庆，进可望表，请王封。金堡首言："明朝异姓，止有赠王，祖宗定制，不宜坏自今日。"众皆以为然。畏知曰："不与无益，彼固已自王也。一旦降号公侯，而能欣然受命者，此纯臣之节。宁可望于若辈，今因其向义，使之感恩，庶几收助于万一。且法有因革，时异势殊，土宇非故，而犹执旧法乎？"议数月不决，临发乃赐"一字亲王"章，而无封号。畏知西行过梧，遇堵胤锡曰："可望业自王云南，今赐之印而无国名，是犹靳之也。激猛虎而使噬人，奈何？"胤锡然之，为补牍入，始封为定王。武康伯胡执恭者，故陈邦传中军，驻防泗城州，地与滇近。闻可望求封，先以书约封秦王，可望悦。执恭即具疏报闻，且谓机不容缓，臣已便宜铸印，填空敕赍行矣。执恭至滇，可望郊迎甚恭，所部额手交贺，俨然以秦王临其下矣。比畏知回，始知其诈，顾深耻之，曰："为帝为王，我所自致，何藉于彼而屑屑更易，徒为人笑欤。"遂不受约束。至是可望复遣使至梧，自称秦王，且以不愿改号为请。从官集议，公与王化澄以为许之便，严起恒、文安之、郭之奇以为不当许。公厉色争之，而起恒等持之益坚。及两广俱破，大兵日迫，王奔南宁。辛卯始封可望为秦王，而可望已视之甚轻。五月，可望请移驻云南，从亡诸臣议之。阁臣吴贞繁、御史王光廷、徐极等议赴钦州依李元胤。公言："元胤屡败之，余众不满千，栖依海滨，其不足恃明矣。云南山川险阻，雄师数十万，北通川陕，南控荆楚。可望既怀好音，必弗邃萌他志，不若因其迎而依之，亦推诚之道也。"金议未协，迁延者累月。公忧随从单薄，奉使经略左右两江土司兵。众未集，大兵已迫南宁，王踉跄入滇，公扶病随行。壬辰正月，至广南府，病剧不能前进，暂寓西板村，土官侬绍周架屋居之。是年八月十八日卒。有《孤忠未展遗恨无穷疏》，遣人至安隆所上之。王览疏悲涕，赐祭十一坛，赠少保，建极殿大学士，谥文靖。粤稽桂王立国，筚路蓝缕，风声鹤唳，与宋之二王无异。惟肇庆之时两三年间，可以进取有为，而又为五虎所把持，薄文细故，事事争执。以法祖制慎、名器依傍为题目，庙堂之上，流矢影云，救过不遑。而于兵食战守、绸缪呼吸之大计，一切置之不讲。夫未进阅曰签拟，既落红即令旨，令旨一不当意，即追究签拟之人，而欲殴之。此与狗脚朕之詈何殊？袁彭年等不足责，金堡颇持士节，顾乃昵近凶慝，取谋豺虎，与之共济乎？明朝异姓不封王，犹汉之非刘氏而王者天下共击之，一也。孙可望之求王于明，亦犹韩信之求王于汉也，顾汉未尝不王信。堡执承平之言，以绳创业，得乎？彼求我，则我重；我求彼，则我轻。我不能操重之权，直至于零丁失所，我出其下而后奉之，则为其所轻也固宜。不王异姓与谏南迁之议，皆愚儒不知通变者也。文靖公之学，所谓积谷做米，把缆放船，其于儒门尚未臻于自得，顾鞠躬尽瘁，死而后已。堡则深契禅宗，俊口铦笔，一以机锋出之，坏人家国，视为堕甑而又别开生面。挝鼓上堂，世出世间，总属无情，于此可以知儒释之分矣。公耑志读书，栖心重仞，即行街衢间，亦不彻吟诵。壬午在京师，余每过之，谈学訚訚，汗漫恍惚，非章句之所轨辙。著有《道统》《治统》二录，《七观斋文集》《雉城诗集》《孝诠一弦草》，藏于家。娶沈氏，封一品夫人。子二人：宿垣，监察御史；斗垣，给事中，册封巩昌王，行至板桥，孙可望难作，抗节而死。孙：之铨，甲子武举人；某某。康熙壬寅，丧车还里。癸丑，葬于雉城之湖滨。又十年，余至昆山，之铨以墓铭为请。先忠端公之难，门人唯徐冢宰石麟职纳橐饘，公与金知县浑仓惶奔赴。余时童稚，执手长号，徘徊家国存亡之故，执笔泫然。浑字宜苏，吴县人，亦死节于英德。铭曰：

国之兴亡，虽曰天数。天之所废，由人摧仆。鼎悬一丝，啮之未错。景炎一隅，危如朝露。犹以台谏，排论宿素。蕞尔两粤，乃兴朋党。咫尺堂阶，殷雷扰攘。昔之台谏，奉行宰相。今之宰相，台谏厮养。于唯文靖，争此呼吸。群枉哗然，卷堂相逼。扁舟飘泊，时危复入。朝服揾泪，桐棺瘴湿。一家百口，寄命蛮巢。经年十九，存者寥寥。故乡昼锦，丹旒飘飘。死而不亡，视此霜毫。

清黄宗羲《南雷文定五集》

明文学子贤府君墓志铭

〔清〕周灿

叔讳文俊，字子贤，别号六子。先是吾皇祖恭肃公起家邑之烂溪，为世名臣。生四子，长刺史款江公，生五子，光禄存江公其季子也，析居里之谢天港。生三子，长吾大父光禄桂寰公，娶于闵，生七子，四吾先君，字子亮，六即叔也。叔性至孝，少失恃，大父绝怜爱之，出入必与俱。然阃政乏人，叔或不得所亦弗告，恐伤大父心，其善承亲志如此。时大父以叔祖起白公令宜春，觐归，道卒，被流言，几不白，望诸子一第甚切。叔体大父心，手不释卷。年十九，娶苕溪鹤皋闵公女，逾年而从弟理生。闵故鼎族，敦女训，姊尤精明出群，躬纺织，有文伯母风，叔得健妇治家。家既治，则专精下帷，补归安县学弟子员，学益奋，为文益遒劲，大父器之。以数奇，数不利棘闱，每以不得一第为亲荣，郁郁不得志。然性嗜静，不耐名场奔走，遂绝意进取。己未岁，卜居十八都之檀丘村，日与其父老话桑麻，课花果。兄弟子侄或过从，必剪园蔬为欢，累信宿不厌，盖惟恐日之夕漏之尽也。时从弟年既壮，娶于凌，为觉于公女，亦逾年而生子之彝。弟既好学能文，兼有心计，善治生。而弟妇亦精敏如其姑，综理内外，纲目具举。叔既得内助，又得儿若妇代劳，益怡然自得，含饴弄孙，不问生产。客至，或弈或饮，饮或醉，则高卧北窗，悠然具出世心。独以檀丘去祖居十五里，不得时时定省光禄公为忧。朔望岁时省觐，或大风雪阻舟，则徒步从之。遇有疾，必焚香祝天，侍汤药不舍去，终光禄公之世。光禄公殁，定省废，即兄弟见面稀。叔愀然曰："吾奈何离故土，而疏我兄弟。"庚辰秋，买旧庐之东而居焉，即王大父存江公所构也。繇是鹡鸰之好，欢洽无间。或独坐斗室，素书一卷，琴榻萧然。尝作对句云："间里琴书成古趣，静中鱼鸟乐天真。"亦可观志趣矣。仁者静，静者寿，理有固然。不意壬午冬患腹痛，仅一昼夜，竟不起。呜呼！造化固忌清福哉。叔多懿行，难殚述，言其大者。先大母卒时，授叔资帑，及归叔，典守者或匿之。叔恐伤和，置弗问。人或逋其财，度不能偿，辄焚券而遣之，曰："吾不忍冻馁而妻子也。"或遗之千金，欲夺其志，叔曰："吾爱吾鼎，何以金为？"遗金者惭，不复请。其事秘，故世莫得闻。居檀丘遭劫，或廉得其踪以闻，叔恐波累平民，曰："财散可复得耶，人被恶名，终身不得白。"事竟寝。郡邑闻其贤，举乡饮宾。叔曰："国家盛典，吾何德以堪之！"谢弗赴。不孜孜于利，廉也；不以千金易志，节也；不致人于罪，仁也；却徵聘，让也。廉以砺物，节以砭顽，仁以育物，让以止竞。虽以事君治民，其道大备，顾丰其德而啬其年，视天梦梦，其谓之何？虽然人生寿夭同尽耳，德厚流光，余庆之报，正未有艾，讵意以此易彼哉？叔生于万历丙戌五月廿八日，卒于崇祯壬午十二月八日，享年五十有七。子一，即理，字经甫，邑庠生。室凌氏，以顺治辛卯卒，姊失贤妇甚惜之。孙男五：长之彝，嫡出，邑庠生，娶乡进士嘉卿陆公女，卒，继娶吴郡太学生景雍王公女；次孝恭、人庆、之登、遇辰。孙女二，皆侧室吴氏出。兹甲午正月六日，从弟卜葬于二十二都凋字圩之新阡，而请志铭于余。

余维走如椽笔垂不朽，大人先生事也。灿无文且卑行，夫何敢？独念灿垂髫时，与叔同读书于旧庐西偏之仰白堂，呫唔声相接也。灿始学为文，有不善，叔辄涂改之。后叔徙居檀丘，时切思慕，或往候问，必勤勤恳恳，爱我逾他侄。辛未，我南宫捷至，叔甚喜，谓大父可伸眉地下。已而我授宣化令归，治装谒叔，且辞行。叔举觞相属，诫之曰："汝太直，今入仕途，宜慎之。"顾蒲柳质不能自改，然每思叔言以为戒，卒免陨越，惟叔赐。迨灿奉命巡江西，便道省亲，而吾叔已逝矣。生承训诲，死不获视含敛，痛莫大焉。而复不能纪徽行于万一，抱恨滋甚。纵椎鲁不能文，顾据事直书，以备大人先生采择，不亦可乎？遂勉为志，缀之以铭曰：

于昭吾祖，奕世令德。吾叔嗣之，孝思维则。仁廉节让，颓风是式。宜兄宜弟，宜其家室。案有齐眉，当轩夜织。兰桂既馨，子妇宜良。盈前拜舞，百禄穰穰。以优以游，而谧而康。闲庭尽偃，素琴辰张。羲皇貌古，华胥梦长。栋梁乍摧，天道靡常。泉宫可闷，令闻不忘。

侄柱史灿拜撰。

清周芳《周氏族谱》

孙淳传

孙淳，字孟朴。从父履恒，见名臣传。淳，嘉兴诸生，少负诗名。天启七年秋，与吴□、吴允夏等同举复社。时韩敬为两浙领袖，淳独与之忤，失相温体仁意，其党遂具疏倾陷。复社以张溥、张采及淳为社魁，疏中有"网罗天下豪杰，一手握定朝权"等语，祸几不测，赖祁公彪佳、倪公元璐上疏白其诬，事得解。淳一诸生耳，其名乃能为邪党所忌，上动朝廷，亦足传矣。淳藏书数万卷，所著有《梅绾斋诗》二卷。

清乾隆《震泽县志》

舅氏会卿汝公传

〔清〕钮荣

舅氏汝公，讳可嘉，字会卿。公兄弟七人，行居第五。方凤楼公殁，公才弱冠，哀毁过情，人咸称知礼。事生母樊孺人，克尽孝道。孺人寿至八旬，公已望六，而愉色婉容，常若幼稚，奉养之诚不少懈也。生平坦易恺悌，与人交，未尝有疾言遽色。有忤逆者，犯而不校，有因于饥寒者，毋论疏戚，必解衣衣之，推食食之。至于昆虫肖翘之物，亦不妄杀，盖其仁心恻怛，天性然也。尝与侪辈登支硎山，游人杂沓，争先驰逐，公独从容徐步。学宪范长倩先生素不相识，见公器宇不凡，握手命坐，语曰："游山贵静领山趣，毋事喧嚣。吾视子非喧嚣者，盍少留？"因共席地，啜茗清话，移时乃别去，其为前辈见重如此。配秦孺人，贤淑有才能，家政聿修。生丈夫子三、女六，详见家谱。公以生平力学砥行，而啬于遇，锐意课子，冀得显达，以光前人。孺人能善体公意，督课甚严，又勉营婚嫁事。虽向平之愿粗了，而家计亦以此中落，公处之怡然，绝不介意也。生平不妄交，惟与沈杏雨、史桂岩一二老友相往还。卒年七十有九。棨忝在甥馆，平昔受教于公，敬为之传，庶先正典型不泯也。

清残本《汝氏世谱》

自为墓志铭

〔明〕卜舜年

余身无一长，幼闲父训，读父书，足不出户。间出户，亦瞠目霄汉，不视乡人，故乡人便交憎之。十五吾父见背，蹲老母膝前，读《礼》之余，偷作诗赋及书画。三年之丧毕，就嘉邑童子试，云汉颜公评余卷曰："辟乾坤，旁若无人，奇士奇士。"遂领第一。时辫发谒公，公面加奖，叹曰："子居村落，睹记陋。郡中胡毅庵先生者，人厚文博，将备羔雁，遣子事焉。"余遂负笈檇李，师毅庵公。寓东塔寺废房，楼无窗棂，梯级不全，四无僧居，下临义冢。余只躬深夜，风雨半床，鬼魅满牖，青釭一点，蠹书数本，兀坐到明，廓然自快。适云间先辈陈眉公相访，上空楼，惊异曰："固子读书所耶？"对曰："然。"披箧见文，连读数首，叹曰："真奇男子也。如是劲骨，如是灵思，天下事何不可为耶！"越数日，眉先生招余邸中，尊酒深谭，曰："子未可自小也。子读书数年，剽文采之末，而学问之渊源，料子惘惘。"余惧然起曰："实未有知。"先生曰："居子幸吾数十年讲求者，一旦授子，爰杜门谢客。"余长跽请。先生指河图洛书相配之象，以支干配河洛，以十二律配支干，以六花八阵配十二律。其九州分野洎二十四气、二十八宿、六十四卦、七十二候，无所不配，无所不灵。余再拜涕泣，谢曰："微先生，罔睹天地。"厥后，颜公北迁，眉公东归，余返故园。年二十余，日为奇服惊众。门多食客，老母剪发锉席以给。学吴歈于吴门老国工张怀仙，尽摹其妙。余时骋技登坛，发声如玉如圭，万人皆寂。凉风在树，残照在衣，凄其围听，或为掩涕，声能动人，自颇快意。如是浪荡者将十年，而家徒壁立矣。眉公闻余饥，辄脱粟相赠，曰奉太夫人，余为老母受之，岁岁为常。居亡何，痨瘵疾作，医药不克治。眉公所凤期奇男子为天下才者，今思早为下鬼矣。虽然，天地玉成之，恩恶可忘哉！余性近顽，不大创不足尽洗宿习。余幸矣活矣，向死而今匪然矣。自为记过簿，有一贪财好色及倾险欺诳之念，即速登记，曰："自为登记，省功曹诸神烦录焉。"居亡何，登记渐少，心事泰然，尪瘠之躬，可以对日星，可以对风雨，是则向死而今活也。苏蓬头师者，上品真仙也，余师事之。授以秘旨，行将提吾身于八极之表，而区区骸肉委诸草莽而已。又奚碑碣为哉，姑为铭曰：匪尔身，匪尔身。莫认贼，是主人。尔有身，在天深。

明卜舜年《绿晓斋集》

卜野水传

〔明〕张志达

卜舜年，字孟硕，号野水，吴江之盛湖人也。父景川，武荐以乡，浪驰万里，倦游归，始杜门。时家有桂已枯，忽焉荣发，乃孟硕生，故小字曰桂。孟硕才，越流俗，气盖人。既已受知于云汉颜公，志廓然自大，诸先辈多求识面。视一世事，少可当意，凡遇所弗合，即瞠目去，以是得狂倨声。然自喜迈俗益甚，下至小艺杂技，靡不研其精，务以动人为能。仰面屋椽，思之至悉，殆忘寝食，或竟夕不寐云。落笔千言立就，盱衡时事，筹目千古，海水壁立，蛟龙怒飞，未足以喻也。兴至，即作画或书，飒然风生，烟云乱点，高岭浅濑，古木疏枝，阴隐隽出，姽诡绚化。甚至展发濡墨，若醉草蛮书，多作钗脚漏痕，变态极矣。执贽相求，每谢弗受，所作恒给诸知己。知己贫者，日以是济，汝人或颔之，乃更自负。及夫良辰美景，人喧人闹之际，辄科头白袷，散步而至，玉喉一发，俯仰备致，珠圭错落，终场寂寂，若无一人，且有掩涕者，以此为快意焉。孟硕既精擅才艺，故不以富贵介心，四壁萧然自如。性好客，太夫人剪发锉席以给，而孟硕意气弗挫。弟皋年早卒，抚养其孤寡备恩，人愈以多之。然方其髫时，名已烜赫，寄托忽自简，多从娈少丽鬓，驱龄伐性。末乃逃之呼吸吐纳之术，以留鹄算。遂自谓"蓬莱弱水，一苇可乱矣"，为记过簿。凡萌一贪财好色及倾险欺诳之念，即速登记，曰："省功曹诸神烦录焉。"盖其人多所好，多所僻，又多所转变，亦其天性然也。卒以是死，无子。有集若干卷。

明卜舜年《绿晓斋集》

先考方伯府君行述

〔清〕陆锦　陆钥　陆鳌　陆滋

府君姓陆氏，讳文衡，字坦持，号中台，别号啬庵。自明初始祖讳雄者家吴江，遂世为吴江人。曾祖讳言，有隐德，人称之为老佛。大父讳勋，考讳尚德，以府君官累封中宪大夫、福建福州府知府。府君少颖异，五岁出就外傅，日课倍常童。恒端坐，不事嬉戏，塾师异之。年二十二，补县学生。万历四十六年，中式应天乡试举人，次年二甲第六十六名进士，观政工部，乞假归省。天启元年，补授都水司主事，监督皇极门工，巨细莫不亲莅，蒙赍银币者三。适荆关差缺，同寮以瘴地辞。少司空王公曰："蜀居楚上游，今奢酋作难，风鹤相闻，名避瘴实避难耳。"因谓府君曰："荆差我意属公。公贤者，为其所难。"府君唯唯。二年秋，奉敕往。八阅月，商旅罕至，府君宽减以来之。比代还，税乃溢于常额，府君不以羡自肥，悉纳诸官，前此所未有也。事闻于福清叶相国。会福州府缺，相国欲得贤守，即以府君由部郎外补。五年春，抵福州任。民俗健讼，府君察必以情，片言立决，一时颂神明，旁郡咸质成焉。是时逆阉魏忠贤用事，生祠遍海内。或谓福首郡宜倡建，府君执不可，事得已，故闽中独无阉祠。臬长为其座主，之子先容有所私请，府君正色拒之。臬长大恚，日夜伺短长，卒无所得，时目府君为铁汉。崇祯元年，大计举卓异，升浙江布政司参政。浙与苏接壤，日用所需，悉取给于家。座主郑方水先生廉府君，赠诗云："家载苏杭频饷客，僧贻坡水不烦邮。"盖纪实也。调金衢巡道，常山、玉山多盗，设法禽剃之。旋升四川按察使，时蜀吏道秽杂，府君正已率之。宗室有暴横者，辄以法裁抑，赖蜀藩贤明，得行其意。至断狱明决，民以不冤，一如守福州时。五年，升山西右布政，既至，署左布政。会岁暮当发宗禄，府君见宗室多窭甚，廉得前官吏侵克状。乃坐堂皇，监视支给，锱铢无所染，宗室既过望，吏亦愕然。是时流贼入晋，省垣戒严，府君登陴守帑，不解衣寝者数月。寻以官蜀时失察邮传，部议降三级调。六年，起补河南按察司副使，转布政司参议，移守洛阳。洛西接秦关，南通宛楚，北滨大河，兵贼交午于道。贼尤涎福藩，数以其党十余万环攻，辄历数昼夜。府君率士民登陴，亲冒矢石，城卒以完。九年，洪公承畴、卢公象昇会师于洛，府君力与图剿。未几，二公先后北召。十一年，熊文灿以兵入豫，专意主抚，且谓抚局已定，将具疏上闻，令道将俱署名。府君避席曰："抚事必败，本道不愿列名，即抚解散可，安插不可。"文灿厉声曰："汝挠抚局，不畏白简耶？"府君曰："何敢不畏，但今日逮问，不过死耳。犹愈抚局败，非死于法，即死于贼也。"文灿益怒，裂疏起。越三日，贼叛去，卒如府君言。于是畿南告警，朝议增设三道，以任知兵者，府君与焉。十二年，奉旨入都，召对平台，府君敷陈侃侃，大略谓："无用之兵，靡有限之饷，弊实相因。当清其耗蠹而饷自足，加派搜括断不可再行。"上不应，赐茶出。台谏闻之，咋舌谓："此举朝相戒不言者，何外臣竟贸然言之？"语具召对恭纪，府君遂持敕，赴新设定州道任。至则邱墟弥望，土贼窃发，标无兵，吏无廨，民无食。府君乃草创规制，巡视列城缮完之。闻警驰援，辄授方略讨捕。赈饥民以绝啸聚，贼党益离，所属赖以案堵。十三年冬闻讣，丁母宋夫人忧，奔丧南归。吏民思公不置，为建碑立生祠云。服未阕，以边才起复北直蓟州道，吏议调山东济宁。府君以先大父年高，陈情固辞。书四上，乃得请，于是不复出矣。时中原日棘，而吴下尚安。先兄镕以壬午登贤书，适先大父八十称庆，方幸家庭聚顺乐且未艾。乃再逾年而有甲申之变，府君北望痛哭，几不欲生。又逾年而遭先大父之丧，府君再欲以身殉。遂屏迹不与人事，营一室居之，颜曰"方房"。营生圹于先大父墓兆之左，以示待命。惟勖子孙，以敦本睦族读书守业而已。以乙巳仲冬十有七日无疾而终，距生于前明万历十五年五月二十一日，享年七十有九。配吾母顾夫人，先府君三年卒。子七：镕，后名一龙，崇祯壬午举人，后府君一年卒；鉴，顺治十五年进士，四川巴州知州，后府君八年卒；钥、锦、鏊、锵、滋，皆诸生。孙曾若干。府君通籍五十年，扬历中外，出处嚼然，不立奥援，不延声誉，自奉俭约，不改儒素。尤深以干求为耻，自释褐至解组，未尝有一纸抵当事者。性好施与，急人之急，尤笃族党，无吝色，无厌情。府君尝曰："吾生平好名不好利，为狷不为狂。"呜呼！府君何尝好名，又岂止于狷？然两言可以知府君之志矣。府君气节政事，赫然在人耳目。初无俟不肖辈赘述，然今者距府君之殁十年矣，所恐硕德伟行散佚不具，则不肖辈罪戾滋重。用敢以不文之辞诠次大略，以谂立言之君子尚乞锡之志传，以光家乘，不肖辈世世子孙感且不朽。

清陆迺普等《平原派松陵陆氏宗谱》

陆方伯传

〔清〕周永言

自维生平交契，齿之后先，境之显晦，尝往来胸中，历历不忘。然至老而情弥笃、迹弥密者，则莫我方伯陆公若矣。公长余一岁。当未贵时，公试辄高等，余瞠乎其后，心辄忮公。未几，公以戊午、己未联捷成进士，益自恨霄汉悬绝。公间岁归，辄一见，即别去。固余负气，不与公亲，非公疏我也。迨公陈情终养，侍封公婆挈林下，于是公与余皆五十余矣，则与公数数相往来，无一日不见者。长公子登贤书之岁，正封翁杖朝之年，洗腆称庆，余往与鞠躬。方羡公爱日之长乐未有艾，不意越三年而国难作，又越年而家难作，公屡濒于死。嗣后遂戚戚无欢容，葺先公所居一室，颜曰"方房"，寝斯食斯，不问外事，惟筑生圹于先公穴旁，以示待命。既屏谢宾客，而兵燹后故交益稀，惟余日诣公谭笑，移晷乃罢。呜呼！今海内已大定矣，明年公亦八十矣。公则从容命余曰："君其知我，我死，传以属君。"余唯唯否否，余固不能文，且谓"公之不即死矣"。乃即以仲冬之十有七日，略感微疾，恝然长逝，岂不痛哉！既殡，公子复理前说。余雅知公不欲乞贵显为谀墓辞，乃流涕而为之传最。公官初任工部都水司主事，升员外郎，转郎中，外补福州府知府。大计卓异，升浙江布政司参政，调金衢巡道，升四川按察使，升山西右布政署左布政。以官蜀时邮符罣误，吏议降调，起补河南按察使副使。有荐公者，蒙召入觐，奏对称旨，简授定州新设兵备道。丁母忧归。以边才起复北直蓟州道，部议调山东济宁。公念母丧未终且太公年高，遂固辞，不复出。其官工部也，差权荆关税，时上游有警，商旅裹足，同寮皆惮行，公独慨然往。来商裕税，税且溢额，前官皆自私，公悉以入官。其守福州也，魏忠贤凶焰方炽，生祠遍海内，有讽公福首郡宜倡建者，公执不可，闽中得无魏祠。臬长为其座主，某公子道地，公正色拒之，求公短长，卒无所得。在浙则察奸伪，平盗贼。在蜀则澄吏治，抑强宗。其官晋藩也，会岁暮发宗室禄粮，公廉知侵克状，亲坐堂皇，如数支给，吏愕不知所为，宗人皆失喜过望。其在河南也，分守洛阳，数捍强寇。洪、卢两公会师于洛，公力与言剿。比熊文灿以总理入豫，乃专主抚，公面折之，贼果叛去，如公所策。其召对平台也，力陈练兵足饷为一事，加派搜括毋再行。蒙上温霁，而廷臣相顾咋舌矣。其赴定州也，标无兵，吏无廨，民无食。公经画草创缮完列城，设方略擒剿土贼，振饥以散胁从，辖州县十六，卒以案堵。惜乎公之以忧去，而不竟其用也。《诗》云"不侮矜寡，不畏强御"，《书》曰"有猷，有为，有守"，公无愧焉。公讳文衡，字坦持，中台、啬庵皆其号，吴江人。

考讳尚德，累封中宪大夫、福建福州府知府。配顾夫人。子七：镕，举人；鉴，顺治十五年进士，四川巴州知州；钥、锦、鏊、锵、滋，皆诸生。传公者，同里故人周永言，字安仁，号禹祁，共称为蜂腰老人者。

清陆迺普等《平原派松陵陆氏宗谱》

陆坦持先生方伯传

〔清〕郑敷教

  公姓陆氏，讳文衡，字坦持，中台其号也。吴江人。前明神庙戊午、己未联捷成进士。乡举之岁，与余同出司理虞公之门，予落副车。次年，乃与先君子同捷南宫，后又同官宪副。余则自庚午幸隽后，屡踬春官，遂绝迹都下，盖虽与公同里闬，而不相闻者久矣。暇尝与灌溪侍御李公模道故，盛称公喜愠不形，常变不易，有无负坦持二字之义者。初筮仕工部，监皇极门工，三赉银币，人以为荣，而公处之坦如也。差榷荆关时，蜀奢酋作难，上游有警，商旅不前，同寮有托故辞者，公坦然往。撙节招徕，税乃溢额，及期代还，悉以入官囊，无私焉。福清叶相国贤公，欲以惠其乡，未及俸即外补福州府。公至未期，膏泽流播，片言折狱，旁郡质成。抚军南公尤贤公，须俸如例，即特疏荐。或侧目以忮，公坦怀自如。当是时，熹庙惑于逆阉魏忠贤。丙寅、丁卯间，忠贤生祠遍海内。闽中僚吏讽由首郡倡建，公持不可，闽得无祠。臬长为其座主，某公子先容有所私请，公持正拒之。臬长大恚，思有以中公，公复坦然不惊，且曰："坦持吾字也，若有畏而徇方寸，崎岖甚矣。"会思陵即位，改元崇祯，公以大计卓异，升浙江参政。密迩吴下，日用所费，取给于家。郑方水先生赠诗云："家载苏杭频饷客，僧贻坡水不烦邮。"可以知公之廉矣。三年，调金衢巡道，墨吏悔罪，盗贼悉平。未几，而有四川按察司之命，澄汰吏治，裁抑悍宗。再期升山西右布政，既至，即摄左。会岁暮监发宗禄，公如数支给，革除陋规，宗人既过望，而吏益愕然。其后，宗人以侵克入告，有褫夺者，公独无咎。寻以官蜀时邮符讹误，为直指任过镌级去，公坦然不以为憾。朝议卒贤公，起补河南按察司副使，转布政司参议，移守洛阳。地当冲衢，兵贼交午。贼尤涎福藩，数以十余万人，攻围数昼夜。公厉众登陴，亲冒矢石，城卒以完。尝与洪公承畴、卢公象昇合志议剿事，未成，而二公北召。熊文灿以总理入豫，则一意主抚，将缮疏上闻，道将皆署名，公独避席，言："抚事必败，本道不愿列名。"文灿厉声曰："汝挠抚局，不畏白简耶？"公词色不挠。文灿怒裂其疏，人咸为公危，公坦然自若。不三日，贼拔营南去，始服公之远识也。于是畿南告警，议增设保、真、广三道，廷臣佥贤公以荐，召对平台。公持议侃侃，敷奏无隐。温旨赐茶，敕以公为井陉所析之定州。公至定，则邱墟弥望，道殣踵接，土贼伺间窃发，警不时至。新置之道，无一见兵。公坦坦施施，次第兴举，属邑受成，卒以案堵。与保督杨公誓于中山，曰："此留公庙食地，盍以一旅相犄角？"既得请，而母夫人之讣至，遂奔丧南归。少司马赵公凤贤公，以边才荐，起复北直蓟州道，部议调山东济宁。公方持服家居，又见太公年高，陈情乞终养，书四上乃许。方公之归，定州吏民思公不置，将建祠立碑，以尸祝公。适李侍御巡方其地，为请行之。嗟乎！侍御谓公无负坦持之义，公亦尝自言生平得力于坦持者不浅。虽然人苟有坦荡之怀，而无持守之节，则坦又何足贵哉！惟公不计荣辱，不顾利害，自行其意，以成功名。坦而能持，所以为不可及也，吴门士夫至今犹称公坦持先生云。

郑敷教曰：公所遭至不幸矣，始灼于珰焰，中迫于贼氛。少不自持，名实俱丧，孰能守正不阿、奋其智勇如公之不以祸福撄心哉！鼎革之际，公已不仕，卒以国家隐痛屏迹以终，知公此时固有不能坦然者。然公子七人，长登贤书，次成进士，琅琅后起，不坠先业，公亦可以无憾矣夫。

清陆迺普等《平原派松陵陆氏宗谱》

盛王赞传

〔清〕潘柽章

盛王赞，字子裁。宋文肃公度后，寅八世孙。曾祖应阳，严州太守，有清节。王赞少贫苦，依外家阳城张氏，后徙郡城。崇祯十年成进士，授兰溪知县，亲友饯之胥江，诸书记在坐，王赞酹卮酒于江，曰："与诸公盟，自今凡有利于民无利于官者，不可不为；有利于官无利于民者，慎不可为。"及到县，一切公费悉蠲之。汤溪靛寇窃发，众号万人，焚掠山泽，兰民震恐。王赞单车按行境上，左右请设兵卫，不可。乃率里老讲明乡约，具陈古今忠义之事，词旨慷慨，闻者心动。因使人持檄贼中，谕以恩信，争缚首恶以献，事遂定。兰民素健讼，王赞平心听断，摘伏如神。有甲牛为乙所盗，两家俱有母牛，互争不决。乃命置二母牛于庭东西，而取子牛居中。掠之，乙牛啖草自如，甲牛含泪匍伏，有哀楚状，遂得其实，远近神之。邑当往来孔道，舟车供亿，民不堪命。乃捐俸雇百人，筑室二十区居之，日给工费，不以烦民。居三年，当入觐，有赎镪四百金，书记请为行资。王赞曰："非吾志也。邑号冲疲，陂塘圮废，其以是葺之。"急召吏就事，两月而竣。扁舟就道，惟衣囊书簏二肩而已。时诏入觐诸臣，得直陈利害，王赞上言南粮诸事，俱报可。寻命复任，会岁大饥，台司下令遏籴，富民缘以牟利。王赞独严私贩出境之禁，有无通易，及郊而止。四方米价踊贵，而兰邑独平，民赖以济。巡按王范行部，访逮奸蠹，王赞独无所举，屡檄不应。范怒，监司素不快王赞者，从而构之。范遂劾其偏执乖张，当调去。士民闻之，巷哭罢市，至拥塞城门不得行。王赞乃微服潜归，士民号呼奔走数百里，争致钱布为助，王赞笑而却之。廷臣倪元璐、范景文、郑三俊等交章以荐。上一日御讲筵，顾辅臣云："人才难得，爱惜宜先，盛王赞何如人哉？"对曰："洁己爱民。"上云："何故被劾？"对曰："不善上官。"上曰："此强项吏也。"越数日，复问辅臣："有一贤令未用，忘其名。"辅臣未能对，上乃手出一折，具载劾疏始末,曰:"盛王赞也,此人宜在铨部。"于是京师翕然,咸称圣主知人。命未下,而北都变作,南都再造戎政。尚书张国维,东阳人,首举王赞治行。时东阳新遭许都之乱,都已禽,而其党惧罪,多负固劫掠。故国维以为请,遂补东阳。东阳人喜曰:"盛公来,吾属无事矣。"过兰溪,兰溪民争挽其舆入城,曰:"今日还我父母。"东阳士民倾国来迎,将及境,乱民之党夹立道旁,曰:"皇帝选贤令救我,愿一望见颜色。"东阳戍卒悉众来援,王赞曰:"是不过欲识新令尔,无他虞也。"麾盖直出,皆罗拜而去。至县,首验狱囚,凡事连许都者,悉谕遣之。其党相谓曰:"明公不俘此为功,而反纵之,敢不解甲归命。"甫七日,以母丧去官。邑民援军中夺情例,诣阙请留不得。兰溪人立祠祀之,岁以生日为盛公会,民间吉凶事,必告而祷焉。吴中人有经其地者,必问讯盛公安否,或至泣下。乙酉五月,闻南都破,闭阁自缢,为人救解。遂削发为僧,避居阳城湖滨,课村童自给。日无再食,尝采茨蒿之属杂以麻麦,如僧家所谓璎珞粥者,家人或有难色,王赞先自饱食。衣每百结,辄自引线联络,负日于檐,栩然自得。时当道者多其故旧,尝遗书通问,王赞辄婉辞谢之,亦不复答。壬辰六月卒,年六十有五。

清潘柽章《松陵文献》

顾祖奎生传

〔明〕叶树人

顾祖奎,字元度,家世清华。万历十九年举人、青阳县学教谕曰而诚者,其父也;嘉靖三十二年进士、监察御史曰曾唯者,其大父也;万历二十八年举人曰祖范者,其兄也。吾里顾氏号素封,自侍御君起家,门材日盛。其群从类能以经术文章取科第自显,富贵甲于一邑,时论比之王谢。元度美风姿,佩服鲜华,立稠人中亭亭如玉树,见者莫不叹为神仙中人。虽为贵公子孙,能折节读书,为诸生,有声庠序。与兄祖范、弟祖斗,联镳竞爽,尤顾氏之极盛焉。天启元年举于乡,累上春官不第,崇祯十年选丹阳教谕。甫莅任,作《五伦箴》镌版明伦堂,以训诸生,士风为之丕变。越三年,升福建连城县知县,以端士习为首务,谓:"士为四民之首,士习之不端,风俗从而益坏。"于是学校以修,考课以勤,释奠祭菜俎豆,莘莘跻跻不倦。教以人伦,桥门圜听,髦士咸蒸,一如其司铎丹阳云。其他省徭赋以宽民力,劝农桑以厚民生,严保甲以防民奸,备积贮以恤民灾,殊功异绩,次第毕举,黄公道周尝作序以颂之。又明年,迁户部员外郎。自军兴以来,司农之度支日以告匮,居是官者率以不称职罢去,君独调剂得宜。出知广西南宁府,理积案之未决者数十,平反数大狱,全活无算。时贼势益张,方面大臣弃城而走者,开门延贼者,所在多有。君独督率属吏部民,戮力固守。迨今年三月十九日之变闻,君知事不可为,北向顿首谢君恩,又北向顿首谢父母恩,遂出走隆安之桃村,祝发为僧,可不谓忠乎!君长于余二十岁许,与余为忘年交。余荒江独处,时时闻君政声，每思奋笔纪录，顾绝音问者十余年，不能详悉其事之颠末，是以辄止。今君已为出世人，余恐其久而失传也，姑撮其大凡而为之生传。君所著有《乡约讲说》。

明叶树人《春晖堂诗文集》

张孝起传

张孝起，字将子，原名起。曾祖基，见儒林传。孝起崇祯三年举于乡，十三年特赐进士，除廉州推官。（按：崇祯庚辰会试榜发后，复奉旨取史惇等百余人，各授以官名。庚辰特用榜，孝起亦由此榜，故《成仁录》云特赐进士除官。张氏谱谓中会试副榜者，误。）岁丁亥，大兵平粤东，孝起举兵谋恢复，战败被执，妻妾俱投海死。孝起羁军中，会李成栋叛归永明王，孝起亦脱去。至肇庆，王用为兵科给事中，转吏科。时朝政决于成栋子元允，而袁彭年、丁时魁、金堡、蒙正发、刘湘客附之。五人皆专横，不循人臣礼。孝起清真介直，与大学士朱天麟等同心匡正，不能胜。辛卯，王赴梧州，元允留肇庆。时魁等无元允援，皆以罪去，王乃以孝起代时魁掌吏科印。久之，擢右佥都御史，巡抚高、雷、廉、琼。未至，四府破，走避龙门岛。岛破，被执，不食七日死。（本《明史》，参《成仁录》。）

《成仁录》及《觚賸》并云：孝起从永明王迁兵科给事，掌吏科印。会十三营自楚战败入行在，跋扈不法，孝起疏劾其罪，直声大震。郧国公高必正骄蹇尤甚，孝起责以大义，卒慑伏焉。按《明史》，十三镇之归何腾蛟在顺治三年，明年为大兵所败，诸镇兵皆罢。其后郝永忠辈仍留湖南，不闻有十三营战败入行在事。而孝起之至肇庆，王以为给事中在五年，则所云疏劾十三营者，误矣。至七年，王赴梧州，以孝起代丁时魁掌吏科印，俄与廷臣共排去刘湘客。而高必正者，湘客乡人也。以湘客之罢，深疾孝起，怒骂于朝，王为解乃已。盖是时国势衰弱，必正辈拥强兵，王方倚之，故孝起不能与争胜。而云"责以大义，卒慑伏焉"，亦非事实也。故今从《明史》附传及同时各传，为之考正，以存其实云。

清乾隆《吴江县志》

叶绍袁传

叶绍袁，字仲韶，给事绅四世孙也。父重第，字道及，万历丙子举人，丙戌进士，授玉田知县。邑有大狱，以重辟系者多人，重第心知其冤。业经历谳，无可生理，为废寝食，求其生路。适巡按御史至，重第为言冤状。内一人谳语尤坚难动，绕床行竟夕，忽叫曰"得之矣"，为易谳语中一字，竟得释出殊死者十七人。玉田人特祠祀之，号"叶公祠"，至今香火不替。迁工部主事，晋郎中，转贵州提学佥事。卒年四十二。绍袁生有奇慧，于学无所不窥。天启甲子举于乡，乙丑成进士。时首辅秉谦实座主，且同乡里,或曰:"即谒之,庶常可得。"绍袁曰:"进身之始,岂可附阉党走权门乎?即朝走谒而夕公卿,吾不为也。"其人惭而退。例当得县,以不习吏事,授南京武学教授,改北国子监助教,升工部虞衡司主事,督盔甲厂兼摄城工。时边警军兴急,前任十三人俱以玩怠获重谴。绍袁躬自简稽,兵甲皆精利。已复兼城守,督胖袄监,开九门河,劳瘁甚,至析家产为京邸费。念母冯宜人在家年老,遂乞终养归,屏迹分湖滨,与配沈安人,菽水邀亲欢,家庭闺门之内,有歌咏唱酬乐。巡抚都御史张国维、备兵副使冯元飏、凌义渠先后列荐章,坚卧不起。无何,宜人与安人相继亡,益幽忧憔悴,萧然杜门如枯衲。产益削,不能朝夕。乙酉八月一夕,出门走余杭之径山荒刹,剃发为浮屠,已往依平湖母家冯氏村居止焉。感怆郁郁成疾,卒年六十,贫不能殓,中表冯洪业赒百金周其丧。绍袁博览群书,兼通释氏宗教之旨。性耿介,不能容人过,即当事,尝面折之不少假。生平口不言财利事,手不持镪,不识权衡。初,父重第遗田十余顷,绍袁自登科第而宦,宦而归及卒,田存不及十之二。子女十六人,不免饥寒。而绍袁惟日手一卷,吟哦不辍,盖真无愧于清而介者。所著有《天寥集》《桐尘集》《读史碎金》《纬学辨义》《楞严集解》《金刚经》《参同契》[1]等书,未刻,藏于家。子侹、俗、侗、儋、倕,并有才,俱早夭折。燮,康熙丙午举人,庚戌进士。孙舒崇,幼有神童誉。及长,诗古文名振一一时,游京师,公卿称美不置。乙卯举顺天乡试经魁,丙辰成进士,授中书舍人。大学士立德霁溥公荐博学宏词科,不及试,卒于京邸,年三十九,士林伤之。有《注庾信哀江南赋》,未竟而卒。所著《宗山集》《谢斋词》行世。

清康熙《吴江县志》

注〔1〕:据清乾隆《吴江县志》所载,应为《金刚经注》《参同契注》。

西华阡表

〔清〕叶燮

呜呼!惟我显考虞部府君殁于顺治戊子。其子燮,值时多故,未遑卜吉,权浅葬于我大父学宪公之兆域。越康熙丁卯五月,始卜吉西华之阡。燮贫且废,无交游,不能丐当世大人先生悬缞之辞,永之墓版。自惟无状,又不敢不有以表诸阡为垂后计。惟我六世祖都谏公以进士起家,迨我府君五世,皆成进士,踵接也。府君年十一,学宪公卒。学宪公历官,以廉节著闻,所贻仅饘粥。府君幼孤,外侮叠至,备历艰阻,勤学自奋以成立。天启甲子举于乡,明年乙丑成进士。时大学士秉谦为魏珰私人,遣人招府君苟来谒,庶常可得,府君辞绝之。筮仕改授教职,升工部虞衡司主事。一年,以冯太宜人春秋高,陈情归终养。府君在朝日浅,且位散寮趣官,守清苦自矢,严一介之取。既归,益甘澹泊,视荣禄若浼。已太宜人卒,终丧,遂绝意仕进,家居杜门,一榻书卷,萧然生平。口不言钱,手未尝一持镪,如畏执热。性嗜俭约,常食蔬,间日一肉。里衣必以布,无寸丝,自幼至居官,不易也。处世接物,坦易乐与,而是非必以直。凡地方公事不便者，力言之当事，不市恩，不避怨，有时过于激，亦不靳也。亲族友以婚丧葬缓急者，虽无余，必减己以应。喜释氏言，著《楞严汇解》《金刚经》《参同契》[1]。尝独酌吟咏竟日，诗文取适意，不拘拘摹仿古人。有集二十卷，兵后什不存一二。傍通六壬奇门、星家堪舆之学，皆抉其奥，著纳甲、纳音、贵人等论，为《纬学辨义》四卷。暮年剃发为浮屠于杭之皋亭山，卒于平湖孝廉冯兼山之别墅耘庐。兼山，冯太宜人内侄。府君既为僧，义不可归，兼山来招，往依之以终。府君成进士三十年，始终刻苦，殆过寒士。所居堂名"清白"，学宪公所贻也。府君每指堂额，以诏燮等曰："我家自都谏公以来，五世食禄，所贻者止此二字，故我每一顾不敢忘。我虽贫，不为戚戚，固穷安命，可以自怡。汝辈若能兴起继志，吾愿毕矣。"小子燮谨泣而志之。府君生于明万历己丑，卒于顺治戊子，享年六十。显妣封安人沈氏，宪副沈公讳珫女。沈为吴江甲族，安人事亲孝，教家礼，事事克相府君之美，娴诗书，以古大家为师。生于明万历庚寅，卒于明崇祯乙亥，享年四十有六。生燮兄弟八人，惟幼弟儴早殇。燮五兄一弟，俱诸生授室，或夭，或早卒。兄倰年四十五，偈年十八，俗年二十二，侗年三十七，儋年二十，燮弟孚年二十七。惟侗有子舒崇，康熙丙辰进士，中书舍人，亦早卒。余俱无后，可悲也。燮孑然一身，才卑力拙，更贫贱废弃，不能奋发。告无罪于前人，没世有遗憾，不揣愚不肖敬，摭府君生平大略。康熙丁卯六月朔，男庚戌进士燮表。

清叶燮《己畦文集》

注〔1〕：据清乾隆《吴江县志》所载，应为《金刚经注》《参同契注》。

亡室沈安人传

〔明〕叶绍袁

沈氏名宜修，字宛君，宪副沈公长女。（公讳珫）八岁丧母顾恭人，茕茕嬛疚，即能秉壸政，以礼肃下，闺门穆然，从父少参公甚异之。（公讳瓒）公与先大夫同籍，雅深契厚，语先大夫曰："家季玉有女，（宪副公字）甄后弄书之岁耳，母亡而条条娓娓如也。长必贤，是有贵徵，曷以字若子。"先大夫喜甚，即为余缔襁褓之盟焉。十六岁归于余，顾然而长，鬒泽可鉴。先太宜人孤灯子影，借以娱色，爱逾于女，晨夕非妇在侧，潞滫弗甘也。性好洁，床屏几榻，不得留纤埃。经史词赋，过目即终身不忘。喜作诗，溯古型今，几欲追步道蕴、令娴矣。时先大夫甫谢世，宦橐如霜朗，身后几不能谋生。强宗悍族，又以余弱子，日寻诸穿窬。以故太宜人望余，不啻朝青霄而夕紫闼也。恐以妇诗分咕哔心，君因是稍拂太宜人意。君既不敢违太宜人，又悒悒然恐失高堂欢也，清宵夜阑，衫袖为湿，其性孝而柔如此。余少时，携簦笈，从游若思诸君子，肄业为常，不甚居家中，即居家中，亦不敢一私入君帏。非太宜人命，寒篝夜雨，竹窗纸帐，萧萧掩书室卧耳。盖太宜人止余一子，且又甚孤，然爱深训挚，以慈闱兼父道焉。即通籍后，余夫妇夔夔斋栗，三十年一日也。君因太宜人不欲作诗，遂弃诗，清昼虚寂，闲庭晏然，彤管有炜，兀兀为余录帖括耳。余时发愤下帷，覃精伏生之书，每一义就，即倩君指下，衷积成帙，友人览者，靡不叹卫夫人遗风，端丽可爱也。时家季若与余比庐而居，同席而学。余文，妇书之，季若文，亦其妇书之，兄弟相对语此，亦贫士一乐。今我两人俱幸成进士，徼半通之绶，荣施及妇，而两妇俱于一岁中相继沦殒，天欤何哉！君明鉴量宏，节概美志，行乐慷慨。外父冰蘖苦操，甚无奁具，君大度豁如也。有友人计营一椽，殊生束晳之叹，私筹于余。余曰："我母严，我弗敢言，当谋诸妇耳。"私念妇又鲜嫁时资装，奈何？试与之言，君曰："贫友以急告，而不能周，愧也。"即脱簪珥，鬻数十金予之。余曰："去此，君箱箧俱空，宁无怨色？"君曰："桓少君鹿车布裳固自可，君何弗及鲍宣。"余喜谢曰："异日当以翟冠翠翘、霞裾珠帔报若德耳。"君笑曰："我哀王孙而进食，岂望报乎？且既委身于君，翟茀珩璜分也，又何云报？"君既婉娩太宜人左右，柔颜曼色，葴菅繁綦之属，晨昏无少离。丙夜，太宜人犹刺刺女红不休，君不以罢或先止，太宜人命之入乃入。然摅幽寄概黯风飒雨时，莺花写闷，雁影摛愁，方絮尺蹄，盈奁格矣。太宜人雅命小婢侦之，云"不作诗"，即悦；或云"作诗"，即怴怴形诸色。君繇是益弃诗，究心内典。竺乾秘函，无不披觌，楞伽维摩，朗晰大旨，虽未直印密义，固已不至河汉。戊午以后，儿女累多，禅诵之功或偶辍也。家奉杀戒甚严，蚬螺诸类，未尝入口，蟆蠕虽微，必护视之。湖蟹甚美，遂因绝蟹不食，他有血气者又更无论。儿女扶床学语，即知以放生为乐。四五岁，君即口授《毛诗》《楚辞》《长恨歌》《琵琶行》，教辄成诵，标令韶采，夫妇每以此相慰。余秋风一度，一为报罢，长干里中尘，征衣染数升矣。君低眉蹙黛，又恐伤余怀，只顾影呜唈耳。乙丑，附笭南宫，交相藉，幸矣。然秦淮石头，随宦冶城，止五月。太宜人不欲入燕，余孤琴独剑，往返高渐离市上二三载，君留事暮年高堂，曲尽勤瘁。既以鸾镜无双，锦衾空烂，不无天涯梦远他乡藁砧之思。且又家计萧条，羞囊罄涩，凡为葷荁免饔，俱极焦心剂处之。玑珰组缃，襦舄炉匜，无不征价贸市，百苦支持。（追忆至此，泪涔涔下，不能止矣。）戊辰，余在都门，太宜人忽婴危疾。君昼夜汤药，衣不解带，呼天泣祷，蓬首鬅飞，迨及余归，不知有母病也。俯仰三十年，忽忽如瞬，前后诸境尽若此尔，有几日开颜快意者邪！君待人慈恕，持己平易。下御婢仆，必为霁容善语，即有纰缪，悉洞原其情之所在，故无攖和之怒，亦无非理之谴。室故悬磬也，人有求者必应，曰："我犹患贫，何况若辈。我贫犹能支吾，彼无控愬耳。我故不忍其饥寒死，然亦终不责其偿也。"余有从子某某，家徒四壁立，君恒念不置，每问余知二人近状否，恐必冻馁，曷稍赈。居恒日用经费，或酬估值，或市器具。饮食非精镠，必不与人。家无藏金，俱从鬻钿卖衣中来，稍有低恶，必付匠家镕去渣滓而后乃用，用时微虽寸铢，必羡弗短也。岁荒于潦，佃者相告，余于常额外倍加减去，君更命主计者，改置小量收之。君仁心卓鉴，诸如此类。故君亡，婢女哭于室，僮仆哭于庭，市贩哭于市，村姁农父老哭于野，几于春不相巷不歌矣。君性识弘远，姿度高朗，诵薄浣我衣，即曰："后妃尚尔，我辈岂宜靡奢？"殊有桓车骑着故衣之想，经年不一更换。初婚时，一翠绡床幕，垂三十年，寒暑不易，色旧而洁整如新。然亦欲易屡矣，计值须及二金，以伤费故止。太宜人捐背，余欲改用苎，君曰："闺中姑用罗耳。"始以白罗易之。未及半载，君遂奄然，至今罗幔飘飘，覆空床也。俭德若彼，福薄又若此，天乎何可问哉！余自庚午陈情，归养太宜人，家殖益荒落，君曰："贫固不因弃官，即弃官贫，依依萱阶下，与关山游子不庸胜乎？愿君永不作春明梦，即夫妇相对，有余荣矣。"其安于淡薄，又尔尔也。往时余所从贷之家，以贷久不偿，恐又复言贷，尽塞耳避走。故自赋归来，仅仅征藉数亩之人，君或典钗枇佐之，入既甚罕，典更几何？日且益罄，则挑灯夜坐，共诵鲍明远《愁苦行》，笑以为乐。诸子大者与论文，小者读杜少陵诗，琅琅可听。两女时以韵语作问遗，琼章未嫁，耀倾城之姿，晻映琴樽风月间。太宜人又榆景，强匕箸。君语我曰："慎勿忧贫，世间福已享尽，暂将贫字与造化，籍手作缺陷耳。"然哉然哉，昊天不佣，琼章首陨，浸寻三载，家祸频仍，君亦随以身殉之。嗟乎！安得宛君而更与我语贫也。岂不悲哉！君于古今事理，载籍疑义，无不悉洞玄解。风仪详整，神气爽豁，潇洒旷逸之韵，如千尺寒松，清涛谡谡，下荫碧涧，纤草可数，世俗情法，夷然不屑也。秾眉秀目，长身弱骨，生平不解脂粉，家无珠翠，性亦不喜艳妆，妇女宴会，清鬘淡服而已。然好谈笑，善诙谐，能饮酒。日莳佳卉，药栏花草，清晨必命侍女执水器枂沐。桐阴映窗，帘横一几，焚香独坐，有荀令君之癖。吟咏余暇，或共琼章飘姚药径，恒有履迹焉，贫居无聊，故寻清寂之趣。自两女亡后，拾草问花，皆滋涕泪，兴亦尽减矣。且又恒与病缘，癸酉以来，终日惺惺药铛间耳。然甲戌春病起，犹为尼德安书《西方庵碑文》，遒逸端整，其耽情翰墨如此。拟乙亥秋，书《楞严经》，资太宜人冥福，适遂遘疾，疾竟不起也。疾时作诗《呈泐师》云："一灵若向三生石，无叶堂中愿永随。"亦可谓恬然去就之间，脱然生死之际也。九月四日，犹与余对谈，但稍气弱耳。至子夜，息如睡者。须臾，侧卧而逝，不作儿女子片言也。伤哉！嗟乎古之隐于朝者，东方曼倩，滑稽玩世，虽寄意细君，不足述也。隐于市，则临邛酒垆，挟一文君，以慢世之妇而无容，士大夫而不好才者。我固不能隐于山林，王儒仲夫妇高矣，不能不愧容于令狐子伯，我亦非其伦耳。其宗炳张愈乎？宗妇罗，张妇蒲，俱以高情协趣，贤淑有文。然张死蒲为之诔，宗以悼亡，伤哀过甚，则余于少文为似也。君以我言何如哉？君诗多悲凉凄惋之音。夫诗以穷故工，一穷愁之况，已足工诗，矧又离别之怀，哀伤之感，诗宁能不工耶！故宜伊郁怏悦，与匣镜缕裙，并作九嶷断肠也。集名《鹂吹》，与《梅花诗》共三卷。君归我，贫贱三十年，庚午岁，一叨恩封安人云。生卒子女，俟载志中。

叶子曰：荀奉倩云："妇人才德皆不必论，故当以色为主。"余之伤宛君，非以色也。然秀外惠中，盖亦雅人深致矣。泐师云："来自蓬瀛，非凡女子，一念好事，遂堕五浊。"然邪？非然邪？我不敢知。但师方以台宗四仪，弘示宝筏，岂其先陪妄言之戒而欺我哉！

明叶绍袁《午梦堂集·鹂吹》

沈宜修传

〔清〕钱谦益

沈宜修,字宛君,吴江人。山东副史沈珫之女,工部郎中叶绍袁仲韶之妻也。仲韶少而韶令,有卫洗马、潘散骑之目。宛君十六来归,琼枝玉树,交相映带,吴中人艳称之。生三女,长曰纨纨,次曰蕙绸,幼曰小鸾,兰心蕙质,皆天人也。仲韶偃蹇仕宦,跌宕文史。宛君与三女相与题花赋草,镂月裁云。中庭之咏,不逊谢家;娇女之篇,有逾左氏。于是诸姑伯姊,后先娣姒,靡不屏刀尺而事篇章,弃组紃而攻子墨。松陵之上,汾湖之滨,闺房之秀代兴,彤管之诒交作矣。小鸾年十七,字昆山张氏,将行而卒。未几,纨纨以哭妹来归亦死。宛君神伤心死,幽忧憔悴,又三载而卒。仲韶于是集宛君之诗曰《鹂吹》,纨纨之诗曰《愁言》,小鸾之诗曰《返生香》,及哀挽伤悼之什,都为一集。而蕙绸《鸳鸯梦》杂剧,伤姊妹而作者,亦附见焉,总曰《午梦堂十集》,盛行于世。余录宛君母女诗,颇存挽诗之佳者,不问存殁,俾一时女士之名,附以传于世,亦怜才之微意也。

清钱谦益《列朝诗集·闺集四》,引自叶德辉等《吴中叶氏族谱》

赠指挥同知赵公传

〔清〕朱鹤龄

公讳賝,字任卿,中丞士谔从子。以武举为金山营把总,被劾革职。崇祯九年,流贼东寇大躏安庐,抚军张公国维檄为守备,屯太湖县。十年二月,贼来犯,公提兵御之。至鸡飞滩,遇贼三百余骑,击却之,追奔抵通湖。贼以百骑来山前挑战,公据山为营,遣千总杨国镇等以锐卒二百赴之,射杀贼渠数人。而贼潜从山后以千骑袭公营,公力拒之,手刃十余贼,以众寡不敌被执,胁降不屈,遂遇害。自贼犯南畿,颍、寿、六安、霍山诸州县多被祸,抚军虽督兵在行间,闻金鼓辄色战。诸将士猝遇贼,率首鼠窜,无敢发一矢。相向者,公独驱驰赴难,摧锋搏贼,身被数创以死。其麾下李池等,亦皆格斗死。事闻,赠指挥同知,子孙世袭。总旗安庆人,为立祠堂祀焉。

史弱翁玄曰:任卿少孤贫,家世业儒,独好武。为童子时,戏取村中羊学骑,自试削白竹为弩矢,射篱边雀,尝为笑乐,州里咸谓之痴。及年过四十,仗节死义,闻者莫不壮之。

清朱鹤龄《愚庵小集》

君庸公传

　　君庸公讳自徵,懋所公第三子也。颖悟绝人。懋所公为南刑部郎时,公年十五,锁之书室,夜必穴牖而出,明旦复卧室中,父摘所课书令背诵,了了不差一字。家藏书故不多,每访友不值,即入其室,取书点次,览毕便能覆忆,故未尝下帷而淹通今古。曾有一友于全史苦未易竟读,乃更番置几上。候公至,诡他适,属家人供公糜,以恣评阅。积久丹黄遂遍,乃合全帙示公,公始知之,相对大笑。公少年即自负,喜谈兵,为大言。父懋所公授以田五十亩,乃叹曰:"吾家祖业故丰,父以清苦结百姓欢,载家租往饷官厨,而先业隳焉,有世上男子而五十亩者耶!"一朝尽弃之,得二百金,赒亲党,飨宾客,立尽。天启末,入京师。崇祯三年,遵化、永平破,副使张椿闻公知兵事,聘入幕府,公为计复遵、永。又慨然慕鲁仲连之为人,长揖策蹇去。时督师袁崇焕拥兵不朝,大司马募能入袁营探得其情者于上赏。公慨然应募,司马欲与骑三百,公曰:"不可。崇焕无反心,某往必不敢加害。苟欲害某,三百骑奚益徒滋疑耳?如崇焕杀某,则反状明白,公知所备矣,某何惜一死以报。"司马乃授以令箭,夜缒城出。至袁营,厉声呼曰:"大司马有语致督师。"诸军执弓注矢欲射,视之一人耳,乃不疑,令入。公说曰:"天子新践祚,即不次擢公,固知公必不负朝廷。但今列营城外而不入朝,天下何从识公之忠诚哉?且公往年杀毛文龙,人心至今未嗛。稍不尽节,则天下争啖公肉矣。"崇焕改容,谢请即日入朝。公曰:"误矣!城中人情恐惧,未测公怀,若骤马入朝,此卢杞所以阻怀光也。俟某入城具以情,复苟得诏宣召,而后入觐,则上下之礼咸得矣。"崇焕唯唯听命。公入城,具道于大司马。于是天子始召见焕,赐貂裘玉带。继召见,遂下焕狱。居京师十年,为诸大臣筹划兵事,无不切中机宜,名声大振。乃其寓月迁日改,变幻不常。或见名媛丽姬数十环侍,极绮罗歌管之胜。或见其独卧败席,灶上惟盐齑数茎。又或见峨冠大盖,三公九卿前席请教。又或见其呼卢唱筹穷市井,谇詈以为欢。终莫定为何如人。后归姑苏,出橐中千金置房舍于阊门,甚宏丽。又置良田千亩,给昆弟宗族及故交数百金。已念母早丧,未尝一日养,即取所置房舍田亩,悉归释氏宫,资母冥福。仍作矍入隐,居吴江之西乡茅屋,躬耕豁如也。崇祯七年,同乡叶御史绍颙巡按广东,值海寇刘香作乱,遣使问策,公密函授计。于是绍颙悬招降令说,其党自相诛击,两广遂平。庚辰,国子监祭酒某荐公于朝,以贤良方正辟召,同甲科录用。公哂然曰:"吾已肆志归田,岂能带腰冠首,受墨吏束缚耶?"辞不就,竟以诸生终。公为文不录稿,散失莫纪。惟仿元人为《鞭歌妓》《灞亭秋》《簪花髻》三曲,慷慨激昂,朱竹垞、王阮亭皆盛称之,公盖借以自寓者也。

清沈光熙等《吴江沈氏家谱》

表妹张倩倩传

〔明〕沈宜修

余季女琼章，幼抚于妗母张氏。张字倩倩，余弟君庸之原配，即余姑之次女，余表妹也。余年八岁，萱树痛遗，父又以宦游离家，特迎姑归视余。姑贤明仁淑，视余与己子无异。倩倩小余四岁，凡簸钱斗草，弄雪吹花，嬉游宴笑，无不同之。乙巳，余于归，倩倩时年十二，春含瑶蕊，秋映琼辉，美丽已无堪并。嗣后，余父天涯久客，故余不得常归宁，即暂归，姑已复携倩倩还张室矣。数年之间不相聚首，惟寄情暮云春树耳。庚戌，倩倩年十七，三星入户，蒉实宜家，姑以倩倩香缨既结，俗缘都完，辛亥春杪，闭关修罢昙业，余归视之。时年倩倩已十八，余一见光艳惊目，娟冶映人，亭亭若海棠初绽，濯濯如杨柳乍丝。余窃思初与别时，发尚未垂，别来数年，挺秀遂至于此。恨不见袅袅初余，盈盈二八耳，昔人所云"美而艳者"，殆必若此。时初夏八日，斜月半窗，金壶渐滴，与二三女伴，挑灯话旧，庭户寥寥，栏花灼灼，不知东方之白也。未几即别，别后又相暌阔，尝忆昔日言笑，恍如邯郸枕中矣。癸丑年，暂归一叙，临风怆恨，黯然何言。丁巳，余父挂冠栖隐，余复得数归相聚，尔时倩倩脂凝玉腻，微丰有肌，姊妹姒娣间戏呼为"华清宫人"。偶当日午梦余，云鬟仿佛。余曰："此真沉香亭上宿醒未解耳。"诸女伴笑，谓余曰："汝能作《清平调》咏之乎？"余曰："愧非青莲，先有捧砚人在此矣。"群相一粲。戊午仲秋，与余同泛棹吴山，正波澄荇绕，枫冷蘋香。时已下浣，更余月吐，共相登眺，烟树微茫，峰峦参碧，斜辉泻镜，清露逼衣，悄然无人，徘徊久之。倩倩飘然振袖于山崖月色之间，却疑广寒仙子不在桂树宫中，飞下我前矣。是夜，停舟对饮，共论夙昔生平，聊为快叙也。天明返棹，适仲韶自南都秋试归，余即还汾水。壬戌，余父背捐，余与倩倩又于缞绖中流连数日。甲子，君庸为贫鬼挪揄，送穷无策，蒯缑一剑，北游塞上。时倩倩已将愁潘之年矣，索居岑寂，兴怆怀人，感飞蓬之叹，赋采绿之章，恹恹抱病，忽忽多愁。丙寅，余伤其幽居无伴，邀至家中数月。尝言及炎凉世态，悲感不胜，相顾泣下沾衣，余因赠词，有"留语待王孙"之句，岂意王孙归时，不能语矣。丁卯初夏，余于君晦家复与倩倩数日款接，然此时病已沉绵，郁抑不堪之状，余亦无可奈何。别后，星河槎渡，余随宦冶城。则倩倩锦字题残，渔阳信杳，兼霞滴露，凉月如规，可胜断魂千里邪！奄然席枕，忽于十月之二十二日，返驾瑶京，年三十有四岁。伤哉！岁暮，余始从秦淮旋归，悲恸几绝。呜呼！玉碎珠沉，香闺无色，红颜真薄命也，孰意清和一别，遂为千秋永隔哉！造物不仁，失我好友，既使愁困一生，又遽芳年早世，伤也如何？倩倩姿性颖慧，风度潇洒，善谈笑，能饮酒。生三女一子，俱早亡，以余季女琼章为女。琼章小时，即教之读《离骚》、古今诗词，故清才旷致，殊有妗母风焉。倩倩亦自工诗词，作即弃去。琼章生时，所能记忆者止一二耳，余不忍忘，今并录之。有《咏风》云："萧萧竹径鸣，卷幔如有情。木落寒山里，千林共一声。"又《忆旧》云："故人别后杳沉沉，独上高楼水国阴。鸿雁不传书底恨，天涯流落到如今。"故人即指余也。又《过行春桥》云："行春桥上月如钩，行春桥下月欲流。月光到处还相似，应照银屏梦里愁。"又《春日》云："春衫带绾缕金绡，昼永空闲碧玉箫。情到寄将何处好，曲栏杆外折红蕉。"词则有《忆秦娥》云："风雨咽，鹧鸪啼碎清明节。清明节，杏花零落，闷怀千叠。　情悰依旧和谁说？眉山斗锁空愁绝。空愁绝。雨声和泪，问谁凄切？"《浣溪沙》云："几日轻阴冷翠绡。起来慵把柳眉描，春情无奈困人娇。　帘外锦鸪啼恨絮，天边征雁寄书劳。小窗闲拨篆芸烧。"又《蝶恋花》云："漠漠轻阴笼竹院。细雨无情，泪湿霜花面。试问寸肠何样断？残红碎绿西风片。　千遍相思才夜半。又听楼前，叫过伤心雁。不恨天涯人去远。三生缘薄吹箫伴。"此阕则丙寅寒夜与余谈及君庸，相对泣作也。其才情如此，岂出李清照下？惜乎断香零玉，不能成帙，使世知有徐淑、蔡琰也。伤哉！琼章尝云："异日当为妗作一佳传。"嗟乎！昊天鞠凶，瑶枝又萎，芳言如在，已叹人亡，露濡霜降，即琼章已杳不可追矣。又况倩倩，更在若在若亡间，日月如流，能无湮佚之叹乎！余既伤倩倩，又悼琼章，故追而记之，然止能忆昔时交好情景如此，他非所及，亦非敢言文也。

《传》作于甲戌之春，屡欲寄呈君庸，贫冗相牵，未及录出，只存手稿，今又为遗集矣。满目山阳，能无怆感！仲韶识。

明叶绍袁《午梦堂集·鹂吹》

潘一桂传

潘一桂，字无隐，一字木公。黄溪人，父以贾侨居京口。一桂少机警，过目成诵，颇自负，不肯专心吟讽。父怒，命之扬州贾。一桂乃更读书为歌诗，自谓无意学古而神与之似，诗成，辄书屋壁间。湖州沈圣岐以宦游道扬州，见壁间诗，大惊，劝归就学，年十六补邑诸生。又念赋学衰废，思一振起之，乃杜门研思，作《东征》《昌言》诸赋，闳博奇诡，为时所称。僦居京口，览江山之胜，以诗文自高。年二十余归故里，讽习《楚辞》，尝悬肘后，其结撰益工。崇祯五年，唐世孙好词赋，延四方宾客，起高明楼，拟于雁池兔园，以书币招之，再三辞，家人怪之。一桂叹曰："极知世孙向我厚，然国法不得与藩邸交，我何敢为乱首耶？"后游襄阳，世孙已立为王，遣使迎候，不绝于道。一桂不得已，命驾往，王数从授简赋诗，雍容应教。居一月，称疾辞归。期年王废，同时在国中者皆株连坐法，一桂独以见几得免。卒年四十五。有《中清堂集》六卷行于世，《古韵通考》二十卷，未刻。子陆，字江如，有志节，于诗律尤精。（本旧志，参《献集》）

钱谦益曰：无隐诗多弘丽，今集为史弱翁所定，多取其肤立者。赋则为西极文太青所推。太青以扬马自负，目无一世，见无隐诸赋曰："我心折气涩矣。"无隐之可传者，其在斯乎？（见《列朝诗集》）

清乾隆《吴江县志》

观宇公传

观宇公字无逸，讳皆自，客庵公第六子也。前后母兄弟六人，而公居少，客庵公晚得公。八岁时，客庵公与友人弈，公从旁指点，并胜算。出，人咸叹异之，客庵公钟爱特甚。生善病，喜读书。十三而孤，从钱孺人依外家，于床褥间手一编，未尝稍辍。乙卯科试，首拔诸生，以儒士同季兄上京兆试，季兄捷而公不遇。自后凡四与宾兴，迄不一售。庚午科试，名第六，序应帮补，公自信必售，不问。会丁钱孺人艰，至不得入棘。公之不遇，实扼于数，非战之罪也。钱孺人病笃，独公一人任汤药及殡葬之事，不遗余力。与季兄最称相得，岁时往还吴山越水，周旋独久。同母兄某鬻公产，公心不乐，而未尝形诸言。易箦时，嘱诸子曰："汝曹慎勿以此争理，致伤我五十余年友爱之谊。"又令诸子请伯兄及同母兄一诀，伯兄至而同母兄不至。公候久，执伯兄手曰："手足之缘尽矣。"伯兄亦泫然泣下。公之孝友殆天性然乎！公生平沉默寡言，遇事剖决无不切当。善弈而不以弈名，与犹子辈对垒一二局，所谓胜固欣然，败亦可喜者也。酒量不甚高而喜饮，数勺沾唇，辄呜呜发歌，陶然自得。晚年构数楹，种竹浚泉，操弦搦管，间作一二韵语自娱，然亦止与兄弟辈酬和。公盖拙于趋名，而未尝有所传世云。

清沈光熙等《吴江沈氏家谱》

年谱韵编

〔清〕金之俊

虚度古稀七，流光闪电疾。忆从堕地来，父母爱无匹。三岁乳母离，萱堂怙食息。七龄疮痘生，昼夜亲忧织。痘平外傅就，十二开笔墨。胞兄实为师，讲解颇勤忆。十三应童试，屡试辄见抑。十九改麟经，工夫仅百日。经淑泰清兄，二十嘉庠入。岁底始完婚，娱亲谐琴瑟。廿一谒云栖，戒杀奉为律。灵山凤种缘，根苗从兹苗。廿三大比年，观场竟莫及。双亲含泪言，年老望子急。过此再蹉跎，风烛恐将熄。闻训无地容，发愤不遑食。廿六幸贤书，廿七南宫弌。循例给假旋，高堂欢始辑。廿八授除书，获膺薇省秩。是岁叨覃恩，书债聊尔毕。循次赋皇华，旋娱双亲膝。期满仍牵裾，差回恰三十。归省痛痳殷，秋又衔命出。恰逢壬戌年，父母皆七十。儿孙绕阶前，天伦乐事缉。癸亥三十一，瓜期渐次即。急入春明门，报命已岁逼。甲子三十二，谬竽分考直。取士十一人，何子非鸣莘。乙丑三十三，考选已及格。崔魏焰初张，挤排缘独立。勉就南祠部，岁余仪司历。高堂迎署中，团聚乐无极。容曹吏隐称，石头名胜晹。是年三十四，爱妾沈氏卒。心绪正无聊，迁郡为顺德。忽焉簿书婴，兼且冲途值。是年三十五，发愤图自植。民瘠颇朴淳，抚字竭心力。各属解钱粮，原封总不拆。虽设库吏书，法马尘封讫。公费及羡余，丝毫罄除革。亢早跪祷勤，除盖炎威逼。雨来犹长跪，直候甘霖溢。各台暨小民，上下誉词翕。四载获量移，童叟攀辕泣。罢市几浃旬，遮道祖送塞。至今南关外,清廉碑篆茸。遣归嫁长女,老亲健逾昔。我年三十九,星沙催任急。长江上下间,寇帆尝络绎。设法严护防,擒渠始伏匿。俗习虽豪犷,驯之易以戢。转瞬二年间,盗靖民宁谧。我年四十一,寻转大参级。趋归上寿觞,亲年又八十。较之十年前,欢乐逾伯什。亲既寿且康,兰砌复茂密。盘桓半载余,方乃奉新檄。驻札江信州,优游縻俸食。期年又量移,蜀臬马湖饬。归途抵武陵,陡闻父病亟。星驰入里门,我父喜侍侧。执手絮叮咛,只要儿报国。侍奉十日余,白日遽西匿。身代亟呼天,天高不肯恤。见母号痛深,徒有捶胸唈。丧礼藉两兄,勉强拖衰绖。是年四十二,终日背母泣。家门本福全,独恨怙先失。母悲兼复焦,谆谆茔兆觅。移盼倏三年,母躬幸安适。丁丑秋八月,母忽微示疾。身无痛苦缠,易簧犹念佛。遍呼儿孙来,训诫细微悉。端然逝吉祥,定生西方域。痛哉四年间,双亲相继没。忧缠丧次中,我年四十七。幸获茔兆图,筮龟咸叶吉。两兄皆同心,已卯襄事毕。家居七八载,无颜小草出。明末时事艰,功令罔敢佚。庚辰四十八,策蹇长安入。痛念江南苦,冒昧请均役。疏陈旋报可,部料咸允勒。南瑞兵道铨,是冬即就职。瑞宁及奉新,大盗素为窟。盘踞茅竹山,官兵罔敢执。挟矢率亲丁,徒步上山崱。乡民皆奋呼,生擒百余贼。两台深叹嗟,劳勋称第一。本是迁谪流,误列知兵实。言路荐章盈,岩疆遇缺给。辛巳四十九,已转固原臬。抚按漕科留,坐题粮道缺。拮据于临期,催粮又催楫。策马章江滨,食息靡宁刻。茹苦百昼夜,船粮共齐集。飞舸亲押催,黄河惊浪吸。连帮衔尾进,抵通事□贴。一载忽五迁,壬午屯抚陟。受事甫月余,旋奉□治敕。马上趋赴任,是年我五十。平台蒙召对,恩赉惊逾则。竭蹶戎马场,我年五十一。经岁枕甲戈,寝食卒伍习。事平沥血辞,嘉劳赐币帛。万死一生余,复厕司马侧。会丁鼎革运,犹如隔世忆。剧婴流逆苦,自刎复自缢。惜为同难救,一死赊塞责。是年五十二,洵丁阳九厄。痛定还思痛,梦魂恒悚惕。天心厌乱甚,皇清定夏函。恭逢顺治圣,日月仍丽天。仁德符三代,义旗耀八埏。逆孽艾除尽,版图归附全。用人惟求旧,朝野无遗贤。我本贰枢曹,腼颜复备员。我年五十三,澄儿北来瞻。父子忽相逢,惊喜作梦占。但闻三儿濒,是夏已归泉。可惜恂雅质,不复依膝前。悲欢一时萃,未几澄儿南。我年五十四,濂儿继入燕。随例游太学,偶喜脱青毡。贰枢一载余,承之佐中铨。縻禄甫年半,司空正席专。丁亥戊子岁,两儿痘殇煎。寻于己丑夏,微恩请假旋。是年五十七,再生入故廛。里老欢相接,族姓庆团圆。澄儿甘旨奉,孝养无间言。福过滋灾咎,殃贻长子捐。虽幸余生在,五载丧明连。假期忽云满,收泪复命还。庚寅一品加,辛卯中枢迁。是年五十九,生子名世湉。秉枢系重任,讵意宠眷偏?誓除债帅弊,庶足答涘涓。滥竽周二载,黜幽宜我先。风纪责更巨,异命又专悬。控辞终未允,黾勉领台班。受事四阅月,澄清乏毫纤。虚声达睿聪,复滥冢卿阶。引咎坚辞屡,终负进退担。是年六十二,精力渐衰绵。正思图税驾,纶扉又特宣。揣分中心疚,弥深伴食惭。乙未六十三,钦点总裁官。欲简天下士,受命心胆寒。焚香明神矢,务使真才弹。勉竭宵旦力,兢兢大典完。是春丧六郎,悲劳伤心肝。闱事甫告竣,行幄刻加虔。一病遂委顿,致动圣怀酸。君臣相视泣,亟遣太医探。恐如朝露殒,又命绘像来。君恩等怙覆,捐躯难报天。医药赖有瘳,入直命频传。随行空署尾,讵胜启沃肩?丁酉六十五,渶儿侍卫编。蒙恩轸及子,破格授虾衔。前此乞假后,离家又十年。引例陈情切,复荷圣明然。临轩天语嘱,慎勿恋家园。是年六十七,又得回乡关。老妻时病目,一见目皆痊。别久欢相聚,备觉恩情□。倏焉钦限迫,割裾觐天颜。幸已趋北阙,又勤钦使遣。天子闻而喜,温言慰劳惓。是年六十八,扈从南苑畋。辛丑春王初,圣躬忽欠安。鼎湖遂莫挽,敷天号恸联。况我承恩渥,身殉犹未厌。新主初登极,宁敢乞投闲。四月方陈请,不肯放归田。是年六十九,家计鼓盆潜。九月再补牍,准假仍如前。五十年夫妇,诀别阻云山。凭棺一痛哭,相逢期禅关。荏苒壬寅岁,正逮古稀年。犹厕黄扉籍,昼夜凛违譴。激切吁归老,荷蒙天恩全。稠叠隆异数,古今实罕兼。抚躬还循省,益惧报称难。历陟院部署,凡十有八年。一品考满再,十疏方赐骸。由今以溯往,亲恩江海渊。追前以观后,君恩天地宽。往事经七十,历历犹目前。趁今腕力健,书此俟考焉。天犹假年乎,再续留后看。

清金之俊《金文通公集》

金之俊传

金之俊,江南吴江人。明万历四十七年进士,官至兵部右侍郎。流贼李自成陷京师,之俊不能死,被拷索。本朝顺治元年,大兵定京师,之俊降,仍原官。疏请先下蠲租之诏于畿甸,以慰民望。又言:"土寇率众归诚者,宜赦罪勿论;其缚渠来献者,宜分别叙功;就抚之众,宜编置牌甲,令各安故业;无恒产者,宜设法区画。请颁谕各镇道府遵行。"寻奏荐故明蓟辽总督丁魁楚、陕西总督丁启睿、陕西巡抚练国安、副都御史房可壮、吏部员外郎左懋泰、河东守道郝绚等,并才堪录用。又劾通州道郑烨优游养寇,剿抚无闻,三关镇臣郝之润借名诛伪,纵兵肆掠,俱宜罢斥。并请趣畿南北按臣及监司以下官,速补赴任;禁止满洲官役额外需索驿递夫马。疏入,悉采纳之。二年五月,以京师米价日增,疏言:"西北粮食取给东南,自闯贼乱后,南粟不达京师,至北地米价昂贵。今大兵直取江南,计苏、松、常、镇及杭、嘉、湖七郡漕白,必抵南庚。须急令漕督星驰淮上,巡漕御史疾趋瓜、扬,经理运务。俟金陵底定,酌留之余,悉转太仓。南粟既来,米价自减。"诏速议行。六月,条陈《漕政八事》:"一、卫所旗军既裁,宜别设运官漕卒;一、明季旧艘残毁,宜改用投顺兵船;一、南漕抵济,宜别造剥船转运津、通;一、加耗应照明初旧例,余悉蠲除;一、征收宜责正印,勿委佐贰;一、漕道宜驻济宁,专司剥运,各省粮道至济交卸,即押回空,其足额与否,听漕道验报;一、漕米除蠲饷外,视旧额盈余若干,悉为改折随漕征解;一、漕运官军除交兑外,仍支给坐行二粮。"疏下所司知之。七月,调吏部右侍郎。三年,疏请酌改铨选进士之制,谓:"故明旧例:二甲选部属、知州,三甲选中、行、评、博、推官、知县。不论名次,内外互选,于政体人情均未协。请以二甲前十五名选部属,后二十名与三甲前十名选中行评博,十一名至二十名选知州,二十一名至七十名选推官,余选知县。"

得旨，允行。五年，擢工部尚书。六年，请假归葬，许之。以炮局失火，之俊坐分赔，特予宽贷，令罚俸三月。旋以恩诏，加太子太保。七年，假满，还朝。八年，迁兵部尚书，晋少保，兼太子太保。十年正月，调都察院左都御史。会与大学士陈名夏等议革职总兵任珍罪，之俊坐党附，论死。奉旨，从宽削加衔，罚俸一年。五月，疏言："审拟盗犯，不宜概行籍没，致累无辜，请依正律。"又言："旗省提学，例以佥事道分遣视事。若畿辅为首善之区，江南为人才之会，请以翰林官简用。"均报可。寻迁吏部尚书。十一月，授国史院大学士。十二月，充会试主考官。初，之俊引疾乞休，不允。十三年二月，谕曰："君臣之义，终始相维。尔等今后毋以引年请归为念，受朕殊恩，岂忍违朕，朕亦何忍使尔告归？若决于引退，即忍于忘君矣。"之俊奏曰："臣蒙皇上隆恩，但惧不能报效，何忍遽违恩眷？"越日，上复谕诸大臣曰："昨岁之俊病甚，朕遣人图其容。念彼已老，倘不起，不复相见。故乘其在时，命工绘像。盖不胜眷恋如此。诸臣亦有衰老者，岂不有归田休养之念？但经朕简用之人，欲皓首相依，不忍离也。"之俊泣奏曰："诸臣中无才者，莫过于臣；受皇上深恩而负重罪者，亦莫过于臣。舛误滋多，惟恐废职，非忍于离天颜也。"十五年九月，改内三院为殿阁衔，以之俊为中和殿大学士，兼吏部尚书。十二月，同校定律例。十六年二月，诏立明庄烈帝碑，命之俊撰文以进。是月，加太保兼太子太师。五月，以大学士李霨于兵部请武进士刘炎等俸禄一疏，票拟任意，之俊看详疏忽，有旨切责，部议降二级留任，罚俸一年，旋加恩宽免。八月，请假归葬。十七年，在籍自陈乞罢，温谕来京供职。未至，加太傅。十八年，改殿阁衔仍为内三院，授之俊秘书院大学士。康熙元年，予告致仕，之俊回籍后，屡以衰老乞休，至是始从所请。四年，应诏驰疏陈三事："一、决囚当有定候，凡监候斩绞之犯，请照例秋后行刑；一、考成尚需通融，酌免有司之实降实革，以责久任，分别粮里之欠少欠多，以示劝惩；一、民间挟私叩阍，因而陵轹官府以紊法纪者，宜申严禁。"疏入，报闻。之俊家居数年，有撰匿名帖榜其门者，多言其赃私暧昧事。之俊白之总督郎廷佐穷治之，牵累不决，事闻。八年正月，谕曰："匿名帖乃奸恶之徒造写陷害平人者，如见其投掷拏获，理应照律从重治罪。若因此究问，则必致株连无辜。律载收审匿名帖者，将审问之人治罪。金之俊将匿名帖送究，郎廷佐收受察拏，俱生事不合，着议处。"于是廷佐镌二级，之俊削太傅衔。九年，卒，赐祭葬如例，谥文通。

清国史馆《清史列传》

诰封正一品夫人严氏行略

〔清〕金之俊

余正配一品夫人严氏，产自松陵世族。年十五，尚未字，因父文学端所严公慎择婿，鲜克许可。忽一夜梦其祖先告之曰："有金姓来求婚者必许之，当大昌。"次早适有媒至，告以姓氏，恰符夜梦，遂许婚焉。年十八于归，时先两大人俱年逾六旬，余兄弟三人，尚未析箸，余完婚后即各爨，轮奉菽水。夫人性孝谨，尤习操作，凡女红及中馈事，熟谙无遗。晨昏视膳，必竭尽心力，无几微弗当先两大人意。周旋妯娌间，惟敬惟和，事余长嫂犹事母。余为诸生时，先大人督课甚严，□至文期，彻宵旦不寐。夫人为供脯羞，务极丰洁，桓□簪珥佐之。比余侥幸一第，历官四十余年，谨守寒素故我，夫人亦依然裙布荆钗。自余为中书部曹，及知府兵道，历任相随，惟恐伤余之廉。一应饮食服饰，朴俭是崇。岁壬申，先两大人皆登八秩，余时为楚臬，欲乞赍捧差，归里称觞。会有兵事，未得请，夫人独驰归上寿，两大人欢甚。余靮掌仕途，每疏定省，赖夫人留家侍养。自是以后，不复随任，终两大人之天年，朝夕承欢，靡有间刻。逮两先人抱病，夫人虔奉汤药，衣不解带，目不交睫。以故两先人弥留之际，儿孙绕膝，独向夫人啧啧叹曰："贤妇若汝，真世所希有也。"至于相余，相敬如宾，老年倍笃。居平宴间，见必起坐拱立，询问饥饱寒暖，再三叮咛毋失时。尝谆谆语侍妾辈云："我老不得追随左右，汝曹当代我奉侍，万勿拂其欢心。"视庶生子女多人，抚摩鞠育，不啻己出。凡余父党母党、戚属故旧，岁时问遗，罔有缺失，从不以贫富炎凉，稍岐初终。治门内外，井井秩秩，肃若朝典。而御臧获辈，则温然慈煦，寒燠劳苦，体恤毕到。年未四十，即虔奉竺乾氏，绝荤茹素，已三十余年。诸凡惠济宗亲，赈施贫乏，即囊空瓶罄，亦弗之吝。以至修葺道路、桥梁，庄严三宝胜事，为德不可枚举。甲申难作，南北间阻，夫人痛余之厄，吁天长号，几不欲生。继而湖滨盗贼蜂起，窜徙纷纷。独夫人卓有定识，慰谕附近居民，戒勿妄动，卒之鸡犬不惊，一方安堵。己亥六七月间，海寇突逞，远近人心风鹤。余儿世濂又公车来长安，独夫人在家，镇静如常，穷乡恃以贴然，居民交口诵之，有女中丈夫之称。夫人之明道理，识时务，有男子所不及者类如此。岁己亥，夫人患腹疾，两目失明。余为陈情乞假，蒙先皇帝恩允。闻余之归，惊喜疑梦，十载离别，一旦欢聚，病遂霍然，两目重明其一。去年余假满赴京，泣谓余曰："感荷圣恩，使我两人白首夫妻，久别再逢，更复何憾！慎无以我为念也。"呜呼痛哉！不意其遽成永诀也。夫人享年六十有七，叨沐恩纶，封一品夫人。迄不知甘旨为何物，金珠纨绮为何用，其为妇德妇行，亦可想见矣。余哀楚中，未能详述为状，聊缀其概云尔。

清金之俊《金文通公集》

沈宠绥传

　　沈宠绥，字君徵。曾祖启，见《震泽志》。宠绥少为诸生，后以例入太学。倜傥任侠，所交皆天下名士。性聪颖，于音律之学有神悟。以乡先达沈璟所撰《南词全谱》，于宫调声韵间正讹辨异虽极详且精，足为天下楷模，顾学者知其然，末由知其所以然也。乃著《度曲须知》，凡南北曲之源流格调、字母方音、吐声收韵诸法，皆辨析其故，指示无遗。又以北曲渐次失传，著《弦索辨讹》，分别开口张唇、穿牙缩舌、阴出阳收口诀及唱法指法，既穷极闉奥，亦皆有涂辙可循。崇祯中并刻行世，与《南词全谱》相备,而吴江遂为南北曲之宗。宠绥于顺治间卒,后安溪李光地见其书盛称之,谓"不但有功于词曲,且可为学者读书识字之助"云。

清乾隆《吴江县志》

故明嘉议大夫大理寺卿叶公墓志铭

〔明〕张伯行

公讳绍颙,字季若,吴江人。系出宋左丞梦得后,世居分湖。高祖讳绅,弘治中由进士历尚宝司少卿,号为敢言,兴吴中水利,事详国史。曾祖讳旦,赠工部主事。祖讳可畏,赠玉田知县。父讳重科,赠太仆寺卿,公其季子也。幼禀异质,为文高文典实,年十六补郡庠生。天启甲子,与从父兄讳绍袁同举于乡,明年同登进士,旋丁外艰。服除,授行人司行人,升浙江道御史。崇祯七年,巡按广东,岭海故多警,而法纪久弛,无所检束。公加意振刷,劾罢府县之不职者,残吏为之敛手。然方是时,海盗刘香乘福建红夷之患犯海丰,踞谢道山阳。总督熊公文灿被旨谯责不能讨,乃议招抚,贼佯许之。会参政洪公云蒸、副使康公承祖、参将张一杰、夏之木,遽赴贼营招之,竟为香所留。公疏闻于朝,朝议颇咎熊,令四人入舟宣谕被获,命公确核。公以为道臣参将志在立功,轻出招抚不由督臣遣,而督臣节制不严,无所逃罪,宜令戴罪自效,报可。公又计贼挟诸臣为奇货,必不肯放还,而此数员又不可久阙,请移罗定道张国经、肇庆游击朱之颖调补,而突出兵袭之,贼稍退。明年,与总督移文福建,趣游击郑芝龙与粤兵为犄角,夹击贼于田尾远洋。香胁洪公云蒸止兵,洪大呼曰:"我誓死报国,急击勿失。"遂遇害。香亦穷蹙自焚溺死,余党归款,海寇尽平。而里海之盗,充斥南海、番禺、东莞、新会、香山诸县者如故也。先是,东、西、中设三总哨,后各分上下,并香山而七,防守严而贼势仍横。新会界有蕉园,连亘数里外,盗劫掠勒赎,悉藏其中。官军至,则张帆出洋去,莫能捕。公廉知其状,移文总督为清窟计。乃檄总兵邓懋官、参政晏日起率兵伐去其蕉,复遣参将齐嘉谟、通判童养潭驻兵弹压,并严保甲,饬七哨,贼无所潜踪。未几,蜑户李灿秀、杨岐芳、陈万胜等,竖旗新会横滩,尾乞就抚。公纳之,得户三百六十三、男妇一千八百余名口,放回被掠者二百余人,战船、火器数百,籍之官,广东遂平。差满还朝,天子以为能。十年,再巡按山西。时流寇数掠平阳、汾州,又陷和顺。岁饥,人相食。公念流庸未复,急谋绥辑,而重辟中有可矜恤者,多所平反。独兴县因乔总与僧妙果饮李元家醉,取元妻绣鞋为戏,元妻骂詈,因拾砖掷死元妻。妙果贿元得逸去。谳者谬谓:"总攫元豆枳,因砖抛元妻致死,律应绞。"公阅元、总对簿,语皆有妙果名,缉获妙果,亲鞫得其实,则两人掷砖同,而衅由妙果起,乃以妙果抵罪而宽总,人服其明允。十一年,京师戒严,诏廷臣举堪任督抚者,公以中书舍人嘉善陈龙正对。虽不能用公言,而陈公前后上疏,纠东厂刺执政,因星变请听言省刑,议论侃侃无少屈。陈公故与公交,然陈能尽职,公能知人,论者两贤之。俄升太仆寺少卿，转南光禄寺卿，又转大理寺卿。闻母施恭人疾，亟告归。又三年，而有甲申三月之变。公方里居，无守土责，而母又笃老，遂隐居分水之上，绝意尘务，尝曰："国已破，何以家为？"而是时，探囊之盗，所在焚劫，尝自乡入郡县城，挈家转徙，濒于危者数矣。方南都初定，以原官召，公以母老辞。及丁母艰后，商丘宋公、高邮王公相继登宰辅，皆殷殷荐誉。两江总督马公重公令望，将疏荐于朝，府县亦身为劝，公躬诣陈情乃已。沈沦山泽间，垂二十七年，考终于里第，时康熙九年闰二月初三日也，年七十七。公素文弱，而临事干办，监南宫试，宿弊为剔。按山西，却晋代两藩馈，终公一任，藩府人无敢干纪。官南都，值旱蝗，米贵甚，与同列倡捐煮粥，以活饥民。事亲孝，居昆弟师友间，皆有恩。母年八十四而殁，公哀动不失礼。少受知县令冯公，后公按行潞安，冯之子光寓宰屯留罢官，通官帑四百余金，实故主藏吏侵渔者也。公以吏死而令贫，按其数代输，并资遣之。元配毛氏，前进士御史寿南孙女。继配顾氏，前进士御史曾唯元孙女。并封恭人。侧室徐氏、高氏。子六人：儆、俶，皆贡生；世倧，庠生；吴楫，乙丑进士，任文安知县；起凤，庠生；储，监生。女十人，适庠生宁长生、贡生周室瑎、廪生王祚升、举人吴友兰、中书舍人钱焘、庠生许定力、庠生沈用霶、贡生沈蛟门、监生庞之琳、庠生沈霆，皆名族。孙十四人：舒玠，廪贡，升江阴教谕；舒珧，监生；舒球，贡生，候选典籍；舒璐，廪生。孙女十一人，曾孙男女十人。于康熙三十四年十月日，合葬于吴江二十八都班翼圩。公之子吴楫，伯行同年友也，来请铭。铭曰：

分湖巨泽，尚宝名贤。匪簪缨贵，德功是先。极盛难继，门才连连。赋政于外，延尉有焉。后更多故，金石终坚。铭镌曩烈，表此新阡。

年侄仪封张伯行顿首拜撰。

清叶德辉等《吴中叶氏族谱》

晚宜楼集序

〔明〕叶绍颙

余家分湖，与黎川之毛世联姻媾。先大夫系外祖侍御仁山翁馆甥，而余以渭阳一脉复中雀屏之选。每值岁时，辄随父兄往黎川，起居外祖母钱太恭人。诸舅氏更相款留，杯酒欢洽，动逾旬日。一时中表兄弟雁行而进，森森玉立，宛然王谢家风。余时亦稍露头角，舅氏过爱，以魏元阳见许。而休文与余同庚，情好倍笃。自舞象以至弱冠，凡遇文课及小试奏技，未尝不联袂接席也。休文故有别才，帖括之暇，恒留心骚雅，篇章盈帙。而于举子业，不免稍歧。未几，余挈鳌弧先登，而休文久滞青衿。余规之曰："子所操非应世之具，有妨进取，安得谓李广之不侯，非战之罪耶？譬之发矢，非不饮石没羽，而太高则势必越其度，孰若稍卑之，以俯就鹄的也。"休文不以为然，益厌薄时趋。年当强仕，竟敝屣弃去，超然物外，则益并力古文辞若诗。适余自粤中持斧还，见其著述日新富有，乃悉发所藏纵观，大约诗居其半，而律为多，音吐宏亮，格度严整，他皆尔雅清丽。总得脉贞元、大历间，要之别出机局，自成一家，盖能为唐而能不为唐者。嗣后，余叨列京卿，鞅掌王事，踪迹稍疏。迨沧桑翻覆以来，归卧家园，而休文则放浪山水，不数数把臂，徒勤梦想。忽一日，休文过余归燕草堂。余方抱病，相与劳苦，欷歔感叹。顷之，出其全集，以弁语见属。因得快读其晚年所作，一变而为真率坦夷。远则栗里，近则香山，纵笔所如，无非妙境，为之击节狂叫曰："此愈我疾，枚叔之《七发》，不是过矣。"既复自念，休文比余所少者，进贤冠耳。然余半生仕宦，南北奔驰，扑面尘埃，触目荆棘。即乘骢衣绣，荣则荣矣，而饭熟黄粱，总归梦幻。繇今追想，有丝毫实际否？其视休文，以悠然自在之身，兼胜情胜具，积成是编，足垂不朽，得失不径庭乎哉！抑更有说焉？余韵语诚不敌休文，而齿发衰谢彼此同之，当知生死事大，急须参究。曩曾遍叩诸方，颇费草鞋钱。而休文近趋禅悦，卑视小乘。试举宗门所称，一句中具三玄，一玄中具三要者，亦有所证入乎，恐与余机锋相对，未知鹿死谁手？休文其尚思竿头更进可耳！至其人之清真寡欲，萧洒出尘，未暇殚述，今第叙其诗之所得者。深及吾两人，自少而壮而老，其旨趣之合而分，分而终合者如此。休文始名培徵，后改名莹，字湛光，别号大休老人。而所称晚宜楼，则其朗吟静观处也。表兄叶绍颙季若氏题。

明毛莹《晚宜楼集》

弟又硕墓志铭

〔明〕卜舜年

弟皋年又硕，生于万历乙未季冬七日，殁于戊午孟冬十八日，涉世廿四年。当皇考之见背也，弟甫七岁，余十五岁，户外寒暄，二孤儿交任之。弟少有颖资，踵余于烟林雪壑，余歌亦歌，珠喉相络；余绘亦绘，笔法可互。世多乞余画，弟代作者十九，世莫之剖也。更多鄙事如弹棋弄笛，选禽鱼，斗蟋蟀，靡不通奥。迨上元老母诞辰，手制奇巧鳌灯，动静方圆，夭矫璀璨，罗张于竹木屋梁之间，下列蔬果，起舞进觞，老母欢怪。癸丑娶于陇西李氏，夫妇爱敬者六年，弟病呕血，肇生一女，续生一男。弟殁，男且殇，葬于皇考墓侧，以为依归。为之铭曰：

尔胡来兮，尔胡去也！来既鲜累，去亦无惹。西河少年，南服长者。上天下天，魂兮焉舍。

明卜舜年《绿晓斋集》

敬桥公传

〔清〕王章

敬桥张公者，世居本邑三都之东，讳坤，字敬桥，盖敬其父西桥公也。祖讳震，补邑诸生，笃学善属文，有声黉序间，人许其为公辅器。家故饶于财。明世庙时，江南数有倭警，郡邑缮城隍楼橹以备变。我邑尤当南北要冲，邑令简诸生有才略者，以董厥功。人咸难之，公奋然曰："松陵，郡辅也。东连沧海，西接具区，倭薮焉。有警则松陵危，松陵危则苏郡危，城乌可以不坚？"于是，分任南城六十余丈，倾私财以给费，于是家道遂衰。其子西桥公缘家贫，莫世儒业，但力耕足养焉。然忠傥之气，朒挚之性，则父风固在也。敬桥缵承祖、父，隐居不仕，专以孝弟训子弟，入其门雍雍如也。邻里不给者周之，忿争者解之，两世厚德，为人颂慕不衰。夷然高蹈，邑宰虽公事不见。昔庞德公隐居鹿门，不入城府，公岂其流亚欤？其狷介之至也。公懿行莫能殚述，节其大略如此。公生丈夫子三，咸克家。有孙九人，英英鹊起。公暮年信佛，优游林泉，以寿终。

退庵老人曰：余识其孙翼云，得闻公质行甚具。公笃行人也，不矫饰，不沽名，溷处流俗而不同于流俗，其卓越者与。噫！当今之世得公等数辈，其亦可以风矣。

康熙七年岁次戊申孟夏，退庵老人王章撰。

清张晋昭《清河世系》

啸阮公传

啸阮公讳自籍，字君嗣，韫所公第四子也。幼颖悟，为韫所公所钟爱。年十一，从叔中丞公宦游父京邸，与兄君张公键户读书，了不与世事相接。十七岁游黉宫，旋食饩。六试棘闱，荐拔者再，而终以故黜落，屈首诸生二十年。至顺治庚寅始贡于朝，授无为州学博，孳孳以奖励人材为务，识拔张名世等四人，皆登第。后迁武进教谕，未之任，为同寮有力者所排挤。当事有知之者，欲代为公白，公坚辞之，其人遂得公缺。未几，海寇大扰，武进残破，其人举家罹害，不知所之。人咸多公之能，以恬退获福也。公为人谨厚，澹于世务。生当一门全盛之时，伯叔五人皆成进士为显官，诸兄弟头角崭然名声蔚起，吴下论人才者，有"三凤""八龙"之目。宾客沓至，诗坛酒社无虚日，群羡为一时豪举。而公独萧然物外，布衣蔬食，纸窗木榻，奉母萧夫人，承欢养志，以终天年。公年未四旬而有鼓盆之戚，人咸劝公续娶。公愀然曰："吾不忍诸儿复母事人也。"遂绝意不再娶。晚年卜居邑之梅里，屋数椽，隙地三四亩，环屋皆碧梧翠竹，涛声山色，映带左右，公吟咏其间，陶然自得。生平不妄交一人，与之接，则霭如也。与人饮酒，虽兴酣耳热，怡怡温克，终席不少乱。尝自言曰："一生光阴消沉于咕哔，而不能博一第以继家声，惟兢兢为寡过之人而已。"卒年七十有六。

清沈光熙等《吴江沈氏家谱》

明吴江布衣叶先生传

〔清〕唐仲冕

吴江叶古为先生,名树人,系出宋尚书石林之后,世居城东十里同里镇。曾祖楠,嘉靖甲辰岁贡生,任武昌县令。祖景川,太学生。父凤梧,府学生。母金氏、王氏。先生王出也。状貌魁梧,丰颐修髯。性耿介,不随俗俯仰,生平以古人自期,故字曰古为。事父母至孝,虽贫,甘旨必丰。处乡里,重然诺,轻施与,人有所求,无不应。少好读书,为举子业,不利于场屋,旋弃去。为古文韵语,以摅心得,著有《春晖堂诗文集》。岁乙酉,大兵南下,以不顺令被执,不屈,从容就义死,时年四十有八。先生殉难时,子芬年二十一,从母夫人刘氏,奉骸骨附葬于邑之西原圩武昌公昭穴,遵遗训,读书不应试。孙二:长而仁,次而义,俱太学生。余昔宰吴江,访先贤遗迹,考章梦易、顾栋南、吴洙、顾我钧、顾汝敬诸君所修《同里先哲志》,载古为殉节事甚悉。邑人叶公丹桂《渔樵散人集》有《题古为先生小像》云:"伟貌修髯烈丈夫,文章志节冠东吴。捐躯正气凌霄汉,报国孤忠泣鼎湖。一死未能酬庙社,三生岂复恋妻孥。相期华表归来后,千载精英大义扶。"览此诗,可见其为人矣。夫守节义,笃忠贞,烈士之风也。阐遗徽,昭来许,有司之事也。先生以布衣死胜国,视当时列名科第者已邈绝,况析圭儋爵者乎?志称"士林悯之,私谥毅烈"。我朝崇奖劲节,大公无我。乾隆时搜辑前明殉国诸人,分别专谥统谥。守土者未及具先生梗概上闻,殊愧阐幽宣化之义。兹因其六世孙诸生尧荚之请,而为之传。

大清嘉庆二十有五年夏五月,江南观察使者,前知吴江县事,长沙唐仲冕并书。

明叶树人《春晖堂诗文集》

徐鑛传

徐鑛,字掌文,允谦长子。允谦,字端吾,邑诸生。季父允和,字剑津,性豪侠,负气务奇。会李自成破京师,北向裂眦曰:"人不能为国家捐躯杀贼,何颜苟延性命耶?"偕其子镔赴水死。鑛少负才名,弱冠补诸生(府学《忠孝题名录》载举人),通武略。至是既痛叔与弟所遭,感时愤事,建议恢复。乙酉夏,会同邑吴主事易起义,遂与孙孝廉兆奎、沈中书自炳、诸生自駉等,合兵长白荡。未几兵败,走宁波,欲从海道入闽,道梗复还。明年,与易潜约再起兵。易被执,走浙之武康山,授徒自给。作《难事诗》三十首,以呕血死。今府学明伦堂节义扁列鑛名。所著有《我西集》《临溪杂咏》。

源[1]高伯祖掌文公,本居西濛村,后迁撒网港。至国朝定鼎后,居武康山,没于临溪。无子,嗣高祖右文公长子沁芳为后。葬珍字圩祖茔之南。《我西集》《临溪杂咏》俱失传。其诗文散见于《史弱翁集》及徐崧之《百城烟水》诸书。源少时过港上,犹见徐隐君介白所书"闲圃"小额，书法绝似祝京兆，而神韵过之。

清嘉庆《黎里志》

注〔1〕：源，即清嘉庆《黎里志》作者徐达源。

吴有涯传

吴有涯，字茂申，十一都人。九岁作《贪夫论》，人咸异之。天启七年领乡荐。崇祯中屡上春官不第，与同郡张溥、杨廷枢辈，以古学相劘，为复社眉目，四方人士翕然宗仰。遇邑中有大利弊，必慷慨白当事，多所补救，巡抚张国维、巡按祁彪佳并器重之。谒选得金坛教谕，迁平阳知县，首列十禁，又请折海运止预征，政声大著。甲申闻变，为《国丧议》，谕众人。后果诏至，哭临惟平阳，得如礼。南都破，避地乐清，遂入闽中召对，自晡至夜，侃侃数千言，有"真御史"之褒。擢广西道御史，巡按浙东。在闽中三月，前后四十七疏，皆军国急务。以道梗驻处州，浙东兵变，削发为僧，归隐邓尉山。久之归里，诫其子实曰："为顽民吾子，为时人非吾子也。"幽忧发病，不言不出十余年乃卒。实亦守父志，以布衣终其身。（本《献集》，参王载撰传。）

清乾隆《震泽县志》

明故湖广永州推官燕勒吴公墓志铭

〔清〕韩菼

公讳晋锡，字兹受，号燕勒，姓吴氏，苏之吴江人也。六世祖赠太仆寺卿讳璋，以孝行著闻。子讳洪，孙讳山，皆仕至刑部尚书，吴中人称为大小尚书。小尚书生赠布政司左参政讳邦栋，于公为曾祖。参政生乡进士、赠左军都督府经历讳承熙，于公为祖。进士生顺宁府知府讳士龙，公之先考也。公微时见天下已乱，即讲习象纬、韬钤、骑射之学。崇祯己卯举于乡，庚辰成进士。殿试时，上亲临策问，试新进士骑射。公三发三中，天颜大喜，赐酒，授湖广永州推官。呜呼！公之时明事不可为矣。流贼蔓延，屡蹶复张，而守土无兵，震喝逋避，未见一贼，城邑已为邱墟矣。公至永，即首倡团练之议，作保甲以募乡勇。清谳之暇，教以坐作进退之节，当事倚以为重。张献忠连陷荆襄、承德，且及长沙、祁阳。土贼冯异借其声势，遥相叫应，竟破祁围永。公提剑登陴，督团兵鏖战三昼夜，贼宵遁去。公密设方略，大出师，倾其巢穴，遂降其精锐，公威大振。长沙既陷，巡抚王聚奎来奔，公谓："今虽陷败，而永新胜势锐，可以一战。请严辑部伍，分守要害，庶兵民相安。"王不能用，肆行剽掠，禁抑不止，而永始不可为也。公乃突围北上，将泣血面陈楚事，而新抚何腾蛟移檄追之，且为题守永功，晋团练监军，因留佐之。是时，北都沦没，福王监国，南京左良玉镇楚，骄蹇不奉命，何甚患之。公屡正其所为，左不敢横。我大清破闯，自成窜于湖北，至蒲圻，为乡兵所诛，其余党悉降于何。公因赞其乘势恢复，何不能用，乃题公为郴桂道，用以控御南楚。时郴有砂夫之乱，人惮不往，公单骑赴之。郴人闻公至，皆踊跃曰："我公至，吾属生矣。"砂夫亦释甲听令。公乃狝其骁悍，用其材良，郴人悦服。南京复亡，唐王在福，公疏请临楚东征，唐王以疏宣示群臣，终不能用。擢广西布政使司，辞以郴乱不行，乃加公大理寺卿，仍管道事。时郴地已危，公誓以死守，而何腾蛟督师长沙，檄公督饷。郴民号泣请留，公去而郴果复乱。全楚既失，督师奔滇。衡永郴桂长宝巡抚之命复下，公于是痛哭拜辞，入九疑山，匿迹为头陀。及大清定楚，以书币招公，且荐为广西提学道。公坚不可，遂听公南归。终身闭户，蔬食以卒，时康熙元年七月初八日也。卒之日，语其子曰："某生不能死国难，死当表我墓曰'前进士某人之墓'，足矣。"呜呼！可哀也已！夫明之亡也，由于流贼之乱，守令不得其人，不能先事防遏，使其势日炽，畏葸退缩，不可复治。诚得公辈数人，亦未必乱，即乱亦实时扑灭，又何至猖狂溃坏，不可收拾若此哉！前夫人沈氏，生兆宽、兆宫，早卒，葬于吴县之竹坞。后夫人杜氏，于荚祖母为侄，生兆宜，先公一年卒。侧室李氏，生兆骞、兆宸、兆穹。婚皆名族。女适杨维斗先生子焯。康熙十三年正月二十一日，宽等奉公暨我表姑杜夫人，葬于吴县之宝华山采字圩祖茔之右。其葬也，未有铭志。后数年，兆宜以公所为《半生自纪》来，请荚为之次第其说，使志于墓。宽、宫、骞皆知名人，称为"延陵三凤"。宜齿弱于诸兄，而名亦相埒，或又号为"吴四君"，以比唐之窦氏、明之皇甫焉。宽以子树臣贵赠奉直大夫、四川汉州知州。兆宫，崇祯壬午副榜。兆骞，顺治丁酉举人，被诬遣戍，献《长白山赋》赦归。诸孙十有六人，曾孙十人，俱能世其业。铭曰：

延陵之胄，以孝起家。司寇相继，蔚为国华。奕叶佩绶，有名南土。公丁其艰，捍蔽全楚。谋之不用，抑有天命。崎岖危疑，率完其正。子孙纯纯，报公之忠。勒兹贞石，永列幽宫。

赐进士第、礼部尚书兼翰林院掌院学士教习庶吉士、长洲韩菼顿首拜撰。

清吴安国《吴江吴氏族谱》

先府君事略

〔清〕徐釚

先府君讳韫奇，字季华。七世祖讳硕，从正统间由浙江嘉善西塘，徙吴江二十八都西濛港。世为农，以资甲于里中。西濛去邑城三十余里，地称巨浸，岁多水患。先祖熙宇公，有田二千余亩，日课佣奴耕作，业益大饶。万历四十七年，县令霍维华履亩清勘，以先祖有心计，推为弓正。先府君年十八，随先祖丈量，田无遗漏者，令大奇之，欲辟为椽。府君慨然曰："家世耕读，肯着青衣服事长官耶？"遂发愤闭户，攻举子业。提学御史甘公学阔，奇先府君卷，拔置前列。既连困锁闱，后值国变，不复应试。崇祯间，吴下富家佥解白粮，所费不赀，至募人代运，有倾其产业者。先伯父瑞吾公充粮户，欲自赴京输纳。时淮北、山东赤地千里，人相食，府君虑伯父往罹不测，劝止之。伯父曰："我行，可省费三百金，虽危弗顾也。"府君即慨然以橐中金予之，伯父遂止。是岁，凡解户罕有全归者。申酉之际，弘光南渡，吴江村镇俱结小寨。先从兄诸生鑛，与同邑进士吴易、贡生沈自炳等团聚乡勇。有史弱翁者，向馆鑛家，力赞成之。府君极陈利害，流涕劝阻，鑛终不听。府君知祸将至，急携家避地虎丘。亡何，鑛败亡命，匿吴兴山中。督抚巡按驰檄追捕，举族潜遁。府君念鼎沸时即仓皇避去，终必就逮，且无以救赤族祸，因挺身赴御史台，陈疏剖白，词气慷慨，御史亦动容省释，狱稍稍解，族乃得全。既命下，籍没家产，府君复以己田代偿，留其余以膳养先伯父，其友爱如此。乙酉夏秋，金陵失守，衣冠之族举室南迁。桐城方文、京口潘江、钱邦芑，素与先兄鑛交善，俱来西濛，置酒悲歌。先君见时事不可为，力赞先兄鑛偕诸君入闽。乙酉十月，鑛已渡钱塘江，复从海道返。先君曰："汝复来，家不保矣。"明年，难果作。先府君每急人之急，凡亲故婚丧嫁娶，有求无勿应者。朋友死，力未能葬，府君每捐资葬之。与人筹划，料事必中，人咸服府君之神。尝曰："我不幸，而料事多中。"不孝业师计甫草先生，与府君友善。岁丙戌，计先生方忧居，而里中巨寇系狱，扳诬延蔓计氏，几至不保。府君出奇计，殪毙巨憝，而此狱顿解，人皆称快。先府君一日偶于众中遗数金，蹴之，见地下有物，告人曰："是若所遗耶？"人认取之。而及探己囊，己失之矣。因徐向其人言之，启视，铢两一一如数。其人大惭，欲分半归府君。府君笑曰："我已失，而汝拾之，即为汝物，我何与焉？我若欲取，向不告于若矣。"卒不纳。先府君素好书画。所住村中，当麦熟时，苫人鬻书画者舣舟相接，岁岁倾数十斛与之，遂积图书数千卷，穷日夜搜览。申酉变乱，全家匿虎丘。一日至阊门，见市肆所陈，大半多我家书，府君买一二携归。盖郡城兵卒昨方下吴江乡镇抄没，凡家中所有，皆荡然无遗。府君全不为意，惟以复得残书数卷为欣欣焉。自先兄鑛结寨事败，举族不保，府君挺身赴难，倾资二三千金，家遂破，后屡年有无妄之讼。顺治十七年，奏销事起，先兄文学锷，因罣误阻进取，门户益衰替。府君尝郁郁不乐，惟以书史自娱，兼好弈，并种花，虽扶病，亦不废。所著有《徐氏日抄》《事物原始》《吴郡志略》《闲窗集异》《适志集》等书，凡百余卷。府君生于万历二十八年己亥九月初八日，卒于康熙六年丁未五月二十七日，享年六十有九。康熙二十年辛酉，以不孝遇覃恩，得赠官如其秩。先母王氏，先生母韩氏，俱封孺人。先长兄锷，府庠生，王氏出，娶沈氏，生员沈法女。次即不孝，韩氏出，娶吴氏，前刑部尚书吴公山曾孙女、庠生吴公晢女。次铣，邑庠生，韩氏出，娶杨氏，嘉兴生员杨公祁女。次锽，婢吴氏出，娶王氏。女一，吴氏出，配生员李公麓子某。孙男女几人，不载。不孝于康熙二十四年乙丑以病假归，始得葬先君于吴江二十五都小光字圩。先母王氏、韩氏俱合葬焉。

清徐钪《南州草堂集》

敕赠翰林院检讨吴江徐公墓志铭

〔清〕黄与坚

翰林院检讨徐君钪,于康熙二十四年四月二十四日,奉其父暨母柩合葬于吴江二十五都光字圩之新阡。其次年至京师,持状乞余铭。按状:徐氏始籍浙江嘉善之西塘。正统间,其六世祖讳硕公,徙吴江西濛港。西濛近汾湖,土腴美,虽苦潦,艺稻倍收获。四传至熙宇公讳履仁,累田数十顷,岁入益多。练习有心计,万历中,县令霍维华履亩清丈,借以定分准焉。熙宇公生四子,公其季也,讳韫奇,字季华,少颖异。年十八,从父勘亩,特精核,令大奇之,欲署为从事。公笑曰:"吾岂肯缚裤为县官吏耶?"于是键户发愤,习制举义。学使者甘公学阔赏拔之,为诸生,益自奋于学,昼夜课程不少懈。夏秋两熟时,辄以其羡购买书籍,贾船以时至,必倾数十斛与之,积书遂至数千卷。性孝友,居父母丧,哀毁必尽礼。明末,漕粮以富户充解,率破家。时山东岁大祲,路阻塞,凡倩人代往,费不资。公兄某被签点,慨然欲自行,曰:"我安得数百金办此耶?"公倾囊如数应之,得解免。申酉间,岁扰攘,吴江多屯结小寨自保。兄子诸生鑛,与同里吴易、沈自炳等团聚乡勇,日益众。公流涕止之曰:"此等一闻警即鸟兽散,奈何以是贻家门祸。"鑛不听,公遂移家避虎邱。亡何,鑛事败,亡命走匿,官捕急。公叹曰:"当此时,即逃窜,讵自免?我不出,何以救族姓。"因挺身赴御史力辩白,词气慷慨,当事亦动容省释。狱稍缓,鑛得全,已没其产。公为其兄馈粥计,复以己田代偿,以是家业稍稍坏。友人某,有里中巨憝构夙怨,蔓引祸不测,公以计救之,得亡恙。诸为亲故患难相排解,往往不惜资,以期必济,类如此。公于利无所好,居常惟手抄书史,莳花种竹自娱。当丧乱时,家荡洗不为意。尝于众中遗数金,人拾取,欲分其半。公曰:"汝得即汝物,何必然。"却不受。人异之,或笑以为迂,公弗顾也。公生于前己亥年九月八日,卒于康熙丁未年五月二十四日,年六十有九。所著《徐氏日抄》《事物原始》《吴郡志略》《闲窗集异》《适志集》,凡百余卷,藏于家。康熙二十年,以子钪贵敕赠徵仕郎、翰林院检讨。公少力学不一遇,其长子诸生锷复罹世网不得进,迟暮颇悒郁。后十余年,钪以荐举御试授显职,得推恩泉壤加宠褒。公虽先死不及见,而志亦少酬矣。配王氏,钪生母韩氏,俱敕赠孺人。子四人:锷,府庠生,王氏出,娶沈氏,学生讳法女;钪,翰林院检讨,韩氏出,娶吴氏,前刑部尚书讳山曾孙女、学生讳哲女,敕封孺人;铣,邑庠生,亦韩出,娶杨氏,讳祁女;锽,吴氏出,娶王氏。女一人,亦吴出,适李择善,学生讳麓子。孙男七人:邦沛、养浩,国学生,余幼。铭曰:

智之及亢乃独也,德之予嘉乃复也。其㐂然宅土腹,而以为千百年之居耶?我铭其弗速也。

赐进士出身、皇太子讲官、右春坊右赞善兼翰林院检讨、前翰林院编修、纂修《大清一统志》、纂修《明史》、甲子贵州正主考、戊午顺天同考、太仓年眷侄黄与坚顿首拜撰。

前内阁典籍管理、制敕章奏、内秘书院中书舍人加一级、无锡年家眷侄顾贞观顿首拜书。

清徐书城《吴江徐氏宗谱》

皇清敕赠徵仕郎翰林院检讨吴江徐公墓表

〔清〕朱彝尊

翰林院检讨吴江徐君钒，请假还里，葬其考处于光字圩逾年矣。既而谪官去，属同年友秀水朱彝尊为文表诸墓。文曰：

君之先人韫奇讳，其曰季华冠而字。上世本居魏塘界，迁于吴江自硕始。西濛之港面积水，以耕以耨治农事，先生为儒试不利，仰屋著书抽腹笥，遁世无闷穷勿悔。兄当馈运渡江介，是时淮北人为崴，先生爱兄心孔悸，以金三百输诸吏，兄得不行方用慰。兄子曰钁结壮士，以保乡党计不遂，亡命西吴全匪易，先生诣吏慷慨对，产虽破碎祸则解。尝怀白金步入肆，人压看场集如猬，焉前蹴囊遗在地，诚以语人人作伪。探怀乃悟己所坠，发之铁两皆默识，人惭欲以半相畀，先生怡然笑勿视。衡门之下可乐志，酿秫种花性所嗜，孺人王韩先生配，有子克家孙克类。伯也不仕仲委贽，扬名显亲光有位，赠徵仕郎逼通贵，揭石于原表风义，猗嗟千秋永无毁。

前日讲官起居注、翰林院检讨、辛酉江南正主考、秀水年眷侄朱彝尊顿首拜撰。

日讲官起居注、右春坊右中允兼翰林院编修、纂修《平定三逆方略》《明史》、辛酉山西正主考、甲子顺天武闱主考、无锡年眷侄严绳孙顿首拜书丹。

清徐书城《吴江徐氏宗谱》

从兄文学伯英嫂氏吴孺人墓志铭

〔清〕叶燮

康熙二十六年，都御史汤公奉命来抚江南。维公以德礼先民，凡属之若孝若节若义可风世型俗者，命有司采访，厌隐勘实，与例符者，俾达以上闻。于是吾嫂氏吴孺人，以例题请得允，建坊于间。孺人之孙晬，爱庀材鸠工集事，以朝典扬先懿。坊成，观者咸太息，戴白之叟有泣下者。晬拜手请于余曰："维我祖妣卒有二十年矣。卒一年，即葬吴县之吴山下乃字圩，而墓石犹悬未有辞。今朝命光九泉，其可无铭？维叔祖有以惠不朽，幸甚，敢请。"维吴为吴江甲族，自始祖孝子讳璋起家。子讳洪，刑部尚书。孙讳山，刑部尚书。曾孙讳焕，万历丙辰进士，陕西道监察御史，孺人之父也。孺人归吾从兄文学仅七月，文学卒，无子，文学弟伯瑜子应嗣，时伯瑜未娶。越二年，伯瑜生子舒礽，继文学。文学自祖父贻中人产，卒后有家难，孤寡不能支，产费且尽。孺人始来归，舅若姑之柩在堂，继以文学丧，未葬者三，舒礽在襁褓。孺人曰："吾责也。"乃粥余产并簪珥，卖一婢，得襄事。宗戚内外咸称孺人孝而才，以为难。孺人益刻苦操作，治生计，久之悉复文学产，且倍之。舒礽补弟子员，能文有名，得交当世贤士大夫，皆孺人教之力也。孺人性严介，诸姑钱以千金装寄，钱无子且死，无有知者。孺人召诸舅昆弟归之，无寸铢没。苦节四十年，生明万历庚子，卒康熙壬寅，享年六十有三。嗣子一舒礽，孙晖。铭曰：

於嗟孺人，产于名族。温温淑恭，宜尔于榖。百两未期，遽折其辐。有辂在檟，无遗在腹。以蘖为修，以冰充沐。幸续榖似，用缵前服。庐安食甘，转寒渐燠。三分甲子，二分荼苦。赫赫王章，表兹幽伏。佥曰允哉，闾里腾昱。缅余家乘，幸汗天禄。式兹后奕，不诫而肃。幽壤既安，绳祥永卜。高山景之，节以肇福。

清叶德辉等《吴中叶氏族谱》

范邦俊传

邦俊，字文卿。父含容，敬泉公之长子，为五房。祖母张孺人，系张赠公参鲁之姑。继母费孺人，系费孝廉坤之妹。公幼，师胞叔均叔公，往来两渭阳家。赠公家多藏书，任外兄纵观借读。孝廉公门无俗子，恒为甥辈讲习文艺。公学日进，始著吴江籍入郡庠，累应秋试。时留都繁华，贡院与旧院夹秦淮，赴试者鲜不命酒水榭，留连忘返，公独裹足不问桃叶渡。既易代，遂隐居教学。张太史尚瑗，幼从公授经。公卒后，始介公子受业于陈进士锐之门。晚究性理之学，与内兄张九龄拱乾、从弟象和邦宜，及里中陈西美绍门、章雨生梦易、吴日章文灿、顾汝奇庆逢、季任栋南、彤伯伟、戴耘野笠、朱建侯陞官、任钧衡大任诸逸士为岁寒交，杜门不出，惟以诗文往还。而庶出弟邦浚，以顺治乙酉岁入汉军籍，曾任江西参将府，绝不通音问。甲午岁，寇掠其家，露刃胁之。公倚门叱之，贼举刃斫公，触门刃绝，因骇遁。比邻失火，将延及所居，公不避，从容再拜，火遂熄。生于万历庚子，卒于康熙辛亥，里党皆钦为耆硕。殁后，有浙人来谒神位，谓某死至冥，公作城隍神，释令回生，故来谒。周廉访爱访作文记之。所著诗文稿，张太史序之。后周处士之桢纂《同里志》，列忠孝传。

赞曰：万历始衰，康熙大定。迹阅六朝，名辞二姓。断金慎行，交执玉励。行火返完，庐刃折盗。儌神而明之，如响斯应。

清范时乾《同里古吴郡范氏家乘》

都督洪公祖烈传

〔清〕沈彤

  洪公祖烈，字定远，一字山峡。其先休宁人，祖旸客于苏，遂为邑之芦墟人。祖烈少负气，喜读兵书，慕古忠臣名将。及长，从当世名节士相砥砺。中万历四十四年武进士，授金山把总，升汀州守备。天启三年，以安邦彦危贵阳，调祖烈赴援。至则奉巡抚王三善令剿贼，攻金刀坑克之，攻平塘卧墥克之，攻乐坝、石骨等三十余寨，连克之。获刘冈等二百余户，围蔡氏渡降之。闰十月，三善自将兵督陈，祖烈攻破毕节寨，追奔至七山箐，直捣大方。大方者，贼巢也。三善令祖烈赴省报捷，总督杨述中令护饷仍进巢，往来数百里，兵不过千人，撞搪出入，贼虽众，莫能挫其锋。以功加衔副总兵，寻以调兵澂江，留镇偏桥。会黑脚苗焚劫粮艘，祖烈以二百人御之，败苗兵千余。苗复纠生力三千来致死，祖烈扼险以待，终不敢犯。督抚交章论荐，而阉党崔呈秀方为兵部尚书，贼杀边将，荼毒正人。知祖烈素从周顺昌、文震孟游，恶之，格不得上。崇祯初，都城戒严，命守西直门。时中贵肆横，诸将争屈膝。祖烈投劾求去戎政，尚书闵某慰留之。寻调神枢营参将，复调守湖广黎靖。忌者中以考功法，坐降调归。既复以南京兵部尚书李邦华荐起，补龙江水兵游击。常愤时事数求去，而本兵亦辄慰留，累迁至后军都督府都督。时福王立南京，祖烈屡上书言兵事不报，复与马士英、阮大铖忤，遂罢归。国朝顺治二年，嘉善吏部郎钱栋籍乡人为兵守御，延祖烈主其事。俄而兵溃，栋死。祖烈乃仗剑入闽，从御史郑为虹、给事中黄大鹏，同守仙霞岭。三年八月，大兵至，祖烈力屈，拥见贝勒。迫之跪，祖烈屹不动，贝勒壮而欲降之。祖烈曰："负国不忠，辱先不孝。不忠不孝，何以生为？"明日复拥见，令输饷。祖烈曰："有饷则能战，何至于此。"嚼舌喷血大骂，乃令驱出斩之，祖烈奋跃夺刃刺胸死。是日，为虹、大鹏皆不屈死。已，贝勒念三人忠，衣冠敛之。祖烈门生王正梵、仆进兴，扶祖烈柩归，葬于某县某所。子明桢，高才生，削发入山，寻卒。

  论曰：余始观《殉国汇编》，知都督以守浦城死。及观《苏州先辈小传》，复知其历官率才与节。并既得礼部郎洪琮所撰家传观之，乃悉其前后事之详。琮撰都督传，本于其冢孙琦所述行状，末叙死节事。又其门人与仆所亲见闻者，较他书，其可信者多。故今采琮语为本，以作传。至《明史》传郑为虹、黄大鹏，俱不及都督之死，殆史馆无琮传诸书，或有焉而莫之信故耶？若浙斜塘洪氏谱，谓都督归老芦墟，是但闻其罢归于福王时，而不闻其入闽后之死节也。若以是，而疑之过矣。

清沈彤《果堂集》

张隽、董二酉传

  张隽，字文通。少有文行，倪元珙督学南畿，拔第一。及长，益厉志圣贤之学。操行方严,绳趋矩步,学者翕然宗之,有经师人师之目。著述甚富,综括帝尧以来至明代事迹,年排月次,为《三蔀略》,每蔀有二十纪。又以三蔀之年配之易卦,以兴衰治乱协爻象吉凶,作《象历》,以五纬二十八宿分直卦爻,作《测象》。叙次理学诸儒,列为八门,一一考其行事著书,作《与斯录》,凡数百卷。居海滨之吴溇,去南浔庄氏最近。庄氏刻史,列隽名于前,遂与其难死,时年六十馀。隽同里表弟董二酉,字诵孙。从隽讲濂洛之学,践履真纯,天怀粹白,不言而使人意消。亦列名于庄史,难作时前卒,竟坐其家。(见《献集续纂》)

清乾隆《震泽县志》

庄氏史中,有张文通隽、董诵孙二酉者,亦吾邑名士也。隽一名僧愿,字非仲,生平以理学自负,学者称西庐先生。诵孙少有神童之目,师事非仲,讲求濂、洛、关、闽之学。时廷钺已死,西庐以有明一代理学诸儒无人作传,故勉应其聘。相传其草稿,皆作细楷,又别录之,为《与斯集》。既悟其非,遂逃于禅。时已七十馀,丁母忧,茕然缟素。有诗云:"空楼独夜雨床床,却把平生细较量。灾异日新忧患短,悲歌不足寤思长。曾无入巷哀王烈,徒有抛娘学范滂。好个与斯题目在,轻讴缓板赴排场。"被逮时,谭笑自若,死后或见其膝上有淡墨痕"成都杨慎"四字。诵孙当祸发时,殁已三年矣,因发其冢而戮尸焉。子濯万,名与沂,九岁有感怀五古四章,为顾茂伦所赏。及祸至,从容就缚,士林惜之。

陈去病《五石脂》

徐伯贞先生传

〔清〕钮琇

余幼与蓼庵徐君,同试于有司,发才上总,衣短衣,手络笔砚果饵,从老苍头负以入府,并几而坐。余于题义茫无所窥,而蓼庵跂足据几上,振毫疾书,衮衮不少休。余甚羡蓼庵之敏,且心折之。午后偕出府门,以告余先君。先君曰:"此汝姑之侄也。"遂携余访于吴市旅舍,因始识其尊人伯贞先生。嗣后,里有晚香之集,蓼庵数过余,余亦数过蓼庵,先生必肃衣冠出迓,貌醇而庄,言语呐呐焉,若不出诸口者。是时,蓼庵年加长,而文益加进,与余方在弱冠,距今四十余载。两严君弃世日久,蓼庵以进士谒选,余亦就补铨曹,相遇于京师。而余老矣,蓼庵头且斑白,促坐道前事,皆怆然有逮存之感。而蓼庵之背其尊人,又先于余,余固知蓼庵有深痛也,出行述见示,乃为之传。曰:先生讳钟彦,字伯贞。其先世为浙中望族,元末由海盐风山迁居吴江。自乐农公五传为益宇公,博学有至行,四方之士远从受业,咸称小圣人。生子三,长即先生也。先生生而谨厚诚悫,尤笃于孝友。益宇公平居雍肃起坐,有常先生承其家学,凡有事必谘而后行。日侍讲诵,屏息乃入,不命之退不敢退。少有羸疾,读书甚苦。冱寒之宵，絮拥其体，夏则张衾蔽风，篝灯咿唔，达旦不惓。行文以明理为宗，无浮诡习。明天启丁卯岁，两浙樊学使，有藻鉴名。先生就试乌程，已授卷，复请试论表。樊公叹曰："绩学士也。辩议博即为论，对属工即为表，奚求益乎！"遂拔置弟子员。当有明之季，社事繁兴，一时知名士，争以文誉相高，其望影附声者，往往缘以获隽。先生自受知樊公，愈肆力于先正大家，与同里陈器之、包惊幾、沈声远诸名俊，日夕切劘，然退则支户习静心，厌角逐。以是先生之学，独邃而数奇，草茅亦由于此。崇祯庚辰岁，大饥。先生砚耕之蓄稍赢。有无赖族子率群小逞者，持白棓，噪于门，先生立出谷赈之。次冬岁稔又复然，先生婉谕不能止，乃理于官，势以小辑。壬午六月，益宇公殁，苫块之哀，几至形毁，破产营葬，身专其事。所遗业悉畀仲季两弟，别构草堂于荻塘之北。岁时奠祭，徒步携酒馔至灵所，流涕徘徊，辄终日不忍去。越三载，里盗蜂起，前族子为其魁，衔夙怨纵火焚庐，将劫荻塘旧业。先生仓皇奉母避地浔川，乃免。皇朝顺治丙戌，季弟穉昭卒，无子，礼宜以蓼庵嗣。先生承母孺人意，嗣以仲祥之子，田产悉归仲勿问。己丑，母孺人盛氏殁，哀礼备至，一如丧益宇公时。先生素贫，又落拓不治生产，惟岁节砚田所入，以存其家。数年之间，谷散于荒，室毁于火，复有父母昆弟之丧。干戈风鹤之警，流离播迁，日无宁晷，虽强干有气力者，多屈抑弗克自振。而先生让居让产，甘处穷悴，卒能脱身锋刃，辛苦经营，于人生大故，无纤毫之憾。呜呼！斯可谓笃行君子矣。先生为有明诸生，鼎革后遂屏弃制举业，方袍幅巾终其身。元配周氏，继张氏。蓼庵名厂颐，字武恭，张出也。辛卯，张孺人殁，家日以贫，然心器蓼庵，谓异时必大吾门，课之尤严。辛丑，蓼庵小试失利。先生忽忽不乐，指河洛数谓蓼庵曰："我大象为坤之六四，行年为无妄之初九，其括囊而往乎，惜我不及见汝之成也。"卒于荻塘故居，年仅六十有一。今上之三十六载丁丑，蓼庵筮仕得陕西澄城令，时有厄鲁特之捷，先生以貤恩宜膺赠典。人以为先生素精于《易》，故其前知之神如此云。

清钮琇《临野堂文集》

闻华公传

闻华公讳自炳，字君晦，副使公第五子也。邑庠廪膳生，少有志操。及长，博学工文词，下笔千言立就，在复社号为眉目。家居梅里，近太湖，为丹棘堂、春草池塘诸胜，以寄其孝友之意。社中诸名士造访，辄置酒赋诗，临望湖山以为乐。崇祯甲申，福王立南都，诏求人才，公献赋阙下，以恩贡授中书舍人。复渡江往扬州，与弟君牧公参阁部史可法幕。居月余，史公谘才于公，公即以史公赞画推官崇德吕愿良之子宣忠荐，史公问其状，公曰："宣忠为人英敏刚方，年虽少，可任大事。"史公亟召之，未至而南都陷。宣忠乃走谒鲁王，授参将，使从吴易等起兵，后败不屈死，人贤宣忠之节而重公之知人。初，兄君庸公知天下有变，造渔船千艘于湖，及易谋起兵，君庸公已殁。公与弟君牧适自扬州归，与易合谋，遂部伍诸乡民，收其船以集兵。公乃更造箭艘，别立营，与易为声援。后两军皆败，易亡走，公赴水死。没后数年，诸名士复过其居，每徘徊掩泣，作诗以吊。吴平阳有句云："家亡亦为君恩重，池馆当年何处来？"诵者无不感叹。著有《丹棘堂集》若干卷。

清沈光熙等《吴江沈氏家谱》

大父祖槐公行略

〔清〕张世炜

大父祖槐公，辞世四十余年，河山不改，日月斯迈。一日，我父语世炜曰："尔祖父硕德伟行，今犹在人耳目。恐年远事湮，尔其代我采尔祖一生事实，叙而述之。"炜受命不敢辞，因悉故老之言，考先泽遗文及过庭面命，谨节其大略而言之。炜家自宋以来，世居虞山。明正德间，训导近溪公自虞山迁吴县之狮山。有子二人，其次为高祖三槐公，以诸生为盗攀窝陷狱。后事得白，家尽废，迁吴江之胜墩，因籍吴江。再传而至大父祖槐公。公讳国宁，三槐公孙瑞庵公之长子。幼时出嗣于伯父仁庵公，即炜曾大父也。大父少时沉静有大志，不妄言笑，仁庵公爱之，尝谓大父曰："兴吾家而复祖业者，乃在汝耶！"因字之曰祖槐云。初，高祖三槐公以儒精医，遂以术闻当世。既起四明，闻大冢宰于垂死，本郡太守女病瘵三年，一剂获效，名籍甚，名公巨卿罔不倒屣。当是时，南至越，北至燕，历吴楚齐鲁之都，脂车秣马，币帛交至，病家每以三槐公至否为生死也。三槐公既卒，时曾伯祖文庵公最长，承其业。仁庵公故业儒，亦精医，而时有不利，家故中落。大父少时自知奋励读书，不以贫故辍业。仁庵公谓之曰："昔范文正公未达时祷于神：'不为良相，则为良医。'汝其勉之，且世业可守也。"大父既遵父志，一日读宋景濂所撰《朱彦修墓志》有曰："士苟精一艺，以推及物之仁。虽不仕于时，犹仕也。"遂矢志习医，潜心《灵》《素》，刻苦诵读。寒折胶，暑铄金，志不少懈。如是者六七年，尽通诸家之说，弱冠而业成，治病辄奇中，名遂大振。时文庵公术大行于江浙，往来皆缙绅，虽不择贫富，然无力之家不能延致也。大父治病，必先贫者，尝曰："富厚之家，惜身重命，而病止一身。贫家一人病，则一家惶惶不能存活，不惟一身病，且一家病矣，何可缓也。"一人患病，而无卧具。大父诊之，谓之曰："汝病如此，而卧乱草上，药胡能瘳？"因遗之席，并粟五斗。一家男女九人，患疫者七人，延大父至，而二人亦病矣，邻人不敢过其门。大父日往诊视，命仆调护其汤药，终无一人死者。凡乡党有疾者，大父必戴星诊视，而后远出，及愈不责报。人虽无报之者，大父不为怪也。前明崇祯十三年，岁大祲，饥民嗷嗷，死者相枕籍。时邑侯为叶公敬甫，大父因叶公劝募，设糜饲之者累月，复捐钱二百余千，日散给里中之贫者，有簿籍可验也。里人吴某多子而贫，佃大父田数亩，每岁秋成租税不及半，或谓大父收其田而易佃之。大父曰："彼子幼而食指繁，使租税必清，一家岂能尽饱？且无子之家有求之而不得者矣，我何惜数亩田，忍使其父子离散耶？"其存心济物乐施于乡里者如此。其事仁庵公也，朝夕隆事，得其欢心，生养死葬，一无可憾。而迎养瑞庵公于家，凡弟妹婚嫁皆大父经营，不以烦瑞庵公也。妹婿吴中瑞，为仁庵公赘婿，佻而荡。仁庵公尝给之产，废尽漂流无业，与大父争产。大父时资给之，尽则复来。已失身为舆隶，亲族皆摈而不齿。大父勖之医，因得衣食于医者终其身。而戚属之贫者，待大父而举火。其尽孝养厚待亲戚者如此。当仁庵公之暮年，医亦稍振，蓄有百余金，贷诸渔户。大父念渔户贫不能偿，焚其券。司李倪公伯屏，建吾郡郭外五龙桥，募各邑殷户捐助，大父首捐数金。胜墩向有三国时盛司马祠，岁久倾圮，里人谋重建者，独大父捐助为多。至今殿材有柏木为之者，皆大父所施也。其抚童仆也，未尝疾言遽色，饮食必同。尝谓祖母富孺人曰："彼亦人子也，善待之。"其勇于为善又如此。大父之从事于医也，志笃而意专，日诵孙真人"胆大心小，智圆行方"之语，奉为典型。故审症也极详，其用药也必当。遇疑难之病，日夕徬徨，形诸梦寐，于他医告技穷者，往往获效，若有神助。平昔舟舆之暇，每手一编。竟以劳瘁致疾，年甫四十九而卒，乃章皇帝之顺治七年庚寅岁也。娶吴氏，早卒。继娶富氏。子二：长士模，即我父；次士标。俱富出。生卒姻娅之详不备述，从略也。呜呼！自大父卒后至今四十余年矣，遭家多故，故业荡然，一棺犹在浅土。他日得牛眠之地，敢求当世大人志而铭之，勒之贞珉，慰大父于地下。然恐日久事湮，故命炜叙述之，以为异日考据。《记》曰："先祖无其美而称之，是诬也。"有善而弗知不明，知而弗传不仁。先大父之硕德伟行，彰彰在人耳目。谨遵我父之命，节叙其行略，祈立言君子矜怜愚衷，赐之传赞诗歌，先大父得藉如椽，永垂不朽，不胜荣感之至。

清张世炜《秀野山房杂著》

王君启雍墓碣

〔清〕王峻

公姓王氏，讳梦刘，字启雍，吴江同里人。六世祖乐善公讳宗吉，以仲子哲官佥都御史，赠如其官。哲季弟讳敏，官苏州卫指挥。五传而至公考养讷公讳有庆，耆年硕德，善治生，好读书。公少补郡诸生，不得志，闭户著书，事亲能竭其力。父殁，葬于王山祖茔。形家言："地诚善，如岁不利主祭何？"公曰："苟可以安吾亲，死不恨葬。"后公竟殁。性诚朴，厌文饰，终身衣布。课子弟极严，后人以为法焉。配陆氏孺人。子三：之相、之构、之杓。之相字沂钟，邑庠生，笃行有父风，出入处必书先儒格言以自警。接遇亲故，恩意甚厚。族党有事，一持公正，并无偏徇稍涉于私。或意见不同有后言，惟引为己过而已。娶陈氏，四旬丧偶，独居终身，惟诗书自娱而已。有子二人，长谓，次咸。之构字灵迹，娶许氏，子一继勉。之杓字犀柯，少颖敏，善事父兄，弱冠而夭。娶吴氏，守节奉诏旌表，寿至八十有三。无子，嗣咸，字希存，邑庠生，为人和厚，事嗣母以孝闻。娶陈氏，继宁氏。子三：文耀、文倬、文伟。王氏为吴江著姓，公祖父以上墓多在王山祖茔，而公葬同里镇小西若字圩，长子、季子及季子之子，皆附焉。次子别葬镇之东尾圩。公曾孙名时彦者，之相长子谓之季子，寄籍秀水，雍正己酉予闱中所得士。殁十余年，已祔于其考妣之兆，在陆墓山之阳，而江邑令丁公元正为之志矣。其子茂才堡，述先世行略来请，曰："堡之高曾向未有墓志，敢请书墓前之石。"予不能辞，乃按状书其略，世次生卒详载家乘，不备书。铭曰：

淮水汤汤，江流孔长。江淮之通，王氏之祥。繄乐善之余庆，历五世以弥昌。后千百年问太原之贵胄者，其在松陵笠泽之乡。

赐进士出身、河南道监察御史、年通家眷弟王竣拜撰。

清王锡等《吴江王氏新谱》

文学文然从伯兄暨嫂氏金合葬墓志铭

〔清〕叶燮

伯兄文然，我曾大父之冢嫡长兄也。曾大父讳可畏，赠奉直大夫。生子二：长讳重科，赠太仆卿；次讳重第，即我大父督学府君也。赠太仆公生子四，长讳绍鼎，鸿胪寺署丞，生子一，即伯兄，讳世俨，字文然。幼聪慧，诸从兄弟间独秀出，举宗咸目之曰："是子必大吾宗。"成童补邑诸生，试必超侪辈。为文卓尔，树成见，不随时，步趋篇成，皆在人口，老生宿儒咸让席。两房诸叔日冀其冲举，先虞部府君尤器重，每勉之曰："女吾家宗子，女所就必越前人，勿自菲薄。"伯兄亦蚤夜磨厉，勇于所赴。时邑令嘉鱼熊公开元负文望海内，极赏异伯兄，比之董贾，一时名藉甚。癸酉试于乡，拟必售，被斥。以刻苦积劳，失意愤懑，竟致疾卒，年三十一。娶金氏，明崇祯庚午举人衢州知府讳之鑛女，端淑为两姓所诵。伯兄亡，嫂氏年未三十，抚三岁孤子舒颖成立，奉养舅姑及丧葬，竭力如礼。国初定江南，嫂氏自城迁乡。时盗贼炽斥，无宁处，岁中数迁其居，流离亡失无算，饥寒展转，嫂氏补救茶苦，卒完好。惟贞惟德，勤之以能，咸称曰难。卒顺治辛丑某月日，年五十有七。子一，舒颖，顺治丁酉副榜。娶沈氏，进士吏部公讳璟曾孙女，先虞部府君外孙女。女一，适同邑毛生锡绯。孙二：廷广，邑诸生，早卒；次廷凤。孙女一，适嘉善诸生沈□□。以某年月日，颖举文学暨孺人合葬于吴江二十八都炎字圩。铭曰：

已乎！伯兄徒以文传而名乎？岂造物者丰其文，而年与遇啬其身乎？已乎！伯兄惟贞配克相于身，后盍偕归乎？藏德维其耦。

清叶德辉等《吴中叶氏族谱》

赵庚传

赵庚，字涣之，士谔从子。崇祯癸未进士，乙酉知瓯宁县。值浙西溃兵至闽，所在剽掠，庚登陴固守，民得安堵。丙戌六月，闽中初举乡试，庚为同考官。迁行营礼部仪制司主事，改文选司，赴延津，患足痹，请告寓高阳山中。建宁破，庚遂剃发为僧。尝往来吴越间，不与家相闻，最后居天台国清寺。辛卯冬，自浙赴灵岩，过穆和溪，遇风舟覆而死。庚为人恬淡贞粹，确然不欺，其志者也。（本《献集》）

清乾隆《震泽县志》

先考浙江道监察御史阍昭府君行状

〔清〕周之奇

先考府君见背，不肖之奇不能绍述先志，恐逸所行事，使宗族乡党无从考德，贤士大夫无所论撰。堕先人所言，获罪滋大，谨衔哀为状曰：先君讳灿，字光甫，号阍昭。年十七补邑博士弟子员，试辄冠军，下帷力学，彻夜忘寝。曾大父光禄公曰："是我家千里驹，高我门者必此孙也。"后光禄公殁，大父家日替，先君资馆谷以孝养。是时，忠毅公为御史归里，先君尝以所为文请于忠毅公。公退而语人曰："此子当以文章名世，且为人宁静寡营，器量深广，他日禄位，岂出我下？"年二十八，举崇祯庚午乡荐，辛未登进士，授粤西南宁府宣化县令，接壤溪峒，俗称难治。先君下车，宽以抚众，猛以锄奸。邑中有大猾某姓者几人，为邑诸生，以人命事为受冤者讼于官，委经历方某收尸。方持正，生衔之，置毒于盘，餐进方，食而立毙者数人，其家讼于司里白某。白受赇贳法，冤莫申。复诣宪理冤，发县验治。先君廉得前后奸状，生皆服辜，论大辟，两姓始得申冤，司里因以贪污褫职，人称先君治狱比于定国。未几，俗翕然向化。癸酉，本省分房简拔，皆粤之翘楚。乙亥，丁内艰，归家持丧服。戊寅，服阕。己卯，补任会稽。辛巳，境内饥，谷踊贵，民相聚为乱，剽掠巨室，当事者皆束手无策，人人惴恐。先君置一飞骑，探知某乡某里有变，即发丁壮密剿，获其乱首，旬日乱党悉平，百姓安堵如故。乃谋于乡之诸大夫，曰："林林者，皆我赤子。今天灾流行，困于饥寒为乱，以陷于法，我不忍坐视其死。昔汉汲长孺过河南，以便宜持节，发仓粟赈饥民，况守土者乎！"为之出帑金，告籴邻邦，给发境内之饥饿者。沟壑之民，得以复苏，不啻几十百万，莫不感德而畏威。有救荒策，越人至今遵以为法。有丁某者，与某媪为中表，邻居，通于媪之女。恐媪察其私，忽一夕假神装，击杀其母。邻人异之，报官，鞫其子，云："黑夜母为神击死。"审问再四，莫究其实，竟坐子狱。先君疑之，曰："神固无是理，子弑母亦无实证。弑母，重罪也。疑狱而置人重罪，岂民父母乎？"遂亲往其家，抵一室，其子云："此即神降击母之室也。"旁有一小门，通邻家，究问姓名，即叱左右围其家而收之，验治得实，丁论罪，释其子。远迩闻之，有神明之颂。越郡缙绅先生，皆当时执政大臣，先君守正不阿，诸先达亦不敢干以私，曰："周公廉平如水，真百城之表也。"秩满，奏最。壬午，考选御史，巡按直隶，提督河道漕运。漕艘运弁向有馈遗，先君皆却而不受，曰："此皆朝廷钱粮也，乌用此为我徇私。彼必隳公事，我不欲以私害公也。"运弁相顾曰："御史周公，凛乎不可犯。"咸莫敢后时，是岁，漕艘赴京独早。癸未，奉命巡方江右。时流氛压境，军民忧惧，左帅欲移镇南昌以备寇。先君曰："陈兵内地，是民未被寇，而先受兵之祸，事危矣！"乃移书左藩，曰："明公拥强兵百万，敌人畏威，朝廷倚以为重。今不奉天子命移师入境，示敌以怯，非计也。"于是移镇之议始息。然内地乘机窃发者所在告警，曰："外患未至，内乱先作，祸起不测，咎将安委？"于是躬率士伍，昼夜巡历，衣不解带者累月。未乱者结之以恩，已乱者歼其渠魁，抚其胁从，俾江右之民不受兵革者，咸感再造之德。举人艾南英，先是挂吏议停三科，先君惜之，曰："人才实难，我不忍其老死牖下。"为具题许复会试，士林莫不叹服。甲申复命，归故里。时值多故，绝意出山，曰："吾闻四郊多垒，卿大夫之耻。今邦家倾覆，我何面目复食人之禄乎？"乃杜门谢客，蓬蒿开径，覃精古学，日事笔墨。文宗韩柳，诗学少陵，山水师北苑。史汉诸子百家之书，皆批点校雠，夜坐刻烛为率，不好声伎之乐。当风日清美百卉盛开之时，则陈酒肴，率诸弟侍大父宴游竟日，尽醉而归。往来酬和者，惟二三世外之友，相与数晨夕析疑义。种梅数十盆，当雪消梅放之候，移置斋中，日与知己吟咏其间，得诗数十首，与平日所为诗文成一编，曰《泽畔吟》。与人交，必以诚敬，不暴人之短，不讦人之过。不肖辈每过庭，时面命曰："凌人傲物，必取祸患，汝曹其慎之。"壬辰冬，先大父弃世，哀恸不胜，卧苦块五十日。向患疯，因过哀，复剧。病目，医药累年不愈，坐卧一榻者四五年。尝曰："自甲申、乙酉以来，历罹多难，家业日废，复抱沉疴。时逢百六之会，死固应尔，何敢怨尤。惟苦双目失明，愤懑莫遣，生不如死。"忽一夕，梦入宫殿，见先帝同后并坐，匍匐而前，言甲申事，且泣且语。及觉，涕泪盈枕席，谓左右曰："余目殆不复明矣。"庚子秋九月二十五日，冒风寒三日而卒。临终神情清爽，呼不肖辈至床下，曰："我病不起矣！生寄死归，我亦何所恋。汝辈皆成人，能体我心，余复何言。但我一生勤苦，有诗文若干首，汇成一编，当付梓，以成我志。"言讫而逝。呜呼痛哉！先君有六男二女。初娶湖州府文学光祚朱公女，卒赠孺人，无出。继娶湖州府文学光宇朱公女。生男之良，娶同邑廪生砥之赵公女，于顺治癸巳、丙申间相继而卒；次即不肖之奇，娶昆山春坊锡余徐公女；三之宇，娶同邑文学公珍赵公女；四之宾，娶嘉兴吏部鼎陶吴公女；五之裔，娶松江给谏扶曦杨公女；六之宝，聘同邑行人雪台沈公女。长女适同邑方伯枝芳孙公子煮，次女适湖州府□□贰缶闵公次子亥声。之良、之奇、之宇暨二女，皆先母朱出。之宾、之裔、之宝，庶母李所出。孙男八，孙女四，年俱幼。先君生于万历癸卯正月初十日寅时，卒于顺治庚子九月二十五日，享年五十有八。先妣生于甲辰闰九月二十七日戌时，卒于崇祯丁丑十月二十四日，年三十四，赠孺人，卜葬于□都□图小乙字圩，今于□年□月□日合葬。我周氏自曾高祖太宰恭肃公，于弘治壬戌魁进士起家邑之烂溪，生四子，长刺史款江公讳国南。生五子，光禄存江公其季子也，讳旬，不肖祖父。世居谢天港，自存江公始。公生三子，长光禄桂寰公讳应仪。生七子，四即大父子亮公讳文凤。生九子，长即先君也。呜呼痛哉！先君忠孝慈爱，出于天性。谨言语，去浮华，历任多恤民之政，持斧有埋轮之节。不肖今不能殚陈徽美，敬述履历，冀当世名巨卿阐扬先德，以垂不朽。幸甚！不肖孤哀子之奇泣血稽颡，百拜谨状。眷社弟顾樵填讳。

清周芳《周氏族谱》

通问传

〔清〕潘柽章

通问，字箬庵。父俞安期，见《文学传》。安期晚年无子，设百日无遮大会而师生。弱冠颖异，能文，偶阅《楞严》有疑，谒磐山修禅师，矢志参究。将婚，脱走武林，落发南涧之理安寺，参密云于金粟，不契。仍上磐山，夜闻风声有省，益加精研，洞明宗要。出世南涧，移住夹山、金山，继主磐山祖席。复应嘉禾漏泽之请，凡五坐道场，说法如雷，宗风大振。乙未秋，预知死期，散衣装图书，与檀护诀别，泊舟吴江之应天寺，沐浴更衣而逝。师体甚羸弱，而神观精明，条令严肃，衲子多望崖而返，惟真参实究者依焉。至今称南涧门风清严孤冷，诸方莫及。自《五灯会元》后，四百余年无编纂者。师乃遍搜诸宗师语录，举要芟繁，为《续灯存稿》十二卷，禅林服其精当。

清潘柽章《松陵文献》

计大章、朱明德传

计大章，字采臣，号需亭，琪字圩人。早岁声名藉甚，学使黎元宽拔冠其曹。尝谒明相国黄忠端道周，黄勉之曰："学不愧人，字可矣。"大章服膺焉。鼎革后绝意进取，惟讲学是务，以体认天理为宗，潜心濂洛，高节伟度，屡空自得。桐乡张履祥与交最善，作文纪之。年七十三，（邑志作八十余，误。）自言"我数将尽"，谓其子曰："处贫在不贪，处贱在自重。勤、俭、孝、友、廉、耻六字，乃为人之本，汝其识之。"遂卒。著有《学庸解玩》《读易随笔》《洗心斋诗文稿》。

朱明德，字不远，柏字圩人。治经义有声。鼎革后潜心学道，中有实得，养充神旺，至老不衰。弟子著录者数百人，明德教授有方，无不进之于义理。时隐遁者，每以语言文字贾祸。明德内介外和，不为崖异，故患难不及。所辑《广宋遗民录》，本程克勤，书录而广之，至四百余人。昆山顾炎武叙而行之，称其书"当沧海横流之日，能存正气于天下"。为诗和霭中自具骨干，百世下可想见其为人。著有《天地间集》。

清同治《盛湖志》

周府君墓志铭

〔清〕黄宗羲

天启朝攻逆阉而死者,十有三人。烈皇御极,诸孤皆集阙下,作《同难录》,以年齿叙兄弟行,而吴江周君长生长于余六岁。余时始离外傅,于世时不甚谙,每赖君为之提挈,故与君相契深。丧乱以后,道路崎岖,浙水东西,相去不数百里,而音问殆绝。岁甲辰,始渡江晤君于家。适当重午,昌蒲角黍,尽一日之欢而别。嗣是又十二年,余讲学海宁,仅一寓书,问无恙。迨乙丑春,再至吴中,君已前殁。老成凋落,感存家国,不禁泪涔涔下。遇君之子来乞铭,余其可以无言乎?君讳廷祚,长生其字。先世自山阴迁吴江。高祖用,太子太保、吏部尚书,谥恭肃。曾祖式南,祖辑符,皆赠太仆寺卿。父宗建,福建道监察御史,赠太仆寺卿,谥忠毅。母申氏,封淑人。君幼有成人之度,未冠补博士弟子员。读书官舍,能成父之廉,服食一如寒素。丙寅祸作,势如燎原,忠毅公以首劾逆阉,阉恨刺骨,坐赃独多。公拷死,部札立下抚按追比。家故无百金产,多方丐贷,不能充万三千之额,而祖母又丧,茕茕几无生理。幸邀恩昭雪,即匍匐北上颂冤。大奸初拔,余党尚护持残局,而郭巩遂以少司马荐起。郭巩者,家居畿辅,素与阉通,知阉衔忠毅公甚,因造大幽小幽之册,欲以察典中公。公再疏尽破交关之迹,巩与阉憾愈甚。王恭厂灾,其党有以缓刑请者,上传诘责,犹举公纠巩事为端。盖阉杀公,巩乃操刀者。至是知君志在报复,挽要路,夜辇万金,馈邸中求免,君痛哭而斥之。即上疏陈颠末,巩始褫革,入逆案第三等。爰书云"为魏忠贤报首参之仇,致周宗建有逮死之惨",盖据君疏语也。归而建祠建坊,皆有司当奉旨行事者,而君实身为经营。至壬申而葬事毕,会吊者逾千人,啧啧称其孝。时三吴人士,举复社以继东林,君与余皆列名其中,而二张、陈、夏诸公,于君特亲厚。君复执贽先师蕺山先生门,称弟子,由是绩学励行,所趋益正。宜兴再相,悬内阁中书以招君,君谢不往。南都建立,怀宁用事,心恨诸攻阉者子弟,而阳为好语慰君曰:"我部中职方主事缺,非君长才不可。"君亦力却之,触其怒,几不测,赖有解者得免。亳社既屋,耳目改观,遗民退卒,有不忘黍离之感者。君间与延接,遂为宵小所龃龉,最后忤同邑权贵人,兴大狱连五六年,对簿讼廷。顾君初未尝介意也,晚年产益落,犹日课诸儿,属以支撑门户。性素豪饮,遇风日佳时,能百盏不醉。然退而闵默,窥其意常有不释然者,竟以是终。君生于甲辰,卒于丁巳,得年七十有四。配袁孺人,贤而早夭。继金孺人,亦有妇德。子五:曙,庠生;昉,举人;曦、时,皆庠生;钿,太学生。女一,嫁顾震省,尽节钱塘令咸建之子也。葬地在吴县羊肠岭,袁孺人先祔而虚其右,以待金孺人云。余维君大节在三:疏颂冤,复父仇于朝,而居家亦靡所不谨。易箦前一月,周览祠中瓦石,稍有圮败者,悉命工葺之。因而新遗像,备礼器,率子孙肃拜而退,若有知其将殁者。呜呼!君之事父,可不谓尽心哉。抑又闻忠毅公之葬也,讹言方兴,谓阉党奉旨,以腐骨锢狱底,北还之榇,必无遗体。君闻而哀愤,计无复之,且以囚服不可下见祖宗。乃先期具三品冠裳，同诸伯叔父启棺更易，然后下窆。时举体香洁，手足皆能动摇如生，人共叹为纯忠所致。此事《礼》所不载，即古人亦未有行之者。虽然，至情至性，迥出寻常，天固欲留公不朽之体，以昭示万世，而君之精诚，适与之合。殆凡为人子者所同痛也夫，抑亦凡为人子所同愧也夫！遂为之铭曰：

父忠臣，子孝子。忠一心，孝一体。体不朽，心不死。是父是子，立人之纪。

柔兆摄提格之岁，如月上浣，同难弟余姚黄宗羲顿首拜撰。

清周芳《周氏族谱》

元方公传

元方公讳永粥，字中郎，若宇公长子也。丰姿秀朗，文艺优长。未弱冠游庠，既而屡踬省闱。是时，弟一指公尚幼，公方欲藉科名以承亲欢，每郁郁不得志。若宇公进而慰诲之，述昌黎"诸生业患不能精"四语垂训。公乃闭户下帷，以三过自责：一壮岁茫无知识，一有书不能尽读，一穷居未善揣摩。颜之书室，触目动心，盖锐气故未索也。公长于肆应。若宇公以孝廉由学博擢南康令，挈公在署，一切公私内外，必命公裁酌而后行。崇祯戊寅，以应试南归，病殁客舍，年三十有四。若宇公得凶问，悲恸不已，遂无志仕宦，庚辰致政返里焉。公孝于亲，雄于才，其如天不假之年何？公母张孺人，好善乐施，于所居东北隅创建药师庵，俗名大红庵，为女尼焚修之所。后庵尼于正殿之右设神橱，供奉张孺人木主，至今香火不绝。公幼为外家所钟爱。天启乙丑，外祖母示疾，延醉李名画师姜五陵写像，公亦便图小照，时年二十有一，形神逼似，子孙敬谨什袭。惟所著《雄飞馆诗文稿》，板片散佚无存，为可惜也。

清沈光熙等《吴江沈氏家谱》

君服公传

君服公讳自然，懋所公第七子也。邑诸生。有至性，工歌诗。家甚贫，虽蔬食不给，闭门讽咏不辍。尝赋《双燕》《金屋》等诗，纤靡浓丽，并驱西昆。其四时诸词，直堪与玉溪生方驾。时与潘一桂、史元、徐白、俞南史齐名，号"松陵五才子"。然天性孤峭绝俗，于人少所许可。凡世所称贤豪长者，一言不合，辄漫骂去，以故名不出于吴。山阴祁公彪佳官吴中，雅知其才，每造请宴饮，商榷不倦。乃竟以苦吟，眉发尽落。居母丧，神伤骨立，数月而卒，时年未四十也，族人私谥曰孝介先生。妻严孺人，素贤，以痛公故，数月亦卒。又无嗣，诗稿散佚，至流落卖饼家。朱长儒见之，以钱易而归，竟无人能梓行之也，后又不知若何矣。呜呼！世无退之，公之穷乃更甚于东野乎！

清沈光熙等《吴江沈氏家谱》

顾伟、章梦易传

　　顾伟，字英白，同里人。少嗜学，乙酉后绝意进取，尽发所藏古人书研辨讨论。自四子、五经、纲目诸史，以至司天职方、律历算数、经脉药石、卜筮占候之书，莫不探其原委，得其关键。烂溪潘柽章闻其善历学，请推日至，一握算而得，因定交焉。伟貌古朴，言呐呐如不出口，及质以经史疑义，则响应不穷。为人外和内介，非义不取，虽饥寒，不妄就人，竟穷约以死。伟所著，名《格轩遗书》，凡校注十五种，选订八种，编辑二十二种。吾邑著述家，鲜有若伟之富者，然伟未尝表襮于人，人亦罕知之，殁后其稿始稍出。柽章弟耒自以续《松陵献集》时，述伟事未备，乃序其书而盛称之。（本《献集续纂》《遂初堂集》。）

　　时同里又有章梦易，字两生。少工举子业，有盛名，为陈际泰、艾南英辈所称许。中年弃去，潜心经子，晚更喜释氏书。为人能忍饥，不惑于财色。乐救人危，尝脱人于死者三，而不使其人知。年八十余卒。著有《周易筌》《毛诗鸡跖集》《春秋左氏兵法》《楚辞改注》《诗源》《续同里先哲志》等书。（本《献集续纂》《续先哲志·自序》。）

清乾隆《吴江县志》

任坦斋先生墓志铭

〔清〕沈潜德

　　先生姓任，讳大任，字钧衡，号坦斋，吴江人。父讳养初，母孺人汝氏。明万历乙巳生，天性孝友。甫六岁，父教以小学，习弟子礼，授《孝经》《论语》，辄了大义。时朱孝介陞宣、文文肃震孟承东林后，为人伦模楷，一见深器之。文肃尝问所学，曰："务本。"更问所学何师，曰："师孔子，师曾子。"公大惊，曰："此立德人也。"年十二，父病，侍左右，药必口尝。值庭中雪深尺余，伏祷北辰，父病旋瘳。比长，经史子集，靡不综贯。而仔肩圣学，有体有用，三复朱子《敬斋箴》，曰："儒者不当如是邪？"崇祯壬申，补博士弟子员。邑侯叶翼云知其贫，携金造访，及见先生风节皎然，卒不敢言遗金事。先生早负儒林望，而事亲守身，宗党称之。时应试归宿舟中，夜半心动，即披衣起。虑母疾作，促舟行，达旦抵家，母果有疾。既相见，母曰："吾念子剧，故病。今一见，旋霍然也。"明季岁饥多盗，鼓噪至家，露白刃。先生以身翼母，谓盗曰："吾家训蒙书卷外，无长物。勿惊老母。"皆曰"此君子也"，感叹而去。居莲浦上，疏水自乐，尝言"书生味不可不知，赤子心不可不养"。一时贤士如徐昭法枋、包惊几捷、汝君喜可起、章雨生梦易，称道义交。教授生徒，束修供母，题其居曰"爱日"。一衣一食，必问寒暖甘否，无日夕离。先生前丧父，后丧母，痛绝而苏，寝苫枕出，悉准古礼。父素嗜茆，没后，每对茆羹必泪下，不忍举箸。继卜兆妥亲。康熙己酉，诏举山林隐逸。邑中绅士荐先生文学有德，先生以葬亲泣辞。躬亲负土，省墓三年，当朔望，常攀树悲号。春秋承祀，僾然肃然。事兄伯玉甚恭，让田宅，愉愉怡怡，体父母志也。初，先生善里人王青箱。青箱族悍，既病，托其子廷钫于先生，曰："君孝友，克始终。"先生曰："诺。"青箱没，族凌其孤。先生申亲亲大义，引古训开导之，众感悟。孤卒成立。昔康节邵先生居洛中，与人言必依孝弟忠信，乐道人之善，而未尝及其恶。故贤者悦其德，不贤者服其化。所以厚风俗，成人才，厥功至大。观信友一事，先生德化何遽出康节下哉！年逾八十，不忘孺慕。或当食而悲，曰："亲在，觉菜羹有味。"或当寝而泣，曰："求为温清定省不可得。"得疾七日，语及门以曾氏战兢之学，乃卒。时康熙癸酉岁也，年八十有九。先生配陈孺人，早卒。继陈孺人。年六十，生子梦乾。孙德森、德成，皆列胶庠，守先训。以康熙乙亥六月，葬先生于西津之原田。先生既没，同里周学使爰访作传，班于朱孝介、徐俟斋之间。其后宜兴储太史大文、武林姚侍御世荣、归安吴学使大受、金坛王太史步青，读先生遗书，胥宗仰之。乾隆戊午，少宗伯张公廷璐督学江苏，德潜陈其行，即表先生闾曰"孝德儒修"。盖先生锡类全归，人无异论，而树之鹄以风厉天下，所谓内行纯备，久而弥芳者与！后之儒者可以兴起矣。先生际天、崇间，时学术杂揉，如堕云雾。先生独居敬穷理，一以朱子为宗，所著《中庸解》《诗经解》《离骚明义》《马班文定》诸种，各有条理，盖正学也。今天子诏修国史，徵海内文献。己未，方伯徐公士林檄下吴江，庚申公抚吴中，采先生名入孝子列，而以先生书上之，俟史馆论定。按：任姓本出黄帝后，而先生世系与荆溪詹事启运、溧阳宗伯兰枝，同祖梁太常昉，由一本而分支者也。先生葬已四十六年矣，而志石未立。孙德成、曾孙思谦与余称文字交，命补成志铭，何敢辞？且以见余之宗仰先生，洵所云先民是程者也。铭曰：

龙德之隐，遁世无闷。龙德正中，行谨言信。孝思无方，经术夙蕴。不矜藻绘，讵标高峻？渊符习坎，静协重艮。洛下新安，心源相印。已失老成，还留余韵。佽官岿然，清流环润。毂贻后贤，家声酿酝。有孝有德，千古定论。

清沈德潜《归愚文续》

君牧公传

君牧公讳自驯，副使公第八子也。为诸生有名。貌枯羸，而性跌宕，好任侠，所交皆奇杰士。时四方兵起，公屡以救时切务陈当事，而东南尚晏安，人莫之用。未久岁歉，乱民兴，公即所居杨坟村，仿行朱子社仓法，赈贷贫乏。不数年，旁近诸乡民咸附焉。其在史阁部幕，见阁部躬细务，遇人姁妪，以为非戡乱才，故去而归里。既辅易起事，以易不谨斥堠，日置酒高会，数谏不听，辄仰天号恸。及兵溃，亦赴水死。

清沈光熙等《吴江沈氏家谱》

先考赠徵仕郎翰林院检讨仲和府君行述

〔清〕潘耒

先考讳凯，字仲和，号贻令，世居吴江之平望。自先高祖讳云以上，皆潜德不仕。先曾祖讳志伊，嘉靖乙丑进士，仕终广西布政司右参政。先祖讳锡祚，以贡生为湖广布政司理问。娶吴孺人，陕西行太仆寺卿吴公讳邦桢孙女也，生先伯父讳虞龙及府君。侧室徐氏，生先叔父讳询益、询垂。先祖考数宦游，吴孺人教府君，具有法度。先伯父长于府君二十岁，府君视之如严师。天姿敏异，弱冠善属文，德清章公讳日炌见而奇之，许以长女归焉。天启癸亥，先祖考卒于官，橐无余资。府君从吴孺人间关扶柩以归，毁瘠变形，见者嗟叹。服阕，补邑诸生，连试第一，太仓张受先、西铭两先生亟称之，自是才名藉甚。崇祯庚午，将应乡试，以吴孺人病不行。孺人没，执丧尽礼。先伯父继没，府君始总家政。抚两庶弟，曲尽恩义。视兄之长子如弟，次子、幼子如子。与同邑吴君允夏、包君捷、吴君翿辈，以文章行谊相切劘。国体治乱，人材进退，靡不留意，慨然有经世之志。于是忌之者渐众，或指为党人后劲焉。癸酉服除，当录科，学师业以名上，而潜遣胥索赂，府君不可。学师怒，遂以襌服未周白学使者，论黜府君。闻者咸不平，马素修、张西铭诸先生力争于当事，援古证今，书六七反，事乃得白。已而，德清章公来知吴江，为政廉平，请谒无所徇。府君以身为令婿，深自退匿，不与人事。惟于政务大体、闾阎利弊，从容指陈。如清赋额、疏水道诸事，皆建白行之，永为良法。未几，章公以陈妇事，为仇者所谣诼，欲并中府君。而府君内行洁清，卒不能有所连染，章公竟卒于官。府君感激世事，乃更为韬精养晦，折节恭谨，而德望益高，士夫南北行过平望者，争愿交府君。府君性和易，好施予。遇人无贵贱，皆尽礼。有告以急难，辄倾身赴之，无少瞻顾。喜汲引后进，所赏识多成名士。或有初附之后背之者，府君不悔也。能饮酒，至数斗不乱。与人谈论，款曲周详，未尝见疾言遽色。为诗文典实详雅，而尤工笔札。应酬纷沓，多至数百通，无所遗误。生平未尝作草书，至今得其片楮者，咸知为端人君子也。甲申、乙酉之际，府君转侧兵问，志有所存，而一不就，遂破其家。乱定归故里，四壁萧然，觚咏不辍，手纂方书，多所发明。居数岁，以疾卒，门人故旧私谥曰贞靖先生。所著有《平望志》《本草类方》及诗文若干卷，藏于家。府君生万历丙午六月九日，卒顺治辛卯八月八日，享年四十有六。先娶章孺人，生万历己酉七月五日，卒崇祯辛巳十一月十三日，享年三十有三。子一：柽章，庠生。娶秦氏、沈氏。女二：长适周抚辰；次许聘颜祁，未行卒。继娶吴孺人，即先祖母之侄，生子二：不孝耒，原名栋吴。康熙己未举博学鸿儒，授翰林院检讨，进充日讲起居注官。娶王氏，继娶申氏。桢吴，娶王氏。女一，适陈铉。章孺人生为贵家女，能安贫约，节俭慈和，备有妇则。以先兄姊皆早世，懿行莫得而详。吴孺人别有状，不具述。康熙二十年，以覃恩赠府君为徵仕郎、日讲官起居注、翰林院检讨，赠母章氏为孺人；封母吴氏为太孺人。吴太孺人后府君三十四年而卒。卒之明年，岁在丙寅闰四月八日，不孝孤耒始获合葬先考处于莺脰湖南甑字围新阡。耒生六岁而孤，不及详府君行事，谨以亡兄柽章所撰行实节略为状，以乞言于当代仁人君子立言不朽者，唯哀而赐之志铭若表，死且不朽。

清潘耒《遂初堂集》

赠日讲官起居注翰林院检讨徵仕郎贞靖潘先生墓志铭

〔清〕朱彝尊

康熙十有七年春，天子有诏徵文学之士，吴江潘君耒被荐。明年，召试体仁阁下，赋最工，以布衣除翰林院检讨。越二年，充日讲官知起居注。其冬，云南平，天子推恩及臣下，于是君之考处士贞靖先生得赠日讲官起居注、翰林院检讨、徵仕郎，君之姊章氏赠孺人，母吴氏封太孺人。又明年，会试天下士，君与分校，得人最盛。又明年，遭劾谪官。吴太孺人归，卒于里，君闻讣，奔还。旋卜地莺脰湖之南，以康熙二十五年闰月辛酉合葬焉。先生讳凯，字仲和，一字岂凡，别字贻令，世居吴江平望市。曾祖云，隐居不仕。祖志伊，中嘉靖四十四年进士，仕至广西布政使司右参政。父锡祚，湖广布政司理问。母吴孺人。先生事亲孝，事兄最恭。其为学，殚心经世之略。其文见称于太仓张采，与同县吴允夏、包捷、吴翩，文章行谊相切劘。补县学生员，连试第一。当是时，在朝之君子多自附东林，而海内名士以声气应和，曰"复社"，先生与焉。周之夔者，与诸君子构难，撼君过，作《复社或问》。而无锡马公世奇、太仓张公溥，并力争之。德清章君日炌爱君文，以女归先生。既而知吴江县事，先生深自退匿，未尝干以私。惟于清赋额、疏水道，事关民利害，则建白行之。先生为诗典雅，尤工尺牍，虽怱遽不作草书。遭乱破家，遂屏弃时文，纂《平望志》及《本草类方》，合文集凡数十卷。子三人：柽章，桢吴，存者耒也。女三人：一嫁周抚辰；一许嫁颜祁，未行，卒；一嫁陈铉。孙四人。吴太孺人在室以孝闻，尝割股疗母病。为先生继妻，抚前妻子女如己出。既寡，家酷贫，手纺绩，延名师，训耒以通经博古。及耒为侍从臣，太孺人未尝美衣食。君既谪官，太孺人无几微不自得之色，曰："穷达有命，安之可矣。"贞靖先生卒时年四十有九，章孺人卒年三十有二，吴太孺人年六十有六。彝尊与君定交也久，同年被荐，同以布衣授官，同知起居注，其谪也又同时，熟闻君家世，于君请铭，不敢辞。铭曰：

相彼贞木，其实有蕡。或碎于地，或登于槃，而终以勿餐。呜呼先生，既昌而文。以诒后昆，厄穷奚怨？

清朱彝尊《曝书亭集》

先妣封太孺人吴氏行述

〔清〕潘耒

太孺人吴氏，太仆寺卿讳邦桢公之曾孙女，文学辅之公女也。文学公娶于陈，生太孺人。太孺人幼敏慧，女工书史，不习而能。性至孝，陈夫人病，刲股作糜以进，辄愈。久之，陈夫人没。文学公继娶于沈先孺人，事之如陈夫人，尽孝竭诚，人忘其为前后母也。文学公垂没，作遗令称太孺人贤，命割家产之半与女。太孺人不受，仅受薄田数亩。既归先府君，即以田为文学公营葬。文学公有子而殇，以从子为后。沈夫人顾爱念太孺人，便安其养，太孺人迎以来敬事之，沈夫人遂终老于婿家云。先府君初娶章孺人，生先兄及两姊而没，太孺人来归，为继室。时兄姊皆长成，太孺人抚之，慈爱如己出，悉斥奁中装办婚嫁。遇子妇恩礼笃挚，慈孝交称，人亦忘其为前后母也。先府君名德才望冠一时，往还皆天下贤隽，宾客造门无虚日。产又甚薄，先府君不问生事，家政巨细一切，皆太孺人操之，黾勉有无，不言劳瘁。比先府君没，不孝未始六龄，亡弟桢吴尚在娠，太孺人长养教诲，备尝艰辛。不孝始就外傅，有言家酷贫附他塾读书可省费者，太孺人执不可，特开家塾延师训之，至粥簪珥供束修膏火。或言不如稍置田产，太孺人指不孝示之曰："此吾庄也。是庄若熟，吾何患贫？不然，即田连阡陌，其能守乎？"邑中有童子师，素名方严，顾性度有异于人。饮馔有常味，非其味，虽丰不食。去来有常期，迎之稍后期或先期，辄不至。小不如意，辄暴怒鞭笞童仆。人相戒，莫敢延。太孺人闻其善课督也，特延以教不孝。凡饮食供用之具，一一曲如其意。居半年，不复怒，一年而大悦。于是尽心力以教，不孝获益，数倍他师。不孝稍长，更师。师和蔼易事，太孺人遇之如前师，不以和易故少弛礼。师素与亡兄辈以道义文章相切劚，课不孝以通经学古，不亟亟干时，太孺人绝不以为迂。曰："吾教儿读书，但欲其识道理成人，不坠先业。何尝冀其干禄利，与时竞哉？"以故不孝读书二十余年，未尝一应有司之试。又数遭坎轲，贫困益甚，流离转徙，一岁数迁。尝移家荒山中，破屋数椽，不蔽风日，或日旰未举火，太孺人未尝有戚容。既而不孝登荐书，自度才识谫陋，又迂疏不堪世用，欲辞。太孺人深以为然，遂辞诸当事。比徵书再下，乃行。既被殊恩，授官清秘，称贺者踵门，太孺人亦不色喜。尝遗书京邸，戒不孝曰："自布衣入翰林，古今异数，儿何德以堪之。且汝父兄皆绩学高材而不遇，汝不逮前人远甚，而骤致通显，吾且喜且惧，儿其慎之。"不孝数迎请北来，太孺人辄辞以"性乐闲寂，不愿居嚣喧之地。世味可略，尝不可久耽。吾北来，不若儿早归为善"。至辛酉春，不孝入直起居注，太孺人知其未能遽归也，乃治装北上。比至京，见不孝窘于资用，又职事填委，每入署，薄暮始归，秉烛治书，常至夜分。时时顾之攒眉谓："汝材薄而任重，力少而事繁，惧不胜任，早思税驾可也。"不孝获从讲筵诸先生之后，每荷隆恩。或侍宴禁廷，或扈从郊坛，或颁看核，或赍绮币，以至分校礼闱兼直三馆。每有光荣可喜之事，太孺人辄告戒之，谓："宠不可久邀，名不可多取，名之所存，谤之所集。露才足以招尤，多言足以贾祸。进不如退，敏不如钝，有功不如无过，有誉不如无毁。"推此类为不孝具言之。不孝不能仰承慈训，以至罪戾日积，果中蜚语镌秩。太孺人处之怡然，曰："儿第省愆思过，慎无一言自白。吾日夜思乡土，儿亦每欲告归。今更不须补官第，返田间，守素业，焉知非福，儿勿谓吾有所不乐也。"不孝察太孺人实无几微不自得之色，以是稍宽罪责。太孺人素康强，无疾病。年未逾六十，发未白，齿未落。自丁巳秋亡弟没，哀痛无已，稍稍衰倦。亡弟无子，弟妇抚从兄之子为子，太孺人携以来都。今春忽抱沉疴，太孺人护视无所不至。比归，没于舟中，悲伤异甚。俄病脾泄，医家言茹蔬人畏得脾病。太孺人自先府君没迄今，长斋三十四年，进药辄不效，遂至大故。呜呼痛哉！太孺人德量深厚，智识高远，持家四十余年，内外大小事，综理极其精密。亲党有疑难就谘决，一经处分，无不得当。细人顽嚣难化诲者，从容数言，辄感悟去。三党戚属，恩礼周浃，虽甚落魄不见，比数者遇之，始终不觉有异。自奉甚俭约，一衣数年不易，蔬食未尝兼味，而宾祭必极丰腆。周人之困，恤人之灾，仁心德意，出于至诚。三十年来凡十数迁，所居之地邻里乡党，无一不感颂太孺人者。不孝诵习传记，见古昔淑媛贤母众矣，若太孺人之才全德备慈俭仁明者，实亦稀有。设叙述嘉言懿行，连编累帙，殊未易罄。惟是不孝愚劣，日在慈范之中，不能熏陶万一。学行无成，修名不立，下孤母德，上负国恩。不孝之罪，上通于天，复何道哉！复何道哉！太孺人生于前己未岁正月十九日，卒于今康熙甲子九月二十一日，享年六十有六。不孝未痛遭大故，心神瞀乱，语无伦次，惟大人君子哀而赐之志铭，俾不孝得藉以光扬其亲，死且不朽。

清潘耒《遂初堂集》

冽泉公传

冽泉公讳永隆，字治佐，鞠通公长子也。邑诸生。鞠通公以词曲名家，公克嗣其音，尝续范香令未完传奇，宛然范香令也，识者谓可与《望河亭》并传。诗格直逼盛唐，洗尽肥腻，其幽深高洁处，往往令人作烟霞物外想，娄水陆寄斋亟称之。不幸遭回禄，遗书悉为煨炉，所存者惟《焚余草》一卷而已。晚年从父隐吴山，以吟咏自娱。鞠通公遗产三百亩，只自取其瘠者三十亩，余尽以让诸庶弟。事载邑志隐逸传，此真堪与古贤者相颉颃矣。

清沈光熙等《吴江沈氏家谱》

朱鹤龄传

朱鹤龄，字长孺，江苏吴江人，明诸生。颖敏嗜学。尝笺注杜甫、李商隐诗，盛行于世。故所作韵语，颇出入二家。入国朝，屏居著述，晨夕一编。行不识途路，坐不知寒暑，人或谓之愚，遂自号愚庵。尝自谓"疾恶如仇，嗜古若渴，不妄受人一钱，不虚诳人一语"云。著《愚庵诗文集》，其《书元好问集后》云："好问于元，既足践其土，口茹其毛，即无反噬之理。乃今之讪诋不少避者，若欲掩其失身之事，以逛国人，非徒悖也，其愚亦甚。"其言盖指国初居心反覆之辈，可谓知大义矣。初为文章之学，及与顾炎武友，炎武以本原相勖，乃湛思覃力于诸经注疏及儒先理学。以《易》理至宋儒已明，然《左传》《国语》所载占法，皆言象也，本义精矣，而多未备，撰《易广义略》四卷。以蔡氏释《书》未精，斟酌于汉学、宋学之间，撰《尚书埤传》十七卷。以朱子掊击《诗·小序》太过，与同县陈启源参考诸家说，疏通序义，撰《诗经通义》二十卷。以胡氏传《春秋》多偏见凿说，乃合唐宋以来诸儒之解，撰《春秋集说》二十二卷。又以杜氏注《左传》未尽合，俗儒复以林氏注紊之，因详证参考，撰《读左日钞》十四卷。又有《禹贡长笺》十二卷，作于胡渭《禹贡锥指》之前，虽不及渭书，而备论古今利害，旁引曲证，亦多创获。康熙二十二年卒，年七十八。

清国史馆《清史列传》

雪湖高士杨硕父传

〔清〕钱云

杨秋，字硕父，邑平望之雪湖人。少得异人术，决人祸福多奇中。岁乙酉春，虞山瞿公式耜巡抚粤西，携以往，定靖江王郝永忠之变，皆赖秋计划。以功授祠部员外郎，随弃去，屏居山中，间一入瞿幕而已，瞿因以高士目之。庚寅十月四日，桂林陷，瞿公以阁臣留守，被执不屈。秋周旋羁绁四十余日，至十一月十七日，瞿公被害风洞山。秋麻衣徒跣，哭定南王孔有德前，请收瞿尸，不许。哭四日，欲继以死。孔义之，听棺敛以葬，并收都督张同敞、致胜将军徐高、参将陈世贤、幕僚陈科烈骨。秋以幞头袍服敛瞿公，不得裩，脱所着裩着之。旁一卒见之，即脱所着裩着秋。又搜瞿公遗稿还其家。时瞿家属俱在秋所，被劫至沙头李养性营，大索财货。秋笑谓曰："汝强勒我，我死耳。"李亦笑释之。巡抚王一品重秋节概，时枉车骑相过从。王有疾，秋疗之愈。与饮卧榻前论古今事，不合遽起，拔佩刀将击王，左右前缚秋。王曰："杨先生天下高士也，非杀人者。醉耳，毋罪也。"终善遇之。壬辰四月，知粤西将乱，劝王致仕，与之东归，并瞿家属及骸骨还乡。瞿公子元锡，感秋恩义，以女妻秋子一宁。秋归，杜门谢客，人或以事问之，笑而不答。尝自号二痴，又号不了道人，从游者都称为雪湖先生。卒年七十有九，甲子二月日也。

论曰：世传明豫章宗室，居秋家三载，后学仙得道，指松为姓，秋从之游，因尽其术。后虞山立松仙祠，遂以秋配。嗟乎！若秋者，可以羽流目之乎？当其奋号孔王，礼瘗忠骨，及脱瞿公之孙昌文于厄，护持还家，虽古节侠，无以过之。乃修邑乘者失之，采而不为立传，奇节伟行之士，泯没者可胜道哉？余故取黄周星、释性因所记载而纂述之，使来者有考焉。

清凌淦《松陵文录》

雪湖高士杨艺传

陈去病

先生杨氏，名艺，字硕父，吴江之雪湖人也。自幼师湖州松仙，精通数学。人有叩者，以隐语对，后辄奇中。或匿其事问之，对亦如响。当明之季，常熟瞿文忠公式耜巡抚广西，先生以门下与偕，定靖江王之乱，先生有力焉。永历帝时，文忠以大学士留守桂林，先生参其军，为主客郎。桂林破，公被囚。虏供宴，公挥去之，詈为犬豕食，因绝粒四日。先生适从阳朔山中来，乃备具薪水奉公，并密致衣冠之具，公受之，而虏之防闲者竟不觉也。公既殉节，先生麻衣徒跣入城，叩伪定南王孔有德之门而请曰："杨艺随阁部瞿老师在粤六年矣，只缘此颈骨，欲收之以报知己。今日事已至此，乞垂宽大之恩，少尽师生之谊。"有德将不许，先生立依于庭墙而哭四日，欲继以死，有德为心动。会给事中金堡已为僧，亦上书请，遂听之。于是先生乃舁棺诣公死所，见公刃血在颈而身首未殊，面俨然生也。爰跪而泣曰："门生在此，老师之目其遂瞑乎？"忽公张目如炬，双睛不转而神采炯然。先生且悲且惧，摩掌熨目，久而始合。潜具绯蟒一袭，金幞头一事，肃而殓之，权厝于北门风洞山之麓。并为同殉总督张文烈公同敞具殓，瘞诸其旁。当是时，公家人星散，公孙昌文奉公命诣梧州行在，进万寿表。闻耗奔丧，梗于道。先生踪迹之，与遇于剪刀猺，告其事。且以虏势甚盛，欲与趋桂林不得达。欲下梧州，又虑有逻者识之，将挟以媚胡也。进退局踏，四顾茕子，叛奴背逃，资粮垂绝，荒山匿影，惧勿敢出。盖先生于此又几费筹策云。洎公有营弁王陈策媚贼帅李养性，劫公家属及昌文去，大索货贿，先生立叱释之。卒护昌文返乡里，而己亦隐居雪湖，终其身。瞿氏既安定，感先生高义，乃曰："是不可无报也。"因以公女配其子。

陈去病曰：余读公子元锡《庚寅始安事略》及《行朝》《劫灰》诸录，而叹公成仁之烈，就义之勇。以为人尽如公，大明三百年之国祚，未必遽为胡虏斩也。天祸中国，贤臣尽亡。失节堕行之徒，方且钻附腥臊，不惜剃发垂辫，以奴隶于八旗贱种之下。甚且丧心病狂如王陈策辈，乃敢倒行逆施，冀卖主以求荣。嗟乎痛哉！世道如斯，人心难问。舍义烈如张别山，孰有能眷恋忠魂徘徊不去者乎？乃先生独不避艰难，收殓其丧，始终翼护，俾无遗憾。张公好为其易，先生竟践其难。方之前哲，洵可谓有程婴杵臼风矣。抑吾闻之，同时有苏兆人者，字寅侯，亦吴江人。当乙丙间，师事闽抚张公肯堂，佐其幕，为仪部郎。瀚州城陷，苏以绝命词诣张公请先，公颔之。为取卮酒酹其尸，而后自殉于雪交亭中。呜呼！神州陆沈之日，正士君子砥砺名教之秋。乃举世方波靡，而吾松陵先达，其维持风义，使不至扫地尽者，竟无独有偶焉。然则居先生之乡，闻先生之风者,其曷弗喟然而思,怃然以兴哉!

殷安如、刘颖白《陈去病诗文集》

孙兆奎传

孙兆奎,字君昌。祖履恒,习兵家言,兆奎能世其学,倜傥有气节。崇祯丙子,与吴易同举于乡。乙酉,南都亡,兆奎奋然思以死殉国,乃就易谋同起兵长白荡,以家财给饷。复以易声望出己上,推为主盟,而己佐之,时号"孙吴军"。大兵来讨,八月二十四日军败,兆奎父允贞殁,兆奎先沈妻褚及女于湖,视其死而后自溺。(《明史》及徐秉义《忠列纪实》温睿临《南疆逸史》等书并云:兵既败,兆奎虑易妻子在军中受辱,视其死而后行。今按施世杰撰传及孙氏家传,乃兆奎自沈其妻女。疑其事为近实,从之。)溺未死,为大兵所执。至苏州,巡抚土国宝欲降之,不屈,遂解赴江宁。见内院洪承畴,兆奎厉声诘之曰:"先帝时,闻督师洪承畴死,亲祭而哭之。今又一洪承畴,一人邪?两人邪?"承畴无以应,曰:"汝无问一人两人也,汝自为一人事耳。"驱出斩之。兆奎临刑赋诗,颜色不变,时年三十九。从弟琼,字君瑜,亦被执死。湖州狱中同时有潘尔彪、吴振远。尔彪字京慧,亦丙子举人,尝在易、兆奎军中。兆奎被执时,尔彪卧病王锡阐家,及闻变,从床上跃起,若将赴斗者。门闭不得出,乃绕室疾走,至夜半以手击案而绝。振远字日千,易、兆奎之举兵,振远亦部署里中子弟为一军。易败走,军亦散去。丙戌春,易复起,大兵从迹之,事连振远,乃遣兵即其家缚之去。至苏州,大帅欲降之,不屈死。(本《明史》《献集》、黄宗羲《实录抄》、施世杰撰传、孙吴潘诸家传。)

《苏郡先辈小传》曰:兆奎性忤淡,不近名,不忤物。及论别古今是非成败、人品邪正,侃侃无所挠。甲申三月之变,与同志屈指言辇下诸臣,某某意念深谨,必能死;某某遇事慷慨,必能死;某某风节自持,宜不以生易死;若某某以标榜为务,以击射为巧,声色货物,不绝于中,安能死?已而皆如所言,其鉴别类如此。

戴笠《发潜录》曰:孙吴两君,举事号召之远,联属之众,则孙不如吴;临事之慎,赴义之烈,则吴不如孙云。

清乾隆《震泽县志》

史玄、赵涣传

〔清〕潘柽章

史玄,字弱翁。天才隽拔,学有根柢。与吴易、赵涣齐名,以古文词相切劘,有《东湖倡和集》。三人者,才气相埒也,后易登朝死国难,而玄与涣俱落魄不偶。玄留心经济，尝从水道至京师，作《河行注》一卷，盐策河漕之要略具焉。数游公卿间，以策干时，无所遇，困顿以死。诗宗少陵，老健无敌，古体尤工。涣字少文，学行醇谨，工五言。先易卒。

清潘柽章《松陵文献》

吴允夏传

〔清〕潘柽章

吴允夏，字去盈。曾祖秀，隆庆五年进士，授刑部主事，历郎中，出知九江府。巡按御史檄下司理，勾稽赎锾至三千金，秀请除其十之八。凿龙开河，得良田三千顷，又凿老鹳河，便商贾泊宿。时为之谣曰："民不死，吴公是子；客如归，风伯无威。"迁知扬州府，复五塘，建义仓，为民永利。迁福建按察副使，被劾免。后列乌程乡贤祠。允夏博雅好古，尤邃于理学。事母素谨，初犹过于严恪，及德器既成，乃更为童孺之色，以顺适母意。然其治家严肃如公府，内外截然，无敢逾者。家世多藏书，篝灯讨论，每至达曙。虽医药卜筮之术，无不究心。文词雅健，入太学，累试不第，杜门著述。崇祯末，岁饥米贵，小民相率掠富家，几成大乱。允夏慨然发粟赈济，综理有方，人不敢欺，全活甚众。尝感火葬非古，作《广孝哀言》以警众，因自置义冢一区，瘗浮尸若棺无主者。至是道殣相望，允夏募人掩埋，半岁间得五千有奇。其他实惠及人不可胜纪。知县叶公翼云重其行，遣使致羊酒，谢不受。中年连举二子，人以为积善之报。

清潘柽章《松陵文献》

悦吾公传

〔清〕黄廷桢

悦吾公讳世达，省吾公长子也。资禀过人，虽未成举子业，熟于史，而工于书，不必临池，自合逸少笔法。为人慷慨，有智谋，多勇力。当国朝初，盗聚萑蒲，公往来郡邑间，常遭劫夺，力能御之。以陶朱术起家，数致千金，散而复积。亲族中待公举火者，不啻几十家。有义男曹运者，窃帑千金，反以死陷公。公则延医调治，曰："财物命中所定，何苦如此。"悉以捐之，彼亦得愈。公虽不思仕进，凡见古今典籍，无不珍惜。继被盗掠，家室荡然，公复积财置产，上则逮事父母，下则训育儿孙。年近杖国，而省吾公尚无恙，与弟彦登承欢膝下。岁在己未，省吾公九十寿诞，有丹青吕赓六善于传神，写《二老奉亲图》致庆，斑衣戏彩，不足异也。后丁父艰，见公衰绖者，无不惊异。公逾八旬，雅好诗书，喜与孙辈评论古今。又喜花草山水，夏秋之际，垂纶池内，自比于严子陵。庚午仲春，率桢往湖浦观梅，曰："吾足已重，明年恐不能来也。"三月间，忽抱微恙，溘然而逝。

清黄以正、黄锡爵《松陵黄氏家谱》

季淳公传

世芳，字文初，号季淳，鸿胪寺署丞爱葵公文宪长子。明万历三十六年生。安邑庠生，参军司马，乡饮介宾。清康熙九年卒，寿六十三岁。明季由双林移家盛泽，为盛泽张氏迁祖。公生而奇慧，数岁即知向学，就傅时，下笔辄惊耆宿。年十五补诸生，顾天赋美质，器识超迥，不屑屑为词章科举之学。而惟敦品行，尚气节，究心经世大略，慨然有澄清志，盖其服膺于庭训深也。中年后，见世途险阻，无意进取。平居训迪子孙，友助乡党，不肯以劳苦自诿。尝以盛湖水势下流，散而不聚，因度地于昇明桥外，捐资筑基建楼阁三层，颜曰"文起"（俗称八角亭），斯土赖以镇奠焉。其他奖励后进、振拔孤寒、援饥溺助、丧葬利人之事，更仆难终，晚膺乡饮介宾。著有《萼辉堂集》。（本《宗谱支谱旧稿》，参《盛湖志稿》《盛湖诗萃》。）

张嘉荣《盛泽张氏遗稿存录》

吴宗潜传

吴宗潜，字东篱（一作里），振远弟。兄弟七人，并有才藻，而宗潜与弟宗汉、宗泌尤知名。宗潜负经世之学，酉戌间往来南都东浙，数蹈危险。振远之执，宗潜时在鲁王所。既而知事无成，幅巾归隐，遂与同邑、旁郡邑文士而高蹈者结惊隐诗社，岁以五日祀屈原，九日祀陶渊明，除夕祀林君复、郑所南，宗潜常为祭酒。后十余年，以序人选诗触忌讳，遂与同事者系狱，时相倡和，有《圜扉鼓吹编》。久之得释，遂隐于医，著名苕雪间。治疾不问贵贱，惟当事招之，必不往，人谓其通而介。年七十八卒。宗汉自有传。宗泌字邺仙，为人强毅能苦，以身殉义，奋不顾家。意有不得，则发之于诗，思致深沉，音节遒美，得中唐人风格，竟侘傺以死。（本《献集续纂》，参王载撰传。）

清乾隆《震泽县志》

祭吴东里先生文

〔清〕潘耒

节义之士莫盛东汉、南宋，由于开基之主奖风节，崇道术，磨砻砥砺，养成人才，非一朝一夕所致也。前朝创业之初，褒忠录节，重学尊儒，立国规模，实兼汉宋，故其末造，亦多仗义守节之夫。迨乎庙社既迁，风移俗易，而深山穷谷土室树屋之流，往往而有设遇皇甫元宴、程篁墩其人，传高士而录遗民，将不胜载也。即以吾邑言之，三十年前，鸿文绩学之士，大半屏迹林泉，遗情荣进。维时严溪吴氏最号多才，兄弟七人，竞爽文苑。而东里先生为之雄伯，文章摇笔万言，绰厉奇伟，如高山出云，大海上潮，浩乎莫知端倪。诗歌苍浑豪宕，有笼盖万夫磅礴一世之概。既抑塞不用世，文辞日富，议论日高，而年又最长，衰然为山林领袖。闲居下帷，与远近同声及门人子姓，考德程材，论文讲业，隐然龙门之品题，汝南之月旦。其风声所被，犹足以激贪顽而消鄙吝，何其壮也！既乃风飙涽起，一时英隽往往为微文中伤，先生亦遭罗织，牵连岸狱，仅而得免。自尔摧撞息机，深自韬晦，避名如寇，守口如瓶。晚隐于医，陆沉混俗，然姜桂之性，老而弥烈，孤怀独往，百折不回，斯可谓硕人君子遁世无闷者矣。先生与先考亡兄厚善，末复执经于先生从子愧庵先生，通门世好，往还无间。忆自束为受书，见先生来塾中，苍颜华鬓，心识为先民长德。比通籍归里，先生年已七十余，康强神王如昔日。私计二十年来，邑中隐君子零落殆尽，即海宇之大，耆英旧德存者亦无几人。而吾里乃有硕果后凋，挺然于大冬严雪之余，诚为难得。曾未逾年而一病，经旬溘焉长逝。悠悠苍天，不遗一老，不独乡里哲人斩焉澌灭，而前代幽贞高洁之士，亦遂凋谢无余。所云忠厚开基，渐濡长养之人材，至是而扫地尽矣，此岂独一家一邑之痛而已哉！末既濡足世途，先生不以余为不肖辱进而教之。去春留宿书斋，烹葵饭菽，赋诗唱酬，欣然意得。比先生疾革，传语欲见余。及余造榻前，先生形神已离，犹披衣起坐，拱手向余云："忍死待君者三。"竟不复言，遂于是口瞑。呜呼痛哉！驽下如余，出处无成，进退失据，其何以仰答先生眷念之深，嘱累之重。唯是区区寸心，不忘腹痛之语，窃附挂剑之谊，特未知力与愿谐否耳？灵其有知，尚鉴斯忱，呜呼悲矣！

清潘耒《遂初堂集》

祭长女昭齐文

〔明〕叶绍袁

维崇祯五年十二月二十二日，余长女纨纨哭妹来归，卒于母寝。死以继死，惨深痛盈，元日闭门，草文陈哀，以告于我女之灵曰：呜呼！人世之悲，莫悲于死；人世之哀，莫哀于送死矣。矧死者不一而再，则送死之情更何如也。天散彩云，地埋玉树，人消灵淑，三才之道，不几乎息耶！我自十七岁与汝母结发成伉俪，迄今二十九年，窃幸芳草沿阶，兰花屡梦，庭前学谢，阃内齐刘。自谓我于儿女因缘，情深债浅，故尝与汝母私相语曰："我虽少丁范汪之戚，茕瘁多艰，今日萱闱白首，康居无恙，粉曹银绶，谬忝恩荣，绕膝森列，并无摧折。看蜡凤之争，赏絮风之句，或青箱有愧，实彤管无惭，微灵造物，亦云奢矣。宪室渊巷，我又何求！庶几安贫，以消受此福。"皇天后土，实闻我言。故自庚午上令伯之表，即杜门扫径，艺草芟花，为终遁之计，有何罪恶？忽焉汝妹夭亡，才盈两月，而汝又赋楚些之招也，呜呼痛哉！汝祖无禄蚤世，我时甚小，栾武子佐军之数，沈子正对华之年，门户伶仃，艰辛成立。汝母结褵五年，未即诞育，汝祖母含饴之弄，望眼几穿，至庚戌之秋生汝，而喜可知也。初生之女，爱逾于男。汝又眉目秀映，金晖玉润，如奇萼之吐华，明珠之入掌。祖母孤灯久寂，得汝开颜，不离寒暑，朝夕捧抱。霜天雨夜，汝或一啼，祖母与母必更番起视，顾汝复汝，真不遗余爱矣。未及期岁，汝翁若思，即来议姻。先是汝祖与汝太翁玺卿公，伐木缔簪，汉衡接野，契执李荀之谊，交符庄惠之知。丙戌，曲江并组，御柳同迁，汝祖以我诸兄早亡，故以我过嗣为子，与汝翁若思雁行鸰原也。既称兄弟，更协婚姻，先德世雅，实为美谭。天启子丑，吾与汝翁又复连镳驰毂，接祍弹冠，闾里姻党，莫不耳目相诧，啧啧叹赏，夸汝荣盛，羡汝多福。以为两家庆祚，自此永永绵绵，葛藟瓜瓞，光前昌后矣。岂意荣盛变为衰落，多福更为薄命。眉案空嗟，熊虺梦杳，致汝终年闷闷，悒郁而死。悠悠苍天，曷其有极，呜呼痛哉！汝年三岁，教汝读《长恨歌》，不四五遍，即能朗诵，无不惊汝，以为奇慧。十三四岁学为诗词，越今十载矣。顷检汝箧中，遗墨无几，大半与母妹赓和之什，次则怨碧泪红之语，岂伤心所寄，不欲多留。抑愁绪凝怀，芳魂销骨，断香零玉，不成片段，故寥寥尔耶？呜呼痛哉！汝德性俭勤，识见超旷，辞气和洽，礼度端详。御下以宽，待人必恕。事姑妯间，尤愉颜怡色，委曲调持，靡不尊卑敦睦，共得欢心。高情逸致，与三妹伯仲，老成谙达，似又过之。三妹于丙寅仲春，许字张方伯公子，汝即于十月合卺成礼，今俱于壬申之冬相继夭殁。妹以七年虚眷，属闹门楣；汝以七年空名，目愁心事。一死于将嫁之时，含珠母手；一死于言归之日，瞑目母前。各耸奇哀，平分异惨，人生至此，何以为情？呜呼痛哉！汝丙寅既婚，丁卯年十八岁，即随翁赴官岭西。龙江潺湲，大庾高插，闺中弱女，几堪跋涉山川，蒙犯霜露。然已事姑嫜，岂牵衣泣恋所可挽黄鹄之别，止飞凫之翔哉！但念天涯此去，必待河阳政最，零雨东归。而汝父此身业已沉沦宦海，汝祖母又悬车榆景，未知何年与汝一家骨肉再相完聚之期？兴言及此，泪涔涔下沾衫袖矣。未几，汝婿忆家，至浙之青溪即返。我又讶汝婿忍二人之长征，一身挈然独驾归舻，何无屺岵之恋。然喜汝相见，望溢意外，亦更不问汝婿之宜归不宜归也。是年，余绛帐武席，约秋间待汝于秣陵蒨馆。揽长干桃叶之胜，吊莫愁子夜之遗，与汝两妹当必有锦笺佳句，芬芳闺阁，而汝竟不果。迨玄枵指柄，我从石头挂帆，才抵里门，汝翁海上之讣音至矣。我与汝翁情好素敦，拊膺大恸，悲哀无已。又悼汝家正当隆炽之初，遽切衰亡之感，汝之福薄，更不必言。孰意衰门不祐，浅福难存，玉骨惊尘，幽魂泣月。呜呼痛哉！昔汝往粤，我赠汝诗："莫忘故乡轻下泪，天涯回首最伤人。"庚午，我在都门，汝诗："愁心每幸人皆健，望眼频惊物换华"，"天涯客邸惟珍重，但愿加餐莫忆家。"呜呼痛哉！讵知汝不伤于烟山瘴水，而伤于郁境愁乡？吾不忆汝于帝辇京华，而忆汝于五柳七松之日，宝碎芝焚之后。"愁心每幸"，连陨二珠；"望眼频惊"，空悲岁月。呜呼痛哉！我常见汝于弟妹间，言论欢浃，笑语恬怡，窃私谓汝母："长女颖识非凡，何胸怀间不一作恶。若力为排遣，故尔消融，当胜谢道蕴多矣。"岂知汝口无言而心结，貌不悴而神伤？半世情踪，七年心绪，眉怜自锁，怨恐人知。绣窗伴妹，未尝偶话忧怀；清宵对母，并不轻题恨字。但见汝烟霞瘤疾，泉石膏肓，每思买山作坞，逃虚绝俗，招朋松桂，抚怀猿鹤，若必不欲见世态纷纭者。偶一夕间，挑灯连榻，汝与两妹竞耽隐癖，汝料入山无缘，流涕被枕。我时闻之，深笑汝痴，隐岂儿女子事，又何至如霰之泣也。由今追想，殆汝胸中固已逆揣终身，了无佳境，故以忧愁愤懑之衷，托之沉光铲影之谈。明知理之必无，自寓其情之至郁已矣。呜呼痛哉！汝书法甚佳，工于两妹。多愁之暇，日写唐人诗数本，以为娱玩，小楷精端，璀璨可爱。汝姑于去年分授汝数椽之屋，汝悉心整理，竹窗藤几，花栏药砌，一一楚雅，以为此生聊解闷怀，而无多清福，亦不容享。天之待汝，何其惨薄！心烦冤而谁诉，气哽噎而不平，岂止啼月之鹃血残午夜，泣岭之猿断肠三峡已也。呜呼痛哉！汝自戊辰以后，归家日多。今年因三妹夭桃伊迩，驳马将歌，昔时韩侯百彭，我贫乏中一时活鲋，故竭蹶监河之粟，营治奁饰，无暇迎汝，半载不归。不知汝一腔幽恨永叹，肥泉须漕之思，日郁郁更深凝积矣。仲秋十日，汝误闻祖母采薪，驾言松舟，亲来问候。汝时已抱微疴，亦以伤风肺病，当即瘥耳。九月初五日，仍返汝家，与三妹举樽欢别，预泛茱萸之酒，还期黄菊之杯。汝母云："九月二十后，即望汝暨二妹，归视小鸾盈门之烂。"不意九月中宵，三妹遽焉寝疾，遂不复相闻，邀接因循，弥留至十月十一日，而妹奄然珠摧玉折矣。悲哉痛哉！女奴报汝，汝正作催妆诗才就，魂惊色飞，拊心雨泣。汝姑恐汝哀悼伤生，延至十三日始归，扶哭三妹床前，有泪流腮，无声出响，容颜枯槁，肌泽憔悴，我与汝母固深致惊疑，然宁料遂有今日。又窃以死生大变，一女既亡，岂复更亡一女，生人必无此惨，昊苍必无此酷。讵意九月五日，汝与三妹一别，即永见无期。而十月十三日汝拜姑归来，辞汝房栊，别汝几榻，又即已为终天永诀也。呜呼痛哉！当汝疾时，犹捻管赋三妹挽章，有"谁知此别即千年"之句。噫嘻！千年长别，幽明共理，更谁知七十日中，汝与三妹重泉冥漠，又已执手平生也耶。悲哉痛哉！三妹天姿绝世，元是飞琼后身，故其瑶情瑰想，往往在餐霞服髓、饵芝吸浆之间。汝现女人身说法，故日诵《金刚》《楞严》诸经，《大悲》神咒几千万遍。未亡数夕前，屡形诸梦，一日告母曰："夜梦至武林峦壑间，奇嶂天开，银河瀑注，杳非人间境界，自题一诗有云：'寻山还问水，重整旧根苗。'恐根苗语不佳，魂魄还归彼处耶？"母慰汝曰："非也，大士世称慈悲救苦，我遣人度叩天竺，为汝祈祐，即应汝武林游梦矣。"汝有喜色。又一日，再告母曰："梦人以《金刚偈》四句相示，寤思梦幻泡影，必非久居人世之理，恐致不祥。"母又慰曰："非也。金刚不坏身，汝岂不知，果如汝梦，岂有亡兆耶。"汝又以为然。呜呼！如梦幻，如泡影，如露，如电，我佛慈航，固蚤已明开津筏哉！汝病既深，恹恹枕褥月余矣。二十二日子候，忽唤人扶起，对母曰："吾病恐不能支，奈何？"母曰："四大本假，安用恋此，耑心我佛，自无烦恼。"汝既点首默应，抗身危坐，敛容正襟，合掌礼念，作声一诧，通身汗下，豁然大悟，遂尔瞑逝。此旁观侍女，尽目瞩汝者也。汝此去果生西方，我更何悲，一时情根爱种，忽忽难断耳。昔南唐永兴公主，每焚香对佛自誓曰："愿儿生生世世，莫作有情之物。"年二十四坐亡，温软如生。汝年与之上下，而志与迹与之齐矣。呜呼痛哉！静想汝梦，汝今必在灵隐、石屋、大涤、天柱诸山，三生石上，旧日精魂，吟风弄笛，直证无生。但孤月凄凉，寒花岑寂，枫叶无红，苔崖空碧，谁人伴侣，即三妹否耶？三妹诗云："何日与君寻大道，草堂相对共谈玄。"当是前生夙世，道友法契，妹渡绿水以先去，汝驻青山而永归。丹洞玉涧，遂汝隐愿矣。独汝父母，何仇何怨，受此颠倒。生时何等怜爱，死时何等悲哀，汝独不念二十三载，父母与祖母几许深恩，一朝辜负，汝若有情，忍至此耶？呜呼痛哉！天可问耶？抑梦梦不可问耶？以三妹之韶颜明丽而死，三妹之仙风清彻而死，若谓三妹本瑶池玉女，而应堕繁华富贵之中，故于将出阁时而死。则以汝之含愁抱郁而亦死，汝之禅心坚忍而亦死，即以汝处三妹后日境遇，亦了无足异，又何以汝之不繁华不富贵，无聊失意而亦死，天真有梦梦不可问者矣。呜呼痛哉！若曰有根器人，原无长生之法，则邺侯、青莲之仙踪，子瞻、鲁直之佛理，何尝不寿？而三山五岳间，独不可一日少此二女子耶？呜呼痛哉！岁云除矣，元日始矣，椒花纪颂，柏叶裁诗，千家爆竹之声，万户泥金之字，独汝姊妹永无见期。架上春衫，两处泪痕渍湿；台前妆镜，同时尘网萦凝。酹汝清觞，此屠苏酒也，汝同三妹来饮之否耶？呜呼痛哉！

明叶绍袁《午梦堂全集·愁言》

吴节愍公家传

〔清〕陈寿熊

吴节愍公名易，字日生，吴江柳胥里人。其先出渤海，始居吴江者曰全孝翁璋，生少保洪，少保洪生尚书山，尚书山生某，某生诸生承绪，公之父也。公母沈，梦日而生。公少有膂力，为文章长于议论。甫弱冠，即挂名复社中，顾踸弛不羁，好兵法，通任侠，不屑以经生自见。崇祯十六年，中进士第，不谒选而归。明年，李自成陷京师，福王立南都。公感愤作《恢复中兴末议》，以干史阁部于扬州。其言谓：不恢复不足为中兴，恢复之要在亟伸复仇大义，以收民心，作士气，固守金陵，据荆襄，以图天下。郡邑之兵，可以守御，不可以驰驱。诸镇之兵，可以为声援，不可以进取。必若进战退守，非募精兵二十万不可。他如清吏道、汰冗员、耕屯保甲之法，所以固恢复之本者，皆中窾郤。然史公已不得内用，虽奇公才，无所试，第奏授兵部职方司主事，为己监军。又明年，（去病案：上书征饷，皆乙酉春夏间事，此分作两年，误。）公奉檄征饷江南，未还而扬州失守，乃与秀水诸生周耀始谋守吴江。城陷，耀始死之。公走太湖，与同县举人孙兆奎、诸生沈自骊、自炳、武进吴福之等谋举兵，旬日得数千人，杀县令朱廷佐，屯军长白荡。大兵至，公用奇计沈其舟。一攻郡城，不能入，游奕旁近诸县，江浙之道以不通。当是时，唐王立闽中，鲁王走据海南。部郎王期昇、吴景亶等，奉通城王朱盛澂起兵西山，克长兴居之。长兴兵弱，倚公为声援。唐王闻之，遥授公兵部右侍郎，兼右佥都御史，总督江南诸军事。鲁王亦遥授公兵部侍郎，封忠义伯。所部兵悉着白抹额，人呼为"白头军"。与大兵战于梅墩，杨文骢奏公斩获多，晋兵部尚书，封长兴伯。收集溃散，军势甚振。是年八月，总兵吴兆胜以舟师来讨。公出战塘口，获舟二十,相持不解。会明日大雨,不设备,为大兵所袭,公子身走,父承绪、妻沈及女赴水死。自驷、自炳、福之皆死。兆奎恐公妻女被辱,视其死而后行,故被执,不屈死。余党或死或走,军遂散。又明年,公乡人周瑞复聚众长白荡,迎公入其营。三月十三日,巡抚土国宝遣副将汪茂功来讨,公遣瑞御之。瑞善用鸟铳,茂功所帅八百人死伤略尽。公既小胜,则又将联浙西。以八月至嘉善,与职方倪抚合营,会饮孙璋家,侦者知之,大兵猝至,公被执。至杭州,总督张存仁甚重公,馆于署,劝以官,不可。劝以剃发,不可。曰:"然则髡首缁衣乎?"乃听之,然卒不屈。存仁表于朝,命下,戮于杭之草桥门。临刑,北面再拜曰:"今日臣之志事毕矣。"于是公年三十有五[1]。无子,独有一妾曰阿香,与公同被执。公既卒,矢死自守,诸帅皆敬礼之,后得释归,以族人子某为公后。乾隆四十一年,录胜国殉节诸臣,咸予祠祭及谥,而公得谥"节愍"。所著有《富强要览》《客问十三篇》,稿佚不可得。今存诗文词各一卷,《中兴末议》在其中。公之始起事也,自驷、自炳归自史公幕。先是自炳兄自徵知天下将有变,造渔船千艘于湖,公收其船以集兵。自炳造箭艘,募水卒,别立营,与公相首尾。盖藉沈氏之力为多。自驷好大言,其在扬州,谓史公躬细务,遇人姁姁,非戡乱才,去之归。既就公,以公不谨斥候,数置酒高会,数谏不听,辄仰天恸哭,而公亦遂败死矣。

论曰:方大兵徇吴江,县令林嵋走归闽,朱廷佐以县丞,献册籍军前,得视县事。公族子鉴,徒手入县廷,骂廷佐,廷佐执送郡,以为叛也。郡守问:"党与为谁?"曰:"张睢阳、颜平原、岳武穆、方正学皆是也。"问:"头目为谁?"曰:"孔子、孟子。"守怒,系之狱,未几被戮。故公起兵,即斩廷佐头以祭鉴。盖其一门之中,感激轻死类如此。抑亦明季颓败,廉耻道丧,物极则反,忠义之在人心,自不可遏,而如公等者,又其魁杰欤!观公论天下事,驰骋上下,法度斩斩,其学问类有本末者,屡困而屡不设备,亦冀速得死所而已,岂必谋之不臧哉?

清光绪三十三年《国粹丛书·吴长兴伯集》

注〔1〕:据清乾隆四十一年吴安国纂修《吴江吴氏族谱》载,吴易生于明万历三十八年庚戌二月十七日,殉节于清顺治三年丙戌九月十四日,年三十七岁。

长兴伯吴易传

陈去病

公讳易,(案:公讳易讳昜,人各异说。今据公崇祯间所自刊之时文标题,确云"吴易惕庵著",因谨据从之。)字日生,号惕斋,亦号惕庵,姓吴氏,吴江之二十九都人也。其先有千一者,自河南来迁,数传至璋,以寻亲显,而族始大,号全孝翁。生子洪,孙山,皆掌刑部,号"世尚书"。山生太仆卿邦桢。邦桢生承绪,诸生,即公父也。母沈,贤惠精女工,乡里号"针神"。以梦日坠怀生公,故名易,而字日生。公少负膂力,跅弛不羁,好兵家言,务任侠,不屑以经生自见。甫弱冠,有声复社,为文文肃公门人。其文长议论，而诗词特工，士林诵之，然非其好也。以崇祯癸未成进士。时流寇横，边烽日告警，而士犹希幸进，务奔竞，公心耻之，遂不谒选归。读书东湖之上，与其友史弱翁玄、赵少文涣，朝夕过从相倡和，号"东湖三子"。所居里名柳胥，当太湖下流，溪水澄碧，地极幽旷。筑室西向，则洞庭两峰，如屏耸蔽，楞伽、尧峰、陆墓诸山，横带其右，而松陵城郭，斜负于左，若可欹枕，盖天然一水云乡也。故先代吴沈大姓皆居之。而公复于其间搜讨治军、经国、牧民、佐世诸策画，辑为书曰《富强要览》。又揭其衷之所耿耿者，作《客问》十三篇，以示己意，盖俨然以经世自命矣。明年，京师陷，帝崩，满洲兵入。而弘光帝在南都，淫昏无所为，公窃感愤，大书其誓于门，以讨贼复仇为己任。复作《恢复中兴末议》四篇，以谒史阁部于扬州。（案《北征小咏》，公赴扬时在乙酉正月。）史大奇之，立奏授兵部职方主事，为己监军。随征至彭城，（案《北征小咏》，公有《彭城怀古》《戏马台》诸阕。）抚定高杰军，劳绩特著。复奉檄征饷江南，未还而扬陷。公乃与同邑周耀始（字思桥，秀水籍诸生。）谋守吴江。六月，清兵徇吴江，知县林嵋走归闽，县丞朱国佐以册籍献，城遂陷。耀始走死，（或言耀始于八月之败走充浦，哭泣累月死。而陈寿熊《传》，独列其事于前，当必有徵，今从之。）独公从子鉴，（字子仪，诸生。）欲起兵诛之。闻黄蜚兵在无锡，大喜，乃徒手入县廷，骂国佐。国佐执送苏州，州守以党与询，鉴抗声谓："张睢阳、颜平原、岳武穆、方正学皆是也。"问头目为谁，曰："孔子、孟子。"遂杀于胥门之学士街。公闻之大悲，即夕攘臂呼于市，得三十人，禽国佐，授其父汝延，令杀之以祭鉴。遂据吴江城起兵，一日得三百人，三日而集三千。举人孙兆奎（字君昌）、诸生华京（字壮典）、吴旦、（案：《吴氏谱》云字海曙，《南疆绎史》云字尔赤。然当时别有朱旦者，白民先生孙也。亦有军千余人，攻胥门不克，死之。疑尔赤系朱之别字。）徐镶（字掌文）等，皆以兵来会。而兆奎尤长谋计，勒兵严，公资以重焉，号"孙吴军"。而公所部兵悉着白抹额以标异，故别号曰"白头军"云。当是时，东南义师若云霞蔚起，顾皆诸生，不习军旅，其兵卒多乌合。独公与兆奎素讨论兵略，长于部勒训练，故其师威严有节，翘然为诸军冠。而沈氏有恢奇士曰自徵（字君庸），知天下将乱，预造渔艘千，匿湖中，事未集而殁。及吴公军兴，其弟自炳（字君晦）、自骊（字君牧），亦自史公幕归，因以其艘佐公。又袭击松江群盗沈、潘等，降之，并其军得千四百人，益船七十，屯长白荡。（一名大漾，今名老军荡。）而自炳复别造舟五百，号"箭艘"，屯烂溪，并出没五湖三泖间，与公军相犄角，多所杀伤。时北骑初至，俱不习水战。而箭艘顾窄小，多利便往来，施两桨，则捷如飞，人不可测度。于是公遍拜军中，曰："得镇江谍报，某日有北军二千过此，愿击之。"皆许曰："诺！"乃佯以舟杂农民，散处湖荡间。北兵至，争掠舟济，劫人操之。而前散处者即来操舟，计共棹至中流，则猝起凿沉之，兵溺死者无算。而某贝勒之自浙江还者，方振旅过八测，（地名，俗称八斤，又作八尺，今从陆游《入蜀记》。）公又使兆奎等以神枪邀击之塘上。塘高渠长，更番拦截，咸相应，而北兵所持皆短兵，斫斩不及。又塘窄难旋焉，则大发矢。众以平基御之，（案：平基系船底横板。）矢皆着其上，无所伤。公又益缚草人邀箭，箭集则弯弓反射，且以火器夹击，北军大败，死者殊众。乃益约诸义旅及吴志葵、鲁之玙等，进攻苏州，而之玙死。遂还，攻旁郡县，克之，江浙之道以阂。隆武帝闻，立擢公兵部左侍郎、右佥都御史，总督江南诸军事。鲁王亦遥授公尚书。说者谓公于一日之间同拜二命，东南莫不荣之。时部郎王期昇、吴景宣等，方奉通城王朱盛澂起兵西山，克长兴居之。武进吴福之，宜兴卢象观、葛麟、任源邃等，亦起兵湖西，声势甚集。然其兵弱，咸倚公为援。独黄蜚兵数万，在湖中稍强，前却观变，兆奎乃劝公致书与联。而李九成骄暴为民害，又相与谋歼之，众益效命。李九成者，浙东人也，假建义名，率其艘千，四出劫掠，故公欲诛之。或以临敌自戕为虑，兆奎曰："不然。今日之事，正如寸刃剸鲸，空拳搏虎，所恃以号令人众者，独此区区信义而已。倘纵焚掠，则所在之民，谁非寇仇？是敌未至而先自败矣。"因佯与结好，约期合营，而别遣骁将许某讨之。先有黑气如长堤，直扑李营而陨。北风继起，飞尘涨天，未几复大雾，咫尺不相睹。李营之众以为吴军来合营也，不之备。忽炮声起，兵戈四集，李大惊溃。九成走北麻未及，被俘，斩之烂溪。以其所俘掠妇女，各遣令还其家，时八月七日事也。顾其初所遗黄蜚书，不得达。蜚径由吴淞屯泖湖，合沈犹龙军，中伏，为李成栋、李延龄等所禽。公因自伤，益弛斥堠，日纵酒高会。自骐数谏不从，乃仰天大恸，谓"祸败且立至"，而北师吴胜兆军果至矣。初，胜兆既破象观军，乃引军而东。总兵李遇春率五十四艘先至，自平望北抵白龙桥，列阵三十里，公与兆奎合沈氏军破走之。胜兆继进，公又设伏芦苇中，袭杀甚众，获其舟二十。胜兆大沮，怨城中民不救，屠之。已率四郡兵复至，屯石桩桥，断港汉。会天大雨，兼旬未休，发炮不震，弓弦皆解胶。而公军无见粮，诸营内报，遂为北军所袭。当是时，北帅土国宝患公甚，预遣苏人入公军伪降，公以诚待之，未加备也。及是猝起，公知中计，急易舟南走，而舟皆连系，不得解。遂登小舟，舟重，公及所携三十人俱没，军竟大败。父承绪，妻沈氏及女，皆投水死。自骐、自炳及华京、吴旦、赵汝珪等，亦力战死之，一军尽歼。兆奎将走，虑公妻女被辱，视其死而后行，遂被获。至南京，见洪承畴，大言曰："先帝时有一洪承畴，督师败绩，自死封疆，先帝亲祭哭之。今又一洪承畴，为一人耶？为二人耶？"承畴曰："咄！汝自为一人事可耳。"驱出斩之。公既沉泅半里许，其犹子某见有朱履扬水面者，谓公已死，以追急不得挈，急系以遁。又半里，舁出抚视，则气息属焉，力救之得苏。众喜，将拥之行。公命且止，索酒饮数大觥，张目问曰："敌既退，吾军尚有几何？"众曰："百人耳。"公急奋起曰："然则速追之，必有获。"乃复还军返战，果大捷，夺还所劫掠甚众，军以稍集，时八月二十二日也。（案：诸书于八月之败，辄以"一军尽歼"四字了之，而于还军复战获胜一事咸置不载，非也。今据《南略》《小腆纪年》补入。又吴福之死难在公败之后，系别一事，而他书皆混合，亦非，故此独不载。）公有将曰茹文略者，余姚人也，字振光，骁勇善战，能以长矛陷阵。公优礼之，为奏授总兵。八月之败，文略手刃数十人，身亦被创十余，血尽而仆。敌疑其诈，数刃之去。久之复苏，捧其头，走南浔，休野庙中。庙祝识之，敷以药，十旬始愈。间行至长兴，访母妻子，皆遇害，则复走归公。隆武帝之二年丙戌正月，再与北兵战于麻湖，所杀伤过当，援绝死之。会浙东兵起，公乃收拾溃散，复有军一旅。遂于元夕遣其将陈继（即打生陈二），入吴江城，禽新令孔允祖及新举，皆杀之。（案：公之初起，即奉训导潘承祚使知县事，一月即为侍郎李延龄所破，承祚死之，至是新令亦为公所僇。）而别将周瑞、朱斌、张贵等，亦聚众长白荡，争迎公入其营，（案：他书只载周瑞一人，今参考《甲行日注》《周庄镇志》等书，增入数人。又他书谓瑞字曼青，皆非。）军声复振，与浙军相应。三月二十三日，北帅土国宝（苏州巡抚）遣其将汪茂功来攻，公檄瑞御之。瑞善鸟铳，二十六日与战于分湖，败之，追杀之梅墩，歼其军二千，（据《甲行日注》，他书俱作八百人，盖讳之也。）苏州戒严。杨文骢奏公斩获多，进兵部尚书，爵忠义伯。陈子龙亦为奏捷至浙，监国因封公长兴伯。（据《湖隐外史》《陈卧子年谱》，并参《松陵献集》。）于是公以为天下事未可知，将东联西浙以图大举，而武林吴思、沈纶锡、士镰、蒋翊文等，亦愿以三千人来附。于是即驰书叶绍袁定计，（案《甲行日注》，时在五月初四日。）密约总兵黄斌卿自海上至，督师熊汝霖自江上至，（案：是时汝霖方委其师于王正中、黄宗羲二人，俾领之渡江入乍浦，查继佐、孙奭等皆应之。）而躬率大军于苏、淞间策应，以复留都。监国乃益封公清河伯、宝应伯、娄东伯、武康伯。赐佩印者八，曰奋扬将军、平朔将军、复宇将军、度辽将军、仪汉将军、兴原将军、灭虏将军、破虏将军，以策励之，声威益壮。会其别将张飞远等，屯四保汇，于五日泛蒲酣饮，为北军所袭，丧师数百，失大将罗腾蛟。明日，飞远出不意取金山卫，又不克，死者无算，而绍兴亦陷，事愈左。公乃至嘉善，与职方倪抚（字曼倩）合，（案：《明史》及其他各书，俱云公于八月至嘉善，独《小腆纪年》系在六月。证之《甲行日注》，亦有"丧羊于易"之占，则公之被获，当在六月无疑矣。）而会饮孙璋家，为其家仇人所侦，以告总兵张国勋。北军猝至，公遂被获于丁家坟。械至杭州，总督张存仁甚重公，馆之署中，劝以官不可，劝以剃发不可，曰："然则髡首缁衣乎？"乃听之。然卒不屈，以某月某日殉节于杭州之草桥门，年三十有五。临刑赋《浪淘沙》词两阕，复北面从容再拜曰："今日臣之志事毕矣。"遂死之，无子。友人包捷收其尸，武林僧敬然为葬之菜园。捷字惊幾，亦吴江人。当兆奎之死，尝哭之内桥。（内桥，在南京，即兆奎成仁处。）及公之亡，竟去为僧，终老于西山，别号磴庵，识者高之。而公有宠姬香孃，亦同被俘。公既毙，有艳其色欲夺其志者。香矢死自守，泣曰："我相公每饭不忘故君，妾宁忍负之？若必相迫，有死而已！"诸帅闻之，咸为肃然，莫不敬礼，遂听其所之。香归，乃择族子为公嗣，而己入一草庵，洁身削发终焉。初，公以舟师起义，五湖三泖皆公军令之所及。独陈湖一隅，为长洲诸生陆世钥所萃。其艑艄特大，旁缚巨荡，形式与公制殊，号曰"快船"，操纵亦自由。八月之败，世钥散军去为僧。而快船与箭艘，独至今存。

陈去病曰：吾乡多箭艘，亦曰"枪船"（俗名"枪划子"）。环邑中五百里，断港绝潢，罔不有之。儿童至八九龄，类能操桨以从。（案：是船尾只一橹，而头有双桨，故当名桨船，俗讹"桨"为"枪"耳。）其来盖三百余年矣，世莫知其所自始。独村氓于农隙，辄驾快船驰骋湖荡间，习拳勇竞胜以为常。虽其语多不经，然犹知其为陆兆鱼故事云。（兆鱼即世钥字，乡人以竞渡为兆鱼称帝时遗制。）《语》曰："君子之泽，五世而斩。"又曰："礼失则求诸野。"今历世且不啻七八矣,孙吴军之余威,其泯没榛莽宜已。而在野之匹夫,顾若可贾其余勇焉,则谁谓遗泽之果将斩耶?抑吾闻之,道咸朝,吴江征漕为害特甚,于是有所谓白腰党者,缠布腰间以起事。及洪杨之役,孙沈余胤,犹有搴旗以卫桑梓者。考其时所凭藉,大抵惟箭艘是资,而今则江浙水师且利赖焉。乌呼!箭艘之效,不其远哉!(案:咸、同间,吾乡水师特盛,盛泽则有武生孙少裹金彪,有枪船五百艘,屯集各村镇。雪巷则有沈六琴人杰,亦有艘数百,驻扎白蚬江。其他则有朱氏、费氏、钱氏等,各豪横一时。后孙、费诸公俱以防剿功,官至提镇,并以其长技,改定江浙水师云。)顾在吴公用之,独致败衄,彼岂习之非耶?亦天不祚明而已。余故既为公传,而复徵其遗迹如此。庶后之论者,当不以成败为准则欤。

附跋　案:公起义虽一年余,而情事繁复,传闻异词,世多憾之。予生公之乡,识公之裔,且得公之像,获读公之遗书,凡公之生平行事,知之特详,故博综群籍,草为此篇。诸凡荦荦大者,粗备于是,间有遗轶,要于大节无关,兹故阙焉。(如《南略》所纪公在都门遇知一禅师事,语近荒怪。且细案之,亦不实。盖京师陷时,公方读书东湖也。)间尝窃叹吴公当日,膺专阃之重寄,统水犀之雄军,辕门鼓角,水寨楼船,意必堂堂正正,灿然与日星争光。今其盛况,虽不复睹,而余威遗烈,犹得于烟波万顷中仿佛遇之,则谁谓孙吴军之草草,逐劫灰而吹散耶?若夫运筹帷幄,决战千里,群策群力,利赖尤夥。综厥人材,可别为四:一曰心腹之寄,则统筹军食,商量机密者也,若孙兆奎、沈自炳、白驷是;一曰参佐之才,则飞书驰檄,料量军务者也,若华京、吴旦、文乘、夏复、周耀始、赵汝珪、史玄、包捷、徐钂、叶绍袁是;一曰偏裨之将,则冲锋陷阵,游击者也,若茹文略、周瑞、陈继、朱斌、张贵、周志韬、周汤四、许某是;一曰响附之众,则左右犄角,遥为策应者也,若吴福之、陆世钥、钱棨、张飞远、罗腾蛟、周毓祥、张世凤(东阳张公国维之子)、倪抚、孙璋、吴思、沈纶锡、士镶、蒋翊文是。凡此四类,人不必仅此数,而其大要略可睹矣。故书之传后,蕲方闻君子,资以考焉。丁未四月,去病自记。

往撰此文,颇觉草草,今二十余年矣,考据较详,因复改定之如此。去病又记。

殷安如、刘颍白《陈去病诗文集·巢南文集》

包捷传

包捷,字惊几。少颖悟嗜学,而性坚确,以文章气节自任。弱冠受知知县熊开元,声籍甚。崇祯十五年举于乡。甲申后,入穹窿山为头陀,足不复入城市,采薇灌园,意泊如也。好读文山《指南录》、雪庵《河西佣》诸记,未尝不流涕。吴易死武陵,干戈抢攘,中人皆避匿不出,捷冒险收瘗其遗骸,又经纪其家,嫁其女如己女。自号磴庵,山中人称磴庵先生。年四十三卒。所著有《西山集》,诗古文二百余篇。弟抡、振,皆以能文名。振同举于乡,筑草堂于砚山,啸歌自得,不慕世荣,与兄捷盖同志云。

清乾隆《震泽县志》

吴 翻 传

吴翻,字扶九。生而颖悟。庄烈帝立,凡阉党悉置于法,翻与同志孙淳等四人创为复社,义取剥穷而复也。太仓张溥举应社以合之,海内知名士皆闻风而来。翻于邪正是非之介,确然不可易。时相温体仁方柄国,屡招致,翻卒不应。同邑吕纯如要一往见,亦终不得。以是为忌者所构,遂疏于朝,几陷不测,赖倪元璐等疏解之得免。翻孝友明经,当入试,以亲疾力辞。亲丧,哀毁如礼。爱诸弟,至老愈笃。好奖后进,故交之贫困者,为设馆授餐,衣食其家,终无倦色。戊子、己丑间,岁大饥,出粟赈济,全活甚众。所著有《读史存信、存疑》两帙,《升恒堂集》十卷。其卒也,四方会唁者千余人,援文中子例,以为为亲而谢世,荣比陶靖节之义,私谥为孝靖先生,奉神主于三高祠祀之。弟翱,字振六,少负才名,著有《陆石子诗集》四卷。

清乾隆《震泽县志》

吴振六哀辞

〔清〕计东

康熙庚戌正月杪,东自秣陵道溧水。崎岖风雪中,奴子南来致家书,始知内叔振六吴翁殁于旧腊,惊叹流涕,因于道中,追忆往时。翁负文章重名,与我妇翁扶九先生、内叔今汉川令君,有"荻上三吴"之目。与娄东、金沙、吴门诸先生继应社,倡复社,天下谈士归之如云。荻塘一水间,贤士大夫过从者,帆樯相接,常数里不绝。翁磨定文章,砥厉行谊三十余年。既陵谷变迁,翁自审于出处大节,皭然不淄,读书学道,泊然自守。虽伯兄早世,季弟远宦,翁家居黯然深念。然乐天委运,总持家门,姻党食其德,闾里式其教,不异管幼安之归青州、庞德公之隐鹿门山也。东也,蚤失慈父,伶仃荼苦。方父事妇翁,仰其教诲,而妇翁复蚤世。十余年饥来驱我东西南北,喘不得息,荻上之迹,岁不能一再至。然耿耿不能忘者,谓尚有老成人,惟翁是在。东也,倘获衣食裁足,倦游里居,庶几时时奉几杖以事翁,如事我妇翁也。岂意东风尘之苦未得休,而翁遽厌人事而去,不可复见乎! 东髫龀之年,与翁同为嘉兴诸生,同受知于学使者及诸公卿间,故与翁追随尤密。翁之爱予称予,几于忘年忘分矣。二十年来,翁既遂其拂衣高蹈之乐,而东又以友人相罣误,一废不复振。每至郡入省,过向所从翁为文章、受知当事之处,辄怆然不自胜。去秋,翁六十为寿之日,东载酒过翁,与翁话畴昔之事,东有凄怆之色。翁抵掌张目大笑,谓足下亦少旷达之识矣,予愧谢不敏。夫人能于枯菀穷达之际，一不以动其心，则其视存殁如昼夜耳，何足为翁悲？然我闻忧能伤人，不复永年，此东所深惧。以翁旷达如此，亦不得中寿，岂亦有所忧伤，而人未深知翁者乎？是则重可悲也！爰为哀辞曰：

惟荻吴氏，世称三凤。翁则居中，德文严重。仪型东伦，整齐雒诵。人地荀陈，文章屈宋。当其壮年，文采坌涌。受知宗工，久压庸众。及乎晚节，玩易勿用。乐志深潜，怡神屡空。年周甲子，遂明噩梦。溘然上征，如脱尘壅。我闻翁丧，寒冰方冻。旅人劳劳，归已春仲。奔哭迟迟，不胜愧悚。尊则有醁，苾则有莳。搴彼蕙帷，为之一恸。翁能鉴予，庶几无恫。

清计东《改亭集》

仲沈洙传

仲沈洙，字儒文。生七岁而孤，母择名师教以知礼成性变化气质之旨，少时即能默坐深思，求所谓未发之中。年十七，补秀水籍诸生。为文原本六经性理，下逮《左》《史》《庄》《骚》，唐宋八家，奇而不诡，质而不靡，学使黎元宽、许豸有人伦鉴，并器之。讲学浙西，从游日众，随材质而变化之，虚往实归，不啻春风中坐也。明亡，遂绝意进取，惟习礼明伦，订内则，著家范，为躬行实践之学。事母晨昏罔闲，知色养，而不知有禄养。凤婴心疾，屏谢交游，息影一室。搜览之暇，琴弈书法，无不心究，谓亦游艺所宜及也。居母丧，哀毁骨立，疾遂深。其学大旨在守程朱之说，不为异端所惑。著有《采真游集》《四书析疑》《尚书集解》《毛诗集解》《易论古》《周礼纂》《家礼补注》《性理集要》《盛湖志》。年四十四卒，门人私谥为"怡静先生"。戴笠既为之传，而钮琇书于后曰："余总角时读书溪上，先生常信宿竹南小楼，气凝然，端以和。与人接，寡言笑，然不为崖岸，喜掖后进。"读戴高士文，可以知先生矣。（本戴笠撰传，参钮琇《临野堂集》。）

戴笠曰：学可变，以变为上；学不可变，以守其不变者为上。自辞章入者，变而为气节；自气节入者，变而为理学。此变之正也。怡静先生先从理学而入气节，其余事也，词章斯下矣。观其静，有所守，怡几于化，光风霁月，非即精义入神之所归哉？假天与之年，竟其所造，以继薛胡之绝学，又奚让焉？

清同治《盛湖志》

袁四履传

〔清〕沈湛

四履，了凡先生孙，若思先生第四子也。为人好义，不事生产。资性绝颖，顷间可读书三寸，覆按之，亦不讹一字。淹贯史学，每论时事，杂引汉唐宋，指斥是非，辄折人角。与余订交，尚在总髻。一日，诣若思先生所，先生呼四履出共饭。时四履簪素馨花，挂纤绮，手泛大白饷余。先生顾谓："子故当以渊伯为师。"答曰："吾辈正堪伯仲耳。"先生目摄之。已而起如厕，四履私谓余："顷者我固失言。然大儿孔文举，小儿杨德祖，此间伧父，我皆以儿畜之，不相伯仲也。"盖其年少骁腾，不受羁绁已如此。然识者奇其才，谓袁氏门且益大。终已不遇，老于狂以殁。呜呼！天乎人也？崇祯癸酉，受知于黎博庵先生，拔冠府学，食饩。其文近子，而风骨特峻，海内咸诵。无何，部议以破坏文体，竟被黜。且引绳批根，镂其卷，告天下，曰令士子无复如袁生为文也。方是之时，四履名益盛，顾常失志怏怏，于是始事放达矣。四履故喜客，宴会时举，至是则益与酒人游。其时潘子大文，又同被部议，而两人皆佳公子交厚。自以才高遇蹶，跌宕醉乡间，日不暇给，从而饮者已倦，而两人顾益豪。余尝乘间讽止之，大愠曰："子姑闭口矣。嗣宗一醉六十日，不当称醒人乎！"饮如故。既潘子殁，又遭乱，酒徒零落，遂还故里，与乡人饮，而荷锸随我之意益决矣。一夕，酌牡丹花下，大醉不复醒，就视，已绝，时戊申三月。呜呼！夫人故自有奇镜，削天下之殊尤异敏，而俯而就庸。夫竖儒之格律齐鸣共拍，以为可裁成天下之才，岂知天下之才，有如是坎壈失职而死者哉！四履事太夫人孝类孺慕，弟兄式好无间。尝言朋友吾性命，披露肝胆，周恤赠赙无少吝。初乱，一豪右火其庐，袁氏资物尽丧。会监司某公，与若思有旧恩，廉得其状，捕之急，议馈白金三千许释。约既成，置酒高会。酒半，主人起为寿，连进金爵数巡，长跽献所馈物。而四履顾不屑也，曰："今子为我下，故当释之。此累累者，足当我一盼哉，叱去！"竟不受。其疏财重义多此类，可谓狂矣。四履原名崧，后改祚亨，魏塘著姓。

质史氏曰：畴昔戊寅瓶山之集，适袁氏家奴不谨，夜与委巷人诟。时魏庶常子一在坐，苍猝起立，各罢饮。余是岁假榻瓶山，诘旦子一简。余曰："晓行南市如曹瞒，舟中马上，受矢无算，自是遂不赴会。"然大文见辄戏语曰："武安侯乃不肯过魏其也。"子一但笑不答。与饮如顾子诚民诸君，多善饮，余仅十二。苛政不及董子，画人不胜勺浆，而恶人作狎语，时复骂坐。故谈者谓董子不饮酒，而有灌夫之气。渊伯落落，如盖次公入坐，然不禁人沐猴舞善戏谑哉。一时南皮游乐，于心极不忘。曾未几时，而诸君强半化为土壤，袁子复继之。呜呼！吾犹记袁子晨兴箕踞，持老瓦盆立尽数斗，呼酒不置时也。今子安在？吾痛之。

清《袁氏家乘续编》1920年抄本

范邦宿、范邦宜传

邦宿，字象明，叔达公长子也。赋性笃挚，有勇力，善骑射，遇事慷慨敢为。顾秉庭训，无子弟之过。父卒于崇祯十年，时荒乱益甚，公专与同志讲求韬略，赒恤贫穷。

甲申岁,弟劝公偕隐,公曰:"吾祖吾父之名谓何,敢恤吾身乎!子善事母,吾当殉国,各行其志可也。"遂散资练卫乡里。逮吴日生易、孙君昌兆奎等舟师起,公介戴耘野笠与之会于东溪,要言相结。顺治二年闰六月二十五日,大兵徇里,驻于后港,厥明下剃发令。公呼曰:"吾头可断,发不可剃。"遂受戮。弟收尸而哭之曰:"吾兄象明亡,吾知明真亡矣。"遗孤生于季冬,名之曰萌,亦寓从明之旨。后戴耘野撰行实,与弟合纪之。弟邦宜,字象和,晚自号知幾子。兄既死,循陔洁养,深自韬晦,惟任恤之举未尝谢,遇孝养者尤必赒恤给之。时有杨天观及费其姓者,皆以微业奉母,公怜其克孝而甚拮据,敬进白金。两孝子性颇介,辞不受。公强之甚,至跪进受而后已,并有僦居者缘此迁去。恤嫠嫂没世,抚孤侄成立。葬父兄于里河东阡,从先志也。营母寿藏,附建生圹,并留余地为后世计。后家落,谋馆谷于瓜泾,卒以思母归家授读。公境遇始丰终约,处之宴如。自奉甚菲,而甘旨不匮,锡类甚广。康熙庚戌水灾,饥民载道。至腊底,以修资告籴赈粥,且作《引赋诗》,募同志合力捐输,赖以全活者甚众,盖忠厚本乎家风,好施出于性成,不以境之丰约易辙焉。晚更勤于学业,著《贯感录》,义取节可贯古今,孝可感天地。又著《观感诗集》,多思亲悯时之作,非同志不轻示。子侄皆亲课以经史,并诫勿攻时艺。时里中遗民皆杜门养志,惟从兄文卿邦俊、内弟任钧衡大任,及姻家吴季坚、许诚之间相过从。而戴耘野独披剃于秀峰,以便奔走四方,采访隐逸,潜通声气,凡同志无不识者,与公踪迹尤密,时相唱和。母任太孺人,即钧衡之姑也,年跻九秩以寿终,公时年已五十有九,犹为孺子慕。当暑却帐,蚊集忘挥,泣血不绝声,馔粥稀进者累月,竟以过毁,卒于苦次,遗命以衰经敛。距兄之卒二十九载,未改初服,子侄亦皆布衣终身。戴耘野叹为"节孝竞爽",合撰行实,编入《则堂记事》,乡达潘次耕未等皆赋诗悼之。吴泗传洙《增辑先哲志》备列公逸事,《同里志》采入忠孝传。

清范时乾《同里古吴郡范氏家乘》

恒斋公传

恒斋公讳自南,字留侯,懋所公第十子也。少孤,刻苦力学。崇祯丙子举于乡,益闭户读书不辍,知县叶翼云以真孝廉目之。甲申、乙酉间,隐居同里湖滨,绝迹城市,为律陶诗四十首以见志。顺治乙未成进士,家居十五年始谒选,授山东蓬莱县知县,清介自矢。又素性简亢,尝谒大吏,大吏雅闻公名,以所作诗文示之。公览毕,盛称其家官美政。大吏曰:"以诗文示子,子称某居官何也?"公曰:"知公勤于政事,那有闲心检点及此。"由是失大吏意,竟被刻而罢。无何卒于宦邸,邑绅沙尚书澄为文以吊,有"清官可为不可为,苍天可问不可问"之句。公为人风流潇洒,词令韶秀,有晋人风度。虽捷南宫而淡于宦情,兀坐著书,不与世务。每当良朋聚会,饮酒赋诗,清言娓娓,彻夜不倦。公曾为族叔祖道凝公嗣孙,受嗣祖母吴太孺人抚育之恩甚深,子孙世守祭祀不废。所著述有《艺林汇考》二百余卷,实为经籍之禁籞、文章之囿田。以卷帙浩繁,先梓三十八卷行世。又有《历代纪事考异》《乐府笺题》等书。

清沈光熙等《吴江沈氏家谱》

君山公传

君山公讳自东,副使公第十一子也。为人孝弟淳谨,好学能诗文,少游浙庠。年四十即杜门却扫,不与世事,人有犯之者,绝不与校。子弟有过,辄罚跪,令自责。良久,诸子长跪为请,乃命之起。有善亦必立赏格以劝,功过不相掩。门内肃然,论者以为有万石家风焉。年七十七卒,有《小斋杂制》十余种。

清沈光熙等《吴江沈氏家谱》

费隐君墓表

〔清〕潘耒

费氏自梁相泛、堂邑令凤、九江太守政,相继显于东汉,遂世为吴兴甲族,支叶分徙,多在吴越间。循吴淞江而东可二十里,得九里湖。湖之北有村曰西操,地沃而民淳,费氏居之者三世,至隐君大受字任寓者,特以孝闻。君天性笃诚,事其父九湖、母陈孺人,曲尽敬谨。定省必时,温清必亲,饮馔必手洁以进,出入身自扶持,仆御满前,一不使代已。事无细大,必禀命而后行,一动一言,惟亲心是顺。适园亭花竹,馈问施予,凡可以娱亲者,无不营也。甲申、乙酉间,萑蒲之盗四起。一日贼至,君既脱矣,知父被执,急奔还,涕泣哀号,求以身代。贼临以白刃者数四,终不动。贼义而释之,父子俱得免,由是远近称孝子,无间言。比父母继没,执丧尽礼,泣血哀慕,终丧无异始死时。凡君所为,未尝则古,而性与之合。初不自以为孝,有司以绰楔旌其门,君欿然不居也。其他友爱睦姻好行其德,事众不可枚举。年□十□卒。娶□氏。一子曰文衡,字右玉,克绍其美,祗行饬躬,修前人之业,加之以勤俭,用能大起其家。顾不龊龊事纤啬,好义乐施,赈贫周厄。如弗及寒者予衣,饥者予米,死者予棺椁,以缓急告者,无弗应也。恒以敦厚朴素训子孙,不令稍逐时趋。由国子生为选人,可以仕而不仕,曰:"吾安吾素而已。"洵无忝为隐君之子者欤。文衡葬隐君于西雅之阡。比没,与其配丘氏、钱氏祔葬焉。其子明俊乞余表其墓。余惟费氏之先,固以孝友发祥,若梁相之至行有闻,察举孝廉,堂邑之良田善亩,推予弟息,并著在碑版。至如冠卿之庐墓终丧,襄之割股疗母,亦纪之载籍。君可谓异世同风者欤。使生于乡举里选之时,庸知不腾显名致高位,而世方尚浮华不崇实行,君遂隐约田里。若不及今为之表章,恐遂泯灭无闻,此载笔者不得不任其责矣。叙而揭之，俾后之人有所徵信，亦阐幽之义也夫。

清潘耒《遂初堂集》

费孝子传

〔清〕潘耒

子之致孝于亲，自尽其职而已，初非欲有闻于人也。自世有察举孝廉之典，旌表门闾之制，而名利之涂启，于是有饰情矫行以干誉者，然刲股庐墓诸事，庸可勉强而为？若夫变起仓皇，死生分于俄顷，而能奋身捍父，蹈白刃而不辞，则非至性天植，莫克为之矣。若吾邑费孝子之事可纪焉。孝子名大受，字任寓，世居西操里。父九湖，母陈氏。少有至性，长而孺子之慕不衰。孝事二亲，起居膳羞之节，扶将抑搔之宜，未尝仿古礼为之，而事事合礼。先意承志，可以博亲之欢者，无不为也。甲申、乙酉间，盗寇蜂起。盗入人家，辄执其主，加楚毒焉以求资，或缚去施酷刑，要重赂乃免。贼至西操，孝子扶其父母以避，而父老惫，为贼所得。孝子匿其母，而奋身诣贼曰："此吾父也，老不任事，请释之，而以我代。"贼不听，劫其父，求藏金。父无以应，将兵之，孝子以身蔽父。贼怒，将刃孝子，孝子延颈受刃，贼胁之数四，终不舍父。贼亦感动，曰："真孝子也！难得，难得。"并其父免之。闻其事者，莫不嘉叹。后十余年，邑令霍勋以绰楔旌其门，将白之上官闻于朝，孝子坚让乃已。孝子竟老田里，以寿终。有子文衡，亦善士，笃于行谊，能世其家。

赞曰：吾宗吴兴潘氏，自司空季驯公贵显，其族今大盛，所居曰"全孝里"。全孝者，谓远祖综也。综在刘宋时，与父骠避孙恩之难，父被贼斫，综抱父置腹下，头面被四创。有一贼语众曰："杀孝子不祥。"乃舍去，父子俱免。今观费孝子颇相类。夫盗贼至暴悍也，犹可以诚感，则知至信格豚鱼，至孝通神明，有必然者，宜天之降祥，常在其家也。历考前史若此者，汉有刘平，晋有司马芝，宋有东崇芳、严冕，元有樊渊、赖禄孙等数人，而唐则绝无。岂果无其人欤？殆纪载者之阙漏也。故既为费氏表其墓，而复著此传，以备志乘之采择焉。

清潘耒《遂初堂集》

文来公墓志

〔清〕王植

同里先哲记称里中好善不倦者，叔祖文来公衺然列传焉。公讳景望，字文来。六世祖乐善公，封侍御，族始大。三传至培槐公，襁褓而孤，乐善之遗业陵替矣。培槐生五子，季曰三槐公，公祖也。父君荣，善居室，家始裕。生二子，伯氏早亡，公其次也。

少为儒术,补庠生,善承父业,益昌大,里中推为富室,克复乐善公旧业。公周贫赈乏,睦族恤姻,一如乐善公之为人。尝置别业于城之北塘,颜其堂曰"宝善",亦乐善公以乐善名轩之意也,邑人咸曰乐善公有后云。以康熙二十一年卒,寿七十岁。配朱孺人,系愚庵先生嫡妹,有妇德,年七十有五,后公三年卒。子一人化浩,廪贡生,授儒学训导。孙,长维桢,以上庠考授州同知;次维禧;次维祉,邑庠生;次维祐。康熙三十四年葬公于长洲九图被字圩,朱孺人合葬焉,维祉属予为志。呜呼!小子何能志公哉,然于公有深感焉。予少遭孤露,母寡弟幼,风雨漂摇,几不能自存。非公谁扶掖之?非公谁卵翼之?非公谁教诲之?忆予年十七为诸生,公告余母曰:"今而后汝子可以自立矣,余弛负担矣。"《诗》云:"中心藏之,何日忘之?"公之恩何敢嘿嘿耶!因濡泪和墨而为之志。铭曰:

我祖乐善,每每原田。自公克复,陶朱计然。我祖乐善,赫赫斯堂。自公克绍,弗愆弗忘。王山之兆,虎邱之封。松楸相望,郁郁葱葱。

清王锡等《吴江王氏新谱》

叶小纨传

叶小纨,字蕙绸,诸生沈永祯妻。幼端慧,与昭齐、琼章以诗词相唱和。后相继夭殁,小纨痛伤之,乃作《鸳鸯梦》杂剧寄意,有贯酸斋、乔梦符之风。诗极多,晚岁汰存二十之一,名曰《存余草》,情辞黯澹,过于姊妹二人。女树荣,字素嘉,亦工诗词,适叶舒颖,与吴锵妻庞蕙纕善,所赠答盛称于时。

清乾隆《吴江县志》

午梦堂诗钞述略(节录)

〔清〕叶燮

《存余草》,我姊蕙绸所著也。往年,我先安人刻《午梦堂集》,是时我伯姊昭齐及季姊琼章皆先我母卒,故集中有《愁言》《返生香》二种,皆我先安人手论定入刻者也。仲姊蕙绸归于沈,其殁也,后我母二十余年。然余伯仲季三姊氏,自幼闺中相唱和,迨伯季两姊氏早亡,仲姊终其身如失左右手,且频年哭母哭诸弟,无日不郁郁悲伤,竟以忧卒焉。其婿学山,余之从侄也,适余重订《午梦堂诗钞》,因简其遗稿,有诗若干首,自题曰《存余草》,盖其生平所存,仅二十之一,学山乃次而梓之。观其诗,情辞黯澹凄然,殆有过于伯季二氏者,今附之于《午梦堂诗钞》后云。弟燮谨识。

清叶燮《午梦堂诗钞》

汤豹处传

汤豹处,字雨七,初名孙振。尝游虎邱,投江氏园夜宿,闻豹啼,昼见豹眠古松下,遂更今名。性严冷寡交,好吟咏,善鼓琴。行草书得祝允明笔意,而画尤入神。尝以古今画家惟于林峦楼阁花鸟求工,至若写无形为有形,无声为有声,则未能也。乃独创意绘水名胜,有百余种。曰严滩急濑、盘谷迴泉、习池影月、桃源落英,往哲栖隐之水也;雁宕飞泉、匡庐瀑布、三峡惊湍、五湖夕照,胜地垂名之水也;晓月乘潮、晚虹收雨、风卷寒漪、烟含秋浸、晴雨朝昏之水也;炎浦蒸霞、寒溪飞雪、秋水驾浦、夏淙盈谷,水之寓景四时也;暖沙卧鸳、芳洲飞蝶、萍渚繁英、海滨群介,水之假形百物也。若夫曲渚平川,长波郁浪,触溯湃若撼城,引沦涟欲放艇,临潋滟花月迷江,溯潆洄云烟涌壑,水之变态极矣,盖旷世仙笔也。诗极清,类其为人。复眈长生之学,饵石茹丹。年五十二卒。(参《诗粹》、邑沈志、《舣剩》。)

清同治《盛湖志》

吴宗汉传

吴宗汉,字广平,归安诸生。弱冠读濂洛诸书,慨然志圣贤之学,学使者许豸尝书其文后曰"忠孝人也"。崇祯季年,连遭父母丧,哀毁骨立。及闻庄烈帝变,哭临至泪尽。乙酉南都亡,吴易、黄蜚并起兵,宗汉往来二人间,论议终不合,乃归,佐其兄振远别成一旅为声援。丙戌春,振远被执,宗汉宿僧寺得免。未几,宾客豪杰复来集,欲推宗汉主其事。会江东败,大兵来蹴,遂散去。时宗汉得疾愦眩,家人载匿湖滨,既苏,惊起,欲自裁。或语曰此非死所,谢皋羽、郑所南可法也。宗汉泫然流涕曰:"然则吾守吾节耳!"甲午冬,病剧,呼兄子炎曰:"视吾发肤,无怗地下,差不恨矣!"炎请遗命,宗汉曰:"父子兄弟,相勉为善而已。"遂卒,年四十一。(本陈济生《启祯遗诗传》)

清乾隆《震泽县志》

谢斋诸兄弟传并序

〔清〕叶燮

燮同母兄弟八人,第八弟世儴早殇,共余七人,共居讲肄之所名曰"谢斋",取谢氏庭阶芝玉之义。诸弟兄自相师友,无不能文,一一皆志古人,卓然能自立者。然皆早夭,极寿不及中年,止存燮一人尚在,生平无能树立,今老耄且七十有三矣,追思往事,怆焉!伤心不知,涕之无从,作兄弟六人传。

长兄世佺，字云期。慷慨好义，落落不知生产为何物，先府君授田数十亩，不一两年辄尽。为文宁隐怪，不为雷同。遭兵燹，迁徙不能谋衣食。虽极困，友人有以急告者，竭力以周，不知有己。有旧馆师陈姓名十传者，父丧不能殓，来告。兄适卖产为糊口，有二十金，即以其半与之，不问偿也。又一同砚席友周姓名东侯者，以困乏告。时适当兵燹，兄囊中有数金为奔徙费，兄不计其多寡，随手探二饼，不权衡多少，约五金与之，亦略无德色，此亦人所难者。郁郁不得志，竟以饥寒而死，年四十五，无子。有诗文数卷，散失不传。

二兄世偩，字声期。早慧有智虑，于一家中无不喜者，尤得祖母冯太宜人欢心。年十八夭，故太宜人以哭孙过哀而终。未娶，嫂氏顾，来过门守制。嫂，昆山宰相文康公曾孙女，癸未进士钱塘令君讳咸建汉石公女也。

三兄世俗，字威期。舞勺即补弟子员，为文华缛，掇六朝及唐人之英，颇冠冕阔大，府君早以远大期之。卒年二十有二。嫂沈氏，为母舅君晦女，亦有文才，有诗词若干首，苦节待旌。

四兄世侗，字开期。为人沉默寡言，喜愠不形。为文深思入奥，初读之似不知其旨趣，细寻绎而见其思苦力索也。兵燹后，衣食不给，发愤思进步以救贫。与弟弓期至杭州皋亭山，栖山顶佛舍为咕哦，无昼夜息。与弓期弟误食毒菌而卒，年三十七。兄有诗若干，甚富，散失不存。常忆其有"八代文章供命薄，四唐风月助身寒"之句，可以知其所抱矣。子舒崇，康熙丙辰进士，才藻甚丽，在都下有才子之目，授中书舍人。举博学宏词，未试，卒于官，年三十八。

五兄世儋，字书期。幼有异才，为诸昆弟冠。府君晚年有贫病诗，兄辄为和之，有二首已付梓在《秦斋怨》中，时年十二岁，其诗无一字加点也。为文滔滔莽莽，议论才气仿佛苏长公，数千言立就，若天假之年，其所至未可量。惜乎年仅二十，未娶而卒，真可哀也。

七弟孚，字弓期。伉直不合时宜，其临财廉，见义必力，人咸以戆目之。幼即刻意为诗，常为恨诗，以续江文通。恨赋数首，中有"青冢窟边胡地草，马嵬坡下苑中枝"，诸长老咸叹异之，时年仅十三也。与四兄开期同往住皋亭山佛舍，食毒菌而卒，年二十七。诗篇俱遗失不传，悲夫！

论曰：余兄弟与余共七人，惟余为无所短长于世。诸兄弟虽尺与寸，长与短，各有不同，而论其搦管，抽毫灿然，春葩之竞发，秋月之澄鲜，俱一一可上追古人者。胡天畀其才之厚，而夺其算之促乎！此真不可解者也。余论次谱系，敢以此列之家传，俾得以燐火之光，亦庶几传之不朽云尔。

诸兄弟各有篇章甚富，余汇之以授元礼侄，元礼携之往都门。元礼卒于官，行李书囊俱散失，惟有一旅榇归家，诸兄弟之作无以存者。余因叹人与文之传与不传，皆有数与命存焉，为之欷歔，惋伤不止。

清叶德辉等《吴中叶氏族谱》

先考芥庵府君先妣黄氏孺人行状

〔清〕钮琇

府君讳宏儒，字希醇，一字羲人，晚年自号芥庵老叟，世居吴江。先代俱务农业，无闻人显于时。名系不甚可考，高祖石阡公生近河公。近河赘于沈，勤苦力作，营半亩宫于麻村之北，始定家焉。未几，近河殁，沈氏食贫守贞，以抚成其孤。长侍萱讳科，幼而警慧，长有心计生产，因获小裕，而毓子辄夭。府君为其弟慕椿次子，而侍萱子之。侍萱向意文学，既嗣府君，广求师资，忠敬兼至。府君年十七寄籍秀水，补博士弟子员。复闻村南有隐君子黄羽冲先生女有淑德，择为府君配。府君性醇而严，孺人佐以婉顺，门内之行以孝谨特称。明崇祯某年月，侍萱殁。维时四方多难，寇贼蜂起，村人出避，无不尽室以行。府君独身守殡，哀号进奠，未尝晨夕离也。继丧祖妣王氏，亦然。阅岁乱定，破产负土，合葬于骧字之原。吴俗尚鬼，家绘玄武等神，祀之甚虔。府君于故居东别构新堂，立有祖庙，凡前所绘像悉撤而去之，曰："事人未能，而暇事非其鬼乎？"故释老之徒，素所厌黜，而洽比任恤之情，周于乡党。皇朝顺治初，有娅之亲汤雨七，家被兵燹，雨七肩负宋元书画，跣足来奔。府君奇其嗜古，割宅与居，并赐其孥，俾无困乏，仍与营复旧业乃已。康熙壬寅，苕溪盗发，潜以小艇入村，白昼杀人，大掠而去。村中有大姓，心疑府君之邻为盗媒，号于众，聚至百人，人持一炬，将围邻而焚之。府君迎于途，反覆陈谕利害，且力辨其诬，众遂解散。久之，大姓廉知邻无通盗状，始服府君之识。中岁而后弃制举业，以诗酒为娱，顾生计衰落，常至日午不能举爨，手执卷坐匡床，咿唔自得。客至，则遽起挽留，假醪质馈，必尽款曲弗懈。庭有海棠一株，花时，即脱黄孺人簪珥治具，与严溪吴、沈诸子觞咏其下，常得"诗凭郑谷题初雨，饮待徐佺醉晚风"之句，至今犹传人口也。辛酉，子琇为河南项城令，迎养官舍，著有《芥庵自怡编》。明年卒于养所，恭遇今上覃恩，敕赠文林郎，黄氏封孺人。子三人，女七人。长男琇，以壬子拔贡为县令；女五，黄孺人出。次男璧、璟，女二，侧室张氏出。孙男三，孙女一。府君生于某年月日，卒于某年月日，寿六十有九。孺人黄氏生于某年月日，卒于某年月日，寿七十。将以今己卯岁冬十二月，从葬祖茔，遵遗命也。当不肖琇侍两先人时，常闻诸府君曰："亲贤乐善，守是二者；理家报国，无往不可。"又闻诸黄孺人曰："积书积金，不如积阴德。"为子孙长久之计，居心垂训如此，而无能久于禄养，相继见背，呜呼！天乎！实惟不肖孽稔恶深，以致斯极。兹复补官粤东，寄身数千里外，不得亲视窀穸，不肖之罪，益莫可逭。顾生平节概具存，是宜备物以锡于后，伏惟大人先生赐铭刻石，以光幽壤。则先人之遗行，庶借以不朽，而孤苦余生亦少慰矣。谨述行略如左。

清钮琇《临野堂文集》

钮芥庵墓志铭

〔清〕潘耒

士君子潜德弗曜，必昌其后人。此理之当然，举世共信者。然世俗之所谓食报，惟在子孙掇巍科登膴仕而已，不问其宦迹若何。吾以为宦迹若优，则不必巍科膴仕，而清白家声可大可久。宦迹无足称，则如朝菌，夏潦不旋，踵而枯涸，何报之足言？故欲观其先人积德之厚薄，当于其后人贤不肖观之，彼徒以势位相夸诩者，陋矣。吾友高明令钮玉樵，今之清白吏也。其二亲没将葬，以状来请铭，忝在世好，不敢辞。按状：府君讳宏儒，字希醇，号芥庵。世居吴江麻湖之滨，先世皆力田谨厚。君本生父某，出为伯父某后，年十七补秀水博士弟子。明末寇盗充斥，君遭嗣父丧，寇且至，村人尽避，君独身守殡，晨夕哭奠不暂离。继遭母丧，亦如之。里俗尚鬼，民家多绘真武诸神像严事之。君别作室奉宗祜，悉撤去诸绘像，曰："未能事人，而暇事鬼乎？"刚正不挠，其天性也。尤笃于气谊，急人之急，惟恐后。有汤雨七者，素嗜古，家被兵，独负古书画踉跄出奔。君奇其人，割宅与居，仍赒给之。比还，不失一物。尝有盗剽村中，大掠而去。村中大姓疑君之邻为盗媒，聚众至百人，人持一炬，将围而焚之。君察其诬，迎于涂，反覆开谕，乃散去。徐而知邻实非盗媒，乃大服。他排难拯穷事，多类此。中年弃举子业，与诸逸民高流为文酒之会。家益落，莳花种药，萧然自得。客至，假醪质馔，宾接不倦，以为常。玉樵早有才誉，君教督甚严。迨入仕，诲之以亲贤乐善，勉为廉吏。就养项城官舍，多所撰述，无何没于署，以覃恩得赠如子官。配黄孺人，淑慎著闻。君性严毅，孺人济之以慈婉，亲族邻里无间言。子三人，女七人。长琇，即玉樵，以壬子拔贡为县令，女五，皆黄孺人出。次璟，次璧，女二，侧室张氏出。孙男三，孙女一。府君生于某年月日，卒于某年月日，年六十有九。黄孺人生于某年月日，卒于某年月日，年七十。以己卯十二月从葬祖茔，遵遗命也。惟余与玉樵自少相厚善，因得数奉君之教言，持论侃侃，节侠自喜，好行其德，能为善于人所不及，知固宜有后。玉樵高才不第，仅以明经服官，三仕犹为县令，未足称显扬。惟是清介自砥，皭然不易其操，诚浊世中百不一见者。而暗修独行，不求人知，尤有古君子之风，视夫高官大僚而同流合污者，相去远矣。以是徵君之种德，尤厚于他人也，是宜铭。铭曰：

钮于前史，罕有闻人。繁衍吾邑，溪湖之滨。名儒高科，志乘多有。卓为廉吏，则在吾友。浚源培根，自其家尊。乐善不倦，任恤睦姻。潜德之钟，昌于其嗣。匪禄之荣，惟节之励。崇封厚葬，不如他家。若斧若堂，以德为华。黄雀之祥，以来大鸟。传清师俭，子孙是保。

清潘耒《遂初堂集》

戴笠传

戴笠,字耘野。祖天叙,见节义传。笠孤贫力学,补诸生。为人和而介,与人居,蔼如也自守,非其义一介不取。乙酉后弃诸生,入秀峰山为僧。久之返初服,隐同里朱家港,茅屋三间,旁穿上漏,炊烟时绝,略不系怀。城市不至者四十年,日以著书为事。谓明亡于流寇,综其始末,以月日为次,作《寇事编年》。采辑明末死义诸人事迹,作《殉国汇编》,自将相至布衣,无不详载。别纪烈女为《骨香集》,后死者为《耆旧集》,为《发潜录》。又有《圣安书法》《文思纪略》《鲁春秋》《行在阳秋》等书,共数十卷,海内著述家咸服其博。康熙壬戌秋夜睡,忽语喃喃不止,至旦一笑而逝。(参《献集续纂》)

清乾隆《吴江县志》

高士戴耘野先生祠堂记

〔清〕诸福坤

呜呼!自古元黄之际忠臣义士,不为捐躯湛族,则为远引高蹈,或韬影灭响,留其身以行己之志,二者盖未易言轻重矣。夫可以死则死,可以无死则无死,死一也。有死与无死,而死之心亦一也。人贵乎完天所赋之性与气而已,于世何求?于己何求?于身后何求?是故其名或显或否,皆非其所措意。而乾坤之覆载无恙,即其性气之亘塞无穷。虽然根性为志,辅气为节,性气混,而志节则以随分而差,故所行各有不同,而卒从同。胜国之季,以吾浙西而论,杀身成仁,有若黄忠节、杨忠节之属;佯狂避世,踪迹莫测,有若汪魏美、李笏叟之属;坚卧邱壑,至穷饿终身不悔,有若徐昭法、李蠹园之属。而是时,吴江戴耘野先生,于徐、李为近,而名不逮,所知交同,而独不获贵显嘘拂。是故其名较微,其行并高,其志节亦略可睹。国变后弃诸生,欲自沈于河,不获,则遁入缁流,不愿,则返息敝庐,奋笔以志己之所志。于是为《则堂纪事》三十余卷,志痛忠义节烈者旧也;为《寇事编年》十八卷,志痛国也;为《永陵传信录》《圣安书法》《文思纪略》《鲁春秋》《行在阳秋》若干卷,志痛国亡之始终也。四十余年不入城市,藉笔耕以佐饘鬻,有余则以急人之急。土锉绳床,炊烟时绝,沈冥风雨,昕宵编摩,以此自终。呜呼!若先生志之毅与其节之坚以视徐、李,为何如也?承平日久,欲求遗著,邈焉罕觏,岂不以疾风板荡之言,莫肯珍护于闲豫泄沓之时欤!夫文献零落,邦人士之羞也。若其居处虚墓,显供踪指,恭敬桑梓,犹将尽焉,矧先贤之矫矫者乎!同里诸君子议,即其乡之元镇庵旁舍为位,以肃春秋祠祀,礼固宜然。然谓先生,必后世之感其志节,非也。谓后世,必以祠先生为阐幽而发潜,亦非也。乾坤之不息,即至性灏气之所不磨,予向者固有决之矣。不然,先生纪事所录殆千数百人已化云烟,又何从而一一肃吾衣冠之拜哉!先生名笠,行谊具详郡邑镇各志。其宅址在同里镇南,曰朱家浜，子姓无考。宅后即其墓，前为元镇庵。陈生庆林居与近，祖墓亦与邻，故于词议及事，尤勤且笃。予之文先生也，于义为赘。虽然，异时过斯地而谒斯祠者，得吾所记而读之，亦庶几益动山高水长之慨慕焉耳！

清诸福坤《杏庐文钞》

一指公传

一指公讳永令，字闻人，若宇公次子也。因手有枝指，故自号一指。性颖悟，年甫髫龀就家塾。塾师嗜琴，苦未得手，公偶一效之，天然叶律。成童就县试，知县熊公开元阅其文，谓他日必以风雅名世。旋补秀水诸生，试辄高等。顺治五年，中浙江副榜，以覃恩贡入国子监，选授陕西韩城知县。时前令负帑累民，邑豪梁、吉两姓，鼓众匿险抗公差，当事将整兵进剿。公单骑至其巢，推诚招抚，皆罗拜泣服。后又叠揭请除滩粮，潼关道汤潜庵称为有才长者。明年，以母忧去官。服阕，补高陵令，偶以礼节忤上官意，被刻罢归，家居四十余年。时太常公祠宇为兵燹所毁，春秋祀亦久废。适汤潜庵巡抚江苏，公具呈请复旧典，且立祠生守之。遂得檄县鼎新，俎豆几筵不失旧物，真家庙之功臣也。公诗文典瞻藻丽，兼善音律，间作小词，直窥辛稼轩之奥。书画并入能品，其所写葡萄松鼠最名于时。所著有《四明草片石吟》《雪鸿集》《退思日录》《深柳堂稿》七种行世。

清沈光熙等《吴江沈氏家谱》

高蹈先生传

〔清〕戴笠

叶继武，字桓奏。九江大使仲宾之九世孙，经魁叙之元孙，廪生鼎新之次子也。少博学能文，年十九补归安弟子员。为人慷慨有大节，轻财好施，笃于友谊，事母尤以孝闻。世居分湖，后弃举子业，迁隐唐湖北渚，所居名曰古风庄，有烟水竹木之胜。因与吴兴沈祖孝、范风仁，同邑吴宗潜、潘柽章等，举逃社为岁寒交，一时三吴高士，莫不指唐湖为武陵柴桑焉。四方宾至无虚日，继武倾资结纳，人皆以孟尝君称之。已而同社中有罹横祸者，继武每为抚膺流涕。于是杜门谢客，自号为懒道人，栽桃种菊，著书自娱。年五十有九，同人私谥为高蹈先生。著有《南山堂稿》《壬子懒余草》，未刻行世。子三：敷夏、茱、藻，并有才名。敷夏，继武长子，字康哉，号苍霖。幼即岐嶷，属文雄健。从父志学隐居，不苟言笑。后受学于严溪吴宗潜、宗泌兄弟之门，益坚高尚之志，绝意仕进，自号为唐湖渔隐。卒年四十二岁。所著有《南阳草庐全集》《雕虫集》《隐居杂录存稿》。

戴笠曰：先生之族有水部先生，为首阳后人，卒于戊子，予既为之作传。又二十五年而得先生，犹水部之志也，予故为高蹈传以俟千秋。噫！甲申、乙酉之交，弃诸生者多矣。然原无所短长，若先生者可以进而能不进，得不谓之高蹈乎哉！长君敷夏，少负英敏之资，亦承父志隐居，而惜蚤年以殁，可谓父子高隐云。

清凌淦《松陵文录》

张拱乾传

张拱乾，字九临，县治西人。少沈潜好学，为诸生有名，游金坛周镳之门，入复社。福王时，阮大铖罗织善类，尤憾镳，嗾人疏参复社党魁，镳遇害。拱乾与沈寿民、吴应箕等皆逮问，会大兵南下，得解。剃发令下，拱乾与其父君美不奉制，为镇将吴胜兆所捕系。时捕系远近四十余人，以次受戮。及拱乾父子，胜兆忽沉思曰："我稔知此人，三吴才士也。"遂杖而释之。拱乾归，剪发为黄冠，谢诸交游不复出，恒坐卧一小楼，颜曰"独倚"。溧阳陈名夏素知拱乾，既柄政，言于朝，以中书舍人徵，不应，作《荀彧》《田畴》二论以见志。有一子殇，家益贫。或馈之金帛，辄麾去，卒固穷以死，年七十四，乡人私谥"贞毅先生"。为文初学昌黎，晚喜止斋、同甫，曰："吾才小，苦拘检，非此不足以拓心胸也。"（本张汝瑚撰传）

清乾隆《吴江县志》

贞毅先生私谥议

〔清〕徐釚

康熙年月日，吴江张愧庵先生卒。里中父老子弟及其门人执友佥曰："先生读书学道垂五十年，少壮以名节自砥，至老死穷饿不悔，是能风世励俗者也。殁不可以无谥。"遂以其状来请余。惟先生夙为诸生祭酒，与娄东、云间角立文坛，有声江左。弘光南渡，阮大铖用事，以先生故善金坛周仪部仲驭，因朱统𨰥疏劾仲驭及漳浦黄石斋、山阴刘念台，遂以先生名与沈寿民、张名烈等同列弹章，指为复社党人，缇骑逮讯。会金陵失守，懂而获免。国兵破吴门，不剃发者皆执戮之。先生既就缚矣，适军主某习知其名，阅囚簿心动，乃令释去。溧阳陈相国百史，故交也，招致先生甚力，谢勿往。家居坐卧一小楼，教授群弟子。深明六经三史之学，言规行距，行则方袍角巾，有风肃肃然，里中皆望而敬之。呜呼：当清流罗织时，使国不亡，则必死；及其被获于兵间也，主兵者颐指之，则亦竟死，乃濒死而不死，天也，非人也。至于兴朝定鼎，士奋风云，何有于故国之一布衣？而东阁嘉招，视如敝屣，盖其严气正性，禀之于天，故能临难不屈，矙然不污其所守。按谥法，清白守节曰贞，刚强果敢曰毅，予谓先生近之，宜谥曰

"贞毅先生",谨议。

清徐釚《南州草堂集》

季女琼章传

〔明〕沈宜修

女名小鸾,字琼章,又字瑶期,余第三女也。生才六月,即抚于君庸舅家。明年春,余父自东鲁挂冠归,余归宁,值儿周岁,颇颖秀。妗母即余表妹张氏,端丽明智人也,数向余言:是儿灵慧,后日当齐班、蔡,姿容亦非寻常比者。四岁,能诵《离骚》,不数遍即能了了,又令识字。他日故以谬戏之,儿云:"非也,母误耶?"舅与妗甚怜爱之。十岁归家。时初寒,清灯夜坐,槛外风竹潇潇,帘前月明如昼。余因语云:"桂寒清露湿。"儿即应云:"枫冷乱红凋。"尔时喜其敏捷,有"柳絮因风"之思。悲夫!岂竟为不寿之徵乎?后遭妗母之变,舅又久滞燕都,每言念顾复之情,无不欷歔泣下。儿体质娇长,十二岁,发已覆额,娟好如玉人。随父金陵,览长干、桃叶,教之学咏,遂从此能诗。今检遗箧中,无复一存,想以小时语未工,儿自弃去邪?十四岁,能弈。十六岁,有族姑善琴,略为指教,即通数调,清泠可听,嵇康所云"英声发越,采采粲粲"也。家有画卷,即能摹写。今夏,君牧弟以画扇寄余,儿仿之甚似。又见藤笺上作落花飞蝶,甚有风雅之致,但无师传授,又学未久,不能精工耳。性高旷,厌繁华,爱烟霞,通禅理。自恃颖姿,尝言"欲博尽今古",故为父所钟爱。然于姊妹中,略无恃爱之色。或有所与,必与两姊共之,然贫士所与,不过纸笔书香而已。衣服不喜新,即今年春夏来,余制罗衫裙几件,为更其旧者,竟不见着。至死时检之,犹未开摺也,其性俭如此。因结褵将近,家贫无所措办,父为百计营贷。儿意甚不乐,谓"荆钗裙布,贫士之常,父何自苦为?"然又非纤啬,视金钱若浼,淡然无求,而济楚清雅所最喜矣。儿鬒发素额,修眉玉颊,丹唇皓齿,端鼻媚靥,明眸善睐,秀色可餐。无妖艳之态,无脂粉之气。比梅花,觉梅花太瘦,比海棠,觉海棠少清,故名为丰丽,实是逸韵风生。若谓有韵致人,不免轻佻,则又端严庄靓。总之王夫人林下之风,顾家妇闺房之秀,兼有之耳。父尝戏谓"儿有绝世之姿",儿必愠曰:"女子倾城之色,何所取贵,父何必加之于儿。"己巳十四岁,与余同过舅家。归时,君晦舅赠儿诗,有"南国无双应自贵,北方独立讵为惭?飞去广寒身似许,比来玉帐貌如甘"之句,皆非儿意中所悦也。一日晓起,立余床前,面酥未洗,宿发未梳,风神韵致,亭亭无比。余戏谓之曰:"儿嗔人赞汝色美,今粗服乱头,尚且如此,真所谓笑笑生芳,步步移妍矣。我见犹怜,未知画眉人道汝何如?"悲夫!孰意儿床前之立,今不复见,夫妇不得一识面乎!作诗不喜作艳语,集中或有艳句,是咏物之兴,填词之体,如秦少游、晏小山代闺人为之耳。如梦中所作《鹧鸪天》,此其志也。每日临王子敬《洛神赋》或怀素草书,不分寒暑,静坐北窗下,一炉香相对终日。余唤之出中庭,方出,否则默默与琴书为伴而已。其爱清幽恬寂有过人者，又最不喜拘检，能饮酒，善言笑，潇潇多致，高情旷达，夷然不屑也。性慈仁宽厚，侍女红于，未曾一加呵责。识鉴明达，不拘今昔间事，言下即了然彻解。或有所评论，定出余之上，余曰："汝非我女，我小友也。"九月十五日，粥后，犹教六弟世佰暨幼妹小繁读《楚辞》。即是日，婿家行催妆礼至，而儿即于是夕病矣。于归已近，竟成不起之疾。十月十日，父不得已，许婿来就婚，即至房中，对儿云："我已许彼矣，努力自摄，无误佳期。"儿默然。父出，即唤红于问曰："今日何日？"云："十月初十。"儿叹曰："如此甚速，如何来得及？"未免以病未有起色，婿家催迫为焦耳。不意至次日天明，遂有此惨祸也。闻病者体重则危，儿虽惫，举体轻便，神气清爽，临终略无惛迷之色。会欲起坐，余恐久病无力，不禁劳动，扶枕余臂间，星眸炯炯，念佛之声明朗清彻，须臾而逝。余并呼数声，儿已不复闻矣。初见儿之死也，惊悼不知所出，肝肠裂尽，血泪成枯。后徐思之，儿岂凡骨，若非瑶岛玉女，必灵鹫之侍者，应是再来人，岂能久居尘世耶？死后，日夜望其再生，故至七日方入殓。虽芳容消瘦已甚，面光犹雪，唇红如故。余含泪书"琼章"二字臂上，尚柔白可爱，但骨瘦冰冷耳，痛哉！初，儿辈在外塾，各有纸记遍，余仿样以木为之，取其不易损坏。兹九月初，儿亦请作一面，手书其上"石径春风长绿苔"一句。问之，曰："儿酷爱此语。"尔时不觉，今忆之乃刘商诗，上句是"仙人来往行无迹"也。岂非谶乎？儿真仙去无疑矣。十一月初二夜，五儿世儋梦见儿在一深松茂柏茅庵中，凭几阅书，幅巾淡服，神色怡畅。傍有烹茶人，不许五儿入户，隔窗与语别。五儿尚幼，故但能记梦境，不复忆所语也。五儿云："山名亦恍恍若忆，觉后忘之。"后数日，大儿世佺亦梦见以松实数合相遗。余记陈子昂诗，有"还逢赤松子，天路坐相邀"之句，儿之夙慧异常，当果为仙都邀去耳。或有讥余妄言，效古《长恨歌》之说。呜呼！爱女一死，痛肠难尽，泪眼追思，实实写出，岂效才人作小说欺世邪？儿生于丙辰年三月初八日卯时，卒于崇祯壬申年十月十一日卯时，年十有七岁。许字昆山张家，婿名立平，长我女一岁，蚤有文誉。卜于是月十六日成婚，先期五日而卒，夫妇不及一相见。余所未经之惨，恐亦世间未有之事，伤哉痛哉！此肝肠寸碎中，略记一二，不能尽述也。

明叶绍袁《午梦堂全集·返生香》

祭甥女琼章文

〔明〕沈自徵

　　维崇祯五年嘉平之月越十日，舅氏徵闻汝丧之后再阅月从新安归，始得采芳芷为殽，以告于甥女叶氏小鸾之灵曰：呜呼！春折秾华，风摧奇萼，珠沉璧碎，何惨如之。梦梦彼苍，益难问矣！忆余与汝母少失慈怙，伶仃艰苦。余虽繁兄弟，然汝外祖母顾恭人所生，惟汝母暨余，故余犹独子也。余又艰于嗣育。汝生六月，襁褓而来，眉目如画，宛然玉人，群从昆季，见者靡不啧啧称羡。迨三四岁，口授万首唐人绝句及花间、草堂诸词，皆朗然成诵，终卷不遗一字。余恒食贫，虽梨栗不具，而爱字有加。每寒夜拥絮，命汝诵诗，若雏莺弄声，睍睆不止也。比甲子冬，汝年九岁，余以铺糜不给，仗剑北走塞上。汝妗不解别苦，独汝绕膝牵衣，问余几时归，余黯不能应。故余作客辽左，驰逐黄沙百草、金戈铁马之中，略不忆家，独念及汝，未尝不泫然泪下，与胡笳声俱堕也。余别去久，汝妗不禄，汝还归汝母，遂博极琅函，广探彤史，皆汝母自授。汝手为较阅，谢庭咏絮，十韵立成。汝尝以二词相忆，及七言绝数首，寄余燕台，时止十三岁也。其词见者炙口，社友争录其绝句，家中丞季父袖示孙女，今皆散失，惜哉！余既备尝险阻，阅历人情，味同嚼蜡。汝母以顾恭人无嗣，泣书相劝，不得不复尔继室，辛未始挈家南归，就往看汝。泼墨涂鸦之景，仿佛在臆，比见则汝已长立成人，规旋矩折，神姿不凡，玉秀花明，光采耀目。余不复能识认，因问汝曰："尚忆少时，同汝妗雪夜乏炉，以瓦甓贮火，诵《毛诗·二南》否？"汝应曰："忆之。"因呜咽失声，终席无一寒暄语，但低首掩涕，余固知汝慧性之特异于人也。呜呼！何意余归与汝止此一面，遂成长别耶！汝既许字张氏，汝翁方伯公与余京邸旁围时，患难相与，过从靡间，洵有道长者。闻汝婿韶秀英才，余虽不识面，深喜佳儿佳妇，他年有半子之托。汝母数谴使促余，以汝出阁期近，宜频来一看。余适有南阳、新安之行，略无停轨。且余私意，以两缙绅缔婚，余一蹩躠老布衣刺促其间，作呈身丈人，余恶弗愿也。故知汝母拮据备嫁，心力为竭，余若为勿闻也者，余则忍矣。早知若此，余何忍远出不源源，看汝止此一面已哉！余犹自幸有此一面，以余千里之远，数年之别，及见汝长成之质，今尚可永识于怀也。余又谓不幸多此一面，见汝长成之质，使余苦痛切心，不若幼小佩觿时景，尚未至牵泪之深也。呜呼痛哉！余虽忍心薄汝，私计来岁春明，汝当归宁，余则扫门迓汝。先为汝设小馆，小阁锦茵为汝双飞之止，牙签芸帙为汝简阅之用，小笺韵叶为汝吟咏之资，洞箫静琴为汝闲情之寄，投壶玉局为汝酡颜之娱，素馨媚兰为汝弱质之佩。汝继妗与汝年相若，不甚痴憨，或可共语。妗越女燕产，近学秦筝，将索汝新词，悉为谱之，拥髻剪灯，定多一番佳话。孰意尽付之梦想也邪！呜呼痛哉！汝婚期以十月十六日二十之夕，余在新安客邸，屈指计汝出阁且已四日，喜而不寐，偶拈红叶为题，以消永夜。忽梦见汝曰："吾父咏红叶，惟《深闺》一律'若同灵草芳魂返，留伴金泥簇蝶裙'之句为佳。"余询汝有近稿否，汝出《望江南》数阕示余，止记有"金鉴晓寒追短梦，玉箫声远立空廊"二语。余醒后，详绎语意，心甚恶其不祥，未几而家人以汝讣至矣。汝之殁在十一日，而离魂远告余邪？呜呼痛哉！余肠裂之余，欲呼天而相诘：举世无盐宿瘤之辈，咸得结褵白首，何至于汝，若不可顷刻少延。谓天无情，何故钟此异宝？谓天有情，何故肆此奇毒？即使蚤殇中天，亦未至为大惨，独不先不后，摧折于嫁前之五日。桃李将华，肃雍拟驾，风吹邃远，兔药不灵。使骨肉心狂，姻亲魂断，造化之虐，何至是欤？余冥推沉究，而今得其故矣。余辈皆学佛人也，余以道念不坚，复堕尘网，汝母谓吾家道蕴凤有根器，以儿女情多未能洒脱，汝父与翁亦素究心禅学，凡此眷属，皆所谓无着天亲。汝正如庞家灵照，视日影而先，以策励乃公乃媪，因缘会合之际，其故微矣。夫我辈情根缠绵，飘没爱海。吾佛慈悲，正于人情最奇最艳、甚深甚恋之处，猛下一剪，如锋刀冷体，使人痛极方省，恨极始淡。见此风花泡影，明明如是，阎罗老子，正是老婆心切。假使汝关雎宜家，相夫荣贵，玉台香笥，品月评花，不过如李易安、杨夫人，以文明一代，垂声来祀已耳。汝元从蕊珠碧落而来，示现一十七岁，将嫁不嫁，完汝莲花不染之身，不惜以身说法，蝉蜕而逝，度兹有情眷属，则汝之来，岂偶然者邪？余论及此，可以拭涕而笑矣。闻汝母于汝临殁，以袾题字于臂，嘱汝转生余家，为男子以相报。呜呼！余自闻汝殁，念同灰冷，益坚五岳之心。异日者三生石畔，吟风铁笛，一笑相逢，不昧本来面目，一段大事因缘，余与汝期之矣。第今余来汝室，笔床砚匣，阒掩梁尘，绣帔罗襦，凄迷蛸网。痛明霞之易散，哦丽句以如新。岁岁春归，徒瞻燕羽。年年花发，空咏桃夭。入抱紫烟，未遂联枝之冢；遗奁黄绢，谁题幼妇之碑。太上未几，尘情讵免，余能已于悲邪？呜呼哀哉！

明叶绍袁《午梦堂全集·返生香》

族嫂烈妇汤氏墓志铭

〔清〕计东

嫂烈妇汤氏讳尹娴，字洽君。年二十来归我兄僧来，数年生一子一女。我兄没，嫂绝粒死，遂合葬。烈妇父俊民，讳三俊，我父友也，我师也。弟仲舒，讳孙咸，我父弟子，我友也。其舅氏陈碏庵先生。俊民、仲舒皆负才誉，为诸生，有遗集。碏庵先生著作尤富，凡数十种。烈妇善诗歌填词，画花卉翎毛，其父俊民家教也。善天文历律，口诵步天歌，手指天文教我母。及予八九岁时，从嫂学观星纬，指示历历。又善测晷、开方立方筹算、皇极统韵、诸葛鼓音、射覆之学，其舅氏碏庵先生所教也。善洞箫及鼓琴，则与其兄辅嗣、弟仲舒、妹渭君皆能之。性颖悟过人，知大体。舅姑以力田起家，时时以井臼事督烈妇，烈妇承命惟谨。其舅与我祖最相善，故我母与烈妇常往来。我母见烈妇文雅可敬爱，称善不啻口。兄资虽鲁，然谨质有真性。兄从我父学，去其家数里，每别妇或旬日或半月，必相对泣移时。崇祯庚辰，吾父馆吴中丞家，读书楞伽山，我兄从游，去家益远。嫂寄书藏袜中，以别纸书诸葛鼓音为隐语，使寻其家书。我兄虽习鼓音，未工也，误索家书不得，心怏怏，遂病，病四月死。死之日，烈妇抱其首泣曰："君先行，我来从君矣。"兄已气绝，复张目顾之曰："诺。"烈妇遂誓不食，七八日不死。我母泣而语之曰："尔舅姑止生尔夫一人，尔有子有女。尔死，独不念尔子为舅姑后嗣计乎？"烈妇变色对曰："新妇颇读书，晓大义。见昔才妇人如李易安、花蕊夫人辈，皆以一念不引决，后失节如此。新妇若今日不死，恐他日为我舅姑我父我夫辱。所以速死者，为我舅姑我父我夫地也。我舅姑年力尚壮，我死必善视我子。我计决矣，勿复言。"绝粒至二十日，欧血不已，竟死。其弟仲舒为撰行状甚详。又六年，仲舒以赴我父难，死于我家之东一里。另有志。铭曰：

是我嫂，才女子。从其夫，葬于此。其节烈，信宗族。其诗词，垂卷轴。我兄虽贤，得嫂而传。呜呼！我宗之光，采风者载之国史，维千载，其不亡。

清计东《改亭集》

吴祖锡传

吴祖锡，字佩远。父昌期，见《名臣传》。祖锡中崇祯十五年乡试副榜，贡太学。时本生父昌时为文选郎中，与周延儒比，祖锡力谏不纳。昌时诛，两都相继陷。祖锡乃变名钼，字稽田，从陈子龙、徐孚远等谋恢复。子龙使侦事杭州，有荐其仕国朝者，祖锡乃逃匿长洲徐枋所，旋为仇家缚至土国宝军门。时子龙死，孚远遁入海，国宝乃剃祖锡发，纵之去。祖锡为人伟岸，目光如电，善结客，客多归之。鲁王闻其名，授职方郎中。永明王立，官如故。王死，祖锡益郁郁不知所为。复为人告，捕其子下狱，祖锡匿京师得免。后乃与所结客，居胶州大竹山。会庄烈帝忌辰，哭之恸，下血，遂不起。乃召客与诀，气逆上语塞，遂呕血数升而卒，久之归葬。（**本杨宾《晞发集》**）

《献集续纂》曰：祖锡父昌时，嗣父昌期，并居嘉兴，故祖锡为嘉兴贡生。崇祯末，遭家祸，痛不欲生，家财十万尽散之以结客。慕申包胥、张子房之为人，虽知不就，意未尝暂忘。天情高迈，神观超然，窘急不改其度。能以片言使人意移，即怨敌亦愿为之死，故屡蹈危难而卒自全。乙酉后，未尝家居。虎狼之丛，蛟蜃之窟，王公曲室，节使幕府，无不栖托其中，之所存人莫得而测也。生平足迹半天下，山川扼塞，如指诸掌，奇材烈士，靡不结纳。自负匡济大略，而无所试之，竟赍志以殁。

清乾隆《吴江县志》

吴祖锡列传

吴祖锡，字佩远，吴江人。崇祯壬午副贡。时中原大乱，料京师必危，预谋勤王。欲身任浙西，以浙东属之许都，约未定而变作。故镇臣陈洪范随王师下江南，与有旧，自言其降出于不得已，而以奇策告祖锡，立出遗产四万金畀之。已而剃发令下，遽委之去，改名钼，字稽田，从陈子龙、徐孚远谋恢复。侦事杭州，为仇家缚送江宁，羁系狱中，复髡而纵之。鲁王授职方郎中，桂王亦官之如鲁，仍往来吴、越间。副将冯源淮驻军嘉兴，乃与结纳，冀有所为。其部属董某司诇察，冯耳目也，亦故与厚善。比孚远归自海外，有所谋，密馆之。事稍闻于冯，冯遣董诣问，祖锡遽前握其手曰："徐公在此，若欲见之乎？"董惊曰："徐公果在此，顾肯令我见耶？"即引见，董叩头泣下，道其向慕，矢不相负。因以讹言报冯，而阴遣船卫孚远浮海去。海师入江，祖锡实导之，且连岁在金陵，隐为之助。乃复遭刊章，事解，志不稍挫。将诣滇南，而先之郧阳。时郧阳十三营，尚保残寨，乃劝出师挠楚以救滇。顾十三营已疲敝，不能用其策也。桂王既入缅甸，思追从，道阻，不得达。复返吴。游中州，更由秦入楚，卒无所遇。康熙己未，客胶州大竹山，郁郁靡所骋。会怀宗忌日，恸哭呕血死，遗命藁葬山中，年六十有二。距明亡已三十有五年矣。凡明末三王遗臣逸士，其初或起义，或言事，各有所谋，其后或蹈海，或居夷，志不少沮，皆先后云亡。及祖锡死，徐枋为之传曰："自吴子殁，而天下绝援溺之望。"亦可悲矣！故以附以明末遗臣之末。

赵尔巽《清史稿》

吴子元配徐硕人墓志铭

〔清〕徐枋

  吴子祖锡元配徐硕人，先宫詹翰林学士文靖公长女，而不肖枋之长姊也。枋兄弟姊妹六人，皆先夫人出。崇祯壬申不幸而先夫人弃诸儿，姊年十四，抚率弟妹，恩义井井，确有母道焉。先公爱而尤重之，年十六归吴子。吴子，故尚书讳洪五世孙，吏部文选郎讳昌时公长子，而为伯父贵州按察司副使讳昌期公后。两房富贵赫奕，家事填委，待吾姊主内政。吾姊一身承顺两翁间，寂若无事云。既而遘贵州公之丧，相夫子执丧尽礼。既而遘吏部公之难，吴子孑身北奔。时祸不测，家人一夕数惊。两房中外数千指，吾姊一人主之，卒以帖然。家难未平，复遘国变，吴子再破其家，思有所建立，吾姊怡然尽弛装服佐之。于是世难交作，网罗棘棘，吴子义不顾家。吾姊率家累，变姓氏，流离转匿，始终祸患者七年，而一病遂以不起。呜呼！亦可痛矣！吾姊殁年三十，吴子遂终身不再娶。吴子者，即海内所称吴佩远者也。吾姊二女四男，准、濩、濊、济。吾姊之避难也，濊、济犹在襁褓，俱分散，卒不复顾。顾身抚其幼姑，携持不离左右，幼姑卒以得成立。噫！是岂人之所能也。枋不幸遭家坎壈，姊尝面诫枋，谆谆反复，言已泣下，枋心常痛之。吾姊殁，及今二十二年，始克铭其墓。铭曰：

  孟妃弛装佐赤帜，辛英昌言昭大义，义姑弃儿不返视。呜呼！我姊备厥懿，生年三十寿万祀。

  乡进士同胞弟徐枋撰。

清吴安国《吴江吴氏族谱》

贡生圣旃叶君墓志铭

〔清〕严允肇

  吴江叶廷槐等将以康熙某年月日，葬其祖父母于囦村之西亢圩，持其父教谕舒玥所为行实，告于余曰："吾祖自尚宝公讳绅后，世以文行科名著。而大理公讳绍颙又与从兄主事公讳绍袁乡会同举，一时有凤凰之目。吾祖圣旃公，年十七为庠生，旋食廪饩，复社诸公重其文，邀之入社，顾奉庭训不一往。其才学足以继前良，而以明季恩贡入本朝，改太学生。不竟厥绪，则懿行不坠，惟墓碣是赖，其无辞。"谨按：君讳仉，圣旃其字也。家本清门，能绽衣疏食，一意决科。前后督学争赏其文，谓拾青紫如芥，乃得而复失者再，曾不介怀，此君所以自立也。父遘危疾，需附子，吴中偶乏，以三十金购一枚，和药以进。方大暑，数昼夜不交睫，病乃起，其侍奉勤敏类如此。父为人诬告，驻防者颇事龁齕，祸不测，君密谋解脱，勿令父知。又遵父遗命，葬其祖父母，此君所以事亲也。君本冢子，有弟五人，咸峭峭如霜竹。其第四弟曰吴楫，登康熙乙丑进士，任文安县。君犹及见其举于乡，此君兄弟间淬励而有成也。配周氏，故明冢宰恭肃公用五世孙女，凤娴阴礼，嫁一月而姑毛恭人病笃，代综其务，轻重有节。期年姑逝，率其娣事祖姑施太安人如其姑。延女师教安人之三幼女，长而遣嫁，多所佽助。大理晚甚贫，君夫妇以所蓄薄田事舅，凡宴宾承祭及日事所不足者，周又能拮据以待乏，此君刑于而得贤内助也。君四子，教先而率谨。舒玥历任青浦教谕，禀其家学以训士。舒珖、舒球，皆贡监生，与孙曾之在庠序者，咸俶俶自将。女嫁吴桓臣、庠生董神骏、吴祖澜，庶出女嫁沈元珍，此君之燕贻也。君孩时，世母沈孺人爱而抚之，十岁始归，经书已成诵。后兄子学山葬其祖父母而力艰，君割田十亩为赙，此又君所以报旧恩也。君之行如是，洵可书矣。若夫学至而不遇天也，君子亦尽其在己者而已。君卒于康熙十七年五月二十三日，年六十有三。周孺人后君十五年卒。铭曰：

文憎命达古有之，埋光铲彩德务滋。后有伟人兮，养根于斯。

赐进士出身、文林郎、知寿光县事、苕溪严允肇顿首拜撰。

清叶德辉等《吴中叶氏族谱》

高祖爱溪公传

〔清〕陈阶琛

公讳思德，字爱溪，望湖公之仲子也。前母萧早辞世。公少负奇材，不求仕进，偕伯兄思溪公服劳奉养，承堂上欢。插棘编篱，莳花种秋，一门之内，泄泄融融。公家固饶于资，而素性俭约，勿事纷华，布衣粗粝，晏如也。以故岁取十千储，其余悉施予，以祈亲寿。凡寺观、桥梁，不惜倾资修建，载在邑乘者可考。又设义渡以资利涉，立凉亭以憩行旅，煮粥以食饿，施茶以饮渴，好行其德，习以为常。当是时，四方骚扰，吴江各村落咸屯结小寨，团聚乡勇，以防充斥。公独于同井人守相友相助之风，烽火不警，而卒以安堵无恐者，公之静镇为何如哉？康熙三年，母氏黄辞世。七年，望湖公继卒。公年届五旬，连遭大故，哀毁逾节，孺慕依依。服阕后，殡公于围果东港内，而以萧、黄两太孺人合焉。先是，公因未得吉壤，权厝先灵于新得某姓之田，而未经割绝者。自厝后，公家业隆隆日上，某惑形家言倍昂其值，胁以必迁。公毅然曰："无厌之求，徒滋口舌。且利人之吉地以为己有，是无义也，吾其迁也。"遂竭一夜之力，兄与弟同舁灵榇，遽定宅兆于祖遗田内，筑土为山，未成一篑。翌日，某往观，咋舌称奇，而诈心顿熄。而孰知吾宗四百余丁男之繁衍以至于今者，皆本此佳城之郁郁哉。呜呼！殆天所以佑启善人，不啻为之默牖其衷，而降以无涯之福也。总核公生平，娱亲爱日，兄友弟恭，是元方、季方之于太邱长也。附身附棺，必诚必信，则又少连、大连之不怠不懈也。而临事果决，直道而行，媲美古人，何多让焉。康熙甲戌十二月十一日寿终，享年七十有九。高祖母钱太孺人，相夫敬且和，持家勤以俭，先公两月卒，享年七十有五。子女孙曾嫁娶，并士族。君子曰：善人宜有后，信哉！时嘉庆六年辛酉孟冬，元孙阶琛拜手谨撰。

清陈阶琛等《颍川陈氏近谱》

子受汝先生传

〔清〕盛禾

先生讳钦授，字子受，号超宗，吴江人。父华日，讳可法。叔父含初，讳可任，无子，遂立为后。先生生于万历四十年丙辰七月初三日，殁于康熙三十七年戊寅七月二十八日，年八十有三。配王氏，继配朱氏。子男五人。先生生而颖敏，绩学工文辞。孝友敦睦，和易端重，不苟同流俗，绰然有古君子风。不乐仕进，以著述自娱，所撰《四体千字文》，甚精审。家乘散失，恐至湮没不传，乃广询博谘，经营十余年，始得成帙。今汝氏之世次得以考据，先泽得以不泯，皆赖先生之功。盖先生先世，自义之公以来，咸以名德文学世其家，而本生尊甫华日公，尤以德行推当世。善乎！础日钱先生所谓"世其德，世其言"者，诚可以无愧矣！禾娶于汝，于先生为从孙行。少时犹得睹先生仪型，蔼然可亲。言论风采，迄今犹如昨日事。嗣君禹年因族人之复辑谱系，属禾作传。聊志所见，用塞其请。

清残本《汝氏世谱》

吴文学徐硕人合葬墓志铭

〔清〕徐枋

吾甥榷撰其父若母之状，拜且哭曰："吾父不幸悒郁以死。吾母又以痼疾先六年见背。幸先生以吾母同气之戚，哀而志其墓。"余亦泣，因语榷曰："昔而父手而祖御史公行状，以乞余铭。吾文未出，而又来告而母之丧，亦乞余志其懿行。未几年，而又读而父之状也。而父虽袭累世贵胄，而少倜傥负奇气，议论激发，常若有所不平于中者。笃学奋志，能文章读书，常鸡鸣未寝。时尚文社，友朋声气，而父常汲汲其间，自谓富贵可立致。稠人广坐，轩轾流辈，酒酣以往，或遂笑骂其坐客，用不谐于时，噂嗒日闻。世变后，益郁郁不得意。晚遭狱讼，家破，而长子又死。吾尝见其独坐自语，伊郁久之,曰:'吾不能光益先人之业,今乃并清白之贻而弃之,何至此?'又忼慨曰:'丈夫当自奋,何所不可致,而乃区区慨吾怀?'乃自笑。噫!为可哀矣。而母俯仰勤瘁,淹缠疾厄中。犹记丙午岁春,过我山居。自余二十七岁而母别去,是年余四十五岁。暌隔十九年,乍见几不识面,相对闵默,已而相泣。留余山居几三月,而母谓我曰:'自我为吴家妇,始终疾病,不能相夫子以有成。且吾不能如古贤妇,使夫子毋婴世事。今以龃龉破其家,无可言者,吾弟知我心耳。'言已而泣,遂别去,又一年竟死。"君姓吴氏,名昌文,字修之。吴江邑诸生,御史公焕之叔子也。家庭孝友,不能以怨口掩。元配徐硕人,先宫詹学士文靖公之次女,吾姊也。孝慈备美,中外称之。盛年遘病,未衰而殒,中更坎坷,为人世所鲜有。余衰年多感伤,展榷撰状,追忆生平,泣不能已,而亦未能竟叙矣。家世详御史公志中。君年五十有七,硕人年四十有八,先君六年卒。七子:长辙,次榷,俱能文,俱邑诸生。辙早死,榷今以文章擅一时,庶几其后起者耶!次援,次昶,次果幹、次揆,嫡出。次法绍。果幹、法绍,俱为僧。女三人,俱适士族。铭曰:

　　士求不愧怍,而厄于谣诼。女子以德胜,而卒困于病。天乎!人乎!驰于康庄,何踬之多。庶几后贤,再启其家。

　　乡进士姻眷弟徐枋顿首。

清吴安国《吴江吴氏族谱》

叶世偁祭文

〔明〕叶绍袁

　　崇祯八年二月二十四日,次子世偁卒,旋遭先太宜人大变,蓼莪之哀,无以为生。复何心及此!今四月十四日,偁七尽矣,父子之情,又不能阙焉。苦出中勉搜哀肠,口授儿辈以告偁曰:呜呼!汝年十八而遽夭耶?忆汝生之日如昨耳,而已隔世,杳不可问邪?即汝死之日如昨耳,而已盈四十又九日邪!雰炜荒荒,埏垠漠漠,风雨凄其以骤黯,景光晻曀而苍茫。为汝戚邪?为汝泪邪?呜呼痛哉!自汝亡后,即欲溯汝生前情事,少写哀思。而汝妇未归汝,而来奔汝丧,汝祖母哭汝,又哭汝妇。而贻我以终天在疚,充充皇皇,形神惛惘。今稍诠次汝所以生,所以死,以告汝灵。呜呼痛哉!我年二十五,甚忧商瞿。汝祖母含饴未弄,尤切焦悢。越岁生汝兄伣,甫生即有肱箧之警,北堂慈颜,终怼如也。又越二载,生琼章。又越二载戊午,生汝。汝与祖父实同年月,如夜光出渊,灵根苴枝。以为钟祥锡羡,昌大弓冶,天祚衰宗,必汝焉藉。而汝又生而长晢,顾然若削,峻骨挺上,盱瞳点漆。肌肉泽洁,背有一痣,圜周玄润,端居正中。术史佚者,或曰此异徵也。我亦为然,私心窃喜。七岁就外塾,十三学操觚。文有汪洋一泻之致,兼以傲睨无人之气。每高足而阔步,必钓奇而弃常。十五出试,潇洒自赏。风采韶秀,伏曼容之倜傥;眉目疏朗,张伯绪之爽发。我时率汝谒张异度先生于泌园,李元礼高自标持，许子将世称裁鉴，见汝末坐，即深器汝。而时命之谬，郡试致遗，高云铩翮，长风凋羽。终年憔悴，永日沉吟，悒悒胸怀，悠悠日月。我曲喻汝，泮芹闳藻，亦小事尔，何至困衡。汝对曰"否"，孰知汝口虽应我，而烦冤莫解，朝萦夕结，一致于斯。揆厥繇昉，宁非郁疹。呜呼痛哉！谁生厉阶，至今为梗。维彼狂人，贪乱荼毒，人之无良，职盗为寇。父子之仇，戴天岂共。呜呼痛哉！癸酉之冬，雨雪霏涂，我携汝姑试于檇李，庶或失此售彼，稍舒愤懑。虽云山尺咫，川路非遥，而弟昆回首，不无叹忾。迨夫乍启王正，即惊骤疾，呕血几于数升，殒然殆乎不起。我与汝母，焚捣莫拟，亟延名医，穷功诊疗，爰暨春杪，霍然起色。方幸保于无虞，甘弃捐于进取，遂置禾城，还归梓里，但求痊好，几竭消摩。倘有南阳之菊水，讵惜金钱；未逢石上之菖蒲，暂蠲疴瘵。于时父母兄弟相聚至乐。而葵槿初荣，莲葉方茂，汝母忽婴气虚之疾，奄卧枕蓐。诸儿绕床，朝夕药饵。汝亦在侧，嘻然笑语。笑语宛在，犹可追忆；胡然形影，歘其杳而。昔日委弊支离，而汝左汝右；今日康居无恙，而哭汝哀汝。念言忽忽，如往如存，庭花犹故，独无汝矣，谁云八龙，今焉七矣。呜呼痛哉！既已母病渐平，汝体臻复，八月试于邑，九月试于郡。明月在天，黄花映日，方将为汝歌采茆之章，青子衿之色，胡期疕疡之訾，发于耳后；瘅疽之毒，延至春前。涂膏敷屑，汤渳杬慰，悉惟汝母，手亲浣涤。不敢惜勤瘁之劳，不忍畏溃腐之恶。迨乎春仲，日以就夷，医云弱症受补，即无虞害，第须参术葆固真元。而参贵尤甚，逾于金玉，千途典质，百端赊贷。倘可延生，何辞柈腹，无论父母，磬悬橐乏，力殚神疲，即二月十五日，汝犹自取头上金簪，俾偿参值。以此思哀，哀可知矣。讵料参服未完，汝身已殒！贱与贫兼，命随数尽。子渊蚤死，空留白马吴门；（颜渊登太山望吴阊门白马，时年十八。）文考既亡，孰问灵光鲁国。椎心叩天，溅血陨地，余何罪焉，罹斯异惨。呜呼痛哉！原汝病根繇发，本以失意生愁。即有金液银丸，弗若骏图之肆；益恨桃胶艾灸，莫传凤肺之壶。故自上元以后，日以试事忧皇，余心忡惙，不可弭戢。瞻门司隶，恒恐登迟；开馆平津，更嗟来速。且因截截之言，误听萋萋之锦。俾我进退维谷，却顾徘徊，犹豫再三，勉为决策。而事终弗济，徒怨如簧，病叹弥留，瞑归泉下。赵邠卿所云：有志无时，命也如何？乃如之人，为鬼为蜮，有腼面目，彼奚足惜？第汝死者，何年再还。雨绝云归，花落枝枯，逝辇东奔，灵曦西匿，骨肉分离，因缘断灭，一日长辞，千秋永闭。呜呼痛哉！汝自二月上浣，犹称善饭，既望生魄，才啜粥耳。顾自衡文檄下，忧心癏瘴，每云喉痛，至此稍甚。医家略用黄连，以清心火，亦非误投。十九之夕，河鱼腹疾，遂几殆矣。廿一昏时，血症复发，我与汝母，涔涔相对。经年旧疾，此时陡炽，精神越溔，势岂堪支？第恐汝知，致伤汝心，拉拭泪痕，欢容对汝。汝兄世佺，率诸季幼，泣草情疏，吁求伏魔大帝，各愿自减其所受于天之物，祈续汝算。叫号哀恳，神听漠然。岂以聪明正直，弗徇黄熊之祀；精爽英灵，立逝青灯之梦。我与汝母，额膝俱肿，有阁可叩，遑恤我躬，而惨瘁劬劳，终难救药。夜漏将分，奄然永诀。清眸炯瞩，曾无乱容。呼汝二郎，随声响答。缄口扣舌，固汝素性，生也若斯，死焉如故。傲骨劲气，将安往欤？呜呼痛哉！我自乙丑通籍，宗族姻友，其子若弟，贫不克振者，我实希赵文子生不交利之举，登之荐刿，指可数也。而天之报施，殊不谓然，独于我子，故加奇厄，以致戕生，大命殒坠。几欲叩苍而弥杳，恒思问天以无从。呜呼痛哉！汝兄弟辈攻苦勤事，萧然数椽，日共披诵。汝性不喜韵语，所好先秦两汉古人文词，窃拟步武，私或构作。琴樽风月，山水登临，夷然不屑之概，邈矣天际之想。我语汝母：此儿姿骨不凡，英采或能似祖，岂期大数奄沦，九原草露。蚨车忽驾，遂伤李贺之生；鹏鸟集舍，即陨贾生之涕。满阶萱草，楼前孤冷月之鹃；一树荆花，夜半叫残春之雁。家门惨毒，酷祸焉追？呜呼痛哉！汝年十二，为汝缔婚昆山顾汉石女，文康公之曾孙女，张异度先生外孙女也。醴源茂于中外，芝彩昭于奕叶。降明星于玉女，探矶石于天孙。葭莩幸附，贫陋空惭，故百年方托，而六礼未成。维伊令淑，神惠挺生，参过庭之明训，禀绝人之旷识。一闻汝讣，誓死不二，绝粒扼吭，矢从冥漠。父母苦喻，仅免玉折，斩焉衰绖，来归我室。执丧拜汝，执酒奠汝。尔时旁观者，靡不凄酸悲感，不能仰视。况在二人，有不九回摧裂者哉？呜呼！汝之今日，无妇有妇；汝之异日，无子有子。汝气虽散，不与灰烬偕熛；汝精虽徂，不与草木同朽。非藉窈窕，曷繇致此？霸城少妇，或飞系丝之燕；颍川贞女，如留渍粉之书。固知奇节烈行，耀今烁古，第何咎何孽，而萃我两门！娟然女子，称未亡人。是日也，黑云崩颓，疾雨喷注，屋瓦涵裂，槛础砰激。一堂聚哭，如鬼群啸，天地幽晦，疑非人境。时三月十七日也。而乃惨中致惨，变外生变。妇犹在堂，祖母先入，谋所以款汝妇者。徐俟汝妇之入，而欲一觊其明姿令采，以为痛哀之慰。孰意填胸悲愤，撄伤肝隔，迷痰忽升，头目眩晕，亟扶摩拊。而猝起不测，何从药饵。即有神歧，焉能俄顷，即有万身，焉赎一息。晡时疾作，虞渊殁矣。天乎人邪！祸至此欤！我年十一，汝祖蚤世，母子周旋三十余载，幸徼微禄。归养五年，私谓遐龄可保，期颐必至。昊天不佣，降此鞠讻。呜呼痛哉！矧乃素无疾病，午犹匕箸。恐伊哲女，跽起艰劳，叮咛至再，凄怆鸣泣。积哀已深，怛化遂速，是皆繇汝。失我慈闱，怨汝恨汝，汝知否耶？汝若有知，依归祖母，祖母爱汝，可以娱日，夜台不寂，代我晨昏。呜呼痛哉！汝则一死有四异焉。昔在丙寅，我以琼章许字张方伯公子，甫及七载，我女芝焚。己巳之秋，我又为汝缔结顾盟，迨今亦七更寒暑，汝歌《薤露》。胡一昆邑，数符于七，而婿不成婿，妇不成妇。未成婿者，执升堂之礼；未成妇者，矢靡匿之誓。其异一也。天官家言，人为命域，吉凶定于干支，灾祥应于年运。昔我髫龄方行，乙亥运中，严君捐背，实戊午生。而今岁在乙亥，汝则夭折。汝之生年，故同乃祖，刑伤相准，祖孙同符。其异二也。汝不死，则顾女不以节显；妇不归，则祖母不以哀死。有因有缘，有端有委。总以标侠烈之奇行，成家门之大事。《蓼莪》风木，感怆明发之思；《柏舟》髧髦，式系简书之勒。死有重于太山，汝则似之。其异三也。自汝殂殁，终朝哭汝，视焉沦形，听焉寂响，闻之顾云：丙夜扣门，幽精啸室，则汝魂魄固往彼邪。季春八日，汝岳翁来哭汝于穗帏，招汝以楚些，指共姜之矢，定赴归之期。则于是夕，汝乃遣旋，僮子睡者，咸起惊寤。若或椓屏，俄焉长叹，似汝病中呻吟累欷之声，履綮错然，出户乃息。香残旧馆，仍返书生之魂；梦转他乡，无恨射声之鬼。其异四也。遗文余卷，触目增哀；断墨零香，婴心生感。阶荒子真之迹，户阒仲舒之帷。枝折峄山之桐，心伤卷葹之草。东门任诞，我则未能；西河贻讥，窃深自愧。宝碗无情，玄经有恸，鹤陨穿天，猿惊绝峡。呜呼痛哉！《语》云："有奇福者，必有奇祸。"祖母七旬余六，强固康宁；汝父凉德，翛然松菊。当兹北山靡盐之秋，独有板舆色养之乐。三女为粲，则孝仪家风；八子孰祥，则朗陵品目。岂余斗筲所能膺受。天道忌盈，斯言岂虚。故以掌中珠碎，膝下龙摧，风袭伊蒿，山穷陟屺。丧女之惊魂甫定，旋伤丧子；哭儿之啼血方斑，已悲哭母。踣厚踢高，但存发白；柴心栾骨，惟有泪红。呜呼痛哉！祖母新丧，居庐读礼，擗踊哀余，恍惚及汝。欲见无繇，涕零曷已！苫盖之间，口授汝兄与弟，随时濡墨，焚之告汝。汝性不饮，醅酏既陈，是必响之，若平生欢。笋姜辛毒，概不进汝。倘或幽明不殊，仍须忍性摄疾，毋以父母而伤汝神，毋以兄弟而瘁汝形。汝妇风仪春月，冰操秋霜，毋以妇故而萦汝念。汝有祖母可依倚，大姊三姊可聚首也。呜呼痛哉！

明叶绍袁《午梦堂全集·百旻遗草》

柳夫人小传

〔清〕徐芳

柳夫人，字某，虞山钱牧斋宗伯爱姬也。慧倩，工词翰。在章台日，色艺冠绝一时。才隽奔走枇杷花下，车马如烟，以一厕扫眉才子列为重。或投竿衔饵，效玉皇书仙之句，纸衔尾属，柳视之蔑如也。即空吴越无当者，独心许虞山，曰："隆准公即未夐绝古今，亦一代颠倒英雄乎！"而宗伯公亦雅重之，曰："昔人以游蓬岛，宴桃溪，不如一见温仲圭。可当吾世失此人乎？"遂因缘委币。柳既归宗伯，相得欢甚，题花咏柳，殆无虚日。每宗伯句就，遣鬟矜示，柳击钵之顷，蛮笺已至，风追电蹑，未尝肯地步让。或柳句先就，亦走鬟报赐，宗伯毕力尽气，经营惨淡，思压其上，比出相视，亦正得匹敌也。宗伯气骨苍峻，虬松百尺，柳未能到；柳幽艳秀发，如芙蓉秋水，自然娟媚，宗伯公时亦逊之。于是旗鼓各建，闺闼之间隐若敌国云。宗伯于柳不字，凡有题识，多署"柳君"。吴中人宠柳之遇，称之曰柳夫人。宗伯生平善逋，晚岁多难，益就窭蹙。嗣君孝廉某故文弱，乡里豪黠颇心易之。又嗛宗伯公墙宇孤峻，结侣伺衅。丙午某月，宗伯公即世，有众骤起，以质逋为口实，噪而环宗伯门，搪撞诟谇，极于犩辱，孝廉魂魄丧失。至是泫然起曰："我当之。"好语诸恶少："尚书宁负若曹金？即负，固尚书事，无与诸儿。女身在，第少需之。"诸恶少闻柳夫人语，谓得所欲，锋稍戢，然环如故。柳中夜刺血书讼牍，遣急足诣郡邑告难，而自取缭帛结项死尚书侧。旦日郡邑得牍，又闻柳夫人死，遣隶四出捕诸恶少，问杀人罪，皆雉鼠兔脱，不敢复履界也，构尽得释。孝廉君德而哀之，为用匹礼，与尚书公并殡某所。吴人士嘉其志烈，争作诗诔美之，至累帙云。

东海生曰：柳夫人可谓不负虞山矣哉。或谓情之所钟，生怜死捐，缠绵毕命，若连理梓、雉朝飞、双鸳鸯之属,时有之矣,然柳与虞山岂其伦耶?夫七尺腐躯,归于等尽而掷之,当侯嬴以存弱赵,杵臼以立藐孤,秀实以缓奉天之危,纪信以脱荥阳之难。或轻于鸿羽,或重于泰山,各视其所用。柳夫人以尺组下报尚书,而纾其身后之祸,可不谓重欤?所云重用其死者也。夫西陵松柏,才矣,未闻择所从。耆卿、月仙、齐邱、散花女,得所以矣,而节无闻。韩香、幼玉、张红红、罗爱爱之流,节可录矣,又非其人也。千秋香躅,惟张尚书燕子一楼,然红粉成灰,尚在白杨可柱之后。夫玉容黄土之不惜,而顾以从死之名为地下虑,荒矣。微白舍人,泉台下随未敢必其然也。人固不可知,千寻之操,或以一念隳;生平之疵,或以晚节覆。遂志赴义,争乎一决。柳夫人存不必称,而没以馨,委脱如遗,岂不壮哉!

钱仲联《广清碑传集》

河东君传

〔清〕顾苓

初,吴江盛泽镇有名妓曰徐佛,善画兰,能琴,四方名流连镳过访。其养女杨爱,色美于徐,而绮淡亦复过之。崇祯丙子春,娄东张庶常溥告假归。溥固复社主盟,名噪海内者。过吴江,泊舟垂虹亭,访佛于盛泽之归家院。值佛他适,爱出迎。溥一见倾心,携至垂虹亭,缱绻而别。爱于是窃喜自负,誓择博学好古为旷代逸才者从之。闻虞山有钱学士谦益者,实为当今李、杜,欲一望见其丰采,乃驾扁舟来虞。为士人装,坐肩舆造钱投谒,易"杨"以"柳",易"爱"以"是"。刺入,钱辞以他往,盖目之为俗士也。柳以次日作诗,遣伻投之,诗内已微露色相。牧翁得其诗,大惊。诘阍者曰:"昨投刺者,士人乎?女子乎?"阍者曰:"士人也。"牧翁愈疑,急登舆访柳于舟中,则嫣然一美姝也。因出其七言近体就正,钱心赏焉。视其书法,得虞、褚两家遗意,又心赏焉。相与絮语者终日。临别,钱语柳曰:"此后即以柳姓是名相往复,吾且字子以如是,为今日证盟。"柳诺。此钱、柳合作之始也。柳尝之松江,以刺投陈卧子。陈性严厉,且视其名帖,自称女弟,意滋不悦,竟不之答。柳恚,登门詈陈曰:"风尘中不辨物色,何足为天下名士?"洎遇牧翁归,乃昌言于人曰:"天下惟虞山钱学士始可言才,我非才如学士者不嫁。"钱闻之,大喜曰:"天下有怜才如此女子乎?我亦非才如柳者不娶。"时牧翁丧偶,因仿元稹会真诗体,作《有美生南国》百韵以贻之。藻词丽句,穷极工巧。遂作金屋贮阿娇想矣。庚辰冬月,柳归于钱牧翁,为筑一室居之,颜其室曰"我闻",取《金经》"如是我闻"之义,以合柳字也。除夜,促席围炉,相与钱岁。柳有《春日我闻室》之作,诗曰:"裁红晕碧泪漫漫,南国春来已薄寒。此去柳花如梦里,向来烟月是愁端。画堂消息何人晓,翠幕容颜独自看。珍重君家兰桂室,东风取次一凭栏。"盖就新去故,喜极而悲,验裙之恨方殷,解佩之情愈切矣。辛巳初夏,牧翁以柳才色无双,小星不足以相辱,乃行结缡礼于芙蓉舫中。箫鼓遏云,兰麝袭岸,齐牢合卺，九十其仪。于是琴川绅士沸焉腾议，至有轻薄子掷砖彩鹢、投砾香车者。牧翁吮毫濡墨，笑对镜台，赋催妆诗自若。称之曰河东君，家人称之曰柳夫人。（辛巳崇祯十四年，时牧翁恰六旬。）当丁亥之狱，牧翁侘傺失志，遂绝意时事。既得章台，欣然有终老温柔乡之愿。然年已六十矣，黝颜台背，发已皤然。柳则盛鬋堆鸦，凝脂竟体。燕尔之夕，钱戏柳曰："我甚爱卿发黑而肤白也。"柳亦戏钱曰："我甚爱君发如妾之肤，肤如妾之发也。"因作诗，有"风前柳欲窥青眼，雪里山应想白头"之句。（丁亥，顺治四年，时年六十有六。）牧翁于虞山北麓构楼五楹，匾曰"绛云"，取《真诰》绛云仙姥下降。仙好楼居，以况柳，以媚柳也。牙签万轴，充牣其中。下置绣帏琼榻，相与日夕晤对。钱集中所云"争先石鼎联名句，薄怒银灯算劫棋"，盖纪实也。牧翁披吟之好，晚而益笃。图史校雠，惟河东君是职。临文或有探讨，柳辄上楼翻阅，虽缥缃盈栋，而某书某卷，随手抽拈，百不失一。或用事微有舛讹，旋为辨正。牧悦其慧解，益加怜重。一门生具腆仪，走干仆，自远省奉缄于牧翁。内列古书中僻事数十条，恳师剖晰。牧翁逐条裁答，复出己见，详加论定，中有"惜惜盐"三事，尚待凝思。柳姬如是从旁笑曰："太史公腹中书乃告窘耶？是出古乐府，'惜惜盐'乃歌行体之一耳。'盐'宜读'行'，想俗音沿讹也。"牧翁亦笑曰："余老健忘，若子之年，何待起予？"国初录用前朝耆旧，牧翁赴召，旋罣吏议放还。由此益专意吟咏，河东君侍左右，好读书以资放诞。客有挟著述愿登龙门者，杂沓而至，几无虚日。钱或倦见客，即出与酬应。或貂冠锦靴，或羽衣霞帔，清辨泉流，雄谈锋起，座客为之倾倒。客当答拜者，则肩筍舆，随女奴，代主人过访于逆旅。即事拈题，共相唱和，竟日盘桓，牧翁殊不芥蒂。尝曰："此吾高弟，亦良记室也。"戏称为"柳儒士"。庚寅，绛云楼灾，钱携柳居于红豆村庄。其地有红豆树一株，故居。良辰胜景，钱偕柳必放舟于湖山佳处。其《中秋日携内出游诗》曰："绿浪红栏不殢愁，参差高柳蔽城楼。莺花无恙三春侣，虾菜居然万里舟。照水蜻蜓依鬓影，窥帘蛱蝶上钗头。相看可似嫦娥好，白月分明浸碧流。"柳依韵和曰："秋水春衫淡暮愁，船窗笑语近红楼。多情落日依兰棹，无藉归云傍彩舟。月幌歌阑寻麈尾，风床书乱觅搔头。五湖烟水常如此，愿逐鸱夷泛急流。"其余篇什多附见牧翁《有学集》，不尽载也。乙酉五月之变，柳夫人劝牧翁曰："是宜取义全大节，以副盛名。"牧翁有难色，柳奋身欲沈池中，持之不得入。是时长洲沈明伦馆于尚书家，亲见其事，归说如此。后牧斋偕柳游拂水山庄，见石涧流泉，澄洁可爱。牧翁欲濯足其中，而不胜前却。柳笑曰："此沟渠水，岂秦淮河耶？"牧翁有愠容。拂水山庄在西郭锦峰之麓，牧翁之先茔在焉。以丙舍为别业，曰耦耕堂，曰秋水阁，曰小苏堤，曰梅圃溪堂，曰酒楼。时挈河东游息其间。每于早春时，梅花将绽，则坐鹢首轻扬而来，令僮击鼓舟中，音节清越，谓之催花信。弘光僭立，牧翁应召，柳夫人从之，道出丹阳，同车携手。或令柳策蹇驴，而己随其后，私语曰："此一幅《昭君出塞图》也。"邑中遂传钱令柳扮昭君妆，炫煌道路。吁！众口固可畏也。牧翁仕本朝，亦不得志，以礼部侍郎内弘文院学士还乡里。丁亥岁，忽为蜚语所中，被急徵，河东君实为职橐饘。长君孙爱性暗懦，一筹莫展。牧翁于金陵狱中《和东坡御史台寄弟诗》有"恸哭临江无孝子，徒行赴难有贤妻"之句,盖纪实也。孙爱见此诗,恐为人口实,托翁所知,百计请改"孝子"二字。今集中刻"壮子",是求改后更定者。牧斋欲延师教令嗣孙爱,而难其人。商之程孟阳,孟阳曰:"吾友故人子嘉定黄蕴生名淳耀者,足当此席。但其人耿介,未可轻致。惟渠同里侯某,素为亲信,嘱之转恳乃可。"牧翁如其言,以嘱侯。侯致钱旨,力为劝驾。黄意不悦,不得已于侯而应钱聘焉,牧翁相得恨晚。一日,程出海棠小笺示黄,黄问唱者谁。程曰:"牧老如君柳夫人作也。子帖括之暇,试点笔可乎?"黄变色曰:"忝居师席,可与小君酬和乎?先生耆年硕德,与主人为老友,固可无嫌。若淳耀则断不可。"后孟阳以语牧翁,牧翁益加敬焉。柳夫人生一女,嫁无锡赵编修玉森之子。柳以爱女故,招婿至虞,同居于红豆村。后柳殁,其婿携柳小照至锡。赵之姻戚,咸得式瞻焉。其容瘦小,而意态幽娴,丰神秀媚,幅间几栩栩欲活。坐一榻,一手倚几,一手执编,牙签缥轴,浮积几榻。自跋数语于幅端,知写照时适牧翁选列朝诗。其中《闺秀》一集,柳为勘定,故即景为图也。康熙初,长君孙爱已与乡荐,迎牧翁同居,柳与女及婿仍居红豆村。逾二年,牧翁病,柳自乡奔候。未几牧翁卒,柳留城守丧,不及归也。初,牧翁与其族素不相睦。乃托言牧斋旧有所负,聚百人交讧于堂。柳泣而思:家有长嫡,义不受凌削,未亡人衾有薄资,留固无用,当捐此以赂凶而纾难。立出千金授之。诘朝,群凶喧集如故,宗人闻风来求沾惠者益多。柳遣人问曰:"今将奚为?"族人曰:"昨所颁者,夫人之长物耳,未足以赡族。长君华馆连云,腴田绣错,独不可割其半以给贫族耶?"斯时,孙爱闻而惧甚,匿不敢出。柳念若餍其求,则如宋之割地,地不尽,兵不止,非计也。乃密召牧斋懿亲及门人之素厚者,复纠家仆数辈,部署已定,与之誓曰:"苟念旧德,无渝此言。"咸应曰:"诺。"柳乃出语族人曰:"妾资已尽,诚不足为赠。府君之业故在。期以明日,杯酒合欢,所须惟命。"众始解散。是夕,柳果执豕炮羊,肆筵以待。申旦而群宗麇至。柳与列坐丧次,潜令仆扃前扉,乃入室,登荣木楼,似将持物以出者。久之不出,家人心讶,入视则已投缳矣。大书于壁曰:"并力缚凶党,然后报官。"孙爱哭之恸。家人急出,尽缚族人,门闭无一脱者。而维絷之具,柳于前一日预备一室,故数十人顷刻就缚。柳之女鸣之官,邑令某穷治得实,系群凶于狱中。以其事上闻,悉置之法。牧翁之身死而不致家破者,柳之力也。于是邑中之能诗者,作殉节诗以挽之,而长洲顾苓作《河东君传》。

钱仲联《广清碑传集》

河东君传

〔清〕钮琇

　　河东君柳如是,名是,一字蘼芜。本名爱,柳其寓姓也。丰姿逸丽,翩若惊鸿。性狷慧,赋诗辄工,尤长近体七言,作书得虞、褚法。年二十余,归虞山蒙叟钱宗伯,而河东君始著。先是我邑盛泽归家院,有名妓徐佛者,能琴,善画兰草。虽僻居湖市,而四方才流履满其室。丙子春,娄东张西铭以庶常在假,过吴江,泊垂虹亭下,易小舟访之。佛他适,其弟子曰杨爱,色美于徐,绮谈雅仕,亦复过之。西铭一见倾意,携至垂虹,缱绻而别。爱于是心喜自负,谓:"我生不辰,堕兹埃壒,然非良耦,不以委身。今三吴之间,簪缨云集,膏粱纨袴形同木偶,而帖括咿唔幸窃科第者,皆伧父耳。唯博学好古,旷代逸才,我乃从之。所谓天下有一人知己,死且无憾。矧盛泽固驵侩之薮也,能郁郁久此土乎!"遂易"杨"以"柳",而"是"其名。闻茸城陈卧子为云间绣虎,移家结邻,觊有所遇。维时海内鼎沸,严关重镇,半化丘墟。虎旅熊师,日闻挠败,黄巾交于伊雒,赤羽迫于淮徐。而江左士大夫,曾无延林之恐,益事宴游。其于徵色选声,极意精讨。以此狭邪红粉,各以容伎相尚,而一时喧誉,独推章台。居松之久,屡以刺谒陈。陈严正不易近,且观其名纸,自称女弟,意滋不悦。而虞山宗伯与陈齐望,巍科赡学,又于陈为先辈,因昌言于人曰:"天下惟虞山钱学士始可言才,我非才如学士者不嫁。"适宗伯丧偶,闻之大喜,曰:"天下有怜才如此女子耶?我亦非才如柳者不娶。"钱之门多狎客,往来传致,迄于庚辰冬月,柳始遇宗伯。为筑"我闻室",十日落成,促席围炉,相与饯岁。柳有《春日我闻室》之作,诗曰:"裁红晕碧泪漫漫,南国春来已薄寒。此去柳花如梦里,向来烟月是愁端。画堂消息何人晓,翠幕容颜独自看。珍重君家兰桂室,东风取次一凭栏。"盖就新去故,喜极而悲,验裙之恨方殷,解珮之情逾切矣。辛巳初夏,结褵于芙蓉舫中。箫鼓遏云,麝兰袭岸,齐牢合卺,九十其仪。于是三泖荐绅,喧焉腾议,至有轻薄之子,掷砖彩鹢、投砾香车者。宗伯允毫濡墨,笑对镜台,赋催妆诗自若。柳归虞山,宗伯目为绛云仙姥下降。仙好楼居,乃枕峰依堞,于半野堂后构楼五楹,穷丹碧之丽,扁曰"绛云"。大江以南,藏书之家无富于钱。至是,益购善本,加以汲古雕镂,舆致其上。牙签宝轴,参差充牣。其下黼帏琼寝,与柳日夕晤对。所云"争先石鼎搜联句,薄怒银灯算劫棋",盖纪实也。宗伯吟披之好,晚龄益笃,图书校雠,惟柳是问。每于画眉余暇,临文有所讨论,柳辄上楼翻阅。虽缥缃浮栋,而某书某卷,拈示尖纤,百不失一。或用事微有舛讹,随亦辨正。宗伯悦其慧解,益加怜重。国初,录用前朝耆旧,宗伯赴召,旋罣吏议放还,由此专事述作。柳侍左右,好读书以资放诞。登龙之客,沓至高闾,有时貂冠锦靴或羽衣霞帔出与酬应,否则肩筠舆访于逆旅,清辩泉流,雄谈锋起,即英贤宿彦莫能屈之。宗伯殊不菲懑,曰:"此我高弟,亦良记室也。"常戏称为"柳儒士"。越十年庚寅,绛云楼灾。时移居红豆村庄,良辰胜节,必放舟湖山佳处,流连唱和,望者疑以为仙。其《中秋日携内出游》诗曰:"绿浪红兰不殢愁,参差高柳蔽城楼。莺花无恙三春侣,虾菜居然万里舟。照水蜻蜓依鬓影,窥帘蛱蝶上钗头。相看可似嫦娥好,白月分明浸碧流。"柳依韵和曰:"秋水春衫澹暮愁,船窗笑语近红楼。多情落日依兰櫂,无藉轻云傍彩舟。月幌歌阑寻麈尾,风床书乱觅搔头。五湖烟水长如此,愿逐鸱夷泛急流。"其他篇什,多附见《有学集》,不尽载。生一女,嫁毗陵赵编修玉森之子。康熙初,嗣子孝廉君迎宗伯入城同居,而柳与女及婿仍在红豆村。逾二年而宗伯病,柳闻之,自村奔候。未几,宗伯捐馆,柳留城守丧,不及归也。初宗伯与其族素不相睦,乃托言宗伯旧有所负,枭悍之徒聚百人交讧于堂。柳泫然曰："家有长嫡，义不坐受凌削。未亡人窆有薄赀，留固无用，当捐此以赂凶而纾难。"立出帑千金授之。诘朝喧集如故，柳遣问曰："今将奚为？"宗人曰："昨所颁者，夫人之长物耳，未足以赡族。长君华馆连云，腴田错绮，独不可割其半以给贫窭耶？"嗣子惧不敢出。柳自念欲厌其求，则如宋之割地，地不尽，兵不止，非计也。乃密召宗伯懿亲及门人素厚者，复纠纪纲之仆数辈，部画已定，与之誓曰："苟念旧德，毋渝此言。"咸应曰："诺。"柳出厅事，婉以致辞曰："妾之资尽矣，诚不足为赠。期以明日，置酒合宴，其有所须，多寡惟命。府君之业故在，不我惜也。"众始解散。是夕执豕刲羔，肆筵设席。申旦而群宗麇至。柳谕使列坐丧次，潜令健者阖其前扉，乃入室登荣木楼，若将持物以出者。逡巡久之，家人心讶，入视，则已投缳毕命。而大书于壁曰："并力缚饮者而后报官。"嗣君见之，与家人相向号恸。绋縪之属，先一日预聚于室，随出以尽缚凶党，门闭无得脱者。须臾，邑令至，穷治得实，系凶于狱。以其事上闻，置之法。夫河东君以泥中弱絮，识所依归，一旦遭家不造，殉义从容，于以御侮，于以亢宗，讵不伟欤？方宗伯初遇柳时，皴颜鲐背，发已鬖鬖斑白。而柳则盛鬈堆鸦，凝脂竟体。燕婉之宵，钱曰："我甚爱卿如云之黑，如玉之白也。"柳曰："我亦甚爱君发如妾之肤，肤如妾之发也。"因相与大笑。故当年酬赠，有"风前柳欲窥青眼，雪里山应想白头"之句，竞传人口。而不知一与之醮，终身以之，即奉雁牵丝，有所不逮也如此。

清钮琇《觚剩》

河东君记

〔清〕沈虬

河东君柳如是者，吴中名妓也。名是，一字蘼芜。美丰姿，性儇慧。知书善诗律，分题步韵，顷刻立就，使事谐对，老宿不如。四方名士，无不接席唱酬。崇祯戊寅间，年二十余矣。昌言于人曰："吾非才学如钱学士牧斋者不嫁。"牧斋闻之，大喜过望，曰："今天下有怜才如此女子者乎？吾非能诗如柳如是者不娶。"有好事者，两相传致。庚辰冬，如是始过牧斋，即筑"我闻室"居之，以迎其意。十日落成，留之度岁。辛巳六月，牧斋于茸城舟中，与如是结缡。吉服冠带，皤发学士，合卺花烛，仪礼备具。赋《催妆诗》前后八首。云间缙绅，哗然攻讨，以为衮朝廷之名器，伤士大夫之体统，几不免老拳，满船载瓦砾而归。牧斋怡然自得也，称为继室，号河东君。建绛云楼，穷极壮丽，上列国史，下设帏帐，以绛云仙姥下降比之，亵甚矣。不数年，绛云楼灾，宜也。但河东君所从来，人知者少，余独悉之。我邑盛泽镇，有名妓徐佛者，能诗善画兰，虽居乡镇，而士夫多有物色之者。丙子年间，娄东张西铭先生，慕其名，至垂虹亭，易小舟访之。而佛已于前一日嫁兰溪周侍御之弟金甫矣。院中惟留其婢杨爱。杨色美于徐，而诗字亦过于徐，因携至垂虹。余于舟中见之，听其音，禾中人也。及长，豪宕自负，有巾帼须眉之论，易姓名为柳是。归钱之后，稍自敛束。在绛云楼，校雠文史。牧斋临文有所检勘，河东君寻阅，虽牙签万轴，而某册某卷，立时翻点，百不失一。所用事或有误舛，河东君从旁颇为辨正，故牧斋重之。常衣儒服，飘巾大袖，间出与四方宾客谈论，蹁跹若仙，故牧斋又呼为"柳儒士"。康熙某年，牧斋捐馆。嗣君孝廉，弱不自振。而族党嚣悍，聚百人登堂争哄。河东君曰："家有长嫡，义无坐受凌削。若未亡人奁内遗资，留亦无益，当尽捐赂族凶，以纾家难。"出其箱笼千金，族人攫取以归矣。明日，喧集如故。河东君邀入，问曰："今将奚为？"族人曰："昨日所颁，夫人之长物耳，未足赡族。嗣君田房廪粟，独不可分其半以给贫窭耶？"嗣君惧，匿不敢出。河东君乃密召戚故及门人素善者，又呼其仆人之能干者，告之曰："视族人之意，如宋人割地，不尽不休矣。计将安出？"咸曰："嗣君懦，无策也。"河东君曰："吾有一计，可以立解。全孤保家，在此一举。然必尔等念府君旧德，并力相助，方可行。"咸曰："愿之。"河东君乃出厅事，见族人曰："妾之衣囊尽矣，诚不足以赠。期以明日，置酒大会，多寡惟命。府君之资产，在我不惜也。"众唯唯而散。是夜，宰猪屠羊，酒醴毕具，来朝将大宴者。又阴部署所约诸人于后室，众莫测其意。筵席陈设，诸凶毕集，密令人锁禁门户。河东君入内，若将持券簿以出者，而已投缳毕命矣。其家人惊视，见夫人已死，而房中聚绳索，大书壁上曰："并力先缚饮酒者，而后报官。"众如其言，出绳尽缚族人，门闭，无一得脱者。须臾，一令至门，验视柳夫人。即于厅事穷治，诸凶具服，正厥辜，以上闻所司。柳夫人一死，而牧斋之家全，牧斋之孤保。柳夫人一死，而青楼之愆盖，报夫君之大义昭，而品题风月之才为不足论。夫人有一死，轻于鸿毛而重于泰山者，柳夫人之谓哉！贤于丈夫远矣！

清钱谦益《牧斋杂著》

南庄公传

南庄公讳自铤，字闻将，宜庵公之季子也。少精敏有才略，颇怀经世之志。后游浙东，以荐举为鲁王行人，吴易之封长兴伯，公实奉命以来。后鲁王败，遂走归隐，居吴家港。种松莳秋，与诸高士为诗社以终。所著有《钓闲集》《南庄杂咏》若干卷。

清沈光熙等《吴江沈氏家谱》

清明祭文

〔明〕叶绍袁

维崇祯十有三年岁次庚辰，闰正月二十四日丙午，第三子邑诸生世俗咸期，法名灵护，年二十二岁，卒于东村家庵圆通精舍。称佛鸿号，送归徂化者智静、智印、寂通三上人。越七日,二月朔壬子,还殡于家。呜呼痛哉!又越十六日丁卯,清明,父天寥洒泪为文哭奠之曰:呜呼痛哉!俗儿胡然死耶!我之所属望于诸子者,于汝最深,而名涂友籍中,亦以汝与兄佺为双龙之并起,二骥之齐轨也,而胡然死耶!我年五十二,而汝未哭我;汝年二十二,而我先哭汝耶!呜呼痛哉!长沙有言,烈士殉名,汝为名死,是耶非耶?非汝殉名,名实迫汝。己卯维夏,衡文之使奉简书而至,则河朔初避之始也。橄下郡邑,更殿最前柱史所录者。戒期甚促,而茫无定居,汝与兄佺仓皇应之。帆张笠泽,旋看三泖之云;山望秦干,又逾五荁之水。一日夜间,往复二郡,跋涉至昆,仅得一当焉。扶桑艳焚,大火晔升,汝病新起,彤彤不胜暑矣。犹幸试无汰额,遂赴留都。家羞橐破之余,室困磬悬之久,勉弃污莱十亩,稍治行装,我送汝兄弟与君服舅于昌亭之浒。金风初动,白月流天。倾樽高士之墟,弥楫真娘之墓。清谈并畅,六箸分呼。自以暮年寂景,望汝兄弟,一为舒吐快慰也。浸寻波荇光浮,云明如昼,壶筹催曙,清露零霞。我棹来归,汝艇北发,念言犹昨,而今焉乃至此哉!呜呼痛哉!迨八月二十二日,金陵竣事,返抵家庐,我喜溢心飞,欢生眉舞。但见汝于坐间,嗽声频咳,我即问汝致疚之由,汝言伤风偶尔,盈旬日矣。亡何,桂蕊香销,泥金梦阻,苹笙曲罢,琼笈名遗。汝于尔时,能无郁郁,嗽原病本,郁又为标。术罕询良,未识六微之技;经虚涪钓,谁探五疗之方。金液膏艰,银丸剂鲜。呜呼痛哉!洎乎秋气,悲其萧瑟,草木落而变衰。郡有桐君,咸称卢氏,我闻声致慕,携汝就诊。又恐汝以寂寞撄怀,兄佺弟儋,结伴同往。居亭专诸之市,羁旅要离之廛。原医所言,昉于暑毒,而消暑之药不参一二。名高鹊视,若矜虢国之神;见愧龙心,弗奏梁丘之效。呜呼痛哉!北顾无徵,南溟遂徙。问巫彭于鹤渚,访神砭于鸳湖(嘉善),惟汝兄佺与汝偕焉。岁尽无归,腊残不返,觞椒泛酒,符燕图金。花开异地之春,人是他乡之客,虽片云尺水,雁影非遥,而古木寒风,鱼波终渺。悽然愁别之襟,怆矣分歧之涕。汝兄弟既盘桓武水,伺又低徊甥舍,嗟日月之其除,叹父子之各域。幼儿在膝,短发鬖鬖,寥落黄昏,何殊旅馆?诵愁鬓明朝之句,黯然自伤耳。因念汝兄弟二人,佺也愁中守岁,汝也病里迎年。游子无亲,寒闺有妇,此时此景,可忍思耶!亦以汝朝瘥而暮即返,暂睽而永相聚也,今焉至此,可奈何哉!呜呼痛哉!我于十二之午,至彼看汝,见汝兄弟,悲喜交集。隔年夜雨,顿开阻阔之怀;到处元宵,独守萧条之况。南枝发墅,惆怅聊看,东道张筵,流连暂赏。于时风凄雨横,雪霙云迷。所幸坐少簪朋,户稀人迹,杜门静对,萧萧药炉酒铛间,聊一娱情。而医人切脉,亦云渐有起色,膏肓已去八九,我与汝暨佺喜可知也。未几,医拟赤城于役,计程廿日有余。欲留伯玉,曾遗僧达之书;空叹徐陵,莫睹杨愔之报。乃如之人,何其忍欤!(书求嘉湖备兵顾安彦年丈,顾辞不允,医遂决于台行。)我云或暂归家,当俟医回再来。而汝即流涕被面,语辞哽咽,必欲勿药有喜,方旋故园。我不忍逆汝之意,仍安假馆之谋。攻病而病弥深,就医而医反去。此正月二十三日也。呜呼痛哉!我以此故,日夕眷恋,汝不思归,何能舍汝?望吴山以踟蹰,依越水而偃薄。十舅君晦每驰翰音,我云平复有期,第俟台刺人返,非为诞语以谩君晦也。察汝于微茫之朕,审汝于听观之外。肤肉未充,纤廉较缓,爰拊心而自喜,冀速效以图全。误听人言，蚤投补剂，人参进而火上升，凉散服而脾下泄。桃胶艾叶，影嗟弓角之难移；麦曲苎蒻，湿怅河鱼之不止。真元从耗，危殆寻侵。呜呼痛哉！汝兄世佺乃言，元正初夜，噩梦多妖。庭氏射声之法，不辨十辉；士衡绕车之征，但惊三幕。讵云恍惚，恐或鬼神之通；言念彷徨，庶转法华之藏。礼敦莲社，义阐菩提，虔祷神天，祈延汝命。香花赞供，十有昼夜。法鼓慧灯，尽入光明之海；华幢宝筏，弘开仁寿之天。四道庄严，六时秘密，兄佺矢愿，上疏东岳。各减后来之算，续汝今日之生。碎心陨首，精诚终隔于幽明；沥腑煎肠，运数无回于冥漠。呜呼痛哉！十九之日，厉风冷雨，兄佺不避阳侯之险，无辞行路之难，凤驾武林，求所为生冥判者。苦情哀吁，丹衷敦致于高天；宿障丛身，黑业方缠于下地。西湖人去，未归洒泣之孤舟；东岱魂游，遽切伤心之逝水。抚诸弟而言别，思晤兄以无从。呜呼痛哉！二十二日，为汝启建道场。二十三日，风帆轻迅，挈汝遄返。汝整冠蹑履，舒徐上下，亦知汝病体深矣。强为健容，然念精气还堪，犹能磐折，岂期奄忽即兆于兹。呜呼痛哉！汝妇中旬生女未弥厥月，而金光明会正初启梵音。故我虽与汝归，暂止圆通兰若，间楹相望，家声入耳。拟于朔日圆证维摩，即望衡门，还栖环堵。而二十四夜，月落参横，奄然长逝。命之衰矣，可奈何哉！半载愁眉，几见开颜片晷；两年离绪，终于饮恨九原。呜呼痛哉！是夕也，贝篆初钟，星槎迟晓，景朦胧于梦回，焰幢幢于人寂。青衣夜起，亟声呼我，我即惊坐推床，心椎千捣，揭帐视汝，余息掇然。我以气接气，抱汝联呼，汝寂焉闭响，欻焉沦谢。亟欲救汝，而丹无仙匕，四顾茫茫。将思代汝，而死不由人，孤身惘惘。肠游焦釜，心寄危旌。哭尽窗灯，照死别生离之影；叫残口血，断青春白发之魂。启手足其疑冰，拊口目而不瞑。呜呼痛哉！诸弟交哭，童仆咨洟。我形虽生，我心已死。抵暮，君晦同一友人江干来至，笥藏赤饼，草服赪鞭。而汝鱼符夕下，虬车晓驭，赠琼啥食，斗柔停炊。即煮聚窟之香，岂返蓬莱之吏？呜呼痛哉！二十七日，孝将来唁，欷歔悲感，追述泐公昔日"君家雁行，还有凋伤"之语，言犹在耳，何遽忘心，天乎人欤，咎焉畴委。准提千印，漫存黄绢之容（泐公命以黄绢画准提像）；圆相六观，遽缺青城之镜。（持准提咒，各铸一镜。）呜呼痛哉！汝对诸弟云："倘再得数年聚乐，即为至幸。"又云："恨不及见大兄一面。"（佺时往杭）又云："我若获起，功名富贵，长付滔流，第生一子足矣。"又云："如有起日，即当祝发以报佛恩，更何生子之云。"噫嘻天乎！顾后追前，字字肝肠之血；念兄诀弟，言言骨肉之悲。呜呼痛哉！汝之夭徂，二十仅二。飙飞驶逐，固云促矣。而父母拊汝鞠汝，以迨于今，日居月诸，又岂旦暮心情，易言及此哉！忆昔汝母初将诞汝，梦观杲日，光彩流映，煌煌煜煜，从海上升。升而复堕者三焉，三堕而不复能升也。母瘖语我，是徵佳儿，第恐不得长大耳。如何草弁突矣，褵褵结矣，闷宫彩帉，盈七载矣。山龙衔烛，终折若木之华；天鸡晓鸣，亟闭蒙汜之谷。呜呼痛哉！汝三四岁时，偶婴疥疾，医人以药渗涂，汝曰："其似漆身而为癞者欤！"夫以四岁小儿，胸中有豫让故事，岂非夙慧？汉阴移柳，无愧苏颋，琅琊刈稻，何惭百药！而造化忌才，高明瞰鬼。未曾赋梦，齿仅比于徐份；早拟神清，天遂符于何炯。呜呼痛哉！汝生而玉皎，轩朗映人，唇若渥丹，瞳如点漆。外祖懋所公素性严重，不狎儿女，独见汝深加钟爱。

时君晦夫人有缓带之喜，公曰："若女必以字甥。"于是太傅闺庭，帘飘柳絮；中郎内则，慧解桐弦。爰缔婚姻，无嫌中表。悲夫！玉镜台空，徒感渭阳之送；紫箫声断，浪传宅相之成。梦托津亭，宝钗折淑；旐还建业，素俎悲娴。呜呼痛哉！汝年十一，即事操觚，文品清贵而韶秀，神姿俊洁以安详。孜矻芸窗，勤渠蒿屋。樵苏未继，先穿匡鼎之光；山镜微明，还扫孙康之雪。铜梁度雨，卷对碧鸡；岘渚归云，赋题黄雀。青缣牙籖之函，绿粉缃缥之帙。萃纂玄诠，耽研奥理。桃花叠片，书盈范汪之床；蒲叶裁巾，漏永管宁之榻。昆仑一赋，拊石枞金；泗州片碣，引商刻羽。若使金闺鼎族，生子尽汝，足称有后，不悉象贤。而况以我凉薄，岂堪为父。宜其天夺英华，地销灵气。匣金刀以昼掩，斫玉树而长埋。呜呼痛哉！我年十五，青其子衿，汝之曳裾，亦于此岁。襄阳谏书，见奇庾翼；平南哀诔，不减谢庄。汝才固逊于古人，年庶同于往哲。如名杜乂，曾来标令之称；因梦惠连，或有池塘之赏。而柴荤蠹芝，烘燥焚桂。在辰在巳，孔授郑玄之谶；非馆非寺，邢推房琯之亡。几冷残芸，瓶留剩药，旧帐蚀萦于鼠迹，故箱尘锁于鹃裙。呜呼痛哉！即昨秋闱中弃觯，撷藻披华，风雅遗规，琅琅如也。自谓可以树衣冠之帜，振霄汉之游，而乃赋傧甘泉，音埋柯竹，望荆山而有泪，泣流水以无人，挥彩笔于题愁，悲征帆于失意。遂遭沛道之虞，顿困茂陵之渴。呜呼痛哉！在昔戊寅之秋，完汝室家之事，我心穷拮据，颜腼干求。忍耻徒惭，空似胡奴之米；望门无路，仍分季子之金。（不得已告借，冯茂远许我以米，道远不便取载，仍于家光禄处那移五十金用之。）窈窕初归，蘋蘩方托。摽摽梅实，筐倾白奈之簪；灼灼桃天，片落红香之雨。呜呼痛哉！曹子桓阮妇之篇，潘安仁杨姨之赋。纺离哀于少寡，泫异怆于孤孩。昔固有之，今胡及汝。生人至惨，何相类欤！燕系今春之缕，菱鉴霜寒；熊虚旧日之裳，兰床月坠。流黄锦字，化为寡鹄之歌；彤管椒花，更作孤鸿之序。呜呼痛哉！我自汝母亡后，茕茕独夫，幸汝兄弟六人，晨昏左右。朝千悲而语恨，夜万绪以言愁。家无南越之装，一樽对雨；树有北窗之荫，三径临风。（渊明《诫子书》）共慰寂寥，并堪清赏。六龙在御，又摧荀氏之星；五马称良，止博扶风之月。呜呼痛哉！汝真死耶！舍五十余年之老父而死耶！舍友于和乐之兄弟而死耶！舍二载新婚之妇而死耶！舍镂心刊血不朽之业而死耶！虽无封禅之文，殊有太玄之草。鲍明远河清之颂已矣，张仲蔚蓬蒿之迹阒然。呜呼痛哉！汝于僮辈无一苛言加谪，汝于交友无一迕色生诃，仁恕开明，恬夷润朗。余甘堕粒，深存惜福之思；饬行修名，屡切求全之惕。程年则方逾弱冠，考志则实茂成人。天道靡谌，命途多蹇，岂汝数之宜夭，谅我愆之致然。我死则家门之祸已完，汝死乃殄瘁之殃方大。我不为恶，先民之言不爽；家有余庆，大《易》之训岂虚？然何追昔抚今，非望者遥遥自古；援人问天，盖高者梦梦无凭尔也。呜呼痛哉！汝病我典衣以市药，汝死我卖田以买棺。贫贱真羞，欲告人而谁语；死生此诀，俟何地以重逢。我若获汝母之存，即苦犹堪消遣。（元微之诗："消遣又来缘尔母。"）汝若为他人之子，纵死亦免穷愁。转辗寻思，徘徊引泪，悲风夜冽，怨雾朝凝。呜呼痛哉！暮云千里，极目增伤，一水天涯，故乡亦恨。（死于庵中）纸飞蝴蝶，半炉人散之灰；血渍鸳鸯，两焰更残之火。鬓丝成雪，谁人怜肠断之人；眼眵看朱，何日是泪干之日。呜呼痛哉！暮春三月，江南草长，杂花生树，群莺乱飞。见故国之旗鼓，感生平于畴昔。慨邱迟之寄叹，恍涕泗其沾裳。而况年年芳草，怨王孙之不归；岁岁江蓠，望湘波而永别。半生父子，委深恩于落絮飘蓬；数载弟兄，对伤情于零香碎墨。由来期许，只此收场；无限凄凉，遂为结局。呜呼痛哉！沈翼生云：汝未死时，梦汝同偶来辞姊去。昔年旅雁，犹依连理之枝；此夜啼鹃，不顾相思之树。想汝既可同偶，即当见母。汝母亡后，五年以来，我之控地悲恸，呼天愤泣，汝皆亲见于生前，岂无追溯于死后。裙牵爱子，石慰望夫。紫台长杳，重看绕掌之珠；青鸟遥传，为寄离弦之泪。黄泉隧下，此日如生；白首膝前，何年还再？呜呼痛哉！云何吁矣，心之忧矣。我生不辰，啜其泣矣。降濡雨露，又今朝旧鬼煮蒿；（清明日）仿佛帘栊，是汝母生时悦日。（母生二月十六）日渺渺以渐移，恨荒荒而曷已。綮受戒于台宗，聊荐黍于黍饵。呜呼痛哉！

明叶绍袁《午梦堂全集·灵护集》

金宪小修公传

〔清〕计东

吴之纪，字小修，号慊庵。按察副使瑞徵之孙。少具夙慧，年十二就童子试，为邑令熊公开元所甄拔。父恪，庭训严密。为文稍不满意，公辄痛自刻厉，废饮食，暑夜篝灯跪诵，蚊至不挥，至头帻燃去一角，终亦不顾。为诸生，尝自矢欲以文章名世。丙戌，避盗郡城，时方经丧乱，淡然进取。忽宪檄录科，公勉尔就试，遂冠一军。是岁，即以易经魁南榜，主司称二三场为通闱所无。己丑成进士，授工部虞衡司主事，管理街道市铺。有碍辇跸者，谕令撤去。市人倚王府牌号不听撤，杖之。市人奔愬于王，王怒，下刑曹谳状，祸且不测。公执论不稍屈，朝廷是之。辛卯，迁湖按察司佥事，所辖安陆、德安二郡，地卑洼，岁苦淹没。公经画堤防，奔走数百里，堤工承利，荆民至今便之。时湖南未清，军兴旁午。王师临丰乐湖，檄所在官司编桥为渡，需巨艘无算，商民震惊。公躬冒寒暑，周莘上下，募船以备，官不废，民不病焉。兵荒之后，萑苻多警，公捕得之，歼其渠魁，余党解散。公余少暇，即进所属士课文艺，杂以觞咏。其间文品卓绝者，时时延接。景陵程飞云、潜江欧阳鼎、沔阳袁恢光、吴士恒，皆所赏识也。比秋榜发，程第一，欧第二，袁、吴皆为经房首。主考徐旋叟谓曰："文章固有定价，吾辈眼力不谋而合，亦足以豪矣。"后数子皆成进士有声，时人以为美谈。公莅官三载，善政不可殚述计，典报最，已获上考。会富豪钱某，尝进贿谋脱其罪见却，遂走津要，摭风影事劾公。公视弃官如脱屣，僦居沔阳待谳。时公同年桐城方公亨咸、邹公焕元辈方宦楚，皆一时风雅胜流，诗酒往来无虚日，因得遍览楚中名山大泽，所至必载酒橐笔。诸公雅工书画，由是荆郢间穷檐蔀屋，莫不有诸公之名迹在焉。及事白，归里。杜门贫甚，萧然尘榻。以诗文翰墨谒者踵相接，公濡毫染墨，次第应之，无倦色。居常焚膏秉烛，捃摭旧闻，此外泊然无所好也。所著有《好我斋集》《适吟草》若干卷。年六十四卒。公家世阀阅，致身清华，而素秉廉谨，家无宿储。晚节宾朋宴集，率典质以从事，人尤高其节云。

计甫草曰：慊庵先生盛齿归田，风流宏长，主骚雅之盟者二十余年。人咸悦其文酒跌宕，率易近物，不知其中有确乎不可夺者。邑中尝有旧族，富仆欲叛其主，自谓莫我何。独严惮公，乃令人投匿名书讽之。公付之谈笑，卒伸主仆大义。又有墨吏盗粮事发弥缝，邑人咸分其余粒，欲以百斛饷公。公厉色却之，亦不为人言。噫！此可谓特立独行者欤。观其少时，自矢以文章名世，又孰知其所树立，乃更在文章外哉！

清吴安国《吴江吴氏族谱》

初授公传

初授公讳世楸，南村公之子，韫所公冢曾孙也。好古力学，工于诗，事亲以孝闻。乙酉后绝意进取，弃其城西旧第，奉母避兵下乡。同邑顾有孝、吴旦、周安等偕隐相唱酬，人以隐士目之。母治家严肃，稍拂意即怒，甚不食，公长跪榻前，不命之起不敢起。年过五旬，承欢如孩提。没之日，宗人私谥贞孝先生，有诗文若干卷。

清沈光熙等《吴江沈氏家谱》

雪滩头陀传

〔清〕徐釚

雪滩头陀者，东吴文学顾有孝茂伦也。茂伦生而长身玉立，秀出人表。其父复庵公为经生宿儒，家学渊源，确有指授。自少游于云间陈大樽先生之门，为诸生有声。弘光乙酉，焚弃儒衣冠，与山陬海澨之客相往来，叹沧桑而歌离黍，几至破其生产。然意气甚豪，樗蒲博簺，穷日夜不休，用是业益困，而茂伦固夷然不屑也。尝窃慨于唐人之诗，选者承讹踵缪，千百年来未能洗刮，为之扬榷论次，择其真赏者，命之曰《唐诗英华》，捃摭新旧唐书以及纪事艺文志，人自为传，胪而陈之。虞山钱牧斋宗伯称其不立阡陌，不树篱棘，分曹迭奏，异曲同工，焕然复睹唐人之面目。书成，凡扶余日出之国，无不争购，于是茂伦诗名及于海外。然其自为诗，每矜慎不苟作，遇有分题击钵者，恒终日不成一字，而间出片语，必隽永倾其座，人人以是益推服之。至其订证经史，左图右书，丹黄错互，必穷究根底，不泛泛为渔猎故事。故其学殖甚富，名益大起，四方游声扬光之士有过松陵者，必停桡问茂伦起居。而茂伦家故贫，或不能治鲑菜，必具脱粟与之对饭，客每欣然一饱而去。间有留者，常至下榻经旬，虽瓮无宿舂，而欢笑宴如，人有"穷孟尝"之目。其邮筒往返所得投缟赠纻之作，悉登梨枣。如所谓《骊珠》《岁邮》诸集，往往不甚持择，世或以是訾议茂伦，而要非茂伦志之所在也。

晚而须髯苍然，长眉皓齿，幅巾布袍，俨如图画。经生执业者日益进，抉摘字句搜讨典故之余，必为之追话前辈风流轶事，令人听之娓娓忘倦。见有举止错忤勿克当意者，出其微词冷语，中人要害，勿顾人头面发赤，而胸中实温良易直，不为崖岸斩绝也。茂伦先自号雪滩钓叟。雪滩故在垂虹亭畔，为少伯浮家、天随泛宅之乡。海内同人赋雪滩钓叟诗歌以赠茂伦者，盈数十百首。其临殁也，梦陈大樽先生招之，语颇近怪，不足传。自为遗令，嘱门生勿拟私谥，亲友勿作祭文，并令诸子"以头陀殓我"，因更号"雪滩头陀"云。头陀年七十一，长于余十有七岁，辱引为忘年之交，余固以执友事之。丁卯，余既迁谪里居，每思东阡西陌，与二三老友相寻，为鸡豚同社之乐。故当风日晴美，或命巾车，或驾扁舟，一过雪滩访茂伦于疏篱野水之侧，恒至竟日忘返，而今已矣。嗟乎！吾邑自启祯以后，耆旧如周安期、徐介白、俞无殊、张九临、朱长孺暨茂伦，落落数辈，皆所谓前朝之遗老、盛世之逸民也。乃诸公既相继淹没，所存唯茂伦一人，今亦冥然物化。余之为是传也，其亦有慨于风雅云亡，老成凋谢，不能不俯仰太息者也，岂止酒垆之感、邻笛之痛而已哉！

清徐釚《南州草堂集》

钮应斗传

钮应斗，字宿夫，东吉港人。幼有异表，性沈静，寡言笑。崇祯十六年成进士，明年知漳浦县。应斗至，延见绅者，问民疾苦，夙夜以保惠为务。前知县余瞿父所行善政，一遵其法。漳浦地滨海沃饶，宦其地者号为"金浦"。应斗一无所染，百姓欢爱，方之前召后杜。唐王立福州，郑芝龙放恣其卒，往往鱼肉下邑民，有司不敢问。后肆虐漳浦，应斗辄系治之，而移文报芝龙。芝龙积怒，欲中伤之。大学士黄道周、尚书何楷，并力为之解。芝龙乃贻书谢过，而戒饬其麾下，其后卒过漳浦，无敢扰者。上官以卓异荐，会王师平闽，遂归。归时年未三十。后所知仕本朝至大位者，屡欲荐起，应斗卒不许，里居教授，垂五十年卒，年七十四。子景琦，字云奏，康熙二十年举人，亦有文行。

清乾隆《吴江县志》

古处公小传

〔清〕袁嵩龄

古处公讳蘅，号今飞。年十四岁入泮。公为若思公长孙，承家学最先。相传馆芦墟郁氏，攻时艺，力久不倦。登康熙丁卯科贤书，年已六十九矣。是岁七月，当赴省考遗。诸祖姑母归省者，皆曰父年老且贫，何不节费以为儿女买秋衣。公不听，毅然去。

及重阳榜捷，扫桐叶煮茶，摘园蔬代饭，以供报子焉。计偕会试，值都中痘疹大起。公医术素精，骑驴视疾，日不暇给，因年衰堕驴伤足，未得入场。后五年卒。著有《今飞诗稿》两本，道光初年在二桐书屋中遗失，可惜也。

清《袁氏家乘续编》1920年抄本

先考子开府君行略

〔清〕陆方涛

呜呼痛哉！先府君之望不肖孤者已矣。府君未弱冠即补县学生，积学工文，而七试不售。故望子尤切，督课不肖等，虽遇疾不少辍。或隔宿勺水未入口，翼晨喉渴音哑，痰喘有声，犹必强起，讲析书义，俟不肖等解乃已。不肖方涛幼就外傅，稍通句读即归受庭训，每成一艺，手自评阅，篇梳而句栉之。与幼弟源宏同几席，而宏性较慧，举一反三，不幸早世，府君尝为文悼之。独如不肖之顽钝惰废，不克继吾父之志。读吾父之书者，犹复偷息人世，坐视吾父赍憾以终，岂不痛哉！府君讳钥，字子开，号荻存，为先王父方伯公季子。生有异禀，读书目数行下，方伯公尝奇之。府君尤自刻厉，寒暑无间。其得嗽疾也，以乙酉南闱号舍圮，雨浃背，既归而病。自后遇寒则作，而攻苦卒不少衰。戊子科闱，卷与三伯父青印公同荐，以经义误字被乙，乃不复进取。且疾作益数，因究心医家言，手录《素问》等书，钩元提要，择精语详窥，见轩岐奥旨。故自壮岁以后精神强固，四十岁中未尝有他恙。年近古稀，饮啖颇健，肺疾亦渐差。方幸天假之年，期颐可卜云，胡不吊仓猝之间，遽夺吾父之速也。府君少有大志，于书无所不读，淹通河洛理数及兵法阵图。既不得用，乃各为之论说，诸子百家，靡不赅贯。方伯公尝摘史事隐僻者以试府君，辄随口占对，本末不遗。性无嗜好，尤不喜治生，有以求田问舍请者，辄谢曰："无愧清白吏子孙足矣。"为善不近名，施仁不望报，谦而有礼，慈而不狎，远近贵贱咸心折焉。鼎革时避难越溪，为盗所得，及询姓名，即罗拜具酒食谢罪，且遣人护归。府君诗有云"衣冠御强暴"，谓此也。居平足不入市，门无杂宾。晚年以诗自娱，专宗王摩诘，尤公骈文及长短调，著有《荻存诗稿》《荻存小咏史诗》《读史小识》《却扫编》《慎言录》，藏于家。府君明于死生，疾少剧，即口授诗及自题小像署期。重阳后一日，即易箦日也，遗命惟勖不孝辈以孝友读书，余无他言。府君生于前明万历四十八年五月初八日，痛于康熙二十六年九月初十日，享年六十有八。曾祖考吴川公讳勋，妣氏徐。祖考继川公讳尚德，妣氏宋。考方伯公讳文衡，字坦持，明万历己未进士，前山西右布政，最后以定州兵备道忧归，遂不复出。妣氏顾。方伯公七子，府君兄二人，弟四人，皆同母也。配吾母张孺人，明崇祯壬午举人、廉州司李将子公讳起女。张公举家十七口，殉难南宁，府君为之传。子三：昌禧，附监生；方涛，增生；源宏，前卒。

清陆涵普等《平原派松陵陆氏宗谱》

彦登公传

〔清〕黄廷桢

彦登公讳世灿,号古民,省吾公之三子,好学君子耄而勿倦者也。公为端敏公受业叔父,少能诗文,长而博极群书。鼎革以后,即弃举子业,专心古学,淹贯经史百家之说,下及巫医卜筮。其所纂缉之大者,有《易经微义》《尚书实旨》《春秋四传类编》《二十一史类要》《续黄氏日抄》等书。当端敏公之六十寿诞也,公适八旬,特来相庆,作诗志喜,中有"戴氏传经"之句,盖道其实云。至端敏公已逝,而公尚矍铄善饭,灯下写细楷。人见公年近九十,朝夕著书不辍,曰:"人之勤读,为功名也。君今既耄,亦以何为?"公曰:"一日在世,则读一日之书者,吾辈之分也,岂有所为而为之哉?"丁亥春正,桢以拜贺至乡,公虽卧疾在床,为桢强起,将家乘中支派一一指明,曰:"汝之留心谱系,吾宗之幸也。"而公衾枕之旁,尚拥书数卷,时以观览。所谓耄而好学者,非公其谁与归?

清黄以正、黄锡爵《松陵黄氏家谱》

圣勤公传

圣勤公讳丁昌,字子言,方洲公之子也。少多病,父母以独子故,绝爱怜之。十岁始就外傅,十八岁始发愤读书。凡子史百家,靡不研穷博览,得其精奥。为诗文落笔数千言,恒不假思索,兼工于填词,与族兄一指公称为双璧。年二十二,占籍浙江,以幼曾抚于姑丁姓,遂以其姓游庠。越三载,应顺治戊子乡试,主司目为奇才。偶嫌久内用《周易》"颜氏之子"四字,以为轻佻,乃屈置副车。一指公亦登其列,遇覃恩偕贡大廷。一指公自愤怀才不售,就选韩城。公独不屑小试烹鲜,愈励志棘闱,卒之数奇不偶。家道寖微,乃自悔半生碌碌,不能及早禄仕娱亲,遂谒选于康熙丁未,补粤东南雄郡之保昌县丞。时兵戈乍息、岭徼粗安,兼之署冷曹闲,簿书之暇,惟检点奚囊寄情吟咏而已。上官以公廉明有干才,时以疑狱质成,事无大小,悉以咨焉。辛亥,贡茶入都,便道省亲。值母吴孺人七袠诞辰,奉觞上寿,亲朋毕集。又经理未了葬事,并得治西祖基三凤堂居之,门庐稍整。事竣回任,秩满当迁。岁甲寅,题升程乡县令。适逆藩吴三桂谋叛,南雄正当孔道,军事倥偬,公带衔在原任,听候差调。迨丁巳事平,遂不赴程乡任而归,又数年而卒。所著有《历朝史论》《闲余阁诗稿》《岭外集》《明史弹词》诸种,名手录底本藏于家。

清沈光熙等《吴江沈氏家谱》

王智可先生小传

〔清〕顾我钧

在国有史，在家有谱，皆赖有心人而后成。每见一家之传，支派稍析，不久遂为途人。岂不以谱牒之作，创之无其人欤！或创于前矣，而一失不复，莫为之继欤！时当残缺，因仍涣散，后虽蕃盛，将安所徵，然则扶衰继微，其有功于前后不小矣。吴江王氏，旧为梅里世家，因题以号其谱，自宋迄明，无有废坠。遭乱播迁，遂失其本，王姓宗族，几涣而不能复属矣。智可先生生于前代之季，迨其中年，而族之无谱二十余年矣。先生奋然从事，遍询各房，详求故老，积三十年之勤。然后自其十世祖以下，支分派别，厘然确然，足以为后人徵信。今自先生没后几五十年，王氏子孙日益炽茂，乃更增而刻之，袤然成帙，盖先生之志至今日而始大慰焉。昔子长孟坚，史才超绝千古，然皆有资于先人之草创。向使莫为之前，恐未易为力也。以家徵国，奚独不然？然则今之增辑刊修，固贤子孙继述之善，而先河后海，得不推先生为首功哉！先生讳景适，初字智生，晚更字智可，号梅庭。少为名诸生。性行高介，士林宗之，先祖柳村公尝受业焉，惜岁远无能细考其行事。至其婚配生卒，自具谱中，都不复载，谨述其留心谱牒有功前后如此云。乾隆丙寅，年家眷门下晚生顾我钧顿首拜撰。

清王锡等《吴江王氏新谱》

王景亮传

王景亮，字武侯，富亩村人。少力学，崇祯十六年成进士，授中书舍人。福王时，命主云南试，道梗不赴。唐王立，擢御史，巡按金、衢二府，督军援衢，与永兴伯张鹏翼同心协守。加太仆卿，兼视学政。时衢之凤凰山地险要，而大兵近焉，众莫敢往。景亮独请行，率兵三千为守御，兵饺而哗，立斩三人，以大义泣论，众乃定。远近闻风馈饷，军声颇振。后大兵围衢不下，有同年某仕本朝为大官，遗书招之，立毁其书。旧广抚闻某至衢说降，诸将皆嘿然俯首，景亮叱斩之。后城中内溃，大兵缘以入。景亮正衣冠，危坐堂上，兵不敢害，拥至帐前，大呼列祖列宗，不屈死之。有僧某，具棺敛为归里。（本徐锡禧《纪略》，参《明史》。）

清乾隆《吴江县志》

姑吴孺人传

〔清〕计东

我姑吴孺人，我从曾祖太学生寅阳公女孙，从祖太学生霁寰公长女。自幼字今吴公准庵。准庵起家进士高第，以新例筮仕令洛阳。姑虽未膺敕赠，然例得称孺人。孺人之母与洛阳君母钱宜人兄弟也，习知孺人贤，故委禽焉。时洛阳君之尊甫吏部公年少举孝廉，我从祖方雄于赀，两家以僚婿为婚媾。而洛阳君又自幼能文章，美姿容，我宗啧啧贺孺人。孺人幼端靓，不妄言视。我家故居与孺人父母家灯火相照，我母每见孺人，未尝不称姑善也。崇祯丙子岁，都御史唐世济家僮为不法，辞连及婿，婿即我从祖弟也。苏松备兵使者大冯君凤衔唐，穷治其狱，诸株连者皆不免。从祖性至孝友，破产营救其父及弟，资立尽。丁丑，吏部公成进士，司理广信。及己卯，钱宜人为洛阳君纳孺人，遂偕之江右，孺人年十七。此时计氏萧然矣，孺人能善事钱宜人及钮太宜人，以孝谨闻。癸未，孺人始从钱宜人归里，遂归宁我从祖。而我母携我妇往故居晤孺人，相见欢甚。归啧啧具言姑娴雅淑慎，更胜未嫁时，所生子女又美秀且多也。顺治甲午、辛丑，洛阳君登贤书，成进士。所生子女九人渐成立，孺人喜可知也。我从祖殁，有孤子贫不能自振，孺人周恤之备至。钱宜人早世，钮太宜人年百岁，孺人孝养益恭。其最异者，一日剧贼数千人自吴兴来，白昼攻劫，且露刃抉户矣。太宜人年老仓，卒不能出避，挥孺人去。孺人曰："太宜人在，孙妇当以死。"卫守益坚。贼无故自解散，里人皆谓纯孝果格天也。呜呼！孺人之孝如此，他懿德概可知矣，予故不具述云。丙午，年四十四，忽以疾卒。遗语薄殓，尚恨不获终养太宜人。我母闻孺人之殁也，为之流涕。

赞曰：东考家乘，我先世当宋南渡后家式微，赖秦国太夫人计氏之力，子孙遂世有闻人焉。今考史传，秦国能诵其夫张制科对策之语，勉其子张浚为良相，教其孙拭为大儒，称南轩先生。而又以其余力，及其族子计有功为徵君，以著述显于世；计衡为真御史，以直谏显于朝。迄于今五百年，而计氏之裔孙相与颂秦国之遗泽不衰。呜呼！以孺人之孝德，使天假之年，竟其相夫教子之功，何遂不若秦国也！呜呼！我从祖以孝友无间于宗族之论，人皆谓食报于其女。今孺人殁矣，而从祖之孤子亦相继夭殁，从祖竟无后，天道其可信乎？洛阳君为立我从祖弟之子以继其祀，且经纪其后事。呜呼，亦我姑之志也夫！

清计东《改亭集》

王子渊先生暨配许孺人合葬墓表

〔清〕顾我钧

王子渊先生既葬于常字之四十年，其冢孙锡始命予为文表其墓。予生也晚，不及见先生行事之详，顾余所闻于父兄及里中耆旧之传述者，犹堪约略想其为人。按：先生讳化源，子渊其字也。原配姚孺人早卒，卜葬于洁字圩之新阡。今之合葬者，独继室许孺人王氏。自元季寿公始迁以来，五传至封侍御乐善公，晋秩金都御史、江西巡抚。又七传而至先生之考浩然公，隐居教授，家渐贫。先生年十七，即以馆谷为生计。授徒之暇，务自攻苦，思有以光大其门。未几，连遭二丧，先生尽鬻其产，以礼营葬。卒乃自以其力，铢积寸累，省衣啬食，比及中年，而田园数倍先世。先生有二弟，遭乱离散，辛勤遍访。久之，先后俱得复合，让田割宅，友爱备至。盖其孝弟之性，经理之才，于此足徵矣。先生殁时，年才四十有六。长子植八岁，次棣四岁，许孺人教养成立，皆为名诸生。后长子早卒，孺人率棣抚其二孤，以迄成人。后先生四十四年卒，其为女宗闺范，里中多有能言之者。自孺人殁后方终丧，其子棣与孙锡同举于乡。锡两任邑令，皆著贤声。诸孙曾并游胶序，孙曾女各适士流。王氏之门日炽以昌，旁观叹羡为盛事，而不知其光前裕后之模，实先生与孺人所为养根加膏而致之也。则人定胜天而德无不报，观于先生，不益信哉！乾隆十年吉月，年家眷晚生顾我钧顿首拜撰。

清王锡等《吴江王氏新谱》

赵沄传

赵沄，字山子。父庚，见《节义传》。沄，顺治八年举人，仕终江阴教谕。性颖异，善属文，尤工古今体诗，出入随州、香山之间。初在慎交社，与同邑吴兆骞、计东，并为昆山徐乾学所推重。既而与顾有孝钞选诗文，流布海内，远近称茂伦、山子，无异词。为人外通而中介，遇大利害敢于任事。尝与邑令张恪论增税，力持不可，令怒，欲中以危法。久之，知公论不可夺乃已。子嘉稷，工文，孙文然，博学强识，并为名诸生。

清乾隆《震泽县志》

书吴潘二子事

〔清〕顾炎武

先朝之史，皆天子之大臣与侍从之官承命为之，而世莫得见。其藏书之所，曰皇史宬。每一帝崩，修实录，则请前一朝之书出之，以相对勘，非是莫得见者。人间所传止有《太祖实录》。国初人朴厚，不敢言朝廷事，而史学因以废失。正德以后，始有纂为一书附于野史者，大抵草泽之所闻，与事实绝远，而反行于世，世之不见实录者从而信之。万历中，天子荡然无讳，于是实录稍稍传写流布，至于光宗而十六朝之事具全，然其卷帙重大，非士大夫累数千金之家不能购，以是野史日盛，而谬悠之谈遍于海内。苏之吴江有吴炎、潘柽章，二子皆高才。当国变后，年皆二十以上，并弃其诸生，以诗文自豪。既而曰："此不足传也，当成一代史书，以继迁、固之后。"于是购得实录，复旁搜人家所藏文集奏疏，怀纸吮笔，早夜矻矻，其所手书，盈床满箧，而其才足以发之。及数年而有闻，予乃亟与之交。二子皆居江村，潘稍近，每出入，未尝不相过。又数年，潘子刻《国史考异》三卷，寄予于淮上，予服其精审。又一年，予往越州，两过其庐。及余之昌平、山西，犹一再寄书来。会湖州庄氏难作，庄名廷鑨，目双盲，不甚通晓古今。以史迁有"左丘失明，乃著《国语》"之说，奋欲著书。其居邻故阁辅朱公国桢家，朱公尝取国事及公卿志状疏草命胥钞录，凡数十帙，未成书而卒，廷鑨得之，则招致宾客，日夜编辑为《明书》，书冗杂不足道也。廷鑨死，无子，家资可万金。其父胤城流涕曰："吾三子皆已析产，独仲子死无后，吾哀其志，当先刻其书，而后为之置嗣。"遂梓行之。慕吴、潘盛名，引以为重，列诸参阅姓名中。书凡百余帙，颇有忌讳语，本前人诋斥之辞未经删削者。庄氏既巨富，浙人得其书，往往持而恐吓之，得所欲以去。归安令吴之荣者，以赃系狱，遇赦得出。有吏教之买此书，恐吓庄氏。庄氏欲应之，或曰："踵此而来，尽子之财不足以给，不如以一讼绝之。"遂谢之荣。之荣告诸大吏，大吏右庄氏，不直之荣。之荣入京师，摘忌讳语密奏之，四大臣大怒，遣官至杭，执庄生之父及其兄廷鑨及弟侄等，并列名于书者十八人，皆论死。其刻书鬻书，并知府、推官之不发觉者，亦坐之。发廷鑨之墓，焚其骨，籍没其家产。所杀七十余人，而吴、潘二子与其难。当鞠讯时，或有改辞以求脱者，吴子独慷慨大骂，官不能堪，至拳踢仆地。潘子以有母故，不骂亦不辨。其平居孝友笃厚，以古人自处，则两人同也。予之适越，过潘子时，余甥徐公肃新状元及第，潘子规余慎，无以甥贵稍贬其节，余谢不敢。二子少余十余岁，而予视为畏友，以此也。方庄生作书时，属客延予一至其家，予薄其人不学，竟去，以是不列名，获免于难。二子所著书若干卷，未脱稿，又假予所蓄书千余卷尽亡。予不忍二子之好学笃行而不传于后也，故书之。且其人实史才，非庄生者流也。

华忱之点校《顾亭林诗文集·亭林文集》

吴节士赤民先生传

陈去病

吴节士赤民先生者，吴江之烂溪人也。讳炎，字赤溟，又字如晦，号愧庵。以遭逢鼎革，系心故国，不忍背弃，因更号赤民云。少承家学，为归安诸生，有声于时。未几国变，乃遁迹湖州山中，久之始出，则与其伯叔昆季为"逃之盟"于溪上。一时吴越间高蹈能文之士，闻声相应而来者，得数十百人，盖彬彬乎有月泉吟社、玉山雅集之遗风焉。（按：先生之父兄弟九人，国变后皆改名隐遁。旋返故国，结"惊隐诗社"，即"逃之盟"是也。沈彤《震泽志》云："迹其始起，盖在顺治庚寅。诸君以故国遗民，绝意仕进，相与遁迹林泉，优游文酒，角巾方袍，时往来于五湖三泖之间。其后史案株连，同社有罹法者，社集遂辍。"又按：其社以午日祀屈原，九日祀渊明，除夕祀林君复、郑所南云。）夙与同邑潘柽章交莫逆，其才学识又相埒，居恒累欷明兴三百年间，圣君贤辅、王侯外戚、忠臣义士、名将循吏、孝子节妇、儒林文苑之伦，天官郊祀、礼乐制度、兵刑律历之属，粲然与三代比隆。而学士大夫，上不能为太史公叙述论列，成一家言，次不能为唐山夫人者流被之声韵，鼓吹风雅。独两人故在，且幸未老，以为将不此之任，而谁任之？因相与定为目，凡得纪十八，书十二，表十，世家四十，列传二百，为《明史记》。又疏遗轶，及赫赫耳目前足感慨后人者，得百事，作《今乐府》。《今乐府》先成，虞山宗伯钱谦益见之，大激节。先生因遂致书宗伯，求异书乞为助。宗伯得书叹曰："吾老矣，无能为矣！绛云楼遗烬尚在，当有以畀之可也。"乃悉出所贮付先生，舁之去。昆山顾炎武，故与二子善，闻其作史，亦出先朝藏籍佐之。于是先生益自喜，为《明史记》益力。友人王锡阐、戴笠皆与同志，咸为撰述。锡阐长于律历，任撰十表。笠明于近事，为编流寇殉国诸臣事略。而先生尤长于叙事，桱章则精考核，因各竭其能而从事焉。不半岁，竟得纪十，书五，表十，世家三十，列传六十有奇。《明史记》成且有日，而南浔庄氏史狱起，辞连先生，遂被逮。初，同邑庄胤城者，家富，居乌程之南浔，与故相朱国祯府第邻。相国生时故撰史稿殊众，殁后其裔贫不自存，则举而质之庄。庄子廷钺得之喜甚，因更予千金市其书，益聘名士足成之，为《明书略》。书多触时忌，不肖者辄挟持以为利。久之事愈昭著，不可掩。按吏联翩自北来，尽逮庄氏族及诸名士入于狱。而先生与桱章徒以名重，为庄窜列参阅中，因是并株及，二子固未知也。事闻，或劝避之，先生笑不应，阖户摄衣冠危坐以待捕者。既鞫讯，先生独廷辩侃侃不稍挠。已知其无济，则益慷慨激切骂不已，鞫者不能堪，至拳踢之仆地。在狱中意气自若，与同坐者赋诗酬唱，阳阳如平时。以康熙二年癸卯五月二十六日，与桱章同磔于杭州之弼教坊。乌乎悲已！先夕，先生知不免，谓其弟曰："吾辈罹极刑，血肉狼籍，岂能辨识？汝第视两股有火字者，即吾尸也。"闻者悲之。家属北徙，至齐化门，夫人某氏，竟服鸩死。

陈去病曰：吾闻之庄狱之成，其同日死者至二百余人，其妻子族属之徙边不返者，且数倍焉。乌乎！可谓变革以来之一大惨祸矣。顾余独惜自庄狱起，而令先生之书不成，明室之事鲜证。张骏所谓故老凋谢，后生不识慕恋之心，不其然欤？抑又闻之，晚村吕氏尝欲就先生遗稿，与晓阉王氏继赓为之，而王、吕遽丧，事卒无成。及潘耒之归，且求其稿而无获焉。乌乎！天之厄人不甚矣哉！然其他词赋杂著，光焰万丈。虽阅世寖久，而去病独得之于劫灰蠹蚀之余，俨然出瞽井而陈心史。则谓彼苍苍之无足凭，又岂然哉？故谨传其事，为良史痛，亦并为后之慕良史者劝焉。

闵尔昌《碑传集补》

太学从兄念祖暨嫂氏韩合葬墓志铭

〔清〕叶燮

太学兄讳伋，字念祖，我伯祖赠太仆卿讳重科之孙，我从父文学君绍时之子也。文学君以绩学不售于时，同母弟绍颛登甲科，为大理卿。文学君每叹曰："我何不如季，而数奇若此，不得为难，兄命也。"太学兄天性笃厚，益刻励，为长者行。慷慨好施，重然诺，慕季心剧孟之为人，好急人。人昏暮以缓急告，慨然应之不逾晷，族戚咸称为难。勇于赴义，不以艰大辞，率先倡。康熙癸卯，予黜于有司，益不得志，将北游燕赵，访悲歌慷慨之士。濒行，谓予曰："以子之所负，无患不获遇，必有能知子者。"行矣勉之："我日夜望子易袍以归矣。"时予幞被萧瑟，兄为我治装甚周。及予丙午幸贤书，而兄即世，逾改火。予具絮酒哭之，且述其遗言以告之，凡观者无不感动。兄事亲孝，待诸昆季以和。与人交，皆能得其欢心，始终不逾。生平无疾言遽色，要当为末俗有益，人金谓其和平。岂弟必得大寿，乃年不及中寿，里闬无不伤之。生明天启甲子，卒康熙乙巳，寿四十有二。配韩氏，苏之长邑人，襄毅公五世女也。太学君卒，孺人年未四十，勖孤子，持门户，从荼苦，拮据中井井秩秩，内外无间言。舅姑即世，凡丧葬一无遗憾，贤而有才，人咸啧啧。生明天启丁卯，卒康熙乙亥，享年六十有九。子二：长舒霞，次舒霩，俱恂恂敦睦，有乃考风。以某年月日合葬于吴江二十八都东忙字圩。铭曰：

禄逮于世，礼以克之。族蕃以昌，义以笃之。媾以德合，恭以率之。勤斯闵斯，勉勉于躬，以克永乎有世。

清叶德辉等《吴中叶氏族谱》

叔父文辕府君行状

〔清〕计东

叔父讳台，我祖第三子，庶祖母张氏出，与东生同岁。我父字之曰文辕，以文昌轩辕二星在台星傍也。后改今讳曰远，其命意有足悲者。叔生而端静寡言，不好嬉戏。庶祖母又柔婉恭顺，我祖母爱之无间言。叔六岁与东同受章句于我祖，年十余学文于我父。弱冠能属文，应试屡不利。见东与本、秉两弟俱鬌龀补诸生，默然自伤，自此希复见诸侄矣。我父临殁时，召东跽膝前嘱曰："我殁，汝祖老叔懦弱不习世事。我以叔属汝，汝事叔如事父。"东涕泣受命。至今念我父遗言，殷殷犹在耳也。我父殁二年我祖殁，家衅起，叔析产，日默无一言，向东涕泗泛澜而已。既除服，即补诸生，家衅复大作，东为请救于从祖需亭翁，得免。又五年，一婢暴卒，衅又作，东长跽力争于邑令吴公立斋讼庭。吴公贤者也，事竟得白。家益破，气益夺，日杜门不见一人。时时读《易》，习五行星命家言，与人言祸福多奇中，乞推测者益集，叔亦不屑也。戊申夏，东从广陵归，携鲥鱼、樱桃脯诸物，治具邀伯叔暨从祖从弟辈，饮酒谈笑。酒半，忽修衅者攘臂殴叔父，如雨下血，洴洴阶除前。仓猝出不意，从祖及东力救得脱。自此病脾经年，医者谓积郁所致，非药石可疗也。遂以明年八月十六日卒，年四十六。殁之前半月，东从座主宋中允公在嘉善，梦中赋诗有"明月满床多涕泪"之句，因固请于座主归视叔病。叔曰："我当中秋后一夕死。"死时果月明如昼，东哭不能止。吾母语我妇曰："我子盖念我先君临殁时之言也。"哭父也，哭叔父耶，痛哉！东辱父命，罪深矣！虽然人伦不幸至此，天也谓之何哉！叔娶王氏，生子男一人蕃，女一人，俱未婚嫁，以属东。东为蕃娶妇李氏，即我母从弟女。女嫁陈文庄公族子正心。呜呼！我叔一生醇谨无大过，悒郁佗傺终其身，不获见其开口一笑而死。所以详叙其致死之状者，痛叔之无罪，冀叔知东之不泯没其实，或开口一笑于地下也。呜呼痛哉！

清计东《改亭集》

计孝廉传

〔清〕尤侗

　　孝廉计东，字甫草，改亭其别号也。吴江人，而籍嘉兴。父名，故名士。君自幼跳荡不常，父忧之，先辈吴翮独器之，曰："此非常儿。"年十五，补诸生，汔于庠，文誉日起。会遭世变，不愿应举，家居取《十三经》《二十一史》诸书尽读之，求义理旨归，治乱得失之要。下至权衡、兵法、阴阳、占候之术，靡不通习。尝著《筹南五论》于阁部史公，公奇之，时人未之测也。久之，丁父丧，家多难，母老，贫无以养，于是慨然投袂，出试于有司。辛卯中乙榜，乙未贡入太学，丁酉举京兆第七人，御试第二，名动长安。时吏部选人集者千余，闻唱君名，相顾欢曰："是江南计甫草耶？"争迎而揖之。然君三上春官不第，旋遭奏销一案，望误被黜。黜后十六年，婴痟疾以殁，岁止五十有二。呜呼！君之一生，尽于此矣。君既放废不得志，出游四方。尝自京师北走宣、云，南历洺、漳、邢、魏，东之济、兖，遍览山川云物、草木虫鱼之状。所至结交贤士大夫，相与衔杯赠言而去。故其诗文日富，纵横跌宕，务合古人之法，亦极其才力而后已。其在吾吴，狎主齐盟，与我辈横经说剑，议论风发，一座尽倾。间或激不平之鸣，嘻笑怒骂，无所不有，见者怪之。予笑曰："此狂奴故态耳。"然君内行修谨，事母至孝，友于同父兄弟。推及群从，皆亲且爱之。有才子准早夭，筑思子亭，以孝贞女宋氏合葬，其情有足悲者。座主曹学士、宋中允之归也，君以医药侍疾于扬州，流连不去。迨殁，悉经纪其丧。友人吴兆宽流徙出关，君周恤其家，以爱女字其弱子。吴既赦还，复缘奏销累君，割产以偿，君让还其半，相好如初。则其于家庭、师友之间，可谓无遗憾矣。又徵其逸事，尝在邺城遍寻谢茂秦葬处，得之南门外二十里颓堕荒草中，赋诗吊之。固请当事为封土三尺，禁人樵牧，其上立石，志之曰"明诗人谢榛之墓"。又过顺德，憩逆旅，忽念归震川昔佐此郡，有《厅记》所称"独步空庭，槐花黄落满阶砌，殊欢然自得"，及"衙内一土室，户西向，寒风烈日，零雨飞霜，无地可避"者。其遗址在否？遂徒步入城，遍求不可得，乃于郡署旁废圃中设瓣香，流涕再拜而去。道旁观者皆大笑，以为狂生也。又至禾中金明寺，上陶朱公书，自称世通家，索其始祖计然《七策》，以为致富之方。其落拓自奇若此。君在宋中，一见今中丞宋公牧仲，叹为俊杰非常，以严郑公、李赞皇许之，公愕不敢应。今君殁二十年，而宋公开府江南，声望赫然，世皆称君为知人。故《改亭集》之刻，宋公序以传焉。

论曰：计子卒后三载，天子开博学鸿儒之科，拔置词林。识者谓："使君而在，不当首是选耶？"有其才，无其时，良可惜也！吾闻君之先人尝作蛰庵，命君读书其中，君亦为文记之。昔贤有云："丈夫得时则龙蛇，不得时则蚯蚓。"夫龙蛇蛰也，蚯蚓亦蛰也。计子之道，其殆终于蛰乎？

清尤侗《西堂余集·艮斋倦稿文集》

祭业师计甫草先生文

〔清〕徐釚

呜呼痛哉！吾师之殁也。记某十四五时，从先君子读书南州草堂，疏篱野水，竹木蓊郁，石塘横跨其右。师与先君子有旧，每倚棹过堂中，先君子呼小子出揖，执经问难，因委贽焉。明年，从师游学禾中。学使者按禾，师翼之往试，时小子发未燥也。未几，师入成均，举孝廉，某亦渐长加冠矣。然家室多故，未得时奉几席。偶试第一，旋遭内艰，摧挫郁郁不自聊。师挈之金昌，居织里桥西，与之讲究诗古文。当是时，新城王仪部阮亭、长洲汪比部钝庵，方以古学号召后进，与吾师角。师持吴蔼及某作质之两公，两公称善，师喜以为张吾军。岁丁未，先君子奄逝，家益贫。某遂糊口四方，师亦诖误失职西走大梁。时某方溯扬子江，客龙眠天柱，归而再游东鲁，短衣单骑，驰骋炎云朔雪中。因数数入燕，往来蓟丘道上，逾年始归，敝裘羸马如故。侧闻吾师正讲学颍川刘氏，从游者几数百人。是岁也，某故倦游，师亦旋里，相见劳苦，师因举"文统道统"之说。旋又为饥所驱，伥伥出门，师为黄冈学士所招游于畿内，某客钱塘。寅卯间，西南用兵，故乡风鹤，方念师在燕中，难慰倚闾之望。六月暂归，而师已回里门矣。某急拏舟过候，于黄昏烟月、竹树清风之下，命酒剧谈，感叹人情险仄。师有扁舟，期屡过避地，话深藏之句。因追忆曩日从游，忽忽已三十载。人生自少而壮，壮而老，岁月几何，常苦不能自立，与往昔别时，尤觉恋恋不忍舍去。十月初，某忽有鸰原之痛，师从郡城枉吊敝庐。时某妻孥已别徙三四里，师徘徊荒径，见所谓南州草堂者，曲池就平，蓬蒿不剪，仅存老屋数间，为之凄凉，溃泪而去。留数行言别，且云"忽有足疾，出自意外，故亟归"。呜呼，孰意吾师竟因此疾以殁也，天乎痛哉！师今已矣，唯是太师母在堂，无人负米以供鱼菽。师又纯孝，或有不能瞑目者。至于文集累累，当世业已传之四十年。某倘能稍存视息于天地间，犹愿与诸弟子葺师遗稿，以自附于李翱、张籍之末，庶几少报万一。即欲为诗以哭吾师，辄哽咽不能出声。痛定后，当歌楚些，号呼于山顶林木之上，一招吾师之灵，相与恸绝也。唯吾师鉴之，呜呼痛哉！

清徐釚《南州草堂集》

计东传

计东，字甫草，江苏吴江人，寄籍浙江嘉兴。工为文，年十五补诸生，声誉日起。顺治十四年，举顺天乡试。十八年，以江南奏销案被黜。大学士王熙器重东，屡欲荐之，未果。会诏举博学鸿儒，而东已前一年卒，年五十二。东少负经世才，意气勃发，尝自比王猛、马周。始遭世变，著《筹南》五论，经画明晰，持谒史可法，可法奇之，以时势所值，弗能用也。伏匿里门，深自韬晦。既贫无以养，始出就举。已而复黜，益放废，矢志纵游四方，自京师北走宣、云，南历漳、洺、邢、魏，东之济、兖，览山川之形胜，所至交贤士大夫，相与投分赠言而去。外若不羁，内行修谨，事母至孝。尝从睢州汤斌讲学，寓书柏乡魏裔介论《圣学知统录》，历指程朱见知、闻知诸子之当补入者。又以统有正必有闰，陆氏之徒亦当择其行谊及论说近正者存之，以大著其防，若举而去之，其学终不可泯，宗之者反得藉为口实。所论殊有确见。又从长洲汪琬受欧曾义法，故作文具有本源，而一出以醇正和雅。初游河南时，见商邱宋荦，辄引重，目为严武、李德裕一流人。既荦巡抚江苏，东殁已二十余年，特序其遗文刊之，为《改亭集》十六卷，又诗集六卷。

清国史馆《清史列传》

丁墨霞墓志铭

〔清〕潘耒

丁氏之先，世有显人。宋南渡，初自汴徙吴，其居吾邑盛墩之东，则自元。迄今且四百年，可考者十余世，多以高资笃行，宾礼于有司。有讳鹏者，嘉靖中出家财筑堡御倭，徐给事鲁庵志其墓。其曾孙曰士俊，明末毁家从军，死于难，君其叔子也。讳彩，字墨霞，孝友笃诚，敦尚志节。弱冠而遭家难，避兵转徙，尽亡其资，潜心力学，补秀水诸生。乱定还里，稍稍理故业，勤苦者积年，复振如初。然不懈于学，居则孜孜讲肄，出而与四方知名之士角艺争长。久困场屋，去游成均，为选人，非其志也。能治生，而不吝施，远族疏亲多所收恤，拯穷周急，多长者之行。郡中同宗坐事，当籍没，一子亡至君家，家人欲弗纳。君曰："彼急而投我，我何忍拒之？曰如后患，何曰情谊，当然利害，非所计也，不闻古有婴杵乎？"竟纳之。其后事露，几掇重祸，破其家，不少悔。其见义勇为，类如此。彭公云客绝重君，以二女妻君二子愈、宪。愈，邵安人出也；宪，侧室蔡氏出也。邵安人秀水名族，淑令性成，相君治家，肃而能宽，俭而中礼，君为盛德事，辄阴赞之。愈出为伯父后，爱宪如出腹子，家财尽予宪，不使愈稍分之。兄为大姚令，卒于官，一女无依，抚而嫁之。君没后即谢家政，长斋诵经，然未常一至寺院。身衣布素，老自缝纫，一动一言，皆可师法。君卒于康熙乙卯年冬，既葬矣。邵安人后君二十七年而卒，将启君之窆而合葬焉，于是二子以状来请铭。余素闻君行谊，又忝姻好，不敢辞。铭曰：

勃兴之门多骤替，何如清素长相继？济阳分支久而炽，赖有潜德绵其世。惟君躬行敦孝悌，乐善如归从义锐。藏亡匿孤任侠事，谨厚为之斯可贵。协德齐徽有贤俪，弼成家修溥厥惠。如灯加膏木培柢，引延福泽无终既。有崇堂封安且利，纳铭幽宫示来祀。

清潘耒《遂初堂集》

尤本钦传

尤本钦，字伯谐，一字上官。与同邑浦龙渊、平章善，才亦相埒，时号"浦尤平"。诗才清丽，尤长于词曲。善草书，仿祝允明笔法能乱真。少游周忠毅之门。乙酉后隐居韭溪，与徐枋、徐白以诗筒相往来云。（见《秀野山房集》）

清乾隆《震泽县志》

从弟谏草家传

〔清〕计东

弟本，字谏草。我伯父长子，我伯妣茅孺人出。同母弟二人，次秉，劲草，又次采，元草。谏草少予一岁，以天启乙丑二月十八日生，以康熙辛亥十月二十八日殁，年四十七。予生无同产，而谏草兄弟三人齿相次，小时济济林立，予羡之。读《诗·杕杜》之章至"独行踽踽，岂无他人，不如我同父"，黯然泣下。然与群从相友爱，小时竹马嬉戏，未尝不共。及长，俱出为塾师，予独奔走四方，兄弟不能时时聚首。每岁时伏腊，或予远归，弟辈必来集，携茗碗促坐剧谈，相慰劳为乐。呜呼！讵知今日我兄弟相聚，已不见我谏草也！痛哉！先伯妣为鹿门先生从女孙，贤淑娴内则，与我母姒娌最相爱。殁之日，谏草年十四，劲草十三，元草十一，妹七岁。伯妣属我母抚视。逾年，伯父既纳妾，生二子。谏草每无罪受捶楚，我母抱而哭之，我祖母亦相对涕泣，我母以是蒙怨詈，故今日哭谏草尤痛也。谏草性沉毅端重，长能属文知读书，伯父命偕劲草从我先君受经。年十七补嘉兴府学生，受知王园长、张廖匪两督学，试俱高等。丁酉省试，卷几得隽，主者阅至"第六艺"忽止，不可解也。以此益自励，教授生徒之暇，勤学不息。己酉省试，再不第。家益贫，劳悴愁苦不可言。予心伤之，为赋"尹伯奇履霜之操"，然不敢使人闻也。今年春，忽夫妇同日呕血，寻愈。及冬再发，病喘急。自知不可疗，赋终命诗四十韵，叙述生平质实详尽，可悲也。医者皆以呕血病不遽死，惟明年生草时可忧耳。故予亦出游至武塘，忽心动思归。夜半，谏草见梦曰："兄急归，我行矣。"予至家六日而殁。殁时，家人求其平时衣裳以殉之，无一存者，俱在质库中，其贫如此。痛哉！其以后事属予也语最多，其末句曰："乞兄一篇文章为身后计。"呜呼！予文章足不朽弟乎，然哀其遗言不敢辞。故于殁后四十九日雪夜大风寒中，呵冻炙砚为立传，将以乞当世能文章家如汪钝翁、姜西溟、魏叔子，为志其墓，以不朽我弟。呜呼，若予文何足以重弟乎！弟娶嘉兴乔氏，男子一人熙，娶钱氏。

清计东《改亭集》

潘力田传

〔清〕戴笠

潘柽章，字圣木，一字力田，参政志伊之曾孙。父凯，邑诸生，高才绩学。德清章日炌，其妇翁也，来知吴江县。凯深自晦匿，惟阴言民间利病，雪人冤抑，一无所私，人多其义。柽章生有异禀，颖悟绝人。九岁从父受文，裁过目，烬于灯，责令覆写，不差一字。年十五，补桐乡弟子员。乱后弃去，隐居韭溪，肆力于学。综贯百家，天文、地理、皇极、太乙之学，无不通晓。已乃专精史事，谓诸史惟马迁书最有条理，后人多失其意，欲仿之作《明史记》。而友人吴炎所见略同，遂与同事。柽章分撰本纪及诸志，炎分撰世家、列传。其年表、历法则属诸王锡阐，流寇志则笠任之。私家最难得者《实录》，柽章鬻产购得之。而昆山顾炎武、江阴李逊之、长洲陈济生，皆熟于典故，家多藏书，并出以相佐。柽章长于考核，炎长于叙事，互相讨论。间出其稿，质之钱宗伯谦益，谦益大善之，叹曰："老夫耄矣，不图今日复见二君。绛云楼余烬尚在，当悉以相付。"连舟载其书归。谦益有《实录辨证》，柽章作《国史考异》，颇加驳正。数贻书往复，谦益不能夺也。撰述数年，其书既成十之六七，而南浔庄氏史狱起，参阅有柽章及炎名，俱及于难。庄氏书，以故阁臣朱国桢《史概》为粉本，自与茗士共足成之。刻成，两人未尝寓目，徒以名重为所撼引，遂罹惨祸。天下既惜两人之才，更痛其书之不就，并已就者亦不传也。柽章被逮，神色扬扬如平时，在狱赋诗不辍。癸卯六月死于杭，年三十有八。妻沈氏，中书自炳之女。坐北徙，以有身不即死，赍药自随。既免身，至广宁，所生子又死，即日饮药自杀。柽章秀眉广颡，目光炯炯射人，论事须髯戟张。事亲孝，与人忠，疾恶如仇，赴义若渴。所著自史稿外，有《今乐府》《国史考异》《松陵文献》《杜诗博议》《星名考》《壬林》《韭溪集》，凡若干卷。

清凌淦《松陵文录》

叶先生传

〔清〕沈德潜

先生姓叶，讳燮，字星期，号己畦，寓居横山，学者称横山先生。叶氏代居分湖，七叶成进士。考虞部公讳绍袁，革命后隐于浮屠。先生四岁，虞部公授以《楚辞》，即成诵。稍长，通《楞严》《楞伽》，老尊宿莫能难。贯浙之嘉善籍，补弟子员。乱后不与试，去籍，复补嘉兴府学弟子员。康熙丙午举于乡，庚戌成进士，乙卯谒选，得扬州之宝应。宝应当南北往来之冲，又时值天灾流行，军行纷沓，左右枝梧，难于补苴。而先生性伉直，不能诎屈事大官，大官又吹毛求瘢，务去其守。已守官者，不二岁落职，先生欣然曰："吾与廉吏同列白简，荣于迁除矣。"时嘉定令陆先生陇其同被参核，故云。既罢归，游历四方。久之，筑室吴县之横山下，颜其居曰"二弃"，取鲍明远"君平独寂寞，身世两相弃"意。远近从学者众，先生谈讨不倦。论文，谓议论不袭蹈前人，卓然自我立，方为立言。论诗，以少陵、昌黎、眉山为宗，成《原诗》内外篇，扫除陈见俗谛。尝为弟子言："我诗于酬答往还，或小小赋物，了无异人。若登临凭吊，包纳古今，遭诐遇变，哀怨幽噫，一吐其胸中所欲言，与众人所不能言不敢言，虽前贤在侧，未肯多让。"其矜重如此。然于他人片言单辞，每津津赏之。时汪编修钝翁琬居尧峰，教授学者，门徒数百人，比于郑众、挚恂。汪说经硁硁，素不下人，与先生持论凿枘，互相诋諆。两家门下士，亦各持师说，不相下。后钝翁没，先生谓："吾向不满汪氏文，亦为其名太高，意气太盛，故麻列其失，俾平心静气，以归于中正之道，非为汪氏学竟谬鞠圣人也。且汪没，谁讥弹吾文者？吾失一诤友矣"。因取向时所摘汪文短处悉焚之。晚岁时寓萧寺中，藜羹不糁，不识者几目为老僧。有治具蔬食招往论文者辄往，而富家豪族欲邀一至不可得。曰："吾忍饥诵经，岂不知屠沽儿有酒食耶？"暇日，尝持一筇行荒墟废冢间，顾冢中人语曰："此吾老友，所谓无四时之事，从然以天地为春秋者也。子乐矣，少待，吾将同子乐。"岁壬午，年七十有六，慕会稽五泄之胜，欲往游焉。先是游泰山、嵩山、黄山、匡庐、罗浮、天台、雁荡诸山，而五泄近在六百里内，游屐未到。裹三月粮，穷山之胜乃归。归已得疾矣，越一年卒。未卒前数日，命以所居"独立苍茫处"奉虞部公主，而以己配食，曰："吾魂魄应恋此也。"所著《己畦文集》二十卷，《诗集》十卷，《原诗》四卷，残余一卷。修吴江、宝应、陈留、仪封等县志。先生既卒，新城王尚书阮亭寓书，谓先生诗古文镕铸古昔，而自成一家之言。每怪近人稗贩他人语言以佣赁作活计者，譬之水母以虾为目，蠚不能行，得狟貙负之乃行。夫人而无足无目则已矣，而必藉他人之目为目，假他人之足为足，安用此碌碌者为？先生卓尔孤立，不随时势为转移，然后可语斯言之立云云，斯能定先生诗文者。方先生之宰宝应也，适三逆倡乱，军兴旁午，驿马驿夫增加过倍，而部议于原额应站银两裁四留六，计岁所入，不足当所出之半。邑境运河东西百二十里，黄淮交涨，堤岸冲决，千金扫料，时付浊流。先生毁家纾难，一身捍御，卒之军需无缺，民不为鱼，戡厥职矣。他如免税之无名者，出诬服杀人者，直仇陷附逆而欲没其田庐者，皆重民命，守国法，不顾嫌怨而毅然行之。以是知功名不终，繇直道而行不见容于大官，而非有体无用之咎也。柄国是者，疑经术不足润饰吏治，而欲寄民社于刀笔筐箧之徒，岂通论哉！先生卒，兄子舒崇先卒，叶氏至今无成进士者。孙启祥，吴县学生，以能古文名。

弟子长洲沈德潜撰。

清叶燮《己畦文集·附录》

吴靖誉先生墓志铭

〔清〕胡渭

康熙四十八年秋八月庚申，松陵处士吴君靖誉先生卒。君讳兆宜，字显令，苏州吴江人也。其始祖赠太仆寺卿讳璋，以孝德闻世，所称吴孝子者是也。孝子生洪，官宫保刑部尚书。尚书有四子，长讳山，官与父同，人谓之世司寇。两尚书皆以进士起家，有功烈。诏予孝子特祠，两尚书配飨，而吴氏遂为东南右族。世司寇之子讳邦栋，于君为高祖，以次子承焘贵封山东布政司左参政。曾祖讳承熙，登乡荐，赠奉直大夫。祖讳士龙，以门荫仕至顺宁知府。考讳晋锡，文行茂著，为士林模楷。明季以进士调永州推官，时方多事，诏授郧阳巡抚，寻弃官而归。君昆弟六人，宏人、闻夏、汉槎，久已知名海内。君齿弱于诸昆，而名亦相埒，时有"延陵四君子"之称。门第清华，资产素饶。及顺治丁酉，江南有科场之狱，而兆骞与其祸。时父子共财，所有田宅皆被籍，而君始萧然，无以自给矣。然义命自安，虽久处穷约，未尝有几微怨尤之色见于颜面也。少学为诗，有中唐风格。已而谢华就实，益肆力于古书，尤爱六朝骈俪之文，乃取徐、庾二集，句疏而字栉之，为笺注。齐梁之世去今已远，当时所用之书今多散亡，君旁搜广辑，徵事释意，必毫发无憾而后已。余向亦有事于此，见君之作，俛首叹绝，遂辍笔焉。君雅志淡泊，不暗声利。尝一至京都，权门援为塾师，未几即掉头去。而一遇士大夫修学好古之家，辄徘徊经岁不忍别。近与余旅食花溪，为同舍客，凡五载。一旦遘腹疾，仓卒告归，甫浃旬而凶问至矣。临终神气自若，无乱命，享年七十有三。既卒哭，族之长幼群请其宗老榷，谋所以易其名者。宗老曰："按谥法，宽乐令终曰靖，述古状今曰誉。君席富而贫，布衣草屦，善乎自宽，生同逆旅。虽入朱门，如游蓬户。安时处顺，哀乐两去。可不谓靖乎？嗜奇耽僻，博览群书，大而法象，细及虫鱼。一物不知，中心阙如，疏通证明，随事补苴。可不谓誉乎？请谥之以靖誉。"众皆曰："善！"退而无异词，邑中遂称为靖誉先生。先生母杜夫人，中丞之继室也。娶于陈，有嗣音之美。男二：秩臣、秬臣，皆凤慧，补郡县学弟子员，不幸相继而夭。秩臣有一子曰然，为君适孙，恂恂孝谨，有文采，能世其家学。曾孙二：至诚、至慎，尚幼。君女二，孙女、曾孙女各二，婚嫁皆高门旧德。昔王无功有诗自诩其事云："三男婚令族，二女嫁贤夫。"君之姻亚，足以当之矣。君有西河之戚，久而不能忘。年七十，复举一子，名之曰根臣。汤饼之会，适与君初度同日，喜而赋诗，命善画者写己像为《枯杨生梯图》。盖至是而四世同堂，其心始慰也。及卒，根臣才四龄，不胜衰绖，适孙承重为丧，主含襚之事，必诚必敬，观者称有礼焉。后二岁，将以□月□日卜葬于尧峰山之麓，先期来乞铭。余泫然曰："吾尚忍铭吾友乎？且吾之言讵足以扬尔祖潜德乎？"虽然二十年之素交，言虽无文，不可已也，乃为之。铭曰：

黔娄之贫兮，展禽之和。先生有道兮，往世同科。生虽无爵，死则有谥。靖誉之名，加彼康惠。卜兹宅兆，既安且利。用介繁祉，以昌其后嗣。

同学弟德清胡渭撰。

清吴安国《吴江吴氏族谱》

僧海溯传

〔清〕张世炜

僧海溯,号敏流,姓朱氏。初名灿,字长明,本儒家子。其父羲甫,隐居教授,自盐官迁吾邑之黄溪,故为松陵人焉。溯少敏悟,能读书,通经史大义。为文奇险,不能合当世意,故屡试不售。家贫落魄,及母死妇亡,继遭回禄,遂剃发为僧,盖其寄迹云。初,溯狂放负气,与二三少年徒步仗剑,欲以策干史阁部道林于军门。将渡江,闻扬州破而返。故语及鼎革时事,辄欷歔泣下,不知涕之何从也。尝与同邑戴笠、会稽刘肇兹相往来。肇兹者,刘念台先生之族,国变后隐于黄溪,工书善画,亦奇士也。又与余友陈子殿升亦莫逆。既为僧,结茅于唐湖之滨,隙地不及半亩,栽四时花卉不绝,日夕吟哦其间。为诗刻意钟、谭,好作惊人语,而力不逮也。性好洁,焚香煮茗,悠然手一编。遇文士必苦留剧谈,欣然忘寝食,昼尽继之以烛。而龌龊之徒无足当其意者,虽尝有惠于溯者,亦不之顾也。晚年禅学精进,参天谷和尚得契而归。归途冒暑得疾,遂不起矣。诗一卷,颇有佳句,余与殿升将谋刻之,溯庶几托此以传乎。

雪窗逸史曰:鼎革时,明季士大夫高蹈守节者,咸寄迹为僧,盖英雄避世之地也。溯贫贱之士,不苟合当世,悠然世外,周顽民之流欤。余与溯交十年,其为人虽未能中道而有至性,殆古之所称狂者欤。呜呼!溯死而求如溯者,不可得矣。

清张世炜《秀野山房杂著》

文涛仲翁墓志铭

〔清〕汪琬

由吴江县治东南行七十里,有地曰盛泽。其间川流回环,烟火稠密,四方商旅,云樯风帆,相望至止,号为巨镇。而处士仲翁之家在焉,盖居此累数世矣。翁善生殖,喜读书,好客不厌。遣其两子棟、枢挐舟过尧峰之麓,数从予游。予闻翁之训曰:"儒者以品行为上,辞章次之。以问学为先,仕宦又次之。"故两子斌斌醇雅,有声庠序间,为辈行所推许。及翁殁将葬,棟来乞铭。侍予侧竟日,与之谈笑,未尝露齿;撰之食饮,未尝辄举酒肉;访以先人遗事,必掩泪而对。不逾月,枢来速铭,其举止复然。予始知仲氏家学有素,又稔知翁为孝义笃实之君子也。翁讳泷,字文涛,系出先贤季路,世居山东济宁州。有讳基者,宋建炎初南渡,始徙籍吴江,尝知台州府,即翁之十六世祖也。曾大父应骐,大父问仁,父时彦,皆潜德弗耀。母徐,生四子,翁其季也。甫八岁而孤，临父丧，极哀如成人，里父老以为异。长值湖寇之乱，徙避他境，屡濒于死，家以是遂落。而奉侍母徐逾谨，最后母病将革，夜辄吁天求代，并刲股肉以进。母殁且久，言之必呜咽不止，里父老益以为难。家既中落，以俭勤济之，故复起。其自奉过薄，无世俗华靡放佚之习。轻财好施，虽倾橐弗顾。中外姻族子姓不能衣食婚嫁者必以告，不幸死丧不能含殓坎埋者必以告，翁悉厌其所欲而去。他如药病者，棺殣者，泉粟其穷独者，不问识与不识也。甃其衢路之淤者圮者，木石其港渎之不梁与梁而不支者，不问里众之匀募以否也。先是故产已析矣，而伯兄为怨家所讦，遂兴大狱。翁度兄不能支，愿出所授十之四为助。族父或摇手曰："若年少不解事，必贻后悔。"翁奋曰："吾奚悔哉！"既而狱久不决，挺身趋诉上官，乞直兄冤。牵连弥年，尽费其所授产始得解，伯兄阳阳弗之问，翁亦怡然，无秋毫芥蒂意也。呜呼！斯可谓之君子也已。以故远近慕翁者争趋之，殁而里中无少长皆出涕太息。昔孔子曰："十室之邑，必有忠信。"吴人浇浮旧矣，顾以斯镇一隅之地，而得孝义笃实如翁之为者，则孔子之言不犹可徵矣乎？翁自少警敏，虽避乱废书，暇即记诵经史，旁及天官历数诸家，悉皆通晓。以吴江濒水，尤好言水利。至于合县所赋钱谷，一切款项本末利病，无不了然者。在众中议论侃侃，不肯觍骸媕阿，随众意开阖，众亦敬而服焉。临殁，告诸子曰："吾家故先贤裔也，若曹能力学积善，毋辱我与我祖足矣。"寿五十四。娶吴氏。子男六：楝，国学生；果捷，吴江县学生；枢，府学生；鸾鸣，浙江仁和学生；楷，经邦。女四：长适太学生王统，次诸生蔡于德、庞蕙。孙男女四。卒于康熙二十年六月廿四日，葬以明年□月□日。其墓在琪字圩之入转湾，距所居凡九里。铭曰：

遥带淞江，近俯具区。有木乔如，有邱盂如。既巩既安，君子之居。维后之振，维前之储。委庆后昆，久益有余。铭以俟之，斯言匪谀。

清乾隆《盛湖志》

王晓庵先生墓志

〔清〕王济

先生名锡阐，字寅旭，号晓庵，姓王氏。吴江之震泽人。宋朦庵先生份后也。份孙栗，自雪滩迁麻溪，乱后谱谍散佚，世次弗能详。元时，有三处士者，自以先世宋臣，隐居不仕。郑所南先生贻以诗，有云："惟此王氏居，世为大宋土。"则先生九世祖也。六传而曾大父宪臣，赘于蒋氏，实始为震泽人。祖图。父培真，母庄氏，兄弟各一。其从父培恒，字存九，即世所称靖逸先生也，无子，以先生嗣。先生生而颖异，性孤僻，即嬉戏不与侪辈偶。成童即搦管为文，有奇思，靖逸先生深器之。甲申之变，发愤欲死者再。一投河，会有救者，不死。一绝粒，勺水不入口者七日，又不死。父母强持之，不得已乃复食。遂弃制举业，专力于古学，经史子集，一一皆有根柢。排异端，斥良知，直以濂洛洙泗为己任，所交游尽笃学高蹈之士。尤嗜天文、历数家言。自西人利氏立法，自谓密于中历，人莫能窥，先生独抉其篱而搜其疵。所著有《晓庵历法》《大统历启蒙》《历说》《汉初日食辨》《圜解》《三辰仪晷》等书，而不肯出示显者。凡交食陵犯，步推无间寒暑。一生不执青蚨，年月惟书甲子，题所居曰"困亨斋"。为诗古文精核高简，书皆虫鸟，性复疏慵，脱稿旋失。晚有门人姚汝鼐稍稍集之，得古文若干篇，诗若干篇。《续唐书》则修而未竟，《明史·十表》则竟而稿佚。其半音学，则有订定《字母原始》若干言。先生瘦面露齿，危冠长发，衣敝衣，履决踵，性落落，无所合，皮相者莫不以为不近人情。叩之，则如决江河，滔滔谆复不倦，必开解乃已。与人交，热肺肠，利害无所避。素不入城，癸卯之祸，衣僧衣走武林，叩狴犴来唁，街门市巷，守甚严也。享年五十有五，生于崇祯戊辰六月二十三日，卒于康熙壬戌九月十八日。女二，一字沈生永望，元配庄夫人出也。庄固望族，又世姻，先先生十四年卒。一继夫人张出，甫三岁。癸亥十二月十七日甲寅，从嗣母吴硕人葬于镇西圩，以庄夫人配。先生之卒也，门人有为先生私谥者。济曰："私谥非古也，先生亦不以谥为重轻"。因忆顾亭林先生诗有云"白云满江天，高士今何处"，遂题曰"高士王晓庵先生之墓"。

清道光《震泽镇志》

王锡阐传

〔清〕杭世骏

王锡阐，字寅旭，号晓庵，吴江人。性狷介，不与俗谐，着古衣冠，独来独往。用篆体作楷书，人多不能识。凡象数、声律之学，殚精研究，必得其肯綮而后已。尤邃于历学，兼通中西之术。自立新法，用以测日月之食，不爽秒忽。疾病缠绵，中寿没，且无子。潘耒从其家求遗书，得诗文二帙，著述数种。有曰《大统西历启蒙》者，櫽括中西历术，简而不遗。曰《丁未历稿》者，每岁推《大统历》，此则挈未布算者也。曰《推步交朔》。曰《测日小记》者，辛酉八月朔，当日食，以中西法及己法预定时刻分秒，至其时，与徐圃臣辈以五家法同测，而己法最密，故志之也。曰《三辰晷志》，则创造一晷，可兼测日月星，自为之说，自为之解，其文仿《考工记》，颇古雅。曰《圜解》者，解勾股割圜之法，绘图立说，详言其所以然，乃治历之本源也。而《历法》六卷，最为完善，会通中西，定著一法，法数备具，可用造历。序中言西历之于中历，有不知法意者五事，当辨者十事，非甚深于历者，莫能晓也。文简质以理胜。而《历说》《历策》《左右旋问答》，答万充宗、徐圃臣诸书，言历事者精核可传。

梅氏尝评近代历学，以吴江为最，识解在青州以上。又与耒书云："王书用法精简而好立新名，与历书互异，亦难卒读。"又谓："见小帙，是约西法入授时，甚简而妙，然未著撰人之目，以为非王先生不能作也。其书大体纯拟《元史历经》，而实用西术，然亦微有差别，所立诸名多与西异。"又序其《圜解》云："能深入西法之堂奥，而规其缺漏。如所谓'恒星定而岁实消，则岁差不宜为定率''日食当用月次均'诸说，皆直抉其微,以视徒守古率辄攻西说者,大有迳庭。"

清钱仪吉《碑传集》

王先生锡阐传

〔清〕丁子复

晓庵(谨案:附传作庵。)先生,姓王氏,名锡阐,字寅旭,吴江人。坚苦力学,博通经史诸传注,多所发明。尤精天文律历之学,抉疑纠缪,剖析无余蕴。性耿介,以志节自励。乙酉以后,忍饥杜门,历二十余年如一日,中年得末疾,两手几废,后愈。所著有《历法》及《晓庵诗文集》若干卷。尝作《天同一生传》以自托,云:"天同一生者,帝休氏之民也。治《诗》《易》《春秋》,明历律象数,学无师授,自通大义。与人相见,终日缄默,若与论今古,则纵横不穷。家贫,不能多得书,得亦不尽读,读亦不尽忆。间有会意,即大喜雀跃,往往尔汝古人。所为诗文,不必求工,率意而出,尽意而止。或疑其有所讽刺,然生置身物外,与人无忤,吾亦何容深求。帝休氏衰,乃隐处海曲,冬绤夏褐,日中未爨,意泊如也。惟好适野,怅然南望,辄至悲歔,人咸目为狂生。生曰:'我所病者,未能狂耳?'因自命希狂,号天同一生。天同一云者,不知其所指,或曰即庄周齐物之意,或曰非也,世莫知其然否。太史公曰:予读荒史,见帝休之德,轶于唐虞。及其衰也,多隐君子,无不操行诡秘,如天同一生。《语》云:'山高泽深,风啸云吟。'非帝休之为山泽,则风云何从生乎?"又其书后云:"天同一生,挟过人之才,不获当帝休之隆,与时偕行,徒使志拟天地,迹近佯狂,以诡秘贻讥,末矣!然而观过知仁,夫亦安可厚非。愚闻诸故老,东望若水,西望虞渊,有天同一之区,盖生之所居云。"

丁子曰:先生以不世出之姿,际明末造,韬晦而无所试,是可伤已。所与游皆一时遗老,桐乡张杨园先生履祥、昆山顾石户先生炎武交最笃。石户云:"学究天人,确乎不拔,我不如王寅旭。"其倾倒至矣。予尝读先生诗,有云:"我固冰雪心,炎燎不能灰。"又云:"蝉抱高枝鸣,竭死声不哀。"呜呼!绎其志意,皓皓乎,虽与寒冰比洁可也。

清钱仪吉《碑传集》

吴玉川先生合葬墓碣

〔清〕朱范

吴玉川先生讳锵,字闻玮,大司寇立斋公五世孙,我邑知名士也。淑配庞硕人,讳蕙缥,字小畹,亦我邑巨族明经生一公女,进士霈之妹。先生少负才望,随其世父吏部公与海内巨公游,声称籍甚。迨娶庞硕人,适当鼎革之际,乃韬光匿采,不求仕进。庞硕人贤而有才,务去华崇朴,与夫子有偕隐之志,由是伉俪间日以吟咏唱酬为乐。先生诗既高古,取法唐贤。而硕人之诗风雅温柔,迥出香奁之外。而书法苍秀,亦不似闺阁中人,故踵门求者无虚日。所居绕云馆,与敝庐止隔一垣。庭中碧梧、翠竹、红椒、紫藤绕列,交映四方,骚人词客往来无间。广陵宗海岑作偕隐歌,留题草堂而去,盖实录也。康熙乙丑岁,庞硕人谢世,年五十有六。所著有《唱随集》《唾香阁集》若干卷。硕人殁后,先生游广陵至如皋,冒辟疆先生客之。辟疆之门,名流云集,要以先生为骚坛祭酒焉。岁庚午,玉川年六十有二,病卒于辟疆家。嗣君奔丧,扶柩归里,凡属亲朋,靡不浩叹。子一启汾,字唐令。女一启湘,许字潘检讨耒,未嫁而卒。唐令为人醇朴而温文,以课徒为业。晚迫于贫,抑郁而卒,年七十有五。娶顾氏玉符公女。子一大树,字景冯,早卒。女四:长适吴庠张匡,次、三先后适石湖河南监察御史卢雍五世孙、国学生勋,四适蠡墅张圣文。唐令三世未葬,今其外孙卢君尊光哀馆谷,合葬玉川先生三世于吴山仁字圩之阳,诚盛德也,人皆以为难。并欲揭其表于阡,以不没其生平,益为难得。予尝读昌黎《子厚墓志》,云子厚卒柳州,赖舅弟卢遵得以归葬先陇。卢君此举,真不愧古人矣,乃为之铭。铭曰:

彼苍之生才兮,闺房得偶。诗工而益穷兮,子孙不有。非贤者之高谊兮,孰埋高阜。封而志之兮,千百世下指为诗人之某某。

雍正十二年岁次甲寅五月六日,世侄朱范拜纂。

清吴安国《吴江吴氏族谱》

吴闻玮先生德配小畹庞夫人传

〔清〕朱谨

夫人姓庞氏,名缌缣,字小畹,吴江人。明经生一公次女,适同里诸生吴锵,即闻玮先生也。闻玮负才望,少时即随其世父吏部公,与海内巨卿老师游,声称藉甚。当结缡时,虽家国变迁,然世泽未艾也。而庞氏本巨族,夫人之兄霦又以进士显。夫人来归,去华崇朴,家人望之,宛若一寒门女子云。于归后数日,舅翁隆之公迫于官税,将鬻田以输。夫人知之,叹曰:"岂有新妇方入门,而弃先人之恒产乎?"出簪珥上之舅翁,曰:"是不可以为食。土财之本也,粟民之天也。请以无用易有用,毋鬻田。"亡何,盗入室,夫人奁中物有玉马镇纸,镂鬓镂龟,高盈足许,汉玉也,其值不下千金。至是为盗掠去。厥后闻玮见之于戚友家,心疑之。归语夫人,将诘之。夫人曰:"安知其非得于他所者。诘之,将加人以盗。我爱我璧,而使人有盗名,失德不如失玉也。且丧乱未已,外物岂能长保,不见李易安《金石录后序》乎?"遂已之。吏部公有子曰钿,国变后出亡,遗其子女幼,俱训育之长成。女嫁时为之摒挡奁具,不遗余力,女感泣曰:"叔母在,我无母而有母矣。"夫人生而明慧,父母爱之。八岁,延塾师授之《诗》

《书》《礼》《易》。稍长习为时艺，恂恂一应举儒生也。尤善书法。方十二岁，随父母游西湖董家庵，尼僧制巨扁索书。乃大书"拈花微笑"四字，一字大可二三尺，见者惊以为神人。为人端闲静穆，知大体。针纫之暇好读书，即以训其子女。以幼时未读《春秋》，中岁复读《左氏》，以补五经之缺。资性敏捷，阅一二过，终其身不忘。诵佛氏书尤勤，且夕不辍。长斋三十年，如空山老衲，不知户外有何底事。人求书法题咏，应之弗懈，寿之金，弗顾也。所居"复复堂"，有红椒、紫藤、碧梧、翠竹，环列交荫，日与夫子哦诗相悦，如宾友焉。广陵宗海岑作《偕隐诗》，题留草堂而去。所著《唱随集》一卷，《唾香阁集》若干卷。康熙乙丑，年五十有六谢世。吴进士翻诔词略云："当今诗家，雅郑杂揉。有讲师承戟手而诟嫫母为美，夷光日丑习为固，然不复知谬。实惟夫人下笔，独否多师古人。"其言可寿。进士素与程孟阳、钱虞山、黄陶庵讲求诗派，确有师承，于吴夫人有深契焉，故祇论其诗如此。夫人有子一人，名启汾。女一人，名启湘，能诗，许字潘检讨耒，未嫁而卒，诗亦清婉。昆山朱谨撰。

昆山朱谨《庞硕人传》曰：硕人归吴玉川先生后数日，舅隆之公迫于官税，将鬻田以偿，即脱簪珥上之。奁中物有玉马镇纸，汉玉也，价不下千金，为盗掠去。后玉川翁见之戚友家，归语硕人，将诘之。硕人不可，遂已。吏部公有子曰钼，国变后出亡，遗其子女幼，俱训育成长，女嫁时为摒挡奁具不遗余力。是硕人不独有其才，而兼有其德矣。唐翁号敬涵，工诗，克承家学，为人敦厚有古风。而毕生坎壈，竟夭其嗣，岂造物忌才耶？何报施善人若是也。表舅卢尊光少抚于外祖，尝以暴露为忧。越岁卜地于吴山之右，曰宅幽，而势阻，诚高人栖隐之所。且生平酷好山水，居此足慰先志矣，遂举三世五棺合葬焉。嗟呼！青莲放浪当涂，仅有女孙子美贫穷，易世方谋窀穸。古来文人类皆丰于才而啬于命，可慨已。再甥婿顾鸣枒谨识于碑后。

清吴安国《吴江吴氏族谱》

耕道天选两公合传

耕道公讳世潢，字茂宏，云门公之长子也。邑诸生。工书法，风期隽雅，日以琴书茗碗自娱。年四十以后筑室湖滨，有飘然尘外之想，所往来者惟二三素心而已。诗近韦柳，不事雕绘，所著有《钓梭集》《枫江峦影词》二卷。其弟天选公讳永馨，字建芳。年十三值明亡，遂志于高隐。卜居邑之麻溪，寄情诗歌，日与四方高士相赠答。有《通晖楼诗稿》行世，《麻溪诗草》藏于家。

清沈光熙等《吴江沈氏家谱》

周爱访传

周爱访，字求卓，号裕哉。以康熙癸卯领乡荐，甲辰会试废八股，策论取士，联捷礼闱。历任宁晋、荥阳知县，丈田有方，军兴供应无阙，擢昆阳知州。时吴三桂初平，民多流散，劳来安集，归者踵至。复调南安州，治如昆阳。在滇凡七年，课士兴教，边民皆知向学。擢礼部仪制司员外，未任，丁内艰。服阕，补祠祭司，进郎中，出典山东乡试。旋督学江西，试瑞州，历临江、建昌、抚州，昼夜校阅。其衡文以理为主，榜出，人无间言。次按袁州，竟以精力告瘁卒于任，年六十九。生平交友，惟一真诚。同年友梁溪张某没滇中任所，有逋粮未清，力为悱恻申请，护持遗孤，俾得回籍。天性俭约，布衣疏食，率以为常。历任令牧部曹，并有冰蘖声。其赴昆阳也，孑身就道，附属邑巡检舟，入境方知为州守云。崇祀南昌府名宦祠、本学乡贤祠。所著有《有容堂真稿》《学使条约》《南昌府志》《周氏族谱》《裕哉诗稿》。子士济，字文锡。邑诸生，寻例入太学，候选州同知，未及谒选卒。性孝友，与仲父同居，恩谊甚笃。以仲父所居狭，为割宅以益之。从弟贫，割腴田以育之。自伤事亲之日少，因又号二怀，以志明发之慕云。

清嘉庆《同里志》

汉为公传

天章，字汉为，号在斋，以字行。安邑庠生、乡饮介宾季淳公世芳长子。明崇祯二年生。安邑庠生，乡饮大宾。清康熙四十七年卒，寿八十岁。公渊源家学，纯孝性成。清顺治乙酉，松江兵至，民多遇害。公年甫十四，侍父季淳公疾。兵欲刃季淳公，公委身翼庇，被数创，流血如注，忍痛不释。兵悯其孝，舍之而去。父母殁，丧葬参酌古今，尽哀尽礼。其于同怀，则爱而让，闺中则和而敬。交友诚信，患难不渝。镇西三元殿建自元代，栋宇倾圮，公独立修复旧观，所悬"飞轮云驭"殿额手泽，至今犹在。至于辑族谱，置祭产，筹贫民衣食，助寒士膏火，好施罔倦。里人以公望尊齿德，公举乡饮大宾，辞不与筵。居恒教子严，五子皆学行兼优。晚年潜心内典。一日，沐浴具衣冠，趺坐而逝。著有《魏国忠献公浚》《论语解补注》《在斋诗文集》等。王旭楼先生称公"学行醇粹，笃于孝友"，同时里中有"孝种寿种，张家接踵"之谚，岂皆无所据而云然哉！民国六年丁巳冬月，崇祀盛泽乡贤祠。（本《宗谱支谱旧稿》，参公牍、《盛湖志稿》《盛湖诗萃》《乡贤事略》。）

张嘉荣《盛泽张氏遗稿存录》

孙文玉眼镜法序

〔清〕张若羲

予与癸未同年兄孙大若偕宦于闽，予为司李，大若令莆田。予则困于形名，日不暇给。大若旷怀高致，诗酒自娱，翩翩若仙吏，不受民间一丝一粒，民亦爱之如慈父母焉。嗣遇鼎革，终以民爱之故，反覆攀留，使为刺史，旋归故里，闭户授徒。文玉，其季子也，为董孺人所出。孺人多才学，在任时，闽中女子通文墨者，日以诗文往还，称师生焉。归家后，邻女亦皆从之学，助夫以资馆谷。文玉得父母训，幼聪颖，经史皆孺人口授。年十三，补弟子员。两入棘闱不遇，遂淡于功名，意豁如也。近孺人僦居虎丘，货药利人，得值以市甘旨。尤精于测量、算指、几何之法，制远视、近视诸镜。其术乃亲炙于武林日如诸生、桐溪天枢俞生、西泠逸上高生，私淑于钱塘天衢陈生，远袭诸泰西利玛窦、汤道未、钱复古诸先生者也。诸生慷慨尚义，卓荦超轶，工竹石山水，追踪夏昶，省会驰誉。镜法乃陈生所授，文玉寓武林，倾盖如故，即以秘奥相贻。嗣遇俞生，贫而好侠，与文玉萍逢，一晤语即意气相投，倾其所知以赠。高生灵慧天成，技巧靡不研究，挟技游吴，为之较权分寸。诸生载至吴门后，为细加讲解，极致精详。文玉萃诸子之成模，参之几何求论之法，尽洗纰缪，极力揣摩，使无微疵可议，扩为七十二种，量人年岁，目力广隘，随目配镜，不爽毫发，人人若于有生以后天复赐之以双目也。嗟乎！人之智力可以无所不为，独不能使其目皆察秋毫之末，而远瞻百里之外也。孙子之法，能使目之昏者再明，近者倏远，并使不昏者愈明，不近者愈远，岂以人工之巧，夺造化之权欤？且大若游宦，廉介清白。贻谋文玉，扶母偕隐，承颜菽水，孝友出于性生，恬淡本乎天赋，品行正未可以一端拟也。若涉猎百家，博通诸法，非又文豹之一斑乎？

清陆肇域、任兆麟《虎阜志》

读《镜史》书后

〔清〕文康裔

世有奇人负奇才与识，不见知于世，退而展奇思，制奇器，靡不入妙。要亦知其茧心跃露，以器为奇焉耳。吴门孙先生，字文玉，一字泗滨。博学多能，名噪黉序。薄世味，栖幽逸，卜居虎阜，菽水怡亲，素贫自得。出其余闲，探奇穷奥，尝准自鸣钟，造自然晷，应时定刻，昼夜自旋，风雨晦明，不违分秒，奇亦至矣。先生又出所辑《镜史》相示，其远镜尤为奇幻，偕登虎丘巅，远观城中楼台塔院，若招致几席，了然在目。睹彼天平、邓尉、穹窿诸峰，崚嶒苍翠，如列目前，体色毕现。神哉！技至此乎！向见时晷，愚谓奇亦至矣，何幸又得此幻观也！先生曰："是未足以尽其奇耳。"更以存目镜相贻，试之两眸，心旷神怡，百倍光明，无微不瞩。先生资我披览诵读者，殆锡我以如意珠也，悉之有数十种类，各有不同，而功用亦迥别。其玄妙在几何，高深平直，不碍不空，间不容发。夫岂与工人膺鼎，窃见一隅，或虚拟形似，或任意仿摹，冒其巧以博世资者，可同日语哉？是观先生器之奇，而知先生才与识之奇，偶于斯一跃露焉，而正未有涯也。因僭一言书后，敬授之梓，以公同好之来问奇者。康熙庚申中秋月望，题于虎丘之石林精舍。

清陆肇域、任兆麟《虎阜志》

孙云球传

孙云球，字文玉，一字泗滨。其先吴江人，僦居虎丘。父志儒，漳州知府。母董如兰，通文艺，生一子暨二女云龙、静方，悉亲授经史。云球幼禀夙慧，年十三为县学生。父殁，家坠丧乱，尝卖药得资供母。云球精于测量，凡有所制造，一时服其奇巧。常以意造自然晷，定昼夜，晷刻不违分秒。又用水晶创为眼镜，以佐人目力，有老、少、花、远、近光之类，随目对镜，不爽毫发，闻者不惜出重价相购。天台文康裔患短视，云球出千里镜相赠，因偕登虎丘试之，远见城中楼台塔院，若招几席，天平、灵岩、穿窿诸峰，崚嶒苍翠，万象毕见。乃大诧，且喜曰："神哉！技至此乎！"云球笑曰："此未足以尽吾奇也。"又出数十镜相示，如存目镜，百倍光明，无微不瞩；万花镜，能视一物化为数十。其余鸳镜、半镜、夕阳镜、多面镜、幻容镜、察微镜、放光镜、夜明镜，种种神明，不可思议。著《镜史》一帙，令市坊依法制造，遂盛行于世。董母序之曰："夫人有苦心，每不敢求人知，甚至有不欲为人所知者。故无恒产而有恒心者，惟士为能。今吾子不得已托一艺，以给薪水，岂吾子之初心哉？"康熙初卒，年三十三。（庄斗《传》）

清陆肇域、任兆麟《虎阜志》

尧民公小传

〔清〕袁嵩龄

尧民公讳允，顺治十年岁试第一名入泮，庠名姓丁，后改复本姓。时值江南新定，家难甫平，先世巨宅资产俱荡然尽。公远馆太湖，与嫡兄古处最敦行谊。不废学，中康熙庚午科第四十名举人。其为文清迥绝俗，楷法亦秀丽可爱。尝得其半纸，诉嘉善族子盗葬胥伍区祖茔事。又为远族平舆公一支推嗣立后，以其为若思公业师也。其遗行虽未能尽知，即此二端，可想见生平之不苟矣。公系四履公长子，嗣伯父三立公后，嗣母即叶氏昭齐，有《愁言》集，附刻叶氏《午梦堂集》行世。

清《袁氏家乘续编》1920年抄本

孝廉汉槎吴君墓志铭

〔清〕徐釚

余读《史记》，邹阳《上梁孝王书》曰："女无美恶，入宫见妒；士无贤不肖，入朝见嫉。"不禁掩卷叹息，以为千古若出一辙也。及观有明卢楠之为人，以跅弛使酒，至罹重法，械系黎阳，著《幽鞠放招赋》，以自广东郡谢榛见长安诸贵人，絮而泣曰："生有一卢楠，视其死而不救，乃从往古哀湘而吊沅乎！"诸贵人怜之，卒出楠于狱。而楠终无所遇，益落魄，纵酒以殁，未尝不深悲之。若余友汉槎吴君者，岂非其人哉！汉槎姓吴氏，讳兆骞，字汉槎，世为吴江人。明刑部尚书立斋公七世孙也。父燕勒公讳晋锡，举庚辰进士，授永州府推官。汉槎垂髫随至任所，过浔阳、大别，由洞庭泛衡、湘，揽其山川形胜、景物气象，为诗赋惊其长老。未几，流寇张献忠蹂躏楚地，汉槎奉母归，燕勒公亦解组旋里。值我国朝平江南，汉槎年方英妙，相随诸兄，为鸡坛牛耳之盟，驰骛声誉。与今长洲相国文恪宋公、家司寇、司农玉峰两徐公暨诸名贤，角逐艺苑，谈论风生，酒阑烛跋，挥毫落纸如云烟，世咸以才子目之。丁酉，登贤书，会科场事起，下刑部狱，羁囚请室，慷慨赋诗，随蒙世祖章皇帝宽宥，戍宁古塔。太仓吴祭酒梅村为《悲歌行》以赠之，有"山非山兮水非水，生非生兮死非死"之句。送吏无不鸣咽，而汉槎独赁牛车，载所携书，挥手以去。在宁古塔垂二十余年，白草黄沙，冰天雪窖，较之李陵、苏武，尤觉颠连困厄也。无锡顾梁汾舍人，与汉槎为髫龀交，时在东阁，日诵汉槎平日所著诗赋于纳腊侍卫性君所，如谢榛之于卢楠者。性君固心异之，思有以谋归汉槎矣。会今上御极二十有一载，诏遣侍臣致祭长白山。长白山者，东方之乔岳也，与宁古塔相连。汉槎为《长白山赋》数千言，词极瑰丽，藉侍臣归献，天子动容咨询。而纳腊侍卫因与司农、司寇暨文恪相国，醵金以输少府佐匠作，遂得循例放归，然在绝域已二十三年矣。时余方官京师，亦曾与汉槎一效奔走。其归也，抱头执手，为悲喜交集者久之。其母固无恙，而其兄已相继云亡，遂为经师，馆于东阁者期年，归而与太夫人上觞称寿，宗党戚里咸聚，以为相见如梦寐也。乃未及一年，复至都门，竟卒于旅舍。嗟嗟，岂非其命之穷也哉！初，汉槎为人性简傲，不谐于俗，以故乡里嫉之者众。及漂流困厄于绝塞者垂二十余年，一旦受朋友脱骖之赠，头白还乡，其感恩流涕固无待言，而投身侧足之所，犹甚潦倒，不自修饰。君子于是叹其遇之穷，而益痛其志之可悲也已。余为吴氏婿，余亡妻与汉槎为兄妹行，且幼同学也，余故知之独深。汉槎以前辛未十一月某日生，其卒以康熙二十三年十月某日，年五十四。配葛氏，前庚午举人葛端调讳鼎之女。子男一人，桭臣，太学生。女四人，俱葛氏出。桭臣以康熙二十七年十一月十五日，举柩葬于吴县宝华山之麓，即燕勒公墓傍也。以状涕泣而请余铭。余固不忍辞，遂为之铭曰：

吁嗟乎！吴季子。幼而学经并学史，万里投荒几至死。绝域生还岂易耳，胡为泯泯止于此？吁嗟乎！吴季子。

荐举博学鸿词、翰林院检讨、充《明史》纂修官、同学弟徐釚顿首拜撰。

清吴安国《吴江吴氏族谱》

吴兆骞传

吴兆骞，字汉槎，江苏吴江人。少有隽才，童时作《胆赋》五千余言，其师计名见之，诧曰："此子异时有盛名，然不免于祸矣。"及长，继复社主盟，才名动一世。时有"江左三凤凰"之目，谓华亭彭师度、宜兴陈维崧及兆骞也。顺治十四年，举于乡，以科场事逮系，遣戍宁古塔。居塞上二十三年，侘傺不自聊，一发之于诗。尝作《长白山赋》数千言，词极瑰丽。圣祖遣侍臣祭长白山，归献之，上动容，咨嗟。后其友顾贞观商于纳兰性德、徐乾学为纳锾。康熙二十年，蒙恩赦还。逾三年卒，年五十四。著《秋笳集》三卷，《西曹杂诗》一卷，《前集》一卷，《杂体诗》一卷，《后集》一卷，《杂著》一卷。兆骞骈体文惊才绝艳，诗风骨遒上，出塞后尤工，故当时以才人目之。

清国史馆《清史列传》

钱继升传

〔清〕张士元

继升钱氏，昌其名也。居吴江之保障里，今属震泽。崇祯八年，以选贡授郡通判，不就归。是时天下多盗，而含山盗最桀恶。继升家饶于财，一日有二人踵其门，云："奉主命，贷银数千两，必得以返。"询之，乃含山所遣也。继升劳以酒食，为好言慰之，曰："银不能卒备，幸缓数月，当赍至山中。"其人约期而去。继升念曰："盗不可藉之银，且豺狼无餍时。不如以家之所有，募士守御，庶几全吾乡里。"因具状请于官，得便宜从事，乃立格募兵。岁方饥，闻者先后至。家有大木仆地，继升言于众曰："能举此木者留。"未几，有崇明武学生黄扶摇等四人至，皆黄姓，号曰"四黄"，遂令训练曹伍。里人吴彦康等，亦别集壮丁自卫，皆听继升指麾。含山盗恶继升负约，率其党至，钲鼓喧阗，若甚可畏者。里中武士皆持兵彀弓指之，盗惶骇，诡云："吾曹欲往木渎取粮，不过假道贵邑，何纷纷为？"继升使谓之曰："尔既无意侵掠，何不藏尔兵器。"盗不得已，举兵器敛之，继升纵兵奋击，盗歼焉。久之，盗有沈判者，乘大舟，拥黄盖，驻野泓荡，声言欲为含山报仇。继升兵少，力不敌。时职方主事吴公易，以两都失守，倡议起兵，有众数千人，因抵职方借其兵。职方初难之，卒与舟师二百，而黄扶摇等率之以归。继升侦判船设炮，患之。遣人伪为乞人，至其船丐食，潜以盐卤滴炮中。及判发炮，皆不起。继升用炮坏其船，遂获判。先是，扶摇献计，谓："盗来必乘舟，舟必蔽以苇席。若用绵附篓而灼膏射之，则糜烂矣。"从之，于是盗船尽焚，烟焰四起。李膏药者，判党之勇者也，继升与搏战几殆。有许某者，斩膏药，县其头溪桥。继升乃徐讯所获之盗，杀其素为盗者，赦其胁从者。顷之，盗复夜入里中，不遂，自是不复至。闽藩闻继升名，使以礼聘，继升谢不往。而吴职方败走，大军购之甚急，迹及继升，继升与吴彦康皆被逮。提督吴某再三诘问，继升有辞得免，并彦康亦免。继升与弟威皆能文,威中顺治丁酉乡试,以同榜有事,谪宁古塔。继升亦牵连,至京师,病卒。余少时,数闻父老言继升事,后从其家得所记录,为书其始末如此。盖继升与职方吴公才略相似,尝荐四黄于职方参其军事。既而,职方以身殉国,继升辞闽藩聘,为圣清之良士,各行其是而已。继升尝自谓:"心术不甚坏,惟屠戮太多,难免于阴祸。要之奸宄出没,潢池弄兵之时,民亦良苦矣。"如继升者,其所全岂少哉!

清张士元《嘉树山房集》

叶舒颖传

叶舒胤(一作颖),字学山,明虞部绍袁侄孙。顺治丁酉副贡生。有《叶学山诗集》十卷。周铭云:学山风情月魄,不让古人。其词如春莺初啭,柳痕烟态,皆足助其妍媚。袁景辂云:汾湖叶氏,自虞部与配宛君以诗名家,一传而云期、星期,再传而元礼、学山,门才之盛,几为一邑冠。学山性洒脱,终日呫哔,不事生产。中年后,家渐落,淡如也。去病案:先生少孤,赖母夫人金抚之成立。生平笃于伦纪,母亡,孺慕不衰。视从兄姊伯叔如所亲,故世与横山、元礼并称,不知其非嫡也。其配沈素嘉,故从姑蕙绸女,于先生为中表,琴瑟尤叶,中年悼亡,竟不复娶。尝有《夜归》句云:"那得归来不断魂,萧然四壁一灯昏。牵衣稚子叨叨说,今日侵晟便候门。"凄迷呜咽,岂殊奉倩神伤耶?顾身虽老寿,而殁后不再传,遽绝。其所著述,大半飘坠。嘉庆朝,平望殷东溪得其诗于里中程氏,而叶之宗人名肇旸者,复丐得之。其兄耕云年六十六矣,两目几眂,竟力任钞写,遂得十卷,藏诸家。于是先生之诗,世上始有二本,而其他文词卒弗获也。厥后又阅九十七年,至宣统纪元己酉正月人日,余自东江棹舟过芦区,起居陆丈鸥安,承以其稿见畀,云即得之叶氏者。噫!一先生集也,亦何显晦之不可测耶?考先生之生,系有明崇祯四年辛未正月人日,而余得此集亦在正月人日。然则先生今而后,庶几可不朽欤!

陈去病《笠泽词徵》

廷许公传

廷许公讳永褒,君初公第二子也。敦孝弟,重古谊,秉性端方,操行刚直,于豪迈不羁之中寓深沉远到之识。大父副使公居官清慎,宦橐萧然,君初公又一衿终老,先业一无所藉。公之从昆弟虽多以裙屐相夸,而公之褐衣疏食澹如也。唯念显扬未遂,生计维艰,因旧有庄屋在斜港,遂去城市而家焉。既居乡,好善乐施,力崇勤俭。内助许孺人亦勤织纴,勉齑盐,有桓少君之风。公则殚心力作,经营于外,孺人则省衣节食,赞襄于内,用是家计日渐丰裕,居然号素封焉。公生四子,俱聪慧,公知为有成之器,为之择师而教之。如陈狷亭、赵元旭诸名宿,先后延致西席,待之必忠必敬。诸子遂得潜心学业，游庠食饩，贡成均，入国学，接踵而兴礼乐，门庭灿然复整。副使公弟中丞公有旧第在盛家舍，后人将售诸他姓。公知之，恻然不忍，因出资归之，授长子克楸、次子栋同居，已则仍居斜港。昆弟间有以困乏告者，应之毫无难色。弟德彰公无子，殁后一无所遗，方艰于立嗣，公独以次子栋为弟后。盖公之仁爱居心，类皆然也。呜呼！公当门祚中衰之日，设委靡不克振奋，将不勉以乡人终，而后人亦长为农夫以没世矣。乃与孺人整理而维持之，先业由此而恢宏，子孙由此而振起。迄今百有余年，兰玉森森，或居城，或居乡，腾声庠序者，代不乏人。则承先启后，公之力岂浅鲜哉！

清沈光熙等《吴江沈氏家谱》

先叔母张氏孺人行述

〔清〕王锡阐

呜呼！求全德于今之人也，盖已难矣，而闺阃尤难。膏粱世族，既鲜克由礼侧陋单寒，又无传姆之训，安得令德令闻足以范后昆，而贻永祀者哉！若我叔母，固非寻常闺秀之匹俦也，可仪于家，可式于国。虽在异地，犹能兴感，况于同室懿亲，亲被休徽，乌可有美而不称乎？母初逮事舅姑，严君综家政直指，率仲季以佐理，仆役奔走，各尽其职，时即从容燕誉，谁非之然？而蚤作夜思，深以晏安为戒，大而事使交际，细而织组烹饪，无不殚其心力。《诗》所谓"辰彼硕女，令德来教"者不过是也，其妇道有如此者。我叔父具栋梁之材，而未逢匠石之顾。安栖岩穴不汲汲于求试，固君子恬退之常，然亦有一德之佐，以助其内也。平昔规勉，无非逊志时敏稽古救时之务，至于世俗之得失宠辱，不屑以相勖也。《诗》所谓"女曰鸡鸣，士曰昧旦"者不过是也，其妻道有如此者。抚侄若己子，教子若己出。时其寒燠，节其饥饱，察其劳逸苦乐之情，毋使不适。求师友，警勤惰，励术业，学成行立而后慊于志。《诗》所谓"其仪一兮，心如结兮"者不过是也，其母道有如此者。叔父昆弟三人，故居偪仄，不可并容。析箸之日，让故居于伯仲，而结庐市北稼圃桑麻，翛然自得。母则课僮奴讲树艺，率婢女勤蚕绩。《诗》所谓"春日迟迟，采繁祁祁"者不过是也，其程功有如此者。频年以来，丰歉不常，乐岁推其所余，犹可能也。至于俭岁，虽好施之家，必先量己之赢绌，而后及于困乏。母则见有贸贸来者，顾视箱仓若斗釜未及罄，必举以分贷，而不必其能偿。属纩之辰，行者嗟于道，居者泣于室。《诗》所谓"凡民有丧，匍匐救之"者不过是也，其仁泽有如此者。我宗瓜瓞绵衍，三党亲戚尤多，应酬小误，即启责望之端。苟非莱妻陶母，鲜不有君家妇难为之叹。母一切遇之以礼，亲疏少长，有条而不紊，不阿不亢，人莫得而指其间。《诗》所谓"兄及弟兮，式相好兮"者不过是也，其敦睦有如此者。自从祖、祖父交游已广及叔父，而友乡友国名贤之屦不绝于户，朝夕饔飧供亿惟艰。母乃量出入制日用，服御粗疏，饮食淡薄，而以精凿甘美接礼四方之士。宾旅仆从莫不赡足，叔父之德日新而声闻日著，母与有力焉。《诗》所谓"知子之好之，杂珮以报之"

者不过是也，其好贤有如此者。尤可法者，追远之诚。凡今之人，知祖祢矣而不知曾高，知曾高矣而不能时享，能时享矣而不必丰洁，必丰洁矣而不及敬共。母于将祭之先必齐于心，而后视具粢盛牢醴，无或不腆。未知先祖之所嗜所好，则问诸故老而殷荐之。羹胾必亲调之，饼饵必手制之，虽寒暑疾病不变，不以常亵味而不致其虔。叔父所以得一心于交神，而不役志于笾豆簠簋之末。《诗》所谓"谁其尸之，有齐季女"者不过是也，其禋祀有如此者。呜呼！母之懿行不可一一数也，叙其大节如此，此亦可为全德矣。《周铭》所谓"慎戒必恭"者，母所日夕警惕者也。《楚箴》所谓"民生在勤"者，母所终身诵之者也。《禹谟》所谓"不矜不伐"，《易象》所谓"称物平施"者，母所性成率由之者也。恭则寿勤则不匮，谦则吉而有终，宜乎保遐福享大年，眉寿无有害也。何以疾苦忧患常丁其身，齿未及于大衍，而镜掩钗尘，型仪不可复睹乎！母生于崇祯昭阳作噩仲秋，卒于疆梧大荒落孟冬甲子，享年四十有五。考张某，字君符，文学。妣某氏。祖考某，某官。曾祖考某，某官。其远祖自新丰来迁，世居牛娘湖之阳，为吾邑著姓，邑中至今犹谓之新丰张氏。君符先生有五女，而无子。母于礼文女工无不闲习，先生尤所钟爱，欲厚嫁之，母每谦让不敢多取。勤苦俭约以起家，养继母，字幼妹，皆非恒情之所及也。夫子名某，字陶令，有声士林。舅漆园府君，以厚德推于乡。王舅心畴府君，即锡阐曾王父也。姑吴太君，昆仑山人王子幻外孙女。王姑蒋太君，亦名家女。皆耆年有贤德刑宗族，母能嗣徽音而不能絜其寿算，天道故难知哉！疆梧大荒落律中黄钟己亥，再从子锡阐谨述。

清 王锡阐《晓庵先生文集》

故儒官翙苍公墓表

〔清〕陈沂震

昔王荆州为范豫章外甥曰："不有此舅焉，有此甥。"盖学问文章，外氏亦有助焉，吾于翙苍王君克肖其舅愚庵先生而益信。翙苍讳化浩，姓王氏。明成化间封侍御讳宗吉，其七世祖也。父讳景望，邑庠生，有名德，门人私称曰康惠先生。母舅朱愚庵，以布衣载江省儒林传，著书充栋。君幼而颖异，酷似其舅，愚庵奇爱之。稍长，博闻强识，学有本源，文誉噪胶庠，督学每试高等，与廪饩，贡入成均，授儒官，将出而有用于世。故其得于舅氏者一鳞半甲，使其不事科举，专事著书，不将与愚庵先生争长黄池哉？其所与游皆当世词豪，与柳塘吴先生尤相得，结为婚姻，以其子维祉娶柳塘女。柳塘之门如吾友汉荀、家弟雪川，悉延至家，命其子从游。西郊馆舍，余尝至焉，主宾唱酬，饮酒赋诗，忽忽三十年矣。柳塘尝为余言，翙苍承其父文来翁家法，积而能散，先世侍御公、中丞公墓田邱木赖以保护，遗书图像赖以留传。读其修葺族谱序，尊祖敬宗之意，敦伦收族之思，盎然溢于纸背。《诗》云"岂弟君子"，殆其人欤。康熙三十八年卒，年六十有七。配顾孺人，前进士仲雍公女，后公二年卒，寿六十九岁。子四人：

长维桢，次维禧，次维祉，次维祐。孙男四人，曰廷珏、参光、廷珪、廷璋。名秩婚配，备载状中。以康熙四十一年吉月，葬于吴江廿八都东心采之新阡，顾孺人合葬焉。后二十余年，其侄孙孝廉锡为行状，介其子庠生维祉来请余文表其墓。余少游愚庵先生门，与君交最久。追念旧游，邈不可得，即从柳塘汉荀、雪川诸君集于君舍，其尚在者唯余与汉荀而已。存没之感，能不悲哉！其何敢以不文辞。铭曰：

呜呼翙苍，顺化归藏。虽未用世，词藻廷扬。死而有知，师友翱翔。吟风弄月，其又奚伤？

赐进士出身、礼科掌印给事中、提督山东学政、年家眷世弟陈沂震撰。

清王锡等《吴江王氏新谱》

就闲公传

就闲公讳自显，字紫发，斯美公之子也。生而至性过人，甫能言，偶值宴客，斯美公置诸膝，授以果，辄持入奉母。九岁随亲避寇，斯美公被贼斫仆，公长跪号泣，求以身代，贼感而释之。寻遭母袁太孺人丧，擗踊哭泣，每形诸梦寐，遂茹素以终其身。时值兵燹之后，家贫无以为养，因弃举子业，专事治生，以供甘旨。斯美公寡言笑，常终日危坐。公每邀一二戚友，只鸡斗酒，时与言欢中馈。陈孺人亦善体公意，洁涤醯醢以供，并令孙辈斑斓戏舞，尽庭闱之乐，如是者二十年。后侍斯美公疾，衣不解带，阅两寒暑。既殁，呼抢欲绝，水浆不入者三日。进食灵几，必号泣侍立，逾时而后彻奠。既葬，日夕展墓，孺慕之诚，老而弗衰。尤难者，诸父三人，伯以寇亡，仲以盲废，季以病卒，孀孤在室，孑立无依。兼之伯叔所遗官通私贷，一时麇集，公典衣鬻簪，多方代理。念同祖之谊，敬事盲伯以及诸母从兄，毫无间言。与人交，蔼蔼怡怡，矢诸口者，无非孝友姻睦之意。康熙辛巳岁，学中尊经阁圮，邑绅士咸举公董其事。明年壬午，邑令襄平范公与司铎夏公，举公为乡饮宾，且欲申宪，请旌其孝行，公力辞不敢当。迨殁后十余年雍正丙午，奉旨旌表孝子，建坊于门。呜呼！若公者，复何愧于南陔白华之义欤？

清沈光熙等《吴江沈氏家谱》

吴江沈孝子传

〔清〕沈树德

孝子讳自显，吴江东三保人也。籍本吴兴，自其远祖迁吴江，乃为吴江沈氏。父讳瑢，母姓袁氏。孝子生有夙慧，初入塾，即索解孝弟字，塾师大奇之。当明季，所在村落遭盗劫。孝子年九岁，随其父避走，涂遇贼。贼将刃父，孝子冒白刃奋而前，且呼且以身翼蔽父，曰："宁杀我，勿伤父也。"已而长跽请父命，声泪迸发。贼感动舍去，父子俱获全。当是时，贼横行四掠，遇人即刃，人莫敢迕，而孝子父脱于难，于是人皆异之，称孝童。未几，孝子丧母，擗踊哭泣如成人。及长，忧思不已，时时惊啼，梦寐中每言及，泪辄汪然。遂终身茹素，痛母之不逮养也。父同产四人，二兄一弟，伯与季早亡，惟仲在，又失明无子，父伤之。凡兄嫂娣侄，及其家口，俱引以同爨，聚食二百余指，孝子承父志，皆以一身给之。先是诸父之亡也，东三保故多瘠田，隶版籍。遇邑大夫清查，则积逋累累。孝子惧吏胥打门惊父，且贻之忧，百计代偿之，诸母前弗以白也。父性严重，惮出门，而乐亲朋不时至。孝子每具酒馔以招之，与父笑语为乐。父又喜含饴弄孙，孝子特令儿辈得嬉戏翁侧，翁顾之而乐，孝子亦以自得也。其善承欢类若此。父晚年得疾，阅两寒暑弗瘳。孝子衣不解带，与病终始。又尝夫妇同稽颡北辰，愿以身代。妇能顺厥指，益见孝思不匮云。居父丧，哀毁几灭性，绝而复苏者数矣。既葬，庐墓三年，孺慕之诚，至于没齿。孝子至性孚于乡党，县令特举为乡饮宾。每黉宫有所修举，必以孝子董其事。没二十年，有司上其孝行于朝，建坊表焉。

论曰：尝闻长老言，吾沈氏散处海内甚众，然地远谊疏，多不可考。独吴江世相往来，不失称谓，孝子之族是也。吴兴沈氏，史故多传人，今复得一孝子，有余荣矣。闻孝子甫扶床走时，父见客，把置膝上，客授以果，即盘跚下地，进以遗母。与索解孝弟字，志意略等。孝子之孝，真天性然哉！又闻孝子尝患大痫几殆，恍惚中见白衣人拂以袖曰："孝子弗虑。"已而果差，亦异徵云。(《慈寿堂文钞》五)

汪兆镛《碑传集三编》

范孙蕙、范汝桢、范鸿业传

孙蕙，字馨远，文卿公之次子也。公幼承庭训，复游于陈孝廉绍文先生之门。二陈君锐、锷暨张太史尚瑗，皆同砚友也。入邑庠，补增广生。始因亲老训徒于家，以束修羊供甘旨。后二子继起，馆谷颇丰，遂优游晚岁。所居近市，时与词客过从，为文酒之会，一室翛然，忘乎门外嚣尘也。配蒋孺人，亦知书，时谈论古今，琴瑟静好，后公一岁卒，人谓不啻鹿门仙侣。公之卒，通家子陈给谏沂震撰文祭之，小门生王孝廉文沂序其文稿，《增辑先哲志》有传。赞曰：父作子述，师尊友亲。闺门念典，乐备彝伦。

汝桢，字宁周，馨远公之长子也。与弟同受业于陈轶庭锐先生之门，时同学若张太史尚瑗、陈给谏沂震等，咸相推重。壮游于庠，累试高等，食廪饩，而秋试辄不利。文既典，则诗亦尔雅兼善，指授后进，从游者众。以市南老屋湫隘，设帐于慧日禅院。有香山族人岸异，以游学至里，亦请业于公，获售于邑庠。后应表兄费显文绍霆之聘，馆于城西，显文游张太史门，公为介焉。声气益广，从游益众，而里中诸弟子仍在云林堂会课，遥质于公，并时好学者靡不问业。卒后，门人姚孝廉纫撰文，集同学与及门数十余人汇祭之。所著《绿满窗草》，与弟合编，曾付《松陵诗徵》局，以主选者故，时佚去未采，然今艺林中无不知有二范先生者。配朱孺人，与娣妇系从姐妹，皆孝介先生陛宣之族孙女。娴诗礼，安儒素，寿并登八秩，有钟郝风。弟鸿业，字佑商，府增生，名与兄垺。为学得陈轶庭先生之传，文更沈挚清真，诗则饶有天趣，与郡中慎交社课辄冠曹，彭南畇定求评其卷曰："安得不震惊小范。"初则内家设帐，后馆于王氏师俭堂，映薇文沂、俊求时彦两孝廉昆仲，亲炙最久。周祖修俊济、朱节山虎林、鲁传景曾、王屺望杯存等，后先负笈相从，不更求他师，卒并成名宿。兄既适馆城西，公更与陈艾山沂配、王师维植、伟岳棣、庞钦文景芳、马轶超云骧、王鲁原前，举七子文会于云林堂，后起者则而效之。公昆仲与六先生迭主齐盟，各家子弟亦交相见，一时文风丕振，有若时雨之化。屺望即鲁原犹子，得公指授，亦为老经师。后小门生观察曾翼赋诗追溯文学渊源，以二范继二陈，见《居易堂集》。公少兄六龄，后兄卒四岁，年皆未周甲。寝门之奠更众于兄，前辈汇祭文费大令洪学撰，同学汇祭文陈黄门沂震撰，及门汇祭文王孝廉文沂撰。《同里志》与父兄同列文学传。

清范时乾《同里古吴郡范氏家乘》

王凌遽暨子燕公墓志铭

〔清〕包宏基

公讳之构，字凌遽，封侍御乐善公八世孙。父梦刘，府庠生。有子三人，长之相，季之杓，公其仲也。天性孝友，临事刚直。于凡是非利害，持论侃然，义形于色。族党有事必宗之，婿太学生孙淳坐诬命案，为之捐产不少悔，其尚义多类此。配许氏孺人，庠生元杨公女，少同辛苦，至老纺绩不倦。子男一人，讳继勉，字燕公，邑庠生，赡才略，有父风。居常坦怀乐易，及为人排难解纷，无不竭情尽力者。为族长，教子弟谨就绳墨，或贫甚不克办昏丧，则告司祭田者，量给以资，后遂因为例。元配周孺人，州司马辰远公女。继娶唐氏，湖府庠生飞熊公女。孙男二人：长文辉，次文显。曾孙二人：曰毓祥，曰寿彭。忆予少从燕公先生游，经书制艺，亲承指授，殷勤诱掖，德容蔼然，如坐春风中。历若干岁，间与予言及先世，因得习闻公之行谊。及谒选京师，先生执手送予，嘱为廉吏，予识之不敢忘。后十余年，予子来京，知先生已下世。一官鲍系，服勤不终，瞻望乡间，不胜寝门之恸。悲夫！凌遽公生崇祯七年闰八月十五日，卒康熙四十五年正月二十七日，寿七十有三。许孺人生崇祯七年正月二十九日，卒康熙五十年十一月二十七日，寿七十有八。燕公先生生康熙七年六月十三日，卒乾隆五年七月十六日，寿七十有三。元配周孺人生康熙十年七月初三日，卒康熙三十六年七月二十二日，年二十七岁。文辉卜于乾隆七年十二月二十八日，合窆祖考妣于同里镇东尾圩之新阡，而以先生暨周孺人祔焉。属予为志，予何敢辞。铭曰：

乐善之裔，乃世称贤。德行文学，有永其传。郁郁佳城，东尾之原。勒铭贞石，可殉万年。

荐拔恩贡、原任河南偃城县知县、门下晚生包宏基顿首拜撰。

清王锡等《吴江王氏新谱》

渔隐君敷夏传

叶敷夏，字苍霖，一字康哉，自号唐湖渔隐，继武子。著《南阳草庐诗稿》，袁朴村云："渔隐笔力矫健，胜于乃翁。"乃翁爱交游，与诸同志结惊隐诗社。渔隐杜门嗜古，不妄交一人，《答慎交诸子》一篇，其志趣可知，父子间绝不相肖也。弟兰操，名敷菜，亦工诗，《过武铭斋》云"庭竹翠浓新雨后，江枫红艳夕阳时"，以工整胜也。著《环碧堂遗稿》。（王豫《江苏诗徵》一百六十）

清叶德辉等《吴中叶氏族谱》

清故翰林院检讨徐先生墓志铭

〔清〕秦道然

先生讳釚，字电发，号虹亭，吴江人。父讳韫奇，明诸生，博学有隐德。先生弱冠以诗名，后博综典籍，尤工词。康熙十八年，与余先人同以博学鸿儒，徵官翰林院检讨，纂修《明史》。未几，以不能事权贵，调外官，不赴选，径归，游迹半天下。癸未，上南巡，赐御书，复原官，亦不就职。益著书，有《词苑丛谈》《续本事诗》《南州草堂集》《菊庄词》，共若干卷。其《菊庄词》最见重于时，朝鲜贡使尝以金饼易之，留题而去。康熙四十八年十二月二十一日卒，年七十四。配吴氏，侧室吴氏。子三人：养浩、志深、逢源。康熙六十年，养浩之子大椿，将以四月二十三日葬先生于本县二十七都之璧字圩，两吴氏祔，而养浩亦祔于其左。乃持状来乞铭。铭曰：

汤汤湖水，淼淼江流。聿生闻人，帝用咨诹。未竟厥学，著书荒邱。神还太虚，魄返江洲。永安兹兆，世仰其休。

无锡秦道然撰文。嘉善许王猷书丹。

吴江博物馆藏碑刻

徐 釚 传

徐釚，字电发，号虹亭。父韫奇，字季华，孝友仗义，尝破家脱族人子难。为诸生，好古博学，积书至万余卷。明亡，杜门著述，有《徐氏日钞》《吴郡志略》等书，藏于家。釚幼颖敏，年十三，为诗有惊人句，长老咸嗟异之。长益工古文诗词，兼通制举业，又善画山水。入慎交社，声誉日起，远方名宿皆与为忘年交。初，赴皖江郡丞聘，娄东吴祭酒伟业以诗送之，词人和者数十人。已而两至京师，公卿皆折节相迎，尤见知于大司农梁公清标。康熙十七年，诏举博学鸿儒，梁公以釚名上，釚书辞不获，明年试置高等，与同邑潘耒同授翰林院检讨，纂修《明史》。时三藩荡平，釚作《平蜀颂》《平滇雅》以献。居无何，会有翰林外转之事，釚以忤权贵意，为所中，亦在遣中。潜庵汤公斌力为调护，不得。时有厚釚者谓曰："我为若用千金，学使者可得也。"釚曰："人生出处，固有天焉。我唯自信无愧而已，安用此哉？"遂拂衣去。举朝咸惋惜之，各为歌诗以赠，所谓《青门集》者是也。釚性好远游，遂道浙过闽，历江右，三至两粤，一至中州。所至与其地名流胜侣，撷秀探奇，所留题或为刻石焉。时数上南巡，两赐御书，诏以原官起用，有司趣行。釚曰："我壮岁不能事人，今老矣，尚不畏嚣尘况昧耶？"竟不就。于屋后囿中，垒石筑小亭，秀水朱彝尊颜曰"丰草"，与远近者宿，日觞咏其间。釚少时所刻《菊庄词》，朝鲜贡使见之，以金饼购去，留题曰："中朝觅得菊庄词，读罢烟霞照海湄。北宋风流何处是，一声铁笛起长思。"其为远人钦慕如此。所著有《南州草堂集》三十卷，《词苑丛谈》十二卷，《菊庄词》初、二两集各一卷，《本事诗》十二卷行世。又作《田间秘录》，未成稿而卒，年七十三。

清康熙《吴江县志续编》

虹亭公传

虹亭公讳釚，字电发，季华公之次子也。公一目数行，辄能成诵。年十三，即赋"凉风有意飘团扇，残月无情入小楼"，诸老宿咸嗟异焉。弱冠时，有意为名世之文出就有司。试一不利，即短衣匹马游燕齐间，跅弛自放，赋有"鸦柳长堤，一片斜阳上客衣"之句，公卿间交相传诵，流入禁近。岁戊午，天子下诏，徵天下文学士备顾问之选，大司农梁公荐于朝。己未岁，召试体仁阁下，钦命诸题，称旨拔居优等，除翰林院检讨，充纂修《明史》官。任馆职四载，因病告归，采药南海者几年。病愈补官。未数月，有请行外转事，公亦在遣中。同朝士大夫出饯青门，有以王元之、苏子瞻相况者。公复因疾不赴选，遂脱朝衫归田，里居于邑之西城毓瑞堂。刊《青门集》，著《南州草堂集》《词苑丛谈》《菊庄词》《续本事诗》若干卷。癸未岁，上南巡，公迎驾于毗陵，蒙天颜和霁，钦赐御书，两次诏复原官，因老病不能就职，赋《纪恩诗》四章。时悠游于垂虹亭畔，尝往来于闽粤之间。归与潘稼堂、朱竹垞、尤西堂诸公尤称莫逆，日宴叙于丰草亭中，人比之香山诸老。公兼善书画，兴酣落墨，法宗苏王，名入画谱。晚年遁迹林泉，日以著书为事。今书集多采入四库馆中矣。晚号枫江渔父，又号菊庄老人云。

清徐书城《吴江徐氏宗谱》

敕封孺人先室吴氏行述

〔清〕徐釚

孺人吴氏，世为吴江甲族。五世、六世祖立斋、切庵两公，俱官大司寇。切庵生孝廉德泉公，德泉生苑马寺丞绍泉公，绍泉生太学中柱公，中柱生邑庠生仲明公，是为孺人父。孺人为仲明公第六女，嫡母沈孺人，生母庞孺人。孺人生而端庄沉敏，俭勤笃孝，父母皆钟爱之。顺治癸巳九月，余年十八，先生母韩孺人病笃。先赠君与先嫡母王孺人，以为娶新妇归，或可使病者喜而愈也。余奉两大人命，往亲迎焉。乃孺人归，而韩孺人终不起。余擗踊号恸，孺人急脱簪珥，被重服，涕泣不饮食。先嫡母王孺人怜而慰劳之，举家咸谓孺人能尽孝道。明岁归宁时，仲明公家业尚隆，于莲花兜所居西偏卜筑园亭，极林泉诗酒之乐。孺人兄弟姊妹凡十三人，皆无恙。每当秋冬之际，则菱、芡、莲、藕、鱼、蟹之类馈遗不绝，孺人取以为余两大人佐甘旨，两大人咸色喜。丁酉，余以冠军受知于邑侯笏山雷公，方应学使者试，遭先嫡母王孺人之变，孺人鸣咽欋怆，更有不欲自生者。以孺人善事王孺人，故王孺人之爱孺人，亦不啻己出也。自王孺人殁，先赠君授余田五十亩，俾自爨。孺人遂亲杵臼、躬织纴，以佐余膏火。余益贫落，至不能家食，赖馆谷以给朝夕。孺人则糟糠自厌，时觅甘腝以奉先赠君。顺治十六年，奏销事起。先兄文学行之公以欠粮望误，拟重遣，举家惊惶，孺人嘱余以馆金周先兄之急。丁酉孝廉钱德维夫人，为孺人同母女兄也。德维遭谤，议流塞外，钱夫人亦行。时有一女一子，孺人怜其女幼无所依，抚以为己女。及长，为择婿出嫁焉。德维在宁古塔，犹以书谢余，云："覆巢之下，谁肯拾其遗卵？非孺人能尽友爱不至此。"康熙丁未，先赠君殁。凡含殓棺椁之具，赖孺人俯助完备，使余少逭终天之恨者，皆孺人力也。先赠君殁后，余遂糊口四方。岁庚戌，吴郡大水，道殣相望，举室嗷嗷。孺人竭力支撑，幸免饥馁，余于辛亥抵家，相持泣下。明年再游京师，复南还馆于武林，凡五年。或暂时一归，孺人必蓄斗酒相慰藉。丁巳秋，余以国子生应试南闱，牍已入彀，因小疵为主司所摈，余郁郁不自聊。孺人慰之曰："穷达有命，子勿介意也。"戊午春，伏遇皇上下荐举之诏，余谬列今大司农苍岩梁公荐剡，于六月入京，八月先应京兆试，复被放斥。己未三月，皇上召试太和殿，蒙恩拔，授馆职。报至，孺人始开颜一笑也。然余家素酷贫，甫通仕籍，诸费益难支。余念孺人劳苦，遂遣仆持家信归，迎孺人及二子入都。辛酉十一月，始到邸中，相见欢甚，因追话年来困顿之状，为之喜而复泣也。余方以纂修事冗，出入史馆，积有劳瘁，壬戌五月，抱病几不起。是时孺人亦负危疾，赖名医诊治，吾两人方得更生。然心血久枯，余遂告假归里，于九月初潞河登舟，至十一月抵宿迁，次儿养潜忽发痘疹，于是月廿四日殁于淮安舟中。呜呼痛哉！潜儿眉目秀异，爽朗能文，不幸夭亡，余与孺人为之血泪俱尽，此孺人致病之由也。今年三月，余采药云间，时孺人已饮食渐减，寒热时作。至四月间，发疹疾，虽强起，然气血虚耗，形神枯槁。余于六月返舍，一见大惊，急延医调治，参苓罔效，展转床褥间者两月，竟尔奄逝。呜呼痛哉！孺人素性严毅，有操持，克勤克俭，二十余年长斋绣佛，每有旨蓄，必奉余及宾客。御下严而有恩，奉事先赠君与先孺人，竭尽孝养。余饥驱飘泊，常不在家，每逢先人生忌日，必诚洁祭享，无少懈。先赠君颇称素封，晚岁以屡遭无妄，家渐衰替。故先文学行之兄所授尚厚，至余而析产无多矣。孺人尝慨然向余曰："余为君家妇，见君兄弟所受先人产皆不能守，君又客游在外，我为君操作，俾先人所遗。虽寸草尺土，不敢稍有废弃。"盖竭尽一生心血，故能支持门户也。今幸邀特恩忝为侍从，乃孺人曾未得娱一朝一夕，而竟舍我逝矣。呜呼痛哉！孺人之懿德贞操不能殚述，兹特诠次一二，祈世之大人君子怜其困苦憔悴，锡以志传，勒诸贞珉，以光泉壤，感且不朽。孺人生于前明崇祯四年辛未六月初六日寅时，卒于皇清康熙二十二年七月初三日戌时，享年五十有三。先举两男一女，俱殇。去岁，次儿养潜又亡。今止一男养浩，聘贡监生丁宗韩讳愈公女。谨状。

清徐钪《南州草堂集》

克将公传

克将公讳永禋，君张公之次子也。邑诸生。为为人风流蕴藉，仪度春容，尘俗鄙亵之。谈不露齿角，纨袴之习屏涤殆尽，真乌衣之俊流也。少工制举义，有声场屋，其策问尤为时辈所推。诗及八分书皆有祖风。旋以数奇累试不售，遂淡于进取，筑室湖干，啸歌自尚以终。所著有《选梦亭诗》一卷，《聆缶词》一卷。

清沈光熙等《吴江沈氏家谱》

慕轩公传

慕轩公讳岊楸，字树奇，仙平公之子也。世居柳胥，朴雅有行谊。父仙平公早卒，母钱塘潘氏，年仅二十四耳。苦节五十年，抚公成立，公所取名字与号，其意皆有在也。公少从钱塘鲁得之学画竹，尽得其法，暮年名遂与齐焉。

清沈光熙等《吴江沈氏家谱》

陈锐、陈沂配传

陈锐，字颖长，号轶庭，绍文长子。康熙戊辰进士。与弟锷务实学，敦士行，世以经师人师相推，所谓二陈先生是也。五十后始获一第，沉潜嗜学，于经史及二通诸书，皆丹黄甲乙，未尝顷刻离也。国初，制义承明季之习，怪诡不经。锐与锷力宗先正，选刻程墨皆醇百篇，风行海内，文体由此稍变。既久困场屋，遂肆力于古文辞，亦并有声。所著有《泰阿焚余稿》。子沂配，字艾山，号息存，邑诸生。尝从父锐授经于徐司寇健庵家，时司寇纂修《一统志》，开局于洞庭西山，四方名士俱集，沂配得与诸前辈相接，洽闻广见。故所作诗文皆有宗法，诸先辈皆为叹赏。所著有《息存遗稿》。

清嘉庆《同里志》

李先生寅传

〔清〕张云章

先生姓李氏，名寅，字露祯，东崖其自号也，私谥曰文孝。吴江县人，其占博士弟子籍，则在秀水。两邑虽分省而治，地实邻接。先生试辄魁其曹，名籍籍两邑间，然先生博通经传百家言，不仅以应举业名也。康熙三十六年，以恩贡为岁进士，时年将晚，先生自度无所设施，杜门著书。有文集八卷，其言多往古治乱得失之鉴，有益于当世。亦善为诗，诗有《淇园集》六卷，其子重华携以见示，余爱其隽洁，留之案上，累越月而返之。尤粹于《易》。先生父林芳，亦白首困诸生，将殁，先生捧父之手，垂涕洟，跪而请曰："大人有所言乎？"答以"志在《易》而未遂"。先生殚心潜思，集诸家之异同而会通出之，为《易说要旨》八卷。卒业而先生病，病且亟，亦诏重华曰："吾此时心甚惺惺，平生所读书咸在，即向所遗忘者亦记忆及之矣。独吾《易说》中乾、坤二卦言用九用六之义，与程子、朱子稍异者，自省其不可，子能为我改之则善矣。"重华泣而志之。越日而瞑，时年七十有一。两邑之门弟子与其他自远而至者咸集，相与议曰："不可以不易名。吾师道德博闻，可谓文矣。著成《易说要旨》一书，以发明程朱之义蕴，自不忘遗言，始可谓孝矣。"因相与谥曰"文孝先生"。先生又有《学庸要旨》六卷，今中丞仪封张公为之序，可以知其书矣。重华今为名诸生，诗文传播众口，将大有闻于时，以光显先生者也。

朴村子曰：吾闻程子《易传》之成，至寝疾，而始授尹和靖。朱子卒之前三日，犹改《大学诚意章》。先生之笃志而不自信，何其有似于此欤！即其所解用九用六稍异于程、朱者，必非阳不可无阴，阴不可无阳，以变者占之大旨也，亦如群龙无首本义以象推之，有异于程子之不为天下先者耳。然先生之意，以为自朱子而异于程子则可，自学者而有异而不可，故至易箦犹谆谆以命其子。今之君子好奇立异，悍然与程朱悖，何欤？此吾于东崖之诗若文，而益有重于先生也。

清钱仪吉《碑传集》

青浦教谕雨岑公墓志铭

〔清〕董煜

公讳舒玥，字康贻，别字雨岑，世为吴江名族。六世祖绅，明成化末进士，历礼科左给事中，以修省陈八事、又劾尚书徐琼等二十人、中官李广八大罪，直声震孝宗朝，终尚宝司少卿。尚宝后，文章科第相望，至大理寺正卿绍颙，复著声绩，公之祖也。公少即濡哜家学，父贡生仉，课之读书，玉田珠薮，复然自异于人。其后，公之叔曰燮、曰吴楫，弟曰舒崇，咸以才登进士。而吴中社事方盛，宿儒如宋先生徵舆、计先生东倡为慎交社，公亦与焉。于是益与其兄弟角材战艺，思自拔于举场，然卒不遇，仅以廪贡廷试得合肥训导。未几，以外艰归，补霍丘训导。霍丘故有人物著前代，后更兵事，遂荒陋不向学。公至，进诸生而申儆之，先行后文，历岁月不怠。故教而成才，有登贤能之书者，近时所未有也。升江阴教谕，又丁母夫人周氏艰归，尽丧礼，并葬其祖。服阕，补青浦教谕。学宫倾圮久矣，公率先捐俸，人故乐为攸助，撤而新之，而条教诸生，视霍丘弥恳至。盖青浦多才士，公尤乐于磨切也。时商丘宋公荦来抚吴，与公世好，又特器公才，方欲引荐，而公已辞印绶，归理故园松菊矣。王介甫尝叹："学官中群居旅处为师弟子者，但讲章句，课文字，无复古者。"养老劳农，尊贤使能，考艺选言，实意然制义，所以讲习圣人贤人之理也。经明行修，必由此涂出矣，况敦教化，美风俗，更能勤于其职乎！卒于康熙五十一年八月二日，年七十有五。夫人蒋氏，前戊辰进士、天津兵备道副使灿孙女，太学生、赠奉天府治中圻女。生长华膴，而能事舅姑，减服御，有无黾勉，宗族称其贤。先公卒，年三十有一。子三人：长廷槐，贡生，松江府学训导；次廷楠，贡生；次景韩，贡生，亳州学训导。女一人，适康熙丁丑会元、詹事府左春坊左中允汪士铉。后夫人陆氏，前己未进士、山西布政使文衡孙女，庠生鳌女。淑质温润，抚诸子有恩。后公卒，年七十。子一人：廷杰，早殇。女一人，适监生孙淑泌。孙男女十三人，曾孙男女十九人。公没后，未及择吉壤，而伯仲两嗣君相继卒。亳州君仓兄负土，独任辛勤，始以雍正五年六月二十七日，葬公吴江里咏圩之新阡，两夫人祔。铭曰：

蒲海有源，伏而复流。石林贤裔，世笃前修。公德虽未耀，而佑启实优。庞山湖畔，郁郁松楸。既固既安，特铭其幽。

通家子董煜谨撰。

清叶德辉等《吴中叶氏族谱》

先室蒋孺人行述

〔清〕叶舒玥

孺人蒋氏，世为吴郡右族，自大父韬仲公以进士历官天津宪副，益大其家。父太学颖侯公，孺人其第二女也，我父母夙闻其令淑，为余委禽焉。丙申秋，吴下忽讹传采选，人情皇遽，因就婚于郡，弥月返江城，内家装遣颇盛，而孺人自视淡然。时余女弟字吴，妹婿亦就婚余家。比归，而奁具多缺，孺人即自出其衣饰器皿，计百余金，佐一时所未备。两大人心贤之，强拨田二十亩以偿，孺人以长者赐弗敢辞也。吾母念孺人生长华腴，凡早暮饮食之类率加厚，孺人觉之不自安，语余曰："舅姑春秋高，子媳弗克竭甘脆以侍奉，反以尸饔劳其心乎？"因请自爨。两大人重恤之，授余膳田一百亩。又，王父廷尉公另授冢孙田七十亩。盖我母朔望率孺人谒王父，王父喜甚，谓我父曰"是真佳妇"，故特以此田示意云。孺人念家产薄，恐无以自立，乃遍阅奁中物，服用所可已者悉鬻去，得数百金，权其子母，别置一籍，出入必谨。每岁止以膳田所入供蔬粝，而以所蓄聚者求甘旨奉两大人，即果饵之细，亦勿敢稍有率略，两大人数以识大体称之。方庚子、辛丑间，吾母常患疾眩，盛夏必需凉爽之所。孺人辄迁住室之西偏，而以中堂之高敞者居吾母，虽迫隘无以避暑，不暇自为计也。孺人属望余甚切，自壬寅得食饩，心窃喜，劝勉益力。十年来，家事无巨细，悉经其心，然坐是得瘵疾，岁渐增剧。至庚戌，则连月常竟夕不寐，自觉心火上炎，烦躁难支，泣语余曰："吾欲目前节衣缩食，使他日所以奉翁姑者渐丰，而今已矣。吾于米盐钱帛，独自竭心力，庶君一意读书，克继先人门阀，而今亦已矣。吾欲助君粗立家业，冀吾子各能自给，而今更已矣。命也，夫复何言！"展转数日，长叹而逝，年才三十有一耳。孺人自幼读书史，晓大义，然绝不自表暴。其于花钿脂粉之属，一概屏弃，而性喜整洁素妆，旧服亦必楚楚无纤垢。所居垣外有屋三楹，我父向售他姓，而甚苦居人之嚣杂，孺人揣吾父意，出己资续归。吾母性友爱，诸舅氏远隔数十里，不能朝夕继见，深以为念。孺人知姑意，适男廷槐当就傅，劝余延二舅氏教之，凡酒浆脩脯之属皆从丰腴，俾舅氏得久留，以适吾母意。其事舅姑而能养志，尤人情所难。孺人既没，内兄越音言其十三岁时，尝割股肉疗大母危疾。嗟乎！孺人自幼纯孝如此，宜其善事舅姑也，而天不永年，可哀也！孺人生前庚辰十一月廿一日，卒今康熙庚戌四月初九日。子三人，廷槐方十一岁，幼者三四岁耳。女一人，亦幼。嗟乎！儿女扶床，提携何恃？而劝勉之言犹在，拮据之状宛然，用是含凄泚笔，略陈梗概，庶当世立言君子能传内行者有考焉。谨述。不杖期叶舒玥抆泪顿首拜述。

清叶德辉等《吴中叶氏族谱》

太学侍伯陈公传

〔清〕包咸

黎里陈氏，与余家为至戚，堂构贻谋，素所钦仰。今春，妹婿孟长请传其先人侍伯公。余念公一生行谊，隐与古人相合，有可以光家乘训后世者。公讳世忠，侍伯其字也。大父望湖，父爱溪，皆以孝义负乡里望。公生而岐嶷，沉静寡言笑，读书过目成诵。弱冠后分理家政，能曲体父志。时爱溪公轻财好施，修建寺院、桥梁，远近莫可枚举。公竭力赞襄，罔敢少懈。岁甲戌，遭母丧，寻遭父丧，哀毁骨立，丧葬尽礼。公家本饶裕，性甘俭朴，布衣疏食，处之怡然。遇亲友贫乏者，解推不吝。每慨然语诸弟曰："吾侪幸遇昌时，既不能弋取功名为显扬计，尚期矢慎矢勤，无贻九京隐憾。"以故先人未竟之业，靡不次第续成之。居恒训饬子孙，内严外恕。余尝过其家，见其周旋进退，少长秩如，诵读声与机杼声相应。余乐而慕之，窃谓太和之气，萃于家庭，公真今之古人欤。晚年屏弃世务，构新室二堂，曰"静远斋"，曰"抱素"，盖取宁静淡泊之义。叠石引泉，广栽花木，以娱老怀。康熙五十有四年二月二十有七日卒，春秋七十有七。元配李孺人，继蒯孺人。有克家子四，长即余妹婿也。嗟乎！积善之家，必有余庆。他日出家，修为庭献。贤能称职，丕振先声。余卜其后，嗣之必昌云尔。

清陈阶琛等《颍川陈氏近谱》

叶舒崇传

叶舒崇，字元礼，号宗山。明虞部绍袁长孙。康熙丙辰进士，（平湖籍）官中书舍人。有《宗山集》《谢斋词》。叶绍袁《年谱续纂》云：世佃生男，名舒崇。虽房序属四，实长孙也，字之宝掌。昔魏晋间有宝掌和尚，住世一千七十二年，取其寿也。自庆有孙，又悲世俗无子，哀悼何能遣欤？因名世俗女曰宝珠。《法华经》：八岁龙女献宝珠于文殊菩萨，化为男子。今年岁在龙，世俗身后止此一女，是代为男也，合之则又掌珠之意焉。宋琬云：乙酉夏，余避兵吴江叶仲韶先生家，乳者抱三岁儿出，先生授余，抱置膝上，即今文孙元礼也。别十有六年，元礼年弱冠，已掉鞅词坛，望而知为谢家玉树矣。徐釚云：元礼为仲韶先生孙，与星期进士并擅文誉，有大小阮之目。早岁飘零，倦游京洛，尝与仆辈痛饮燕市，有"青山埋骨黄垆邈，红豆关心绿鬓残"之句。朱彝尊云：吴江叶元礼，美丰姿。少日随其兄学山过流虹桥，有女子在楼上见而慕之，问其母曰："有与叶九秀才偕行者，何人也？"母漫应之曰："三郎也。"女积思成疾，将终，语母曰："得三郎一见，死无恨矣。"气方绝，元礼适过其门，母以女临终之言告。元礼入哭，女目始瞑。予为作《高阳台》记之，一时交传其事。后至会稽，每入市，窥帘者夹道。时宋副使琬观察越中，曰："是将看杀卫玠。"因招之入署读书。及归，余送以诗云："明童倚曲动梁尘，姹女新妆更绝伦。齐向羊车看卫玠，临行愁杀洛人。"王士祯《古夫于亭杂录》：叶元礼神清不减卫叔宝。己未鸿词之举，阁中诸老亟荐之，至京病卒。去病案：元礼为渔洋门下士，故集中有诗云："阮家未卧酒炉旁，苟令桥南惹恨长。莺脰湖边逐春水，化为七十二鸳鸯。"盖即指流虹桥事也。惟序称平望酒家女，非也。

陈去病《笠泽词徵》

端敏公传

端敏公讳玑，庠姓钮，后改名钮玑，字长园，号青莲主人，悦吾公长子也。而端敏公，门人之私谥也。公生而颖异，读书过目成诵。七岁能诗，十岁能文。年二十治《诗》，冠邑庠，文名日盛，同声、慎交两社，并时争欲招致，皆谢不与，人多其品概。既而试，又冠军，乃得食饩。后当选拔，力让于宗兄书城，盖以黄钮同宗故也。无如数奇不偶，屡困场屋。癸酉乡荐，得而复失。丁丑恩拔，仍改岁贡，究未一展其志，督学河南阁学张公给有"名奏彤廷"匾额。方自乡移居邑之南郊也，宅有莲池，小阁临其上，颜曰"青莲"，故自号为青莲主人。教授生徒，因材以施，人人各得造就。所获馆谷，上以色养，下以鞠育。或所需不继，亦怡然自得。凡遇忧愁困顿，率解之以诗酒，无感愤不平之意，乐天知命，公殆有焉。而元旦除夕，犹手不释卷，日取经史、唐宋大家、陶杜诗集、程朱语录，及成、弘、正、嘉诸先辈制艺，批阅玩味。终岁之间，未尝一入城市，而出入公门，尤所峻绝。前后丁内外艰，哀毁成礼。不意营葬甫毕，忽遭奸徒掘坏茔域，公匍匐奔控。当事者亦为至性感动，秉法以惩奸恶，可谓笃于孝矣。润宣公为公之同祖兄，贫病交迫，又无子嗣，奄奄床褥。许以廷桢奉祀，而亲为料理身后诸事。文辉公者同母弟也，已以廷幹为嗣，奈听孽妾之言，度外相置。公则促幹归家，躬为教诲，冀其有成。未几，文辉公弃世，遂同下乡措置，乃使廷幹为后，死生咸得其所，可谓笃于友爱矣。举凡古来忠孝节义，其得诸稽考者，好为赞叹；得诸传闻者，喜为称美；即得於戏剧者，亦或歌而或泣。门人中之贫乏者，不惟不计修脯，而且倾囊以周其乏困。下至臧获，待以宽恕，道路颠连，加以怜悯，又所兼至也。嗟乎！功名谁能让人，危险谁能身任，选拔之事，固人情所难。而内艰服阙，试又居首，例当补实廪膳，为下名陈姓哀求，遂以相让，至利害之分，素所已明。而乙亥科试冒籍一案，同庠诸人始则捏名以责成，继则贪利而遗患。公处之不避难，不诿罪，视夷险直如一节，可谓笃于仁义矣。惟其行之卓卓如是，是以病革之际，自反平日所为，然后长逝，张子曰"存吾顺事，没吾宁者"也。有《聊存诗稿》传后，载邑志。

清黄以正、黄锡爵《松陵黄氏家谱》

张嘉玲传

张嘉玲，字佩葱，严墓市人。少有才藻，与兄进士嘉璪埒，应举甚锐。既而从桐乡张履祥游，闻作圣之学，遂弃诸生，欣然向往。执父丧，求古礼，而力行之。三日不食；小祥之内，疏食水饮，菜果不入口；三年之中，衰麻不去身，未尝沐浴入内室。嘉璪既没，并其先遗棺凡八，嘉玲一力营葬，若未有弟与从子者，其抚而教之，又恩义并笃。嘉玲讲学，排陆王而宗程朱。方欲有所论著，病作，遂卒不果。年三十四。既卒，履祥痛惜，以为嘉玲"析理精，徙义勇，日进而未见其止。天夭其年，斯道之不幸也"。履祥，世所称杨园先生者，崇正学而躬行有得，盖匹于陆清献陇其云。（本《献集续纂》，参《杨园集》。）

清乾隆《震泽县志》

书张佩璁事

〔清〕张士元

余所居西南数里，明末有张佩璁先生，名嘉玲，师桐乡张杨园为理学，居家造次不违礼。一日，赴乡试，见士入闱者必先露索，二人夹持之，惊曰："国家取士，上为公辅，下为百司，不加徵聘而自往就试已卑矣，乃防其怀挟书策，如防盗贼耶？吾不能受此辱。"遂去，终身不应试。夫三代选士造士之法，沿及汉时，犹有乡里推举者。已乃加之考试，亦至公之道，不可易之制也。从而搜索之，则为法始密，其令盖自唐已行之。时礼部侍郎李揆以主司，索书堤防太峻。因谓艺不至者，居文史之囿，亦不能工为辞。乃于试日，陈五经、诸史于床，听贡士寻检，此矫枉过正者也。然搜索虽密，而怀挟之弊仍不能绝，则惟有教之以自重而已。

观佩璁之事，有可风者，故书之。

清张士元《嘉树山房集》

吴祖修行状

〔清〕顾有典

先生姓吴氏，讳祖修，字慎思。柳塘其所居也，地距吴江县治七十里，俗号庙头村。其先世在元时居梅堰，明初毁于火，乃徙柳塘，与梅堰相去数里。始迁祖可竹公，七传为念阳公化，积学有声庠序间。念阳生三子，次延仲公嗣昌，赠文林郎，广东琼州府澄迈县知县，先生之祖也。延仲公生五子：长扶九公翱；次振六公翔；次羽三公翻，崇祯壬午科举人，顺治乙未科进士，历任广东琼州府澄迈县令，调江西丰城县令，又调湖广汉川县令；又次子京公翀；又次子镒公翻。先生，汉川公次子。九岁丧母沈孺人，哀毁如成人。是岁即能属文，姿颖异，读贾谊《治安策》，终篇一夕而熟，背诵如流，时皆以圣童目之，为世父扶九公所抚爱。是时复社起，扶九公暨娄东张天如、吴趋杨维斗，为复社首倡，四方名士造访无虚日。先生方童稚，尝在座隅，习闻绪论。为文务法先辈，耻为时下速得之习，时论不之予。年二十有七，为邑庠生，沉郁无所遇。癸丑会榜发，文风丕变。山左刘公、山右田公，相继视学江南，皆拔置第一。是后学使者校士，名率列前茅，四方学者始知向慕，竞往师尊之。先生又长于诗歌，其学得之家庭为多。盖汉川公雅善诗歌，有《梅花草堂诗集》十二卷行世。方未第时，尝与嘉定黄蕴生先生同馆于嘉定侯氏，始为石交，旋为同年友。先又受业于虞山钱侍郎牧斋，其师友渊源之学，非世之竞习声诗者所可拟也。先生克世其传，又从汉川公宦游，与隐君陈伯玑、胡悦之、魏名阀、钱鉴涛、查韬荒诸贤辨析穷究，晚又就正尧峰先生，而先生诗学乃大成。三十年来，流风渐濡，至今其邑人率多以能诗名，则先生一人倡之矣。其为诗若文尤工者，马子肇业、周子龙藻、陈子荪、陈子芨，及犹子晋涛，皆先生所造就。而先生诗文之名炽甚，名公巨卿争欲罗而致之。先生性耿介，不欲有所攀援。丁卯江南副主考龚章，汉川公莅粤东时庚子同考所取士，先生绝不以私干，报罢后始往见之，偕入京兆留数月，赋诗百余篇，不见一贵人而返。其生平严介有守，类如此。先生于明末，历从父兄交游，耳熟当时事，所至之地，皆能悉其风土人物，故与人言，俱有端绪。至于成败得失所关，往往扼腕顿足，或至于舞蹈而不能自已。吴江学师蒋与同寮秦不协，潜以事中蒋，先生挺身率诸生详辨于学使者前，竟得解。盖先生虽文士，有胆识，人不敢以书生易之。既从汉川公里居，家贫，资馆谷为养。后授徒于郡城，所与交，唯汪武曹、何屺瞻、张日容、顾侠君、吴荆山，与喆兄弟三四人，议论往复，晦明风雨无间。以庚午岁居汉川公丧，得痰疾，屡愈屡瘳，今年秋乃不起。生于崇祯辛巳八月廿一日，卒于康熙甲戌九月十五日，得年五十有四。配沈氏。子三人：长度庚，学成而夭；次大庚；次长庚。女一人，适同邑庠生王维祉而死。所著有《柳塘诗集》十二卷行世，又有《读左笔记》《三家诗话》及《制艺》千余篇，藏于家。先生之没也，以挚其徒王志洽、江三锡与予侄沈士，赴试浙之湖州。州故多先生交，然不能忠先生之托，且有因以为利者，于是予侄沈士童试得而复失，先生不胜愤愤，疾遂革。故喆兄弟于先生之没，尤不能无遗憾云。于是先生犹子晋涛，惧先生之事行久而失传也，属喆为之状。喆不敢以不文辞，为之序次如右。吴门顾希喆有典谨状。

清吴祖修《柳塘诗集》

柳庵公传

柳庵公讳永智，字四明，恒斋公第四子也。邑诸生。生而颖异，幼即工诗，见者咸谓有舅氏雪滩先生之风。既壮，随恒斋公宦游齐鲁，继又南历闽粤。所过名山大川、古迹胜景，多托诸吟咏，以写其兴会之所至。性极廉介。恒斋公官蓬莱日，曾代前任某认官帑万金，殁后倾产以偿，家遂彻贫。时恒斋公同年契好宦吴中者多显爵，或劝公干谒可以济困。公辄嘿不应，褐衣疏食终其身，常自得焉。

清沈光熙等《吴江沈氏家谱》

陈锷、陈沂震传

陈锷，字霜赤，号廉泉，锐弟。康熙庚申举明经。少与兄锐并以文章负海内宿望。后母丧，哀毁以没，世尤重之。所著有《课花斋诗钞》。子沂震，载仕宦传。

陈沂震，字起雷，号狷亭，岁贡生锷长子。博学工诗，有盛名。康熙庚辰进士。初授四川庆符县，行取为营膳司主事，历官礼科给事中。丙申廷试称旨，命督学山东。庚子竣事，转刑部掌印给事中。旋以衰老乞休，卒于家。所著有《狷亭集》、《微尘》、《敝帚》二集、《海岱联吟》。

清嘉庆《同里志》

草亭先生传

〔清〕蒋衡

先生名篆，字籀书。生而有文在手，曰"文正"。德行文章，学者宗之，称为草亭先生。世居松江泖上。明熹宗间，曾祖父晓，始官礼部，殁赠福建平和县令。祖秉绪，以明经历官至四川简州守。父沣，博学有奇略，以世际鼎革，遁迹吴淞苕霅间。先生亦性恬逸，不乐仕进，卜筑吴江烂溪之严墓，以作述自娱。学穷经史百子，凡兵农、礼乐、经纶、时务，以至天文、地舆、财赋、河渠、盐铁、选举，其见诸诗若文者，莫不炳然有所发明。诗蹑盛唐，文追两汉，发皇昭越，自成一家。绝非规模李杜，趋步马班，而范晔、陈寿、王维、高适之伦，自瞠乎后矣。尝游天下名山大川，北历燕赵，南周岭海。其间钱唐、杨子、彭蠡、洞庭、潇湘之壮，嵩高、太行、岱宗、衡麓、匡庐、武夷之胜，以至南粤、牂牁、夜郎、滇僰之远且险，无不到。昔龙门之工文以善游，先生以游为文资，以文游资者余三十年。著《蜀汉书》八十卷，以汉昭烈为正统，为帝纪二，年表一，志二，诸葛、关、张以下世家五，法正、庞统以下列传三十。次附吴，为坚、策霸纪一，权、亮、休、皓分纪四，周瑜、鲁肃等列传十六。又次附魏，为曹操霸纪一，丕、叡、芳、髦、奂僭纪五，管幼安以下列传二十七。盖闻陈志之缪，窃取春秋之义以修史职也。又著《杜诗集说》二十卷，大要以法脉为先。法脉之说，唯初盛唐诸公为能具之，唯先生为能得之。其披窾导郤，字句篇章，无模糊影响之患。开阖承转，变化错综，沉郁顿挫之法，犁然在目。中、晚以降，历宋元明之为诗者，曾未语此也。

外著文二卷，诗四卷。文如《正统论》《治河议》，诗如《日晷》《月魄》《天河地舆》《星文分野》，及《彻土疆》《浚沟洫》《苏东南》《熟西北》等篇，皆经文纬武，穷今考古之道，垂诸永久而不可泯没者。岂特文采洸洋，聿皇赫濯，足以起弊兴衰，称行远传不朽云尔哉。卒时年六十有五。先生祖若父皆工著述。子二：长曰廉，字来叔；次曰勉，字成季，亦以文学世其家云。金坛蒋衡撰。

清周篆《草亭先生集》

草亭先生年谱

〔清〕周勉

先子既没，先兄廉作年谱，附诸诗文集。顾序次、历年著述，犹不若节姑钱硕人识之详且无误。（节姑讳蕙，先子女弟。勉少岁字学诗学，节姑之教为多。）勉故质之节姑，重加考订，而增损改易其十之二云。雍正戊申三月勉识。

明崇祯壬午　闰十一月十二日壬申，先子生。

本朝顺治元年甲申　先子年三岁。先是曾王父挂冠归里，（曾祖讳秉绪，字嗣服，号蒿同，明四川简州知州。）有《看鼎孙（先子小名）识字诗》"慧固由天植，蒙还待学开"云。

乙未　先子年十四岁。曾王父卒。

戊戌　十七岁。自湖州乌程南浔镇，（先大父天颂先生尝避地南浔，先子亦生于此。故居则在松江青浦之泖田。）迁居松江华亭章练塘。尽通六经百家诸子，始作古文。

己亥　十八岁。讲学会友，若桐乡张考夫、吴江张佩葱、王寅旭、昆山顾宁人、乌程严颖生诸先生，咸订交焉。

康熙三年甲辰　二十三岁。注《庄子》，与倪生论文书（失），与顾宁人先生书（失）。

戊申　二十七岁。迁苏州吴江塔头浜。作《文冢铭》《节女传》（失）、《书柳宗元传后》《留穷赋》（失）。

己酉　二十八岁。二月望日，王母于硕人卒。

庚戌　二十九岁。作《正统论》《九谣》《主客》《僬侥》《钮君墓志铭》（失）。

辛亥　三十岁。三月二十八日，娶先妣吴硕人。（吴江吴翎伯先生长女。时先大父客江西，先大父讳沣，字禹功，号天颂。）先子往觐省焉。作《甲子诗徵序》（失）。

壬子　三十一岁。始寓吴江严墓市。

癸丑　三十二岁。作《空青说》《盛生诗集序》。

甲寅　三十三岁。与凌渝安书。

乙卯　三十四岁。寓嘉兴秀水南律。十二月除日，兄廉生。

丙辰　三十五岁。夏，庐左产芝，作《芝记》。其冬仍徙严墓，得明昆仑山人王叔承故宅，遂定居焉。

丁巳　三十六岁。三月二十日，始从先大父渡江，游齐鲁，遂北至燕京。

戊午　三十七岁。在燕作《燕丹论》《真画轩记》。

己未　三十八岁。自燕游楚，作《绥宁竹枝词序》。

庚申　三十九岁。客长沙，作《悼屈》《诤贾》。

辛酉　四十岁。客长沙。

壬戌　四十一岁。客滇。

癸亥　四十二岁。由滇返黔、楚，归家。

甲子　四十三岁。再往燕，作《墨赋》，始著《杜诗集说》。

乙丑　四十四岁。在燕作《治河议》。

丙寅　四十五岁。在燕作《计生文集序》《古剑记后跋》。

丁卯　四十六岁。从燕省家。

戊辰　四十七岁。复之燕，冬归。

己巳　四十八岁。春末，仍之燕。秋末，归葬先祖母，旋游南粤。十二月除夕，勉始生。

庚午　四十九岁。在南粤，冬末归家。

辛未　五十岁。家居，作《草亭诗说》一卷。

壬申　五十一岁。正月十有七日，大父卒。

癸酉　五十二岁。又往燕。

甲戌　五十三岁。春去燕适晋，秋复还燕。

乙亥　五十四岁。冬游闽，《杜诗集说》成，作《杜诗集说序》，考定二史杜甫传。

丙子　五十五岁。在闽。正月十有七日，先妣吴硕人卒。

丁丑　五十六岁。在闽。作《剑津赋》《赵盾论》《秦论》《范增论》《淮阴侯论》《左评》《周正辨》《赠刘生序》《张隐居文集序》《徐处士诗集序》《玉华洞图后序》。

戊寅　五十七岁。还自闽，作《挺翠园记》。

己卯　五十八岁。春，葬先大父。夏，游京口。冬往云间，作《字说》。

庚辰　五十九岁。在云间，作《二陆祠议》《三都赋说》《徐生弈谱引》《郭公说》《与竹堂先生论韵书》。冬归。

辛巳　六十岁。率勉至云间。

壬午　六十一岁。复往燕，冬还云间。

癸未　六十二岁。八月，重游京口，作《文沙》《诗璞》。

甲申　六十三岁。在京口，五月八日始修《蜀汉书》。

乙酉　六十四岁。在京口，作《扑满赋》《蜀汉遗臣表序》。

康熙四十五年丙戌　先子年六十五岁。春，从京口至淮阴。六月，《蜀汉书》成。七月，返自淮阴，道病。八月八日抵家，九月十有五日庚午卒。越七年，癸巳三月二十六日癸卯，与先妣吴硕人合葬镇江丹徒白兔山。

先子讳篆,字籀书,号草亭。子二人:长廉,次勉。孙四人:廉子梦荃,勉子天民、敦复、中行。所著有《蜀汉书》八十卷、《杜诗集说》二十卷、《文集》二卷、《诗集》四卷。卷共一百有六,为百六集云。

清周篆《草亭先生集》

诰赠通议大夫显曾祖考广生府君暨配吴淑人行略

〔清〕陆燿

我之得姓自周季,汉兴讳贾者,始以文显。魏晋而降,益蕃衍,甲江左。元有讳琦者,谱其可稽之派二百六十余支,去为农贾不知所系者,又无算也。及我之先人可溯者,起明洪武,家世务农。七传而至高祖考君亮府君讳照然,始业儒,与杨维斗先生廷枢共读书于里之泗洲寺僧舍。遭乱隐居,生五子,授一经外,皆令治生逐什一。长垜元,次为我显曾祖考广生府君讳埈元,又次垣元、圻元、阶元。府君且读且贾,笃于教。家中年有田数十亩,屋一区。里之贫乏,或投券愿质为仆,府君予之值而焚其券。尤爱《资治通鉴纲目》及《宋名臣言行录》。每夜阖门,则呼男妇东西序侍,而自正容端坐,为说古今人奢俭勤惰、门祚所以兴衰之理,不一语及外事。配吴太君,率诸妇操作,皆有程课,夜而计数,如不足,训励不假颜色。以故内外肃然,家范为一里所推。府君以明崇祯十五年五月初十日生,国朝康熙五十年十二月廿三日卒。吴太君以明崇祯十六年三月初七日生,国朝康熙六十一年七月十三日卒。雍正八年,葬邑之二十九都最角圩祖茔之次,不肖燿才八岁耳。府君有子五人:长为我显祖考公衡府君讳铨,累赠登仕佐郎、承德郎、朝议大夫;次铭、铉、镒、钟。孙十二人。显祖考生者:长为我显考虔实府君讳瓒,国子监生,三礼馆誊录,议叙授山西保德州吏目,累赠承德郎、朝议大夫;次麟洲、凤池。曾孙十七人。显考生者为不肖燿,壬申科举人,累官内阁中书,户部主事、员外郎、郎中,宝泉局监督。出为山东登州、济南二府知府,升运河兵备道。乾隆四十年,特授山东提刑按察使。燿生者,长为元孙恩绥,国子监生,四库馆誊录,早卒。恩绥生者,为来孙宁曾。自公衡府君至宁曾,皆嫡长应宗法,余详世系,不具载。又二年,恭逢孝圣宪皇后升祔,覃恩例封二代。大中丞转请圣恩,许以本身妻室应得封典,妣赠曾祖父母。由是,府君暨显祖考、显考皆赠通议大夫,妣皆淑人,我母陈太恭人晋封太淑人。一门三世皆沐恩荣,世世子孙感且不朽。内阁学士秀水钱公以文章宗匠,诺为府君神道碑铭之辞。因以平日所闻于显考者,述为行略,以俟鸿文之贲于九原。盖其时去府君之卒六十六年,去葬之日亦四十七年矣,懿行潜德,荒略不详,其所以启翼我后人者,即此亦可以想见也。乾隆四十二年八月下浣,曾孙燿谨述。太仓后学王域填讳。

清陆燿《切问斋集》

叔父建瓴公传

〔清〕张世炜

叔父讳士标，字建瓴，大父祖槐公之季子也。大父有子三人，长吾父，次仲，七岁而殇。叔生于明崇祯癸未，大父卒于本朝顺治庚寅，八岁而孤。幼喜读书，能诵四子书、《毛诗》《周易》《左》《国》《史》《汉》、唐宋八家之文三百余篇，外及通鉴等书，家落而废读。炜生四岁而丧我母，育于外氏者三载。归而就外傅，每与叔同榻卧，盖叔长炜十岁，意甚相得。每夜篝灯，必令背日间所诵书，正其字之讹者，辨其声音之不调者，以为常。吾父虽长叔十岁，不谙世务，欺诱于亲戚，盗窃于僮仆，逋负于佃户，不数年而先业尽废。顺治末，乃弃史湾屋而徙于八斥，又徙于韭溪，家益落，僮仆皆散去。一切劳苦事，叔皆习之，乃力耕以给食。康熙初，祖母富孺人没，又移居耕读村，一家相倚为命者止三人，吾父与叔及炜也。吾父虽藉馆谷，不能足衣食，叔乃习细微贸易事以佐不逮，而时督炜以书。曰："汝资性过人，祖宗一脉是赖，此韩公所谓'在孙惟汝'也。今贫困如此，不读书将胡为？"语毕继之以泣。炜年十五六时，稍通文理，则喜动颜色。于是，叔乃赘于盛墩袁氏，叔年二十五矣。袁翁旧业贾而无子，宿负人多金。叔亦从而贾于江淮之间，竭力奔驰，历数年，每代为偿债。生二子，今辉与烨也。时叔多客游，炜亦馆谷而糊其口于四方，或岁一相见，或二三岁一见。见辄色喜，谓不负其教，每谈至夜分不倦。炜从容谓叔曰："翁年老矣，而债负尚多，叔于翁心力已尽矣。彼有侄可以继宗祧，叔盍归乎？"叔曰："彼无子而赘我，我负之不祥。所负人者偿之已大半，三年后债毕偿矣，其所赢者半可得也。"未几，袁翁客死于淮安，叔迎柩归葬，而资本先为其侄所耗，家四壁矣。后六年，而叔亦客死于淮安。呜呼！命也。夫叔志气豪迈，与人交肝胆相照。性不容人过而以诚待之，家故贫而轻财仗义，好为人代理不平事，有古侠士之风。年仅四十，而未得下寿。呜呼！命也。夫身没之后，遗孤藐尔，炜父子稍资给之，并得奉其母氏，以至有室。然俱不好纸笔，不得列逢掖之流，以负叔生平读书慕古之志。呜呼！是炜之罪也夫！是炜之罪也夫！

清张世炜《秀野山房集·据梧草》

董阊传

董阊，字方南。十岁解五经大义，与群儿游处，恒拱手危坐，识者知其不凡。康熙十二年成进士，选庶吉士，以御试第一授检讨。在翰林十余年，纂修会典，注礼经，尽职不懈。迁国子司业，校文拔士，悉虚公除宿弊，甫三月，声誉大著。丁外艰归，以哀毁卒。遗言用衰服殓，人伤其死于孝云。所著有《清慎堂集》若干卷。（本钱志）

清乾隆《震泽县志》

翼云公行述

〔清〕张富仪

先君讳凤翔,字翼云。先世居吴江王江泾之菱荡湾,以耕读世其家。五世祖讳震,明弘治间有声胶序。嘉靖时,倭寇到处残破,有司择诸生有才干者修城备虏,捐公私财以佐费。事竣,家业遂衰。高祖讳丽,始居邑中,惩父以绅衿破家,戒子孙令勿与试。曾祖讳坤,祖讳文元,悉守家教弗改。先君生而嗜书,弱龄手不释卷。祖父母以非先人遗命,屡禁止之,不能夺。事父母至孝,每事先意承旨。祖母得中风疾,竭力救疗。及卒,哀毁不欲生。居丧,一遵朱子家礼,三年内未尝见齿,茹素一十八年。于先祖父,尤曲致爱日之诚。一饮一食,非先祖已尝弗敢食,必得先祖欢心而后即安。先祖晚年多病,抚摩抑搔,不离左右。及卒,哀毁尽礼,一如祖母之丧。先祖生丈夫子四,女子一,先君行居长。祖母未殁时已分爨,殁后所存田产,悉推与诸叔父。诸叔父或有间言,先君力为排解。待姑母、季父尤厚,以祖父母所钟爱故也。先君既好读书,不事产业,又为衣食所迫,不得已为贸易。得暇辄展卷省视,或对食忘餐,或不寐达旦,虽疾病,未尝一日废也。家贫,力不能多致书,恒至肆中质而读之,读竟更易他本,率以为常。见异书,必手自钞录,岁久成帙。家所珍藏,即残编断简不忍弃,曰:"我温习一过,如逢故友也。"性刚介寡合,非一时高士弗与交。如朱公长孺、周公鲁望,则尤相厚者也。喜游名山,探奇胜。登灵云台之巅,陟黄山之麓,白岳、九华诸灵境,皆一再至云。书自经子史集、邑志家乘,以至稗官杂说、佛氏梵语、道家符箓,靡不博览。至古今治乱、儒释分途,必反覆辨论,务洞悉其原委。若其他无关大义者略之,不屑屑寻章摘句也。富仪年十五六始知向学,凡左国史、汉唐宋大家之文,皆先君手钞口授,谓"学能志其远大,即晚成何害?"且以愚公移山之事勖焉。临殁时,惟以曾大父、大父两世未葬及富仪学业无成为念,一语不及他事。先君生于明崇祯癸未年五月十八日,卒于康熙甲申年二月初十日,年六十有二。先妣俞氏,后先君二十年殁,生于顺治乙酉年五月十四日,卒于雍正甲辰年九月十三日,年八十。子男四人:长图南,次即富仪,次复初、怀古。女四人,适李士俊、钟祥麟、周天复、陈文灿。孙男二人:又醇、正叔。孙女五人。曾孙男二人:廷楹,后改名选廷;栋,后改名运。先君服阕,富仪始为郡学弟子员。又十七年,食廪饩,屡困场屋,不得显扬先君隐德懿行。今康熙庚子年十一月十六日,祔葬于祖茔侧。雍正丁未年九月十五日,先妣亦合葬焉。阡隧之文,阙而未作。用敢略为伦次,以俟当世有道能文之君子采而择焉。不孝富仪谨述。

清张晋昭《张氏家谱》

书钮书城公治县事

〔清〕张士元

  康熙十九年，公知河南项城县。甫二年，丁父忧去，寻丁母忧丧终。久之，知陕西白水县，凡七年。大府命署蒲城，以逸囚降职。后复知广东高明县，终于任，四十三年九月也。公居官，政迹不胜书，今举其大者数事。公之由项城署沈丘也，始至阅狱，有男女六人，讼系已十七年。问之，乃江南之狱所株连者也。公不请于上官，不谋于幕友，毅然释之，而以状告，上官使归故籍。前令方迁太常博士，将行，诣公，拜曰："我在官十三年，不敢出此人。君到三日而出之，才识过我多矣。"高明虽小邑，正供之外，尚有杂税。公以民生凋敝，不忍追求，听民输纳。岁不过十一二。公需有不给，则省官用以足之。未几，大府奏免杂税，而不知高明之民已德公久矣。明邑有地名大沙围，赋繁而多水灾，民不聊生，逃亡过半。公下车，即鸠工筑堤数百丈，多方救护，自是水潦无害。其境连大顶、皂幕诸山，奸民啸聚，出没无常，民日夜慄焉。公推心招抚，即时解散。有刘包者，为众所服，实率众来归。公请于大府，予以丹青生活之信，尉安牧养，有不靖者，赖其力以宁之。于是境内宴然，无狗吠之警。前署蒲城时，岁凶，盗贼蜂起，白昼剽掠，公则诛杀无赦，固不专为宽政也。公好读书，晨夕不倦。其为令也，敦劝文学，遇高才生，尤爱惜之。初，公为项城，有王生、郑生者，以事忤前令，令斥之而坐以赃。王生倾其家，郑生计无所出，将鬻女。公知其冤，为庚其所负，力请大府以复之。其遭丧而殡于河上也，项城及沈丘之民争相扶舁，白衣冠而送者六十里，相续不绝，此亦可见公之得民心矣。公姓钮氏，讳琇，字书城，号玉樵，以选贡生出仕。余少尝读公遗书，近复得其家所书事迹，为次第之如此。

清张士元《嘉树山房续集》

盛志勤传

  志勤，符子，字宣令，号藏三。太学生，封奉直大夫、直隶州同知。幼读父书，器宇宏远，以缵承先人遗绪为己任。后因家贫废举子业，劳心悴志，经营数十年，而家业丕振。生平慷慨好施。每年冬夏，给蚊帐绵衣。岁歉捐资助赈，贷粟平粜。亲族中有贫乏者，时为赒恤。稽五漾之双塔桥，系江浙冲衢，年久倾圮，公独力重建。更于高义桥设立渡船，往来称便。其治家也，尤足为世法。建宗祠，置祭产，并仿范文正遗制，捐义田若干亩，凡族中无力婚嫁丧葬读书者，悉取给于此。置立成规，有遗嘱碑记。时工部侍郎金世扬赠额曰"国琛著美"，金观察汝诚赠额曰"望重儒林"。嗣因公归道山，后人未能仰承先志，卒致废弛。公生于顺治乙酉某月日，卒于乾隆壬戌四月十三日子时，年九十八岁，葬五都炀字圩父兆昭位。元配，陆溪嘉郡庠生沈岂虬女，生子二：鸿文、鸿猷。女二，适双杨张自超、曹村岁贡生金补之。继配，石塘邑庠生顾滋生女，生子一人：鸿儒。女一，适横扇太学生陈若熊。又继配，额圩浜太学生沈公女，生子二人：鸿谟、鸿烈。又继室周氏，生子二人：鸿绪、鸿章。女二，适浔川安庠生华万青、江城震庠生唐月三。

清盛钟岐《平江盛氏家乘初稿》

刑部郎中鹤亭公传

〔清〕吴其琰

公讳树臣，字大冯，号鹤亭，赠奉直大夫、四川汉州知州宏人公第三子也。少颖悟，能文章。当宏人公举慎交社，尝集四方名士千人，公追随其间，籍籍有声。后以季父汉槎公丁酉之变，赘乌程王氏，因冒其姓，入湖州乌程县籍。累蹶场屋，益攻苦，肆力于诗古文词。康熙壬子拔贡，入成均，教习正白旗第一，出知广东肇庆府四会县。四会始虐于西寇，继又经尚逆之乱，有司率不事抚辑，催科无艺，民困益甚。公始至悯焉，力请于上官，蠲除逋负数万，及额外征税十余项。而县中地形卑洼，岁苦潦决，乃筑复大兴、仓丰二围，以备水旱。又以土著流寓杂处，多相猜忌，为之均力役，绝诡飞，杜侵欺，严告讦，清窝党，革伙房，勤课业，凡利民者无不举行。三年，督抚交章上荐，行取入都，将用为科道。会满大臣意有所属，遏抑其奏，列卓异中以荐，出知四川成都府汉州。汉州当川蜀四达之地，其驿有新旧二道。旧道稍迂远而平坦，新道当军兴时所开，虽捷然峻险，多栈道易坏，上官日移文修葺，冀事成以为功。前守虽知其病民，顾阿上官意，无敢为民请者。公至即躬度险易，上下山阪者累月，深悉其害，遂为书极言新驿不便，请复旧道。上官大怒，竟劾公阻挠，降级罢归，百姓遮道请留不得。朝廷知其诬，寻复官，知潼川州。潼川亦经献忠残毁之后，民甚困，公治之一如四会、汉州时，于是流亡胥归，盗贼衰息。然上官犹以前论驿路故嫉公，虽其后卒如公议，而嫉益甚。遂以他郡赃案责公追治，十三年不调，然公泊如也。癸未，稍迁顺天府治中。乙酉，转刑部河南司员外，公曰："刑部吾世职也，当以祖考为法。"时有金眼王五者，京中巨猾也，淫凶阴贼，为偷盗酋长，以家资雄于里。与人不合，即密刺杀之，前后告发无虑数十。然所往来皆王公贵人，多为之地官长，莫能擒治，故事刑部十六司督捕。三司有专职，其十三司事稍省，则分辖京城之九门及要害地。公既为河南司员外，素知王五所为，而适在所辖地内。即遣人捕致之，下于狱，推鞫得实，录供呈堂。而满尚书以下皆受其赂，将为奏，出其罪，要公署名。公坚不肯，白于王尚书揆乃已。上仁明，亦素知王五所为诸不法事。时方以河南司捕之为善，而满尚书乃以免罪疏上，遂大怒，切责满尚书立诛杀金眼王五。而凡受赂为奏请，自郎中以下有名者，皆斥逐徙边。王尚书益推服公，虽他司事必谘焉，平反冤狱甚众，人以为有二宫保之风云。丙戌，升本部湖广司郎中。越明年，年六十有一，以积劳卒于官。卒之日，橐无余资，几不能敛。同官闻于朝，天子给勘合赐归葬焉。公廉明慈惠，虽处繁剧，不以僚幕随。语人曰："知人难，一不慎，朋比为奸，百姓必受其害。吾何敢自逸，以误国与民。"尝终夜秉烛以程决案牍，忧民疾苦至浩叹不寐，故年未五十，而须发皓白，亦以此所至有声。为人笃于孝友。每春秋祭祀，思慕如孺子。兄弟子侄之贫者，竭俸入以赡之。祖父所遗膏腴田，悉推以与幼弟。尝有亲戚劝公置田产者，以为公年暮子多，当为身后计。公辄笑曰："始我以寒微起家，曷尝有田产哉？要不以子孙故，坏吾清白名。"因书"希文天下为己任""君实可对人言"二语于壁以见志，公之自信如此。诗文以韩苏为宗，而泛滥于诸家。书法得二王之奥，粤蜀中碑记，公之手迹为多。有《一砚斋文集》《古香堂近艺》《涉江草》行世。

子琰曰：先君少时以家难故，出赘于外，发愤读书，常至闷绝。后又遭韩山剧盗劫去，倾资产赎归，家日益落。艰苦备尝，民情纤悉尽知，非天欲成其材故耶？琰少侍先君在潼川，遇岁时令节，虽编户齐民，相率以果蔬微物称寿，若家人父子者。非先君久任政成，乌能相得若此！

清吴安国《吴江吴氏族谱》

文学授时周君继配沈孺人小传

〔清〕佚名

自隐侯休文以诗文著作擅名于梁，嗣后为之裔者，不特事业文章彪炳天壤，即闺阁间往往出奇女子，以孝义贞淑表表于时。如余所见沈孺人，有足述者。孺人出松陵名阀，为沈君宛思长女。宛思振藻文坛，蜚声艺苑，笃学孝谨，修门内之训，孺人则之，以贤孝闻。晓诗书，工文墨，不苟言笑。虽禀父母之懿矩，皆繇厥祖锡如公躬行仁孝，暨其季父晋山事上率下，一门雍穆，故自内及外，咸以为有万石君之风焉。孺人庄静婉娈，祖若父绝怜爱之。年及笄，归授时周君为继室。授时少负异才，文辞墨妙，横绝一时，虽老生宿儒，咸辟易之。及得孺人，孝友相勉，文艺相质，夫妇不仅如宾，亦且如友。授时素抱羸疾，以家世式微，蚤夜读不休。孺人篝灯慰藉，且曰："数楹可以蔽风雨，数亩可以供馆粥，有儿可以继书香，而子何自为此？"孺人虽出自绮縠，而三浣之衣，粗粝之食，乐而甘之。针箴自课，丙夜不休。先是授时元配吴孺人，生一子元鼎，孺人爱护如己出。有弟当择配，孺人冀得贤姊娌以奉高堂，恳于祖若父，择配于杨氏之表戚，脱簪珥以佐之，其得大体如此。未几而授时病亟，衣不解带，事汤药惟谨。竟不能起，呼孺人曰："吾不食新矣，以亲及稚儿，累汝代温清之职及过庭之训，慰我九原。"孺人泣曰："我命不由，非子之故。承事二亲，责无所诿。教子读书，有父在一一尽心。"此时口虽唯唯，而肝肠寸裂矣。易箦之时，哀动左右，呕血数升，日以为常，不欲人知也。更宽慰舅姑曰："十年之后，鼎儿成立，翁姑虽失一子，复得一子矣，何虑焉？"乃七情俱损，哀毁骨立，己酉三月，示疾于慎修斋之东厢。迨夏至一恸，呕血无算，于是遣归母家，祖若父竭力救之，医卜万方。至八月之杪，知疾不起，父泣留之。孺人曰："归死于周，礼也。"与诸祖父暨诸戚属，执手永诀，洒泣登舟。既至，告其姑曰："妇不得奉养二亲矣。菽水之供，属之叔姒，鼎儿诵读，以累大人，至于身后诸事，以属我父。"因告宛思曰："大人以子视女，女不能以子报父，痛也如何？女之所有，皆大人所赐。以备棺殓，以修佛事，以完窀穸，惟大人经理之。"复云："今者二柩在堂，三丧未举，鼎儿之母尚在浅土，而舅姑贫乏，诸凡以累大人。至于房奁什物，以授孤子，更得为择佳偶，女之魂魄安矣。"宛思含泪领之，遂为经纪后事，纤悉周备，以示孺人，孺人伏枕叩首。抵家八日而疾革，自言我当于初四日辞世，距吾夫适十月，夫君三周，即我之二十七日也。翩然而逝。此释家所谓预知时至，意不颠倒者。盖孺人娴于内则，笃于理道，具仇母之识与大家之才。而临终了了，又似于西方有夙缘者。可谓生死齐观，彭殇一致者欤。呜呼！扶舆清淑之气，不钟于奇男子，而钟于奇女子。盖与授时皆自玉皇香案前来，而了此尘世未了也，真不愧隐侯之裔哉！享世寿二十有四，生于顺治丙戌八月十四日酉时，卒于康熙己酉八月初四日亥时。不佞与孺人之尊人称莫逆交，故不揣不文，为传如此。

赞曰：德门闺秀傲兰荃，至孝成性金石坚。敦诗说礼慧且贤，天衣制锦云为笺。曾司香案侍帝前，谪堕人世经几年。庄静淑慧父母怜，作配君子称比肩。篝灯佐读伴简编，如宾相敬久益虔。闵凶忽遘绝鹍弦，齐眉中道□叶捐。五内崩烈血涌泉，饮泣默诵《柏舟》篇。病入膏肓不可延，巫医百计费金钱。眷恋祖父情依然，诀别言归无留连。上对舅姑涕潺湲，子职父道两俱全。殁后遗孤甚拳拳，叮咛阿翁挚且专。仍归蓬阆作金仙，侍从西池驾云骈。留此壶范为世传，祝尔遗福长绵绵。

清道光抄本《周氏宗谱》

皇清徵仕郎日讲官起居注翰林院检讨稼堂府君行述

〔清〕潘其炳

府君讳耒，字次耕，号稼堂，晚自号止止居士。四世祖以上，俱潜德不仕。嘉靖乙丑进士、广西布政司参政讳志伊，于府君为曾祖。贡生、湖广布政司理问讳锡祚，于府君为祖。处士、私谥贞靖先生、赠徵仕郎、日讲官起居注、翰林院检讨讳凯，配章氏赠孺人，继配吴氏封太孺人，府君之考与妣也。先贞靖负君宗之望，结友遍四方。府君生而颖异，甫离襁褓，即有圣童之目。不幸六岁而孤，吴太孺人延名师，教府君经经纬史，俱有法度，日背诵逾百行。常与人赌记取历日，试之，自首至尾，过目不遗一字。年十五，从先伯父力田先生学。伯父长于史才，家藏有明三百年文献，钩稽异同，证诸实录，有意草创一书。故府君自幼即具知作史体裁。伯父所交游，若顾亭林、吴赤溟、戴耘野、张文通、王寅旭诸先生，皆一时名德君子。府君师事友事，无不以文章道义相切劘。岁癸卯，府君年十八，浔溪之难作。伯父不与其事，而横罹其祸，家累牵连北徙。先伯母沈孺人方任身，府君思为存孤计，有田十亩悉卖之，裹粮北行。抵燕山而遗孤不育，沈孺人引药自决，乃痛哭而返。当是时，祸患弥天，亲戚削迹，行路寒心。府君藐然一身，感慨自奋，奔驰数千里，不避危难。比归，上奉高堂，下抚弱弟。饘粥之田已尽，先世数椽亦不保，流离琐尾，一岁三四迁，常卜居上沙山中。俟斋徐先生闭户不与人交，特重府君才，招与同学，府君益砥砺不衰。山阳王起田先生，性好义，雅善亭林先生。府君之北行也，介亭林先生苍头入谒。一见曰："此天下奇男子，吾不可以觌面失之。"遂欲以女妻府君。府君以未命于太孺人，不敢承。明年，王先生亲至山中告太孺人，而定婚焉。越二年，府君如淮成礼，年二十有二矣。时府君家酷贫，采箬拾橡，绝不以衣食干人。独抱远游之志，谓名山大川可以开拓心胸，发皇耳目。庚戌春，访亭林先生于燕，遍游京西诸山，作诗数百章。壬子，客太原，与傅青主、阎古古诸君，盘桓晋祠、卦山之间，日以讲论道艺为乐。顾念太孺人年高，定省不可久旷，自癸丑后即息驾不出。岁戊午，天子徵求文学，诏举博学鸿儒，谕德卢公琦主事。谢公重辉以府君名上，府君辞不就。徵书再下，有司敦迫，不获已乃行。抵都，屏居萧寺，不投一刺，不晤一客，欲试毕即归。比试，总裁益都冯公、昆山叶公，极赏府君作，手《璇玑玉衡赋》示人曰："他人皆作天赋耳，惟此切中观天之器。"始列第五，既而易置二等第二，议官翰林，修《明史》。府君复具呈吏部，以独子终养为请，三上，格，不得达。深自惋叹，于富平李先生之行，作诗三致意焉。既受职，府君熟精史事，上下三百年，了如指掌。顾以史局重大，搜罗博而考证当精，职任分而义例当一，秉笔直而持论当平，岁月宽而卷帙当简。作议上之，总裁是其言。专任府君以食货志，其他纪传多从质正。府君虚心裁酌，夙夜较勘。自洪武及宣德五朝，手自削稿，已有定本，而同列多忌之者。三逆荡平，天子以殿廷乐章未称，诏所司更定。府君首上议，并献《平蜀》《平滇》二赋，公卿传诵。钝翁汪先生曰："布衣入禁林，非常宠遇，此二赋足以报矣。"辛酉，进充日讲官，直起居注，并纂修实录、圣训。壬戌，分校礼闱，得士十二人，皆天下选，声望日起。天子骎骎向用，赐宴瀛台，讲官班近御座前。府君偶多啖鲜果，上顾之，命撤御前所列以赐。府君感上恩，意益自奋，而忌者滋众。甲子春，甄别议起，遂为所中。或言得径可免，府君谢不应。翼日，镌级章上。上犹曰"潘某人才足用"，而柄臣不与也。是秋，丁吴太孺人艰。比服满，中朝有言及府君者，曰："如此人材，馆中可少耶？"向忌府君者正用事，咈然曰："公荐之，我杀之矣。"言者咋舌而止。癸未春，天子南巡，敦念旧臣，复府君原职，叩谢行宫，蒙赐御书。乙酉春，天子南巡，再蒙御书之赐。大学士泽州陈公扈驾南来，首欲荐府君，曰："蔽贤不祥，我二十年未了心事，今兹可了矣。"府君引《分固辞》，作《老马行》以谢。陈公知其诚，喟然曰："我向知君之才，今乃知君之品。"太息不已。府君至性过人，事吴太孺人愉愉翼翼，有婴儿之色。处贫则仁粟是供，入仕则洁餐为志。比遭丧，哀毁骨立，三年未尝露齿。哭先伯、叔父，俱过时而哀。以两孤侄在塞外，深念不忘。捐赎例开，竭资往赎。得赎矣，又以档案参差，往返查覆八九次，经四部、两抚、两将军，十年之久，费累数百金而始释。待亲戚故旧，恩礼周浃，其落魄不甚比数者，尤加意抚恤。家无中人之产，自奉甚俭约。纫补之衣数年不易，粗粝之食一味自甘，而周急济困不遗余力。往在京师，俸入微薄，薪水不给。而稍有赢余，辄以赡族。林居时，凡亲族有不能婚者，曰"于吾娶"；有未字者，曰"于吾嫁"；有死丧者，曰"于吾殓且葬"。举五殡，营四丧，婚二孤，嫁一女，罄所有不足，称贷以益之，而无有倦意。常在粤，万里还书戒不肖曰："亲戚之贫乏者周之，故旧之颠连者恤之。称力而为，无俟有余。能体吾志，真孝子也。"于师门之谊尤笃。亭林先生学贯天人，所著《日知录》，多经世大业，而未及版行。在闽中，有赠买山之资者，举以刻之。续得先生遗书数种，复节衣缩食，次第付梓，而先生之著作始传于世。俟斋先生苦节数十年，其殁也，无尺寸之产，无锱铢之蓄，举孀妇孤孙以托府君。府君为周其衣食，奠其室庐，谋其生产，纤悉必备。中更事故，复身自扞御，丛怨而不恤。性乐推奖后进。有问业者，必尽心指示；有进取者，必多方汲引；有诖误者，必竭力调剂。不市名，不望报，虽始德而终背者，待之如初。与人交，披肝露胆，无少藏蓄。而好善嫉恶，是是非非，不稍假借。盖世多翕翕訾訾，而府君御之以直；世多煦煦孑孑，而府君推之以诚。百折不回，固天性也。于书无所不读，自经史外，天文、地理、历术、算数、水利、农田、壬遁、三式、宗乘、教典、道藏诸书，无不探微极渺，明其当然，而求其所以然。为诗文，有独见。每言作文须有关系，尤要从肝肺中流出，雕花镂叶何为者？其于天理民彝之本、纲常名教之防，非徒口言之而身践之，非徒笔书之而心体之，故其文章沛然，莫之能御也。晚年潜心学《易》，豁然有得，著论二十余篇，发前人所未发。音韵之学，尤有神悟。甫十岁，与寅旭先生讲反切法，片刻即通，先生惊为天授。辛亥客京师，与卫尔锡先生讨论弥年，益穷阃奥。及往来燕、齐、晋、豫、湖湘、岭海、瓯粤之间，察其方言，斟酌古今，成《类音》一书。谓天然之音，可立为母者五十，播之为四呼，转之为四声，区之为二十四类。而天下之音尽，字亦毕该矣。平生于山水有深嗜，自言耳目手足、性情怀抱，无之不与山水宜。九州陟其七，五岳登其三。凡罗浮、武夷、黄庐、台荡奇胜之地，无不游，游必有纪。而遇其地有大利害，必直以告诸所司。闽中修造海船一艘，费千余金，州县有不能办者，至以身殉。府君恻然伤之，以语闽抚，免其最困者十之一二，而不以告人。粤僧石濂妖妄不法，凭藉奥援，莫敢谁何。府君作《救狂书》辟之，有大僚为之求解，曰："苟毁此书，千金为寿。"府君曰："吾之为此，尊朝廷而维法纪，岂利所可夺哉！"至于乡邦利弊，口筹心画，尤有成策。在史馆，悯东南浮粮之困，日甚一日。遇潜庵汤先生巡抚江南，作《苏松田赋考》，力言其困，于送行序中尤痛切言之。迨归里，复与公再三商榷。后议捐议减诸疏，虽先生仁心爱民，实府君有以感发之也。天下漕粮，皆官收官兑，而吴江独否。于是，有白粮加耗估折之苦，有旗丁横索兑费岁增之苦，有仓夫侵盗粮户代赔之苦。岁丙戌，府君力请行画一之法，而额外诛求悉去民田一亩。向完粮二斗二三升，今止二斗计，一县所省三万余石，出入皆官自任之，民间永绝赔累。邑当三江之冲，以百尺浮图为镇。岁久倾圮，自南侧北二丈许，旁近居民千余家，日有覆压之惧。府君锐意经理，任劳任费，阅五年而工告成。丁亥冬，上以三吴频遭水旱，特命相地建闸，疏通水道。府君草议，上之各台，指陈形势，剖晰详明。方欲亲履湖滨，讲求蓄泄故迹，而不幸积劳成病矣。时有劝府君曰："天下善事无穷，公那得一身担尽。"府君曰："我一腔热肠，何处冷却耶？"呜呼！立德，立功，立言，传称三不朽。以府君自任之重，苟天假之年，何善不为？而孰意其竟弃不肖孤而长逝耶！府君喜学禅，尝独坐一室，反观默照，超然自得。自辑韵书，手不停笔，十指痹麻。有言内养运气之法者，试之颇效。戊子春，以徐氏孤孙屋事，一月往返五六次，未得静摄，遂致痰涌。初秋，遭先姒申孺人之变，不言而神伤，兼苦脾泄之疾，医治万方，竟至易箦。呜呼痛哉！府君生于丙戌年三月初八日申时，卒于戊子年九月廿九日未时，享年六十有三。康熙二十年，遇覃恩，敕授徵仕郎、日讲官起居注、翰林院检讨。元配先姒王氏，赠孺人。先姒申氏，封孺人。子三，其炳、其焕、其灿。女一，适卢崇照。孙男六，孙女一，详具府君所作申孺人行述中。呜呼痛哉！府君少而厄穷，壮而宦达，老而闲居，学述经济十不获一见于用。著有《遂初堂诗文集》、《鸿爪集》、《五朝史稿》、《类音》若干卷，藏于家。以不肖孤谫劣，于府君德业行谊，无能窥测万一。然自府君之殁，而吴中士夫同声一辞，谓人伦无所楷模，公论无所依据，绝学无所谘承，人人致木坏山颓之痛。始信千秋月旦，确有定评。府君之言行具在，不肖孤无庸一字粉饰也。今不肖孤卜以癸巳年十二月戊寅，奉府君葬于杭州府海宁县灵泉山之赤兔岭，惟大人先生哀而赐之铭若传，不肖孤死且不朽。不肖孤哀子其炳泣血稽颡述。

清潘耒《遂初堂集》附页手稿（康熙十九年遂初堂本衙藏版）

皇清敕授徵仕郎日讲官起居注翰林院检讨次耕潘君墓志铭

〔清〕陈廷敬

今天下材贤之士，吾与之游而见其始终盛衰聚散存殁之际不大用于世，而其人之贤可传于后有足慨于吾心者，得二人焉：秀水朱君锡鬯、吴江潘君次耕。其人也，始锡鬯盛称次耕，而余则并盛称两人。及两人既去，而余亦颓然且老矣，此其始终盛衰聚散存没之感，又曷能已于余怀耶。然则铭次耕，则将取其才贤之实必可信于后者论而著之，以俟后之君子择而传焉。则余之所不能言者，亦可以类推已。次耕姓潘氏，讳耒，字次耕，又字稼堂，晚自号止止居士。幼聪警绝人，尝与人赌记，人取历日试之，首尾过目，不遗一字。从伯氏学。家故多藏书，有明文献尤大备，伯氏钩稽异同，证以实录，为明史，次第皆具。次耕习其学，而伯氏以他史事见及。其后学于顾炎武亭林。学既大成，工为文章，而于史事为尤长，布衣箪食，将终身焉。会徵博学鸿词之士，试于殿廷，擢上等，官翰林院检讨，修《明史》。其论史，谓搜罗博而考证当精，职任分而义例当一，秉笔直而持论当平，岁月宽而卷帙当简。余方预史事，是其言。洪武及宣德五朝，旦夕相商榷，具有成稿，有忌之者，后亦稍懈。所谓考证精、义例一、持论公、卷帙简者，盖迄于今未之能有定论焉，盖其慎也。然使如次耕之言，则兰台石室之书，当不至键锢扃钥而不传于世也。君为人敦直好修，遇事精敏敢言。在馆阁，文字多出其手，或晰疑辨难，对人辄诵其所记书，肆应泛澜，无少逊避，人以是益畏忌之。去后二十年余，相见于江上，余复举前欲白君才贤而病其去之之意，君曰："止止止，吾分也。"无几微见于言貌，怡怡如也。君既没，其子来请铭，介以所著《遂初堂文集》，殆将传于世，可以见君之志也。君幼孤，事母以孝闻，比遭丧，哀毁骨立，三年未尝露齿。伯氏之变，家累北徙，嫂沈孺人方任身，君裹粮从行。抵燕山而遗孤不育，沈孺人引药自决，君悲号数千里而归。家益贫，漂摇无定居，采薺拾橡，抱远游之思。北之燕，西北之晋，客太原，与傅青主、阎古古辈，以讲论道艺为乐。及被徵而仕，仕而归也，往来名山大川，以泄其思，故君文及诗，多远游之作焉。初，伯氏两孤儿在塞外，用捐赎例购资往赎。得赎矣，察覆至八九，经四部、两抚、两将军，十年之久，得释而归。尝至粤，万里遗书戒其子曰："家虽贫，可足衣食。故旧之颠连者周之，称力而为之，无俟有余。能体吾志，即孝子也。"在闽中，以买山资刻亭林《日知录》及诸遗书，传于世。当伯氏之难也，亲戚削迹，行路寒心，邈然一身，靡可栖泊。俟斋徐先生独重君，招与同学。俟斋之没，无尺寸之产，无锱铢之蓄，举孀妇孤孙以托君。君为周其衣食，奠其室庐，中更事故，身自卑御，丛怨弗恤。闽中海船一艘费千金，州县不能办，至以身殉。君恻然，默以告大吏，州县得以苏，而不以语人。悯东南浮粮，作《田赋考》，极论其弊。会汤公潜庵来抚江南，虽不能行君之说，而因君之言有所感发者为尤多。漕粮皆官收官兑，吴江独否，于是有白粮加耗倍折之苦，有旗丁横索岁增之苦，有仓夫侵盗粮户代赔之苦。君力请行画一之法，而诸弊顿息。邑当三江之冲，以百尺浮图为镇，岁久倾圮，居民千余家有覆压之虞。君倡葺之，五年而告成功，亦云难矣。君自立身行，事及于乡国天下者，大略如此。君之所为，今士之见用于世，而达官显仕不以屑其意者多矣。君锐焉为之，使其果大用于世，其所为当何若耶？君于书无所不窥，其于天理民彝之本，纲常名教之防，非徒口言之而身践之，非徒笔书之而心体之，故其为文章沛然，莫之能御也。所著文集四十卷，《鸿爪集》《读易析疑》《五朝史稿》《类音》若干卷。元配王孺人，继申孺人。子三：其炳、其焕、其灿。女一，孙男四，孙女一。卒以戊子九月，距生之日六十有三年。余既铭锡鬯朱君。两人者，始终之际，余有感焉，故不辞而为之铭。铭曰：

呜呼！次耕才高乎当世，行出乎古人。举韩子之言以铭君，寿且不朽，无愧于斯文。

经筵讲官、文渊阁大学士兼吏部尚书、泽州陈廷敬撰。

清潘耒《遂初堂集》

皇清敕授徵仕郎日讲官起居注翰林院检讨潘先生行状

〔清〕沈彤

曾祖志伊，明广西布政使司右参政。

祖锡祚，明湖广布政使司理问。

父凯，皇赠日讲官起居注、翰林院检讨。

江南苏州府吴江县潘耒，年六十三。状：先生字次耕，又字稼堂，晚自号止止居士。生而聪警善记，或试之历日，过目倍诵，不舛落一字。比长，复得贤师友之助。若顾炎武、徐枋、王锡阐、吴炎、兄柽章诸君，皆名德高才，先生并承指授，集其长。数年，于经籍子史、诗赋古文词、历算、声音之学，本末表里，遂无不洞达，日与同志讲论课习。暇则观览名山大川，尚志廓情，不慕荣禄。康熙十七年，朝廷徵博学鸿词之士，左谕德卢琦、刑部主事谢重辉以先生名上，先生以母老固辞，敦迫而行。抵都召试体仁阁下，擢二等第二，除翰林院检讨，纂修《明史》。先生又牒吏部，以独子终养请代题，三上，格，不得达，乃受职。先生谓有明三百年，史事繁委，宜博采而精于考证，分任而一其义例，秉笔严而论平，岁月宽而帙简。遂作议以上，总裁然之，令撰《食货志》，而兼订他纪传。自洪武及宣德五朝，具有成稿。十九年，诏更定殿廷乐章，先生首上议，增五事。时逆藩悉定，并献《平蜀》《平滇》二赋，公卿传诵。（二赋，**汪先生琬谓足以报布衣入禁林非常之宠遇，论者至拟诸李太白云。**）进充日讲官，知起居注，兼纂修世祖章皇帝实录、圣训。初，博学鸿词之士之官翰林入史局也，多进士出身尝服官，而秀水朱彝尊、无锡严绳孙与先生，皆自布衣与选。及日讲官起居注之添设，而三人亦同入直。又馆阁应奉文非出三人手，院长不谓是。用是资格自高者，既莫不忌此三人。而先生又精敏敢言，每同列质所疑，辄援据经史百子，横从应答，无少逊避。故忌者于先生，视朱、严二君为尤甚。甄别议起，遂坐浮躁降调。先生在翰林五年，至是归里，以得遂初志为乐。四十二年之春，圣祖仁皇帝南巡，复先生原官。越三年，圣祖又南巡，大学士陈公廷敬时扈驾，相见欲荐起先生。先生曰："止止止，吾分也。"赋《老马行》以谢，竟不复出，先生家居凡历二十余年。遭母丧，哀毁骨立。哭其兄若弟，过时而悲。赎其兄之子为民边外者，其婚嫁殡葬，其亲故之尤贫无力者，罄所储为之。乡邦利弊，策所以兴革之而陈于当事，皆与在官时同。于声韵反切，幼而神悟，及往来四方，益通其变，著《类音》八卷，以补订前古音学之讹阙。（音论一卷，图说一卷，切音一卷，韵谱五卷。旧字母三十六，有复有漏，今删五增十九，成五十母，各具阴阳，而列以喉、舌、腭、齿、唇之序。旧四呼以音就字，无定准，今各母各韵并列四呼，字缺而音不缺。旧分类互有得失，今统有字无字之音，辨其全分，分平、上、去为二十四类，入为十类，即少摄，多正转、从转、旁转、别转，条理井然。旧切同母同韵之字皆通用，今则同母之中必用同呼、同转，同韵之中必用元音分阴阳，无少浑淆。此皆得天然之音而斟酌古今，以成一家言者，与顾先生炎武《音学》五书相备。）于《易》象数有独得，著论十三篇。四十七年九月廿九日病卒。平生慕古人之崇道义立功勋，陈谟献以济时匡俗，而非己之位所得为则。遇其得为者，莫不劝厉，有不得遂，辄忧虞不乐。于出处进退，持之甚严，虽达可有为，不肯或苟，其性行如此。故所为诗若文，多扶树风节，裨于治道，卓然有立，非世之徒事文词者所得而及也。凡诗集十六卷，文集二十卷，别集四卷，合名之曰《遂初堂集》，与《类音》并刻行世。其《明五朝史稿》若干卷，藏于家。适子其炳既述先生行，乞铭于陈公廷敬。又十余年，乃属彤为之状，以备史馆作文苑传之采择。义不可辞，敢撰次其历官行事如右，谨状。

雍正三年二月十七日，同县后学学生沈彤状。

清潘耒《遂初堂集》

亡妻王孺人圹志铭

〔清〕潘耒

康熙己酉岁十一月乙未，亡妻王氏卒于淮阴，将以其月戊申厝于清江浦鲁桥之原，惟先墓在吴门，道远未及归葬。而耒也有四方之游，不获以时展视，惧丘垄之昧于久远，不可以弗识也，乃镌石而纳诸圹中。妻，淮处士起田王君女也，母方夫人。年十八归余。余吴人也，幼遭多难，去而北游，以癸卯秋谒起田君于淮阴。君愍其流离，衣食周恤之甚至。既而谋于方夫人曰："潘某名家子，贤而有文当世。其家不幸穷困，吾甚爱怜之，盍嫁与女？"夫人曰："某人材诚可者，然吾与若且老，无壮子，唯一女，奈何弃之远所？"君曰："无苦是，在我而已。"遂以命耒，耒以未命于母，不敢辄承。明年，君亲访耒于吴，请于耒母，而定婚焉。间二年，耒如淮成礼于内氏，遂留读书。君廉知耒贫无以养，将为田若宅，俾迎母于吴而家焉。会淮右大灾，君家多故，遂不果。将以今兹季秋，挈室而南，以归奉姑。其夏，起田君卒，又不果。无何，吾妻病，病半岁竟死。呜呼伤哉！吾妻幼而淑慎，事其尊慈，绕膝承颜，婉娩尽礼。以故父母绝爱重之，不欲与凡子。既归余，而余贫甚，几无以生，然吾妻心安之。性俭约，不慕靡丽。每姻戚宴会，珠玑彩翠，烂然坐中，未尝移盼。嫁三日，即去其鲜衣装，谨藏之。曰："吾未拜姑，不敢辄服。"更衣布衣，操作习妇事。自以生长富厚，恐不称贫家妇，益自刻苦。明于大义，虽居父母家，未尝一日忘奉姑。姑吴夫人，操节二十年，恒教耒读书砥行。既闻妇贤能食贫，则甚喜，曰："是真吾妇，成吾儿志者也。"岁五月，生男大灾。甫弥月，而遭起田君之变，日夜哀慕，哭不绝声，遂以病，病且卒，犹与母方夫人言起田君而流涕云。呜呼！起田君以爱其女，故不远千里择对于余。余托慕高义，承母命以来，幸得贤偶。婚裁二岁，私冀相德克家，慰两家之尊慈，而奈何竟以夭死。死年未二十，子犹在襁褓，生不得拜姑，没不克从夫氏之兆域。呜呼！其可哀也，于是为之铭。铭曰：

梁生高蹈，孟女配德。鲍君清操，桓姬作匹。我相我偶，于淮之湄。缟衣綦巾，可与乐饥。千里托婚，何遘之巧！二年云徂，何夺之早。予之无良，子也不辰。彼苍者天，夭我淑嫔。曰嫔于南，江路伊阻。鲁原之丛，往即尔祖。尔祖尔依，魂无我悲。千秋万祀，尚其同归。

清潘耒《遂初堂集》

亡室封孺人申氏行述

〔清〕潘耒

申氏自宋南渡以来，仕宦蝉联，为邑望族。庠生用大，孺人父也。母沈太君。孺人早岁丧父，弟维璜为遗腹子，沈太君辛勤鞠育，得以长成。孺人性仁孝。祖母沈太夫人笃老病，卧床蓐十余年，孺人扶持将护，曲得其欢心。在室以贤淑闻，故先慈聘之为余继室。余初娶淮阴王氏，不三载而殁，未得来吴，家政皆先慈吴太孺人操之。比孺人来归，先慈谓是能治家相吾儿者，吾可无虑矣。比余通籍入禁林，而家中贫窭异甚，一切门户事倍难支持。先慈与孺人黾勉有无，百计补苴。越二载，乃得从先慈入都。官贫俸薄，仍多应酬，拮据支吾之苦，视家居尤甚。甫三载，余以诖误镌级，遣孺人奉先慈从水道先归。途中先慈疾大作，孺人保护调治，昼夜不解衣，中裙厕牏，手自浣濯。舟行旅泊，延医服药，倍极艰难，孺人斥衣装办之，不遗余力。如是数旬，而先慈竟不起。未奔丧归，始知孺人侍疾状，恨不能稍尽子职，而深嘉孺人之克尽妇道也。时先府君尚未葬，亡弟亦在殡。拮据弥年，乃克卜地穿窆，三襄并举，孺人尽瘁竭劳，仅得如礼。比免丧，有言当随例补官者。孺人谓佘："君本无心入世，向者以老亲在，不妨有捧檄之喜。今为鲜民，可以无仕。且君性刚直，不谐于俗，出不如处，宜熟筹之。"余心善其言，竟不赴补。孺人性明敏，善治家。大而赋税租课，细而树艺蓄养，以至酒醴菹菜之属，治之皆不失其度，不失其时。余好山水，喜游览。远或三四千里，久或一二年乃归。归而见官租私赋，一一治办。行田而高下无旷土，适塾而子姓无废业，过姻亲而吉凶无失礼。余知孺人能独秉家政，无内顾忧，益勇于游。二十年来，所以得遍览名山大川，与海内贤豪长者相识，皆孺人善治家之力也。孺人性俭约。虽为命妇，攻苦食淡，未尝特置一衣，特设一馔，布衣操作，不异常人。遇亲戚，尤有恩礼，贫穷褴褛，视富厚者无少异。伶仃孤苦者，数周恤之。亡弟贞木早殁，弟妇王氏孀居无子女，孺人视之如亲姊妹，甘苦与共，终身无间言。次男其焕，当为叔父后，孺人为之娶妇而后出嗣。每诫子妇："事嗣母嗣姑，当谨于事我。孀居人多忧多恼，当曲体其意，令略无忧恼，则善矣。"余从兄女失母，孺人抚为己女，择良士而嫁之。沈太君二十三而寡，苦节五十年，于例当旌。内弟无力陈请，迄未举行，孺人每以为恨。念沈太君年高，常迎来奉养。即去，间日必通问，孺慕之诚，不暂释也。余既落拓，不问生产，又好收藏书籍，购古金石刻，意欲所得，典衣得之。孺人每为攒眉曰："君家业几何，而办此不急事，且学贵精要，安用夸多斗异为？"余虽不能从，然心愧其言。孺人惧伤余意，亦未尝力阻也。余喜学佛，孺人亦习诵梵典。余持长斋，孺人亦五年绝荤血。常有意精修白业，牵于家务未遑也。孺人素壮，以家累重操心太劳，四十以后即多病，病辄数月乃起，精力乏耗。去冬即患疟，今夏乃变痢。会余亦大病，孺人忧之甚，疾日增，医疗万方，竟不愈。既危困，神观清明，无一语失度，迄于属纩，不少愦乱。呜呼伤哉！孺人生于辛卯年闰二月廿二日，卒于戊子年七月廿三日，享年五十有八。康熙二十二年，遇覃恩封孺人。子三人：长其炳，娶叶氏；次其焕，娶丁氏，出为叔父后；次其灿，聘谢氏。女一。孙男四人，孙女二人，俱幼。惟阃内之德，可无使外闻，而孺人之贤能，有不容泯没者。敢略陈梗慨，惟仁人君子哀而赐之阐扬焉。

清潘耒《遂初堂集》

先舅氏敬胜吴府君叶孺人行述

〔清〕周振业

  孺人讳某，姓叶氏，为邑著族。祖重，万历丙戌进士，仕至提学佥事。父绍袁，天启乙丑进士，工部主事。妣沈宜人。叶当全盛时，微独甲第文学冠于郡邑。即闺阁才名，亦复喧传江左，而沈宜人其尤著者也。孺人故自弱龄时，已沐浴浸润于诗礼中。吾舅氏敬胜吴府君讳栗，门楣誉望恰相埒，不幸先外祖早世，家事顿落。孺人年十八来归府君。府君之长兄克迈公骤撄羸疾，养疴禅室。府君笃于友爱，早晚驰候，竟牵染是症，婚甫五月而没。孺人时已不欲生，先外祖母百计慰劝乃已。未几克迈公亦没，配沈孺人年亦只二十余，并无嗣。姑妇三嫠，茕茕相依。既终丧，旋遭吾外祖母大故，两孺人以大义白之叔舅慊庵公，请立公之长孙庸熙为克迈公后，而需其第三孙生为府君后，即后名庸照是也。自多故以来，仅存瘠产数十亩，两孺人敝缊疏食，苦志节缩。庭中桃杏之实，即以当餐，夏月以井泉饮沐，都不复举火。又工于绣作，十指所出，计供饔飧外，必有余蓄而后即安，数年旧产稍稍恢复。孺人外极慈和，而秉性刚决。上自亲属，下逮奴仆，酬答间正容朗语，见者肃然生敬。居处位置必清雅整洁，庭堂之内寂无喧杂。间有女徒来从授书史，兼学女工，俨然师范。孺人兄已畦先生，以进士出宰扬之宝应，念孺人辛勌，迎之官署。先生一切服御颇优厚，而孺人泊然淡素，常默坐一室，诸眷戚欢笑弗与也。初，先曾王父封主事公四子，长即先外祖孝懿先生，次慊庵公由进士历官湖广按察司佥事。慊庵公一子届远公，娶太傅金文通公孙女。当是时，慊庵公虽已投簪，然方狎主文坛，声华籍甚。而届远公又名噪胶庠，门庭光显。于是延名师，开讲塾。以故两孺人嗣君在初服时，凡诸抚育教诲，实惟本生考妣是依。迨慊庵公父子相继殂谢，家亦渐落，孺人乃挈其子若妇于同里故居。不数年子女累累，食指日繁，入不偿出，生计渐削。岁丙戌，孺人从子孝廉庸勋补云南宜良令，招其昆季往。庸照请于孺人，应兄之招。孺人及其妇，外持门户，内抚诸雏，秩然也。未一岁，金孺人病卒，庸照从宜良奔丧旋里。诸昆弟相谋曰："父祖以来未葬者十余丧，盍各尽捐余产以襄事乎？"孺人为协力营办，新封屹然。越二年，妇申忽以疾亡，遗诸雏。孺人仍复以长以育，不言劬瘁。又四年，庸照送侄女嫁于粤东张君任所，已又随庸勋补任湖广，在外凡五年。是时孺人故产既捐，数口待哺，其内持外抚益复拮据。泊庸勋行取离任，庸照乃抵家，而孺人年七十有一矣。自是迄今复八年，故居又废，庸照鳏居既久，三孙俱未娶，其艰难困顿，殆亦非人世所有。而孺人当之若素，其于诸孙男女，所以体恤提命者无不至，庭闱中雍雍蔼蔼，无交谪之声。孺人之性情德教如此，可谓不负于天者矣，而卒不食一日之报，可叹也。天子屡诏守土之臣，据实举报孝子节妇，给坊旌表。孺人尝从容论之，以为悠悠之口，何足重轻。此必有确然自信于己者，自非贤有德者，谁能若是？孺人暮年尝述前偕沈孺人苦志时事，庸照尚幼未及知。及孺人卒，庸照流涕谓业曰："吾母一生行实，安得文章如子长者传之，庶无憾乎！以属吾子。"业自念所学无成，何足阐扬孺人潜德。窃念吾母与孺人，六十年相依，倚如亲姊妹，今又先后早世。平生哀悲劳困，吾母与孺人共尝之者，虽戚党亦不能尽知。惟业幼随吾母瞻依孺人于膝下，幸获纤悉知之。窃恐孺人之德遂湮没无闻，于是不辞不文，聊志其睹记所及，以俟后之君子采择焉。孺人生于顺治五年八月廿六日，卒于雍正四年三月廿九日，享年七十有九。嗣子庸照，娶申氏卒。孙男三：长宗孟，先聘郑氏未婚卒，又聘钱氏；次希曾、彭年，俱未聘。孙女一，适业之仲子以探。孺人没后之几月日，甥哀子周振业再稽颡谨述。

清吴安国《吴江吴氏族谱》

陈处士茂伯传

〔清〕嵇璜

陈处士讳世英，字茂伯。厥考爱溪公，生丈夫子四人，处士其叔子也。予昔尝过松陵，松陵人犹为予言处士，予侧闻其风久矣。岁癸卯，热河山长名元文者，以处士传属予。予询之，知为其曾祖，因就询处士之为人。曰："文不及侍也。窃闻诸先人，公笃于伦纪，治家事悉有条理。好施予，以承先志，不近名誉，终其身自得也。"乃一一为予胪举之，予即为援笔而传之。公赋性恬退，不欲自见。其能读书，见大义辄置不读，曰："吾不欲觅兔图册子也。"所居曰江村，屋下有良田数顷，日课其家人种植，锄烟犁雨，领真趣焉。先是，公之考以好善急施予闻于乡，远近求者日踵其门。公与兄弟继其志，凡有求，无不厌其意以去。居恒治家颇严整，不断断计赢缩，而经理秩然，佣仆无敢慢者。以故恤贫厄，勷善举，岁费且不资，而其家业不少替。有二子，长曰之观，素谨厚，命之理财产。次曰之韵，幼颖慧，命之攻诗文。门庭之内，雍雍肃肃，一时持家政者，莫不以公为法云。公处兄弟尤友爱，尝语人曰："昔人以兄弟比手足。夫兄弟之乖离，手足之瘫痪也，非身之病乎？今吾与兄弟敦友于谊，是手足强固而身无所颠越也，岂不幸哉！"已而伯仲季数年相继殒，而公抱人伦之戚，未几亦病卒，年七十有五。呜呼！此可见公之笃于伦纪者矣，予因之有感焉。尝观世之营营名利者，争毫末，惜铢两，罔顾人缓急，甚至骨肉因财利失欢者，何可胜道？闻处士之风，亦可以愧矣。今其后人，多以学行有闻于时，或驯谨克守其业，非处士之所以为教者哉！是可传也。

清陈阶琛等《颍川陈氏近谱》

高祖文伯公传

〔清〕陈蕙茂

公讳世华，字文伯，晚自号晚翠，爱溪公季子也。公髫年巍巍自立，负经济才。授室后，爱溪公即庀以家政。事无巨细，摒挡指画，各当其可。爱溪公以江村旧宅家口日繁，命伯子侍伯公暨公两人迁于黎里镇之西，各筑室以居，时人比诸士衡、士龙之洛下东西屋焉。公虽移居近市，而温清定省未之有缺。有时迎养来黎，夕膳晨羞，既馨且洁。所谓父母其顺，兄弟式好，已得天伦之一乐，固不必效毛义捧檄，而后为娱亲也。公年四十有五，丁母钱太孺人之忧，才七阕而爱溪公又见背。公叠遭不造，偕诸兄经纪丧葬，诸大事悉如礼。凡先人未竟之绪，及有志而未经举行者，公情殷继述，一一踵而行之。康熙戊子，岁大祲，公指囷以济者数百石，全活甚众。大吏奏上请奖，叠奉"好善乐施""尚义济贫"匾额以旌之。而公殷殷乐善不倦之怀，数十年仍如一日也。公言行端方，不苟笑言。遇人过，侃侃而谈，靡不令人翕服。而于人之嘉言懿行，每津津乐道之。所著有《家训》数十条，编为一册。言近旨远，凡立身行己数大端，胥莫能越其范围焉。尝语家人曰："余以家政纷扰，未暇专攻举业。然德行为本，文艺为末，吾子孙慎毋专尚浮华，而忘实践。"盖公之不汲汲于外见者，正公之汲汲于内行也。《易》曰"有物有恒"，公庶几焉。谨按，公生于顺治庚寅，卒康熙丁酉，寿六十有八。高祖母氏钮，先公十四年卒，寿五十有一。子一，即吾曾祖貤赠池州府通判汉汀府君也，见本传。嘉庆壬戌夏五月，元孙蕙茂拜识。

清陈阶琛等《颍川陈氏近谱》

孝贞女墓志铭

〔清〕汪琬

宋子既庭与计子甫草，皆以文行知名海内，两人交相重，复交相好也。甫草有子曰孺子准，字念祖，少而娟娟美秀，数从甫草往来既庭之家。既庭爱之，许以其女配焉，即孝贞女是也。孺子年十五，补吴江附学生，高才好学，声誉方大起，才及期而殇于痘。赴至，女窃恸哭，且自誓曰："吾死生计氏妇也。"即日屏栉沐，布衣蔬食，愿以此终其身。既庭奇女之志，将以归计氏，而甫草虑其少也，犹与未决。久之，有求婚于既庭者，女微闻之，遂不食数日死。甫草始大悔恨，流涕太息曰："此真吾子妇也，吾负若多矣。"引舟载其棺以归，某年月日，与孺子合葬某乡之原，成女志也。有难甫草者曰："《周礼》禁迁葬嫁殇，彼宋氏之女也，胡为乎同穴于此？"予为甫草解之曰："《礼》所禁者，谓夫生而未聘与未许嫁者也。今男氏已聘矣，女氏又已诺矣，何不可合之有？"难者曰："女未庙见，不祔于姑，归葬女氏之党，如之何其可合也？"予曰：

"不然。礼有常焉,有变焉。取女有吉日,而婿死,女斩衰以吊,既葬除之者,常也。守贞不字,变也。若既庭之女之为孺子也,始则膏泽不御,觞酒豆肉不尝。及其继也,绝粒捐躯而勿之恤,变之变者也。夫既俨然计氏之妇矣,安得以未成妇之礼格之?"予又曰:"《春秋》书:'宋灾,宋伯姬卒。'《左氏》云:'女而不妇。'《穀梁氏》云:'伯姬之妇道尽矣。'二传予夺相反,先儒取《穀梁》,而非《左氏》。盖彝伦道息,女德不贞,有守死不回如伯姬者,而又加贬焉,何以示劝?是故妇道即女道也。既庭之女之死于不食也,不可谓之非女道,犹伯姬之死于火也,不可谓之非妇道也。如疑其舍生伤勇,则予请以伯姬之例例之。予虽不敏,其敢自外于先儒之说与!"女性仁孝,幼受《论语》《孝经》,俱晓大义。盖既庭诗礼之教著于家庭,而遂被其女如此。女死时年二十三,诸宗党闵之,私谥孝贞云。铭曰:

　　昔赞典姐,今述之子。大书特书,敢附野史。其烈既均,其氏复同。矢志所天,乃以身从。身殁名存,幽堂有刻。用警遗风,闺房之则。

清汪琬《钝翁前后类稿》

进士啸岩公家传

　　先标,字冠云。号啸岩。幼警敏,通经史,为文豪放疏落,书法得钟、王笔意。自以家世韬钤,少习骑射。康熙壬子领乡荐,游都下久之。甲戌入闱被黜,索公长寿、李公钥荐授火器营守备。志在科第,辞,不就职。历三年丁丑,成进士。性耿介,不入时,归家。杜门谢客,惟肆力于诗古文词,有《燕山集》。

清残本《汝氏世谱》

王君凝庵墓志铭

〔清〕丁元正

　　同里王生尚文,卜吉陆墓山之麓王山荡下张字圩,将改葬其考凝庵君、妣庞孺人,而以伯兄文炳元配赵氏、弟文沂配叶氏、时彦配宁氏祔焉。命其兄子士增偕其子树圻,请铭于余。士增尝试冠其曹,余期以远到,而树圻年少有义行,又余所尝详请议叙州司马者也。余以故知其家世次甚悉,不得以不文辞。按:王君讳谓,字正言,号凝庵,邑庠生。系出太原,元季有讳寿者始迁吴江,遂为吴江人。逮五世为乐善公,以仲子哲贵赠御史。季子敏,官苏州卫指挥,凝庵其裔也。高祖葆光,曾祖有庆,祖梦刘,父之相,皆以文学世其家,有隐行。之相生二子,凝庵君居长,生有异质,至性过人。之相虽擅富名,而实无余资。遇暴客横索,炙以火炬,遍体鳞伤,家人莫敢前。君年方龀,抱父呼号,且诅且拒,贼哀而释之,得无恙,里人钦其孝感。稍长,通经史,补博士弟子员，刻意进取，屡踬场屋，不少挫。雅不屑意生事，与配庞氏谨身节俭，家且日裕。弟希存家道中落，而以己产析均之。亲朋有急，罔不应，未尝有德色。君既数奇不偶，愈殷勤教子，岁延名师，隆礼貌，厚修脯，课督无虚日，以故生四子皆卓卓有声黉序。文沂、时彦联登贤书，而诸孙亦鹊起，人以为太原王氏将兴云。公生于顺治九年八月二十三日，以康熙四十四年八月二十三日卒，年五十四岁。配庞氏，生于顺治八年九月三十日，以康熙六十年正月初八日卒。生四子：长子文炳，邑庠生，有父风，尝析奁田及读书田百亩，分与诸弟不少私。所著时文百首，宫詹沈公德潜为之序。生于康熙十七年二月初四日，以康熙四十八年七月初七日卒。元配赵氏早世，继室赵氏遗腹生子士增。赵氏以节孝闻。三子文沂，康熙辛卯举人，拣选知县，以会试卒京邸。生于康熙二十六年五月初九日，以雍正元年十月初七日卒。配叶氏，生于康熙二十六年十月初七日，以乾隆三年四月初八日卒。四子时彦，雍正己酉举人，拣选知县。生于康熙三十一年四月初一日，以雍正十一年十二月廿一日卒。配宁氏，生于康熙三十三年闰五月十二日，以雍正十年九月二十一日卒。其次子即主葬之尚文也。孙七人：士增，文炳出；丹墀、树圻，尚文出，丹墀出嗣文沂；邦基、坡、均、堡，时彦出。曾孙十一人：宗导、鼎铭，士增出；自镐、兰锜、天钺、以锐、其镰，丹墀出；培芝、衔玉、钥人、鉴，树沂出。呜呼！葬礼不讲久矣。古者墓大夫，会国民族葬，正其位，掌其度数，使各有私地域。后世惑形家言，使夫妇不同穴，父子不同域，而祔葬之礼以废。今尚文笃孝友之思，营其宅兆而共安厝之，序以昭穆，犹族葬也，礼也。为各著其生殁月日于石，而为之铭。铭曰：

吴山苍苍，湖水泱泱。佳城郁郁，太原之王。牛冈既兆，马鬣是臧。序以昭穆，鸳鸯雁行。夜台羡门，气聚一堂。安兹体魄，厥后永昌。似续德音，奕世荐芳。

知吴江县事、年通家眷弟、衡阳丁元正拜撰。

清王锡等《吴江王氏新谱》

先考即山府君行略

〔清〕陆桂馨

府君讳方涛，字渭谋，号即山。累世潜德，明初有讳雄者，始葬于吴江，故为吴江人。六传至府君之曾祖讳尚德，前明累封中宪大夫。祖讳文衡，万历戊午、己未联捷进士，前山西右布政使，后官定州兵备道，忧归，遂不复出。考讳钥，字子开，县学生。妣张孺人。生子三，府君其仲也。先王父子开府君既屡困场屋，又以寒嗽疾不复图进取，故望子綦切，而课府君尤严。方伯公于诸孙中，独钟爱府君。以子开府君不屑治生产，家计日落，别授田为府君读书膏火。府君益攻苦，昼夜寒暑不少休，由是遘失血尪羸证，几殆。比壮渐瘳，始出应试，为学使者赵公所识拔，补县学生，旋试高等，补增生。顾乡试辄不得志，馆于同里沈氏。沈故业医，其子犹弱，而从游皆材隽之士，府君手批口释，善诱不倦。不肖少以多病废学，年十一始携入塾读五经。初不令属文，后遇同堂文会，辄心好而仿为之，殊未知文体也。府君始怒而继喜，谓孺子有志，因加课焉。不肖既食饩，府君从容谓吾母曰："吾父积学未遇，故望子甚殷，而吾卒不得一当，使吾父赍恨以没。今吾将以吾父之望吾者，望之吾子。是子有成，即可以对吾父于地下，而吾亦可以少休矣。"乙酉，携不肖赴省试，新例愿以五经应试者中三人，府君及不肖皆兼五经。榜发，府君中式第十五名，与不肖卷同出巢县张公振嗣房。既获荐，以春秋文有疵黜。府君慨然曰："吾老矣，所用于世者已晚，今若获第，不犹愈乎？"呜呼痛哉！府君望子之心如是其切，而不肖悠忽至今迄不能副，何以为人？何以为子？府君既屡上春官不利，益肆力经史，专为根柢之学。制义法归太仆、金嘉鱼两家，诗则原本性情，自成藻采。著有《易经衷旨》《书镜》及《味莼鲈轩诗文钞》，又《戊庚随笔》，并藏于家。府君孝友笃至，先王父母见背后，往往梦中恸哭失声。先世父石鲸府君讳昌禧，远客天津。府君每遇节序，辄怅望流涕，时寓书劝归。己丑礼部报罢，既抵家，则石鲸府君已前一月卒。府君大戚，为文奠几筵，沉痛哀感，使人不能卒读。先叔父期远府君讳宏源早世，既为文哀之，以尤为先王父爱怜，言及辄泣下。吾母李孺人殁后，萧然寡偶。或劝纳姬侍，府君笑曰："吾方壮病羸，赖吾妻典钗珥供汤药，问视惟谨，获保无恙。今惟将终夜长开眼，以答其劳耳。"府君恬淡无欲，故少羸而晚转强，方冀德人天佑，寿享期颐，或克见不肖等稍有寸进，以慰老怀。何意略感微疾，竟弃不肖等而长逝耶？呜呼痛哉！府君生于顺治九年十一月初六日，卒于康熙五十七年八月十八日，享年六十有七。元配周孺人，继配李孺人。子二：桂馨，廪贡生；霖，县廪生。女一，适史烜。皆李孺人出。孙：昌言，桂馨出；一士，霖出。俱幼。

清陆迺普等《平原派松陵陆氏宗谱》

半村公传

〔清〕李重华

半村公讳铣，字公衡，季华公之三子也。幼颖悟，读书过目不忘。弱冠游庠，辄试前列，省试一不获售，遂淡上进之心。雅好作诗，工画山水。有夺其志者，公曰："富贵人之所欲也，使我身亲案牍，安能写我性哉？"公兄虹亭公补馆职，时劝公试北闱，公以纵游山水为乐，不果往。诗中专写性灵，落墨神乎天趣。问公家计不知也，问公时事不知也。问公经史百家以及古今诗画，若河决下流而东注，若驷马驾轻车就熟路，而王良造父为之先后也。生平著作诗为多，刻《和梁药亭十九秋诗》，及《别裁集》所选《落花诗》若干首，俱脍炙人口。

清徐书城《吴江徐氏宗谱》

节母沈孺人传

〔清〕吴起元

节母姓沈氏，名淑兰，字清蕙，浙江乌程人。父彦章，明崇祯壬午乙榜，廷对授县令。母吴氏，即吾宗明监察御史讳焕之女。沈故吴兴甲族，不独才士满艺林，闺阁中亦娴诗习礼。母男女兄弟十人，母尤早慧，能诗。以旧姻少许字吾族祖宁人公，为增广生讳与湛之子，山西潞安郡守讳铭之孙，而赠太仆卿全孝翁之耳孙也。年二十来归族祖，固吾家才子弟翩翩有王谢风，母以淑顺之质兼咏絮之才作合焉。琴瑟之好，倡随之义，方以为室家庆，不幸逾年而族祖没，母时几欲以身殉。顾念腹有遗孤，而旧姑在堂，爰割情忍死，以养老字孤为重任，越月而孤其燻生。时惟恐舅姑有丧明之痛，曲意将迎，务承其志，垂几十年，以妇道兼子道，始终不少懈。迨舅没，丧事治而哀有余。越几年而姑没，丧姑也如丧舅。然至于抚孤，鞠育劬劳，相倚为命。而茕茕子母，惨目伤心，致有"泣对菱花不整妆，拔钗换酒奠灵床，最怜稚子深深拜，只恐君看也断肠"之咏，读之可以泣鬼神矣。孤就傅，勉其有成，示以诗曰："凌霜翠竹称君子，耐岁青松号大夫。"是非如俗情之徒，以显荣期之也。及孤冠而授室，以为可弛负担矣，不意几年而妇卒。又为续娶，几年而复卒。更娶几年，而孤竟中道殂矣。呜呼！五十余年中，其更死丧之戚屡矣，至垂暮而复遭此惨毒。计其一生，如一岁之中阳和之日少，而严寒酷烈霜雪交加之日多，亦何以堪此。乃继复抚其孤孙维基，则自舅姑以下四世之死生存亡，皆于母乎是赖，其任不綦重哉？初，母年甫十岁，有《春闺试笔》诗云"苔浓草碧争颜色，惟有兰香清且幽"，隐以自况。然则以幽兰之资，而成松柏之操，固若天赋然者。母得年七十有九，守节五十几载。有《黛吟草》行世。其孤孙维基，于乾隆五年，请于有司达于朝，逾年得旌。而族孙起元，考其行，读其诗，而著其略云。

清吴安国《吴江吴氏族谱》

唐湖徵士张雪窗先生行状

〔清〕周廷谔

雍正二年夏六月戊子，唐湖徵士张雪窗先生以疾卒，其孤以家贫不及遍讣也。而又以雪窗一生不交贵显，不求闻达，惟二三素心之友读书论古，追逐于唐湖烟水之上。即不佞如廷谔者，相知最深，且不及闻而往哭之寝门之外也。伤哉！雪窗既葬，是年冬十一月，其幼子守坚持其临没时《绝笔吟》及缵其行略，泣而请为状，予乃知雪窗之果逝也。呜呼！予何以状雪窗哉！犹忆己巳之岁，予亡兄钦馆于唐湖之阳，与雪窗交好，归而持其所著诗属叙，予胸中始知有雪窗。嗣后，雪窗或扁舟过予，或予兄弟往造其庐，流连樽酒，乐数晨夕。甫十年，而予兄不幸死矣，雪窗哭之哀。然二十年来往来之密，诗筒邮寄不绝于道，其待予一如其待予兄时，盖以雪窗古道照人。工诗古文，多艺能。所居老屋数椽，闲雅幽邃，名书古画，位置楚楚。客至，相与挥尘赏鉴，清谈弥日。足迹不出百里之外，而人往往闻其名。性尤孤介，不谙世务，里儿每诋訾之。而予则其辱知最深者也，才虽谫，安敢以不斐辞。按：先生姓张氏，讳世炜，字焕文，号雪窗，世为唐湖人。其始祖近溪公，以岁贡为某县训导，自常熟迁于吴县之狮山。其子三槐公讳永惠，补常熟县学生，能文，兼工岐黄家言。为仇家陷狱，九年得释，自狮山再迁吴江之盛墩。盛墩者，唐湖之孺墅也。永惠生应鹍，应鹍生国宁，国宁生士模，是为允式公，君之考也。祖妣富氏，妣范氏。君生四岁而失恃，就养于外家，八岁始归读书。尔时家计萧条，父允式公馆于外，叔建瓴公贸易四方。大母富氏饮食教诲，日则遣就外傅，夜则篝灯课读，荧荧然夜分未灭。年十五，君冲口咏雪，得"肥添瘦鹭飞还下，淡点寒梅白共香"之句，宿老极惊异之，然君诗自此遂汩汩不休。盖雪窗诗凡三变：少之时喜为骈丽之体，力摹六朝三唐，然形迹犹有未化。中年而后，与予兄弟交，兼好宋元之作，手抄而心好之，诗格稍稍一变。至晚年而发抒情性，疏瀹灵腑。涉笔所之，自然成趣，炳烂之极，乃造平淡。雪窗盖不鄙夷我，而请一叙再叙，而见为然者也。雪窗家酷贫，年三十，始习岐黄家言。盖家本世医，而又精于脉理，洞见底里，远近延之无虚日，然予之钱不受，即受亦不校其真也。晚年忽遭痰疾，薄于滋味，不饮酒不茹荤者十年。然兀坐蓬窗，破砚自随，学力之勤倍于少壮，著述之富寒暑靡间。著有《雪窗杜注》《历朝诗选》《唐人真赏集》《松陵诗约》《辑注读素问钞》《雪窗文钞》等书，藏于家。雪窗神清貌古，体颀而长，步屦若飞。然立心仁恕，口不道非礼之言，身不蹈非礼之事。虽无老成人，尚有典型君，窃庶几焉。君叔建瓴公好贾，客死于淮，君为经纪其丧，且抚其藐孤，俾至于成人。三槐公墓在盛墩傍，君每岁独输其国税，不派族人。且举三世丧葬于南参，置祭田若干亩，以供春秋祭祀。外大父范杞庵公，系文正公裔，外大母赵氏。君念其家贫，兼感其鞠育恩，为之营葬。其他风俗败坏，作《亘乡记》以警之。子弟佻达，立族谱以规之。种种善事，未易更仆数也。先是君未没时，自为生圹，饬诸子预备丧事，大类达生之流。至是疾革，作《绝笔吟》四首，谓其家人曰："吾于某日某时死矣。死时毋号哭，以乱吾心。"已而届期果卒。君生于顺治癸巳二月十五日午时，没于雍正甲辰六月十七日寅时，享年七十有二。葬于南参圩之旧阡。配倪氏，光福介仁公女。男三：长守型，娶范氏；次守圭，娶顾氏；次守坚，娶薛氏。女一，适王洪基。孙男六：斯铸，聘袁氏，守型出；斯鉴、斯镛、斯钰，守圭出；斯镠、斯钧，守坚出。孙女二，一守型出，一守坚出，俱未字。呜呼！予之与雪窗交也，盖三十有五年矣。平时善相箴，过相规，出入相游，处疾病相扶持，终始无间言。雪窗将没时，曾寄和《笠川草堂歌》，并手书累百言，谆谆以所著诗文相属，且举放翁"老病已尝唯欠死"句以见志。予发书读而疑之，犹未料其果死也，孰意不逾月而怛化乎。楮短情长，言何可罄？然排纂其大略，诠次其疏节，达人逸致，宛然在目。则后之传高士者，庶几有所折衷云。谨状。雍正旃蒙大荒落之岁则如月朔日，同学弟浮玉山人周廷谔顿首拜纂。

清张世炜《秀野山房杂著》

先考文学耐庵府君传

〔清〕陆象先

吾宗自松陵始葬祖讳雄起家,世以忠厚相传,至吾高王父中宪大夫发祥。王大父庠生仲达公,王父庠生、乡饮介宾黄中公,吾父增广生耐庵府君,一脉真传,世守耕读,至不肖而博青衿者,四世矣。府君讳玉藻,字介臣,号耐庵,为王父黄中公冢子。幼颖悟,未弱冠首拔游庠,历试高等,文章行谊,推重乡邦。数困棘闱,人多扼腕,府君泰然,不以功名介意也。府君忠厚性成,笃于孝友大义,与吾母陈孺人孝奉二人,自安粗粝,甘旨之供未尝或缺。其时家业亦稍稍自给,不幸吾母中年暴亡,继娶叶孺人。府君于读书之外,素不问家事,家道遂中落,府君居然一贫士矣。府君有业师包公,其子孙不能自存,时时周恤,无德色。并以瘠田诳值,怜其窘迫,慨然还券,任其再售,不责偿。其子孙若相继以贫病终,为之典金殡殓。府君兄弟四人,先叔选臣公早世,抚其孤如己子,得立业为邑诸生。先王父称素封,分授时,府君于田不辞瘠薄,于屋不辞倾颓,于奴仆不辞老惫。即应得之物,弟辈欲得者悉让之,亦不挂齿。以故兄弟之间,白首相聚,从无间言。王父王母先后寿终,哀毁骨立,衬身衬棺致敬。春秋祭祀,必躬必亲,与诸叔辈竭力营葬,人称尽礼。吾府君孝于二亲,友于兄弟,信于朋友,和于族党。乐善好施与,人不责偿,人亦有偿之者,府君坦然也。于不义之财,丝毫不染,不经之谈,无一语齿及。一生不以不肖待人,即待奴仆亦无疾言遽色。良朋一二,欢笑往还,亲党周旋,备极款洽,以故易箦日,亲疏莫不流涕。呜呼!府君毕生嘉言懿行不能悉举,即不肖所述,亦人所共信者。盛德所孚,宜何如食报?而不肖以贫穷落魄,糊口四方,菽水时缺于供,轻暖不周于体。以府君之孝养其亲,而晚年为儿辈饥寒所累,其痛宁有极耶!呜呼!府君于纷华靡丽绝不关心,惟诗书是耽,虽在病中,手不释卷。晚岁逃禅,留心内典,实有所得。未卒前一日,口述一梦,闻读天子重英豪诗四句至万遍,清晨朗诵与儿辈知之遂终。噫!府君器识文艺,实可致远,乃竟未得置身庙廊之上,大展平生之学,故虽弥留之际,犹以读书为儿辈勖也。不肖年十三即失恃,府君以严父兼慈母俯鞠备至,因极深思,未展寸报,天长地久,此恨何穷!沥血率书,以志我痛云尔。

清陆维钰《松陵陆氏宗谱》

周廷谔传

周廷谔,字美斯,邑诸生。七世祖大章,见《名臣传》。廷谔少从长洲宋实颖游,实颖爱其才,以外孙女妻之。既而学诗,有警句为前辈顾有孝称赏。廷谔益自奋,肆力于唐宋诸大家,老而弥笃。尝以邑人之诗,自明迄今分见于诗乘诗略者,不下数百家,乃合选之,复广搜补阙,仿《列朝诗集》例,人为小传,考其源流派别,论断有据,美恶不相掩，名曰《吴江诗粹》。又续成兄崟所辑《吴江文粹》。凡四方与邑人所作诗歌、序记、碑铭、传赞、书启、题跋之关吾邑典故者，皆录焉。又自录所为诗文曰《笠泽文钞》，并藏于家。崟字瞻奇，亦诸生，好读书，著述甚富，年止三十九。

清乾隆《吴江县志》

儒林郎候补州司马宸瑞公暨安人陆氏合葬墓志

〔清〕陆桂馨

公讳维桢，字宸瑞，侍御乐善公之九世孙，候选儒学训导翊苍公之长子也。藉承重庆，涵泳诗书，未弱冠赴京师，入太学，以高第得授州司马。时初行考选，入觳颇难，授职者需次皆赴任。公联名施姓者，官太仓司马，曾署邑篆，劝公赴部领檄。公未忍离膝下，不果。未几病卒。配安人陆氏，明山西布政坦持公孙女，吴邑庠生树若公女。年十八适公时，公方赴京师考选，家中定省视膳，悉安人尽心独任，甚得翁姑及太翁欢。司马公又善病，安人代理家政，称贤佐云。中年，司马公奄忽，安人以妇道而兼家督。凡睦族恤姻，及舅姑奉养丧葬，咸合礼焉。子男一人，名廷珏，太学生，娶陆氏，即安人亲侄女。德言容功，酷似其姑，上慈下孝，雍雍如也。安人年六十四，廷珏亡，无子，舅氏后又无当嗣者，中外议论纷如。安人曰："吾儒学公冢媳也，非儒学后不得承祧。今无人，且待之。"从房长孝廉伟岳公等议，拨田五十亩给再从侄孙承英，权出帖守丧，俟嫡侄廷珪生子，嗣立归宗。越五年，廷珪生子嗣发，定立为嗣，时论贤之。年七十八卒，同司马公合葬里咏字圩新阡，廷珏附葬于昭位，礼也。女一，适士流张奏钧。嗣孙名嗣发，岁进士，现任江南镇江府丹阳县儒学训导。

内侄陆桂馨元萼，甫为之志铭。曰：

藉藉司马，捧檄不趋。椿堂萱砌，朝夕是娱。明明我姑，克相其夫。中年而寡，含苦如茶。晚年丧子，厥嗣尚需。终立翁后，九原悦愉。

清王锡等《吴江王氏新谱》

贞敏先生丹桂传

叶丹桂，字丹宫，吴江人。父章，字公采，自秀水迁同里。崇祯十六年副榜，与杨廷枢善。廷枢遇害，章偕其子收骸骨瘗之。丹桂性英敏，七岁能文，长通经籍。为诸生，名与周龙藻埒。张伯行抚吴，设纂书馆于紫阳书院，延多士讲说大义，丹桂与焉。卒私谥贞敏。所著《四书大全续编》《书解》《渔樵散人集》。工行楷书，得董华亭笔法。子盛云，字南皋，从汪份学，补长洲诸生。郡守陈鹏年招致门下，尝为鹏年编纪诗谱。康熙六十一年，以人才例发河工效用，未几卒。（石蕴玉道光《苏州府志》一百文苑五引《江震续志稿》,冯桂芬同治《苏州府志》一百六人物三十三本此。)

清叶德辉等《吴中叶氏族谱》

计默传

计默,字希深,号蓁村,东次子。附贡生。濡染家学,诗文卓绝时流,遨游四方,名满艺林。为诗风格高老,章法句法悉从杜,出其大旨。每饭不忘其亲,不以交游易其寝膳之思,不以驰逐缓其晨昏之慕。发乎情,见乎词,俨然《南陔》《白华》之遗意。著有《蓁村诗文集》。子元坊,字维严,嘉兴籍诸生。博览多闻,硁硁自好。诗有源流,得力于韩、白、苏、陆,而自成一家。著有《春山小草》。从子朱倍,字传一,桐乡籍诸生。好学,重交游,有名于时。尝仿《韩诗外传》体,著《尚书外传》若干卷,三易稿而成。临殁,犹沈吟订正某卷某行,呼其孙改讫,而后瞑目。有《簑笠亭诗钞》。(参沈德潜《别裁集》《诗徵》、邑沈志。)

清同治《盛湖志》

仲枢、仲栋、仲楷传

仲枢,字拱宸,号亦山。康熙五十二年举人。少禀异姿,复深心汲古,淹贯百家,精通易理,诗文并负重名。虽奇才未遇,而京辇诸公靡不望其丰采。其志甚高且远,雅不欲以诗人自命。即以风雅论之,有法外法,意外意,韵外韵,味外味,未易为一二时俗道也。平生游屐所至,凡前哲翰墨,虽荒郊败壁、高崖断石,不惮搜访纂录,以故博闻多识,人莫能及。枢为长洲汪琬高足,手眼固自不同。著有《亦山诗文稿》。兄栋,字瑶光。监生。行高学博,无书不览,屡踬棘闱,才名益甚,时人以比之前明卜舜年。少师事汪琬,琬深嘉其举止有礼法。所作古文,得琬之传,尝曰:"文各有所本,如韩之《滕王阁记》,欧之《醉翁亭记》,皆从史迁《西南夷传》化出,特无迹耳。"性尤仗义疏财,贫交假贷,归者不较,逋者不索,计默深服其厚德。又精人伦鉴识,同邑吴侍郎家骐于微时,妻以女,后果通显。弟楷,字方裘。工诗,从宋范、陆入手,上溯汉唐,下迄元明诸家,无不研探精奥。为汪琬入室弟子,故诗笔亦酷似之。著有《池塘遗草》。楷孙忠孚,字有威。监生,河南候补县丞,借补光山典史。历署佐贰,权摄光山县篆。好为诗,题署壁以自遣,有姚合武功之风。所至有政声,卒于官。忠孚弟步墀,字集川,乾隆二十五年顺天副榜。旋里后屡应南闱不得志,遂专力于经术,文笔浩瀚,挥洒千言。性豪爽,论述前辈文献,原原本本,辨说不穷。步墀子锦奎,字星联,乾隆五十一年举人。劬学敦行,早岁采芹食饩,人咸目为英异。嗣登贤书,三上公车,屡荐未售。平时兀坐书楼,吟咏无闲,未几病卒。著有《近垣初稿》。(参《计蓁村文集》、倪永清《诗最集》《人物续志》《诗萃》、仲谱。）

清同治《盛湖志》

张尚瑗传

张尚瑗，字宏蘧，石里人。康熙二十七年进士，改庶吉士，告归。以四十二年入京补试，散馆，名列二等。是年二等皆以知县用，遂出为赣州府兴国知县，丁内艰归。尚瑗初好《庾子山集》，熟《文选》、唐人集，工诗及骈体文。中岁自悔专为古文辞。晚年究心《春秋三传》及《国语》《国策》，于注解多所补正，名曰《三传折诸》《二语折诸》，三传已刊行，二语藏于家。雍正九年卒，年七十六。生平以书卷为行厨，出入必载与偕，学博识强，一时鲜匹。在兴国，撰《潋水志林》，又承当事命，修《赣州府志》，并为诸名宿所叹服。既罢官，江右当事聘为豫章书院长。尚瑗创立条教，以古学摩切，诸生凡所奖拔，后皆成名，若周学健、帅念祖，其最著者。江右人至今称其有知人之鉴云。

清乾隆《震泽县志》

先考真崖府君述

〔清〕沈彤

府君讳始树，字景冯，晚自号真崖，又号雨壑，姓沈氏，世为吴江人。七世祖奎，明赠刑科给事中。六世祖汉，户科左给事中，恤赠太常寺少卿，予特祠。曾祖讳玿，充东道按察司副使。祖讳自南，博学工文词，国朝蓬莱县知县。考讳永智，字四明，能诗，以诸生终。妣金氏孺人。府君，四明公长子也。性耿介，不同俗，善发明潜德，而于物无不爱。少嗜经史百家之书，年三十遂弃举子业，穷日夜观之，兴到即手自抄录，加详于隐赜。复好山水，于吴越间胜区，常典衣游览。每当云兴鸟鸣花发之际，流连不舍，曰："吾以观天地之生机，用此老其身。"当秀水朱检讨彝尊之在吴郡选明诗也，府君持先集往谒，遂相与论明一代人品事迹，无彼此抵牾者。次及他史及古经，虽注释评论，往往能举诵不爽。检讨惊叹，以为能世其家之学也。晚岁阅义理，多益善持论，听者每颐解心悦而去。所著诗古文格甚高，然多自毁弃，存者仅数篇。府君遇富贵而无行义者，非面斥之，即微辞刺讥。至于修行笃实君子，虽贫贱必诚心爱敬，称道不懈。以故谤与誉常相持。给事公奎，敦行孝弟，具列周恭肃所撰墓铭，而郡县志轶不载，府君数数为宗人言。会雍正中，有诏祠祀古今忠孝节义者，即命彤偕族党告诸有司，给事公遂列于祀。又太常公祠，旧以子孙之贤能者从飨，曾孙自然文行并高，私谥曰孝介，无后，竟莫之及。府君乃遍告族人，得如常例。外祖妣赵氏孺人，年二十七而寡，苦节五十余年，无后，未及请旌。府君每为之太息，后亦以其事属彤云。（乾隆六年题旌，七年得旨建坊，送木主入节孝祠。）吾家世有恒产，自副使公转家租食官署而始贫，至府君遂困，有时不举火，而平生不一以财干人。亲党以危苦告，切于身受，又常急人而缓己焉。凡遇物之生且长也，虽不便于己亦委曲遂之，于微虫细草皆然。府君生顺治十五年五月二十日，乾隆二年正月十九日疾卒，享年八十。配杨氏孺人，年二十四来归，孝顺勤俭，以其年十一月二十四日卒，实康熙之二十三年。继配吴氏孺人，读书能晓大义，动止有则，康熙四十八年，年五十二，十二月十日卒，自有述。以雍正十一年十一月十九日，并葬县西北范隅乡朱村先兆之次。子男三：长即彤，县学生员；次旦；幼薰。一女，适举人徐源。府君之疾也，彤以往年试大科尚滞京师，薰亦谋菽水于保定。独旦在家，以书闻，至七日遂卒。四叔父发书惟告疾革，书迟留，得于二月之晦。彤展读，惊悸惶恐，仓卒就道，及抵家，而府君卒七十余日矣。痛无能显吾亲，顾不得及亲之终也。而送之哀号悲泣，心志荒迷，历四五月。今择以十二月七日合祔两孺人墓，乃得省想府君之性行，而忍泪述之，以求立言君子之铭焉。谨述。

清沈彤《果堂集》

先妣吴孺人述

〔清〕沈彤

孺人姓吴氏，吴江人。八世祖璋，明赠太仆寺卿，世号全孝翁。曾祖河南按察司副使讳瑞徵。祖国朝封工部虞衡司主事讳恪。考县学增广生讳之绂，妣申氏、黄氏。孺人，黄出也。自幼习诗书，知礼法，有淑慧声。及笄，侍父母疾，夙夜奉汤药惟勤。年三十归府君，为继配。幽静端庄，不苟言动。家贫，屋舍偪仄，而外内截然。适舅姑之所问答，进退皆中仪则。在室而绩麻治茧、缀衣入厨，而汲井执爨，无不整其容，慎其作止。虽燕居，亦自检束无怠也。吴中风俗，每二三月妇女入尼庵礼佛。宅南有小庵，相去数武。尼数以时来请孺人，固辞，终其身未尝一往。初，孺人抱重疾，而府君病痈及寒泄，孺人节时其衣褥食饮，亲理药物，手浣濯其不洁，一不自顾，藉以务惬府君心。及数月府君得瘳，而孺人疾益甚，绵延二载遂卒，实康熙四十八年十二月十日。顺治十五年六月十五日生，享年五十有二。子男三：长即彤，县学生员；次旦；幼薰。女一，适县学生员徐源。彤生六年，读《千字文》与《孝经》，孺人课之。彤就外傅而夕也，闻前言往行而识焉，孺人训之。彤之成童也，志在有立，孺人则因事而励勉之。今彤且二十四，尚未有以称孺人之所期，而孺人已前卒，教督冥然杳矣。悲夫！悲夫！孺人卒之三月，彤遂病。病逾年稍差，乃能追忆孺人之性行，及尝闻诸府君舅氏者，而私述其概云。谨述。

清沈彤《果堂集》

陈君淳庵传

〔清〕毛汝恚

君讳之恒，字孟长，自号淳庵，姓陈氏，为黎里著姓。君考侍伯公，生四子，君其长也。余与君生同里，往来过从，谊若弟兄，余子枝桐，又君婿也。以童稚之交，重以婚姻之好，故君之硕德懿行，余知之最详。君德性淳懋，重然诺，严取予。少绝颖悟，为文握笔立就。连试有司不售，寻入成均肄业，期满授州司马。而君谓古人不以三公易一日养，遂无意进取，归而侍亲闱，训子弟，一室中融融泄泄，视人世富贵淡如也。君妣李孺人先卒，擗踊哭泣，哀感行路，事继母能得其欢。既君考又弃养，行营善地，慎终尽礼，独任劬勚。岁时祭扫，辄低徊不忍去。顾谓诸子曰："他日必葬我先人墓侧，庶九京相见，得常依膝下。"吁！古所谓终身慕父母者，君其人矣。家素饶，君祖考皆疏财尚义，君承先志，踵行不怠，如施粥、施药、施棺，及捐田、创立惜字会诸事，指不胜屈。性尤好客，遇一材一艺，靡不延礼，投辖高风，于君再见。邑令张公寿峼重君行，数造访，书"清白相承"额以赠，其为当事推重如此。晚年益耽清静，好吟咏，时招予作诗酒会，谈笑竟日不倦。童草时景象，宛然在目，方谓娱老而送日，其在是矣。岁在壬寅，君疾病。余往视，见其神气清爽，不异常时，嘱诸子以读书孝友无隳家声，兼执手与余诀。以康熙六十有一年十月二十有九日卒，年六十有四。配包安人，慈和淑慎，宜家有声。子六人，女四人。呜呼！余与君两人交最深，君之行谊又足为乡里后世法则。夫撰德考行表扬休懿，亦后死者之责也，故为陈叙颠末，以识不忘云。

清陈阶琛等《颍川陈氏近谱》

贡士周右序传

〔清〕沈德潜

予少时闻吴江有两周先生，兄讳振业，字右序；从弟讳龙藻，字汉苟。每学使者岁科校士，递相冠其曹，时传为美谈，远近想望，谓科名可戾契致。然汉苟终于岁贡生，而右序于贡成均后，中癸卯副车，年已六十余矣。越七年卒，年七十有一。厚蕴薄偿，未副其德，时论惜之。右序天分亚于汉苟，而刻苦向学，思精力坚，比汉苟所得更深。尝论为学，当先探《学》《庸》《论》《孟》阃奥，次穷诸经，秦汉以下文，决江河而下矣。宋五子书，必沉潜玩味。其论诚敬，谓诸书于圣性言诚不言敬，敬在诚之中也；于圣学言敬不言诚，敬则无不诚也。又谓天地之生生，运于乾而息于坤，坤即立诚之体，乾即居敬之用。论理气，谓气实有其物，而理非物，乃物之所以然。故气实而理虚，无其所以然，天下亦遂无是物。故物之合散无常，而理有常，则又理实而气虚。皆前儒所含蕴未发者。为文宗庐陵、南丰，时义出入于毗陵、震川。诗歌虽余事，皆极其精能。

事厥考日短，养母愉愉怡怡，如婴儿之绕其侧。母偶疾，客馆闻信，踉跄归，或徒行数十里外。母氏春秋高，家贫窭，无以慰悦其心，故年五十余辄试棘闱，不知者等于老骥伏枥，非其志也。友爱弟妹，周恤姻族，因谊之亲疏，而竭力欤助之，己则贬衣削食无悔心。生平淡于荣利，事事退让，及名义所关，赴之如嗜欲。以故邑里宗族有大利害，众论所回惑未决者，每偕汉荀昌言往争。不避怨，不辞难，虽以势力挠折之，而仁者之勇介然不惑。及事既定，呴呴若无能者，故自抑损，不欲少鸣气节也。右序既藉馆谷养亲，尝不惮走数千里外。然性鲠直，不一登权贵门，即主宾一不合，辄去。甲戌以后，或之都门，或之粤东。丙申之山左，留五年。又二年，重入都，由都至陕，仍由陕返都。癸卯、甲辰，凡两入都，又一之楚，未几归，自是停轮息鞿矣。己酉冬，复谋入都，筮得"离"之九三："日昃之离，不鼓缶而歌，则大耋之嗟，凶。"慨然曰："老而远游，不安常以自乐，则不能自处，而凶矣。且重离之间，前明将尽，余亦安能久哉！"越明年，果卒。先是，称同志者陈督学沂震、陈进士芪、许上舍某诸公，至是先后徂谢，而从弟汉荀继之。追念曩时弟兄师友，掉鞅名场，恍如隔世，古人致叹于"所见无故物，焉得不速老"也。崦嵫暮景，有郁郁不自得者耶！七世祖白川公讳用，谥恭肃。曾祖来玉公讳宗建，谥忠毅。忠毅为东林党魁，首劾魏忠贤、客氏，被祸，事载国史。考孝昌公讳昱，妣吴太孺人。子男五人。所著者古文若干卷，诗若干卷，《南汇县志》若干卷。予少即慕二周先生，然于汉荀曾一二过访，而右序之文采志行在想象间。中岁与其从弟旭之定交，思因旭之以得交于右序，而各以事牵不得合并，忽忽遂成古人，可感也。旭之名曰藻，少从学于右序者，亦以文行称于时，予知右序之生平，旭之云。

清沈德潜《归愚文钞》

皇清恩科癸卯副榜周君意庭墓表

〔清〕黄叔琳

余癸卯南闱网罗才俊，最后所得卷，尤根柢理学，蕴圣贤之渊微，发古今之宏深，其风格益近乎古，而光芒愈出而不可穷者，曰周子振业。顾其卷后出，解额已定，遂屈置副榜，予时时引为己过。而周子老不获隽，家又极贫，犹往来燕楚间，累然自力于衣食，度其身终不可用，乃归而杜门。又三数年，卒以穷困劳苦以殁。殁之后数月，诸孤与从游之士，将会葬于同里祖阡之别穴，来请其墓上之文，以表其风素。予方以不克举贤为周子愧，顾今日亲表其墓石。观于周子之学之行，不肯同于千百庸众之为，卒使抱其志以殁，则予之所以愧周子者，滋无穷也。周子字右序，一字意庭，振业其名，世为吴江人。父昱，祖廷祉，本生祖廷禧。曾祖宗建，明监察御史，天启初抗疏请诛魏忠贤、郭巩，及奉圣夫人之再入宫也，与给事中侯震旸极谏，语尤危切。客魏交憾，嗾工部主事曹钦程诬劾，逮系诏狱，竟以身殉，当是时直声震天下。顾其家无尺寸之庇，右序幼时贫不能具束修，其父母更叠教之。稍长，蔼然有忠毅祖风。读书以反经正谊为功，故其讲学必以诚敬为主，阐洛闽之奥窔，辟姚江之门户。其大较也，以为仁由亲始，故其行义，先尽事亲之道，以递及于宗族乡党。方其父孝昌先生早卒，右序衣敝缊，羁旅关河，以事母吴孺人，而不见其难。弟妹贫寡，日分给以馆谷，而不见其少。恤人之患难，周人之急，经纪人之丧，御人之侮。展转于寒暑雨雪，跋涉颠踬风涛鼎俎之下，而不见其劳。宜其及门之士，于右序之殁，为之咨嗟涕洟，悲吟思慕。欲以其所不朽者，相与沉渊树山，谓右序之神明，直寄焉尔也。右序生于顺治十七年正月五日，卒于雍正八年十月十八日，年寿七十有一。娶吴氏，继娶顾氏。子男五人：曰揆、以探、其扬、尔排、以持。孙男六人：筠、筌、节、簠、簋、箧。右序平生著述满筐箧，其友许甘泉、陈狷亭、陈雪川及其从弟汉荀，皆先右序卒，以是其诗古文无论次而传之者。然右序既已不见用于时，而其精英之所发，又日醇而肆，则今虽无传，后必有传者。予独因其及门所为状，撷其大端，书之于墓云。

赐进士及第、资政大夫、原任浙江巡抚、兵部左侍郎、都察院右副都御史、通家生黄叔琳撰。

赐进士出身、诰授奉直大夫、前翰林院编修加一级、户科掌印给事中、改授吏部员外郎、琅邪王澍书。

右序先生，松陵宿学。予生晚，不及接其謦欬。乾隆癸丑十月，先生曾孙鹤立以墓表墨迹出示，慨然增怀旧之蓄念。虚舟书世所珍重，昆圃则予尝修后进礼谒见三世交旧也。鹤立贤而有文，当丕绍家声，爱书以勖之。嘉定钱大昕。

清道光抄本《周氏宗谱》

赠君师维王先生墓志

〔清〕范灿

赠君师维王先生，余友乡进士、历江宁丰邑令王君觐扬锡之父也。葬于吴江小西若圩之新阡，侧室戴孺人祔焉。乾隆十一年，觐扬奉其嫡母韩孺人之柩合葬，来请铭于余，且泣曰："锡年十三，先君见背。先君亦少孤，矢志力学，补弟子员。率宗人弟子，鼓励为文章，矻矻不倦。十试棘闱不得售，初无怨尤。康熙乙酉省试，抱病归，抵家二日卒。卒之夕，嘱不肖锡曰：'汝父碌碌一生，无所表见。先侍御公遗训曰：仕宦以清白归，后世不失为清白吏子孙。余有志未逮，汝能毋废家学，毋忘遗训，立身立名，余虽死无恨，汝其识之。'岁丁酉，锡幸荐浙闱，先君弃世已十有二年矣。自后一行作吏，役役风尘，十数年来且废踬不振。回思先君易篑之遗训，能不痛哉！今君陪位九卿，奉命归里营葬二亲，昔人所荣。余先君寂寞寒原，能哀而铭之乎？"余曰："呜呼！噫嘻！凡人之垂裕后人者，不在显荣之迹。人子之光耀其亲者，不在富贵之华。师维先生虽未获有为于世，观吾子之清风，亦可以觇先生之大略矣。"因援笔而为之铭。先生讳植，邑庠生，卒年四十五。元配韩孺人，无所出。侧室戴孺人，生锡暨遗腹子钧。孺人抚育二子，延师教诲，卒见长子登贤书。次子受室而卒。韩孺人卒时，后师维四十年。平生宽仁慈爱，与戴孺人如姊妹无异，视二子如己出。觌扬罢官后，菽水是甘，亦能成子之廉云。孙男六人，曰曾垂、曾基、曾埧、曾城、曾墅、曾圮。曾孙一人，曰祖琪。铭曰：

清白吏，君所止。传遗训，贻厥子。即其身，亦不死。

赐进士出身、资政大夫、工部右侍郎、前都察院左副都御史、钦命巡抚安庆湖北等处地方、年家侍生范灿拜撰。

清王锡等《吴江王氏新谱》

宜城县令陈君暨配管孺人合葬墓志铭

〔清〕汪应铨

君讳永泰，字亮采，一字景虞，苏之吴江人。其先世居松陵，自见川翁好行其德，推重乡里。递传至思溪翁，生国子生赠文林郎讳世芳，君之考也。妣陆氏，封太孺人。君少聪敏，工文词，年十七补博士弟子，累试有司见绌。念亲年老，汲汲于禄养，遂由太学上舍就选吏部，授湖广宜城县令。县经兵燹之余，户口雕耗，庐井萧然。虽承平有年，疮痍未复。君至，则革里正之供输，定拚夫之成法，民力既纾，徭役稍缓。然后劝农功课垦艺，一切治生之具，悉为区处条理。其俗椎鲁，初不谙委，久乃竞趋，行之三年，民免流殍。有奴诬主杀人，其主兄弟皆诸生，前令既具狱，褫案如法。君察其冤，精心推鞫，并得昭雪，复为诸生。汉水涨沙，可治田凡三千余亩，军民争讼，君奉檄议上，悉赋与民。君为政其大者如此。其他修举废坠，如学社、桥梁、道路、津亭、渡航之类，多可纪者。君又注意讼牒，夜烛自治。虽幕中宾旧往复诘难，壹不假借，务欲明罪疑，审情实，以故大吏知其平允，小民自以不冤。然坐是积劳婴疢，形瘁神离，年仅四十，以康熙四十一年十一月二十六日，卒于官寝。娶管氏，封孺人，考讳捷，名进士。孺人娴习诗礼，事姑舅尽孝，施家人以慈。亲故往来馈遗，情文备至，内外称叹如一口。君之宦楚也，亲老不获迎养，孺人自楚遄归，朝夕娱侍，母忘其子之在远也。督课纺织，躬勤率下，屏御纤丽，节缩日食，用有余以寄官所。君之有守且无污官钱，孺人有助焉。教其子，有父之严，有师之达，使文行皆有成立。后君三十七年卒，年七十有七。子三人：时和、时敏、锃。时敏，太学生，孺人出。时和，太学生；锃，贡生，侧室刘氏出。女一人，孺人出，适仁和县候选州同黄灏。又孺人所抚女侄女一人，适元和县太学生许文照。孙二人，曾孙三人，孙女六人，曾孙女三人。时和之生，先时敏六日，蚤卒，无子。时敏以其长子璸为其后。初，君兄弟友恭，太孺人每为色喜。兄引祺走三千余里，以君之丧归，其家风可想又可尚也。时敏将以乾隆六年十一月十一日，归君及孺人于王字圩之原，请余铭其墓。忆康熙第二壬寅之岁，管孺人年六十。孺人，吾友平越太守邵季醇姨母也，于甥有德，丐文为寿，因称道其贤。君生平，予故知之详。

嗟乎！君之即世远矣，孺人之丧又将再期，季醇没黔中，又先孺人一年。余老且病，视人世祖谢，如叶陨波逝，有可感且悲者，不忍铭，亦不可辞。铭曰：

矫矫为名，孳孳为利。君廉以和，疲甿用治。宜寿而康，胡以蚤世。不有相之，其孰饷之？不有尸之，其孰诒之。阳夏仙源，媲美后先。劬躬委谢，绳绳子孙。我铭幽宅，亦赍新阡。

赐进士及第、詹事府左春坊左赞善、翰林院检讨、前翰林院修撰南书房供奉、海虞年家眷弟汪应铨顿首拜撰。

清陈阶琛等《颍川陈氏近谱》

先考莼江府君行略

〔清〕徐大椿

府君姓徐氏，讳养浩，字直方，号莼江。国子生，考授州同知。先世浙之嘉善人，本望族。六世祖硕翁，始迁吴江之西忙港，遂为吴江人。祖讳韫奇，明诸生，笃学博闻，著书数种，有隐德，事详邑乘。父讳钆，字电发，号虹亭。康熙己未，以博学鸿儒徵官翰林院检讨。母吴孺人。检讨公生四子，府君其长也。生而敦厚淳朴，读书崇实学，不欲以辞采见。年二十，随检讨公官京师，即以端重老诚著声交游间。及检讨公去官归，作南北游，家事一委之府君。治家严整有法，内外秩然，以故检讨公得以半历九州，而无内顾忧。接人极和而敬，虽见幼稚，必肃衣冠，不失礼节。宽而能容，有犯不校。雅好书，遇旧本秘帙，恒典贷而购得之。检讨公积书数千卷，府君所置几相等。府君口吃，不长言语，常与众论古今事，人各逞己说，府君略举其端，不欲于众中见异。退而与业等剖决是非，晰理精要，引证详核，考之于书，无纤毫爽者。尤喜谈理学经济，诲业等常至竟夕不倦。仪封张清恪公抚吴时，纂修水利全书，聘钱唐俞星留先生主其事，而以府君佐之。俞先生每有疑义，必就府君商榷焉。府君尝论学术与事功非两事，自学校废，而才不出于学，二者遂为分途。如王阳明事业固为有明第一，其学术虽少偏，不可因此而议其事功。今人略涉程朱书，即肆口讥讪，程朱复生，必不尔也。其有学术颇正而事功无闻者，并其学术而非之，抑又过矣。持论中正皆类此。生平不谈人短，至闺阃猥亵之事，尤绝诸口。施德每于不报之地。有从母邵，贫且老，尝终岁迎养焉。从姊沈，贫无依，养之十年无倦容。前辈顾雪滩先生殁四十余年，子孙力不克葬，府君为敛资营葬，奔走之劳，一人任之。表侄吴国华聘武林家文敬公侄女，孤贫不能娶，府君往来调剂，出资以佐其用，乃得就婚。于公事尤必竭心尽力，如修长桥、浚河道及修圣寿禅寺等，无不与谋。而圣庙之修，则自府君首创之。前此学宫颓废已甚，府君集同志呈上官，敬谨整葺，庙貌聿新。又仿松江、青浦朔旦举同文会之法，随意捐资，以为永久岁修之计，迄今遵循不替。平生笃于根本之地，凡祠堂之制、祭祀之式，考宋儒诸说，而参之以时制。每当时祭及忌辰，终日斋肃樽酒，簠簋亲涤亲荐，不假手于童仆。宗族之孤，贫者授之业，给其饩，虽才不能胜，恒始终教育之。当检讨公捐馆时，府君年近五十，哀毁骨立，三年不露齿。洎检讨公之卜葬也，误于青乌家言，窆于邓尉山北。不一年，病者相踵，三年间三子沦丧，府君伤心得呕血症。说者以为葬不利，宜改卜，府君饮泣迟回。久之，家益不宁，不得已而启穴，水溢棺浮，遂举而厝之于旁。府君是时病已笃，易箦时泣语业曰："尔祖已葬而又出土，是以吾故而暴露先人也，罪以滋大。且吾三载经营财力俱竭，以图安土，尔两叔共即于艰窘，今不可以重累。尔小子才劣而艰于生计，大事岂能独任？是以吾故而重暴露先人也。"业于是跪而泣陈，改葬之计誓不敢迟，府君颔之而目瞑。明年，业即黾勉改葬检讨公于本县二十七都吴淞江侧之璧字圩，并府君亦祔焉，终先志也。府君生于康熙癸卯正月二十四日，卒于康熙己亥七月十一日，年五十七岁。配吾母丁安人，岁贡生宗韩公讳愈女。子五人：长大业，原名大椿，庠生。娶吴县周忠介公讳顺昌曾孙女、庠生敉宁公讳靖次女。次如桐，娶张氏太学生孙贻公女。次彬、次如松、次如柏，俱未聘，早卒。女二人：一殇，一嫁太学生吴县申某。大业、彬、如柏，俱吾母丁安人出；如桐、如松，侧室顾孺人出。不肖男大业百拜谨述。

清徐书城《吴江徐氏宗谱》

先妣丁安人行略

〔清〕徐大椿

先妣姓丁氏，世居吴江之吉水港。祖韩云公讳彤，邑庠生。父宗韩公讳愈，岁贡生。妣彭太孺人，顺治己亥进士、赠国子监司业云客公讳珑女，康熙丙辰进士、翰林院侍讲访濂公讳定求胞妹。彭太孺人无子，生四女，安人其次也。生而颖悟，达礼节，善伺亲意，吾外祖母之生母邵太孺人、嗣母沈太孺人皆笃爱之。外祖之得母舅也晚，故即以教子之法教吾母。外祖母无丈夫子，尤以女为子而教益勤，凡《四书》《毛诗》《孝经》《女训》《通鉴》等书，皆能成诵而深知其意。虽家世素封，而女工烹饪无所不习。年十八归于吾父直方府君，不半载而先祖检讨公入都，家事悉委之府君。时仅有薄田数十亩，一切祭祀、宾客、馈遗、仆从之费，惟赖此以给。吾母乃尽脱簪珥衣饰鬻之，买池田数十亩，加以操作省，内外无废礼，家事秩然。无何而先祖罢官归，规模有加于旧，于是始叹吾母之能佐理有家也。先祖归田后，远游者十年，休养于家者亦十年。吾母之侍养也，器必亲涤，羹必亲调，事事得先祖欢心，先祖频对人称道不置也。先祖妣吴太孺人，吾母所不及事。庶祖母吴孺人，先一年来归。吾母以不及事姑也，即以事姑礼事之，庶祖母亦感其诚敬，恩爱有加，五十年中如一日。庶祖母生二叔父及二姑，自生时以至成立，吾母皆待之如子女。而二叔二姑之于长嫂也，亦如母焉。既而两叔母来归，式好无间。居址距里许，春秋佳日，襆被以往，卧起必偕，动经旬月。不肖迎归则必握手垂涕，至家则问遗不绝。其与诸母舅舅母亦然，不知何以感人之深如此也？吾母归府君五年未举子，婉劝府君纳媵婢以为妾，即庶母顾孺人也。后吾母生三子一女，庶母生二子一女。长姊慧而多病，鞠之床褥者三四年而亡。丁酉冬，五弟伤寒暴亡。戊戌夏，四弟血症亡。是时，三弟得血症已三年矣，七月亦亡。三弟沈静能文，吾母哭之恸。府君亦以哭子之故，得血症于己亥之秋，卒于庚子七月。二弟及吾妇周氏，一月之内亡。吾妇顺于姑，母恸日甚。九月，姊之适申者亦亡。癸卯秋，二弟妇张氏又亡。吾长子未周岁，同日殇。不数年中，戚属丧者十人，是吾母无日不在医药、丧殡、惊惋、哭泣中也。极人生骨肉之惨，未有若斯之甚者也。呜呼！尚忍言哉？自甲辰以后，吾母乃得处顺适之境矣。然天性恬淡，不慕荣势，尝谓不肖曰：“吾视富贵如浮云，尔小子性刚而鲁，不可以涉世。布衣疏食，读书循理，胜于禄养多矣。况吾有子女七人，而存者惟尔，又不得旦夕相依。”恃较之情，常倚闾者，更难为怀也。故不肖尝一游京师，数日而返。近年来，试辄不与，远行不过百里，为期不越旬日，凡以体吾母之心也。戊午后，吾母目渐昏，不能视物，心颇忧闷。乃为韵语，以觉世之愚昧，并述生平所历悲苦忻愉之境以自遣，祠质而味长，听者无不色动。不肖因追古人道情宫调，别创新词，令童子习之，和以丝竹，以博慈颜一笑。吾母更授以己意，令编调入谱间，尝于岑寂中时一倾听，未尝不乐以忘忧也。甲子五月，先得嗽疾，继以股肿。素不喜服药，少有疾，则勤力纺织以取微汗，或自作服食汤剂饮之辄愈。昔年股肿，尝引针自刺，出水而愈。今复肿，甚厌食，亦自刺，数处出水，三日不止。然身无所苦，神气不倦，来问疾者则告以逝期，作永别语，语竟复微笑。临终之日，辞气如平常，惟以亲戚家贫窭疾病者为忧，无一语及家事。入夜分，舌音渐微而逝。吾母性极勤俭，自少至老，鸡鸣而起，夜半而息。晚岁目失明，坐而纺绩，殁前数月，尚不废业。凡所成布缕，悉以分人，曰：“吾恶力之出于身而自藏也。”衣经浣濯补缀者以为适体，饮食必味之至薄以为适口，曰：“我恶货之弃于地为可惜也。”其乐善好施出于天性。见人穷困，不论亲戚、路人，遇之莫不周恤。或假为急遽以求济，必百方应之，后乃识其诈，亦不怒，待之如初。后复有求，仍应之，曰：“必前伪，而今真也。”以故凡有钱财，旦晚立尽。衣服稍华、簪珥稍贵重者，尽以假人，不复取索。其于戚属，恩礼尤笃。府君有从母邵太孺人老而贫，从姊沈孺人贫而寡，府君俱应养焉，吾母视之惟谨。从母吴孺人，吾母胞姊也。一果一脯，食之而甘，必分遗之，殁身而已。凡遇尊长，则敬恭无失，不以贫贱杀其礼。凡遇卑幼，则慈惠有加，不以疏远薄其恩。或有非礼之加，亦宽容之，令其气平而自反。臧获有过，则曲宥之，即有匿财物窃饮食者，反代为之讳，恐其觉吾之知而自渐也，其宽厚如此。平生善诲人，凡有争竞来诉者，则为开说是非，皆心服而去。或骨肉之间意气忿争，则缓词曲谕，动其天良，有至堕泪深悔者。以故卒之日，宗族亲邻无不悲叹，下至婢仆，多有痛哭失声者。盖其至诚素所感孚者然也。吾母生于康熙戊申三月初九日，卒于乾隆甲子九月初五日，年七十有七。子五人：长大业，邑庠生，例入国学。娶周氏，谥忠介公讳顺昌曾孙女、端孝先生讳茂兰孙女、庠生讱斋公讳靖女，前卒。继娶殷氏，太学生叙九公女。次如桐，前卒。娶张氏，太学生孙贻公女，前卒。次彬，次如松，次如柏，俱早卒未娶。女二人：一嫁太学生吴县申某，一殇。如桐、如松及次女,皆顾孺人出。孙男三人:煐、爔、爃。孙女三人。不孝男大业百拜谨述。

清徐书城《吴江徐氏宗谱》

乡贡君舒璐传

叶舒璐,字镜泓,明大理卿绍颙孙。岁贡生。工诗,驱使淹博,属对工巧。古体诗宗长庆,律诗宗渭南。著有《分干诗钞》《月佩词》。(《分湖小识·人物传·文学》)

叶舒璐,字景鸿,一字镜泓。吴江贡生。著《分干诗钞》。(王豫《江苏诗徵》一百六十)分干古体诗,多排句叠调,属对工巧,驱使淹博,世以此诧为能事。然太整太多,往往如仄韵排律。律体宗渭南,以对仗胜。如《杂感》云:"贫不肯营钱子母,病多难解药君臣。金门未必饥臣朔,珠履还应醉客髡。"《遣兴》云:"尪羸敢卜年书亥,忧患端从识字丁。"《春慵》云:"求医那得肱三折,觅句差能手八叉。"《暮冬》云:"酒量衰如飞退鹢,名心冷似拨残灰。"《投瓢》云:"忤时半为卿难记,失路须防尉易诃。"《散愁》云:"坐来井上天还小,缩入壶中地转宽。"《苦雨》云:"蛮烟压径浓于墨,急溜奔渠怒若泷。"皆宋人佳句也。(同上,引袁朴村云。)

己畦先生群从皆能诗,学山、景鸿尤表著者。今景鸿集已采,而学山诗无从访求,甚惋惜之。(《国朝别裁诗集》)

清叶德辉等《吴中叶氏族谱》

先考谏传府君行略

〔清〕陆植　陆景屺

府君陆氏,讳振宣,字谏传。吾陆自宋元以前谱牒无考,或曰系出云间,或曰迁自西浙,靡得而详也。十世祖讳雄,明初卜居吴江东门仙里桥,称素封。四传至慕椿公讳言,性宽厚,人目为老佛,坐是家业日落,移居小东门外。慕椿公生吴川公讳勋。吴川公生二子,长即先高祖继川公讳尚德,前朝累封中宪大夫。亦生二子,长即先曾祖中台公讳文衡,万历己未进士,前官山西右布政使,最后以定州兵备道忧归,遂不复出,实始居北门内下塘。生七子,而先王父树若公最少。树若公生子六,府君则嫡四子也。孝友夙成,七岁丧母,昼夜哀啼。先王父诫之曰:"汝读《孝经》《论语》矣,毁不灭性,父母惟其疾之忧,汝知之乎?今汝母既殁而年犹小,似此必将致疾以忧,而父奈何?"府君乃少止,而书几卧席间,多渍涕泗,人咸异焉。少长应童子试,时总宪郭公琇方宰吾邑,深器之。年十九,学使者田公取入县学。二十二,学使者李公拔取高等,补增广生。自是与同祖诸兄如熊庭公讳轶美(康熙丁卯科举人)、即山公讳方涛(康熙乙酉科经魁),皆雄于文者,日相切磋。佥称府君文爽健,有苏、曾逸致。然屡应乡试,卒不中第，数亦奇矣。先世父聚芝公讳汝梅早世，府君训课诸侄，无间寒暑。康熙庚辰，吾母丁孺人卒，府君年未四十，即誓不再娶。教育不肖等，实以父而兼母焉。明年，以先王父命，葬先王母于四图坝。乡人哗挠，且殴巡检官下水，几成大狱。时仲父人荃公客京师，府君只身奔控，久始得理窀穸以安。年四十一，丁先王父忧，未及葬。逾年之正月二日，比邻火起，将及听事。府君抚棺号恸，求得一有力者，与扶柩庋庭中。已复入，卷收所供画像，甫出而屋即圮，既复还柩于寝。人曰："丧事有进而无退，柩出复入，不祥。"府君不听，卒亦无恙。家虽贫，好施与。亲友有急者，必量力周之，即不能，辄为累日不怡。司铎及乡先达以府君耆德，累欲举为乡饮宾，府君固辞。最后儒学彭公以绅士荐，将牒申，府君亲诣学力辞之。而府君行谊，所以光庠序而式乡里者，则已至矣。生于康熙二年六月十六日，终于乾隆十年二月二十八日，享年八十有三。配吾母丁孺人，廪生讳志女。来归后，常以不逮事姑为憾，鱼菽之祭，必诚必敬。敬事夫子，翕和娣姒，宗党至今称之。生于康熙四年七月十三日，卒于康熙三十九年六月二十二日，享年三十有六。越府君殁之二年二月二十四日，合葬于二十七都大壖字圩新阡。子男二人：植，府学增广生；景屺，国子监生。皆丁孺人出。女一，侧室徐出，许嫁太学生、赠中宪大夫沈焯。孙男二：友葵，成秀，皆震泽县学生。

清陆迺普等《平原派松陵陆氏宗谱》

陆谏传先生合葬墓志铭

〔清〕王锡

先生，余族伯母之亲弟也。伯母六旬时一子亡，无嗣，家道稍殷，争立者众。吾宗虽有公论，而外宗持正赞成毫不可干以私者，非他人，先生也。余因是阴识先生。其穷而在下如此，使在朝廷之上，断大疑，决大计，非绛灌、房宋之流欤！忽忽三十年，先生竟以诸生终。其长君曾贻馆谷于余婿赵氏，授余甥经，尝晨夕得熟悉先生之生平。其幼而失母也，哭泣如成人。其壮而养父也，爱慕如孺子。其友于兄弟也，丧葬无他诿。其笃于伉俪也，一死不再续。其厚于宗族朋友也，相接无倦色，相对无饰言。呜呼！士君子于俦类酬酢之中，自处砥砺廉隅者有矣。及考其内行，察其屋漏，犹有遗憾，其学犹未醇也。以余之所见，合余之所闻，如先生者，可谓完人矣乎！抑余闻诸先君子，与先生少同学，共出廉泉陈先生之门，为入室弟子。然则先生之文辞，皆其实行之英华也。乾隆十二年，曾贻将葬先生于大壖之阡，以状来徵余铭。余忝先人之世好，又亲覩先生之模范矜式者久矣，其敢以不文辞？按状：先生讳振宣，字谏传，姓陆氏。邑增广生。明季方伯讳文衡，字中台，其大父也。庠生讳滋，字树若，其考也。公生于康熙癸卯年六月十六日，卒于乾隆乙丑年二月廿八日，寿八十有三。配丁孺人，有贤行，生于康熙乙巳年七月十二日，卒于康熙庚辰年六月廿二日，年三十有六。以乾隆十二年二月廿四日，合葬于吴江县二十七都大壖字圩。侧室徐氏。子：长名植，字曾贻，府庠增广生；次景妃，字季思，太学生。皆丁孺人出。女一，徐出，许字太学生、以子官貤赠修职佐郎儒学训导、后又以孙官晋赠中宪大夫、安徽庐州府知府沈焯，字玉林。孙男二：曰友葵，字绍王；曰成秀，字祖期。俱震庠生。铭曰：

天眷有德，寿命既长。其后必大，兆协斯臧。公侯之子孙，必复其始。

清陆维钰《松陵陆氏宗谱》

陈荟传

陈荟，字玉文，沙泽人。康熙三十六年进士，选知桐庐县。桐庐地瘠民贫，而浙耗盐税独重，荟至任，尽为减除。舆皂夫船，役及民者，一切罢之。治狱明敏善断。于诸生，必察其有文行者优礼之，不肖者惩戒之。在官六年，政声闻远近。会丁外艰归，年五十卒。荟少工制义，既学诗，游于吴祖修之门，得其指授，与同邑周振业、龙藻、陈沂震、许运昌，俱以诗名。又五人行皆第一，邑中谈诗者，称为"五大"。其在桐庐，当政务之暇，尝登临山水，啸咏自适，为诗益清真淡远，论者谓其得江山之助。所著有《雪川集》行世。运昌，字三英，岁贡生。为人和雅，以好客破其家，老而贫甚，亦未尝不自得也。

清乾隆《震泽县志》

周龙藻传

周龙藻，字汉荀。曾祖宗建，见《名臣传》。龙藻性颖异好书，髫年患痘，未脱痂，已篝灯读帷中。比长，习虞山、尧峰之绪言。中年读顾亭林书，豁然有省，曰："学之条贯当如是。"其于书无不览，而尤肆力于诗。始出入香山、眉山之间，继而原本风骚，根柢韩杜。凡学问思辨所得，喜怒哀乐所发，一写于诗，故格律愈严，寄托愈远。家故东林后人，习闻前朝故实，后益搜览国史及纪载之书，强识不忘，并能述其本末，故史学为时推重。为人识高气英，论人是非，辨事黑白，斷斷不稍假借。自守甚严，虽困不事干谒。尝处嫌疑之地，无纤芥私，盖于学实有得力焉。龙藻为诸生，试辄首列，后以年资克贡。年六十五卒。所著有《恒斋诗集》四十卷，散体骈体文十卷。

清乾隆《吴江县志》

吴君公亮行略

〔清〕周振业

予舅弟公亮吴君之没也，其子起元哀泣稽颡于予曰："吾先子一生行事，自未生不肖以前迄今六十余年中，习见饫闻者莫如吾子。而相知故旧之尚存其能操笔为文以纪其略者，亦惟吾子。况吾子与吾先子生如亲昆弟之谊，岂其没遂能无一言乎？"予瞿然作曰："以予之鄙陋无似，然凡亲故之先吾而没者，皆尝为文以哭之。惟先舅氏元配叶孺人暨先考妣，曾有行述，而言皆不文。又陈公狷亭未没前，余为作生志一篇，乃不以予言无状领而存之。今子有言，敢不勉欤？"其略曰：君讳庸熙，公亮其字。系出渤海吴氏，其先自全孝翁发两尚书以来，世为吴江人。高祖元谷公讳瑞徵，河南按察使司副使。曾祖讳恪，封工部虞衡司主事。祖孝懿先生讳之纲。父讳梅代，精书法，故君幼即操笔挥洒自如，宿老见之皆惊。先是孝懿先生与母弟慊庵公，早岁文坛竞爽，慊庵旋登甲榜，先生终不得志以没。二子梅、栗相继早世，无嗣。慊庵一子讳楫，孙四人，乃以其长孙为梅后，即君也。余详慊庵墓志。慊庵自家传书法外，诗文杂艺皆精，而雅量高怀一时，推为叔度。君少有祖风，春容憺宕，终日无疾言遽色。学文之暇，一切书画篆隶无所不究，亦无不超脱尘俗。凡古鼎彝器之属，入其目辄能辨析源流，凿有依据。谈吐风流翩翩，王谢子弟不让也。酒户最大，然不喜喧哗。亲朋杂坐，或有争杯斝至相哗者，辄酌大觥以解纷，一坐无不帖服。醉即醺然就寝，诘朝则侵晨起矣。每晨起，或灌花，或自阶前除草，虽宿露沾濡亦不顾。性多慧悟，凡所位置疏密高下，初若出人意表，久之天然不易，益入人意中。既事则又如过眼烟云，毫无留系。壮岁后，家事日落，乃专意场屋。岁丙子，同弟凌烟省试，凌烟发解，而君独不得。夷然曰："功名偶然在弟，犹在吾也。"嗣是间一入闱，终不以得失介意。迨凌烟就县宜良，叔季弟皆随任。未几君忽大病，未痊可，而本生金太孺人旋以骤疾没。当是时，君扶病毁瘠，人咸为危之。然而凡百丧礼于无可措置中，独力经管，卒吏无一缺失。初，渤海以簪缨世胄一邑中，婚丧大举称华赡者，必以其族为冠。慊庵公以下产日薄，而门风不欲替竭，蹶以支犹不给，积渐至君昆弟，封工部公后未举襄者十余丧。及宜良奔讣归，诸昆弟谋曰："吾祖在时，曾王考妣已卜宅兆，为堪舆家所误，因循迄今。今吾昆弟苦次相聚，即幸保无恙，他日各自谋生，焉知出处踪迹。此十余丧者不亟图之，后悔何及。"君踊跃曰："然！是吾素志也。"因各悉所有，以襄大事，虽今日事毕，明日冻馁不恤也。宜良服阕，补湖广之新宁，以君年逾半百，家食无聊，奉以同行。在署五年，赋诗饮酒外，一不与事。凌烟行取入都，归装落莫。君抵家，不自谓无聊，转甚惟日念弟与弟妇，问饥候寒，晨夕不懈，如温公之事其伯兄者，以为吾生之幸。尝手《楚南诗》一册示予，皆信意所书，不求工稳，自觉有潇洒趣。大小画册，亦不拘山水花鸟，悉翛然俗外。外兄狷亭陈公视学东省，亲知无不往者，君女又为狷亭子妇，而未尝一枉车辙，并无片札往还，性情介而不著耿耿形迹。自新宁归，年未六旬，家事一委长君，惟煮茗栽花，手自操作。酒不多饮，然自晨至午及夕，必三五巡，悠然一盏以自适。暇则携杖门庭间，或闲步半里许，即戚好斋头，亦不常过。过则清谈一晌，或邀之饮，不辞亦不久坐也。如是者数年。于兹去岁，偶以登楼顿足，忽似风中。其内甥徐灵胎熟精医理，视之曰："疾不可为也。"无何，疾愈如旧，诘之，曰："此不足恃耳，须极慎之，稍一发即无救矣。"今果然。君于端阳前一日，率其家孙步至北城，逍遥片刻而返。是夜深昏忽痰决，才周时而没，未及一言身后事。君未没前，闻凌烟自部曹移疾将归，君日望相聚，竟不及一见，伤哉！及卒，自姻戚朋旧，下至役夫贩竖、邻翁里妪，莫不咨嗟叹悼，惜其遽亡，又若不忍其竟亡者。盖人于财利之交，恒入喜饶而出喜啬。君顾反之故，不独品度宽裕能容人，其仁恕之心，人自不能忘也。呜呼！君生平胸无滞滞意，所得处辄欣然自足，小不可即脱然不滓，有晋人雅度，而不为蔑弃礼法之非。置君于今之世，若别有一天然意，君之魂魄当亦有飘然自得之情乎！君生于康熙甲辰闰六月七日，卒于雍正己酉五月五日，得年六十有六。配丁氏，岁贡生宗韩公女。生子二：长即起元，娶吴县周忠介公曾孙女、岁贡生潜山县训导讳旦龄女，卒。继娶本邑庠生沈恪女；次殇。女二：长即狷亭冢妇，婿曰彦仲，名士，任癸卯恩科顺天举人；次许聘未嫁而卒。孙一人永思，孙女三人，俱未聘字。君卒后越两月，外兄周振业洒泪为之状略如此。

清吴安国《吴江吴氏族谱》

先祖考直斋府君传略

〔清〕吴全基

先大父道庸公，号直斋。明赠太仆卿全孝翁第八世孙，曾大父天佑公长子。少禀至性，年十六失怙，哀毁骨立，经纪丧葬，悉遵古礼，奉曾祖妣赵太孺人，色养备笃。是时，二叔祖允诚公年十三，四叔祖善长公为遗腹孤。祖姑三人，年俱未壮，先祖以家督率先，一堂聚首，友爱至老不衰。我国朝定鼎三四十年之间，人才以次擢用，宗人如金宪慊庵公、部郎鹤亭公，并以甲科明经，为时名臣。先祖颖悟过人，而志在孝养，不求闻达。年甫壮，弃举子业，潜心实学，动止以礼天怀，坦直不设城府。然素尚刚方，弗屑随俗委靡，以逐时誉。里中年少或有沾染习气，婉言劝之，令其改过迁善，挚挚无倦。亲族乡党遇大事咨访，必正言谠论，是非可否，取决片辞。一切排难解纷，俱不肯雷同附和。凡公事有益者，辄奋然引为己任。与人交，和而不同，淄渑判然。生平不信浮屠家言，顾喜施予。三党中有缓急，即解囊无吝色。配先祖妣黄孺人，相夫宜家，事姑尽礼，先祖得以优游暮年，内助之力居多。生先本生考慎斋府君昆弟三，教督有方，克守孝友家风，闾里称焉。享年七十有五，遗命修整梅里祖茔，及亲族有贫不能葬、守节无依者，岁时周恤。又嘱先兄槐庭公及全基曰："为人读书明理，敦本务实。吾家自全孝翁以孝开祥，两宫保以忠济美，积厚流光。尔曹宜以无忝前人为念，此吾志也。"殁后二十余年，先本生考遵命修墓。事竣，奉先祖木主同四叔祖善长公祔祀家庙，时公亦以遗命葺祠告成，兄弟竟爽俎豆不朽，称盛事焉。呜呼！全基为先祖次孙，其得闻教于含饴绕膝之时，年仅二十有五。厥后历遭大故，先兄绩学修行，以名诸生赍志早殁，而全基承本生考及先考遗业，惧不克负荷。自先祖下世，忽忽三十余载，年在桑榆，讫无以光大前人之绪。唯是先祖嘉言懿行久著里党，回忆见闻，窃恐挂一漏万，无从徵信。今以续修家乘,谨述梗概,以垂永久,俾我后嗣子孙,咸识祖德,以无忘云尔。时乾隆四十一年丙申孟夏,六十三岁孙男全基百拜谨识。

清吴安国《吴江吴氏族谱》

孝廉王君墓志铭

〔清〕潘其炳

世尝讥文人不适于用,以为出无裨于国,处无见于家。呜呼!此特以词章科举之学弋取科名,而不务明理识时务者耳,岂足以概士哉!吾于孝廉王君,叹其实有足用者,而不克见用以殁也。君讳棣,字伟岳。其先梅里公,元末始居吴江。五传至明封侍御乐善公宗吉,生中丞公哲、佥事公敏。佥事于君为八世祖。再传为三槐公讳愈光,君之高祖也。生仰槐公讳有爵,仰槐生浩然公讳景孟,浩然生子渊公讳化源,是为君考。国初自邑迁同里,隐居积学。君四岁丧父,兄植八岁。当是时,门户孤单,母许孺人苦节抚孤,督训甚严。君性强敏,稍长即露头角,择师从学,刻苦厉志,与兄相继补诸生,文誉鹊起。而独痛扫世俗文士之习,去华崇实,凡当世农田水利,以及算数工作术业之事,无不心究,而洞悉其利弊。读书课艺之外,诸繁剧事必躬必亲,以故困而能振。未几,伯氏卒,君抚两孤侄,教育备至。康熙丁酉,君与侄锡俱膺浙江乡荐,一门两魁,人不独谓为乡里瑞,且以君为有用材行,且出而用世也。而君亦素负经济志,奋欲展其怀抱,乃一赴公车,归而遂卒,人咸惜之。初,族有祭田数十亩,供祭外竟无所余。君与族人约曰:"吾族贫者众,而稍有力者自堪办祭。若留此公田所入积而充之,则范文正公义庄故事可为也。"因立条规,司出纳,谨稽考,积之二十年,田既倍增,息亦充裕。于是族之不能殡葬者资之,不能婚嫁者助之,鳏寡困穷者给月米以养之,至今族人守其法弗变。呜呼!世家巨族,子姓蕃衍,率多颠连无告之人。其有力者,往往惜费因循,鲜能倡议立法以为周恤计者。若君之毅然率先,不惮一时之劳费,使流泽无穷,不可为当世法乎?以君之见于家者如此,使其早达或假以年,得出而用世,则其设施,必有卓然大异于世之文人者,而竟赍志以没。悲夫!君年五十有九。配龚孺人,幼有孝行,相君治家,勤俭而知大体,后君十六年卒。子二人:长铨;次廷锦,余婿也。女四人。孙六人,铨出者四,廷锦出者二。君葬于同里之果字圩,侄丰县令锡来请铭。余与君同邑而忝姻好,知君也悉,其敢以不文辞。铭曰:

淮泉不竭,而王氏叠兴。其派衍松陵者,复聚族于富土,而人文日登。嗟抱用世之具,而不克显于时,乃天故抑之以厚其畜,而有待于子孙之绳绳。君宜无憾,而永安乎郁郁之佳城。

清王锡等《吴江王氏新谱》

孝廉伟岳公传

〔清〕顾我锜

公讳棣,字伟岳。父化源,隐居教授,由城迁同里镇。公四岁而孤,兄植方八岁,母许氏督学甚严,三迁而与陈轶庭先生为邻,因命从游。兄弟奋志向学,俱列胶庠,有名称。伯兄早殁,训育孤侄如己子。后与侄锡同魁浙榜,其他奖劝后学多所成就。处宗族亲戚间,抑强扶弱,主持公道。先是通族有祖遗祭田几十亩,祭扫之外无所余,伯兄尝欲扩之而未逮,公继其志,与族人约曰:"吾宗贫者弗论,稍有力者几人尽堪办祭。何不留此公田弗用,积而充之,仿范文正公义庄故事乎?"众皆曰"诺"。因立条规,司出纳,设稽查,行之二三十年,田既倍增,息亦充裕。于是族之不能殡者资之,不能葬者资之,鳏寡孤独贫而无告者,各给月米,不致失所。今虽公殁未久,然其法度详尽,其流泽正未有艾云。

清王锡等《吴江王氏新谱》

麟洲公传

麟洲公讳廷翰,号树莲,端敏公长子也。赋性端方,自幼好学不倦。承端敏公庭训,凡古人书,无不洞窥阃奥,制义清真雅正,不染时下龋顸。游庠后益自淬厉,一题到手,务剥去浮词,刻镂到骨,评者叹为章罗色变,信然。文誉日隆,从游日众。而诗文之外,甚精星学堪舆。杨君景伊,总角徒也,决其早发,果乡会连捷。亲友葬穴,经公所定,悉皆安稳,其子若孙,迄今感颂弗衰。时城中有显宦某,慕公名,具束相邀。公怒,以为安葬祖先,不屑亲自诣请,而仅遣仆,至无礼极矣,麾之去。阅日,屡浼公之好友相恳,终拒之,其耿介如此。即此一端,不可想见生平之梗概哉!

清黄以正、黄锡爵《松陵黄氏家谱》

诰赠通议大夫显祖考公衡府君暨配张淑人行略

〔清〕陆燿

既得阁学钱公为我曾祖考妣墓前之碑,而祖考二世别葬于群字圩东顾新阡,燿尝自记年月,又得正字何公为显考立传。惟祖考公衡府君暨张太君志行未之能详,今特追叙大略,登之家乘,冀得其人而后请为之辞。府君讳铨,字公衡,广生公长子,而君亮公之孙也。幼承庭训,长益刚方,意所不可,每形于色。中年游学京师,师事同邑潘检讨稼堂先生。先生议论崭绝,于邑人少所许可,独视府君如平交。尝引为贵官记室,策其将败,即先机脱身,尽弃其书册行李而归。未几,检讨亦以甄别放还,每过府君谈过去事，设素食相对，泊如也。能作蝇头小楷，手书徐师曾、莫旦二《吴江志》，丹黄标识，笔墨灿然，燿童时什袭珍之，远游数年，零落不得复见矣。年五十有一，以康熙五年二月廿四日生，五十六年十月十二日卒。张太君年二十而来归，事舅姑能得欢心。及府君失意旋里，时时卧疾，太君谨视汤药，数年不倦。尤勤妇事，日必成布一匹，至老不知休息。乾隆四年，燿适京师，太君即以是年三月廿一日卒，距生康熙八年九月廿二日，年七十一岁。十六年，以显考官吏目，妣赠府君登仕佐郎，太君九品孺人。二十六年，燿为中书，晋赠承德郎、安人。三十六年，知济南府事，诰赠朝议大夫、恭人。今四十二年，燿任按察使，以孝圣宪皇后升祔礼成，恩赠府君通议大夫，太君淑人。呜呼！燿不逮事府君，犹幸得侍太君，而习闻先世之训。盖绩学厚德之报萃燿一身，宜其叠邀纶绰光及松楸也。子三人：长即我显考虙实府君；次叔父麟洲，字秋鹤；凤池，字庭仪。孙四人：显考生者不肖燿，叔父秋鹤生者熠、煌、焯。曾孙五人：燿出者恩绶、荣绅、文纲；熠出者□纲、纹绅。元孙一人宁曾，恩绶生。丁酉重阳，孙燿谨述。郡后学顾揆填讳。

清陆燿《切问斋集》

故叔父元洲府君墓志

〔清〕沈彤

府君姓沈氏，讳模，字符洲，一名章。府学生。世居吴江。曾祖讳玞，明东充道按察司副使。祖讳自南，山东蓬莱知县。父讳永智，县学生。府君生而质直，笃志为善，不沾沾于文艺。其言信，其行果，其取与一钱不苟。与人交，不毫毛背负。见其善，必喜而相劝，退犹数称之。见有恶，必怒形于色，面斥而痛戒之，冀其即悛。闲居每自检其过，有过辄讼言于所亲信者。时已七十，阅象山陆氏书，感其论学者病痛切深，且悔且悲，语毕而涕零不止。彤生五十三年，未见有能自治若此者。吾叔父欤，吾师也，今不幸卒矣，其谁模范乎我？卒时府君年七十有二，实乾隆五年七月廿四日。配王氏，淑惠而勤，先府君七年卒以乾隆四年十一月十七日，从葬朱村先茔西南兆之左。子男二：凤鸣，县学生；凤翔。女一，适吴志坚。孙男三，女二。府君以卒之年十二月一日，合祔王孺人墓。从子彤衔哀而为其志。

清沈彤《果堂集》

冯介夫先生家传

〔清〕张日华

先生讳时叙，字维九，介夫其号也。世居浙江，自明承溪公迁江南吴江县黎里镇。

始祖西溪公仅有一支，至景明公、元素公，分为两支。今先生为景明公子，天资颖异，早负文誉。以上舍生应举，再弗隽，遂弃之。为人正直好义，操持方卓，面正人过，不少假借，故自命为介。而至性蔼然，恩意浃洽，能使忘其忤，而更亲爱之。少失母，父两继而卒。侍前继母沈极厚，后继母王得风眩疾，三十年维谨，两家皆服其孝友之诚也。知识有相告，必使得所存恤匮乏，有至终其身。亲旧不能葬者，先生独任之。里人武氏子，事母孝而鳏居，先生闻，即室之师之。子不检于行，以罪录官，先生抚然曰："师未有孙，死且无后。"百方赎而生之，乃拒不复见。其笃于行勇于义如此。呜呼！君岂仅守介者哉？既绝意干进，乃博涉群籍。居常有玄晏之疾，以把卷为药饵，爱之以为戒，先生弗惫也。临殁，取尤好书数种焚之，曰："岂可使地下常闲乎！"昔曹孟德言："老而好学，惟我与袁伯道。"以先生视之，殆不足言也。所著有《旧雨阁诗钞》。甫中寿，年五十三，生康熙庚戌，卒康熙第二壬寅。孺人萧氏，内则有范，所操作事，终身如一。御下肃而恩，大小赴职，欢愉勤敏，故业日殖，先生得以副所志焉。子一，寿朋，亦有文行。女二。孙四：汝翼、汝藉、汝据、汝依。其子寿朋乞为家传，余不文，今握笔而纪述之，殊为愧也。乾隆戊寅仲春，秀水张日华撰，时年七十一。

清冯寿朋《冯氏家谱》

袁贡士墓志铭

〔清〕沈德潜

岁贡士袁君讳潢，字永蕃，号直哉，吴江同里人也。先世姓陶，七世祖受舅袁氏恩，为其后，即从其姓。考仲辉公生五子，君最幼。秉性正直，少岁读书治平寺，寺故多妖，君至，遂绝迹。弱冠为长洲生，恬于进取，省试不遇，不复应举，以岁贡士终其身。君三岁丧母，未尽孝养，事父敬爱兼至，二十年无惰容懈心。居丧尽礼，终身念父母，既老，哀慕如婴儿。友爱诸兄无尔我。兄世隆喜远游，君屡为宿春聚粮，顺适其志。兄卒，经营丧葬，以仲子嗣之。兄世昌卒，抚其二子，逾于己子。君读书古寺，时有得于孟子、韩、欧、石徂徕文，不惑邪说。当世崇信如佛氏者，作论距之，谓佛教虚无，有体无用，明心见性之说，窃吾儒之似，而不能推行者也。况其徒又倡为福田轮回之说，以诱惑愚民，举世从而惑之，自伪释之焰日炽，故浅儒之见不明。欲救浅儒之陋，必先绝伪释之妄云云，说辨而正。居父丧，不作佛事，有诮让者，曰："不敢陷亲于罪戾也。"推而一切祷罪祈福，俱屏绝。身遭危疾，丧三子，不少动，人以是服其大勇。持躬俭朴，不染奢忲风，然可利济人者，每慷慨任之。曰："天地生财，当为天地用，胡自拥为？"人有急难，隐助之，不言德，并不使知。遇饥岁减租已，责散粮粒以赈，毁家不惜。急赋税，催租吏不入其门。然遇国家颁赦，喜形于色，曰："我乐人之乐也。"治家整饬，一遵朱氏家礼。教子读有用书，亲正人，四方有道多闻之士经其地，令薰炙之，谈宴无虚日。里中子弟有不令者，令至其家，观其父子兄弟雍雍肃肃，辄愧恧泣下，多改行。综其生平，提躬与人，无或不正直者。年七十三卒，时为乾隆甲子年十月初十日。配陆孺人，治家有则。子三：栋，太学生，勤著述，亦不惑于二氏；桓，邑庠生，嗣兄后，先数日卒；楷，太学生。女二：一适梅某，一适侍卫叶永清。孙男四，其一为诸生。孙女九，曾孙男二。墓在吴江县盈字圩，葬为乾隆丙寅年十月初二日。昔韩襄毅雍诸生时，有妖魅退避事，后以破大藤峡功，得为名臣。今妖之退避与韩公同，顾以不得位，无功可见。然处众人狂惑之时，屹然不摇祸福，谓非特力独行者不可也，是即无功之功也夫！铭曰：

崇有斥无，定识定力。勤家而不求封殖，无位而化及乡邑。正命而逝，归于兆宅。百千年后，过而式者，曰此百夫之特，而古之遗直也耶！

清沈德潜《归愚文钞余集》

清故吴江盛君禹嘉墓铭

〔清〕吴然

康熙三十一年冬，余姊归于太学生禹嘉盛君。归十八年，而余姊称未亡人，遗子女各二，啮蘗茹荼，抚训二子，俾从余游，冀其成立以为前人光。乃其长子隆元，甫受室而又夭折，天何不吊之甚也！今天子之十一年四月庚午，君之次子宏勋始克举君之丧，葬于吴县黄山祖茔之次，而以其兄附焉，君可谓有子矣！盖余每见夫世之因循怠忽，而不葬其亲者比比矣。宏勋幼失所怙，能谨守故业，孝事其母，敬其嫡妇。且不感于世俗之见，而汲汲焉葬其父与兄，而又为母与嫂营寿域焉，其识与志诚可嘉已。夫善于前者，必报于后，往复之理然也，所以光前而裕后者，其在斯乎？君诚有子矣。余愧不能文，辱与禹嘉至戚交厚，且悲余姊之阅历艰辛，而又嘉宏勋之能自立也，乃不自揣，为志其月日。按盛氏谱，其远祖不具述，由宋执政文肃公度之五世孙讳岫者通判平江，始占籍吴江，自后衣冠繁衍，遂为邑之鼎族。累传而为考授州司马子敬公讳世熙，娶于张，则君之考妣也。君讳尔禄，字禹嘉，生于康熙甲寅八月二十五日，卒于康熙己丑九月二十四日，娶吴氏，为奈先君子邑庠生建策公讳秩臣长女。子二，长隆元，字宗凯，生于康熙癸酉十月十一日，卒于康熙壬寅八月初二日，今附葬穴之左。娶童氏，太学生有严字慎修公次女。女二，长适屠钅+三子济，次即为余长子至诚妇。孙男五：言、德、气，其二未名而殇，宏勋以言为隆元后。铭曰：

盛有先茔，在黄山原。簪缨奕叶，绵延实繁。附葬于左，以昌以蕃。既安且利，启其后昆。

雍正十一年癸丑四月，姻眷教弟吴然顿首拜撰，年家眷教弟庞景芳顿首拜书，延陵七十子篆额并镌。

清盛钟岐《平江盛氏家乘初稿》

凤洲公传

凤洲公讳廷桢，号丹文，端敏公次子也。丰姿俊伟，磊落英多。博览群书，制义宗仰归、胡。诗赋不多作，作则兼庾、鲍之长，端敏公深器之。游庠后，视功名如拾芥。家虽贫，奉养父母必丰且洁。兄弟之间怡怡如也，从无疾言遽色。以故交友必敬，而文誉日隆。无如屡踬场屋，遂游京师，名公巨卿慕其才学，争相币聘。顾以耿介性成，不肯稍事委曲，郁郁十余年，忽得半身不遂症，废然而返。家居才二载，溘然赍志以终。噫！如公之学问可为优矣，而不得一展其怀抱，岂非命与然？而天性孝友，不移于势利，不挫于困穷，一种真诚笃实之意，要有不可磨灭者。即如是谱之成也，承端敏公之命，以贫窭之躯，详加编次。迄今十二世之遥，班然可考，俾后之人得踵而行之。所谓上昭祖烈，下贻孙谋，莫大于是行。见是谱传，而公之功并垂不朽矣。

清黄以正、黄锡爵《松陵黄氏家谱》

吴景果传

吴景果，字旭初。五世祖邦桢，见名臣传。康熙中，圣祖幸苏杭，景果以诸生献《南巡赋颂》。圣诗召试行在，钦取第三名，遂入都，分纂历代诗余及子史精华等书。书成，议叙授怀柔知县。怀柔土瘠民顽，而銮舆岁经其地，景果善为谋供帐具，而民不扰。其为治，务以教化。每朔望，必令耆老率其属环立，与言孝悌忠敬。有讼者，阅其牒，即分别曲直，谕而遣之。岁旱而雩，霖雨立注，蝗入境即尽死，民称异焉。初，邑人不知学，童子应院试，不满岁取额，诸生亦无中科者。景果捐俸新学宫，复创温阳书院。而察诸生中之能文者杜复一，给资乡试，得隽，遂聘为书院长，俾以经籍倡导其邑人，而怀柔文风由此兴。任满当迁，上官从民请，令留任。旋丁内艰归，服除，又遭父丧。以雍正五年[1]卒，年五十五。景果少颖，发其诗赋，为邑潘耒、徐钪辈所推许。后虽服官，学未尝辍。著有《赐书堂集》及《怀柔县志》。（本杜铭撰行略）从子觐文，字觐伯。有学行，诗赋与景果齐名。雍正五年，诏州县保举诸生之孝友端方者，吴江知县徐永祐以觐文名上，觐文以疾辞。及上官题允，而觐文又以疾辞，遂终老于家。著有《竹轩诗稿》。

清乾隆《震泽县志》

注〔1〕：据清吴安国续纂《吴江吴氏族谱》卷二十二·世系小传记载，吴景果"生康熙甲寅年九月十一日，卒雍正戊申年八月七日，年五十五岁。"其卷六，亦转载上述清乾隆《震泽县志》吴景果传，将"雍正五年"改为"雍正六年"。

书金士吉狱事

〔清〕张士元

金士吉先生,名去疾。世籍湖州归安县,而家于震泽之严墓,故为江苏人。士吉好古学,有文名。雍正二年春举于乡,考授内阁中书,家居。先是有逻卒徐文若、马祥侦盗,屡至邑里横索良民,破产乃已,居人苦之。丝商盛圣祥求士吉画计除其害,力怂恿之。士吉心动,因与里父老谋,谒县令立碑禁之。令为汉阳徐永祐,雅重士吉,以状白郡守申,大府皆报可。众乃思酿金买石,使工镌字,士吉偕至富人刘雍若家,告之故。雍若靳之,稍有慢色,士吉不乐。一日遇雍若于街,雍若揖称先生。士吉曰:"我无用,若为弟子?"语颇侵之。雍若方拥资财,美衣服,思得近贤豪长者。猝见辱众中,大恚,因日夜思雪此耻,未有路也。是时徐州李公卫巡抚浙江,捕盗急。逻卒既深恨士吉,欲陷之,雍若复资之以金,使得通于李巡抚。会境有佚盗,而奸人之居兰溪者,与士吉同姓名,实为盗之囊橐。逻卒以严墓近烂溪,遂以烂溪为兰溪,而嫁祸于士吉。谓立碑禁捕,正其自为地也。李公信逻卒,遂移檄江苏巡抚陈公、巡道魏公。陈、魏俱出李门下,立召逻卒,牒震泽县令伍斯璸逮士吉。丁未十二月二十四日,伍令以兵围金氏宅,里人骇走。会士吉与其子思永入城输租不在家,令遂大索其室中,执其从弟去。士吉闻之曰:"已惊我家,不可复累族邻。"坦然就逮。令竟不问是非,径械送钱塘,听李公鞠问。李公鞠之再三,无辞可具狱,复索其家,终无形迹。而村中有沈寡妇者,以匿盗败,当就刑。逻卒惧士吉狱不成,反以自祸,因谓沈寡妇曰:"汝欲活,但声言金士吉窝盗,坚不易辞,则可脱身矣。"妇从之。士吉对簿,不服罪。李公收其仆袁三使证之,拷掠极酷,痛不可忍,士吉恻然,令且证以缓死。于是李公遂具狱,戊申三月初四日奏上。上方以盗贼为忧,因可其奏,命提诸为首从者严审定罪,并命李卫节制江南七府五州督捕事。始士吉在狱,自谓冤可立白,笑语如常,赋诗成帙。后闻事已具奏,知不能自明,因恚恨不食,三月十八日卒于钱塘狱中。或曰逻卒恐事辞反易,赂守狱者使酖杀之以灭口也。士吉死时,年五十有五。总督范公时绎尝亲至苏州廉士吉事,继李疏据实奏闻,卒不能白。久之李公知士吉冤,悔之。至入觐时,舟止吴门,召逻卒杖之俱毙,而士吉之被诬终不白也。方事急时,防守甚严,士吉子思永、甥吴山来、戚党沈旦复及家仆陈福,橐饘诣狱,皆被系论罪。次子日永伪为僧,服袈裟以往,乃得归。士吉弟贡生起人,亦牵连入疏中。四月二十四日昧爽,县尉率卒数十人排闼入,逮起人去,颂系之。五月二十五日移至钱塘,寻下狱,李公屡属吏讯之。明年三月始以无罪论奏,七月得旨免归。凡在狱二百五十四日,须发尽白,卒得生还,而思永竟瘐死于狱,思永二子复夭。故谚曰:"逻卒造殃,杀举人郎。祖孙父子,相继云亡。"一时良民株连被逮者百余人,死于其事者二十余人。李公既枉害士吉,恐起人出狱讼冤,故久羁之,逼令手书事状,然后释归。而起人出狱,竟不复愬兄之冤。日永亦弱人,不能为父讼理。日永死,无子,以故百年中大冤之狱,未有能雪之者。余家去士吉所居仅三里,闻之父老甚详。参以诸翰林锦所作小传,及日永所述行略,起人所自序狱中诗,为备书之,以俟当事者观焉。文中所书沈寡妇,有友人见吏牍作姚姓,盖本姓与夫姓之别,邑人传述,偶不同也。

清张士元《嘉树山房集》

费元衡传

费元衡,字思任,北塘巷人。好读儒先书,仪封张清恪伯行来抚江苏,以讲学为己任,元衡从之游,甚见器重。康熙五十二年举于乡。雍正五年,以同乡举人王政等六人保举,命往山东试莘县知县。莘旧收漕粮用斗不用斛,斗必淋尖,乡民且苦守候。元衡令米到即收,斗斛并用,不溢圭撮,民皆惊喜。有委余米去者,元衡召而还之。吏胥曰:"漕规甚多,若此恐无以给。"元衡曰:"吾不取诸民,谁能取诸吾者?"是岁,一切条规俱绝。上官闻而亟称之,遂兼摄冠县及聊城县事,既而调繁莱阳。莱阳姜山洼,地沃而患水,元衡为开引河数道,达于吴沽河,得膏腴千顷。义潭、水沟等乡遭河溢,民居多漂没。元衡闻,即发银谷,令修筑。比勘灾官至,民已百堵皆作。又核实桃花乡隐粮田九百余亩,虑详报上官,则民失业抵罪。乃捐建普济堂,令岁收其田之租,以给衣食。奸民戴某,与邑绅左氏有隙,得明季逆书诬左所作,首之京。元衡闻而捕获之,尽发其奸状,左得释,而戴坐远窜。其为政有干略多此类。元衡遭亲丧,给假归葬,治所士民来会葬者至百人。乾隆初,以病乞休。家居数年卒,年六十九。

清乾隆《震泽县志》

皇清例授修职郎太学生候选县丞显考晴轩府君行述

〔清〕金润

吾宗系出仁山先生,支派繁衍,谱牒失传。前明万历间,五世祖玉陵公始卜居吴江之千步泾。玉陵公生先高祖凤林公,凤林公生先曾祖太学生乡饮宾耀如公,耀如公生先王父太学生考授州同知宏初公,娶王母张太安人,继娶周太安人。府君,张太安人出也,讳国英,字南琛,号晴轩。仁孝友爱,出于天性,六岁失恃,擗踊哭泣如成人。少好学,诵读至夜分不辍。舅祖意庭周先生,文行冠乡里,名载邑志《文苑传》。府君从之学,深引重焉。先王父尚气节,好施与,所交皆当世贤豪长者,风晨月午,敦槃间作。康熙己丑,吴中大水,米踊贵。先王父请于郡守长沙陈恪勤公,愿捐资煮粥振贫乏,命府君亲加检视,量给维均,全活甚众。恪勤公嘉劳,手书"济世先徵"额以赠,乡里至今颂之。少长学益进,执友交誉。年十七,我母吴孺人来归。居三年,先王父语府君曰:"汝齿逾冠且授室矣,盍图致身为亲娱老计乎?"乃为装,遣之京师。时戚属多循例入仕，或劝府君以他途进。府君曰："卜式得官，非所愿也。"旅居京邸，发愤为举子业，以国子生四应京兆试。岁癸巳万寿恩科，闱墨已邀呈荐，几得复失。叹曰："功名信非可力争也。"适舅祖苍符周先生签注福建大田宰，慨然从行，遍游两浙名山大川。闽多胜地，游览所及，笔之于书，著《闽游日记》二卷。越五载，先生以艰去官，府君还乡里，敬供甘旨，惟恐不得大父母欢心。己亥，府君年四十有五，先王父殁，哀毁骨立，感动行路，自始丧及葬，诚信无悔焉。服甫阕，世宗宪皇帝登极，网罗人才，诏直省凡国子生授职者，督抚面试，文理优长才具练达者，拣选送部引见。府君名列南省第三。府君念一入仕途，东西南北，非可自主。向时奋志，为娱亲也。今父丧矣，母又老，务此何为？投牒遄返。已而遨游齐鲁间，投辖扳留，稽滞郾城数载。壬申，大兄澜与三弟涧，相继徂谢。不孝润孤立无依，贫困转剧，亟迎府君归，骨肉始聚，有家庭之乐。逾年，周太安人卒，居丧如礼。初，周太安人遇府君严，稍长分授田宅，俾府君自为生计。府君小心谨慎，曲尽子职，后周太安人终依府君以老。府君曰："吾母玉成之德，敢忘诸乎？"欤助诸父，力所及，靡不为。舅祖澹宁周先生谓人曰："金甥家庭之间积有阴德，后世子孙必有显者。"赠诗云："平心群弟服，善意一天知。"呜呼，尽之矣！府君归自郾城，亲课诸孙，辨句读，别声韵，口讲手授，晨夕不倦。训不孝润曰："士当读有用书，经史及诸子百家言，诗赋文集，皆宜博览，暇则习书算。"故不孝润训诸儿稍知读书，不敢溺于制举者，府君教也。乾隆丙子，不孝承重孙士松举京兆试，庚辰成进士，蒙圣恩与馆选。报捷之日，府君色喜，自幸老年之及见也。府君秉素厚，七旬始见白发。倦游归里，键户谢客，不与户外事，手钞唐宋大家集数十种，授诸孙。少喜作诗，多登临怀古之什，曾汇为《晴轩诗集》一卷，并《游闽日记》二卷，藏于家。府君由太学生考授县丞，例授修职郎。生于康熙十三年九月二十一日卯时，卒于乾隆二十五年七月初二日未时，享年八十有七。配先妣吴氏，候选州同讳瑞卿女，先卒，例封孺人。生子三：澜、润、涧。澜、涧俱先卒。孙三，俱不孝润出，士松嗣澜后，学诗，士模嗣涧后。孙女一，澜出。曾孙二：芝原，士松出；达原，学诗出。不孝苦块余生，语无伦次，略举梗概，挂漏实多，伏冀当代大人先生锡之铭诔，以光泉壤，不孝世世子孙感且不朽。孤哀子润谨述。

清金学诗、金宗培等《吴江金氏家谱》

皇清诰授奉直大夫拣选云南省知州潜叔周公墓志铭

〔清〕陆奎勋

天之生才也，难矣。夫既赋以磊落英姿，而又使之才与命违，名不副寿。此韩、欧志墓之文，于东野、元宾、曼卿、明允，莫不伸纸涕零，纵欲不为之扼腕呼天，情固不能自抑也。君姓周氏，讳朱耒，字象益，一字潜叔，苏州吴江人。上世自浙江山阴，徙居吴江之车溪里。四传有讳瑄者，再徙烂溪，诰赠资政大夫。六传至恭肃公讳用，弘治壬戌进士，历官太子少保、吏部尚书，恤赠太子太保，专祠。后累叶簪缨，蔚为吴江望族。祖考讳颖，考讳能察，赠奉直大夫，皆才蚤世。祖妣卜氏，妣朱氏，励节抚孤，皭然不滓。皇上御极之二年，崇尚风教，凡民间贞妇协例者，均得上闻。乃以姑妇双节合祠吁请，奉俞旨建坊旌表。生二子，长讳朱禾，由岁贡生授永嘉县教谕，改福建同安县丞，出嗣堂伯父讳家寿后。君行居次，少秉异质，一目数行辄下，外祖竹垞太史留之读书，以故耳濡目染，学有渊源。而长身玉立，广颡丰颐，貌亦惟肖。弱冠入籍秀水，补博士弟子员。君之外舅简在翁，予中表弟兄也。自丙子迄戊寅，下帷咸春堂西斋，君来从游，蕴经纬史，历三载，学乃大成。不特制义精醇，每试冠其曹，偶所著古文辞诗歌，一时罕与伦比。德州少司寇述斋李公，为我浙都转运使，延君训诲二子，其一即庶常李君徵临也。既而授经山左、粤西，经指示者悉成名俊。游屐所至，高山巨川，与夫花名异鸟，尽入奚囊，故诗格变而益上。久之，贡入成均，六馆中推为领袖。岁在癸巳，九卿诏命，荐举海内实学之士可备顾问者，宁慎毋滥。德州李公时官副宪，与定州中美郝公合疏荐君，谓能诗文工笺注，舆论咸以为允。泽州相国雅重君才，适馆授餐，礼意敦笃，辇下名公卿争相延誉。而负性耿介，不屑蹈逢时干誉之习，屡试棘闱，终于被放。乃溯湘沅，吊屈宋之遗迹。南抵黔阳，遍搜铜鼓、灵泉诸名胜。盖侘傺无聊，假砚席以恣游览。虽泛绿红，时人艳称，然而雅非素尚也。君诗宗浣花，其近者亦具石湖、后村风致，为文酷肖欧，著有《世经堂集》如干卷。尤工于笺奏，清真丽流，兼苏子瞻、汪彦章之长。大江左右节使重臣，争引君以自助，地方有大利病，亟就商。君亦倾心吐胆，持正不阿。或云名法家言近于刻核，经身所不屑道。若君者，本儒术以折衷，上能为朝廷宣德意，下能为苍赤布恩膏，第见其种德，未闻其敛怨也。君性孝友，自幼失怙，苦心丹铅，以冀显扬。大母年高，竭甘脆之奉。善事慈闱，虽壮岁犹然孺慕之色。同怀二人，片语无间。居恒睦族，周亲缓急必应。交游满天下，历久不渝，人人以为与公瑾交，如饮醇醪不觉心醉，非虚语也。丁未之夏，君年过半百，始绝意名场，就选铨部。天子不次用人，随班引见，奏对悉称旨，蒙恩以知州缺用。将往云南候题补，触暑驰归，遘疾而卒。於戏！以君才品之优，即夺帜南宫，翔步瀛馆，亦属人意中事。否则出宰方州，得抒经济，不难以循卓膺殊擢，乃遭逢盛际筮仕有阶。天既付之以长才，而偏靳之以遐算，其可悲也夫！粤稽古来大儒如濂溪、考亭，皆以少孤克绍绝学。外此若陶士行之功烈，欧阳永叔之文章，靡不推本于封鲊画荻之教明乎！彼苍之鉴，观独苦节者，丰其报焉。今周门两世，茹荼饮蘖，何减古之节母？而君所成就止此意者，福善迪吉之天必迟之，又久而后定也欤！君生于康熙乙卯年九月十七日子时，卒于雍正丁未年六月初二日未时，享年五十有三。配朱氏，文学公讳德遴女。子男一人，元熙，郡庠岁贡生。娶钱氏，康熙壬辰科进士、陕西延安府清边同知、笠庵公讳金森女。女一，嫁史濂，国学生。嘉平吉日将卜葬于赞字圩新阡，元熙来乞铭。予添一日之长，虽文不古，而悲怆之情既难自抑，表扬之责又乌庸辞。铭曰：

荆山之璞足三刖，遇真知，为泣血。干将之剑久出匣，光烛天，刚易折。噫嘻周君，数止于斯，有文有子，抑又何悲？松柏丸丸荫冬日，我铭深刻藏幽宅。

赐进士出身、敕授文林郎、翰林院检讨加一级、充明史馆纂修官、前翰林院庶吉士、当湖眷友生陆奎勋撰并书。

清道光抄本《周氏宗谱》

岱云公传

〔清〕王锡

公讳本，原名维本，字自求，号岱云。智生公孙，砥中公长子。幼颖异，习举子业，有文誉。试不利，遂专事古学，博闻强识。为诗宗盛唐，法律谨严，神韵稍逊。尤长于骚体，谱中祭中丞公文，略见一斑。与里中周祖望先生相唱和，称友善，其高致相似。所著《雕虫集》，周祖望先生为引，令子周诚斋为跋。《蛩吟草》，湖南高一峰为序。俱藏于家。通族谱牒，搜辑功多。常万里致书粤西本宗，情词斐亹，具载灌阳传后。世系总图，临终数月前手定。及见从侄锡增辑镂板，大为愉快。平生无妄言，无择行，昭昭冥冥，节概如一。不喜热路，虽终身舌耕，不免屡空，人服其固穷。接人无贵贱，少长蔼如也。年七十二以寿终，死之日，皆为流涕。

清王锡等《吴江王氏新谱》

澹斋公行状

〔清〕张又醇

呜呼！先府君竟弃不肖又醇等而长逝耶！不肖又醇等呼天号泣，即欲相从地下。惟念府君一生立心制行，学业文章有可传之史册垂之家乘者。苟不略摭一二，以祈当代大人先生采择而哀录之，则不肖又醇等之罪滋甚，用敢忍死？濡毫粗陈梗概。府君讳富仪，字端揆，号澹斋。先世居本邑黄家溪。八世祖清源公讳润，邑廪生。年九十有六，夫妇齐眉，世称人瑞云。七世祖公肃公讳震，邑庠生。前明世宗时，倭夷入寇，我邑修城设备，择绅衿有才干者董其事。我祖捐私财，缮城西南隅六十余丈，家道遂落。六世祖西桥公讳丽，迁居城北门内。高祖敬桥公讳坤，曾祖德敷公讳文元，恪遵祖训，孝友传家。先祖翼云公讳凤翔，少年能文，博览经史，惟求有益身心，隐居不仕，偕祖妣俞太孺人，俱敦孝行。曾祖殁，葬事未举，蔬食十八年。诸叔祖性情不一，时多逆意之加，先祖每怡然受之，不与计较，克全手足之谊，乡党中共目为有道君子。先祖生丈夫子四：长大年公，次府君，次日升公，次书升公。府君生而岐嶷，七龄就傅，过目成诵。凡《左》《国》《史》《汉》、唐宋大家文，皆先祖手钞口授，府君潜心体玩，得其大旨。及长，受业于徐清介先生之门。故府君之学博大精深，声誉蔚起，然屡困于童子试。甲申，先祖患痰症，府君奉侍汤药，不离左右。临殁执府君手曰："努力读书，售不售，命也。"且以愚公移山之事勖焉。府君哀毁骨立，几不欲生。时棺木已置，府君虑木性未坚，弃而不用，复购求婺源佳木。或以为迂，窃叹曰："附于身者，必诚必信，弗之有悔，敢以称家有无诿邪！"三年内未尝露齿。服阕，府君益勤学业。江城费洁斋先生辈结文社，府君角胜其间，咸称畏友。县试名居第二，遂受知于蔚州魏公，入苏府庠。而府君自视焰然，读书穷理，务以实学为重。自先祖殁后，府君事祖妣益谨，事无大小，必禀命而行。虽授徒于外，凡遇有一果之鲜、一味之甘，必归家购求以进。我母亦善体府君意，晨昏奉侍，曲尽诚敬，务得祖妣欢心。庚子，营葬曾祖及祖两世于庞山浮无字圩，惟求入土为安，不信形家之说。尝曰："地理即在我方寸中，何敢以先人骸骨，为子系富贵计邪？"坟前港狭水浅，将葬两日，风发水涨，山船载砖石者，直达坟前。府君曰："此即好风水也。"穴之旁，地下若有物焉，匠人将毁，㧑出之。府君曰："此亦人之祖先，比屋而居，亦何不可。"并嘱匠人勿泄其事。壬寅，督学鱼门郑公科试，得拔前茅，遂食饩。癸卯恩科，荐而不售，府君意不惬。祖妣慰之曰："是固有命焉，不可强也。惟读书自爱，无负先人足矣。"甲辰，祖妣年八十，无病而卒。府君悲痛之诚，一如丧先祖时。服终，并葬祖茔，不敢徇俗说，致逾时也。伯父大年公无嗣，又醇嗣。三叔父日升公、四叔父书升公，亦俱无子。府君友于之谊，本诸天性，自幼同甘苦、均衣食，毫无尔我。及分居各爨。而支持门户，府君独任。不畏劳，不避怨，不私利，不听交构之言。三叔父卒，府君止有又醇兄弟两人，一继长房，一承本支，因推再从叔旭旦公次子寿为嗣。四叔父卒，族中无可嗣者。叔父临殁，谓府君曰："立嗣一事，且待将来。"迨叔父遣嫁事毕，又醇已生三子，叔母向府君述先叔遗命，欲立嗣孙。府君援徐建庵《读礼通考》立孙之说为证，因立又醇子连为叔父嗣，迎叔母至家。我母与同居，妯娌之间，雍雍如也。钟姓姑母早寡无子，守节几四十年，事详吴江邑志。晚年归于我家，府君待之甚厚，有李英公爱姊遗风。及卒，祔祭家庙。尝谓又醇曰："我姊亦祖宗一脉相传，何虑不来歆邪？尔其毋废。"外祖谢公翔羽，年逾九十乃终。时诸母舅皆先去世，府君生则奉养，死则营葬，春秋祭祀，使我母得伸孝思。并嘱又醇曰："祀典所载，或以分，或以情。外堂父母，其子孙既绝，即情所当祭，忍任其为若敖之鬼邪？"谢姓墓在陆墓山，或有生觊觎心者，府君以大义责之，因独任祭扫之事，不敢懈也。府君以亲戚交友中，倘有贫乏无资、死而无棺者，必量力以助之。有骨肉起衅者，必委曲相劝，务使咸归于好。有干预外事害将及身者，必面斥其非，使之迁改，热肠为人如此。府君砚田为生，从未浼人先容。尝曰："人求我则易，我求人则难，况一饮一啄，莫非前定。"故有岁终而馆地尚虚，亦怡然置之度外。一有不合，拂衣而起去，就不苟如此。府君课徒，必尽心力，循循善诱，后先入泮者不可枚举。即非执贽而以文求教，毋瞻徇，毋塞责，奖劝后学如此。府君穷约自守，馆谷之外，毫无妄取。即廑保有年，但绝顶冒之弊，不斤斤讲求锱铢，廉洁自持如此。府君闻望日隆，宾朋日众，晦明风雨，惟讲论诗文。倘富厚之家而非同志，必不肯轻造其门，曰："臭味不相投。"即故旧显贵，亦往还落落，曰："彼已另有一番交际。"性情狷介如此。又醇自幼追随，过庭每蒙训诲，顾院试屡蹶，府君常戚戚于心，不能暂释。辛酉，幸邀督学桐城张公附入江庠，府君略不色喜，命之曰："汝虽一经克绍，然仅进身之始，尤宜立志加励，以慰我望。"盖府君自丙辰应试还，遽得痰疾，遂置举业不事，并谢绝课徒，家居静养。手不释卷，自子史诗古文外，旁及律例、医药等书，而《日知录》尤细加研究。尝谓又醇曰："世宗治天下，如赋役、保甲、荐举、盐铜诸大政，皆本此书，不可不熟玩也。"训子孙孝友为重，每述九世同居之事，心窃慕焉。丙寅，贡入成均，此虽小小结构，亦不负府君一生勤学云。辛未，皇太后万寿，皇上南巡，两次覃恩，照例给赏，免丁役、赐粟帛。时府君年七十有七，我母年七十。邀旷典，亲友称觞祝寿，咸谓府君旧疾向愈，精神矍铄，广文一席尚可及待，讵料今春而忽遭大变邪！去年冬，府君谓又醇曰："来岁省试，尚望汝背城一战。但我大病将至，奈何？"因指孙选曰："此人可无碍也。"迨府君殁后未两月，选蒙督学闽中雷公取入震庠。又醇一闻此信，弥增悲痛，痛我府君之不及见也。盖又醇辈平日奉养无状，以至府君天年未满八十，尚何忍腼颜人世哉！呜呼哀哉！府君心体宽厚，行谊端方，学业宏深，文品醇粹。持己以介，接物以和，孝友周挚，动必以礼，从未见其疾言遽色。其于恬淡之道，实有合焉，故府君以淡自称。府君所著有诗稿一卷、文稿四卷，藏于家。府君生于康熙乙卯年八月初六日申时，卒于乾隆癸酉年正月初三日巳时，享年七十有九。岁进士，候选儒学训导。我母谢氏孺人，外祖翔羽公讳荣长女。生子二：长又醇，江邑庠生。娶陈氏，江邑庠生柱文公讳澜、萦回公讳泓嫡侄女，文学镜道公讳澄次女。次正叔，娶徐氏，康熙乙酉科举人凤历公讳天瑞嫡侄女，文学禹珍公讳天琳次女。孙男四：选、运、连，皆又醇出；达，正叔出。选，震邑庠生，娶庞氏，雍正己酉科举人纯夫公讳汝砺嫡侄女，文学受谷公长女。运、连、达，俱幼，业儒，未聘。孙女一，又醇出，许字江邑庠生赵楚望公讳承谦三子、震邑庠生赵学陵名志修。曾孙男一：仁虎，选出，幼。不肖又醇辈荒迷不文，挂一漏百，语无伦次。伏望当代大人先生哀而赐之志铭，以光泉壤，不肖又醇辈感且不朽。谨述。

清张晋昭《清河世系》

澹斋公墓志铭

〔清〕赵楠

先生姓张氏，讳富仪，号澹斋。其先代世居吴江之黄家溪，至先生之五世祖始迁居城北门。江邑故多望族，而北门张氏，尤以孝友世其家。虽隐居不仕，而奕世载德，重为宗党钦仰。余年弱冠，从乡前辈游，得亲炙先生丰采。顾少从先君子肄业于外，不获时时过从，虽私心向慕，恨未能窥其高深也。自后四十余年，余传食四方，无宁岁。比自燕南归，年已六十。访先生，则于先一年捐馆舍。嗟乎！予终不得见先生矣。夫以数十年私相慕悦之人，始终不得共晨夕奉诲言，其为追悼何如也？张氏本巨族，自明嘉靖时倭夷入寇，江邑无城橹可恃。先生六世祖讳震，倾其资助邑令缮城郭，寇不为害，而家道遂落，独以行谊文章相砥砺，子孙世受其训不敢忘。故先生之行与文，虽师承有自,而得之家教为多。先生高祖讳丽,曾祖讳坤,祖讳文元,皆有至性。考讳凤翔,尤邃于学,尝以躬行实践为本,与其德配俞氏俱敦孝行,故能以睦姻化其宗,一门之内无违言。生子四人,先生其仲也。先生既以禀承家学,而又日与乡前辈相讲习,故其学日粹,文日高,隐然为一代名人。从先生游者,望其容端重而修洁,与之处心平而气和,听其议论,又无不怡然解焕然释也。于制举业尤严于理法,生平未尝轻许可,门弟子得其一言之褒以为荣,其耿介之概如此。有兄一人曰图南,有弟二人曰复初、曰怀古。先生笃于友爱,每以族属未蕃为忧。不幸兄图南殁,无子,先生以其子又醇为之嗣。既而弟复初又殁,无子。先生止一子,义不可再继,因择族中之宜继者嗣之。既而弟怀古又殁,又无子,族中无可嗣者。先生抚膺痛哭曰:"我不忍使吾弟无后也。"乃援徐氏《读礼通考》立孙之说,以又醇子曰珽为嗣。盖自一兄两弟相继而亡,先生亦以悲哀之故,颓然老且惫,曰:"我其无意于人世矣。"由是闭门不出。十数年来,世家子弟习为浮靡,不务实行。而张氏子孙咸循循有礼法,又以知世德贻留之远也。先生生于康熙乙卯年八月初六日申时,卒于乾隆癸酉年正月初三日巳时,享年七十有九。郡庠廪膳生,岁进士,候选训导。子二人:一嗣其兄,曰又醇,邑庠生;一继本支,曰正叔。孙四人:选,邑庠生;运,曰珽,又醇出。曰瑚,正叔出。又醇一女,为余侄志修妇。曾孙一人,仁虎,选出。先生有诗文稿若干卷,藏于家。铭曰:

德有隐而不彰,善无积而不昌。猗欤先生,流庆长卜,云其吉终允臧。我铭以贞之曰:笃不忘。

江南己酉科中式副贡生、内府教习、顺天壬申恩科中式举人、候选儒学教谕、年姻家眷晚生赵楠拜撰。

清张晋昭《清河世系》

王确庵传

〔清〕董熜

君讳文炳,字星威,号确庵,吴江同里人。世以儒为业,君率其弟三人,共力于学。以能文入邑庠,桐城张公督学江南,拔置高等。将食饩,会丁艰,未及补。君以父没而诸弟未成立,尝身庀家事,宿火以治举子业,试辄冠其曹。有私产百余亩,父没归公,比分爨,未尝与诸弟较,宗党以为难。年三十二卒。同里去县城数里,王氏世居此土,良田广宅,乔木森然,而君之兄弟折节读书,声望蔚起。君之弟文沂、时彦,先后举于乡,皆曰乌衣旧业,其将复振。乃君既早逝,两孝廉亦未及强仕,不竟所施而遽已,士林咸为之嗟惜。岂天予之才,丰其遇,而独啬其年耶?然君暨两弟多不永年,而文可不朽,后裔克昌其绪。君继配赵氏,又以守节诏旌,其间固一门盛事也,遂牵连书之。

论曰:昔遇君弟孝廉文沂于父执陆丈介夫座,略闻王氏家世。及来江上,令子士增持行略过寓斋，求为传。《诗》云：“心乎爱矣，遐不谓矣。”录其实，庶无溢美乎！

南江董熜撰。

清王锡等《吴江王氏新谱》

国子生善长吴公行实略

〔清〕谭倪书

公姓吴氏，讳植慎，字元良，善长其号也。先世汴人。宋理宗端平中，太尉公某裔孙千一公，自汴徙吴江。五传而至赠中大夫太仆卿昂。昂生封承德郎刑部主事、赠中大夫太仆卿璋，以笃行闻世，称全孝翁，敕赐专祠崇祀，每岁有司春秋致祭。孝翁生成化乙未进士、历官至南京刑部尚书、赠太子少保洪。洪生正德戊辰进士、历官至都御史、刑部尚书、赠太子少保山。父子并以忠谠政绩为时名臣，崇祀乡贤，国史志乘行实详焉。山生嘉靖辛酉科举人邦杰，邦杰生万历癸酉科举人志道，是为公高祖也。曾祖宗泰，礼部儒士。祖锬，邑诸生。值鼎革，有族人前进士昜死义之难，毁其家，乃迁居邑南平望镇。考流隆，妣冯氏、赵氏。公在腹而孤，教于母氏。在童龀时，痛不及见厥考，太夫人丸熊画荻，诲以遗事，必涕泗交颐。洎于岁时享祀，凄怆感悼，逮老弗改，霜露之痛，通乎贤否？然而思其居处，思其笑语，音容阒如，无可仿佛，其感痛所由倍已。既读书，通大义，而母氏垂老，甘旨缺如。诗书不庇生，亢宗无长策，乡里小儿，轻肥自豪，操人长短。财多者光荣，服义者贫贱，乃稍稍薄铅椠，治生产。既复旧业，门第新广，遂收恤宗党。匮者济之，坠者举之，老疾孤寡者赡之，婚嫁不以时者资之。下逮贾人竖子，以贸迁缓急告售产者偿之，告贷者薄征之，甚且取子母券一炬弃之。公曰：“身不出乡里，即靡家以利物，亦所济几何？盖局于分也。事有尽一心，而人各尽其心者；倡一善，而人莫不出于善者。《易》曰‘有孚盈缶’，《礼》曰‘今世行之，后世以为楷’，若此者，其利溥矣。”会邑宰议设社仓，虑弗成，公立捐米数百石，事遂举。后岁祲，议赈粥及平粜，公率先出粟，规置条理，周详综练，侵渔弊绝，民受实惠。邑宰知公贤，交请于大府求旌公，公皆让弗受。于是知公之雅意利物也，非为名高也，其明德远也。顾尝观今之人，权子母，倚金穴，乡党宗族毫发无所捐。遇事则图染指，或道人中饱以为德。如是者谓之人豪，公何独不自豪也哉！年三十始婚，五十即鳏，比老，房中无妾媵。值内助贤，门内益治，怡养太夫人极诚尽敬。太夫人年七十且殁，澡而殓，公泫然曰：“此吾母之遗，奚翅口泽已？”饮之立尽。营兆域数年未获，一夕梦中见后所得葬地势，觉而识之。后择地至顿塘西，恍遇前梦，而形家言适合兆，遂定。考元配冯孺人蚤卒，卜日改窆。既戒途，数人舁棺弗克举，公奋然曰“是吾事也”，前匍匐挽而起。盖积诚通神，挚孝动物，理在人心，无难解者。既痛不得事厥考，乃曰“兄犹父也”，敬爱之思，即寄于事兄。仲兄嫂年且老无子，公奉养于家，白首怡怡，垂三十年。逮殁，丧葬尽礼，以长子为之后。见全孝翁祠故制不治，风雨剥落，几筵榱桷，俯仰增恻。乃告于宗人，葺而新之。工甫兴，而公卒。其后人奉行之，如公命，并置岁修田，为久远计。孝思笃，弟道尽，祖德光，俱可以无悔尔已。居恒治家有法，内外雍肃。吉凶遵古礼，服饮等寒素。耳目玩好屏绝弗亲，博弈游戏远之若浼。嚘喑之态弗臧，车笠之交罔替。优伶不近，尝绝侑尊之丝竹；长者在座，门有拜宾之童隶。皆足取则后昆，式模乡党。公神明内朗，精气外溢，须眉爆煜，老而不衰。坦衷故物，往无忤理峻，故气直不挠。无是己之心事隔于容诣，罕爱徇之私道绝于毁誉，约己不以廉物，宏量不以容非。家庭教诫子孙，言称古昔，宏以丹霄之路，勖以忠孝之遗。所以屏风无触头之人，琵琶绝北齐之响。乃聚书数千卷，筑家塾，延经师，金版玉匮之文，海上名山之旨，俾得闲览载籍，博通才义哲人。其萎维摩示疾，子孙环请遗命，言约指要，但谆谆以修祠置田为嘱，又曰"汝曹敬谨小心"而已。弥留之际，神明不乱，肃衣冠，危坐正襟据膝，鼻中戛然有声，双柱垂长寸许，须臾引上，瞑目长逝，年七十有二岁。凤慧反真，去来自在，受恩揽涕，里党增欷。公卒之明年，祠事告成，其伯兄遗命葺祖墓亦竣，爰循家规，并奉木主入祔。又明年，与仲兄同兆于本邑北小珍圩之原，公治命也。配王氏，处士自昭女，鸿博徵士藻从姑。无非无仪，是有淑德，先公二十年卒。子四人：长文明，国子生，嗣仲兄后；次照，原名文显，例赠修职郎、儒学训导；次文煜、文燮，并国子生。女三，适国子生顾槎、捐理问鄐承濂、附贡生陈毓秀。孙男四：士堂，国子生；士坚，廪贡生，候选训导；士重、士堡。孙女十，曾孙男四，曾孙女三。公生自华宗，衣冠十叶。计然之心计，不闻于贻谋；白圭之观时，不积于心术。既才裕通方，即理穷时变。若其有，而不居积而能散，睦姻任恤，人怀其惠。孰与夫少游之仅守坟墓，孙楚之见轻乡里哉。尝闻之里人曰：公卜筑时，地有旧厝棺，既以善值售之，虑其不得所，乃躬为择地，复出金经纪之，逮妥乃已。出门必携瓦缶，遇遗骸之暴露于罂者，覆之。不食牛犬，无故不特杀。一日过梁溪郭外，遇罗者笼禽入肆，罄囊逸之，全活以千数。七十初度，给佃户每亩米一斗。自言生而失怙，故不晏客，不作乐，聊以先人推解之意，广冈极之恩焉。公嘉言懿行，略不止此，而独见称于人口，岂非以享其利为有德。然其仁心仁闻，亦既已信人，而永以勿谖也已。公于予为妻族长行，故悉其家世及其行已本末，会其家以状来属，为诠次书之，以俟后之君子有所考焉。

乾隆甲午仲春，戊子科举人、侄孙婿谭倪书顿首拜撰。

清吴安国《吴江吴氏族谱》

五叔祖金声公墓表

〔清〕 陆 燿

予家乡曲一隅，累世潜德弗耀，独以孝谨朴勤著闻间党。迨我曾大父广生公，生丈夫子五人：长为我大父赠登仕郎、晋赠承德郎公衡公，次为二叔祖嘉绩公，又次为三叔祖安宇公，又次为四叔祖嘉珍公，其季则五叔祖金声公也。金声公上事曾大父母及其诸兄，事远不逮闻见，不能具述。其接我先考赠奉政大夫公，以及于予，则皆为身被而心感，其可使公之德无徵于后乎！初，曾大父母两殡在堂，先考实为冢孙，力弗能葬。公首先出资，身任其事，昆弟有不克襄助者，弗校也。所居厅屋五楹，岁久颓塌，群从视为公产，莫肯加葺。公积奇赢，岁致瓴甓木石，卒以鼎新。大父游京师归，病不能起。药饵棺衾之费，先考赤手支吾，仅而无憾，久则益困于贫，走四方求食。当是时，亲戚无一人顾而问者，公独抚慰恳挚，视我母陈太宜人如子妇，周给薪米不倦，先考缘是无内顾忧。洎谒选还里，又公资道里之需。其后，余自京师奉先考丧归，公尚健饭无恙。服阕赴补，目送予登舟，既远乃返。盖公虽不习儒业，而望子弟之读书自立甚于饥渴。其时，祖宗忠厚之意已衰，惟公始卒不变。亲见予父子先后入仕，官虽卑，其意欢然自负，有先见焉。长孙棠循谨慎默，为文字粗有识解。余谓公必食报于此子，挟之北来，亲为讲授。留二年，竟以疾卒于邸寓。呜呼！天之报施善人，固有时而或爽耶？公讳钟，以康熙十八年八月六日生，乾隆二十四年正月十九日卒，年八十岁。配叔祖母许氏，继配吴氏，仁慈婉嫕，志行与公相协。子二人：长从叔父汝，先卒；次从叔父澍，生棠及森。棠既客死，两世皆以单传。既葬公于最角圩之五年，始为追叙其事表诸墓，以志余哀焉。

清陆燿《切问斋集》

先考馥园府君行略

〔清〕陆昌言

府君讳桂馨，字元萼，号馥园，先大父孝廉府君长子也。宽柔和厚，与物无竞，而外通内介，取与不苟。性尤孝友，先大父寝疾，日侍汤药，衣不解带。每入寝舍，虑惊老人，必脱屦户外。与季父时圃府君友爱无间，晨夕唱和，题满户壁。季父尝罹无妄之灾，构讼于武陵。府君鬻产营救，茧足奔控，事卒以白。族弟积欠茔粮，官拘执，立限追偿。府君匄大尹展限，尹素重府君，如所请。而弟卒无以偿，府君则哀馆谷所入为之代纳，不足复典衣贷子母钱以益之。先是，府君幼时以疾废读，年十一始随孝廉府君入塾，补课五经。初不令属文，后见同堂文课，手自钞录，积纸盈寸，且以己意仿为之。孝廉府君偶过眼，大称赏，令同文课焉。年十九入县学，越三岁试列高等食饩。初，府君尝受业于费文江先生，文江操选政，年老以属府君。府君别裁伪体，一以清真雅正为宗。顾应乡试者，十有七卒不获售，而名益高。乾隆元年，诏开博学鸿词科，制府赵公宏恩、抚军顾公琮、督学张公廷璐，合疏荐试保和殿，以诗中添注字违式罢。时府君已考取教习，明年补入景山宫官学。期满引见，以教职用。乾隆六年，选授丹阳县训导。公曰："一命之士，皆足以及物。学校之职，不綦重乎？"日讨诸生，而训以敦行勤学，士习民风为之一变。历署丹徒、金坛、溧阳县学虽暂，其诚恳笃至一如在丹阳时。初，府君以两世之丧皆殡而未葬，晨夕痛心，大书于壁曰："而忘而祖而父之未安窀穸乎？"于是命不肖营度葬地，节缩禄入，以襄大事，十二年，序葬于房昴笙字圩新阡。十六年，恭遇覃恩，貤赠先大父修职佐郎，两先大母皆八品孺人。十九年三月以疾告归，十一月十五日终于家，距生于康熙十九年二月十五日，享寿七十有五，同人及诸门下私谥曰"渊孝先生"。所著有《冷毡漫稿》《读未见书斋文钞》若干卷。配吾母吕孺人，乡饮宾凝侯公女，逮下以慈，鞠子均一。后府君九年卒，享寿八十有一。子五：昌言，吕孺人出；耀洁、昌世、熙密、熙采，皆庶母沈氏出。女四：一适庠生严铼，吕孺人出；一适周永锡，一适庠生沈懿好，一适庠生周易，皆沈出。乾隆二十九年，既合葬吾父母于新阡穆穴，谨追述梗概如右，伏乞当代立言之君子锡之铭诔，以光家乘。

清陆迺普等《平原派松陵陆氏宗谱》

陆馥园先生传

〔清〕刘鸣鹤

先生姓陆氏，讳桂馨，字元萼，馥园其号也。世居浙之平湖，明初有讳雄者始迁吴江，故为吴江人，代有潜德。至先生之曾祖讳文衡，以进士起家，前明官至山西右布政，仕宦有声。祖讳钥，县学生。考讳方涛，康熙乙酉科举人，以先生官貤赠修职佐郎。妣周氏、李氏，皆貤赠八品孺人。周孺人早卒无出，先生及弟霖皆李孺人生。幼而颖异，年十九入邑庠，旋试高等食饩。时修职君久困场屋，家贫，先生舌耕色养，得其欢心。前后居父母丧，哀毁尽礼，岁时祭祀，思慕不衰。弟霖以友人事株连构讼，先生茧足奔控，倾产营救，事卒以白。少年即有声黉序间，顾乡试累举不中。第修职君乡举之岁，先生同被荐，而以经义微疵黜，修职君深惋惜之。今上元年，诏开博学鸿词科，督抚及学使合疏荐试保和殿，以违式罢，考补景山宫官学教习。期满引见，以教职用。六年，选授丹阳县学训导。丹邑故荒陋，弦诵之事久废不讲。先生日讨诸生，训以敦行勤学，问字者户外屦满。前后十三年，科第鼎盛。入本朝来，丹阳有翰林，自先生司训始。历署丹徒、金坛、溧阳县学，其饬学造士，虽暂不苟，年逾古稀，精神强固。念修职君虽登贤书，未仕于朝，壬申岁恭遇覃恩，请以本身妻室封，貤赠父母如典，遂引疾归。逾年以微疾卒，春秋七十有五。配吕氏，侧室沈氏。子四：昌言，县学生，嫡出。耀洁、焕绸，（泰增按：后改名昌世。）熙密，吾婿也。侧出。皆好学有文，克守家法。孙六人。先生以寒儒为冷官，然性好施予。所知有缓急，必称贷佽助，否则若不慊者。著作甚富，鄂文端公官苏藩时，试拔名士，尤器先生，《南邦黎献集》采先生之作为多。余并藏于家。

赞曰：兰陵松陵，烟水相望。粤惟丙辰，徵车同上。海内名流，争与手抗。惟君暨余，肝胆相向。亦既铩翮，形神弥亲。余则客授，君官广文。相好无斁，重之婚姻。惟君季子，婿于吾门。余从子宦，远迈闽中。念与君别，劳心有忡。春韭夜雨，莼羹秋风。归来归来,燔然二翁。何期凶问,夺我耆宿。综君生平,文行俱卓。将铭诸幽,葬吉未卜。先为之传,以当遥哭。

清陆迺普等《平原派松陵陆氏宗谱》

资政大夫工部侍郎范公神道碑

〔清〕陆 燿

乾隆辛巳之岁,恭逢圣母皇太后七旬万寿,上命文武廷臣,及予告在籍年七十以上者,各九人,赐游香山,制《九老诗》以宠之,时则资政大夫工部侍郎松岩范公与焉。盖公自丙寅蒙恩致仕,至是以庆典来朝,获厕耆英之会,朝论荣之。越六年丙戌十二月,有司以公卒闻,谕祭如例。以某年月日葬公于木渎之阡。公讳璨,字电文,一字约轩。其曰松岩者,以上赐"松岩乐志"额,因以为号也。系出宋文正公长子监簿公纯佑之后。十一传至从源,徙麻源九曲里,是为公始迁之祖。州同知能彦,公之考也。国子监生必才,公之祖也。府学生允龙,公之曾祖也。祖考两世皆赠资政大夫、河南布政使。妣皆夫人。公登康熙癸巳乡荐,雍正甲辰进士,改庶吉士。以人才荐知大兴县,擢知邓州,升莱州、安庆、江宁等府,分巡庐凤颍道,河南、直隶布政使,巡抚湖北、安徽。入为都察院副都御史、工部侍郎。在大兴日,部民阿青恣横,一日方理堂事,突入攫人。公曰:"鼠辈敢尔,县令尚可为哉!"即关署扉捕之,鞫其奸状,境内肃然。县故有隐粮一案,公白京兆发之,藩司不悦,方以他事去公。在廷有白公冤者,特擢河南邓州知府。邓旁邑巨盗张连,膂力绝人,吏不敢捕。公召瞽目退役以计擒而致之,旁邑坐弛再脱,公复以计擒之。副使庐凤时,境有飞蝗,公祷于神,自率乡农扑捕。忽有虫似蝗而黑,杂处蝗中三日,啖蝗为尽,咸谓公诚感所致。尝自为《捕盗》《捕蝗》二记志其事。其自楚移皖,或挟千金追送江干,麾之不去。公虑僚从为奸,自坐鹢首谕之,视其舟去远乃已。所辖凤、庐、泗、滁,连岁灾祲。公念新旧并征,民力必困,分年带完,民赖苏息。又以江表重地,武备最急,日坐箭道,分番练习,一时营伍皆娴于艺。方是时,皆以公扬历有年行,骎骎大用矣,果入参台宪,晋佐司空。公感激遭逢,益图自效。如弛富户囤积之禁,酌命盗处分之条,核下江收漕之制,有见辄陈,不敢缄隐。旋以两亲尚在浅土,特疏陈清,遂得蒙恩卜葬,并许归田。自公解组之后,惟以经书督课诸孙,不问外事。中间诣阙祝嘏者再,恭迓銮辂者三。天章宸翰、藤杖、如意、文绮、佩囊之赐,稠叠里门,不可胜纪。居平益以盛满为戒,洁清之操,晚节弥励,菜羹疏食,不异贫寒。盖仕宦京外者二十余年,退养林泉者亦二十余年。公既贵显,让宅于从父兄弟,而自卜居于吴兴之南浔。其卒之年,距生于康熙庚申,享年八十有七。配孙夫人。子二人:仪薰,国子监生;葵,贡生。皆先公卒。孙三人:墀、城、堦,皆国子监生。女二人,孙女二人,皆适士族。曾孙男女十四人。予于公为乡后学,墀又姻也,以公隧道之文来请,因叙其世次历官行谊,而系以铭。铭曰:

范由宋启,族为吴望。监簿子孙,麻源再创。公继厥声,于宗有亢。进树勋猷,退怀廉让。始砺词锋,旋刓利器。屈服市魁,龃龉大吏。治不为武,盗以詟致。岁不能灾,虫以类噬。建牙楚幕,弭节皖城。臣心如水,却馈遍行。谁迫饥馁?公宽其征。谁弛什伍?公练其兵。既长谏垣,浼司邦土。剔弊厘奸,即事条举。业著鼎钟,荣辞簪组。浔溪之滨,来归启宇。普天同欢,圣母万寿。公再趋朝,庞眉皓首。帝诏耆成,陟游岩阜。追媲唐贤,得公而九。自还初服,三迓銮舆。便蕃宠锡,照耀衡闾。公戒骄溢,益慎德隅。闭门却扫,乐此桑榆。溯公名德,累世相承。衣冠蕃衍,迨公复兴。园以义高,山以赐称。幽堂对启,铭示昆仍。

清陆燿《切问斋集》

超山公小传

〔清〕袁嵩龄

超山公讳性睿,年甫弱冠即能文。乘雷公子,行居二。康熙四十年入泮,题系叶公语孔子两节。公以两人对谈立格,主试批"蹊径独新"四字。家贫,馆芦墟陈氏数十年。暇时旋里,灌蔬裁桑,以力自给。雍正六年、乾隆三年,奉旨勘报坍荒,公不惜资费为报,去祖遗无着坟粮六七亩。至今无赔累之苦,公之力也。一鸿公孟皇山墓,了凡公独社浜墓,往返皆百余里。清明祭扫,隆冬取租,孤舟风雪,终身任劳,尤为人所不可及云。

清《袁氏家乘续编》1920年抄本

东溪公传

东溪公讳培福,字元景,六书公第三子也。公外笃于师友,内孝于亲。平居无事恂恂,似无他奇。及当患难死生之际,则一种敦恳悃挚之性,有非人所能及者。曾有受业师因事在缧绁,平昔缟纻交皆坐观不一藉手,即二三周亲亦徒扼腕叹,莫可如何也。惟公以一身周旋其间,晨夕具橐馈不少懈。迨陆平原情悲鹤唳,嵇中散调绝广陵,公又为之具棺敛,醵金归葬。当时知其事者,无不哀其义而曲全之。公七岁能属文,少有声童子场中。后以奔走四方,遂援例入北闱,然不得售。乃需次州司马,内外大僚多公才识,争延致幕中为上宾。当在蜀中臬署时,有藩司某,公旧车笠盟也,为当事所诬刻,祸且不测,舆情共骇。公闻之,即急往抚宪戟门求见,具白其冤。抚宪亦为感动,事赖以寝。公于师友间,慷慨仗义,大率类此。其居家孝谨,承颜禀命,务得亲欢心。母病剧,割股肉和药以进。人或谓公曰:"此非不敢毁伤之正义也。"公泫然曰:"吾知其母耳,不暇顾身也,奚知其他哉?"处昆弟间,亦怡怡和顺,财产毫无所竞,公之孝友亦略可见矣。年五十七，卒于蜀旅。榇归，诸先达咸作诗以挽之。吾乡李玉洲先生绝句六章，具道其孝亲、事师、交友诸大节，可考而知也。生平著作甚富，诗录所选，特全豹之一斑耳。尝辑先代诗文若干卷，将付梓，以久客不果，今藏于家。

清沈光熙等《吴江沈氏家谱》

翰林院编修李公墓志铭

〔清〕刘大櫆

公姓李氏，讳重华，字实君，又字玉洲，宋忠定公某之十七世孙。世家常州之无锡，其后迁吴江。历五世而至东崖公寅，今崇祀乡贤者，公之父也。公生六岁已能为诗，出语辄倾其行辈。东崖公没，能自择师而事之。乡先达翰林张公大受以文章名世，公往从之游。而张公于及门中独爱重公，因以其子及兄子、女子子咸受学于公。于是公亦以文章名世，其所交友皆当时号称英隽有名之士也。公事太夫人至孝，不忍斯须离训迪。而太夫人念公之贤能，宜起家甲科，督令赴京师求举。公不得已就道，而心顾常在太夫人左右。康熙庚子举顺天乡试，雍正甲辰举进士，改官翰林。而公益日夜慕思太夫人不置。太夫人闻之，寓书勉其供职，毋以我老念。其后太夫人卒于家，而公以奔丧归，遂哀毁得疾。盖太夫人之志如此。公性爱士如饥渴，士之负材艺游京师者，公皆与之往返论议，时时出酒食以相劝劳。壬子典四川乡试，而是年以前所荐举人不称落职。而公之长子治运方为秋官郎中，以禄养留京师。则日与缙绅及故交之闲居者连为诗社，或聚徒课文。文章益富，贤豪趋赴益众。治运提学山左，公主校阅甄拔，号得人。知榆林，公为书院长，而边徼之士皆兴起于学，知有经训。按察安庆，每训鞫，公必坐屏帏后隐听。其有所平反则喜，稍可疑则谕令再三慎测，必得情乃罢。盖公虽不仕，而功德之及人如此。昔公在京师，则士争趋之恐后。公从其子在外，则客游京师者无所归。公卒，则士大夫尝相游从者皆相向欷歔泣下。呜呼，其可铭也。公以乾隆二十年八月十二日卒，享年七十有四。娶张氏。子三人：长治运，今按察两浙；次泰运，太学生，先公卒；次光运，太学生。女三人：长适县学生张七云，次适太学生韩承诗，次幼。铭曰：

维公之德，世积而伟。维天相德，施于孙子。既多受祉，我作斯铭。镵之幽里，永千万祀。

钱仲联《广清碑传集》

炎洲公传

炎洲公讳廷垣，端敏公五子也。长麟洲公，元配许太恭人出。次凤洲公、瀛洲公、聚洲公与公，俱继配沈太恭人出，居青莲阁。公生而英敏，体干坚强，阔达大度。少即力学，见两长兄接踵游庠，益自发愤。遭端敏公丧，家道日落，事慈亲几甘旨不继，公隐自刻责。服除，娶杨太恭人，有无黾勉，竭力支持。年二十五，生长子汝德，在怀抱中头角崭然。沈太恭人谓公曰："尔有佳儿，他日必昌大门闾。今家无担石，曷弗易业资生，俾俯仰攸赖，庶可教子，以遂乃志。"公因母命再三，慨然弃举业，任货殖。自是家渐振，从青莲旧宅徙于城南之里河，节次建树屋宇三十余间，承欢奉养，不忝子职，惟以不逮事父为痛。既而太恭人病，偕诸兄尽力医祷，奉侍汤药，衣不解带者累月。及殁，哀毁骨立，一如父丧。凡殡殓丧葬，无不成礼，其所费公悉独任。自奉极俭，每逢祭祀，必诚必丰。延名师课子，忠且敬。抚诸侄如己子，使皆成立。宗族亲友中有急者，辄出所有以相周。盖笃气谊，敦古处，孝友好施，其天性然也。雍正七年，次子汝魁登贤书，公车北上遭亡。闻信，即抚慰寡媳，命长房次子为嗣。至辛酉甲子，长子汝德选拔成均，北雍报捷，旋即出宰。而三子汝乾、四子汝贤、五子汝源，亦皆蜚声黉序，鹊起文名。嗣遇覃恩，封文林郎，而里巷相呼如旧，公略不介意，绝无愠色。其慈爱仁厚不自满假又如此。届七秩，亲友拜祝者，户外屦满。江震两邑尊唐公、赵公，闻而重之，亦登堂奉觞，人咸有积德之颂。而公不敢居，乃让善于亲。以为端敏公积学未发之报，且太恭人命余易业资生之故，未敢一日忘，今差慰母命于地下矣。公一生未尝疾言遽色，下待臧获，概加宽恕。喜集先儒格言，以训子孙。中年娶五媳，嫁两女，极称有无。继复与两孙完娶，不辞劳瘵。又置外河甲第一所，遂将田宅分析五股，使之各爨，以乐余年。公享寿七十有七，临终训曰："吾家一脉书香断不可替，汝曹穷达不废可也。"嗟乎！公生平行谊卓卓可传，其起家之勤，贻谋之善，尤称于乡。考古贤人君子，岂过是与！

清黄以正、黄锡爵《松陵黄氏家谱》

恩授修职郎府学生任君墓志铭

〔清〕彭绍升

君讳德成，字象元。先世居鲁之任城，后迁于蜀。赵宋时有讳尽言者，通判平江，其子孙始家于吴。又十世至本朝讳大任者，居吴江之桐里，笃于儒行。子梦乾，县学生，是为君考。君生时，母朱太孺人梦神人授以莲实，曰："此善果也。"已而免身，故命以德成而字象元焉。君幼而端重，既长补府学生，好读先儒书，奉朱子《白鹿洞规》，检摄言动，括摩气习，内养自充。因集自汉迄明先哲格言，与洞规相发者合为一书，曰《洞规大义》，以明先后一揆之恉。居乡勤于施济，里置社仓，首捐米百石以倡。创乡塾以造士，浚万顷江达之太湖。有司以闻，赐八品章服。年饥，设粥食饿者，乡人德之。夕步于庭，一偷儿方逾垣下，见君惊欲窜。君徐语之曰："毋恐，子得无患馁乎？吾以粟遗汝。"因手量一斛米与之，戒之曰："危哉！慎勿更为也。"其人叩头谢去。已而遍告其党，戒勿盗任氏，颇闻于人。人遂藉藉传之，然君故不以语人也。尝雇舟诣府治，既行,有求附者,舟人却之。君曰:"无伤也,内之。"已而附者沓至,载且满,君至虚所坐让之。雍正朝,诏举贤良方正。鄂文端公为布政使,欲以君名上,君固谢乃已。应省试,既荐弗售,遂弃科举业。乾隆三十七年,君年八十九矣。其年十月得疾,临终语其子曰:"勤读书,勉为善。此两言者,吾家世守之,汝以此教人可矣!"遂吟邵子诗云:"俯仰天地间,浩然无所愧。"遂瞑。君既殁,会诏求遗书,其家以君所著上之,宣付四库馆。子三人:长思谦,诸生,贡太学;次思和;次思敬,太学生。女子三人,袁桓、周元瑛、金廷勋,其婿也。孙五人。曾孙十一人。元孙一人。以今四十六年正月壬午,葬于西津之茔。铭曰:

莲之实,香以洁。葆德元,心如结。白鹿规,勤补缀。穀有诒,名不灭。神听之,铭斯穴。

清彭绍升《二林居集》

慎斋吴公传

〔清〕沈祖惠

国子生慎斋吴公,予尝考其世谱,所谓司寇吴氏者也。父处士道庸公,母黄孺人。公生而岐嶷有异质,识者咸器重之。少时闻诵孝翁间关求母事,及两宫保立朝大节,即慨然思述祖德。比壮,益谙练有干济才,处士公委以家政,公治辄办。居乡不求闻达,然以慷慨好施笃于行谊,由是遂知名。予与公家累世亲旧,自先君子侨居平望,生同里闬,素相过从。公伯子诸生槐庭从予游,而仲子贡士绍庭又与予周旋最习,时时问公行已本末。为言公性仁恕,无城府,坦衷接物,惠德在人。出游则载壶觞以济翳桑,遇岁寒设缯絮察鹑结者衣之。所居里故多豪族,而铢釜绝炊者亦累累,公以时贷其贫乏。其内外强近之亲待公而襄吉凶事者,公又酌力为之助。以故人有缓急必归公,公亦应之不稍倦。以是知公之乐善,盖天性也。又言公昆弟三,仲季皆早世无子,遗两孀。公辄泫然曰:"我不幸一月两弟相继殁,此茕茕将谁依送,死恤存我分也。"故终公之世,维持尽善,俱以年例得题旌焉。其事处士公也,左右就养。及处士公殁,公已年在艾期,发鬖鬖白,然亦极哀如孺子慕,人以比高子皋。又遵遗命修整太仆卿全孝翁茔,马鬣重封,松楸展敬。以是知公之孝友肫笃,未可强致也。按:公讳文曜,字丽天,别自号慎斋。生平重然诺,矜节概,不矫饰以取誉。服食居处得俭之,中庭训诸子,义方尤笃,后嗣日益昌大。苏子瞻有言:"天可必乎,贤者不必贵,仁者不必寿。天不可必乎,仁者必有后。"若公之笃行潜德,而卒不克显,其亦有待者欤!于是乎书。

赐同进士出身、敕授文林郎、知高安县事、吴兴表侄沈祖惠拜撰。

清吴安国《吴江吴氏族谱》

孝廉映薇公传

〔清〕周俊济

　　公讳文沂,字映薇,乐善公九世孙也。生禀异,质伟仪表。弱龄丧父,奉母孝敬,事伯仲两兄如严师。沉潜力学,文誉大振,郡守陈恪勤公拔为一郡之冠,补郡庠生。旋登辛卯贤书,三上公车不第,坦然无所介意,益自刻厉,于诸书无所不窥。终岁杜门,足迹不入公府。辛丑会试,母孺人小疾,将不行,母促之曰:"吾所望于汝者功名也,倘得一第,不可娱老人乎?"不得已行。场后闻讣,奔丧哀痛欲绝,以为终身之恨。服阕,复值详偕,无意北上。或劝曰:"士人以显扬为孝,子如不行,非体先人之意者。"乃入都,竟卒于旅舍,年三十有七,惜哉!

　　周俊济曰:余与公少同笔砚,今老矣,屈指与公同举者,往往位至卿相,而公不究厥施。殁已二十余年,为公作传略,犹仿佛当年把酒论文掀髯抵掌时也。

清王锡等《吴江王氏新谱》

先考时圃府君行略

〔清〕陆一士

　　府君讳霖,字元蕃,号时圃。于前明山西右布政讳文衡、配顾夫人为曾孙,于县学生讳钥、配张孺人为孙,于貤赠修职佐郎、康熙乙酉科举人讳方涛、配周孺人、李孺人为第二子,于荐举博学鸿词、丹阳县学训导讳桂馨为弟。生而岐嶷,过目成诵。修职府君丙戌计偕携至京师,一时文章巨公多折辈行与交。时府君从叔小范公讳淹,方充内廷纂修官,见而器之。修职府君报罢南下,特留府君就试北雍。无几何,小范公以疾告归,殁于良乡旅寓。府君年甫逾冠,独立捭挡,千里扶柩而归。旋补学官弟子,文章行谊,骎骎为世推重矣。性慷慨重气节,喜为人排难解纷。尝以友人金孝廉药畦事罹无妄灾,往来浙中,赖鸿博府君营救,久乃得白。府君未尝有几微恨,益橐笔走四方,通申韩管商之术,人争延致。所历山川名胜,发为诗歌益豪。比归,犹从事场屋,屡困而气不少衰,食饩之岁,年已六十余矣。呜呼!非得天之厚而能然乎?生平酷爱吟咏,所著有《髫年杂咏》《醉陶吟》《咏物诗》《因树楼十集》,六十岁后作曰《再周集》。生于康熙二十六年三月初七日,卒于乾隆二十四年十月初四日,享寿七十有三。元配赵氏,来归未逾年而卒。继配沈氏,前府君三年卒,合葬东原圩。子五:一士、梦吉、光烈、大烈、骏烈。

清陆迺普等《平原派松陵陆氏宗谱》

绵江吴先生传

〔清〕沈执中

绵江吴先生，隐君子也。性颖悟，于书无所不览，尤喜网罗放失，考订旧闻。前人诸议论，往往善于折衷，然不欲以文人自命。隐居震泽县西之湖浦村，绳床、竺拂、石砚、瓦瓶，名利之心淡如也。所居为"银藤书屋"，终日吟咏其中，著有《湖浦志》《银藤诗草》。偶然兴发，则放舟而游，远泛于洞庭之西，探奇索异，连月始归，著有《游西洞庭记》，李玉洲太史尝读而序之。其考核尤勤者，莫如《吴江县志》一书，存实去诬，拾遗补缺，盖聚精汇神阅二十年所，而始得就绪，立言不朽，端在于是。会雍正四年，析邑之西分置震泽县。时邑侯邓公欲聘分修邑志，先生力辞之，间有质疑，直条其事以告。迨后新志既出，先生乃绝口不谈志事矣，先生诚所称隐君子也。古之隐君子，无不以著作自多，诗酒自娱，然往往有所托以见志。先生介骨中存，春风外溢，未尝稍立崖岸。暇则灌花赋诗，自写其意中所欲言。过而礼其庐者，但比之为天随茶灶、志和烟波，其实先生之真不在是也。先生故世家子，九世祖赠太仆寺卿讳璋，世称全孝翁。生子讳洪，历官南京刑部尚书，赠太子少保。七传至先生父太学生讳时森，字青霞。闻青霞太翁少时家道中落娄甚，几至不能自存。然性甚忼慨，亲族中有告匮者，必竭力周旋之。及返而叩其家，并无一斗粟可舂也。好读古人书，游于顾雪滩先生之门，雪滩雅爱重之。所交多博雅君子，如张匠门、王孝徵诸前辈，无不折服。又宏济世才，车辙几遍南北，一时贤士大夫造门谒者指不胜屈，然不过以布衣交相待，绝不稍稍干以私。至今读邑志中所载《谒顾黄门祠》及《胜墩》诸作，虽吉光片羽，其激昂磊落之概，具可想见也。又闻青霞太翁取邵、沈、屠三孺人，邵先卒。先生为沈出，一朝即丧母。时祖母计太孺人已六十五岁，不忍呱呱之声，抱膝上乳之，乳竟淙淙出。后继姒屠，甫于归二年复卒。孩时抚育全赖祖母，俾至于成人。所以先生尝诵李令伯《陈情词》"顾子若孙泣"，而言曰："臣无祖母，无以至今日"，盖纪实也。先生讳重光，字子裕，号绵江，寿八十有四。子二：长安国，邑庠生，以经术教授生徒，出其门者多名臣文雅士；次志坚，少负远略，既壮邀游于南闽、东粤间，惜未尽其用而殁。孙六：长大钧，早亡；次舒帷，由廪膳生中乾隆甲午科举人；次舒容、舒蕴、舒泰、大镛。曾孙五：濂、洙、洵、洽、澧，长者皆能读书负才望，少者亦崭然各见头角。先生之潜德，其流衍，宁有量哉。余素服先生，敢濡笔而为之传。

长洲后学沈执中拜撰。

清吴安国《吴江吴氏族谱》

顾湘南墓志铭

〔清〕黄之隽

使好学而不死,颜子亦斟彭之雉矣。使美才而不死,贾生亦乘聃之牛矣。湘南之年仅逾颜、贾,乃赍其才与学以入土,则必恒夜出其光焰而莫之闳。予乌乎铭其幽,然而老彭之述古,老聃之传道,皆文也。以老而老之耳,以文而不以老,则湘南奚必为彭、聃?湘南一号帆川,陈顾野王之裔,吴江同里人,既析邑,遂为震泽人。父墉,吴江县学生。母严氏。湘南孝于其父母,不徒以文著者也。雍正九年冬,江南督抚大臣奉上命修通志,开局秦淮,知湘南善属文,招致之。其家故贫,恒出门授徒,奉丰脯以养亲。既因亲老,谢生徒归,不夙莫离膝下者四年。及闻是命,违亲五百里,固辞。不可,乃出,若婴赤之去怀抱矣。予始闻其名,既而见其文,至是识其人。时载籍颇聚,始至两月,则遍涉于目而罗以胸。明年属草稿,博采艺文,旁及人物,挥霍锐敏,人方矻矻,己已满志。暇则钞遴群书,作诗赋序,记以应求者,若此者一年。卒岁归,而母卧疾已浃辰,则大懊痛于归之不蚤。未几而没,则擗踊不欲生,悔恨于其出。又念父年老,方悼亡,不忍重伤父心。是时当事因承诏久,刻期以俟。乃就家草《职官志》,枕凷在左,笔札在右,泪墨交渍,衰绖中衔恤尽瘁,不自知疾之萌矣。及通志将竣,聚力合尖。方盛暑,强适馆。既痛母逝,复惧父衰,午汗宵蚊,并日而受牒,匝月而就稿,以遄其归。归而疾作,三月死矣,十一年十月也。吾故曰不徒以文著,是不可以孝著耶?自总角即通声韵之学,长益肆力于古,家藏万卷,为文章体无不备。入学冠诸生,旋食廪。从给事陈君视学山左,每唱和辄屈其老苍章,庶常所谓揭德振华,引昌黎之目东野者也。予闻其名以此。今大学士鄂公开藩江左时,大会诸名士于春风亭,镂其课业,湘南最多,公所评"凌轹曹谢,吞咽屈宋"者也。予见其文以此。制府尹公既招致志馆,及移督滇中,从万里外诒书招往为五华书院山长,书所称"学问渊邃,人品端醇"者也。书至而湘南已前没,予识其人仅一年有余而已。迹其生平,负才学游公卿间,乃于乡十一试而未举。著书百卷未行于世,显荣其亲之愿未酬。天子开博学鸿词科,方惜湘南有服不得与,讵知不金门而玉楼也,距其生四十有六年耳。彼述古传道老于世而不死者,商大夫、周柱下史,何人哉?娶庞氏,生一子后澂。以卒之明年十月,葬于同里镇西天字圩之茔,其弟我钧寓书以乞予铭,曰是知湘者也。铭曰:

呜呼!震泽帆川先生之墓。其名我锜,其姓顾。文无穷,胜以寿终。

清顾我锜《浣松轩集》

顾湘南传

〔清〕蔡寅斗

顾湘南，名我锜，一字帆川，吴江诸生也。吴江自前代吴扶九、孙孟朴倡复社。入国初，朱长孺、吴汉槎、计甫草、叶横山递相述作，逮圣祖，举博学鸿词科，则潘稼堂、徐电发两公并隽。嗣后风雅不绝，而能卓然奄有诸前辈之长者，莫如湘南。湘南负异姿，复沉静好学。方授经毕，即酷嗜文选，每夜必手录五篇，录讫辄成诵。所居同里，距城止十里，或终岁不入城，即间闬闾，亦罕所往也。性至孝，尝云："王半山不欲以三公易一日养，徒钓名语耳！其心未尝一日忘三公也，不然人子自尽之事，奈何与三公较哉！"是以居常养志，淡然无仕进意。然用是其学，益无所不窥，所著作日浑浑无涯涘。年二十余，补博士弟子，试辄高等，饩于庠。会同里陈黄门猞亭督学山左，招与俱，湘南辞，猞亭走白其尊人，促之往。每试毕，纵观山左名胜，渡大河，上泰岱，登酒楼，望南池，谒孔林，瞻表海之形势，访邹鲁之文学，意有感触，一寄于诗文，诗文之境又一变。雍正元年，今大相国西林鄂公，秉藩南国，网罗俊英，命题数百，檄各州郡。维时由缙绅先生，以迄山林隐逸之士，莫不闻风献技。公遴选五十余人，会于春风亭，皆一时人望，而衰然居首者，湘南也。维时余亦在会中，见同辈多窃窃耳语，不识湘南何许人。及湘南至，叩其学，人人皆以为弗及也。当是时，西林公意湘南才巨学博，可以抗衡古之作者，将以湘南名入荐，而公遽奉命开府粤西，遂不果。后数年，奉诏修省志，制府尹公闻其名辟之，一时同事者如黄唐堂、任钧台、华剑光、周聘侯诸人，各以所长分任，独以水利、艺文二志属湘南。顾诸君有所疑，必就质湘南，言之原原本本，诸家莫难也。志既竣，尹公复亟赏其才，将荐之，又以移任云贵不果。湘南乃曰："极知两公遇我厚，然使公以一纸荐，朝闻命，夕就道，虽欲家居养志，岂可得哉！且生平著作懒不收拾，会迟十年乃可定耳。自此当杜门，不复应当事辟矣。"尹公既之滇南，辟五华书院，延湘南为院长，遂遣使走八千里，挟书币来迎，而湘南没矣。乾隆元年，天子遂复开鸿博之选，诏四方大臣各以所知者上闻。西林公怪无湘南名，意采访未遍。会上申谕续举，卒无以其名上者，乃知湘南之没至是已二年矣。又阅二年，试天下所荐鸿博士，钦取十有二人。然而当事叹曰："向令吴江顾我锜在者，以视前彭朱辈，岂有愧哉！"

清顾我锜《浣松轩集》

沈果堂墓版文

〔清〕全祖望

义门先生之学，其称高第弟子者曰陈季方、曰陈少章，年来俱已霣丧。而吴江沈君果堂，为之后劲。果堂为人醇笃，尽洗中吴名士之习。读书以穷经为事，贯穿古人之异同而求其至是。其为文章，不务辞华，独抒心得。顾暗淡自修，世无知之者，而果堂亦不甚求知于世。大科之役，有荐之者，始入京。方侍郎望溪、李侍郎穆堂皆称之，予亦由二公以识君。君生平有所述作最矜慎，不轻下笔，几几有含毫腐颖之风。予以为非场屋之材，而君果以奏赋至夜半，不及成诗而出。遂南归，兀兀著书。其论文足与二陈称敌手，其穷经则二陈有所不逮也。予往来江淮之上，道出中吴，必访君，君亦必出所著倾倒就予，互相证明。天子求明经之士，予以为果堂足副其选，而竟未有荐之待诏公车门下者。寒毡一席，泊如也。辛未之冬，君著《周官禄田考》方就，予自邠上归。吴之老友沈颖毂、陆茶坞、迮耕石争留予，曰："果堂正盼子，欲以《周官禄田考》有所商榷。"予迫于岁暮，诸公诗酒留连阻归棹也，是夜解维遽去，而寄声于茶坞曰："明春当与果堂为对床之语，并读其所新著之书。"不料及春，而予有岭外之行，参辰相去，音问不接。李生师稷南来告予曰："沈先生归道山矣。"呜呼！大江南北，相望二千余里，高材之士不少。然心知之契，可以析疑义资攻错，而不徒以春华驰逐者，则舍果堂之外，吾未之见。苟知君之将死，当弃百事而从之，亦安忍掉头不顾，成此孤负？是则痛心者矣。君讳彤，字冠云，苏之吴江县人。家世高门，在明中叶有二光禄，称直臣。甲申而后，有以兄弟殉国难者。曾大父某，大父某，父某。君以吴江学诸生应徵。生于某年月日，卒于某年月日。无子，以其从子为后。得年六十有四，葬于吴江之某原。尝纂吴江、震泽二县志。震泽，故吴江之分邑也。君于二志经纬分合各有法，可以为天下分邑修志者之式。呜呼，交游凋谢，岁岁作哀挽、撰志铭，老泪为之枯竭。而予亦衰病日深，今年几死岭外。岁晏归来，一哭樊榭，再哭果堂。何以为情？乃重之以些词，曰：

君于官礼，湛思精诣。待我论定，始以问世。昔我有言，幸防输攻。墨守倘发，恐难抗锋。感君之意，愧我爽约。序君之书，以忏前诺。

钱仲联《广清碑传集》

沈君彤墓志铭

〔清〕惠栋

乾隆十七年十月二十五日，吴江沈君果堂以疾卒。越两月，孤子培本将葬君于邑之朱村先垄，乞余铭其墓。君行谊卓绝，经传洽孰，推为纯儒。余与君交虽晚，而契独深。数年来，以道义相勖，学业相证，知余者莫君若，知君者亦莫余若也，其忍以不文辞哉？君讳彤，字冠云，别字果堂。系出吴兴，自元季迁吴江。七世祖汉，明正德庚辰进士，刑科给事中，以直谏忤旨，廷杖系诏狱，隆庆初，赠太常少卿。六世祖嘉谟，五世祖倬，俱以孙若子贵，赠通奉大夫。高祖讳珫，万历乙未进士，山东兖东道。曾祖讳自南，国朝顺治乙未进士，山东蓬莱县知县，以清惠称。祖讳永智。考讳始树，生三子，君其长也。君少方古，举止若成人。弱冠从学士何公焯游，始邃于理学。继而喷意五业，著《群经小疏》若干卷，凡所发正，咸有义据，侍郎方公苞绝重之。晚节尤精三礼，以《周官》分田制禄之法向多疑滞，因为列法数以明之，成《禄田考》三卷，二千年聚讼，一朝而决。其为文神似昌黎，有《果堂集》十二卷。生平敦孝友，抚育诸弟，辛勤撅掬。亲丧居庐，称服称情。与人交，以至性相感，不侵然诺。呜呼！自古理学之儒滞于禀而文不昌，经术之士汩于利而行不笃，君能去两短，集两长，非纯儒之行欤？余行不逮君，而才亦诎，然好古，所得往往与君同。如《尚书》后出，古今通人皆知其伪，独无以郑氏二十四篇为真古文者。余撰《尚书考》，力排梅赜而扶郑氏。君见之，称为卓识。又《易》为王、韩所乱，汉法已亡。余学《易》二十年，集荀、郑、虞诸家之说，作《周易述》，先以数卷就正于君。君曰："此书成，《易》道明矣，惜吾不及见也。"曩以君言戏耳，孰谓竟成谶耶？悲哉！悲哉！君之成《禄田考》也，读者疑信分焉，余为序而辨之。君笑谓余曰："子，吾之桓谭也。"君先举宏词科，报罢。最后余亦膺经术之荐，谒举主丹崖黄公。公询余天下通经之人孰为最？余首举君，黄公欲荐君而未果。此事余未语君，君亦弗及知，然余与君相契之深，不忍终默也。君生于康熙二十七年戊辰，得年六十有五。配顾孺人。无子，立从弟子培英以后君。女二：长适丁日曜，次适顾后澂。君之卒也，门人述其体行，谥曰"文孝先生"。铭曰：

君敦善行，学不为人。群公休之，羔雁成群。既举大科，又预志局。君有远志，不肯录录。飘然归隐，辨章六经。钩稽官秩，识过康成。唯余与君，如猱与石。何期辰巳，一旦易箦。告谥于枢，以徵大名。吾谁与归，爰志九京。

清钱仪吉《碑传集》

沈徵君传

〔清〕陈黄中

沈彤，字冠云，吴江人。七世祖汉，明正德中官刑科给事中，以直谏显。高祖琦，万历中官山东按察副使。曾祖自南，国朝顺治中知蓬莱县。并以进士起家。祖、父皆潜德不仕。彤少自树立，家贫力学，从良师友游久，益泛滥百家，沉潜六艺。早岁藉远游养亲，中年两抵京师，一预礼馆编纂，一举博学鸿词科。以亲老南归，抵家而父已没，三年中衰麻哭泣，纤悉中礼，识者谓丧礼久废，数十年来未之见也。既投老里门，授徒自给，釜炊朝夕不继，而著述益勤。有《群经小疏》若干卷，《果堂集》若干卷，《禄田考》及杂著若干卷。贫而好施，壮岁束修所入，尽以给亲族之尤乏者。生平坦直和易，人不忍欺。然中有畛域，其可否断如也。为文洁静有体，分寸合度。乾隆十七年十月二十五日卒，年六十有五。雅好佳山水，尝客南阳，经泰安，遍揽桐柏、岱宗之胜。在京师，未尝窥贵人门，时跨蹇驴恣游西山，炎暑中辄数日一赁鸡栖车，观荷西苑，人莫不笑之。晚岁每入郡城，访其友陈黄中，主人出脱粟菜根，踧踖辞以窭，辄笑曰："余有水田三亩，不足供公家税。近恃卖文，日计以十三钱自给，已得饱腹著书，君又何谢为。"黄中以是益服其度。肜与黄中先后皆吴氏尚书房自出,又与文道先生偕游何学士焯之门,故黄中少以丈人行事之。乾隆初,为同举生,朝夕京邸,以文行相砥砺,亲厚无间,不复以执友自居,每有论撰,必通怀榷论。没之前数日,为宗人表墓文,寄令论定,黄中为易数语,且举欧阳修许尹洙者,称其简而有法。缄词在几,而凶问及门,惜其不及见,因哭之以诗,有曰:"论高疑近拙,志大本非迂。"知肜者,谓颇得其实云。

论曰:孔子称"善人吾不得而见之",况三代以下乎。方肜在礼馆中,朝大官欲资其该洽,多媵婴煦妪之。肜性淳笃,辄为之尽,而实莫能推挽者,以故迄不得少施。然于肜何所轻重,惟是肜穷老无闷,经明行尊,德薰乡国,即轻陂儇薄者遇之,莫不勉为善言,阳为浮慕。中孚之吉,信及豚鱼,肜庶几近之矣。

清钱仪吉《碑传集》

徵士文孝沈先生墓志铭

〔清〕沈廷芳

吾宗有醇儒名肜,字冠云,吴江人也。少补诸生,从何义门学士游且久。后登张清恪、杨文定两公之门,讲学不倦,故经义宏深,而于程、朱之传,尤身体而力行之。尝言:"经者,天地之心,圣人之情,而彝伦之则也。人不穷经则悖,文不根经则驳。"盖其行循于家,文重于艺林,江南之人群宗之。雍正间至京师,望溪方公见其所疏三经,谓得圣人精奥。读其文,又谓气格直似韩子。乾隆初元,辑《三礼义疏》,遂荐入馆,名动辇下。其为人,接之凝然以静,久与处温然以和,叩其学渊然以深。呜呼!可称粹美君子矣。客京师数载,惟与一二耆儒商订往籍,而不肯登贵人之门。召试博学宏词,栖迟书局,终不遇。其介节如此。后以亲老归,适父先数日亡,居庐哀泣三年。群叹丧礼久废,未有克尽古制如先生者,洵足为乡邦矜式。尝登岱宗观日出,探桐柏之淮源,为文以纪之。过望诸之乡,上黄金之台,揽古徘徊不忍去。晚居丘园,生徒日众,益以礼法自持,而笃志于著述。为文务造其极,有《三经小疏》九卷,《周礼禄田考》三卷,《果堂集》十卷,杂著若干卷。年六十五,终于乾隆壬申十月二十五日。其年十二月十九日,葬于里中之朱村。士友门人,追称"文孝先生。"娶顾氏,无子,以从弟子诸生英为后。余与先生同族同举,用学行相切劚者垂二十载,视予无异群季。又尝表先大夫墓,未几闻其丧,盖绝笔云。予既刊其经疏而序之,英复来请铭,曰此先志也。予乌足以重先生,英克家子,请再三,予其敢辞。铭曰:

君之先自吴兴迁,枫江著望历有年。七世祖汉直谏传,高曾琉自南俱贤。给事副使蓬莱仙,三进士胥能其官。永智始树清修绵,乃祖乃父学有源。毓兹巨硕逾孝先,群经纷纶义以宣。大文发耀敷瀛壖,有韫无施造化权。克自树德人非天,儒林他日留史编。朱村松柏先人阡,祔有道孙何岿然,深藏密固永不刊。

清钱仪吉《碑传集》

果堂公传

果堂公讳彤，字冠云，真崖公长子也。总角能文，举止方正，有声庠序间，屡入棘闱不售。举博学宏词科，召试保和殿，又报罢，荐修《三礼》《一统志》。书成，授九品官，不就而归，以诸生终。性孝友，居母丧，呕血数斗。爱育两弟，辛勤备至。真崖公病，自都门奔归，而已殁，哀号五昼夜，几灭性。三年中不如筵，不内寝，朝夕馈奠，岁时荐新，无不称服称情，乡党咸叹为仅见。平生交契，皆一时名流。少请业何侍读义门，学制义，取法先正。继游仪封张清恪、江阴杨文定之门，究心宋五子书。中岁善方阁学望溪，商定《三礼》书疏，往复辨论精核。李侍郎穆堂折节定交，阿尚书南村特延请训其子。又雅好山水，尝游齐鲁，登岱宗，临泗水，谒孔陵，拜颜子墓。至南阳，陟桐柏，访淮源，多所考证。再渡钱塘，历山阴，登越王台，谒禹陵，问贺监故宅，经旬忘返。夫公以师友之益、江山之助，又沉酣典籍，故发为文章，淳厚古朴，吴中言古文者，必屈指焉。所著有《果堂集》十二卷，已采入《四库全书》。《周官禄田考》三卷及《群经小疏》，亦久行世。未刻者，又有《果堂杂著》《气穴考略》《内经本论》若干卷。年六十五卒，门人私谥为"文孝先生"。

清沈光熙等《吴江沈氏家谱》

文林郎知新淦县事沈公墓志铭

〔清〕金学诗

文林郎知新淦县事沈公之殁也，距今十有三年矣。将葬，孤子桦踵予门，言曰："惟子与桦交久，饫闻先子之出处本末。惟是丽牲之石，将以□诸幽窀，敢请铭。"予谢弗获辞。按状：公讳宗湘，字六如，号莼村。先世为浙江桐乡人，明季迁吴江县之小丰村。曾祖某，祖某，皆潜德弗耀。考某，国学生，考授州同知，以行谊闻于闾党。公禀庭训，克自振厉，补诸生后声誉渐起，始迁居邑城南。城中多前明搢绅旧族，以门阀自矜诩，咸怀媢嫉。而公所迁新，宅即售诸某宦裔亡赖子，从而媒蘖焉。遂控之官，撤其门庐，以是揶揄之。未逾年，为雍正乙卯，公登乡荐。明年乾隆丙辰，联捷成进士。向之揶揄者，咸内愧不自安，然公不与校也。既廷试，列二甲，铨注山东禹城县。遭母丧，未及之任。服阕，简发江右，授新淦县。以议刑名事忤上官意，谢病归。淦人德之，攀辕泣下，谓："令长虽瘠，吾民肥矣。"莅淦仅三载，善政不胜书，而其大者则在收漕一事。漕之在淦者，每岁额输四万余石，漕船皆泊会城，由县仓运至省仓，以达于漕。幕友家人络绎分布，加以运船之盗窃，旗丁之需索，所用不资，非浮收余米不足庚费。行之数十年，纳户相安，不以为怪。公力持不可，大书揭示仓场，严禁胥吏，谓："稍有染指，即若辈从而效尤。民之被累有不胜言者，宁为吾一身累耳。"三年中，所亏数千金，称贷不给，至鬻家产以偿无怨。呜呼！濒江州郡皆财富强，筮仕者率以漕多之区为善地，以事上官则秩迁，以赡身家则橐富。然其势必倒持太阿，授权胥吏，由是土豪市侩因缘为奸，晋如鼫鼠，惴惴焉虑有他变。甚或褫冠服，触刑辟，向所掊克，俄焉冰消，吾见亦多矣。以视脱屣五斗、俯仰自如、遗后人以安者，其得失可道里计耶！公内行醇笃，饮人以和，自少以能诗名。在新淦，爱其山水之胜。当春秋佳日，听漱玉，坐云涛，吟啸其间，喜形篇翰，观者不知为簿书长吏也。丁卯，分校乡闱，得人称盛。归里后，应聘主笠泽书院山长，讲学论文，娓娓不倦。暇与邑中诸耆旧结岁寒诗会，慕之者指为香山洛社中人。平生著述甚夥，皆手定存稿。临终举以付桦，桦泣而志之，藏于家。公生于康熙二十七年九月二十七日，殁于乾隆三十六年九月初六日，得年八十有二。配顾孺人，先公三年殁。子二：长枫，国学生，早卒；次即桦，邑庠生。女三：一适国学生朱远闻，一适貤封奉政大夫、刑部陕西司郎中李光运，一适庠生周璨。孙男四：兆熊、昌燕、保鲁、云羹。孙女三，曾孙男一履堃。铭曰：

古称廉吏，而不可为。而可为兮，载鹤归来。西江之水，清且漪兮。有子象贤，诗书之泽。久而垂兮，我铭吉壤。质实不文，无谀词兮。

清金学诗《播琴堂集》

周今图家传

〔清〕张士元

先生姓周氏，世居松江泖上。明末有名晓者，官礼部，赠福建平和县知县。晓生秉绪，知四川简州。秉绪生泮，避地五湖苔雪间。泮生篆，始徙吴江之严墓，后置新县，遂为震泽人。篆字籀书，生而有文在手，曰"文正"。博览群书，自天文地舆以至时务，皆明习。而好游历，以充其所学，足迹几遍天下。撰《蜀汉书》，注杜甫诗，又悲屈原、贾谊之志，旁《离骚》作《悼屈》《诤贾》二篇，当世士大夫称焉。有子曰勉，更名南，字今图。家贫力学，清苦自励，平生未尝衣裘帛。为文章快意累累，动辄千言，与宁波陈梓古民相善，前尚书沈归愚亦极称之。先生性简直，不事文饰，意所不可者，必达之，人多疾之。有馆之者，亦往往不合去，故先生贫益甚。布袍垢敝，面黧黑，乡里群訕笑，先生吟诵自如。或粮尽绝爨，竟日危坐，不以干人，其洁廉如此。有孀姑年老无所依，先生迎养之终身。姑亦通经史，先生有疑义，尝从质问焉。先生好古文，不喜为时艺。出应童子试失期，以书谒令陈侯，请补试。侯得书惊异，因置先生名第五，补学官弟子。是时，有诏举博学宏辞，沈归愚以诸生被荐赴京师，有欲推毂先生者，先生止之。而所善陈古民亦为州府所徵，又举孝廉方正，皆力辞不应。人以是高陈君，益知先生之不妄交也。初，先生师事乡进士金士吉，士吉喜先生行清词高，常以友道遇之。后士吉为盗所诬，死县狱中，先生遂漠然无所向，以穷约终。

赞曰：先生耿介自持，始终不易，盖古之狷者也。吾族尝迎馆先生，先生留居最久，吾父与诸父皆从受经，故予熟闻其事，又得其家所藏先世文字，稍次第之，作周今图家传。

清张士元《嘉树山房集》

陈徵君暨配陆安人合葬墓志铭

〔清〕沈德潜

汉代选举，重孝廉、茂才、孝弟、力田，而东京尤以孝弟为首。故当时如毛义、薛包、刘平、赵孝、江革、姜诗、缪肜诸人，皆以孝弟闻。无论有位无位，朝廷重之，史册书之，以之风厉天下。与夫千秋百世以后，诚以代有古今，而敦彝饬纪，前后不能易也。得是义也，可以志徵士陈君之墓。君讳时夏，字御元，太邱长后也。七世祖见川公，始居吴江黎里之江村，代有隐德。曾祖讳斯道。祖讳世芳，太学生，赠文林郎、湖广宜城知县。考讳永年，附贡生，六子，徵君居长。徵君生二岁，母汪孺人没，继金孺人，爱逾所生。徵君知已失恃，时思慕涕泣。及侍母膝前，辄拭泪周旋嬉笑，依恋不忍释，知者称为孝童。少岁勤学，弱冠补博士弟子员，有才名，屡应乡举。甲午省试毕，心忽痛，梦寐中若有趣之归者。归已父遘疾矣，侍疾三旬，吁天乞以身代。遭丧毁瘠，见者几不能识。已葬，结庐墓旁，风雨中时闻椎心哭泣声，行路为之凄恻云。徵君以家督卵翼诸弟，析产时，推肥受瘠。诸弟有艰重事，必斟酌经理，同欢共戚，如孩幼时。诸弟中叠遭死丧，抚诸孤尽力。犹子补诸生，曰：“庶几无负吾弟。”而继母所出弟殁后，抚遗孤倍至，恐伤母心。母尝曰：“未亡人不知无子之苦者，赖有长子在也。”徵君虽不得位，而雍穆祥顺，化及里党。今上御极初，诏徵孝廉方正之士，郡县以徵君应，君以母老辞。两季弟谓："养母之责，弟当任，兄独不为显扬计乎？"君曰："母氏鞠育，得有今日，我不忍跬步离也。且古人一日养，不以三公换，我岂无爱日心耶！"卒力辞之，大吏益重其品。生平朴茂不欺，是非必辨，与人约必践。凡济困乏、恤鳏寡、活婴孩、设义塾，与夫掩骼埋胔、除道成梁之类，不可枚数。岁辛酉，增修试院号舍，往来鹿城，至触风雨犯暑热，致疾不起。窥其用心，经所谓将为善思贻父母令名必果者，实有嗜善如利欲而不顾其身者耶？呜呼！斯为孝友独行之士也已。生康熙二十八年八月十六日，卒乾隆六年九月十九日，年五十有三。配陆安人，大银台舒成公女。通经籍，有不巾进士称。归于陈，敬公姑，和妯娌，洽诸姑，营婚葬。徵君力行孝弟，安人曲体赞助之。其他主中馈，仁臧获，不耀纨饰，不惑二氏，妇行之昵者，能之不及备书。后徵君二年卒，为乾隆八年七月初九日，距生康熙三十一年二月初二日，年五十有二。子男子三：炳文，州同知，淮扬水利效力；龙文，太学生；宏文，习儒生业。子女子三，俱适名族。孙男八人，孙女四人。乾隆八年十二月十二日，诸孤合葬考妣于吴江县北斗字圩之原，以行述乞铭。予特重其敦本懋实，为政于家，有汉代孝廉、茂才、孝弟、力田之风，因录其行之大者志之，俾史官作孝友传者有所考焉。铭曰：

《书》云孝乎，惟孝斯友。徵辟虽辞，名在人口。谁与佐之，莱妻鸿妇。古所云

"我佩子戴，我负子戴"者，讵足状其匹偶乎？镌片石藏幽宫，百行之首，斯足以不朽。

赐进士出身、通议大夫、日讲官起居注、詹事府詹事兼翰林院侍读学士、年家眷弟沈德潜撰。

清陈阶琛等《颍川陈氏近谱》

从祖汉汀公暨费太安人合传

〔清〕陈元文

公讳之乾，字汉琳，号汉汀，文伯公之子也。文伯公年四十始得子，钟爱逾常。公生而聪慧，未弱冠，文已斐然。应本籍试不售，继随姊夫嘉庠生唐尊村应试嘉禾。以嘉禾固吾宗旧籍，例不禁，而忌者以公占籍黎川，久攻诘，不遗余力。公素体羸，又以恐怖得痰疾，遂废举业，援例入成均。居恒每喟然曰："予终鲜兄弟不获，奋志芸窗博一衿不得，亦予之命也。"公自婴疾后，日夕与药炉、经卷为缘，悉屏去酬应事。而田园岁入，并一切支撑门户之事，一一委之费太安人。安人本吴江望族，为岁贡生慎园公之女，康熙癸巳举人元衡胞妹。言德容功，动娴礼法。年十九来归，已不获事姑，而晨昏定省，潴瀡脂膏，数年来井臼亲操。安人实以妇道而兼子职，群从姒娣间，靡不交口相誉。康熙丁酉，文伯公捐馆舍。公与安人一以恨痼疾之难瘳，一以悲门祚之衰薄，长子仪庭公年甫三龄，而讷庵公亦在怀方娠。苦块余生，百端交集，形影相吊，涕泗何从？时有人以新丧可图，妄生觊觎。安人廉知之，乃于治丧日衰绖出幕外，痛哭流涕曰："子若孙具在，汝辈欲何为？且幸人之灾不义，乘人之戚不仁。"遽直前摔麻衣行礼者，衣襟尽脱。一时座客皆惊愕瞻顾，其人亦渐沮而去。太安人之勇于见义，临事独断，类如此者。乾隆癸亥，公以疾终，享年五十有五。太安人虽茹荼饮蘖中，而辛勤操作，治内治外，诸政仍不少倦。遇里党中公事，可行者不惜捐资以助，可已者则屏绝之不稍假。而其为子孙敦请名师，以长以教，则太安人丸熊画荻之苦心，为不可及矣。宜乎晚景安闲，优游怡养，生受子孙曾舞彩含饴之乐，没与公同邀紫泥纶诰之荣。乾隆壬辰，年八十有二寿终。呜呼！善人之报，母范之贤，均可传也。侄孙元文拜识。

清陈阶琛等《颍川陈氏近谱》

族曾祖三江公传

〔清〕垿朗

公讳云龙，字赓若，号三江渔父，吴郡吴江人。朗之族曾祖也。高阳苗裔，陇右云礽，得姓之初，孙因祖字。（楚怀王少子伯棼之孙伦，以祖字为氏。）入官之著，名在番邦。（汉竿咨为高丽王主簿）唐则南院郎官，继廉名于观察。（讳景文，僖宗朝山西道观察使。子讳忠，昭宗朝吏部郎中。）宋则西京留守，传政谱于龙图。（讳世兴，仁宗朝西京留守推官。子讳象先，哲宗朝龙图阁学士。）洎乎高宗南渡，扈跸有功，刺史平江，赐田食采。（讳千秋，扈从南渡，为平江刺史，赐地秀州华亭。）盖惟中奉，实始迁吴。自宋及元，克忠且孝。逮建文之逊国，有参议之捐躯。（讳原霖，明洪武朝通政司右参议，殉节建文，幼子讳宥，逃祸高邮。）宗族见收，幼孤逃祸。返松陵而椒衍，居莘塔以绵延。公之尊祖休仲公，绍园林之素志，惟窥床上遗书，承梧月之清辉，不践阶前片石。（明衡公有《梧月吟》，休仲公因以名其轩。杨忠节诗："怕践阶前一片石，遗书犹自满绳床。"）祖枫臣公，竹林小阮，家谱与修。（杨忠节序家谱云："迓生休仲偕小阮枫臣出谱系，属余序之。"）父汉超公，文学继兴，门风不坠。公生而夙慧，誉起神童。目一过而不忘，耳暂闻而即识。海赋千有余字，诵在四龄龙门。百三十篇，熟于半月。十三廿一，穷经史之源流；四万五千，悟晋唐之梵贝。而又甄综纬究阴权，河水浮来，兵书七卷，天弧夜降，射法三篇。是以风情倜傥，志气纵横。藏甲胄于胸中，挥云烟于纸上。言泉之妙，河渠千七百川；文品之高，天台万八千丈。爰偕沧州伯氏，（讳灏，号空斋。）往师义门先生。（何侍讲名焯。）一盼初邀，辄解颜而笑；五年未届，即并席以谈。元凯八人，李膺是冠；生徒三万，郭泰为魁。出蓝之色更青，附骥而名益显。然后挟策金门，观光凤阙。先作司农之客，（王司农名鸿绪。）预参《明史》之修。承笔削于巨公，见多闻博；结知交于先达，声应气求。粉署彩楼，群欲收为桃李；玳簪珠履，争先订以金兰。无如腰生傲骨，腹有刚肠。慵投刺于要津，厌论文于俗子。相如赋就，羞称狗监之荐剡；沈约车前，耻负雕龙如货鬻。故或心有不平，意稍未合，每长身之耸立，且强项之发赪。谠论正言，发挥于耳热酒酣之际；嬉笑怒骂，杂出于高谈雄辨之间。斥耳语于灌贤，三公动色；谏效矍于荀令，四座皆惊。佟雅乾庵上公，（隆科多佟雅氏，字乾庵。弟庆复，字瑞园。）榷税三关，留人丛桂。（监督淮关，延沧洲公及公佐理。）翩翩书记，则阮瑀陈琳；荏荏风流，则王蒙谢朓。刘伶墓杜康桥，伯仲联吟之地；漂母祠韩侯庙，宾朋怀古之情。一旦主人有事，食客无能独出，救以锐身，遂解纷于抵掌。（乾庵缘事革职，公挺身出辨。）关东游侠愿交，则延颈朱家；淮北贤豪兄事，则倾心袁盎。蘋洲吴学使，（名应棻，字小眉。）延佐衡文，与参校士。披沙剖璞，藻鉴既精，激浊扬清，冰壶交映。阅晨夕而忘寒暑，勤敏无双；自中州以迄北平，始终如一。故异日有大科之荐，鉥尔时知介石之风也。（后荐公鸿博。）于时瀛海郡黉，止图借径。（公尝寄籍河间郡，庠名解杨思。）春明场屋，便望抡元。一日夜廿有三篇，五经俱习；合天下五十八卷，乙榜同登。（雍正壬子科顺天乡试，公居副榜第一。）嗟乎！博浪沙椎，副车误中，扶桑日赋，铁砚铸成。李广老而不侯，云英少而未嫁。九万里初抟健翮，鹏非蜩鸴之伦；三百瓮未了黄齑，味在酸咸之外。家贫亲老，亟补循陔，禄薄署间，迟铨秉铎。无何寿考作人，鸿词取士。（雍正十一年，开博学鸿词科。）表祢衡者文举，素知卓跞英才；荐贾谊者吴公，久羡治安长策。尔乃上金殿以挥毫，以玉墀而洒墨。（乾隆未改元，在保和殿御试。）天地赋其中合，援五六为枢；万事本乎黄钟，著根源之论。（五六天地之中合，赋黄钟为万事根本。论赋得山鸡舞镜。）笔无停缀，速于鹦鹧当筵；思更不群，丽若山鸡舞镜。然而一姓一名，早达九重之耳；或虚或实，难揣两相之心。（时张、鄂两相国阅卷。）天子谅暗咸听，冢宰侍郎校艺，概斥三吴。（邵侍郎基斥声调和平者为苏松派）诧峰青湘浦为鬼谣，讶珠朗昆池而纸落。十五卷奏呈以外，尽隔重瞳；（公《放歌》云"十五卷外隔重瞳"，自注"进呈止此"。）千万言对策之余，惟闻太息。霜蹄再蹶，路绝笞云，娲石无功，不惊逗雨。刘蕡下第，人人有愧登科；李白还山，处处先为徵辟。时则瑞园上公制军三省，秉节两江，幕开王导山前，榻下徐孺亭畔。人惟求旧谊切绨袍，友且兼师，情殷币聘。（招公课子福成，兼参公事。）昔年拜母，曾登公瑾之堂；此日作宾，重入桓温之室。吴山楚水，既助吟鞭；黔两滇风，又归梦笔。（瑞园移节滇南，与公偕往。）金沙耀目，大猷先浚夫一江；（乾隆五年，奏开金沙江。）边塞关心，小丑已降于三板。（公《即事》诗："五攻小丑无奇策，三板孤城断救军。"谓交趾边警也。）已而六年羁旅，万里言旋。甫欢侍乎萱堂，忽忧居于苦寝。水浆不入口者七日，泣血未见齿者三年。少连善丧，至人留感，颜丁合礼，行路伤情。若夫蓬门邀麾钺之临，（瑞园有《舟过吴江访三江渔父》诗）草野奉丝纶之降。（瑞园制军川陕，请旨迎公为佐理。）南藩八物，移节雍梁；东阁二难，销魂吴蜀。边陲重地，必资明练之才；毗赞需人，特启钦贤之馆。幕府大将军之爱客，亶其然乎？丞相平津侯之待宾，蔑以加矣。于是揽辔登车，遥指蚕丛鸟道；扬鞭走马，备经紫塞蓝田。旧雨重逢，人伦乐事，德星再聚，天假奇缘。笔札邪唇舌邪？挥羽扇于筹边楼上；清风也明月也，酌金罍于载酒亭前。乃有井骥旧地，九姓构仇。（乾隆十二年，讨定大金川，起于九姓之构仇，迄于郎卡之归命，即汉时井骥也。）邻封互肆并吞，诈贪难测；妇女亦能出战，剽狷殊常。圣主好生，倚大藩为重；丈人戡暴，惟僚友是谘。长阪九回，王尊识忠臣之路；渡泸五月，诸葛有深入之兵。居帷幄以运筹，捧昆仑而压卵。扑碉攻卡，手助指挥，石栈天梯，躬亲跋涉。汲路湮而火韬举，虏迹已空；危楼碎而袄庙焚，贼巢尽扫。其三器克襄夫阃外，缘六韬素裕于隆中。周亚夫细柳军门，莫能犯也；庾杲之莲花池水，何足艳哉？至于中山既拔，颇多诽谤之书；孟获未擒，难上出师之表。（瑞园奏凯入相，张广泗奏班滚尚在，乃革职。）冯异则飘零大树，子房则导引轻身。老矣风尘，聊复扬帆而南下；萧然兴味，奚堪回首于西征？万户封侯，休怀马革，五湖钓叟，且话渔矶。张季鹰风起之秋，鼎调莼菜；范少伯功成之后，船载西施。此《水村取适图》所由绘与。（公小照。）旧居三荡之北，移筑分湖之东。（迁于池上）依稀南北阮村，仿佛东西瀼水。四壁本无长物，著作等身一家。独自成林，环遮有树。客中之捭麟包凤，曷若乡间之紫蟹银鱼；江上之青笠绿蓑，胜于塞外之金貂玉帐。乃溯武陵，并游富渚。（李漪亭夫子为浙江廉访，延公佐理奏疏。）谁为东道主，犀带绣衣；客是故乡人，莨莩桑梓。西湖着屐，非支鹤料之符；北海开尊，为洒属车之酒。劝葬埋以敦风俗，泽及枯骸；驱猛兽而藉神威，文同没羽。（祭郭公庙文《驱虎》也）岂徒伴崔咸之痛饮，和白傅之新诗。登严子陵台，客星忽落；拜林和靖墓，化鹤始归。公以康熙廿九年十一日廿一日生，乾隆廿五年十二月初七日卒，年七十，葬于南莘塔北阡。子二：长齐聘，次齐芳。公资忠履孝，蕴义怀仁，学不专经，遍通典籍。兵能师古，自得机谋。文章则价重鸡林，武库则声高虎帐。倘上鳌头而题雁塔，学士何惭；即图麟阁而画云台，功臣奚让？奈何四海奔波，一生落托。壬子未登甲榜，丙辰又罢敕头。残月晓风，知音绝少，蛮烟瘴雾，白发频添。针线衣裳，半为他人作嫁；鸡栖苜蓿，久遭路鬼挪揄。（中书教职，俱未铨及。）遂使壮志沈沦，盛名埋没。八千里子身作客，五十年万事俱非。十二吟笺，广公叔绝交之论；（壬子乙榜南归，得诗十二首。）三千奏牍，成茂陵封禅之书。所可惜者，生平属稿散轶颇多。宾筵忼慨之余，畴为收录；行李仓皇之会，半付劫灰。马上船头，狼籍几多片羽；天涯海角，抛残无数碎金。剑方埋在丰城，鼎复沦于泗水。魏帝集徐陈之作，绝少遗文；孝标答刘沼之函，已无青简。惟有文百篇，诗四卷，读者谓其跨孟韩之席，升李杜之堂。（李玉洲评。）感深宿草陈荄，故人作序；（张少仪有序文。）心服雪车冰柱，邑宰留题。（邑令龙雨樵亦有序。）是可传与，洵不朽矣。龄修族祖父书能读，手泽犹存。虽猿臂家声已无黄石，而鸡窗世业尚有青箱。爰诵音徽，命编列传。朗追忆髫龄，会瞻玉貌，回思壮岁，惟见锦囊。自愧游燕少此登坛之策，并惭入雒徒为依幕之宾。玉署无阶，冷官如续，青天难上，蜀道未随。用溯当年，略陈梗概。恐迁移乎陵谷，将铭勒于鼎彝。他年焜耀史编，此日辉煌家乘。庶唐朝二百九十姓内谱牒有光，亦吴郡一十有八家中清芬可诵云尔。族曾孙朗谨撰。

清连鹤寿《连氏家乘前集》

连徵君三江传

〔清〕柳树芳

君讳云龙，字耕石，自号三江渔父，邑之莘塔人也。世有潜德。君生而颖异，读书过目成诵，自经史诸子百家，靡不泛滥。既长，偕兄灏游何义门先生门，先生一见器之。比入都，王司农鸿绪聘修史稿，又从佟雅乾庵公佐榷淮关，才名日起。学使归安吴公应芬督学河南，闻君名招之往。自中州迄再使北平，君所分校最公以审，由是吴公知君为深。初君名谟，又冒解姓入河间郡庠为解杨思，至是改今名。由国学应北闱试，举雍正十年壬子副贡。越一年，朝廷重开宏词科，前学使吴公举君博通经史，兼善词章，可与大科之试。乾隆改元，御试保和殿，报罢南归。过金陵，制军庆复公与君有旧，待君以宾师礼，俾公子福成受业焉。未几，公移节滇南，偕君往在滇。奏开金沙江，定交趾乱，多所赞画，凡六年，以母老辞归。当君在云南时，洞悉苗夷情事，回籍后方以教职应选。乾隆八年，庆复公奉命总督川陕，特奏起君参赞幕府。卒以讨平大金川功，议叙内阁中书。而君锐意南还，辞不就职，隐分湖滨，绘《水村取适图》以寄意。晚岁一游浙西，为主者草奏请申严葬埋之禁，又有《驱虎文》传诵于时。以乾隆二十五年十二月卒，年七十，葬南莘塔之北阡。子二：齐聃、齐芳。君负长才，慷慨任气，既游历久，策事多奇中。其在淮幕，隆科多公缘事落职，客散去，君独挺身出辨，人多义之。隆科多公者，瑞园相国之兄，字乾庵者也。金川之平也，逆首班滚设计自焚以遁。上奏时,君谓班滚存没未可知,宜据实以闻。不听,竟奏班滚烧毙凯旋,瑞园制军遂入相。后朝廷知班滚尚在,相国由是得罪。君生平为人司奏记,稿随散佚,有文百篇,诗四卷,藏于家。

论曰:迮氏自宋绍兴初,中奉大夫千秋扈从南渡,遂为吴人。其居吴江之莘塔,实自参议公始。参议殉节建文,幼子宥尝逃祸北去,而卒归故里,然则迮诚吾乡旧族也。余辑《分湖小识》,见徵君族曾孙朗所为传,以其骈也,遂补为之。夫以徵君之才,见于幕府卓卓如是,苟得自行其志,又乌可量哉!

清凌淦《松陵文录》

潘其灿传

潘其灿,字景瞻,号朗君,耒季子。颖敏过人,九岁作制义,即滔滔数百言,师辄奇之。康熙丁酉举于乡。幼禀庭训,即以通经学古为务,诗古文辞并传家法。赴礼闱时,会世宗举临雍之礼,献诗十二章,钦取第一,公卿无不拭目。然平生外和内介,不肯稍事干谒,居都下四载,未尝一为贵人门下士。旋即南归,一载卒,年仅三十六。有遗稿三卷。(本《诗徵》)

清道光《平望志》

孝廉俊求公传

〔清〕周慎

孝廉俊求公,神姿清澈,少颖敏嗜学。髫年孤露,奉母得其欢心,事伯仲两兄惟谨,家务必禀于母兄而后行。偕叔兄下帷攻苦,早入黉序,屡试省闱,始获隽。为人坦白乐易,不立崖岸。于亲旧曲有恩意。外舅没,岳母孀居无依,迎养终其身,丧葬如礼。人有事就谋,必为之尽心,乡里高其谊,目为"真孝廉"。卒年四十有二,人咸惜之。

清王锡等《吴江王氏新谱》

潘昶传

潘昶,字景昶,号涤汀,明参议道有功族孙。颖悟过人,读书通大义。攻举业,不肯从俗骫骳,弱冠补县学生。后学为诗,就正于计默、钱云二人,尝作《历朝宫词》一千首。又学为古文词,与沈彤、沈闇相商榷。二人长于古学者也,而闇持论尤严,谓八家自韩柳以下无完作。昶初以文谒之,尚斩斩不可,既而虚心质正,不数年大获许可。

昶虽究心于文词，而与前辈琢磨道义者，未尝一日忘也。中年后，读杨园张氏《五十自警》诗，益奋志于学。摘其集中格言，并《近思录》中切中己病者，时省而力行之。又录汉以来大儒自董仲舒至陆清献等传，共二十四篇，志向学之意。乾隆甲子，吴江令陈蒉缵聘修邑志，所撰名宦、文学、艺能、列女诸传，风俗、御寇诸志，悉有体要。尝作《自警》诗，有"天地有否泰，生养资严冬。病夫虽苦寒，曷敢忘岁功"之句。卒前一月，得李文贞光地理学书，大喜，每坐起，阅至日晡方止。盖昶锐志于学，虽老病犹然。向学之始也，尝恨世俗丧礼，诸仪不合礼。因居丧反覆《朱子家礼》，录其切要，并附载礼所当补与俗礼所当去者，名曰《家礼居行录》。又有《求生录》《志学编》《四书质疑》及诗古文若干卷。卒年五十五。长子维经，县学生，先八年卒；次子维纶，府廪生。孙敬。皆以文学世其家。

清道光《平望志》

恬斋公传

恬斋公讳廷光，字兼立，寓濠公之子也。颀身玉立，英姿飒然。年十九补嘉善县庠生，旋食饩。仪封张清恪来抚吴，好奖许后进，见公文，即引入内署，讲授濂洛关闽之学。中丞尝谓人曰："吾阅士多矣，见沈生使人精气焕发，余子殆白日欲寝矣。"在署岁余，学益醇茂。以例贡任乌程训导，造士有法。一时如沈厚田、闵文山、凌树屏，尤为雪中翘楚，皆公所陶镕也。雍正乙卯中乡魁，联捷南宫，授广东仁化县知县。邑中盐贾旧有岁规，公白于制军，请除之。制军曰："君言诚是也，奈如后任何必。欲如常衮之辞堂封，窃为君无取。"公遂贮诸库充为官物。甲子入闱，分房校士，所荐拔皆俊髦硕学，粤中咸庆为得人。后以父母年高，屡乞终养，上宪不允。适内转中书，乃具陈乌乌私情，扁舟南下，甫抵家而寓濠公已病笃矣。是秋丁父艰，越十年丁母忧。丧葬既毕，优游林下，年近七旬，手不释卷，口不绝吟。宅后有园池亭榭之胜，寓濠公所营构也。常与老友朱剪淞、沈莼村、吴逸叟、徐洄溪诸公，为五老会，宴集赋诗，吟咏甚多，时有入少陵之室者。惜乎今皆不存，网罗散失，实有望于后之人焉。

清沈光熙等《吴江沈氏家谱》

文学陈载赓暨配张孺人合传

〔清〕平恕

陈文学载赓，讳之韵，吴江之黎里人，处士世英之子也。髫龄韶秀，即工诗，兼攻举子业。处士公知其有夙慧，不欲扰以家事，乃悉命其兄之观掌之，用是得专于学。两应童子试不售，而诗名已籍甚矣。然诗成，辄欿然不自足。每阅日，则取其前之所作者而覆视之，而不惬之，而焚弃之，以故著述鲜传。年十九以疾卒，娶张氏，生子才八日耳。时人咸叹惜，以比唐之王勃、李贺，皆工于诗而早世云。然吾考子安之卒年已二十九，长吉之卒已二十七，是天之予文学者尤靳也。文学既没，张孺人故名门女，夙娴于《女训》，当是时年仅二十。抚遗孤，即母即父也；事姑舅，即妇即子也。声未尝扬于帏，足未尝逾于阃也。戚党有颂其节者，辄怆然曰："吾所为分也，何称焉。且未亡人以藐孤在，不获相从地下，偷视息人间，尚忍以苦节邀名誉乎？"因泣命其子："汝幸而成人，当体吾志，勿以琐琐事闻于人也。"凡历十有三年，亦卒。嗟乎！此真文学之良耦矣。后其子既成立，承父之志，亦以诗名家。因检遗稿，附刻《松陵诗徵》，痛念父母之才与节而早卒，至终身为饮泣。其子为谁？名汝为，号笑庵，例授州司马不仕者也。

论曰：予与文学之孙简亭，订交于京师，因得读所遗《辍耕编》一册，美哉！和平之音忠厚之旨也，宜其子孙皆以诗名当代乎。在《易·中孚》之九二："鸣鹤在阴，其子和之。"文学有焉。至孺人之节行，越今六十余年，而始克有闻而传之者。其不欲令人知，殆亦犹士之务实而不务名者与。在《节》之六四："安节，亨。"孺人有焉。

清陈阶琛等《颍川陈氏近谱》

王 藻 传

王藻，字载扬，号梅汻，二镇地人。国子生。少颖悟，喜读古今诗古文词。家贫，以贩米为业，暇则矢口成吟，无他好也。康熙丁酉，吴兴沈编修树本阻风莺脰湖，见藻《题桃源图》，有"不知何物同尘世，只有秦时月在天"之句，为之叫绝，遂造其庐，与坐谈，叹为异才。即招藻主其家，共相讲论，由是学益进，诗益富，名亦益起矣。雍正癸卯，游京师，每名流会合，分题角韵，藻辄压倒侪辈。时吴文恪士玉为学士，闻藻名，以宾礼延致之。藻青鞋布袜，长揖就坐，大为士玉所赏。已而士玉领《一统志》书局总裁官，专委藻检阅。藻殚精著录，七阅寒暑，志遂成，而士玉卒于位。藻独留京师，无所遇，乃归，往哭士玉墓。乙卯，复至京师，王公大人都为假手于藻，尤为李少司农绂所器重。乾隆丙辰，诏开博学宏词科。绂已荐六人，格于例限，因取所知名姓于朝房中，广托九卿。以藻托门下士孙副宪国玺荐之，有难色。绂大怒，国玺长跪允所荐。次日，上闻之，以绂浮躁失大臣体，镌二级。时以绂为爱才若命云。藻与廷试，不用，归，与里中潘昶、王樑、张栋共辑《平望志》。晚客维扬，维扬人士奉为坛坫，没后为板行其《莺脰湖庄集》云。

清道光《平望志》

东顾新阡记

〔清〕陆燿

　　将求当代有道能文与显达之士大夫为其亲志铭之文，则必有束帛之贽而后得焉。燿贫不能直，自述先人之行事、卒葬之年月而已。先人孝谨闻于乡里，信义著于朋友，家贫不能自存，挟策走京师求食。年五十余，始以誊录三礼馆，议叙授山西保德州吏目。居无何，又署代州吏目，又署曲沃县典史。先后从仕仅八年，而遽以老疾辞，辞未卒岁而捐馆。故先人之德业，未尝少施于当世，独隶书流布天下。自公卿以逮闾里，远至滇、黔、楚、蜀、燕、秦、三晋之间，莫不有之。方先人少时，事祖父有至性。授室后，犹俯受捶挞。祖父既没，两叔并幼，先人抚使成立。遗产所入，悉留以与两叔婚娶，已又听售己分，为资生之本。而自授书乡里，给祖母、两叔暨全家朝夕。以此益困惫无聊，而一发之于书。及为吏，又得边境极寒苦地，薪俸无多，苞苴之至者，峻谢不纳。长吏廉知其状，往往故为索书，而厚偿笔墨之值。缘是数年在官，幸而无缺。还京师后，见燿出入禁省，需费不支，犹日染翰操觚，易金钱济燿。盖先人之于书，未尝一日少辍。手摹《西岳华山碑》至二百余通，自书千字文称是，其他散在缣楮不计其数。本朝书家，自顾云美、郑谷口以来，未有若先人之勤且多者也。先人初讳无咎，后更讳瓒，字虔实。生于康熙三十二年十二月初三日，以乾隆二十一年二月二十九日卒于京师邸寓。是年七月，燿扶柩南还，卜地于东顾新阡，即祖遗之分而为向所售者，用钱一万六千五百，仅归四分之一。十二月，先举祖父母两殡。明年十月十五日，始克葬我先人于穆位，前母金、朱两孺人祔焉。而我母陈太孺人生圹，亦于是定。前后共用十万钱有奇。呜呼！燿不能遽求当代之文以为亲荣，又可不自述焉以流示子孙耶！是为记。

清陆燿《切问斋集》

陆廷瓒传

〔清〕何发

　　陆君讳廷瓒，字虔实，初名无咎，吴江芦墟人。官山西保德州吏目。性孝友，父严，壮岁加棰挞无怨。及父卒，两弟幼，抚而成立之，以己所受产资弟，而自理砚田糊其口。少习举子业，不售，遂弃去。专攻古书，从义门先生游，与同里沈彤果堂、沈芳纫佩、迮云龙赓若俱同门，善守师训。家贫不能自给，走京师。乾隆元年，会朝命修三礼，以国子生充誊录官，先后橐笔十年，议叙如例。既精楷法，尤工隶书，所藏奔汉碑版拓本最富，虽断烂必宝之。其力不能有者，必介其友求一视，千里弗远也。其精专若此，故书学遂诣乎其极。书凡三变，初学《曹全》《史晨》等碑，以流丽胜。中变而风格峻整，仿佛《衡方》《尹宙》诸碑。再变为奇古，《夏承》《戚伯》其宗也。晚年出入纵恣，正变乖合，无所不可。每握管，当快意处，狂叫起舞，不能自禁。远近求者无虚日，故其书遍海内，而楷法转为所掩，不名。其佐保德也，官卑，无所见其才。既委署代州佐，又署曲沃尉。曲沃善地，可多得钱，而包苴之，至拒益峻，日用无以偿，因重困。上官嘉其守，而怜其贫，乃故索书而厚酬之。积卖字钱百余金，悉以葺保德官舍，不入私橐，人咸笑其迂。性本恬退，遇覃恩得貤赠，其考铨登仕佐郎，妣张氏九品孺人，遂以老疾告。凡在职八年，将去，绅士以文酒攀留，笔墨之役复弥月。祖送者填于道，皆曰："自古无此风雅，廉吏也。"子燿，官中书，迎养旅邸，未逾年，卒。余以世好于令子，又忝一日之长，知之最深，爰就所闻见而传之。其详具见燿所撰《东顾新阡记》中。赞曰：

学者以浮夸相尚久矣！求可以真率许者不概见。惟陆子匈无畦畛，与之居，能使人性情俱移。故自王公大人，下至里夫贩竖，苟识面无不敬，且爱者而已，不知其所以也。至其隶书精进而极于古，近代如顾云美，岂有让哉？惜乎区区一官，终以贫贱老也。然有子而才，将必能发先人之蕴光而大之者，呜呼！是可以无憾已。乾隆廿三年戊寅春，内阁中书舍人兼詹事府司经局正字、长洲何发撰。辛丑仲冬宗侄绍曾拜书。

吴郡刘万传刻字。

吴江博物馆藏拓片

诰封太夫人显妣陈太君行述

〔清〕陆燿

太夫人姓陈氏，先世自浙之海宁迁吴，再传为河间守嗣泉公讳光祖。子芝房公讳继华，明神宗时举人。生玉立公讳宗之，崇祯癸酉举人；次绥功公讳安之，岁贡生，是为太夫人之曾祖。生我外曾祖庆孙公讳起彦，庆孙公生外祖父载欣公讳曾荣，皆以文学相继。当太夫人之生，外祖父方锐意进取，忽得心疾，外祖母金硕人以忧悸卒。太夫人年未及笄，与幼弟惟一公讳绍基，仰事病父，能得欢心，食非太夫人所进不食，衣非太夫人所制不衣也。惟时先大夫娶我前母金夫人蚤世，继娶朱夫人，未弥月而又卒。两次失偶，侘傺不自得。值游于义门何先生之门，何与陈故有姻连，先生命其弟小山先生为之媒氏，就陈宅结褵而授书于其家，舅父惟一公亦藉得受业焉。顾不孝之家，世居吴江之芦墟，去郡城百里。未几，遭先曾祖妣吴淑人丧，随先大夫匍匐来归。自伤幼年失恃，事我祖妣张夫人，如骄女之入母怀。张夫人前已两丧冢妇，情怀不展，及太夫人入室而乐不可胜，宗族皆啧啧称贺。吴中女红，类娴箴黹。芦墟僻在乡隅，专尚纺织，太夫人尽弃所学而学焉。久之，虽老于纺织者弗及也。及先大夫远宦山西，太夫人携一媳一女孙，共载一车，车颠马逸，几蹈危险。至则土锉短垣，萧斋冷寂，日食小米二餐，前后七载，甘之如饴。不孝幸售乡闱，旋充景山教习，又考授中书。度需次期近，即迎两老至京，冀以微禄奉养，稍修子职。无禄先大夫即以次年见背，不孝扶榇归里，僦居一故人之宅。时有非理讦讼累年不决者，乘不孝他出，因居停奉百金为寿，欲抑令不孝为之左右。太夫人曰："诸君不敢与吾儿言而强我，是欲我教儿以不义也。"还其金，驱之出门。不孝归，闻此事，谓太夫人设堕其计，肩金箱箧，不孝从违两难，何以立于人世？是则太夫人之贤，举一端而百行可知矣。居平恒以清谨奉职饬励不孝，自历官内外不至陨越者，遵先大夫之遗训，亦遵太夫人之教也。然自在室以至中年，皆处困居贱，拮据辛勤。兼之外侮内难，相乘间作，未尝有一日之欢。乾隆二十三年，不孝服阕赴补，奉母北行。明年补授中书，入军机处行走。二十六年，恭遇皇太后七旬万寿，封太安人。时太夫人才逾六旬，气血尚壮，然已时时筋骨作痛，四肢麻木，或终夜不寐。医者曰："此中风之根也。"不孝每岁扈从木兰，必购求虎胫鹿角诸药物以归，服饵数年，藉以支吾。自是之后，不孝累升户部主事、员外郎、郎中，管理宝泉局监督。三十五年，签升云南大理府知府，太夫人年已七十有一，不孝循例，请改近省。其年十一月，签补山东登州府知府，明年又调任济南府知府。恭遇皇太后八旬万寿，诰封太恭人。三十七年，升授甘肃西宁兵备道。西宁道远，不便迎养，而不孝累蒙拔擢，不敢复以母老为辞。愿得送母至京，单车赴任，庶几定省，虽疏而音书易达。今少司空大中丞徐公据情入告，即日改授山东运河兵备道，不孝既得近地便养。太夫人神明不衰，饮食调和，方幸从前筋骨诸痛以渐向差。乃四十年十二月十二日，晨起洗沐，忽然卧地，口眼歪邪，手足偏废。延医急视，云系类中，必须参附重剂，保固元气。是时，不孝方擢山东按察使，强以安舆扶掖至省。调治两年，未见平减。四十二年正月二十日，不孝署理藩篆卸事，将奉太夫人升舆，失足蹉跌，起即发声狂叫，势甚可畏。不孝惶急不知所为，遍集历下医士，莫能措手，乃复进以前服诸方。而呼号之声，自是不拘昼夜，恒彻户外。不孝强出视事，手披案牍，耳中喧喧，目亦为之五色，无主矣。是年，恭遇孝圣宪皇后升祔，礼成，诰封太淑人。不孝正在寝食靡宁之时，又擢授山东布政使，冀得赴阙谢恩，面奏乌私。折还，复奉硃批："不必来，钦此。"不孝隐忍就职，公私牵制。踌躇五阅月，病状愈增，方敢具折陈情。十二月十一日奏入，奉上谕："据陆燿奏：'亲母陈氏，现年七十九岁，久患痰症。入冬以来，病势转剧，非臣身亲调护，则昼夜不宁。而以此牵怀，必致公私两负，恳恩解任侍养'等语，所奏自属实情。伊母生长南方，水土服习，若回籍调治，或可就痊。陆燿着准其解任，俾侍伊母南归，以遂其侍疾奉养之情。折并发，钦此。"命下之日，凡系同寮属吏，皆以为殊恩异数，更出常格之外。仰惟圣天子孝治天下之至意，即此亦足以风示有位矣。遵即于明年运河冰泮，解维南下。家本寒素，无屋以居。前次南还，已僦居他室，今兹食指滋多，不能不谋栖止。先于嘉兴郡城，暂觅数椽，去祖居仅五十里，岁时往返，半日可达。既奉太夫人至新居，长水鱼蔬，南湖菱芡，颐养之余，虽叫呶如旧，而眠食颇安。且于四十五年，恭逢皇上七旬万寿。不孝虽谢事里居，犹得比视现任，邀恩诰封太夫人。计二十年来，不孝九迁官职，太夫人四遇覃恩，晚年遭际，实女中所罕有。以此坐享期颐，仰副皇上"或可就痊"之温旨，私幸可操券而得。不谓四十六年十月初二日，忽感时疾，初如疟痢，继即饮食少进，喘息不止。不孝再进参苓弗效，延至初十日子时，竟弃不孝而长逝矣。呜呼痛哉！呜呼痛哉！

太夫人生为贫家女,长为贫家妇,操作劳苦,习为常事。自五旬以外,晚景渐佳,而疾痛缠身,亦与年俱变,亨于境而不得安于养。夫孰非不孝孽重灾生,延及所亲,以至斯极也哉!太夫人生于康熙三十九年十月初七日午时,享寿八十有二。年二十二岁,归我敕授承德郎、诰赠朝议大夫、通议大夫、晋赠通奉大夫、山东布政使、原任山西保德州吏目、显考虔实府君讳廷瓒。子一,即不孝燿。乾隆十七年壬申恩科顺天乡试举人,历官山东承宣布政使,终养回籍,诰授通奉大夫。娶陈氏,诰封夫人,克三公讳洽之女。幼鞠于外氏、赠文林郎、四川仁寿县知县、又山俞公讳岩,故又为俞氏。女一,适内阁中书协办侍读也山沈公讳谦之子、原任湖南靖州吏目棨。孙男三:恩绶,四库馆誊录生,娶戴氏,继娶戴氏,皆直隶霸昌道绰斋公讳纶孙女,云南呈贡县知县镜川公讳鉴之女,并先卒;次绳,娶吴氏,四川布政使榘亭公讳士端孙女,安徽虹县知县权之公讳秉衡之女;次纲,娶范氏,工部侍郎松岩公讳璨曾孙女,国子监生器之公名墀之女。孙女一,许字云南白盐井提举斯涵江公讳二仪之子、分发山东试用州同知晋,未嫁而殇。曾孙男三:宁曾,恩绶出,殇;孝锡、孝和,并绳出,尚幼。不孝荒迷苦次,凡太夫人之嘉言懿行,所得记忆追述者,止千百中之一二。伏冀大人先生循览终始荣其遇,哀其不克享其奉,而一言以存录之,不孝世世子孙感且不朽。年通家眷弟冯浩填讳。

清陆燿《切问斋集》

王锡传

王锡,字觐扬,号半溪。康熙丁酉领浙江乡荐,三上公车不第,选授江宁令。宁为江南会城,地最繁剧。锡廉洁自守,供亿不足,则出家财佐之。三年调任丰邑。邑濒河,河宪岁征工料,司此者多殃民肥己。锡托以陆路艰运,辞谢之,永准为例,民咸戴德。时值水灾,理荒政,阅实其男女老幼之众寡,便宜行事,全活数十万人。上吏拘于文法,以罣误罢职,而城南二顷尽矣。家居辑家谱,葺墓域,建宗祠,恢祭田,以及平道路,埋骼胔,恤孤寡,其善行不可枚举。性嗜诗酒,所著有《栖碧堂诗稿》。(本周昚撰传)

清嘉庆《同里志》

亡室沈顾两孺人墓志

〔清〕王锡

乾隆庚申正月十九日,葬锡元配沈氏、继室顾氏于小西若先茔之旁。余不敢请大人先生铭,自为之志曰:沈孺人出先贤定庵先生后,幼能读书,祖桐斋先生爱怜之,字之曰静娴。父掌公患瘵疾,奉侍汤药,不解衣带者两年。父没后,始于归,能得先王母暨两母欢，曲尽妇道。迨生母戴孺人没，弟成婚析产，谓余曰："君交游广，二顷田能济用乎？愿出衣饰助生产。"余方谒选，孺人常阻余行，曰："为官分外钱，皆赃物耳。如不足用，能不弃产乎？"余不能听。及莅任，孺人适卒于家，年三十七。余作宰三年，道拙囊空，不出孺人所料，可谓智夫。遗一男五女，老母在堂，仰事俯育，一无依赖，因续娶秀水顾令文先生女。颇有大体，事母韩孺人先意承旨，待子曾垂如己出。儿夜读，令婢给茶点，闻书声歇始就寝。聘娶儿媳，悉出己资。待诸女，衣食教诲，无所不至。当时方于役，孺人以空手撑持，捐奁资，赎弃产，余无内顾忧。谁料拮据八载，心力憔悴，年四十五而卒。呜呼！余少溺章句，不事生产。壮岁过自期许，谓可稍有所建。于时乃役役数年，迄无成就，徒以鞠育之事累两孺人，以致忧劳损年，今余亦颓然向老，可悲也已。铭曰：

瘗玉埋香，孰偕余老？天长地久，此恨难了。聊摅内行，不随腐草。

清王锡等《吴江王氏新谱》

清故太学生候选州同知周府君墓志铭

〔清〕曹森

周氏望吴江三百年矣。自明吏部尚书赠太子太保恭肃公用以政事文章显，监察御史赠太仆寺卿忠毅公宗建以忠节传，嗣是代有闻人，至府君不求自见于世，而以隐德著。夫名族旧阀，所以能长系乡国重望，绵绵绳绳保世滋大者，不在富贵声华，赫奕炫耀也。其先赖有倜傥非常之人创业垂统，其后亦赖有醇厚老成之人恂恂笃行，修于家以信于乡人，故其蓄德愈厚，则其流泽愈长。府君讳士俊，字人千，自号介亭，恭肃公七世孙也。高祖应仪，副贡生，授光禄寺署丞。曾祖文凤，太学生，以子灿仕封浙江道监察御史。祖煜，乡饮宾。考怀鞠，太学生；妣曰屠孺人。府君少时，从诸父讳振业、龙藻两先生游，指授讲贯，具有渊源，学业大就。性孝谨，不慕荣利。以国子监生援例候选州同知，非其志也。时太学公暨屠孺人在堂，府君左右色养，无日废离。同邑陈君权宦滇南，素知府君抱经世才，不谋于府君，辄代为纳粟营田署职州椽，既乃万里贻书，趣令谒选。府君愀然曰："我二亲垂白，终鲜兄弟，侍养将谁委乎？且幸有先世之敝庐可蔽风雨，薄田可供饘粥。吾忍贪升斗而离吾亲乎？"偿其资，坚辞不赴。盖侍养膝下者，五十余年，孺慕如一日，使二亲并获优游颐养，以乐耆艾。殁之后丧葬尽礼，而府君年亦且老矣，遂终其身不复就职。君子于此，多陈君之义，而尤叹府君之至性不可夺也。府君为人，粥粥若无能，与人言，呐呐如不出诸其口，顾独勇于为义。其先有两世之葬，群从兄弟宜分任而力未均者，府君曰"于我葬"，为独任其事。姻党有陈贞妇陆氏当旌门，几为有司所抑。府君曰"于我请"，为力言于乡先生，转白当事，卒以题旌。邑中议复社仓之法，未有应也。府君曰"于我率先"，为蠲谷二百石。至其居家，教子孙读书好礼，循循皆有法度，未尝有疾言遽色，而其家化之，不肃而成。冠婚丧祭，动为乡党法式。是虽不自见于世,而恂恂笃行,修于家以信于乡人,乃如此。於戏!非所谓隐德之君子与?《易》曰:"积善之家,必有余庆。"《诗》曰:"君子有穀,诒孙子。"吾以卜周氏之后益大也。夫人陈氏,故进士桐庐令苍女。桐庐公以文学著声江左,府君为汇其遗集梓而传之。有子男四人:瑞,县学生;璥,震泽县学生;璐,县学生;理,早卒。女四人,婿为太学生程鹏万、太学生赵睿照、归安县学生王璜、例贡生庄永焘。孙男八人:栻、橒、楠、枋、枢、棨、棻、梅。橒,县学生。孙女十三人,孙婿赵基、吴士坚,并县学生。曾孙男一人爔,曾孙女一人。府君于乾隆三十年闰二月庚午以疾卒,享年七十有三。是年十二月乙巳,祔葬邑之范隅上乡百花圩先茔之穆位。将葬,其孤泣疏遗行,属铭于震泽曹森。森不文,文何足传,庶藉府君之厚德以传焉。铭曰:

古之人捧檄而喜,只为亲也。绝裾而去,几不可以为人也。出处何常,惟其心之厚于仁也。懿哉府君,谢彼汲汲,完此肫肫也。孝德既茂,固宜百行皆纯,而百福亦臻也。吴江之渍,范隅之原,佳城葱郁,永宅幽魂。绵绵余庆,益高大其门。不于其身,将于其子孙也。

清道光抄本《周氏宗谱》

自 序

〔清〕徐大椿

余先世随宋南渡,从江西迁浙江之嘉善,代有科第。明正统时,八世祖富一公,又从浙迁吴江之南麻村,再徙西濛港。生三子,季讳硕,乡贡进士,读书不仕。子三,长讳泰,更名汉,号竹溪。隐居力学,举乡饮宾,正德中有司以名上,赐冠服。子二,次讳朝惠,号景竹。敦伦学古,乡党推硕德。生四子,次为先高祖讳履仁,字熙宇。力学课耕,才智过人,遂成素封。时邑宰霍公维华,以吴江田赋繁重、参错隐匿,履亩丈量,定丘形,均宽窄,至今遵守,号"霍册",府君实佐成之,举乡饮宾。子四,第四为先曾祖讳韫奇,字季华。读书过目成诵,凡兵农、医卜、天官、地利,无不通晓,为诸生领袖。著有《文体正讹》《医略》等书数十卷。以先王父贵赠翰林院检讨。配王氏、韩氏两孺人。生四子,次为先王父讳钒,字电发,号虹亭。少颖悟绝人,家有藏书万卷,览诵不遗。康熙十八年,诏开博学宏儒科,徵翰林院检讨,纂修《明史》。王父以太学试高等,列词垣,始迁居西城下塘。配吴孺人。子三,长为先考直方府君讳养浩,号莼村。考授州司马,不就选而归,益耽于学。曾覆舟五龙桥,遇救,手中有执《通鉴》一册,闻者以为美谈。康熙三十二年五月十五日,余生于下塘毓瑞堂。先妣丁孺人,厚德纯行,与先君事迹具载行述中。余生而资质中下,七岁入塾,日诵数行,犹复善忘,师不之奇也。然志气颇异,虽未有所识,似乎不屑随人作生活计。十四学时文,在同学中稍优,师诱奖之。因问师:"时文至何人而极?"师曰:"如本朝有名前辈,皆时文尽境。"曰:"若弟子者,何时可臻其境?"师曰:"攻苦数年,则庶几矣。"曰:

"然则数年之后可不学耶?"师曰:"时文止此矣,惟经学则无尽境。"曰:"然则何以舍终身不可穷之学,而反从事于数年可尽之业乎?且时文即所以明经,而穷经正有益于时文,我志决矣。"又问师曰:"经学,何经为最难?"曰:"易经。"余退而取家藏注《易》者数种汇参之,有不能通者,尽心推测,久乃得之。继又好览濂洛关闽诸书,每丙夜默坐潜阅,父师固未之知也。又复旁及诸子百家,而于《道德经》独有会心。因厌旧注多幽晦冗陋,遂详加注释,积二十余年方脱稿,后并注《阴符经》,合成一书。年二十,从学于周意庭先生。先生之师曰朱声始,为刘念台先生高弟,其研求四子书纯正精微,先生尽得其传,称为绝学。余遵其教,功益进。是岁,县庠入泮。余生前三日,有僧来家,向先祖曰:"我有一弟子寄汝,是时贫衲不能来,遣苍龙送来矣。"后三日,见一僧入堂直进,追呼莫得,内即报生余。庶母顾孺人取米煮汤,母饮,见有金色大蛇盘旋而去,想即苍龙也。先祖因即名余曰大椿,字灵胎。至是更名大业,自号洄溪,后以钦召称字,遂以字名。时读书费氏,得天星图。遂夜坐广庭,对图观星,自四月至九月,天星已周尽识之。更以汉晋天文志及鬼料窍等,考其经度行次,以通其大略,而后人之讹言謷说托言天星者,不能欺矣。余之讲求水利也,方十八岁,时仪封张清恪公抚吴,欲修江南水利书,聘杭州老儒俞星留主其事,俞荐先君为副。先君命余翻阅水利诸书,而录其要领。余亦以其有关东南利害,颇为留意。既而清恪去官,事遂寝。数年后,以医故数往来于苏、松、嘉、湖间。经由其间,皆往时所按图寻索者,造其境,如逢故人,其源流顺逆缓急迁徙之故,了如指掌。雍正二年二月,大开塘河,官估深六尺,着塘岸起土。余计开太深,则费不资,而淤泥易积;着岸则塘易倒,补救无从。是时,复设立圩正,当之者几破家。余乃具陈其害于县尹徐公永祐。公见余呈大惊,即面禀各宪,改缩丈尺,离塘岸一丈八尺起土,工省十之三,而塘以保全。雍正八年六月,大修塘工,督理之员欲将塘上泄水涵洞尽行填塞。余闻之,骇曰:"此四府咽喉也。"即具呈于江尹陈公兆翱、震尹邓公圭,俱大嘉,闻于上台,事得寝。其开河修塘条陈,具载邑志。时陈公以分县后县志未修,开馆修志,专以水利一门属余。未竟而陈公卒,事遂已。乾隆九年,江尹丁公元正、震尹陈公和志,奉檄修志,亦以疆域等事属余。余复遍履其地,细察要害之处,必真确而后下笔。其后修府志,亦以余修为定论云。二十七年,江浙大水,湖州积水不去。州民具呈于浙抚庄公滋圃先生,请开乌程七十二溇,以泄水入太湖。公从之,水果退。公虑太湖之下流不通,则积水终不去,为苏、松害。因遣官查勘,商之江抚,欲开太湖下流以泄水。未及会题,而庄公调抚江南,亟欲举行,因遍访能知水道者询之。先是洞庭金友理修《太湖备考》,其师吴鲁传周历湖、常两州通湖水港,至二载毕。而苏属之吴县、吴江、震泽,尚未履考,过余咨询。余赠以新修江震志书各一,为绘图而去,故其书首列吴与余姓氏。庄公见之,即遣官聘吴。吴以老病辞,遂及余。余问开浚大旨,乃云:"欲开震邑七十二港,以泄太湖下流之水。"余闻之大惊曰:"误矣!七十二港非太湖下流也。"即同委员及江震两大尹,历览形势,一一指明,然后爽然。惟近城十余港为引湖入江故道,此真下流,所当开浚者也。其余五十余港,共长二百余里,通者不及半,两岸室庐坟墓不可胜数,如欲大开,无论费需巨万,且伤残实多。又河泥倒灌,旋开旋塞,徒劳无益。此乃民间岁修之河,非一时大浚之河也。委员以复庄公,公曰:"此必面询始明。"因命两大尹述公之意于余,余乃谒公。公虚怀下问,且命条其事宜。余退而疏之以上,并言脚割填港茭芦佔湖之害。公大喜,节其语入奏,上如所请行。公遂与余细筹所开之河,并经费所出。公爱民特甚,合十三州县共出资二十万,每亩计派二分。先以帑银给发,三年带征归款,民不知役而功已竣。其条陈原委,另详别本,所著有《水利策稿》一卷。余之习医也,因第三弟患痞,先君为遍请名医,余因日与讲论,又药皆亲制,医理稍通。既而四、五两弟又连病卒,先君以悲悼得疾,医药之事无虚岁。家藏有医书数十种,朝夕披览,久而通其大义,质之时医,茫如也。乃更穷源及流,自《内经》以至元明诸书,广求博采几万余卷,而后胸有实获,不能已于言矣。谓学医必先明经脉脏腑也,故作《难经经释》;谓药性必当知其真也,故作《神农本草百种录》;谓治病必有其所以然之理,而后世失其传也,故作《医学源流论》;谓《伤寒论》颠倒错乱,注家各私其说而无定论也,故作《伤寒类方》;谓时医不考病源,不辨病名,不知经方,不明法度也,故作《兰台轨范》;谓医道之坏,坏于明之薛立斋,而吕氏刻赵氏《医贯》,专以六味、八味两方治天下之病,贻害无穷也,故作《医贯砭》;谓医学绝传,邪说互出,杀人之祸烈也,故作《慎疾刍言》。自此三十余年,难易生死无不立辨,怪症痼疾皆获效验,远近求治,刻无宁晷。制抚河盐以及司道各大宪,皆谬以谦辞礼聘,并知其为儒生,有以学问经济咨询者,由此而微名上达九阍矣。乾隆二十五年,上访名医于诸大臣,秦大司寇文恭公讳蕙田,以臣灵胎对,上颔之。九月,大学士蒋文恪公讳溥病,上谕中堂当招徐灵胎诊治。公一再遣人聘余,余适以病辞。廿六年正月,上乃下廷谕,命抚军陈公讳宏谋,即送来京。时余病亦稍痊,乃就道。至即命与施、孙两太医同拟方。蒋公病已不可为,余方欲奏明,适上命额驸福公问徐灵胎,蒋某病几时得愈?因密奏曰:"过立夏七日则休矣。"福公转奏,上亲临视,见蒋公病果剧。驾回,谕秦大司寇曰:"徐灵胎学问既优,人又诚实,不知能在京效力否?"秦公传旨,臣闻命之下,感激涕零。自揣年老多病,万难效力,即恳秦公转奏。是晚,上命视大司农李公讳元亮疾,明日又命入圆明园,连奉特旨六次,乃于五月初四日,蒙圣恩放归田里。事详《述恩纪略》中。自此筑室吴山之画眉泉,为静养之地,不复远行矣。余之留心词曲也,当弱冠从意庭先生游,先生适校潘稼堂先生所著《类音》。其书集天下有字无字之音,皆以反切出之,分晰精微,不爽毫发。余颇有会心四呼五音之理,日往来于心,每听优人所唱之音,皆模糊不能辨识,心窃疑之。乾隆七年,先慈目眊,无以为娱,延老优卫天衢者至家,买二童子教之唱曲,以博母欢。所唱即世俗戏曲也,尽有音而无字。余诲之曰:"曷不遵四呼五音而出之乎?"卫曰:"此不可入管弦也。"余曰:"我试唱而若吹之,果协调乎?"吹之甚协,卫大服,遂以其法教童子。音高节朗,迥非凡响,乃伸其说,著《乐府传声》。又以词曲之旨,无所劝惩,因广道情之体。凡劝戒、游览、庆吊、赠别,无所不备,付之管弦,遂成一家之体,其宫调近北曲之《仙吕宫》。方《乐府传声》之初脱稿也,朝廷正开和声馆,遍访天下知音律之人。时归大司农昭简公讳宣光,适见余书,欲以上献,而余以老母年高未可远离，固请乃已。自宫调之失传也，世既泥于飞灰度黍诸说，工人又惟知依腔寻句等法，所以古乐府流传者，皆不能被之管弦。余谓作诗之人，岂必尽通律吕，而古来有韵之词，无不可叶之管弦。因取古《关雎》《鹿鸣》《邠风》诸章，及唐人清平调与旗亭画壁等诗，分宫立调，有板有眼，节朗声和，虽当时歌法未必尽同，而依宫成调则一也。意更欲广汉魏以来乐府诸体尽谱之，以传既绝之声，惜未果也。余之学习武艺也，质本柔弱，而性颇动，至弱冠始善饭。闻言力可试而长也，乃试举巨石，日加重，两年可举三百斤，身亦便捷。后复得闪打母子及枪棍之法，更参悟习练，以更有所得，竟可不受制于人，而能以弱胜强也。至若诗词经义，学之之功甚少，后因儿辈学艺，或偶拈示。检存数十首，同志颇有赏之者，亦聊以自娱耳。余自四十年来，猥承当事者折节相待，然言不及私。惟地方利弊，则知无不言，颇多裨救。他如道路、桥梁之类，度身可胜任者，亦知无不为。至于亲友之不能葬者助之，不能婚娶者佐之，贫无所赖者养之周之，后进之艰于学者饮食教诲之，俱皆琐细不作述。倘他时好余之人，或为作状，或为立传，捃摭及之，即不至大失实，亦徒以滋愧耳。故追述生平而自记之如此，以当年谱云。辛卯夏日，洄溪老人书于毫学龛，时年七十有九。

先府君既作《自序》，方期顶祝圣恩，闭户著书，以终余年。忽一日叹曰："吾自审脉象，恐不逾今岁矣，惟觉心中有未了事。"亦不自解其因。至十月廿五日，奉旨复召入都，恍然曰："向觉有未了者，此耶！"时方卧疴，强起入都。大中丞暨诸大宪，亲诣舟次，府君感沐圣恩，力疾登程，燨随侍。中途，疾亦渐已，精神转旺，餐饭有加。腊月初一日抵都，精力复衰。越三日，府君从容议论阴阳生死出入之理，并自作墓前对联，有"满山芳草仙人药，一径清风处士坟"。再"魄返九原，满腹经纶埋地下；书传四海，万年利济在人间"等句，现镌于墓牌。至夜谈笑而逝。额驸尚书公福入奏，是日，上赏白金一百两，赠儒林郎，并传旨谕燨护丧以归。明春，扶榇旋里，葬越来溪之牒字圩。壬子五十七年，因地势稍低，迁葬于江邑大墼圩新阡。所著《道德经》《阴符经》、医书各种，蒙恩俱采入四库馆矣。伏念府君以诸生名达九重，两膺徵召，生前知遇，身后宠荣，遭逢盛世，千载一时。燨虽自愧无文，谨就府君《自序》所未竟者，附缀数行，以志不朽云。男燨百拜谨识。

清徐书城《吴江徐氏宗谱》

皇清敕赠儒林郎徐徵君墓志铭

〔清〕彭启丰

君讳大业，字灵胎，自号洄溪道人，世居吴江。祖讳钪，康熙朝举博学鸿词，官翰林院检讨。父讳养浩，试授州同知，不就选，老于家。君性通敏，知时务，喜豪辨，跌宕自恣，若脱韝之鹰，瞬息千里，众鸟辟易，自年少时已落落有奇志。初学时文，薄其道，因覃思《周易》、《道德》、《阴符》家言，久之有契。既乃旁搜天文、地利、音律、技击之术，精意练习，得其要领。而于医理尤邃，上下数千年，穷源达流，参稽得失，书之于辞，沛如也。以诸生贡太学，寻弃科举，专以医活人。数应人请，往来三江五湖间，因以晓知诸水源流、顺逆、通塞之故。其后县有兴作，君辄正论訚訚，持是非，有司常折节从之。郡邑乘所志水利，多君所手定，如指诸掌。二十六年春，天子闻其善医，召之，将授以官，辞免。三十六年冬，再召，卒于京师，年七十九。诏赐之金，赠儒林郎。君平生著书甚具，多自得之言。尝创新乐府，曰《洄溪道情》，警动恺切，士林诵之。晚作《自叙》一篇，不欲后人藻饰云。娶周氏，继殷氏，并赠安人；副室沈氏，封安人。子三人：长焕，太学生，殷安人出；次燨，候选布政司理问；次燡，府学生，并沈安人出。孙五人：埏、聂祖、培、埨、垣。君出自汲水港丁氏，故与余为重表兄弟。少而相习，既老犹时时往还，间歌诗相赠答。以余平日戚好之间，求如君之杰然自立者，亦已罕矣。子燨自京师以君丧归，将以卒之明年□月□日，葬于吴县越来溪黄字圩之阡，以两赠安人合焉，并营沈安人生圹于其左，而属余为之铭。铭曰：

君之学，世莫窥。阴行善，人不知。其骨侠，其心慈。时屈伸，道有之。诒厥子，昌其施。

赐进士及第、诰授光禄大夫、吏部右侍郎加一级、经筵讲官、兵部侍郎、前兵部尚书、表弟彭启丰撰文。

赐进士出身、诰授光禄大夫、工部左侍郎加一级、前礼部工部尚书、世弟嵇璜书丹。

赐进士出身、奉直大夫、福建道监察御史、年姻家眷侄王曾翼篆盖。

吴江博物馆藏碑刻

徐灵胎先生传

〔清〕袁枚

乾隆二十五年，文华殿大学士蒋文恪公患病。天子访海内名医，大司寇秦公首荐吴江徐灵胎。天子召入都，命视蒋公疾。先生奏疾不可治。上嘉其朴诚，欲留在京师效力，先生乞归田里，上许之。后二十年，上以中贵人有疾，再召入都。先生已七十九岁，自知衰矣，未必生还，乃率其子燨载櫬柎以行。果至都三日而卒。天子悯惜之，赐帑金，命燨扶榇以归。呜呼！先生以吴下一诸生，两蒙圣天子蒲轮之徵，巡抚、司、道，到门速驾，闻者皆惊且羡，以为希世之荣。余，旧史官也，与先生有抚尘之好，急思采其奇方异术，奋笔书之，以垂医鉴而活苍生，仓猝不可得。今秋访曦于吴江，得其自述纪略，又访诸吴人之能道先生者，为之立传。传曰：先生名大椿，字灵胎，晚自号洄溪老人。家本望族。祖钊，康熙十八年鸿词科翰林，纂修《明史》。先生生有异禀，聪强过人，凡星经地志、九宫音律，以至舞刀夺槊、勾卒嬴越之法，靡不宣究，而尤长于医。每视人疾，穿穴膏肓，能呼肺腑与之作语。其用药也，神施鬼设，斩关夺隘，如周亚夫之军，从天而下。诸岐黄家目瞠心骇，帖帖詟服，而卒莫测其所以然。芦墟连耕石卧病六日，不食不言，目炯炯直视。先生曰："此阴阳相搏证也。"先投一剂，须臾目瞑能言。再饮以汤，竟跃然起，喟曰："余病危时，有红黑二人缠绕作祟。忽见黑人为雷震死，顷之红人又为白虎衔去。是何祥也？"先生笑曰："雷震者，余所投附子霹雳散也；白虎者，余所投天生白虎汤也。"迮惊以为神。张雨村儿生无皮，见者欲呕，将弃之。先生命以糯米作粉，糁其体，裹以绢，埋之土中，出其头饮以乳，两昼夜而皮生。任氏妇患风痹，两股如针刺。先生命作厚褥，遣强有力老妪抱持之，戒曰："任其颠扑叫号，不许放松，以汗出为度。"如其言，勿药而愈。商人汪令闻十年不御内，忽气喘头汗，彻夜不眠。先生曰："此亢阳也。服参过多之故。"命与妇人一交而愈。有拳师某与人角伎，当胸受伤，气绝口闭。先生命覆卧之，奋拳击其尻三下，遂吐黑血数升而愈。其他如沈文悫公未遇时，诊脉而知其必贵；熊季辉强壮时，握臂而知其必亡。皆所谓视于无形，听于无声者。其机警灵速，皆此类也。先生长身广颡，音声如钟，白须伟然，一望而知为奇男子。少时留心经济之学，于东南水利尤所洞悉。雍正二年，当事大开塘河，估深六尺，傍塘岸取土。先生争之曰："误矣。开太深，则费重，淤泥易积，傍岸泥崩，则塘易倒。"大府是之，改缩浅短，离塘岸一丈八尺起土，工省费而塘以保全。乾隆二十七年，江浙大水，苏抚庄公欲开震泽七十二港，以泄太湖下流。先生又争之曰："误矣！震泽七十二港，非太湖之下流也。惟近城十余港，乃入江故道，此真下流所当开浚者。其余五十余港，长二百余里，两岸室庐坟墓以万计，如欲大开，费既重而伤民实多，且恐湖泥倒灌，旋开旋塞。此乃民间自浚之河，非当官应办之河也。"庄公以其言入奏，天子是之，遂赋工属役，民不扰而工已竣。先生隐于洞溪，矮屋百椽，有画眉泉，小桥流水，松竹铺纷。登楼则太湖奇峰，鳞罗布列，如儿孙拱侍状。先生啸傲其间，人望之，疑真人之在天际也。所著有《难经经释》《医学源流》等书凡六种。其中钊剖利弊，剖析经络，将古今医书存其是指其非，久行于世。子燨，字榆村，傥荡有父风，能活人济物，以世其家。孙垣，乙卯举人，以诗受业随园门下。

赞曰：《记》称德成而先，艺成而后，似乎德重而艺轻。不知艺也者，德之精华也，德之不存，艺于何有？人但见先生艺精伎绝，而不知其平素之事亲孝，与人忠，葬枯粟乏，造修舆梁，见义必为，是据于德而后游于艺者也。宜其得心应手，驱遣鬼神。呜呼，岂偶然哉！犹记丙戌秋，余左臂忽短缩不能伸，诸医莫效。乃挐舟直诣洞溪，旁无介绍，惴惴然疑先生之未必见我也。不料名纸一投，蒙参门延请，握手如旧相识，具鸡黍为欢，清谈竟日，赠丹药一丸而别。故人李莼溪迎而笑曰："有是哉，子之幸也。使他人来此，一见费黄金十笏矣。"其为世所钦重如此。先生好古，不喜时文，与余平素意合，故采其《嘲学究》俳歌一曲，载《诗话》中，以警世云。

清袁枚《小仓山房续文集》

张栋传

张栋,字鸿勋,一字玉川,号看云,璧字圩人。国子生。父锦,字禹文,好吟咏,有《南村诗草》。栋,家贫好学,弱冠游京师,即以诗画重公卿间。兼工制义,凡六应乡试不中,遂弃去,专肆力于诗画。其诗初学少陵,后仿香山,故不事雕饰,自饶风趣。其画远宗大痴,近守麓台,故气韵生动,笔墨遒劲。乾隆辛未,浙江雅中丞聘纂《南巡盛典》,多所撰述。晚寓维扬,诸巨族争购其笔迹焉。著有《看云吟稿》。子纫茝,见别录。

清道光《平望志》

仲周霈传

仲周霈,字思则,号资万。雍正二年举人,充补宗学教习。期满,选泰州学正。乾隆初,淮阳频灾,奉委捕蝗、勘水、赈荒,以勤敏最,升直隶深泽知县。邑乏水苦旱,周霈令民田中多穿井,一井溉田十亩,麦黍倍收,旱不为灾。邑滨滋河,堤外隙地鱼虾布子,水退成蝗,督民翻土去之。己卯夏,北地旱蝗,深邑独无。畿辅差繁,应雇车马,吏缘为奸。周霈配庄轮值,吏胥无权。上司下其法于他县,人皆称便。邑有杀人凶犯在逃,密侦购获。又有妇死而不得其致命伤者,亲验发顶有细孔,获凶针,案乃定,一时称神。在任六年,始终廉洁。致仕归,增辑《盛湖志》。年八十五卒。著有《前村吟稿》。

清同治《盛湖志》

袁太学漫恬墓志铭

〔清〕沈德潜

曩予在同川,授袁子质中经,因识其从父太学漫恬。登锄经、书隐二楼,湘帘棐几,茗碗炉香,经史列左,子集列右,知其人翛然自好,读书尚志者也。暨邀予游庞山湖,棹蓬艇,沿洄烟波渌水间,快论诗文流别,又知其学有根柢,非以博涉弋取虚誉者也。追予至京师,时邮寄诗篇论说相质证。归田以后,每邀予过同川,造君庐,叩其学益粹,视其功力益坚。去春以《四书补音》属序,予谓可配《类编佩觿》《群经音辨》诸书,序而归之。未几而讣音至矣。丰于学,啬于年,可悲也!葬有日,孝子益之请为志墓文,予弗忍辞。按状:君讳栋,字国柱,一字漫恬。先世姓陶,松江巨族。胜国时,有赘袁氏者,遂承其姓,为吴江人。代有隐德,考讳潢,明经,需次教谕。君髫龀即勤诵弦,无他嗜好。初工帖括,省试屡不售,乃专心读古,务有用之学。自唐宋以来经世大典，靡不窥寻，如刘、杜、郑、马四氏之书之类，世儒所不能举其凡例者，君攟撮解剥，穷极指要，成《书隐丛说》，前后三十九卷。而于《戴记》一书，合魏徵、元行冲、朱子、吴草庐、刘戢山众说，更定裁易，为《礼记类谋》三十六卷，尤生平所注力。余雅擅吟咏，高远闲放，自露天真。长于填词，好北宋之作，而清新秀隽，自然超逸。他若善隶书，工写枯木竹石，皆余事也。盖君家本素封，勾稽出入，咸教谕君掌之。教谕君殁，子益之，多材艺，主家政，故得一志于学。昔贤谓天与之资，父母与之闲，家与之温饱，身与之无疾病，而后可以专力读书。君之所处，四者具备，非造物者有心以成其学哉！至于一生大节，事亲有黄季、刘茂行，爱庶弟抚孤侄有姜肱、李郁风，救灾恤患如在其身，人比之杨政、樊重。承父志不奉二氏教，僧道勿敢入门，人比之程明道一节。故君之殁，士林叹失一学者，乡里叹亡一善人，正人哀悼痛惜，至今不衰云。君生康熙丁丑闰三月初二日，殁乾隆二十六年七月初七日，得年六十有五。配王孺人，贞静恭肃，好诗书，常与君对案披览，闺房良友也，先君殁。子益之，吴江庠生。孙志让、志俭。志让十岁能文，哭祖伤悴，后君十五日卒。女适吴江廪生费振烈君。所著有三十余种，其刻行于世者：《漫恬诗钞》《漫恬诗余》《书隐丛说》《四书补音》《玉田乐府》。乾隆某年月日与孺人合葬某原。铭曰：

拥万卷，面百城。纬以史，经以经。勤述作，烂箱籯。不嗜利，不矜名。践伦常，轻簪缨。胡不禄，归窅冥。笠泽滨，封佳莹。安体魄，栖神明。郁松楸，芳荃蘅。千余年，风常清。

清沈德潜《归愚文钞余集》

静学迮先生墓表

〔清〕 陆燿

先生姓迮，讳尚志，字倍功。先世中州人，宋南渡时迁江南，为吾邑著姓。明有讳霖者，以孝友力穑起家，私谥悫惠处士，先生之五世祖也。考文英，字雯灿，妣曹氏。先生生而质敏，与族兄云龙，字赓若，切劘行业。后云龙以博学鸿词徵，间为诸侯宾客，交游满天下。而先生一亩之居，蓬蒿翳如，声施不出阃域，独与先君子为淡水交。岁时谈艺，茗瓯草具，连日夕不去，里人目为迮生。余年十一，先君将游都下，命余问业先生之门。自是执经五年，凡余童时诵读之书，皆先生所授也。所居里名莘塔，比邻十余，皆其族姓。宅外杂植竹木桑榆，颜其室曰"静念"，嘱先君以隶字写之。后十余年，益究心濂洛诸儒之书，谓余："近知禅陆之非，'静念'适堕彼术，当乞尊公易写'静学'二字。"时先君宦游三晋，闻之叹赏，即日易书以寄，然而先生之造诣可窥矣。居恒闭关不见一人，偶为小诗，则与僧德亮倡酬。德亮者，沈文悫公方外之友，所谓雪床者是也。蓄书不甚多，皆精整完洁，手自丹黄。于天文、星象、三礼之图，用功尤深，殁后散轶无传，惜哉！年五十有四。配许氏，孝敬慈惠，和而克庄。子友筠早卒；

友篪、友笠奔走衣食，不竟其学，所属望者庶几在筠之子裕乎！悫惠所遗祀田，在舍南半里余。方余从游时，有地师言以为窀穸则大吉。先生创议积奇赢立宗祠，邮书云龙为之记，曰："吉则均蒙其庥，不可以私一人。"呜呼！凡我所言，虽篪与笠不及知，况裕等不逮事耶！乾隆丙申，距其卒二十五年矣，将葬，遂举其辞以属裕，使砻石而表诸墓。

清陆燿《切问斋集》

王樑传

王樑，字绍曾，号茧庭，国子生。其先有名秀，字东溪，居郡之削箸墩，学行纯笃。嘉靖中徙居平望虚字圩，裔孙维翰为望江县教谕。樑，维翰子。少豪迈不羁，及壮始折节读书，又痛自砥砺，遂以诗名于时。其五言古、五言律，精微澹远，时具妙理，由其胸无渣滓故也。少孤，事母尽孝，卒卜葬于月湖滨，筑丙舍于墓旁，相依不忍去。秀水张庚、嘉定张鹏翀，皆绘《月湖丙舍图》以赠，长洲沈德潜为之记。又好客，凡文人墨客至月湖者，必诗酒流连，夜以继日。其友张栋曰："茧庭没，吾里风雅绝矣。"著有《月湖剩稿》《读画录》。（《剩稿》收入钦定《四库全书·附存目录》卷九集部别集类，《读画录》收入卷五子部艺术类。）

清道光《平望志》

沈虹舟先生行状

〔清〕王元文

先生讳祖惠，字圯望，号虹舟。世居乌程之马要村，始祖曰扔和翁讳德，元时自洪城始迁焉。十传为明工部侍郎端靖公讳节甫，累赠光禄大夫、柱国少保兼太子太保、户部尚书、武英殿大学士。端靖生苏州府同知、赠山东按察司副使、易州兵备道讳淙，先生高祖也。曾祖讳彦章，副贡生。祖讳尔煜，考讳在莪，并庠生，皇赠文林郎、高安县知县。母曰李孺人。自先生考文林君就婚吴江平望李氏，生先生，遂为平望人。先生生逾月而母氏卒，抚育于外王父母，因复缔姻于外氏。幼奇慧。就傅后，日诵数千言，读书善寻，间工制举业。年十九，寄籍为嘉兴诸生，庠姓李，外家姓也，通籍后始复之。先生既生长外家，无嗣，其族人或欲乘间剖分，因共侧目于先生。外氏家日落，室庐忽烬于火，先生僦屋以居在委巷藩溷间。忌者乃合谋，借端构讼，几殆。而先生志益励，学益勤，文日益有名，试辄高等。时交河王公兰生视学浙江，先生试第一，始食饩。交河极嘉赏，历三试皆第一，遂拔贡。至京师廷试，亦第一，引见未得用，当入监读书，以亲老假还。下帷于乡，而从游者日众矣。自先生受知于交河，以为生平知己无逾交河者,维交河亦以为生平所得士无逾先生也。既而交河视学陕西,即引先生主幕事,改定试牍。交河为李文贞公高第弟子,邃于理学,先生日亲讲论,遂悉得其传。交河既去陕,继任者为钱塘周殿撰澍,复聘先生,委任尤重,凡衡文取士,悉由先生定,交河荐之也。交河殁,先生哭之哀。先生凡三入关,前后八年,周历秦中,自黄河华岳之高深,雪山青海黑水祁连之荒远,足迹靡不至。著有《西征赋》《三秦游草》,以纪所历,多巨制焉。先生自秦归,旋亦倦游,馆溪东,汇生平制义厘订之。先生文贯串六经,浸淫《左》《国》《骚》《选》,义多创获,而高古奇丽,为自有制义来未有之境,夙为长洲沈归愚先生及金坛王罕皆太史所推服。顾久负文望,而屡踬棘闱,用是不得志。子荣河十余岁矣,好读书,能文章。先生厌薄功名,方勤勤课子,乃未几以羸疾殁,先生痛甚,家居抑郁,几漠然无所向。壬申春,逢万寿恩科,先生始举于乡,名第一,是时年五十三矣。典试者为鹤庆李阁学因培、无锡秦编修镤,二公重其学老文巨,细问知其平昔行藏,各拊髀叹息曰:"自子雄视文坛,我辈尚未为诸生,而安得中?"盖喜之甚也。秋试礼部,榜出,名第二。时主试嵩阁学寿,得先生卷击节甚,欲以作元。而陈文勤公浙人,以元属浙为嫌,至拆号见先生名,始惋惜。既而告人曰:"会状易得耳,解会联者甚难,有则许特奏闻。国家升平百有三十载矣,文教四讫,在古无匹,而三元未有其人。今若有之,又值皇太后万寿恩科,岂非我朝盛事哉?是吾过也。"闻者皆太息。后嵩阁学临殁,犹惓惓以为恨。先生乡试房考李公化楠慨然曰:"自今以往,不患无三元。患有之,又不得如君其人耳。"先生既不得元,至殿试复置第三甲,遂不得预馆选,归班需次,士论咸惜之。还家后,讲学姚江书院,从游甚众,著述益富。立教约,刻《课士录》及《四书讲义》,修《余姚县志》,凡居姚江者,前后五年。又尝游穆堂刘公墉,及座师李公文幕中,往来大江南北。自念此生,文章师友之乐,亦可终老矣。独门祚衰薄,终厄继嗣。自子荣河殁,他姬复生子,七岁而殇,晚乃立嗣孙杼为荣河后焉。岁丁丑,至京师谒选,得江西高安县知县。巡抚胡公宝瑔雅重先生学问,嘱瑞守善视之,诸上司皆深加器异,不以属吏礼相接。先生为令,尤尽心于庶狱,时有所平反。曾委理上高囚,出死罪三人,胡公深韪之,拟题荐。会胡公去,不果。居高安三载,一奉聘入闱,称得士。以递送本章迟延,议降调。奉旨引见,以教职用,例当得府教授。先生既以文名重当世,此职尤得用其所长,人士皆喜之。而先生自京还家,即中风疾,卧床褥者二年,以乾隆三十□年□月□日卒,年六十有八。配李孺人。子一,即荣河。女三:长适监生翁□□;次适李□□;次适诸生程□□。嗣孙杼以□□□年□月□日,葬先生于□□县□字圩之原。先生性敦朴,不骛名,键户诵经。未尝干当世贵人,其屡见赏于巨公,皆出于特鉴。当先生成进士,谒同郡宫赞诸先生锦,执后进礼,宫赞曰:"子无然,有文如此,当毅然以道自任。"其见推如此。元文获事先生,以文质正,与闻绪纶,兼悉其行事本末,又得先生自著年谱,因铨叙之,以备史志采择云。乾隆三十有五年仲夏,门人吴江王元文谨状。

清王元文《北溪文集》

吴改堂先生传

〔清〕汪缙

先生姓吴氏，讳燮，字万长。生平以文学节概知名当世，世称改堂先生。先生吴江人，幼禀奇质，性耿直，好读书。从父半淞先生宦游京师，所与交多藏书家，先生从借归，目识手钞，穷日夜不休。常制双袋佩左右腰，读书有所得，即书投袋中。半淞先生为怀柔令，尝会诸名士于孥髻山，同里潘稼堂先生属先生赋孥髻山诗。先生赋古风二篇，绝工，潘先生惊赏焉。时从数骑出郊外，张弓作霹雳声，历险如飞。时或怒马独出，逾山度涧。一日坠涧跃出，半淞先生痛抑之，后稍止。已而半淞先生请告终养，先生随父南归，冒常熟籍成诸生，久之移入吴江学，以吴江学食饩。乾隆丙辰年，应举博学鸿词科，入京试保和殿，名列二等，不得官。然名益重一时，公卿慕先生者甚众，争延致先生。先生卒不以此求合，但自书其往来之苦，曰："一身匏落，万里饥驱。"尝应广东某公聘，跨驴入境，将过一岭，驴忽震悚，双耳直竖。先生怪之，因直目视岭巅有物蹲焉，盖虎也，遂循别道去。又尝应某公聘入山东，驱车夜走，有客随之。先生车上载书籠甚夥，客意其有物，随至四更不去，先生觉之。于时月照旷野，先生尽发书籠，在明月下高声遍诵，客骤逸去，盖盗也。其身世艰难如此。先生性廉介，所至不名一钱，及倦游归，贫益甚。晚依紫阳书院中，所居老屋一间，拥破书数百卷。夕阳映树，四壁无声，先生咿唔不辍也。每遇试，与小子新进争头角，淬厉以须，意气如少年时。遇达官长者知名之士，则以老前辈自居，坐上坐，两目阁如线，抗颜论古今不少逊。有令吴江者，先生馆京师时旧徒也。之任即屏驺从，徒步入谒，以先生之困也欲有言。先生正色戒之曰："若令于斯邑，但能廉洁爱民，于我门墙有光矣，他勿言。"令唯唯不得一言而退。先生读书，疾病无间，及寝疾久，忽自言曰："吾一生所读书不能无疑，今乃得洞然无疑。死无恨，但惜无受吾学者。"言罢而卒。当半淞先生之卒也，诸弟皆幼，提携教诲，咸仰先生。后未尝有违言，其隐厚又如此。生平著述甚富，知与不知咸争欲购之，惜未克付梓行世。卒时年七十有六。

汪缙曰：当先生读书紫阳书院时，尝一再往会，先生辞色卑约，不类所闻，心异之。先生在书院病痢，下疾甚，数犹衣冠，时时出行。道上忽瞑眩，僵立不仆，路遇识者扶而归。院有方池深广，一日先生夜归，步入池中，不发一声，挺而出。予闻之往会，且问曰："瞑眩时能不仆乎？"先生曰："仆则非吴改堂矣。"又问曰："入池不发声何也？"先生曰："发声则非吴改堂矣。"相与大笑，语移时而归，得其为人心敬焉。先生既卒，令子文开奉先生垂死之言，俾予为之传。吴县后学汪缙拜撰。

清吴安国《吴江吴氏族谱》

陈兰圃公传

〔清〕沈璟

公讳之谦,字隆吉,号兰圃。少孤,太孺人抚养至成人。尝从同里汝文南先生游,学问纯粹,品谊端雅,尽得其传。陈氏在黎川为右姓,登仕版者数人。兰园尝慨然曰:"读书贵有用,余以太孺人在堂,不能朝夕离左右,惟当承欢,竭力以孝代忠而已。"以故淡于仕途,馨夕膳洁,晨羞循陔,色养者数十年。兰圃喜图书,善音律,常吹洞箫,得和平雅正之音。每遇春秋佳日,与二三朋好饮酒赋诗,赏花度曲,以抒其性情。家政任司钱谷者出入,务从宽厚,而家道日裕。兰圃又尝慨然曰:"养兽者,贵不乱其群;养鱼者,当不扰其性。古贤宰有鸣琴而治,使我出莅生民,治国如治家矣。"太孺人殁后,仍杜门自好,不作出山计。晚年得软脚疾,其嗣谷墅,温凊定省,一如兰圃事太孺人时,人以为能以孝友世其家云。

论曰:兰圃有应用之学而不求售,有济世之才而不愿仕。昔人云:尧仁如天,孤云自飞,其竹中高士、岩下老人之流风欤。余祖周翰公与兰圃交好,尝啧啧称道其生平,耳熟者甚久,因记忆而述其梗概如此。

清陈阶琛等《颍川陈氏近谱》

从伯云峰公传

〔清〕陈阶琪

从伯奉直公讳汝礼,字藻儒,自号云峰。少颖悟,读书辄会其旨。寻婴沉疴,事医药滞床笫者将十年,遂弃帖括,不求进取。然性嗜学,涉览日积。尝谓修身之要在朱子语录,处事之宜在通鉴纲目。论列得失,推求异同,时有所得,躬行之余,以勖子姓。公为从祖淳庵公少子,自以事亲之日,视诸兄较短,奉养纯备,孺慕之私,若不忍俄顷去左右。事诸兄恭而挚,历数十年,内外无间言。盖公以有本之学持之,久而积之深,渐摩熏染,门内化之。至今乡党间称家法清整者,靡不首屈一指。公襟怀恬淡,暇时寄兴翰墨,书仿率更令,清劲多力。尤精画兰竹,颇自矜贵,不肯轻为人落笔。晚年偶为子侄辈点染便面及小帧,以供戏笑之资,不复署款。家藏数种,视之若绝不经意,然风枝露叶,天趣独流,出画家意匠之外,见者辄以为郑板桥得意笔云。公卒于乾隆三十有三年十有一月初四日,年六十有五。上庠生,诰赠奉直大夫。配孙太宜人,诰赠宜人。事姑孝,相夫敬,淑慎端凝,治家勤俭。居恒虔奉大士,晨起必焚香诵咒。公卒后,哀痛逾节,遂致病,甫终丧而卒,享年与公同。子一,权。孙二:焕、燮。女孙三。乾隆丙申仲冬月,侄阶琪拜手谨撰。

清陈阶琛等《颍川陈氏近谱》

耐庵公传

〔清〕沈大本

先生姓张氏，讳又醇，字希明，号耐庵，澹斋先生长子也。其世系详于家传，不更述。先生以父命，嗣世父图南为后。少肫笃孝友，读书禀庭训，为江庠诸生，有名于时。入棘闱，数不利，人皆为惋惜，恬如也。家贫，授徒自给，经指授者辄飞鸣去。邑费君芳五延先生家塾，课其子弟辈，先后成名。及知山左青州府事，招主书院山长者三年，诸生咸敬礼爱慕，不忍其去，至于泣下者。先生精于帖括之业，其所讲授，一本先明，务以明润整齐为宗，其支离诡僻者一屏焉。盖吾邑前辈于八股之法，历有师承，近渐务采色夸声音，骎骎失其传。先生为之砥柱，守先待后，故及其门者，至今一线未坠，先生之功也。本生父澹斋先生殁，哀毁尽礼，葬不逾期。母氏年九十余，矍铄健饭，先生甚以为喜。与仲氏有爱无间，人以为有姜田风。于戚属交游，虽贫贱无失礼。训弟子以谨厚，无许染纤毫佻薄习，故稠人广众中，望而知为张氏子弟。此其家法固然，而先生尤能遵而弗替者也。配陈氏，有贤声，先殁。子三：长选，震庠生；次运；幼曰琏，嗣先生季父怀古为孙，震庠生。选暨曰琏并前殁。女一，适震庠生赵志修。先生殁于乾隆甲午年正月四日，年七十有一岁。先生弟讳正叔，字绍伊，至性敦厚，与兄友睦终身。虽习贾业，无妄訾，不苟言笑，古道照人。兄授徒于外，一切晨省昏定，皆独任之。凡殁后二年，母氏殁，随奉母榇葬于先兆，拮据摒挡，罔不尽礼，宗党仰焉。乾隆己亥九月二十七日卒，年六十有三。配徐氏，事姑嫜尽孝，持家勤俭，然于一切姻党加厚。凡妯娌姑姊妹间，终身无间言。御下从无疾言遽色，宗党咸重之。殁年五十有九。子四：长曰瑚，江庠生。幕游湖北、广东四十年，终任教读之事。所课徒甚众，而天津王廷栋、廷椿弟兄尤久。廷栋任知县，廷椿在贰尹。次遇；三逢；四逊，工篆隶石刻。先生，本之伯舅也，为先妣从兄。虽从如胞，亲爱尤至。本少从问业，亲承指授。晚年以家传见属，本不敢辞，敬叙本末如右，畀其后人存于家传之末。受业甥沈大本百拜书。

清张晋昭《清河世系》

皇清诰赠光禄大夫显考邑庠生枫江府君行述

〔清〕金学诗

府君讳润，字德怀，号枫江。先世谱牒失传，六世祖慕椿公始居吴江之千步泾。三传至乡饮宾耀如公讳永灿，为府君曾祖考。祖宏初公讳坤元，太学生，考授州同知，诰赠光禄大夫。妣张太君、周太君，诰赠一品夫人。考晴轩公讳国英，太学生，拣选县丞，诰赠光禄大夫。妣吴太君，诰赠一品夫人。生子三：长柱回公讳澜，诰赠光禄大夫；次即府君；次明威公讳涧。府君少颖敏，刻苦力学，年二十三补邑诸生。是岁，我母吴太夫人来归。自宏初公由千步泾迁居城内内官长圩，倜傥好结客。王父继之，家业渐窭，乃谋禄仕。入京师未遇，转客兖豫间，稽滞数载。府君偕伯父柱回公资馆谷以给饔飧，奉我祖妣吴太夫人，怡怡色养。虽尝盎无粟，桁无衣，不以匮乏告也。既而王父归里，柱回公暨明威公相继殁，旋遭曾继妣周太夫人丧，祖妣吴太夫人亦见背。府君痛骨肉凋零，家道坎𡒄，乃与我母跽请于王父，亦就馆里中，勿复远出。时不孝兄弟稍长，次第当就学，王父及府君各挈一人至馆课诵，缘此减其修脯之半，拮据卒瘏，竭蹶万状。伯父殁后，伯母宁太夫人依府君以居，终身敬礼。命士松继柱回公后，教养之责不稍推诿于宁太夫人也。府君少工举子业，从舅祖周澹宁先生游，得其指授。先生负文章重望，所选定制举义，海内奉为圭臬。府君继之，丹黄点勘，夜以继晷，方镂板，学者争购之，由以得科名者甚众。尝谓四书文代圣贤立言，一字一句必中窾要。浅学者难以神解默悟，每试一题，辄自构一艺，谆复开导，务使知无悖于理法而后即安，其训课不孝等亦然。三十年来游于门者，多领乡荐，或捷礼闱。请业者日益众，修脯稍足以给，乃葺屋数椽，奉王父家居侍养。构小楼，贮书数千卷。门前故有大树，人咸目为大树楼金氏云，大江南北凡知名士多结侨札之契。府君性和易，而持己严重。尝与友夜宴，友醉后薄游妓家，浼府君偕给云访友。至则文轩华厦，意谓主人必雅士。坐久妓艳装出，府君惶遽反走出街衢，漏下三鼓，触门禁不得达，黎明始归。后其人酒间，每举此以为谐笑。生平缊袍布履，年四十始制一裘，然非见宾承祭，未尝辄衣。馆郡城，日往来附航载，隆冬盛暑，幪被行风日中。应省试十余次，辄遭按剑门人，已获隽者代为不平，府君安之，曰："命也。"岁丙子，士松举京兆试，庚辰捷礼闱，入词馆，府君始绝意仕进。然少壮习贫茹苦，精力早衰。遭王父丧，哀痛之余，遽形羸瘠。壬午夏，促学诗俶装应试。抵京后，接府君手书训谕，私喜康健，既而报捷不得归。以斧资告罄，应直隶臬司王西园之招至保定，距京稍远。不料府君于九月初忽患膈症，十月加剧。士松、士模遍访名医诊治，而疾已不可为矣。独不孝学诗远隔三千里外，生不能具甘旨，没不得视含殓，抢地呼天，百身莫赎。尚何言哉！尚何言哉！府君生于康熙四十四年闰四月初六日丑时，卒于乾隆二十七年十月二十二日卯时，享年五十八岁。配吴太夫人。子男三：士松，嗣先伯父柱回公后，初官翰林院庶吉士，貤封府君文林郎。迨后累膺，诰赠至光禄大夫如其官；学诗；士模，嗣先叔父明威公后，后府君五年卒。孙男六：芝原、逢原，俱士松出；达原、缕原、羹原、穀原，俱学诗出。逢原、缕原，并嗣士模后。孙女二，学诗出者一，士模出者一。曾孙男五：宗鼎，达原出；宗培，芝原出；宗基、宗塈、宗埏，俱逢原出。曾孙女五，芝原出者四，逢原出者一。府君一生，不以财干人，不以词侮人。与王父两世，皆以醇谨绩学成就后进为务，行诣卓卓可传，知与不知皆曰忠厚长者。用敢和泪濡墨，粗叙崖略，冀当代有道而能文者锡之铭诔，不孝等世世子孙感且不朽。男学诗谨述，愚侄吴舒帷填讳。

清金学诗、金宗培《吴江金氏家谱》

赠光禄大夫礼部尚书金公墓志铭

〔清〕潘奕隽

吾郡吴江县有绩学笃行之君子曰金德怀先生，既殁，士林尊其学，重其行，读其所为文，以为模楷，至于今未衰也。先生讳润，字德怀，号枫江。少禀异材，年二十三补博士弟子，名益著。家贫，以修脯供甘旨，幅巾布屦，往来郡城。其为文，以先正为宗，尝谓四书文代圣贤立言，必一字一句无悖于理，无乖于法而后安。以是训其子，即以是教于乡，顾游其门捷春秋闱者踵相接。而先生终艰于一第，人或为先生憾，先生处之夷然也。岁丙子，子士松举京兆试，庚辰捷南宫，入词馆，先生始绝意仕进。于乾隆某年某月某日卒，年五十八，封光禄大夫、礼部尚书。配吴氏，封一品夫人。子三人：士松，庚辰进士，礼部尚书；学诗，壬午举人，国子监助教，候补主事；士模，增广生。孙六人：芝原，己亥举人，内阁中书；逢原，候选同知；达原，增广生；缕原、夔原、縠原。曾孙四人：瓯、钟、镛、根。金氏上世居千步泾，继迁县城，门有大树，人称大树楼金家。世以醇谨著，至先生以孝友笃行为里党所矜式。与人交，外和易而内方严。尝与友夜饮归，友绐以访客至妓馆。妓出，先生骇而走，城门闭，坐待旦而归，是亦可以见其持己也。奕隽与学诗同举于乡，于先生为年家子，稔先生之德行也详。今以乾隆某年某月某日，葬于石家港服字圩之新阡，请铭不能辞。铭曰：

其遇奢，其名扬。其身屯，其嗣昌。维德之潜，久而弥光。呜呼！先生其不亡。

清潘奕隽《三松堂集》

皇清诰赠一品夫人显妣吴太夫人行述

〔清〕金学诗

先妣姓吴氏，世居吴江之庙溪。曾祖讳翱，顺治乙未进士，汉阳县知县。祖讳祖修，名诸生，与同郡何侍讲义门、顾太史侠君辈，以诗文相砥砺，著有《柳塘集》。考讳当时。太夫人少读书，娴《内则》，年二十三归我先府君枫江公。逮事我先继曾祖妣周太夫人，暨先祖晴轩公、祖妣吴太夫人，得堂上欢。居数载，连遭诸丧，家益贫乏。太夫人辛勤操作，生不孝兄弟姊妹共八人，皆亲自乳哺。暇则治纺绩，每漏下五鼓辄起，纺布至侵晨，得一丈余方事盥漱，率以为常。缝纫衣履，未尝假手于人。伯母宁太夫人，晚得中风疾，支离床褥不能行动者数年，太夫人躬率婢女晨夕调护，自始疾以逮疾革，侍奉如一日。一切家事手自摒挡，纤悉不以累王父及府君。每岁时令节，不孝兄弟归自书塾，太夫人询其学业，稍进则喜，仍禁其出游，严立程课，夜则资膏火以继之。既长，先后择妇。婚娶毕，旦夕率子妇问王父安，必觅甘旨以为养。客至，即典质钗珥，酒食咄嗟立办。王父年八十余尚康健，每遇戚党称太夫人之贤，辄至垂泪。岁庚辰，王父病痢，日益剧，太夫人随府君侍奉汤药，昼夜靡宁。洎遭大故，尽哀尽礼。壬午，学诗应京兆试，甫报捷，而府君已患膈症。太夫人吁请露祷无效，既视含殓，几不欲生。乙酉，不孝兄弟卜宅葬府君，窀穸之事，种植之宜，皆禀请太夫人指授，并为太夫人营寿藏。既藏事，士松以庚辰庶吉士，服阕，届散馆，学诗亦就试春官。惟士模侍太夫人在家，而旧有咯血症驯至不起，弟媳吴氏殉节偕殁。时学诗在京应试学正学录，蒙恩记名。既闻家中噩耗，恐伤太夫人怀，星夜倏装旋里。明年庚寅，将入京补官，请于太夫人挈眷侍奉随行，十月抵都。士松官翰林，累蒙简擢，洊历清要，屡枋文衡。历年恩赏丰貂、文绮、珍果、玉馔不胜纪，每直次携归，陈于堂上，太夫人拜受赐，辄曰："君恩甚重，报称为难，当益以勤慎自矢，庶免陨越。"学诗官成均，斋舍萧然，每南宫报罢，辄为宽解曰："但无废举业，功名迟早会有时耳。"不孝等谨志不敢忘。在京师六年。丙申，家人以墓木被伐来告，太夫人恚甚。南中娣姒多以书来道契阔，冀得相见。适长孙芝原以事回籍，太夫人遂决意暂归，挈与俱行。学诗送至张湾，絮语终夜，未尝有悲戚意。晨起，舟人促解维，方拜别，太夫人忽曰："吾恐不得见汝也。"学诗伏地鸣咽不能起。太夫人徐曰："适戏言耳，吾虽老尚健，一二年后当复来此，与汝久相处。"学诗因请届期乞假迎养，太夫人颔之，亟挥去。呜呼！孰谓生离之刻，竟成永诀之时。由今思之，求一再睹我母之声音面目，而已不可复得耶！太夫人抵家二年余，未尝患病。己亥新正，忽染时症，不进饮食。不孝等闻信，心惊肉颤，不能奋飞，闻人足音，则喜惧交集。至二月二十三日，而讣音忽至矣。呜呼痛哉！太夫人性俭约，簠簋饪涤，经理井井。遇戚懿中以匮乏来告，则又量力欸之，无吝容亦无德色。外王父殁，无后，为择地安葬，躬自营度，不厌劳勚，事事期于周密无憾，而精力亦用是惫矣。回忆不孝等弱冠以前，粒食莫非府君馆谷所办，尺布莫非太夫人手指所成，幸而抚养成立，备官于朝。而祜薄孽深，天降酷罚，所以中夜涕零，椎心泣血，而不能自止者也。太夫人生于康熙乙酉八月初五日亥时，卒于乾隆己亥正月二十三日未时，享年七十有五。诰封太淑人，诰赠一品太夫人。子女八人，士松、学诗、士模，士模先卒，余俱殇。孙男六人，孙女二人，曾孙男五人，曾孙女五人。不孝兄弟奔丧之岁，奉太夫人柩与府君合葬于石家港服字圩，即前自营寿藏也。既述府君事迹，追维失怙，后事太夫人稍久，所述较祥。然于潜德懿行，均未能悉其梗概，惟当代立言君子垂鉴备采择焉。男学诗谨述。

清金学诗、金宗培《吴江金氏家谱》

奉政大夫保德州知州钱公之青墓碣

〔清〕陆燿

　　钱于江浙间远有代绪，在震泽者尤以孝谨绩学著，其施于官亦切要公勤，与巧吏所为者异。余交大培，及见其先人数峰先生之政事，故辞而表之。先生讳之青，字恭李，数峰其号也。宋开国公恺裔孙。四世祖颖遴，曾祖梦卜，祖霂，皆载邑孝行、文苑志中。考楷,早卒。先生为遗腹子,生而孤露,卒能自立。乾隆丙辰举于乡,充咸安宫教习。期满,得山西宁武县。宁武介雁门、大同之间,明末遇闯贼李自成之乱,总兵周遇吉阖门殉难,史言城破巷战以死。先生遍访故老,乃言危迫缒城,语贼独杀遇吉以全百姓。贼胁降,不从,磔死。百余年来未入祀典,屡言之上官,请于朝,竟得如例,舆情大悦。调榆次。修复水利,增筑清晏、丰乐诸堤,保障田庐。有疑狱不决,夜诣关圣庙虔祷,缚囚于前。夜半,囚自叱何不实说,遂吐实,人以为神。升朔州。州自并卫于州,人皆土著,而额赋相悬,犹仍其故。方吁请立法均平,会迁保德未就,贻诗后任,引为缺憾。保德城临大河,怪石夹岸,地有天桥,尤崄绝,木商浮筏至此,触石漂解,无赖乘机剽掠,往往为患。又外接蒙古,人马经行山巅,雨久路绝,则舍陆从舟,覆溺相随。先生擒治草窃,开凿峻坂,行旅赖以安全。方金川用师时,或议劝民输饷,先生持不可,曰:"无事食君之禄,有事即派民间耶?"岁余川酋款服,军需悉发帑金,人尽感服。自榆次后三遇军兴,资粮驼马,无阙于供,百姓高枕安卧,不知大兵之过境。其政事卓卓皆此类。学以主敬为本,涵养纯粹。发为吟咏,皆根至理,非强为韵语,以随时者。余尝序先生之集,而其出处本末未之暇论。乾隆五十年乙巳,大培将为学博,过余长沙官署,去先生之葬二十余年矣。念此后无复有及见先生之人能道先生之事者,为之文,使归而镌诸墓道之左,且为铭曰:

暗然君子道日章,施于有政治效昌。表闾徵献忠实彰,摘伏平险人悦康。所至与民作藩墙,过师席上尘不扬。拂衣辞禄归故乡,徜徉草泽歌虞唐。良冶为裘世不忘,明珠出海胎前光。范隅马鬣松柏苍,靡石刻铭声炳琅,猗嗟先生此其藏。

清陆燿《切问斋集》

皇清诰授荣禄大夫予告太子少傅工部尚书周公墓志铭

〔清〕彭启丰

赐进士及第、诰授光禄大夫、吏部右侍郎加一级致仕、经筵讲官、兵部尚书彭启丰撰文。

吴县陈元基书丹。

吴江陈埰篆盖。

乾隆四十六年冬十一月,工部尚书周公引疾乞休。上悯公老,可其奏,加太子少傅,旋召对瀛台,俾明春泛舟南下。于是朝中公卿大夫莫不宠公之行,作为歌诗,盛推公中外劳绩,善始既终,而归本于圣天子慰安老臣之至意。其明年春三月就道,夏六月过苏州,余与公握手胥江。公亦过余家,张乐设饮,欢宴弥日。既抵家,不半载,遽以疾卒。疏闻,诏称公"老成勤慎",令江苏布政使致祭一坛。越二年,孤子升士将葬公于吴江县一都付九图西合字圩祖茔之次,乞予为志铭。予与公旧为戚属,而升士复婿余女孙,姻娅绸缪,相知最稔,其乌可以无言。按状:公讳元理,字秉中,号燮堂。先世出汝南元公后,扈宋南渡,居于会稽。明成化间,迁杭州北郭芳林里。曾祖讳承宣,大父讳奇龄,父讳昂,皆以公贵赠荣禄大夫。母陈太夫人,为吴江黎里名族,生二子,公其长也。公生数岁而孤,陈太夫人食贫守节,历四十余年,得旌于朝。公年十九,补仁和生员。乾隆三年举于乡。十一年,选授直隶蠡县,旋调清苑。以总督方公荐,擢知广东万州,有旨迁霸州,以经理城工,仍留清苑。时有部胥持伪札驰传者,公察其奸,诘问具服。奏上,天子鉴其才,调易州知州。二十三年,擢知宣化府。旋丁母忧归。治丧毕,时上方西巡五台,南巡江浙,畿辅当其冲,自宫馆驿传、车马刍牧诸役,悉倚府县官以办。主者或非其人,往往藉端侵渔为民厉。于是诸大吏念公老成可专属,遂奏起公统理诸务,事集而民不扰。二十七年,服阕,补广平府,又调天津府。时方命大臣会勘津门五闸,及永定、子牙两淀之宜疏筑者,使者多咨公以决。是年,调保定府。三十年,晋清河道。三十三年,晋直隶按察使。明年,晋布政使。三十六年,圣驾东巡,授山东巡抚,仍往来直隶会勘水利。未半载,即有总督直隶之命。三十九年秋,山东白莲贼王伦等作乱,破寿张、堂邑、阳谷,犯东昌及临清,啸聚颇众,夺粮艘为浮桥,渡临清运河,掠西岸。上以畿南地界临清,敕公督兵扼守要害。公驰至故城,令真定总兵万朝兴、中军副将玛尔清阿,集兵千二百人,驻临清西岸遏贼冲。会大学士舒公率禁旅,自德州至夏津,而山东、河南兵由东昌、馆陶扼西南要路。期九月乙亥,三路会剿。先二日癸酉,贼三千余人度西岸,犯我师,玛尔清阿击败之。贼溃,已复合,既而大败。明日,我师夺浮桥,杀贼数百,贼退保临清旧城。会两路兵亦至,公令万朝兴分兵度河,合捣贼巢。庚辰,王伦自焚死,余党悉伏诛。它被获者,分别轻重,以次奏谳,事毕乃还。明年,七十生辰,召至京,御书扁额及冠服朝珠上方珍物以赐,并令紫禁城骑马,异数也。四十二年春,奉命督造孝圣皇太后山陵于易州,五阅月而竣。公为治,不务操切,总大体而已。遇寮属泛爱而兼容,其廉能之吏,亦未尝不加褒异,故前后诸公,或以偏私失众誉,而公独号为有长者行也。四十四年春,以谳井陉狱有所瞻徇,奉旨解任,监修正定隆兴寺。寺成,擢左副都御史,仍署直隶总督。明年,迁兵部左侍郎。九月,晋工部尚书。先后赏赐稠叠,眷顾甚至。而公年力就衰,疾疢时作,遂决意乞归矣。公少依外家,乐黎川之风,晚而眷念故居,预筑奉晖楼、想珂轩以见志。卒得仰荷殊恩,终老邱壑,可不谓幸与!既抵家,旋诣武林,上祖墓,为西湖之游,币月乃归。其卒也,以乾隆四十七年十月五日,年七十有七。配费夫人,继配姚夫人,又许夫人,俱封一品夫人。长子达士,国学生,先卒;次子升士,候选主事。女五人:长适太学生丁日潆;次适浔州府经历陈墡;次适内阁中书闵思毅;次适刑部主事陈山琨;次未字。孙一,霞。孙女一。铭曰:

名臣良显,早岁蜚声。吴山巀嶪,越水渟泓。百里牵丝,驰驱王事。勤敏有功,日隆厥施。帝嘉乃劳,旬宣是庸。节旄旋界,累晋司空。爰锡天章,载歌湛露。曲宴承恩,屡颁琛赂。每怀一饭,敢恋枌榆。引年自古,竟作归图。潞水洋洋,扁舟南指。故友郊迎,一握有喜。西湖咫尺,载省松楸。优游风日,乐此林邱。曾不百年,奄归蒿里。回首华堂,翩然脱屣。遗章入告,帝念旧勋。焚黄致奠,泽被江濆。江水瀁洄,式瞻新垄。膴膴原田，佳城高耸。抚存念逝，勒此铭词。贻尔孙子，勿替引之。

吴江博物馆藏拓片

文林郎知灵山县事吴公墓志铭

〔清〕金学诗

公吴氏，讳至慎，字永修，号林塘，世居吴江。始祖璋，赠太仆寺卿，以孝行著闻，赐专祠，春秋戊祭。九世祖洪，八世祖山，并以进士起家，历官刑部尚书。四传至公高祖晋锡，中崇祯庚辰进士，历官郧阳巡抚。终前明朝，累世通显。入本朝来，曰兆宜，公曾祖也，邑庠生。曰秩臣，公祖也，敕封文林郎，太学生，候选州同知。曰然，公考也。公性沉静，寡嗜欲，不履邪径。自少有声黉序，以乾隆元年丙辰恩科举于乡，逾年考补教习，期满，铨注福建霞浦县令。县在万山中，见闻僻陋。有乡人藉持斋聚众，公轻装前往，谕以祸福，咸悔悟庆更生。适同郡福安县有狱亦如之，令长某以左道定谳，上官檄公推鞫。实贫，无藉之徒计赚财食而已，悉与末减，出诸狱，廉明之声著于上下。旋调会城闽县，讼狱纷繁，素称难治。公以廉律己，以勤听事。有门生某者，年少士也，爱其才，尝以文艺进署。一日，忽袖金来谒，曰："所知有讼事将行，贿以求直。"公怫然曰："子非吾徒也。"其人惭悚而去。在闽四年，所平反疑狱不胜计，上官交倚为重。寻以事忤制府意被劾，公处之泰然。罢官后，橐中萧然，旅费不给，诸绅士争醵金饫之，曰："此吾贤父母，可坐视乎？"明年，桂林陈榕门先生节钺闽南，公以前事听勘。陈公一见，即曰："是读书人，不为突梯闪榆以媚上者。"为申理奏闻，得旨仍以原官起用，授广东灵山县。不一年，大吏谓此小邑，不足以展其才，即奏调潮州之揭阳。未及赴任，而公遽婴寒疾，遂不起，时乾隆二十二年十月十五日也，春秋五十有一。呜呼！以公之学问文章，练达时务，使得尽展其蕴，所表见当不止是此。当世名公巨卿获交于公者，无不叹息惋悼于年命之不永也。公所著有《林塘诗稿》。尝品闽产寿山石、素心兰、荔支为三妙，绘图题咏。在都门，文酒之会，殆无虚日，同邑诸后进侨寓者，咸招礼焉。尤有知人之鉴，初识家兄听涛，握手甚欢，谓曰："君邑中井眉，他日其以功名显乎。"其莅粤也，道经里门，诗往谒，辄蒙奖挹有宋氏郊、祁之目，心窃愧之，不意此会遂成永诀也。以某年月日，葬于吴县宝华山之麓。配庞孺人，后公二十七年卒。子男子四人：长钟侃，国学生；次钟伊；次钟侨，丙子举人，四川营山县知县；次钟俊，邑庠生。女二人：一适候选县丞戴文默；一适庠生袁冕。孙男二人：汝端、清寿。孙女三人：一字庠生史善长；一字朱琪；一幼，未字。系之铭曰：

谁谓书生迂，理繁拨剧绰有余。谁谓长吏俗，品石哦诗淡无欲。如烹小鲜，未竟厥施。蛮烟瘴雨，所去民思。循良之宰，仁孝之胄。郁郁佳城，保艾尔后。

清金学诗《播琴堂集》

直斋公传

直斋公讳汝德，字心一，炎洲公长子也。弱冠游庠，旋食饩，岁科试辄前茅，刻《历试艺》行世，操选政，脍炙人口。膺辛酉选拔，贡入成均。甲子登贤书，由景山教习期满初任，出宰青州高苑。适被水灾，抚恤赈济，无滥无遗。闻赈归来者，咸遂其请，领赈纷纷，一见尽能呼其姓名，如家人父子。然高苑故简僻小县，向无科目。丁卯大比之年，计考取可造者六人，一月两课，面命耳提，孳孳不倦。是科，六人中中式者二人，郡宪闻之，叹曰："不愧吴下名士，可称教养兼尽者矣。"抚军保举调繁寿光，因丁内艰，未经莅任。服阕，赴部候补，拣发浙省。先署鄞邑篆，又适被旱灾，办灾固熟手，合邑士民有来暮之歌。甫及三月，题授汤溪。下车初，即访缉棍恶，奖劝善良。重农桑，兴学校，次第举行。治理八年，民无冤狱，囹圄空虚，神明之颂，遍于道路。丙子科奉聘入闱，所得皆知名士。房首第三汪君，名又铨，系禀生。揭晓时，两总裁手欲加额，叹服不已，以第一乃监，第二乃附也。是冬题调乐清，民俗刁悍，素称难治。公宽猛相济，寓抚字于催科，不期年而遂可卧理。大荆、万桥两处兵米，久行渡海解送玉环，居民苦之。因详请上宪，饬令玉环弁兵自来关领，永为定例。尝谓"地方官须有益于地方，始为称职"，历任以来，大都一辙云。金衢严巡道杨公讳缵祖，目为学优而仕，亲制"儒林循吏"匾额相给赠。海疆三年，例得升迁，将报最，丁外艰归。服阕后，亲友咸劝补官，答曰："曩之捧檄而喜者，以有亲在耳，而今已矣。"遂引疾不仕。爰构室一间，颜曰"归读斋"，饮酒赋诗，以乐余年。刻有《归读斋诗集》。

清黄以正、黄锡爵《松陵黄氏家谱》

陈萍庄墓志铭

〔清〕彭启丰

君讳炳文，字曙光，号萍庄，汉太邱长之后。自八世祖见川公居吴江之黎里镇，四传为君之曾祖讳世芳，赠文林郎、宜城县知县。祖讳永年，太学生，赠奉直大夫、开州知州。考讳时夏，附贡生，赠修职郎、固安县县丞。修长者行，创义塾，葺桥梁，掩胔骼，乐善不倦，乡人称之。君幼而驯谨，比长工制义，与同里诸子为文会，集其文为《有邻集》，宿学多推重焉。屡困场屋，援例入太学，考授州同知。留心经世之务，于治河水利工程诸事，尤能洞彻要领。乾隆初，故相国嵇公曾筠奉命视河，令郡县遴举达于河务者，君首与焉。陈宣防疏导事宜，多见采择，委筑高邮、宝应堤工。五年秋大水，清江浦以南冲溃者十四五，而君之所筑独完。嵇公将以其名荐，适君丁外艰归，继又遭大母金太宜人及母陆太安人丧，先后九年居忧哀毁，遂无意仕进。筑萍庄别业，以诗礼训子孙。暇则与农人课晴雨，扁舟草屩，放浪笠泽、甫里间。今尚书周公元理，与君中表兄弟，而德配周安人，又尚书妹也。幼同学，相好无间。周公初由蠡县令调任清苑首邑，事繁，请君为助。至保定，适有修城之役。直省向遇兴作所需工料，率派委民间而后发帑，吏役因缘为奸，百姓苦之。君与周公谋曰："立窑厂，置车马，埏填转运，可不役一民。"从之。逾年而工完，民不病役。由是畿辅城垣，继保定而兴工者数十处，悉听君裁制，一时声誉翕然。前直隶制府方公观承尤器君，其置家庙、立义庄诸事，皆谘访于君而为之，屡劝君仕，勿应也。保定城中有前明杨忠愍公祠，倾圮甚，请于制府葺而新之，并为清厘祀产，俾杨氏子孙世守焉。君为人喜交游，不宿怨，不矜己长，而乐称人之善。有以缓急告者，辄倾囊相赠。弟龙文知永清县，去官时有亏项千余金，君为偿之。幼弟宏文早世，遗子女各一，婚嫁无失时。其孝友之行多类此也。乾隆四十年二月二十五日，以疾卒于保定，年六十有九，以子均官赠修职郎、雷州府经历。配周氏，赠荣禄大夫次梁公讳昴之女。读书识大义，持家严而自奉薄，先君二十四年卒，赠孺人。子五：长埙，国子监生；垧，吴江县学生员。皆先卒。均，广东昌化县知县；埔，广西浔州府经历；垲，国子监生，议叙从九品官。女一，适同里主事王锟。孙男五：巨，副榜贡生；钟、锡、铨、钋。孙女三，曾孙一：潮。以乾隆四十一年十一月二十四日，葬于黎里西宾字圩之原。越二载，子均以状来请铭。铭曰：

才为世急，德可及人。胡然袖手，而蠖屈以终身。惟庆之贻，在子若孙。堂封孔固，西宾之原。

赐进士及第、诰授光禄大夫、吏部右侍郎加一级、经筵讲官、兵部尚书致仕、愚表兄彭启丰顿首拜撰。

清陈阶琛等《颍川陈氏近谱》

庐江县知县赵公墓志铭

〔清〕陆燿

乾隆庚子十月八日，前庐江令瓶守赵先生卒于里第。余既闻而走哭其家，且叹邑中之不复有斯人，末学小生失所依仰，有不止为先生悲者。明年，其高弟子钱君大培，自山左邮书述其家，将属铭于余。余固谢弗能文，乃先生之兄元礼先生，复率其群从踵门固请，于义不可终辞。按状：赵氏远有代绪，宋汉藩元佐十六世始来吴江，五世而石如公某成进士，累代以孝友世其家。逮先生尤笃于至性，居考妣之丧皆尽礼尽哀。与兄元礼先生淬磨行谊，友爱至老，葬其世父母及从伯父母。遇姻党之贫乏，常推诚赒赡之。辑族谱，建宗祠，拮据经营，积数十年而皆成厥志。其在庐江，廉勤自矢。抑豪监，捕飞蝗，谨天灾、培士类，尤恶风水惑人。民有争地停丧者，为峻法以驱之。无力者给费于官，设丛冢于闲隙，使以时敛埋焉。在官才余二年而代者至，先生拂袖飘然，无几微介意也。生平质直好义，嫉恶甚严，人与游处，皆望而生畏。及接其言论，和平乐易，止觉可亲。钱君来书称其庐江作宰，布素依然，悃愊无华。慈良为政，宁不善事上官，从未违离书卷，此皆不同流俗无愧古人者。呜呼！观其从游所称道，可以知其为人矣。

先生为文，幼承乡先达绪论，中年诣益精进，最为泾县族人讳青藜者所推服。其友教四方，必先以名节相砥砺，而后及于文艺。余始弱冠，侍先大夫于京师，已薰炙先生之风范，四十年来往还不绝。去年夏，访余于檇李新居，犹授余启秀堂近刻。曾无几时，而遽铭先生之墓，其可悲也夫。先生讳宗堡，字拙存，晚年又号瓶守。乾隆元年丙辰科举人。三十五年庚寅，选授安徽庐州府庐江县知县，三十七年壬辰去职，又八年而告卒。距生康熙丁亥十月八日，享年七十有四。以明年辛丑九月二十五日，祔葬于尧峰山父墓之左。祖中楷，考文炯，皆赠文林郎如先生官。祖妣吴氏，妣吴氏、沈氏，皆赠孺人。兄宗坛，即元礼先生，弟廷珪，皆以学行为诸生祭酒。配全孺人，先卒。子二：孝锡、山锡，皆国子监生。女一，适国子监生陶锦。孙四：泰初、泰开、泰阶、泰交。孙女四，皆在室。铭曰：

　　文吾不知所云，行吾不知所循。肃肃秋旻之羽，融融冬律之暾。外刚内慈，略见敷施。徵信门墙，其无愧辞。畴则嗣音，尧峰永宅。述美埋幽，后死之责。

清陆燿《切问斋集》

任先生思谦墓表

〔清〕鲁仕骥

　　国朝大儒当湖陆清献公，有再传弟子任复生先生者，江南吴江人也。先生既殁，其出继子兆麟具先生事状，走书来江右，求余为表墓之文。兆麟为吾友彭君尺木弟子，闻古人不以虚美诬其亲之义，其所撰事状当可信。谨综其要而表之于墓上曰：先生讳思谦，字纯仁，父讳德成，亦名儒也，尺木曾为志其墓云。先生生而颖异，甫入塾，诵读经书，辄通贯大义，读《周易》及宋儒书，尤多心悟。既得邵子《皇极经世书》爱之，读其外篇有省，焚香默坐彻夜者三月，恍然曰："吾得之矣。先天学主乎诚，诚岂自外求耶。"既而奉父命受业张汉瞻先生。汉瞻先生，清献公高第弟子也。一见先生器之，曰："师门一绪，今得吾子，斯道有属矣。"授以《松阳遗书》，曰："此程朱正传也。"先生自是益笃志儒先之学。汉瞻先生没，衣麻带经，执心丧礼，闻者善之。甫冠，补震泽诸生，屡荐乡闱不遇。年四十余，即不复应举，闭户研经，惟恐以近名为累。然德望日隆，四方名士交相引重，当道公卿闻其名亦加敬礼。乾隆十四年，诏举经学，有欲以先生应者，先生以侍养力辞。桂林陈文恭公抚吴时，得其所著《易要》一书，叹为理精词约，与《太极图说》《定性书》相表里。其他所著，皆原本儒先考订经义，非苟作者。既饩满，贡入太学。年八十四，得微疾，正襟危坐曰："存顺没宁，其理一也。"遂瞑目而逝。子三人：长廷璋，季璈；次即兆麟，出为族父后者也，能读遗书，先生之业将于是乎在。江西新城鲁九皋述。

清钱仪吉《碑传集》

顾我钧传

顾我钧,字陶元,号发千。乾隆甲子经魁。方为诸生时,已名噪大江南北,弟子著录者数百人。其在京师也,馆于秦大司寇蕙田邸第,秦公奉命修《五礼通考》,因预参校焉。生平著述甚富,识者谓《春秋去凿》一书,弃瑕取瑜,亦集狐成腋,为从来说《春秋》家所未有,惜自襄公以下,犹未竣事也。已刻者《律赋汇钞》《发千订课》《松陵耆旧集》《勤补堂文稿》等书行世。子后艺,字器先。少孤,能读父书,弱冠即为诸生。早卒,无子,人共惜之。(本顾汝敬志稿)

清嘉庆《同里志》

范景焘传

先曾祖名景焘,字丽中,候选少尹。父名椿,字永万,骏远公子,为茂远公后,敕赠登仕佐郎。公九龄丧母,逮事祖母许太孺人,一椽壁立。姊目双瞽,能为业孺者贯线,日不过数两,合室馏粥,时不给赖。公秉性正直,幼即具不忮不求之概,长更练达世故。为人谋必忠,非义介一不取,卒以善为居间起家。初从伯母顾孺人,时召犹子辈选贯,散钱不尽核数。公方在学书计之年,独能钩稽无误,一文不苟。顾孺人廉得之,劳以果实,未尝辄食,必怀归奉祖母。顾孺人益器之,恒语子曰:"昆弟中惟公可信托,且不决长媭贫。"后族兄封公述语子弟,谓太孺人具人伦藻鉴。公既冠,料事多中,能为人排难解纷,信义著于乡党。族兄家故丰厚,或居货殖,或问田舍,或权子母,出纳牵累千金,皆倚公一诺为重,人皆服其公允,事无不集。不数年,族兄家获利市三倍,而所以酬公者亦不赀。于是嫁姊娶室,孝养日丰。逮祖母与父先后寿终,奉两世五棺袝葬于祖茔之旁,尽诚尽礼。以其余力绸缪恒产,先世遗田十二亩赠郎公,以偿逋赋,割去三之二,族兄预为访赎,至是归赵。后迁居南坨,以故庐一椽及同居之衡门报之,盖公年甫壮,人咸卜其能亢宗矣。且公非徒自封殖而已,雅能周助懿戚,振拔孤寒。友朋乏业者汲引之,穷士励志者资助之,族子若孙辈恒饮食教诲之。痛先太孺人食贫早世,笃念渭阳外家系沈江村后,明季与顾诸赏后人同隐于乡,世为通家,渐即式微。公既归姊于顾,恒与姊婿及内兄弟推解无已,缓急相通,两家卒获小康。配陈孺人,家亦始俭终裕,皆公之力也。生平自奉甚约,娶媳嫁女皆敦朴俭,无骄奢之习。为子循例授少尹,甫壮卒,乏嗣议续。时公年未周甲,而业已富,有或谓族孙贤愚莫别,恐弗克负荷,莫若纳小星待育。公曰"是在吾督诲之耳",遂抚我府君于襁褓中,延师傅,择友朋,选德配,亲见成立。恒称述先世孤忠劲节及忠厚家风,谆谆不倦。晚循例获一命,貤赠先公。追求郡中先世遗迹,春秋必展谒天平先垄,年七十有二乃考终。所遗南坨五十余楹,建楼两所,颜其堂曰"式穀"。业田数顷,积谷数百斛,囊蓄数千金,五十年来之积累亦厚矣。盖公缔造之隆,与始祖之肇基垺,而幼时之艰难殆有过焉。享年之永，先世亦无逾公者。《同里志》列《仁寿传》。

清范时乾《同里古吴郡范氏家乘》

大一公传

　　大一公讳汝魁，炎洲公次子也。为人谦退好学，就傅后，拈题即能立就。其接人蔼然可亲，邻里中早器之，曰："此黄氏白眉也。"因急于功名，治武经，补邑庠生。年甫冠，雍正七年己酉科，中式第五名高魁。时松江提台柏公知公才，招致幕府，欲以女妻之。公因聘定沈氏，坚辞不允，强之再四，志不少移，虽遭拂怒不顾也，岂非明于大义者哉！庚戌孟夏，沈孺人于归。未弥月，公乃公车北上，毫无内顾，惟以远离父母为念。六月中抵京，凡贵显者争欲罗而致之，公弗顾，乃寄迹于南无寺。此又可谓介然自持者矣。适八月十九日京师地大震，寺中墙倾屋倒，被压而殒，年二十有一。凶问至家，亲友闻之，无不涕泣，即邻里涂人，亦皆哀伤叹悼无已。公因娶未几，无子，遂以长房次子杞为嗣。呜呼！以公之才，当公之年，使仅仅徵逐里巷中，固可以不死。继即苟从提府，欲或亦可免死。迨至京，抑肯奔走贵显，居止豪门，亦必不至于死。呜呼异哉！年少争科，守礼秉义若此，乃竟夭而死，且死于非命，其惨又若此，天耶？人耶？呜呼异哉！然而公殁之后，沈孺人上侍翁姑，克尽孝养，下抚嗣子，夺帜黉门。俾得公举节孝，旌表门闾，子孙蕃衍，书香有续，未必非公之守礼秉义中来也。则虽死犹生，其又何憾！

清黄以正、黄锡爵《松陵黄氏家谱》

浙江按察使李公治运墓表

〔清〕袁枚

　　乾隆元年春，湖广总兵崔某劾大学士鄂尔泰苗疆失机。是时鄂方以首相受世宗遗诏辅政，天子怒，下崔于理，刑部九卿议崔罪斩立决。右审司主事李公治运年二十余，独持不可，曰："如是将启大臣擅威福之渐。"崔因是得末减，而"小李主事"之名震天下。其年秋，余荐鸿词科入都，受知于公父编修重华公，世所称玉洲先生是也，得交公。公状短小，竖眉秀眸，微须。为人端静详审无多言，终日坐骡车赴部决事，他人休，公不休。以雍正七年进士授刑部主事，迁员外，再迁礼部仪制司郎中。送琉球国使还，主广西乡试，督山东学政，俱有声。天子知公练刑名，改授陕西榆林府知府。寻迁湖北粮道，安徽按察使，调浙江。公吴江人，最邻浙。在浙八年，民无听请之嫌，咸朋无矫情之怨，人以为难。嘉、湖两府连淞、泖、震泽，渔匪窜焉。公颁舟式而编排之，盗风为清。绍兴、宁波两府近海，出洋者多为奸。公命州县核其货，书其年月、姓名，按籍钩考,奸无所容。常言:"例虽繁,统于正律;心能小,自能活人。"每勘狱,穷日孜孜为求其可生之路。巡抚某不悦,劾公迂缓沽名。天子休公于家,时太夫人年八十余,公得归养,颇以为欢,而浙之士民送者涕泣不能去。三十六年七月,枚过吴江,公病已笃。闻枚至,力疾出见,谈天下事侃侃然,盖身虽衰,用世之心尚在也。别后一月薨,年六十二。子会辰,葬公毕,来乞表墓,且云公在浙平某狱甚善,归当取原牍相付。已而书来,检寄无从,以为大戚。予谓会辰无伤也。汉于公自言活人多,后世当兴。卒其所活何人,史莫得而详也。呜呼,此其所以为阴德欤!公字宁人,一字漪亭。夫人张氏。子一,女三。葬某。

清钱仪吉《碑传集》

先考行略

〔清〕张士元

先考讳友仁,字学山,先世自徽州来徙。传至南田公,生二子,曰敬田、爱田。敬田三传至先曾祖讳士荣。先祖讳启文,祖母陆氏。先考少与诸父从学于周今图先生,既伯父入县学,客游四方,先考庀家事,犹日观书不废。久乃明于医术,乡里有疾病者,求治辄往,未尝渔利也。性坦易近人,与人语,姁姁不加以声色。见茕独寒饿者,恻然矜之,常以绵力不能济为恨。士元八九岁,先考授书,每夜灯下说古贤事,暇则辨字母切韵,示之诗律,凡所以开士元者,皆今图先生之说也。然先考亦有时客授,不常居家。自先妣俞孺人卒后,姊复远嫁,士元旦暮随先考。先考出,则孑然无所依。先考虑其失学也,力具资斧使游学。庚寅、辛卯在穆溪,壬辰在村西三里从倪斐园先生游。及冬月,先考于姑氏王家患病,有人来告,方午餐,士元悲咽不觉失声,同堂为之辍饭。往侍四五日,先考疾稍损,即遣就塾。是后家食益艰,先考耻累亲旧,乃复授书于外。越二年得疾,卧起无常,自是不复出门矣。士元年二十二而有妇,补学官弟子。明年秋试被黜,再期将赴试,先考病卒,乾隆四十四年七月十六日也,距生于康熙四十九年四月二十九日,享年七十。先考潜伏州闾,固无由为卓异之行,然生平取舍不苟,虽终世娄艰而无所逋负。士元则往来南北,时丐贷于亲知而卒无以庚也。先考纤微省啬,以备束脩之礼,使士元就傅,粗有所知。士元则疏放远游,不慈不教,致儿曹俱失学也。故举所记忆者书之,俾后人知士元之瓠落无成,由其惰窳之故,而其稍能读书得列于士林者,皆先考之教也。先妣李孺人,蚤卒,无所出。继妣俞孺人。

清张士元《嘉树山房续集》

先妣俞孺人行略

〔清〕张士元

先妣姓俞氏，先世当元明之际有通津字指南者，隐居洞庭山，葬于小坊，子孙因家焉。外曾祖讳桂森，外祖讳燿烈。孺人康熙五十六年七月十八日生，年二十七来归。生子二人，长殇，次即士元。女三人，伯姊生二十一岁许嫁而卒，次殇，次归武康县学生梁仑。孺人卒于乾隆三十三年十一月二十日，士元年甫十三。孺人素苦心疝，每疾作辄绝而徐苏，至是弃世忧冀其苏也，伤哉！孺人持家至俭，茹素不食荤，治丝棉未尝弃手，率二女纺绩常至夜分。性严洁，衣服必整，言语不轻，妇女多惮之。士元幼受书，先考出，则孺人督课不少借。士元十一岁学于外氏，归一宿辄遣去，不得复留。呜呼！士元幼时家少欢聚之日，而自十三岁以往，且长为无母之人矣。忆孺人病革时，士元随先考卧于旁榻，夜半梦孺人含敛而号恸，先考唤之不觉，以足动之乃觉。问故不敢言，再三问终不言。孺人隔帷问曰："儿岂梦见予死耶？"应曰："然。"时皆呜咽不能出声，越数日而孺人遂永诀矣。此少小之最痛者，余不可悉书矣。

清张士元《嘉树山房续集》

蔼亭吴公传

〔清〕谭倪书

公讳文明，字惠南，号蔼亭。读书通大义，生平足不出闾，然慨然有志于济人利物。岁乙亥，邑大祲，公率先出米百石，为粥糜食饿者，又详为规制，使无弗均无弗遍。及岁或歉收，则又率先捐米，减价而粜，以平市值，人甚德之。宗族亲党中老而贫孤而无依者，皆廪饩之，岁凡数十人。与人交，务至诚，缓急解，推如弗及。而布素自奉，终身如蓬户中人。吴中风俗奢薄，饮食必精洁，衣服务丽都，辨言佻达，封财自豪，尤好贵宾客，冠盖结纳，相望以为华。公皆反之，然卒以此取重于乡里。天性至孝，居亲丧哀毁骨立，绝而复苏。其始祖赠太仆卿全孝翁祠，岁久倾圮。有司春秋祠祀，则咎其子孙之不令，而不谓表祠教孝为己责也。公鸠工修葺，轮奂复旧。先是庚午秋，公父善长公创议修祠，工甫兴而殁。公乃克竟其绪，爰循家庙配食例，奉父木主入祔。更捐资置田，为永远经费，盖继志述事之孝也。尝训其子曰："轻浮刻薄，吾所深恶。"故其为人恭俭，慈惠厚重，寡言笑。然遇事则侃侃正论无曲徇，人以是皆畏敬之。居家友于兄弟，食指数十，同居合爨，闺门雍肃无间言。其子弟皆恂恂温雅，能读书，笃于行谊，盖其家庭薰濡积渐然也。年四十而鳏，比老房中妾媵无一人，此尤人情所难者。于乾隆庚寅年卒，年六十岁。子一人。

论曰：世皆以质性粹美廉洁寡过为善人，然非论学励行，则或因所凭之厚以损智，而汩漓其良。虽洒然于毁誉之外，而生平之足以见称者，盖已鲜矣。然则公固尝为学问人哉，盖宗族乡党称其孝也，执友称其仁也，交游称其信也，其庶几善人无愧矣。

乾隆乙未阳月既望，侄婿谭倪书顿首拜撰。

清吴安国《吴江吴氏族谱》

陈君禹望传

〔清〕曹秀先

陈君讳汝为，字禹望，世居吴江黎里镇。祖世英，父之韵。君甫生八日而孤，其母张氏，祖母平氏，堂上双节，为抚此八日孤，以养以教，备极劬劳。君年十三，而母氏又去世，惟祖母实抚之。君年稍长，娶张氏。奉事祖母平，夫妇孝养，即孙即子。于是时，门户单弱，几几乎弗克振也。君幼而聪慧，习举业，独性好吟咏。自来名人诗集，以力购售，满屋满架，藏弆几数万卷。壮岁，无意进取，例得辟州丞，勿出也。食息外，啸歌不辍，若将终身者。然赋性淡泊，寡纷竞，尝移居莺脰湖边。十数年来，春秋佳日，或泛棹西湖，或泊舟虎阜，留连景物，眺吟自适，率以为常。人谓君为老孤子，今诗人也。先是，仲兄亦卜居裖水之旁，及老得相见，约归故宅。两家子姓，欢好怡怡，归黎里镇。里人称之，以为此宅中荆树复荣，如德星重聚也，至今以为美谈云。综论君生平，宅心行事，乐易和平。与人交，蔼然多笑容。乡人见之，乐其一笑，君因以自署"笑庵"焉。幼失怙，珍惜手泽，痛念厥考。工诗，而不永年，时人比诸李昌谷。遗诗刻《松陵诗徵》，遂亦以诗承志，诗果成家。所著《白云山人集》，约千余首。今茅湘《客絮吴羹诗选》、王光禄《苔岑》二集中，具载其诗。其诗恬淡风雅，抒厥性情，无感喟之意，亦无萧索之气。呜呼！可以见君之诗矣，可以见君之志矣。黎里镇在吴中太湖周遭，昔元真、天随常狎其地，君以诗人不仕不隐，而袭其高风。善自调摄，素无疾病，无遭荣辱。年七十有二，老于牖下，天所以酬孤子者厚矣。有子五人：长瑚，国子生；瑗、瑾、燧，诸生，皆自立。其三子元文，以诸生游京师，充四库馆誊录官，铨注县丞。昔予按试苏郡，拔取古学第一。询所学，厥有自来，与其子上舍生兆登，俱谒予就学。余故知君学行可传于后，爰觕缕始末而为之立传。

论曰：昔欧阳文忠公作《连处士传》，言其积德葆光，足以康后嗣也。苏文忠公作《方山子传》，言其意趣超远，足以挽颓风也。今观陈君之事，夫岂与二贤者有不相及耶！吴中冠盖士夫，甲于他郡县，而陈君与予向未相识，余顾从而传之者，亦闻风而企慕也。有文有行，有子有孙。八日之孤，其永以为寿哉。

清陈阶琛等《颍川陈氏近谱》

汪峻堂哀词

〔清〕沈彤

汪君峻堂,年二十九以贡生应浙江试,殁于旅舍。凶问至吾邑,有哭之恸者,有垂涕洒泪者,有长太息者,纷纷然惊始疑卒,谓其人不当死而死。虽平生不相识之人且然,其族姻知旧无论。噫!吾所见尊荣寿考者之死多矣,曾有能得此于人者乎?峻堂殁之前数年,尝应试京闱。时余方在都,见馆阁诸老先生及太学所集四方名士,见其诗若文者,无不称其才。李詹事绂、徐侍读用锡尤器重之,二先生负海内文学重望者也。邑之宿儒周先生振业,于周四子、宋五子之书,咸穷极奥突。其教人必文与行兼,虽从游以老者,或不能得其一言之褒。而峻堂以早岁受业,辄见许可。由其生之文誉,死之见伤,而其有所得于已及乎?人皆可知矣。且以知人无不可感,而无以感人者为徒生也。峻堂名栋,其先自休宁徙吴江。雍正中,析吴江置震泽,遂为震泽人。生而厚敏,好读书,为诗文秀出时俗。持躬慎饬,寡言笑,于六行无不敦敬。礼文儒而博爱于众,告之急难,虽路人必拯焉。余与峻堂交迹,疏而心契。峻堂始殁,一月三梦,余若有所请,然觉辄怆焉。靡已乃为词,以抒予哀,且以报峻堂之意。其词曰:

哀哉汪君!穷年兀兀以为学,而天乃不大其年。惟日不足以为善,而不得日之富于天。胡靳其文行之大就,使其风弗蔼蔼以腾骞,抑且孤吾党之讲习,而丽泽之气壹郁其不宣。哀哉汪君!抱良材以早世,赍高志而沉沦,生而不薄于儒宗词伯,死而痛惜于里党与交亲。虽命蹇而形夭,尚有所不夭者存。呜呼汪君!

清沈彤《果堂集》

广东潮州府粤闽南澳同知庸斋金君墓志铭

〔清〕沈德潜

予昔授经袁氏,往来同里,闻金君庸斋之名。其人敦内行,有治剧才,时方为柳州参军,未与之识,窃心仪之。今秋以哭质中来同里,庸斋之子以城等衰绖踵门,以状来请铭,始知庸斋已殁。国家失此能吏,可惜也。按状,君讳廷烈,字竹书,庸斋其号。先世自新安迁吴江。曾祖维翰,卜居同里,敕授儒林郎、候选州同知。祖之清,铨授浙江临海令,未赴仕卒。考国枢,候选州同知,以君贵貤赠修职郎,例赠奉政大夫。妣叶太宜人。君事考妣能承意旨,待两弟友。子少有远志,尝读《汉书》班超、马援传,辄慨然曰:"大丈夫不当如是耶!"稍长,赠公见其议事明决,干略不凡,命籍就选。初授福建泉州府经历,捧檄归,而考殁,补选柳州。值义宁逆苗蠢动,大吏督师进剿,委君往侦。君至,有五百余人汹汹来犯。君立马叱之,众惊却,徐谕之曰:"予知尔皆良善,何苦听煽惑取罪戾,大兵至,无噍类矣。"众号泣,愿受指挥。君乃购白布数十匹,尺裂之，加钤印，人授尺布，以为投顺据。造册入籍，以苗攻苗，义宁遂平。未几，粤苗勾结楚苗行劫内地，上命经略张公广泗驰驿擒治。公遴君才，命随营效力。君悉心筹办，动协机宜，伏莽尽除。时荐加级，调任泗城兼摄西隆州篆。西隆接壤交趾，崇山密箐，最易藏匿。君躬亲搜剔，获叛犯李梅等三人。题署西林县篆，闻母讣归。先是君在柳州，计欲迎养，太夫人以道远瘴深坚却焉。至是痛禄不逮养，抚棺恸哭，哀感旁人。经营窀穸，尽诚尽礼。服阕，补任广东韶州经历，委署广宁县篆。檄审邻邑盗案，君见赃证不诬符，盗有冤色，和颜谳鞫，果皆畏刑诬认者，释二十七人死罪。再提三水县尹，摄永安县篆。清理沉狱，摘发奸顽，有神君之诵。调署连平州。州田半居高阜，雨泽愆期，苗即枯槁。君设法引泉，永资灌溉，岁得丰收。土人多患麻疯疾者，恐其染民，又不可斥诸旷野。请于上官，另设院居之，疾者与平民相安。又委署东莞。东莞商贾骈集，地跨三邑，往往奸宄出没。君严行防御，远近不扰。处腥膻地，以廉洁闻，大吏交章以卓异引见。上嘉奖，擢澄海令，之官后，境地肃清。有贡生陈姓者，兄弟争产，构讼十余年。君谕之曰："尔兄弟争产讦讼，独不念先人愧恨九原乎！"弟兄感泣交让。澄民以捕鱼为业，沿大洋港汊下木桩施网，名曰"桁位"。自澄至饶平、南澳，凡千余处。会南澳总兵巡海往来，偶触营船，言于制府，将尽去之。君力陈不可，绘图申请，复冒险出大洋，视窄处除去几桩，移于旧无桁位营船不经之地，数千渔人免为饿殍。至于悯城下之腐棺移葬山阜，平河水之冲决躬率堵御，捕劫商之巨盗海道请平，大吏特荐入觐于圆明园。上复嘉奖，回任后题补南澳海防同知，委办京差。君竭尽心力，奉檄星驰，抱病逾岭，殁于南昌。呜呼！如君者，治羌若虞诩，弭盗若张纲，理冤若张释之，安民若召信臣，假令得居高位，必能建大有为之业。乃官不甚达，年不老寿，诚可悲可感也。综君生平，勤于政治，未遑立言，惟取古来名臣循吏事实，编为一书，俾临民者取法，名《居官必览》，其亦可为圭臬也已。君生于康熙壬辰七月二十三日，殁于乾隆丁亥二月初二日，享年五十有六。配陈宜人，有淑德，能相夫为良吏。子五：长以诚，次以垣、以封、以均、以埙。女二：长适太学生丁鹤年，次适府学生邱岗。孙二：慰祖、兰孙。孙女四。以乾隆庚寅九月初八日辛亥，卜葬于本县二十八都六付扇三十二图昌叔圩之原。铭曰：

过都之足，骋于篱樊。刜犀之器，试于草菅。君才饶裕，始安苗蛮。继历艰剧，跋履间关。绥民除暴，心力用殚。经纶方展，忽陨重泉，为德必报，昌尔后昆。筑此佳城，既固既安。

《金氏族谱》民国抄本

祭奉政大夫南澳司马金君庸斋文

〔清〕顾耕

强圉大渊献之岁春二月，金君庸斋老先生贤劳国事，自粤东趋京师，途次浈江，得疾，日咯血。比逾岭，加剧，殁于豫章之行台。令子扶榇归里，至戚朋好咸伤悼不置。余乃蓺香焚楮于其灵次，酹酒以奠之曰：呜呼！瑾瑜匿采，则岩岫丧其珍；松桧摧残，则山林失其秀。我乡之有庸斋，诚珪璋之品而桢干之材也。乃甫得稍展其才，忽焉中道云殂，非直一身一家之存亡兴替攸关，而实我乡之气运衰薄，弗克栽培，以成大器，竟厥功施，尤令人咨嗟而感叹也。夫枌榆谊笃，忽判幽明，宜为之哀死而述其行。行者，发乎迩而见乎远者也。行之家庭，行之邦国，行之四海，或显或晦，或巨或细，无不足述。若庸斋之服官三十余年，其政绩彪炳两粤，及于闽海，上游倚重，众称慈母。此则传之口碑，勒之贞珉，上之朝廷，登之简册，何藉于余等株守乡僻者为之赞诵？正以人咸乐道其功业，艳羡其才华，震惊夸耀以为闾里荣。闻之者第知庸斋之才大志广，勇往任事，公尔忘私，不避险难，而不知其天性之诚朴，敦本务实，所以立其体以致用者，其根柢甚深固也。余与君长子称总角，知君最悉。当其髫年，奋志攻苦萤窗，绝无竞名躁进之心，与时辈骛声华。二如计先生，君之舅祖也，高年积学，人望而畏之，君时以诗文相质证，娓娓不倦。既而游学京师，乡先达李玉洲先生雅相器重，招之邸第。时沈御史蓉溪、张郡守少仪，俱以名诸生入就京兆试，咸乐为订交，力劝同入棘闱，而君已邀铨授，捧檄遄归。虽堂上春秋尚壮，而庭闱眷恋，宁以升斗承膝下欢，不欲久羁日下也。乃未遂迎养之志，而太翁遽以时疾谢世，庸斋呼天抢地，誓以力耕奉母。维时门户之撑持，令弟妹之婚配，惟长兄是问。君克承先志，一一就理，比三年服阕，而囊橐已萧然矣。君情殷将母，不乐仕进，诸昆季戚友劝之就道赴补，得粤西之柳州。太夫人以岭外道远不果就养，君于数千里外以清俸谋奉甘旨，往来于道不绝也。幸两贤弟能承色养，太夫人以天年终。时君以平苗军功将膺不次之擢，讣至之日，大吏强留，欲处以刺史牧伯，抚辑边郡。而君伤痛迫切，虽高官厚实莫偿终天之恨，立时匍匐奔归。泣血三年，偕令弟经营窀穸，称情合理，乡党称善。服既除，遵新例在籍候补。家居数年，布衣蔬食，闭户课诸郎君各习一经，不以取功名为亟。手录前哲嘉言懿行为《功过格》，几阅寒暑方成帙，而付之梓。博致书籍，雅好晋唐碑版，所蓄甚富，日令诸郎君规模作擘窠书，曰："读书之暇，藉以收其放心也。"是君之所以承前而启后者，洵能崇尚质实，不事浮夸者矣。及官书临门，再任粤东，由参佐而令而牧而分刺剧郡，整饬海疆，一十六年之间，两以课最入觐。奉俞旨，道经里门，作信宿留，必招集亲旧情话竟日。尔时袍泡余香，凫飞仙路，匆促间展谒邱墓，敦勉诸子侄之课业，慰问亲友各尽其情，皆出自至性至诚，盎然真意周浃。人比之衣锦之荣，而君仍如其故我，非根柢深厚操行笃实，能若是之履荣宠而不改其素，且欿然自下乎？以君之为人如此，即名不升于朝，未膺一阶，未效一职，亦足以式乡闾而厚风俗。若再假之年，罄其设施，则所被之远当更有什伯于今者。而忽然殂谢，岂天之厚其植而偏其算耶？抑我乡之气运浮浅承之而不胜也。岂第一身一家之存亡兴替云尔哉！余辈之所以欷歔郁悒而不可禁也，若仅服其才荣其遇，而惜其福之未厚，恐浅之乎视庸斋矣。敬侑一樽，灵其鉴诸，呜呼尚飨！

《金氏族谱》民国抄本

钱雪岩先生传

〔清〕王元文

先生姓钱氏，讳新，字绍洙，号雪岩，晚又号灵颜，余姑之夫也。姑为先祖所钟爱，择婿得先生。先生气清夷，须眉秀爽，文章俊异，侪辈推服。先祖爱而敬之，每得佳酝美膳，辄招先生来对饮欢然，余侍旁听谈论不厌。先祖故居黄溪之北，余年十一，即相从先生于溪东，又相从于溪南，又相从于盛湖，最后又相从于溪东，前后凡七年。先生善教童子，同堂往往十数人，然多不免呼叱贾楚之烦，独于余从未加声色。与人言辄称余，且语同堂以余为法，余愧之。先祖先父常以家道乏，遣余就市，先生辄颦蹙。里中有石丈又岩者，豪士也，与先生亲。故闻余就市，辄朝夕来与先祖争论，必欲成就余读书事。余年十九，补博士弟子员，假馆溪东日，常辍一二时来侍先生，无三日间也。先生与余姑伉俪情甚笃，顾未尝生育，多病，一岁中半在床褥，医药未尝断。馆溪东日，余姑卒，先生哀甚，悼亡诗不下百余首，皆凄楚声令人不忍读。越六载，续娶钮孺人。孺人与吾姑性行相似，与先生又相得，生一子，貌甚秀，先生爱之甚。余造先生庐，先生辄抱置余怀中曰："令他日得如表兄之半足矣。"未几天，孺人得病亦卒，先生哀尤甚，所作悼亡诗如前，而声尤凄楚，至今思之，余常恻恻。先生无田宅，僦屋居，时迁徙。兄弟六人，其半先先生卒。侄三人，皆不能继先生业。先生三弟妇寡居，无他资藉，常以束修给之，及其他孤贫，不少自留。先生懒作文，亦懒应试，年三十余为诸生。丁卯一踏省门，后不复往。至乙酉年，已逾五十，偶动兴偕余至省，戊子又偕余至省。然戊子之役，余微察先生筋力已衰，独处时时太息。盖诗书之泽，享祀之承，后顾茫茫也。试毕省中还，未几先生遂得病，至己丑正月杪遂卒，年五十六。先生教不出黄溪，后来成就如石子芬、予、李子摺廷，尤俊异，为学使者所赏拔。诗不下数百首，气体于石湖、放翁为近。生平境穷而无告，然廉洁耿介，行谊绝无玷，待后学尤诚恳。今先生卒已十七年，时耿耿于心，屡欲书之，不忍下笔，遂质言其概如此，以贻相识云。

清王元文《北溪文集》

族祖父汉冲公权厝志铭

〔清〕郭麐

公讳锐，字汉冲，余祖父剑冲公同母弟也。祖父以次后曾祖父柱周公，公承禹门公之祀。公与余为族祖，实从祖也。公生于康熙五十三年，卒于乾隆五十九年七月十八日，享年七十有九。娶顾氏，再娶陈氏，皆先公卒，无子，以剑冲公季子纫荃为后。吾家世贱贫，至曾王父时，所遗产不足以活，令公随祖父入肆学贸易。而公落度不能就时，口无二价，人难之，辄谩骂，以故所为辄困。及鳏，益穷蹙，转徙流漓者数矣。先子与诸父分居，让一楼以居。公楼下，置釜甑一，几一，盐豉蒜果之具在焉。日手竹笤，籴一升米，为两日饭，下舂或不举火。时余家贫甚，无一日之积，亦无力作饔飧之事。皆两母亲之，势不能兼食公，即食公，公亦不忍也。公性无愁，虽坎坷若是，欣然不以屑意，赖是得长其年。甚爱先子及余兄弟。先子没后，余衰绖出外，得束修以养母。值岁饥，米一石直钱五千，母及弟妹日或一食。公见之，戚然若不可以为怀，过于其身之不得食也。岁暮，余在泰兴，未即归。母往视阿姊家，生母独与一弟一妹居。中夜然一瓦灯，弟读书其左，妹学绣其右，母以锡箔黏纸铤，得一千可供明日一炊。纸窗破碎，风怒号如虎，三更后寒益甚，手指皆圻裂流血。弟妹寒且倦。有泣者，回首见公坐室隅未去，眦荧荧欲泪下。问翁何尚不归寝，公曰："见女母子如此，我寝宁甘耶？阿玉归，当令见之，恐未知母苦如是。"阿玉者，余小字也。归时，先呼以告。余母子皆泣，公亦泣，此丙午冬事也。已十年矣，而余澟落如故。妄意一日，小得发达，当优游以终公余年，而今皆不可得已。公距我祖父之卒二年。本生曾祖父母及祖父母，皆已葬于芦墟之胡蝶湾，旁尚有隙地。他日力所能者，当举公及族祖母之棺合葬之。铭曰：

天与以年，而不养其年。我宜养之，而视其饥寒。伤哉！贫也，是则天之不仁也。

清郭麐《灵芬馆杂著》

陈仪庭封翁暨配程安人合传

〔清〕张士范

公讳汝夔，字虞弦，一字仪庭。世居禊湖，代有潜德。至君之考太学生赠君汉汀公，忠厚和平，推重乡党。生子二，公其长也。公为人腆诚朴直，不屑苟循时尚，而内行谨饬。事父母以孝，汉汀公中年遘废疾，公内亲汤药，外理家政。幸胞弟讷庵公年渐长，负材略，应酬事悉以委之，而益得专心于色养。汉汀公殁，哀毁备至。既母费太安人殁，亦如之。晚年以子阶英任池州府通判，覃恩敕封如其官。人佥谓君之积厚所致，而义方之教亦概可见矣。然性好俭约，食粗衣敝，夷然自得。见子弟之稍涉纷华，辄正色曰："汝曹慎，毋效纨绔习也。"别驾在池阳，屡请迎养，公不许。请之再，因命程安人就养，而公享田园之福焉。安人为平望庠生来雍女，年二十一来归。甫逾月，即佐姑司中馈职，酒浆、笾豆、箴管、楎椸之属，罔不蠲洁以治。尝篝灯治女红至漏下，不稍倦。平居相夫以道，教子以义，和妯娌，睦姻族，数十年如一日，阃内外无不翕然，同声贤安人也。安人先举三女，最后举一子，即别驾也。岁在己亥，安人念尊嫜已逝，无内顾忧，且家政有仪庭公在，遂决意挐舟渡江，赴池州任所焉。安人素有咯血疾，体甚尪羸。至是闻九华名胜为池郡望，因涓吉备香醪，安舆除道，高陟翠微，斋宿虔祷而后返，疾果不复发。安人在署，惟勖子以清慎勤，而织纴组纴，不异居家时。性本仁慈，每闻署内鞭朴声，辄蹙额终日。以故别驾在官，用刑尤慎。乾隆壬寅七月，以疾终官署，寿六十有九。时别驾方督解关税入都，讣至，星夜趱归，衔恤抚榇旋里。犹幸仪庭公康健如常，侍养之日正长也。讵知奉倩神伤，老怀亦是滋戚矣！越二年，甲辰二月，年七十寿终。余承乏池郡，与别驾相得甚欢，少子纪堂又余寄子也。兹别驾在籍邮寄行状乞传，余不能辞，为濡笔而书之。

论曰：仪庭膺承德之封，而躬习勚劳不自暇逸，倘所谓受宠不惊者非欤。又尝考东汉纪一代贤明妇人，求其动合礼仪言成规矩者卒鲜。若安人身享华膴，婉嫕淑慎，方诸秦嘉之匹，又何多让也乎！

清陈阶琛等《颍川陈氏近谱》

先考月圃府君行述

〔清〕陆泰增

呜呼！府君竟弃不孝等而长逝耶！府君年逾七旬，神明不衰，不孝等私心庆幸，以为期颐可必。胡天不吊，降此鞠凶，皆由不孝等侍奉无状，使吾父康强无恙之身，遽以微疾而成大故，百身莫赎，夫复何辞。第念府君德行品谊，苟不拾掇一二，将坐令湮没，无以垂示后昆，益不可为人，不可为子。用敢沥血和墨，粗陈梗概，以冀当代大人先生采择，登之志乘，用表幽德云。府君姓陆氏，讳昌言，字慎余，号月圃。明初有讳雄者始葬吴江，遂世为吴江人。六传至方伯公讳文衡，前明万历戊午举人，己未进士，官至山西右布政。以事镌级，后为定州新设兵备道，丁忧归，遂不复出，是为府君高祖。曾祖讳钥，吴江县学生。祖讳方涛，康熙乙酉科举人。考讳桂馨，廪贡生，荐举博学鸿词，丹阳县学训导。府君性沈厚，具利物心。年二十余，先大父训导府君赴京师，即身任家事，为诸弟倡而又未尝废学。先是以家贫，就业于比邻张连城先生，昏自塾归，先大母吕孺人督课尤勤，故学殖早成。善耐劳苦，事不辞难。外家去城百里，奉母命省觐，恒徒步往来，足茧腹饥，恬如也。训导府君官丹阳，吕孺人以病未行，府君留侍，以授徒束修供菽水。是时，吾母张孺人来归有年，已生不孝泰增及一殇弟矣，昼夜纺绩供甘脆。因是训导府君无内顾忧，而府君益肆力经史。未几，吾母积劳成疾不起，子妇之职府君身兼之。嗣娶继母金孺人，以多事家计日落。而府君性狷介，不喜治生产，临财推多取少，虽屡空弗恤。乾隆乙亥，岁饥疫作。府君夙秉家学，通轩岐术。于是典衣举债，备置药物，同疡医朱南山先生施药处方，多所存活。是时，斗米值三百五十钱，府君至啖糠饼，然有病起厚相酬者，咸谢却之。丹阳距吴江三百里，府君于岁时襆被野航，省视学舍，十三年如一日也。岁甲戌，先大父以老疾乞休，府君日夕医祷，卒无效，以十一月捐馆舍。府君哀毁骨立，几不欲生，附身附棺，必诚必信。先是府君授徒郡城，先大母吕孺人踣伤足，泰增诣卜者凌君占之，遇鼎之蛊。凌曰："足疾不可瘳。"府君得书遄归，晨夕扶持，即床褥哺饮食。比癸未正月，先大母弃养，哀礼一如丧先大父时。岁甲申，既合葬于房昂笙圩穆穴，即为庶母沈氏营寿圹于旁。其推不匮而笃友者如此。府君之学由博返约，为文力求根柢，受知于学使者雷公铉，补博士弟子员。己卯、壬午间试不售，遂恬退不事进取，闭户著书为传后计。顾身不达而弟子益进，经指授者辄掇科第以去。最后为蒋抑斋先生延至直隶课其子荣，屡掌交河、景州、冀州书院，造就生徒益众。丁酉，荣与泰增南北同举，明年泰增与计偕道冀州，侍府君南归。是时，春秋逾六十矣，矍铄如壮时。惟性爱静摄，厌酬对，足不入市，客至罕见其面。名刺未尝入公门，佃户负租不偿，族姓有欲鸣诸官者，辄不许。惟营护宰木甚谨，为松柏若干，为丈尺若干，悉簿录之。祖茔飨堂将圮，躬任修筑，不惜劳费。宗谱向无镌本，府君、族叔怡庭公始事搜辑，后复踵而修之，甄录益详，备手写数通，分给各族，所以动其水源木本之思者甚挚。先方伯公入乡贤祠，恭肃将事，子姓资观感焉。待人无城府，驭下有恩纪。素不信释氏，然慈悲忍定，有苦行僧所不能逮者。下笔无刻核，举事无偏苛，矢口无讥讪，饮人以和，人咸乐亲。岁丙午，以仲子师垣病殁，意忽忽不乐。时不肖泰增于甲辰公车后，客卫辉未归。丁未复应礼部试，冀得一当以慰亲心，乃仍不第，大挑复不获选。府君寓书开譬，引"塞翁失马"以为喻。绳头细书，凡所以训不肖者，反覆详尽，言犹在耳。曾几何时，不意吾父竟以痁弃养，而使不肖为无父之人也。呜呼悲哉！生不能奉甘旨，殁不能视含殓，世之罪人，至不肖而极。死而有知，犹可奉府君于地下，若无知，则长此已矣。痛哉！痛哉！府君生于康熙五十四年五月二十五日酉时，卒于乾隆五十二年八月十八日卯时，享寿七十有三。著有《周易省度》《诗韵辑略》《文苑摘锦》《姓氏汇谱》《月圃诗存》《月圃偶著》，并藏于家。元配张氏，继配金氏。子四：泰增，乾隆丁酉科举人，拣选知县。聘吴氏、陈氏，皆早卒未娶。娶陈氏，通州训导、乾隆庚辰科举人字桥公讳师集女。张孺人出。师坦，前卒，娶沈氏。坤载，娶庞氏。升阶，有痫疾。女一，适丁嘉勋。皆金孺人出。孙男五人，泰增出者三：秀枝、鋆，俱县学生；秀枚，监生。师坦出者二：绍武、敬祖。孙女一，泰增出。

清陆遇普等《平原派松陵陆氏宗谱》

悠亭公传

〔清〕周楚

公讳钧，字鸿陶，松门公子，月潭公嗣子也。松门公元配董太孺人，于康熙庚辰年四月招公入赘，孺人因幼婴瘵疾，合卺之夕避宿母房。半载病将革，始呼侍女请公至床前，执手泣曰："吾因病不近君，今累君矣。"言讫而卒，年仅十八。继配朱太孺人，悠亭公之生母也。生于名门，（传胪公女）淑慎孝慈，相松门公十三年，卓有贤声。盖自补庵公以降，一线留贻，至今有三四十丁者，皆太孺人之所出焉。继配沈太孺人，亦赘母家，半载而没。继配金太孺人，生声远公，自幼病弱，仅二十三未娶早世。由前观之，月潭公男女俱无，松门公年已过壮，甫得孱息，补庵公望孙二十年，寿近六旬而始有孙。由后观之，松门公三娶四娶，生而不育，止传一丁，其孤危不亦甚哉？其关系不亦重哉？公生于钱塘学署，生才十月，朱太孺人见背，公之祖母张太孺人抚育之。补庵公卒，公四岁；月潭公卒，公十四岁；张太孺人卒，公二十一岁。至张太孺人承重服阕，已在二十四岁春间。是时松门公远幕山左，摒挡归来，为公谋婚娶。乾隆四年己未四月，赵太孺人于归我家，我家家业渐衰，已非昔比。赵太孺人归我家七日，而公嗣母夏太孺人卒。入门伊始，诸事瑟缩未谙，遽委阃政，而孺人哭泣尽哀，丧殡尽礼，且以生不得事姑为憾。有庶母杨太孺人在，敬以事姑者事之。越二年辛酉，松门公卒。又一年，杨太孺人卒。连年丧亲，势益拮据。况声远公，公弟也，羸弱不能助理，旋亦夭逝。金太孺人，公后母也，责备綦严，殊难侍奉，日寻勃谿之衅。鹭汀公、春波公，又年俱在幼。旧有薄田数顷而变质矣，旧有房租数处而他属矣。名为两房，而止一子，外似分衅，而内独支。加以坟粮屋税，夙欠新逋，悠亭公所得馆谷几何，而能偿一年食指乎？故自乾隆十年后，以及二十年前，中间春秋十稔，凡孺人之黾勉有无，茹荼尝蘖，脱簪珥，勤针指，早起迟眠，其劳苦无所不至。更欲伺金太孺人颜色，喜怒不常，一以承顺解慰，使悠亭公不失为子谊者，皆赵太孺人之力也。公因童试不利，读书益愤。孺人尝于门隙窥公，见公朗吟之际，面有泪痕，夜半读书，往往带哭声，恒以不能继祖、父为恨。孺人乃勖公以一意攻书，家事任一人料理，然而毛锥运蹇，困踬终身。今读公稿，浓厚沈着，何至一衿不获欤，未可解也。公志念不伸，家计窘迫，因思砚田旧业难守。鹭汀公年十五，命学业于震泽，春波公年十六，命学业于桐乡。不数年，春波公又鬻贩于震泽，抱布贸丝，诚为我家开创之事。然而诗书之路既穷，钱谷之途亦非易。乃天生鹭汀、春波二公，材力聪明，矍跞越群辈。故悠亭公至五旬左右，榆桑稍舒，而督葵坡公读书之意益坚矣。乾隆丁亥迁震泽，公年五十有三，开塾于草堂，课徒课子，手不释卷。又为葵坡公读书访益友，时喻以两兄在前衣食饱暖，宜及早发愤为雄。未几而叠产孙男，家业日起。赵太孺人喟然谓公曰："吾家两世未葬，今有微资，不可再缓。"爰择吉营窆于旧茔，公之祖、公之本生父母，俱安葬焉。由是而箱箧渐裕，公纳粟于成均，文战于棘院。鹭汀公、春波公先后援例报捐，葵坡公于丁酉科试采芹。庭户椒馨，子孙环列，与赵太孺人其将颐而乐之乎？未也，持家峻肃，操虑渊深。常言富不足恃，有物必惜；贵虽有命，读书必勤。一切小利小名，毋遽自足，总以不忘贫时克绍祖学为训。平生最重祭祀，必亲视涤濯，凤日斋戒。与人款洽，终日无惰容，虽布衣帛，襜如也。始而纠纠葛屦，继而黄黄狐裘，人咸指之以为羡。迨买宅置田，而长孙桂入学，公俱亲见之，岁乙卯正月乃殂，寿八十有一。一生甘苦并尝，其暮年不真蔗境哉！赵太孺人少公一岁，乙卯公卒后，鹭汀公于五月相继而殂。太孺人丧明之痛，举家仓皇。赖春波、葵坡两公婉言开导，竭力承迎。葵坡公又自以少春波公十余岁，精力强壮，贴侍身旁，孝养臻至。而太孺人年虽老耄，其饮食筋力健步健谈，为少壮所不及。历见孙辈之采芹食饩、登贤书绾银印者，不一而足。又为之筑东廛，启北牖，太孺人栖息之所特加宽敞。使孙曾辈轮侍值宿，进饴羞醨，唯所欲食无时。当岁之将终也，行杯上寿，子与妇、孙男、孙女、孙妇、曾孙男、曾孙女、曾孙妇，团圞簇聚，真有遗簪堕舄景象，人生乐事亦庶几矣。寿享百岁，无疾而终。治丧之日，唁轴挽联，不啻数十百进，高轩贵客,请跬于门。谚曰"勿看迎花烛,但看送丧回",天之报施善人岂有爽哉?于赵太孺人益叹信而有徵矣。故曰:悠亭公,我家衣衿之底柱也;赵太孺人,我家阃内之功臣也。孙男楚谨述。

清周善鼎等《周氏宗谱》

健斋公传

健斋公讳汝乾,学册改名汝芳,字开一,炎洲公三子也。公智慧孝友,早岁游庠,屡列前茅,补名增广。有《历试草》一卷,未刻。数入秋闱,三膺房荐而不售,遗珠之叹,不绝于人。为人英伟倜傥,阔达大度。当直斋公之令浙东也,凡诸善政,时赞襄之。继观澜公之守江左也,悬建嘉猷,悉左右之。虽仕籍未登,而经纬亦一斑可见矣。所历名山胜地,无不记之以诗,有《乐城小草》《雁山杂咏》《西江游草》诸集。后家居课子侄,绝意功名,寄情诗酒,点易时艺,为世所称。纂修是谱,厥功甚伟。虽田无百亩,家过八人,而贫窭之况,绝不累其胸,其素所旷达然也。弟静庵公无嗣,命次子道楷为后。寿届古稀,或含饴戏孙,或吟风弄月,颇觉神情畅洽,步履康强。讵料一朝类中,竟至不起!然其才学气度,推重当时,流传后世,殆可厕诸古之贤豪间而无愧耳。

清黄以正、黄锡爵《松陵黄氏家谱》

顾先生墓表

〔清〕张士元

先生讳参,字奉三,姓顾氏。祖一夔,父时昌。世居吴江之麻溪,后析其地为震泽,故先生为震泽人。好为朴学,不务名誉。于古今诗文,洞悉原委,持论甚精。而平生不多作,作亦辄散去,无一篇存者,人得其稿,常藏弆以为奇。自入乡学,学使者第其文,必置高等,而年老犹为诸生。以次贡成均,例选学校官,亦不就也。家有田二顷,衣食财自给。四方来学者,常数十百人,教授不倦。晚年增筑学舍,与弟子觞酒相对,考论经史,愉愉如也。其愿学而甚贫者,馆饩之,无使失。所遇高才生,尤奖进之,赠以所藏书,使纵观之。其好士乐善如此。然先生家庭间,死丧连岁,颠沛特甚。自幼失母庄孺人,育于后母周孺人,而父亦寻卒。娶徐氏,有四子。中子开元、开新,前卒。长开益,季开泰,皆有令才,补学官弟子。乙未夏,徐孺人卒。未几,开益、开泰皆卒。开泰之死也,妇张氏缢于房,遇救而苏,越数岁卒。至己酉之秋,孙兆丁、兆壬又死。是其祸,岂先生所宜有者耶?于此叹天道之无常,而人之运数至不齐也。先生年逾七十,精力未衰。一日入城输租,值沍寒冰壮,舟不得行,乃徒步百里而归,日尚未夕，门人喜相告，以为老人异事云。乾隆壬子八月某日疾卒，得年七十有七。孙兆庚以是岁某月日，葬于宅后百步之某阡，启先生所自营之圹，与徐孺人合焉。士元少时，浮沉闾里，无可相切劘为学者，实赖先生曲成之。既及先生之门，后虽南北奔走，不复执弟子礼于他人。而先生待之特异，每谈吾乡数百年文献，辄殷勤相属，若有所厚望焉者。士元曾不能如先生之所望，而先生之行谊则不敢没也，乃书其大略，揭之于墓，以告后之人。嘉庆九年十二月朔越三日，门人张士元表。

清张士元《嘉树山房集》

惕斋金君小传

〔清〕王曾翼

惕斋金君，讳廷炳，字酉书。祖籍新安，再迁至邑之同里镇居焉。大父澹庵，讳之清，浙江临海令，尝与山阳黄大宗、吾邑顾茂伦、李露祯诸先生，共订《乐府锦城》行世。父北溟，讳国枢，候铨州佐，以长子庸斋讳廷烈官潮州二守，例赠奉政大夫。母叶太君，明经丹宫先生女也。君年十六而孤，自少无纨绮习，事母以孝闻。母疾，奉侍汤药，衣不解带，至刲股以进之。读书工举子业，顾以久困小试，例入成均。既得气喘疾，乃绝意进取。独喜为诗，天趣洋溢，不求工而工。前辈计传一先生，及顾丈秋田、俞君豆亭，皆吾里能诗者，君与为唱和友。花晨月夕，吟咏自娱，今所存仅十之一二耳。善治生而不吝于财，能周人之急，亲友有待以举葬者。他如葺庙宇、施棺木诸善事，犹啧啧人口也。平居手不释卷，其致力尤在《功过格》一编云。君年五十七而殁。殁之明年，令嗣葵伯、萼仲、蓉叔、芸季，相与葺其遗诗，授梓以问世。呜呼！君可谓有子矣。

赞曰：古人有言，良贾深藏，以比沉潜酝酿之士，恒不自衒其长也。余与君周旋有年，数陪燕笑，曾未闻于酒酣耳热一评论诗家长短，平时亦罕见君诗，至今日始知君诗之工也，何其深藏若虚耶！君家世仕宦，伯氏庸斋历官两粤，著循卓声。而君独息意名场，闭门觅句，志欲以诗人终老，其亦有以乐乎此者矣。余自壬辰衔恤归里，君来唁于苫庐，执手歔欷，情意悱恻，并为筹及先人葬地，言犹在耳。曾几何时，遽读遗诗而为君作传也，人琴之感可胜道哉！年姻家同学弟王曾翼撰。

清金廷炳《衔远楼诗稿》

陈讷庵先生墓志铭

〔清〕丁日振

周官司徒以乡三物教万民孝友、睦姻、任恤，非此六行不升于朝。降及春秋，犹存此风。故曰：与其为善于国也，不如为善于乡。与其为善于乡也，不如为善于家。自乡举里选之法废，而人尚浮华。躬修行洁之士，或反轻而易之，不知自好之儒行之既久，吉祥善事无不集于其身。君子观于感应之常，报施之理，而知浇薄之不可为，醇谨之有足重也。陈君讳大谟，字玉蟾，号讷庵。其先世居禊湖之滨，代有阴德，族以滋大。君之考赠君汉汀公，生二子，君其次也。孝友端重，弱岁即有综理材。父中年遘废疾，闭户绝应酬事，君即佐兄操家政，兼营祖父母丧葬事。公私内外，一切办治，仍必禀命而行，任巨荷艰，不辞劳苦，识者谓陈氏有子矣。父殁，居丧毁瘠，三年未尝见齿。事母尤尽孝道，色养四十余年。殁时，君年已五十余矣，孺慕之色，较父殁时未尝稍异。非其天性仁孝，而能若是欤？少受业于沈虹舟先生，学有根柢。居家以勤俭读书为本，教子慈而严，延名师训迪，俾之有成，先后皆有名庠序中。长子以副贡就教职，早卒。君怜之，因隶长孙咸亨于国学，而次孙子谅亦早蜚声泮水，足以亢宗保世。后因子姓蕃衍，复营旧居之西偏，分宅以居。门庭之内，秩秩如也，怡怡如也，宗党莫不交称之。而君之不可及者，尤在好施乐善。亲族中有婚嫁、死丧、疾病、营葬等事，以缓急告者，无不曲应其求，俾满其意以去。岁祲，有司劝捐，不惜倾资赈济，尽其实，不居其名。镇北旧有罗汉寺天王堂刹，巨甲一镇，岁久倾圮，始偕族人公修之，继又一人独任之。冢墓之无主而将毁者，桥梁之已坏而未建者，设法经理，总以利人济世为心，绝无自矜之色。晚岁益究性命之学，鳏居十余年，不蓄媵妾，不争名利，古所谓不言而躬行者，君庶几其人矣。年七十六而卒。配计孺人，有贤行，能成君之志，先君十四年卒。子四人：长阶琪，乾隆戊子科副榜贡生，试用教谕；次阶瑶，庠生；次阶瑞，庠生，例授布政司经历；次阶琛，廪膳生。女三人。嫁娶皆士族。孙男八人，孙女五人，曾孙男七人，曾孙女八人。将以乾隆乙卯十一月十八日，葬于北富圩之新阡，先期请铭于余。余惟君之笃行，好修敦善不怠，固不愧举方正徵贤良，登于朝列也。今乃以国学生终，仅于乡里称善人，致足慨矣。然富寿多男人所不能强得者，君独全而有之。其食报于天，亦不可谓不厚也，请即铭以风世。铭曰：

世人诩诩，动称孝弟。考厥生平，或多遗议。好名之士，亦讲仁慈。观其行事，畴实无私。猗惟陈君，内行醇备。则古称先，去浮黜伪。靡危不持，靡颠不扶。天锡纯嘏，福与寿俱。汾水沄沄，禊流浩浩。吉壤孔安，子孙是保。

诰封奉政大夫、掌京畿道监察御史加一级、年家眷教弟丁日振顿首拜撰。

清陈阶琛等《颍川陈氏近谱》

年伯陈讷庵先生传

〔清〕费振勋

先生姓陈氏，讳大谟，字玉传，亦字玉蟾。讷庵其自号也。世居吴江之黎里镇。曾祖思德，祖世华，累以善行闻于乡。父之乾，赠承德郎、池州府通判。生二子，长为封君汝夔,其次即先生也。先生幼而岐嶷,读书目数行下。性孝友,有干济才。方成童,时父兄皆缨疾不能视家事,先生任之裕如。为祖父母营丧葬如礼,识者已知其能亢宗矣。弱冠为制义有声,见赏于乡前辈沈虹舟先生暨余族祖洁斋先生。已而应童试不售,循例入太学,应省试又不售,遂以父忧弃举子业。曰:"有老母在,吾不能一日废甘旨也。"母费太安人寿八十余,先生年且六十,斑衣之养无稍怠。母卒,哀毁哭踊,营丧葬益如礼。是时,先生已皤皤黄发,然犹操家政,终日了当无倦容。暇时令孙曾辈呈塾课文,指摘纰缪,论古今文章宗派,娓娓至漏数下不辍。盖先生自成童至七秩有余,历数十年如一日,其精明强固有如此。夫精神者,福泽之原也,宜其享大年,膺介福。四代一堂,雍雍穆穆,为德门盛事也欤。先生为人中正和易,处里党有睦姻任恤之风。其笃友于也,从子远宦池阳,凡其田园岁入及一切琐悉事,必谘于封君而躬任其劳。其敦友谊也,与池亭叶湘州先生为总角交,慕其学,延之家,训子若孙,始终阅四十余年。弟子采芹食饩登贤书者,咸奉一先生为依归。其敦善行而不怠也,乾隆丙子岁祲,民且急,爰于里中设粥厂,计口给米,偕同志诸公协力捐办,饥民赖以获全。其他利人济物之事,尤不可枚举。先生年七十有六,考终于家。娶计氏,太学生云章公女,先先生十三年卒。子四:阶琪、阶瑶、阶瑞、阶琛。孙九人,曾孙十一人。其子孙之多,且才若此。呜呼!天所以报先生之德者厚矣!余与长君阶琪为同年友,义同邑也,于先生之学问行谊,知之甚详,爰总其始末而为之立传。

论曰:汉史称阴兴在家行孝,有曾闵之行。又称郑均守善贞,固黄发不怠。若先生者,可谓兼之矣。抑吾闻太邱长修德清静,而自元方以下代有闻人。先生固其裔也,其兴宗也将毋同。

清陈阶琛等《颍川陈氏近谱》

保定县知县沈君墓表

〔清〕张士元

君姓沈,讳翰,字周屏,吴江人。明按察司副使启八世孙。性重迟而果毅。初就塾,塾师以其质鲁,谓可改事他业。君闻之奋曰:"质之不敏,天也。吾以人力济之,可乎?"乃更从他师学,昼夜弗辍,卒能有成。乾隆壬午举于乡,癸未成进士,乙未知保定县。县顺天小邑,赋少事简,君喜曰:"吾材固宜于此也。"地当玉带河之冲,稍泛溢辄害民田。旧有堤障水,每岁春夏之交,督率丁夫,修筑倾圮。又构屋堤上,为吏卒徼巡之所。树之榆柳,森然成荫,至今便之。民被灾祲,君亲行振给,不滥不遗。又出常平余米,为糜粥,食饥民,仓米缺,则捐俸买补焉。是时,河间回民张甚,岁二麦初熟,辄驱羊过境,千百成群,蹂践啖食,田为一空。民畏回强,莫敢谁何,遂习以为常。君始至,问民疾苦,民以回事告,君曰:"回来,若驰告我。"未几,回果以群羊至。民走告,君率所部夜往,左右请俟明日,君曰:"民吾子也,彼率兽而食民之食,是虎狼也。乌有见虎狼之害吾子，而不奔救者乎？"回闻令至，欲去。君叱使缚回三人，置之狱，痛惩而罚之。自是回牧羊者，不敢入保定。君为政简而能断，终日手一卷书，坐堂上。有诉事者，召使前问其故，辄以片纸手书当质人名，唤至即讯，辰集而午散，午集而酉散，民无废时失业之苦，吏胥亦帖然听命，无可为奸。君于蒱博、酗酒二者，禁之尤严。民感其教，至私相约束，以为犯止禁者，乡里共逐之。律于争殴致伤者，以生死定罪之轻重。君预备金创良药，遇伤重者治之，常得不死，犯罪者得轻抵，故终其任，狱无死因。君在任十二年，境内益治无事，则出观稼穑，谆谆劝勉，老幼环听，争奉酒食，笑而受之，与言琐事如家人。大府知其贤，欲调任繁剧，君力辞之。霸州雄县，与保定接壤，其民多去故里，来治屋室而居，渐成聚落，因名其地曰"丰乐村"。县本僻陋，少文士。君进诸生之秀者，与论经义，士始知读书，有登甲乙科者。修学宫，建仓庾，皆出己财为之，不费国帑，亦不以累民，其清勤如此。秩满当迁擢，君遽以疾乞休。丙午归江南，送者数千人。君自居家以至服官，好学不倦，所著《保定县志》及文稿藏于家。君大父讳宗悳，父讳广，皆赠文林郎、保定知县。配张孺人。子二某某，皆蚤死。女一，归县学生姚大模。君以乾隆戊申三月朔日卒，得年七十有一。嗣孙树柏，以己西三月某日，葬君于吴县鸡窠岭。张孺人后君二十一年，以嘉庆己巳十月某日卒，年八十有六。即以其年冬，启君之窆祔焉。君外孙姚舆与余游，以状请文。余观君之治行，虽置之两汉循吏中亦无惭色。而君亡三十年，已罕有能言其事者，使更数十年，则恐遂无人知矣。于是删取大要书之，以表其墓。嘉庆戊寅五月，震泽张士元撰。

清张士元《嘉树山房集》

寄庐公传

寄庐公讳墀，字庚伯，行窝公长子也。姿致清癯，风神峻整。早岁遵祖父母训，笃志力学，书声达户外。既冠游庠，甫壮举于乡。三上公车，以直隶州同知分发粤西，题补奉议州掌印州判。地当猺獞杂处，旧皆吏役用事。公莅任，事事亲裁，奸胥猾吏无所施其技，积案为之一空。又因民不知书，为设官学，延师以教，风俗翕然丕变。后缘缅逆内侵，上宪委以马政，督办过勤，染瘴回籍。土州司以旧例银三百来赆，公峻却之。越两年，起复福建漳州长泰县知县。明年，借补南平丞，分驻峡阳。公曰："是岂不足为政邪？"劝课农桑，增设小学，疏沟渠百余里，以灌民田。有豪蠹占借滋讼者，躬为履亩勘验，清其疆界。地多窃盗，公一一廉得其窝藏家而治其罪，贼惧屏迹。六年秩满，将照原衔升转，适以公事诖误，当给咨回籍候选。去任之日，一肩行李，宦况萧然。绅衿及山谷小民争醵钱以送，公悉不受，附客舟航海而归。归未一载，咨文到部，而公已殁。公一生虽无大节奇名足以惊世骇俗，然亦可谓笃行君子矣。所著诗古文有《合函语》八卷，未梓，前太子詹事桐城张公讳曾敞为之序。

清沈光熙等《吴江沈氏家谱》

心耕陈先生传

〔清〕屠揆

自古畸人达士,既不得志于时,往往托诗歌以寄意,假艺术以娱情。然雄心未灰有时,酒酣耳热,放言高论,其一往英伟磊落之气,又未尝不流露眉睫间。若心耕先生,有足述焉。先生姓陈氏,讳士标,字揆方,心耕其自号也。世居黎里,考宏勋公,以轻财好施见称里党。先生生有异禀,自经史词章外,凡星经、地志、勾股,以及奇门卜筮诸书,靡不涉览,而尤专精于医。然志愿甚高雅,不欲以一艺鸣,仍事举业,冀得一第展怀抱,而数绌有司,抑郁不自得。每论古贤士才人负才不偶,困厄终老,辄不禁拊髀悼叹。已而连遭大故,家政日烦,始喟然曰:"士不为良相,即为良医,我其挟此以济人矣。"由是悉心施治,刀圭所投,动有奇验,而医之名遂籍甚。既隐于医,性益疏放,见人喜作谐语,有曼倩滑稽风。然与之谈民生利病,抵掌缕陈,洞中窾要。常自恨不得见用,无聊感慨,悉寓于诗,亦足悲矣。先生颀身广颡,左颊有黑痣,如盏大,毫茸茸,长寸余,翛然不群,一望而知为奇男子。生平尤酷爱山水,遇春秋佳日,短棹孤篷,芒鞋竹杖,徜徉楞伽鹫岭间。路逢病者,辄与医治,率不告姓名,人惊传为遇仙云。以无嗣多蓄姬侍,年六十一始举一子,名六一郎,好学能文,未冠即殇。而先生遂以忧愁愤闷,摈绝一切,未几卒,享年八十。犹忆岁丁酉,予读书薇舫明府家,始识先生于座上。又十七年,恬园参军招予课其孙,因尽悉先生之行谊学术有如此。呜呼!可以传矣。

清陈阶琛等《颍川陈氏近谱》

潘雪巢传

〔清〕王元文

余生长黄溪,与君家相距不十里,幼时耳君名,然初未相识。称君者曰君有异人之才。于书,则真草隶篆无不工也;于诗,则古今体无不善也;于文,则独抒所得,迥绝恒蹊也;旁及医方、脉理、青乌家言,无不穷也;下至木工、土工操作之事,亦无不能也。惟为人使气,颇难近。及余馆平望,时君亦馆平望,一年始相识往来,然只泛泛应酬,未及论心。时余肆力于诗,有拟古十章,为诸前辈所称,遂梓之。平望某公之丧,诸文士皆集,惟余未往。后有告余者,曰是日坐间有称余者,君答曰"此好名之人耳"。余闻此言,猛然自省,又爽然自失。余之不骛外间声气,略知用心于内,实自此言始。继而,君应江西学使周公之聘,往江西。余迁端墅,与君家邻近。后余馆黎里,及君归亦馆黎里,遂时相见,甚相得。君天分超妙,而具棱棱正气。见闻事有涉于邪者,辄怒色,发上指,目圜视,光闪闪射人。读四子五经,服膺程朱之说。于《太极通书》《西铭正蒙》《皇极经世》，皆深探其蕴奥。至于仙佛家言、术数之学，亦无不涉猎，而未尝遵信，曰："此支流余裔尔，人果欲从事于学，《学》《庸》《论》《孟》足矣，何必他求哉！"即前所称诸长，君实有之，而绝未尝以此自负。其性不能容人过，或怫意，即面叱之。亦以此自病，思省身克己，以臻于和平之域。尝语余云："学仙佛易，学圣贤难，中庸不可能。"信然。余久与君交，每所行所言，心尝忖曰："雪巢得毋叱，我得毋议。"我然竟侥幸得免于叱。叩之相熟者，背后亦无议我之言，惟尝举余告后辈曰："当如此，君好学耳。"君姓潘氏，讳鹤，字玉堂，号雪巢。父学博，邑廪生，贡成均，从学尝十数人。晚举君爱之，纵君意，不羁束其学。盖长而自得之，为诸生，非其好也。游贵人间，亦以气加，故不久留。卒年六十一，有四子。余生平交游中，此最有益，故略著之，以待后人论定云。

清王元文《北溪文集》

范时勉传

时勉，字宝传，号怀溪，诚哉公长子。候选布政司理问厅，敕授儒林郎，封赠先世如公衔。公少从族叔愚溪（章炜）暨朱履中、临万（光照）、顾有玱四先生学，工举业，能为古诗文词。及长，博涉经史，旁及历算、星律、地理、医卜等书，而于音韵之学尤精。著《韵学类编》《垂裕楼诗文稿》，编辑《帝王世系》《歌谱集成遗珠》《唐诗汇编》《雨窗漫录》等书。族谱亦创自公，溯源竟委，至今得以辑续，惟先世殉国全发等事皆讳之，慎之至也。成童失怙，逮事大母。及冠，即佐先封公综理家政。初，封公以两世单丁，故业虽富有，而居室未大式廓。至是三泉公，故庐始全归，以"树德""务滋"颜其堂。更旁启存仁堂、居业堂两院，终养大母与封公。追念太安人，哀毁思慕，始终如一日。弟先封公卒一年，犹子三人皆幼，督诲无间，授产公允。治家整肃，讲求宗法，于树德堂前设立祠宇，主制祠仪，参用书仪家礼。既祔葬封公于糜塔先茔，建继别宗祠，广设祭产。增捐里河圩两茔祭田，厘定墓祭之仪，并设义冢于北荒圩，以葬族中力不能谋地者。先世宗孙嗣产俱绝者，捐田援族子承祀之，鳏寡孤独无藉者周恤之。创设遗安质库，经理数年即让于犹子。建崇楼二十余楹，遍治厅室门庭，惟树德堂独仍其旧，不忘先世淳朴之泽也。乾隆二十年岁饥，捐米煮赈于报恩禅寺，身董其事，吴江县知县张光熊给"匡济时艰"额。生平笃嗜典籍，所贮二万余册，遐即披览，丹黄甲乙，以娱暮年，寿逾古稀，手不释卷，今"一经楼"藏书之富甲于邑里。配敕封安人袁安人，号睦庵，工诗，有《睦庵诗草》。于归之初，祖姑弃养，姑更早卒，支持中馈，丰俭合度。阃政虽烦，子女皆亲乳哺，且亲课以训诂，故四女皆知书。享寿八十有六，盖早年温恭勤俭之报也。

清范时乾《同里古吴郡范氏家乘》

陈易门传

〔清〕王元文

吾友陈君名毓升，字行之，号易门。前明监察御史讳王道七世孙，祖山东学政讳沂震，父孝廉讳士任。君少失怙，有至性，事母吴太君以色养，尤以不得事父为终天恨，遇生亡忌辰，怆然饮泣。未弱冠补博士弟子员，旋食饩廪。初受业于顾发千先生，继从学于沈归愚先生，作为诗古文及制艺，俱上追先正，极有根柢。文誉日起，孜孜以引掖后进为心，远近翕然，所陶成者甚众。笃于友谊，一时端人硕士，讲道艺，历名节，连舆接席，相与忘形。袁君朴村有《松陵诗徵》之选，与易门评论商榷，未卒业而朴村物故，不辞劳瘁，三阅寒暑而蒇成之。性沉默，寡言笑，振襟危坐，目注一编，终日不闻謦咳声。及与人接，蔼蔼融融，如春风风人，霁月照人，令人矜平燥释。顾行成名著，而艰于试事，闱荐不售，处之澹如，不以得失而稍芥于怀也。所著有《砚陶诗钞》《古文杂著》《时文》等稿。卒年五十有九。配沈孺人，事姑相夫子，咸中礼节。子三人：兆牧，岁贡生；兆骍，甲午举人；兆斗，庠生。孙四人：兴瑞、兴嘉、兴俊、兴琨，俱能文，列胶庠。

论曰：君性渊静，一生品诣学业，俱得力于静中。余固躁急，得君而自愧弗逮，切意观摩，曾作诗赠云："易门善学易，主静会其原。入世云无心，潜见随天渊。"顾具静者之德，宜获乐山之寿，而齿不副德，是又数之不可知者与。

清陈毓升《砚陶小屋诗钞》

资政大夫兵部侍郎右副都御使湖南巡抚陆公行状

〔清〕金学诗

曾祖埈元，皇赠通议大夫。

祖诠，皇赠通奉大夫。

考瓒，山西保德州吏目，皇赠通奉大夫。

公陆氏，讳燿，字青来，一字朗夫，世居吴江之芦墟。考虔实先生以文行显，余事精汉隶，卒为卑官，士林惜之。公少寒苦，承庭训，立志以古人自期。乾隆十七年壬申恩科举于京兆。甲戌会试明通，考授内阁中书，旋遭虔实先生丧。服阕，入军机处，慎密而勤事，傫直至于日晡犹不敢退。洊历户部郎中，管宝泉局监督。圣驾巡幸热河、木兰、江浙，无不扈从。大学士傅文忠公、刘文正公，交推重之，有大事辄咨以决疑义。出为登州府知府，寻调济南。核通省常平谷石，存仓日少，请于中丞徐公，奏留南粮二十万石，预筹积贮。岁壬辰，各属荐饥，稍有囤积之家，辄遭劫掠。公亲往弹压，劝民平粜粟麦，恩威并施，应时宁戢。是岁升运河道，遍览治河诸书，周行堤闸，上书总河姚公:"一请浚泉渠。充泰二郡,共泉四百七十有八,疏导之方,虽在泉源,尤在泉渠,必节节爬梳,由高趋下,然后其流不绝。一请开月河。闸河间年大挑,例于仲冬闭坝,春初挑竣。天寒昼短,穷日继夜,小民堕指裂肤,殊堪悯恻。宜修复南旺、济宁、临清月河旧基,再于彭口南岸创作月河,九十月间俾漕船商船悉从此行,以其时挑浚外河,力易施而公私俱便矣。一请修河渠志。昔人所编,止就彼时形势而言,阅历年岁,颇多歧异。且官师之增并,钱粮之盈绌,两朝训谕,诸臣奏疏,并宜及时记载。"姚公得书韪之,以次举行。甲午秋,寿张奸民啸聚,距济宁二百里,姚公率河兵往剿,城中空虚,或议闭门以防贼至。公曰:"乡民入城者众,何忍拒之。"乃洞开重闉,身坐其间,稽察容纳,募四乡民兵,授以守御之方。贼侦知济宁有备,不敢南向。未几,天兵遂歼贼于临清。明年乙未,升山东按察使司,建议免命案中徒犯解讞,以省拖累。丙申,署理山东布政使司,以分省佐杂人员日渐壅积,奏停加捐分发之例。先是公初补外任时,铨选云南大理府,改登州,升甘肃西宁道,改运河,皆以亲老蒙圣恩体恤。至是岁,母夫人患痰壅,必得公侍侧,叫号少息,乃陈情解任。上怜其至诚,温旨垂允。奉母南归,夜卧不释衣者六年,一闻声响,即往扶掖,待安寝始得就枕。辛丑遭丧,癸卯起督运河堤工,复任藩司。奏定申严耗羡,随正解司之成例。平粜谷价,饬解司库,至买补时发给,以绝平时之侵那。寄庄钱粮本管官代征,以杜隔属之顽抗。甲辰授湖南巡抚,盐务旧有陋规,公峻却之。适盐价翔涌,勒减其半,商民两便。社仓捐谷未输者六万二千七百余石,通计贮谷已足,奏停征收。询属员有亲已笃老远来候补者,请申明终养成例,勒令归养。岳麓、城南两书院,额设膏火仅数十名,请拨公项三千两,交商生息,以广肄业名数。公以单寒膺上知遇,自为藩臬以至开府,凡有条奏,皆奉俞旨,益感激图报,疾作犹强起视事,竟以劳卒于官署。时乾隆五十年六月二十三日,距生雍正元年正月二十四日,得年六十三岁。上闻,帝曰:"可惜。"天下亦皆以公未罄所学为抱憾也。公律身严正,自奉俭约,河工藩库出纳,无丝毫自利。馆驿不烦供顿,傔从不遣头站,屏除馈送,饬门吏毋得妄通。初至长沙,夜梦赋诗云"能开衡岳千重云,但饮湘江一杯水",至今士民挥涕诵之。著有《切问斋集》《朗夫诗编》。于运河成《备览》六卷,秉臬有《济南信谳》四卷,又尝辑本朝文,议论切深。有关人心世道之作,类为《切问斋文钞》三十卷。至悯地方荒旱,著《甘薯录》,圣谕嘉其切要,令大吏刊行。生平不立讲学之名,不设同异之见,惇宗党,笃师友,事不胜书。配陈夫人。子三:长恩授,太学生,先卒;次绳;次绅。皆太学生,克守公家范,键户读书,无纨袴习。孙男六人。诗自少以兄事公,初应京兆试,馆公邸第。官京师日,饫闻公之绪论,每以文行相规勖。及公以藩司假归,侨居嘉兴,每驾小艇见访,沽浊醪,饭脱粟,款语向夜,所随傒僮以一灯送归舟,情事如昨。薨时,方伯秦公承恩、观察李公世望,经纪其丧,绳、绅扶柩归。李公寓书于诗,谓诗从公游久,粗知公之崖略,不敢以不文辞,乃就绳等所述,撰次其行事,以备墓隧志铭之词,史馆之采择,谨状。

清金学诗《播琴堂集》

湖南巡抚陆君燿墓志铭

〔清〕冯浩

天子任大吏以封疆之重，必其学通达古今，其心仁爱民物，廉洁以持躬，公正以率属，精敏以应事，又得久于其治，吏服民怀，清和乐恺。斯实树殿邦之伟绩，而上酬咨岳之盛心也。若乃谟猷渐著，眷倚方隆，漏尽露晞，中外嗟叹，如诰授资政大夫、湖南巡抚陆君者，悲夫！君讳燿，字朗夫，一字青来，吴江人。曾祖埈元。祖铨。考瓒，保德州吏目，位卑而德劭，余事精汉隶。妣金氏、朱氏、陈氏。三世皆以君贵，累赠封至资政大夫、夫人。君，陈太夫人出也。自幼寒苦，承庭训，笃志于学，以君子自励。乾隆十七年壬申恩科举于京兆，甲戌会试明通，考授内阁中书。遭父艰。服除，入军机处，洊历户部郎中。皇上知其才，授山东登州府知府，调济南，升运河道、按察使、布政使，至湖南巡抚。君学优品端，精析理义，详究前人言行政绩，故事理通达，无盘错之难。性澹泊，操持谨确，义利之辨断如也。处事衷诸道，不意为同异，所见既审，莫可摇夺。为郎官时，公卿藉以决疑议。岁甲午，在运河任。寿张逆匪啸聚，距济宁州二百里，良民生长太平，猝惊骇。君严禁诸官所，毋或远行滋民疑。乡人争入城，虑良奸莫辨，议闭门。君曰："贼未至，何闭以示怯耶？且忍拒吾民使散逸，被贼害或胁诱耶？"洞开重闉，身坐其间，稽察容纳，民心大安。未几而天兵歼贼，皆重君镇定有方略云。先是选大理府，改登州，升西宁道，调运河，皆以母老蒙圣恩体恤。及为方伯，母夫人痰疾颠狂，必君侍侧，少息叫号。陈情归侍，温纶垂允。而故宅无可居，乃侨居禾中，夜不解衣，闻母声响，即扶掖婉劝就枕。积六年，遭丧。既葬，起督运河堤工，复任藩司年余，拜巡抚湖南之命。君于运河，博稽详验，洞悉源委机宜，成《备考》六卷。秉臬慎重民命，多所矜恤，议免命案中徒犯解讞，省拖累。总藩时，佐杂人员壅积贫窘，请停止分发。又以亏空多，请定耗羡仓谷数条，奉旨议行。湖南盐务有助公陋规，至则峻却之。适盐价奇昂，遂勒减其半。社仓捐谷未输者六万二千七百余石，计贮谷已足，请停止催收。亲老来需次者，劝归养，因请申明终养成例。上皆是之。余如创葺书院，加惠生徒，刊前修之遗集，钞本朝之名文，辑家乘，厚宗党，笃师友，事不胜书。不立讲学之名，言动胥归儒术。冠婚丧祭，世俗所习常而戾于礼者，一弗用。其举京兆也，余荐冠本房，几黜而卒登，交谊最挚。其侨居，亦以余相亲尔。前年余病，濒于死，赖君择医品药，渐向愈，扶羸送行，自虑不及再见君。岂意吉往凶归，乃遽哭之乎！君病犹视事，及请解任，越数日卒，乾隆五十年六月二十三日也。上闻而惜之，既而事有与君涉者，辄谕及之。天下弥颂圣主之知人，而尤以伟抱未罄为君憾，为斯民叹焉。著有《朗夫诗稿》《切问斋文稿》，皆力追古作者。初莅长沙，梦吟七言长篇，记一联云："能开衡岳千层云，但饮湘江一杯水。"被其德者，挥涕诵之。年六十有三。配陈夫人。子三：恩绶、绳、绢。孙六。恩绶先卒。绳、绢奉柩诣东顾阡，十月庚子启君自营生圹以葬，泣请余志之。不忍辞也。铭曰：

通经致用兮，卓为朝英。仰承恩遇兮，殚此寸诚。衡峰竦嵘兮，湘川深清。舆诵方腾兮，隙驹忽惊。旌旄黯惨兮，来归丘茔。不亡者存兮，千秋令名。

清钱仪吉《碑传集》

大清诰授资政大夫兵部侍郎都察院右副都御史湖南巡抚陆公神道碑

〔清〕袁枚

公姓陆，名耀，字朗夫，吴江芦墟人。生而敦敏，觥觥有志。六岁受《孝经》《论语》，以古贤自期。乾隆壬申举京兆，补中书，入军机处，累迁至户部郎中，管宝泉局，补山东登州府知府，再迁运河道、按察使、布政使。母病，乞归侍养四年。太夫人终，奉天子命，巡视运河，再任山东布政使，特授湖南巡抚，裁一年而薨。公起家寒素，性淡泊，不喜纷华。惟于利民济物之事，朝夕宣究，多识前言往行。其守济南也，上书徐中丞，请截留南粮为积贮计。任河道时，上书总河姚公，请疏泉源，增修月河。就现在变迁形势，编河渠书，为治水法。作臬司时，以徒犯罪轻，请免解司，以省苦累。署藩司时，以流外壅积，请停分发。上皆是之。公风骨秀整，静气迎人。虽恂恂谦谨，造次必于儒者，而临大事，则屹不可动。甲午，寿张县王伦作乱，距运河甚近，人情汹汹。公神色凝然，募乡兵守城。大开城门，乘埵而坐，弹压稽察，曰："倘寇未至，先闭城门，是示之怯也。"贼知济宁有备，不敢南向。已而王师奏捷，一城鸡犬不惊，人服公仁者之勇。公在枢垣，慎密勤苦，僾直至于日晡犹不退，猝有急务力办，以故大学士傅文忠公屡荐公。上亦知公深，凡巡幸处，俱令扈从，每召见，必有宠赐。所奏杜绝亏空事宜，俱蒙圣奖。临终前一月，犹奏湖南谷业已敷用，其息谷请免征收，奉旨允行。批到之日，方伯秦承恩捧札子启告柩前，慰公泉下爱民之心。时公已殁二十余日矣。天子闻公薨，悼惜者再。呜呼！以公之忠诚，天子之恩眷，明良遇合，千载一时。使再永其神明，以竟其用，其所敷施必有更远且大者。而竟扼以无年，寿止六十有三。悲夫！公在湖南，革陋规，平盐价，葺书院，事不胜纪。生平笃于伦常，事母至孝。初选守大理府，再迁甘肃监司，俱以亲老调近省。及抚楚时，见属吏有笃老亲犹来赴补，恻然悯之。奏官员凡亲年过七八十者，虽有次丁，俱许终养，一时中外官归养者千余人。封公虔实先生有清德卓行，精八分书，与枚京师有交。甲辰冬，枚过长沙，公赠遗甚厚，且执后进之礼曰："昔先人题先生《乞假归娶图》，某年十七，侍旁磨墨，不敢忘也。"其居上不骄如此。公读书，识其大者。所著有《运河备览》《甘薯录》《切问斋文钞》《切问斋文集》《朗夫诗编》若干卷。公曾祖埈元，祖铨，父瓒，妣金氏、朱氏、陈氏，皆以公贵受二品封。夫人陈氏。生三子：恩绶、绳、绸，俱修饬端，能守家法。恩绶早卒。孙六人。以乙巳十月葬公于吴江之东顾阡，公予告时所自营生圹也。铭曰：

从来巨儒，行不迂拘。真嗜诗书，体用必俱。毣毣中丞，澹如粹如。内入禁庭，吐纳机枢。外任旬宣，东驰西驱。有力必抒，匪以徇誉。见义必为，匪欲功居。忽弃隼旟，归奉板舆。若将终身，戢影蓬庐。天子思公，速下锋车。曰朕知汝，任大有余。佐我邦家，赤子扶扶。公拜稽首，敢不勉诸。东治河济，浚其沮洳。南奠楚邦，娆解苛除。事繁力耗，恩重心瞿。覆勉额额，卒以捐躯。朝野惋惜，吏民号呼。苍苍越山，弥弥分湖。葬公其间，马鬣龟趺。千秋过者，必式必趋。

赐进士出身、翰林院庶吉士、改知江宁县事、甲子科江南同考官、丙辰荐举博学鸿词、钱唐袁枚撰。

候补内阁中书舍人、曲阜孔继涑书。

赐进士出身、江西饶州府知府、前山东兖州府知府、兵部武选司员外郎兼充平定金川方略纂修官、天津王禄朋篆额。

大清乾隆五十三年岁次戊申十一月甲子二十日甲申建。

刘万传勒石。

吴江博物馆藏拓片

书陆中丞遗事

〔清〕张士元

钱树棠先生尝为余述陆公朗夫之事云：公巡抚湖南，初至任所，盐商进白金三万两，公问其故。商人曰："其旧规也。先进此金，后当以时继进。"公不受，并绝其再进。商人曰："大人不受，则此金无所归矣。"公命以其数平盐贾，贾为之低。前任抚楚者虽称廉静，亦尝受之也。时天下巡抚之官，皆有贡献，争以奇珍自媚。公所贡者，寻常土宜而已。上知公廉，必受之以慰其意。而和珅方用事，官吏重赂，习以为常。公未尝致一物，闻其能，为祸亦不惧也。故事巡抚每岁决狱，有失入者，部臣以轻重议罪，有失出者，议罚之。会廷臣言失出之罚，使巡抚官自议当罚几何。公乃私忧曰："岁岁决狱，难保无失出之误。自议所罚，则不可从轻。我惟有旧宅一区、田百亩在，将何以胜之？"公之忧，盖恐事至而不得全其清节也。是时湖南亢旱，而公已病，日强行求雨，冒暑积劳，遂不起。家人以药饵进，却之曰："身体受之父母，今庶全归矣。"陈君驾千又为余言：昔在湖南幕下，授公子经。公以事遣其子随余还江南，临行戒之曰："所过都邑，幸勿使官吏知吾子。"时行李萧然，竟无人知所过者为公之子也。始，公为山东布政使，入觐时，城门榷税胥吏侈甚，凡封疆大官入城者，不论装物有无，必索重资。公实不能与，乃置衣被于外，携一仆前行，曰："我有身耳。"既入，从故人借给衾褥，觐已还之而去。湖南水多，芙蕖的藕甚贱，幕客皆恣啖之。公既病，夜中欲得藕粉，而素不具，乃使仆叩其客之门乞之。其廉俭如此，盖行状墓志所不及详也，为补书之。

清张士元《嘉树山房集》

诗人袁朴村小传

〔清〕陈毓乾

诗人姓袁氏,名元辂,更名景曹,后于二名各取一字,定名景辂,字质中,朴村其号也。居松陵之同里。先世读书敦本,父式穀,以谨厚称。诗人生而警敏,龆岁通四声,即能成有韵语。年十二三,既熟经书,兼及左史、文选、唐宋八家。为制举文,才法并到。暇则披览纲目,有所见,辄咏叹成篇。尝从其师蔡学录寅斗至京师,京师有招致之者,诗人畏世途酬应,未一岁归。弱冠后,补震泽县诸生。再试于乡不利,出闱得呕血疾,迁延几殆。自是不耐应科举,循例贡入成均,而进取之念熄矣。生平师事皆巨儒硕学,诗学之源流,则禀承于归愚沈先生。先生论诗,先审宗旨,继标风格,终辨神韵。谓诗必原本三百篇之温柔敦厚,祖汉魏而以盛唐诸大家为宗。诗人雅不喜宋人诗,佩先生训,志益坚。既置举子业,遂专力于诗。读古人集,每丹黄甲乙,心摹手追无少间。而所作日益工,犹惧其诗之未醇而不自知也。尝与同志王北溪元文、顾蔚云汝龙、东岩我鲁、从兄竹轩益之、予及予弟芝房毓咸,共七子,结竹溪诗社,互相切劘,每集请归愚先生评点。续与诗课者,蒋梧巢业晋、沈朴堂梦祥、沈逸溪培生、赵药亭基、家字桥师集也。苕水沈芥舟宗骞为写《竹溪雅集图》,好事者比之西园玉山云。诗人又念乡先辈多诗人,而不尽传于世,乃搜访百年来诗家遗稿,论次编纂成《国朝松陵诗徵》二十卷,笔不停缀者,四阅寒暑甫卒业,作自序、凡例,越宿而病,病三昼夜而殁。濒危,口占诗二章,与其父母妻子诀。时予馆于其家,招至榻前,执手嘱为之传。呜呼伤哉!远近戚友闻之,率惊疑悼叹,痛惜诗人之遽然弃世也。诗人自少无裘马声色之嗜,有余资悉以购书,积渐二十稔,古今典籍略备。所居有"百城楼""校书巢",皆牙签插架。手披口诵处,又颜其斋曰"爱吟",明所好也。诗人行居伯,为世父式玉后,孝不衰于所生。元配费卒,悼亡之什,视安仁加真挚焉。与人交,不为翕翕热,而久要不忘。良朋暌离,则思之废寝食。赠人以言,必以名义学殖相敦勉。故其所为诗,皆根极乎真性情,而风格神韵与唐大家辄吻合也。诗人生于雍正甲辰七月某日,卒于乾隆丁亥闰七月某日,年仅四十有四。生子三:长志爕,时方八龄,余皆幼。著有《小桐庐诗草》十卷,归愚先生于其殁后订而序之,诗人继配沈为鸠工付梓。所辑《诗徵》亦于殁后板行,可谓诗人贤助能不死其夫者,故附书之。乾隆丁亥腊月朔日,同学愚弟陈毓乾撰。

清袁景辂《小桐庐诗草》

袁朴村先生墓志铭

〔清〕朱春生

吾里在吴江县治之东,舟行可十里,四周皆大泽,环之如带。其中林木掩映,港汊蟠曲,行近里许,犹不见居人屋舍,已而帆回路转,则千家烟火,忽呈于前。咸谓其地深秀,宜生伟人,而求之往昔,或不少概见。以吾党耳目所及,则诗人袁朴村先生,庶几足以当之。先生少为邑诸生有声,然不屑意举子业。一试于有司不得志,即弃帖括,而生平学植,皆用以资为诗。当是时,长洲沈归愚宗伯致政居家,方以诗训后学,先生故尝从学。于是乃与同志者陈易门毓升、芝房毓咸、顾蔚云汝敬、东岩我鲁、王北溪元文、暨从兄竹轩益之,日夜相切劘,为诗以就正于宗伯,所为竹溪七子社也。先是里中虽多业儒者,而所志不过科第,自令甲所颁五经四子书外,莫肯旁涉他书。至于诗歌,尤以为非急务,即间有一二作者,独唱无和,亦未能转移习俗。自先生创建诗社,所业日工,名誉日起,四方文士往往造庐愿交,敦盘之盛,固已振耀闾里。而宗伯位尊望隆,顾盼足以轻重人时,轩车过先生家,则延颈于途翘足于户者,逡巡莫敢自通。而先生与诸诗人,奉几撰杖,从容请业其侧,殆不啻登天然。由是,后生小子稍知向学,皆求列乎七子之门墙,转辗师承,里中诗教遂以大盛。夫以吾里土地之秀,且素称多士,而前此莫为倡率,多沈溺于俗学而为乡人。然则吾党幸生今日,而得窃窥风雅,嘐嘐然自命诗人者,其可不知所自耶?独恨天不假年,先生以中道殁,诗社遂散。久之,七子者或相继没,或老病且穷,或以事奔走于四方。因叹诗人之寿考富贵若归愚宗伯者,固其得天独厚而不可以屡邀。然宗伯当时为海内宗师者数十年而没世,以后声望不无少衰,即向之亲受业其门者,亦或见异而迁,罕能终守师说。而先生以布衣之士为教一乡,身没且三十年,而后进称诗者,犹必推本于竹溪诗社,以明宗派。然则谓宗伯之教,得先生而后传之久远可也,先生其可以不恨。先生二子棠、鸿,先生殁时皆在龆龀,后乃与余共师事顾蔚云先生,而受诗法焉。呜呼!先生以诗嘉惠后进,而子即以能诗世其家,且得当时共事之人以成就之,食报亦可云不爽矣。岁乙卯,棠与鸿将卜宅兆以葬先生,而以志铭属余。先生生平行谊,有易门、蔚云两先生各为立传甚详,其言视余小子为可徵信,故不赘述,而独举其振兴诗教之功以著于篇。先生名景辂,字质中,姓袁氏,朴村其自号也。生于雍正二年□月□日,没于乾隆三十二年闰七月七日,得年四十有四。所著《小桐庐诗稿》十卷,选辑《松陵诗徵》三十卷,行于世。娶费氏,继娶沈氏,簉室马氏。子二:长棠,次鸿。女四:长适范,次适吴,次适蒋,次适陈。陈氏婿名燮,亦能诗。铭曰:

竹溪诗教昌松陵,七子结社尊主盟。中年徂谢咸涕零,所赖贤子能嗣兴。马鬣峰高如诗名,墓松风过闻吟声。

清朱春生《铁箫庵文集》

张少川哀辞

〔清〕王元文

余与张子少川交二十年矣,其作合也以诗。尊甫看云先生,以风雅提唱里中后进,余数数是正。每当春秋佳日,召同人携酒榼,选胜地,拈题分韵,濡毫染翰,甚乐也。余尝善病,少川亦善病。余病未尝辍书卷,亦不废往来酬酢。少川则杜门养疴,诸药遍尝,不出者已数载。余尝思人之病,多因于七情。七情既平,则六淫亦不得而入。参苓地术,能调人血气,不能变人性情。苟喜怒哀乐,过而伤身,乃欲责效于草木之微,岂可得哉?然则人所以养德之方,与所以养生之方,宁有二欤?记辛卯冬,访少川于涤尘楼。少川颓然一榻上,不能拱揖,余执其手,自述所以治病之旨,曰:"岐黄之书不能治,以老庄之书治之。老庄之书不能治,以濂洛之书治之。"少川蹶然起,曰:"君悟道矣。"然余徒能为此论,自检心体,其累甚众。泥滞不化,遇事多躁,自愧涵养克治之无其功也。少川承其家学,既工诗,又精画理。吟咏之趣与烟霞之赏,翛然自得于世人声利之外,视余之役役于物,似若甚逸而可以得寿,乃弥年无健,卒未至五十以殁,可哀也已!少川名纫茝,字芬扬。尝一应童子试,即弃去。其诗荣华天秀,极工体物。画得南华法,曾为李鹤峰阁学所称,而浦山张先生载之《画徵录》。虽所作不多,殊可珍重。顾余独自念数年来,踪迹不出闾里,已无复向时诗酒高会之乐。日月不居,渐成老大,病躯如故,吟力反减,德业未进,而知交遽尔徂谢。此谢公中年之感,向子邻笛之悲,不能已也。爰为之辞曰:

古凶纠缠兮,平粹多殃。思放旷以脱弃兮,又非尚于中行。扩灵台而无累兮,信观颐之得贞羔。众人之无厌兮,妄悦慕乎长生。顺大化以迁流兮,惟吾本之不戕。修短原可不计兮,亦何必灵芝之煌煌。嗟君之疾病兮,弥年无康。困眠纸帐兮,梅花闻香。群山在壁兮,古琴在囊。天不予健而予闲兮,一室聊以相羊。何造物之并妒兮,辞逆旅而遂征高堂。老泪以盆倾兮,膝下呷嚶其尚。婴知降命之不齐兮,得不听诸彼苍。生若浮而死若休兮,所幸贻乎令名。懿文翰之尚留兮,他年播之芳馨。请慰老亲兮,抑哀自强。顾临风而殒涕兮,伊交谊之难忘。

清王元文《北溪文集》

徵仕郎通州学正陈君墓表

〔清〕金学诗

乾隆四十八年冬十二月,通州学正陈君师集以疾卒于官,其弟师栻率其孤卓然谒予,请为文以表其墓。予自束发与君为文字交,既而宦游异地,踪迹久疏,然知君之深者,莫予若也。君之先,以儒学世其家。祖某,父某,皆不仕。君自少颖敏,刻苦力学，于十三经注疏及宋儒性理诸书，靡不研析钩贯，发为制举文，一字一句皆有根据。其始不无襞积之痕，久而幼渺密栗，涵演汪洋，殆真能以仁义之质标古雅之神者，识者以为可继义门墙东，不虚也。往予与君同肄业紫阳书院，时吾邑群彦毕集，操觚搦管，各抱所长。每相与传观，间有于理未慊者，君辄为订正。与予意相吻合，适如予口所欲出，其于予文亦然。此中深浅离合，穷极微渺，有神解默契之妙，他人或未尽知也。尝叹文章为儒者之末技，时文又其末者耳，然非根柢经籍及博涉乎！有明三百年来，作者之家数，则不能工。既工矣，质之于世，则罕能赏识之者。君在书院，受知于中丞庄公滋圃，乡试受知于少司寇钱公东麓，皆能称道其文，不可谓不幸矣。君性鲠直，既喜订正他人文字，或语次误引成句及游谈无根者，即席辩驳，务穷其所之以为快。予在京师尝规之，谓非处世之道，又谓君他日得官于广文为宜。果于壬辰科会试后，拣选二等，浡历宜兴荆溪司训，寻补通州。彼中人士来京者，咸称君以经术奖励后学，娓娓不倦。呜呼！此亦足以知其概矣。君之学，长于制义，诗古文不多作，亦整妮有体裁，不徇俗尚。齿长于予数岁，三十七始登乡荐，洎为司训，年已四十九矣。殁之岁，春秋方六十。配王孺人。子一，即卓然。自少能读父书，他日当次第梓行之，俾君一生之苦心孤诣，与天下后世知文者共赏之，其以余言为不谬矣夫。

清金学诗《播琴堂集》

静庵公传

　　静庵公讳璇，字星标，怀芸公第四子也。少颖悟，读书目数行下，与诸昆季出就外傅，专志力学，以体弱，怀芸公苦禁之。既受室，怀芸公旋见背，以哀毁，故体益羸，遂绝意进取。旧居梨花里之西南偏，以屋窄人多，移居稍北而东，依林构宇，傍岩拓架，宛然有谢安别墅风。先是，怀芸公工弈，为吴中第一手。公方髫龀，时客至对局，每从旁注视，间发一言，辄出奇制胜。怀芸公大惊，爱出新谱指授，自此艺益工。移居后，遇春秋佳日，古松流水间，子声常丁丁不绝。然神观超然，端坐移时，俨入禅定如未尝措手者。盖闲静之趣得之天性，故自号曰"静庵"也。公屏绝外事，虽未出为世用，而持己敬，处物和，人喧我默，人华我朴，深得宁静致远之义而神明之者。生平诗不多作，而持论以柴桑、香山为宗。著有《病中吟稿》，皆似二公自道其性情之真。公之性情，亦与之相近也。

清徐书城《吴江徐氏宗谱》

徐星标传

〔清〕朱春生

　　徐璇，字星标，吴江之梨花里人。其父培云，为邑名诸生，而好奕棋，棋品称第一。远近善弈者，咸辏其家。星标生数岁，每父与客弈，辄旁立，注视竟日不去。值父他出，则牵诸客与弈，客尽为所败，惊以告培云。培云未信，呼星标，使更与客弈，星标固不肯。然客亦高手，能覆旧棋，则覆其所与星标弈者以示培云。培云视之而笑，星标亦笑，人莫测其所以然也。久之，有江西棋工来访，培云适以事入城未归，客留宿以待。星标衣红裲裆，梳三角髻，出见客。客抱置膝上弄之，星标忽张目曰："客非欲与吾父较弈者乎？今盍先与吾弈？"客应曰："诺，尔欲吾让几子？"星标左移枰，右握子，曰："客远来，吾为主人，宜让客，敢求客让乎？"客笑而从之。三数着后，觉星标为劲敌，乃注目凝思，每下一子，至刻烛寸余。星标随手应之，绰有裕余。竟夕而后局终，客卒失数子，遂乘间遁去，不敢见培云。由是星标之名大著，与培云埒，时年盖十有一岁耳。然星标之弈，既不由培云教其弈之道，亦大异培云。培云生平鲜有败局，而亦不大胜，所争才一二子，少或半子耳。星标则神施鬼设，不可端拟。或他人立局已如汤池石城，星标突以一子置其间，则横冲旁决，莫可遏抑，如腐草堆中着一火星，拉杂摧烧都尽。其人遂气夺求罢，星标亦大笑而起，不复终局。用是一时论者，多奇星标而平视培云。一席父子同宿室中，有仆卧户外，中夜闻子声铿然，潜起穴壁窥之。见培云南向坐，且弈且笑。星标立案旁，颊赤目努，如负重物，时以巾拭额，汗淫淫下。每数子则相与切切语，语细不可闻，移时乃罢。诘旦，仆以所见告人，则疑者半，信者半。及培云卒，或举仆人语以叩星标，星标泫然曰："弈虽小道，变亦多端，未易卒知也。吾父如武侯八阵，动按古法，不邀奇功，而成算在胸，全势在目，胜敌而敌不知其所以然。吾则乘隙蹈瑕，专以诡道取势。犹忆畴昔之夜，父呼吾而教之弈，吾竭尽平生杀活攻夺之技，而入吾父手，辄觉形格势禁，智勇俱废。父为指示罅漏，如数一二。至今此局下子先后，默识未尝敢忘，然研之数年，卒不能穷其奥也。世乃或谓吾胜于父，此固不知吾父，亦岂真知吾者哉！"星标晚而生子曰达源，有隽才，能诗而不解弈，星标亦不教之弈。尝曰："伎无大小，惟专乃精。吾之于弈，终身为之不厌，犹患未造其极。况诗之为道，远过于弈，尔诚有志，庶无见异而迁焉可耳。"久之，达源诗益工，名亦日起。

　　朱春生曰：余与星标居同邑，而相去差远，未尝相识也。里有任玉庭者，年七十余，亦善弈，好谈旧事。尝云雍正、乾隆间，吾吴多善弈者，国初汪汉年、盛大有之遗风犹存。而其时贵官富商，尤喜招致棋工角胜为戏，凡挟技以游者，千金可立致。独徐氏父子，以身为士族，耻于出门干人，人共高之。今岁，达源以诗执贽于袁简斋先生，将求为其父墓志，而先属余为立传。据达源所述，生平庸行甚备，余因见《小仓山房集》中《与薛寿鱼书》，谓其父生自"既以名医著，即不必更及其他"，乃就余向所闻者，而质言之如此。又思当时以弈名天下者，不独徐氏父子，其不得文人学士表彰之，而遂湮没不传者，何可胜道。然则祖父有绝艺，而子孙欲传之不朽者，非自力于学，其道无由也。呜呼，岂独弈哉！

清朱春生《铁箫庵文集》

儒林郎徐君星标墓志铭

〔清〕袁枚

余尝铭弈国手范西坪之墓矣。今又得一人于吴江梨里，曰徐君星标，名璇。生有心计，以嬴废读，性独好弈。父培云，故国手也，四方弈者争来相角。星标衣文葆，梳双丫髻，哑哑然旁立谛视，竟日不去，亦不言。父奇之，微哂而已。居亡何，有西江棋客来，值培云外出，乃抱星标膝上，戏曰："若能代而翁与我弈乎？"应声曰："唯。"客怜其幼，问让子若干，星标跽而请曰："儿，主人也。客远来，愿让客先。"客笑而从之。甫数着，觉有异，势不能休，攒眉苦思裁下一子。星标随手支应，即往阶下抛墁为戏。客惧损名，佯作便旋状遁去。当是时，星标年才十有一。其布局审势虽本家法，而常出意外之奇。或敌人坚壁深垒，万无破法，星标投数子于闲处，若可为姗笑者。俄而近联远映，若火生积薪中，燎原莫遏；又如降兵内应，伏甲四起。观者且惊且喜且叫绝，而卒莫测其所以然。古称人能数遍天星，则尽知棋势，星标其庶乎？余按：六朝人主好弈，有围棋大小中正之官，有以弈得太守者。使星标生其间，当如何荣宠？而竟没没然抱技以终。然则天下事有遇有不遇，类如此弈邪？呜呼悕矣！星标有子达源，能诗能书，偏不能棋，星标亦不教也。铭曰：

天之所相，其生不偶，以故骍駥生七日而超其母。吁嗟徐君世罕有，能向弈秋借其手。天年之终六十九，我为之铭葬高阜。棋之艺，一日不绝。君之名，一日不朽。

吴县江沅篆额，钱唐袁枚撰文，长洲顾元熙书。

清《徐氏家谱》抄本

董节妇传

〔清〕朱春生

节妇宋氏，吴江之铜里人，适董礼存。礼存为康熙癸丑进士、国子司业董阊之曾孙，其父承祖，始僦居铜里。节妇于归未几，礼存暴死。承祖夫妇哭子过哀，亦相继死。家徒壁立，而司业公以下三代，皆浮厝未葬。时节妇年二十余，无子，亦无宗族可为后者，归而依其弟。弟得心疾，惑易不常。节妇乃更僦一椽独居，而以纺织自给，凡四十年。一日，招姻党数人至，曰："吾欲葬舅姑以上三世，并葬吾夫，而自为生圹，需费几何？"众漫应曰："非百金不可也。"节妇曰："然则吾事济矣。"入室举所卧榻支以巨瓮四，中贮散钱皆满，出之得钱十四万有奇，盖四十年中所积也。于是市瓴甓，集畚锸，穿中筑土，刻期竣事。益治坟垄，植松柏，罄其资乃已。初，节妇勤女红，比邻化之，鲜惰游者，静夜机杼声四达，闻者莫不称叹。至是邻妇或问之曰："吾辈与子相劝，以攻苦力作久矣，然皆无旨蓄。而子独积钱至十数万，以集大事，何也？"节妇曰："是不难，可计数而得也。""计数奈何？"曰："吾计纺织所入，日可五六十钱，取十钱贮之，而以四五十钱供日用。一日十钱，终岁得三千六百钱，由三千六百而四十倍之，即十四万有奇矣。积十钱而至十四万有奇，犹远行者积五尺之步，而至百里千里也，故曰可计数得也。虽然，积之非难，积而勿耗之实难。且吾所谓日用四五十钱者，尚须积十钱以上，以备僦屋之租、祖茔之税、岁时伏腊之享祀，是饮食百需，实止三十以上也。丰岁则赢，俭岁则绌。吾尝再遇大祲，日啜涫糜，甚者杂糠籺咽之。而所贮之钱，如鬼神守之，终不敢发。自念未亡人宜死久矣，忍死至今，特为先人谋窀穸。故积一钱若增坟土之一抔也，耗一钱若损墓木之一枝也。心营目想者四十年，幸而集事，是吾夫与舅姑之灵实阴相之也，吾又何能为哉！"却后二年，节妇以病殁，年六十五，盖乾隆之五十四年也。

朱春生曰：予幼从塾师顾翼堂先生，先生于董氏有连，每言节妇艰苦食贫之况，可为酸鼻。最后闻积钱举葬之事，乃知节妇为深心大力人也。董氏固单寒之族，然司业公后亦岂遽贫无立锥者？乃因循三世俱滞浅土。而衰绝之余，以无食无儿一妇人，竟藉十指之力，铢积寸累，以成其志。古云："绝利一源，用师十倍。"信哉！节妇没时，顾先生为主殡殓，启其箧，有承祖遗诗一卷，中多佳什，以示同人传抄之。呜呼！节妇能藏弆先人手泽以传于后，而竟以无子且贫之故，莫表其贞孝之德，岂非事之缺陷者哉！为之传，以俟采风者。

清朱春生《铁萧庵文集》

观澜公传

观澜公讳汝源，字恒一，炎洲公五子也。性聪慧，幼多疾。七岁就傅，十三岁能文，暇则爱临《兰亭》。年十七，精力差强，习武经，补庠生。逾两年，幡然愧悔，弃武仍习文，入太学，应省试。分析后，经理家务，兼事贸易，不数年家计渐丰。遵豫工例捐授县丞，分发江西。正届强仕之年，办事勤敏卓越，侪辈谒见，上台概蒙器重。补授丰城县佐，矢公矢慎，檄调差委，诸臻练达，大宪嘉其能，留充辕门巡捕，传命恪恭，动合大体。期满，即委署上高县篆。时上高方被灾，下车先谕开仓平粜，民情安贴，来暮兴歌。接署邻邑龙南，廉明惠爱，一如上高。卸事时，两邑绅衿公置万民衣伞相献赠，拈香而送者不绝于道，并立有去思碑。各宪闻之，欣慰殊甚。未几，又委署丰城县篆。丰城利弊早已熟悉，奸胥滑吏畏若神明。适德化缺出，大宪先行委署，旋即保题实授。德化地极冲繁，邮亭五处，迎送为劳。民刁俗悍，案牍纷纭。公温良折狱，措理裕如。一日送客至江干,见有满江红大船过境,上悬旗号可疑,亲身赶赴三十里外,盘获赃银密信。大宪据实申奏,旨送部引见,着军机处记名,以同知用。回任后,即题补赣州,分府定南厅,苗民杂处,弹压维艰。衙署向在山坳,久经坍塌,爰乃相度阴阳,捐廉修建,所以崇体统而示尊严也,尽瘁不遑。甫及一年,圣恩优渥,特行升授南康府知府,因有交代事宜,稽迟到任,陡染伤寒症。初以劳苦之余,冀可就痊,孰意医药罔功,竟至不起,卒年四十有九,上台咸恤。

清黄以正、黄锡爵《松陵黄氏家谱》

太学逸梧陈先生传

〔清〕钱枚

庚申秋,陈君少廉来浙补官,留寓武林。予时给假在里,获订交焉,因悉其尊人逸梧先生行谊,不禁慨焉慕之。先生讳兆凤,字在岐,逸梧其号也。世居吴江之黎里,自八世祖见川公以下,皆以读书敦行见重里党。考雅言公,妣张孺人。先生三岁失恃,号泣如成人。继妣为先孺人胞妹,来归未久即卒。连遭母丧,哀感行路,其至性盖有过人者。稍长,习制举业,并及诗古文词。好持论,不苟雷同。为文挟奇气,不屑龌龊程试之习,以故连绌有司。未几,雅言公殁。既服阕,有劝其应京兆试者,先生泫然曰:"古人捧檄色喜,为娱亲也。我今将谁娱耶?"遂绝意仕进,闭门训子弟。事无巨细,悉自任之,由是家益饶裕。性甘淡泊,布衣蔬食不厌。平居严重,寡言笑,暇即焚香赋诗、陶写性情。遇风日清佳,辄偕二三知己,携酒樽,棹扁舟,徜徉莺湖、笠泽,闻见者咸谓有古隐君子风云。晚年于宅后购得谢氏废圃,其中有石,有水,有古树。亭榭欹倾,犹存一二,乃葺而新之,名曰"且园"。花晨月夕,招朋雅集,飞觞拈韵,岁以为常,其清远闲适又如此。卒年六十有六。子一,即我友少廉,名清耀,附监生,官浙江县丞。

论曰:史称万石君一生孝谨,当世所无。先生嘐嘐然,乃能追踪千载之上,遐哉邈矣!古云:"积之厚者流自远。"他日大门,闾光前绪,少廉殆发轫欤。不于其身,而于其子孙,先生其何憾矣哉!

清陈阶琛等《颖川陈氏近谱》

亡弟宥基家传

〔清〕陆耀洁

弟名熙密,字宥基,亦作幼畸。先府君第四子,生母沈出也。弱龄以痘以痰几死者数矣。少长资甚敏,尤谨饬,不好嬉戏,府君深爱怜之。年十四,随侍丹阳学舍,与幼弟熙采同师读。师课不严，而攻苦弥力，遂旁通小学及篆隶各体。一日兄弟辈谈艺至夜分，尤娓娓不倦。先府君笑曰："女曹手足聚处，极天伦乐事，异日恐不可多得矣。"呜呼！孰知此语之为忏也。岁丁卯，熙采以羸疾卒。而弟体素弱，府君益不甚督课之，前后为明府高君、二尹刘君延致作童子师。教学相长，文日益工，诗词尤若夙习者。府君尝苦笔墨烦嬲，至是弟颇能代笔矣。常州刘午岩先生与府君同徵相友善，见而器之，字以次女。壬申，刘先生嗣君敬舆登第，为闽宰，招弟往，以亲老辞。府君曰："我尚健饭，汝兄弟多而家贫，不乘壮时走四方，后将如何？且刘先生吾执友，事先生犹事我耳。"弟遂行，孰知此即与先君永诀时乎？闽中书来，必具果饵奉老亲，且敦劝解组。与余书，则具言治事劳苦状。余复书，使少自逸。弟谢曰："食人之食，而不事其事，于心何安？"吾固忧弟之不堪其瘁也，然读弟所为诗，则高朗和雅，丰蔚可观，窃谓此必非无后福者，乃年未壮而遽以瘵疾死也，岂不痛哉！甲戌之冬，先府君见背。凶问至闽，弟亟部署所事，将奔丧归，遂骤得咯血疾，逾年始力疾至家。阅数月，刘先生书来，促弟还闽，谓"署中莫堪其事，婚姻之故，幸毋以衰绖辞"。不得已复往，未至而刘先生殁，遂与敬舆伯仲护其丧归。既归，则疾作益数。虽兄弟聚首，而痛念先考之丧未及亲视含殓，学舍绕膝之乐渺不可追，则大恸欲绝，或默坐泣数行下。明年秋，血大溢，比冬则不可为矣。死之日，顾妻女无可怜色，惟以不及终事老母为恨。余适有事羁郡城，竟不及为别。呜呼！吾负吾弟多矣。以弟之孝友祥顺，言笑不苟，喜怒中节，律己严，待人恕，即于世无补，亦于世无害。胡天必欲夺其算，一如是之速耶？生于雍正戊申七月二十一日，殁于乾隆丙子十二月九日，得年二十有九。世系详伯兄所为先考行略中。先考讳桂馨，廪贡生，荐举博学鸿词，后以景山宫官学教习，期满选授丹阳学训导。母氏吕，实生伯兄昌言。生母氏沈，生耀洁、昌世及弟熙采。弟无男子子，余次子丰培，弟所爱也，以后之。弟无所成就以表见于世，而余痛不已，聊为之传，以写哀云。

清陆迺普等《平原派松陵陆氏宗谱》

少泉公传

〔清〕沈慰祖

公姓徐氏，讳煐，字昭时，号少泉，吴江人也。其曾大父虹亭太史，应康熙己未召试博学鸿词，官授词垣。其尊人洄溪先生，文章经济名闻天下。是二公者，赫赫照人耳目，先生之家世可谓隆矣。观其为文，博览典籍，非成洪正嘉不欲观，非清真雅正不下笔。其试艺及窗课，不下三百余首，孰不曰今之古文也。所刊《臣子备览》《真容传》等篇，早已行世，先生之杂学可谓高且雅矣。其为人也，从善如不及见，穷苦者必恤之，忧患者必拯之，孰不曰今之古人也，先生之为人可谓仁且义矣。然而家世隆不见其荣，文章高不见其贵，杂学优不见其名传，好行善不见其厚报。呜呼！天之报施善人，果何如哉？先生与余皆出申门婿，以密戚而兼契好，知之莫余若也。其所著制艺古而简，不利小试，因援例入上庠，鹿鸣之赋，自当拭目俟之。孰意天不永年，今竟溘焉长逝耶！先生生于雍正六年十二月初四日，卒于乾隆二十六年十月二十五日，年三十有四。行一。元配叶，生女一。继配申，即余内子侄女也，生一子，名培，甫三龄。呜呼！死者长已矣，难慰未凋之椿萱，惨遗无告之孤寡。子不能待其成，女不能待其嫁，天之报施善人，其信然乎？否乎！或者谓天之留其子以报其志，抑之而后扬之乎？是未可知也。余凤钦先生品学之优、存殁之苦，不得不为文以著其善，以告其后人。并冀其后人能报其志，而光及先生者，方见余言之不谬，亦见天道之不爽也。夫是为之传。

清徐书城《吴江徐氏宗谱》

清故赠奉政大夫候补内部郎中漳州府海防同知汪公行状

〔清〕沈刚中

曾祖休宁县贡生立功，祖太学生考授州司马杰，考海盐县学贡生栋。

公讳琥，字友苓，号耕砚，姓汪氏，自休宁来隶震泽。少孤居丧，礼节接见宾客，依然成人。年十二例入成均，复以豫工例进职府同知。戊寅春，铨四川保宁府同知，陛见乾清宫，口奏祖母程抚养成立，现年七十有一，改调福建南胜同知。南胜在漳州南隅，濒海，当众山之中，地极险僻，民情顽悍，素称难治。公至，言辞和正，约法严明，人不敢干以私。申明乡约之法，每乡立约正二人，朔望讲圣谕毕，各书里之善恶，劝戒之。其山僻之处，地界闽粤，奸匪易匿，乃立保甲法。十家一牌，为牌长。百家设练总一人，巡察以时。互结无容留匪，人事犯及察出者，一体罪之。以愚民不知刑律，轻易犯法，乃绘五刑图，条注犯款。中丞吴公士功嘉之，颁行十郡。有兄弟牵讼，廉知其弟于父没时盗田券数十亩，篡移他名，曲谕手足之谊，不应昧心肥己。其弟狡辨不少屈，公怒取杖责之，乃吐实。次年奉办铜铅，过家祭扫，见程太安人形容憔悴，怫然曰："初图捧檄以博老人之欢，不意精力顿衰如此。"欲乞终养，例又不可，进资内部员外，离任晋职郎中。既归，承菽水之欢，朋旧往来，杯酒酬酢，课童奴，莳花种树，其乐也。居五年，太安人以天年终，而继之娶徐氏及二女相继夭亡，悲悼不释，成幽忧之疾。留心经济之学，读唐荆川《实用编》、顾亭林《日知录》，喜曰："此有用之书，宜晨夕读之。"常读司马《通鉴》，历代之兴革理乱用人建官，其名臣之言行、奸邪之肆毒，尤致意焉。好饮酒，携樽自酌，颓然就醉，淋漓酣喜。自言胸中郁塞，惟酒可以解怀，不妨作醉乡侯耳。丁亥夏服阕，将补郎中，会病不果。戊子四月，行有期矣，而疾复作。顾孺人而叹息，念子女以泪零，病遂不起，年四十岁。公十六学书，顿挫老成。二十发愤为诗，时有俊语，所遗《耕砚斋诗稿》，王光禄西庄论之详矣。初娶席氏，贵州都匀府同知健女。继娶徐氏、叶氏。三子：鸣珂，贡生，候补府同知事；鸣韶，后公半月卒；鸣凤，始十岁。女五，婿金德勋、卢登龙、翁源，余未字。刚中既世通家，详知世系事实。今葬有期日，从孤鸣珂之请，谨掇其大者为行状记，惟立言之君子共图不朽焉。己丑六月朔，乙卯同学世小弟沈刚中顿首谨状。

清汪琥《耕砚斋遗稿》

云亭公传

云亭公讳森，字玉高，直斋公长子也。同母弟一，曰杞，嗣叔大一公后。异母弟三：曰杜，曰樟，曰椿。兄弟五人，公居伯焉，幼承庭训，早岁能文。比长游名师门，精于理法。因随父任东省，应试岁科未便，遂入太学。下棘闱，与四方名流相角逐，力惩纨袴习，为时所引重。继随任浙省数年，文章政事谨受教焉。岁戊寅，丁内艰于乐清官署，匍匐扶柩归。遵父命居家养祖父，而任所侍奉有二弟杞在焉。后父丁祖父艰回籍，服阕，引疾不仕。时三弟俱幼，家政悉秉于公，能先意承志，孝友克敦。洎乎膺大故，治丧葬尽哀尽礼，人无间言。由是经营贸易，家日恢张。延师课子，既忠且敬。睦宗族，恤亲友，乐善好施，事难枚举。长子有熊，年十八游庠，公喜曰："吾家书香一脉，幸有传人。"然属望之心，自此愈切矣。比周甲，向平事毕志，乐安恬适。同祖弟晚香公家不足，因将祖遗店业替与开张，借本使其营运，非义举而能若是乎？随与二子有熊、有烈秉公剖产，俾得分爨各业，挈长子迁宅城中，稍安颐养。然花朝月夕，必杖履出城，与诸弟侄相聚首。人或诣之，则款洽终朝，手不忍释。其友爱之心，至老不倦又如此。若夫好善言，敦善行，即送劝善书，一切事之小者，要皆无待于述云。

清黄以正、黄锡爵《松陵黄氏家谱》

盱眙教谕钱先生行状

〔清〕张士元

先生姓钱氏，讳大培，字树棠，自号巽斋，苏州震泽人。曾祖霈，祖楷，皆赠榆次县知县。父之青，山西保德州知州，有惠政。先生生而端谨，少随父在山西讲求经世之学，有《楼烦行》《榆瓜谣》等诗传诵于时。年二十四中顺天副榜，久而不遇。乾隆甲寅，始以资叙补盱眙县教谕，年已六十六矣。十一月舁疾至任所，明年乙卯闰二月二十七日卒。先生与中丞陆公曜少同学，书相爱。公见理明达，为政清勤，少所许可，独心敬先生，馆之数年。公为山东布政使时，巡抚某贪侈，凡试用令丞等，受赇则进之，无所纳则退之。公欲循年资上下，颇为所牵制。先生从容进讽曰："公与巡抚同事，而不以状奏闻，后恐不得辞其责矣。"再三言，继以书札。公谢曰："我有老母。"未几，公以母病告归，而巡抚卒被钱御史沣论劾，以臧罪死。先生事亲孝，父卒，教两弟以学，友爱无间。待人必以诚，内严外和，见者无不心服。平时精究六经三史，不夸少以为多，不饰无以为有。貌似迟顿，而所见卓然，其诗尤为士林所重。晚年寄居平望，远近之士麇至。凡后进侪辈以所作就正者，必为之讲论点窜，至暮夜无倦容，故其门人往往属辞有师法。中书舍人马有章习司马迁、班固书，能文章，辛酉会试第一，乃先生客山左时所造就士也。先生娶周氏。子锡曾，县学生，蚤卒。孙男三。予与先生相知为深。方先生之将往盱眙也，予访之郡城客舍留宿，中夜闻其呻吟，甚忧之。欲止之无令到官，又恐其无以为家，不能止也。是时先生假贷辨装，携一孙一仆以行。逮予北上甫百日，而先生之讣至矣。其弟端培迎柩归，亦死。未几，其弟纶又死。逾年，其次孙述太又死。呜呼，是可哀也！爰撰次先生之事迹，授其孙彰太、阶太，使藏之家，以俟葬时请铭于世之君子。谨状。

清张士元《嘉树山房集》

貤赠奉政大夫太学生陆君传

〔清〕顾广誉

有唐高士陆甫里先生三十世孙曰开诚，父云润，家吴江之分湖北，娶金泽顾氏，生君及弟开天。而父卒时年甚少，外事皆赖舅氏主持，乃奉母迁居金泽之南栅。甫十七，为门户计，弃举子业，而律身接物，确守范围罔或越。雅喜前儒格论，如朱先生用纯家训之类，恒津津为子弟道之。每当春秋佳日，则集内外兄弟顾廷阳、周绍元、吴古余诸君子相与谈宴，期于讲明伦理，至夜分不倦。与弟友爱甚，家庭之内雍如肃如。而弟复早世，二孤方幼，为总理其家政，计其衣食所需而月给之，以所赢余权子母。迨其成立，然后按籍授之，一钱尺帛，犁然有稽，里人咸重君之孝友云。君更历既多，事无大小至前，辄得其端绪。屏绝世俗之好，不使或近。其于他人，亦每以此相规。尤恶抟蒱戏，姻党中有溺于是者，君忧之甚。度不可谏，则阳与之角。其人知君素所不习也，以为易与，既而屡北，遂愈不肯已。日既晏，所负不訾，自忖终不能偿，皇恐求罢。君察其有悔心，乃谓之曰："我与若戏耳。若能终戒，即不责汝偿。"其人自是终身不复为。君之善化导人，不惜委曲成就，类如此。晚年业渐起，为善益力，建桥梁、平道路之事，常独任之。又欲别置田以赡族众，以力不充未果也。君字敬一，自号东溪。子二：长见琳，次见球。女二：适顾，适蒋。以嘉庆十二年九月七日卒，年七十九岁。葬在青浦大汤之原。君殁五十有一年，而贤孙曰爱克置良田五百亩，为通族义庄，用成君志。曰爱，见球子也。

顾广誉曰：予读《唐书》至《隐逸传》，慕甫里先生之高义，思识其后人久矣。适曰爱介予友陈君寿熊，以君事略请为之传，因得考其家世。盖高士十三世孙琦，以元伯颜围两淮，贾似道不用汪立信策，知平江不可守，乃率其族由甫里居分湖北。尝建石梁于所居之旁，人因名其村曰陆家桥焉。又十七传而至赠君，始定居金泽，计高士以来，再迁耳。由唐迄我朝，贤人硕士众矣，而甫里先生之气节声施到今，殆在夷惠之间者与。若赠君者，迹其行谊，又能不忝先生遗风为可尚也，是以乐为述之。

清顾广誉《悔过斋续集》

王宗导传

王宗导，字德音，号懋堂。少游太学，出太史郑名虎文之门。乾隆己卯，应顺天乡试，荐而被落。越五载，始得议授广东东莞县佐，居官清谨。上官器其才，委摄西宁、东安、阳山、四会、长乐、兴宁诸邑篆，历有政绩。会县有舶贾，以禁钱被首，廉知其诬，得免坐。贾感，携金为寿，麾之不受。阳山县有虎患，适欧阳姓杀人，诈称虎啐，成疑狱。毅然请会勘，在庙研鞫，夜闻鬼号，始得其实，置之法。士民感德，尸祝于社之西序，同事钦其诚感，官声大振。时考绩居最，制军李名侍尧题补龙门县令。未及赴任，丙申夏卒于官，年四十七。粤东素称富饶，宗导历官十余年，以廉洁自守。易箦之日，囊橐萧然，可称古之循吏焉。所著有《滇粤杂咏》。（本李天培撰传）

清嘉庆《同里志》

沈刚中传

沈刚中，字需尊，家芦溪之北，自号"北溪居士"。父芳，见《文学传》。沈氏家故饶，尤多藏书，凡金石碑版，琳琅秘笈，尽入搜罗。至其父时，结客好事，家遂中落。刚中少承家学，不喜习举子业，专意为有韵之言，因得尽发所藏书，博习强记，以资诗料，旁及古文词。为人野逸古雅，有隐者风。喜论说古今，目张口哆，唾涕杂下。中岁好游，尝渡钱塘，入豫章，越梅岭，抵南粤，浮海至惠州，还客赣江，历游清远之峡、莲花之岩、双鹤垂云、章源之洞。足迹所至，辄忘其身之贫困，而一发于文。其为赣州郡志移书当事，极言当为卢光稠立传，又请开福寿沟以兴民利，前后数百言，皆非经生常谈。以布衣终。著有《分湖志》《石刻考录》《北溪文稿》，今惟《北溪草堂诗稿》七卷行世。（参袁景辂《松陵诗徵·沈芳小传》、陆燿《切问斋文集·北溪文稿序》、郭麐《樗园销夏录》。）

清道光《分湖小识》

皇清诰授光禄大夫经筵讲官武英殿总裁
兵部尚书加一级谥文简显考听涛府君行述

〔清〕金芝原

呜呼痛哉！府君竟弃不孝芝原而长逝耶？不孝自前年三月惨罹先妣大故，五中摧裂，抱恨终天。方幸吾父年届七旬，精神尚健，步履如常，窃冀期颐可卜，得永承色笑。不意天降鞠凶，两年之间连遭大故，人生惨变一至于此。不孝于去年八月奉府君命，扶先妣柩回籍归葬。腊底窀穸之事甫毕，正月间接府君病信，星夜束装就道。津涂辇互，心急行迟，猝于山东沂水县途次，骤闻讣音，裂腑摧肝，抢呼莫及。不孝病不能侍汤药，殁不及视含殓，何以为子，不如无生，复何容腼颜视息于人世耶！府君于去岁奉派陪祀裕陵，除夕就道，行抵燕郊，猝受重寒，左手足不能运动。当即奏闻，仰荷圣慈优恤，即派太医诊视，并命回京调理。初二日归寓后，虽饮食少减，而神明不衰。初七日，皇上回銮，具折谢恩，并请给假。奉旨："知道了，好生养着。钦此。"初八日，病势骤加，众医束手罔效，延至初九日溘逝，口授遗折奏闻。奉上谕："兵部尚书金士松，在内廷行走有年，襄理部务，勤慎供职。今闻溘逝，殊为轸惜。所有应得恤典，着该部察例具奏。钦此。"礼臣照例具题，祭葬如礼，赐谥文简。恩重眷隆有加靡已，世世子孙捐糜莫能仰报。府君以单门寒素励学积行，叠荷两朝知遇，服官四十余载，感深图报，至老不倦。凡学问行谊，久在圣明洞鉴之中，所当纂述以备国史采择，且将泣请于当世文章巨公，假如椽之笔刻墓石以光泉壤，亦必援据家乘。若不及今哀缀，则不孝罪戾滋大，用敢和泪濡墨，略存梗概焉。府君姓金，讳士松，字亭立，号听涛。世居吴江县之千步泾，高祖考赠光禄公始迁居城内。高祖考讳坤元，字宏初，考授州同知，累诰赠光禄大夫、都察院左都御史加一级；高祖妣张太君、周太君，累诰赠一品夫人。曾祖考讳国英，字晴轩，拣选县丞，累诰赠光禄大夫、都察院左都御史加一级；曾祖妣吴太君，累诰赠一品夫人。先祖考讳澜，字柱回，累诰赠光禄大夫、都察院左都御史加一级；先祖妣宁太君，累诰赠一品夫人。本生祖考讳润，字德怀，邑庠生，累貤赠光禄大夫、都察院左都御史加一级；本生祖妣吴太君，貤封太淑人，晋赠一品夫人。自宏初公以下，并潜德弗耀，以孝友文学世其家。先大父兄弟三人，友爱最笃。大父早世无嗣，时府君才三岁，曾大父命以府君为之后。先本生祖父有子三人：长即府君；次叔父二雅公，壬午举人，国子监助教，记名以主事用；次叔父竹坞公，邑增生，诰赠奉政大夫，候选州同知加二级。先是叔祖明威公无后，先本生祖父以叔父竹坞公嗣之。竹坞公身故时亦无后，叔母吴宜人随以身殉。时本生祖母吴太夫人在堂，痛悼欲绝。府君及二叔父无以仰慰慈志，因以弟逢原及从弟缕原并嗣。府君幼颖异，曾大父亲自授书，督课严密，读书辄数行下，出语惊其座人。九岁能作擘窠大书。稍长，随先本生祖读书郡城。本生祖素工举子业，从同邑周澹宁先生游，得其指授，一时推为文坛老宿。尝谓文章代圣贤立言，一字一句必中窾要，无悖于理法而后即安。府君禀承庭训，终身守之勿敢失。郡城有乐群会，课与者多知名士。府君年甫舞勺，每一艺出，同辈折服。年十七入邑庠，学使为安邑大司成崔公。时曾大父倦游归里，先本生祖资馆谷以给甘旨，府君亦就馆于盛庄许氏。年二十，吾母赵夫人来归。辛未，不孝芝原生。旋丁先祖妣宁太夫人忧，哀毁骨立，不异所生。服阕后，肄业紫阳书院。院长为侍御王次山先生。先生负山斗重望，不妄许可，独器重府君。府君才调富有，而行文一准矩矱，雅不欲骋才使气。时文体竞尚华腴，府君方肆力于江西五大家，以是试辄不利。适同学汪药山先生讳大经，以癸酉、甲戌联捷，贻书见招，因决计北行。单身幞被，行李萧然，附舟至京。京师多贵游，文坛酒席，颇事华靡，府君以布素掉鞅期间，气不少折。本意应试北闱，以资斧不给未克，入资太学，因寄籍顺天宛平。岁乙亥，受知于少宗伯钱塘徐公其年，盖平相国白公重府君名，延至第课其两孙。丙子中式顺天乡试第一百六十一名，座主大学士诸城刘文正公、大学士漳浦蔡文恭公，房师少宰嘉善谢公。是科以寄籍入彀者较多，台臣据实奏闻，恩旨宽免，各停会试一科。丁丑考取景山觉罗官学教习，阅卷者为长白总宪观文恭公、嘉兴少司农钱公。以候补需时，假旋里门，仍入紫阳书院肄业，院长为长洲大宗伯沈文悫公。己卯入都，补镶红旗觉罗官学教习。庚辰会试，中式第六十七名，座主大学士虞山蒋文恪公、大司寇无锡秦文恭公、大宗伯满洲介公、总宪无锡张公，房师翰林院侍读学士任邱边公。殿试第二甲第九名，赐进士出身。朝考钦取第一名，恩改翰林院庶吉士。七月丁曾大父承重艰，府君闻讣，星驰就道，冬初抵里。读礼之余，幸得亲奉本生祖父母甘旨，且与两叔父萃处一楼，吟咏其中，天伦聚首之乐，为数年所未有。壬午方届服阕，先本生祖于九月内忽患膈症，十月加剧，遍访名医诊治，讫不起。府君哀礼兼尽，附棺附身，必诚必信。且恐过伤祖母心，悲恸之余，抑情强语，曲尽劝慰。维时府君以初膺清秩，未遂禄养，里居三载，家累颇重，不得已仍作远游计。适本家有作令粤东者，招往修邑志。潮州太守高龙门先生一见钦重，延主韩山讲席。从游之士如饶检讨庆捷、蔡进士连辉、许大令日章、丁大令成章等，一经府君指示，即取甲科如拾芥。其他登贤书贡成均者，指不胜屈，至今粤中传为盛事。甲申岁莫归，乙酉奉本生祖母命，挈吾母赵夫人及不孝芝原入都。时院长尹文端公、刘文正公、教习观文恭公，咸素知府君名。曰："子江南名宿，不必按程督课。"仅一试古文，一试诗赋，皆高等。丙戌散馆，钦取一等第三名，授职编修。是年逢原生。寻充国史馆纂修，旋兼充总纂官，与长洲彭镜澜先生总理馆事。倍著精勤，散直后犹携稿本归寓，中夜校纂，未尝释手。拟撰《国史大事表》一书，提纲挈要，便于稽核。后以入直内廷，未克成书。戊子五月，御试翰詹诸臣，府君钦取二等第四名，引见超擢侍读。己丑充会试同考官，得今副宪陈名嗣龙等八人。先是孝圣宪皇后将届七旬万寿，高宗纯皇帝慎选翰林官之人品楷法俱优者，入懋勤殿缮写金字经，以资祝厘。预其选者，为宫保大司农歙县曹公、大司农平湖沈文恪公、今宫傅大学士富阳董公、宫保大司空南昌彭公。会董宫傅暨沈文恪公丁艰回籍，院长于文襄公以府君及今宫保大学士韩城王公，奏充是役。自是府君儤直禁近，每五鼓入直，未刻归寓，风雨寒暑无间，积三十余年如一日。庚寅，本生祖母迎养来京，是冬为不孝芝原娶妇叶氏。辛卯，缮经告成，奉命署日讲起居注官。五月，奉命充福建乡试正考官，与礼部郎中袁公讳文观偕往，得士倪元宽等如额。旋有粤东学政之命，并谕令即行赴任，不必来京请训。府君即于途次拜折谢恩，由江西取道之粤东。府君自念单寒，膺特达之知，济涉清班，侍从禁廷，受恩至渥，蒙简兹任，日夕兢惶。凡按临一郡，悉力校衡，亲定甲乙，就文取裁，不拘成见。整饬士习，慎重关防，尤以黜浮华正文体为先务。每覆试日，亲与诸生讲论文艺，评骘精详，端坐堂皇，日昃不倦。诸生环座听讲，如弟子之依其塾师者。然尝谓不孝曰："吾非不惮烦也，盖振兴文教，即所以仰报国恩耳。"至今粤中人士犹乐道之。甲午迁左春坊左庶子，差竣回京，途次升翰林院侍讲学士。乙未正月抵京，复命后即奉旨入直南书房，充日讲起居注官，转侍读学士。十月奉命充武会试总裁，与少宗伯嘉兴钱公，俱得士王懋赏等如额。丙申迁詹事府少詹事，晋擢詹事，充文渊阁直阁事。十二月福原生。戊戌奉命充武会试总裁，与总宪钱塘胡文恪公，俱得士邢敦行等如额。充四库全书馆总阅官。己亥二月，丁本生祖母艰。先是本生祖母久住京师，思忆乡土，于丙申秋间命不孝芝原侍奉旋里。至是忽闻讣音，号恸欲绝，戴星触暑，单骑兼程，哀感行路。旋里后，经营丧葬，即合葬于先本生祖父之新阡。庚子春，恭遇翠华巡幸江浙，府君同在籍臣工于红花埠接驾，即蒙召见，赏赉优渥。驾抵苏州行宫，复蒙召见，并谕令即回南书房供职，另有任使，不必在此伺候。府君奏现在尚未服阕，乞假数日，回家除服，迅即起程。俞旨允行。未数日，即有视学畿辅之命。是时府君尚未补官，仰荷特简，盖异数也。府君以寄籍顺天改归原籍未满三十年，循例奏请回避。奉硃批："不必回避，钦此。"府君感荷委任之专，逾于常格。念京师为首善之区，士习文风尤宜加意振作。试事之暇，仍直南书房。出乘星轺，入侍香案，晨夕黾皇，无敢告瘁，而平生之精力，已耗于此矣。是秋即值各省学政更替之期，命留顺天学政任。辛丑冬，擢内阁学士，兼礼部侍郎。壬寅春，转左侍郎。夏为不孝芝原续娶蒋氏，秋逢原回籍娶妇陈氏。癸卯秋，再留顺天学政任。乙巳春正月，届举行千叟宴盛典，高宗纯皇帝以府君内直年久，虽年未六十，特命与宴，加恩照一品例赏赉。旋调兵部右侍郎。八月，在赵州试院忽患中风，左手左足麻木不能动，当经奏请解任调理。奉朱批："尽心调摄，以冀速痊，不必焦急。钦此。"并蒙恩准回京调理，无庸开缺，抵京日奏谢天恩。并到京日，期奉朱批："今觉好些否？钦此。"大司农曹公召对时，详询病状，并谕令到寓看视。府君渥被殊恩，温谕有加，感深以泣，因加意调治。丙午正月，病势稍愈，念部务殷烦，未敢久旷，即请销假。未数日转兵部左侍郎，七月调吏部左侍郎，复奉顺天学政之命。府君蒙圣主简畀，七掌文衡于畿辅之地，倍有文字因缘，前后使节四经，不敢以驾轻就熟稍形懈怠。戊申春，圣驾巡幸津淀，率诸生迎銮道左，献册者皆经府君扃试慎选，择其尤者进呈乙览，恭应召试。如编修王君苏、侍读陈君煜、广文王君芑孙等，俱蒙钦取。己酉差满，兼署礼部左侍郎，冬兼署兵部右侍郎，派阅顺天乡试覆试卷，充经筵讲官。庚戌仲春经筵，即奉派进讲。府君自侍讲筵，每岁必蒙简派，盖府君仪度从容，声音清朗，中规中矩，节奏自然，久为圣心嘉悦，称善者再三。退班后，同官俱深叹美。府君平时之风度与将事之恪恭，于此可见矣。五月充殿试读卷官，派阅翰林院庶吉士散馆卷。辛亥命阅大考翰詹诸臣卷，夏派充武英殿总裁。壬子命充浙江乡试正考官，与今宫詹曹公名振镛偕行，得士傅德临等如额。府君自庚子入都，计违先垄已十有三年，时怀依慕。因于出京时具折请假省墓，奉旨俞允。事竣道出吴江，祀墓后获与二叔父聚首数日，怡怡之乐如少年时。并为置公产五十亩，以赡族中之困乏者。癸丑夏，充殿试读卷官。是科覆试，中式举人新进士朝考，及翰林院庶吉士散馆卷，俱蒙派阅。扈跸避暑山庄，抵滦三日召见时面谕，以吏部汉堂官乏入，着即回京，并以南斋纂辑各书，均须赶办也。甲寅夏，扈跸避暑山庄。乙卯充殿试读卷官，命阅翰林院庶吉士散馆卷。充江西乡试正考官，与今少宰嘉善钱公，俱得士黄旭等如额。未出闱，恩擢都察院左都御史。丙辰皇上御极，恭遇覃恩，赐长孙宗培一品荫生，再预千叟宴，恩赉有加。三月充会试总裁，与今大宗伯河间纪公、少司马汉阳李公，俱得士袁櫆等如额。六月晋礼部尚书。十月派武会试监射官，充玉牒馆副总裁。丁巳转兵部尚书。戊午春，派阅考试翰詹诸臣卷。三月，我母赵夫人卒于京邸。府君念四十余年内助之力，黯然神伤，手撰行略，老泪潸潸不止，然能抑情以礼，不敢以私废公。因命不孝回籍，为我母经营兆域，及预营生圹诸事。谆谕不孝以务邻近祖坟，并一切规制须存俭约，区画备极周详。不孝禀承指示，度地于本邑服字圩，与祖茔及二叔父所营寿藏，相离不过咫尺。回京为府君述之，府君闻而色喜，曰："将来体魄得傍先人，于愿足矣。"七月派阅顺天乡试录科卷。十一月派稽察京通各仓查仓大臣。己未正月，恭逢高宗纯皇帝龙驭上宾。府君感荷豢养深恩，服官四十余年，备蒙逾格生成。未报涓埃，攀髯莫逮，随班行礼，哀号欲绝。从此两目渐觉模糊，精神亦日形委顿。重蒙我皇上垂念衰颓，恩赏紫禁城骑马。并以部务殷繁，恐难兼顾，特优免内廷行走，而于例赏内廷臣工尚方珍品，仍蒙恩一体分赐，圣慈优恤，无微弗至。二月派监修东直门城楼工程，发帑巨万。府君自揣于工程素未谙习，自蒙任使，偕今大司空那公同心协力，严革工头包办积习，督率承办各员缮修巩固，一绝浮冒偷减之弊。府君感激两朝恩遇，不敢以衰老自逸，每遇公事，实心实力。于天下兵马钱粮数目、关河险要驻防处所，尤加意讲求，开载简明，手折收之夹袋，晨夕佩带，以备顾问。八月，命不孝扶我母赵夫人柩回籍归葬。临行时仰窥府君，入秋以来精神稍觉爽健，且饮食起居略如平时，并无几微疲茶之状。窃计葬事毕后，即可北来，冀得常依膝下，爱日方长。孰意生离之时即成死别，自此欲再亲我父之声音笑貌，而不可得矣。呜呼痛哉！是岁夏秋，两次派阅考试荫生及考取恩监生卷，冬派武会试监射官。十二月派扈跸陪祀裕陵，府君亲自经理行装。时届除夕，预于堂中供设祖先神像，拜祭毕启程。是日适届严寒，为数年来所未有，又以起身稍迟，行抵燕郊已及四鼓。至行馆进茶饭，即呕逆不止，旋即腹泻。仆辈扶掖上床，左手足已不能运动，口角微歪。副宪陈春潊先生闻信，即来看视，语言神气尚觉清楚，当即驰告庆、董两中堂，代为陈奏。圣慈优渥，命太医院官来寓诊视。归京后，饮食尚能少进。初八日，神气渐觉涣散，急进参剂，痰喘气逆已不能饮。弥留之际，惟以不获展谒桥山，少伸哀恋之忱，而且国恩未报，私愿未酬，寸衷耿耿，无一语及家事。延至初九日辰刻，端坐而逝。不孝在家，方料理新茔，猝于十八日接得病信，中心如捣，不能奋飞，随摒挡一切，星夜起程。初四日夜宿逆旅，梦见府君曳仗而行，不孝闻声趋视，府君即转身走入空室中。觉来肉颤心悸，汗下如雨。呜呼！此即府君见背之兆耶？初五日伴城途次，遇同年怀有芷自京回南，骤闻凶耗，抢地呼天，百身莫赎。此皆不孝祜薄孽深，天降酷罚，殃及所生。尚忍言哉！尚忍言哉！府君性至孝，笃于友谊，素常慨直，遇事务存忠厚，不示人以崖岸。无急功近名之思，而遭际逾常，终膺显秩。雅慕林泉之乐，卒以恩遇有加，情殷恋阙，不敢遽图安逸，以故在公之念始终如一。三十年来，屡司文柄，公慎自矢，得人甚盛，至今士论推服。与人交，弗立门户，弗存恩怨，不作翕翕热，而能久敬弗衰。及长部院，皆谨守成宪，深戒更张，稿牍必再三斟酌，以期妥善。始画诺待曹司，务存大体，偶持论未协，第平情语之，勿执成见。每蒙召对，知无不言，而小心慎密，未尝轻泄于人。自己丑简直禁廷，凡遇国庆、武成、临雍、巡幸诸大典，恭撰进诗文册，俱蒙用宝留弆，陈设宫殿。前后以文字邀恩锡赉，便蕃充牣，不可殚述。早岁诗直溯盛唐，著有《乔羽书巢诗集》。内直以后，奉制赓吟敬呈乙览之作居多，不孝当续辑敬梓。性喜简约，持家严整，巨细皆自经画。不孝间以静摄为请，府君谕之曰："我家一丝一粟，皆圣恩所畀。'勤能补拙，俭以养廉'二语，最为持身治家之要。蕴利生孽，奚取厚亡？"不孝终身识之不敢忘。呜呼！言犹在耳，罹此鞠凶，欲再承严训而不得矣。府君生于雍正八年四月十三日寅时，卒于嘉庆五年正月初九日辰时，享寿七十有一。配先妣赵夫人，诰封一品夫人，邑庠生讳永公女。子三：长不孝芝原；次逢原，先府君九年卒，初嗣于三叔父竹坞公后。府君故后，侄宗基以久依祖父膝下，鞠育恩深，情愿归宗成服。不孝不忍重违其意，俾得遂其孝思。皆我母赵夫人出。次福原，幼殇，朱孺人出。孙八。芝原出者五：宗培、宗垍、宗垚、宗墉、宗堉；逢原出者三：宗基、宗垲、宗埏。孙女五，芝原出者四，逢原出者一。不孝苦次荒迷，事多罣漏，语无伦次，伏冀当代立言君子锡之铭诔，以传久远，则不孝世世子孙感且不朽。男芝原谨述，受业陈嗣龙填讳。

清金学诗、金宗培等《吴江金氏家谱》

诰授光禄大夫经筵讲官兵部尚书金文简公墓志铭

〔清〕纪昀

赐进士出身、光禄大夫、经筵讲官、礼部尚书、文渊阁直阁事、河间纪昀撰。

赐进士出身、资政大夫、鸿胪寺卿、前内阁学士兼礼部侍郎、大兴翁方纲书并篆盖。

嘉庆庚申正月九日，兵部尚书金公卒于官。遗疏上闻，皇帝敕谕礼官曰："兵部尚书金士松，在内廷行走有年，襄理部务，勤慎供职。今闻溘逝，殊为轸惜。所有应得恤典，着该部察例具奏。"时昀方掌礼曹，具奏祭葬如例，而以易名之典，请蒙赐谥曰文简。一时推为儒者之荣，而惜公年仅七十有一，不待跻台辅。昀谓公性故恬静，起家寒素，仕宦四十年，出入禁闼，以恩荣终始，公固可以无憾矣。皇帝未登大宝以前，于诸臣之贤否真□，无不夙知。亲政以来，老臣殂谢者，非一有饰终弗议者矣，有得蒙赐恤而谥典弗具者矣。圣人之心，鉴空衡平，各因所自为，而各予以所应得。苟非数十年来，见其从容之启沃与夙夜之勤劳，先有深契宸衷者，又岂能遽荷宠光哉！据昀所知，公以乾隆丙子举于乡，庚辰成进士，入词馆。散馆高等，授编修，即为国史馆总纂，犹以掌院观文恭公之赏识也。迨戊子御试翰林，擢侍读。己丑充会试同考官，已简在帝心矣。俄召入内廷缮金经，遂受特达之知。辛卯署日讲起居注官，充福建正考官，即提督广东学政。甲午迁庶子，报满还京，途次迁侍讲学士。乙未正月，复命即入直南书房，实授日讲起居注官，转侍读学士，充武会试总裁。丙申叠迁少詹事、詹事，充文渊阁直阁事。戊戌充四库全书馆总阅官，又充武会试正总裁。己亥丁本生母艰归。庚子迎銮红花埠，即奉命还京，仍直南书房。旋提督顺天学政，公以旧曾寄籍辞，诏勿回避，盖信公深也。是秋当更代学政，仍留任。辛丑迁内阁学士。壬寅迁礼部侍郎。癸卯再留顺天学政。乙巳，公年甫五十有七，特命入千叟宴，又官阶二品而赏赉同一品。是年调兵部侍郎，公忽得末疾，乞解任不许，仍温诏存问。丙午病瘥，调礼部侍郎。己酉学政报满，充经筵讲官。辛亥充武英殿总裁。壬子充浙江正考官。乙卯充江西正考官，未出闱迁都察院左都御史。嘉庆丙辰，充会试副总裁，迁礼部尚书，又充玉牒馆副总裁。丁巳调兵部尚书。计公通籍至是凡三十九年，殊恩异数，多逾常格。以高宗纯皇帝之甄别人材，慎惜名器，而独厚于公如是也。迨皇帝亲政以后，念公年已七旬，免内廷之日直，而上方珍品颁赉如故，并赐紫禁城骑马。庚申正月，扈从谒裕陵，公于路婴疾，特遣医官诊视。盖两年之内恩礼勿替，仍如高宗纯皇帝时也。恭读御赐碑文有曰："学有渊源，才为梁栋。文章兼乎政事，献纳继以论思。"谕祭文有曰："冲和赋性，醇谨褆躬。通经术以起家，富文章而报国。"一字之褒，荣于华衮，是即千秋之定论矣。公字亭立，号听涛，世居吴江。曾祖讳坤元，考职州同；曾祖母张氏、周氏。祖讳国英，拣选县丞；祖母吴氏。父讳澜，母宁氏。本生父讳润，县学生；母吴氏。三代并以公官左都御史。时恭遇覃恩，诰赠一品。元配同县赵氏，封一品夫人，先公二年卒，年六十九。公撰家传，称少同甘苦，公薄游四方，恒以妇功代子职。姑宁太夫人患风痹，侍疾四载无懈志，事本生姑吴太夫人，亦得其欢心。相夫课子，具遵礼法，屏当家政，内外肃然。而待人温厚纯笃，始终如一，盖亦贤矣。子三：长芝原，乾隆己亥举人，官内阁中书舍人，协办侍读，充文渊阁捡阅；次逢原，候补州同；次福原，幼殇。孙八：长宗培，一品荫生；次宗堉、宗垚、宗墉、宗垎、宗基、宗垲、宗埏。六年十月十七日，芝原将奉公及赵夫人柩合葬服字圩新阡，乞昀为铭。昀与公交四十余年，义无可诿，乃括叙大略，而系以铭曰：

枚马辈声，凤哕太清。不汲汲以多营，不矫矫以立名。身阅两朝，均重老成。嘉乃靖共殁也，哀荣青山万古，识郁郁之佳城。

清金学诗、金宗培等《吴江金氏家谱》

皇清诰封一品夫人先室赵夫人传略

〔清〕金士松

夫人姓赵氏，为吴江著姓，累世皆名诸生。外舅昆贻先生，止生夫人姊妹三人，夫人其次也。外姑殁后家愈落，先生馆郡城，修脯不足给薪水，每以夫人姊妹针指助。先生与先考赠尚书公及本生考赠尚书公，少同笔砚。先考早见背，予随本生考馆郡城，先生辄过从，许予远到缔姻焉。岁庚午，年二十一归予。时先祖赠尚书公尚在堂，先妣宁太夫人暨本生妣吴太夫人并侍养。每予从本生考解馆归，两太夫人咸慰藉称新妇贤。辛未，子芝原生。会宁太夫人得末疾，家止二爨婢，夫人以妇职兼子职，躬亲扶持，凡四年。宁太夫人服阕后，予北上应京兆试。丙子获隽，庚辰成进士，与馆选，即闻先祖讣音，旋丁本生考忧。时予弟学诗已授室，隽壬午科北闱未归。夫人率弟妇沈，尽礼尽诚，以襄大事。乙酉夏，予奉吴太夫人命，挈眷入京补官。夫人依依膝下，不忍远离。太夫人谕之曰："妇从夫礼也，吾膝前且有次媳在。汝素勤俭，庶勉夫以廉隅自励，俾职事无旷耳。"夫人鸡鸣戒旦，每以是勖，予弗敢忘也。丙戌，次子逢原生。庚寅冬，弟学诗补国子监学正，侍吴太夫人入京，夫人与弟妇沈侍太夫人益欢。辛卯，予奉命典八闽试，即视学粤东，夫人率儿妇来粤。予出巡后，夫人捭挡家事皆有法，内外肃然。乙未春，予任满旋京，夫人由水路抵家。丙申春，始率芝原入京。先是丁亥三亡。弟士模以瘵卒，弟妇吴绝粒以殉，止一女，吴太夫人命以逢原后之。而女则随太夫人至京，至是将适蒋氏。芝原复侍太夫人南归。己亥，太夫人见背，予星驰旋里治丧。夫人以家口重不能同行，每以不得躬亲太夫人丧葬为恨也。是岁，芝原乡试获隽。明年正月，圣驾南巡江浙，予迎銮道左召对，后谕令速赴南书房供职，途次即蒙恩视学畿辅。而省垣无学政署，凡眷属例留京。十年宾友纷集，酬应较繁，夫人拮据料理。虽俸入稍优，而支持不易，盖精力渐以衰矣，加以长媳续胶，次儿继殒。今虽诸孙绕膝，足慰目前，而中年哀乐触绪，未免伤怀。忆予与夫人结褵垂五十年，早岁食贫，终年契阔，中间饥来驱我，岁岁依人，宦成后王程于役。计五十年中，聚首者不及半耳。迩自蒙恩擢长院部，夫人荣膺翟韨，方自庆从此白头相守，孰意竟先我而去耶！昔人云"贫贱夫妻百事哀"，又谓"妇人无才便是德"。夫人婉淑谦谨，相夫课子，动遵礼法，而待人宽厚，胝笃始终如一，于妇德差或可称。用敢略举梗概，垂之家乘云尔。士松撰。

清金学诗、金宗培等《吴江金氏家谱》

顾蔚云先生墓志铭

〔清〕朱春生

吾里数年来老成俎谢，往时竹溪诗社诸前哲相继逝世，惟吾师顾蔚云先生岿然独存，岁开八秩而神明不衰，犹能出应有司试，以嘉庆九年甲子科得钦赐举人。方幸可循致期颐，长为后生矜式，乃又于去岁归道山。平生执友既无复存者，铭幽之文自当属之门第子，而春生于诸弟子中事先生最久，年亦差长，同人以此事见推，遂不获辞。谨按：先生讳汝敬，字配京，姓顾氏，蔚云其自号也。家世吴江士族，高曾以下代为诸生。至先生尤以文学显，自经生业外，诗歌古文皆见重于侪辈。矢志欲为有用之学，絜量古今，证据经史，旁及诸子百家、天文地理、历算兵法，一切经世之务，靡弗穷究。既数奇不获一试，则以其学教授后进，因材造就，不拘一方，俾从学之士人人各得所求而去。而其间能诗者尤众，如顾青庵虬、袁湘湄棠、篴生鸿、马蕉庵元勋、郭丹叔凤、周愚谷霁、丁西亭绶等，并称高足。人谓竹溪七子，才望相等，而门墙之盛，莫先生若也。然先生固非专长于诗，亦未尝专教人为诗，其弟子之称诗者，盖仅得先生一体耳。先生内行醇备，律己甚严，而饮人以和，言论多风趣。所居"研渔庄"，宾朋时集，谈谐不倦，而能使入座者终日无鄙言。如清琴在御一堂，丝竹尽奏雅音，自莫敢以繁手淫声溷也。为文章尔雅深厚，绝远流俗，然不为高论。忆春生年三十后学为古文，妄意序事当法马、班，议论当法欧、苏，而先生但教以读近代诸名家文。曰："学问之道，直探本原惟上智能之。中材以下，必循流溯源，乃有从入之径路，不可以好高而滋躐等之弊也。"当时闻此训言，谓先生特为初学说法。迄今几二十年，自视所作，于近世侯朝宗、姜西溟、毛西河诸公去之尚远，然后知马、班、欧、苏之境未易攀跻。微先生之教，几不免为夸父之追日矣。初，先生有子兆曾，贤而有文，不幸中道卒。时先生年已六十有四，丧其良子且未抱孙，知者共叹天道茫昧，更恐先生以衰暮之年，罹此毒痛将不能堪。乃先生哭泣数日，即瞿然收泪曰："吾先人累世种德，吾虽无似，宗祧无中绝理。"遂即是岁娶妾，为嗣续计。越七年而生子兆芝，值先生年七十。汤饼之客与庆古稀者踵至，共言先生数年来毅然自信其有后，而不以西河之痛伤生者，洵为知命而不惑也。先生卒于嘉庆十一年七月廿六日，年七十有七。著有《研渔庄诗文稿》及《说丛》《画苑类姓》《所见碑帖考》诸书，藏于家。配袁氏，继室梅氏，前卒。侧室张氏，娶于梅氏亡后，勤力操持，有大家风范。暨生子，或谓宜改称继室。先生以寡媳袁氏年长于张，不便以妇姑之分相临，故弗许。其生平处事，必曲体人情，以求至当，大率如此也。子二：兆曾，袁出，吴江县学生，前卒；兆芝，张出，先生没时方八岁。女四：长适张，次适任，次适袁，次未字。以没之次年□月□□日，葬于吴山桂花坞之祖茔。

铭曰：

笠泽汪洋，吴山耸峭。顾瞻墓门，俨亲道貌。学传弟子，诣深谁造？德庇后人，光远有耀。质行莫穷，志铭举要。敢曰能文，先生之教。

清朱春生《铁箫庵文集》

清故县学生袁君墓志铭

〔清〕王芑孙

君讳琎，号惕三，又号铁山，世为浙江嘉善县人。其始自陶庄迁之东亭，再迁赵田，君赵田之袁也。惟袁氏远有代绪，君九世祖颢，颢生祥，祥生仁，仁生黄，黄生俨。当胜国时，咸以学行有闻，著书甚具。黄以万历进士历官内外，有政绩，世称了凡先生。俨亦天启进士，为循吏。仁所著《春秋考误》《砭蔡编》二书，朝廷采择，入《四库全书》。俨子廪膳生讳祚雍者，是为君之高祖。曾祖讳蘅，康熙丁卯举人。祖讳天鲸。父讳性睿，县学生，妣陈，继妣沈。君少而材敏，年十三即能文。以乾隆二十一年试补县学生，督学者为宁化雷公铉，公甚器之。已而丁父忧。自其父时，与家奴有讼，及是到官连六七年不解，破其家。乃弃家为贾，往来苏州及浙江之乍浦，纤啬贸易，力其赢，以自食。积久之，家乃复饶。君贾未尝废书，挟一卷，坐肆中，冥心默诵，口指麾他事。学转遂于未为贾时，朋试辄高等，独不中于乡试。既老，犹砣砣自诡必得，竟不中，以诸生终。其为人敦朴，力内行，而意气豁如，务为有用。东南士人多不知耕，君既以贾饶其家，遂买田汾湖之上，筑室种树，课子弟为耕，农隙课之读书。其不耕者，分遣行，视贾业，罢还复读，往来相迭代。尝曰："士生今世不能自吃饭，则必不能安其学。当少年时，以为吾文士也，职于文。而已一旦失所据，则或以衣食乱其心志而败，行于仓猝者多矣。"君虽起孤贫，与兄弟同财执其丧，过时而哀无子，以兄之子銎为嗣。晚年作家塾，教其群子姓与其戚属之贫不能竟学者，前后所成就甚众。居恒以啬治家，至于义所得，为趋之若嗜欲。外氏有女兄无养，迎之家，优奉之，久而弗懈。族子某，学于家塾，几成矣而骤夭，遂赡其母终身。一日，薄游杭之昭庆寺，见寺僧守痴貌若有忧者，问之。曰："吾今者择一地以葬父母，而价翔力绌，是以忧。"君瞿然曰："子号为出家人，而能志于是，不亦难哉。"遽出金趣地主书券，以其券畀守痴。尤好行善于乡，岁荒出粟以粜，斗减百钱，籴亦不得过三升。其生平忠实可倚，事率类此。卒于乾隆五十五年三月庚寅，享年六十。配史氏，明处士鉴之后，勤俭有妇顺，佐君艰难中，以克有成。而不获其享，先君十五年殁，其年四十有三。子一，即銎也。孙男二：青，县学生；荆。孙女二。曾孙一：效其。其孤銎卜以君卒之明年三月乙酉，葬君嘉善县魏塘南胥伍区大收西字圩了凡先生墓侧，青以书来速铭。予与君交垂十年，以气谊相得，知君为详。乃考其世系，次其事行之尤可见者，著于篇而为之铭。铭曰：士贫求官士而贾，贾而行义道何古，嗟君见义勇于虎。惟义之服，以有似续。而子而孙，以莫不谷。惟而乡人，而德之薰。读我铭诗，来拜于坟。

清《袁氏家乘》1920年抄本

翁霞亭传

〔清〕王元文

翁君名纯华,字南金,别字霞亭。其先自洞庭山徙居震泽县之平望镇,族繁夥。君之父允来翁,性阔达,不屑屑治生,而赢得过倍。生三子,君其季也。幼婴戏好斗鸡,从塾师,不肯学。师偶出,与群童爨其灶,嚼其笔,颖皆秃。师怒甚,出则命随行。至人家,散发跣足,或设饼饵瓜果,取啖之必尽,塾师既无如之何。家虽丰,亲故或相语,以为非保家子也,于是人莫不诮之。年稍长,忽折节向学,于当世名流,景慕甚挚。既学于虹舟沈先生之门,又从至姚江,若葛先生淳、陈先生梓,皆亲诣受业。聚书数千卷,必精善。闻前辈有评本,必假阅,手校雠,丹黄并下。为文章虽未合格,而超朗不同俗。尤工书法,于晋唐至今数十家,深窥其所以然,落笔蹊径,迥不犹人,远近称善者如出一口。为人益谦下,敦素朴,无骄奢习气,于是人莫不誉之。君虽为举子业,一应试旋弃去。好蟋蟀,每三秋,无赖子弟杂沓叩门,斗胜为乐。畜婢媵,宾朋至,命侑酒,谐谑百出。然内行洁,闺门肃然。后迁居莺脰湖南之端墅,键户不出。客过之,觞咏弥日,谈辨如云。精鉴古,工尺牍,名隽可喜。性宽厚,善遇寒士,每有急,不待求请,赍钱与之,即非素交,闻亦辄赒。然贪利者有意规取,却不可得。于是人或誉之,或诮之。居数载,家计稍减于旧,为其长子婚及两女嫁,悉从俭。遂将馀产分授诸子,自留无几,无复向时取携之便,因谢绝一切酬应。日午常偃卧,客有衣冠至者,盛夏则上衣冠,脚不袜,曳草履出揖。隆冬则衣轻纱袍,外裼大毛裘,见者哗然笑之。或设酒饮,半酣竟入睡,不款曲。乡间有赛会酿钱者,不应,反加诟责。人与谈,锋颖逼人,人无以答。亲戚诸富人,罕得见其面,于是人又皆诮之,莫誉之。君行径既僻异,人莫有测其心者。始,余下榻君兄家课君侄,听余说经辄拜倒,诵余文常数十遍。既招余同居端墅,朝夕聚者八载,今又延余课子,日既久,故知之甚深。君最好《世说新语》,性情闲放,与阮嵇为近,于外间势利,泊然无嗜。又熟于史事,论古有识,洞悉人情世故,分别人品多确当。读书尚实学,耻干进,厌俗套,深闭固拒,惟训子从师是急。其修奉视时下加厚,而心犹歉然,自以为薄,虽力甚绌,亦不顾也。生平师友如葛、陈诸先生,口念之不置。余妻弟周君被远与之交垂三十余年,余亦已二十余年,好愈笃,倍加敬。于是人虽莫誉之,而余二三人卒不能随众诮之。翁君卒年四十六。伯子铨先卒,遗孙一。仲子鉴,叔子钟,皆从余游。季子铃。女二,适人,皆卒。一尚幼。

论曰:史称阮嗣宗至慎口,未尝臧否人物,而礼法之士嫉之如仇。嵇康托好老庄,重增其放,卒以贾祸。然则绳墨之外,果可蹈哉?翁君精识朗悟,深自晦匿,以取笑流俗,王湛不痴,此之谓矣。忆余曾手录薛文清格言十数条,君见之把玩数四,若深契于中者,遂乞以归。然则君苟永其年,其殆有所进乎?而卒于此,呜呼惜哉!

清王元文《北溪文集》

先师王北溪先生暨元配周孺人继配沈孺人合葬墓志铭

〔清〕徐乔林

乾隆五十三年冬，我师王北溪先生寝疾于乔书塾之望云楼，亟甚将归，呼乔至榻前曰："予毕生心力惟著述数种，今以付子，他日幸为予作传志，俾后人知梗概。"乔涕泣受命。先生既谢世，乔与同门诸君，先以先生制义付梓行世，其他所著惧散佚，仍归其长君仰苍藏于家。今嘉庆辛未冬，仰苍以先生诗文集付剞劂氏，属雠校，并谓乔曰："今将举先子窆穸事，欲得铭志以垂家乘，而及门中知先子最深者莫如君，谨以此请。"呜呼！仰苍家无中人产，而能举先生之文章垂后行远，体魄得安地下，其孝思有加人一等者。铭幽之文，重以先生遗命，乔何敢以不文辞。先生讳元文，字翚曾，北溪其自号也。居吴江之黄溪，先世有潜德弗彰。先生生而颖悟，开卷辄有创获。家綦贫，先生之祖父虑读书未克成，令习贸易事。先生虽顺祖父命，而于灯下枕上辄作制义及诗，暇则诵读不厌。时同里顾发千先生，课生徒于盛川计氏，见先生文奇之，曰："此俊才也，而令逐锥刀之末，可乎？"因励其读书。旋补博士弟子员，试辄高等，廪于庠。时艺受业于沈虹舟、阮疆村两先生之门，雄健有天崇诸大家之风。时东南坛坫方盛，诗学皆就正于长洲沈归愚先生。先生与同邑袁朴村竹轩、陈易门芝房、顾蔚云东岩诸君子，结竹溪吟社。归愚先生亟赏先生之诗，名誉鹊起。又与朴村同辑《松陵诗徵》，搜罗之功，先生为多。年四十余，贡成均，绝意进取。既而抱安仁伤逝之痛，又负向平婚嫁之累，遂于乾隆戊戌岁作山左游。时陆中丞朗甫先生为山左廉使，先生投书往谒，相得如平生。中丞严于持论，时辈少许可，独称先生"读书好古，根柢槃深，发为文章，沈浸酣郁"，其为前辈所推服如此。初，由历下至益都，由益都至沂水，所过山川风土，无不见之于诗，而论河防之利害尤深切。自受知陆中丞后，又交秀水盛秦川先生及同邑钱巽斋丈，切磋砥砺，益有志于根本之学。倦游后，居梅渡西之寄易草堂，聚生徒者二载。选先正及国朝小题文《敬业编》，坊刻以行。又选《古文精宏集》《古事录》《唐诗路》、欧阳公、陆放翁、元遗山诗钞，皆有成书。乾隆乙巳岁，先君子延先生课乔于望云楼。乔时年十有七，先生期许甚远，而乔之受益亦最深。凡四载，而先生卒。先生家故贫，事母夫人能以色养。手足甚友爱，弟殁时，恤其孤寡。与人交，蔼若春风，一时名士无不乐通缟纻者。所学一以程朱为宗，有身体力行之功。诸经中尤邃于《易》，古文则本唐宋八家，而折衷于前明归震川、本朝方望溪。诗学初法唐贤，后出入于东坡、放翁间。使天假先生以期颐之年，于著述正未有艾。而龙蛇岁厄，木坏山颓，是先生穷于人者，复厄于天，宜为士林所异音而同叹者已。先生元配周孺人，处士凤岐女。继配沈孺人，处士斯才女。周孺人适先生时，典奁具以偿债，出所蓄以购书，使先生得肆力于学问，无内顾忧，故先生悼亡之痛为尤至云。先生生于雍正十年六月廿三日丑时，卒于乾隆五十三年十一月十七日午时，享年五十有七。子三人：梗、楠，周孺人出；桐，沈孺人出。孙六人：梗出者三，燧、焕、炜；楠出者二，炳、炘；桐出者一，焜。曾孙二：

垣、圻、燧、焕所出。以嘉庆十六年十一月十七日巳时,葬于梅渡西柳溪跃字圩之新阡。铭曰:

粹然者容,穆如者风。身困而道亨兮,又奚论乎所遇之穷通?梅渡之侧,惟先生之幽宫。九原不可作兮,吾谁适从。

受业徐乔林顿首谨撰。

清王元文《北溪诗文集》

王北溪传

〔清〕张士元

先生姓王氏,名元文,字睪曾,自号北溪。家吴江之黄溪,迁居梅堰西村,地属震泽,故为震泽人。生而敏悟,见书辄有所解。家贫无以自食,父令习贸迁之业。先生昼为之,夜则篝火诵读,或作文。邑有顾发千者,深于时文,见先生文奇之,劝令卒学,因请于其父,得专儒业,补学官弟子。又游沈虹舟之门,而文乃大成。是时,郡中沈归愚先生方以诗名天下,士之为诗者争附之。先生与同邑袁朴村、陈易门等,学古歌诗甚力,归愚亟赏,先生诗名益著闻。久之,自度吟风弄月终非实用之学,乃折节读书,务穷其本原。而与钱树棠交最密,树棠称之于陆公朗夫。朗夫时为山东按察使,先生往谒,论学甚相得。由济宁至益都,由益都至沂水,客居数年,乃归梅堰。又数年卒,年五十七。先生性恬淡乐易,见理甚明,视人世穷通得丧之事蔑如也。督学使者第其文,常置高等,至闱试辄被黜,而先生啸咏自若。敝衣疏食,与弟子讲论不倦,终其身不见忧贫伤贱之色。卒之前数日,亲旧来视,喘喘然将绝,犹自道曰:"吾生亦乐,死亦乐。"非其中自有所得,乌能安命如是耶!其规谏知友,又甚恳切。方陆公巡抚湖南时,先生寄书相勉,其辞曰:"阁下夙昔恬退,有林下之志,今迁擢如此者,直由圣天子特达之知尔。窃思古圣贤,以天下为己任,与生民同休戚。既出而在位,当以身许国,若皆偃仰林泉,优游图史,则生民曷赖?元文窃观近年乡间民生计弥蹙,上户皆有艰难之态,中下户大都逋负累积,称贷无路,空虚者十室而八九。司马温公有言:'天地生财,只有此数,不在民,则在官。'然元文亦尝游于州县,知州县之匮乏拮据,如负千钧之重而行,不知息肩之地者比比而是,此诚何以故?周官大司徒以保息六养万民,其六曰'安富'。诚以富民,乃贫民生活之源,今第勿侵扰之,俾得保其生资。因劝其睦姻任恤,推惠于亲戚邻里,此菽粟足而民仁之理也。其余粮税征役,务从公平宽大,一毫不多取,行之数年,庶几有瘳乎。至州县之官,每以事上官为苦,今诚绝苞苴箪笥,省庆贺送迎,则于上官既无所费,然后责其律身清俭,以尽心于民事。亏空当补者,次第补之,此损益之道,诚宜及时为之者。夫兴一利不如除一弊,今亦别无除弊之法,但清静镇之,与吏民休息无为,即一方之受福不少矣。又湖南边境,得毋有猺人杂处否?尝观《文献通考》载范氏《桂海虞衡志》,言伍籍保障之法,今或可参酌行之。而唐孔戣论山谷诸黄事,见《昌黎文集》,尤待边民之至言也。大抵远人亦人耳,其血气心知固无异于中土,苟抚之以恩而安全之,制之以方而驯熟之,未有不感悦而受约束者,慎勿与之争利。自古衅端多起于是,故生事邀功之人,当痛斥而弗用也。凡此皆阁下志所欲为,而才又优为之者,固无俟元文之赘论,但恐牵于大概。督抚之例,惮于独异,则因循之间,所欲为而优为者,亦竟不能为。昔姚崇以十事要君,以为不如是不得成其相业。今阁下所处虽非相位,然蒙简在之意,受任千里之寄,正当以道事君,而不欺其素志。若强从时下所为,则必不逮时下所为,而徒大违其本愿,顿丧其所守。元文尝自检心体间,窃谓功名事业非难,而隐微自克为难。敢以一己之私见,为阁下告如此。"时公已病亟,口授其甥答书曰:"曜荷圣主特达之知,自部曹外擢,遂任封疆,受恩愈深,战兢愈切。古人深渊薄冰之戒,虽不分穷达,要惟位高责重者为弥甚,友人辄引'高而不危,满而不溢'用以相慰。然高未有不危,满未有不溢者。自信不危不溢,必至于危且溢,而负君恩益甚矣。是未死之日,皆积愆之时,所以惴惴焉不敢自宽也。承示藏富于民之道,清静率属之方,皆颇俛焉孳孳,幸不相背。至猺人杂处筹及安全驯熟之宜,足徵北溪所学有体有用,允惬鄙怀。衡永以西,有青苗、白苗、崮苗诸种,猺又有高山、平地之别,前代所不能绥辑者,圣朝皆已招徕而臣仆之。其或重岩僻陋,顽犷性成,尚余斗很之风,多有灭伦之案。常思设法拊循,平其桀骜,咸与渐摩,然岂数月中能行之事?此曜之遗憾一也。楚俗本信禨祥,因惑溺于风水,停棺不葬,葬辄屡迁,甚且冒认祖茔,改谱改契,讦讼纷然。常欲出示禁革,则人心迷锢,非数行条教所能破除。近乃委两司通饬各属,将坟茔之丈尺宜核,私改之形迹宜辨,历年之祭扫可稽。并申严葬期,驱逐术士诸条,集议详定,未观成效,恐复竟作空谈。此曜之遗憾二也。即此二事,亦可见称职之难,况大于此者乎!北溪学行所造未可限量,虽然行百里者半九十里,斯言愿与诸故人交惕而共勉之。痰癥方甚,不能多言,东望不胜呜咽。"先生之直道正言,与陆公之虚心纳诲,世殆不多见,故备著焉。余尝两见先生于乐群楼,欢语竟日,闻先生临终,犹念余不置。思撰先生遗事,而久未成文。适见其门人徐君乔林所作墓志颇详,而余之所知于先生者尚未尽书,因次第言行而为之传。

清张士元《嘉树山房集》

先室周孺人行述

〔清〕王元文

孺人姓周氏,讳能,字希曜,明御史忠毅公之裔孙女。曾祖讳某,祖讳某,父名凤岐,自国初迁平望,历数世矣。岁甲戌,学使梦公试,余补增广生,而孺人弟大猷补震泽博士弟子员,余成婚之岁也。始婚之夕,即询余曰:"君学问文章,可方某某?"余年少气盛,自以不后时流。孺人曰:"虽然虹舟沈先生为当代宗工,而近在吾乡,君是正焉可乎?"余竦然异之,以为知书,试之,实未尝识字也。当是时,余先祖既殁,先父失业贫困，积逋甚多。为余婚仅贷得白金二十两，而所费乃倍蓰，于是索逋者日十数辈。孺人讯知之，启箧中钱尽以付余，犹不足，则取衣被首饰质之，毫无顾惜也。值岁歉，十口无赖，食杂糠、粃豆屑，孺人归宁，未尝自言。其家遣人省视知之，共嗟讶不已，以为何贫至此。孺人曰："贫富命也，且天道盈虚，岂常若是哉？"时余馆谷所入微，欲业医，孺人止之，曰："君勤学，目前不足虑也。愿益励志，毋试小道。"自是每间一二月相见，见辄知余作文几篇，虹舟师所激赏几篇。盖余读书于盛湖，而孺人弟从虹舟师学于黎川，每邮寄文，皆先至平川，经孺人手。孺人必启视之，虽不识字，观其浓圈密点者，知为佳耳。自丁丑之岁，弃黄溪旧居，僦舍桑盘村，继徙平望，后徙端墅。中间遭先父丧，窘迫特甚，孺人身任其难，上以奉姑，下以抚儿，意计周悉。食，食其极恶者，衣，服其极敝者。不畜僮婢，烦辱之事，皆亲执之，杂村妪中，操作怡然也。余好购书，时乏资，孺人辄典簪珥为余购之。余归家，不问琐屑事，尝为讲《国风》数篇，孺人或穆然以思，或怆然以悲。及《易·卦爻》《太极通书》《西铭》，则正容端坐静听，逾时若深契于中者。曰："圣贤语言固自平，《易》乃尔非君解经明了，余不能知也。"然终不识字，偶记一二亦旋忘之。平居好论列文士短长，自余交游及徒辈学业，时时询及。闻年少能文者，辄叹羡不已。当余成婚后一岁，饩于庠，试辄利。后屡困棘闱，试辄不利，孺人慰勉良至，曰："君素志古之道，岂以偶然得失动其心乎？"顾尝自轻其寿命，曰："余妇人，久生世何益？得死于君手，幸也。"与其弟极友爱，每闻其病辄垂泪，多方为为之宽解。余在外日多，家事总不使余关心，惟劝以读书养神而已。性好追凉，又积劳得肺病，唅呀终夜，凡数岁。至今秋，值产时，患肠澼，遂至不起。生二子，梗、楠。后所生又二女二男，皆不育。孺人生于雍正九年九月二十四日，殁于乾隆三十六年七月十九日，享年四十有一。孺人虽久病，饮食未减，操作不休。至殁前五日，始卧床，语余曰："余病不可为矣，医祷无益，后事尚多累君者，此时姑勿妄费。"因为擘画棺木所需若干，工匠所需若干，虽谙练，人无以易也。村妪有欲祈请者，孺人呵之曰："余于神何怒？于鬼何干？倘冥司见责，余有词以对，尔等休矣。"别诸亲戚、嘱咐儿子，言人人各尽意。命将绝，饭含衣殓诸物，悉亲自命检点无讹而后逝。呜呼痛哉！孺人从余十八载，自幸得此闺中良友，今一旦至此，命也奈何！故撮其遗行，以告立言之君子。

清王元文《北溪文集》

继室沈孺人行述

〔清〕王元文

余丧元配周孺人在辛卯岁，是时余年已四十，儿子渐长，绝无续娶意。且久欲远游，即图出外，俟七八年后归，为儿子成婚尔。而学侣固留，因复馆平望程氏。壬辰秋，至黄溪，钱太母语余云："君年正壮，宜续娶。我表侄斯才有二女，皆贤惠。我将命八叔为媒,若何?"钱太母乃我师雪岩先生母。八叔,太母幼子也。是时,先生殁已五年。余因陡忆先生在日,曾嘱余以此二女学侣中有贫而质可造者,为之缔姻,然固未之有。及是,余犹未之诺也。又一年,议昏者弥众,老母屡促余成此事。遂亲筮之孺人吉,其卦为咸。余又陡忆先父为余占元配时,媒氏凡四十余,先父择可者六七占之,取周孺人。语余云:"此仅可,余皆不吉。卦得家人之益。"且云:"婚姻卦以咸、恒为善,而咸为尤善。"兹适得此卦,恍若先父有以诏余也,婚遂定。甲午冬,余迁家庙头,方迎孺人归。孺人姓沈氏,行第三,即以行为名。父讳景铭,字斯才,与雪岩先生为表兄弟,与先父亦交好,余幼时即识之。孺人归余时,父母皆在,年皆七十余。余自年二十六时,由黄溪迁桑盘,又迁平望,又迁端墅。然黄溪乃生长之地,心常恋恋。他处人多惊余为老宿,独黄溪人犹知余乳名,常道余先祖先父事,余恍若犹在髫龄时也。孺人性温淳,事余老母,待余两儿,皆得宜。余素不耐米盐,两儿早习之。因悉以家事付儿子,儿子事继母亦情意周至。余修资所入虽不薄,然他无所赖,惟此给用。又连年多事,屡嘱儿子从省俭,于亲戚间恒多歉然者。孺人父母老,爱女特甚,时来省视。归余后未一载,孺人妹又归余邻吴嘉榖。次年,余生子桐,嘉榖亦生子。不半载而嘉榖卒。又次年余游山左。及三年,大儿婚。间一年,次儿婚。余游凡五年而归。归之前一年,大儿省余于浦口,知孺人得呕血病,呕凡数升,困绝良久乃苏。及余归视之,尪羸骨立,气息奄奄。桐儿已七岁,指余示之,曰:"尔日说尔父,此乃是。我生不久,尔依尔父,定不苦。"余归之前,孺人父卒,后一岁,母亦卒。病已深重,以哀情遂不起,于癸卯六月初六日卒,年三十九。是年,余于舍后赁楼房,聚徒得五人。修资薄,不赡用,送终之物悉大儿供办。其冬,次媳又殁。余自四十岁丧周孺人,至是年适一纪,情怀之恶,莫此为甚已。孺人见地不逮周孺人,余之志业孺人全不解,而承事则略同。孺人归余时,余虽贫,视周孺人时则已优。惟余不能为一人之情,屈一家之事。察其意,殊有默默不自得处,然理势当如是,亦无如何也。今殁已三载,追纪之如此,俾后人知之耳。

清王元文《北溪文集》

榆村徐君墓志铭

〔清〕 费振勋

吾邑徐氏,入本朝世有闻人,而虹亭、洄溪尤著。榆村徐君,为人倜傥,读书见大意,工诗词。少受医学于尊甫洄溪先生。先生非医者也,而隐于医,所著《兰台轨范》等书,当事采以入《四库》。其持论以张机为主,于孙思邈、刘守真、李杲、朱震亨诸家,皆有辨正,近世谈医者莫及。君亲承指授,穷力研深,久之尽得其父传。及长,邀游南北,名益高。君积其学识与身所得于阅历者,无所抒发,则一寓之于医。世溺于科举之学久矣,一二魁伟豪俊之士,宁舍其禄利之路,而以一艺成名。其用意坚苦,足以精其业，而有述于后。然已弃章句，弗事有司，虽欲拔之侪人之中，其道无由。世之知之者，亦第重其方伎，相与惊叹，以为神至。其胸中之所蕴，与其不得已而托以自见者，世固无有知之者也。君信良医矣，抑君岂直医者而已。君志趣越俗，精神内敛，尤笃于伦理。遇亲党有恩，戒敕子弟惟谨。泂溪先生之应召也，君从焉。先生殁于京师，君居丧尽哀礼，以是见称于诸公贵人。其后数至京，自亲王额驸以下，咸宾礼之。相国阿文成公，至以君为布衣交。文成公以严正为众所畏惮，顾习与吾邑人有素，尝师事沈果堂先生。其登第也，余外祖吴晚枫宗伯为举主，而尤善君。公满洲首辅，有大勋且贤，其师友渊源乃在太湖以南百里之内，岂偶然哉？君尝语余："人生实难。幸而天与之年矣，而不能自乐其生，不知生者也。无往不复而讳言死，不知死者也。"其言庶几达于死生之际。殁之前数日，邀余至其家，自述行事甚备，若有属者，故余于诸孤之以铭请也，不敢辞。君讳爔，字鼎和，榆村其号。以太学生候选布政司理问，授儒林郎，以长子埏官云南镇雄州州同，受封如其阶。著有《梦生草堂诗文集》四卷、《蝶梦龛词曲》四卷。曾祖钒，即虹亭先生。祖养浩，考授州同知。考大椿，即泂溪先生，行义别具志状。妣周氏、某氏，生妣沈氏。配钱氏，先君卒。子四：长即埏；次龄，附贡生，出为弟后；次焴，太学生；次垣，乾隆乙卯恩科举人，拣选知县。女四。孙男三人：锡祺、锡庆、锡章。锡庆为邑诸生。孙女六人。君卒嘉庆十二年七月二十九日，年七十有六。十三年十一月二十九日，葬长洲县之九都丽字圩，钱安人祔。君所治疾尤异者，诸孤件系之于状以来，盖用史公传仓扁之例，余以君非医者也，故不书。铭曰：

芳草为药，清风被坟。维泂溪叟，遗言有芬。君也继之，负荷其勤。不试故艺，有道而文。我作铭词，以绍前闻。

清凌淦《松陵文录》

王曾翼传

王曾翼，字敬之，号芍坡。康熙丁酉举人棣孙，廪膳生廷锦子。生而岐嶷，过目成诵，年十四补郡诸生。乾隆癸酉春选拔，是秋中第七名经魁。庚辰成进士，授户部福建司主事。乙酉补陕西司主事，丁亥迁贵州司员外郎，戊子充顺天武闱乡试同考官。己丑升云南司郎中，监督宝泉局。以父病乞归，旋丁母艰。乙未服阕，补陕西道监察御史。丙申掌京畿道察院，丁酉充顺天同考官，京察一等。旋擢甘肃甘凉道，孑然以廉洁自矢。辛丑，逆回苏四十三等争教倡乱，亲冒矢石，亟募民夫，昼夜防御，贼势稍平。调入省垣，督理军需要务，兼理藩臬二篆。一身领四职，昼则剖决诸务，夜则检阅文书，达旦不寐者两月，督师大学士公阿文成公以曾翼居官勤干。会甘肃监粮出结事罣，吏议落职。贫不能归，总督李公侍尧奏留督修兰州城垣。癸卯工竣，奉旨补平凉府盐茶同知。未任，有回民田五等复纠众滋事，随制军李公统兵进剿。贼势甚张，陷通渭，攻靖远，围伏羌、静宁。而伏羌之围尤急，单骑调帐下兵疾驰救之。贼败围解，旋奏荡平，以劳绩得军功,升巩昌府知府。丙午,迁西宁道,调兰州道,三摄臬篆,疑狱多所平反。庚戌大计,卓荐。辛亥入觐,准加一级,回任候升。甲寅春卒于官,年六十二。人品学问,绰有古大臣风。所著有《居易堂集》。

清嘉庆《同里志》

王楠、王鲲、王致望传

  王楠,字任堂,盛泽人。饶干略,乾隆乙亥大饥,楠具施赈章程白于令。令以盛泽赈事专属楠,全活甚众,大吏旌其门曰"仁义可风"。后立义冢,设社仓,捐建学舍,楠设为之倡。楠博学嗜古,搜周秦以下金石文字至数千种,特善鉴别。著《金石考》《话雨楼诗钞》。子鲲,字旭楼。例选州吏目,慷慨有父风。道光癸未大水,邑令议合县助赈,银归公举办。鲲执不可,具章程上大吏,设男女老幼三厂,日散米,凡三月,饥民赖之。尤勤于著述,考先世所藏金石文字,为《话雨楼金石目录》四卷;辑江震两邑文献,订正旧志沿讹,为《松陵闻见录》十卷;辑里人诗为《盛湖诗萃》十二卷。鲲子致望,字少吕,复辑《舜湖纪略》十卷,舜湖即盛泽也。《诗萃续编》四卷。王氏累世著述,藏弆之富甲于邑中,文献多赖以存。

清光绪《吴江县续志》

补亭叶明经传

〔清〕李莱

  公姓叶氏,名宜雅,字云岫,补亭其自号也。曾祖雨岑舒玥,祖退庵景韩,皆为校官。父质夫兆封,亦以岁贡生选授泰兴县训导,未赴任卒。工诗文,著有《缓寻草诗稿》《秋树书塾课艺》。有五子,公其第四子也。以诸生入长白徵织宪瑞徵幕,为草奏疏。历长芦、天长、江苏诸任,皆与俱。尝有都中贵人犯事潜出,所过关吏皆以礼逊送。将至,大吏方议接待礼,徵宪以语公。公曰:"某宗室贵人,无事不当出。今不闻朝命而来,恐有他故,盍羁留之以待?"不数日,果有急使蹑至,所过大吏皆得谴责,惟徵所莅诸吏独蒙褒嘉。于是当道咸服公之才识,而阁中诸老亦知叶某名。某抚军以重币聘公,徵宪不允,遂相依终身。其在天长,遇岁歉,公倡捐以赈,活饥民万计。公为人笃于情谊,亲族多赖以举火者。晚岁旋里,欲创建义庄以赡族。会疾革,乃悉分从子九人田产,俾得各遂其仰事俯育焉。公生于雍正癸丑年月日,卒于嘉庆戊午年月日,年六十六岁。妻严氏,归安辛酉庶吉士、贵州平远州知州昌钰姑也。子一锡年,能世其德。

  外史氏曰:古昔名公卿起家掌书记者,史不绝书,盖幕僚参赞机务,固为见才地。

若叶明经之临机果断，砥行仁明，任以民社，其展布岂徒以催科抚字见长已哉？余慨夫世之好行其德者，谓此身禄位祖父泽也，不忍异视兄弟之子禄俸同之，而不为之节。及其势去，惠难常周，辄持筹而呼负。负以视明经，其居心之慈祥则同，而处事有断制则瞠乎后矣。此孟子所以居仁必由义，而又以术济仁之穷，则亦何惠之不可施，何润之不可分也哉？故为述公行义，以为敦睦宗族法焉。

嘉庆己卯年孟夏之月，孙婿归安李菜顿首拜撰。

清叶德辉等《吴中叶氏族谱》

叶公葵亭传

〔清〕杨复吉

公名振书，字豫凡，号葵亭。明大理卿庆绳公五世孙，先世自汾湖迁居江城。公生而颖异，幼力学，弱冠能文，应小试未即受知，以父命循例报捐县丞。分发甘肃，至省大府，深为器重。借补平番县典史，继调皋兰县县丞，旋摄哈密巡检。其地民番杂处，素称繁剧。公抚绥合度，治理裕如。岁值亢旱，镇守某陷屯田都司张公、千总马公收粮侵饷罪系狱，令公随审，公力辩其屈。适屯田吏张某缢死狱中，公奉檄检尸，廉得重刑致死情，并搜获诉冤状，即以实通详。制府杨公覆讯，得诬枉状，而张马二公之冤以雪，时皆以强项称之。边俸满，大府方以卓异荐，随丁外艰归。服阕后，选授直隶枣强县县丞，单车赴任。直隶时患河汛，公居官两载，仆仆履勘，不遑告瘁。素有肝疾，因查灾露处风驰，兼染湿气，旧恙复发，遂引疾归。时母夫人在堂，阅六载始卒，公生事葬祭，一尽其诚。天性仁厚，尤笃友谊，与群从昆弟辈，白首怡怡，从无间言。亲族以匮乏告，首先解囊，无吝容，亦无德色。爱艺兰鞠，每当春秋佳日，偕二三知己，朝夕看花，衔杯煮茗，亹亹不休，甲子夏，邑被水灾，有司饬劝减价平粜。公力任不辞，酷暑往来，广为劝输，俾济民食。以此积劳，肝疾大作，至小除夕而殁，年七十有二。公于余为乡里前辈，十年以长。居距余家不数十武，暇时过从，相得甚欢。一旦遽赴道山，笑言遂不可复接矣。悲夫！嘉庆十年岁次乙丑仲春，同邑杨复吉拜撰。

清叶德辉等《吴中叶氏族谱》

先君子行略

〔清〕郭麐

先君子姓郭氏，讳元灏，字清源，自号海粟居士。曾祖讳某，祖讳如龙，父讳锷，母王氏。有明中叶，自秀水移家吴江之芦墟村。先大父以纤啬筋力治家，不得卒事于学，辄自恨，诫先君子曰："若弟读书，无问家人生产，学之成败若责也，家之赢绌不若责也。"先君子年二十二，补博士弟子员，屡试不售，家益以落。诸父既受室分异，先君子里居授徒以为养，所入束修或不足，则馆旁邑富人家。念大父母老不得朝夕在侧，惕惕然如不终日。大母患嗽上气疾，疾作，恒终夕不得寐，得先君子摩拊抑搔，目少交睫。先君子益不乐出游，居家时至乏绝，而甘旨无阙。大母卒，毁甚加疾，疾亟，谓家人曰："以墨绖殓无美材，以暴我养之不终也。"与诸父友爱谆至，教谕婉笃，痛痛肃肃如也。于里中师事陆中丞燿，而与郁君文交最善。中丞自郎中出守济南，先君子寄书敦劝行义甚厚。中丞报曰："惠以居官切要之方，敬受赐。"中丞清刚廉介，诸故人往谒者，或不满所望，退为怨诽。先君子岁时问讯而已，中丞愈以是重先君子，出所著相商榷，而谓人曰："郭君文与行，俱争第一流，惜其不见知于世也。"先君子屡试不售，则绝意进取，为诗古文以自娱，旁及百氏之学，以宋儒为宗。世之高材俊民，务欲振奇以自异，尊汉唐而绌宋。曰："学以为己也，不求之身心性命之间，而以博涉相矜尚，言词相取胜，以为异于俗学，则亦汉唐之俗学而已。"中丞既贵归里，而郁君亦屡试不中，度居京师十年不归，竟死。郁君者，高材负气，好凌轹，不若己者王公贵人，沾醉辄谩骂。而独心服先君子，时时驰书规切之，卒不能改。先君子与中丞言，未尝不及郁君怀奇不遇，相与唏嘘。平居酒半从容言生平，及郁君，未尝不流涕罢酒。善鼓琴，调弦雅歌，怡然竟日。曰："我以忘忧假日，而往往有哀激之音，岂我心有弗平者乎？"年近五十，患心痛及背，服药良已，且强食，已而痛发于齿龈。不肖麐以贫故出游泰兴，去家五百余里，医巫之不具，汤药之不亲，饭含之不视。见星而奔，扶服入门，一棺在堂，万死莫赎。乌乎已矣！不得比于人矣！无以立于天地之间矣！天降鞠凶，重罹酷罚，越六年而大父弃养，又五年而所生母见背。顽钝不死，靦然视息，极人世之声，无以毕其哀矣！嘉庆二年十一月囗日，卜地于嘉善澄湖港之阡，以葬我先君子，而以所生母祔于其兆之次。家贫乞贷，葬渴且缓，孤露失学，不能通知先人之学行，宣究其万一。而强以其不肖之词，沥血号叫，冀当世之先生长者，以道德文章阐幽显微，为己任者闵焉，而表其隧，以诏其子孙，其亦可哀也已。先君子生于雍正十二年，卒于乾隆五十一年，享年五十有三。娶我母迮氏、生母翁氏。子男三人：长不肖麐；次凤。女子二人。孙男三人：桐、漆、栩。不肖麐谨述。

清郭麐《灵芬馆杂著》

生母祔志

〔清〕郭麐

维嘉庆二年月日，孤子麐卜地于某乡某原，葬其先君子海粟先生，而以所生母翁夫人祔于其兆之次，墨食著从，则入告于太夫人。太夫人命之曰："汝知汝母之德，所以成立汝家者乎？汝母家秀水，出自寒门，而暴慢苟贱之行，疾之若仇。幼孤依母，十九岁归我家，而剪制缝结之事，能之若习。汝父烝烝色养，先姑患嗽上气疾，汝父一夜数起,汝母必偕。疾亟,溲便携持,惟汝母是赖,他妇更代,辄不欲,曰:'不如若之安。'先舅寝疾,汝父早世,而汝母之就养如先姑。汝父不得志于时,居穷食贫垂二十年,祭祀必肃,被服必洁,友朋交际必备至。孤子当室,交游过从,酒浆膳饮,必蠲必亲,汝所知也。汝父始没,汝客远方。岁凶,斗米直钱五百,而汝弟妹无乏食,皆汝母手口所益损也。我惟一女甚怜,及汝生,怜之过于汝姊。汝嬉戏不悦学,汝母戒谕不少假。汝姊归宁语家中事,不当于理,汝母婉以诫之,汝姊之承之也,过于我。我冢妇也,多病宜老,投艰遗大,惟汝母之所为,谓汝母足以成立汝家。汝母之德之孝且慈,足以享汝兄弟之养。我优游以老焉,死于汝母之手,可以必其能如先姑与夫子者。天道错迕,人事横决,汝不获蒙其泽,以尽一日之养。而我以老羸癃病,佽佽乎单厥支体,而使其立槁也。我之不幸欤,汝之不孝欤,汝家之不克成立欤,我何为而居此世也?汝母之卒,以元年之七月二十四日,年五十二,少我年十有四,盖可无死也。惟汝母之行宜,有所以示于子孙者,他人言之不能详也。汝幸少识文义,及我之未亡声于我耳而有闻焉,其可也。"麐泣不能对,退谓其弟凤曰:"先君子之葬也有日,贞石之交未具,谋所以揭于阡者,而生母之行之不彰,则是死其所生,无以宁太夫人,而重不肖之罪也。今敢假太夫人所以命者,告于幽宫,不敢溢,不敢漏。"於乎!孤露十年,重罹酷罚,上顾鞠养,假视偷息。入户欲呼,出门将告,顾瞻左右,泪滴心摧。天乎人乎,使至此乎?濡血黑石,勒书元堂。不肖之辞,庶与天地永毕。

清 郭麐《灵芬馆杂著》

文林郎知营山县事吴君墓志铭

〔清〕金学诗

吾邑在前明朝门阀之盛,首推吴氏两尚书。后苗裔兹兹,其交于予最深者,字曰惠叔,一字荔香,讳钟侨。与予先后同寓京师,复同客闽南,相得甚欢。予归里后,与其兄钟侃及弟钟僎往还,则君已没于蜀之官舍。乾隆四十八年,将葬于小里港祖参圩之原,钟僎以状来乞予为铭。予先曾为君尊甫林塘先生志墓之文,已详其世系里居,故不复著云。君性倜傥有大志,弱冠游京师,受业今少司马纪晓岚先生之门。先生负海内文章重望,君得所指授,学益进。一时知名士,争折辈行与交。既而就婚于蜀,甫合卺,值宾兴之典,即治装辞行,举丙子科京兆试。历十年,丙戌会试榜后,拣发四川知县,历署西充、东乡、峨眉、邻水。四邑皆在川之东北,环山纠纷,地势扼塞,民复健讼。君至,令具牒诉者立堂下,以次传讯,立剖而遣之,尘牍悉清。上官嘉其才,时以他属疑案檄委焉。会滇省缅匪蠢动,官军进剿,檄调邻省协办军需。君奉委星驰就道,至则经理各路马政,往返逾年,授营山县令。未几,朝命大将军讨金川逆酋,君短衣匹马驰赤日中,抵向阳坪,为西路进兵要冲,飞刍挽粟,转运纷繁。其中绝壑悬崖,峰回路断,索桥峭壁,难若登天。君善为调度,安抚周恤,夫役数千人咸感悦,无一逃亡者,即于彼地建坊,颜曰"边檄甘棠"云。顾君之心力由是瘁,而疾由是作矣。时逆酋为王师所逐,将帅移营深入,驻阿哈木雅,檄君随营,事益繁重。君益自勤勉,疾渐剧,军营罕良医诊治,遂不起。与林塘先生两世皆负经济才,未竟其用,而君年仅三十有九,无子,其尤可悲也夫。君在京师凡十年,出游齐鲁,历三山、南海。西入秦,驱马连云之栈。已而越荆楚,留巴蜀,走黔滇,足迹几遍天下。喜为诗,多登临怀古之作。初识予,酒酣纵谈,恨相见晚,醉坐永定桥,戚属某笑睨其旁。君俟其去,握予手大言曰:"若但能作数钱娕女,守妻子老牖下耳。出行万里肩天下事者,非吾辈而谁?"闻者骇以为狂,他日竟酬其言。然君后更事多弥,复温克持重。与人交,然诺不欺,尤敦孝友之谊。钟儁好学,能文章,兼工法书。每谓予言:"皆先兄之教也。"呜呼!此君经济之所从出,洵无愧门风也矣。以雍正十三年九月十四日生,其卒也,以乾隆三十八年正月初八日。配张孺人,嗣子某。女一,幼未字,君所生也。铭曰:

平生不识马少游,间关万里穷遐陬。盘根错节艰巨投,棱棱出匣辉纯钩。中道夭阏逝不留,招魂蜀栈归故邱。卜云其吉墓道幽,特书珉石垂千秋。

清金学诗《播琴堂集》

顾东岩先生小传

〔清〕朱春生

东岩先生,诗人也,穷士也,孝友诚笃人也。先生存日,凡相识者皆知之。今先生没且二十年,同时亲故零落殆尽。而令子后长集其遗诗,属余删订,将以付梓,先生之诗传矣。穷固不足道,而孝友之意,亦可于诗中仿佛见之。然先生以孝友诚笃,而其诗愈工,亦即以是而其穷愈甚,此则先生当日所不欲言,其子今日又不能言,且不敢言。而惟予知状,不可不为文以传之也。先生名我鲁,字瞻泰,姓顾氏,东岩其号也。少为邑诸生有声,而所学尤长于诗,尝与同志袁朴村等七人,共结竹溪诗社。既而出游,适燕适晋又适楚,得江山之助,诗兴益豪,诗境亦日进。同人皆叹服,以为莫能及。顾其诗之所由独绝者,亦不尽关游历,而仍于门以内得之。盖先生生有至性,事父母及祖母皆尽孝,而笃爱其弟,殆不啻慈母之于婴儿。是以即事兴怀,每于伦常之际,三致意焉。即登临吊古、应酬宴会之什,亦觉忠厚悱恻,溢于言表,所谓仁义之人,其言蔼如也。已而其弟出后世父,意渐自外于先生。会先生客蔚州,而里之人有自蔚州来者,言南中食物至彼皆倍其价。弟思获厚利,捆载而往,然不得贸易要领,既至贾用不售,则以委之先生。谓其值百金,皆质妇奁中物,非得倍称息,则惭其妇不能归。先生竭蹙措百金与之,而弟必欲取盈二百金,无见钱,即籍记之以俟异日。先生素稔其畏妇,唯唯听之。其后数年,先生自蔚州归。弟妇遽谓先生,凡贷钱者月取二分息,逾三岁即子本相侔。今此百金已逾十载,为子本相侔者三,计当八百金矣。于是罄资装,不足以偿,妇日搏膺噪呼。时太夫人犹在堂,不堪其扰。先生乃以所居室立券付弟,而奉母别居。

然犹谓屋小，未足抵八百金之数，衣饰器皿，恣所攫取。故先生移居之日，家具萧然，见者皆为太息。时袁湘湄为书帖曰："长物只余诗一卷，寄居聊借屋三间。"又方家难作时，顾蔚云先生赠诗，有"早识讼师由饮食，叠书忍字保彝伦"之句。皆实录也。呜呼！古来以兄而让产于弟，如卜式、薛包；又或遭傲弟而不失其爱，如牛宏、周颛。皆为史册所艳称。乃先生徒以弟妇悍戾，欲免其弟之交谪，遂至不名一钱。而尽占其室庐惟命，并取其室中之藏，使罄身而出，亦惟命。甚且使之呼服谢罪，对众矢言，谓己实负弟，弟不负兄，亦惟命。此不特今世所稀闻，即于古亦不少概见矣。然先生不惟不怒其弟，且甚怜之，谓其出于不得已。有时遇弟，则极口慰藉，谓尔无介意，吾终不以身外物，损吾手足情也。久之弟妇死，而所得先生之屋，出赁于人者。适余数椽，仍招先生入居之。先生即欣然往，遍告同人，以天属复完，足见弟终爱我。既而所取赁屋之资，乃视他人有加焉。然后知其向之任妇所为，不敢出一言者，实亦利其如此，可以并兄之产。而先生于播迁之后，复得与弟比屋居，即已大喜过望，绝不计此屋之本为己有，不当以重值赁也。呜呼！天壤间乃竟有先生，而复有先生之弟哉！后长之生也晚，先生没时方十余岁，茕茕孤露，不免饥寒。比长为句读师，稍可自给。今乃约身而谋梓遗稿，亦可以为难矣。而先生之弟，为其子逋荡，尽丧资财，屋亦出售他姓。让产者穷，争产者亦穷，并产皆销归乌有。而惟此一卷诗，强者不能以气力攫，巧者不能以心计取。迄今读之，犹想见先生之风流余韵，物之可久，莫过于是。吾党区区计财产之得失，而为先生不平者，殊自愧所见之浅矣。先生诗伫兴而作，篇什本不甚多，又屡经迁徙，大半散逸，故所存止此。然一句一字，具有真意，以视彼酬应冗长者，其品格相悬万万，固不必存乎见少之意也。

清朱春生《铁箫庵文集》

先祖妣节行略

〔清〕俞岳

先祖妣朱孺人，岳所后祖屆远公讳汝楫继室也。元配张孺人无子卒。先祖妣生长震泽韭溪南横港，为同县人。先世俱业农，父某，母某氏。年二十三归屆远公，逾年举一子，遽夭。时屆远公以贫故，属家事于兄沛苍公，而己独治生于外，劳瘵成疾，逮病笃犹扶曳出门，竟卒于湖滨之阆章兜。先祖妣年仅二十有五，以节自誓曰："我不难相从死，然吾夫无子，我而殉，是使吾夫终无后也。"因抚沛苍公次子起元公为嗣，未及婚又卒。族人乃议以沛苍公长子景兼承其祧，即岳本生父也。而先祖妣以嗣子几成立不幸蚤世，欲俟他日立一孙以继之，事遂止。然吾父之事先祖妣，一如乎事母，能得先祖妣欢心。及岳生，居次，宜为之后。甫离襁褓，先妣沈孺人即命与先祖妣寝处。继以沈孺人早逝，先祖妣愈加爱怜，抚恤备至，而约束颇严，不稍假词色。御下亦斩斩有法，每日常先婢仆起。平居足迹不出户外，虽亲族招之不往。凡丝枲木棉之属，咸手自纺绩，至老不倦，寸丝尺布，未尝出一钱取诸市。尝以采茧取筐架上，老年目眩反坠，伤左足，延及半体，痛楚呻吟。蓐处者年余，始得扶而行，而习劳犹不已，自奉甚薄。为岳延师家塾，自馆粲外无余羹，至其勤苦之志，数十年如一日也。岳本生父以先祖妣之节例当得旌，将为之请于朝，先祖妣弗许。曰："守节抚嗣分也，何旌为？"后卒上其事，遂得给帑建坊如制。至嘉庆十四年春，老病渐剧，自知不起，急为岳谋授室。及新妇入门，拜床下，始色喜，曰："吾事毕矣。"遂于是年九月二十一日卒，距其生雍正十三年正月初四日，享年七十有五。合葬于吴江县南柳胥圩祖茔先祖届远公之兆、张孺人之次。奉其主于学宫节孝祠，春秋列祀焉。呜呼！岳幼不能养，长又不才，无以承先祖妣之志。至其节行犹能追维一二，惧复没而不彰，故敬志之，以俟当世能言之君子表扬潜德云。

清俞岳《笠东草堂遗稿》

星灿公传

〔清〕徐㷍

星灿，余之胞弟也，名爆，年少余四岁。六龄入塾，能读书四五十行，经史百家无不毕诵，每一二过目，即终身不忘。于性理尤心乎爱之，是以年十八，而无愧通儒矣。然而天性诚笃，绝无自负之概，惟求明理，不役旦夕功名。年二十，而先徵君谕以童子试，遇学使李公讳因培之知，列府庠生。阅二年，补增广生。己卯秋闱，得新阳令王公荐，未能命中，恬淡自如，惟益力学。每侍先徵君讨论千古，曾不觉为之三唱焉。著有《晴川楼诗》四卷、《易经系辞说》二卷，皆前辈名公所赏识者。今夫资之敏，天之所授也，学之博，固功之专也。吾弟有之，人亦有之。而吾弟之所大有异乎人，当时以为不情，过此以为先觉者，尤在坚辞婚娶一事。孟子曰："人少则慕父母，知好色则慕少艾，人之情也。"吾弟独非人情乎？顾何以媒妁与之谈姻，彼怫然而愠，亲戚与之谈姻，彼又怫然而愠。至先太安人切谕之，始对以过二十五而后娶，亦不情甚矣。嗟乎！孰知庚辰秋，吾弟病痛痹，汤药罔效，一往而剧。先徵君悯其不济而强视之，必披衣起坐，谨以稍痊对。及余视之而亦然，即殁前一日而往视之，且又复然。是弟之二十五岁也。然则，前此所谓不情者，非所谓先觉者耶？不然其何由若是？呜呼弟乎！尔之学，胜于我，我视尔，犹视我，其舍我而去者，天其罪我乎！承先徵君命，以余次子为之嗣，填哭弟词，以谱其哀，然犹无以自解也。迄今已三十有二年矣，因修谱事，更追溯而为之传。

清徐书城《吴江徐氏宗谱》

皇清敕授文林郎例晋承德郎国子监助教充四库全书覆校官国子监志纂修官加一级记名主事诰封奉直大夫内阁侍读加一级显考二雅府君行述

〔清〕金达原

呜呼痛哉！府君遂弃不孝达原等而长逝耶！不孝达原早年失恃，侍府君于京邸，窃见府君居官勤慎，凡校士修书日所不足，尝篝灯至夜分，矻矻无倦容。偕世父文简公侍奉先祖母吴太夫人，愉愉怡怡，遇有恩赏果品，必携归以奉。迨丁太夫人艰归时，府君年未及艾。痛念两遭先祖父母大故，俱以在都闻讣不克亲奉含敛，居恒引以为憾。且世父方仰邀天眷足遂显扬，遂绝意仕进，思以著述终老。当事者重府君品，延主书院讲席。府君悉心训课，为国家造就人材。晚年得痿痹之疾，支离床蓐，犹手不释卷，时呼达原等讲论文艺。方冀颐养安怡，得臻上寿，讵料入春以来，饮食渐减，竟至不起！呜呼痛哉！不孝达原等呼天抢地，鲜民之悲，寸心分裂，偷生视息，夫复何言？但念府君一生，品节文章，卓然表见于世，若不及今诠次，则不孝等罪戾滋重。用敢挥泪和墨，略述万一，伏惟大人先生垂鉴焉。府君姓金氏，讳学诗，字韵言，号二雅。世为苏之吴江人。高祖宏初公讳坤元，国子监生，考授州同知。好义著于乡，郡守湘潭恪勤陈公给"济世先徵"匾额，以旌其门。诰赠光禄大夫、都察院左都御史加一级。高祖妣张太夫人，继高祖妣周太夫人，俱诰赠一品夫人。曾祖晴轩公讳国英，国子监生，性至孝。应京兆试荐而不售，考授县丞。诰赠光禄大夫、都察院左都御史加一级。曾祖妣吴太夫人，貤赠孺人，诰赠一品夫人。先大父枫江公讳润，绩学工文，尝从祖母舅周旭之先生游，得其指授，为名诸生，操选政风行海内。貤赠光禄大夫、都察院左都御史加一级。先大母吴太夫人，貤封太淑人，晋赠一品夫人。大父有子三人：长先世父，乾隆丙子科举人、庚辰科进士、诰授光禄大夫、经筵讲官、兵部尚书、崇祀乡贤祠、谥文简、听涛公讳士松，嗣于先伯祖、诰赠光禄大夫、都察院左都御史加一级、柱回公讳澜为后；次即府君；次先叔父，吴江县学增生、诰赠奉直大夫、候补州同知加二级、竹坞公讳士模，嗣于先叔祖明威公讳涧为后。府君生而颖异，方垂髫即淹通经史。年十四应童子试，邑侯袁公讳增拔列前茅，待以国士。辛未，故相国番禺庄滋圃先生时督学吴中，按试苏郡，阅府君卷极加赏识，补博士弟子员，旋取入紫阳书院肄业，课艺辄压曹偶山长。故大宗伯沈归愚先生、故检讨廖南崖先生汲引后进，孜孜不倦，府君得亲名师，锐意古学，与诸名宿为忘年交，结春江吟社，一时文名播吴会。丁丑应试，督学晋宁李鹤峰先生拔置冠军，古学为苏州、太仓两属第一，饩于庠。明年，吾母沈安人来归。壬午入成均，应京兆试，中式第八十六名。座师为故相国钱塘梁文庄公、故总宪吉林观文恭公，房师为故相国献县纪文达公。都中先达见府君著作，莫不激赏，目为东南之望。岁杪，骤闻先大父讣音，悲恸几绝。赖同乡陆朗夫中丞，时以内阁中书官京师，极力劝慰，且为经纪路费，仓猝就道而归。丧礼甫成，则家徒四壁，几至无以为养。会纪文达公视学闽中，以书币招往，遂得纵览山川之胜，时见诸篇章。乙酉，恭遇圣驾南巡，府君应召试，蒙赏大缎一疋。丙戌会试，侍御长白积萃斋先生得府君卷，击节赏叹，极力呈荐，得而复失。同人咸为惋惜，府君处之坦如也。是秋，应试景山觉罗教习，钦取第十四名。阅卷大臣为故相国奉天英文肃公、故相国桂林陈文公、故大宗伯长白钟文恪公、故大司马涪州周文恭公。是冬将补用，适礼部奏请考试国子监学正、学录，府君蒙钦取第十五名。阅卷大臣即英公、钟公、故少冢宰闽县何公讳曰梁。辛卯五月，奉旨补授国子监诚心堂学正。是年冬，恭遇孝圣宪皇后八旬万寿，府君以学正加一级封典貤赠祖父母，此先曾祖父母受封之始也。越明年，升授崇志堂助教，协办监丞事。府君矢勤矢慎，较阅课艺外，档案纷繁，与同僚和衷商榷，期于至当而后行，掌监事故相国漳浦蔡文恭公及诸上官深倚重之。癸巳，诏开《四库全书》馆，府君充分校官。时有校勘讹舛，奉旨驳饬总裁，于是遴选数人奏充覆校官，府君与焉。日值武英殿，悉心详校，勘正独多。凡五载，未尝少间，屡拜瓜梨橘柚诸果之赐。甲午，充顺天乡试外帘官。誊录卷有涂抹，大半与原卷文理不符者，府君呈诸监临，大京兆按律究办。自是纷纷指摘，稍涉疑似者，亦经驳出。府君虑提讯之下或至滥及无辜，复言于京兆，止以二卷定拟。于此见府君之不肯骩法市恩，而存心忠厚也。国子监志开馆重修，府君充纂修官。是时平定两金川，祗告两陵，奉圣母巡幸岱宗，在馆诸臣各献诗册，府君进颂一章。上命南书房大臣择其文辞优赡者进呈，府君册入选，宣付史馆。丁酉，恭遇孝圣宪皇后升祔覃恩，府君得敕授文林郎、国子监助教加一级，吾母沈安人敕封孺人。是年二月，吾母以疾卒于京邸。府君念二十年内助有无黾勉，悲悼有不可胜言者。适四库全书馆五年期满议叙，府君名列优等，总裁王大臣带领引见，奉旨以应升之缺记名先用。先是吴太夫人留京六载，思忆乡土，丙申秋，决意南归。先世父命同堂兄芝原随侍南行，府君欲乞假以从。太夫人谓府君曰："汝资俸已深，俟升主事后呈请终养，不更足娱我乎？且吾精力尚健，不足虑也。"府君忍泪受命，日冀一转头衔，陈情南下，得遂反哺初衷。乙亥春，行迁擢矣。不意二月二十三日，遽闻先大母吴太夫人之讣，哀恸几绝，星夜奔驰旋里。六馆生徒感府君教育深情，走送惜别，多泣下者。归而偕先世父治丧营葬，尽诚尽礼，每事必躬亲之，乡党宗族咸以此多府君，不愧孝友家风。自是府君亦不复有出山之志。服阕时，年仅四十有六，闭门却扫，文酒自娱，一切家事悉命不孝达原经理，达原亦不敢以日用琐细之事干府君虑。里中闻人，时相过从，莫春禊饮，岁以为常。尝集右军禊帖字为叙，及五言古诗一章，侍读王梦楼先生见而激赏，集宋本兰亭字为书一通，少宗伯翁覃溪先生复临褚帖为书一通。二公以善书名，因镌诸石，并绘《禊游图》，一时名流题咏甚多。府君自归田后，当世名公卿俱以品学相引重，而府君交接未尝有私谒。暇则选胜寻芳，每春秋佳日，南至武陵，北至维扬，游洞庭山，登莫厘峰，步行数里，几忘足力之疲也。泛碧浪湖，探道场法华诸胜。陟栖霞登最高峰上，采石矶观萧尺木画。酾酒太白楼，游赏累日，葛岭龙井，皆跻其巅。至若吴中虎阜、天平、灵岩、上方、华山、支硎，岁必一往。元墓、穿窿、吴山诸处，间岁一往。人谓府君之爱名胜，一如爱名士云。尝念先世父别久道远，不克省视，及再莅顺天学政任，戊申按试至大名度岁。府君策蹇至使署，樽酒论文，对床话旧，极天伦之乐。南旋过东昌，登光岳楼而归。府君手足情挚，先叔父早卒无后，思之辄涕泣，遂以不孝缕原为之嗣，并序其遗稿以传于世。庚申，世父文简公薨于京邸，府君伤暮年形影之孤，悲不自胜，是时府君卧病已半年余矣。平生不邀誉，不干名，好周人之急。亲属故交遇窘迫，求必应。为山长，寒士赘见之仪，概弗纳。甲子夏，吴中大水，米价胜贵。府君命不孝达原偕兄芝原，籍里中贫户三百余家，照市价减十之三平粜三月，里中赖以安全。府君官胄监凡九年，直内廷、充分校、覆校纂修凡六年，嗣掌教仪征、笠泽、松陵并前青州、沈阳书院，从学成名者甚夥。督课不孝等，无间寒暑。縠原性端谨嗜学，过目成诵，尤为府君所钟爱。督学使者莫宝斋先生汇考古学，拔置第一，遂游于庠，咸以大器期之。戊辰春，年甫冠而卒，府君由是郁郁不乐。不孝达原等朝夕劝解，犹冀稍宽怀抱眠食渐安。讵意日复一日，延留一载，竟尔长逝。呜呼痛哉！自今以往，长为无父之人矣。不孝达原于乙卯岁，奉府君之命，卜兆于吴江县二都十三图服字圩之新阡葬先母沈安人，距先赠公墓甚近，即为府君营寿藏。府君自题墓道云："体魄傍先茔，木本水源绵德泽；诗文传后世，风情月朗见襟怀。"呜呼！此可以知府君矣。府君著有《播琴堂文集》六卷、《诗集》十二卷、《四书制艺》若干卷、《四书卮言》五卷、《壤赓集》一卷、《历代年号谱》六卷、《砭俗刍言》一卷、《无所用心斋琐语》四卷、《家谱》一卷、《自订年谱》一卷，梓行于世。府君生于乾隆元年丙辰八月初一日申时，卒于嘉庆十四年己巳二月二十七日戌时，享年七十有四。乾隆壬午科举人，敕授文林郎、国子监助教加一级，例晋承德郎、记名主事。配吾母沈安人，敕封孺人，例晋安人，前府君三十二年卒。子五：长不孝达原，吴江县学增贡生；次慧原，殇。俱沈安人出。次不孝缕原，震泽县学附生，嗣先叔父后；次不孝羹原；次縠原，苏州府学附生，先卒。俱庶母周孺人出。女二：一适倪钟杰，周孺人出；一适徐曾泰，庶母蓝孺人出。孙三：宗鼎，苏州府学增生，不孝达原出；宗墉，兄芝原第四子，嗣縠原后；宗瑕，不孝羹原出。孙女四，不孝达原出者二，不孝羹原出者二。曾孙一：锡曾，曾孙女一，俱宗鼎出。不孝达原等苦块荒迷，语无伦次，粗举梗概，遗漏实多。伏冀当代立言君子锡之志铭表传，以光泉壤，府君殁且不朽，不孝达原等世世子孙感且不朽。男达原谨述。世愚侄周兆基填讳。

清金学诗、金宗培等《吴江金氏家谱》

皇清敕授文林郎例晋承德郎国子监助教加二级记名主事金君墓志铭

〔清〕吴省兰

乾隆二十六年辛巳秋，学使诸城刘文清公以明春高宗纯皇帝南巡狩，檄下江十一府州进士、举人、贡监、生员之能文辞者，先集试录备迎銮之选，予因得缔交金君二雅于江阴旅邸。岁壬午，应召试报罢，君蹼被谒都门就京兆试，予试南闱，俱获隽，为同年。丙戌冬，同考取国子监学正、学录，先后补官同官。凡兼厅提调、则例馆事涉监务者，如肩肩相倚，无弗同者。时承丛弊积疲之后，两人以长官委任，特专蠲洁，协恭委曲，调剂藉奏，竣事无浮言。及予改官，君似怅踽踽，逾年丁内艰归，不复出山，徜徉山水，诱掖后进。而予碌碌挂朝籍者又二十余年，每与哲兄文简公同直宴，谈及君闲居乐志，飘飘然皆有凌云之慕。甲子，予遂初服，将挐舟访君，知君患偏痹，偃蹇床第，废然而止。予息影荒江，以避尘扰，不虞君之遽游道山也。令子达原以志墓之文请，予知君稔而契之深也，何忍以不文辞。君名学诗，字韵言，二雅其号，苏州府吴江县人。曾祖考授州同知讳坤元，以好义，郡守湘潭陈恪勤公书"济世先徵"字表其门。祖考授县丞讳国英。父县学生讳润，号枫江，名望重东南，学者多宗之。三世皆以文简公官赠光禄大夫。曾祖妣张、继周，祖妣吴，妣吴，赠一品夫人。枫江公三子，长兵部尚书文简公士松，季增广生士模，俱出嗣。君为仲，少英敏，垂髫已淹通经史。年十六补县学生，肄业紫阳书院，为主讲沈文悫公、检讨廖南崖鸿章所器重。君锐志古学，与诸名士结春江吟社，旋补廪。乾隆二十七年举顺天乡试，三十六年补国子监学正，明年迁助教兼办监丞事。三十八年充四库全书分校官，以校书精核，奏改覆校官。四十一年重修国子监志，奏充纂修官。四十三年志书百卷成，三月全书第一分成，优叙一等。君六试春闱，皆荐不售。是科榜后，大臣议请一体殿试，未奏上，会亲藩薨辍朝，已过期，不果。洎引见，以主事即升，而无缺。四十四年二月已有缺，而吴太夫人讣至，奔丧归，予唁送之。君谓所以暂留违养者，冀迁一秩慰高堂望耳，乃抱痛终天。今已矣，知其誓墓之心已决也。君家霜俭，藉讲席以赡，若沈阳、青州、仪征、笠泽、松陵诸书院，皆尝设皋比焉。其教首立品，次文艺，指示得失惟详，学者多脱颖出。又游协撰河间纪文达公总宪、诸城窦公光鼐闽浙学幕，介在师友，试竣必穷其山水。里居泛扁舟，讨名胜，远近游屐殆遍。上巳招群英于播琴堂，修春禊，集禊帖序及诗一首，朝野属而和赠者百十家，绘为《禊游图》。盖君以家事悉付达原，达源能承意恉，内肃庭除，外敦任恤，君得遂其旷怀。有子克家，人皆叹羡。嘉庆三年，自编年谱，以蓍岁日者测君星命生平利钝皆验而止，许寿六十二。今逾期，故有梦余道人之号。其言曰："差可自信者，不取非义之财，不交无益之友，不缘饰以博名誉，不欺讳以文过愿。"虽自道，皆纪实云。每逢盛典，君撰奏御之作，常邀入选。所著《播琴堂文集》六卷、《诗集》十二卷、《四书卮言》五卷、《历代年号谱》六卷、《无所用心斋琐语》四卷、《砭俗刍言》《壤赓集》《家谱》各一卷，已梓行。卒于嘉庆十四年二月二十七日，年七十有四。配沈安人，先三十二年卒，封孺人，例晋安人。侧室周氏、蓝氏。子五：达原，增贡生；慧原，殇；缕原，县学生，出嗣；羹原；縠原，府学生，先卒。女二。孙三：宗鼎，增广生；宗墉；宗嘏。孙女四，曾孙一：锡曾。曾孙女一。岁乙卯，君命达原卜兆于吴江县二都十三图服字圩葬沈安人，即营寿圹。今于庚午年二月十八日，启幽扃而奉藏焉。铭曰：

至人无梦，梦岂有余。有余于梦，乃觉蘧蘧。君学纯粹，君性安徐。君才卓荦，君遇趑趄。乐天知命，屯如晋如。吴江之水，浩浩舒舒。服圩紫带，吉土幽居。灵长之泽，贻穀流誉。

赐进士出身、诰授资政大夫、日讲起居注官、前南书房行走、礼部右侍郎兼文渊阁直阁事、南汇吴省兰撰文。

赐进士出身、诰授奉直大夫、日讲起居注官、翰林院侍讲、丁卯科重宴鹿鸣特恩加翰林院侍讲学士衔、钱唐梁同书书丹。

清金学诗、金宗培等《吴江金氏家谱》

陈君谷墅传

〔清〕沈璟

公讳汝雨，字穀士，一字谷墅，例授州司马。为人春风和气，蔼然被人，至后辈有过失者，辄切责不少贷，以故宗族咸敬之。事其父兰圃公尽孝道。兰圃公尝病，医药无效，君默祷于家祠，请以身代，一夕愈，人咸异之。兰圃旋得软脚疾，每晨躬抚掖，出堂前，招其父素交好者，偕谈笑、共饮食。人有过其庐者，见亲朋满座，供膳丰腴，疑有嘉会事，询之，则曰："吾父以足疾不能他往，故日召宾朋相娱乐，不尔恐寥寂无欢也。"如是者数年，人知君能养志矣。没后，庐墓者岁余。以兰圃公素爱花，墓前后培植俱遍。至祭祀，以朱子书为法，行四时之礼、三献之仪，将事必虔。越二年，芝生于庭，人以为孝行所感云。又尝为其师潘鹤号雪巢者，葬其三世。性好周急，每岁除夕，另贮钱别室。遇亲友告急者，如所请付之，无吝色。自是家稍瘠，然不以为悔也。君没后二载，芝复生于庭，同邑张孝廉士元作记纪其事。时余课其子杲，实目击之。古人云："为善必昌"，即以此为他日左券也可。

清陈阶琛等《颍川陈氏近谱》

让堂四兄家传

〔清〕费振勋

让堂四兄殁，余兄弟谋为家传，以示族之人。三兄以余之习于兄也以命余，余不敢辞，乃垂涕泣而为之传。兄讳廷，字秉家，号三峰，又号让堂。先中宪公之第四子也。幼有至性，识大体。长益方慎，动以古义自检束，与流俗人异趣。兄为学尤勤苦，好深湛之思，于经史皆有独见。工制举业，爱西江张晓楼文，下笔辄似之。每语子弟曰："吾少时字字入心坎，今所得皆困学致之也。"既为诸生，学益力，思阶科第以进。体素羸多疾，又以贫故走四方，所至手一编不辍，于是年五十矣。十试于有司皆黜，则自诧曰："岂吾业果不若人耶？"夜键户出箧中书，跽而读之，愤极出涕，涕已复读。其笃志如此，然竟不得举。以四库书成叙劳，授盐大使，补山东之雒口所，非其志也。雒口为东蓰总汇,初之官滞引积十余万,兄设法疏通,并运销如额。又以其间弛关禁,体商情,因水之利而权其宜,躬劳苦,相劝率,用是转运疾而营销畅,岁省商力几二十万缗。尝曰:"弊去则利可兴商,裕则课孰与不足。虽小官,吾敢废事乎!"在任十六年,其知者皆以为有大造于东商也。然性廉介,未尝以是市德,临财无毫发苟。尝有以修竹一丛献者,意颇悦之,或戏之曰"是亦贿也",遂却不受,携李黄秋水有《竹贿吟》纪其事。先是,运使某公与兄不协,思以公事中之,既而更相爱重。后至者咸倚如左右手,或将以民社荐,兄固辞。兄自以迂阔不谐于众,又耻为时俗脂韦之行,故宁托迹闲散,没齿不悔。晚岁寄情卉木,灌园自娱,意旷如也。始,兄十二岁而孤,吾母之殁也,值家中落,甘旨药饵之属有阙,兄积痛终身,务自刻苦。在官舍,虽岁时伏腊,食未尝有兼味。或供具稍华好,则惨戚见于颜面,必彻去乃已。余兄弟八人,伯兄暨仲叔,皆前母吴太恭人出。兄童时即暱就诸兄,饮食嬉戏,必趋与共,既老友爱益笃。尝自易其号曰"让堂",病革遗命以"弥缝补阙"四字题以帷次,盖自道生平,尤以勖诸弟云。方伯兄之卒于滇也,家事几不支,赖兄撑拄以安。七弟早世无子,兄既抚其孤女而嫁之矣,已又抚其嗣孙。其惓惓亡弟,委曲调护,使之有后,始终如一日也。居家严整,辞色无所假借。既告归,思有事于祠墓,徐以古人宗法遗意为族人倡,未及行而卒矣。兄尝修族谱,多所订正。所著诗古文卷、制义若干篇,他日将梓以问世。

振勋曰:当世鸿儒硕学至于名公卿众矣,观于海者难为水,虽所亲庸可私乎?及观家庭之际,其用意深笃,庶几有古独行君子之风。余幼与兄同卧起,长同学,壮而同游于闽于京师,故言之详也。虽然,闻兄居雠时,尝独坐一室,慨然长叹,以为世无知我者。然则余所述,抑未足以窥兄之深矣。

清费兰墀《蘧庵文钞》

祭四兄文

〔清〕费振勋

维嘉庆十年岁次乙丑夏五月二十有八日,让堂四兄卒于浙之鲍郎场长子槐墀官署。讣至京,同母弟振勋率子姓向南而哭。哭已,乃挥涕为文,邮致兄子槐墀,俾以丧归之日,具牲醴而以告于兄之灵。曰:呜呼!吾曾祖年四十七而死,吾祖年四十六而死,吾父年四十四而死,吾伯兄年四十而死。何吾宗之不幸,将钟寿于吾兄而又夺之,使不得至于大耋乎?我生十一年而丧吾父,年三十有三而丧吾母。自是以后,兄弟之丧,十数年必一见。何我之薄祐,以垂老之年,而又丧吾兄乎?我兄弟离家久,先人之邱墓有未修治者,祠祀之归、恤族之议有未定者。族之贤子弟,无所仪式以为善,其不肖者,无所严惮顾忌以格其非。惟兄之心,恺恻恳至,实能以为己任,而无人我疏戚之分也。惟兄之心,详密精审,又实能深筹熟计,而一一曲得其条理也。兄之事迹,无一施行,而中心蕴结,惟我知之,而愿与兄共之也。呜呼!何吾父吾母不为吾兄请数年之命于天,俾吾族稍稍整理，而遽令其赍虚愿以殁乎？吾兄既殁，则我异日虽欲继兄之志以有所为，而心孤形孑，亦奚能自信其必有就乎？兄于诸兄弟，未尝一日释念。今伯姊年八十有三，三兄老而独，八弟贫鳏，六弟以求馆走数千里之外。呜呼！以兄之友爱，何不与诸兄相始终，而遽舍而去不顾乎？我与兄齿相次，幼而居处，饮食嬉戏，以至学为文，无不共也。长而游闽官京师，必相携以偕。及兄官山左，壤地相接，一月恒再通讯，动息无不闻。呜呼！兄有深爱于我，我有深恋于兄，天若私之，何兄今日之忍于去我，而我亦遂无计以纾兄之死乎？兄近年手书寄我，每自言精力疲倦，又时作细字于书尾曰"阿兄甚苦。"兄之家庭和顺，子孙孝恭，而兄言若是意者，兄故自知其精气之不可以久，而垂涕泣而告我乎？呜呼！何我之不聪不明，而竟若罔知乎？我与兄相见在癸丑之春，距今十三年而成永诀。方兄之将南归也，我欲乞假一至东，卒不果。呜呼！何我之迟疑不断惮此一行，而遂贻百年之恨乎？岂死生有数，兄固不能以自主，而聚散有时，我亦无从而逆计乎？兄行己方严，自少至老不忘儆畏，一言之误，悔恨累日。得古儒者谨身之旨，志操坚定，终身如一日。居官尤刻苦，启手启足，庶几无愧。呜呼！兄其劳于生而宁于殁者乎？今而后，兄其可以稍自适乎？兄殚心力于举业，中年以后专意课子。辛苦一生，无万一之偿，积恨在心，至形梦寐。今兄之诸孙济济，其长者恂谨而嗜读，稍见头角矣。以天道论之，吾宗后有昌者，其在兄之诸孙乎？呜呼！兄其生不得志，而死有遗泽以贻子孙者乎？今而后，兄其可以无憾乎？兄既殁，三兄年益老，堂构之责，我义无所可辞。呜呼！兄冥冥之中尚其左右，辅相我以有立乎？万间之厦非一木之支，百世之家非一人之泽。吾族之式微甚矣，非多得贤子弟不足以楹柱，十数年后事将不可知。呜呼！兄生而忧之，死岂忘之。尚其以弟之意，告于吾父吾母，以达于高曾，以请于始祖参政公，以吁于天。择吾宗之贤而有远志者，与其讲于敬宗收族而不自私者，假以年寿而阴相之，俾得竭其心与力之所至，以益大吾宗乎？呜呼哀哉！尚飨。

清 费兰墀《蘼庵文钞》

外王父董峙亭府君行略

〔清〕董兆熊

府君姓董氏，讳世华，字遵悫，号峙亭，华亭尚书之后也。明季迁上海，再迁吴江，遂为邑之同里人。家世服贾，外曾王父以上失其名，府君则外曾王父遂卿公之第三子也。府君生，遂卿公年几五十，特钟爱之。而外伯祖恒发公长府君十有八岁，佐遂卿公共起家。未几，遂卿公殁，恒发公操家政，府君以事父者事其兄，奉命惟谨。既娶外王母叶孺人，府君谓之曰："吾少失母，抚于吾嫂潘孺人，汝当以事姑者事嫂也。"叶孺人旋卒，继娶项孺人。项孺人失潘孺人欢，抑郁以死，府君终无言。越数年，潘孺人殁，乃复娶顾孺人为继室。先是，潘孺人未殁时，欲抚邻人李氏子为己后，亲党阻之。潘孺人语府君曰："汝尚无子，吾不忍使汝兄墓上独汝也，子立捧奠，后无继者，为汝兄浇一盂麦饭也。"府君唯唯，遂以李氏子为兄后。既而析居，推故宅以与兄之子。已市别宅以居。田产财货，一无私焉。府君既无子，叶孺人有女归沈氏。沈氏婿无赖，辄绐妇翁财为蒱博费，而沈氏女又死，遂与沈氏绝。是时府君年四十有八矣，而吾母太孺人始生。太孺人幼颖悟，甫能言，即好读书。府君慨然曰："若男也，当大吾宗者，岂女子亦可作吾门楣邪？"遂教太孺人读，自唐人诗以及史传，必知其爵秩本末，浩浩落落，若河泻水而海赴壑也。盖府君虽居市廛，好与士人游，间出余资以购书，暇则泛览，故能悉其源委如此。岁时伏腊，祀其先人，必整衣冠，不跛不倚，终事无惰容。性故长者。与人合资营什一，其人素狡狯伪，若折阅者，持筹算簿书，减缩数千缗与府君分任之，复攫府君金为己有。府君终不较，而家亦自此落，自后遂家居，不复与世间事。吾母太孺人，长赘吾父雪香府君为婿。吾父故王姓，于王父诸子中为季。王父援商君书，以秦人子众者为赘，遂姓以妇翁之姓焉。逾年而兆熊生。逾六年而吾父卒，吾母誓以身殉，重贻府君忧。而王父葭浦府君、王母吕孺人健在，交慰勉之，而吾母遂不能复言死。复逾二年而府君亦逝矣，享年七十有五，时嘉庆十七年六月二十六日也。甫除丧，而比邻有火警。吾母商诸顾孺人，遂奉府君之柩，葬于职字圩董氏祖茔之穆位。后十五年而顾孺人卒，遂与叶、项两孺人均合葬焉。兆熊当府君启手足时，年始七岁，凡府君嘉言懿行，囿于童昧，未有所知。而太孺人谓府君醇德雅量，不可无传，时为兆熊语之。兆熊即太孺人语诠次之，不敢增，不敢减，固不敢有虚美，获生愚死智之诮也。世有立言君子哀而赐之铭，董氏世世万子孙且厚幸矣。

清董兆熊《味无味斋杂文》

皇清诰赠奉直大夫
安徽蒙城县知县加三级许愚周公墓志铭并序

〔清〕石韫玉

《春秋》传曰："明德之后，必有达人。"所谓达者，非高爵厚禄，为宗族交游光宠之谓。其人必蓄道德，能文章，言为世法，行为人师，然后可谓之达矣。吴江周氏，自元公以来，承儒守官二十三世，而至盘谷老人。其间恭肃、忠毅，仕在胜朝，或以忠谠匡时，或以刚方直亮徇节，斯皆可谓达人矣。盘谷老人，复经明行修，守其清业，以启佑后人。既殁将葬，孤子一鹗等以状乞铭。夫阐扬盛德，惇史之职，乌敢以不文辞。按状：公讳东吾，忠毅公之五世孙也。初名笃，字培根。后因梦兆易今名，号许愚，晚年自又号盘谷老人。曾祖昱，祖振业，父以持，儒素相承，韬光未显。公生五岁母丧，寄养外家。八岁入塾，就傅受经，颖慧过人。困于童子试甚久，泊梦见天榜，遂易名补博士弟子员。文章高简淳古，取法大家，不以雕琢为工。终岁教授生徒，藉束修之入以自给，箪瓢屡空，不分于意。诸子皆以文学起家。次子鹤立，宰蒙城，公寄理县十则：一曰修文，二曰讲武，三曰存心慈，四曰立法严，五曰慎刑，六曰戢暴，七曰勿偏听，八曰勿任下，九曰制节谨度，十曰正身齐家。丁宁告诫，手书至二千余言，可谓善教其子矣。又曰："能常守穷秀才家风，方不失古君子行径。"鹤立书此二语，常悬诸两楹之间以自勖。善夫！今世士大夫，当其穷居，自命未尝不欲砥砺廉隅，以托于贤人之间。及一朝得志，纷华诱于外，而嗜欲生于内，不觉尽丧其生平。此无他故，在不能守秀才家风耳。果如公言，可以尽一世无簠簋不饬之事，岂独周氏子孙奉为庭诰而已。公生于乾隆三年，殁于嘉庆十九年，春秋七十有七。配孙氏，封宜人。子七：长一鹗，附贡生；次鹤立，乾隆甲寅恩科举人，安徽颍州府蒙城县知县；次翚扬，早殇；次起鹓，由监生议叙，权宣城黄池司巡检、宁国县典史；次兆鹏，廪生；次鸿磐，国学生；次鹭容，庠生。孙五：清黼、清黻、清晖、清翰、清皓。曾孙二：世桢、贞彝。孤子一鹗等以嘉庆二十年十一月十五日，葬公于县之垛字圩新阡。铭曰：

苍姬百叶余绪长，惟有德者寿而康。抱质守素能文章，贞臣五世数必昌。一门五凤齐翱翔，煌煌庭诰生辉光。高原膴膴笠泽旁，地卜云吉辰则良。公之神兮游大荒，郁乎幽宅今归藏。

赐进士及第、通奉大夫、山东提刑按察使司、前翰林院修撰、吴县石韫玉撰文。

赐进士出身、翰林院庶吉士、功臣馆协修、长洲顾元熙书丹。

赐进士及第、通奉大夫、山东督粮道、前翰林院编修、阳湖孙星衍篆盖。

清道光抄本《周氏宗谱》

皇清诰授中宪大夫刑科掌印给事中广西学政加二级显考鹤江府君行述

〔清〕费兰墀

呜呼！府君竟弃不孝兰墀而长逝耶！不孝自八岁入都，依府君膝下四十载。于兹中间再回里，一至闽中，皆不久即归侍舍，是未尝一日离。比年府君齿渐增，益怜不孝，晷刻不相见，即问兰墀安在。或偶出门，则心切切计归期。不孝昏愚，知喜忘惧，冀府君且终庇不孝于无穷，岂意奄忽之间，瞻望而不见，号呼而不闻耶？不孝心气瘀伤，言辞无序，念府君立朝行已之大，不可以湮没不章，用敢濡笔，敬述崖略，惟大人先生采择焉。府君姓费氏，讳振勋，字策云，一字鹤江，晚自号蒙士。先世自宋参知政事讳士寅，以忤韩侂胄，屏居吴江之垂虹桥，为始迁祖。传至昌言公讦，仕明为楚王府教授。五传至赠迪功郎养宇公望祯，始卜居东湖。公四子：长圆素公中兴，次因素公复兴，次青州府通判贞素公汇兴，次许闲公愈兴。圆素公之曾孙文江公洪学，中康熙庚辰科进士，官博野县知县，有文稿行世。而因素公为府君五世祖，生子美公元谦。公少孤，值土寇作，负母逃，出猝遇寇，以计脱母而身殉焉，是为府君高祖。早卒，家贫甚。高祖妣钱氏，年二十六，抚教孤子庶祺公锡蕃，寡居三十四年而卒。有司上其事，得旌如制。府君之大父为星涯公讳浩，附贡生，赠中宪大夫、户部山东司郎中。配沈太孺人，赠恭人。星涯公二子：长半闲公讳木；次西园公讳林，国学生，赠中宪大夫、刑科掌印给事中。西园公配吴太恭人，少宗伯家骐之女，生伯父莼溪公宏勋，次伯父容斋公翊勋，次伯父春岚公奎勋。继配赵太恭人，生伯父让堂公廷，次即府君，次叔父松吟公麟勋，次叔父秋涛公宗勋，次叔父晓帆公龙勋。西园公尤敦内行，母沈太恭人病乳痈，公侍疾，亲为吮脓，无难色。女弟适沈氏，不相得，迎养于家，命子女皆母事之，终其身。遇佃户贫者尤厚，减其岁入而宽其逋。既殁，乡人怀之。少从吴宗伯学于湖北官署，业既成归，而屡试不遇。家故有小园，吟诵其中，意翛然自得。所辑录评点诸书，藏于家。府君生十一岁而孤，诸父惟最长者已成室。赵太恭人鞠育诸孤，备极艰苦。尤重师授，延致陈先生辂于家，前后十数年，忠敬如一日。同塾自府君外，诸父凡六人，其五并入乡校。陈先生语人："微母夫人之教，不及此也。"府君弱不好弄，志识高朗，出于侪辈中。年二十一，吾母苏恭人来归。戊子举于乡，主试者为司农王文庄公、侍讲学士石民先生国柱，房师为县知县王公惟一。乙未成进士，总裁则相国嵇文恭公、相国王文端公、内阁学士雨斋先生阿肃，同考则翰林院编修王公尔烈也。府君成进士后，会开四库全书馆。相国于文襄公、王文庄公奏请，以进士十二人书签武英殿，府君与焉。逾四年叙劳，同列皆得知县，府君独授内阁中书，缮书如故。庚子补中书，寻权侍读事。府君橐笔禁门，计晷分直，阁以晨殿，以午晡后乃返。以贫故，主太宰金公简家治书记。当是时，府君声望日起。辛丑、壬寅间，充文渊阁检阅兼四库馆分校。丙午，偕侍讲颜公崇沩典四川乡试，得士卫道凝等六十人。复命，上问试事甚悉，府君奏称旨，上注视良久，乃令退。其后数被眷遇，繇此始矣。是年，转户部四川司主事。戊申，充顺天乡试同考官，得士张树之等十五人。己酉，上命视学于广西。壬子还京，擢本司员外郎。甲寅，迁山东司郎中，提调则例馆。户部则例久不辑，及是续纂成书。自主事至郎中，皆不出户部。戊午，监督宝泉局。己未，高宗纯皇帝上宾，今天子亲政。府君转山东道监察御史，寻掌四川道事，稽查储济仓。壬戌，抽查京通五闸漕务，擢吏科给事中，旋命巡视天津漕。自丙申岁，吾母携不孝至京，复从府君之粤。壬子后，不孝及妇侍母往还南北。至庚申，不孝兰墀始举顺天乡试，至是年始成进士，授翰林院庶吉士。癸亥，府君受事于津门，以催攒粮艘，抵通迅速，称上意。凡所陈奏，硃批称善者再三。乙丑，掌刑科事，奉命巡视中城。是夏，翰林散馆，上谓兰墀卷谙习掌故，擢第一，授编修。府君欣感交集，勖勉不孝甚至。府君从属车之役凡五，至盘山者一，至滦河者再，至木兰者一，最后以恭送梓宫至裕陵。其他乡会试，及武闱，及试教习，例派科道监察者，府君咸与，不能悉纪。先是府君官郎中，积资当外转，已注繁缺矣，固辞乃已。辛酉，上举行察典，甄核特严，京员保列一等蒙御笔圈识者，仅十之三。府君与其选，将外任，复力请于台长，以京职留。其后，御史秩满当得郡，给事中秩满当得监司，皆不就，竟以丙寅秋请假归。方府君使蜀道，出山西。有某令者，蜀人也，识府君。及是盛供张出迎，言其本籍子弟无应省试者，故来谒。暮夜复至，则其子实应试，将干府君以私。府君拒之，曰："吾弟若子方应京兆试，吾奈何为此？"其人惭而去。在广西，厘奸剔弊，不务姑息，而培士气，核真才，如恐不及。所属郁林之陆川县，文浮于额，泗城之西隆州，不及额。奏请减西隆之生员额，以益陆川。省署故无考舍，每试士，则处以隶人之垣。府君言于大吏，议增建，愿助资为之倡。工未举而代者至，府君乃捐百金贮司库，为文勒石以劝其成。科试毕，择粤士之隽者数十人。月再试之，延至内廨，具饮馔，亲第其高下，口讲指画，如课子弟。隆安县诸生程一鹏者，嗜学文，师归震川，府君绝爱之。顾其地僻远，家贫，有跛疾，力不能应省试。府君为具装，要之入署。其母老矣，既试，乃资而归之。程生竟不得志以死，其遇府君为生平第一知己也。粤人感思府君之德，士以公车至京者，未尝不来谒。朝士视学粤中者，询前使者之贤于邦人，必首举府君以对。然府君犹自以中年精力衰减，不能锐意校阅如在闽幕时为憾。盖辛卯、壬辰之间，汪公新视学闽中，府君实从。时试卷甚多，至一县有五千人者。府君任总阅，鉴别高下，实精且勤也。府君在武英殿承缮书籍，及校中秘书垂二十年，赐文绮者三，瓜果饼饵之颁无虚岁。督学时，复拜石鼓文墨刻之赐，人以为儒臣荣遇焉。户部八旗现审处者，旗民争地质成之所也，每两旗以郎官二人主之，又八旗设总办官，府君为之。殆遍前事者或偏听轻发，数以细故逮讯，郊外民株累者多，人不安业，府君悯焉。十余年间，未尝妄提一案，滥责一人，农曹称平允。其后为刑科，秋谳时，刑部以府君言，由情实改矜缓者时有之。府君之慈仁多类此。宝泉局狱兴，府君独以于局吏无染，得不问。故事主局者优其禄，再期而代。府君任事甫逾年，以尝保御史邋出引见，遂入台。时成亲王总理户部事，以清查局铜无阙奏，故狱辞无只字之连。自府君后，司局事者凡六人，咸櫂重谴无脱者。府君尝语不孝："吾岂忍幸人之厄，以自取名哉？然愿汝曹由此识怀刑之旨，且不疑于廉吏之可为也。"为御史，建言："督抚考课州县，宜师汉循吏遗意，以安静恺愉劳心抚字者为上考，不得专取猾巧武健之人以病民。"又极言部院至各直省胥吏因缘为奸状，得旨通饬中外如所言。府君以六部据例办事无例者举案，案繁官不能周知，吏持短长。因奏言："欲收猾吏之权于曹司，宜每司责令主事一人专掌成案，以时籍记而剖析其异同。"又近世士大夫好诋斥宋儒，为学术害，奏言："乡会试取士，有显悖朱注者，禁勿录。"皆有关吏治士习之大者。既告归，汪首禾中丞聘主正谊书院，时往来郡城。前后主讲凡七年，府君精力渐衰，惮涉湖之劳，力辞讲席于大府，将安居适志，以乐余年。孰意归未久而遘疾，遂不复起也。痛哉！府君有至性。官京师时，遇大父母讳辰，戚容竟日，顾谓不孝曰："汝大母季年，家甚艰难。吾方会试下第，馆范侍郎家，月得修三金耳，寄家书，囊杏仁附之。汝大母是时病且殆，闻京师人至则喜。手所遗囊，力疾亲自启缄，反复检视，乃嘿然弃去，盖意囊之或有缄金也。我闻讣急归，而汝四伯父为我言，我至今以为恨。"言已，泪涔涔不止。曾大父、大父葬邑东之第五都，未有墓舍，春秋祭扫，不蔽风雨。府君归田后，将卜居，愀然曰："必先营墓舍。"乃力构成若干楹，缭以周垣。十余年来，守护者弗怠以此也。府君以赵太恭人不逮禄养，思竭情于外氏。官主事，为外祖父母请封赠，遵例输金四百有奇。吴太恭人之兄子曰椒园翁，来京师冀以荫仕不果，困于旅邸。其女适丁氏者，寡居无所依。其后，椒园之孙复至京。府君于其三世皆厚遇之。吴宗伯之亲连者先后至，亦皆馆之为之计，皆尽力。盖府君之厚于母党如此。先是家有薄产，会大伯父以举人纳资为盐大使，兄弟皆鬻产以助，家乃落。伯父寻卒于官，积逋之责偿者踵至。继以大母病终，而家遂大困矣。当是时，诸父艰窭，汲汲然如不终日。自府君成进士，诸父或以官，或以幕客，始稍克措拄立门户。二伯父以乙未岁偕之京，三伯父以丙申、四伯父以丁酉、八叔父以丙午至。二伯父不得志，将客游，未有所遇。府君言于汪芍陂给谏，偕之湖南，伯父卒有成于楚。三伯父、四伯父皆以誊录之劳，相继得官去。八叔父与府君相依最久。而七叔父蚤世，府君痛之，抚其孤子女尤至。府君与诸父均休戚通有无，一出于至诚。当府君归时，三伯父、八叔父亦先后返里。府君故有女兄弟四，而长姑之适叶氏者，至是年八十余，尚存。独六叔父犹客楚，与府君别三十年矣。府君与之书，言："老年兄弟，无几相见，及今归，犹可一握为笑。"且为筹资斧，六叔父得书即归。自是之后，府君与诸父日相问也，旬相从也，暇则饮酒道故旧为乐，解赠不绝。植荆树于厅事西，颜其别室曰"梦草"以示意。既而八叔父卒，六叔父、三伯父相继卒。身后之事，府君一以自任。府君于诸父，固养生送死无憾者矣。当府君之存，诸父惟府君是倚。及诸父亡，府君身亦随之痛哉。府君为人和易，胸无城府，能容人。方待选时，中书有阙当补，而某公越次营得之。及某公疾革，府君往视之，殁而哭之哀，益存恤其孤。在曹署久，满汉共事者，前后无虑数十人，有问勿匿其情，有疑必以告。勤于任事，而不专其美，同列推长者。府君于及门多所成就，前吏部侍郎名玉麟、今安徽布政使韩名克均，皆著声绩于时。尤加意孤贫之士，蹇君滋善再应礼部试，府君皆招致寓舍，使读书。视津漕，以梁君承勋有学行，告鹾使特建义学以处之。其后蹇君卒成进士，而梁君教其子为乡举，相承为义学师者十余年，府君力也。尝喜庄子"与物为春"一语，谓："吾侪当思有益于人，不可存杨子为我意。"遇冬夜围炉，辄曰："寒无衣者可念也。"生平未尝主近世阴骘感应之说，而所施济甚众。尝曰："吾无他善，但热肠触物即发耳。"性恬适，所至植竹树自娱，暇则学书。居家慈和，与吾母白首相爱，敬敌以下皆善遇之，与僮婢言词色姁姁，若惟恐伤之者。不孝少时，府君课之严。居京师，以为朋游征逐少益多损，既长犹不令出书塾一步。教之为文曰："词必己出，毋剿说也。"教之为人曰："宅心必坦易，言必真率开明，毋饰诈以欺也。"过庭往复，不越忠厚笃实之旨。壬戌、癸亥间，府君以视漕入对，上垂问家世，府君详悉具奏。上色霁，谓："汝子已入翰林耶？"府君免冠叩头，谢退而语不孝："士有穷老不登第者，偶得一第，亦不尽为侍从臣。汝薄植，由汝大父潜德弗耀大母艰苦成家，以有今日，汝其勉之。"不孝以多病，数贻府君忧，府君爱尤至。壬子在粤西，不孝病羸，夜不能伸足卧，竟夕不寐，家人更迭守之。府君临视，伺不孝倦极垂头，则手枕以承之，不孝乃酣寝极适。自夏及秋，率常如是。癸酉里居，不孝左股疡溃，医者针之三寸以深。府君阅视，色愀然。明日，侍者为不孝言：昨夜府君几废寝，视枕上犹有泪痕沾渍也。呜呼！不孝垂死，而府君生之者数矣。今不孝侍府君疾未久，顾乃茫昧于病情，卤莽于医药，迁延玩愒，驯至大故，不孝之罪尚可赎哉？府君自奉俭约，非宾祭未尝特杀。使蜀归，道出西安，颜侍讲以方严冬北行，盛制衣裘为御寒计，府君独否。后府君语吾母曰："吾晨起坐肩舆中，朔风扑面，懍烈不可支，股以下皆寒栗。轻裘安燠，我岂不乐之。顾我家无恒产，京员禄薄，稍自恣，即儿曹无吃饭处矣。"呜呼！今日不孝等幸饱饘粥，皆府君与吾母纤微累积之所留也，而府君顾蚤弃养。痛哉！府君体素瘠食少，然气充而容泽。中年风咳时作，气血寖耗，而精力犹健，轺车行役，未尝告瘁。七十后，步履如少壮人。壬申春，痁疾几殆而瘳，至秋复患痢，府君由是惫。追八叔父、六叔父先后下世，府君益索然。三伯父之殁，府君自郡城往哭，归而疾作，时乙亥十一月朔日也。自是病日进，服药罔效。至丙子三月二十一日，体热。二十五日，喘栗不止，府君乃呼吾母及不孝等与诀。二十八日夜漏下四鼓，府君神气稍清，命侍者秉烛入帷，顾见不孝须影，手抚之微笑，欲有言而不能成声，延至二十九日戌时遂长逝矣。痛哉！府君以乾隆三年戊午四月二十九日寅时生，享年七十有九。赐同进士出身，武英殿行走，内阁中书署侍读事，户部四川司主事、员外郎，山东司郎中，宝泉局监督，山东道监察御史，掌四川道监察御史，抽查京通五闸漕务，吏科给事中、巡视天津漕务，掌刑科给事中、巡视中城。充丙午科四川乡试副考官、戊申科顺天乡试同考官兼翰林院检讨，提督广西全省学政加二级、纪录五次，以陵差随带加一级，恭遇覃恩，诰授中宪大夫。配吾母苏太恭人，乾隆丙辰科进士、泗水县讳宏遇孙女、庠生讳冈龄女，诰封恭人。子一，不孝兰墀。抚子一，早卒。兰墀官翰林院编修，娶王氏，康熙丁酉科举人讳棣曾孙女、岁贡生、候选训导讳承恺女。生一女，殇。继娶郑氏，康熙科进士、湖南巡抚讳任钥曾孙女，国学生讳邦栋女。生一子二女，子及一女殇。再继松江赵氏，湖北德安府知府讳楠女。孙一，元镕，从兄槐墀之子，为兰墀后。庠生，中癸酉科副榜。娶沈氏，乾隆丙辰科进士、江西新淦县知县讳宗湘曾孙女，国学生名兆熊女。孙女一，许字候选布政司理问朱名汝鲲子兆梁。抚孙女一，适湖州庠生董名英子廪生荣椿。女即府君门生梁君承勋女也。曾孙一，延洪。不孝昏迷失次，追陈梗概。惟当代立言君子赐之铭诔，用光泉壤，不孝世世子孙感且不朽。

清费兰墀《蘐庵文钞》

中宪大夫刑科给事中费公事略

〔清〕张士元

公姓费氏，讳振勋，字策云，一字鹤江。先世自宋参知政事士寅以忤韩侂胄，屏居吴江后，遂为吴江人。公高祖讳元谦，少孤，土寇方作，负母避逃，以计脱母，而身被戕。高祖妣钱氏，以守节得旌。曾祖讳锡蕃。祖讳浩，赠户部郎中。考讳林，赠刑科给事中。给事尤敦内行，母病乳痈，亲为嗽吮无难色。有八子，公其第五子也，生十一岁而孤。中乾隆乙未进士，以《四库全书》书签授内阁中书，权侍读，充文渊阁检阅，兼四库馆分校。于诸曹，为户部四川司主事、员外郎，山东司郎中。于御史，为山东道监察，掌四川道，遂迁吏科给事中，掌刑科事。于职任，为提调户部则例馆，监督宝泉局，稽查储济仓、京通五闸漕务，巡视天津漕，巡视中城。于文衡，为四川乡试副主司，顺天乡试同考，提督广西学政。初，公为郎中，资叙当外转，固辞乃已。嘉庆辛酉，天子举察典，特严甄别，公与选，将外任，复力请于台长得留。其后御史秩满当得郡，给事中秩满当得监司，皆不就，竟以丙寅秋归里。公之使蜀也，道山西，有蜀人相识者为令，于境上共张出迎，语次欲干公以私。公拒之，其人惭去。广西试士时，所属郁林之陆川县，文浮于额，泗城之西隆州不及额，奏请减西隆之生员额，以益陆川。省署旧无考舍，士入试则列坐隶人之居，有露处者。公与大府议增构，工未兴而代者至，于是捐金储库，为文勒石以要其成。户部掌旗民争地之讼，每两旗主以郎官二人，而八旗又设官总之。事常丛集，或传讯细故，连逮多人，反以扰之。公知其弊，故为此官十余年，未尝妄提一案，滥责一人。宝泉局监者，禄廪之厚，倍蓰于他司。旧例再期受代，而人常恋恋不欲去，公在任，则去之惟恐不速。甫逾年，以列名御史得陛见，遂入台。越四年而局中狱起，继公司事及与公同官而终事者，皆得重谴，公独无一辞之连。人谓公有天幸，而不知公之见几，固有以自守也。为御史，疏论督抚考课州县之法，宜师汉循吏遗意，以安静恺悌劳心抚字者为上考。又极言畿省治所胥吏因缘为奸状，上于是严饬中外如公言。公为人坦白，能容人。方待选中书，时内阁有阙当补，而某越次营得之。及其人病死，公哭之哀，且存恤其孤。居部中久，曹郎共事者前后数十人，皆推为长者。公始以孤童自奋于学，得列乡举。方试礼部下第，而母赵太恭人卒于家，自伤禄养不逮，欲报礼于外氏。官户部时，为赵氏外祖父母请封赠，遵例输金四百有奇。前母吴太恭人家贵而资产日薄，公于其三世皆厚遇之。吴氏之亲连者，先后至京，亦皆馆之。观公之于母党如此，则兄弟友恭之谊可知矣。其他笃于故旧、成就后进者甚众，不具书。公卒于嘉庆丙子三月二十九日，享年七十有九，配苏氏，封恭人。子兰墀，翰林院编修。兰墀未有子，以从兄槐墀之子元镕为后，元镕中癸酉副榜。孙女一人，适士族。曾孙一。士元与公同邑，留公家日久，编修君以状请为传。传非山人所敢作也，谨删次其语，俟铭公者考焉。

清张士元《嘉树山房集》

皇清诰封恭人显妣苏恭人行述

〔清〕费兰墀

呜呼！吾父弃不孝甫四年，而天又夺我慈母耶！吾父下世后，吾母益怜不孝。不孝痛不得事吾父，恃而兼怙，益恋吾母如婴儿，母子二人更相为命。呜呼！吾母其忍终弃不孝而逝耶？吾母病始于丙子，蔓于丁丑，膏肓于戊寅。不孝望色而忧，闻声以悸，梦寐中时惊呼欲起，或至哭失声。然终不虞有变者，以吾母数婴危疾，咸转盼获安。不孝昏愚，妄谓天幸可以屡邀颐寿，可以坐致懵昧迁延，猝遘鞠凶，攀号莫及。呜呼！不孝之罪，尚忍言哉！顾念吾母生平勤俭慈和，所以相先府君而教不孝者，不可终湮没不彰，用敢泣陈梗概，冀大人先生备彤史之采择焉。先妣姓苏氏，闺讳孝英。先世出于张。六世祖讳凤鸣，少育于外祖侍御苏公，遂承其姓。当明熹庙时，上书言边事，授邑丞不就。卒，私谥孝侠先生，崇祀乡贤，载郡志。三传为吾母之曾祖讳琦，蚤卒，聘王氏，实为贞孝王太孺人。始孺人在室，闻夫丧，以死自矢，乃归于苏，自郡城迁吴江之荡上，事君舅，以孝闻。抚夫弟琬之子讳宏遇，教之至成立，即雪渠公也。守节四十年而卒。当是时，王贞媛之名震动吴中，宋既庭实颖、尤悔庵侗诸先生辈，皆为之序，记有《筠心集》行世。先是未婚守志者，格于例不得旌。王孺人志节坚苦，有司固以请，得荷恩旨旌门，后遂为令。雪渠公为吾母大父，中乾隆丙辰进士，以学行重于时，官泗水县知县，治为山左循吏最。吾郡沈文悫公为墓表，称公为政本教养，佐以明决，时以为知言。两世事实，详载郡县志。外大父小雪公讳冈龄，邑诸生，嘉庆己卯覃恩貤赠儒林郎、翰林院编修。小雪公性潇洒，与人和易无町畦。配外大母赵太安人，秉德宽仁，先大母赵太恭人之姊也，实生吾母恭人。吾母有兄一，女兄三，女弟一，以异长，故吾母于行为四。两家故姻娅，外大父又凤器先府君，遂缔姻焉。吾母承累代遗泽，涵濡家法，柔静端庄，少成若性。居闺中，以婉娩承顺得二亲欢。退而与诸姊妹相师以女红，博习而精究之，无出梱之言。年十九，归我先府君给谏公。时赵太恭人在堂，治家严。而府君兄弟众，与吾母为娣姒行者且八人。吾母怡愉而进，事鲜连意，太恭人久益爱怜。殁而丧尽哀，祭尽诚，礼无违者。与诸母处，分劳让善，均休戚、通有无。遇事能容忍，以是诸母于吾母，咸白首相爱无间言。事先府君垂六十年，闺门雍肃，能敬以和，动必以礼，不苟颦笑。府君性阔达，少勤举子业，壮而服官行役，不暇问家人生产。吾母日夜思所以相府君者，谓"惟勤俭可以佐廉"，居恒躬亲操作，一意撙节而务持大体。府君有善美，必竭力赞成之，或值盛怒，则委曲排解，冀以立家垂后养福泽，而贻令名者无不至。甫受产时，岁入无多。府君馆修薄，吾母节缩衣食，家用粗给。后值多故，生计乃益艰。不孝兰墀以己丑岁生，会府君乙未成进士，留京师。吾母乃以丙申挈不孝北上，居太宰金公别馆凡十四年，至己酉始随使车出都门。初府君被命书签武英殿，未得禄。及官中书，禄亦微，而日趋直必备车马及从者舆人，伯通庑下，时时为无米炊，吾母备尝艰苦。每日晨起，奉盥濯，进食饮，俟府君登车，然后退而栉沐，以次庀家事惟谨。时或谋诸质库，黾勉弥缝，不令府君知也。入暮，府君为太宰治书记，简牍盈积，恒腕脱不能休。吾母拭几布笺，吮毫试墨，不俟徵索，措置从心。暑夜立而挥扇驱蠹，冬则手冻研呵之，或爇炉以进，至四鼓后，乃得就寝。甫交睫而夜向晨，府君又将入直矣。始自里中携一仆妇至京，而死后遂无给令于闺者，一切僮婢之役，咸身兼之。严寒，龟手拮据，肤尽裂，如是者几逾年。甲辰、乙巳间，吾母尝病痢，久不愈。惜医药资，竟不疗治，仍力疾起视事，以是得气虚中满症，至老不能瘳。呜呼！吾母中岁之勤劬若此。及之粤西官舍，俸入稍丰。吾母爱惜物力，深致暴殄之戒，非宾祭无特杀者。尝从容与府君言："为学政大难，愿毋忘作秀才时。"府君殚心校阅，屏绝苞苴，警鸡之助为多。岁壬子，府君秩满旋京，不孝侍吾母由水程返里。时离乡土久，昼锦叙旧，意亦良适。而曩在京时，吾母为不孝娶王氏妇，至是亦相从归，归未久而以产死，会吾母所抚妹适钱氏者亦死。妇素以恭顺得姑心，而妹以七叔父遗孤尤怜之，吾母坐是悒悒致疾几殆。甲寅再挈不孝入都，至丙寅乃与府君偕归，盖长安居者又十三年。中间迎妇生孙，府君由农曹登台谏，监铸视漕，迭膺简任。而自庚申、壬戌至乙丑，不孝中甲乙科，邀恩入词馆为选首，吾母见之为解颐。先是，府君以吾母应得封典，貤赠曾大母，至嘉庆己未始得邀锡命封恭人。吾母虽身被翟衣，不改荆布。府君返自粤蜀，故人有以缣帛贻者，欲为吾母易衣而新之。吾母漫应，至今犹藏箧笥，黯然三十年旧物也。偶得珍味，必推以奉府君，次及不孝。平日于饮食无所嗜，殁之前三月，稍能加餐肉食，一裔之味，始有三四下箸者。方夏进麦饼，食可二三，前此未尝有也。京师多女谒，酬酢往来，费不资。吾母独否，日惟阖户治内职而已。既自京归，吾母老矣。会卜宅城西，乃举管钥授继室郑氏妇。未几，妇又死，复娶赵氏妇。吾母益老多疾病，不复关家政，犹时时稽核，尝语家人曰："男子轻财宜也，若妇人亦然，则家道胡成？"不节之嗟，庸可追乎！其食贫尤甚者，则莫如府君客闽时，府君既奔大母丧，将之闽而家空窭。吴俗以钱七十为一陌，时存者钱五陌耳。吾母仰屋踟蹰，内谋尸饔，外给脯修，而偿所贷子钱。恒经月蔬食不具烹饪，越数日，则间市羊肝啖不孝。盖吾母自少至老，专意刻苦又如此。然吾母虽躬俭毂，遇府君与诸父通财及赒恤寒畯，则倾囊无少吝，或更先意曲成之。方诸父先后至京师，吾母朝夕治具，时其寒燠，纫篃补缀，无倦容。诸父尝有急需，值府君方出使，吾母亟典簪珥以应，视府君之为诸父谋有过之者。诸父或携从兄弟偕来，吾母爱之犹子。妹适钱氏者，幼育于吾母，长而遣嫁，如己生。后抚津门梁君女孙，畜之至今，赘婿以居。自从宦京师及返里，凡族党亲姻，为之制嫁裳者甚众。辛酉，永定河漫溢，家西陶京兆设法拯流民于卢沟桥。将冬，衣褐不具，童稚号寒者相属。京兆走告，吾母恻然为手制孩子衣百，皆实以褚，夜督家人，篝火治之，旬日而具。其他济贫困、恤孤嫠，不能悉纪。士之游府君门者，例修宣文之敬，吾母治饮馔供具必周，有贫而假馆者，尤加意礼遇之。府君有侧室刘，始终善视，有逮下恩御，臧获以宽，盖吾母之用心，在于助成友爱。又以余力好行其德，与女士之沾沾勤俭者相径庭也。吾母之所以相府君者，大略如此。吾母事外大父母孝。外大父以治风疾，故饮食多异人，其物人不恒食，又往往藏疢毒。外大父欲得伴食者，诸从母皆相顾瑟缩，吾母独曰："安有父可食，而女不可食者乎？"坦然食之而饱，外大父乃色喜。既来归，外大父时临视，欢然如在室时，犹及见府君之成进士也。外大父殁，吾母乃至京，诒书舅氏，亟请营葬而资以金。外大母殁时，命以所遗物，畀诸女之未嫁者。吾母一听于从母，以让成和。后陆氏从母卒，停榇日久，归自粤，乃助之葬。吾母于私亲不轻赠遗，有与必咨于府君然后行。尝以外大父母前殁不克尽孝养，而外兄家贫，子姓荏弱，意忽忽不怿。不孝请为外大父母援例乞封典，吾母曰："止！汝力未能也，俟吾年八十当谋之。惟汝外大父母墓在支硎，无祀田，道远祭扫难，是吾忧耳。"及己卯恩命，适当设帨之期如所言，吾母惓惓报本之意，天殆阴相之矣。故事凡敕轴俟岁终用宝乃颁行。以翌岁之春仲，恭赍至外氏之古雪堂宣读，陈设如礼。吾母前知之，而不及见也。痛哉！至于墓田之命，则不孝谨识之，以俟异日。不孝生而难产，自幼善病。吾母中夜抱不孝绕屋而走，稍一释手，不孝辄啼，吾母恒达旦不寐。既就傅，吾母夜绩，则命不孝共灯而读,读渐熟,命诵之,如是以为常。及之京,府君日授不孝唐诗,令手缮成帙,退直取视,字画有欹斜,则予挞。于是吾母俟不孝作书,则手针黹旁睨之,以时训正其点画。府君归,得无挞。不孝最钝拙,不称使令,多逢府君怒。吾母辄先事措置,而授不孝使进之。不孝长而病弥甚,吾母竭蹷供药饵,恒昼夜忧危不释。然督责严,病稍间,辄勖以勤学。庚申将秋试,而吾母病且剧。不孝入侍疾内寝,吾母戒毋辍业,乃杂置书卷于医方药裹间。每日晨光透窗隙,则以足蹴不孝起读。为不孝娶妇者三,嫁女孙者一,经营尽瘁,心血为枯。生平于寸丝粒粟,皆宝惜之。虽甚爱不孝,服食必有制。尝语不孝:"汝家世寒素,享用非分,恐汝福薄不任受也。吾一生兢兢,欲为汝曹留有余尔。"不孝性卞急,多口过,吾母深切致戒,谓:"涵养气质须自惩忿始,是非不宜过求分明。浑厚寡言,所以导祥善塞殃咎也。"不孝顽劣,不能遵慈训以自淑,然吾母之所以教不孝者则至矣。往时不孝与人言,或移晷不休,吾母辄呵止之。呜呼!今谁呵止者耶?吾母于镕儿夫妇慈爱,甚至以朱氏女幼失恃尤怜恤,临终犹以属不孝。自增儿殇后,不孝久不举男,时忧形词色。吾母勉之曰:"汝父安得无孙,迟速有时,在汝敬承之而已。吉人为善,惟日不足,戚戚何为者?"不孝不克终遵慈训以垂后嗣,然吾母之所以诒孙谋者则至矣。吾母禀姿坚硕,中年为医者妄药伤血,由是体羸多疾。既南归,恒苦晨咳。丙子,先府君大故,吾母年七十有七矣,犹日悲痛。岁时奠献,病不能任拜起,则于寝室伏几而号。时亟求葬地不得,不孝以为忧。吾母曰:"少缓之,吾行且从汝父地下耳。"吾母遂益衰。丁戊间,肺疾如剧,肝脾交困。方病中,以女孙嫁事劳心,精神益耗。戊寅冬至前,骤患火炎,颊赤。至十二月十四日夜,忽咯血盈碗,次夜益甚,如是三夕。不孝惶遽昏不知人,而吾母神气澄澈,区处身后事,及与家人诀别,语甚悉。进药后,渐能啜粥,至除夕,可倚枕而坐矣。己卯正月,病复剧。二月后,渐安食稍旰,以肝失养故,词色异平时。方春寒,不孝侍寝,过夜半,吾母犹掷羊裘覆不孝体。四月为吾母八十初度,不孝方先期以三月称觞,孰知甫及秋而遽罹凶变也!痛哉!入夏后,痰饮渐多,而神识转清,能扶杖强步。暑窗永昼,惟时以牙牌卜休咎,夜使人诵稗官数则听之。六月十八日立秋,微觉体不爽。二十日,亲督侍者启笥检视衣裳,命曝而藏之,且令赵氏妇识勿忘。不孝恐吾母劳,固请俟明日。吾母曰:"吾旦暮人,能俟明日耶?"检毕,即就榻卧,旋觉体热。二十二日微疟、吐下交作,入暮稍安,顾热不解,体转侧无已时。二十四日天微明,吾母与不孝语家事,良久稍进粥。未申间复疟,神气烦眩,至戌刻而吾母奄然逝矣。呜呼痛哉!吾母以乾隆庚申四月十二日申时生,享年八十,诰封恭人。将以庚辰十一月某日,偕先府君给谏公合葬于吴江二十七都玉字圩新阡。子孙仕宦婚嫁,具详先府君行述中,不赘述。方吾母在京时,见行述有关妇德者,辄箧存之,时复展玩,叹曰:"为女子不当如是耶!"顾谓不孝:"他日汝为之慎,毋文饰也。"不孝无似,不克有所树立,以光显慈范于无穷。区区纂述前闻,以垂家乘,亦复疏略阙漏,无能阐扬万一。追维往训,痛裂肝肠,惟不敢一字虚美,以副吾母勤勤之戒。惟当代立言君子哀而赐之铭诔,以光泉壤,不孝世世子孙感且不朽。

清费兰墀《蘧庵文钞》

教谕陈吟香传

〔清〕叶肇元

君讳阶琪,字毓青,号吟香。太学生讷庵公长子也,生而颖异。岁癸亥,先君子年二十七,讷庵公延至家,即先君子县试冠军补邑诸生之岁,君尚未入塾。明年甲子,余生之岁,君始入塾。此先君子之言也。岁癸酉,予十龄,随侍先君子肄业。君方成童,五经三礼、《史》《汉》八家,靡不毕读。每为文,先君子辄啧啧称道。时余从旁窃观,虽未尽了心,实美之,且敬之畏之,兢兢以兄道事之。讷庵公有丈夫子四,君长予五年。次筠溪,次守愚,次韫山,俱少于余。相继入塾,与余为总角交,皆天资英迈,弱冠游庠,而君早拔帜先登。岁戊寅,见赏于郡尊萨厚庵先生,拔冠多士,人咸谓衣钵之传,固不爽也。旋受知于李鹤峰督学,自是岁科试,辄列前茅。乙酉,曹地山先生岁试,君复以冠军食饩,文名噪吴下,一时四方文士,靡不乐与往来焉。戊子秋,膺乡荐,以额溢置副车后。谒房师荆溪令夤园鞠公,击节叹赏,卜为远到之器。丁酉岁,就职教谕。时厚庵萨公已迁擢中丞,君赴辕谒见。公瞿然曰:"子应早蜚声艺苑矣,何至今日犹只就此一职耶?"深有长才短驭之叹。是秋,余初试棘闱,偕君昆季同赴白门。场前,君时言腹胀,临期委顿,不果入闱。俟同寓场务毕,登舟遄返,君犹能强步也。讵料途次忽呕血不止,自夜向晨,神昏眩乱,兼程到家,已医药罔效矣。忆先君子自癸亥迄丁酉,宾主款洽,始终不渝。而君昆季四人,俱驰誉文坛,亦云快事。自君之变,讷庵公抱痛西河,形神顿减,而先君子亦为之扼腕不已。呜呼!以君之年,富学博正,宜奋翮天衢,不应以广文终,何竟不克永其年耶?此固天道之不可问者也。君为人倜傥风流,亲贤爱友。性更慷慨,于二三知交通有无,相缓急,无吝容,亦无德色。其坦怀相与有如此者。作为文章,朗润若鲜露明珠,清华如风松水月,可想见其兴酣落纸时也。诗词抒写性灵,自出机杼,不屑屑规抚前人。总核君生平,持己以谦,接人以和,从未尝有疾言遽色,亦未尝有躁气矜情。故其处事,人视之而不无心烦虑乱,君当之而自觉暇豫从容,是其性情之恬适雅由,其度量之过人也。君生乾隆己未,卒丁酉,年三十有九,例赠修职郎。著有《爱日楼文稿》《囷峰诗钞》。君没后,距今已二十六年,余亦年方近者,视茫茫而发苍苍矣。抚今追昔,能不凄然?兹以颍川家乘编成,已付剞劂氏。两贤契咸亨、子谅请于余曰:"先君早世,不宜湮没,请夫子为之传。"余素不能文,又笔墨已荒,因重其请,不揣谫陋,为援笔而纪其略。

清陈阶琛等《颍川陈氏近谱》

陈简亭传

〔清〕茅元铭

君讳元文，字天求，简亭其号也。居吴江之黎里，父汝为，详本传。君幼颖异，好读书。稍长，工诗赋文章，然务为根柢有用之学，才藻非所矜也。弱冠入郡庠，累试高等，不得第，乃从其戚游粤之韶阳，留一载归。未几，游京师。会诏以热河为承德府，创学宫，建书院，遂膺荐主讲席八年，有成效。弟子登贤书者两人，马瑢、陈世宠；由童子为诸生食饩者，不下四十余人。塞以外操觚家，无不称陈先生焉。时新建曹文恪公尝见而叹曰："千百世文运之所开，而经师之绩以显，非偶然也。"其教法尤以立身砥行为重，故其门下士，皆恂恂如安定弟子云。始君之来都门也，以增监生应京兆试，授四库全书馆誊录官。全书告竣，议叙命往江西以州同用，权摄崇义之金坑巡检事。半载，盗贼弭迹，民安其居。署斋无事，则与其地之缙绅士，杯酒论文，刻烛分咏，至夜漏数下不倦。或相与策马登莲花山，访南唐莲花寨遗址，寻桶岗峒，观茶寮碑记，吊文成之故迹。当是时，君已为风尘吏，然名士典型，朗然流照于九溪山水间，见者犹相指曰："此曩所谓兴州都讲者也。"乾隆丁未夏五月，偶染疾，遽剧，逾月卒于官署，年四十有九。大吏皆惋惜之，所辖士庶多出涕者。综核君之生平，事亲孝也，于兄弟友也，处里党闾阎和悦，与人交蔼然有真意。读书不务章句，临事有识而断，斯则君之性情学行可知矣。其主讲席岁，遇天子举秋狝之典，驻跸热河。扈从公侯大臣，闻其教子弟有方，多慕而访之。申江缪中翰炳泰为绘《上塞授经图》，以传其迹。馆阁诸巨公，自嵇、蔡两相国而下，并为题词，以奖予之。斯则君之本所学为教术，也可知矣。其摄篆金坑，以称职为治，惜乎秩甚卑，不得以有为也。向使膺刺史、县令之任，或即补其所授官，可以稍展其用，则君之出所学为治术，其亦愈可知矣。君所著有《古香书屋文钞》《简亭诗钞》《粤游草》《出塞集》各若干卷，藏其家。予与君夙好如兄弟，故知君尤悉。君有子一人兆登，国子生，克传其父业。惧其父之行久而就湮也，请传于余已矣。良朋凋谢，握管凄然，顾以君之学业足传于后，乃觏缕而为之传。

论曰：古人称三不朽，而禄之大者不与也。岂非以遇者不可，必而名者不可，幸欤。今君屡试艰一第，入仕艰一官。嘻！穷矣。然当国家文教敷宣，远及塞表，敕建书院，而君首主之，坐拥皋比，倡明经术。异日兴桓之地，彬彬者咸得溯其渊源，曰："自陈先生始也。"君之名，其曷有艾焉，将所谓不朽者，非耶？若其处末秩，代樽狙，又仅仅数月也，即有所表见，抑不足为君重矣。

清陈阶琛等《颍川陈氏近谱》

先府君行略

〔清〕朱春生

府君讳锦绣，字静方，姓朱氏。曾祖讳士权，字元驭。祖讳美荣，字仁则。父讳佳寓，字宇瑞。家世徽州歙县人，自先祖以行贾，至吴江之铜里，始卜宅焉。而嫡祖母吴太孺人仍留歙县旧宅，两伯父圣祥公、集山公，亦皆娶于歙。先祖中岁后，又于吴江娶生祖母费太孺人，生大姑及府君，及四叔父启东公、五叔父立亭。而五叔父少府君十有九年，长于不肖春生才二岁耳。府君生而颖异，幼读书日可数十行，而性跳荡，不受塾师羁束。先祖亦以家世行贾无业儒者，稍长即令入资为国学生，而废书习贾。府君饶心计，多权变，持筹握算，不学而能，征物贵贱，十不失一。或钱货奇零，记籍琐细，他人钩稽考核，终日矻矻不休，而犹患舛误者。府君以片刻了之，绰有余裕。暇则弈博蹋鞠，饮酒歌呼，起居服食，皆近豪侈。两伯父素性俭约，颇不善府君所为，屡求析箸。暨吾母沈孺人来归，先祖遂令府君奉母挈弟居铜里，而更买宅于近城之唐家坊，以授两伯父。自是恒就养伯父所，于铜里岁时一至而已。府君疑有所得罪，跪而请故。先祖曰："吾视汝才具足自立，汝妇亦善事姑，无庸吾朝夕琐琐为。汝兄但知纤啬筋力而拙于筹算，凡事尚须吾调护耳。"其后先祖没，伯父果以不善居积，渐至贫困，乃知先祖有先见云。初，府君所居室，典自里中顾氏。后有富人以善价购者，顾遂赎去他售。府君仓卒觅屋，无当意者，乃买地筑室而迁焉。地临水，有洼下处，运土填之。无赖子指为侵占官河，将胁以取贿，不与则驾词讼之官。邑令沈公有能名，而威棱奢人。既受词，亲临履勘，就地设几案讯鞫，隶役传呼，声如乳虎，旁观皆股栗。而无赖子故狎，见官长冤言泉涌，几乱黑白。时府君年二十余，衣冠儒雅，从容前诉，历指地亩界址、弓尺广狭，及起衅构讼之由。委曲数百言，无慑容，亦无激词。令为霁颜，讼乃得直。自是府君凡有所为，莫敢以非理相要挟者。是岁四叔父夭没。四叔父少府君五岁，而勇敢有才气，遇事辄能助府君。其没也，府君哭之恸。时不肖春生生甫二岁，即启先祖嗣为四叔父后，而成服焉。或以四叔父未婚娶为疑，逮不肖入塾受书，闻方百川为弟椒涂立后之事，乃知笃于友爱者，不妨破格为之，所谓礼以义起也。其明年，邑有开河之役。吾邑当太湖下流，自简村而东有庞山湖，濒湖支港会入吴淞江者，皆可溉田。而湖中菱芦丛生，民贪其利，植之不已，日久根株蟠结，淤泥停聚，渐成平陆。港汊亦多淹塞，稍遇旱潦，田辄污莱。至是当事者议开浚，震泽令赵公实主之。虑胥吏侵欺，欲绅士董其事，选于邑得十人，府君与焉。先期遣吏持名纸延入议事，众疑是役必科派民间，董事者将有大累，皆托故不赴，且有贿吏求免者，独府君慨然往。赵公方张乐设饮以待，而开门肃客惟府君一人。入见，赵公笑曰："何诸君悉以不肖之心待县令，而子独相信之深也。且此事督抚已奏请发帑，不以丝粟累民。所以烦诸君者，不过为我司记籍稽夫役勤惰而已，岂真令士人行泥淖亲畚锸哉？"于是一主一宾，倾谈终席，极相器重。既而克期兴役，九人者辞不获命，亦皆出任事，分段赋功。而赵公每巡视工次，辄与府君握手相语如故旧。以是胥吏益谨畏，民夫益勤奋，兼旬而毕，事半功倍，他人皆莫能及，然府君曾不以能盖人。其后终赵公之任，亦未尝有所干谒也。又明年癸未，费太孺人弃养。费太孺人最爱四叔父，于其没后，哭泣过哀。虽府君与吾母百方宽慰，而终忽忽不乐，久之遂得心疾，竟以不起。府君每哭费太孺人，则更追悼四叔父不置。逮五叔父与不肖既长大，犹时时称述四叔父之为人，以相勉励，或太息至于泣下，盖三十余年如一日云。庚寅岁之春，先祖有友人在杭州遭官事，须先祖为证佐。先祖老病，惮远行，遣府君代往。比至，狱方急，府君倾身为之，几蹈不测，久之事得解。忽心动，星驰而归，则先祖病革矣。既而与两伯父共治棺衾，伯父谓先祖治命，身后事宁俭无奢。府君不敢争，则每事私以己财益之，故附身之具，咸得美备。厥后治丧及扶榇归葬，一切如是，伯父竟不知府君之用心也。初，费太孺人灵榇浅厝于外，未有墓地。先祖临终遗命，己必归葬歙县祖茔，与吴太孺人同穴。而谓费太孺人可别葬此间，以便出腹子孙祭扫。府君乃买地于叶泽湖滨之西房圩，以葬费太孺人，而以四叔父祔。曰："吾母以哭子伤生，今使母子同坟，九原有知，情或可以稍慰耳。"先祖少时，与郡城张某交好，其后张死，两家音问渐疏。暨先祖没，张氏家亦中落，而其后人检得先祖所书百金借券一纸，持诣伯父索之。伯父始议与府君共偿所借，既而寻求故籍，则当时实已偿迄，券遗失未缴，有收据可凭，其人意沮欲去。而府君所赍五十金者已至，竟以与之，而索券毁焉。伯父笑府君无谓，府君曰："世交穷乏，固当周恤，而使先人遗迹不落人手，不亦可乎。且弟平时多妄费，此举似犹近正耳，兄何惑焉。"伯父无以难。府君生平精于治财，而用财甚轻，铢积寸累而得者，每不惜盈千累万而弃之。尝有日者论人之有财皆由福命，因历指里中诸富人，以实其说。府君笑曰："他福命或不可知，若论有财，吾实远过若辈。"或问何谓，府君曰："凡财必经吾用，方为吾有。若积之于家，而苦身持力以守之，是为财所有耳，乌得为有财哉？今以积财论，吾固不及彼之百一。以用财论，彼且不及吾之十一矣。"识者谓此虽戏语，实见道之言也。然用是岁入多金，辄耗散无余。贸易资本，常须称贷益之，而能以智术自掩覆，不为人测识。邑有汤氏，尝贷府君以千金。值俭岁，百货壅滞，折阅且尽，汤微有所闻，将来索取。府君先期知之，乃张灯陈丝管，招客盛衣冠者数辈宴于堂。酒半汤至，府君大喜起，拉之座上。汤逡巡未得言，忽闻他室中有声，铿然若泻重锭于盘者，数十而不止，即有着犊鼻袴肩钱而过庭下者数人。顷之，有客手钱一缗入，招府君啜嚅耳语。府君意若怫然置不理，仍入座行酒，客徘徊庭外不即去。汤异之，托便旋下阶私焉。客曰："吾以钱二千缗，与朱君易银。渠家司出纳者，以钱恶难之，其实钱固可用。吾亲与朱君言，而朱君又不许。子雅善朱君，盍为吾一缓颊乎？"汤素识此客，信之，为言于府君。府君为不得已者而曲听汤，并延客入座，共饮极欢而罢。汤遂去，竟不言索逋。呜呼！道济量沙，虞诩增灶，奇谋胜算，史册艳称。府君非有意仿效前人，而事急出奇，乃有与之暗合者。然则府君之才，宁当以商贾终耶？人固有遇不遇耳。府君既以才气过人，视天下事无足为，而于人亦罕当意者。稠人广众，抵掌雄谈，若不容旁立者入一词，尤不喜曲谨多礼之人。偶相值，必以嘲谑困之，而语多风趣，令人解颐。即被嘲者，亦不能怒也。时为人排难解纷，无问夷险，期于必济。然亦性所乐为，而非以见德故。或素所鄙薄之人，有急相求，即援之甚力，而事过则薄之如初。至遇老成长者，则敬礼无失。而于伦纪之间，恩义尤笃。先叔祖右瞿公，先祖之幼弟，嗜酒，不治生产。先祖没后，益落魄，至贫无立锥。府君迎养于家，凡数载而没，身后事一切如礼。两伯父暮年贫困，圣祥公归老于歙，集山公来依府君。府君素以不得于兄为戚，见其来，喜甚。供奉周备，凡御酒肉，必兄弟共之，遂薰然成和云。府君性行近豪侠，晚岁自喜益甚，渐跅弛不事边幅，时时从群少年狎游，以为笑乐。酒酣耳热，谈谐间作，丝肉竞奋。或自傅粉墨登场，为月夜刘唐之戏，一座倾靡。今岁正旦家宴，尝从容语不肖曰："吾生世于今五十有六年，心无幽忧，身无疾病。家不及中人，而被服饮食拟素封。生值江南佳丽地，于城市之繁华，山水之明秀，皆得目穷其胜。至生平饮博之豪，声伎之乐，即富贵者，或不吾逮焉。吾行谊未有过人处，而此段实可自鸣得意。汝相识多文人，他日即以此志吾墓石，亦足夸示后人矣。"言已大笑，倾觞再酌，颓然竟醉。呜呼！此时光景，犹在目前。孰意数月之间，剧遭大故，而志墓之说，遂成语谶。岂府君果自知年寿将终，而为此言耶？抑衰飒之端，精神先见，一言一动，有不知其然而然者耶？乃不肖当日闻之，犹以为戏谈，而弗加警惧焉。其为罪戾，可胜道耶？府君气体素强，早晚凉燠不甚留意。以八月十八夜泛舟石湖，饮酒听歌达旦，遂感寒疾，十余日而没。没时面不换色，口无谵语，翛然若坐脱者。亲故闻之，罔不唏嘘涕下，甚或痛哭失声。有梦府君冠带入泰山神之庙者，遂传府君为神明所敬礼，即冥途当证善果。此虽类乡人附会之词，然亦可见府君之于人，有恩无怨而载在口碑者，共以为奇人杰士，而相与尸而祝之也。府君生于乾隆四年十二月初九日，殁于五十九年九月初三日，享年五十有六。娶吾母沈孺人，生子一人，不肖春生。孙男一人，名虎。孙女二人，俱幼。将以某年月日，葬府君于西房圩费太孺人墓侧。创痛余生，神智荒耗，觇缕事实，挂漏实多。惟幸当代大人先生蓄道德而能文章者，锡之志铭，以光泉壤，世世子孙感且不朽。不孝男春生谨述。

清朱春生《铁箫庵文集》

赵基传

赵基，字开仲，岁贡生。明敏过人，博闻强识，早岁即声誉鹊起，实副其名，意犹不自慊，乃与友朋相切劘。一时名士若长洲张邦弼、王芑孙、沈起凤、清瑞，吴县石韫玉，崇明张诒，咸与订交，文酒之会，殆无虚日。生平岁科试，三冠其曹，两应南巡召试，十七试乡闱，而卒不遇。遂无复昔时意兴，竟以明经谒选，为金匮县学训导。然好学愈笃，诗文亦愈谆。其文高华典重，自是玉堂中品物。诗古体豪健近韩、苏，今体和平尔雅，如其为人。年七十一卒于署中。著有《乳初轩遗稿》。（参石韫玉《苏州府志》）

清道光《黄溪志》

皇清诰赠奉直大夫亡弟增广生士模行略

〔清〕金学诗

呜呼！自吾弟之殁垂十四年，乃今得和泪濡墨以为之述。此十四年中，未尝一日忘也。宦游京师，困于人事之扰，每念及辄作恶，庶务都废，故欲举笔辄止者屡矣。客夏奉吾母吴太夫人讳归里，终不忍以予作恶故，致弟生平湮没，且使后世子孙不知予兄弟气谊之笃，爰撷其遗行以垂家乘，并备当代发潜德幽光者采择焉。吾弟讳士模，字端范，号竹坞，少予四岁。先王父晴轩公，先府君枫江公，两世皆资馆谷以给。予兄弟束发就学，俱随王父本邑书塾，稍长乃随府君郡城塾中。岁乙丑，王父馆于近戚周氏，距予居仅隔垣，还就家食。吾母吴太夫人事王父孝，虽力不赡，必勉具甘旨。王父呼予及弟共食，未尝染指，啖菽乳菜羹而已。是时予年已十龄，稔知吾母劳瘁拮据，欲食有所不忍。而弟年仅六龄，即已知此，盖天性有过人者。予业经书古文，弟初入塾，熟聆予所业之书，亦往往能背诵。所居内寝之西，檐下杂庋瓮缶，予与弟同卧起。每隆冬晓寒，日初出，相与负暄习礼其地。长兄遇节日随府君归，亦在焉。候王父起，即从受业。至晚则就吾母纺纱之灯，各执一编吟诵，或试以僻字，及摘取业书之一两字，令记忆某处，以为笑乐。辛未，予游于庠，弟益发愤为制举业。年十九，应县试及院试，皆第一。嗣以诸生应试，皆列高等，入紫阳书院肄业。见者钦其才，并及其仪貌，以为柯亭刘井可旦夕至也。然是时已得咯血症，予心忧之。越二年庚辰，弟妇吴孺人来归，奁赠颇厚，弟意殊不屑也。然吴孺人性婉淑，知大义，处家庭间未尝有德色。吾母爱之，妯娌亦相得欢甚，如予兄弟云。方弟从予紫阳书院肄业，时予方肆力于诗古文词，一灯荧荧，吟诵达旦，弟辄与俱。予劝以静养不听，强禁之，则恚曰："家道单寒如此，不力学图上进，虽生奚为？"所作诗文就予点定，有不安必改窜数过。读书遇疑义，必究其出处，相与讨论，时有起予者。予或以事他往，虽两三日，弟辄徘徊吟望若难为怀，既归乃剧喜。壬午，予北应京兆试，离别之悲自此始。时方遭王父丧，又罹府君大故，劳苦之余继以哀恸，弟病益剧。予自京奔丧归，逋负累累，不得已仍作远游计。长兄客粤东，予继客闽海，悉以家事委弟一人，而困瘁始益甚矣。甲申冬，予偕长兄归里。兄奉母命于乙酉春俶装北上，予暂留家中，亦拟赴公车，而艰于旅费。会夏六月，有同乡费君邀予偕行，弟送予至虎邱，执手话别，泪涔涔不能止。盖是时弟病势已增剧，徒以予将远行深自讳匿，予亦心知其讳之也。而饥来驱我，念虽留无益于弟，故忍而出此。又自念酷暑行长途不能排遣，将先蹈不测，遂登舟径去终已不顾，而不知此别即成永诀也，痛哉！丙戌夏，予礼闱报罢后，秋间应试景山教习，寻应试学正学录，逗遛不得归。每接弟书率云眠食如常，然亲友自南来者皆云弟实病甚，疑信参半。呜呼！家计艰难，俗务猬集，倘令予在家当此，亦且忧愁欲绝。又令予客京师，而弟具以情形来告，必至扰乱予意，寝食不宁。弟固自料必死，不忍予之穷饿终老，而舍其身以冀成就吾功名也。呜呼！此岂予平生所敢望于他人，然非予身受者，亦安知弟之用心如此哉！丁亥二月，予有河间之行，方登车，接家书，讶非弟笔。启视之，则云病垂危矣，予与长兄相视泣。既抵河间，师纪晓岚先生为予置酒。酒半，予心绪惝恍不宁，师怪之，以实告。既念河间离家稍近，冀尚得一见，即单骑驰数日夜抵家，至则距弟殁已数日矣。慈母寡息哀恸彻户，惨有甚于此耶？古人谓：得一知己，可以不恨。予性落落寡合，每念此数年来，使弟尚在如畴昔相依时，虽三公之乐无以易，乃负之至于此。此固予命蹇所致，而孰知弟之命蹇有什倍于予者，予又何暇自悲哉？弟殁后，吴孺人欲随死，家人防守甚谨不得间。屡绝粒，强之乃稍进匕箸。然志终不可夺，逾年亦卒。盖吾弟夙以节操自励，熏染有素，然亦孺人之贤有以成之也。弟生于乾隆庚申十一月六日，卒于丁亥二月三日，得年二十八岁。吴孺人生于乾隆乙丑四月一日，卒于己丑正月五日，得年二十五岁。合葬服字圩西之张常圩。生女一，许字长洲庠生蒋讳业鼎子实坚。长兄既以第二侄逢原继弟后。初，吴孺人与亡室沈安人最相得，请以所生者为后，予悲其志亟允其请，以所生次子应之，五岁殇。今予侧室幸复生子，倘得成立，仍可续前诺也。弟在书院后所作诗文多可传者，俱散轶无存。易门陈丈为予言，弟虽抱疴憔悴，然遇文场角艺，仍刻苦构思，不肯少挫，至血涌乃止，作为诗歌益纵横排荡。今检废书败簏中得诗数首，皆予抵京师别后所作也，为汇而录之，并予所撰述，以质正于立言之君子。乾隆四十五年正月，兄学诗撰。

清金学诗、金宗培等《吴江金氏家谱》

鹭汀公传

公生于八月十七日（十八日为大潮期），故讳向潮，字沛先。生而颖悟，天性孝友，一生正直无私，恭俭忠恕，自孩提时已然。岁六七，赵太孺人尝授以青蚨数枚，命市糗饵，公握之久，卒庋于笥。春波公与里中群儿戏言相加者，嘿然不答。与之正语，则条理井如，和气可接，故里中有奇童之目。岁十二通五经，十四作时艺成篇。时悠亭公馆于震泽沈氏，为宛平贝公（讳景华，榜姓顾）课其孙。沈氏与凌氏邻居，凌方南翁为松门公之甥婿，悠亭公表妹婿也。旧相往来，倍益亲暱，稔知我家清况，因劝悠亭公以习理生业稍济时艰。公岁暮归，因呼鹭汀公告之，且教以诣关圣庙卜签，卜得二签，名利均吉，而利签则有"万人头上逞英雄"之句，悠亭公意遂决。乾隆甲戌，鹭汀公年十五，即学丝业于方南翁，内子王孺人为鹭亭公表姑母，年近四旬，尚无子，止一女。姑性慈顺，方南翁卞急善怒，每赖姑周旋方是。时悠亭公主西席，于间壁教公洒扫之暇学真草，黄昏之夜读书籍，朝夕承训，与居家无异。丙子，悠亭公就馆他所，公始与庭训远违矣。然而公年渐长，志气益愤，自思尽孝必先亢宗，亢宗必先立业。祖宗以诗书为业，今以泉布为业，业已降而志亦降，竟与贩夫牧竖等矣。业无论升降，总须出一头地，为父母光昆弟率，亦何在不可以创业乎？倘与俗浮沈，甘为市侩，因人就热作嫁徒劳，反不若村学究淡饭黄齑，尚不失斯文体面。每一念及，辄面壁欷歔涕零。故贸易之道精益求精，凡勘货置货、积奇积赢，事事居人之先。与人交易，丝毫不苟而又有余。间以吟诗作赋填词，为古今文辞。夜读书必至四鼓，声彻垣外。沈宛平贝公之侄槐荫闻之而感，夜亦诵读，生平极敬重公，与订金石交。方南翁见公闻誉日隆，生计日裕，家内外事尽资筹画，倚之如左右手，欲婿之，公不可，欲子之，毅然拒。私念公恩难忍，己志又不愿常寄人篱下。时春波公习生理于桐乡，英少精进，招之来观之，以为能谕以同业震泽鬻贩取资。一日，公谓方南翁曰："幸荷骈繁已垂十年，翁欲嗣我不从，而恒有去志者，非敢负心，诚不欲终以依人也。今舍弟来兹，才干足以立业，请从公志多效力几年。但翁精神强壮，宜纳姬以续为急务。"再四劝之，翁允之。一索得女不育，再索得男，甫四岁翁卒，遗腹又生一男。时春波公已建业矣，火然泉达，其势勃兴。公因思翁在，而我去可也，翁不在而去，是无情也。呱呱者谁与辅？匍匐者谁与教？数千金事业谁与生息？而蕃滋家有孙仲谋，不患家业不成，无事伯符助理矣。矢在弦上不得不发，临终一言曷忍弃诸，且俟老姑终年，弱息长大而后退，归助吾弟未晚。竟皇然以托孤自任，时公年三十有三，乾隆壬辰秋也，由是而极尽心力，任劳任怨。皖中吴象天开茂升钱店于震泽，亏短逃匿，欠凌氏二百金。公亲至皖寻得之，劝再理旧业，许为作保，故凌氏二百金本利俱还。孰意象天食用浩繁，凤逋累累，自复开后，亏短更多，乃捏造假簿搪塞公目，一旦溃崩，势又洪大，公与象天俱为人蓺。众人见春波公家业兴隆，象天积溃之身，不如舍弃，以移祸于我家。因阴纵象天远窜，而专讼我家。讼数年不已，邑宰梁公究以情理未协，至后始批斥彼，俟象天到日追偿，而我家得安枕焉，然讼费亦已多矣，皆为凌氏而受灾犯难之一端也。己亥，凌母王孺人卒。辛丑，其长男服阕，年已十六，为之娶妻，为之报捐太学。季冬，公出簿示众，银钱若干，田产若干，历历交代。盖自公始学业至翁卒凡十八年，家资仅积至千金，田三十亩而已。翁卒后至此十年，有田二百，银六千余，增至五六倍，不真为凌氏创业哉。壬寅岁，公年四十三，始辞凌氏。归与春波公各树一帜，公主苏庄，春波公主京庄，犹不释念凌氏，日往稽察，责其不节俭，比群小。不数年，凌氏家业渐衰，公怒气咆哮，为之逐群小，招众怨，屡膺讼事不避焉。乙酉，买宅藕湖，营筑之事一人任之，置田收租，兼理杂务。甲寅，长子桂采芹。乙卯，患项疽而卒，年五十有六。迹公一生，其根本在孝友，其立业在勤俭，其待人不外忠与恕。外侮之来性发如虎，在门内则书百忍字。春波公少公三岁，劝善惩恶循循不怠。督葵坡公读书甚严，视诸侄如己出，而尤勉家人以合爨同居，各勤乃职。临终遗言，只以和忍保聚为勖。故终春波、葵坡二公之世垂三十年，而不议分。至葵坡公弃世多年，而始分析者，所以遵公之教，成公之志，实公之盛德有以垂裕也。他若善为人排解纷，一言而判。遇强暴之徒，则挺刃相向，终直之不为挠，而又绝不矜才使气，春风披拂喁喁然，纯以真气感人。至于多才多艺，小道可观抑未矣。其嘉言善行笔不胜书，要之无一事不为子孙杓准者也。夫天下之大富大贵者多矣，不必皆贤人君子。如公之孝友性成，一生正直无私，恭俭忠恕，自孩提至垂暮而一辙者，实为仅见，岂所谓上智不移者，与其禀于天者何厚也？公二十八娶潘孺人，闺德温良，从无间言，先公卒，年四十有七。

清周善鼎等《周氏宗谱》

顾卧冈先生传

〔清〕吴家骐

先生讳德本,姓顾氏,字禹封,又号卧冈,世居吴江之泮水港。生而精敏,年十四,父慎斋公弃养,先生即弃举业,摒挡家务,凡一切人世应酬之事,靡不亲历,亦靡不悉中。先生于次为长,事继母梅孺人能得其欢心,抚二弟动遵礼法,无子弟之过。《白华》之句,棣鄂之篇,一室之中,莫名其乐。性好咏吟,下笔数言立就。师事助教金二雅先生,又招邑中费先生石琴馆于其家。每当花晨月夕,拈韵分题,更阑烛炮,墨采四飞,盖其好之笃而为之专也如是。善画兰,每有所得,即展卷伸纸,丛葩怪石,拂拂十指间,远近购之者,以为有板桥道人之风。先是,先生痛慎斋公之见背,而喜梅孺人之克就色养也,爰绘《望云》《寿萱》二图以见志。家本富饶,无舆马声色之好,而独于本根之地惓惓不忍释,于以见先生之至性过人,而不随流俗为趋舍也。嗟乎!晚近士大夫,克享田庐之奉,往往好言结纳;而薄于其所亲,或溺情于酒色,或耗力于锥刀,其能如先生之无忝所生若是乎?先生性行纯粹,又好习刑名家言,从同邑费乔人先生于吴中臬署,翛然自得,真神仙中人也。其为诗不拘一格,言情咏物之作为多,积有《也园诗钞》若干卷。年七十余而卒。予与先生之长君云泉友善。犹忆岁在癸亥,辱先生招至其家,课其季子及孙,时接其言论丰采,故知其行事綦详。今忽忽且三十年,距先生之殁亦八九年矣。今年夏,云泉兄丈携其遗稿访予于贞丰客舍,以校雠之役相嘱,且命予诠次其行事。予自维谫陋,何足传先生于不朽。惟念曩者,晨夕谈心,显显在目,固不可无以应之也。至其世系,别详于铭幽之文,不复赘云。

赞曰:予读《汉书》,独行、文苑分为两传,岂浮华易竞,而实行难敦耶?观先生之行谊敦朴,文辞通敏,春华秋实,兼而有之。其流传于未艾,而食报于无穷有以夫。

清吴家骐《守拙斋遗稿》

敬舆公传

〔清〕袁嵩龄

先祖敬舆公讳銮,生于乾隆七年。余家自国初以来,遗资俱尽,超山公馆修岁入,仅仅可给。迨曾祖信传公生余先祖时,家益窘落。先祖自幼喜读书,通大义。至十四五岁,不得已辍业耕田。遇年荒,曾祖母自食糠粃,以面食我曾祖及祖,饿甚得病亡。后先祖每遇四时佳馔,尝恸哭举以告人者也。先祖饱弟也,新嗣曾叔祖铁山公,家稍裕,兄弟友爱无间言,故曾祖往就养,居之颇安。先祖因请自力于商,操作巨细,无一日安暇。祖母朱氏生夏氏姑、张氏姑亡,年三十六岁。继娶我祖母费氏,移邻家斗米以治花烛饭,则贫苦可知矣。然先祖贫虽甚,志不稍衰,尝曰:"勤俭二字可起家,古人终不予欺耳。"独自来往枫桥、乍浦诸市，籴贱贩贵，积数年，岁计较盈。而祖母亦躬自纺织，寒暑罔间。先祖无内顾忧，筹商事益力。遂于老宅西旁，买隙地围之，筑屋数楹，收买骨砂等货，夏间又以其暇转市蓑饼。而性尤慈厚，于乡人之小船零载，照常价外则加赢。曰："此等朝夕负贩，不可与较锱铢也。"或今日价绌，明日闻各市价丰，则合计而补偿其不足。连举大伯父、三伯父，及费氏姑、钱氏姑、唐氏姑，最后又得余父。素患气逆，秋冬尤作恶，然仍力疾治家。生平布袍脱粟，无他嗜好，惟周急济穷，老而弥笃。至余父授室之时，先祖年已七十矣，遂命析产。每曰："余虽经营一生，念先世代传书香，作事必存忠厚者，无非为子孙读书起见。幸衣食稍充，可自弃乎？"其居家，延师尽礼，和厚待人，尤为乡党矜式，殁后数年，犹有涕泣道之者。余生未周期，先祖弃世，成童入塾，犹见我祖母焉。后遇文课暇时，中庭对月，余父每述先祖遗行不衰，爰不禁忾然思罨然望，而谨志其梗概如此。

清《袁氏家乘续编》1920年抄本

春波公传

〔清〕周楚

从来独立难成，家之将兴也。天生一才为之发轫，必更生一才与之连镳，而后能引重千里，如我春波公是也。公讳踊潜，字遂飞，与鹭汀公一生友爱为最挚。盖赵太孺人首生二男，次二女，次一男。葵坡公既与二公前后不相及，一时贫贱流离，年相若，才相埒，去士为商，险阻艰难，二公备尝之，其形势之相需二公，实有刻不能离，故情为尤挚也。所不同者，鹭汀公矩步规翔，有儒者气象；公则豁达不羁，豪气凌人，六博蹋鞠，不肯曲修边幅。鹭汀公时或裁抑之，亦不甚为之禁，知公才之不可以绳尺拘也。夫高明沉潜，各擅其胜，鹭汀公之才敛，春波公之才著。惟鹭汀公之才为能识春波公之才，惟春波公之才为能辅鹭汀公之才。当家运否塞之时，苟非如二公之才略出众，一后一先，同心协力，乌能胼胝拮据，以凿开生面，使家道中兴哉！公读书与鹭汀公同塾，公游里与鹭汀公同行，一味之甘必剖而共。年少长，鹭汀公犹念于诗书发迹，公则谓终窭如此，非谋生不足以立家，毛锥子何为故。鹭汀公尝于赵太孺人前，称公之别有立志者。乾隆丁丑，公年十六，学业于桐乡徐氏。徐叟以鬻丝为业，有二女，俱适人，无子。翁妪年五十余，思公聪明俊爽，诸事不学而能，使同宿诸房，久而益爱公，欲以为嗣。公念店业之微也，鸡肋不足以安尊拳，且无故而为人后，其若父母何阳膺之，而阴唾之，不能郁郁久居此矣。适鹭汀公以书来招，遂于癸未春去徐氏，而往震泽，时年二十有二。震泽，公旧贬之所也。鹭汀公因与公筹议："人贵自立。徐氏基浅，弟尚能分润助家，今不如措资独贩，倘有赢余，岂不胜于皋桥寄庑乎？吾因凌氏情重，欲去不能，弟勉之，一成一旅，扩而充之，弟犹吾也。"其言与公意合，闻之欣然。贩二年，以资佐家，自是无乏粮之患。呜呼！吾家之贫久矣。公与鹭汀公在家时，室如悬磬，家无宿粮。鹭汀公始至凌氏五六年不议修，后议修亦甚薄。公至徐氏一二年，即代为鬻贩，早有瓜分，然利亦薄。两人作伙之资，未敷一家之用。至公居震独贩后，二公极力支撑，一意节俭，稍有资，即寄家。所以炊烟常起，甑不生尘，饭饱菜香之境岂易易乎？丁亥，鹭汀公成婚，二公以营业之故，乃迎父母与家人迁居震泽。葵坡公十岁余，诵读无间，天资明敏。一庭聚顺，机声与书声相上下，其由屯而亨之时乎。又二年，公以见闻不广，家业未宏，有同事吴文俊约为川楚之游，己丑冬，辞父母往。乃渡彭蠡，泛九江，登黄鹤之楼，过鹦鹉之渚，而又西访白帝城。未几返楚，遇盗于汉川，以计脱之。游楚一年，获利倍蓰。赵太孺人以思公致疾，叠寄书促归，故于辛卯五月归家。时公已二十九，与张太孺人定亲而犹未娶，因择期明年启肆，明年成婚。自壬辰公开芳元庄娶张太孺人后，如巨鱼纵壑，鸿毛遇风，所谓时来运来，一路长驱，磐控无不如志，四十余年从无蹭蹬。而又兄弟敦睦，子侄贤，能享高年，膺晚福，遂成在震一巨家矣。公之所以成业者，一曰信，一曰明。既经然诺，汤火不避。与乡人交易，必察其孝友勤俭，然后收之，不然则拒。创为清水，经惜米无算，弗占便宜，弗事溪刻。借贷者从不受抵，其抵押田屋单，以斩葛藤或有事后追悔，宁吃亏不肯翻复。而又知人知言，事决几先。不喜近势人，喜亲君子，闭门不预外事，故无小灾祸、小口舌之及，此皆公之才胜而尤识远也。用财俭于己而宽于人，修路建桥、麦舟赠葬，以及遇荒施赈、逢旱浚河，虽累千百，无稍吝。深恶江南火化之俗，改用大坛埋葬生骨，上请宪示，数百里风俗遂变，岂非泽及枯骨哉？而公于鹭汀公之患疽时也，食不甘，寝不寐，内慰老母，外恃全家。参药之费如泻黄河，一馈之微必亲染指。自甲寅岁暮乙卯五月杪，公未尝一息安枕，须发大半变而为白，形容羸瘠。虽古燃须炙肉之谊何以加兹，皆因公与鹭汀公自幼患难相恤，骨肉提携，其情尤挚者也。公于鹭汀公没后，息公静气，措置家事，谓葵坡公曰："钱谷之事我主之，诗书之事弟主之。"筑精舍，延名师，敬礼西席，情文周至。为赵太孺人侍板舆，迎煦日，问安侍膳，公与葵坡公接踵于寝门。夕阳既西，庶务闲旷，公与葵坡公衔杯论古今事及古今人，必穷溯源流，指其所以贤愚盛衰之故。性好吟咏，遇物即题，令葵坡公为之赓和，若子若侄亦与之究推敲讲竟病，往往至烛炧更阑而不倦。长子桢，次子楚，比年采芹、食饩。侄材举于乡，侄桂食饩，出为广文。次子椅、次子杰与侄荣，经理生业，俱有父风。侄森亦采芹，旋食饩。公当家又二十年，葵坡公亦五旬有余，白发两昆，左推右挽，使门内如磐石之安，相与裁成子弟百口，尚合爨同居，所以成鹭汀公之志也。最少子幹，于嘉庆壬申采芹，公年七十矣。癸酉七十一，毫无疾病，一瞬而逝。时张太孺人年六十四，其懿行不胜枚举，能化公之气质，使急性而为雍和者，皆太孺人之功也。男楚谨述。

清周善鼎等《周氏宗谱》

张太孺人传

〔清〕陆以湉

古人谓:"妇道贵德不贵才。才胜于德,则刚而不柔;德胜于才,则柔而不刚。"其说不尽然也。夫有其才而以德应之,则内庭自然一无闲言,而上下不相离。有其德而以才济之,则中馈之百废具举,而上下不相蒙。以此而求妇道之才德兼备者,孰有如张太孺人乎!太孺人吴娄望族,幼聪明,长柔顺,针黹女工学而皆精。事上有霁容,御下无厉色,日佐母金太夫人,炊爨之劳不敢稍懈。偶有余暇,务纺绩,勤绣刺,非至夜半不寐。二十三岁适周春波公,斯时春波公家无厚资,操作自劳。上奉翁姑,下少童仆,早起晚眠,亲操井臼。凡措施大小之事,无不得堂上翁姑欢。妯娌之间,雍雍和睦,视犹子如己出。教子极严,晨夕勉其读书,不稍事姑息。及亲朋邻里之贫乏者,或有乞怜,太孺人无不默为周恤,不使春波公知之。故与人不吝,旧恶不念,生平无睚眦之憾。或家内有诟谇微衅,太孺人无不曲为调护,使彼此释然。或有逸言诽语,皆置不问,惟以大度容之。春波公尝窃自喜曰:"古之所谓内助者,信有然也。"迨后家业日隆,宫室恢廓,食齿浩繁。春波公兄弟三人同居同爨,家中亲丁及外人诸奴婢辈计有百五六十口,皆太孺人总理其内政,使之秩然而不紊,协然而不怨焉。年至八十余,耳目聪明,步履维艰,常在床褥间,犹以针黹事为消闲之计。或有仰慕者,桂子盈庭,兰孙满室,寿至耄耋之年,太孺人之福何其高且厚也。而不知有总理一家之才,复有雍睦一家之德,而后有太孺人之福与寿如此也。噫!如太孺人者,可增女史之光矣。赐进士出身、湖北即用知县、台州杭州府教授、外孙陆以湉百顿首拜撰。

清周善鼎等《周氏宗谱》

程勋传

程勋,字懋哉。父国栋,见名臣传。勋年十岁,遍诵诸经,十六补邑诸生,屡试高等。论文以理精法密为主,每构一艺,稍不惬意,则毁其稿。于古人最喜柳子厚、王安石二家,故所作亦有相似者。藏书数万卷,多宋元旧本。闻有前辈评本,必借阅校雠,丹黄并下。尝购古今名人书画,尤好金石文字,积二千余卷。至定武《兰亭》、陶宏景旧《馆坛碑》,则以数十百金得之。貌清癯,与人相对,或终日不发一言。及论文词之纯驳,亥豕之缪讹,则雄辨高谈,不能稍屈云。晚病咯血,颇厌尘俗,乃筑别业于舍旁,以资游息,土木未竟而卒。

清道光《平望志》

汪鸣珂、汪惠芬传

汪鸣珂,字纶宣,号瑶圃,同知琥子。由例贡生仕广西上思州知州。工于诗,时同里张栋以诗名吴中,鸣珂与之角逐,未肯多让。曾两寓维扬,与诸名士文酒留连,交益广,诗益富。嘉定王鸣盛题其《游草》云:"绿杨城郭嬉春句,解唱旗亭近百年。司李风流今尚在,后生何必让前贤?"其激赏如此。其任上思也,遇有差务案塘派夫,头塘殷富,贿吏胥上下其手。鸣珂察知其弊,酌定章程,吏不敢奸,民大感悦。又以边地少书籍,自南中购文史数十种,置三台书院,俾肄业诸生传钞。学宫圮坏,捐俸修葺,自作记勒石于学。庚戌,奉檄委办安南阮藩入觐差务,跋涉烟瘴,以劳瘁卒于官。著有《春雨楼诗集》。

汪惠芬,字畹亭。广西上思州知州鸣珂女,肃州嘉峪关巡检程凤坡妻。幼奉庭训,长娴诗礼。既随任,塞垣边霜朔雪之感,一托诸吟咏。兼擅绘事,所写翎毛花卉,具臻神妙。年三十九,卒于凤坡官舍。著有《西凉游草》。

清道光《平望志》

登仕郎晋阶武德骑尉恤授云骑尉世职
福建台湾府彰化县典史费君松亭墓志铭

〔清〕金学诗

我国家德威,远暨重译向化。台湾在闽省,孤悬海外,自康熙岁始隶版图。历数十载而兵番杂处,稽察难周,奸民辄窜伏其间。乾隆五十五年,逆匪林爽文作乱。天子命将出师,歼厥渠魁,旋底荡平,而余孽犹或未靖。六十年,彰化贼陈周全等谋逆,城陷。吾乡费君松亭,以县尉守城,被执不屈死。事闻,上嘉其节,晋阶武德骑尉,赐祭葬及恤银如例,交翰林院立传,工部制牌位入昭忠祠。荫一子授云骑尉世职,后裔再授恩骑尉,世袭罔替,用以慰忠魂而劝节义。如此其至也,君虽未得显宦,亦可无憾于地下矣。越一岁,孤子宗爵、宗葵等,始得奉君配汤宜人扶榇归里,敬奉恩纶,卜葬于某圩某原。以予与松亭有一日之长,衰绖稽颡,以状来诣予,请志其墓,予不获辞。按状:君讳增运,字钦伯,松亭其号也。父讳廷珍,号省庵。历任甘肃直隶州秦州牧,山东青州府太守。曾祖某,祖某,皆膺诰赠。省庵有子十人,君行第九。生之时,省庵宦游秦中,妣张恭人居家,为延师训课,崭然见头角。年十八,始赴青州署,省庵见其器宇不凡,加器重焉。岁乙酉,予客游山左,省庵延予主讲松林书院,命诸郎君出谒修弟子礼。时君第二兄、今诰封湖南岳州府同知戬华文艺最工,而君独英敏果决,练习吏事。省庵自青州致政归,令诸子各乘时自效。君援例得州吏目,签注福建。寻先后丁省庵及张恭人忧。服阕赴闽,始署莆田县大洋司巡检,旋补政和县尉,调屏南县。勤于督捕,以才干见知上官,檄调尉台湾之彰化县。彰化产米素饶,岁乙卯二月,因漳泉二郡大饥,装运过多,米价腾贵。贼匪遂纠众劫掠,且有逆谋。君侦知之,闻于县令,即星驰随往剿捕。亲历各乡,加意抚慰,既安堵矣。未匝月,而陈周全复倡乱,攻陷鹿仔港,同知朱绍昌、游击曾绍龙被害。时台湾北路协副将张无咎、游击陈大恩,猝闻兵变,以县城插竹为垣无险可据,乃勒兵驻距城东北三里之八卦山,县令朱澜亦随往。或劝君,守吏既去,不若权之他处,以图后效。君毅然曰:"若我去,则城谁与守耶?"因巡视城中,慰谕百姓,悉力固守。贼闻城中有备不敢攻,径破八卦山营盘,乘势回攻,县城垂陷。君知事不可为,先令眷属避地于民家,汤宜人及宗爵等相向恸哭。君曰:"此大义也,勿扰我方寸。"遽挥之去。贼至,被擒,以刃胁君跪。君厉声曰:"死则死耳,天下宁有降逆贼之命官乎!"贼怒,击其胫。胫折,骂不绝口,遂遇害。呜呼!台湾民俗犷悍,距省辽远,地方吏有权力者,方艳其物产丰腴,抚驭不得其道。迨事变猝乘,又或仓皇无措,调度失宜,虽死恐未足以塞责。而君以下僚末秩,不得少抒其蕴蓄,徒以职守所在,效死孤城,从容就义。非有定识定力素裕于平日者,能如是乎?君殉难于乾隆六十年三月十四日,距生于十一年五月十八日,年五十岁。娶汤宜人,以君膺恤赠,后例得封典。子男六人:长宗爵,应袭云骑尉,让弟宗葵承袭;次宗敏、宗寿、宗昶、宗达。女七人。为之铭曰:

未雨绸缪,不汝是询。屯兵调遣,不汝是闻。与城存亡,无忝致身。一时完人,乃以让君。煌煌纶绰,贲于墓门。保世滋大,贻尔子孙。

清金学诗《播琴堂集》

先外舅沈愚溪先生状略

〔清〕柳树芳

先外舅愚溪先生,须髯磊落,音声清朗,两目闪闪有光。自幼读书目数行下,即能通晓大意,继为文挥洒如飞,不假思索。及长,不屑事章句,尝慨然有志于世,凡农田、水利、刑名、法律诸书,无不旁通而曲证。继以张太孺人年且高,不欲重违其意,乃闲居养志,侬膝下者数年。自太孺人殁,而年已五十矣。是时一子多病,翁遂绝意进取,构园亭数间,读书其中。自正史纪传、稗官野乘,以及唐宋元明诸说部,类皆浏览靡遗。与人言,若河汉之倾倒,未可以更仆终,盖其胸中之宏富,有非经生家所能企及者。性好山水,尝一至邗江,谓多脂粉气,不若西子湖天然本色,令人倾对无已。慕兰亭之遗迹,及至其地,谓右军之极口铺张,乃文人之粉饰,不足尽信。至天台,谓蓝桥华顶诸胜,与古书所载大不相符。其议论多见诸纪事诗中。盖即一游览间,而翁之卓识不肯随人附和如此,岂徒遇事之为能有定力哉?平生多义行。乾隆某年,同族不戒于火,翁居独无恙,因慨然各有所赠。嘉庆甲子岁连雨水荒,甲戌岁久旱不雨,不俟上官令,独能减价平粜,为里中先。胞侄孙德培能读书,补诸生,而不足于资,尝授田二百余亩，赠银千两。论者谓其待之太优，而翁亦毅然不顾也。晚年无所发其意，往往寓诸一枰中，连日继晷，手谈忘疲。颜其室曰"橘隐"，殆亦古商山叟之亚与！喜作诗，懒不自惜。《浙东纪游草》一卷，乃同人怂恿而存，翁仍不以此自命也。少壮时，喜为篆刻，于文、何两家章法、刀法，多能道其体制，而一出以神运。分湖工斯技者不少，群推此翁为鉴赏家。树于丁卯岁为翁家婿，屈指十五年，受教最深。翁子学履先一年卒，长孙早亡，次孙至达甫三岁。而翁之行事，其能忍而听其湮没耶？因为诠次其略，以俟当代立言君子为之表彰也。翁姓沈氏，名锡爵，字思美，晚号愚溪老人，世居吴江县之大胜村。生于乾隆丙寅年正月初十日，殁于道光辛巳年七月二十一日，享年七十有六。国学生，以子职封儒林郎。缌服子婿柳树芳百拜撰。

清沈锡爵《浙东纪游草》

沈愚溪小传

〔清〕顾日新

晋何准不应徵辟，谓第五之名何减骠骑，当世信之，晋史载之，以为美谈。准之此言，盖实有足以自重者，史徒称其高尚寡欲而不及其他。元明以降，则未有举是例以传其人者。故昔之隐逸易以显，而今之隐逸难以彰。然而董子有言："天不变，则道不变。"其人之足重，故自在也。柳子古槎称其妇翁沈愚溪之为人有足感者，假使愚溪而生于晋之世，其高尚寡欲何遽不如准。而准以此名高千古，愚溪乃自一二戚友外人无知者，风俗之所趋可知已。愚溪性好游，而不役于荣利。观其著书，上包山，过兰亭，访天台，意兴至老不衰。乃其持论，则独以为右军之序、兴公之赋，皆不足取信。彼其意中之天台、兰亭，宜必有超乎庸常所见。而所见乃止此，则其胸怀之奇诡卓荦，当必有笔墨所不能传而口语所不能宣者。惜乎！吾未见其人也。古槎又称其为人慷慨，遇事乐施无吝色。岁饥，恒出米为乡人先。其于骨肉恩尤挚。尝有从孙某患贫，为起其家，立千金产，俾之专力于学。然苟遇所不可，则峻拒而不少姑容，其刚褊又如此。事若出于两途者，是可知也。且夫天台、兰亭胜境也，一不当君意，尚不欲随众为附和。而谓遇夫凡庸觍琐之伦，反能和光同尘，不致扞格而不相入。则是臻秽墟历莽邱，而欲回君之顾也，其可得耶？君尝道出石板埠于一处，叹其山水幽绝而世顾无赏者，盖独鉴之难如此，君亦用以自况云尔。君生平工篆刻，分湖间无与抗者。倦游以还，不复问世事，身惟坐隐是耽，终以不容物致累，遂病不起。惜乎！吾未见其人也。君名锡爵，字思美，以愚自晦，因号愚溪云。

清沈锡爵《浙东纪游草》

王锟传

王锟，字振伯，一字云峰，号翠庭。孝廉时彦孙，孝廉堡子，太学生邦基嗣子。乾隆甲午经魁，戊戌进士，授兵部车驾司主事。历迁武选司员外郎，稽档册，定章程，中枢纲纪，厘然整肃。上官嘉其能，保送御史。适大学士阿文成公领兵部，以锟每事干练，奏请留部。己酉充贵州副主考。庚戌出守大名，署大名道篆。元城境内红花堤屡决，锟相度形势，顺流疏浚，至今无水患，民赖之。辛亥，调守保定省垣。莅任后，严饬州县，凡车马夫役，勿使扰累民间。廉得大府署中猾吏张三招摇撞骗，单骑率数十人掩执至郡，讯鞫吐实，置之法，阖郡帖然。壬子，高宗纯皇帝巡幸五台，路经保属，锟奏对称旨，赏赉綦渥。旋奏署清河、通永、永定河道。丙辰俸满，大府梁公以锟才守兼优，保奏授甘肃巩秦阶道。会逆匪张汉潮寇肃，锟督率乡勇奋击出，境转危为安。嘉庆己未，授浙江按察使司，以军务未蒇奏请留甘，誓图绥靖，积劳成瘵，卒于伏羌公廨，年五十有三。大府闻其绩于朝，赐全祭葬，恤赠光禄寺正卿，崇祀昭忠、名宦等祠，赐建本邑专祠，春秋崇祀。恩荫孙应模县令职。其官直隶时，编辑《畿辅安澜志》六函。十三年九月，议叙通判、子履泰于回銮途次，恭呈御览。奉上谕："所进王锟志书，于直隶通省河道原委辨证明晰，并将古今修防事实详悉登载，足资参考。着武英殿用聚珍板排印，以备陈设。颁赏王履泰，着发往直隶，以通判即用。钦此。"此外，著有《先正修身格言》数十卷，及《闻喜斋集》《使黔集》《岷阳杂著》。

清嘉庆《同里志》

连卍川君家传

〔清〕沈钦霖

君讳朗，字蕴高，卍川其自号也。世居吴江之莘塔。生数月，乳母指以壁上字，辄识之。弱冠入邑庠，即北走京师。时朝廷方修四库书，广搜天下遗文秘籍，四方知名士云集辇下，君以荐充誊录。书成，议叙当得官，君夷然不屑也。乾隆己酉，举顺天乡试。庚戌，余以计偕入都，始识君。君善谈，恒数日夜不倦，每谐语轩渠，举座为之倾倒。至遇意所不可，崭然不能以非义干也。家素贫，所得馆谷及友朋赠遗，随手散去。厨无隔宿粮，而坐客常满。嘉庆辛酉，以大挑授凤阳府训导。甫二载乞病归，幕游以老，卒年六十有七。君在京师久，遍交中朝贤士大夫。又尝北抵居庸，南浮江汉。陟嵩少，登泰岱，度庾岭，周览山川形胜，与所遇畸人逸士相往还。故其发为诗古文词，往往有奇气。尤精绘事，人物花鸟入神品。所著诗文集若干卷，《淮上纪闻》《游粤笔谈》若干卷，《绘事琐言》《绘事雕虫》若干卷。子鹤寿，好学笃行，能守其家学云。

清凌淦《松陵文录》

杨复吉传

　　杨复吉，字列欧。祖浚，雍正五年进士，广西兴业县知县，有政声。复吉，乾隆三十七年进士，籍震泽，吏部截取知县，年未及壮，不谒选。嘉庆元年，知县唐仲冕将举孝廉方正，复吉固辞，一志著述。好楼居，足迹罕至户外。著书甚富。以元苏天爵《文类》未及元统之后，辑《元文选》三十卷。以钱唐厉鹗著《辽史拾遗》有未备，辑《辽史拾遗补》五卷。他所著尤众，见艺文志。嘉定王鸣盛与复吉辨论，尤推服之。

清光绪《吴江县续志》

先考澹坪府君行述

〔清〕陆镛

　　道光二十六年，族中有修谱之举。而先考澹坪府君之殁也，不肖方幼，未能具行状，志传阙如。今距先考之殁，盖四十余年矣，想象音容，渺不可得。而吾父之积学敦行，沦落不偶，卒以幽忧成疾，奄忽弃背。以及吾母之辛苦垫隘，鞠养遗孤，积劳损年，亦未及见不肖之成立。此不肖之深痛，若不略述梗概，列诸家乘，其何以示后嗣？府君讳泰阶，字景襄，号澹坪，先王父古廉府君长子也。古廉府君讳耀洁，为先曾祖丹阳训导鸿博府君庶长子，世系具鸿博府君行述中。府君年未弱冠，即以家贫事舌耕，品学端粹，为乡里所推重。沉潜经史，不为速化之学。年比三十，为学使者拔取第一，补博士弟子，累举累抑于有司，而名益噪。尤精书法。外家故前明文衡山待诏裔，观遗墨辄尽得其笔妙，橐笔走四方，所至皆延致恐后。周莲塘先生兆基视学陕右招往襄校，归复为嘉定陈明府掌书记，最后为湖南布政使通恩公延聘。是时，府君年逾五十，不肖甫五龄耳。以得子晚，爱怜特甚，意倦游而固辞不获，遂行。既至，则与北平龙铎雨樵、舒位铁云两先生晨夕倡和，迭主坛坫，时有《同调集》行世。然府君呕心刿肝，较其毫厘分寸，铿锵发金石，幽渺感鬼神，由是精气大亏。重以辞家数千里，思子萦切，遂患心疾，亟束装归。过洞庭，遭大风，舟几覆，因惊悸而疾益剧。既至家，往往喜怒失节，然见不肖在侧，即提携欢笑如平时。呜呼痛哉！府君之疾以不肖起，而不肖童呆无知。不知视无形，听无声，浸淫日深，以成大故，虽万死奚赎哉！痛于嘉庆六年五月二十六日溘然长逝，享年五十有四。府君孝友笃至，年二十二丁先王父古廉府君忧，年四十六丁先大母文太孺人忧，前丧后丧，哀慕如一。府君两同产弟，启人叔讳丰培，受益叔讳谦吉，皆已出为从父后矣。府君馆入虽薄，与同居共爨，终身无间言。元配陈孺人来归不三年卒，继配吾母沈孺人。府君既见背，吾母以恃兼怙，饮食之、教诲之。而不肖顽劣无状，屡拂慈训，吾母不忍答责，辄饮泣不已。呜呼痛哉！追思此景，岂尚可以为人乎？家无宿粮，纺绩给朝食。时不肖附读邻塾，夜归，一灯荧荧于机旁，督课以为常。尝曰："吾无奢望，但得汝一青其衿，继汝父书香足矣。"何期天不憗遗，既夺吾父,又夺吾母,后先考七年而又逝,享年四十有七,时不肖裁十五岁也。今不肖仅得一第,不足以遂显扬,然并此亦不逮二亲之存,尚何言哉?谨和泪濡墨,撰次如右。

清陆迺普等《平原派松陵陆氏宗谱》

敕封文林郎王君墓志铭

〔清〕张履

邑有耆德岫轩王君,既没之三年,其嗣子锡瑞将为举窆岁事,奉状来乞文。往时余在京师,君之次子锡泰分教国子生,其孙与沂亦来应京兆试,余并与友善,因得闻君之贤。今锡瑞所为状,其言又皆信,遂次而铭之。案状:君讳惇,字宗和,岫轩其号也,世为吴江人。曾祖讳某。祖讳某。父讳勋,妣赠徵士郎。母周,妣赠孺人。君自少善读书,以治生为急,不克卒业。而延师课诸子甚勤,迨诸子各发名成业,君年亦长矣。于是委其子以家事,独屏居一室,排日治史,校其得失同异。于诗则熟复唐宋诸大家,而本朝名人之集,亦往往能倍诵其长句,然不喜自作,作亦不存稿也。晚岁尤耆陶诗,谓其天资自然近道,绝无着力处云。雅好游览,自东西洞庭、灵岩、天平,及大江南岸北固、金陵诸山,皆数数至。又屡寻杭之西湖,观潮钱塘,而入越探富春之胜,意兴所极,或累月忘反。在家则时与邑中诸名宿蹑屐过从,上下其议论,互相倾倒。盖书卷之味,山水之致,友朋之乐,每为造物所靳,而君独兼有焉。平生敦于内行,执亲之丧,尽哀尽礼。其教诸子,必以立身制行为本。尝曰:"《大学》'慎独'二字最难,能慎独,则圣贤不外是矣。"呜呼!观于斯言,君之行事可见,至其中之所存,虽锡瑞之状有不能尽述者,人尤不得而窥也。君卒于道光十有一年十月十七日,春秋八十有四。以国子监生封文林郎。再娶皆张氏,并有懿行,赠孺人。子六人:锡瑞,嘉庆辛酉科举人;锡泰,选贡生,庚辰科举人,历任国子监学录、助教,秩满以府同知用;锡藩、锡纶,并岁贡生;锡祚,国子监生;锡晋,道光辛巳恩科举人,先卒。女二人,皆适士族。孙十有四人,长即与沂,廪贡生,成均肄业,期满候选,复设训导。曾孙五人。君尝自营生圹于湖西横山之右张圩,而前孺人从葬同川祖茔已四十余年,不可迁,因独葬后孺人于新茔。至是,锡瑞等奉君与后孺人合葬焉,实十四年某月某日也。铭曰:

其生也,寿而康。其卒也,善其藏。种厥德,流未央。保百世,此幽堂。

清张履《积石文稿》

吴下生传[1]

〔清〕史善长

有生慧而文,嗜书无他好,尤能作有韵语,自髫龄时,吐属辄惊老辈。其于诗,殆天赋也。先世本吴下，迁浙，又迁吴江之南，隐德弗耀。至生，霆震风发，才气咄咄逼人。未弱冠，补博士弟子员。见制举业，鄙之不屑作，欲蕲至于古之立言者，一邑人皆大笑，以为狂生，不恤也。家婺贫，为童子师，饣粟常乏绝。父老矣，羁寓不得归，母复笃疾，无以养。久益困，未几母卒。父殁于外，独身走四千里，觅其柩。道远资绌，乃为人佣书，流转西徽。霜霰冰雪之所积也，爇燧锋镝之所骇也，无弗历。凡四年始归，力犹未克葬，居常惘惘伤怀。用不足，委穷悴死，亲故无相问者。生慨然浮江而南，谒楚帅，留数月。帅徵入朝，去之西江，而南昌帅亦被徵入，无所遇，大困病几死。归益忿懑，闭户不与人接，惟肆力于古，将著书成一家言。而感愤无聊不平，则一发之于诗。今所撰集经史证，及志乘小说之类，共二百二十五卷，古文辞赋二十四卷。诗多，汰其十之六，存者三十六卷。盖吴中百余岁来，述作之富，无逾生者，然而生亦四十矣。当是时，同学少年，才名出生下，并登上第，列显秩。生既四十，齿发秃落，弃诸生，弗复为穷饿，自若也。天丰人以名，胜乎荣人以位。然由卿相至郡县小吏，力皆足赡其父母妻子，独名则身后之虚器，而又与忧患相缘。故其人往往颠顿摧折，迄老死不自振，若生者，岂不悲哉！予尝读其诗，考其行，哀其志，诗凡三变。豪荡感激，少日之诗也；其气盛，幽忧恻怆，壮岁之诗也；其思深，峥屼愤塞，反覆沉痛，中年之诗也。其辞危而苦，于山见嵩华衡庐之高，于水见江汉河海洞庭彭蠡之深且广，于人见韩范富欧阳之魁奇而后伟。乃至孤孽怨慕，羁旅行役，鬼域惶惑，金铁击斗，凡人事变异，一切蹈之，将卓然自成家无疑也，生诗不亦可传矣夫？生峭直不能容物，少可多否，人争引避不敢近。予与之善，为作传，不欲著姓名。因居吴，目之为吴下生云。

清史善长《一谦四益阁文钞》民国抄本

注〔1〕：据清同治《盛湖志》人物、书目、诗文等卷所载史料，"吴下生"应是史善长本人，则此文为作者自传。

史善长传

史善长，字诵芬，号赤霞。谢天港人，明徵士鉴裔孙。诸生，乾嘉间以诗名于时。其诗凡数变：少年所作，明丽豪宕；后遭遇困顿，则幽忧悱恻；及游秦陇，复变而为铿锵激楚，有北地遗风。既从军楚中，则感事抒词，极慷慨激昂之致。当时毕制军沅、王侍郎昶、姜尚书晟皆爱士，毕尤称号召天下才士，善长先后在其幕府最久。值教匪倡乱，偕赴军前，戎马倥偬，飞书草檄，甚协军情，屡欲保其功，坚辞不就。制军殁于辰州，身后事宜，善长妥为料理，即护其丧归。后以病酒，卒于家。著有《秋树读书楼诗集》《一谦四益阁文钞》。（参王昶《蒲褐山房诗话》《人物续志》。）

王昶曰：诵芬从秋帆制军于湖广时，苗民未清，楚寇渐兴。诵芬来往荆襄，目亲焚突之惨，形诸篇什者，虽一哭六叹息，不是过也。体裁本自杜少陵，而炼词琢句得之谢康乐、鲍明远者居多。

清同治《盛湖志》

柳厚堂先生传

〔清〕费延釐

吾邑柳氏之居分湖滨者，其南支曰大港，北支曰大胜。大港之柳发祥于厚堂先生，予生也晚，弗克见矣。后交其曾孙以蕃，得审知先生之为人，及其子若孙之才而早世有可称述者若而人。会修宗谱，以蕃寓书京师，属甄叙大略，以补家牒所未载。予不能文，重以吾友之请，不敢辞。厚堂先生名球，字夔击。自少负干才，气概雄伟过人。无所寄其意，退而讲求治生之术，经营撙节，大恢其先人遗业，以资财雄于乡。处家严重有法，子弟仆从数十人，遇有诃责，皆屏息不敢声。其居于乡也，不畏强御，不侮矜寡，肝胆所向，毅然有以折豪强之焰，而息鳌夫之嚣。势有中梗，麾巨金济之不色动。论者谓先生善于治财，亦豪于用财，非闾巷小夫恤恤拘守者比也。好读轩岐书，治狂疾尤奇中。常重资购药，手剂以馈，病者必效。乃已殁数十年，犹有越千里丐遗方者。晚岁好吟咏，为园于宅之后，莳花种木，啸歌弗辍，与同里沈孝廉璟为诗友。著有《然叶轩稿》若干卷，年六十七卒。厚堂先生长子鹤巢翁名梦松，为人坦坦无町畦，善饮酒，连举数十觥不乱。喜画山水小幅，不以示人，人亦罕知之者。年四十三卒。其弟双南翁名梦金，确斋先生名梦坤，皆有隐德，皆未及中寿，事详世乘不复列。确斋先生之季子曰梅溪，名清沧，天姿聪俊，不肯颟顸为场屋之文，而于名人之绘画、艺士之篆刻，靡不涉其藩而究其趣。尤长于古近体诗，著有《修梅馆诗钞》，陆君日爱邃尤者入《续松陵诗徵》，年二十二卒。鹤巢翁之冢孙曰石生，名墉，介士也。值家大困，常日晏不具餐，坚坐忍饥，诵声铿然，彻于巷外。后为为医，多治验，生计始稍稍振矣。亦以能诗称，著有《碧梧小榭诗钞》，年二十六卒。光绪七年二月，同邑费延釐撰。

清柳兆薰等《分湖柳氏重修家谱》

奉政大夫同知顺德府事徐君行状

〔清〕张士元

君姓徐氏，讳豫吉，字介于。系出明中山武宁王七世孙溶，为吴淞江都指挥，始家太湖之东偏。至君之高祖讳士函，迁居吴江城北。曾祖讳天贵，祖讳玉圻，皆赠朝议大夫。考讳作梅，以举人知华阴、盩厔、洋县，署潼关厅同知。子三人，君其仲子也。以县学生入太学，应顺天乡试，充四库馆誊录，以劳授直隶布政司经历，署保定府通判。年饥，按户赈给，民获苏。复微巡窃盗，尤严蒲博之禁。由经历迁顺德府同知，兼董宝直局。发奸摘伏，吏胥敛手。大府委任方殷，而母沈太恭人春秋高，两目失明，君遂恳乞归养。大府以其出于至诚，不强留也。君平生力行善事，虽僵仆无所避。其去官归也，戚党中随时周恤，葬其未葬者数十丧。与陆朗夫中丞有连。中丞子直之携其孥赴任济南，道过吴江别去，家人病疫，旬日间舟中死者六人。君驰往经纪其事，前后资助直之兄弟甚厚。及直之归益贫，君复割田以济之。其他救灾纾患，所为谋者必忠，而家中时时空乏，其立心真笃如此。君卒于嘉庆丁丑十月五日，得年六十有八。配王氏，封宜人。君凡二男子：瀚，县学生；清汉，国学生，为君季弟鹏后。三女子：长适陆氏，即湖南巡抚燿之孙孝和也；余尚幼。

清张士元《嘉树山房集》

广德州学正陆先生传

〔清〕程钰

陆先生讳泰增，字澹安，吴江人也。王考讳桂馨，乾隆丙辰以鸿博徵，后官丹阳县学训导。考讳昌言，县学生。母氏张，继母氏金。先生三岁失恃，随侍鸿博君学舍，岐嶷见头角。稍长善读书，年十七补博士弟子。会岁俭艰生事，出而授徒，以束修佐菽水，从游者日众。肄业紫阳书院，主讲沈文悫公极赏誉焉。乾隆丁酉省试，主司诸城刘文清公得其卷落卷中，中式第二。顾累绌于会试，久之由大挑为六合教谕。忧归，复选歙县。在歙，既推升国子典籍矣，入都无治装资，遂以病告。病起，仍改教署娄县教谕，补广德州学正，卒于官，年八十有八。夫学官职在教士，顾场屋之制兴，士皆汲汲于应举之文，鲜或知学。先生之教士也，虽未尝不以举业，而大要则在通经术，饬行谊。故设铎凡四地，所至得其讲授者，莫不洒然易虑。平生于故人子弟及单寒后进，奖诱惟恐不至。戚族之贫无告者，辄分俸侪助之。性尤峭直，每朋侪聚处，或语涉谐谑，辄面责之不少假。晚年好静，恒手一篇，兀坐终日。所著有《客窗偶吟》四卷、《苜蓿偶谈》八卷。余虽不及接先生，然自道光庚子以同考官赴金陵，即识先生文孙麟，一见相善，因复识先生仲子鎣。鎣之子迺普贤而有才，壬寅岁延致来颍，佐余为吏。观其一门之内，被服儒雅，介然粹然，即先生之流风可想矣。迺普以所撰行略见示，遂为之传。

论曰：昔元杨仲礼之为浙省儒学提举也，王士熙赠之序，谓"行省之属，事上皆有等威。提举官五品，升阶而揖，省僚必改容礼焉。"夫礼之严，所以尊其学，不尊则不严矣。今校官秩至卑，然见大吏皆得长揖，是礼亦未尝不严也。然则为是官者，自非学足以式多士，又何以克副斯任哉？呜呼！若先生者，可谓无负于学正矣。

清陆迺普等《平原派松陵陆氏宗谱》

吴江历史人物碑传集

吴 国 良 编纂
苏州市吴江区太湖旅游文化研究会 编
吴 江 博 物 馆

苏州大学出版社

国子生箎斋公家传

书城,字南百,号箎斋。性嗜酒,豪迈自喜,利害不以动心。由太学生应顺天乡试,以荐卷取四库全书馆誊录。丁酉再试北闱,临场即闻东里公讣,不试而归。向年珍字、大义两圩祖茔祭扫,司祭者以省费为草率从事,子孙有褐衣跣足而拜者,祖宗旧章废弃殆尽。时公以次长房承祭,躬先整饬,旧规复新。家谱于乙酉岁自洄溪公增修后,阅二十余年尚未镂版。公虑传世渐远,支派日繁,愈久而考核更难,遂往来城乡采访,以续其旧,复谋于族之有力者,敛资授梓。自庚戌至壬子,寒暑三易而成编,俾得人授一帙。具奔走劝勤之劳,督刊校对之烦,皆公之力也。

清《徐氏家谱初稿》

太学陆君墓表

〔清〕沈日富

君讳墀,字云骧,一字蓉庄,姓陆氏,唐宰相忠宣公后也。族大,散处江浙,君之先由平湖徙吴江,处邑之南鄙曰黄家溪。曾祖讳某。祖讳士玉。考贡生,讳甫里。考以上两世载邑人赵兰佩所辑《江震人物志》。妣某氏,生二子,君其长也。国子监生,例貤赠登仕郎。生于乾隆十六年某月某日,卒于嘉庆十五年二月十七日,年五十有九。以某年某月某日葬于某乡某原。君少向学,与其弟明经筠,从震泽曹广文森游,为文有矩矱。既成矣,遭父丧,遂辍。以家累自任,而俾弟专其业,卒为知名士,君之子及孙亦遵教得世其读书云。为人宽厚谦退,能容人过失,而律己甚严。好修容仪,虽对家人亦不妄言动。居乡里尚气谊,凡邑中有兴作,或遭荒札当振恤,君率为之倡。功则受其劳者,资则任其费者,又弥缝其诺而负者,役竣而程力,则辞其多者。以故终君世,县大夫额其门者再焉,曰"好善乐施",曰"仁心种福"。然同事者,往往列优奖得官阶矣。君之卒也,邑之人咸太息或泣下,甚有不相识而为之走神祠祷疾乞身代者,盖感君长者以其生为有益于人也。君两娶俱徐氏,前孺人卒于某年某月某日,年若干。后孺人后君四十余年卒,君卒后抚君子女,毕婚嫁,以勤劳省啬,帅其门内,保君之恒产。卒于咸丰元年某月某日,年若干。皆祔君兆。子二人:长鏊,国子监生,前卒;次镛,秀水县学生,议叙九品。孙五人,曾孙七人。镛长子恩藻娶余兄女,其第三子荣河吾婿也,故镛以表墓之文来请。先是,君之行事有吴县王汝玉撰家传甚详,今剟取之为铭。铭曰:

竭泽而渔星见罾,木果再实蠹穴朽。高明鬼瞰不可狃,猗嗟陆君谦德守。流之未光蓄益厚,云仍亭毒永永久。宰树远扬冪一亩,砻石镌辞屹道右,夸者历之盍昂首。

清沈日富《受恒受渐斋集》

皇清诰封朝议大夫内阁侍读显考瑶冈府君行述

〔清〕金宗培等

　　呜呼痛哉！不孝宗培等孽深祜薄，降割自天，椎泣块苦，茕茕抱疚。痛维府君自庚午请假南旋，杖履林泉，起居优暇。又素善摄生术，年甫周甲，精力裕充。前年，先祖文简公专祠落成，春秋禴祀，备具规条，自谓追远奉思，孺忧稍慰。今年春，不孝宗埭以就婚入都，敬述府君颐养冲和，私相志庆。不孝宗培拟俟郎中秩满，假归省侍，团栾膝下，来日方长。讵九月杪随星使还京，猝闻府君弃养之信。不孝宗均等病不能谨汤药，宗培等殁不能视殓含，罪盭丛积，腼颜偷生，尚何言哉？惟是府君少岁趋庭，中年通籍，文章品谊有不可泯没者，用敢和泪濡毫，胪陈崖略。府君姓金氏，讳芝原，字云裁，号瑶冈，一号寿潜。世为苏州府吴江县人，自五世祖宏初公始由邑乡之千步泾卜居县城。宏初公讳坤元，考授州同知，五世祖妣张太君、周太君。高祖晴轩公讳国英，拣选县丞，高祖妣吴太君。曾祖柱回公讳澜，曾祖妣宁太君。本生曾祖枫江公讳润，邑庠生，本生曾祖妣吴太君。自五世祖以下，俱累诰赠光禄大夫、都察院左都御史加一级。五世祖妣以下，俱累诰赠一品夫人。祖听涛公讳士松，乾隆庚辰进士，历官经筵讲官、武英殿总裁、兵部尚书，诰授光禄大夫，赐谥文简。祖妣赵太君，诰封一品夫人。文简公生三子：长即府君；次叔父讳逢原，太学生，考职吏目，候选州同知加二级，前卒；次叔父讳福原，幼殇。府君生而岐嶷，崭然如成人，亲党莫不称为伟器。侍晴轩公及枫江公读书，初学为文，即有丹凤和鸣之目。文简公先后居晴轩公、承重枫江公降期丧，读礼杜门，亲自督课。后文简公就掌教韩山书院之聘，府君睽违庭训，始就邑贡生吴公讳梦鳌学。乙酉，文简公服阕，府君随宦入都，复执贽于郡孝廉陆公讳锡嘉、邑孝廉沈公讳乐，得其指授，学业益进。定省之余，夏则风灯午夜，冬则炉火晨初，孜孜矻矻，研悦经史，旁及诸子百家。所未见书，不惜重价购之，以供搜讨。父执如歙县曹文敏公、南昌彭文勤公、平湖沈文恪公、今相国富阳董公，见府君器宇闳深，许为远到。袖质诗文，辄邀奖赏，谓飘飘有凌云气。府君年甫弱冠，才华已藻耀日下矣。戊子、庚寅，两应京兆试。是年冬，吾母叶恭人来归。辛卯，文简公典试入闽，旋奉视学粤东之命。是科，府君仍应试京兆。明年，奉祖妣赵夫人赴粤东随侍。学幕濒海山川，登临览眺，暇与幕中诸名士流连唱和，吟草之富盖昉于此。甲午，文简公任满还朝，府君侍眷属回南。乙未，侍赵夫人赴京师。时本生曾祖妣因不惯北方风土，决志南旋，府君即于丙申年侍奉归里。丁酉，应试南闱不售。年少气盛，掉鞅名场，所学愈邃。己亥二月，本生曾祖妣以寿终，附棺附身，府君竭尽诚信。文简公及叔祖二雅公虽远宦京师，未克亲视含殓，亦得借以无憾。秋，中式本省恩科乡试举人，座主为少宰嘉善谢东墅先生、大鸿胪今加二品衔大兴翁覃溪先生，房师为滁州来安县知县四川胡公讳翠仁。时文简公方奉讳里居，面谕府君曰："汝以少年登贤书，前程发轫，断勿意存自满。"庚子春，计偕入都，讵吾母叶恭人于十一月以疾卒，时兄绳祖生甫数月，亦旋夭逝。壬寅夏，吾母蒋恭人来归，贽修枣栗，戒旦相庄，文简公与赵夫人顾而乐之。丁未生不孝宗培，辛亥生不孝宗均，癸丑生不孝宗垚，乙卯生不孝宗墉。先是府君于辛丑年考充景山官学教习，未届期满，值四库馆全书告成，有缮写黄签之选。诸总裁慎重是役，择孝廉中学问优赡字画端楷者，首居府君名入奏。事竣，甄叙一等，奉旨以内阁中书用，府君入值薇垣，从事票拟。相国如满洲阿文成公、无锡嵇文恭公、会稽梁文定公、韩城王文端公，见府君才器卓荦，遇事安详，依重如左右手，派充撰文及文渊阁检阅。一切进御文字，经府君属稿，周详妥协，动合体裁，旋充协办侍读。府君于票签事件，酌旧斟新，随事研究。每遇部本中例案纠纷，无不辨析疑似，禀请平章，更正画一。今阁中有《丝纶备式》一书，缕析条分，后进奉为津筏，大半府君所手辑云。文简公三任畿南学政，壬子、乙卯连奉星轺留京，眷属食指浩繁。府君自冠盖应酬，醪盐刍秣，从容樽节，丰俭得中。以是文简公无内顾虑，每谕府君曰："吾受高厚鸿恩，浃长卿贰。汝当体文章报国之心，勿负任使尽臣职，即以慰亲心。"府君黾勉从公，益矢勤慎，橐笔趋公之暇，于诗文一道仍钻研勿懈。自庚子及庚戌，屡试春闱，得而复失者再，同人咸为惋惜，府君处之澹如也。中书秩满，例铨同知，以亲老乞留本任，奉旨内用。丙辰，恭逢皇上御极，锡类覃恩，荣邀旷典，不孝宗培以长孙袭一品荫生。府君欣荷两朝鸾诰，三世鹓班，家庆国恩，寸忱感激。因念太外祖赵公讳永凤儒重望以诸生终，仰体祖妣赵夫人孝思，禀命文简公以本身应得封典，貤赠太外祖为承德郎、内阁协办侍读加三级，太外祖母沈氏、吴氏为安人，荣及外家，戚党钦羡。戊午三月，猝遭祖妣之变，痛不欲生。又念文简公年高，制泪承欢，曲尽温清。文简公命府君单车回南，经营窀穸，并预营生圹。临行，又谕府君曰："不必求墓地宽敞，切勿泥青乌家言，但令魂魄傍先人足矣。"府君归，卜宅兆于邑之服字圩，去祖茔不数十步，并叔父祔旁指穴焉。八月，不孝宗垿生。己未春，回京禀请严命，于八月扶赵夫人灵輀南下，封植犻毕，即起程北上。文简公年届七旬，弗任劳勚，季冬陪祀裕陵，感受重寒，旧疾顿发。圣慈体恤，速令回京，遣医诊视，寖至不起。府君行抵伴城涂次，猝闻凶耗，抢呼擗踊，星夜奔丧。赖吾母蒋恭人料理周详，尽哀尽礼，府君抚棺恸悼，水浆不进者旬日。至秋扶柩遄归，水路冱寒，冲冒风雪，而精血实坐是耗枯矣。辛酉十月，葬文简公于新阡。文简公之殁也，仰荷恩眷优隆，赐祭赐葬，礼备饰终，府君苫庐蒲伏，感激涕零。壬戌四月服阕，即赴京叩谢天恩。又因里中绅士吁请崇祀文简公于乡贤，府君感念，俎豆馨香，千秋不朽，必得亲为料理，因即遄归。至乙丑秋入祀礼成，遂率不孝宗培入京。丙寅二月，仍补中书。秋，不孝宗培以荫生朝考第一引见，奉旨以员外郎用，旋为宗培娶妇陈氏。是冬，府君于中书任内京察一等，内阁汉员五人引见，惟府君仰邀记名。丁卯四月，吾母蒋恭人率不孝宗均等来京。五月，府君升授内阁侍读，供职禁廷，靖共匪懈，诸相国稔知练达老成，无不倾心委任。戊辰，保送御史。是年春，不孝宗培选授刑部安徽司员外郎，府君谕之曰："汝托祖宗重荫，筮仕西曹。吾家累世单寒，纨绔习气固不可染，而钩稽刑书尤宜虚衷学习。读书读律无二道也。"不孝宗培仰赖朝夕牖迪，惴惴遵循，幸无陨越。己巳，皇上五旬万寿，内外臣工恩赐封典，派府君充诰敕房提调。冬复于侍读，任内京察一等。时府君年力强盛，声望日起，拭目可大用。而素性恬退，频年连遭大故，蓼莪废咏，哀毁不胜。又以文简公尚未创建专祠，急思购地经营，垂裕久远，重以儿女婚嫁，累集向平。庚午秋，遂乞假，偕吾母蒋恭人返里。不孝宗均等侍奉南行，不孝宗垚将应京兆试，与不孝宗培同留京邸。明年，为不孝宗均娶妇何氏。府君之归也，诸相国同声慰留，宗室禄公投还假呈者再，阅两月始得启行。归里后，僻处江城，偕二三知己相与吟咏。偶至郡，则与亲串故交往还无间。暇或选胜寻芳，如灵岩、邓尉诸山，间或一往。癸酉秋，不孝宗垚报罢回里，即为娶妇朱氏。今年春，以不孝宗墉纳聘津门王氏，将之京就婚。临行，府君谕之曰："长安人海，汝随长兄阅历见闻，仍可留心学业。若思躁进，牵丝入仕途，非余志也。"又以不孝宗培洊历郎中总办秋审，寄谕曰："居官惟勤慎二字，宜服膺弗失。长于见才者易于偾事，平反谳鞫，勉之慎之。"夏秋以来，吴中亢旱，米价渐昂，府君捐资平粜，以济邻里之匮乏者。盖府君素敦任恤，此特其一端耳。八月，不孝宗培随扈秋围，又于围次随少司寇熙公谳狱析津，中途得府君八月中谕，有"承世泽，守义方，斯为肖子"等语，不孝宗培捧绎再三，觉训诲之言迥异。平日惊疑莫释，迨接九月初信一如往时，方谓府君寝馈绥康，藉纾孺慕。讵料于九月二十六日，差竣卸装不半日，骤接府君凶问，始痛念日前手谕，谆谆已为治命。不孝宗培等茫昧无知，弗加省察，竟至抱恨终天，其罪尚可逭耶？呜呼痛哉！府君少逮事高祖晴轩公、本生曾祖枫江公、曾祖母吴夫人，皆最钟爱。稍长，随祖父母南北宦游，朝夕侍奉。文简公每举"勤能补拙""俭以养廉"二语为训，府君终身弗敢忘。叔祖二雅公以名孝廉宦成均，中岁解组。府君念幼蒙训迪，恩并父师，己巳恭遇覃恩，将本身应得封典恳请驰封。并以堂叔父讳縠原年少嗜学，驰誉黉宫，早卒乏嗣，即以季弟宗墉为之后，非特妥幽魂于地下，且可慰二叔祖爱怜少子之心。府君孝友之忱类如此。性最勤，自昧爽至向晦，无欠伸跛倚容。任侍读四年，同官如今廉访徐晴圃先生、观察何竹居先生，先后直枢廷，覆阅本章及商酌例案，惟府君一人任之。时不孝宗培近侍起居，见府君残漏披衣，斜阳投辖，严冬御敝裘数袭，补缀缝纫十数年弗易。至署方食饽饽一二枚，从不以早起羹汤责诸婢仆。有长安门老校，日见府君侵晓趋朝，视作八砖日影，曰："此金侍读入直时也。"府君未历外任，于吏治官方洞悉窍要，盖平时究心有用之学，以故值盘错事，抉发数言，奉然以解。而临几镇静，暇豫从容，见者如饮醇醪，可见府君读书养气之功矣。自奉菲薄，宴客则丰饫。御下无疾言厉色，而家范严肃整饬，内外门无杂宾。旧于舍傍隙地种老梅百余本，缭以蛎墙。花时泠艳疏香，吟赏移日，嘱王春波蹉使绘一百二十本《梅花书屋图》，鹤氅毡巾，翛然意远，当代名流题咏殆遍。世丈陈春淑副宪诗云："梅外更无树，画中如有诗。"张船山太守诗云："行密妙于无次第，根多终是各孤高。"府君啸歌之适，寄托之高，于此略见一斑。诗则少宗三唐，上沿魏晋，晚年跌宕风流，风格雅与，剑南为近。庚午出京，有《述怀》七律六首，同人属和。年丈盛甫山侍御绘《潞河归棹图》，并系长句云："向来苦忆垂虹月，此去真浮笠泽烟。"是时，府君秋帆一叶，殆不减莼鲈高致。书法从钟王入门，中年喜仿赵文敏，行楷秀劲，往往神似交游。简牍从不假手于人。短札长篇，情文斐亹，期达意而止。性嗜古，遂精金石碑碣之学。名人书画一展卷，真赝立辨，不拘拘于题跋、姓氏、图印、形模。凡文简公进呈上品，经府君斟酌，无不蒙恩赏收。其检存者，珍缄赜籯，什袭秘藏，人比之云林清閟。文简公喜购古籍，所居有"艺书斋"额，府君京寓迁移，辄悬是匾，为藏书之所部次甲乙，手自标题。庚申南归，挈载大半，庚午又检装，数分水程运还。留京者不下十余架，不孝宗培暇时披阅，朱印烂然，迄今手泽抚摹，音容已渺不复见矣。呜呼痛哉！府君之生不孝等也，年已逾壮。不孝等赋质惷愚，庭隅座侧，不能从容请问，询悉旧闻。府君宦游日久，故乡耆彦綦焉暌违，旧雨春明亦渐晨星寥落，嘉言懿行采访无由，仅就吾母蒋恭人平时传述，并府君日记草稿，编辑一二。不孝等既不能读父书，又不能述父行，援笔至此，血泪交并。呜呼痛哉！府君生于乾隆辛未八月二十日丑时，卒于嘉庆甲戌九月初十日巳时，享年六十有四。乾隆己亥恩科举人，历官内阁侍读、诰敕房提调，诰封朝议大夫。著有《颐性斋文集》若干卷，《诗集》若干卷，尚未刊刻。元配吾母叶恭人，邑庠生、广东嘉惠州十二都司巡检讳衡桢公女，诰赠恭人。继配吾母蒋恭人，候补同知讳业恒公女，诰封恭人。子六：绳祖，幼殇，吾母叶恭人出。不孝宗培，一品荫生，朝议大夫，刑部陕西司郎中总办秋审处加二级记录六次，娶陈氏，中书科中书名保世公女。次宗均，候选从九品，娶何氏，候补同知讳锜公女。次宗垚，太学生，娶朱氏，候选布政司理问名汝鲲公女。次宗埔，嗣堂叔讳縠原后，聘王氏，江南盐巡道讳象仪公女。皆吾母蒋恭人出。次宗塝，原聘徐氏，直隶顺德府同知名豫吉公女，卒；今聘宋氏，刑部侍郎名镕公女，庶母黄孺人出。女子五：长适前候补四品京堂、刑部郎中查有圻；次适河南候补知县袁佑；次适嘉庆己未进士、翰林院编修彭蕴辉。皆吾母叶恭人出。次适太学生顾绍祁，吾母蒋恭人出。次未字，庶母黄孺人出。孙男三：震锷、晋钊、益镕，皆不孝宗培出，幼未聘。孙女四：宗培出者二，一许字山东按察司张公讳彤子、候选员外郎震，一未字；宗均出者二，幼未字。不孝等督惘昏迷，语无伦次。他时志铭表碣，惟当代立言巨公椽笔褒扬，以光泉壤，则府君借以不朽，不孝等世世子孙感且不朽。

清金学诗等《吴江金氏家谱》

亡室叶恭人传略

〔清〕金芝原

  恭人小名瑢，字婉容，姓叶氏，为我邑望族。五世祖姑曰昭齐、曰蕙绸、曰琼章者，各擅才藻，著有《午梦堂集》，海内言闺秀者首称焉。外舅静庵先生，少为名诸生，偕先文简公及叔父助教公词坛角逐，共结春江吟社。恭人祖妣赵太孺人，为先妣族姑，亲串联属，而又居同里闬，余幼常往来其家。外姑抱恭人置膝上，指示余曰："以若为儿妇，何如？"时虽童稚无知，而心窃喜之。乾隆丙子遂缔姻盟，余年方六岁，恭人才三岁。乙酉，余随宦入都。庚寅，先本生祖妣吴太夫人就养京邸，外舅送女同舟北来。

余方秋试被放，又以闱中遇雨积受寒湿，恭人到京后，适抱病甚剧。仲冬下浣结褵时，病未全愈，恭人调护维慎，恪守妇道，上事重闱，备得欢心。壬辰随先姒之粤东。秋，长女宗佩生。乙未回吴江，次女宗俨生。先文简公驰书谕之曰："汝夫妇年渐长成，须知稼穑艰难，徒依倚膝下图温饱计，将来何以为安身立命之本？授田一顷，俾支持门户，习苦作劳，勿忌织读本业，勿染纨绔习气。"芝原终身佩服不敢忘。随命余奉先姒赴京师，而留恭人于家。其时，吴太夫人以不惯北方风土，决志南旋，即奉侍归里。恭人敬侍慈颜，修濡甘洁，抑搔扶持，毋敢少懈。戊戌，三女宗淑生。其时，余屡次失解，方肆力于举子业，一灯荧然，咿唔之声与刀尺声相应。间赴文酒之会，夜分方归，恭人必篝灯操作，瀹茗以待。更或钩稽出入，较量功课，互相劝勉，冀毋负两大人期望之意。林下家风，书生况味，至今思之，恒在梦寐间也。己亥，吴太夫人猝遭危疾，恭人躬奉汤药，衣不解带者经旬。旋遭大故，一切饰终之典，哀礼备至，往往佐余所不逮。四月，先文简公闻讣星驰南下，恭人侍奉尤慎，先意承旨，无微不至。吊客满座，支持中馈，弗形匮乏。先公常喷喷向亲族中言新妇贤孝，到京后尤为我母称道不置。九月，余捷秋闱，其明年偕赴计车，南宫下第。两大人曰："汝以后不能久作里居之计，可即南归，挈妇同来。"八月抵家。先于五月举长男绳祖，恭人以连产三女，每怏怏于中，至是褓儿出见，曰："今而后可以慰堂上望孙之切矣"。及语以举家北行计，则又愀然以悲。盖以外姑本太湖富室女，归南阳奁赠优厚，外舅性跌宕好挥霍，曾不数年而奁资罄矣。后外舅幕游齐赵，泊薄宦粤中，竟置外姑于不问，迨至穷老无依。先姒于入京之日，迎来同居，母女二人，相依为命。知有此行，恐去后更无所倚赖，欲留不能，欲去不忍，此中隐痛真有大难为情者欤。少常育外家舅氏赵公文安家，虽中落而戚谊夙敦。恭人远赴湖滨话别，兼托其维持母氏。途遇风寒，外感内伤，疽发于臀，服食不慎，毒气内溃，遂致沉迷。临终执余手，目视外姑及诸子女，不能一言而殁，是为庚子十一月二十四日，年二十七岁。维时只影伶仃，呱呱绕膝，而行期势难中止，即谋移殡祖茔，择于先高祖母张太夫人墓侧。族中疑余图占吉地，大肆诟谇，匠役俱殴散，势甚凶凶。家中业已发引，无可如何？权厝于先曾祖墓次，形家云："不利于小口。"时正心绪烦懑，不遑他计，并于辛丑正月启程前撤几，麦饭之供邈尔阙如。行至清江浦，绳儿以保护无人，惊风夭逝。呜呼！骨肉未寒，轻抛浅土，几筵遽撤，不待三年。有母不能为之养，有子不能为之育，泉路有灵，何以对恭人于地下哉？是可伤已！嘉庆己未，葬于服家圩先公赐茔之昭穴。庚申、己巳两遇覃恩，敕赠安人，晋赠恭人。所生子一绳祖，早殇。女子三：长适海宁查氏，刑部湖广司郎中、特授京堂名有圻；次适元和袁氏，分发河南试用知县名佑；次适长洲彭氏，翰林院编修名蕴辉，婿女皆卒。恭人性淑慎，容止端丽，略识字，知大义。事余十年，从无尔汝之称。于女红针指烹饪及一切操作之事，皆工其业而身习其劳。洗手作羹，不假灶妾。生子女四，皆自乳哺，推干就湿，殚厥辛勤。身居宦室，未尝享一味之甘，制一服饰之华，盖其节俭天性然也。《诗》曰"无非无仪"，《书》曰"克勤克俭"，恭人有焉。妇人之言不逾阃，不能乞铭诔于当世能文之士。恭人之同祖弟兰潭，工为六朝骈体之文，俾为作传以传。兰潭曰："某生也晚，不得亲见我姊之德言容功。君其疏示崖略，庶立言不致失实。"余曰："然。"遂追忆生平行事以示之，并以垂诸家乘云。

清金学诗等《吴江金氏家谱》

叶恭人传

〔清〕叶镶

夫穆女范者不专乎藻颖，止壸则者务美乎柔嘉，使必清扇班风，艳霏谢雪，而后声采不凋乎。彤史芳馨克播乎彤徽，未免华与实分，而德由才降，不知从容井臼，行乎淡而弥珍，黾勉闺帏，志婉娈而益贵。矧处簪缨之族，守荆布之风，静琴方调，清箫忽断，如吾姊恭人者乎？恭人名瑢，字宛容，先伯父静庵公之元女，大司马金文简公之冢妇，内阁侍读瑶冈先生之元配也。吾家世多闺秀，代有女宗。自《午梦》一集，振华于前；继轨扬芬，于兹未替。恭人生长名门，幼娴淑教，庄姝协度，绸直表躬，盟馨春椒，标新秋菊。翰墨绍疏香之阁，珩璜锵归燕之堂。固已人颂尹姞，家爱间娥矣，乃求女倩，果获童乌。诵《毛诗》九纸，先见赏于叔明；下镜台一枚，遂有同于温峤。金貂四姓，本来姻娅之家；玉带一支，（水名）咫尺朱陈之第。时则侍读君方随宦京华，劬神典籍。虽桂林之花待抑于秋半，而摽梅之实已届于春三。爰缔西笑而来迎，赋北征以往送。长风五两，远路三千，当祥女之入门，正才人之下第。文园善病，嘘喑偏多；平子工愁，伊郁未已。恭人既修妇贽，即托夫天，手自摒挡，躬为调护。遵嫜上慰，仆媪下谐，无渐德耀之名，屡下樊英之拜。所谓爱敬天情言容典礼者非与，且夫十影九形者境也，八窗四达者才也。旷览幽娴之质，遂稽婉娩之姿，或彼拙而此优，或寸长而尺短。欲其神剑八伏，彍弓九和，动辄自然，事尤不易。若恭人者，其可述盖有四焉。夫寝门三问，贵在承颜；《内则》一编，难于养志。恭人任居冢妇，仰事重闱。韭苣梅苏，剂调必得；槃匜管佩，琐屑咸宜。夕敲隔户之棋，晨饮升堂之乳。过庭有喜，得宜室之令妻；子季无忧，仗持门之健妇。庶几姑恩纪曲，《女诫》裁篇矣。及猝遭祖姑吴太夫人之变，文简公时在京邸，恭人敬抑骚者彻夜，严衣带者兼旬，遽不至凌哀能达礼。灵衣饰椽典，委折而不紊；吊客填门筵，呫嗫而立办。啧有称于巾帼，赞不逮于藻砧。此为妇之可述者也。夫女孝每衰于既嫁，亲心倍切于有家，必两捧慈云，双流孝水，难已。恭人柔协肇丝，劳兼菽水，诲无烦于师氏，箴有合于故人。既咏于归弥勤言告，继旨甘之馈事亲。固在儒门，为迎养之，方将母居，然孝子夫何？婿登秋榜，宅赁春明，祖行有期，惜别无策。父兮一官，漂泊岭海，身羁母也，双鬓苍黄。桑榆景急，愁缠两地，痛入一心。欲为旅燕之同巢，已见飞龙之出骨。困藜空据，梦日徒徵，不因是与。此为女之可述者也。若夫善心为窈，流䇹抒情，静女其姝，归荑志美。寄答深于徐淑，伉俪甚于高柔，亦足蘋蘩尸祭、琴瑟延祥矣。恭人则椎髻而前，杂佩以问，料理米盐，常操量鼓，储收姜蒜，不挂屏风。且也授一顷负郭之田，住二分临水之屋。家已通华门,犹寒素拈针佐读,瀹茗浇吟。几红纺布之灯,榻响裁衣之剪。鹿车耐苦,龟手忘疲,勉夫子以成名,遵严君之手谕。岂徒胡天胡帝,谐百年偕老之心,采绿采蓝,托一日三秋之喻哉!此则相夫之可述也。至于风歌采苢,梦记徵兰,既为宦室之洗儿,自异寒门之诞子。往往瑶环绣裤,便托宁馨,玉果犀钱,平分利市。恭人则劳不废乎将雏,乳不烦乎别哺。所生子一女三,就湿推干,匀寒节暖,牵衣一笑,在抱三年。每当金闺梦远,角枕听秋,贮辛苦于荷心,拓勋劳于棘手。即使云成五色降彩凤于人间,怀堕双铃化明珠于掌上,而荼能茹苦、萱未忘忧,不亦瘁乎?此则鞠子之可述也。淑慎如彼,慈和若此,较郝钟而不愧,光鬘悦而何渐?自宜躬膺翟茀,寿叶芝英,庄鸿案于白头,骞凤毛于碧落。然而生天路近,住世缘悭,蕉无力以缄风,蕙有心而泣露。忧无可解,病不在深,医乏解颅,疽真附骨,弥留一夕,倏忽三生。彩云散而镜槛凉,暮雨来而银床冷。箧抛嫁日之衣,匣腻妆余之粉。年华瑟感,心绪虫催,人生到此,能不悲哉?况乎来梦难期,去程转促,长簟方吟于廷尉,扁舟已待夫兰成,心酸索乳之儿,声惨呼娘之女。暨周未卜,莫遮霜雪于枫根;闺阃已空,谁奠清明之麦饭?迨柔橹应鳏鱼之泣,绿波增故剑之悲,而所生一子,又以保护无人,在道夭逝。芳兰顿谢,玉燕惊飞。有子不能为之育,有母不能为之养,(二语瑶冈自传中句)无怪侍读君之愀然以痛也。今也胶鸾既续,雏凤成群,德媲盘中,荣分泉下。而回念故茔,触批往迹,一梦牛衣,十年斋臼。疏帘月淡,修竹天寒,絮酒残书,机声灯影,音容如在,毫楮可追。所谓一饮食一寝兴,显显然无有忘弃者与。予生后,女婴戏未侪乎?争果稚怜弱弟,病不逮夫燃须。嘉庆辛未,侍读君告归之日,适予春闱下第之时。灯下酒间,每话及之,弹劾外之枯棋,益增悦恍,补焚余之乐府,倍触酸辛。深惧闺德弗彰,疏示崖略,嘱予为骈体以传之。此微之之心也,亦季路之愿也。嗟嗟!俸钱十万,斋奠曾营,吉壤一抔,松柏已长。疏其令德,待镌千尺之贞碑;妥此幽魂,先付一家之彤管。恭人以乾隆甲戌生,庚子病殁,年二十七岁。子一:绳祖,早殇。女三:长适海宁查氏,刑部郎中、特授京堂名有圻;次适元和袁氏,分发河南试用知县名佑;次适长洲彭氏,翰林院编修名蕴辉。

清金学诗等《吴江金氏家谱》

皇清诰封恭人显妣蒋太恭人行述

〔清〕金宗培 等

呜呼痛哉!太恭人竟弃不孝宗培等而长逝耶?不孝等自前年九月痛遭府君大故,抢呼擗踊,抱恨终天。犹幸吾母年未六旬,虽素有嗽疾,而精力尚可支持,方冀永承色笑,长奉春晖。不意天降鞫凶,未及三年,迭膺大故,人生惨变一至于此。太恭人禀赋素厚,自归府君侍读公,即随大母赵太夫人摒挡家务。迨大父文简公、大母赵太夫人先后薨逝,复偕府君经营丧葬。十余年来,又为不孝等料理婚宦,劳勋靡宁,精神渐耗,五旬后遂得痰喘之症,交冬辄发,寖至不起。不孝等平日既不能分任勤劳,侍疾又不能谨视汤药，罪蘖丛积，腼颜偷生，尚何言哉！惟是太恭人早承姆教，夙谙壸仪，淑德懿行有不可泯没者，用敢和泪濡墨，略陈梗概。太恭人姓蒋氏，为苏郡望族。外高祖考绣谷公讳深，由荐举充武英殿纂修，仕至山西太原府朔州知州，授奉直大夫。外高祖妣李太君，封宜人。外曾祖考盘漪公讳仙根，太学生，考授州同知，赠文林郎、安徽石埭县知县。外曾祖妣徐太君，赠孺人。外祖考砥斋公讳业恒，太学生，候选布政司经历，赠儒林郎、广西太平府万承州州同。外祖妣严太君，赠安人。世居郡城之桃花坞，绣谷公、盘漪公先后以文章书法擅名当时，贤士大夫不远千里踵门缔交。而李太君亦工书善画，尤以柔嘉淑慎垂为闺训，世世弗渝。望其间者，咸推为艺苑统宗、人伦模楷。太恭人幼聪慧沉静，寡言笑，自女工织纴外，能读《孝经》《曲礼》《小学》《列女传》诸书，以孝事父母，最为砥斋公所钟爱。岁壬寅来归府君，赞修枣栗，戒旦相庄，文简公及赵太夫人顾而乐之。前妣叶太恭人生女兄三，长者数龄，幼者甫离襁褓。太恭人提携奉负，时其饮食而教诲之，绝无异视，戚党交相称焉。时文简公方视学畿辅，出乘星轺，入侍香案，无暇旁及家政。府君方应试礼闱，锐意诗文，兼之笺启酬应，冠盖往还，殆无虚日。至于潞潞醪盐，硕夥琐屑，太恭人与叔母陈宜人均任其事，无少推诿，从容樽节，丰俭得中。然遇事必禀请赵太夫人，命而后行，盖孝谨谦冲本于素性也。岁丁未，太恭人以府君年逾三旬未有子嗣，无以慰堂上含饴之乐，遂劝府君纳箴室，即今庶母黄孺人，分甘任苦，体恤备至。是冬不孝宗培生，辛亥不孝宗均生，癸丑不孝宗垚生，乙卯不孝宗塽生。戊午春，赵太夫人猝遘危疾，太恭人抑搔扶侍，寝食俱废。太夫人于病中谓太恭人曰："吾无以答新妇，愿他年汝子妇之事汝，亦如汝之事吾也。"既遭太夫人之变，府君哀毁骨立，水浆不进。时文简公年届七旬，太恭人于哀痛之余，力劝府君制泪承欢，毋重伤老人怀抱。吊唁盈门，太恭人指挥仆媪，款待中礼。是年十月，府君单车回南经营窀穸，并为文简公预营生圹。太恭人以妇职兼子职，先意承志，侍奉惟谨。八月，不孝宗埁生。己未春，府君回京后，即于秋仲扶赵太夫人灵輀南下。时文简公年高，季冬陪祀裕陵，感受重寒，旧病复发。圣慈优恤，令速回京，遣医诊视。太恭人侍奉汤药，十余昼夜衣不解带，目不交睫。庚申正月，文简公薨于邸寓，凡附棺附身，太恭人料理周详，尽哀尽礼。府君虽远在吴中，未得亲视含殓，亦可藉以无憾。二月，府君星驰来京，五中摧裂，痛不欲生。太恭人衔悲调护，并经营扶柩南归之事，百端交集，心力俱疲，府君实深倚赖。乙丑秋，府君入京补官。并以不孝宗培于丙辰年蒙恩袭一品荫生，是时年已及冠，携以入京。太恭人在南综理家政，内外肃然，无敢掉磬者。不孝宗均等俱已成童，出就外塾，太恭人考察程课，严戒嬉游，从未尝少假颜色。丙寅二月，府君仍补中书。秋七月，不孝宗培朝考第一引见，奉旨以员外郎用。旋为不孝宗培娶妇陈氏。丁卯四月，太恭人率不孝宗均等来京，不孝宗培率妇拜见，太恭人顾而色喜，曰："吾自鞠育汝等备尝辛苦，今汝婚宦粗成，少慰吾愿。"既而诫曰："汝托祖宗重荫，早入仕途，必谨守家风，恪恭职事。庶毋陨越。至妇人之职，尤在躬习勤劬。吾自偕汝父支撑家事，往往昧爽即兴，夜分始寝，未尝耽安逸，汝妇亦宜善体吾意。"不孝谨识之，不敢忘。五月，府君升授侍读。戊辰春，不孝宗培选授刑部安徽司员外郎。己巳，皇上五旬万寿，恭遇覃恩，太恭人诰封恭人。庚午，府君以文简公尚未创造专祠，急思购地经营，以光祀典。并以儿女婚嫁累集向平，至秋遂乞假偕太恭人返里。不孝宗均等侍奉南行，不孝宗垚将应京兆试，与不孝宗培同留京邸。明年，为不孝宗均娶妇何氏。癸酉秋，不孝宗垚报罢旋里，即为娶妇朱氏。甲戌春，以不孝宗墉纳聘津门王氏，遣令就婚京师。不孝等先后婚赘，凡纳采纳币，皆太恭人手自料简，平生精力至是益衰矣。是秋九月，痛遭府君大故，太恭人号恸欲绝，衣衾棺木，必信必诚，勿之有悔。不孝宗培在京闻讣，星夜遄归，泣血椎心，不堪为子。犹幸太恭人在堂，借诸弟晨夕定省，藉以稍纾孺慕。孰料严亲见背甫逾一周，而慈母又溘焉辞世，鲜民之生不如死之久矣。先是戊辰、己巳间，太恭人在京得痰喘之症，间或一发，医家佥云积劳成疾，气血两亏。回南后，交冬辄发，然至春和，即绥泰如平时。去冬，体履自觉康健，嗽疾亦不至时发。不孝等窃冀从此加意调摄，定能霍然。今年春正上元节后，偶因感冒春寒，微有咳嗽，医云略用驱风顺气之剂，即可向愈。廿二日夜半，忽形委顿，神思涣散。不孝等手足无措，急进参苓，讵已无及。廿三日辰刻，渐觉气弱声微，延至未时，竟尔弃养。不孝等始而调获失宜，致成痼疾，继又侍奉无状，遂觏闵凶。自今以后，长为无父无母之人矣。呜呼痛哉！太恭人赋性慈祥，处事忠厚。旋里后，庶祖母朱太孺人因先叔讳福原幼殇，素有肝郁之疾，晚年益剧。太恭人延医调治，朝夕劝慰，思所以排解之者无微不至。丙寅春疾革时，府君在京师，一切殡殓之事，太恭人尽心措备，妥慎周详，曲从殷厚。平居自奉菲薄，鲑菜二味，率以为常。衾褥衣裳，有屡经补缀至十余年不易者。至于款洽宾朋、馈遗戚党，则不少吝惜。如府君直庐会食，偶致家馔，必极精洁。尝谓不孝宗培曰："待人宜丰，自奉宜约。汝家世寒素，自文简公泩膺显秩，叠荷两朝鸾诰、三世鹓班，祖德君恩，惧难报称。惟当勤慎奉公，节俭守己，留有余不尽之福以贻子孙，则我心慰矣。"婢女有过，必明晰开导，未尝挞责，或屡违教诫，始不得已遣去。其年既笄者，即给资嫁之，务使得所。每夏，遵古方制药饵以疗人，踵门乞者日相接。贫家不能具棺木有来告者，必酌饮殓费。生平不嗜杀，虽昆虫草木不忍伤，盖仁心为质如此。暇辄吟讽唐人诗，尤爱《辋川集》，曰："初盛中晚，风格高下，吾所不敢与知，惟取其冲和闲雅，不事雕琢，出于自然，与吾心相浃而已。"观此，则太恭人之和平易直，至性至情，亦于此流露矣。书法工秀，喜临晋唐人小楷。前妣叶太恭人先世沈安人宛君著有《午梦堂集》，近年每喜熟玩，往往手自录写，日课四五页。阅数月，全集遂竣，付不孝等装订收藏。迄今一展读，手泽犹新，慈颜已杳，欲再睹吾母之音容，不可复得矣。呜呼痛哉！太恭人生于乾隆辛巳十二月十八日寅时，卒于嘉庆丙子正月二十三日未时，享年五十六岁。己巳恭遇覃恩，诰封恭人。子六：绳祖，幼殇，前妣叶太恭人出。不孝宗培，一品荫生，刑部陕西司郎中，总办秋审处加二级，娶陈氏，中书科中书名保世公女。次宗均，候选从九品，娶何氏，候补同知讳锜公女。次宗垚，国学生，娶朱氏，奉直大夫、候选布政司理问加二级名汝鲲公女。次宗墉，嗣堂叔郡庠生讳穀原后，娶王氏，江南监巡道讳象仪公女。皆太恭人出。次宗墭，原聘徐氏，直隶顺德府同知名豫吉公女，卒；今聘宋氏，刑部侍郎名镕公女。庶母黄孺人出。女子五：长适前候补四品京堂刑部郎中查有圻，次适河南候补知县袁佑，次适翰林院编修彭蕴辉，皆前姊叶太恭人出。次适国学生顾绍祁，太恭人出。次未字，庶母黄孺人出。孙男五：震锷，聘王氏，礼部员外郎军机处行走名凤翰公女；晋剑；益镣。皆不孝宗培出。泰钟，不孝宗垚出。履镇，不孝宗埔出。孙女四：宗培出者二，长许字山东按察使张公讳彤子、候选员外郎震；次未字。宗均出者二，幼未字。不孝等苦次昏迷，语无伦次，追思母德，挂漏尚多。伏冀大人先生俯赐垂览，锡之传铭，以光泉壤，则不孝等世世子孙感且不朽。

清金学诗等《吴江金氏家谱》

竹圃公传

竹圃公讳埏，字滨陶。幼颖悟，有才识，仗义慨直，落落不与童子伍。年十三，从立斋沈先生游，十五从竹亭曹先生游。文希金、陈，诗法李、杜，著述每多惊人语，为博雅所赏识。庚寅春，入京师，贽于侍御史王芍坡先生寓，计由太学生下北闱。是年六月，丁钱太安人忧，闻讣匍匐归里。阅明年，复之京，挈眷归。适芍坡先生有丁忧事，馆通州书院，公从之游。甲午，下北闱，以荐卷取入四库全书馆，例得以衔议叙。然公急于功名，即援川运例报捐布政司经历。乙未秋，赴部铨选，掣云南省而遂往焉。时大宪以其识力过人，断才明决，历任罗平、宣威、嵩明、邓川等州知州，及南关通判、永北直隶同知，后补授镇雄州州同知。所莅州郡，政务从简，民咸悦豫。至如镇雄、永北边缺也，犷悍甚矣。每下车而有朝讼夕息者，不数月而讼鲜矣，期年而民喻礼义矣，且非特已也。贫乏商民，积欠盐课银两盈千累万，辄不追呼而自任之。戊申春，因公出，狱吏不谨，所捕盗犯越逃，议罢职。公奋勉严缉，不逾限而全获，例议开复。然公素操劳任烟瘴之地，适中风而病偏枯，屡发转剧，至庚戌二月廿一日终于官舍。公持己廉洁，又轻信于人，所以身后累重多咨诹，而家为之中落。然慷慨之人多有之，岂特公之过哉？且公之所遇亦蹇也。当宦游，贫无以挈眷，子汝锟甫六龄，痘伤于京寓。甲辰冬，王安人病劳瘵，又卒于西宁道芍坡先生官舍，公仗义不续，孑立茕茕。国计民生而外，无他好焉，乃竟不克永其年。天之所以报施者，诚不可解矣。庚戌十月望日椁归里，箧有《天涯阁诗稿》三卷，制艺二百余篇，家收而藏焉。

清徐书城《吴江徐氏宗谱》

盛梦熊传

梦熊，柱长子，字吕扬，号芥园。江邑廪贡生，敕授修职郎，选用训导。幼颖悟，器宇异人，生平淡于营求，不苟言笑，而谦光可挹。七岁失怙，举动若成人。淬志励学，寒暑无间，后以仲弟息园公卒，经理家政，无志进取。公素友爱，视侄如己出。侄又中年凋丧，公哭之恸，以长歌祭之，哀动路歧。侄媳庄氏善诗文，公视之益厚，嗣因食指浩繁，为子侄分析家产，一秉至公，人咸义之。公乐善好施，求无不应。自乾隆以迄道光，每逢青黄不接之际，必贷粟给贫，岁歉更倡捐助赈，设厂平粜，为当道所倚重。道光四年，奉宪开浚河道，捐资督率，不辞劳瘁。时例举孝廉方正，有司拟以公名入荐牍，辞不就。有家仆盗取物件，为邻里盘获，诉诸公。公纵之归，终身不言其事。公学业深邃，而诗宗少陵，斋名"浣香"，亦步武前贤意也，著有《瑶花村墅古今诗钞》，选入《松陵诗徵》及《卬须集余稿》，毁于兵燹。生乾隆壬申四月廿八日午时，卒道光己丑五月十二日申时，年七十八，崇祀江浙崇善堂乡贤祠。配南浔吴氏，太学生献廷公女。中年丧偶，未尝续娶。孺人生乾隆壬申九月初八日亥时，卒乾隆癸丑三月廿五日辰时，年四十二。葬五都南仁小圩。子二人：德基、临基。女五：长适陆溪邑庠生沈鉴堂，次适陆家湾太学生陆建侯，三适陆溪太学生沈嘉猷，四适南浔太学生刘鸿渐，五适南浔太学生吴自昆。

清盛钟岐《平江盛氏家乘初稿》

任兆麟传

　　任兆麟，字文田，思谦子也。少应试，耻有司防检太苛，遂弃去，专心撰述。其书有曰《心斋十种》：其自为曰《夏小正补注》《石鼓文集说》《孟子时事略》《弦歌古乐谱》《纲目通论》；其辑古之逸书为之者曰《尸子》《四民月令》《襄阳耆旧记》《文章始》《寿者传》。其为《夏小正补注》也，本郑仲师《周官注》，移"主夫出火"一条于三月，"时有见梯始收"一条于五月，又补"采芑""鸡始乳"二条。嘉定王鸣盛序其书，以为确当。又尝编录三代两汉遗书，始夏小正丹书，终荀悦汉记，凡五十六种，曰《任氏述纪》。其自为者又有《孝经本义》《尚书古文叙录》《毛诗通说》《春秋本义》《朱子粹言》《声音表》，诗曰《心斋诗稿》，成书之多未有若兆麟者。嘉庆初元，举孝廉方正。年八十余卒。

清光绪《吴江县续志》

国学生柳君逊村小传

〔清〕顾日新

　　吴江有隐德君子曰柳君逊村，家分湖之大胜港。既殁，君之子树芳，以工诗有志行，善于予，能述其先世事，事皆荦荦可传。先是嘉庆甲子年，连雨水荒，市人多遏籴，院司以下置不问。里之贫而强者，率先以遏籴为名，攘臂入人家攫米，一时不谋而应。自六月初一始，遍苏、松、常、太一州三郡。事定，官吏穷竟，党类多挟仇，滥及无辜良善者，至鬻妻女以缓罪。当是时，君家以好善名，众踵其门。晓之曰："尔辈慎，无效匪人作不法事，饱诸目前而殍诸异日。何利有不给，第取我家，我不汝疵。"于是，君所居一里无暴横事。时米石钱五六千，苟为牟利计，不数月可不资。君岂独不智哉，益己而损人，不为也。君与人交有恩义。同里有梅某者家贫，劝逐什一利，则以贫辞，乃徒手付千金，使权子母。既而梅殁，子幼，君不责偿，其家因是得大起。性不乐事贵要，而于寒士能膏润其行事，与今素封家相反。古之隐君子，所由不必以才显，不必以学著，而良史官独列隐逸一传，于士大夫有立德立言之间者，讵非以好行其德与。君之号逊村也，尝自谓犯而不校。妇兄周静斋，性耿介，不谐于俗，尝受逸与君不睦，君不辩。后罹族人难，悉力救之，事乃已。若其孝于亲而恭于兄，固君之恒行，不牵连书，书人之所难也。异日君之事彰知，必有请旌其门，而祀于忠义孝弟，以为世式者，则予文足徵也。君名玉堂，字卫莹。

长洲顾日新撰，吴江程庆华书。

吴江博物馆藏拓片

国学生柳君逊村墓志铭

〔清〕沈璟

同邑沈璟撰文。

长洲孙晋灏书丹。

昭文孙原湘篆额。

国子监生柳君逊村，余同学友也。与君生同庚，居同邑，少同学，故契之深而知之最稔。君卒之后五年，长子春芳与弟将奉其母柩合葬，泣而以状请，余乌得无一言耶。按状：君初名琇，更名玉堂，字卫莹，逊村其号。世居吴江县之北库港，父杏传公以旧居湫隘，迁于分湖滨之大港，延余先君子课君及君之兄厚堂。时余年十四，与君昆弟同笔砚，甚相得。君笃志向学，夜漏三四下，犹庄诵不辍。先君子殁后，暇日辄一棹过访，读君之文日益进。越三年，而杏传公谢世。君与厚堂服阕后，因食指渐盈，析居迁于大胜港，去旧居只四里。君泣请于厚堂曰："幼时读《国策》，至'赵后爱怜少子'一语，私志之，不敢忘。今父已终天年，母黄宜人年渐高，倘不深体怜少之意，迎养弟家，朝夕问安视膳，非所以安亲之心，即非所以慰兄之心。"厚堂不得已而从其请。自是弃举子业，惟以承先启后为己任。黄宜人喜行善，凡远近之死无以敛者，君力为屏当。里人有胡姓者，孤子嫠母，贫不能存。黄宜人闻而叹曰："如彼孤寡，何不急为周恤？"君应曰："唯。"日给米一升，岁衣一缣，如是者数载，俾得成立。黄宜人暮年常在床蓐，奉侍汤药至二载余不倦。殁后，岁时祭祀必涕泣，终其身如一日。君虽绝意进取，平日督课其子，仍以读书敦品为要务。余每岁科试至鹿城，遇君携其子三人应小试，相叙于旅邸，论诗文娓娓不已。平时卑以下人，邻戚有侮慢，退辟无所争，故自号逊村。嘉庆九年夏，大水淹田，禾几尽，人情震动，强者往往劫夺。君择里之长而贤者，先与计其众寡有无，然后集里之人喻之曰："尔毋于光天化日之下起争夺事，国法具在，慎勿犯也。"遂出廪粟分给之。当是时，东西叫嚣，多藏者或取祸负言。独君之里安堵无恐，实赖君有以训导而赒恤之也。於戏！君之孝友如此，任恤又如此。越二年，忽患咯血疾以殁，何天之不右善人耶？自君殁后，配周孺人亦以君之承先启后者训其子。余尝一再至其家，门以内秩秩然，雍雍然，少长有序，款洽有仪。于是知孺人不独相夫尽孝于生前，抑且代夫教子于身后，以治家劳瘁精力耗废而卒。君殁于嘉庆十二年五月十九日，生于乾隆十八年七月初七日，得年五十有五。配周孺人，国学生同邑芸溪公长女，殁于嘉庆十六年十二月初四日，生于乾隆十八年二月初五日，得年五十有九。子三：长春芳，次毓芳，俱国学生；次树芳，工诗，以体弱不应试。女五：长适震泽县庠生殷大坝；次蚤亡；三适国学生吴彰；四适吴克震；五配国学生元和王泗。孙二：兆黄，兆青，皆幼。先是，君病中惓惓以择地建家祠为念。既殁，春芳等即卜葬吴江县廿九都南玲圩之新阡，旁筑三楹为祠，承先志也。孺人后君四年殁，十八年十一月二十一日合葬。铭曰：

六行彰彰著周礼，惟孝兼友斯为美。仲郢有母保余年，更推任恤惠闾里。庭前培植珠树三，一派古香被兰芷。诗书之泽流孔长，幽宫永傍分湖水。

吴江博物馆藏拓片

柳逊村翁墓表

〔清〕姚椿

予读《后汉书》，见夫陈仲弓、王彦方之徒制行乡里，雍和敦厚，合于周礼司徒所旌睦姻任恤之政。一时闻其风者，虽盗窃之徒，犹为之抚心感愧，引服从善。私怪近世闻此于人者盖寡，今乃得诸吴江柳翁逊村。翁名玉堂，字卫莹。生平慕古人之犯而不校，而又自谓未能至也，故又号逊村。尝徒手付人千金，没而不责其偿，其孤嫠以此起家。急所亲之急，虽向有宿怨者，未尝以属意，其嘉庆甲子拯其乡水灾事尤著。先是大江以南，连雨水荒，市人多遏籴，大吏以下置不问。贫且悍者入里门强攘取之，曰："尔遏籴，我何能坐死？"当是时，翁家世以善殖财好行其德名里中，众叩其门。翁晓之曰："尔毋然。天灾流行，吾诚悯之，然力薄，不克尽拯乡党。请与若辈约，力自尽而有不给者，取诸我家。"出入分合，皆有程部，法密而惠周。及后事定，他攫米者皆被获，穷诘党羽，无罪株累者甚众。于是里民叩翁门，谢曰："翁匪独活我，其所施被者远也。"翁以水灾后三载卒，年五十五。名位未伸，仅跻中寿，人或以天道为茫昧难晓。然翁子孙皆岐嶷有立，季子树芳尤以称诗敦行有名于时，而翁之事因以益显。翁之先世，详树芳所编《家乘》，世有种德，非翁一时义激所为。树芳与予善，以翁铭传之文属表诸其墓。予文不足称也，异时翁之子孙有为胜溪柳氏阡表者，其必无遗斯事也已，其尚益务植德，以绳翁之后也哉！道光乙未夏日，娄姚椿述，震泽张履书。

吴江博物馆藏拓片

泽南公传

泽南公讳棠,字召伯,观澜公次子也。幼随父任西江,读书有智,见事有识。比长勤敏炼达,有守有为。受室后,入太学,遇观澜公公务事宜,无不差委干办,诸臻妥善。上宪知者咸深嘉奖,许为他日能员,视世之称翩翩公子者,岂不大相径庭哉!厥后,观澜公升守南康,因交代事稽,未赴新任,偕配唐恭人先后遘疾,相继辞世于定南官署。时公在籍理家务,凶问至,痛绝复苏,泣血星奔至署,抚棺辟踊,几不能生。然时际交盘,荒迷之下,幸得措理悉当,毫发无憾,匍匐扶柩归,而宦囊所载,惟有琴鹤而已。治丧葬尽哀礼,人争羡之。兄弟析屋分居,悉秉两伯父健斋公、静庵公命,人皆许之。服既阕,物力惟艰,因念与观澜公同寅交厚者长白伊公讳龄阿,时任两淮盐政,遂游其门。继复至江苏织造长白徵公讳瑞署,佐理一切,俱蒙提挈。后得转荐于范氏官铜局中,管理采办洋铜。公长材短驭,措施裕如,因是三易局主,而公俱膺重聘。首主其事者几二十年,以故家道日隆,置田产,建屋宇,人尽称之。兄朴如家落,待公举火,公日肩之。抚侄建堂如己出,施教育,完婚配,公悉任之。"勤能补拙,俭以养廉",斯二语为公所终身膺服者。岁辛酉,因劳成疾,在床褥中,无非以教子读书、克俭克勤为兢兢。噫!公生是材,倘得宣力宦途,大展其量,定有伟绩宏猷耸人观听者。而乃仅以小试其技,以富厚成家终也,惜哉!

清黄以正、黄锡爵《松陵黄氏家谱》

顾青庵墓志铭

〔清〕朱春生

嘉庆九年夏,余友顾青庵病胀剧,余日往视之。已而余头风疾发,间数日不往。比愈复往,则青庵病已革,从枕上望见余,辄曰:"子来大好,吾病将不起,生平惟诗数卷,今以属子。"因命幼子检付余,余敬受之。其明日,青庵遂卒。既而袁湘湄及青庵之甥郑文泉溥,以其家贫不能葬,约同人共出钱葬之,而余为志其墓。青庵讳虬,姓顾氏,家世为吾里望族,而近稍凌夷矣。父声山公,轻财好客,而性耽丝竹。方青庵幼时,家称富厚,徵歌赌酒无虚日。青庵亦妙解音律,以抠笛擅场,按节歌筵,顾盼自喜,翩翩裙屐少年也。弱冠后,折节读书,思以科名自显,而屡试辄抑于有司,家亦中落。侘傺不平之气无所发舒,往往被酒则骂其座,人人以为狂。然青庵性通敏,多技能,凡书画篆刻、六博投壶、弹棋鼓琴,以及酒纠隐谜,罔不精妙。众畏其口,而终慕其才,青庵亦喜接杂宾为戏笑资。其后学诗于顾蔚云先生,乃得交湘湄诸君,而入竹溪续诗社。时社事方盛,文酒之会数举,诸君皆少壮,歌吟笑呼,意气豪甚。而青庵常抑乎自下,无放言高论,即酒酣耳热诙谐间作,亦温温然,令人喜不令人怒,闻者咸称其进德。然或出而与众人接,则使酒骂坐如故。尝从容语余曰:"吾自少溺于声伎,长复归于俗学，今乃得登大雅之堂，与君等相切磨，以庶几有成。吾视君等，殆不啻父兄师，保之益我也。至生平澜迹屠沽，未能遽与之绝，聊以喜笑怒骂自立崖岸。惟子与吾相识久，当知吾心耳。"久之，社中诸子多以饥驱适四方，青庵亦愈穷困，为童子师以自给，最后授馆郡城。其家有复园，即前明王氏之拙政园，亭台花木胜甲一郡，青庵乐之，留止十二年不去。今春已病，犹力疾赴馆，谓不忍负园中红芍药也。其为诗不矜格律，而清思隽语往往惊人。尝宴集频伽斋，同人即席分韵，青庵先成五律二首，众谓探骊得珠，皆毁其稿不出云。性好诙谐，虽常语亦有风趣，而内行洁修，其孝友尤可述。声山公晚岁贫乏，宾客尽散，无可娱乐。青庵偕兄弟左右就养，先意承志。声山公喜校订歌谱，翻阅之余，偶转喉发声。青庵亟取长笛倚歌和，而目兄使弹三弦，弟按鼓版，便串繁响成一曲。既阕，则人各以次赓续，回环不已，每至竟日。闻者啧啧美家庭之乐，虽富贵者不能得此也。青庵生于乾隆二十年二月七日，没于嘉庆九年六月三日，年五十。娶金氏，生子三：长眉、次筅，皆先青庵卒；次萱，尚幼。女一，适吕来吉。葬以其年之十二月□□日，墓在同里湖滨之成字圩。铭曰：

人谓君狂，我谓君狷。问何以然，不为乡愿。忧生之嗟，迹似乐死。传君心事，一卷诗耳。人厄天穷，得友独丰。此一抔土，众手所封。

清朱春生《铁箫庵文集》

张鲈江先生行状

〔清〕俞树滋

先生姓张氏，讳士元，字翰宣，自号鲈江，震泽澄源里人。其先由徽州来徙，世以农为业。祖启文，父友仁，皆谨厚长者。前母李氏无所出。母俞氏，是为树滋曾祖王姑，生二子，长殇，先生其季也。年十三而丧母，家贫力学，补学官弟子。乾隆戊申举于乡，七试礼部，累荐不第，乃归老烂溪之上，以著述自娱。初，先生弱冠时，即以诗名吴越间。既见吴越之士言诗者林立，独为古文者差少，因慨然有志于此事。发所藏《归震川集》读之，喜曰："真吾师也。"辄陈于案上，北面拜之。寻又得震川所评《史记》，即用其法，上推之左氏，下逮班、韩、欧、曾之伦，无不合者。由是深造自得，卓然成一家言。性澹泊寡交，独与长洲王惕甫、无锡秦小岘、新城陈硕士数公，以古文相切劘，而尤为桐城姚姬传先生所激赏，以为拟之震川无愧色云。先生在京师，馆富阳董文恭公第中八年。公两主会试，欲令先生出门下，不能得也。嘉庆丁巳，公以母忧告归。是时，川楚方用兵，朝廷需公亟，送公者多以此为言。先生虑公将不能终制，独从容进讽。未几，公入都，果为当路者所遏，居城外久之。会迎车驾，高宗见公喜甚，命以素服权治刑部尚书事。于是宾客皆贺，先生独不贺，公用是益心重之，礼遇有加焉。然先生自馆谷外，一介无所受，归而家贫如故。常授徒以自给，或馈多金求为谀墓之文者，夷然不屑也。归安姚公秋农之来视学也，先生与有旧，自以嫌疑戒诸子勿与试。盖其持己及人，莫不以义，而宁过毋不及如此。先生既年老，以资叙当为学官，或请就之，以重听辞。固请，先生曰："夫国家分建黉宫，而为之师弟子。岂虚设此官之田禄，以赡给贫士哉？今自问不能供职，就之非义也。"卒不许。呜呼！先生行谊不胜书，书其大者可以类推矣。先生卒于道光甲申冬十二月十六日，享年七十。配顾氏。子男四：长澜，县学生；次涟，次淳，次涵。澜、淳皆前卒。女二：一适廪膳生倪祖宽，一适顾文渊。孙男二：东才，澜出；绳武，涟出。著有《嘉树山房集》二十二卷，行于世。续集、制举文各如干卷，与所辑《震川文钞》四卷、《诗学问津集》四卷，藏于家。乙酉春正月既望，门人俞树滋谨状。

清张士元《嘉树山房集》

张鲈江墓志铭

〔清〕姚文田

君讳士元，字翰宣，号鲈江，江苏震泽县人。先世自徽州来徙，初业农，至大父某始习儒，亦未能致通显。君以乾隆戊申举于乡，凡七应礼部试，卒不遇。君好为古文，所与游皆当世之专攻古文者。时天下方崇尚诡异，以杂引非圣之书为博，以捃拾舛滥之语为新，考义多乖，安章失次，文之矩矱荡焉无存。而君独好用我法于举世不好之时，则宜其久而不遇也。君客董文恭公第最久，予以公门下士因得交于君。君时为公训其幼子，日习皆童子业，故学问无由以见。公直枢禁，每日以寅入，以申归，宾友辈希得见之，亦不能有所助益。当公之以军兴夺情也，君意窃不善之。然是时，高庙以军务为殷忧，思可计事无如公者，故日夜迟公至左右。大臣中有与公厚者，阴以书告之。公受恩深，义不可以不出，而君固未知也。又公两典礼部试，不肯以私意罗致君，君亦未尝干以私，虽终不获售，言者谓于义两得之。嘉庆己卯、庚辰间，予方视学江南，君来谒予于澄江使廨，见须发皓皓白，已颓然成老翁。与之言，耳聩不能省，必代以笔然后喻。延之饭，固辞而去。君自言："调取届期，尚可得一令或学校职，吾自循吾耳不敢赴也。退而思授徒于乡里，而又不能不用吾听，则唯有谢绝人事，以终老于荒江寂寞之滨而已。"予闻之，愀然以悲。呜呼！世尝言文人少达而多穷。如君者，抑又厄穷之甚者矣。君以道光四年十二月十六日卒，得年七十。生平著述有《嘉树山房集》二十二卷，已刊行，乃君尝手以示予者。其未刊尚若干种，藏于家。娶顾氏。子四：澜、涟、淳、涵。澜，县学生，及淳皆前卒。孙二：东才、绳武。兹岁某月，涟、东才等将奉君柩葬于某山之原，介张生生洲来乞铭，予不敢辞。铭曰：

昔孟郊诗，好为艰苦。卒穷而死，亦固其所。览君之文，和易优柔。乃亦困穷，于文何尤。君之不遇，世实遗之。世胡能遗，天实为之。天实为之，又何言哉！

道光六年丙戌□□月，归安愚弟姚文田顿首拜撰。

清张士元《嘉树山房集》

鲈江张先生传

〔清〕钱仪吉

张先生士元，字翰宣，自号鲈江。所居澄源里，故吴江地，今属震泽，为震泽人。乾隆五十三年举乡试，七试于礼部，无所遇。老而需次，当为教谕，耳聩不肯就。或劝之，谢曰："国家设学校，使师若弟子相从讲学，岂漫以廪禄振贫士哉？吾自惟不能仕也，苟利焉而往，不可。"先生家甚贫，行甚高。读书烂溪之滨，行坐吟咀，以思以乐，不知爨火之不属也。亦时时馆于外，义不合即去。尝与其友书曰："吾其寿与夭与终，其天年与抑饿而死，与吾妻孥得保聚与终漂泊，与皆命也。命不可知，则听之可也。盖至死生不足变于己，而目前之得失，固已轻矣。此吾之所自得者，虽频得频失，终愈于无所得也。"来京师，董文恭公闻其贤而馆之。董公丁母忧归，仁宗命公毕葬即北上，而先生颇微讽止其行。方是时，政府窃弄威柄，大臣为所忌异如董公者，不二三数。而楚蜀又有军事，久不定，为太上耄念忧勤。董公以是不忍不出，而愈心重先生，故主于董公家最久。其后秦侍郎瀛聘之，修无锡、金匮县志，相厚也。其于侍郎，亦多有规诤。又尝应浙抚阮公之聘，主诸暨书院。一日饮县廨，令谓客曰："张先生廉甚，曩者我馈之食物耳，犹不受。"先生顾而言曰："此皆民膏民脂也。"令起谢。先生出，笑曰："吾不知斯言之何以出也？"姚文僖公督江南学，先生与有旧，禁诸子勿应试，其耿介恬淡如此。好为古文辞，师震川归氏。岁正，陈其集于几，北面拜之而曰："我始读古人书，徒见其浩然无涯。自得是集，反覆熟读之，得其义法。由是博观史集，旁通交会，亦不复规规于一家矣。"有以荆川评选《史记》为问者，先生曰："夫学文者，当读全书。且其本原皆在诸经中，不可舍本而言末。"闻者以为笃论。道光四年卒，年七十。后八年，其同姓友积石履以先生所为《嘉树山房集》赠予，乞为传。予方病困，又有殇女之戚，读其文而泊然以适，不觉沉忧之忽去。于以知先生之能养性，而其言始足以感人也。

清缪荃孙《续碑传集》

亡友徐江庵墓志铭

〔清〕郭麐

於呼！我友江庵之亡十年矣，其容貌行事显显然在目。前以岁之不易，而我先君子未卜葬，今既遂厥私，不敢复以他辞为解，乃序而铭之曰：君姓徐氏，讳涛，字听松，号江庵，世居吴江之芦墟村。祖某，父某，家素封，及君日落。少好声伎博弈，及长始奋，刻苦于诗。钩棘追凿，旁午贯串，必求其旨趣所归。其所为恬愉澹泄，潇深幽蒨。朋酒角艺，雷迅云涌，笔墨横溢，单辞后出，敛手推服。长于离合聚散感慨之词，往复自道，盖其天性然也。余少跳荡，放纵里中，能略诵五经文字，下笔能为今所谓时文者，群目以为异材。与之言汉魏以下古今诗人姓名，告之且不信，见病如怪民异物。而君特善余，时时过从。岁暮风雪，披敝裘，要以下缝皆坼裂。病畏风，毡帽压耳，纳一卷袖中，袖掩其口，敲门剥剥然，问之不言，心知为君也。或数日不相见，迹之，则往从博徒。纵博穷日夜，挟之至，言论如平时。酒逋博进嚣凌户外，若不闻也。貌丰下，善谭笑，引卷吟讽，抑扬中节。弟辈辄效，以为笑乐。性澹然，与物若无争者，然闻人诟余，则愤见于色，人亦以诟君。尝曰："子厚自待，今子累我，他日以我累子。"於呼！古所称知己，君于余，非耶？君既不永其年，不竟其所学。而余之幽穷颠踣垂十年，旧学亡失，亦无以异于里人。君之所以知余者，非耶？余之无似，无以称君之知也。君之欲累余者不可知，而余则终累君矣。其可悲夫！乾隆壬子春，偕游邓尉山。至山半，君不能上，坐石壁，仰首歌吟，为诗一章。脱屣生死，豪宕感激，余读而悲之，竟以是岁十一月卒[1]。年三十有口。子一人，女一人。铭曰：

玄墓麓，邓尉颠。死埋我，立石焉。嗟山灵，闻此言。生也病，死则痊。神之游，风泠然。梅花落，君来还。盍归些，此墓田。

清 郭麐《灵芬馆杂著》

注〔1〕：误。据郭麐《灵芬馆诗初集》庚戌年所作《哭江庵六首》等诗，以及郭麐《樗园销夏录》卷一"徐江庵涛"条所记，徐涛卒于清乾隆五十五年庚戌（1790）。

陈府君葬志

〔清〕郭麐

芦墟陈章伯府君既葬之九年，其嗣希恕为善状一首，踵门而谒曰："吾府君克安窀穸，而贞石之文未具，大惧无以称扬德善，饬稚昧于后。伏念先人内行醇备，而跧处里党不自表襮，苟非平生雅故通知宿昔者，其词恐不足以传信。吾子尝获接言笑，家门之践履，姻戚之交际，宜得其详，且尝以文铭贤士大夫矣，矧里党姻戚之间乎？吾子其无辞。"余学行无似，文字浅鄙，何足以当郑重之托？然予家与陈氏世有连，大母于府君为中表兄弟行。府君母为赵田袁氏，袁氏又有连也。其于行谊，粗识一二。古之为文者，或纳诸幽，或铭之器，其义均也。爰撰次世系行事，俾刻以示子孙。按状，府君讳某，字章伯，号一恬，自明世居吴江之芦墟。曾祖讳某，生三子，聚书延名师友以训导之。长廷谟，次廷表，弱冠皆补诸生。季讳某，府君祖也，入嘉善邑庠，媷学自奋，思以文章显于时。累试不售，而家又中落，乃习医以自业。生君考讳某，善病，不克卒力于学，仍世其业，而所望于府君者甚厚。兄弟就塾，鱼鱼雅雅，望若连璧。陆朗甫中丞时方里居，极赏异焉，君发颖脱，渐有闻矣。已而其兄先亡，逾一年，而其考又卒。弱冠之岁，洊遘毒酷，孺帏两重，嫠纬一室，雪夜霜晨，绝甘茹苦。府君于是绅灵兰之书，究剽杀之术，儒流方伎，并习兼修。烁掌篝灯，宵分不辍，其术既精，四方造请，疾病疢疡者日满其门。府君于贵贱贫富视若一致，手注善药，诊候色泽，靡有倦意。晚岁患足，不能良行，然载疾至门者，曾不以劳勚为解起废，而全者日恒数人。尝观南朝士夫有精于医术者，往往以为耻而自悔，及考其生平行事，可耻且悔者多矣。若府君者，初不愿以此自名，既已为之，则必尽其心力，以蕲有济之物。贤不肖之用心，其相去何如哉？府君笃于孝友，奉母夫人有孺子色。敬事寡嫂，有马文渊、蔡兴宗之风，长子生，即以为后。乌头绰楔，巍然旌门，用彰苦节。薄游吴越山水，时为歌诗，以吟咏性情。杂植花竹，训课子姓，淡然若无营者，其天怀清旷如此。余少时尝从先子岁时问起居，晬乎其容，时出一二语，隽永有名理，如魏晋间人。惜尔时跳荡好嬉，不及叩其中之所存。老成凋谢，后生邈然如府君者，迄今思之，为不可复得矣。配许氏，侧室王氏。子二人：希曾，能世其业；次即希恕，好学而文。女一人，适袁茂荆。孙二人。卒于嘉庆某年月日，春秋五十八。葬以嘉庆某年月日，地在户字圩之南阡。道光二年月日，郭麐志并书。

清郭麐《灵芬馆杂著》

葵坡公传

我家自迁震泽后，葵坡公其读书之嚆矢乎，公之大父辈，孝廉、明经、入黉序者多矣。至公父辈勤学能文如悠亭公及黼皇公俱困童试外，此服内诸父无获一衿者，文运之衰已极。嗟乎！我家本有文厄，才高不售，岂自公之父辈始哉？其在明季，以慕濂公之经术，孟侯公之宏博，京邸驰名，志乘胪载。其在盛朝，以蝶庵公之藻丽，月沄公之华实并茂，法庵公之理学清纯，诸公均横恝文坛，著作脍炙人口，即与之登兰台入虎观，岂肯多让。乃仅由贡而得官，位亦不显，或掇一科，而筮仕杏苑无名。十数世以来，大半以奇才抑郁，终身一领青衿，奉为衣钵之传，岂尽才之下哉，亦天为之也。当文运昌盛之时，才厄如此，故至文运否，而一衿如异宝，书香垂绝炎乎殆哉。此葵坡公所以为吾家斯文绝续之关也。公讳以清，字敏时。年十二随父兄迁居震泽，时悠亭公年五十余，犹应童子试。公幼多病，读书作辍，尚未遍五经。十三岁，精神渐健。至十六，悠亭公始教之作八股文，笔姿韶秀，悠亭公为之择师傅。年十九，从松陵庞筠庄先生遥课一年，而文大进。乙未，人劝之就试，悠亭公以入学之难，不令就试。至丁酉春科试，始入场。学使王伟人相国喜出搭题，公心思灵妙，一讲连络，天然通篇，扣渡挽合，皆无痕迹，遂高名入泮。悠亭公数十年苦心不能得之于身，而得之于子，从此以太学同入琐闱，盖迁震方十年也。（悠亭公报捐在公入学前数年）假令悠亭公因累贫而疾贫厌弃诗书，公与二公同业，则书香绝。或公天姿鲁钝，捉搦无缘，则书香绝。不然而考运屯邅，迟之又久，书香绝而未遽续，不且患离祖愈远，坠绪茫茫乎！夫秀才者，农夫之弁，元宰之苗也。间尝考方书，阅通志，又尝驱车于山陬海澨之都邑，无论元宰罕觏，即拜甲登科，或数百里而不一，数百年而不一见，惟秀才在在皆有，诚卑之无足齿论。然而礼义之维持，门第之清白，必于此始基之固，一刻不可缺者也。惟公能入学，而金针暗度，侄与子，与侄孙，与孙，俱先后入学矣。或食饩，或登贤书，或入副车秉铎司教，一时济济，居然复高曾旧昔之家风。虽才远不逮，而门户似之，此其为文运昌盛之时乎！瓣香一线，皆自公来也。公训蒙理书必熟，勿贪加生书，作文以轻清显切为主。长侄桂、材、桢、楚，质仅中人，经公指拨开导数年，而俱善文艺。公四旬外有家事，不能自课，乃延名师以课侄。又使侄之能文者，各课其子弟，谕以教学相长，必使子弟文理清通后，然后从师。故入学者大半出于家学，一脉相传，总不外葵坡公轻清显切之本旨耳。且公之为读书计也，其热肠何如哉！侄未从师，笔削督责之不怠，侄既从师，稽防伺察之孔殷。侄县试列一高名，科岁占一高等，喜动颜色。侄一首文不中题窍，一联诗不合时趋，即为揭明。外而师课侄文，内而公考侄学，不使闲杂事。偶步书房，恐妨功也，不惜重修金敦请名宿，期房切也。公一生尊师敬师，数十年相习成风。其待侄如待子，真为人所难能。然公不仅上接历祖之书香，而使下数世书香之绵远者，皆公用全力以致之也。惟公待侄如待子，故诸侄亦遵而行之，弟兄子侄视为一体，督课必严，所以感公待己之心，也即奉公待己之教也。公娶董太孺人，性慈顺，奉姑赵太孺人备极勤劳，责子孙读书不稍姑息。以赵太孺人寝室近公居，故晨夕定省，董太孺人侍养之力居多。公事母孝，持家公，一衣一食必分诸同室，克恭两兄如父。而修眉清瞳，美髭丰颊，裒带翩翩，少时有玉笋之目，至垂暮骨格超然。其轸念族人之贫困者，为之助墓田，定祭典，使轮年收租得分余润。而又叹坟地侵损，重价购地置田，种松植柏，郁郁葱葱，使明季以来数祖墓尽成马鬣崇封。其他慷慨好义、节俭操躬、作事大方、临难不畏，公之才亦不下鹭汀、春波二公。而其尤足为公重者，则固不在是也。公以一衿绍前数世衣钵之旧，以一衿开后世衣钵之传，其不能大有所建，明者家运使然，非公过也。《诗》曰："青青子衿，宁不嗣音？"公可谓能嗣者欤！自今日以后，倘有能由青衿而引升之超轶之，则我家之幸，我家之大幸也，天也难必之事也。使就一衿而恪守之，则犹我家之幸。使并一衿而失去之，则诚我家之不幸也，亦天也可虑之事也。夫由小可以致大，自卑可以登高，易者固甚易，难者又极难。我家以一衿为衣钵，迁居震泽而后滥觞者，公也。烈火之燃起于一薪，百亩之获始于粒谷，前型未替，后望无穷，正不可望其所自也。由是以观，立志者鹭汀公也，成业者春波公也，修文者葵坡公也。有鹭汀公以倡其先，不可无春波公以踵其后；有鹭汀、春波二公以营造基业，不可无葵坡公以绵续书香。三者皆人杰，阙一不可，殆天所以成吾家之中兴欤！

清周善鼎等《周氏宗谱》

王祖武传

王祖武，字绳其，号兰江，曾翼子。天资聪慧，秉性朴诚。乾隆乙未补郡诸生，由博士弟子入国学，庚子中顺天副榜。癸卯北闱值吏部考职，名列一等一名，授职州同知，是科中式四十三名举人。丁未中第十名会魁，授翰林院庶吉士，检校《四库全书》。

事竣，乞假省亲。己酉散馆，二等五名，改工部虞衡司主事，以母疾乞假赴甘。壬子补刑部湖广司主事。甲寅二月丁外艰，躃踊奔丧，哀毁骨立，抵甘扶榇南旋，丧葬尽礼。丙辰服阕，补刑部浙江司主事。嘉庆戊午，典试陕甘。己未，迁直隶司员外郎。畿辅被水，近京灾黎群来就食。蒙恩五城平粜，派监南城。设厂平粜，督率司坊稽查，吏役莫敢舞弊。庚申，充武闱乡试内帘官，旋擢江西道监察御史。壬戌夏卒于官，年四十五。勤学孝友，居官贞廉。所著有《居易堂后集》。

清嘉庆《同里志》

汪宜秋女士小传

〔清〕朱春生

余于表姊宜秋女士之亡，既索得其遗诗与词编次都为一集，又念其生平遭遇之厄困，志行之艰贞，非余莫能详也。乃为之传，以弁简端，俾读其诗者，并想见其人焉。姊姓汪氏，名玉轸，所居曰宜秋小院，因以为号，余姑之女也。幼而明慧知书，诸兄弟皆莫之及，父母尝有恨此女不为男之叹。长适陈氏，故宦裔，然凌夷矣。于归后知家贫，即质簪珥以佐朝夕，舅姑亟称其贤。久之舅姑没，而婿浪荡不事事，日取奁中物耗之，检括且尽，渐不能给其求，屡加楚毒。既而尽斥卖其室庐什器，偕所狎远去，竟漂泊不返。姊无所栖止，时母家亦中落，兄弟莫可依者。先君子闻而悲叹，割宅旁一椽舍之。移来家具零落仅存，瓶中固无隔宿储矣。姊女红极精，刺绣文售且速，而幼儿女四人，及小叔一人，并赖姊衣食，以是困甚。值俭岁，日或不再食，吾母每呼姊共饭。姊不时至，遗以不托、粗粢，犹必报馈。先君子谓："甥女良苦，抑何介也。"姊逊谢而已。无何，其小叔病死，棺衾殡葬，皆十指所出也。甲寅之秋，先君子见背。未数日，吾母与余皆得危疾，家人不知所为。姊每日过存，约束婢仆，主张医药，不避嫌怨。凡两月，余始杖而能起，入室省母，向姊申谢。姊曰："疾病扶持，至戚固应尔。矧吾夙藉舅氏庇荫，恨未效纤豪报，子何谢为？"姊暇即教诸子读，而次子差慧，通晓文义，比长出为人句读师，余皆入市习会计。已亦教授女弟子，境稍宽矣。乃辄有持券向其子索逋者，谓而父当日所贷，经数年子本当倍蓰也。姊闻愕然，及视券良是，乃与为期约，而积课诵及针纫所得，次第偿之，久之逋毕偿。会有爱其次子，愿以女妻者。姊喜，拮据为婚娶，赁屋迁居，自幸室家粗立。而未几遘疾不起，以嘉庆十四年四月□日卒，年五十二。先卒数日，神气惝恍，语不能达其意，医者谓心血枯竭，形神已离。呜呼！即是而平日之劬瘁可知矣。余初不知姊能诗，偶翻其案上书见之，以诵于同社友人，莫不叹赏。或以卷册索题，而同时诸女士闻之，亦寄诗相赠答，由是吟咏渐多。然姊终日作苦，未尝以诗为事，又不自存稿，往往取败纸背面书之，故多散佚。今所存诗二百首，词二十首，强半从诸人卷册中汇而录之也。姊生平茹荼如荠，绝无怨尤，诗中间有斯饥之叹，终不明言其故。而余乃详著之于篇，殆非姊意。然古风人皆忠厚，而

"德音无良""终风且暴",亦既明言之矣。存余此传,谓补其诗之所未及,可也。嘉庆十四年七月下浣,表弟朱春生铁门甫撰。

清汪玉轸《宜秋小院诗钞》

陆俊传

陆俊,字智千,号猗竹,晚号鹤癯道人,国子生。诸生麟趾子。少颖悟,读四子书与九经,三年而毕。读三史八家文,亦三年而毕。既冠,作经义一日能成数艺,然非性所喜,旋弃其稿。忽得咯血疾,医者曰:"能静养,则愈矣。"其祖、父多藏书,乃精洁一室,尽发其书遍阅之,掩卷茫然也。后读《朱子全书》,至"心之虚灵,无有限量,如六合之外,思之即至",遂静坐数月,恍然有悟。纵笔为文,顷刻数千言,不加点窜,自成章法。其所读之书,了了于心,其未读之书而知其书名者,亦如过目成诵,人颇讶之。有摘隐僻书中句问者,即背诵其上下文,实其家无是书也。忽一日,有人言某某病难治,俊曰当用《圣济总录》中某卷某方治之,试之果愈。由是求医者无虚日,俱有神效。所作诗文不存稿,其弟诸生念祖拾其数十篇刻之,曰《骈拇剩墨》二卷。年五十三卒。其《武林游草》《题画诗》,其中年所刻也。长洲顾侍讲元熙、吴李孝廉福评其文,谓:"原本庄、列,而以韩、苏之机格出之。方之宋元,其杨万里、杨维桢之匹乎!"其书法似赵、董,有《文乐堂墨刻》二卷。其画山水,如吴历、查士标。子纫兰,国子生,能传其医学,兼工画,蚤卒。

清道光《平望志》

叶公省堂传

〔清〕李承煦

余读前史孝义诸传,若万石君父子之真诚,毛义、姜肱、缪彤之至性,刘珃、傅昭之不欺,张公艺、陈兢之雍和,虽千百载后,闻者兴起,而叹晚近之难亲见焉。吴江叶省堂先生锡年,字与龄,补亭明经子也。国学生,忠厚笃诚,不知欺伪。明经佐宪幕公主家政,宽和整肃。人有贷公钱者,不取票据,谓:"彼如负我,持片纸何为?"不索偿,或偶言及,而负者无以应,则踟蹰不安者累日,恐负者怀惭也。我郡姚秋农大宗伯文田、严二如州牧昌钰,皆中表昆弟也。州牧之黔,贷公八百金,无一字据也。有黄某贷百金,期以一年偿。届时适有所需,继室周言某约至期,可往取。无他谋矣,乃往。黄先以近状窘告,遂不言而归,周曰:"彼或诡言,曷弗自言其情?"公不悦曰:"何为度人以伪其真?"实无机械,类如此。元姚文献未尝疑人欺己,有负其德,亦不留怨。若公者,其殆无愧矣夫。元配赵,贤能有妇德,周亦明干,闺门雍肃,终岁无诟谇声。

儿童不识骂詈，不入酒肆茶坊，不观戏剧，人号为"眼看鼻子家"，言其子弟行不他视也。家畜两犬，自分司日夜。午餐，司日犬饱食，司夜犬旁伺，饭其余。夜餐，司夜犬饱食，司日犬亦如之。司夜犬日不吠，司日犬夜亦不吠也。余童时屡试之，不少差，殆所谓和气致祥者欤！夫犬乳邻猫，与百犬同牢，一犬不至，群犬为之不食，史氏传为义门美谈。以今例古，诚何多让也。公生于乾隆戊寅年月日，卒于嘉庆庚辰年月日，年六十三岁。二子：淮，从九品职员；浒，邑庠生。皆笃实君子也。女一，即我母。皆赵氏出。我母常述公为人，以为后生劝，谓有东京遗风，余耳熟焉。不能缕其生平，谨为述其崖略如右。光绪纪元岁次乙亥仲冬朔日，外孙归安李承煦百拜谨书。

清叶德辉等《吴中叶氏族谱》

袁湘湄徵君墓志铭并序

〔清〕朱春生

嘉庆二十年春，袁生宸将葬其尊甫湘湄徵君，而属余为文志其墓。余与君交最深，知其生平甚悉。君又最好余文，往时葬其先公及二子，皆以墓志属余。今此之事，又何敢辞。顾余于君没时，曾为行状一篇，语多质实。今亦无以易之，则姑就状所云删次成文，亦庶几无溢美云。按：君讳棠，字甘林，湘湄其号也。世为吴江之铜里人。父朴村先生，始以能诗倡率后进，结为竹溪诗社。不幸中道没，其时君甫八龄。母沈太安人为子择师，特延社中先友顾蔚云先生教之。君习闻父师绪论，以为诗是吾家事也，课诵之暇，辄学为诗。承先生口讲指画，居然得诗法，所作岁成一帙，先生亦稍稍嘉与之。乾隆甲辰，君年二十有五，始识同邑郭频伽麐，观其所为诗，听其议论，爽然自失者累日。已乃屏绝人事，益发所藏书读之，经史子集，次第钻研。或略观大意，或精抠群言，凡皆以资为诗也。如是久之，乃复为诗呈先生。先生惊其骤进，叩所学，大加奖叹，且谓："子初学吾为诗，诗即似吾。是子中无所得，而随人作计，此诗所以不至也。今学古人为诗，而诗无专似，盖有得于书卷者深，故能自成子之风格耳。勉之，无怠以止，吾亦无以为子益矣。"自是君诗学日进，名亦日起，远近能诗之士，多相与订交。颜所居曰"竹溪之堂"，为竹溪续诗社，以继先志。时频伽亦举灵芬馆诗会，往往互为宾主，座客亦交相见。然君于频伽，常惵然意下，若不敢与抗颜行。而频伽亦推君诗律之细，有所作必待君可不云。君学由心得切近而精纯，赋物叙事，俚语皆典，言情之什，憔悴婉笃，能令读者抚膺太息。而五律一体，尤为擅场。于唐人中，最心契孟襄阳。谓孟之五律，练意练局而不练字句，故有从容和雅之神，无惨淡经营之迹。惟杜陵晚岁间造此境，世乃以高伉之音拟杜，闲冷之格拟孟，失之远矣。居常论诗如此，识者谓君自道所得也。中岁喜为小词，有花间风调，工力亚于其诗。所著《秋水池堂诗》五卷、《洮琼馆词》一卷，皆刊行。君天性和易，多喜少愠，善交际。人无贤愚相见心欢，然承迎是以背面，多称君长者。今上改元，郡邑举君孝廉方正，以应制科。议者谓自设此科，罕有若君之名实克副者。然短于治生，手不亲权衡度量之器，又驭下太宽，臧获侵欺无所问。晚岁家日落，先世遗产割弃且尽。间出游于外，有所得，亦缘手散去，终不能名一钱。赖室中人典质簪珥，竭力营堂上甘旨，支饰门户。以故沈太安人终不知其子之贫，君亦若自忘其贫，优游如故。不幸数年来，长子陶牲，次子戌，先后夭死。二子皆有异才，能传君学者，君不胜伤痛，体为之衰。无何，沈太安人弃养。哀毁之余，每自言无复生人乐，而家日窭艰，又不能不出而谋食。今岁客金陵，渡江为暴风所怖，遂病。徐稼庭司马迎至官舍，为具医药，遣使报其弟鸿及季子宸，亟往侍疾。疾少间，必欲归其家，不意中途复剧，未至家数里，卒于舟中。於戏！酷矣。犹记同人结社时，君方壮盛，清标玉立。每分题角胜，掉首微吟，至得意处，眉宇轩轩然，众皆属目。已而一篇出，语必惊人。此景殆如昨日，而君已化为异物。社中诸君多半零落，余衰病羁栖，年命不可知。当时盛事，尚堪追忆耶？君卒于嘉庆十五年六月十日，得年五十有一。娶宋氏，长洲诸生钓川公女。生男子三，今存其一。女子三：长许字陈秋史子少湄，未嫁卒；次两人俱幼，未字。箧室柳氏，生女子一，最幼，亦未字。孙女三人：长戌出，未字；次两人俱宸出，亦未字。铭曰：

增饰虚美，是吾欺人。脱略要语，是吾负君。酙酌繁简，存君之真。於戏！九原有知，宜受此文。

清朱春生《铁箫庵文集》

袁母宋安人墓志铭

〔清〕朱春生

嘉庆二十五年春二月，余亡友袁湘湄徵君之室宋安人病没。是年秋，将合葬于湘湄之墓，其子宸来乞志铭。余与湘湄交最久，余女又为其次子妇，于其家内外事知之特详，遂不辞而为之铭。按：宋氏为吴门望族，自相国文恪公后簪缨奕世，安人盖相国五世孙女。其父钓川公，慎于相攸，以湘湄自少才望著闻，遂许字焉。年二十一来归于袁，德言容工，无愧大家，戚党咸贺湘湄得嘉耦。姑沈太安人爱之甚，安人亦婉娩将顺，事姑如母。沈太安人以早寡，独力持门十余载。暨得安人，过事辄相助为理，益喜其贤能。久之，遂谢家政，一切委付安人。袁氏家世素封，时已中落，而体统犹存，门户侈大。湘湄耽嗜诗书，不问家人生产。性复好客，衣冠文酒之会数举。沈太安人故有截发留宾之风，安人奉姑之教，承夫之志，竭蹷将事，罔敢弗供。比数岁渐不能支，至割弃田庐、典质衣饰以给朝夕，然不欲见窭艰之况贻堂上忧。所居课花楼，为沈太安人卧室，楼下即安人治事所。每日用匮乏，忧思不可言。忽闻唐梯阁阁声，知沈太安人将下楼，遽易欢笑容，率幼儿女承迎颜色，移晷不倦。一家婢仆，咸喻安人意。凡薪米告罄，或索逋客至门，值沈太安人在中堂，即莫敢以闻。沈太安人晚岁得上气疾，每作常需人手摩胸腹，安人日夜与妾及子妇更迭为之，不言劳倦。又以病者饮食日减，百计求珍馐以进。然往往尝一脔即辍箸，安人惟自咎烹饪无方，不能适姑之口。或日偶加一餐，安人则喜，谓吾今日庶几稍尽妇职，如是者几十年。又不幸中间丧其良子二，沈太安人哭孙甚恸，疾益剧。安人则强抑哀情，扬扬如平常，且反覆相劝慰。或时背面吞声掩泣，终不令沈太安人见。凡此情事，余女归宁时言之甚详，余家自老母以下，无不叹息，称安人纯孝也。沈太安人没时，湘湄客游江北未归。附身之具，皆安人手自料检，务求美备，实能以妇代子职。其后湘湄尝语人曰："吾一生诸事，多得贤妇力，要不若此段，尤令人感愧耳。"未几，湘湄亦卒，时安人年五十余。积劳重忧之后，载经创痛，体遂衰羸。幸幼子宸已成立，能孝养，然安人每诫以菽水尽欢，不必悉力营甘旨。盖久历艰难，深知家况，欲以俭德率其子妇也。没时年六十有三。所生子女，详余所撰湘湄行状中。妾柳氏，先安人卒，遗一女，安人抚之。没后余往吊，闻孝幕后哭声最哀者，即此女，则其恩勤有过于所生可知矣。铭曰：

语妇之孝视其姑，语妇之顺视其夫。德之丰者福所储，奚为生世多艰虞？家落更丧双名驹，天佑善人理岂诬？三珠树幸存一株，庶几蕃昌复其初，铭示后人永念诸。

清朱春生《铁箫庵文集》

缝工柏俞龄传

〔清〕朱春生

柏俞龄，吾里缝工也。有巧思，而傲僻不谐于俗，富人召之，或不时至。暇则莳花啜茗，所用器具，必极精良。性好丝竹，筝琶箫管皆自制，镂刻工妙，攻木者莫能及也。里有巨室制嫁衣，集缝工数十，柏亦与焉。主者耳其名，异目视之，不令与众工伍，饮食起居皆顺适其意。而柏殊不事事，饭罢辄出嬉游，或归其家，竟日不至，众皆窃骂之。凡数月工毕，柏所制衣才数事，亦未见殊绝，主者仍厚酬之。临去，乃出一物为献，视之则红绫袺，复中嵌白绫如圆月，绘《王祥卧冰图》。谛视非绘，乃缝五色缯帛，钩心斗角而成。盖掇拾于众工裁剪之余，零星缀茸，若集千腋为一裘也。其中三之一为冰，二为岸。冰有横斜裂纹，细于丝。岸近冰处，迤逦若山坡。王祥坐岸边磐石上，面目清瘦，寒冻之色可掬。幅巾脱置身旁，巾浅碧色，上衣已解带，胸腹袒露。衣内外凡四重，各异色，风扬其裾，表里俱见。下着绛红裤，翘一足将脱其屦，屦青色，白袜系以黑带，带结宛然。岸上枯树二株，寒鸦集焉。计圆绫径止五寸许，图之工细，即画家所谓豆人寸马无以过，致密帖妥，绝无针线痕迹，殆鬼工也。其家惊喜，以为得异宝，见者无不叹美。后有求更制者，啖以重值，柏谢目昏不能矣。同时有金佩芳者，业疡医而好制奇器，巧亚于柏，两人交最善，然金尝自谓不如柏也。独所为纸茶炉最奇，糊厚绵纸成炉，以药傅之，炽炭于中，而纸不燃，用毕则摺叠置书册中。人问其法不告，独以告柏，而柏亦不效其制也。其后柏死，金亦老矣。会有持旧雀笼求售者，刻元人刘知远传奇全本，金以为刀法仿佛柏俞龄。其人索二十金，而金方窭甚，乃贱售其所居之屋而得之。未几金死，其子尽以诸玩器鬻于人，无留者。而柏之子独能藏弆其父遗物，有求观者，则郑重出之。所为云雷纹琵琶、折枝梅花洞箫，今犹存。呜呼！缝工贱业也，非善遇之，则不肯献其绝伎。雀笼微物也，诚欲得之，则不惜弃其室庐。而世之为士者，卖文或贬价，构书多惜费，何也？呜呼！此两人并可以传矣。

清朱春生《铁箫庵文集》

朱铁门墓志铭

〔清〕郭麐

吾友铁门既卒之两月，其孤营葬于祖墓之侧，实道光甲申三月某日，而以埋幽之文为请。乌乎！余固心诺君于疾病之日矣，又可辞？君姓朱氏，讳春生，字韶伯，以先世徽州故居有铁门，遂以为号。祖某，父某，皆见君葬记行略中。君少敏悟，从里中宿儒顾蔚云先生受业，与袁徵君湘湄昆弟同学。蔚云工诗文，尝与湘湄先人及同志结竹溪诗社，所谓"竹溪七子"者也，君于是治科举外兼通其他业。而湘湄尤厌帖括，专心有韵之言以绍家学，君辄与上下论议，里人或目为狂。君弗顾，益自奋，取史传诸子、唐宋以来文辞，心慕而力追之。于古文尤有心得，先自明代及国朝诸家，探求意恉，寻索蹊径，推究其与古作者出入离合之故，沿而溯之，罗络贯穿，灼知流别。其为文，主于达其所欲言，不屑规模形似，独攄己见，涛翻泉涌，初若可骇，卒轨于正。善序事，易人之所难，性情音容，显显可见。尝以所作质于袁实堂、简斋、姚姬传三先生，翕然称之。然自视不足，以为未能与朝宗、叔子角，何况古人？此昔贤所谓必尝从事于此，而后知其难，不则以为苟然而已。君之厚自刻励而不薄今人如此，视世之少有一得而敖然夸大，不难訾议前人者，为何如也。生平孝爱谆笃，长而有孺子之色，交游悃款，历久不变。有过必规，退称其美。前辈零篇残稿，网罗缀辑，孜孜无倦。同辈有先逝者，必为定其遗文，目校而手录之。后起之士有一行之美，一篇一句之工，极口推奖，惟恐人之不闻，至自以为不及，虽称引过分，而实出中心之忱。性恶矫饰，遇所合意，高谈縱论，穷日分夜。开筵命酒，丝竹繁会，履舃交错，欣然至醉，而未尝登娈童之床，入季女之室也。君家贫，常馆于外，客今河帅严公小农所最久。癸未秋，自家将赴沛上，道出清江，汪员外已山留小住，不旬日遂病，历时以甲申正月十五日没于寓馆。时惟幼子在侧，其附身之具皆已山主之。而某以三十年之故交，不得执手一决，此恨非复言词能了。乃洒泪和墨，以不腆之文，为知己之酬，其可哀也已。君没后，已山梓其诗文，小农为谋其孤嫠之养，于法并宜得书，又见君之能信于友也。配□氏，侧室□氏。二子：虎、尹。女二人。铭曰：

通有节，直而温。宽博以取友，洁廉以律身。后来不信视其文，我文何足传夫君！

清朱春生《铁箫庵文集》

翁广平传

翁广平，字海琛，平望人。七岁即解四声，困童试，年四十七始补府学生。性喜异书，尝得《吾妻镜》五十二卷。《吾妻镜》者，日本国史也，始其国治承四年，迄文永三年，凡八十年。其纪将军执权、次第国王世系及会射之节甚详，而余事甚略，且文义郁轖。乃由海舶求其国书数十种，撰世系表十卷，地理、风土、食货、职官、艺文、兵事志二十卷，名《吾妻镜补》。又尝渡海宿普陀山观日出，著《日食》，即《日月合璧论》二千言。又著《月盈亏论》《星陨论》，多创解其文，桐城姚鼐序之。方唐仲冕令吴江，以修志事分属广平，会去官，乃自为《平望镇志》若干卷。道光元年，举孝廉方正。卒年八十二。广平质朴无文采，与人言昫昫若老妪云。

清光绪《吴江县续志》

杨毅堂先生传

〔清〕沈曰富

杨毅堂先生者，余同年生杨炳春子慎之父也。讳刚，字鹤衔，毅堂其号。其先由浙之秀水来迁吴江，遂占籍。祖浚，雍正五年进士，官广西兴业县知县。父凤啸，邑诸生。先生少孤而贫，事母雷氏以孝闻。兄桂生，谋贾于京，附粮艘北上，先生送至会城，见其冠敝，以所戴絮帽易之，泣而别。桂生既渡河，病痢，卒于舟，舟人敛以桐棺置水次。讣至家，先生年十六耳，恐母悲，托他故，徒步千余里奔其丧。至则在丛殡中棺已朽，祷而启焉。尸不可复识，而絮帽宛然在，遂大恸，以袯被裹其骨归。宿逆旅，逆旅主人见其一少年，闭户啜泣，疑而窥之，先生不能隐，以实告。主人翁媪为之泪下，因慰劳之。既而抱骨附舟归，遇风雨必默祷。距家数里，盛以棺，寄佛寺中。而后自投于母，告之故，但云扶柩返，不言收骨也。时先生父丧犹未举，及弱冠，积客授之资营窀穸，遂以兄祔焉。兴业君有两妾唐氏、张氏，俱守志以死，先生竭力营旌表。又为其始迁祖以下置祭田，皆馆谷所赢也。春秋拜扫必虔，臧获侍侧，不敢有咳唾声。娶赵氏，继娶张氏。生丈夫子五人，皆亲自督课。性好学，尤喜金石文字，与嘉定钱少詹大昕、歙鲍聘君廷博游。著有《墨渖存余》若干卷。年□十□，嘉庆□□年卒。国子监生，以孙庆麟贵赠庶吉士。长子澥，封庶吉士，亦喜金石，与余先君子善。次羲，诸生，能诗。次某及某，早世。少子即子慎也，道光十九年顺天举人，今将为宰浙中，撰先生事，乞为传。

沈曰富曰：古称孝子寻亲负骨，见于纪载者多矣。若施之昆弟间，则唯明世余姚黄廷玺之事，在其六世孙宗羲文集中，所谓《万里寻兄记》是也。今于毅堂先生，盖再见云。《诗》云："死丧之威，兄弟孔怀。原隰哀矣，兄弟求矣。"古之人不幸而遭此，亦分所当为耳。而卒莫之为者，岂非性有不足欤？然则毅堂先生可以传矣。

清沈曰富《受恒受渐斋集》

自　叙

〔清〕陈赫

余自十五六岁攻制义，除六经四子书外，先生禁勿观览，恐用力杂也。顾心独好诗，每手一编，于灯前卷底默记诵之，其微词奥义皆不知，而油油然概于中，有不期然者。既粗能成句为排比，然无师承也，师于心而已。于唐于宋，何异何同，偶得大意，便为独到。二十五束举子业高阁，独寝食于诗，唯愚故专也。居乡少见闻，得东湖外兄之切劘。出游云间，相羊三泖九峰之际，过钓台，访松石，渡大江，吊六朝，识江山之娟秀与夫雄且壮焉。而诗亦稍有所得，顾懒自收拾，遗忘者十之三。四十二岁北游京师，倦而归，息影于射襄城畔，于今四年矣。同好及里中诸君子，咸嗜余诗，怂恿付剞劂氏，各出资相助。余之诗，不过言所欲言，以写其性情，春鹍秋蜩自鸣自止于天地间，非可赠人也。顾重违诸君子意，徇其请，自四十岁庚申始，先录六卷付梓。它日或有进，竟删改少作而存之，庶几交游踪迹、前后学力、嗜好之不同，可览而竟焉。时嘉庆十一年丙寅夏六月，吴江陈赫自题。

清陈赫《小琼海诗》

国子学生惺斋汝君传

〔清〕曹一桂

君讳德秀，字洪苍，号惺斋。少读书，言论意趣时与古人合。性诚朴，与人交，不作亲热态。而成人之美，趋人之急，解人之纷，有世所能难者。早岁业贾，顺于父母，和于诸弟。既以居积，故家饶于资，食指浩繁，终无分析意，识者以为有田氏风。当尊甫南荣公及吴太孺人之相继没也，居丧如礼，凡附身附棺，必诚必信。既卜葬于嘉善西果圩之原，而封树焉。布衣疏食终其身，盖俭朴其天性也。岁壬申，颇广其宅于老屋之东，料量土木，昕夕不辞劳瘁，入秋得腹疾。体素强，性不喜服药，病几一月而卒。余挽之云："丹心欲试长生药，赤手难留不食仙。"次年冬，祔葬先茔左阡，嗣君慎圻乞传于余。余涩于辞，不足以传君，第馆君家数年，得悉君之生平，因略举其梗概如此。

清残本《汝氏世谱》

蒯嘉珍、钱与龄传

蒯嘉珍，字荫雏，号聘堂，一号铁厓。承濂幼子。由附贡生遵例授中书科中书，充三分书收掌。迁大理寺寺丞，改就外府通判，签分广西，以母老改近山东，摄曹州府同知。出都时，嘉定严供奉钰为写《长林爱日图》以赠行，卿士题者百数十人，如翁阁学方纲、吴祭酒锡麒、张太守问陶、吴学士鼐、赵司马怀玉、蔡学士之定、舒孝廉位、王孝廉昌、钱方伯昌龄，皆有诗篇。旋以艰归。服阕，仍发广西，摄灵川、贺县知县，迁太平府明江同知，调知宁州事。以病乞休，优游林下者二十余年。工行草书，尤善汉隶，苍古圆劲，有摹刻《树滋堂法帖》，人争宝贵。能画，时作墨梅，间写山水花果，颇饶逸致。诗亦清峭，著有《树滋堂诗集》。（参《江震人物续志》、冯金伯《墨香居画识》、蒋宝龄《墨林今话》。）

  钱与龄，字九英。嘉兴刑部尚书谥文端陈群孙女，安徽安庆府江防同知汝恭女，蒯嘉珍妻。少承曾祖母南楼老人家学，尝署所居曰"仰南楼"。复得从兄箨石宗伯指授，专精六法，无纤媚柔弱之态。工诗，不多作，有自题画帧云"玉簪堕地无人拾，化作东南第一花"，为时传诵。著有《闺女拾诵》《仰南楼闻见集》。（参《墨香居画识》《墨林今话》。）

清光绪《黎里续志》

亡姑蒯君夫人墓志

〔清〕钱仪吉

  仪吉第七姑，适蒯氏，善绘事。自吾高祖母陈太夫人粥画以炊，教成我曾大考，褒显于高宗，遂以画名天下，百年矣。姑画出，人皆以为能继太夫人。呜呼！继之者画耶？其有由然者邪？我钱之先，自明中叶仕者五六世。及明亡，或奔走障海，或遁于鄙家，往往破矣。康熙中，我五世祖鹤庵府君教谕西安，质田治行，高祖廉江府君侍左右，不忍离，而属家政于太夫人。太夫人乃留居所谓南楼，晚以自号者也。楼在海盐中钱里，朽薨败瓦，矗立村野。中并港，港南北屋数十，星散处皆吾宗也，大抵耕桑不自给，啼号塞听。太夫人则存恤之甚厚，外衅非意，平心慎虑，从容以应。而以其间俯仰晨夕，察时物之变态，见天地之生意，得之心而寓之于画。当是时，从父少宗伯公幼，太夫人即教之画。及姑问画于少宗伯公，公遂言曰："妹亦知太夫人之德，盖所处至艰难，而诗礼之气常怡然，有以自乐者邪！六十二岁，文端始登第，有禄以养，太夫人犹藉画补不足。其后孙曾科目继起盛矣，然载固知老人作画，时有未尝望及此者。盖种德者之于天，岂其有所望，而且以自必邪？矧夫继之者，或厚其积，或否，将无复有所以天者邪？妹其思之。"姑乃慢乎追慕，题所居曰"仰南楼"，时端坐卷舒遗翰，如见太夫人，而思其用心。故姑之事舅姑也，以孝闻。子之幼也，即授之小学。成照、芬既同举京兆，试归，常令之静坐。曰："养汝生机，则理可明矣。"抚庶生，甚有恩。待人靡不厚，事虽可危可忿，无所于迫激。谓仪吉曰："我之于家也，若种树，然深根勤溉，以俟其天而已。"盖所得于家学者如此。多见元明名迹，间论其工拙厚薄之故，皆有理诣。始病痁，闻仪吉言事夺俸，肖鹰以赐振其志，遂为绝笔。诸子将卜葬，属为铭。呜呼！先考同气十有一人，十数年来，惟我姑独存，而姑又没矣。至哀无文，其何以辞，谨质

书其世出嬗属忌日,曰:

噫乎!斯邱之藏,是为故江南安庆府江防同知、嘉兴钱府君讳某之幼女,讳与龄,字九英。大考为太傅文端公,妣归安沈氏,封宜人。所生陆氏,她赠孺人。始生在沭阳县廨,十二岁失怙恃,十七岁陆孺人卒,二十而嫁为前权广西太平府明江同知、吴江蒯君嘉珍妻。生四男:晋保、关保、成照、芬。一女:梦兰。尝从蒯君入京师,西逾郁林,南观涛江。年六十有五,弃堂帐于梨里之居,时则道光七年秋七日庚午也。

闵尔昌《碑传集补》

凌春泉上舍传

〔清〕殷寿彭

公姓凌氏,讳戬毂,字承天,号春泉。世居安吉顺零乡。十五世祖讳履,明诸生,以子信贵赠太常少卿,始迁吴江黎里镇。八世祖讳滨,邑庠生,再迁邑之南传,又徙莘塔。考讳煜文,国学生,有丈夫子三,公于次为长。幼颖异,读书目数行下。未弱冠,作文洒洒千余言。既而综理家务,曰:"无以琐屑累吾亲。"遂辍举子业,入粟成均。嘉庆乙丑秋,丁父艰,哀毁骨立,哭无长声。母陈太孺人春秋高,淹滞床蓐,公与两弟婉愉左右,称水量药,无几微倦容。庚辰秋,丁母艰,必诚必信,一如丧父时。公天性豪迈,慷慨任气,见义必为。他人依阿迁就者,急起直追,惟恐后时。道光癸未秋,江浙大水,淹没田庐。公施钱米护棺椁,努力率先,不辞劳瘁。生平俭于处己,厚于待人,好周人之急。人以事就商者,指陈利弊,竭忠尽智,不以人己间也。或争辨不相下,势且终讼,公排难释滞,片言立解。权子母什一之利,然不屑屑较锱铢,遇折阅不能偿者,碎其券更贷之。持家久,不私一物,家业隆隆日起,处置周详,约束严整。公殁后,若弟侄秉承公教,无少变,至今如一日也。辛卯春,以微疾终,年七十。癸巳春,葬邑之南尹圩。娶顾孺人、沈孺人。子大坤,国学生,出后嫡叔,蚤卒。次大信,国学生。孙六人:洢,国学生;浚,邑庠生;惇、沄、淦、澍。曾孙五人:念祖、光祖、绳祖、香祖、延祖。

论曰:余尝过秭湖,展拜凌公祠下。继读《明史·安南传》,载太常以楷书起家,一充册使,未竟其用。潜德隐曜,郁而必光,固积善余庆之理。公嗣太常家声,而能敦行教弟,支持门户,无损亲欢。所谓菽水之奉过于列鼎,其识量有不可及者。平居朴实恳款,以身垂教,常举"读书有福"一语,镞厉孟勉。古称"马援诫子""孙奕示儿",又何加焉?凌氏迁吴以来,族姓繁衍,独公有闻于时。天之所以昌之者,将在是欤?抑公之贻谋正未有艾也。

清殷寿彭《春雨楼文集》

顾剑峰墓志铭

〔清〕朱春生

道光三年春二月，顾君剑峰病卒于家，是予六十后所交友也。君与余生同里，少余三岁，而踪迹乖迕。幼时未尝相识，比长为诸生，朋试金陵，仅一见之稠人中。自后饥驱四方，无复因缘会合，惟闻君才名籍甚，而亦时有相訾议者。予既未悉君之为人，不能定众论之孰是。逮君养疾家居，予适以事归里，为其族弟子寿招同宴集，两俱暮齿颓然，相对回忆畴昔金陵初见时，已三十余载。君虽衰病而意气甚豪，抵掌雄谈，座客倾听如骐骥长嘶，万马皆喑。意君所以得重名者在是，而遭众忌者亦即在是也。君所患瘰疬，本不为大害，而庸医以金石之药劫之，遂成痼疾，辗转四五年，循致不起。家贫子幼，赖子寿及兄雪村经纪其丧。余方返自山左，严小农河帅闻君贫病，有所赞助。比至，君卒已逾月，乃即以为窀穸之资，而予为文志其墓。君讳日新，姓顾氏，剑峰其号。生数岁丧父，随母改适郡中袁氏，故其始补博士弟子，犹冒袁姓。然袁故武人，其性暴，遇君少恩，而君以母故，事之无失礼。逮袁死，然后复姓归宗，仍奉母居吴江。遭人伦之变，而逶迤处之，卒得其正，亦可以为难矣。君天资颖异，读书有记功，于历朝史册是非成败之故，尤所用心议论，证据今古，颇以经济自负。为文章，下笔千言，直纾所见，不肯骪骳其体以投时好。既而屡试辄抑于有司，则挟其能游公卿间，倚马之才，悬河之口，倾动一世。如阮芸台尚书、曾宾谷侍郎，最号知人能得士者，并以君为上客。而君亦喜交游，爱才俊，凡所奖识罔非贤豪。客粤东时，邂逅楚南陈秋舫沆，目以国士，倾心结纳，酬倡诗篇至数十而不止。其后秋舫连登甲乙科，以第一人及第，众乃谓君有先见。其实君之于秋舫，固非以一第为重轻者。又尝主讲疁城书院，爱毛生甫岳生幼慧，招使就学，饮食教诲，不啻子弟。今生甫学成为名下士，诗歌古文超绝伦辈，而常自谓"微师教，不及此也"。至其于流俗之人，则不能强与谐际，嬉笑怒骂，率意逞辞，或谓君臧否人物，多过其分。然君固无成心，特如食物入口，甘芳者既咽而有余味，腥秽者已吐而犹作恶耳。晚岁家居，时为文酒之会，即席挥豪，风发泉涌，同侪多为绌服。而一二妄庸人，疑君有意相压，往往背面诅詈。及君病为药误，遂有传其贿医致毒者，君闻亦未遽信，而戏见之诗以资笑端。名场嫉忌至于如此，可想见君之才情气焰笼盖一切矣。君事母至孝，母年九十余尚健，至今年春乃无疾而终。君病中起视，含殓毕，一恸亦绝，其间相去才三日。识者谓君久病不死，竟得终养其母，而后相随共逝，殆亦孝思所感云。君卒年六十有一。配赵氏，前卒。继室高氏，簉室胡氏。子一，方八岁。女二：长适同邑刘；次未字。所著《寸心楼诗文集》，余别有序，故不复论之。铭曰：

壮志干云，奇气轶群。宜亨而屯，命数难论。有名不贱，有才不贫。今皆归之太空兮，一任夫造物之陶钧。

清朱春生《铁箫庵文集》

先祖母节孝吴太孺人行略　代兄

〔清〕沈日富

　　祖母吴太孺人，先世由徽州迁吴江东南鄙之三家村。考讳廷标，太学生，以好善称于乡。妣沈孺人。祖母自幼，太学君教以《女诫》《内训》等书，讲解大义，又令辨字画，识算数，故年未十岁，即能佐内政，言动不苟。沈孺人尝感时厉骤厥，举家无所措，祖母煮药徐灌，久之乃苏。有弟四人，妹二人，皆幼。独祖母侍疾，日夕坐床足，倦则凭床干而假寐。如是者数十昼夜，而沈孺人获瘳，族戚皆称祖母为孝。我高祖考山尊府君讳维岳，于太学君为姻党尊行，因为我祖考森乔府君讳朝栋聘焉。既高祖考妣及曾祖考在田府君讳兆龙相继卒，曾祖妣宗孺人患疾甚剧，愿及见新妇，于是祖母年十五来归。礼毕，即卸妆候病榻，一如奉母。币月，曾祖妣卒，祖考哀毁得瘵疾，事无大小，悉经祖母擘画。更一岁，祖考卒，祖母痛不欲生，数日不进食。太学君及沈孺人并来慰譬，且曰："今死将无家，不死可立孤，以存夫祀，二者孰为重？"祖母收泪敬诺，始进一餐。祖考同产三人，祖姑年十四，本生祖考碧堂府君讳朝椿，年十二。祖母遣碧堂府君就塾，而独与祖姑处，日课针黹。时有不利于我家者争为离间，祖母镇以慎默，卒归雍睦。碧堂府君年十九，本生祖妣钱孺人来归，姒娣相得甚。其明年，先考琛厓府君讳烜生，祖母喜形于色，焚香告家庙，觞族戚于堂，立为祖考后。吾家自明季卜居邑之吕塔村，至祖考而六世。村在盛泽镇东北七里，及是祖母以先考渐长就傅，为异日择交游扩闻见地，始析居徙盛泽。既徙，先考四五岁，延名师教读。亲党中孤寒子弟，招致家塾，与先考切劘。虽笃爱先考，未尝姑息，训之曰："吾非望汝掇科第，冀汝晓义理，能保家，吾愿足矣。"嘉庆八年，先考既长，列祖母守节事闻之有司，得旌于朝，当建坊。祖母泫然曰："我何忍以此博节孝名。"遽止之。二十三年，命先考豫营生圹施塔村祖考墓侧，先考因遂鸠工，建坊墓道之左。道光二年，祖母年六十，先考将为寿。祖母不悦，谓生辰不宜欢乐，嫠居无可庆贺。为述昔年遭境之苦，处家之艰，反复数百言，声泪俱下。先考默然，引咎而止。明年，祖母病肝胃，卧床累月。既瘳，不复下楼，始于家政授我母叶孺人。然犹未明而起，入定始息，纺绩织纴之事未尝去手。先考劝少休，祖母曰："我习此，不则不惯耳。"八年，先考没，祖母年六十有六。自伤垂暮之年复遭惨变，疾发，辄不肯饮药，谓曰寿等曰："生死有命，苟命至，药何益哉？"今年八月，祖母得寒疾，药之小愈，而糜粥日减，乃复不肯饮。我母苦谏不应。逮十月二十二日，脾骤败泄不可止，抵晚命侍侧，无留男子，竟于是夜弃曰寿等逝矣。呜呼痛哉！祖母生于乾隆二十八年九月六日，年七十有五。自十六遭祖考丧，迄今道光十七年，计守节凡六十年。终身未尝啐酒食肉，朝夕食米不过一溢，惟齕卜匏，或劝，略御甘旨。祖母曰："我非薄于自奉，奈性不喜。"何盖其心有所隐痛，而又不欲明言如此。训子若孙，首先孝弟，次及威仪辞令。碧堂府君在吕塔村祖居，晚岁多病。每作，祖母必命先考往侍。本生继祖妣王孺人，生两姑及先叔父焞，祖母爱若己出，恒属先考善视。曰寿等童时，言族戚交游虽平等，偶连属字，必诃之曰："若幼即字，谓人耶？"食或絮羹，示之以目。见曾孙辈胜衣冠娴揖拜辄喜，出语不顺，厉色惩之。四时祭祀，溉涤烹饪，务极精洁。既老矣，犹前期戒饬，惟恐弗虔。无故足未尝出中闱，亲党宴会未尝往与。宾客虽至戚，亦不甚接见。性宽厚，馈问交际，受之廉而报之丰，曰如此乃可继耳。闻乡里困乏，多所周给。下及臧获，无弗体恤，量其饥饱劳逸，而后驱遣。独于师巫尼媪，不之近焉，素不信彼教。尝曰："人亦视心术如何耳！礼佛诵经，以资福田利益，无是理也。"所居室躬亲洒扫，位置什物小欹侧，必起正之。终日敛膝危坐，无惰容，亦无遽色。一衣辄数十年不易，不见有浣渍痕。日用器皿，历久若新。瓜瓞蔬笋，贮蓄皆有方法，辄可支数年食。临没，命以二盎贻弟曰富之妇翁陈丈希恕，以曾劳其治病也。祖母有疾，不许延外人医，惟陈丈兄事先考，又久馆我家，得入视焉。疾革时，曰寿等竟夜侍，每平旦必命为饮食，以食家人之侍疾者。而趣曰寿等往寝，曰犹有大事，宜节汝劳。时祖母病，不粒食者几一月矣，语音清朗，若未尝有疾然。盖天禀素充裕，使安受药饵，或不至不起，而竟至是，是尤其至痛至痛者也！太孺人孙四人：曰寿、曰富、曰康、曰诚。女孙一人。曾孙七人：善祥、善禧、善祉、善祺、善机、善禄、善礼。曾孙女六人。曰寿等谨□十二月二十四日，奉太孺人柩启施塔生圹以葬，而表墓之文未备，用历陈之，冀有道君子悯而赐焉。

清沈曰富《受恒受渐斋集》

沈节母吴孺人传

〔清〕郭麐

节母姓吴氏，父曰太学生某，母曰某太孺人，太学生沈公讳某字某之配也。孺人少而婉嫕，容德并茂，尊稚爱敬，肃如成人。许字后，君舅已没，姑某太孺人病亟，欲得新妇入门。两母故姊妹也，不忍违其意，故孺人年甫十五归于沈氏，谨视汤药，不解带者匝月。姑没，倚庐之中，哀礼咸尽。某公毁不胜丧，遂得瘵疾，几一年而卒。孺人重罹毒割，痛不欲生，嗌不粒者数日。举族内外，敦譬勤至，喻以立孤承续之大。孺人衔悲抑情，勉自存活。时某公有弟某，年十二，妹年十四。梱内之事，惟孺人一身任之。敬卜宅兆而窆穸奠安，谨视衣食而童幼遂长。小姑继夭，孑影自吊，乃亟为小叔议姻于秀水钱氏。始自纳采，成于反马，繁仪缛礼，悉自经画。迨钱孺人来归，先后之间，恩礼互笃，家门雍穆，无间一言。钱孺人生子烜，孺人抚以为后，推燥就湿，绝甘分少。昔人所云：儿无常母者，庶几近之。烜生三岁，而钱孺人又病卒，爰始析居，别卜宅于舜湖之上。盖欲离去乡曲，稍扩闻见，以为读书择交之藉，其明智如此。嘉庆八年，有司以例请于礼部，乌头绰楔，旌赍里门。迄今道光二年，孺人年六十矣，烜将从族属戚友之请，为孺人举觞称寿。孺人蹙然告之曰："吾所以忍死至今者，为门户宗祧计耳，岂有未亡之人而可以称庆者。吾自教育汝至于成立，谓汝粗识大义，能喻吾志。今欲徇世俗之习，崇奢靡之观，岂吾所望于汝耶！"烜唯唯受教，退而语其友陈希恕曰："吾母生辰，非敢以侈观美，念欲得能文之士，序次生平苦节高行，以诏稚昧于后。今吾母既不悦是举，而人子之心怀不能已，苟得直而不华者质言行事，以为家传，比于开筵列幛之为，不犹近古乎？"于是介以来请。余谓：昔之为文者，喜谈奇节异烈，而略于家庭。庸行良状奇节者，易以好而书。庸行者难为工也。不知一朝引决与终身茹苦者，其立志虽同，而难易则有间矣。孺人以韶蕊之岁，厉冰霜之操，至于大耋高年，子姓罗列，而犹切荼蘖之念，却奢靡之举，是其四十年之中，凛然如一日可知也。文虽不工，其敢无述乎？爰次弟其语，以复于烜，俾载之家乘焉。

清郭麐《灵芬馆杂著》

范显铤传

先府君名显铤，字树峰，一字勤波，补号鲸波，晚号恕斋。国学生洪基公次子，马太孺人出。生二龄登仕公卒，王太孺人抚为后，染痘症，危而获安。嗣祖少尹公督诲谆谆，初延顾维年先生授四子书，继延王笠云祖丰先生授诸经及文法。顾圣扬朝谟枻才、王圣昭麐孙孝廉，并同砚席，互相切磋。府君博闻强识，十龄毕诸经，即能握管为文。象勺之年，三试不利。时外舅王晴川以锐与伯舅苕溪自镐两先生，皆入监下闱，因于十六龄即援例，为明岁庚子秋闱计。十七龄春月既婚，季夏丧嗣母，仲秋丧嗣祖，六旬内连遭大故，茕茕在疚，不克遂初愿。戚属中因公少年子立遽席丰业，竭力赞襄者固不乏人，而嫉妒者或妄生觊觎，或阴谋中伤，或显图负累。府君绝不介意，杜门读礼，尽三年无改之道。既终制，亟谋地合葬两世于霜庄新阡。赋悼亡既胶，续以里河东阡本支，独附葬两世，遂承其赋，并捐增祭田。年方壮，益自刻励，专意治生，式廓先业。更营田十余顷，旁辟东坨二十余楹，重建楼阁亦二十余楹。颜阁曰"留青"，轩曰"稻孙"，斋曰"养素""三恕""心箴"，堂曰"右文""敬业""传经"，楼曰"贻谋""绳武""目耕""与砚"，曰"江洲遗绪"，曰"得少佳趣"。皆有文记之，表先泽，亦以铭素志也。府君中怀坦白，敦戚谊，眷周亲，笃友朋，度量之宽宏，实有过人者。舅家因被灾，通财累千金，不责偿。姑家喜豪华，外弟之婚，馈衾枕茵褥之属华且备，贺钱亦冠诸宾他戚之报，施仪物亦率加厚。于是向之嫉妒者，亦感佩而泯其迹。思慕本生父母，送往事居，情同膝下。提携本生弟妹，毕婚嫁，推解不倦。择良材为本生继母寿，捐本生祭产如圭田之数。而族兄弟匮乏者，周恤之，无虚岁。延师课不肖兄弟暨本生弟侄，经蒙分馆，设两席，以为常待之者，皆忠且敬。而追念师门与同砚友，周旋勿替。与人缓急相通，有"宁人负我，无我负人"之风。任人亦推诚无疑，早岁司计籍者，咸收指臂之效，晚被人架名书约，遘累千金。府君抚然曰："吾恒以君子之心待人，乃至于此，然犹愈于子弟之荡废也。"卒不与校，惟诫不肖等留心刻励而已。幼素羸弱，长与顾持衡传师先生讲养生之道，体遂丰逾常人，且康健，未尝亲药饵。晚遇世情崎岖，蒿目伤怀，足不出户者三年。预制棺木，铭之"目息庵"，时坐卧其中。每念先少尹公创业艰难，王太孺人鞠育勤劬，恒称道不置，诚不肖等谨志毋忘。遇岁时飨祀，必肃衣冠，扶策至正寝展拜，致如在之诚，齿逾古稀，未尝偶废也。生平无他嗜好，处则潜心典籍，出则怡情山水，凡三游武林。而支硎、灵岩诸山，早年随少尹公谒天平先垄，必留连数日，尤为熟游之地。嘉庆癸酉秋，偕婿与长子赴金陵，遍游钟阜、栖霞诸胜，归途更登金山、惠山，皆记以诗。而武林之终游也，在丙子之春，不肖侍焉，寓于湖楼者月余。始游灵鹫遇雨，三宿于韬光之借秋阁。柳僧粹白出贝叶经及丁龙泓《观经歌七易稿》观之，汲虎跑泉，品龙井茶。既晴，携归湖楼作清供。已遍历环湖诸山及云栖九溪十八涧等幽胜之处，恒于月夜信步六桥，或上孤山憩放鹤亭，或泛扁舟杈湖心亭，举觞命醉，拈韵清吟，极登临之趣。归舟以游记示汤点山礼祥少尹，少尹曰："我虽生长于杭，不能有此兴会也。"然府君犹以体丰，不能如徐霞客之缒险凿幽遍采奇胜为歉。先世遗书，惟家塾课本而已，府君广搜博采，不下万卷。游于武林、金陵，亦皆载异书为归装，晨夕披览，无间寒暑。客有借阅者，亦不吝徵故实者，原原本本，皆餍所欲。晚年病目，犹能为诸孙谈经子源流、文章派别及古今逸事，娓娓不倦。盖沈酣于典籍者五十余年，不啻饮食起居之未尝一日离也。著《养素斋诗文钞》《武林游记》《秣陵日记》《恕斋日抄》《敬业堂藏书记》。元配先母王孺人，幼知书，工楷法，长府君一龄。于归之初，连遭大故，襄举殡葬，主持中馈，不辞劳瘁。后七年中举两女两男，竟以娩难卒，年甫三十。继配我母梅太孺人，父扬庭公以增，捧檄皖江，我母幼随祖母在任，娴习毛诗、《女诫》。曾侍板舆至采石矶，登太白楼。又尝历汭水、庐江、无为等处。所至必访山水，览古迹，有林下风。少府君六龄，以廿四龄来归。虽长宦门，无豪华习，且慈孝性成，乐善不倦。举不肖等三男三女，与伯仲兄姊共子女十人，视之如一，教诲谆谆，未尝有疾言遽色。府君本生弟侄皆少孤，来学者数年，给饮食，视寒燠，无异诸子。使令奴婢，亦未尝怒詈挞责。椿萱踵丧，哀念不已，迎养生母陆太孺人于家，存问王孺人、继母叶太孺人暨本生继姑庄太孺人，供馈衣食，有加无已。府君伯姊青年守志，老病清贫，延待维谨，赠遗不吝。而戚族诸母以匮乏告者，无论疏近必周恤之，洵有锡类之仁焉。既娶三妇嫁两女，我仲兄甫婚而卒，季弟将婚而卒，幼弟亦殇，而伯姊季妹皆未嫁而卒，仲叔两姊已嫁亦先后卒，膝下惟存伯兄幼妹与不肖三人。中怀作恶，兼之操劳过度，竟染弱症，先府君十一年卒。襄理阃政者三十年，丰约合度，恩礼周备，至今戚里中称继配之贤者，必举我母为率。府君前葬先母王孺人于先茔穆位，仲兄季弟以次祔，而与我母并营生圹，府君卒后逾年乃合葬焉。

清范时乾《同里古吴郡范氏家乘》

顾廷飏小传

〔清〕徐筠

廷飏，字赓盛，一字庚辰，姓顾氏，陈黄门即野王后。其先居邑之铜里，后徙吴江东门外黄由宅畔。少爱读书，不事常儿嬉戏。长从筠庄庞明经游，问学益专，制义益工，每县府试，辄冠其曹。肄业笠泽书院，院长以祭酒目之。然数奇，屡试辄蹶。赓盛为人傲多于谦，时辈少所许可，唯与周鹤立昆季昕夕过从，以诗古文相切劘。后周氏昆季或补诸生，或举孝廉，赓盛终不得志于有司。顾读书作文更自鞭策，不肯以屈抑而稍变其初，人咸惜之。尤能诗，独宗东坡，旁涉石湖、剑南。同邑金二雅先生尝见其所作，大加叹赏，曰："吾里多一诗人也。"馆于齐女门，又从沈东田先生游。先生学术淹贯，才力驰骋，为郡中骚坛主盟，业经其指授，风格遂骎骎日上。然赓盛既累试不售，当日所为过从切劘者，皆不复合并，而少年新进，又群起而非笑之。以故敝衣破帽，跧伏于荒山野水间，以至于老且死。悲夫！嘉庆癸酉，余方寓居赓盛家。是时，赓盛年几半百，见其每日黄昏，挑一灯，手一编书，咿唔不倦。读竟，徐起背诵，回环往复，迨晓乃已，虽饥冻寒暑不稍间。其妻谓曰："穷达命也。子年已将老，何自苦如是？"赓盛曰："知命者，必尽人事，然后理足，而无憾古人言。一息尚存，此志不容少懈，必至于不可奈何而后已，此之谓知命。"余时闻而感之。未几遂病卒，年五十有一。生一子，后十年亦卒，竟无嗣。生平所著诗古文、制义各数卷，悉归于门人苏烛岩秀才。

清徐筠《芋香山房文稿》

汝容斋君家传

〔清〕陈寿熊

汝容斋君，名德舆，字载行，自号东崖，容斋其晚年号也。世居吴江之黎里。九世祖某，明鄢陵知县。曾祖某，福建兴化府经历。祖某，国子生，考授州同知。父某某，生五子，君次在二。自少有干才，以父病瘅不任家事，遂弃举业。母氏吴早没，遗幼弟才数岁，抚之恩意曲至。尤长于治生，不数年资渐饶，起屋买田，业数倍焉。汝氏自明季为里中右族，仕宦不绝，亦时有以文章气节著者，及君之生而稍微。君既建有其家，益修举家祠祭田赡族之规，族人有事者助之，有丧不举者资给之。又屡延名师课子侄，姻党中贫不能读者招之来，复为筹其修脯，必使有成而后已。以是其后人及族属益务学，多为诸生，有时名或得乙科，盖亦君作兴之助云。君体貌俊伟，好饮善谈笑。暇日为亲友治具，坐客常满，其用财无所吝。为人任事，不避劳怨，人亦未尝怨之。中年遭父丧，哀慕若孺子，继又哭其伯父，遂得疾。以道光元年五月二十三日卒，年若干岁。配李氏。子佑坤，例从九品；佑棠；佑尧；佑宸，早卒；佑垣，为君弟德懋后。

陈寿熊曰：予观汝君之行事，盖长厚而材敏者。而佑坤等又称其取租甚平，乡人至今道之，则其虑抑又远矣。比者江浙困于租税，佃农辄群聚生事端，此不独守土者之忧，田主亦有过焉。若君之存心，汝宗之昌也，岂不宜哉！

清陈寿熊《静远堂集》

周鹤立传

周鹤立，字子野，明忠毅公宗建六世孙。乾隆五十九年举人，以知县官安徽，署泾县、亳州，补蒙城。父忧，服除，补定远，治狱明断有声。以母忧去。改湖北，历官汉川、江陵、黄安。值荆州堤溃，漂没民居。鹤立谓"请帑而后给赈，则民死已多"，乃捐俸并假同僚金得数万，民赖以全。会有方伯某行部，请靴于鹤立，鹤立佯不喻，竟以靴献。方伯恚甚，辄龃龉之，因去官，卒于汉阳。所著有《匏叶龛诗存》及《杂俎》。匏叶者，鹤立去官后自号也。

清光绪《吴江县续志》

外祖母杨孺人家传略

〔清〕沈日富

孺人考莲浦先生，讳元隽，吴江县学生。妣张氏，乾隆三十年十一月二十四日，生孺人于邑南鄙杨家湾宅中。年十九，归同县附贡生池亭叶府君讳树鹤。生子男女四人：长曰富之母；次女，适范氏；次男，县学生，名春浩；次女，适吴氏。孺人年六十三丧叶府君，道光二十八年十月二十二日卒，年八十四。二十九年正月七日，祔葬于府君之墓。莲浦先生，日富先大父之师也。先大父少孤，先生频为御侮，盖勤学敦气谊，老儒也。孺人禀家庭之训，性好史书。既归叶氏，叶氏自明以来，为邑中名门，长幼卑尊咸知学，孺人益得耽玩典籍。日常职中馈、课女红外，则手一编，凡儒先语录、历朝掌故、忠臣良士、孝子贞妇之遗闻，罔弗熟记。旁及医卜之书、释典道藏，亦时取览。而掇其治乱兴衰之迹、祸福感应之理，以讲示家人，自少至老无虚日焉。日富数岁随母往省，日蹲孺人膝前，见孺人每有所讲，容庄而音徐，述人疾痛忧患，宛如在身，或时泪随声落，皆发于中心之诚。听之若亲睹，久而不能忘。孺人内外孙男女二三十人，岁时周流问安，集于寝中，听孺人之讲，皆相申告。间有气质未驯，孺人阳为不省，任引一事，若有意，若无意，谆谆然对众而语，辄使俯首自惭，不敢复然。故凡孺人之为教，其足以激发天性，培养善端，虽世之善师傅无以过也。呜呼！孺人积其学于妇功所余，日讲于闺门咫尺地，听者不过其所属之亲，而递相传述被其教泽者，盖已多矣。况为丈夫而有施教之权，则其功效又将若何？谁谓学之可以不讲，而讲学之事之反有累于治道哉？孺人之教有浅有深，其语于人智愚皆尽其意，大要以克己利人、安不忘危为本。故其处家俭而有礼。有一美膳，未尝自食，衣裳敝，频频缝纫。而祭祀之撰具，宾客之往来，物必丰备。笃旧姻，重世交，恤邻曲，宽佃农。奴婢操作，劳逸以时。有过，小则惩，大则隐。子孙胜衣冠者，教之揖让应对。近出而归，必详叩其所遇与所行者，言语有失，称谓有误，随事而训正之。言动彬彬，不惑于时习。妇女服饰，无改旧制，家用器皿，不尚新奇，其家法然也，亦孺人之恭勤有以持之久焉。孺人八十外，神明不少衰，饮食起居如恒。其忽病也，以伤我从舅曲江君故。曲江为府君兄子，长我舅氏铸唐君一岁，同祖昆弟惟此。于孺人没前数月，骤得疾卒。初死，不敢令孺人知，后不能更讳，孺人恸数次，遂病作。前此哭我范氏从母，犹能自宽，譬及是若，无可劝解者然。呜呼！即一事，而从舅之贤与孺人之慈爱无私，两有徵矣。孺人没二日，而舅氏亦卒，既而曰富又遭兄丧。今于内外孙中为最长，恐孺人懿美之不彰也，敢就其所见者而叙次之如右。

清沈曰富《受恒受渐斋集》

频伽郭君墓志铭

〔清〕冯登府

君讳麐，字祥伯，频伽其号。年五十号曰蘧庵，六十曰复庵，而频伽最著。曾祖讳如龙。祖讳谔。考讳元灏，吴江诸生，受陆中丞燿学，姚吏部鼐志其墓，所称有道君子也。世为芦墟人，自君始迁嘉善东门江家桥。少应省试及一应京兆试，辄不遇。三十后遂绝意举业，专力于诗古文词。其诗词，尤纵才力所至，筵洒肥腻之习，蜕然出风露之表，已自行于世矣。性通爽豪隽，好食酒，酣嬉讥骂，时露兀傲不平之气。不折身以市于贵势，每锄牙不合而去。顾家穷空，胥疏江湖，不能不与世俗游，卒谐于时好。晚而思与一二故人，谋为买山娱老计，所得辄以施贫交，终未遂也。以道光十一年七月初六日卒，年六十五岁。呜呼晞矣！余始见君于马君洵家，尔时齿方壮，意气伟然，极一时之盛。逾数年，又见于广陵，意少衰，而饮酒欢呼，狂故犹昔也。又逾数年，见于淮上，则以寓楼之灾，颓然生意尽矣。迨余自闽归，方赴官甬上将行，而君适至，又相见于马君家。饮少辄醉，自伤垂老，相与赋诗，郑重而别。及今而铭其藏，以此叹嘉会之不常，而良朋之难再得。余与马君亦年四五十，日月不居无闻，滋惧交游零落，恐负平生知己之言，是则重可感也已！夫以君之才之学，虽不遇于时，而名固显矣。既有得于今，必有贵于后。庶几于君，无所病负，而又奚悲耶？君所著有《灵芬馆集》若干卷，刻以行世。未刻诗八卷，藏于家。妻口孺人。侧室素君，生一女，适今山西大挑知县夏宝晋。以弟凤子桐为子。某年某月葬于某原。君弟凤，以余交久知之荟，来请铭，乃怆然而铭之曰：

其目无人眉独白，其文及古世识职，其狂可杀志不折，造物忌才六丁夺。神庐一夜风雨泣，山鬼薜荔招不得，千百年后蜕仙骨。

闵尔昌《碑传集补》

郭麐、天寥、郭凤、吴鸣钧传

郭麐,字祥伯,自号频伽居士,芦墟人。生而右眉全白。年十六补诸生,三十后即绝意进取,而专诣于诗。麐之言诗曰:"诗之风格不同,各因其人性情之所近。执风格以求古人,惟恐一体之不肖,一字之不工,于吾之性情何与焉?"钱塘屠倬韪其言,以为自汉魏以迄唐宋,其传者无不各具一性情,故历千百年之久,如闻其歌哭悲愉哀乐之故,嘉美规颂讽刺之事,有以入人之心而无所间,非苟而已也。故麐之诗,甄综古今,腾踔变化,森森有以自振其风格,蜕然出尘埃之表,而独成为麐之诗也。家贫,时出游,性通爽豪俊。好饮酒,酣嬉淋漓,时露兀傲不平之气。常作客扬州,文采照耀江淮间。而里中与麐友善者,曰朱春生、袁棠、徐涛、吴鸥与其弟凤数人而已。涛与鸥皆穷士也,而麐于涛之死,见于歌咏,历久而不忘。鸥字独游,初为缝工,见麐兄弟言诗而好之,麐与之游不倦。鸥侘傺无聊,后遁为僧,曰天寥。其死也,凤为之塔铭,又刊其诗。麐才气高岸,目慑侪辈,客游千里,所接贤士大夫多矣,而于里中多穷交如此。尝游桐城姚鼐之门,鼐许为通俊奇士。晚年迁嘉善东门之江家桥,卒年六十五。弟凤,字丹叔,与麐相友爱,诗宗杨诚斋。麐倦游归,兄弟白首相倡和而已,后麐十年卒。与麐同时有吴鸣钧,字云璈。年少于麐,而先麐卒,麐深惜之。称其诗脱去凡近,自吐其萧寥清远之音,其志不充,则年为之也。尝一及钱塘陈鸿寿之门。卒年三十八,亦芦墟人。

清光绪《吴江县续志》

诰授奉政大夫鸿胪寺少卿程公墓表

〔清〕张履

昔余在京师,尝主鸿胪卿程公。时公将弃官归,念乡里多困,欲复朱子社仓法,属余为之议,后事虽未行,然以是知公志。今公卒久矣,其嗣子庆华以葬未有志,手撰公行略,乞表其墓。案:公讳邦宪,字穆甫,一字竹盦,晚又号拙存居士。系出东晋新安太守元谭后。明之季有诸生秉健者,自休宁迁吴江。再传至赠奉直大夫讳士弼,有孝行,于公为高祖。士弼生贡生允翼,允翼生瑚,瑚生太学生浩,公之考也。自考以上二世,并累封赠奉政大夫,晋朝议大夫。公以嘉庆七年进士改翰林院庶吉士,授编修,充文颖馆纂修官。今上登极,充实录馆纂修官,顺天乡试同考官,补江西道、京畿道监察御史,转户科给事中,擢鸿胪寺少卿以终。公白皙修髯,风神和易,无疾言遽色,性恬退。授编修即假归,优游林下者垂十年。官御史时,疏章屡上,有关吏治民生之大,皆蒙俞允。比为鸿胪,跻卿列矣,犹僦居僧寮,图史之外,萧然无长物。尝以"清虚静泰"四字颜其室,题五言诗以示意。既赋归田,弥有以自乐。时吴中大吏有与公为同年者,邑令某恐公言其吏事短长,为苞苴之馈,公谢弗受也。素爱山水,东南名胜足迹殆遍。工诗歌，不喜与人角逐，尝谓："诗以寄性情，情所不至，不强为也。"故公诗不多，而蕴藉淡宕，类其为人。书法得晋人遗意，持缣素求者踵相继。尝为余楷书六十四卦大象传，今犹挂壁间，而公之音尘已不可复接矣。公卒于道光十二年十二月日，年六十有六。初聘王氏，浙江按察使某公女，蚤卒。娶闵氏，内阁中书某女；继娶赵氏，奉直大夫某女。并累封恭人。又娶沈氏，奉直大夫某女，先公二年卒。子二：庆华，布政司经历衔；庆善，云南候补从九品。女一，适同邑朱凤宝。孙三人。十三年二月日，庆华奉公柩暨厥配合葬于震泽牒房圩之新阡。十八年十一月日，余始为之表。

清张履《积石文稿》

改吟先生树枚、华川君昉升传

叶树枚，号改吟。叶氏自天寥、横山而后，文采风流，为旧家推重。树枚穷老工诗，始多尖新之词，后一变而为高淡。年七十余卒。（冯桂芬《江苏府志》一百七《人物》三十四，引《续诗徵》，参李王猷述。）

叶树枚，字条生，号改吟，晚号溉翁。池亭人。少务举子业，不售，弃去。专力于诗，吐弃平庸，刻意生新。客游吴越间，以工诗负盛名，著有《改吟斋诗集》，同邑郭麐序；《烬余什一》《甬游草》。（《黎里续志》，本《江震人物续志》。）

叶昉升，字华川；树枚，字改吟。池亭人。叶氏自天寥、横山而后，文采风流，为旧族推重。数十年来，专稿行世，惟昉升与树枚。昉升诗擅风格，希风国初诸老，绝不类昌谷生所为，而其殁年乃与之符。树枚穷老苦吟，卒年七十余。其诗初刻，多尖新之词，遭火续刻，一变而为高淡焉。（《吴江县续志·文苑传》）

清叶德辉等《吴中叶氏族谱》

徐达源传　子晋镕

徐达源，字岷江，一字无际，号山民。璇子。由太学候选布政司理问，改翰林院待诏，为随园弟子。性冲淡，工诗古文。善画墨梅，简老疏古，得杨无咎法。间作山水小幅，脱略畦径。少多艺能，老于著述，文献多赖以存者。生平尚风义，好施与。同人创建黎里众善堂，重葺徐俟斋先生祠于上沙村，修里中明太常卿凌信祠墓及秦太尉庙。又粥产刻《杨诚斋集》《南北朝文钞》。需次京师，交一时贤士大夫，自谓直谅之友，以洪太史亮吉为最云。归后杜门著述，海内名流往来于禊湖不绝，故斗室之中，多四方之客，诗筒词版流布人间。曾以朋侪投赠，刻有《紫藤花馆藏帖》，流传海外，日本国人藏之圣庙中，艺林荣之。年八十无疾卒。著有《黎里志》，善化唐中丞仲冕序；《吴郡甫里人物考》，长乐梁中丞章钜、吴县石廉访韫玉、北平杨明府承湛、同邑程鸿胪邦宪、迮教授鹤寿皆有序；《吴郡甫里诗编》，善化唐中丞仲冕、贺制军长龄序；《国朝吴郡甫里诗编》；《禊湖诗拾》，青浦王司寇昶序；《涧上草堂纪略》《修养杂录》《紫藤花馆文稿》；《新咏楼诗集》，同里陈焘序；《无隐盦笔记》。（本《思无邪居文集》，参蒋宝龄《墨林今话》。）子晋镕。

晋镕，字君寿，号冶伯。诸生。早岁承家学，工诗赋，尤长于五七言。善纪实，事表风节，洒洒千百言不懈。尝从其师顾侍讲元熙游粤东，所历山川风土悉记以诗。侍讲卒于任，晋镕护其丧以归。晚年诗益工，陈焘谓："近世称诗者，能深知甘苦，娴体裁，惟晋镕一人而已。"著有《岭海纪游集》，同里陈焘序；《忘忧草庐诗集》；《金粟斋诗赋钞》，同邑费中允延釐序。

清光绪《黎里续志》

亡妻吴安人行状

〔清〕徐达源

安人吴氏，名琼仙，字子佩，一字珊珊，吴江平望人也。生而姽嫿，兰质天成，长更温柔，慧心玉映。年二十来归，值余初冠，眷此弱筓，惊看林下之风，喜叶言司之梦。事先赠君暨吾母金太安人、生母姚太安人，克循妇职，颇得亲欢。婉娩顺从，不乖于《内则》，先意承志无间。于燕私暇，则顾史问诗，发音在咏。薰炉之侧，研匣时陈；镜槛之旁，笔床并设。越四年，赠君见背，孤子茕茕，运值多艰，家方中落。而余素有邻老之僻，辄厌催租，即非高凤之勤，亦曾漂麦所赖。安人黾勉，有无躬亲，屏当旨膏修醴，敬奉慈姑。绣裱文鞯，恩勤稚子，宽贫儿俯仰之忧，实季女婉娈之助。所以巧炊继日，犹夸鸿案之相庄；拙宦中年，差免牛衣之对泣也。然而组紃织纤不废清吟，蒜果米盐无伤雅兴。曾同侍太安人之吴门，看春虎阜之麓，揽胜天平之顶。簪挑荒藓，读残碑于万绿阴中；袖拂疏篁，刻细字于落红影里。联吟则林鸟齐鸣，拈韵则山花并笑。爰属画师写成绢素，一时名胜各有留题。钱唐袁简斋太史枉顾，余以诗就正，中杂唱随之什，并蒙奖借之词，其卷端评跋有云："春花作骨无此蝉妍，秋水为神一何清绮。毕竟徐淑之才，远在秦嘉之上。"传闻戚里，罔不荣之，而安人抑抑自下，愔愔如常。平居娣姒言欢，家人聚语，不谈文章，只究女红。所善闺中契友，间以尺素往还。诗歌酬答者，吴门金纤纤、同邑汪宜秋、袁丽卿辈，三数人而已。性耽闲静，不乐纷华，慕庞公之偕隐，爱高柔之赠诗。方余之官京洛，握手惜别，絮语临歧。谓门深似海，戴安道非寄书之人；米贵如珠，白居易岂长安之客？白云在天，碧山如画，望早定归计。逮此晨昏，及给假南旋，未逾年岁而已。书封豆蔻，愁寄三千；诗托刀环，文成八百矣。嗣是以后，同依膝下，裁成彩服，别有神针，和就羹汤，依然纤手。当余搜罗志乘，则封恺之女能明近事；校雠典籍，则蔡氏之姬颇忆旧书。虽青绫障外，小郎未解谭围；而绛幔纱中，儿辈略传经义。燃脂瞑写，下笔如神，拥髻微吟，迟声以媚。同此澹若之情，各有终焉之志。他若丸杜兰香之药，写吴彩鸾之韵；拟徐惠妃之骚，作管仲姬之画。是则不无寄托,未许流传者也。生有至性,事每过情,笃孝所生,不殊在室。外舅止斋先生下世时,毁瘠骨立,哀动左右。里非上虞,颇类摧心;人异夏候,略同灭性。遂得肝膈病,时作时止,连岁不瘳。去秋九月,外姑继殁,泪血抚棺,哀号终夜,麻衣送葬,风雪满天。旧病未蠲,新疴又积,驯至沈笃,竟尔伤生。端忧之夕,时梦阴天,垂死之晨,频呼阿母。先一夜,落月横窗,暗风动帐,苦眼微开,干唇半启,尚以吞声之泣,强为宽譬之词。药火不红,灯花欲绿,柔魂将断,气缕缕其如丝,此景难忘,恨绵绵而无极。犹忆客冬,常州洪稚存太史见访,垂问比肩,艳称联璧。安人谓:"予体弱多病,恐不能久居人间,若得太史铭幽,庶几亡人不泯。"何意谰言竟成恶谶。安人自结褵以来十有七载,无一言一事稍违余心。尤可念者,余少入名场,颇交胜已,文酒之会,月至再三。而蒋迳每到羊裘,山妻辄窥嵇阮。欢迓高轩之过,惊若弋凫;看成雅集之图,欢同射雉。以至一双条脱,典为鸡黍之供;五夜机丝,空于缟纻之赠。其才德若彼,其识解又如此。方期笃志缠绵,永作同功之茧;深情悱恻,常为共命之禽。而兆占入宫,梦徵陷井,他生未卜,中岁长辞。损高堂之眠食,老泪频挥;脱儿女之青红,哀号忍听。营斋营奠,死可有知,九地九天,魂归何处?呜呼痛矣!安人生于乾隆三十三年十一月十日,卒于嘉庆八年闰二月二十三日,得年三十有六。著有《写韵楼诗》如干卷。子三人:长晋镕,年十二岁;次晋锟,年七岁;次晋铭,年三岁。女三人:长宾如,年十三岁,许字本邑陈守愚司马长孙如钒;次兰如,年十岁,许字嘉兴怀近斋封翁侄孙作梅;三女婉如,年五岁,未字。

清《徐氏家谱初稿》

吴珊珊夫人小传

〔清〕郭麐

夫人姓吴氏,讳琼仙,字子佩,珊珊其号也。幼有玉德,长多瑶情。世俗女子剪彩缕结文绣之事、铅黛之饰,罔不能,罔不工,而一不以屑意。独好为诗,精思眇虑,本于性生。年二十,归吾友徐待诏山民。山民故喜为诗,则各过望,同声耦歌,穷日分夜,若青鸟翡翠之在云路,而雍雍之相命也。所居黎里,俗尚华侈,以财货相高。山民独好雅游,多长者交,四方知名之士能为文章者,必招致之。夫人饬中厨,具丰膳,缓带既倾,柔翰斯染,一笺传至,四座色然。时袁太史枚以耆年重望,倾动海内,自吴中过访,见夫人诗,击节称叹,以为徐淑之才,在秦嘉之上。山民益自喜,获谓师友之助。偕游天平山,题诗绝壁,见者疑为神仙过往,飙车羽轮,动衣裳而落珠玉也。山民尝一赴京师,不得意且归,夫人亦驰书促之。薜萝之志,静好之乐,虽有高官厚禄,无足以易此者矣。夫人母死,哭泣过哀,婴疾遘灾,春秋卅六,嘉庆八年闰二月日卒。蘤英早瘁,蕙穆犹馨剪焉,孩稚呱呱扶床。山民于是孑影独立,恍然无所恋于世,以书告于余,思有以释之。呜呼!天之厄吾党甚矣,沈污掘穴无论矣,或蚕天,或客游。无憀即有达且显者，或不得行其意。山民家不中资，以好客好书日益落，名位不挂于朝籍，独幸得齐牢共命之偶，以诗文相娱乐。而今又夺之，则益信天之所以厄吾党者，不至于此极不止也。然则夫人之早世，不可谓非山民之命之穷有以累之，而山民之命之穷，亦未必非吾党之有以累之也，而又何以释之哉？然夫人之志，尝思有以自见，而不以境之穷达为念，有非吾党所可及者。世俗女子之所为，更不足以云，是则可传也。因为伦次大略以遗山民，使有以自释且自广焉。

清郭麐《灵芬馆杂著》

敕封承德郎翰林院待诏加三级徐君妻吴安人墓志铭[1]

〔清〕洪亮吉

余以壬戌十二月道出黎里，始识翰林院待诏徐君达源，并闻其哲配吴安人之贤，复素嗜吟咏，所著有《写韵楼诗》若干卷，忽猝别去，未暇授读也。今年三月，余授徒徽、宁两府界之箬岭，地居万山中，忽见有冒雨至者，则徐君仆也。发君书，始知吴安人已于又二月二十三日谢世。濒危，属徐君转乞余志墓之文，徐君诺之乃瞑。乌乎！余与徐君交仅半年，何两人者前后悼亡若出一辙耶？按状：安人姓吴氏，名琼仙，字子佩，一字珊珊，吴江平望镇人也。年二十，始归徐君。性婉淑，能得翁姑欢。翁卒，哭泣尽礼，所以事两姑者益谨。徐君耽读书，不甚问家人生产，凡会计出纳皆安人主之，规画井井。暇辄助徐君校书，或分韵，至漏三下乃息。顾体弱善病，又叠遭父母忧，益哀毁骨立。今年春，忽患痢不止，竟以是疾卒，年甫三十六。病方剧，适余与徐君书并所赠诗，安人尚令两婢扶起，读竟乃卧，其性嗜翰墨如此。余尝谓女子不可有才，才过人则不寿必夭折，否则或遭危险困厄，有非可以常理论者。汉徐淑、晋谢道韫、唐封绚等十数人，特其较著者耳。余并世所见，亦已五六人。今安人得归徐君，相庄者几二十年。徐君负时名，膺清秩，中间惟官京师半年，与安人别耳。余则皆弹琴赋诗、焚香读画之日也。即此半年中，从邮筒寄安人诗，前后至二十余首，伉俪可云笃矣。安人年纵未四十，然子若女已林立，兰苗桂挺，其长者读书已有声，则安人不可谓夭。居江南浙江之间，东莺脰，西虎阜[2]，山水清绝，时奉太夫人出游，则境不可谓困。徐君家有桑三百株，粟田五六顷，安人经理之，岁入常有余，则家不可谓贫。倡随得徐君，不可谓非嘉耦。性又聪颖，诗文外，绘事无不工，暇则发挥烟云，摹写花鸟。十余年中，得写韵楼诗至数百首，不可谓非奇福。然则安人虽未永年，亦可以自慰于地下矣。若徐君，则又何悲焉？余妻蒋宜人，亦以客冬谢世，虽齿长于安人二十年，然早困米盐，中更忧患，末又苦疾病，处境无安人之逸也。安人子三：长晋镕，年十二；次晋锠，年七岁；次晋铭，年三岁。女三人。徐君将以此年四月十六日，厝安人于南冒阡[3]，其走千里乞铭于余者，安人之志也。铭曰：

恒娥抱魄，天姬织丝。女子有才，非云福之。楚蒙悼亡，茶苡伤病。女子有才，兼妨乎命。禽鱼花鸟，尽夺化工。烟云月露，思与天通。三绝是嬗，百忧亦攻。兰芳而锄，苗秀而揠。凡似此者，均不白发。断炊寒食，云以寄哀。续命上巳，魂兮倘来。三层之台，百尺之榭。定有吟声，出乎良夜。

闵尔昌《碑传集补》

注〔1〕：清《徐氏家谱初稿》亦载此文，题作《敕封儒林郎翰林院待诏徐君妻吴安人墓志铭》。

注〔2〕：黎里镇方位有误，清《徐氏家谱初稿》更正为"西莺脰，北虎阜"。

注〔3〕：清《徐氏家谱初稿》作"铚字阡"。

候选州同张君墓表铭

〔清〕沈曰富

张忆鲈君没三十余年，而厥配吴安人卒，其长子与龄、次子益龄俱前死，及是修龄、聃龄、太龄、孙文潚等，奉柩开君兆以祔。以前此未有表，于是益龄之友沈曰富来会事，谨拜手而为铭曰：

吴江之东，云涛际空，曰分湖兮。湖多名门，曰叶曰袁，胜国余兮。有起而继，昔为赘婿，冒氏于兮。数传永康，复姓曰张，立厥家兮。亮功早世，妻顾守志，旌门闾兮。抚叔大椿，当舅莫年，佐少姑兮。为叔择耦，娶陆为妇，继室徐兮。陆生孝嗣，绳祖其字，号忆鲈兮。兼承宗支，建节母祠，报勤劬兮。度田一方，祀于配张，族食俱兮。合族以班，有秀有顽，教督殊兮。惠于婚友，善终如始，何有无兮。慨俗之交，慕古贤豪，汉八厨兮。惟鲍廷博，临绝书托，厥孙孤兮。邑子叶枚，穷老工诗，月粟输兮。或醉而颠，毁君之船，交不渝兮。有不能婚，走告于君，聘彼姝兮。岁值大饥，路拾遗儿，衣且哺兮。凡厥义举，更仆难数，与古徒兮。才足一官，顾影子单，命驾纡兮。游于醉乡，达士之常，日引壶兮。是宜无疾，乃不四十，卅六殂兮。闻君当逝，券约满笥，付焚如兮。遗诗在橐，值家中落，生蟫鱼兮。是谁再造，厥配慈孝，延陵吴兮。父曰钟秀，两尚书后，族华腴兮。十九归君，逮节母存，奉槃盂兮。佐君待友，解佩藏酒，结欢娱兮。自君之亡，他务未遑，延师儒兮。百年之计，教子为大，五丈夫兮。各业其恒，文章艺能，世称誉兮。守君田畴，岁督其收，毋荒芜兮。出君典册，彼完此蚀，命补苴兮。彼门之荍，弱孤有幼，群跱呼兮。强诉诸吏，怗则加惠，化颛愚兮。伯仲颉颃，德不命抗，再摘瓜兮。伯死妇从，女二男双，泣呱呱兮。安人曰唉，家嫡宜才，事在吾兮。抚两世儿，如节母时，功合符兮。孙俊于簧，继诸父声，老怀愉兮。甲子午周，捧觞献酬，家庆图兮。忽不十稔，凶问来谂，驰素车兮。昔交吾友，登堂拜母，曾斯须兮。今兹祖道，群季亦老，颔有须兮。孙曾蛰蛰，有不我识，问里居兮。厚德所致，报必数世，语不诬兮。辟君之阡，砻石以镌，当墓隅兮。书善人事，述贤母志，文匪谀兮。

清沈曰富《受恒受渐斋集》

费兰墀传

费兰墀,字心谷,刑科给事中振勋子也。嘉庆七年进士,翰林院庶吉士。散馆,上取卷中"谙习掌故"处御笔圈出,擢第一,授编修。以父母在,不乐久居官违色养,阅一年即请假归,遂不复出,事亲尽孝,盖五十年如一日也。道光癸未大水,民大饥,兰墀致书御史程邦宪,邦宪邑人也。略曰:吾邑乾隆之三十四年、嘉庆之九年,皆水未有如今日者也。救荒以州县为重,州县得人最难。内委之幕友,外假之胥吏,则查报或有不实,赈籴皆足丛弊,于饥民何赖焉?又官赈米一石,折给钱一千,灾民大口日给赈半升,例折给钱五,不足以资糊口。向来以地方土赈佐官赈之不足,因设有奖励之条。捐银至千两者,给未入流职衔轻,未足以示鼓励,因请邦宪上陈。是年乡赈,两邑数可十万,皆兰墀倡之,前此未之有也。兰墀既董乡赈,则令捐者于本地自行放给,不假手官吏。又于崇吴、永福两僧寺,择老病者廪于米,于平望之平波台,月给米以赡茕嫠,岁以为常。是年水高于地至数尺,野多积厝未葬之棺随水漂流,兰墀复为捞救,凡一万五六千具,葬之义冢,不足则送郡中,购高阜地尽葬之。于城中设仁善公局,于同里镇立仁仁堂,皆兰墀倡之也。兰墀居家不言公事,而于大利害所在,则忘其身为之如此。好问学,为文章明事理而有法度。其文有《上同年邱南屏太守书》,言江震漕务积弊,曰:"苏郡之田,一亩赋至一斗八九升,视西北诸省以十倍计。故谓百姓宜竭力以供正赋可也;谓必倾盖藏罄瓶罍以饱欲壑不可也。谓漕运艰难,百姓宜酌量津贴以济公需犹可也;谓以帮费为名,欲令百姓令必从求必应不可也。且百姓既令之而从之矣,而前之所取今以为少,今之所取后以为少,则其病岂独在百姓耶?仁人于此,以我江南赋额偏重之。故力言于上,明胜国偏重之由,则知非不可更之法;申列圣递减之令,则知有可施之仁。动圣主哀矜之诚,赞成国家宽大之政,或得视原额量为议减,则江南之民食轻赋之福永永无穷。苟其未能,则莫如官给帑金,以给帮费。酌中定制,州县于正供外,浮收粒米者罪之。官不能发帑,莫如节省通仓之费,以减帮费。又不能,则浮收之难禁势也,而必力为之禁,使不至大溃。其防虽相率为额外之征,而常惴惴焉,有违法干禁之惧。则随事而救正之者不过如此,亦支持一时之计也。"后五十年,而江南始奉诏减赋三分之一。兰墀当漕务极弊之时,已计及此,可不谓深识远虑之君子哉!道光二十七年,崇祀乡贤祠。

清光绪《吴江县续志》

皇清例封安人亡室王安人郑安人行略

〔清〕 费兰墀

余继室郑安人以嘉庆十六年六月二十日卒,我父母痛之甚,命兰曰:"前媳王氏之殁十有九年矣,不幸郑氏媳又亡,汝可无一言以识之乎?"兰惟女子有无仪之训,无美而称，君子以为讽。然则妇人虽有美，非所尚也，无美尤不可以讽，故古者妇人无史。妇人有史，则必以女而有士行者当之，非是则彤管弗录。今两安人之行事，于寻常女妇之职，或犹不能无阙，其又何识之急急焉。虽然我父母之爱媳甚矣，苟无言无以弛大人之悲，乃为撮其一二，以质于乡先生之有道而文者。其略曰：余原配王安人，以乾隆丁未岁归余，年十八。时外舅爽亭公送女于京师，未及昏期，我父母处安人于别室，使余女弟往伴焉。安人性真率，言笑如平时。昏之夕，余以为规。自是安人与余相处，肃然如对宾客，迄安人之卒不改。余善病，己酉岁随我父视学粤西，安人亦偕往。壬子，余疾甚，移他室养疴。自安人所居，折而北，再折而东，又东为别院，行数武乃达予寝。秋冬之交，风露侵人，安人恒以夜半秉烛至视，所宜称调护必周，移时乃去。既而南返，方归宁，余又以病疟促之来。安人视余疾，恒竟夜不得寝。当是时，安人方娠，余惟己疾之忧，而忘安人之弱不任劳也。其后，安人竟以产卒，时癸丑七月初六日也。安人喜默坐，间作书，多临蔡君谟《荔枝谱》。好释家言，宗袁氏功过格之说，笃信而力行之。生平未尝指摘人过，泛爱及于蜎蠕，宜寿而夭，痛哉！既殁，我母哭之恸，病一载始瘳。我父自京贻外舅诗，有"朔南泪落知多少，白发难为父与翁"之句。诗至，而外舅已以痛女殁矣。盖安人禀性婉顺，自其少小在室，为外舅外姑所钟爱，不独善事我父母也。郑安人于王安人为外妹。余痛安人之死，出矢言于外姑曰："愿无娶他氏女。"外姑亦泣，谓余曰："我必终以女女汝。"外姑实更无女子，乃以弟鹤村公之子为子，而归于余，即郑安人也。余就昏外姑家，在乙卯之除夕前一日。越岁为嘉庆丙辰纪元，即挈安人由陆行至京，我父母见之而喜女畜之。内宾时至，我母必命安人侍而习仪，且命之报谒。安人周旋应对，咸中其节，时年甫十七岁耳。明于大体，遇事有不可介如也。余有过，必力争，或再三诤，至流涕必改乃已。吾父既告归，诸父兄弟时相过从，诸母亦间至。安人具酒食惟谨，内外宗无有非之者。家祭必虔以洁。吾父有侧室，安人善遇之，无间言。安人有抚女，女故天津梁氏，其父以戊申副贡出吾父门，吾父命抚以为女者也。安人待之，与所生均而爱护有加。病中自汤药食饮，以至抑搔之役，必抚女侍侧意始安。在京师，家西陲鸿少有女，适沈而亡。谋继室于吾父，吾父以四伯父之女孙应，安人为之营嫁。将及期，亲送侄女于鸿少家，先以女礼见，而后成妇。时增儿生三岁矣，病惊旬日，气垂绝，家人寝之地。安人不顾，竟携侄女登车，然安人实奇爱增儿。自增儿夭，安人即不复产男，坐是悒悒呕血死。当万难为怀之时，能仰体我父母意，抑情以成礼。嘻！亦妇人所难已。安人资性聪明，视听皆警捷。吾母以今年之正月，举管钥授之，谓可黾勉立家，而安人亡矣。安人之归余，由王氏外姑，终始母事如一日。闻诸兄之至，则迎门色喜。故王安人下世久，而外家之好益笃，如其生存时。昔方望溪先生为文，哭其夫人蔡氏曰："余性钝直，而妻亦戆，生之日未尝以为贤也。迨其死，触事感物，然后知其艰。"余于郑安人亦云。呜呼！王安人归余才七年，郑安人佐余久，所履皆亨途。王安人之殁，变起仓猝，无片药之投一言之嘱。郑安人痼疾三年，吾父忧其不起也，方在讲斋，手书慰勉，泪渍行间，求所以生之者，无不尽之力。安人亦自度将死，策身后事甚备。先是四月四日之夜，病几殆。安人气息仅属，顾谓两女，某物在某箧中。某物与某人，凡附身衣履，皆诘问周悉。有不惬者，命易以进见。所亲咸用好语相慰藉，且曰："吾言不及舅姑与夫子与吾母者，所欲言者，多恐悲来。"语不能竟也。招画工至，使及生前为小像，观者皆泣下。安人神气恬定，语画工曰："吾病中殊苦瘠，今所绘，颐以下宜稍丰。"其从容如此。王安人生一女，甫期月而殇。郑安人抚女一，出腹女一，朝夕哭，而进食声殷殷然也。呜呼！王安人其尤可痛矣。虽然王安人有同母兄三，皆始终与余相爱，后旬月必相见。余见其兄与兄之子，未尝不思安人也。而郑安人惟一老母仅存。悲夫！我父母春秋高，余体羸，未有似续。王安人早世，又夺我郑安人。呜呼！余将谁赖与？两安人例封孺人。余官编修，以纂修词林典故加一级，例晋安人。余自乡举至授馆职，皆在郑安人时。女二：一许字南浔董君英子诸生名荣椿，即所抚女也。一许字同邑朱君汝鲲子名兆梁。王氏为吴江望族，世居邑之同里镇。安人之曾大父讳棣，尝登康熙丁酉科贤书。外舅讳承恺，以岁贡生候选训导。其族有为兰州道者，安人之从叔父也。有为御史者，安人之再从兄也。郑氏自闽中徙居吴，康熙、雍正间，郑鱼门先生最有政声，是为安人之曾祖讳任钥，官湖广巡抚。实生庚午科举人、邵武府教授讳念荣，子三：长讳邦柱，江西瑞州府同知；次讳邦棣，今为陕西定边县典史；季讳邦栋，国学生，即鹤村公也。两家皆故与我家有连，两安人未知于古所称女士，何如存之以见我父母之子妇。虽小善不掩，且以志，余疚云。

清费兰墀《蘧庵文钞》

台湾府海防南路理番同知沈君墓志铭

〔清〕刘鸿翱

诰授朝议大夫、署台湾府海防南路理番同知事沈君钦霖，以道光十二年秋，台地逆匪张丙等作乱，君与守郡城。是时福省闻警，巡抚兼署总督魏公元琅，调陆路提督马公济胜带兵进剿，十战皆捷。钦差福州将军瑚公松额、同制府程公祖洛，渡台搜捕余匪，筹备善后机宜。论守城功，君得列上荐，奉旨赏戴花翎，即以知府归部尽先选用。十三年秋，余由广东南韶连兵备道，调补台湾兵备道。十月，舟抵安平，接见君，惊喜交集，盖君余在内阁时旧友也。初，君嘉庆辛酉成进士，官中书，撰文词下笔数千言，大学士诸公咸倚重。庚午典试湖南，所得多知名士。因失察，家丁滋事，革职。大学士诸公奏请效力，会典馆书告成，开复原官。甫到阁行走，旋委署侍读，与余同直，情浃洽。尝论作诗赋，谓诗尚烦构思不知，赋何用思索为。故阁中同寅，无不推尊君之能文者。道光二年，派充实录馆详校官，议叙一等。四年八月，除授福建福州府平潭同知。六年五月，署邵武府清军同知。九年三月，署兴化府知府。既卸篆，调署台湾府海防同知。君于平潭同知任内，乙酉、戊子两科，皆监试文闱。福省官知与不知，咸目君为温文尔雅儒者也。及任台防，猝闻张逆等之乱起嘉义，不动声色，密檄飞饬所属番弁，选精壮屯丁三百入保。逆党率众窥伺郡垣，君督番兵会同文武迎敌，奋力击贼，生禽林龙、陈电等，寸磔于市，使贼不敢越嘉义以南。呜呼！何其壮也。台地固称积乱难治之区，自康熙间朱一贵倡乱以后，叛者十四次，士大夫之官斯土者，难矣。然使作吏者尽如君，或能先事预防，不至于乱。即乱，能如君之精详明决，亦可实时歼灭，勿烦劳内地大兵。悲夫张丙之初起，借口于抢米。嘉义令邵用之不知其叛谋，被杀死。台湾府吕志恒前往，贼已聚至万人，父老攀辕泣留不听，战死斗。六汛县丞方振声，竹城破，并妻张氏焚死，幼女亦从死，幕友沈志勇父子、家丁江永惠等皆从死。武弁自副将而下，死者万余人。惟总兵刘公廷斌，兵败幸不死，保嘉义城，亦以忧愤病死。君尝谓余曰："方事之殷也，有死之心，无生之志。今出万死一生之中，赖国家威德，妖寇荡平。台地沿海诸省之保障，非励精图治，无以久安。"余方壮君之言，而君以积劳，已赍志以殁矣。君精于吏治，任平潭时，立书院，治埔田，士民皆悦。署兴化府时，木兰陂工程甫竣，开挖涵洞以资灌溉，培筑土埂以保农田。署台防时，裁减口费，体恤商艰。方议改船政，谓宜使渔船配谷，蒙制军嘉奖，而君已卒。余皆略而不详者，士不遇盘根错节，不别利器，所以著君生平之大节也。君讳钦霖，字仲亨，一字芝堂。先世自前明太常寺少卿讳汉，迁居于吴江县城南之水西庄，遂著籍焉。曾祖讳重，祖讳焯，本生祖讳阜。上皆貤赠奉政大夫、内阁中书。曾祖妣陆氏，祖妣陆氏，本生祖妣朱氏，皆貤赠宜人。考讳宗德，乾隆乙酉举人，历任靖江、上海县学教谕，敕授文林郎，晋赠奉政大夫、内阁中书。妣赵氏，继妣赵氏，皆敕封孺人，晋封宜人。配范恭人。生三子：长祖原，早亡；次庆原；次庚原，先君卒。孙男四人：桂芬、桐封、柏年、楣昌。生于乾隆己丑年九月十六日午时，卒于道光癸巳年十二月十九日子时，寿享六十有五岁。庆原治君之丧，将归葬于吴江祖茔之侧，来乞铭。余在内阁知君久，铭之余宜。铭曰：

君生于吴，官于闽，卒于台。君之卒也，适余其来。台地郡城赖君守，台地善后待君裁。天胡不少留，尽君之才。呜呼！非斯人之哀而谁哀。

清缪荃孙《续碑传集》

王君应庐墓志铭

〔清〕张履

余既以王君应庐请，志其考岫轩府君之墓。越三年，君亦卒，嗣子与沂以状来乞铭，其辞推挹余过当。若以两世得余文为幸者，余深愧之，然不敢辞。案状：君讳锡瑞，字元芝，应庐其号也。先世自山左迁居吴江，数传而至讳勋者，是为君之祖，以君之弟锡泰官赠文林郎，晋奉直大夫。考岫轩府君讳惇，国学生，封文林郎。母张，继母张，并赠孺人。君生三岁失母，育于继母氏，髫龀受书，即自知乡学。二十三岁为县学生，学使者奇其文。嘉庆六年举于乡，前后六上公车，竟不遇，拣选知县以终。君至性过人，中年承岫轩府君命，分居城之西壕，坐必避正位，日再往省，雨风无间。岫轩府君之卒，君年逾六十矣，犹哀毁甚，要经三年，未尝食肉饮酒。以食指既繁，议析产，首置祭田，立家祭礼仪，每祭必越宿斋戒。卒之日，为岫轩府君忌日，犹欲强起奉荐而不果云。君自奉刻俭，过于寒士，而济人急，无吝色。人或委以事，不辞劳瘁，于师友之谊，尤始终不替。杨明经青簃卧病，一室萧然，人无至者，君独往视。明经叹曰：'吾意今日过我者，惟王君也。其果然邪。"及明经卒，为经纪其丧。世父西崖、同邑王慧楼、吴门汪竹香、施蒙泉诸老辈，（并当书名，而状不详，须问。）君师事之尽敬。慧楼卒后，君时时登其楼，抚其几杖，裹回叹息，久之而后去。生平读书不务博，而期于精熟。每阅一书，必穷数日之力，至尽卷而止，所手钞积数百卷。爱苏诗，删合施、王、查、冯数家注略，订以己说，以为读本，积三十年而后定稿。所著有《滋树斋诗草》《读书日记》若干卷。于道光十六年十月七日卒，年六十有七。遗命不许治丧，而远近会吊多雪涕者。配赵孺人。子四人：长即与沂，廪贡生，肄业成均，期满候选，复设训导；与治，早卒；与汶，县学生，为君从兄兆东后；与沼，殇。女四人：一许张宏谟，未嫁卒；一适县学生沈曰彬；一适乌程拔贡生钮福畴；一适县学生吴治谟。孙六人。某年某月日，与沂等葬君于某乡之某原。铭曰：

怀其器，舍于时，卒莫之施。修于户内，亦邦国之仪。我铭其幽宅，后有来者，尚克知之。

清张履《积石文稿》

王应庐先生家传

〔清〕俞岳

先生讳锡瑞，字元芝，号应庐，姓王氏。由山左迁吴江。父惇，号岫轩，于诸昆中为多才。岫轩公前后两娶，俱张氏。生六子，惟先生为前出。先生三岁失母，为继母氏所怜爱。比长，即以读书砥行与诸弟相勖，年二十三补诸生。嘉庆庚申、辛酉，先生及弟秋水先生锡泰，先后领乡荐，时人以为荣。先生益自敛抑，凡六上公车不中第，归而授徒里门，从游者日众。时论制举业，方以揣摩捷获相尚。先生不事雕绘，务求儒先理法，故得其指授成名者数十人，论文咸有本末。居恒服御俭约，一茧袍十年不更。庭前杂植花木，日手灌溉，静验其敷荣擢干，阅时辄异。尝指示门弟子曰："凡物必先养其本根，而后枝叶茂。"因颜其居曰"滋树斋"，闭户著述其中。然以析居去亲舍略远，时往省视。道光癸未大水，而城西地尤洼下，累月不通人。先生念岫轩公益切，曳衣履涉泥淖中，虽屡颠蹶，日必再往。未几，居岫轩公忧，哀毁异常。既为岫轩公营横山新阡，与后张太孺人合葬。而前张太孺人以早卒，权葬庞山湖滨祖茔，岁久重迁不得祔，先生悠焉伤之。及病将卒，遗命以未受朝秩，用儒服殓。性雅好吟咏，于苏诗用力特深，积功三十余年，成自注读本若干卷，藏于家。先生之葬，张君渊甫志其墓，兹以补志文所未备，故生卒年月，篇中皆不具云。

门人俞岳曰：岳少失师承，弱冠后始从先生游，于诸弟子中特蒙心契。中间岳以久滞南闱，竟不自聊，与先生嗣子与沂相约，入成均肄业。时秋水先生方为国子助教，即介先生往执弟子礼，故岳于先生伯仲间，并托师门之谊为厚幸焉！当岳入都时，先生过从言别，见座右盆松一本，曰："盍以此移植吾庭，吾将培护此松，以待子归，无异子之常在吾室中也。"阅二年，岳南归，先生携手徘徊松下，相对欷歔不能已，以是知先生望岳之深也。今松固无恙，而先生久弃人间，悲夫！

清俞岳《笠东草堂遗稿》

馨山公传

公讳桂，字仰铣，号馨山，鹭汀公长子也。生于乾隆三十五年庚寅八月初四日申时，卒于咸丰元年辛亥十月初八日卯时，享寿八十有二。廪贡生，道光辛巳副榜，历任长兴县、归安县训导，选湖南茶陵州州判。敕授修职郎，晋授徵仕郎，貤赠奉直大夫、翰林院编修加三级。公自幼读书必穷究精义，经史子集无一不览，原原本本殚见洽闻。乾隆甲寅补博士弟子员。嘉庆壬戌试高等，食廪饩，遂遵例捐贡加训导。初选长兴县训导，任年余，祖母赵太宜人没于家，公以长孙丁承重忧，闻讣奔丧，守制尽力。服阕，补归安县训导。道光辛巳恩科中式副榜，嗣选湖南茶陵州州判，未赴任而没。公一生禀性和平，处事干练。在归安县学任三十一载，出己资以筑衙署，重建明伦堂、尊经阁。创修文庙，自宫墙以至殿宇，旁及各祠，无不焕然一新。叙洒扫会，以为岁终之资，俾久而弗替。勤于月课，与诸生讲论文艺，亹亹不倦。列武庠者，亦时试弓马，令无荒业。桃李盈门，一时称盛湖郡。有葦英塔关乎文风，年久倾圮，科第渐稀。公首议改建，请于大尹捐廉创举，下逮绅士，集腋成裘。亲赴香山雇塔匠，鸠工庀材，不日成之，甲申夏告竣。戊戌春闱，钮君福保遂大魁天下，甲辰科周君学浚又得榜眼，鼎甲连绵。追踪曩昔，湖人咸谓公有大造于西也。其余息人争讼，成人婚姻，亲友族中贫乏者，时给薪米以济之，好善乐施，终身如一日焉。呜呼！公之德亦厚矣。妣氏金宜人，先公两月卒，合葬于湖州西门外太史山之麓。

清周善鼎等《周氏宗谱》

亡兄蔼堂行略

〔清〕金恭

兄讳仁，字得尊，号铁如，又号蔼堂，世为吴江人。年二十八入震泽县学，两试棘闱不得售，遂肆力于宋儒之学，间为诗歌，亦慕邵康节、陈白沙两先生，盖其志有在也。中岁遭先君子丧，复丧吾嫂，哀痛之余，遽得喉疾，著作顿减，惟以诗书课其子弟。癸酉春，喉疾大作，加以腹疾，自揣不起，为生挽诗，有"此心未死"之句。稍愈，乃大叹曰："吾生几何，而贫病又如此，父母窀穸未就，其可待哉？"会从兄谢堂需次粤东，遂偕以行。三年中书数十至，每以旧病时作为言。乙亥冬十一月，竟以疾终于谢堂官舍，年四十有四。越五月，讣始至，一时亲故皆为之泪下，谓兄力学一生，艰于知遇，而又以壮年客死岭南，为可悲也。兄体素癯，目短视，性淡于荣利，惟力学不厌，三十年来未尝一日废书。且为人方正，不喜华饰，以此重于乡里。所著有《味真山房诗文集》五卷、《制艺》六卷、《粤游随笔》一卷。其删定手校之书未暇笔载，若《仪礼会纂》《禹贡备要》，其尤善者也。震泽邱君后同哀兄之遇，序其诗以行。余无以表扬兄之学行，略陈梗概，附诸卷末，以俟大雅君子与兄有旧者为之传焉。丙子冬，弟恭顿首和泪识。

清金仁《味真山房诗草》

任庵公传

〔清〕周桢[1]

吾家自前明中叶读书，累世代有文人，然皆抑郁不得志。而屈指掇巍科者，月沄公以下，厥维任庵公是已。公讳材，字李能，号任庵。髫龄聪慧，好古嗜学。诸兄弟同效业塾中，或事嬉戏，或形惰容，公独危坐，耽吟昼夜不辍声。有时构思不获，发愤几废寝食。有时文思泉涌，挥洒如意，抚掌大笑不止。禀性纯孝，出入庭帏堂上，未有稍加声色也。公母潘太宜人，乳患恶疡，沉痼数载，公每向壁暗泣，祝以身代。比太宜人卒，不复公痛哭擗踊，形瘦骨立，几至灭性。后鹭汀公患项疽，甲寅岁杪至乙卯仲夏弥留。冠带不脱，眠食不甘，晨夕侍汤药，历半年如一日焉，而恸泣哀毁之甚，亦如居太宜人之丧无异。前后丁艰六年，不得应童子试。二十六岁隶芹宫，列高等，翕然名噪禾中。无何，领乡荐，登贤书。斯时祖母赵太孺人在堂，顾之喜曰："此真吾家千里驹矣。"然仍笃学无倦，搦管如初，七上孝廉船不售，每投笔而叹曰："吾儒不得沾寸禄莅尺土，得读书成进士亦可无憾。"嘉庆丁丑春，应南宫试会赴，大挑已列一等，公矢志不屑斗米折腰，改就二等，得官广文。己卯摄篆于潜，地本荒僻，科第寥寥。公莅任后，黾勉训迪，示以指南之金针，遂使文风蒸蒸然向化。是秋，门生罗姓者得中高魁，金曰："是非任庵夫子之教育不及此。"越年选授常山县训导，公以途遥不挈眷，只携一仆往，行李一肩。主仆两人在署几阅春秋，素封自守，谓此首蓿盘味，何可膏腴是奉乎？但至客来坐谈，门弟子登堂请谒，必为作鸡黍之留不少吝。维时问字者载酒充庭，听讲者立雪盈门，被春风沐化，两者咸欢欣歌舞，以得厕门墙为幸。明年，公嗣士勋得黉宫之游，公得家报甚喜。盖喜其传薪有人，尤喜其携春来署，一堂团聚有人。孰知贺者在门，吊者在室耶？乙酉秋试，诸兄弟及子侄俱在省垣。七月二十六日忽闻讣者，余即同侄士勋往常山学扶柩归。当柩之出署也，拜跪之人摩肩联袂，啜奠之人塞路填衢，由官吏绅士以及乡里父老，直送至三里滩日暮始去。葬于湖州西门外之太史山。夫公之为人也，孝友敦挚，慷慨然诺，视叔如父，爱犹子如己出。自奉俭约，待人宽厚。某贫士无灯火，曰我其资釜之；某死无棺衾之备，曰我助赙之；知友某早世，无以畜妻子，分粟帛以给。终身疏财仗义，避迹至今，颂德不衰。公娶张安人，德性勤俭，允称内助焉。嗟乎！月沄公为发科之嚆矢，而任庵公又为月沄公之辉映，后之学者果能继述任庵公之先泽否？

清周善鼎等《周氏宗谱》

注〔1〕：考《周氏宗谱》卷四《追远图实录·愚堂公》文，此传应为周桢所撰。

青厓连君生圹志铭

〔清〕潘眉

君名鹤寿，字兰宫，号青厓，吴江莘塔人也。君之先有讳千秋者，从宋高宗南渡，为平江刺史，遂家于吴，世为吴中望族。父卍川先生，以文章名世。君少余二岁，弱冠时相与挑灯论古，每事必究其根原。尝谓刘歆《三统历》称成王元年正月己巳朔，此命伯禽俾侯于鲁之岁也。先是周公摄政五年，入孟统二十九章首，积月六千五百八十，无闰余，积日十九万四千三百十三，大余三十三，小余七，故推至此年为正月己巳朔。金仁山移侯鲁于摄政之元年，则正月乃庚辰朔矣。其精心探索类如此。嘉庆壬申，君客芦墟吴氏，余过访之，言及汉说《诗》者四家，惟《齐诗》之"四始五际"已为绝学。君曰："否否，古人著书，其术即在书中，特后人不悟耳。四始五际，出于阴阳五行，阴阳莫大乎天地。天数二十有五，地数三十，凡天地之数五十有五，倍之为百有十。五行以土为君，天五生土，地十成之，生数五，成数十。今以二雅之诗篇，循环读之，卯为一部。自《天保》至《常棣》百有十篇，满大数；自《伐木》至《由庚》十篇，满小数。以下《南有嘉鱼》，又为一部，周而复始。"余闻之而愕然曰："千七百年不传之秘，君尽泄之。他日后君死，为君作墓志，当援据此条，以贻后世之解经者。"自后余客中州，而君日闭户著书。偶见郯令刘昭《续汉志注》所引《帝王世纪》有尧时垦田若干顷、民口若干人数语，遂推衍三代土田户口之数，至三万余言。又谓封建之法，有谷土三等地，有廛里九等地，有沟洫三等地，有采邑三等地，有山林六等地，有山泽邑居地。《孟子》与《周礼》，一举其土地，一举其封疆，非有二制。井田始于公刘，夏、殷之田不以井授，武王亦只行于圻内，非尽天下而井之。或五十，或七十，或百亩，若今江南之行田，改移甚便。乃作《孟子班爵禄正经界两章疏证》百二十卷，以畅其说。道光壬午举于乡，丙戌成进士，铨授池州府教授。余丙申春自南粤归，访君于池阳，君年六十有四矣。闻君之子将为君营生圹，乃践前言，作志铭。铭曰：

郁郁哉佳城，生可以眺远，死可以藏形。知交兮星散，故物兮雨零，数百年之后，但见牧竖樵夫呕吟而上下，谁复知君之令名？独纷纷之著述，或有一二记忆于后生。

闵尔昌《碑传集补》

迮鹤寿传

　　迮鹤寿，字兰宫，江苏吴江人。道光六年进士，选池州府教授。父朗，乾隆五十四年举人，凤阳府训导，以文章名。鹤寿少承父教，好学笃行，精研古义，每事必究其根原。尝谓刘歆《三统历》称成王元年正月己巳朔，此命伯禽俾侯于鲁之岁也。先是周公摄政五年，孟统二十九章首积月六千五百八十，无闰余，积日十九万四千三百十三，大余三十三，小余七，故推至此年为正月己巳朔。金仁山移侯鲁于摄政之元年，则正月乃庚辰朔矣。其精心探索类如此。以汉翼氏治《齐诗》，言闻五际之要《十月之交》篇，五际之说出于《齐诗》，则四始之说亦出《齐诗》，五际必兼四始言之，盖四始为之纲，五际为之纪也。四始五际配阴阳五行，久成绝学，因考《诗》篇之部分，值岁之多寡而铨次之，著《齐诗翼氏学》四卷，论者谓其泄千余年不传之秘。又尝读刘昭《续汉志注》所引《帝王世纪》有尧时垦田若干顷、民口若干人数语，因推衍三代土田户口之数，至三万余言。又为夏、殷、周九州经界疏证、分土疏证，谓近代言《禹贡》者，必东极朝鲜，南逾岭峤，西跨嶲台，北抵沙漠，荒远无凭，非则壤成赋之指。周九州之界，限自雁门以北，长沙以南亦非所辖。又谓封建之法，有谷土三等地，有廛里九等地，有沟洫三等地，有采邑三等地，有山林六等地，有山泽邑居地。《孟子》与《周礼》，一举其土地，一举其封疆，非有二制。井田始于公刘，夏殷之田不以井授，武王亦只行于圻内，非尽天下而井之，或五十，或七十，或百亩，若今江南之行田，改移甚便。复为《孟子班爵禄》《正经界》两章疏证，以畅其说，凡百二十卷。鹤寿通籍时，年已五十四，官教授十年，犹闭户著书，矻矻不倦云。

清国史馆《清史列传》

王封翁家传

〔清〕顾广誉

　　王安人既卒之明年四月八日，封翁以无疾卒。孤朝佐、师晋，复以状请诠次其家传。案：封翁讳元松，字翠亭，晚自号芗娱。十世祖望山，于明中叶始居秀水之新塍里。其侨居江苏吴江之盛泽者，为曾祖士隆。洎祖允震、父兆盛，世登耆耊。至封翁兄弟，而家始盛。封翁生而魁硕，意气伟然。以贫故，早谢举业，与季弟元相共治贾，遂以是起其家。封翁性孝友，兄弟五人，先是佐他姓贸易，封翁悉招与共事而给其乏。父患偏中疾十有七年，奉养无缺，在外则问安之书日至。及亲殁，以吴江卑洼多水患，乃卜苏州天平山之麓以葬，谓吾亲体魄所藏不可不慎也。封翁虽起贫寒，一以勤劳持大体，不事琐屑，尤好施济。里中故有恤穷米，收老病孤寡残疾者，月给之粟。比水旱频仍，巨室皆不之顾，而封翁与季弟独为之。夏施善药，冬施棉衣，死者施榇，凡诸善举，无不慷慨从事。戊申江水大溢，居民田庐尽没，则捐资以助赈。往年夏，江浙间大水，吴江地最卑下，民多流亡以死。则先给口食，以俟大赈。方初冬，又捐吴、昆、新、江、震五县下田谷种，以为倡焉。封公敦信义，与秦晋、燕齐、瓯越诸客交数十年，虽万金，得封翁一言，倚如左券。然雅好诗书，曰读书明理为至乐也。间涉经史，掇取其格言，奉为持行之本。晚年居家，凤兴展拜神祇祠堂，然后理家政。终日正襟危坐，酬应宾客，温恪有礼。比昏无事，兄弟二人相对饮，怡如也。教子孙以勤览载籍，择交正人，重厚宽和，无奢无吝。生平于族姻婚丧，有不赡者依助尤力。顾缺然不自足，尝有意于建宗祠及范氏义田法，为敬祖收族之举，以未及如愿为憾，将俟诸后之人，此可见其志之远矣。年七十有八，以朝佐故敕封儒林郎、州同职。配张氏，即安人也。

顾广誉曰：予馆封翁家十年矣，尝与上下其议论。其于远近城关之要害，风土之习尚，物产之形性，历历若指诸掌，才略固雄矣。及观其立心处事，好以余地与人，不为机深溪刻之行，远近称厚德者归焉。又能谨循绳尺，恂恂有儒者容，而力于善事不怠。兹非所谓君子富，好行其德者邪？然则封翁之备膺五福，岂偶然哉？待予始终以礼，月朔望必冠带出见。予虽愧其意，然其为人可为师法矣。

清顾广誉《悔过斋文集》

王安人家传

〔清〕顾广誉

安人氏张，系出秀水。父勤南，母周氏，同邑王封翁元松之配也。翁家侨居吴江之盛泽镇，安人以年十八来归。有二子，曰朝佐、师晋，而朝佐入资为候选州同。安人有至性，事尊章能尽心力。姑仲太安人贤，又善承其仪法。有娣姒四人，姑二人，能处之始终无间。父故宦家子，晚贫且无嗣，安人禀命舅若夫，迎养于家，殁为营葬。岁逢寒食，亲携朝佐辈上张氏先茔，修扫奠礼焉。其初归时贫甚，安人能不色戚，作苦茹淡，不遗封翁内顾忧。尝曰："处困最不可陨其志，乞贷于人，岂若自食其力之足恃邪！"久之，家日以裕。安人能不色喜，而躬课女红不少辍，语家人曰："吾与若曹习为劳苦，则可以远骄逸，且无忘昔日之艰难也。"封翁雅好施与，安人尤能赞成之。每届隆冬，常制棉衣以衣冻者。往岁，沿江被水灾，苏郡好义者挈资往赈，封翁命朝佐出缗钱为助，安人复制帽千余，给其妇女焉。既流民就食各郡邑，里中奉有司檄，亦留养五百人。初至未定，安人为言于封翁："先买席数百领，与之寝息。"其心存爱物多类此。安人卒以道光二十九年二月十四日，年七十二。方寝疾时，封翁康强无恙，子妇孙曾侍旁凡二十人。及卒，内外族党成服者以百数，信乎天之所以报安人者厚也。广誉授经封翁所也久，朝佐以封翁之命，手安人行略，请为之家传。因谨案行事始末，为掇其尤要者著于篇。

清顾广誉《悔过斋文集》

愚堂公传

公讳桢，字用勤，号愚堂，春波公长子。生于乾隆三十九年甲午六月初七日午时，卒于道光二十一年辛丑八月初一日巳时，享寿六十有八。附贡生。公少时读书颖悟，出笔清秀，春波公以经理乏人，命习商业。至二十一岁甲寅，公嫡兄馨山公与妻兄吴敬持公俱入学，乃告春波公曰："儿亦不甘自弃于诗书。"公曰："汝有志，吾亦不强汝，但事必要成耳。倘三年不入学，仍当出书塾助我。"公曰："诺。"乃日夜攻苦，作文之外，兼习诗赋。二十四岁丁巳科试，学试阮芸台先生擢取古学高等，与嫡兄任庵公同入学，五赴乡闱，不邀青盼。戊辰，任庵公应礼部试，乃同北上。时仁宗睿皇帝临幸天津，诏诸生献诗赋七律十首，乃召试行宫，御赐柑子二枚。是秋应顺天乡试，荐而不售。又入南闱六次，乙酉赴省乡试，适任庵公凶问至，公曰："扶柩之事，不可使士勋侄独往。"乃不赴试，即束装同至常山扶榇归里。公孝以事亲，弟以事长，逊以侍兄弟，严肃以型妻子。勤俭持躬，宽恕御下，不惮劳，不避怨，有威可畏，有仪可象，是可为父子兄弟作法者也。庚子著《遗训》三十余条，皆孝弟忠信、勤俭务本之言。又好吟咏，得句即投囊，积有二千余首，皆和平中正之音，香山放鹤之余响也。庚寅，公弟萍江公没，壬辰，金阁公没。公曰"两弟之侄俱幼弱"，虽其卜牛眠者，为之跋涉访求。得地于崇德县洲钱镇西南六七里，地甚广阔，公曰："吾兄弟五人皆葬于此。"术者曰："于法不合，奈何？"公曰："生则同居，死则同穴，于法不合，于理则合。"遂捐资而定葬焉。己亥，筑室于宅北，不事雕饰，颜其堂曰"惠迪"，则其所以示子孙者，该而切矣。辛亥，公之子星舫公、乙藜公相与而言曰："自公即世以来已十稔矣，而一无表见于世，盍将镌其生平所著诗稿以示后学？"以是出原稿以示，公之甥定圃陆公厘定两册，题其签曰《愚堂诗钞》，遂付梓而行世焉。妣氏吴孺人，合葬于崇德县洲钱镇西南濮家荡主穴。公没后，阅四十春秋，公之外孙蔡寿臻于光绪七年辛巳貤赠奉直大夫、直隶武清县知县加三级。

清周善鼎等《周氏宗谱》

范庸润传

庸润，字心孚，号一峰，国学生。父系砚亭公幼子，名泰钟，字鲁瞻，号东崖，亦国学生，年方强而卒。君失怙之年尚未及冠，束修自好，谨守先业。好蓄古书名迹、碑帖画帧、佳研良琴，以"鉴古"颜其斋，"琴书"名其阁。颇习操缦，结琴社，以重资购古琴于袁氏，宝饰冰纹，声甚清越，一时珍重无伦。尝至先府君斋中，见蕉叶白古砚，水岩佳品也，摩挲不置。知系书贾所质，亟命赎归，偿以数倍。于是书贾至里，争奇购异，价为之昂。凡故家有珍秘之品，亦广为购访，悬金以待，岁有所得。最后闻有宋刻《吴郡志》于湖滨古寺中，辗转购获，以镇书城。初未计值之，不资也，而生平所蓄，皆什袭珍藏，秘不示人。曰："吾见人有珍异物，以必得为快，恐人之亦如是也。"可谓癖于好古者矣。

清范时乾《同里古吴郡范氏家乘》

陆赠公艺香先生传

〔清〕李鸿章

公讳荃，字胜修，号艺香。父淡安公，乾隆丁酉以第二人领乡荐。生丈夫子三，长杜香，季珊香，公其次也。幼岐嶷颖悟，异常儿，识者谓先啬庵中丞文章经济卓卓具史册，公殆其继起者欤。弱冠补博士弟子员，工举业，一艺成，老师宿儒谢弗逮也。先是淡安公官六合教谕，家素空，禄入又薄，以忧归，窭甚。公曰："为人子，乃以菽水贻父母。忧可乎？得赘脯，足分劳也。"授徒里闬，士经指授，有声庠序间。公耽吟咏，精考据之学。暇则与吴山子、沈蒨香及伯兄季弟结"吟香诗社"，手编《问花楼诗》，著《诗话》《词话》《稽古日钞》共若干卷。一时吴下知名士，皆乐与交。顾数奇，试秋闱，屡荐不售。淡安公起复后，移官歙县，食指益繁，公慨然曰："治生固儒者事，守章句老死牖下，庸有济乎？汉建安七子，唐高岑辈，诗人半记室，安在其不可为也。"遣弟携眷属侍亲，而己与兄分入幕。其时，长白晓山图明府摄芜湖县篆，聘公往，一见恨相得晚。佐其幕六七年，公与图君交日密，图君亦座无公弗欢。大江南北闻公名，争倒屣迓之。自是岁修所入，博堂上甘旨，境少裕，心少慰矣。淡安公擢广德州学正，病亟。邮书至，公星驰往省，适易箦前一日，亲视含殓，哀毁几不欲生，扶柩归，丧葬如礼。公为人虚怀雅量，有黄叔度之风。遇朋侪急难，义形于色，必赴之而后快。馆芜湖时，同乡叶孝廉不能娶，赠以终岁馆资，无少吝。于族党饥者食之，寒者衣之，养生送死、贫无以读者力助之。迄今乡之人犹啧啧述其事，为美谈云。年七旬，倦游归里，终日手一编，课孙自乐。岁时伏腊外，策杖与二三里老衔杯酒，接殷勤，苍颜白发，仿佛香山九老图也。家居近十载，道光庚戌秋猝得疾，正襟危坐，神明弗衰。十有一月六日，疾大渐，卒于寝，寿七十有六。配张太夫人，名门淑媛。归公后，奉舅姑以孝，待妯娌以和，夜灯课子，劬劳倍至。公馆于外，得以无内顾忧者，太夫人内助之力居多。公子二：长幼殇，次即秋丞方伯也。方伯贵，赠如其官。孙一同寿，官道员。余于庐州军次，辱秋丞方伯知猥，以封公行状属为传。愧弗文，乌足备家乘之载？顾念公耆年硕德，世济其美，有不能已于言者，曷敢辞？谨按状为诠次如左。

清陆迺普等《平原派松陵陆氏宗谱》

赠荣禄大夫陆公暨配张夫人墓志铭

〔清〕乔松年

同治十二年，余督东河，陆秋丞方伯自皖寓书来，请曰："迺普考妣之殁，星屡周矣。维时既贫且贱，不能具礼，志墓之文阙如。迺普无似，积官至今阶，又蒙天子推恩，得褒赠三代，皆至一品。窃思故人有启圹纳石之例，愿公有以铭其幽。"余前抚皖，与秋丞同事戎幕，稔知其先德，是不可以辞。按状：赠公讳銮，字胜修，号艺香，世为吴江人。明季有讳文衡者，以进士起家，官至山西右布政，有宦绩，始为著姓。三传至公之曾祖桂馨，乾隆丙辰荐举博学鸿词，后官丹阳训导。祖昌言，县学生。考泰增，乾隆丁酉科举人，广德州学正。两代以迺普贵赠荣禄大夫。祖妣张氏、金氏，妣陈氏，皆赠一品夫人。公弱冠补博士弟子员，一艺出，老师宿儒多敛手。先是学正公官六合教谕，以忧归，窭甚。公授徒里闬，以赀脯给甘旨。及门之士斐然成章，顾公数奇，累试不第。比学正公再起，为歙县教谕，移广德州，官冷如故，而食指日增。公慨然曰："许鲁斋谓儒者以治生为急，况吾亲已老乎！古才人多托身记室，安在其不可为也？"遂弃所学，习吏事，使季弟留侍，而己与伯兄出为诸侯客。大江南北，倒屣争迎，羔雁所入，家计稍稍裕矣。无几何，母夫人弃养，兄弟相继殂谢，而学正公亦卒于官。公连当大事，丰约如礼。其后，复出为客者又十年，倦游居里者亦十年，考终于道光庚戌之岁，春秋七十有六。公性慷慨，急人之急。客芜湖时，同乡叶孝廉贫不能婚，支馆谷给之。贫交悴戚，食无糜丧无椁者，倾囊欷助不少吝。少以诗名，与诸名流结"吟香诗社"，为世传诵。晚学益邃，著有《问花楼诗钞》《诗话》《词话》及《稽古日钞》，并藏于家。配张夫人，食贫课子，公不家食，恃以无内顾忧。其艰苦憔悴，迺普言之绝痛。先公十五年卒，年五十有九。子功洽，殇；迺普，布政使衔，安徽候补道，两署安庐滁和道。孙同寿，三品衔，浙江候补道。女三，婿曰沈士柏、张焕、倪清衢。孙女二，婿曰花翎记名运使任兰生、候选郎中张迪贤。迺普既以道光十六年，葬母夫人于邑东乡北圩镇之长滨原。及公之卒，即以其岁启窆合葬焉。既贵，得赠其考荣禄大夫，妣一品夫人，乃请追志而铭之。迺普为吏有声，所学悉禀庭训，于礼宜铭。铭曰：

为善无不报，而迟速有时。欧阳子之言不余欺，请视此陆氏之邱。

清陆迺普等《平原派松陵陆氏宗谱》

陆母张夫人家传

〔清〕管乐

同治十二年春，乐客署安庐滁和道陆公所。公知乐孤子，夙受母教，流涕而言曰："迺普仰席先荫，邂逅时会，窃官至今阶。膳羞服御，视寒素有加矣。顾念吾母曾未享一日之养，心实痛之。吾母之殁，先我父十五年，非有截发剺面之伟节震耀耳目。然吾家故贫，赖吾母持门户，操井臼，其拮据尽瘁，有人所不能堪者。愿吾子永之以文，使后嗣子孙不忘也。"乐悚然敬诺。又曰："吾母之来归我先大夫也，时先大父母皆在堂。母善事舅姑，和辑娣姒，亲党无间言。生子女五人，洒普居末，实生于先大父歙县学署中。其后先大父引疾归，家食益困，复为广德州学正，惟先叔父母随侍，余仍家居。先考与先世父则橐笔出游，为人掌书记，营馆谷以佐事畜。无何，先世父母及叔母与世父长子相继徂谢，家计益艰。先考乃弃记室习吏事，益不及问家之有无。吾母在家，则鬻质衣饰，遣嫁三女，二洒普同产，一从父女兄也。由是斗室悬磬，无一长物。先大父官冷禄薄，不能以时济。吾母尤恐以家事忧老人，虽屡空不以告，惟纺绩木绵为生，一灯荧然至鸡鸣乃罢。贫无婢媪，翼明则令洒普持赴市易米盐。既归，即令洒普入邻塾读书，躬自汲爨，待洒普归。饭一日者计，晨炊无米，早起不及盥栉，取所绩绵纱纺之成轴，令洒普持以入市。又一日，并纱亦无之，则取亲族中新嫁娘所贻端午虎符，缘边钱数十剥之以易米。又怜洒普不能素食，独买豕膏少许，蒸鸡卵啖之。其时，洒普食之，殆美于今之羞膳也。其后先大夫为人佐吏有声，聘币少丰，而先大母旋弃养。越四年，先大父终于官。先大夫既扶柩归葬，复出为客。吾母在家，樽节储蓄，酌盈剂虚，嫁第三女，为洒普娶妇，丰约如礼，不使先大夫有内顾忧。以积劳过甚，道光十六年三月二日咯血升许，不半日竟弃养。呜呼！岂不痛哉！微特今日叨窃微禄，母不能待。即洒普中年客游负米，母亦未尝一醊不孝子之菽水也。呜呼！岂不悲哉！"于是乐泣而对曰："我公亲见太夫人食贫之艰，养即未逮，然显扬遂矣。如乐者，九岁失怙，吾母以长以教，俾至于成人。然生未尝有鸡豚之奉，死未尝有牲鼎之祀。跋跣尘埃，苟且偷食，以为亲羞。其于公贤，不肖何如？有子如公，吾知太夫人在天之灵，亦既慰矣，公其可无悲也。"母张氏，世吴中儒族，考讳本锟。年二十二归赠公，卒之岁五十有九。学正君讳泰增，乾隆丁酉科举人，大挑为校官。赠公讳莶，县学生，诰赠荣禄大夫，母诰赠一品夫人。子二：长功洽，早殇；次即今安庐公洒普，布政使衔，安徽候补道。孙同寿，三品衔，浙江候补道。

系曰：《易》之家人曰利女贞。其《彖》曰：女正位于内，男正位于外。先女于男，知家之义，重在内助也。方赠公以贫为客，夫人居守，糟糠不给。非艰贞之操，强力之行，曷以有先否后喜之一日哉？世尝谓妇人无奇行惟节难，不知节固诗礼之族之所易也。若夫夫征子弱，担荷在身，朝夕之食，取给十指。外不以劳远人，内不以累孺子，其艰苦卓绝，有十倍于富室之嫠者。先王制礼，妻之丧居处饮食，视伯叔父昆弟而加隆焉，有以也夫。乐见陆公自奉甚俭约，而急人之急如恐不及，曰："吾幼侍母侧，知处贫之不易耳！"呜呼！母之教泽长矣。

清陆洒普等《平原派松陵陆氏宗谱》

三从族兄耽泉翁家传

〔清〕柳兆薰

兄讳阶泰，字宇安，晚自号耽泉翁，再从伯父朴庄府君长子也。幼端重，攻举子业，累困于学政试。援例入太学，两赴南闱，仍不售，始弃去。然于科举之事，未尝一日废诸怀也。严于课子，文不中程，辄惩以夏楚。虽儿辈已授室，犹然率诸孙与里中宏化庵文会，时兄年七十余矣，兴至犹必为拟文以自娱。薰少时尝读兄所为文，议论磅礴，绝无衰老苦涩之态，盖致功深焉。生平又勤于治生，先人起，后人息，门户管钥恒与杂佩相随。少承先荫，薄有田园，至暮年累增至三千余亩。然性质直豪爽，遇人急，则量力赒之不倦。有不平事，辄奋不避嫌，力为排解。故虽雄于资，而里闬多倚仗兄，未闻有怨议及之者。中年后家益隆，而教子读书之志益励。当时如徐茂才堂之通经，潘孝廉纬之能文，兄皆礼聘之，而优其馆谷。筑室于堂之后，以为家塾，颜之曰"深柳读书"，亭池竹石，位置楚楚，无纤毫雕饰。一日，薰过而讶之，则掀髯笑曰："吾辈寒素本色，不当如是耶？"然后知兄之垂戒远矣。与先赠君往来甚睱，然自少至老无违言。先先赠君一月而殁，寿七十有六。先是先赠君过始迁祖墓，见其旁将啮于水，急谋之兄，作石堤以护之。两家通力合作，计费制钱数百缗，而兄督率之功尤多，益钦其能敦本返始。而于他睦姻任恤之谊，概可推矣。薰于族从兄弟行为幼，而三十岁以前，历见兄之议论丰采，迥非世俗龌龊者比，因追忆而书之。其他行谊及子若孙读书成立，有从子辈所述行略暨新修谱系在，兹不赘云。从弟兆薰撰。

清柳兆薰等《分湖柳氏重修家谱》

郑弱士墓志铭

〔清〕郭麐

君讳笺，字弱士。早岁失母，君于次为季，父某鉴于怜少子也，畜之慈而疏。君就养无违，克自树立志，果锐奋厉于学。为五七言古今体诗，冥心钵肝，索险入幽，镠辂变怪，归极澹泊。朋好会合，分曹咏言，偃卧僵立，气屏面死，期必胜其偶乃已。不若己者，唾之如泥沙土苴。负时名出己上，必掩出之，使不得敖。读《史记》、两汉书，辄覆诵，能暗记樊绍述《园池记》，其强学不肯后人，皆此类也。余为妹择婿，故人朱春生、袁棠为言君，君亦惟恐不得当也。试以诗，绝奇，遂以妹归之。未及期，呕血以卒，年二十有二。将卒，谓其妇曰："吾死无恨，恨学未成，志未有以遂，卒不克自见于后。若兄后必传，幸哀若及我，有以传我者，虽夭不为不幸矣。"乌呼！余遘罹人世之酷，偷视假息，无以自存。窃幸君之才足以振拔，即不幸而连蹇郁塞有足以相乐者，犹将忘其穷而相与终老乎此也，而岂知其至于此极哉！君有诗数百篇，孤峭幽深，脱去世俗凡近，未至者，年耳。年少且贫，未克葬，妹数泣以言，不忍辞，叙之以俟。夫人有志而卒不遂其志者多矣，余其又可恃也耶！铭曰：

君字曰弱，其志则强。追古蔑今，虎腾骧骧。吐词陈义，有敢无惬。视彼俊髦，曰赢且尪。天生异材，不引不长。豫章寸断，短于条桑。有匠斯顾，涕泗而滂。况彼同岑，其根并伤。夏日冬夜，我妹之藏。千秋万岁，我铭之光。

清郭麐《灵芬馆杂著》

萍江公传

公讳楚，字庭楠，号萍江，春波公次子。生于乾隆四十一年丙申正月初十日卯时，卒于道光十年庚寅五月三十日未时，享年五十有五。廪贡生，历署定海县教谕、常山县训导。公赋质不甚慧，而能好学，成童后发愤常忘寝食。十八岁，偕愚堂公从庞筠庄师于松陵，读书每至四五鼓，一年而文境大进。究以学力太过，诵读伤气，明年忽遍身肿胀几死，服淡三年而后痊。二十四岁，院试第一名入学。二十八岁，科试第一名补廪，每试辄冠军，而乡闱屡荐不售。公乃喟然叹曰："富贵有定，命不可幸而致人，当立不朽业耳。"于是专心于经史，手披心篆，不厌不倦。经史而外，凡天文、地理、名物、象数，无不讲究。又尝思祖父创业艰难，其德足以裕后，恐子孙或日久而忘，因各著为传记，以示久远，可谓读书知本者矣。读书益深，文境益奥，而知者益鲜。当时惟轧村费循陔、吴溇张铁夫，相与把臂论文而莫逆焉。公秉性鲠介而慕义，读书之外，别无他好。恶衣恶食，不以为耻，自守以廉，御下以惠。有嫡侄士烓七岁而孤，公曰"吾事也"，抚育之，教诲之，无异己子。亲戚僚友中有执经问业者，则却其束修，诲之无少倦。游其门者，采芹、食饩、登贤书，不一而足。辛巳，署定海县教谕，扬帆航海，遂登舟崖岭，陟普陀岭，访梅福、葛翁之故迹，皆赋诗以纪其事，名其编曰《海上吟》。乙酉，署常山县训导，门人之问字乞序者日不暇给。著有《十三经摘要》《国策记事》《续齐召南历代帝王年表》《清朝信史年表》《管窥琐录》《古今文选》，又有古体文及诗赋二卷。妣氏陆费孺人，合葬崇德县地界洲钱镇西南濮家荡南，与愚堂公同墓。

清周善鼎等《周氏宗谱》

萍江公传

夫世之所重者才也，而人之所贵者命也。天生奇才，必有以显其才，而才不负；然天生奇才，必有以达其命，而才不晦。才不胜命，而命足以济之；命不胜才，而才不能争之。此数语者，特为萍江公感慨而发也。公讳楚，字庭楠，号萍江。赋质不甚慧，而学力胜之。其志大而远，其性刚而直，其心公而廉。其事上抚下也，孝友而慈爱；其持己接物也，俭约而宽厚。其生平之遭逢辄左也，何独屯而不亨哉。幼时早知自好，及成童尤加笃学。晨辨色即起，至漏尽始寝，眈眈于经畬史蔌之中，冬夏不知寒暑。尝曰："大丈夫南面百城，搦一管，当别竖笔阵，何可作剿袭功；置一艺，当思垂梨板，何可作浮沈语。"博极群书，富藏著作，至艾年外，好学不倦，直欲追先世孟侯公，登堂而咀藏焉。其志大而远也有如此。不附阿好，不轻然诺，不匿人之善，不暴人之恶。有急患当助者，奋袂而起，虽赴汤火不辞。与人谈论，或一言不合于理，或一事不协于情，即面向呵责，不能稍一隐忍也。其性之刚而直也有如此。当未析箸时，家中食齿百余口，总理薪水之颁，不啻陈孺子宰肉，公平无纤悉私，内外皆为折服。是时门下之受业掇芹、香食廪饩，登贤书者不少，或具束修登堂执弟子礼，却之曰："吾未尝有诲，适足滋吾愧耳。"凡戚友之苞苴箪食，馈问者硁硁然，一介不轻受。其心之公而廉也有如此。癸酉正月，严君忽无疾而终，公哀毁弥至水浆几不入口。母张太孺人劝谕之，始持杖起，寝门勤视寒暖焉。太孺人偶不安席，愀然色忧而不能正履。娶陆费孺人，贤德而能深得内助力。有厦松兄夫妇俱逝，士烓侄才七龄，茕茕无依。公谓陆费孺人曰："侄犹子也，尔抚育之，我教诲之。我两人亦足留膝下之欢，彼孤儿可免失怙恃之苦也。"去秋，公病痢几危，不令士烓稍事游惰，督课于卧榻前，迄易箦时含泪而叹曰："老亲不能慎终送，士烓不能见成立，于地下乎何安？"其事上抚下之孝而慈也有如此。近时俗尚奢华，恶衣恶食，鲜不耻者。公一敝裘，十数年不制。庖下非无甘旨，朝夕茹薄味而不贪。谓子弟曰："古人云'一衣一食，当思来处不易'，我何敢纵嗜欲乎？"及见病而医药无资者，则倾囊橐而不吝；贫而衣食不给者，则急推解而不惜。不独邻里乡党然，推之奴仆媪婢皆然。其持己接物之俭而厚也有如此。然而公之文行如此，何天之报施又如彼也。当其少时名噪，辄试冠军，文章诗赋，早啧啧脍炙人口。禾中先达乡先生见而奇之曰："桐邑周君，是吾浙文坛飞将军也。"斯时师友之厚望者，以为登桂窟，步杏林，真指顾间耳。卒至屡荐屡黜，棘闱十二战皆北，仅学博一官薄俸，一二年抑郁抱憾以终老。何其运会之屯而不亨也有如此哉？嗟乎！天优公之才，则其才宜使垂于不朽；而天不优公之命，则其才终退处于无权。吾谓萍江公之命厄，而萍江公之才亦厄矣，呜呼惜哉！

清周善鼎等《周氏宗谱》

吴山子传

〔清〕王宝仁

吴育，字山子，吴江人，先世累为显官。高祖兆骞，顺治丁酉乡举，以才名著，世所称汉槎先生也。君少丧母，旋丧父，依从父而长。汉槎先生归自塞外，葺有归来草堂，君十五六岁时读书其中。及奔走四方不获，一反故居，因为之记，并录当日文章道义之交名字、里居于后，以志其患难相恤。君由吴江就婚常州，遂寄家其地。常郡故多才隽，君与方彦闻、李申耆、董方立、晋卿、陆祁、孙绍文、丁若士、李鹿苹、钱鲁斯、洪孟慈、庄传永、张宛邻诸君友善，以文章道义相切摩。尝论为文之要有三：曰理，曰典，曰事。理究天人之际，典通古今之故，事周万物之情，三者备而后言可立。手录自秦迄隋骈偶之文，区其条为之上焉，制作之文中焉，冠冕之制下焉。齐梁之篇为多，而古人喻志之作入焉，名之曰《辩志书塾四六钞》，自为序之。精研许氏之学越十余年，成《说文解字六书序略》六篇。心佩金坛段氏，而谓其更易文字，使人不能无骇。少好摹印，以明文三桥、何雪渔为法。嗣复工于篆籀，纯厚雄丽，与怀宁邓石如相抗行。尝为六安晁氏写说文全帙，锓诸板，所谓文上规汉魏，折衷韩柳。游宴之地登山临水辄有作，集中诸记可识其概。古迹考核必详，而贤士大夫祠墓志表、撼拾事行，往往显微阐幽。其忠孝节烈，有关人心、风俗、政治得失者，尤必揆其体要，若生平交好眷旧弗忘，读之令人悲悼。然君非仅以文词名，《察吏篇》论吏治得失，与夫察之之法，详且当。《赠丁若士序》及《凤台县厅壁记》，慨然于为治之道，更足想见素蕴，惜乎其不得一试于时也。子汝庚，能绍其学，兼善钟鼎文字，为君刊《私艾斋文集》六卷，行于世。

系曰：道光乙未、丙申间，君来游六，得亲言论。余为金赋山刺史作《喜雨亭记》，君书之，勒石郡斋壁间。今音尘既绝，又与令嗣笺问往来，稽其渊源家学，并得读其遗编，为之传。拙词窘陋，未足阐扬一二，聊志昔款而已。乌知所言之，有当君意否哉？咸丰辛亥纪元之岁仲春之月，太仓王宝仁拜撰。

清吴安国《吴江吴氏族谱》增补墨稿

皇清例授儒林郎候选州同霞轩朱府君行略

〔清〕王棠

朱府君讳毓照，字星联，号霞轩。候选州同，棠之外舅也。系出徽国文公后，明季避乱居吴江之苏家港。曾祖禹录，国子生。祖源恒，国子生。父渠成，候选布政司经历加二级，诰授奉直大夫。母陈氏，封宜人。生母周氏。府君少时有志力学，与兄少云先生、弟升斋先生，下帷肄业，连试有司不得志，嗣以亲老，兄弟析箸，遂辍举子业。府君好饮酒而耽书，兼及法书名画，一室之内，缥缃胪列，丹黄不去手。素心至，则相与校勘异同，设榻款留，酒酣以往，纵论古今人物，娓娓不倦。乙未九月，府君六十生朝，姚春木先生撰楹帖以赠，句云："聚书五千卷称寿，饮酒三百杯为年。"此纪实也。府君性宽厚，待人必诚，邻里宗族遇急称贷，无不解囊。间有子母不偿者，府君亦坦然无德色。嘉庆甲子岁，洎道光癸未岁，两遇水灾，府君首倡捐分，里中饥困者，咸赖以安。嘉庆□□岁，府君因室宇湫溢，卜宅于旧居之北渚，植树种竹，有隐君子风。春秋佳日，与群从兄弟及犹子辈，团叙饮酒，亦天伦至乐也。戊戌冬，君府两足不仁，扶杖而行。己亥夏，又患溺血之症。五月初旬，就医吴门，招棠同往。舣櫂白公堤畔，府君犹曳杖游览，兴复不浅。六月始伏枕，至八月下旬，竟溘然长逝。呜呼哀哉！府君生于乾隆四十一年九月十七日，殁于道光十九年八月二十二日，春秋六十有四。配徐安人，先卒。子一瑞增，例贡生。女二：长适震泽王棠，国子生；次字嘉善沈丹槐，壬午进士，改官翰林院庶吉士。沈君通籍后，不一年遽卒，府君送女归沈氏守节，从女志也。孙二：元镕、元铸。孙女四。孤子瑞增谓棠知府君深，属棠略述梗概，以冀当代能文之士备采择焉。

清朱金相等《苏溪朱氏支谱》

显本生考芝林府君圹记

〔清〕陈寿熊

府君讳杲，字肇昇，姓陈氏。国子监生，吴江人也。先世由浙西来，迁居县之黎里。曾祖讳世忠，祖讳之谦，俱国子监生。考讳汝雨，候选布政使司理问，妣周氏。理问府君子二：长即我显考毅斋府君讳果，早卒；府君居次，乾隆四十二年五月十五日生。时庭中生芝，故以芝林自号，为人孝友乐善。先世家殷实，府君幼孤已中落，然能掩其支绌，甘旨帅初，俾我先大母弗觉也。女兄弟六人，我第三姑氏适同邑张姓，夫远宦死，府君迎归，养之终其身。邑中义举，若赈饥，若掩埋，虽无赢余罔弗与。戚族中事，虽艰巨罔弗任。性宽厚而是非明白，行真率而威仪修整。好读书，不骛俗学，乐吟咏，不事标榜。中年闭门养疾，希与世接，而乡里推为长者，无异辞焉。以道光八年十二月二十日卒。卒之日，仆辈皆泣，外人闻者皆太息。族之人至今言及府君，犹有出涕者。府君娶震泽吴氏，国子监生讳礼伦女。子二：寿熊，府学生，为毅斋府君后；次文罴。俱侧室姚氏出。今以道光十五年十月十五日，葬府君于震泽县色字圩祖墓左，偏首乙趾，辛兼卯酉。寿熊等既不逮奉养于生前，又不克显扬于没后，丧不尽哀，葬不如礼，幽宫一闭，永诀于天。呜呼痛哉！男寿熊谨记。

清陈寿熊《静远堂集》

吴鸣镛家传

〔清〕吴育

君讳鸣镛，字侣旋，又字云士，行三。世吴江人，与余同祖尚书公，为族兄弟。而余之先为长房，君先房次弟三祖太仆公邦桢。五传至康熙间怀柔知县景果，君之曾祖也。祖三辰，父载厚，隐德弗耀。父以覃恩驰赠修职郎，母张氏赠孺人，继母王封太孺人。君少孤，洁己自爱，笃志力学，以底于成。陕西布政唐公仲冕，时为邑令，特赏叹之，补弟子员。中式嘉庆庚申恩科乡试，屡赴礼闱不第，拣选知县。丁丑大挑二等，以教谕衔管六安直隶州学训导。敦行以制身，饬躬以范士，治经以稽古，课艺以知时。日有课，月有考，凡在学官弟子，无不磨砻淬厉，成就其器。暇则莳花艺竹，与二三知好瀹茗清谈，觞咏相属而已。至于世俗一切卑陋之习，摈斥不与，故士绅子弟，父劝其教，子宗其行焉。呜呼！天下学官，得如君者数人，相率其间，则士习何患不端，学术何患不正耶！其性孝友。少时应县试归，王孺人已寝，每兀坐寝门外，俟天明而后入。张孺人父母历久未葬，君为葬之。兄承之及侄定安俱早卒，养寡嫂暨侄媳，终身无间言，而以长孙嗣之。次兄永之嗣于叔，早殇，以长子嗣之。余年十六七，学为五七言诗，与陆杜香、艺香、陈德华、珊竹、唐冠山、赵巽甫、周祝圃、沈蒨香、赵渔槎及君，互相酬唱，靡间风雨，以为友朋之乐，若可终身焉者。乃不及三四年，杜香兄弟从宦六合，余亦奔走四方。君教读于里中，旋主讲席于崇州，辑图经于紫琅。余人亦各分散，而余又侨居常州。迄今三十余年，故友凋零，磨灭几尽。余一过江城，漠然无所与语。独艺香、蒨香年六十余，尚健在，亦不获如曩日之聚矣。伤往念来，能无悼痛哉！诸君仅一补学官弟子，默默无所表见，杜香有诗数卷而已。君为校官十年，虽所施不广，然文行卓卓为可传矣。既没之后，州人咸歌其德，刊教思碑以属余，乞为之传。余诺之，三年未就。今其子将奉主以入宗祠，来请益力，乃泚笔叙之如此。君娶沈孺人，先卒。子三：治安、治谱、治谟。孙三。道光十一年岁次辛卯秋七月，族兄育拜撰。

清吴安国《吴江吴氏族谱》增补墨稿

吴鸣镛传

州训导吴公云士，名鸣镛，吴江县人。天性淳笃，髫龄失恃即哀毁尽礼，后事继母能委曲以得欢心，吴中以孝友称。少颖异，长博雅，弱冠登贤书，官六安训导。学署倾圮，捐俸修葺。诸生来谒不计赀，惟谆谆以敦伦饬行为教。逢三八日，洁肴馔以课士，士益感奋，近年掇巍科入词馆者多及门。续辑州乘，精心秉笔，于节孝尤加慎焉。成书后，复于穷乡僻壤苦难上达者，博采而补载之，捐资续刊，并刻所校士文，亦自给工费。或遇寒酸无依穷途羁旅，辄解囊以赠，由是宦橐萧然。先生浇花种竹，觞咏自如也。遗句有云："架有残书，一握砚田留祖业；家无长物，半弓心地望儿耕。"可以知其概矣。莅任十年，卒于官，州人士咸涕泣，立教思碑以志不忘云。

《六安州志·名宦传》，见清吴安国《吴江吴氏族谱》增补墨稿

亡室沈孺人传

〔清〕吴鸣镛

孺人沈氏，名美含，世为吴江人。少余一岁。前明给事中、貤赠太常寺卿水西公讳汉九世孙女，貤赠儒林郎海容公讳培源孙女，敕封儒林郎澹岩公讳钦文女。母太安人，

余姑母也。同胞弟妹各二，孺人居长。幼奉母训，端悫性成。年七八，谙针黹烹饪，佐母抚弟妹如成人。先赠公屡叹赏之，为余请婚，或谓酉戌生命不谐寝其说。余八岁失恃，十七失怙，继遭兄丧，茕茕孤露，艰苦备尝，始励志攻制举业。服阕，受知长沙相国刘云房学使，游庠食饩。澹岩公嘱课中表两昆，并以孺人许字焉。年二十三就婚外氏，次岁领乡荐。嗣是上公车八次，留滞京师，出入幕府垂二十年，家人聚首计先后不五稔。孺人侍父母最久，事事能代心力，彼此相依，不忍离处。家庭骨肉间，苦心苦口，诸弟奉之如家督。与弟妇共处十六七载，调和商确，怡怡如也。家继慈居旧宅，隔庞湖十里，往来省视无虚月，恭顺愉婉以承色笑，薪水之供源源相继，囊虽罄，必典质而亲致之。常谓："堂上需用稍多，只在我手指勤些，日用省些，便可上得欢心，下免通积也。"亲族间窀穸婚娶诸事，及缓急相需。余素有从井癖，孺人闻，喜形于色，有赞成，无阻止。岁时祭扫，先期洁诚捋事，备物涤器，务出己手。值余不与祭，则躬率儿辈瞻拜加虔。余家寒而取舍甚介，饥驱而去就甚决，与世无竞而爱憎不能稍偏，孺人所见，无不吻合。偶质以阃外事，辄谢不敏，曰："大端君自取裁，妇人何可横生议论？"每训儿，曰："我奉汝父命惟谨，总似言言金玉，汝曹可听之藐藐耶？"性甘澹泊，耐勤苦，纺绩之声夜分不辍。育三子，俱羸弱善病，抚摩疗治。稍长，督责从师，母兼父道，精力用是早衰。余四十三始铨六安郡博，越明年之任，水陆千二百里有奇，孺人率子妇后至。时澹岩公捐馆已久，辞母远行泪涔涔滴，并以家继慈不果行，依依绕魂梦间。初至，值余病，焦劳废寝食两月余。迨余就痊，而孺人瘁矣。疾作，初不自言，及饮食日减，始延医视，佥曰："积辛所至，恐成劳怯。"治数月，参苓罔效。自揣不起，呼次子授意旨，作书别母及姑，以不克奉养为恨。集三子一冢妇，谆谆以事长、保身、读书、处家、涉世之要，剀切训谕，曰："此后我不复言，言之惧伤汝父心。此乃遗命，其识之弗忘。"在床仍料量家事，神明不衰，盖默然不问细故者，未浃旬而卒。逾数月，外氏太安人亦卒。呜呼！余感外氏恩甚深，卫乐之契，尤过寻常。忆澹岩公寝疾时，一门环卫左右，余与内弟养春更番视夜，受托身后事，宜堪报命者十八九。今以薄宦移家，生离死别，长幼男女，均不得为太安人问疾送终，未识孺人之抱恨九原，更何似也。孺人生于乾隆戊戌十月二十三日戌时，殁于道光辛巳七月初二日丑时，享年四十有四。子三：长治安，嗣先兄永之公后，娶陆氏；次治谱，娶沈氏；次治谟，娶王氏。孙二，孙女二，皆孺人殁后生。六安贤士大夫共谂孺人贤，闻丧叹嘘，吊奠有加。礼以道光壬午夏五月，归葬于吴江西城外参字圩先赠公存耕公、先赠妣张太孺人茔舍之旁新阡。

外史氏曰：悼亡之作，始于汉武《悲李夫人歌》。六朝潘安仁、沈休文、江文通，唐孟东野、元微之辈，皆有传作。近时渔洋山人、穀人祭酒其尤著者，愁苦之音皆发于情所不能已。余既率成上下平韵三十首，复念孺人一生勤修妇道，敬戒无违，有可为子孙法者，故据实撰家传以示后人。后人能教其妇尽妇道如孺人者，亦贤矣哉！期服夫鸣镛撰。

清吴安国《吴江吴氏族谱》增补墨稿

郑先生墓志铭

〔清〕董兆熊

先生姓郑氏，讳璜，字元吉，号瘦山，晚更号赘翁。其先为歙之著姓，八世祖某避地吴江，遂为邑之同里人。七传至先生之考讳士增，颇饶于资，好施予，重然诺，乡里称善人。生五子，先生其季也。先生少倜荡不羁，骑屋栋，打细腰鼓，日与群儿作剧，夜则篝灯读书。家世服贾，苦无书，得陆伯生《广舆记》，狂喜欲颠，辄自钞录。母与姊方夜绩，厌苦之，曰："欲作老博士邪？何剔蠍乃尔也！"乡前辈袁徵君湘湄续竹溪社，先生投以诗，徵君器之，招入社，诗名噪一时。甫弱冠，补郡诸生，试辄高等，饩于庠，两中副车。嘉庆庚午举于乡，北上不中第，家亦中落，乃偕朱先生铁门同客严小农河帅幕府。使酒骂坐，意有不可，瞪目直视，见俗客不交一语，醉后歌讴，或唾茵席。严公颇优容之，使主云龙书院，进诸生教以孝弟，务为敦本之学。尝独行溪谷间，闻诵书声琅琅出茅屋中，叩扉与语，则秀才崔君某也。策以经义，大奇之，问何不应试，以家贫对。先生为办装，是年中高第，后为名翰苑客。有以豚酒饷者，先生受之，谓其人曰："山中人勤于稼穑，盍往劳之，其以饷我者饷之也。"耕父皆欢抃，益劝于耕。已试春官，连上不中第。或入选抡魁矣，主司摘其小疵，摈不录，乃居京师充选人。始先生下第时，与友人出都，雨湿泥泞，意不欲行，友人趣之，车覆于道，先生伤股，步微蹇。至是某公目之曰："彼足之不良于行也，堪趋走上官前邪？"斥不用。困而归，仍客严公所。严公使谒某观察，书与先生曰："见即呈之，当不落寞也。"先生谒，观察嘎喑曰："是何足恩乃公者？"遽乘传去。忾然念亲之老，急返其家。时先生之父年且八十矣，母亦齐其年，先生承欢膝下，蒸蒸色养。诸兄有先殁者，父母或过时而悲，先生温言慰解之，退未尝不泣下沾襟也。父母殁，躃踊号恸，殆不胜丧葬。以其时邻家火歼先生居，生平诗文草稿、手钞书数十百本皆烬焉。先生既无家重，以严公之招复之河上。严公哀先生穷且老，代入资为校官掣签，后卒不得官。先生顾跌宕自喜，益好为诗，兼穷经学，著《春秋地理今释》二十卷。盛暑之夕，诸少年纳凉树下，先生独闭户钞书，少年多匿笑之。先生曰："诸君如日之方出，老夫直炳烛之光耳，敢自逸乎？"盖先生学益邃而气亦渐平矣。暇辄忆所为诗，追录成册，锓诸木。工既竣，辞严公归，优游田里。乐与后进接见，有一善，口之不置，独喜兆熊所为俪体文。一日出文集，命之曰："子为我序，可乎？"序成，先生喜，指示人曰："渠胸中所有，世岂能多得哉！"虽先生之戏言，成就后学之心亦至已。是时，先生苦目眵，犹观大字书，后遂病。病至不起，语其子探所著《三国志辩讹》，缄书驰数千里归陈君麋叔，言不及它。俄而卒，寿六十有一。庚子秋，陈君归自济南，谋欲刻之，真不负先生之托。兆熊于先生为从表兄弟，而齿幼于先生几三十年。又为先生族女婿，先生不居丈人行，仍弟畜兆熊。时过兆熊家，与太孺人从容语，言称母姨，甚爱敬也。又携太孺人诗，赘悝太夫人编《正始集》中。先生之惠，其何敢忘？今嗣君鸿图谋葬先生于九里籍字圩新阡，状来请铭，兆熊其可辞？先生娶顾氏，善事舅姑，克相夫子，先二十年卒。子二人：长即鸿图，次麟图。女一人，嫁王氏，蚤卒。孙一人，孙女一人。铭曰：

其始也丰，其终也穷。少负其气，老丧其雄。广文冷官，亦不可得，仅仅以孝廉终。室有贤妇，能代子职，孝于姑翁。其不遇也，差强于冯敬通。冢土崇崇，宰木葱葱，是乃郑先生之幽宫。

清董兆熊《味无味斋杂文》

金阁公传

〔清〕周桢[1]

吾弟讳椅，字觐闾，号金阁，候选布政使理问也。元配于氏，生一女；次配于氏，嫡姐妹也，无出；次配费氏，生二子四女。弟五十有四而终，核其生平品概，使吾涕泗交流，而不忍追述者矣。弟幼时赋性聪明，体羸弱，读书三五日，双目红肿，腹疾遽作。至十三四岁而羸弱如故，经史读未能全，父春波公呼而斥之曰："尔何庸苦守此残编，不如别作良图，佐吾以理家政也。"弟于是不事诗书，晨夕听春波公之训诲，罔有稍懈。及长而精力坚固，气质光华，度量舂容，世情惯练，春波公顾而喜曰："吾负薪有人矣。"每当公务匆忙，百端纷集，弟则好整以暇，无张皇急迫之容。偶有余闲，即讽诵诗篇，拈毫觅句。所游苏门、金陵胜处，皆有题咏，或亲友往来，吟兴颇豪，席上之倡和不少，故其诗稿已裒然成集矣。及春波公见背，弟年三十有五，继持家政，凡事之大小巨细，一人总理，其际无不至详且周，而父母昆弟之间，雍雍一无闲言。盖由于俭以待己，宽以待人，勤以处事，和以齐家所致也。弟年四十前，生子多不育，人忧其似续维艰。座中有客鼓掌而笑曰："安有宽厚和平如周金阁而无后乎？"至四十三岁而生长子士煐，五十岁而生次子士煒。当是时，弟之精气虽强，而两鬓之发皤皤，两足之湿气成疾。弟当酒酣耳热时，每仰天叹曰："安得假我七十之年，及见二子之成立也。"吾从旁慰之曰："吾家先代多享高年，吾弟或寿至期颐，与先祖赵太孺人相辉映，未可知也。"岂知不四五年，竟以痢疾而逝，呜呼哀哉！盖论吾弟之才，非不可以读书，然必不读书，足以见吾弟之才，尤足以见吾家之幸。追思持家二十余年，苟非勤俭宽和大公以示无私，安能使百余人口上和下睦若此，此其中有经济焉，有学问焉。虽不读书，而胜于吾侪之读书者，不可胜计也。噫！吾弟固守成而兼创业者之人杰也。

清周善鼎等《周氏宗谱》

注〔1〕：考《周氏宗谱》卷四《追远图实录·金阁公》文，此传应为周桢所撰。

朱兰传

〔清〕邹璟

朱氏名兰,字畹芳,吴江朱绍庭女。自幼娴《女训》,兼工吟咏。嘉庆庚申,朱年二十二,适乍浦沈晋儒为室。越二年,晋儒卒,遗孤才半岁,朱恸不欲生。既念上有老姑,下有幼孤,非可以一死了事也。乃勉进饘粥,日以针黹佐薪水,抚孤守节,曲尽孝慈。子年稍长,即教以读书。间或吟咏,以自写其性情,人绝无知之者。历十余年,积劳成病,致不起,年仅三十有六。其子名筠,字实甫,始出其所藏以示人。其诗稿曰《绣余漫咏》,情文凄恻,往往不忍卒读。又其所书格言数则,更足垂训后人,于以叹氏有贤母之才,而并有贤母之德也。爰述其梗概,而为之传。(录入《乍浦备志》)

清朱兰《先得月楼遗诗》

沈兰亭先生暨德配朱孺人合葬墓志铭

〔清〕李应占

沈兰亭先生,平湖乍川人也。讳时春,字晋儒,兰亭其自号也。性恬淡,不慕荣利,隐于市,以贸易治生。暇时执一编,吟诵不辍,或为小诗,清逸闲旷。以嘉庆八年五月二十日以疾卒,距生于乾隆四十五年三月二十四日,享年二十有四。子一,筠,字实甫。将卜葬于观山之北原,昔年权厝处也。德配朱孺人,讳兰,字畹芳。父绍庭公,原籍新安,今居吴江,为吴江人。幼娴母训,秉性温柔,间及吟咏,著有《绣余漫咏》。年二十二归先生。甫二载,先生逝世。遗孤仅六月,孺人抚之,以养以教,俾之成立,即筠也。其中艰难,治家奉姑,俱详孺人本传,兹不复赘。以嘉庆二十年八月初八日卒于吴江,因厝于盛泽之南原。其子筠,今择于道光四年甲申十二月十五日,奉母夫人柩合葬于观山,礼也。铭曰:

观山夕阳,佳城苍苍。有子克孝,卜兆归藏。其百世,以永昌。

旌表孝行钦徵孝廉方正、恩赐正六品职衔、眷弟海盐李应占拜撰。

道光元年制科保举孝廉方正、钦赐正六品职衔、乡愚弟翁广平顿首拜篆额。

清朱兰《先得月楼遗诗》

杨秉桂传

杨秉桂,字蕊周,号辛甫。岁贡生。性旷淡,自少倜傥,于学求大意,不雠章句。既而专力于诗古文词,诗近诚斋,文宗震川,词仿石帚。书初师山谷,屡变而入于古。生平踪迹,渡江至金陵及扬州,间游宜兴、如皋。所在得山水之契,朋友之乐，登临吊古，饮酒赋诗。画与从弟廷栋并善写兰，不名一家，随笔所至，自成馨逸，嘉定程庭鹭作《老辛画兰歌》赠之。仁和钱杜寓里中，时相往还，讨论诗画。又与昆山王学浩交，爱其画，每晤必有请。钱唐陈文述见其画与诗，嗟赏之。著有《潜古堂诗词杂录》。廷栋字东甫，诸生，填词于声律尤精细。善饮，数十槛后愈静默。晚年境益困，临殁，悉焚其稿。（本程庭鹭撰传、蒋宝龄《墨林今话》，参陈文述《画林新咏》。）

清同治《盛湖志》

吴柯亭先生小传

〔清〕袁嵩龄

柯亭先生姓吴氏，讳家骐，字彦昭，芦墟冠溪村人。家贫，读书性好博览，耽吟咏。年弱冠，游吴江邑庠，屡试省闱不得志。历五十载，专以课徒为业，馆周庄张氏最久，嗣游苏郡，亦六七年。其为人，伟躯干，慎容仪。对客善谈论，或述山川胜迹、名物图书，考古证今，每使听者终日忘倦。暇时究心医术，治病辄效，效亦不屑屑较值也。晚年家日落，益复无聊，遂裒其所为诗五卷，题曰《守拙斋稿》，以为生平嗜好聚于斯，故惓惓不忍释云。先生年七十一岁，于道光三十年八月，忽以无疾逝。没后数年，里中人辄道其行谊不衰，或齿稍长而与先生周旋久者，更为之歔欷泣下。然则如先生者，当不愧一乡之善士矣。余为冠溪吴氏婿，知先生详，因传其大概如此。咸丰丙辰十一月，嘉善袁嵩龄顿首拜撰。

清吴家骐《守拙斋遗稿》

蔡竺溪太常传略

〔清〕俞岳

君姓蔡氏，讳淇，字卫川，号竺溪。其先吴隐公，始由浙湖迁居吴江之黎里。黎里虽僻居东南一隅，而其间士族之盛甲于他镇。自前明来，掇巍科登上秩者代有闻人，竞以门第相高。君之祖讳宏禧，父讳懿德，号勤斋，俱潜德未耀。至君始以科名显，亦由勤斋公厚自培植，礼接贤师友之所致也。君兄弟三人：长湘，号秋水；季沅，早世；君其仲也。君与伯兄秋水恂恂向学，从里中沈木庵先生游。先生方以老成宿学倡导后进，特以伟器目之。君甫成童，每一艺成，辄惊其侪辈。年及冠，拔置郡试第一，旋补博士弟子员。时娄东李氏，门才鹊起，文望倾海内，得其指授者，取科名如拾芥。勤斋公益锐意欲成君名，具书币走二百里外，延致李孝廉名锡信者馆于家。由是而君学益醇，才益肆。即于嘉庆庚午领乡荐，方期捷南宫，入词苑，将以大展其所为。一赴礼闱不售，志不稍衰。再入都，中途车覆，伤其唇，创甚几殆，得异人授以药，敷之稍愈。君怃然曰："吾自获一第后，两上公车，所冀成我之名，以博亲之欢也。乃欲博亲之欢，而转贻亲之忧，可乎？欲成我之名，而先亏我之体，可乎？"于是，君父勤斋公及母陆太安人春秋高，君遂绝意进取，循例纳资，加太常博士衔，归为莱服承欢计。迨勤斋公弃养，君居丧尽礼尽哀。而又以太安人在堂，与兄别居不便迎养，于是联为并宅，庭户交通，比之陆氏机、云之住东头西头云。太安人往来两宅间，竞奉甘旨，怡然色喜，人争羡之。太安人性宽厚，乐施予。道光癸未夏，吴中大水，君仰体慈怀，慨然出资财数百缗，以襄赈务。大吏嘉其善，为请于朝，得纪录一次。其他赒恤贫病，称贷姻党，一以太安人之心为心，始终无稍懈。至甲午秋，猝遘中风疾，半体痿疲，口噤不能言。延及次年，闻伯兄秋水疾革，犹强起扶至榻前，一恸几绝。阅两月，遂相继谢世，以见君孝友间为无遗憾焉！君雅度雍容，遇人无圭角。通籍后交游益广，如同年李子仙、毛春门诸先生辈，每至必设杯酌，排日款留，为文字饮。间事吟咏，著有抱青楼、媚学斋、七逸居诗稿藏于家。君生于乾隆四十六年正月，卒于道光十七年三月，年五十七。配周氏，赠孺人，后君一年卒。子三：长诜桂，次宣桐，次莱柏，侧室朱氏出。女四：一适浙江秀水候补布政司经历陈若兰，一适同邑乙未科举人殷兆镛，周孺人出；二未字，朱氏出。孙男二，孙女二。余与君雅托亲故，馆君家课诜桂等越三年。余以权摄丹阳司训篆谢去时，君已病，临别犹执手依依，乃未久君遂千古矣。今届禫祭之期，诜桂以余知君有素，恐其久而弗彰也，具状来请传。余愧不文，非能传君者，谨就君生平行谊，为诠次大略如此，俟后之君子有所考云尔。

清俞岳《笠东草堂遗稿》

杨澥传

杨澥，字龙石。嗜金石，凡周秦汉魏鼎彝碑版，疏别其源流真伪如指诸掌，与嘉兴张廷济同时。尤善篆刻，浑古无比。与张孝嗣友善，孝嗣号忆鲈，葫芦兜人，好宾客。澥尝客张所，同出游，澥醉，怒碎其船，张益敬礼之。澥后年老耳聋，自号曰聋翁。澥之弟曰羲，号荻庵。诸生。嗜砚，因又号砚隐。诗近诚斋、石湖，既殁，弟炳春刻其遗诗。

清光绪《吴江县续志》

张铁父先生行状

〔清〕张履

先生讳海珊，字越来，一字铁父，姓张氏，世居震泽县之儒林里。曾祖保艾。祖二之,国子监生。父印江,邑诸生,阔达多才,尝游滇,当事请主盐井,其地界狭,团练守御,狭不能犯焉。先生髫龀,即有异趣,每出里塾,独行林野间,或携酒藉草饮。稍长自知向学,凡旧藏书画器玩,悉以易书史,或辗转借钞,晨夜不倦。年二十有一,为邑诸生,学使者奇其文,而先生方抗志希古,不屑屑举子业。其识力精卓,每观一书,辄融彻大意,故于学无不窥,而覃思尤在濂洛。尝叹毛大可之徒,挟其泛滥所得之糟粕,集矢于先儒。谈经者遂坚持汉宋门户,穿凿于故训文字之微,张皇于名物器数之末,甚且鄙理欲为迂谈,斥廉耻为小节,耆货利,竞功名,以便其口目耳鼻四肢之欲,班氏所讦为利禄之途然者,于今益甚矣。其论宋明诸儒,则谓陆有合于朱,而亦不废姚江之说。其言曰:"心性之不能二,犹理气之不可离,故王学之讳言理,与近人之讳言心,俱为无本之学。即如'致良知'一语,苟能扩充得尽,即《大学》之'明明德',朱子所谓'因其所发而遂明之,以复其初也'。程子亦言'德性之知,不假于闻见',与阳明之言印合无间。然须将自己气质,自少习尚,尽得翻舍,方得事事从良知而发,不然未有不逞己妄动者。况天下之变无穷,所以应之者亦至动而赜。夫子假年学《易》,可以无大过,此则非徒良知之足凭,而穷理之愈精愈难也。"盖先生自读《阳明集》后,发弛运用,开拓大半,而平生用力,要于程朱最深,故能折衷至当如此。先生素有人伦鉴,凡接人于词色间,即洞其心术。尝谓儒道之不可行,乃迂疏无用者之过。故凡自农田、河渠、兵制、天下形势所在,及当世漕粮、胥吏诸利弊,无不悉心讨论。甲戌正月,忽讹言长兴山寇将至,十百里间居民仓皇惊窜。先生曰:"凡盗贼焚掠兼行,故有兵必有火。"募一人侦之,则无火,众知为妄,乃安。先生因作《湖滨防御事宜》,凡禁涉守御之器、用人之术详焉。是岁三吴亢旱,湖滨娄港尽涸。一日北风大作,水乘风势入诸娄,顷刻皆满。先生倡议筑堤储之,一夕而堤成,岁以有收。先生因作《开港议》及《积谷会议》。先是甲子大水,曾作《救荒私议》,以为吴淞之塞久矣,水之留而不去者,未必不以是。今莫若大浚吴淞江,而以请振劝捐所得,按给工食。凡各图圩岸沟渠,亦即委其地之绅士劝输银米,募人修浚,公私兼举。事不果行,后十余年而大吏果奏开吴淞。盖先生以经世自期,既不即见用,亦遂偆然自得。平生慕邵子康节之为人,故自颜其居曰"小安乐窝"。每晚霁良宵,独坐池上,或徜徉湖干,逾景忘返。所交友三数人,皆洒落有高致,相聚每剧谈连昼夜,间以诗歌。尝有句云:"运甓心情归啸咏,观棋手眼到虫鱼",可以想其概矣。近岁馆于严村俞氏,潜心读《易》,常以五日治一卦,及门从游,颇有讲道谈艺之乐。而先生就江南乡试,比举第一,已以暴疾没于江宁旅次矣。时道光元年八月十九日也,年四十岁。妻邱氏。子三:广礼,惠礼,一未名,俱幼。所著有《小安乐窝诗古文集》若干卷,日记一卷,《丧礼问答》一卷,《火攻秘录》一卷,藏于家。先生为人,淡嗜欲,不近名。尊公游滇久不归,忧念得心疾,几殆。丁太孺人忧,终丧不入内寝。律身以黄陶庵"不妄取,不饰己过,不面誉人"三事自矢。其与履论学,每举孟子"必有事焉,勿忘勿助"及朱子"敬则活"数语,谓与外面把持者有枯润之别。论文则谓文字最难在实,如食之必可饱,如衣之必可暖,如药石之必可去病。履自交先生,获闻绪论,最后始执弟子礼,而先后出今吏部侍郎汤公之门。先生既没，履将谒公为之传，因先披其遗书，合以平日所闻，掇存大略如此。弟子张履谨状。

清张履《积石文稿》

张铁甫哀辞

〔清〕张士元

铁甫名海珊，姓张氏。世居吴江之吴溇，今为震泽人。生而奇颖，自幼有高趣，时独行林野，翛然自得。稍长好读书，家故少书，出所藏名人书画及玩好之物易之，或借书手录。久之学遂该洽，而究极理蕴，深探其本原。为文师古人而放之至近代名家，视世俗弋获科第之文蔑如也。年二十一补学官弟子，屡试不遇。道光辛巳，意不欲复入闱，而以父命仍赴乡试。试毕病，八月十九日卒于江宁旅舍。及榜发，第一人即铁甫也。铁甫为人，密静而浩落。尝假馆包山，一日乘夜登楼，见月光明彻，水天荡漾，觉此心正相同。自是开悟，读诸经了了无所窒滞矣。其论学主程朱，亦不废阳明之说，期于变化气质而止。又以为儒道之不行，由学者以迂疏无用为儒。故自农田、河渠、兵制，及天下郡国利病所在，皆考览而书之。其文具在，无俟枚举也。余少时居忧，读宋以来诸儒之书，亦颇有志于道。谓士欲作第一等人，必求诸此，舍此而言学，皆古人之糟粕耳。当是时家居及客居，所观者皆论道之书也。其后攻文章日久，遂举好道之心移而好文。以为道在文中，不必空谭道，然自考心曲，终不如昔时之宁谧矣。用此知程子所谓作文害道者信有之，而深喜铁甫之壹意于道也。顾铁甫亦不能不好文，以余所作有合于古人之义法，每作文必质于余。余畏爱之，不敢不以诚告。铁甫又以余之趋舍，无大悖于君子之道，时与余相亲，历十数年而不厌。呜呼！孰知五旬之别，遂成隔世乎！爰为词而哀之曰：维子之励志兮久而不懈，超然污俗兮天君常泰。中有所得兮奚慕于身外，随众试文兮偕进偕退。时运既逢兮何一病而不差，业生命之有定兮孰知其成败。春秋方四十兮任幽明之相代，友朋视疾兮慎衣衾与棺盖。兄弟迎丧兮将卜葬于菁蔡，作此短章兮用抒余之悲慨。

清张士元《嘉树山房续集》

殷君东溪墓志铭并序

〔清〕郭麐

君讳增，字曜庭，号东溪。生而颖敏，五岁即解四声，能诵唐人绝句。长有羸疾，父母怜之，遂辍应举，则益喜为诗。十五岁作《咏蝉》五言，为时所称。先是同邑袁朴村先生选辑《松陵诗徵》，断自国初及乾隆间。君稽考搜罗，旁徵博引，专集总集外，图经杂录、金石文字，凡隶是邑者，罔不缀缉。自六朝讫明季，为《松陵诗徵前编》若干卷，三年而成，吴穀人祭酒为之序。又采自朴村以后至今之诗，为续编若干卷，尚未及刻，而君已告逝矣。吾邑素推文献，自稼堂、虹亭、秋笳以来，风雅世有其人。后稍衰替，得朴村振之，向学之士，始有所适从。迄今又数十年矣，君独慨然有志，补其所未及，以溯其源，推其所不及，以衍其流，可谓卓尔不群者矣。君天性孝友，母夫人在堂，隆于爱敬。先时忽出不祥语，若痛其不能终膝下者，俄无疾而终。有《孤鸿编》诗六卷，杂文及他著又数卷。其卒以道光二年四月八日，年四十有一。子三：兆镛、兆铨、兆衔。兆镛以状来乞铭。铭曰：

殷氏自歙来居吴，考焕再徙莺脰湖。长埙次垣君实季，母周妻赵宜厥家。谢科举业乃劬书，出风入雅自染孺。罔罗放失绍绝续，其志大矣人疑迂。帖括腐烂钱刀奴，块独一士傲群愚，后有作者必不孤。

清郭麐《灵芬馆杂著》

貤赠翰林院编修叔父竹岩公传

〔清〕殷寿彭

叔父姓殷氏，讳炜，字望昆，号竹岩。世居歙上里殷村，六世祖静夫公占籍吴江。三传至大父古愚公，生子六人，叔父其季也。幼端嘿不苟言笑，三岁遭先大父丧，赖大母陆太恭人鞠育提携。稍长，与府君同就外傅，听塾师讲娓娓不倦，背诵《三传》《尔雅》《汲冢周书》《吴越春秋》，汩汩若泻瓶水。年十三，下笔为文，磊落有奇气。弱冠后，得咳血证，遂辍举子业，入资成均。生平澹于荣利，不慕仕进，精大小缪篆，篆刻入能品。藏古印章最富，尝得赵松雪、文三桥、何雪渔手镌石印数十方，参以丁龙泓、张瓜田、金寿门所作，汇为《怀古堂印谱》三卷。喜购古钱，自九府货布，旁及唐宋撒帐诸品，兼收并蓄，辨别真赝，著《续泉志》五卷。嗜茗饮，有王濛之癖，燸盏候汤，妙具神解。雅好挏笛，遇良辰佳景，辄作《三弄》。顾兴之所到，或强之，不应也。每言："吾少年羸疾，赖习静以全吾有涯之生。君子不留意于物，而未尝不寓意于物。凡吾所好，特借以摄吾心耳，摄吾心以摄吾生。故吾于禽鱼草虫之可玩者，亦时一中之，非敢丧志也。且古所谓技进乎道者，虽一名一物皆有精意存其间，吾之寄情乎是者，正以助吾学问焉。若以名利易吾好，吾不为也。"呜呼！可以知叔父之志趣矣。居恒坐一室，屏绝尘俗，屡不至户外，然治家循整，卒无废事。不乐应有司试，而春秋闱艺出，必购存之。不多作书，而爱蓄湖颖，箱箧皆满。遇事恂恂退让，不与人争竞，他人所急起直追者，叔父独泊如也。患重腿之疾，服药半年始愈。前年偶示微恙，竟以中寒骤没，年六十四，道光二十五年十一月二十三日也。以胞弟寿臻官编修，覃恩貤封文林郎。初娶庶母黄，继娶丁。子殇，嗣胞弟寿禧为后。女适同邑王致望。谨为赞曰：

古者高士之传独行之史，不必擅雅材著奇节，即其标格风尚，有足矫俗励顽者。叔父屏居守寂，研悦道腴，设施未见于世，而恬淡寡欲殊俗嗜好，真老氏所谓知足知止者欤。寿彭方草角时，随叔父入塾读书，屡受训诲。中年以来，南北奔驰，追奉讳旋里，而叔父已墓有宿草，此则椎心饮血，而握管不下者矣。

清殷寿彭《春雨楼文集》

陆蕺乡传

〔清〕顾广誉

吴江黄家溪有陆君钧璈讳镤者，自号蕺乡。其先系出唐宰相忠宣公后，明季由浙之平湖徙居其地，而君从其仲父筠隶籍秀水，为县学生。能不随时俗为取舍，前后应浙闱乡试，累荐不售，乃绝意进取。而好藏书，好字画，好诗，好古文辞，如饥渴于食饮然。以故所居僻在吴江东南一隅，而陆蕺乡之名著闻数百里间。予授经盛泽，去黄溪十里许，士友多君知交，尝从叩君之行谊。皆曰君早失怙，事寡母谨得其欢心，人或语及其父蓉庄府君事，则流涕不止。与其兄国学生鏊相得无间，其遘疾也则忧，其没也则哀恸，所遗子女昏嫁咸身任之。然后知君居家孝友之迹见信于人，有不苟然者，非徒文采风流之足重已也。君以道光己酉江浙大水劝捐助赈有力，议叙得国子监典籍衔。著有《郁林山馆诗文集》《传画楼杂著》《传画楼读画录》，藏于家。配沈孺人，孝事姑徐太孺人，每平旦盥洗问安毕，必躬为栉发，食息动静务遂老人志意，如是者三十年。典籍君素有肝疾，乐清闲，朝夕薪水皆孺人料量，且敕儿女辈毋得关白。典籍君时购书籍，有不足，则孺人典簪珥以应。书或破坏，往往篝灯为补缀，无倦容。其相夫子以隆孝思懋学业，用心微至如此。孺人讳贞婉，字淑君，卒于咸丰三年十月日。沈君曰富既铭其幽，君又以行略介家榕坪先生，属为之传。予逡巡未果，而君旋以九年正月十一日卒矣。故于其孤之请，传君而并著孺人懿行于后，以塞前诺云。

清顾广誉《悔过斋续集》

袁陶甡圹志铭

〔清〕朱春生

呜呼！陶甡之亡也，于今几二年矣。二年之中，余索处寡欢，辄欲呼陶甡与共语也。观书偶得，辄欲进陶甡与商榷也。夜寐初觉，尚疑向者之为恶梦，而陶甡固未尝死也。今余且铭陶甡之圹，其将何以为之铭耶？陶甡字彦群，姓袁氏，余友湘湄长子也。幼从余受经书，未尝烦威怒之教。日晚课罢，常嬉戏书塾中。或余与湘湄夜谈至漏三四下，僮仆皆立寐，而陶甡从旁供茗饮果饵，趋走不倦。迨余馆杭州，陶甡从吾友潘寿生学者三年，已而复从余于杭，则已毕诸经，习制举文矣。而尤好为诗，承湘湄家学，又得寿生指授，庸音俗体，无由经于耳而入于心。当其杼写性情，流连光景，委折深至，淡语入微。间为改易一二字，则喜动颜色。或所改未惬其意，必再三质正。亦有忽得新意而径自改之者，不以为嫌也。予有头风疾，恒数日一作，烦眩瞆眊不可过。陶甡终夜坐榻前，刺探增减，伺予稍间，则故评量古今，质问经史，以移予心。言词往复，暖暖姝姝，予每藉以忘所苦焉。去年春，杭城疫厉方盛，予未及知，仍挈陶甡往。甫三日疾作，急命舟迓湘湄至，则陶甡气已绵惙，不半日而死。呜呼！陶甡之缱绻依予似有夙分，而岂意为予牵率远游，致触疫厉以死耶？且病疫者亦不皆死，而陶甡竟死，安知非水土异宜，羁旅怫郁，有以益其疾耶？予又不省方书，客中无可与商者，安知非医药之误而致枉死耶？呜呼！陶甡已矣，而当时旅馆一灯宛转诀绝之况，常在予心目间，则予之悔痛有终极耶？陶甡貌韶秀，风度凝然，见者皆目为伟器。十四岁时，袁简斋先生过其家，试以诗，大加叹赏，采入诗话，人尤荣之。然陶甡殊不自多，驯谨之色，常若可孩抚者。其在家庭，凡事能曲谕亲志，尝语予其母夫人以家之窭艰。虑贻堂上忧，往往制彩缯，饰幼儿女，使以木刀竹马戏祖母前，而恨已之年渐长，不得与诸弟妹并也。仲弟戌亦从予游，稚弱善病，陶甡爱护甚至。在杭一载，饮食起居，悉左右之。陶甡死，而戌号恸几绝。呜呼！《论语》称教弟子者首重孝弟谨信数大端，而学文则为余事。如陶甡者，于弟子之道庶几能自力焉，而予徒以区区辞章之末为所师事，则当其存日，而余之愧负于陶甡者固已多矣，而今又何以为之铭耶？陶甡生于乾隆四十八年三月十五日，卒于嘉庆四年二月八日，年十有七。未娶。湘湄以其有成人之德也，将俟其弟之有子而为之立后，凡吾党知陶甡者咸曰可。其葬以没之次年十二月十七日，地在邑之莲花荡祖墓之侧。铭曰：

圣有明训，童可勿殇。朝闻夕死，无年何伤！子弟之子，似续以长。自父命之，后嗣敢忘？

嘉庆五年冬十有二月，友人朱春生铁门甫撰。

清袁陶甡《媚学斋诗存》

周逸坡传

〔清〕殷寿彭

逸坡周君卒后六月，孤子兆烜等梓君《古芬山馆遗诗》，余既挥泪而叙之矣。越一年，兆烜等将启君生圹而窆焉，复乞余为传。余与君僚婿也，余女又许字君次子兆墉，生平交最亲，情最暱。昔余尝假馆君族祖宫傅公五亩园中，距君居百步而近，其时文酒宴会，流连景光，殆无日不与君见。比年来余奔走南北，胥疏憔悴，而君亦支离善病，衰竭消耗，卒以不起，计四年中与君仅一面耳。因离索之苦，愈想聚首之欢，此所以悁悁而悲，三致意于君，而不能已于言者也。君讳芝沅，字秀湘，又号逸坡。世居杭州，高祖赠荣禄公奇龄，迁吴江之黎里。祖王图，岁贡生，绩学敦行。父一士，太学生。君生而恮定，读书有异禀。及长，以伯兄官云南，弃帖括，佐封公理家政。入粟得按知事，改州同知。道光三年夏，雨水泛溢，田庐漂没。里中好善者设局义赈，计亩平粜，君董其役，首捐为绅士倡，邑无流徙。大府闻于朝，议叙盐提举。悯族人空乏，仿吴中范氏法立义庄，首捐庄房，率弟侄底于成。黎里有众善堂，掩骼除齤，岁举为常，君司事惟谨，罔弗整治。呜呼！以君槃槃大才，使当议叙时振策北上，驰驱王路，其明达干练，发为经济，当不知若何显显卓绝者，岂特善行光乡间、义声孚宗党已哉？而乃设施，仅仅如是。甚且忌君者或造作蜚语，多方诬构，虽卒获昭雪，要之艰难险阻，真足困厄人之志气，而君仕宦之心，亦自此愈澹矣。所居古芬山馆，有木石之饶，又慕西湖山水之胜，置别业其上。嗜法书古画，严赏密蓄，珍若球璧。尤喜《晚香堂集帖》，染翰泼墨，临模逼真。诗笔清婉，出入姚武功、罗江东间。鼓琴得青山遗法，于钩撇迎距之旨，别有神会。犹忆辛卯夏，余偶诣君，方夌户入，闻琴声廉折清亮，俄而奔腾澎湃，如风雨骤至，又俄而幽阒寥夐，如流泉细咽。余瞠也不解，君推琴徐起，笑谓曰："前所鼓者，余自度'天风海涛曲'也。后所鼓者，余自谱'平沙落雁曲'也。"噫嘻！余音在耳，而人琴俱亡，甚矣其酷也。娶李氏，再娶王氏、闻氏。子三：兆纶，觞；兆烜、兆墉。女三。

论曰：周氏系出宋道国公后，阴德长世，代有令闻，子孙光亨通显，固积善余庆之理。君既不慕荣禄，而含华隐耀，有以自娱，亦足颐养天和，身登大耋。乃不竟其才，并不永其年，卒时仅五十有三，倘所谓天难测而寿难知者耶？虽然获福及身者有限，食报后嗣者无穷，兆烜秉承庭教，能读父书，将恢宏其声光，其为亢宗济美无疑也。然则君贻谋之远，抑岂有艾哉！

清殷寿彭《春雨楼文集》

仲兄秀山行略

〔清〕柳树芳

自先兄仲氏之亡，寸心耗乱，百感纷如，久欲焚弃笔砚，谢绝尘事矣，岂尚欲以文词自鸣？然以兄之内行克敦不幸早世，又无一二遗孤可以稍待，嗣子兆青、兆元年未成，童藐焉。何知是先兄有美而弗彰，树之责也，因为之述其梗概云。兄初名毓芳，更名蕚，字蕴章，秀山其号。先世世居吴江县之北舍港，先大父杏传公移居分湖滨之大港，先子逊村公复析居大胜村。子男三人，长春芳，兄其仲也。兄少习举业，尝刻苦自厉。嘉庆十一年，先子有疾，奉命弃去，摒挡家事。明年，先子病不起。其时居丧之礼，窀穸之事，兄倍任其劳，盖其至性过人，未可强而致也。吾母周太孺人尝患咯血证，无岁不发，兄悉心调治，务使得母欢心。越三年，母病笃，严冬风雪，衣不解带，人皆倚床而寐，兄独侍奉无倦容。吾母殁后，自冠婚丧祭以及宴饮宾客、吊死问疾、馈岁诸仪，兄无不一一为之料理。人或劝其稍息，兄曰："吾自乐此，不为疲也。"兄连殇两子，心常郁郁不乐。然于侄辈课读，视如己子。数年以来，延师入塾，历久而敬不衰。其大公无私，视世之轻遗骨肉、重恋妻孥者，相悬奚似哉？平居友爱甚笃，尝以树得咯血证，一切家事从不委之于弟，俾以闲暇之身，得从事于诗古文词。盖十有一年矣，皆兄所以涵养而休息之也。年来为敝庐计，自夏徂秋，几无暇日。树尝劝兄自爱，不宜勤劳无度。兄曰："吾精神尚可支持，无事戚戚为也。"不料于今年八月十九日，忽得痢疾。二十二日，树自莺湖归，见兄神色委顿，惊问之。兄曰："偶感夏秋暑湿耳。"即延医调治，其时昼夜计遗二十次，一日进粥两餐，树尚不以为忧。至九月初五日，痢加剧。一时遍求名医，皆云不治，树惶恐无措。兄神色不乱，自知病不起，急以后事相嘱，命长子兆青为嗣，树惟忍泪慰藉而已。至十六日夜半后，犹执手呼曰："毋忘吾。"言少顷，寂然而逝。呜呼！以树之薄德无良，生不能服劳奉事，致兄神瘁心疲，力疾而死，辜负多矣。尚何言哉！尚何言哉！虽然，天之报施，多在善人。兄虽无奇节伟行，然如尽孝尽友，内行无亏，天宜与以一脉俾之，克昌厥后，而乃仅遗此一女也耶？噫！是真不可解已。兄生于乾隆四十九年十一月二十六日，殁于道光二年九月十七日，年三十有九。国学生。元配冯氏，继配冯氏，皆国学生、候选布政使司理问兰亭公女。妾夏氏，生一女，尚幼。树承二兄遗命不敢违，亦不敢私，遂以长兄次子兆元并为二兄后。他日者，若青若元果能有志显扬，毋忘先人之遗美，乞当代立言之君子赐之铭诔，以光泉壤，此则予今日拳拳之意也夫。期服弟树芳抆泪撰。

清柳兆薰等《分湖柳氏重修家谱》

清故文学柳君墓志铭并序

〔清〕郭麐

吴江郭麐撰并书。

道光十年冬十一月廿有六日，柳君树芳挐舟过予再拜言曰："仲兄秀山之亡九年矣，以今年十月十一日祔葬于先府君之墓。仲兄不克卒业于学，而心实未尝一日忘学也，持此入地惟哀。而赐之以铭，万一有知，不恨其不幸于土中，敢以所作行略为请。"是日，大风甚寒，留一宿而去。予惟人子之欲显其亲，跋涉霜露以求于人者有矣。柳君乃能于其兄若此，是不可辞也。铭曰：

柳氏望，称河东，唐最显，传家风。维君先，号素封，善人名，乡里中。北舍港，有老屋，邻于强，见侮辱。开沟渠，为祸福，缪不然，邻大恧。是曾祖，仲华讳，五丈夫，祖其季。学洙名，师孟字，让新宅，安故敝。迁大港，读且耕，其次子，字卫莹。讳玉堂，逊村号，友于兄，孝乎孝。再移家，大胜名，请于兄，奉母行。岁大饥，半沟渎，与贫人，共年谷。乃君考，配曰周，沈孝廉，铭诸幽。君讳薵，字蕴章，少奋厉，志显扬。厥考疾，曰汝良，蛊用干，构于堂。丧厥考，毁不伤，谨饭含，奉帷裳。事偏亲，劳独服，血出口，泪栖目。风雪饕，婢媪缩，带不解，鸡声喔。理家事，无剧易，俾其弟，遂乃志。心不分，学之嗜，果有声，闻于世。天何意，夺之卒，年四十，不足一。兄弟子，以为嗣，曰兆青，君之意。既受室，而复夭，今者附，君之兆。君有弟，心哀君，冲风寒，乞我文。兴元尹，温县簿，韩柳铭，以弟故。非其伦，负所托，庶不华，可劙凿。

吴郡喜墨斋镌。

吴江博物馆藏拓片

先妣董孺人行略

〔清〕董兆熊

呜呼！我母自戊申四月弃不孝兆熊而长逝，于兹二年矣。不孝偷生视息，记忆我母平生之行而欲有所述者，盖亦屡矣。今蒙朝廷恩，旌褒节孝，令得自建坊表，而不孝以奄然待尽之身，终无所述。则四十年零丁危苦之境，我母以一身支持、使得衍先人宗祀者，终无以彰著矣。我母为外王父董峙亭府君之幼女。府君之生我母，年已五十矣，长姊已遣嫁，旁无嗣允，笃爱之。外王母顾太孺人本儒家女，壸内之教出于素习，故我母自其幼时，婉淑之声已闻乡里，王父葭浦府君聘为吾父雪香府君之室。年二十归王氏，一年而不孝生。又一年而吾父患瘵疾，卧床蓐者二年，典钗钏以进参耆，缝纴浣濯必躬必亲。又二年吾父殁，誓以身殉。王父母及外王父母春秋俱高，谕以徒死而不抚孤，谁抚孤也者？则我母之生，实以生不孝也。是时外王父春秋尤高，董氏无族属。王父故有世父倬云府君、世母顾孺人，得以娱侍。遂挈不孝归董氏，遵王父及外王父命，以不孝承董氏祀。又二年，外王父殁，丧葬以时，能尽大事。里人皆曰："女子也，而胜男子矣。"不孝日渐以长，口授《孝经》《论语》，读稍勤。恐其饥疲，市时珍以食之，不知我母之自甘粗粝也。不孝性颛愚，久读书未通大义，作文多聱牙，口讲指画，譬晓百端，使谕其旨而止。及长，取友招之家，立屏后窥之，见有谭先圣格言及经世大业者，辄出卮酒以结欢。有为媟亵语者，则责不孝曰："汝无似使邪党曲士得暱近汝也，不绝之，辱先人矣。"以是不孝虽无学术，不尽为当世君子所弃者，我母终身之教也。不孝年逾壮，家益贫，始作近游，或百里，或二三百里。岁乙巳，将游丹阳，我母送之庭，裴回视斜日，曰："余之年若此日矣，恐于汝之无几相见也。"不孝讶其言之不祥，察亲颜日衰耗，辄心动。居一载而归，归而馆谷于郡。甫二年而病，病遂不起。呜呼痛哉！以我母之苦节贞行，而仅得中寿，是亦理之不可解矣。我母善为诗，世多采录。焚香诵浮屠氏书，日数千言。莳花以自娱，喜观盆鱼，略嗜酒以取酣适。不孝儿稚众，力不足赡家。我母岁课童子十余人，藉修脯以自给有余，兼衣食其孙。是不孝贫无以养，而我母则以抚孤余力赡及其后也。生平于家世贞顺节义事，尤所措注。六世祖早世，六世祖母费氏遗腹得高王父。王氏一线之延者，高王父之似续也，绰楔表于门百年矣。族有庶孽，托岸陨毁贞坊，将市于人。我母力不能拒，饮泣者六日，目为之肿。历练世故，不孝幼时，有凌孤寡者，谕之以理，卒安无事。先世遗亩，稍区画之，节俭以足用。家虽空乏，使不孝尚能自存者，我母四十年经营覆庇之力也。我母生于乾隆四十九年，殁于道光二十八年，享寿六十有四。谨状其事，以告立言之君子。

清董兆熊《味无味斋杂文》

董节孝君墓志铭

〔清〕沈日富

  道光三十年四月癸亥朔，同县董敦临赍其母节孝君状，抵余郡城侍其巷寓，叩头言曰："铭吾亲之墓，唯子文为称，愿弗辞。"呜呼！余自十一年冬交敦临于邑城，十三年九月至其家拜节孝君，蒙饮食之。自后扁舟来往，敦临或有他出，未尝不见节孝君，语辄终日。二十八年夏，闻节孝君讣。余方在松江，迫于事未即往，以书唁敦临。节孝君志行高当世，于法宜纪载，矧唯朋友之母，于情又宜称述。兼是二者，忍不铭？节孝君讳云鹤，字松筠，吴江东北鄙同里镇董府君讳世华之幼女也。母顾孺人，出儒族，自幼课节孝君以诗书。年二十，嫁其里王君讳家榛。明年生敦临。又明年王君得瘵疾，历四年而卒。节孝君以舅王太公讳思湄命，挈敦临归董氏。盖王氏大族，太公尚有长子，而董府君无子无族人，以故敦临冒母姓，承其祀，亦祖命也。敦临数岁，节孝君亲授以《孝经》《论语》，自始学迄能为文。每从塾归，节孝君口讲指画，譬晓百端。其所与游，必招往，立屏后观焉，别其善否，而使亲远之。敦临补诸生，就馆旁郡邑。节孝君亦授徒于家，以束修佐尸饔，故虽贫，常不匮乏。性好吟咏，前河督麟庆公之母恽太夫人，辑国朝妇女之能诗者为《正始集》，节孝君与焉。居恒执女工，又甚劳，日有定课。忆余昔往，升其堂，见节孝君对书案危坐，手持一兜绵纫为线，旁列童子十余人，咿唔诵业。余进拜，节孝君答拜，命之坐，示以诗一卷，皆述田家风景。叩之，乃知节孝君每遇禾熟，必携孙辈亲履亩收其租，舟历村墟，因书所见。然则节孝君非特志操高洁，文学渊茂，抑其勤劬以定室家，才智亦充然有余裕矣。节孝君生于乾隆四十九年某月日，其卒也为某月日，得年六十四。以某月日祔葬于某字圩王君之墓。子一人，即敦临也，名兆熊。孙四人。铭曰：

  母从其适，丧有归也。子从其出，祀无亏也。礼穷则变，运丁衰也。节高名远，二族辉也。力学无厌，老下帷也。课桑督稼，周厥规也。有子亢宗，扬母徽也。我笔无恧，视此碑也。

清董云鹤《涵清阁诗草》（见《吴江三节妇集》）

袁仲容墓志铭

〔清〕朱春生

曩予尝铭袁生彦群之墓，痛吾友湘湄之盛德而丧其良子。时彦群弟仲容年甫十七，读之而涕泣不已，盖已能识文章旨趣，所学亦不减彦群。予方藉以慰湘湄，谓彦群为不死也。第忧仲容善病，而犹幸其病不废学，学日进，以为体虽病而神则王，病当终愈。乃今竟以病死，而予又将铭其墓，何湘湄之多不幸，而几令予无辞以慰之耶！仲容名宬，号山史。始与彦群同学于杭，彦群死，仲容独归其家。后三岁余亦归，湘湄复令从予学。问所业，则读《史记》《汉书》，皆上口矣。予谓二书辞多古奥，恐子未能尽解。仲容曰："初读诚多不解，则视注，注文简略，至取字书对勘，益樊然淆乱，力为之疲，无已姑强识之。而观其后，则此篇之不解者，或于他篇复遇之，参观文义，恍若有悟。既卒业，觉其间古奥不易读处，精义往往在焉，因而四五复之不能自已。顾视近人之文，转若浅率寡味矣。"予闻是语大奇之，试使背诵一二，愈至聱牙处低徊咀讽，音节宛然，盖实心知其意，而非徒夸记功也。至其所自为文，则清和畅朗，语必近情，若绝无史汉古奥之句在意中者。诗本父兄家学，而宗派稍别。于唐人中好读韩昌黎、孟东野之作，于宋人则黄涪翁，并置其集案头，钩稽朱墨几遍。而即事成什，自摅胸臆，亦未尝袭三家一字也。其观书精核异甚，终日据几案，望之若木鸡。或片刻而疾览数十纸，或目注一二语移晷不下。当其深思默记，即众人喧哗于前有弗闻者。顾其体清赢，夙有上气疾，岁常数作，而嗜学成癖，虽病不能斯须去书。余惧其过劳，每见辄诱与倾谭，或述游览之胜，或陈书画之玩，冀移其心。而仲容意殊不属，俟予出，则又兀兀手一编矣。果以是耗竭心神，循致咯血，屡发转剧，遂以不起。没后入视其室，卧榻之侧，纵横陈列，无非书者，盖以勤学死也。呜呼痛哉！仲容渊静谦下，语讷讷不出口，而好尚论古人，辨别贤奸，义形于色。尝有客谭前明兴献王事者，意主张孚敬而绌杨廷和，援据《礼经》，其说甚辩。仲容徐曰："此事不必以是非论也。杨公意在持正，即未尽合，亦君子之非。张璁意在逢迎，即有可通，亦小人之是。故以斯事比濮议，杨实同于温公，而张不得以欧公藉口。且彼皆君子，而所见偶不合，仍不害同朝共济。此以小人倾君子，遂致尽逐群贤，而独操国柄，世道升降之故，有可为太息者。儒生稽古，不能诛奸谀于既死，乃复从而扬其波乎？若以其缘饰经文而信之，则孔光、张禹之助王氏，亦经术也。以其依乎孝敬而右之，则章惇、蔡卞之议绍述，亦教孝也。"客无以应。其生平持论，如此类甚多。而著为文者才三数首，盖自歉所学未成，将俟异日始尽笔其说于书也。而今已矣，呜呼痛哉！仲容生于乾隆五十年七月廿三日，没于嘉庆十一年八月十一日，年二十有二。所著《独笑轩诗》二卷，《古文》一卷，《饼桃花馆词》一卷。娶朱氏，即予长女。无子，生一女，仲容没时甫周岁。其葬以十五年之三月十一日，即祔彦群墓侧。铭曰：

子谓我师，幼从学耳。学成殊绝，我且师子。哀残自分，我墓子铭。反铭子墓，哀情曷胜。天生此才，似关文运。遽摧折之，天乎难问。遗文寿世，格老气苍。孰知存年，二十而强。

嘉庆十五年三月初一日，友人朱春生撰。

清袁宬《独笑轩诗稿》

皇清诰授奉政大夫例晋朝议大夫候选员外郎加二级纪录二次显考蓉裳公行述

〔清〕周宪曾

府君姓周氏，讳光纬，字焕文，号蓉裳，又号孟昭。先世出道国元公后，随高宗南渡，卜居会稽。明成化间，十世祖敬先公讳恭，始徙居武林北郭之芳林里。六世祖仲涵公讳承宣，五世祖友黄公讳奇龄，高祖次梁公讳昂，皆以曾大父贵诰赠荣禄大夫。高祖妣陈太夫人，为吴江黎里镇望族。高大父早世，时高王父与外高王父陈引祺公素友善，且爱禊湖风景，因僦居陈氏宅。及没，高大母遵遗命营葬黎里，遂家焉。饮冰茹蘖垂四十年，大吏以节孝事实具题，奉旨建坊旌表，诰赠一品夫人。生子二：长曾大父夔堂公讳元理，次曾叔祖昆冈公讳元瑛。曾大父由乾隆戊午举人，选授直隶蠡县知县，洊至直隶总督，诰授荣禄大夫，特晋太子少保，内授工部尚书，以老病乞休，予告回籍，晋加太子少傅衔。曾祖妣费太夫人、姚太夫人，俱诰赠一品夫人；许太夫人诰封一品夫人。曾大父生子二：长宪曾嗣祖父行远公讳达士；次大父望山公讳升士，工部营缮司主事，诰授奉直大夫，以府君官晋封奉政大夫。祖妣彭太宜人，诰封宜人。大父生子二：长宪曾嗣父惺斋公讳霞，嗣行远公后；次即府君也。府君自幼聪明端重，六岁就外傅，书上口辄成诵，大父顾而乐之。时曾大母春秋高，大父因谢恩谒选，两赴京师，府君承颜侍奉，深得曾大母欢。年十三学为制艺，下笔有奇气，受业太仓李恂斋先生、吴江丁熙堂先生，皆以为慧敏焉。每岁科两试，偕宪曾嗣父赴试武林，见者咸以郊祁目之。辛酉岁，宪曾嗣父母先后弃世，府君情伤手足，又见宪曾嗣祖母费太孺人丧明，痛切哀感倍深。先大父遂谓府君曰："吾家报朝廷以继家声者，惟汝而已，汝当勉之。"府君由是研求益切，以慰亲心。是年适蒙恩旨，豁免曾大父任内应赔永定河工银两巨万。先大父感激天恩，遂令府君遵工赈例，报捐大理寺评事，以为他年报效之阶。癸亥，吾母王宜人来归。明年甲子春，曾大母弃世，府君见大父母衔哀悲痛，百计劝慰。是秋，应本省乡试。次年乙丑，先大父因过悲咯血，府君随先大母侍奉，衣不解带者数昼夜，多方延医，至诚祷告，以冀日痊。洎大父捐馆，府君悲号欲绝，痛不欲生。越明年，为先大父举殡营窀穸，躬亲耷捣，手植松楸，斧堂之制秩如也。府君继承家业，事无巨细，悉遵先大母命。有所创建者，皆先大父志所未逮者。故尝喟然曰："凡事最重者，事君与事亲。吾父于事亲，固足以孝称后世，而所未逮者，报国厚恩耳。吾为子，吾当效吾躯以承先志。"乃复遵土方例捐纳同知，又遵豫东例加捐员外郎，将赴京分部。行有日，适先大母偶因痰阻，卧床数月。府君慨然曰："凡人子出仕，每因亲老而回籍终养者。今吾母年已五旬余，又多疾病，吾何可远离？"乃为大母制丸散，以备药笼所须，并广行施送，以祈大母寿。先大父性爱临池，收藏名迹甚多。府君乃集宋元来诸家，择其尤者数种，钩摹上石，刻《红蕉馆藏真帖》，自跋其尾云"仰承先志"，盖纪实语也。己卯春，宪曾嗣祖母费太孺人弃世。惺斋公早世，以宪曾嗣，时尚幼，府君为举丧葬，无不尽礼，人皆称为孝友焉。府君笃嗜风雅，定省之余，琴诗射艺，无不博涉精能。所著有《红蕉馆琴谱》二卷，《红蕉馆诗钞》已刻未刻若干卷。其于诗致力最深，少时与郑瘦山诸君讨论精妙，互相切劘，自汉魏六朝以下，率皆沿波讨源。尤好杜、苏两大家，尝背诵全卷，不差一字。近年又喜读《庄子》，怀铅握椠，丹黄烂然。孰料手泽犹存，而音容已杳耶！癸未夏，江浙大水，淹没田庐。府君最好善，凡劝施钱米及护棺瘗骼诸善举，必努力为里中先。又以先大母乐善好施，因于所业之田，计亩给米，以悦亲志。是年冬，大吏饬属劝捐，以继恩赈，城乡分局敦劝，邑侯属府君偕里中父老董厥事。府君勉力倡捐，不辞劳瘁，半载有余，灾邻得沾实惠，府君之力居多。邑中庞山湖为震泽下流，吴淞之源也，久为茭芦所塞。邑侯又以浚湖工程属府君，适因大母病，固辞不往。遂作诗柬之，所言宣泄防潴之法，动中窾会，由是知府君之孝而仰府君之才焉。道光四年秋，先大母感患时疟，又兼痢疾，府君侍奉汤药如侍大父时。迨大母弃养，府君痛泣呼天，失声踣地，非有馈奠事，足不逾庐，乃至冈昼夜短泣长号，靡有闲辍。宪曾、兆勋时时劝慰，莫能解忧，遂得咯血病。又当心有所难安，事有所难处，郁郁愤闷，病渐日深矣。丁亥夏，大吏以道光三年捐赈绅民入奏，府君奉旨从优议叙，钦加一级，纪录二次。府君感激弥深，谓宪曾曰："吾家受恩深重，今予病不能报效，汝当体此意焉。"乃命宪曾遵酌增常例，报捐部司务，仍习举子业。是年即为宪曾婚。今岁春，宪曾、兆勋等见府君咯血时止时发，屡延医调治。据医云是因悲哀所致，并非弱症，可无虞。宪曾、兆勋等亦以府君春秋方壮，遂妄信之，孰知竟以此疾终耶！府君一生慈祥接物，忠厚待人，且好施与济贫困。尤笃于族谊，久欲捐田亩立义庄，为合族久远计，并欲建坊以归美先人。夏间，偕逸坡伯往吴门商办义庄事，遂就医焉。宪曾、兆勋等不时禀问，府君屡谕以病稍愈，可毋念。五月初，宪曾到苏，稍尽定省晨昏之职。孰意府君于六日颜色顿变，因胁痛气急所致。宪曾惊惶无措，遍请名医，参药罔效。不得已，次日邀同伯姊随侍府君旋里，于酉刻抵家，而府君气愈上冲，奄奄一息，竟于戌时寿终正寝。府君生于乾隆五十年乙巳五月十六日丑时，卒于道光八年戊子五月初八日戌时，享年四十有四。配吾母王宜人，乾隆丁未进士、江西道监察御史讳祖武兰江公女。子二：长宪曾，候选部司务，嗣惺斋公后，娶钱塘丁氏增广生名照古松公女；次兆勋，聘长洲彭氏国学生名蕴柯圃香公女。女子五：长适长洲汪氏，议叙九品邑庠生讳溥渊亭公子嘉琛；次适元和严氏，太常寺行走博士加三级名应椿荫所公子国学生辰笏；余未字。孙一，邦表，宪曾出。

清周光炜《红蕉馆诗钞》

候选员外郎周甥焕文墓志铭

〔清〕彭希郑

长洲彭希郑撰，钱唐高垲书，吴县石韫玉篆。

宫傅燮堂周公，由武林徙居吴江，少读书于黎川青照楼。迨予告归，辟新第于旧居之东。公殁，令子望山水部又筑园囿于第后，奉母许太夫人以居，白华洁养二十余年。水部为余姊夫，既殁，余甥焕文奉余姊太宜人以居，亦二十年，如水部之奉许太夫人也。两世事亲养志，修身励行，而皆不永年，论者惜焉。焕文既殁之次年，岁己丑，孤子等将以十二月十二日，营葬于浙江嘉善县保东区虞字圩祖茔之次，先期具行状来乞铭。按状：焕文姓周氏，讳光纬，焕文其字，号蓉裳，又号孟昭。世居武林北郭之芳林里。五世祖仲涵公讳承宣，高祖友黄公讳奇龄，曾祖次梁公讳昴，皆以燮堂公贵赠荣禄大夫，妣皆一品夫人。祖燮堂公讳元理，乾隆戊午科举人，官直隶总督、太子少傅、工部尚书。祖妣氏费、氏姚、氏许，皆一品夫人。考望山公讳升士，工部营缮司主事。妣氏彭，封宜人。望山公生丈夫子二，以长子霞嗣伯兄行远公后，次即焕文。幼聪敏端重，年十三学为文，下笔有奇气，受业于太仓李恂斋、吴江丁熙堂两先生，深器之。一应省试，旋丁望山公忧。服阕后，遵例捐同知加员外郎。缅惟燮堂公由县令起家，外膺节钺，内作司空，身受国恩，至优极渥。望山公壮年捐馆，暂居部署，未竟所施，亟欲驰骋仕途，勉图报效。奈伯兄早世，家事毕萃一身，且母太宜人中岁多病，常侍汤药，屡作出山计，辄中止。平居敦本睦族，任恤里党。癸未大水，合邑田庐淹没，因倡议捐资助赈，为绅士先。其他散给钱米、护棺瘗骼诸善事，不可枚举。庞山湖岁久淤塞，时议开浚，以宣泄防潴之法陈于邑侯，语语切要，至今水旱赖之。是虽未遂壮行之志，而利济之及人多矣。性嗜风雅，工吟咏，得力于杜苏两大家。尤喜读《庄子》，背诵全卷，不遗一字。望山公工楷法，收藏名迹甚多。因集宋元诸名家书，钩摹上石，名曰《红蕉馆藏真》，承先志也。卒前数月，思捐田立义庄，以继望山公之志，并请建坊，以归美前人，病剧未果。望山公因居丧哀毁致疾不起，今焕文因遭母太宜人大故昼夜号泣，患咯血者三年遂尔长逝，与望山公先后一辙云。焕文生于乾隆五十年乙巳五月十六日丑时，卒于道光八年戊子五月初八日戌时，享年四十有四。配王宜人，乾隆丁未科进士、江西道监察御史、讳祖武兰江公女。子二：长宪曾，候选部寺司务，嗣兄霞后，娶钱塘丁氏；次兆杰[1]，聘长洲彭氏。女子五：长适长洲汪嘉琛；次适元和严辰旂；余未字。降服孙一，邦表。铭曰：

于父之道，终身不改。承母之欢，阅久不怠。葆璞守真，卓尔完人。魂兮安归，先人是依。

吴江博物馆藏拓片

注〔1〕：据《（黎里）周氏家乘》载，后更名兆勋。

本生高祖妣王太恭人家传

〔清〕周世恩

本生高祖妣太恭人讳淑,字畹兰。吴江王氏、乾隆丁未进士、官江西道监察御史讳祖武公女。幼聪慧,工诗词。随父宦京师,与杨蕊渊、李纫兰、陈衡芳诸女史相唱和。年十九,归我本生高祖考蓉裳公。公亦笃嗜风雅,胚胎唐宋杜、苏两家,而得其神髓。由是夫妇各工推敲,公著有《红蕉馆诗》,太恭人著有《竹韵楼诗钞》及《琴趣词》,俱镂板行于世。蓉裳公豪于饮,好博涉。酒一榼,琴一囊,更复挟弓矢以习骑射,不屑意于家事。太恭人事姑彭太恭人,能得其欢心,并代其劳,握算钩稽,萃巨细于一身,旦夕不辞繁勚。伯姑费太恭人蚤寡而好静,持梵呗长斋,别居西宅之寿恩堂。太恭人间日必躬省问,慰其孤寂,虽奔走终养弗衰。高祖惺斋公娶才一载,相继即世,太恭人以曾祖考应芝公嗣其后,抚其遗女,保抱提携,以迄遣嫁,恩如己出。先后费太恭人、彭太恭人逝世,经纪其丧葬,尽礼尽哀。相夫黾勉,指画裕如。蓉裳公居母丧,痛不自胜,泣尽而继以血,疾遂不起,延四载而捐馆。太恭人由是心伤于所天,力瘁于半生,自度不能永年,乃为应芝公与叔曾祖少裳公析产,云:"好自为之,余年老精气销亡,不复为尔辈计矣。惟夫君夙欲倡捐义田以赡族,未竟厥施而卒,余不可不勉成其志。"命于析产内捐千亩为义庄田,厘定章程,禀官树案。学政申启贤视学,有"勋承善志"之旌额,至今族人利赖之。太恭人生乾隆五十年乙巳,卒道光十六年丙申。卒后八十有六年,元孙世恩迁处寿恩堂,得《红蕉馆诗》及《竹韵楼诗钞》《琴趣词》镂板,皆历久仍完好,重付印行。更据家乘诠次太恭人之懿行为家传以附之,以见太恭人孝慈而笃于亲,敏达而谙于事,能识大体,光益家道非鲜,非可以清风盛藻概其徽美云。癸亥冬日,元孙世恩谨记。

清王淑《竹韵楼诗钞》

陈封君传

〔清〕沈日富

陈封君讳兴雨,字傅霖,别自号枫江。吴江人,明南御史王道九世孙也。御史三传为举人私谥贞靖绍文,绍文生岁贡生私谥孝质锷,锷生皇刑科给事中沂震,沂震生举人士任,士任生附贡生毓泰,毓泰生府学生兆鲸。兆鲸有子而夭,其弟太学生兆星生子,遂兼祧焉,即封君也。封君少好学,屡困郡县试。年长矣家贫,乃侍府学君适浙之台郡,习法家言。府学君卒,封君以所后母周与所生母林皆高年,因不忍远游,惟往来江扬苏松六郡间。其治狱也巨细不忽,遇重谳则一夕数起,或申旦不寐,虽疾病不敢即安也。其言曰:"世称刑名之家,积怨而招祸,信有之,然其学不能废也。一字之歧,不啻径庭；晷刻之缓，辄生枝叶。下笔慎而判语速，庶其免乎？余无他，惟慎中求速，速中求慎而已。"前后所主凡十数公，皆倚君如左右手。君谦冲和易，遇物无忤，不喜讦弹人短。而于是非可否之间，则偘偘不阿人，不敢干以私。客扬郡，有掾遗文书，君侦得之，白所主者，急予杖责不少贷。及君节假归，有冒雨登舟拜送者，则此掾也。盖心服君之守法，而犹感其加罪之轻云。君之初出游也，食指繁，馆谷所入不足给终岁，则竭力毕两世五丧。既而衣食稍丰，即好推解。从子宗潮少孤，挈之游，教养之如子。将授室而病卒，哭之恸。金山林氏兄弟二人，君舅子也。一早卒，君恤其家。一客死于秦中，君为致其帤，又时其读书从师费。其后二人之子，皆得为诸生。同邑许秀才蔚宗，访友通州，溺于海，其友获其尸敛之。君闻哭失声，遣急足召其子厚赗之，归其葬焉。湖州倪某，欲令其子从游，君未之许也。无何倪卒，君蹙然若负诺责，即邀其子，饮食教诲之，贽币悉却而弗受。尝以修脯金若干由松郡寄归，舟子不以达家人。告官捕得，金已尽，羁其人责偿。君适归，急请释之。君之用财既如此，然未尝轻受人钱。吴县人有为贼所诬者，株连对簿，君察其冤，乞弗问。其人感君，馈白金五百，君弗纳。易以筐筥，三反终拒之，正色喻之曰："吾岂有私爱于汝耶？法在则然耳。"生平好为诗，有《水竹居吟稿》。道光十四年，以长子官吏部主事封承德郎。十五年封奉直大夫。二十一年卒，年五十七。有子六人：宗元，癸巳进士，即吏部君；宗实、宗蕃、宗敏、宗恕、宗潚，皆诸生。惟宗蕃太学生，传君业。以君状乞为传者，宗恕也。

沈曰富曰：余与吏部兄弟六人，少同朋试，年相若，居无三里之隔，而独未尝一拜识封君，盖可惜焉。世知封君精于法律，又盛称其教子之严，远近无与伦比，故吏部兄弟皆能读书有成。抑知其天性之笃，有过人者乎！封君之丧所生父也，年十四耳。其后丧所生母，降服一年毕，将出游，泫然流涕曰："几筵尚在，而吉服以出，吾弗忍焉。"终三年，不衣帛。余读元裕之《却邓州帅聘入幕》诗，有云："三载素冠容有愧，一时墨绖果何心。"谓得《国风·桧》之第二篇意。呜呼！若封君者，亦可以称矣。

清沈曰富《受恒受渐斋集》

厦松公[1]传

〔清〕章高

周厦松公，广文先生也。祖籍桐乡，前明以来代有文人，至厦松而寄居震泽者三世矣。伊先君葵坡公，心性正直，品学兼优，至晚岁贡成均，惟以不得荐贤书为憾。尝训厦松公："汝当念吾惟有汝，汝不努力读书，吾复何望哉！"厦松天资颖悟，文章诗赋，倜傥风流。故早岁游庠食饩，历试前茅，秋闱屡荐，吟坛文阵，名噪一时。三十五岁，奉宪委署遂安县教谕，因葵坡公卧病不就。是年葵坡公卒，明年厦松元配陆孺人卒。当此王褒抱痛欲废，蓼莪奉倩伤神，暗悲风雨。上有老母，中馈无人，怜五子之幼弱，叹一女之丁零。厦松昼夜怆怀，惟以纵酒而遣闷。明年仲夏，忽面生恶疡，医家谓系七情之伤所发，非药石可能治也，未几竟以是卒。呜呼！论厦松公之为人，学优而气豪，性爽而心直。与人交契往来，胸中坦白，荡然无一渣滓，吾以为有三代直道之遗风。不谓天厄其运，而复夺其年也，此真天道之不可解者矣。道光辛巳恩科举人、拣选知县、姊婿章高顿首拜撰。

清周善鼎等《周氏宗谱》

注〔1〕：厦松公，即周森，字赋璋，号厦松，周以清长子。

仲弟省斋行略

〔清〕吴家骐

弟名家骥，字曜升，号省斋，姓吴氏，吴江人。我父母生昆弟三人，长家骐，次家骥，次家骏。骏先五年亡。弟生而聪慧，少时入家塾授四子书，即能通晓大意。及长，以家累故，弃儒习会计。然性好观书，嗜吟咏，尝以一编自随，呷唔不辍。授室后，佐纱贾于硖川。硖固东南一都会，多古迹。弟于暇日，偕其友王春涛、沈素行，浏览凭吊，时有感怀之作。雅好购书，凡书贾之至硖者，必至弟所。而又禀性和易，无疾言遽色，与人交，恂恂若处子，以故人多乐与之周旋。先是嘉庆戊寅、己卯之交，遭家不造，季妹遽亡，不一旬母氏继之，越岁季弟又殁。其间黾勉有无，所以弥缝而匡救者，弟之力居多焉。去冬自硖归里，忽婴狂疾。予谓其心神耗散，可以医药治之，讵意竟以此而殒其身耶！死之日，眡其行箧，见其所手定稿二卷，清新俊逸，多可喜之作。著有家谱一册，亦缜密有致。然后知弟固未尝一日废书，惜乎用违其才，使不克伸其志也。弟生于乾隆五十一年三月八日，殁于今道光三年正月十八日，得年三十有八。子兆培，甫十龄。女二人，俱幼。

清吴家骐《守拙斋遗稿》

吴省斋小传

〔清〕柳树芳

君名家骥，字曜升，省斋其号，世居吴江县之冠溪村。冠溪吴氏，为我邑旧族，其家读书而能文者，雅不乏人。君兄弟三人：长家骐，邑庠生，工诗善医；次家骏，先卒；其仲即君。君生而幼慧，读书过目成诵。及长，以贫故弃儒习贾。然性好读书，暇辄手一编自随，寒灯人静，呷唔不辍，其素所蓄志然也。又嗜吟咏。尝业贾于硖石，硖固东南一巨镇，其间紫薇之胜迹，沧海之奇观，与夫名人学士之往来于兹者，皆可助浏览以资酬唱。君于暇日，选胜侣，穷幽壑，抚时吊古，长吟独谣，而诗学亦与之俱进。平生笃于伦纪。嘉庆戊寅、己卯间，忽遭季妹之亡，不一旬母氏继之，越岁季弟又继之。贫家艰苦,凶耗频仍,极人生不堪之境。君独黾勉有无,哀不废礼。呜呼!以君之诗才谊行,不以贫废学,不以病殒身,所以磨厉而玉成之者,何难与于立德立言之林?奈何遭家多故,中道云殂,天既啬其遇,而乃复啬其年,是真可悲也已。君殁后,其兄柯亭以行略见示,欲乞余作传。余自先兄秀山亡后,心情抑郁,故业荒芜,焉能强作解人,为一二知己传其姓氏哉?然柯亭来书寓意甚笃,其心之不忘乎弟,犹余之不忘乎兄也,遂不辞而为之传。道光三年二月,同邑友弟柳树芳拜撰。

清吴家骥《橙香书屋遗稿》

先考候选州吏目琛厓府君行实

〔清〕沈曰富

府君沈姓,讳烜,字树棠,别自号琛厓,吴江人。七世祖成初府君讳天锡,明季时由浙江归安来徙居邑之吕塔村。我高祖山尊府君讳维岳,以节俭起家,岁荒首出粟赈饥,全活甚众。曾祖在田府君讳兆龙,尤好积阴德,尝焚借券之贫无以偿者数十。畜一奴,其父母欲赎,遣之而不受其直,里党称之。祖父笙桥府君讳朝栋,性笃孝,娶我祖母吴太君,甫逾年而遭曾祖母丧,以哀毁卒。是时,我本生祖、县佐碧堂府君讳朝椿,年十二。既六年,始娶我本生祖母钱孺人,又二年而举子,而后我祖母得立以为祖考后,即府君也。府君生三年,而本生祖母没。祖母为府君长择交游,扩闻见地,因挈府君迁于盛泽镇,遂定家焉。府君少即聪慧,性静默,处一室终日不闻啼笑声,果饵非祖母给不食。偶返吕塔省本生祖暨本生继祖母王太君,辄依依不忍别。人有言及我本生祖母者,府君闻必泣,泣必避祖母。蹲祖母膝前教之识字,日不尽百不止。六岁出就傅,受五经四了书,过目辄成诵,客来与师谭,悉能记其所言。束发与乡里通庆吊,未尝失礼节,见者咸器之。然祖母教府君,惟以读书敦行为重,不汲汲进取。故府君虽历从吴赠君树玉、钮文学师高、张太史芹、丁司训纶辈受业,朝夕肆力于问学,而不甚治帖括。好为诗古文辞,暇则与邑中绩学士过从谭艺,四方才俊皆愿与游,府君未尝出交,而宾客之至门者无虚日。于是府君年方冠,我母叶孺人已来归,且有子矣。及年二十五,以例得州吏目,亦未即赴选。二十七遭本生祖丧,又以两太君俱就衰,遂不复出。先是本生祖患消渴疾,俛发俛止,发辄数十日。府君闻即往侍疾,恒数夕不卧,即卧亦数数起,忧惧形于颜色,疾已乃返。及临没,指府君而谓我叔父录事君焞曰:"若兄能事我,彼虽为若伯父后,若与彼,慎勿异视,当一如我之待若伯父,若悉遵听之,则我慰矣。"回顾府君曰:"若父未营葬我死,窀穸所在必与若父俱,使我兄弟无相离,若毋忘之也。"故本生祖既没,服阕,府君即偕叔父卜地于邑之施塔村杷字圩,以葬我祖父、本生祖父母,并为祖母及本生继祖母营生圹如遗命。时祖母已以节孝旌,因建坊其前。别于其旁筑墓祠庐舍,春秋暇日辄往居之,且属昭文蒋布衣宝龄绘《杷墅丙舍图》,时玩之以寄思慕。论者皆美我祖与本生祖友爱之笃。府君能善承之,而感时追远之心之恳至，又历久如一日也。府君事祖母甚谨。祖母老而得胃病，恒胸脘作痛，延及肩背。每作，府君必为抚摩，以舒其苦，服药必自煎进之，不假仆婢，并不使不孝等代之。尝以事入城回，值严冬，寒厉冰冱，舟不得前。府君念祖母不置，遂步行五十里归，足尽生胝。年逾四十，承颜于祖母前，犹如婴儿然，见者以为难。性本旷达，不事家人生产。又本生祖在时故好施予，遇饥寒疾病及死无以敛者，常资给之。府君亦承其余风，轻财而尚气谊。虽有田数顷，连遭歉岁，度支不敷，人皆为府君忧，而府君处之泰然，谓不孝等曰："得丧人之常不足患，患不能守分耳。且人各有常职，贵有恒性以持之，苟汲汲于功利，妄念起于内，躁气乘于外，业之不隳者几何？"又曰："愈贫宜愈耿介，则人不憎。愈富宜愈柔和，则人不忌。"又曰："交友无论微显，先观其处家庭，次察其待乡党，然后与之论交。"府君于不孝等不数加督责，而偶训一二语，皆类此。生平喜作诗，效南宋诸名家，间仿昌谷，于朴率中出奇彩。工书，书法逐时变，不名一家。作篆隶不过奇，曰："所以奇者，欺人耳。"最长于画，山水、人物、花鸟，无不为画，亦逐时变。少尝与钱唐钱主政杜游，所作山水颇务工细。后诣昆山王国簿学浩，听其谭论说之，遂入苍老。又甚嗜古，所藏秦权汉布、晋唐碑帖、宋元明书画，及彝鼎杂器甚夥，不屑屑考核，而真赝立辨。当我母初来时，亦颇好笔墨事，与府君时相唱酬，及家务渐繁，乃不暇以为。而府君每岁必作诗若干首，书画若干幅，以为常。近岁好出游，往来支硎、邓尉间。每独行，不偕侪侣。尝至武林，登两高峰，揽西泠诸胜，徙倚终日不去。归则写其游迹为一册，郭上舍麋见之，以谓有逸气，非他手所到。游当湖，识钱上舍天树，为留累月。上舍亦工文词，富藏弄，与府君意气尤合。后每念之，辄喟然曰："钱君知予者。"性不嗜酒，然里党有宴会，非府君至不欢。府君素豪迈，少尝习骑射，又审音律，旁及围棋、投壶之属。间学琴，家蓄一琴，名"古鲸"，时一抚弄。见一艺辄好，好辄习，习辄精。既精矣，未尝矜其能也。复喜读方书，悉心讲贯，凡载疾至门者，辄治之有效。每治一疾，如决疑狱，脉或屡切不惮烦，疏方笔迟迟若惟恐有误，夜必检书核所治之当否，常漏数下然后寝。府君容貌颇壮伟，顾少尝有瘵疾，后复患痁首疾及齿龃鼻衄，不时发，每曰："我能治人病，而不能自治，亦终当无有能治之者。"居常恐大母知，辄自讳。大母侦知之，以为戚，时戒不孝等曰："汝父身婴诸疾，他日必有一疾致其厄者，我当不及见，汝曹宜谨事之。"呜呼！孰知府君竟先祖母而没，而没顾并不由乎诸疾哉！没之前数日，府君检案头所积纸，为人所索书画者悉了之。及病之日，犹为人题画。过相知家谭归，值邻翁携酒来者，即共酌尽欢而罢，入内问祖母安，旋就寝。不孝等退闻府君嗽声异常，时急起往问，则府君已目瞠体强，不复能言。医至，言中风，将不起，投剂不受勺饮。及旦，挚友辈来讯，皆相顾失色，有出涕者。而府君竟弥留一昼夜而没矣。呜呼痛哉！呜呼痛哉！府君生于乾隆五十一年二月十三日，没于道光八年十一月二十四日，年四十三。所著有《停云楼诗》四卷，《题画诗》二卷，《画记》二卷，《杂体》二卷，藏于家。配我母叶孺人。子四人：曰寿、曰富、曰康，叶孺人生；曰诚，女子一人，庶母周氏生。孙三人：善祥、善禧、善祉。女孙一人。不孝等无所肖似，以府君行谊之备，才艺之多且美，宜可传之永久。而孤贱无以自达于当世能文有道之士，是用捶心泣血次其所及见闻者，号而陈之以俟焉。呜呼痛哉！

清沈曰富《受恒受渐斋集》

樨舟公传

公讳杰，字友棠，号樨舟，春波公第四子。生于乾隆五十一年丙午十一月十五日酉时，卒于咸丰三年癸丑六月初七日子时，享寿六十有八。太学生，候补安徽府经历。历署杭州司、潜山、宿松县县丞、泗洲直隶州州判、兼理双沟州同。公少时为举子业，文已入觳，春波公以公字迹欠佳不利场屋，而才可使也，命业商。迨弱冠后，奋起自励，恒不甘居人下，遇事见几，一言而决。自奉极俭约，恶衣恶食不以为耻，破纸坏木惜之如金。而于宗族亲戚之贫困，及捐公派数义所当为者，虽千百无吝，由公之见理明也。见理明则才露，君子则知而好之，小人则媚嫉以恶之矣。公筮仕年已三十有九。初署杭州司，始至案牍盈尺，公限三日决之，治断平允，舆情欢洽。不两月而卸事，绅士惜之。后理潜山县县丞，亦仅一月，惟署宿松县丞几及半载。当时县之门丁侵占乡人墓地，讼于县，县尹以家属不便自理，委公审。公亲自勘验，访察舆论，竟断归乡人。其未断时，门丁央人以利啖公，公笑却之。自是绅士信服，有事必至公署商确焉。其莅泗州也，适值大旱，公为虔以祈祷。时已九月初，例不准告荒，公特专札禀府，虽不允，而催征之期缓矣，此皆公存心爱民之实意也。公办公勤敏，每日必鸡鸣起。暇则耽情翰墨，著有记游二卷、诗稿二卷、尺牍一卷，笔意倜傥不群，为顾蒹塘先生所称许。公得子已晚，乃竟先公而殂，不及一月而公亦没，仅遗四岁一孙，岂不伤哉！然迹公生平，行事俭而能，惠朋而不苛，谋利而不贪，遇肥而不校。后解组十年，主持家政，无不尽心竭力，平居益自刻励。则公之所以贻乎后者，正自不薄，兹虽一脉之传，安知非硕果之存乎？妣氏沈孺人，侧室陈氏，合葬于石门洲钱镇西南濮家荡南，与愚堂公同墓。

清周善鼎等《周氏宗谱》

诗人陈翊辰参军传略

〔清〕邱璿

予嗜闭门觅句，而畏人知。又喜叠韵，遇一二同心人，相为于喁，辄累十累百不已。历三纪来，独与外弟家心文学相过从，予诗亦赖家心敦学相长。念吴根越角间，诸老凋谢，憖遗无几，亟欲就正有道。爰于今夏，删授之梓，以代胥钞。亦将以自怡悦者，持赠于人，而与我翊辰藉订忘年交也。翊辰为外兄效渊都事少子，逮事大父，以爱怜之故，十三岁遵川楚例，需次参军。仍攻举子业，作文尚才气，十九岁一应科举，不得志弃去。自幼读书多领悟，耽吟咏，至是一力于诗。暇则游于棋射、投壶、音律诸艺，书爱晋唐，间写墨菊，所波及者，皆诗之余也。性质直好义，爱宾朋而不滥交。喜闻过，亦喜规人过。必相知心者，不妄听，亦不妄言。遇善举，不吝推解。信竺教不厌，茹素，心之所至，往往皆见于诗。翊辰平素略无疾病，一病乃不起。岁壬申春病目，秋又病疡，体日羸。忽以诗一律驰笺于予，缠绵悱恻，深以沈痼累父母忧为忧。予一见刮目，既又见连章落叶诗，益异之。于后以诗养疴。诗益夥，汇录成帙，谬正于予。余私心窃计家心外，将又得一益友，何至戚相好居不出半里外，前此曾未之知？家心为族父，亦初未之知。盖其闭门觅句偏与余同，而其喜叠韵，则又与予与家心同。适家心来，异口同声，欢喜赞叹，亟为诗相赠。答曰："俟其病之起也。"除夕，翊辰强起，下楼作无病者，然洗腆用酒，承父母欢，顾疡病成漏，去之未能尽。夏五始咯血，迁延百余日。一夕，阳阳如平常，血俄大涌，就枕未安而没，实癸酉八月十九日也，年二十有七。娶赵氏，好善如翊辰。无子，以兄子昌绅、昌诒为后。翊辰为诗，性灵书卷两至，尤长于七律。每夜坐必漏三下，尝语人曰："夜则气静，读书半夜，抵得一日工夫。"宜其所学，静深而有本哉！予既痛吾里失一诗人，天不假之年，不以老炼其才，不以为我益友。然予思所以慰我外兄者，则此长不死者，自在其人无已也。其年长吉也，其诗义山也。外兄属为之传，余不文，固辞之不获，为诠次其大略如此。翊辰姓陈氏，名三陞，号补堂，翊辰其字也，世为吴江人。

论曰：亡友吴用羹梅能文，以孝行称。叶文竹昉升有遗诗行世，诗直逼盛唐。其卒也，年皆三九。古谓龙蛇为文人之厄，岂三九之年亦一龙蛇耶！

嘉庆癸酉九秋，愚表叔邱璿潜甫拜手撰。

清陈三陞《评月楼遗诗》

柳确斋小传

〔清〕 吴元音

君名梦坤，字以宁，号确斋。少工诗，兼习制艺，师事同邑姚竹亭先生。既而累踬场屋，遂弃举子业。居"雪香斋"，莳花种竹，常邀一二知己痛饮，辄尽数斗，醉则赋诗见志。性友爱，得诸兄欢，而与四兄梦金尤笃。道光癸未冬，梦金以疾卒，哭之恸，言及辄流涕，得咯血证，竟不起。临没前两月，命画工绘像，亲饬后事。喟然曰："吾父母已葬，死无遗憾。所不能忘者，诸孤尚幼耳。"所作诗，多不存稿。没后，仅得百余首，题曰《雪香斋诗草》，藏于家。子三。长清原，出嗣五兄梦祥后，从于予，好学工诗，能世其业。嘉善世愚弟吴元音撰。

清柳兆薰等《分湖柳氏重修家谱》

胜溪居士传

〔清〕姚椿

生传非古也，自司马君实传范景仁，而子瞻于陈季常亦复为之，后世不以为非也。予尝作《何书田别传》，柳君援其例以请。柳，何友也，无以辞，作《胜溪居士传》。君名树芳，字湄生，晚而号古查。先世居慈溪，明季避兵难，迁于吴江之东村，后又迁居分湖滨之大港，

又迁居大胜港，则所谓胜溪也。君少时勤恳于学，年二十三患咯血，乃弃科举业而学诗。君父逊村翁，勤于治生，子三人，君其季也。两兄皆承父业，而君伉爽警敏，治之尤精，既理家务，益嗜学不废。复恤恤为善，以为吾之所业，匪独自治其家，亦以兼助人之所不及者。故邑有善举，君无不躬与其事，竭诚相经理，而人亦无不服君之才。君既好诗，所交游多文学善士。凡先哲遗书有未刻者，君无不出资相料理，然不肯为无益事与刊无益之书。以为苟然是，匪但无益，乃反害之。故君生平，于伦纪风化最隆也。君身不逾中人，而音如洪钟。与人语，意无不尽，人知其性然，亦不甚忤之。闻人厄病，若疾痛在己，必思所以济者，然不肯为无名施予，必使人以可受，于一时贤豪长者尤甚，人亦以此多之。君所为诗，精警明爽，不屑为钩章棘句，所著有养余斋初、二、三等集若干卷。先是尝辑其上世事为《河东世乘》，后复为家谱若干卷。又得其乡先辈所辑里中遗事，理而广之曰《分湖小识》若干卷，盖其不肯自逸如此。君自恨以病辍学，其长子青又早卒，于是督其次子薰甚亟，今为县学生，能世君之业焉。予初识君于书田所，因而相习。书田于君性相类，其好诗又略同也。书田隐于医，君隐于农。世有究赵过、蔡癸之术者，窃谓当从君究其底蕴。予先世农也，后不续其业，今子弟未有能奋起者，每见君未尝不自愧。君近悉湖边多盗，以书见询，予举张考夫先生所言。君遂于去冬六十不举寿觞，损诸佃新米各一斗，然则君之所见盖远矣。

道光丁未季冬月，娄县姚椿撰。己酉仲春，山阴平翰书。

吴江博物馆藏拓片

先考古槎府君行略

〔清〕柳兆薰

先府君姓柳氏，讳树芳，字湄生，号古槎，晚号粥粥翁。吴江人。始祖春江公，明季由浙东慈溪来居邑之东村。三传至心园公，由东村移居北舍港，世有俭德。又再传至绚圃公讳仲华，家业渐裕，好行善事，是为府君之曾大父。大父杏传公讳学洙，赠奉直大夫，性宽和，由北舍再迁分湖之北大港村。父国子生逊村公讳琇，好读书，不求仕进，性至孝。杏传公既殁，以母黄太宜人喜闲静，复卜宅大胜溪，以迎养焉。黄太宜人

晚年目几失明，公暨配周太君朝夕侍侧，旨甘瀡滫，扶持抑搔，无不当意。太宜人心安之，年近九十而终，公犹哀毁不自胜。行谊详邑人赵君兰佩所辑《江震人物补志》及长洲顾君日新撰《逊村先生传》、娄邑姚君椿撰《墓表》、同县沈君璟撰《墓志铭》中。周太君生三子，长国子监典籍养斋公讳春芳，次国学生秀山公讳毓芳，府君其季也。府君少端重，六岁就傅，受五经四子书，庄坐成诵。十三读文选及唐宋诸大家文，习举业，援笔未尝起草。塾师袁茂才雨襄先生赏之，以经济文章相期。年二十一，娶我母沈孺人。未半载遭逊村公丧，府君终日哀号，遂得咯血证。练祥后仍溺苦于学，冀得科目以慰先人。无何周太君又卒，府君既哭而息叹曰："予三应试而不利，不得博一衿以慰亲心。今齿加长，若犹眩于俗学不稍自立，岂贻亲以令名之道邪？"乃于服阕后，援例贡入国学。自是日夜研精于六经、三史、宋五子集，及《通典》《通考》《通志》诸书，皆手自铅黄，摭拾其要，名曰《经史撷华》《三通汇论》，欲以所得见之于文，以逞志于南北闱。而血证又发，于是壮志顿灰，惟寄情于诗，编年命集。自庚午岁始，花晨月夕，与同人结吟社，极诗酒之乐。中年以往，悲感交集。己卯春，我母沈孺人卒。时长兄兆青年十三，不孝生甫三日，女兄三人亦俱幼。府君举目酸然，成《孤唱集》一卷刻之。已而我继母顾孺人来归，抚不孝等如己出，府君始稍慰，曰："儿辈母殁，复有母，予亦可破涕为笑矣。"初，府君专嗜读书，不问生产，家事咸我仲父秀山公擘挡。壬午秋，秀山公弃世，于是两家事无巨细，丛集府君。府君悲痛之情时形歌咏，辑《仲兄事略》，乞同邑郭君麐铭石置墓旁。遣嫁从妹归同邑徐山寿，奁赠丰腆。语不孝曰："汝仲父处心仁厚，操持家政至勤且公。余每痛未能分任，至其积劳成疾。所出者惟此女，故一切加厚待之，汝诸姊不得视为例也。"自癸未大水，老屋就颓。府君于丙戌年葺而新之，去雕饰，务坚致。于隙地筑室，曰"养余斋"，为文记之，恒读书其处，延师课兆青及不孝。时不孝尚幼，而兆青已立为秀山公后，方习举业，发愤攻苦，府君甚喜，谓我仲父有后。未几病瘵，冠昏甫二载而殁，是岁为己丑，府君作哭子诗，遂游武林以释其悲。于是课不孝益严，必期其以科名奋，不使以家事分其心。以故不孝自就傅以后二十余年，凡会计出入往来酬应均不与知。府君尝曰："人各有常职，亦贵有恒心。汝既为士，当以士之分自守，若心有所杂，业之不堕者几何？"平日谆谆训不孝者，多此意也。府君于儿女间，多不如意事。自兆青殁，伯姊嫁未三年而卒，仲姊夫妇招同居者数载，复相继殂谢。至季姊之亡，尤为府君生平恨事。故壬寅之冬，激于怒而血证复发，又患鼻衄头晕，闭门谢客者半载。会有以张杨园先生年谱饷者，府君翻阅一过，曰："古人所遭，更有甚于此乎！"乃渐释然向愈。癸卯秋挈不孝应省试，有《白门游草》一卷。甲辰冬，偶小极，始命不孝暂佐理家务。丙午冬，不孝欲为府君称六十觞，府君不许，命减佃租为寿。旋指不孝而言曰："予向平愿毕，而衰老多病。自今以往，但得家庭无事。天假吾年，以作诗写性情，以课孙娱暮景，足矣。汝专心为学，苟能日新月异，何忧无际会邪？此在汝之不自弃耳！"伯父养斋公，长府君四岁。时携杖往来，说家常话，友爱之情，老而加笃。丁未春，养斋公去世，府君哭甚哀，曰："同胞三人，今惟余在，老怀何以堪也！"赖我继母劝慰之，意稍解。是岁，府君乞姚先生椿作生传，山阴平司马翰为书之。戊申秋，府君忽患疟疾，既又下痢。不孝急延医调治，痢减而疟不止，阅三月始平。己酉初夏，始能起坐小楼中。不孝转忧为喜，府君亦喜甚，以《再生》名其集，又作《再生传》以自嘲。然大病之后，精神陡衰，又值五六月间，滛霖泛溢，水大至田畴尽淹。远近不逞之徒，乘灾攘夺。府君预与邻人约按户给米，幸无为不轨事，里中帖然。而我继母已前得疾，竟于八月二十一日见背。府君自是益无聊，自秋迄冬，郁郁不乐。时官府方议平粜义赈诸事，设局芦墟，府君病不能赴，命不孝曰："岁逢奇灾，贫人欲食糠，核而不得。汝赖先人荫，衣食粗足，福已无量。竭力以推，予于财绌，于心安焉。"于是一再捐，无稍惜。盖府君每遇邑中公事，慷慨好义，克任劳瘁，所得议叙，力辞不受。嘉庆戊寅年，议浚吴淞江，奉有司命任事至上海，有《纪行日注》。道光癸未、甲午两年，筹办上赈，有《劝捐清册序文纪事》。而势艰费巨，无过己酉年所筹荒政，力疾经理，元气耗铄，非无自也。又曰："予平生达观，惟汝母归余，俭勤三十载，倐尔长离，此悲真不可解耳。"不孝日侍左右，见府君形容戍削，步履艰难，深以为虑。然府君犹日读陈氏《三国志》数页，咏歌自若。即有疾苦，不令不孝知，恐其闻而惊也。呜呼痛哉！今岁正月三日夜分，忽发嗽上气疾，饮食顿减。十日后益剧，坐卧不离于床。时执友陈君来泰来视，犹欣然以《再生集》及所辑《养余斋杂录》属校勘。校毕，府君犹阅一过，顾不孝曰："乃父精力耗于是，梓以问世，汝之责矣。"若已自知其不起者然。府君中年后有日记，未尝一日辍。十九日，手已不仁，犹扶起书阴晴数字。二十二日平旦，口占一诗，命不孝录之，云："坐成面壁想，照得观心镜。六十四年中，成亏何究竟。"绝似禅偈，不孝请其意，府君微笑不言，良久乃曰："我心清故净，我心定故静。"终日神明朗澈，竟于是日日入时，端坐而逝。呜呼痛哉！呜呼痛哉！府君平生笃于友谊，不肯为徼逐交。尝曰："所贵乎友者，直谅多闻而已。"最亲敬者，顾剑峰、郭频伽、姚春木诸先生，先后以诗文相投契，诸先生亦雅重府君。府君尝念里中文献，虽有叶氏绍袁《湖隐外史》、沈氏刚中《分湖志》，然皆未成之书。乃合二书而增之，搜罗三十年，稿凡几易，辛丑岁始辑成付梓，犹自为未详，名曰《分湖小识》。又念吾宗自始迁祖迄今已十余世，而谱牒阙如，因创成家谱。以嫡派近宗为断，一切攀附粉饰之陋习概从屏绝。五世祖以下祭田甚少，府君酌捐沃壤数亩，供春秋祭扫费，谓太多则易滋弊窦也。于族之孤寡，周恤倍至，子弟之秀而文者，恒助其读书应试之资。从子大奎补弟子员，府君培植之力居多。吴氏姑嗣子整模幼孤而贫，府君招之来延师督课，与教不孝无异。沈氏从母之女幼失怙恃，无亲兄弟可依，府君从我继母顾孺人之请，抚育于家，为之择婿于老友陈君希恕之子应贞，且预治奁具，今府君见背而嫁有日矣。其他亲故中因困而济之者，指不胜屈。尤喜发潜阐幽，尝刻诗僧雪床遗稿，及同邑史先生善长《秋树读书楼集》。喜性理书，得彭先生兆荪《忏摩录》，即又刻之，谓其有鞭策向里功夫。于当湖故家得《陆清献公日记》全稿，勤加校雠，与《郭华野公年谱》并刻行世。府君为诗多真挚语，不屑规摹依傍。尝曰："读古人诗，当得其气息。一著形似，即落窠臼矣。"于文喜韩苏两家，而于近时姚先生鼐所辑《古文辞类纂》，尤三复不置。所著《养余斋诗》初、二、三集，凡十四卷，《胜溪竹枝词》一卷，《分湖小识》六卷，《柳氏家谱》十卷，均已刻。其未刻者，有《养余斋诗续集》《养余斋散体文存》《读史随笔》《读杜读韩读柳读苏随笔》未分卷，《养余斋杂录》十卷，《白门游草》一卷，《胜溪居士自撰年谱》一册，《日记》三十卷，《尺牍》六卷，均藏于家。府君处家外严而内宽，门庭之内整齐严肃。教不孝为学，必以经明行修为言。初习举业，命从沈进士笑山，后又命从周明经白庵、周广文峙亭。春秋佳日，邀同学诸子为文社。府君所期望于不孝者甚切，不孝质愚学浅，不克仰副。洊罹大故，志气沮丧，即或仰承先荫稍得寸进，而府君已不及见矣。呜呼，尚何言哉！尚何言哉！府君生于乾隆五十二年十月二十四日，卒于道光三十年正月二十二日，年六十有四。配我母沈孺人，国学生、敕授儒林郎、布政司理问愚溪公讳锡爵女。继母顾孺人，邑庠生志松公讳雪梅女。子二人：长兆青，嗣先仲父后，娶杨氏国学生布政使司经历名柄女；次即不孝兆薰，邑庠生，娶邱氏郡庠生名曾怡长女。女三人：长适吴兰渚，次适冯廷椿，季为愚溪公孙妇。孙二人：长应墀，嗣兆青后；次应奎。不孝择于咸丰元年闰八月二十日，奉府君暨两孺人柩，祔葬于本邑二十九都南玲圩祖茔之穆位。而埋幽之文未备，伏乞当代大人先生有道之士赐之铭诔，以光泉壤，则不孝世世子孙感且不朽。不孝孤哀子柳兆薰泣血谨述。赐进士出身、诰授奉直大夫、翰林院编修、甲辰科湖北副考官、表愚侄殷兆镛填讳。

清柳兆薰等《分湖柳氏重修家谱》

清故太学贡生柳君墓志铭

〔清〕沈日富

道光三十年正月二十二日，太学贡生吴江柳君卒于其家大胜村之宅，年六十四。其执友陈文学来泰哭之恸，文学陈先生希恕方卧病，其子应元至遍戒其家人毋许言君卒者，此皆君之行谊有以感于人人者也。初，君以书招余，余方侍兄疾，不果往。既而兄殁甫殡，闻君疾革，将买舟赴其约，则君之凶问至矣。君交曰富先君子在嘉庆中，而余初识君则于君甥殷兆钰家，为道光六年。兆钰与其从兄兆镛及余三人者，方共读书。兆镛少负才，议论锋发，余日与斗辨。君来兆钰所必信宿，好就余辈谈。遇有争，频左右袒，或时孤军独张，两人并力攻其围。恒夜过分，声震屋瓦，闻者皆窃笑。所谈者，古今人物优劣，古法可行不可行，时事孰缓孰急，文章得与失，无不谈，互有偏尚。至于立身行己伦常大端，则不相龃龉也。兆镛既仕，君于余益亲，恒招往。君为家谱，为《分湖志》，校刻《陆清献公日记》，俱有余共其事。偶有所规正，辄应手改。凡世之谓君兀傲，好盛气陵人，不肯虚己以听人言，皆非交君深者也。君之嫉恶严，执礼坚确，盖出于天性。然晚岁益和平，渐少忿激语，知其于学道又有得。君年六十，姚先生椿为作生传，称其志行及所著述甚备。及是其孤兆薰状君事，复请余为铭。昔李遐叔、元次山俱铭鲁山墓，遐叔详叙生平，而次山第述其所以哭之之故，尝疑次山之太简。不知铭通于诔，哀死述行，义各有取，亦可以相备也。故但言余之交于君者，藉以见君之性情，盖欲发明吾师之文，其已书者不复列云。系之辞曰：

柳之先人，来自甬东，丁明末造，厥祖春江。心园再迁，仲华居积，学洙三徙，琇四卜宅。君承五世，友于两兄，树芳其讳，字曰湄生。号以古查，远近争识，读书著文，好行其德。分湖淼淼，其流孔长，筮宅于兹，卜日允臧。初娶于沈，继室曰顾，咸有妇道，聿宜君袝。胥浦作传，实能知君后有览者，更证余文。

同邑沈曰富撰文，同邑殷兆镛书丹，同邑弟王致望拜题。

吴江博物馆藏拓片

太学贡生古槎柳君诔

〔清〕董兆熊

道光庚戌孟春，太学贡生古查柳君卒。凡交于君者争为志传，以备里史之采，国典之储。越二年，余吊于其家，嗣君兆薰以哀诔之文见属。余惟诔之为义，积累以著平生；诔之为体，探纂有同家传。是非湛兰，投契饮醇。全交未易揣称，谷怀抱注渊量。若君之与余，接以友道，折其辈行，情深侨札，谊重稊吕。述德之作，宜归之余焉。君姓柳氏，讳树芳，字湄生，晚自号古查。其先自慈溪迁吴江，又再迁始定居大胜港，所谓胜溪也。君眉目若画，謦欬如钟。蜡凤自采，弱龄表异。竹马辄弃，幼童见奇。赋性敦悾，莅事憘定。具英曜之姿，鄙章句之学。顾盼豪雄，虞翻之骨不媚；吐属温雅，边韶之腹能便。循习下帷，冀获高第。淹染宿疾，屏斥俗学。研切理家之务，讲求经世之才。嘉庆戊寅，中吴兴行水之谋，大吏有浚川之举。乃泛松江，遂经歇浦，张戎关并，相度开空。单锷、郏亶，经营贯渎。鱼鳞册备，阙补《河渠》之书；龙尾扫坚，绩纪沟恤之志。灌溉有资于陈浑，疏凿无异于李冰。道光初载，淫霖不止，洪潦为灾，米价已涌于庐陵，粟赈未闻于河内。君救荒建策，劝籴成歌。安宅肃瞻鸿羽，厦可庇人；发仓遍逮鸠形，田能续命。情同子敬，慷慨指囷；事异孟尝，仓皇燔券。迨己酉之降殃，视癸未而逾剧。君产仅中资，输均巨室，形神劬瘁，疴恙沉绵。备九能而辞其大夫，尽一世而推为长者。今夫苏世济物者才也，颐真养性者德也。君优游家弄，啸傲层阿。林嬉水宴，来野客之两三；雨诺烟咨，通岩讯者八九。荔萝欣其借访，芝桂许之谭讨。轩左奥右，陈书宿酒之顾悟；园垂林杪，清风素月之招延。合榻促席，送抱推襟。尘容俗状之屏除，风语华言之应接。既见西安，烦忧顿遣；忽逢南浦，别思载盈。乃复风馨吹畦，泉冷浸竹。脱巾独步，发箧自哦。读庄生《秋水》之篇，鱼鸟俱狎；步杜老春风之屐，花柳相随。宵阑得句，与虫共吟月上；弹琴呼鹤，使听君之陶写。襟灵滋培年寿，取之无尽，得之有道也。然而冯衍境遇，未免屯邅。庾信心情，大都萧瑟。子舍冰寂，煮无仲弓之糜；戊夜飙寒，覆少伯淮之被。抚遗杯而思口泽，展长簟而致神伤。癖不誉儿，旋摧珠树；娇偏怜女，复折蕙丛。宜其形影凄怆，情辞悱恻。胸如捣杵，非为雁哀；泪自沾裳，不因猿落。而乃愤成韩非之说，愁著虞卿之书。分隆椒衍，义笃瓜绵，王僧祐熟百家之谱，高士廉定九等之志，作柳氏谱若干卷。乡怀桑梓，社敬枌榆，探书穷之禹穴，击壤同诸尧民，作《分湖小识》《太平庄闲录》若干卷。若夫《养余斋集》世之所传也，《经史撷华》《三通汇论》，又其少作也。而吾更谓君瓕心世务发之于己者，既足述已；缅怀古昔传之其人者，尤当详焉。以君植身劲正，居心惠和，本弃华尚素之志，兴返朴还醇之思。陆清献理学正传，日记是缉；郭华野循良懋绩，年谱用镌。以及削竹编蒲之士，漉囊担锡之僧，亦复藏弆诗瓢，搜罗梵纲，咸归甄录，并用流传，皆所以扶树纲常植立名教者也。而至于人天之际，死生之间，则摅旷怀凭达观。陶靖节自著祭文，北邙日煦；范景文创为生传，西蜀风高。逸轨遥同，来芳远被，乃作诔曰：

狂澜驶突，孰为砥柱。蝤枝拳曲，孰为绳矩。仁涵跨今，义激振古。辽邈朋俦，卓越辈伍。猗君令器，种德瑞门。孝称惟孝，言中不言。珠辉璧朗，玉璞金浑。汪汪度远，充充道存。绮岁好修，绛帷端诵。秘籍贯穿，奥义错综。参诗精子，读书真种。气吞曹刘，文卑屈宋。伯埙仲箎，叔豹季狸。翘扶华布，英蜚藻摛。调均奏合，形动神随。穆穆棣棣，愉愉怡怡。运遭坎坷，芘失乾荫。宰木手植，坟草泪沁。雷惊恋深，风倒瘠甚。胜丧殆难，逾礼谁禁。萱背易枯，荆枝又折。文渊行服，宏微悲诀。兄女嫁丰，已息悬绝。非本友于，而能差别。早岁伤逝，频年悼亡。暗蚕啼月，寒禽吊霜。既痛文考，复殒荀娘。茹号索漠，衔泣凄凉。哀缠闵己，功蕿惠人。浸开泽国，流奠波臣。昭苏凋劫，煦妪贫辛。汰欢刷庆，轶群超伦。系连亲串，周恤戚党。思旧铭长，绝交论广。念没契存，抚今追往。闾里范模，衣冠景仰。星晚露初，花开叶落。琴尊既畅，谈笑间作。言妄赌缣，论确抵药。旨归讽谕，俗惩薄恶。咀含词妙，希踪篇冢。涵泳理要，讨源圣涯。不联吟社，务实去华。不列讲肆，崇正闲邪。世有专集，载镌载刊。亭有族谱，载整载完。枣木传刻，惟力之殚。葛藟庇根，惟心之安。繄我志疏，与君交久。落月照颜，秋风牵手。雨绝云乖，天高地厚。呜呼哀哉！君惠思我，君登我堂。我悲去君，我襄君裳。玄宫永闳，白日无光。呜呼哀哉！我昔相过，君初示疾。偃床以兴，扶杖而出。光福探梅，洞庭颂橘。宿诺未践，年寿遽毕。呜呼哀哉！落然身世，巍然陌阡。前冈后垄，左林右泉。有孙绳武，有子继贤。本支百世，诔德万年。呜呼哀哉！

同邑董兆熊撰，震泽蔡召棠书。

吴门严庆垚镌。

吴江博物馆藏拓片

亡妇沈孺人行略

〔清〕柳树芳

嘉庆己卯岁二月，予蹇遭亡妇之戚，郁郁不得意者累月。继思述其懿行，以不没吾妇，每一下笔涕泪交并。兹于庚辰年二月二十八日，将殡于邑之二十九都南玲圩先子逊村公墓旁。距妇之殁，岁改星回，予乌得无一言耶？妇姓沈氏，外舅愚溪先生次女。自幼读书，即能粗识大义。先子与外舅以同里交好，夙闻其贤，遂订婚焉。越六年，先子病将笃，急欲见新妇。岁在丁卯三月八日，为娶妇入室。至五月而先子殁，妇随予匍匐丧次，哭泣尽哀，虽年仅十七，而于妇道居然无亏。时吾母周太孺人痛遭先子变故，尝患咯血证，屡发不止。妇奉侍左右，辄能先意承志，吾母以少妇贤，甚爱怜之。先子生姊妹四人，临殁时一姊一妹尚未嫁，妇每与共饮食，佐刺绣，雍雍乎其式好也，抑抑乎其自下也。迨先后择配，每相谓曰："嫁事出兄手，宜从丰腆，毋启旁人言。"予深以为然。予尝习举子业，己巳岁忽患咯血证，早夜犹勤课诵。妇戒吾曰："事亲莫大守身，躁志以就功名，非所以慰堂上心，君其少息可也。"至是吾母精力渐衰，又以子疾心甚忧之，不得已遂弃举子业。越三年，吾母竟以疾终。予尝痛二人之殁，未能少报，罔极恩。每读父书，悲愤交作，又得肝气疾。妇微言相劝，谓："读书以报先人，不能得志于其身，尚可属望于其后，君何为此戚戚者？"时长男兆青生已五岁，即教之识字。越明年而延师入塾，课读无间，妇无姑息。念予性好游，出门之日居多，儿或不顺从，妇以夏楚付吾二兄曰："此犹子者，慎勿宽待也。"二兄或呵责之，鞭扑之，妇深以为喜，曰："能如是，吾儿不至失教矣。"于仆妇曲知体恤，老妪倪姓者少寡守节，尤致敬焉。于里中茕独，往往周恤备至，惟恐不及。于亲戚之贫者，能解衣推食，有合古昔睦姻之义。故卒之日，自内及外，无不挥泪哭之。忆戊寅冬十一月，予有上海之行。妇时怀妊七月，举止如常，归而笑语欢若平生。至明年二月初五日，遂举一男，妇见其状貌秀伟，喜谓吾曰："此乃是读书种子耶。"至次日，忽发颤，旋昏眩。又次日，竟不起。呜呼！十三年中，相规以礼，相励以德，闺中良友，何遽弃吾长逝耶！妇生于乾隆五十六年四月十九日，殁于嘉庆二十四年二月初七日，得年二十有九。男二，长兆青，次兆薰。女三，俱幼。妇年少辞世，固不足以乞当代立言之君子铭诔传志，然数年来淑德徽音备闻闾里，予又乌能恝置？爰诠次其略，以志予悲悼之忱，并示后世子孙毋忘焉。杖期夫柳树芳抆泪撰。

清柳兆薰等《分湖柳氏重修家谱》

先继妻顾孺人行略

〔清〕柳树芳

予自去冬十一月杪，病痁痢几殆，继妻顾孺人为之多方调护，得以绵延至今。顾自顾精神陡衰，时时偃息一床，窃虑先孺人而死也。盖孺人虽素多疾，比年稍间，且其宅心肫厚，驭事宽平，皆足为耆寿徵。讵料今年七月二十日后，猝发呕吐病，医治久之弗得愈，岂非因予病，而积劳竭虑以至于此。然则孺人之病，由予而病也，是其死也，亦不啻由予而死也。予得生而孺人死，哀哉！先是五六月间，霪雨泛溢，水大至群，不遑之徒咸汹汹思攘夺。孺人急谓予曰："救灾恤邻，御侮之策在是矣。"予遂与邻人约，给饿者粟各一月，以安其心。而与乡之人日夜戒严，远近知有备，不敢逞。而是时官府平粜土赈之议叠兴，所费不赀。孺人又谓予曰："天灾流行，穷人丐活无所。我家赖先人荫，力犹可支，损己正所以益己也，毋稍惜。"呜呼！为妇人者类多吝啬资财，罕明大义如孺人者，可以风矣。孺人姓顾氏，世居泮水港，为吴江县学生志松先生讳雪梅季女。予前娶沈孺人，年二十九卒，有二男三女矣。顾与沈有连，予夙闻孺人贤，遂聘之继予室焉。嘉庆二十五年三月初十日来嫔，时儿女俱幼稚，孺人皆厚抚之以至成立，忘其为非己出也，子若女亦曾不知母之为后母也。予长男兆青，出后先仲兄，婚期年以病瘵亡，无出，为予后者惟次男兆薰。孺人常从容劝予："君年尚壮，宜置妾以广似续。"予曾三至吴门选择，无当意者，事乃寝。三女中，仲女先适黎里冯廷椿。冯甥年少具应世材，孺人劝予招之来，与仲女同舍予家，以备指臂助，俾兆薰潜心于学，毋多接门外事。长女适平望吴兰渚，不三年以产后病死。仲女与冯甥来居十余年，复相继死。季女遇人不淑，迎归膝下，抑郁得疾死。予平生骨肉间遭境拂逆如此，季女之变尤痛绝不能释，孺人所以宽譬而慰解之者良厚。道光十八年秋九月，兆薰年弱冠，为娶妇。逾四载，未有子，孺人私以为忧。予笑慰之曰："汝尝阴行善事，必能食其报含饴弄孙之乐，迟速间耳，毋戚戚为也。"壬寅冬得一孙，乙巳春复得一孙，孺人始靦然顾予曰："人家多男之福，难于掇科名。薰儿自入学后，省试屡失利。今得两孙，胜科第多矣。"予深有味乎其言。今年秋以水灾，乡闱至十月举行。八月初，尚指薰儿言曰："我病稍瘥，可无妨汝行。"岂知旬日之间，言犹在耳，而孺人已长逝矣。哀哉！孺人生于乾隆四十九年二月二十五日寅时，卒于道光二十九年八月二十一日子时，年六十有六。前出二男：长兆青，嗣先仲兄后；次兆薰，吴江县学生。孙男二人：长应迟，嗣兆青后；次应远。妇人安常处顺，本无奇节伟行可以传播于世。然如孺人一生，相夫以礼，濡子以德，三十年中馈主持，不仅以俭勤称也。因略为诠次，乞当代立言君子赐之家传，俾示我后世子孙毋忘，则幸矣。杖期夫柳树芳抆泪撰。

清柳兆薰等《分湖柳氏重修家谱》

先考翠岭府君事略

〔清〕沈人杰

先府君讳楙德，字虞扬，一字翠岭，姓沈氏。系出湖州竹墩。七世祖彝溥公，值明季兵乱，避居吴江之雪巷村，遂家焉。彝溥公生良永公。良永公生三子，其季曰宾实公。宾实公生二子，其季曰华宇公。华宇公生子仪公。自子仪公以上，家世务农，以长厚称于乡里。子仪公配张孺人、吴孺人，生三子，其季曰西村公讳锡命，貤赠奉直大夫。西村公配唐宜人，生容斋公讳宗源，诰封奉直大夫。容斋公配诸宜人，生二女，一适同邑候补直隶州同潘讳学诗，一适元和太学生朱讳春雷。又娶陶太宜人，生一女，适同邑议叙县丞陆讳见球。后乃生二子，长讳庄千，未及冠夭。其季即府君也，以乾隆五十二年四月十日生于雪溪老屋。时先大父年迫五十，每以两世丁单为忧。及举府君，全家色喜。府君自幼容止凝重，不好逐常儿嬉。稍长从师受书，朝夕勤敏，不烦督责。先大父延聘塾师，皆择宿儒有识者，为府君讲解经传，必提其要，不斤斤于章句。又自以春秋渐高，膝前惟府君一人，若专志科举，则家事何托？以故日课之余，兼令掌计于应事接物之道，训诫甚详。嘉庆十一年，府君年二十，我母张宜人来归。十三年，长兄宸凤生。是年先大父年迫七十，以家政委府君。又十年，为大父八十，召亲故称觞于家。二十四年，大父卒。道光元年，府君服阕。四年，遣宸凤出应试，时不孝人杰甫生五岁，而诸昆已先就塾。府君训之曰："余惟一兄，而又蚤亡，且值汝祖暮年，遂不能奋志于学，常以为恨。今汝兄弟既多，余方壮盛，及此发愤，以求腾达。为门户计，汝等之责也。"于是度老屋之东，辟地为园，颜曰"一经"，积书数万卷其中。遍访有名之师，重其币聘。又集百里内能文者，月再会艺，以资观摩之益。亲故子弟力不能从师者，辄招至家，俾业成而后去。邑中刘君与府君称莫逆交，临殁以遗孤为托，府君挈之归，饮食而教诲之者近十年。有圩人子知读书，亦招之来，及试笔不能成文，乃笑而谢之。先是不孝舅氏张忆舻君讳孝嗣，与歙鲍徵士廷博交契，府君因亦识焉。鲍故以善搜藏称海内，府君聆其言论，始有网罗放失之志。至是适有携同邑杨进士复吉所续歙张氏潮《昭代丛书》钞本相示，府君一见欣然，即就其家访之。得五集，集凡五十种，以十干为别。杨所辑，起丁讫辛，乃复购得张氏甲乙丙三集，合成一书，付之梨枣，林文忠公为之序。既又续辑壬癸两集，足十干之数，仿张杨两家例，每种各系跋语续刻之。又因文忠及沈少司空维𫓧二公之语，检前八集中小品六十种抽去之，而补以有关身心学问之书。仍存其原目，而附刻所补于后，别称每集补编，而以抽出者为丛书别集，凡刻书五百六十种云。又得长洲吴氏翌凤所选《国朝文徵》四十卷，由国初至乾隆末，不下三百家，复刻之。又为泾朱宫赞珔任刻其《国朝古文汇钞》初集一百七十二卷、二集一百卷，家数视文徵尤备。嘉定王氏鸣盛所撰《蛾术编》，同邑连进士鹤寿校录，而多所辨论，定为八十四卷。府君爱其有助于治经，亦为刊行。自道光十一年鸠工开雕，至咸丰初元，而诸书次第告竣，前后历二十余年矣。中间屡逢灾荒，又家多变故，加以寇警迭闻，近乡土盗蜂起，然未尝中辍。家事之暇，日手一编，夜灯晨雪，亲自雠阅，或与友人对校，客恒满坐。道光十年，府君居陶太宜人忧，即丧第三子韵海及其聘室王氏。十三年夏，长子妇黄氏卒，其冬宸凤亦卒。十八年，次子澂照又卒。府君悲填胸臆，而神色不少露，但曰："是虽有命在，亦余积愆所致，要当自修以祈免于天耳，哭何益哉？"府君天性慷慨，见义勇为，自此益务行善。为陶太宜人外家营葬；创庆善堂，独任其经费；岁施棺椁，以收埋近乡之骸骨暴露者；遇贫无以敛者，亦施之。又捐田二十三亩有奇，立义冢二所，一在能莫圩，一在去裳圩，皆元和地。二十九年大水，府君设舟捞漂棺葬之，多至四千七百具。岁以米假佃农食，田熟则取偿，不收其息。朋友有称贷者，或子本无偿，置不问。粟入供粮赋外，必留数仓，虽高价不粜。有问之，则曰："我近村无积储，脱有水旱寇盗，以备平价也。"每遇荒政，有司设局募资，延府君主其事，饮食皆自赞,不名局中一钱。江北流民入关,大府派各县□□。府君独任六十人,借庑村报恩寺为安插地,间日亲往稽察,疾病则为之延医,凡六阅月,未尝少懈。晚好方书,为人治病多效。其贫不能服药者,并药予之,又□□良药以施人。府君居家整肃,日用撙节,内外事宜□□,然有定式,家人僮仆望而生畏。与人交,有终始。人有过,恒面斥之,退则无后言。其教不孝等尤严。诸昆既没,不孝人杰独侍庭闱,遇有过,楚挞不少贷。府君望不孝兄弟读书,凡可以资其有成者,不惮心力,交尽为之。卒不得遂其愿,居常忽忽不乐。晚年因感异梦,乃修村之独云庵,改名福神。于庵之东南隅建文星阁,曰:"风水之说,容或有之。我家自西村公从昆弟有隶学官者,嗣后百年寥寥绝响,虽曰家运,岂人事犹有未尽邪?姑妄为之。不有益于子孙,必有益于宗族邻里也。"又建大楼三楹,储刊书之版,朱宫赞为之碑记。楼下塑一僧伽像,盖即梦中所遇者,府君自此有观空之想矣。咸丰元年,府君年六十五,自号了缘居士。语不孝曰:"余于一切皆能释然,惟家谱未刻,心常耿耿。我家迁自竹墩,至余仅八世。先代旧有谱牒与社庙古鬶耳炉,同藏家祠中,一夕为胠箧者盗去,炉归而谱遂失。余少闻此事,及长留心访求,阅数十年终不得见。惟考竹溪家乘,有讳宗华者始迁吴江,与我始迁祖之讳文义相蒙,年代亦合,不敢臆决为是,亦不敢妄断为非。汝谨志之,他日须广为□□,成此事也。"府君体禀素充裕,近岁须发虽白,而神色如常。讵意三年春,江上被警,列郡戒严,远近戚友居冲途者,移居来就府君。昼夜帅家人为防御,积劳成疾,至夏创发于背。不孝急延医调治,咸云气血偶阻,即可平复。不谓日甚一日,入秋遂剧,竟以七月四日弃不孝而长逝矣。呜呼痛哉!府君弥留时,呼不孝至前,舌本謇涩,惟言"查谱"二字,其余一无所嘱。呜呼痛哉!府君以国子监生候选布政使司经历,叠次捐输,邀恩议叙,例晋五品阶。方值军兴,未及奏请授职。卒年六十有七。配张宜人,候选布政使司经历同邑讳大椿女。子五人:长宸凤,娶黄氏,太学生同邑讳大冈女。次澂照,娶范氏,议叙县丞同邑讳文德女。次韵海,聘王氏,岁贡生同邑讳锡蕃女。次韵藻,早殇。次不孝人杰,议叙县丞,娶钱氏,芜湖训导金山名熙辅女;继娶金氏,太学生同邑讳宗洙女。女二人:长殇,次适浙江布政使司理问震泽凌兆鹗。孙三人,孙女二人。不孝谨卜于咸丰四年十二月十八日,奉灵柩葬于二十八都西蒲塘之东南原。惟铭幽之文缺焉未备,倘蒙当代大人先生有道之士锡以巨制,俾府君一生志行藉以永存,则不孝世世子孙感且不朽。谨敢濡泪和墨,述其梗概以请。承重孙沈汝埜泣血稽颡,不孝孤子沈人杰泣血稽颡谨述。

诰授奉直大夫、知州衔湖南新宁县知县、历充丁酉庚子癸卯湖南乡试同考官、军功加一级纪录二次俱随带、又加二级纪录八次、姻愚弟宋翔凤顿首拜填讳。

清光绪二十七年刻本《沈翠岭沈餋生事略》

清故候选布政使司经历沈翠岭君墓志铭

〔清〕毕华珍

吴江沈人杰葬其父翠岭君后，以行状来乞铭。余览陆生日爱舅氏哀辞，既多君之行谊，今又按状得其详，合于铭法，遂不固辞。君讳楸德，字虞扬，翠岭其号。先世出湖州竹墩。七世祖彝溥，明季避兵来吴，家于吴江之雪巷村，遂隶籍焉。君祖讳锡命，貤封奉直大夫。父讳宗源，诰封奉直大夫。母诸氏、陶氏，诰封宜人。家世躬耕，不求闻达，咸能以节俭自持，又值轻徭薄赋之世，家日益饶。及君始折节下帷。性颖悟，举止凝重，既就塾，不喜逐常儿戏。又容斋翁以长子早夭，冀君早自立，所延皆老师宿儒，君从授经解，即能了大义。甫弱冠，以父春秋高，不复锐意举业，惟读书孝养，佐理门户，纤悉必当，由是翁心大慰。翁殁，益绝意进取，日惟课子授经。亲交有贫不能读，悉就君塾，多所成就。远近来游，文会无虚日。喜蓄书，尝与歙鲍徵士廷博交，有志罔罗散失。前后刊刻张氏潮、杨氏复吉所辑《昭代丛书》凡四百种，及王氏鸣盛《蛾术编》八十四卷，吴氏翌凤《国朝文徵》四十卷，皆手自雠订，历二十寒暑，未尝辍也。中间连年丧子，惟幼子人杰存。君曰："是余积愆所致，悲恸无益。"乃益事广德厚施，力所能任，不责偿报，尤尽心于荒政。先年大水，收瘗溺棺至四千余具。饥馑之后，继以兵兴，前后宰是邑者，无不引君司事，倚君如左右手。储粟赈贷，抚恤防堵，诸事宜独任其巨，出家财无算，盖勇于行义，其天性然也。君博闻强识，多得朋友之益。既而闻沈少司空维𫓧、林文忠公则徐绪论，务为有用之学，续辑丛书一百余种，能识其大。二公皆今代贤者，读书求是而以芟订属君，则君学老而益进可知。最后乃一意敦本，临终无私属，惟道得"修谱"二字，其神明不乱如此。君生于乾隆五十二年四月十日，卒于咸丰三年七月四日，年六十有七。娶张宜人。生子五人：长宸凤；次澂照、韵海，俱前卒；次韵藻，幼殇；次即人杰，议叙县丞。女二人：长殇；次适浙江布政使司理问震泽凌兆鹗。孙三人。孙女二人：一殇，一未字。人杰以四年十二月十八日，葬君于二十八都西蒲塘之东南原，欲得铭词以志幽宫，礼也。余闻自古风俗之美，必观于乡。《书》云："孝乎！惟孝友于兄弟。"孔子以为"是亦为政"。昔人恒躬耕以代禄养，躬耕非即可称高节，惟其能养志锡类，又以门内之行达之于乡，斯为贤矣。东汉治最近古，惟时孝弟力田，史不绝书。而蒲车旌庐之盛典，则出之自上，乡里以为荣，沈君有焉。铭曰：

谓世德无徵邪？以衍以似。谓天道冥冥邪？丧子有子。非多闻之为美，而醇行之为美。於乎沈君！泽及乡里，伊可风也。继继绳绳，无终穷也。

清光绪二十七年刻本《沈翠岭沈廞生事略》

清故候选布政使司经历沈翠岭君墓表

〔清〕陈克家

往者克家至吴江，闻交游间多道沈翠岭君之为人，既而过君所居雪巷村，因得识君及其子人杰。君既卒，人杰卜葬君于二十八都西蒲塘之东南原，以状来乞文其窆石。以君行之宜有述也，而克家又知之详，辄据状次之。君讳楸德，字虞扬。其先出湖州竹墩，自七世祖彝溥避明季兵乱，遂为吴江人。祖讳锡命，貤封奉直大夫。父讳宗源，诰封奉直大夫。母诸氏、陶氏，诰封宜人。君少而材敏，束修自好，父容斋翁喜其如此，屡延宿儒教之。束发即通经义，崇尚实行，不屑屑辞章间。又以长兄早丧，恐贻翁劳肄，常用余力庀家事。及翁殁，因不复事举业，以例得布政司经历，亦不谒选。顾读书取友，未尝一日废也。性能强识，好聚书。诸子皆向学，亲友或孤贫辄就君读，有成材者，一时知名士多乐从之游。少尝与歙鲍徵士廷博交，留意文献，于前辈撰著，多所表章。若张氏潮、杨氏复吉所辑《昭代丛书》、王氏鸣盛《蛾术编》、吴氏翌凤《国朝文徵》之属，手校而刊刻者凡数百卷。中年闻沈少司空维鐈、林文忠公则徐绪论，益求为有用之学，续辑丛书百余种，次第版行。识者以为君学至是弥笃，能见其大云。君既绝意进取，念惟为善于乡，可以利物。又累世务耕读，当承平时，谨身节用，家日起。及君当室，一意以赡贫穷、恤邻里为亟，尤力于荒政。道光二十九年大水，收瘗厝棺之漂浮者，至四千余具。既而邑中屡有水旱，偏灾顷年，益以军兴，凡储粟振贷、抚恤防堵诸事宜，当事尝倚君为重，君亦必任其巨，前后所费不赀。虽其间连丧子，然为之不懈，且益力。至晚岁，尤务敦本。疾革，呼人杰前嘱之，于家事无所及，惟云修谱而已。盖其生平尚气谊，方严无稍委曲，犹可想见也。君以乾隆五十二年四月十日生，咸丰三年七月四日卒，年六十有七。配张宜人。生子五人：长宸凤；次澂照、韵海，俱前卒；次韵藻，幼殇；次人杰，议叙县丞。孙三。孙女二：一殇，一未字。人杰之葬君也，以四年十二月十八日。太仓毕君华珍既铭其幽，而以表属克家。嗟夫！风俗之婾也，人各为己，世之人坐视其乡邻族党之颠连，以为于我无与。及观其家庭，德色谇语，盖亦时时有之。故古者言任恤，必先以孝友睦姻。如君之好行其德，非泽于学者深而内行醇备，何由致哉？乃为斯文，以谂于无穷，俾其乡之人有所式焉。

清光绪二十七年刻本《沈翠岭沈篪生事略》

叶尧蓂传

叶尧蓂，字朔生，同里人。明季有布衣名树人者，抗剃发令死，尧蓂七世祖也。岁贡生，就职训导，署靖江县学。靖江自国朝以来，罕有科第人物。尧蓂精形家言，为浚邑之东南河。会大吏檄开西乡新港，尧蓂亲履其地，视有为民不便处稍纡折之，保全庐墓不少，事载《靖江县志·良吏传》。后署阳湖，又署丹阳，时大吏召买入官沙田，尧莫白兔凤洲书院沙田三千余亩。家居时，与编修费兰墀等创设善堂甚力，于地学尤精粹。

清光绪《吴江县续志》

金君甘叔小传

〔清〕顾广誉

君讳作霖，甘叔其字，姓金氏。吴江诸生，居盛泽里。君生而有至性，甫数岁见兄被挞，涕泣长跪求免，父怒为解。金氏家世业贾，君其孽子也，母没几不得合葬。君发愤为学，有声士林间，乃得合葬焉。君从周丈孝均游，丈湛深经术，弟子数十，君能尽得其传。而尤工为诗，所著奥衍峭健，神与古会，一洗近世俚俗之音，江邑以诗名者，几无能出其右矣。以体素善病，故所作不多。君才高而识远，其志思有以自见，既数患病，不敢过为刻厉，而好善弥挚。亡友方君垌客授其里，人或惮其方严，君独昵就之。退而阴以自砥，屡从假《杨园先生备忘》读之，爱玩不释手。与二三同志者语，未尝不称方君之善，盖深愿人之劝学之也。呜呼！君之居心何如者邪？中年后，为诗不自收拾，或讽其少存之。君笑曰："旦夕之誉，乡里之名，无关得失，徒乱人意耳。"竟不复录稿。君丧妻不再娶，子兰祖贤而早世，君含敛之余默然自省，不溢其戚。及病笃，独寡媳孤孙在，乃召所善仲君湘、沈君曰富至，以其孙读书为言。仲君婉辞宽慰，君洒然曰："人苦不知足耳，何害！"未几卒，道光丁酉二月十八日也，年四十有九。

赞曰：予尝馆君之同里郑氏，得悉君之行事。予所与往还者以十数，心契君暨沈君曰富。君操行修洁，沈君状之甚详，为剟取其大者而补以曩所见闻，论次如右，庶览者有以考其志焉。

清顾广誉《悔过斋续集》

范清芬、范清溶、范河传

先伯兄名清芬，字德涵，号咏堂。震庠廪膳生，道光戊戌岁贡，候选儒学训导。幼能强记且勤读，泛观典籍辄不忘，十二龄即应考，累试江邑不利。廿四龄更试于震邑，受知于文文宗宁，始赋采芹。既受知于汤文宗金钊，连拔高等，食廪饩，年已壮，累试于乡，卒不售。后以艰于步履，绝不应试，惟在家授徒，孙茂才云桂、严茂才照等，皆及门受业。至序贡之年，邱广文梦龙再四敦劝，庚子冬始赴江阴考拔明经，储授司训，官颁坊仪，毛文宗式郇给"泽覃胶序"额，时年已五十有二。逾二年，未及谒选而卒。兄为人忠厚有余，接物有唾面自干之风，初虽受侮不少，晚率共服其量。尝于腊月，比邻失火，延及爨室，乃所居东坨之要害也。柱与邻室接，已焦灼，而半壁岿然无恙，火势遂止，人咸谓神祐长者。于是口碑载道，甚至邑吏里胥、市侩佣氓，及贩夫走卒妪婢等，靡不耳而目之，有"好大爷"之称。为文温厚和平，亦如其人。与客故实娓娓不倦，尤善谈前辈风流，虽童时偶闻，晚岁缕陈无遗。兄体素腴，腰围甚巨，客戏谓"囊蓄古今"称是腹。笥手一编，矻矻终身，不问家人生产。著制义数千篇，手辑其可传者为《留青阁文稿》，其他诗文皆未汇钞。

谨按：咏堂府君幼受业于王苓谷、马若洲、许质生、陈镜堂四先生，惟镜堂先生亲灸最久。先生以病归，则问业于陈谨庄先生。先生殁，始请业于王晓塘先生，与王萼侬、湘筠、聘斋、竹安诸君子共相揣摩。陈少尹冰怀之子春桥举文会，兄亦与焉，数为吴云士及仁和包某两先生所称赏。后更从陈省堂先生游，揣摩益励。晚偕某与沈子实石生、费桂孙颂斋、袁琴屿、杨秋田、金臒甫步云诸君子研究经旨，商榷古今。而朱铁门先生在玉峰寓曾作三夕谈，叹为相见恨晚。恩培谨录。

仲兄名湆，字浚源，后更名清溶，字仲和，号篯庭。生即丧母，三龄断乳，即能遍认经典文字，四龄即就外傅。初从外舅王苓谷麐孙先生授四子书，陈镜堂兴瑞先生授诸经，既学诗于许质生蔚宗先生，学文于王聘斋希莘内兄。后王竹安希岩姊婿下榻于与砚楼，课某与季弟。兄与之齐年，且先诞数月。竹安君藏书甚富，甲乙之籍，皆兄主之。府君或徵某书某卷，兄按架了如指掌，府君亦时与讲论。兄更喜与某等指陈某书宜读，某书可观，某书未易得，某书本最善，历历不爽。某之得窥四部典籍，实兄导之先路也。素喜吟咏，凌吟香云翮先生《六十述怀》徵和，兄步其韵。时同人中兄年最少，诗有老成风，吟香先生亟称之，曰："此我小友也。"约更唱和，编入《同人集》。累应童子试，以十九龄赍志而卒。著《容膝斋诗草》，自署"吴淞仙子"。

季弟名河，一名漱芳，字倬云，号竹筠。余兄弟幼年，记诵之质亦如齿序，弟最鲁而颖悟之性独敏。初受业于陈镜堂夫子，诸经率未读注，至舞勺之年尚未毕。后王竹安夫子课之严，始补读经注。不二年，习闻夫子与余讲论文法，即私效为之。夫子异之，试命题，即能握管成章，绝无语助龃龉，意旨背谬，夫子叹为得未曾有。弟呐呐然如不出口，而于讲席设一难树一义，斷斷明辨，虽夫子无以易之。与余联床不寐，辄娓娓论古，偶有不合，各为左右袒，反覆争诘，宛如口角，夫子哂之。于是益自奋，勤读古文及名家制义，每日卯起丑息，无间寒暑。如是者几二年，文境大进，而体日赢矣。府君因诫勿夜读，且勿出应试，乃纵观典籍，寄兴篇章，仍有呕出心肝之癖。既患瘰疬，乃弱徵也，就疡医程莘田于枫桥，余伴之寓于邻舍。时平望族人湘槎用源馆于程氏，晨夕过从，弟与之酬酢，仍苦吟不倦。余苦劝其勿耗心神，弟曰："吾自知疾不可为矣，然习于学古，如饮食之不可一日缺。吾胸中所蓄，当如春蚕丝尽而随化，亦不能自禁。"程医亦谓心脉难平，疮虽可合，病实莫挽，竟于十七龄遽赴玉楼之召。所著窗课百余篇，皆卓荦可观，《稻孙轩诗草》一卷，颇有锦囊佳句。府君甚悼惜之，故葬不以殇礼，卒立后。

清范时乾《同里古吴郡范氏家乘》

翁雒、翁大年传

翁雒，字小海，广平第二子也。有夙慧，写人物花鸟如元人，设色艳而仍雅，浓而仍洁。未弱冠，所至即倾其老辈。雒既以画名，人罕称其诗，而不知于诗特工，海宁蒋光煦复刻其集唐诗入《别下斋丛书》。他若论画题画之诗及诗话题跋甚夥，皆未刊。弟大年，字叔均。承其家学，笃嗜金石考据，工篆刻。交游满大江南北，虽窭贫，不轻干谒。其所撰金石文字甚具，载艺文志。其所校辑则《旧馆坛碑》二卷，尤为精力所注，论定宋元明今五十余家之说，嘉定瞿中溶序之，以为可补欧阳《集古录》之缺，订亭林《金石记》之讹云。

清光绪《吴江县续志》

陈养吾家传[1]

〔清〕顾广誉

予于吴江士友，先识盛泽沈君烜。道光八年馆其里郑氏，造之，则芦墟陈君希恕在焉。盖沈长子曰寿所从受医术，而次子曰富之妇翁也。故能文，予耳其名久，及与晤语，见其乐易有至性，益心重焉。由是诣沈室，则必就君谈。予馆郑六年去，去四年君配钱孺人卒，著有《哀弦集》，予为序之。后三年复至，君犹在沈，意兴不衰。又一年病，病止而精神迥不如昔。去年始家居，其春足迹一至，获晤遽别去。君于是年六十，方指谓晚秋重至，当偕君之相知介觞为寿，然君竟以七月遭其兄之变，不果。自是患病不已，以三十年七月廿六日卒于家。子四，曰应元、应亨、应贞、应健。应元以状来求为家传，乃诠次焉。君考太学生焕，以医名噪江浙。妣许太孺人来归，数产皆女，又多不育，乃纳侧室王，生君兄希曾。又七年，而太孺人始生君。君讳希恕，字养吾。幼慧，甫成童，知嗜学。稍长，孝事二亲，太学君病，君刲臂肉以进。既丁外忧，益奋于学，遂有声庠序间。君雅好诗，吟咏不辍。先是居丧哀毁，得咯血疾，又以积年攻文，疾大发。既愈，乃淡于进取。君家自曾祖讳策，以诸生从外家顾氏受疡医术，迄君考三世。太学君之卒也，太孺人命君兄继世业矣。至是乃谓君盍亦习家学，可养生兼可治生也，遂究心医书。将事近游，沈君故与君善，招往居其家。未几太孺人病卒，治丧讫事，复往定久居焉。君负风雅才，其周旋痈肿溃烂间，尽心力无难色，而好诗如故。前家居时，同邑郭君麐及其弟凤、嘉善黄君安涛辈，并以诗鸣于时，岁必过从，下榻流连。里中则叶君枚、柳君树芳诸人，先后迭为唱和。及来盛泽，又与周君梦台、金君作霖、吴君山嘉、仲君湘等十余人，结"红梨社"，以诗相切磋。已而多物故，吟兴为之衰减。尝自诵曰："非不欲游观，畏见人影散乱时。非不乐燕会，畏见杯盘狼藉时。"或言随泪下，盖君生平尤笃于朋友。在盛泽，自沈君殁后，尤善杨君秉桂。杨君家毁于火，君往见屋庐一空，觅杨君不得，望门大哭。一日在广坐，时杨君已殁，酒酣客语及，君抗声而怵，一座皆惊走，而君固不自禁也。君赴义勇甚，必达其意而后止，人莫能阻。妇翁钱某被诬客死会城，诸子哀号不知所措。君挺身任之，屡匍匐大府庭，事虽未竟，而发难者旋挂弹章以去。又尝以讼事被留于县城，居一破楼中，邑令意不测，人皆为危惧。君手一编，赋诗不辍。或谓君："此岂吟诗时耶？"笑曰："无妄之灾耳，夫何惧！"事解，众始服。君识力高流辈，而天性谦和，从未尝以辞色凌人。及将卒，惟训诸子以敦睦读书，而尤惓惓于损己让人。呜呼！世以机智相高久矣，若君者，倘所谓"岂弟君子"非耶？君素好琴，有旧藏物失去，梦有告以所在，觉而得之，遂自号"梦琴生"。有《吟琴读画楼赋钞》八卷，《灵兰精舍诗》十六卷，《闹红一舸词》八卷，《杂著》五卷。所为医案甚多，沈曰富尝摘其尤者，为《妇翁陈先生治疾记》云。

清陈希恕《灵兰精舍诗选》

注〔1〕：题参见清顾广誉《悔过斋文集》。

陈文学诔[1]

〔清〕董兆熊

君姓陈氏，讳希恕，字养吾，号梦琴，吴江芦墟镇人也。生于德门，蔚为世望。幼即沈静，长益简淳。承学仰谟，艐而津逮。足用比庋，次之冬储。《易》通九家，旁罗师春之说；《传》习四氏，源归子夏之儒。讽诵劬瘁，声名远姚。林竹阴翳，造阿戎而清谈；池草芊绵，梦惠连而得句。门无杂宾，辙多长者。郡侯申公，雅知君名。拔置第一，遂游江岸。乾荫早失，当户惟男。旅游是资，缝衣有母。方幸陔南之兰茂，俄闻堂北之萱摧。堆床惊鸡骨之瘦，倒怕风吹；衔土瞻鸟吻之伤，崇看墓筑。岁逢霜俭，迹托萍流。读活人之书，嗣传家之业。药列三四灶，指饮而寒热悉除；方集五十篇，手授而瘴疠都去。论辨六疾，功归十全。自选医案数十卷，其婿沈曰富摘其尤者为《陈先生治疾记》，纪实也。谊笃姻党，性好交游。云散风流，远朋通之尺鲤；露初星晚，近局招以只鸡。笑喧一屋，谈惊四筵。虹彩贯月，门停书画之船；天葩吐芬，室多文字之饮。抑或发老子之兴，分儿辈之甘。宴开花药，扑玉缸而酒香；味赏诗书，具铜槃而馔异。合东眷西眷之宅，过上泂下泂之居。庄庄乎，翼翼乎，人事之尽也，天伦之乐也。且夫夷甫得宾客之欢，少游称乡里之善，固宜常迎吉晖，克弭凶德。乃复怨牒纷乘，谤言互起。磨蝎实坐命宫，朱雀致来口语。贤令是赖，薄眚用销。吁可异矣，詎何损哉！道光三十年，君年六十有一，冀鹤寿之祝延，忽鸡年之告尽。天边棺下，真邃返于王乔；海上凫成，仙竟招之白傅。以七月二十六日卒。呜呼哀哉！平生之欢，闷诸玄石。德行可诔，表之素旗。乃为诔曰：

区外舒翼，渊中纵鳞。不慕荣利，甘为隐沦。矫矫陈君，颐性养真。豹变君子，龙德逸民。世以之易，俗因而醇。遵循天矩，模范人伦。混混词源，汪汪学海。星宿垂芒，葩花耀采。刺股弥勤，焠掌毋怠。业劭前修，志存往载。胆张轮囷，胸藏块磊。国宝优为，席珍见待。文艺犹末，德行乃先。雏弄亲侧，鹿扰墓前。戚姻好缔，宗族盟坚。谊敦缟纻，欢洽盘筵。风晨月夕，酒地花天。寻邻访里，越陌度阡。金谷盏罚，石鼎句联。乐哉斯乐，仙乎其仙。凤擅才能，旁通技术。病袪林杏，疴痊井橘。方多奇验，笔难殚述。外侮或乘，内志甚密。辞直匪曲，讼凶终吉。百行俱备，千虑无失。谓是谨身，云何缠疾。初焉小苦，终乃大毕。呜呼哀哉！我之交君兮逾十霜，君之去我兮各一方。君之生兮，常梦君而迷路；君之死兮，始奠君而升堂。酒泱泱兮盈觞，泪浪浪兮沾裳。君之殁兮有归，我之悲兮无央。桂之树兮藏愈香，兰之花兮萎尤芳。谁谓君名之不扬？谁谓君德之弗彰？望羊碑兮目断，歌楚些兮心伤，呜呼哀哉！

清陈希恕《灵兰精舍诗选》

注〔1〕：题参见清董兆熊《味无味斋骈文》。

范文德传

文德，字寿康，号愚山。国学生，议叙少尹，例授登仕佐郎，稼轩公少子也。幼受业于凌吟香云翮、叶杜芗两先生，长更究律历星算之学，盖本诸大父遗编也。颇明西洋算术，以西法制铜圆仪，遍刻七政躔度，加以环纽，而内设机，可以推步节候，精巧独创。而于书画古玩之属，兼收博爱，且不秘藏，罗列盈室，与同嗜者玩赏不厌。尝与父兄及族叔续修谱稿，惟君采访独勤。父既寿终，厚营丧葬，有不以天下俭其亲之概。席先业不坠忠厚家风，凡遇公事，躬亲董理，能尽服劳之职。卒以助赈议叙，与兄并授少尹职，兄亦曰微弟之力，愿不及此。鼓盆之年，四十有四，老母在堂，子皆幼弱，或劝之胶续曰："先公以四十七龄举君，君今年亦正强，盍继室更广衍似续乎？且阃内之职亦不宜废也。"谢曰："吾患痘症，精神泄越，恐不能如我先公之享遐龄，乌可以少艾贻北堂忧乎？故葬我先公，即营生圹。不续之计已决，阃内之职姑令季女尸之，惟望两子早成立耳。"至五十三龄，母寿九十，于岁首即称觞。长子年逾冠，甫聘妇亟取之，竟以仲春之杪感疾而卒。人谓其明于自知，且有先见之幾云。

赞曰：步天擅巧，博古乐群。奉乔孔厚，望梓孔殷。

清范时乾《同里古吴郡范氏家乘》

少甫俞先生传

〔清〕柳以蕃

俞先生讳岳，字子骏，一字少甫，晚自号止斋老人。震泽县人。祖、父世有隐德。先生生而颖异，读书数过即成诵。工楷法，得汪文升大意。年二十三，受知于陈侍郎希曾，补诸生。越三年，廪于学，名日起。与朱水部椿、叶明经廷瑄、陆学博嵩、徐明经锡琛、徐茂才晋镕辈交。诸君皆以诗古文词称于时，每见必通究其艺。而尤长于画，遍购宋元明诸大家名迹，心摹手追，务得其遗法。于山水尤特工，尝从昆山王孝廉学浩游，尽得其传而变化之，论者谓其雄杰之作直压王君上。一时声誉噪甚，远近士大夫走书币造请者相次不绝，零星尺幅流传于外者，争相藏弆以为贵。道光戊子，应顺天乡试，入都长安。贵人慕先生画，无不各手一缣以请，先生信笔挥洒，未尝求工。而并时之以画称京师者戴侍郎熙外，卒无一人过先生也。既报罢，以太公春秋高，束装遽归。是时，先生既连试不见收，急于禄养，乃援例为校官。故事校官谒选，先试于大吏，大吏采其合格者以充额。时侯官林文忠公方抚吴，见先生文，激赏不置，擢高等。每进谒，款接甚恳，并数徵先生画，曰："画，艺也。如子之洁身高行，实有得于画之外者，则画非艺矣。"先生遂有"生平知己"之言。寻摄丹阳、溧阳、宜兴学篆，教诸生一以道义为重，月课为捐俸资膏火，故所至皆有声。咸丰癸丑，摄太仓州学篆。八月，突有青浦土寇周立春犯境，将扑城。先生驱妻子匿穷乡，自乃正衣冠，北向再拜，作绝命词一绝，城破誓投泮水以殉。俄传州守蔡侯开城击贼，毙贼数百人，城赖以保，而先生得无死。呜呼！其始之必以死誓者，义不可无死也。其继之不轻一死者，义可以无死也。观此而先生之志可见矣。明年归，遂一意杜门，居所谓笠东草堂者，莳花艺木，围棋投壶。暇则沽酒馔，招里中诸故人与风雅士之宦斯土者，引觞赋诗，意气豪剧，而先生亦既老矣。庚申春，粤贼南犯，苏常陷，吴江寻失守，先生避居县东乡之芦墟镇。地湫隘，先生以主故人子家，有小楼可憩，得无废笔墨。然其时，田畴荒秽，家无积储，老弱四五口举仰先生以食，中间又丧其嗣子，不得已卖画自给，而局促阛巷，无几人能知之者。其真知之者，皆力不足以赡先生，盖至是而不免有饥寒之忧。巡抚某公，先生旧交也，方移军沪上。戎马之暇，大会东南名士，累书招先生。先生自揣癃老，不复能随人走趋。然环顾内地数百里，狂寇汹汹，旦夕且不保，由是计决，遂以家往。明年，贼平。又明年，奉檄为嘉定校官，以故乡无可归，始再出云。其冬，里中人有自嘉来者，言先生方患病甚剧。并言其到官后，经行盛暑中，与邑人士谋建文庙，重葺陆清献公所立当湖书院。事甫讫，会奉特命补行江南乡试，倥偬间为诸生订册籍，治文书，日夜不少休。迨试者行，而先生已病笃矣，不可为矣，已而讣果至。悲夫！先生长身玉立，伟须髯，巾服整洁如画。性倪爽，不问家人生产，好赡宾客。蓄古器物及名人书画，虽倾其所有不吝。为人有至行。少失恃，事太公以孝闻。太公殁，抚弟妹甚力。与人交，能委曲随分，亦未尝诡随。善谈先辈轶事，缅缅数百言皆动听。自先生殁，而松陵之故老尽矣。先生生于乾隆五十六年正月初九日，其卒于嘉定学任，为同治三年十二月朔日，年七十有四。配朱孺人，无子。嗣子二：尔毂，前卒；尔榦，太学生。女三，皆朱出。长适王嘉杰；次适余友费廉延庆，今撰先生事乞传者；次适王树芝。孙四人。曾孙一人。著有《笠东草堂诗》若干卷，藏于家。

柳以蕃曰：余自束发，即闻俞先生画名。后十年，定交先生之婿费孝廉延庆，为余言先生行事甚悉。比交先生，益知其深，盖慷慨好义节君子也。独怪夫世之论先生者，辄斤斤称说其画其名，至乡曲委巷无不传。而所谓慷慨好义节之风，则余之外罕有知焉。呜呼！观太仓一事，可以得其概矣。

清俞岳《笠东草堂文稿》

吴颖叔传

〔清〕郭麐

颖叔姓吴氏，名某，字容辉，一字颖叔，吴江人也。考讳某，母陆氏。昆弟三人，于次为季。八岁丧母，十二而丧父，幼孺知慕，嶷然能自立。既受室矣，旋得疾以没，年二十有一。于是其仲兄云璈谒而请曰："吾弟之生也后，不获见于先生，孤露废学，不能以文章有见。然虽伏处里巷，于时俗少年酒食嬉游、驰骛征逐之事，一不为所熏习。独好静坐一室，杂莳花竹，左图右书，秩如也。闲学写生花卉，赋色艳逸，未尝以示人，自娱而已。性嗜茗饮，若具神解，候火辨汤，尝欣然独笑。尤爱古研，凡有名人铭词款识者，摹挲不忍释手。尝好余一宋研，意欲之而卒不以言，今则以徇矣。乌乎！吾弟之恬澹寡欲，与物无竞，似非不永年者，而遽止于斯。吾寡兄弟又痛其早孤而夭，惧其汶汶于后也，欲乞一言以传之。其妇方有身，幸而男也，他日得识其父之性情行事，是子为不亡矣。"余闻而哀之，窃念古之为传者，必其人有玮行奇节，卓然足以表见，而传之者必自信其言足以不朽其人者也。余固庸贱无似，不足附于立言之末。然雅欲扶持名教，敦笃人伦，尝恨时俗之薄恶，子弟之嚣浮，家庭之内争及锥刀，有不路人若者。而云璈能惓惓然以不死其弟为心，托文字以传其后，此意已足风厉末俗。虽其人无玮行奇节可表见，立言之君子所不忍辞也。昔韩退之为张圆墓志，以其妻之请；柳子厚为韩主簿墓志，以其弟安平之托。故曰以弟之恭，知君之为友；以弟之戚，知君之为爱。今颖叔之兄惓惓不忘若是，即颖叔之为人从可知矣。惜世无韩、柳其人者，而猥托于庸贱无似之余也。既不获辞，强为序次其言，以塞其悲云。

清郭麐《灵芬馆杂著》

国子监生吴君墓志铭

〔清〕彭兆荪

君姓吴氏，讳锷，字颖叔，吴江人也。秀气孤禀，馨逸凤成。当圣童之年，茹风木之痛。衔索抱疚，从爎含悲。沫泣陨心，驰芬至性。长益修饬，动无谪瑕。卫叔宝之神清，荀慈明之外朗。不攘六凿，寡欲五綦。屏居小楼，坐拥图史。博昌六箸之经，厌谭竹究宏景。三层之阁，但听松风。雅好艺花，遂娴写貌。步趋熙篆，调冶铅黛。没骨着纸，秾春满堂。口不言金钱，手不捉珠贝。惟于壁友，珍等连城。高似孙之所笺，洪景伯之遗谱。露宵旭旦，谛玩摩挲。月窟润通，元云黩而下布；玉池泉溢，涵星粲以相辉。于时刷涤几格，剪无纤埃。澡瀹襟情，湛若止水。莲衣兰佩，韦夐为逍遥之公；琪草金徽，周朗在羲轩之世。百味无嗜，独耽酪奴。燴盏候汤，妙具神解。曲室昼谧，闲庭景妍。沈沈霞脚，展北院之一旗；习习清风，生玉川之两腋。素韵高寄，希踪胜流。由其胚孕洁躅，唾斥腥腐。濯笠泽之波，明琅作质；得天随之性，芝畹为家。仲宣体羸，威明奄化。神聪蚁斗，咎徵鹏飞。嘉庆十七年月日，以疾遽卒，年二十有一。君娶于沈，时方有身。君兄云璈，悼凫没之速，极鸰原之哀。于是祝南孺子之男，卜郑小同之长。既以自藏宋研纳棺以殉，复徵铭诔储示遗孤。挂延陵垄上之剑，类彼高怀；碎子敬灵床之琴，同其咽塞。既而绣绷裹玉，珍珠帖缨。弱女慰情，髦笄待诲。是又小年，织素未咏于左思，异日荆苕，有烦于庾衮矣。古者高士之传，不必擅雅材独行之史，不皆著奇节，即其标格风尚，足可矫俗励顽。况乎让瘦推肥，分枝坏翼，生共姜肱之被，殁恸僧谦之灵。友弟行敦，天伦宣范，称非无美，铭法奚乖？辞曰：

高齿长檐，绮襦纨袴。少年之场，跅弛叏驾。君乃持躬，哗袪嚣谢。邃气汪容，纫芳佩麝。蹴鞠格五，挟弹携壶。佚游之薮，鸟集鳞趋。君乃守寂，缥缃茗炉。胂研道味，静协禅罏。泊如清操，凝然元旨。才薄佻华，风惩俶诡。电烁昙凋，霜摧绿委。玉树可埋，幽光永炜。

清彭兆荪《小谟觞馆文续集》

亡侄竹安小传

〔清〕王友潮

侄名希岩，字沛霖，竹安其自号，从兄石泉第三子也。少而颖敏，读书日可百行。年十六出应童子试，即见赏于邑宰李雪园先生。十八补邑弟子员，父兄皆期以大器。侄亦昼夜攻苦，思以科名自显，然终不偶。二十三丧其妇。妇范氏，贤而知书，结褵二载，伉俪最笃。其没也，侄哭之过，时而恸。素病体弱，至是疾益甚，遂弛举子业，而专意为诗。侄齿少于余，而诗文并出余上。余视为畏友，侄亦最昵就余，有所作，必互相商确焉。前岁，仁和汤点山先生宦游吾里，里中能诗者，共以所作相质正，先生于侄尤加激赏。然以其多病，每劝使静摄勿事苦吟。久之，疾终不瘳，竟以瘵卒，年仅二十有六，无子。呜呼！恀矣。侄为人孝友惇笃，闺门之内雍雍如也。于人世纷华之事，一无所好，居恒终日矻矻手一编而已。其生以乾隆五十七年八月二十七日，没以嘉庆二十二年十月八日。生平尝三赴省试，其文皆为侪辈传诵，而卒不售。石泉兄哀其中年赍志，将哀辑所著诗文刊以问世，而属余为之传，以附于家乘云。戊寅三月既望，从叔友潮湘筠甫撰。

清王希岩《蕉雨山房诗存》

从伯母节母俞安人家传

〔清〕柳以蕃

节母俞安人,从伯父候选布政司理问秋园府君讳煌之配也。来嫔时舅姑已前卒,襄理问君治家。理问君用财豪,节母则一以俭毂,而宾祭馈问必丰必备。理问君卒,节母年三十,长子埙八龄,次子坡才四龄。家益艰,而节母俭勤之操亦益厉。蚤兴晏息,日匡月敕,洪纤内外,一手经画。节岁所入,以隆礼其塾之师,以优给其督租之佣,以立其家而长成其孤。会逢火灾,毁室过半,于是始割产为埙授室。未几埙咯血死,节母益并力翼坡,负责为坡娶妇。而妇又死,坡旋发痿痹屡殆,节母于是再割产以疗坡患。卒不起,遂命从孙待麟承二祧。待麟贾于外。当是时,一庐之中,惟节母与冢妇沈节妇两人。节妇素严事节母,及是益刻苦以承节母志。向晨,节妇先起栉发,徐而捧栉栉节母。将食,节妇执炊,节母拭槃案。将息,节妇钥户,节母秉烛烛之,以为常。节母既斋食日多,尝就隙地与节妇杂莳蔬果,以时收掇,固而藏之瓶罂,常累累壁间。又姑妇共治木棉花甚劬,纺纱声昏黄不绝,岁出布衣,两人恒有赢。尝一日谓吾母曰:"吾两世嫠且独,必艰难辛苦,以保余阡陌者,以吾舅姑吾夫吾子终将恃以安骨耳。"蕃时虽幼小,亦知闻而哀。越数年为道光丙午,节母年五十五矣,遂终割其产若干亩,举三世葬,虚姑妇两穴以待。后二年,节母卒。又后二十年,得旌如例,计守节二十八年。节妇年二十七丧夫,尝有一子殇,五十四而殁。守节同其姑之年,而处境又艰于姑,与姑同岁旌。

论曰:吾闻之,苦节之后,其终必昌。信然耶?以予所见古今纪载状述奇节,其始极天下之至悲,而其后或挺为魁儒杰人,次亦科第文学不绝,何前此之艰而后此之壮也?然或苍凉艰苦,久挂于层冰积雪之中而湮郁弗伸,甚且终夺其后如节母者,又胡可胜数?岂天道神而莫测与抑冥冥者,仍视其家运之兴败以分报施与?呜呼!吾弗能知之矣。

清柳以蕃《食古斋文录》

张学博传

〔清〕汤纪尚

张先生履,初名生洲,渊甫其字。江苏震泽人。父以智以纯孝称,先生其次子,龆齿安礼,元文乐饥,澹于荣愿,泊如也。与同里张孝廉海珊请业督过,如古人相师友。遭父丧,柴瘠灭性,孝廉亟尉敕,始进溢米,终三年无弛容。授经自卫,学道日严,廉隅精苦中,陶然有性道之乐。嘉庆丙子乡举,久之以教习注知县,投牒改教谕,选句容。德业课士,著六箴为程。燕闲讲讨,乃刻心缮性之谊。清寒莹人,不严而栗,一时粹洁之士恒归之。在官十八载，陶文毅、林文忠亟钦礼，两膺卓荐，均固却。年六十卒。先生岸容仪，修冉鬣鬣。任义若辋饥，投以世好则懦退若怯夫。为学有常课，守铢积寸累之训，为日问月学之功。昧爽而兴，一妄不萌，深衣块坐，孟晋追群，咏歌先王之风，逌然忘其迟暮焉。是殆坚苦者，亚秋霜琨玉，皓乎哲人。已著《宗法通考》《丧礼辨误》《容山教事录》《课经偶记》《炳烛记》及诗文等书。子三，均早逝。孙某，方伎自给。遇不酬学，泽不究嗣，恫乎有余，悲焉！

清缪荃孙《续碑传集》

袁午亭君家传

〔清〕沈曰富

袁午亭君者讳荫槐，字晋庐。世为浙江嘉兴府嘉善县人。八世祖讳黄，官兵部主事，世称了凡先生也。了凡始居吴江之赵田村，与子进士官广东高要令讳俨，并祀二县乡贤祠。高要之孙讳蘅，入国朝中康熙丁卯浙榜举人。传四世为例赠徵仕郎讳銮，生三子，长文学豫，次候选训导营，其季午亭君也。君少英伟，读书敏悟，为文有雄直气。既入学，则叹曰："亲老食指繁，藉授徒所入，不足以养我。先世固有兼习贸迁术者，盍亦躬其事乎？"由是往来苏杭两会城，及常之无锡、松江之上海，岁数周历其地，有间仍不废诵读。父卒，与兄共财产，无一物入私室。长兄多子女，不欲累弟，命析产，君辄请缓。既昏嫁渐毕，乃始别居。君尝曰："我以儒而为贾，所少异人者，在知仁义也。仁义之实，事亲从兄。离此二者，虽有文采，与驵侩何殊？"又曰："吾既辍其业而游，子侄不可不勤学。令继先志，造就子侄，即是报答祖宗。"其自谓所守以终身者，惟此严柳桥者，困于童子试。君独知其积学，礼聘于家十五年，课诸子，皆成就。严卒，虑其孤寡，粟以月致，风雨无愆期也。吴文学元音，君所受学师，殁久在殡，及门谋共葬之，君辞焉，而独任其事。家先世与周孝廉礼家有违言，孝廉长，君见其秀能文，招至家塾，惓惓为之择师友，命诸子出入必偕，相关若骨肉。于族戚子弟有造者，百端奖诱之。族子昌龄、端龄，甥钱光祖，以家贫，年长几废学。君力劝之，皆为诸生。后进一艺之长，津津向人道。即有过，伸眉努目而责之。以故人人严惮君，而亦未尝怀怨，以君胸无城府也。为人谋事，水火不避，必求济而后已。貌不逾中人，意量廓然。耐烦剧，健谈论，善于积财，而亦喜施舍。年四十始饩于学，及满岁当贡，长子嵩龄已成进士。或谓："君不久得封，奚力疾赴试为？"君笑答曰："有始不可无终耳。"君每虑事必直穷其尽，处于经世之务尤明论。七百里内郡县风土，了了利病，使假以尺寸柄，所为必有可观者，惜乎其至老不遇也。以道光三十年恩贡生就职州判，甫一岁卒，卒于咸丰元年九月，年六十。子五人：嵩龄，道光癸卯举人，庚戌进士，改庶吉士；筴龄，嘉兴府学廪膳生；召龄，咸丰辛亥举人；华龄；福龄。

沈曰富曰：退之有言：利害必明，无遗锱铢。情炎于中，利欲斗进。有得有丧，勃然不释。然后一决,而后可几。余于午亭君见之矣。余始识君,余妇翁陈文学希恕坐。聆其言议,以谓特功名之士耳,久乃疑君节侠者流。由今思之,盖孝友信义勇敢强有力君子也。世之为善者,好称袁氏立命说。君所学不斤斤,然守其一家之言,而居心行事,无不与乃祖符合。宜乎身不得志,而其后弥昌矣。余年二十至婿,乡文学之执友咸在,每喜从其游。君时于诸君中齿最少,今亦物故,求如旧时之闻见,不可复得述君传,能使余无悲欤!

清《袁氏家乘续编》1920年抄本

程际青、张绍传

〔清〕吴有庆

程际青,字尚颜,一字怡云。其先歙人也,世业贾。际青不善贾,且鄙夷之,由是家日落,遂以其侘傺不平之气寄于酒。躯干短小,眉目间轩轩有精悍色,动辄折人,人皆以为狂。客游无所获,归家而瘵病作矣。当际青壮健时,与朋侪论理是非,必使胸中无窒阂,即不当亦数复不休。浊其鼻音,颐下筋暴长尺许,弗顾也。呜呼!岂非古之节概之士乎哉?乃卒以贫死。际青死,其友人张绍谓庆曰:"际青倔强死不变。既弥留,其母就诀之,目其弟。其妻子环泣,矫首不视,其倔强如平时。"呜呼!是可哀已。后逾年而张绍亦死。张绍字衣闻,一字耕心。其祖姑母归我曾祖王父,故长于庆一行。世业医。庆尝语绍曰:"医之道,纵不能收十全之效,要不可失十全之心。子曰'温故而知新',使今之所获,务胜于昔之所闻。积久而志不衰,临事庶无嗛嗛之意,且亦博约之法也。"绍心然之,故其学至殁之日益进。好滑稽,持论世事,目睊睊,辄作解颐语,人多欢之,然亦不售其术。贫甚,以呕血数日死。际青初名杰,殁年三十有五,绍殁年三十有六,二人实生同岁云。

清凌淦《松陵文录》

舅氏铸唐叶先生家传略

〔清〕沈曰富

呜呼!我舅氏铸唐先生之卒也,在道光二十八年十月二十四日,去外祖母杨太孺人之卒,中间一日耳。先是太孺人寝疾,先生侍养不离侧,每晚太孺人如厕,必先生抱持。一夕,忽不能胜,我母在旁,亟呼人入,相与扶太孺人就寝。而先生气顿喘,膂胁作楚,不复可坐立,自此颓卧外寝。太孺人两日不见先生,亦不问,但曰"我年八十四矣,岁时月之制已备,其他无益费,称家有无,孰得而议之?"盖疑先生虑己有不讳,在外营谋也。先生闻之强起,使二子夹持至榻前问安否。太孺人见其状,频蹙曰:"视汝形容衰老，他日岂能至我年？我今倦欲睡，勿来扰也。"先生平日好于太孺人前为婴儿戏，故太孺人尚谓先生诈疾，以掩饰其他出而宽己怀，而不知其病已如此矣。是夕，太孺人考终。先生更不能起，唯展转号哭于床。至卒之日，忽曰："我无病矣，我欲饮食矣。"诸来会太孺人敛殡者既毕，至入视先生。先生无一言，气渐渐上逆，遂以是日黄昏易篑，太孺人尚未入棺也。呜呼，可胜痛哉！先生讳春浩，字沛恩，一字澍堂，后改号铸唐。家世详曰富前所作《外祖云坡叶府君行略》中。先生从赵先生汝砺学最久，即曰富师也，后问业于丁教谕绶。自幼读书强识，为文敏捷有才气，应郡邑试，冠其曹。会某公者来督学，卞急多疑，谓守令所取士率不当，务斥其首名以示公，于是先生不得入学。归愈发愤，博览诸经史，文益宏丽。又数年，始见赏于前大学士萧山汤公，岁举优行。遭父丧，服满，不复应省试。为人豪爽坦直，果决能任事，代人谋，一如己。睦于宗族姻党，与从兄曲江君春涛友爱，出入必偕。曲江君性和缓，而先生刚急，遇事恒相济而成，又相规劝也。族子兰生、麋生俱好学，而贫不能从师。先生招之来，为评骘文字，后皆有成。曰富兄弟随我母岁归省，留必数月，则就先生受书。曰富少好词赋，不肯习经义，先生手书戒之。曰富心不服，上书言："为学当务博综，不宜斤斤于占毕。"先生大怒，答书千余字，言："功宜按时而进，虚侉之气胜，卒归于无得。"因抉摘其书中谬语，数以十过，曰富往谢乃罢。至今思之，岂世之舅甥间所有耶？先生待诸甥，欢若友朋，而有过，责诃之不少借。曰富又从先生乞贷无以报，先生悯其贫，虽身自处困，终未尝齿及也。先生三十后，须发颁白，近岁益甚，两耳复重听，然意兴不改少时。每宴会，多谐笑，世交子弟咸乐亲之。瞻其颜色，阳气充满，孰知中之精力，役于人事之纷赜，而已日耗哉。卒年五十六。其生也，为乾隆五十八年二月二十六日。先生配陈孺人，岁贡生阶琛女也。子三人：锦荣、锦采、锦棻。女二人：长适冯，次字沈。

清沈曰富《受恒受渐斋集》

古轩公传

公讳幹，字事贞，号古轩，春波公五子。生于乾隆五十八年癸丑四月十七日午时，卒于咸丰十一年辛酉九月二十日巳时，享寿六十有九。庠贡生。春波公五十一岁而得公，公生而精神薄弱，赋性敦厚。幼从萍江公课读，壬申科试入学。癸酉春，春波公见背，哀毁尽礼，迥异恒情。习举子业甚专，以数奇屡试辄蹶。自此后遂遁入理学，玩索经旨，读《易》三十年，于易理颇有之得，著有《春秋集义》及《易庸》，已刊行世。又有《四书约说》《顾諟录》《游艺录》数十卷，未梓。公著作外，兼课侄辈。凡诸侄未入泮以前，无不从公课文，以公指拨开导，作文以清灵为主，利于小试故也。公事母至孝，出于肫诚，平时和颜悦色，委婉承顺，不徒循温清定省之虚文而已。道光壬辰秋，公母张太孺人弃养，丧葬尽礼，卧榻迁至书室，不入闺闱，不御荤酒，悲戚三年，未尝露齿，可谓孝矣。迨服阕，有志观光上国。丁酉春，挈伴北上，与乌程徐虚舟明府同寓，朝夕切磋，作时艺以就正。是秋即应顺天乡试，惜荐而不售。幡然改辙南旋，历经曲阜孔庙以及名山胜迹，莫不浏览题咏，以舒襟怀。生平书法宗米襄阳，神韵酷似。又善八分书，求书者咸奉为拱璧。公一生事亲孝，交友信，临祭竭如在之诚，御下无严厉之色，而又事兄如事父，待侄如子弟。星舫公，公之胞侄也，少公二岁，自童稚至暮年，性情相洽，亲如手足。镜蓉公，亦公之胞侄也，髫年失怙，教诲课读，无异己子。晚年于长庆楼后修葺数椽，题曰"友琴居"，恒弹琴啸歌于其间，为将老之营。咸丰庚申，粤寇窜入苏常，挈眷避居近乡，嗣迁湖滨薛埠。辛酉夏，忽得中风之症，语言不清，神思恍惚，医药罔效，延至九月而解脱。有遗嘱付嗣子星罗公，嘱身后治丧不许延僧作佛事，不许乐人鼓吹，其自愿与圣贤为徒。如是其真且实也，即媲诸宋家性理之儒，亦骎骎乎无愧色矣。妣氏章孺人、沈孺人，合葬石门洲钱镇西南濮家荡南，与愚堂公同墓。

清周善鼎等《周氏宗谱》

薇人公传

宝镕，原名星，字璐甫，更字羡甫，号薇人。国学生奏旌孝子益亭公坚三子。清乾隆六十年生。国学生，阙里奎文阁典籍。咸丰元年卒，年五十七。公幼即英伟，朋试有声。弱冠后，综理先世缯业，绝意进取，以国子生充阙里七品典籍官，母老未往供职。性伉爽，尤练世务，不事屑屑，务持大体。事母能以忠养，处昆弟间饶至性。出行有获，悉以充用，不私其妻子。美须眉，善饮酒，器宇豪迈。然其居家甚谨，饬诸子严惮，不敢失尺寸。家政之暇，即手一编，尤耽吟咏。周梦台、陈希恕辈结红梨诗社，公与焉。尝以本支谱牒未修，扁舟赴余姚，遍访族姓，辑成巨编。竹虚公城营族葬于小梅山（即弁山）麓，一切经营措置，咸赖助成。其他整理学舍、选刊善书、焚质券助灾赈、修桥路捐衣食、施槥掩埋惜字诸举，或倡率，或赞成，实心经理，众论推服。族戚邻里有贫无以存者来告，必量力周济之。居恒无故，未尝杀一微命。晚岁以族益繁，事不能统于一，深虑瓦解，致成心疾而卒。沈南一先生撰墓志云："君孝友人也。"又云："凡君之为人，得之言谈酬酢之顷，证之亲戚朋旧之间，翕然无间，久而愈慕。"著有《伊兰室诗稿、词稿、赋钞》《花月填词馆绮语》。子乃治，增贡生，候选训导；乃淳，举人，国子监学正；乃洵，议叙九品；乃溥，山东候补县丞。（本《宗谱支谱编稿》，参《松陵诗徵续编》《笠泽词徵》《受恒受渐斋外集》《留爪集》。）

张嘉荣《盛泽张氏遗稿存录》

殷寿彭、殷寿臻传

殷寿彭，字雉斟，号述斋，长田人。道光八年优贡生，十二年举人，十三年考取国子监学正学录。二十年二甲一名进士，改庶吉士。二十一年馆元，授编修。二十四年大考一等，擢侍读学士。二十五年视学山东，后以廷试左迁中允，升庶子。咸丰五年，复视学广东，洊擢詹事。旋丁内艰，以疾卒于广东寓所。寿彭天赋俊才，工诗古文词，著有《春雨楼诗文集》。弟寿臻，字肇骈，号百庭。道光二十四年进士，改庶吉士，授编修，充国史馆协修。后以耳病乞归。居家寡言笑，不与户外事，人咸服其品云。著有《帚珍斋文诗集》。

清光绪《黎里续志》

春雨楼诗文集后序

〔清〕袁学澜

文章为经国之大业，不朽之盛事，可垂无穷。学士大夫拜献之所先资，大之经纶宇宙传德载道，细亦陶写性灵以含和鸣，盛宣朝家之宏化。是以牢愁之作不列雅材，雍容揄扬堪追正始，顾莫为之后，虽盛弗传。此我梅士表侄梓刻其伯父殷述斋宫詹《春雨楼诗文集》，用以传后甚盛心也。忆昔嘉庆庚辰岁，外兄殷述斋师来课余学，偕弟百庭同砚席于剪淞庐，勤勤讲贯，无间昕夕。犹记寒夜灯窗共读，漏下三商，炉灰冷陷，雪盈庭砌，仡仡犹未休息。至壬午春，君还黎里，余负笈从学。迄后余旋里，课艺必就正于兄，盖余学所得，无非兄之所沾溉也。君先世居歙上里殷村。七世祖士乔，明季避水患，始迁居吴江县长田村。高祖祥甫，曾祖世成，均为善于乡，潜德弗耀。祖闻远，始以贸易恢基昌其门业。父炳，候补司狱，诰授中宪大夫。教秉义方，延名师忠敬交至，课后嗣綦严。君在弱龄，群经靡不循诵，条贯并精，选理课程无间。夏夕帷灯，春园键户，遂以积学黉隽交推。壬辰举于乡，庚子登进士，殿试二甲一名。入词林，授编修，充武英殿纂修，分校南北史、齐、隋及明史。癸卯大考，一等二名，擢侍讲学士。召对称旨，充日讲起居注官，简放山东学政。丙午八月，任满还京，旋奉父讳旋里。服阕入都，逾年授广东学政，阅试再周，频惊风鹤。庚申岁，闻长嗣兆钧之讣，忽忽不乐，稍患风疾。辛酉冬，丁母潘太恭人忧，道梗不得归，悲怆益甚，风症遂剧。迨壬戌正月十四日，适内迁詹事府詹事。朝命甫至，遽病殁于粤城，年六十八。君孝友出于天性，庭闱愉顺，朝夕承欢，无几微违于色养。辛未岁，长田宅毁于回禄，赁居黎里，家道中落。君仰承亲意，协力追复堂构旧规，志切显扬，益励读书。凡洨长说文、郑孔笺疏，悉条钞研究，剖析疑义。易宗汉学，诗参齐鲁，辞撷屈宋之英，理究朱程之奥，根柢蟠深，才力闳肆。发为文章，光彩熊煜，坐役万景，亘古常新。秉书之质，参史之洁，屏绝庸靡，独出冠时。顾生平精诣，尤在制艺，渺虑罄心，荦甲新意。相题命篇，如镕金就范，清华郎粹，卓尔大雅，千人共见，百思难到。词赋则五色相宣，八音谐畅，照烛三才辉，丽万有于时。君弟寿臻、侄兆铺，相继撷巍科，入薇省，惟君实开其先路云。至其杂著篇章，非所措意，流连光景，酬应洒翰，亦复抽秘骋妍，振其华藻，得表圣之清新，擅韦縠之才调焉。通籍后，叠秉文衡，甄拔人材。鉴空衡平，不徇请托，精心鉴别，特具真赏。选刊二东试牍，传诵士林，世奉楷则。性和易通脱，规圆矩方，随宜驭物，致身通显，犹然寒素。熟精八法，酷嗜碑版，临池染翰，融会欧褚，上溯岷山，辨别真赝，独得神解。在山左时，与崇雨林中丞订金石交，公余往来，辄以唐贤妙迹相质证。喜悬购旧拓，无稍倦容。珍袭筴衍，名迹甚富，均有题跋，考核精审，诚堪宝贵。粤橐归装，惟此压艇，足抵郁林廉石也。越岁癸亥，侄兆铼，号梅士，于粤氛四扰之际，不避艰险，由沪城乘轮船航海至粤，迎眷扶榇归，葬于吴江县长田圩新阡。君配李氏。子兆钧，先殁；次子兆锦、兆鋆、兆鎏，年幼读书。梅士侄既毕葬事，尤恐君之遗文湮没不彰也，乃裒集所著《春雨楼诗文集》，属余编次付梓。余幼承君之训诲，且嘉尚梅士之意，为悉心校阅。既竣事，为述君之文章行谊著于卷末，庶后之读其文而知其人，俾当世之贤有文者有所据而传述焉。并以志梅士之英才练达，能识大体，营葬刊稿。君一生之大事毕矣，君之志亦于是乎欣慰于九京矣。

同治五年岁丙寅正月，受业表弟元和袁学澜，拜序于吴门之双塔影园。

清殷寿彭《春雨楼诗文集》

箕林叶公传

〔清〕许国年

公姓叶氏，名淮，字昆来，吴江人，省堂上舍长子也。禀姿敦厚，应童子试不售，以体孱弱援例从九职员。妇翁费云溪眉坡以善书闻，公得其指授，遂肆力于八法，兼究星数堪舆之术，而不自炫。弟石樵，名浒，字新周。邑庠生，天性孝友。兄弟皆矩步绳趋，动循礼法，受人侮不校。公元配费氏，石樵娶陈氏，县学生易斋子谅长女也。咸娴礼节，费尤明敏，亲串子虽年未就傅，不亵见。陈亦知书明大义，妯娌以敦睦称。费奁赠厚，省堂公卒后析箸。未几弟卒，公悯诸侄幼，复合爨，以终其身，人以为难。食指既繁，婚娶多故，道光辛卯、壬辰间，仍岁水灾，家日落。时所亲有宦于楚者，以刺史摄府篆。少时不羁，见摈于亲族，感公家相待独优，常询公家近状，称其厚德不置口。有传其语者怂公一往，笑而不答，盖公安贫自适，性不解求人。虽少席丰厚，而日啜两粥，怡如也。日惟以古人自励，以正人勖子侄甥辈。最爱范忠宣"以责人之心责己，以恕己之心恕人"数语，常置座右以自铭焉。念汾湖叶氏自大理公迁居县城，迨公已七世，子姓蕃衍，恐岁久或忘其祖。乃为考其宗派、生卒、婚嫁，详书之册，为江城叶氏之谱系。亲戚以公不肯受人惠，知其精于风鉴，邀与相视而酬以金，晚年藉以济贫，然亦不校丰菲也。庚申之乱，偕继室黄氏携子妇避地乡间，犹日手汇纂功过格以自遣。噫！此可见公履道不忒之梗概矣。公生于乾隆乙巳年十月三十日，卒于同治癸亥年六月二十三日，年六十有九[1]。子三：运枢，费氏出，依妻父赵用门于闽幕，得疾归；次官梅，亦精星数。皆先公卒。次家榕，亦能父业，早卒。皆黄氏出。女三：长适谢天港邑庠生周之藩；次适李，归安辛未进士菜子庠生师默。皆费氏出。次适赵，同邑庚午举人、广东知县亨衢子六品军功楷生，黄氏出。

论曰：世族支繁派远，虽身为显宦，竟有昆弟伯叔觌面而不相识者，惟有谱以系之，则一询辈行即知之，谱系之功，岂不巨哉！今公穷处里门，独能仅念及此，访问搜辑，积二十年而得成书。自大理公迁城后二百数十年，支派生卒，一切有条不紊，厘然可稽。则其敬宗收族之道，非独能窥其大欤。盖公之饬躬励行，有古君子风，皆可为世法。而谱系一事，尤为承前启后之要务，夫有开必先增纂而刊存之，是所望于后贤矣。

光绪元年乙亥仲秋之月，乌程许国年拜撰。

清叶德辉等《吴中叶氏族谱》

注〔1〕：生年与卒年同清叶德辉《吴中叶氏族谱》卷三十六"世系表"所载，享年误，应为七十九岁。

徐君澹人墓志铭

〔清〕董兆熊

吾邑徐虹亭先生，以上舍生中鸿博之选，一日之间，名满天下。子姓蕃衍，代有闻人，而君则虹亭之弟半村先生后也。始虹亭以词赋显，而半村独遂于经学，末年以群经义分授诸子，诸子亦各世其学。数传至君，而其业益精。君以宋儒之学研精性命，名物象数在其所略，慨然以汉氏为宗，闭门考索，不得其解，弥月不出。一朝得之，亦必数削其稿，而后属之于简。尝以《毛诗》得列注疏齐鲁韩之不显于世也，荟粹古书，刺其字句，苟涉此者，片义单辞，靡不甄录。著古人之说于右，而自系其说于左，遇有沈晦，不惮数千百言，譬喻晓解，求合于圣贤之意而后止。久之书成，名曰《三家诗述》，凡十有六卷。其中异义"采苓"之"苓"，从朱彝尊说训古"莲"字。或疑山不得有莲，君笑曰："太华峰头固有池矣，莲不当产其中邪？不然，而'旱莲'之草载于《本草》者，自若也。"又以"有狐绥绥"，为刺时君之诗以狐比无道之君。引《齐风》"雄狐"之讥襄公，兼引《左氏传》"获其雄狐"指晋惠公为证论者，卒不能难。于《易》，则衍郑氏《爻辰图说》，而敷畅其意。于《书》，有《书古训》若干卷。君既专于治经，间出其余技为诗。探源骚选，泛滥杜韩白苏诸家，事有不概于心者，激荡其声，抑扬其词，以一吐其胸中之奇，世有唐衢，又不知若何痛哭也。它文章亦卓然可传。惜君中年摧折，不及遍交当世贤豪，无有表显之者，可悲也已。君性至孝。少失母，独与父居。父遇之严，家贫无仆，赁使提壶出酤，小不如旨，大杖击，君走避，嚅不敢出一语。父既殁，言必流涕。笃于友朋，杨君秋泉著《十家晋书》，未竟而卒，君藏弆补缀之。弟子经其指授，咸有师法可观。君殁后数年，高第弟子陈君某，思刻行其遗书，将经纪其家教其子，使成人有足尚者。吾尝观古经生家，坚守师说，牢固不拔，虽极之踬跋颠顿，不肯辄背其师。而陈君遂欲如是，非特陈君之高谊，抑亦君穷经之效也。君既传其家学，忌君者乃毁君曰是固攘其祖作者。噫！信如此言，虞翻何以五世穷《易》？蒋系何以二世修史？而近世吴中惠氏、高邮王氏，又何以世世治经哉？余辱交于君，遂铭君幽。君讳堂，澹人其自号。吴江县诸生。道光十七年九月日卒，年四十有一。娶顾氏，先君卒。有子一人，名曰某。越二年某月日，君之兄某，奉君之枢祔于祖茔之某阡。铭曰：

三家之《诗》君所治，旁涉《易》《书》常下帷。诗文佚宕铿金丝，性笃孝友经人师。四十小苦仅过之，如君者死心然疑。晚有弟子抚孤儿，吁嗟徐君可勿悲。

清董兆熊《味无味斋杂文》

戚爱贻传略

〔清〕柳树芳

道光己亥，予招戚君爱贻校录赵君眉山所辑《江震人物续志》一书，岁终卒业。明年正月二十一日，君病卒于家，予即以诗哭之。暇日阅所手校，其中进退予夺，皆斤斤不苟。爱贻之言曰："志与史异，史善恶并列，志惟称人之善。然果称之也核，则史法在其中，至发幽表微，尤君子著书之本恉。今孝友传，所采多故家子弟、身列士林者，而农工佣力十不一二。夫至性所发，无间贵贱，往往有不识一字，而过人之行，为士大夫所不为。乡里中岂遂乏其人，急宜广为补访。"又曰："统观此志，名臣、文学两门甚备。但名臣可赅孝友、节义、文学、艺能四者，而文学不足以赅他行。权其轻重，凡以文学兼孝友者，宜以孝友为主，入孝友传，文学而兼节义者视此。"其言多中理道。予乃喟然叹曰："爱贻之识，固如是乎。今夫成一家之书难，成一邑之书尤难。必其人绝私心，去偏见，如称物之有权衡，惟其平而已矣。勤乎赵君之为此也。渊甫张君尝遗之书，谓如果堂沈徵君、铁甫张先生，湛深经术，不为迂疏无用之学，宜别立儒林传以处之，赵书盖无儒林传也。然则如我爱贻者，非又吾党之争友乎哉！"爱贻名召棠，字宣臣，一字文伯。震泽人。卒年四十有四。状貌清瘦，与人言落落，其取于人亦不苟。终困小试，赍志以殁。殁后七日，子女皆骤死。呜呼！文人之厄，乃至此。昌黎氏有言：死而无知则已，若其有知，恐转为善人悲也。予故挈其要论著于篇，亦欲使后之人，因其言以知其人也。

清凌淦《松陵文录》

仲湘传

仲湘，字壬甫，一字子湘，盛泽人。在里中与沈曰富、陈寿熊辈切磋学行。湘虽为诸生，而无意科名，其用力尤在于诗，晚年自定其稿刊行之，平湖贾敦艮序曰："壬甫诗宗尚韩、苏，出入范、陆，而独本于性情之真挚。如咏节烈、哀亡友，则少陵《八哀》之遗音也。纪灾荒、感时事，则乐天《秦中吟·次山春陵行》之嗣响也。其可传于后无疑云。"晚年方搜辑邑人诗为《留爪集》，人自为卷，得数十家。已雕版，而粤贼乱起，湘亦侘傺卒矣。

清光绪《吴江县续志》

皇清例封孺人亡妇朱孺人状

〔清〕徐锡第

亡妇姓朱，名萼增，字沁香，家吴江分湖之滨。父少云先生，名庭照，湖南布政使司理问。母陈安人。妇性纯孝，六岁陈安人卒，哭泣如成人。事继母汪太君，能得其欢，太君视之亦逾于己出。待诸弟妹曲尽友爱，得食必先分而后食，故弟妹非娣不乐也。年二十三归于余。先是余家故饶，先君以儒官试用，余随侍读书。及遭大父丧，先君命佐理家务，遂辍学。次年又遭先君之丧。余上有三兄，伯兄性磊落，不耐烦琐，仲、叔二兄方习举子业。于是，家事专责于余。哀毁余生，辄膺重寄，势且中落，摒挡益艰，以故终岁未曾有喜色。至妇来归，颇能宜家，余心稍稍慰。妇所居在吾母居室之楼，楼凡三间，中间之下为吾母寝所。吾母常早息，余二更始寝，遇以事他适，恒有至四五更者。妇虽溽暑严寒，必坐以待，坐必在左右间，恐吾母睡不安也。吾母旧有肝疾，一日偶发，误投补剂，胀甚，需莱菔汁解之。时当仲春，莱菔不能得汁，妇嚼以龈，出汁少许，饮之而安，则两颐碎矣。吾母病中，一妪窃米，为同辈所发，诸似欲白堂上。妇坚止之，曰："此妪侍姑数十年，今事发，必遣易他妪，恐侍奉未谙，余岂市惠耶？重伤姑之心耳。"居恒淡泊，不事脂粉。虽生长绮罗，而归余数年，仅制一裳，嫁衣多未着体。好吟咏，能书，以凤奉庭训不苟作，尤不苟存。殁后辑其遗稿，同邑郭君麐序之曰："清丽娴雅，真有得于风人之旨者。"盖妇生而秀惠，五岁，陈安人授以《内则》《列女传》，六七岁读《孝经》《尔雅》诸书。八岁后就傅，读四子书、《诗经》《礼经》及历朝诗文，俱能通晓大义。十二岁赋《水仙》《春游》诸诗，斐然可观。十四岁，少云先生之任楚南，临行训之曰："女子不在能文，以孝敬勤俭为德。后可随母学女红。"由是吟事少辍。作书初学赵承旨《灵飞经》，后得文待诏小楷《金刚经》，每日晨起，临摹无间。尝因病发愿，手书《大悲咒》一篇，勒石施送。侍余甚谨。余性卞急，好直言，妇曲为规劝，遇拂意时，益以柔和之色进。故五年之中，上下内外，欢无间言。余处事又落拓，妇勤敏佐治，家业赖以稍定。道光二年夏，妇产一女，三朝而寒热作。时余以督挑市河,日暴烈日中,喉间腐,水浆不入者二日,医皆束手。妇既新娩,复病,必呼婢强扶侍余。余执其手问曰:"不起奈何?"妇呜咽为谓:"脱有不讳,不使一二时,先君地下也。"后余病愈,而妇益惫,至秋而痢,然犹自乳其女。吾母命雇乳媪,妇曰:"吾闻姑生男女子八人,未有乳媪,其间岂无病时?今吾初生一女,何用是?"盖呻吟床笫,五阅月始痊。道光五年夏,患痢,沈绵半载,日甚一日,虽自知不起,因方娠,犹冀举一男以慰余。见余必欢笑,私语外姑曰:"不忍使之肠断也。"至九月中半产,而元气遂尽耗矣。临殁前一日,亲党有酒食事,再三促余往,曰:"藉此消君半日愁。"是晚余偶鼻血,妇知屡问:"是旧疾否?"盖余曾患咯血,赖妇调护,数年未发,故急急相问耳。黎明,余至床前,持而泣曰:"夫妇之缘,尽于是矣,顺时珍重,勿过愁伤。如我二人,他生岂无聚首时耶?"至晚声渐微,呼父母者再,曰:"能使稍延片刻,一相见乎?"遂执余手流涕而殁。呜呼痛哉!外姑汪太君至,哭之恸,盖妇侍后母有不知其身为异出者。四年秋,太君病危,愿减己算以益母寿。后太君果痊,人皆以为孝感也。妇以嘉庆三年正月十七日辰时生,以道光五年九月二十七日子时卒,年二十八岁,例封孺人。生女一名,竞秀。著有《珠来阁诗》二卷,手书《金刚经》一部,《大悲咒》一篇。不杖期夫徐锡第撰。

薛凤昌《女士集汇存·珠来阁遗稿》

朱孺人传

〔清〕董国华

孺人姓朱氏,名萼增,字沁香。吴江人,前湖南布政使司理问庭照女也。生而容光瑰逸,神理惀定。备间喜之茂媺,谢组饰之妍华。灵芬蕴中,夙悟四始,慧解绝世,疑来三天。左家传娇女之诗,刘氏著能文之目。庄姝无辈,至性少成。爱在甫髫,婴痛陟岵,温净仰慰,摽壮尽哀。抚弱弟于呱泣,教诸妹以闺箴。祥媛柔嘉,门族翕誉,咏絮赋茗,不足多也。年二十三,始归同邑候选府经历徐君锡第为室。好逑婉娩,戒旦和鸣,眉案相庄,心范无忒。仪法为中表所则,散朗得林下之风。络丝忘劬,椓斛流惠,门庭之内,雍雍如也。其于奉事尊嶂,孝敬尤笃。羹调馨絜,器涤威俞,食性能谙,善心为窈。姑朱太君尝病肝,误入补剂,解参术之性需莱菔之浆。时在晚春,芳鲜已尽,风戾所蓄,滋液维艰。孺人糜齿取津,啐颐致元霜,一杵荣露盈盘,苦心奉尝,贞疾良已。以视杏求郑氏,笋生孟林,孺慕之诚,古今同轨。徐君雅负才地,亢爽过人,孺人赞成厥贤,默规于道。乐羊好学,指机为箴,伯宗直言,括囊是诫。樊英下拜,冀缺如宾,有高柔爱玩之情,等文箫神仙之遇。每当湘瑟鼓罢,秦篝绣余,瑶帱四垂,金釭二等,拈花叶以问字,展缃素而勖书,思若流波,欢于并命。箫局香烬,犹闻吟声,纺砖月凉,为写妍影。时或维摩示疾,洗马工愁,则料量食单,商量药里,炉烟煮梦,嘘暖分寒,鼎口关心,斟甘剂苦。又或江天少别,云树相思,则复钗卜金虫,轸停钿雁,指蘼芜而缄恨，采卷耳以言忧。苏蕙回文之篇，婕妤捣素之赋，芬芳悱恻，可云善怀已。至若格擅簪花，悟契贝叶，色丝之丽，妙绝思维，翠墨之秀，润溢毫末。是固四禅天远，慧因凤钟，五铢衣轻，仙骨易举。宜乎曼殊一现，恒干不居，灵风肃然，彩云俄杳矣。以道光五年九月二十七日卒，年二十有八。女一，名竞秀。所遗有《珠来阁诗》二卷，手书《金刚经》一部，《大悲咒》一篇。徐君哀抱芰箧，痛摧绮弦，启尘封之故编，都芎泽之遗迹。脂印犹湿，神光顿遥，闵其惠心，并感懿行，来乞志传，以遣悲怀。不辞弇荒，因述令淑。彤管累德，自当编汉京传中；苔华镌芳，何止冠香奁集里？

道光六年岁次丙戌春正月既望，吴县董国华撰。

薛凤昌《女士集汇存·珠来阁遗稿》

沈退甫哀辞

〔清〕孙燮

举世波靡，不可无狷介之士为中流砥柱。而士有不随流俗者，非徒人嫉之，而天亦若多方以厄之。既使之贫困终身，而又靳其年，使不克至于老寿溘然长逝，上有慈亲，下乏嗣子，抱恨于无穷。若吾友沈君退甫者，为可悲已。君少孤，遭家多难，未竟于学。成童以后，交张君渊甫，始发愤读书，取先儒义理之说，日探讨而玩味之。久之，渐有所得，屏绝浮华，气象为之一变。宋王信伯为震泽先贤，后人编其遗文为《著作集》，中有门人纪录失真处，朱子尝疑而辨之。君谋之渊甫重刊，以惠后学。载朱子之辨于《语录》后，而芟其附录之繁冗者，学者始得善本而读之，免于毫厘千里之说。明王晓庵先生墓地洼下，为水所注。君培其土，而立碣以表之。侯官林公抚吴时，君合诸绅士请祀先生于乡贤。公为上奏，部议不允，则创建祠堂于墓之左侧。又修筑墓道，缭以周垣，立墓门，树梅数十本。事虽出于众力，皆君为之倡始。生平留心乡里掌故。会吾邑纪君石斋，馆君族兄成甫家，晨夕商榷，成《震泽镇志》若干卷，同里周氏付之剞劂，义例精当，见称于时。君性情孤峭，不肯随俗俯仰，人多以此嫉之。然勇于为人，苟受人之托，虽险阻不避，人又未尝不服其义。居恒扫地焚香，惟吟诗以遣日，或出其所蓄古器玩弄之，视世俗纷华靡丽之事，泊如也。素豪于饮，母夫人戒之，遂不敢逾量。先世自曾祖以下，四世皆无昆弟。君父老而乏嗣，已子异姓子矣，忽诞生君，人咸谓天不绝沈氏之祀，从此可卜子姓蕃昌。然君授室后，连生十女，竟不得一丈夫子。食指日繁，薄田不足以给。女多许名族，办妆不容苟简，极左支右绌之苦，又称贷而益之，遂日益穷困以至于殁。殁之日，未字之女犹有数人焉。此天之所以重厄君者，岂不可悲也哉？夫予年逾六十，向日交游齿相若者大半零落。君少于予十五年，予预营兆穴于君之乡，他日期君来执绋，今又先我而逝，能不慨然？君希至浔上，予又病废不能出门，故频年踪迹疏阔。君卒之前数月，忽惠然肯来，谈论甚畅。人之聚散，莫非前定，而此会若隐有以驱之，使毕今生之欢者。君病中语石斋，欲予作墓铭。夫渊甫与君婚姻，方以文章名于时，他日自能铭君之墓。惟哀辞之作，所以抒朋友之情，不敢辞也。君名眉寿，字子绥，退甫其号，震泽人。其卒也，在道光丙午七月十二日，享年四十有九。辞曰：

繁生人之聚族，犹树木之成林。均雨露所培养，一枝独少繁阴。盼萌芽不可得，倐又斤斧相寻。续断枝以同本，萝茑孰得而侵。君天才之秀出，所学又极渊深。不言钱似夷甫，岂屑效其清谈？爱高隐似元亮，独不得其五男。生平表彰先哲，说士同于肉甘。能见义而必赴，惟苟得之是惭。何数穷于大衍，闻讣莫不伤心。嗣子取诸三从，析薪亮其能担。自古高才多厄，鬼神偏福愚憨。此理亦复奚怪，令名寿考难兼。年来友明日少，落落晨星两三。后我生者先逝，悲痛其何以堪！飒然秋雨夜至，老泪与之俱沾。

民国《震泽镇志续稿》

香吏公传

宝钟，原名镁，一名宝铦，字尺宝，一字颖甫，又字颖叔，号香午，又号香吏。其自号凡十余易，独以香吏行。国学生、奏旌孝子益亭公坚四子。清嘉庆三年生。江邑优行增广生，旌表孝子。咸丰四年卒，年五十七。公赋性静慧，制行谨伤，闭户自修，不徼逐声气。里社觞咏，兴至则赴，虽酒酣，无谑浪叫嚣之习。接后进庄而和，人多敬爱之。少壮时境极顺适，后仲叔两兄俱逝，家事纷更，常若有不豫色。然生平敦至行，尝两次割股愈母疾，人莫之知。及卒，启其左手，瘢痕宛然。清同治五年，得旌孝子。工诗文及倚声，并精书法。著有《玉海书堂诗钞》《琯朗阁词钞》《梅边吹笛谱》《饼说庵词》。（本《宗谱支谱随录》，参《吴江续志》《笠泽词微》《盛湖志稿》《留爪集》。）

张嘉荣《盛泽张氏遗稿存录》

张澹、陆惠传

张澹，字耕云，号春水。幼孤力学，寒暑不辍，虽篷窗客邸，吟哦自若。嗜画入骨，得同邑钱志伟指授。中年橐笔游武陵，一时才俊倾襟揽佩，唱酬无间，仁和马履泰、钱唐屠倬诸君咸订交焉。后入武进汤贞愍贻汾幕，诗画进而益上。晚年往来于吴淞间，藉砚田以自给。其俪陆惠，字璞卿，亦能诗。澹有小印曰"文章知己患难夫妻""张春水陆璞卿合印"，亦词场佳话。澹志行肫笃，尝手葬先世八棺。亲死，庐墓三年，昭文蒋宝龄为绘图纪事。内行如是，固不得仅以文人目之也。著有《风雨茅堂稿》。（本《墨林今话》，参俞樾《春在堂笔记》。）

陆惠，字璞卿，张澹继室。幼即明慧，能诗善画。晚年与澹偕隐申江，安贫乐道，静好相庄，于唱倡和。咸丰庚申，时澹已亡，惠授徒藉修脯自给。及门受业，为八股文字，已成篇者五人，未成篇者六七人，洵不愧女士之目也。其名刺书"张陆惠"三字。

惠其名也，合张陆二姓并书之，盖仿卫夫人称"李卫"之例。虽小事，亦与率尔下笔者不同，秀水于源录其诗入《鸳水联吟集》。澹有《鸿案联吟图》，武进汤贞愍贻汾所作，宜兴吴德旋题辞，永福吕璜书后。（参《春在堂笔记》）

清同治《盛湖志》

钟新甫先生事略

〔清〕王徐庠

先生姓钟氏，讳鼎，字新甫，晚号江沱遗老。祖珍元，父龙。先世由禾中徙家震泽，遂占籍焉。生而颖异，读书过目成诵。与张渊甫学博、俞德甫文学，同受业于张解元铁夫之门，参究儒先性理，旁及天官、地志、河渠、兵农、律数诸书，无不浏览。尝与翁海琛徵君论日月合璧，往复千言，徵君心折。又上林文忠公书，陈松江、娄江、太湖支流开浚缓急事宜。文忠嘉奖，下其议于郡县，筹款举行，一时声誉大起。多长者交，顾不喜为应制之文，所作离奇结屈，不中有司绳墨。逾冠始补学官弟子，旋竟弃去，专肆力于诗古文辞。性好聚书，家贫不能多得，缩衣节食，竭蹶购求。岁除有以汲古秘钞出售，索值甚昂，执卷傍徨，终夕不寐，质明尽典裘服以偿。春正贺客登门，托病不出，至今人以为笑。中年以往癖愈甚，一旦尽弃其田，得鲤鱼浜曹氏废居，莳花叠石，粗具园林之致，萧山汤相国题曰"小林壑"。闭门却扫，往往经月不出。然遇乡间大事，则力任不辞。岁己酉巨浸，竭蹶募赈，涓滴归公，全活无算，大府请于朝，得司训阶。同事有欲染指而不得者，无不衔之。又以乡先贤宋著作郎王信伯，与其门人江阴军学教授陈唯室、礼部侍郎杨良佐，传道程门，实为吴中洛学之祖，旧有三贤书院，湮废已久。镇中白云庵尼有秽行，乃告官驱逐，就其址改建复古书院，崇祀三公，而以宋南康军白鹿洞山长沈时斋、明处士王晓庵两先生侑奠。捐资置产，仿白鹿遗规，专重经义，余及诗文。同时习帖括者哗然讪笑之，其曾为瑶光婿者，从而附和龃龉之。卒赖巡抚钱唐许公鉴其诚，得以集事。吾镇七百年理学渊源尚如伉羊不绝者，先生之苦心孤诣为不可没也。既遭庚申之乱，土匪到处窃发，乡人受伪职，报复私怨，凶焰甚于粤寇。先生上书赵忠节，规画地势为攻御之策，谓："当先靖内乱，固人心，并请假以军装火药，可号召民兵独当南浔迤东一面。"为伪官搜得，悬赏大索先生不得，遂戮其使。迨甲子，王师克复苏垣，潘琴轩中丞前观察以督队协攻湖州，道出震泽，慕先生名，敦请设局采办军前柴草，凡五阅月，供应无乏，保全庐舍墓木不少。及论功行赏，力辞不就。转以墨吏婪索不遂，遭屈辱之数者，皆他人所当得誉，先生反在在获咎者。间尝求其故，而叹独为君子之难也。自后生末俗，不见先正典型，相率逐于声色货利，以机巧变诈为才智，以同流合污为明道，以资财盈绌为向背，以科名得失为荣辱。视先生蹊径，一一反其所为。蜀犬吠月，越犬吠雪，靡靡从风，无怪乎众人之欲杀也。先生卒于同治十年辛未七月十九日，年七十三。元配沈，继配张。六子：祖寿、祖福、祖禄、祖孝、祖德、祖恩。祖孝尤聪俊，能承家学，有《四柳初学草》一卷。女一，适同邑诸生俞树湘。皆先卒。续配顾，茕茕讣告亲故，既为经纪其丧，遂于十一月初九日乙未，葬于宅东百步祖茔之下，与沈张二孺人合圹，盖昔日先生所自营者也。未几而无赖甥汪某，为市虎所嗾，觊觎遗产，构讼经年，及事白而家业荡然。以余所见文人之厄，又未有如先生之尤甚者也。余于先生虽未执弟子礼，然先生所以诲勉之者，至勤且挚，故就平日见闻，而撮其梗概如此。同治十三年甲戌冬十月，同里后学王徐庠谨略。

清钟鼎《小林塾诗钞》

陆孝愉公纪略

薛凤昌

公讳孝愉，字怡庭，又号春晖。华仓公之长子，朗夫中丞公之仲孙也。年四岁识字。中丞公尝抚楚，于案牍之际曰："我家书籍，他日尽以付之。"年十六，入浙江秀水籍，补博士弟子员。能诗，善画，工隶书。颇自矜重，不妄为人作。吴兴王少司空、长沙陶文毅公见之，赞赏不已，尊为上宾，咸器重焉。道光甲午年卒，诗文集散失无考。

薛凤昌《女士集汇存·红黎阁诗草》

费女士纪略

薛凤昌

女士姓费氏，讳淑，字翼斋，号上元侍史，清巡抚湖北晓岩公之玄孙女也。生而端庄，性颖悟，幼伴诸兄读书，日可百行。稍长即能咏，有"三径微风新燕语，一帘疏雨杏花寒"之句。未及笄，诗已成集矣。嘉庆戊寅，归我陆孝愉公，朝夕唱和，几无虚日。后孝愉公应吴兴王少司空之聘，终岁出游。女士抚育两小叔，厚于己子。教之读书，令其子立背后听讲，风雨寒窗，半夜不辍。尝曰："一日不读书，如作负心事。"又曰："予生平最恶小说，《内则》《女训》，百读不厌。"著有《红梨阁诗集》，不下百余首，惜未刊行。

薛凤昌《女士集汇存·红黎阁诗草》

别驾王君家传

〔清〕顾广誉

君讳朝佐，字用九，自号秋樵。予昔所为王封翁暨安人传者，君考妣也。君初候选州同，既诰封两亲如其官，嗣复加衔至同知，由是晋赠其考奉政大夫，而妣为宜人。奉政君生二子，长即君，次师晋以庄，候选光禄寺署正加二级。君风神秀拔，颀然而长，意度豁如。少时家贫，年十五弃举子业，从奉政君于姑苏会城经画诸务，悉中机宜。道光六年六月，奉政君遘疾归里，秋杪病差，始家居，大小事务，皆君一手经理。既佐其亲致饶裕，遂慨然有志于济物。尝语人曰："人生斯世，在上则建功立业，为国宣猷；在下则勤于施济，补造物之缺陷。"其器识固远矣。道光二十年，江北水灾，流民蔽江而下，官绅从事抚恤，时君襄办甚力。二十九年春夏，东南大水，盛地则奉政君暨弟元相辅廷封君，苏城则君偕从弟皆吉，为之倡捐筹办。议者谓："霖雨经月，奇灾为百年未有，流民得免饿莩之忧者，君家有功焉。"是岁二月，张太宜人谢世。其明年，奉政君风疾骤卒。君感慕不已，乃与弟以庄尽心力于丧葬，延地师周览山川，得吉壤于苏州盘门外横塘之支港地曰谢河桥者。咸丰元年葬事毕，二年而墓庐成。奉政君、太宜人故好洁，君则每月躬诣坟茔，洒扫、刈草、编篱，十年如一日。始奉政君有志于宋范文正公义庄法，君锐意欲成之，将俟海内升平而行也。以难作不果，临没，深以为恨。呜呼！此益可以见君之心矣。君性慈祥，与物无忤。族姻之贫者，周之不遗余力。来往远近友朋，无贵贱，必待以诚敬。有疑难商榷者，必剖析至当，人人各惬其意以去。黎明而起，人静而息，操纵百务，图其巨，略其细。虽勤敏于事者，皆自以为不及云。粤匪内犯，三年金陵不守，六年句容、六合复陷，民皆南下走苏州。君与皆吉遵大宪之意，相度公私庐舍，使有栖息。十年春，杭城破，大营溃，苏益戒严。君以实心防堵，为方伯王公所嘉奖。及王公升任浙抚，马总戎焚烧城外民房之说行，奸民乘机劫夺，粤匪随之。苏城既沦，嘉禾继失，而君亦仓皇奔窜，不能一日以安矣。后贼愈蔓延，君四顾怆然，悲故里之陆沉，痛生灵之涂炭，意欲将有为，而滔天之势猝难以骤伸其志。盖君精神强固，见者皆谓当享大年。至是忧愤成疾，竟以咸丰十一年三月二十三日卒，年六十有一，闻者惜之。君原聘程氏卒，娶孙氏，敕授宜人，别为传。侧室四：周氏、江氏、李氏、张氏。子八：长利诚，殇；次清瑞，候补员外郎；次伟桢，钦赐举人，候补内阁中书，嗣以庄后；次伟荣，候选同知。孙宜人出。次利樊，候选光禄寺署正；次利椿，候选州同。周氏出。次宝莹，李氏出。次宝璐，张氏出。女七，婿殷兆铸、唐起鹄、为弟抚者婿沈宗谦，宜人出；次适范，周出；次字陈，李出；次俱幼，周出。其三代名讳及籍贯，具封翁传矣，故不著。

清顾广誉《悔过斋续集》

铁霞周公传

公讳士焌，字守坚，号铁霞。公先世代有闻人。曾祖讳钧，号悠亭，由青镇寄居江苏震泽，门闾寖启，子姓繁衍，雍睦之风，近时罕有其匹。祖讳向潮，号鹭汀；父讳荣，号芷塘，皆以笃学敦行，孝友传家，而隐德未曜。以公兄弟贵，三世封赠如例。公幼禀家学，读书资性过人，所作诗文词，风华典赡。尤工书，两京碑碣临抚殆遍。著有《吟余小舍诗文集》若干卷。年十七补博士弟子，试辄高等。道光庚子恩科，与胞弟士炳同举于乡，自后七试礼闱，荐而不售。丙午秋，封公弃养，公哀毁骨立，力营窀穸，露宿星餐，见者酸鼻。己酉江浙大水，灾黎满野，公在寄籍襄办蠲赈，全活无算。嗣与莲史公入都。癸丑十月恭遇特旨，考取内阁中书，历充玉牒馆收掌兼校对、国史馆详校、方略馆分校等官。公自少帖括外，留心经世之学。至是入值内廷，得谙清朝掌故，凡直省利弊及名臣章奏，愈资考证，莫不了如指掌。俸满截取以同知用，或以夺我凤池为憾，公谓莲史公曰："弟以文学侍从报效清时，吾则一官一邑稍抒抱负。籍资禄养，安在不可以自见耶？"丁巳岁，拟引见出都，骤于九月间疾终京邸。时莲史公在京，亲视含殓。公子善咸闻讣奔丧，明年扶榇回籍，葬于乌镇西乡盗四圩。公生于嘉庆七年壬戌八月初二日，卒于咸丰七年丁巳十月初四日，享年五十有六。敕授徵仕郎，诰授奉政大夫。配严氏，子善震、善咸。

清周善鼎等《周氏宗谱》

仲廷机传

　　仲廷机，字组缦，号支仙。生而颖敏，过目成诵，父诸生宗濂亲自课读。弱冠补诸生，岁科试，诗古辄冠全军。道光乙未举人，充景山教习。期满以知县用，援例为知府，签分浙江。咸丰八年，巡抚晏端书奏派综理金处粮台，随提督周天受克复永康、武义等处，以军功加道衔。十一年八月，巡抚王有龄委署严州知府，因差事未竣，在省接印，至九月中赴任。十八日行抵富阳，知严郡已于十六日失陷，即会同炮船驻桐、富接壤之窄溪，为咽喉要道，三面受敌，扼守两月。王抚奏报失守案内声明署府未及到任，奉上谕，从宽免议。十一月，奉巡抚密札，以省垣被围，亟盼援师。查上海外国兵素称骁健，现在内地通商，自应不分畛域，共维大局，应即迅募来杭，会同扫荡，即赴沪赶办。廷机以援师紧急，将印信交桐庐县徐森兼护，申报起程。行后六日，杭垣遽陷，路途梗塞，航海抵沪。当时华夷会剿，方以收复苏垣为急，骤难设法。同治元年，谒巡抚左宗棠于衢州，呈明缘由。三年，全省肃清，捐升道员，归部铨选。未几，两耳重听，解组回籍。生平笃志好学，手不释卷。八年冬，以学舍颓废，于镇东添设肄业公所。里有善举，如浚河道，葺祠宇、社仓、育婴，公呈条议，咸出其手，独于工程款项谢不与闻。以百余年来里志失修，网罗编订，成《盛湖志》十六卷。年七十四卒，同人设栗主于东学舍，示殁世不忘之意。著有《舫斋诗文稿》。（本家传，参行述。）

清光绪《盛湖志补》

继室吴夫人述略

〔清〕仲廷机

夫人姓吴,名丽珍,字兰仙,世为松陵望族。邑金助教学诗有孙妇王氏宝珠,通经义,工诗,时称吟莲女史,夫人幼从学焉。自四子书、《诗经》,及唐宋至国朝诸家诗文选本,诵之成熟,通晓其义,女史珍爱若女,愿尽授所学。外姑使习女工,遂中辍。咸丰元年,归余为继室,操内政有法。余知其能诗,索稿,夫人曰:"妇人善诗,莫如《雄雉》两言,不忮即不妒,君可弗虑。至不求之义甚广,如以才见,是求名也,君岂以为臧欤?"秘弗与。余讶其词庄,亦弗之强也。余自丁巳以郡守分浙,值时艰,惟上所使,弗暇顾家。中更丧乱,夫人自里迁越,迁甬,航海达沪,备历寇警风涛之险。卒奉其老母,挈余妾与子女,俟乱定,旋里,其干略有足多者。安集后,为子女毕婚嫁,力亦瘁矣。近年得牙龂头湴之疾,甚苦之。去冬十二月二十一日,中风猝卒,年五十二。伤哉!始余求览其诗不得,今发其箧,得七言绝句一卷,皆情真语挚,盖汏少作而手自订者。忆其始至时,言雅不欲以才见,然余何忍使吉光片羽归于湮没哉?爰刊行之,亦足略见所蕴蓄矣。夫人晚年涵养静默,遇有委屈,不见于诗而若见于诗,是真深于诗者。自余为郡守,夫人初封恭人。咸丰九年,余办理浙东粮台蒇事,蒙恩赏加道衔。十一年,摄睦篆。交卸后,以道员归部铨选。同治初,恭遇覃恩,夫人晋封淑人。光绪初,遵新例遇品请封为夫人,又以子虎腾都尉世职,为本生父母遵例加级请封,后貤封太夫人。方以叠受国恩,冀享遐龄,不意遽以中寿终也。呜呼!可悲也已。光绪五年夏四月仲廷机述。

薛凤昌《女士集汇存·写韵楼遗草》

仲母吴夫人传

〔清〕庄人宝

夫人姓吴氏,吴江国学生茂华公季女,选用道浙江严州府知府仲君廷机继室也。邑金助教学诗有孙妇王氏,通文学,时人称为吟莲女史。夫人幼聪慧,即从受学,授以唐宋及国初诸名家诗,上口辄成诵。女史族兄曰平桥翁,郡学岁贡生,诗人也。凡女史所学,皆翁所授,来省女弟。子时酒次,夫人方垂髫,侍末座,行觞政,命举古人诗有花字者。末至夫人,起曰:"请自出一语可乎?"即吟曰:"碗底见青花。"翁叹为新异而有性灵,遂学吟焉。及归观察君,主持内政,井然秩然。女红多暇,日事吟咏,观察君尝请出其所为诗,夫人为庄语曰:"诗三百,多妇人女子之作,善乎《雄雉》所云'不忮不求,何用不臧'。夫不忮即不妒,而求利与求名,皆求也。余妇人何取以诗求名哉?"卒不以示观察君。观察君官浙江,当咸丰庚申、辛酉间,粤贼陷苏、常,浙省戒严。观察君先理粮台，后摄严州府篆，不暇问家事，而所居已陷贼。夫人挈家人，并奉其老母迁越，迁甬，自甬又航海以达沪，间关跋涉，履险如夷。克复后，为子女毕婚嫁。观察君得驰驱王事，无内顾忧者，夫人力也。后观察君解组归，亦不复出。夫人晚得头涔牙衂之疾，于光绪四年十二月，中风猝卒，年五十有二。既卒，观察君始于遗箧中得其诗，零星掇拾，将梓而存之。其诗皆七绝，多性情伦常之语，盖始终无以诗求名之意存焉，可谓贤矣。观察君为《述略》一通以示余，余不文，乌足以传夫人，而观察君之所以述夫人者，事简而切挚。呜呼！是可以传夫人已，乃节次其语而为之传。震泽庄人宝拜撰。

薛凤昌《女士集汇存·写韵楼遗草》

黄增禄、黄增康、黄锡麒传

增禄，号穀卿。自少天资颖异，词章高华典则，题蕴毕宣，亭亭物表，目具龙睛，即俗所称大眼是也。日久砥砺功深，才华益进。既而月桂高攀，犹励于学，更宗大痴笔意，山水泼墨精妙，书法俊逸。亦以南宫南田兼而有之，挥洒珠玑，人咸爱慕。楹联笺幅，以及纨素堆积，满楊横陈，人求之者以比洛阳纸贵。性甚修洁，虽寄余一书一条，无不工致，令人玩赏不已。

增康，号瀛叔。丰姿韶秀，能诗善画。少得名师沈石香指授，中岁益臻神妙，翎毛花卉最为擅长。其于牡丹，更能鲜艳夺目，一时为人所重。祖传有《二老奉亲图》小影，向为长房子孙收执。庚申城陷失去，赖其临有副本，至今遗像尚存。至于鼓琴，亦其家学。兼精铁笔，古雅秀润，不失汉人规矩，颇自矜贵，未轻为人奏刀者。

锡麒，号瀛升。生而聪慧，凡事过目即知，好技巧。年十六，即工书法，善词章，妙丹青，精铁笔，远近求者纷然。堂叔叔子见而奇之，稍为指示，即能脱颖而出。年益壮，指挥家事，了如指掌。无如维摩善病，不耐辛勤，花甲半周，即赴玉楼之召，可慨也夫。

清黄以正、黄锡爵《松陵黄氏家谱》

孝子盛承乾小传

〔清〕俞樾

君盛姓，坤吉名，承乾其字，简堂其号也，家松陵邑城之西郭。其先为广陵巨族，晋时有讳彦字翁子者，孝行卓卓，窃尝读史传而景止之矣。君即其五十二世孙，幼有异禀，弱冠补震庠博士弟子员，逾年文衡申公启贤巡试苏太两属，冠其曹食饩。自是屡列异等，然十战棘闱无所遇。道光庚戌贡成均，恭逢文宗皇帝登极，恩授直隶州判。七岁时，父定保懋迁外出，母费病笃，家故贫，无婢仆，奉汤药如成人，赖以痊。道光癸未夏大水，雷雨夜作，卧榻旁，壁为之破，瓦砖覆体者能以数尺计，家人惊启之，意必重伤矣，而无恙，金谓孝行之报。道光、咸丰间，苏郡诸人士重君名，争以西宾礼聘，籍馆谷奉甘旨，家书中斤斤以孝顺勖妻子。父尝曰："吾年逾八旬，而齿发不变动者，家庭多乐事耳。"父殁，哀毁过常，每以数年来不能亲侍几席为憾，饮食辄流涕不下咽者五六月，寻得郁瘵而卒。卒后十余年，大中丞张公之万表其行于朝，得旌如例。君享年五十有四。配王氏，亦以孝称。子二人：长钟岳，出继大宗后；次钟岐，紫阳肄业弟子也，执贽来谒乞余文。余以其足励风教也，故乐予之传。

春在堂主人曰：呜呼！人孰无亲，亲孰无死，亲登大耋，而死者子心亦可少间矣！乃积慕生哀，积哀成郁，如此其天性之笃厚为奚若哉？千载而上，千载而下，与翁子后先辉映矣！

同治十一年岁次壬申夏四月既望，赐进士出身、前翰林院编修、紫阳书院掌教、德清俞樾拜撰。

清盛钟岐《平江盛氏家乘初稿》

沈君达卿权厝志

〔清〕诸福坤

光绪二十四年四月八日，有丰于才、啬于命、困于贞、疾呕血，而终于吴江胜溪馆舍者，曰浙江秀水沈氏成章，号达卿。越七日，厝其柩于陆家荡厥考墓旁，距其家项家厍不一里，从君志也。于时君友长洲诸福坤闻讣也，后乃为位而哭。逾年始迹其所及知者，举其辞以仿佛之。君生于世四十载。方孩提，考鞠裳君挈避寇乱，有族人委厥子，乃腋之，而弃君崖谷。既免，年十七入学宫，授徒者二十有二载，于胜为久，福坤之识君也亦于斯。当是时，吴江名德如柳兆薰广文暨从子以蕃明经弢庐、凌淦部郎、费延釐宫允辈，皆契君重君。最后俞君焕章愿师事，而吴郡谢家福州倅、青浦刘汝锡学博咸愿交君。弢庐居大港焦桐吟馆，君偕予往，纵论古今得失。三人者皆撄痼疾，因旁参二氏，吐淬汲涘，既饫既孚，忻然忘返。予东归，弢庐亦没，则至予杏庐，必数日留。当更阑烛炮，送难推疑，断断诤声惊旁舍。或默不一语，微闻太息，得意辄哑哑作婴儿笑，仰辨色，即曙矣。君貌木强，中明而慈，于曹好无一当意，与决千载事，则如破奇狱。所撰深黝郁勃，百控一纵，镂肝掐肾，胎楚骚，桴唐榖宋，皆得诸课徒罄悦之暇。又遭遇不淑，言哀已，叹其多病也固宜。然体丰，坦腹如瓠，健啖，人莫名其病也。先世饶资财，乱后荡如。从其考游读数十里外，经时不返。即返，母不能具餐。母卒，与其兄营葬考妣，而君尤力，规制甚备。操守切直，不可干以非义。顾勇于煦枯，济急忘其橐垂，人亦莫名其贫也。君终身孺慕，亲没后，恻恻靡所向。尝游颖村之崇远禅院，欲独居此，苦无馕粥资，福坤谋之而未有策。卒前一月订来，已而促之，未答而讣至。

呜呼！君竟终于此而已耶？君曾祖瑞岐。祖坤南，太学生。考文鹄，县学生。妣史、陈、徐。妻丁，无子。昔孟郊死，韩愈为铭墓；樊宗师葬之，孟简恤其家。今君前所知交相继殂谢，福坤姑为厘订其所著，曰《敬止堂文存》《陆湖老渔行吟草》，谋先以《行吟草》梓印，若葬与恤，尽刊其文非所及也。作权厝志，告犹有知君者，并以质诸来世。二十五年三月三十日。

清沈成章《陆湖遗集》

先兄行略

〔清〕沈曰富

先兄讳曰寿，字延之。初名紫垣，字列君，改号笠君，又号金伯。先考琛厓府君讳烜之长子也。自先府君以上至初迁吴江祖成初府君七世，皆为吕塔沈氏大宗。先府君四子，先兄长于曰富三岁，长于弟曰康六岁，俱正室叶太孺人生。兄之生也，先府君梦两牛入室，一驯伏庭中，一狂奔出，视之无首。觉而占之，曰：“牛，丑属也，岁方在丑，将生二子，而不能并举乎。”已而太孺人一岁再乳，正月四日生兄，至十二月生一女，逾月殇，是岁嘉庆十年也。兄生四岁入家塾，塾师为太孺人族昆名春晖。九岁从盛师世镕，十一从张先生建谟，十三毕诸经，学为文，十五赴郡邑试。好作诗，时有佳句，见诵于诸父执。自幼明达世务，凡族党间事，亡虑巨细必招往，操纵有方，为长老所倚重。又好习诸艺事，用是不能专志科举之术。道光三年夏大水，其秋兄受室。明年，张先生得心悸疾，岁终辞归。曰富负笈出，兄授徒于家，间涉猎方书。长洲徐孝廉琢、同县陈文字希恕，同客先府君，均操其世业，颇指授之。旋因孝廉执贽其兄召南，召南盖传其父炳南学，炳南学于顾雨田，雨田学于叶天士，吴医所称南阳嫡传也。兄居徐氏三年，尽得召南传。归，先府君卒。洊遭灾荒，称贷积数千，追呼者日填户，兄一身应之。时先大母节孝吴太君在堂，太孺人职中馈，仍力为掩饰，恐伤先节孝意。曰富就馆于外，恐因是废学，亦不令知。弟妹俱幼弱，所朝夕共艰难者兄耳。兄天资醇厚，待人以恕。当责急时，或劝益其田之值以折卷，兄不可。曰：“吾家百余年业此，今尚视为累，况未尝业此者乎？则往往贬价粥之以偿，偿未半而田且尽。”兄详计未得其当，终日独坐自语，或起绕室走。有戚家遣仆至中庭望见之，愕然出，语人曰：“我立无半刻，见其循堂楹而过者三十七次，得非病痫耶？”兄之遭困而持坚忍盖如此。恒夜不能寐，则索酒饮之。兄之伤于饮，昉此也。为人治疾多中，不甚取值。以其技游旁邑，所至争邀之，亦无数月之留。性直而刚，与人交，不为翕翕热。酒酣语，小不合辄愤然厉声，容醒或悔之。然与曰富同作客三年，见曰富与人争辨，必戒之曰：“吾家亦尝为客所归，今作客以日浅为幸，奚斤斤为？且各挟所有以来，亦当为人地也。”曰富为引咎，不敢复有所言。兄始终厄于境，而用财不少惜。遇事有断制，任人不为苛细。驭僮仆有威，而役使有宽，故退无怨言。每日凡役一人，必先为筹其饮食之所。此言甚浅近，然不喻者多矣。变故猝乘,未尝委托。凡有兴作,兄发其端,曰富与弟康受成事。或兄以为不可行,强试为之,恒劳而无效。盖兄之更历多,故料度明也。顾不耐琐屑,闻家人语刺刺,则一笑,出门置不答。近岁转畏事,懒于行动,则其病已成矣。卒前半月游虞山,赴曰富同年生李蔚宗之招,为其母治疾,曰富偕往返。归迫岁除,当大水后,又素无积储,困可知矣。语曰富等曰:"自戊子岁至今,与弟辈共历二十二岁除,何境不尝,不虞复有此一夕也。"是时兄病已深,间日寒热交作。元旦,嫂氏梦已经衰裳而坐于舟中,心恶其不详,不敢告人。初六夜,兄咽痛。比晓,气上逆。医至,则问曰:"尚有脉乎?"医应曰:"有。"实无矣,兄亦自知之也。饮药一剂,即命勿再进。至第三日,忽命召医,曰:"速饮我药,非望其生,冀少缓,则事办从容耳。"竟以是日日晡卒,道光三十年正月九日也,得年四十六。呜呼痛哉!自我先曾大父在田府君至先府君,凡三世同父昆弟,未有至五十者,今兄之年复然。呜呼痛哉!兄所为诗,有《绿意盦稿》三卷,存笈中,多三十以前作。三十后有作,随手弃,今间有存者,气体浑成,辞句不类少时之工,而托意较深厚。然兄之所得,固不在此也。配嫂程氏,国学生名豹蔚女,兰州同知际韶、鸿胪卿邦宪之侄女也。生子女各四人。子长善祥,次善禧、善祉、善祯。女长适秀水陆氏,前卒,婿曰恩藻;次字同县蔡氏;余殇。孙二人:学震、学复。呜呼!曰富自幼随兄入家塾,同榻卧起,长肩随朋试,与兄未尝暂离。先府君殁,曰富馆于外,或兄出门,始少暌隔,然讫无半年之别。今已矣,永无见兄之日矣!兄烦苦憔悴,身任其难,而推逸于诸弟。曰富不识人情之险易,不问物之贵贱、家用之赢绌,优游书卷,日从先生长者游,皆恃有兄在也。曰富在家,每发迂阔之论,家人往往匿笑。太孺人外,惟兄能心知其意。今而家居,益少生人之乐矣。曰富侍太孺人侧尚为人子,而年齿于族人丈夫中,今已居最长。凡兄之生平,存乎心术而发乎气谊,有裨于室家而不著于声闻者,及曰富之身,不亟为叙次,后之子孙何由知焉?呜呼,可胜痛哉!

清沈曰富《受恒受渐斋集》

潘康惠先生传

沈昌眉

先生名纬,字季武,一字古怡,号筼坡,吴江之芦塘人。父眉,工诗古文词,有《三国志考证》、遂初堂诗文稿等著。晚迁嘉善,与郭麐兄弟为师友。先生其少子也,幼承家学。弱冠,举道光乙酉乡试,八上春宫未第。大挑二等,选镇洋训导,升溧水教谕,未赴。课徒自给,从游遍六省。既主魏塘书院,造就尤众。平生友爱出天性。兄籍嘉善,而先生以父命占本籍,居芦墟。脊令之思,梦寐系之。武塘数十里间,往往扁舟问讯,月必数返,祈寒盛暑无稍间焉。兄卒,遗孤曾虔、曾葆,悄然无所恃。先生悯之,即移与同居,以养以教,一如己子。每自书院教授归,炳烛一室,聚曾葆、曾虔及子铄、家钫辈,勖以立身行己之方,与夫古忠臣义士、人纲人纪之要,娓娓数百言,曾不知夜漏之将尽也。无何，海内兵起，游师猝至。先生以事外出，夫人沈氏卧病不能起，诸子谋负之逃。夫人以疾笃，坚不肯，叱诸子使行，曰毋为老身同毙也。诸子环泣，曰弃母而遁，何以为人。母不出，儿死不去。兄弟四人遂同及于难。先生闻耗大恸，返视其家，惟茕茕孤嫠与病妻尚在，乃挟之归芦墟。以老年惨变，身世之感，不能无动于中。而家亦日落，益郁郁不自聊。同治九年，遂殁于家，年六十六。门人私谥康惠先生，供栗主于书院而祀之。先生旁通艺事，工绘画，尤精岐黄。著有《招鹤吟稿》《围棋谱》《知希斋心镜》《温热论》《治病标本论》《却病琐言》等书。妻沈。子二，即铼、家钫也，皆诸生。孙炳奎，亦诸生。

论曰：先生内行淳备，经师人师，卓然为儒林宗。顾家道式微，子姓寥落，何天之困厄善人，乃若是其甚耶。闻先生殁后，一棺未殡。吾乡凌莘庐泗、丁勃卿家骏，尝谋营葬，以中阻未果。今其门人有为显宦江南者，乃始葳厥工。呜呼！可谓穷矣。

沈有美《吴江沈氏长次二公剩稿》

凌恂斋君家传

〔清〕陈寿熊

凌恂斋君讳大信，字孚尹，国子监生，恂斋其自号也。其先由吉安迁吴江，君考太学君戬穀始以资雄于乡。家世读书治生，至君益勤敏明大义，以父老兄早没弃举子业，顾未尝废学，暇必手一卷，尤好先儒格言。尝诫诸子曰："人不可无学，余早当室，不获专意于是。汝曹不及时努力，非孝也。"又曰："读书所以立身砥行，视为弋获科名，具陋矣。"居家无戏言妄动，于事虽细不苟。日夕，诸子自塾中入，必课所读书，或更授他书，常夜分无倦容。性善饮好客，客至必尽欢，虽醉不改常度，人未见有失言失色也。自奉甚约，而用财无所吝。道光二十九年水灾，君以倡捐助赈及平粜例得议叙。君曰："邻里相周，分也。"力辞之。青浦许某，其子之师也，没而家贫，君经纪其丧，恤其孤子，且为葬两世未葬者。其敦尚风义类如此。君生嘉庆十一年，其卒以咸丰二年。先是，君母沈以病足常在床褥，君既遘疾，犹力疾问起居，临没以母老为念，无他嘱。生平端谨易直，待同等敬而和，御卑幼威而爱。与人交必以诚，有过面折之不稍贷，人惮其严方，而卒无后言。卒之日乡里皆太息，交口称之曰"长者长者"云。

赞曰：昔万石君石奋以孝谨闻乎郡国，张湛在乡党详言正色，三辅以为仪表。如凌君非闻其风而兴起者邪？其言读书不专为科举，足以愧世之巧文丽词而质行多缺者。抑予与君居甚近而未尝相接，顷年始识其仲子淦，为人质而有文，方有声诸生间，且锐意于古人之学。《诗》云："教诲尔子，式穀似之。"凌君之教，亦可谓式穀已夫。

清陈寿熊《静远堂集》

蔡岭香孝廉传

〔清〕陈寿熊

蔡君名傅梅，字未羹，岭香其号，震泽人也。少而颖敏，读书日百行，工制艺诗赋及楷法。未冠，补博士弟子员，每试辄压其曹。以道光十七年选拔贡生，中二十年恩科顺天乡试。及试礼部，俇得而失者再，乃就拣选知县。咸丰五年十二月十四日，以事过盛泽，遇暴风，舟覆而卒，年五十。有才不遇而厄以死，盖可惜也！尝记余少时，遇君于稠人中，君出所业示客，客皆击节嗟赏。时年君可二十余，风仪娴雅，森森若珠树。余虽不相习，亦私谓："今时玉堂人物，如君辈者可以当之。"既得乙科，益自喜，日淬厉其业。暇则从朋辈角艺，纵饮剧谈，意气豪甚。前后四上公车，留京师二年，一时应举之士多熟君名，其齿较少而尝从问业者，亦登甲榜或得官以去。用是不能无侘傺无聊之意，顾自意年力尚盛，科名仕宦不难操券得。其卒前数月，余赴友人饮，见之客坐，言来春将复北上。嗟乎！人生有穷，而心无已。观君之初，孰谓其止于是哉！君敢于任事，不避嫌怨，凡赈荒筹饷、董助劝捐，事无不与。往年，农户与田主争输租之数，至聚众煽乱。君与邑人士百方劝谕之，不解，乃共白之官，而语稍泄。旋擒捕扑灭，乡民谓君独发之，恨之刺骨，然非其实也。既卒二年，其孤凤乔以状来乞为传，爰掇其大略书之。

清陈寿熊《静远堂集》

诰授朝议大夫奉旨议恤江西吉安府知府殉难陈君行状

〔清〕沈曰富

曾祖毓泰，附贡生。曾祖母傅氏。

祖兆鲸，苏州府学生，貤赠承德郎，累晋朝议大夫。祖母周氏，貤赠安人，累晋恭人。继祖母周氏，貤封安人，累晋恭人。

本生祖兆星，国子监生，貤赠奉直大夫，晋朝议大夫。本生祖母林氏，貤赠宜人，晋恭人。

父兴雨，封承德郎，累晋朝议大夫。母范氏，封安人，累晋恭人。

本贯江苏省苏州府吴江县民籍。

君讳宗元，字保之，一字柳平，姓陈氏。系出后汉太邱长文范先生，世家颍川。宋建炎中有宁三者，随高宗南徙，侨居于扬州。传若干世至文英，当元季避兵，始卜居吴江之同里镇。数传曰王道，登明世宗嘉靖四十四年进士第，由南京御史出守福建邵武府，有循声，载《吴江县志·名臣传》。王道三传为举人绍文，绍文生岁贡生锷。锷生沂震，国朝康熙庚辰进士，官至刑科给事中，载县志《文学传》，世称猰亭先生，君之五世祖也。猏亭二子，长讳士任，雍正癸卯举人，是为君之高祖，生附贡生讳毓泰。毓泰生二子，长为郡学生讳兆鲸，次为太学生讳兆星。郡学无子，太学惟一子，为封朝议大夫讳兴雨，遂兼祧焉，是为君之考。朝议生六子，乃分，凡序属奇者为长房后，凡序属耦者为次房后。故君与第三弟宗蕃、第五弟宗恕，皆奉郡学祀，而君居长，为冢孙云。君以嘉庆十一年十一月二十一日生于邑之谢天港，去旧居六十余里，郡学新卜宅也。生而厚重，智不外耀。数岁入塾，先后从陈明经子谅、杨广文熙、黄进士鲁溪辈受经及制举业。年十七初应郡邑试，即以文见赏于周侍郎系英，遂入邑庠。辛侍郎从益继来视学，复赏其文，置高等，补廪膳额。道光十一年，应本省恩科乡试，膺乡荐，明年试礼部不售。十三年再试礼部，登进士第。廷试得二甲，以主事用，分吏部派文选司行走，寻兼验封司事。二十一年遭父丧归，明年又遭大母周太恭人丧。葬毕，值英夷构衅，故扬威将军宗室奕经公奉命督师江浙，以旧属奏调赴军前监印。及抚议成，扬威就逮，君送之渡黄。易进士卓梅方宰宿迁，邀主钟吾书院。二十四年秋服阕，二十五年春赴部，二十八年补验封司主事，寻擢考功司员外郎。咸丰元年，擢文选司郎中，掌司印。三年春京察列一等引见，记名以道府用。六月截取期满，再引见奉旨以繁缺知府用，八月简放江西吉安府知府。冬出京，顺道乞假归省。四年春由家赴吉安，五月抵任，以劝捐军饷出力，钦加道衔。明年冬罹粤寇之难，城守凡三阅月。六年正月二十五日城陷死之，年五十一。君之初至吉安也，时所属泰和县土贼，甫经剿灭，疮痍未复，伏莽犹多。且自粤匪倡乱，祸连数省，豫章以西，列郡戒严。吉安地邻南楚，尤当贼人往来之冲，先尝被寇，收复未久。君至，抚居民，搜匿贼，行团练，筹军饷，凡应行事宜，罔弗殚力竭虑。上官倚以为重，特行保奏，欲借是以激劝君举，西南保障悉委之。君在任年余，幸得无事。五年九月，突有湖南逆贼窜入府境，连陷永新、安福二县，渐逼城下。君督率乡勇，随方堵剿，贼不得逞。未几，臬使周公玉衡率兵来会，遂同克复二县。贼分窜袁州、临江二府地，吉安危而复安。甫两阅月，十一月十四日值冬至节，君方集文武僚佐于府署，行朝贺礼毕，将饮节酒，而外报贼已至境，君投杯即起。探得贼分两路，一由袁、临二府地折回，一由泰和县阑入，号称五六万，势甚浩大。时城中素练之勇，并周公所率以来遂留驻者，仅及千人，不足以应敌，中外凶惧。君慰劝居民，督饬属员，各据要害守御。二十日，贼众直犯府城，君连开大炮，毙贼无算。贼众少却，即遣急足申报上官乞师。因城内兵单，未敢出剿，专俟省兵一至，内外犄角，以便夹攻。贼见数日不动，知无外援，辄于城外周筑长围，日夜攻扑。君语周公及诸僚佐曰："事急矣，非战无以为守。"乃乘风雨之夜，出贼不意，开城奋击。焚毁贼营数座，杀贼数千人，夺其旗帜器械。贼为气沮。旋知谋出自君，甚恨之，期必破城以为快。屡用梯冲、地道诸法，君皆按法应之。与贼相持者半月，城中粮且尽，至杀犬以代饭，燃草以代薪，军士饥疲，老弱号哭。君周巡遍劳，勉以大义，声泪俱下，由是感动，虽妇女童竖，皆更番登城。君每出战，必先士卒。十二月八日，与贼接仗，身被数创，血至足，屹不为动。城有缺口，君急挥填垛，行少疾失足，由城上颠蹶至地，折其左股，然仍蹩躠而登，若无所苦。炮鼓少息，则治文书，遣使间道赴省告急，前后凡一十八次。

并绘援兵绕道地图，且寓书在省同僚乞代敦请。周公见势益迫，至啮指血作书粮道。邓公仁堃在省见其书，涕泣请救。上官集诸僚问计，咸以贼势盛，省城地重，恐仓猝兵饷不能兼顾为虑。不得已檄候补知府某君募勇来援，至泰和道梗不进。六年正月二十二日，城中忽获一贼，讯得贼渠石达开遣之送书。君发视之，有"廿三日从东门攻进，官民可西门逃出，城上勿开枪炮"之语。君对众焚之，斩其人。既而曰："惜不就其计以用之。"有顷复获一贼，云是索覆书者。君即屏左右，面与约诺，纵之逸。二十三日，贼果从东门薄城而阵，君命兵勇但放空枪，无伤一贼。贼见计已行，大众蚁附城下，争求先登。城上鼓角齐鸣，枪炮矢石并下，贼不及退，死者四五千人。于是恨君益深，必欲甘心于君。二十五日，贼四面急攻，君与周公及僚佐分门而守。君在东门挥众抵御，而贼已于西门暗埋地雷，轰然一声，城裂数丈，贼众如潮涌入。周公既被戕，君犹与其长子世济、族父钰挥刀巷战，力尽不支，同罹于难。妻兄周以衡，幕友李鸿钧、朱芬、朱华、杨福邕、叶廷樑、蒋志沄，家丁王杞、王庆，随勇是升等四十余人，俱殉死。惟君配周恭人，挈两女及少子世樑，先时出城得免，间关回籍。有乡勇刘六者，逃至南昌府，府中人执而讯之，则云亲见贼割君父子之首，悬诸东门城楼上，其尸身不知所在。秋，或有自江西省城来云：居民之陷贼者，感君居官之善，赂贼渠，得其首合于体，并幕友家丁之尸，俱槀葬城中矣。此则得之传闻，未可据为实也，盖君殉难之始末如此。君为外官虽未久，而莅政勤敏若夙任方面者。在吉安一年，百废具举。官事之暇，兼及文教，修葺书院，增诸生膏火，郡试九邑之士，去取悉当，合境翕然称之。其在吏部也，事无巨细，未尝推委。凡遇带员引见及进递折子之事，隔宿衣不解带，晓起一餐，至夜方再食。考核文卷，稽察事件，必守朝议公所训"速慎"二字。又每事务持大体，不以苛细见能。在部二十年，自堂官以至各司，下及胥吏，罔弗亲而敬之。同乡之宦京师者，咸乐交君。君胸怀坦直，和而不流，其为人谋，苟力所能及，必为之尽。邑人有应京兆试不售因不能归者，君馆谷之，年余赠资斧以归之。乡官及公车之士，与凡君之同年共部，遇有疾病事故须资助者，君必为之倡。江震会馆在宣武门外，乡先达陆中丞燿所经始，岁久而圮。道光十九年，君偕周司马宪曾、杨大令炳春，出资共葺之，两邑之适京者赖焉。君之用财颇不吝，然取与极有分辨。掌选司印时，值选人有欲得庐州缺者，托人示意，君不省。及选适得是缺，其人具千金为寿，君坚却之。曰："我虽不能清操自厉，此等事不敢为也。"君未通籍时，家居读书，闭户不与外事。事父母孝谨，朝议公性严整，每宴坐，君偕诸弟侍立，不敢移尺寸。与诸弟相友爱。仲弟宗实才而体弱，补诸生后得瘵疾，君方赴公车，临别执其手，谆谆以饮食起居为嘱。既而曰："我弟太下急，度终不能静心养病，我归恐不获见。"遂泣下，后果如其言。君早登第，于学未竟其志，然六经诸史皆能窥见大要，其为制举文字甚有名，官京时多执贽问业者。诗词亦间作，发抒胸臆，饶有雄直气，有退学庐古今体诗若干卷。又好蓄古器物及名人书画，今皆委弃兵燹中矣。君殉难后，上官据事入奏，奉旨交部议恤。自军兴以来，凡死绥者无弗仰邀恩典。君以孤城四面受敌，粮尽援绝，坚守六十五日，前后杀贼以万计，以视仓猝授命者，其事尤艰而其志尤苦。一时共难之人，皆力战捐躯，义不污贼，由君忠义之忱有以帅先而感动之。呜呼！可谓难矣。世济字既甫，国子监生。生有至性，为大母范太恭人所钟爱。然质稍钝，君恒不喜之，不谓其临大节能明决如此。城陷之前数日，君遣之赴省城，嘱曰："此间旦晚不能保，汝得我问，即奉母挈弟妹急谋归，以慰大母望，俱死于此无益也。"世济泣，受命出城，既具舟载其母与弟妹，复返于城。城已闭不得入，绕城号哭，城上缒而登之，自此寸步不离君侧，卒年二十一。钰字春江，议叙八品衔，猗亭先生弟讳沂回后，与朝议公为四从昆弟。以衡字丹峰，明吏部尚书谥恭肃讳用之十二世孙，忠毅公宗建之族九世孙，君妇翁郡学生镕之长子也。尝从朝议公习刑名家言，屡佐人幕有声。素有弱疾，事急君劝之归，辞曰："病体如此，虽去亦不达，且万一贼退，署中可空无人乎？"及贼入署，以衡冠服骂贼死。鸿钧字春舫，举人。芬字某，华字某，皆诸生。福邕字某，廷樑字朴园，志沄字子安，其乡贯及行事俱未详，既与君同殉，例得附书于君状。君子男二人，世济已死，今惟世樑在，年甫十一。女子四人：长适癸巳进士户部员外郎嘉善唐潮之子、国子监生江苏候补从九品大森；次字前福建崇安县知县元和邱锡申之子同治；次适四川潼州府知府仪征阮祜之子恩亮，文达公元之孙也；其季未字。呜呼！君长余二岁，所居去余家三里近，自少同郡邑试。然君守庭训甚谨，无正事不敢出庭户，以故弱冠以前不相亲也。君通籍后在吏部已七年，余方随计吏入都，乃得与君周旋，听其言论。及君奉讳南归主讲钟吾，余偕君第四弟宗敏，同应易宿迁师之聘，借榻其讲院中，朝夕饮食栉沐与共，于是君之性情志行始得熟悉，由是交益深。迨君将赴吉安任，留家两月，以谢溪屋隘僦居盛泽东白洋口，间日招余往晤。时沿江诸城郭失陷已一年，未得克复，闻邻省州县被寇者亦不少，所在道路梗塞。语次及之，每咎君就官外郡为非计已。复念君早岁登第，久任铨曹，此身既属国家，东西南北何所不当往，则又慷慨激昂，赋诗酌酒，以平贼立功相劝勉。君抵任后半年，曾一寄余书，略述虔省形势及到官后所设施，余叹服且喜慰，作书复之。呜呼！孰知书去不及一载，遽使余哭君哉。君殉难时，余方有事在郡城。二月之初，即闻人传君凶问，而所言各殊，犹冀其不实。三月下旬，接君季弟宗潝书，乃知信然，为之悲痛者数日。四月，君之眷属间道从浙东来其家招魂，设几筵，余往吊奠，并喑范太恭人。宗潝语余曰："我伯兄遭此惨变，归骨尚难，所望早邀恤典，俾得不朽其名，则虽死犹生尔。惟生平梗概及居官本末，必得识文体能直笔者为之详叙，庶可以上备国史之采，而下为家乘荣也。子与我伯兄订昆弟交，此事以属累子矣。"余自愧不胜其任而无由辞，乃据君少子世樑遭难后沿途呈报官府所缮事略一通，并君诸弟所笔记，加以余平时所知于君者，拉杂书之，为状如右。

清沈曰富《受恒受渐斋集》

陈太守传

〔清〕冯桂芬

君姓陈氏，讳宗元，字柳平。系出汉太邱长文范，家颍川。若干传至宁三，随宋高宗南渡，徙扬州。又数传至文英，元末避兵徙吴江之同里。又数传至王道，明嘉靖间进士，由御史出守邵武。又五传至沂震，康熙庚辰进士，刑科给事中，君五世祖也。高祖士任，举人。曾祖毓泰，生子二：兆鲸，郡学生，无子；兆星，太学生，是为君之祖。一子兴雨，君父也，遵令甲兼祧。生子六，君居长。年十有七游庠，寻食饩。道光十有一年，膺乡荐。十有三年成进士，廷试二甲，得吏部主事。丁内艰。会夷衅起，主兵者为君长官，知君才，调赴军。和议成，还部补验封司主事，升考功司员外郎、文选司郎中。咸丰三年，京察一等，授江西吉安府知府。四年春履任。郡尝陷于贼，至是又新被泰和土匪之难。君抚循疮痍，殚心竭虑，岁余无事。五年秋九月，贼连陷永新、安福，渐逼郡城，君随方堵剿。会臬使周公玉衡率师来，君从，复永、安二县，贼退。日短至，君方集文武僚佐行朝贺礼，忽报贼至。一由袁、临来，一由泰和来，号数万。周公兵留驻者仅千人，城中凶惧，君据要守御。二十日，贼犯城，君开大炮，毙贼无算。贼乃筑长围，日夜攻扑。君语周公曰："事急矣，非战无以为守。"乘风雨夜，开城奋击，毁贼营十余，杀贼数千人，贼遂不敢逼。久之粮尽，杀犬为食，前后赴省告急十有八，援兵至泰和不进。忽一日，贼送石达开书，有"某日从东门而进，城上勿开炮，官民可西门逃去"语，君斩之。有顷，又一贼求覆书，君曰："吾有以用之矣。"屏左右，诺而遣之。至日，贼果薄东城。君令士卒施空枪，贼见计行，蚁附登城。城上鼓角一声，枪炮交下，贼不及退，死者四五千人。越五日，攻益急。君守东门，周公守西门。西门地雷发，城裂，贼拥入，周公死。君在东门，犹与长子世济、族父钰挥刀巷战，力尽不支，皆遇害，时六年正月二十五日也，计守城凡六十有五日。君卒年五十有一。事闻，赐恤如例。君先以劝捐劳加道衔，至是赠某官云骑尉世职。君配周恭人，郡学生镕女，明吏部尚书恭肃公用之十二世孙女，忠毅公宗建之族孙女。兄以衡在君署，贼入，冠服骂贼死。长子世济，城陷前数日，君遣赴省，曰："骈死无益，若为我奉母挈弟妹归，以慰大母望。"世济具舟载其母与弟妹去，已复返，绕城号哭求入，乃纳之，遂跬步不离侧，其至性如此。次子世榤。女四，余大森、邱同治、阮亮其婿，一未字。

旧史氏曰：乡勇刘六者，自城中逃出，云亲见贼割君父子首，悬东门。又有云，吉民陷贼者，醵钱赂贼渠，得其首，合于体，槁葬城中，亦足见君居官之有恩也。余与君同在京师，甚习君胸怀坦直，和而不流。为人谋，力所能及必尽。居选司十年有声，一麾出守，卒成大节，伟矣哉！

清冯桂芬《显志堂稿》

董徵君墓志

〔清〕杨象济

吾友吴江董徵君殁后十七年，其子应瀛奉行述来乞志其墓。余由沈沃之、陈献青获交于君。未几，沃之与君先后死，献青于庚申死节，东南乱作，朋旧间隔。比者橐笔吴门，始得理故业，而卒铭君墓，悲夫！君故王姓，父赘于董。讳兆熊，字敦临，一字梦兰。事亲以孝。浮沈诸生中数十年，最为学使辛侍郎所赏，晚饩于庠。家故寒，值里党急难，屡倾所畜。为人和蔼而义之，所在不少贬损。有里豪遗重资丐墓上文，君拒不纳。好为骈语，积百余篇，曰《味无味斋稿》，又助辑《金山县志》三十卷。尝馆吾族芸士先生家，撰《南宋文录》百卷。检阅国朝诸家文集，成《明遗民录》二十卷。搜罗旧史，作《孝子传》二卷，又注钱塘厉鹗《樊榭山房集》二十卷。君以咸丰元年诏举孝廉方正。生嘉庆十一年，享年五十三岁。娶郑氏，君殁后九十余日自经以殉。子五：应铨、应钰、福生、应瀛、应涛，今存者二。孙三。君葬以某年某月，墓在邑之义危圩。今年辛未四月，余游虞山，君之故友常熟李芝绶将刊其文，属余访诸其家，遗稿始出，即以此见君之获信于友也。君殁后，屡示灵异，相传为神儒者所不道，顾如昌黎所记子厚示神，灼灼在人耳目，即沃之及余中表郑瀛卿之死皆然。呜呼！聪明正直之士，固有不亡者存耶？秀水杨象济撰。

清董兆熊《味无味斋骈文》

诰封太宜人费母梁太宜人墓志铭

〔清〕冯桂芬

同治五年夏六月壬辰，吴江费延庆、延鳌之母梁太宜人卒于里第。是为拣选知县安徽休宁县训导祀名宦讳元镕之继配，翰林院编修祀乡贤讳兰墀之妇，刑科掌印给事中祀乡贤讳振勋之孙妇。于是训导君卒二十年矣，先葬邑之某都某图操字圩之原，延庆、延鳌卜以六年某月某日启兆而祔焉，以状请铭。余少识训导君于肄业正谊书院时，既又善长公子延洪，两公子复先后与余子芳缉、芳植同乡举，仍世通家。饫闻懿行，虽不文，奚以辞？状曰：先妣直隶天津梁氏，曾祖讳钺。祖讳澄。考讳承勋，乾隆戊申副榜，候选训导，为先曾大父分校京兆所得士，早卒。三世皆以伯舅讳宝常公官浙江巡抚，赠资政大夫。妣李，封太夫人，享舅氏禄养三十年。宣庙御书"节署胪欢"额以赐，海内荣之。兄二，女兄二，吾母最幼，伯姊为先大父抚女。两家如姻娅，前母沈宜人殁，归先府君为继室，年二十有六。时本生大父母在堂，吾母奉事惟谨。厥后居两丧，哭尽哀。前母遗兄姊六人，吾母爱之如己出，归宁必挈幼者与偕。曰："儿失母良苦，忍令无所依邪？"府君比岁应礼部试，既又赴宁国县训导任，不暇问家事。数年中，吾母为兄姊毕昏嫁者四，族党益叹吾母贤。之官三年，始奉本生大母挈吾母等至署。禄薄岁入不支，吾母恒经旬蔬食，得珍味辄奉大母，次及府君，下至延庆等，而己不与。顾府君有义举，必赞成之。月课诸生，第甲乙，出俸钱以赡膏火，吾母倾箧笥无少靳。府君卒为名宦，吾母内助之力为多。又四年，得肺疾，吾母密刲臂肉和药以进，不能疗。既遭丧，每哭踊，臂创辄裂，水浆不入口，气绝而苏者再。丧归，延庆等既失怙，吾母益爱怜之，然督责严。晨起趣入塾，吾母居厅事。东屋后即书舍，延庆等方读书，闻吾母嗟叹声，则相对掩卷泣，如是以为常。无何，外大母亦卒。吾母以忧成疾，由此始矣。时家计日落，室中使令止一婢，爇捆缝纫之事，咸身任之，遂得咯血疾，终其身。延庆等稍长，吾母为谋娶妇。先是伯舅去官，临行赠吾母金，至是悉出以佐昏资焉。岁时躬治祭具，必洁以丰。子妇请代，吾母曰："吾操之有素矣，虽老敢自逸乎？"久之，伯兄卒。初，伯兄以宅隘买宅城南，至是令回故居，教诸孤读书，无异于教延庆等。己未，延鳌举于乡。其明年春，延庆得辛酉科选拔，吾母稍慰。而粤匪之难作，先迁方尖村，再迁汾湖滨，远近数十里皆烽火。吾母惊忧交集，至秋病疟经月，自是精力益衰。既又迁上海之浦东，贼平始归里，以旧庐毁侨居黎里镇。甲子，延庆举顺天乡试。乙丑，延鳌成进士，授翰林院庶吉士，吾母以覃恩诰封太宜人。延庆等先后归。盖三载中，以试事北行，吾母倚闾而望，神色黯然，至是皆在侧益喜。偶出门，则心切切数归时。日影西指，闻户外足音，辄问曰："儿归乎？"家人或相笑，不为止。吾母虽甚爱延庆等，顾自幼服食必为之制，戒勿诳语。尝曰："自吾为汝家妇，尊卑数十人，遇事能容忍，久之咸相安。至于内怀诈以求利己，外甘言以务悦人，吾不忍为，尤不愿汝曹蹈此习也。"延庆等交游至，从屏后觇之，闻讲学论诗书则喜，见所作字画有攲斜，必训正之。呜呼！今而后欲闻吾母之教诲，可再得乎？吾母仁而好施，戚党以缓急告，无不应。与僮仆言，咰咰然，若惟恐伤之者。岁己酉，邑大水，号寒属于道。吾母为制衣实以褚赒之，其他济贫恤娄事不胜纪。吾母以嘉庆十一年二月辛丑生，年六十有一。子五：长延洪，附贡生，员外郎衔，候选主事，前卒。次导源，次延恩，皆殇。前母出。次延庆，甲子科举人，候选国子监学正。次延鳌，乙丑科进士，翰林院庶吉士，五品衔。吾母出。女五：长适候选教谕顾孝溥，次适马某，次殇，次适王与濂，前母出。次殇，吾母出。孙二：树滋、树达，孙女五。状文累三千余言，叙事有史法，悱恻沉痛，不忍卒读。洵乎两公子皆承明著作才，太宜人可谓有子，而益以叹太宜人之贤也。尝读《诗》曰："无非无仪，惟酒食是议。"古人言妇道止此，教子事綦重而不及之者，地道无成之义也。夫殁始重之，代有终之义也。太宜人尽妇道者十余年，尽母道者二十年，兼乎？无成有终之义，可不谓贤乎？余爱其状，不欲改弦，遂约之为志，而系以铭曰：

妇职中馈，行不取奇。婉娩槃悦，恪慎醴酏。坤德顺承，用辅乾施。焚膏济士，文翁誉驰。既遘家屯，新安不禄。是貤诸孤，一身所属。捋荼蓄租，鸣机和读。昔丰不矜，今约不蹙。庭之芝兰，国之珪璋。秉文展世，令绪载光。有子克贤，母闻弥彰。孝慈令恭，为闾里望。金云是母，宜有是子。天其祐之，复参政始。羡门且扃，翠珉爰砥。我铭不刊，永贞万祀。

清冯桂芬《显志堂稿》

光禄大夫礼部左侍郎殷公墓志铭

〔清〕薇元

光绪九年，岁次癸未九月十七日，致仕礼部左侍郎、吴县殷公以疾考终里第。疏闻，赐恤祭葬如制。公孙柏龄以公事状来，薇元为公丙子主顺天乡试所取士，受公知最深。念公历事四朝，本末具著，将载在国史，非门下士所得私，仅举其大者志之。公讳兆镛，字谱经，晚号碶矼老人。少有器识，刻苦励志，年三十成道光庚子科进士，选庶吉士，授编修，入直上书房，受知宣宗成皇帝，洊加迁擢。二十四年，命偕詹事仓景愉主试湖北，士论协服，累擢侍读学士，奉旨为诸皇子师。咸丰壬子、乙卯、丙辰，屡掌文衡。性情端粹，学术湛深，盖已岿然具台辅望矣。同治三年，主试福建，旋擢大理寺少卿、詹事府詹事、内阁学士兼礼部侍郎衔。四年知武贡举。公精敏详瞻，悉当圣意，响用益笃。历礼部右侍郎、吏部右侍郎、户部左侍郎兼管三库事务。光绪乙亥、丙子、己卯，三主顺天试，督学安徽。三十六年中，朝廷有阅卷、读卷、衡校之任，无不与，天下荣之。授礼部左侍郎，充经筵日讲官起居注，稽查京通十七仓，盘查三库查讯事件，赐紫禁城骑马，赏赉不可胜记，尤朝列所稀有者。年近八秩，神明不衰，顾以趋直积受寒湿，两足乏力。自庚午即鳏居一室，出治官事，入庀家政。甲戌，公长子源成进士，选庶吉士，乙亥未散馆卒。公自撰哀辞，意绪苍凉。然犹鸡鸣入朝，晡时退直，亭午至署，薄暮方归。一灯荧然，校书史自适。薇元每至公邸，恒以颐养为言。公训门人如子侄，休戚相关。薇元丁丑朝考，阅卷官以疏中语及时事，拟摈弃。公力争，以为当入选，乃以疏尾不合程序置下等。次日见公，语及，始知即薇元卷，叹惜久之。辛巳久滞都下，奉天将军宗室公移节成都，招薇元同行。九月，见公碶矼山房，公赠诗有"此才宜玉堂，作宰惜短驭"句，知己之感忾焉。深念是时见公步履艰难，劝公退休。十二月，公以老力请致政，得旨予告。次年九月抵里，方修葺宗谱，校刊楹书，及自著《碶矼山房诗文集》。九月卧病，九日遽薨。公生嘉庆丙寅十月初一日，年七十有八。先世及公夫人详家传。子一，先公卒。孙二，柏龄，杞龄。曾孙一，传鼎。某年月日谕葬吴县之茔。铭曰：

国家承平，笃生耇耄。德粹而清，气温以厚。历事四朝，夙夜匪懈。心膂股肱，赓歌扬拜。惟公有伟，迭司文柄。剖璞披沙，得人称盛。师范皇子，煌煌箴规。奖拔寒畯，德心肝脾。骑箕隙轸，恩礼悼忱。天子曰咨，失我良弼。吴山巍巍，江水洋洋。有斐君子，没世弗忘。

《江震殷氏族谱2010年修补本》附录

殷兆镛传

殷兆镛，字谱经，江苏吴江人。道光二十年进士，选庶吉士，授编修。咸丰四年，迁侍讲，直上书房，授惠亲王子奕详等读。擢侍讲学士，命授孚郡王奕譓读，累迁大理寺少卿。八年，英吉利兵犯天津，兆镛力主战，疏请黜邪谋，决不计，诋斥主和诸臣甚力，擢詹事。九年，署兵部侍郎。诏江苏诸省治团练，兆镛疏言其弊，举四害，言甚切。上海欲借英法人助战，兆镛亦以为不可。十一年，丁本生母忧。同治元年，服除，仍直上书房。疏言："江、皖军威既震，大局渐有转机。臣来自灾区，敢就见闻真切关系重大者为皇上陈之：一宜饬戎行。上海兵勇号称四万，皆不堪用，何以今年经英、法人管带，便成劲旅？华尔亲兵六百，尽中国人，战无不胜。无他，挑选慎，约束严，器械精，赏罚信耳。请敕将帅讲求武备，渐事安攘。提镇中如曾秉忠水师通贼焚掠；马德昭掠苏州、上海；李定泰掠湖州、嘉兴；向奎每战辄败，败辄行劫；冯日坤部兵掠妇女。李恒嵩兵不行劫，已共推良将。窃谓行师首禁焚掠，克城先谋戍守，否则旋得旋失，民间无孑遗矣。一宜澄吏治。上海诸官吏，惟刘郇膏得民心，已蒙特简。薛焕统驭无能；吴煦精心计，在上海设银号，缴捐者非所出银票不收；新授粮储道杨坊，由洋行担水夫致巨富，为洋人所鄙；浙江布政使林福祥，杭州破后降贼，送王有龄、张锡庚柩至上海。臣意此等悖员，宜分别惩创，稍申宪典。一宜清厘饷款。上海左近官卡、贼卡、枪船卡林立，卡税之外，厘捐、月捐、船捐、亩捐、房捐日增月益，臣闻官吏绅商皆云日可收银二万，月得六十万。兵勇四万人，日饷三钱，月止三十六万，而当局犹入不敷出。请敕曾国藩、李鸿章严密清厘。苏、松、嘉、湖，赋额甲天下，近三十年，年年蠲缓，官民交欠，赋成虚额。现经大乱，田荒户绝，可否俟军务大定，敕督抚核计，酌留商税，核减农赋，以羡补不足，勿逾定则。一宜抚恤遗民。江、浙交界莠民设枪船，所至焚掠，此辈视官兵盛衰以为向背，克复时必为内应。请敕督抚从宜处置，或令归农，或籍为兵，勿贻后患。至失守郡县，陷贼士民商贾，苟非出自甘心，仅止偷生畏死，可否援胁从罔治之义，乞恩原宥。一宜防维外人。上海孤城克保，不得谓非外人之力。自经助剿，所向无前，或云实出义举，或云欲通商贩，或云日后恃功索偿，臣俱不敢逆亿。各处通商，尊奉外人太过。犹幸我国新政清明，未萌觊觎。日久相习，利权尽归，人情益附，而谓狼子必无野心，实难深信。抚御得体，尤在博知外情。请敕各口通商衙门，译述各国新闻有关时事者，书记大则奏闻，藉资豫备。"上以所陈不为无见，下国藩、鸿章等筹划，并将福祥等察劾按治。寻授詹事，迁内阁学士，迭署兵、礼诸部侍郎。四年，编修蔡寿祺疏劾恭亲王，命大学士倭仁等察奏。兆镛与左都御史潘祖荫疏言："恭亲王辅政以来，功过久蒙睿照。重臣进退，关系安危。尚祈持平用中，熟思审处，察其悔过，予以转圜。庶无索黜陟大纲，滋天下后世之惑。"上纳其言。六年，督安徽学政。七年，授礼部侍郎。任满，仍直上书房，迭署兵、工二部侍郎。寻授吏部侍郎，调户部，再调礼部。光绪七年，以病乞罢。九年，卒。

赵尔巽《清史稿》

礼部侍郎吴江殷公传

费树蔚

殷兆镛，字序伯，号谱经。江苏吴江县人。道光十五年举人，二十年成进士，改庶吉士，散馆授编修。历署日讲居注官，授翰林院侍讲。咸丰五年，命在上书房行走，俄授大理寺少卿，擢詹事府詹事，署兵部右侍郎。以母忧归。同治元年，服阕，仍补原官。擢内阁学士，署兵部右侍郎、吏部右侍郎。六年，授礼部右侍郎，转左侍郎。请开缺葬亲，许之。十一年回京，仍在上书房行走。十二年，命署兵部左侍郎兼工部右侍郎，赏紫禁城骑马。补吏部右侍郎，仍兼署兵部左侍郎，充经筵讲官，调户部左侍郎兼管三库事务。光绪五年，京察调礼部右侍郎。七年，以病乞归。九年卒，赠恤如例。兆镛标格端峻，自为诸生，即讲求朴学。通籍以后，殚心当世之务，燎直上斋，教诸王公读，孚王、醇王尤严重之。文宗亦嘉其老成，浸被知遇。时洋务方兴，诸大臣媚外人，甚至割地输金以成和议。兆镛心愤之，广坐对客，辄慷慨指摘时事，权贵执政者闻而衔之。尝于澄怀园奏事之顷，见某王邸所蓄异鸟自海外来者，兆镛顾西山叹曰："此洛阳杜鹃之比也，国无宁日矣。"未几，英法军据天津炮台，要索百端，兆镛递封事请战。怡王载垣、郑王端华见之大怒，抵诸地欲甘心焉，人皆为兆镛危。兆镛自若，屡条上战守事，且请上坚意主战，语甚戆直。上知其忠，不之罪，辄留中不下。而中外传播藉藉，谓殷公真忠臣。英国主至命其臣就江南大官，询兆镛年貌、爵里。及兆镛居忧避寇至上海，英大酋巴亚里闻之，戒不可犯，且以时物为馈。其后有日本人竹添进一者尤慕之，入都介使臣告总理衙门，请谒殷公。总理衙门以闻，于是竹添进一与兆镛修士相见礼，倡酬甚欢。江南被兵久，收复以来，民力困甚。军将官吏之暴恣者，掊克掠夺所在。而有兆镛既得其状草，奏言十朝，以饬戎察吏，厘饷源，抚孑遗，为收拾疮痍之地，而归重于防夷。复请停江浙厘捐、陈江苏官吏虐民诸事，先后奉敕下所司禁革。苏抚李鸿章大恨之，覆奏颇相诋，廷论两解之。既而鸿章勋望日高，朝贵亦心嫌。兆镛狂直，以是回翔卿贰间，卒不得显用。己卯，察典明旨，以兆镛笃老改官仪曹，实疏之也。兆镛以受恩深，勤于所事如故，洎病甚乞罢。得请之日，诸王公、卿士大夫、门生故旧，排日祖送，比于疏傅。都人亦顾瞻太息曰："殷公去矣。"历充湖北、陕西、福建主考官，会试同考官，武会试副考官，顺天乡试副考官，殿廷试阅卷大臣，督安徽学政，所拔气节文学之士指不胜数。中年后，得苏州萧家巷宅，罢官后居之，杜门却扫，泊如也。所著奏议、制义文、齐庄中正堂诗文，各若干卷，俱行世。子源，同治甲戌进士，授庶吉士，未散馆卒。

费树蔚曰：综殷公一生，盖木强忠笃人也。初以论洋务忤怡、郑，复以论厘捐忤李相，世或病其迂阔。夫咸、同之际，士大夫囿于见闻，以不谈洋务为高，然其人皆敦尚名节、笃守儒先之说者也，以较后此偾鄙坏国事者，果何如耶？厘捐为军兴权宜之策，卒赖以集事，事定后不复停罢，亦势为之也。殷公疏陈江苏捐，榷多激宕之词，然为民请命之心，可质天日。巨人长德，习婥妸软美以自保，民间之疾苦，孰若贵人之喜怒。噫！殷公于是为不可及矣。至其他行纯备举，足型范世俗，以非国故所关，不复述云。

闵尔昌《碑传集补》

祖、父行实

陈去病

自古士大夫，生有德行功烈为当代钦式者，其卒也必状行事，上史馆备甄采；其葬也必求有道君子，纳名于圹。盖所以别贤否，诏来者，法至善焉。后世孝子不忍没其亲，辄仿而行之，以垂家乘。呜呼！此正人子分内事也。末俗不察，其亲死，计为子孙者，不复计及行谊之果何如？即胪陈懿媺，以干荐绅先生为之志传，相为引重。或者利其酬赠，率应以谀词，如涂涂附，不厌其谬。子既自诬其亲，人亦从而诬之。然则子之欲表其亲者，乌可不审度于其间哉！庆林先世寒素，祖、父皆托迹闾巷，无奇节伟行可惊可愕之事。惟是家庭之间，恧然勤俭，蔼然孝弟，有为近世士大夫所难能者，颇著闻焉。而庆林以薿薿之躬，不及禀承于先人。大惧失坠，以重罪愆，爰述先祖艰瘁之况，泊两考友爱之情为行实。不敢略，亦不敢诬云。

王考讳似兰，字绮堂。前明中叶有讳思恬者，始居今元和县之苏台乡贞丰里，遂著籍焉。历四五传至裕万、学初，是为我高、曾祖父。学初公居青浦之诸巷，生丈夫子四，叔即王考也。八岁父丧，承世业为贾。年少刻苦，见爱于姑，扶恤若子。姑未嫁卒，王考乃以姑氏所畀贞丰老屋，抵直百金为丧葬资。当是时伯兄卒，弟侄幼，母氏邹太孺人又退休多病。而先曾王父性特耿介，慎取受，又挥霍无所吝，以故身后逋负累累未偿。乃与兄弟约，综其券剖为四，俾分任其一。而王考操业独赢，辄复代偿，计先后无虑数十百千缗焉。遂迁于吴江之芦墟，再迁于同里，乃卜居之，吾家之隶吴江籍自此始。当其在芦墟也，行贾藉甚。直道光二十九年夏，大水为灾，所储财货及牛畜囷廪一切经营之具，悉荡焉无所遗，王考仅携家口避它所以免。乃更称贷，得稍复业。贷既偿，迁同里，时咸丰之二年也。躬先仆众，志力交瘁，为货殖无不获。会粤事起，苏常沦陷，吴江诸属地望风披靡，家复荡然。乃举室迁避于蚬江之盘龙浦村，而己独与其从三人，选良牸数头驱之行。会晚迷失道，又饥瘁不能前，因赴溪畔掬水果其腹。有妪独怜之，招止其家，为具馔宿焉，乃卒得达与家属合。及寇平返里，乃迎妪具币重报之。初，郡邑陷时，避难麇至，旁皇靡骋，日不胜计。王考知祸变之未已，而己财之不常保也。凡有投止，悉空舍舍之，推食食之，听其去留。人多感激，有甘委身为仆妾者，则峻却之。时斗米千钱，而家有三囷为空，王考不顾也。郡有某宦少年，携其眷属将之陈墓，泊舟岸侧。舟人利其金，绐以明旦过淀山湖，意于此加害焉。会天大雨，舟窄漏无蓬帐，沾濡殆遍，举舟大号。王考急询得情实，乃悉迁其装舍于家。厥明为遣舟佣送达其所，一家赖以脱险。既官军规复吴江，驻同里，而两考皆材武，知者争劝王考命从戎，则谢曰："彼所能有为者，非常士也。我子才不逮，矧有恒业守之可也，功名事何敢望哉！"益命两考韬晦勿滥交。性好朴素，不事华饰。家人进膳或稍美即不悦，以为非艰难持家者所宜然也。人有遗火积薪者，王考奔救，适烈焰突射入目，犹负痛救得熄。而一目竟眇，然治其业不稍衰云。生嘉庆十二年丁卯十二月初十日戌时，卒同治六年丁卯九月初九日卯时，春秋六十有一。配祖妣氏张太孺人，笃守穷约，相王考理生。凡水火兵燹流离之况，靡不备尝。起治食饮，坐事刀尺，烦猥琐屑，应手毕理。下抚先考等，长者计饱暖，幼者索哺乳，夙夜不怠，克成家业。逮婚嫁已毕，训率吾母等如已时，以为家范。而王考旋卒，不获稍遂优裕。晚年值两考之丧，益郁郁不乐，卧枕席终其身。享寿七十有九，是为光绪十三年八月十七日丑时，与王考合葬于邑二十八都北大字围之原。男三，长先考，次叔考，次允华，殇。女二，嫁徐莘耕、姚文藻。

考讳允升，字玉泉，号湘洲。为人英爽豪迈，须眉凛然，而笃厚有君子风，盖一本王考训焉。生平遇谄谀多文者，辄避去不愿见。豪于饮，每上郡，过十数酒家不醉，暇则与叔考尊酒相对，竟日不去。性友爱，于亲族多所提挈。季父某以家人病，坏祖茔，戚族惋愤，议摈之。移书要盟，先考难之。某又来致逊辞，乃致书寝其事。顾季实无藉，尝诇悉先考归途载满，季忽率众横出遮舟去，先考以谙水得脱身免。素雄胆略，习拳勇。尝被酒命人环腹作数重缚，缚已则嗔目鼓腹，缚皆寸寸断，以为乐。粤寇之乱，四乡蹂躏。一日方临厕，直群贼过，欲侮之，先考故示弱以待。既贼且去，乃奋起直前搏贼，贼莫能脱。一贼前夺，挤之仆。一贼欲奔，挤之又仆。爰即所禽贼投诸河，从容去。当是时，贼势横，小民方逃难之未遑，其不去者亦无敢撄贼毛发。闻先考事，同巷皆惊喜，奔走相告以为奇。御下多恩纪。忆庆林少时，佣人陆某见余，每絮絮为述先考轶事，且曰："主人恩厚无可报，惟望官人能读书耳。"言罢必泣。居恒俭约自持，身后箧中存者仅白羊裘一，衣之且十数年矣。同治甲戌之春，方度地营居肆，规模略具，而骤获疾，疾益剧，竟不起。方疾亟时，邻右乘变，潜窃地立楗以界。先考慨然曰："任若取可也，勿与斠。"呜呼！庆林以哀哀茕独之躬，而生于家变凄怆之日，未及一遭先人音容，蒙昧无知。且至十年而叔考即世，失所依赖，艰苦以逮于兹，恒为它人所排挤，然后叹天之穷厄小子者，固甚矣哉！生道光十二年三月二十二日戌时，卒同治十三年二月初三日亥时，春秋四十有三。配妣氏杨孺人，庄顺孝敬，克敦妇道，宛若以和。屡孕不育，先卒。继娶吾母氏倪，生男二：去非，殇；次即庆林，以叔考遗命承祧祀焉。

叔考讳允文，字秋泉，号沧洲。年少慷慨好义，为闾里侠。广交游，往来者恒不绝。而其敦本思源，友爱兄姊妹之出，及族中子姓一如己出者，与先考同。吾家自王考时迁居，同支皆僻在东隅，非以事不数见。先考时辄往存省，叔考仍之。见有贫鬻子者，力止之而养诸家。有无业者，携归为谋业焉。徐氏甥蚤失恃，为读书习业，卒游武庠，克自树立。姚氏甥少颖异，其家惑星者言，当它与。乃乞为子，即而殇，辄太息。居恒有事必诹于兄。及先考卒，直事且未谐，必奔走呼泣如失左右手，以为无能与兄筹划也。呜呼！庆林生遭孤露，母子二人相依为命。而提携抚视，顾恤训教，外以持门祚之衰，内以恤孤嫠之苦，使当时无窭艰之况，及不肖今日得以亡饥寒从师友者，皆叔考是赖焉。初，先考卒，母倪方娠，悲恸得疾，就医吴中，既生男于娄门庆林桥旅次。叔考乃大慰曰："今而后吾兄不死矣。"既而曰："儿生于斯，宜即命之，以识其所生。"遂名之曰庆林。先是佣者例晨粥，庆林之将生，叔考号于众曰："主人当有子，若生男也，当饭汝。"及生，乃饭之，众感其恩。平生勇于为义。当寇难时，有缝衣人触贼怒，鞭挞几殆。叔考过，立呵止之。一老渔，舟败将，不能渔。叔考廉得之，立畀钱万，买新舟焉。故人某以经商折阅，将谋废弃，叔考立脱金臂钏予之，曰："若弟持去，偿否姑勿问。"业遂复振。里有酗酒拂母意者，其母遮愬。叔考为理谕，直其人醉不之听，叔考立殴之，卒服礼罢。见里中儿有顽戏者，立呵责不稍贷，里儿至争相走匿，不敢面。然驯谨者必呼与温语，规戒周至，故其父兄亦相习不怪焉。其它行事多类此，不具详。以劳勚得瘵疾，姊氏瑞莲尝刲臂和药以进，迄无效，遂卒。生道光十六年丙申十一月初五日戌时，卒光绪九年癸未八月初十日酉时，春秋四十有八。配妣氏宋，温惠淑慎，待子姓以慈，先卒。生男一，殇；女一，适邑诸生叶文熙。继母氏沈。两考并葬邑竺字围之原，去祖茔东一里，妣氏祔焉。于是庆林且弱冠矣，上溯王考之卒几三十年，先考之卒二十祀，叔考之卒十载，而墓道之碑莫表，家乘之传阙如。清夜自维，负疚滋甚，谨述梗概，以竢君子。光绪十九年不肖庆林谨状。候选教谕通家愚弟诸福坤拜填讳。

陈去病《蚬江陈氏家谱》

陈绮堂暨子玉泉秋泉家传

〔清〕诸福坤

《汉书》承《史记》，传货殖，次游侠。其序一则曰"齐之以礼"，一则曰"齐之以礼法"。亦以见古之时，四民不杂处，语财利者亦安居乐业。是以欲寡而事节，财足而不争，苟有以齐之，于是乎贵谊而贱利。礼法之堕也，藉于有土。卿相之富厚轻财，结客苟急私难，匹夫闻风侈肆，豪纵亡等，盖由战国以迄西京之季，未尝或息焉。然其绝异之姿，君子称之，谓其温良泛爱，振穷周急，谦退不伐。有非不可与于道德者，是故囷夺以为雄杰，货殖耻之，游侠亦丑之。世俗不察，遗其善而习其恶，辄复羞称二者，亦知近世固未尝无其人，足以振颓而刷靡也乎！余以是乐述陈绮堂父子事。

绮堂姓陈氏，名似兰。先世有思恬者，居今江苏元和县之周庄，十数传至君显，业贾世其家，绮堂高祖也。父学初，生四子，绮堂居次。时家已中落，转徙青浦、吴江间，规时牟利，会水灾，尽没其货，最后居吴江之同里。躬先仆众，殖无不获，家业以起，偿其先世贷至三千缗，不以累昆弟。咸丰十年，粤寇沦苏垣，避难者麇至同里，多所款留，久之咸感激，有愿委身仆妾以报者，则严谢之。驭下以宽，饮食劳逸，罔弗与同，膳美而不御，疾苦而加勤。或劝其子有材力，乘时从戎，可邀爵禄，不许。曰：

"非常之烈,非所敢望,且吾子有业可守,奚以武仕为?"妻张,黾勉劳苦,克副其志。以同治三年九月初九日卒,年五十有八[1]。卒之日,臧获无不泣也。子允升、允文。

允升,字玉泉,号湘洲。为人亢爽,须眉懔然,豪于饮。以事上郡,更饮数十酒家不醉,暇则辄与其弟饮。当粤寇氛炽,蹂掠四乡,暴逾豺虎,无敢何者。一日,玉泉奏厕,遇数贼过,欲犯之。乃故示以弱,乘间奋前,禽得一贼。一贼来夺,扑之仆,一贼欲奔,追扑之又仆,乃即所禽贼投之河,从容去。当是时,一闾皆惊。然性忠厚。叔父某信术家言,坏祖茔,族议屏斥,为之营救,寝其事。自亲戚以至仆御,多衔其恩。邻胡氏侵其屋址,不与校。业隆于昔,而俭约如其父,身后仅弃筪,敝羊裘一袭云。卒年四十有三,同治十三年二月初三日也。妻杨,继倪,遗腹生子庆林。

允文,字秋泉,号沧洲。慷慨好义,为闾里侠,广交游,豪饮如其兄。时节会客,饮恒满坐,与其兄歌呼其间以为乐。存恤戚族,恒扶植其子弟。友敬兄,事必咨商。兄既卒,惘然以为真失左右手也。兄子之生,其母次吴庆林桥,书至大喜,因以桥名名之,抚爱如己子。卒年四十有八,光绪九年八月初十日也。妻宋,继沈。女一,适诸生叶文熙,尝刲臂疗其父疾者。

论曰:庆林从予学,辄曰:"古之人然其隐衷,痛有生之不识父,惧先世之不彰,予微窥而得之。"一日,状其祖、父行,请为家传。桉其所列,大氐合于贵谊贱利,有绝异之姿,如班《书》云云也。江以南供膏碾薹菜子,若木棉子,若大豆,以取之业,是者号曰车户。其碾也,先爆之石轮、石磨,胥驾以牛,已糜,复蒸之,乃环束,层卧于车以搏之。渣为饼,汁为油,贩卖皆倍利。故一肆之间,其巨者舍百锅釜,轮磨、杂作器物凡千,薹子万庾,棉子若豆千钟。岁计恒积油千瓯,饼日积盈舟十丈,月糜薪之属千钧,藁之属百舮,牡蹄角二百,佣作童指千昼夜邪!许吴声庞,若陈氏业此有年,佣者例晨粥。当允升既殁,允文号于众曰:"前主人幸遗腹,若生男也,当饭汝。"已而如其言。我闻周人孅贾恒情,陈氏固非孅啬者,使闾巷阛阓间皆如绮堂父子善,则举先王礼法以优游之,六行之兴可必也夫,可必也夫。

陈去病《蚬江陈氏家谱》

注〔1〕:陈去病《祖、父行实》作"生嘉庆十二年丁卯十二月初十日戌时,卒同治六年丁卯九月初九日卯时,春秋六十有一。"

先妣节孝君倪太孺人行状

陈去病

伤哉!吾母之逝也。寓庑孤寂,宿疾骤厉。叔姒不及归视,姑姨不及存省。不孝庆林闻讯遄归,已无闻知,不及见易箦。凭虚降酷,猝丧吾贤母,天壤间有此痛惨哉!不孝生不及见吾父,吾母含荼茹蘖,且抚且教者垂二十八年。综厥懿徽,深有合乎古之为女师为母仪者,庸敢泣书之曰:

先妣倪氏，同县孝荣公第三女也。家同里，母氏徐。幼秉淑德，事祖母、父母以孝闻。稍长好读书，舅氏复为讲论经训，因尽通大义。明习算数，能识别银币之真赝。我先考湘洲府君，既悼丧我前妣杨孺人，闻先妣贤，遂聘以继室焉。来嫔时，我家门值隆盛，食指繁，臧获僮奴以百数，伯叔诸姑与其所出之婴娃咸萃。而先考沈毅好习勤，先妣不待诫，即屏饰椎结请所执，肆应详慎，用是得姑嫜欢。初产男殇，继娠而邻某适盗宅址，先考又于其时猝病卒。衅祸荟集，先妣悲愤得疾，就医吴中，寓庆林桥。累月平复，而遗腹生。于是先妣且喜且泣，请名于叔先考沧洲府君。府君亦且喜且泣，请于祖母张太孺人，因桥名命其男曰庆林，即不孝也。自是上奉衰姑，下抚孤子，中庀家政。从容购求吉壤，以葬先考前妣，而自营生圹其侧。五年为不孝置小儿教之字，已又构塾延师，悉纳戚属子姓以伴，耗缗无算。而不孝顽钝无所成，遂令出就傅。一年又无成，先妣乃谓吾嗣母沈太君曰：“我以儿付妹矣，成否惟妹任之。”沈太君许诺，挈往蚬江，从长洲诸先生游，凡五载，而不孝以病归。先妣亲验所学，始稍稍喜。其呼沈太君以妹者，盖自叔先考即世来，宛若同闺阃，相爱恤如手足，故沈太君亦以姊呼先妣焉。我家自高曾世经商，逐什一之利，转徙峰泖间。历祖父凡三迁，至同里未尝更业。先考既逝，叔先考综贾事，行旁郡邑，往往经月不归。晚且多病，退休他所。而居著废积，瞬息百变，不获稍回缓。先妣乃目营心计，意与时会。凡百措注，动中窾要，夙兴夜寐，恒逾程度。尝以工作多需煤薪，恐贻郁攸患，辄一夕数起，警惕伺询。兴举水会，有它警，则挥僮迅救。又以不孝幼鲜疾苦，谓得阴佑，益发大心行诸善愿。倡惜字、惜谷会，躬自检校。制棉衣以衣寒者，自余捐输施济。地方修建，苟有请，毋弗应。黠者窥其旨，有所丐，踵门辄问：“官好否？得无恙否？”则曰：“好，幸无恙。”已而贷以钱物如其意。居恒默念吾家丁单祚薄，庭失厥荫，遗孤荏弱，无以自植。而君舅君姑，及府君昆弟，异时俱以孝友、敦睦、任恤著闻里党，不忍自我沫之。以故支属每有所求，罔巨罔细，悉竭蹶筹措，隐忍下气以予之。不足则毁斥奁具以益之，又不足则辗转乞贷以畀之，坐是境益窘。然见旁省郡灾报，辄动色嗟叹曰：“此固吾所蓄愿而未竟者也。”不孝年二十二，前刑部侍郎攸县龙公湛霖督学江苏，朋辈具以先妣事行上请，得给奖"绵世浚远"榜。而不孝亦以是岁隽于黉，旋食既廪，先妣意始稍稍慰。宿好典籍，通知史事。自汉魏以迄近代文词，靡不浏览。而于马迁氏《管晏列传》、晁家令《贵粟疏》、诸葛武侯、李令伯《出师》《陈情》诸表，尤三复致意。遇有忠孝大节，往往称道不去口。于倾险邪僻，必深恶之。一日见吕子明绘，趣碎之，谓其陷关壮缪也。服膺苏子瞻能忍之说。以不孝性戆，为举榜其书室曰"佩忍"，稍肆即诫曰："汝其又忘佩忍乎？"尝谓儒者当通晓时务，以周知四方之事，而其要莫如萃群与阅报。庚子之变，车驾播迁，无日不讨家人而申儆之，曰："吾侪安居饱暖，已大幸事。世变方亟，祸恐立至。汝等不闻诏令有云'素衣将敝，豆粥难求'乎？"言已为流涕。先妣仁慈惠爱，端庄不苟言笑，尤不屑以诅詈伤人。不身亲宰割，于兽肉及介类、鳝鳗一不食。鳞类不食鲤，家人请其故，则曰："今人遇宣圣讳必避之，顾食其子之讳而弗思乎？"外家故比邻，不孝儿时外王母已老。先妣每饭不忘，辄令持小筐盛食以饷。戚属有为不孝言者曰："往时尔母归宁，必效婴儿嬉，歌歔般舞如老莱子状，母氏欢，命止乃止。"外王母卒，丧之如在闺。已复买地钱家桥之原，葬其先世棺六七，葺其居以居嫠妇。以兄之乏嗣也，为之立后，为之赘婿。兄女死，为之抚恤其所生祖荫。今岁其赘婿死，所立为兄后者亦死，先姒益伤母族乏祀，且念祖荫孤寒甚，恒忽忽不乐。五月朔，不孝自同里馆归，朋从辐辏，先姒犹躬为操汲具餐。未几不孝去，而沈太君亦客蚬江。先姒离索无俚，小病经旬，戒勿令不孝知。六月下旬，决归计，而家报适至，尚以为疾可疗也。乌呼！孰意不孝回皇上道，而先姒已溘焉长逝耶！不孝医巫未具，汤药弗供，入门呼亲，瞑目不应。乌呼，痛哉痛哉！惨孰惨于此哉！顾此皆不孝平时侍奉无状，致遭斯变，岳岳罪戾，擢发难数。天乎！人乎！讵复敢怨尤之乎！恸怀母氏，劬劳罔极。当萧墙之阋睨，几予室之飘摇，吾母不惮经营，捍御务脱于厄。迨巢完卵口，然后呴濡培植，示不孝以理义之归繋，皆吾母之力。而不孝文弱，不自策励，以续前人光。遭逢鞠蹇，家累纷缠，不得已屏弃老屋，赁庑江城。又奔走衣食，出为童子师，不获常侍萱寝。卒至属纩未亲，音徽永隔，纵复日自蕲死，以赎积愆，尚何及哉？先姒生道光二十六年正月十四日子时，卒光绪二十七年六月二十六日巳时，春秋五十有六。子二：去非，殇；次不孝，吴江廪膳生。孙女一。乌呼！苦由昏迷，词意疏陋。立言君子，傥克哀而锡之铭传，俾扬大节，而阐幽贞，实于风教，多所维系，讵独区区衔感而已乎！谨状。

陈去病《蚬江陈氏家谱》

清故节孝君陈母倪太孺人墓志铭

〔清〕诸福坤

吴江有贤母陈节孝君倪氏，卒于光绪二十有七年六月二十有六日。其子陈生庆林以教读馆同里，归而其母已属纩。已而卜葬有日，庆林且泣且书状母之懿以告世，且寓书来乞铭。按状：节孝君姓倪，父孝荣，母徐氏。幼喜读书，从其兄讲，尽通大义。夫湘洲君，丧其前妻杨，以同闬闻其贤，娶为继室。湘洲君世业贾，雄于资，与弟沧洲君友爱。节孝君于归未数日，即屏饰椎结请所执。初生男去非，殇。再震而湘洲君殁，邻某又盗宅址，衅祸纷集。节孝君悲恸忧虑得疾，就医吴郡，寓庆林桥。疾愈而遗腹生，遂以桥名其孤。已而沧洲又殁，与叔姒沈太君同闬，卧起如手足。性慈惠敏达，忼爽知大体。在中馈不亲宰割，不食介族鳝鳗鳞属，不食鲤，以为是圣嗣讳也。惇守先业，废著居，积心构力营措，注中窾要，人不能谩。庆林既龀，构塾延师。稍长命出负笈，一意望子发名成业，续前人光。常取《史》《汉》以来所载忠孝节义、明体达用及近代经世诸文篇，且诵且教，俾览时务报册，勉为俊杰。惧其表襮忤世也，则取大苏氏能忍之说，使佩服。稍肆则惕之曰："汝其又忘佩忍乎？"比以国步多艰，诫子遍及家人，曰："吾读'素衣将敝，豆粥难求'之天语，知九重流离困苦若此。吾侪幸安居饱暖，又妄求非分，恐祸至之无日矣。"言已涕下不止。凡夫族之贫无俚者屡贷之，母族之孤寡者植之，其先世棺暴者瘗之。公输私请及一切善举悉应之，修救火政，倡惜字会，施棉衣以辅之。人有所贷，窥其爱子笃，踵门辄问："官好否？得无恙否？"则喜而应之曰："好，幸无恙。"如其愿以予之，坐是家日贫。庆林学稍稍成，而母之节孝亦益显，学使者攸县龙侍郎湛霖表其门曰"绵世寖远"。谅哉母仪，女师质古，无渐法中铭。铭曰：

风摇雨漂，□卵完巢。际剥复爻，妪物觳已。媚姑植子，靡他永矢。有彬其孤，秉训克劭。忾簧母愉，已愉而喟。离儆湫隘，饬子勿懈。五十六年，骤殒秋先。不少子延，葬原曰笃。同穴手筑，过者风肃。

陈去病《蚬江陈氏家谱》

陈母倪节孝君墓碑铭并叙

孙文

中华民国五年八月，余再入浙，观虎林山水。遂登会稽，探禹穴，修秋禊于兰亭，泛娥江而东迈。从我游者二三子外，惟吴江陈子去病与焉。舟行多暇，每为余述其母夫人倪节孝君之贤，余既闻而志。及归，因复以表墓之文请。去病能词章，才名满天下，《泷冈阡表》，庐陵自优为之。不敏如余，尚乌庸缀？徒以十年袍泽，患难同尝，知去病者，宜莫余若，爰为之言曰：从古节母之后无弗昌，子既自树以振家声，则昌大之说信有徵矣。而余所尤望于去病者，当祗承先训，敦品立行，以达贤母之孝；坚持雅操，勿敚于邪，以彰贤母之节；毁家纾难，毋纵于欲，以葆贤母之义；亲亲博爱，物与民胞，以广贤母之仁。夫如是而去病为人益用笃实，节母贤孝益以光辉，宁非显荣其亲之至计乎！不然，蹈履颇侧，以危厥身，志虚苟且，以辱厥亲。吾知虽甚盛德，亦弗荫兹，夫又何恃而不恐惧也哉！既以勖去病，遂书之石，俾过斯地者知矜式焉。系以铭曰：

玄黄剖判，两仪攸分。媪壤滋植，冰蟾代明。命不常融，道无终否。蒙难艰贞，事乃有济。猗嗟陈母，千乘之英。孝侔齐女，节媲陶婴。寡鹄休歌，丸熊益励。翼卵完巢，绸缪庶几。遭时板荡，俾彼弘谋。用财自卫，倚柱沉忧。遗孤彬彬，徽音用嗣。我铭其幽，永诏来祀。

中华民国六年一月一日，前南京临时大总统香山孙文撰。南林周觉书。

吴县唐仲芳刻石。

吴江博物馆藏拓片

先嗣继妣沈太君行述

陈去病

中华民国四年五月八日（即阴历三月二十五日），夜既逾分，周庄居民戴宝德，以煎熬鸦片失慎。时人尽寝息，罔或闻知，烈焰一张，狂飙遽煽。由是隆隆炎炎，势不可遏，邻之妇孺，哀号叫呼。而火政不修，救援乏术，转瞬之间，市廛第宅数十百家，俱为灰烬。不孝故家同里，十数年来，四方奔走，将母不遑。我先嗣继妣沈太君以同里亲串少，独居岑寂，缓急无所恃，爰迁于兹八年矣。一旦出不意，城门之火，殃及池鱼。虽人口幸得免，而先世之影堂祐主，杯棬楹书，与夫先太君一生之所蓄积，下逮不孝数十年间所搜求之文史珍秘、碑版金石、名画法书、良陶古器之属，靡不付之一炬，荡焉无遗。先妣忧患余生，睹兹巨祸，痛极而喑。虽不孝心存旷达，以为身苟不灭，必有回复之时。而太君积忧成痗，日益加剧，忽忽六旬，遽尔奄化。伤哉伤哉！夫岂不孝初心之所及料哉？今者劫灰未冷，慈竹长摧，地棘天荆，衔哀何已。用敢和泪濡墨书其懿行，以告当世曰：

先妣沈氏，讳恩祐，吴县之周庄乡人也。父人骥，字午桥，候选布政司理问。积德行善，君子人也。母徐宜人，以慈爱称。子女十人，先妣次居五。少从诸小汀先生读。值洪杨之难，逃避村落，数载乃定，则年且十三四矣。遂从事针黹，预家计。沈氏故殖产，多田宅。理问公尤勤能，耕读蚕织，终岁弗休。间有兴筑，则食指益繁。徐宜人既亲抚育，而米盐琐屑，惟先妣是赖。先妣亦一力自任，不以委灶婢。每岁时伏腊，外而宾师，内而祀事，必恭必虔，罔弗精洁。以是理问公顾而乐之，倚仗尤力，十年不字，有由来也。会先嗣妣宋孺人卒，先叔考闻先妣贤，乃聘之。光绪三年来归，则年已二十有七矣。当是时，先考已前卒，先叔考主家政，门荫渐衰薄，几不免负债。先妣见之，独不虑，勤劬数年，业以复振。宋孺人故有女曰瑞莲，年长矣，事亲能致其孝。先妣亦善待之，如自己出也，然竟不育。先叔考又病瘵，恶尘嚣，乃迁居北埭屠氏宅避之。而病益剧，就医吴门，数月无效。癸未中秋，始由苏还故居，才一日遽卒。于是先妣奉遗命，以不孝承祧，日夜与先节孝倪太君居。同心黾勉，以姊妹相呼，见之者几不知其为妯娌也。乃鸱鸮啸号，猘貐蜂起。先妣内安外攘，心碎欲裂，几至兴讼，以戚属排解，分财始已。然孤嫠之家，易受凌辱，乘危攫夺，夫岂独宗支之不肖而已哉！先妣心知其故，务节己用，以应人之求。盖前后毁斥，不啻三数千金焉。忍痛割肉，则创愈甚而痛弥深。于是既为先姊相攸，得诸生叶文熙遣嫁之。而益勉不孝以读书自奋，用续前人光。不孝年十五，即令离家塾就外傅。而不孝跅弛不羁，恒弗能锲苦，先妣闻辄切责之。明年乃更令之周庄，从舫庐舅氏读，而申诫之曰："今而后，其慎毋贻吾忧。"不孝谨诺之。而族之子弟，犹时时举室西来，请求弗已。先妣因益典钗钏倾箱箧以与之，而先业自是亦一蹶不复振矣。久之，不孝婴危疾几殆，先妣忧惶万状，求医问卜，昕夕弗遑，往往彻夜不眠，继之以泣。如是者凡四阅月，护持之劳，兹为最矣。及不孝大痊，先妣乃令偕还同里，而先姊骤卒，先妣颇伤悼之。盖以其婴臌疾既久，且丧厥爱子也。乌呼！孰意二十余年之后，先妣竟亦以是疾终耶。悲夫悲夫！先是宋孺人盛年，尝婴斯疾，势几殆矣，得昆山良医治之而瘳，瘳又十八年，始以他疾逝。至先姊病，则旋瘳旋作，而竟不起。今先妣之病，又略相同，且加酷焉。异哉！何其先后符合若斯之烈哉！时不孝年逾冠矣，既补博士弟子员，食饩廪，渐有志于天地四方之学。先妣乃稍稍慰，而族之子弟，频来扰攘无休时。于是先妣慨然弃故居，迁之吴江。逾年六月，不孝馆同里，先妣亦归宁，而先节孝遽卒。不孝仓皇归，已不及属纩。迨先妣返，而先节孝且含殓矣，先妣因大戚甚。乌呼！孰意十年以还，先妣客死之惨，与不孝奔丧之切，其悲苦乃更有逾于先节孝时耶！初，先妣已挈家还同里矣，旋以不孝久出游，门鲜丁男，外乏亲党，至戊申春复迁周庄。明年闻不孝病疡海上，遂力疾来视，居医院者数月，至稍痊乃挈以归。然不孝既好游，则恒外出不时返。今年春在海上，忽得长女绵祥书，言周庄寓庐摧烧尽矣，急归省，果然。方图所以还定安集之计，而孰知先妣竟抑郁而长逝耶。悲夫悲夫！闻火发时先妣不虞其延蔓也，仅为眷口计，急抱一孙女培熊出。未几火大作，救者亦不及，故室以烬焉。先妣自以一生茶苦，拮据绸缪，仅有微蓄。乃横祸飞来，尽归泡影，此其心痛若割，固曷能已哉！曷能已哉！虽诸姻娅百方劝慰，舅氏伴渔复迎居南湖草堂，而先妣意殊忽忽，无以自解。不半月而病，病弥月而剧。不孝闻信遄归，则发苍苍，视茫茫，其状貌陡类七八十老妪，不觉大骇。急多方延医治之，忽云稍瘳，能啜粥矣，能稍寝息矣，不孝因差慰。会沪上事未毕理，公谊所在，不遑宁居。先妣知之，谓不孝曰："汝欲行，其行可也。且余思得鲜果食之，得敧椅倚之，曷购以来。"不孝见先妣形虽瘁，而谈吐尚清，以为当不至遽变也，因于二十七晚别母行。乌呼！孰意比夕之别，竟永永不复闻见吾母之言笑謦咳耶。伤哉！不孝抵沪仅六日，忽舅氏遣人来，言病危矣。不孝凄惶甚，急星夜归，以为当犹及一面也。乌呼！孰意先妣已一瞑不视，衾襚就木耶。凭棺一恸，衔恨何穷！乌呼哀哉！吾今而后，长为无母之人矣。伤哉伤哉！窃念先妣生平，意气慷爽，见义勇为，而尤笃于伦纪。事亲甚孝，待兄弟子姓，尤有等差，不为翕翕热，亦不肯淡漠视也。其御下在宽严之间，尤好洁清，凡器皿非亲洗涤弗用也。抚子孙尤恩勤，其于不孝，虽非己出，而衣食教诲，惟恐弗周，煦濡督饬，等诸婴儿，盖三十年如一日也。不孝交游半天下，是非恩怨稍分明，往往负气慷慨，使酒骂坐，曾无所畏惮。独一入家门，略不敢露声响，则母教使之然也。而今已矣，后之失德，将益加多矣，可不悲哉！先妣生于逊清咸丰元年辛亥五月十三日酉时，殁于今民国四年乙卯七月十四日巳时，享寿六十有五。一棺旅寄，魂魄何依？归葬先茔，情势迫切。仁人君子倘得哀而锡之铭诔，用播徽音，则世世子孙，感且不朽。不孝去病泣血谨述。

陈去病《蚬江陈氏家谱》

周应芝君家传

〔清〕陈寿熊

周应芝君讳宪曾，字景侯，仁和人，寄籍吴江之黎里。曾祖元理，直隶总督、工部尚书、太子少傅，国史有传。宫傅生二子：达士，太学生；升士，工部营缮司主事。太学早卒，无子，工部以长子霞为之后，即君之考，亦早卒，以君官赠徵仕郎。次光纬，候选员外郎，君之本生考也，家世号长者。君少孤能承先志。员外君尝欲为义庄以赡族，卒成之。又与其弟候选训导兆勋相友爱。兆勋为人谨厚，无与伦比，而君倜傥负才器，以监生应乡试不得志，入资得户部司务。寻举道光庚子恩科顺天乡试，擢广东清吏司主事。秩满，出为直隶广平府同知，分防临洺关。任事甫数月，会粤贼北窜，或劝君入城避贼，君坚不可。及贼且迫，犹往见督部言事，顾督部已退守，遂驰还。贼适至，君与其客何戴筐、仆张福俱死之，咸丰三年八月二十七日也。先数日，君继室蒯有兄贺荪为河南祥符令，恐君家口并没，驰车取之，而蒯夫人及侧室郭亦不肯行，至是蒯吞金以殉，郭赴井死。事闻，君得恤赠道衔，敕于所在建祠，并从祀京师昭忠祠，谕赐祭葬。子邻表，世袭云骑尉，蒯及郭皆以节烈旌。

赞曰：从来士大夫立身，多败于濡忍。今周君乃使家人信其必死，不忍舍之而去，非志素定能然哉？先是君当外转，本选得甘肃，以远外欲请改直隶。未决，遂往保定，祷于宫傅公之遗爱祠，书两策探之，直隶吉，因改铨。或者以为祷之过，要其所成就，有光于前人，吉孰大焉。彼临难苟免，而老寿以没，乃真可谓不祥者邪！

清陈寿熊《静远堂集》

莲史周公传

公讳士炳，字文五，号莲史。铁霞公弟。幼秉异资，出笔惊其老宿。年十九，府试第一，入邑庠，旋食廪饩。道光庚子恩科中高魁，与兄铁霞公同榜，名噪一时。乙巳会试登进士第，殿试二甲，朝考一等，改选翰林院庶吉士。是科曾文正公分校礼闱，公出其房，揭晓谒见，文公欣然谓曰："学有根柢，他日文章经济正未可量。"所以殷勤勉谕之者甚至。丙午丁封公忧，服阕入都。庚戌补散馆授编修，历充武英殿总纂兼提调官、国史馆总纂、庶常馆提调、文渊阁校理、功臣馆纂修，教习庶吉士奏办院事，本衙门撰文京察一等。公生平嗜学，根于天性。在词馆十年，待人接物不自兀傲，亦不屑贪缘。公余浏览载籍，博考古今，以文章自娱。与兄铁霞公同留京师，春明席上数论当代人物，或有"周氏二难"之目。戊午派充顺天乡试同考官，入闱后精心校阅。头场甫毕，忽患时疾，急请出帘，溘然竟逝。时秀水王巽斋比部同寓，赖以经济其丧。公子善有闻讣入都，明年扶榇回籍，与铁霞公同葬于乌镇西栅外盗四圩。公生于嘉庆十三年戊辰二月二十三日，卒于咸丰八年戊午八月二十二日，享年五十有一。敕授儒林郎，诰授奉政大夫。配同邑沈氏。子二：长善有，附贡生，江苏补用同知直隶州；次善坤，附贡生，翰林院待诏。女三：长适乌程王，江苏补用知县，名良玉，号韵石；次适湖州钮，附生，名承朴，号械人；三适海盐沈，世袭轻骑都尉，荫生主事，名守廉，号洁斋。

清周善鼎等《周氏宗谱》

莲史公墓志铭

〔清〕杨象济

桐乡周莲史太史既没十七年,嗣君善坤为营葬于乌镇西乡,以母沈宜人祔,卒事手状来徵铭。太史有少女适吾戚沈氏,岁一往来,每得相从宴乐,谊不得辞。按状:君讳士炳,字文五,居震泽镇。曾祖讳钧,祖讳向潮,父讳荣,均以君贵封赠如其官。妣氏赵氏、潘氏、严氏,俱晋宜人。君少笃学,年十九,郡试第一,入县学,旋食饩。道光庚子,与兄士熰同举于乡。乙巳会试,登进士第,选庶吉士。是岁,曾文正公分授礼闱,得其卷,谓同列曰:"学有根柢,他日文章经济属此人矣。"丙午丁封公忧,服阕入都。庚戌散馆授编修,历充武英殿总纂兼提调官、国史馆总纂、庶常馆提调、文渊阁校理、功臣馆纂修,教习庶吉士奏办院事,本衙门撰文京察一等。客邸十三年,协恭共济。时兄亦官内阁,以隶篆知名,论者以为"二难"。咸丰戊午,派充顺天乡试同考官,事未竣,以暴疾卒,为咸丰八年八月二十二日,长子善有扶榇回籍,距生于嘉庆十三年戊辰二月二十三日,享年五十有一。累授奉政大夫。沈宜人后君三年没。长子善有,附贡生,江苏补用同知直隶州;次子善坤,附贡生,翰林院待诏。女三:长适乌程王,补用知县,名良玉,号韵石;次适湖郡钮,附贡生,名承朴,号械人;三适海盐沈,世袭轻骑都尉,荫生主事,现任工部屯田司主事,名守廉,号洁斋。孙四人。君之先累世同居,家法为我郡冠。善坤与象济共事吴门,追道旧谊,因念庚申计皆入都,君已前没。未几而东西变作,辛苦流离迁徙,不复知有生之乐,往时文酒之欢复可得耶!为之铭曰:

谓君之穷,则已跻清要,而珥笔雍容。谓君之道,则年不究德,而寿乔松。惟闷于身者极,故贻于后者丰。不能盗钱,乃用名阡,既贞且固,松柏万年。

清周善鼎等《周氏宗谱》

沈曰富传

沈曰富,字沃之,号南一。道光十九年举人。年十六,即能为古今体诗。平湖方坰来盛湖,以陆清献之学倡导后进,曰富师事焉。时震泽张履方秉铎句容,平湖顾广誉久教授里中,皆以精性理深经术有名于世,曰富与往来,均执弟子礼。然二君不敢以师自居也,履犹任为前辈,广誉谦抑,比于平交。最后受业于娄姚椿。椿得望溪、惜抱之传,论学以程朱为宗主而兼综汉唐。欲为国朝诸儒学案,仅有端绪,举以授曰富,于是始有《夏峰学录》《夏峰门人录》《杨园渊源录》《当湖弟子传》之作。年五十一,以骤疾卒。曰富事母孝,每饭必共案。卒之夕,犹进酒母前,供瓶荷侑酒,漏下始罢。处兄弟间,各视其性情而和协之。讲学以"有恒有渐"为主,即以额其斋,而并名其诗文集。(参《留爪集》、邑续志。)

清同治《盛湖志》

从父起亭府君家传

〔清〕柳以蕃

光绪七年,从父莳庵先生纂修宗谱,以蕃既僭为传文数则,编次于家牒。夫传以述行,顾或蚤年沦没,末繇追徵其事迹,独其耿耿不磨之志,有足动终古之悼叹,后之人不能无辞以声之者,则有如我从父起亭府君。府君讳兆青,字烈君,起亭其号。自少天姿迟顿,而耆学若渴。我从祖古槎府君绳教又甚严,业进则愶,稍退则否。府君于是昼而读,宵而不辍。遇有扞格,则合并宵昼之力,以冥思而极索。常子半孤灯荧然,倦眼朦胧不可视,辄就案假寐,须臾又读如故。功诣日埤,而心气则日就损矣,旋患咯血疾。一应试不售,血连呕弗瘥。再读再干有司,仍不售,遂伊郁病瘵而亡。闻先是屡向继母顾太君曰:"儿心不如往年乐矣。"叩之,终不答。呜呼!岂隐知其降年之不永欤?抑自伤其敝精劳神,而不得一曝于世也耻哉?湘乡曾文正公之论曰:"自国家以制举文取士,士皆俛首以就琐琐者之绳尺。"而近世有司并无所谓绳与尺,若闭目以探庾中之豆,白黑大小惟其所值。府君偶不值闭目者之取,而一朝被诎,至于赍恨入地而不悔。彼天下之困于学以求奋者,将何恃而不惧哉!予表府君,亦欲为世之操文衡者谂焉。

清柳以蕃《食古斋文录》

先妣节孝杨太孺人行述

〔清〕柳应墀 柳应磐

先妣姓杨氏,世居邑之陈思村。外大父斗山公讳柄,太学生,候选布政司理问。外大母陈太安人,实生先妣,自幼禀礼教,婉娩柔顺,得二亲欢。年十九,归我嗣考起亭府君。府君兄弟二人,次即应墀本生父也。府君嗣我嗣祖考秀山公后。当太孺人来归,继嗣祖妣冯太君暨本生大父母俱在堂,太孺人奉事惟谨,中外称贤妇。府君以勤学攖咯血证,太孺人百计求治不得瘥,卒于道光己丑正月,太孺人一恸几绝。含殓毕,水浆不入口,时年二十有一。府君同祖兄弟俱未有子,于是继嗣祖妣及本生大父母慰谕之曰:"汝毋然,汝夫弟生子,当以长子后汝夫。汝从汝夫于地下,他日抚孤之责谁属耶?"太孺人泣受命,强进糜粥,代府君尽子职,奉养无间。逾年冯太君殁,太孺人经纪丧葬悉如礼。壬寅,不孝应墀生,本生大父母以冯太君遗言,命太孺人抚为子。太孺人爱如己出,然不事姑息,日以读书砥行为勖。己酉、庚戌间,本生大父母相继殁,太孺人哀礼如丧冯太君时。咸丰庚申,不孝应墀补邑诸生,太孺人色稍喜。是夏四月,粤贼自金陵南窜,省垣及邑城皆陷,土寇劫掠四出。太孺人忧且悸,得气逆呕吐疾。时方避寇迁徙,不遑医治,岁辄一再发。事平返故居,太孺人宿疾屡作,虽强自支拄,而精力日耗矣。乙丑岁试,不孝应墀以太孺人守节合旌例,上其事于督学使者宜公,蒙给"训昭荻画"匾表于门。同治五年，诸大府采访贞孝节烈，设局省会，不肖应墀复具事呈报。既上闻，奉旨旌表如制。命下时，不肖应墀适食廪饩，方冀从容颐养，稍慰四十余年苦节。何期凤疾难疗，遽夺我太孺人之速哉！太孺人自庚申得疾后绵延垂十年，己巳冬复患脾泄，屡发未瘳，庚午六月肝疾且大作。时方省试，不肖应墀逡巡不忍行，然太孺人犹强起视家事，趣不肖应墀速赴试。比归，太孺人日益惫，医治久不愈。至辛未夏疾加剧，胸膈气上逆，辄夜不成寐，进平肝之剂少差。不肖应墀见太孺人寝食渐安，心稍慰。讵料旬日后肌肉锐减，气壅不得舒，结而成痞，日食三四匕，哽咽而下。迫七月初旬，痞益坚，药不可治。十三日向晚，太孺人语言渐謇，不肖应墀奉侍左右，皇遽无所措。时从弟应磐亦在旁，太孺人顾谓不肖应墀，命应磐并嗣为后。延至十四日申刻，竟弃不孝等而长逝矣。呜呼痛哉！太孺人毕生操劳，曾未享一日安。自奉至约，而饮恤穷乏不稍吝。平居究心梵课，每事以利人为念。疾革时，里邻来视者皆泣下。呜呼！太孺人处家待人如此，无非为培植不孝等计。乃不孝等奉事多亏，罪愆隐积，致太孺人不获远享大年，优游以希晚境之乐焉。痛何言哉！痛何言哉！太孺人殁于同治十年七月十四日申时，距生于嘉庆十四年十二月二十六日子时，享年六十有三。子二：长不孝应墀，吴江学优廪生；次不孝应磐。孙二，皆不肖应墀出，长念曾，次慕曾，俱幼。慕曾奉应墀本生父母命，嗣本生弟应奎后。孙女一，不孝应墀出，幼，未字。不孝等谨以辛未十二月十二日，奉太孺人柩合葬于邑之南玲圩先府君茔，而表墓之文未备。用是和泪濡墨亟陈崖略，伏求当代大人先生与立言君子锡之传志，备彤史之采择，用光泉壤，不孝等世世子孙感且不朽。不孝孤哀子柳应墀、应磐泣血稽颡述。

清柳兆薰等《分湖柳氏重修家谱》

先考松琴府君行实

〔清〕柳以蕃

府君姓柳氏，讳清源，字鄂生，号松琴，晚自号觉翁。始祖春江府君，明季由浙东慈溪来居吴江之东村。三世至心园府君，由东村移居北厍港。又三世至我高祖貤赠奉直大夫杏传府君讳学洙，由北厍再迁分湖之大港，力穑好行善。我曾祖封奉直大夫厚堂府君讳球，以节俭起家，号称素封，遂拓宅置良田而居焉。祖太学生维庵府君讳梦祥，娶祖母陆太君及祖庶母王氏，生两子不育。是时我本生祖太学生确斋府君讳梦坤，既娶我本生祖母钱太君，有三子矣，遂以其长立为祖考后，即府君也。性颖敏，七岁就傅，十三毕诸经，十四出应郡县试。十六丁本生祖忧，越两月而维庵府君殁，行三年丧如礼。时陆太君前卒，祖庶母嫠居鲜欢，府君壹体其性情而谨事之。遇事有断制，当艰巨不色动，以故中外帖帖。与钱太君既离居，且晚必往省，或道书史及稗官野乘之说以娱其心。居恒锐意向学，莘然以古人自期。先后从丁先生洵、吴先生元音、叶先生树棠、吴先生腾霄辈游，顾好为诗古文辞，不甚治帖括。而钱太君所谆诲者，亦惟以读书砥行为重,而未尝汲汲于科举。及服阕二年,始受知于学使申文恪公,补诸生。于是府君年二十一,我母丁孺人来归已两年,孝姑勤家,内事厘举。府君讲业之暇,惟与邑中诸老宿及远近能文之士以诗词往来,家虽日落怡然也。壬辰冬,同舍不戒于火,焚炀荡如。而家故饶,老幼男女之资,宾客亲故之酬酢,虽甚节啬,终不能苟简如细民,力所不支,率至贬价粥田以继。其间钱太君又病瘘,终岁蓐处,事无巨细,府君悉以一身调剂之,而卒能庇两家以安,俾大母无重戚者,盖至是而心计瘁焉矣。府君既孤露,益友爱两叔父。既灾之明年,葺老屋蔽家人,复治一室曰"焦桐馆",课两叔父读书其中。时从兄埔方从学为诗,昆弟叔侄依依相对,或至漏深不去。性淡约,经患以来,自奉益觳薄。又以先王父未葬,深自引疚,春秋荐飨,岁时伏腊,未尝不怆然泪下。酒酣以往,客有道吾家盛衰事者,辄俯仰太息,盖天性之笃,数十年如一日也。平时薄荣利,顾重以家贫母老为戚,一再应乡举。从祖古楂先生讳树芳,尤望府君深,尝累书勖曰:"汝曹年正强,当以起衰振弱为己任。吾老矣,他日昌吾门者,其在汝乎。"府君志其言不忘,然连试不得志,乃更尽力于著述。耆博览,于诗尤笃好。时郭上舍麐方以词章雄海内,见府君诗击节称赏,谓所造诣正未可量。执友中尤善同邑张丈益龄、嘉善袁丈青照。两丈皆世所称聪明俊伟之士,与府君为兄弟友,旬月必过从,自谓友朋之乐无逾于此,而为诗且益多。张丈既殁,袁丈又远客,府君意兴亦渐衰减。道光二十一年,遭钱太君丧,亡何季父暴卒,中间又累哭从叔从兄辈,意常忽忽不乐,泫然曰:"吾年仅三十,骨肉宗党间凋落已如此,脱得老寿,亦无生趣极矣。"迨不孝与梅氏姊渐长,府君始以杜门课儿女为乐。适从兄大奎亦来学,三人环坐几案旁,声琅琅相应和,府君恒顾之而喜。三十年九月,仲弟文藻生。咸丰三年二月,又得季弟广荫。不孝即以其月补弟子员,府君心稍慰,而所以策励不孝者益挚。既不孝与邑子冯经辈结文社,月再举,府君喜为之,轩轾持论,一轨大家。故府君虽不屑以时艺名,而自庚戌食饩以来,岁科且九试异等矣。岁戊午,命不孝往应京兆试。濒发,勉之曰:"立功名任天下事,交四方贤士大夫成德业,在此行耳。吾岂望汝弋浮荣为温饱计哉!"比不孝下第归,府君适遘羸疾甫愈,倚床言别后事,须发星星加白,盖精力之衰始此也。九年二月,府君年五十,不孝等欲治觞为寿,弗许。作自述诗五首,惓惓以葬事未安为念,又自为编定其诗稿。自是而往,府君方思屏居乡里以老。明年春,粤贼东窜,苏常诸郡邑相望失守,连陷各乡镇,吾家以地僻仅免。而危警一至,户号人哗,骁徒乘间作难,岌岌有不保终日之势。府君朝夕忧悸,进既不能鸠财倡义庇及一方,退又不获躬耕为自全之计。时同邑赵丈清颖、李君龄寿、费君延庆、延釐,皆移家在乡,府君每与嗟叹及此,又数为歌咏以寄慨,瘀伤销铄,遂极于病。十一月八日,骤得肝胃疾,食入辄呕。医至,投参剂不效,体肉寖削,脉力如丝软,竟以二十五日夜半痰涌气逆而逝。呜呼痛哉!府君生有至性,处门内皆尽道,又笃于友谊,而论交特严。与人共事,常为其难,至劳怨不恤。戚党孤嫠及丧葬无措者,虽不能赡,必力为之谋。好施与,不足则募资以成。遇人事如己,有就商榷,亡大小必尽诚,或以机诈进立剖,故人人皆严惮。府君日用有定制,宾祭而外,恒累月不驭肉。常服仅粗布,一茸裘衣二十寒不易,其节缩如此。而于不孝读书从师之资，友朋觞豆之费，未尝稍言绌乏，盖欲以资其有成者，靡所弗尽。不孝不能早自刻励，慰府君一日之望，今已矣，竭毕世之力，终无以伸其报矣，痛哉！府君生嘉庆十五年二月初二日，卒咸丰十年十一月二十五日，年五十有一。所著有《焦桐吟馆诗》初、二、三集凡十二卷，外集一卷，《焦桐吟馆杂著》三卷，词三卷，诗话二十二卷，尺牍二卷，《谕儿帖》二十八条，藏于家。配我母丁孺人，太学生候选从九品讳仁溥次女。子三：长以蕃，娶黄氏；次文藻；次广荫。女五：长适同邑梅霖，次未字，三适同邑邱师范，四适同邑吴宝光，五未字。不孝择于同治元年十一月十一日，奉府君柩葬于本邑二十八都大义圩祖考之穆位，而铭幽之文未具。用是拊心泣血追次大略，冀当世先生长者、以道德文章阐幽显微为己任者闵焉，而表其隧，则不孝之感与天地永毕已。不孝以蕃谨述。

赐进士出身、诰授通奉大夫、左副都御史、表愚侄嘉善钱宝青填讳。

清柳兆薰等《分湖柳氏重修家谱》

柳松琴先生家传

〔清〕李龄寿

君讳清源，字鄂生，号松琴，晚自号觉翁。县学廪生。先世由慈溪迁吴江，曾祖学洙耕于分湖之滨，遂家焉。祖球，有六子。其次居五者曰梦祥，生子而夭，遂以弟梦坤长子为之后，即君也。其祖父世以资财雄于乡，有良田美宅。至君而所居不戒于火，家中落几困，而君毫发不以介意。好为歌诗文辞，不屑屑治科举业。顾能庀其家事，葺治老屋三椽，奉其母以居，颜其室曰"焦桐馆"。其为人和而能介，面渥丹，见人煦煦然。君既居于乡，朝夕见者多农夫野老，必引与共坐相款曲，人多乐之。而四方知名之士，君无不交之，与同邑张益龄、嘉善袁清照最善。其为诗颓然若天放，善言人意中事，不以钩章棘句为能。咸丰十年四月，贼连陷常州、苏州、嘉兴，君所居地僻得无恙，然奸民豪猾乘间蜂发。君既忧之不得有所施为，独居侘傺，遂于十一月二十五日卒，年五十一。余与君之子以蕃交几十年，遭乱又复依君以居，相与为歌诗几百篇。君虽杜门息影，而观君之志未能平也。后余他去，则闻君死矣。悲夫！君有三子：以蕃，附贡生；文藻、广荫，幼。女五，其三皆适士族，二未字。所著有《焦桐吟馆诗》初、二集，词三卷，诗话、杂著若干卷。同治元年秋七月，友侄同邑李龄寿撰。

清柳兆薰等《分湖柳氏重修家谱》

柳府君墓志铭

〔清〕熊其英

府君讳清源，字鄂生，号松琴。其先由慈溪迁吴江，为吴江人。曾祖学洙，祖球，父太学生梦坤，世载令德，葆光勿曜。君生而秀拔，丰采巍然。出后伯父太学君梦祥，能体本生父事兄之心，与所后父平日择后之意，周旋堂构，与与如也。年十七，相继遭两太学丧。服阕，补县学生，亲师取友，克用树立。会有火灾，居屋荡如。是时，本生母钱太君方病痿，而嗣考遗一妾守志，家事巨细，萃于府君。府君愉怪以承欢，樽节以省用，履之以规矩，通之以性情，凡百部署，莫不就理。既新厥宅，爰居爰处，遂即向前一楹颜曰"焦桐馆"，课子弟读书其中。君于学博综兼览，所向沛然，顾独好为诗。同邑郭上舍麐，诗人之雄也。见君诗，折节叹美，谓"骎骎乎得风人之遗"。君既覃思著述，益遗外世俗科举之荣。自道光庚戌食饩，凡九试高等不得解，略无愠悔。才君者且惜君，而君正欲藉是和平其心志，以优游于古作者之林，则其所养为甚充也。君生嘉庆十五年二月初二日，卒于咸丰十年十一月二十五日，春秋五十有一。著有《焦桐吟馆诗集》十二卷。配丁孺人，淑慎慈祥，生育劬苦。凡佐理家政三十余年，日无旷昝，人无废事，物薄而必珍，用约而多惠。其德府君称之，子以蕃称之，而人不以为私。孺人后府君三年卒，春秋五十有六。子男三人：以蕃，附贡生；文藻，县学生；广荫，童生。女五人，皆适士族。府君葬以同治壬戌，越五年丙寅以孺人祔，墓在本邑二十八都大义圩。先是以乱故，窆石未有辞。其英谓以蕃："表墓之文作于人子，古有泷冈，今惟台洲。吾子有道能文，异日或能表章府君，以趾美二贤之后，吾子待之。"会以蕃具状请铭，爰撰大较，以俟后贤。铭曰：

粹于学，老于穷。渊且懿，陶厥躬。汾湖之水日夜东，吾来追铭一星终，后有兴者此幽宫。

同治十一年壬申十月，友侄青浦熊其英撰。

先君子葬于同治壬戌，既十年未有所以识于葬者。夫并吾之世，即吾所曾相识之人，非无一二巨公能以文辞自鸣。而于不肖子，褒扬其亲之心若有待焉。既而内交于青浦熊君纯叔，笃厚文行君子也。于是谨致向所为先人状，请铭于君，君让不获，乃诺。其后五年，君往赈豫省荒，以勤事死，豫之人为祠以祀，私谥惠愍先生。夫以一诸生之所为，而义振天下，死亦荣矣。特憾并吾之世，欲再觏笃厚文行如熊君者，盖弗可得。然则吾先人之及铭于君，不可谓非幸而遇其人矣。今将勒文家乘，附识于后，以谂后之览者。光绪七年二月，以蕃谨记。

清柳兆薰等《分湖柳氏重修家谱》

先妣丁太孺人事略

〔清〕柳以蕃

先妣姓丁氏，世居吴江西鄙之吉水港。考讳仁溥，候选从九品，以为善称于乡。妣吴太孺人，有贤行。生一子二女：长舅氏，国子生，讳绪；次适桐乡孙氏；次吾母也。丁氏故吾邑望族，先世又雄于赀，吾母生长纨绮间，而秉性泊然。年二十一，归我先考松琴府君。时我族自曾祖以下俱中落，顾累世丰溢，闺门以内犹沿富家积习，甚有以此困其生者。独我本生大母钱太君，敦尚俭约二十年，至是而吾母又然，以故甚得钱太君欢。越四年，所居屋火，吾母益自刻苦，以纾府君艰。遣僮奴冗食者数人，留一妪给使令，凡缝纫浣濯饎爨之事，悉身任之。境虽日困，而家人无啼呼于室，府君得怡然啸歌，不以鳞杂琐屑撄其虑者，皆吾母补苴之力也。钱太君既病痿，终岁蓐处，吾母间日必往省。先是吾宅通南北为一，既灾，门径多变置，由吾母之室逾七户始达中厅。中厅为废址，由废址折而东又数武，始即钱太君居。虽隆冬烈暑无废，如是者十年，而钱太君终。祖庶母王氏，先大父维庵府君侧室也，性憨直而识大义，吾母甚敬事之。有故任劳于己而推逸于王氏，有酒肉则损己之食以益其食，故始终未尝有讳言。吾母体素丰，然耗于多产。自来归之三年，生女芹，不育。再期而生芸，芸者，仲姊也。又两年生不肖。越不肖之生十二年凡六产，其不育者男女各一人，存者女莲、蘋、苴、藿四人。后三年生文藻，又后三年生广荫。是时吾母年四十有四，而颜发衰悴如五六十人。藻生之二年嫁仲姊，荫生之月不肖补学官弟子，明年娶黄氏妇，吾母始稍息中馈劳。然不肖每篝灯夜读，辄见吾母就案上火，幼儿女衣履不辍。又尝左手抱广荫乳，右手持刀尺作指画状，曲折以授诸妹，必通其艺乃止。不肖或从旁劝少休，吾母曰："我习此，不则不惯耳。"初，吾母以家事繁，每归宁未尝逾旬日，及是常为经月留。盖自外大父殁后，舅氏相继谢世，吴太孺人老且嫠，非吾母至辄不能一日乐也。及外大母继殁，吾母遂竭力为营两世葬。命其家割遗田数亩，自乃出纺纫资益之，十日而毕五丧，无一钱累他氏者。呜呼！此岂特世之所谓厚其亲者与？不肖自幼多疾病，吾母常中夜为拊摩。及长，饮食寒暖犹爱护如婴儿。夜深读书，必预储果饵以待。偶出门遇风雪，为之睡不交睫。凡吾母之所以加意于不肖者，其委折微至，虽家人辈或不及知也。咸丰戊午，不肖奉府君命应京兆试。吾母初为之不怡，已而曰："汝父贫多累，冀汝掇科第。吾亦不汝强也，但无利钝终当归。"不肖诺而行，既被放旋里。明年试南闱，又不售。自是以后，方思杜门奉二亲以老。而庚申春粤贼内窜，郡县城相继沦陷，远近数十里皆震动。府君悒悒致疾，遽捐馆舍。时两弟幼，诸妹未嫁，寇警且日急。吾母悲来交集，出见灵寝则哭，入视诸子女则又哭，回首见不孝孱然不胜任，则且相向哭。期年之中，老泪盖几于涸矣。辛酉嫁苴妹，壬戌葬府君，癸亥而黄氏妇又殒。殡甫毕，闻流贼狂搜众乡，遂奉吾母迁避东乡之金泽镇，去家三十里，以驻官军得稍安。而天暑方甚，室隘狭不堪容，又户西向，炎风烈日，无地可避，几榻亦不能具，于是谋再迁。吾母急止之曰："聊避患难,奚求安?"七月,闻贼退,吾母始志决归里。先两日嘱不肖返治家具,神色如故。不料于次夜猝发厉疾,呕泄不止。弟妹皇遽无措,遣急足驰告不肖,迨不肖号奔至前,而吾母已瞑然逝矣。呜呼!巫医之不具,汤药之不供,属纩之不亲,一朝构祸,万死莫赎。不孝之罪,上通于天矣,无以自比于人矣。呜呼痛哉!吾母生于嘉庆十三年十月初二日,卒于同治二年七月二十九日,年五十有六。子三人:以蕃,文藻,广荫。女五人:长适梅霖,次适吴澄,次适邱师范,次适吴宝光,次未字。不肖谨以五年三月十九日,合葬于大义圩先府君之兆。顾念吾母之淑德懿行具合于铭,而孤贱无以自达于当世能文有道之士,用是抆心泣血次其所及见闻者,号而陈之以俟焉。不肖以蕃谨述。

清柳兆薰等《分湖柳氏重修家谱》

汤先生墓碣

〔清〕柳以蕃

先生讳嘉树,字枝百,一字小云,姓汤氏。浙江杭州府学生。六世祖右曾,以进士官吏部右侍郎,有声康熙朝,事载国史。父咏,嘉庆二十一年恩科举人,为浙江遂昌学教谕。母王太君,出吾邑黎里镇士族,生一子,即先生也。年十六,随教谕君授徒黎里镇。及教谕君卒于官,既归葬,遂奉母居黎里。家故贫,取与介然,居恒寡言笑,不苟交接,里中往还止五六人。而一时士大夫知其人,及与教谕君有素者,争相倾重,且令子弟出门下,以故从游者日众。余从父莳庵先生闻其贤,延诸家,课其两子应墀、应奎,以蕃亦请业焉。先生与门弟子讲授,终日无倦容,随其质之高下而诱掖之,务使通其意乃止。一时为经师者,无以过先生也。迨应墀补诸生,应奎构羸疾卒,先生亦以衰老谢去,时距太君殁已三年,丧葬具举矣。然当春秋祭飨及归故山展墓,未尝不唏嘘流涕,以不得终养为憾。先生所生仅两女,曾以从兄子亮采为后,旋卒,复以嫡兄子申祧两宗。自侍郎公以下,所赖以存者,仅此一线而已,复惴惴焉有门第之忧。咸丰庚申,东南寇乱,苏常诸郡县相继失守。六月,黎里陷,先生仓猝引避,突遇贼,撄重伤,申为贼所房。先生以瘀伤销铄,于同治二年十月二十六日,卒于苏家港旅舍,年五十四。后两月,配王孺人亦卒。时门人皆避乱于外,其次女夫陈师曾经纪其丧。呜呼!先生以贤达之后,为笃行之士,不获一显于世,卒使身丁丧乱,家散嗣绝,而穷饿以终,此尤老师宿儒不得志于时者之重可悲也。以蕃贫多累,未由尽一日之私谊,常自忖以为窀穸之事,终当有以赞成之。今年春,从父慨然主其事,属以蕃及门下士沈泰、邱师浚、先生之婿陈师曾同会事,始克合葬先生及王孺人于嘉善县保东区之大陶圩。先生故浙人,以蕃有业田在浙,遂出其地为墓壤,且综先生之生平而表之如右。

清柳以蕃《食古斋文录》

陈子松先生行略

〔清〕陶模

先生讳寿熊，又名焘，字献青，一字子松。世居吴江，至先生始隶震泽籍。曾祖讳之谦，国子监生。祖讳汝雨，布政司理问。理问君二子：长讳果，未昏卒；次讳昊，国子监生，是为先生本生考。理问君尝谓："长子贤而夭，不可以弗嗣。"故先生实为伯父后。先生生十余岁，而本生考及妣吴孺人相继卒，先生以孤童克自树立。幼时见宋五子书，即以巨幅纸写太极图，自为说，书于上，朝夕玩之。稍长，益潜心正学，作座右箴以自课，于入孝出弟之方，居敬穷理之旨，言之甚详。读书遇疑义，辄连夕不寐，期于必得，人皆目为迂。独吴江沈南一先生曰富与先生善，后又交元和陈梁叔先生克家。二先生擅文章，砥名节，然皆自谓弗及也。道光十三年，年二十二，补苏州府学生。是秋，偕南一赴江宁乡试。南一亦少孤，两家先人皆未葬。舟次大江，相与言涕泣，因酹江流为誓，有归不葬亲而复涉此者，神殛之。遂集同志为葬亲会，仿唐灝儒、张杨园两先生法而变通之，于是先生始得葬其先人。十年之中，因是获葬其亲者复数十家。先生既孤贫，常授徒于外，资修脯以养其生母姚。馆吴江之盛泽，与平湖顾徵君广誉交，各以所学相质证。年方壮盛，遽弃举子业，为穷经之学，于《易》用力尤深。又以其间为诗古文词，于世俗荣利泊如也。二十七年，与南一、梁叔同客松江，共问业于姚先生椿。姚先生承桐城姚惜抱氏之传，方以所学倡导后进，得先生乃大契合。盖自百余年来，学者厌程朱所训为习闻，务为考证训诂之学，以求胜前人。而一二文章之士，又皆徒事空言，不复以穷经敦行为事，先生病之。故其为学不务表暴，实事求是。尝欲汇前儒纷纭未定之说，折衷于一是，勒为一书，以解后世学者之惑。至是质诸姚先生，亦深韪其言。于是先生年三十六，盖自文章经术反而证诸吾心之理，而体验益深矣。留松江凡三岁，与姚先生论文讲道无虚日，姚先生辑《易传》未竟，属先生续成之。然先生授徒既众，不得壹意著述。咸丰三年后，寇氛日逼，梁叔从军金陵，姚先生已前卒，先生复馆盛泽，乃以讲授之暇，毕力于《易》。先是尝因虞氏卦变之说，反复求之十余年，至是乃悟圣人取象系辞有确不可易者，因著《集义》一书以疏明之。其大旨以凡卦皆变既济为主，句笺字释悉引前人成说。尝自言《易》义例谨严，其取象系辞彼此相应，吾之书，亦以经注经而已。八年，南一先生卒，先生哭之恸，为编定遗集。明年，吴江陆君日爱、凌君泗辈共延致先生，因往主其家。当是时，数百里间为儒者之学者，咸推顾徵君。徵君务持谦退，未尝为学者尽言。先生诱掖后进惟恐不及，人人餍所欲而去，苏松间士大夫渐有尊向先生传述其言论者。先生年力犹未衰，生平所欲见诸著述者，与其所欲成就后进以昌明正学者，盖庶乎得所藉手矣。乃天不厌乱，寇氛日炽。梁叔先生既于十年三月殉节于大营，而先生亦抗志里门不屈而死。呜呼悲夫！方贼之陷苏常而南也，远近望风惊溃，莫有为守御计者。先生居吴江之黎里镇，与里人合谋团练捍贼。四月二十四日，吴江陷，阅数日，贼来犯。我兵发火器，击杀十余人，贼退。益缮守御具，为持久计。相拒四十余日，先后杀贼数十人，沈贼舟一，气益奋然。是时贼憾黎里甚，六月八日，倾巢来攻，我兵悉力迎拒。自辰至日中，死伤甚众，火药铅丸且尽，遂溃。先生右股被创，归之家。贼已入，以身翼蔽其母，右手及腰腹复被数创，伤重而仆。长子妇叶氏及次女俱赴水死。至夜贼始退。先生既创甚，自分必死。会凌君所居莘塔未被贼，来迎先生。先生舍凌氏两阅月，创渐合。俄莘塔亦不守，乃归。归而见时事日坏，乡所共事者或死或亡匿，无可与语者，益恚恨，不欲生。既以被伤，故气血大衰，至是复得疾如疟状，气上逆不止。遂作书与亲故诀，不纳食饮者五日，遂于咸丰十年十月二十四日卒。呜呼痛已！当黎里未败时，邑人有以款贼为得计者，先生历省言："吾辈幸无民社责，能死则死之，不则去之。若藉口保全乡里，腼颜迎贼，人间又安有羞耻事哉！"盖持大义侃侃不挠如此。及既败，事乃有不忍言者，先生虽欲不死不得矣。先生少时尝为王阳明之学，后乃笃信程朱，所为经说皆平心论理，无门户异同之见。于《易》虽主变既济之说，未尝执一见以废众论。尝谓《易》之道，汉儒得其蕴，宋儒得其精，非精无以植本，非蕴无以穷变。欲疏九家注《李氏集解》以裁汉学，笺《程传本义》以证宋学，正王注之违，撷孔疏之要，以成继汉开宋之一书。顾皆未有所就，惟《正义举正》《本义笺》粗具稿本而已。为文章醇厚而简严，尤工诗，然皆不苟作。生平不以文人自命，人亦少求之者。居家不为繁苛，而少长有礼，与同母弟赤甫友爱尤笃。赤甫讳文罴，早卒，南一铭其墓，比之望溪之于椒涂云。家贫，敝衣冠，与盛饰者处，目若无见焉。口吃，与论学辄刺刺语不休。貌朴素若无所能，而于人情物理靡不洞然。近岁尝自言数十年检摄此心，至今日始觉不妄用。又言于死生之际，视之淡然。呜呼！此可以见先生矣。先生生于嘉庆十七年十二月八日，年四十九。娶赵氏，吴江贡生讳筠女。子四：堪、封、垚、奎，保封为赤甫后。女四：长适吴江诸生吴廷桂；次字廷桂族弟乃昌，未嫁殉节死；余幼。所著有《周易集义》若干卷，《周易正义举正》若干卷，《本义笺》若干卷，《读易学启蒙私记》一卷，《读易汉学私记》二卷，《考工记拾遗》一卷，《诗说》一卷，《静远堂诗文集》若干卷，《札记》若干卷。先生资禀绝人，于学无不窥，皆有所论著，而未及成，成者亦多散佚。模于咸丰八年春始见先生，秋乃纳贽称弟子，得昕夕闻教者八阅月，及先生馆他所，犹时寄书相勖。乱后窜伏田野，思先生不得见，闻先生与其里之人戮力杀贼，辄踊跃思奋。呜呼！孰谓先生竟以是死哉！先生砥节厉行，深造自得。模材识驽下，未能窥见万一，第就见闻所及，存其大略。惟当代有道君子核其学行之大者表章之，以待史氏采择，则尤后学之大幸尔。门人秀水陶模谨述。

清陈寿熊《静远堂集》

陈献清传

〔清〕方宗诚

君名寿熊，字献清，一字子松，世为吴江人。补苏州府学生。少孤，能自树立，尝作座右箴，言入孝出弟之方，居敬穷理之旨，朝夕观玩，以资警省。读书好为深沉之思，遇疑义连夕不寐，期必达而后已。以贫不能葬其亲，与其友沈曰富应省试，舟次大江，涕泣酹江流为誓。归集同志，仿桐乡唐灏儒、张杨园先生法为葬亲会，而稍变通之，因是获葬其亲者数十家。曰富亦能文章砥名节者也，君少与交游。既壮，又友平湖顾徵君广誉，益治经学，遂弃举子业。自汉魏及国朝诸儒解经之书，皆究其底蕴，别其得失。后又受业于娄县姚先生椿。先生为桐城姚惜抱先生门人，私淑宝应朱止泉先生之学。君既学于姚先生，自文章经术反而证诸吾心之理，而体验益深。姚先生没，君授经吴淞间。当是时，数百里内为儒者之学者，咸推顾徵君。徵君务持谦退，未尝为学者尽言。君则诱掖后进惟恐不及，学士大夫渐尊向之。先是咸丰三年，贼陷金陵，赖提督向公荣、张公国梁先后堵御，故苏松常数府得无恙。十年三月，金陵大营溃，张公战死，两江总督何桂清自常州退苏松，贼遂下窜，莫敢为守御计者。君居吴江之黎里镇，与里人谋练乡兵捍之。四月，吴江陷，贼来犯镇，乡兵击杀数十人。贼退，益缮守具，为持久计。相拒两月，屡却贼，人心益奋。无何贼大至，乡兵无援，始溃。副贡生冯经、国子监典簿徐泰吉、国学生陆炳堃及其弟皆死之。君被重创未殊，长子妇叶氏及次女仲芬投水死。君友人凌泗迎至莘塔医治，得瘥。贼退，君归。初黎里未破时，有以款贼为说者。君厉声言："吾辈虽无民社，然能死死之，否则去之。若藉口计全乡里，腼颜迎贼，不特弃君父之伦，真不知人间羞耻事矣！"及兵败，事乃有不可言者，君愤不欲生，遂作书别故旧，绝粒五日而卒。是为十月二十四日也，年四十九。君为学宗主程朱，暗然自修，不侈讲学名。貌朴素，若无能，至名义所在，未尝稍贬以徇俗。尝言数十年检摄此心，至今日始能不妄用；又言于死生之际视之淡然，盖其平日之所养如此。所著有《周易集义》《周易正义举正》《周易本义笺》《读易学启蒙私记》《读易汉学私记》《冬官补亡》《考工记释》《诗说》《参同契注》及诗文集若干卷，藏于家。

论曰：昔两汉尚经学，宋与明多讲求心性之儒，故当世变节义，遂为千古冠，甚矣。学之有关于世教也，君学养有本，岂徒以节见哉！君门人秀水陶模，能守君学，家陷于贼，窜身穷乡，读书励志不少挫，且撰君行状，以表其师之学行。呜呼！即是可以觇君之教泽也。

同治元年，予客武昌节署，秀水杨利叔孝廉以君行状示余，属为此传。又贻余蒋大始先生《人范》一书，读君书后文，益知君学术之正也。

清陈寿熊《静远堂集》

凌君百川传

〔清〕熊其英

青浦熊其英撰，吴江金祖泽书。

君姓凌氏，讳瀯，字锡功，号百川，晚自号复庵。先世由安吉迁吴江之黎里，再迁莘塔，至君十世矣。君以咸丰己未，与从弟淦同举于乡。会粤匪乱，避居沪上，尝航海两应礼部试，归数年遽卒。君之所以表见于世者不可得见，独其门内之行无愧古之孝子，则择其大者书之，所以重旌典明史法，而因是亦可以得君之为人。初，君年十四，遭赠公太学君丧，哭甚哀。太学讳大坤，以君从子其榜官，貤赠朝议大夫。母潘恭人。岁丙寅，潘恭人病颈疽，头面尽肿，两目不阖如线，眴而瞑则痛，泪胶结于眶，君晨夕舐以舌。又之疽溃，新肉稍稍生矣，而僵毒不出，君复吮之，然卒不愈。至是哭之加哀，咯血数升。君既行孝于家，其处兄弟故旧，皆有恩谊。性尤长厚，视人世机械泊然，不一撄其意。余尝于先师庄协钧先生所，一接见君。先生饮君酒觞，行举拇战为乐。君辄举一将指，为人所中，合坐大笑，君阳阳如平常。至今思之，但觉君之斌媚，如君生也。君居海上之年，亦尝疽发于背岁余，梦见"复庵"二字而愈，晚遂自号复庵。卒年五十有六。阅五年，同治壬申以孝行旌。子二：其桂，例贡生，候选府知事；其楠，县学附贡生，有文行。

熊其英曰：余于壬申岁始来莘溪，砺生内部为余言家世，知凌世多长者，而君又勤四书义，为之数十年不厌。昔魏叔子与邱邦士论此，事不合。君既好为之，而内行顾若此，此非独性使然也。邱言"国家以制艺取士"，士食斯文之福，而不知"有味哉！有味哉！"

吴县周梅谷刻。

吴江博物馆藏拓片

王礼传

王礼，字戴传，号秋言。监生，捐职布理问。幼嗜笔墨，长洲沈荣客里中时，礼朝夕往观，遂悟画法，出笔洒落，殆有过之。中年为人作五色笺巨屏十二幅，绚烂夺目，敷色古厚，得北宋人法。晚岁益臻神化，名满艺林，远近乞画者，屡盈其户。又程海粟者名瀚，郡诸生。善画墨蟹草泥，郭索神似，而非形似。礼与友善，晚年画箑，礼必补鞠，以为程王合璧，得者珍之。（《墨林续话》）

清同治《盛湖志》

清授荣禄大夫一品封典布政使衔
赏戴花翎记名简放道署安徽安庐滁和道
河南怀庆府知府陕州直隶州知州显祖考秋丞太府君行述节录

陆鼎奎等

太府君讳泗普，字秋丞，一字南临，晚号鸭阑旧主。我陆氏为吴中著姓，自明纪十五世讳雄，始卜居吴江之东门。六传而至中台公讳文衡，以进士起家，官至山西布政使，从祀县学乡贤祠，政绩载《苏州府志》暨《福州名宦传》，族始大焉，是为太府君七世祖。六世祖讳钥，吴江县学生。五世祖讳方涛，康熙乙酉举人。高祖讳桂馨，廪贡生，荐举博学鸿词，后官丹阳训导。曾祖讳昌言，县学生。祖讳泰增，乾隆丁酉亚元，安徽广德州学正。考讳銮，县学生。（中略）太府君幼禀异资，操觚为文，一本经史，诸名宿咸相推重。书法尤楷模钟、王，得其神妙，至今亲友家犹有珍藏者。兼善绘事，喜鼓琴，童而习之，宦游后即不暇兼及矣。童年钓游之地，尝仿竹垞老人《鸳湖棹歌》体，作《雪滩棹歌》百韵，一时和者多人，顾文名日著。以食指繁多家计中落，不得不作投笔从戎计，慨然曰："从古才人，托身记室者甚多，况亲老家贫，安在其不可为也？"遂奉先曾祖命，游幕于皖，诸巨公延至恐后，一时声誉鹊起，有"南廖北陆"之目。廖为粤人，后亦官至监司者。咸丰初军兴，江忠源公开府庐州，一见恨相得晚。时值兵单饷绝，急于求援，命太府君缒城出，甫出而城已陷，忠源殉焉。太府君感怀知己，无日不以复仇为念，遂留福元修中丞营，专司军幕。自是后任诸大帅相继罗致幕下，参赞戎机。运筹决胜，所向有功，浒保至知府，分发河南，并加道衔，戴花翎。己未秋，赴部引见，蒙召对，垂询皖豫军务及地方情形，历时至四刻之久，温语嘉奖，有"汝到河南即可补缺"之谕。草莽小臣，骤被恩遇，时以为荣，故到省未满三月，大府即委署怀庆府篆。一廛初出，锐意图治，莅任数月，颂声大作。时值军书旁午，诸大帅皆雅重。太府君瓜代及期，即奉檄总理军需报销局务并抚营文案，兼带五门城勇筹兵筹饷，措置裕如。庚申秋，奉调赴京营随剿，肃清出力，保加尽先，班次并三品衔。同治壬戌，署陕州直隶州。时将军多隆阿率师入关剿回，由皖而来，兵差络绎。城下顿兵者，兼旬檄各属采办军粮，运往前敌，车载马驮，日用丁夫至千百人。太府君请于前翼长穆春严将军，始得从速拔队，民困稍苏。又有大帮喇嘛僧改道过境，羊只面饼供应，几无虚日。市肆日形骚扰，急为设法禀请，仍归原站晋京，境赖以安。在任两年，民怀吏畏，乃卒以呈误被议。去官之日，卧辙攀辕，沿途祖饯。为建清官亭，立德政碑于中，与召伯甘棠祠并峙州治前。至今有挥岘首之泪者，此非可强为感动也。虽勤而被谤，知其事者咸为太府君不平，而太府君处之晏如焉。时两江总督曾文正公，夙闻太府君名，因偕皖抚乔勤恪公会奏调皖，随剿麻城股匪。暨雉河解围案内奏，蒙开复原官，咨留安徽补用。丙寅春引见，到省仍办营务，叠于郊宿会剿，东南肃清。案内经英果敏公保以道员用，加布政使衔，并蒙以人材保奏，奉旨交军机处存记。庚午四月，壬申九月，先后奏署安庐滁和道两次。自发捻各逆扰乱以来，皖境被祸最深，饷源已竭。太府君总理皖捐，兼办粮台并报销局。因各省添设皖捐分局，每岁筹集二百余万金，京协各饷暨防营援军，胥赖以给。平日于理财之道，综核精密，不烦不扰，英果敏公倚如左右手。事无巨细，躬自裁度，耳受口酬，有刘穆之五官并用之妙，一时僚寀咸受质成。而太府君于造就人材，恒汲汲不遑。至今有致身通显而不忘当时之嘘植者，其或因事罹法而有可解免，则又必竭力营救得请后已。每谓："军令宜严，人才亦宜惜。若因一事之误，遂置重典，继之者能保其贤乎？是用感生全，而卒奋功名者亦有人焉。"先考需次浙江，藉差往省，窃见太府君综办省垣各局务，兼理地方善后之事日烦，致患咯血失眠之症，屡请调摄。太府君辄以体素耐劳，且受国恩不敢自耽暇逸为词。旋以甲戌冬间失眠更甚，精力亦渐不如前，恐贻误公务，遂力请回籍就医。各大宪方冀病痊复出相助为理，而太府君归志已决矣。（中略）壬申六月，长孙生，丁夫人出也。太府君命名元鼎，后改名鼎奎。自是日弄孙以为乐，怡情养性，调摄经时，宿恙渐就平复。家居无事，以次修祖墓，刊族谱，立义庄，建宗祠。凡先曾祖遗命囊所未及为者，独力为之。置田赡族，用款至一万余金。前江苏巡抚吴子健中丞为请于朝，敕部立案。尝训先考曰："族分虽有亲疏，祖宗视之皆子孙也。我陆氏家世儒素，丁又单微，自我之仕而俸钱所入积资分润。今则庄规秩然，尔子孙可世守矣。"凡遇地方善举，力行不倦。如留养江北灾民，赈济汴、晋、直隶饥荒，捐助不下数千金。以及施放棉衣，捐制药丸，力所能及，无不勉为之。而于吾邑江震水利，尤竭力佽助，乐观厥成。至亲友有匮乏者，更必尽心筹划，使之得所而后已。辛巳三月，次孙崇鼎生，方箐室所出，后改名鼎华。太府君顾而喜曰："我家两代单传，今有二孙，从此枝叶旁挺，可日盛矣。"讵料先大母张太夫人即于是月弃养浙寓，太府君得耗悲悼难堪。先考扶柩回籍，恐伤亲心，日侍庭闱，勉求排解之术。太府君虽居省城，无事不喜出游，间与二三执友谈旧事以为消遣，日惟看书作字以资习静。凡以笺扇求者，从不靳惜。闻有异书，必往借观。读书目数行下，不逾旬即以书还，人咸谓稽古之怀，老而弥笃也。乔勤恪公尝刻《萝摩亭札记》，太府君摘其误刻者数条，勤恪即命重刊。一时如徐子苓、方存之、胡稚枫、管才叔诸名下，无不叹服，以为太府君之精细，不独以钱谷兵刑见也。然素性谦抑，从不以著述示人，每谓："吾由军功得官，奚必与经生较短长乎？不如藏拙之为愈也。"故虽前在军幕经历数省，除公牍日记外，辄有感时纪事之作，名曰《磨盾偶吟集》二十卷，藏于家。先考屡请付刻，太府君严拒弗许。其他如局刻子史各种，每得一集，浏览必竟。偶有心得，辄题数语于眉端，手加丹黄，不以为瘁，因而纠正得失，不可枚举。（中略）伏念太府君壮岁出游，为人佐治，先考正在孩提。军兴专司戎幕，出入行间，备尝艰苦。先考方侍先大母家居读书，暌违膝下者十有余载。迨庚申江乡遭乱，始赴太府君怀庆任所。自是由汴而皖，杖履追随，过庭聆训者有年。丙寅奉太府君命，赴浙应官，遂违色笑。迨后太府君乞病归来，先考亦时时借差归省。至光绪辛巳而遭先大母之丧，遂不复出，日侍慈颜，习闻训诫。谨志之，不敢忘。呜呼！其不可得而闻、不可得而知者，可胜道哉。（以下从略）

清陆迺普等《平原派松陵陆氏宗谱》

秋丞方伯事略

吴恩同

公讳迺普,号秋丞,晚年又自署鸭阑旧主,震泽县人。自幼嗜学,随宦广德州学政任,从名师益友相切磋。丙申科试,郡守取列第二,旋以额溢见遗。因奉封翁之命赴皖游幕,改习书记兼度支。数年学大成,与江右廖公齐名,时有"南廖北陆"之称,盖以地方别之也。咸丰初,军事起,公奉檄调办胜营文案。时胜克斋宫保驻军淮北,群盗如毛。公崎岖戎马间,招抚各乡团使随大营效力,至日晡不得食,恒以干粮自随。当时军书旁午,甚至五官并用,有上马杀贼下马作露布之概,当道甚倚重之,历保至知府道衔。己未入都引见,召对两次,垂询兵燹后荒瘠情形、胜保行营事务,及李世忠旋降旋叛等语,均奏对称旨。发河南,以知府尽先补用,旋奉委署怀庆府知府。期满,办理军需局,措置裕如。壬戌冬,陕甘回氛大炽,多将军隆阿奉调西征,瑛中丞命公署陕州直隶州。时援军十余万过境,车马络绎不绝,公请于大帅,谓:"刍粮已备前队,请令速行,无扰良民。"将军壮其言,命材官持节偕公赴西门外弹压,乡民观者如堵,咸颂公德不止。侯官龚某方署河陕汝道,因到任时办差稍简,颇憾公,闻公得民心,尤忌之。甲子冬,遂以公科敛扰民劾罢去官。临行,陕州人为筑"陆公亭"以志去思。公贫不能办归计,赖皖抚乔勤恪公松年延入幕中,与邹隽之大令同司营务处,即为开复原官。未几,乔公调陕藩司,英果敏公翰继其任。公性豪爽,因皖省迭遭兵燹,百物荡然,与公商善后之方。公建议设皖捐局,请部中给发部照,如江浙闽粤赣及上海、汉口,各立皖捐分局。自丁卯至癸酉,止七年内,计办捐输七百余万两。公婿任阁学兰生时出仕皖省,大吏倚重之。以循例回避,故而公即乞假归里矣。公既归,继述封翁艺香公遗命,设义庄,建宗祠,修谱牒。国初乡贤公以下祖墓,均亲自督责葺理焉。故乡善举知无不为,大吏奏请建"乐善好施"坊于墓庐。择其族中子弟才识优者助以资,使之出仕,此公所培植后进也。公优游林下十余年,精神强健,无异壮时。己丑初夏,撄微疾,卒于家,春秋七十有七。甲午秋,归安沈中丞秉成从皖人请,谓公先后在皖筹饷有功,请附祀英果敏公祠,公亦可无憾矣。公擅书法,得钟、王之神髓,亲友得其片楮只字,咸什袭珍藏之。晚年致友人书札,往往作绳头小楷,为年少人所罕及。读书别有会心,尝取乔勤恪公读史札记,摘其误处,谓:"贩缯系灌婴,非滕婴也。汉有两张俭,宜加小注。"乔服其精细。论人尤有卓识。严渭春中丞初莅汴,问公曰:"胜宫保何以致败?"公对以"胜帅明于料敌而暗于用人,勤于立功而怠于改过。幕中良莠杂进,惟知声色自娱,所以取祸"。严谓司道曰:"谁谓胜营无佳士耶?如陆某者,可敬也。"同官皆叹其措词之敏妙。后阅《曾文正全集》,亦谓胜宫保冯官屯一役,实有大功于国,文宗极加褒奖。后来恃功而骄,贪纵不法,实为营员所累。疆臣频加参劾,不免已甚。盖胜所犯者私罪,并无失地之咎。持论较为平允,与公言暗合。公在皖时,尝两署安庐滁和道,加布政使衔,记名简放道。英果敏公欲以公奏补是缺,公让与首府胡公坦玉,人咸怪之。公叹曰："物忌盛满，我已办皖捐兼司饷糈，若复补道缺，是取尤也。"公归里后，吴江旧宅已毁于兵，遂买屋苏州娄门内平江路中吉由巷居焉。闭户课孙，不与外事。所居一室，图书之外，别无长物，署曰"习静"。英果敏方督两粤，奏调随员数十人，公居第一，因修墓未竟辞，从缓。不半载，果敏以开办闱姓被劾，随员皆受谴责，人谓公智。公曰："我何智哉？不过知足耳。"公治家严肃，遇事又极谦恭，岁时瞻谒，虽亲族幼辈，必答礼也。御下不轻假以辞色，洒扫庭除必亲自督率，而若辈或有疾苦，无不竭力资助，且嘱其毋令人知。君素性勤俭，细务躬亲。衣冠朴素，有卫文公布帛之遗风，不相识者疑自田间来耳，君亦处之坦然。其余种种美德，笔难缕述。公祠额曰"食德服畴"，宜子孙世济其美也。

清陆迺普等《平原派松陵陆氏宗谱》

陆迺普传

陆迺普，字秋丞。年十四为时艺，即能贯串经传。小试不售，遂奉父命游幕于皖。咸丰初，军事起，钦差大臣胜保调迺普入行营为记室，兼使招抚各乡团，以勤敏受知赏。泊江忠源开府庐州，一见器之。庐州被围久，忠源命缒城出乞援，甫出而城陷，忠源殉焉。遂留福济军中赞画军务，累擢至知府，赏花翎。己未入都，引见荷召对，上询皖豫军务甚久，发往河南。三月，大府委署怀庆守。未几，又奉檄总理军需报销局，抚营文案。同治壬戌，署陕州直隶州知州。将军多隆阿率师入关剿回寇，兵差络绎过境，有顿兵者。迺普白多隆阿："刍粮已备，请速令所部行，无扰良民。"多隆阿壮之，命材官偕迺普持令箭往，民间感迺普甚。久之被监司诬劾去，官民为建"陆公亭"焉。两江总督曾国藩夙知迺普才，与皖抚乔松年会奏调皖，为皖抚营务处。以随剿麻城匪暨雉河解围功，开复原资，留安徽补用。松年调陕抚去，英翰继之。皖中迭被兵，公私赤立。迺普请建设皖捐局，得集金七百余万，劳来安集，民困以苏，京协防军援军各饷，胥赖以给。积功保道员加布政使衔，并以人材荐，谕交军机处存记。两权安庐滁和道，英翰甚重之，欲为奏请实授。迺普固辞，人疑其矫，迺普叹曰："物忌盈满，我一寒生，忝窃至此，若更拜宠，是速祸也。"总捐输饷糈久，条理精密，巨细事必自裁度，僚吏莫能欺。以疾作乞归，卜居于郡城，不复出。英翰督粤，奏辟僚属数十人，迺普居第一，书檄数至促行，迺普以事辞。既而英翰得罪，僚属多连坐，人又称迺普智。迺普曰："我何智哉？惟知足耳。"居恒以诱掖后进为务，每谓："国法宜严，人才亦宜惜。若以一眚而弃之，终身能保后此者必贤乎？"在军中日，营护诸将才勇者，奖拔不次。或因事罹法而犹可解免，必曲全之，诸将皆奋，愿为迺普用。汴抚严树森尝因宴间问迺普胜保所以取败之道，迺普曰："明足以料敌，而暗于用人。志勤于立功，而怠于改过。幕客良莠杂糅，以声色蛊之，荒迷不返，此其罪耳。"树森顾谓司道曰："谁谓胜营无佳士耶？如秋丞者可敬也。"归而以万金置田赡族，助各直省灾赈数千金，助乡里善举亦数千金。光绪十五年卒，年七十七。皖抚沈秉成奏迺普在皖劳积，请从皖人意，附祀英翰祠，诏许之。迺普少欲以文学自见，既而用他途进，犹不废所学，有《磨盾偶吟集》二十卷，书法绘事亦为时所重。子同寿，字介眉，以监生从徵河南、安徽、秦陇，叙功荐保浙江道员，赐二品顶戴。

费树蔚《谨录吴江县新志人物传》（转引自清陆迺普等《平原派松陵陆氏宗谱》）

陆日爱小传

陆日爱，字羲叔。吴江籍，世居金泽。例候补浙江府同知。少有器量，年二十余始向学，从娄姚椿、太仓毕华珍游，又与同邑潘纬、沈曰富、陈寿熊，元和陈克家为友。性慷慨，见义勇为。道光末水灾，日爱平粜助赈及募捐抚恤，邑令倚之如左右手。创善堂、义学，出良田助成孔宅庭闻及珠溪书院。咸丰十年，粤匪陷城，日爱与同志者募资雇勇谋复青邑。十一年春，提督曾秉忠兵驻泖湖，都司李恩彪率炮船驻防练塘，日爱募捐饷募勇极尽心力。冬，奉巡抚薛焕命，益兵设卡关王庙，查防淀山湖，未十日获贼数船，贼不敢近。时贼烽甚炽，金泽三面邻贼，日爱昼夜巡防，衣不解带者两月。天寒雨雪，西南两路贼猝至，城贼亦纠大股西窜。恩彪分兵接战，不利，团勇亦溃，金泽遂遭焚掠，同人咸悲其志。同治三年遭母丧，旋病卒。

《青浦县志》（转引自《松陵陆氏丛书·梦逋草堂劫余稿》）

陆日爱传

陆日爱，字曦叔。家青浦之金泽，其占籍则吴江也。少喜任侠，比长折节读书，思以经济自见，援例候补浙江同知，以母老未赴。咸丰十年，粤贼下窜，日爱条列城守事宜上之，大吏不报。又数年以疾卒。日爱广交游，尝师事太仓毕华珍，与华珍成倡和杂诗各数十首，多见道语。而与元和陈克家、同邑沈曰富、陈寿熊，尤以理道相切劘。当粤贼已乱，得杨园张氏未刻书数卷，日爱刻之。其友人凌淦见之曰："此何时也，而犹刻书为？"日爱曰："此何时也，而不刻书为？"其卒也，以病狂，盖其志甚大，而不得一发泄也。卒后，青浦何其超编定其诗。日爱尝为义田以赡族，于青浦救荒甚力。捐金建孔氏庭闻书院、珠溪书院，至今弦诵不衰云。

清光绪《吴江县续志》

湖北沔阳州沙镇司巡检陈君墓志铭

〔清〕沈日富

吴江多陈姓，其著者凡四族。居同里者，显于明中叶，至今犹列仕籍。其次居黎里与芦墟者，皆蕃且久。独盛泽之陈最后著。鼎革时，有孝子清代父死，载郡邑志，其后人无闻焉。而孝子之兄孙封知州克懋，始以资财雄于里。是生二子，长体仁，官广东归善县知县。亦生二子，长世昌，国子生，早卒无子。其弟启元，候选布政司经历，生一子，以为后，即巡检陈君也。幼有嗽疾，不得力于学。年十七从余游，既又师事平湖方先生坰。为人驯谨自好，事嗣母许氏及本生父母，皆能循子职，颇善整理其室事。不妄交接，简出入，所常诣则其舅汤太学森及余耳。道光二十三年，年三十，入资为从九品，签发湖南试用。往一岁，新巡抚至，君其戚属也。例引嫌，改湖北。濒行，适有耒阳窃发事。君在军台，既获贼，令押解叙功，遂补沔阳州沙镇司巡检。故事杂职在省候次，恒旷岁不逢阙，又方屡开新例，有尽先补、遇缺补等目，后来者如积薪。而君不满一岁辄得之，盖仅有也。君既之官，凡两寄书问候余，余逡巡未有覆书。盖感君之悃款，思有以答其意。善乎！程子之言曰：一命之士，苟存心于利物，于人必有所济。君虽体弱，闻其疾颇愈，年方壮盛，幸而已补官，当勤于居职。择其地之有为有守之士而交亲之，熟其风土以仰分令长之忧，而推其泽于民，毋以位卑而自弃也。凡此皆余意所欲笔之札以达君者，而君已于今年六月十二日死矣。悲哉！君本生父年六十，不远数千里往取君柩，将度某圩之阡葬之。君叔祖候选通判礼，信来语余曰："我兄孙所亲敬者子也，丧归掩土，愿畀之铭。"余怆然不忍却，乃略道其生平并其家世书之。君名经传，字心畬，一字拜庚。以嘉庆十九年十一月六日生，年三十五，卒于沙镇官署。首妻朱氏，生二子。而君往湖南，朱卒于家。补官后一年，续娶妻蔡氏，其父与君同官湖北，而旧有连者。虽适君，恒依父母居，君卒时方有身。其男也，他日更为沔阳之陈，以为君别子，未可知也。铭曰：

令于粤，尉于楚，官虽小，绳祖武。北之汉，南之湘，魂虽远，归故乡。驾尔下泽，骑尔款段，岂无优游，五日不汗。鲤鱼乘风，酬子以恸，我铭反骚，以屈招宋。

清沈日富《受恒受渐斋集》

陈骈生墓志铭

〔清〕李龄寿

君讳应元，姓陈氏，字骈生，吴江之芦墟人。自君之高祖策，始传外家顾氏疡医术，及君凡五世。策生琳，琳生焕，焕生希曾、希恕。希恕，君考也，人所称梦琴先生者。其女夫同邑沈日富为《陈先生治疾记》，言"吴江以医世其家者，北门徐氏，芦墟陈氏。徐氏自灵胎被特召,名闻于时,然徐氏今少衰,而陈氏继起未艾"云。梦琴翁生五子,君为长,弟四人皆早卒。其次弟应享卒时,君哭谓沈曰富曰:"我兄弟五人为家,犹众音之合曲。我为鼓,弟为笛,鼓提纲挈领而已,笛之用可使无微不至,今已矣!"沈曰富感其语,以为合于《诗》所云"既翕"之义,见所为《陈嘉甫传》中。君既袭世业,远近数百里间皆闻君名,户外求治疾者常满。因未能毕力于儒者之学,然心向往之,无已也。尝有妄人好诋毁朱子,君适与同舟,闻其语愤甚,痛呵斥之。妄人犹不服,强为辩,君与争至面颈皆发赤。呜呼!此可以观君矣。君以诸弟之卒,既隐伤之。咸丰十年后遭寇乱,丧其配张安人,其第三子恭寿成童矣,复无疾暴卒,心益不乐。丁卯之秋,至盛泽视其妇弟张元之病,其时已微暗。后乃闻君病,竟不起,时同治七年正月二十五日也,年五十四。子恭礼、恭寅、恭寿、恭爵、恭燕。恭爵幼殇,君既命恭寅以下均为诸弟后。张安人之卒也,君卜葬于邑户字之原,复自为生圹。某年月日将以君合葬,其孤恭礼奉状乞铭。铭曰:

技有神,近于道。业代耕,世相绍。蓄隐德,潜未曜。后有兴,视此兆。

清李龄寿《鲍斋遗稿》

诰授奉政大夫覃恩晋授通议大夫赏戴花翎浙江补用同知前署山阴县特授西安县知县随带三级显考梦周府君行述

〔清〕张晋昭　张临吉

府君张姓,讳廷璜,字渭臣,号梦周,江苏吴江县人。先世清源公讳润,前明邑廪生,居黄家溪,夫妇年百龄,世称人瑞。子公肃公讳震,邑庠生,始迁吴江北门。嘉靖时,倭夷入寇,偕邑令设守御甚严,复捐私财缮城西隅六十余丈,城得完。则府君十世祖也。传至我高祖汇阳公讳曰琏,邑庠生;曾祖里亭公讳应鹏,例贡生,候选县丞;祖质庵公讳协华,上庠生,并隐居教授,潜德弗曜。高祖以府君官得貤赠中议大夫,高祖妣赵貤赠淑人。曾祖及祖均诰赠中议大夫,曾祖妣叶、祖妣叶均诰赠淑人。质庵公生三子:长即府君;次叔父,号玉堂,名廷瓒,候选从九品;次季父敬亭公,讳廷琥,候选县丞。均以不孝临吉官捐请貤诰封奉政大夫。府君生而颖异,经书上目,即能成诵。初,握管为文,条达通畅,颇见赏于叔祖晓江公,决为远到器。年十八,遭先大母叶淑人丧,哀毁骨立。服阕,我母费淑人来归。费,故江城巨族。淑人实朵山太史讳卿庭孙女,幼娴姆训,相夫以礼,咸属称贤。乙未,丁先大父质庵公忧,悲恸几绝,勉营丧葬,家计日绌。其时曾大母叶淑人犹在堂,两叔幼孤,未克成立,府君独力支持。私计课徒馆谷,实不足以供甘旨,资字畜,乃舍举业,游皖省。辛丑,丁曾大母叶淑人承重艰,回籍。会邻居不戒于火,延烧净尽。府君由是益自奋励,悉以家事委费淑人,决策就浙江幕府之聘。缘府君素谙例案,兼工翰札,诸贤司牧争相延致,遂往来皖、豫、齐、鲁间，十余年无赋闲日。然性廉介不苟取，又家累重，橐中卒无余蓄。咸丰壬子，佐理河工，侨寓清江，报捐县丞。明年，发、捻二逆分窜江南北。府君志急澄清，间道投徐州军营效力。蒙钦差大臣袁公讳甲三一见，识为练达，委办文案。复以捻饷紧急，奉委驰赴凤、颍二属，劝捐接济。月余得银三万余两，粮用充足，士马饱腾。乙卯，蒙以筹饷出力保奏，奉旨以县丞尽先选用，并赏戴蓝翎。丙辰，奉调随营带勇迎剿，屡获胜仗。丁巳闰月，复蒙以迭次剿匪并攻克王圩贼巢，并案保奏。奉旨免选本班，以知县发往浙江，归候补班补用，遂报捐同知衔。戊午六月，复以北路剿匪出力蒙保奏，奉旨赏换花翎。己未五月，领咨赴京。八月十二日引见，奉旨照例发往。是冬到浙，适粤逆由金陵溃，围陷常润，蹙苏垣，势张甚。蒙钦命会办军务，浙江巡抚王公讳有麟委赴江震一带，迎截防堵。辛酉正月，奉定绍台道张公讳景渠调往宁郡，督办海防局务。十月，复委赴仙女庙等处，劝谕米商运浙济食，并探江北军情。同治壬戌，行抵清淮，重与钦差袁公谒见，即蒙咨留行营，委办粮台事务。旋蒙移会浙抚，以在营积年劳绩，先行拔署一次，以示鼓励。是秋经手事竣，领咨赴浙，投严州军营缴咨。蒙钦命浙抚、今两江总督爵相左公名宗棠，于癸亥九月十五日，檄饬署山阴县知县。计自府君废书就幕，游历四五省，勤劳廿余载，始得一膺民社，年已五十矣。山阴又逼近萧山，贼氛未靖，堵御维严。一时支应军火、抚绥士民及善后各事宜，无不关白县官者，府君次第应之，不告瘁。甲子春，杭城克复，始获安寝食。不孝等亦随侍先妣赴任所，阖家甫庆团聚云。府君性好劳刑，钱事不假手，幕友仆役亦稀少。初下车，即却送署钱月百千文。送署钱者，衙役醵资，给署中食用，沿为随例。府君曰："身任邑宰，而仰给于若辈，欲使不剥民得乎？即不剥民，独无愧于心乎。"急革除之。绍郡故多习名法家言，遇事辄好讼。府君察，非不得已不轻受词，受必讯虚实，不使自兴减立。判决无拖累，民服其惠威，讼风亦稍息。县署久被毁，官僦民舍以居，请于上台得重建。乙丑五月，衢严江水遭霖雨七日，奔泻势猛，冲决海塘，田禾就淹。府君纠集人夫，赶往堵筑。相度形势，计维开通三江闸淤沙，水可速退。乃步祷故建闸者明太守汤公之祠，并为文以祭三日，淤沙忽松解，略加疏浚，水随畚锸去，田得涸出，补莳鲜获。府君悯念灾黎，禀请奏恤，得旨蠲减如例。明年，梅雨多，积水又溢，赖闸通得宣泄，秋收告丰。上台察府君廉干有为，奏请补授仁和县，旋复请补归安县，均格于部议，不果行。丙寅冬，期满回省，命不孝晋昭归乡里，卜宅于吴县木渎镇，欲为退休计。丁卯，蒙钦命浙抚马公讳新贻于浙江全省肃清案内，保补缺，后以同知补用。奉旨后，府君感戴天恩，不敢自耽安逸。适衢州西安员缺，蒙钦命浙抚李公名翰章以府君名题请补授，奉旨交部议奏。嗣奉部覆准，咨行来浙，始于庚午四月领札，赴西安县任。西安治郡城中，地当孔道，事务殷繁。府君从容布置，治理一如宰山阴时。邑宿有秕政，民纳粮给柜收名曰活串。府君谓："漕粮关天庾正供，若任活串，征收数难核实，且其弊有不胜言者。"爰仿江苏例，赶造三联印串，一存署，一给完户执凭，一付粮柜销比。自是吏不侵欺，民歌乐利，至今便之。又闻民间粜买米石，有官沽、民沽名目。官沽价特短，牙侩复于例用外加贴差钱，小民不堪其累。府君立召各米行，谕令一其价，不准任意勒索。出示严禁，通详立石。众民感戴，恭进"弊绝风清"匾以颂，盖其实也。府君自以由幕历官，深自谦。抑前后两邑岁科试，不敢自谓解人，务延请名宿评定甲乙，故列前茅者，多掇高第去。西邑鹿鸣书院岁久失修，府君捐廉俸葺之，暇辄与肄业生童命题督课，赏其佳者。阅三稔，得文若干首，录请钱塘陆子香广文评选，付剞劂名曰《鹿鸣书院课艺》，衢人称为创事。尤留意于民生疾苦，如栖流所、养济院之属，悉筹款兴修，择公正绅者董理其事，俾勿坏其无负职守类若此。壬申春，先妣费淑人在衢发肝疾，医罔效，比闻不孝晋昭生子慰祖，色稍喜。究以气血久损，延至五月十七日殁于西安官廨，距生于嘉庆二十年八月初八日，享寿五十有八，时不孝等随侍署中，亲视含敛。即于是年，谨扶先妣柩回木渎。府君自失费淑人，回忆起家寒素，毕生无内顾忧，淑人之力为多。今得禄食，不克久共享，中道殂谢。口虽不言，心实有怮焉伤者。不孝晋昭百日后仍赴任所侍养，多方劝慰。而府君办公劳瘁，怔忡时作，兼之军营积受寒湿，筋骨痠疼不自支。即具禀乞代牍再上，始邀钦命浙抚杨公名昌浚批准开缺，于癸酉九月间解任归。明岁姊婿朱慎伯宰休宁，延往署中养疴。少间辄偕朋侪，坐笋舆，携酒榼，选岩壑幽胜处觞咏终日，襟怀浩荡，忘乎疾之在体也。归时，适届府君六十寿，命撤筵席资，请本身封君得诰授中议大夫，先妣诰赠淑人。旋命置备寿具及附身物，越明年乙亥，卜地于江邑右洪圩，为费淑人安葬，兼自作生圹。未几，又于邻近为两叔营葬地。府君笃于内行，待两叔极友爱，时分财资其缺乏。两叔亦恭顺，能自树业，不贻府君忧。季父敬亭公无子，命以不孝临吉嗣。每春秋祭扫，必挈两叔，展拜先茔，尽诚致悫，兄弟间终身无违言。叔祖晓江公，邑庠生，讳宗翰，遭寇失明，与弟寅谷公讳协和，相继病殁。府君笃念周亲，于任西安时叠遇覃恩，均貤赠奉政大夫，复为营丧葬，恤其家。他亲族苟有乞贷，无不应。居家节俭，待人必从其厚，延师训子侄，督课綦严。不孝临吉受知彭大宗师名久余，取入江学。府君益勖以敦品励学，务为有用材。其处于乡，遇人无忤，亦不为诡随。地方有善事，保婴恤嫠，施棺送药，府君莫不解囊为邑中倡。戊寅，晋豫灾，郡绅创举义赈，绘织泪图，分散劝募。府君领其册，广为谆劝，交局汇解，全活无算。遇严冬，常散米票，制棉衣裤，以给里中穷饿。尝称"士大夫无分出处，能以一善及人，亦于所学，不负其立身。"有本末而心存利济，不徒为乡间矜式，即两邑旧部士民，犹时时称道之弗衰。府君体素健，年近七十，能于灯下临松雪翁小楷，行不持杖，方谓慎加颐养，耄耋可臻。孰意辛巳初秋，闻季父敬亭公讣，雁行忽断，伤悼弥深，数往还郡城料理丧务。途间触冒暑邪，陡然病发，医巫束手，竟于八月初五日午刻，遽弃不孝等而长逝耶！呜呼痛哉！距府君生于嘉庆二十年乙亥十二月十一日酉时，享寿六十有七。子三：长豫亨，殇。次不孝晋昭，提举衔，两浙试用盐大使。娶邱氏，候选县丞讳同怿女，继金氏，又继金氏，均邑增生讳兆榜女。今娶庞氏，太学生讳士彬女，甲戌进士浙江补用府名庆麟妹。次不孝临吉，附贡生，安徽试用同知。嗣季父后，遵制降服。娶许氏，花翎三品衔浙江补用道候补知府名嘉德女，后府君卒。女二，长适花翎补用府安徽即补直隶州历署休宁、泾县、宁国、五河等县朱名炳麟，次适乙亥恩科举人入刑部江西司主事范讳家麒。孙四：慰祖、绳祖、继祖，不孝晋昭出；懋祖，不孝临吉出。孙女一,亦临吉出。俱幼。忆不孝晋昭自丙子赴都引见到省,旋蒙两浙蹉宪委赴苏、松、常、镇、太五属督销局,襄办局务。局设吴门,去家近,事隙必归省视。府君尝谓不孝等:"平生无他学行,惟守"清慎勤"三字见信于钦差袁公,过蒙拔擢,忝列缙绅,累膺恩宠,褒扬先世,夙夜兢兢,罔敢失坠。汝曹其敬志之,毋忘所自。"今謦欬如闻,而音容邈隔,不克亲承色养,以少酬长养教诲之恩于万一。抢地呼天,殒身莫赎,呜呼痛哉!府君遗命速葬,不孝等已遵于去冬十一月十三日,谨奉灵柩合葬于先妣费淑人之兆,今拟择日治丧。若不及今和泪濡墨,将府君一生嘉言懿行及居官政绩卓卓可表见者略陈梗概,使后世无闻,而不孝等罪戾滋甚。谨掇拾一二诠次如右,伏望当代大人先生能文有道之士锡之铭诔,以光泉壤,并以备志乘之采择,藉垂不朽,则不孝等世世子孙感且无既。不孝孤哀子晋昭、降服子临吉泣血稽颡谨述。赐进士出身、前钦命江西学政、国子监祭酒、姻愚弟吴仁杰顿首拜填讳。

清张晋昭《清河世系》

皇清诰授奉政大夫覃恩晋授中议大夫赏戴花翎浙江补用同知西安县知县随带加三级张君梦周墓志铭

〔清〕俞樾

赐进士出身、前翰林院编修、河南学政、德清俞樾撰文。
赐进士及第、南书房行走、四品衔翰林院侍读、前山东学政、元和陆润庠书丹。
赐进士出身、赏戴花翎、广东巡抚、吴县吴大澂篆盖。

君讳廷璜,字渭臣,别字梦周,张氏,江苏吴江人。明嘉靖时有讳震者,实始迁吴江之北门。时有倭患,出私财缮完城之西隅,凡六十余丈,至今称焉,则君之十世祖也。曾祖曰涟,祖应鹏,父协华,并以君官赠中议大夫。君始入塾读书,倍常儿。及学为文,其叔父晓江君深赏之,曰:"吾家自祖父以来,皆以诸生教授,隐居不仕,此儿其将昌吾宗乎!"甫弱冠,母叶淑人及父质庵君先后卒,大母叶淑人犹在堂,两弟皆幼。君喟然曰:"瓶之罄矣,维罍之耻。吾闭门授童子村书,所得几何?其能仰事而俯畜乎?"乃舍举业,游于皖。未几大母卒,所居又毁于火,窭甚。而君故习名法家言,兼工翰札,挟其艺,往来江浙、皖豫、齐鲁间,争延致之,声誉翕然。当是时,粤贼已起,天下方多故。朝廷命将出师,各开幕府,招徕智能之士。君乃入资为县丞,谒袁端敏公于徐州,命治文书。又以储胥不继,命至凤、颍二郡,劝分以佐军兴。未逾月得银三万,奏上其功,赐戴蓝翎。君居袁营六载,以随营杀贼无算,又攻克王圩贼巢,诏以知县发往浙江。旋以北路剿贼功,赐易花翎。咸丰九年秋,入都引见。是冬至浙,而粤贼已由金陵溃围出浙中窜,巡抚王壮愍公命赴吴江,扼贼之冲。其明年正月,又以海警,命设防于甬上。至十月,复以浙中乏食,命至扬州仙女庙招集米商,运粮济浙,君遂复见袁端敏公于袁浦。公甚重君,留君营中管出纳,且曰:"以君之才,宜得百里而治之。仆仆奔走，何以见利器？"乃历叙在营劳绩，咨浙江巡抚，请不次用之。同治二年九月，浙抚左文襄公以君署山阴县知县。时贼犹在萧山，与山阴接壤，君抚视疮痍，供应大军，资粮屝屦，次第应之，无废事。明年，官军克复杭州，乃始解严。君在州县幕久，娴习吏事、刑名、钱谷，手自治之，吏不能欺。故事署中日用所需取给，胥吏每月纳钱十万，曰送署钱。君曰："身为邑宰，而仰给若辈，欲其不为奸得乎？革除之，自我始。"山阴为绍兴首县，天下幕友皆出绍兴，故其民多通晓律例，能持官短长。君不轻受词讼，既受之，必判定曲直，不任自起自息，久之讼者益稀。四年五月，大霖雨，衢严之水下凑，海塘溃决，田禾渰浸，君曰："非开三江闸淤沙不可。"三江闸者，明太守汤公所建也，旧有汤公祠。君为文祷于其祠，三日而淤沙解散，稍事畚锸，随流俱去，水乃畅行，田用作乂。然补莳之稻，收获不丰，言于台司，蠲减如例。明年又水，赖闸宣泄，水不为灾，其岁大有。舆人歌之，上官嘉焉，疏请补授仁和县，又请补授归安县，部议皆不可。君在山阴，首尾四载，受代而归。浙抚马端敏公以全浙肃清，君与有劳，请俟补缺，后以同知补用，从之。九年，补授西安县知县。先是县民纳粮，由粮柜给以柜收一纸，名曰活串。君曰："串可活乎？以活串征收，何以核实？"乃造三联印串，一存县署，一给完户，一付粮柜，至今循之。又闻民间米值有官民之别，官轻民重，而牙人又于分外需索，曰帖差钱。君一概禁绝，立石以示久远，民感其德，以四字颜其大堂之楣，曰"弊绝风清"。君犹自以不由科甲，每岁科试，必广延耆宿共定甲乙。邑有鹿鸣书院，危欲圮矣，君出俸钱新之。士之来肄业者，君奖诱甚至。阅三稔，择其文诗之工者，镂版以传之，士林悦服。其外如栖流所、养济院，凡属善政，罔不修举。会君之配费淑人卒，君自念与淑人共起寒微，深赖其赞助之力，抚存悼亡，尽焉心伤。又以军营积劳，旧疾岁益加剧，力求去官。上台倚重，未如所请。禀牍再陈，浙抚今闽浙总督杨公曰："是不可留矣。"十二年九月，解西安任。明年，其长女婿宰休宁，使人来迎君往养疴，数月而归。每坐笋舆，携酒榼，探岩壑之胜，觞咏忘归，不自知疾之在体也。君笃于内行，遇两弟终身无间言。两叔父皆早世，恭遇覃恩，均以己封貤赠之。亲族有所假贷，无勿应。凡保婴恤嫠之举，棺椁药饵之施，无勿竭力。年终，券粟以食饿者，絮衣以衣寒者，岁以为常。自西安归，八易寒暑，年近七十，行不持杖，灯下能作细书，佥曰其寿未可量也。会其弟敬亭君卒，君甚伤之，俄亦感疾。光绪七年八月甲子终于正寝，年六十有七。有丈夫子三：长豫亨，殇；次晋昭，两浙候补盐场大使；次临吉，附贡生，安徽候补同知，为敬亭君后。女子子二：长适朱炳麟，即宰休宁者也；次适刑部主事范家麒。孙五人：慰祖、绳祖、继祖、懋祖、源祖。孙女二。先是费淑人卒，葬于吴江之右洪圩。君卒后百日，晋昭等奉君之丧，于十一月辛丑合葬焉，礼也。葬后六年，晋昭以行状来乞铭。乃述大略，刻石墓门，而系以铭。铭曰：

同治之初，两浙底定。大乱初夷，千室悬罄。缉我荒土，惟贤守令。君起寒微，知民利病。始宰山阴，横流满境。君以至诚，为民请命。继莅西安，去其秕政。租估以平，弦诵斯盛。双凫所临，万口同庆。人歌五袴，我怀三径。归去来兮，林泉颐性。仕学并优，出身以正。宰树荟然，一乡起敬。遗泽长存，留贻无竟。必有兴者，在其子姓。爰作铭词，用告史乘。

勾吴钱邦镋刻石。

吴江博物馆藏拓片

盛金声传

金声，德基第三子，字宝迎，号耐三，国学生。幼岐嶷，劬志媚学，舅氏晴椒刺史以大器期之，因缔婚焉。制艺规矩，本诸正嘉而范以时趋，县府试列前茅者数十次，左青士邑侯深契重之，因避嫌不获首拔。咸丰己未赴棘闱，又因额满见遗，文章憎命达，殆信然欤！性醇厚恬淡，交友必诚必信，古道可敦。庚申，烽烟四起，豺狼当道，公敛迹不出，以诗酒自娱，日与二三知己慨论时事，有击缺唾壶之概。因著《游戏文合璧》一卷，半属庄子寓言，籍以喜笑怒骂，抒胸怀垒块云。另著《迎曦阁诗存》《听松轩课艺》，待梓。生嘉庆乙亥五月二十日寅时。配浙湖双林诰授奉直大夫、道光壬午恩科进士、江苏高邮州知州浚晴椒公长女，讳寄梅，端庄淑慎，相敬如宾。于归五载，遽登仙果，生嘉庆丁丑九月二十六日戌时，卒道光己亥六月十一日午时，年二十三，生子一：海。继配晴椒公四女，字吟梅，井臼亲操，克勤克俭，其训课子女尤属慈惠兼至。生道光辛巳九月二十五日辰时。生子四：江、洲、泽、滋。女五：长适胡溇候选同知金恩奭；次适湖郡国子监典籍、诰封朝议大夫、吏部文选司主事陈煦子，归安附贡生、同治辛未考取八旗教习其璐。余未字。

清盛钟岐《平江盛氏家乘初稿》

袁松巢君家传

〔清〕陈寿熊

袁松巢君名嵩龄，字翰生。先世居嘉善，自明兵部主事黄世称了凡先生，始迁吴江。至君凡九世，其占籍犹嘉善也。父荫槐，恩贡生，例直隶州州判，以君官封文林郎，例赠奉政大夫。君幼而敦敏，封君屡延名师课之，所以期望之者甚厚。君亦克自奋厉，年十二即能文。遭母黄太宜人丧，哀毁如成人。事继母柳太宜人，孝谨尤至。少长出，应试郡县，皆列高等，学试者取古学，补县诸生。道光癸卯举于乡，以庚戌进士，得翰林院庶吉士，于是君年三十五。越一年，封君殁。服阕，散馆，改以知县用，乃慨然曰："我向之亟亟于科举者，凡以为我父耳。今我父殁矣，且书生而学为吏，何以自信？"遂不谒选而归。虽以例加同知衔，非其志也。然君故有干才，谙练世务。二十九年夏大水，官劝殷户赈饥。君日随封君至芦墟镇公局，议平粜事，厘剔侵渔，人受实惠。水退，劝乡人买苗补种，贫乏者贷钱与之。至秋成熟，村中赖以得食。家世以耕读为务，君既通籍，每家居，犹躬亲课农。尝著农书，核要言，播殖壅灌之法甚备。为人朴诚而周密，待戚友有恩谊。属以事，苟力所及，未尝惮劳。生平勤于制举业，而甚重根柢之学。尤喜搜罗先世著述，尝以了凡先生所著《皇都水利考》《兵制》《劝农书》，传本希少，皆手钞而校订之，以待重刻。又增修家谱若干卷，亦刻未及竣而殁。其殁也，以咸丰八年七月十九日，年四十三。子汝燮、汝炜，皆尚幼。其同母弟拣选知县召龄，乞余为之传。余初识君于亡友沈君曰富家，既而君甥倪生克家来从余学，遂数相见。倪生早丧母而家贫，君饮食教诲之，今已得诸生，且有室矣。余尝见其诵文选颇熟，询之，知皆为君所授。呜呼！是亦足知君之不懈于其业矣。盖自乾隆中罢专经学者，始专尚博综。然士之入学校及登甲乙科，固必以文辞淹雅相矜重。君既生数十年后，而其所诵习犹如此，然则俯仰于世变之升降，而以余风尚存为幸如君辈者，岂不可尚者！岂不可尚者！咸丰九年，震泽陈寿熊撰。

清《袁氏家乘续编》1920年抄本

瀛士公传

公讳士烓，字登辉，号瀛士，厦松公第三子。生于嘉庆二十一年丙子四月初三日申时，卒于光绪十三年丁亥十二月初六日卯时，享寿七十有二。公态度雍容，性情豪迈，疏财仗义，落落大方。年七岁即失怙恃，由叔祖萍江公教养成人。道光丙申科试入泮，乙巳科试乙等，食廪饩，秋闱屡荐不售。会有戚属福建祝同君承办江北粮台，函邀襄理，旋与上峰意见龃龉，拂衣回籍。选授湖州府学训导，任职八年，得士称盛，如陆心源、施补华等，皆一时知名之士。有翁某者为子完婚，排道闯过学宫，激动士林公愤。翁挟资行贿，公严词拒绝，公正廉明，为人所称道勿衰也。咸丰辛酉，粤逆扰湖，两月不克，得保教谕五品衔。明年事更急，奉使赴沪筹饷，未及返任而湖城已陷。时郭公嵩焘同在沪上，见公至申，即介绍合肥李相，委办官钱局差。追郭公开府粤东，叠委该省盐厘税局等要职，历保盐运副使，补用道。公交游广阔，足迹几遍中国，中兴将帅咸慕名乐与之交，而襟怀磊落，不事生产。晚年在籍，日惟与昆季诗酒自娱。曾九帅、两江督任郭公出洋欧美，皆有函延聘，均以年老力辞。长子善履，殉难湖州府学之任所，世恤云骑尉。次子善健纳监。女四，皆适士族。

清周善鼎等《周氏宗谱》

俞鲁青先生墓志铭

〔清〕沈成章

往读先柳弢庐师所为《俞少甫先生家传》，中及林文忠"洁身高行"之语，未尝不叹想其为人。近见其嗣孙焕章述本生祖鲁青先生行谊，乃又叹其兄弟大有相类，而少甫先生之风为不孤也。按：鲁青先生讳岱，一字憩庵。兄弟三人，先生居其季，长华峰，仲即少甫先生。俞氏自始祖君达以下，世居吴江北门外，为震泽人。祖某，父景恪，守家儒，潜德勿曜。先生生而孝友，少长，即以少甫先生为师。既应有司试，几得矣。会丁内艰，兄华峰继殁，少甫先生入都试京兆，父又笃老。遂以家政仔肩，不卒所业。粤贼之难，庐烬于燹。先生转徙乡镇，当事者辄以团练事宜就先生规画。贼平，邑中修建文庙，兴复积谷、宾兴、安节、育婴诸政，先生皆襄理其间。有司既倚任先生，因以先生前后积劳上闻，得加六品衔，以直隶州州判用。先生自度材不宜用世，乐隐退以自适课孙，暇间游山水。亦时时出其余力，以厚其族党，旁逮其乡里之空乏者。少甫先生既卒，为之经理丧葬，梓其诗文遗集。嫂年六十余，敬事之如兄。与人交，温温愉愉，凡百能忍，尝以"忍安"颜其居，诵习其中。然不喜涉猎，辄以是绳子弟。其生平之有得于读书明理者，盖其慎也。以光绪十九年九月十五日卒，其生在嘉庆二十一年五月十三日，春秋七十有八。逾月葬于邑西原圩少甫先生之次，从先生志也。配朱氏。子三：尔幹，嗣少甫先生后；复亨、震亨，皆前卒。女三，咸适士族。孙四：焕章、龙章、云章，尔幹出；绶章，震亨出。孙女一，曾孙一。余自得交焕章，数数闻其称述家学，为之慕思不置。又以焕章为克绳乃祖者也，遂诺其铭墓之请，而为之词曰：

瑞木歧理气则同，衔跗返根殊凡丛。先生有言践厥终，手足团聚体魄融。其乐孔长大隧中，生不百年兹无穷。有崒新阡并西东，清溪旋绕趋垂虹。千龄万祀流遗风，后有兴者此幽宫。

清沈成章《陆湖遗集》

广文周君少裳传

〔清〕陈福畴

吴江陈福畴撰。

同邑张聃龄书。

道光三十年夏五月十四日，周君少裳以微疾卒。里之人万余家，无老少贤不肖，士大夫以下至走卒厮养，知与不知，皆叹息泣下。既数月，群相讹言，以君为成神。呜呼！观夫人心之不能死君如此，则君之为人可知矣，是不可无文以纪之。而君固凤从先君子受经，近数年来复商文义于予者也，其交君最久，知君亦最悉，故因众人之心塞，遗孤之请，而为之传。君讳兆勋，字隽夫，一字少裳。其先由杭之仁和县，迁吴江梨里镇。曾祖讳元理，以乾隆戊午孝廉补县令，历官至宫傅，勋伐载国史。祖讳升士，官工部营缮司主事。父光纬，官候选员外郎，号蓉裳。代有令德，以至于君。君有伯兄名宪曾，登庚子贤书，现官司马。君其仲也，幼而恺定，浑然穆然，称其家儿。方孩提时，已能得大母父母欢。事兄恭，事族党长者谨，盖其天性然也。长益肆力于学，自经史、诸子、汉魏以来文赋诗词、近代制举之艺，靡不熟精。其应童子试于杭也，时浙学使罗学士，以《黄琉璃赋》命题。同试者千余人，率杳冥莫知其原，或误以为灯，或又曰得毋是屏耶？而君知其本昌黎《湘簟》诗。学士既赏之，读其赋若文益快意，遂取以补博士弟子员。既而三应乡举，两受知于分校者，惜未第。后因捐输得官广文，而君之学仍不懈。其为人俭而好施，恭而无为，不矜其能，不伐其德，乐道人善，而恶闻人过。且君自蓉裳公殁后，伯兄出嗣。产既析，累遭嫡母王宜人及庶祖母蒋、庶母毛之丧，丧葬尽诚信如礼。嫁妹之出自毛母者二，具甚丰。而己又一娶于彭，再娶于陶，家以多故中落，然其事所生母，仍如隆盛时。母固惠下厚，君能曲体之，凡母之所欲予者，无稍吝。惟内自苦节，以为顺亲计，并不使母知，此尤人子所难者。君生平无他好，惟酷嗜文辞，虽客远未尝间，苟一日不涉斯事，便怏然不乐。卒之前三日，犹构制义一篇。及病且殆，犹伏枕呷唔。侄辈入侍疾，犹与之论文，刺刺不休。比捐馆日，予往问之，犹若欲有问，而口不能言者然。呜呼！何其好之笃也。居恒接友朋，无寒暄语，惟曰"某人某文甚佳"，即再三诵之，口角流沫。否则必曰"仆近日作文若干篇，某题难，某题易"，而猥以予为能，悉此中甘苦，故乐从予游。每有撰述，必以见示，予观其文，有风骨，有情采，有镕裁，既突兀以峥嵘，复雍容而华贵。谓之曰："君自是科第中人也，岂知其壮志蛋贲，竟以广文终乎！"君尝谓："四书文代圣贤立言，所托甚高，知者喻之，愚者瞢焉。惟梓潼神《阴骘》之训，为中人以下说法，而循之亦可以上达。"爰广徵远近之能文者，阐之体规制义，梓以行世，盖欲读者因游艺以兴行也。夫以君之盛德若此，绩学若此，此宜显荣褒大，长享寿考，而乃得年仅三十四，未食其报。傥所谓天道，是耶？非耶？抑君自有不朽者在，而天之所以厚君者，在彼不在此耶！

吴江博物馆藏拓片

仲孙樊传

仲孙樊，字补侯，一字博山，周霈元孙。少孤，资性颖异，操觚即工，从父诸生宗濂特奇异之，亲为讲授，奖激兼至。年二十，补诸生，岁科两试冠其曹，饩于庠。道光二十年登乡荐，二十五年进士，以知县分发浙江。次年，分校乡闱，得士多通籍。又次年，摄淳安县。二十八年，补临海县。临邑环山带海，号难治。胥役好舞文犯科，孙樊遇之甚严，仍结以恩，莫不畏怀。讼必立讯，积牍一空。邑有蟾山，去城百数十里，山径丛杂，为盗所窟穴。孙樊至，饬隶捕之，相顾愕眙，无敢往者。孙樊募人侦其巢穴，尽悉其出入处所。一夕天大雾，适黄岩镇总兵阻风泊舟，孙樊邀之，直入其巢，擒七人置之法，焚毁庐舍，改为营房，境遂安。二十九年，浙江大水，台州在万山中，丰歉异宜。方连岁大熟，陆路阻赤城高岭，航海有赉盗之虞，以故多积粟。孙樊为状申抚宪，设法流通，米价大平。咸丰元年，升中塘海防同知，办理海塘，一律坚固。鄞县张朝清为变，殴署戕官。巡抚黄宗汉檄委孙樊往剿，获凶正典，奏奖赏戴蓝翎。二年，浙省始行海运，孙樊首创其议。先是，以运河舟胶不进，嗣后丰坝口决，齐鲁间大饥，诏截南粮为赈。至七月始定议截湖广浙漕，当起运，及是委孙樊总持沪局。三年正月，浙漕全数放洋，而安庆、江宁先后被粤贼陷。宗汉奏请于江浙接壤处先严防堵，以孙樊土著，熟悉形势，一以委之。遂于盛墩修筑炮台，驻兵其间。适上海有广匪刘丽川据城，陷青浦、嘉定等六县，孙樊请募台勇赴沪会剿。孙樊官临海时素得民，至是遣其弟孙懋往募，得千人，率以往攻。贼甚力，城坚不下。十月疾作，以劳瘁卒于军，弟孙懋代领其众，台勇之名有闻于江浙间。孙樊事母至孝，厕牏亲自浣濯。所著诗文有雄直气，悉散佚。卒年三十七，宗汉深惜之。时方以办海运功保升知府，遂照军营立功后病故例，奏请恤赠道衔，给予祭葬银两，荫其子元熺入监，肄业期满以知县用。（本行状，参邑续志。）

清同治《盛湖志》

叶广文又山先生传

〔清〕费延釐

先生姓叶氏，名淦成，字彦纯，吴江人，明尚宝少卿绅、大理卿绍颙裔也。秉质冲和，读书颖悟。父芝山赠君，为人司会计，终岁罕一至家。长兄仁泉，以贾营生，能鉴别夏鼎商彝之真赝。先生其季弟也，幼时入塾，未知攻苦，长兄抚育之，教诲之，长为之授室。名师益友，不惮访求，每节已什一所得，以供修脯资。先生感而知奋，早岁补博士弟子，旋以岁试第一食饩，有声庠序。以制举业授生徒，名门争相延致。顾课程偶有倦勤，长兄辄厉声勖责之，宾朋在座者咸为动色，而先生唯唯奉命惟谨。邑之人重先生品学，未尝不多长兄之能栽培成就也。笠泽书院经费为前任吏胥侵蚀，圮废已十余年，湘阴左青峙刺史（辉春，后改名仁。）来宰震泽，重文爱士，假邑庙之共怡园扃试诸生童，给以官厨茶膳。刺史亦兀坐终日，手定甲乙，取列高等者，捐廉给膏火有差，先生暨邑之知名士皆被识拔。间或设酒馔，邀诸生十余人，讲论文艺，士林传为美谈。时王秋水助教锡泰，不仕家居，周峙亭学博嘉福，归里教授，皆艺林耆宿也，先生与两家子姓游甚密，备闻绪论。又得贤邑侯月为校课，故其学渊源有自，理法清正，经其指授所造，恒不犹人。咸丰庚申，粤匪窜入苏松，避地黎里池亭。同治壬戌，仁泉君被贼执，以不屈死。事闻，赠恤如例。先生历署溧阳、无锡训导。甲子，官军克复郡邑，先生入城修葺旧庐，挈眷旋里。越数年，以疾卒，年五十有二。娶王氏。继室沈氏，震邑名诸生理堂大本孙女，蕉泉岘女，庠生子湘茞生妹；李氏，秀水子鸿贰尹女。子二：长兆荣，邑廪生，沈氏出，嗣为仁泉君后；兆林，业儒。女一，适归安李棻孙、附贡生承煦子、湖府庠生丰垣。皆李氏出。孙辈林立。

论曰：昔郑均为佣以格兄志，许武毁行以成弟名，范书传其盛德。岂非天性既笃，自能以仁术济其友爱之忱哉。挽近但知身谋，以钱财妻子汩其天亲之爱者，比比皆是。

若又山先生与长兄仁泉之友，于讵尚有钱财妻子之见，足夺其爱敬至性乎？东京遗风，于兹未坠，是诚堪为兄友弟恭作式邦家者矣。厘幸厕门墙，忝列科目，癸酉秋奉命视学中州，今方蒇事。其长君兆荣纂修家乘，以厘知先生深，乞为一言，以示后人。敢以夙昔所濡染于闻见者，录之以存其欤。光绪二年丙子夏六月，受业费延釐顿首拜撰。

清叶德辉等《吴中叶氏族谱》

陈赤甫墓志铭

〔清〕沈曰富

陈子赤甫殁十年，而其兄献青始克葬之双珠漾先茔。赤甫名文黑，一字止叔，献青同母弟也。而献青为世父后，故赤甫独承其考芝林君小宗。自幼与献青共席研书，遭芝林君及嫡母吴孺人丧，弱冠始出应郡邑试。一再试，不见收，则舍其业而专于艺。将有所游，献青以其少未尝作客，令先居余所。赤甫达心能外事，敏学善悟，谨言动，容止可观，一时与献青、余交者皆爱之。赤甫亦随分谊浅深与接人，受其益。后去而适湖州、嘉兴诸郡，少以所润佐献青之养。陈之先人故好客，既中落，犹日满坐，具食止宿以为常。赤甫好洁，凡客谈宴寝息之所，下逮溷厕，无不亲视督汛扫，以故至则如归，余常比之望溪之弟椒涂云。赤甫既取妇之明年，忽得疾。其所居屋赁于人，期满当迁，献青卜宅未定，而后赁者即欲入。乃暂借比邻之小屋，置家俱，而赤甫病已亟，遂卒于其所。道光二十二年五月五日也，年二十五。妻周氏，无所出，以献青第二子封为之子。赤甫之葬也，献青以书告余，且曰："子视吾弟若弟，今铭其墓，莫如子宜。"余乃序其本末，遂铭之曰：

同而暌，不若异而群。才而夭，不若愚而存。呜呼！此赤甫之坟。

清沈曰富《受恒受渐斋集》

沈桂芬传

沈桂芬，字经笙，顺天宛平人，本籍江苏吴江。道光二十七年进士，选庶吉士，授编修。咸丰二年，大考一等，擢庶子。累迁内阁学士。先后典浙江、广东乡试，督陕甘学政，充会试副总裁。八年，丁父忧。服阕，补原官，晋礼部左侍郎。同治二年，出署山西巡抚，明年，实授。连上移屯、练兵诸疏，并称旨。桂芬以山西民食不敷，自洋药弛禁，栽种罂粟，粮价踊增，于是刊发条约，饬属严禁。疏陈现办情形，上韪之，颁行各省，著为令。旋丁母忧。六年，起礼部右侍郎，充经筵讲官，命为军机大臣。历户部、吏部，擢都察院左都御史，兼总理各国事务大臣。迁兵部尚书，加太子少保。光绪元年，以本官协办大学士。京畿旱，编修何金寿援汉代天灾策免三公为言，请责斥枢臣。谕交部议，桂芬坐革职，特旨改为革职留任。旋复原官，充翰林院掌院学士，晋太子太保。桂芬遇事持重，自文祥逝后，以谙究外情称。日本之灭琉球也，廷论多主战，桂芬独言劳师海上，易损国威，力持不可。及与俄人议还伊犁，崇厚擅订约，朝议纷然。桂芬委曲斡旋，易使往议，改约始定，而言者犹激论不已。桂芬久卧病，六年，卒，年六十有四，赠太子太傅，谥文定。桂芬躬行谨饬，为军机大臣十余年，自奉若寒素，所处极湫隘，而未尝以清节自矜，人以为难云。

赵尔巽《清史稿》

沈桂芬传

沈桂芬，字经笙。宛平人，祖籍江苏。道光二十七年进士，改翰林院庶吉士，三十年授编修。咸丰元年，充浙江乡试副考官。二年，大考一等三名，擢庶子，充日讲起居注官，提督陕甘学政。三年，升翰林院侍讲学士。五年，转侍读学士。六年三月，迁詹事府少詹事。七年，升内阁学士，兼礼部侍郎衔。八年，丁父忧。十一年，服阕，补原官，充广东乡试正考官，升礼部左侍郎。同治元年，调补户部左侍郎。二年三月，充会试副考官，十月署山西巡抚。三年，实授山西巡抚。九月，上筹费移屯疏，略言：臣官京师，时亲见旗民生齿繁庶，除仰食钱粮外，无生生之策。以今日安插旗人，上策无如移屯边方，中策则听往各省。其听往各省之法，无论马甲、养育、闲散，愿赴各厅州县谋生者，径呈本旗都统前往，照商籍、军籍例，编为旗籍，由地方官治之，并许以旗籍应文武试。其绿营战守马粮及各营将弁，亦一体考拔。黜革官弁及举贡生监与各省驻防，愿徙者均听之。其移屯边方之法，请简择贤能为屯田大臣，随带司员于奉天、吉林及独石口外之红城子、开平，张家口外之兴和、新平等处昔年孙家淦、富俊所勘定旧地，建立房屋城堡，豫备农具牛种。由八旗都统劝旗户愿移屯者，户部发治装银三十两，沿途官给车马。到屯后，每户量给房屋、农具、牛种，使之开垦耕种，所垦之田，限以十年升科。征收之粮运以口内，而积银以屯所，即以屯粮所粜，为次年京旗移屯及屯所经费之用。由是而口北寒冻之地，人气日聚，地气日辟，天气即为日暖。旗人一迁徙之劳，永可以自谋衣食，而旗民恤矣。军兴以后，调遣旗兵，不闻得力。若移屯口外，练习风霜，耕牧营生，兼资劳苦，加以训练，可复国初骁健之风。十数年后，环边之地，皆成劲旅，北肃强邻，南卫京师，而边防实矣。军务既竣，请于定复，八成兵饷之年，暂给六成，酌留二成，岁可省银百余万两。治装银与房屋、种具，每户以八十两计之，岁可移屯数千户，俟屯升科后，京旗兵饷仍复八成之旧。则目前经费无庸另筹，日后正供永无不足，而国用纾矣。疏入，诏所司会议，从之。四年二月，疏称晋省山多地少，民食不敷，自洋药弛禁，小民趋利若鹜，栽种罂粟。始而山坡地角，继则沃壤肥田，以致米粟日缺，粮价踊增，设遇凶饥，购籴维艰。若不严禁罂粟，则烟土愈广，粮米日稀，不知伊于胡底。臣思民为邦本，食为民天，亟应通饬各属，一律禁栽罂粟，俾小民专务稼穑。虽于坐贾厘金稍减，然所失者小，所全者大。现已议定条约，刊示各属，总期令必行，而民不扰，下开养命之源，上裕敦庞之计。四月，以母疾疏请解任，旋丁母忧。六年，服阕，补礼部右侍郎，充经筵讲官。七年三月，命在军机大臣上行走，旋调补户部左侍郎。七月，调吏部左侍郎，赐紫禁城骑马。八年，升都察院左都御史，命在总理各国事务衙门大臣上行走。九年，迁兵部尚书。十一年，充国史馆正总裁。九月，大婚礼成，加太子少保衔。十三年，管理国子监事务。光绪元年正月，以兵部尚书协办大学士。先是，国子监肄业生额四十名，由户部发银六千两，屡经折减，膏火仅存。至是桂芬奏加额二十名，请按库平实银发给，诏从之。三年，充实录馆正总裁。四年四月，编修何金寿奏雨泽愆期，请训责枢臣。谕交部严加议处，桂芬坐革职，特旨改为革职留任。五月，充翰林院掌院学士。五年，开复革职处分。三月，恭题穆宗毅皇帝、孝哲毅皇后神主，赏加太子太保衔。十月，御史文镕奏劾顺天候补知县王堃、蒋嘉泉、通判石赓臣等劣迹，命查办。覆奏顺天本无通判员缺，嗣后不得以通判分顺天候补，请著为令，允之。七年正月以疾终，年六十有四，赠太子太傅，谥文定。桂芬躬行纯饬，办事忠谨，所处极湫隘。为军机大臣十余年，自奉若寒素，身后所遗不及万金，而未尝以清节自矜许，人尤以为难。

《顺天府志》（转引自清缪荃孙《续碑传集》）

端甫公传

〔清〕俞敦培

　　同治三年甲子秋八月，粤西逆贼败于江浙，遁至江西赣州府各属，信丰县杨溪司巡检周公士烃死之，其继室黄宜人及幼子善信同时殉难。呜呼！公可谓舍生取义者矣。公字敬修，号端甫，廉溪夫子三十一世孙，明季迁浙之桐乡，代有名儒，称望族。公曾祖讳钧，复迁苏之震泽。祖讳以清。父讳森，号厦松，遂安县教谕，犹隶桐乡籍。厦松公生五子，公最少，以邑庠生入粟，选授江西瑞金县之瑞林寨巡检。有政声，量移杨溪，所治距城百八十里。戊午冬至己未春，贼围信丰，公督乡团扼隘守之，贼不得逞。事闻，奉旨以应升之缺升用。辛酉春，贼又至，又不得逞，乡之人恃公以无恐。至是贼大至，犯南雄州，遍掠各乡。杨溪与雄接壤十余处，公守其最要者。八月二十二日，贼众夺路死斗，回窜杨溪，乡兵败。公退回署，老仆蔡洪劝公避去，公不可，曰："吾守土官也，今力已竭不能，吾民而又临难苟免，民其谓我何？"遂危坐署斋，蔡洪亦不忍去。既得公，欲其屈服，公厉声曰："吾死期在今日，任尔小丑分裂可矣。"贼方事搜括，闭公空室中。至暮，贼以纸逼公疏路程，盖欲由龙川入粤也。公瞋目大叱曰："汝乃苏杭殄戮之余，任汝何往，立见歼灭。我朝廷命官，岂为汝鼠辈执笔耶？贼复慰劝，我乃大书历年剿贼功绩示之。"贼怒缚公，公骂愈厉，贼怒甚，牵公出，断首刳腹于署外影壁下，时八月二十二日夜戌时也。幼子善信号哭自掷，贼亦刃之，年甫七岁。蔡洪以老迈诡称卖药者获免，盖亲见公抗节。云方贼之初至也，黄宜人与甥妇丁沈氏出署后，将投山涧。望贼将近，虑不及，黄宜人取所佩裁衣刀自刺其喉，丁沈氏亦自刺，同死于署傍。（丁沈氏者，浙江归安县茂才丁尔耆之室，以避乱依公署，亦与难焉。）丁氏幼子良生，方六岁，呼号不已，贼至刃之，死于母侧。民间男妇死者数千人，呜呼，惨矣哉！公之长子善师，先事定南探亲，次善壮、次善祥、次善汇，遇贼冲散，一女九龄，蔡洪匿之，皆免于难。贼既退，乡人以箔覆公尸。至九月六日，诸子觅得之，以命服殓公，凡十有五日尸不腐秽。公所畜二犬，环守公尸不去，呜呼！忠义之气有以感之矣。公生于嘉庆己卯十二月二十七日酉时，享年四十有六。大府以骂贼死节入告，奉旨从优赐恤，在地建立专祠崇祀，差足慰忠魂矣。

论曰：或者谓公官巡检耳，无城市之可守，从而避之，功令所不罪公，盖公可以无死。或又谓公虽可以无死，而死之足以成名，足为同僚光，足为赣郡光，且足为千载光也，则公不可无死。呜呼！皆非见道之言也。夫人重在秉彝子舆，子所以贵爵也。人品之高下，岂关爵秩之崇卑乎？乃以浩然之气积于中难而节见，遑计身后名哉！使公为大臣，则亦周司徒也；使与郡，则亦颜常山也；即使为布衣，亦将以申蒯之断臂焉，可以爵秩论之哉？《传》有曰："不济则一死继之"，公其有焉。呜呼！若公者，可谓舍生取义而得天爵之尊者矣！

同治三年甲子冬十有二月望日，江苏金匮俞敦培拜撰。

清周善鼎等《周氏宗谱》

梦兰阁诗钞跋

〔清〕 蔡绍熙

允卿吴氏，余元配孺人也。吴为莺湖望族。允卿少聪颖，父兄教以诗史，过目成诵。而尤耽吟咏，与女兄安卿闺中唱和，未尝不如埙篪之迭奏也。年二十三来归余，时道光辛丑十月也。余困于一衿，频以功名有迟速为慰，每于灯前月下，吟诗以佐读诵。而家道中替，恒撤簪珥助其匮乏。体既弱，上事舅姑，下逮臧获，劳瘁不形于色。仅育两女，屡劝余蓄小星，亦终无所得，以故欢容日鲜。惟于春秋佳日，喜临《灵飞经》两三页，或拈小词聊以适性。作诗不多，不甚工，亦不求工。迨庚申后，兵燹仓皇，诗多遗亡，兴益萧索。既悲伯道之凄凉，复痛娇女之夭折，每讳疾而不言，绌资而少药，病根乃胶固，而不可解矣。时丁丑九月，送女至莺湖，笑谈自若。日间每以叶子戏消遣，昏黄神稍倦怠。甥方进以建曲、普洱等饮，曰："我体尚寒，困惫已甚，毋扰我眠。"急延医治，脉已伏，而不起，时余方馆邑署。鸡鸣时，执女手而言曰："余病已不起，不及见汝父面矣。"遂欷歔而长逝。呜呼惜哉！余不能效庄生作达，亦不敢为荀令过伤。卅余年伉俪之情，千百种茹荼之苦，终宵开眼，莫报攒眉，思得一桑梓安土，且晚为卿谋窀穸之区，聊慰卿于九京耳。今年春，自遗箧中检得律诗二卷，词一卷。在当时，自以为闺阁效颦，不敢出而问世。今则人已云亡，即就正于韭溪秦紫清前辈诗翁，蒙加选择，删其十之二三，并赐弁言，题词于卷端。即命外孙善熙钞录，以备家藏，或俟他日修邑乘者采入闺阁一门，聊存风雅姓氏。其亦可哀也夫，其亦可愧也夫。光绪十二年丙戌季春月，蔡绍熙谨跋于《梦兰阁遗编》之卷尾。

薛凤昌《女士集汇存·梦兰阁诗钞》

柳先生墓表

章钰

夫阴霾四塞，则清风以荡之；颓澜不归，则巨防以砥之。越在道丧文敝之会，神徂圣伏之交，实赖一二者硕圭皋其间，至于攀侍靡由斯表德之事作焉。披猖季运，伯喈发感于陈碑；葆练道真，光禄寓怀于陶诔。标盛昭鸿，奄有前烈。曾曾小子，其曷以辞。先生讳兆薰，字咏南，号莳庵，姓柳氏，吴江人也。子厚文宗，公权家法，著在往牒，焉奕光融。曾祖学洙，祖琇，父树芳，并皆栖神九元，屏迹三惑。姓氏入耆旧之传，行诣补止足之篇。菰芦可恋，谢惭卿惭长之嘲；竹素相传，甚得笔得文之雅。先生承重光累徽之后，有怀文抱质之思，不渚千顷之陂，兼备四时之气。庄庄阅世，矻矻穷年。几席榜其箴言，闺门肃于朝典。君陈穆行，庶几施政之资；胡质清名，每有恐知之想。盖其门内之行，为不可及矣！溯夫坠铃之始，即遭缄扇之悲。我生不辰，无母何恃？先生负墙庭诰，捧杖家林。大师则安定分斋，执友则元叹入座。芦衣之感免动乎闵骞，兰膳之诗能赓乎束皙。迨夫淫潦不害，叹孝卿之奉丧；春社方修，为叔治而罢饮。孝乎惟孝，古人所称，激薄渟浇于是乎！远咸丰季年，粤逆东窜，河决鱼烂，难壅难全。先生所居，则邑之大胜村也。鸥天万顷，蜗国一隅，世外桃源，足逃尘劫。而乃仪毁家纾难之风，行句卒搏力之法。高平儒服，奇兵罗于胸中；士稚雅才，义徒列于幕下。相翔夺气，劫质敛踪，乃心公家，实见利器。少习墨义，有志发科，先正明清，波澜莫二。李愔得隽，村题秀才之名；潘乾效能，碑署校官之号。丁卯省闱，文已及格，一击不中，误落副车。清严凤沼，空题荀勗之名；斑驳鹤铭，偶访隐居之迹。盖自长君笠云之亡，而课孙翼后之计决矣。先生视道若咫，与物为春。留名耻于豹皮，嗜义先于熊掌。水庸可奠，乃乘橇以程功；天灾未行，已捐田而续命。镌名贤之小集，不待釀金；振远道之恒饥，时闻泛粟。若夫一本之间，用情尤笃。听雨雪怀兄之涕，整冠修敬嫂之文，昏祭有资。公辅义田之记，房眷自别明允。族谱之编，敦敦悾悾，纲纪门户，有他淑行，请以类推。一时贤达，如春木姚氏、访溪顾氏辈，靡不敛手推服，嘤鸣翕和。定交杵臼之旁，托好韦弦之末。一觞一咏，屏山王之贵游；为云为龙，幸孟韩之并世。梁摧哲萎，曾不愁遗，以光绪庚寅十一月庚寅，考终里第，春秋七十有二，葬于邑之二十九都东畛圩。配邱孺人，妾朱氏。子二：长应墀，承嗣大宗；次应奎，早卒，无子，以应墀次子慕曾归本支，即今具状乞文者也。曾孙冀高。先生正容悟物，虚缘葆真。季次怀独行之风，彦辅寻名教之乐。削迹捐势，琴书缔其古欢；俫幽抱和，巾栉载其道气。用能尚褧必著，藏璞自辉。盗牛不名数马，乃对其志生圹也，独举湘乡曾氏曰俭、曰明、曰慎、曰勤、曰恕、曰静六训比彼，遗金勒诸贞石，芠芠末俗，其谁知之？凤好古文家言，以为发皇道妙，根极理宗，缅彼盛流，咸跻高格。故于惜抱《类纂》《求阙》《杂钞》，经目过耳，生胝流沫。盖视斠红友之词律，梦玉局之诗仙，致力虽同，所性则异。所著《柳氏重修家谱》十二卷、《松陵文录姓氏考》一卷、《东坡词编年笺注》二卷、《胜溪钓隐诗录》三卷、《词录》一卷、日记若干卷，类皆雅瞻绝伦，翔实可信。客儿有作，先成祖德之诗；天随云遥，盍继丛书之刻。徵文考献，其无遗焉。昔尝游祭酒吴公之门，又因吴公而致礼于芸舫费公，亲见其行无辙迹，生自馥芬，大府奉为表仪，后进惮其丰采。际此龙蛇起陆，燕雀巢堂，必能扶将单寒，振式浮靡，沧溟见斗，群言于焉。折衷劲草当风，善类为之长气，不幸徂谢，及此沦胥。先生则两公所敬事者也，其风概为可想已。郑庄年少，愿推大父之行；郭泰名高，允副有道之目。可师百世，用告万年。光绪二十有四年，岁在戊戌正月，后学长洲章钰谨述并书。

吴县周容刻石。

吴江博物馆藏拓片

孝廉袁憩棠先生传

叶与仁

　　义庄之设，创自宋范文正。其后慕义强仁者踵相接，量财力之多寡，以为规模之宏细，藉以赡同族而裕后昆，法至良意至美也。余读书少时，足不越乡党之间，凡一乡之善士，无不心焉仪之。其有斥其家财志范文正公之志者，吾家叔祖容百公而外，复有内太母舅袁憩棠先生。先生名召龄，字佑之，而人皆称之曰憩棠先生，乃其号也。浙江嘉善县籍，世居邑之赵田村，系前明大儒袁了凡先生之九世孙。了凡先生以内圣外王之学传世，长子孙继继承承，缵至先生辈，代有闻人，蔚为国器，振其家声。当先生采芹之年，伯兄松巢先生举于乡，旋成进士，授庶常。仲兄述甫先生又饩于廪。先生以千里之材，骖乘其间，应咸丰元年浙江乡试，中式第六十一名举人。兄弟联捷，士论荣之。未赴春官，适丁父午亭公之艰，家居读礼，哀毁备至，犹是童年遭母黄宜人丧时。孺慕天性，乡党翕然，以孝闻。服阕后，偕兄松巢北行，应礼部试不售，例职得内阁中书，不就。归七年，松巢殁，子稚松幼，先生抚之如己出。延师课读，亲自督责，施受与己子同。稚松获游庠食廪饩，先生始欣然自慰，曰："读昌黎文，至'教吾子，与汝子，幸其成'句，今而后，吾其庶几乎！"中年以后，淡于进取，弃举子业，习商裕其家入。创建宗祠，并以七世祖一鸿公墓在苏州孟皇山，特于其旁创置墓田，以笃本支。而同族中贫不能举事者，婚嫁丧葬必资助之。盖志范文正之志，有其实而不必居其名者也。享年七十有八，寿终于籍。以嘉庆二十五年己卯十月二十五日生，至光绪二十二年丙申八月二十日卒，卜葬于邻邑江苏吴江县之最角圩。原配沈氏，继配陈氏、陈氏、张氏。子二：汝淦、汝成，均邑庠生。女四。与仁先室费孺人，即先生之外孙女，来归甫一载有半，尝述其外家遗训，恨未及详。丁巳夏次，内母舅艾生先生状其事，命外孙婿与仁一言以为传。仁生也晚，惧老成之典型日就湮没，不敢以不文辞，谨载拜称述如次。

论曰：同光以降，士大夫视宦途如阛阓，博一第猎一官以厚殖其家者，往往而然。当时意满没日，无称以视。夫先生昆季联镳云路，养志山林，赡家睦族之资，不于官而于商者，殆不可同年而语。先生庸德庸言，式在乡间。《周礼》曰"孝弟、睦姻、任恤"，先生有之。太史公曰：《诗》云"高山仰止，景行行之"，虽不能至心向往之，后生末学请事斯语矣。

民国《同南》第七集

椒畇公传

公讳善升，字慎高，号椒畇，梦溪公子也。生于嘉庆二十五年庚辰十月二十九日戌时，卒于光绪七年辛巳十一月初七日未时，享寿六十有二。道光戊戌岁试入泮，甲辰补增，己酉举人，拣选知县。公自幼就师傅教读，嗣梦溪公自课极严。十二龄随祖父馨山公赴归安县学署读书，天姿聪颖，一目十行。舞勺之年，十三经外，文选等书已遍读矣，出笔清俊，不暇思索。自成童至于得第，俱亲承祖训。公天分既高，赋性狷介，有眦睨一世之概，不屑与俗人为伍，而又谦以自牧，未以文才淹博骄人。视青紫如拾芥，又如敝屣，故进京复试后，即欲束装回南，而同伴亲友中咸劝止之，勉入礼闱，毕试即日就道，遽返里门。从此家食自甘，不与闻外事。暇则博览群书，常伴红友，间或课婿教子，历久不倦。而梦溪公精神矍铄，至老弥健，家常琐务善自经理，故公得以优游事外也。妣氏沈孺人，合葬于震泽镇南栅外梅家浜。

清周善鼎等《周氏宗谱》

生平小谱

〔清〕周鼎金

嘉庆二十四年己卯四月二十七日，叔考竹轩公殁（年二十七）。闰四月初三日，叔继妣曹氏殉之。予未生，先嗣立焉，命名鼎金。二十五年庚辰十月二十二日卯时，予始生。衣以布，色不采，为人后之礼也。道光元年辛巳，予二岁，病痘几危。三年癸未，予四岁，大水为灾。七月二十七日，祖考省塘公殁（六十三岁）。五年乙酉，予六岁，始就傅。六年丙戌，受业叶艺亭姊丈，然多病，实未读一书。祖母马氏每挈予游，予因得登穹窿，涉太湖，遍历江浙山水之胜。十年庚寅，予十一岁，受业家恂谷兄，顾不喜八股文,好观庄、列诸家杂说,兄亦不之禁也。十七年丁酉,予十八岁。九月十三日,祖妣马氏殁(年七十六)。十八年戊戌,予十九岁,纳粟为上舍生,始理家事。二十年庚子,予二十一岁,娶室费氏,枫江公讳锴之少女也。二十三年癸卯,予二十四岁,生女,后适唐宝书。十一月初八日,费氏亡(年二十七)。二十六年丙午,予二十七岁,娶继妻刘氏,履斋公讳德安仲女。十月初十日,本生考梅溪公殁(年六十)。二十七年丁未,予二十八岁,生子鸿治。二十九年己酉,予三十岁,夏大水为灾,青苗尽淹。十月,与弟又梅分析祖业。三十年庚戌,予三十一岁,生女,后归沈禄康。咸丰二年壬子,予三十三岁。大旱,太湖涸。生子昌治。三年癸丑,予三十四岁。九月,葬本生考妣于官字圩(俗名虾笼浜)。时金陵失守,急谋窀穸,葬礼多未备也,前室费氏亦附其穆位。五年乙卯,予三十六岁,生女,后归黄宝桢。十年庚申,予四十一岁。苏常迭陷,一夕数惊,予率老弱才出城,而四门严闭,戚族行稍后者俱及于难。四月,始赁泩水港顾氏屋栖止焉,而第三子宝治生。十二月二十五日,本生继妣陆氏殁(七十四岁),几无以为殓。十一年辛酉,予四十二岁。二月,葬本生母陆氏于祖墓。是时贼兵载路,而本生考梅溪公葬官字圩,不能越塘合葬,乃权附祖妣马氏之左。窆初下,炮声四起,工匠各鸟兽逸,予亦逃而幸免。同治元年壬戌,予四十三岁。斗米千二百钱,全家嗷嗷。有故友朱某贩衣西塘,乃就而谋食焉。不两月,贼骤至,杀戮及鸡犬,共事者悉逃匿。予收拾肆中贵重物,藏于居停主人之后室,而后行。道路梗塞,昼伏而夜奔,历五日始得子身归,足茧尽裂,面无人色矣。二年癸亥,予四十四岁,忍饥枯坐,而朱某书来招予,谓去年所藏贵重物幸无恙,愿以半相饷,予拒不纳。既朱以百金踵门,为先母赙,乃受之,全家赖以有生气。三年甲子,苏常克复,大乱粗平。八月三十日,刘氏亡(四十三岁)。刘氏病卧半载,思食酱,而全家饭糠粃犹不饱,儿女日环泣,安所得酱者?刘有姊闻之,以盎酱馈,而刘已就木,可哀已。四年乙丑,知县事沈锡华厘正田亩,重给业主方单,使纳赋征租。是冬,予至八测整理旧业,而诸佃人群起反抗,将不利于予。时从予者惟张坤元,乡人噪而逐,予方急,坤元遇所识王叔,大呼曰:"枯竹头,此我旧主人,慎勿伤之。子必助我,使主人脱于险。"王叔诺,遂导予自后户出,匿一老妪所以免。枯竹头,王叔之别称,以其瘦且长也。五年丁卯,薄田始有收。七年戊辰,予四十九岁,为长子鸿治娶媳吴氏。十年辛未,予五十二岁,得长孙嘉荣(今名诵彬)。十一月初三日,媳吴氏亡(二十四岁)。十一年壬申,予五十三岁。三月十九日,适唐氏女亡(三十岁)。九月,适沈氏女生男昌楣,始见外孙焉。光绪元年乙亥,予五十六岁,始行医为人治疾,时有效者。二年丙午,予五十七岁,始皈依释氏,日晨起诵《金刚般若经》。三年丁丑,予五十八岁,为鸿治续娶媳倪氏。四年戊寅,予五十九岁,为次子昌治娶媳刘氏,即予继室刘氏侄也。八月初七日,适金氏姊殁。庚申之乱,姊家陷于贼,金氏无子遗,惟姊无儿女,常依予得独存。至是病殁(六十岁),予乃殓之,而归其骨于金。五年己卯,予六十岁,与北舍三元宫上人静岑游。六年庚辰,遂移居北舍南港。三月,使儿辈分爨。时三儿宝治未成婚,予老,不胜繁琐,不及待也。八年壬午,予六十三岁,宝治娶室潘氏。九年癸未,予六十四岁,昌治生女。十年甲申，宝治生男，予命名嘉树。九月，自营生圹于八测上塘谓字圩，葬刘氏。十月，女夫沈禄康殁（四十岁），哭之以诗。十一年乙酉，予六十六岁。九月二十一日，继长媳倪氏又亡（年三十七）。十二年丙戌，予六十七岁。鸿治再续娶马氏。宝治生第二男嘉穀。十三年丁亥，予六十八岁。十一月，女夫黄宝桢殁（年三十三）。十四年戊子，予六十九岁。三月，静岑和尚为予礼忏一百八，持诵金经四百五十六卷，倩工画像，作僧衣僧帽手牟尼跌坐团蒲状，盖禅机豁而尘心死矣。明年己丑，静岑又为予礼忏诵经如前数，居然作古稀人矣。宝治生第三男嘉栋。秋，大水，稻垂熟而尽淹，农佃收刈，日浸水中，肤尽肿，血缕缕下，可怜也。较道光己酉涨痕相若，幸在秋深，犹得褰裳撩取斗升，不似没青苗之更苦也。十七年辛卯，予七十二岁，鸿治生次男嘉乐（今名命新）。

按：是年七月初二日亥时，公染疫病殁。越明年壬辰三月初八日，安葬谓字圩新阡，公所自营生圹也。

清周鼎金《残年余墨》

书外祖周笑梅翁遗事

沈昌直

外祖讳鼎金，吴江人。幼博涉古籍，又以身多病，好张仲景书。庚申之乱，挈家由城中遁至北舍之泮水港。家本中产，乱后田舍荡然。母陆太孺人老多病，子女环集待哺，乃执事胥塘某衣肆。寇至，肆中逃避一空，外祖独不去，尽迁其货于后楼，而己坐守之。旋寇入室中，钞掠殆遍，惟后楼以深奥得免。居久之，肆主不归，外祖乃一一籍其货寄房主，归泮水港省母。时江浙尽陷，带甲满天地，寸步千艰，辗转绕越，经数日始得达至家，足尽成疱。未几太孺人卒，乱中拼挡一切，粗得尽礼。正哀毁间，忽得前胥塘肆主书招之往，谓归见衣物井井，封识无一失者，皆君与房主之德。外祖往见，则急握其手喜甚，欲尽捐其货，半与房主，半即与外祖。外祖坚不受，房主亦曰："我肯让人独为君子乎？"却之。肆主乃别袖多金，谓外祖曰："君义人也，固不敢强以阿堵，然今惨遭大故，窀穸未安，吾请以旧主人之谊，赙之何如？"外祖感其诚，乃涕泣受之。既归，以客中无安窆地，即扶柩至白龙桥祖墓旁，躬畚锸掘土以葬。甫窆，城外炮声隆然作，亟反橐櫜掩覆之，稽颡号泣而去。舟行不半里，遥见船尾尘坌障天，乱兵已道官塘飞驰而至，力划入小港始免。归后无以自遣，乃复理仲景书，为人治病辄效，人多信之。后由泮水港徙居北舍，门外不用招告，人自知趋其室者。有酬之者，不与较多寡。昌直犹记幼时，见外祖医室中座常满，其所受医资累累然封积几上，多者百钱，少者七十钱、五十钱耳。性古朴，人皆称之曰"老相公"，欣然应之。遇其他尊称，即曰："勿尔，吾深恶此种俗称也。"其出诊也，路可通者，即徒步数里往，或湖荡相隔，一小舟载之行。卒之前一日，犹冒烈日徒步至梅墩治病。病者愈，而外祖转得病，致不起。先是人有服外祖药病减者，复踵门覆治。至则外祖已殁矣，遂向柩前连呼："老相公，善人。"大哭不止云。外祖医治之暇辄好吟咏，自署其所作曰《残年余墨》，存于家。以光绪辛卯七月卒，年七十二。子三，女五，其第三女即吾母也。当外祖卒时，昌直年仅十龄，凡外祖之嘉言懿行，举无由悉其梗概。仅此数者，少时闻之吾母，今吾母之殁亦十有八载矣。先老凋落，遗事日就湮没，爰将前日所得之庭闱者，粗书其概如此。

清周鼎金《残年余墨》

问松公传

公讳善鼎，字定武，号问松，星舫公长子。生于道光元年辛巳十二月二十一日申时，卒于光绪二十年甲午五月十五日午时，享寿七十有四。道光乙巳科试第二名入泮，功深小试，高撷芹香。文章憎命，屡至秋闱，人咸为扼腕，而公澹然无不平色。公生有至性，敦孝行而尽悌道。母王太孺人早背，其居母丧也，呼天抢地，痛不欲生，非寻常辟踊哭泣者比。其事亲也，自幼能竭力，常以愉色婉容，终日侍庭闱不倦。其于两弟友爱，可风觅枣分梨，怡怡如也。季弟骏卿甫成婚而卒，公抱痛鸰原，尝背亲掩泣。次子积恩嗣之，以慰弟妇。公幼读书敏而好学，工文辞。迨庚申粤逆寇苏杭，携眷避居沪上，逮寇平返里。虽运际中兴，而行年逾壮，益无志功名。客授家居，惟以课徒为业，博束修，供菽水，仰事俯畜，安寒素家风。光绪己卯，星舫公卒，公哀毁骨立。镇西有乡贤王晓庵先生祠，里绅创设义塾，慕公名聘坐皋比，循循善诱，学者如在春风中焉。生平有静癖，晚年益甚。祠颇幽僻，盛栽花木以自娱，此足见公之性情温厚、气度平和也。而其有功于宗族者，则尤在修谱一事。兵燹频经，家乘散佚，公毅然以此责自任，悉心纂辑，殚数年之力而成，俾后世子孙不至数典忘祖，厥功不甚伟哉！然公之精神亦从此消耗矣，于甲午年五月无疾而终。妣氏徐孺人，合葬于开阳桥东迹字圩星舫公墓西。

清周善鼎等《周氏宗谱》

皇清诰授奉直大夫员外郎衔
赏戴蓝翎詹事府主簿沈君墓志铭

〔清〕吴大澂

年愚侄吴大澂撰篆盖。
世愚侄汪鸣銮拜书丹。
君讳光锦，字云华，号月帆，江苏震泽县人。父永敏，本生父瑞五，生子三：长镐、次光鉴，均由甲乙科为兵曹郎官，君其季也。少时门庭鼎盛，独尘视轩冕。里居治家，性刚直，敢任事。粤匪南窜，君留养饥黎，全活无算。嗣后，里中兴革诸大政，凡琐悉有益地方者，无不首创而规画之。百废具举，官民推服，功垂桑梓，不胜备书。咸期百岁期颐，长依爱宇，孰意于今六月遘微疾卒，春秋七十有六。弥留时神识湛然，恍有车骑导之者。呜呼！可以信君之生平矣。先以筹饷功奏保詹事府主簿、六品衔蓝翎，旋晋员外郎衔。妻陆宜人，年七十，先于光绪十八年十月卒。子一：文渊，早殇。以镐次子、五品衔两浙即补盐大使文濡为嗣，后陆宜人十一日殁。女六，殇者三。孙三：正模，光禄寺署正；正桂，幼读。皆出嗣。正标，则为君持承重服焉。君生于嘉庆二十五年七月十五日，卒于光绪二十一年六月二十日。将以冬十月葬于江邑二十五都十三图小钞圩，爰为铭曰：

身以乡里，功佐朝廷。宜祭于社，永荐椒馨。幽宫一片石惟老，成人典型我不谀，献夫是铭。

乡愚侄王炘刻石。

吴江博物馆藏拓片

陈嘉甫传

〔清〕沈日富

陈应亨嘉甫者，小字俪生，余妇翁梦琴先生第二子也，于同产序第六。先生四子，先后侍几杖出游，而嘉甫从最久。凡先生一诗一词，皆嘉甫手录而编次之。晨兴，坐先生侧，舆疾至者环室外，以次入受治。先生曰：某人感由某经，见某象，宜用某汤。嘉甫润色而书于方，未尝有误也。日过中，先生出，嘉甫即所坐摊一编，伏而诵，声琅琅然。暮归，然烛温酒以待。宾客之过访者书问之，自远至者皆有籍记之，一一以告。既视先生息，乃时就余夫妇谈话，亦不喜多言。日必如是，居余家十五六年。先生所谓"灵兰精舍"者，仅片席地，嘉甫未尝有数刻许离也，或邀之游饮，辄辞。性喜作字，精小楷。娶徐训导锡琛女，徐善书，嘉甫由是艺益进。以其家谱旧本多阙佚，又誊录未工，于是重自缮写，数易其纸，经数年始成。复访问而增益之，规模略备矣。体羸瘠，弱冠后一病，两耳忽聋，先生有所命，漠然不知对。因遣归，以两弟更代其役。后少愈，操其术游嘉善之胥塘、同县之莘塔，所至人争就之。有失血疾，时作时止，恐先生忧，辄讳之。先生卒，嘉甫哀号顿地，疾遽发，既练而弥甚。时窆先生宅，屡不成，嘉甫皇急，泣谓其兄弟曰："我病度不起，苟不与葬，目不瞑矣。"未几，得吉壤及窆，嘉甫疾已愈，犹强欲往执畚挶，家人劝喻之，乃唯衰绖从事。病中手钞先生行略至数十本，去大祥前四月卒，咸丰二年三月十六日也，年三十一。临殁，谆嘱用素衣冠敛，其兄善甫诺之。既而曰："六弟今得见父母，岂可使凶服侍侧乎？"不果，用其殡也。余与张元之往会其事，皆哭之哀。善甫哭，相谓曰："我四人者，承先人后为家，犹众音之合曲。我为鼓，六弟为笛。鼓提纲挈领而已，笛之用可使无微不至。今已矣，不复成腔调矣。"言已复哭。余与元之皆悲其语，而又味其所言，甚有合于《诗》所云"既翕"之义。呜呼！世之知兄弟之可乐者鲜矣，幸而有深体其乐者，复不使终享之，天何为而然耶！嘉甫两娶，先后生三女，殇其二，今以善甫次子恭寅为嗣。

清沈曰富《受恒受渐斋集》

先祖考小亭公传略

〔清〕叶振宗

先祖讳树桐，字荫三，号小亭，明大理公讳绍颙八世孙也。少孤力学，家贫不能卒读，习治生计，明畴人术。胸无城府，晋接朋辈，一孚以诚，好为人排难解纷，而尤笃于内行。先祖有同母弟一，曰幼亭公，女兄一，适卜氏。遭我曾大父学博舒亭公丧，时先祖才五龄，赖曾大母氏马苦节抚养，得至成立。先祖竭力孝养，虽力不赡，必勉具甘旨。姊弟间尤融泄无间。越数稔，我祖妣氏张来归，能心先祖心，事上驭下无间言。持家有法，用能积铢金尺帛，使先祖无内顾忧。岁丁巳，为高曾两世营窀穸于震邑字字圩新阡。时从祖也村公力稍裕，食指繁，先祖不忍歧视之，并葬曾伯祖考妣于昭位，不以丝毫累从祖。盖仰体先世友爱之心，以为启佑之端，非以市德也。作为记，以垂示宗等，俾后世子孙，勿以肥瘠而忘亲亲大义云。庚申，寇陷江城，卜祖姑不及避，遇贼不屈，挟其子女殉于河。先祖适侍曾大母于汾湖，而高墟闻讯，曾大母感悼成疾卒。先祖以未得挈与偕行，终身抱疚，每道及之，泪未尝不涔涔下也。寇退旋里，故宅为墟，不汲汲修复。而城东爱遗亭中有三贤祠，祀十三世祖尚宝少卿讳绅，副以参议吴公山[1]、副使沈公啓，既毁于兵，即鸠资创建。越数月而复旧观，杨方伯庆麟纪其事，谓先祖为贤而知礼。然先祖敬宗修族行谊，实多可称者。先世有绎复堂，宅仅存一楼，岌岌欲圮，有族人栖止其间，不蔽风雨。先祖与彝轩族祖倡议酿金修葺完固，不足则以私济之。族弟云山叔祖幼被贼掠，失其踪迹。光绪纪元五月，忽间关返故里，合族无有识者。先祖为之迹其同母姊适姚氏者，一一辨认，始得实，遂居之。时筑居室于绎复堂之西偏，令敦匠事，并为归其田庐之被侵者。又为小村从伯赎归田亩，俾得奉也村从祖祀。此固昭昭在人耳目矣。而于三叔祖幼亭公，则尤深手足之情，尝助金以成其室，授田以赡其乏，有加无已，无几微自德之色见于面。至量力以周亲友之无告者，无论已。嗟乎！末俗之渝久矣！里党世家，日相鬨于利，而相炫以浮荣。独至兄弟之相与处，或以田庐货财几微之瑕，衅寻及于相仇相讼而无已者，皆是也。如先祖之所为，虽孝友传中之人物，何以尚之哉？抑又闻之，吾邑方平大难，百废待举，时宰吴江沈公锡华办理清田丈量，闻先祖精测算，延襄其事。后震泽令姚公宝侃以礼罗致，凡有大计大疑，必推先祖主其事，无不办治者。即族友姻好有所求，奔走劳怨，亦肩任而不辞。以是思德者吟于逌，望门者交于道，卒之日，咸怳若彻屋而露处。其卒以光绪壬午九月九日，距生于道光癸未十二月二十五日，年六十。子一，即先府君。女二：长姑字应君兰卿，未嫁卒；次殇。时宗生始扶床，不及缕详先祖之行事。及稍有知识，府君见背，又不克亲聆绪余，仅得闻梗概于祖妣。提命之余，出而证诸知先祖者，隐若符契。益以先祖毕世勤劳，宜享一日安闲，而卒未果，为可痛也！谨述崖略，以俟世之有道德而能文章者传焉。光绪庚子孟夏，孙振宗谨撰。

清叶德辉等《吴中叶氏族谱》

注〔1〕：误，应为吴岩。

外舅惕安严先生传

金天翮

先生讳熙仁，字惕安，姓严氏。先世自浙迁吴江之年塥，至先生而以医术起其家，居同里，名声远矗苏杭间。苏杭间人之贞疾者，得先生手治，沈瘵霍若，无虑数万人。先生聆音辨色，洞澈腑脏，研虑药性，超绝恒解。譬如名将用师，抵隙伺瑕，摧挫强韧，阴纽阳络，奇经八脉，沦深浃微，举无闭滞。处方结案，群医争奉以为槖臬。吴江自洄溪后，医道废百年矣，先生崛起号中兴，遐迩称叹。顾洄溪著书三十余种，而先生所定方案，其弟子趋录者殆千册。至今去先生殁殆四纪，犹锁弃高阁，供蟫鼠蚀。至先生曾孙一士，始发愤欲传先生，而苦不能理董，仅就父老胪述者，得三事，以告于天翮，乃纪之如次：江城人有病泄利者，日百数十通。先生以巴豆、大黄更大泻之。泻尽，再进人参以大补之，而病即瘥。南浔富豪某有处女，腹便便大，医者曰妊也。富豪耻之，而聘先生往。先生诊之曰："女何嗜？"曰："嗜菱。""然则菱之积也。"为定方，其主药以龟矢，一服而积食尽消。盖先生之来焉，舟行菱荡间，忽见巨龟激矢著菱叶，叶皆烂。及抵富豪家，而女以菱之滞积致病，因以入方而奏奇绩。里有王氏，昆弟三而两无出，以一子兼大、小宗三人祧，瘵且笃，邀先生诊之，曰："是不可为也。"三人者环而泣，必求处一方。先生曰："有方而无药，天也；有药而吾不用，人也。天与人交拒，若子之病，宜无有瘳矣。"三人者异其言，因罗拜顿首出血。先生良久曰："欲而子之生，必盫人之脑，而后济以药，然戕彼之生以济此之生，君子不为也。"辞而去之。夜将半，三人者叩关入，曰："吾以重金贿一雏丐之母，以其子之脑饷余子。余子食而甘，先生其以药物继之。"先生泫然流涕曰："吾以一言杀无辜，言不可不慎哉！"遂为此丐立主于寝，岁时必祭之，子孙至今守其教。一士之所闻者止于是。先生之卒焉，为光绪十有一年正月，生道光三年六月，春秋六十有六。先生以其幼女字天翮，天翮未婚而先生殂，家中落。今其曾孙一士醇谨有家法，为教授于太学，庶几能亢其宗者焉。

赞曰：医道其悴乎？病与药交相需，医必察病而后饲以药。药已病而药不任功，功者医也；药死人而药不任罪，罪者医也。用舍之权操之医，药不能自为用。察病之医，医一病而病治，医百千万病而病无不治。治之者固操何术，骤观其处方用药，未有不骇且诧者也。先生以巴豆、大黄治泄利，此仲景成法也。虽然泄利一，泄利之因或千百，千百因中，宜以巴豆、大黄治者殆一二焉。因于气血、风火、暑湿、食毒、伤损者不论，论寒、热二因，因于热者不可以热下，因于寒者不可以寒下。因寒矣，孤行巴豆辛温之剂可也；因热矣，单举大黄、芒硝盐寒之剂亦可也，以巴豆、大黄并治，悖道也。病之兼以巴豆、大黄治者，必阴阳战而寒热交攻，危机一线，势不能分先后轻重。二因并治，始以东西帝连衡制敌，敌去而寒热之因皆消。大气既亏，补之以参，此汉家兼资王霸之道焉。且此病不恒有，有终身为医而不一遇，遇之或不识，然则先生之识与胆为不可几矣。脉法，女子阴别阳搏谓之妊，阴阳无徵，月事不至，腹日彭大，脉无病象，亦谓之妊。先生治病得处女，诸医曰妊而以为积。积为何食？医者不得而知也。问而知为菱，定方主药以龟矢，此心裁之独出也。方书言龟矢走窍透骨，以涂瓷器，能化坚为柔，和墨而书之石，能透石理数分，其功如是。夫积之难消莫如糯，然犹不如菱芡，积既久而或化为石。今以摧坚之药，攻难消之积，胜之宜也。自古医之良者，不沾滞于物，恒即物而致其知，今舟行见龟矢激菱叶，遂以治菱积，此天机也。今夫病之难治莫如瘵，瘵中于脑若脊，治之尤难。王氏之子瘵且笃，先生谓有方而无药。考方药者，不见用人脑，以理推之，瘵病必虚损，虚则气血伤，损则本藏耗，二者咸须峻补。虽然补气血之虚易，补本藏之损难，本藏损，补以药，不如还补以本藏。是故以血补血，以肝补肝，以心补心，以肺补肺，凡属人身诸器官，咸令各自为补。王氏子其脑瘵与？脑瘵至今无治法，病且笃，不得以猪生物之脑代，故有方如无方。脑既得矣，继之以药，而沉疴立瘳，方则验矣，仁者之心不能无疚。故叶天士之治虚损，尝以血肉有情之品，如羊豕脊脑、线鱼胶、鹿角霜等，配合以成方，殆有不得已之心耶？是说焉，天翮闻诸周克家，克家医四世矣。石遗、太炎亦精岐黄术，闻克家言诸治病方而善之。吾谓天下无病则无药，病起而药必应之，乃药与病不相中。医者知药不知病，或知病不知药，而又各自以为医之良，生人之命始岌岌矣。

金天翮《天放楼续文言》

唐兰皋墓志铭

〔清〕李龄寿

君姓唐氏，讳起鸿，字逵吉，一字兰皋。邑之平望镇人，分县后隶震泽，今为震泽县人。祖考讳君仁，国学生。考讳云龙，国学生，候选布政司理问。理问君生丈夫子五人，君其长也。君之先，以为善闻于乡。道光三年大水，君祖国学君，食饿者以粥，买地为义冢，瘗漂棺无算。及道光二十九年，复大水。理问君已前卒，君捐资助赈务，一如国学君。自国学君时，访乡之老疾者养赡之，月朔望于莺脰湖之平波台给以米，君循行之数十年以为常。平望为邑孔道，咸丰三年，粤贼陷邑城，平望为焦土。迨光绪初元，君之季弟起鹤始筑室于故土，而君已不及见矣。君父理问君，尝买田欲建义庄以赡族人，未竟其志而早卒，君以遭乱亦未得踵其事。自范文正始创义田，今吴中世族多行之者。而数十年来，自省会郡县以及于乡，多设为善堂，葬棺之不能葬者，与廪给无告之穷民。寒者与衣，饥者与食，死者与殓理，又多方以恤及贫不能举子者，几与国家分养民之政矣。闻康熙、乾隆时，物力繁盛，斗米不及百钱，意其时无待人以养者。自嘉道间，已不能如全盛之时，及今日而凋耗极矣。生斯土者，极力弥缝补苴于其间，程子谓"一命之士，存心利物，必有所济"，如君祖父三世皆是也，非《周官》所谓"睦姻任恤"者哉？君早岁补县学生，少孤为家督，不能一志于学，入资为试用训导。生道光四年三月五日，卒于同治六年八月十六日，年四十四。无子，以幼弟起鹄子乃亮为嗣，室殷孺人，今礼部右侍郎兆镛女弟也，亦以同治十三年卒，将筮日合葬于邑之东危圩新阡。乃亮以状来乞铭。铭曰：

累代长者，而不老寿。一发之系，将昌厥后。宅此幽宫，皇天其佑。松楸郁郁，十世无咎。

清李龄寿《鲍斋遗稿》

忠义张公梦莲传

〔清〕张士衡

忠义张公讳乃淳，字文之，母梦食莲实而生，因号梦莲。宋南轩先生栻二十八世孙也。明归安庠生、乡饮介宾名世芳者，为公之八世祖，始迁居吴江之盛泽镇，遂为盛泽张氏。父宝镕生五子，公齿第三。周岁时，父夜坐抱于怀，手摩其顶，忽火星迸出者三，若有声然，喜为异徵。五岁能属对，七岁娴笔札，十岁毕读十三经。逾年应童子试，舒太守化民拟置第一，以童年思激励之，置第二。道光二十年庚子，年十六，自邑中试归，渡莺脰湖遭风覆舟，遇救获生，因又自号庚生。作《溺水再生记》千余言，同邑沈曰富见而奇之，与订忘年交。每谓公慷慨豁达，他日学问事业必大过人，于是乡党咸为其父庆有子。年十八，苏属科试，毛文宗式郁取入府庠。年二十三，李文宗煌岁试补廪膳生。时陆制军建瀛抚苏，甄别正谊书院，考取内课。主讲席者为高观察翔麟，亟赏其文，文名乃大噪，从之游者日众。咸丰元年辛亥元旦，有雁集于庭，三日始去。是岁，年二十七，应本省恩科乡试，中式第四十七名举人。十一月，遭父丧，哀毁几不欲生。服阕后，应丙辰科会试，荐而未售，遵例以国子监学正候选。己未再试春官，大总裁某公以公文入选。覆校时，以某总裁意见未洽，改置备卷，公绝不介怀。归里，与平湖顾广誉、贾敦艮、震泽陈寿熊、同邑沈曰富，日以道义相砥砺。年三十，无子。既生子，不数日殇，其妻劝置簉室，执不可。力行袁了凡功过格，凡书院义塾、养老恤嫠、育婴施棺、放生惜字，及地方一切善举，以身任之。曰："术者谓吾命无子，且须过咽喉不得令终，吾将积德以回天也。"至年三十六，果生子嘉荣。张氏宗谱版藏余姚历山宗祠，公往印全部。复以其父所辑盛泽支谱年久未修，采访世系，搜罗遗佚，历年余缮成二册。后其子嘉荣以盛泽一支归入正谱，赖有此。公弟乃溥，既授室而析箸矣，习世传缵业，所得不给于日用，公出所积馆谷资，购田若干亩与之。公姊适绍兴高氏，以节孝称，病殁于盛泽，公雇舟送柩渡江，为之合葬。时值乱离，抵绍后，高氏族人拒之。追公姊之夫弟至，具道来意，始得相安，以终其事。咸丰十年二月，浙垣陷于寇，盛泽毗连浙界，警告日数至。公偕兄乃治奉母避居芥字港，嘱妻侍奉乡寓。复返里集同志办民团。族人有无力迁避者，按户月给薪米周恤之。筹饷募勇，缮械购船，不辞劳怨，惟以内制土匪，外御窜贼，尽保卫桑梓之责。支持百余日，心力俱瘁。会里人有主降贼者，公知事不可为，再奉母迁赵田村。忧劳之余，疟痢交作，而母夫人年高，不乐乡居，不获已，力疾归。遂以九月十六日戌时，卒于镇之花园街旧宅，年仅三十有六岁。临终吐蓝色汁水升许，中有碧色血块，形如胡桃者二，盖义愤填膺，郁极而吐，比于长吉呕心、苌宏化碧已。配王氏，例封安人。子二：长嘉棻，生六日殇；次嘉荣，中书科中书衔，候选训导，邑附贡生。女四：长适沈恩湛，次殇，三适陈恭燕，四适沈庚藻。孙男二：长德骥，次谔。曾孙男贻武，女贻芬。光绪六年庚辰十二月，嘉荣奉公柩葬于江邑饭字圩东瓜坝之原。至光绪十三年，里人胪举事实详奉，学政王先谦先给"碧血流芳"额，复由督抚学三宪汇疏入奏。十四年十二月，奉旨褒扬忠义如例。公好为颜鲁公书，远近求书者踵相接。尝定以粟易书例，持米券来乞书，立加墨黏券壁间，随时以周贫乏。著有《希范堂文稿》四卷，博议楼古近体诗稿、赋草各二卷，遗安堂己未、庚申日记各一卷。

论曰：咸同之际，寇盗满天下，平乱功臣，大半以创办乡团奋迹而成中兴之业。公之才识，岂相远哉！天不永其年，竟使不获遂其志，可悲也！然为国家宣劳，为乡里捍患，心力交瘁至呕血以死，洵无愧为忠义也夫。

清张乃淳《博议楼遗诗》

憩斋叶君小传

〔清〕夏宝全

叶君宝树，字怀棠，号憩斋，世居吴江。明尚宝卿毅斋公之十二世孙，大理卿庆绳公之八世孙也。曾祖补亭公。祖省堂公，以忠厚诒谋有仁人长者之称。父筼林先生，承先启后，谆谆以忠信训子侄。故憩斋君之昆弟，无疾言，无厉色，盖得之于家训者深矣。筼林先生精于阴阳家，憩斋幼多疾病，年十七即弃举子业，攻濂东洛西之学，能心领神会，发前人所未究之论。曰："阴阳之理，本于天文，非洞窥奇门之秘，不足以穷阴阳之奥窔也。"丙夜一灯，孜孜不倦，时仰观天文于列宿之躔，次经纬指掌而明。筼林先生疏于家计，家政一委于憩斋，兼事摒挡，巨细毕举，暇则更研钟、王六法、丁未之秋，筼林先生将往吴兴。吴兴故多深山大泽，君欣然请随行，卒以崎岖劳瘁得病。既归，犹卧理家政，或选天星吉曜，辄口授其侄。盖心力交瘁而病，亦因之不起矣。所著《奇门会言》《奇门机言》，未成集卒，年二十有一。君之堂兄瑞卿，卒于粤西。胞兄三辰，于闽省得疾归，卒于家。皆先数年卒。论者谓世德传家，不宜有此。余谓不然，叶氏自尚宝公治水有功，其云仍饮和，食德数百年于慈矣。无平不波，无往不复，天道攸攸，久而弥彰。且凤慧深者，去来有定，有非人力所能挽留者。君检身以庄，接物以和，口屏非礼之言，目屏非礼之色。全与君同里，又少尝同居，谊关亲串，得之见闻者久，因述其大略，以俟世之访轶事者。同里夏宝全撰并书。

清叶德辉等《吴中叶氏族谱》

兵部武选司主事张君墓志铭

〔清〕柳以蕃

余年十八九治科举文，即与邑子相缔交。其最凤者，莫如冯君纶士与张君伯衡，而并时之称雄于文者，亦莫如二者。纶士殉庚申之难，余既哭而表其墓，乃今又及伯衡之葬。追念三十年间，曩人故侣零落至此，尚忍铭吾伯衡哉？然亦岂可以无辞与！君讳文璿，号元之，伯衡其字。吴江县乡壶芦兜人。祖候选州同孝嗣，饶于资财，好宾接文士。父国子生与龄，有阴德，蚤世。君幼以孤童，为大母吴太君所育，天姿俊拔。及长，受文法于叔父子谦、小憨两先生。年十七为县学生，历就外馆，尽囊其家藏数百家制艺以行，久而洞窥其奥，自为文，益深邃。每构一艺，高扃箧中，不肯谩示人。后交以蕃，又后交纶士。三人者，常会谈，证讨其所得。论有不合，则斷斷斗辨，壮声满坐，各不相下，退而又各相倾服，时人皆以为笑。初，君以岁试第一食廪饩，已而再甲其曹，馆禄渐盛，弟子著籍者亦渐众。每遇学政考校后生新进，袖场艺请决利钝。环列数十人，无问及门不及门，皆称张先生，皆知张先生凤于文者。顾君累试乡闱不得志。会遭寇乱，流离颠顿，又丧其配，又厄于疾病，壮气骎骎日减。寇平应举，仍不售。当时渐闻有疵君文者，谓高简不宜于速化，门弟子亦稍稍引去。及同治丁卯举于乡，戊辰连捷成进士，改兵部主事，自谓材不可用世，遂去官以归。大开讲舍，倡导后学，遥主震泽颐塘书院、芦墟切问书院。文字累累几案间，君钩校涂乙，下笔不辍。或自拟稿以示程度，而一时承学之士，适登进无虚科。于是，远近之论文者，又必首称张进士，谈张进士文不释口，然君固未尝自疑自信于遇不遇之间也。君之去官也，时论皆惜之，而君冲然有以自愉。时时与乡老讲求农事，买田宅旁，佣工以耕。岁得谷颇饶，酿酒数石，甘美芳冽，曰："自罄一壶，以文下之。"家有小阁子，课二子其中，诵声琅琅，与家人机杼相应和。君顾而喜曰："吾虽官禄不如人，然澹泊中差可味矣。"君之为人也，中身，神清貌癯，目短视。其为文也，善往复，幽如旷如。其为学也者，耆迁、固两家之书，及明归熙甫古文。其为言也，若涩于口，意缭绕不尽。其一切落漠不可亲之状，皆其天赋使然，初非岸异不近人者比也。余与君家为两世交，又同居分湖滨，隔三里许。初，时以文字往还无虚月，比年君精神稍颓散，余早衰且病，不数数见，然见益欢甚，必语终日。及君殁，而徘徊荒江，益令人有苍凉寂寥之喟矣。君生道光七年二月五日，卒光绪九年八月朔日，年五十七。祖、父皆以君官赠奉直大夫，妣皆宜人。娶朱，继娶陆，皆封安人。子男四人：长宝钧，县学生，能世君之业；次宝锽，早卒。朱安人出。次宝政，殇；次宝镐。陆安人出。女子三人，长朱出。宝钧将以光绪十年二月某甲子，奉君柩与朱安人同葬邑之呵邑圩新阡。以余与君为文字厚交，先期手状来请铭，盖亦向者纶士例也。铭曰：

大风一嘘，铩羽忽骞。方骞而税，孰知其然。进退在己，匪人匪天。蛰躬藏用，宜康其年。奈何一疾，误药而颠。椓我文杰，霾魄九泉。遗编在箧，高坟在阡。我铭不华，庶几可镌。

清柳以蕃《食古斋文录》

许嵩庵先生家传

金天翮

先生讳成烈，字懋昭，号嵩庵，吴江人也。先世籍当涂，明季始迁邑之芦墟。曾祖讳明扬，祖讳宏礼，父讳全应，有隐德，事迹详《分湖小志》。母朱氏，治家有法度，寿至九十有几。先生少颖异，博学能文，视科名如草芥。芦墟僻在邑东，乡先正名者，有陆朗甫中丞曜、郭频伽茂才麐，政治文章，冠带衣履天下。先生景仰文献，读书养气，慈和谦退，终身不见喜愠，然临事善断，义勇奋发。光绪丙申正月，浙江归安县粮艘二十余，道出镇南分湖。运丁自来以豪猾著称，入市购薪菜，辄抑价，倚势蹂藉商贾。汛官出纠呵，则扬言："我辈运皇粮赴沪上兑，敢捕一人者，误海运期，汛官应伏厥辜。"先生于是阴部勒农夫之有膂力者，乘不意，立缚十五人于市，星夜驰付县廨。运丁大噪，县令急札分防厅，以弓兵至弹压，始慑服解维出境，论者咸服先生胆力。先生既理芦墟乡政，乡之团练、积谷、育婴、掩埋等诸废毕举，而兴复切问书院，以课多士，于作人之功为尤大。初，朱太夫人晚年得末疾，不良于行，又时时欲强行。先生旦夕扶掖之，或令孙曾辈读书其侧，以博欢悦。从弟月亭，经商耗其资，分产以赡其生，死复为营葬。其他贫乏者，辄赒以财，弗责偿，其孝弟任恤有足称者。殁于光绪二十六年六月二十四日，享年七十有四。远近闻者，皆唏嘘泣数行下，曰："善人亡矣！"子廷桢、廷槼。孙宝廉、学廉，皆廷桢出；尚廉，廷槼出。曾孙豫曾、泰曾、观曾，宝廉出；益曾、萃曾，学廉出。

论曰：自古在昔，先民有作。昔我王父，仁泽溥乎一乡，少壮健侠，亦尝手格大盗于庭而仆其魁，一时称胆略焉。先生訚訚儒行，慈祥溢于颜表，方其叱缚运丁时，年已七十矣。番番黄发，定变以常，非夫仁勇兼赅，乌能胜其任而愉快哉！

金天翮《天放楼文言》

皇清诰授奉政大夫晋封朝议大夫五品衔选授常州府无锡县学教谕兼理金匮县学训导随带加四级纪录五次庚午科并补行壬戌恩科举人国学生显考润之府君行述

〔清〕柳文潮　柳文海

乌呼！我府君之卒也，远近闻之罔不悲思慨叹，佥谓近今来未有廉直勤谨、独敦古处如我府君者也。其为己，则淬厉黾勉，一本以守约；其待人，则激励劝奖，悉漙以大公。不孝等知识驽下，徒循末迹，未究本原，其有忝者多矣。谨就生时行谊，凡习闻于长老及侍奉时所稔知者，诠次如左：府君讳昌霖，字雨农，一字祖泽，号润之，姓柳氏。始迁祖春江公，世居浙江宁波府慈溪县，避明季倭警，迁居吴江县之东村。迨八世祖明处士心园公，始居北库港。传至高祖太学生一衡公讳德风，号朴庄，生二子。长本生曾祖宇安公讳阶泰，号耽泉，候选布政使司理问。本生曾祖妣沈氏，继孙氏。次嗣曾祖甸安公讳廷模，号树滋，太学生。嗣曾祖妣张氏。甸安公早卒无嗣，本生曾祖命大父奉直公后焉。大父讳映墀，字昂衢，号紫笺，候选县丞，诰封奉直大夫。祖妣张氏，诰封太宜人。大父为人鲠直性成，能任艰巨。咸丰之季，粤寇自苏常卷土而来，凡属邑无完境。我大父恫祸难之未已，弭变之无人，于是首创义举，治团练，规画捍卫桑梓之计。维时无为蒋明府一桂督办江邑饷捐，与大父深相契，明府巨细必谘，大父亦推诚相与，故饷捐集而民不扰。凡筹防义饷之输，往往独捐重金，不以累乡里。自庚申岁邑城告陷，我乡以小小墟集，得瓦全于兵燹煨炉之余，大父挈其纲，府君亦弥缝左右之也。事平，官吏上其劳，得议叙县丞，而府君亦得奖五品职衔。府君兄弟二人，府君居长，次为叔父滋田公讳熙霖，候选光禄寺署正。府君之生也，和易正直，秉性忠厚，一如太府君。尝诏不孝等曰：“余年十五应童子试，以幼童为学使者张公带所赏异，虽额满见遗，而牍批有褒词也。余性简质，不喜揣摩靡嫚之习，追章琢句，朴而不华。年逾弱冠，屡试屡踬，每自病其学之未至，不敢致憾于有司之不明也。中年以往，人事日滋，间丁丧乱，靡有宁居。然吾壹志不分，苟非甚不得已，吾未尝一日释卷以嬉也。吾求吾得于心，身外之利益，世人之讥议，我不暇计也。譬如农夫是穮是蓘，虽有饥馑必有丰年。读书以穷理为归，遇窒而理通，吾不谓其窒焉；遇亨而理阂，吾终不谓其亨也。吾试于督学九次终见黜，试于乡闱三次而始得举，吾不谓见黜之屈抑，而得举之非幸也。”其平日训诫不孝等为学也有如此。不孝文潮以咸丰戊午六月生，不孝文海以同治丙寅十一月生。自早岁受经以至肄习文艺，间亦出外就傅，而终得之府君指画讲诲者为多。性廉静，遗外时荣，自庚午举于乡，人方以蹑足云霄相期待。而府君顾知足知止，杜门却扫，一惟以奉亲读书为至乐。乡里间有以薄物细故而起争讼以相质证者，府君必揆其情之所当然与理之所以然，出一语以释其纷，故两造冰释，退无后言。于地方利益修举兴废，不遗余力。吾镇水陆各栅，兵燹后概未兴办，宵夜奸究，绝难何问。庚辰，汾河叶少尉佐清奉宪檄饬各镇兴修巷门栅栏。少尉捐廉为倡，而委府君以筹集众资，鸠工庀材，费减事赢，闾左以安。壬午，北厍港道淤浅，群议开浚。府君乃集众议，指拨米捐款项，分截东中西三段，次第兴工，禀县开办。甫及三旬，一律工竣事蒇，府君手书一匾于镇之三官堂，以纪其事。此皆府君居家为政之端也。丙戌冬，府君选授常州府无锡县学教谕，念祖妣张太恭人年逾古稀，不忍远离膝下。亲友辈劝驾，咸谓苏常接境，音问易通，且叔父滋田公日侍左右，足资奉养。府君乃始赴任所。屡请迎养张太恭人而未遂，则岁一假，旋省视张太恭人起居，见太恭人康强如昔，始心稍稍慰。毗陵山水雄秀，风物渊醇。自前明以来，魁儒朴学，项背相望。当时东林声气之盛，扬清激浊，论列臧否，时宰且退而听命。洎入国朝，秦氏蕙田、顾氏栋高标经学于前，华氏蘅芳、薛氏福成开风气于后。故居是邦者，类皆文史渊懿，器识通敏，流风余韵，迄被未衰，其声光方且驾省会而上之。府君自视事伊始，雅与彼中人士相洽习，而尤以端器识培士气为当务之急。凡学官弟子，季有课，月有考。其请益及门者，必则古称先殷殷焉，以无坠乡先达之遗轨相教勖。锡金文庙乐器乱后制备，独佾舞仪文未遑修举。府君念礼与乐并官，文与质相宣，声容阒寂，祀典曷严。于是捐廉俸以置舞衣，延乐师以究音律。至今春秋将事，而羽籥声容弥臻美备，实府君有以发其凡也。曾以其间奉大府檄委，兼理金匮学事。任事六期，始终一辙，不唯阿以随俗，不峭厉以伤和。自己丑七月叔父滋田公病殁于家，是年不孝文潮子章煃殇，明年不孝文海元配妻徐氏亡。不及一稔，骨肉之间叠遭丧故，府君内伤于怀。恫常华之死别，眷春晖而谁娱，于是告归终养之志决矣，壬辰之冬，得请而归。锡金人士拳拳于府君之去，挽留之不能得，则设生位于文庙东之名宦祠，效庚桑畏垒之祝，以寄去思。夫教官一职，沿至晚近，亦且名实俱亡矣。人之评论是职者，等诸香火祠官之列，而卓荦有为之士，方且鄙夷而不屑就，以为于世无足重轻矣。乃府君顾得此于锡之人，其殆有异于流俗之所为耶？何锡之人爱我府君之殷而挚也！府君自归里后，一意洁养，门外事不复訾省。祖妣张太恭人九秩称庆之年，府君亦寿跻七秩。两世耆年，群称盛事，乡邦人士多有撷词以当祝嘏者，裒然汇为巨册。府君奉亲之暇，非书卷无以自娱，筑数椽于宅西，炳烛矢勤，老而弥笃。间作书画，不习时趋，书法平原，画工墨梅，不以示人，人亦鲜有知之者。府君七秩以前，康强纯固，精神等于少壮。壬寅秋，偶感时疟。癸卯夏，复染红痧，而元气大亏，精神顿耗。素秉不服药为中医之训，不孝等敦请延医，而府君意雅不谓然。是冬十月，祖妣张太恭人弃养，府君居丧读礼，哭泣哀毁，益增衰惫。甲辰六月，又撄三阴疟疾。不孝等深虑年高体亏，难以撑拄，迭经疗治，百无一效。至十月初旬以后，卧床不起，然神思尚清。不孝等日侍左右，犹冀疟势衰减，得以渐瘳。不谓正气告竭，痰壅间作，延至二十八日，竟弃不孝等而长逝矣。乌呼痛哉！此皆不孝等侍奉无状，不能识烛几先，调护无形，而今而后长为无父之人矣。乌呼痛哉！顾念府君生平，持躬涉世，一本至诚，践履粹然，虽造次必循礼法。第足自表白，类皆庸言庸行，而绝无殊能奇绩，以光显于世。即仕为儒官，亦未尝久于其任而伟有施设。若不亟为撰次，使先德汶泯不彰，不益重滋罪戾乎！府君生道光庚寅十二月二十日丑时，卒光绪甲辰十月二十八日丑时，春秋七十有五。元配金太宜人，同邑廪膳生讳春渠公女。继配王太宜人，浙江嘉善县邑庠生讳铭公女。又继金太宜人，同邑太学生讳铨公女。子二：长不孝文潮，江邑附贡生；次不孝文海，江邑附贡生。女一，适同县恩贡生徐兆熊。孙三：章烺、炳南、耀南。章烺殇。府君生性好善，自奉俭悫，而推解无吝。于光绪辛卯岁，奉张太恭人慈训，报捐津直，赈捐棉衣一千套。荷蒙天恩，准建"乐善好施"坊，奉旨在案。其他阴德，耳鸣老人固不尽知，即不孝等亦几有不及知者。府君殁后，不孝等偶检遗书，得手笔一纸，处分身后，条理秩然，谆谆以宁俭毋奢、宁戚毋易为嘱。预撰挽联，达观身世。庚寅间，自营生圹于江邑二十八都大图圩，即安葬先妣金太宜人、王太宜人于其阡，丑山未向。不孝等将以某年月日窆葬府君于是阡，用敢和泪濡墨，据实撰次，略陈梗概，以赍告当世立言君子。倘荷俯加采择，锡之铭传，俾附以传，则不孝等世世子孙感且不朽。孤子柳文潮、柳文海泣血稽颡谨述。赐进士出身、翰林院庶吉士、年愚侄钱崇威顿首拜填讳。

清光绪三十年印本《柳润之府君行述》

杨宝珊传

第六世宝珊公，字蕉雨，以子学沂官诰赠中议大夫。公天性敦厚，事母至孝，雅量善饮，不甚好读书，顾天姿颖异，作字独苍劲。年未冠，秋霞公即弃养，重慈在堂，诸姑在室，债务累累，即戚族纠会之已得，而待偿者至十有八起。又为诸姑料量遣嫁，典贷以应，几无虚日。出就户曹椽，夙夜趋公。不数年，冠其曹，制节谨用，凤遇稍舒。性严重，能以片言弭大祸。会乡民苦漕仓，溢收逾额，联樯载斛，挟众与县吏抗。千人汹汹，势且大乱，公稔其魁桀，单身跃舟，慷慨劝譬，事立解。无何，发匪陷苏垣，江城旦夕破，先购一舟为尽室避乱计。陆淑人执从子不从、孙之义，偕寿棠公避去湖滨，濒行以藏金六百属公埋地。公奉薛淑人以下大小十数口，蜷伏舟中，渡关出险。不逾日，城即陷。因元配沈淑人妹、五姑两柩寄厝未葬，虑为贼燹，复敝衣入城，雇乡农抬送吴家港祖茔，在玉棠公墓穴之前，掘坎以葬。掩土甫毕，贼大至，弃所携锸，由陇畔疾走得脱。嗣是沿湖泛舟徐湖湾、陈家湾等处，访问乡老，借椽栖止。烽火所逼，一夕数惊，每播迁一次，箱笼即抢失一次，身无完褐。舟有宿酿，扣舷独酌，思以身殉。舟子周大素忠义，窥公有自沉意，真切劝止。姑回舟，视原处破絮敝纸下有小箧完好，启视，金钏二事宛然尚在。公曰："此殆天之不绝我杨氏欤。"售金附舟，间道至沪。时当道正筹议会防，招人缮治文牍，公橐笔应，月薪所入储备迁眷。先居浦东，继寓郑家木桥。携长子铨赴局自课，日长腹饥，购市饼二，父子分啖其一，另储一饼字篓中，备下日之需。遇星期休暇，酌购市脯回家团饮，视仓皇乱离中无异登仙矣。同治三年九月初三日，苏抚李爵帅汇案奏《保克复苏州省城等处积劳各员折》，内请以从九品双月归部选用，奉旨依议。其时发匪已平，公挈眷回视乡里，故居残破，不堪复住。赁屋同里镇泰来桥，延廉卿赵先生课子铨与学沂读。县令万青选又欲强以吏事，公以大乱之后流亡未复，苛征则伤民，宽缓则亏赋，坚辞不就。避地塘湾（秀水属），旋复转而之沪，托戚谊萧君鹤卿护眷后行，寓登云桥，再迁唐家弄。至同治八年二月，始全眷移苏盘门。老宅本徐姓产，因毗连胡屋，亦愿脱售，遂并得之，结构新椽，颇费心力。嗣遣铨就惕安严先生治医，遣学沂就晋三陆先生治文。婚嫁之事，以次递举。岁丙子，学斌生。戊寅，学鉴生，旋殇。辛巳，又遘继姒薛太淑人之丧，百事毕集，储积一空。学沂乡举后，自京之济宁，再之烟台，筹笔戎幕，铨亦招赴东海医官。然赡家之费，仍苦不足，公撙节谨用，躬亲琐碎。至光绪十四年戊子，孙宗培生，老怀欣慰，胜于其子捷贤书时也。无何，铨回籍，骤殁，学沂独寄烟屿。中日战起，烟军适当其冲。念游子之远征，惕海氛之日恶，疾疢间作，气血并亏，于光绪十九年癸巳二月二十一日丑时，寿终苏第。临危，集沂等训之曰："我一生艰苦，诚未积资以贻若辈，然亦未举债为尔等累。如将来沂儿欲措资服官，可货我屋，不汝责也。"公在日，自购吴县澄湾璧字圩茔地，群山环抱，谓为气聚。附身之具，悉预购备，只虚冠履二事，属犷频呼脚下。沂等方寸瞀乱，误为启手启足之意，实则神明湛然，至危不乱。公性慈善，貌严重。大难以后，自念邀天眷佑，举家克全，凡亲友不给者，必量力欣助之。遇乡老来访，必置酒款洽，不忘周旋患难中也。生平不近声色，兴至约友手谈以为乐，抱孙后亦不复为此。家庭琐屑，乡党风尚，皆一一抱持而提命之，不知其为髫稚也。距生于道光十一年辛卯十二月二十九日未时，享年六十三岁。元配沈氏，诰封淑人，秋泉沈公长女，生于道光十年庚寅正月初七日，殁于道光二十八年戊申十二月十九日，享年十九岁。继配沈氏，诰封淑人，秋泉公次女，生于道光十五年乙未十二月十一日午时，殁于光绪三十年甲辰十二月初二日巳时，享年七十岁。当淑人之来归也，值家道中落，重姑在堂，典质钗钏，岁以为常。淑人勤操作，凡爨汲缝纫、洒扫涤器，婢媪所不能任者，一以力任之，致壮年即有晕眩之病。庚申之乱，随府君避乱太湖破舟中，箧无易衣，抱儿女卧积薪，忍饥哺乳，常恐儿啼为贼侦悉，患伤寒病甚剧，至饮湖水以解热。烽火稍远，便泊舟近村，就所识田家栖止。偶有警，不论昏夜，又襆被上舟，邻儿杂沓，不辨为谁氏子也。有一日，舟已离岸，二龄子学沂尚叫嚣田畔篮舆中，淑人痛哭求舟子刺篙攫还乃已。府君觅食海上，淑人独居乡间，篝灯纺织，并售针指，遣子铨就乡塾读。煮饭先饷塾师，次即舟子周大，谓缓急实赖其力。食余，淑人乃聚儿女群啖之，不令先也。嗣由沪而苏，子女以次成立，为铨妻于张，为学沂娶于汪，家道不顺，又相继夭折。汪媳为淑人所钟爱，哭之甚恸。是年，并值薛太淑人之丧，血脉偾张，疽发于背，敷治经年，始得肤合。后遇阴湿及分至巨节，辄牵掣作痛，晚年血亏之症由此。癸巳府君捐馆后，即率子孙辈于翌年十二月十八日，奉榇安葬澄湾新阡，并自营寿穴。丙申为学斌娶室，戊戌后始赴沪就养。壬寅起，气体大衰，筋骨酸楚，终夜不寐。沂继妇史氏抚摩抑搔，斌妇李氏慎侍饮食，均能得其欢心。屈指甲辰，适届七旬正诞，婿女齐集，谋治觞称庆。又因感触王氏外甥盛年夭折，食后泛恶呕吐，胃气骤伤，痰火上雍，参耆无效，距十一桃尊仅短十日，已不及待矣。临终，顾妇史氏曰："汝事我至孝，我愿汝将来有妇，亦如汝也。"淑人持家政五十年，中经乱离，艰苦万状，生平片纸寸缕，不轻委弃。遇幼辈失礼，严谕不少宽假，事后又温循抚慰之，戚族长者金谓："有祖姑陆太淑人之风。"子五人:一铨;二学沂;三寿生,殇;四学斌;五学鉴,殇。女五人:长适长洲顾致昌,字叔和;次适上元王朝佐,字鼎辅;次适吴县周天培,字栽伯;次适吴江周咸熙,字骏芝;次适元和胡沛霖,字雨人。光绪三十一年乙巳十二月二十三日,启澄湾寿穴祔葬。其山向墓道暨负土,先后次序,附志于后。澄湾茔地,东西进深二十一弓,南北宽十弓,合山地七分五厘,坐落吴县二上一都二十六图璧字圩。酉山卯向,兼庚甲三分。丁酉丁卯分金,坐西宫十七度,胃一度。向卯宫十七度,氐三度。水左倒右,出乙字,作木局。旺向衰方消水,龙自坤甲转庚入首。光绪十八年五月十五日,葬洁夫公于昭位,葬洁夫公元配张孺人、学沂元配汪淑人于穆位。光绪二十年十二月十八日,葬蕉雨府君于正位。因元配沈淑人乱时安葬吴江吴家港祖茔,岁月过远,恭设虚位合祔。学沂为文封纳圹中,文录后。光绪三十一年二月二十三日,奉府君继配沈淑人祔葬正位。民国五年丙辰四月初十日,奉洁夫公继配费孺人祔葬穆位。

杨学沂《吴江杨氏宗谱》

恤赠内阁中书副贡生殉难冯君墓表

〔清〕柳以蕃

咸丰十年,金陵大营溃,贼长驱入苏常,连陷各州县,所向披靡。而吴江之西鄙黎里镇,纠乡兵一千人分道控扼,支三月始溃,一时士大夫死节者踵相接,而吾友冯君与焉。事平,皇上推恩天下义节之士,命各督抚以次上闻,下礼臣议恤。时吾邑十余人同被此典,而君独遗于有司,不得达。会有言于御史王公宪成,疏上其事,诏赠内阁中书,荫一子入监。而里人士复为君设位,与诸死节者同祀于乡。呜呼!君于是为不死矣。君讳经,字曾述,一字授之,震泽人。曾祖锡瑞,祖薲,皆庠生,乡里称长者。父善庆,母王氏,生二子,君其长也。君眉目英伟,神采皆异人,少读书,目可数十行。年十六入县学,已有名诸生间,顾落落自负,不肯随人苟同。为文必追古大家,自言金海阳、刘黄冈以外无肯北面者,时人皆哗之,君顾毅然也。时余方求友乡邑,得君文奇甚,举以语张伯衡文璿,遂同约为兄弟友。伯衡性沈静,君议论锋发,数与余斗辨。余争之力,或竟日不相屈。伯衡周旋两人间,而阴袒君,如是以为常。咸丰戊午,君游京师,中顺天副榜第一。归而遭祖丧,以太公精力衰,始分理家政。家故饶,君祖长厚好通财,为人负不下数千缗,及君几困。然君意量豁达,毫发不为介。又振人急,如恐不及者,人以此多君。君自幼喜读史,及是又颇讲论世务,尝谓:"东南自寇兴以来,封疆之臣弛无备御,徒以拥兵顿食为自全之计。而武臣之效命于外者,虽有公忠壮猷之人,率皆箝受节制,不得尽所欲为。一旦祸发,其靡烂有不可胜言者。"当时,颇疑其过激。乃未二年,而果如君虑,而君亦卒以身殉。悲夫!君之死也,以督乡兵抗贼,力尽不支,自投水,年二十九。死之日,则六月初八也。弟滩从君水死。贼退,收其尸,皆不获。妹未字者,骂贼被戕,其事甚烈,因祔书焉。君配沈,子鼎望,幼。同治六年某年某日，其家奉太公命，以衣冠葬君于某乡某原。君死事已襮于天下，而其平生志行，成仁取义，非交君深者不及知也。爰撮大略，揭于墓右，以尽交谊，以塞太公之悲，以式乡邦而讯异世。

清柳以蕃《食古斋文录》

仲阮公传

公讳善咸，字品亨，号仲阮，铁霞公次子。生于道光十二年壬辰正月初三日午时，卒于光绪九年癸未九月初一日卯时，享年五十有二。公声音洪亮，貌状低小，幼承家学，秉性过人。咸丰辛亥科试，以第三名入泮，乙卯补增。丁巳，公父铁霞公没于京寓，公闻讣奔丧，哀毁骨立。明年扶榇归里，只以母严太宜人在堂，晨夕侍奉，距步不离。时值洪杨变起，避乱乡居者五六年。迨平定后，公即以同治四年乙丑补行辛丑、壬戌恩科，中式第五十一名举人。太宜人顾而乐之，每谓公曰："尔父久宦京师，遽捐馆舍。今汝虽一第成名，克承先志，然余年齿已高，甚不愿汝远离左右。"公谨遵母命，伏处家庭，未登仕版，其孝养之诚，有非常人所能及者。居恒嗜学，根基天性，尤工八分书，酷肖铁霞公手笔。临摹古今碑帖，至老不倦，乡里中登门求书者，援笔立就。生平为人正直，亲族中有患难者，辄投袂而起，虽赴汤蹈火亦所不辞。本镇团防局公为主任，严冬躬冒霜雪，督率士卒，四出巡逻，不辞劳瘁，宵小远扬，地方安枕，然公竟以此积劳成疾，遂致不起。妣氏沈孺人、严孺人，合葬于乌镇南栅外邱港。

清周善鼎等《周氏宗谱》

皇清诰授光禄大夫太子少保兵部尚书山东巡抚霍钦巴图鲁世袭一等轻车都尉加一云骑尉赠太子太保予谥勤果张公神道碑铭

〔清〕谭廷献

仁和谭廷献撰文，会稽陶濬宣书并篆额。

咸丰以来，宣力三朝，戡难勤民，文武勋臣曰张公，讳曜，字亮臣，号朗斋。顺天大兴人，祖贯浙江钱塘县，家世儒术。曾祖志铭，县学生。祖涛，顺天副榜贡生，山西绛州直隶州知州。考世桐，候选知州。三代赠如公官。公生颖异，有神力，就傅日，恒部勒群儿持竿结陈，儿无欢者。少长能诗，习颜平原书，辄工负奇。早弃举业，吴江蒯大夫贺苏宰固始，公旧姻也，往依之。河南群捻已大起，固始尤近窟穴，出没不常。县令纂严，集健儿数百付公训练，尝设奇却袭城之寇，由是知名。已而破巨捻李士材汝南，以收复光山息县功得官。咸丰六年，署固始令，守御益完一，援光州，解其围。当是时，捻众合势皖豫，号数十万。固始婴其冲，公拮据捍御七十余日，贼百计攻之不下，释围去。蔚乎功首名达当宸，自此始擢署光州牧。光与颍霍接壤，公出师会剿，威震淮北，勇冠三军。父丧解官，河南大府方忧张洛刑之众蔓延中原，留公。墨绖枕戈，连战皆克，惟时浛登功簿。朝廷酬庸已，擢加按察使衔，记名道员。中州四战地，逆捻槃牙猋忽，迎击踵蹑，兵机日变。公入奇出正，与为不穷，而尤留意孑遗，卫养良儒，降众复煽，以智杀其势，勇瀓其烬。同治元年，特简河南布政使，仍董帅兵。公七八年间，蹈厉疆场，下同士卒甘苦，人方以战将目之，骤管藩条言者诋諆。诏曰朝廷文武并重，豪无歧视，乃以总兵改补。公绸缪恩遇，无概于心，专战如故。科尔沁亲王督护诸将，以公为右翼长，奇兵搏贼，七战皆克，贼党斩馘几尽。河南粗定，王檄留公而身自追贼，公得乞假葬亲。时杭州初复，衣冠稍集，公思贤访古，乐与文士游处湖山，舒啸若将终焉。而淮北寇亟，河南大府仍奏起公复出，部合新旧，选锋约法，遂成嵩武军。厥后驱驰绝徼，开边载绩，西陲万里底定之勋，綮惟此军，抗湘淮之颜行，若与为后劲云。至六年，拜记名提督之命。皖北既诛张洛刑，其孽总愚拥众北窜，畿辅传烽。节相李公控驻德州，曾侯师于济宁，公在前敌。诇张总愚诡悍，方交，绥敛陈，遽退。公亟卷斾急驰，出其前二百里，先至饶阳，丁夜成列。贼果至，错愕遁去，不复进瞰近畿者。嵩武军大有力焉，论功赏穿黄马褂，并骑都尉世职。公军坚韧耐劳，益习北土。七年，捻平，乃移师而西。公之西征也，以陕回畔乱，临河防剿，召公援山西，寇至却之。乃度陇，遂进军甘肃，策应大军，壁准喀尔。八年，乌拉战胜，阿拉善解围。宁夏回众从乱抗官军，公与将军金顺公合击，连下数十寨，宁夏肃清。诏授广东陆路提督。回酋白彦虎踞肃州，公从督师左公攻下之。白酋亡命出嘉峪关，窜于乌鲁木齐，煽召同类，哈密南北城附之。俄罗斯方拥伊犁，巴里坤且岌岌。朝命公总防讨，亟援哈密。慷慨出关师行，乏水草沙碛二千余里，饷馈艰阻，议立屯田耕凿以济军。进克吐鲁番，联络群帅，拔乌鲁木齐，白彦虎遁，俄人归我伊犁，新疆式定。左公倚公成大功，乃以重任期公，密陈于廷。光绪六年以来，先后襄办军务，督办善后，师贞丈人，以儒将冠于军。十年九月，班师入关，防护直北，赏巡抚衔。寻叙边功，复赏头品顶戴。十一年五月，简广西巡抚，未出，方董所部，浚治都城河道。工竣，恩加兵部尚书衔。旋奉旨勘河山东，建议南北分流。虽不果行，而宫中以笃棐陈言衷于民物，十二年五月，调山东巡抚。初，公在行间，振辔齐鲁，综揽形势，咨嗟疾苦。军兴后，黄运并淤，昏垫所由，下流日狭。上游泛滥，沙挟日高，堤形亘长，庳薄莫御，轸乎茕虑，非一日矣。至是受任封圻，广询忠益，塞漏卮，培喉亢，斯枝渠，启键钥，参西法以运楗茁。到官期年，奔走河干垂三十旬，淫霖倾坻，单骑沐雨，察险工泥涂，父老雪涕马前，若忘其死。公呴喻饸粥，截漕振馁，移及溺之，氓以就粟，五载柱部，宣勤如一日。优礼贤士，罗于门左右者数百人，解推弗倦。私财不足，称贷益之，沉灾之余，扶挽士气。方公在西域，所至创立义塾，泽以诗书，冀平犷噬之气。开府山左，则建海岱书院于青州，修复洙泗书院于曲阜，投戈讲艺，学道爱人，素所蓄积者然也。十四年，奉懿旨襄办海军。明年，加太子少保衔。十七年四月，朝命会阅南北洋海军，至烟台，闻台湾刘抚部铭传移疾解组，则抗章请行优诏褒之。六月，将赴利津勘堤，疽发寖剧，尤讲画群政不废。背创溃，七月薨于位，年六十。官阁萧然，无百金之蓄。公未绝之日，四民皇皇，奔走祷祈，求益公算。既逝，交衢缟素，若丧天亲，人士聚哭于省闱。嵩武军中，斫地投胄，哀声遏长河。事闻，九重震悼，赠太子太保，谥勤果，祠贤良，子孙进官，饰终一视总督礼。公长身剑立，丰颜额，出言迟重，而色温温。性慈惠，闻人疾苦，若被诸体。恢廓大度，散金如泥沙，而自奉俭约。壮岁治兵多奇策，风动水立，然得于默观，资于广听，论者谓忍而能断。近者治河，导机遏势，有合有分，皆兵法也。疏牍往往自裁。幕下敛手，最长技击，非健儿久侍戎右者，亦不克知。噫！中外大臣，赞中兴之伟烈如公者，可谓兼资文武也已。配一品夫人蒯氏。子三：端本，安徽庐州府知府，遇缺，简放道；端理，恩赏部员外郎；端瑾。女四，陈其元、孙宝琦、陶誉光、姚舜年，公婿也。光绪十八年四月，治葬于杭州凤凰山麓。长公子介所亲造于廷献，属表墓之文，谨次第勋劳，推本性行而为之。辞曰：

天柱柱天，交会为辰。鼓鼙渊渊，旁求帅臣。张公扶义，兵若天授。弧矢四方，身鹄斯縠。公来自南，去垢中原。芟燔蟊贼，以卫元元。公征徂西，霜肃秦陇。鹰扬绛霄，霍增卫重。公归北极，翊卫邦畿。凌烟象设，肃将灵威。公车既东，棠憩召伯。大河汤汤，德音莫莫。夸父之步，忽黳虞渊。传说作楫，忽沦巨川。帝开明堂，功宗告谢。将士潧血，衢市句罢。越纽毓灵，云容黯然。有万栋材，赐葬丰阡。载考司勋，民谣士谝。撰德幽宫，凤山如砥。

光绪十有九年龙集昭阳大荒落夏五月壬午朔建。

山阴吴隐、仁和叶铭刻。

吴江博物馆藏拓片

凌磐生府君行述

沈廷镛

府君姓凌，讳泗，字断仲，号磐生，晚自号莘庐。吴江人。先世有明诸生讳履者，自安吉迁吴江之黎里。四传讳信，宪宗朝使安南有功，官太常寺少卿。三传邑庠生讳滨，再迁南传村，又迁莘塔，是为府君十世祖。曾祖煜文，国学生，候选县丞，妣陈。祖高荣，国学生，候选县丞，妣张。考大鲲，国学生，候选州判，妣张及费。两世皆以府君职貤赠奉直大夫，妣皆宜人。兄弟三人：长洙，早卒；幼沆，字廉叔；府君其仲也。幼颖异，读书目数行下。未弱冠，作文洒洒千余言，大父乔松公甚异之。道光二十八年，乔松公卒，府君益勉学。咸丰三年癸丑岁试，补县学生。六年丙辰，以岁试第一食廪饩，文名噪一时。与从祖弟砺生先生淦，同受业于潘筼坡先生纬、陈子松先生寿熊，以文行相切劘。病当世操觚家专守时俗猷骸肤陋之文，形摹声袭，流风相师，欲力矫其弊。虽为制举文，动与古会，惟陈言之务去，远近宗仰，称"二难"。同邑沈南一先生曰富、陆雪亭先生曰爱、柳莳庵先生兆薰，咸折辈行与交，盖自英年已慨然有志于古人述作之林矣。九年己未恩科，江南借浙闱乡试，砺生先生与同祖兄百川先生濬皆捷，而府君独见遗。十年三月，粤匪自江宁窜苏常诸郡，四月，陷邑城。莘塔直邑东，地僻而阻水，乃佐其父二堤公鸠族与里人谋团练，部勒乡民，缮守具，而身任筹画训练之责，勤劳綦至。既而同里、黎里相继陷，独余家团练兵保雪巷幸完，乃相犄角。地小援绝，饷更奇绌，因于七月全家走上海。二堤公以忧劳交积，病没奉贤之庄行镇，渴葬华亭亭林乡。明年辛酉秋，府君配费宜人又病没沪上，遗一女。同治元年壬戌，费太宜人复弃养，断辂失荫，相逼而来。府君以才华跌宕年少气盛之时，忽际此流离颠沛死亡变故，极人生未有之艰难，《同谷七哀》不足喻其悲怆矣，乃于是冬携弱弟幼女衔恤旋里。甫抵家，即以诗哭子松先生，访雪亭先生、柳子屏先生以蕃及诸故旧于兵燹村落之中，话乱离情事，而大乱亦自此渐平矣。三年甲子冬，再娶黄宜人，为先人营葬，又为弟就婚上海。家素饶，及是乃中落，稍规复田园，得有宁宇，仍勔治旧业。七年戊辰，考就恩贡。十二年癸酉，乡试落副，于是府君年四十二矣。自念精力渐退，以例得内阁中书，不赴职，亦遂不应举，一留意于邑中文献。光绪初，砺生先生辑《松陵文录》《吴江续志》二书，府君与青浦熊纯叔先生其英、同邑李辛垞先生龄寿，共事甄录，分任参校。书成，而砺生先生、熊先生有豫振之行。时吴中大举义振，府君则与砺生先生之弟雨亭先生，在家任募捐汇解报告诸事。越半载而砺生先生归自豫，筑室曰"退修"，与府君昕夕晤言，表章师学。尝谓："我邑文章经术之事，自陈子松、沈南一两先生后，我辈居绝续之交，当以守先待后为己任，毋使失传。"府君既温文尔雅，不问家人生产，尤不善货殖，为人所绐，乃以砂栈亏累讼系沪江，久而得息。比归，而二子敏之宝树、密之宝枢，同为县学生，皆年少有才而媚学，府君为次第婚娶。自谓向平愿毕，传业有人，可以无憾。讵不逾年，而密之妇陶氏先亡，敏之、密之先后遘奇病。丙戌、丁亥间，密之亡，越一月而敏之又亡，黄宜人遂以忧伤致疾，越戊子六月卒。时费宜人所生女已前卒。府君以垂暮之年遭此惨酷，所余惟茕茕寡媳，无复人境，乃立弟长孙宝棠子光祖为敏之后。盖自丧乱后甲子再造之家室，至是越二十四年而又成幻梦，使非旷视达观，其能优游以尽此天年乎？然臣精销亡自此始也。十五年乙丑，蒋宜人来嫔，枯杨载梯，有乐天安命之志。辛卯春，与吴谢绥之先生家福、姚凤生先生孟起、同邑任友濂先生艾生、施邑白先生绍书，探梅邓尉，作《浮梅日记》。壬辰约旧侣，更招邑费莪庵先生延釐、秀水沈欧斋先生景修，同续旧游，并游虞山，作《七友探梅图》。癸巳复重游，又挈眷游武林，流连山水若将终身焉。二十一年乙未九月，砺生先生没于沪，府君往经纪其丧，归益无聊。不谓天之厄府君犹未已也，蒋宜人生子弥月不育，寡媳亦亡。庚子春，居宅不戒于火，焚其庑。逾月复火，堂楼俱毁，所藏半烬，遂迁寓平望镇。而曩人故侣频年雕谢，回顾旧游如晨星坠雨之不可复聚，感逝怀人，益憎忉怛。于是客居闭户，绝交息游，间读《参同契》《悟真篇》诸书，学养生呼吸之术，行之数年。维时邑中耆宿，惟府君为硕果之存。三十一年乙巳，诏废科举，兴学堂，各州县学会、学务公所次第成立。十一月，两邑人士开会于江城，府君于是被举为学务公所总理。任事一年，府君自以年力衰老，城乡迢隔，惧不称职。值部定新章，各州县学会统改教育会，学务公所改劝学所。复于丙午十月开会，府君至会场宣告辞职，并请公众勿再举，言词肫切。众鉴其诚，乃另举，府君得遂初志，欣然归。十一月二十九日，自莘溪故里返鸳湖寓次。十二月十六日，偶患痰火症，越三日趺坐而逝，若无疾者，殆有得于《黄庭内景》之微矣。府君性和易，不立厓岸，好奖借后进，与砺生先生同负乡里重名。晚年境遇亦略同，而志趣微别。长于诗赋，少时与元和陶芑生先生然同为《无双谱试帖诗》，称于时，纯叔先生所谓"于一弓地造五凤楼"者也。长更丧乱，覃思锐志，益致力于诗古文辞。为境所迫，诗益工，古文亦简严峭折，顾不多作。著有《五亩园志余》《五亩园百咏》《松陵水灾新乐府》，已刊行。《莘庐诗文稿》《浮梅日记》《游杭日记》《后悼亡诗》，藏于家。其所分纂之书，虽与同人并预参校，恒任其劳。砺生先生编辑文录、邑志，徵文考献多藉府君之力。又曾与砺生先生校刊徐俟斋先生《读史稗语》一书，行于世。绥之先生刊陈先生《静远堂集》、熊先生《耻不逮斋集》、李先生《匏斋集》，皆以编校属府君。子屏先生卒，其所著《食古斋诗文》，府君为之编勘，序而行之。蒋宜人父受之先生宝禾著有《粟香斋试帖》，亦序而刊之。其于师友遗著，盖拳拳惟恐或失也。先是庚申六月，贼陷黎里，子松先生办团练御贼，复以身卫母被数创，伤及右手虎口。先生之子妇及次女皆死，母得无恙。翌日贼退，府君专舟迎先生母子至家，居两月，创渐合。莘塔不守，府君去沪，先生奉母归黎里，府君自沪屡函招之，不出。九月，先生书致府君，以中指无名指夹管而书。自言忧愤卧病，金疮迸裂，有绝粮厄，旦夕死，谆谆以老母为托，越三日而先生讣至。观于此，而府君之于师友盖可见矣。力于乡里善举，尤勤于保婴，岁有常费，属司事至乡稽查，勿任虚縻。府君弟廉叔丈先卒。病笃，以北芦墟桥久圮宜重修为府君言。府君即于廉叔丈丧时，首自创捐，与陆酉岩丈拥书共任筹募，克日兴工，费千金，桥以成。府君谓人曰："此我弟之志也。"从子宝荣体羸多病，先府君两月卒，其妇先亡。府君归，为之立后。遗女四，与为后之家分养之。府君既丧两才子，而群从中之有才者多夭折，于是常属望于族中后起，急欲立义庄为敬宗收族计。因割其产之半，凡上腴田五百余亩，别为簿记，备为义庄田。已禀县而未及详情立案，临终遗嘱蒋宜人及嗣孙光祖，谓不可不成其志也。观于此，而府君之于宗族兄弟亦可见矣。府君好藏书，精鉴别。旧藏有族祖明忠介公义渠私印及其家书，又顾亭林先生《天下郡国利病书》、徐俟斋先生《读史类编》，皆钞本巨帙。当时皆未刻，今顾书已风行矣。又得李尚之先生读本《汉书》，其律历志眉端，评注丹铅殆满。其余孤行本、钞本及丛残未刻之诗文稿尤多，被灾后仅有存矣。廷镛娶于凌，为雨亭先生子婿，于府君为尊行。又与敏之、密之同为县学生，同读书故江曲书庄，文字交深，因得时问业于府君，受府君知爱。自敏之、密之亡，两家多故，又先后同遭回禄，同播迁散处。与府君偶相见，辄相欷歔，相慰藉。近年府君综理两邑学务，镛与柳君巳仲慕曾同办学，幸得常追随于公所。去冬谒府君于里第，为镛言密之遗著《吴疆域图说》幸尚在。又以张叔未先生手钞吴汉槎先生在塞外时同人投赠诗函曰《秋笳余韵》，属编次丛残，入《国粹丛书》。其后江城开会，府君莅会，见精神犹矍铄如故。迨十二月镛有沪江之行，比归而闻府君之讣，未及会丧，悲诧交集。呜呼！自府君亡，而吾乡文献与之俱亡矣，后生咸未更何从考信，何所依仰。呜呼哀哉！嗣孙光祖以年少不能备知府君之前事及其行谊学术，而府君故知零落殆尽，以行述属镛。镛不文，岂能述府君？然尤不敢使府君湮没，谨就府君诗文稿，参以往日见闻，诠次大略，冀当世立言君子赐之志铭碑传之属，俾后之修志乘者有考焉。府君生道光十二年闰九月二十二日，卒光绪三十二年十二月十九日，年七十有五。配费宜人，秀水庠生讳汝桂女，前卒。继配黄宜人，邑诰封通奉大夫讳庆澜女，前卒。继配蒋宜人，青浦增广生讳宝禾女。子四：宝树，县学生，娶陆氏；宝枢，县学生，娶陶氏。皆前卒。宝权，幼殇。皆黄宜人出。诒果，幼殇，蒋宜人出。女一，殇，字于朱，费宜人出。孙光祖，娶陶氏前卒，继娶范氏。光祖既扶榇还里，将于光绪三十三年某月某日，合葬府君于青浦三十九图鳞东南圩新茔，谨序次之如右。通家子沈廷镛谨述。

清凌泗《莘庐遗诗》

继室黄宜人权厝志

〔清〕凌泗

宜人姓黄氏，邑平望镇人，诰封通奉大夫讳庆澜女。通奉公两娶谢，宜人今太夫人出。年二十五，归余为继室。归二十四年而卒，时光绪十四年六月十八日也，距生道光二十七年七月初二日，年四十有九。余之悼前室费宜人也，在咸丰辛酉。时避兵沪上，居先府君奉直公忧。弟沆聘妻，卒。费宜人遗一女，仅六岁，我母费太宜人以为大戚。会通奉公亦挈家来沪，季子楷为余从妹婿，在沪成礼。既归宁，述其翁语曰："六姑幸未嫁，从患难替力，然亦劳苦矣。"六姑者，宜人姊妹七人，行六也。又言："兄公兆柽以员外郎签分户部，姒妇随宦京师，留两侄女在家，眠食寒燠一依其姑。"于是我母闻其贤而纳聘焉。明年同治壬戌，太宜人又弃养。甲子冬来归。当是时，大乱初定，家难频仍，田庐荒秽，百事草创。既为先考妣营葬，又为弟就婚上海。余家饶于资，及是乃大耗。宜人痛舅姑之不逮事，引用旧时仆媪，每事必谘访先姑若何若律，例之不可违。余不问生产，宜人量入为出，虑先于事。性耐勤苦，昼米盐，夜篝灯补缀，暇则治木棉。自奉俭毂，而祀先人、待宾客、延师教子，必丰且敬。不布施僧尼，而赒恤无告无所吝。凡及见太宜人者，咸谓新妇绝相似也。宜人以多产气虚。长宝树，次宝枢，次宝权。又三男一女，皆不育，宝权十二岁殇。费宜人遗女，字于朱，十八岁卒。由是肝郁成病。光绪壬午，余以讼累羁沪，家中讹言风起，宜人处以静镇，而督两儿益严。明年事解旋里，两儿已同为县学生，尝私语余曰："母氏每晨起眼肿，验枕函有泪渍。"盖恐余知其泣而伤余心也。而病自此深矣，腹坚大如瓠，食不尽一溢米，然强自振厉。是年为宝树娶陆，明年为宝枢娶陶，称贷集事弥补后，始为余言之。乃三四年间，媳陶氏以产难亡，两儿相继夭折。环顾所生，无一存者，生人之惨，至斯已极，然犹为余相妾吴门。又往来吴兴,大风渡太湖,橹折舟几覆,讫不得当意,沮丧而归。益悲愤无聊,赖郁极上冲,遂至不起。嗟乎!宜人连年摧剥,金石可销,况于血气又久虚,沈痼者哉!独余以垂暮之年,茕茕寡媳,立孙才二岁。回思二十四年前事,显显如昨梦耶!抑真耶!当时年尚少,意气犹盛,讵复知有今日耶?昔黄氏宗羲尝论"妇人无行状",而梅郎中曾亮谓"志妇行者,宜徵于其夫"。故诠次宜人之贤且劳积苦陨身之大略,志诸厝室而不铭。异日纳幽之文,冀有子政其人者悯而赐焉。杖期夫凌泗汶泪撰。

清凌泗《莘庐遗诗》

从祖弟砺生行略

〔清〕凌 泗

　　从祖弟讳淦,字仲清,一字砺生,退庵其自号也。凌氏出姬姓,周时以官为氏。至东汉校尉讳操,子讳统,官孙吴偏将军,遂为吴人。四十三传宋建炎初守应天府,死节赠待制讳唐佐,始家安吉。八传元秘书监讳时中,传翰林直学士讳懋翁,子十有六。值元季散避,而第十子讳履迁吴江。四传讳信,明宪宗朝使安南有功,卒官太常寺少卿,赐祭葬黎里,而由黎里迁莘塔。三传邑庠生讳滨,又七传太学生讳煜文,则泗同曾祖也。祖妣赠朝议大夫、太学生讳戬毂,同邑殷宫詹寿彭为传。祖妣顾氏,继祖妣沈氏,妣赠太恭人。考赠朝议大夫、太学生讳大信,震泽陈先生寿熊为传。母朱太恭人。生三子:长云艇讳沄,以弟职妣封朝议大夫;三雨亭讳澍,议叙盐提举;弟次居二。禀资绝人,双眸炯炯有英气,书数十行俱下。年十二毕诸经,好博览,购读未见书。初蹶于小试。咸丰二年,朝议府君疾革,执其手曰:"读书所以立身砥行,视为弋获科名,具陋矣。"弟涕受教。时从潘先生纬为制义,又从陈先生游。读《礼》之暇,日课《近思录》数条,潜心玩索而文境大进。六年丙辰岁试,补苏州府学生。九年己未恩科,江南借浙闱乡试,与同祖兄百川讳濬,中是科同榜举人。十年正月北上,至王家营,以捻匪梗道折回。三月,金陵大营溃,粤逆由苏常下窜,四月,陷邑城。莘塔直邑东,地僻而阻水,我家族居焉。先奉直府君讳大鲲,齿较长,鸠族与里人谋团练。弟为部勒乡民,缮守具,西与黎里、北同里相犄角。既而同里、黎里相继被贼,莘塔附近犹安堵。相持百余日,势孤资不继,于七月中全家赴沪。同治元年壬戌,航海应礼部试,荐不售,考取觉罗官学教习。三年,江南戡定,自都返沪,奉朱太恭人归里。自乙丑以后,往来京师。其时江震会馆中人才极盛,皆以文行交重,而屡上春闱,俛得俛失。援饷捐例候选郎中,以太恭人春秋高,不分部而归。十年冬,太恭人弃养,尽哀尽礼。时亡友熊君纯叔其英、李君辛垞龄寿客弟所,皆著作才。念江震有诗徵而不及古文,用姚惜抱氏《古文辞义》例,分类纂辑自国初讫道咸为《国朝松陵文录》二十四卷,前邑侯今川东道黎观察庶昌为之序。光绪元年,金观察福曾令我邑,首以志事下访,既承命主办,举熊、李总纂。盖自吴江析震泽后,沈徵君果堂彤创为分志,垂百三十余年矣。今起自徵君断手之年，而乱后减赋之恩、昭忠之祀加详焉，为《吴江续志》十六卷。稿初具而有豫振之行。当光绪二三年间，燕齐豫晋相继旱。豫居天下中，灾重且广，朝廷拨漕发帑，特简袁侍郎保恒督办河南赈务。于是吴中大举义赈，谢君绥之家福设局郡城桃花坞，而上海、扬州、浙江各集款由桃花坞汇解，至白金四十有二万之多，先后分道往灾区者七十有二人，而弟为之倡。四年二月，偕熊君行。三月抵汴，设转运局于汴城，李君麟策主之。渡河而北，始事于济原，五月，移局原武，就近赈获嘉又郑州荥泽之错入黄河北岸者。六月，驰赴修武之北山，回顾济原之孔山，分办林县雹灾、原武蝗孽，协助汤阴、灵宝、汲县、新乡、孟县，触暑遘痢，力疾奔命。乃救旱之局，忽一变而行水。七月望，大风雨七昼夜，沁水决武陟之原村老龙湾。弟自济原驰往，熊君亦至自原武，查原村南岸、老龙湾北岸，遂南北分办。乘舟抚恤，溜急不抵岸，则水夫负而登。会崔军门廷桂自怀庆率队来，值虹桥、陶村、五叉口、大樊口等处堤势岌岌。弟与会商，以工代赈，设总局于木兰店，分局四，拨款招本地灾民，畚土运料，抢险堵口。弟与军门往来督理，至九月初工竣。而重阳风雨十有三日，沁水高于前五尺。十六夜，五叉口报险工，与潘孝廉振声民表、瞿君星五家鑫，昏黑冒风雨驰抵工所，悬赏下大树数十，水势始杀。所修四堤补筑完固，而原村老龙湾决口漫入之水，修武、获嘉当其冲。弟方告急南中，而家报踵至。伯兄云艇前卒，临行家事属季弟雨亭。五六月间，陶恭人病几殆，既瘥，而述嫂病且函慰。至是雨亭病急，乃留熊君主办冬赈，十月中回籍，雨亭病卒不起。五年，苏省协赈在事诸君，合词上书苏豫抚宪，恳免给奖，弟实主稿。涂中丞谓至诚之言，理应曲体者也。弟亦自是无四方之志矣，于所居西偏筑精舍，得张太守问陶贻我乡陆中丞耀书"退修"二字墨迹，喜曰："是我志也。"手摹以颜其斋，夙负干济，思有所表见于世。始陆司马云亭日爱折辈行与交，庚申乱后哭母发狂死。继交熊君、谢君、任君畹香兰生。熊君卒卫辉赈所。越十年，而任君以监司督皖赈，卒颍州。谢君奉内讳归里，膺荐不复起。弟既退居息影，则以守先待后为己任，尝谓："我邑自沈沃之、陈献青两先生后，我辈居绝续之交，无使失传，后必有兴起者。"而李君、柳君子屏以蕃、诸君元简、福坤，非老病即奔走于衣食。群从中，如兄子范甫、其模暨亡儿敏之宝树、密之宝枢，年少媚学，有声诸生间，先后遘奇病卒。子廷枚学书于姚君孟起，讲求金石文字。十年为娶妇，十一年抱孙，弥月殇。十五年又以咯血卒，立伯兄第二子其樑之子昌燧为廷枚子。嘻！惨已。于是卖药海上以自遣。弟遂轩岐之学，向与李君研究斯事，李固儒而博通于医者。及至沪，谒宗长嘉六翁德，翁吴兴宿齿，及交汪谢臣曰桢、王孟英士雄诸前辈。汪富著述，不以医名。王则著《潜斋医书》者也，出示手斠《内经》，又尽发所藏《灵兰秘笈》，与夫时贤方论之未梓行者，弟手自录副，有疑难则往复证辨得当而后已。由是艺益精，勘症益细，精力亦稍瘁矣。弟虽隐于医，留心时务。辛卯冬，谢君同客沪，数论中外事势、三韩隐忧。方大客，夏，倭事起，常私忧窃叹，甚或中夜起坐。今年三月杪，往郡城治谢君病，诡电获胜，然后用药，果效。七月初，叶君荣百自沪归，为余言："砺生瘦也。"上海繁会之区，暑疫滋盛，日毙至千计。医昇走赤日中，数数往返病家，触冒毒疠而救疫起死之。苦心愤时，感事郁勃，不平之豪气胶结，而一纵于酒。八月初三晚大醉归，夜过半，失血。翌晨就嘉六翁诊，归犹为人处方。是夜，血从口鼻溢出，后连日大呕，动以碗计，屡进清降之剂，血渐少。十六日，余抵沪，至榻前，即起坐，谈笑如平时。退而翻书箧，见近稿三册，签题："《谵语狂言》东海季连著"，盖仿杜牧《罪言》，而自居鲁仲连之亚也。余留十日归。时服参须、阿胶，血止，脉稍静，惟胸次微汗，为可虑耳。乃九月初六复吐，初七霜降又大吐，头汗脾败，寖不可治。十九日，嘉六翁来，已沈瞑矣。忽张目告别，问何处去，则曰："我为戚大将军去也。"至二十日戌刻，卒于上海医寓，年六十有三。元配潘氏，赠恭人。继配陶恭人，十八年悼于沪寓。继配潘恭人。子二：长即廷枚，太学生，娶同邑廪膳生讳应墀女；次其榕，殇。女四：长适青浦县学附生陈伯骥，次适同邑殷桢龄，次殇，次适同邑柳受祺，皆陶恭人出。嗣孙昌燧十月初扶榇旋里，将于二十二年二月二十七日合葬于邑东轸圩，十九年春葬潘、陶两恭人时所自营生圹也。古文义法宗桐城，顾不多作。今益以《豫赈录》中诸书及近著为《退庵文稿》，手钞古今医说傅以己意，及在沪治病获效之方案为《退庵医书》，藏于家。陈先生遗书遭乱散佚，会王祭酒先谦视学吴中，购缮上呈，而《读易汉学私记》得入《续皇清经解》。《易说》原稿丛杂漫漶，则代诸君客授，而诸君得竭家居一岁之力绎录成书。今陶孝廉惟坻校印于阳湖，印成而弟不及见矣。客京邸，善同乡沈兵部恩溥。兵部丁忧，悼亡回籍，病中托孤，一子，七龄，两女，长者十龄耳。兵部病故，子亦殇，无近支，立族子位廷为嗣。挈两女归，与己女齿，次第遣嫁。而位廷又死，无子，立族孙陈麟，读书为诸生，授以医术。同年袁孝廉清贺殁，为存恤遗妾，至庶出子成立而止。其笃于师友类如此。力于乡里善举，客沪业医，同乡人不受谢，贫者馈以药。凶问遥传，远近惊诧，丧归之日，感恩来吊者多哭失声。弟少于泗一岁，同受举业于潘先生，又同学于陈先生。编辑文录、邑志，表章师学，皆与参校之役。交游多，互相识，及晚而丧明，则又互相慰也。盖性情同，学业同，境遇亦略同，而雄才伟略不如远甚。昔柳子厚氏志从父弟宗直殡，近姚惜抱氏志亡弟君俞权厝，泗何敢窃比！惟念嗣孙孤幼，无知末由，窥寻祖德，宣述万一，将湮没不传是惧。而知弟莫泗，若且后死，责也。用敢诠次生平行谊，略陈梗概，冀当世蓄道德而能文章者赐之志铭传诔，以备辀采，以光家乘，则殁者存者世世子孙感且不朽。功服兄凌泗抆泪述。

清凌泗《莘庐遗诗》

候选郎中凌君墓志铭

〔清〕诸福坤

今之言吴江文献者，必曰莘塔凌氏；言敦气谊好贤乐善者，必曰凌部郎君砺生云。君讳淦，砺生其号，晚号退庵。伟干烔眸，豪气逼人。咸丰九年，与从兄濬中恩科同榜举人，考取觉罗教习，援例候选郎中，晋授朝议大夫。粤寇之乱，部勒民团，饷绌避地海上。先后入都试礼部，与贤士大夫游。当是时，吴江沈文定公桂芬、殷侍郎兆镛方枋政，而沈兵曹元溥、吴祭酒仁杰、费宫允延釐后先起家，皆与君交欢。丁母朱太恭人忧，里居，明经李龄寿、青浦熊其英主其家。君喟然以守先待后为己任，与熊、李两君分辑《国朝松陵文录》二十四卷。承当道命修县志，即其家延两君，纂成《吴江续志》十六卷，更与从兄明经磬生先生泗参订之。搜采乡先生连郡博鹤寿、业师陈茂才寿熊遗著，上学使者长沙王侍郎先谦。由是，连氏之《齐诗翼氏学》，陈氏之《读易汉学私记》，并刊入《续皇清经解》。代福坤客授，取陈先生冗稿属秩厘之，成《易说》五卷、《周易正义举正》九卷。顾君于世无所藉手，则慨然一意举乡里善事，若善堂、义塾及邻镇之书院，以次告成。光绪三年，中州大饥，君与同郡州倅谢家福谋，谢君主募资，己与熊君往协振。明年春，投袂而起，顿商邱，入汴探实，还淮，告籴于任观察兰生。四月抵汴，设转运局，渡河振济源。五月，徙局原武，惠获嘉及郑州荥泽之北岸。六月，力疾救修武，策济源，恤林县雹、原武蝗，饮汤阴、灵宝、汲、新乡、孟。七月，沁水决武陟，自济源驰往，熊君亦至自原武，乃移局木栾店决口南原村，熊君主之。君主北老龙湾，渡急溜，鸠流氓，相度虹桥、陶村、五叉口、大樊口塌堤，惊涛至，几挟去。与崔总兵廷桂商以工代振，募运材抢堵。九月，大风雨，沁暴涨，五叉口告险，冒昏夜悬赏楗大树，杀水势，堤以固。方有事于原村，而以弟澍病革，遂南归。逾年，大吏陈其事，君上书概辞奖。君既归，熊君卒于卫辉，澍亦卒。兄子明经其模，玮才也，亦卒。而从兄子宝树、宝枢并俊茂劬学，子廷枚雅好金石，君乃筑退修书舍，俾于斯讲习。吴祭酒、费宫允相继假归，张兵曹文璿、明经柳以蕃、吴郡姚孟起辈皆狎至，李君以行医复主之，相与宴衎谈笑其中。间莳花木，携棋局，翛然绝世虑。未几宝树、宝枢死，廷枚亦死，孙殇。则翻然卖药海上，遇吴兴同宗德，邃医学，与语大喜。君固夙习斯，又获李君力，至是术益精。居六年，向之知交零落殆尽，漠然无所向。上年倭事起，已而就抚。君著《狂言》三册，署曰"东海季连"。由是一纵于酒，且饮且呕血，遂卒，二十一年九月二十日也，年六十有三。明年春，葬于邑之东轸圩。配潘氏，继陶氏、潘氏。子廷枚，女子三，皆适士族。嗣孙昌燧。君量宏志锐，乐奖才技，能平不平事。人有告匮干请，必诺存恤。袁孝廉清贺遗妾若子，沈兵曹死，托孤，幼女二，长者才十龄，皆为抚养，女择婿遗嫁。孤殇，立嗣子，死，又立嗣孙陈麟，成县学生，皆其力。好蓄典册宝书，购毁淫邪小说。家故饶富，应给繁，坐是益窘乏，然君初不以此自挫。凌氏系出姬姓，自东吴偏将军统，五十二传履，避元季乱，由安吉迁吴江。四传明太常寺少卿信，葬黎里，子姓分居莘塔。十传讳煜文，君之曾祖也，祖讳戬彀，考讳大信，三世以太学生赠如君阶。兄弟三人：孟沄、季澍，君其仲。君之丧归也，吊哭者多失声，至有拜不能起者。谢君既为传，请志其墓。磬生先生手行述，复乞铭。福坤友君也晚，然亲见其盛衰，爰据述并摭所知，志而铭之曰：

千仞之巉峰，而不能以靡穿也。九折之浑河，而或沮于坡碱也。意气之飙海搏云，不一瞚而旋入渊沄也。下后土而上三辰，尚毋俾横流啮乎，雄骏士之坟也。

清诸福坤《杏庐文钞》

清故诰赠资政大夫陆府君暨配韩太夫人墓志铭

〔清〕曹元弼

吴县曹元弼撰文，吴江陆恢书丹，安吉吴俊卿篆盖。

君姓陆氏，讳锦，字秀文，号厚斋，晚号酉斋，苏州吴江人。先世出唐赠右补阙龟蒙，明季曰三公始居邑之莘塔。曾祖楷，妣汪氏。祖煌，国学生，妣吴氏。父墉，赠资政大夫，妣朱氏，赠夫人。君少勤学，颖悟过人。年十四，遭父丧。家奇窘，不得已服贾。初，君之父轻财重义，不问生产，坐是大困，亲族莫助，朱夫人纺绩度日，艰苦备尝。君由是至芦墟镇习米业，勤慎治事，得薪俸悉归之母。母铢寸悉以积储，仍朝夕纺绩自给，里党称之。道光己酉，大水昏垫，君悲感涕泣，每思自立以慰母，日为济人计。其伯祖熙亭每叹曰："此非常儿，必大我门。"咸丰庚申，有袁述夫者设米肆，延君理其事。寻发逆陷镇，君奉母避乱。时贼势炽，地方设保卫局与潜通，或劝君入，严辞拒之。同治初，发逆平，袁氏延君理旧业。君以食为民天，大乱初平民生凋敝，幸四乡田畴未荒，能通商惠农元气庶渐，复与同志悉心讲求，数年利益阜。既殚心为袁氏经营，复自立门户，远近交通，每岁输运无算，村农无陈陈相因患，而浙之硖石等处均受其益。芦墟米市为远近诸镇冠，实君倡之，因移家焉。君尝积资拟创米业公所，适修桥移用未果，每戒其子勿忘。光绪壬午，母朱夫人卒，君痛不欲生。盖追念髫龄失怙，母子相依为命，不能一日离也。君为人敦厚，亲友贫者资之不少吝。有妹归叶氏，贫且卒，君抚其子，嫁其女，教养如己出。族兄弟有老贫无子者，招至家养之。修祖茔，葺宗祠，生平行谊，乡里矜式。综其本末，可谓笃行君子矣！生于道光癸巳十月十五日，殁于光绪己亥十一月二十七日，春秋六十有七。配韩氏，事姑孝，治家勤且俭。待人厚，接下宽。岁时祭祀，必丰必洁。每朔望，分给孤嫠粮米。后君十四年卒，春秋七十有七。子三，惟荣光存，能成君志，卒建米业公所。娶王氏。女一，适同邑李我溁。孙六：树棠、树枚、树桒、树模、树楣、树枢。女孙二，曾孙一。君以树棠官赠资政大夫、法部编置司主事加八级，配封太夫人。光绪辛丑，荣光葬君于吴江二十九都高字圩祖茔之昭位，至是奉太夫人祔焉。树棠从余学，以其父命乞余铭。铭曰：

服贾孝养，物爱心臧。是惟儒行，孰云其商。有耦同德，有后克冒。积善余庆，令闻不忘。

吴郡陈伯玉刻石。

吴江博物馆藏拓片

费君吉甫家传

〔清〕柳以蕃

光绪九年二月二十四日，国子监学正费君吉甫卒于家。先十日，君疾发骤剧，弟中允君延釐在京师。亲旧闻耗视君疾者，皆惶愕相向曰："其殆矣！然以天之道必无他。"已而益笃，其友吴祭酒仁杰至手疏争于城隍，谓君必不可死。及殁，邑人士奔走会吊，有哭失声者。而其他之不夙习于君者，亦太息曰："今而后吾邑无长者。"呜呼！以一士而感动于人人之心若此，非君子而能庶几乎？君讳延庆，字善钧，吉甫其号。世家吴江城。曾祖讳振勋，刑科掌印给事中。祖讳兰墀，翰林院编修。父讳元镕，举人，为安徽休宁县学训导。君为人恭勤慈惠，尤笃于内修。既少孤，事母梁太恭人甚孝，非事外事及赴试，未尝不在母侧。在侧，未尝不作孺子容，以是终母身。君长中允君一岁，兄弟至相爱，自幼讫壮数十年，虽离合殊致，而心肫肫无毫发异儿时，见者以为难能。平生治学多心得，为文章粹然有根柢。同治三年，以拔贡生举顺天乡试，连赴会试不第。而是时君弟方以翰林向用，君念门第有继者，遂一意退理家政。其大要主于刻己，以省财薄佃租以恤农力。论者谓君之处家，宽厚一如训导公，而俭约则兼守梁太恭人规法云。君既修其门内，而施于乡者甚博。兵燹以后，邑有举，罔不会君在其事。君所在事，自有司及同列，罔不信且服，故于功罔不成，厥后亦罔不善。而君退然若无能，泯然若不见其有劳，人益钦君，而事之属君者滋益多。先世故以为善著于乡。道光癸未大水后，编修公倡举仁善局，月俵米饩茕独者，世为常。及君而乡俗重困，岁有埤额。其他义举之及见闻者，无艰易必力成之，且时或阴全曲济，而人不能言其德。观君者率以此多君，而不知平日之隆于宗族，谊于亲戚，忠信于朋友，而根极于孝友也，其源有自。呜呼！可谓君子也已。以蕃善君久，得于君者微。每见，君必深语，温温愉愉，能厚人意气，退而益令人深思。先是君尝避兵来予村，村中人见君行，大感君仁孝，至今亦乐道君事不稍衰。君生道光十四年三月，卒年五十。配俞恭人，嗣子树达、树蔚。女二：长适徐文藻，次字予从子念曾。君之殁也，中允君解官归，执丧甚哀。逾年而葬，复状事行，乞黄冈洪侍御诔墓，而以家传属以蕃。夫称述朋友之善以诏其后，于义应尔，惜以蕃非其人也，然不敢辞，谨传。

论曰：昔欧阳永叔作《泷冈阡表》，曰"为善无不报"；而王介甫氏之祭张安国，则曰"善不必福"。久矣，何二说之不相合，而皆若有定据哉？不知由前之说，理之正者也；由后之说，数之变者也。衰世以来，理常不胜数，报常与施反，如君者，非其一与？虽然天既不祐于盛德，安知郁而发者之不将有待于后耶？是又在树达兄弟之能自勉而已。

清柳以蕃《食古斋文录》

李龄寿传

李龄寿，字君锡，号辛坨。自少刻苦为学，为诸生试辄高等，廪于庠。秋闱屡试不售，以虞贡入成均。旋弃举业，益肆力于诗古文。中年专攻医学，与青浦熊其英善，同以医主莘塔凌淦家。淦尝欲辑江震两邑之文，遂发所藏，相与斟酌出入，精心采辑，不足则取诸他氏，搜访略遍。断自国朝，迄道咸，得文三百余首，名《松陵文录》。复与其英同修江邑续志。晚岁遭际多故，才逾五旬，须发皓然，未几即卒。同人编定其诗文曰《匏斋遗稿》。同时能读书可成就者，若郑子恭燮、恭和、仲子元熺，并年少于龄寿，而三人相友善，惜皆不永年。（参凌泗《匏斋遗稿序》）

清光绪《盛湖志补》

柳君子屏家传

〔清〕费延釐

君讳以蕃，字价人，号子屏，晚号戗庐。其先由慈溪迁吴江，遂著籍焉。曾祖球，祖太学生梦祥，潜德勿耀。父清源，积学工诗，为郭频伽先生所称赏。君少而岐嶷，濡染家学，年未冠补县学生。为文用意高远，力追先正，视世俗所为时文，蔑如也。既念亲老非科举无由进，尝一试京兆，再应省试，皆不利。二亲先后殁，君慨然曰："学岂为干禄计耶！虽得之，如亲不逮养何？"于是绝意仕进，敦行力学，以古人自期。数年中，为祖父营窀穸，为弟妹毕婚嫁，虽甚窭艰，莫不就理。以遗产让两弟，而己授徒自给。平生不妄受人一钱，其廉介盖天性也。君少好为诗，中年后兼为古文。自言于文用力浅，未敢自信，然下笔不苟，使假之年，必蕲至于古。所居分湖湄，中年多病，闭门苦吟。所为诗清微澹远，渺意澄思，天人消息之几与身世变迁之故，一一于静中得之。终身坎坷，且无子，世几谓天道之芒芴，而君未尝有几微愠悔也。晚年主讲切问书院，弟子高弟者，秀水沈成章、元和陶惟坻尤著。卒年五十有八。著有《食古斋诗文录》，病亟，出以授余，兼属凌君磐生编定，今将刊行，以慰其志云。

费延釐曰：余与君订交于鹿城试寓，时年皆二十余。君为同邑沈南一、陈子松两先生所心许，有"国士"之目。既而两先生没，君哭之以诗。今阅三十年，而余又哭君。遇不遇，奚足论，继两先生而传者，舍君其谁？宁独为逝者痛耶！

清柳以蕃《食古斋文录》

柳君价人墓表

〔清〕诸福坤

性情同，精气同，而或者其生也如拘，其死也如蜕，卒克迈等夷式来者，自古贤俊之异于人类然。然则其自异之也欤？天异之也欤？吾于故友柳君之亡，反覆而得其说矣。君吴江人，讳以蕃，字价人，号子屏，晚号韬庐。曾祖讳球，国学生。祖讳梦祥，国学生。父讳清源，优廪生。世有潜德。清源以诗鸣世，号松琴先生。生三子，君其伯。幼承家学，姿性颖异，奏笔惊其座。未弱冠游学宫，以附贡生试北闱，闱中友某病，君调护之，几不克试，既而罢归。遭粤寇乱，有荐之制军某。某不之异，君拂衣去。某卒败。当是时，君名四震，意气亦豪甚，顾不得展所学。所居分湖大港地僻，避难来者皆一时魁杰士，相与跌荡诗酒间，或歌或泣，人不知也。旋宅父母忧丁，家中落，营葬先世，抚仲季授室、入郡邑庠，以次归其妹，百计艰窘，客授以资之。赴省试，屡荐弗登，然是时掇科目者咸服君文也。君为人颀身广颡，目炯如电，谈唾清雄，未尝有愠色。先后知交乡先生若陈子松寿熊、沈南一曰富，同时若吴望云仁杰、费吉甫延庆、云舫延鳌、李咏裳葆恩、辛垞龄寿、张元之文璿、凌磐生泗、砺生淦、秀水沈蒙叔景修、青浦熊纯叔其英，后辈若秀水沈达卿成章、元和陶小汃惟坻，罔弗心折于君。年四十，发秃露其巅。仲卒，郁伤得腹疾，畏风。因是蛰居且十年，以笔札自遣。为文缜密高雅，宗桐城姚氏鼐。诗追逐苏黄二家，雄处入韩。要其藻采返素，鞭迫心光，使四迸而不露，则诗文一也。以病故通轩岐奥旨。主讲切问书院，称得士。最后诗益超诣，疾益甚。朋辈起居，信宿酬谈，君虽惫，必款洽周至。予时往访，望其气瘁则惕，泽则愉，非独予也。君见予色亦然，非独于予也。盖其睦其姻无弗笃也，其任其恤无弗挚也，亦非独予言之也，而君卒以郁伤死矣。配黄氏，先卒；顾氏，无子，遗一女。君病亟，期月不安寐，孥其足。将卒，十日不食。以此厄君，人辄不平于天。虽然良玉坚金，不际湛霾，不可得而宝；瑰材硕德，不挫困穷，不可得而仰。若君之行足以厚性情，文足以绵精气，无间于并时后世者，于己砺之，于天成之，宜其有异于世之所逢者也。生道光十五年九月十四日，卒光绪十八年闰六月八日，年五十有八。十月十日葬邑之廿九都西房圩。君尝诀予，曰"愿有述"，述君之所以异者揭诸其墓。十二月朔友弟诸福坤表。

清柳以蕃《食古斋诗录》

亡妻黄孺人权厝志铭

〔清〕柳以蕃

孺人在余室凡九年。前五年骨肉聚顺，门庭晏然，中馈以外无是也。后四年内变外乱，抢攘交作，余震动忧患，中惟孺人亦弗得安矣。虽然劳苦患难人事之常也，及稍安逸而不见劳苦患难之人，则人情之所悲也。今距孺人殁已五年，其生平行事显显在目，余悲不自克，追综其大者志之。方孺人之来嫔也，在咸丰甲寅，年二十耳。体质荏弱善病，又自少以独女钟爱于父母，余窃惴其妇职之弗克胜。然自入门以来，上事舅姑，下接叔妹，大而祭祀宾客之奉，微而烹饪浣濯之役，无弗既慎且勤，足以承我累世闺门之法。余秉性阔略，数年之中得以北游京师，南读书武林，晏然不问家人筐箧事者，固仰赖吾父母俭勤之赐，亦藉孺人之有以资之尔。庚申春，寇乱大作。其冬，洊遭吾父丧，天倾地岋，勉毕大事。孺人故有咯血疾，至是乃甚发。时吾母亦以哀痛故病心悸，夜伏枕常辗转即曙不成寐。孺人忧之，多方为吾母解，终不解，则入私室以泣。逾年，葬吾父并举王父以下未葬者。又逾年，嫁第四妹。时皆在大乱中，力几顿，孺人助余隐约从事，虽家人不尽知其艰。而又连岁痛哭其父母兄弟四丧，咯血疾亦连发不止。当是时，内而家室门户之忧，外而干戈寇盗之警，以惴惴不保之日，而重之以艰厄不可堪之境。虽知孺人之疾，又何暇一日稍为之力哉，而孺人亦竟死矣。死之日，吾母哭之恸，余情不自节，亦哭过哀，然实不自知其哀也。昔望溪方氏为其夫人哀辞，谓以执义之过而致悔。方氏严于治礼，其以义抑情固宜，而犹恻然动其事后之感。乃余独以处境之绌，而终之以无穷之悔，不亦重可愧与？孺人姓黄氏，名仪吉，世居邑后潇浜。父太学生讳涛，母郑孺人，谙书工琴棋，尝以授孺人。生母沈氏。孺人生道光十五年四月初八日，卒于同治二年三月二十一日，年二十九。生女一，殇。敛之日，即举孺人柩权厝于大义圩先茔。既免服，尝为哀诗十六章哭之，兹复志其大略而铭之。曰：

猗嗟妇兮职罔忒，婉有仪兮窈其德。命云何兮遘斯疾，善相我兮俾不卒。权藏形兮此幽室，生艰劳兮死乃逸。我实负兮茹永恻，泐铭章兮语皆实。

同治六年丁卯三月夫以蕃撰。

清柳兆薰等《分湖柳氏重修家谱》

皇清诰授中宪大夫詹事府右春坊右中允费君墓志铭

〔清〕洪良品

诰授中宪大夫、四品衔户科掌印给事中、前翰林院编修、国史馆纂修加四级、黄冈洪良品撰文。

诰授朝议大夫、四品衔前署宁波府训导、秀水沈景修书丹。

诰授光禄大夫、头品顶戴兵部侍郎、湖南巡抚、前翰林院编修加三级、吴县吴大澂篆盖。

君姓费氏，讳延釐，字芸舫。江苏吴江县人。曾祖讳振勋，刑科掌印给事中。祖讳兰墀，翰林院编修。父讳元镕，安徽休宁县训导。君其季子，幼随侍官舍，闭户修业，不知有徵逐嬉戏。训导君卒，值贼警，君奉母转徙村落间，承欢左右，不知有流离寇暴。咸丰九年举于乡，同治四年成进士，十年授翰林院编修。十二年视学河南，既下车，以整躬帅俗厉己，以研经泽古诫士。奏请河间献王、张清恪公从祀文庙，报允。置《十三经注疏》《资治通鉴》等书，藏大梁书院，锲石以志。闻两河有溺女风，下州县严禁革，捐金赡养之。任满旋京，历充文渊阁校理，国史馆、方略馆、功臣馆纂修官，教习庶吉士。光绪五年，典试福建。寻升詹事府右春坊右中允，同朝以君所至有声，谓其蒸蒸且大用。忆壬午冬天夜雪，君招同邓铁香、敖金甫、陈云舫暨良品，作消寒饮。酒阑，纵谈天下事，意气慷慨。不数月，闻兄讣，遽请急归，不复出。壬辰夏，君贻余书，率恫时深虑之言，犹谆谆以大义相敦勖，可以觇君之志矣。君为人嗜善若饥渴，在豫，值岁饥，施巨款佐赈贷。在都，亲督圆通观、梁家园诸义厂，活灾黎无算。在里，循父兄遗绪，凡掩骼埋胔、廪烰药疠诸务，必躬必亲，虽瘁力不怠。曰："凡吾为此，志在生生人也。"又以昔贤述作日就湮灭，如疾痛在己，不惮宏搜博讨，裒而辑之，计不下数千百卷，寿诸剞劂氏，或版授其后人，或楮印以贻四方朋好，倾其橐囊，用广道术。曰："凡吾为此，盖不欲死死人也。"既而叹曰："人能为一乡一邑中不可死之人，则本领大矣。能为一家中可死之人，则福命优矣。"如君之本领，以一乡一邑论，诚不可死，即以一家论，又岂可死哉？而竟死，命也。夫君友爱极挚，仲兄国子监学正延庆无子，而君之长子树棨殇，乃立伯兄少子树达为后，遗命又俟君有子并为嗣。越岁余而树蔚生，君不忍拂兄意。今君又卒，无他子，族人谓树蔚当归宗，然非君本怀也。君卒于光绪十九年岁癸巳夏四月十九日，年五十有九。元配袁恭人，继配袁恭人，皆早卒。君葬诸吴江县之越来溪自营生圹，以待续娶陆恭人。子即树蔚。女四：长适溧水县举人、内阁中书濮贤慈，次字常熟县太学生庞树庭，余未字。树蔚葬君于所置生圹，以状来乞铭。铭曰：

谓天好生，阴阳胡愸。匪不矜民，术穷于天。而君以人，补天之漏。孜孜树德，德而不有。惟其不有，惟有积厚。施丰报悭，不少延兹。里走相告，咨嗟涕洟。曰斯人亡，何恃生为。越来之溪，吴山之穴。考古遗爱，请视斯碣。

勾吴钱邦铭镌石。

吴江博物馆藏拓片

诰授中宪大夫詹事府右春坊右中允费君墓表

〔清〕濮文暹

本朝以孝治天下，于慎终之典礼尤严。凡在官有三年之丧者，定制去职归，俾得终其事。若期以下，则不为就限制。而士大夫有期亲丧，亦罕有以去职闻于时者，今乃于中允费君延釐见之。君，江南苏州府吴江县人，字芸舫。曾祖振勋，中宪大夫，刑科掌印给事中。妣苏恭人。祖兰墀，儒林郎，翰林院编修，赠奉政大夫。妣王、郑、赵，并安人，赠宜人。考元镕，修职郎，安徽休宁县训导，赠中宪大夫。妣沈、梁，并孺人，赠恭人。君兄弟三人。伯兄延洪，先卒；仲兄延庆，长君一岁。训导公卒时，君年甫十有三，偕兄扶棺从休宁归，皆哀毁甚，族党固以孝友称之矣。自是力学慰母心，以诚谨相率入塾，陈书箧见训导公手泽，便相向泣。及侍母侧夜读，至枕上犹互作咿唔声。迄于成立，兄弟不少离也。咸丰九年，君先举于乡。同治四年二甲进士，改翰林院庶吉士，而前一年，兄亦得举。旋以母梁恭人丧，茕茕然同归，垩室中相依为命，若将终身焉。十年，君始散馆，授编修。兄亦以学正计偕入都，既屡报罢，遂归不复出。君时别兄已大忍，未几，兄卒于家。君得凶问，乃大恸，即以奔丧去官，迄乎君之没而亦终不出。时君年未五十，已积清要之资，擢官至右春坊右中允。而翰詹衙门，人才蔚积，有数十年不得晋一阶者。君则已有升转机宜，度不过十日间事，忽以丧兄故径引疾归，人人争诧。且惜君出都门未一旬，洗马缺出，君果应得者也。同治十二年曾督学河南，光绪五年又典试福建，皆以风节与士相砥砺，凡有益于教养者，悉捐俸为之。而于河南，特奏请汉河间献王刘德及国朝礼部尚书张清恪公伯行咸从祀文庙，皆报允。历充文渊阁国史馆、方略馆、功臣馆纂修官，教习庶吉士。所至既有名望，同朝谓君且大用，而君若弗屑也。既居兄丧，兄无子，已嗣其长兄少子树达，又遗命以君子树蔚嗣，君不忍违兄意。而君又卒，止一子，族议归宗，非君意也。君里居，见善必为，人咸仰重若典型。兄欲立家庙，未及举而殁。君归，即考制度立成之。又尝撰宗谱未具稿，君亦继成之。其诚于事兄，至生死不易，其情大都类此。呜呼！人孰无兄弟，平居饬伦纪审出处，亦孰不知重骨肉而轻富贵。若名位已逼人来矣，此即少与委蛇焉，亦安有议其非礼者？况当几进退，非有必不可逾之大义以相束缚哉！君顾毅然自率所性，虽一生之得失，而皆无足以撄其心，盖止知有兄而已。吾闻桐城方望溪先生初授室时，适遭丧期亲者，即移枕席，独宿于外。人或迂笑之，而有识者乃叹以为难。然此第抑一时之私情，而守礼于平居者耳。视君之去就，又当何如？呜呼！可以风矣！君行甚修，品甚高，而以兄丧去官，实为君之大节，而又今世所罕有，故特表于其阡，闻而见之者尚亦有所兴起哉！君配袁恭人，继配袁恭人，再继配陆恭人。子二：长子树荣，袁恭人出，早卒；次子树蔚，继配陆恭人出。女四：长女、次女，继配袁恭人出；三女、四女，继配陆恭人出。长女适溧水县举人、内阁中书濮贤慈，次女字常熟县太学生庞树庭，余未字。君以道光十五年乙未八月十七日生，光绪十九年癸巳夏四月十九日卒，年五十有九。树蔚以光绪十九年九月十八日，葬君于吴江县上天圩。

溧水濮文暹谨表，秀水沈景修谨书。

吴江博物馆藏拓片

沈府君墓志铭

〔清〕谭献

仁和谭献撰，钱唐张景祁书并篆盖。

献道义之友安雅君子秀水沈景修，字蒙叔，晚号寒柯。先世自湖州竹墩迁王江泾，占秀水籍。祖文炟，考堉，潜德劬学，垂教于家。君有兄蚤逝。仲子之生，颖异得亲心，然日且淬厉，望速成。君读书强记，操笔斐然惊坐，作字真、行入古。十七补诸生，学使按节历用赏契。比同治四年，泰兴吴少宰公补行拔贡生辛酉科试，君遂入选，士望翕然，文笔书势，鲜与抗手。惟时兵事初定，君拮据忧患。奉亲事毕，出入劳臣幕府，佐军牍，洞世变，道气悠然，为全椒薛太守慰农先生、湘乡蒋果敏公物色玮异。及明年入都，朝考被落，方入资为科中书，旋改学官南归。虽迭就乡试，不复念人间荣利，浩乎游于物外而已。二十年来，历署萧山、宁波、寿昌、分水训导、教谕。冷斋无三年，淹而视学，贤使往往倾企翔雅。如郁平陈六笙观察叹异君书迹，谓得杨少师《韭花帖》真传，君乃欣遇知己。君童冠厉学，多近老成。平湖顾访溪、吴县冯林一、桐乡陆定圃诸先正，掖以披文析理，不徒游于文辞。而慰农先生行政爱人，名山高隐，从学最久，殆引君为忘年。诗词杂文，所撰著已成家。少时吴江沈逸楼示君书翰，俯仰古法，从衡正变，于是书鸣一时。逮老而墨本流布，踵越近代，展卷如遇晋唐名笔。雅好山水，天童、桐君、禹陵、严泷，儒官杖策，恒周揽以乐其性。又尝结七友邓尉探梅，赋诗刻石。周甲年徂，交游雕落，君筋骸亦渐颓废。方同治初，君客杭州久，官书局启，与献辈十余人校理，共晨夕，倾心志。晚岁往来，辄寓榆园主人许增益斋，忘形相悦。献辞官养疴，仍共谈燕，平生久要，惟日不足。乃归去三载，腰脚示疾，函告沈绵，未废吟写。光绪二十五年，年六十有五，告终吴江县盛泽斜桥寓庐，盖君卜宅于兹且三十年矣。呜呼！其可伤也已。男庚藻，孙传楣。庚藻成就家法，书体绝肖。君简旷不问家人生计，亦庚藻治之。所著有《蒙庐诗存》四卷、外集一卷、《井华词》二卷，杂文零落未搜。胥丧且及期，卜葬于巨字圩之茔。铭曰：

　　学道有得，仅见文字。有韵诗词，诵叹叙次。碱碱球琳，遗墨在笥。一弃凡尘，克绍良嗣。故友晨星，十余三二。落月屋梁，墓门迟企。永永流辉，艺林传识。

　　古吴黄徵刻字。

吴江谭首盛旧藏拓片

周氏心香老人[1]哀启

沈佺　沈介福

　　哀启者，呜呼！自先严见背越十有四年，而吾慈惠康强之母氏，又弃不孝等而长逝矣。呜呼痛哉！先慈杭县人，姓周氏，晚号心香老人。前直隶总督、工部尚书宫傅公讳元理元孙女，前直隶临洺关同知、赠太仆公讳宪曾长女。幼颖慧，稍长纯孝天成，婉婉得亲欢。外王父母爱之如子，延戚畹、何戴匡先生授之读，通《毛诗》《左传》。课诵之余，兼习绘事。外王母蒯太夫人为嘉兴钱文端公外孙，文端公母陈太夫人故工六法，世所称南楼老人者也。蒯太夫人曾受画于外家，故先慈绘事，亦深得南楼老人神韵。绘有《百花百果》长卷藏于家，征名流题咏迨遍。咸丰甲寅，粤寇攻临洺，经略纳尔经额弃师遁。太仆公朝服正命，蒯太夫人吞金，姬人某投井殉焉。先慈时年十八岁，亦奋身从之，恍惚间如有神掷之出，复卸金约指咽之，仍得无恙。会大臣胜保追师至。胜公为太仆公同年，廉得公死事状，请于朝，恤赠太仆寺卿，并予荫，建专祠。蒯太夫人弟、按察公讳贺荪，方任河南固始县，闻讯檄其所亲将佐、后为山东巡抚张勤果公，以兵驰迎太仆公夫妇忠骨并其家属，护送归里。先王父赠光禄公，由进士授内阁中书，与太仆公为庚子同年，同官京师，极契合。先严光禄公髫年随宦，太仆公一见，许为大器，遂联姻好。逮先王父官陕西西安府知府，先慈始来归我先严。上奉舅姑，下和娣姒，中闱以内，雍睦逾于往时。咸丰庚申，先王父在陕西督粮道任，投劾去。时江浙沦于粤寇，回捻蹂躏北地。先王父挈眷南旋，取道商州，间关三千余里，屡濒于危。幸先伯父似竹公方以同知需次鄂省，姑就养于武昌。其时武昌初定，南京尚为贼踞，风鹤之警，日必数闻。先王父以离乡久，雅有归志。顾湖郡老屋已毁于燹，生平廉介，罢官后益萧然，无复买山之资。而鄂中扰攘，又不可以久留，心甚忧之。先慈默窥其意，乃谋于先严曰："我家自宫傅公卜居苏州吴江县之黎里镇，有堂曰赐福，曰寿恩，寿恩可僦居焉。乡居易俭约，且近湖郡，亦足少慰大人乡思，何弗奉舅姑南迁徐图长策？"先严韪之，得请于先王父母，遂南行侨居焉。时戚党以先王父年力尚强，敦劝再出，第苦措资不易，先慈乃斥簪珥珠饰以助其成。先王父遂降捐知府，分发江苏，是为举家侨寓吴门之始。同治戊辰，先王父殁，先王母居恒摧伤不已。先慈侍奉弥谨，不离左右，凡足以博亲欢者无不为。越岁秋，先王母病下利，沈绵百余日，先严祷祠医药，百计俱穷。先慈昼夜侍，中裙厕牏，皆躬自浣濯，未尝假手于人，而先王母卒不起。先王父素不事家人生产，再起仕吴，需次将及十年，日益贫困。先王母与先严主持家计，先慈助之，务啬内丰外，宾祭酬酢，不使有异于盛时，致损堂上欢也。比两遭大故，丧葬皆先严一身任之，境愈窘，于是举家又依于甥馆。先是张勤果公奉命剿捻，檄先严办粮台，事平叙功，由员外郎保直隶州加知府衔。服阕赴引，分发山西，值奇荒，人相食。先严受知于曾忠襄公，总文案，筹赈务，恒兼旬不归，而月请所入，不足搘旬日家用。先慈黾勉有无，忧劳致病，久而始瘳。然虽家况奇艰，犹必竭力摒挡，延名师课诸儿读，未尝一日使废学也。先兄俊出嗣先伯父鹿笙公，鹿笙公早世，先伯母章太淑人茕茕守节。先王父身后萧条，只余书画金石之不忍割弃者藏诸箧衍。先慈请于先严曰："先人无遗产，此区区者宜推让长嫂。"举箧畀之，不留丝毫。先姑母适韩氏者，为先王父母所钟爱，赘婿于家。先姑母卒，为营葬奠，抚其女如己出。及嫁，赠奁视己女如一，戚党咸称道之。先严补保德州，调绛州，署平定州。张文襄公以循良荐，擢蒲州府，调太原府，擢济宁道，简放湖南按察使护理巡抚，简任甘肃布政使。以水土不宜，常多疾苦，苍任三年即告归，赁庑吴中，年甫六十也。时佺等兄弟已先后筮仕。先兄俊由邑庠生以移奖知县谒选，得福建永福县缺，继选湖北建始县。佺以军功保知县，分发江苏，署常熟、长洲、昭文、宝山，补桃源等县保荐，特旨记名简放道员加二品衔。介福亦谒选任山东日照、利津等县。每致甘旨之奉，先慈必详问由来，手书诰诫，辄以勤求民隐、勿坠家声为谕。先慈虽自奉俭约，而性好施与，苟有所积，必以推之吾宗及亲故之贫乏者。修谱牒、建家庙，先严多所创举，而先慈实佐成之。先严与先慈伉俪之情，晚而弥挚。先严工篆隶铁书，先慈善丹青，能鼓琴。诗酒唱酬，湖山偕隐，宗党亲戚，晨夕往来，老福优游，传为盛事。光绪乙巳，先严与先慈同年庆七十，儿孙绕膝，介寿承欢，当此之时，慈颜最悦。惟先严服官数十年，专力王事，体气久亏。在甘藩任即患怔忡不寐，七十以后益加剧，更阅三年而弃养。先慈痛不欲生，水浆不入口者三日。佺等环跪泣求，始进糜粥，继赋七截百篇哭之，见者恒不忍卒读也。辛亥军兴，举家避地沪上。颠沛之际，先慈镇定如常，谕不孝等曰："阳九乾元，循环来复。我家世德忠贞，居官居家，未尝不自谨饬。丁兹事变，汝兄弟当益加惕厉，共葆素风，庶免随浩劫而沦胥耳。"佺等谨受教，不敢忘。乙卯，先慈八十正庆。时先兄俊为江苏盐城县知事，佺为江南水利局总办，介福任命山东嘉祥县知事。均乞假归省，奉母回苏，称觞上寿。并以先慈所绘花卉影印成册，分贻亲友，以为纪念。先兄俊之任盐城也，值岁大祲。先慈闻之，驰书谕筹急振，并捐银一千圆以为之倡，蒙袁大总统颁给"锡类推仁"匾额。而先兄秉承慈训，为盐民请蠲赋税，集官振义振款至二十五万圆，民免流亡，盐人感之。有沈公《救菑记》，勒石以纪其事。丙辰，复移寓上海。是年，姨母适慈溪叶氏者逝世，先姊丈殷柯亭比部卒于苏，介福三子荣瑞亡于沪，慈怀叠经悲戚。而叶姨母为先慈幼女弟，夙相爱怜，老年姊妹一朝永诀，先慈尤怆念不置。次年，合家还苏。戊午夏五月，先慈病噤口、五色利，几殆。幸曾氏甥名照者精医化验，为延西医黄君钟相助，以药针注射之而愈。冬十一月，先兄俊卒于沪。佺等初未敢遽闻，继思终不可隐，乃率家人跪白先慈，请勿过悲，亲友复交口慰劝，然终难释先慈之悲痛于万一也。庚申，佺年六十，卸水利局事，介福亦请假南归，均以慈闱高年，愿乞终养。癸亥夏五月，先慈患舌强支软，手足不仁，调治月余渐瘥，及秋诸恙悉已。八月，佺初得孙，先慈喜甚，蚤夕抚弄曾孙男女，愉悦异常。经秋徂冬，先慈饮食起居已复原状，佺等方私相庆幸。不料十二月初八日，先慈偶患感冒，咳嗽痰多。初九、初十饮食如恒，医家谓疏散可愈。十一日，觉心噤发寒，饮食减少，夜寐不安。十二日晨，扶起略坐，忽见目光四瞬，蓦然昏厥，越一小时始苏，而神色已变，饮食不进。中西医诊视，谓胸膈有滞，宜导使下行，急用震心针，并以盐水蜜液导滞。十三、十四日，得更衣三次，而沉闷不减、呼吸短促。十五日，面色转红，气息愈促，沉闷不醒，脉象散乱，诸药罔效，延至十六日亥刻，竟弃不孝等而长逝矣。呜呼痛哉！伏念先慈生长华阀，而曾经离乱。来归吾家六十余年，处境初亦艰困，中年以后，逮于晚年，家运由剥而复，门庭由衰而盛。而先慈持家训子，始终如一，未尝以丰约易其常度，精神弥满，老而愈周。八十以后，凡孙男女之婚嫁，犹必躬自指示，谆谆以丰俭中礼，无失故家仪为训。七十三岁以前，为亲友作画，皆先严题款，书画双美，人争宝之。自先严殁后，先慈辍笔者数年，后始稍稍重理绘事，顾仍不多作，寸缣尺素，世逾矜贵。生平所书日记，六十余年未尝间断。亲娅通书，皆出手写。其德性之安懿，神明之强固，见者皆谓期颐之徵。孰知偶染微疴，竟至不起，此皆不孝等侍奉无状，遭此鞠凶，泣血椎心，百身莫赎。呜呼！天何不降罚于不孝等之身，而遽夺吾慈母以去，竟令不孝等长为无父无母之人耶！呜呼痛哉！先慈享年八十有八岁。男三：俊，先卒；佺、介福。女二：珊，适吴江殷柏龄，柏龄先卒；琡，适常熟曾朴。孙男八：荣爵、荣夔，俱俊出；荣武、荣桂、荣业，均佺出；荣麟、荣煃、荣瑞，俱介福出。荣瑞先卒。孙女十一，曾孙男七女六。先慈淑德懿行，不孝等苦由昏迷之中，未克诠次万一，谨述大略，惟以告哀，伏乞矜鉴。棘人沈佺、沈介福泣血稽颡。

苏州永昌祥印本《周氏心香老人哀启》

注（1）：即周莲，吴江黎里周宪曾、蒯学诗女，归安（今浙江湖州）沈晋祥妻。工诗善画，著有《心香老人诗草》。

清封通奉大夫正三品封典庚申重游泮宫试用训导吴江县增贡生显祖考仲甫太府君行述

叶与骥等

先祖考讳嘉棣，字鄂常，一字颂孚，号仲甫，晚号梦鹿老人。系出楚叶公沈诸梁，自宋尚书文节公石林始显于浙，后秘阁修撰公季亨迁居吴江县富土。传至元处士骑门公，值明洪武籍没富户，富土改名同里，处士杜门却扫，隐居不仕。又数传至布衣树人公，值满清入关，剃发令下，以不顺令被执，从容就义。士林私谥毅烈，有司春秋致祭，府县里志均载其事。树人生芬，芬生而仁、而义，俱遵遗训，读书不应试。而仁公即先祖考之五世祖也。高祖启著公讳纶，太学生，妣王氏。曾祖怀民公讳淳，太学生，妣顾氏。祖封唐公讳桐，候选州同，妣顾氏。考朔生公讳尧夔，岁贡生，历任靖江、阳湖、丹阳等县学官，政绩载府县志。善形家言，尤精风角六壬诸书。著有《地学一隅》《地理要览》《吴郡来龙记》，并搜辑毅烈公诗古文集，表扬先烈。元配朱太夫人，继配朱太夫人。平生好施与，李爵阁督鸿章奏请旌表，旨准建坊，给予"乐善好施"字样。子五：长嘉华，幼殇，元配朱太夫人出；次嘉应，附贡生，浙江试用县丞；三即先祖考；四嘉树，同治甲子举人，国史馆誊录，四川补用同知；五嘉玉，早卒。均继配朱太夫人出。先祖自幼赋性豪爽，视金钱泊如也。曾祖考乐善好施，司铎有年，清风两袖，不置田亩，遗有破屋数椽、经史子集数十部、俸余四百元。先祖分受百元，赠与四先叔祖，凑赴北闱应试旅费。曾祖妣节衣缩食，薄置田产，没后俱作公产，为岁时祭扫坟墓及庆吊亲族之用。另有借券百余纸，约一千余金，欠户多贫苦小民。先祖主张不问子母，付诸一炬，毅然效冯媛市义之举，其轻财重义有如此者。咸丰十年庚申，为科试之年，先祖年二十有四，受知于孙葆元学使。是岁，适值发逆长驱南下，同里失守，先祖扶老携幼，四处奔避。十一年春，避难于蠡市镇之城湾乡。先曾祖以垂老之年，风土异宜，起居难适，加以一夕数惊，因是积成痼疾，即于二月十二日去世。先祖处兵革之交，骤罹大故，忍痛节哀，躬冒锋镝，奉亲丧以归故里。时因东溪老屋迫狭，至南棋杆宅内治丧。同治改元后，合肥李相国克复苏城，同里亦以次削平。是时，门户毁圮，家业寒微，全恃馆谷所入，曲顺曾祖妣欢心。甲子岁，典行大比，合两科为一科，先叔祖与先祖文坛驰誉，奋欲同掇巍科。揭晓后，先叔祖获隽，先祖报罢，益加奋勉，不稍灰其素志。自后连赴省试，终无当于有司之绳尺，乃讲求经世之学，而于地方利弊留意尤深，声望亦渐孚于远迩。时大乱甫平，兵燹之余，诸事废弃，如善堂、义冢、积谷、儒寡、保婴、义学，以及施送医药衣粥、修建书院桥庙等。先祖殚精毕力，偕本邑绅士费延釐、王芹波、任艾生、王偕达、金凤标诸先辈及四先叔祖，随时举办，为地方永久之利。即元邑车坊镇遵善堂、义冢等善举，亦先祖考首先禀准创办。八年正月，里中夜行赛会，无赖号召党徒，意图乘夜抢劫。事发后，得一记名簿籍，株连甚众，当道视为叛逆，将成大狱，里人俱噤不敢言。先祖心知草窃奸宄，并无大志，多半盲从，除毕、陆、屈三首犯外，余均结保得免株究，虽田叔之保边吏，安国之焚反书，不是过也。光绪丁丑、戊寅间，汴省告灾，兼以河决。熊其英明经、凌淦部郎亲赴灾区放赈，内地则谢家福太守为筹办主任。先祖与任艾生部郎、四先叔祖等在乡筹募，遥为援应，源源接济，保全灾民无数。十五年，秋雨成灾，田亩尽没。先祖邀请合邑士绅，乞政府发帑赈济。其剩有余款，修城郭，造县署，恤寒士，皆为地方公事之用。光绪季年，预备立宪变法令下，筹办自治，选举议员，筹学款以广教育，严保卫以防不轨。先祖时已年逾七旬，每事必身任其劳，推为一方祭酒。辛亥秋，淫雨害稼，四乡低区一片汪洋。乡民毁公所、抢大户，势汹汹不可遏，独吾家门庭晏如，乡民往来如常。盖由先祖常年收租取息，较他姓为独轻，即遇顽佃抗欠，未尝假威于敲扑，恤农深而乡人感德者众也。闹荒之声甫息，而改革事起，里中鹤唳风声，惊魂无定。先祖处以镇静，不动声色，就里中绅商大户竭力劝捐。设商团、保卫团，筹款增饷，旬犒月赏，众志成城，昼夜巡逻不息，外奸无隙可乘。故他区萑苻连发，同里独安堵如常，推为乐土。丙辰岁，本邑受浙省独立影响，军警猝变，江城被据，枪炮声闻里中，惊惶之象较光复时尤甚。幸赖前此各团体终夜荷枪巡缉，捍卫全镇。不久乱兵解散，尽向他邑远扬，无一人敢阑入里门者，此先祖预为筹防之效也。江邑田赋至光绪时，户粮紊乱已极，而浮收隐匿之弊以起。庚子岁，宗邑侯能述下车后，意欲廓清赋额。深佩先祖之廉干任事，凡清丈归户所订施行条例，无一不与先祖筹商定稿，不独同区一局归先祖主政也。先祖事母孝，待昆弟亲爱，视故旧积久不忘。吾家有蒙师徐揽香，身后萧条，常赒恤其后人。每岁于除夕前数日，预筹常款，购办年米，分送无告里人，俾藉此以度岁。性平易近人，又善养生。中年体质素弱，疾病时作。先祖摆脱俗虑，休养元神，至老而反形强健。待乡农村老，脱略行迹。遇地方重要事，官吏绅商环集一处，独侃侃不挠，必求其当而后止。异地各绅士或通书访问，或踵门蹉商，岁时不绝，其为众钦服有如此者。生平酷嗜经史，信程朱为最得理学宗传之正。清晨暮夜，一遇闲暇，读韩苏文，吟李杜诗，习欧柳书法，勤劬无间。少时有业师周先生崇信黄老，讲求吐纳养生之术，先祖实事求是，绝不为师说所移。所习堪舆家言，幼时得自过庭，脱去世俗术士之谬论。先祖每告人曰："葬在避风水之冲啮，不在富贵之厚报，此吾家相地心传也。"王相国文韶、盛宫保宣怀、陈制军夔龙，钦其盛名，亲自敦聘。时已年逾杖国，忍劳远行，藉此放怀山水，与山人野老讲树艺、谈风俗，以为心目之娱，此可见先祖之老当益壮也。一生在家日少，出门日多，虽夙有软脚病，平心静养，略不介意。稍一休息，叩门求评断者后先络绎，先祖以鲁连之舌兼彦方之望，折以片言，翕然并服。近时交通日广，商战愈剧，先祖以书生而熟悉商情。早岁即为典业董事，继为米业总董，设立公所。其余盐务、酒商、衣业等，无不以先祖为准的。前清迄今，里中设有厘局税所，遇有苛捐重罚，商不堪受，必代作调人，与官吏竭力疏通，此商人所以惟先祖之言是听也。自南棋杆老屋分析后，因地狭人繁，不能尽容。先祖竭平生节资，购得东桧柳圩顾光禄旧址，建造新居。始于光绪十九年癸巳，竣工于光绪廿一年乙未，颜其堂曰"务本"。先祖妣只见落成，不及同庆乔迁，先祖常为之黯然。不孝等入学完婚，俱幸新宅爽垲，无湫隘尘嚣之患，先祖之庇荫我后昆，亦云至矣。去岁庚申，先祖年八十有四，花甲一周，重行释奠盛典，远近绅商学界称觞祝嘏。先祖自撰七律二首，请诸吟坛唱和，此最为先祖无上乐境，而为一时所仅见者也。先是东溪老屋内有老树一株，风霜饱受，时阅数百年。先伯叔祖在时，三大枝交柯接叶，形成鼎足，不啻田氏之荆树。伯叔祖去世后，二枝萎谢，一枝独留。今岁夏间，雷雨交作，忽焉倒地。先祖亲自往视，顾而叹曰："此树婆娑，生意已尽，吾已矣夫。"不孝等以为草木无知，有何徵验，此不过先祖一时感怆语耳。去腊十五日午膳，忽尔噎，不下膈。当即延医诊治，方药以外，试用按摩之术，略见功效。惟本原亏弱，时发是愈，愈时又不愿节劳。四月二十六日，勉应常州顾氏之聘，登山临水，往返数百里。五月初三日返里后，精神日疲，胃纳大减，噎病愈发愈剧。然犹事事躬亲，负病强起，握管作书。不孝等私念病起秋燥，冬令固藏，可以转危为安。不意九月十三日，卧床不起，第神志甚清。典业公会中寄到各省典业联合会议事录，尚逐条批阅，命不孝骥分致各典。迨十六日卯刻，骤加寒热，勺饮不进。延至十七日辰刻，而竟瞑目长逝矣。呜呼痛哉！临终时神气清爽，盘膝趺坐，口喃喃诵大成经，不觉如老僧之坐化，里中皆惊为神异。先祖生于道光十七年丁酉十二月初三日未时，享寿八十有五。配刘氏，清封夫人，江岸生讳丕承公女。侧室二：邹氏，本邑人，先卒；王氏，吴县人。子四：长芝英，附贡生，候选布理问；二冕英，太学生，国史馆誊录，遇缺先选用盐大使，出嗣嘉玉；三国英，太学生，候选按经历。俱刘太夫人出，均先卒。四中英，太学生，邹氏出。女五：长、次、五，俱幼殇；三适王家熙；四适赵家善。孙七：长与骥，附贡生，四品衔浙江补用同知，候补知县；二与凤，附贡生，候选府经历；均芝英出。三与权，府庠生，冕英出。四与年，太学生；五与义，出嗣云英。俱国英出。六与露，七与时，均中英出。孙女十二：长、六，俱幼殇；二适朱汝源，三适陆润安，四适郑文，五适张炳元，七适赵家麟，八适王而口，十一字王赤，十、十二俱未字。曾孙七：承祚、宏祚、昌祚、壬祚、午祚、保祚、申祚。曾孙女五，均未字。不孝等苫次昏迷，语无伦次，今谨卜于十一年壬戌正月初二日酉时，安葬于吴县旧长境一都十六图鹿山之麓谷字圩新阡主穴，亥山巳向兼壬丙三分，辛亥辛巳分金。敬启民国八年己未十月十三日巳时先经安葬显祖妣刘太夫人之兆而合窆焉。伏乞当代立言君子锡以铭诔，用光泉壤，则不孝等世世子孙感且不朽。承重孙与骥泣血谨述。孤哀子中英，齐期孙与凤、与权、与年、与义、与露、与时,曾孙承祚、宏祚、昌祚、壬祚、午祚、保祚、申祚泣血同述。

民国十年印本《叶仲甫太府君行述》

徐汝福墓志铭

〔清〕俞樾

同治之初,朝廷削平祸乱,诏天下各督抚,抚循其民,与天下休养生息。而其时贤士大夫亦能仰承德意,完残奋怯,起疮痍而衽席之。盖禽剪草剃,勘定四方,诸将帅之功也。教养兼筹,以奠其后,则贤有司之功。而其乡之士大夫,亦与有力也。江苏之震泽县有震泽镇,亦一大乡聚也。镇人有寅阶徐君者,其乡之贤士大夫也。今年夏,徐君之子泽之,以状乞铭其墓。余读而叹曰:"此于大乱之后,助朝廷劳来安集者也,于法宜铭。"谨按状:君姓徐氏,讳汝福,字备五,号寅阶。其先为徐偃王之后,以国为氏。明季,有讳旷者,自淮渡江。十传至永昭,始居震泽镇,是为君高祖。永昭生觐光。觐光生学健,同治初,以孝子旌。学健生子,长讳韫,字玉书,君之父也;次讳荣森,字湘波,是为君本生父。自高祖以下,咸以子孙贵显,迭膺封赠,为镇巨族。君幼颖悟,年十四悉通诸经。道光二十九年,大水,湘波公为粥以食饿者。君时尚幼,已能左右之,湘波公异焉。君有二弟,皆以幼学死,湘波公乃命君辍读治家事。当是时,金陵久陷于贼,而苏杭诸巨室犹承平旧俗,繁富夥够,以奢靡相高。君喟然曰:"燕巢幕上而以为安,不亦慎乎?"乃务为节俭,有余资辄市谷以备缓急。俄而大营溃,苏垣陷。君以抟力勾卒之法卫乡里,有众一旅。贼至,苦战却之,然众寡势不敌。时吾湖赵忠节公奉命总理湖郡团防,君乞援焉。忠节以出境剿贼,虑饷不继。君乃尽出所储,以助兵食。忠节喜曰:"蕞尔一隅,乃有同志如君者乎!"率偏师来镇,会攻平望,克之。而贼来益众,湖军适有他警,旋撤去。贼围四合,火于上风。君知事不可为,身殉无益,突围出,而镇遂陷。君奉湘波公走沪上,尚图再举,而君亦病。病中,犹时搥床大呼杀贼也。同治元年,今爵相合肥李公以巡抚驻上海,闻君之才,檄办上海抚恤事宜。湘波公谕之曰:"今东南沦陷,惟存上海一邑,四方之民走来归者,如爵从兽旷。汝既与斯役,尽一分心,造一分福,毋惜费,毋惮劳。"已而湘波公卒,临终谕之曰:"吾死,草草治丧。速出事乃事,毋以吾废。"又曰:"家乡故旧流离可悯,汝其念之。"君泣受教,乃谋于同里施君少钦,鸠巨资邮乡里,以振乏绝,命之曰"兴仁之会"。其时为贼蹂躏之区,皆不得耕。间有耕者,贼伺其熟刈之。民耕而不得食,大困。洋人趋利,载米数十艘以往。官曰"是赍盗粮也",议有禁。君争之曰:"贼何患无米。其患无米者,陷贼之民也。是济民,非济贼,请勿禁止。"且请勿抽其厘。米船咸集,灾黎以苏。三年,江苏平,邑令万公属君以善后事。请先施粥一月,后择其尤贫者,旬饩之粟,以三百人为额,至今循之。大乱初定,百废未举。而君适奉檄办内地丝捐,因请于丝捐内计包抽厘，以供善后之用。于是平治道途，修造桥梁，建复书院。疾病者药之，物故者椟之，埋而楬之。孤无父者乳之，是曰"保赤"；寡无夫者衣食之，是曰"恤嫠"。兵革之后，向之质库皆废，乡民重息以贷无应者。蚕在箔，至无以饲，生计益窘。官议集富商设公典，商皆睃嚅，君曰："可出资为倡。"两浙、江南之有公典，自君始也。邑中善举，无不取决于君。口讲指画，每日自辰逮于酉，凡事之待举者，及有宜变革者，随时书寸纸黏以室壁，次第行之，虽细无遗。乱民毕永泉、陆效庭，期其党于某日起事。君侦知其期，密言于巡抚丁公，檄县掩捕得之，竿其首，遂于无事。太湖溇港久淤塞，有诏开浚。君随同沈太守玮宝履行其地，度深浅，计窊隆，开窦洒流，数月而毕。又以本镇运河为苏湖往来要道，瓦砾填积，舟楫不通。乃言于官，开正河自西迤东，又开支河之在南北者，凡二百八十丈有奇。君勇于任事，知无不为，而尤惓惓于亲故，有失所者，必曲为之计。从兄藐秋君卒，为治后事甚周。从子启之、继之早孤，抚之如己出，以至成人。尤好奖励后进，尝曰："人之为不善，非其本心也。无衣食以养之，无师长以教之，游民无业，势必入于下流矣。"故族党之无恒产者，其子弟十龄以上，君察其才器，秀颖者使之读书，朴愿者授以所业，赖以成立者不下百余人。岁在癸酉，子泽之举于乡，佥曰"为善之报也"。君在道光中，已议叙光禄寺署正。后以筹饷功，得候选同知，赏蓝翎。又以善后事竣，易花翎。君遂援例改郎中，加五级，跻二品，封祖父母、父母如其秩。而君精力尤壮，至是拟率泽之入都，俾应礼部试，而自赴部供职。乃未及成行，而母沈太夫人卒。君悲号成疾，绵历年余，竟以不起。光绪元年元旦，君集族人，议修宗谱、建义庄，曰："吾蓄此志久矣。今病日臻，此两事万不可缓，其妥议章程，以垂久远。"及病笃，又手书数百言训其子，大旨在读书、立品，而仍拳拳以修谱、建庄二事为言。是年九月乙巳，君卒，年三十有八。盖数年来，君于善后诸事，心力皆耗矣。君娶周恭人，生子二。长泽之，同治十二年举人，候选内阁中书；次望之。湘波公之存，以君弟镕甫、咸甫两君俱无子，命以望之为镕甫后，而兼存咸甫之祧。女子三人，皆殇。光绪二年九月癸未，泽之等葬君于乌程县之马腰村。余虽不识君，然重君之为人，是能于大乱之后，为国家劳来安集者也。故撰次其事，而系于铭。铭曰：

东南底定，同治之初。疆宇虽复，元气犹亏。惟良有司，莫厥攸居。谁其佐之，贤士大夫。恢恢徐君，密虑深图。曰莠宜去，曰粟宜储。曰湖宜浚，曰道宜除。曰幼宜学，毋任呦呦。曰嫠宜恤，毋使歔歔。浸仁沐义，民气以苏。求民之利，忘功之劬。未登中寿，咸曰於戏。虽不永年，泽在乡闾。有子英英，早登贤书。积善至著，斯言岂诬？千载而下，式此幽墟。

民国《震泽镇志续稿》

殷源传

殷源，字宿海，号小谱，兆镛子。同治十二年北榜举人，连捷成进士，选庶吉士。

自幼随任京师，昼庀家政，夜读书。十三经外，如《通鉴》《文选》《困学纪闻》等，皆有札记，蝇头细书，夜分不倦。尤嗜八法，临摹各体辄肖。九岁作擘窠大字，其外舅卓鹤溪少宰樏称为当出己上。有客戏以画扇命题，源隶书云："芳草萋萋，乌鹊欢喜。明月一上，照见万里。"客大惊异。兆镛直内廷，凡奉敕缮写之件，未弱冠时即已代笔，上亦知之。后索书者众，往往更阑烛炧，挥洒百数十幅以为快。顾久困秋闱，屡得复失，荐卷者八，挑取誊录六次。连捷后，主司称其二三场有根柢，拔之以励绩学，时论以未获大魁惜之。咸丰庚申，淀园之变，寇逼宫门，惧有伏，不敢遽进。源登澄怀园土山，呼堆拨兵开抬枪击之，为一逃弁所呵而止。甲子冬，兆镛使闽旋里。源应试白下毕，舟行至月湖口守冻，只身仗剑，徒步五百里，省亲于黎里镇。遂从北上，经河间县，遇响马盗，下车与语，掷畀数金，盗感谢去。后随任皖江，出棚闻母病，千里驰省。母蹇步履，恒负以行。庚午，和州舟次，母程氏没，料理棺衾，纤悉拮据，益先意承志，夜视父寝乃退。光绪乙亥十二月，先兆镛卒，年三十八。事闻于朝，两宫皇太后至王公先达、远近士大夫，咸为惋惜云。（参梦盦老人哭子文）

清光绪《平望续志》

皇清诰授资政大夫赠内阁学士衔
前安徽凤颍六泗兵备道任公行状

〔清〕曹允源

曾祖祖望，太学生，貤赠通奉大夫，晋资政大夫。

祖振勋，太学生，诰赠通奉大夫，晋资政大夫。

父酉，附贡生，候选训导，诰赠通奉大夫，晋资政大夫。

本贯江苏苏州府震泽县民籍，年五十有一。

公讳兰生，字畹香。系出当阳侯，先贤任子传三十三世至梁新安太守昉，始家江南。又三十二传曰伯通，明太学生，举德行，始自宜兴徙吴江同里镇。伯通七传曰大任，康熙己酉举山林隐逸，不就，世称"孝贞先生"，载国史《孝子传》。孝子四传为太学生琳，载《同里志·仁寿传》，公之高祖也。自高曾以来，仍世乐善，训导公益恢厥绪，流声里党。公幼禀庭闻，读书有大志，不屑屑章句，趋步儒先，造次必于礼法。道光二十九年，大水，道殣相望。训导公创议平粜，为糜粥食饥者，寒者衣之，病者药之，死则无失敛埋。时公年才十二，承命区画，具有条理，长老皆惊异焉。咸丰十年，发逆蹒吴江，避地青浦渔郎村，滨淀山河，尸骸顺流下。训导公令公驾舟钩撩瘗之，盛暑暴烈日中不少懈，论者以为难。公为文尚高古，尝五应童子试，一就京兆试，不售。会训导公暨母范太夫人先后弃养，同治三年冬，遂以候选同知谒安徽巡抚乔勤恪公行营，檄授前敌营务处，策画机宜，悉得要领。萨尔图英果敏公方以藩司统师击贼，与公语，大悦，恨相见晚。初，捻首张乐行起蒙城雉河集，苗沛霖假团练起凤台，众各数十万,窟穴牢固,分党四扰,皖豫之交无完土。果敏以计诛乐行、沛霖,而余逆稍稍敛迹。四年,僧忠亲王殒于曹州,贼复大炽,觊蒙宿旧巢。果敏督公与今贵州布政使史公念祖将兵三千人,屯雒河集。贼十余万,其魁张总愚、任柱、赖文光皆会,围之数重,外援道梗,势岌岌。果敏乃泣属诸将坚守,而自以数十骑夜突围出。贼侦知,益昼夜环攻,炮声震数里不绝。公守南门,登陴必先士卒,激以大义,人人感泣用命,时缒城出不意,奋击毙贼无算。围中粮数日且尽,公以余粟分置四门,空其内仓而实其外,以示充积,最后至与诸将屑榆为粥,历四十余日。而果敏导援师至,围乃解。以数千饥疲之卒,当亿万枭狼之众,卒屹然不少动者,盖公之力为多,果敏于是益奇公才矣。未几,果敏擢巡抚,檄公总行营,营务处移驻颍州。蹙李允于盱滁之间,遏任柱于宿迁,歼张总愚于临清。凡果敏所向,无役不从,从必策万全克敌,皖军之名与楚军、淮军并峙,号为劲旅,公实左右之。在颍州日,颍西与豫接壤,蘖牙其间。土人筑圩抗官,至相仇杀。公驰往缚巨魁,置之法,数日事定。临清之役,果敏奏凯还,行百里许,将达南乐某寨,有卒十一人先至,寨中人坑杀之,仅一人得脱。果敏色变,诸将无不发指眦裂,欲屠其众。公起曰:"愿以卒二千人往平之。"距寨里许,令曰:"止!妄动者斩。"独从一骑抵寨,大呼寨中人,声其罪。其众汹惧,骈元恶八人以献。公乃驰白果敏,尽释其余,所全活无虑数千人。其归渡黄河也,马步卒四万,公日坐河滨,令舟各载二十人,鱼贯以渡,渡予一券,暮则计券偿直,舟人日可得青蚨数千,踊跃迎渡。阅数日,无喧呶声,居民佥谓师行不扰无如此者。公之息事安民皆此类也。捻逆既平,总防军营务处兼绾淮北牙厘,驻寿州。牙厘者,军兴以来资以为协饷者也,剔蠹惩奸,无丝毫自利。寿陷苗久,赤地新立,公为策善后甚备。未几而河南匪民李六等劫众反,上起固始,下讫泗,隐结声援,突攻叶家集,焚其栅。公闻变,立与寿春镇总兵郭公宝昌简精锐,驰两昼夜遇贼,一击于莲华庵,再击于妙高峰,大破之。而宿州余匪旷同勾结盐枭席小猴继起为逆,怀远之刘泰峰、凤台之胡致端同时响应,皆不旋踵夷之无噍类。自是贼党胆落,讫公之去,莫敢有叫呼跳跃于里闬者。累功至记名盐运使、安徽补用道加布政使衔。光绪三年,权凤颍六泗道篆,督凤阳钞关。故事额征正税杂税外,别有办公经费,出纳惟主者意恉。公以状上于大府,汰十之二,余悉以佐兴利之举,有请辄应。安徽巡抚裕公禄奏公治行最,两江总督沈文肃公、署两江总督吴公元炳交章荐。五年,遂拜真除之命。凤滨淮,为南北关键,城故无池,有警莫守。督防军凿池一千四十余丈,缮垣亦一千丈。临淮官道,岁过京饷数百万,率役西土坝官庄铺民,农时以废。购驴三十头、牛车五辆予民,以备伺应,无事则任民雇于人取值。别筹钱二千缗,以其息佽之馈,民力得不困。皖北土瘠,丰歉因雨旸。浚凤、寿近郭塘坝二十余所溉田,仿江南水车,教民戽水。创丰备仓储谷数千石,又檄州县各建仓廒。厥后,六安属邑英山蛟水猝发,平地深丈许,市中米麦漂尽,惟仓谷完好如故,民乃得食,卒收积储之效。治驿路自临淮北至江苏江浦界三百余里,费缗钱巨万。设救生船于洪泽湖,造义渡马船于沿淮孔道,并勒石禁婪索。成桥梁数十所,费各以千计。盱、临当水道冲,淮涨弥望无际,帆樯夜泊有风涛险。开船塘周各百余丈,行旅德之。估船抵关,不时启闭,无留滞者，商贾大悦。尤好奖士类，郡故有淮南书院，前凤颍道胡公玉坦募白金二千数百，权子母为经费。公益廓其规，赢余至一万余缗。购经史子集二百余种，令高才生得寓院读书。凤、寿、盱试院旁，各筑屋数十椽，为生童蔽雨所。至于无业贫民，有育婴堂、牛痘局以卫其生；稍长，有义塾，俾不失学；有因利局，俾贷于官，以营作业；老则有归藏局，以厚其终；其不肖，有戒烟所，以诱其自新。费不可胜计，往往捐廉奉以补不足焉。公兴一利，必规久远。在寿修安丰塘，梓州人夏尚忠《芍陂纪事》，民由是知世守。创兴蚕桑，募湖州民教之缫丝，编《蚕桑摘要》，令民习其业。至于损益废置之宜，思无不周，行无不力，以故民多尸祝，而大府荐公者佥以为皖北必不可少之员。故从果敏治军几十年，驻寿八年，驻凤又八年，一摄安徽按察使，逾年回任，前后在皖凡二十余年，与民习，故民亦习公。会以误留革书某吏，议镌职。去官之日，士民顾念旧恩，如婴儿失慈母，遮道攀辕，数万人无不泣下。十三年秋，河决郑，滨淮告灾，天子发帑振恤。先是三年冬，晋豫饥民数十万集皖境，公创议留养。募白金十余万，架厂树五色旗帜，令民日认旗以次受粟，虽众不棼。明年资遣归，全活不可胜数。九年，淮溢泛凤阳等十四州县，公方署提刑，筹巨款输灾，所檄州县便宜发仓粟，无流亡者。至是复议振灾，民思公益亟。于是在籍刑部员外郎孙公家怿等二百余人，捐资联名吁巡抚陈公彝以请于朝，得旨复原官。寻奉檄抵颍州，督皖北赈抚。始至，即周历灾区千有余里，冒雪奔驰，问民疾苦，以银易钱与粟，区等差给之。又傲民浚河筑堤，计其佣予钱，所以经营绥辑之者，纤悉毕举。十四年二月，襄郏水骤至，下流腾涌。公飞骑巡视，马惊伤尾间，遂患疽，竟以四月十九日卒于颍州差次。夫人陆氏，布政使衔前署安庐滁和兵备道讳洒普女。子二：长传书，陆夫人出；次传薪，公卒乃生，侧室潘出。女子五：长适兵部武选司行走主事吴江殷杞龄，次字秀水学生王祖馨，三字嘉定庠生秦曾源，皆陆夫人出。四字同邑陆崇鼎，五尚幼，潘出。公之才长于治军，尤名能缉捕，先后擒治百数十人，崔苻为之遁迹。皖北素强悍，从容坐镇，晏如也。其利物济人出于至诚。疾既作，僚佐白事，延至榻侧，謇讱至再三。易箦之际，犹顾问水势，以手画灾状，无一语及家事。公卒，陈公哭之恸，越日上其事，诏从优议恤，宣付史馆立传，寻议赠内阁学士衔。公弟艾生寓书允源，属诠次行事。允源从公十年，粗悉崖略，不敢以不文辞，乃撰其大要，为状如右。吴县曹允源谨状。

清任艾生《任学士功绩录》

皇清诰授资政大夫震泽任公墓志铭

〔清〕孙家鼐

任公明察而不苛，爱人而好施，豁如也，蔼如也。同治三年，以府同知入皖，累功授凤颍六泗兵备道，记名盐运使，布政使衔，署安徽按察使事。盖居皖者二十余年，吏无遗弊，民无遗利，皖人大和，讼狱寖息。居者尸祝之，行者讴歌之，虽儿童走卒，田父野老，识与不识，无不谓我任公好官。公之榷凤阳关也，痛猾胥之玩法，蠹役之病商，驭之特严，群下怨之，常谋阴陷公。会有以关务积弊劾公者，朝廷发使遣问，左验不具。故事书吏岁满，例除名。时有关吏一人，期满未遣，竟坐是落职。解组之日，皖之荐绅耆士遮道，祖饯设供帐于北门之外，观者万人，有泣下者。厥后郑州河决，淮颍汜泛滥，百姓愈益思公，相率上书大府，求为纳粟复公官，共迎公来。巡抚陈彝素重公，至则属公以赈抚事。公哺饥嘘寒，问疾恤苦，老稚授食，壮者募以筑堤浚河，计佣予直，俾获其所，流民用集。居数月，水忽大至，公闻报驰往，马逸伤尾闾，遂患疽，卒年五十有一。巡抚疏闻于朝，诏赠内阁学士衔。光绪十五年己丑四月二十二日，公弟艾生葬公于吴江十五都并五图心字圩，寓书京师，乞铭于余。余乃详公善政于铭，而兹著其爵里世系云。公讳兰生，字畹香，震泽人。仲尼弟子任不齐之后。曾祖讳祖望，太学生。祖讳振勋，太学生。父讳酉，附贡生，候选训导；母范氏。妻陆氏，生子传书。公卒后，侧室潘氏遗腹生传薪。女子五人。铭曰：

公始筮仕，来治皖水。二十二年，一蹶一起。公视皖邦，如桑如梓。皖人戴公，如慈父母。梁遗涉者，路遗徒者。桑遗蚕者，粟遗饥者。生者养之，死者葬之。民贫失业，公贷以私。茫茫芍陂，公筑之堤。峨峨钟离，公凿之池。农疲于役，资之以车。士荒于学，饷之以书。昔公治师，道之长乐。民戕我卒，十毙一脱。诸将大哗，议屠其民。公以利害，往即民陈。寨民听公，献其罪人。乃释厥众，民颂公仁。归渡黄河，公谓舟子：济者一人，给券一纸。计券偿值，余悯尔苦。戒我军士，勿乱行伍。皖豫之鄙，匪种潜滋。公覆其巢，载艾载夷。於乎我公，古之遗爱。刻石铭幽，永世不废。

诰授光禄大夫、赐进士及第、经筵讲官教习庶吉士、工部尚书兼管顺天府府尹、寿州孙家鼐撰。

清任艾生《任学士功绩录》

皇清诰授资政大夫赠内阁学士
前安徽凤颍六泗兵备道任君神道碑铭

〔清〕黎庶昌

君讳兰生，字畹香，江苏震泽任氏。任之先出于孔子弟子当阳侯任子不齐。传三十三世至梁新安太守昉，始家江南。又三十二传曰伯通，自宜兴徙吴江同里镇。吴江与震泽同城，今又为震泽人。君生而英敏缜栗，自少则见端绪。年十二，随父训导君拯饥，委己救人，具列条理，长老惊叹。为文章，慕先古，不中时程。尝一就京兆试，罢去，遂以同知投效皖营。乔公松年委充前敌营务处，至则大为果敏公英翰所宾敬，事必咨而后行。雉河集者，今所设涡阳县，捻贼老巢也，贯涡河之中，捻贼绝欲得之，以蹯颍、亳、寿三州之地。同治四年，僧忠亲王战没曹州城下，贼酋张总愚、任柱、赖文光益横，合众十余万南趋，围之数重。时守兵三千人，形势寡弱，英翰公谋曰："今贼众兵少，不冒万死一生之计以求援，则弹丸小集糜为齑粉矣。"于是属君与今云南布政使史君念祖坚守，而自率数十骑即夜溃围驰出。贼侦知，益疾击。君广设方略，随敌应变，神诹鬼咨，贼不能穷，逡巡失气。围中食且尽，君以余粟分置四门，虚内仓而实其外，标示充积，誓守益固。相持四十余日，而英翰公以援师至，卒大破之，贼鹿埵陇种而遁。声誉翔起，远近皆奇君才，以谓可属大任矣。厥后，蹙李允于盱眙、滁州，遏任柱于宿迁，殪张总愚于临清，靡役不从，算即克捷。临清之役，英翰公凯旋至南乐，军士十一人为某寨所阬杀，众怒欲屠之。君请以二千人往，单骑款寨门，一谕而服，斩八人，其事已。归渡黄河也，马步四万，君下令舟各载二十人，渡南予券，日暮计券受直，军至如流。是时，君已改防军营务处兼绾淮北牙厘局，驻寿州。君综核之才，冠绝一时，奸蠹所丛，皆能穷抉奥窍，丝粟不得欺隐。后以余力治寇，捻贼虽平，而皖豫颍、亳间，糵芽包荒，伺间辄发。君耳目广布，悉钩致其计划主名，先事觑情，剪其牙翅，应时摧破，无留余者，一州以宁。累功至记名盐运使、安徽补用道，赏布政使衔。光绪三年，署凤颍六泗道。安徽巡抚裕禄公、两江总督沈文肃公葆桢、吴公元炳交章论荐，五年，遂拜真除之命矣。中间一署按察使。君既与民苏息，于是尽饬吏治，以清狱讼、整缉捕为课吏之首；以劝农桑、兴水利为养民之原；以修书院、设义塾为教士之本。陂塘道路，平治修浚，义仓丰备，储使充牣。大小庶政，条综周密，废坠皆起，然独君精力能行之，他人学者不能至也。而晋豫大饥，流民走死入皖。君守便宜，发仓廪赈济，前后收养资遣凡十一万余人，皆占记籍，尤以此民誉在口。先是，君任凤颍六泗道。七年，以留用革书屠幼亭，被劾落职。居无何，绅民讴思善政，醵金八千两代筹捐复，再奉命发往安徽。是岁，河决郑州，黄流四溢，皖北尤被其烈。君复任赈抚事，益感激驰驱，乘骑周历辖境，形神并罢，疽发尾闾，未几竟卒，光绪十四年四月十九日也，春秋五十有一。安徽巡抚陈公彝胪陈事实，照道员积劳病故例，从优议恤，赠内阁学士，事迹宣付史馆立传，附祀英翰公专祠，呜呼伟矣！君之先世，代有隐德。曾祖祖望，祖振勋，均国子监生。考酉，附贡生，候选训导。皆赠资政大夫，妣皆夫人。配陆夫人，妾潘氏。子二：传书、传薪。女子子五人。光绪十五年四月二十二日，葬君于江邑十五都并五图心字圩。君乡人凌君淦者与余善，以余昔令吴江，寓书以神道之文相属，而余亦自美君政略，故忘其弇鄙而乐为之辞。铭曰：

豪杰代兴，大难斯靡。前湘后淮，异人特起。亦有皖军，克趾厥美。将帅联翩，戎乱而止。维民有瘝，吏事实难。任君天授，岳岳胆肝。外临战陈，内靖凶顽。爱人学道，秉心所安。淮颍之间，捻巢榛莽。枭狼是栖，人禽反掌。君不鄙夷，曰吾师长。抚此犷区，风苏雨养。七年报最，民和政成。古有遗爱，如君式赓。请祠复秩，直道在民。我铭贞石，永播休声。

诰授资政大夫、钦差出使日本国大臣二品顶戴、遵义黎庶昌撰。

清任艾生《任学士功绩录》

任兰生传

任兰生,江苏震泽人,由俊秀投效安徽军营。咸丰八年,拔姚、邓等圩,奖蓝翎从九品。旋捐升同知候选。同治三年,充皖军前敌营务处。四年,随安徽布政使英翰驻宿州,会捻首张总愚纠粤逆赖文光、亳捻任柱等巨股,齐趋皖境。英翰移壁雉河集,贼进攻其营,英翰属诸将守垒,自率二十骑突围至西洋集,调军赴援。时兰生守南门,与知府史念祖等缒兵出,伺隙击贼。粮且绝,乃空仓粟,分置四门,以示充积。力持四十余日,最后至削榆为粥,激厉士卒,固守不懈。洎英翰率军赴援,张总愚从龙山率悍匪突战,兰生等闻枪炮声,麾守军分路冲贼后阵,贼溃,围立解。叙功以知府留安徽补用,并换花翎。六年,督兵大臣李鸿章建策蹙贼胶莱河,于运河设防,贼忽扑渡潍河,溃防南窜郯城。英翰分皖军三千人驰往迎剿,水陆皆捷,兰生功尤著,晋道员,并加盐运使衔。任柱就歼,赖文光自赣榆南奔,图扑运堤,为皖军击败,折回沭阳,由六塘凫渡,阑入扬州东北湾头。英翰檄兰生偕参将奎光等督饬运防各军,星驰拦剿,诸路之师合力并进,贼穷蹙,逆首李允、牛遂子、任三厌率众乞降,赖文光就擒。事闻,加布政使衔。七年六月,西捻张总愚窜临清,窥伺运防,兰生等赴魏家湾沿河探剿。贼窜清河以南,转而西,兰生等分三路迎敌,贼北走,皖军别将横击之,回窜东南,兰生等前后夹攻,贼大败。总愚伏诛,西捻平。捷入,命交军机处存记。凯旋撤师,将达南乐,有部卒十一人先至,为寨民所歼,诸将欲屠其寨。兰生请于英翰,率二千人往,距寨里许,令曰:"止!妄动者斩。"独从一骑,呼寨中人,数以擅杀罪,遂缚献首犯八人,治如律。驰白英翰,免其余,全活甚众。寻驻防寿州,专办留防军务,兼管淮北牙厘。督兵大臣曾国藩、巡抚英翰先后上兰生战绩。八年,奉旨以盐运使交军机处存记。十一年,河南固始匪首李六、李昭仁窜安徽霍丘,攻叶家集。兰生闻警,派队进剿,并约总兵牛师韩合击,贼溃,获首逆斩之。光绪二年,皖北旱,远近土匪蜂起,宿州之旷同勾结席小猴、陈骆驼,聚党劫萧县水堌寨,掠百善汛;河南永城之李玉龙肇乱南昌庙,而涡阳诸匪应之;凤台之胡志端亦纠党窃发怀远,则赵爽与苗沛霖余党刘四巴子等图扑县城。兰生先后会同总兵郭宝昌,简精锐迅击破之。全境既平,于是有查圩之请,又诛捻恶二十余名,地方大定。三年,署凤颍六泗道,率属兴保甲,严缉捕,奸宄敛迹。山西、河南大饥,流民相率入皖,兰生倡捐廉俸,募赈银十数万,设厂颍、亳、寿三处,以兵法部勒之。明年春,资遣回籍,全活无算。临淮故孔道,各行省转饷过境,岁数十百万,率役西土坝官庄铺民,往往废时失业。兰生备驴三十头,牛车五辆,使供支应,无事则听民受雇取值。别筹钱二千缗,生息以佽饲畜,民得不困。凤颍道兼督凤阳钞关,额征外旧有办公款目,以状上巡抚,汰十之二,余悉作兴利之需。四年,当受代,总督沈葆桢、巡抚裕禄合疏留之。裕禄复上言:"兰生治行为安徽最。"五年,授凤颍六泗道。凤阳南北关键,城故无池,兰生督防军凿池一千四百余丈,筑垣之圮者千丈。治凤滁间驿路,自临淮至江苏江浦袤二百余里,均成坦途。洪泽湖多覆舟,设救生船拯之。沿淮要津,造官渡船以济,修复朱龙、大东等桥梁数十处。盱眙、临淮当水道之冲,淮水涨时，弥望无际，帆樯夜泊，风涛险恶。创开船塘，各周百余丈，建宿州、灵璧、定远、凤阳诸驿宾馆。设因利局，贫家得贷钱于官，以治生计；设育婴堂、牛痘局，以保赤子；设归藏局，助殡葬以厚其终；设戒烟局，诱不肖者以自新。其综理不遗类如此。兵乱后，水利失修，兰生刊寿州人夏尚忠《芍陂纪事》，民灼然知利病所在。于是筹费浚安丰塘，经营各属塘渠闸坝凡二十余所，蓄泄以时，旱涝有备。复仿制江南水车，教民戽水，以助灌溉。创设课桑局，刊行《蚕桑摘要》，购种桑秧，雇江浙工匠教民育蚕缫丝，开衣食之源。郡故有淮南书院，前任胡玉坦募白金二千有奇，取息以作膏火。兰生益廓其规，赢本至万余缗，购四部书二百余种，令士人得寓院读书。灵璧书院废，为兴复之。又于凤阳、寿州、盱眙各试院侧筑屋，为赴试士子避雨所。添置义塾，使贫民子弟不失学，士民大悦。六年，以筹济山西等省赈银出力，下部优叙。八年，署按察使。九年，举大计卓异。先是三年夏旱蝗，兰生饬属收捕，因筹救荒之策，创丰备仓，积谷数千石，又檄州县各建仓厫。至是滨淮十四州县大水，亟檄属吏便宜发仓粟，并请款募捐，工赈并举，无流亡者。十二月，回本任，仍兼管牙厘事。十年，内阁学士周德润劾兰生盘踞利津，营私肥己。上命户部尚书崇绮、内阁学士廖寿恒往按之。十一年正月，解任候处分。旋查所劾皆不实，惟留用革书屠幼亭为知情徇隐，部议革职。十三年，山东巡抚张曜以兰生历年募捐山东赈银数逾十万，罢官后仍日与诸绅广筹赈款，并自捐棉衣一万件，为奏请开复原衔，允之。寻凤颍六泗绅士孙家怿等二百余人，胪列兰生在营在任有益地方事实，公呈巡抚陈彝，并筹银八千两，愿代遵例报捐道员。陈彝会同两江总督曾国荃入告，得旨：任兰生着准其捐，复发往安徽，交陈彝差遣委用。是年，河决郑州，安徽被水，兰生奉檄办皖北赈抚。十四年四月，卒于颍州。陈彝具疏奏请优恤，并将事迹宣付史馆立传。十五年，陈彝复以士民感念不已，奏恳将兰生附祀英翰专祠，均诏如所请。

清国史馆《清史列传》

任兰生传[1]

金天翮

任兰生，字畹香，江苏震泽人也。同治三年，以同知入皖，累功授凤颍六泗兵备道，署按察使。居皖二十余年，吏无遗弊，民无遗利，洎其去而皖人士相与讴思善政。一蹶再起，卒以郑工振抚事，积劳致疾以殁。兰生初至皖，充巡抚乔松年前敌营务处，为英翰所宾敬，事必咨而后行。雉河集者，今所设涡阳县治，捻之老巢也。涡河贯其中，捻得之，可大蹯颍、亳、寿三府州地无阻。官军得之，即形格势禁。同治四年，僧格林沁死郓城，捻酋张总愚、任柱、赖文光纠众十余万南趋，势张甚，围雉河集者数匝。英翰守集兵三千人，与将士谋曰："贼众，我兵寡且弱，不冒万死一生计以求援，则弹丸小集糜为齑粉矣。"于是属兰生与知府史念祖坚守，自率数十骑，即夜溃围驰去。

捻侦知守兵寡，食少，益疾击。兰生广设方略，随敌应变。贼不能穷，逡巡失气。围中食且尽，兰生以余粟分置四门，虚内仓而实其外，示充积。食果尽，至屑榆皮为粥，激励士卒，皆死守无二志。相持四十余日，翰以援军来解围，捻遁去。其后追张总愚于临清，凯旋至南乐，军士十一人为某寨所坑杀，众怒，欲屠之。兰生请以二千人往，距寨里许，令曰："止。妄动者斩！"单骑至寨门，一谕而服，诛八人。归渡黄河，时马步兵四万。兰生下令，舟各载二十人渡，日暮计券受舟直。令下而兵不起，兰生立斩四人以徇，余皆股栗，军行如流。（渡河斩四人，畹香亲为余师顾询虞先生述之。）其应变赴急，才略为诸军冠。兰生躯干伟硕，两眉间肉隆起，性缜密，善钊析事理。能饮善弈，弈居三品，饮酒百觥不醉。（容貌及弈棋饮酒，余盖亲见之。）风流文采不能过冯志沂，干略骎骎度其前矣。卒年五十有一。赠内阁学士，国史馆立传，附祀英翰祠。

赞曰：世固有懵不知兵而受命统甲骑或驾戈船以御寇，丧师失地辱国，为天下笑多矣。志沂不知兵，其办一死不幸生之志，固昭然明白也。兰生长于守，守四旬而应变无方，雉河集之役，世人皆知英翰之功，而不知有兰生。翰为主将，固宜尸其名。兰生多艺事，弈棋拇战，亦应变无方，未尝挫败。其被言官劾落职，疏中有"能饮善弈"之语，论者不以为忤，以为美谈云。

钱仲联《广清碑传集》

注〔1〕：原题《冯志沂任兰生传》，今仅辑任兰生一人之传。

清授荣禄大夫从一品封典二品顶戴赏戴花翎浙江即补道显考介眉府君行述节录

陆鼎奎等

府君讳同寿，字介眉，一字商皓，又号敏贻。幼而岐嶷，言笑不苟，学为制艺，根柢经史，里中文社辄冠其曹。后以屡试不售，愈刻苦自砺，与先姑丈任畹芗阁学朝夕观摩，至废寝食。暨入都，游先母舅沈文定公门下，学日益进，五七言诗，尤得唐贤法律。一艺甫出，同辈推服，无异辞。尝三赴京兆试，咸丰辛酉科挑取誊录。时因江乡兵燹，奉先大母展转迁徙，得达汴省，随侍先大父任所。适先妣沈夫人逝世，府君井臼乏人，恒手挈修膳，娱悦亲志。同治甲子，吾母丁夫人来归，自此无内顾忧。平居每慨然曰："方今中原多故，正当戮力疆场，勉尽忠孝，何必博取科第以为荣哉！"遂投效豫营，以异常出力保以知州，指发浙江。寻赴皖营，于攻克张寨、瓦店案内，奉旨赏戴花翎，一时大吏咸以知兵推重府君。丙寅到浙，历办解饷、保甲、发审、厘捐等差，于时盗贼潜踪，商民称便。宦迹所至，积弊一空，而府君宅心之仁恕，尤可于谳局徵之。盖手决狱大小数十百事，从未尝出以刑求，虚衷研鞫，亦无不得其情者。戊辰，在新塍厘局，差次奉调西征。秦中硗瘠之区，径路崎岖，风雪阻洳。旋由提督金军门调赴前敌，虽劳苦滋甚，痰疾频作，驰驱感激，府君益不敢自康。又尝兼理粮台，勤慎从公，处脂不润。陕省肃清后，左文襄公奏保以知府，仍留原省补用。并以荡平金积堡老巢、追剿乌拉特旗窜匪，洊擢至道员加二品顶戴，特旨送部引见。先后若皖抚乔勤恪公、英果敏公、直督李文忠公，及寿春镇郭军门、绥远城将军定留守、山西巡抚鲍中丞，佥以府君年富才优、办事明干，交章荐保。窃计十年之内，迁阶进秩多是兜鍪中来，然精力亦由是耗矣。癸酉，仍赴浙江。是年夏，藉差往皖省亲。适赋三笺如子厚，诸先伯叔暨畹芗先姑丈宦游在外，接踵并至，追往道故，极天伦之乐。甲戌冬，先大父乞病归来，僦居郡城。府君时在浙，历充要差，然数往来苏杭间，不忍久违色笑。辛巳春，金衢严道缺出，府君应补授，而先大母适弃养浙寓，遂回籍守制。以先大父年逾古希，日侍杖履，色养蒸蒸，盖自此淡于仕进矣。其间修祖墓，建义庄，立宗祠，刊族谱，凡先大父所欲为者，府君皆先意赞成之。于宅之东偏辟一小圃，叠石栽花，为先大父游息之所，额其庐为"春晖草堂"，融融泄泄，其乐何极。戊子夏，先大父捐馆，府君年已五十有一，哀毁骨立，若孺子之慕。先大父所居"习静"书室，朔望必焚香展谒，摩挲手泽，如亲承色笑也。嗣皖绅以先大父政绩胪陈入告，恩准附祀英果敏公祠。癸巳秋，府君亲奉栗主入祠，哀戚之容，感动行路。居恒赡养亲族，培植子弟，孳孳如恐不及。鼎奎等就傅之暇，府君每招致文士集为社，会俾得有所观法。又编刻先乡贤公《嵞庵随笔》及《先德录》《传家集》等书，时举以训戒鼎奎等曰："汝曹席先人余荫，不知今之坐享者皆祖德积累所致也。吾子孙立身行事，守此数编，庶几免于大过。"鼎奎等谨志之，不敢忘。府君壮岁参赞戎机，其劳瘁之状，不恒泄于家人。后陈舫仙方伯陈臬吾苏，府君本与莫逆交，公余过从，追话金积堡旧事，鼎奎等始知府君一生历尽艰险，而其他之不为鼎奎等所知所闻者可胜道哉？（中略）府君天性和易，乐善不倦。迩值国事多艰，前后输助，计不下数万金。易箦之前，犹念关陇奇荒，命鼎奎等筹集巨资，汇解灾区，谓："此我从戎旧地，今翠华西幸，适遭荒年，尤不当以秦越相视也。"至亲友之贫不能自存待以举火者凡数十家，府君咸以时周给之，不令一人向隅。其余舍药施茶，历数十年如一日，在府君以为小节云。府君家居，不轻谒长官，又厌与闻公事，暇辄以图史自娱。鼎奎等膝下瞻依，备承慈爱，骨肉团聚，狃以为常。即鼎奎以优行增生四踏省门，屡荐不售，亦府君挚之偕行，亲承训诲，未尝跬步须臾离也。惟晚年望孙甚切，迨鼎华完姻后举一孙男，命名曾培，从此含饴为乐。方期桑榆晚景，爱日方长，不图至今而遽茕茕失所怙耶？呜呼痛哉！（以下从略）

清陆迺普《平原派松陵陆氏宗谱》

清诰授资政大夫晋授荣禄大夫从一品封典赏戴花翎二品顶戴浙江尽先补用道陆公墓志

〔清〕俞樾

赐进士出身、前翰林院编修、河南提督学政、赏给二品封典、德清俞樾撰文。

赐进士出身、前翰林院编修、保送知府权知江苏常州府事、仁和陆懋勋书丹。

赐进士出身、前翰林院编修奏办院事、现任浙江按察使、新阳李传元篆盖。

君讳同寿，字敏贻，号介眉，姓陆氏，吴巨族也。在前明有讳雄者，始卜居吴江之东门，为吴江人。国朝分吴江地置震泽县，遂为震泽人。乾隆时有以博学鸿词徵者讳桂馨，君之五世祖也。高祖昌言，县学生。曾祖泰增，乾隆四十二年举人，安徽广德州学正。祖莶，县学生。三代并以君父官赠荣禄大夫。高祖妣氏张、氏金，曾祖妣氏陈，祖妣氏张，皆一品夫人。父讳迺普，国学生，以军功起家，历署河南怀庆府知府、陕州直隶州、安徽安庐滁和道，以道员记名简放，加布政使衔，赏戴花翎，附祀英果敏公祠，诰授荣禄大夫。妣氏张，封一品夫人。君生而严重，不苟言笑。年十三能为文，里中文课辄冠其曹。尤工为诗，在京师时，颇为诸名士所推服。时粤寇已起，海内多故，君遂投效河南军营，以异常出力，奏保以知州发浙江补用。寻又赴安徽大营，从攻张寨、瓦店，克之，有诏赐戴花翎。巡抚乔勤恪语之曰："昔史迁言留侯状貌不称其志气，今子一文弱书生而晓畅戎机，诸宿将皆不能及，然则以貌取人又将失子。"军务平，始赴浙。浙中大吏咸知其才，有事必以属君。如解饷，如发审，如保甲，如厘捐，君任其事，事无不举，于时盗贼潜踪，商民称便焉。其在谳局也，手决狱大小数百事，不刑求一人，案情悉得，尤人所难云。秦陇军兴，以君素知兵，提督金公调赴前敌。秦中硗瘠之区，径路崎岖，冰雪凝沍。君不敢自逸，匹马往来黄沙白草之间，虽劳苦成疾，而意气弥奋。从大军荡平金积堡老巢，追剿乌拉特旗逸寇，君功居多。又兼理粮台，千绪万端，毫厘无爽，脂膏之中，不以自润。古称廉能，君兼之矣。事平叙功，先保知府，仍留原省，洊保道员，赐二品顶戴。光绪七年春，浙江金衢严道乏员，君以次应补是缺，而母张太夫人卒，遂以忧归。荣禄公先已谢病里居，以震泽旧庐毁于兵火，侨寓郡城，君随侍焉。君阅历仕途垂二十年，中兴诸名臣如左文襄、李文忠、乔勤恪、英果敏诸公，皆以君年富才优，处事明决，交章论荐，使君得尽其才，则节钺封疆指顾间耳。而君以荣禄公年高，壹意以色养为事。凡修祖墓，建义庄，立宗祠，刊族谱，荣禄公所欲为者，咸赞成之。又于宅之东偏辟一小圃，叠石莳花，奉荣禄公游息其中，是名"半园"。君晚年号半园灌叟，以此也。荣禄公卒，君年已五十一，哀毁若孺子。然于所常居之书室，每逢朔望，焚香展谒，摩挲遗物，泣下沾襟。皖省以荣禄公政绩上闻，诏附祀英果敏公祠，君手奉栗主，躬送入祠，其容蹙蹙，感动行路。盖天性纯孝有如此，而仕进之意则自此绝矣。君投笔从戎，其劳勚有非人所能堪者，事后绝口不言。后陈舫仙方伯为苏臬使，与君共事军中者也。每至君家，辄追话金积堡旧事，其危险万状，家人乃始稍稍闻之，然所不闻者多矣。居乡不谒达官，不预公事，惟以文史自娱。每招致名流集为文社，以劝课其诸子。编刻其八世祖讳文衡、没祀乡贤祠者所著《啬庵随笔》及《先德录》《传家集》诸书，以授其子曰："守此足矣。"君以积劳之身，又素有咳疾，年逾六十，继以喘疾，时剧时瘥，浸至不起。疾笃，语诸子曰："吾生平无疾言厉色，从不以意气陵人，虽臧获辈不轻呵斥。自奉不敢奢，待人不敢啬，此吾以汝祖为法也，愿汝曹亦法吾而已。"光绪二十七年二月甲辰，启手足于正寝，年六十有四。君天性和易，好善不倦，值国事多艰，前后输助无虑数万。易箦之前，犹念秦陇奇荒，曰："此吾从军故地，今又行在也，敢秦越视乎？"命其子集巨资赈之，由浙汇解。浙抚疏闻，诏以"乐善好施"旌其门。至其平时，周恤乡里，赡养亲族，待以举火者数十家。病施药，暑施茶，岁以为常，犹其小节矣。妻元聘费，元配沈，均赠一品夫人。再娶丁，封一品夫人。侧室三，方氏以子官封夫人。子四：怀鼎、鼎奎、鼎华、廷鼎。存者二：鼎奎，丁夫人出，增贡生，浙江候补知府，特旨以道员用，赏戴花翎，并加二品顶戴；鼎华，方夫人出，附贡生，安徽候补直隶州，加三品衔，江西试用道。女五，殇者二。常熟曾恺章、元和潘诵镇、长洲彭畴士，其婿也。孙曾培，孙女二。光绪二十九年十二月十六日，葬于吴邑三都一图西璧山，鼎奎、鼎华敬砻石乞铭。铭曰：

　　君承门荫，起家戎马。转战皖豫，依然儒雅。秦陇之间，道路孔艰。匹马而去，凯歌而还。峨峨廉车，苞临浙水。折狱理财，政声大起。俄抛仕版，归奉高堂。半园风月，终身徜徉。耆寿甫臻，春辉顿逝。君子之泽，长流百世。我铭其墓，我言有徵。佳城郁葱，子孙其兴。

　　长洲陈伯玉刻。

吴江博物馆藏拓片（残），参清陆迺普《平原派松陵陆氏宗谱》

清封一品夫人先妣丁太夫人行述节录

陆鼎奎等

　　先妣气体素健，生平无疾言遽色，性情和蔼，宽原厚待人。恩能逮下，从无嫉忌之心，即偶有不率教之徒，亦无不以情遣理恕，卒至感悟而后已。而且不喜祷祀，不进药饵。故无论远迩亲疏，仰善气之迎人，幸吉人之天祐，弥不叹慈悲之，即心即佛也。幼年失恃，外王母朱太夫人早逝，禀承继外王母汤太夫人之母教尤多。外王母内助有贤称，举凡公牍诗文，均能过目成诵，至于针神之目，犹其余事。外王父历任河南、安徽各州县，我先妣随宦有年，所经过名都大邑某水某山，少年游钓之乡，时犹历历在目，津津乐道，以作为劝勉之辞也。同治甲子，时年二十一，来归先府君为继室。其时，先大父方罢河南怀宁府任，宦况清廉，家道拮据。先大母张太夫人高年多病，时发是愈。我先妣奉养舅姑，操持家政，未尝一日稍自暇豫，而精力由此耗损矣。加之先兄怀鼎生方周岁，旋即幼殇，时时引以为憾。迨同治壬申年鼎奎生，而先妣稍形喜色。先于是岁，先祖任安徽安庐道，先妣奉先祖妣南旋，卜居苏垣。又偕先君宦游于浙，湖山佳胜，倡和为欢。诸妹相继而生，均由庶母方夫人、陈宜人所生，亲心为之稍慰。光绪辛巳春，鼎华生，庶母方夫人出。方为门楣增庆，而祖妣张太夫人病终于浙寓。先妣痛不欲生，丧葬尽礼。戊子年夏，先祖逝世，哀毁亦如之。因此精气内伤，时形忧戚矣。为鼎奎等先后授室，各青一衿，诸妹等为之遣嫁。方谓向平愿了，可以颐养天年。又于丁酉年举一孙男，命为曾培，先后两孙女相继而生，而慈颜为之稍霁焉。犹幸外祖自皖省致仕，迁居省垣，朝夕侍养，五十之慕，若将终身，惟常以外祖老年膝下尚虚为憾。乃于己亥年竟以晚年得子，从此非常喜庆矣。尝勖鼎奎等曰："祖父创举艰难，尔等守成匪易。尺丝寸缕，无不由克勤克俭而来。尔能世守令名仰承先志，他年捧檄承欢版舆迎养，庶稍慰我冀望之心耳。"平时绝无竞争之心，不善治家人生产，尝劝鼎奎等以豁达大度推让为怀，毋忘荆树之戒焉。壬寅春，先君撄痰喘之症，遽尔弃养。先妣悲痛愈恒，寝食俱废，而病根由此深矣。（以下从略）

清陆迺普《平原派松陵陆氏宗谱》

屈叟生传

金天翮

天地之间，其犹橐籥乎？虚而不屈，人受天地之中以为生。一消一息，以象天地。天地未尝无屈伸，而以消息互为其根，绵绵若存。故曰：虚而不屈，非不屈也，屈于外者伸于内，屈于彼者伸于此。人事亦然，屈于人者伸于天，小屈而小伸之，大屈而大伸之。天地不自屈，故于人之屈者，必爱护矜悯焉，而求其所以伸富贵寿考，亦互为其根。故违其道而得伸者，天必屈之彼，伸己以屈人。人之久屈，而无与讼直，天为直之，苟不讼直，而以虚自养者，尤天之所直也，吾于屈叟见之矣。叟，吴江人。祖大本，雄于商。父士彬，咸丰十年，值赭寇难，挈叟避地梓树乡而殂。时叟已入学，又承母黄夫人教，于同治癸酉试京兆得售，联捷成进士。授主事，分刑部，充菩陀峪万年吉地监修官，以母老乞外改府丞，分浙江。两佐海运，叙劳擢知府，晋都转衔。一榷闽堰税，恤商除蠹，廉俭化人，莅事三十四月，税入逾旧额。两充壬午、乙酉浙闱同考官，得人称盛。会有绍兴郡丞缺，论资叟得真除。同班某欲猎得之，乃构闱场不谨之说，因某某以谗诸当道，叟竟以是镌级，改教职。归里，遘母丧，遂绝意仕进，然而叟固未尝以是鸣其屈也。终制僦居会垣，旋受宁波崇实书院聘，往来苏浙间。校艺余暇，惟与二三知己谈诗煮茗、评梅品竹以自娱，自谓与世无争矣。无何，而江南清赋狱起。先是叟子元启以辛卯举于乡，供职内阁为中书，省亲归。会朝廷以国计不足，遣大臣来江南议裒敛之策。有献计清苏松漕赋者，大臣趣之。于是武健严酷之吏承奉恐后，比邑骚然。叟之亲若友，固有宦游服贾以租赋事相诿诿者，叟一付之元启。庚子春，县吏误开户名，征及荒歉。元启伉爽，欲锐身为一邑请命，邑之人从而和之。乃摘误贴荒发弊蔽牒，县不报。五月，绍人宗能述受代为令，思下车树声威，首逮叟及元启，坐堂皇责以抗蔽罪，邑人环而观者数重。叟折以正词，宗语塞不能堪，乃逮叟父子鞫于郡，谒方伯聂公，以去就争。聂公心知其过，虑不从无以励催科，上其抚部定兴鹿公。定兴谓："非亲谳，则狱不具，且姑待之。"时郡鞫累日，误证明确。郡以诘县，县亦无词。无何，京津义和拳与联军战，而銮两宫出狩，定兴帅师勤王。方伯权抚，遂以包抗漕粮、侮辱长官等词入告，父子夺职，维时叟年六十矣。越三岁甲辰，而元启以病瘵卒。叟外惕于世路之崄峨，内伤家难之频仍，乃杜门养志，屏绝酬应，遂自号"屈叟"，颜其居曰"屈庐"。当道或旧好枉车投刺者，曾不一答，曰："野服儒冠，溷谒戟门，则邻于傲。削职为民，腼居簪绂，何解于欺？与其傲，与欺毋，宁不答之，全我真也。"叟虽被屈于贪猾吏，而冲虚自养，购地娄门之新桥巷，储图书金石，莳花养鱼，啸傲自若。复捐置义庄田千余亩，并建庄费三千余元。复备专款，为异日吾邑改良种植、振兴农桑之用。其教后嗣，以谨慎俭约为主，引申之曰："谨慎者，类忠厚，忠厚之失为糊涂；俭约者，多精核，精核之失为刻薄。不可不辨也。"叟年十八游于庠，甲寅年七十五矣，预赋重游泮宫诗索和。而叟之孙国钧谨述行谊，奉叟命，命为生传，迟未有以报也。越五载，叟年八十，乃遵韩愈传太学生何蕃之例，珥笔为传而献之。

赞曰：天翮之祖与叟为中表行，自辛亥侨于苏，时时亲叟谈笑，述邦之文献，娓娓忘倦。每出门，步履矍铄，日行数十里，不携童仆，未尝一乘轩。盖与先祖同符，履道坦坦，幽人贞吉。天翮每侍叟，未尝不念我先祖也。自叟遭祸后不二十年，旧时罗织而置之罪罟之人身死，子孙或夷为皂隶。而叟于恩怨未尝一挂齿，可不谓贤哉！屈于人而伸于天，吾是以知大钧之无私也。

金天翮《屈叟生传》

亡儿应墀事略

〔清〕柳兆薰

儿名应墀，字子范，号笠云，谱名应迟，姓柳氏。吴江岁贡生。年三十六，以骤患时疾五日而遽殁，时光绪三年正月初一日也。儿幼时，奉吾父母命嗣先兄兆青后。六岁入家塾，循谨无子弟过，业师仁和汤先生厚视之。年十九为县学生，是岁为咸丰庚申，粤贼骤沦苏垣，乡村骚动，乱民四起。儿请力行防御，为自卫卫人之计，乡里皆有赖焉。逾年事益急，将移家沪滨，猝遭次儿应奎之变，儿多方劝慰，用成厥行。甲子乱平归家，乃命其仍理宿业，师事同邑费芸舫太史及从兄子屏，历应岁科试甚利，戊辰汔于庠。庚午应乡闱，被荐不得售。时长孙念曾方就傅，次孙慕曾亦哑然能笑言，余顾而差慰，绝不以科第之得失为欣戚也。是年夏，余摄丹徒校官，在事九月，家政壹以委之。比归检校，措理秩如，然终不欲以俗务纷其心，益命之读有用书。儿亦志意锐甚，欲通究本朝掌故，而犹勤于方舆之学。顾以伏处里闬，一无所施，仅于癸酉、甲戌两年间，襄余同年陈君翼亭、执友熊君纯叔，规画近乡水利，以次葳工而已。辛未七月，遭嗣母杨节孝君丧，居忧尽礼，隆冬告窆。服阕后，谨奉杨节孝君位，遵旌表例入邑祠。余尝勖之谓："汝能尽继承之事于嗣父母，亦庶有以慰王父母于地下乎！"乙亥，再人乡闱，仍荐不售。同辈中有被放悒悒者，儿曰："士当今日，宜益励实学，毋以幸获为荣。"越岁丙子，又赴试。时秋炎赫烈，三场挥汗对策，枝分缕解，通两昼夜不假寐。孰知暍暑内伏，病之不治，实基于是耶。呜呼伤哉！儿质性诚恳，尤笃于交谊，乡里间与之善者，无不谓其缓急可倚仗。平时好谈时务。未病前两月，寄熊子鞠生都中书，犹肆论西北屯田、东南洋务。既而与子屏同舟赴邑城，忽絮语因果，多旁涉竺乾氏之言，壮气盖一旦尽矣。殁之时，惟泣请余刊播善书数种，无一语及他事。呜呼伤哉！余老矣，遭运蹇厄，惨罹奇变，殆由平素不修厥德，积愆丛疚，殃及此子。天为之，实人致之。复何言哉！复何言哉！自今以往，家庭之乐渺矣。老境恶劣，无可排解，维早夜以祈或仰赖先泽之未尽，庇荫念曾兄弟，使异日得稍成就。则以长以教，皆老人之责，不得不姑作达观强撑门户。因于痛定之余，撫为事略一通，书示两孙。若欲借以求当代立言君子哀赐铭传之文，则是子声名未立，著作未成，似无实事可书，余何敢望，余何敢望。光绪三年正月二十三日，降期服父兆薰拭泪书。

清柳兆薰等《分湖柳氏重修家谱》

从弟应墀家传

〔清〕柳以蕃

弟名应墀，字子范，一字笠云。从祖古查府君之孙，从父莳庵先生之长子，而出后于世父起亭府君者也。幼端重，动止异于常儿，见者咸谓余家累世长者，是子殆能大柳氏之门。年十九补学官弟子，二十七而饩于庠，三十五而贡成均。呜呼！孰料其止于此耶！弟读书仅中人资，顾勤恳独至。少治史，能综贯大略。及壮，留心当世之务，凡中外舆地及国家治河防海诸政，稍稍窥其要指。生平议论，于贺侍郎长龄所辑《皇朝经世文编》、魏刺史源《海国图志》，尤多所发明。庚申岁，避兵沪上，亦尝讲求戚少保之书，所学几昌大矣。至区区应举之文，虽甚有声于时，而实非其所措意者也。呜呼！诚使其从容早达，得有为之，藉以一发其意，吾知其必有所建树，以担任世艰。乃累试乡闱，再荐不果中，使壮盛之气挫抑无所发舒。近乃从事袁黄氏之学，蚤夜孳孳，欲以行其善于一乡，而复不得竟所欲施，是则可为沉痛者已。弟内行驯谨，善事嗣母杨节孝君，既殁，丧葬皆如礼。莳庵先生与我从母邱太君勤于治家，门内之政一不以相委，弟常先其意而豫为之。其出而接人，无老幼贤否，一以笃挚。与人言事，曲折详尽，不达则再诏之，已而三复之。或一语未合，则又哓哓持辨，尺寸不假，而终未尝稍留蒂芥，以故人人皆乐与之交。平时躯干雄伟，饮啖具兼人量，遇劳苦烦难之事不色动，秉气可谓壮矣。而又神明浑沦，不事雕琢，举人世一切之耆好，概无足以动其心。而卒不能永贞其年，倘所谓命者非耶？弟殁后，乡之人争传其为神，其事之有无不可知，然非有以不泯于人心者，又奚为而得此言耶？弟生道光二十二年十一月十四日，殁于光绪三年正月朔旦，年三十有六。吴江岁贡生。娶凌氏。子男二人：念曾、慕曾。慕曾还后本生叔父应奎。光绪三年二月朔日，再从兄以蕃撰，吴县姚孟起书。

锡山唐仁斋镌。

吴江博物馆藏拓片

柳君墓志铭

〔清〕熊其英

青浦熊其英撰文。

元和祁文藻篆盖。

青浦周英书丹。

光绪三年正月朔旦,吴江柳君笠云以暴疾卒。于是远近与交善者痛惜之,皆曰柳君不当死,夫私之而惜之者有之矣。柳君为人端厚谨悫,有用世之志,有为善之力,其无年实为不幸,而非徒朋友之私之也。君讳应墀,字子范,号笠云,吴江柳氏。年十九为县学生,二十七岁食廪饩,三十五而贡太学,三十六岁卒。吴江之东乡田洼下,君有志修治之,未果。同治十二年冬,君之友陈麟浚在字、东轸、北蟠圩,沟洫筑堤,君大喜,出钱助之雇役。一日行堤上,君欲植桑于堤,固堤使不崩,将以兴起蚕事,为一方福也。君平时究心泛胜之书,尝欲通治田之法以治水,期数年间毕治近圩之洼者。自君亡,而陈君行水亦稍稍倦矣。吴江之柳居分湖,其港曰大胜。娄姚氏椿为撰《胜溪居士传》太学贡生讳树芳者,君大父也。署丹徒教谕、丁卯副贡生兆薰,君父也。君之亡也,教谕君哭之恸。盖君惟一弟前卒,而君出为世父讳兆青后。君自所后母节孝杨太君之终,益日侍教谕君左右不懈,父子慈孝之情可以观焉。君力修内行,而复从其从兄以蓍力学,尝求得其涂辙矣。业未卒而夭,及之是则可为君悲者已。君状貌雄伟,与人论是非砼砼然,而衷怀纯白,不留芥蒂。君之死有异徵,将死,请于教谕君三事,大抵利济于人生时尝为之而未竟云者。娶凌氏。子男二:长念曾,次慕曾。其出后君弟应奎者,慕曾也。教谕君既营生圹,将以光绪四年三月二十六日,葬君邑二十八都东轸圩之新阡,即君前所欲树桑地也。青浦熊其英,君故人也,责宜为铭。铭曰:

人而神乎,有死而不亡者存乎。郁哉炁乎,降罗池之魂乎,若有见若有闻乎。苤乎蓝乎,谁极论乎。呜呼!柳君生而群乎,死而蜕于尘乎,我不能光怪其辞而与通言乎。其不见桑阴之童童,潸涕而过此坟乎?

吴江博物馆藏拓片(残),参清柳兆薰等《分湖柳氏重修家谱》

清镇江府学教授徐藻涵府君家传

沈廷镛

"诸公衮衮登台省,广文先生官独冷。甲第纷纷厌梁肉,广文先生饭不足。"此杜少陵赠郑虔诗也。吾师藻涵先生,毕世苦吟,一生耽饮,但觉高歌有鬼神,不知饿死填沟壑,殆亦今之郑广文者。而中年飘泊,穷老卑微,又不似弱斋之风流,文采受特达之知,则其情更可悯焉。先生姓徐氏,讳世勋,藻涵其字,吴江人。曾祖讳鉴,妣陆氏、潘氏。祖讳治，妣黄氏。父讳壬林，本生父讳上林，妣叶氏。兄弟三人，伯仲俱早逝，先生其季也。先生幼而勉学。同治戊辰，年二十七，补博士弟子员。光绪乙亥举于乡，四上春官不第。会仁和张勤果公巡抚山东，先生受聘往，参其幕半载。庚寅大挑，授教职，遂任丹阳教谕，历二十年。辛亥，迁镇江教授，以民军起义归乡里。此先生一生薄宦之迹也。先生祖业在城中，咸丰间洪杨军起，被毁于兵火。由是所在僦屋，始居梨里之某村。同治壬申，先府君礼聘之，来授廷镛等经义，遂家于寒舍。丙子，入都赴春试，因而别去，移家居芦墟。庚寅以后，常以丹阳官舍为家。越十年，乃得买宅梨里，双鬓已华，营裘甫就。此先生一生飘泊之艰也。先生工诗善饮，自少贫困，无田宅，百计仅成家室。自得一职，茶然方思息肩，顾既哭其长子，又连殇子女，晚更丧其偶，遭际极困厄，然饮酒赋诗，终岁不改常度。又善书，人以缣素联扇求墨者，无弗应。醉则酡颜觅趣，挥洒自如，未尝以怫逆而损酒德。其诗但写学养，不以鸣牢愁，始终无一语之尤怨。此先生之真见之于性情者也。先生朴素率真，虽嗜酒，豪而不放纵。为诗人，逸而不傲，故乐易而善交友。然其居乡，若梨里，若芦墟，所交不过二三故知。及为学官，酬和不出同僚。往来南北，所遇皆诗酒投分之友，未尝干谒显要，穷而能固，老而不苟。此先生之真见之于操行者也。先生晚归乡里，旧交半零落，不以廷镛为不肖，谆谆以诗卷见嘱。廷镛愧无裨效，赖二三同人共为校订，编录甫竟，将与先生诸亲故醵金梓行之，先生之诗传而人传。呜呼！此先生之所以自为传。先生生于清道光壬寅三月，卒于民国元年，旧历壬子四月，年七十有一。配柳氏，继娶张氏。生子男三人：飚陛，娶赵氏；赓陛。柳出，均先卒。凤庠，张出。女二人，均柳出，长适同邑沈昌寿，次适同邑殷葆润。孙一人：銮。民国二年二月三十日，葬于邑二十七都九图城角圩之茔，先生所自营生圹也。凤庠以家传见嘱，廷镛忝及师门，不敢僭，亦不敢固辞，乃诠次其生平而谨为之赞。

赞曰：渊明一参镇军之幕，未几即归田里，知天命之可乐，而躬耕以终其身。先生一谒张勤果公，不久即就教职，知富贵之有命，而绝意于进取。渊明不乐为县令，而先生乐以教职，终迹虽异，而心实同也。渊明名位卑微，足迹局里巷，非有戎马江山之壮、台榭宫观之胜、投赠饮宴之乐、迁谪羁旅之情，而诗之可传。如是以渊明例先生，何必其诗不可传也。呜呼！衔觞赋诗以乐其志若先生者，殆宋以后之渊明也夫。民国三年八月，门人同邑沈廷镛敬撰。

清徐世勋《枫江渔唱删存》

例授通议大夫三品衔候选郎中国学生显考飚生府君事略

沈廷镛等

府君姓沈，讳中坚，字致五，号飚生，自号蝶僧，吴江人。先世谱散逸莫可考，惟始祖彝溥公，明季自浙之归安竹墩，始迁邑之雪巷村，实维府君之十世祖。五传至子仪府君，力穑好行善。生子三，其季西村府君讳锡命，以节俭起家，称素封，遂拓宅置良田，实维府君之高祖。曾祖封奉直大夫容斋府君讳宗源，曾祖妣诸太宜人、陶太宜人。祖候选布政司经历、国学生翠岭府君讳楸德，历校刻朱宫詹琦《国朝古文汇钞》二百七十二卷、吴枚庵翌凤《国朝文徵》四十卷、迮进士鹤寿注王氏鸣盛《蛾术编》八十四卷、歙张山来潮《昭代丛书》三集百五十卷、震泽杨慧楼复吉《昭代丛书》五集二百五十卷，自辑壬癸两集一百卷，行于世。事实详《吴江县续志》。太仓毕先生华珍墓志铭，震泽陈先生寿熊诔词。祖妣张宜人，庶祖妣张硕人。考六琴府君讳宸凤，绩学早世。妣黄孺人。生考候选府同知、国学生诵帘府君讳人杰。妣钱宜人，继妣金宜人。三代皆以府君官三品衔候选郎中加五级赠通奉大夫，妣皆赠太夫人。先是，我曾王父翠岭府君有子五：长即我大父六琴府君，次为我伯祖、妣赠奉政大夫宿海府君，次伯祖、妣赠奉政大夫鳌峰府君，俱成人有室，而皆英年遽折。又次为伯祖韵藻府君，早殇。又次乃我本生大父诵帘府君。大父殁，生大父年尚幼。既十年，始娶我本生大母钱太夫人，始举子。乃奉曾大父命，立为大父后，即府君也。府君生之岁，瓜生于庭，因字瓞生。生二十一日而钱太夫人卒，府君因就抚育于伯祖母范太宜人，即宿海府君配也。时曾大父诸子惟生大父存，诸子妇中惟范太宜人存，孙惟府君一人，孙女则宿海府君遗一女耳，范太宜人以一身兼抚之。逾五年，而本生继祖母金太夫人来归，府君才五龄，痛生母钱太夫人早亡，私自饮泣，曾大父喜其生有至性也，益钟爱之。又五年而曾大父卒，府君以长孙承重，行三年丧如礼。又五年而从姑嫁河间，逾年而范太宜人殁。又逾年辛酉，府君年十九，我先妣彭淑人来归。时粤逆大乱，自咸丰三年癸丑，江上被警，列郡戒严。远近亲友、居省会冲途者，相率来就。曾大父在日，已与乡人约团丁壮为守望计。及庚申四月，吴江城陷。大父请于大府，益出资募壮勇，缮守具，以御贼。府君少习技勇，有胆略，随大父屡出击贼，最后战九里河失利。大父度势不支，乃奉曾大母挈家迁海上。明年同治元年壬戌，今相国合肥李公方奉命督师，自上海进剿沿海各郡县，以次克复，六月克吴江。府君少任侠，不喜章句帖括，会时事多艰，一应有司试，辄弃去。慕班超、宗悫之为人，在沪喜逐健儿夸身手，闻湖州赵忠节公力扼孤城，欲往依之，大父意不可，遂中止。时有不利于我家者，因构府君于大父，反白府君谓大父怒，且不测大杖，则走此其时也。府君惧，即夜挈先妣别赁一椽居。九月，不孝廷镛生。未弥月，府君挈先妣及不孝归里。十月十八日，大父殁于沪寓。府君抵家甫旬日，闻讣，星夜驶小舟往，中途道梗，又步行一昼夜，足尽胝，入门抚棺，大恸擗踊，自责不孝。既殡，适苏城克复，江南大定，府君乃奉重闱，扶大父榇还故里。仍集旧时壮勇，守望相助，逾年而彻。服阕，以例得候选郎中，不赴职。时曾大母衰老多病，庶曾祖母、继祖母猝膺家变，嫠居鲜欢。府君侍奉无阙，先意承志，务得欢心。难后资殖一空，田园尽芜。府君经理规复，葺园亭屋宇之就圮者，杂莳花木，日奉曾大母婆娑娱老于其中。念少为曾大父钟爱，故凡事皆承曾大父志。曾大父好宾客，轻财尚气谊，府君承其余风，礼乡之贤士大夫。同邑殷侍郎兆镛、德清俞太史樾、同郡洪侍郎钧、吴尚书大澂，皆来过书庄，信宿留。亲友来问曾大母起居者，辄留经宿不去。曾大母从子张小厂先生太龄府君，业师也，及曾大母从孙元之先生文璿，皆博学工诗，称"二阮"，常居书庄，府君朝夕从之游，事必咨询。书庄故多藏书，乱后颇散佚，府君整理之，牙签玉轴，粲然可观。曾大父精于医，为人疗病不取直，贫者予以药饵。府君因小厂先生知医，设药局于家，贫病者不取医药资。四年七月，益推广其法，縻巨金设局于省会，延在城名医数十人，诸科咸备。迭赴局送诊，药虽贵，照方施送，乞冯太史桂芬主其事。明年设局于同里，亦如之。后以所费不资而止，然家中仍岁合丸散及诸外科方药。其他急救生烟药、戒烟药，亦随时购备施送。又延幼科丁少兰茂才惠吉，在家送诊三年。初道光间，曾大父尝独力创庆善堂，岁出资，行掩埋恤嫠、惜字惜谷各善举以为常，府君踵行之不怠。曾大父好刻书，版籍充榱桷。府君独喜刻善籍，前后所刊如《克复要言》《全人矩矱》《阴骘文》《制艺诗》。笺金坛于氏《正修齐治录》。又刻上海唐桐园先生《千顷大生要旨》、秀水计寿乔广文楠《客尘医话》，合为一编，以补达生编之不及。又以坊刻四子书多讹，刻《大学》《中庸》《论语》为家塾本，点画一遵今制字典，以便童蒙诵习。曾大父遗命修家谱，设义庄。府君手钞彝溥公以下枝派，汇为一册。屡访竹墩所自出之宗，割田五顷，禀大宪立案，为公田祭产，以赡族之穷乏。凡此皆府君承先事也。府君遇事独断，为善必果。尝游武陵谒岳鄂王庙墓，夙慕其忠义，为出资修葺。入邑城见城隍庙颓废，白邑侯金公吴澜，捐资创募，卒兴复焉。城中有居宅颇广敞，从友人钱主政觉莲先生锡庚言，捐为清节堂。悯行路之苦，造无锡至嘉兴沿塘凉亭四十余所。患行舟之险，筑平望杨家荡堤三十余丈。凡此皆府君豪举事也。十一年壬申，本生继祖母金太夫人卒，府君以兼祧居忧一载。光绪元年乙亥正月，曾大母张太夫人卒，府君承重居丧，尽哀尽礼。三年丁丑，庶曾祖母张硕人又卒，窀穸既安，府君喟然曰："大事皆毕，我今而后可行吾志矣。"自以生祖母亡于产厄，弱冠失怙，孝养有亏，因抱隐痛。每谓："人生斯世，不过数十年，脱无一善行，何异蜉蝣之朝生夕死，天地安用此人？父母安用此子？"为乃发誓，思宏济时艰。会豫灾，江南义赈起。邑孝廉凌砺生先生淦、青浦熊纯叔先生其英首往灾区，设转连局于汴城，分道振济。府君曰："时不可失也。"乃割膏腴三十顷，易资往振。于戊寅七月杪，亲携以行，纯叔先生谓为异军特起者。既至天津，闻豫中官振义振络绎于道，濡滞未发，先拨巨款助晋捐。乃自七月大风雨七昼夜，九月重阳风雨十有三日，沁水屡决，救旱之局一变而为行水，府君奉今相国合肥李公檄，与李秋亭观察金镛协办振务。府君独任安平县冬振事宜，严寒冒风雪，遍历山谷，亲查抚恤，尽出己财以济焉。事竣，至汤阴谒岳鄂王故里，乃还京师。留一载，与今山东布政使司丰润张公人骏同邸寓，夙昔知交也。同乡中惟吴公大澂、刑部主事庞小雅先生庆麟数往来，余皆落落。是年李公奏奖出力人员，奉上谕，加府君三品衔，给予"乐善好施"字样。或劝诣谢李公，府君曰："我岂以此为终南捷径哉。"翩然出都，遂返里，时己卯十二月也。明年春，府君大病，发痘疹几殆。盖自是无四方志矣，然犹近游无虚岁。常载卷轴彝鼎，挈庶母黄及不孝廷镳、廷鉴诸幼稚子女，居一舸，往来吴淞笠泽间，见者以比米家书画船、张志和烟波钓徒云。足迹所至，若扬州、毗陵、润州、武陵、苕溪、嘉禾，或留经岁，或弥月。于杭喜天竺之清幽，于湖州喜金盖之深邃，侨寓最久。登勾曲山，谒茅君，访华阳遗迹，捐资新其殿宇。遨游七八年无倦意，岁不数归，归不数日，内政一委诸先妣。九年癸未，不孝廷镛补县学生。是岁，为廷镛授室，府君留苕溪不归。十三年丁亥，为不孝廷钟授室。自是府君常寓吴门，去家稍近，居家之日亦稍多。十四年戊子，五妹殁。十五年己丑，不孝廷钟丧妇。十六年庚寅九月，先妣卒，府君遂自上海归。自府君弃产助振后，为不孝等入学授室，频年多故。又值己丑水灾，租籽无收，家用屡空。先妣之丧，实形拮据，府君顾而忧之。复以食指渐繁，有生计艰难之虑，于是不惮操劳，重理家政。自奉益节缩，遣庶母张挈所生子三，出居外舍虎阜。不孝廷镛就馆于外，不孝廷钟亦恒出门，内事或决于庶母黄。壬辰，六弟廷铣卒，庶母黄出。甲午，遣嫁四妹，奁具俱从省约。终岁所入虽有赢余，辄为人持去作贸易本，卒至子母不归，或家中无故动失数千金，坐是终不得宽裕。二十二年丙申十一月，不孝廷镛、廷钟俱赴吴门会舅氏葬。家中妇孺不戒于火，仓卒中觅水龙嘴不得，又以冰冻救者难施力，焚炀荡如，仅存四周边屋及前后门垣而已。幸府君方舟居，凡生平珍玩、契券、银钱半在舟中。其在宅之书画版籍，竭力抢护出险，所失已不少，藏书俱烬，书版惟《丛书》无恙。先是，府君谓居宅丁大凶，谋迁避舟居，越十月而及于灾，故或谓府君若前知者。府君体素充实，少时以钟爱故，未经种痘。自庚辰春发痘濒险，体少衰矣。近得喘证，行步甚艰。先妣殁后，米盐鳞杂靡不问，竟夜或不寐。被灾之明年，仍舟居，益忧劳憔瘁，足拘挛不伸，喘频发，然犹理家务如故。七月，命不孝廷镛同至周庄勾当，与友人会稽往来数目。八月，同至吴门收书画。十月杪，不孝廷镛赴大胜，濒行出告府君，神气如常。十二月初，赴朱家阁就医归，偶患时疾，日益沈重，竟于十六日未刻，痰涌气促而逝。不孝廷镛相晲在十里间，懵然罔觉。而不孝廷钟亦在外，不孝廷锡、廷铭、廷镒，本随母居吴门。惟不孝廷镐、廷镄、廷鉴随母侍侧，亲视属纩。呜呼！生不能得欢心，殁复不得聆遗训。一朝遘祸，万死莫赎，尚何言哉？府君天性真挚，以生而丧母，少失爱于大父，生平以为大戚，言之辄泪下，誓不虚生人世。不亟行小惠，而所行皆贯以实心。以劝善为己任，虽乡人妇孺，谆谆劝诫不惮烦。中年读性理书，喜阳明良知之说，以心为根本。尝劝人存好心，为主行好事，次之存好心，而不行好事犹可也。反是即为丧心，终且流为乡愿，此则人心风俗之大可忧也，因设作心斋、善书坊以牖世。又于香时或社会日，乡人男妇麇至，府君为启积谷会。设帷帐，悬圣谕广训、学堂日记，书画幅。延辩给者演说于其中，罕譬曲喻，使无知愚民皆有油然向善之心，盖取乡约之意而变通之也。待人宽和恻怛，以赋性坦白，好面折人过，故与世多龃龉。不善治家人生产，为人亏负动数千金，亦不责其偿，他日或复周给之，为人排难解纷。乡曲间有受屈者，廉其家甚贫，虽代直其事，反资给焉。居常日用，恒累月驭一肉糜。一茸裘衣，二十寒不易，初未尝以丝毫奉糜也。府君广交游，精鉴赏，踪迹所至，必得一二方闻士。于武陵识吴康父大令廷康，于常州识吴晋壬孝廉唐林、沈旭亭布衣吾、潘燕池广文喜陶，皆考据金石专门名家。至吴门谒顾子山太史文彬。太史家有过云楼，藏书画最富，府君与其乔梓游，得尽见其所藏。嗣又缔交于沈仲复中丞秉成。中丞系出竹墩，与我家实同祖，往来尤稔。丁丑、戊寅间，府君寓苏，中丞筑别墅于吴门，过从密迩。中丞每得名书画，必陈寒具邀府君往，命品题之。或一日更仆数邀相见，凡法书名画，一过目真赝立辨。每曰："观古人笔墨，但观其气息而已，若以形迹求之，去之远矣。"尤重气节，搜罗明季及国初忠烈靖难之士手札数千通，欲寿之石，逡巡未果。廷镛甫成人，府君命立誓永宝之。府君慎择师友，先后延邑蔡听香明经召棠、嘉善倪酉卿茂才文治、秀水盛达孙大令元均司书记，掌校雠。命不孝等历从孙秋伊明经师楷、钱子甜孝廉师实德、徐藻涵广文师世勋、张养吾明经师深仁、盛星杉太守师钟岐、诸元简明经师福坤，皆学行优笃之士，有以诸生来主讲席登乙科而去者。又命不孝廷镛负笈从盛尉芝孝廉师大琛、表丈元之师，不孝廷钟负笈从钱稚鹤孝廉师焕游。亲友中若元之表丈，表丈任畹香观察兰生、友濂部郎艾生、廷镛妻从父凌砺生先生、磐生先生泗昆季交最久，命不孝等常时请业。岁乙酉，不孝廷镛与妻从弟凌敏之宝树、密之宝枢结文社。府君喜，留之书庄，命月课，即就磐生先生评骘。既敏之、密之亡，府君亦悼惜甚至。府君多艺能，善雅事。少习技勇，善骑射，能以一指挈百钧石行半里，仍返故处，两肩膀能辟易数十人。少时曾呼有力者一人，以五斗米投我。其人谢不敢，固强之，乃举米囊试掷近府君身，米甫至而还击，堕其二齿。与吴章木孝廉樟、吴鹤轩孝廉鸣皋同习骑，两人相去数里，对面骑马，疾驰至半途，互易其马而归。又审音律，旁及围棋投壶之属。家畜数琴，品其高下，时一抚弄。好作诗，多激昂语，稿随手弃去。书学褚河南，又学颜平原，近人中最爱沈问梅大令锡华书，以为有金石气，常模之。用功垂十年，所书苍厚秀劲，饶有古意。然不自信，或以缣素索书者，终不报。居宅临水，三面环抱，园有春水，凫鹥野外。堂门前有巨漾，府君放白凫于其中，千百成群，间以黑者点缀其间，游泳自得。倩友人邱子久先生彭寿绘《白凫烟水图》，而自为之记。高王父容斋府君有《饲鹤图》，府君畜双鹤以实之，复畜双鹿，俱极驯。好艺菊，至维扬求佳种，多至数千本。手植卉果满圃中，榛栗桃李咸备。论者谓仲长统乐志，论府君实有其境。晚年好种松，家有古松数株，命廷镛乞友人吴仓石大令俊卿，篆"听松山馆"额颜其室。每秋八月，摘松子手自栽植，培以沙土，留心燥湿，岁长不过数寸。至今存小松数十本，长仅尺许，青葱可爱，皆府君手泽所遗也。呜呼痛哉！以府君豪迈之志，恺恻之怀，固宜成大业而享遐龄。乃于桑榆之年，洊更多故，惨遭巨灾，而又靳其不得跻中寿也。呜呼痛哉！府君生平行诸善事不居功，刻书籍不署名，尝勖不孝等以庸行暗修，勿事表襮，令身后毋作行述。是以含血吮笔，不敢文饰为溢美之辞，谨直书生平之大概如左，仍遵遗命，不敢称行述。伏冀当代立言君子哀而赐之铭诔，用备輶轩志乘之采，不孝世世子孙感且不朽。府君生道光二十三年癸卯十月十六日酉时，卒光绪二十三年丁酉十二月十六日未时，享年五十有五。配我母彭淑人，长洲旌表孝子、同知衔附贡生、佑之公讳来保女，前卒。篯室王硕人，前卒。篯室黄氏、张氏。子男十人：长廷镛，增广生，娶凌氏，邑议叙盐提举、国学生澍女。次廷钟，国学生，候选主事，娶彭氏，长洲五品衔赏戴蓝翎、安徽候补通判、国学生应箕女，前卒。妾虞氏。俱先妣出。次廷铣，庶母黄出，前卒，聘张氏，邑兵部武选司主事、戊辰进士文璿女，前卒。次廷锡，庶母张出，后府君逾年卒。次廷锵，殇；次廷镐。俱庶母黄出。次廷铭，庶母张出，聘朱氏，邑庠生守和女，未娶卒。次廷镛，聘汪氏，邑浙江候补主簿、国学生廷扬女。次廷鉴。俱庶母黄出。次廷镒，庶母张出。女子七人：长未字；次适邑中书科中书、国学生柳慕曾；次殇。俱先妣出。次字震泽五品衔补用知县、候选县丞、附监生庄文传，庶母黄出。次殇，次未字，俱先妣出。次字吴县吴曾述，庶母黄出。孙男四人：长润身，聘鲍氏，长洲附贡生懋钊女。次泽民，次涣文，殇，俱廷镛出。泽民过继为廷钟子。次流芳，廷钟出。女孙二，长廷镛出，次廷钟出。不孝冢男沈廷镛偕弟廷钟、廷镐、廷铭、廷镳、廷鉴、廷镒稽颡谨述。

清光绪二十七年刻本《沈翠岭沈旣生事略》

清故例授通议大夫三品衔
候选郎中沈府君暨配彭淑人墓志铭

〔清〕诸福坤

长洲诸福坤撰文，吴江陆恢书丹并题盖。

光绪二十有□年□月□日[1]，吴江沈府君旣生与其德配彭淑人卜葬于邑难充圩之原，先期其孤廷镛等具状请文其幽。沈，望族也，亲故煊赫清华，岂乏有道能文。顾辱以委予，岂不以戆直无回莫予若，知府君者亦莫予若也乎？因据状以志之曰：府君姓沈，讳中坚，字致五，旣生其号。先世彝溥公，当明季自浙之归安竹墩里迁居吴江雪巷村。五传至子仪府君，力穑好善。其季子西村府君，以节俭起家，广置田宅，实为府君之高祖。曾祖封奉直大夫宗源，妣诸氏、陶氏。祖候选布政司经历楙德，妣张氏。考宸凤，妣黄氏。本生考候选州同知人杰，妣钱氏、金氏。三世考皆以府君阶赠通奉大夫，妣皆赠太夫人。经历君有子五，长次或早卒或殇，其季实生府君。生未弥月而母卒，仲母范太宜人抚育之。幼有至性，五岁金母来归，私饮泣思其母。经历君命后宸凤，就傅张明经太龄，与其从子驾部文璿游。一应小试不利，弃举业，游于艺。诗境激昂，书法褚河南、颜平原，通音律。习骑射搏击，自幼濡染祖庭徽泽，故一以绳武为心。经历君校镌国朝先正遗书及名人所辑文集凡数千卷，《昭代丛书》《国朝文徵》《续文徵》《古文汇钞》、迮注《蛾术编》，其尤也。府君校刊《大学》《中庸》《论语》善本及名医书、劝善书，亦近百种。经历君轻财好客，起园亭为"江曲书庄"，藏书数万卷，与四方贤俊游息讨论其间。府君纳交如殷侍郎兆镛、同郡洪侍郎钧、吴中丞大澂、德清俞太史樾，咸止宿书庄。聘学行知名之士司书记，或厘校书籍，或属训其子，余有艺能可见者，悉杂然客之。经历君创庆善堂，善悉举。府君割田五顷赡族，广置医药局，修邑庙及杭之岳鄂王祠墓、句曲之茅山殿。患平望杨家荡风波之险，筑湖堤三十余丈以避之。悯沿塘行旅之艰，创凉亭自无锡至嘉兴四十余所以憩之。居乡排难解纷，力劝人善，然善不自居。尝言："心为根本，心善而未及为善，犹之可也。若以行善为名，则本心漓矣。"自以婴赤失恃，又失爱于父，饮痛私誓宏济。光绪四年，燕豫晋皆告饥，吴中义振叠兴，多赴豫。府君乃鬻田三十顷，挟资往天津，剖金振晋，自任安平县冬振。山谷编户，风雪中躬历靡懈，遍恤之，罄其资。大吏以事上，得旨加三品衔，给予"乐善好施"字样。逾年返，病几殆。自是一舸，挈妾子往来吴越间，游名山，访畸士。或寓会垣，与交友品题名家手迹，搜罗自赵宋至国初忠烈节义、名臣硕士遗墨卷轴盈千百。自谓能识光气，不拘形似，往往得真本。间归，则抚古琴，狎凫鹭，栽松艺菊，然舟居如故。会家人不戒于火，第宅亭台、典册碑版之属悉烬焉。始，府君以食指繁酬酢广，或为人绐动失千金，又丧其配无内助，方力自捝节，裘敝不更，制食恒蔬，愀然有生计忧。至是益郁郁不自得，舟次越二年而殁。生道光二十三年十月十六日，卒光绪二十三年十二月十六日，年五十有五。配吴郡彭氏，例封淑人，故赠武英殿大学士、兵部尚书启丰六世长孙女。旌表孝子附贡生来保，其考也。年十七，随父避粤寇难来，遂归府君。时州同君事团练，府君随击贼，后失利，举家徙沪上。会有构府君父子者，淑人随夫茇舍屡徙避，州同君怒犹未已，遂随夫返里俟命。中途遇匪人，抱婴匿械僅以免。旋赴沪，夫妇扶州同君丧以归。性淡泊，不喜华靡，相夫以柔，教子以谨，事祖姑及姑以顺，置媵妾以广嗣，抚旁孽以示均恩。于母族而不私，俭于礼问而不吝，好施予而绝巫尼，节馈食而隆宾客。观书以怡性，惜物以养福，愔愔然以和气致祥，为家人子女劝。府君出游数十年，无内顾忧，淑人是赖。年四十有六，生于道光二十五年十一月二日，卒于光绪十六年九月八日。既卒，家政渐弛，器物不捡，群儿有失学而遨以嬉者。迨至焚，如百累方炽，宜乎府君重思之，辄曰："使吾妇而在，当不至此也。"妾三：王氏，前卒；黄氏，张氏。子男十：廷镛，增广生，娶凌氏；廷钟，国学生，候选主事，娶郡彭氏。皆嫡出。廷铣，前卒；廷锡，后卒；廷锵，殇；廷镐，廷铭，廷镳，廷鉴，廷镒。皆庶出。女子七：长未字；次适邑中书科中书柳慕曾；次殇；嫡出。次字震泽补用知县庄文博，庶出。次殇，次未字，嫡出。次字吴县吴曾述，庶出。孙男四：润身，泽民，涣文，殇，廷镛出；流芳，廷钟出。孙女二：长廷镛出，次廷钟出。铭曰：

烟波苔雪，笠屐光黄。脱屣丰厚，拟迹佯狂。少年英悍，气勃眉扬。抗谈忤俗，莫摧其刚。抑志艺趣，与古翱翔。扩充恻隐，沸肝炙肠。破产活人，奋袂燕京。以劳易病，孰与韬芒。一棹远引，不惊焚炀。耿耿莫吐，天逸以亡。婉嫕厥配，举案斯庄。闺德无失，椒衍孔长。杳兹同穴，环流涵祥。我综厥实，三辰彰彰。

古吴陈伯玉刻。

吴江博物馆藏拓片

注〔1〕：清光绪二十七年刻本《沈翠岭沈龁生事略》作"光绪二十有七年某月某日"。

龁生沈君墓表

〔清〕俞樾

德清俞樾撰文，长洲章钰书丹。

沈君瓞生，既谢宾客。越三年，其孤廷镛等就旧史氏俞樾，而求表其墓。樾昔年曾过君之书庄，稔君之为人，乃举其大者，书于墓道之碑。君姓沈氏，讳中坚。其生也，瓜生于庭，故字瓞生。先世自浙江归安县竹墩，迁江苏吴江县雪巷。高祖锡命，以节俭起家，雄于赀。曾祖宗源。祖楙德，喜刻书籍，世所盛行之《昭代丛书》《国朝古文汇钞》诸巨编，皆所刻也。父宸凤，本生父人杰。三代以君官赠通奉大夫，妣皆夫人。君性豪迈，生十八岁即逢粤贼之乱，佐祖若父治乡兵击贼。不喜章句帖括之学，无意仕进。虽以郎中注选籍，不赴也。乱后田园芜废，撅搨规复之。幼为大父所奇爱，以大父好宾客、轻财重气谊，一意踵其所为。海内名流有来过者，款留信宿，游宴谈谐，曲如其意。所居临水，门前有巨漾，放白凫千百，游泳其中，友人邱子久为绘《白凫烟水图》。晚年喜种松，筑室曰"听松山馆"。或棹扁舟，流连山水。闻君之风者，以为陆鲁望、张志和一流人，而不知君固奇士也。一生以济物为志，设药局于家，推广其法，行之于省城及附近之同里镇，有病者予之医，贫无力者兼予之药。其他诸善举，皆循其祖庆善堂之旧章而力行之。悯行路之苦，建无锡至嘉兴塘路凉亭四十余所。患行舟之险，筑平望杨家荡堤三十余丈。光绪初，河南饥，江南义振起，君割膏腴三十顷，易资往振。既至天津，知山西灾尤甚，先拨巨款助晋捐。又独任安平县冬振之事，严寒风雪中，遍历山谷，不避艰苦。既蒇事，使相合肥李公言于朝，有诏加三品衔，以"乐善好施"四字旌其门。或言宜谒谢李公，君曰："吾振毕即归耳，岂以此为终南捷径乎？"竟不往。居乡喜劝人为善。岁时社会，男妇麇至，为演说《圣谕广训》及诸劝善之书，信从者颇众。修家谱、设义庄、置祭田，以敬宗收族。精刻家塾本四书，以教子弟。读书喜阳明良知之说，又精于鉴别书画，习技击、善骑射，可谓奇士矣。自奉极啬，或弥月不肉食，一裘且二十年。然不善治生，人有所负，辄置不问值，其急又周给之。自鬻田助振后，家日以落。妻彭淑人，贤妇也。治家事有条理，又能以宽和勤俭为一家先，内政咸理。至是又先君而卒，君益不自得，恒弃家而舟居。光绪二十二年冬，家中不戒于火，旧藏皆毁，所存者惟君舟中所赍矣。君常言"家有大灾，宜迁避之"，岂有所见欤！明年十二月丙子，以疾终于正寝，年五十有五。妻彭氏，妾王氏、黄氏、张氏。子廷镛、廷钟、廷铣、廷锡、廷锵、廷镐、廷铭、廷镪、廷鉴、廷镒。铣前卒，锵殇，锡后君一年卒。孙润身、泽民、流芳；殇者一，涣文。铭曰：

其学儒，其性侠。佛之心，仙之骨。千载下，欲知其人视此石。

古吴陈伯玉刻。

吴江博物馆藏拓片

沈瓞生先生别传

金天翮

我吴江当奇渥温、朱明之交，有豪富奇侠士曰沈万三，古卜式、剧孟之流亚也。然当吾世而有仿佛万三其人者,名声亦尝腾播江湖,而称道于缙绅先生之口,乃身没不三十期,姓氏翳如,此宁独子孙责哉?凡有志于乡邦掌故者,宜若不可以无辞。沈先生讳中坚,字致五,㹠生其号也。系出吴兴竹墩,迁居雪巷。先生之祖讳楸德,风雅好事,校镌《昭代丛书》《国朝文徵》《续文徵》、连注《蛾术编》等都数千卷,藏书数万卷。起江曲书庄,有台馆之胜,以客四方名士吴衮斋、俞荫甫、洪文卿辈,商榷文艺。先生虽年少,吐属有文采,遂与诸老辈结纳,订忘年交。余技通音律,习骑射。其轻财贿,乐任恤,盖尤有祖风云。先生既席世业,雄于资,才气发越,时时通轻侠客、黄冠、缁流、琴师、弈人、医卜、技击,咸数千里踵门投刺,相与椎牛酾酒为会,贫无归者给衣食,或数年不去。尤瞩近文墨士,鉴赏古书画、佳砚、名琴、吉金、乐石、陶瓷、绣片。遍赵宋以来至清初忠孝节烈、遗臣故老、魁儒硕德手迹数千百通,光气烂然。斥巨金,修杭垣西湖岳忠武王祠墓,鬻田三千亩振晋、豫灾,建无锡、嘉兴间官道凉亭四十余座,其他行谊可传者不胜书。先生性疏俊,不局促守苛礼。夫人彭氏有贤德,而先生姬侍广,不能无稍违言。先生于文艺丝竹外,爱蓄鹌鸟及黑白兔。兔千百为群,以色分两队,两庸分掌之,浮游江湖间,观其结陈嬉戏为乐。一日,与夫人忤,忽驱群兔入夫人房,于是蹂践几榻而秽衾枕,驱之益多,声嘈嘈不可遏。夫人骇而啼,先生乃拊掌距跃称快。江浙间人蓄鹑鹌者,类注金令相角斗以博胜负,故护养之维谨。先生蓄名种多,值天寒欲雪,曰:"嘻!吾鹑其冻乎?"悉移其笼置灶觚上。灶方爨,良久,启笼衣视之,鹑皆枕藉死矣。其烂漫风趣,不以机心机事中其怀,盖无适而非天真也。彭夫人卒,先生始愀然不乐,忽焉舍陆而栖于舟。家人不戒于火,一宿间,书庄第宅悉化煨烬,其劫余碑版、书画、典籍分给诸子者,价值犹巨万,终不一视。舟居二年而殂,春秋五十有五,光绪二十三年十二月也。先生没而世亦寖乱,乡居苦盗贼,诸子皆去江曲而卜居周庄,适当万三之故里,胜概亦稍衰矣。晚近豪猾,仗奸利致巨富,日与驵侩、博徒、椎剽为缘,时或分滓汁,壅溉一二龌龊小生,感激为文章相谀颂。然而洁身自好之士,闻声而欲哕,见之惟恐沾其腻焉。回溯先生之行谊,岂不倜乎远哉?

金天翮《天放楼续文言》

例封淑人显妣彭淑人事略

沈廷镛等

呜呼!我母之弃不孝兄弟而长逝也,于兹九载矣。频岁多故,以至于我父之没。今已诠次我父事略。而我母之淑德遗惠昭昭在人耳目者,不及今追述,恐久而泯没,不孝且重得罪,爰流涕述之。先妣彭氏,世居长洲葑门,赠光禄大夫、武英殿大学士、兵部尚书、雍正丁未会状芝庭公启丰六世长孙女也。芝庭公与其祖南畇公定求,世所称祖孙会状者也。考佑之公讳来保,附贡生,候选同知,旌表孝子。妣吴宜人,旌表孝妇。兄弟十人:长安徽候补通判、国学生应箕;次安徽历任合肥太湖县典史、国学生应翼;次长庠生应庚；余俱早卒。彭氏故三吴望族，自明以来，科第不绝。舅氏为芝庭公大宗长孙，芝庭公曾孙行外高王父。从堂昆弟中，有位至中堂者，年齿实少于外曾王父，与外王父同时，门第烜赫，不减江左谢氏之盛。粤寇陷苏，外王父挈家徙避来乡，我母时年十七，来归我先考府君。柔嬺简静，不喜纷华，言动默中《内则》，未尝以贵介自居。女红外，日手一编，凡先儒语录、历朝掌故、忠臣孝子、贞妇烈女之传，靡不浏览，曾大母、大母皆喜得妇。结褵甫弥月，以寇氛日逼，团防难恃，随曾大母、大父全家迁沪上，外家亦同行，至沪各寓焉。其明年，有构我家难者，先考挈我母别赁一椽以居，避大父盛怒。旅资既绝，更无仆奴，所赁屋湫隘嚣尘，几榻亦不能具。我母脱簪珥，典衣以易食，恒襥被贴地卧，数日一迁，数迁皆然，而不孝廷镛适于此时生。曾大母侦知所寓，且生男，遣人馈苦草坐蓐等至，且曰："盍归乎来！纵怒子，宁怒妇乎？"我母曰："吾闻出嫁从夫之死，靡他区区食贫茹苦，何足仅老人虑哉。"产未弥月，府君念度日维艰，又不敢归寓，乃挈我母及不孝遄返故里。沿途贼卡林立，或已克复，忽贼忽兵，屡濒于险。及近周庄之某村，去家仅十里，骁徒数十人突集船首，指为贼中奸细，不暇置辨，声言搜其舟，得军仗即火之。府君本好武，随带白刃手枪备非常。我母抱儿于怀，潜置枪怀中，坐刃身下，得不露。幸某武生曾识府君，乃以实告，仅免抵家。闻苏城克复，惊魂甫定，而大父没于沪。讣至，府君星夜奔丧，吾母旋亦赴沪。又连遭我外大父母丧。明年癸亥，全家返里，我母相府君整理一切事，重闱维谨。三年甲子，二妹生。五年丙寅，不孝廷钟生。六年戊辰，四妹生。我家四世单传，我母劝府君置婢媵，于其中择为簉室，以广嗣续。因命庶母王、庶母黄、庶母张事府君，母无妒媢，且终始善视之。九年庚午正月，庶母王暴卒，母悼之甚。十年辛未三月，五妹生。庶母黄、庶母张俱生子，并佣乳妇，殷勤鞠育，俾庶母仍得奉府君衾裯。嗣是屡生子女，盈庭绕膝，我母皆爱如己出。十二年癸酉，九妹生。自十一年壬申本生继祖母卒，光绪元年乙亥曾大母卒，三年丁丑曾庶母卒，府君于是慨然有四方之志。远振豫燕，近游吴越，数年中不遑安处，凡门户事，一维我母主之。庶母黄常随侍府君，庶母张时而家居，时而外舍，惟府君是命。我母为供张具不使乏，府君旅资亦恒取给于家，虽值空匮，必补苴以应。九年癸未，不孝廷镛为县学生。我家素有殷实名，又近数十年内无隶学官籍者，凡学师廪保之赘，所费不赀。是岁九妹殇，复为廷镛授室。十三年丁亥，又为廷钟授室。我母益自刻苦，检饬中外，井然不紊。大小男妇之资，宾客亲故之酬酢，终不使阙乏。家虽中落，百事无废，使府君得遨游十余年，绝无内顾忧者，皆我母之力也，然心计实瘁于是矣。丙戌、丁亥间，不孝廷镛、廷钟已娶妇，府君家居之日稍多，庶母亦随侍归家。家人子妇，性情不一，嗃嗃不相能，或以细故致衅。我母曰："和气致祥，乖气致戾。吾相忍于此数十年矣，至今日而汝等不能体吾心，非家之福也。"不孝等闻训悚然，自是无勃谿声，然嫌隙终未化也。明年戊子，五妹没。又明年己丑，廷钟丧妇。是秋水灾，大宪发振蠲租。我母以家用浩繁，食指众多，自府君弃产助振后，岁入尚不敷出，遭此凶岁，一无所入，朝夕忧惶，不知所计。又明年庚寅，多方称贷，以赡家用，剜肉医疮，益形劳瘁。我母体素弱，又耗于多产，自不孝廷镛之生，越十六年至丁丑生十四妹，凡八产，其半产者一。子女多自乳哺，即佣乳妇，必自抚育过期，瘁精力之衰，非无自也。常患肝阳，头目眩痛，不时举发，发必呕吐，未尝需人侍疾，亦不服药饵。是年发稍缓，方冀渐得平复。九月初一，我母夜梦门前泊一舟，云某夫人相召。醒而觉其不祥，翌日遂病，病如伏暑，始起甚寒，继则热，神思迷惘。病中复梦如前，自知不起，常呼不孝等在侧，延医进药，亦不峻拒。不孝等觇视神色，迥异平日患恙，心知有异。医者言伏邪宜表，病在少阳，进柴胡等剂。岂知元气已伤，汗出而病加剧，继而泄泄，继而胁痛不可忍，头汗如珠，声微气促，竟于初八日巳刻长逝。呜呼痛哉！不孝等侍疾无状，罹此鞠凶，呼抢莫救，生无以为养，没复不能慎其终，尚何言哉！尚何言哉！回念我母"乖气致戾"之言，若操左券。又痛天之不遽灭我躬，而祸延我母也。呜呼痛哉！我母一生，恪守妇道，以顺为正，一惟府君是听。常勖不孝等当从父之令，谓面忤固为不孝，腹诽亦为不孝。临终呓语，犹恐不孝姊妹不能顺府君，屡言及之。不孝等守我母遗训，自我母没后，八年不敢稍违，即有非意相加非出府君意者，亦终不校。府君性激昂，遇事辄发，缓急不相入，顾无他肠，语已辄罢。方气盛时，我母从未出一言相较，徐从旁婉解，府君旋亦悟，故能相与以有成。凡当横逆之来，怡然安受，曰："彼自造孽，于我何与？"无纤芥忿容也，虽府君未始不服母之有容德也。我母在室时，事亲克孝。避难沪渎时，外曾大母卒，外王父以哀毁卒，外大母亦寻卒，诸舅氏年少，家日落。我母为白府君，助舅氏营葬。来归时，值乱离，奁具未备，外大父许乱平资赠。既而不言，我母亦遂置之。三舅既入学，值岁大比，我母邀至家，令在乡诵习。岁乙酉，廷铺初应省试，我母命与三舅俱任其资斧。二舅氏远宦皖江，留其子至家塾，与诸弟共读。二舅没，又留其女在家，若己女。外祖姑母归汪氏，老而嫠，留养经年，其厚于亲也如此。然诸舅氏与诸侄往来，未尝私相借赠，私遗一物于母族，必禀府君而后行。性慈而俭，待人以诚，驭下以宽。亲党燕会，未尝往与。事无巨细，必亲必恪，谓假手他人，鲜有当意。于物虽一丝半缕，竹头木屑，亦不轻弃。当暑厨下物有味变者，必强食之，家人偶吐弃，则以暴殄戒。宅故广，自室达厨颇辽远，我母日出入数四。遇祭祀、宾客及延师家塾中，供馔兢兢焉，惟恐缺失。馈问交际，受之廉而报之丰。邻族贫乏，多所周给，下及臧获，无弗体恤。独于师巫尼媪，未尝出一钱布施。不诵经礼佛，而常持斋戒，谓"节饮食，薄滋味，礼经已言之，非以资福田利益也。"呜呼！此岂寻常女子之见哉！我母和易近人，生平无疾言遽色，治家不务操切，而诸事毕举。我母在日，不孝兄弟无一人染时好者。即不甚好学，亦能恒在塾园中，位置几椅，皆有常所。书画楹帖，命不孝等时加拂拭，客至可憩坐。自我母没，而园中渐无人洒扫矣，什物书画渐归乌有矣，不孝等无一人不染时好矣。及被灾日，以水龙嘴被窃，竟兆焚。如使今日而我母犹存焉，我家或不致一败涂地若此也。此非不孝等之私言，盖里党莫不言之也。我母初没时，府君疑我母不善撙节，致无余蓄。及重理家政，一切俱从省约。虽岁入稍有赢余，而家中或无故遗失，或为人亏负，动数千金，诸事丛脞，所得不偿所失。既灾之明年，府君乃追念我母不置，每谓人"我失内助，以致斯也"，而府君即于是年捐馆矣。呜呼痛哉！惟念我母一生，虽若未履逆境，而于寇乱之中，遭家多难之日,东奔西走,备尝九死流离之苦。脱非我母柔顺谨恪,祸有不可胜言者。重以三十年家累操心,未得一日安闲,中年殂谢,家运益迍,凡此懿行,具合于铭。而不孝等长大无成,修名不立,无以自达于当世。用敢和泪濡墨,次其所及见闻者,号而陈之以俟焉。我母生道光二十五年乙巳十一月二日丑时,卒光绪十六年庚寅九月八日巳时,得年四十有六。子女详府君事略中,不具载。不孝沈廷镛、廷钟,偕弟延镐、廷铭、廷镤、廷鉴、廷镒,稽颡谨述。同进士出身、河南商城县知县、表侄陆廷桢拜填讳。

清光绪二十七年刻本《沈翠岭沈孺人事略》

诰授振威将军记名总兵平阳协副将
调署嘉兴协副将费君神道碑

〔清〕诸福坤

费君名金绶,字若卿,世居吴江之南町村。曾祖嘉能,祖文达。父秀元,迁居周庄,以任侠受知当事。是时粤氛骎逼,以捕盗团练功积资候选都司。咸丰十年苏垣陷,以团勇保卫乡闾,及卒,君统其众。时年十八,精强威重,通晓兵机,旦夕训练,以待援苏大军。同治元年夏四月,伯相江苏巡抚李公鸿章驻军沪上,既扩清苏、松、太之交,将旆而西。二年三月,淮扬水师右营总镇陈公东友驻周庄。李公麾下程忠烈公学启、浙江提督欧阳公利见皆才君。李公以君部隶淮扬,既而改为抚标水师新后营。四月,以所部攻贼于南川、新渚、急水港,败贼于养鸭湖,斩酋获船,毁庵村以下各贼垒、浮桥。五月,随剿同里,以所部攻尤家港贼垒,大破之,斩渠酋,禽获无算。六月,随攻同里,力克之。进复吴江,驻屯北库,御贼于元鹤荡。十月,移营黄天荡,随大军攻葑门、娄门各贼营垒,四日尽破平之,贼穷蹙,遂复苏州。十一月,随程公进兵克八坼、平望,以所部收黎里。十二月,歼贼于唐家路,随收王江泾。三年正月,为程公前锋攻嘉兴,屯杉青闸,逼贼营,击破之。部下多损伤,益冒炮火,造浮梁济师傅城。二月,回驻盛泽。既克嘉兴,移营荡口,分扼南、北望亭。夏四月,移驻夹浦口,分巡吴淞、泖淀,堵剿肃清。李公累奏保以蓝翎千总至副将,赏换花翎。同治七年十一月,报效若字义勇历年垫饷,及新后营垫饷,巨计数万金,请增江邑学额。经督部李鸿章专奏,奉旨准永广吴江学额文武各一名。是时补常州右营守备,迁左营。光绪九年,法越事起,君辞官随北洋大臣吴公大澂至朝鲜。未几,君弟记名总兵金组驻军镇海,击沉夷艇,欧阳公尝咨请留君于浙,至是更速君往,助防获胜。事上,记名简放总兵,署象山协副将,补授平阳协副将兼统瑞平练军。二十年,浙西盐枭为患,浙抚檄君统嘉郡各营,带缉捕巡盐各水师,旋署嘉兴协副将。君于江浙交熟谙河道,添造枪划船游徼,遂得禽斩枭酋王康南、孔光明等,皆积年逾挐之大憝。枪划船小而捷利,于汊港纷歧中雕剿,君素所得力者。廿二年十一月廿二日夜,以事力疾至申浦,舟覆身故,年五十有三。事闻赐恤,照提督例并祭葬银两,荫嗣孙善机,给予六品顶戴,三代皆赠如君阶。

配夫人陈氏，继浦氏。二十三年二月十八日，葬于吴江县二十八都五十九图贤字圩。性豪迈，不屑生产，公用不给，辄鬻田宅，遇士夫戚友有恩礼，及卒，远近惊悼。铭曰：

懿惟圣清，再造东南。辅成伟烈，湘淮斩骖。松陵毓秀，骁将腾魗。年少蹶张，巢匪手戡。厘除部慝，力障乡关。拔身伸蠖，剃贼如菅。波席涛枕，荡决险艰。趾蹂剞钺，飞驻陟环。孰云奇绩，必骛埏寰。善兵不赫，君实其班。尽瘁毕志，古悌所潜。荣终邱首，命不为悭。勒昭忠义，用肃冥顽。

光绪二十四年岁次戊戌闰三月，长洲诸福坤撰文，元和陶焘书丹。

1979年《太平天国史料专辑·关于费秀元父子的资料》，参清诸福坤《杏庐文钞》

凌兰畦府君行述

丁逢甲

府君姓凌，讳澧，字会东，号兰畦。先世自安吉迁吴江之黎里。明宪宗朝太常寺少卿讳信，使安南有功，赐祭葬。三传邑庠生讳滨，再迁南传村，又迁莘塔，实维府君之十世祖。曾祖讳煜文，国学生，候选县丞；妣陈。祖讳高荣，国学生，候选县丞；妣张。以长孙泗职貤赠奉直大夫，妣封宜人。考讳大缙，国学生；妣张。以府君职诰封奉直大夫，妣封宜人。同母兄弟七人：溶、溱、澜，均殇；瀛，早卒；沼、灏，亦幼殇，府君其四也。庶弟三：源，幼殇；涵、德滋，均早卒。府君生而得大父欢心，戏呼曰："利以辈行，从水旁。"即名曰澧。早年丁洪杨之变，因乱离辍学。咸丰十年庚申，匪扰苏州，遂破邑城。父竺山公襄办本镇团练，府君亦任巡守之劳。事机不顺，邻镇俱陷，乃全家走上海。是年金宜人来嫔，适避难在沪，遂就寓庐结婚。事平而归，盖不胜今昔之感焉。府君厚重稳练，少长若成人。既因故废读，竺山公旋委以尤理家政。凡所处分，批窍导隙，洞中肯綮，以是竺山公称之曰能。既而子女罗列，婚嫁连绵，一门之中，喜气洋溢。顾中年而后，哀乐交乘。光绪二十年甲午，竺山公卒。二十五年己亥，张太宜人卒。失怙失恃，相逼而来，《蓼莪》之诗，不忍再读，府君之哀毁可知矣。凌氏世业油纱，府君夙秉父命，治家之余，兼营商业。年甫弱冠，已晓然于废举之理。簿记出入，条分缕析，候时转物，应付咸宜。油坊业为府君曾祖日如公所创，其后嗣入资经营者数家，公推府君主其事，始终垂五十年。一切擘画，仰承先志，而扩大其事业。其用人也，宽严并渗，不激不随，能识其短长而尽其才，以故人乐为之用。坊中服役之牛，主工者或加苛待，府君辄戒之曰："牛不用力可驱策，勿鞭笞受棰伤体，不惟于营业不利，亦岂推爱之道？"待物且然，待人可知，于此见仁厚本自性天矣。府君笃于伦纪。从兄磐生先生营坑砂栈失败，讼累滋生，府君随从兄砺生先生奔走其间，心力交尽。光绪二十五年己亥二月，磐生先生家不戒于火，焚其居室几半，遂下榻府君家。越二月事定，迁平望，而以家事相托。磐生先生殚心述作，雅不问家人生计。又遭回禄之后，券约簿计或缺或残，如棼丝之不易清理。府君则悉心梳剔，秩然若网之在纲。三十二年丙午十二月，磐生先生患痰火症。府君闻讯往视，异日即逝，府君经纪其丧。明年，嫂蒋宜人挈家旋里，凡事必咨询府君。府君殚精规画，一如己事。同枝之谊不敢告劳，而精神则自此困瘁矣。无何，嫂蒋宜人又卒，府君仍经理其事者数年，垂暮精力日就衰颓，因诏其孙光祖而归之。先是，磐生先生晚年为敬宗收族计，创为义庄，捐田五百余亩，立户倒单，于光绪三十年甲辰，具禀前县令冯延云邑侯备案。后择得庄屋地址，因谓府君曰："予于建筑事非所长，异日将以委弟。"乃未竟事而卒。嫂蒋宜人秉承夫志，谆谆与府君筹划，订立规条。府君念兄志未竟，代任其事，与金砚君、沈咏韶、柳巳仲三先生竭诚商榷，通禀长吏，奏闻立案。民国四年乙卯，庄屋开始营建，八年己未落成。府君靡日不巡视督役，而于度支出纳，则又兢兢焉，不虚靡一钱。府君之于家族昆弟也如此。光绪之季，府君被举为董事，凡民间利病，风俗习惯，既闻有素，措施得宜。二十八年壬寅，前县令宗加弥邑侯清赋丈田，设归户局于各镇，本区则府君任之。凡来归户者，必按图册而详辨其四址，谓经界不正，则租赋不能吻合，失清丈之意。然终以初丈未给丈单，仍难厘然悉当。莘塔积谷，向与邻镇芦墟合办，仓设芦墟。因人地之宜，即由芦绅士任其事。光绪末叶，陆丈西岩不任偏劳，推府君接办。三十三年丁未，水灾发赈，循例芦六成，莘四成。府君以粟少不敷饥口，斥私资济之。莘塔地小而僻，公款支绌，一有兴革，往往筹及商捐。府君念民生之艰难，每举一事，不喜铺张，务求实际，故所费无多而又不苦窭，事不废弛，不足则解囊以助。遇人来质成者，必详探曲直，苦口开导，从未尝胶执己见，以疾声厉色相加。宣统三年辛亥八月，武昌起义，萑蒲窃发，本镇亦加练乡团。时府君因伤足，卧床主事，诸君至榻前商议，府君热心指示。并捐资购械，首任月饷，以为之创。府君之于地方事业也如此。府君平常虽谦言未尝读书，而于求学之本，当世之务，能见其大。治家以正，教子以义，延师购书，不惜重金。故长子宝荦，次子宝犁，均温文尔雅，好古成习，颇异于世俗之所尚。而绕膝孙枝，多能负笈海上，淬厉新学、猛着先鞭，其得力于祖训者亦深矣。府君又自悔失学，谓造就里中子弟，最为今日急务。故宝荦、宝犁先后长莘溪公校各数年，辄加以勖勉。盖虽不躬厥政，未始无春风广被之思。府君之于家庭教育学校教育也如此。府君貌低眉方颐，眸子下视，一望而知为笃行君子。性诚朴，耻表襮，和不同流，贞不绝俗。作事秉正谊，不肯唯唯诺诺，苟同于人。因是乡先生咸敬爱之，以为有三代直道之风。与人交接，不事权术，随在出以恕道。与人言语，容色呴呴，惟恐或伤。其待卑属也，有时严以督之，仍爱而恤之。苦心所在，不求谅于人，而人卒谅之。有德于人，嗛然不形诸色。感之者偶有馈遗，必称其值以报，或且加厚。自奉尚觳，薄于养老。恤寡存孤及修桥梁、开河渠，则多所资助。族中有远年未葬者，劝其葬，为之择地营圹，勒石以志其姓氏，贫者助之。从兄砺生先生曩辑《松陵文录》，迄今四十余祀。府君以藏板多遗佚，漫漶残缺十之三四，因与沈咏韶先生谋雇工修镌，慨任补刊之金。府君之于乡邦风义保存文献也又如此。综计一生，公私猬集。又值地方多故家国沧桑之际，饱经阅历，备尝忧患，感时抚事，尽焉心伤。故虽气体素强，而臣精销亡，不自今始。四十以后得脚气病，每遇湿令必发，发或旬日或数十日乃愈，历治无大效，恒以为苦。今岁秋，足疾又作，经月小愈。府君之第四女适来省亲，七月初七日归珠家阁，因偕往就医，即寓婿宅。讵知旧恙未瘳，新疴又遘。十二日忽患痴疾，嗣是日益沉重，诸医束手。家属星夜奔集，已神志昏迷，不可救治，竟于十七日辰刻瞑目而逝。呜呼！自府君殁而乡邑老成又弱一个矣，可不痛哉！逢甲自光绪乙未后馆于斯，丁未后筝舍于斯，于凌氏有姻连，于府君为尊行。又与令子宝李、宝棐相友善，时得亲府君之议论风采，辱府君知爱，遇事辄下问。迩来授学东江，每假归，见府君出门必清晨，晤人必健谭，虽雪刺盈头，而元神犹旺。骤聆恶耗，怆恻何堪？宝李、宝棐以逢甲知府君较深，举行述相属。逢甲不文，其何能述府君？然又不敢使府君湮没不彰，谨就二子口述，参以畴昔见闻，诠叙概略。冀当世蓄道德能文章之君子锡以志铭碑传，俾后之修志乘者有所据焉。府君生道光二十四年甲辰四月十八日，卒民国十一年夏历七月十七日，年七十有九。配金宜人，同邑国学生讳铭女。子四：长宝李，娶费，已卒；宝森，幼殇；宝棐，娶陶；宝霖，幼殇。女四：长适同邑柳受章；次适同邑陶秉煊，前卒；三适同邑柳文海，前卒；四适昆山马鸣锐。孙四：光履，娶金；光斌，娶张；光谦，嗣从侄宝菜后，娶柳；光炎，未聘。光履、光谦，宝李出。光斌、光炎，宝棐出。孙女五：莲英，幼殇；瑞英，适同邑陆明钦。宝李出。巽娟，幼殇；光彤，早卒；光彧，适同邑陆明桓。宝棐出。曾孙五：文堉、文境、文坰，光履出。文坝，光谦出。珍坫，光斌出。曾孙女二：文垠，光履出。珍阶，光斌出。近因宝李、宝棐将择日葬府君于邑之二十九都南传圩，谨序次之如右。民国十二年夏历正月，姻世侄丁逢甲谨述，后学杜就田谨书。

民国十二年铅印本《凌兰畦府君行述》

亡儿应奎略迹

〔清〕柳兆薰

亡儿名应奎，字子庆，谱名应远，余第二子也。生于道光二十五年正月十二日，以今同治元年二月十六日殁，年十有八岁。余伤其夭，而不忍殁其心与行，因略叙如左：儿初生时，正值海内晏安，一堂重庆，祖父母尤钟爱之，名与字皆先君子所命，有《次孙命名说》存家集中。五岁入家塾，与其兄应墀，同受业于仁和汤先生嘉树先生，为时硕师。常课之余，谆谆以格言相诲导，儿随所讲辄领悟。十三毕诸经，习四书文。十六出就试，学使者可其卷，几隶于选，卒以额隘，仅充佾生，时辈争惜之。儿夷然不为意，归而益奋志于学。余痛念先君子见背后累于人事，智慧日损，而学殖日落。今年届四十，颠发半白，尚何所望，以此子恂恂向往，充以年力，或者优游以逮先人未逮之志。孰知天事尼人，世变骤起，内忧外患，使之隐抵于病，以至此耶！先是贼之溃大营也，吾乡尚安堵。及苏城陷，吴江诸乡镇接踵为贼据，旁犯村落，环数十里无完土，吾家以地偏幸免。而骁黠之辈聚啸劫掠，宄慝之徒乘罅觊觎，家人惶然不能安居。辛酉三月，又有巢匪之难，命儿随母居外祖邱先生家。先生德行孚乡里，读书为善不稍懈。儿居两浃月，颇安之。因得遍发其所藏天崇国初诸大家文集，蚤夜窥寻，尽得其綮肯，为文渐有识解。时汤先生亦舍馆邱氏，余饬之仍从先生游。儿益喜，归治行李。方盛暑，余复止其行，然偶得间，即钻求其前所获者不稍辍，思力过耗，重以体羸。而忧患拂郁之事，时复震动于中，遂以其夏得咯血证。自夏迄秋，杜门养疴，幡然以正学为念，复遍观先儒袁氏了凡之书，而尤服膺其《四训》。余见其自是而后，处心必诚，动履必悫，实有体于修身立命之本。尝语其兄曰："吾家自始迁祖迄今二百年，以敦尚朴实起家，高王父积有阴德，吾祖一广其所未备。今吾父齿强而精且衰，孳勉之力是在吾与兄。"又尝谓："免劫必先行善。行善之方以洗涤隐微为主，必无一毫计利责报之心，而后庶几徒事张皇无益也。"余听其言察其所为，私幸其方进而未已也。今年正月，骤得咳嗽疾，犹以其冒寒不为虑。二月，嗽益甚，血亦随发，气息奄奄不振。急命医，曰真气已劫，不可为矣，竟以十六日卯刻死于家。呜呼伤已！自先君子及先兄与余凡两世，继其后者惟儿与应墀两人，今又夺其一。呜呼伤已！是子生吾家十八年，自幼勤读书，不好嬉戏。经乱后，性情气质一变向道，使得天假以年，进求圣贤之训，退而游先生长老之侧，所造犹有望焉。乃既赍其志并札其躬，儿之不幸与？家之否与？抑吾之罪以至斯与？今距其殁已二十八日，触事兴感，

不容于心，爰为流涕书此，以稍存其梗概，俾知予之悲，不仅在区区父子之私云。同治壬戌春季十有三日，期服父兆薰抆泪撰。

清柳兆薰等《分湖柳氏重修家谱》

黄先生沅芷家传

金天翮

乡先生黄君沅芷卒，冢孙绍基、孤子家骍捧遗著造天翮之门，泣且言曰："吾祖行谊修于身，德化被于人，而顾无赫赫之名垂诸贞珉。不孝不文，凡诸过庭之彝训，默识暗诵，迷惘中不能具笔札，谨口述行状，子为我文而传之。"天翮谨诺。先生讳元芝，字商龄，一字蔚若，沅芷其号也。世居吴江县之后潇浜，自先生之高祖玉振始迁黎里。玉振生大昌。大昌生潮，先生之祖也。潮生三子：长尔福，绩学早世；次尔寿；次尔康。父子三人皆工诗，有专集，行谊载里志。尔康生先生，而尔寿无嗣，遂以先生兼祧焉。尔康卒，先生甫成童，颖异迥迈常儿。时洪杨之乱方炽，奉母氏周迁梅湾，迁章练塘，仳离穷窘。而祖遗蓼滩半顷，连岁霪雨不有秋，萧然无余蓄。先生慷慨曰："苦心志，劳筋骨，饿体肤，天之将降大任于我也。"则日夜劬学不稍辍。岁甲子，乱定，归里门。乙丑补弟子员，乙亥中式恩科举人。时枭匪横行市里，索扰祥和典商。先生以一书生，手不持寸铁，出而弹压，撄枭匪横逆，几遭危险。先生仓猝出智谋，善言解散。一面函电族叔台谏兆柽公入奏，旨饬江苏巡抚派抚标兵驻守，永固防卫。数十年来，闾里晏如，实赖先生之力。庚辰特旨，考取国史馆汉誊录官，议叙一等，以知县用。壬

午,母周氏卒,哀毁有加。丁亥谒选,得太仓直隶州学博,五月之任娄东。娄东山水奇秀,土沃而民醇。朱明以来,魁儒硕士生其间者,项背相望。张天如、王凤洲、陆道威之徒,学术渊懿,流芳播史乘。清代,王掞以科第进身,为康雍间名宰相。故居是邦者,咸彬彬有器识。先生既视事,尤以端士习、培士气为先务。凡学官弟子,季有课,月有考,其请益及门者,必则古称先殷殷焉,以无背乡先正之遗型为勖。州牧金元烺擅责,镇洋县生员季屿、举人姚鹏图等大哗,集诸生数十人夜叩先生门,欲俟金牧月朔诣圣庙拈香,开明伦堂面诘,先生婉阻不见听。州牧与举人等大忤,遂通禀互讦。言官据以入告,旨着巡抚赵舒翘、督学使者龙湛霖查办,皆檄先生,令申覆。先生苦心调护,宛转词气之间,抚学据以覆奏。金牧交部议,夺两阶,余免议。州人初疑先生右袒,颇缺望,至是大感服,季屿至设生位以志先生之德。己亥,引病请开缺,回里蛰居,不欲复出。尝绘《半僧半俗图》,寓出世之意,一时名流题咏殆遍。主讲禊湖、艺英两书院事,奖掖后进,不遗余力。每遇文会,则口讲指画,兴会淋漓不少倦。家居一载余,又为本地官绅所欢迎。时宰吴江者,为绍兴朱公秉成。下车后,闻先生名,即照会先生董理本地公益事宜,固辞不获,乃勉出任事。凡地方要政,如浚河、清丈、慈善、备荒、团防诸端,先生以一人总其成,措置裕如,百废俱举。壬寅、癸卯间,传教之徒纷然入内地,又往往桀骜好事,不守范围。先生既以一身当地方之冲,遇有教民无理要求及非分之干涉,必严词裁抑之,未尝稍假以辞色。积怨成忌,至造为讹言以相恫吓,先生屹然不为动,胆识过人,舆论多之。时清廷励行新政,诏废科举,首以兴学为急务。先生创议改禊湖书院为高等小学校,厘订规则,延聘教师,生徒济济,达五六十人以上。不数年,而其他各学校遂接踵兴起。虽运会有以迫之,然首开风气,不可谓非先生之力也。甲辰秋,邻舍不戒于火,致遭波及,室庐荡然,迁至吴江。明岁仍迁黎里,赁居于蒯氏海樱草堂。丙午,病痊起复,选原缺,未赴任。丁未,复轮署崇明、溧阳等县教谕、丹阳县训导。戊申,复引病归。金石之质,磨砻亦敝,臣精销亡,自此始矣。然先生以迈往无前之质,虽事绪棼丝,竭蹶支挫,而中心大念,犹冀为桑梓增荣光也。是年丁水灾,各圩刁甲集众霸租,群情惶恐,同里士绅相顾莫敢言。先生星夜诣城,商诸邑侯陈公守銮,严捕首事。复组织田业公会,慰抚良懦田佃,劝令赶完。不数日,刁甲俱遁,遂罢抗租之议,其定变之速,尤足多焉。继与吴江刘君闿生发起吴江商务分会,推举各职员,并为之呈部立案,号呼奔走,幸而集事。时清廷颁立宪之诏,各省举办自治。黎里自治公所成立,先生当选为议员。事出草创,一切章程皆先生手定。复发起黎里农务分会,众推先生为会长。近又慨江邑水利不修,连岁为灾,拟号召全邑人士陈请当道,大施疏浚。虽粗具条理,请议于县议、参两会,而以兹事体大,尚未能见诸实行云。先生学术纯正,究心康济之务,尝著《客民》《盐枭》二议,及《蚕桑图说新编序》,存集中。诗古文辞而外,旁及星命卜筮之学,周髀测算之经,莫不提要钩元,诣精极微。尤邃于医,娄江乞休后,出其所学,悬壶应诊,远近数十里内争相迎迓,而又不沾沾焉论值,故乡里尤德之。先生性鲠直,不可干以私。然人有以事相商榷者,为之指陈利害,反覆详尽,必得一当而后已。热肠古道,晚近所无。卒之日,莫不咨嗟叹息，至有失声泣下者，非无因也。先生著有《学古斋文集》《秋蛩吟草》《匏庵随笔》《霍乱求是编》《星命汇考》等书，藏于家。生道光丙午十二月二十九日，卒民国三年一月十五日，享寿六十八岁。室殷氏，割臂疗姑疾，有孝闻。继室朱，侧室张。皆先先生卒。子七：长家骅，邑诸生，绩学能文而早世；次家骙，亦早殁；家骍、家骢、家騌，均殇；家骥，前吴江县议事会议员；家骁，幼。孙绍基、楸基、濬基。女四。曾孙承淦，殇。曾孙女二。

金天翮曰：吾观先生为人，盖骨鲠而不避嫌怨者。数其才略，又窃叹乡先辈之干练敏达。足以折服众情，而初非空疏无用者所能几及也。绍基、家骥等其勉之，善继善述，孝子之行也。

民国印本《清故太仓直隶州学正沅芷太府君家传》

袁湛存生传

〔清〕陶谟

　　湛存姓袁氏，名汝锡，浙江嘉善人。以十世祖了凡先生卜宅江苏吴江县之赵田村，遂世居焉。曾祖銮，有隐德。祖荫槐，恩贡生，封翰林院庶吉士，举孝弟，奉旨入祠崇祀。父嵩龄，道光庚戌进士，入词馆。丁忧起服，改知县，例加同知衔，非志也。年甫四旬卒于家，湛存方就傅，赖母吴宜人督之严，以讫成立。胞叔中翰召龄复聘名师，按课弗懈，得入泮伫庠，贡成均，亲故间方以继起目之。乃遘奇疾，杜门养晦，举平时壮志郁而不伸，盖十有五年于此矣。呜呼！岂非天不欲显袁氏门，以光其先德，抑将复郁之久而积之深厚，以流及于无穷也。溯袁氏立命之训，传诸天下垂四百年，虽有局于意见著论而诋毁之，要其开示来者改过从善一途，至平且易，殊不诡乎圣贤之学。由自立而不惑而知命，以及从心不逾超凡入圣之功，隐然可见。而后以自治者出而应世，固足表异乎？寻常俦类中尔不然者斯悖矣。湛存仰承家学，一蹶不振，用是慨然。恒以年少孤贫，行贾辍业，引为己憾。同治庚午、光绪丙子，两荐于乡不售。迨己丑恩科重出应试，以三场末策上台碍例，为主试者所抑，遂绝志进取。自谓功名之途，有志者未必竟就，况志有未逮，何足介意为。然于酒酣耳热，慷慨悲歌，往往形诸词章尺牍之间，亦可哀矣。自其少时，性和易，喜交游，颇自抉择。与吴江黄子牧、陆酉岩、费联生，青浦胡子云、徐伯匡，同邑程达卿、郁叔林、何农山，后先砥砺，相习最稔。并得方外友生，坐聆禅悦，以遣世虑。汾湖之浒，向有陶冶庵，同人设砂社。吕祖降鸾，示湛存以诗，命名垂成，于因果事颇甚了晰。始觉天人之理，无间幽明，参以中庸，至诚微显，洋洋如在之旨，益确信而不疑。尝慨世俗惑于形家言，纷然改圹，著《止迁葬说》。中西和议成，鸦片流毒日益甚，著《戒洋烟》诗，镂版行世。自哀其所著曰《悟生草》，其意向概可知矣。方湛存之未病也，耐烦善任。以村港淤浅，不利于汲饮舟楫，倡议助资，鸠工浚治。远近祖墓，经乱缺修，集族属芟筑而培树之。外如社庙、桥栅，莫不赞助兴修，以行其志。邻有贫老废疾及族人以情告，并量周其急。家故有贾业，与叔共事，积资倍后，进退泊如，虽贫自若也。待人无忤容，遇非礼者正告之，而弗与峻较，故人以此乐与之游。其待子弟也，无戏言，亦不恒得怒容。躬课童蒙三载，凡孤寒者却其修。子二，祖延、祖寿，礼请吴江庠生陈少龙师事之，七易寒暑不少倦。并属其甥青浦庠生陈元第辅翼教戒，相继入邑庠。今湛存年未服官，益勉其子以敏学敦行世泽，且未有艾焉。

旧史氏曰：自汉学兴而性理之书不习，洋务重而儒先之德不专。论者以湛存宿有根器，学识淹贯，顾自中年以往，病而澈悟，卓然迥异乎流俗，不为污习所染，恒亟亟以济物利世为念。迹其近状，若类乎山林枯槁者流，而其志固自灼然具在，岂寻常清贵遗胄所得而比伦哉？宜其宽然与气化同游而不挠于物，欲不役于尘情，与乃祖隐吻乎虚灵之表，虽谓为后来之继起焉可也。

清《袁氏家乘续编》1920年抄本

衔芝公传

公讳积华，字舒文，号衔芝，苇村公次子。生于道光二十九年己酉二月二十六日午时，卒于光绪三十三年丁未十一月十二日辰时，享年五十有九。公生而颖异，幼遭洪杨之乱，复丁苇村公忧，迫于境遇，弃儒就贾。乱平归里，复从名师游，潜心求学。同治丁卯补行丙寅科试入泮，癸酉、丙子荐而不售。与以兰公同营丝业，又遭失败。远游粤东，佐石门徐公蓉史令顺德。又秀水王公任广东高廉钦兵备道，耳公名，徵聘入幕。历督粮按察使等署，前后四载，赞襄擘划，动中机要。在臬署时，有携巨金斡旋讼事，公拒之，群以廉介称。辛卯自粤归，复任同谱夏丽笙于江苏娄县任，乃归老于乡。壬辰为家均娶妇龚氏，己亥为次子家圻娶妇张氏，丙申元配张孺人没，戊戌长媳龚氏没，辛丑三子家坊没。十年内婚丧连绵，家缘中落，意志颓唐，因以致疾。丁未十一月初旬，由家均陪侍赴珠家阁就医，讵于十二日辰刻在舟如厕，遽而气脱，卒以舟次。公宅心仁厚，遇事敢言，亲族中有急难者，尽力助之，虽典质勿吝也。有争斗者，秉公处之，招怨勿顾也。妣氏张孺人，合葬蠡泽西南石坝角字圩。

清周善鼎等《周氏宗谱》

清故附贡生周君墓志铭

〔清〕劳乃宣

周君讳积华，字舒文，号衔芝，浙江桐乡县人。祖讳士燗，举人，内阁中书。考讳善震，贡生，中书科中书，在籍殉难，恤给云骑尉世职。君其次子也。周氏为吾乡右族，世敦诗书。君幼遭寇乱，家贫失学，弃儒学贾。而每于居肆之暇，手不释卷，潜心求学。同治丁卯，以县试第一入邑庠。会戚属徐君官广东顺德令，招之佐理。旋又客于王君高廉钦道粮储道按察司幕中，历司文牍，皆中机要。在臬幕时，有人以巨金赂君，乞为斡旋讼事者，峻拒之，为时所称。自粤归，复佐夏君于娄县，乃归老于乡。光绪丁未以疾卒，年五十九。配张氏，妾仇氏。子三：家均、家圻，俱庠生；家坊，早卒。女二，皆适士族。君叔仲阮，名善咸，为予乡举同年。家均以年家之谊，出事略请铭于予。予未识君，观家均所陈，知君之为，笃行君子也。夫今之世，以诡激为高行，以荡佚为通识。所谓豪杰之士，其放言高论不可向迩，而徐察所为，每逾于大闲，而不以为非。君之平生，独循循于规矩之中，未尝少自表异。及其临财见得也，乃确然有千驷不视、一介不取之风，复乎非末俗之所能及矣。而家均之陈述先德，亦惟以庸言庸行为先，不稍为溢美之辞。其家风笃实，尤有足尚者焉，乃不辞而为之铭曰：

雍雍周君，吾乡之彦。盛德若虚，不矜不衒。贫不废学，能自得师。入孝出弟，融融怡怡。壮游橐笔，莲幕风清。五岭云渺，三泖波澄。暮夜却金，不欺暗室。凛然四知，青天白日。庸言之信，庸行之谨。锋铓外敛，精华内蕴。全受全归，无忝厥祖。勒铭幽宫，永垂令绪。

岁在柔兆执徐壮月，桐乡劳乃宣撰，海盐沈守廉书。

吴县周容刻。

吴江博物馆藏拓片

郑母张节孝君家传

柳亚子

维郑母张节孝君既殂谢，其孤慈谷实弃疾妇翁，流涕告弃疾曰："母氏一生苦节，吾子所熟闻，家传之作，綮唯吾子是宜。"弃疾谨受命。盖阐潜德，播徽音，乡里后晋，且与有责焉，矧在懿戚，遑敢以不文辞，爰拜手稽首而称曰：节孝君姓张氏，吴江之盛泽人。考秉兰翁以敦品绩学著，妣氏汤。节孝君生而岐嶷，十三丧母。值太平军东下，流离奔窜，恒挈负弟妹以行，其艰劳有为壮夫所弗堪者。年十八，归同邑郑理卿先生为继室，抚前子慈崧如所生。理卿先生者，英年媚学负重名，尤娴经世大略，虽同时耆宿，咸敛手推服。得节孝君偶之，谓如翡翠之在云路矣。明年慈谷生。又明年而先生遽捐馆舍，节孝君手抚两孤，谊弗容身殉，蓼渊荼窟，咽涕迈往。又前遭兵燹，故家乔木尽为劫火所摧烧，乃损衣减食以赴之，不十余年，市廛第宅尽复旧观。复延师课慈崧兄弟读，相继补博士弟子，家声丕振。会慈崧不禄靡嗣，而慈谷前后两娶悉早殁，节孝君复手鞠孙男女四人，以养以教，一如前抚慈崧兄弟时。时则逊清失政，晳人东渐。节孝君盱衡世变，知非兴学不足以救国。遂命慈谷建黉舍于家，为一邑倡。而遣二孙就学海上，所业咸卓然有成。初，节孝君少更忧患，壮罹艰厄，故未老而病，其持家训子孙，悉在呻吟奄卧中。五秩以还，慈谷秉母教锐身任社会事，义问昭著。诸孙亦兰薰玉洁，婚嫁毕理。曾孙男女，虎子蜡凤，跳踉绕膝下。论者谓天偿节孝君奇辛殊苦，郑氏之大未有艾。节孝君亦顾而乐之，神志舒泰，盖旧疾且十年弗作矣。忽患瘅疽，因床蓐二载，谒医祈药悉无效，复厄河鱼，溘然竟逝。实中华民国六年十月二日，生清道光己酉二月二十五日，寿六十有九，距理卿先生之亡亦几五十年。以清光绪丙申得旌表如例。子二：长慈崧，娶邵，前卒；次慈谷，任江苏省议会议员，娶王，继杨，再继仲。孙三：长传，毕业上海复旦公学，娶徐，继施；次之蕃，美利坚康乃尔大学学士，娶曹；次永，幼读。孙女三：长瑛，即弃疾妇；次琮，适徐宗乐；次颍，未字。曾孙男重，女葆、芳、芹、宁、蘅。

柳弃疾曰：昔吾皇祖笠云府君与理卿先生以中表齐名，盖两家世为姻旧。及节孝君孙女瑛下嫔弃疾，益修子姓礼，岁时上谒，稔其懿行硕德，足以楷范一代，宁沾沾私誉哉？肃雍陈词，弗华弗饰，后有撰肜史者庶取裁已。（录自《磨剑室文三集》）

中国革命博物馆、上海人民出版社《磨剑室文录》

徐元璋传

〔清〕蔡召棠

《语》有云："玉缜易折，兰芳蚤摧。"余初疑其言，乃观于徐子琢云之卒也，而信之矣。琢云系明季文学右文公分支九世大宗子、赠君子蓉公之孙铸生司马之子，名元璋，字竹筠。秉性沈潜，自幼诚实，异于常童。虽境处丰腴，而心喜俭约。五岁入塾，就傅庄君有梅。未几遇粤寇乱，甫十龄，全家避居沪上。会黄君颖人亦寓此，因延课读。时人心皇皇，于湫隘中闻读书声不辍，有笑其迂者，弗顾焉。黄归，复从松江张君子惠。丁卯冬旋里，仍从庄君游。其为文理法清真，尤长于试帖。功余喜摹古隶篆，兼工铁笔。嗜画，花草人物均有致，盖其秉承家学有素也。再应试，不遇，铸生念庚申之变，里中死难者不可胜计，幸而一门完聚，能愤志成名以继先业固善，即不然，但得通经致用勿替儒修足矣。故督训虽严，而责效从宽。旋为之援例入资，授职少尉。甲戌春，患病渴，殆甚，医治经半载始瘥。阅明年二月，得一男。时值祖太夫人七十四岁诞辰，铸生为萱堂介眉，并开汤饼宴，贺客盈门，极一时之盛。又逾年，复得一子。人皆谓子蓉公以后两世皆终鲜兄弟，今连举二雄，深得堂上欢。是时，铸生年已近耆，家事仔肩之重，亲戚酬应之繁，琢云能随事分劳，老怀渐释。孰意戊寅仲秋，偶患脾泄，匝月竟不起，年止二十九。噫！天何夺之遽耶！夫修吉悖凶，自古不易之理，今若有不可必者。向时人家子弟，无论智愚贤否，率皆循分自安，无事足不出户庭。兵燹以来，世风一变，佻薄少年，动辄逾矩，甚或恣欲灭耻，好勇斗很，而顾终岁晏如告疢不侵者，何也？琢云乃断断自好，不染时趋，虽本庭训之善，亦由率循之谨也。然则琢云固玉之缜者也，兰之芳者也，其折焉摧焉，宜其蚤且易也。余故曰观于琢云之卒也，而信之矣。光绪乙酉春三月，震泽蔡召棠识。

清徐元璋《长春花馆试帖》

二先生传

金天翮

《语》曰："水渊必回，叶落粪本，弟子通利则思师。"天翮年十二，讽九经毕，大父为延顾先生于舍，学为文若诗。顾先生讳言，字询愚，吴江诸生也。学不名一家，邃金石目录，尤工为诗。诗于清代二百八十年，能自树立辟户牖者，不出三十家。江邑则自频伽上泝至于汉槎，皆以声气篡名于世。而郑璜、朱春生、袁棠辈，尤出其下。先生之为诗也，尚标格，故宗归愚，喜珍闻秭秉，故爱樊榭，是二集者常置几案间。是时袁丈东篱，尤喜以格律绳诗，二人者交相推也。先生貌清丑，仰视之使人怖畏，而先生于群弟子中，独赏爱余。余睍先生作书，窃购便面十数页，学为先生书，署先生之款曰"老询"，而钤其章。先生瞥见之，则笑曰："尔书似南宫率意之笔，殊不类余，然署款则近之矣。"先生书法兰亭，而参以东汉隶笔，其为隶沉着而险峻，睥睨道州、虞山，江人士不甚宝其书，书今无传者。天翮事先生凡八年。光绪十七年十月，病噤口痢卒，年四十，天翮哭之恸。明年三月，大父遂命负笈从钱先生游。

钱先生讳焕，字词锷，亦吴江人，光绪丙子科举人。先生不好为诗，偶为之，亦不工，而文特谨严，尚义理。有《闻妙草堂札记》者，所载皆治心之学，粹乎儒者之言也。与人交，坦衷而和颜，与顾先生之傲兀少许可者绝异。顾先生亦好儒先书，居常诏天翮曰："余性每卞急，手语录一卷，则意气平而梦寐胥安。"天翮后此从事于四朝学案，自二先生启之也。钱先生简率少威仪，天翮尝取以比刘中垒、杨执戟，其好酒尤与子云同。方同光之交，江城诸名宿如吴望云、钱梦莲辈，皆嗜曲糵，醉则脱落冠缨，瞑卧酒垆下，视贩夫驺卒如等夷，其风趣流衍至今日未衰。而先生饮酒未尝一失容，顾先生尤屏杯斝不御。先生中岁，慕亢仓子之为人，筑"畏垒山房"以见志，不应进士举。夙病痰饮，光绪二十四年三月二十五日，以疾卒，年四十有九。有子三人，少者祖宪，能世其家，读父书。祖宪与袁丈东篱之孙文田，皆娶顾先生女。顾先生子幼，不能亢其宗。家贫，身没不二十年，而所藏吉金乐石、法书古画、名甆佳砚、精椠之书、先贤之尺牍，摩挲而爱护之者，荡焉无复留遗。即所自著之诗，居常攒眉戟指，呕心肝，搯肾肠，冀陵跨乡先正而成一家者，不过二百首。急属祖宪、文田大索其筐笥，而竟不可得。得所录少敷太公诗十四叶，亦先生之笔也。呜呼伤矣！天翮受先生之教深且久，自先生之亡，时时梦见童时读书舍。舍在厅事东而北向，先生之座在余后。余座临小庭，庭植天竹、橙各一株，时有画眉巢其枝。先生倦则执诗册卧而观，已乃弃书入睡。此状数月必一梦见之，已乃一岁再三梦见之。天翮迁于苏，年四十矣。数岁之间，犹梦童年书舍中睹先生清丑之貌，醒而至乐。己未小除夕，忽梦二先生邂逅于舍东疏柳桥上，相视而笑。噫！日月逝矣，音尘不留，二先生之灵，其所以诏天翮者，岂无意哉？饮水思源，我仪图之矣！于是焚香斋心，三日而见二先生之容，犹生前也。喟而起，振笔而为《二先生传》，且录副贻祖宪焉。

金天翮《天放楼文言》

先府君事略

陆翔　陆永瑞

　　府君姓陆氏，讳恢，号廉夫，又号狷盦。慈厚耿介，志节皎洁，生平行谊，无愧古人。诗古文、金石之学，皆能博览旁通，窥见精微。而于画，则积五十余载，几无一日辍笔以嬉，亦几无一刻精神不注于是，所造尤深远焉。府君生而通悟，自幼即好绘事。每日自塾归，辄向王母索果饵钱，阴以易纸，戏作鱼鸟舟车状，皆生动有意致。年十有四，叠遭王父、曾王父之丧。初，曾王父服贾而无子，择婿于顾，得王父赘以为子。王父有干才，经营十余载，业益盛，家益饶，不幸早世。曾王父年八十矣，痛甚，亦溘逝。于是王母与府君孑立孤露，外侮内媾，业因大坏。府君遂弃贾攻举子业，下笔超俊，惊其师友。一应童子试不利，即弃去，而专攻画。吾家世居吴江县之同里镇，所赁屋故市廛也，危楼逼临阛阓，湫隘嚣尘，府君顾悠然自得，读书声琅然逸户外。或临古碑拓，或摹名人画，或与友朋吟咏谈艺于其中，高情逸韵，萧然物外。当是时，吴中以画鸣者刘子和、陶诒孙、王秋言、任立凡、吴三桥，府君或师之，或友之，或以重币邀致与相切磨。闻家有藏古名画，虽僻壤必往访。尝游黎里罗汉寺，见所塑十八应真像灵动精妙，则大悦，即索纸笔坐卧其下，尽图其形以归，用心之专壹若是。是以年过三十，所作已绝精能，然以不治生产，家日落。光绪丁亥，迁会垣，卖画以自给。时吴愙斋尚书奉讳家居。尚书好古精鉴，一日过装池肆，见壁间府君画，凝视惊咤曰："三百年来无此作矣。"亟邀府君馆其家，尽出所藏使临摹，府君由是尽窥明清诸大家之遗法。光绪壬辰，卜宅于桃花坞，王母旋卒。丧甫毕，尚书巡抚湖南，府君应聘橐笔游湘中。尚书节麾所临，府君无不从，由是尽窥衡岳永州诸胜。其幽邃清丽见于柳州之记、次山之铭者，府君无不探其藏，发其奇，篮舆所经，悉写其胜，而《衡山图》八幅今藏尚书家者为尤著焉。既而府君从尚书督师辽东，出榆林塞并沧海而东，所历山水皆具峭拔雄伟之观，自此笔墨益磅礴郁积，沛然盛大，不仅以精能著矣。尚书还湘抚任，府君遂谢事归吴门，暗然潜修垂三十载，未尝一践功名之途。光绪丙申，张文襄任江督，应诏集海内名画史补绘元王恽所进《承华事略图》，而以府君总其事。图中衣冠彝器悉准历代制度，而运笔遒劲，布景古雅无匠气，识者谓为承制著作之冠，即当时廷谕亦褒称有加。然府君不因是干进，事竣即告归。其后历主吴兴庞氏、武进盛氏、平湖葛氏，居显赫之门，为之审鉴名迹、编次书画而已，不问外事也。独萃其精力于画，见善本，必屏弃百事，杜门谢客以摹之。四五年来，稍衰颓矣，偶逢名迹，虽寻丈巨幅，犹鼓勇敛气,心追手挥,不以寒暑疾病而间。晚年所作,雄厚变化,睥睨古人。盖以轶群迈伦之姿,积五十余年之勤,周游名山大川以发其奇,博览古人名迹以备其法,而后臻此。然府君殊不以一艺自足,尝曰:"艺工矣,不辅以学,匠焉耳。学富矣,立品不高,下笔必不能超凡而入圣。"故其随庞氏寓沪上也,虽至烦纷,夜必读经史或考订金石文字。得卖画资,辄以易碑拓,朝夕临摹。书法出入汉魏六朝,所书碑志甚众,皆雄茂遒劲,有古金石刻风度。于经,熟《诗》《书》;于史,熟南北史、新旧唐书;于古文,好宋欧阳氏;于诗,宗陆放翁、吴梅村,所作以韵胜,七古尤善。此其大较也。而临财不苟,见义勇为,则尤卓荦有古君子风。其从征辽东也,筹办冬振。军溃或乘乱侵盗,而府君不私毫末,崎岖山谷间护余款归大营,藉以收抚散卒,壁垒遂复整。其迁会垣也,质衣为行资。舟解维矣,忽有以挚友吴暴卒、贫无以殓告者,府君即斥质钱之半为赙。府君之于画,工力固深矣,然使学不丰、行不高,其见于笔墨者,必不能宏深超远若是。形大者声宏,根深者木茂,理固然已。府君既负硕望,声名洋溢乎海外,请业者日众,索画者踵相接,精神苦不给,而家又多故,不孝等屡丧妇。丙辰,先妣弃养,府君意兴颓丧,仍岁大病,然皆濒危得安。庚申岁,精神胜于畴昔,画兴亦豪。重阳后三日,作画饮啖如常,夜膳毕起立,忽手足颤动,扶掖入内,即喑不能言。延医诊治,谓为中风,进药无效,翌晨遂弃不孝等而长逝矣。呜呼痛哉!追维教养之恩未报涓滴,哀痛悲号无以视息人间,惟念府君行谊学艺实足信今而传后,故敢粗述大略如此,伏乞海内作者锡之洪文,以光泉壤,感且不朽,伏维矜鉴。不孝翔、永瑞稽颡谨述。

赐进士出身、前翰林院撰文、实录馆帮总纂、文渊阁校理、江西提学使、愚弟王同愈填讳。

民国九年印本《陆廉夫先生事略》

陆廉夫先生暨德配陈夫人墓志铭

何实睿

吴县何实睿撰文,娄县俞宗海书丹,安吉吴俊卿篆盖。

有清光绪之中叶,吴愙斋尚书里居,以精鉴名海内。见先生画,咤曰:"三百年来无此作矣。"先生自是从尚书泛洞庭,揽衡岳胜境,北上医巫闾山左右,顾江海之浩瀚,胸罗林壑,手写烟云,而艺事乃精绝。时余固未识先生也。久之先生子翔来问学,乃得时过先生谈。既而客京师,岁省亲必一归,归又数数过先生庐。先生则淋漓泼墨,或手一编吟讽不辍,有时摩挲汉拓,见余至大乐,纵论图史诗古文字,往往不觉日落。先生貌清奇,须眉皓然,望之如图画中人。潇洒脱落,不问家人生产事。盖其襟怀澹定,举人间世可惊可畏可歆艳之利禄势位微独不足累其心,并不知有其事焉者,此岂无所得于中而能然耶?故入先生门,恍若去尘浊之场,别开境界,使人之意也消。然则先生所得固别有在艺事之外,而世乃未之知也,顾即论艺事,必传于后无疑也。先生姓陆氏,讳恢，号廉夫。祖讳乾元，号若霞，无子，得婿于顾，赘为子，先生父也，讳孝德，号春霞，有干才，早世。配陈夫人，事其姑委曲将意，畜儿女俭以慈。先生好名山水，意兴所到，连日夜忘归，家事一任夫人。而夫人条理秩然，纤悉办治。先五年卒。子二，长翔，邑庠生，即问学于余，兼通法兰西文，以行状邮京师求铭者也；次永瑞。孙昌寿、昌武、昌潮、昌瀚。女一，适梅镛。孙女二。先生吴江人，家同里，徙居会垣。方徙会垣时，质衣为行资。舟解维矣，忽闻友吴某暴卒，贫无以殓，先生立斥质钱之半赙之。此虽小节，其行谊可概见矣。民国九年庚申九月十三日卒，年七十。明年辛酉四月十四日，与夫人合葬于吴江县同里镇之移来圩。嗟乎，先生之謦欬如闻，而今已不获再见矣，伤哉！铭曰：

艺之至者，通乎道矣。当世所珍，艺焉而已。尤有可嗤，道乃近市。物外萧然，一泯人已。苟为未知道也，胡品诣若此？旷焉无俦，淹没于一技。逖哉先生，高莫可企。吾为此铭，以诒其孙子。

吴郡薛念椿刻石。

吴江博物馆藏拓片

金母顾孺人墓志铭

高燮

金山高燮撰文，江宁邓邦述书丹，黄县丁世峄篆盖。

余以不学幸得交当世能文有道之士，而莫契于吴江金天翮。所志同，好游亦同，而两家又皆有老母养亲，读书又无不同。岁丁卯九月十有三日，天翮遭其母丧，以讣来告，余往吊于吴门，天翮斩焉在缞绖之中。余既握手慰喧，退而自念吾母年亦高，比又多病，不觉默然，无以为怀。乃甫及一年，而我先节孝亦以同月同日弃养，天翮书来谓："嗟！我与君同为无母之人矣！"余读之啜泣。因回忆往岁默然之感，其殆有先兆者耶！今天翮将葬其母，督为埋幽之文，余安敢辞，则为之志曰：孺人姓顾氏，苏之吴江人。父讳洪熙，浙江淳安县典史，母氏金孺人。幼时读书通大义，长适同邑光禄寺署正金公讳光照为配，实生天翮，训督至严。天翮既负干略，于学无所不窥。有清之季，曾举经济特科。入民国，一为江苏代议士，继复出长江南水利局。要未能尽其才，则以诗文雄当世，而于穷经笃古之儒，则事之维谨。论者谓天翮之学博而能一轨于正者，乃孺人教之有素也。孺人生于有清咸丰元年辛亥四月初八日，享寿七十有七。以民国庚午三月初五日，葬同里西北乡钱家泾北摄圩，甲山庚向。子一，即天翮。孙树声、芳雄，曾孙宝炬、宝键、宝鼎。系以铭曰：

维母之德，节俭是型。曾闻一被，十年不更。维母之言，既和且平。慈惠宽恕，百祥斯迎。早相夫子，聿起家声。晚年奉佛，心还太清。莲花之灯，其光晶晶。升彼虚邑，不灭不生。母具根性，子以大鸣。我铭昭之，永奠幽贞。

古吴黄慰萱刻。

吴江博物馆藏拓片

金母顾孺人墓碑

徐震

武进徐震撰文，余杭章炳麟篆额，腾冲李根源书丹。

中华民国十有六年，单阏之岁，无射之月，金母顾孺人寝疾卒，越三祀袝于敦垟。既卜吉于季春五日，安葬于吴江县同里镇西北乡北摄圩。胤子天翮将伐石表墓，乃命武进徐震式叙柔嘉，照之奕世。维孺人之考曰洪熙，清浙江淳安县典史。洪杨难作，服劳死职。妣金氏，坤仪树范，懿德章闻。孺人幼娴闺训，识解徇通，诵诗读书，晓贯大义。聿嫔于金毗光禄寺署正若卿公讳光照，隶事舅姑，婉嫕周慎。姑虽秉性威重，常谓备当于意，虔恭居室，久而勿渝。敦睦族姻，壸政有耀。教督胤子，祗饬不假，淬之以道德，文义炳如也。光禄公殂，孺人痛摧肝肺，犹自忍抑，处事靡宁，惧他人失指，伤威姑心，其孝谨如此。见天翮以法绳里奸，辄为不乐，曰："舅摄乡政，能以德风。而不承前，乃逞刚烈，独何为耶？"其仁惠又如此。晚而侨寓苏州，归心佛氏。将卒，呼厥子，举两手，笑曰："见莲华之灯乎？光晶晶也。"乌乎！其有所归欤！孺人生于有清咸丰元年四月，享寿七十有七。子一，即天翮。孙树声、芳雄。曾孙宝炬、宝键、宝鼎。敬荐铭曰：

煌煌文宗，大业孔昭。涵咏六艺，百氏兼包。名震寰区，郁为人豪。曾霄舒翼，群仰其高。惟厥所生，嗟兹女师。总齐百礼，其道随时。聿怀孝德，恭以将之。行己伊俭，覆下曰慈。世变何穷，逝者不作。繄而贤胤，扬徽振铎。型垂女宪，神归极乐。岂惟贞珉，来芳可托。

中华民国十九年庚午三月吉日。

吴县黄慰萱刻字。

吴江博物馆藏拓片

周郑表行述

周振岳

先府君姓周氏，讳郑表，字午桥，别字慕侨。先世系出濂溪，世居浙西武林北郭之芳林里。七世祖南陵公自浙来苏，至吴江之黎里，爱其风景清嘉，遂卜居斯土，而考试仍注籍仁和，示不忘先德云。五世祖夑堂公，以孝廉起家，开府几旬，晋秩宫傅。曾祖蓉裳公，祖少裳公，本生祖应芝公，咸伉俪能诗，有集行世。应芝公官直隶临洺关同知,咸丰癸丑,逆军北犯,竟以身殉。先府君生甫九月,乱离兵燹中,赖本生祖妣姚太淑人携之南归。旋遭庚申苏杭之警,全家徙避慈溪,又至崇明,迄同治甲子始返故园,时先府君年已十三矣。先后受业元和贝润生先生、吴江柳韬庐先生,并一时知名士,咸激赏先府君,有神童之目。年十六成诸生。十九食饩廪,才名籍甚。顾厄于秋试,南北闱九战未捷。会钱塘张勤果公巡抚山东,与先府君中表昆季,屡劝出山,乃入资为县令,听鼓鲁垣,时光绪十四年戊子也。先后两署莱芜,调署观城、莘县、日照、肥城诸邑,后补莘县,所至均有政声,民咸颂之。其在莱芜,捐资重修景范堂,自为碑记。复以课诸生,一时人文蔚起,论者谓观摩有自云。治观城,以捕盗著。其移莘县也,地瘠民贫,盗风益炽,尝单骑督队,黑夜冒风雪,焚穴擒渠,艰苦备尝,莘赖以安。观城与莘之人俱德之,为撰联额,走祭临洺关应芝公专祠,又创捐祭田百亩。联语有"令子爱民德政,又看旗鼓谒洺关"句,足以知舆情之爱戴矣。二十八年壬寅,丁姚太淑人忧,时迎养在莘,扶榇归里。服阕后,入都赴觐,仍返东省,在谳局审理积案数十起。复捧檄赴滕县,治狱俱周详审慎,毋枉毋纵,一时称神君焉。光绪三十四年,再真除莘县,旧地重游,莘民郊迎数十里。讵是年十一月十七日戌时,遽以疾殁任所,距生咸丰二年壬子九月二十二日丑时,春秋五十有七。呜呼痛哉!先府君累世簪缨,顾少时闭户读书,一洗骄矜之习。生平持己以俭,接人以宽,在东省二十余载,入握铜符而两袖清风,宦囊若洗。除听讼外,唯以著述自娱,盖禀承先世家学渊源有自也。为文有奇气,诗词隽雅,书法得眉山神髓。东抚张安圃中丞常激赏府君,诗酒流连,有知遇之感。余若会稽沈楚卿廉访、长沙汤幼安方伯、仁和徐花农学政、长白连方伯甲,皆折节下交,往来无虚日。遗著杂文若干篇,曰《球玘山房遗稿》;诗若干首,曰《宦游剩稿》;诗余若干阕,曰《醒蝶梦痕录》。今皆藏弆于家。配先妣陈太夫人。子一,振岳。孙男世仁,孙女乃蟾。振岳既葬先府君于浙江嘉善县大陶围祖茔之次,复思刊布遗集,以昭示来祀。用追述懿行如左,冀世之立言君子览焉。中华民国十四年,不肖振岳谨述。

清周郑表《周慕侨集·球玘山房遗稿》

徐梦花先生家传

金天翮

金天翮撰,钱祖翼书。

矩步绳趋,古人以为儒,今人以为愚。自我生之初,多见乡先辈之流风,大抵庸行修于身,不上高节异躅,被服儒雅,言则古昔而称先师。而今以语负床之孙,则嗑然而笑。呜呼!世风之变亟矣。父执徐先生梦花既殁之二年,孤子光泰手其行述,踵吾门而请传其先人素行,读未竟而怆然有感于余心。盖先君之殁二十有六年于兹,而先生于先君为张范之交,天翮少又辱先生之雅爱,然则传先生者,惟天翮最宜。先生讳兆熊,字梦花,号遇磻,姓徐氏,吴江人也。先世自昆山迁周庄镇,复迁同里,则为怡园公,当有清之初。好善而豪于资，独建大桥，以利行人，名曰"泰来"，里人至今称道不去口。怡园公生麟趾公，麟趾公生西江公，西江公生星槎公，是为先生之高曾祖。星槎公讳履泰，生友兰公讳庆桂，累世葆光隐曜，不仕清室，遵先训也。友兰公三子，先生其季。八岁，值金田寇乱，危及苏常，全家避地，经十三迁而至海上。先生本幼慧，虽烽火连天，而烨掌劬学，不懈益勤。年十三，友兰公殁，居丧如成人，益发楗书，以偿先志。年十七，补博士弟子员。越三年，食饩于庠。平生稽古，贯穴经传，尤以骈俪诗词为长。好为书，由平原、北海而上规钟、王。时乡间能书者，为二任先生曰莱峰、友濂，而东篱袁先生兼书画，余师顾先生善东汉隶，极盛一时，然皆交口誉先生书不置，抑先生非独文艺而已。其门庭之内，友于兄而孝于亲。太宜人以苦节享大年，先生定省扶持，惟疾痛疴痒之是忧。太宜人持斋奉佛，先生亦读《楞严》诸经，时时为母诵说，以娱其意。奉母之教，为里中慈善事不能偻指数。与人交，真实不欺，有善必为延誉，而修德则暗然不自表襮。尝助校浙闱，搜遗得二卷，荐之主师，获魁选。明年，春官试联捷以去，被荐者迄不知荐之者为先生也。其教子，惟以忠厚延世泽，守先代之彝训。太宜人考终年九十有八，先生亦六秩矣。《礼》称"五十不致毁，六十不毁"，而先生哀号擗踊，如其丧父之时。呜呼！是叔末之世之所难，可为薄俗式矣。先生生咸丰癸丑正月初六日辰时，卒民国丙辰十二月十四日辰时，春秋六十有四。今以戊午三月初一日，葬宰字圩之先陇。长兄讳金熊，字梦琴；次兄殇。娶顾氏，继娶柳氏，侧室金氏，旋卒。子光泰。梦琴无后，以光泰兼承大宗。孙二人，长世功，次殇。女孙一人。天翮与光泰为二世交，而光泰又以先生命来受学，毕同川学校业，学行皆能世其家，乡里皆曰先生有子矣。

　　金天翮曰：余年十六，随先君与先生为穹窿、石湖之游。先生箧中携渔洋、竹垞诗数册，余因与先生论诗。先生欣然抵掌，声震林樾。间及史事，议论风发，然皆出以蕴藉，无近世鄙倍之气。与先君雅相善，又同岁生，时时相与为林泉之游，雅步从容，两人者盖相似，似魏晋间隐逸者流也。余传先生，余益痛先君之无禄。而今又与光泰同为孤子，惟缮性种德为能，体九原之意，锡胤于无疆。呜呼！愿与光泰共勉之矣。

吴江博物馆藏拓片

先考峙安府君行略

周公才

　　呜呼！我先考之弃养，瞬息三年矣。昊天不吊，无父何怙，溯厥行谊，以荆棘之余生，奠室家于再造，瘁莫大焉。童年孤露，烽火濒危；中岁剧劬，蓼茶如荠；泊乎垂暮，子女零落。牖户漂摇，停辛伫苦，数十年未享一日家庭之乐。不孝贻累先人，罪无可逭，循陔未养，风木衔酸。皋鱼之痛，长此终古，和泪濡墨，谨诠行略如左：府君讳鸿业，字峙安，小字寿培，宋濂溪公二十八世孙也。初，先世隶籍绍兴，有明末叶以避乱而始迁吴江者，为十世祖讳敬业秀孚公，爱垂虹之名胜，筑宅于南门外之南坛圩，遂著籍焉。异爨同居阅七世，为吴江五周之一。至咸丰季，洪杨肇衅，江城沦陷，先人旧宇，一炬焦土。高祖养恬公讳易，年近古稀，骂贼遇害，被磔于市，流血甚惨。时府君才六龄耳，匿池畔葑荄中，宗祀几斩。先大父讳乾元厚甫公及先叔祖讳泰孚亮甫公，皆仓皇出走，仅以身免。曾祖讳宝芝博棠公时已逝世，曾祖妣李氏乃挟府君以走避，居城西附郭之梅里，耕织自食其力。孤儿寡妇，艰苦备尝，如是者有三年。乱平，江城复。高祖殉难，赠予恤典，载入邑乘，祔祀乡贤。先大父奔走归里，屋宇久墟，乃赁庑以居，未期年生痈疽卒。祖妣宋氏，距六月亦旋逝，时同治四年也。府君年方十一，无怙无恃，所卵翼而长大之者，皆曾祖妣李氏之力耳。然府君少跅弛，不好读书，畏师如虎，曾祖妣恒督责之，府君意慨然，别有怀抱。行年十六，忽奋发自励，日夜攻书不辍。后从沈酉庄、邹啸云二夫子游，而文学因以日进。光绪岁丙子，我母来归。成婚之夕，适赴县试，受知于震邑令汪公嗣晋，拔为冠军，乡父老啧啧称羡，谓周氏有子矣。呜呼！府君一生得意事，只有此耳。翌年，果以案元入庠。又翌年戊寅，不孝生，曾祖妣顾而乐之曰："余年耄犹得见曾孙，扶翼大宗一脉之心，差可以告祖宗已。"辛巳，二弟兴洛字东涧生。曾祖妣诏府君曰："吾族自文贵公后，四世单传，至余身始见两支。今若已得其二，余即瞑目可矣。"未几而曾祖妣果逝世，府君恸哭不已，时光绪十年也。嗣是而后，府君力支门户。日则调停馆务，夜则经理家事，谨谨以家法自守，克勤克俭焉。越三年丁亥，寿柏叔将婚而卒，先叔祖抱丧明之痛，以二弟继承其后。府君心有戚戚，以大母之诏不验。翌年戊子，四弟兴治字濂波生，府君心稍慰。不意六亲同命，更起渭阳之变，舅祖宋兰谷公以漕务殒于非命。从甥舅之谊，嘱托府君经理震邑田房税，辞不获命，因此事繁责重，府君之心愈分。故行年三十有八，忽一旦而顶发尽脱，有由来已。然其时三子同帷，一堂团叙，犹青灯有味时也。至不孝与二弟先后完姻，亮甫公于光绪廿八年逝世，嗣是寒门无宁岁，死亡之人相接踵。翌年癸卯，不孝正室叶氏与二弟东涧卒，小女璿璿继之。丙午，继室戚氏卒。丁未，三妹清贞卒。辛亥，四弟濂波卒。府君痛儿女之雕落，感身后之凄凉，不禁有十年幻梦之观，抑郁成疾。至民国纪元夏，背发痈疽，虽经医治即愈，而元气雕耗矣。至冬复发痰症，病势甚剧。时不孝正视学四乡，闻命归省，已卧床褥，延医服药，补救无术。临终之夕，叙家人于床前，历述一生苦况，遇灾遇乱，实命不犹。以嫁、葬、丧三事为未了之心愿，并遗家庭大事记及一切收支簿记，命不孝保守勿替。且口授挽联使悬灵右，不孝泣而书之，曰唯不敢忘。"英雄豪杰同有死期，老书生何足算也；创业守成均非易事，我儿子好自为之。"言讫，咳嗽不止，进以汤药，神志又爽。不意天甫黎明，竟弃不孝而长逝矣。呜呼痛哉！呼天抢地，百身莫赎。时在民国元年十二月三十一日，即旧历十一月二十三日辰时，距生于清咸丰五年八月初一日卯时，享年五十有八。时服制未颁，从俗礼以时服殓。母配孙氏，为遯村孙南山公之女。生三子：长不孝，次东涧，少濂波。女二：长清贞，次公允。今所存者，惟不孝与公允耳。不孝生有一女。公允未字。府君膺地方公职，任仁安局经董一年有半，在城讲乡约员十余年，邑人均无间言。不孝主家事后，日以临终遗命为念，亟亟谋获葬地。幸不数月，得地在震邑二都廿二图珠字圩，与祖墓同在一圩。开港筑阡，至民国三年四月茔成，以府君柩葬于主位，弟妹与亡妻等均祔葬之，草草成礼。尔时不敢讣告，兹届服阕之期开吊一日，蒙姻亲世长赐以主盫，锡以哀诔，府君在地下感且不朽，不孝泣血志谢。谨以行略哀告，非敢表扬先德，以稍赎罪愆云尔。不孝孤子周公才泣述。

民国四年印本《吴江周峙安先生行略》

陆干甫先生传

费树蔚

予以光绪丙午秋，入都谒项城公于海淀。公问："子之乡有陆君干甫者，官豫中久，人比之清献。比衣食犹可支拄否？犹能强起补官否？"予愧谢不能对，公嗟叹久之。其后遇商城周君某，又盛称陆令君贤。予退自思幼时见陆先生举进士行卷，以为寻常甲科耳，庸知其优于为政，尝为金子研君言之。金子曰："陆先生儒者也。"洎共和纪元，豫人犹讴思陆令君，欲戴之为长，上距先生之归十年矣。予自闻先生名，以迄先生亡，常恨不相识。前年修县志，欲为立传，而实政无所征，遂不果。今金子以先生行状来述，其后人意丐为家传，安敢辞。先生讳廷桢，号干甫。本贯吴江，后徙居金泽镇。少孤贫。光绪己丑举于乡，壬辰成进士，用河南知县。上官器之，补商城，令未上，调荥泽。自以起家寒素，求民瘼甚勤，省徭役，清狱讼，民以大和。光绪廿六年，至商城任。商城接楚境，民悍诈好讼，不易治。先生日日坐堂皇，诉者至即讯，讯毕即断，民服其诚，骇其明，稍惕息矣。拳乱起，郡盗四应。商城黄皮山夙有盗出没，至是亦揭竿，将犯城。先生得报，念绿营腐窳，若率之往，徒偾事损威，乃挈数健奴入盗巢。牙中小队请从，不许。都司某请以数骑从，亦谢之。入山，群盗皆惊，释兵罗拜。先生徐喻以祸福，趣令命缚首祸来，余弗治。群盗弭服，遂系其酋还。父老裂缯帛为楼阁以迎先生，歌呼阗溢，而先生抑然。明年受代去，亏帑银数千，贫无以偿。会项城公回里葬母，闻之首助百金，于是监司以下酾金为了之。壬寅署兰仪，癸卯调镇平。先生见时事日非，风气日坏，度终不得报称，而私计将益绌重为朋友累，未之官，乞病归。归后不与世接，乡里间亦罕知之。越三载，朱公寿镛署豫抚，欲强之出，卒不赴。课两幼子读，取生平考证经史说文诸种及杂诗文，稍稍删辑之。辛亥以来，家忧国难，居恒沈吟不语。间作小诗，舒积疴，不求工，亦不欲存，诸辑亦遂废。久之，患咯血，诡言鼻衄。劝服药，弗听，以丁巳三月廿六日卒，年六十三。所亲谓感时祈死决于中者久矣。悲夫！夫人氏倪、氏周，妾氏沈。子常楸、常浩、常深、常澄。常楸、常深皆出为人后，常澄殇。予惟先生之志，上不负君，下不负民，而生死于忧患。虽有项城公及数长吏羽翼之，而名位不达，略与清献同。然清献身后进官易名，从祀文庙，声施烂然。先生姓氏若存若亡，时为之耶？抑不讲学不立名而然耶？使先生不归不死，终赝畺寄，所志遂得行耶？使先生今日犹在，见朝野俶扰又过丙辰、丁巳时，感愤当何如耶？使无人表而出之，岂竟与悠悠者同阂没耶？即吾党思以文存先生而薄劣，遂足得先生之真耶？君往矣，文儒良吏，吾党犹知重之。更阅数十年，安知不唾为刍狗耶！爰杂书所疑缀传后，浼金子畀其后人，以待后之论定焉。同里后学费树蔚撰。

陆廷桢《思嗜斋文剩》

清故商城县知县吴江陆大令墓表

章钰

　　执友榦甫陆君既卒之十年，钰既徇介弟恂甫之请，编序其遗集，已复以表墓之文为请。钰与君同乡举，君先成进士，令中州。归田以后，钰旅泊北中，踪迹不相接。惟辛卯一年，君客授会垣，与钰居邻比，日晡必来，人定乃别，凡君所自策勉自期许者，靡不倾倒言之。盖君为实事求是之学，立身制行，方严敦笃。又生长田间，洞民疾苦，得所藉手雅欲有所表见，徒以矜慎著述，鲜所写定。诸子晚出，于宦迹又未能详述，惟留此恳恳款款，不负平生之志。趣为数十年老友，深许而笃信，历久而不忘。此固天地闭塞人物消索之气运使然，不当仅为君痛，而不能不为君痛者也。君讳廷桢，字榦甫，晚年自号溉釜。吴江县籍，寄居青浦金泽镇。曾祖见球，祖曰宣，父亘昭，累世以课读积善矜式一乡。昆弟四人，君其仲也。幼奋于学，为文有先正法度，同邑吴祭酒仁杰特赏之。屡丁家艰。以监生应省试，中光绪己丑科举人，壬辰捷礼部试，以三甲进士用知县，分发河南，补商城县缺。历署荥泽、兰封、镇平，两充同考官。在荥泽，特购张清恪《正谊堂丛书》，亲与诸士绅讲习，风教一新。庚子岁，履商城本任。适北方拳匪构乱，时议或为可恃首施其间，邑之黄皮山土匪且藉端图向应。君灼知其奸，将先发制之。虑请兵致境中糜烂，乃以随从数人亲入巢穴，解散其党，其酋亦就缚。凡奉到习拳文告，概不张贴，壹意静镇，辖境安堵。后议和款外人，于商城独无责言，造福地方最大，民德之，为建生祠。宦汴凡十年，所莅止必亲狱讼，减科派，尤以士习民风为根本之图。夙以陆清献治县为法，轻薄子辄以"陆青天"调君，君亦笑不辞也。用是官亏日积，催符日下。会宗人陆文端以典试至汴，首以巨金助君，为寅僚倡。乃免吏议，洎调镇平。慨然于时事日棘，非才所堪，遂投檄自劾，浩然归矣。宣统辛亥后，意兴沮丧，亲故存问，略无酬对。旋患咯血证，坚不服药，医者谓胸积愤郁所致。殒瘵数载，于丁巳三月二十六日卒，年六十有三。聘倪氏。娶周氏，女一，适松江郁。诸子三：常澄，殇；常浩、常深，皆幼读。女一，未字。皆侧室沈出。葬青浦四十二保。著有《说文考证》《经史析疑》，未成书。已刻者，遗文诗各一卷。综君一生，所自程于政事文学者，举未能蹒蹒满志，即钰未能溢量言之。独谙君家事，谓门内之行最不可及。先世遗产觭给，兄寿甫出后长房，君遂以次丁代家督。弱冠先后，累遭祖考及考妣大事，独膺艰巨，几不获济。率两弟为学，皆有声庠序。藏书之室，以"思耆"颜之，德清俞先生为隶古书榜，且作记文入集，则君终身之慕之见端也。犹记当年，君昆季屡雁行来顾，友恭之谊，各见眉宇。作古而后，恂甫为君身后事，料量周至。附阅常浩等近作，不失家法，皆恂甫为之督课，益可证君之所以待其弟者。夫人生一世间，患于伦常之地多所缺憾耳。君于家于国于民，慨无所负如此，则虽少歉于彼，亦复何足计较？君长钰十年，夙致兄事之礼。存真之文，责在后死，九京可作，亦当鉴所述之不诬，为可信今而传后也。太岁在丁卯六月，前进士长洲章钰谨表。

陆廷桢《思嗜斋文剩》

先妣费太孺人行略

陆明桓

呜呼！不孝抱鲜民之痛者十有四年矣。溯自垂髫以讫成童，其得以教养无缺俾至成立者，皆我嗣母费太孺人之力也。而今已矣，呜呼痛哉！太孺人为邑秋水潭费崧生公长女，年二十二，来归我嗣考梦岩府君。事上敬，待下和，举动言笑，悉中阃则。时方盛行制举业，府君揣摩锻炼，夜恒至漏数下犹不辍。太孺人则缝纫补辍，以相我嗣父。一灯荧然，盖书声刀尺声，常相和也。府君以勤学故得喘疾，缠绵床蓐者数载，茗碗药炉，惟太孺人独任。夜寐夙兴，衣带常不及解，是以我祖母亦称贤不置。结褵十载无子，因为府君纳庶母华氏，尤能以恩逮下，一室融融，未尝有间言也。岁庚子四月，我祖母弃养，府君哀毁之余，喘疾大作。时太孺人揩门户，侍汤药，哀痛况瘁有不可言者矣。越二年壬寅，丧葬甫毕，府君竟以旧疾不起，太孺人呼号痛哭，几欲身殉。时不孝未生，爱嗣夫从弟子先兄明堃为后。是岁九月，不孝生，亦嗣为后。凡太孺人之苦行厄境，皆聆之慈训及诸亲长言者，故迄今犹能述其一二也。太孺人自府君卒后，郁郁得肝疾。庚戌夏，不孝遘痾甚危，太孺人为延医调药，忧劳逾分。适先嫂张氏以产亡，虽一索得男，含饴可庆，而太孺人滋不乐。至冬，不孝愈，而我太孺人疾大作矣，绵延至翌年春，始稍稍愈。病后余生，视观殊旷，颇奉佛自娱，暇则炉香经卷，错陈一室。常曰："我非佞佛求福者，特自信因果之说耳。"四月，为先兄续娶钱氏。是岁，民军起清社屋，江乡风鹤，一夕数惊。迨癸丑二月，遘萑苻之难，于是先叔伯厚公谋移家珠溪。九月议定，而不孝又遘痁疾，经月不愈，且术者谓"孟冬不可远出"，以故同居诸室尽迁，而太孺人独为不孝留。讵意昊天厄我，犹未有极。十一月初二夜，再罹盗劫，仓皇走避，匿于傍舍得免。明旦，遂急走珠溪，惊魂略定。跋涉频劳，此独非不孝之罪耶？及今思之，犹觉痛心也。时归清河从姑母亦客居斯土，恒就太孺人谈，意甚相得。越岁，同为武林之游，瞻仰名山，徘徊胜境，经旬而返。方重订游期，而从姑母遽溘逝，太孺人漠然无所向，斯游遂不忍续焉。戊午秋，先嫂钱氏客死母家，太孺人伤悼不已。时我叔母舅俊卿公及归河间母姨亦相继去世，太孺人益复无聊。己未二月，乃为不孝娶柳氏。四月，为先兄再娶郑氏。不孝婚后遘病弥月，太孺人昼夜守视，忧心如焚。远诣穹窿，亲为祈祷，归而不孝幸获愈。又月余，而太孺人旧疾作，医者谓忧劳所致，投以药饵，百不得效，至七月十八日，即中华民国八年八月十三日巳时，竟弃不孝等而长逝矣。呜呼痛哉！呜呼痛哉！距生于前清咸丰乙卯九月二十四日寅时，享年六十有五。子女均无出，庶母华氏亦无出，以先兄明堃及不孝为后。先兄凡三娶。元配张氏，生女一，殇；子一，名潜发。继配钱，再娶郑，均无出。不孝先娶柳氏，生女一，殇，氏亦以产难亡。继聘凌氏，未娶。先兄以咯血症，先太孺人十日卒。时以我太孺人病笃，不使知也。呜呼！太孺人以垂暮之年，为不孝故往返百余里，致忧劳成疾，卒以陨身。不孝之罪，其可擢发数哉？而先兄英年早世，又不及视我母含殓。家运之否，一至是极耶！梦梦者，天诚不可知其故矣。每欲略述我太孺人一生屯遇蹇境，以存梗概，下笔辄泪落不能成字。今始忍痛诠次大略，以冀当世先生长者闵焉而赐之铭诔，则不孝等世世子孙感且不朽。

陆明桓《苏斋遗稿》

施则敬传

则敬，善昌四子。字临之，号强斋，又号子英。钱塘邑庠生。光绪元年乙亥恩科本省乡试中式第九名举人。丁丑科考取咸安宫官学汉教习第一名，期满引见以知县用。堵筑山东黄河漫口出力，保升知州，加四品衔。筹办顺直工赈出力，特旨以知州留于直隶补用，免缴分发银两。堵筑永定河南七工漫口出力，保戴花翎。抢护山东黄河险工出力，保俟补缺，后以知府用，加三品衔。剿办热河教匪前敌出力，保以知府，仍留直隶补用。助办晋边义赈出力，保俟补缺，后以道员用。劝办江南海防捐输出力，保俟归道员班，后加二品顶戴。顺直善后捐输出力，保以道员，仍留原省补用。历办山东、顺直、江苏、河南、安徽奖捐义赈，并修筑房山县煤道工程出力，先后九次奉旨嘉奖，加寻常两级纪录六次，并五次奏保送部引见，候旨擢用。创办红十字会出力，奉奖佩带一等金质勋章。旋因子振元报效实录馆经费，赏给头品顶戴，诰授光禄大夫。民国三年，因劝办红十字会出力，由陆军部奖给金色奖章。又因两次劝募公债出力，奖给四等嘉禾章。旋充招商汉局局长。五年，劝募陇海铁路借款出力，晋给三等嘉禾章。六年，充汉口中国银行监视员，因两次转运军队出力，奖给四等文虎章。七年，劝办宝坻、玉田义赈出力，晋给二等嘉禾章。历年办理上海贫儿院出力，蒙大总统褒题"急公好义"匾额。八年，公举为吴江同乡会会长。十年六月，因直豫捐赈出力，晋给二等大绶嘉禾章。北五省捐振出力，于十二年四月七日，蒙晋给二等大绶宝光嘉禾章。娶同邑毕氏，清封一品夫人，生子二：长振元，次锡元。女六：长幼殇；次适南通徐、浙江候补知县、历充浙江财政厅暨陇海铁路公所秘书、以荐任职甄用服官交通部名鋆；三适德清蔡、山东登莱青道名汇沧长子、候选知州名锦骅；四幼殇；五适安徽泾县朱、花翎四品衔附贡生名普森长子、候选州同名永泽；六适湖州徐、肄业南洋公学派赴留美毕业生、现充萍乡煤矿局电机处处长名恩第。妾浦氏，清封恭人；杨氏，生子一：颐元。公于咸丰五年乙卯九月二十七日寅时生，卒于民国十三年，即旧历甲子六月三十日辰时。毕氏于咸丰六年丙辰四月二十三日丑时生。浦氏生于光绪五年己卯十一月十二日子时，卒于民国五年，即旧历丙辰九月三十日酉时。杨氏于光绪二十七年辛丑正月二十七日寅时生。筑寿穴于湖州北门外蔡浦港茅竹山，甲山庚向兼卯酉三分。

施肇曾《笠泽施氏支谱》

贞惠先生碑

金天翮

同里金天翮撰文，太仓毕寿颐书丹并篆额。

天目之山，苕水出焉，日月夹镜，以为东西二源。溪淙谷湍，嘘涨腾怒，駧骧虬迈，交于吴兴。游波纡萦，踔入頔塘，至浔震之间，吐纳巨浸，姿度汪汪。遐稽职方，扬州之薮曰具区，薮以富得民，民怀其德，万流仰望。泽润千里，溥于乡邦，是用笃生明德，以为纪纲。如吾邑施先生者，非其人与！先生讳则敬，字子英，祖籍钱塘，家于震泽，故为吴江人也。先生贞栗其姿，瑰玮其容，秉质闲素，宅心惠慈。自王考以降，代有阴德，绳武不替，世济其业。干略誉望，流闻京外，四府交章，群公开阁。朝造膝以定议，夕捧檄而于役。河决巨野，躬榣楗之劳；烽起濡源，手桴鼓之任。于时厄难之后，牢廪逋悬，流亡蔽野。先生靷掌王事，仍以太公之命，辇输金粟，振赡疲氓，民得苏息，帝用嗟许。当光绪庚寅，畿辅大水，合肥李公，檄先生颛理振务，甄综民户。业巨事丛，简策挐繁，穷朝抵夕，董督胥史，履蹈村谷，核给气牵糇粮，使各济其生，靡有欺隐。合肥益以先生为才，凡先生丰本康务辑政宜民之心，一寓于振。先后唱导各省义振，北至幽蓟，东达辽沈，中则齐鲁晋豫皖淮，南维吴越。星霜卅换，终始一迹，泜泜氓庶，含膏饮滋，仁育群生，庶几无愧。頔塘者，浙西之孔道也。水狎舻艎，陆便蹄蹙，旁午交会，迤北农畴，倚为陂障。年久倾废，霖潦叠降，川涂浸溢，岁用不登。先生与庞君莱臣，捐资合建石塘十有二里，通浔震之邮，并接筑平望、梅堰塘工，倡捐万五千金，经始落成，首尾五载。线石平帖，磹斗带束，水漱不淫，桑土以安。先生勇于任事，严于律躬，绌华屏欲，行靡玷漏。临宠审己，不蹈荣禄，振民育德，赴同饥渴。一门之内，瑰材逸秀，庠声序音，皤皤黄耇，式是邦国。景命不融，甲子六月三十日，疾终沪寓，春秋七十。遐迩悼叹，里巷辍相。于是邑之士夫，既相与为位而哭，参案典礼，私谥曰"贞惠先生"。贞足干事，惠以养民，敢砻玄石，以表潜德。词曰：

昊穹生民，各赋以命。阳骞阴汩，乃拂厥性。泽殪煦瘠，有施必竟。劂精封志，曰厘荒政。于休先生，令德孔昭。缵承先绪，光耀昆苗。膺仁践义，确乎其操。清心庇物，华首弥劭。惟水有澜，惟木有枝。君子有惠，惟民之思。德交而茂，理和而慈。景是轨躅，永为世师。

中元乙丑囗月囗日建。吴县周梅谷刻。

《笠泽施氏支谱续集》附页，参金天翮《天放楼文言》

袁稼田家传

〔清〕黄谦吉

稼田姓袁氏，讳汝淦，字穗生，稼田其号也。世居芦墟之赵田村。十世祖讳黄，九世祖讳俨，俱明进士，崇祀乡贤。曾祖讳銮，祖讳荫槐，父名召龄，字右之，并以儒行著。右之君年三十八始生稼田，髫龄时即魁梧奇伟，顾质仅中人，而好学不倦。右之君延魏塘孙徵君讳尔榛至其家，稼田始终从学焉。年十九，补嘉善学弟子员，为文倜傥有奇气。家多藏书，半遭兵燹散佚，稼田多方访求，后得原书数种，不重值购致之。又好名人书画，自唐宋迄今数百家，读书之暇，时一寓览，畅舒神志。间从父命襄家政，往来朋友亲戚间。观其动作言语，慷慨明决，直亦人如其文耳。奈何天夺之年，不得竟其功，尽其才，俾有所建树于世。伤哉！稼田既英年伤逝，其行事亦少概见，然能隐行父志一准之义。族弟克勤、侄绍高，自其高曾以下俱未葬，稼田殚力赞成之。岁遇科举试，族有未成行者，分资相助。亲朋有告匮者，量力赒之。盖好行其义又如此。壬午之秋，稼田得咳嗽疾。今年春，嗽益甚，右之君命往无锡就医张某，讵意误投剧剂，遂至元气大耗。归卧床褥药饵数月，竟以不起。呜呼！岂独袁氏之不幸欤！稼田生于咸丰丙辰五月二十六日，卒于光绪癸未八月十六日，年二十有八。母沈太孺人，继陈太孺人，稼田所自出也。继陈太孺人、张太孺人。弟一，名汝承。女兄弟四。配陆氏，吴江庠生讳古镛女。子一，名祖翼，女一。

黄谦吉曰：嗟乎！自家塾党庠之教衰，荐绅子弟大都习纷华，尚浮伪。而孝弟谨信、爱众亲仁之实学，邈乎不可复睹矣。袁氏世守了凡先生遗训，三百余年未尝失焉。稼田之祖午亭封君，为余姑之夫，余幼时随先君子至其家两行斋。其时中表诸兄与先君子年皆相若，而其子若弟，周旋进退，恂恂有儒雅风，退而羡焉。越十年，乃负笈从孙徵君师游，余年弱冠，稼田始出就外傅。曾几何时，而竟抱疾以终。倪所谓好学早夭，天人之际不可知，果若是耶？呜呼！可伤也已，可传也已。

清《袁氏家乘续编》1920年抄本

殷母费太君传

柳亚子

太君姓费氏，江苏吴江人，诸生讳希泳女。生而徇齐，事亲以孝闻。年二十，归同邑殷翁梦琴，能尽妇道。举丈夫子四人，其次恭壬，性跅弛不羁，慕朱家郭解之为人，太君益以匹夫有责之义勖之。值中原光复，投笔从戎，长吴江水警队。洪宪之役，护国军已略地定浙江，而三吴独观望。恭壬发愤，率水师入据县城反正，驰檄远近讨无道袁。于是江阴、太仓相继响应，轩然起大波矣。会敌以重兵来压境，恭壬不忍糜桑梓，遂尽散所部，只身走海上。当道出梨里时，有为弦高之犒师者。及事定，恭壬破产偿之，不足则太君出钗钏相助。盖恭壬前后所设施，实一禀母教也，可谓贤明识大体矣。中华民国七年四月十日，以微疾殁于里第，寿六十有三。子四人：恭辰、恭壬、恭寅、恭寿。恭寅早卒。女三人，孙男十人，孙女五人。太君之殁也，诚恭壬以尽瘁国事。恭壬奉遗命，墨绖走岭南，历知翁源、连山县事，所至有政声。其友人钮永建辈举太君懿行陈请军府，得褒扬如例，以"邑有贤母"旌其门。

柳亚子曰：吾邑襟江带湖，咽喉吴越间，所谓形胜要害之区也。昔有明中叶，倭夷内犯，周公大章屡以孤军败强寇，胜墩一战尤称奇捷，论者谓有保障东南之勋。其后建州南牧，吴长兴伯誓师大泽，分湖一旅屹然树半壁之金汤。成败不同，其足为吾邑重一也。五年护国之师，功虽弗集，其义问固昭著天壤，人谓恭壬磊落奇男子，即太君母教可知矣。会恭壬持状来乞言，因不辞而为之传。（录自《磨剑室文三集》）

中国革命博物馆、上海人民出版社《磨剑室文录》

胜溪处士柳君墓表

金祖泽

同邑金祖泽撰文并书丹，同邑沈维中篆额。

去邑治东南六十里有分湖焉，分湖之滨有港曰大胜。其地淳朴而奥衍，居民务于农，而愿悫特甚。逊清隆庆间，邑有隐君子曰柳逊村翁讳琇者，胥宇斯土，好行其德，用昌厥宗。逊村翁三子：长春芳，次毓芳，季树芳，举能经明行修，克世其家。树芳尤以文学重一乡，即世所称古槎先生者，君则其从孙也。君讳应衡，字秉鉴，号苹甫，吴江人。于琇为曾祖，于春芳为祖，毓芳为嗣祖。考讳兆元，妣沈氏、陶氏。君于兄弟次居六，幼即岐嶷，四岁而孤。时值太平军兴，踞金陵为都会。南北梗塞，兵匪绎骚，乡居一夕数惊，人民无所芘。沪上为五口通商之一，埠以外人保障，隐然中立地，避难者咸依以居。君母陶太君，挈君昆季转徙孤寄于此，绵历岁时。事定，始返故居，而君年亦渐长矣。早更丧乱失学，然天资颖异，读书过目成诵。又其时一门之内，伯叔群从，类皆菑畲经训，函韬雅故，耳濡目染，习为风尚。君乃与弟应磐下帷攻苦，覃思经籍，先后同隽于黉。会充秋赋，而君弟应磐暨君配周孺人撄疾遽殁。君闻赴遄归，经纪丧葬。念死丧之孔威，痛九原之不作，偏亲笃老，孤侄茕茕，顾瞻徘徊，遂无复四方之志矣。然君虽考槃在阿，独寐寤歌，而其孝乎惟孝之诚，实能绸缪恩纪，以悦亲心为归。睦姻任恤之风，实能矩矱高曾，以善必果为断。施于有政，是亦为政，然后知君养一门之太和，示家范于来叶。虽殁不中寿，而其令贻为孔长也。自君之殁，而柳氏之族咸散居，君之子受荣、受钰亦相继下世。余尝登君友庆之堂，入抱翠之轩，咨访遗书，缅怀旧德。其室则迩，其人甚远，辄不胜故家乔木之思，盖世不古处也久矣。一回溯君所操之履，所值之世，豆笾礼让，渐染成风，恍若有黄农、禹夏忽焉没矣之感也。君继娶潘孺人，为余之从母，黾勉同心，克成君志。君母陶太君晚年多病，君与孺人听于无声，视于无形。疾亟，君刲臂以疗，孺人亦严事不怠，其孝行为不可及云。子四人：长早殇，次受荣，次受钰，次受桢。女一，适陶家淑。君以有清光绪二十四年六月二十一日卒于里第，春秋四十有二。于光绪二十六年八月葬于邑西房圩之原，距今二十年矣，埋幽之文未具。君冢孙绳祖乞表其墓，不敢以不文辞。因揭君之志行有关于世风者，使镌而立诸墓道。

吴县周容刻石。

吴江博物馆藏拓片

杨学沂传

第七世学沂，字绶卿，又字岫隐。悼亡后，自署瘗琴馆主。辛亥国变后，自号遁闷山人。咸丰九年己未四月二十九日寅时生，越岁即遘发逆庚申之乱，太淑人保抱提携，钟爱独甚。七岁就傅，十三毕经学帖括，无进步。十五执经同里陆晋三先生之门，同学多聪俊，始愧，奋勤于学。遇读书钝滞不得解时，至挞背以自励。十七补吴县博士弟子员。二十娶室汪，伉俪至笃。二十一岁汪淑人得咯血症，旋有身。二十二岁冬，生女翠筠，白皙流丽，如其母。淑人志在得男慰舅姑，因痛恶之，产后失调，遂以痨瘵下世，是为光绪七年。是年，继祖妣薛太淑人弃养，翠筠亦殇逝，前后四十九日丧三人。太淑人疽发于背，极危。殆侍汤药外，日诵《金刚经》数十卷，冀忏过。旋沂亦病，深以得早解脱为幸。十月扶疾应科试，列一等，补增生。翌年壬午，应本省乡试，膺荐举。座师为仁和许恭慎公讳庚身、南海谭叔裕先生名宗浚，补应保和殿覆试，钦定一等。继娶于史，乃课徒卖文自给。乙酉冬，航海入都，无所遇。循陆之济宁大长沟，孙军门绍襄留司笔札。旋统所部嵩武军移扎烟台东，抚帅张勤果公檄委海防营务处，是为参赞戎幕之始。时司东海关榷务者，为武进盛少保，因公晋见，颇相引重，延办博兴义赈，散钱十万余，串粮百万余斤，四月而毕。故事主持赈务者，必勒县增兑银价，并不论荒熟，概请免漕，博声誉。实则受灾之区，官商俱困，强增兑价，病仍在民。故赈银寄库后，先查市价，当堂秉公秤兑，有缴钱短数挽私者，则严罚之。亲查户口，妇女概令以面向壁，仅稽其大小人口之数，分别极次，填给赈票。距城远者，则运钱亲至村落散给之。粮屯小清河畔，设饥饿，残黎为领升斗，徒步数十里，非蹶于半途，即粮尽而还。筹度再四，创为散查整领之法。凡查一村毕，综核人口，应给赈粮若干。另填总粮票一纸，择该村少壮有力者首董担保之，自向屯粮处车运，道里远近，按等给费。粮到实时报局，亲携斗斛，集该村之老弱妇竖，当面凭票散给，又隐属管粮者，略增其数。故灾民既就近领食，而赈员亦无分运短缺之虑。当灾事初起，内地教会先在散赈，每口日十钱，每星期给一次。闻义赈钱米充足，下车即来要约：凡教会所赈之村，毋庸陟足。告以"慈善事业岂分界域，且我普赈一次，每日三百，并有赈粮。为时虽短，计数实多。灾民何知，必令舍多就少，人情所难，非彼此救灾之意。不如就教会已赈之处，容我覆查，补其遗漏。即我赈区亦难保无遗，亦准教会补查补放。会资不足，归义赈补助，而仍由教会享其名。必分界线，是以德始以怨终，甚非计也。"教士大悟，迄于事竣无间言。当道奏缓漕赋，官书告谕，叠发下县。其实博兴一县，东南西三乡被灾均重，北乡高阜，独得丰收。县令惶急求计，告以"我曹抱周急宗旨，不能济富；做核实工夫，不尚虚名。凡我已赈者，请张贴示谕，免其田赋。丰获之处，尽请照章征收。剂贫富之平，明是非之实，主赈者之责也。"由是官安，而民亦不怨。去之日，耆老携牌伞为赠，虑其敛资见好也，屏勿收，留置社中。丁酉回籍省亲。戊子宗培生。辛卯在山东，连年河工，抢险出力，案内奏保知县。癸巳，以北洋海防各营五年期满，案内奏保俟知县补缺，后以直隶州知州用。中日战起，亲病日笃，回苏侍疾。旋丁父忧，治丧百日，仍回营次。其时台垒虽完，而辽东日传败耗。且海军自大，东沟一役后，迄未裹创再战，致威、旅、大连相继燔毁，士气不振，游兴顿索。和议成，朝廷锐意新政，设铁路总公司于上海，以盛少保为铁路大臣，电约回沪，总理文案，是为二十二年丙申十月。是年，太淑人为学斌娶于李。至戊戌春，始迎母挈眷驻沪。而淞沪、沪宁、京汉、正太各路以次鸠工，并于其间兼治关内外路、道清路、汉冶萍厂矿文牍。笔政之繁，此数年为最甚。旋奏充总公司汉文参赞，因劝办湖南赈捐，奏加四品衔。两宫西狩，保护行在至京沪电路出力，案内奏保以直隶州知州归部，即选充商约大臣随员，遵例报捐知府，赏给三代三品封典。京汉铁路全工告竣，特保免补知府，以道员不论双单月，遇缺选用。内阁据叙官局案呈，发给道员执照。出使英国大臣李奏调驻英使馆参赞，不赴。邮传部委充沪宁铁路议员，代理沪宁路局，是为宣统三年辛亥六月。革命旋起，清廷逊位。杜门息影，一切摆脱，筑遁闷草堂于沪西，莳植花木，检理图书。有时独赴苏垣白塔子巷新宅，习静避嚣，自镌"在家僧小"章，纪实也。元配汪氏，瑞裕公女，诰封淑人。生于同治二年癸亥九月十七日巳时，殁于光绪七年辛巳三月初十酉时，享年十九岁。继室史氏，国柱公次女，诰封淑人。生于同治三年甲子正月初七日酉时。子一，宗培，字彦宾，史淑人出。光绪十四年戊子三月二十九日寅时生，入嗣大宗，兼祧本生。女二：长翠筠，汪淑人出，殇。次绮，字半村，史淑人出。光绪十八年壬辰十二月三十日酉时生，适仁和唐世仁，号敦伯。

杨学沂《吴江杨氏宗谱》

先考少松府君行略

朱剑锋　朱剑芒　朱剑良

府君姓朱氏，讳凤来，字韶成，号少松，江苏吴江县人。有明季世闯贼张，五云公挈弟九韶公避居来江。寻值国变，益深处简出，不与外人通问闻，人既罕睹其面，更莫详所自至，遂疑为天潢而潜伏者，是即府君之始迁祖。再传至慎岩公讳有典，时兵革渐戢，始移居近城市。公善居积，饶于资，为我族昌大之肇始。生六子，最少者为春池公讳钟华。春池公性仁慈，称一乡长者，与配金太宜人暨侧室节孝张太君，并登大耋。春池公生子冠溪公讳汝鲲，为府君高祖。冠溪公三子，长翠霞公讳兆荣。当冠溪公承积德累仁之后，家道益隆，卜居垂虹桥下，室后林泉石之胜，为一邑所推许。翠霞公闭关其中，觞咏风月，功名且澹漠视之，是为府君曾祖。翠霞公生子子容公讳照，为府君皇祖。子容公三子：长升香公讳涛，为府君伯考；季杏春公讳元善，为府君叔考；仲即府君皇考松生公讳宝泰。松生公夙嗜学，督府君綦严。府君有兄弟，并早世。时当洪杨之乱后，家产荡然，大父遂赁居邑东南之梨花村。环堵萧然，处之若素，虽饔飧不给，未尝以为忧。厥后，我府君安贫乐道，数十年如一日，盖亦得之于庭训也。会先叔祖杏春公于庚午岁获隽乡闱，举室胪庆，大父因益命府君下帷苦读，历溽暑奇寒弗稍辍。故府君年未及冠，学已猛进，老师宿儒，咸为大器。庚辰岁试，受知于文宗夏同善氏，旋补博士弟子员，时先妣赵太孺人嫔于府君才及周月耳。府君既游庠，攻读愈力，从同里张孝廉青士先生游，文思日充，才名鹊起。后两赴秋闱，终遭铩羽，因绝意进取，作杜门娱亲计。戊子冬，不孝剑锋生。庚寅冬，不孝锋芒生。大父顾而乐之，一室怡怡，为戚党所艳羡。辛卯秋，大父松生公弃养，府君哀毁逾恒，历时既久。人苟以大父毕生之行谊见询，必凄然颡缕，泪随声下。我府君当日之能事其亲，足以觇矣。乙未首夏，先妣赵太孺人遘疾弃世，府君伉俪素笃，悲悼殊甚。既藏丧务，慨然语人曰："今为仰事俯育，不得不更作胶续，否则我宁终鳏矣。"盖以先大母黄太宜人时犹健在，不孝剑锋甫八龄，而不孝剑芒只六龄耳。是冬，即继娶我母周孺人。越五载，三弟述曾生。未几，同族先叔祖荃安公连丧两子，叔曾妣吴太恭人暨叔祖母诏诸族中，即以三弟入继为荃安公嗣孙。荃安公为冠溪公三子旭斋公讳兆橫之孙，先叔曾祖谨甫公讳光莹之幼子也。谨甫公生三子，时已相继下世，承其绪者只长子竹平公讳元麟一子，即先叔胡生公。吴太恭人以合族子繁愿莫府君，若且又并出冠溪公一脉宗支，不谓不近。当亲莅我家与府君磋议，府君犹蹙然曰："长者之命，余何敢抗。顾斯世之肤见浅识者，或有以争继诬我，则奈何？"吴太恭人抚府君而慰之曰："汝毋虑，谨甫公去世，主权者惟我。且斯事之发端，我亦审察而慎思之，于理未尝或背。苟有鄙薄之徒，妄以己意测人造作诋语者，余必唾之，弗使汝稍蒙冤抑也。"府君始涕泣受命。丙午冬，祖妣黄太宜人以高年遘疾，府君忧甚，侍汤药恒至终夜。越两月，黄太宜人弃养，府君躃踊号哭，乃至骨立。自是居常悒悒，体日尪瘠。己酉岁，不孝剑良生。府君有女兄，适同兄钱氏，时已去世，遗孤女桂贞。府君固敦孝友，抚桂贞犹己出。桂贞志履高洁，而境遇侘傺，岁壬子竟仰药死。府君哭之，冲忧患浐，臻元精渐铄。辛亥以还，复为不孝剑锋、剑芒后先授室。役役无岁，劳瘁既甚，体益大亏。顾府君犹能早起晏息，事必躬行。戚串交好，有过从者接谭，竟日无倦容。不孝辈方窃谓府君克享耄耋之徵，而心喜弗已也。当清祚告终民气复活之秋，不孝剑芒亦尝雄心郁勃，拟仗剑出门，翱翔宇内。所志弗遂，则痛哭流涕，发为诗歌，笔墨所寄，语多愤慨。府君轨诫之，曰："儿志固大，然宜知所自处。彼屈正则、贾长沙，怀才不遇，至于自戕，后人且或非之。况儿非屈贾之伦，今若此，乌能自全其天耶？"不孝剑芒谨识之，弗敢忘。自甲寅迄戊午，不孝剑锋设帐里中为童子师，不孝剑芒则既长梅堰小学，复转辗至吴门。虽未越百里，而府君之邮书传递，月必十数也。不孝剑芒苟经旬无家报，府君必举以函责曰："若忘而翁之倚闾耶？我家薄有租产，冻馁固不足虑。惟汝志在自立，余亦良不忍以舐犊之私，沮汝进取。至风雨晦明，古人于友朋之际且多怀想，我之念汝，当交何如？"呜呼！府君之慈爱，一至于斯。不孝剑芒弗能体贴亲心，日依膝下。而今追悔，更无所补，其罪诚罄竹难书矣。己未初春，不孝剑芒以友人汲引，将就皖省某中学之聘。府君遽曰："我老矣！汝毋远适，一旦不讳，其亦免于无涯之戚乎？"不孝剑芒骤聆斯语，泫然不知所答，乃辞谢皖校，安砚莺湖。莺湖与我里至迩，来去简捷，府君深乐许。开学不三旬，府君书来，谓："春寒风利，头部作剧痛，然荼寮犹日一莅临，无或稍间。"时不孝剑锋处馆邻近，每日晨昏得侍府君左右，间瞻颜色，则常戚然，寡笑语。心窃忧虑，而弗敢以言辞遽探焉。某夕，不孝剑良帷灯读唐诗，府君见而微嘅，并以"瓶花力尽无风堕，炉火灰深到晓温"两语，反覆诵之。不孝剑良年幼憎然，岂知府君之自伤衰老，亦即弃养之谶语也。夏历三月十八日，府君寒热忽作，入夜尤甚，黏汗被体。迨迟明且弗已，举室惶惧，拟函招不孝剑芒。府君闻而弗许，曰："芒儿任校务，责重且繁。奈何以我之偶有不豫，遽使言旋耶？"既越两昼夜，寒热仍作，且多梦呓。家人遂密致不孝剑芒，驶归省视。时为府君卧病后之第三日也。更历一周，府君寒热渐止，稍稍进饮食。不孝辈私心窃慰，询诸医生，则谓："年迈元亏，易至感冒，胃纳无伤，固弗足深虑。"呜呼！宁知不逾浃旬，症复剧变，虚热上腾，唇燥欲裂，终宵转辗，不稍合眸。嗣后，病势日增，危象叠见，投以润津安神之剂，始略平复。府君呼我母暨不孝辈至前，谓："我疾至斯，已绝生望。此后衣衾棺椁，勿过奢靡。要知'宁俭宁戚'为我家之世训，汝等其识之。"又谓："儿辈纵能友爱，而志趣各殊。我死后可即析产分居，勉图进取，毋拘泥于聚族为贵，致生不洽也。"不孝辈敬谨承命，泪睫为枯。至三月十九日，府君神志尚清，而气渐短促，药饵弗纳，医者束手。是夕，不孝剑芒昏昧之余，卜诸神祇，以刃刺肱，仰天默祷。讵知肤裂寸许，血无涓滴？呜呼！盖我父子之缘尽于斯，彼苍者遽示以朕兆也。天甫黎明，府君肝阳大作，气逆痰涌，延至二十日未刻，竟弃不孝等而长逝矣。呜呼痛哉！呜呼痛哉！府君天性严正，而与人接物又复和易。好读书，终其身未尝释卷。又健笔札，顾随书随弃，无或存稿。于国史上下五千年，靡不贯诵成熟。旁及医卜术数等书，类能深窥其奥，故推测人事恒奇中。自奉至俭约，盘餐之适口者，必令家人分食。

其爱护不孝辈，尤无微弗屈。犹忆癸丑岁不孝剑芒罹重疾濒危，甲寅岁不孝剑锋亦患伤寒，府君忧虑特甚，夜不交睫，逮至勿药，始呈色喜。呜呼！罔极之思，乌可言喻？乃当府君抱病，不孝等反弗能尽心侍奉，致遭大故。抢地呼天，百身莫赎，只以窀穸未安，不得不勉留残喘耳。府君生于清咸丰九年八月十三日午时，卒于民国八年夏历三月二十日未时，享寿六十一岁。配先妣赵孺人，同邑廪贡生龙门公讳云衢女。继配我母周孺人，同邑廉石公讳受祺长女。生子四：长不孝剑锋，原名组绶；次不孝剑芒，原名长绶。赵孺人出。三述曾，出继为族叔祖荃安公嗣孙；四不孝剑良，原名洪绶。周孺人出。孙一：嘉桐，不孝剑锋出。孙女一：月恒，不孝剑芒出。不孝辈梼昧无状，弗克显扬，用是拊心泣血。追次大略。所冀当世之立言君子锡以诔辞，俾光泉壤，则不孝辈世世子孙感且不朽矣。不孝剑锋、剑芒、剑良谨述。

朱剑芒《朱氏家乘》

先妣赵太夫人事略

朱剑芒

先妣赵太夫人讳联珠，为先王父龙门公爱女。外王父固邑中名士，文章道德为时所重。固先妣习礼明礼，幼即以贤淑称。年二十一归我先考少松君，生子女六人，幼殇者四。清光绪二十一年四月二十八日，先妣卒，遗弱子二，剑锋、剑芒也。当先妣绵惙，口噤不能语，尚顾我兄弟，泪续续夺眶出。呜呼伤已！时先王母黄太夫人犹健在，府君鲜同怀兄弟，仰事俯畜，独承綦苦，乃娶我母周太夫人为继室。叔、季两弟，盖周太夫人出也。剑芒六龄失恃，于先妣之声音笑貌不复能记忆。府君生时曰："画公所留之影，不一二肖。汝在十龄前，貌乃酷肖母，长即变易。"剑芒幼居乡曲，锢塞类蛮荒，至胜衣未尝摄影。既失我稚年貌，并先妣遗容，亦终不能想象得之。先妣卒后之十一年，先王母卒。又十三先考卒。今距我先妣之卒且四十年，能道先妣徽美者益鲜。剑芒不肖，不能于府君生前数请而详识之，今何及矣？就府君往时所常道经久未忘者述之。先妣初来归，先王父遣嫁，我长姑以二十金市衾具，责先考任其役。先考难之，然惮先王父严，弗敢请益，潜支修脯资益之，不足商诸先妣，力脱簪珥付质库，怡然无难色。事为长姑闻，执臂唏嘘，先妣惟温语慰藉而已。先王父临年病笃，气逆不得寐，危坐始少休，先考恒伏躬支其后。先妣虑久支力弗继，请更替，先王父不可。因密谓先考："翁持礼，故弗容媳近。然侍亲疾，子与媳固一也，请潜易之。"既易，而先王父弗之觉也。先妣生有洁癖，浣衣涤器皿，虽严冬指瘃，弗假手婢媪。又性习劳，事女红至午夜。平旦，恒先家人起，操作未竟，虽腹枵不进食，卒至婴疾而不可救，盖外感之侵袭深矣。凡熟闻于府君而今犹能记者止此。昔张皋文家贫孤，弟犹侍其母逾三十年。归震川失母最早，而家人能道其状者固众。此二先生所记，举凡母氏之劬勤艰苦，乃能历历如绘也。剑芒既无以识先妣貌，更无以述先妣之懿德。毕生之憾，其奚可言耶！民国二十二年九月，不肖男剑芒原名长绶谨记。

朱剑芒《朱氏家乘》

清故岁贡生候选训导孙君墓志铭

陈汉章

　　汉章教习大学之五年同学吴江孙子本文，以《乐陶居诗》一卷眎汉章，曰："此我先考存生府君所为诗也。府君年十有六成诸生。震泽徐筱虚先生为浙江义乌教谕，与府君偕，府君佐之，教士有成绩。嗣以大父母病，即告归不出，隐居侍养，暇以吟咏为乐。光绪岁丁未，吴江张港大水灾，横逆纠千余人，敂门强索食。府君处之泰然，为之谋振，请弛刑，心力交瘁，卒以此得哮喘疾，遂不起。"呜乎痛哉！汉章惟晋宋嬗代间，以陶彭泽为完人，今徵之孙君益信。君自义乌赋《归去来辞》，即不肯为五斗米折腰也。彭泽依《孝经》作《五孝传》，君实之以孝养其亲。彭泽诗云："高操非所攀，谬得固穷节。"君可谓固穷矣。彭泽诗又云："朝与仁义生，夕死复何求。"君亦乐天命而不疑者也。君卒于宣统辛亥年，年五十有二。先世自浙江徙江苏，祖文濬，父惺。君讳祖禄，配程氏。子三：长秉钧，次本文，季本忠，皆能大君之业。女子子二，并适张氏。孙十，均幼。将以某月某日葬君于某所，汉章援陶诗以诗其墓。曰：易代随时，迷变则愚。介介若人，特为贞夫。德不百年，污我诗书。逝然不顾，被褐幽居。（以上皆陶诗。）幽居无闷，味道之腴。有诗一卷，其乐只且。不匮不校，令闻广誉。有子克家，大其门闾。

　　铭中小注，用唐郑仁表宋柳开例。（自注）

清孙祖禄《乐陶居诗稿》

孙存生府君墓碑

吴闿生

　　君讳祖禄，字存生，江苏震泽人也。生而颖悟，未三岁，闻邻儿读，即能暗诵。年十六，补县学生员，震泽宿儒徐筱虚先生深赏异之，尝论学至夜半弗衰。君益自奋励，钩索诸子百家，以成其学。筱虚为义乌教谕，以君偕，能佐其治。继得急足书，二亲偕病，疾趋归，相抱持泣，且嘱曰："诚如是，何用子为？今而后，虽万乘公相，吾不出矣。"遂谢友朋，绝仕进，授徒于家。侍父母病，恒通夜不瞑。每外归过私室，未尝先入。居无疾言厉色，教子弟不为严厉之威。乡人恃以为直，趋义勇为，卒以此获祸。光绪丁未，震泽大水，谋平粜以济。方赴县，愚民为人所惑，谓谷贮君家，将干没，纠众千人，毁君宅罄焉。君归，怡然谓家人曰："吾可对神明，我家虽灾，何戚焉。"众议宜白有司，重治倡者，君不许。祸首既得，卒赖以全。嗟乎！挽近薄俗，往往觊毛发利害，不恤置人于死，况报怨以德乎？君之行，不为世所訾者，幸矣。宣统辛亥正月二十五日卒，年五十有二。前清光绪壬寅岁贡生，候选训导，有《乐陶居诗》一卷。祖讳文濬，考讳惺。兄弟三人，君其季也。配程氏。子三：长秉钧，国民政府交通部邮政司科长；次本文，美国哲学博士，国民政府教育部高等教育司司长，国立中央大学教授；季本忠，法国科学博士，江苏省农矿厅技正，国立浙江大学教授。女二，均适张氏。孙：世笃、世实、世诚、世諴、世谔、世谟、世光、世辉、世维、世耀，均幼读。先世居浙江长兴之四安。宋时有元绥公者，始徙江苏吴江之吴溇，后县析为震泽，吴溇即隶震泽。十六传而至文濬公，迁其东偏之张港，至君复迁其西三里之薛埠。弥留时，属其子曰："吾家十三代寒儒，贫不足忧，但愿汝曹为人宁厚无薄而已。"铭曰：

蓄其有，昌厥后。於戏孙君，孰谓其朽。

清孙祖禄《乐陶居诗稿》

杨敦颐哀启

杨天骥

哀启者：先严气体素健，神宇清肃。幼孤露，赖先伯父纯卿公经理家事，得以力学，少壮以治经小学闻于时。清光绪初叶，瑞安黄体芳视学江苏，与通州范当世、朱铭盘、张謇、吴县曹元弼同置选拔科，称为"苏府二龙""通州三虎"者是也。己丑以后，司铎丹徒，倡丽泽辅仁学会，一时士风，竞尚古学，及门甚众。居润六年，先伯父逝世。先严辞官归里，益肆力于宋儒学案，以身体力行为归。十年之间，倡设安雅小学、群雅女学，及集商会，置邮政，戒缠足会于里中。筚路蓝缕，开创极艰，流俗骇笑，辄不置意。迨夫新潮渐至，而吴江成绩已彬彬然矣。甲辰先母弃养，翌年商业大创，家境日胸，不孝天骥饥驱出门。弟妹十人，半皆幼读。先严尽售其房屋器物，以为教育之费，惟挟藏书数千卷，赁庑吴门。食无兼味，出则步行，夷然旷然，未尝对人一言贫也。不孝天骥居沪，偕蔡君子民为《警钟日报》。复佐于君右任组《民呼报》，毁于火。续组《民吁报》，蹶而复起，组《民立报》。时清室方严捕党人，侦骑四布，先严恒受惊恐，维护其爱子，忧劳致疾。庚戌，三弟君谋以筹办安徽赈捐，演剧不慎，致误戕其生，先严恸甚。既闻剧中饰刺客者程姓子，法庭将据律判罪。程姓子亦一书生，且系独子，兼祧三宗。乃驰书法庭，证其误杀，末减放归，谓："宁我一家哭，毋斩他人嗣也。"复以君谋赙资五千余金，悉捐皖振，以竟其志。自是虽与居如常，而精神已暗损矣。次年，辛亥革命军起，先严色喜。迨南北统一，几于成功，遂自更号为甦民，以示重生之意。民国八年秋，忽病胃。病时腹部疼痛，常呕吐至晕厥。胃愈又病胆，俗称黄病。医者断为胆石症，谓须割治，家人惶骇。后以美国惠更生博士，仍以内治得愈。复原后，不孝天骥以外部聘为华府会议代表团往美。十年，返国，迎往北平居数月，复回沪。体甚健适，亲朋过从者，见先严精神矍铄，声若洪钟，均相颂祝，为大寿之徵。十五年冬，不孝天骥奔走省事，与皖浙两省人士在沪组三省联合会，主张自治。乃为孙传芳所忮，在通缉之列，而驻沪之李宝章复助其焰，募无赖谋暗杀。上累先严，忧惶过度，曾挈不孝天骥匿居广慈医院旬余，既法租界当局警告。孙氏所募暗杀队，领去枪照，将要于路。先严益惧，令不孝天骥间道由吴江入浙，佐革命军趋苏。苏定，不孝天骥在吴江维持邑政。先严始稍安，而神气遂不如前矣，然犹偕继母至吴江。时时觉左腿酸楚，返沪以时坐卧，十余日或三数日，必有小顿挫。或胃纳呆滞，或便泄不畅，辄两三日不得解，则服消化剂及灌肠，如是习为常。去年八月长女懿暴殇，今年一月堂兄德范病殁，均使先严忧伤致疾。盖懿素为先严所钟爱，而德范为先伯父子馨、子芬两公之兼祧子。我祖父行共五房，现仅二三两房丁男稍盛，其余三房仅余德范一人，孤根独柱，且未有后。先严益感宗祚之衰，一恸几绝。岁朝郁郁，至二月一日晨起，遽胸膈病痞，甚至昏晕。牛惠生医士言系心脏病，并嘱电促两弟回沪。嗣经刁信德、牛惠生、陆锦文诸医士，及中医夏应堂先生之诊治，心脏渐强，痰中忽见血块，群相愕眙，犹以为老年人不应发肺病。用哀克司光照视，左肺模糊，如第二期肺病状。自是即用强心补肺之剂，参以滋养物品。不孝天骥亦每星期归省，留二三日不等。三月底，逐渐平复，饮食亦如常，惟肌肉消瘦，骨节崚嶒。五月间，感冒有寒热，十余日而退。仍时起坐，微步室中，但不能下楼。九月一日，因两夜失眠，寒热复起，自觉疲倦，胃纳顿减。不孝等忧惧之余，犹窃以为外感，如五月间数日可退，乃连服退热药剂，不甚效。夜间虽有时退清，而每日午后辄高至百一二度不等。连绵一月，元气益复不支。十月中旬，不孝天骥因京事一星期未能返。二十一日抵家，见先严神色有异，言语绝少，摇首示意。是时适里中米业公司定二十八日开股东会，先严犹勉强自振，谕令代往出席，并言本届开会，须切实维持。不孝天骥哽咽受命，又不忍离侧。以二十七日晨下乡，二十九日过苏，邀惠医生来沪。先严咳嗽初平，犹颔首与惠医握手为礼。惠医出时已午夜，不孝叩询病情。惠医言病非药物可恃，养息得宜，望其无变化，则旬日之间无碍也。迨不孝回寓，见先严频频呃逆，脉搏益微软，唇舌干燥。则索饮，又欲鲜藿斛咀嚼之，进银耳燕窝等亦能下咽。二十八、二十九两日，仍按时进药物饮料。三十日午后，觉胸口涨闷，频欲转侧。时腿足两手俱浮肿，直至胃脘，又常自抚腹部。乃以手术灌肠，出粪少许，色黄，与常人无所异，热亦降至平度。家人希冀之心，犹谓病象渐退。是夜痰声在喉，咳呛无力，百计求豁痰平气，而竟无术。看护者请注射强心剂，先严摇手止之。不孝等因先严病中用药针过多，不忍增先严之痛苦，惟默祷病自脱体。三十一日，痰涌益濒，呼吸顿促，午后稍安宁。而入夜反炯炯不能入睡，至夜呃逆略止，而痰喘愈甚。天未明，忽汗出如浆，中衣尽湿，呼吸亦渐微弱。家人环侍，默默作祈祷，盖至是而始知希望绝少，无力回天。十时许，牛医生临视，少进补剂，犹受咽一时。顷见先严极力张目，遍视床侧环侍之人，欲有所言，而唇舌颤动，发言无声。仅张口之始，似"各人"二字，此殆最后戒勉不孝等之语。不孝天骥与季妹侍立最近，俯首静听，卒不闻一字。此时寸心如割，忍泪安慰先严勿多用力。一时三刻，进燕窝少许，下咽迟滞，喉中痰梗，季妹匍匐祈祷。家人均集，先严忽左右顾视，一笑而瞑，盖已弃不孝等而长逝矣。呜呼痛哉！先严于书，无所不窥，于宗教神明，亦素洞澈其师承学理。病中因身体之痛苦，求心神之安宁，诸妹侍疾在旁，又多为信徒。故于易箦之前，亲受洗礼，而临终之笑容，遂与家人以永永之纪念。但不孝天骥则自有生，即为父母钟爱，弱冠尚不离保傅之手。自先母以鞠育伤生，累于儿女，年仅四十七而见背，及今已二十四年矣。此二十四年之中，先严复因儿女之故，时时累其心神，忧伤憔悴，惊恐顾复，惟恐或损其子女之豪末，以此致疾。疾时复不能旦夕在侧，侍奉汤药。不孝之罪，擢发难数。鲜民之痛，夫何可言？先严情性慷爽，豁达大度，自幼不事家人生产。平时克己厚人，散财徇义。诸子成立，即令谋生。四弟锡仁，经商津沽。五弟左陶，在美任事。六弟锡镠，供职广西。今年春间，曾一次电促回沪，其后因先严病体渐愈，又各离散。六月四弟调沪，十月六弟假归省视，淹留未行，大儿恒亦适于两星期前自美返国。诸妹之已遣嫁者，亦均归宁。殒殁之时，骨肉咸在。惟左陶以道远时促，未及前归，先严时以为念。恒儿归国之日，先严强起，喜极而涕。缕缕询左陶留美近状，以不能同返为忧。此慈父之恩，不孝等永无以报矣。呜呼痛哉！先严病中，屡屡作诫言，以睦姻恤邻、周济困乏为最多。其余远宗及亲戚坟墓，指示所在，毋使或忘。丧礼毋许奢侈，讣帖毋列官衔，皆遗嘱也。不孝天骥自有知识，已在先严壮年，不能忆述先严孝行，又于苦茕之际，不能略述先严学术，但记先严立身大节及病时状况，谨以告哀。呼抢昏迷，语无论次，伏乞矜鉴。棘人杨天骥泣述。

民国十七年印本《杨甦民先生哀启》

沈屋庐先生暨配凌夫人墓志铭

金祖泽

同邑金祖泽撰文并书丹，吴县钱经铭篆盖。

民国九年十月，沈君屋庐丧其德配凌夫人，余唁之于蚬江里第。君扶病起，小楼一角，相对黯然，既卒然曰："故人知我深脱不幸，愿以墓铭相属。"余皇遽无以应，而心知其神已伤。稍间君谒医吴下，以微疾殁于旅邸，距凌夫人之丧未二阅月也。君既殁之三年，孤孙应榴将奉君柩与德配凌夫人合葬于本邑难充圩之原，承先志以请铭。死友之言，昭昭在膺，虽甚无似，其曷敢辞。按状：君姓沈氏，讳廷铺，字伯鸣，号咏韶，别号屋庐，江苏吴江县人。先世系出吴兴竹墩里，明季处士彝溥君避兵乱，胥宇于邑之雪巷村，仍世力田，好行其德。八传至清布政司理问槑德，始大厥宗，笃志耆古，开江曲书庄，招延名流，刊《昭代丛书》《国朝文徵》诸巨编，行谊见邑志人物传。实为君之曾祖，妣张氏。祖宸凤，妣黄氏。本生祖人杰，妣钱氏、金氏。考清候选郎中中坚，妣彭氏。理问君生子五，四无后，惟君本生祖实生君考郎中君，故兼祧大宗。郎中君豪侠好义，鬻田助振，清廷奖以官，不赴补，有闻于时。君昆弟十人，君与弟廷钟为彭夫人出，而君实为冢适。君生之年，值洪杨兵乱。乱平复业，君历从名师游，姿禀颖特。家富藏书，下帷攻苦，卓然有名山著述之思。维时吴下先进如柳莳庵韬庐、凌莘庐退庵、李匏斋、诸杏庐诸先生，均以文章道义，声应气求，主盟风雅。君文誉翔起，既为诸先辈所矜异，乃益自刻励，与莘溪凌宝树、宝枢、胜溪柳念曾、慕曾及弟廷钟，结社论文，纲罗献典，辑遗订坠。理问君有《江曲书庄图》，君乃作为后图，以式祖芬。于是两沈、双凌、二柳之名噪东南，选事者至比之贵池，阳羡之于雪苑也。君以博士弟子屡充秋赋，俛得俛失。自甲午后，世变日亟，乃悉弃其词章帖括，壹意于涉世经济之学。丙申故居灾，丁酉郎中君弃养，闵凶迭遭。君以家督实肩厥重，本其至诚，送往事居，虽族大事赜，而烝烝内行，无间人言。公艺百忍之规，师德唾面之风，蔑以加矣！丧葬既毕，乃卜宅于周庄乡太平桥，以创为继，百端肇建。于私，则复祠宇，辟庄校。于公，则定经界以谋自治，设乡学以惠寒贫，靖流亡以保岁余，浚畎浍以辑农政。其他安节恤孤诸善举，糜私济公，益畅厥绪。周庄一区，隐然为我邑十八市乡模范，盖微君之力不至此。故远近数十里间，望庐质讼，犹王彦方之于乡人也。光宣之交，丰润张尚书人骏来督两江，君以通家子佐幕府，时际艰危造膝，密勿动关大计。旋遭鼎革，本邑肇建民署，君膺众推任总务。曹掾三年，因利革弊，辄中机宜，至今人以为法。君觊时事日非，甲寅夏遂谢病归。归而却扫杜门，日亲书史，辑劫余旧籍。讹者校之，佚者补之，刊行耆旧遗著，若《莘庐遗集》《杏庐诗文钞》《枫江渔唱》《第六水村居集》《小茗柯馆诗词稿》，惓惓于师友者甚挚。其致力最勤未竟厥绪者，为重编沈南一先生所选《国朝文徵》及《再续松陵诗徵》。君濡染家学，于书画金石，鉴别尤精。工诗文楷法，自少至老，虽短札寸简，未尝以行草行之。为日记数十年不辍，潜心濂洛之学，晚岁尤耽《近思录》一书。乌呼！可以觇君之志行矣！君生中华民国纪年前五十年十月廿五日子时，即清同治元年壬戌九月三日，卒民国九年十二月十一日丑时，即旧历庚申十一月二日，享年五十有九。前清以增广生，贡成均，振晋豫灾，援例得分部主事。入民国，为县行政公署第一科科长，以兴学有功，奖一等金质嘉祥章。配凌夫人，同邑清赠中宪大夫、议叙盐提举澍女。淑慎渊令，柔嘉维则；冢妇仪修，群宗辑睦；相夫训子，懿范式昭。夫人与君同岁，其生也先五十日，其卒也先五十五日，可谓白首同归者矣。子三：润身，前卒；泽民，出后季父廷镒；焕文，殇。女一：胎花，适同邑凌昌烜。孙三：应榴，润身出；嘉本、肇荣，泽民出。孙女三：荇荃，润身出；应莲、应葭，泽民出。铭曰：

门承通德，室启谟觞。亢宗首出，手抉天章。学必志毅，十万弯强。发而不中，六幕苍凉。无闷衡泌，令闻圭璋。敬教劝学，廉让之乡。名高府辟，望表礼堂。以道得民，畏垒庚桑。同音笙磬，俪鸿俦光。灞凌山色，葱郁佳藏。埋名纪实，三辰彰彰。

吴县周梅谷刻。

吴江博物馆藏拓片

沈君咏韶墓表

费树蔚

江由沈氏至翠岭先生以文艺昌，至飚生先生以义侠显。君，飚生先生长子也，讳廷镛，字伯鸣，号咏韶。平生行事，兼祖若父所能，而学养益粹。少有材行，称于乡。二十二补县学弟子，累应省试不售。以振灾资例得分部主事，顾不乐仕进。家故富饶，毁于火。所居濒湖，患盗，偕迁周庄镇。是时言兴学救国者纷然矣，君匄同志立元江公学，又捐金设沈氏小学、东江女学，规制独善。丰润张尚书督江南，以世旧招入幕，一年病归。辛亥事起，谋吴江建制，尝两被推为邑掾，坐镇雅俗，民倚为重。居久之，又病归。盖君性行安雅，形气清弱，徇众望，婴剧务，与年少周旋，精亡而骨立。既归，复从事铅椠，辑烬余家刻，沈南一《国朝文徵续编》将付印，未果。尤勤搜乡里文献，收诸老先畸零集部至百余家，为凌先生莘庐、诸先生杏庐、徐先生藻涵刻集行世，风义雅尚有足多者。自为诗文，亦谨严有法度。以庚申十一月卒，年五十有九。子三：长润身，先卒；次泽民，为君弟廷镒后；又次涣文，亦早卒。孙应榴、嘉本、肇荣。君虽生长纨绮，早年足不出里门，而服膺父师之教，濡染于典籍，温温如玉人。先大夫曰："若沈生者愈乎，近世小生叫嚣凌竞者远矣。"予识君晚，谈艺论事之日少，然朋旧中无不叹君贤者。戊午之春，予偕君阂、子戴、芝生、研君访君庐，纵观所藏明清诸贤书，牍数万通、书画数十种。留三日，夕饮宴，欢甚。别去三载，通一书。君养疴来吴下，不获见。又一十日，而哭君于旅次，伤已！君弟根黄命为表隧之碣。追维家世，旧好里党，善人喟焉。不敢辞，顾亦不敢泛滥其词，以愧死友。嗟乎！凡今之人，报咫闻尺，见自命英绝者，其亦思君之风度哉！同县费树蔚谨表。

长沙周焘敬书。

周梅谷刻。

吴江博物馆藏拓片

凌恕甫小传

〔清〕姚孟起

吾友吴江凌砺生孝廉之子曰廷枚，从余问书法几十年，于光绪十五年三月二十八日卒。余闻而哭之，乃次为传。生号曰恕甫，质癯而赢，家藏书籍甚富，博观遍识，独不好制举文。然偶一为之，思笔清隽，郡县试擢前茅，几中程矣，而以咯血疾辍业。生志趋高。既不应有司试，乃肆力于金石文字，搜罗古碑拓本，自周秦迄李唐，几无或遗。尤笃嗜汉碑，力求完备，有不足则取诸双钩本以屦之，颜其室曰"百汉一廛"，自言："士当尚友古人，古人之精神辞气在书册，其有偏至独诣之士与！夫学问所旁涉者、各抒其意之所得，则往往托之于书，而寿之珉石，流傅于后世。其文足补书史之阙，其迹足考八法之精，吾旦夕而规模焉，奚啻亲揽其琚佩也！"尝作《八法存亡论略》，曰："周秦后无篆，汉后无隶，唐后无楷。北魏为隶楷过脉。周、秦、汉尚已，晋楷存而失真，唐代书性不齐。虞、欧、褚三家，如泰华三峰之并峙，颜如正笏立朝。李如行人妙选，罕有失词。柳则面目过厉，不免抚剑疾视矣。若苏灵芝之不俗，裴休之拙，等诸自桧以下。宋代楷法不纯，然苏雄，黄健，米饶姿媚，赵则乡愿耳。有谓其取法二王者，过也。"生初工欧、褚，后专学两汉北魏。笔法劲古清妍，称其所言。余见生年甚少，而识力所造已如是。窃忧其体不足以副其所志，果以咯血病四载而卒，年仅二十有六，可悲也已！生性甚介，遇人过，规谏无饰言。然好急人之急，谋如已事，有非人所能者。先是，孝廉从兄磐生明经之二子宝树、宝枢，颖迈绝伦。宝树善诗歌，宝枢熟于舆图之学，亦从余问书法，而皆年少先后死。呜呼！天之札才子也！如是则其生之也，亦何为哉？

光绪十五年岁次己丑十一月，古吴姚孟起撰并书。

吴郡唐仁斋刻。

吴江博物馆藏拓片

处女沈君墓碣铭

柳亚子

同邑柳弃疾撰文，平湖屈燨书丹。

君姓沈氏，讳玉镜，字涵清，吴江雪巷村人。先世以藏书称一邑，有翠岭先生讳楙德者，刊行《昭代丛书》《国朝文徵》《古文汇钞》诸巨籍，士林传诵到今。君其曾孙女也。考毖生翁，讳中坚，慕侠好义，尝鬻田三十顷振晋灾。妣氏彭，贤声著中外，有螽斯樛木之风故。毖生翁子女至十余辈，而君于女兄弟行居长。少敏慧，通诗书，善事父母，性强毅果敢，家人多严惮之。年及笄，慕婴儿子之行，矢志弗嫁。居彭太君暨毖生翁忧，哀毁几灭性。事兄抚弟妹，恩礼弥笃。弃疾叔考无涯府君讳慕曾，娶于沈，毖生翁次女也，与君最友爱，生从弟遂、从妹双圆而殁，咸育于君，先后几二十余年。彭太君有犹女少孤，依君以居。既嫁而寡，仍还就君，亦二十余年，如蛮駬之相恃也。当胡清末造，士夫轩眉昂趾，争言兴学，闺襜弱质，亦发愤踵起。君兄匽庐丈廷镛、弟跅庵丈廷钟，举一乡俊桀士，既就先世所建义庄创立黉舍，复设东江女学，以育巾帼之英。君实主持其事，身任学监，孳孳训迪，犹以资绌未遑扩张为憾。尝寓意于所著撰中，其不自假满如此。体羸多病，晚遭兄丧，恸哭竟日，言哀已叹，疾遂大作，养疴胥台，经岁竟不起。悲夫！殁中华民国十一年五月二十九日，距生清同治三年八月十二日，春秋五十有九。遗命斥赡养田五十亩入义庄，得褒扬如例云。君少娴技击，尤善绘事，壮悉废弃，而意气慷爽犹昔。弃疾尝偕从弟以子姓礼晋谒，言谈侃侃，有逾男子。

复不以弃疾为不肖，盛称其能文，知己之感，夙所未忘。今跞庵丈将以中华民国十二年五月二十四日，葬君邑难充围之原，徵铭于弃疾，弗敢辞也。铭曰：

娲皇补天，帝女填海。孰云孤阴，而匿光采。神州傲扰，女权凌夷。米盐琐屑，箕帚支离。觥觥人豪，撤环弗字。誓挽颓波，用淑叔世。校舍弘开，东江之湄。青绫道蕴，绛帐宣文。体弱心雄，吁嗟不禄。白练吴门，往歌来哭。白杨萧萧，墓门风高。我文不华，庶慰后凋。

古吴孙仲涧镌。

吴江博物馆藏拓片

凌敏之密之家传

〔清〕柳以蕃

光绪丁亥三月，吾友凌君磬生过余，并箧其二子敏之、密之遗稿以来，曰："区区者不足言著述；然费日力于此，不忍听其遽湮佚，愿赐甄择以存。又请各为之家传，次诸宗牒，以垂诏久远，盖二子之志也。"以蕃敬诺，爰援大较而为之言。敏之名宝树，字荫午，磬生长子也。生而令懿夙成，事父母先意曲揣，咸适厥指。与其弟甚相得，涵濡煦沫，若极天下之至爱无以加。既偕入塾，各以英姿俊思，刻励问学。未几，同岁为县学生，益奋拔，思有以自表见。密之既才高，能读书，慨然有慕乎古人述作之林。君独好称诗，意有所会，则矫首独吟。丛稿委积，得失壹就其弟相往复，虽朋好不使观也。体故羸，尝有咯血疾，君父不使应省试。乙酉秋，密之丧妇，请于父偕之金陵，舟次唱酬为笑乐。明年，密之大究心方舆家言，君参助钩稽，甚勤且核。七月朔，血冲溢几顿，密之早夕在视。及君稍瘳，而密之遘奇恙遽死。君从是神气槁丧，常独自凄怆呻叹，曰："吾两人，车两毂，鸟两翼。弟死，吾殆不能孤立矣。"疾发遂无已时。当是时，有主术家言者，谓居宅丁大凶，不速迁，重且获憝。君父惶愕不知所计，避君于平望黄氏外家。方严冬大风，中道起雨雪且急，独舸掉巨浪中，汪洋颠顿，芒不知所届，从人色色震恐。君于瞑眩中神思忽大动，为长歌数百言，纵声高吟，飘飘乎若神厉九霄而身游千仞之外也。既抵平，疾急，父友李君辛坨往诊之。君笑谓："五丈且毋鞠我病。"力起，索楮笔，书前所作相示。李君骇叹，以为神仙人语也，然心知其不祥，促磬生使归，归越日而君死矣。悲夫！临卒从容语家人，谓："我弟待我于某山方丈间，我世法尽，亦必往。"力劝其父置簦，言未来事若甚了了者。呜呼！异矣。君卒光绪十三年正月十七日，后其弟才一月，年二十三。曾祖高荣，候选县丞。祖大鲲，候选州判，以君父内阁中书加四级，貤赠及赠皆奉直大夫。父泗，恩贡生，同治癸酉科副榜。母费，母黄，君兄弟皆黄出。妻陆氏，无子。所著有《制举文》，自编古今体诗为《第六水村居集》。余于数年前即闻君兄弟才名，而未得一见君。尝邂逅密之于胜溪草堂，癯貌玉立，沉沉寡言，人谓兄弟绝相似也。

密之名宝枢,字拱辰,磐生次子。为人壹如其兄,而才特高胜,然深沉内函,人故莫测其所际所为。制举文及律赋试帖之属无不善,而文为魁。尝病今世操觚之士颛守时俗人,骩骳肤陋之文,形摹声袭,游谈无根。有幸而以此冒得科第者,则更腾声标揭,流风相师,其弊至于滥漫充塞而不可止。当此之时,非一切划刮力追古人而从之,盖几无所措手矣。其为文一衷此旨,而其量又不欲以此自限。盖君虽少年未能辍举业而隐,然而志于述作之事久矣。君父故通博好聚书,君与邑子沈君咏诏善,读书其家江曲书庄。庄为沈君曾祖翠岭翁所筑,尝校梓《昭代丛书》者也。君既尽发其所藏书,尤留心舆地。镇洋毕尚书沅《采集太康三年地记》、王隐《晋书地道记》,君病其疏漏,为补辑各一卷,后附刊误。会长沙王祭酒先谦督学政江南,下车之始,命诸生撰献《吴疆域图说》,又欲为郦氏《水经注》疏。吴江分得清水、淇水。君之从事吴疆域也,据《春秋内外传》《吴越春秋》《史记》,为《世表年表》一卷。据《杜氏集解释例》,证以两汉晋志,为《地名考》一卷,开方为图,墨识今府州厅县,而以朱缀古地名。既皆厘举,独所为《水道记》,及考订清水、淇水沿革至唐宋而止。从事过锐,心气暴损,业未卒而奄及于死,可哀也已。且人之修短固有命也,独其才与志之所发见,几若可以有为,而卒不得年寿以俟其至,此爱才者所为愈加惜焉。抑吾邑自乾嘉间,张氏舻江、铁夫、渊甫三先生起,而文章经术之事,伟然复振于风寥响寂之会,承学者始有所归向。其后沈沃之、陈献青两先生,师法娄姚氏,以传述桐城之绪,文事乃益昌。自是而后,流风寖衰矣。其间非无恢奇英秀之士足以与于斯事者,而或牵于人事,或累于俗学,今皆垂老无所成。而回顾后之兴者,如仲元熙、郑恭和之伦,又皆蚤岁夭逝,及是而君且复然。百余年中传襢之绪其遂终替已乎?斯固非一人之可为悼恸者已。君卒光绪十二年十二月十七日,年二十一。妻陶氏,先一年卒,无子。所著《舆地》外,有《小茗柯馆诗词稿》。君之学既受自庭教,又尝从其从兄范甫讲业。范甫名其模,为吾友砺生之胞兄子,善文,有名称,顾亦蚤死,并著之,以见凌氏子弟多异材云。

清柳以蕃《食古斋文录》

归河间姑母家传

柳亚子

呜呼!弃疾何忍传我姑母哉!我皇祖笠云府君子女凡四人。姑母长先府君一岁,先府君长叔考三岁,其季为归济阳姑氏,又少于叔考六岁也。归济阳姑氏生二十三不禄,先府君四十七弃养,叔考稍后殁,亦仅五十耳。独我姑母老而弥健,灵光巍然,犹仿佛先府君之容仪。私冀其由期颐而大耋,长为戚里子姓矜式,何图复以噩耗闻哉!裘葛载更,余哀未忘,奚忍伸纸握管,以纪懿行?而遗孤昌燧猥以家传相属,虽甚不文,又谊弗敢辞,爰扬榷之如左云:

姑母讳兰瑛,后更来因。性明慧伉爽,年十八归同邑凌丈恕甫廷枚,我祖妣凌太君之兄子也。厥考退庵翁淦,暨其从兄莘庐翁泗,咸以方闻博学,主持邑东南坛坫,群从弟子多隽才,门阀照耀当世。恕甫丈亦跅弛自喜,方从吴县姚凤生游,治金石碑版之学,声华烂然,得姑母佐之,谓如珍禽之翔云路矣。闺房燕婉,未及十稔,恕甫丈遽殁。退庵翁移家沪上,复以感激时事,忧愤捐馆舍。姑母挈嗣孤昌燧,流离转徙,内安外攘,盖有健夫所难能者,茹荼咽蘖,不足拟其艰苦也。三旬以后,始奠居莺湖,既为昌燧娶妇,生孙男景埏,以养以教,一如前抚昌燧时。及其长而才也,乃喟然曰:"吾其有以慰逝者于地下矣。"中华民国十七年,遘疾吴门,归而不起,时十月十四日,距生清同治四年闰五月二十七日,春秋六十有四。子昌凰幼殇,以夫侄昌燧嗣,娶徐。孙男景埏,燕京大学文学硕士,今主讲东吴大学,娶殷。曾孙女苏苏、莘莘。

柳弃疾曰:余生也晚,未及奉退庵翁教诲。顾闻其抱负奇伟,慕义若渴,晚著《东海季连放言》,尤西京贾晁之伦,惜乎其湮没而弗彰也。姑母之于退庵翁,以甥女而为子妇。豪情胜概,庶几何无忌之似舅,岂寻常巾帼比哉?伏处帏房,未施厥蕴,顾戚里纠纷,平亭是赖焉。弃疾自少崛强,不中绳墨,独敬事姑母。每侍奉颜色,辄躁释矜平,姑母亦甚溺爱弃疾。岁丙寅、丁卯间两遭名捕,咸以妆阁为柳车。戊辰自海外亡命归,秣陵游倦,晦迹沪滨,每思板舆迎养,寻家人妇子之欢,讵意天之遽勒我也!不祥文字,乌足酬慈恩于万一,弃疾殆终负九原矣。悲夫!(录自《磨剑室文四集》)

中国革命博物馆、上海人民出版社《磨剑室文录》

先妣柳太君行略　代

柳亚子

先妣姓柳氏,讳来因,吴江胜溪人,先外王父笠云府君长女也。先外王母凌太君,为先祖考砺生府君女弟。吾家世居莘溪,距胜溪十里而近,两家皆积世巨人长德,以诗书礼义、绩学敦品有闻于时。先母生而明慧,年十三,居先外王父丧如成人。先祖考稔知其贤,故为先考恕甫府君委禽焉。光绪八年壬午,先母年十八来归。时先继祖妣陶太君在堂,先母执妇道甚恭。先考少承家学,才高气盛,先母一以婉顺事之,闺房之间,雍雍如也。十年甲申,先兄昌凰生,弥月而殇,先母亦因是大病经岁。寻先考得咯血症,至十五年己丑竟不起。先母承先祖考命,抚昌燧为嗣,教养如己出,时昌燧甫六龄耳。十六年庚寅,先祖考以乡居抑郁,移家沪上,思结交当世奇伟魁杰之士,以策时变,先母奉陶太君挈昌燧从焉。居二载,为十八年壬辰,陶太君殁。先祖考续娶先继祖妣潘太君。又二载,为二十年甲午,值中日战起。翌岁二十一年乙未,清廷兵败乞和,海内沸腾。先祖考忧愤致疾,捐馆沪寓。先母复奉潘太君挈昌燧,扶柩移家,归于故里,其况瘁可知矣。先祖考豁达大度,不善治家人生产,身后遗负颇夥。先母出奁中金,苦心规画,家道始赖以复振焉。廿二年丙申,遭外王母丧。廿三年丁酉,潘太君复弃养。昌燧亦患咯血症,术者言所居宅不祥,虑损少主。先母明知其不足信,而心忧昌燧甚。值先从祖磬生府君侨寓莺湖,遂提挈昌燧,相依以居,复为悉心调护,病竟获愈。昌燧自幼居沪上时,先祖考即延师课英吉利文字,其后转徙莘溪、莺湖间,先母亦累遣从宿儒诵读,旁及绘事、篆刻。既弱冠,先后肄业沪上育才公学、健行公学诸校,终于体弱未竟所学,厚负先祖考暨先母期待。今日思之,犹惴惴自愧汗也。廿八年壬寅,先母为昌燧娶妇同邑徐氏复权,为先外舅迈欧府君第三女,而先外舅则先祖考女兄之子,盖亦以中表而议婚媾焉。三十年甲辰,孙男景埏生,先母顾而乐之,恒曰:"吾固深尝艰苦者,今日含饴弄孙,始识人生之乐事矣。"顾景埏亦自幼善病,昌燧夫妇年少,憯于经验,每疾作辄皇然失措,其能指挥若定者,唯先母是赖。盖自襁褓以迄成人,又不知耗费先母几许心血也。先母笃于友谊,自移家莺湖,而先母舅钝斋、无涯两府君,亦自胜溪分迁禊湖、东江,先母岁时省视,辄作数月留。民国元年壬子八月,钝斋府君殁。七年戊午一月,无涯府君复去世。先母适作客东江,亦遘病几危殆,昌燧闻讯即驰往侍疾,延医诊治,经月始告无恙,然元气自此伤矣。先祖考生女四人,先四姑母以弱小最获宠爱,已许字先姑丈讷庵柳公而未嫁。先祖考临殁以托先母,故先母绝爱怜之,而先姑母亦敬事先母,依依如弱妹之于长姊也。先母既为悉心遣嫁,已而先姑丈亦迁居莺湖,两家过从尤密。顾先姑母体禀素弱,多病不育。民国二年癸丑,先姑丈殁。五年丙辰,先姑母亦逝,遗寡妾孤女,恒托庇于先母,盖犹拳拳不忘先祖考付托焉。先母自来莺湖,尝三迁其寓庐。初依先从祖磬生府君,居河西街陈氏。嗣为昌燧娶妇,移街南殷氏。民国十二年癸亥,以孙男景埏授室,复迁寺浜。翌岁十三年甲子,曾孙女苏苏生。又翌年十四年乙丑冬,昌燧患肠疾,势危甚,乘轮舶赴湖州医院疗治,隔岁始痊。妇徐暨景埏亦随侍同往。值除夕,独先母与孙妇殷茕茕一室,时以昌燧病有望与否为念。先母后与昌燧言之,每谓"我尔时无刻不肠如轮转也"。呜呼!先母之笃念子姓,厚爱昌燧辈,其辛苦为何如哉!十五年丙寅,曾孙女莘莘生。十六年丁卯春,国民革命军下江浙,莺湖为吴越间孔道,风鹤骚然。先母命昌燧夫妇避地莘溪,而己则孑身往东江舅母家,迄事定始归。十七年戊辰十月,先母薄游吴门,忽患寒热疾,三日不解。孙男景埏方主讲东吴大学,亟走莺湖,速昌燧往省,比至则见疾不可为,遂以舟迎先母归。舟中神志犹清澈,抵寓庐未一小时,竟弃昌燧而长逝矣。呜呼痛哉!先母慈爱具母性之长,其他行事则伉爽类男子。节衣缩食,俭约自奉,而待人唯恐不周,慕义有如饥渴,尤笃于友谊。莺湖殷夫人黄氏讳葆真者,为先从祖磬生府君内侄女,与先母订金兰之好,三十年如一朝。常共卧起,晨夕弗离,小别数日,辄愀然不乐。其赴吴门也,以伴殷夫人就医故,先母殁未二载,殷夫人亦感疾竟逝,殆所谓白首同归者欤?自昌燧之生,即遭先本生妣沈太君丧。未数年,先本生考秀甫府君亦殁,先本生继妣周太君复别居禊湖。昌燧五尺之孤,赖先母以成立鞠育焉,而恩重于毛里矣。驽下之质,弗克为显扬计,私冀爱日长存,奉先母以期颐之养,庶足稍自慰于万一,而天复夺之。尚何言哉!尚何言哉!先母生于清同治四年闰五月二十七日酉时,殁中华民国十七年十月十四日,即旧历九月初二日丑时,享寿六十有四。子二:先兄昌凰,幼殇;次昌燧嗣,娶徐氏复权。孙男景埏,东吴大学文学士,燕京大学文学硕士,娶殷氏村梅。曾孙女二,长苏苏,次莘莘。昌燧谨以十八年四月十日,奉先母柩合葬于本邑二十九都东轸圩先考之墓。唯是埋幽之文未具,用敢掬心泣血次其懿行,伏乞当代立言君子,赐之志铭,以光泉壤。昌燧世世子孙感且不朽。不孝凌昌燧谨述。(录自《磨剑室文四集》)

中国革命博物馆、上海人民出版社《磨剑室文录》

显考雪庐府君行述

沈维铭　沈维金　沈维银

　　府君姓沈氏,讳塘,字莲舫,号雪庐。先世自浙江湖州支分吴江,其始居江邑久咏乡之雪巷村者为彝溥公,传九世至先王父菉亭公。公生四子:长次幼菉、云谷二先伯,先王母陈太宜人出;三府君,四寿椿先叔,先继王母徐太宜人出。王母于清同治乙丑二月二十三日孪生两男,一举一殇,举者即府君也。不孝维铭髫龀时,尝闻先王母徐太宜人言府君童时,每于墙壁及几案上随物画形,在塾则窃画于书包之下。先王父知其天性所嗜,乃授纸令习。初画人物花鸟,继及山水,皆宛若有师授者。弱冠毕诸经,习制艺。光绪九年,一应童试不售,遂弃去,专心绘事。时族祖飚生部郎所居江曲书庄,有累世所藏书画名迹,爱府君好学,辄出所藏以资临摹。其长子咏韶先伯、次子根黄族叔,两主政,又与府君年岁相次,有朝夕讨论之益,由是府君得窥宋元明清诸大家笔法。十一年春,先姒唐宜人来归。是年冬,居先王父忧。逾年生女正,又二年生不孝维铭。先继王母以遭先王父丧,哀毁成疾,经年不瘳。先姒分娩才三朝,即躬进汤药,晨夕无少懈。先继王母幸得渐愈,而先姒过于操劳,得怔忡疾,时发时止,迄未得痊。十五年春,府君诣郡城,受业于陆太夫子廉夫之门,所诣益精进。时吴尚书愙斋居里第,方与陆太夫子等结画社,见府君作,笑谓太夫子曰:"此即尊门杨子鹤也。"十八年冬,尚书荐府君于鄂督张文襄公,公延入督署,处以宾馆。既而文襄移任两江,府君从赴金陵。是时,廷命以御笔题签之《承华事略》一书,命文襄开馆,延江南名画家逐事补图。文襄先颁廷旨于愙斋尚书,而委府君恭赍《承华事略》原书至苏。于是,吴尚书总馆事,陆太夫子甄别画稿,府君殚精澄虑,独运匠心。每一图成,辄为尚书暨太夫子欣赏,繇是而甄别。徵集之劳,府君多分任之。未几,府君在江宁督署感壮热病,昏晕至一昼夜。文襄亲临病榻,慰问周至,电促家属入署视疾。先姒闻讯,星夜趋侍,刲股和药以进,衣不解带者兼旬,幸疾渐减,乃启请归里休养。明年春,文襄枉书存问,且促府君至沪纂集画稿,分别木雕、石影两本,印刷装制。逾年事竣,适文襄还任湖广,府君又从赴鄂。二十二年,府君遵例报捐巡检,指分湖北。历奉檄委两湖书院,稽查文高等学堂管堂,暨查勘荆宜等处常平仓谷、筹赈局行劝等差。至二十五年冬,先姒旧恙复发,在鄂寓病故。府君携挈不孝维铭姊弟二人,送柩归葬。事毕之后,仍赴鄂垣。二十七年秋,捐升知县,过班后考入仕学院肄业。是冬,继母来归,即先姒之胞妹也。是后,奉委发审局额外邦审差、抚院收词差、督院文案缮校差、武昌官渡局差。三十二年春，奉差押解第一批京饷。秋间还省，兼充两湖总师范学堂仁字斋图画教习。至三十三年夏，文襄内用入都，乃销督院文案缮校常差。以前后劳绩，蒙保奖同知衔，就本省归班候补。三十四年秋，奉委会勘江夏县水灾差。先是先王母徐太宜人迎养在鄂，是冬弃养，府君扶榇还藉，治丧营葬。宣统元年，邮奉湖北提学使黄公檝，委两湖总师范暨第二文普通两学堂图画科教习，辞不获命，遂赴鄂就事。辛亥年，民军起义，府君遂挈家归乡里，暂居邑之同里市，时亦橐笔游艺沪上。民国三年，偕李平书先生东游日本。时方赛会，名迹麋集。府君于冠盖熙攘之际，独静坐临摹，精求神似，积累至数十幅。日人见府君画者，争留府君在日施教。府君不欲远离乡土，旋即归国，并移家郡城桃花坞，与陆太夫子居同里闬，朝夕过从。去年九月，陆太夫子逝世，府君感念师承，意兴顿减。侨寓本苦湫隘，本年初秋，买宅于旧学前大新巷，修葺匝月，已极辛劳。中秋后移入新居，安置笔砚，料理四方缣素，往往夙兴夜寐。继母屡劝节劳，以积件至夥，迄亦未能少休。至十一月下旬，伸纸动笔，神思疲倦，夜病体热，达旦始已，向晚又觉形寒。如此三四日，饮啖如常。至二十四日晚，照常安睡，夜半骤醒，头痛甚烈，欲起小溲，身已木僵。继母闻声急起，烛之，见府君面色改常，唇颐颤动，语音蹇涩，急呼不孝维金、维银等起。时不孝维铭适承乏周庄市本庄校图画教习。天才辨色，继母一面雇舟驰召不孝维铭及正姊，一面延请中西医士就宅诊治。中医断为中风，西医断为脑冲血症，束手无计，咸称不救。不孝维铭夜半奔至，府君已在弥留，神志尚清，口不能言。延至二十六日卯刻，痰喘大作，竟弃不孝等而长逝矣。呜呼痛哉！府君素性谨悫，虽耽书画，实无诗酒放旷之习，尤为上官器重，不以俗吏相待。府君益矢清廉，憪憪干惕，奉职二十年，布衣菲食，历久不渝。是以名公巨卿，自张文襄长公子君立及梁文忠公端、忠敏公黄、提学仲弢，继方伯莲溪暨王观察息盦、黄观察伯雨，皆纡尊下接，不以末秩见摈。同乡如王太史胜之、曹太史叔彦、汪观察荃台，则尤略分言情，引为道义之交。至于翰墨素交为府君所请益者，在鄂如纪先生香骢、杨先生叔乔、王先生伯弓、王先生感纯、阚先生霍初、王先生代弓、李先生文若、顾先生印伯。归里后，何先生诗孙、吴先生仓硕、顾先生鹤逸、俞先生粟庐、李先生平书、宗先生子戴、赵先生君闶、金先生砚君、费先生仲深，皆一时名硕，以道义相许，足为府君增重。所恨不孝等年幼无知，未能备述。其就府君学艺者，在鄂如朱君继昌、何君厚曾，在苏如谢君叶封、周君礼、徐君传保、李君鸣鹤、王君念慈，日本则岩井竹坪君来苏就学。皆孚契于生前，垂泪于讣后，府君平生之行，亦可概见矣。府君一生行谊，好勤好俭。往返宁鄂苏沪垂三十年，凡轮行到埠、车行到站，率皆徒步遄归，从未借资人力。尤喜补缀旧书、糊裱旧帖以及书囊帖版，率于笔墨之暇，亲手自造。惟好古入癖，遇有名迹，不惜一再购藏。汉碑唐砖，尤所酷好，偶有所得，必镌以铭，摩挲竟日，终毋倦怠。舍此之外，一无俗好，故亦一无耗费。数十年来，先经先继王母暨先姊两次丧葬，又遭先伯考云谷府君之丧，兼顾先伯母黄孺人十余年养赡之费，又为不孝维铭及正姊料理婚嫁，皆由府君一身支持。徒以笔耕之勤，奉身之俭，故能谨守先畴，有赢无绌。方期过此以往，妹笄弟冠，愿了向平，暮景蔗甘，期颐永享。何图天降鞠凶，遭此大故，此皆不孝等罪孽深重，侍奉无状，以致抱恨终天，百身莫赎。呜呼痛哉！府君于篆刻印章、雕镌竹木，皆为世所珍视。画事则人物、翎毛、花卉，俱能旁通，惟山水则亲炙陆太夫子门墙最久，尤为专攻之学。不孝维铭虽经侍砚多年，忝承庭授，然于府君艺能未窥毫末。谨就所知，和血濡毫，粗陈大概兹者。谨筮于四月初六日，安葬府君于江邑周庄乡二十八都西比字圩，伏乞当世鸿儒硕彦赐之铭辞，以光泉壤，不孝等世世子孙感且不朽。府君生子女五人：长女正暨维铭，先妣出，正适同邑庞文枢；次女瑜及维金、维银，继母出，瑜字同邑陈元良。孙：宗泽、宗洵。孙女二：宗芬、宗芳。并维铭出。不孝维铭、维金、维银泣血谨述。

民国印本《沈雪庐府君行述》

清故湖北候补知县沈君暨元配唐夫人墓志铭

费树蔚

同邑费树蔚撰文，娄县俞宗海书丹，吴县钱经铭篆盖。

吾邑近代以画称者，翁雒、俞岳、刘德六。廉夫陆翁，为德六弟子。出从当世名彦游，见唐宋以来书画，多精思而博综之，旁通金石之学，艺益进，名益高。雪庐沈君，为廉夫弟子，复得从当世名彦游览。下笔气韵高秀，虽不能出其师上，异时吴江传艺能者，必曰"陆沈"矣。君讳塘，字莲舫，别字雪庐。世居吴江久咏乡之雪巷村，祖、父耕读不仕。君幼即好画，涂几案殆遍。授以纸，山水、人物、花鸟，动合古法。弱冠习制义文。光绪九年，一试于庠，不售，遂弃去，专习画，恨无所得师。从族父飚生先生，许借所藏古画，窥摹久之。十五年，诣郡城，受业于廉夫之门。吴尚书窓斋，方居忧在里，见君作山水，语廉夫："此君门杨子鹤也。"十八年，尚书介君于南皮张文襄公，从文襄历江鄂制府幕。朝旨下文襄开馆江南，徵善画者补《承华事略》诸图。文襄属尚书就吴下总其事，尚书以属廉夫，君赍《承华事略》原书从。是时画师知名者毕集，君所为图尤工。二十二年，纳资为湖北巡检，仍居文襄幕，以廉谨雅饬名动公卿间。每奉檄治繁剧事辄举，得闲理故业不辍。大府叙前后劳，洊保知县同知衔。洎文襄被召入枢府，君亦以母丧归。湖北提学使黄君仲弢强起之，使教学堂诸生图画。阅三年，武昌变作，君携家去之，僦屋于吴江桐华里，时亦鬻画海上。尝偕李君平书游日本。日本方开书画展览会，陈列中外剧迹，君坐卧其下，心摹手追，累数十幅。日人争留君，欲师之，君谢归。移家苏州，四方以缣素来者，昼夜寒暑，含毫邈然。间从小市求古鼎彝、书帖、竹石、砖瓦、印章之属，心赏者镌椟藏之。又稍稍治田宅，为娱老计。辛酉冬十一月，以微疾遽卒，距廉夫丧才一期，所患亦略同。赴闻，远近嗟悼。以世不乏画史，而有超世之想、轶群之才、独至之诣如两君者，曾不数觏也。国衰而文艺微，至于今日，纤儒妄人，毁冠裂冕，文化美术必蔑弃其旧而新是谋。深识之士，则以文艺者国之光华，提挈推挽，蕲不坠灭。于是文辞书画，以及金石篆刻、歌曲琴弈，一艺之微，苟其精能，罔不贵重。譬如永嘉之末，复闻正始之音，萧寥感人，有不自知其所以然者。风气既成，市儿耳食，竞出橐金求善书名画。畸人逸士，赖此赡困乏自乐其生者有之，掩闷于生前而光气历久始显者有之。君之于后传不传未可知，要其有可传者，在则无疑尔。吾恶知后之人爱憎不尤异于今耶？爱憎尤异而事可知矣。君中年索居，既以所能赡困乏自乐其身后之名，冥冥昭昭，复何必问。君年五十有七。元配唐夫人，先卒，再娶其弟，皆婉淑能操持。有子三：维铭、维金、维银。女二：长适庞，次字陈。孙男二，孙女二。壬戌春四月，维铭等将奉君之灵，与其亡母合葬于江邑周庄乡二十八都西比圩之原。再拜谒予为元堂之文。予识君晚，而投分为洽，屡共游处，言笑宴宴。上元宗子耿吾，尝以诗美君绘事，予许更为诗张之，卒卒未报。阳湖赵子君闳，于君殁前数日来燕坐喁嚎，约共诣予观古器物，予复以他事辞。由今思之，宿诺其可追欤？因为推十年来世运流极雅艺不绝之故，以质君于地下而系以铭。曰：

君艺工，亚陆翁。翁既终，绍宗风。胡遽缩手埋幽宫，西津老去道州穷。士气不死，天梦梦我。为此辞，祈幽通。

吴县周梅谷刻。

吴江博物馆藏拓片

纫秋公传

公讳积兰，字佩之，号纫秋，仲阮公次子。生于同治五年丙寅十一月三十日亥时，卒于光绪二十五年己亥十月十七日午时，享年三十有四。光绪辛巳科试第八名入泮，庚寅科试一等第九名补廪。公生岐嶷，读书敏慧过人。七岁时，公父仲阮公同年吴江钱慕莲先生教之诵《滕王阁序》，声调婉转，句读分明，先生为之击节叹赏，而亲戚乡党俱以神童目之。八岁毕四子书，十二岁而毕五经，能短缀为文矣。岁乙丑，公母严太宜人弃养，公哀毁尽礼，一如成人。翌年乃就学于骥村严鉴人先生。先生盖公之姐丈也，督察綦严，教诲殷勤，如是者三稔，公文思大进。辛巳科试邑庠名列前茅，时仅十六龄耳。自是遂致力于举子业，苦心力学，寒暑不间。癸未丁外艰，公呼天抢地，痛不欲生。既念功名未就，无以慰椿萱于泉壤，乃闭门守制，养气读书。服阕，就馆于吴门、虎林，尝肄业江浙紫阳书院，辍题等前列，一时颇负文名。庚寅岁试，即食廪饩，然五试棘闱，屡荐不第。居常郁抑，以未克绳武为憾，而于举子业尤加发愤，迨甲午科乡试，果中式第四十七名举人。亲友之踵贺者，咸称羡不置，以三世登科传为美谈。公仍不以此自足，更力图上进，以冀春闱再捷，为门第增光。遇非分之事则谢绝之，而对于族中之贫无力者，辄周济不失吝。惟性嗜酒，每于春秋佳日，集二三知己，开怀畅饮，自谓至乐，而不知致病之由实基于斯。诸父昆季佥以节饮相劝戒，因撰"逸游未免惭陶侃，悔过从教学卫公"十四字，悬诸座右以自警，然已无及矣。至己亥冬十月，疝病大发，竟至不起，怀才未展，赍志以终，不亦大可惜夫。附葬于仲阮公墓侧。

清周善鼎等《周氏宗谱》

王恭人传

〔清〕吴曾涛

恭人姓王氏，讳道昭，字嗣徽，吴江同里镇人。父名偕达，同治甲子举人，溧水县训导。母叶氏。恭人生有至性，喜吟咏。针刺之暇，尝手一编不辍，故于史汉及历朝掌故之书，罔不涉猎，里中固有"女学士"之名。光绪癸巳，归余为继室，上侍余母，下抚前室所生三女如己出，咸党无间言。余以居贫亲老，援例听鼓浙江。乙未，余奉檄押运北上，老母忽病，几濒于危，恭人亲侍汤药，衣不解带者累月，得以转危为安。后余蒙大府保迁秩，例须引见，恭人亦以禄养为急，多方筹划，至斥奁具以资余行。而余事竣归，又复大病，恭人至刺血书疏，乞以身代，又割股和药以进。辗转床褥者半年，恭人竭力调护，亦不自知其困瘁也。庚子，余又奉差入都，适团匪事起，家中惊信频来。恭人恐贻堂上忧，出则多方解慰，入即泪沾襟袖，恭人于此时，盖心胆俱碎矣。后余只身由陆南旋，旋即偕恭人之浙，冀得升斗以奉甘旨，而间居武林者又数年。恭人体素弱，又以余病，故持斋，因是茹素日多，而憔悴亦日盛。感事伤怀，时托吟咏以自见。尝谓余曰："仕岂为干禄计耶？一旦得所藉手贻亲令名，我死亦瞑目矣。"壬寅八月，余奉檄司权平阳，以道远未克迎养，恭人亦乐归家，以代子职。旋以久违膝下，归省父母。而外母遽染喉病不起，恭人抢天呼地，泪干声哑，粥水不肯入口。旁人有劝之者，呜咽默不一言。至十余日，稍稍强食，而已无药可治矣，遂于十二月十八日病终同里，年三十有七。余以奉差在省，不能一言永诀。闻临终时，以不克终侍堂上为憾，并嘱余以嗣续为重，勿以私爱伤身，致贻亲忧。呜呼痛哉！恭人归余十年，困苦备尝，而未一日得遂其志，此则余所负疚无穷者也。恭人著有《怡芬室吟草》壹卷，今将刊行，以慰其志，并略其生平，以俟当代立言君子之采择焉。吴县吴曾涛问潮述。

薛凤昌《女士集汇存·怡芬室诗删草》

先考钝斋府君行略

柳亚子

府君姓柳氏，讳念曾，字幼云，一字砚贻，号寅伯，别号钝斋。江苏吴江人。先世家浙东慈溪。朱明之季，有来居邑之东村者，是为始迁祖春江公。三传至心园公，自东村迁北库。又三传至杏传公讳学洙，自北库迁大港。仲子逊村公讳琇，复自大港迁胜溪，始奠厥居，实府君生长地也。逊村公仲子秀山公讳毓芳，妣冯氏、冯氏；季子古槎公讳树芳，妣沈氏、顾氏。古槎公生起亭公讳兆青，妣扬氏；莳庵公讳兆薰，妣邱氏。而秀山公无子，遗命以起亭公为后。起亭公亦无子，复以莳庵公长子笠云公讳应墀为后，妣凌氏，实生府君与叔父慕曾昆弟二人。顾莳庵公次子芝卿公讳应奎复早殁，乃以叔父还后本生，而府君奉笠云公祀，承继大宗云。吾家自逊村公以上，咸以耕读自守，力敦善行，潜德弗耀。古槎公始崛起文艺之林，从同邑郭频伽、顾剑峰、云间姚春木诸先生游，不求闻达，著书满家。蒔庵公承其余绪，刻苦励学。笠云公意气尤恢宏，负筹边定远之略，有著述辑入《松陵文录》。府君生十有二年，而笠云公卒。蒔庵公痛壮子之夭亡，惧先泽之沦坠，益以继往开来之业责诸府君昆季。时长洲诸杏庐先生方负人师经师重望，特延之课读。而从祖韬庐先生暨祖母舅凌退庵先生，咸以文章经济为枌榆眉目，亦先后命府君昆季执经受业焉。府君少聪颖，喜读书。既濡染庭训，屡闻诸先辈绪论，益发愤向学，思有以自见。盖自经史而外，旁及汉宋诸儒训诂义理之书，六代三唐文章词赋之学，靡不勤加披览，怡然有得。年十九成诸生，旋食饩于庠。乙酉，我母来归。丁亥夏，不孝生，蒔庵公顾而乐之。府君体素孱弱，尝患疟疾，缠绵经岁。至是复以酷暑中攻治《萧选》，得咯血症，久之始瘳。顾犹规置程课，日夜读书弗辍。庚寅冬，蒔庵公弃养。府君与叔父共治丧葬，尽哀尽礼，心力交瘁，而家事亦自此丛集。初，吾族自逊村公以来，下逮府君凡五世，咸异爨而共宅，人口数十余。平居雍容辑睦，有事则守望相助，休戚与共，蔚然古宗法之遗。至丙申、丁酉间，訛言忽作，谓居宅不祥。祖妣凌太君、曾祖妣邱太君，适先后弃世。归蔡氏姑母归宁旋里，亦遘疾卒。而族中诸从祖伯叔辈行，复死亡相继。举族皇皇，争为迁徙计。府君虽力持正论，谓数世族居，宜以安土重迁为戒，而群从子弟半已尽室偕行，乃亦以戊戌之秋移家黎里，赁庑居焉。然府君平生耿耿之怀，终以轻弃先人歌哭地为憾。每春秋祭祀，挈不孝归故宅，徘徊堂构，俯仰户庭，念缔造之艰难，慨宗姓之离析，未尝不愀然有余悲焉！不孝自少时即出就外傅，至是府君乃亲课之读。翌数年壬寅，不孝补学官弟子，府君意稍慰。顾不孝赋性跅弛，时值清政衰弊，欧化东来，益为放言高论，惊骇世俗。又以少年气盛，为感情所激荡，行事多轶出恒轨。府君每怃焉忧之，顾天性之亲，终不以责善而离也。不孝早岁习闻民权民族之义，辄厕名党籍，时或仗剑出门，从海内外诸逋客亡士游，指天划地，志在四方。府君侦知之，亦弗禁。岁丙午，为不孝娶妇郑氏。明年丁未，儿子锡礽生，府君为色喜。时不孝以江湖游倦，杜门息影，因得承欢膝下者数载。辛亥秋，不孝携妇游海上，属邑中遘水灾，饥民纷扰。而革命军复起，吴会间阎多风鹤，不孝辄驰书请命，商避地之策。顾府君不欲先去，为民望议，迁延久不决，不孝则竟留海上度岁。明春赴吴门，府君亦以事至，进谒舟次，府君谆谆以早归为训，且曰："即我一朝卧床蓐，若宁能插翅来耶？"不孝讶其言不祥，是年夏遂遄返黎里。方谓自此获长侍左右，勤修定省，则来日方长，前愆可盖。讵意不孝归未两月，而府君遽弃我长逝。斯则不孝所由，呼天抢地，百身莫赎，泪尽而继以血者也。府君故有肝疾，顾时作时止，至是复猝发，又感暑邪，寒热交作，卧床五日，医药罔效。临命前一夕，神识清明如恒，犹絮絮以时事为询。讵至翌晨昧爽竟不起，时民国元年八月四日也。呜呼痛哉！府君笃友于之谊，与叔父相敬爱。自播迁后，叔父亦移家周庄。虽相去只数十里，而水乡暌隔，每有风雨对床之感，音书往复，日以为恒。归凌氏姑母居平望，亦时相存问，往来省视无间焉。少习书法，尝执贽吴中姚凤生先生之门。中更多病，读岐伯《灵》《素》之书，雅有心得。又喜黄老家言，谓足涵养气质，平矜释躁。旁嗜围棋，读书之暇，辄手一枰。顾独恶樗蒲六博诸具，谓此陶士行所诟牧猪奴戏耳，非士夫所宜为也。自乙酉岁始，撰日记自课，久而弗辍，三十载如一朝。先世故多藏书，颇从残放失，爰竭数月之力整齐排比，辑成书目一编，分别部居，犁然可观矣。中年而后以说部自娱，尤嗜闽县林畏庐所迻译，称其意味隽永，百读弗厌，非诸家一览易尽者比，论者以为知言。性淡泊宁静，薄于权利之想，弗为世网所撄，而披阅报章则寒暑无间，国家大势森然胸目中。料事多深识远虑，逾时而奇验。评量人物，辄以真理为指归，不为俗论所淆。生平缄默寡语言，苟意有弗可，骨鲠在喉不吐不快，弗肯以奄媚取容也。不孝在海上时，以言论触时讳，人或以为言，府君笑弗应，其从容如此。府君生中华民国纪元前四十六年十月五日，即清同治五年丙寅九月二十八日戌时，卒民国元年八月四日晨二时，即旧历壬子六月二十二日丑时，年四十有七。配我母费氏，同邑吉甫公讳延庆女。子一人，不孝慰高，今名弃疾，娶同邑郑瑛。女四人：长殇；次平权，字同邑钱贻德；三公权，字同邑凌光谦；四均权，未字。孙一人：锡礽，今名无忌。孙女一人：无非。不孝谨于三年四月二十日晨四时，即旧历甲寅三月二十五日寅时，奉府君柩祔葬于本邑二十九都北玲圩先叔祖芝卿公茔兆之昭位。惟是埋幽之文未具，用敢掬心泣血次其大略，伏乞当世蓄道德能文章之君子赐之铭诔，以光泉壤，则不孝世世子孙感且不朽。不孝慰高今名弃疾谨述。

民国三年印本《柳纯斋先生行述》

柳公钝斋墓志铭

傅尃

公姓柳氏，讳念曾，字幼云，号寅伯，别号钝斋。先世居浙慈溪，明季有迁吴江者，遂为吴江人。曾祖讳毓芳，字秀山，无子，以弟树芳子为后，讳兆青，字起亭，实公祖。兆青复以弟兆薰子为后，讳应墀，字笠云，生公及公弟慕曾。盖自秀山公以还，再斩而蝉，柳氏之世于是始大。树芳字古槎，兆薰字时庵，世笃学、善著书。爰洎公考，余绪绵延，以继以述，逮公出业乃益宏。尝从诸杏庐、柳韬庐、凌退庵诸先生游，浸渍于学，靡弗研治。泊然而清，寡营世利，内外崟崟，无息以恒。自始弱冠，爰至弥留，撰日记垂三十年，未尝少辍。补博士弟子，旋食廪饩。勤修内行，肫挚逾常，克笃友恭，式于乡党。好持大节，不随唯阿，论事多远中奇识。当清末叶，天下昌言革新。公子弃疾重闵时敝，尝列名党籍，从诸豪桀亡命游，指天量地无臲卼。公故知之，不之禁也。洎辛亥军兴，义师势胜，和议忽起。暴袁蹶张，公子著论觝排，权贵侧目。或以危辞悚公，谓将祸及门户，公笑弗应，其从容如此。自公以上五世，皆宅胜溪。后尼讹言，举宗离析，谕止无功，常用耿耿。盖慨然于先泽之永怀，而宗法之不可复也。少孤，与弟居丧，哀戚尽礼。中更痼疾，颇究经方，兼涉丹书，藉资陶养。猎艺之暇，有棋一枰，尤耆神宦，窅然独往。比及易箦，神识如恒，天不憖遗，遽归玄宅。仁不必寿，於戏悼已。以民国元年八月四日卒于黎里里第，距生清同治五年九月廿八日，春秋四十有七。又明年四月廿日，葬二十九都北玲圩祖茔祔次，礼也。夫人费氏，同邑讳延庆女。生子弃疾，娶郑瑛。女平权，适钱贻德；公权，字凌光谦；均权，未字。孙无忌，孙女无非、无垢。公子少耽典坟，长擅文誉，主盟南社，多士归之。追述遗徽，哀慕罔极，用胪懿卓，铭示茫茫。铭曰：

於穆柳宗，肇自浙东。亦越春江，爰从吴中。卜居未宁，逊村乃作。用家胜溪，水乡是托。古公崛起，著书满家。施于孙子，兰茁其芽。公考觥觥，筹边定远。长略未施，遗篇益显。我怀明德，视此达人。尤远有耀，崇教以身。笃厉姱修，敦行孝友。休休其容，介介其守。移家黎里，犹乐分湖。千秋万岁，魂魄与俱。嗣君衔恤，爰图旧隐。走檄传题，发篇徵咏。当世有述，名山有传。载启尔后，聿承厥先。公年不融，公志无憾。何以永之，铭诸幽圹。

醴陵傅尃撰书并篆，民国七年十一月刻石。

平江周梅谷刻。

吴江博物馆藏拓片

柳寅伯先生墓表

陈去病

吴中四姓，陆鲁望雅慕田园；分湖世家，叶天寥著称挽近。渺烟波兮无际，知菰芦之有人；临万顷兮苍茫，独怆然而涕下。如吾友柳君寅伯之亡，殆堪纪已。君讳念曾，字砚贻，别号钝斋，吴江人也。门承通德，家传赐书。郑小同少遭愍凶，谢康乐善怀祖德。当中书之绮岁，重江夏以悲哀。与弟慕曾，并获慈荫。而令祖莳庵先生所䌷绎，翼后成图，传世勿替也。莳翁蓄道能文，儒林宗匠。父应墀，筹边定远，一代雄才。陈太邱令德充苻，郭有道英年早世。夫固清芬载诵，誉美纪群。已而君则孤童自振，友爱弥敦，智识徇齐，心情恺悌。既二难之竞爽，复绳武兮贻休。异袁愍孙之伶仃，独标伟器；比王慧龙之聪颖，仰洽亲心。所谓蒋氏之翁老而弥笃，任家之学幼而多慧，不其然欤？且也轩名依绿，陆典籍大礼师儒；图写水村，钱重鼎特勤教授。繄杏庐之高操，实当代之人师。暨退修之闳通，并韬翁之方雅。莫不材侔金箭，望重枌榆。集侨札于一堂，进机云而受业。是以淹通经术，博洽群书，追陪长老，多闻往训。雪门侍立，浑忘三尺之深；竹林清游，时侧七贤之列。具浚冲之清赏，人自乐与久谭；藉范云为忘年，畴不愿同结契。遂乃鹏程远迈，克酬卵翼之恩；黄序高翔，蚤入成均之选。一经善诵，韦元成岂藉籯金；遗著长留，晏平仲不孤楹柱。岂非袭弓袭之业，而克隆堂构之基者哉！重以风仪秀整，儒雅多文，内行精纯，清辉自远。太史公谈言微中，亦足解纷；司马徽冰鉴从心，俨然无咎。惟澹泊而宁静，乃躁释而矜平。频传诫子之书，雅有跨灶之喻。是知早成非清门所尚，而重器乃父老深期也。禀命不融，享年四十有七，以中华民国元年八月四日疾终里第。呜呼哀哉！公子弃疾，韶龄擢秀，海宇知名。词藻斐然，缟纻迭被，才智高迈，器宇恢闳。鲁仲连义不帝秦，张子房奋而佐汉。百年心事，千载同符。而乃循彼兰陔，悲深风木。师闵损之要经，表泷冈之遗阡。以去病同门，猥相敦属。孔北海累世通家，蔡中郎临文兴愧。亦阅有岁，曾何敢辞。惟君渊源家学，餍饫良箴；继往开来，笃信弗倦。义理以外，特善玄言；游宴之暇，耽情秋弈。非牧猪所共喻，亦齐谐之喜观。以逮卢扁奇经，钟王模楷，罔不兼通并习，擅彼众长。奚况眷念宗枝，敦崇风谊，睦姻任恤，忠厚是资！娄湖有同闬之亲，董氏无异烟之灶。故郑人虽惊以伯有，而泉明终恋夫柴桑。看三径兮就荒，每孤松之独抚。情之所感，慨焉何穷！此分湖旧隐之图，令嗣因而亟作欤！今者碧梧苍石，故园之风景依然；叔夏壶天，往昔之琴尊安在？听山阳邻笛，故旧衔哀；鼓壁上遗徽，风流顿尽。琼琚玉佩，忍抚子厚之文；丹荔黄蕉，长飨罗池之庙。谨表。

中华民国七年三月吉日，同邑友弟去病拜撰并书。

吴县周梅谷刻。

吴江博物馆藏拓片

柳钝斋先生诔辞

余天遂

士以才美不彰而襮期自惜者，惟后世有之，古之君子则安于遇矣。屈贾之贤，盖未足方驾夷惠焉。世运既降，人情迁伪。学夷者且近于矫情，学惠者更同手流俗。烈士之徇名与贪夫之徇利，其心无少异也。故尼父以庸行为难，孟氏以好名为戒。若纷华战于胸中，怀才急于自见，稍不得志则郁抑牢骚，发为感叹。人怜其遇，吾卑其品，非苛也。维钝斋柳先生，以冲和之性，抱贞介之德，邃古好学，能世其家，遂志宁居，不慕荣利。哲嗣即并世交，称之柳弃疾也，以少年豪俊为风雅所归。而先生文不外著，光耀常韬，虽庠序蜚声犹在早岁，而颐光泉石竟掩终身。世有中材之士自甘遗逸者乎！先生盖逸乎远矣！方清之季，士气不振，衣冠涂炭，安若累袽，先生毋乃有不屑者欤？然而自安恬退，绝无矜世之心，玄默知几，独守从容之义，又岂挽近所能常常遘止哉？天遂交弃疾有年，以先生之殁哀而诔之。诔曰：

混混者趋利，濯濯者争名。世有隆替兮道有晦明，惟暗然之君子如衣锦而尚䌹，不矫情以鸣异，实光大而含弘。昔人有言：闻柳下惠之风者，鄙夫宽而薄夫敦。而百世之裔能嗣其风者猗欤？非钝斋先生欤！

按先生事状详传作墓志铭。共和元年夏日，世愚侄余天遂谨诔，九年庚申之冬泐书。

钝斋先生以元年终，三年始讣葬。此诔奉讣后始作，追书为元年。

吴江博物馆藏拓片

先考根黄府君行略

沈流芳

　　府君姓沈氏，讳廷钟，字秋音，一字骚庐，号根黄，又号跦庵，本贯江苏吴江县人。先世系出浙江吴兴之竹墩里，自彝溥府君于明季避兵来邑之雪巷村，仍世相传，孝弟力田，颐光隐曜。八传至翠岭府君讳橚德，敦行耆古，开曲江书庄，广蓄书籍，招致名流校刊前哲遗文，如吴县吴枚庵先生《国朝文徵》、同邑沈南一先生《续国朝文徵》、泾县朱兰坡先生《国朝古文汇钞》、同邑迮青垕先生《辑注蛾术编》诸巨帙。复辑补歙县张山来先生、同邑杨慧楼先生所辑《昭代丛书》而汇刊之。行谊见邑续志人物传。是为府君之曾祖，配张夫人，侧室张硕人。翠岭府君生五子：长六琴府君讳宸凤，是为府君之祖，配黄夫人；次宿海府君讳澂照；次鳌峰府君讳韵海；次韵藻府君。皆早卒。又次诵帘府君讳人杰，峻直能文，义行著乡里，是为府君之本生祖，配钱夫人，继配金夫人。诵帘府君生飓生府君，讳中坚，兼承大宗六琴府君之后。豪侠好义，鬻田三十顷，振晋豫灾，高风义问，震耀一时。行谊具载德清俞曲园先生所撰墓表，及长洲诸杏庐先生所撰墓志。是为府君之皇考，配彭淑人，侧室王硕人、黄硕人、张硕人。府君昆弟十人：长先伯父讳廷镛，与府君同为祖妣彭淑人出；次六叔父讳廷铣，黄硕人出；次七叔父讳廷锡，张硕人出；次十叔父讳廷锵，十一叔父名廷镐，黄硕人出；次十二叔父讳廷铭，张硕人出；十三叔父讳廷镤，十五叔父名廷镜，黄硕人出；次十六叔父讳廷镒，张硕人出。府君之生，适当洪杨兵乱弭平之后，江左流亡渐庆复业，闾里百室群喜盈宁。先祖考秉性豪迈，虽不屑屑于章句，而敬礼儒先，有先世风。自先伯父与府君胜衣就傅，即延名宿为之讲学，先后适馆授餐如钱子甜孝廉宝德、徐藻涵广文世勋、盛星彬太守钟岐，府君皆执经问业焉。最后负笈从钱稚鹤孝廉焕于江城，所诣乃益进。府君质灵敏而性和易，庭闱之地怡声愉色，昆季之间退梨让枣，故先祖考与先祖妣钟爱为特甚。亦尝潜擘经从事传艺文，以帖括文为非之至者，故一试举子即罢去。早岁与先伯父覃精书史，下帷攻苦，风雨对床，昕夕无间。而棘闱锁院，独不与偕，此以见泊然尘埃别有怀抱者也。我家自翠岭府君起，建江曲书庄于雪巷故村，搜罗法书名画、宋元椠本充牣其中，而飓生府君亦续有所收藏。故四方之巨人长德、畸士名流，考古赏奇，时一来集，缟带写诚，笠车申好，昕夕无间。府君与先伯父恒以惨绿少年结交苍老，为先进所矜异。顾先伯父赋性沉毅，偘偘自将；府君胸怀昭旷，不滞于物。一时乡里祭酒如柳莳庵先生、韬庐先生，凌莘庐先生、退庵先生称为后起之秀，有"东江二难"之目也。莘庐先生之才子敏之、密之两姻丈，莳庵先生之文孙钝斋姻丈、无涯姑丈，均以道义文章与府君订交。早岁时往来于江曲书庄，互结文社，埙唱箎和，攻错他山，沉潜极欢。惟两凌丈天不假年，有才无命，钝丈亦中年沦逝。独无涯姑丈重以密亲，晚岁又里居接近，得终遂岁寒之盟也。岁丁亥，先妣彭安人来归，先妣与先祖妣实为姑侄，以外祖父母早世，育于舅祖任半聋先生之家。舅祖相攸，得府君温家玉镜，益以重亲意惬甚讵。

越岁己丑正月，长兄生而不育。二月，先妣复以娩难亡。府君抚事增感，顾影神伤，营奠营斋，诚通魂梦，于是有《采芝图》之作，并为悼亡诗三十二章，以纪哀思。先妣虽少失恃怙，然习礼明诗，无忝家风。既姑妇之克谐，复家人之胥睦。闺房之中，文史研摩，数典赌茶，不减归来堂故事。府君骤失内助，痛澈于心，故自先妣辞世，即宣言不愿更娶。顾以嗣续尚虚，奉祖考妣谆谕，始以生母虞氏为侧室。又明年，祖妣彭太君弃养。我家自丧乱复业，曾祖考已捐馆舍，祖考又豪迈不问家人生计，幸祖妣宽仁贤明，总持内政，裁冗缉匮，黾勉有无，以樛木之乐，只为鸤鸠之平一。先伯父与府君式禀母教，故于昆弟姊妹间，无间嫡庶，视若一体。祖妣既殁，祖考年事渐高，郁陶于心，因效张志和、陆鲁望故事，以一舸载书画鼎彝，漫游吴越山水间，因之家政不纲，器物失检。诸叔父修羊醴酒之资，不时具致，乖尊师亲友之愿。府君及先伯父以学成出游，谋升斗，佐家用。庶祖妣及叔父等之侨居于外者，时时赡顾之。府君侨居苏垣，计凡七载，与当世名流相往还，若陆廉夫、吴缶庐、金心兰、章式之诸先生，均谈艺论文，乐数晨夕，流连辖饮，意兴弥豪。维时典钗沽酒，锉荐延宾，我生母实共厥艰也。岁甲午，心香姊生。是岁，祖考遣嫁四姑母于柳无涯姑丈。府君以管鲍之深交，联潘杨之密谊，绸缪情话，同心断金，喜可知也。岁丙申冬十一月，家中妇孺不戒于火。府君与先伯父方会葬吴门彭氏，祖考亦出游于外。隆冬深夜，救护乏人，举世楷世美东西两宅，以及林亭别墅，焚毁荡如。而先世所刊版本与书庄所藏孤本秘笈，具付劫灰，论者致叹为东南文献一巨厄云。天笃降丧，明岁丁酉十二月，祖考弃养。是时巨灾甫攖未宁，厥居补苴，绸缪正图再造，乃大丧猝遭，又集于蓼。府君鸡斯号恸，恨抱终天，与先伯父竭蹶经营丧葬，聊葺故居余屋，以为倚庐栖息之所。时庶祖妣所出诸叔父俱弱小，府君与先伯父庀宰家政，实肩厥重。灾丧频仍，由丰入啬，府君佐先伯父本祖考未竟之绪，分析遗产，苦心擘画。先公后私，让腴宅瘠，委曲求全，至决议赞同，一唯先伯父及诸叔父之意是从。其用情周挚，有非恒人所能及者。遗产既析，义庄公祭，端本诸先世成规，与先伯父商订贻谋永久之方。乡间时警萑苻，兴复故居亦殊非计。岁戊戌，乃相宅于周庄乡之太平桥迁焉。是岁，不孝生。越三年，先伯父亦赁庑东江。癸卯始与先伯父合购太平桥之宅，鸠工修葺，始获宁居。先伯父以义庄通例重养轻教，殊非培植根本之至计，会欧化东渐当宁，怵于庚子拳祸，亦以开通民智育才兴学为先务。府君谓乘时嬗变，正义庄规画教养兼施之时，乃与先伯父量入为出，审订预算，于丁未岁创立民立沈氏初等小学。己酉岁扩充为沈氏义庄两等小学，呈司达院，咨部案以确定。时里中女学未有萌芽，复与无涯姑丈、先伯父捐资，分立东江女学，以创开风气。光、宣之交，朝廷预备立宪，分画市乡自治区域。周庄一区，本元、江两属。于是府君与先伯父会同两邑官绅，按照图志犁定界址，而江属之周庄乡得列为本邑十八市乡之一，皆府君与先伯父主持之力也。自治肇始，经纬万端，本区人才蓼落，先伯父与无涯姑丈挈其纲，而府君竟其委实施。劳勤之事，胥府君任之，布置肆应，已苦不给自。岁庚戌，先伯父应两江总制丰润张尚书之聘，幕游秣陵，迄辛亥归装，又任县署一科科长之职，迨甲寅谢病言。旋又美狄，纷乘屏绝，百务于斯时也。庄务、校务以及自治事宜，靡洪靡纤，悉委其责于府君。府君苦思焦虑，朝考夕稽，计日程功，以赴事机。履薄临渊，恒恐失坠，赖无涯姑丈肺腑深交，时出其力，以为匡翼，得分厥劳。然府君之对于家庭社会，服劳尽瘁，逢此百忧，自兹始矣。光复之际，吴中淫潦成灾，风鹤频警，农佃之闹荒者所在如云而起，公所学校及绅富之家遍遭毁击，至烦军旅下格杀勿论之令而其焰始戢。独我周区以府君信用著于一乡，一经晓谕抚辑，无不帖然就范。于是办平粜工振以济贫弱，组学团候徼以备非常，一乡之内，共保盈宁，微府君先事筹划，弭患无形曷克臻。此时大祲之后，县长丁初我先生惩前毖后，以我邑处太湖下游，水利不修久矣，十年九潦，民食堪虞。为急则治标计，惟有围田开溇障水泄水之一法。癸丑冬，借漕开办圩工，令行各市乡董核计土方，募夫兴修。愚民可与乐成，难与虑始，幸府君不殚烦劳，口讲指画，亲自督巡，故于南北吹、东西比等圩成效大著。后之言圩工者，恒踵而行之，以为常法。选乡里精壮，组织保卫团。甲寅试办市乡警察，即本是以改编。人皆土著，民习而安，绝无扰累闾阎之事。推广区立国民学校，编查学龄儿童，均实事求是，筹款挹注，计手创者凡五校，均生徒优振，成绩斐然。甲寅，自治取销，府君被任为本乡助理员。凡保农、备荒、防灾、劝学、恤商诸政，无不心体力行，规画周至。乙卯，移居杨家潭柳无涯姑丈家，与姑丈朝夕过从，益资商榷。府君性慈祥而意恳挚，赴人之急，周人之约，如疾痛之在身，故所识贫乏有所筹商，无不如其意而去。于是乡之人信服府君者日益众，凡家庭之细故，佃亩之争讼，日质成于门，户限为穿。府君反覆研求，衡情酌理，一一为之剖解。凡助理自治十余年，消释鼠牙雀角之争者，奚翅数百起！往往有积讼累年，案悬莫决，而转解决于府君之片言，两造竟以罢讼其积，诚感人为不可及。丁巳冬，无涯姑丈以剧疾卒。府君既伤知心，又失臂助，悲来悼往，凄然于怀。自四姑母之殁，率初表弟、蒨雯表妹本依我家以居，为长姑母所抚育，至是益悯其孤露，凡姑丈身后诸务，一一为之料理。复经纪其产殖，为之求师傅、谋婚嫁，汲汲皇皇，如谋厥私，若惟恐不能慰逝者之灵者，盖风义之笃有如此。岁戊午，十六叔父卒，遗命以不孝及从兄泽民为嗣。先是先妣彭安人之丧，长兄不育，府君命从兄泽民主丧事。暨从兄润身殁，先伯父以不孝既生，尝谓府君曰："弟今有子，盍归我儿？"遂命从兄泽民归宗。至是十六叔父既定从兄泽民为嗣，府君亦以膝下只不孝一人，遂援例令不孝归宗焉。越岁庚申九月，伯母凌安人卒。十一月，先伯父以微疾殁于苏垣客邸。五十日中，家遭重丧，府君悼令原之永逝，痛外侮之纷乘，哀隙相求，涕泗急难。卒使首邱遄正，玄石安窆，貌是孤孙，槚书克守。其苦心孤诣，只能上诉真宰，有非尽人所可喻者。二姑母守贞不字，长斋奉佛，家庭内政颇资整理，去岁六月以疾卒于苏垣。外家彭氏同母昆弟，惟府君在饰终之礼，竭诚尽哀，遗命以赡养田五十亩，附捐义庄。府君为之援例，请褒以慰厥志。默溯丁巳以来，无涯姑丈作古，而十六叔而先伯父母相继以殁，继又丧我二姑母。懿亲骨肉，岁有摧伤，人琴之痛，风流顿尽。哀思缠于内，冗累迫于外，以致索处，鲜欢言哀。已叹咄咄书空，旁皇中夜，虽百忍其奚，辞郁孤怀而谁语？比身金石磨耗，难当美疢之攖，有自来矣。乃不孝始以学业未成，继又服务社会，不能左右就养，视听无形，稍分负荷之劳，以永爱日之祚。始犹小极驯至大渐，昊天冈极，反哺无期，抢地呼天，百身莫赎。呜呼痛哉！府君自去岁背秋涉冬，肝阳时发时愈，发则眩晕，不能起坐。时迫冬令，租务正冗，而公私之月要岁会，亦且纷沓而来。缕晰条分，亲加检料，以烦猥之相，寻致静嘉之无。自入春以来，遣嫁心姊于荥阳郑氏。心姊孝事父母，与襄家政，与不孝友爱如昆季。一旦施衿结褵，远父母兄弟，膝下承欢，益鲜伴侣。经禀命庭闱，商诸婿家，就婚寒舍，得征同意，乘龙协吉，老怀弥慰。然积瘵之余，肝胃与怔忡之恙乃日进，不孝力劝出外就医，藉资休憩。府君辄谕不孝曰："尔毋多虑，此后诸事俱了，得事习静，当可复原。尔既职务有羁，尽可放心就道，勿瞻顾徘徊也。"逮不孝去沪，府君隐虑病体之不支，公私各务亟谋脱卸。先将乡办事处助理一职呈县请辞，举十五叔父以继其任，款项簿籍亲手交代。义庄学校具事结束，与叔父从兄辈商，俟暑假终了，由族公举替人，俾息仔肩。乃诸事钩稽甫毕，而精神愈益恍惚，迭延医师调治，均谓："忧虑过度，脑系大伤，急须断绝思念，一意静摄。或可有瘳，否则非药石所能奏功也。"不孝闻之，乃请急假省视，见府君形神俱瘵，寝息弗宁，忧来无端，劝慰不释。以周地僻处，延医较难，先借寓苏垣亲戚家以就医，更禀命府君定计迁苏，藉此脱离乡政，以避尘嚣。府君深赞同之。于是日延医为府君疗治，复往来移家于七月二十三日，定徙于葑溪泗井巷寓所。时酷暑洊临，病状增剧，于是迭延范补程先生及美国惠更生医师同事治疗。府君以家中烦冗，意欲迁致更生医院，乃由不孝随侍前往。到院两日，又主回家，仍由不孝侍归。不意返家以后，势益沉笃，神识迷惘，饮食拒进，遂于八月一日酉刻，竟弃不孝等而长逝矣。呜呼痛哉！伏念府君神明强固，胸怀坦荡，秉性恺弟，善遇人同。中年以来，遭逢多故，饱更忧虞。晚岁后骨肉凋残，公私丛脞，遂至神思大耗，百疢环生，沉痾缠绵，曾不中寿，然立身行己之际有足述者。府君于艺事无所不通，工诗词，善楷法，兼通音律曲谱，于清浊、高下、短长、疾徐之别，分寸不失累黍。喜画兰，灵襟披拂于所南之沈郁，湘兰之逸荡，各极其致。同人徵求，日尽数十幅无倦容。以香草著于《骚经》，故自号"骚庐"。又工棋，早岁挟其伎以遨游旁郡，鲜与抗手。吾邑国手耆硕，向推舅祖任畹香阁学、太姻丈凌退庵部郎。府君年辈已晚，然辄以小友颉颃其间。娴伎击，家藏单刀重百许斤，飞花滚雪，使之如飞，神色不变。善柔术，能举重若轻。尝以两手指穿石敢当孔而提举之，若宜僚之弄丸，而大力者虽喘息绝腋，莫能举也。光复之际，宵小窃发，乡间守望相助。省令编保卫团，以辅警备之不足，府君为之主任，练伎束伍，打靶瞄准，发无不中。早岁研究医卜，俱有心得。又耽禅悦，先祖妣、先妣之丧，持诵戒律甚严。然深佩信教自由之旨，常谓："宗教须以道德为依归，我佛慈悲与基督博爱，盖殊途而同归也。"学校既兴，锐意讲求科学，习旁行文字，执教鞭于元江公学。自庄校及东江女学发起，先后任校务垂二十年。岁庚申，不孝请于府君，愿联合青年同志创办暑假义务小学，并为庄校学生补习旧课。府君深为嘉许，独力任经济，且为之指导焉，同志中无不赞服。如是者三年，庄校学额遂以激增，亲友中有志向学而无力竟学者，府君恒为之筹划介绍。乡间苦流民入境之扰，乃与先伯父商订章程，设岁余保农会以靖闾里，输资施药以周贫病，布种牛痘以保婴孩，皆年捐巨款以补公费之不足。自民国以来，选举之制愈趋愈下。而周区一隅，经府君主政，独能拒绝金钱，悉本良心之主张，在十八市乡中殆为硕果仅存矣。府君生中华民国纪元前四十有六年，即清同治五年丙寅十一月十九日子时，卒民国十二年八月一日下午六时，即旧历癸亥六月十九日酉时，享年五十有八岁。以前清国学生振晋豫灾，援例得分部主事。民国三年，以捐资兴学，得奖给二等银质嘉祥章。配先妣彭安人，清长洲五品衔、赏戴蓝翎、安徽候补通判、国学生应箕女，生民国纪元前四十有七年，即清同治四年乙丑闰五月十二日丑时，卒民国纪元前二十有二年，即清光绪十五年己丑二月十一日未时，享年二十有四岁。侧室虞氏，即不孝生母。子二人：长，先妣出，诞而不育；次即不孝流芳，东吴大学毕业，理学士，中华基督教青年会全国协会干事。娶同邑金女士蘅，前肄业吴江私立丽则女子中学，即前江苏省公署秘书、省议会秘书长、前清谘议局议员、内阁中书、丁酉科拔贡生祖泽第三女。女三人，皆生母出。长幼俱殇，次心香，前肄业苏州景海女学，适浙江嘉善籍郑希郭姻丈雍五子斌，日本早稻田大学毕业、政学士、浙江公立法政专门学校教授。不孝将以某年月日，奉府君及先妣彭安人之柩，合葬于江邑周庄乡之原。用敢和泪濡墨，次其大略，惟当世先生长者以道德文章阐幽显微为己任者，哀而锡之志铭，俾附以传，则不孝世世子孙感且不朽。不孝沈流芳泣血谨述。

民国十二年印本《沈跰庵先生追悼录》

沈跰庵先生家传

金祖泽

沈君讳廷钟，字根黄，又字骚庐，晚自号曰跰庵，江苏吴江县人。先世系出吴兴之竹墩里，有彝溥君者于明季避兵来邑之雪巷村。八传而至君之曾祖讳楸德，敦行耆古，开江曲书庄，广蓄书籍，招致名流校刊先哲遗书，行谊见邑志人物传。祖讳宸凤，本生祖讳人杰。考讳中坚，豪侠好义，鬻田振晋豫灾，义问著当世。君生长义门，天性肫厚，婉约而笃志，谦逊而有礼。恒禀为善最乐之庭闻，故入无间于父母昆弟，出尤能亲师取友，以被濯身心。先世富藏庋，君耳擩目染，动造深际。又乐与当世耆宿相往还，故志趣高迈，不屑屑于章句帖括之学，而灵襟四映，艺无弗通。工画兰，善弈棋。书画碑版乐石吉金之类，鉴别真赝，不失累黍。伯兄屋庐，殚精文史，嶷然有网罗文献之思。君风雨对床，赏奇析疑，自相师友，一时有"东江二难"之目。家故饶于资，君考豪侠好施，屡散千金，家以中落。洎遭回禄，家业荡焉。不逾年，君考旋卒。君乃与兄继志述事，以因为创营丧葬，建祠宇，设庄校，精心规画，胥复旧观，且加隆焉。君兄弟十人，姊妹七人，族大指繁，由合而分，由丰入啬。君体父母之心为心，本昆弟之意为意，委曲将顺，让隃宅瘠，人人如量而予，无不翕然诵君之贤。诚中形外，德孚于乡，乡里间箕帚耰锄之事之质成者踵相接。君善譬而喻，如春风之煦物，如时雨之滋荄，使人孝弟之心油然而生，虽有桀黠，无不相悦以解。此君之行修于家而以德化人也有如此。民国肇建，江苏一省号为自治先导，君既被选为江邑周庄乡乡董。凡自治职所应为，如兴学、劝农、救荒、恤贫、浚畎浍、兴水利、筹保卫、抚流移诸乡政，无不尽智毕虑，昕夕不遑，如谋厥私。其尤难能可贵，律诸当世如凤毛麟角者，实惟选举一事。晚近选制之日流洿下，诚已无可讳言如驵侩然，百出其狡，以利为市，流风所扇，虽有贤智且难矫异。君独化行于乡，自国、省、县以迄本乡之选举，经君手办者无虑十数次。乡之人咸服君之教，各本良心之主张，谢绝利诱。其邻区之慕义者亦且改行，率德相观而善。故终君之世，我邑东乡选政为全邑冠。此又君之望表于乡而以善及人也有如此。夫使世宙清夷如君数百辈，达而在上，则足以易俗移风，穷而在下，亦庶几化莠敦薄，以彰我道之不孤。今则举世泯棼，惟君独醒，而犹不得硕果憖遗，以俟天心之来，复乃使踽踽凉凉如予者，执笔而诔君也。悲夫！君之卒也，以民国癸亥六月十九日酉时，年五十有八。先是君兄厔庐及弟慰劬、姊贞孝君，四年之中先后殂谢，君内戚于心，外困于公私之煎迫，忧伤憔悴，郁为美疚，驯至不起，虽不无用情之过？呜呼！是可以觇君之至行矣。君于前清以捐资振灾奖分部主事，于民国以捐资兴学奖二等银质嘉祥章。配彭安人，侧室虞氏。子流芳，东吴大学理学士。女心香，适嘉善郑斌。

　　金祖泽曰："余于君为中表，重之以昏姻，交君逾四十年，故于君生平知之尤谂。余之始识君也，君家尚鼎盛，君与难兄諏经谂史，风流文采，映照一时，允矣当世之佳公子也。自绛云一炬，乾荫旋倾，集蓼圬荼，再亢宗祏，斯无愧克家令子矣！洎景迫中年，管理乡政垂二十年，其尽瘁社会所以荫芘其乡者美德，至于不可胜纪。即此选举一事，其能翘然自异于浊世者，岂偶然哉？综君之生平遭遇凡三变，时事之迁流逾下，而君之志行乃益高。君今一瞑不视矣，能无兴国侨，吾已无为为善之。嗟乎！

民国十二年印本《沈跅庵先生追悼录》

沈跅庵先生墓志铭

丁祖荫

　　常熟丁祖荫撰文，吴江金祖泽书丹，吴县钱经铭篆盖。

　　蚬江之滨有老屋数椽，风雨不蔽，灵光隐曜，若与吾邑隐湖汲古后先辉映者，此吴江沈氏之江曲书庄也。自翠岭先生振导风雅以来，再传而至煦生先生，高风义问，震耀一时，吴人士都能道之。有丈夫子十。长廷铺，字厔庐，号咏韶。次廷钟，字跅庵，号根黄。余识厔庐久，因厔庐而及跅庵，一握手温然有古君子风，儒雅之传，庶在于是。洎余出宰吴江，偕厔庐治事历期年。跅庵时董一乡，时以政事来，益深悉其为人。岁周巡乡，至入其里，田畴秩然，闾闬晏然。登其堂，昆弟怡然，群从雍雍然，恍然于君之孝友于家而施及于乡里者，宜为一邑所矜式。夫亦先世之高仁淑德，有以翔洽太和之气，而布濩于闾巷间者乎！君生当洪杨乱后，时家声鼎盛，东南耆宿，朋簪云集。君兄弟少从名师游，复与其乡柳莳庵、韬庐、凌莘庐、退庵诸先辈讨论古今，网罗文献。结社订交间，动以道义文章相勖，一时有"东江二难"之目。岁丙申，雪巷旧居毁。越明年，毻生先生卒。劫火洞然，丧居离析，二君以嫡长实肩后死之责，群季弱妹异母如同出。自析产以至建庄、备祭，必先公而后私，舍腴以就瘠，事事皆称量人意而后出。君之天性诚笃为不可及，而生平之劬颈亦在于斯。丧葬既毕，乃与兄卜宅于周庄之太平桥而迁焉。治家庞事，恒为家督代其劳，而于大者必协谋以共济。丁戊以来，立庄校以谋教养，定经界以规自治，修水利以卫农田。至于绥辑流亡、保卫闾里，凡劝学保农惠商诸要政，安节恤孤救荒诸善举，汲汲焉如谋其身家，无不朒笃而周至。其才足干事，其天性，盖尤不可及也。君之居乡也，恒视乡人为手足，有以急难贫乏告者，援之如拯焚溺。争讼不能解，必质成于君前，往往得片言，解纷两造欢跃去。君之得信服于乡，其积诚感人又如此。今之世，乡里之号称闻达者多矣。其能不私于身，不私于家，而泽及于乡，殚心并力以瘁于事，如君者有几人哉？君之先出吴兴竹墩里，明季有讳彝溥者始迁于雪巷村，遂为吴江人，八传至楸德为翠岭先生。子五：长宸风，无后；仲叔皆蚤卒；季人杰，生中坚，即君考毻生先生，兼承大宗后。配彭氏，为垕庐与君所自出。君生于中华民国纪元前四十有六年，即清同治五年丙寅十一月十九日，卒于民国十二年八月一日，即夏历癸亥六月十九日，春秋五十有八。前清以国学生赈晋豫灾，援例得分部主事。民国以兴学功，奖二等银质嘉祥章。配彭夫人，清长洲安徽候补通判应箕女。归君两载，生子不育，以娩难卒。侧室虞氏，生子一，名流芳，东吴大学毕业，理学士。女三：长幼殇；次心香，适嘉善郑斌。君既殁之次年，将以四月十二日即夏历甲子三月初九日，与彭夫人之柩合葬于本邑周庄乡北磻圩之原，流芳踵门以铭墓请。余故知君者，其可辞？铭曰：

我怀江曲，宛委之藏。我瞻骚庐，德星在堂。温然金玉，昆弟孔臧。扶持道义，袯濯江乡。一流向尽，二难俱丧。百年有后，天道靡常。秋风墓草，斜日山庄。幽光有曜，絮酒不觞。佳城永冈，宰树郁苍。视此片石，言行表坊。

古吴孙仲渊镌。

吴江博物馆藏拓片

柳仲篪君家传

金祖泽

君姓柳氏，讳文海，字仲篪，又字继苏。先世避明季倭乱，自浙江慈溪祝家渡迁吴江之东村。迨君九世祖心园处士，乃胥宇于吴江县之北厍港，遂世为吴江人。五传至君曾祖廷模、本生曾祖阶泰，六传而至君祖映墀，其族始大。君考昌霖，以文学重于时，举清同治庚午科孝廉，授奉直大夫五品衔，任无锡县学教谕，兼署金匮县学训导。妣金宜人，继妣王宜人、金宜人。教谕君二子：长文潮，邑庠生，字伯堨；次即君。君幼而驯谨，逊志时敏。一门之内，父子兄弟，自相师友。年十九，清光绪甲申，瑞安黄少司马科试苏属，隽于庠。自是奋志于学，劬苦诵读，有有子烊掌之风。时教谕君方秉铎梁溪。梁溪为东南人文渊薮，学有师承，庠序之中，誉髦辈出，教谕马乐于诱奖。同时秉铎金匮者，为吴县王襄卿明经，有赞"锡金同城"。明经亦文坛老宿，同心敷化，月旦群伦，目宿冷署，士之以文卷为羔雁者，声价重于龙门。而君兄弟，轮番趋庭，因得与彼中人士讨论先哲学术之指归、艺苑之沿流，下逮制义帖括之风尚，砥砺切磋，学乃大进。犹忆君与兄岁时定省归里，有鱼蘖之召。君兄则举别来睹记之所获，人物臧否之所存。言之务尽其绪，绪则必会其通，烛跋酒阑，娓娓忘倦。君则渊默自将，语括大凡抑然。稠人之中，弥昭笾豆；静嘉之风，一门叙顺。正冀奋起时会，蹀躞风云，顾连不得于有司，教谕君以亲老告归，旋以哀毁捐馆舍。乾荫既颓，谖忧随之，家遭大丧。惟兄弟二人，倚庐咨度，筹划丧葬，泣血瘨思，惴惴以不克负荷门基为惧。会以清政不纲，鼎祚旋革，乡隅褊陬，萑苻时警。而君兄又以民国二年撄疾猝逝，翌年丧其才子耀南。脊令急难，益以羸博哀思，死丧之威，非人所堪。乃伯兄既殁，君以地方属望乡政旋归，而蒿目时艰，事绌举赢，政令所逮，无一非涂民耳目之为，抗顺俱穷，啼笑皆非。君于是悼心失图，时棹扁舟访余于家，谘商艰隐，有大去其乡之思矣。既谢乡政，乃卜宅于苏垣干将坊，大隐城市，避嚣佚老。自君去，而群从子姓散之他方者，族不复聚。鹤滨绿荫之堂，萧廖等于空谷，跫然无复足音之留矣。故北厍一港，自心园处士创辟草莱，所居成聚，至君而要其终，垂三百年，由聚而散，亦乡社得失之林焉。君处己俭，与人厚，宁人负我，毋我负人，平日孝慈友恭之行，足以刑方而训俗。克自韬晦，泊然寡营，晚得子腾复，第教以敦书饬行，勿慕时趋。始娶于徐，继凌，继陶。君于民国癸亥岁，自营生圹于乡之蛇蛛港，徐凌两孺人袝。卒于民国二十五年丙子五月初三日午时，年七十有一。卒之逾月，君婿徐光泰，介孤子腾复所述行略，属余为传，不敢以不文辞。

论曰：教谕君元配金宜人，为余之姑，故予与君昆季为外兄弟。予少君一岁，自幼壮以至耄老，行谊为尤悉，盖君兄笃厚，而君则沉毅，元方季方，无愧"二难"矣。予少孤，终鲜兄弟，观君昆季之友爱，未尝不慨焉慕之，而因不失亲，聊用自慰。《頍弁》之诗曰："尔酒既旨，尔殽既阜，岂伊异人，兄弟甥舅。"又曰："如彼雨雪，先集维霰，死丧无日，无几相见。"今君兄墓木已拱，而君复一瞑不视，值此谷陵变幻之世，益令予诵《頍弁》之诗。回首前尘，不禁潸焉出涕已。

民国二十五年铅印本《柳仲篪先生家传》

施肇曾传

肇曾，善增次子。字鹿珊，号省之。国学生。光绪十七年，直隶新海防案内议叙县丞，分省试用。是年，复在剿办热河教匪肃清案内出力，由直隶爵阁督部堂李保以知县，分省补用。十九年，在晋边赈捐案内议叙花翎同知升衔。二十年，两淮盐捐案内指分江西补用。是年，劝办晋边赈捐案内，由直隶总督部堂王保补缺，后以同知用。是年六月，钦差出使美日秘国大臣杨奏调赴美，派充驻美使署随员，兼管支应。二十一年，奏补纽约正领事官。二十二年，出洋三年期满案内保免补知县，以同知仍留江西归候补班补用，并加四品衔。二十三年回国，旋充湖北汉阳铁厂提调，兼办京汉铁路工程。二十七年，劝办顺直善后赈捐案内出力，由护理直隶总督部堂周保免补本班以知府，仍留原省补用。又因劝办秦晋赈捐案内出力，由山西巡抚部院张保俟补缺，后以道员用。三十二年，在山东工赈捐输案内议叙道员，仍留江西补用，并加二品顶戴。是年五月，充沪宁铁路总办，兼充招商轮船总局董事。三十四年，苏浙两省公同举，充沪杭甬铁路总办，兼充沪宁铁路议员。宣统三年，调充京汉铁路南段会办。民国元年十月，奉令督办陇秦豫海铁路事宜。二年，兼会办同成铁路事宜。是年十月，奉令特给二等嘉禾勋章。三年，兼充内国公债局董事、漕运局总办。四年，公举充任交通银行董事长。五年八月，兼管同成铁路事宜，执行督办职权，并奉策令为上大夫加少卿衔。十二月，奉令特给二等文虎勋章。六年，公举中国银行董事。七年十一月，奉令特给二等宝光嘉禾勋章。八年一月，全国商会公举国际税法平等会赴欧总代表。九年元旦，奉令给予一等大绶嘉禾勋章。又于民国十年，假无锡学宫旧址，创办国学专修馆，聘请太仓经师唐文治主讲。迄今毕业已有两班，人材辈出。兼刊刻十三经读本，采辑近代诸家注释并唐馆长平生著述，附诸其后，保持国粹，嘉惠士林。娶同邑龚氏，清封夫人，生子二：长赞元；次厚元，嗣肇承后。女二：长适湖州沈溯明；次适鄞县章沄，未嫁而卒，章氏迎葬。妾陈氏，生子一：钟元。省之于同治五年丙寅十二月初八日寅时生，龚氏于同治四年乙丑十二月十八日子时生，陈氏于光绪十九年癸巳五月二十七日巳时生。

　　肇曾，字鹿珊，号省之。（下略）一九二一年，引退荣休，定居上海。（下略）假无锡学宫旧址，创办国学专修馆，于故乡震泽创办育英中学及江丰银行，于上海举办永亨银行及闸北水电公司，一身兼任五董事长之职。（下略）省之于一八六七年一月十三日（丙寅十二月初八日寅时）生，于一九四五年十月二十四日（乙酉九月十九日申时）卒。龚氏于一八六六年二月三日（乙丑十二月十八日子时）生，于一九四五年八月九日（乙酉七日二日亥时）卒。

施肇曾《笠泽施氏支谱》《笠泽施氏支谱续集·他方卷》

施省之墓志铭

唐文治

　　公讳肇曾，字省之，浙江钱塘人。后建别墅震泽，并占苏籍。曾祖讳某。考讳某，字静安，与乃兄钦公种善树德，有声于时。睦姻任恤，凡有贫困来求者，靡不分金指囷，如其愿以去。盖其善因善果蓄积者久矣。公髫龄嗜学，读四子五经外，旁逮佉卢文字，罔不覃思精研，探厥奥窔。壮岁随杨子通星使游海外，任纽约正领事。辙迹所至，声誉鹊起，侨民咸怀其德。阅历既深，爰拟采他国之长以补吾国之绌。综其生平，盖有不可及者数大端。初，毗陵盛宫保筹办京汉铁路，在沪设局。知公才堪大用，遂以汉郑路工委畀之。惟时风气否僿，人尚缘饰，争揽路权，视为利薮。公砥柱中流，盟心若水，此坚定不可及者一也。比款定约，英人争权，于是要求五处路工，而沪宁线实居其一。公折冲坛坫，不竞不绌，用是敦盘辑睦，卒保主权。此其谙练外交，不可及者二也。沪约告成，公复主京汉路工。惟时毗陵入掌邮部，潮流颓洞，讹言朋兴。公懔《礼经》三坊，浩然归沪，杜门却扫，作海上寓公，遵养时晦。此其见微知著，不可及者三也。民国肇造，百废俱欹。中央筹设陇秦豫海铁路，袤延四千余里，为中原缩毂。公遂应督办之命，经营十载，殚精竭虑，路工骎及边陲，成效丕著，而于国库恒济有无，囊橐不思自润。年方周甲，急流勇退，解组归林，静参释典。此其经纶稍展，廉洁自持，不可及者四也。顾外业之崇隆既如此，而内心之蕴蓄更有不可及者。夫国学，寿世之命脉也；十三经，寿人之宝书也。辛酉、壬戌之交，公在锡山创设国学专修馆，延余主讲，培植髦士，并商讨余藏《十三经评点善本》，筹诸梨枣，饷遗来学。名山事业，足永千秋。而于沪上复创设育英中学，敬业乐群，以端趋向。菁莪棫朴，东箭南金，树木树人，项背相望，其渐被教育者广矣。中国济生会，慈善团之领袖也。自公长会务以来，值盘根错节之际，为扩义滂仁之举。凡遇各省水旱凶荒、兵灾疾疫，抚循噢咻，发粟授衣，不可偻指计。吾乡太仓瘠苦之区，迭被灾侵，贫穷无告，沾闳泽者口碑载道。又若创办佛教净业社，苦海慈航，诞生彼岸，惟日不足。回忆辛未之春，难友麇集本社而获庇大厦者无虑千百人。其寿人寿世又何如哉？至于任集堂轩统务、佛院统监、修士林林长，无非积善根源。余如实业界主持闸北水电公司，经济界被选永亨银行董事长，酌盈济虚，厚生正德，俱可称述焉。《戴记·儒行篇》曰："虽危，起居竟信其志，犹不忘百姓之病。"余尝作六字箴为教育宗旨，曰："正人心，救民命。"公之立人达人，其有心心相印之意也欤！公以清同治某年某月某日生，民国三十五年某月某日卒，享年八十。德配夫人先公九日卒。箧室某氏。介弟建，名肇基，字植之，前特任驻美大使，名闻中外。子几，某某。女几。孙几。孙女几。于某年某月某日与龚夫人合葬于某某原之阡。铭曰：

钱塘灵秀，震泽苍茫。笃生贤哲，令闻令望。象寄通译，美邦名扬。路政肇始，公握厥维。孰缓孰急，为干为支。呼吸千里，飙轮四驰。沧桑蒿目，退隐沪滨。潜研二氏，释典道经。孜孜为善，施粥济生。国学专修，徵集名流。剞劂善本，予焉取求。鸳翼双戢，萧史升仙。芝兰玉树，森森满前。我铭公墓，执笔泪涟。后有达者，来拜兹阡。

钱仲联《广清碑传集》

庞二如先生家传

金天翮

君讳元润，字二如，姓庞氏，吴江同里人也。先世由吴江庞山分支大光乡，清初始卜居同里。祖士达，父庆钰，具有令名。君于昆弟行二，性沉敏，有思致，而谦谦德让，不稍忤于人。少从袁墨林、王啸桐、钱迪生诸先生学，所为制举文，廉悍有风格。最后乃从苏州章式之先生游，先生亟称之。是时洪杨之难削平甫二十年，寰宇敉宁，天下熙然。忘厝火之危，科举之风大炽，士藉帖括以猎功名，高者能为词赋。君既工于其术，顾独好数理，庶几上摩梅、王、江、戴之垒，即不能从事考工，亦当为《计然七策》以自见。岁试屡前列，遂以例选训导，分发镇江。已而江邑初组县商会，君为总理，清正持平，不为卑亢，商情慕悦。民国初元，任本邑县署第二科科长，叠任里中市董事会董事、县公署及财务局顾问。君于金府令甲之学，洞瞩表里。数十年来，民生荣悴，地方政制赋税，张弛兴革，与夫钩理之方。官民之间，消息盈虚，症结所在，炯然如掌上之罗纹，虽猾胥老吏，无所施其奸黠。所谓弘羊潜计，安仁默识，无以过也。晚年捐资创义庄，建宗祠，躬躬谦损，有古万石君之风。卒于民国壬申一月十八日，距生于清同治六年九月七日，春秋六十有五。娶于杨。子文彬、文模。文模出后君之从弟仲康。女适黎里鲍咏棠。天翮与君幼同里，少同学，中年以后又数共地方事宜，其言行嘉懿历历在胸膈。今者故交零落，海宇风尘，眷念鬐龄，流波易逝，非独增朋友之感，盖不胜神州陆沉之惧也。

民国二十一年铅印本《庞二如像赞事略》

庞君二如别传

薛凤昌

自昔膺民社者，动曰抚字催科，余谓抚与催非两事也。催得其理，斯不扰不病。抚之之道，亦不外是。否则，如后世之诛求无艺，人民蹙额，地方亦烦费萧然，虽抚而愁苦，垫隘如故也。然而书生治事，拙于此者十八九。况丁变革之初，处佐治之地。新法未立，旧例犹存，革之则骇闻，因之则承敝，欲求一济宽济猛、不激不随、上下相资、公私交利者，不且戛戛乎难其人哉！惟然而我里庞君之才，为不可没也。君讳元润，字二如。幼而岐嶷，长而沈静，洵录力学孟晋，迈伦齿庠贡校，为名诸生。君之考庆钰，掉鞅贾区，信用卓树。及考殁，君不得已兼理焉。君综于内，弟奋于外，业用大宏。逊清未造，民治初萌，君则始长商会，继选里董。民国肇造，县治丕新，君与同里金君祖泽，同膺掾选。金主总务，而君司财政。我邑田赋，夙称繁杂，震泽尤甚。至是则两邑合一，风尚各殊。同一正税，而有租业，有自业，又歧出而为差办，为图分，为挖办，为自封投柜。区别既繁，弊隐斯窦，而所费亦远逾常格。且承师旅饥馑之后，当政制兴作之时，群飞刺天，百端待举。君乃昕夕焦劳，智计默运，权衡民力，斟酌税成，事必期其实行，法务趋于简易。天寒岁暮，尝驾一叶小舟，往还风雪中，周历各柜，以董以督，卒能上供省库，下裕县费。凡百新制，次第举行，于是滞积之锢弊，渐见清明。即征收之开支，亦勉符令甲，循名核实，知者称焉。综计自辛亥冬迄丙辰止，君任主计且五年。其时知县事者，则为南陵丁公方縠暨常熟丁公祖荫、长沙周公焘，无不钦君忠实，推诚相与，故能擘画就理，声誉翕然。至今论邑政者佥曰："二十年来于斯为盛，后此未可几也。"君解职归，嗣君后者，咸凛凛焉，蕲为萧规之随。而宰斯邑者，尤愿得君臂助，驾轻就熟。君顾恬退自适，不乐从公，无已则退任财政顾问，先后垂及十载。县中遇有兴革大计，或造庐就商，或急足相召，君则知无不言，言无不当。有可以纾民力苏民困者，尤无不竭诚献替，至实施而后已。犹忆甲子秋，借漕令下，莫敢谁何，君独慨然曰："是前所未有也。数虽似微，而开此恶例，正恐涓涓不绝，兹为滥觞。能免固幸，即不获已，亦惟借租不借，自以自业。率系乡愚，零星细琐，吾惧他日有借无偿，徒滋弊混。"时昌方膺县议席，亦力主之，卒以此上闻，报可。自是以后，果无岁不借，由半元而一元，而三元，胥循前例。故省令虽苛，而蔀屋编氓正赋之外，曾无有丝豪之溢支者，君之力也。丙寅之秋，党国初奠金陵，武夫悍卒，恣肆跳梁。司牧者率虎而冠，有不餍其诛求者，不惜以恶名科之。乡党自好之士，钳口结舌，谁肯出一言以贾祸。时适筹募库券，按区派认。我里则县委马某来，严词厉色，不容佗人置词组。君乃偕昌径赴县署，备陈瘠苦，邑令张公，卒允减折。其后凡募集公债库券，大率先就君商，君亦衡情酌理，务剂于平。君之所以维护元气、敬恭桑梓类乎此者，正多有非地方人士所能尽喻者，乌呼贤矣！君既殁，而世变日益亟，赋额日益增，征收之手续亦日益棼。逝者不复，嗣者无人以视十五年前邈焉，似黄农虞夏不可复得，其能无怆然于怀乎？昌故掭举大嵩，以诏来者。至君之善继善述，如恢闳先业，创建宗祠，立义庄以仰承先德，辟子舍以俯谋诒穀，是皆系乎一家一族，无与于地方者也，故不最。若夫世系年齿，子姓长幼，别详家传，亦不及焉。

薛凤昌曰：曩者昌将长市政时，自谓樗散之材何堪任重，而向人言货利，尤赧焉腼颜，以是坚意辞谢，谦退未遑。君则极诚恳恳，起而言曰："今日之事，非君莫属。脱有不逮，余当惟力是视，子其无辞。"故任职两载余，库券之募集，虽至再至三，皆赖君为之分途洽认，昌始终未一与闻。观此知君之于事，不任则已，任则虽极艰巨不中止也。以视世之始勇终怯、迎距无常者，不亦远乎？是则昌所身受，尤铭诸心而不忘者也！

民国二十一年铅印本《庞二如像赞事略》

庞君二如遗事述

金祖泽

君讳元润,字二如。先世籍山东单州。始迁祖千乙,宋建炎初扈跸来南,始占籍吴江。数传至尔康,字履安,富甲吴乡,隐于城东垂虹桥外,蔚成村聚,因名其地为庞山。孙兴祖,郡乡饮介宾,迁吴江西门外梅里村。越五世而至远,字剑川,明嘉靖间进士,任南京光禄寺少卿,粤大其宗。君曾祖大中,祖士达,考庆钰,均以不言躬行,著信贾区。君考尤深沈闳伟,富有设施。生丈夫子四,君其仲也。君生之始,适当大乱初夷,人心思治,风尚敦朴,群勉务本。君家素业油坊,兼籴贱贩贵。凡为坊者,以石轮石磨縻薹菜子若豆,榨其汁为油,抟其渣为饼。曩时物廉工俭,业有定程,大江以南营是业者,如建标立候,利可左券。君考实为榷会之钧衡,故群资宾附,几于贰圭两蠡。君兄元涛,弟元泳、元潮,均继承旧业,而君独诵习儒先,历游名师之门,深中笃行,学必至鹄。弱冠隽于黉,孟晋逮群,有有子烨掌之风。为文简洁老当,有内心,无溢藻,邃然而深,猝不辨其精蕴,故五充秋赋,连不得志于有司。甲午以后,君见国事之日非,尝谓:"非厚生无以起衰,非积著无以厚生。海通而还,均输平准之权,几悉操于外人。然我国苟有要射时利之杰才如陶朱猗顿者,麋起四方,调节驵会,上足以裕度支之委输,下亦足裨郡国之盈宁,不犹愈于呝其饿口,敝敝于科举帖括之为乎。我故商也,逝将从父兄后,以研练计然之本策,振起一方之商事。"会其时君兄元涛卒,君佐厥考,专心一志,以察尽财之法,而深藏若虚,尽得其奥。不数年,君考谢宾客,君总其成于内,弟元泳奋其绩于外,埙箎如贯,业用大饶,敦行著于家庭,诚信孚于货准。会逊清预备立宪,各县诏设商会。君于光绪三十一年,被选为本县第一任商会总理,后连举连任者六年,公理聿彰,人咸和。会辛亥光复,吴下大水成灾,莠民藉索振名,纠众哄于城市。毁学校,劫仓库,乱者四应,官不能制。方电请行省兵镇压,时适改制。中央方颁县组织法,江震两县合为一,议会官署同时并建。又县检察审判厅、县警察所,亦乘时筹办,百端待理,乃当税源垂绝之余。其时,余与君俱被推为县署总务、财政两课课长,无禀承而有责难,不得不苦心焦虑,密与君谋征税开源之方。于是剔灾区减税成,料量计划,漏夜召胥吏趱造忙漕单,串四路并出设柜。虽迫岁除,君犹时时棹代马船,冒风雪奔驰百十里,以督催征入,幸而有济。而旧令又调索巨款以去,此时之巨艰曲隐,有非言之所能尽者。壬子二月,省令南陵丁君方穀来知县事,君乃造膝而陈曰:"吴江苦县也,又值大祲之后,公私扫地赤立,而改制兴作未可缓。余责司主计,既未敢以暴税重苦我民,又不能无挹注以资创制,惟有尽我力以事征缮。值此县法新立,故习胥捐凡百支销,务请樽节,期于不病民,不废事,勉支难关,庶阖境人民,俱蒙公赐。"丁君鉴其诚,悉如君约,而事卒以济。君先后历佐丁知事祖荫、周知事焘,长财政科者凡五年。正欲核荒熟以定实额,清户粮以杜混淆,规画有绪,而周知事去任急,遂不克有所施,君每与余言,辄引以为憾。嗣是君任县署财政顾问者且十年,每遇大事，令长或造门乞言，君则不激不随，所以济时艰而纾民困者，言不一事，事不一端，有非尽人所得喻者。呜呼，贤矣！君自中年出膺地方公务，凡商业之调节，悉委其成于叔弟元泳。元泳操赢制余，百不失一，吐故孕新，恢廓益闳。自乙丑元泳卒，丁卯元潮卒，君既痛原隰之哀，又失指臂之助，内伤于心，外肩厥重。又以太夫人春秋高，急欲观义庄之成，只翼孤轮，惨淡经营，手订规条，呈部立案，甫经就绪，太夫人即于是年考终奉讳。后经营丧葬，又起建祠宇及义庄屋舍，于里中别辟新第，以贻季子。然后知君凡施于家者，奉先之孝，翼后之慈，令贻之仁，层委曲折，无不周挚，其规模闳远，有非寻常所能企及者矣。君生于清同治六年丁卯九月初七日，殁于民国二十一年一月十八日，春秋六十有五。配杨，继赵，侧室高。子五：文彬，清震邑附生，上海理科专修科毕业生，卫生部注册医学士，同里市政局局长，吴江官产湖田事务所主任，调昆山官产事务所主任；文楷、文业、文标，均殇；文模，东吴大学理学士，国民政府财政部公债司科员。女一，文梅，适黎里鲍咏棠。孙五：家羔，肄业同德医学院；家熙、家炫、家驹、家煦。孙女一，珊珊，肄业东吴法科大学。曾孙女一，开洁；曾孙一，开圻。

论曰：君之妣为余族姑。余与君为外兄弟，又生同岁，居同闬，少相狎，长相友，故知君为尤深。每见君临时处断，缜密果毅，审慎后发，发必中的。始叹君理财宰剧，有特殊绝异之才也。犹忆辛亥改革，于师旅饥馑骤剧不可爬梳之际，君独能从容坐镇，履亩税熟，卒赖其力。以次第建衙署，兴教育，开议会，设司法，扩警务，民无怨咨，庶政咸修。一年之中，使风雨漏舟患难相依者，竟克诞登彼岸。一念在莒，每饭不忘，而君终不能本其素志，以廓清弊丛。精华已竭，褰裳去之，此则怅触余怀，而尤悁悁为县政惜也。悲夫！

民国二十一年铅印本《庞二如像赞事略》

先府君行实

金元宪

先府君讳祖泽，字砚君，一字切广，晚号钝髯，乡谥曰"贞靖先生"，姓金氏。其先出宋吏部尚书安节后，居休宁之汪金桥。由歙东迁江浙之金，多由休宁，谱牒废，世不可纪。始迁吴江者曰鸣鹤，明宣德朝居邑属芦墟镇北顾家草，是为府君十四世祖。鸣鹤后六世讳维翰，清初官临海令，由顾家草再迁同里章家浜。维翰之曾孙廷炳，以孙兰原贵，累赠官中宪大夫、知韶州府事，孝友称，有至行。廷炳生士堡，始异居永安桥南。士堡生章，章生春渠。自士堡至春渠，三世单传，皆补郡邑庠生，有文学名。春渠，府君祖也，生三子：伯讳兆榜，仲讳兆桂，绩学早世，皆无后。而府君考讳兆枚，行最末，负轶才，尤工丹青，独不为制举业云。府君生，遘家难，伯考相继谢世，又间讼累，仇家与胥吏因缘从挤陷之，几荡其先业。母袁太宜人忍死奔走，翼遗孤，力持门户。府君幼敏达,有兄曰慰孙先以痘殇,常避仇寄育外家。稍长,痛门祚衰,生未逮识父音颜,奉太宜人教,刻苦衣食,自厉于儒学。年十五,补县学生,试高等,廪膳,以制举文名动当世。瑞安黄督学体芳、无为蒋大令一桂尤激赏之,广为荐誉,一时名辈皆愿从府君游。然顾不以此自憙,而独壹志古圣贤经世之学,纵览经史百子,其后屡试秋闱,辄报罢。叹曰:"吾不能弃所学,以徇俗好。"为之益力而不厌。逮年三十,始以选拔萃科,冠其曹。府君虽未尝掇巍科,登膴仕,而道德文章裒然为一邑举首。自同治末年,吾邑吴祭酒仁杰、费宫允延釐,先后谢事归林下,数为文酒谈宴,四方俊侣至者无虚日。而钱主事锡庚、任部郎艾生,并称高隐硕德,持人伦鉴,乐奖拔后进为己任。府君以名诸生故,尝执礼师事,考问德业,其濡染者久,而风节乃与诸公相上下。戊戌变法议起,诏废科举,开庠序,邑令起府君为江震劝学所总董。旋有诏立行省谘议局,推择议员,府君复以学行徵,持论平,多所匡救,大府重其能。共和初建,泰县韩巡按使国钧出掌行省政事,再辟为府掾管属书记,且进用矣,而奉太宜人讳,遽解职归。服阕后五岁,再出为江苏省议会秘书长。未逾年,自投劾谢衰疾罢去,屡召不至。归而董乡里治且十载,乡人化之。里中有争讼者,有司累不能决,辄就府君平曲直,得一言欢跃释仇去,卒无违恨。暨远近方数百里间,后进少年倾动风采,相与揖貌听语而竦以服。而郡邑守令岁时造庐,谘承政宜,礼敬有加。下及屠沽走卒、妇人孺子,语府君名字无不知,皆以为岂弟君子也。居平于一身丰约得丧,未尝以措其意,至闻国家安危、生民休戚,乃忧乐如其家事。晚近治纪废,债帅拥兵,交讧无宁日。郡县吏多墨,纵赋取诸民,不足则头会箕敛,锱铢折算,杂赋逾正,供至倍蓰。有田者执契以畀人,而莫之敢承。府君数与吴中搢绅士议为当道,陈说民生艰且财用尽,朘削不已,变虞外发。其言或从或否,而后卒如所虑。丁丑国变后,益杜门绝议天下事。自以处非命之世,跼天蹐地,抑郁若无所容。独慕向天下忠贤良臣如曾、胡、左、彭辈,足负戡难起衰之绪,终不可得。而尤疾夫当世之士,居家专壹者财利,以故俗日坏而乱无时已。每私居燕语及与知友书,言之绝痛。始府君与海虞丁初我先生交厚,复同谒选为议员,一旦酒酣言志,期他日归老邱壑,各葆令名,无惭其所学。既而初我先生来宰江邑,秩满将旋,而悉散俸钱以还邑民,曰:"我此行无所取,惟饮吴江一杯水也。"及府君归佐乡治,终身不受官中钱。或怪问之,曰:"窃不欲负丁君之宿诺耳。"弱冠时,与吴内翰寄荃以学问干济相期尚,后从章式之、张民佣、费韦斋、赵君闳、宗耿吾、钱止潜诸先生游,益究切当世政俗利病之原,慨然欲有所自见。于时亦会多故,而其所设施仅逮乡党耳目之间,未得为廊庙栋梁之任也。府君于学,博涉无不窥。为古文词,宏肆似大苏。雅擅笺启,华赡近四杰、义山。尤工为诗,清丽闲远,有唐人风。于近世作者少所推尚,独好王湘绮、李越缦,而深戒时贤江西体粗放之习。书学率更体,亦间作篆隶。凤笃好宋五子书,晚而习礼,明义利之分,考求经传,辨证是非得失,期协乎心之所安,而能实践躬行。以是饬于身,亦行于家,施于有政。遇族党姻好有患难穷乏,蚤夜奔走在视,遍任其劳瘁,其人其家望府君以为屏恃。及其后闻府君之卒,皆行哭失声,恍若彻屋而露处焉。其生以清同治六年四月二十六日,卒于中华民国三十年六月二十三日,年七十五。聘妣叶氏，娶先妣顾氏，再娶吾母王氏。子男七人：启钊、元宪、新源、匡复、肇华、履揆、弘道。启钊生六岁殇；新源冠有室，先以瘵夭。女子子八人：芸、兰、蘅、荃、芙、芷、蕊、蕙。芸许聘姑子吴县袁镇圭，未嫁夭；蘅适同邑沈流芳；芷适昆山唐文起；蕊、蕙未字；兰、芙殇。孙五：同寿、同祺、同丰、同武、同文。孙女七：同饴、同俞、同娱、同粲、同缤、同纫、同睿。同饴、同缤殇。所著述有《毅远堂诗文稿》，藏于家。府君美须髯，丰颐疏眉目，体不过中人，而姿貌闲雅，望之俨然。能剧饮，尽百觥不乱。为人淡朴，寡言笑。视世俗华靡纷竞之观，一无足介意。布衣菜羹，所以自奉者至菲薄。读书至老不少懈，卒前数日，犹点阅《国朝古文汇钞》，矻矻如平时。其于学问，盖凤性然也。元宪生世晚，自从有识，奉事府君教日浅。忆七八岁时，与诸弟就塾，府君督课严，诵覆不中程，辄发怒笞责，闭小阁中，戒婢仆不得传食。夜读必尽漏鼓二下。诸弟瞯府君出，嬉跃庭除间，闻户外謦咳，足音跫然，则惕息归坐，惟恐其纵嫚失次者。至其治家，内外肃穆，长幼有叙。诸子妇曙起共职，及昏归私室，无敢稍逾矩。岁节祭祀，应对宾客，下至洒扫室宇、蔬植畜养之微，皆修好，具有仪法可观。戚友及见者，咸谓元宪兄弟等行能，远不如府君之万一也。府君晚年恫国祸，体益愈羸，既患风咳，隐不自言，血气遂大耗，以至不起。而元宪等以家贫故，中年来困迫衣食，常奔走在外，侍奉多缺。至今中夜思之，泣自以不可为人子，举体惴栗。乃与诸弟追记府君学行大略，附诸家乘。其余未逮亲闻见者，概不敢漫述，惟自悔咎怨之积而已。呜呼痛哉！孤子元宪泣血述。

民国三十一年印本《金祖泽先生行述》

家訒广先生传

金天翮

先生讳祖泽，字砚君，訒广其自号也。我金氏自明宣德朝由休宁迁吴江，世以孝弟力田闻于乡，不重巍科膴仕，积厚流长。十一传而至谢堂公，为广东惠潮嘉兵备道，则先生之曾伯祖也。十二传而至芝生公讳春渠，遂以文章名，是为先生祖。先生少孤，母袁太宜人课读严，得自奋于学，卓然有成就。虽累代不登贤书，仅举拔萃科，然名声隐然动东南数郡。自其少时，即为乡之硕德如费宫允芸舫、吴祭酒望云、钱主事梦莲辈所激赏，与于文酒之会。而湖郡富豪刘京卿澂如，且聘先生至南浔私邸掌记室，纵观其所藏秘笈法书名画，学益精且邃。先生于天翮为诸父行，天翮年十三四，从师习韵语，亦间问所业于先生。稍长，治经史百家言，剖析疑滞，益与先生习。先生膺拔萃之明年，挈天翮同赴秋闱试，于吴中书寄荃日借秦淮河厅，为丝竹文酒之会。天翮方习驰骑，碎厥牌，先生戏咏瓯北诗以相嘲。其后督学使者瞿文慎师按临吾苏，赏天翮所考《中俄界约》及《长江赋》，檄调南菁书院为学长。值德宗变法，膺经济特科之荐，政变起，浩然归故乡。先生喜余至，遂大共肆志于经世之学。先生被任劝学所总董，天翮任教育会会长，两人并舟出视各乡镇小学，评骘高下，亦间有所惩奖。及先生被选为谘议局议员，天翮乃好谈革命，志趣稍异矣。共和既建，海安韩国钧巡按江苏，辟先生为秘书。韩氏调安徽，先生遂不复出。于时中枢失驭，征镇拥兵交讧，饷糈所出，一责之郡县吏。吏以贪墨为才，上下相承，头会箕敛，锱铢折算，或预借丁漕而不偿。先生方任乡治，时据正谊牒争，虽不见听，其言立。先生文章切世务，骈体丽密，诗宗温、李、西昆。而隐文谲喻，动关世变民隐，于近十年尤为切至。书法苏灵芝，参以欧虞，晚近为人书箑，辄题感事，获者珍焉。岁辛巳之秋当重游泮宫，夏六月，以疾卒，享寿七十有五。娶顾氏、王氏。丈夫子五人：元宪、匡复、肇华、履揆、弘道，皆有才艺。孙五人：同寿、同祺、同丰、同武、同文。元宪能文章，所为《行实》，足备邑乘，示后嗣，无有愧色云。

赞曰：人言吾宗宜硕大，非富贵之谓也。幼壮孝弟，耆耋好礼，不从流俗，虽以布衣终老，犹魁然自比于完人。先生少以孝谨闻，晚而不忘高曾之矩矱。虽背时好骂，刚介寡合，嶷嶷有以自信，垂为子孙法。呜呼！岂非古之人哉？侄天翮拜撰。

民国三十一年印本《金祖泽先生行述》

许文石墓志铭

金天翮

芦墟许君文石，既亡后二十一年，其子豫曾、观曾以书来告曰："自先君捐馆舍，贫不克举窆，每春秋祭祀，怆然若芒刃之撄心。明年春，将躬持畚锸，以奠兆域。惟是埋幽之文未具，敢以烦先生。"维许氏世召陵，汉祭酒叔重之后，迁燕，展转徙当涂谭劭村。清初有字云岑者，始家吴江之芦墟，世有德人。清同光交，县令之权渐替，有大兴革，率咨于镇之耆老，乃措而行之。而君之祖嵩庵先生齿最尊，署诺必居先。君年少挺特，或代诣县，与祖父行者颉颃抒论议。居里则代里之剧务，如义仓、书院、保婴、恤嫠、掩埋诸善举，吾祖尝为天翮绳君之贤不去口。嵩庵先生殁，县令遂牒畀君继其事。方冬纳赋，例自封投柜。君往，见贫而逋者絷缚被楚毒，问所课，不逾二十金，探囊代输之。逋者顿首伏地，愿以力佣偿，君笑而不顾。体少羸，读书必过夜分，大母高氏力遏，则假寐，俟大母睡熟，潜起默诵以为常。学能知经史百氏，尤嗜《易》，得言忘象。而天不假年，卒于光绪二十六年闰八月二十九日，年仅三十有三。君讳宝廉，字树人，一字文石，号蓉生。曾祖全应，祖承烈，父廷桢。配陈氏。子豫曾、泰曾、观曾。泰曾蚤亡。女一，适青浦胡元浩。孙犹龙，豫曾出，殇。壬戌月日，葬江邑二十九都之非角墟。铭曰：

芦中人，多君子。才彦茁，名声美。峥头角，雄爪觜。丰其器，啬其齿。分湖湄，营蒿里。奠幽宫，摘文字。丰城剑，土花紫。少微星，光焰死。猗嗟！许君窀穸此。

金天翮《天放楼文言》

范丈赘叔家传

柳亚子

丈讳保泰，字赞叔，晚号赘叔，姓范氏，世居吴江之梨里。祖秋水先生，讳如铦，精六书训诂之学，撰《隶辨》若干卷。考永绥先生，讳其骏，方闻博学，著书满家。生子四人，丈其叔也。幼不好弄，庄重如成人。长而刻苦励学，顾不喜为制举文，成诸生后即弃去，慨然有志于经世之务。尝游幕中州，习其风土民俗，登高山，临大川，揽关河厄塞之形势，吊古英雄征伐战斗之遗迹，盖胸怀益以广阔已。居数载无所遇而归，归为乡里教授，历主诸故家。时弃疾从弟丕继执经先生门，因得晨夕晤对。弃疾年十五六，气张甚哆，口论天下事，谓邓仲华、孙伯符不足慕。先生笑而颔之，不讶其狂也。时评泊古今人行事得失、文章高下，意或未同，哗争蜂起，至大声震屋瓦，漏三下弗肯休。豪情胜概，至今犹堪想见焉。寻先生谢事去，弃疾亦仗剑出门，遨游湖海，踪迹遂疏阔。晚岁始抱永绥先生遗著《梦余赘笔》六卷过弃疾门，揖而相语曰："先君子著述繁富，其《帐墨居诗钞》一卷，自先长兄汇拔时，已付剞劂矣。《赘笔》所纪，虽琐碎无当大雅，要亦数十年心血，或足备文献之徵。某不敏，不敢任令湮灭，将播诸当世。唯吾子精校雠之学，幸执笔绳其后，庶毋以麻沙误读者。"弃疾感其诚，弗忍辞。既杀青，丈则大喜，谓足慰先人地下也。越岁遽感疾殁，实中华民国十年六月三日，春秋五十有四。遗诗一卷，未梓。配徐，继石。子四人：长廷诤，先卒；次超，出嗣仲兄后；次越；次起。

论曰：丈盖忠信笃敬君子人也。所议论或迂阔，又无事功可表见。然以视世之倾危儇薄因缘为奸利者，要亦威凤与腐鸱矣。越年少能读父书，尝从同邑沈长公游，介以乞传，因为撰次如左，亦庶几答丈之昔者之相厚也。（录自《磨剑室文三集》）

中国革命博物馆、上海人民出版社《磨剑室文录》

先考荣甫府君先妣潘太夫人事略

邵之锦

先君荣甫公讳在理，祖讳会卿，籍安徽绩溪。清咸、同间，避洪杨乱来江苏，辗转至吴江黎里，遂家焉。娶祖妣毛氏，生先君，居长。是时，先祖方为里中沈氏司计会，忠厚谨慎，义不苟取，沈氏深重之。先君年十五，以沈氏介，就业于莘塔同成质库，由学徒至主事，凡数十年如一日。先妣潘太夫人外祖讳谱云，精岐黄术。居川心港，远近闻其名，咸来就医，每至夏日，港外泊舟常满。而外祖治其术益精，尝谓太夫人曰："医者如司谳，偶不慎，杀人恒不自觉也。"太夫人渐染者久，于脉理药性，颇亦通晓。年十九来归，井臼操作，不倦辛劳。族人乡党之病者，太夫人偶为治之，亦复见效。先君虽业商，性聪慧，好涉猎。常至外祖家，就外祖研医理，居必兼旬。归则昕夕揣摩，而亦未尝废其本业也。不数年，《灵枢》《素问》烂熟于胸。每有贫病来，质衣皿苦，道医药不给。先君怜之，辄为治疗。尤贫者且给以资，使购药石，以是贫病而赖以活者甚众。久之，先君医名渐播，或有劝之悬壶者，先君曰："医道岂易言哉？且我之所业，得日与贫者相亲，苟弃而行医，必取病人之钱以为生。病者好言贫，我又安知其真贫而免其费邪？"病者愈，有备礼相酬者，先君正色曰："我欲酬，则早取资矣。"卒坚拒不受。乡人之曾识先祖者，咸曰是有乃父风也。盖先祖之为沈氏司租也，每至限日，贫农无以完纳，为先祖泣。先祖察知其情，辄为疏请。有远道跋涉饥寒困迫者，先祖且出私囊予以钱，曰："以是买汤芋充饥，亦足聊御寒冻也。"先祖殁时，之锦方三岁，其后先君常为我弟兄言之。而先君之乐善好施、怜贫恤孤，盖继先祖之行而为之者也。先君待人宽和，而治家则严。兄之铃，初习商不成，既而命习医，归必考问其所得。或稍龃龉，辄加夏楚。尝谓太夫人曰："是儿当严督之，他日冀承外祖业也。"先是外祖病革，谓先君曰："吾乏嗣，他日尔苟有子，当命习医，庶我道之不绝也。"至是，先君乃从遗命而践行之。时兄已十五六岁，之锦方入学，姊梦娥习针黹，弟之钟尚幼。太夫人终日辛勤，衣履冠带皆自为之。每晨起，必命之铃、之锦临池习书，自评其甲乙。夜则携姊就灯下作女红，而课之铃、之锦读其旁。吾家自先祖来，两世业商，而吾弟兄能为医为学，幸不落人之后者，皆太夫人教督之力也。已而兄医成，将定诊例。太夫人曰："尔父能医而终身未敢悬壶者，盖不愿赖是为生也，即尔外祖亦未尝定例。今汝业犹未精，而老父尚在，无室家之累，方当从尔祖尔父之志，多恤贫苦焉，用例为以是。"兄不敢复言定例。先君虽严督于兄，而于之锦假归，仅姁姁道家常事，未尝一考其学问，曰："是儿能自奋于学，他日当期大用。"既而之锦执教里中，薪水所入，不敢自私。而先君年益老，我弟兄恒劝之休养，不许。越数年，得咳疾，之锦方执教于浙省立二中。是年夏，先君病于莘塔，偕弟雇舟迎归。翌日，以校事待理，即赴嘉兴。濒行，先君谓曰："尔父病且殆，虽假期亦不能稍往邪？"之锦泣无语，因约以三日必归。既抵校次日得报，则先君已逝矣。呜呼！之锦不孝，不能送父之终天乎。痛哉！先君生于逊清同治七年，卒于民国二十二年，享年六十有六。自先君之卒，之锦远游衢州，执教于浙省立八中。每归省，见太夫人体貌渐衰，心以为忧。二十六年秋返苏，任教于金山滨海联师。而卢沟桥事起，江浙相继沦陷，教育停顿。因设酒肆于里中，太夫人夙兴夜寐，苦心擘画，洗涤烹调，莫不躬自为之。时邑中方谋组织，或劝之锦出任事，婉拒之，归告太夫人。太夫人曰："汝能安贫，我亦安之矣。"是年冬，太夫人亦患咳疾，时姊归汝氏，先卒。之钟远游闽粤，多年不归，且烽烟隔绝，音信杳然，太夫人念之益劳。翌年秋，沪上学校蔚兴，之锦因弃商重理旧业，执教于省立苏中，挈眷莅沪，赁屋以居。方将迎养老母，而兄驰书至，曰："母病危，汝不即来，恐无见期矣。"旦日驰归，太夫人已不复省事，喉间呼呼作声，两目瞪视。之锦呼阿娘者数，而阿娘未或一应也。是夜竟卒，去先君之逝仅七年，享年六十有九，时民国二十九年正月初五日也。呜呼！之锦以奉养无状贻父之忧，更以驽钝乏才累母劬劳以死。不孝之罪，擢发难数。而今而后，惟期长兄能远绍祖业克承父志，幼弟能早日归来重聚骨肉。而之锦固未敢自信谓克大用于世，亦当奋力自强，为其所当为，庶足以聊慰泉下之灵，而稍轻罪戾于万一也。民国三十四年岁次乙酉春三月，男之锦谨述。

邵之锦《待焚集》

先考巳仲府君行略

柳冀高　柳景高

府君姓柳氏，讳慕曾，字幼卿，一字翰臣，号巳仲，晚署自讼，别号了盫，一称无瑕，亦曰无涯。江苏吴江县人。先世家浙东慈溪祝家渡，明季春江府君始来迁邑之东村。三传至心园府君，自东村迁北舍。又三传至杏传府君讳学洙，自北舍迁大港。又一传至逊村府君讳琇，复自大港迁胜溪。行谊详顾先生剑锋《家传》、沈先生云巢《墓志》、姚先生春木《墓表》，列《江震人物续志》节义传。逊村府君三子，季古楂府君讳树芳，配沈太孺人，继配顾太孺人。行谊详姚先生春木《生传》、沈先生南一《墓志》、顾先生访溪、董先生梦兰《诔文》，列《吴江县续志·文苑传》。诗文采入郭先生频伽《灵芬馆诗话》、陈先生切庵《寿松堂诗话》、陆先生雪亭《松陵诗徵续编》、凌先生退庵《松陵文录》。是为府君曾祖。古楂府君二子，次莳庵府君讳兆薰，配邱太孺人。行谊详章先生式之《墓表》，诗词采入陈先生切庵《寿松堂诗话》、陈先生巢南《笠泽词徵》。是为府君皇祖。莳庵府君二子，长笠云府君应墀，配凌太孺人。行谊详族祖韬庐先生《家传》、熊先生含斋《墓志》、李先生匏斋《哀辞》，列《吴江县续志·文苑传》。文采入凌先生退庵《松陵文录》。是为府君本生考。次芝卿府君应奎，配凌太孺人。行谊详李先生匏斋《哀辞》，是为府君嗣考。府君承积德累义之后，赋性仁孝。天资尤英挺，读书十行俱下，意度廊如也。初，逊村府君仲子秀山府君讳毓芳无子，以古楂府君长子起亭府君讳兆青为后，起亭府君亦无子，以笠云府君为后。笠云府君二子，长伯考钝斋府君讳念曾，次即府君。而芝卿府君年十八以咯血疾卒，莳庵府君哭之恸，乃以府君归后小宗。未几，笠云府君又早世。莳庵府君既连丧二子，则望府君昆季成名甚亟。先后延吴先生少松、诸先生杏庐及祖母舅凌退庵先生、族祖韬庐先生，课府君暨伯考读，学骎骎益进，才名雀起。年十九，先妣凌孺人来归。先是莳庵府君既为府君援例纳粟，以中书科中书注选籍。岁戊子，复促应秋试，一击不中。是冬不孝冀高生，先妣凌孺人以产后遘疾卒，府君素敦伉俪谊，痛悼过情。越二岁庚寅冬，莳庵府君弃养。府君以承重与伯考共治丧葬，哀毁尽礼。追服阕，复赴癸巳秋闱，冀得一当以副先人期望。几获隽矣，终铩羽归。凌孺人之丧也，府君誓勿再娶，赋诗言志，有"空山迈往"之语。会曾祖妣邱太孺人年高，本生祖妣凌太孺人复多病，咸以中馈为忧，累促之。乃以是冬续娶先继妣沈孺人焉。翌三岁丙申，凌太孺人弃养。明岁丁酉，邱太孺人复弃养。两年再丧，府君哀毁逾恒，而迁徙之议以起。初，吾家自逊村府君以降，聚族居胜溪。溪在分湖之滨，清政不纲，萑蒲四起，乡居者怒焉忧之。至是族人又感讹言，谓宅妖为祟，纷纭趋避。伯考既赁庑禊湖，府君亦移家周庄，时戊戌冬十月也。寻购置第宅，颜其厅事曰"嘉树堂"，盖毋忘逊村府君养树名堂之意云。岁己亥，不孝景高生。明岁庚子，先继妣沈孺人卒，府君哀之如丧凌孺人时。越三岁癸卯，乃再续娶我母周孺人。当府君少时，我家鼎盛，莳庵府君以名德称一乡。老而弥健，门内之政，一不以相委。故府君得专意读书，有志于名山著述之业。弱冠以往，家难梦如，再赋悼亡，三罹大故，神伤境厄，侘傺无聊。及周孺人来嫔，已复为不孝冀高娶妇室，家始稍稍安定，无内顾忧。会舅氏沈垩庐、跻庵两先生亦迁寓周庄，感激时变，知非育才不足以救国，始与镇人士陶先生慎甫、小汕、沈先生仲眉诸公，创办元江公学。府君亦捐资任教课，从事年余。丁未春，两舅氏别创民立小学，嗣扩为沈氏义庄两等小学，又分立东江女学，慨然有移风易俗之想。府君更发愤兴起，力赞其成。既任捐输，复资教授，疲精殚虑，致力尤勤，盖十余年如一日焉。周庄去县治东约四十里，其地凤为元和、吴江分界之区。而人文蔚起，以占籍首邑者为多。我邑则自费氏以武略起家外，几有人材寥落之叹。逮府君与两舅氏以寓公莅止，苦心擘画，文化始启。厥后推行地方自治，得列为全县十八市乡之一。说者谓筚路蓝缕，微府君与两舅氏之功弗及此云。时江淮以北，岁有偏灾，每值冬令，饥民南来，就食百十成群。其人类多桀黠，所至乡村，每苦骚扰，或至抗拒两伤。府君复与同镇诸公及两舅氏，创办抚御游民会，与各村联合订章，俟其至时酿资遣送，由会请本地营汛为之弹压出境。寻改名岁余保农会，通禀行政长官立案。乡村乐从附会者，及于莘塔、北舍诸区。每岁资遣饥民必十数起，行之十余年，未尝少懈，乡人咸利赖之。初，邑人士有教育会、劝学所之设，岁时会集，府君奔走将事维谨。及共和肇建，集县议会于江城。府君以众望所归，被举为议员，旋任财政审查，其与闻邑政之劳，盖自此始。府君心气和平，议论精密，长于衡量事机，钩距变幻。每一事之来，一议之兴，往往片言力断，洞见中边，百不失一。而待人接物尤谦恭自下，不激不随，虽意气豪纵者见之，辄退然沮废。十年以来，望实俱崇，有由然也。会政潮激荡，议会及自治机关先后摧折。爰有县教育款产经理处之建，众议属府君与费先生孟良、黄先生仲玉董其事，府君辞弗获。费君于府君为年家子，黄君齿较尊，并以府君综核才长，凡事一听府君主持，历任长官尤倚之如左右手。故全邑学校经费每月支放，府君恒独任其劳，学风丕振，舆诵翕然。我邑建治始自吴越钱氏，清初析置震泽，沈先生果堂曾撰两邑县志。其后，吴江续志成于熊先生含斋，震泽独缺焉未修。入民国，两邑复合为一。事变既繁，而先老凋谢，文献无徵，府君尝引以为念。值邑侯邵阳李公暾庐下车，首创重修之议，遂设县志局城中，府君复被推就会计主任，规画周至。经理处为义务职，志局故有俸给，府君初亦力却弗受，嗣以众议规定，乃拟储助他年剞劂之资，其一介不苟如此。讵意汗青无日，而府君竟不及待耶？呜呼痛哉！不孝冀高之授室也在戊申。越四岁壬子，生长男惠礽，又四岁丙辰，生次男福礽。府君喜得再抱孙，恒顾而乐之。盖我宗族大而丁衰，充闾亢宗不能不属望于后起也。顾明年丁巳春，福礽遽遘疾殇，府君怆感甚，意若有不自释者。府君生而赋禀强固，伟躯干健，饮啖有河朔壮士风。弱冠后罹痛疽几殆,延名医治之,幸获瘳愈,而元气已伤。重以忧患洊臻,元精销铄,受病盖由此始矣。近岁得肺疾,晨起盥漱,涕唾盈器,不孝辈恒忧之。以公私交集,迄未暇就医而早作晏息。任事孳孳弗休,精力犹弥满,亦终弗信其非寿徵也。既兼数职,奔走城乡,月不得息,虽祁寒祁暑无间,况瘁尤甚。是岁仲冬,复以事赴江城,归途阻冰同川旬日。值新历已改,岁为民国七年,至一月六日始旋里,仍莅校授课如恒。九日晚自校归,偶撄小极,犹强自支持。讵历七昼夜,寒热弗解,气上逆,痰格格不得吐。谒医祈药悉无效,至十六日夜半,竟弃不孝辈而长逝矣。撒手归真,遽一瞑而不视,抢地呼天,虽百身,其奚赎?呜呼痛哉!呜呼痛哉!府君天性宽厚纯挚,无疾言遽色,事凌太孺人以孝闻。太孺人晚岁多病,扶持搔抑非府君弗欢。与伯考友于尤笃,自遭播迁,音书往复,日以为常。壬子夏,伯考以时疾殁,府君哭之恸,久而弗忘。从兄弃疾,读书不问外事,绸缪阴雨,繄维府君是赖。又为伯考营葬,遣嫁从妹,百废具举,未尝言劳。盖府君抚从兄犹子,而从兄亦尊礼府君,音书往复,无异伯考生时也。府君女兄弟二人,归蔡氏姑母早世。归凌氏姑母守节抚嗣孤,数十年与府君茕驱相依,偶遭艰巨,必共商榷,视昔贤燃须之风,殆无愧焉。族父瑞叔府君讳受璜暨配族母凌孺人,先后谢世,遗寡妾孤女。府君为匡扶料理,劳怨弗辞。小轩、凤仪两族父暨族兄炳纶、族弟绳祖,咸以府君为依归,鹡原急难,奋身相从。旁逮疏宗远族,亦有求无弗应者。吾家宗谱创始于古楂府君,重修于莳庵府君,迄今几四十年。当伯考生时,尝有志纂述,府君益矢竣厥功,草创未成,鞠凶遽降。呜呼痛哉!春江府君以降,茔兆旧有祭田,供寒食扫墓之需。年来百物腾贵,费渐不支,府君创议扩充,尚未有成约。斯二事者,尤不孝辈所愿,与伯叔昆弟黾勉以图其成,庶稍慰府君在天之灵于万一者也。平生俭于自奉,而奖借寒微不遗余力。于亲友子弟之聪慧者,尤喜助之就学,虽费巨资毋吝。下逮村农市贩、臧获媪妪,苟以急难相告,靡弗使满意以去。故其殁也,会吊者多痛苦失声。呜呼!可以知府君之为人矣。府君早岁能诗文,跌宕名场。尤豪于饮,床下藏越酒数坛,每更阑人静,则泼醅独酌,有酬云邀月之概。前辈吴先生望云、任先生睕香,恒招与共饮,呼为小酒友。又尝著一书,名曰《无奇不有》,其风趣如此。于群籍无所弗窥,治鄹书萧选最精。尝学医于李先生匏斋,学书于姚先生凤生,学弈于凌先生退庵,咸称高第弟子。而天算舆地之学,尤能不假师传独窥奥秘,倘所谓生而知之者欤。不孝辈梼昧无似,骤罹大故,神智索然,将何以绍述遗徽表扬先德耶?呜呼痛哉!呜呼痛哉!府君生中华民国纪元前四十三年二月十四日寅时,即清同治八年己巳正月四日,卒民国七年一月十七日丑时,即旧历丁巳十二月五日,从新纪元计,享年五十岁。配先妣凌孺人,雨亭公讳澍女;继配先继妣沈孺人,赕生公讳中坚女;再继配我母周孺人,淑君公讳仪表女。子二:长不孝冀高,凌孺人出,娶王氏,立夫公讳群鹤女;次不孝景高,沈孺人出。女三:长殇;次双圆,字同邑陆明恒。俱沈孺人出。季双同,未字,周孺人出。孙二:长惠礽;次福礽,殇。不孝辈将以八年某月日,奉府君柩附葬于本邑二十九都东轸圩莳庵府君茔兆之穆位,而铭幽之文未具。用是拊心泣血追次大略,冀当世先生长者以道德文章阐幽显微为己任者闵焉,而表其隧,则不孝辈世世子孙感且弗朽矣！不孝冀高、景高谨述。

民国七年印本《柳无涯先生追悼录》

柳无涯先生墓志铭

陈去病

吴江陈去病撰文，沈维中书丹，湘乡李涤篆盖。

中华民国七年一月十有七日，吾友柳君无涯疾终里第。一时识与不识，闻耗嗟悼，若丧厥荫，莫不奔走相告曰："柳君奚为弃我而逝邪？柳君逝而吾侪将何所资以行邪？"则皆哭失声。盖其长厚之德根诸天性，宽仁泛爱浃于人心，仲尼所谓遗爱不其然欤！令嗣冀高昆弟，将于明年春莫葬君东轸字圩之原，以元配凌、继配沈袝，礼也。先期其犹子弃疾以去病故交，来属为铭，义弗敢辞。在昔吾师长洲诸先生，以文章道义教授于乡，维时从之游者云集鳞萃。而君与其昆钝斋亲炙尤久，膺高第之选，闻诸朋好。君少失怙，育于其祖莳庵先生。莳翁者年硕德，隆礼师儒，望之綦切。而君亦岐嶷颖发，能得亲欢。韶龄入学，读书十行俱下。年十四，试仙佛解，灵想兹妙，荷师激赏。时或其曹有所疑难，就师解释。师辄诏君具答，了了中程，众为叹服，顾不利于小试。及应乡闱，几获隽矣，终铩羽归。会值忧凶，遂绝进取，伏处者有年。戊戌十月，余过周庄，始见君自胜溪来迁，未几购宅止焉。颜其堂曰"嘉树"，以故居堂曰"养树"，示弗忘祖德云。当是时，中原久丧乱，识者咸谓非育才不足救国。君既前遣其子负笈海上，而复与里之贤者兴创学校，躬为教授，慷然有移风易俗之概。先后十余岁，成材以百数。周庄濒东江上游，距邑治仅一舍许，而其民多衰苶，弗自振拔。岁之既晏，流亡麋集，恒被侵扰，君独深忧之。乃与沈君屺庐、跻庵昆季谋立保农会，以时资遣。繇是附近数十里间村落，无秋毫之警，至于今是赖。民治聿兴，百端待理。爰复与众截长补短，规其地为周庄乡，蔚然预于吴江十八自治区域之列，说者谓非君之劳不及此。沈君者，亦长洲门下士，而君之妇兄也。其贤而好义一如君，每有所筹策，君无不力为之尽。故三人者恒相倚，如蛩之于距也。屺庐既时出为幕僚，其所创学塾，咸以属君。而跻庵绸缪桑梓，君亦罔弗为之擘画也。光复后，尤以众望为邑长官倚重。若教育，若议会，若公款公产诸事宜，咸需君是任。君俱不以为劳，爬梳抉摘，条理井井，举凡众人之所难，君独任之而有余。以是舆论翕然，谓事无君共，有弗济也。余自束发受书，即有志乎文史，追侍先师，辄以后进诣君质正。前此《松陵文集》《笠泽词徵》诸辑，恒藉君纵臾，付之剞劂。迩者宝庆李侯以邑志相属，君益力与赞助。天寒岁莫，冰阻长川，尊酒过从，商量至洽。方期春融，从事铅椠，俾蒇厥事，讵意别未经旬，书问方达，而君已一瞑不视邪。悲夫！君讳慕曾，字翰臣，号巳仲，吴江人。无涯其别号也。曾祖树芳，祖兆薰，父应墀，嗣父应奎，俱为邑通人，垂光志乘。兄钝斋，讳念曾，同怀友善，有"二难"之目。先君卒，君既经纪其丧，又扶植其子女，久而弗懈，且益推之以及宗亲。

故君之卒也,弃疾与族子弟俱哭之恸,如君之于其兄也。乌呼!是可以觇君之内行矣。君生清同治八年正月四日,春秋五十。娶凌及沈,今为周氏。子冀高、景高,女双圆、双同,孙惠礽。系以铭曰:

灵符初展灵椿枯,鹓巢翻覆遗双雏。贻谋燕翼何勤劬,皤然一老同慈乌。崭然头角孤不孤,兰芽秀茁腾令誉。能弈善饮且伟躯,英迈突过高阳徒。覃精萧选通郦书,尤穷天算兼舆图。少年述作未足谀,盛德有口碑载涂。知非学易厥岁符,能自讼者奚遽殂?生也有涯瑕则无,我铭非惭人其模。

吴县周梅谷刻。

吴江博物馆藏拓片

先母行述

王绍鏊

绍鏊六岁丧父,先母蒯太君年仅二十五,先弟绍曾四岁,舍妹梅先遗腹未生,先母悲痛不欲生。绍鏊当时稍有知识,先母哭而诏之曰:"我之所以不死者,欲教育汝辈成人,归报汝父于泉下耳。"绍鏊兄弟嬉戏过节,先母辄涕泣,且泣且扑。绍鏊兄弟有争执,奔告于先母,先母两扑之,曰:"汝兄弟且不能和好,遑论他人。"绍鏊与绍曾相抱而哭。邻儿有馈绍鏊食物,或见同居昆从鲜衣华服,有艳羡之色。先母辄痛斥之曰:"汝辈年幼有贪羡,苟得之志长,且以墨败,吾何以见汝父于地下。"因为述先父遗德,谓:"汝父生前,极慕范文正公之为人,急公好义,欲为族人立义庄。汝辈苟不自树立,将何以继承汝父之志。"绍鏊辈涕泣谢过,然后始已。凡遇绍鏊辈有过失,先母辄涕泣不食,必改悔而后复常。每遇至困极难,必择前贤艰苦卓绝之事,反复演绎。常诵"布衣常服傲王侯"之句,以鼓励绍鏊兄弟之志气。绍鏊兄弟自塾归,必令背诵所受书,且为讲解大义,娓娓不倦。复为述先哲节义之行,以资观感,至漏夜始休。先母年七岁,即遭外王母周太夫人之丧,同胞只大舅父允侯公一人。外王父荃生公佐张勤果公幕,不时居家。先母与大舅父形影不离,互相慰勉。其后允侯公没于京师,时先母年五十三矣。闻耗迎丧于沪,抚棺一痛,晕绝不知人。从人扶至舟次,然犹力疾至大舅父家,经理其丧事,事后大病几殆。外王父续娶宋太夫人,先母小心谨慎,处异母弟妹间,未尝有间言。已而异母弟妹间有违言,辄相率奔诉于先母。先母为处理其曲直,各如其意而去,终先母之世为然。年十九,来归我父晋之公。既生绍鏊兄弟,先父即以诸生随外王父游学张勤果公幕。临行无资斧,先母脱钗钿以为旅费,不使王父、外王父知也。既勤果公没,先父郁郁不得志归。归不数月得病,遂不起。越三年,而外王父荃生公又薨。先母茕茕孑立,无可告语。绍鏊幼时午夜睡醒,见先母常涕泗被面也。绍鏊家世清贫,先王父次伯公以名孝廉官溧水县教谕,俸入既薄,将嫁先姑母,而资财无所出。顾性甚方刚,不屑求助于人,独居意甚不乐。先母知其意,请于先父,出私蓄资小姑嫁,周备尽礼。先王父大惊异，益加敬爱。先父既没，家稍落，先王父春秋高矣。先母知仰给堂上非久计，乃尽斥其嫁时所有得千金，铢累寸积，十年之中买田近二顷。嗣后绍鏊游学沪滨，东渡日本，大半取给于此。先母事先王母叶太夫人甚孝，饮膳非先母手调，先王母食不甘味。先母夙兴夜寐，亲操井臼。时与先叔父霖若公犹未分爨，先母以一身料量分配其间。又兼顾绍鏊兄妹三人读书、衣服、疾病之事，往往数日夜不交睫，然未尝于先王母前一称劳乏。既退入室，则呻吟不自胜矣。先王母疾，先母辄十数昼夜不离左右，又使绍鏊兄弟更番侍夜，医药必亲调而后进。岁壬寅，吾乡喉症盛行，传染死者相枕藉，虽家人父子间亦相畏避。时先王母染病甚笃，先母率绍鏊兄弟侍疾如常。先叔霖若公明医理，坚请勿过近，先母不从。时先姑母亦妇宁，与先母左右侍奉，先王母将没，两人犹轮流接气。迨先王母没，而先姑母以哀痛染疫亡。先母与绍鏊、梅先相继病，最后绍曾病，不一日而没。先母闻绍曾没，蹶然起问绍鏊、梅先所在，急趋视，自是日夜不离，亦不再服药。先母遇绍鏊、梅先疾病，辄心血奔注，自忘其身体之疾苦。记壬子岁，梅先产后疾，先室殷氏亦病。时绍鏊家寓苏城，梅先入城外医院，先母以一人奔驰城内外者日数次，风雪中又归乡筹医药费。梅先等病愈，而先母体不支矣。去岁，冯胡班师，先母居津，绍鏊先数日至京，至则患痢。人有告先母，先母闻讯，即奔赴车站。时兵事未定，车路初通，先母兀立风沙中，竟日至京，而喘逆大发。从此深夜不得安枕，至于没而未瘳。呜呼！先母于绍鏊兄妹，爱之何所不至，使绍鏊于今日。先母之病，苟能效先母之侍先王母，及其所以护持我兄妹者，委曲维护，或可希冀于万一。乃既不能体察于未病之先，及其危殆，犹不能尽吾力，以挽回命运。绍鏊有妻子在津，不先期挈至京寓侍疾左右，致兵兴路绝，弥留不得一面。罔极之恩，有施无报，绍鏊不孝之罪，尚何言哉！先母自绍曾没，爱绍鏊、梅先更挚，而督责之亦更严，曰："吾今只属望于汝兄妹二人矣。"时乡里方兴新学，谈革命，绍鏊年少气盛，慨然欲有所发抒，先母不可。曰："祖父年高，宜顺适其意。不宜于家庭间为非常异议，以增老人之忧。"既而绍鏊应童子试，以第一人入学，先母色然喜曰："汝今稍有以慰汝祖父矣。然当益求真学问，以应世变，特汝祖父在，不当远游耳。"绍鏊乃入本邑理化研究会，梅先亦入丽则女学。岁丙午，先王父以中风薨。七终，先母命绍鏊就学于沪，梅先亦随邑先达钱慈念先生，赴日本求学。明年春，绍鏊亦游学日本。从此绍鏊兄妹远离膝下，先母不知人世有家庭之乐矣。绍鏊兄妹既东渡就学，费用甚巨，先母则节衣缩食，竭力筹措。家居每月市菜蔬不过二金，日仅用制钱三五文，如是者历四年，未尝使绍鏊知也。岁辛亥，绍鏊毕业归国。未几，武昌起义，先母命绍鏊商出处于邑贤蔡冶民先生，乃先后束装赴沪。冶民佐陈英士先生幕，绍鏊则佐章太炎先生，奔走国事。是岁，梅先亦自日返至武汉，服务于留日红十字会。先母见绍鏊兄妹以所学尽力于所事，以为其夙昔期望如此，故出门时未尝有惜别色，然心终怏怏不自释，则时时至苏至沪视绍鏊。民国元年春，梅先从汉口回，绍鏊从北京回，皆集于沪上。初，汉阳吴君亚良留学于日本千叶医科大学，归国后亦服务于留日红十字会，因与梅先相识。至是至申，向绍鏊致求婚之意，绍鏊白先母。先母慨然曰："吾膝下只汝兄妹两人，梅先遗腹生，汝兄妹谊甚笃，吾不愿嫁梅先为异姓妇。吴君诚佳士，能入赘，事乃谐耳。"亚良告诸父，父同意，婚乃定。是岁冬，绍鏊当选为众议院议员。明年春，国会开会，绍鏊北行。临歧，先母诏绍鏊曰："汝今日始得尽力于国家，顾峣峣易折，而庸庸自保者之行，又非汝父与吾所望。惟公惟诚可以应世，惟宽容可以处群，惟清廉可以自处。汝能如此，吾家居荠粥甘矣。"绍鏊秉承母训，谨志之，不敢忘。十余年来，穷乏困惫，于先母未尝有一日甘旨之奉。惟进退出处，犹得自附于正人君子之后，不敢以货利自污者，皆先母之教也，顾先母自此处境益困矣。是岁冬，袁氏取消国民党议员，绍鏊以为此解散国会之先声，愤而南归，思欲闲居奉母，以待时清。顾其时家计益绌，窘迫无以为生。盖绍鏊自出外游学，至民二回籍，中间六七年，需用浩繁，随时取给于先母。先母则黾勉应付，质田庐，斥服御，拮据筹措，从不一言所自来。以为言之，足以沮向学之气，挫立身之节。及是而借贷俱穷，捉襟见肘，绍鏊始知先母从前铢累寸积，所有多半为典质之用，始慨然有为贫而仕之意矣。明年五月，以武进庄公蕴宽之荐，就肃政厅书记官职。而先母因年来风雪奔驰，寒气入肺部，患痰喘，不能行。及病已，辄来京视绍鏊，留不久复归里，嗣后往来南北以为常。居里时独处，深念生平积蓄，多消耗于儿女教育之中。思欲节衣缩食，恢复旧观，顾此志终不遂。惟历年绍鏊议俸所入，先母从未尝一问有无。护法军兴，绍鏊航海南行，不遑内顾，家中无数月之储。先母居京，屏仆御，赁小屋，泰然自居。先母不以告，绍鏊亦竟不知也。绍鏊居粤两年，而北政府有经济调查会之设置，以歆动南方议员之北归，使人示意于先母，请作书招绍鏊，先母峻却之。曰："吾昔以义教子，今动之以利，非素志也。"卒不为作书。先母寻亦南下。民国十二年夏，黎总统出都，绍鏊慷慨南旋，反面于先母。先母劳之曰："汝能不以贫约累进退之节，吾心安矣。"曹氏当国，将进行金法郎案，以垄财利。前总理孙公，慕韩以去就，争而不可得。绍鏊与同志范殿栋云卿、范熙壬任卿反对尤力，而彭养光临九、凌毅蕉庵与绍鏊同居，密谋所以惩创凶顽者。曹氏闻而大惧，欲得数人而甘心。时先母在京，虑兴大狱贻老人忧，婉转请先母移居。先母不可，曰："囹圄犴狴，吾与汝偕耳。"不肯行。绍鏊皇急，无所计。于是同志诸人请于先母曰："太夫人在京，绍鏊不肯舍家室，为国家有所牺牲。愿太夫人先避地，以成绍鏊之志。"先母瞿然曰："如此吾其行耳。"已而驲骑至寓所，彭君被收，绍鏊得脱，至津见先母，告脱险状。先母但问彭君得无恙否，词气夷然如常。先母既多经患难，体益亏弱。今岁秋，忽患剧痢，绍鏊深以为忧，急延日医小菅疗治，危而复安。绍鏊昏迷愚暗，方私心窃慰，以为旬月之后，可以康强复旧。曾不知本原亏耗，病根潜伏。十二月中旬，复患积食，既而肝阳上升，食下之后，痰喘益急，其后沉沉不省。先后经中西名医诊治，而势已无及，于月之二十二日酉时，弃不孝等而长逝矣。呜呼痛哉！先母疾革时，知绍鏊方应南方同志之招，欲归苏从事省宪，犹力促其行，谓吾病能自调摄，勿以老人为念。梅先自留学归，以多病及儿女之累，始终未尝就事。今岁秋，国立女子大学聘梅先为学监。梅先念先母老病，亚良远在北欧，意不欲就。先母闻之曰："学以致用，汝宜磨炼职务，以强汝身。"议遂决。既而女大为校舍问题，与女师大争持不相下。时先母疾革矣，犹坚促梅先至校，谓校事方艰，居夷而避难，非吾所望也，竟不许请假。迨至病没之前二日，始不复促梅先至校，亦不促绍鏊南下，曰："吾欲多见汝曹也。"病中喃喃无他语，历念亲族中之贫苦者，以力不能振拔为憾，且又重提义庄事。义庄之议，绍鏊幼时，先母常举先父遗训以诏勉。顾自绍鏊归国，穷不能自振，十余年中，先母绝不一谈。至是则郑重诏绍鏊曰："汝他日能赎归我所手创之田与先世所遗者，竟父志，立义庄，吾心慰矣。"（绍鏊家自先王父没后，两世未分产。）绍鏊涕泣，谨志之，不敢忘。呜呼！先母一身，年幼之时，生母早背，极伶仃孤苦之遇。中年以后，茕茕孑立，含苦茹辛，抚育孤雏。其后绍鏊留学，归国驰驱国事。家人生计，百端艰苦，亦惟先母一身撑持其间。重以绍鏊两丧其偶，儽然以弱息贻老人累，诸孙中又多夭折，抚存感逝，老怀怆然。盖自绍鏊有知识至今，默察先母之处境，盖无一日不在困苦悲惨之中。然而志行卓绝，不以穷约稍沮其气，且未尝于绍鏊兄妹间，稍露穷愁抑郁之态。其期望绍鏊在立名节，励清操，不负先父之托为重。至于奉养之厚薄，曾不足以稍撄其心，且有时处境愈苦，精神弥乐。癸甲、丁戊之际，家中资产什物荡然无存，事后告语绍鏊，词气和怡，如居顺处常然。呜呼！绍鏊观古之君子，养志为上，养身次之。顾其所谓次于养志者，不过菽水承欢无日用三牲之奉耳。乃若既俨然成人矣，既俨然自附于士大夫之林矣，乃不能出其心力之所得以养其亲，乃转以其亲之所有以自取给，而贻其亲以莫大之困穷。呜呼！使先母而有几微世俗之见者，则家庭之间必有无穷之隐痛，而绍鏊且为名教之罪人。今绍鏊犹得腼颜视息于人间，有不孝之实。而宗族昆弟之间，以先母爱绍鏊之心愈穷而弥挚，则亦免于不孝之名。呜呼！岂非先母至德所遗哉？盖先母之于绍鏊，母焉而父且师者也。有母之慈与父与师之严，饮食教诲，以至于成人。行年三十九，行能无足观，今昏迷之中，瞿然知绍鏊为无母之人矣。三十九岁以后之绍鏊，曾不自知堕落卑靡之至于何地，此绍鏊所以呼天抢地，椎心泣血，而不能已也。伏念先母生平嘉言懿行，可传者甚多，苦次昏迷，不能尽述，谨举其荦荦大端，以哀告于当世立言之君子。倘蒙锡以鸿词，流光泉壤，绍鏊感且不朽。苦块陈词，伏维矜鉴。棘人王绍鏊泣述。

民国十二年印本《王母蒯太夫人行述》

向庐驹隙记

范祖培　范镛

　　谨案：我二十七世祖纯懿公，为文正公从侄，以杭州余姚县尉累迁至朝奉郎、大理寺丞，是为朝奉房支祖，居于吴。十三世祖思春公讳维，原名友桧，于明嘉靖间迁居吴江县之同里镇，子孙繁衍，称大族焉。世食旧德，习于儒素，其行谊著述备于家乘。高祖倬云公讳河，绩学早世，著有《稻孙轩诗钞》。本生高祖咏堂公讳清芬，清道光戊戌岁贡，就职训导，著有《留青阁文稿》。曾祖桂庭公讳鼎元，本生曾祖蘅香公讳升元，祖幼庭公讳苞初，俱学而不仕。本生祖芳余公讳钟杰，濡染外家袁氏笃学之风，耽好经籍，藏之小天一阁者都数千卷。著有《一剪梅馆词草》《丐闲词馆吟稿》，采入《松陵词徵》《吴江诗录》。祖妣王太宜人，训导蔼云公讳琇次女，仁慈勤俭，为戚族所敬爱。生子女七人：伯父秋莼公讳恩培，沉潜好学，赍志以终；二姑母适附贡生钱汝庆；三即府君；四姑母与六叔父讳曾培，均早殇；五姑母适候选州同知钱祖桐；七叔父蔼人公讳滋培，江庠生，通英吉利文，尤工数学，以瘵卒。府君讳祖培，字裕昆，号葵忱，又号向庐、拙眠、蘧知、顺聪、悔斋。光绪庚寅入府庠，壬寅补行庚子、辛丑恩正并科举人，考职授盐大使，指分浙江，纳粟为国史馆誊录。鼎革后，为乡里治公益垂二十余年，和平中正，遐迩敬服。而排难解纷，尤不厌不倦，有鲁仲连风。时会多故，府君公私兼顾，日无宁晷，鲜治文字。今检遗箧，得《向庐驹隙记》一卷，光绪三十四年以迄中华民国廿八年之日记十册，汴梁日记、都门日记、武林游记、浏渎日记各一册，闲园笔记二册，敬谨藏弃，以垂典训。伏念府君平生，崇实笃行，不骛虚声。不孝等不敢以浮饰之词玷辱先德，即以《驹隙记》当年谱，而自民元以至今，兹就日记摘取大要系于后，则府君一生行谊略具于是矣。棘人镛、铨、镠、钧、钺谨识。

清同治十年五月廿五日未时，余生于德春桥袁太母舅爱庐公家。先考奉直公，十余龄即遭太平军之厄，漆字圩庐舍为墟。祖父母连岁病卒。次姑母先难，事定请于朝得旌焉。奉直公孑然一身，依太母舅居。衣食教诲，均资其力，诗词之学，尤得薪传，奉直公永矢弗谖。故太母舅卒，为之经纪，家政不足，辄补助之，积亏数百金，不索其偿。余入嗣奉直苞初公，妣费太宜人，均早卒。庶妣任氏，生大姊。嗣祖考桂庭公，襄办团练，以劳瘁卒。嗣祖妣袁太宜人，赁章家浜金氏宅以居，大姊随侍。袁太宜人善居积，弃养时箧遗数千金，先考奉直公为之治丧葬，以余资置田数十顷，并规复旧居，俱见善继、善述之志。吾辈被服先德，何敢或忘。爰志之，令后世子孙饮水思源，勿堕祖业也可。

十一年，二岁。

十二年，三岁。闰六月初十日，袁太宜人弃养。病仅三四日，初时若不介意，先考奉直公日往省视。是日晨，家人急足至，报凶耗。易箦时，惟大姊侍焉。呜呼痛哉！奉直公迁住袁太宜人所赁金氏宅。

十三年，四岁。奉直公聘谱叔袁执卿师，名秉钧，邑庠生。教读先兄秋莼，及二姊从焉。二月，四妹生。

光绪元年，五岁。袁太宜人服阕，葬于霜字圩祖茔。四妹殇。余病痢几殆，四体半冷，竟未药而愈。

二年，六岁。十月，五妹生。

三年，七岁。

四年，八岁。

五年，九岁。

六年，十岁。五月，六弟曾培生，越六月殇。奉直公规复漆字圩旧宅。

七年，十一岁。四月，迁居新舍。

八年，十二岁。正月，七弟蔼人生。

九年，十三岁。袁师辞馆先兄秋莼授读。十一月，大姊于归庞氏，号遂铭，名元鼎。

十年，十四岁。从任倬云师名传福廪贡生授读。三月，先兄秋莼娶严氏。

十一年，十五岁。侄颂花生，即殇。十一月，二姊于归钱氏，号幼琴，名汝庆，附贡生。

十二年，十六岁。先兄秋莼院试，提覆未获隽。侄剑英生。

十三年，十七岁。大姑母卒。大姑母适任氏，姑丈吉士公早卒，守节三十余年，抚夫弟倬云师读书授室，以其子家振嗣大姑母。衣不锦绣，食不重肉，不苟言笑，门庭肃然。请于朝得旌焉。是年，余初应县试。庞姊丈病故，越二月，始得遗腹子。姊丈家故清寒，先考奉直公授田六十亩为奁资。八月院试，先兄秋莼提覆，仍未获隽。

十四年，十八岁。十月县试，余以试帖诗失调见斥。

十五年，十九岁。二月院试。八月二十四日微雨，连日滂沱，迄十月初五日始晴。低洼陇亩湮没，朝廷发振蠲漕，田租无收。

十六年，二十岁。侄女金镫生。四月，先考奉直公忽患咯血，盖忧生憔悴所致。九月院试，余入泮，拨府学第三十名，大宗师杨蓉圃少卿讳颐。十二月初八日，余娶妇严氏。越十日，王太宜人病，几殆。谨案：我母为太学生严公菊韵讳兆彭次女，少府君一岁。来归时，先祖考奉直公已病，六礼从约，与后之府君为弟妹治婚嫁，异其丰俭。

十七年，二十一岁。四月，先考奉直公咯血复作，形容顿损。七月初，余叩别赴南闱考录遗。八月初二日晚得电，惊悉奉直公弃养，星夜驰归，已不及亲视含殓矣。呜呼痛哉！谨案：先祖考易箦时，语我母曰："余不及见三儿泥金报捷矣。三儿宅心忠厚，余固无所悬悬也。"府君归，抚棺躃踊，深痛不能作最后之一诀。尔后视弟妹厚而自奉薄，所以告慰也。

十八年，二十二岁。四月，为奉直公营新阡于霜字圩，初九日安葬，翌日发丧。长女絮吟生，越二十四日殇。从学钱孝廉词锷师名焕，馆于钱姊丈家。

十九年，二十三岁。七月，余以降服期满，赴南闱恩科试。

二十年，二十四岁。长儿镛生。七月，赴南闱应试。

二十一年，二十五岁。频年盐匪横行，农家破产者累累。赵展如中丞下车一月，严行搜捕，治以峻法，间阎以靖。侄女金镫殇。

二十二年，二十六岁。蔼人弟科试，提覆未取。

二十三年，二十七岁。从学孔康侯师名昭晋，己丑举人，癸卯进士，礼部主事。七月，赴南闱应试。余出朱文，川大令名秉成房荐卷。九月，五妹于归钱氏，号峄生，名祖桐，候选州同知。次女璇珠生。禾为螟蚀即不成米，枯萎为灰，最甚者不过实二三分，自后几于无岁无之矣。

二十四年，二十八岁。二月岁试，蔼人弟入泮。六月初一日，先兄秋莼病卒。先兄早年患疝气，近岁愈发愈剧，竟因此不起。平时勤恳好学，无间寒暑，年少老成，一时罕匹。余家藏书之排比校勘,悉出其手。十载童闱,两度提覆,竟不得一青其衿而殁。文章憎命,为之三叹。七月,蔼人弟聘室顾氏、绶封孝廉公名友焘次女病卒。十二月,为先兄发丧,葬霜字圩新阡,侄女金镫附焉。

二十五年,二十九岁。五月,余患便毒,卧床一月而愈。是年,朝命刚毅查办江南事件,以清理厘金,充练兵费。苏之牙厘局总办朱之榛恐为所侵,献清赋之议,刚从之。疏上,得旨以本岁始,大小户一例全完。且旧时类姓册不清,飞洒影射,莫可究诘,多赔累者。知县方道济以欠数巨,请严催,田主相率远避。委员吴其芳奉迎尤力,追比不稍宽假。会有圩甲某株及,畏恐气涌而死,控于府。知府彦秀追吴回差,事遂弛。

二十六年,三十岁。署吴江县宗能述以江邑多漏粮重户,请办清丈,一年即成。以原圩田数为率,广者自广,狭者自狭,临丈时不发丈单,致丘号参差,租自混淆,科则倒置,地田纠缠。后以迫于限期,更草率从事矣,治丝益棼,铸成大错。

二十七年,三十一岁。五妹举一男,忽患痢,竟不起。明年,其子亦殇。二女索仙生。蔼人弟娶钱氏。

二十八年,三十二岁。五月科试,时疫流行,染者不免。余方考经古出场,家人专舟速余归,谓王太宜人亦染疫甚剧。星夜旋里,治疗得愈。复赴苏,假族兄汇茹监单录科,列第二。后因在省候补人员例不能就试,乃于七月往南京试遗才。是年,为补行庚子恩科及辛丑正科,正主试戴少怀侍郎名鸿慈,副主试黄册安少卿名鋆隆。题:汉文帝减租除税而物力充羡,武帝算舟车榷盐铁置均输而财用不足论。榜发,余中二百七十六名举人,出邓宾虞师名之秀房。江邑同榜者徐指湘世泽、钱自严崇威、黄肇成元吉,而震邑庞苣生文俊举北闱。九月,与钱、黄二同年往江阴填亲供,以学宪出棚未果。十一月往通州,即与通州诸同年偕谒填供二纸。蔼人弟出张蓬仙名瀛房荐卷。

二十九年,三十三岁。正月十二日,悬匾,殇戚族。二月,偕徐、钱、黄三同年赴河南应礼部试。缘京师贡院毁于庚子之役,乃借闱开封焉。积雨兼旬,道路泥泞,车辆供不应求,穷一月始达。出闱,随孔康侯师由水道返。谨案:汴梁之行,府君极受困顿。近长台关五六里,铁轨架河上,长亘里许。时天已昏,行于枕木,俯见流水汩汩,为之惴惴。所过旅舍皆湫溢,与骡马相接,备见汴梁日记。

三十年,三十四岁。再赴河南应恩科礼部试。时京汉铁路已通车,至许州,离开封仅二百里,较去岁便捷多矣。余出王筱东御史名会沣房,堂备七月入京应考。汉中书向例,会试后有中政榜(中书政),所以为下第举子设也。榜发,未入选。十月,报捐国史馆誊录。次儿铨生。蔼人弟长女瑞芝生。

三十一年,三十五岁。六月科试,剑英侄提覆见遗。九月,为之娶妇沈氏,临庄次女。八月,蔼人弟次女桂枝生。

三十二年,三十六岁。正月,偕内子往苏,走路过急,热血上升,略吐三四口。炙经霜荷叶,以开水冲服,幸即愈,不复发。次女璇珠受聘凌氏,号寿生,名圻。世居莘塔,今迁里中。六、七月间大雨,低区半成泽国,米价腾贵。十月收租,农人欲援己丑年例，相率观望，北坼、黎里，竟有纠众以抗纳者。十二月，提学使奉文考录举贡，余取列三十名。璇珠偶感微疾，竟至夭折，凌氏迎榇，归葬于其祖茔。

三十三年，三十七岁。正月初五日，分爨。二月，入京考职。五月十一日，假国子监分南北二场考试。头场经义一、史论一，二场舆地策一道，余下第。吏部请以下第诸卷分二三等，二等以直隶州同知、各大使用，三等以县丞、州判、各经历用。余列二等六、七十名间。六月返里。十月，三儿镠生。

三十四年，三十八岁。二月入京，三月投呈吏部验到，签掣盐大使验看。四月分发浙江，赴吏部谢恩领照，谒新授浙江监运使王耡云章京名庆平。五月至杭州。七月抚宪传考，王运使委赴嘉湖，查盐栈烙秤。九月销差。

宣统元年，三十九岁。蔼人弟三女兰琴生。三月，王运使委赴长、元、吴三县查酱缸。旋委接办浏河收运掣验局文案，四月至浏视事。四儿钧生。十二月，恭遇覃恩，请封祖父母、父母、本生父母五品封典。

二年，四十岁。九月期满更委，即卸事返里。十月至杭州销差。

三年，四十一岁。七月，大雨浃旬，河水陡涨，较之己丑年更甚。七月，乡民闹荒，捣毁自治公所。冬，各地劫掠时闻，同里创立民团、商团，全镇赖以安堵。十月，经省议会议决，饷需孔亟，减成收粮，乡民大起反对，竟有拆毁中催屋舍者。同里水路遍钉竹桩，遮断舟楫，以挟制自治公所，请兵劝导乃解。五儿铸生。谨案：《驹隙记》至此止。府君跋云："此后国体更易，皆苟活之年，不复续笔。"另有日记，不孝镛谨录。日记中荦荦诸大端，而系以弟妹婚嫁、子侄生卒，完为年谱。月日依太阴历，从遗墨也。

中华民国元年，府君四十二岁。六弟铖生，七叔父蔼人公四女佩芸从妹生。区农会举府君为会长，自治公所举为正议长，改号拙氓。

二年，府君四十二岁。区田业会举府君为正会长。不孝镛娶妇沈兆球，吴江临庄公三女。七叔公蔼人公长子鉴从弟子生。

三年，府君四十四岁。吴江县知事丁祖荫委府君为同里公益助理员。吴江县田业总会举为正会长。七叔父蔼人公及其四女佩芸从妹、三妹索仙、五弟铸先后卒。长女玉衡生，旋殇。谨案：十二月初二日日记云："八钟半，蔼人弟去世。痛哉！先父弃养时，弟仅十龄。入学成家，方相庆幸，孰意昊天不吊，竟夺其寿。以后料理家事，教育女侄，惟余一人。肩任劳苦之命，孰余比哉！"

四年，府君四十五岁。江苏财政厅奉财政部饬，本年苏漕加折价五角。府君联合各县力争，函电交驰，昕夕无间，旋奉大总统特谕免加。本生祖母王太宜人卒。次女慧静生。谨按：二月十五日日记："早起视母亲，较昨更觉危险，问之不甚答应。延至十钟半，弃不孝而长逝矣。母亲一生可以'困苦、勤俭、慈爱'六字概之。今以哀悼蔼弟之故，竟至不起，呜呼痛哉！"

五年，府君四十六岁。项城帝制自为，江城宣告独立，地方骚动，府君与民团诸君维持安宁。

六年，府君四十七岁。大旱，府君茹素祈雨。与里人集资重印《同里志》，并议修续志，未果。谨案：府君于农田水利关念至切，天时旱潦，往往忧形于色，至敬恭桑梓之心亦在在流露。吾里自周之桢先生辑《同里志》后，已历五十余年，缺于赓补。复以宣统三年，暴民毁自治公所，所藏《同里志》版悉遭焚弃。至是与叶仲甫、金砚君诸先生集资重刊，并摭拾旧闻，谋为续志。不孝镛亦雪钞露写，得若干则。嗣以佣书四方，未遑编纂，不知何时得完先志，念之怆然。

七年，府君四十八岁。农田发见螟子，自治公所收买稻根焚除，府君亲督估计。区教育会举府君为正会长。三女春螺生。

八年，府君四十九岁。与亲友合资设米肆。秋，大水，请省振济。

九年，府君五十岁。米价贵至每石十元以上，本镇办理平粜，府君躬自督理。长子崇清生。府君改号遽知。

十年，府君五十一岁。购置苏州温家岸住宅。秋，大水。办工振，修理全镇街道，府君为之辟画。以移家苏城，辞公益助理员及一切地方团体任务。谨案：府君自息影里门后，即任地方公益诸事，辛勤劳瘁，久思摆脱。是年买屋吴门，略有园池花石之胜，府君顾而乐之，谓从此可遂我初服矣。然岁时归故里，细大纷故，仍资调处。而尤以秋冬之际田租纠纷，更费心力，体之日就衰癯，半因于此。

十一年，府君五十二岁。文正公义庄庄正厚甫先生名端信，以府君迁苏，拟与通谱，旋以中风卒，未遂。谨案：八月二十八日日记："庄正厚甫悉余居苏，屡欲面晤。余以修葺未竣，恐其来答尘芜，无款座地，迟迟未践约。六月中，竟以中风而殁。今设奠出殡，余挽以联云：水木溯根源，默契心期，何事缘悭一面；庄祠劳管领，怆怀道范，难禁泪洒三秋。"又谨案：我族自迁同里后，与吴中族人罕有往还，不通庆吊，故庄祠事绝不闻问，府君常以为憾。迨移家吴门，颇有通贯联系之愿，故于庄正之丧，备致悼念。

十二年，府君五十三岁。宣统大婚，府君与旧臣献礼金，蒙赐"富有日新"春帖。秋间出席平社，力主禁止庞山湖围田。谨案：九月初八日日记："王钟澍提议，禁止庞山湖围田，以通水利。有人以此事属一县范围，不能成立。而余发言谓：'庞山湖受太湖下流，东注于海，若水利不修，四面横决，吴县、昆山宣泄不畅，亦受其患。'"乃公决呈省，咨太湖水利局查禁。又谨案：平社为吴县、昆山、常熟、吴江四县士绅讨论地方公益之团体，每岁举常会，二度建议当局，备刍荛之采，盖乡社之遗也。

十三年，府君五十四岁。弟铨娶任传德女士，杏生姻丈长女。秋，江浙开衅。府君于风鹤中归故里，与里人商防务及收租事宜。购置苏州左邻住宅。

十四年，府君五十五岁。有人告密于苏常镇守使金宣五，谓吴江各市乡有私藏军械事。府君与旅苏同乡往解释，以检验烙印了案。同里、北圩有未报验之枪械，为委员吊去，复往疏通，得给回。次子崇海生。弟铨长子崇浏生。

十五年，府君五十六岁。孙传芳驻兵索给养，府君与俊卿从堂叔、薛砚耕师，赴县借漕以资之。先伯母严太孺人卒。弟镠娶苏淑芳女士，少霞公三女。府君改号悔斋。谨案：三月初八日日记："侯方域以'庄悔'名其堂，示幼而不学壮而悔之意。余平生作事，处处谨饬，未敢高视阔步，惟时局环境如此，动生荆棘。因以'悔斋'自号，取虽悔也迟之意。"

十六年，府君五十七岁。国民革命军北伐，与奉军激战于夹浦桥，里中惊惶殊甚。府君与里人维持治安。三子崇济生。弟铨次子崇汉生。弟镠长女华龄生。

十七年，府君五十八岁。陈佩忍先生去病刊《松陵词徵》《吴江诗录》，府君助以资。冬，里咏等十八圩农民抗租，府君反覆导喻，不得解。与费仲深太表母舅磋商再三，极尽周章，粗得靖息。修理霜字圩祖茔驳岸。钱二姑母卒。弟镠次女亚龄生。弟钧娶金月娟女士，姨丈翰清公长女。谨案：正月十八日日记："十二钟抵里，径至钱宅，惊悉二姊气绝才五六分钟，抚尸犹温，幽明永隔，不禁涕泗横流。余同胞兄弟姊妹七人，今只遗余一人，孤露子身，骨肉已尽，死灰枯木，了无生趣。挽以联云：同怀止剩两人，相依为命，归宁谈家事，叹春秋已高，授室犹嫌儿辈幼；丧姑刚经半月，忍疾衔哀，噩耗递炎轮，即星夜遄返，入门难挽女婴魂。"十二月朔日日记："薄暮晴暖若初春，下午往霜字圩祖茔，验收驳岸工程，尚属整齐。忆草角时，随先考奉直公及从堂诸伯叔祭扫，见驳岸已坍塌，至今垂五十余年。前数年，从弟载舆购乱石三十余元，欲兴工修葺未果。后樱瘵疾殁，亦已两易寒暑矣，兹余得竟其志，差堪告慰。"

十八年，府君五十九岁。病肋膜炎，疟毒寒战气促为状，甚险，经医治而愈。田业会改选委员，举府君为执行委员。弟铨三子崇沪生。弟镠三女珊龄生。弟钧长子崇澜生。谨按：上年十八圩抗租，为府君晚年激刺最深之事，劳心焦思，求其一当，而错综纠纷，难得其理。不作左右袒，惟期事态之不至扩大，往往终日奔走不遑，宁处风寒之袭，遂中疟毒。而胁痛之患，时发时已，亘十载而未能根治。平时又节俭，不肯滋补，不孝等屡以为请，府君辄婉却之。孰知元神积耗，一发难挽耶。

十九年，府君六十岁。故乡土盗几遍，府君与费仲深太表母舅、金松岑师、陈佩忍先生、张叔美表叔，以旅苏同乡会名义，请县缉治。三女蓁蓁生。弟镠四女冰雪生。谨按：五月二十五日日记："母难日，因时局不靖，不敢铺张。于深夜供星官一对，酒十尊，蔬六簋，高烧红烛，夫妇罗拜，不令儿辈知之。驹隙年华，六旬已届，既不能遂显扬祖宗之愿，又无以感社会利赖之思。余不喜交方外，凡游名山入古寺，厌与僧谭。故俗例，六十以后，每延僧完经，余屏绝不循行。内子性与余同，亦不愿为之，可谓无独有偶也。"又谨案：民九府君五秩华诞，不孝等晋觞为寿，是年覆请，不许。逾期始知府君曾于子夜与我母共庆初度，读之弥增痛愧。

二十年，府君六十一岁。弟铨四子崇泗生。弟钧次子崇涛生。弟镠三女珊龄殇。

二十一年，府君六十二岁。一月廿八日，中日战事作。府君适在故里，与里人整顿保卫团，以靖闾阎。邀集江邑八区士绅议收租，因财政部令折价须随时更易。述困难于县政会议，议决照旧办理，咸以为便。四女致和生。

二十二年，府君六十三岁。弟铖娶沈蕙兰女士，廷芬姻丈长女。弟镠五女小菊生。弟钧三子崇淀生，旋殇。弟铨四子崇泗殇。

二十三年，府君六十四岁。弟镠六女小芳生，旋殇。弟钧长女兰生，旋殇。弟铨五子崇淦生。苏人杨咏裳先生等发起，招杨宗师颐科岁两试同案，假苏州适社聚餐摄影，都二十八人，府君与焉。

二十四年，府君六十五岁，庞姑母卒。弟铨六子崇法生。弟钺长子崇濮生。弟镠七女巧龄生。谨案：元月十九日日记："大姊去秋气逆，岁底加剧，延至今日辰时病故，享年七十四岁。伤哉！大姊命运多舛，少失怙恃，嗣祖母抚养以长。嗣祖母病故后，本生考奉直公提携长成，遣嫁从丰。嫁后五年，生两女俱夭，姊夫旋故。未几丧姑，嫁小姑，田产殆尽。遗腹儿完姻，生孙娶妇。前三年儿媳俱亡，老病缠绵，遽尔易箦，为之挥泪不置。"

二十五年，府君六十六岁。府君与薛砚耕师出席县政会议，提议整顿租风及缩短江同公路线减少损坏田亩两案。是年春，胁痛复发，眼视糊涂。秋，出席江城地方协进会，筹议防务。谨案：府君习举子业，每于如豆孤灯下研读。中年治新学，阅缩影书，遂病近视。然作字娟秀，小于蝇头，至病前数日，依然不苟。

二十六年，府君六十七岁。府君偶咯血数口，就吴县县立医院，以 X 镜照之，见肺有浊点。夏病足。弟镠长子崇沁生。中日战事复起，里中骚然。府君与我母避兵越溪镇，历十四日返里，不孝镛与铨、钺两弟随侍。苏城住宅阛人他避，什物洗劫无遗，府君隐痛在臆，往往见诸言外。

二十七年，府君六十八岁。府君既忧国难，复恫家厄，心神不怿，左目病，瞳神反背，致失明。弟镠长子崇沁殇。弟钧四子崇泂生。谨案：故乡沦陷，不孝等寄居沪渎，府君与我母坐守故家。虽时通鱼雁，而府君眷顾儿孙，情见乎词。不孝等以往返弗便，即岁时亦缺定省，不能烛微知渐，负疚难谖矣。

二十八年，府君六十九岁。弟镠次子崇德生，旋殇。弟钧长子崇澜殇。长女慧静适朱崇毅。府君于五月间足疾复发，体日衰，就医治未全。复八月中又感风寒，中西兼疗无效，于九月十一日辰时弃养。谨案：府君以国难非常，虽家储悉尽，而人口无恙，未尝不引以为慰，及闻两孙先后客死，悼惜殊甚。五月足疾复发，饮食无味，体惫甚，时有寒热，食欲锐减。不孝等闻讯，数劝医治。七月初三日至苏，弟钺悉心侍疗，历一月能下饭半盂。八月十七日返里，风不顺，舟颠荡不宁，兼受新寒，泛恶欲呕，遂不乐饮食。二十六日晚，热度激高，家人以电话抵苏告弟钺。即于翌日往视，则热已退净，惟体力不振，动则气促音喑，舌焦黄，虽犹起坐，出于勉强，注射化痰顺气针药。因在里治疗不便，请再往苏，府君许之。二十八日，弟钺侍府君及我母至苏。府君主用中药调理，命延蒋艺涵先生诊治，云风寒痰热交滞，须以疏散入手。服药后病状如故，而左肋作痛，乃以安福消肿膏敷之。二十九日午后，形寒形热，蒋医来，仍主前法，夜不成寐。三十日，注射葡萄糖钙。九月初一日，弟镠自沪返侍，下午注射葡萄糖碘化钙，眠不安，食不进。初二日，注射如昨，口渴，热升甚微。初三日，以府君体日衰，脉日弱，服药如水沃石，至惶急请博习医院内科洪医师诊治。云右肺下叶有肋膜炎症象，除注射补剂外，并请接血，府君不可。初四日，蒋医以石膏进服后，略寒噤，夜稍得安睡。初五日，以电话抵沪，告不孝镛与铨、钧两弟。初六日，不孝镛与弟钧至苏，见府君舌焦黑如涂以墨，语不孝曰"胃绝矣"，顾音喑而言辞有条理。百端解慰，冀邀天佑。时表妹丈艾南屏同来，即便诊视，以为府君劳瘁过甚，气体又亏，恐难以维持。午后，蒋医来，主润肠，以风化硝进。洪医来，云肋膜间恐有积水，主抽去。府君亦不许。并服强心剂，以维心力，能饮参须汤，而不能受粥糜。夜分絮语家常，虽声低而甚辨。初七日，府君以旧友高梧冈先生谙医理，命延之，与南屏表妹丈会诊。谓元神大伤，须先扶持，进以清补之剂。午后，不孝镛与弟钧以仓卒离沪，所事未经安排，请返沪料理，拟三数日重来侍奉。临行，府君犹言往返甚艰，可勿遽来，孰知铸成大错，抱恨终天也。初八日，高先生来，仍主滋阴扶本，南屏表妹丈主兼以开肺润肠，府君从之。晚博习医院院长赵乐门偕洪医来，坚主接血，弟钺再三请，始得许。是夜大便三次，皆稀薄，气促额有汗，脉细速带滑，精神益不振，即服以强心整脉药，夜睡呈迷状。初九日晨七时半，赵院长与洪医来，为府君接血三〇〇西西，经十三分钟毕事，经过平安，脉亦略觉有力。府君心稍慰，仍服高先生方药，夜略得安睡。初十日晨，脉忽又细速带滑，益见萎顿。高先生来，云脉象已变，殊可虑。午后以电告不孝等。夜脉细速带沉，反复不宁，起坐气促不能支，就枕又不能安眠，注射平喘针药及内服药片二次不减。十一日黎明，犹漱口品茗如平时，但此时脉已细滑难辨，颡汗如珠，气益促。府君神明清朗，自知危急，命弟钺设法挽救，乃再注射急救针药，无效。八时许，府君以手作势，并语弟钺曰："将脱矣。"按脉则已沈寂，急以平喘针药注射，喘止而气逆，面呈黪色，张目外视，欲有所言而不能。八时二十分，竟弃不孝等而长逝矣。不孝镛与弟钧当夕得电，以无夜车不能即行。是日晨归抵家，未及九时，抚体尤温，而两目不瞑，泣告以不孝等已毕集矣，以手按之，两睫始合。弟铨留沪为诸人摒挡职责，翌日返亦不能作最后之一诀。呜呼痛哉！伏念府君禀体素充，偶撄小极，隐而不言，平生主药补不如食补之论。顾自先祖考逝后，承理家事，并为地方服劳四十余载，未尝享一日清闲之福。不孝等走食四方，不能常侍左右，稍分其劳。今春左目失明，一再恳请至沪就医，并拟于明年古稀华诞，奉我母共为家庆。府君于八月十九日谕不孝镛曰："现在至沪，须集尔辈聚餐，叙家庭之乐。"乃日上食，量未复，浓淡均不得味，酒更涓滴不进，实乏兴趣。行步无力，长途更觉不便，只得缓至明年新正矣。孰知不逾一月，已隔幽明。胡天不仁，并此数月而靳之，不使府君一遂其愿。不孝等佣书孤岛，偷息人间，一事无成，何以告慰？循诵遗墨，感怆难胜，所祈立言君子锡以鸿文，表兹潜德，则不孝子孙感且不朽矣。

民国二十八年印本《范葵忱先生家传》

范葵忱先生家传

金天翮

昔吾先祖训导公为政于乡，乡之人就而考德稽疑或朋争党谇者，辄用数语相排解，而官吏设施有不惬于民者，必抗争不挠。以是卒之日，无不震悼或哭失声，灵辀过市，皆燃素烛炷香以志哀念，遗爱播于人口。阅二十年，而吾友葵忱居于乡，其行谊乃与相埒。君名祖培，葵忱其字也，姓范氏。与余幼相狎，长为文字交，同入泮宫，同执贽于畏垒先生之门。博涉多通，思笔赡给，伸纸辄缅缅数千言不自休。举光绪壬寅科乡试，举进士不第，为盐场大使于浙，不得志，弃之归。于是一邑中宿德耆齿为吾两人大父行者，凋丧略尽。君年已四十余，乡望渐隆，则往往被推为公益助理员、市议长、市教育会长、县田业总会长等职。君胠诚笃挚，事不假手于人。革政之始，人气奋涌，饰伪萌生，君一接以和，皆暗然心服。至于赋税田亩，入民国来，动辄越轶常轨，纷纠错杂，带征之数，高出正税，法令无常。或先时预借，借久不偿，交嘲互讦，笔舌两敝。君调节官民之间，以一身任其责，上下皆谅其苦心，厥后登记。土地立法者，一破数百年惯习，废圩名，改丘号，民情疑诅。而测丈者取办速成，往往定丘而不询户名，名多虚诡，不与粮册相准，归户者苦之。君又独肩其劳，图册如山，爬梳抉摘，废寝忘餐，精力致衰，目又昏耗，然犹握管作细书。事变起，登记竟不成。君既为人民信赖，有争执不遽诉诸理，必取决君之一言。君故熟稔农氓情伪，乐与相周旋也。性俭约，衣敝不忍易。出户访友好，虽雨雪，必舍车而徒，子妇辈以节劳请，不顾也。中华民国二十八年己卯九月十一日卒，距生于清同治十年五月二十五日，春秋六十有九。子镛、铨、镠、钧、铖。孙崇清、崇海、崇浏、崇济、崇汉、崇沪、崇涛、崇淦、崇溁、崇法、崇洄、崇深。

赞曰：余与君虽少同学，然余赋性跳荡，自谓负天地四方之志，不屑屑治帖括，习科举业。虽尝一理乡政，而以刚得祸，自愧不能肖吾祖。今垂老而事业终不成，视昔贤所谓约旨卑思者，盖有惭德焉。古有乡先生没而祭于社如君者，殆其人与！殆其人与！

民国二十八年印本《范葵忱先生家传》

沈昌眉传

沈昌直

兄姓沈氏，名昌眉，字昂青，号眉若，又别署长公。先世宅分湖之大胜村，五世祖心梵公，别建第宅于江城之北下塘。公于兄弟齿居长，我支因别称吴江大房。居数世，经庚申之乱，我祖建才公复挈我父咏楼公避居乡间，由东玲而来秀桥。迨我父更迁居芦墟，由是遂为吴江之芦墟人。兄幼即活泼异常童，尝随先父读书莘塔凌氏，为莘庐先生泗所激赏。年十三，我父卒。我母周太孺人茹痛抚孤，日以艰苦勖学继先人业，谆谆为孤儿嘱。兄乃泣体母意，刻苦从从叔益卿先生学，兼程猛进，未数年而诗文均已披抉堂奥，卓然有成。时正人习帖括，除一二庸俗腔调外，无所谓文法。兄乃离时艺而别求他书，卒乃得之于小说家言。盖兄夙嗜王实甫《西厢传奇》、蒲留仙《聊斋志异》二书，枕葄之几废寝馈。择其尤者，熟读而细评之，因悟作文之自有其法，而非限于帖括所云云。由是才思横溢，每一篇出，辄非时下规律所可拘。顾主试者乐恬熟而畏奇纵，初试颇不利。至年二十四，始以郡试四冠军入学，盖已蹭蹬者久，有不胜迟暮之感矣。入学后，益进求根柢之学，《史》《汉》《通鉴》，丹黄之不倦。顾兄尤富干事才，非仅以读案头书、抱膝长吟为足以尽其能者。初馆北圩黄氏从母家，授其二表弟书。黄氏饶田产，别延人司会计。从母以孀妇不欲与司计者接见，以兄敏练，凡有所承转，悉由兄任之。越数年，司计者退职，兄遂代司其事。北圩民悍而惰，佃农狃于顽抗，兄处之悉宜，佃农皆咄咄怪是何书生，乃能行所无事若此。盖陈平分肉，小试其技，而即已为人所服。有为者固无在不可展其能力也，时兄年二十七。越明年，我母卒，兄内持门户，外司会计，处之裕如。春夏多暇日，则更为梓乡规画排解，蕲于社会，有所利益。时主乡政者为陆鸥安先生拥书，得兄恨相见晚，倚之如左右手。适某年兄已辞黄氏事，鸥安先生遂聘之，为"陶冶""敬业"两校校长，兼理自治公所文牍。兄于两校，妙选远近知名士任教课，实事求是，成绩蒸蒸上。而于公所事，则助鸥安先生擘画精详，除害马，图公益，任劳任怨，无所惮顾。群小不之便也，汹汹然挤之去，兄夷然不以为意，徐言曰："我本一书生，握管执卷，乐且无量。徒以桑梓敬恭之义，不欲坐视，聊一为之。今得复吾诗书之业，固所愿耳。"遂谢事不为，摊旧籍，日披阅之。盖鞅掌于尘事者久，至此乃得重理故业，青灯黄卷，弥觉有味也。时为中华民国建国之元年，兄年四十一。阅一年，应本县第四高小之聘。时柳子亚子家居黎里，与校相隔仅一水，乃日与往还，高哦狂饮，极诗酒友朋之乐事。时亚子正狂胪文献，兄助之披觅故藏，爬梳考订，乡里文化之已就湮没复得发见者，不一而足。分湖叶家埭，为叶虞部天寥故里。叶氏当明季为分湖风雅渊薮，至今读《午梦堂》各种，口齿犹香，而其才女小鸾故事，尤津津为人乐道。小鸾墓尚在大富圩，兄乃与亚子亲至其地，吊旧墓，刻石表之。又以分湖自元明来名人辈起，不可不留其影象，以动后人景慕之思。因与亚子诸人，发起分湖先哲祠，择芦墟切问书院，奉祀神主，呈县立案，先后请县长李世由、刘式撰躬莅主祭。盖切问书院为旧祠乡贤陆朗甫先生之地，扩之以祠先哲，为最宜也。凡此皆在黎校时，与亚子诸人于喁唱和而卒藏其事者。其于校中，更多所建议，先后校长丘子纠生、毛子啸岑深倚重之。其始至校，毛子一小学生耳，及毛子毕师范业，归长校事，而兄犹未去。盖前后任事于此，殆历十有二三年之久云。旋唐子闰生主吴江乡村师范，招兄往，兄乃移任乡师教务者又七八年。吴江虽斗大一城，寥寂无异村落，顾诗酒好事者流，尚非无人。一时如钱子自严、周子迦陵及闰生等，皆喜以诗酒相结合。兄至，乃晨夕与偕，更唱迭和，其乐不亚黎校时也。近十数年来，新思潮澎湃狂起，青年学子思想激宕，校事益以棘手。兄夙为学生所折服，遇事弥缝其间，赖以匡正者实不少。闰生方倚之甚殷，而兄以风疾殁矣。兄壮岁患胃疾，时苦呕吐。及中年后，体转健，精神飞动，兴会飙举，阖家方举以相庆。乃自今岁春季，忽苦胸膈作痛。时兄仲子有威方以沪校停课在里，直力主服药修养，而乡师校课，则由有威往代。顾兄颇不乐家居，卒毅然往，居约二阅月，以痛益甚始归。疗治数月，幸渐安适。讵于九月之初，忽两足僵木，不能履地，兼以溺闭，而病遂日趋于险境。顾胃纳未减，直日往省视，谈笑如平常。以为觅医药，进补剂，培其元气，积久终可补救也。不意至十月二十七日而骤变，二十八日丑初遽卒。呜呼痛哉！兄性豪放，善诙谐，万事不系于心，惟书卷不能一日去。一生既瘁其力于斯，病中仍日手一卷不之辍。易箦前二日，得柳子亚子书及作品，即强起索笔作覆，命长子有斐缮正寄往。二十七日上午，直往视，犹检柳子作品相示。弥留之际，它无所嘱，惟向床侧索书。问其故，则曰："吾作诗韵未洽，欲一检也。"盖不啻以诗书为第二性命。一息尚存，此第二性命，必不愿舍之去也。幼年工篆刻，谙绘事，又善医理，顾后皆弃去。惟一其好于诗文，著有《长公文草诗草》，编有外祖周笑梅翁《残年余墨》，先子《春壶残滴》各二卷，及整理乡先哲丛稿若干卷。惟《诗草》四卷及《残年余墨》《春壶残滴》已付印。兄生于清同治壬申九月二十五日，至今岁壬申卒，年六十有一。娶夏氏，生子有斐。继娶周氏，生子有威、有成、有勇、有美。有斐娶曹氏，生女先春、忆春。有威娶黄氏，生女观春。有成出嗣从叔福生，后娶陈氏，生子丕承。有勇、有美未婚。昌直侍兄数十年，非特相爱之笃，而亦相知者深。忆兄丁巳元旦试笔示直，有云："少年苦乐两人知，此意未可喻妻子。"又云："一篇墓志宁容己，出自弟手无虚词。"是兄于十五年前，早以身后传述之事期之于直。直虽不文，何其敢诿？且即微兄命，亦何忍无一言以表兄之生平？惟是直生也晚，后于兄者十年。及壮岁后，又旅滞他方，一岁中与兄相聚者曾无多日，凡兄所为，容有不能尽悉者。今特粗述其概，以布之当世，其他或有漏略，当俟日后随时搜得，别著为篇。惟希当世立言君子，有所采择，赐以不朽之文，则昌直与侄辈感且无既。期服弟昌直抆泪述。

吴江图书馆《吴江学者碑传集》

先考子芨府君行略

张念祖　张绳祖　张景祖

府君姓张，讳镐，原名人杰，字子芨，晚号蓬庐。先世居安徽桐城。八世祖惟善公为明季诸生，避乱至吴江县二十八都之壶芦兜村，遂家焉。明鼎既革，不愿仕进，以耕读传家。五传至忆鲈公讳孝嗣，倾财结交，尤嗜金石，搜罗古今图章至千余方，与友杨竹唐、鲍渌饮诸人朝夕讨论，成《清承堂印赏》初、二两集行世。详嘉善钱侍郎樾所撰《张氏祠堂碑记》。是为府君之曾祖，妣吴太宜人。生丈夫子五：长杏初公讳与龄，次子谦公讳益龄，次眉峰公讳修龄，次李仙公讳聃龄，季小厂公讳太龄。书画、诗文、医术，各擅一艺，世称"清河五子"，载续吴江县志《人物传》。杏初公力行为善，刊

《克复要言》一书，以扶植世教，盛年早世。妣吴太宜人，生子二。长即王考元之公讳文璿，中清同治丁卯举人，戊辰进士，签分兵部武选司。顾淡于仕宦，家居课徒，一以栽培后进为事。与同邑柳韬庐以蕃、冯绶之经，砥砺学术，为文章道义之交。详韬庐撰《元之公墓志铭》。祖妣朱太宜人，继祖妣陆太宜人。生子四：长伯考子遴公，府君其季也，仲叔子新、子政两伯考均早卒。府君年甫十一，即遭王考元之公之丧，哀毁逾成人。伯考含泪劝之曰："吾兄弟当以继志述事为孝，毋过悲以伤生也。"自是与伯考相依为命。伯考两馆雪巷沈氏，府君均随往读书。又先后从陆酉岩太母舅拥书、汝笑山孝廉惟寅习举业。光绪丁酉秋，补博士弟子员，陆太宜人为之色喜，而伯考始释重负。盖府君为王考所钟爱，临终犹谆谆以克绍书香为嘱。一衿虽微，亦聊足慰王考在天之灵也。府君性恬淡，每曰："读书所以明理，不在科名。"一应岁试，即摒弃举业。时不孝念祖等已相继生，府君上奉慈帏，下课儿辈，家庭怡怡有至乐存焉。越数年，苏家港凌镜秋姑丈延府君至家课其子渭农表弟，不孝等先后随侍馆中，家事则一委之母氏朱孺人。犹忆当日夜深人静，父子一室，煮茶进食，府君为说古来忠孝节烈之事，间亦及家常世故，娓娓不倦，及今思之，如昨日事耳。苏家港距家不廿里，府君月必旋里省视陆太宜人，与伯考风雨联床，无异儿时。然府君终以未能朝夕侍奉为憾，赋《馆怀诗》寄意焉。宣统己酉春，伯考病卒，府君哭之恸。府君与伯考为异母昆弟，而一生无间言，其友爱盖天性也。伯考卒后，从兄都金出依两江总督丰润张公，供职南京造币厂。家事无巨细，乃咸集于府君一身。值辛亥光复，兵慌洊至，萑蒲不靖，乡间几难一日居。府君处以镇静，卒亦安然。癸丑，陆太宜人弃养，府君与都金兄经营丧葬，尽礼尽哀。时不孝等日渐长大，念祖奉命负笈吴江，绳祖至黎里，景祖以年幼入乡间小学，至是而府君家累日重。不孝念祖、绳祖既先后毕业吴江中学，府君复命投考南京高等师范。临行戒之曰："吾家素贫约，世以耕读传家，余亦无厚资遗汝辈，惟望汝辈能不坠祖业，各成一艺足矣。然大学与专门学校，岁费各四五百金，非吾力所能任，无已其入高等师范乎！试而弗取，亦无伤也。"后幸获取录，则色然喜然。兄弟二人，一岁所费亦不下一二百金，府君力为筹措，借贷不足，则典田以继之。既复为不孝念祖、绳祖婚娶，而家用日繁。益以辛亥以还，连年荒乱，祖遗薄产竟不足以供朝夕。府君薄衣节食，怡然自得，虽困难万状，戒勿使不孝等知之，恐挫其少年锐进之气。每谓母氏曰："儿辈旅居四方，勿以家事苦其心。我二人行老矣，衣食但求无冻馁。"府君衣一羊裘，十年不易。此皆府君殁后母氏亲为不孝等言之。府君之于不孝等无微勿至。不孝念祖之初至南京也，行装书箧亲为封志，复命人伴送，惟恐有失。后念祖毕业南高，任职厦门集美学校。厦门滨南海，去家三千里，拜别南行，府君谆谆教以待人接物须一秉忠恕之道。服务三年，幸无忝于府君之训。总府君一生，早岁失怙，依母及兄以成立。中年复遭荒乱，家况萧然。年来不孝念祖、绳祖相继毕业，出外任事，方谓得稍伸反哺之私。而府君一世辛勤，亦有片日之安闲，以娱晚景。乃鸡逷之养未遂，遽罹风木之悲。乌呼痛哉！府君生平无疾言遽色，而处事周详审慎，洞见始末。某年，不孝绳祖遭临城劫车之厄，中西旅客罹难者数十人，亲友咸为危惧，母氏更祈天祷地，声泪俱穷。而府君独从容言曰："无恐,此事牵涉外交,当局者必将设法营救,不至伤害绳儿也。"逾月果归,其识量过人如是。府君平居乡里,目击农民疾苦,必力谋所以苏之者。民国十年秋大水,稻禾已熟而低区尽淹,全县租粮当局至以甲乙丙三等别之,其不列等者免。我家滨分湖,如殿字、呵邑、东西满诸圩,尽属低洼,勘灾者列入丙等,农民大哗。府君乃与都金兄奔走呼号,呈诸省县,派委复勘,卒得全数豁免。我家薄产仅此数圩,赖租入以糊口,竟牺牲之,不少吝。府君乐善好施与,而力不足以副之,则代为筹划,以行其志。乡人当青黄不接之交,辄向有力者借贷以为活,名曰"生米",秋熟则倍息以偿之,以是乡民贫乏益甚。府君悆焉悯之,特与芦墟陆泰丰米栈约,由府君担保,贷乏食者以米。行之数年,"生米"之风渐革。乡民仰之如父母,凡邻里有细故,咸赴诉于府君。府君衡情酌理,一一为之剖解,两造莫不释然。即世之日,捣胸痛哭者不下数百人焉。府君体素羸约,四十以后臣精渐以销亡,而犹不肯稍自休养。数年前,忽患痰饮气喘之症,至冬转剧。不孝念祖以远客闽南,不便省视,遂改就上海浦东中学之聘。十三年春,母氏肝疾大作,乃请府君偕母就医沪上,藉资游览。念祖于课毕渡浦随侍左右,见府君精神犹昔,方喜旧病就痊,孰意归未及月,遽染疟疾,日益加剧。不孝念祖闻讯旋里,见府君神识尚清,惟气促痰多,热势奋张,急延中医诊治,迄无效果。至夏历六月初五日清晨,沈迷不醒,群医束手,延至戌刻,竟弃不孝等而长逝矣。乌呼痛哉!不孝念祖、景祖随侍易箦。不孝绳祖供职南京东南大学,襄助全国教育展览会事,留滞宁垣。闻电露夜匍匐奔归,已不克见府君一面,抢地呼天,百身莫赎,此者尤所椎心泣血者也。府君雅擅诗文,而怀奇不炫。其于故乡先哲之遗,保存尤力。吾家在分湖之西,邻圩有明末遗老叶天寥先生故居,顾年代久远,堂阁都废,午梦遗址,渺不可得其存者。惟叶氏家庙宝生庵,亦且夷为关帝庙,乡人祀关圣其中,但门窗摧折,日就颓圮。府君乃与乡人集关帝会,岁以五月祭,庙存庵在,府君有深意焉。未病前数月,与柳亚子、沈长公、陶亦园、叶毅孙诸人,重葺宝生庵,谒叶琼章墓,为树碑碣,植松楸,使分湖文献有徵。工竣,方拟偕邑之士夫筮日公祭天寥先生于庵中,讵意即从先生修文地府哉!殁后,诸友欲徵其遗稿不可得,每为叹息,不孝等更何从窥见其高深。乌呼!生前既缺于奉养,而身后任其泯没,不孝等罪通于天矣!府君生于清同治十二年癸酉十二月初五日亥时,卒于民国十三年甲子六月初五日戌时,享年五十有二。清邑庠生。配我母朱孺人,同邑国学生少传公季女。子四:长正,幼殇;次念祖,国立南京高等师范教育科毕业;次绳祖,出嗣云海叔祖,国立东南大学教育学士;季景祖,江苏省立第四师范艺术专修科毕业。孙二:福范,不孝念祖出;朗,不孝绳祖出。女孙一,念祖出。伏念府君一生,虽无硕德伟行足以传世,而立身行己未尝不可针砭末俗,用敢和泪诠次其大略。当代能文之君子有知府君者,乞哀而锡之铭传,则不孝子孙世世感且不朽。不孝孤子张念祖、绳祖、景祖泣述。

民国十三年印本《张子芃先生行略》

张子苾先生墓志铭

金天翮

士有修己而不忘民物，孝友笃敬，而施政于门庭之内，式俗于闾里之间。生于古者吾慕之，生于今者吾又不得而见之。既没而铭其藏，则对其子之来请也，报之以戚，临又必龚。君姓张氏，讳镐，初名人杰，字子苾。吴江人也。先世避明季乱，自桐城来居吴江之壶芦兜，耕读世其家。五传而至忆舻公讳孝嗣，力能聚金石，成《清承堂印赏》二集。生五子有名。长杏初公讳与龄，卓荦具风概，早世。生元之公讳文璕，同治戊辰进士，签分兵部武选司，弃官教授于乡。四子，伯子邃，仲、叔早亡，先生其季也。幼遭元之公丧，与伯氏相倚为命。伯氏馆于外，从之往，受经焉。艺成，补博士弟子员，亦就馆谷于苏溪。苏溪与壶芦兜，水道相违二十里。而太宜人陆春秋渐高，先生与伯氏约，月必买舟归省太宜人起居。遂与伯氏对床，日夕谈文艺，更具鸡酒进太宜人为笑乐。既游庠，仅一应岁试，弃举业，曰："读书以孝弟为本，不在科名也。"先生之孝弟，既已型于家，信于乡。凡经所言先王至德要道，正俗而化民，民听不回，以成郅治者，其道靡不始于孝弟。故先生之言，旨而约，朴属而有章。岁己酉，伯氏卒，先生哭之恸。癸丑，陆太宜人弃养，哀毁骨立，丧葬一准乎礼。先生之容舒迟，不轻为喜怒，遇事周详，审思而有断。其所居乡也，周知农亩之勤悴。农有获，巢于贾，冬春无以为食。乃贷钱于其邑之豪，豪家称之曰"放生米"，秋则取倍蓰之息以偿，以是贫富益悬绝。先生乃与贾者约："环其所居之村，农有乏食，贷以米，年息无过一分。有逋者，吾为之偿。"三年以后，壶芦兜之农无贷生米者。辛酉，江南水，邑之官绅议秋勘，分甲乙丙三等，不列等者蠲其赋。壶芦兜滨分湖，有殿字、呵邑、东西满诸圩，皆下湿，宜蠲免。勘灾者故列丙，农妇相聚于陇畔而泣。先生毅然出请于当道，卒覆勘，得全免。而其家薄田，赖此数圩岁收租息以为御冬计，宁与赋并蠲，不稍吝。以故卒之日，村农来吊，数十百人为群，皆失声哭。其生同治十二年癸酉十月五日，其卒民国十三年甲子六月五日，享年五十有二。配朱孺人。子念祖、绳祖、景祖，皆有材行。孙福范，念祖出；朗，绳祖出。念祖等将以某月某日，葬先生于邑之某原，朱孺人祔。绳祖则造天翮之庐，请为铭，既案事状志而系以铭。铭曰：

井渫而藏，不汩其源。士隐于农，以葆其真。繄农夫之勤，酒粒孔艰。我赡其生，诏之以彝伦。饬行于闺，而薄俗以醇。有施不彰，流于后昆。猗嗟崇封，高朗之原。我铭其幽，庶无愧言。

民国十三年印本《张子苾先生行略》

伯兄贞献先生行状

金元宪

曾祖儒林郎、布政使理问加二级同知衔讳宗韩。

祖朝议大夫、历署奉贤、金坛县学训导、廪贡生讳风标。

父候选光禄寺署正讳光照。

母顾氏例封孺人。

伯兄贞献先生，讳天翮，初名懋基，后改曰天羽，字松岑，中岁自署"天放楼主人"，号鹤望生。吴江金氏系出宋给事中忠肃公安节后，明宣德间自歙迁吴，再移居同里镇，至先生凡九世。累有文行，世次在先府君行实，不序具。先生六世祖惕斋府君讳廷炳，于元宪同宗，族始蓄大。三传至王考紫庭府君讳风标，尤惇德胝行，治一乡，乡人纪之。先生幼秀巍，力学继起，逮事王考时，已饫闻先德言行，动容周旋，不离典训，对客吐语，惊其老成。长更从名师友游，益厌弃科举帖括，大肆力经史，旁窥名家述作、舆地兵谋之学，慨然志慕古人而与为徒。年十八，补县学官弟子员高等，府试获隽。善化瞿侍郎鸿玑按试江南，得先生所为《长江赋》及《西北舆地图表》，遽大称赏，檄调南菁书院肄业，选充学长。当是时，大江南北材贤知名士皆集南菁，相与谈析道艺，高会文酒，疑义竞起，互矜人艰僻，以取胜所不知。先生顾年少，一旦拔置都讲列，居恒自谨敕。日闭户诵习，不与同舍颉颃，默识潜悟，学以大殖。光绪戊戌，荐试经济特科，以祖老辞，归养不赴。于是朝廷议变法，州里间人士稍闻风起，规兴建学校，以应功令。大氐因家塾法式，涂改科目教条，草创补苴，一切为苟便计。先生归里之明年，而王考府君卒。服阕，始承先志，就同川书院立讲舍，曰自治学社。继又创设理化音乐传习所，与里中后进少年日考治格致形数之术，要在切世务明人伦而达体用。远近景附，聚徒至百十人，声名隐动吴会间。后四年庠序制立，踵广学社为同川两等小学，而以余力斥资办明华女学，吾邑有学校自先生始云。然先生性迈往，高步雄视，不屑意里俗务，好恢张王霸略。常思跌宕风尘，与天下瑰奇非常人遇，藉手就功业。居乡里久之，意局促不自舒，饮酎气傲兀，睥睨侪类，殊少可者，人目为狂。观世事方变，间出海上，而与章炳麟太炎、邹容威丹、吴敬恒稚晖、蔡元培子民四人者交密。后昵吴下李思慎敏斋，益抵掌论革命，用文字相鼓腾。清廷忌之，下吏按捕党人急，而太炎、威丹并逮狱。先生因屏迹归，仍主学校事。暇为乡人督治团练，着短劲装，缚袴佩刀，以什伍法部勒子弟，涉寒暑逾奋。绳莠民又绝严，不稍纵贷，而乡老宿或苦操切，颇相訾难。先府君时为县学曹椽，比贻书规，谓："吾子行锐气刚凌人上，俗议不堪，世乱方滔，稍宜宽假，为保众和同计。"先生笑谢曰："窃将以有为也，姑托吾志耳。"居有顷，江南大浸，乡农啸呼劫米于市，莠民乘之，因毁其家。先生去之吴。既罢乡政闲居，发箧读古人书，所业益进，吴之士问学称弟子者踵于门。其讲学，喜胪史事成败，傅会经义，不专为章句音诂，必推本器识，极于开物成务之能而寓诸庸。文也者，身之章；道也者，治之体。治无文不具，身非道不立。言经国，戡乱以武，制治以文，礼乐刑政，制治之用。君相有时废绝，而天下不可一日无制治之具。儒者修习六艺，将守先待后，备天下大用，有王者起，必来取法。而自汉高密郑氏，唐河汾王氏，宋胡安定、范文正、濂洛关闽五子，明王文成，清顾宁人、黄梨洲、王船山、颜习斋、陆桴亭五大儒，及近世曾湘乡、胡益阳诸名臣，尤所服膺，晨夕为诸弟子开说不去口。其自负卓特如此。先生长躯瘦削立，疏髭眉，貌清臞而皙，目短视而阅书如电扫。博通多识，为文章闳逸，摇笔波涌。当世能诗文数十辈，虑莫出先生右，声称藉甚。一旦挟策干诸权势间，所在礼舍。适鲁，主济宁潘复馨航。而是时河决山东，江浙比岁霪潦，中朝议复河，慎选大僚，以复副全国水利局，益进讲治全国河渠沟洫务。博问通彦，皆主先治运漕渠，画疆置局。鲁以上，复与熊希龄主之。江淮间，张謇、韩国钧主之。江南跨苏浙两省地，士民意齮龁不相制，无素望者为之主，难与办治。先生既明习水利，前与复计事而合，更相引重。灌云武同举、常熟庞树典，时共先生游，颇奋笔著论，桴鼓响应。皆据古徵今，宜顺地形壤制，疏泄支脉，不与水争势，卓然精识，为天下倡。值东海徐公当国大位，先生遂去浙会垣，历游谈其地贤豪士夫，以期日倡合江南二十五县，先成立太湖水利委员会。举先生及宜兴储南强为代表，赍书当路，规大兴治江南水利。以太湖吴越诸渠薮，治诸渠宜先湖，请命官督办。于是阁辅钱能训新罢，中外意颇属望，朝使累起之。而能训谢疾，卒不应，举崇明王清穆自代。清穆之行，先生以长僚佐机宜，顾库帑绌，告取供办费不过百金。先生奋然曰："是亦为政，吾任其劳可也。"先是先生草具方略，谓围田壅湖水利应毁。而淞水太湖尾闾，今入浦口，淤改故道入江，工费巨不资。宜拓宽浦上游泖南北支，下与浚浦局工程会。便议方行，而无锡胡雨人先作书相驳难，嘉兴金蓉镜、松江沈维贤等群噪和之。湖州人士且唱先浚溇以攻治泖说，议论益歧杂。又吴巨室某公，以托所私昵不遂，怒与京朝官合辞，讽清穆去位，而别鸠资谋围垦庞山湖田，用摈先生。清穆气愔，殊左右难为计。先生大言曰："庞山湖围田成，吴江以东水利尽壅废，同里镇当下游，首被其灾。吾不能坐视，誓必毁之。"议遂格。然自是诸议悉罢，清穆间与诸异己者交欢，稍稍疏先生，工讫不成。十六年春，国民军定江南，裁局并委员会，中枢或荐起先生以为江南水利局长。先生长议论，而拙于治干，所言农田水利，当时或见迂阔，而后无不验。峭直刻方，为干竞时俗态，以是窭困无所合，期岁以代去。先生去，而庞山湖围田议卒报可，持障水者且寝用事。腾冲李阁揆根源方谢事隐吴中，重先生名，因介见论交。吴东南名胜地，当世巨卿魁儒、诗流墨客税驾踵至。先有归安朱祖谋、临桂况周仪、长沙叶德辉。后数岁，闽侯陈衍石遗以诗词教授无锡国学专修馆，因移家至。太炎先生讲学上海、燕都，意不合，去而来吴。数子并友先生，而石遗、太炎尤素习敦气类。先生老既废退，无意当世务，颇欲修明经术，用存绝学正人心。屡言二子，意相洽。言于腾冲，腾冲韪之。以二十一年壬申夏，成立国学会，推张一麐为会长，腾冲、石遗副之。石遗、腾冲门生遍天下，一鼓召而著籍为会员者且千人，周十八行省，风气蔚然。而先生与太炎迭主讲论学，尤相推许。太炎盛称先生诗文，而先生亦命高第弟子王蓉等诣太炎，北面执贽受经。多锓布述作，传诵中外。顾锓书工资巨，会员常年有内费，既猥众不以时内，岁会出入不相偿，以责腾冲。腾冲窘，卒无以应。太炎闻而笑曰："吾来此乐与诸君子问字载酒游，松岑无端作打门催科吏，恼乃公兴。"初亦无怼意，积久而谗毁至，交构其间，二人隙乃成。腾冲、石遗常弥缝之。太炎卒注退会员籍，聚徒讲学，称章氏国学讲习会以自异。而先生与腾冲、石遗始终主办国学会。顷之太炎卒，又二年石遗亦卒。其夏倭陷东南，腾冲远走滇西，先生避寇菱湖。归遂屏谢交游，常键户坐一小楼，居贫啖菜粝，不废讽咏。伪大吏再使馈金帛，动以禄仕，用系民望。先生却币，诡称疾而潜去上海，托光华大学为文学教授。及日美战事起，租界中立势破，倭入租界，诸学校皆解体，先生因返吴。三十四年夏，大军收复京师。于是江左伪钱楮滥恶充斥市里，多至巨亿万计。部议以国通钞交兑收毁，率令二百当一。贾驵规射利，则相与踊贵物售直，阛法乱坏，不可骤治。而义兵将士人人自以为有匡复功，所在蜂起据府库，抄攻村舍，大为民疾苦。先生慷慨抵几起曰："国家中兴方始，治乱之机决在今日。吾今不言，谁复道者？"立手疏治便宜数条，上书行都，因故人吴稚晖以达元首奉化蒋公。奉化方飨客，阅未半，瞿然愕视，问曰："金某何如人？言顾激切乃尔。"稚晖对曰："此子东南老名士，忧国心恳恻，宜礼待之。"奉化沈思有顷，乃曰："吾亦熟思此久矣。方兵事殷未暇，今当亟治。"遂分命大吏，乘传持符，行宣慰东南诸州邑，其议自先生发之。时党争议起，兵凶蔓结南北。先生愤疾，屡献规当道，皆寝不报，益索居抑郁无聊，而与亲故言当世事，每相对歔歘。会残冬，诸友倡为消寒宴，饮于东吴大学。先生新丧子，强排闷挂杖来会，顾谓元宪曰："吾往与印泉、韦斋、正阎诸贤，岁数作文酒会，分韵斗吟，自诧一世豪。忽忽廿年，事便成隔世，人生如隙间驹耳。不意今日复有此乐。"饮罢欢甚。归中风寒，加气逆上，疾作旬日而卒，时民国三十六年一月十日，实太阴历丙戌岁十二月十九日巳刻。距生清同治十三年癸酉[1]五月二十一日酉时，年七十四。先生之丧，门人交友远近四至，会吊者百数十人。弟子秀水王大隆等述先生学行，议谥曰"贞献"，时论称允，谓当兹而无愧色焉。配严氏，卒。继配殷氏。子二：树声，严出；芳雄，殷出。芳雄前先生二旬殁。孙四：同翰、宝键、宝鼎、宝驹。同翰殇。孙女四：韵霄，适吴县袁宗蔚；宝意，殇；余幼。曾孙某，宝键出。先生于学，早岁杂纵横术，好击剑驰马，高谈兵略，通习音律绘事，才气踔厉，务振拔斯世间。后稍涉猎史籍掌故，考验图志，用河渠水利干显要。退而治经，称弟子于吴曹复礼先生之门，专受《易》《三礼》学，兼究佛老氏书。主修身治国，赅内圣外王之用，凡三变而愈醇。要其得意，为诗古文词。古文根柢子史，陶冶汉魏唐宋，不拘囿一代家法。议论近《庄子》《吕氏春秋》，叙事法班、范，碑铭杂作出入韩、柳、欧、苏。先生自言渊源所自乃胡稚威、龚定盦，至其绝诣，稚威、定盦未敢窥庭藩，而先生为之气力有余，几乎登堂入奥。诗歌行蹊径在高、岑、王、孟间，而浸淫于宋苏、黄、欧、王四家，自清顾宁人、屈翁山以下无北面。中年好为壮游，天下名山水十经涉八九，而肆其意为诗，境幽奇而语愈工。跨视余子，骎夺散原、海藏坛坫，继起主中原词盟。既负重望，海内赍书币求为文词者愈至。皖、滇省大府且聘主修方志，成名人列传若干篇，皆雅赡有义法。为人简放，不为城府阻，貌如其心。遇礼俗士，翘足摇膝，对之作他语趋去，独喜与卓诡不偶士游。有人伦鉴，见一善则称道不啻己有。其有所品量，成达识通材以去往往而有。所著述《天放楼正续文言》及《诗集》《皖志列传选存》已梓行世，各若干卷。自删存后作诗文及《三大儒学粹》《元史纪事本末补》《学商政论》各若干卷，待梓藏于家。始先府君方冠年，时先生以族子尝从问业，习为诗文词。元宪束发受书，先生方去乡里，僦舍于吴，未及修谒贽礼，稍诵好其文。岁壬申秋，始从游论学，居诸弟子列。间进所作请益，先生则大喜，亟为延誉。每属文，命操觚牍代，亦多所谠正。尝燕居从容谓元宪曰："我家世儒素，祖父辈行擅雕龙才艺十数人，桥梓之美，英绝州里。苟斯文不亡，后必有踵起者。昔桐城姚惜抱承世父范绪业，再传之范孙莹，成一家学。吾自忖才不堪惜抱，而勉子为东溟。"持手摘古人文词语二小册子，曰："以遗子，文字奥秘，读此尽窥矣。"然元宪质实钝，濩落半生，懒不自修立，读父书未及十一，而于先生所云继述踵起者，又终非其人也。岂其期许深而责之厚，无乃适为人笑乎？悲夫！乃退序次先生学行大略为状。其未亲见闻者，博徵乡老亲故，务翔洽，稽异同，并书不敢诬。于所不知，盖阙如也。备异日史官治儒林文苑传者采择。弟元宪谨状。

金天翮《天放楼诗集》

注〔1〕：疑刊误，应为"清同治十二年癸酉"。

贞献先生墓表铭

徐震

武进徐震撰文。

吴县潘昌煦书丹。

无锡吴敬恒篆额。

贞献先生之卒，吾友王大隆书来告哀，且曰："哀刻遗著我任之，墓石之文以属吾子。"震获交于先生三十载，义不可辞，用衔悲叙次之曰：先生讳天翮，一名天羽，字松岑。系自宋忠肃公金安节，明宣德间有由歙徙吴江者，再徙居同里镇，遂用著籍。曾祖讳宗韩，祖讳凤标，父讳光照，皆仕未大显，以德行称重乡里间。先生幼知愉学，出语隽特，长加奇伟，志汲匡时。在清光绪戊戌岁，被荐试经济特科，辞不应。抵上海，与爱国学社诸子游，讼言革命。清廷甚之，诸子或被逮，或亡命，先生幸不在名捕中，遂归故里。居久之，僦宅吴县，收召后生，恳恳讲学。民国初建，膺选为江苏省省议员，其讲学如故，弟子经指谕，累累有成。于是河决山东，江南亦以太湖壅阏多水患，政府已设全国水利局，将治河淮运漕渠。先生故数为文言治水方略，布之报章，因倡议治太湖，太湖水利委员会之立，由先生发之。民国十二年，掌吴江教育局，凡两载。十六年，任江南水利局局长，期岁代去，乃悉力于讲学著述。倭寇入犯，先生走避浙之菱湖，寻返吴县，不接人事。时城邑沦于寇敌，四郊义旅纵横，先生有田在吴江，无所获。伪官奉厚币说以出仕者再，拒却之。因托疾潜如上海，为光华大学文学院教授。及日军攫租界，光华罢散，先生复返吴县，益不与人通。惟二三志士时至其室，至则视天画地论军事，谓倭之败可翘足待也。生事日棘，则鬻故里市南旧宅以自给。日本已败降，失地皆复，文武吏有因缘为奸利者，横恣暴饕，威福任意。先生为文悉陈民间受祸惨酷状，义愤勃发，辞极峻厉，达于执政。执政感动，为遣使纠察抚绥。复上书陈解纷寝兵之要，不报。三十六年一月十日以疾卒，年七十有四。配严氏，生子树声。继配殷氏，生子芳雄。芳雄前卒。孙男女各四人，曾孙女一人。始先生居吴县，乃更潜心广览，趋于平实，自此无日废书。探经之赜，挈儒之醇，厌饫史籍，稽迹验事，简练百氏，理其独见。旁瞩海外，衡厥群言，罗络古今，抉除封执。务在订非掇是，贯综稠适，而一以正谊明道为归。立说尤重节概，以为世方汙下，必先砺廉隅，而后信可立，俗可化，政教不为虚设也。淹渍日新，硐砻大光，是资雄轶之才，纵笔炉锤万象。大究天人之际，细至刻画一物，凌纸淑傥，变化瑰谲。若金鼓之震锽，琴瑟之愔□，虫吟鸟嚶，虎嗥猿啼。荡山海，激风云，耸危峰，窈浚谷。春曦煦融，秋月澂映，秾英芳丽，古木怪特。珠玉光润，钟彝斑驳，肆意所届，不可端涯。呜呼！先生可谓文章之大匠也已。游迹几遍国中，所至必访其贤杰。凡伟人硕彦奇才异能之士至江表者，亦必纳交于先生。故晏处而声气彊于四海，众流辐辏其门。皖、滇修通志，皆请撰列传。为之隐括笔削，体博旨远，辞参班范，两书皆自成一家言。其诗文数经编刻，最后手定者有《天放楼诗文集》若干卷，又有政论若干卷。弟子王大隆等谥曰"贞献先生"。贞者，正有干也；献者，贤而叡也。诠行易名，允当斯谥。乃为铭曰：

　　蔚矣先生，振厥文行，蒸其黴兮。卓荦好修，高明克柔，俴蹈道兮。弸中致虚，闻善斯俞，成颢皥兮。旁魄为辞，揭立一时，杜韩绍兮。颀乎其长，直方温良，毅且扰兮。磨而不磷，峻节嶙峋，宜寿考兮。耄耋精勤，忽乎遂沦，朋心憯兮。琢铭孔哀，载郁扬徽，垂世表兮。

　　吴中杨鉴庭奏刀。

苏州博物馆藏拓片

金天翮传

李猷

　　金天翮，初名懋基，后改天羽，字松岑，江苏省吴江县同里镇人。生于民国前三十九年，即清同治十二年。卒后，其门人私谥曰"贞献先生"。取贞者，正有干也；献者，贤而叡也之说，为儒林文苑所共景式。民国前二十一年，年十八，补县学官弟子高等，府试获隽。民国前十四年，江苏提学使瞿鸿禨札调江阴南菁书院，任学长。在院辑《西域兵事》、补顾祖禹《读史方舆纪要》，未成。是年清廷开经济特科，被荐。惜以戊戌政变起，清廷停止经济特科，仍采旧制考试，未赴。在乡创同里自治学社。民国前十二年,即清光绪二十六年,继设同川两等小学,又斥资办明华女学。吴江之有学校自天翮始。明年,《元史纪事本末补》成二十四卷,而外复增补《沿革图年表》《世谱》各一,《和林考》《太祖陵寝考》各一卷以副焉。又成《清三大儒学粹》。三大儒者,衡阳王夫之、昆山顾亭林、博野颜习斋三先生也。天翮三十岁后,始常至沪与爱国学社蔡元培、章炳麟、邹容、吴敬恒游。后识吴下李思敏,抵掌谈革命,用文字相鼓腾。民国前九年,容以《革命军》一书兴大狱。天翮遂屏迹归,鸠资延律师营救,未果。居乡发读古人书,招弟子讲学。同年,译日人宫崎寅藏之《三十三年落花梦》,又著《女界钟》说部。十月,又首撰《孽海花》说部,刊载于东京之《江苏》杂志,是即曾朴《孽海花》小说之嚆矢也。民国成立,膺选为江苏省省议员。先是天翮虚心劬学,先后师事长洲章钰式之研史学、吴县曹元弼复礼受荀、虞《易》、郑氏《礼》及《丧服》。自言:"少观史传,喜谈河渠、兵事,于经术通章句,不信守家法,尝病博涉不为纯儒。近痛自摧锄任侠之气,思为五经学究以自慰。"至是其学术思想为之一变。民国前三年,游山东济南,与潘复订交大明湖,畅谈河渠水利。六年,北游登长城。均有诗歌纪事。初,山东屡河决,江浙亦比岁淫潦,政府慎选大僚主疏浚。鲁以上潘复、熊希龄主之,江淮间张謇、韩国钧主之。天翮既习水利,先与复计事而合。灌云武同举、常熟庞树典与著论相应,以江南跨苏浙二省地,宜先立太湖水利委员会。天翮与宜兴储南强为代表,并举崇明王清穆领其事。清穆招天翮佐机宜,以议庞山湖围田不合去位。十二年,掌吴江教育局局长,十六年,任江南水利局局长。天翮长议论而拙治干,言农田水利,当时谓为迂阔,然后无不验。期岁以代去。民国二十一年,与章炳麟、陈衍等于苏州创设立中国国学会,推张一麐为会长,李根源、陈衍副之。天翮与炳麟则分别讲学,并刊《国学商兑》,以明经术、正人心为务,著籍者数百人。民国二十二年,《天放楼续文言》即《皖志列传选存》刊成。天翮于此书自比承祚,于张廷玉、曹振镛、孙家鼐、李鸿章等传可察国势盛衰之由,于朱元璋、年羹尧等传可窥机权之用,于梅文鼎、戴震、姚鼐等传著一代文章之变,于方苞传重其慷慨尚名节,于戴名世、孙学颜传表全上选之忠烈。列传凡百数十篇,叙事赡博,文辞瑰放,足以方驾欧、曾,陵跞萧、魏。民国二十六年,抗日战起,避难菱湖。事稍停,归。旋赴上海,受光华大学中文系教授之聘。三十年冬,太平洋战事起,上海租界被占,学校解体。仍返苏,键户楼居,不与外接。居贫,啖菜粝,仍不废吟咏。盖自清末民初以来,海内论诗者首推陈三立、郑孝胥二人。三立奥奇,孝胥幽秀。天翮诗雄奇瑰丽,能独树一帜,与陈、郑相抗衡。自云:"我诗有汉魏,有李、杜、韩、苏,有张、王小乐府,有长吉,有杨铁崖,有元、白、皮、陆,有遗山、青邱,而皆遗貌取神,不袭形似。"其于诗之自负如此。家居之际,伪吏再使馈金帛,劝以禄仕,力却不往。民国三十四年,日寇输降,部议以伪钱楮充斥市廛,用法币收毁,二百当一,贾驵射利,相与踊跃物价,圜法不可骤治。又义军将士自谓功高,据府库,抄攻村舍,大为民疾苦。天翮陈便宜数条,因吴敬恒达元首蒋公。后命大吏乘传持符,宣慰东南诸邑,其议自天翮发之。民国三十六年一月卒。著有《天放楼文言》正、续、遗集,《天放楼诗集》正、续、季集,《鹤舫中年政论》《孤根集》

《清三大儒学粹》《安徽通志稿》《元史纪事本末补》等书,已刊行。《明史纪事本末补》及《政论》未刊。

钱仲联《广清碑传集》

垂虹亭长传

陈去病

垂虹亭长者,吴松陵笠泽间人也。年少好事,任侠慷慨,有策马中原,上嵩高,登泰岱,观日出入,浮于黄河,探源积石之志。或逾塞出卢龙,度大漠,寻匈奴龙庭,蹑屐狼居胥山,骦首以问北溟而后快。顾志弗获遂,栖栖吴越间,年未四十,发星星白,且病疡废一足焉。乃归隐吴门,居古金昌亭下,要离、梁鸿墓傍,以为与节侠邻,死无憾矣。生平交满天下,俱无少当意,而独与故人子柳弃疾善。每邮签往还,以论所学。间一晤对,辄昕宵不寐,或歌或泣,人莫测其所耿耿也。尝谓吾生已矣,曾乌足惜。斯文未丧,俾吾得十数智慧儿女,环侍绛帐,左尊罍,右笔札,俟吾偃蹇其间,吟哦酣适,而后更起迭进,互请所学。吾乃欠伸顾盼,诏席使前,徐徐与之上九天,下九渊,横目哆口,盱盱睢睢,务竭幽隐,以适其意而去。而吾且墨渖淋漓,酒痕狼藉,陶陶然玉山颓矣,此余心所甚慰也!然而乌可得哉?又谓家贫亲老,有冯刘之憾,不克临眺湖山,嘲弄风月,浅斟低唱,如石帚道人故事,以为平生大戚。而酒残灯灺,悲愤中来,听壁上弓砰然与刀鞘击响,辄瞿然徘徊起舞,泪簌簌下承睫,掩襟袖若雨霰焉。"呜呼!可以观其人矣。

异史氏曰:予闻之亭长好读书,度通其指而已。不屑屑窥深奥焉。然是非得失,类能道之。尤嗜文章,于诗歌叙记,迄碑铭论著,咸有述作,而未暇工也。故其名不显艺苑间,而江湖跌荡佗傺无聊之伦,顾独时时想慕,称道其为人。噫嘻!亭长殆古邱民之穷而在下者欤?抑古有所谓伤心人,亭长庶几其一遇之欤?然而亭长无述焉。悲夫!

此余己酉秋病起后所作也。时虽栖隐吴门,意向寥落,而老母荆妻固无恙也。今十五年矣,萱草辞荣,鳏鱼寂处,昔之星星,今也霜雪。言念身世,益复凄悲,而况寡过未能沉愁独抱,莽莽前途,不知吾身之奚托。乃诸故人以余年五十,愿致一觞以相慰劳,不滋愧乎!因出是文示之,亦见余之终不改此度也。癸亥夏日去病记。

1994年12月《吴江文史资料》第十四辑

先考佩忍府君行略

陈绵祥

府君姓陈氏,讳去病。初讳庆林,字佩忍,一字伯儒,号汲楼,别号巢南,亦曰病倩，自署垂虹亭长，晚称勤补老人，江苏吴江人也。先世家浙之兰溪，宋季避胡元之难来迁于吴。朱明中叶，有讳思恬者，卜居今吴县之周庄，遂著籍焉，是为府君之九世祖。五传至学初公，自周庄迁青浦之诸巷，是为府君之曾祖。学初公生绮堂公讳似兰，自诸巷迁吴江之芦墟，再迁同里，经营商业，中兴其家。绮堂公生湘洲公、沧洲公昆季。湘洲公讳允升，沧洲公讳允文，咸以孝友敦睦任恤著闻里党间，顾均未中寿而殁。湘洲公配杨太君不育，继配倪节孝君实生世父去非公暨先府君。世父早殇，府君为遗腹子。倪节孝君以病就医吴市，诞府君于娄门庆林桥旅次，此初讳所自来也。府君既坠地为孤儿，赖倪节孝君暨沧洲公提携抚视，顾恤训教始渐成立。甫及八龄，先妣唐太君来归。初，先外祖仁甫公与湘洲公昆季为患难交，识府君于襁褓中，知非凡器，临殁语沧洲公，以遗孤见托。故先妣遂来吾家为待年媳，时才七龄，实少府君一岁。两小无猜，倪节孝君顾而乐焉。逾两载，府君年十龄，沧洲公弃世，配宋太君、继配沈孝慈君咸无子嗣，遂奉遗命以府君兼承桃祀。府君生而聪颖，倪节孝君、沈孝慈君复黾勉同心，督教綦严，年十五即离家塾就外傅。明年，沈孝慈君挈之至周庄外家，从嗣祖舅沈翁舫庐读。时长洲诸杏庐先生方负人师经师重望，府君复执经就学，五载有成，始归故里。盖自经史以外，旁及两汉、三唐，文章词赋靡不搜讨殆遍，攻读无余，尤长于经世大略，慨然有揽辔澄清之志矣。年二十二，补博士弟子员，始奉倪节孝君、沈孝慈君命，与先妣谐嘉礼。翌岁，食饩廪于庠。又四岁，为清光绪二十六年庚子，不孝绵祥生，时府君年二十七也。明年辛丑夏六月，奉倪节孝君讳，府君哀毁逾恒，过时勿衰。胡清踞中国二百数十年，日以愚黔首为政要，箝民口舌勿使言，束民手足勿使动，民益顽钝无智识。甲午东败于日本，清议始张。府君已与同邑金先生松岑、蔡先生冶民辈创立"雪耻学会"，以启迪聋聩。自任中更戊戌、庚子诸役，知客帝之不足以图存，始昌言革命。岁癸卯，府君年三十，东渡海游三岛，加盟于军国民教育会，为《江苏》杂志撰述文字，以沈孝慈君病归国。甲辰，主上海《警钟日报》笔政，往来峰泖间，靴刀帕首，阴有所谋划。乙巳春，《警钟》封闭，所创《二十世纪大舞台》杂志，亦同时被禁锢。清吏方踪迹党人，府君跳而免。是岁秋七月，同盟会成立于日本东京，革命风潮益奔腾澎湃，一日千里。明年丙午，府君应徽州府校之聘，道出芜湖，遂以刘光汉之介，加盟为会员。又明年丁未，居上海国学保存会藏书楼，搜辑明季遗民节士，著述甚夥。是夏，徐锡麟烈士诛清吏恩铭于皖，遂谋举义不成，被执死之，鉴湖女侠秋瑾亦株连遘难。府君则大愤，欲为开会追悼，不果。七月七日，乃别开"神交社"于愚园，会者十余人，咸东南之俊彦也。八月，任爱国女校教授，时不孝绵祥甫八龄，即携之就学。又明年戊申正月，应绍兴府校聘，道出杭州，值崇德徐夫人自华开秋侠追悼大会于凤秋寺，府君登坛演说，词气激昂。与徐夫人一见如故，遂订道义交，同创"秋社"焉。既入越，以所撰《轩亭吊秋》文课诸生，触越人王季清忌，欲罗织之。赖绍兴旅沪同学会驰电力争，始得免，仍解职归，逭暑湖上。六月六日，为秋侠忌辰，府君欲邀众祭奠。为清吏所闻，侦骑四出，乃各走散。府君遂渡海赴汕头，主《中华日报》笔政。临行移家周庄，托沈孝慈君于外氏，且寄不孝绵祥于徐夫人膝下，属顾复而教诲之。盖府君奋身革命，抱必死之心，不暇复顾家，故阴为不孝道地也。入冬，虏廷以御史常徽之奏，发秋侠墓。徐夫人几不免，乃避地春申，电招府君归。是岁，府君盖行年三十有五矣。己酉，客沪上，病疡危甚，入医院疗治半载始瘥。既客授吴门，遂创"南社"，以孟冬月朔大会于虎丘，海内外贤豪毕至，论者谓朱明几、复以来所未有也。庚戌，主讲浙江高等学校。辛亥光复，与张默君女士同创《大汉报》于吴门沧浪亭之可园。旋复入越，主《越铎日报》笔政，与徐夫人再开追悼秋侠大会于越之大善寺，重光"秋社"。中华民国元年壬子，居西湖，筹备秋侠葬事，旋至长沙迎柩归葬焉。是岁，妹绵幹生。二年癸丑，讨袁军失败，浙督朱瑞变节附袁，罗织旧同志，府君乃北上以避之，出塞至张家口。秋复返沪，接办竞雄女学。竞雄者，徐夫人所创办，以纪念秋侠者也。三年甲寅，居沪。四年乙卯，周庄寓庐被焚，藏书灰烬。府君虽心痛甚，然恐伤沈孝慈君心，未敢形于颜色。顾孝慈君积忧致疾，率不起。府君适有事于沪，未及躬视含殓匍匐奔丧，哀可知已。五年丙辰，袁氏叛国，僭号"洪宪"。滇黔首举义旗，浙亦响应。府君与阙玉麒、郑亚青诸志士，至苏州运动军警。事机不密，为警察厅长崔凤舞所诇悉，遣重兵围所居苏台旅馆数匝，将加逮捕。幸徐夫人闻报，密藏重要文檄暨旗帜、印信等于衷衣中，偕府君乔装自间道兔脱。其后袁氏死亡，浙督吕公望礼聘府君任秘书。时中山先生方游会稽、普陀，府君囊笔从行，备荷知遇，亲为倪节孝君撰墓碑铭焉。府君寻复北上，出居庸关，至宣化、包头，自阳高抵大同，岁晚南归。六年丁巳。邑侯李晓暾聘修《吴江县志》，未及成书。十二月五日，遘先姊唐太君之丧。正冯、段毁法，中山先生南赴广州，建护法之旗，府君谋举兵应之于甬东，失败归来时也。七年戊午，赴粤任参议院秘书长。八年己未，因病辞职归。九年庚申，主讲浙江法政学校。十年辛酉，复至粤中，旋归吴下。十一年壬戌，附葬先姊唐太君于先陇。既毕事，遂从中山先生于韶关行幕，任大本营宣传主任。遭陈炯明之变，只身返沪，文稿、书籍荡焉无遗，乃入南京东南大学为教授。十二年癸亥，仍主讲秣陵。创"岁寒社"于沪上，一时豪俊来会者云集鳞萃。时府君年五十矣。十三年甲子，中国国民党改组，府君任江苏临时省党部委员。值浙督卢永祥举兵讨齐燮元，府君创江苏民治建设会于沪上。旋复北行，任检查清宫古物委员。十四年乙丑，中山先生殁于燕邸，府君参预治丧，南归任葬事筹备会委员。十五年丙寅，沪粤分化，诸元老开会西山，召集第二次全国代表大会于沪上，府君被举为中央监察委员。十六年丁卯，宁汉沪三方合作，中央特别委员会成立，复任江苏省党部临时监察委员。十七年戊辰，任古物保管会江苏分会主任、江苏革命博物馆馆长。十八年己巳，任江苏省通志编纂委员会常务委员。十九年庚午，任内政部参事、中央党部党史编纂委员会编纂、考试院考选委员会专门委员。时府君年五十七矣。二十年辛未，府君以精力就衰，始为退休计。前岁于湘洲公昆季墓兆之侧，营建笃守墓庐。既告厥成，复以中山先生手书"二陈先生之墓"六字、为倪节孝君题"女之师表"四字，刻石建坊，以志荣宠，爰有《吴江陈氏褒扬前后录》之辑。二十一年壬申，遂尽辞诸职，归里怡养。所居"绿玉青瑶之馆"，缥缃盈几，花木斐然，府君每顾而忘老焉。二十二年癸酉旧历七月朔，值府君六秩大庆，不孝绵祥辈欲称觞上寿，府君屡以参禅苏州保恩寺为辞，逾月始举行庆典。不孝绵祥供职首都司法院，妹绵幹任课苏州励志职业学校，相约归里，见府君形容枯瘦，颇用惊讶，府君则言笑自如。留未三日，奉严命催促就道，以毋怠职务为训。讵意别未半月，府君竟弃不孝辈而长逝邪！府君病患痢疾，顾初起时不甚剧。长弟绵祚甫五龄，次弟绵康甫四龄，懵然无所知。家人亦以为小病常事耳，意延医服药不日可愈。府君复力戒勿惊扰，毋告远人。绵幹闻府君病，归里省视，府君仍促之返校。绵幹勿敢违，第私以快函告不孝绵祥。顾绵幹离家后数小时，府君病忽骤转剧，竟至易箦。呜呼痛哉！不孝绵祥先得绵幹函，甚惶骇，方命车待发，而噩电继至，仓皇就道，星夜奔驰，顾已不及见府君弥留时之謦欬矣。呜呼痛哉！府君生亡清同治十三年甲戌七月朔日子时，殁于中华民国二十二年十月四日，即旧历癸酉八月十五日午时，享寿六十岁。配先妣唐太君先卒。男子子二：长绵祚，俞夫人生；次绵康，何夫人生。女子子四：长不孝绵祥，次绵幹，次绵宁，次绵娟。孙世安，不孝绵祥出。府君负不世之才，文经武纬，高视阔步，有志于天地四方，而未宣厥蕴，仅见之于高文典册、飞书驰檄中。搜罗乡邦文献尤勤，至平生著辑已印行者，有《浩歌堂诗钞》《清秘史》《蚬江陈氏家谱》《吴江陈氏褒扬前后录》《松陵文集》（初、二编，三编未印竣）《吴江诗录》（初、二编）《笠泽词徵》《吴长兴伯遗集》《吴赤溟先生遗集》《明季三大儒正气集》《陆沈丛书》等。其未印行而见于手定百尺楼丛书目录者，有《迁史札记》《明遗民录》《奴祸溯原》（一名《明清最初交涉史》）《故宫琐记》《陈氏家谱》（重订本）《五石脂》《松珀》《江城日札》《红板桥边琐记》《百尺楼脞录》《浩歌堂雅谭》《尘网录》《浩歌堂诗续钞》《巢南杂著》（即《巢南文集》）《病倩词》《吴江诗录》（三编）《松陵文集》（三编）《笠泽词徵补编》《垂虹雅奏》、诗话、词话，二十一种，中多未成之书。身后遗稿颇不可问，别有所纂辑《夏彝仲存古父子合集》，今亦未见。呜呼痛哉！府君壮年抱伯道之憾，晚岁旁生侧挺，始育两弟及两幼妹，即绵幹亦与不孝绵祥相差至十二龄。不孝自幼追随膝下，备承诲训，府君亦颇以伏生中郎自许。顾不孝遭遇蹇厄，频年以来橐笔依人，簿书鞅掌，学殖荒落，深负府君厚望。将继志述事之谓何此，尤不孝所由抚衷饮泣，泪尽而继以血者也。府君夙爱西湖风物之美，尝购地孤山，思自营窀穸，亦既规划有成矣。岁在庚申，今国府主席林公葬其友人陈勒生烈士，仓卒未获地址。府君与林公暨烈士咸同盟会旧人，又嘉林公能拳拳不忘死友，即慨然割让。及府君之殁，及门弟子承其遗志议葬湖上，徐夫人自华亦愿分生圹余地卜筑佳城，顾厄于当道禁葬之令，事终未集。故旧门生佥议变更计划，将以中华民国二十四年十一月十日，公葬府君于吴门虎丘之麓。惟是华表之文未具，而弟妹幼弱，又无能握管陈述府君之遗事者，用敢不揣固陋，次其大略。伏乞当世蓄道德能文章之君子锡以鸿文，表诸墓道，则感且不朽已。不孝绵祥泣述。

民国二十四年印本《陈去病先生行略》

陈先生传

冯超

陈先生去病，名庆林，字佩忍，一字病倩，号巢南，自号垂虹亭长，晚号勤补学人。有妫血胤者，攘胡时笔名也。先世故浙人，以避胡元难，自兰溪迁于吴江。业贾。十数传至先生，以文辞显。吴江居分湖长白荡间，固昔时东南义旅所结垒树帜，与胡族横刀血战之地，叶天寥、吴长兴之高风亮节，仿佛魂梦中也。故先生负宏略，怀春秋内外之义，喜读《阴符》《六韬》，慨然有澄清天下之志。值胡清末叶，四夷交侵，神明之胄，群起以谋光复，而建民国。总理孙公旅日本，集海内外人士，组兴中会，先生鞯刀帕首，慷慨往从。时俄罗斯窥东三省，与黄克强、蓝秀豪诸子结拒俄义勇队，以兵法部勒之。旋改为军国民教育会。初，提倡之与实行，其功相衡，人多莫适，自有军国民教育会，而实行者有所集合焉。先生博闻强识，明于治乱，时为文史，鼓吹光复。以建虏猾夏之渐，官书所载，怵于淫威，辞多不诚，欲详其究竟，以昭示来兹，因撷拾明人杂著，贯穿而厘正之。乃撰《清秘史》《明清最初之交涉》《明清递嬗之往迹》《清初赫图阿喇四祖考》《南关北关考》。又以明亡仁人志士、贞夫烈妇，因排斥异族杀身以赴国难者，或不忘故君耻臣异族，或隐居不仕常为农夫，其人其事，可泣可歌。爰辑《挥戈录》《明遗民录》，刊诸《江苏》《民报》《国粹学报》，而视听为之一变。于是，柳亚子、苏曼殊、田梓琴诸子，相继有《痛史》之辑矣。当是时文字之鼓吹，援引义法，折其非违，有章太炎、陶成章、邹威丹、蔡子民诸子。趋译西籍，阐发主义，有张溥泉、马君武、杨笃生诸子。演小说，赋歌辞，有陈星台、杨少欧、高天梅诸子。同途异辙，影响于革命事业者，宏且溥矣！先生既以革命为职志，不淫于功利，不囿于故常，苦心劳骨，操危虑深，与柳亚子、高天梅诸子结南社于上海，赓续东林几、复，以诗古文词，砥砺气节，宣传革命。盟于虎丘之张公祠，长洲朱纬军，虞山庞龙禅，云间陈止斋、朱屏子，娄东俞剑华、冯心侠、赵夷门，京口林盖天，毗陵张寀甄、季龙，魏塘沈道非，山阴诸贞壮、胡栗长，歙县黄宾虹，顺德蔡喆夫，福州林秋叶，太原景帝召，咸莅止，先生与柳先生，实为盟主。悲壮侠烈，慷慨激昂，闻者感动。自社事零替，三百年来无此盛也。声誉著于东南，影响及于全国矣。先生好游，遍历东南佳山水，暨华北形胜之地。其所至，识其形势财赋，与豪俊之士，可共策伟业者。东求十洲三岛，北涉金焦北固，西过铜梁，历鸠兹，入黟中，上黄山，礼白岳，往来乎新安之江，登庄光之钓台，渡钱塘，蹑会稽，探禹穴。值轩亭难作，为文以吊秋瑾，并结秋社于西泠，以志悲痛。南泛沧溟，浮闽入粤，逍遥罗浮之巅，放歌厓门之峡，登厓山题诗大宗之祠，抵思明州，凭吊延平之战垒。游益广，文益雄，所志益坚。以病疡，废一足，养疴吴门，复客六桥三竺间，虽羁旅在外，惟乡邦文献是徵。既为《笠泽词徵》，复辑《松陵文集》。吴江自汉庄夫子以文学开山，六朝唐宋，代有传人，有明之后，作者如林，顾艺文所志，累经兵燹，零落殆尽。先生以为徵文考献，维总集是资，庸是发愤兴起，雪钞露纂者也。民国肇建，始游湖湘，旋北行出居庸，慨然有经略满蒙之志。癸丑讨袁，佐黄公克强于南京，颇有所规画，以绌于财赋，军实不继，功败垂成。洪宪盗国，殷恭壬倡义吴江，先生谋以吴县反正。黎元洪解散国会，护法军起自西南，先生复有甬东之役。事虽颠蹶，志实恢弘。自后崎岖岭表，转侧韶、石，从总理孙公游。时广州开非常国会，组织军政府，孙公被举为大元帅，先生一为参议院秘书长，再任大本营宣传。始沮于岑春萱，终厄于陈炯明，志不获伸，北还吴门。讲诗赋之学于南京东南大学，述《诗学纲要》《辞赋纲要》。其论诗曰："诗者发抒人之志事，非徒吟弄风月而已。故孔氏有兴观群怨之旨，可以明其为用之广。此春秋之际，觇国者所以有陈诗观风之举也。近世举诗者，多宗宋，其为诗非尖新生硬，即萧索颓唐。苏、黄、范、陆，虽号四家，未有胸襟阔达，抱负不凡，如李白、杜甫、韩愈之伦。其所作皆涵天盖地，上古下今，纵横跌宕，足资观感者。故学诗宜宗唐，以其寝馈于史地者深也。李唐之世，南北统一，天下承平。能文之士，目睹六朝淫靡之习，足以柔士气，颓风纪，乃群起上探风骚，追踵汉魏，独树一帜。于是人文蔚起，炳炳琅琅，几驾建安七子而上之。厥后虽更离乱，而诗人之操不变，一杜甫足以代表唐代，今观其诗，何一非关于史地之作。可知吾人不学诗则已，学诗则非明史地不可，亦非唐不可也。若不明史地，则怀抱必卑，学识必陋，堆砌成章，复何足道。故余以为必胸罗史地，而后可以言诗矣。"其议论，大抵类此。盖学术方以新旧相倾，而先生固欲甄明国故，发扬国光者也。冯玉祥既逐溥仪，帝制余孽亦斩。先生北上，参古宫博物院之整理，览上苑之侈靡，猎宫闱之异闻，检朱明太平之档案，知官书之悠谬，如求盗得臧，徵验的然，其有造于史事者尤伟。国民政府既一天下，建都南京，所交游以布衣参国政者比比，而新进或不知有先生，勋赏不及。一为江苏革命博物馆馆长，江苏通志馆编辑，非其志也。然其网罗散佚，张皇幽渺，晦者明之，绝者续之，俾先烈之精神行谊，赫然流行于天壤。《江苏革命博物馆月刊》，哀然成集，次第行世。以费绌馆停，遵时养晦，结庐于其先人之墓，本孔氏笃信好学守死善道之志，于是董理旧著，为名山之业，以耽奇嗜僻，吴越山水，筇屐屡至，既锐搜寻。尤勤辑著，乡邦文献，赖以垂后。《吴江诗录》，复继词徵、文集而为之。而《吴江县志》之作，集莫、徐、董、屈、叶、钱、沈、凌之大成，将勒为一书，以昭民国方志之模范。刿心经营数十年，归后搜讨甚力，竟未就绪。晚年耽禅悦，受比丘戒于苏州报恩寺，岂得已哉！岂得已哉！先生尝谓："吾生已矣！曾乌足惜。斯文未丧，俾吾得十数智慧儿女，环侍绛帐，左尊罍，右笔札，俟吾偃蹇其间，吟哦酬适，而后更起迭进，互请所学。吾乃欠伸顾盼，诏使前席，徐徐与之上九天，下九渊，横目哆口，盱盱睢睢，务竭幽隐，以适其意而去。而吾且墨沈淋漓，酒痕狼籍，陶陶然玉山颓矣，此余心之所甚慰也！然而乌可得哉！"先生性狂狷，豪侠自喜，任革命之业，于国家社会，政治经济，颇有意改革，故治史地甚精。而农田水利次之，诗文辞赋，其余事耳。然而去华反朴，屏绝雕镂，奔放中具法度，词藻外见气节，夫岂戈戈占毕腐儒，所得而伦比者哉！卒年六十。辑《陆沈丛书》《明季三大儒正气集》《清秘史》《存古遗集》《吴长兴伯遗集》《吴赤溟遗集》《忏慧词》《松陵文集》《笠泽词徵》《杏庐文钞》《吴江诗录》《蚬江陈氏家谱》《吴江陈氏褒扬录》。著《辞赋纲要》《诗学纲要》《浩歌堂诗钞》,先后梓行。近辑《百尺楼丛书》数百卷,稿藏于家。

论曰:先生短小精悍如郭解,纵横捭阖如苏秦,滑稽突梯如方朔,而高方典册,飞书驰檄,则又兼相如、枚叔之长。固民党之奇士,而才大行孤,昂岸异乎流俗,视天下无少当意者。然终不遇,宜其把酒叹息,忧然不能自释矣。若夫出处隐见之迹,则随时势为变迁,而无所增损,宁有所轻重哉?傅子曰:"弯强跃骏之骨,而以占毕朽之。"先生殆其人与!乌乎!挽强跃骏之雄,而朽于占毕者,又岂仅先生哉!

民国《珊瑚》4卷1号《陈佩忍先生专号》

呜呼陈佩忍先生

范烟桥

佩忍先生长余二十年,顾以生同里闬,知其生平特详,宜可为文以传之。自念学术荒落,游夏何敢赞一词,驰书柳亚子先生请为传,而亚子先生以脑病,久不为文辞。然能传先生者,舍亚子外无第二人也。余以《珊瑚》为佩忍先生所爱护,而余又辱列忘年之交,痛其毕生尽瘁于革命与乡邦文献,憔悴以终,不能无一言以志余痛,乃于革命成功之纪念日,特辟专号,以为纪念焉。

先生名庆林,改名去病,字佩忍,一字伯儒,号佽楼,又号巢南。其署于文字者,有病倩、大哀、病禅、天放诸笔名。清同治十三年甲戌七月初一日,生于吴郡娄门内平江路庆林桥旅次,或有芝草澧泉之疑,不得详。光绪二十一年补吴江县学生,明年科试优等,补廪。宣统元年恩贡生。潜事革命,游戏科名。娶唐氏,生二女:长绵祥,字亨利。已嫁,遇人不淑告仳离;次绵幹,字贞利,毕业持志高中。姬某氏,生子吉利;继室何氏,生子达利。俱幼。

世居吴江之周庄镇,其尊人湘洲先生,始迁同邑之同里镇。太夫人倪氏,旌节孝,为元高士云林先生之裔,故先生颜其书室曰"绿玉青瑶之馆",盖"绿玉青瑶"为云林词中语也。

先生之奔走革命,余不能言其梗概,惟闻先生言,会稽之役,几不免,易佣服以脱。其以文字鼓吹革命,以南社之集为最伟。南社之始,仅与同邑柳亚子、金山高天梅、吴县朱梁任诸先生为文酒之盟,其后闻风比附,达千余辈,刊其述作二十二集,后以国内文学有新旧之争,乃成广陵散。

讨袁之役,先生为黄克强总司令之秘书。护国之役,为非常国会秘书长。国民革命军北伐功成,为江苏革命博物馆馆长、江苏省志局编纂、内政部参事。民十八,余去首都,谒先生于革命博物馆,得睹革命遗物,并读其所辑月刊,隐然有史氏之模。盖先生于徵文考献,终身不渝,若得展其宏图,必能灿然有成。惜以费绌,诸事悉废,而先生乃浩然赋归焉。

先生以学术传世，始以苏州之高等学堂。其后杭州之法政学堂、南京之东南大学、上海之持志大学，相继延主文学讲座。而《诗学纲要》《辞赋学纲要》，即成于东南大学主讲时也。余自历下归，写《中国小说史》成，就正于先生。先生即用为持志大学小说科教本，从者达四十人，来书谓"偏师小队，可称异军苍头"。盖尔时海上诸大学之辟小说科者不多也。先生于持志为校董，且主国学系，课多不胜其烦，乃引余分任其劳。余以家事冗脞，往返苏沪为苦，历两年而辞焉。

吾邑志乘，自熊志后，久不修，民初以之委诸先生。先生网罗擘画，粗具条理，亦以费绌罢，至今无成。而先生一肚皮掌故，已葬诸三尺桐棺，一抔黄土，乡邦文献无徵，宜亚子先生有"已矣"之叹矣。然先生辑《松陵词徵》《松陵文集》《吴江诗录》，先后成书若干卷，亦足存其什一矣。

先生著作，于五十称觞时刊《浩歌堂诗集》若干卷。今年寿六十，门人拟为刊成丛书。列目二十五：曰《迁史札记》、曰《明遗民录》、曰《奴祸溯原》(**一名《明清最初交涉史》**)、曰《故宫琐记》、曰《陈氏家谱》、曰《五石脂》、曰《松珀》、曰《江城日札》、曰《红板桥边琐记》、曰《百尺楼脞录》、曰《浩歌堂雅谭》、曰《尘网录》、曰《浩歌堂诗续钞》、曰《巢南杂著》、曰《吴江诗录》(三编)、曰《松陵文集》(二编)、曰《笠泽词徵补编》、曰《垂虹雅奏》、曰诗话、曰词话。先生既逝，亨利女士欲以斯事委余完之。然兹事体大，决非浅学如余者所克任，还当期诸先生及门诸子，与夫同盟诸贤耳。

鉴湖之变，徐寄尘女士冒万死以营葬，先生为建风雨亭于西湖，并结秋社纪念之。春秋佳日，先生辄居秋社数日，留连湖山，凭今吊古。他日过西泠桥，徘徊风雨亭下者，当念及革命诗人固常留芳踪于此，与湖楼之曲园，同传佳话焉。

亨利女士知余将为先生辑专号，以小册见贻，为戊申七月以后客粤中时所作，而已刊诸当地日报者。诗六十四首，文若干篇，中秋旅行记达万言而缺，盖当时断贴中剪也。以占篇幅多，不克载，宜实诸丛书也。

先生风雅为怀，故举措皆有隽致。里中有元镇庵，牡丹植庭中，花时烂熳如锦，今年集里人之曾青一衿者，饮酒花下，曰"秀餐会"，意谓花既秀色可餐，而秀才与秀色，固同为一时之秀也。

先生豪于饮，前年与乡人集饮蒋楼，当垆有妹，颇婉娈可人，先生题诗于壁。与二十年前亚子先生在周庄轰饮酒家，成《迷楼》《乐国》二集，同其风趣。喜苏州松鹤楼卤鸭面，今夏在报恩寺听经，先数日来书谓，将于茹素前一尝其味。与曼殊之酷爱采芝斋之糖，同一异嗜也。

先生虽一度僦居苏州之朱家园，每晚必至吴苑品茶。维时市政图新，古物多所摧残，先生以保管会名义多所保存。今兀立于城隍庙前之牌楼，即藉先生之力，否则必与宫巷口黄御史坊同归澌灭矣。

余辑《珊瑚》，先生爱视之，以《浩歌堂近谭》见饷，皆乡邦掌故。并以癸丑革命文件一束示余曰："此瑰宝也。"讨袁之军，虽仅昙花一现，而首发其奸，为后来云南起义之兰因。则是役之一鳞一爪,胥为革命史料之可珍也,故余排比而刊之。先生逝世后不逾三月,《珊瑚》亦告力竭,难以为继,更使余不能遽忘爱护《珊瑚》之先生也。

民国《珊瑚》4卷1号《陈佩忍先生专号》

先考冶民府君行状

蔡孝宽

府君讳寅,字冶民,亦字清任,别号壮怀、铁斋、皈佛,法号曰宗寅。系出姬周文王之昭叔度,建侯于蔡,以国氏焉。后世散处梁、卫、燕、齐间,而梁之陈留最盛,世称济阳蔡氏。宋建炎中,秘书郎、焕章阁学士源扈跸徙临安,是生三子。长维孟,徙苏州之西洞庭山;次继孟,徙湖州之乌程;三承孟。承孟生兵马提辖日沂,徙湖州之德清。由日沂十三传至吴隐公实,迁吴江之黎里。三百年来,吴隐公之裔柯条蕃衍,与德清蔡并称望族。曾王父竹卿公,为吴隐公十一世孙,盛年不禄。王父倡笙公才数龄,曾王妣节孝君陶以长以教,时已叔世孤寡,有凌逼者矣。及王妣顾来归,逾年而生府君,节孝君始有喜色。王父亦喜曰:"吾当承色养,不及于治平教子行其道,亦庶亢吾宗。"而府君继累叶之潜光,应命世之期运,禀其宿根,诞有特表,岐嶷而超等,总角而逸群。十六游庠,岁试辄冠,爱食廪饩,乡党拭目。年十九,先妣柳夫人来归,外曾王父莳庵公一时人望,甥馆清谈,议论胶合,诏其孙曾,以为矜式。未几抱黄门永逝之哀,继娶先妣王夫人,是生不孝孝宽、孝猛。时庚子难作,志士切齿,初阳一动,群龙在田。府君则自甲午败后,早知墨守不足以图存,从日侨某学理化于无锡,又与义兄弟金松岑、陈佩忍组雪耻会于邑中。至是,上海新党蔡子民、吴稚晖、章太炎、邹慰丹、张溥泉诸先生创立中国教育会,隐谈革命,府君偕莳庵公曾孙柳亚子径赴之。教育会兼办爱国学社,府君教学相长,与诸国士互为师友,咸成莫逆。一二长德,气质或有所烦,群从煽之,渐分门户。独府君超然特立,以忠厚见重,然亦以是失徒众之标榜。及"苏报案"发,则卒以韬晦免祸。盖府君撰《驳革命》《驳议与太炎》《驳康有为书》,实为桴鼓应。又邹烈士《革命军》书册之传布,府君与有力,苟有睢眦宁逃构陷乎?太炎、慰丹狱既具,子民奔德,稚晖奔法,留学之风大开,以趋日本为最盛,同邑钱太史自严与弟强斋皆留日。强斋于府君结义,力劝之,府君意动。时节孝君已弃养,王父则素号通达,颇赞其议。顾短于资,先妣典钗珥助之,遂以东渡习法政于日本大学,历四岁。岁以暑期归省,先抵上海,转乘小轮返里。上海小轮过黎埠,辄在寅丑间。至期,阖家中夜起篝火待远人,闻汽笛鸣,喜极欲狂。呜呼!人天报尽,缘会无期,追忆曩昔,可复得乎?昔贤有言:"父母俱存,兄弟无故,人生至乐。"方斯时也,椿萱两世荣茂堂上,棠棣双枝友于膝前,安知乃有今日之孤露乎?然乐坏固成苦析,苦则归空,空则无所去来,奚有盛衰生死乎?缅融泄之如昨,宛涉降之在庭,既不出乎一心,倘常侍于修灵。顾以言世缘,则自府君留学而还,离合参差,盈虚倚伏,逐不仁之刍狗,留无端之哀乐。逮于末日，降此鞠凶，永为孤露，偷活草间，岂非痛哉！然而府君勋业垂于史乘，文章著于竹帛，云龙风虎于斯发轫矣！虽时命万殊，成败间出，要于举世，窃钩窃国，攻秦攻赵之日，屹然不动，一禀庭训，以行其修齐治平显亲扬名之志。不危身以及亲，不阿党而害国。不作威福，故远小人之拥戴；不爱金钱，故无巨阀之遗藏。独来独往，全至全归，如老氏之犹龙，释家之应化，岂复有所憾哉！而不孝何足以知之。府君留学既卒业，得日本法学士，位登己酉贤书，一入清廷观政，知其终不可改，慕明州之山水，求去作司刑。府君居东日，识孙总理及黄公克强二公，方结同盟会，邀其入籍，至是密与通声气。辛亥义师起江汉，天下震动，清帅冯国璋以重兵扑汉阳陷之，武昌孤悬。吴兴陈公英士崛起海上，三吴响应，会师以克金陵，掎角之势遂成，而清社不腊矣。吴兴故与府君有旧，举事之际，府君投袂赴之，同盟会旧侣咸集，今之党国要津多隶幕府，时号人才渊薮。而吴兴尤重府君，使任军法司长，弭变发伏，汉奸不得逞。然刑戮未尝及无辜，如保全钱苏生、马林一诸事，故老类能道之。南北议和，沪军府废，复以吴兴力举袁政府任，府君为江苏司法筹备处长。司法独立，初在萌蘖，府君出其所学，从事兴革。袁世凯有异谋，力沮新制，且忌新党，废止初级厅，裁并地方厅。府君北上与司法总长许世英力争，许虽韪其议，而卒不能恢复。江苏高审厅长某党于袁，隐掣肘，府君益不得展布。会"刺宋案"作，府君与渔父交最厚，密令所属检举主谋，忽于二年七月八日奉袁政府令，停止司法进行。时赣督李烈钧、皖督柏文蔚、粤督胡汉民皆民党，先后罢斥，国人大愤。七月十日，李纯部激变，赣湖口炮台守兵遂开讨袁之役。江苏民党即于十五日挟都督程德全宣告独立，举黄公克强为总司令，而推府君摄省民政长。于是，整饬纲纪，绥抚流亡，选任贤能，节贮府库，丁军兴之会，而闾阎不惊，征调无闻。微府君之力不及此，受命之际，通电告江苏父老曰："呜呼！昊天不吊，丧乱频仍，言念及此，不可为椎心饮恨而泣血涟洳者乎！溯自汉室重光，袁氏居摄，凡我黄胄莫不延颈企踵，想望太平。何图袁氏罔知振作，有忝厥职，既干众怒，犹弗悛改，此江西人民所由发愤而兴师也。吾都督目睹袁氏之祸甚于满族，不加抵御，恐江南之众重遭荼毒，故特任黄兴为讨袁军总司令，克期北伐。复念民为邦本，不可一日不加拥护以培元气，此不佞寅所由受都督之托而权承其乏者也。受任以来，夙夜兢兢，诚恐材力驽下，负荷弗胜，将惟我父老是辱，贻昆季之羞，故谘访贤哲以资辅佐，日持镇静以定人心，综核名实，毋尚煊赫。冀多留一分公帑，即多存一分元气；少一番更张，即少一处纷乱。此区区维持吾吴秩序之苦衷，当为我父老昆季所共喻也。尤愿我父老昆季长此提携，相与于善，勿人自为国家各异心，慕独立之虚名，遂轻藐夫法令。苟有计划，当先事取决，以尊统系，勿自专断，庶上下相维本根，自固天下。万国俱谅吾衷，不则分崩离析，法纪荡然，讨袁未成而闾阎先经骚扰矣，岂不哀哉！故寅敢谨为我父老昆季告要知，兴师以讨袁者义也。故夫规画军机，招募劲旅，鼓行前进，誓不返顾，此讨袁军之所有事也，翳惟黄总司令暨诸将帅是仗，而修内政以整顿民事者亦义也。故宣昭义问以蕲人和，淡泊宁静，无须观听，此三吴人民之所有事也，翳惟寅与百职事洎父老昆季是任。故自今以后，我父老昆季其惟各勤尔业，戮力耕桑，士习弦歌，商安贸易，静观大势以待和平，此则区区所日夜企望而涕泣以求之者也，我父老昆季当共许之。若谓同仇敌忾，义士所争，辍耕叹息，贤者不免，则有黄总司令在，可往效命，倘必异军苍头，猝然特起，或斥逐长官，或截留公帑，叫嚣隳突，横决藩篱，此乃宪法之乱民，而非爱国之志士。事诚确凿，则纪纲未泯，政令攸存，寅敢与我都督、我父老昆季共系之，决无宥也。文到，切切如律令。"呜呼！其忠厚恺悌，读之有不下泪者乎？二十年来，群雄逐鹿，无论成败，所遇荒漠，逃帅逋客，出其干没，置产畜姬，沽名拜佛，众瘦独肥，微笑自得。岂如府君留公帑以存元气，杜更张以减纷乱，淡泊宁静，保是四民，其公私义利，相去奚啻霄壤哉！然而天祸中国，跖称圣而夷寡助，故府君卒败，只身走海上，终不能复起。自古吊伐拯民水火德被百代者，吾先姬周尚矣。孙氏、钱氏捍卫江东亦延世泽，如何府君雄踞石头崇朝颠覆？不孝弱冠游学，道出秦淮，登城吊古，举目山河，诚不胜黯然寂寂之感。即今过之幕府山前，空有旧橼凌烟，阁上独无先容，如何不痛哉！如何不痛哉！方独立时，黄总司令衔高厅长某之为袁腹心，将置于法，府君不念旧恶，缓颊得免。及败，某又下石焉，袁令千金购之，急变姓名，隐于商贾，又不利。民五，帝制议起，府君与吴兴日夜谋举事，吴兴遭狙击殉国，府君哭之恸，丧葬之事靡役不从，而自是嗒焉，若丧豪气尽矣。是年，先妣弃养。初，府君赋小星，先妣多病，府君与约曰："既生既育，岂尔御鞫，维旧梁笱，绸缪恤后。"至是遂不复娶。洪宪既诛，法统重光，民党王公亮畴受命组法律编查会，徵府君，乃起入都。政潮倚伏，乱未遄已，府君韬光朗署，专心草建，以绩授勋至二等大绶嘉禾章、二等文虎章，尝简广西高等检查长，不赴。民十二，黄公膺白入阁。黄公者，吴兴幕府旧友，与府君约为昆弟。深沈有远谋，将得，当以报党国，非徒事富贵也。府君以其力，任法律馆副总裁，徵文寿亲，门庭复盛。翌年冬，遭王妣丧，告罢。逾年春，王父又弃养，府君先后哀毁，体骤衰。时经国民军之役，黄公成功不居，孙总理北来又不得志，病薨都下。国事蜩螗，故交零落，居益郁郁寡欢。逮总理治丧毕，遂去而南，终不复北。民十七，服除。不孝孝宽先有室，是年府君为不孝孝猛娶妇，分授家业，异爨同居，若将颐养林下，含饴弄孙矣。然而府君治平显扬之志，不以亲亡易其素。又当国府受命，吾党成功，宜若可与有为者。不知冯唐遇左，李广数奇，就使首义诸烈复生今日，或亦不过以老成忠厚垂拱画诺，非必有驰驱之可效也。府君既不得志，应蔡公子民邀，就司法部参事职。时部长王公亮畴出国，由蔡公兼代也。王即民五徵府君北上入法律编查会者，交固厚。顾法界新进某，方用事，有某女士者交通显要，以新进力试为法官，不嗛于众。府君目为弗祥，曾结者旧著文痛斥之，以是贾怨新进。王初即欲举府君，格于新进，而蔡公卒举之。逮王公归，益重府君，派典安徽承审员考试，新进亟间之，不得逞。会浙江高法分院出缺，王公劝府君外任以为调停。方踌躇间，里居邻人失火，先世遗泽竟同烬焉。府君亦欲远游以遣怀，乃以十八年春，浮海赴浙瓯高分院长新任。山水明秀，僚佐契合，事虽繁细，亦颇自适。二十年春，府君出席杭州司法会议，召不孝先会于沪，侍游六桥三竺间，体尚矍铄。便道返家，谒祖祠而行，曾召工匠询以修复室庐，方策谓得间将归老。呜呼！庸知故乡枌榆，遽成永诀乎！府君得病之由，以左右推诿，莫敢尽言。但知二十年秋某夕在瓯寓邸，以米盐琐事遭家人不逊，气逆得心肺喘疾，时止时作。适国难起，甲午之事复见于今日，府君系心廊庙，疾益加剧。翌年，不孝孝宽省视，遍访诸医，旋又侍就沪医毛克伦博士求治，已愈矣。二十三年春，稍感不适，不孝孝猛复迎来沪，求毛医方药而返，然无大效。秋日，病剧发，误于庸医，渐沉重。不孝孝猛亟再迎之就沪医，不孝孝宽亦趋侍，历一旬似稍痊。可九月二十三日示疲弱，毛医言心脏有变，施以强心针，突昏厥不醒，遂弃不孝等而长逝，享年六十有一。天乎痛哉！天乎痛哉！舍报之际，冷触从下起，心以上皆温。《瑜伽师地论》谓"造善业者识于所依，从下分舍"，又《杂宝藏经》云"顶圣眼生天，人心恶鬼腹"，然则府君必以善业生人天而上无疑。况府君禀性慈悲，断狱六载，不戮一人。又从不孝请，皈依印光大师，信持圣号，间奉六斋，以是因缘，或在净土矣！府君有嫡众子六人：不孝孝宽，北京大学法学士，曾任上海地方法院候补推事，执行律务；孝猛，卒业群治大学，曾任吴江县公安局总务科长、海门县建设局事务科长；孝明，上海通商银行职员，出嗣从叔慕韩公后；孝泰，肆业苏州美术专科学校；孝诚，温州中国银行分行职员；孝载，幼读。府君于学，无所不窥。柳亚子主南社，文坛推为巨擘，诗宗盛唐，渊渊作金石声，一时独步。集有诗稿、文稿、判牍各若干卷，将梓行。书学苏欧，晚似平原。同里义兄徐孝廉芷湘以书法名于世，独于府君致叹服焉。中年而后，奔走国事，常以不暇穷经为憾。不孝幼而淡泊，尚好读书，府君以为不必慕虚荣，苟学有所成，亦庶几伸其未竟之志焉。然不孝自闻正法知，不但达穷无常，何预人事，即一切世智辩聪，亦莫非先业所范，奚关得失，将惟皈命西以求莲花会上重见生身。不则，不孝之罪何时可赎，而蓼莪之哀亦何时可已也。呜呼痛哉！世有仁人志士及夫居史职者，采其辞而锡以鸿文，子孙守之，永为世宝，不但有慰于先灵，亦庶增光夫党国。苫块昏迷，语无伦次，谨状如右，伏维矜鉴。不孝蔡孝宽泣述。

民国二十三年印本《蔡冶民府君行状》

蔡冶民传

金天翮

清宣统三年秋八月，革命军起武汉，海内响应。陈英士其美亦率异军攻占上海制造局，设沪军都督府，一时幕府多隽杰之士，如今军政党领袖蒋公介石与黄膺白郭，同位偏裨，碌碌未有奇节，而吾友蔡君冶民特主军法。英士性果锐，君独济以宽厚，其保全善类之功至大。君讳寅，别号壮怀，冶民其自字也。系出宋秘书郎焕章阁学士源，建炎中扈高宗跸至临安，其一子徙德清。十四传而迁吴江之黎里者曰吴隐。复十三传而至君之考曰侣笙先生讳庸磐，先生与吾父交厚。君幼有神童誉，年十二对客作径尺书，惊其长老。十六游庠，与余序齿少一岁，兄事余。君之舅家在同里，而余娶妻在黎里。黎、同皆水国，时挈舟相过从，其后君遂主余家，大共笃志于经世之学。于时清政不纲，海内外志士咸思光复旧物，蔡孑民、吴稚晖、章太炎等组织中国教育会于上海。孑民招余襄会事，余挈君与陶佐虞、柳亚子往，三人者入爱国学社肄业。学校中有学生会，拥稚晖为领袖，时时检摄他学生之行止。太炎与余同室处，而《革命军》著作者巴县邹威丹容与余同室卧。君与陶、柳二子早晚辄就余，因与太炎、威丹交，太炎奇赏亚子及君。而学生会揭示戒诸生勿往来中国教育会治事室，君与余迹稍疏，太炎意不平。平阳宋燕生恕来视太炎，夜卧又与余对榻，雨夜漏渍其床帐，明日病，因大诟稚晖及其操纵学生事，太炎滋不悦于稚晖。学生多隶籍中国教育会，月纳会员金。爱国学社为中国教育会附设事业，不徵房屋租赁金。学生既与教育会寖有隙，靳纳会费。教育会例会，稚晖、孑民及诸学生不应召，太炎曰："学生踞学社，不务储能为国用，日夕相与论议，结党援以与本会抗，学社之不复为本社有明甚。虽然不可以遽绝之也，宜以书警之，能幡然悟则善矣，不然并削诸学生籍。"于是自为书，限二十四小时答复。复不至，再展二十四小时，不复如前，乃议决削学生会员籍。于是学生数十人夺治事室门而进，为首者章行严之弟陶严，举掌欲批太炎。太炎色不变，而行严已跃入，诃曰："咄！竖子奈何辄犯先生！"尽驱而出，已亦不回顾。于是清廷已下令江督魏光焘名捕诸志士，诸志士顾自讧。租界领袖领事比领事薛西尔劝孑民等出国，独太炎约威丹慷慨出就狱。余与三子归里，酿金延辩护士。英人琼斯出任辩护于会审公廨，不缚献清吏。其后太炎、稚晖之积衅经四十余年不解，实自亚子与君始。风起青萍之末，驯至堀堁扬沙，发大屋，拔大木，如二公之仅相排击于笔舌间，诚不可谓之非贤者也。顾诸君虽蕴愤谈革命，实无凭藉识中山，徒知其能罗致轻侠，棋布诸岛国，蓄重金培风而若有所待。以为神龙在天，鳞爪隐现，啧啧叹羡而已。君既郁郁不得志，乃负笈走东瀛，习法政，遂入同盟会，由英士得见中山、克强。毕业归，观政于北都，出为宁波地方检察厅检察官。摄长宁绍台道以军法戮一奸民于市，君谓夺法院权，争之不可得，投劾去。余闻而喜曰："冶民可谓不负所学矣。"民国元年，中山让国于袁氏，改任全国铁道院总裁，居沪。沪督府亦撤。君受苏督程德全辟为秘书，不委以机务，时在沪与中山、英士游。民国二年春，盗击宋遯初教仁于沪。遯初于民党中最有学识，负节概，虽长农林部，非所好也，袁氏貌为礼敬之。遯初志代赵秉钧执国政，就商中山，夜北上，未登车而遭暴客，归殒于邸。民党大愤，踪迹盗之由来。卒于法租界奸人应夔丞家获证物四巨箧，赫然见赵秉钧所为简札十余通，知秉钧授意于洪述祖，述祖乃嗾夔丞购盗行刺。民党日聚议中山邸，君预其列，以为秉钧有宠于袁氏，袁氏实主之。乃令上海地方检察厅长陈英，票传大总统袁世凯、国务总理赵秉钧来沪待鞫，而悬赏购缉述祖、夔丞。君于是案奔走至力，于是当轴者滋不快于司法，欲裁并或撤废前江苏提法司郑吉所设各级审检厅，以张一鹏为江苏司法筹备处长，多设承审处。余与一鹏争不可，则腾书告海内，又面折之于庭。一鹏愠而去，苏督以君继。君入都，争于司法总长许世英，不得请，亦挂冠去，苏督程德全又辟君入幕府。德全虽膺疆寄，实暗懦无方略，所部师旅长不为用。及政府罢免三都督，赣督李烈钧首拒命，皖督柏文蔚、徐州镇守使冷遹举兵应之。英士再蹶起于沪，克强进驻金陵，任统帅。德全惧，以君摄民政，逃之沪。君从容筹饷，通电告父老，又勖诸在位者饬吏治，安民生，其辞甚美。苏军无帅，群奉君摄都督，君拊循将士，激之以义愤。而冷遹首败于韩庄，冯国璋师压浦口，张勋兵与桂军争钟山天保城，五得五失，炮声彻于城内，君漠然不为意。余闻之，笑曰："冶民可谓临危不惧者矣。"皖赣军战数不利，乃随克强出走。君绾军符七日而事败，遂隐姓名，谢宾客，不问理乱。及袁氏以帝制亡，君乃入都，从事法律编查会，叙绩奖二等嘉禾章、二等文虎章，出长广西高等检察厅，不赴。十三年，黄郛入阁。郛在英士幕，与君为昆弟交，引君副法律馆总裁。会直奉军战畿辅，冯玉祥反师幽曹锟于总统府，郛实与有谋。已而玉祥复为张作霖所逐，郛南回。君连丁内外艰，闻中山北上，投袂起从之。中山卒于都。先是西南讨袁军兴，英士更欲以海上师应之，盗入其邸杀之。君哭之恸，经纪其丧葬。至是复哭中山。俯仰身世，侘傺拂郁，内抱天伦之痛，外忧党国之衰，壮志消沉，精力亦稍耗矣。南旋至浦口，誓于江，终身不复北辙。及蒋总司令提师逾岭，席卷中原，定都金陵。君以司法先进，老成有风度，宜若可以骧首得志。而后起者益夸严躁竞，视君若迂谨，多不为礼。黄郛长外交，以济南蔡公时被戕案不称职罢去，无以再引君，君为司法部参事。王宠惠长司法，魏道明副之，欲以女子郑毓秀为上海特区法院长。君曰："上海，国际视听之所集，领事裁判权之存废系于是，宜选贞方德誉之士往。今易弁而钗，不祥莫大焉。"约诸宿彦为文谯之，益触诸新进怒，出任浙江高等法院分院长，驻温州。君乐永嘉山水，慨然有终焉之志。二十三年，疾作，就医于沪而殂，享年六十有一。君为文有气势，体肥泽而伟，风采甚都，晚乃蓄微髭。讷于口，对客语能掏肺腑，故易为人所欺。方失意时，数营实业，丧其资。晚修净土，虽日持三尺法，甚得祥刑之意云。娶柳氏、王氏。子孝宽等六人，孝宽毕北京大学法科业，能世其家。孙如干人。

　　赞曰：方冶民年少主余家时，一日饮酒酣，君问余："子于三百年来人物，何所宗乎？"余曰："亭林也。"君曰："何故？"余曰："天下兴亡，匹夫有责。吾虽微贱不得位，处乱世，犹将肩名教之任，延人道于一线，是吾志也。"余以问君，君曰："吾思从延平王郑成功游尔。"余曰："壮哉！然子异日苟得志，幸勿呼我门。"此沈醉语，隔宿而忘。及君自扶桑归，为余追诵之，以为潜识所发，诚语谶也。以故癸丑之役，君受命危难中，未尝驰一介以可否讯余。人言冶民能蹈险历阻，然听其言，又温温有退让君子之风，所谓贤者不示人以可测，其非耶？

金天翮《天放楼文言遗集》

显考德孚府君行述

金善鉴

　　呜呼痛哉！我府君逝矣。府君生不孝等四人：善鉴、善镤、善鎏、善铭，而今为无父之人矣。呜呼痛哉！府君氏金，讳维基，字德孚，一字铁厂。少颖异，静默寡言。年十二，能诗识字，过目成诵。潜心于学，尝居小楼读书。里有赛龙灯之会，举则百戏杂陈，市之士众莫不引为奇观。尝过门，府君若不闻也。年二十一，前清龙芝生学使科试，入邑庠第八名。曾在砚君叔祖家及葭生叔处授课数年，性好绘事，尤善画梅。初拟从师某，以家贫无力具修脯，乃发愤自习。久之，亲朋之以绘事请者日众，或劝定润例，府君慨然曰："余用以寄逸兴而已，若以图博利，如梅花傲骨何？"时学风渐革，府君课读有暇，画梅以外兼习英算。嗣入沪上美术专修学校，得最优等毕业，挈不孝善鉴就吴江江震小学校读。府君任课以外，兼会计职，学款出纳，未尝或忽。每夜深人静，孤灯相对，珠算声、读书声，与壁上之钟声，若相应答。此情此景，显显目前，而今已矣。明年，就里中正则小学校教席，兼任丽则女子师范班教席。年余任坼溪小学校教席，不孝善鉴亦随往焉。初至，学生仅十数人，乃观察地方风俗人情，日与父老相往还。不数年，学子达七十余人。每年开游艺、恳亲等会，成绩益彰，而信用亦布于全区。迨民国三年，转任坼区学务委员。就职以后，日从事于各校整顿之计划。遇有困难，则殚精竭诚，务规于成，恒徘徊斗室，致忘寝食。在校后人而息，先人而兴，虽假期无片刻休，簿记表格，满案皆是。仍兼男校图书、女校修身等义务教科，然亦未尝不知体质之日弱也。性至孝，侍先大母疾，恒数夕不寐，即卧亦数数起。病笃，号泣于天，刲肉和药以进，伤及腰部，犹忍痛侍疾。先大父觉之以问，府君终不敢以直告也。时远道有名医，乃涕泣跪叩延之抵家，而疾已不可为。遂丁先大母忧，凭棺痛哭，再晕再苏。邻里朋旧见府君哀痛之深，莫不为之泪下。在江校时，知先大父病，即归家，日夜不离病榻左右，服药必自煎进，不假仆婢手。先大父弃养，府君益哀毁，劬苦乃益甚，整理家计，清偿逋负。平日家训，以勤劳为第一主义。处事和平切实，严以律己，宽以待人。又曰："我愿做第一等人，做第二等人心便不乐。"为人之道，亦维无骄无谄，守分而已。澄锡交战，不孝善鉴方肄业梁溪，府君忧之，夜不成寐。翌晨归家，益踌躇，欲托友至锡，挈不孝归。而不孝已先一日返，始心慰焉。府君于腊月朔日，在校病痢。翌晨由坼归家，延医诊治。医谓是五色痢兼有痧症，而投剂后未见大效，日夜奏厕逾二十次。乃请西医钱旭琴女士，服药后痢稍减，而食仍不进。不孝于初七日自苏校返，见府君消瘦已极。初九日，复请钱女士诊治。女士谓："病似减轻，宜勤于灌肠，当有效。"十二日后，又延中医诊治，医家咸束手。十五日，复气逆作噎，口糜满布，神力已益衰，不多语，语不甚清，目亦不常开。医家又以人参蛤蚧为最后之方剂。十九日午前，下便十余次，皆鲜浓血，不孝知非佳徵。二十日下午三时，将进参饮，府君忽昏迷。不孝等痛哭狂呼，稍稍醒，进以参饮尚受，以指掐吾母手，不觉双泪下垂。呜呼痛哉！府君以劳心于教育，尽瘁规划。重以子女累，竟一病不起，弃不孝等而长逝矣。府君病中语不孝曰："余十年来心力交瘁，对坼区教育尚无愧于心。鉴儿勉之，尔父竟不能见尔之立矣。汝兄弟四人，终须为祖宗争光。三弟皆幼稚无知，后日必当以我语告之。尔能教弟成立，即所以尽孝。余病已矣，支持门户，尔母子任其艰，宜为我早谋窀穸，余素以逾时不葬为憾也。校中建筑，惟园中一亭未兴工。大浦桥边十亩荒地，筑公共体育场，县已报可，罢辍可惜。斯二者，皆余对于坼区未了事也。"府君虽病入膏肓，而家事公务尚盘旋于方寸之间，劳苦二十年，未尝得一日闲。不孝善鉴考入师范，府君尝谓人曰："此子倘得有成，五六年后庶几得少休焉。"孰知劬劳生我，反哺未酬，竟以辛劳终其身耶？呜呼痛哉！府君生于前清光绪元年九月二十一日□时，卒于民国六年夏历十二月二十日□时，享年四十有二。子四人，即不孝善鉴、善镶、善鋆、善铭。女五人：韵清；淮清；婉清；春珠，早殇；杏珠，出为表母舅费伯缘先生义女。不孝等年幼无知，府君之嘉言懿行知之实鲜。顾念府君行谊才艺可传于世者实多，而孤贱无以自达于当世能文有道之君子。是用搥心泣血，次其所及见闻者，号而陈之。倘蒙存念先谊，阐幽发微，赐之铭传，以垂永久，则不孝等世世子孙感且不朽。

民国七年铅印本《金德孚先生追悼录》

金铁厂先生传

范烟桥

余于北测第一校滥竽教席，金先生铁厂之所介也。先生与余本同里闬，时得亲其言论丰采，固风尘中饶有雅骨者。工弈，自谓童时于六博蹴鞠之戏了无所好，惟役役于方圆动静间耳。历年久而有恒，故对枰时罕有敌者。学画于香溪袁雪厂。雪厂固江南老画师也，先生独得衣钵，画梅尤专。落纸飕飕，铁骨冰姿，随笔端见，论者称其直造冬心之庐焉。去年秋，与家君及诸戚友有武林之游，展和靖墓、入雪琴庵，徘徊而不忍去。已而汲虎跑泉，煮龙井茶，逸兴遄飞，益不可抑，索笔蘸墨，画梅于寺壁，同游者均留题以记鸿爪。归与余言："故乡无此好湖山也。"逾百有二十日，先生忽患河鱼疾，竟不起。易箦前，余往探之，相对泫然，已禁不能辞。伤哉！余知月白风清之候，先生必也飘然远引，摩挲手泽而嘻嘘欲绝者也，恨未能与武林山灵一证之耳。呜呼！余恸先生犹不仅此也。盖先生固有彪炳之业，慷慨之志，凡知先生者咸痛惜焉，岂独于余有知己之感哉！先生家清寒，亲病剧，曾割股疗之得愈。此事秘泄于朋辈，而余以知己得之。余深钦其天性之醇，足以媲美古史中之列孝行传者矣。先生年未弱冠，即青其衿，困于境，不得计偕公车，以求售于当世。惟耕砚课学，得仰事俯蓄，以为已足。迨科举废，学校兴，先生亦弃帖括学，而潜心研讨教术。于是吴江之爱德女学、同里之正则小学、木渎之焦山小学，先后礼罗先生主教。其所至，无不如春风之被草木也。卒归于北测，科程之芜杂者整之，教管之窒碍者善之，校风丕变，向学云从。得邑侯虞山丁芝孙先生之契，任为北测学务委员。先生益虚心筹划，实力体行，一以和平切实为归。一乡之教育，为之一振，成绩冠全邑。至今行于大浦间，父老子弟皆称之曰金先生，而不以字。盖其德行、文学、性情，见重于乡党如此也。呜呼！此非凡知先生者咸痛惜之，岂独于余有知己之感哉！先生名维基，年四十一。子三：长善鉴，肄学苏之师范，亦崭新露头角；次俱幼。女字而未嫁。伤哉！

论曰：先生尝谓余言，其家自亲故终鲜兄弟，而无间日之粮储。先生节衣缩食者十年，乃得清所负，境稍稍裕。盖先生自顶至踵无俗骨，治学与家俱毅力，莽莽人海中，固鲜见其人也。

民国《同南》第六集

吴江县同里市保卫团团总
前市董事会董事朱君遗事述

金祖泽

君讳凤仪，字寅如，江苏吴江县人。先世为明裔，国变后避地来江，胥宇于城区之学前。君之六世祖讳有典，善居积，始大其宗。生子六，其季讳钟华，性仁慈，行谊著于乡，年登大耋，是为君之五世祖。生汝鲲，字冠溟，为君之高祖，益闳家道，式廓其间，卜宅于垂虹桥左侧，有园亭游观之美。曾祖讳兆荣，字翠霞。祖讳照，字子容。考讳涛，字升香。均能递嬗清芬，肯承堂构，考槃弗告，隐德自将。妣张太孺人，生君兄凤台，姊适王氏。继妣沈太孺人，实生君及仲兄凤德、季弟凤翔，姊适凌氏。君年十一，升香先生谢宾客，沈太孺人抚育诸孤，恩勤备至。君生有异禀，两拇指皆骈。幼而岐嶷，长益振奇。季父杏春先生讳元善，为邑名孝廉，具人伦鉴，于子姓群从中最优异君，目为远到才。君乃益自淬励，溺苦于学，受知于督学使者瞿相国鸿禨，补博士弟子员。君家自杏春先生以清同治庚午科捷乙榜，慎伯先生讳炳麟以军功起家，历宰皖省剧邑。而君之从叔元麟、元昶，从兄凤来，咸有声庠序，殚精文史。君以后起之秀，颉颃乌衣之游，函韬雅故，文采标映，博习多通，不名一家。凡夕桀重差之学，轩岐灵素之编，欧西摄影之艺，雅俗爨弄之变，莫不探赜索隐，抗手专家。旁逮书画，宗法钟王，尤娴书谱。善兰竹，虽风枝婀娜，格韵独超，尺缣寸楮，识者咸珍宝之。会戊戌政变，科举停罢，拳祸继作，海内骚然。君识时知几，谓不出十年世将大乱。遂乃捐弃儒尚，殚心于技击束伍之法。尝慷慨大言曰："大丈夫当乘时建功，乘长风破万里浪，以尺组系单于颈。宣扬国威，如班超、宗悫故事，方为不负所生耳。"尝一度投考陆军，会君弟凤翔以瘵卒，姊适凌氏者以疫逝，偏亲垂老，抑郁寡欢。君眷恋春晖，不忍绝裾而去，与伯兄凤台、仲兄凤德，相依膝下，以慰亲心。乃戊申、辛亥间，君兄凤德、凤台相继谢世。民国二年，沈太孺人弃养。君既怀脊令哀隰之哀，复撄皋鱼风木之痛，五内崩摧，壮心俱耗。一门之内，独肩巨任，孤侄孤甥，赖之教督，天地四方之志，由此息矣。于是君以不能效用于国者，退而施之于乡。吾里之有团防，实始清季，团丁皆湘籍。其编练训育，皆族侄天翮一人之力，素称严整。光复后天翮迁于郡，公议举团之一部而属之君，且公选为本市市董事会董事。君得所藉手悉本旧规，申严纪律，同甘共苦，处以忠实，故人人得其欢心。吾里四面环湖，鼎革之际，悍匪剧盗，裹胁莠民，乘间四起。里中义勇之士，纠集子弟，相与购械训练者，曰民团。又商肆各出一人，相与斥堠，不能自出者，则雇募，曰商团。是皆与团防分部合作，互相联属，而统辖者实惟君，故君又为团总。君自壬子接任团务，殚精竭虑，蕲保全市之治安。所以建威销萌徙薪曲突者，谋非一事，事非一端。祖泽先后任市董事会总董，与君共事者且十年，故知之较深。自齐卢战争以后，邑中先后被兵。市与城相距不十里，每闻警报，虽在午夜，君必身先。各团规定埋伏截击之方，分派值守，己则往来巡徼，以考其勤惰，而别其奖惩。故君在事十八年，虽当孔填不宁，而闾井晏如，无敢叫呼跳号于市中者，实君整肃保障之功也。而君乃以积劳致疾，疾竟不起也。悲夫！君生于有清光绪元年五月二十八日，卒于民国十八年四月初十日，春秋五十有五。配凌氏。子一紫绶，北平朝阳大学专科毕业生，前交通部主事。女二。紫绶以余与君总角论交，晚岁共襄市政，相知有素，属为述其遗事，不敢以不文辞。

论曰：君质直伉爽人也，而一往无前之概，实有不可夺志之勇。忆君早岁，游思艺苑，雅善顾曲，退然若不胜衣。然逮乎立年，君慨时事之日非，相与练习兵事，卓然思有以自见。每当广场演武，大侯既抗，射击斯起，君必先丁壮子弟，以立之鹄百步以外，立跪卧的无虚发。然后知君于射击，犹穷羿养由基之可以落九日，而洞七札，百无一失也。天生是才，仅使之捍卫里党沉沦下泽以终老，吾为君悲，抑不仅为君悲矣。

民国十八年铅印本《朱寅如遗事述》

杨学斌传

第七世学斌，字紫骍，中书科中书，嗣宝琪公后。光绪二年八月二十五日生。幼弱不好弄，喜涉览书籍，巾箱篇幅，往往丹黄殆遍。又好画，为小人、小物、山水、花草之属以自娱。府君蕉雨公极钟爱之。七岁入家塾读，十岁就外傅。年十七遭府君之丧，保养抚育于仲兄学沂。仲兄方客烟台，佐孙军门幕。治丧既毕，出参军事，家政一以委之。时太淑人在堂，诸姑嫂在室，亲戚仆婢之属，上下十余人。学斌奉堂上以欢和，待等辈以辑睦，治下人以严整，先后四五年，内外翕然无间。学沂每一度归省，间询所学，辄怡然曰："尔进步矣。"年二十一，太淑人为娶于苏城李氏。李父德卿公，本父执也。成婚以后，伉俪之情綦笃。时当甲午，中国新挫于日本，锐气尽丧。事过辄忘，当轴者犹依定制，以帖括取士。学斌尝一试，辄弃去之，曰："我岂为此中所束缚哉！"改就西士孙乐文所设之中西书院读。中西书院地在苏城之中心宫巷，学斌旧居在城南之盘门，往返相距日八九里，恒挟策风雪徒步，昕夕过从不稍厌。课暇与至友包天笑、汪棣卿、戴梦鹤、马仰宇诸君，创设励学会社，相约同治有用之学，刊行励学译篇行世。时苏城风气犹未尽开，学报学社尤为创见。学斌于其时颇慷慨激昂，有所论列，说者谓有强聒不舍之风。其后包子天笑操《时报》笔政，以小说鸣于时。汪子棣卿留学日本，得法学士，内部民治规章，多出其手。马子仰宇手擘工场三四处。虽志趣不同，要各能以其所学供献于社会。惟戴子梦鹤聪颖冠绝侪辈，而青年不永寿，年未二十而夭。临终时洗足趺坐，殆亦生有来者欤。光绪二十三年，学斌从兄学沂至上海，肄业于虹口之中西书院。院监潘慎文、葛赉恩，美国之耆宿也，每试辄冠其曹，葛尤甜目。光绪辛丑，年二十六，以汤蛰仙太史荐，就聘萧山高等小学西文教习。学生皆莘莘亲爱，一堂之中，师友拳拳如家人昆季。既昏，学生有诣寝室质疑义者，虽深夜严寒，辄披衣挑灯起，与讲解，必使其透彻而后已。当是时，自由之说方灌输，国中学生以停课罢学为天职，而萧山师生间独雍容一室。固由风气敦朴使然，然学斌亦一以至诚之道待人，故能沉潆如此也。光绪癸卯，年二十八，萍乡煤矿总办兼办汉厂张公韶甄，函招赴汉。张公解衣推食，极优待之。是岁太淑人弃养。学斌行辈最幼，太淑人钟爱逾恒，虽在成年，犹煦寒问暖。能稍稍自立，而太淑人已撒手西逝，树欲静而风不宁，学斌尝引为终身之痛。明年，李一琴先生自欧美考察钢铁归国，就汉冶萍公司协理之任，调充文案处，代理稽核股总董。光绪二十二年，函派汉阳铁厂物料股总董。物料股为汉阳铁厂三大股之一，时人所号为收发者也。股内员司十余人，工役十余人，夫役数十人。内外物料、布革金银、纸张器皿，下至木石沙泥，皆一一具备，凡数百种，价值数十余万。领料者，天未黎明即麇集门外，喧哗邪许之声达晚不绝。董其事者，应一方支应，以供各厂之取求；一方筹备，以虞用料之或缺。学斌任事以后，为之部别类分，手定章程数十条，擘分总务、账务、内料、外料四科，科各有司，司各有责。对于库存之料，必标签挈领，不易原处，故虽生手，一望而知其位置所在。但法不准非库中人手取，以杜流弊。对于应购之料，委托采办，逐日报价，以最低之价购进，库中员司只任收料，不任购料。光绪三十三年，第三化铁火炉告成，公司于各总分董皆有酬劳赠金，而不及司事。学斌独以所得，分颁于众人，曰："此岂我力耶？为诸君寿可耳。"众大欢悦，为公司任事益力。分董马君倬云病殁于厂，学斌亲为经纪其丧，集款千金以赡其遗孤。戊申，王君阁臣以商务长名义来汉，兼管物料、采办两处。学斌曰："物料不兼采办，立法本有深意。今以一人兼其事，此后购料将无限制乎！我其行矣。"是年九月，谢事归里。宣统纪元，《时报》馆主任狄楚青邀办译务，包天笑之介绍也。凡三年，宾主相得无间言，并以期间精研法政，以矫世之假律以弋利者。辛亥革命事起，电报中断，执报务者无所取材，皆借资于西报。学斌晨兴即执笔迻译，自晨至日中黄昏不息，手腕为之酸脱。当是时，革军既兴，民气大愤，好毒詈清廷，以资快意。政府必曰"伪朝官军"，必曰"贼寇"。外报有据实纪载者，亦多方为之捏造改作，以示国人，谓外人之意固亦如是也。学斌独依其词意，抑扬褒贬，不稍更动，曰："所贵乎译者，谓其无背原意耳。我不可不有，以存其真。"然当事者自此亦稍稍厌之，谓其固执不通乃如此。是年，学斌辞《时报》译员之职。越岁，路透社西人果以华人所译多失原旨，乃自以其所译送登各报。癸丑，学斌年三十八，任汉冶萍总公司庶务员。妻李氏，长学斌二岁，以同治十三年二月初八日生。明达识大体，善居积。尝仿曾文正治家之法而变通之，以学斌之所入分作四成，以二成为家庭柴米日用之需，一成归学斌，一成为添置衣饰、周济贫乏之用。故学斌所入虽不丰，而终岁无内顾忧。初不知书，适学斌后，尝就灯下问字，渐习书算。每晚摒挡家事毕，必会计其一日之出入呈诸学斌，凡十余年如一日也。女一，翠华，早殇。

杨学沂《吴江杨氏宗谱》

吴江庄蓉裳先生家传

金天翮

古取士之法敝于科举，而学校代之兴。论者以为必取则于海外，而日本隔海相望，考察者接迹于涂。余独以为剥极当复，宜得擎天柱地之教育家，如古昌黎、横渠、象山、阳明之徒，乃能转移风会，求之不可得，即日本吉田福泽，亦不生于我国。美利坚教育求实用，士大夫群焉趋之。而博士杜威，不为惊世之论，尤为笃实君子。既应聘来华，所至设讲座，论卑易，行有时，近于晚清之讲理学者，而惜乎悦怿之者之少也。而吾里庄君蓉裳，独心醉其言，施之于震泽丝业小学，则小学焕然改观焉。君讳严，原名承第，姓庄氏，蓉裳其字也。系出楚庄王后，世居天水。宋末避胡兵南渡，卜居吴江之震泽，以诗礼世其家。君之曾祖淞龄，祖小淞。小淞子曲江，清旌寿翁建坊，诰封奉直大夫，生君。小淞弟旭堂，子胜吉，客死金陵。妻翁氏，仰药殉，清旌节孝建坊，祀节孝祠。以君兼祧。君幼慧，受四书五经，如夙习，又驯雅，不失故家矩度，人谓庄氏有贤子。光绪戊戌，入邑庠。壬寅，故居毁于火，君负其父曲江公走二里，止于其姊家，里之父老曰："是仁者之勇也。"越一岁，以授徒馆谷购数楹于族人手，以奉父。甲辰，入两级师范学堂。三岁毕业，受镇江中学聘。辛亥革命军起，归里，与杨剑秋等倡建丝业小学，得贞惠先生施子英之助，聿底于成。镇江中学复来聘，辞之。于时，美国杜威博士来华讲教育，君得亲炙其议，从受教育方法，丝校遂为一乡模范，视学者美之。先是吴江中学校长费伯埙，以笃实为邑人所推，诸教习尽一时之选，学生彬彬多才彦，名声蔚然。以君雅饬，能相与以有成，坚请任监学兼文史教习，二子相得益彰。越五年，而伯埙任勤学所长，君继其任，意气益发舒。于是增辟黉舍，添购理化器械，推广学额。费不足，则冒风雪，触热暑，重趼喘汗，谒当道以请，卒得省县款之补助。复设土木测量、银行簿记诸科，以裨实用。卒以劳瘁致病，呈辞校长。君于江中终始十年，委身教育达二十载，俸糈所入，不以润身，布衣蔬食，萧然儒素。其后复长震属中学三年，嗣膺南京国学图书馆之聘。然以尽瘁教育，故体益弱，又以悼亡故，居恒悒悒寡欢，辞职归。会丝校校长卒，校董会以属君，然稍掣其肘，君益不自得。时君已潜心内典，能忍辱，逆来而顺受之。丁丑，东房内侵，东南沦陷，其子觉及宏迎养至沪，继卜居于苏，以绘事自遣。综君之为人，能以谦自牧，和以处世，以"勤、俭、忍"三字训其子孙，子孙多贤孝。其卒民国三十五年十月五日，其生清光绪三年丁丑七月二十四日，春秋七十。娶吴，先君十七年卒。继娶吕。子觉，江苏省立医科大学毕业第二届，高考普通行政人员考试初试及格。历任全国医师会主办甄别医师、补习班暨上海新中国医学院教授、太仓县立医院院长、上海市医师公会专门委员、上海国际红十字会伤兵医院医务主任、信谊制药厂研究所顾问、生生、中德、大德等助产学校导师。现任私立江南高级助产职业学校常务校董兼校长。宏，习钩稽之学，历任吴江江丰农工银行会计主任、营业专员、上海商办闸北水电公司经济科账务股股长。抗战中奉当局命，在沪秘密保管册件，胜利后升任会计科科长。孙九：震寰，先君一年卒；震威，上海大同大学化学工程系毕业，现任台湾省氧气厂助理工程师；震雷、震定，均肄业中学；震乾、震宋、震信、震万、震武，均幼读。孙女十，其长适芦墟唐君。所著《洁龛诗剩》《洁龛杂记》等数种藏于家。

  论曰：天下至高贵而至平淡者，其惟教育乎。班氏有言：被服儒者，传先王语，为蕴藉可也。以之谋道则有余，以之谋食则不足。是以清之末季，无锡侯鸿鉴，以兴学毁其家。余以丧乱，故教授沪上光华大学，几于饔飧不继。名立而身愈困，业高而志不得伸，惟儒名贾行者，乃能羸声于时。庄君委身教育三十年，始终一寒素，固其宜也。震泽处太湖之滨，王晓庵、张渊甫之流风余韵，不自觉而深入于学者之心，谓庄君得力于杜威之教，犹其浅焉者也。桃李不言，下自成蹊。惟诋毁名节，而以功利相扇者，呜呼！吾不能赞一辞矣。

民国三十五年印本《吴江庄蓉裳先生家传行状》

庄蓉裳先生墓志铭

杨天骥

  同邑杨天骥撰书并篆盖。
  □□蓉裳殁□二年，葬有日矣。其子觉持状请为铭幽之文。蓉裳之生，尽瘁教育，恂恂□□。名不出于乡□，而心常存于百世。蓉裳之殁，子若孙能承父志，复哀其言行，冀永其传，乃□名于当代显达者流，而求吾友金君天翮为立传，又责铭于骥，是大异乎世俗。功利之见，逖嗣之贤，可以知蓉裳之所以督教之矣。按状：君讳严，原名承第，庄氏，蓉裳其字也。系出楚庄王后，宋末避金乱，自天水迁吴江之震泽镇，遂籍吴江。曾祖淞龄，祖小淞，父曲江，母氏潘，继母尤。小淞公有弟曰旭堂，子胜吉客死金陵，妻翁氏仰药殉，无後，以君兼祧。君幼慧，受四书五经如夙习，居止驯雅，不失故家矩度。逊清光绪戊戌，与骥同入震庠，同舍生均推重，有长者风。壬寅，所居火，君负其父曲江公走二里，止于姊家。里之父老曰："是仁者之勇也。"旋以授徒馆谷，购屋数楹奉父。甲辰，发愤入江苏两级师范学堂，三岁毕业，受镇江中学聘。己酉，居父丧，哀毁几殆。越二年，辛亥革命军起，君偕邑中杨剑秋等倡办丝业小学，得施公子英之助，聿底于成。于时美国杜威博士来华讲教育，君亲炙其论议，导自然，求实用，重职业。又从受教授法，坐言起行，丝校焕然改观，为一乡模范焉。后吴江中学费校长伯埙，坚邀君任监学，旨趣尤相得，而江中亦声名蔚然，人材踵出。伯埙出为劝学所长，君继其任。于是增广学额，拓建黉舍，加设学科，添购理化器械。资不足，则冒风雪，触热暑，重跰喘汗，谒当道以请，卒获省县款之补助。君于江中，终始十年，委身教育达二十载，以兹劳瘁，体遂羸弱，乃辞江中校长，稍息仔肩。其后复长震属中学三年，益感不支，嗣膺职南京图书馆。时骥亦在京，每相过，从道平生，上下古今，高谈无倦容。迨日寇内犯,东南沦陷,骥远适粤桂,音问遂阻。闻君究心内典,寄兴绘事,由其子觉及宏迎养至沪,旋又居苏。然忧能伤人,劳以致疾,八年之间,艰苦备尝,心力尽矣!外战初息,骥万里间关,获归故里,而已不及见我蓉裳,斯可恸已。君生逊清光绪三年丁丑七月二十四日,卒民国三十五年十月五日,春秋七十。配吴氏,先君十七年卒。继娶吕氏。吴夫人生子女九人,今存子二:长觉,江苏省医科大学毕业,现任吴县私立江南高级助产职业学校校长,并创立江南医院;次宏,上海闸北水电公司会计科科长。及公之存,见孙九:震寰,学于上海同德医学院,垂成,早卒;震定、震宷,觉出。震威,上海大同大学化工系毕业,现任职上海闸北水电公司;震雷、震乾、震信、震万、震武,宏出。孙女十:震亚,适唐琦行;震夏,殉于学;震美、震法、震苏,觉出。震欧、震德、震英、震迈、震坤,宏出。今三十七年十二月吉日,觉及宏将奉君之遗榇至震泽南乡田基壖之原,与吴夫人合葬,君生前自营之生圹在也。君谦以接物,和以处世,刻苦以自律。居恒以勤俭、忍三德训其子孙,故子孙多贤孝。骥近尝造觉所居,见其治事之室,几案间多置君遗训,四壁张父执所赠哀诔挽语。虽色黯暗,不易其位置,如初丧。然其久而能慕,足以风薄俗,不待新谷之登而已忘其戚者,是知其所本矣!宜铭。铭曰:

□□乎教,行概乎道。教以行宣,道以言传。导之自下,锲而不舍。夙夜忧惶,臣精销亡。□□□里,人材蔚起。黉舍林林,今也荆臻。秩秩弦歌,今也矛戈。追思畴曩,悲君长往。松槚有门,桃李无言。林宗诗礼,太丘元季。名德维庸,毋忘敬恭。我铭玄石,多士之式。

吴县唐仲芳刻石。

吴江博物馆藏拓片

徐商济传

陈 锐

君姓徐氏,名商济,字未园,又字苍生,别号佛媛。世居吴江之黎里镇。祖少岩公,以名进士出守浙之金华郡,有治行。父石城公,移家盛泽,性恬淡,不求闻达。生子十,君次六。幼颖异,年十八补诸生,逾年食饩。读书博闻强识,好为深湛之思。所著峭洁峻岸,不主故常,而尤长于诗。有清之季,苏省创设存古学堂,分经史词章三科,以网罗旧学之士,主其事者为巡抚陈公启泰。君时馆苏恽氏,应词章试,不售。既陈公于落卷中得君文,亟赏之,属录其平时著作,将延誉公卿间。会陈公卒于任,未果,而君亦夷然若不屑也。君为人敦笃,雅尚风节。遭时多故,胸中磊落不平之气,偶有感触,辄发之于诗。虽虫鱼草木之微,而感怀家国,未尝不往复回环,寄情深远,属词千锤百炼,累日而犹未敢定。故其诗,如峭壁,如秋水,如新月之映寒潭,如孤鹤之鸣空谷。又如嫠妇悲号,寒蛩独咽,凄凉哀怨之中,有孤洁劲直之致焉。君于民国纪元,就里中学校讲席,勤恳善诱,生徒翕服。体羸多病,授教五载,劳瘁备至。与余缔交久,相契如昆弟,风雨寒暑,过从无虚日。常以体质尪弱,虑不永年。及君既病,余间日往视,搴帷共语,尚强起欢笑。旋病益甚,乃就医吴门。未几接君书云:"已垂翅归,得闲望过。"我急走视之,则颓丧更甚。辗转月余,竟不起。伤已!君殁之前三日,谓余曰:"俟君归,恐不复相见,前许某君以笔,幸为致之。"俟君者,君季弟也,时任金华教职。金华产笔,曾属购之。其待人诚挚类如此。乌乎!若君之志行廉洁,处事不苟,为学亦具有本原。而卒以迍邅抑塞,甫及中年,遽尔湮没,岂非命哉?追念生平,盖不仅知己之感,又深为吾道悲也。君著有《山外楼》《尘天阁》诗稿各一卷,《尘海燃犀录笔记》若干卷。卒于民国五年十二月,年三十有九。配张氏。子二:长殇;次曰城,幼读。

徐商济《山外楼诗稿》

苍生遗事

金光弼

余与徐君交十四年,素心相契如一日焉。民国元年,余归里办学校,引君为助,训练有方,学生翕服,里中咸以余得人为庆。不幸君遽溘逝,断余右臂。彷徨中夜,有泪无声,爰追录其遗事数则,以志哀感。

君幼时体甚孱弱,而胆颇壮。尝戏与弟辈聚屋隅煎糖,时壁中有赤练蛇,闻糖味而出,众皆逃避,君独举断椅奋击之。断椅有钉,洞入蛇身,蛇痛甚欲噬君,君力与之斗,几为蛇困。适君长兄自外至,乃毙蛇。

癸卯冬,君结缡。时君在至戚沈氏教读,余亦客沈氏。蜜月后,君宿沈氏,新夫人亦来沈氏省亲。君喜晏起,夫人辄呼之,余常引以为笑,君赧然曰:"明晨当先君起。"次晨,君竭力早起。及下楼,余已在书室,向之大笑,君亦自笑不置。

君既任明德校事,奋勉逾恒。一日,君患河鱼,余劝休假,坚不允。及授课,未及半时,已淋漓满裤,君秘不告人,教授竟日,惟潜卸其里衣于屋隅。及晚,余见之,凄然谓君曰:"请假常事,何自苦若此?"君亦凄然曰:"一息尚存,必不肯负知己及学生。"呜呼伤已!

君在明德之次年,苏人王云五欲聘君教其子,君不允。又明年,旧主人恽季文欲续旧盟,请君往苏,君亦不就。惟恋恋于乡里之小学,其待余何如乎?益令人泪下不止也。

君任校事,不轻休假。一日偶因事假,余与代课,坚欲报余牛乳。余以不食辞,君不信,必欲余受之始愉,其狷介如此。

某年元宵日,君盛服出。甫上桥,桥上有乡人肩粪担而过,偶欹侧溅及君衣。君不怒,反哑然笑,其涵容深矣。

君殁之前一月余,病少瘥,屡欲到校,行至中途,常力尽而还。其热心教育,至死不休,能无为之一恸?

徐商济《山外楼诗稿》

先兄事略

费承禄

兄讳揽澄，字定安，号伯埙，自号觉迟。先世南宋参政戒甫公以来，世居吴江。我兄弟不幸早岁失怙，先君弃养之日，兄年才十五，哭泣处事已如成人。兄天资聪颖，读书过目成诵。二十岁前，连遭先祖母及嗣父之丧，不得应试。至二十一岁服阕，始应童子试，即获售，逾二年食饩。时运多坎，两次秋闱均因病不得□场屋。是时新学方兴，有识者均不屑于科举，竞究声光化电史地之学。先兄初擅词章，继究史地，旁及形声、训诂、伦理、心理之学。尝诏我曰："人生于世，与其无一寸长，不得为世用，天何必多生此人。"盖兄于二十四岁时大病，几不起，精神羸弱，无能振作，故时作此激愤语。二十七岁，舍往日科举之学，投入江苏师范学校。是时校长陆君勉斋，提学使毛君。君实见兄文词，奇其才，屡加优奖，所试辄冠其曹。三载卒业，适当废科举兴学校之后，地方士大夫亟亟以辨学兴才为务，即聘先兄主城区两小学，旋膺县立江震学堂之聘，专任国文、舆地教务。惟先兄自二十四岁后病根未除，脾胃两亏，而性情质直，喜饮酒，辄醉。尝曰："饮酒非得已也，借以解忧耳。"而胃病因之日深。宣统辛亥，地方自治成立，举先兄为市董。是年秋，水为灾，我兄弟任职江震学校，乡民聚众毁学，几及于难。不三月后，适值改革，地方不靖，举办民团。先兄身为市董，家虽寒而不能不尽义务，竟私质羔裘以应捐资，其刻苦急公如此。民国改元，江震学堂改组中学，先兄初任教职，至民国五年始长校务。训育弟子，刻无暇晷，所成多高才。近今邑人之转升大学者，多先兄旧弟子。先兄自长校后，体质衰弱与日俱进。至民国七年，本邑劝学所需人主持，邑人士及县大夫群推先兄主其事。逾年，竟得咯血之症，呕血数升，已成不起之象。百方医治，幸转危为安，群劝以宜加调养，屏绝公务。先兄向于自身不甚爱护，遇事勇往直前，尝云："大好光阴，曾有几何？若不乘中年未衰，稍加树立，即后悔无穷。"仍照常赴各区视察教务，卒得失眠之症，通宵不能安眠者几及半载。自此精神恍惚，神经因之衰弱，呻吟憔悴至三年之久，痛于十四年夏历乙丑三月初十日溘然长逝。先兄生于光绪五年己卯六月十四日，享年四十有七岁。志大而力不能展，为诗文多感世伤时之作。娶沈氏，子三：长坦，次肃，次挚，均求学四方。先兄出嗣先胞伯为后，于承禄例为降服。因念承禄失怙时年仅九龄，后从业于先兄。三十年来，兄弟怡怡共事，我母几不知岁月之易逝。今先兄逝矣，此后我为形单影孤之人矣。执笔述先兄事略，寸心伤感。三四十年中，岁月遥遥，不知其言之何从为？可痛也。今蒙诸父老兄弟不弃，追悼先兄，光及泉壤，谨书大概，以求当世立言君子锡以鸿文，则承禄感激无涯矣。降期服弟费承禄抆泪谨述。

民国十四年铅印本《费伯埙先生哀挽录》

亡友费伯埙先生事略

唐昌言

呜呼！我友伯埙先生竟以忧伤死矣！先生以尽瘁故乡教育，不得大行其志，悒郁以伤其身，其行甚高洁，其志甚可悲！昌言与先生订交垂三十年，于先生行谊知之最详，恐代远年久，其心事或湮没不彰也，爰述其生平大略以为常世告。先生世居吴江辉德湾，为邑中望族。其父韵斋先生，幼时遭红羊之劫，家室荡然，赖贤母教养以成立。读书虽不多，而生平操守谨严，取与不苟，其行谊有足称者，乃年未五十，赍志以没。时先生仅十余龄耳，痛母病弟幼，门庭多故，乃发愤读书，冀有所树立，以慰先人于地下。故先生少时已崭然露头角，所为文章，能洞贯古今，出入经史，倾其侪辈。及长，痛国势凌夷，外辱洊至，与二三同志议论国是，辄歔欷泣下，以为非振兴教育不足以救国。乃与同邑王振之、高继臣辈创办爱德女学，既复入江苏师范学校潜心研究教育。迨毕业归，就江震高等小学及爱德女学教员，勤勤恳恳，所造就者甚众。未几，国家颁行自治制，先生被举为城区董事，益锐意推广教育。时市中经费支绌甚，学校规模多简陋。先生乃苦心规画，移震邑典史废署之材，就文昌宫故址改建第一初等小学，既又移三元宫之材，就城南隙地建设第二初等小学校舍。既成，复为之厘订课程，择教师之贤者而付托之，于是城区小学之基础始立，规模亦于此粗备。至今各小学主其事者，莫不兢兢业业，一心于教育，而不致有他务以纷其心者，非先生当日奠其始基，曷克至此？民国肇兴，邑中父老即江震高等小学改办县立中学，先生遂于是时兼任中学教员，其口讲指画，教授周到，一如其在小学校时。学生受先生之教，无不心领神会，确然有进步可观。于是先生教授之声誉日隆，四方学校闻先生之贤，争欲以厚礼聘致。先生皆一一辞谢，不欲以待遇之故蘧离父母之邦，其恭敬桑梓有如此者。既而中学校长因事离校，先生以众望所归，遂继任校长。当时学校思潮正在激进时代，先生知旧时形式教育已不适于用，乃踵事改进，定"自强、自学、自治"为教育之方针。入拳术于正课，以锻炼学生体格；订课外研究规程，以适应学生个性；且令学生组织自治会，以培养独立之精神。于是学校精神为之一振，四方之来学者且踵相接，而先生益自奋发，竭忠尽智以谋学校之进步，故不数年间而吴江中学之成绩遂大著于社会。然先生犹不自宽假，进行益猛，遇师生间有不如意事，辄咨嗟太息，引为己过，以为德之未修、诚之未孚所致。平居治事，尝以一人而兼数人之役，冀有以感化于全校，然而先生一生精力遂由此耗矣。先生既以尽瘁校务得胃病，而规画进行仍不稍懈，于是病益加剧。及八年七月，先生自同里丽则女学监试归，途出跨街楼，以胃血上涌，猝然倒地，众人扶归，一夕间昏厥数次。医者诊治，以为积劳过度所致，请先生卸去职务，悉心调养。而地方父老因先生担任本乡教育十余年，劳苦功高，不愿其脱离地方事业，请先生改任劝学所长。盖劝学所者，掌全邑学务之大纲，不若校务之琐屑烦杂，可藉以稍节精力也。而先生责任心重，病稍痊，即力疾视事。环顾全县教育，数年来学校增骤，而师资缺乏，内容实不如前，乡校为尤甚，乃毅然以整理全邑小学为己任。于是乃订巡回图书办法、组织学术研究会及分区演讲会，凡堪以为小学教员增进知识及引起其研究心者，无不竭力进行。复以乡村小学教材多不切实用，乃手订乡村小学课程纲要，欲联合同志编辑课本，以为改良乡村教育之张本。讵意设施未竟，而学潮陡起，先生复竭其心力所及，从事调解，卒不见谅于人，或且以蜚语相加。于是先生旧病复发，侵及脑部，遂自怨自艾而成忧郁病矣。盖先生一生为故乡服务，耗心血过半，经此挫折，遂不能自解脱，病中悲天悯人，惟祈速死。今年病更剧，竟绝粒四十余日以死，年仅四十有七。呜呼伤哉！谁为为之，孰令致之？天实为之，谓之何哉！先生禀性谨厚而坦白无私，宽以律人，严以律己。天资过人而虚怀若谷，能受人言。举一事必精心考虑，确定计划而后竭全力以赴之。事后反省，犹常深自刻责，以为心力有所未尽于桑梓间。所造甚大而常若不足，与人交能久要不忘。生平交游不多，而独与里中王振之、吴中行、沈颖若、金仲芬及昌言善。间尝历诉己之短处，谓坚卓不如振之，明断不如中行，清亮不如颖若，平夷不如仲芬，恳挚不如昌言，其谦抑有如此。先生敏而好学，虽老不倦，治一学必穷源究竟，使心有所获而后已。既病，尚欲深究诸儒理学，手不释卷。同辈中有以问疾往者，先生辄举其研究所得以相告，深悟现在中等学校太偏重科学，将修身养性之学忽而不讲，是为一大弊病。并自悔中年以往醉心实用科学，致神为形役中无定宰，言下若不胜其歔欷者。生平著述不多，然好为文章，讨论教育问题，类皆衡情酌理，切中时弊。而数年前所著《中学国文教授之商榷》一书，尤为精心结撰，为时贤所叹服。先生教人一本乎诚，其训练学生，以感化为主。以为教者与学者必先除去隔阂，融洽感情如家人父子，然而后可以言教。学生有过失，辄招至膝前训诫，促其觉悟，决不轻施惩罚。或者不察辄目先生为懦，而不知先生之欲感化于无形耳。先生极注意学生个性。当昌言客游无锡时，余家珍、璋、宽三侄及儿亮，均肄业于吴江中学。先生每书来，必详述各人品性与学业状况，以为孺子可教。其殷殷嘱望之情，迄今思之，犹令人感不释于怀也。其担任教科以国文时间为最长，而心得亦最多。每教一课，必审度学生程度如何及学生读此文后作何感想、起何功用？讲解能深入显出，不使一字一句轻易放过。批改学生成绩，复竭尽心力。既改正矣，更将改作与学生原作亲用钢板缮印，发给学生，使之参互比较。其恳挚周到，实为生平所仅见。先生既抱病，尚以校长而兼国文教科。或劝之曰："先生盍卸去教科，稍事休息乎？"先生曰："余教授国文，虽劳苦而精神实愉快。孔子曰：'知之者不如好之者，好之者不知乐之者。'"先生之教授国文也，其已达于乐之之境矣。今者先生已矣，凡知之者，无论识与不识者，莫不同声悲叹曰"失一善人"。其门弟子且将列举先生生平言行，著之金石，以志不忘而垂久远。昌言辱与先生为总角交，谨将先生生平行谊之可为法则者，述之如此。恐有所未尽，尚望与先生交好者，缺者补之，误者正之。幸甚！幸甚！弟唐昌言敬撰。

民国十四年铅印本《费伯埙先生哀挽录》

杨剑秋传略

柳亚子

杨君剑秋，名澄中，江苏吴江县震泽区人也。少为名诸生，能诗文，创办丝业公学，有闻于乡里。民国十三年，余经营本邑党务，以西南半壁属君。县党部成立，被推为监察委员。时军阀秉权，土劣势张，吾党日夜在孤军奋斗中，哗难四起，君夷然不顾。十四年双十节，开全县代表大会于震泽。先一日，举行廖仲恺烈士追悼会，并假丝业公学为会场，君登坛誓众，词意慷慨，闻者动容。既毕事，余归黎里，君走送江干，自后即不复与君相见矣。十六年以还，旧侣星散，余亦偃蹇海上，削迹不归故乡。君独岿然如鲁灵光殿之高峙，邑中谈党务者倚以为重。二十一年某月，忽撄疾不起，今里人将为开会致哀忱云。

柳亚子曰：吴江有中国国民党自余始，君与秋石、大千、剑飞悉元勋也。清党之役，秋石被难秣陵，骸骨不归，大千亦郁郁以死。剑飞累任县委，稍煊赫，卒亦不寿，今君又长逝矣。追念畴曩，能无桑海之感哉！（载1941年10月18日《光明报》，据《磨剑室文四集》校正）

中国革命博物馆、上海人民出版社《磨剑室文录》

吴江志士陶亚魂小传

柳亚子

黄帝纪元四千三百九十五年甲辰八月九日，得吾友陶亚魂疾亟之耗。越日而余自同里自治学社来省君病，甫入门，则素帏摇曳，哭声大作，知君已前一日辞人间世矣。呜呼！余与君结交虽不及两易裘葛，而意气相投，如胶入漆，殆所谓车两轮、鸟两翼者。今君不幸中道弃余去，君死而余心亦随君死，夫何暇为君传？虽然，余悲君死，余尤悲君死而君之志望热心与躯壳俱死，海内外人士抑谁复能知君？用是和泪濡墨以述君之生平。君字聃旦，又字砥中，尝肄业苏州中西小学堂习法兰西文字，复粹算理。家吴江之梓树村，与余家胜溪距离十数里，复同赁庑黎里镇，所居同一宅，顾犹未相识也。去年正月，始见君于蔡冶民君席间，一握手即慷慨谈天下事，相与叹中原陆沈，胡虏横行，民权蹂躏，士气苶疲，亡国之余，恐不足复存种于二十世纪之世界。扼腕相对，唏嘘太息者久之。已而论天下兴亡匹夫有责，今日欲牺牲个人以利社会，非地方自治不可。则拍掌称善，以实行自期，遂与余订莫逆交，谋组识前途事业。时上海中国教育会新成立，势力日膨胀，张园演说，声名震中外，乡曲僻壤，多闻风兴起。黎里俗尚顽陋，君与余等谋，欲大号大呼以醒梦梦。遂创演说会，君慷慨登坛，鼓其雄辩，热心炎炎不可遏，虽萋菲交讧，楚歌四面，终不少馁。复组织《新黎里》杂志，以誊写版印刷之，诸事旁午，为社会尽瘁者甚力。是年四月，更偕蔡君及余赴海上，肄业爱国学社，加盟于中国教育会。时余杭章太炎先生任学社政治科教员，与君甚相契厚，赠书题扇，殷渥备至。居一月而学社内讧，同志星散，君亦倦游，遂与余等归。适"义勇队""革命军"事件相继出现，政府捕党人甚亟。里中群盲犯眹，造言生事，尤一日数惊，春间所组识之团体已先君归而解散。君归未数日，"苏报狱"起，章、邹被逮之耗复至，君捐金助讼，感情恶劣不能已，欲强自实假作蛟龙潜蛰计，榜其楣曰："匈国噶苏权下狱，黎里加富暂归农。"盖君体素孱弱，明知愁城非长生之国，故愿以肥遁为后图也。然而世变日亟，来日大难，志士囹圄，同胞涂炭，人孰无情，谁能遣此？君既感喟时局，抑郁不平，愁劳过甚，病魔乘之。素有咯血疾，至是乃大作，春夏涉秋，缠绵床席，及八月而始痊，即漫游杭州以遣。君性好交友，喜延揽英杰，晤仁和吴剑芒君于客中，一见如故，则大欢忭，驰书告余，谓西子湖边，佳人奇遇。吴君素主张秘密沉潜，不露头角，间谋屈己，以达其目的。或与余相抵牾，则又函戒余曰："他日河山还我，自有脱除奴籍之时。今则唯臧与获，同病相怜，踽旦、亚卢，一丘之貉耳。"呜呼！何其言之沉痛，使人伤心，抑岂他日脱除奴籍或有天幸之时，而君竟不及见耶？九月自杭归，已而复往，肄业西湖之蚕学馆，欲运动其学生。不得志，则改变方针，精研科学，贻书于余曰："驹光如电，青年老朽，红粉骷髅，一转瞬间耳，奈何奈何！吾思之吾欲哭矣。近日专心读书，自科学以外，一无所见，闻而忧心如挟，则较之昌言者奚啻千倍，胸中恶感情日夜接触，无术可以驱遣。昨送友人赴沪上，一至拱宸桥畔，睹社会之现状，愤同胞之坠落。晨钟不警，暮鼓难醒，恨天不降大洪水，以一洗此污浊世界也。"盖君牢落不得志之苦衷，读此书而如见矣。岁暮归来，相叙无多日，君复游苏台。今岁二月，君任北坼蒙学校教员，余亦肄业自治学社，伯劳西去，紫燕东飞，踪迹疏矣。暑休归里，相见各大喜，君谓余曰："今日吾党欲以铁血主义救二百六十一年已亡之祖国，非文弱书生所能胜任，其亟传播军人魂于一般社会乎？"余曰："诺。"遂发起体育会。君季弟汉民亦肄业自治，习德意志军操，公推为教员。同志八九人，虽挥汗如雨，练习不少愆期，君尤踊跃兴起。计自暑休期内三旬如一日。已而秋风起，开校期逼，遂罢会。方议俟岁暮再举行之，夫岂料君与余所共同组织之事业，遂以是为阳关煞尾广陵曲散也。余与君欢叙甫匝月，复俱他往，情依依不能舍，邀君同赴自治作十日留，君诺之。口余至同里，抵社而疾作，顾不甚重，自治举行开校式，犹强君演说。已而以疾未即愈，倩余送归，余许之，偕至黎里。明晨余复赴社，临行走访君，君颜色如平常，唯兴会颓唐，寒暄数语，一握手即出。余既至社，时时从家报中询君消息，顾言君病无害，但缠绵未易告痊，而余在社亦患疟疾。方谓同病相怜，天胡重累吾二人，迨得函言君衄疾大作，症恐不治。急束装归视君，欲图一面，而君已无及矣。乃知前日凌晨一见，而生离死别俱在此瞬息之中。自今以后，碧化苌弘，石填精卫，秋坟鬼唱，宿草离离，欲求如吾二人梦寐之理想，所谓携手相将同上舞台，直捣黄龙，举杯痛饮，周旋于独立之厅、议政之堂者，固万万无复此扬眉吐气之一日，即欲握手接吻一表亲爱之情，又岂可得哉？呜呼！万事本无常，人生会有死，必以吾辈孑遗之民，身受压制之惨，一奴再奴，厄运方长，腼颜斯世，亦复何乐？抑彼梦梦者无论矣。思想一开，欲室不得，赤生空拳，无裨世运，悠悠苍天，哀哀同胞，围谁谅我心者？张目疾视，种种见闻，何一非亡国灭种之资料？仰天俯地，咄咄书空，坐以待尽，谁复能堪？则君之一瞑不视，一往不返，先洁其身以见我始祖黄帝于地下，宁非君之幸耶？抑君之生也，才高昆仑而命薄朝露。入世二十五寒暑，举凡种族沦胥，河山破碎，社会腐败，家庭压制之苦痛，无不身受而备尝，其遭遇之侘傺，境状之荼苦，盖有难言者。尝谓余曰："不到盖棺日，终无自由期。"今日之君其享自由之幸福而去乎？特后死者难以为情耳。君天才聪颖，嬉笑怒骂，皆成文章。顾以为掉笔弄墨，文人结习，不自爱惜，故遗珠剩玉，仅于寻常通问函讯中见之。尝译《军役奇谈》，以版权归《小说林》发行矣，顾非君所得意者，不足以此书窥君深浅也。余与君订交以癸卯春，而君之殁在甲辰秋，其相识也不足两载，相叙也不足半年，而今日乃握管以纪君之末路，能无恫乎？龙蛇起蛰，豺狼当道，风尘顽洞，天地丘墟，余欲毁弃笔砚久矣，感君嗜痂，聊述所知，以为纪念。辘轳心绪，宁复能文，君苟有知，其谅余也夫？（中国革命博物馆藏手稿）

中国革命博物馆、上海人民出版社《磨剑室文录》

陶君佐虞家传

柳亚子

君讳赓熊，字佐虞，更名曰亚魂，号踞旦，亦称砥中，姓陶氏，吴江梓树村人也。生而颖悟机警，有应变才。剖析事理，若燃犀照影，出一语，即令人解颐，顾沉潜弗肯露圭角。其和而不同，任侠好义，则又天性然也。少读书，通大义，尝入吴门某校习法兰西文字，尤覃精算理。体力孱弱，而媚学孳孳不休，以是得咯血疾，遂弃去。岁癸卯，始以养疴来禊湖。时四方志士方创中国教育会于海上，张清议，以启迪聋聩，弹丸黑子之地，多有闻风兴起者。君年少气盛，辄攘臂其间，奔走不惮劳苦，哓音暗口，闻者弗之善也。已而束装走海上，从爱国学社诸子游，一时贤豪长者，多有缟纻之雅。居久之，会社事凌替，乃复归禊湖。归未旬日，东南党狱大起，故交多被逮，有驰书乞援者，资之甚力，而君亦自此病矣。既痊愈，则游武林，居西湖之蚕学馆。越明年春，疾复发，遂归。君志趣高抗，不甘与流俗为伍，眷念时局，慨焉思有所建树。而遭遇侘傺，有难言之隐，忧伤憔悴，往往现于辞色。又以多病，不能远游，乃栖迟乡里间，颓然为学校教师，郁郁久居，非其志也。居不半年，感时疾竟死，时甲辰八月九日，年仅二十有五。妻某氏。子一，早殇。

柳弃疾曰：余交君之生不及二年，而哭君之死且四载矣。自君已，余然后知死别之悲悲于生离。而昔人山阳之赋，西州之恸，其情诚有所不能已也。余数年前曾为君撰传文，久藏弃箧中。近检视之，颇嫌其驰骋，不合于法度，而言者又以为触犯忌讳，虑无能传世而行远，爰更为篇。尼父作春秋定哀之世多微词，然而君之志节行谊，亦略可睹矣。人虐天饕，素心寥落，既伤逝者行念生存，此尤余之所为忧来横胸，不可断绝者也。（录自《磨剑室文初集》，1908年9月。）

中国革命博物馆、上海人民出版社《磨剑室文录》

袁同孙先生传

金天翮

君讳文田，字同孙，姓袁氏，吴江人也。曾祖讳建虎，妣任氏、顾氏。祖讳汝龙，即东篱先生，妣郑氏。父讳骥，字鲤白，妣钱氏。兄弟三人，伯成洛，幼与天翮交，季兼山，而君居仲。君性颖异，东篱先生亲自教授，兄弟俱游于庠。东篱先生以诗书画三绝名于时，所居有竹石之美。君兄弟皆能文，成洛生有子女，一门四代，融融泄泄。光绪廿八年元日，东篱先生循年例，整衣冠焚香，分蓍布卦，以卜一岁休咎。卦成则大惊曰："我家大难将至，予老矣，但求得先瞑目。"即处分后事，编遗训一册，留示子孙。是月，君之配金氏卒。八月，东篱先生感微疾，归道山。于是成洛患喉症，并染其子女，相继不起。成洛甫入殓，而鲤白先生及君妹爱爱又传染，急治无效。最后君之叔祖母严孺人亦殁。两旬之间，连遭大故，君以哀痛余生，料理丧葬，慨然思自树立，勿替前人光。遂委身教育，赴吴县木渎为教员，已复入上海美术学校。毕业归，任同川公学兼丽则女学师范部教员，继任同川第一国民小学校长。君之教学也，诚恳善诱，反覆不倦，以故学子日多，亲之如父兄。又以其间任市议员，以和易中正得乡里誉望。不幸遘疾，就医于苏城省立医院。君之病亟也，天翮驱车三往视之。及笃，侍疾者以话机相召，而天翮适返江，遂不及视属纩。君生于光绪六年十一月廿六日酉时，卒于民国十三年十二月初三日酉时。娶金氏、顾氏、潘氏。子圣一、道一。

赞曰：东篱先生与吾祖交善，吾祖尝令天翮以诗求诋正。成洛则髫年相与跌宕嬉戏。君娶于金，又天翮之族祖姑也。教授同川，天翮实长斯校。其交且亲如是，而见君三世相继遘闵丧亡，其能无感于中耶？以君之祖若父，恂恂儒雅，有古君子之风。而后嗣零落不终其天年，然则天之报施善人又何如哉！

民国十六年印本《袁同孙先生追悼录》

陆君叔俊家传

唐文治

自世道凌夷，人心浇薄，士林之中，嚣然不靖。求所谓名教之庸行，伦纪之淑德，盖戛戛乎其难之，吾陆君叔俊之行述而有感焉。君讳鼎华，叔俊其字。生而岐嶷，崭然见头角，幼习四子五经，皆能成诵。年十三，学作制举艺规，模先正理，明且清。尝随其尊人介眉先生谒陈舫仙廉访，询以故实，对答如流。座客皆曰"此神童也"，廉访亦耸然异之。岁丁酉，受知于善化瞿子玖先生之门，补博士弟子员。先生为文章宗匠，丰裁尤严峻，弊绝风清。君际此获售，论者以为得师生之契合云。呜呼！当科举废而学校兴，人咸谓庠序之教所以明人伦，世风当可以进于纯粹，乃不意人心之陷溺，更甚于前者。圣人之道备载于六经，经正而人知所以为人，经废而人乃失其为人也。向使科举而行于今日，其流弊当复何如耶？君既游庠，后乃益以积善为务，并力敦孝友之谊。先是，君大父秋丞先生创建义庄，以赡宗族。君仰承先命，继志力行，罔敢或懈，宗族沾溉其泽。会吴中疫疠盛行，君设局于家，施医药，疗贫病，活人无算。迨每年冬夏，又必散药物，施棉衣，盖其存心之厚，根于天性如此。《诗》曰："孝乎，惟孝友于兄弟，施于有政。"家政之与国政，分虽殊理则一也。君自幼至长，与伯兄仲英君于友无间，未尝稍离，遇家政则一堂商榷，怡怡如也。侍其母丁太夫人、生母方太夫人，定省晨昏，视膳惟洁，视于无形，听于无声。当疾亟时，犹嘱其子曾培曰："毋以吾之疾使祖慈知。"呜呼！此非笃于家庭之行者而能然耶？君尝援例报捐知府，捐升道员，指分江西，以世变遂隐居，无意仕进。生子一，曾培。女一，适管楸玠。以光绪七年辛巳三月初五日生，宣统元年己酉七月十一日卒于家。

论曰：吾乡自范文正公后，俗尚纯朴，缙绅家子弟皆束身如圭璧，无敢轶乎范围之外，余尝以为此风非他省所能及。顾比年以来，群骛高远，礼义规矩或至荡然无存矣。余传陆君之事，曷禁叹息而不置也。太仓唐文治谨撰。

清陆迺普等《平原派松陵陆氏宗谱》

心安宗兄行述

叶楚伧

光之蓄也，愈积而所及者博；水之流也，愈远而所泽者长。天地间万事万物，盈亏消长之道，亘千古而不变，于人也亦然。往往有累世盛德，朴雅敦庞，或阐述遗绪，藏之名山，或己饥己溺，为善如不及，其子若孙，宜乎显且贵矣。而乃名场顿踬，抱绝世才，落落与寻常伍者，光之蓄未积，水之流未远也。迨夫纲缊磅礴，含蓄爽垲，一触而发，乃如乳虎之啸谷，百兽震惶矣。吾于吾家心安先生之家世行状，而益信也。心安氏叶，系出叶公沈诸梁，后世居吴江之同里镇。始迁祖为宋尚书石林公之孙修撰季亨公，累传至古为公讳树人，以明布衣不服剃发令殉节。志皎日月，气凛山河，士林哀之，私谥"毅烈"，著有《春晖堂遗集》行世。后子孙秉承先训，皆读书不应试，而其族逾大，类能孝弟力田，敦饬内行，函韬雅故，不务虚华。累传至朔生公讳尧燮，精堪舆术，有名于时。至今里中治青田术者，非其后裔，即其再传弟子也。生子四。长乙庭，讳嘉应，早岁能文，驰驱庠序，中年以目疾废业，亦复旁习堪舆，绍承先志。平时恭俭以处己，忠恕以宅人，缊袍败絮，自奉菲薄。而性好施与，贫病者接踵于门，罔不量力周急，如时雨之洋溢四方也。配袁氏，知书善弈，能识大体。生子五，次讳俊英，字敦夫，即心安之生父也。生而岐嶷，目十行下。年弱冠，以县试第一名入泮，头角峥嵘，为侪辈所推仰。乙酉、辛卯乡试，两次荐卷，俱不获售，喟然叹曰："凭文字一日之短长，以猎取功名，中不中盖有幸不幸也。"遂灰心举子业，赍志以终。然读书不少懈，往往至夜漏三更，犹一卷琅琅，咿唔得意也。既生心安，期望甚殷，督课备至。八九岁时，昼间从王麟书先生读，晚膳后，必侍父侧，温习诵读，非至烂熟不少彻，盖严父而兼严师也。而心安亦复嗜书成癖，若有夙慧，一经讲解，即洞悉其微奥，了无疑义。辛丑应童子试，即入泮水，里中父老群相告曰："叶氏世敦朴雅，潜德韬光已数百年，其气郁而不宣，必一触而沛然莫御。"心安才调纵横，睥睨一世，或灵秀之所胚胎，与今者新莺出谷，宛转如意，特发轫之始耳。又安知怀才不遇，所志未伸，天不永年，遂郁郁以无闻耶？盖自心安入泮未久，即废科举。丁未春，入上海理科校肄业，理解独超，试辄前列。后奉苏州府知府何聘任，为府中学堂及农业学堂两校教员。又奉江苏提学使司樊札委，襄阅苏省中学覆试试卷。癸丑春，应北京清华大学之聘，任理科正教授。北上经年，落落寡合。南归后，拟从事实业，先后发明油墨、松香，创设光文墨胶厂，振益松香厂，概然以实业救国为己任。又以素性仁厚，不善与市井中人周旋，竟遭折阅，怅然若失。仍复整理遗书，终日伏案，旁及六艺。字学虞、褚，得其神髓，间习汉魏，亦苍劲有致。画法恽、王，泼墨淋漓，挥洒无间寒暑。朋辈有得其零缣断纸者，靡不珍而藏之。性又耽吟咏，平生所历，一一笔之于诗，成若干页。时人盖目为郑虔擅三绝也。孰知天不假年，忽患胸疡兼咳肺血，中西医皆束手无策，遂于丙寅年之冬溘然长逝。呜呼伤矣！时长子莘康习法美洲，知父疾之日，亟频频以书探问，月必数至，盖亦纯孝出于天然也。疾既革，遂秘不令知，仅以时发时止相告，恐重伤游子之心。然心安在病中，虽形销骨立，而每日必起阅书报以自遣。覆莘康书，必亲自执笔，谆谆以求学为勉励，此后覆书多出他人手，遂滋疑虑。翌岁，考得芝加哥迪普大学法学博士、纽约大学法理学博士。毕业归国，一恸几绝，怆然呼天曰："为人子者，未能尽一日之孝养，远离膝下，临危又未能亲视含殓，此罪百身莫赎矣。"莘康少年英发，两目奕奕有光。归国未久，即任上海地方法院推事，洞察利弊，出言惊人。数月后，辞职出任律师，烛奸察隐，片言可以拆狱。往往有一事而滋蔓多端，牵涉几处，如一把乱丝无从捉摸者，辄提纲挈领，条分缕析，彰彰明矣。以是踵门请事者，户限为穿。海上律师，何虑数百，求如莘康之年少才长，不可得也。前程浩大，盛名无极，可以慰心安于地下矣。次子夏煤，去夏毕业苏州东吴大学，得理学士学位。心安生于光绪七年九月初二日子时，殁于民国十五年九月二十三日午时。娶费氏，配陈氏。子二：长莘康，娶蔡氏，卒，继娶吴氏；次夏煤，娶赵氏。女均幼，未字。莘康以余为同宗，来丐为传，因叙之如此。

论曰：余少孤露，尝受业同里，与心安耳鬓斯磨，年岁亦相若。见君之言笃信，行笃敬，恂恂然如古君子，知必发皇凌厉，乃竟以侘傺终。殆莘康归，余在南京，权建设厅长事，晋接之余，练达如老成，心焉仪之，今果显矣。然后知天地磅礴之气，不钟于此，即钟于彼也。愿与莘康共勉之。

民国十五年印本《叶心安先生行述》

先叔蔼人公传略

范烟桥

吾范氏系出陶唐，源流广衍。至唐末叶，丽水公以中原乱离，不克归故居，遂留于吴。十九世孙思春公，复迁于吴江同里镇，吾祖芳余公为其十二世孙也。吾祖母王氏生子三：伯秋莼公年三十五而卒，仲为吾父，叔即蔼人公也。吾祖幼经兵燹，庐舍荡焉无存，寄居舅氏袁爱庐家。及长，稍稍振作，得重立门户。性和善，里人莫不敬爱之。嗜书，虽鼠窜蠹余者，亦必购之，命儿辈拾遗补缺而读之，藏之小天一阁中者，凡五万余卷。工词，著有《一剪梅馆词草》及《丐闲词馆残稿》，谨藏未刊，遗训然也。叔生才十龄，而吾祖卒。吾祖母鞠养辛勤，教育兼备，叔因亦好学，耽读如吾祖。曾手校《通鉴》一过，眉批句读，朱墨灿然，至今讽诵，犹想见其篝灯夜读时也。又校订家谱及编藏书目。年十七举博士弟子员，科岁试屡列优等。壬寅又荐而未售，人咸为之惋惜，而叔则淡然不稍介意。会朝野图维新，里中立"雪耻学会"，探讨实学，叔即欣然与焉，日夕攻佉卢历数之学。时吾父操劳家政，不遑课余，而余又跳荡好嬉戏，读书不甚得，因命余受教诲，叔恳挚不稍假借，盖亦冀望深也。余虽驽钝，乃得毕五经，及涉猎新学。迨吾父客游浙西、娄东诸胜地，家政乃叔一人肩之。未几，吾父意倦归里，叔治家已娴，吾父深得臂助。叔以索居无聊俚，应里人任君之请，主教其丽则女学，循循而诱，谆谆而诲，受其教者，如坐春风广坐中也。叔亦以是颇劳悴，夏病甚微，而胸襟素拘束，日夕床第，殊以为苦，心神不舒，而病亦加剧。自秋历冬凡百余日，医药极中西之力，而卒无效，盖瘵瘵矣。而尤恐动吾祖母忧，常讳疾强餐饭。民国四年十一月二十八日，天酷寒，水无不冰。叔以久病，阳气耗丧，不禁寒侵，神志惨变，越二日即卒，时年三十有三。娶钱氏。子鉴，四岁。女三：长瑞芝，肄业丽则女学高等部；次桂枝，肄业初等部；次佩芸，早殇。著有《潜庐诗文稿》及笔记、札记若干卷。叔为人和蔼，接物谦容，故乡里咸哀悼之。

赞曰：金相玉质，去华就实。维公之年，乃如朝日。胡天胡醉，和缓无术。手臂如脱，荫蔽斯失。言行仿佛，传之家室。

民国《同南》第五集

钱叔度先生传

金天翮

乙丑夏，余逭暑耦园。叔度方为燕赵之行，傫然叩我户，意惨沮不欢，且以其子复已冠学未成为虑。明年夏，复以叔度命，来执贽门下。越一月，叔度之死耗至矣。伤哉！叔度幼慧，为先师所喜。先师晚多病，以叔度属袁丈东篱使教之，丈固辞以老。师没，叔度年十四，发愤启楹书读之数年，轨涂洞达，灼无疑滞，为文章纡徐有风度，理致莹然。时沈思孤往，察物理人情之变，端居论世事，理解超绝，亹亹忘倦。而举世浑浊，无所用其才，为学校教师乡里间，循循而摩，煦煦而吹，一归于孝弟笃敬之行，余力以求文章科学，从其言者，盖过半矣。而媢嫉之来，终不得竟其志，慨然挟策赴宣南友人之召。一年归，方暑，与六七同好载湖舫，饮于罗星洲，沈醉归而病，一宿遂卒。遗言以所为文，令复缮而藏之家。既卒哭，复请为传。叔度名祖宪，吴江人。早岁举于庠。历任中学、小学教习十余年，长同川小学七年。祖讳召棠。父讳焕，天翮之师也。其生光绪十年八月初十，卒民国十五年六月二十。夫人顾氏。子三人：长复，次任，次明。叔度之兄仲雷无子，以复后之。

论曰：叔度以高世之识，嵚崎磊落之才，伤时不遇。外观若夷旷，其心盖有甚不平者，卒之纵酒以戕其生。昔杜少陵作客耒阳之邸，白酒牛肉，一夕而亡者，其胸中抑塞之气，千载下犹使人想象而得之者也。嗟吾叔度，乃亦蹈其辙哉！

民国十五年印本《钱叔度先生传》

费君仲深家传

张一麐

君讳树蔚，字仲深，又号韦斋，取西门豹性急佩韦自缓之义。又服膺明之黄梨洲，则号愿梨。抗心清之左文襄，则号左癖，或曰迂琐。费氏为吴江望族，诗书科第之泽冠其邑。祖元镕，为休宁训导。父延釐，同治乙丑进士，由编修洊升宫允，督学河南。盛年引退，与同邑吴望云祭酒、昆山朱研生府丞，后先归隐，有"吴中三高士"之称，始卜宅丁苏城长庆里。君少孤，兄树荣早殇，事母陆夫人以孝称。从同邑施子瑾、溧阳强希衡先生游，卓荦有经世之志。自始不屑学帖括，喜读近代名人传记，过目诵心，长老惊叹。吴愙斋尚书奇其才，以女妻之。清廷既下诏改试策论，乃应童子试，冠其曹，为诸生。甲午后，同人设苏学会，购书传观，君年才十六七，每数日辄易一书。余是时始识君，悚然异之。一试秋闱，援例为主事，既而改直隶知州，分发河南。赴引过津，谒直隶总督项城袁公，一见器赏。君与项城长公子为僚婿，不欲以姻娅进身。时余先入幕府，乃以荐贤书介以项城。共数晨夕，决疑定计，遂结为兄弟交。嗣项城入枢府，余与君每半月轮值于淀园。君于盐漕河农诸大政，上书累万言，议改革势，格不行。洎宣统改元，项城归隐。会东海徐公聘辑东三省政书，及入长邮传，任君为员外郎，兼京汉路某职。未几，丁太夫人忧归里，不复作出山计。翌年，革命军起，云阳程公自苏起义。余适病，程公知君名，罗致之。君许摄事，不受名义，但力持地方秩序。嗣余入都，书问不绝，责难规过，有古人风。苏城贫民生计日绌，纠朋好酿资设公民布厂，力不继，几中止。君慨诺筹济，厂以不败，迄今无恙。民国四年，政府复谏官制，设肃政厅，举肃政史。时筹安议起，物论沸腾，应召入都，直言极谏。有媒孽之者见几而作，襆被还乡，用元遗山还山吟韵寄余，中有"颍川文若何足羡"之语，十叠唱和以见志。厥后帝制取消，项城殂谢。余亦尽室南行，君为相宅于邻，两家晨夕往还，情好益挚。遇雨旸愆期，辄不寐，忧形于色。遇不平事，则又义愤填膺，奋发急难不稍避。振兴电灯公司羼入外股，群情激昂，各公社分办小引擎为抵制，君与同志创苏州电气厂以相抗。笔舌焦劳，卒收回主权，巩民营电业之基础。遇市府压迫，则据理力争，经费竭蹶，不惜举债以应。强毅不屈，此其一端。江邑震泽镇，民赖丝业为生。农之贫者，往往取倍称之息于富室，力不能偿，则农产入于富室，贫者益贫。君悯焉，与同志合设江丰农工银行，以微利贷资于农，民困以纾，实为举国农民银行先声。至于商榷秋勘成数，核定县征收费，以恤民艰；议浚江邑太湖港溇，以兴水利；斥资修理圣庙，以存文化；纂修吴江人物志，以式乡贤。皆荦荦大者，江邑父老咸称道弗衰。甲子齐卢之役，苏城伤兵云集，十室九空。里中深识之士集红十字会，推君理文牍事，凡重要文电会务规画，均其手定。忽驻军偏裨秦某乘间树帜，军心不服，致五六两团哗变。君则择军中之良者，使镇抚反侧，筹备饷糈，收合余烬，苏城危而复安。嗣后，孙军西至，奉军南来，以及国军莅苏。拯溺救焚，间不容发。或计令移徙，以免波及；或躬迓颜行，以联情感。余固无役不与，尤以君之策画为多。事定，辄约友人觞咏以资陶写，间亦仿桐城义法为文。然于民生艰困，盖无日不萦于心。江邑震泽，世业田千六百亩，频岁不登，斥产完税犹不足。请于县府，愿以田归公。不得请，则大戚，恐责租以疲农，而有所不忍也。今春自杭归，又为长函以请，词甚哀。乃书未发，而疾作矣。先是君以体肥，屏除烟酒，常进蔬食。摄生以术，不谓不谨。特天性慈惠，年终设饥寒维持会，赖以举火者无算。睦姻收族，敬老怜贫，时有一夫不获之憾。一日诣余，色不怿，问其故，则曰："吾顷见老者携一孩，匍匐泥涂乞食，彼何辜耶？"宅心之仁类此。配吴夫人，伉俪甚笃。诸子皆学成，露头角，诸孙绕膝，人以为福。不知君悲悯之怀，固未尝有永日安也。竟以二十四年国历四月八日卒，实太阴历三月初六日，春秋五十有二。识与不识，闻之失声，知其风义之感人者深矣！余年来虽病侵，寻每相存问。犹记上年，流涕为余言："君勿忧，脱有不讳后死者，不得辞甚责。"君少余十七岁，孰意余转为后死者耶？哀哉！余何忍为君传，而又何忍无言耶！君生丈夫子三：长福焘，瑞士卜郎比厂电器工程师，上海新通公司工程师，无锡华新丝厂工程师。次福熊，又名巩，英国牛津大学毕业生，国立浙江大学教授。又次福煦，交通大学毕业生，游学美国攻土木工程。女子子一：令宜，美国哥伦比亚大学硕士，归吴县王守竞。孙四：世基、世垂、世增、世桂；孙女一：川如。皆幼。瑶环瑜珥，世有传人，其亦可以无憾矣。所著诗文集甚富，其孤将移写付梓，以告邦人。

费树蔚《费韦斋集》

吴江费君墓志铭

傅增湘

江安傅增湘撰文，吴江金祖泽书丹，江宁邓邦述篆盖。

费君仲深与余交三十年矣。吴中故多旧游，然交亲久而风谊笃者，莫仲深若也。昨岁初春，闻君养疾西湖，垂愈而归。归未久，疾复作。方驰书致问，而讣音至，遽以三月六日逝矣。君体素丰硕，居恒凛凛，以风发不治为忧，乃竟以是殒其生也。伤哉！忆壬申之夏，君以养疾北来，就余访静居，余为赁庑于旸台山之清水院。其地林深谷邃，流泉绕阶，屏居数月，意颇自适。余驱车就访，盘桓辄至信宿。尝同坐辽塔下，呼婢烧松煮泉，相与谈论金元遗迹及前代掌故，余更历举故宫秘档所得以资质证。时复潜行山麓，访陵户老珰，往往得宫禁秘闻。归而记诸副墨，形为歌咏，濒行写以贻余者且十幅。其一时胜赏清游，致足乐也。而岂意景光一逝，如飘风坠雨之不复还耶？噫！可哀也已。君讳树蔚，别号韦斋，江苏吴江人。祖元镕，休宁训导。父延釐，同治乙丑进士，翰林院编修，历官至左中允，简授河南学政。任满乞归，隐居吴门。君方髫稚，而中允公殁，事母陆夫人以孝闻。幼而才颖，有神童之誉，吴中丞愙斋奇之，妻以弱女。吴中尚华腴，以巍科贵仕相高。君生长世族，顾卓荦有大志，不屑俯首帖括中。适明诏以策论试士，出应童试，辄冠其军。一试乡闱不售，辄弃去，入赀为郎，旋改官河南州牧。时项城袁公开府畿疆，君道出津门，以姻党之礼往谒，深见器赏，因留幕中。未几袁公入参大政，邀往翊赞。尝上书言盐漕河农利弊累万言，策虽不行，时论韪之。东海徐公凤重君，领邮部时，致君于曹郎，兼路局要职，骎骎向用矣。旋以母忧归。明年革命事起，都督程公欲辟以自助，君坚不领职，然安辑地方多赖之。乙卯岁应召入都，补肃政史。值筹安议起，君惧危及国本，直言极谏，不见纳，遂引去，不复出。顾君虽性乐闲退，而乡居既久，群伦属望，凡有兴革，率资君一言而决，君亦锐身为之措画。故在吴江，则核定县征费，浚湖港，修圣庙，纂邑志，设江丰农工银行。在苏垣，则倡办织布厂，经营电业厂，皆尽瘁而仅成。其尤著者，则苏城历年兵事，赖以调协保全，人人争颂"二仲"之功不置，盖谓君与张君仲仁也。夫以君袭贵盛之基，践丰华之境，宜其养生乐志，自处宽闲矣，乃不自暇逸，视人之穷如躬被其毒。平居忧时念乱若蒙重戚，遇事则志虑焦劳，卒以此精脉愤张，致疾而不起。呜呼！是可以风矣。余初识君于幕府，嗣同列谏垣，气谊既合，投分遂深。君告归，余亦以己未解组。尝南游访书，岁或一再至吴门，历主朱古微、曹君直、顾鹤逸、莫楚生诸君家，君亦时为余下榻。其后诸君相继下世，遂常倚君为东道主。君故善居室，近买桃花坞故宅，为唐六如旧居，有池亭花木之盛。每至，为别启精庐，招邀朋旧，出家藏法书名画、金石器玩，用相娱赏。私谓晚岁知交零落，得君可同守岁寒，何图君又浩然长往，思从曩游邈不可再得耶！昔欧阳公之悼张子野也，谓非徒交友之难得为可哀，而善人君子欲使幸而久在于世亦不可得。《诗》曰："人之云亡，邦国殄瘁。"若吾仲深者，固非徒儒雅风流为余一人之私痛已也！君生于光绪甲申五月廿三日，得年五十有二。夫人吴氏。子三人：福煁、福熊、福煦，皆才贤有闻于时。女令宜，适王守竞。孙四人，孙女三人。著有《韦斋诗文集》若干卷，待刊。将于民国三十八年三月十六日，葬君于虎邱白杨湾之原。福煁驰书以张君仲仁撰家传来乞铭，因为铭曰：

松陵文献名吴州，有美人兮独好修。玉德温润无与俦，金心在中光逌逌。吴都才彦集众流，英绝领袖君其尤。长材不与军国筹，余智犹为乡里谋。悯人疾苦如纳沟，隐亲经给推豆区。纷纷蛮触方寻仇，苏台麋鹿嗟重游。横身独障千貔貅，万家安堵腾歌讴。身居乐乡宁自优，悲吟漆室怀幽忧。苦念疲农肆诛求，吁天不鹰身亦休。吁嗟天道何悠悠，痌瘝在抱终不瘳。古来种德福自收，胡独于君不蒙庥？人生一世如浮沤，休名长与诗卷留。冷香阁下梅花稠，清水院外霜林秋。灵兮来往长夷犹，撰辞考德为君酬。镌诸贞石埋崇邱，上烛三光下九幽。

原定葬期未克举行，实于公元一千九百五十年一月二十六日，即阴历己丑岁十二月初八日始安窆矣。福煁谨志。

费树蔚《费韦斋集》

费树蔚传

李猷

费树蔚，字仲深，号韦斋，江苏吴江人。生于民国前二十八年，即清光绪十年。费为吴江望族，历代簪缨。树蔚少孤，事母以孝称。少卓荦有经世之志，不屑帖括之学，喜治近代名人传记。会清廷下诏改试策论，乃应童子试，冠其曹，为诸生。甲午后，张一麐等创苏学会，树蔚与焉。一试秋闱不第，遂援例为主事，改直隶州知州，分发河南。赴引过天津，谒直隶总督袁世凯，以一麐介入世凯幕府。嗣世凯入军机，一麐与树蔚每半月轮值淀园。树蔚于盐漕河农诸大政素所用心，上书议改革，惜不见用。宣统改元，世凯归隐。以徐世昌聘，为辑东三省政书。泊世昌为邮传部尚书，任树蔚为员外郎，兼京汉路某职。未几，丁母忧归里。明年革命军事起，江苏都督程德全欲辟树蔚以自助，坚不领职，然地方之安辑实多赖之。民国四年，应召入都，补肃政史。值筹安议起，树蔚直言极谏，不纳。遂襆被返乡，不复出。树蔚居乡既久，群伦属望，凡有兴革，率资其一言而决，树蔚亦锐身为之措画。在吴江，则核定县征费，浚湖港，修圣庙，纂邑志，设江丰农工银行。在苏城，则倡办织布厂，经营电业厂。苏省历年兵事，树蔚与一麐调协保全，人颂"二仲"。民国十三年齐卢战起，苏城伤兵云集，十室九空。里中人士集红十字会，树蔚任文牍，凡重要文电、会务规画，皆其手定。驻军褊裨秦某乘间树帜，军心不服，致五六团哗变。树蔚躬喻军中之良者，使镇抚反侧，筹备饷糈，收合余烬，苏城危而复安。嗣孙军西至，奉军南来，以及国军莅苏，拯弱救焚，间不容发。或计令移徙，以免波及；或躬迓颜行，以联情感，树蔚之策画尤多。盖于民生艰困无日不萦于心。天性慈惠，睦姻收族，敬老怜贫。以二十四年四月卒，年五十二。平生藏书颇富，晚年勤校勘，极尽精审。著《韦斋诗文集》。

钱仲联《广清碑传集》

郑咏春家传

柳亚子

君姓郑氏，讳传，初名之兰，字伯凤，号咏春。先世居歙西长龄里，明季有迁吴江盛泽者，遂为吴江人。曾祖以泰。祖恭燮，字孟调，怀才未展，盛年夭逝，名在邑乘。考慈谷，性纯孝，以干才著称里党间，兴学庀商，功施烂然，即弃疾外舅二贻翁也。翁娶于王，继杨及仲，生男女子各三人，君次居长，甫五龄而王太君殁，赖祖妣张节孝君躬自抚育，以讫成立。少负俊才，读书能文章，年十六赴博士弟子试不第。会二贻翁方秉节孝君命，创黉舍于家，君偕弟之蕃横经肄业焉。既负笈鸳湖、浔溪间，遂入震旦学院，居久之，转复旦公学，时民国纪年前六年丙午也。明年丁未，之蕃西渡海留学美利坚。又明年戊申，君毕业复旦公学，即就江苏高等学校之聘，旋兼铁路学堂讲席。民国元年，改任省立第二工业学校教授，计主讲吴会前后一十有四年，门下成才之士以千百数。其诲人也，孳孳不倦，倾所知以相授，无毫发秘惜。虽耽博弈，一不以废课事，故生徒咸爱重之。性躁急，顾坦白无城府，为人谋若己出，意有不可，抗言争之，人鉴其诚款，亦终弗怨也。体素癯，二十后忽丰伟。八年秋居二贻翁丧，家累撄心，渐复毁瘠。十一年九月九日，猝以脑充血疾殁吴门旅邸，距生故清光绪丙戌四月十二日，春秋仅三十有七。才丰而命啬，德劭而遇蹇，悲夫！配徐夫人佩仙，未逾年卒。继配施夫人汝萼。子重，施出。女葆，徐出；芳、芹、蘅、蓉，俱施出。君仲弟之蕃最友爱，出嗣大宗，后主讲清华学校，南朔间阻，去家万里。季弟永，未冠，就学苕上。子女最长者不逾十五龄，寡妻弱子，茕茕在疚，门祚衰微，哀感何极哉！之蕃痛遗孤藐小，不能述德徵言，以弃疾附至亲骨肉之谊，命撰家传。义弗容却，用陈梗概如左，冀当世立言君子览焉。

论曰：岁在丙午，君女弟瑛实下嫔弃疾，时君家一门鼎盛，张节孝君犹健在也。丁巳始哭节孝君，己未哭二贻翁暨外姑仲太君。及今岁壬戌乃遽哭君丧焉！六年以内遂殒三世，榱崩栋折，将长龄之遗泽中微耶？天地之道，否极必复泰昌，二贻翁之后者，吾不能无望于永与重已。妹婿柳弃疾谨撰。（录自《磨剑室文三集》）

中国革命博物馆、上海人民出版社《磨剑室文录》

钱烈士刚纪念碑

夏杏园

钱烈士刚，字涤根，世为江苏省吴江县人。民国纪元前七年加入同盟会，论齿未冠也。既毕业陆军宪兵学堂，辛亥之役、癸丑之役、护法之役、东征之役，无不参与。民国十六年春，大军次赣皖，孙逆传芳方负嵎抗衡，烈士于沪谋起事，受指挥者数万众。谋甫定，为逆将李宝章袭，不屈，一月十六日侵晨断头死。呜呼烈已！烈士性亢爽，目光炯炯，遇事一语而断。妻刘氏，能抚其孤者也。子康民，能继其业者也。其死难后十年，中央委员李烈钧等，为请明令公葬，优其褒典。邑之人士更于其乡里为建纪念碑。碑成，以杏园与有生死盟，嘱为之辞。辞曰：

誓死之谓忠，能死之谓烈。睢阳齿常，一舌钱君，断头成三绝。畏死之徒，愧此碣。

中华民国廿六年一月十六日，夏杏园拜撰，金鲁望谨书。

吴江钱涤根烈士纪念碑

钱涤根烈士殉国纪念碑文

柳亚子

中华民国十五年五月，余与朱季恂、侯墨樵在广州，旅粤同乡设宴欢迎，始识同邑涤根钱君，戎服主事甚恭。座多四方俊彦，不尽吴人，有扬眢陈词者则四川郭鼎堂也。一时谈宴极欢，摄影为纪念而别。厥后余以母病归里，感愤时事，杜门不出。会有以赠缴相加者，复变姓名走匿沪上。荏苒改岁，则闻钱君以负军事运动责，殉义龙华矣。悲夫！悲夫！越十年，国民政府明令褒扬，既营公葬，复树纪念碑于吴江之中山公园，遗孤康民，乞余一言以纪。余窃自揆度，一介孱书生耳。甲乙之交，沈酣于理想，以为太平大同之治，旦暮可期。始奋然兴起，初创吴江县党部，继主江苏省党部。握蛇骑虎，亦既有年，终以志行落弱，拂衣归隐。桑海以还，追念省部旧人，存者无几。而同邑诸友奔走疏附者，自张秋石女士以降，沈长公、汪大千、杨剑秋、陆剑飞、沈剑双、程良偁诸君，亦相继溘逝。钱君尤魸魸膺烈士之称，求仁得仁，庶几无憾！余独草间偷活，偃蹇不死，读梅村故人慷慨之句，有不长谣当哭泪下沾襟者乎？病脑经年，焚笔椎砚，既不欲以政治见，复遑忍以文字传？独感钱君之从容就义，灵爽可接，弗能终谢也。长吉呕心，未知死所，世有以工拙相绳者当如腐鼠之吓矣。二十六年六月，柳亚子撰。（录自《磨剑室文四集》）

中国革命博物馆、上海人民出版社《磨剑室文录》

汪大千传略

柳亚子

汪君大千，名光祖，江苏吴江县盛泽区人。其先徽歙产，生长吾邑，遂家焉。君少失学，未尝多读书，顾赋性慷爽，见义勇为，能任劳怨。民国十三年，余创《新黎里报》，君从徐蔚南创《新盛泽报》，实始订交，遂介绍入党。是年夏，开全县第一次代表大会于盛泽，君力居多，初被选为区党部委员，继任县党部委员。十四年夏，开暑期讲习会于梨里，玄珠、英父、墨樵、济航、一知咸莅，君奔走疏附，犹复社之有扶九、孟朴也。其后余巡行同里、震泽、平望各区，所至演讲，君无役不从。尝戏谓余曰："他日者公居高位，飞书驰檄当属蔚南，下走则执戈铤以侍左右耳。"余笑而颔之。十五年双十节后，余隐居沪上，故乡党务犹赖君指挥。十六年，白崇禧由浙规吴江，先抵盛泽，君实任向导，厥勋甚著。旋遭清党之变，郁郁不欢，十七年夏以时疾殁。女弟履震、开竺，并著党籍，履震尤贤，顷久不闻其消息矣。

柳亚子曰：君不学无术人也，而性情特真挚，事余其恭。吾邑党务之创，筚路蓝缕，君实首庸。身后萧然，报功崇德之典，黯焉未彰。而曩时反动之徒，且烜赫居高位。呜呼！（载1941年10月18日《光明报》，据《磨剑室文四集》校正。）

中国革命博物馆、上海人民出版社《磨剑室文录》

先伯兄剑锋暨先嫂沈夫人合传

朱剑芒

自由之风既炽，夫妇结合，有异无沮阻各谐其志者，有备历艰辛始底于成者。人固艳羡前者为幸福计，无有歆慕其后者也。然而乘以至易之势，其持难久获于至苦也，然其乐乃永。嗟呼！此我先伯兄生前诏余之词也。兄与嫂之结合，诚所谓备历艰辛而始底于成者，又岂知造物弄人，不使永其乐于至苦之后。既厄之以贫，不足更厄之以病，不足更厄之以死。然其尤酷者，必使嫂先兄而死，必使兄更历忧伤憔悴之岁月，且九年而卒。至于死，兄之见厄于造物，可谓极矣。当嫂之来归也，举家目为健妇。农兴操作，虽盛暑严冬，未尝见其疲乏。自我父弃养，承继慈命，我兄弟始析居异炊。余佣书偶返故里，辄造兄居。小数一角，与兄挑灯夜话，嫂沦茗以进，历絮家常，斯固环萧，然安恬自足之乐焉。乃不数载，嫂以猝病死。兄既丧偶，所处殆非人境，觅句深宵，无非写哀，倾尊永夜，总是含悲。人有劝其弦续，辄不应继，且喑曰："是岂欲速我死耶！我心既碎，所忍死须臾者，以子尚幼稚。茕茕此孤，怙恃胥失，可冀其成立。九原有知，目不瞑矣。"逮侄桐将弱冠，余携之海上，兄益孤寂，始寄居族叔祖母顾太夫人所。顾太夫人凤慈爱我兄弟，又尝继我叔弟为嗣孙，兄得与叔弟同处悲怀释。顾念余及侄綦苦，不旬日必邮书问讯。"一二·八"之役，消息间阻，兄忧惧彷徨，至废寝馈达七昼夜，余既絜侄故乡始已。兄修躯雄健，初未尝疾病，自罹嫂丧，以哀伤过度日益尫瘠。间与余书曰："疾痛疴痒，我素不置怀。惟奇惨身经，泪眼为涸，终无以自解，我年其不永矣。"又谓余曰："尔嫂之亡，我神昏思乱，欲继沈三白之撰坎坷记愁，不复成只字，尔必为我传之。"余虽勉诺，以恐悲端重引，徒伤兄心，故久久亦未着一字。今兄且逝矣，余又甚悔不及兄之未死，而为嫂作传，或足以稍慰兄也。兄原名组绶，字佩侯，一字伯怡，后更名霞，号剑锋，长余二龄。嫂沈名亚兰，长兄四龄。兄自结褵，略不问家事。嗜饮，喜植花木。偶作小诗，辄摹渔洋神韵。又喜作小幅花卉，饶有逸致。性耿直落落，寡交游，尝偕余与里人周子衍云，及亡友顾悼秋、沈剑霜订盟，时人目为"五子"。与嫂伉俪至笃，某岁偕往邓尉探梅，登眺还玄阁，肩凭阑前，吟情飞越，自谓为平生第一乐事。嫂既殁，倩人绘《还玄吊梦阁》，南社朋好沈丈眉若及柳君亚子，各有题咏。沈诗中"再欲缠绵除我死，百无聊赖倩人图"两语，兄尤许为知言。嫂殁于民国十四年十月，兄殁于民国二十三年九月，相距实不足九载。兄生前所著不甚自惜，随作随弃，仅于《南社丛刻》选载数首。又有悼亡诗十数首，余为编成《静宜楼遗诗》一卷，将付诸梓人，以垂永久云。中华民国二十五年秋，弟剑芒谨撰。

朱剑芒《朱氏家乘》

先考剑锋府君行略

朱嘉桐

先考姓朱，讳组绶，后更名霞，号剑锋。为我先王父少松公之长子，与仲叔剑芒同为先王母赵太夫人赵出。继祖母周太夫人，生三叔荃孙暨季叔季良。三叔幼即出嗣为族叔曾祖荃安公后。叔曾祖母顾太夫人夙恩遇幼辈，自继我三叔为嗣孙，视我先考暨仲叔、季叔亦无异孙。岁时令节，必招先考及诸叔环列左右，分贻甘饵，廿余年如一日。先妣既来归，值辛亥国变，岁复荐饥。先考与仲叔遂出就学校教职，各图自立，冀分先王父忧。时吾乡先达陈去病、柳亚子、叶楚伧诸先生，创设南社，以文字鼓吹革命，声应气求，同志遍海内外。先考与仲叔亦相继加入，忼慨激昂，有心救雷霆手提日月之概焉。暑期休假，尝与周湛伯、顾悼秋、沈剑霜诸谱叔，组清夏社，文酒之会无虚日。亚子先生序言有"慷慨朱家、早擅二难"之誉，盖即指先考与仲叔当日之风流文采，里人至今犹乐道之。民国八年春，先王父弃养，时我季叔甫胜衣，不孝则抓梨觅果，才虽襁褓。既服阕，先考与仲叔乘继祖母命，始兄弟异炊。仲叔由苏至沪，交游日广。三叔则服务电政。季叔既卒业大夏法科，亦幕游各地。惟我先考伏处乡里，几与外人间隔。盖我先妣于民国十四年冬罹急症谢，先考哀伤过甚，遂日趋颓废。既命不孝从仲叔赴申，服务于世界书局，已亦偰居于三叔处，以避孤寂。曾祖母既殁，三叔以家务繁剧，谢职□乡，乃与先考旦夕相处。先考心虽稍慰，顾垂念不孝特甚。不孝在外，偶撄小极，先考必致书慰问，鲜衣珍食必邮寄仲叔界不孝。尝举谓仲叔曰："是儿羸弱，幼即失恃，惟赖弟夫妇善视之。"不孝在申数载，尚难自立，清夜思维，恒泫然出。盖先考之慈爱，虽百其身，亦无足以报罔极之恩也。二十三年九月，先考在乡瘁病，三叔飞书招不孝回乡，延医调治，略无起色，因函告仲叔。迨仲叔回里，先考已臻绵笃，即于是晚弃不孝而长逝矣。呜呼痛哉！不孝年甫及冠，遽为无父无母之孤儿，人世之惨，宁有逾此耶？不孝自十二岁至二十一岁，两遭亲丧役。役至今，显扬未遂，负疚之深，莫可言喻。所冀当世贤达尊亲长者，宠赐椽笔，为我先考先妣表扬，则感且不朽。谨以上闻，诸希垂察。不孝朱嘉桐谨述。

朱剑芒《朱氏家乘》

迦陵生传

金天翮

　　吴江诗人周君名麟书，嘉林其字也，以音近而自号曰迦陵。为明吏部尚书大学士周恭肃公十二世孙，世居吴江城内。少时毕业于苏州府中学校。校在沧浪亭，揽烟水林木之胜，即好为诗。归而叠任吴江中小学校长及教员，又任江苏省立吴江乡村师范教员。校在垂虹、钓雪间，诗成益多。又善饮酒，工度曲，风趣盎然出尘表。迦陵为人虽倜傥，其禀性实长厚，不识世间机械事，时为人廷辱，或加挤陷。初若愤郁不自胜，或慰藉之，款语移晷，则又欣然思令酌，谈诗说艺，无所仇怨。太岁阏逢、旃蒙之交，苏州诸豪彦为消寒第二会，韦斋当值，迦陵与焉。迦陵执其累世所得当代名贤诗翰，哀为方册徵题咏。李印泉阁揆见桐城光聪咸《题恭肃公归牧图》诗，欻然起，拊迦陵之背曰："子恭肃公之裔耶？恭肃公有遗泽，吾以巨金得之开封，今当贻子矣。"驱车去。良久，有急足造韦斋堂，纳巨裹于几，饮者争启之，则赫然恭肃公象笏也。迦陵喜欲颠，亟葺堂以贮之，印泉题其榜曰"传笏"，余为作记。堂成，大觞宾客，骈列其家珍冠带，自远而至当是时也，意气可谓至盛。初，江城士族多嗜酒，风气之成垂百年矣。迦陵饮亦豪，一石不醉，以是病肺，行十年不徵医，医亦无良者。性嗜度曲，度曲尤耗肺气。一日于公宴中，抗声歌《长生殿·酒楼》一出。《酒楼》腔更高亮，歌罢，呕血数升，座客皆骇散。疾小愈，豪饮复如故。迦陵教乡村师范时，为诸生讲文字，神色飞动，绲绲数千言不休。忽喉际养养欲咳，血溢出数瓯，诸生怖而走，有泣者。迦陵曰："止！吾讲事未竟也。"徐取清水漱其喉，待钟鸣乃辍讲。其忠于所职类如是。庚辰正月，王子韶九开咬春之筵，罂有良酝六十年矣。余先有诗美其事，迦陵适为不速客，连举数巨觥而和余作。余复为《马打滚》诗，咏新制粉团滚豆米于碟。迦陵笑引《史》曰："黄衣者，圣人也；白衣者，山人也。黄袍今加汝身，于是吾两人文酒之缘止是矣！"辛巳夏，迦陵肺疾增剧，自选印其诗而自校之，体益惫，属其友沈眠天校之。使人告余曰："吾旦夕且怛化，愿子碣吾冢。"迦陵先辑其诗曰《小匏叶庵稿》，今并为《笏堂集》，都若干卷。迦陵今年五十有四，无子。余谓迦陵保有恭肃公以来累世手泽、诗稿、图画及名家诗翰，不可无箕裘之人，所择宜贤者。余及迦陵之未撤瑟焉，先为此传，使其一览观也，亦迦陵之志也。

赞曰：古今来号达观者，无过庄周。庄周书屡言"死生亦大矣"，则甚矣，死之难遣也。夫死生流转若循环，学道者可以证无生，而不可以证无死。证无生者忘其生也，则证无死者亦惟忘其死焉，而可矣。迦陵之日耽于诗酒，不以生死撄其怀，非曰达也，忘而已矣。及其疾笃而且死焉，不求诸庄周书，日持佛号，俨然若有西方圣人之在我前焉。非有鼠肝虫臂之达观存也，忘其生不忘其死而已矣。然而迦陵有不可死者，迦陵文字之结习过深，生为才人，死为才鬼，其将朝吟夕啸于垂虹、钓雪之间乎？更若干岁而复来人间，其在燕之南、越之北，使吾犹未死焉，其可一遇乎？卒之飘流于文字之海，为诗酒猖狂之客，则吾得而决之矣。

金天翮《天放楼文言遗集》

陆君赓南墓志铭

孙雄

君姓陆氏，讳树棠，字赓南，自号糜庵居士。江苏吴江县人。系出唐右补阙讳龟蒙，字鲁望，居松江甫里，与皮日休齐名，有唱和集。是为君三十七世祖。明季始迁吴江之莘塔，至君之祖考又迁芦墟。高祖讳煌，妣氏吴。曾祖讳墉，字怡久，妣氏朱。祖讳锦，字秀文，妣氏韩。两世皆以君贵赠资政大夫，妣皆赠夫人。父荣光，字映澄，母氏王。君少颖悟，六岁从黄子牧授读，舞勺通五经，又从沈致龢授帖括。十七赴郡院试，列前茅，额溢未售。会诏废科举，考入上海竞业中学，旋改入震旦学院，治佉卢文字及科学。毕业考入南洋方言学堂，修业二年，北上入京师分科大学。宣统初元，以主事签分法部编置司供职，仍入大学。毕业南归，从王鹤琴、曹叔彦游，治古文经史，所学益精粹。又与陆廉夫、沈雪庐诸画师过从尤密，研精写生，得黄筌、徐熙笔意。民国六年，北上应文官考试及格，供职财政部公债司。旋补主事，保荐任职升用。历充财政整理会办事员、关税筹议处委员。十六年，国民政府建都金陵，钱次长永铭与君旧交，电召赴宁任公债司第一科科长，部长宋公子文倚重有加。君感激知遇，赞襄擘画，军需政费调剂适宜。财部预算不敷，筹发内债，君殚精竭虑，支配基金，公债信用赖以奠安，国库财源赖以充裕。十八年己巳初春，封翁映澄先生暨王夫人六秩正庆，宋部长领袖徵文，谓君"服务党国，懋著贤声"，非虚誉也。二十年，辽变骤起，债券价落。君在部悉心维护，主持抽签，还本如期，给息确定，保障人心大安。嗣后东邻兵扰沪江，铁路阻隔，君冒险绕程由浙达沪，厘定计画，核减历年债券本息，手辑《新订债券程表汇编》及《库券还本付息分类表》二书。旁行斜上，钩稽纤悉，朗若列眉。君虽不自言劳，而精力实已交瘁，壬申仲夏，感疾不起。长吏寅僚同声叹惜，谓君真能尽瘁事国也。君生于有清光绪十六年八月二十四日，卒于民国二十一年六月二十四日，于夏正为五月二十一日，春秋四十有三。娶陈氏，生子女各二：长子鸿烈，殇；次鸿文，肄业私立慎修小学。长女鸿钧，次凤钧，均肄业省立中学。君于四十初度时，自撰《糜庵居士传》，深以没世无闻为惧。谓："男儿七尺躯，当如张博望、班定远立功异域，垂誉千秋。若沈沦下位，随波逐流，是岂余之素志哉！"诵此数语，君之豪气壮志可见一斑。乃甫逾强仕，赍志重泉，苍苍者天，岂不欲兴我中华耶？胡忍夺此贤才若是速也。君著述甚富，有《泊斋寓赏编》《忆鹤轩杂缀》《松陵画苑录》《徐武功词翰考》《郭频伽年谱》《通鉴蒙拾》《糜砚庵诗文稿》若干卷，均藏于家。君弟树棻，友爱朒挚，哭兄至恸，搜辑君之遗著，他日将属余审定，序而行之。余与尊公映澄先生，同出茂名杨蓉浦侍郎师之门。君供职旧都，又与余盍簪酬倡，有"棠社"及"饮真社"之集，复为君题《糜砚盦填词图》，君又和余《蝇尘韵诗》，往复赓续而不厌。别甫五年，人天永隔，追怀良友，屋梁落月之感，恻恻于中。君子鸿文将于某年月日奉君灵榇，卜葬于吴江某都某字圩之茔。树棻承映澄先生之命，具书币乞余为文。铭君之幽，其何敢辞，乃为铭曰：

胸有千秋，学穷百氏。振鹏翼而垂天，胡鹏鸟之来视。荆公有言：有拔而起，莫挤而止。君止于斯，是谁所使？岂造物之忌才，折周桢于盛齿。二竖戕身，万事都已。我铭幽宫，昭告千祀。表德扬芬，崇封勿圮。

民国二十一年印本《陆赓南先生小传》

陆君赓南小传

金天翮

今年春，余游雒阳，道出金陵，赓南来访余，相与游于丁氏之旧园。时海棠盛开，徘徊于花下者久之，及午则同饮于酒家楼，欢娱之情犹形梦寐。乃别甫数月，而讣音遽至。呜呼伤哉！赓南名树棠，世居吴江之芦墟。幼好读，会清廷废科举，乃弃帖括，入学校习法兰西文字，既而毕业于北京大学。顾赓南以所学为未足，复南归至吴下，问业于王鹤琴及曹师复礼先生之门，研讨经史诸子之学，复旁及乡邦文献、金石书画。如是者数年，于是为学之基础以定。赓南人甚蕴藉，其入仕也不为翕翕热，而能忠勤其所职。以故二十年来，历南北政府，每为上官所器重。而赓南退食之暇未尝废书，尝搜辑乡先哲遗文成《分湖诗钞》若干卷，辑我邑画家小传为《松陵画苑录》若干卷，余为序之。又尝得陈眉公遗砚，颜其斋曰"糜砚"，而同邑画师陆廉夫为绘《糜砚盦填词图》，偏徵名人题咏。赓南复精鉴赏，尝录所藏书画暨所过眼者，为《泊斋寓赏编》《图咏汇录》各若干卷。又叙平生所闻见，成《忆鹤轩杂缀》若干卷。读《通鉴》摘其精语，仿郭频伽《国志蒙拾》例，成《通鉴蒙拾》一卷。既服膺频伽，成《灵芬馆年谱》若干卷。又得明徐元玉词翰遗迹，成《武功词翰考》一卷。其所自作，有《就间居诗文稿》《麋砚盦诗文词》各若干卷。综其著述，亦既庶矣。设使天假之年，其所成就当更有未可限量者，胡图甫届中年，遽登鬼录。呜呼！子敬人琴俱亡，使我乡失一后起之劲，是岂天翮一人之感伤已哉！爰诠次其生平之荦荦大者，以为我乡闻史告焉。

民国二十一年印本《陆赓南先生小传》

陆君赓南诔并传

张寿镛

君讳树棠，字赓南。江苏吴江县人也，世居芦墟。自幼好学，科举废，入学校，毕业北京大学，以主事分法部。民国六年，应文官考试，分财政部。国民政府建都金陵，荐君任公债司科长。君长于计学，尤精擘画，有所献，当轴多采纳。辽变骤兴，淞沪继之，国用炱炱，债市飘摇。余方谢部务，顾以国债信用之所关，社会经济之所系，爰承政府旨，与持券人力策两全之方。君长于筹算，昕夕佐之，不一旬而案乃定。余顾谓君曰："国之于民，信而已矣。国难方亟，匹夫有责。今既延本减息，忍痛承之矣，而可不为永久计乎？"君于是汇编全案及新订债券程表类编、库券还本付息表，以垂永久。君敏于事而勤于职，其才尤足以应变。余方期之深，而孰知其一病遽卒矣，年四十三也。君涉历风尘，而雅好文墨，生平以搜罗故乡文献、金石书画自娱。辑其乡先哲遗诗成《分湖诗钞》若干卷，又辑画家小传成《松陵画苑录》若干卷，译法国名著《世界实业志》若干卷。所作诗文，先曰《就闲居诗文稿》若干卷。洎与常熟孙太史师郑等结诗社曰"棠社"，相与分题角韵，扢扬风雅。又结画社曰"饮真"，以研求画艺。所得诗文词，更手订《麋砚盦诗文词》等稿若干卷，辑名人图咏成《图咏汇录》若干卷。著录所藏及过眼书画为《泊斋寓赏编》若干卷，纪毕生闻见为《忆鹤轩杂缀》若干卷，纂《通鉴》之精美语辞为《通鉴蒙拾》一卷，考家藏明徐元玉词翰遗迹为《武功词翰考》一卷，摭拾乡先辈灵芬主人遗事，辑为《灵芬馆年谱》若干卷。其余前贤著作之未经刊布者，悉心搜集，厘订成书，意俟将来汇为丛书，一一付刊。家藏明陈眉公先生遗砚，宝爱弥甚，每磨挲不释。倩同邑陆廉夫、沈雪庐、嘉禾潘雅声、澧陵宋芝田等诸先生，绘《麋砚盦填词图》，海内知交题咏殆遍。尤精究目录之学，酷爱搜藏善本及乡贤遗稿，琳琅满架，四部之英华无不罗列。公暇每手一编不辍，或手自丹黄，历数十年如一日。凡所鉴别历代法书名画，尤能独具只眼。余方刊《四明丛书》，君出万先生斯备《深省堂诗》以赠，余得之大喜。盖万氏昆季书世罕见，而《深省堂诗》尤孤峭可爱，则君之所藏可知也。呜呼！君有从政才，而复泽之以诗书，玉轴牙签，烂然满室，与余有同好焉。兴之所至，发为咏歌。孝事双亲，友爱兄弟，周恤穷困，视为固然。何意天不永年，遽至于此，洵可叹已。娶陈氏。子二：长鸿烈，殇；次鸿文。女二。爰为诔曰：

维君之多藏兮，灿牙玉之琳琅。欲登君之堂兮，一玄览其缥缃。余有愿而未偿兮，望芦墟而相羊。君何遽厄黄杨兮，歌薤露之凄凉。嗟世事之蜩螗兮，维君才其多匡。既职思无怠荒兮，更处事之周详。胡不愁于彼苍兮，竟赍志于蒿邱。况双亲之鬓霜兮，抱西河之悲伤。君九原其难忘兮，深岵屺之瞻望。愿等观于彭殇兮，岂妄作于老庄？为修文之郎兮，护晏楹而炽昌。

民国二十一年印本《陆赓南先生小传》

丁校长志鹏传

薛凤昌

　　民国初元，邑政革新，议以鲈乡亭小学旧址，创始为吴江中学，推凤昌主其事。于时君与兄志鹤二人，方以树人小学毕业联袂来。志鹤性沉默，寡言笑，而君则伉爽干练，同侪皆莫之及。而媚学不倦，则昆季一也，见者无不以古双丁目之。至十有四年乙丑夏，以中学多事，又推凤昌来长之。惟是锢弊积重不易返，又以新潮所趋无定轨，未及一年，心力瘁矣，决然辞去。而君则以高师文科毕业生，历膺浙江之吴郡女学、定海中学教职归。群以整理母校事相属，君辞不获，遂以丙寅秋长江中。自是以来，阙者补之，害者除之，相见以诚而不尚法，相厉以实而不事名。师生沉瀣，乡评翕然，而来学者日众。十七年，一年生增设一级。十八年，君又以女小之毕业者，升学之途苦隘，甚非所以示教育之平等也，乃兼收女生。而其藏修息游之所，无不隔别区画，过者咸啧啧无异辞。而校舍乃始苦其不敷，建筑之施，迫不容缓。而县教育当轴，又以积亏无资。君乃皇皇然谋于校之同事暨邑之缙绅当道，不得已，组立募捐委员会，四出奔走。君亦知兹事之艰，而又必冀其成也，曾招昌与会集议。昌曰："欲以募集之力，得数千圆之巨金，在势已难。况校系县立，而募款以建筑，正恐用力多而成功少也。"君曰："舍此别无他图，虽艰且劳，所不敢辞。"昌颇服其勇于任事，私为江中庆得人。不谓别未匝月，而君竟以伤寒病殁苏之福音医院闻。君讳大镛，字志鹏，邑之黎里人。父玉墀，先四年卒。母氏卜，先一年卒。皆哀毁如礼。兄一人鸣镛，亦由江中入高师英文系，历充江中及浦东、如皋两中学与水产学校、集美师范之英文教员。弟三人：序镛，上海美专毕业，现任江中图画教员；殿镛，业医里中；庭镛，十七岁时肄业秀州中学，牙痛药误，毒发而卒。妹一人翰芬，适盛泽仲绍骧。君家故不丰，重以数年来弟妹婚嫁、父母丧祭诸费，益不支。君乃殚心整理，甫将就绪，而君遽病殁。君之兄弟，其能无尽然伤乎！君于群从间，固为白眉。而在江中，则尤为不多得之砥柱材。计自君长校四年，学风静谧，一洗叫嚣隳突之旧习，以故学子渐众。而非筑舍不能容，而君卒以积劳成疾，溘焉长逝，不及见募集之数，轮奂之美，亦可哀矣。君以清光绪二十一年六月廿三日生，民国十九年五月十三日卒，年仅三十六岁。娶李，有子二：长灏，次瀚，皆在校。女一，尚幼，未免于怀。

　　薛凤昌曰：吴江中学之成立，十九载于兹矣。长校者凤昌暨费君与君四人，费君最以勤能闻。今校南之楼屋，皆费君长校时所建也。惜不数载而病，病不数载而殁。若君以强壮之年，当改制之始，服务母校，大振学风，所以树一邑之风声，成最高之学府也不难。乃亦以公私交瘁殒厥躬，是何江中之不幸乎！吾传丁君，吾窃为吾邑之教育人才惜焉。

民国十九年印本《丁志鹏君哀启》

先考简敬府君行述

陆潜曜

府君讳明桓，字简敬，姓陆氏，世居吴江之苏家港。高祖考彦生公讳亘，国学生，候选同知；高祖妣胡太夫人。曾祖考实甫公讳古鼎，优廪生，试用训导；曾祖妣钱太夫人。祖考梦岩公讳成章，附贡生；祖妣费太夫人。本生祖考梦铃公讳常瑞，附贡生；本生祖妣凌太夫人、叶太夫人。本生祖母陈太夫人。梦铃公生子三：长殇；次伯父文若，名明钦；先考其幼也。累叶孝友恭俭，行善不怠，乡里称之。先考承积德累仁之后，秉性忠厚，赋质聪颖。年六岁，延青浦俞绶云太夫子于家，与伯父昕夕勤读，孜孜不倦，绝无嬉戏心。年十二，即毕六经四子书，旁及《史》《汉》，过目成诵，识者咸知其非常器焉。岁壬子，乡间萑苻充斥，家被劫者屡矣。因随先叔祖伯厚公迁居青浦之角里镇。镇故繁盛，顾先考足不出户，益潜心于学。年十八，娶先妣柳太夫人。未一月而先考忽患神经病，势颇猛，屡濒于殆。如是者半年，赖先祖母多方医治而得痊。然病甫愈，而先祖母费太夫人逝世。先考擗踊哭泣，哀毁骨立，饰终之典，尽谨尽礼。时民国八年己未七月也。先是先考病愈后，俞太夫子虑其瞑眩之余，学必荒落，岂知益自精进。虽目所未寓之书，亦颇知源委，为文更滔滔不竭，若有神助，是可异也。九年庚申六月，先妣柳太夫人卒于周庄外祖家，先考奔走仆仆，劳苦万分。归家后，以连年遭故，心郁郁不乐，尝感慨欷歔，若有诸事灰心之意，幸亲朋劝慰稍止。是年冬，与伯父由角里复迁至金泽，逾年继娶我母凌太夫人。由是家庭无事，内外雍和，先考心为之稍慰。十二年癸亥，又与伯父置宅吴江之芦墟镇，遂迁居焉。芦地故文薮，先考既日从里中诸名宿游，聆其绪论，更时时出游，多交远近知名士，以故见闻日广，著述亦日富。我家世有撰著，经日既久，散佚过半。先考以为祖德不述，子孙之耻。乃多方搜访，雪钞露纂，得种类十有二，题曰《松陵陆氏丛著》，自跋而梓行之。尤乐为人刻书。青浦董望周先生耽吟咏，殁后有《自怡集》三卷，江阴曹拙巢先生善墨梅，每画必自题诗，成《梅花集》若干卷，均由先考为之印行。其关于乡贤旧著，则如周勒山前辈所辑《松陵绝妙词选》，陈梦琴前辈所编《杨忠文先生实录》，亦由先考捐资大半，得先后印成。又舅氏柳亚子、率初二先生，均藏有乡先哲遗稿，未暇整理，先考尝请之二舅氏，欲出其所藏编为《松陵先哲丛书》，陆续付印。山阴诸贞壮先生藏有吾乡徐山民前辈夫妇遗稿。先考闻之，即托亚子舅氏为介绍，以重金易之归，欲付剞劂。又每岁出游，必流连书肆，购千余卷归，尝发愿欲办私家图书馆，纵人阅览。顾此数事均未及就，而年寿已满，赍志地下，痛何如也！先考又颇喜释氏学，于诸经典无所不窥。尝言得道必须慧业，时闭门礼佛，焚香敛思，盖于此中得三昧焉。他若慈善事尤行之，如恐不逮。频年施米施衣，恤嫠舍药，及惜字放生等举，岁縻千金，毋稍吝。亲友中有求助缓急者，更靡不如愿以偿。呜呼！先考之宅心行事，均岂无寿之徵，顾卒止于此。天乎？人乎？不孝又安从而诉之？戊辰秋，芦地谣言蜂起，鹤唳风声，时惊梦寐，因暂避于同里镇戚串家。至岁底得咳血症，时作时止，迨已巳春少间。清明节犹躬自返里，祭扫坟墓如礼，盖斯时仍居同里也。至三月初，身不能支，即延中西名医诊治，无甚大效。三月初五日返芦墟，而病日剧，幸调治多方，医药得力，至二十后渐见转机，饮食亦进。时而邀同志至内室诵经，先考点头默会，神志清明。时而请俞太夫子至榻前，执手娓娓谈诗。太夫子谓病中不宜用心，先考即笑而止曰："吾病今而后可以愈矣。"不孝在侧窃喜，以为自兹以往，复元不难。孰意昊天不吊，至四月二十日后，病复大增，日重一日，种种疗治迄无小效。至五月初七日寅时，竟弃不孝等而长逝矣。呜呼痛哉！先考生于清光绪二十八年壬寅九月十二日亥时，卒于中华民国十八年己巳六月□□日[1]寅时，即夏历五月初七日也，享年二十八岁。元配柳太夫人，同邑巳仲公讳慕曾女，生女一殇，前卒。继配我母凌太夫人，同邑听彝先生名宝棐女，生子二：长即不孝，次殇。女四：潜英、潜璋、潜珍、潜琳。先考弱冠时，有和率初舅氏《金昌纪事诗》四十首，已印行。今复搜录遗稿，编为《苏斋诗文词》各一卷，其未编入者，则藏诸家，俟它日再编为集外诗文焉。不孝幼稚无知，于先考之嘉言懿行，曾不能道其万一，其所知者，皆平昔得自诸尊长之所述。因诠次大略，谨陈于大人先生亲友诸君之前，伏乞赐撰诔挽传铭，以光泉壤，则世世子孙感且不朽。不孝潜曜泣血谨述。

陆明桓《苏斋遗稿》

注〔1〕：查《一百年日历表》，民国十八年夏历五月初七日，为公历6月13日。

亡室柳氏夫人权厝志

陆明桓

先室柳氏双圆，字念慈，一字蒨雯，邑胜溪柳公无涯之长女也。公凡三娶，君为继配沈孺人出，生三十八日而丧母。时公及外家均徙宅贞丰，于是君遂为母姨所育。年十八而父又丧，越二年归于余。居恒郁郁，若不胜身世之恫者。问之不应，再问之，则曰："我无父无母人也。重思往事，不免伤心，徒以君亦悲深岵屺者，不欲相告以重伤君耳。"言未已，泪涔涔下。余闻之，辄为之悄然怆然，相持而泣，卒无一辞以相慰也。缘是而宵深烛跋，曲诉衷隐，枕函之间，无一夕无泪痕者矣。结褵之三月，我嗣母费太孺人肝疾猝发，值盛暑，气壅汗流，险象日亟。迨孟秋十八日，竟以寿终珠溪客寓。当斯之时，余以长我育我之人，一旦骤失，不禁抚膺长恸，痛不欲生。君则多方劝慰，至以父母遗体自重为勖。然归寝觇之，则亦未尝不涕泗盈颊也。今岁孟夏，君怀娠将产，而寓庐狭隘，无别舍堪居，且又习闻形家言，谓为不详。于是君母姨力主移家贞丰，以为亲族咸在，庶缓急有所依赖，因遂赁君舅氏庑居焉。亲串密迩，朝夕相会，君乃乐甚。而余以君兄率初英年媚学，日诣其居，相与讲求文艺上下今古，意亦甚相得。方谓客居之乐，视伯鸾德曜，犹当过之。孰意胜境不常，良缘易断，比翼之禽，一朝分飞，是果谁之咎耶？君产前数日，余病店，一日昏瞀中闻人言："君举一女坠地死。"意以为无他也。又数日，闻君寒热甚，力疾往视，虽神智未眢，而膏肓已入。和缓难逢，一霎时间尘缘顿了，时庚申季夏十九夜也，盖去产仅四日耳。距生庚子闰八月廿五日子时，年二十有一。嗟乎！大好姻缘，才岁有半，前欢若梦，后会何期？幽明异途，含恨何极耶！第君生时，尝以不获事父母舅姑为至憾。今则夜台聚晤，得奉晨昏，魂如有知，其亦可以自慰矣。所悲者，一棺草草，权厝江乡，雪虐霜欺，幽魂未妥。昔梅伯言云："志妇行者，宜徵于其夫。"用复次其大略，志诸厝室，冀当世通人赐之铭诔，则幸甚焉。期服夫陆明桓抆泪撰。

陆明桓《苏斋遗稿》

秋石女士传

柳亚子

君姓张氏，讳蓉城，字应春，后更字曰秋石。江苏省吴江县黎里区葫芦兜乡人。父鼎斋先生，讳肇甲，母金太君。张氏为分湖旧族，以耕读世其家。故君之先人咸能周知民困，且多隐德，抗豪宗，庇农佃，盖其习性然也。君生而明慧忼爽，体尤健硕。既毕业上海中国女子体育专门学校，遂服务厦门集美女师范，万里浮楂，无离别可怜之色。居久之，以足疾归。民国十二年，掌教松江景贤女中学，与朱季恂、侯墨樵遇，始加盟于中国国民党。时女子剪发犹未盛行，君独感激新潮，毅然去其发髻，思为世倡。鼎斋先生意弗怿，驰书严斥之。君报笺曰："大人苟终弗谅儿者，儿且远走北国，终身不复宁家矣。"事乃解。其秉性强御如此。十四年春，服务故乡黎里女学校。余与君居同里闬，女弟均权为君同学，尤昵就君，君以是恒往来余家，顾余未识君胸中之所抱负也。中山先生既殁，里人开追悼会，君登坛誓众，陈词慷慨，一座尽惊，余始心服君，欲以党事相属矣。是年夏，江苏省党部成立，君被举为执行委员兼妇女部长，余所推毂也。时君复患足疾，偃卧芦墟病院兼旬，旋就苏州省立医院诊治，前后计数阅月。病稍瘥，省部累促君就职。值孙传芳举兵逐杨宇霆，江浙骚然，道路为梗。君扶病间关赴沪上，尽瘁工作，共事者咸啧啧称道弗置。寻以资望，被推为第二次全国代表大会江苏女代表，出席革命策源地广州，意气益发舒。十五年春，君自粤返沪，余亦始亲省部事，同僦居于法租界望志路永吉里三十四号机关部。每与史女士冰鉴诸人，促膝深谈，至午夜弗休，明晨复早起，治事无倦容。三月十二日，中山先生陵墓行奠基礼于南京，有奸人谋狙击余，赖君与唐蕴玉、庄元勇诸女士护卫得脱。北平"三一八"之役，刘和珍辈诸先烈既殉义，沪上震动。君激昂奔走，尽日开会演讲，足无停趾，口无停沫。犹以余力入上海大学为旁听生，研治社会科学，出版《吴江妇女》，提挈故乡妇运，余益叹服君精力之兼人矣。时余以一身兼领中央暨省党部诸要职，复负指导故乡党务之任，谘谋密勿，悉唯君与季恂、墨樵是赖，余拱手受成而已。转以坐啸画诺之暇，佐君理部务，一时文檄，都出余手。墨樵每戏呼余为妇女部秘书者，益缘此也。五月初，余至广州，睹党中诸领袖态度，知天下事未可为，始浩然有退志。既返里，蛰居弗出者数月。其间尝一至沪上省君，君方从群众游行南京路示威，几为侦者所窘，仓皇走余旅邸。饥甚，索残炙啖之，就别室沐浴假寐已，复出奔走如故。明日余归，君冒大风雨走送沪杭路南车站，语絮絮弗能尽。车行，犹遥望见君衣碧色油衣，冠男子冠，植立雨中，扬巾挥手为别也。呜呼！讵知余与君相见之缘尽此耶？十月，余遭军阀名捕，弗能安居于乡，因避地沪上。顾秘不令君知，盖余方决心引退，君知则党部群众将毕知，且熏丹穴以求，而余必无幸于遂初服也。君果四出访余踪迹，至揭诸报纸，余恝然终弗应。唯时时从旁人询君消息，知岁暮归休，为家庭所禁锢，弗令再出。余方为君扼腕不平，顾复私幸之，以为庶可苟全性命于乱世。十六年四月，国民革命军既定苏沪，余欲一睹青天白日旗下之故乡，遂迁道杭州，漫游西湖，句日始归。及抵黎里，知君从事县党部县政府，工作甚力，今且只身走南京矣。时清党之难甫作，杀人如刈草菅，余心忧君甚，欲飞书促归未及而遘五月九日之变，余亡命日本。六月十日夜半卧东京神田区日华学会，忽梦见君，颜色如平生，手牵余衣，告以党祸已迫，速自为计。余惊愕得寤，迟明得女弟书，则以君噩耗闻矣。顾君殉难颠末，及其地址时日，始终莫可究诘。传者或言，君居逆旅，托姓名曰金桂华，为逻者所捕，与女友陈君起并绞死。或言君与墨樵同时就逮，复同被缚置麻布囊中，以乱刃攒刺之，血流如注，沉尸大江。二者未知孰信，疑莫能明也。十七年夏，余自日本归国，出席南京第二届中央委员第五次全体会议，求君骸骨弗可得。既乞陈树人绘《秣陵悲秋图》，复嘱丁右任大书刻石，文曰"呜呼，秋石女士纪念之碑"，谋为君营衣冠墓于分湖滨无多庵外，以配叶琼章仙冢。顾故乡寇盗充斥，君之诸父咸荡析离居，事终未集。悲夫！君生中华民国纪元前十一年阳历十一月十一日，即旧历辛丑年十月朔日卯时，殁民国十六年某月某日，春秋二十有七。君殁之岁，鼎斋先生以哭女致疾，呕血而亡。祖母袁太君、母金太君并存。弟一人：祖望；女弟二人：秀春、留春。

柳弃疾曰：昔有晋周颉死王敦之难，王导恸哭，谓：我虽不杀伯仁，伯仁由我而死。千载以下传为知言。君死不同周颉，余亦非王导比。顾君委身党国，余实劝驾。君猛勇精进，弗顾夷险，终戕厥身。而余退缩苟生，不获与君同殉。律以春秋之谳，则余实杀君，复何辞哉！复何辞哉！余其终负君九原矣！悲夫！

秋石殉义三年，苌弘之血早化，而一传未成，实低徊不忍下笔也。十九年五月一日晨，卧病沪西寓楼。枕畔梦回，如潮影事，都上心头，披衣握管，急就成此。是泪是墨，非所敢知已！写初稿竟后附记。（载1930年5月《世界文化》第2卷第2辑，据《磨剑室文四集》抄本校）

中国革命博物馆、上海人民出版社《磨剑室文录》

烈士钱康民传

柳亚子

烈士钱康民,江苏吴江人,先烈涤根先生讳刚之哲嗣也。涤根久客江右,治军旅之学。国民革命军北伐,谋以淞沪响应,事泄,为李宝章所捕,就义龙华。厥后上海市区乃有涤根路为纪念云。康民早孤露,孀慈在堂,仰事俯蓄无所资,则谋以禄养,委吏桑田,非其志也。"八一三"战事起,偕同邑赵安民起兵于吴江之太湖,有程□□者与共事。程性剽狡,视军队为奇货,观望年余,卒弃顺附逆。康民以大义责之,程怒,几不测。既知事不可为,乃只身走浙境,召集旧部,驻兵于吴兴之双林、涟市、善涟诸市集间,一时称塘南义师云。顾程逆忌康民甚,则晋围剿塘南之策于敌伪。康民率部退塘北因渎村整理,久之,军复振。忽一夕,得谍报,言敌伪将来犯,即整队向西南行,意谓南方为友军驻扎地,必无他虞也。至翌日拂晓,距因读村迤南已二十余里。敌军忽起于前,乃迎战。轰击二小时,众寡不敌,康民左胁及前胸俱中弹,与同志丁月槎等七人俱死之。时中华民国二十八年六月二十六日也,康民年三十三。妻某氏,无男子子,有女子子三人云。

柳亚子曰:余与涤根同邑,顾初不相识。民十五偕朱季恂、侯绍裘游广州,涤根方供职黄埔,曾招余等宴饮,一时胜流咸集。其后余感激时变,退隐沪上,则涤根以殉义闻矣。康民在沪时,亦尝数谒余,顾无力振拔之。距"八一三"前数月,吴江中山公园为涤根树纪念碑,康民索余撰文,墨渖未干,倭难遽作。余杜门三载,亡命香岛,乃得见某君所为康民被难纪略,爰稡括之如右。康民单丁无昆季,其遗孥上奉孀姑,下抚弱女,厄穷之状,未忍言宣。并世不乏慷慨慕义之士,倘有能慰涤根父子于地下者欤!

(载1941年9月28日《光明报》)

中国革命博物馆、上海人民出版社《磨剑室文录》

救夫殉学王同惠女士墓碑

金天翮

中国号称五族共和,独苗民居深山,不与其列。盖西南夷部落以万数,而广西大藤峡独有名于史,于是而吾邑子费孝通之妻王同惠以探险而往,以救夫而死。孝通者,吾友璞盦之子,其母曰杨纫兰,尝序予少年所作《女界钟》,名闻海外。孝通入东吴大学,兼从余习太史公书,已而至燕京大学研究院为社区研究。同惠,辽宁人,其父慎九,为河北望都县宰。同惠毕大学业,与孝通同入社会学系。性警悟,思能精专,笔能译,口能操各省方言,又勇敢能任事,无儿女子态。民国二十四年,广西省政府请燕京大学派员入猺山作特殊民族之研究。二人之志愿相同也,同行同业,不能别嫌疑,遂由学校主持，使结为夫妇。即于蜜月中南行，觐璞盦于如皋。公历九月至于南宁，国庆节达于象县，十八日入大藤猺山。猺山夹浔江而立，冥岩奥谷，篁竹翳天日，猺人依险结栅村寨，棋跱周六百里而遥。其最高者为大藤峡，盖两崖间巨藤合抱，跨空蔽江而过。明成化中，猺民叛，两广残破，右佥都御史韩雍削平之，以巨斧斩其藤为二，改名曰断藤峡，夷其险阻雍。去六十年，猺民复叛，新建伯两广总制王守仁复讨平之。今猺民向化垂五百年，礼俗宗教犹不与华同。同惠将入山，劲装缚袴，穿长统蛮靴，为武士装。二人相与分工合作，同惠作社会组织之研究，孝通分访各村，审验其体质。首至村曰花篮猺，其预计最后所研究之族曰长毛猺，则明年二月，大藤峡之探险与研究告成事，夫妇联袂北返。呜呼！孰知二人者之命运由泰入否，将于是乎始？初，孝通、同惠于十一月二十四日自花篮猺出，至坳猺区之古陈。十二月十六日，自古陈赴罗运。罗运涧谷幽邃，导者先行不回顾，二人迷失。道路益歧，已见道旁编竹为藩，则喜以为聚落。藩尽而若门焉者，孝通探身入，讵足踏机关，礧石交堕，压孝通身之半，折其胫，盖虎阱也。同惠奋身出孝通于厄，孝通不能起，旁无猺村，虽悲呼无与为援。同惠于是泫然曰："吾不能不远赴山址，使人舁子以行。子其稍忍须臾，自保重。"遂别去，时天将暮矣。孝通竟夕呻楚，辗转达旦，而同惠不至。遂忍痛扶服而出，亦不辨向路，见系犊于树，意必有人焉，卧而守之，果遇猺人，负之入其家。猺之长老感二人之志，号于众，四出求同惠，七日得尸于涧谷。盖夜深失足坠急流而下，罣于石而止此也，面如生。数同惠之遘难，追溯结褵，适一百有八日。呜呼伤矣！吾国女子重四教，即处伉俪间，其行止备著于礼。然而"鸡鸣""昧旦"之诗，士与女，居则御琴瑟，出则翱翔而弋凫雁，其遏佽已有足喜者矣。孝通、同惠执贽于蕃学，由司业者主持其牉合，蜜月之中，南行万里，深入蛮荒，受学术上之符传，考其山川而案其图记，观其风习，著为文章，而公之当世。稚龄弱植，其志趣之英奇奋发，虽伟丈夫不是过也。然而天若惎其成功，鬼若妒其美眷，人若忘其远客，迷阳却曲而触骇机，扶伤不给颠坠坑谷，极人世之悲感。虽溪蛮峒丁，犹知陨涕，彼死者已矣，赍志不酬，其何以使后来者劝？孝通入梧州医院，伤足既愈，负笈历英伦至美洲，再精求人类社会学。同惠葬于广西某县某山，余既闻而悲之，请于璞盦，愿表其墓。既诏天下勖来者，亦使浔象之间汉苗人士，车过必式，樵苏有禁，荒山私祭，不乏其人云尔。

金天翮《天放楼文言遗集》

人名索引

二画

丁大镛/1203　　　丁　元/114　　　丁　氏（陆同寿继妻）/1045
丁　氏（柳以蕃母）/965　　丁　氏（徐大椿母）/632　　丁　彡/564
卜皋年/476　　　卜梦熊/325　　　卜舜年/453

三画

马　乾/239

四画

王之构/585　　　王元文/754　　　王元松/858
王化浩/582　　　王化源/557　　　王　氏（吴邦模妻）/243
王　氏（徐朝妻）/206　　王　氏（潘耒妻）/612
王　氏、郑　氏（费兰墀妻、继妻）/850　　王文沂/662
王文炳/652　　　王斗文/24　　　王　本/649
王　礼/970　　　王有功/360　　　王有庆/399
王同惠/1208　　　王　份/21　　　王时彦/676
王希岩/915　　　王妙荣/139　　　王叔承/334
王宗吉/99　　　王宗导/743　　　王祖武/825
王　哲/159　　　王梦刘/489　　　王　淑/889
王　惇/801　　　王　谓/617　　　王维桢/623
王　樑/692　　　王朝佐/930　　　王　植/629
王　棣/639　　　王景适/556　　　王景亮/556
王景望/521　　　王道昭/1106　　　王曾翼/759
王　楠、王　鲲、王致望/760　　　王　槑/22
王　锟/799　　　王　锡/682　　　王锡阐/570
王锡瑞/853　　　王　意/228　　　王德文/25
王　蘋、王　谊、王　楸/17　　　王　藻/678
无巴生/348　　　尤本钦/565　　　毛以燧/409
毛以燧、汝文淑/408　　　毛寿南/344　　　毛　莹/475
毛德巽/177　　　毛　衢/227　　　计大章、朱明德/493
计　本/565　　　计　东/562　　　计　成/436

计　远/561	计　默/624	尹　宽/102
邓淑智/41		

五画

古拙俊/36	平思忠/59	叶与仁/1188
叶小纫/522	叶小鸾/530	叶天叙/224
叶　仉/535	叶　氏（吴栗妻）/614	叶丹桂/623
叶世佺兄弟/523	叶世俨/490	叶世偁/538
叶世俗/547	叶可大/225	叶可与/276
叶可成/268	叶可畏/323	叶可嘉/240
叶　龙/192	叶　旦/229	叶　伋/560
叶尧莫/907	叶庆十四、叶骑门/37	叶纨纨/507
叶　芳/80	叶宝树/1002	叶宜雅/760
叶　绅/121	叶绍袁/460	叶绍颙/474
叶绍德/404	叶春浩/918	叶　茵/28
叶树人/478	叶树枚、叶昉升/845	叶树桐/998
叶重第/375	叶振书/761	叶　缋/134
叶继武/528	叶　淮/922	叶淦成/986
叶舒玥/591	叶舒崇/593	叶舒颖/580
叶舒璐/634	叶锡年/827	叶　瑢/809
叶嘉棣/1030	叶　蕙/62	叶敷夏/586
叶　燮/566	叶　夔/168	申　氏（潘耒继妻）/613
申　孝/284	史中经/366	史　长/245
史　玄、赵　涣/504	史永济/167	史　臣/190
史仲彬/49	史兆斗/414	史　昂/70
史　旻/63	史　衍/81	史善长/801
史　谟/362	史　鉴/111	史　璜/90
丘　氏（吴洪继妻）/140	包　捷/515	冯时叙/641
冯　经/1009	冯　高/252	弘　道/38

六画

朱天麟/447	朱　氏（吴承恩母）/266	朱　氏（俞岳祖母）/765
朱凤仪/1174	朱凤来/1088	朱　兰/873
朱应宸/42	朱春生/831	朱剑峰/1197
朱陛宣/417	朱淑清/85	朱葶增/925

朱锦绣/786	朱毓照/867	朱鹤龄/501
朱 鹭/370	仲 氏（王锡命母）/244	仲廷机/932
仲孙樊/985	仲沈洙/517	
仲 枢、仲 棶、仲 楷/624		仲周霈/690
仲 泷/569	仲 湘/925	任大任/496
任兰生/1035	任兆麟/816	任思谦/705
任德成/660	庄元臣/379	庄 严/1177
汝文玑/60	汝世德/249	汝可法/397
汝可嘉/452	汝先标/617	汝 讷/108
汝 昊/66	汝 旻/69	汝思聪/71
汝钦授/537	汝 泰/127	汝 砺/163
汝绳烈/359	汝 颐/178	汝 楫/111
汝德秀/833	汝德舆/841	汝 赞/99
汤尹娴/533	汤豹处/523	汤嘉树/966
许成烈/1004	许志清/65	许宝廉/1127
孙云球/575	孙从龙/313	孙兆奎/504
孙养正/411	孙祖禄/1091	孙 淳/452
孙 锐/28		

七画

严 仁/251	严 氏（金之俊妻）/472	严 伦/260
严国衡/349	严熙仁/999	苏 氏（费兰墀母）/780
苏 氏（盛瓘继妻）/149	杜 伟/280	李 氏（叶夔妻）/169
李 兰/72	李治运/707	李重华/659
李桂清/113	李 寅/590	李龄寿/1022
杨 氏（沈曰富外祖母）/842		杨 氏（周祝妻）/374
杨 氏（柳应墀嗣母）/960		杨 刚/832
杨 旺/91	杨秉桂/873	杨学沂/1086
杨学斌/1175	杨宝珊/1007	杨复吉/800
杨 蓻/502	杨敦颐/1092	杨澄中/1184
杨 瀚/875	吴士龙/391	吴士颜/441
吴 山/171	吴之纪/551	吴 氏（计东姑母）/556
吴 氏（叶舒祊嗣母）/483		吴 氏（沈彤母）/626
吴 氏（沈烜嗣母）/837	吴 氏（金学诗母）/698	吴 氏（周之轼妻）/383
吴 氏（周京妻）/292	吴 氏（徐钒妻）/588	吴 氏（潘耒母）/500
吴文明/709	吴文曜/661	吴 为/53

吴允夏/505	吴邦杰/261	吴邦栋/235
吴邦相/329	吴邦桢/254	吴邦寀/241
吴邦棐/264	吴邦模/242	吴有涯/479
吴至慎/702	吴兆宜/568	吴兆骞/577
吴志道/337	吴丽珍/933	吴　秀/341
吴　昆/226	吴昌文/537	吴昌明/406
吴昌期/390	吴　昂/61	吴鸣镛/868
吴　岩/192	吴　育/866	吴　炎/559
吴　炎、潘柽章/558	吴宗汉/523	吴宗潜/506
吴承焘/295	吴承廉/326	吴承熙/286
吴树臣/604	吴　易/510	吴钟侨/763
吴重光/663	吴　洪/135	吴祖修/595
吴祖锡/534	吴晋锡/479	吴家骐/874
吴家骥/891	吴　铭/405	吴庸熙/636
吴　焕/406	吴淑升/990	吴琼仙/846
吴植性/638	吴植慎/653	吴景果/644
吴瑞徵/401	吴　简/42	吴　鋆/161
吴　锷/914	吴　锵/572	吴　璋/74
吴　銮/143	吴　璠/103	吴　默/364
吴　燮/694	吴　鳌/194	吴　翻/516
吴　翻/516	吴　璧/412	吴　骥/65
邱　氏（汝世德妻）/250	何　源/52	闵　氏（吴承熙继妻）/287
汪玉轸/826	汪光祖/1197	汪鸣珂、汪惠芬/796
汪　栋/711	汪　琥/740	沈丁昌/555
沈士哲/410	沈义甫/25	沈曰寿/936
沈曰富/959	沈中坚/1050	沈　化/295
沈　氏（王元文继妻）/757	沈　氏（周授时继妻）/605	沈　氏（柳树芳妻）/901
沈　氏（盛侗妻）/116	沈　氏、顾　氏（王锡妻、继妻）/682	
沈玉镜/1097	沈正宗/411	沈世楸/552
沈世潢、沈永馨/574	沈　汉/212	沈永令/528
沈永隆/501	沈永智/596	沈永弼/495
沈永禋/589	沈永褒/580	沈成章/935
沈光锦/996	沈屺楸/589	沈刚中/743
沈廷光/677	沈廷钟/1111	沈廷镛/1094
沈自东/520	沈自驷/497	沈自南/519
沈自显/583	沈自炳/487	沈自晋/445

沈自继/446	沈自铤/547	沈自然/495
沈自徽/466	沈自籍/477	沈时春/873
沈秀英/188	沈　位/301	沈孚闻/319
沈　彤/665	沈昌眉/1146	沈季文/360
沈　侃/307	沈宗湘/669	沈宠绥/473
沈宜修/462	沈始树/625	沈　珂/395
沈　荣/190	沈　奎/151	沈皆自/469
沈钦霖/852	沈美含/869	沈祖惠/692
沈眉寿/927	沈　珣/395	沈　琓/387
沈素瑛/166	沈桂芬/987	沈恩祐/955
沈　倬/344	沈　高/122	沈　烜/892
沈培福/658	沈象道/343	沈淑兰/620
沈　啓/220	沈　琦/377	沈景修/1026
沈　储/372	沈　瑜/371	沈　瑄/394
沈　塘/1102	沈楸德/903	沈锡爵/797
沈嘉禾/298	沈嘉谋/247	沈嘉绩/262
沈嘉谟/244	沈　模/641	沈　瑾/366
沈　墀/723	沈　璟/368	沈　翰/722
沈　璨/388	沈　璯/378	宋　氏（袁棠妻）/829
宋　氏（董礼存妻）/736	宋景昭/616	张乃淳/1001
张又醇/696	张士元/820	张士标/601
张天章/575	张友仁/708	张　氏（王元松妻）/859
张　氏（王锡阐叔母）/581	张　氏（陆迺普母）/862	张　氏（周踊潜妻）/795
张　氏（郑慈谷母）/1069	张凤翔/602	张文璟/1003
张世伟/399	张世芳/506	张世炜/620
张世俊/398	张　汉/219	张廷璜/977
张纫茞/733	张孝起/460	张孝嗣/849
张应春/1206	张　坤/477	张尚友/347
张尚瑗/625	张国宁/488	张宝钟/928
张宝镨/920	张拱乾/529	张　栋/690
张倩倩/467	张　隽、董二酉/485	张海珊/875
张　琇/47	张　基/275	张　铨/228
张淑靖/69	张富仪/649	张　源/213
张嘉玲/595	张　镐/1148	张　履/916
张　翰/1	张　澹、陆　惠/928	张　曜/1010
陆开城/742	陆日爱/975	陆　氏（吴昂妻）/62

陆文衡/454	陆方涛/618	陆玉藻/622
陆同寿/1042	陆廷桢/1079	陆孝愉/930
陆龟蒙/3	陆尚德/390	陆昌言/716
陆明桓/1204	陆　金/207	陆　政/144
陆树棠/1200	陆迺普/971	陆　勋/342
陆　钟/654	陆　钥/554	陆　俊/827
陆　恢/1072	陆泰阶/800	陆泰增/804
陆素琼/90	陆振宣/634	陆埈元/600
陆桂馨/655	陆　铨/640	陆鼎华/1187
陆　銮/861	陆　锦/1020	陆熙密/738
陆　墀/805	陆　霖/662	陆　镤/879
陆　鳌/178	陆　燿/726	陆　瓒/679
陈三陛/894	陈士标/724	陈大谟/720
陈之恒/627	陈之乾/672	陈之谦/695
陈之韵/677	陈元文/785	陈少方/21
陈长方/19	陈　氏（沈高妻）/123	陈　氏（陆燿母）/680
陈文罴/987	陈去病/1158	陈世华/616
陈世英/615	陈世忠/593	陈永泰/630
陈师集/733	陈似兰、陈允升、陈允文/949	
陈兆凤/738	陈汝为/710	陈汝礼/695
陈汝雨/771	陈汝夔/715	陈兴雨/889
陈阶琪/784	陈寿熊/967	陈　芪/636
陈时夏/671	陈希恕/910	陈应元/976
陈应亨/997	陈　昊/868	陈宗元/939
陈经传/976	陈思德/536	陈炳文/703
陈　理/208	陈章伯/823	陈　锐、陈沂配/589
陈　赫/833	陈　锷、陈沂震/597	陈毓升/726
陈　鲸/446	邵在理/1128	

八画

范　氏（吴焕母）/330	范文德/912	范邦俊/484
范邦宿、范邦宜/518	范孙蕙、范汝桢、范鸿业/584	
范时勉/725	范显铤/839	范保泰/1128
范祖培/1137	范庸润/860	范清芬、范清溶、范　河/908
范　维/285	范景焘/706	范滋培/1190
范　镁/170	范　璨/657	连云龙/672

迮尚志/691	迮　朗/799	迮鹤寿/857
迮　霖/338	金士松/744	金士模/789
金之俊/469	金天翮/1152	金　仁/855
金去疾/645	金芝原/806	金廷炳/720
金廷烈/711	金作霖/908	金国英/646
金学诗/767	金祖泽/1124	金　润/696
金维基/1171	周士俊/683	周士烶/989
周士炳/958	周士焖/931	周士烽/983
周大章/246	周之轼/381	周元理/700
周文俊/451	周以清/824	周龙藻/636
周东吾/774	周　用/195	周永年/433
周式南/281	周芝沅/880	周光纬/886
周朱来/647	周廷祚/494	周廷谔/622
周向潮/790	周兆勋/984	周　旬/308
周　材/856	周　甸/294	周应仪/359
周　灿/491	周　杰/894	周国南/231
周　昂/150	周图南/303	周　采/305
周　京/290	周郑表/1075	周宗建/418
周　南/670	周　钧/717	周爱访/574
周宪曾/957	周　祝/373	周振业/627
周　莲/1027	周　桂/855	周　桢/860
周积兰/1105	周积华/1068	周　能/756
周乾南/299	周　赉/321	周鸿业/1077
周　森/890	周　椅/872	周鼎金/993
周善升/993	周善咸/1010	周善鼎/996
周道登/378	周　斡/919	周　楚/865
周踊潜/793	周　篆/597	周鹤立/842
周麟书/1199	庞子安/59	庞元润/1121
庞友谅/78	庞缵缨/573	庞　镛/120
庞　灏/141	郑　传/1195	郑　璜/871
郑　钱/864	法　乘/367	性　静/405
屈　叟/1046		

九画

项　氏（吴承焘妻）/297	赵士谔/385	赵　氏（金士松妻）/750
赵　沄/558	赵宗堡/704	赵郦珠/1090

赵　宬/171	赵　宽/153	赵　基/788
赵　庚/491	赵　瑛/88	赵　廗/465
赵磻老/22	胡　氏（盛瓘妻）/147	柏俞龄/830
柳文海/1117	柳以蕃/1022	柳双圆/1205
柳兆青/960	柳兆薰/991	柳阶泰/864
柳如是/541	柳来因/1099	柳应奎/1064
柳应墀/1047	柳应衡/1085	柳昌霖/1005
柳念曾/1106	柳树芳/896	柳　球/803
柳　琇/816	柳梦坤/895	柳清源/961
柳慕曾/1130	柳毓芳/881	钟　氏（周同妻）/214
钟　鼎/929	钮兀璘/35	钮　文/101
钮　玑/594	钮应斗/553	钮宏儒/525
钮　琇/603	钮　谔/142	俞　氏（张士元母）/709
俞　氏（柳煌妻）/916	俞安期/362	俞　岳/912
俞　岱/983	施　氏（冯高妻）/253	施　氏（周用妻）/203
施则敬/1082	施淑安/76	施肇曾/1118
闾丘氏（盛珵妻）/130	姜　氏（周兆南母）/203	洪祖烈/485
觉　净/71	祖　瑛/36	费大受/520
费元衡/646	费　氏（陆明恒母）/1081	费　氏（殷恭壬母）/1084
费兰墀/850	费　延/771	费延庆/1021
费延釐/1024	费金绶/1061	费树蔚/1191
费振勋/775	费　淑/930	费揽澄/1181
费增运/796	姚　明/116	

十画

袁　仁/209	袁文田/1187	袁　允/577
袁召龄/992	袁汝淦/1084	袁汝锡/1067
袁性睿/658	袁荫槐/917	袁　栋/690
袁　俨/418	袁　宬/885	袁　涟/752
袁　祥/131	袁陶甡/879	袁　黄/314
袁　崧/517	袁　棠/828	袁景铬/731
袁嵩龄/982	袁　銮/792	袁　潢/642
袁　颢/86	袁　蘅/553	莫子文/26
莫　氏（赵宽祖母）/89	莫　旦/107	莫　礼/47
莫寿安/158	莫　辕/55	莫　震/77
真　可/350	夏　庆/73	夏进慧/139

夏　忠/51	原　妙/29	顾士量/412
顾大纲/307	顾大典/345	顾日新/836
顾　氏（陈鸿妻）/234	顾　氏（金天翮母）/1074	顾　氏（周旬妻）/312
顾　氏（柳树芳继妻）/902	顾文亨/447	顾文藻/229
顾有孝/552	顾而周/389	顾　贞/189
顾廷飏/840	顾　伟、章梦易/496	顾自植/380
顾名节/247	顾汝敬/750	顾　虬/819
顾我钧/706	顾我鲁/764	顾我锜/664
顾　言、钱　焕/1071	顾　亨/27	顾应鼎/396
顾　宏/117	顾　纲/161	顾　纶/167
顾　参/719	顾　昺/218	顾祖奎/459
顾　昶/86	顾　宽/115	顾野王/1
顾曾志/339	顾曾授/414	顾曾唯/269
顾德本/792	钱大培/741	钱与龄/834
钱之青/699	钱　刚/1196	钱　昌/579
钱祖宪/1190	钱　卿/208	钱康民/1208
钱　新/714	倪　氏（陈去病母）/952	徐大椿/684
徐元璋/1070	徐　氏（吴邦栋妻）/237	徐　氏（吴祖锡妻）/535
徐书城/805	徐世勋/1049	徐达源、徐晋镕/845
徐师曾/267	徐兆熊/1076	徐汝福/1033
徐　釚/586	徐应龙/216	徐　纲、徐　缙/124
徐　埏/815	徐钟彦/486	徐养浩/631
徐　资/165	徐　涛/822	徐　硕/211
徐　堂/923	徐　铣/619	徐　章/126
徐商济/1179	徐　朝/205	徐　焕/739
徐　富/124	徐韫奇/480	徐　璇/734
徐履仁/394	徐豫吉/803	徐　燨/766
徐　爔/758	徐　鑛/478	殷兆镛/946
殷寿彭/921	殷寿彭、殷寿臻/921	殷　炜/878
殷　源/1034	殷　增/877	翁广平/832
翁　氏（郭麐母）/762	翁纯华/753	翁　雒、翁大年/910
凌大信/938	凌　氏（徐师曾母）/207	凌　氏（崔澂妻）/165
凌廷枚/1096	凌　泗/1012	凌宝树、凌宝枢/1098
凌　淦/1016	凌戡毅/835	凌　澧/1062
凌　潡/970	郭元灏/761	郭　锐/714
郭　麐/843	郭　麐、天　寥、郭　凤、吴鸣钧/844	

唐起鸿/1000	海　溯/569	陶亚魂/1184
陶　振/43	通　问/493	

十一画

黄元芝/1065	黄　氏（吴士龙母）/288	黄　氏（吴瑞徵母）/328
黄　氏（凌泗继妻）/1015	黄　氏（崔澂母）/127	黄世达/505
黄世灿/555	黄　由/22	黄仪吉/1023
黄廷垣/659	黄廷桢/644	黄廷翰/640
黄汝乾/719	黄汝魁/707	黄汝源/737
黄汝德/703	黄　纪/215	黄　绎/34
黄　振/212	黄　森/741	黄　棠/819
黄增禄、黄增康、黄锡麒/934		萧兰徵/113
萧　隆/227	曹　孚/102	曹　镁/162
戚召棠/924	盛王赞/458	盛尔禄/643
盛　伦/68	盛似祖/40	盛志勤/603
盛　旷/133	盛　佀/73	盛应宗/258
盛应桢/224	盛应望/215	盛应期/180
盛　宏/63	盛坤吉/934	盛　昕/96
盛明远/32	盛　侃/67	盛　俏/95
盛　佼/106	盛金声/982	盛　宜/54
盛　昱/92	盛　俨/65	盛　俌/125
盛　昶/98	盛　珵/129	盛　乾/163
盛梦熊/815	盛　章/23	盛　寅/56
盛　逮/43	盛　暄/128	盛　暟/92
盛　僎/79	盛　彰/48	盛　曦/33
盛　瑾/145	雪　巢/152	崔　澂/164
章　宽/64	梁　氏（费延庆母）/944	梁　时/48
屠　氏（史鹏生妻）/279		

十二画

彭　氏（沈中坚妻）/1058	董云鹤/883	董　氏（吴承抚妻）/342
董世华/773	董兆熊/944	董　闾/601
蒋　氏（叶舒玥妻）/592	蒋　氏（金芝原继妻）/812	韩　真/107
程邦宪/844	程际青、张绍/918	程　勋/795

谢　绛/10	谢　涛/6	谢景回/15
谢景初/13		

十三画
蒯　氏（王绍鳌母）/1134	蒯嘉珍、钱与龄/833

十四画
蔡　淇/874	蔡　寅/1166	蔡傅梅/939

十五画
颜妙定/58	潘一桂/468	潘　云/218
潘　氏（盛暟继妻）/94	潘　耒/606	潘志伊/302
潘　纬/937	潘其灿/676	潘　凯/498
潘柽章/566	潘　昶/676	潘　鹤/724

十七画
戴　笠/527	魏　宪/15

后 记

2013年，笔者步入古稀，在原有的基础上，重拾吴江历史人物碑传资料的收集整理工作。至今六阅寒暑，汲汲奔走于图书馆之间，沉浸在古书堆之中，甘苦自知，却也收获颇丰。现先行编纂三册成集，付诸出版。

编纂《吴江历史人物碑传集》的初衷，其一是为了集文存史。吴江人物碑传资料繁富庞杂，散见于浩如烟海的文献典籍之中，检索颇为不易。通过发掘梳理、汇编成册，既可为今人阅读予以方便，又能为研究吴江历史文化提供可信度较高的第一手资料，借古鉴今，裨于利用。弘扬先贤文化，也是纂辑本书的主要动因。从现今所载的千余篇碑传文章中，我们可以看到吴江先贤们的那种家国情怀、高风亮节、清正家风、道德操守、才人风骚、工匠精神。这些先贤文化，无一不是今人修身处世、治国理政的本土基因和精神财富，我们要赓续光大，与时偕行。

在本书编纂过程中，吴江图书馆、吴江博物馆、吴江柳亚子纪念馆、苏州图书馆、苏州博物馆，为笔者查阅资料提供了极大方便；陶文瑜、孙中旺、丁金龙、朱春阳、汤海山、董振声、王海鹰、徐芳梅、汝悦来、倪平、李海珉、陈志强、沈昌华、俞前、华建平、萧海铭、谭首盛、薛治华、施家洪、周培中、江岚、张园、叶义、董志红、沈亚飞、陆青松、徐莎妮、沈如春、王德朋、张秋红、刘延华、田甜、陈琼、张杰、殷秀红诸位先生或女士，给予了诸多帮助。承蒙原吴江市政协主席徐静柏先生的关照支持，承蒙吴江区政协主席李斌先生为本书撰写序言。苏州大学出版社倪浩文老师于书稿的编审，付出了极大心力。此外，家人也倾心相助。夫人包揽了一切家务，使我得以专志书斋案头，小儿旭江承担了大量的编务工作，孙儿思文则利用假日帮助打字校对。在此，谨一并表示衷心的感谢。

本书虽经努力，勉为成册。然史料无穷，仅靠个人之力，难免有遗珠之憾。补其罅漏，只能有待后来。限于学识水平，书中亦定有舛误之处，尚祈方家读者赐教匡正。

吴国良

2019年5月于松陵